# ALLE LÄNDER UNSERER ERDE

# ALLE LÄNDER UNSERER ERDE

A - K

DEUTSCHLAND · SCHWEIZ · ÖSTERREICH

Das vorliegende Lexikon ALLE LÄNDER UNSERER ERDE in zwei Bänden
basiert auf dem Werk Unsere Welt heute in 10 Bänden,
konzipiert und produziert vom Bertelsmann Lexikon Verlag GmbH, Gütersloh/München
und von Mitchell Beazley Ltd., London.

© Bertelsmann Lexikon Verlag GmbH, Gütersloh/München,
Mitchell Beazley Ltd., London, World Book Inc., Chicago

*Verantwortliche Redakteure:* James Hughes, Monika Unger
*Redakteure:* Ursula Blombach-Schäfer, Annabel Else, Julia Gorton,
Alfred LeMaitre, Hans Georg Michel, Reela Veit
*Art Director:* Ted McCausland
*Assistenz des Art Directors:* Iona McGlashan, Hans Verkroost
*Kartographie:* Julia Gorton, Andrew Thompson
*Bildbeschaffung:* Jan Croot, Ursula Nöll-Kaske
*Länderstatistiken:* Elke Christoph
*Herstellung:* Günter Hauptmann, Sarah Schumann, Ted Timberlake
*Projektleitung:* Wolf-Eckhard Gudemann, Frank Wallis

*Karten* © RV Reise- und Verkehrsverlag GmbH München, Stuttgart
© Mitchell Beazley Ltd., London
© Uitgeverij Het Spectrum BV
*Weltgloben* © Dirk Fortuin
*Flaggen* © Bertelsmann Lexikon Verlag GmbH
Mitchell Beazley Ltd.
Uitgeverij Het Spectrum BV
*Reproduktion:* Scantrans Pte Ltd, Singapur

Autorisierte Sonderausgabe für Reader´s Digest Deutschland, Schweiz, Österreich
© Bertelsmann Lexikon Verlag GmbH, Gütersloh/München 2001

*Projektleitung und Redaktion:* Wolf-Eckhard Gudemann
*Bildredaktion:* Ulrike Roland
*Produktion:* Josch Werbeagentur GmbH, Essen

Alle Rechte vorbehalten. Nachdruck, auch auszugsweise, verboten.
Das Werk, einschließlich aller seiner Teile, ist urheberrechtlich geschützt.
Jede Verwendung außerhalb der Grenzen des Urheberrechtsgesetzes ist ohne Zustimmung
des Verlages unzulässig und strafbar. Das gilt insbesondere für Vervielfältigungen, Übersetzungen,
Mikroverfilmungen und die Einspeicherung und Verarbeitung in elektronischen Systemen.

Druck und Bindung: MOHN Media - Mohndruck GmbH, Gütersloh
Printed in Germany

ISBN 3-87070-972-3

# Verzeichnis der Sonderthemen

## Alpen
Naturraum     40/41
Lebensraum     42/43
Wintersport     44/45

## Amazonien
Natur und Landschaft     46/47
Regenwald     48/49
Erschließung     50/51
Die Menschen     52/53

## Anden
Naturraum     54/55
Anpassung an Extreme     56/57
Lebensraum     58/59

## Antarktis
Der Kontinent     66/67
Ozeane und Inseln     68/69
Landschaften     70/71
Pflanzen und Tiere     72/73
Erforschung     74/75
Politik     76/77
Überleben     78/79

## Antillen
Große Antillen     82/83
Kleine Antillen     84/85
Andere Inseln     86/87
Kultur     88/89

## Arabische Halbinsel     92/93

## Arktis
Naturraum     110/111
Erforschung     112/113
Die Menschen     114/115
Flora und Fauna     116/117
Mitternachtssonne     118/119

## Donau     366/367

## Europäische Union
Geschichte     388/389
Europäische Union heute     390/391

## Himalaya
Naturraum     550/551
Lebensraum     552/553
Gefahren     554/555
Trekking     556/557

## Kaschmir     792/793

## Kongo-Fluss     824/825

Wintersport in den Alpen *(rechts)*. – Die Donau in der Wachau *(unten)*.

# AFGHANISTAN

Der Name Afghanistan für das Bergland am Hindukusch ist relativ neu und wurde erst im 18. Jahrhundert eingeführt. In der Antike hieß das Land »Ariana«, im islamischen Mittelalter »Chorasan«. Bedingt durch seine geographische Lage als letztes Bollwerk vor den Toren Indiens hat Afghanistan eine bewegte Geschichte durchlebt. Viele Eroberer haben hier ihre Spuren hinterlassen: Griechen, Araber, Inder, Mongolen, Perser und Briten.

Um 1500 v. Chr. begannen arische Nomadenstämme mit der Besiedlung des afghanischen Berglandes und gaben ihrer neuen Heimat den Namen »Ariana«, das Land der Arier. Vom 6. Jahrhundert v. Chr. bis zum Einzug Alexanders des Großen (356–323 v. Chr.) war Afghanistan ein Teil des achämenidischen Perserreiches. Die Nachfolger Alexanders errichteten um 250 v. Chr. das unabhängige graeco-baktrische Königreich, das einhundertzwanzig Jahre später von den Skythen überrannt wurde. Die Skythen ihrerseits wurden von den Eroberern aus dem Nordosten, den Yüe-tschi, verdrängt. Dieses Steppenvolk war es, das mit Hilfe der vorgefundenen griechischen Verwaltung das mächtige Kushanenreich errichtete. Das Zusammenwirken von Griechentum und Buddhismus unter den Kushanen bescherte dem Land eine Zeit der kulturellen Blüte.

Zur Zeit der ersten moslemischen Vorstöße nach Afghanistan im 7. Jahrhundert unserer Zeitrechnung war dort der Buddhismus die vorherrschende Religion. Ein Teil der Bevölkerung hing weiterhin dem Glauben Zarathustras (um 800 oder 700 v. Chr.) an, aber auch der Hinduismus hatte seine Gefolgschaft, aufgeteilt in Brahma- und Shivakulte.

Der Islam wurde bereits zu Beginn des 8. Jahrhunderts vorherrschend. Unter Mahmud von Ghasni (um 970–1030) wurde Afghanistan zu einem wichtigen Zentrum des Islam. Von der afghanischen Stadt Ghasni aus eroberte Mahmud die westlichen Provinzen Indiens, die er dem neuen Glauben unterwarf.

Im 13. Jahrhundert teilte Afghanistan das Schicksal anderer Länder des islamischen Ostens. Die Horden Tschingis Chans (1167 bis 1227) überfluteten das Land, zerstörten die Städte und töteten oder verschleppten die Einwohner. In der Folgezeit stand Afghanistan unter der Herrschaft verschiedener mongolischer Reiche. Seit Beginn des 16. Jahrhunderts regierten dann die persischen Safawiden den Westen des Landes, während der Osten zwischen Persien und dem Mogulreich umkämpft blieb.

Die Staatswerdung Afghanistans begann im 18. Jahrhundert. Seit 1747 beherrschte Ahmed Schah Durrani (um 1723–1773) als Führer der vereinigten afghanischen Stämme das Land. Er kämpfte siegreich gegen Perser, Inder und Usbeken, einte das Reich und gründete die Dynastie der Durrani, welche bis 1973 an der Macht blieb. Doch nach dem Tod seines Sohns

# AFGHANISTAN

Timur Schah (Regierungszeit 1773–1793) verfiel der Staat wieder und wurde erst im 19. Jahrhundert durch die aus der Sippe der Barakzai stammenden Herrscher stabilisiert.

Im 19. Jahrhundert wurde Afghanistan zum Pufferstaat zwischen den beiden damaligen Weltmächten: dem Britischen Empire und dem zaristischen Rußland. Der Empfang einer zaristischen Gesandtschaft durch den König in Kabul war für die Briten der Anlaß, 1839 in Afghanistan einzumarschieren, Kabul zu erobern und einen ihnen gewogenen König auf den Thron heben zu lassen. Es verging jedoch kein Jahr, bis ein Volksaufstand gegen die Besatzer losbrach. Der britische Gesandte samt seinem königlichen Schützling wurde ermordet. Von den 27 000 Briten und Indern kehrte ein einziger Mann, Dr. Brydon, nach Indien zurück. Bei ihrem zweiten Angriff auf Afghanistan (1878–1880) waren die Briten besser ausgerüstet. Rasch eroberten sie Kabul und diktierten den Afghanen ihre Bedingungen. Afghanistan sank zu einem britischen Protektorat herab. 1893 wurde das Land sogar durch die sogenannte Durandlinie geteilt und das südliche Gebiet der indischen Kronkolonie einverleibt. Siegreich waren die Afghanen in dem dritten und letzten anglo-afghanischen Krieg (1919). Im Vertrag von Rawalpindi erhielt Afghanistan seine nationale Souveränität zurück. Mohammed Zahir Schah (* 1914) war der letzte afghanische König.

1973 entmachtete Mohammed Daud Khan (1908–1978) seinen königlichen Vetter, rief die Republik aus und ernannte sich selbst zum Präsidenten mit diktatorischen Vollmachten. Er änderte die Verfassung, verfolgte politische Gegner und nationalisierte Teile der Wirtschaft. Fünf Jahre später fielen er selbst und seine ganze Familie einem Putsch der Moskauorientierten kommunistischen Demokratischen Volkspartei Afghanistans unter Führung Nur Mohammad Tarakis (1916–1979) zum Opfer. Die Kommunisten versuchten, die Stammesgesellschaft Afghanistans binnen kurzer Zeit mit Gewalt in einen modernen zentralistischen Staat sozialistischer Prägung umzuwandeln. Ein umfangreiches Wirtschafts- und Bildungsprogramm sowie eine Landreform sollten in Angriff genommen werden. Als die neuen Machthaber auch antireligiöse Tendenzen erkennen ließen, hatte sich genug Konfliktstoff angesammelt – die afghanische Tragödie war vorprogrammiert. Der regionale Widerstand der Stämme und Dörfer wuchs bald zu einer mächtigen bewaffneten Rebellion, so daß es nur eine Frage von drei bis vier Monaten war, bis die Volkswut das verhaßte Regime wegfegen würde. So eilten die Sowjets in den Weihnachtstagen des Jahres 1979 ihren Freunden zu Hilfe. Der Bürgerkrieg wurde zum Freiheitskampf gegen die Besatzungsmacht. Anfang 1989 zogen sich die Sowjets aus Afghanistan zurück, doch bis heute ist das Land nicht zu geordneten Verhältnissen zurückgekehrt. Es herrscht weiterhin Bürgerkrieg.

# AFGHANISTAN: DER STAAT

Das heutige Afghanistan steht ganz und gar im Zeichen des Krieges. Diese Tragödie hat eine lange Vorgeschichte. Der Konflikt zwischen dem Volk und dem kommunistischen Regime, das im April 1978 durch die sogenannte »Saur-Revolution« (April-Revolution), einem Putsch linksgerichteter, prosowjetischer Offiziere, an die Macht gekommen war, mündete mit dem Einmarsch der Sowjets 1979 in eine bewaffnete nationale Erhebung. Den afghanischen Widerstandskämpfern, die sich selbst »Mudschahedin«, übersetzt »Gottesstreiter« nennen, gelang es, den übermächtigen Besatzern zehn Jahre lang erfolgreich Widerstand zu leisten und sie schließlich zum Abzug zu zwingen. Der zehnjährige Krieg zog das gesamte Land in Mitleidenschaft. Nur wenige Städte und Dörfer blieben verschont. Wie viele Menschen diesem Krieg zum Opfer gefallen sind, weiß keiner genau. Doch die Schätzung von einer halben bis zu einer Million dürfte realistisch sein. Bekannt sind indessen die Zahlen der afghanischen Flüchtlinge: Mehr als fünf Millionen Afghanen – fast ein Drittel der Bevölkerung – flohen seit Kriegsbeginn ins Ausland, vor allem nach Pakistan und Iran. Die meisten Flüchtlinge waren Bauern, deren Dörfer von Bomben und Geschossen zerstört wurden.

Die Demokratische Volkspartei Afghanistans (DVPA) bildete seit 1978 die verantwortliche Regierung in Kabul. Gegründet wurde die DVPA bereits 1965 von Nur Mohammed Taraki (1916–1979) als antimonarchistische, antifeudalistische und sozialistische Partei. Sie spaltete sich bald in zwei rivalisierende Fraktionen: Parcham (Flagge) und Khalq (Volk). Während die Basis der Parchami hauptsächlich die städtische Intelligenz tadschikischer Herkunft bildete, waren die Khalqis meist Paschtunen aus ländlichen Gebieten. Die beiden ersten Führer des kommunistischen Afghanistan, Taraki und Hafizullah Amin (1926–1979), gehörten der Khalq-Fraktion an. Die Sowjets strebten die Entmachtung der Khalq-Fraktion, der man nationalistische Tendenzen nachsagte, an, um ein ihnen genehmes Regime zu etablieren. Nach der Ermordung Amins, der mit Moskau gebrochen hatte, übernahm Babrak Karmal (* 1929) die Staats- und Parteiführung. Der Einmarsch der Roten Armee, notdürftig legitimiert durch ein sowjetisch-afghanisches Beistandsabkommen, sollte der Stützung des Karmal-Regimes dienen. 1986 wurde Karmal, dem die Befriedung des Landes nicht gelang, durch den ehemaligen Geheimdienstchef Mohammed Nadschibullah (1947–1996) abgelöst. Widerstand der »Allianz der afghanischen Mudschahedin«, in der sich die sieben wichtigsten sunnitischen Parteien mit Sitz in der nordpakistanischen Stadt Peschawar zusammengeschlossen hatten, richtete sich gleichermaßen gegen das Regime wie die sowjetischen Besatzer.

Die außenpolitische Wende in dem Konflikt erfolgte 1988 im Genfer Abkommen zwischen den USA, der Sowjetunion, Afghanistan und Pakistan. Moskau sagte die Räumung des Landes zu und schloß den Rückzug bis 1989 ab. Der muslimische Widerstand war an dem Abkommen nicht beteiligt. Er setzte den Kampf gegen das Nadschibullah-Regime fort, das versuchte, durch die Abkehr vom Kommunismus und betonte Hinwendung zum Islam den Rebellen den Wind aus den Segeln zu nehmen. 1992 gelang dem Widerstand der Sturz von Nadschibullah.

## Daten und Fakten

**DAS LAND**
**Offizieller Name:** Islamischer Staat Afghanistan
**Hauptstadt:** Kabul
**Fläche:** 652 090 km²
**Landesnatur:** Im Inneren Zentrales Hochland, im O Hochgebirge, im N, S u. W Hügelländer u. Ebenen
**Klima:** Kontinentales Klima mit kalten Wintern, meist kurzen, trockenheißen Sommern u. starken Temperaturschwankungen
**Hauptflüsse:** Helmand, Farah, Arghandab
**Höchster Punkt:** Nowshak 7485 m
**Tiefster Punkt:** Im Sistanbecken 500 m
**DER STAAT**
**Regierungsform:** Islamische Republik
**Staatsoberhaupt:** Staatspräsident
**Verwaltung:** 31 Provinzen
**Parlament:** Nationalversammlung aus 2 Kammern seit 1992 aufgelöst; 6-köpfige Taliban-Regierung seit 1996
**Nationalfeiertag:** 27. April, 18. August
**DIE MENSCHEN**
**Einwohner:** 21 923 000 (1999)
**Bevölkerungsdichte:** 34 Ew./km²
**Stadtbevölkerung:** 22 %
**Bevölkerung unter 15 Jahren:** 44 %
**Analphabetenquote:** 64 %
**Sprache:** Paschtu u. Dari
**Religion:** Moslems: Sunniten 84 %, Schiiten über 15 %
**DIE WIRTSCHAFT**
**Währung:** Afghani
**Bruttosozialprodukt (BSP):** o.A.
**BSP je Einwohner:** unter 765 US-$ (1995)
**Inflationsrate:** o.A.
**Importgüter:** Zucker, Tee, Erdölprodukte, Textilwaren, Fahrzeuge, Maschinen
**Exportgüter**

# AFGHANISTAN

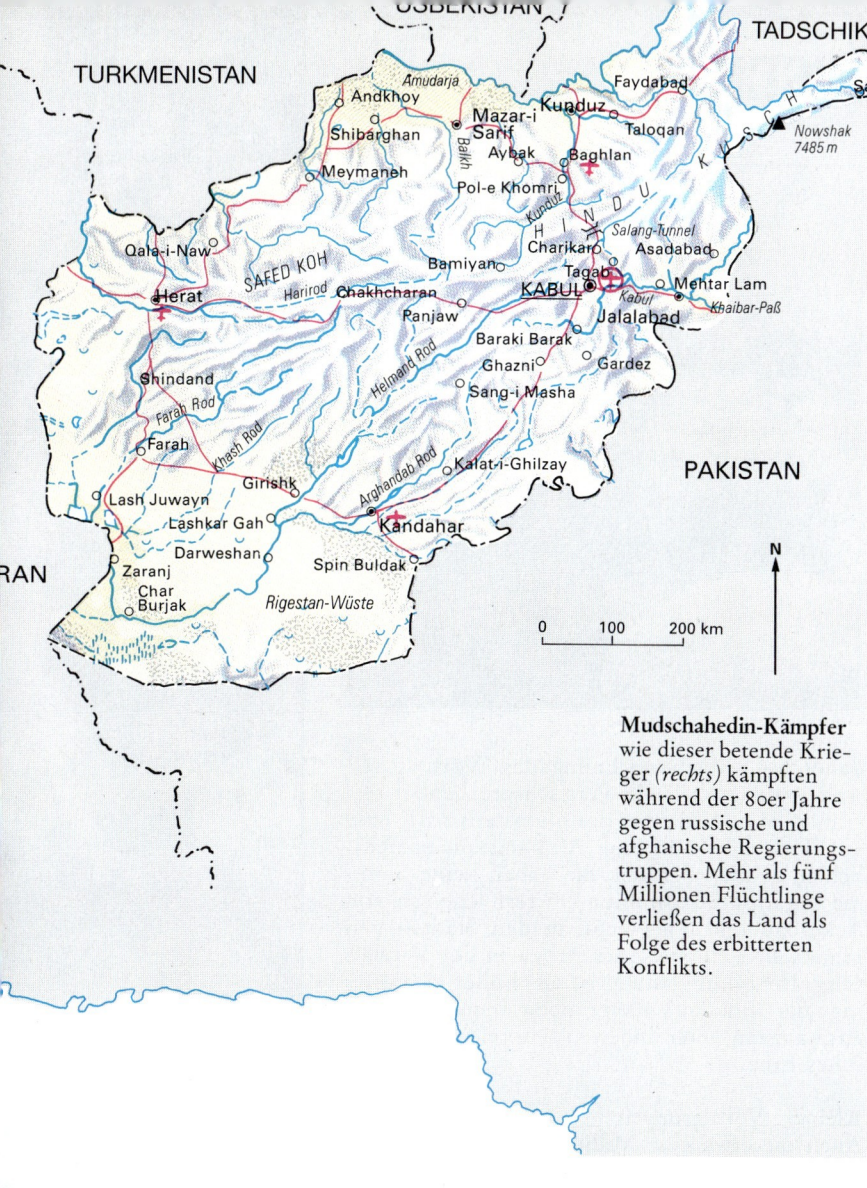

**Berge beherrschen Afghanistan** (links), ein Land ohne Zugang zum Meer. Der Hindukusch erhebt sich im Nordosten Afghanistans und erstreckt sich bis zum Pamir. Im Süden und Westen herrschen Wüsten und trockenes Flachland vor.

**Mudschahedin-Kämpfer** wie dieser betende Krieger (rechts) kämpften während der 80er Jahre gegen russische und afghanische Regierungstruppen. Mehr als fünf Millionen Flüchtlinge verließen das Land als Folge des erbitterten Konflikts.

Burhanuddin Rabbani (* 1940) übernahm das Amt des Staatspräsidenten. Blutige Auseinandersetzungen zwischen rivalisierenden Mudschahedin-Gruppen verhinderten aber eine Stabilisierung der politischen Lage. UNO-Vermittlungsversuche blieben erfolglos. Seit 1994 griffen die radikalislamischen Taliban in den Bürgerkrieg ein und brachten bis 1997 weite Teile des Landes unter ihre Kontrolle. Der frühere Staatschef Nadschibullah wurde von ihnen hingerichtet. Bei den Taliban handelt es sich um Paschtunen, die in Pakistan aufgewachsen sind und dort in Koranschulen erzogen wurden. Sie sind sunnitische Fundamentalisten, die offenbar von den USA und Pakistan unterstützt werden. Konnten die Taliban bis Mitte 1997 etwa ein Drittel des Landes unter Kontrolle bringen, gerieten sie seitdem immer mehr in Bedrängnis, da sich die vorher miteinander konkurrierenden Mudschahedin-Kampfverbände verbündeten, um dieser Bedrohung Herr zu werden. Unter ihrem Anführer Abdul Rashid Dostum drängten Usbeken-Milizen die Taliban zurück. Auf internationalen Druck begonnene Friedensgespräche endeten ergebnislos. Auch in der öffentlichen Meinung verspielten die Taliban durch die rigorose Umsetzung des islamischen Rechtskodexes, der Scharia, jeglichen Kredit. Wer letztlich als Sieger aus diesem Konflikt hervorgehen wird, war zu Beginn des Jahres 2001 ungewisser denn je. Nur das Opfer dieser Tragödie steht bereits fest, es ist das afghanische Volk.

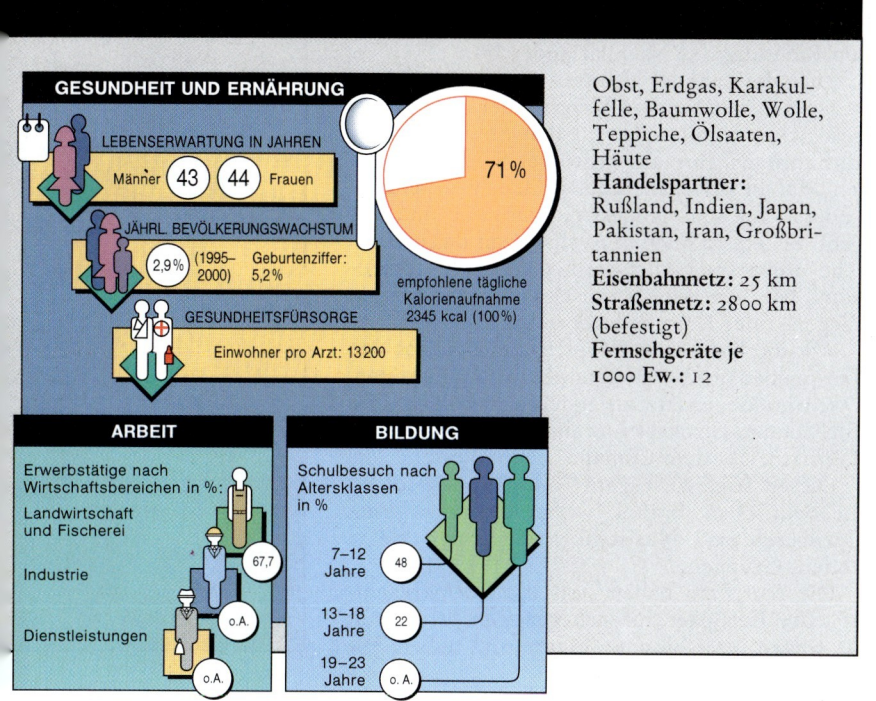

Obst, Erdgas, Karakulfelle, Baumwolle, Wolle, Teppiche, Ölsaaten, Häute
**Handelspartner:** Rußland, Indien, Japan, Pakistan, Iran, Großbritannien
**Eisenbahnnetz:** 25 km
**Straßennetz:** 2800 km (befestigt)
**Fernsehgeräte je 1000 Ew.:** 12

# AFGHANISTAN: DIE MENSCHEN

Afghanistan ist ein Vielvölkerstaat. Die etwa 22 Millionen Menschen umfassende Bevölkerung setzt sich zusammen aus mehr als einem Dutzend ethnisch und sprachlich sehr unterschiedlicher Völkergemeinschaften – mit ein Grund, warum sich bis heute unter den Afghanen kein allgemeines nationalstaatliches Bewußtsein herausbilden konnte. Als »Afghanen« bezeichnen sich nur die Paschtunen. Die anderen nennen sich gewöhnlich, je nach ethnischer Zugehörigkeit, Tadschiken, Hazara, Turkmenen usw. Doch so mancher moderne Afghane benutzt, ungeachtet seiner ethnischen Herkunft, das Wort Afghane als Selbstbezeichnung.

### Paschtunen und Tadschiken

Die Afghanen im engeren Sinne, die Paschtunen also, sind mit über 50% der Bevölkerung die größte Volksgruppe Afghanistans. Über die Herkunft der Paschtunen streiten sich die Gelehrten noch heute, ihre Sprache aber, das Paschtu, gehört zu den nordostiranischen Dialekten. Die Paschtunen leben hauptsächlich in den südöstlichen Provinzen Afghanistans, entlang der pakistanischen Grenze. Doch auch im Norden des Landes gibt es ausgedehnte paschtunische Enklaven.

Die Paschtunen betreiben Ackerbau, Viehzucht und Handel und sind in Stämmen, Sippen und Clans organisiert. Innerhalb des Stammes gilt die soziale Gleichberechtigung. Der Khan, der Stammesführer, ist kein Alleinherrscher, sondern der »Erste unter Gleichen«. Als wehrhafte und zahlenmäßig stärkste Volksgruppe haben die Paschtunen seit dem 18. Jahrhundert die afghanische Geschichte geprägt. Fast alle afghanischen Herrscher der letzten zweihundert Jahre waren Paschtunen. Die Paschtunen sind Sunniten und verstehen sich als Hüter der Rechtgläubigkeit, doch sie befolgen im Alltagsleben weniger die Scharia, das islamische Recht, als das Paschtunwali, das traditionelle Stammesgesetz. Paschtunwali – es bedeutet soviel wie: »die Art, Paschtune zu sein« – ist in erster Linie ein Ehrenkodex. Die Ehre ist das höchste Gut eines Paschtunen. Vergehen gegen die Ehre eines Mannes, etwa schon das Fernbleiben von einer Einladung, der man zugesagt hat, werden weit strenger geahndet als Diebstahl. Das schlimmste Vergehen aber ist die Mißachtung der »namus«, der Ehre der Frau. Die Verführung oder Entführung einer Frau löst gewöhnlich eine blutige, langjährige Fehde aus. Mannesmut, Kampfbereitschaft, Gastfreundschaft und Asylrecht gehören zum Paschtunwali ebenso, wie die berüchtigte Blutrache. Streitfälle werden in einer »jirge«, einer Versammlung, beraten. Die Entscheidung fällt nicht durch Abstimmung, sondern der Fall wird so lange besprochen, bis sich alle einig sind.

Mit schätzungsweise 20% der Bevölkerung sind die Tadschiken die zweitgrößte Volksgruppe Afghanistans. Sie sind vorwiegend Sunniten, sprechen aber Persisch und benutzen daher als Selbstbezeichnung das Wort »parsiwan«, was soviel wie Persischsprechender bedeutet. Mit Ausnahme des Südostens trifft man auf Tadschiken in ganz Afghanistan, namentlich in großen Städten. Sie haben keine Stammesorganisation. In ihren Dörfern leben sie von Ackerbau und Viehzucht, in den Städten von Handwerk, Handel oder Arbeit in der Verwaltung. Ihr Bildungsstand ist viel höher als derjenige der anderen Volksgruppen. Ihnen verdankt Afghanistan unter anderem sein reiches literarisches Erbe.

### Kleinere Volksgruppen

Auch die etwa eine Million zählenden Hazara sprechen Persisch. Sie sind vermutlich mongolischer Herkunft, leben hauptsächlich in Zentralafghanistan und gehören als einzige Volksgruppe zur 12. Schia, der herrschenden religiösen Richtung des Nachbarlandes Iran.

Auch die Zahl der Usbeken wird auf eine Million geschätzt. Sie sind Bauern oder arbeiten als geschickte Handwerker in den Städten Nordafghanistans. Ihre aus kostbarer Seide gefertigten Mäntel (Chapan) und die fein gearbeiteten Lederstiefel sind landesweit berühmt und beliebt. Beliebt ist auch in Afghanistan das usbekische Reiterspiel »buzkashi«, das »Ziegenziehen«, bei dem reitend um einen ausgeweideten Ziegen- oder Kalbskadaver gekämpft wird.

Wie die Usbeken sind auch die etwa 500 000 Turkmenen in Nordwestafghanistan Sunniten. Doch im Gegensatz zu ersteren haben sie ihre alte Stammesstruktur bewahrt. Sie sprechen ein Türkisch, das dem Osmanischen nahesteht.

Diesen fünf wichtigen Volksgruppen folgen die Belutschen, Brahui, Tschar-imaq, Kirgisen, Qizilbasch und Nuristani sowie einige kleine andere Gruppen.

Die Nuristani haben stets die Aufmerksamkeit der Europäer auf sich gezogen. Man hielt sie wegen ihrer blonden Haare und hellen Au-

AFGHANISTAN

**Dieser kirgisische Hirtenjunge** *(ganz links)*, der eine Herde von Schafen und Ziegen weidet, gehört zu einer der kleinsten Volksgruppen Afghanistans. Die halbnomadischen Kirgisen durchziehen den entlegenen Nordosten des Landes.

**Ein Teppichhändler in Herat** *(links)* vor seiner Ware versinnbildlicht das Erbe der Stadt als eines der ältesten Handelszentren Asiens. Auf einer Hochebene gelegen, befindet sich die Stadt am Karawanenweg zwischen Iran und Indien.

**Die meisten Afghanen** *(unten)*, bewahren zumindest einen Teil ihrer herkömmlichen Tracht. Heute tragen Männer oft westliche Kleidung, binden aber ihre Turbane, um, wie dieser Stammesangehörige, die ethnische Zugehörigkeit zu zeigen.

**Die großartige Blaue Moschee** *(links)* in Mazar-i Sarif, vor der sich die Bewohner dieser Provinzhauptstadt drängen, enthält den Sarkophag des Ali, Schwiegersohn des Propheten Mohammed. Im 15. Jahrhundert gebaut, ist die blaugekachelte Moschee eine wichtige Stätte für die Schiiten und auch allen anderen Moslems heilig. Die Schiiten machen nur einen kleinen Teil der afghanischen Bevölkerung aus; die meisten gehören der orthodoxen sunnitischen Richtung des Islam an.

genfarbe für Nachkommen der Griechen, die mit Alexander dem Großen in dieses Bergland gekommen waren. In den unwegsamen Tälern im Osten des Landes ansässig, wurden sie erst im vergangenen Jahrhundert islamisiert. Ihre Heimat, die bis zu diesem Zeitpunkt Kafaristan, »Heidenland«, genannt wurde, heißt seitdem Nuristan, »Land des Lichtes«.

Angesichts so vieler verschiedener Volksgruppen basiert das afghanische Selbstverständnis vor allem auf dem Islam. Afghanistan ist seit Jahrhunderten ein rein moslemisches Land und versteht sich als Hochburg des sunnitischen Islam. Über 80 % der Afghanen sind Sunniten, für die neben dem »Koran« die »Sunna« die maßgebliche Glaubensvorschrift ist. Sie enthält Aussprüche und Berichte über Mohammed. Außerdem erkennen die Sunniten im Unterschied zu den Schiiten die Kalifen als rechtmäßige Nachfolger Mohammeds an.

# AFGHANISTAN

**Landesnatur und Klima**

Nicht nur politisch und kulturell liegt Afghanistan am »Kreuzweg Asiens«, sondern auch naturräumlich. Das afghanische Binnenland vereinigt verschiedene Landschaften. Seine Bergketten, die zum großen vorderasiatischen Hochgebirgsland gehören, und seine trockenen Binnenbecken im Süden und Westen lassen das Land als Teil des iranischen Hochplateaus erscheinen. Die Ebenen Nordafghanistans gehen in das zentralasiatische Tiefland über. Im Südosten grenzt das Land an das Indusbecken und somit an den indischen Subkontinent. Im Nordosten schließlich erstreckt sich das Land bis auf die Hochebene des Pamir.

Sieht man von seinen Ebenen im Norden und Süden ab, so ist Afghanistan ein ausgesprochenes Bergland. Der Hindukusch durchzieht das Land wie ein Rückgrat und erreicht im östlichen Abschnitt Höhen über 7000 m, im mittleren Teil um 6000 m und im westlichen und nördlichen Teil um 5000 m. Große Gegensätze kennzeichnen die klimatischen Verhältnisse in Afghanistan. Das kontinentale Trockenklima des Landes ist durch große Temperaturunterschiede und extrem geringe Niederschläge charakterisiert. In den Tiefebenen im Norden und Süden steigen die Mittagstemperaturen im Sommer auf über 40 °C. Fast unerträgliche Hitze herrscht vor allem in Seistan (Sistan). Hier wehen auch die gefürchteten Sommerstürme oder die sogenannten »Winde der 120 Tage«, die die Vegetation ausdörren. Auch in den Becken und Tälern des Gebirgslandes wird es im Sommer sehr warm. In Kabul etwa erreichen die Sommertemperaturen bisweilen 36 °C. Auf den heißen Sommer folgt meist ein extrem kalter Winter. In Kabul sinken die Temperaturen nicht selten bis − 25 °C. Die Trockenheit des afghanischen Klimas zeigt sich vor allem in den geringen Niederschlägen. Diese sind auf wenige Monate des Jahres begrenzt und verdunsten bei den herrschenden hohen Temperaturen schnell. Im Durchschnitt beträgt die jährliche Niederschlagsmenge 300 bis 400 mm; in den Wüsten Seistans (Sistans) sind es nur 50 mm, im Hindukusch hingegen 1000 mm.

Von den klimatischen Verhältnissen ist der Wasserhaushalt abhängig. Nur die großen Flüsse, der Amudarja, der Helmand und der Kabul-Fluß, führen auch während der sommerlichen Trockenheit Wasser. Nur in ihrer Nähe kann sich eine nennenswerte Oasenwirtschaft mit Bewässerung entfalten. Auch der Pflanzenwuchs entspricht den bereits umrissenen klimatischen Bedingungen. In den Ebenen herrscht durchweg eine Steppenvegetation, die durch die lange jährliche Trockenzeit jene typische landschaftsprägende gelb-braune Farbe annimmt.

Im Monsunbereich gelegen, sind die Berghänge in Nuristan, des Safed Koh und in der Provinz Paktiya bewaldet. Die Wälder bestehen aus Laubbäumen, mit ansteigender Höhe aus Nadelbäumen wie man sie aus Europa kennt.

# AFGHANISTAN

**Höhlenwohnungen** und ein riesiger, aus dem Felsen gehauener Buddha *(links)* überblicken die Felder des fruchtbaren Bamiyan-Tals im zentralen Hochland Afghanistans.

**Bemalte afghanische Lastwagen** *(oben)* bringen Waren über die Bergpässe.

**Getreide** *(unten links)*, hier zum Trocknen ausgebreitet, zählt zu den wichtigsten Feldfrüchten.

**Teppich** *(links)* aus der Amudarja-Gegend mit chinesischem Muster.

## Die Wirtschaft Afghanistans

Afghanistan ist ein ausgesprochenes Agrarland. Der größte Teil der Bevölkerung lebt von der Landwirtschaft, obwohl nur ein kleiner Teil des Landes landwirtschaftlich nutzbar ist. Rund zwei Drittel des Ackerlands muß überdies bewässert werden. Neben den Flüssen sind hierfür vor allem die Qanate, die unterirdischen Kanäle, und Brunnen wichtig.

Auch die Viehzucht hatte große Bedeutung. Besonders die für den Export wichtigen Karakul-Schafe, deren Felle unter der Bezeichnung Astrachan oder Persianer bekannt sind, wurden vornehmlich von Nomaden in den nördlichen Provinzen gehalten.

Doch der lang andauernde Krieg hat die afghanische Landwirtschaft zugrundegerichtet. Nach Schätzungen der Vereinten Nationen liegt ein Drittel der Weizenanbaufläche brach, ist der Viehbestand stark zurückgegangen, sind 40 % der Bewässerungssysteme nicht mehr funktionsfähig und müssen wieder aufgebaut werden. Überdies sind Hunderte von Dörfern zerstört, und Millionen von Bauern leben als Flüchtlinge im Ausland. Vermutlich wird es Jahrzehnte dauern, bis die Landwirtschaft wieder den Stand erreicht haben wird, den sie vor Ausbruch des Krieges hatte. Die Versorgung der Bevölkerung mit Lebensmitteln kann bis dahin nur mit ausländischer Hilfe gewährleistet werden.

Neben der Landwirtschaft kam noch dem Handwerk einige Bedeutung zu. Besonders die auf traditionelle Weise hergestellten Teppiche gehörten zu den wenigen Ausfuhrwaren.

Die industrielle Entwicklung Afghanistans befand sich bis zum Kriegsausbruch noch in einem Anfangsstadium. Ihr wichtigster Zweig war die Textilindustrie, die Produkte der heimischen Landwirtschaft wie Baum- und Schafwolle verarbeitete. Das bedeutendste staatliche Ausfuhrgut war das im Norden des Landes geförderte Erdgas.

# AFGHANISTAN: DER KHAIBARPASS

Ein dicker Busfahrer scheint ein unpassendes Sinnbild zu sein für eine der exotischsten Straßen der Welt. Aber der wohlbeleibte Sikh, dem ein britischer Armeeoffizier kurz nach dem Zweiten Weltkrieg begegnete, verkörperte in seiner Kleidung die Bedeutung Afghanistans als wichtiger Länderkreuzpunkt.

»Er trug ausgebeulte weiße Hosen, den mit Ordensbändern geschmückten Gehrock eines britischen Gardeoffiziers […], die Kappe eines chinesischen Infanteristen, mit rotem Stern, auf seine pagri (Turban) gestülpt, und hatte um seine Schultern sowohl eine Fahrkartenmaschine wie auch ein russisches Mosin-Nagant Gewehr aus dem Ersten Weltkrieg hängen«.

Der Bus des Sikhs fuhr über den 53 km langen Khaibarpaß, den Gebirgspaß, der Afghanistan mit Pakistan verbindet.

Es ist bezeichnend, daß der Busfahrer bewaffnet war. Als Tor zum indischen Subkontinent blickt der Khaibarpaß auf eine blutige Geschichte zurück, da er immer Einfallskorridor sowie auch wichtige Handelsstraße war. Ein Teil des Heeres von Alexander dem Großen kämpfte sich im Jahre 327 v. Chr. durch den Khaibar auf dem Weg zum Indus; von 100 n. Chr. an erstürmten persische, mongolische und Tatarenheere den Khaibar. Für die britischen Herrscher von Indien war die Verteidigung der »Nord-Westgrenze« wichtig, um russische Übergriffe zu verhindern. Im späten 19. und 20. Jahrhundert trugen sie unzählige Gefechte mit den Stämmen des Khaibargebietes aus.

Angreifer und Verteidiger waren nicht die einzigen, die am Khaibar kämpften und starben. Auch Handelsleute mußten gegen räuberische Stämme an der afghanischen Grenze kämpfen, wenn sie Seidenstoffe und Porzellan aus China und Handelswaren aus dem Mittleren Osten durch den Khaibar brachten, auf dem Weg durch die große Oase von Herat. Noch heute, da man mit Eisenbahnen den Paß befahren kann, werden die zwei Straßen durch den Khaibar (eine für den Autoverkehr, die andere für Karawanen) von den Überresten der alten Festungen und Wachtürme beherrscht.

In den 60er Jahren wurde der Khaibar vielen westlichen Touristen bekannt, die auf dem »Hippieweg« nach Indien und weiter nach Katmandu in Nepal zogen. In jüngster Zeit war der Paß Zeuge der traurigen Lastwagenkolonnen mit Flüchtlingen, die Afghanistans brutalem Bürgerkrieg entkommen wollten.

Die Paschtunen (Pathanen), ein zähes Bergvolk, behaupten, Nachfahren der »Verlorenen Stämme« des alten Israel zu sein. Sie beherrschen das Khaibargebiet sowohl in Afghanistan als auch in Pakistan. Wie ihre sagenumwobenen Vorfahren sind sie ein unbändiges und kriegerisches Volk. Keine nationale Regierung hat je ihre vollständige Untertanentreue erzielen können, die sie eher ihrem Stamm, ihrer Familie und persönlicher Ehre geben. Die Paschtunen bildeten einen bedeutenden Teil des Mudschahedin-

# AFGHANISTAN

**Der Khaibarpaß** *(links)* ist die wichtigste Verbindungsstraße zwischen Afghanistan und Pakistan. Der Paß liegt auf einer Höhe von 1072 m. Die Paßstraße ist 53 km lang. 1879 errichteten die Briten eine Straße über den Paß, die um 1920 befestigt wurde.

**Ein Paschtune** *(unten links)* der Khaibarregion trägt ein Gewehr, das fast Teil seiner traditionellen Kleidung zu sein scheint. Diese Bergbewohner sind stolze und unabhängige Menschen, jederzeit bereit, für ihre persönliche Ehre zu kämpfen.

**In diesem überfüllten Bus** *(unten Mitte)* am Khaibarpaß gibt es keinen Platz mehr. Eine Straße über den Paß verbindet jetzt Kabul in Afghanistan mit Peshawar in Pakistan; eine zweite Straße dient nur den traditionellen Karawanen.

Widerstandes gegen das sowjetisch beherrschte Kabul-Regime. Hier, wie auch in den immer noch herrschenden Blutfehden, kommt ihnen eine ihrer Handwerkskünste zustatten. Die Paschtunen sind berühmt für die Herstellung von Gewehren.

Der traditionelle Zeitvertreib der Stammesvölker spiegelt ihr kriegerisches Wesen wider. Paschtunen sind große Spieler, und am liebsten wetten sie bei Tierkämpfen. Hunde- und Hahnenkämpfe sind bei den Paschtunen sehr beliebt. Wachteln und graue Perlhühner werden zum Kampf mit künstlichen Sporen ausgebildet. Exotischere Kämpfe werden zwischen Ziegen oder Kamelen abgehalten, wobei letztere ausgezeichnete Ringer sein sollen.

Einige Paschtunen leben in Zelten und sind halbnomadische Hirten. Viele jedoch sind Kleinbauern und leben in Dörfern, wo der »Malik« (Ältester) und »Mullah« (Islamlehrer) die »Jirgha« (Dorfrat) beherrschen. Doch den Weisungen des Mullah wird nicht immer Folge geleistet: Obwohl der Islam Alkohol verbietet, genießen die Paschtunen einen starken Wein, der aus getrockneten Früchten hergestellt wird. Eine andere islamische Tradition wird weniger hinterfragt: Zwar tragen einige afghanische Frauen in den Städten nicht mehr den allesumhüllenden »Schador« (Schleier), dennoch bleiben sie den Haushaltspflichten ergeben und weben weiterhin die vielgepriesenen afghanischen Brücken und Teppiche.

**Der Khaibarpaß** *(rechts)*, der wichtigste Paß von Afghanistan nach Pakistan, ist das Tor zum indischen Subkontinent. Durch ihn zogen Perser und Griechen, Tataren, Mongolen und Afghanen auf ihrem Weg nach Indien. Im 19. Jahrhundert erfuhren die Briten, daß die Khaibar-Stämme hervorragende Kämpfer waren. In diesem Jahrhundert wurde der Paß bei abenteuerlustigen westlichen Touristen bekannt. In jüngster Zeit durchzogen ihn Flüchtlinge, die dem Elend des afghanischen Bürgerkriegs entflohen.

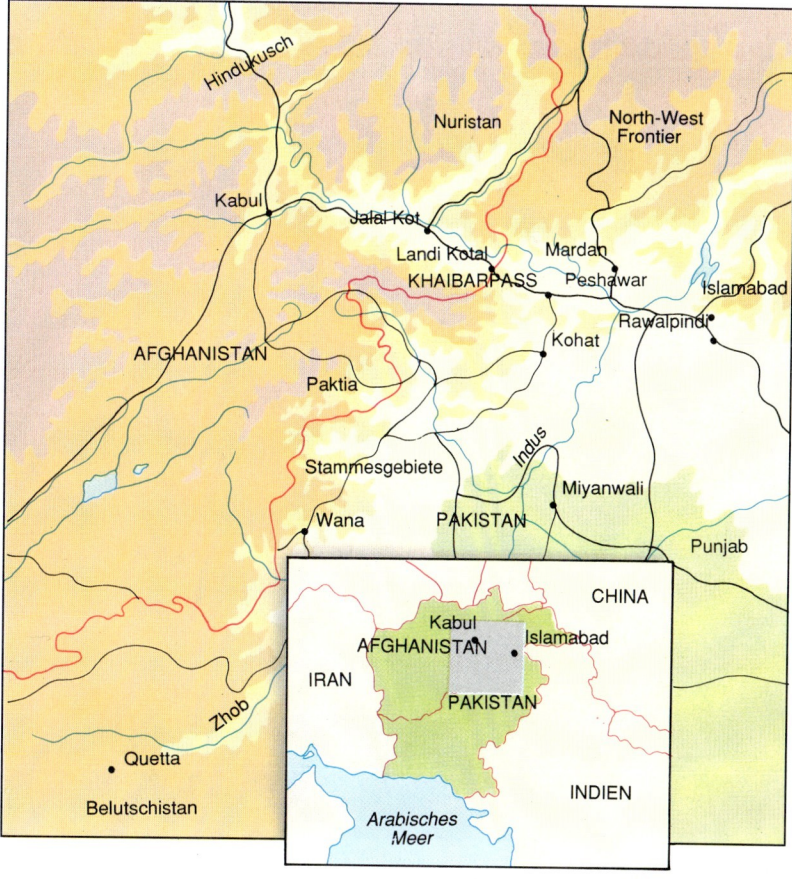

# ÄGYPTEN

# ÄGYPTEN

Schon im Altertum lockte es Reisende in das Land am Nil, das laut Herodot (um 485 v. Chr. – um 425 v. Chr.) »mehr wunderbare Dinge und erstaunliche Werke enthält als alle anderen Länder«. Diese Anziehungskraft ist bis heute ungebrochen – im Gegenteil: Seit Herodot hat Ägypten weiter Geschichte gemacht, wurde zu einem der ersten christianisierten Länder der Erde und zur Wiege des Mönchtums – und nach der arabischen Eroberung zu einem einzigartigen Sammelpunkt islamischer Gelehrsamkeit und prächtiger Bauten.

Götter und Pharaonen sind noch immer Ägyptens beste Werbeagenten. Keine andere frühe Hochkultur vermittelt sich so anschaulich: Gewaltige Pyramiden zeugen von der gemeinschaftlichen Leistung eines Volkes, feierliche Prozessionswege zu den Tempeln erzählen vom Götterkult und fröhlichen Festen, farbenprächtige Reliefs in den Gräbern geben Aufschluß über das Leben im Diesseits und über die Vorstellungen von den Freuden und Leiden im Jenseits. Daneben verdienen aber auch die Kirchen der Kopten, die Moscheen und das Koptische und das Islamische Museum in Kairo das Interesse des Besuchers. – Nicht bruchlos reihen sich die historischen Kulturkreise aneinander, aber auch nicht ohne wechselseitige Befruchtung.

Die faszinierenden Kulturdenkmäler früherer Epochen drängen das gegenwärtige Ägypten meist in den Hintergrund. Zu vielschichtig sind die wirtschaftlichen und sozialen Probleme, die durch die besondere geographische Situation noch zusätzlich verschärft werden.

Ägypten ist zwar eines der flächenmäßig größten Länder der arabischen Welt, doch bestehen 96 % seines Territoriums aus Wüste. Auf den restlichen 4 % – das entspricht in etwa der Größe Baden-Württembergs – drängen sich über 67 Millionen Menschen, und Jahr für Jahr kommt eine weitere Million hinzu. Der traditionelle Kultur- und Siedlungsraum – der schmale Landstreifen entlang des Nil und dessen Mündungsdelta – läßt sich nur durch langwierige und teure Projekte der Neulandgewinnung in die Wüste hinein erweitern. Gleichzeitig jedoch geht wertvoller Boden durch Straßen- und Wohnungsbau oder für die Herstellung von Lehmziegeln verloren. Das Mißverhältnis zwischen Einwohnerzahl und verfügbarem Boden wird immer dramatischer. Auf Schritt und Tritt wird der Besucher mit diesem Grundproblem Ägyptens konfrontiert. Wer vielseitig interessiert ist, wird sich dennoch auch dem heutigen Ägypten nicht verschließen können – dem Zauber der Nillandschaft und der schattigen Lehmdörfer, dem Gegensatz zwischen dem fruchtbaren Niltal und angrenzenden Wüstengebieten mit den eingestreuten Oasen, der faszinierenden Landschaft im Sinai, dem schnellen Rhythmus der Metropole Kairo und dem Charme verschlafener Kleinstädte, vor allem aber den freundlichen Menschen.

# ÄGYPTEN: DER STAAT

Mitten im »Pulverfaß Nahost« zeichnet sich Ägypten durch eine bemerkenswerte politische Stabilität aus. Die »Arabische Republik Ägypten« bekennt sich nach der Verfassung von 1971 sowohl zu einem »demokratischen Sozialismus« als auch zu den Prinzipien des islamischen Rechts. Die Verfassung räumt dem Präsidenten eine sehr starke Stellung ein: Er ist Staatsoberhaupt, Oberster Befehlshaber der Streitkräfte, Vorsitzender der Regierungspartei, und er ernennt alle wichtigen politischen Funktionsträger. Gesetzgebendes Organ ist die auf fünf Jahre gewählte Volksversammlung. Sie billigt die Leitlinien der Politik und schlägt den Präsidenten vor, der dann durch Volksabstimmung auf sechs Jahre gewählt wird. 1993 begann Hosni Mubaraks (* 1928) dritte Amtszeit.

### Suche nach dem richtigen Entwicklungsweg

Ägypten ist ein Entwicklungsland, das glücklicherweise gute Potentiale besitzt: natürliche Ressourcen wie den Nil, die fruchtbaren Böden und das Erdöl, eine günstige Verkehrslage und einen großen Binnenmarkt. Trotz ganz unterschiedlicher Strategien und zeitweise beeindruckender Wachstumsraten haben jedoch weder Gamal Abd An Nassers (1918–1970) Politik des »Arabischen Sozialismus« noch Anwar As Sadats (1918–1981) westlich orientierte »Öffnungspolitik« einen dauerhaften Entwicklungsprozeß in Gang setzen können: Die Landwirtschaft kann die Bevölkerung nicht ernähren, die Industrie ist auf dem Weltmarkt nicht konkurrenzfähig, das Haushaltsdefizit ist chronisch, die Staatsbürokratie aufgebläht.

Durch eine hohe Außenverschuldung sind auch die Handlungsspielräume des derzeitigen Präsidenten Hosni Mubarak eng begrenzt. Sein

**Menschen in Kairo** *(rechts)* auf dem Weg zur Metro, der städtischen Untergrundbahn. Das unterirdische Schienennetz ist seit 1987 in Betrieb. In Ägypten sind die meisten Stadtbewohner auf öffentliche Verkehrsmittel angewiesen.

besonnener Kurs geht immer wieder im innen- und außenpolitischen Krisenmanagement unter. Vor allem die steigenden Lebensmittelimporte verschlingen einen immer größeren Anteil der knappen Deviseneinnahmen.

Kein Wunder, daß angesichts dieser Dauerkrise viele Ägypter das Vertrauen in die gegenwärtige Politik verloren haben. Vor allem mußten sie die Erfahrung machen, daß die importierten gesellschaftlichen Modelle – egal ob Sozialismus oder Kapitalismus – bei der Lösung der drängenden wirtschaftlichen und sozialen Probleme versagt haben. So entstanden bereits in den 70er Jahren fundamentalistische Bewegungen, für die der Islam allein die Antwort auf die Krise der ägyptischen Gesellschaft geben kann und die sich seit Beginn der 90er Jahre zu-

## Daten und Fakten

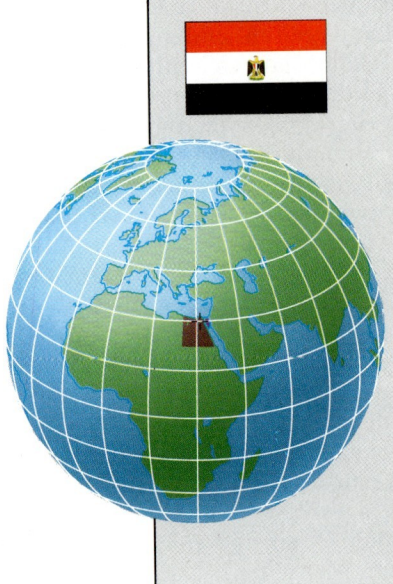

**DAS LAND**
**Offizieller Name:** Arabische Republik Ägypten
**Hauptstadt:** Kairo
**Fläche:** 1 001 449 km²
**Landesnatur:** Libysche Wüste westl. des Nil, Uferoase des Nil, Arabische Wüste östl. des Nil, Sinai-Halbinsel im Osten
**Klima:** Subtropisches Klima
**Hauptflüsse:** Nil
**Höchster Punkt:** Jabal Katrinah 2642 m
**Tiefster Punkt:** Kattarasenke –133 m

**DER STAAT**
**Regierungsform:** Präsidiale Republik
**Staatsoberhaupt:** Staatspräsident
**Regierungschef:** Ministerpräsident
**Verwaltung:** 27 Provinzen
**Parlament:** Nationalversammlung (»Rat des Volkes«) mit 454 Mitgl., »Schura« (210 Mitglieder)
**Nationalfeiertag:** 23. Juli
**DIE MENSCHEN**
**Einwohner:** 67 226 000 (1999)
**Bevölkerungsdichte:** 67 Ew./km²
**Stadtbevölkerung:** 46 %
**Bevölkerung unter 15 Jahren:** 35 %

**Analphabetenquote:** 45 %
**Sprache:** Arabisch
**Religion:** Moslems 90 %
**DIE WIRTSCHAFT**
**Währung:** Ägyptisches Pfund
**Bruttosozialprodukt (BSP):** 79 206 Mio. US-$ (1998)
**BSP je Einwohner:** 1290 US-$
**Inflationsrate:** 9,7 % (1990–98)
**Importgüter:** Maschinen, Fahrzeuge, Weizen, Weizenmehl, Stahl, Eisen, Holz
**Exportgüter:** Baumwolle und -garne, Textilien, Erdöl u. Erd-

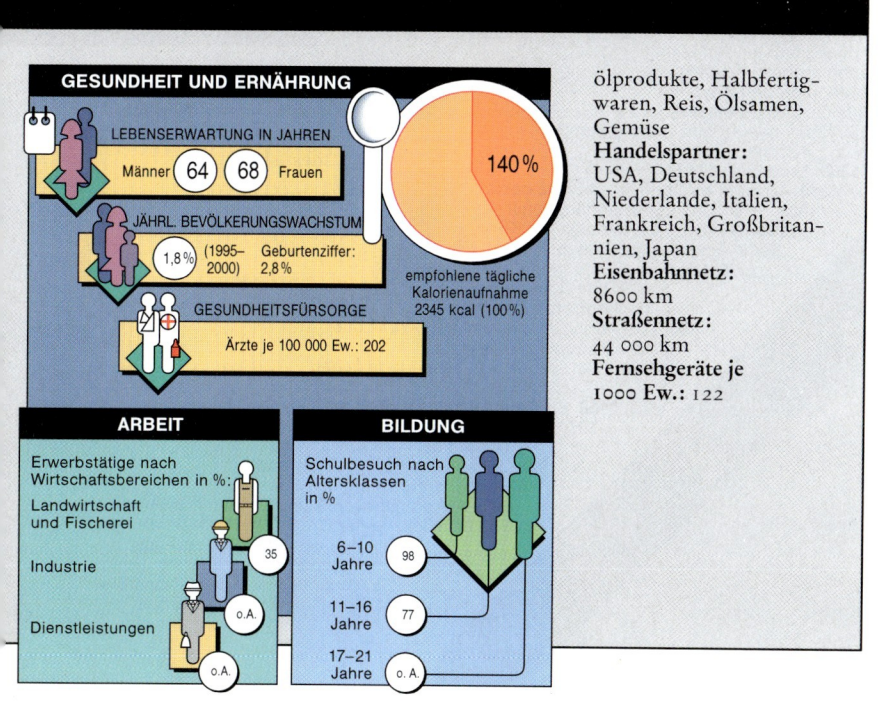

**Die Größe Ägyptens** *(rechts)* unterstreicht die Bedeutung des Landes in der arabischen Welt. Der überwiegende Teil des Staatsgebietes ist Wüste, während das Niltal die Lebensader des Landes ist. Im Osten liegt die Halbinsel Sinai, der Schauplatz der vergangenen Konflikte zwischen Ägypten und Israel. Ein 1979 unterzeichneter Vertrag stellte den Frieden zwischen beiden Staaten wieder her.

### GESUNDHEIT UND ERNÄHRUNG

LEBENSERWARTUNG IN JAHREN
Männer 64 — 68 Frauen

JÄHRL. BEVÖLKERUNGSWACHSTUM
1,8 % (1995–2000) — Geburtenziffer: 2,8 %

GESUNDHEITSFÜRSORGE
Ärzte je 100 000 Ew.: 202

140 %
empfohlene tägliche Kalorienaufnahme 2345 kcal (100 %)

### ARBEIT
Erwerbstätige nach Wirtschaftsbereichen in %:
- Landwirtschaft und Fischerei — 35
- Industrie — o. A.
- Dienstleistungen — o. A.

### BILDUNG
Schulbesuch nach Altersklassen in %
- 6–10 Jahre: 98
- 11–16 Jahre: 77
- 17–21 Jahre: o. A.

ölprodukte, Halbfertigwaren, Reis, Ölsamen, Gemüse
**Handelspartner:** USA, Deutschland, Niederlande, Italien, Frankreich, Großbritannien, Japan
**Eisenbahnnetz:** 8600 km
**Straßennetz:** 44 000 km
**Fernsehgeräte je 1000 Ew.:** 122

nehmend radikalisierten. Sie versuchten mehrfach durch Attentate auf Touristen, wie im November 1997 nahe Luxor, die wirtschaftliche Krise zu verstärken.

### Ägypten im Nahostkonflikt

Durch die Wiederaufnahme in die Arabische Liga 1989 hat Ägypten nach über zehn Jahren seine zentrale Rolle zurückerhalten, die es traditionell im arabischen Lager gespielt hatte. Aus Protest gegen den Friedensvertrag mit Israel hatten 1979 die arabischen Staaten ihre Beziehungen zu Ägypten eingefroren. Ägypten hatte auf arabischer Seite stets die Hauptlast im Konflikt mit Israel getragen: 1948 im Palästina-Krieg, 1956 in der Suez-Krise, 1967 im »Sechstagekrieg« und zuletzt 1973 im »Oktober-Krieg«. 1982 erhielt Ägypten das letzte Teilgebiet der im Sechstagekrieg besetzten Sinai-Halbinsel zurück. Statt der Versöhnung folgte jedoch ein »Kalter Frieden«, da Israel in den Libanon einmarschierte und sich in der Palästina-Frage wenig kompromißbereit zeigte. Mitte der 90er Jahre übernahm Ägypten die Rolle eines Vermittlers im Nahostkonflikt.

# ÄGYPTEN: GESCHICHTE UND POLITIK

Die Vorgeschichte Ägyptens endete, als gegen 3000 v. Chr. König Menes das Niltal zu einem zentralistischen Staat zusammenschloß.

Einen ersten Höhepunkt erlebte das pharaonische Ägypten während des Alten Reiches (2640–2160 v. Chr.). Die gewaltigen Pyramidenbauten von Djoser, Snofru, Cheops, Chephren und Mykerinos waren Ausdruck der uneingeschränkten königlichen Macht, die unter den Nachfolgern jedoch zusehends verfiel. Mit dem Alten Reich zerbrach zugleich ein auf Ewigkeit ausgerichtetes Weltbild. Erst hundert Jahre später stabilisierte sich die politische Situation, als das Land vom oberägyptischen Theben aus erneut geeint wurde. Aber auch das Mittlere Reich (2040–1650 v. Chr.) hatte seine Kräfte erschöpft, als die Hyksos aus Vorderasien das Land für hundert Jahre besetzten.

Durch Eroberungen zu Beginn des Neuen Reiches (1551–1070 v. Chr.) dehnte Ägypten sein Herrschaftsgebiet zeitweise bis zum Euphrat aus. Internationale Handelsbeziehungen und Tributzahlungen eroberter Völker brachten sagenhafte Reichtümer ins Land. In jener Zeit wurde das Tal der Könige angelegt, wuchsen die Tempel in Theben. Auch nach den Wirren, die König Echnaton (1364–1347 v. Chr.) mit seinen politischen und religiösen Reformen ausgelöst hatte, erlebte das Land noch glanzvolle eineinhalb Jahrhunderte. Aufreibende Kriege, Wirtschaftskrisen und Korruption kennzeichnen schließlich das Ende einer eigenständigen Geschichte. Aber auch die folgenden Fremdherrscher – Libyer, Äthiopier und Perser – stellten sich alle in die ruhmreiche Tradition der Pharaonen. 332 v. Chr. eroberte Alexander der Große kampflos Ägypten und gründete Alexandria. Nach seinem Tod teilten seine Feldherren das Weltreich auf, Ptolemaios erhielt das Land am Nil. Er begründete die Dynastie der Ptolemäer, die 30 v. Chr. mit dem Tod der Königin Kleopatra endete. Geschickt hatten die Römer die chaotischen Zustände im Land und die Thronstreitigkeiten innerhalb der Herrscherfamilie für eine Invasion genutzt. Ägypten wurde Provinz des Römischen Reiches. Bei der Reichsteilung 395 n. Chr. fiel das inzwischen christianisierte Land an Byzanz (395–641).

## Reich des Islam

Im Jahr 640 wurde das christliche Ägypten von den Arabern erobert. Allmählich durchdrangen Kulturkreis, Religion und Sprache der neuen Herren das Land und legten den Grundstein des heutigen islamischen und arabisierten Staates. 969 wurde Kairo gegründet und entwickelte sich bald zum wirtschaftlichen und kulturellen Zentrum des Landes.

Christliche Kreuzfahrer und ungläubige Mongolen erschütterten im 12./13. Jahrhundert die islamische Welt und bedrohten auch Ägypten. Beide Gefahren konnten abgewehrt wer-

**Eine Moschee in Kairo** (*oben*) versinnbildlicht Macht und Herrlichkeit des Islam.

**3000 v. Chr.** Menes vereinigt Ägypten
**2640–2160 v. Chr.** Altes Reich oder Pyramidenzeitalter
**2040–1650 v. Chr.** Mittleres Reich
**1551–1070 v. Chr.** Neues Reich, Ägypten wird zur Großmacht
**332 v. Chr.** Alexander der Große erobert Ägypten
**305 v. Chr.** Ptolemaios gründet Dynastie
**30 v. Chr.** Ägypten wird römische Provinz
**640 n. Chr.** Araber erobern Ägypten
**969–1171** Fatimiden-Dynastie
**1171–1250** Ajjubiden-Dynastie
**1250–1517** Expansion unter den Mamluken
**1517** Osmanen erobern Ägypten
**1798** Napoleon erobert Ägypten
**1801** Rückzug der Franzosen
**1805** Mohammed Ali wird Pascha von Ägypten
**1869** Eröffnung des Suezkanals
**1914** Ägypten wird britisches Protektorat
**1922** Erlangung der Unabhängigkeit
**1948–49** Ägyptisch-Israelischer Krieg
**1953** Ägypten wird Republik
**1956** Suezkrise; Eindringen israelischer Streitkräfte; Landung britischer und französischer Truppen
**1958** Gründung der Vereinigten Arabischen Republik
**1967** Sechstagekrieg; Niederlage gegen Israel
**1968** Eröffnung des Assuan-Hochdammes
**1970** Tod von Gamal Abd An Nasser, Nachfolger wird Anwar As Sadat
**1973** Jom-Kippur-Krieg gegen Israel
**1975** Wiedereröffnung des Suezkanals
**1978** Abkommen von Camp David mit Israel
**1979** Rückzug der Israelis aus dem Sinai als Folge des Friedensvertrages
**1981** Ermordung Präsident Sadats; Hosni Mubarak wird dessen Nachfolger
**1984** Erste unverfälschte Wahlen

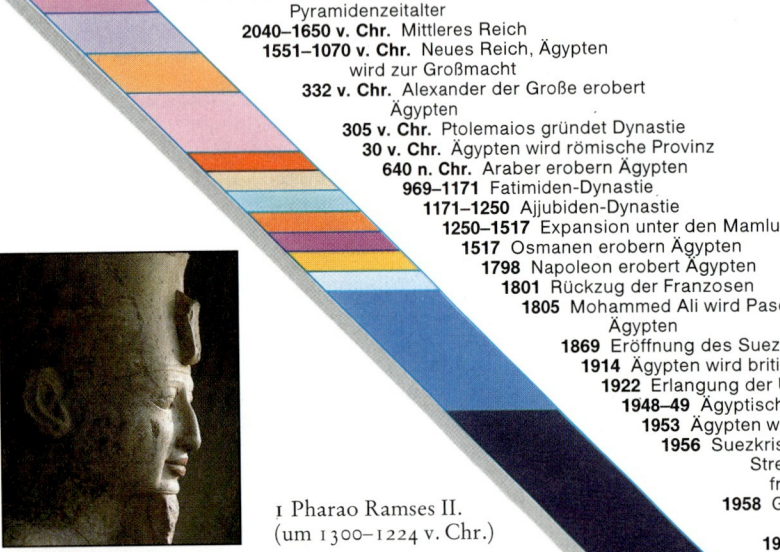

1 Pharao Ramses II. (um 1300–1224 v. Chr.)

2 Mohammed Ali (1769–1849)
3 Gamal Abd An Nasser (1918–1970)

# ÄGYPTEN

den. Gestärkt gingen Ägyptens Herrscher, die von Militärsklaven abstammenden Mamluken, aus dem Ansturm der Mongolen hervor. Trotz oft erbitterter innenpolitischer Machtkämpfe bestimmten sie Ägyptens Geschick bis in die Neuzeit. Selbst die Eroberung durch das militärtechnisch überlegene Osmanische Reich im Jahr 1517 änderte nur wenig an ihrem Einfluß, denn für die neuen Machthaber war das Land am Nil eine bedeutungslose Randprovinz. 1798 nahm Napoleon ein wirtschaftlich ruiniertes Land ein.

## Reform und Revolution

Nach dem Ende der kurzen französischen Besetzung reorganisierte der einstige osmanische Offizier Mohammed Ali (1769–1849) das abgewirtschaftete Land. Seine vielseitigen Reformen, die ihn zum »Vater des modernen Ägypten« machten, finanzierte er aus dem Anbau und Export von Baumwolle. Die Textil- und Rüstungsfabriken der 1830er Jahre stehen für den ersten Versuch einer Industrialisierung.

Schon bald unter seinen Nachfolgern bahnte sich jene dramatische Entwicklung an, die knapp hundert Jahre später zur Revolution führen sollte: hohe Staatsausgaben für ehrgeizige Reformprojekte, wachsende Verschuldung und als Folge extreme soziale Spannungen. Mit dem Verkauf der Suez-Kanal-Aktien an England lieferte sich Ägypten vollends fremden Interessen aus, zu deren Schutz es 1882 für über siebzig Jahre besetzt wurde. Ägypten wurde zum weltmarktabhängigen Baumwoll-Lieferanten für die englische Textilindustrie. Aus Protest gegen die Fremdbestimmung nahmen nationalistische Strömungen zu. In den Nachkriegsjahren erreichte die politische, wirtschaftliche und soziale Krise Ägyptens ihren Höhepunkt. Der letzte Erbe der Dynastie Mohammed Alis, König Faruk (1920–1965), mußte nach einem unblutigen Staatsstreich 1952 ins Exil gehen.

**Der Suezkanal** *(links außen)*, von französischen Ingenieuren erbaut und 1869 fertiggestellt, verkürzt den Seeweg in den Fernen Osten erheblich. Er stand bis zur Verstaatlichung durch Ägypten im Jahre 1950 unter französischer und britischer Kontrolle.

**Zwei Kolossalstatuen Ramses' II.** beherrschen die Fassade des Tempels von Luxor *(links)*. Er bildete einst den Mittelpunkt Thebens, der Hauptstadt des Mittleren Reiches. Die damaligen Herrscher errichteten an dieser Stätte 20 Tempel.

# ÄGYPTEN: WÜSTE UND STADT

Endlos erstrecken sich die Wüstengebiete zu beiden Seiten des Niltals: im Westen die Libysche Wüste (As Sahra Al Libiyah), die drei Viertel des Landes einnimmt, im Osten die Arabische Wüste (As Sahra Ash Sharqiyah) und die Halbinsel Sinai (Sina'). Auf einer Länge von 1200 km durchschneidet der Nil das Land und bewässert die schmale Flußoase und das bis zu 250 km breite Delta. Während die Wüsten, abgesehen von wenigen Beduinenstämmen, fast unbesiedelt sind, drängen sich entlang des Nils die Menschen auf engstem Raum. Mit über 1500 Einwohnern pro km² gehört Ägyptens Bevölkerungsdichte – bezogen auf das Kulturland – schon jetzt zu den höchsten der Welt. Trotz sinkender Zuwachsraten gab es um die Jahrhundertwende fast 70 Millionen Ägypter, von denen gut die Hälfte in Städten lebte, auf denen bereits heute schier unlösbare soziale Probleme lasten. Platz gibt es nur in der unwirtlichen Wüste.

## Al Qahirah – die Siegreiche

Die Stadtregion Kairo wächst täglich um etwa tausend Zuwanderer. Die Hoffnung auf ein besseres Leben treibt viele vom Land in die Hauptstadt, wo die Hälfte aller Industriebetriebe Ägyptens angesiedelt ist. Von zwei Millionen Einwohnern in den 40er Jahren entwickelte sich Groß-Kairo bis heute mit rund 10 Millionen Einwohnern zur größten Stadt im Nahen Osten, zur Metropole Afrikas, ohne daß die dafür notwendige Infrastruktur entsprechend angepaßt worden wäre. Rund 15 % der Gesamtbevölkerung Ägyptens konzentriert sich im Großraum Kairo. In manchen ärmeren Stadtteilen leben mehr als 100 000 Menschen auf einem einzigen Quadratkilometer. Mangelnder Wohnraum ist eines der großen, durch die Überbevölkerung bedingten Probleme. Zehnköpfige Familien, die sich mit nur einem Raum begnügen müssen, sind keine Seltenheit.

Kairo hat viele Gesichter: Unmittelbar entlang der Niluferfer erhebt sich die markante Skyline des modernen Zentrums mit seinen Hochhäusern, Hotels, Banken, eleganten Auslagen und Restaurants, großzügig angelegten Plätzen und breiten – häufig verstopften – Boulevards. Hier pulsiert das Geschäftsleben, tobt mehrspurig der Verkehr, überwiegen westlich gekleidete Menschen. Die geschäftige Metropole zeigt aber zugleich ländliche Züge, wenn ein Bauer mit der größten Selbstverständlichkeit eine Schafherde über die Straße treibt oder ein mit Gemüse beladener Eselskarren gemächlich zwischen den hupenden Autos dahinrumpelt.

Wenige Kilometer vom Zentrum entfernt liegt die einst so prächtige Altstadt. Ihr Wahrzeichen ist die Ende des 12. Jahrhunderts auf den Muqattamhöhen errichtete Zitadelle, erbaut aus Steinen der Pyramiden von Gizeh. Obwohl die Altstadt hoffnungslos übervölkert ist, spürt man hier noch die Faszination, die von dieser Stadt einmal ausgegangen sein muß: das quirlige

**Bürohochhäuser** und der ständig ansteigende Verkehrsstrom *(links)* prägen das Stadtbild des »neuen Kairo«. Die Hauptstadt Ägyptens ist das industrielle und wirtschaftliche Zentrum, dessen Infrastruktur mit dem Bevölkerungswachstum kaum Schritt halten kann.

**Dieser Schuhputzer** *(rechts)* ist ein typisches Beispiel für die rege wirtschaftliche Betätigung auf den Straßen Kairos. Zahlreiche Einwohner Kairos müssen ihren Lebensunterhalt mit dem Durchstöbern der Abfallhaufen in den Straßen bestreiten.

Leben in den engen Gassen, die winzigen Werkstätten der Handwerker, die überdachten Bazarstraßen, die hohen Häuser mit den Holzgitterfenstern, Obststände, Kaffeehäuser und duftende Garküchen... und dann die Kühle und Ruhe in der Al-Azhar-Moschee, nunmehr seit über tausend Jahren geistiges Zentrum der islamischen Welt. Mit internationalen Hilfsmaßnahmen wird versucht, die Altstadt mit ihren einzigartigen mittelalterlichen Bauten vor dem völligen Verfall zu retten.

## Lebensraum in der Wüste

1977 begann der Bau der ersten von bisher sechs Städten, die abseits des traditionellen Siedlungsgebietes in der Wüste am Rande des Deltas liegen. Das explosionsartige Wachstum der »alten« Städte und ihre Ausdehnung auf wertvolles Agrarland machten radikale Entscheidungen erforderlich. Jeweils eine halbe bis eine Million Einwohner sollen Wohnungen, Arbeitsplätze und die notwendige Infrastruktur an den neuen Orten finden. Die ersten Zwischenergebnisse sind aber enttäuschend: Zwar haben über 500 Fabriken mit etwa 40 000 Beschäftigten bereits die Produktion aufgenommen, ein Großteil der Wohnungen steht jedoch noch leer, denn viele Arbeiter pendeln lieber täglich zwischen den neuen und den alten Zentren. Mit wachsender Eigendynamik der neuen Industriegebiete könnte sich dieses Verhalten aber durchaus ändern.

## Kairo –

Kairo (rechts) liegt an den Ufern des Nil. Die westliche und die östliche Hälfte der Stadt gehören jedoch zu zwei verschiedenen Welten. Die Bausubstanz des Westteils der Stadt stammt vorwiegend aus dem 19. und 20. Jahrhundert. Zu den Sehenswürdigkeiten im Ostteil der Stadt gehören: das Ägyptische Museum (1), das Museum für islamische Kunst (2), der Manisterli-Palast (3) mit dem Nilmesser und die aus dem 12. Jahrhundert stammende Saladin-Zitadelle (4). Alt-Kairo (5), die Al-Azhar-Universität (6) und das Bazarviertel (7) sind wichtige Zentren dieser Stadt.

ÄGYPTEN

**Bürohochhäuser** und der ständig ansteigende Verkehrsstrom *(links)* prägen das Stadtbild des »neuen Kairo«. Die Hauptstadt Ägyptens ist das industrielle und wirtschaftliche Zentrum, dessen Infrastruktur mit dem Bevölkerungswachstum kaum Schritt halten kann.

**Im Ostteil von Kairo** *(oben)* stehen die ältesten Gebäude der Stadt. Die alten Häuser können jedoch die rasch anwachsende Bevölkerung nicht aufnehmen. So zwingt die Überbevölkerung viele Menschen, in Hüttensiedlungen zu leben.

## Die ägyptische Metropole

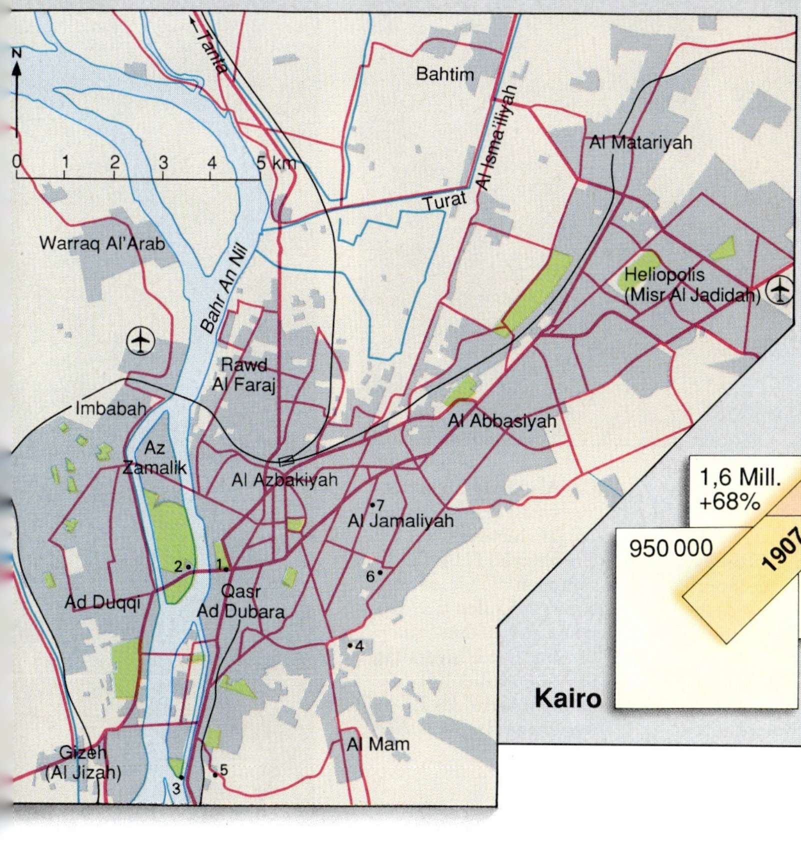

Kairos Bevölkerung (unten) nimmt aufgrund der Zuwanderung und der hohen Geburtenrate in Ägypten seit Beginn des 20. Jahrhunderts stark zu.

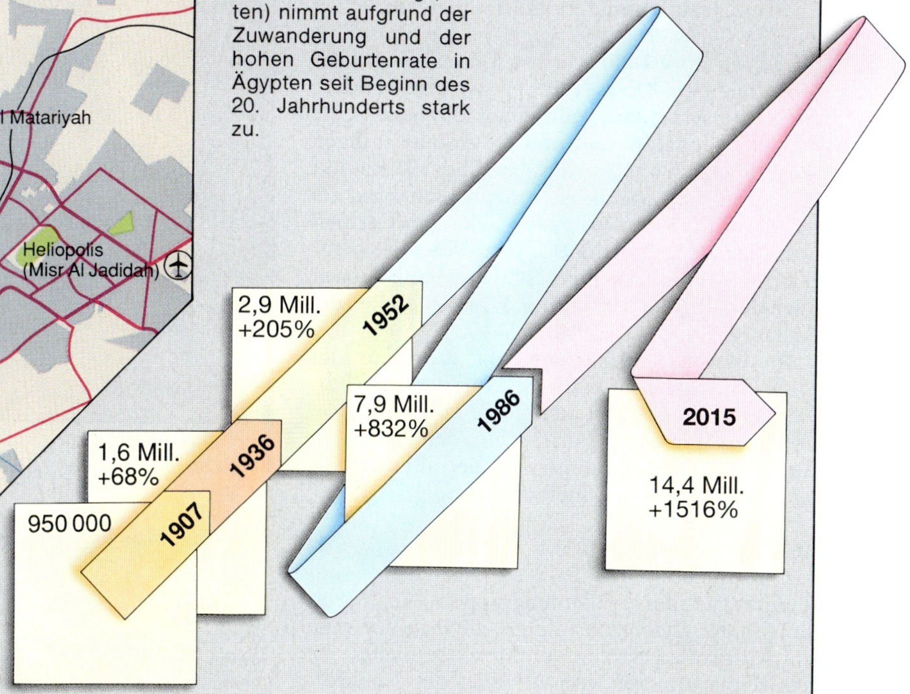

**Kairo**

- 950 000 — 1907
- 1,6 Mill. +68% — 1936
- 2,9 Mill. +205% — 1952
- 7,9 Mill. +832% — 1986
- 14,4 Mill. +1516% — 2015

# ÄGYPTEN: DIE AL-AZHAR-UNIVERSITÄT

Im Juli des Jahres 969 ließ ein ehemaliger Sklave mit Namen Gohar sein Heer von Tunesien bis zu den Ufern des Nil in Ägypten marschieren, wo ihm der Sage nach ein schwarzer Hund die günstigste Stelle zur Überquerung des Flusses gezeigt haben soll. Am Ostufer sollte er den Grundstein der modernen Stadt Kairo, arabisch »Al Qahirah«, der neuen Hauptstadt der Fatimiden, und der großen Al-Azhar-Moschee, des Zentrums der islamischen Lehre, legen. Die Dynastie der Fatimiden ist nach Fatima benannt, der Ehefrau Alis, Vetter und Schwiegersohn des Propheten Mohammed. Ihrer Meinung nach hatten sie als Nachkommen Alis und Fatimas ein größeres Anrecht auf die führende Rolle in der islamischen Gemeinschaft als die abbasidischen Kalifen in Bagdad.

Nachdem Gohar Gizeh erreicht hatte, heute ein Vorort Kairos, entdeckte er, daß die Pest in der Stadt grassierte. In der Region waren ihr eineinhalb Millionen Menschen zum Opfer gefallen. Die Menschen baten Gohar um Gnade, und er verbot seinen Soldaten, den Bewohnern Schaden zuzufügen und die Stadt zu plündern. In einem höher gelegenen Gebiet nördlich der Stadt errichtete er sein Lager und entschied sich, an dieser Stelle, etwas nördlich der älteren Siedlung Fustat (640 durch die ersten in Ägypten eindringenden Araber gegründet), seine Hauptstadt anzulegen.

## Die neue Stadt

Am 5. August 969 wurde am nordöstlichen Stadtrand des heutigen Kairo im freien Gelände ein Quadrat von 1100 m Seitenlänge abgesteckt. Die Astrologen Gohars versammelten sich, um den günstigsten Moment für den Beginn der Eröffnungszeremonie zu bestimmen. An Seilen wurden Glocken aufgehängt, die als Signal für die Arbeiter geläutet werden sollten, sobald die Astrologen eine Entscheidung getroffen hätten. Ein Rabe setzte sich jedoch auf die Seile, löste das Glockengeläut aus, und die Arbeiter gingen augenblicklich ans Werk. Obwohl der Zeitpunkt von den Astrologen als unglücklich erachtet wurde, war es nun zu spät. – Die Stadt erhielt den Namen »Al Qahirah« (arabisch »die Siegreiche«). Innerhalb ihrer Mauern legte Gohar auch den Grundstein zur Al-Azhar-Moschee (Al Azhar, arabisch »die Prächtige«).

Im islamischen Fastenmonat Ramadan des Jahres 973 kam der Kalif Al Muizz aus Mahdiyah in seine neue Hauptstadt. Feierlich ritt er in den großen Hof des Palastes ein, den Gohar für ihn erbaut hatte. Von dort aus betrat er die Al-Azhar-Moschee und hielt eine Predigt.

## Moschee und Universität

Die Moschee wurde bald auch als Universität genutzt, an der Studentengruppen den Vorlesungen der Gelehrten folgten, die ihre Vorträge an den großen Säulen der Moschee hielten. In der Regierungszeit von Al Aziz, des Nachfolgers von Muizz, wurden Moschee und Universität zum Zentrum der Verbreitung der schiitischen Glaubensrichtung der Fatimiden. Der Begriff Schiiten ist abgeleitet vom arabischen »schia« (»Partei«, »Sekte«). Die Schiiten gehören zur »Partei« Alis, im Gegensatz zu den orthodoxen Sunniten, die der »Sunna«, dem »Pfad« des Propheten Mohammed, folgen. 1171 war Al Azhar jedoch zur sunnitischen Glaubensrichtung zurückgekehrt.

## Lehre und Andacht

Al Azhar ist ein weitläufiges Gebäude, das einen großen, quadratischen Innenhof umgibt. Die etwa 90 000 Studenten werden »mugawireen«, »Nachbarn«, genannt. Die traditionell unterrichteten Fächer waren: Flexionslehre, Syntax, Rhetorik, Verskunst, Logik, Theologie, das Auswendiglernen des Koran, das »Hadith« – »Erzählungen« des Propheten Mohammed –, die Scharia – die islamische Gesetzeswissenschaft – und Mathematik. Nach 1952 wurden weitere Studienfächer wie Algebra, Berechnung des moslemischen Kalenders und der Gebetszeiten angeboten. Der wichtigste Andachtsort ist die »qibla« an der nach Mekka gerichteten Seite. An jeder der übrigen drei Seiten befinden sich kleinere Säulenhallen, die als Studentenwohnheime, die sogenannten »riwaq«, dienen. Jedes der Wohnheime ist für Studenten aus einem bestimmten Herkunftsland eingerichtet und enthält auch eine eigene Studentenbibliothek.

**Ein Student** (oben) der Azhar-Universität liest unter einer der großen Säulen der Moschee, der Stelle, an der innerhalb dieses Gebäudes die Tradition der Lehre ihren Anfang nahm. Die Studenten kommen aus der gesamten islamischen Welt.

**Die Al-Azhar-Moschee** (rechts) ist seit Ende des 10. Jahrhunderts auch Universität. Damals sprachen die Gelehrten von den Säulen der Moschee aus zu den Studenten. Die Universität, um einen Innenhof erbaut, entstand als Erweiterung der Moschee.

ÄGYPTEN

**Der große Innenhof** von Al Azhar *(links)* ist von Säulenhallen umgeben; dahinter liegen die Studentenunterkünfte. Der nach Mekka gerichtete Teil enthält den Andachtsort der Universität, in den übrigen sind unter anderem Bibliotheken untergebracht.

**Lehre und Gebet** gehen in Al Azhar Hand in Hand *(unten rechts)*. Die Aufteilung des Gebäudes erlaubt es Studenten aus dem gleichen Herkunftsland in speziellen Wohnbereichen, den sogenannten »riwaq«, gemeinsam zu leben und zu arbeiten.

Als Napoleon in Ägypten eindrang, versuchte er die heiligen Männer (Scheichs) und die Vorbeter (Imame) davon zu überzeugen, daß er die Verteidigung des Islam im Sinne habe. Dennoch blieb Al Azhar auch in der Regierungszeit von Mohammed Ali, dessen Herrschaft in Ägypten bald nach Abzug der napoleonischen Armee begann, eine konservative Institution, die mit jeder Regierung, die in Ägypten an der Macht war, zusammenarbeitete, solange sie am Islam festhielt. So entschied beispielsweise auch die Ulema (die islamische Geistlichkeit) in Al Azhar, als Präsident Sadat 1979 seinen Friedensvertrag mit Israel unterzeichnete, daß diese Entscheidung annehmbar sei.

**Al Azhar heute**
Nach dem Staatsstreich Oberst Nassers im Jahre 1952 wurde der Bindung Al Azhars an den Islam zwar besonderer Nachdruck verliehen. Um die Loyalität der Universität gegenüber der Politik Nassers sicherzustellen, wurde Al Azhar allerdings strenger Regierungskontrolle unterstellt. Aus Protest traten einige Ulema zurück. 1961 wurde ein Gesetz zur Reorganisation der Universität verabschiedet, und vier nicht-religiöse Fakultäten kamen hinzu – Ingenieurwissenschaften, Kunst, Medizin und Landwirtschaft. Außerdem wurde ein übergeordneter Regierungsausschuß berufen, der seitdem für die Universität zuständig ist.

# ÄGYPTEN: LANDWIRTSCHAFT

Seit Jahrtausenden ist Ägyptens Lebensbasis der Nil. Schon früh lernten die Menschen, seine jährliche schlammreiche Flut zu nutzen und in dem regenlosen Land eine blühende Bewässerungswirtschaft zu entwickeln. Der Fluß konnte sich jedoch auch launisch zeigen – je nach Heftigkeit der Regenfälle im Hochland von Äthiopien: Sehr hohe oder sehr niedrige Fluten bedeuteten entweder Überschwemmungs- oder Dürrekatastrophen, in jedem Fall Mißernten und damit Hungersnöte.

Das klassische System der Bassinbewässerung, das nur eine Ernte pro Jahr erlaubte, überdauerte bis ins 19. Jahrhundert. Mit der Einführung des Baumwollanbaus in Ägypten wurde jedoch eine moderne Dauerbewässerung nötig: Im Delta entstand der »Barrage du Nil« und 1902 folgte ein Staudamm in Assuan (Aswan), der die schwache Nachflut aufstaute. Das rasche Wachstum der ägyptischen Bevölkerung machte jedoch eine bessere Nutzung des Nilwassers immer dringlicher.

## Der Assuan-Hochdamm

Seit 1971 speichert der Sadd Al Ali, der Hohe Damm, die gesamte Flut im 500 km langen Nasser-See. Durch die Wasserreserven vergrößerte sich die landwirtschaftliche Nutzfläche um ein Siebtel, die Erntefläche sogar um ein Fünftel, da nun überall zwei- bis dreimal im Jahr geerntet werden kann. Neben Baumwolle können jetzt auch Reis, Mais, Zuckerrohr und Hirse verstärkt angebaut werden. Auch die Neulandgewinnung in der Wüste wäre ohne die regelmäßige Wasserzufuhr nicht möglich.

Bereits 1972 bewährte sich der Staudamm, als die jährliche Überschwemmung ausblieb – eine Hungersnot konnte vermieden werden. Geradezu dramatisch entwickelte sich die Situation jedoch in den 80er Jahren aufgrund der langen Trockenperiode in Afrika. Ohne die Wasserreserven des Staudamms wären für Ägypten die Folgen katastrophal gewesen.

## Agrargesellschaft im Wandel

Die Landwirtschaft beschäftigt noch immer mehr als ein Drittel aller Erwerbstätigen, doch ihre wirtschaftliche Bedeutung ist gesunken. Bevölkerungsexplosion und rapide Urbanisierung lasten auf ihr. Die angestrebte Selbstversorgung ist seit langem Utopie. Rund 40 Jahre nach den Agrarreformen befindet sich die Landwirtschaft in einer Strukturkrise: Geringe staatliche Investitionen, erneut ungleicher Landbesitz und veraltete Produktionsmittel sind die Ursachen.

Viele Bauern sind seit den 70er Jahren als Wanderarbeiter in die Stadt oder ins arabische Ausland gegangen und haben durch ihre Überweisungen den Lebensstandard auf dem Land wesentlich erhöht. Überall wird renoviert und neu gebaut, können lang ersehnte Konsumgüter gekauft werden.

**Nahezu das gesamte Kulturland Ägyptens** *(rechts)* liegt am Nil. Durch die 1952 und 1961 erlassenen Landreformgesetze wurde die Besitzstruktur in den Anbaugebieten grundlegend verändert. Das Land der Großgrundbesitzer, die eine Entschädigung erhielten, wurde in Bauern- und Pachtgüter unterteilt. Die heute geltenden Gesetze beschränken den individuellen Bodenbesitz auf 42 ha.

Kattarasenke

**Mit einem altertümlichen Wasserrad** *(oben)* wird das Wasser aus den Bewässerungskanälen auf die Felder verteilt. Moderne Bewässerungsmethoden, die die Ernteerträge erhöhen, sind weit verbreitet, die Anbaumethoden jedoch häufig unverändert.

**Das Satellitenbild vom Nildelta** *(rechts)* zeigt die ausgedehnte Überschwemmungsebene. Die Ägypter des Altertums verglichen das Delta mit einer Lotusblume: das Tal als Stengel, das Delta als Blüte und die Oase Fayyum als Blatt.

# ÄGYPTEN

## Bewässerung

Bei der traditionellen Bewässerungsmethode wird das Land in Überflutungsfelder aufgeteilt. Jedes Feld wird eine zeitlang unter Wasser gesetzt, dann wird das Wasser auf das nächste Feld abgeleitet. Ein System von Schöpfwerken fördert das Wasser von den tieferen auf die höher gelegenen Felder. Seit Anfang des 19. Jahrhunderts wurde das Bewässerungssystem durch Kanäle, Dämme und Wasserreservoirs verbessert. Heute stellt der Assuan-Hochdamm Wasser für eine Bewässerungsfläche von über 800 000 ha bereit.

**Im Laufe der Jahrhunderte** hat sich die ägyptische Landwirtschaft gewandelt. Die frühgeschichtlichen Ackerbauern *(oben)* bebauten nur die Ufer. Durch Entfernung der ursprünglichen Vegetation *(Mitte)* wurde die Nutzfläche erweitert. Neuzeitliche Bewässerungsmethoden *(unten)* steigerten die Produktivität.

# ÄGYPTEN: DIE MENSCHEN

Im Gegensatz zu fast allen anderen Staaten des Nahen Ostens und Afrikas ist Ägypten nicht zusätzlich von ethnischen Problemen belastet. Die Bevölkerung besteht überwiegend aus den arabisierten Nachkommen der alten Ägypter, einem hamitisch-semitischen Mischvolk. Schon in der Vorzeit waren die Grundlagen einer Agrargesellschaft geschaffen worden, nachdem die vorwiegend nomadische Bevölkerung durch eine bäuerliche abgelöst worden war.

Ethnische Minderheiten bilden heute die dunkelhäutigen hamitischen Nubier, die Beduinen, die meist arabischer Herkunft sind, und die Sudanesen im Süden. Der ursprüngliche Siedlungsraum der etwa 100 000 Nubier ist heute vom Nasser-See bedeckt. Sie wurden bei Kawm Umbu (Kom Ombo) in Oberägypten neu angesiedelt. Nur noch wenige der etwa 250 000 Beduinen ziehen mit ihren Kamelherden durch Ägyptens Wüstengebiete. Viele sind seßhaft geworden und arbeiten in der Öl- und Bauwirtschaft oder im Tourismus.

Die arabischen Eroberer haben sich überwiegend mit den Städtern vermischt. Daher kommt die ländliche Bevölkerung, die Fellachen des Niltals, im Aussehen ihren altägyptischen Vorfahren wohl noch recht nah. Ähnlich ist es mit den Kopten, die sich als Christen nicht mit den moslemischen Arabern verbanden. Als größte religiöse Minderheit im Nahen Osten stellen sie knapp 10 % der Bevölkerung.

**Moslems und Christen**

Ägypten ist ein islamisches Land, in dem etwa 90 % der Bevölkerung sunnitische Moslems sind. Der Islam kennt keine Trennung von Politik, Gesellschaft und Religion: Er regelt sämtliche Lebensbereiche bis ins Detail und weist dem Gläubigen dadurch den rechten Weg. Ägyptens Gesetzgebung orientiert sich an den Prinzipien der Scharia, dem islamischen Recht. Versuche religiöser Gruppierungen, die Scharia als allein gültiges Gesetz einzuführen, sind im Parlament bisher gescheitert.

Natürlich empfinden die rund sechs Millionen Kopten diese Tendenzen als beunruhigend. Über die Jahrhunderte hinweg hat es letztlich jedoch nie Zweifel an der nationalen Einheit von Moslems und Kopten gegeben. Auch sind die ägyptischen Christen gesellschaftlich voll integriert und gehören allen sozialen Schichten an. Besonders zahlreich sind sie in den freien Berufen vertreten, aber auch die Ärmsten der Armen, Kairos private Müllsammler, sind überwiegend Kopten.

Die Spannungen zwischen den beiden Religionsgruppen haben sich nach der katastrophalen Niederlage Ägyptens gegen Israel im Junikrieg 1967 und durch die anhaltende wirtschaftliche Krise erhöht. Ausdruck dieser Krise war nicht nur eine allgemeine religiöse Rückbesinnung bei Christen wie Moslems, sondern auch ein wachsender religiöser Fanatismus der islamischen Fundamentalisten.

**Kairos Kaffeehäuser** *(ganz oben)* sind für die Männer beliebte Orte der Entspannung. Die meisten Beduinen Ägyptens wie diese Wolle spinnenden Frauen *(oben)* leben heute in festen Siedlungen; nur wenige von ihnen führen noch ein nomadisches Leben. Diese einen Kübel auf ihrem Kopf balancierende Nubierin in Assuan *(rechts)* gehört zur größten nichtarabischen Minderheit Ägyptens. Bis zu ihrer Umsiedlung lebten die Nubier in der Region, die heute vom Nasser-See eingenommen wird.

# ÄGYPTEN

### Die Ägypterinnen – zwischen Emanzipation und Patriarchat

Man trägt wieder Schleier in Ägypten. Viele, vor allem jüngere Frauen in den Städten, sind inzwischen zum längst tot geglaubten islamischen Kleidungsstil zurückgekehrt. Nur selten allerdings verhüllen sie dabei auch ihr Gesicht, sondern tragen eine Kopfbedeckung, die als moderne Form der Verschleierung gilt. Wenn seit den 70er Jahren sich immer mehr Frauen vom Diktat westlicher Modeschöpfer abgewandt haben, protestierten sie damit gegen die wachsende politische und kulturelle Überfremdung durch den Westen. Seinem massiven Einfluß wurden die gesellschaftlichen Fehlentwicklungen der letzten Jahrzehnte angelastet. Viele kritische Frauen befürworteten daher die islamische Bewegung im Land als eine ihrer eigenen Kultur angepaßte Alternative zum westlichen Modell und demonstrierten dies auch rein äußerlich durch ihre Kleidung.

Die Rückbesinnung auf die eigene kulturelle Identität bedeutet jedoch nicht, daß die Ägypterinnen ihre über Jahrzehnte erkämpfte Rolle in der Gesellschaft freiwillig wieder aufgeben. Nie zuvor gab es so viele selbstbewußte und berufstätige Frauen. Nach offiziellen Statistiken stellen sie über 10 % aller Erwerbstätigen, ohne daß dabei ihre unbezahlte Arbeit in der Landwirtschaft und im informellen Dienstleistungsbereich bereits berücksichtigt wäre.

### »Die Schmerzgrenze ist erreicht«

Nasser führte eine Reihe sozialer Leistungen ein, die sich bis heute erhalten haben – von der Sozialversicherung über den kostenlosen Schul- und Arztbesuch bis hin zur Subvention von Grundnahrungsmitteln. Die niedrigen Preise für Brot, Mehl, Öl, Zucker und Tee, aber auch für Energie, belasten zwar dramatisch das Haushaltsbudget, sichern aber den sozialen Frieden im Land. Im Gegensatz zu vielen anderen Entwicklungsländern muß in Ägypten niemand hungern.

Für die Mehrheit der kleinen Leute hat der tägliche Lebenskampf jedoch die Schmerzgrenze erreicht. Bei einer jährlichen Inflationsrate von etwa 10 % und niedrigsten Gehältern sind viele zu einer Doppelbeschäftigung gezwungen. Die Kluft zwischen Arm und Reich hat sich während der westlich orientierten »Öffnungspolitik« Anwar As Sadats weiter vergrößert.

**Der Fellache im Niltal** *(links)* offenbart die traditionelle Kamerascheu dieser Bevölkerungsgruppe. Die »fellachin«, Nachkommen der Urbevölkerung Ägyptens, waren seit jeher seßhaft, im Unterschied zu den nomadisierenden Beduinen.

**Die Überbevölkerung in Kairo** *(oben)* hat zur Folge, daß sich viele Familien mit außerordentlich beschränktem Wohnraum begnügen müssen. Die stetige Zuwanderung ägyptischer Landbewohner in die Städte verschärft noch diese Problematik.

# ÄGYPTEN: TOURISMUS

Gut drei Millionen Touristen reisen jährlich nach Ägypten: reiche Araber aus den Golfstaaten, um dem heißen Wüstensommer ins kurzweiligere Kairo zu entfliehen; vor allem aber bildungseifrige Europäer und Amerikaner, die von den Kulturdenkmälern des alten Ägypten angelockt werden. Diese haben das Land schon in der Antike zu einem der begehrtesten Reiseziele gemacht. Einer der ersten Besucher, dessen Reise überliefert ist, war um 450 v. Chr. Herodot, der »Vater der Geschichte«. Zahlreiche Größen der Antike folgten ihm.

Der moderne Bildungstourismus setzte im 19. Jahrhundert ein, nachdem Napoleons Ägyptenfeldzug eine wahre Ägyptomanie ausgelöst hatte. Bald schon tummelten sich neben Wissenschaftlern und Foto-Pionieren, Abenteurern und dubiosen Kunstsammlern zunehmend auch Bildungsreisende im Niltal. Für eine Reise damals brauchte man viel Zeit und Geduld. Heute dagegen ist das Land bestens gerüstet für den Massenansturm, der seit den 70er Jahren eingesetzt hat. Infolge mehrerer Anschläge auf Touristengruppen ist die Zahl der Besucher vorübergehend stark zurückgegangen.

**Klassische Ägypten-Reise mit Variationen**
Die geographische Struktur Ägyptens ist für den Besucher ideal, denn mit Standquartieren in Kairo, Luxor (Al Uqsur) und Assuan kann er sich einen umfassenden Überblick verschaffen. Die Sehenswürdigkeiten in und um Kairo repräsentieren die drei prägenden Kulturen des Landes: Ausflüge zu den Gräberfeldern von Sakkara (Saqqarah) und Gizeh (Al Jizah) führen in das Alte Reich der Pharaonen ein. Gewaltige, für die Ewigkeit gebaute Pyramiden und mit zarten Reliefs geschmückte Grabanlagen der Höflinge zeugen von der politischen Macht und der künstlerischen Blüte jener Zeit. Viele der an diesen beiden Orten entdeckten Skulpturen befinden sich im weltberühmten Ägyptischen Museum in Kairo.

Kairo selbst ist eine faszinierende orientalische Stadt mit unzähligen Moscheen, prächtigen Gebäuden und verwinkelten Bazargäßchen. Obwohl die islamische Altstadt ein übervölkertes, heruntergekommenes Viertel ist, weht hier doch noch ein Hauch von »Tausend und eine Nacht«. Bindeglied zwischen der altägyptischen und der islamischen Kultur ist die christliche, die in den Kirchen Alt-Kairos und im Koptischen Museum lebendig wird.

Luxor ist der kunsthistorische Höhepunkt der Reise: Der Säulenwald von Karnak, die tiefen Felsengräber im Tal der Könige, die farbenprächtigen Gräber von Noblen und Prinzen, die Totentempel zu Ehren der Könige und Götter – nicht zu vergessen die Memnonkolosse, die im Altertum zu den Weltwundern zählten. Aber auch Assuan bietet weit mehr als nur den Staudamm: Von hier aus besichtigt man die vor den Fluten des Stausees geretteten Tempel von Philae, Kalabscha (Kalabsha) und Abu Simbel (Abu Sunbul) oder man genießt die zauberhafte Nillandschaft des ersten Katarakts.

Immer mehr Reisende ergänzen diese klassische Route: Die an der hellenistischen Welt Interessierten besuchen die nordägyptische Stadt Alexandria (Al Iskandariyah), über Jahrhunderte hinweg ein Zentrum von Wissenschaft und Kunst. Mit ihr sind so klangvolle Namen wie die des Stadtgründers Alexander der Große (356–323 v. Chr.), der berühmten letzten Ptolemäerkönigin Kleopatra VII. (69–30 v. Chr.), der Römer Cäsar (100–44 v. Chr.), Antonius (82–30 v. Chr.) und Hadrian (76–138 n. Chr.) und vieler anderer bedeutender Persönlichkeiten jener Zeit verbunden. Aber auch die Halbinsel Sinai findet immer mehr Liebhaber. Die einen lockt das griechisch-orthodoxe Katharinenkloster am Fuße des Jabal Musa, das seit dem 3. oder 4. Jahrhundert besteht, die anderen der östliche Sinai mit seinen weltweit gerühmten Tauchgründen.

**Kolossalstatuen** beherrschen die Fassade des großen Felsentempels von Abu Simbel *(oben)*. 1965 wurde der Tempel vom ursprünglichen Standort am Flußufer abgetragen und zum Schutz vor der Nilüberflutung weiter landeinwärts wieder aufgebaut.

**Die Pyramiden von Gizeh** *(rechts)* gehören zu den bekanntesten Sehenswürdigkeiten Ägyptens. Ihr Besuch wird oft mit einem Kamelritt verbunden. Die Pyramiden sind das einzige der sieben Weltwunder des Altertums, das noch erhalten ist.

# ÄGYPTEN

## Bauten für die Ewigkeit?

Von den Wohnhäusern, Palästen und Städten der alten Ägypter haben sich bestenfalls einige Grundrisse erhalten. Profane Bauten bestanden aus Lehmziegeln und sind zu Staub zerfallen. Grabbauten und Tempel dagegen wurden aus Stein errichtet. Sie sollten die Zeiten überdauern – zum Wohle der Verstorbenen, die für ihr Leben im Jenseits ein ewiges Haus benötigten, und zu Ehren der Götter, die für Harmonie und Wohlstand unter den Menschen sorgten. Die Vielzahl der Tempel ließ Ägypten zu einem einzigen großen Haus Gottes werden, und zugleich galt jeder Tempel für sich als geschlossener Kosmos: Der Boden war Ägyptens Erde, die kapitellbekrönten Säulen standen für die Vegetation, die Sterne an den Deckenplatten für den Himmel.

Viele der auf Ewigkeit ausgerichteten Bauten der alten Ägypter sind mittlerweile durch Umweltverschmutzung und gestiegenen Grundwasserspiegel, aber auch durch die Scharen von Besuchern bedroht. In den oft engen Gräbern erschüttern sie zarte Kalksteinreliefs und Lehmfresken, Feuchtigkeit und Staub schaden den frischen Farben. Immer mehr der schönsten Gräber werden geschlossen, und seit sich ein schwerer Steinbrocken aus den Flanken des großen Sphinx gelöst hat, sind Ägyptens Denkmalsschützer panisch. Wer aber mag schon an die Ewigkeit denken, wenn die Devisenkasse heute leer ist?

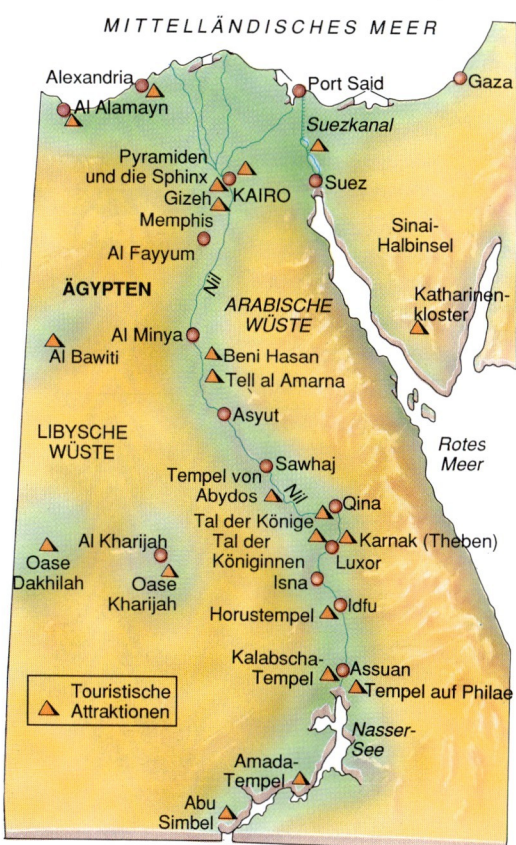

**Die eindrucksvollen Säulen** im Säulensaal des Amun-Reichstempels *(oben),* unter Amenophis III. gebaut, in Karnak bei Luxor, die auf das 15. Jh. v. Chr. datiert werden, erinnern an einen versteinerten Wald. Gitter gleichen die Höhenunterschiede aus.

**Segelboote auf dem Nil** *(ganz oben)* kreuzen vor der Insel Elephantine in der Nähe von Assuan. An dem südlichen Ende der Insel befand sich einst das »Nilometer«, ein Brunnen, an dessen Wasserstand das Steigen und Sinken des Nils verfolgt wurde.

# ALBANIEN

Albanien, das an erster Stelle des europäischen Länderalphabets steht, aber im Wirtschaftsleben eines der Schlußlichter Europas bildet, ist ein noch unbekanntes Land, für viele so etwas wie »ein weißer Fleck«.

Das kleine Land an der Adria hatte sich nach dem Zweiten Weltkrieg rigoros von der Außenwelt abgekapselt. Unter seinem Führer und Lehrmeister Enver Hoxha (1908–1985) – gesprochen: Hodscha –, der es zum dienstältesten Partei- und Regierungschef der europäischen Nachkriegszeit brachte, sah es sich als einen Hort des reinen, unverfälschten Sozialismus, als einen unbeirrbaren Wegbereiter des Kommunismus. Die Regierung in Tirana (Tiranë) war bestrebt, fremde Einflüsse fernzuhalten, Kontakte zu unterbinden, das Volk vor der Ansteckungsgefahr westlich-freiheitlicher Ideen zu bewahren. Damit machte sich die »Sozialistische Volksrepublik Albanien« zu einem notorischen Außenseiter, kein Land in Europa isolierte sich mehr als das Land der Skipetaren.

Man hat von Albaniens schicksalhafter Geographie gesprochen, von seiner Brückenkopffunktion, die es in seiner fast dreitausendjährigen Geschichte für Eroberer auf dem Balkan hatte. Seit der Antike diente Albanien als Sprungbrett kriegsführender Mächte, seine Bewohner wurden bis in unsere Zeit daran gehindert, sich zur selbständigen Nation zu formieren. Ausgeprägtes Mißtrauen gegen alles Fremde ging daraus hervor. Albaniens Alleingang schien Ausdruck dieser Haltung zu sein.

Unter Enver Hoxha bildete sich ein albanischer Nationalkommunismus heraus. Seine große Stunde war gekommen, als sich im Herbst 1944 die deutsche Wehrmacht zum Rückzug aus Albanien gezwungen sah. Das von Hoxha geführte »Antifaschistische Befreiungskomitee« übernahm nun die Macht im Land. Die Kommunisten gewannen rasch die Oberhand; nach stalinistischem Vorbild liquidierten sie ihre Gegner und säuberten auch ihre eigenen Reihen. Enver Hoxha wurde zur Kult- und Symbolfigur des »neuen Albaniens«.

Erst in den 20er Jahren, unter dem Regime des aus ungefestigten demokratischen Verhältnissen an die Macht gekommenen Königs Zogu I. (Regierungszeit 1928–1939) und während der fünfjährigen italienischen Besatzungszeit, hatte sich Tirana zur Hauptstadt Albaniens entwickelt. 1941 war in einem Tabakladen der Altstadt die Kommunistische Partei Albaniens gegründet worden. Ihr Generalsekretär, der Bürgersohn Enver Hoxha, hatte sich im Zweiten Weltkrieg bereits als Partisanenkämpfer hervorgetan. Er fühlte sich seinem jugoslawischen Nachbarn Josip Tito verbunden, der ihn nach Kriegsende wirtschaftlich unterstützte. Doch schon 1948 sagte sich Hoxha von Tito los. Aus Tirana verlautete, Jugoslawiens Hilfe habe lediglich das Ziel gehabt, Albanien zu schlucken. Hoxha unterstellte sich nunmehr dem Moskauer Patronat und erhielt sowjetische Entwicklungshilfe. Doch Albanien drohte immer mehr unter das Moskauer Kommando zu geraten. Im Jahr 1961 erfolgte deshalb der Abbruch der diplomatischen Beziehungen zur UdSSR.

Aber das kleine, arme, machtlose Albanien mußte sich irgendwo anlehnen. Zur rechten Zeit fand es in den Chinesen neue Bundesgenossen. Als aber auch die Volksrepublik China nach dem Tod Mao Zedongs (1893–1976) eine andere, aus albanischer Sicht revisionistisch-opportunistische Linie einschlug, ließ Hoxha Ende der 70er Jahre die chinesischen Wirtschafts- und Militär-

## Daten und Fakten

**DAS LAND**
**Offizieller Name:**
Republik Albanien
**Hauptstadt:**
Tirana
**Fläche:** 28 748 km²
**Landesnatur:**
Schwemmlandebene an der Küste, östlich davon Bergland sowie Karstgebirge
**Klima:**
An der Küste mediterranes, im Landesinneren kontinentales Klima
**Hauptflüsse:**
Drin, Seman, Vjosë
**Höchster Punkt:**
Korab 2751 m
**DER STAAT**
**Regierungsform:**
Präsidiale Republik

**Staatsoberhaupt:**
Staatspräsident
**Verwaltung:**
27 Distrikte (Rrethët)
**Parlament:**
Volksversammlung mit 155 auf 4 Jahre gewählten Abgeordneten
**Nationalfeiertag:**
28. November
**DIE MENSCHEN**
**Einwohner:**
3 113 000 (1999)
**Bevölkerungsdichte:**
108 Ew./km²
**Stadtbevölkerung:**
39 %
**Analphabetenquote:**
28 %
**Sprache:**
Albanisch
**Religion:** Moslems 65 %, Christen (Katholiken u.

Albanisch-Orthodoxe) 33 %
**DIE WIRTSCHAFT**
**Währung:**
Lek
**Bruttosozialprodukt
(BSP):** 2719 Mio. US-$ (1998)
**BSP je Einwohner:**
810 US-$
**Inflationsrate:** 51,5 % (1990–98)
**Importgüter:**
Eisen, Stahl, Maschinen, Fahrzeuge, Garne, Textilien, Getreide
**Exportgüter:**
Bergbauprodukte, Tabak, Felle, Wolle, Obst
**Handelspartner:**
Italien, Griechenland, Türkei, Deutschland, Mazedonien, Bulgarien

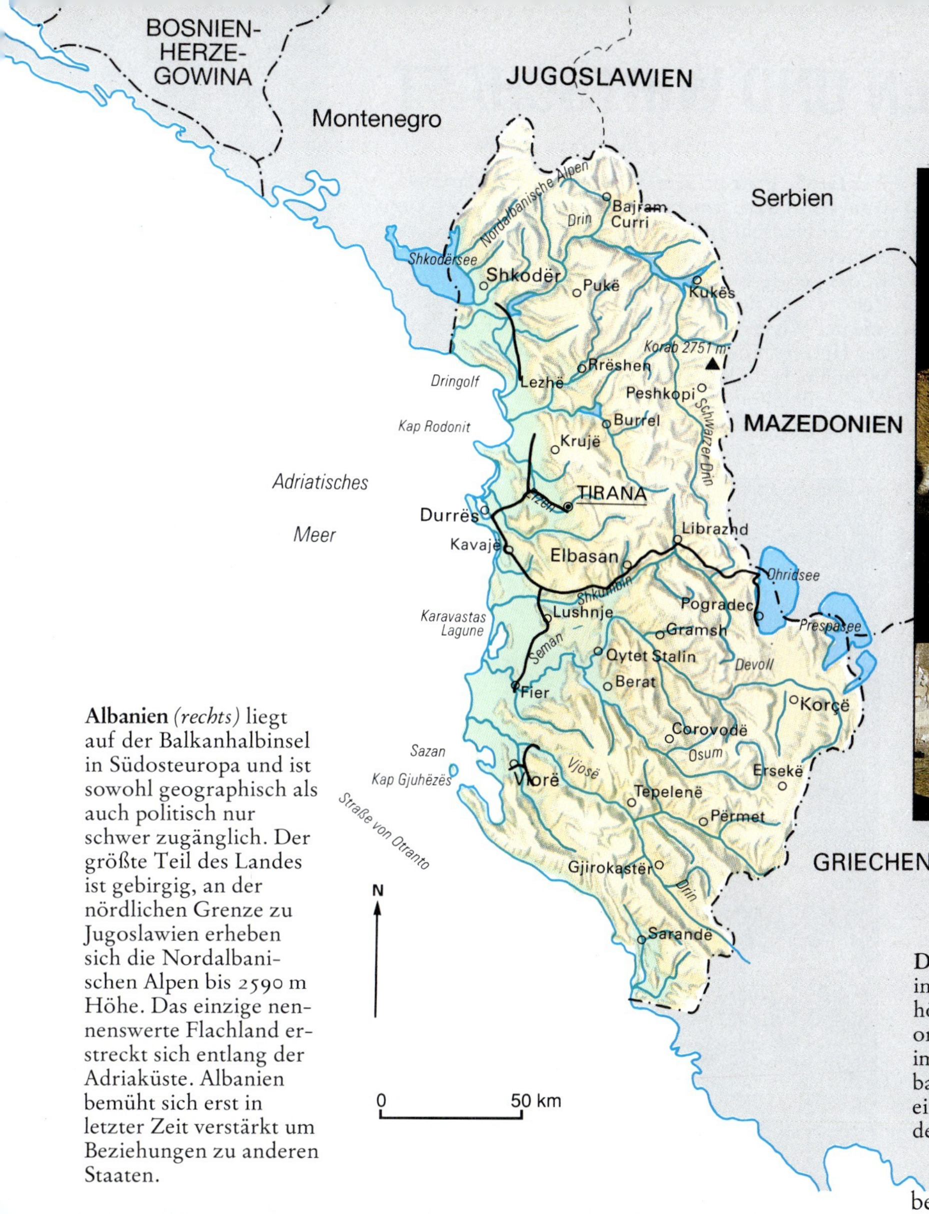

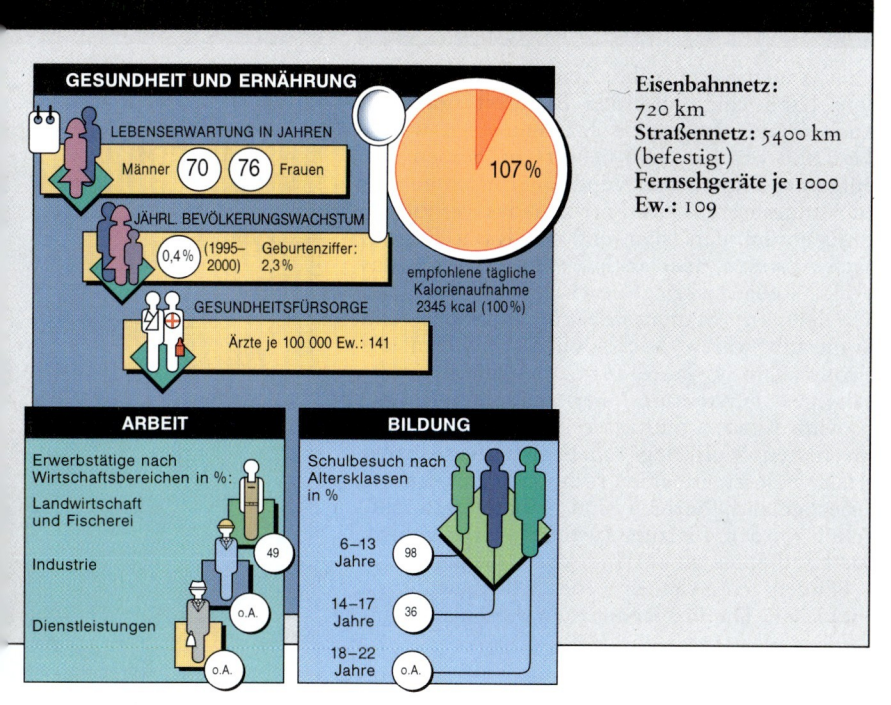

**Albanien** *(rechts)* liegt auf der Balkanhalbinsel in Südosteuropa und ist sowohl geographisch als auch politisch nur schwer zugänglich. Der größte Teil des Landes ist gebirgig, an der nördlichen Grenze zu Jugoslawien erheben sich die Nordalbanischen Alpen bis 2590 m Höhe. Das einzige nennenswerte Flachland erstreckt sich entlang der Adriaküste. Albanien bemüht sich erst in letzter Zeit verstärkt um Beziehungen zu anderen Staaten.

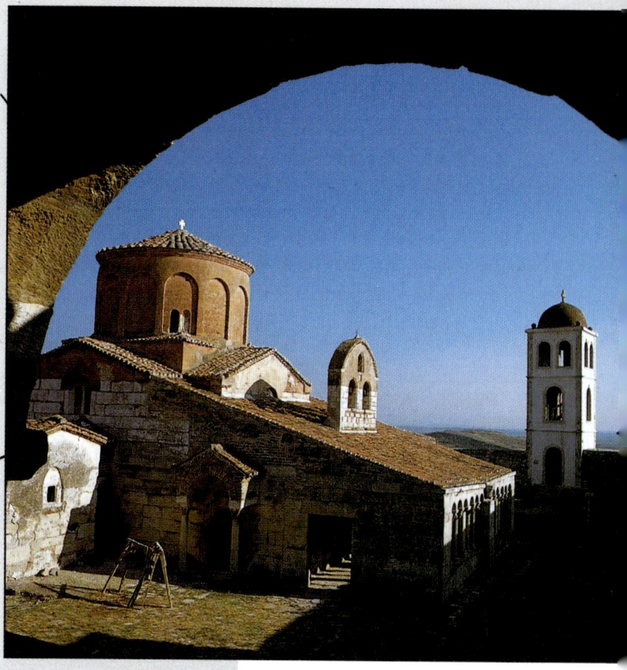

**Die byzantinische Kirche** in Apollonia *(oben)* gehört zu einem ehemals orthodoxen Kloster, das im 13. Jahrhundert erbaut wurde. Apollonia, eine 588 v. Chr. gegründete Stadt im Süden Illyriens, war in römischer Zeit ein bedeutender Ort an der »Via Egnatia« bei Fier in Westalbanien. Die Albaner sind die letzten Nachfahren der einst hier dominierenden Illyrer.

berater ausweisen. Albanien wolle sich fortan auf die eigenen Kräfte stützen, hieß es in Tirana.

Gemäß seiner neuen Verfassung von 1976 verzichtete Albanien auf ausländische Kredite. Erst nach den Unruhen von 1990, als Tausende von Albanern über ausländische Botschaften ihre Ausreise erzwangen, öffnete sich Albanien für ausländische Kredite und Hilfe. 1991 wurde eine neue Verfassung verabschiedet. Die Einheitspartei »Partei der Arbeit« verzichtete auf ihr Machtmonopol, distanzierte sich von ihrer bisherigen Politik und änderte ihren Namen in Sozialistische Partei. Trotzdem fand das Land keine politische Stabilität. Es kam zu häufigen Regierungswechseln. Nach dem Zusammenbruch betrügerischer Anlagegesellschaften 1997 führten bürgerkriegsähnliche Unruhen zu Chaos und Anarchie. Eine internationale Schutztruppe gewährte humanitäre Hilfe. Wegen der serbischen Unterdrückung der albanischen Bevölkerung im Kosovo kam es zu Auseinandersetzungen mit Jugoslawien. Zahlreiche Kosovo-Albaner flüchteten nach Albanien, was die sozialen Probleme des Landes verschäfte. der seit Oktober 1999 amtierende Ministerpräsident Ilir Meta (*1969) ist bemüht, das Land in eine bessere Zukunft zu führen.

**Eisenbahnnetz:** 720 km
**Straßennetz:** 5400 km (befestigt)
**Fernsehgeräte je 1000 Ew.:** 109

# ALBANIEN: MENSCHEN UND WIRTSCHAFT

Albanien öffnet sich nur zaghaft dem Tourismus. Die Landesnatur scheint auf den ersten Blick die Abgeschlossenheit gegenüber der Außenwelt zu verstärken. Schroffe, unwegsame Gebirge ragen im Norden, Osten und Süden auf. Zum Landesinneren senken sie sich zu einem Hügelland, an das sich die bis zu 50 km breite, zum Teil versumpfte Küstenebene anschließt. Nur im Süden reichen die Berge bis zum Meer und bilden die Steilküste der Albanischen Riviera. Während an der Küste Mittelmeerklima herrscht, ist das Bergland durch kontinentales Klima mit kalten, regen- und schneereichen Wintern gekennzeichnet.

Dennoch hätte Albanien gute Voraussetzungen, ein Reiseland zu werden, denn es verfügt über schöne Strände an der Albanischen Riviera und eine eindrucksvolle Bergwelt sowie über zahlreiche Kulturdenkmäler aus der Illyrerzeit, der griechisch-römischen Antike und dem christlichen Mittelalter. Mit der politischen Wende hat sich zwar behördlich die Einstellung zum Tourismus liberalisiert, doch ist bislang Massentourismus bei der entwicklungsbedürftigen Infrastruktur überhaupt noch nicht möglich, ebensowenig ist das Land auf individuelle Reisen vorbereitet, die früher völlig ausgeschlossen waren.

Der Besucher aus Westeuropa fühlt sich in ein Entwicklungsland versetzt: Bauernkarren, Hammelherden, schwerfällige Lastwagen und Militärfahrzeuge auf holpriger Landstraße. Backsteinhäuser, die meisten unverputzt, stehen neben Lehmhütten in morastiger Umgebung. Pappelalleen, Kartoffel-, Rüben- und Maisfelder, hin und wieder ein Tabak-, ein Sonnenblumenfeld.

Doch manches hat sich bereits geändert, wie unter anderem der allmählich wachsende Bestand an Privatautos zeigt. Und es gibt wieder Kirchen und Moscheen, seit im November 1990 die Öffnung der seit 1967 geschlossenen Gotteshäuser wieder gestattet wurde. Man schätzt, daß etwa zwei Drittel der Albaner Moslems sind, knapp ein Drittel katholische und orthodoxe Christen. 1967 hatte ein Sturm auf Kirchen und Moscheen eingesetzt, alle Religionen wurden verboten. Sakrale Bauwerke wurden in Museen, Lagerhäuser, Sporthallen und Tanzsäle umgewandelt oder abgerissen. »Religion ist Aberglaube, ein Mittel zur Ausbeutung, Opium fürs Volk« sagten die albanischen Reisebegleiter, und sie zitierten Hoxhas Wort: »Die Religion der Albaner heißt Albanien«.

Die Albaner (Skipetaren) führen ihre Abstammung auf die Illyrer zurück, eine Gruppe indoeuropäischer Stämme, die sich um 700 v. Chr. auf der westlichen Balkanhalbinsel angesiedelt hatten. Im 2. Jahrhundert v. Chr. wurde das Gebiet des heutigen Albanien von den Römern erobert. Bei der Reichsteilung 395 n. Chr. fiel es an Ostrom, das spätere Byzanz. Die archäologischen Stätten von Apollonia und Butrint sowie Durrës, das antike Dyrrhachion, sind Zeugen einer langen Kette früher Stadtgründungen, die dem Land eine kulturelle Blütezeit brachten. Auch in den folgenden Jahrhunderten wurde das Land von Fremden beherrscht. Serben und Bulgaren, Türken und Venezianer machten sich zu Landesherren. Sie brachten das orthodoxe Christentum, den Islam und den Katholizismus nach Albanien, aber auch Zwietracht unter das Volk. Religionskriege zwischen Nord- und Südalbanern, Stammesfehden, Blutrache und Brautraub waren noch üblich, nachdem die Großmächte im Jahre 1913 Albanien als unabhängiges Fürstentum anerkannt hatten. Die Provinz Kosovo wurde Serbien zugesprochen. Im Ersten Weltkrieg sahen sich die Albaner erneut besetzt, Albanien sollte zwischen Italien, Griechenland, Serbien und Montenegro aufgeteilt werden. Bis zum Zweiten Weltkrieg blieb das Land Spielball ausländischer Mächte.

Seitdem hatte sich ein neues Selbstbewußtsein entwickelt. Die Propagandisten wiesen auf stän-

**Der Große Platz** im Zentrum von Tirana *(unten)* mit der Hadschi-Ethem-Moschee *(links)*. Tirana ist das geistig-kulturelle Zentrum mit der Akademie der Wissenschaften, der Universität und weiteren Hochschulen, der Nationalbibliothek und anderen Einrichtungen.

**Mediterrane Hartlaubgewächse** verleihen dem Küstensaum der Albanischen (Ionischen) Riviera im Süden des Landes seinen ganz besonderen Reiz. Das klare Wasser und die schmalen Sandstrände laden hier zum Baden ein.

## ALBANIEN

dige Ertragssteigerungen der Landwirtschaft, überragende Erfolge bei der Trockenlegung von Sumpfgebieten und beim Terrassenfeldbau in Berggebieten hin. Die Errungenschaften der Nachkriegszeit wurden dem Besucher in der Ausstellung »Albanien heute« in Tirana vor Augen geführt. Albanien verfügt über reiche Bodenschätze, über Erdöl, Erdgas, Chromerz, Kupfer, Kohle, Nickelerz. Ein beachtlicher Teil der Fördermengen wird exportiert. Bedenkt man, daß Albanien schon immer zu den ärmsten Ländern Europas gehört hat, so ist ein »Sprung nach vorn« in der kommunistischen Ära nicht zu verkennen.

Die Grundnahrungsmittel waren billig, aber ein Paar Schuhe kostete einen halben Monatslohn. Der Luxus fing beim Fahrrad, beim Fernsehgerät und beim dritten Paar Schuhe an, Privatautos gab es nicht.

In mancher Hinsicht freilich lebten die Albaner bei aller Konsumaskese damals bereits besser als vor dem Machtantritt der Kommunisten. Die Malaria wurde eingedämmt, das Analphabetentum beseitigt, der Gesundheitsdienst war kostenlos. Unter Enver Hoxha hatten sich die jahrhundertelang zerstrittenen Albaner zu einer selbstbewußten Nation gefunden. Auf der Minusseite standen der geistige Zwang, die Bevormundung durch die Partei, ein perfektionierter Überwachungsstaat.

Die politische Wende und der Umbau der ehemals sozialistischen Wirtschaft führten zu einer drastischen Verschlechterung der Wirtschaftslage. Kennzeichen sind die hohe Arbeitslosenquote von etwa 16 % und ein hohes Außenhandelsdefizit. Der Fortschritt kommt nur langsam voran, und die Lebensverhältnisse haben sich noch nicht entscheidend verbessert. Die Massenfluchten nach Italien und Griechenland waren Hinweise für die Trostlosigkeit der Lage. Erst allmählich scheint sich eine Besserung abzuzeichnen.

**Landbewohner** *(ganz links)* verschiedener Generationen aus einem Dorf in Nordalbanien. Die Menschen dieses Gebiets, die nördlich des Shkumbinflusses leben, sind als Gegen bekannt, jene südlich des Flusses werden Tosken genannt.

**Berat** *(links)*, »weiße Stadt« oder »Stadt der tausend Fenster« genannt, ist eine der schönsten Städte Albaniens. Hier in Mittelalbanien sind die Sommer oft erdrückend heiß und trocken, und die jährliche Niederschlagsmenge liegt unter 630 mm.

# ALGERIEN

Algerien, das mittlere der drei Maghreb-Länder, ist das am wenigsten bekannte von ihnen. Zwar ist es nach dem Sudan das zweitgrößte Land Afrikas und spielte nach dem blutigen Unabhängigkeitskrieg eine wichtige Rolle in der internationalen Politik – doch die landschaftliche Schönheit, die kulturelle Vielfalt und der historische Reichtum des Landes wurden vom Tourismus noch kaum entdeckt.

Den von der Hauptstadt Algier abgeleiteten Namen des Landes kann man so verstehen, daß Algerien das weite Hinterland von Algier ist. Die drei anderen größeren Städte haben erst durch die Industrialisierung nach der Unabhängigkeit eine gewisse Bedeutung erlangt. Der Name der Hauptstadt selbst (arabisch: Al Jaza'ir) bedeutet einfach »die Inseln« und bezieht sich auf zwei kleine vor der Altstadt von Algier liegende Inseln. Wie viele andere Städte Nordafrikas ist auch Algier aus einer ursprünglich römischen Siedlung entstanden.

Die einheimischen Berber hatten schon im 3. und 2. Jahrtausend v. Chr. eine hochentwickelte Kultur mit einer eigenen Schrift, die in veränderter Form heute noch von den Tuareg verwendet wird. Ab dem 12. Jahrhundert v. Chr. gründeten die Phönizier aus dem östlichen Mittelmeerraum auch an der Küste des heutigen Algerien ihre Handelskolonien, die nach dem Verfall der Mutterstädte unter die Herrschaft der mächtigen Handelsmacht Karthago kamen. Nach der Zerstörung Karthagos im Jahre 146 v. Chr. und der Unterwerfung der numidischen Königreiche wurden die Städte und das Hinterland zur römischen Provinz (46 v. Chr.). Die zahlreichen, zum Teil gut erhaltenen Ruinen römischer Garnisonstädte und anderer Siedlungen (Timgad, Djemila, Tipasa und andere) zeugen von der Blütezeit des Landes unter den Römern. Den Römern folgten nach dem Niedergang ihres Reiches die Wandalen (429–534) und Byzantiner (ab 534), die die Invasion der Araber nicht verhindern konnten. Die zum Islam bekehrten Araber breiteten sich um die Mitte des 7. Jahrhunderts von Ägypten nach Westen aus und unterwarfen innerhalb weniger Jahrzehnte den ganzen Maghreb. Ab 1519 kam Algerien unter türkische Oberherrschaft und wurde später endgültig Teil des Osmanischen Reiches. Die Türken machten Algier zur Hauptstadt des von ihnen beherrschten Algerien und legten die Grenzen des Landes nach Osten und Westen fest. Auf das Hinterland übten sie allerdings kaum Einfluß aus.

Der Eroberung Algeriens durch die Franzosen gingen ab 1816 einzelne englische und französische Strafexpeditionen gegen die türkischen Korsaren voraus. Im Juni 1830 landete schließlich eine französische Armee von 37 000 Mann westlich von Algier und besetzte in wenigen Wochen die Städte Algier, Oran (Wahran) und Annaba (Bône, Annabah). Als die Franzosen aber begannen, ihren Machtbereich auszudehnen, organisierte Emir Abd Al-Kader (1808 bis

# ALGERIEN

1883) den bewaffneten Widerstand und führte einen »heiligen Krieg« gegen die Franzosen. Erst 1847 hatten die Franzosen den ganzen Norden bis weit hinter den Tellatlas erobert. Der Emir mußte sich ihnen ergeben und wird seitdem als Nationalheld Algeriens gefeiert.

Schon in den vierziger Jahren des 19. Jahrhunderts begann langsam die Kolonisierung Algeriens durch französische Siedler, die mit einheimischen Arbeitskräften große landwirtschaftliche Güter anlegten. Als Zeichen des dauerhaften Besitzanspruchs erklärte schon die Verfassung von 1848 Algerien zum »französischen Territorium«, also zu einem Teil des Mutterlandes. Nach dem für Frankreich verlorenen deutsch-französischen Krieg setzte mit etwa 500 000 Elsässern und Lothringern eine neue Welle der Kolonisierung ein. Zwischen 1880 und 1920 brachten die Franzosen durch mehrere militärische Expeditionen die gesamte algerische Sahara gegen den Widerstand der Tuareg unter ihre Kontrolle. Die Zahl der Europäer in Algerien wuchs durch immer neue Einwanderer an, bis sie in den 1930er Jahren etwa eine Million erreichte, von der aber nur die Hälfte französischer Herkunft war.

Für die Europäer kam der Beginn des Aufstands vom 1. November 1954 insofern unerwartet, als ein Nationalbewußtsein unter den Einheimischen nicht so verbreitet war wie in den Protektoraten Marokko und Tunesien. Nachdem die Franzosen zuvor gegenüber den politischen Forderungen der Nationalisten zu keinen Zugeständnissen bereit gewesen waren, reagierten sie auf die Attentate der nationalen Befreiungsbewegung FLN mit brutalsten Einsätzen von Polizei und Armee. Charles de Gaulle (1890–1970), der im Mai 1958 mit der Unterstützung der Algerienfranzosen in Frankreich an die Macht gekommen war, mußte bald erkennen, daß der Konflikt nur politisch zu lösen war. Daher verhandelte er mit der FLN. In der letzten Phase des Krieges spielte die französische Armee kaum mehr eine Rolle, während die terroristische »Geheimarmee« OAS der europäischen Siedler versuchte, durch Zerstörungen und Attentate einen Trümmerhaufen und ein politisches Chaos zu hinterlassen. Nach dem Unabhängigkeitsabkommen von Evian im März 1962 verließen die Franzosen innerhalb weniger Wochen das Land, das dann Anfang Juli 1962 die Unabhängigkeit erlangte.

Der Wiederaufbau Algeriens wurde durch den Mangel an Fachleuten in allen Bereichen und durch politische Machtkämpfe behindert. Erst nach 1965, als Houari Boumedienne (1925 bis 1978) durch einen Staatsstreich den bisherigen Staatschef Ahmed Ben Bella (*1919 oder 1916) gestürzt hatte, konnte die nunmehr als Einheitspartei auftretende FLN ihre Herrschaft stabilisieren, lockerte ihr Machtmonopol jedoch in der Folgezeit. Durch die Einnahmen aus der Erdölförderung gelangte das Land gleichzeitig zu einem bescheidenen Wohlstand.

# ALGERIEN: DER STAAT

Seit der Unabhängigkeit 1962 lautet die offizielle Staatsbezeichnung des Maghreb-Landes »Demokratische Volksrepublik Algerien«. Der damalige Staatschef Ben Bella setzte eine sozialistische Politik unter deutlicher Hinwendung zur Sowjetunion durch, ohne jedoch die wirtschaftlichen Beziehungen zu Frankreich aufzukündigen.

Nach dem Amtsantritt des Staatspräsidenten Bendjedid Chadli (* 1929) im Jahre 1979 setzte sich zunächst ein politisch und wirtschaftlich pragmatischer Kurs durch. Wie frei die Wahlen in diesem Rahmen waren, zeigte sich etwa darin, daß Chadli bei seiner Wahl und seiner Wiederwahl 1984 bzw. 1988 zwar der einzige Kandidat war, aber nicht mit einem Ergebnis von 99,9 % wie anderswo, sondern mit 81,2 % (1988) der Stimmen gewählt wurde. Die Regierungszeit Chadlis wurde allerdings zunehmend überschattet durch gewalttätige Konflikte mit islamischen Fundamentalisten, politisch organisiert in der Islamischen Heilsfront (FIS). Der aufgrund einer Wirtschaftskrise allgemein sinkende Lebensstandard und Bestrebungen der Regierung das Land zum Westen hin zu öffnen, förderten eine Zuspitzung der politischen Auseinandersetzungen. Als die FIS 1991 den ersten Gang der Parlamentswahlen gewann, übernahm ein vom Militär beherrschter Oberster Staatsrat die Macht, verhängte den Ausnahmezustand und verbot die FIS. Die Islamisten bekämpften das Regime nun mit Terrorakten aus dem Untergrund. Eine Gewaltspirale setzte sich in Gang, die bis 2000 über 50 000 Todesopfer forderte. Zwar billigte die Bevölkerung 1996 eine Verfassungsreform, auf deren Grundlage 1997 Parlamentswahlen stattfanden, eine Stabilisierung der innenpolitischen Lage konnte damit aber nicht erreicht werden. Stärkste Partei wurde die Nationaldemokratische Sammlungsbewegung (RND), die 156 der 380 Sitze gewinnen konnte. Für den seit 1999 amtierenden Staatschef Bouteflika (* 1937) ist eine Lösung des Konflikts wohl auf absehbare Zeit nicht in Sicht.

Die gesetzgebende Gewalt wird nach der neuen Verfassung vom 28. 11. 1996 von einem Parlament mit einer Kammer, der Nationalversammlung, ausgeübt, deren 380 Abgeordnete für fünf Jahre gewählt werden. Trotz seiner Größe ist der algerische Staat nur auf zwei Ebenen untergliedert: den 48 Bezirke (»Wilayat«) und den ca. 700 Gemeinden, die jeweils mehrere Dörfer umfassen. Die Wilayats sind in etwa entsprechend der Bevölkerungsdichte verteilt, so daß vier von ihnen ausschließlich in der Sahara liegen, während allein elf an das Mittelmeer angrenzen.

In der internationalen Politik verstand sich Algerien seit seiner Unabhängigkeit als Sprecher der Dritten Welt, insbesondere der Befreiungsbewegungen und der sozialistischen Länder. Auch hier war in den 80er Jahren vor Einsetzen des Bürgerkrieges ein Einschwenken auf eher gemäßigte Positionen zu registrieren. Internationalen Vermittlungsbemühungen zur Beilegung der inneren Auseinandersetzungen steht die algerische Regierung reserviert gegenüber, was auch die Staaten der EU zur Kenntnis nehmen mußten.

Ebenso wie in seiner Außen- und Wirtschaftspolitik setzte Algerien auch in der Gesellschafts- und Sozialpolitik nach der Unabhängigkeit andere Akzente als die Nachbarländer. Nach dem Abzug der Franzosen, die in diesem Bereich für die einheimische Bevölkerung wenig getan hatten, wurde mit großen Anstrengungen ein für

## Daten und Fakten

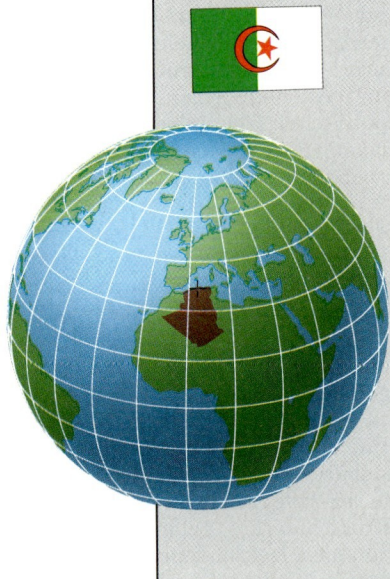

**DAS LAND**
**Offizieller Name:** Demokratische Volksrepublik Algerien
**Hauptstadt:** Algier
**Fläche:** 2 381 741 km²
**Landesnatur:** Von N nach S Tellatlas, Hochland der Schotts, Saharaatlas und Sahara, im SO Gebirgsmassive Hoggar und Tassili
**Klima:** Im N mediterran, im S extrem arid
**Hauptflüsse:** Shilif
**Höchster Punkt:** Tahat 3005 m
**Tiefster Punkt:** Schott Melrihr – 31 m
**DER STAAT**
**Regierungsform:** Präsidiale Republik

**Staatsoberhaupt:** Staatspräsident
**Regierungschef:** Ministerpräsident
**Verwaltung:** 48 Bezirke
**Parlament:** Nationalversammlung mit 380 auf 5 Jahre direkt gewählten Abgeordneten; Rat der Nation mit 144 Mitgl.
**Nationalfeiertag:** 1. November
**DIE MENSCHEN**
**Einwohner:** 30 774 000 (1999)
**Bevölkerungsdichte:** 13 Ew./km²
**Stadtbevölkerung:** 59 %
**Bevölkerung unter 15 Jahren:** 37 %

**Analphabetenquote:** 36 %
**Sprache:** Arabisch, Berbersprachen
**Religion:** Moslems 99 %
**DIE WIRTSCHAFT**
**Währung:** Algerischer Dinar
**Bruttosozialprodukt (BSP):** 46 461 US-$ (1998)
**BSP je Einwohner:** 1550 US-$ (1995)
**Inflationsrate:** 21,1 % (1990–98)
**Importgüter:** Maschinen, Nahrungsmittel, Fahrzeuge
**Exportgüter:** Erdöl u. Erdgas, Eisenerz, Phosphate, Wein,

Entwicklungsländer vorbildliches Gesundheits- und Bildungswesen aufgebaut. Aus Mangel an Fachkräften konnte Algerien dabei nicht ohne fremde Hilfe auskommen. So arbeiteten zahlreiche Franzosen im Rahmen der Entwicklungshilfe als Lehrer in den Gymnasien, wo der Unterricht zum Teil noch auf Französisch gehalten wird. Ärzte kamen auch aus anderen Ländern, sogar aus Indien. Die Beschäftigung von Ausländern ist heute durch die unzureichende Sicherheitslage erheblich eingeschränkt.

Für die Zukunft ist die materielle Versorgung der rasch wachsenden Bevölkerung das wichtigste Problem. Nicht nur die landwirtschaftliche Produktion reicht bei weitem nicht aus – wie in anderen Ländern des Orients, in denen mit tiefen Brunnen zunehmend die Grundwasserreserven genutzt werden, ist in Algerien auch die Trinkwasserversorgung gefährdet. Solche Probleme haben islamische Oppositionsbewegungen erstarken lassen. Sollten hier keine Lösungen gefunden werden, ist eine Schwächung der fundamentalistischen Kräfte nicht möglich.

**Ein Straßenverkäufer** *(rechts)* verkauft typisch französische Baguettes auf dem staubigen Marktplatz einer Oase in der algerischen Sahara. Der Einfluß der Franzosen ist noch immer zu spüren, und im Gegenzug hat die algerische Kultur, vor allem die Kochkunst, die französische Küche beeinflußt. Eine große Zahl Algerier lebt und arbeitet in Frankreich.

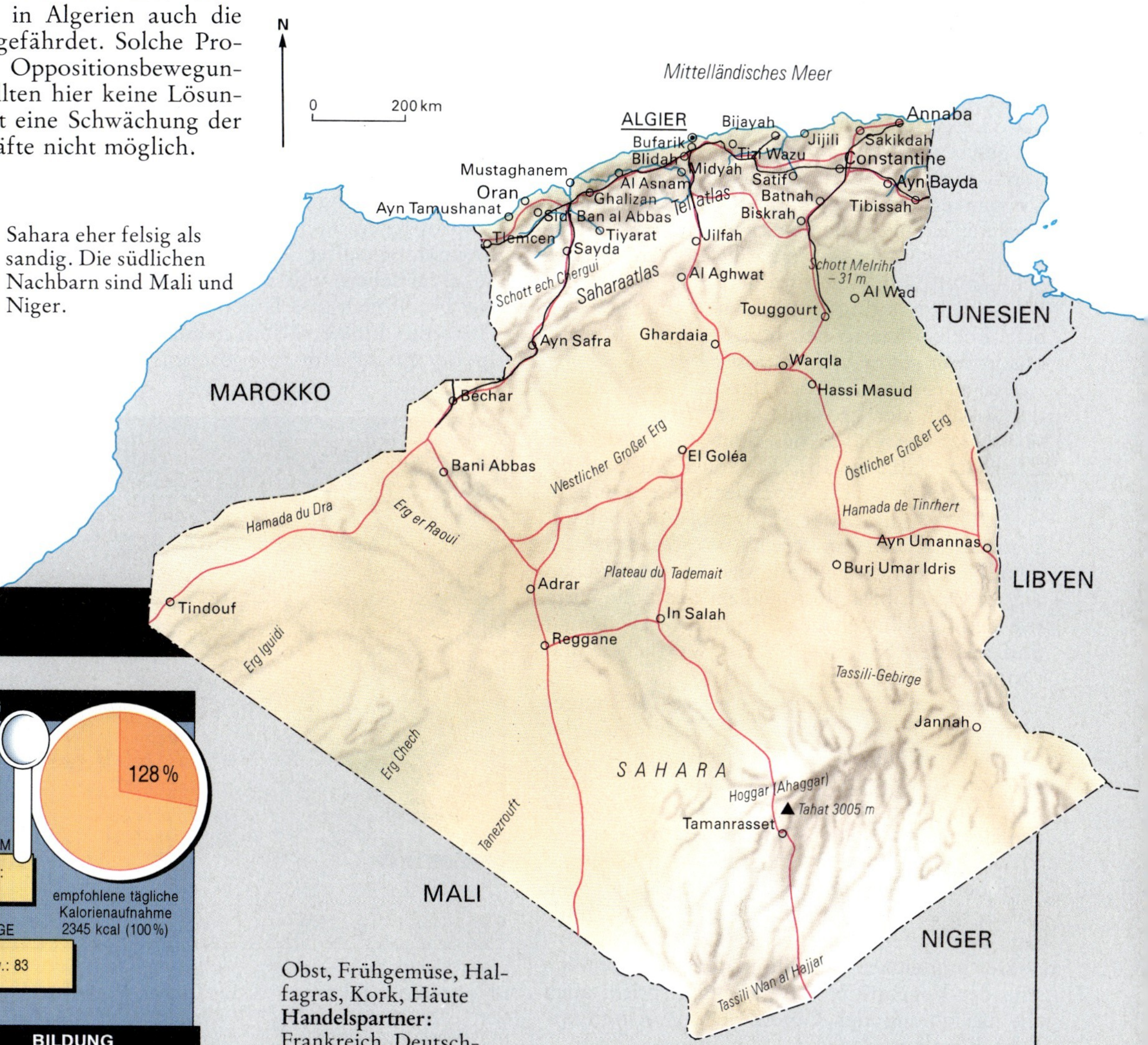

**Algerien** *(rechts)* grenzt im Norden an das Mittelmeer. Südlich der fruchtbaren Küstenebenen liegen der Tellatlas, der Saharaatlas und das Hochland. Hinter dem Saharaatlas erstreckt sich die trockene Wüstengegend der Sahara über große Teile des Landes. Anders als allgemein angenommen, ist ein großer Teil der Sahara eher felsig als sandig. Die südlichen Nachbarn sind Mali und Niger.

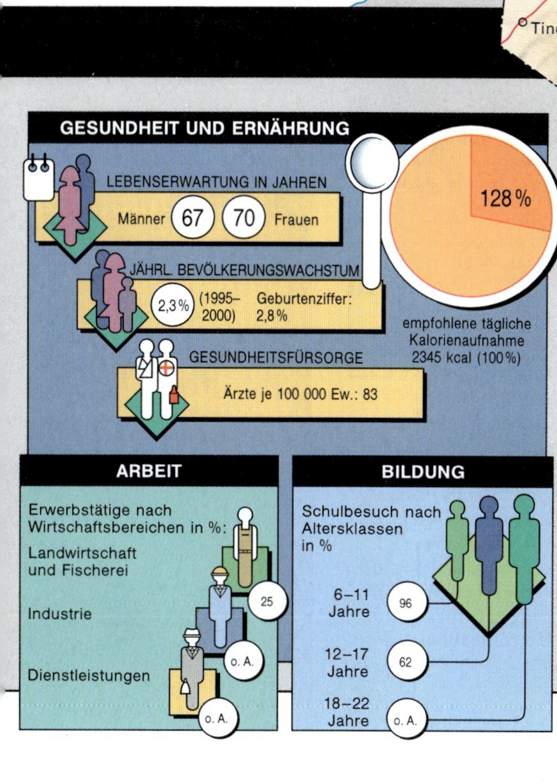

Obst, Frühgemüse, Halfagras, Kork, Häute
**Handelspartner:** Frankreich, Deutschland, Italien, USA, Marokko, Spanien
**Eisenbahnnetz:** 4820 km
**Straßennetz:** 70570 km (befestigt)
**Fernsehgeräte je 1000 Ew.:** 105

### GESUNDHEIT UND ERNÄHRUNG

LEBENSERWARTUNG IN JAHREN
Männer 67 — 70 Frauen

JÄHRL. BEVÖLKERUNGSWACHSTUM
2,3 (1995–2000) Geburtenziffer: 2,8%

128 %
empfohlene tägliche Kalorienaufnahme 2345 kcal (100%)

GESUNDHEITSFÜRSORGE
Ärzte je 100 000 Ew.: 83

### ARBEIT
Erwerbstätige nach Wirtschaftsbereichen in %:
Landwirtschaft und Fischerei — 25
Industrie — o. A.
Dienstleistungen — o. A.

### BILDUNG
Schulbesuch nach Altersklassen in %
6–11 Jahre — 96
12–17 Jahre — 62
18–22 Jahre — o. A.

# ALGERIEN: DAS LAND

Algeriens Staatsgebiet erstreckt sich vom dicht bevölkerten, fruchtbaren nördlichen Teil an der Mittelmeerküste bis zur menschenleeren, öden Wüste der Sahara, die nahezu 90 % der Fläche ausmacht. Sowohl der Norden als auch der Süden gliedert sich in sehr verschiedenartige Landschaften und Lebensräume.

Der Norden Algeriens ist durch die beiden in westöstlicher Richtung verlaufenden Ketten des Atlasgebirges, zwischen denen große Hochebenen liegen, gegliedert. Die Gebirge des Tellatlas reichen größtenteils bis ans Mittelmeer, steigen über der Küste oft steil an und erreichen im Jurjurah-Massiv in der Großen Kabylei mit über 2300 m die größte Höhe. Dazwischen liegen die fruchtbaren, dichtbesiedelten Küstenebenen, in denen sich auch die großen Städte Oran (Wahran) und Annaba (Annabah) befinden. Die Hauptstadt Algier (Al-Jaza'ir) ist allerdings durch die Küstenberge bedrängt.

Die Hochebene der Schotts, wie das Gebiet der Salzseen zwischen dem Tell- und Saharaatlas genannt wird, bietet ein ganz anderes Bild: durch die flache Landschaft und die spärliche Steppenvegetation wirkt sie karg und eintönig. Von den Gebirgszügen des Saharaatlas ist das Aurès-Massiv im Osten mit seinen wilden Schluchten und Zedernwäldern das landschaftlich schönste und touristisch interessanteste Gebiet. Ebenso wie in den hohen Bergen Marokkos ist hier sogar Wintersport möglich.

Der nördliche Teil der algerischen Sahara ist der Bereich der großen Oasen. Als wichtigste seien hier die Oasen des Souf im Nordosten, Ghardaïa (Ghardayah), El Goléa (Al-Guliah), wo über 100 000 Dattelpalmen stehen, und In Salah (Ayn Salih), der »Hitzepol« der Sahara, sowie die Oasen im Bereich des Oued Saoura (Wadi as-Sawrah) genannt. Die Wüste zwischen diesen Oasen besteht vor allem aus Steinwüste wie dem absolut ebenen Plateau von Tademaït und aus den Sandmeeren des Westlichen und Östlichen Großen Erg.

Ebenso menschenleer wie diese Wüstengebiete ist auch der Südwesten des Landes mit der Ebene von Tanezrouft. Die Gebirgsmassive des Hoggar (Al Hajjar, Ahaggar) und Tassili sind aufgrund der gelegentlich fallenden Niederschläge nicht so lebensfeindlich wie die Ebenen. Daher findet man in den höchsten Gebirgsregionen noch eine erstaunliche Vielfalt von Pflanzen und Tieren, die auch die Lebensgrundlage der letzten Tuareg-Nomaden darstellen.

Der ungleichen Verteilung der Niederschläge und der Vegetation in Algerien entspricht auch die Besiedlung des Landes. Die durchschnittliche Bevölkerungsdichte von etwa 13 Einwohnern pro km² ist nur ein statistisch interessanter Wert, da es einerseits ausgedehnte unbesiedelte Wüsten und andererseits großstädtische Ballungsgebiete gibt.

Zur höchsten Bevölkerungskonzentration kommt es im Verwaltungsbezirk Algier mit fast vier Millionen Einwohnern auf ca. 800 km². Die Situation in den Ballungsgebieten bezüglich des Wohnungs- und Arbeitsplatzangebots wird durch das starke Bevölkerungswachstum immer prekärer. Algerien hat nämlich, bedingt durch ein gutes Gesundheitswesen und durch eine fehlende Familienplanung, eine überdurchschnittlich junge Bevölkerung. 37 % der Einwohner sind unter fünfzehn Jahre alt.

Die ethnische Zusammensetzung der Bevölkerung ist schwer festzustellen, da sich seit dem frühen Mittelalter eingewanderte Araber und ansässige Berber vermischt haben und letztere zum Teil ihre Sprache und damit das deutlichste Unterscheidungsmerkmal aufgegeben haben. Die Berber unterscheiden sich aber auch durch ihre Kultur und ihre Gesellschaftsstruktur mit kleinen, autonomen Dorfgemeinschaften. Rund 30 % der Bevölkerung gelten heute als Berber. Sie setzen sich vornehmlich aus den Bevölkerungsgruppen der Kabylen in der Kabylei, der halbnomadischen Chaouia im Aurès-Gebirge, der streng religiösen Mozabiten in Ghardaïa und der wenig zahlreichen, aber legendären Tuareg zusammen.

Seit der Unabhängigkeit leben nur noch wenige Europäer im Land, die meisten von ihnen als Entwicklungshelfer oder technische Experten. Die algerischen Juden wanderten größtenteils nach Frankreich und Israel aus.

Bis auf kleine Minderheiten gehören die Algerier heute dem sunnitischen Islam an, der

**Eine gewaltige Felsformation** *(oben)* beherrscht die unfruchtbare Landschaft im Hoggar (Ahaggar) im Südosten Algeriens. Aus der Geröllfläche dieses Teils der Sahara aufragend, haben diese Berge ein kühleres Klima als die Wüstenebenen.

**Ein flacher Wasserlauf** *(rechts)*, der von Kindern durchwatet werden kann, stellt etwas Wertvolles in Algerien dar, da ca. 90 % der Fläche unfruchtbare Wüste sind. Nur in der Tell-Region ist genügend Wasser für den Getreideanbau vorhanden.

# ALGERIEN

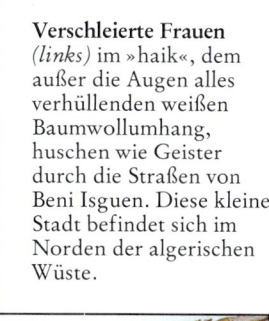

**Verschleierte Frauen** *(links)* im »haik«, dem außer die Augen alles verhüllenden weißen Baumwollumhang, huschen wie Geister durch die Straßen von Beni Isguen. Diese kleine Stadt befindet sich im Norden der algerischen Wüste.

auch als Staatsreligion in der Verfassung verankert ist. Unter den Berbern sind noch religiöse Elemente wie Marabutismus (Heiligenverehrung) verbreitet. Die Tuareg tragen Amulette als Schutz für die verschiedensten Zwecke; sie akzeptieren und praktizieren auch nicht alle Regeln des Islam.

Die sprachliche Situation in Algerien ist kompliziert, so daß der größte Teil der Bevölkerung zwei- oder dreisprachig ist. Die Umgangssprache der meisten Algerier ist ein von berberischen und französischen Elementen durchsetzter Dialekt des Arabischen, der sich von der arabischen Schriftsprache merklich unterscheidet. Daneben wird als Verkehrssprache nach wie vor Französisch gebraucht, und die Berber sprechen zum Teil noch ihre Dialekte. Seit den 1970er Jahren wird das öffentliche Leben zunehmend arabisiert, indem zum Beispiel von zweisprachigen Inschriften die französische entfernt wird. Diese Maßnahmen richten sich zunächst gegen das Französische, aber auch gegen die Dialekte der Berber, die seit einiger Zeit ihre Kultur gegen die von den Franzosen übernommene zentralistische Politik des algerischen Staates verteidigen.

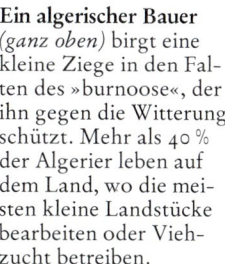

**Ein algerischer Bauer** *(ganz oben)* birgt eine kleine Ziege in den Falten des »burnoose«, der ihn gegen die Witterung schützt. Mehr als 40 % der Algerier leben auf dem Land, wo die meisten kleine Landstücke bearbeiten oder Viehzucht betreiben.

**Nomadische Hirtenvölker** *(oben)* leben in Zelten aus Tierhäuten oder Matten, die über ein Gerüst aus hölzernen Pfählen gezogen werden. Diese Art zu wohnen erlaubt ihnen, mit ihrer Herde leicht von einer Weide zur anderen zu ziehen, wobei sie ihr Heim sowie ihr Hab und Gut mit sich führen. Diese Nomaden, deren Lebensweise seit Jahrhunderten unverändert ist, legen während ihres Lebens auf ihren ausgedehnten Wanderungen oft Tausende von Kilometern zu Fuß zurück.

# ALGERIEN: WIRTSCHAFT

Die Wirtschaft Algeriens war auch lange nach der Unabhängigkeit von Frankreich noch vom Erbe der Kolonialzeit geprägt. Durch eine eigenständige Entwicklung und die blockfreie Außenpolitik versuchte der junge Staat, sich davon allmählich zu lösen.

Bis 1962 hatte Algerien die für eine Kolonie typische Wirtschaftsstruktur. Es gab kaum Industrie und die Landwirtschaft der europäischen Pflanzer war mit Produkten wie Wein und Tabak auf den Export nach Frankreich ausgerichtet. Die einheimische Bevölkerung arbeitete entweder für die europäischen Siedler, im Handwerk oder in der traditionellen Selbstversorgungslandwirtschaft.

Die wirtschaftliche Ausgangslage der neu gegründeten Republik Algerien war denkbar schlecht. Durch den Krieg war ein großer Teil der Gebäude und der Infrastruktur zerstört, und nach dem Wegzug von mehr als einer Million Europäern waren die großen landwirtschaftlichen Güter unbewirtschaftet und in allen Bereichen der Wirtschaft wie der Verwaltung fehlte es an Fachleuten. Die großen Erdöl- und Erdgasvorkommen in der Sahara waren erst während des Unabhängigkeitskrieges entdeckt worden und befanden sich 1962 erst am Beginn der Erschließung.

Nach dem Rückzug der Franzosen aus Algerien im Frühjahr 1962 ging es zunächst darum, die Versorgung der Bevölkerung zu sichern. Dazu wurden auf dem bisher von Franzosen bewirtschafteten Land Staatsfarmen gebildet. Auch andere Bereiche der Wirtschaft wurden im Sinne eines sozialistischen Modells staatlich kontrolliert, wobei allerdings innerhalb der Betriebe Strukturen der Arbeiterselbstverwaltung eingeführt werden sollten. Die Erdölwirtschaft wurde dagegen vorerst in ausländischen Händen gelassen, damit sie unbehindert aufgebaut werden und schnell Devisen ins Land bringen konnte. Das Erdöl sollte die Grundlage für die Entwicklung des Landes und den Aufbau einer eigenen Industrie bilden.

Nach der ersten Aufbauphase wurde 1967 ein längerfristig angelegtes Entwicklungskonzept eingeführt, mit dem im Rahmen von Vierjahresplänen die Industrialisierung weiter vorangetrieben wurde. Für die Nutzung des Erdöls wurde die staatliche Gesellschaft SONATRACH gebildet, bei der Förderung, Transport und Verarbeitung in einer Hand liegen. Der Aufbau einer eigenen Industrie begann in den Bereichen der Grundstoffe (Stahl, Düngemittel und anderer) und der Investitionsgüter (z. B. Traktorenfabrik in Constantine). Durch die Ansiedlung solcher Betriebe außerhalb des Großraums Algier wurde und wird versucht, dem starken Wachstum der Hauptstadt entgegenzusteuern und eine ausgewogene Regionalentwicklung herbeizuführen.

In der Landwirtschaft wurde schon ab 1962 mit einer Umstrukturierung begonnen, um den Weinbau, der als Merkmal des kolonialen Anbaus galt, durch Getreideanbau zu ersetzen. Aber erst Mitte der 70er Jahre konnte die Weinproduktion auf die Hälfte des Stands von 1955 reduziert werden, und auch heute noch ist der algerische Rotwein das wichtigste landwirtschaftliche Exportgut, nachdem er auch qualitativ erheblich verbessert worden ist. Die Weine von Mascara und Tlemcen, die im Hinterland von Oran (Wahran) angebaut werden, sind auch im Ausland bekannt.

Wie der Weinbau ist auch der größte Teil der übrigen landwirtschaftlichen Produktion auf die fruchtbaren Ebenen an der Küste und im nahen Hinterland konzentriert. Um die in der Nähe des Mittelmeers ausreichend aber unregelmäßig fallenden Niederschläge besser für die Landwirtschaft nutzen zu können, wurden in den Tälern des Tellatlas größere Staudämme gebaut, die außerdem auch der Stromerzeugung dienen. Weiter südlich ist nur eine extensive Nutzung des Bodens durch Viehzucht möglich, und auch diese wird durch Erosion und das Vordringen der Wüste bedroht. Als Sperre gegen die Ausbreitung der Wüste werden seit den 70er Jahren am Fuß des Saharaatlas quer durch das ganze Land Kiefernwälder, die sogenannte »grüne Mauer«, angelegt. Im Jahr 1971 wurde eine »Agrarrevolution« eingeleitet, durch die Ländereien von Großgrundbesitzern an vorher landlose Bauern verteilt wurden, die es in Kooperativen bewirtschaften.

**Kamele** (*ganz oben*), heute immer noch ein wichtiges Transportmittel in ganz Algerien, warten geduldig, während sie mit Salzziegeln beladen werden. Man erhält dieses kostbare Gut durch Verdampfung von Salzwasser in kleinen Becken.

**Eine reiche Dattelernte** *(unten)* wartet in der Oase von Touggourt im Nordosten der algerischen Sahara auf den Abtransport. Dattelpalmen sind für die Oasenwirtschaft von großer Bedeutung.

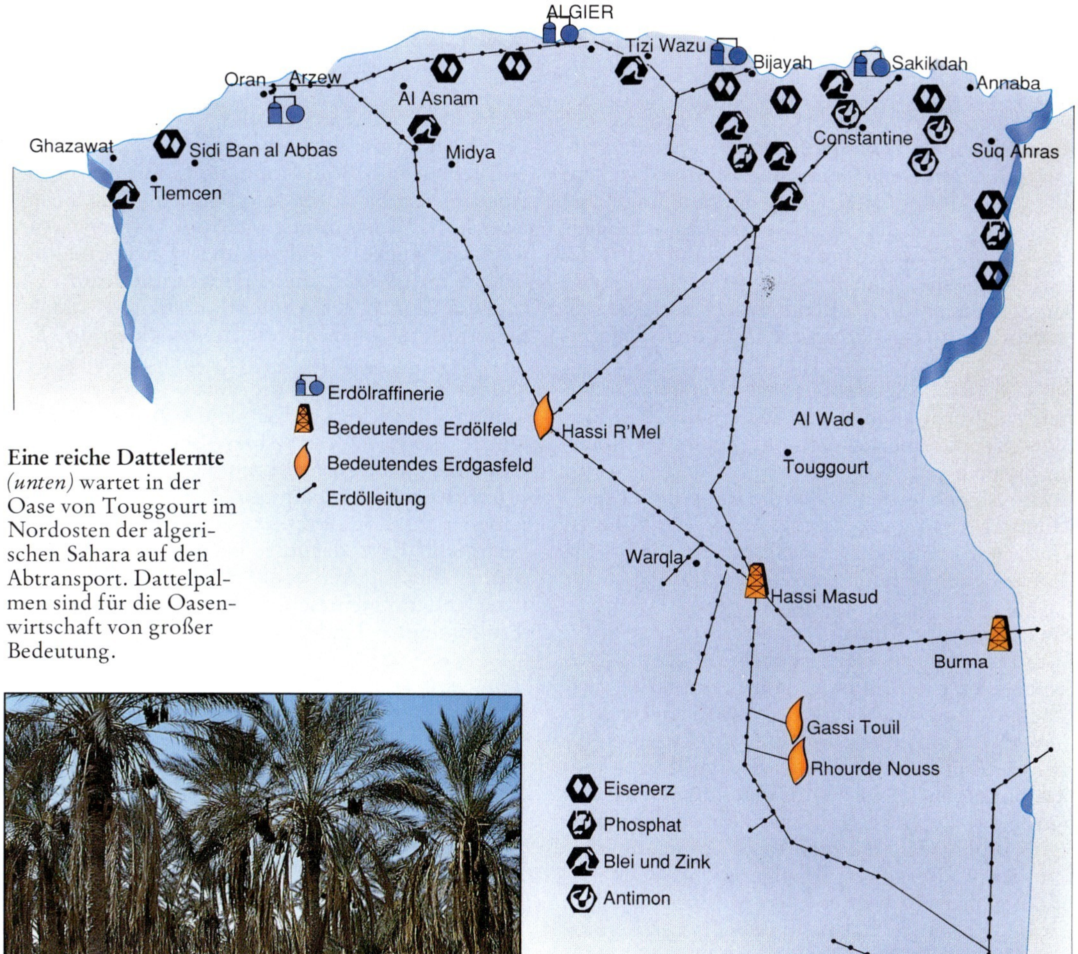

**Bodenschätze** *(oben)* tragen viel zu Algeriens Exporteinnahmen bei. Die wichtigsten Erdgas- und Erdölfelder liegen im Süden des Landes, tief in der Sahara. Größere Vorkommen anderer Bodenschätze befinden sich in der Nähe der Mittelmeerküste.

**Ein Tankwagen** *(oben)* spendet diesen Arbeitern, die sich von ihrer Arbeit in Algeriens Ölindustrie ausruhen, verdienten Schatten. Die Förderung und das Raffinieren von Erdöl und Erdgas sind die Hauptsäulen der Wirtschaft des Landes.

Auch heute, nachdem Algerien wie die meisten anderen arabischen Länder die Erdölförderung reduziert hat, ist das Erdöl (zusammen mit dem Erdgas) mit über 90 % immer noch das wichtigste Exportgut des Landes; allerdings wird ein zunehmender Anteil davon im Land selbst verarbeitet, z. B. in der petrochemischen Industrie. Algerien ist somit viel stärker von einer einzigen Ressource abhängig als die beiden anderen Maghreb-Länder. Wie diese besitzt Algerien auch andere Bodenschätze, etwa Eisen, Phosphat, Wolfram, Edelmetalle und andere, die aber zum Teil schwer erschließbar sind.

Der Tourismus trug bisher nur wenig zu den Einnahmen des Landes bei, ist aber durchaus entwicklungsfähig, da Algerien viel zu bieten hat – von den Stränden an der abwechslungsreichen Küste über römische Ruinen bis zur großartigen Landschaft der Wüste. Dafür sind allerdings große Investitionen nötig, die der Staat bisher nicht leisten konnte.

Unter dem ab 1979 amtierenden Staatspräsidenten Bendjedid Chadli wurde langsam eine pragmatischere und liberalere Wirtschaftspolitik eingeführt, die privaten Initiativen mehr Freiräume läßt. In diesem Zusammenhang wurde die große staatliche Erdölgesellschaft in mehrere Betriebe aufgeteilt, damit diese nun effektiver wirtschaften können.

Für die zukünftige Entwicklung hat Algerien große Probleme zu lösen: Die Abhängigkeit vom Erdöl muß bald reduziert werden, zumal die Vorräte überhaupt nur noch wenige Jahrzehnte reichen. Die Probleme der Versorgung mit Nahrungsmitteln und Konsumgütern werden noch verschärft durch das auch für ein Entwicklungsland überdurchschnittlich starke Bevölkerungswachstum. Die Unzufriedenheit mit den wirtschaftlichen Verhältnissen, besonders unter der jüngeren Generation, zeigt sich zunehmend in sozialen Unruhen und religiös bedingten Massakern.

# Alpen: Naturraum

Die Alpen, das höchste Gebirge Europas, erstrecken sich vom Paß von Altare (459 m) nördlich des Golfs von Genua im Westen bis zum Wienerwald im Osten. Ihre Gesamtlänge beträgt 1200 km, die Breite schwankt zwischen 150 km im Westen und 250 km im Osten; sie bedecken eine Fläche von 220 000 km². Die Alpen grenzen im Westen an die Rhône-Senke, im Norden an das schweizerische, deutsche und österreichische Alpenvorland und im Osten an die Ungarische Tiefebene, sie fallen im Süden steil zur norditalienischen Ebene ab. Der Mont Blanc ist mit einer Höhe von 4807 m die höchste Erhebung der Alpen.

Die Alpen werden durch die Linie Bodensee – Rheintal – Splügen – Comer See in die höheren West- und die niedrigeren Ostalpen, die im Piz Bernina 4049 m hoch werden, geteilt.

## Entstehung der Alpen

Die Hauptphase der Entstehung der Alpen reicht über 200 Millionen Jahre zurück, als zwischen Europa und Afrika ein großes »Ur-Mittelmeer«, Tethys genannt, mit mächtigen Sedimentmassen gefüllt wurde. Durch Druck des von Süden nach Norden drängenden Ur-Afrika wurden vor ca. 130 Millionen Jahren die mächtigen Ablagerungen mehrfach aufeinandergeschoben und gefaltet. Im eigentlichen Gebirgsbildungsprozeß vor ca. 65 Millionen Jahren wurde das ganze Paket aus dem Meer herausgehoben. Dies geschah phasenweise, teils schnell, teils langsam, was heute noch am Wechsel zwischen steilen Wänden und flachen Plateaus sichtbar wird, und ist noch nicht ganz beendet. Bei Brig (Schweiz) beträgt die Hebung heute maximal 1,7 mm/Jahr. Parallel zur Heraushebung kam es zur Abtragung. Der Abtragungsschutt sammelte sich vor allem am Nordrand in flachen, zeitweise wasserführenden Senken und wurde zum Teil in die weitere Hebung einbezogen.

Ihr heutiges Aussehen verdanken die Alpen hauptsächlich den Eiszeiten, die vor einer Million bis vor 20 000 Jahren auftraten. Durch die Absenkung des Jahresmittels der Temperatur um etwa 8 °C waren damals die Alpen größtenteils mit Eis bedeckt. Die Gletscher drangen weit ins Alpenvorland vor und gestalteten die Landschaft durch die Schleif- und Hobelwirkung des bis zu 3000 m mächtigen Eises um: die Alpentäler wurden von der V-Form des Kerbtales zur U-Form des Trogtales umgebildet; Moränen, Findlinge, Schotterfluren usw. wurden vor allem im Alpenvorland abgelagert; während der letzten großen Eiszeit entstanden die Alpenrandseen, wie z. B. Bodensee und Genfer See. Heute bedecken die Gletscher nur noch knapp 2 % der Alpenfläche, wobei die höheren Westalpen stärker vergletschert sind als die Ostalpen. Die Schneegrenze, die untere Grenze der dauernden Schneebedeckung, liegt zwischen 2500 und 3200 m, während der Eiszeit lag sie 1200 m tiefer.

## Vegetation und Tierwelt

Die Vegetation der Alpen ändert sich, primär von Klima und Boden abhängig, mit der Höhe. Auch haben Faktoren wie Sonnen- oder Schattenseite, UV-Strahlung, häufiger Temperaturwechsel, starke Windwirkung, Lawinenbahnen usw. Einfluß auf die Pflanzenstandorte. Die Höhengrenzen der Vegetation steigen vom Alpenrand zu den höheren Zentralalpen an. Die Waldgrenze, unterhalb der geschlossene Nadelwälder auftreten und die durch den wirtschaftenden Menschen schon stark herabgedrückt wurde, liegt in den Alpen bei 1800–2200 m. Über der Waldgrenze breitet sich die Krummholzzone oder »subalpine« Zone aus. Hier sind neben dem Krummholz vor allem Alpenrosen vertreten. Erst darüber beginnt die »alpine« Stufe, die Matten-Stufe (2000–2400 m), mit ihrer charakteristischen Vegetation: Enzian, Trollblumen, Teufelskrallen, Gemsheide, Sil-

**Der Bart- oder Lämmergeier** *(oben)* ist in den Alpen ausgerottet. Er wurde verfolgt, weil man ihm die Jagd auf Lämmer nachsagte.

berwurz, Sonnenröschen, Eisenhut, Kletterdistel u. a. Zur klimatischen Schneegrenze hin, die die alpine Stufe zur »nivalen« Stufe mit ewigem Eis und Schnee abgrenzt, wird die Vegetation lückenhafter, darüber kommen fast nur Flechten vor.

Für die Tiere sind die Alpen ein Rückzugsgebiet. Im Bereich des alpinen Nadelwaldes findet man Hirsche, Marder, Schneehasen, Schneehühner, Raben und Schmetterlinge wie Alpenapollo und Alpengelbling. In der alpinen Stufe und darüber sind Gemsen, Steinböcke, Murmeltiere und Steinadler verbreitet.

Zur Erhaltung der Alpenflora und -fauna sind, neben bestehenden Schutzgesetzen, zahlreiche Nationalparks angelegt bzw. ausgewiesen worden, z. B. Schweizer Nationalpark, der Gran Paradiso Nationalpark, der Nationalpark Berchtesgaden oder der Nationalpark Hohe Tauern. Dennoch stellt auch für diese der Massentourismus eine große Gefahr dar.

**Alpenpflanzen** *(ganz oben)* passen sich mit ihrem kleinen Wuchs, leuchtenden Farben und kurzen Stengeln den Verhältnissen im Hochgebirge an.

**Steile Gipfel** *(rechts)* der Berner Alpen mit dem Eiger, links (3970 m), und der Jungfrau, rechts (4158 m). In den Berner Alpen liegt auch der größte Gletscher der Alpen, der Aletschgletscher. Die Eiger-Nordwand ist eine Herausforderung für extreme Bergsteiger.

**Die Alpen** *(oben)* bedecken eine Fläche von 220 000 km². Bei einer Länge von 1200 km ziehen sie sich in weit geschwungenem Bogen vom Golf von Genua bis Wien. Relativ geringen Anteil an den Alpen haben Deutschland (2 % der Staatsfläche), Frankreich (6 %), Italien (11,5 %) und Slowenien (ca. 40 %); echte Alpenländer sind nur Österreich (63 %), die Schweiz (55 %) und Liechtenstein (100 %). Die Alpen bilden die Hauptwasserscheide zwischen Nordsee, Mittelmeer und Schwarzem Meer sowie die Klimascheide zwischen Mittel- und Südeuropa, sowie West- und Südosteuropa.

# Alpen: Lebensraum

Aus der Warmzeit zwischen den letzten beiden Eiszeiten – von ca. 30 000 bis 20 000 v. Chr. – stammen die Spuren der ältesten alpinen Kultur, der Höhlenbärenjäger, die z. B. in der Wildkirchlihöhle am Säntis gefunden wurden. Die Menschen mußten dann vor den Eismassen der letzten Eiszeit, der Würmeiszeit, in Gebiete außerhalb der Alpen weichen, kehrten aber später wieder zurück. Im 5. Jahrtausend v. Chr. wurden die Alpenränder und die breiten Alpentäler dauerhaft besiedelt.

Spuren der Römer, die die Alpen unter anderem erstmals mit einem weitmaschigen Straßennetz überzogen, sind heute noch in Kirchen- und Diözesangrenzen zu finden. Auch die romanische Sprache hat sich bis heute bei den Rätoromanen, Ladinern und Friaulern erhalten. Gegen Ende der Völkerwanderungszeit (3.–6. Jahrhundert n. Chr.) drangen von Osten Slawen, von Norden und Nordwesten Bajuwaren und Alemannen und von Südwesten Franko-Provençalen in die Alpen ein. Auf diese Zeit geht die heutige Sprachenverteilung zurück. Im Mittelalter erweiterte sich der Siedlungs- und Nahrungsraum in die Höhe. Der Wald wurde bis zur Obergrenze des Getreidebaus und der Viehhaltung gerodet, der Boden nutzbar gemacht. Je höher die Besiedlung geht, um so mehr werden natürlich die geschlossenen Dörfer von Streusiedlungen abgelöst. Die Obergrenze der Dauersiedlungen liegt in den zentralen Teilen der Westalpen etwas über 2000 m, meist an der Baumgrenze.

## Wirtschaft

Aus klimatischen Gründen und aus Rentabilitätsgründen ist die landwirtschaftliche Nutzung der Alpen eingeschränkt. So sind Wein- und Obstanbau nur in wenigen vom Klima begünstigten Tälern möglich, z. B. im Rhône-, Adda-, Etsch- und Rheintal. Gemüse, Kartoffeln und Getreidearten werden meist nur noch in den Talbereichen angebaut. Der Getreideanbau zur Selbstversorgung war 1945 noch bis 2000 m Höhe flächenmäßig verbreitet, geht aber aus Rentabilitätsgründen immer weiter zurück. Heute überwiegt bei weitem die Viehwirtschaft, die meist noch in der Form der Almwirtschaft betrieben wird. Da es in den Tälern durch die Siedlungen und den Getreideanbau allmählich zu eng wurde, entstand diese mehrstufige Form der Weidehaltung. Das Vieh, meist Rinder, wird im Winter in den Talbetrieben im Stall gehalten. Im Frühjahr kommt es dann zur Sommerung auf die Alm. Aus der Milch werden Butter und Käse hergestellt, was heute größtenteils im Tal erfolgt. Die Almwirtschaft ist in den letzten Jahren zurückgegangen, weit entfernte Almen wurden aufgegeben.

Die Forstwirtschaft ist vor allem in den waldreichen Ostalpen von Bedeutung und Grundlage der Holzindustrie. Nennenswerte Bodenschätze sind Eisenerz und Braunkohle in der Steiermark, Steinkohle in den französischen Alpen und Salz in Tirol, im Berchtesgadener Land und im Salzkammergut.

Die Wasserkraftnutzung zur Stromgewinnung konzentriert sich auf die höchsten Bereiche der Alpen, da hier einerseits die Gletscher als natürliche Wasserspeicher vorhanden sind, andererseits die Reliefenergie am größten ist. Gegenwärtig werden über 350 Speicherseen zur Deckung des Spitzenstrombedarfs genutzt.

Die Industrie basiert auf Holz und lokalen Bodenschätzen als Rohstoffen und auf der Wasserkraft, wie im Wallis, wo chemische und metallurgische Industrie angesiedelt wurde.

Der Fremdenverkehr hat besonders seit den 50er Jahren wachsende wirtschaftliche Bedeutung. Heute sind die Alpen nahezu flächendeckend bis in die Gletscherregion hinein mit Fremdenverkehrseinrichtungen übersät: zahllose Aufstiegshilfen, ob Zahnrad-, Gondelbahn oder Sessellift, führen bis in die höchsten Bereiche, über drei Millionen Gästebetten stehen zur Verfügung, zahlreiche Straßenneubauten und -ausbauten für den stark gestiegenen Verkehr waren vonnöten.

Früher war die Sommersaison mit Wandern, Bergsteigen und Erholung an den Alpenseen wesentlich bedeutender als die Wintersaison. Dies hat sich in den letzten Jahren geändert. In vielen Regionen ist heutzutage der Winter bezüglich der Einnahmen aus dem Fremdenverkehr die wichtigste Saison des Jahres.

**Ziegen** *(oben)* werden auf den Almen wegen ihrer Milch gehalten, die zu Joghurt und Käse verarbeitet wird. Mit dem Rückgang der Almwirtschaft sind aber die alten Dorf- und Wirtschaftsgemeinschaften in steigendem Maße bedroht.

**Stauseen** *(rechts)*, hier in der Nähe des Grimselpasses in der Schweiz, werden von Gletscherwasser gespeist. Wie so viele andere Staubecken in den Alpen wurden sie angelegt, um über Wasserkraftwerke die Industrie in den Tälern mit Strom zu versorgen.

ALPEN

## Wanderweidewirtschaft

Die Almwirtschaft ist eine dem Gebirge angepaßte Form der Weidewirtschaft. Im Winter werden die Tiere in den Tälern in Ställen gehalten. Im Frühjahr werden sie in der Regel auf die Maiensäß getrieben, die Bergweide über dem Talboden. Im Sommer geht es dann weiter auf die Alp oder Alm. Mit dem Nahen des Herbstes und dem Temperaturrückgang wandern sie wieder zurück in ihre Winterställe. Im Sommer werden die Talwiesen regelmäßig gemäht, um Heu als Futtermittel für den Winter zu sichern. In jüngster Zeit ist diese Art der Weidewirtschaft zurückgegangen, und viele abseitsgelegene Almen wurden aufgegeben. Neben der Almwirtschaft betreiben die Alpenbewohner auch Ackerbau und Forstwirtschaft. Auf der Forstwirtschaft basiert die holzverarbeitende Industrie, die eine weitere Erwerbsmöglichkeit bietet. Viele Bewohner der Alpen arbeiten heute außerdem im Fremdenverkehrsgewerbe mit seinen vielfältigen Möglichkeiten. Vor allem hatte der Wintertourismus in den letzten Jahren einen starken Aufschwung zu verzeichnen.

**Wanderer** *(oben)* und Bergsteiger werden von der herrlichen Alpenlandschaft angezogen.

**Das Val d'Hérens** *(links)* in den Walliser Alpen ist für seine dunklen Holzhäuser bekannt.

# Alpen: Wintersport

Auf zwei Brettern oder auf »Schneeschuhen«, wie die Skier anfangs in Deutschland genannt wurden, sich fortzubewegen, war für die Bewohner der skandinavischen Länder schon vor Jahrhunderten eine winterliche Notwendigkeit, während es in den Alpen unbekannt war. Daß das Skifahren in den Alpen ein Massensport würde, konnte vor hundert Jahren niemand voraussehen – auch nicht die Bewohner der damals einsamen Bergdörfer, die heute beliebte und zum Teil mondäne Wintersportzentren sind.

### Entwicklung des Wintersports

Angefangen hatte der Wintersport in den Orten St. Moritz und Davos mit Sportarten wie Schlittenfahren, Schlittschuhlaufen und Curling, der schottischen Variante des Eisstockschießens. Um die Jahrhundertwende kam dann das Skilaufen dazu, blieb aber lange ein eher exklusiver – und durch die Aufstiege mühsamer – Sport. Zum Volkssport wurde es erst in den 60er Jahren, nach der Einführung der Schlepp- und Sessellifte. Zwar hat sich seither im Skisport so gut wie alles verändert: zum einen durch Verwendung von Kunstschnee, aufwendige Präparierung der Pisten, Erschließung weiter Bergregionen durch Skilifte, zum anderen durch die Verwendung neuer Materialien für Skier und Kleidung sowie durch die Erfindung neuer Sportarten wie Snowboard- oder Skateboardfahren. Geblieben aber ist der Reiz des Skifahrens durch das Erlebnis der winterlichen Natur, durch die Harmonie der Bewegung und nicht zuletzt die Faszination durch die Geschwindigkeit sowie die körperliche und geistige Herausforderung durch schwierige Abfahrten.

Skisport ist aber auch schon seit langem mehr als nur Pisten-Skifahren. Die Wettkampfsportarten wie Skisprung und Skilanglauf und der Tourenskilauf, der sich für einen Wettkampf gar nicht eignet, sind mindestens ebenso alt.

Der Skilanglauf erlebt seit den 60er Jahren eine neue Blüte in den Alpen. Was für die Langläufer das Skiwandern ist, das sind für manche Skifahrer die Skitouren. Zwischen März und Mai, wenn die Saison schon zu Ende ist, steigen sie in der Frühlingssonne auf die Berge, um dann abseits der Pisten durch unberührten Tiefschnee abzufahren. Traumstrecke der Skibergsteiger ist die »Haute Route« im Wallis, von Argentière bei Chamonix (Frankreich) bis Saas-Fee (Schweiz).

### Unterschiede zwischen Ost- und Westalpen

Zwischen einem Winterurlaub in einem österreichischen Dorf und in einer französischen Skistation liegen nicht nur Hunderte von Kilometern, sondern auch ein großer Unterschied in der Art, den Winterurlaub zu verbringen. Besonders in Österreich kann man abends auf dem Heimweg von der Piste noch den Bauern beim Melken zuschauen und sie dann später im Dorfgasthaus wiedertreffen. Allgemein ist in den schon früher touristisch erschlossenen deutschsprachigen Alpen die Atmosphäre in den Wintersportorten entweder exklusiv wie in den traditionsreichen Orten St. Moritz, Gstaad und Kitzbühel oder aber eher familiär wie in vielen kleineren Skiorten.

Die westlichen Alpenregionen sind schon von den geographischen Voraussetzungen her anders: Die Westalpen sind allgemein höher als die Ostalpen und bieten dadurch längere Abfahrten. Außerdem sind die französischen und italienischen Alpen dünner besiedelt, so daß sich nur wenige Orte überhaupt zu Wintersportorten entwickeln konnten. Obwohl in Chamonix 1924 die ersten Olympischen Winterspiele stattfanden, waren die französischen Alpen bis nach dem Zweiten Weltkrieg für den Wintersport kaum erschlossen. In den 50er und 60er Jahren wurde dieser Rückstand schnell und mit großen Siedlungsprojekten aufgeholt. Diese künstlich

In den Alpen (unten) liegen die bekanntesten Skigebiete Europas.

errichteten Skistationen wurden nach dem Prinzip angelegt, daß man vom Hotel zum Lift keine langen Wege hat, sondern vor der Haustür gleich die Skier anschnallen kann – und es abends zum Après-Ski auch nicht weit hat. Typisches Beispiel dafür ist Les Arcs, eine Station, deren drei Teile nach ihrer Höhenlage (1600, 1800 und 2000 m) benannt sind.

**Umweltprobleme**
Neben der Erhaltung der Volksbräuche, Trachten und Dialekte, die von Tal zu Tal unterschiedlich sind, spielt inzwischen auch die Erhaltung der Landschaft eine Rolle. In vielen Wintersportorten wurde in den letzten Jahren angefangen, bei der Erschließung neuer Skigebiete die empfindliche Natur mehr und mehr zu schonen. Denn die rücksichtslose Planierung der Almen und die Abholzung der Bergwälder beginnen sich vielerorts bereits zu rächen. Der Berg »ruft« nicht mehr, er »kommt« – wie heute die zunehmenden Bergstürze und Geröllawinen kommentiert werden. Seit langem ist in vielen Alpenregionen die Grenze der Erschließung für den Wintersport erreicht. In den letzten Jahren mehrten sich auch katastrophale Lawinenabgänge. Jetzt gilt es, weitere Schäden an dieser großartigen Landschaft abzuwenden, und zwar im Interesse der Natur und der Menschen: derjenigen, die dort leben, und derjenigen, die die Alpen als Erholungsgebiet aufsuchen.

**Die Rast abseits der Piste** *(links)* ist ein fester Bestandteil des vielfältigen gesellschaftlichen Lebens während des Skiurlaubs. Die alpenländische Küche weist zahlreiche Spezialitäten auf, mit denen man gerne Hunger und Durst stillt.

**Vor dem Panorama der Arlberger Alpen** *(ganz oben)* liegt um den österreichischen Wintersportort St. Anton ein herrliches Skigebiet mit über 80 Bergbahnen und Liften sowie 260 km präparierten Pisten. Hier wurde 2001 die Alpine Ski-WM ausgetragen.

**Der Engadiner Skimarathon** *(oben)* fand 1969 zum ersten Mal statt. Jedes Jahr im März nehmen mehr als 10 000 Langläufer am 42 km langen Lauf zwischen Maloja und Zuoz teil. Es ist einer der härtesten Wintersportwettkämpfe der Welt.

# Amazonien: Natur und Landschaft

In den peruanischen Anden entspringen die zwei Hauptquellflüsse des Amazonas, der Río Marañón und der Río Ucayali. Östlich von Nauta, im peruanischen Teil des Amazonastieflandes, vereinigen sie sich. Ab dem Flußhafen Iquitos heißt der inzwischen fast 2 km breite Strom Amazonas – »Wolkenwasserlärm« in einer Indianersprache –, ab der peruanisch-brasilianischen Grenze bis Manaus Río Solimões.

Bei Manaus kann man ein ungewöhnliches Naturschauspiel betrachten: Hier treffen die lehmig-gelben Fluten des Solimões und die schwarzblauen Wasser des Río Negro aufeinander. Kilometerweit fließen gelbes und dunkles Wasser nebeneinanderher, bis sie sich zu den grauen Wassern des Amazonas vereinen. Die Farbe der Flüsse wird von den geologischen Gegebenheiten und den Bodentypen bestimmt. Der Río Solimões ist ein sogenannter Weißwasserfluß mit trübem, an hellen, mineralischen Schwebstoffen reichem Wasser, während der Río Negro ein durch Huminsäuren und organische Schwebstoffe dunkelgefärbter Strom ist.

Von Manaus dauert es sechs Tagesreisen, bis der wasserreichste Fluß der Erde in den Atlantischen Ozean mündet. Sein Gefälle beträgt auf der gesamten Strecke vom Fuß der Anden bis zur Mündung nur 180 m. Trotzdem ist die Strömungsgeschwindigkeit des Amazonas mit 0,75 m pro Sekunde beträchtlich, und zwar allein durch den Druck der nachdrängenden Wassermassen. In seinem trichterförmigen Mün-

**Der größte zusammenhängende Regenwald der Erde** *(unten)* dehnt sich in Amazonien aus. In diesem heute durch den Menschen bedrohten Gebiet existieren unzählige Pflanzen- und Tierarten.

**Ein Nebenfluß des Amazonas** *(rechts)* im Oriente Ecuadors. Hier findet man die üppigen geschlossenen tropischen Waldgebiete, die sich unendlich weit bis zum fernen Horizont erstrecken.

dungsgebiet, das zahlreiche große und kleine Inseln einschließt, wird der Amazonas bis zu 200 km breit. Sogar 200 km von der Küste entfernt, sind seine trüben Wasser noch deutlich im Meer zu erkennen.

Der Wasserhaushalt des Amazonas ist durch den jahreszeitlich stark wechselnden Wasserstand seiner Nebenflüsse gekennzeichnet, der durch die unterschiedlichen Regenzeiten der südlichen und nördlichen Quellgebiete verursacht wird. Die jahreszeitlichen Schwankungen betragen bei den südlichen Zuflüssen 16 bis 20 m. Da diese die wasserreichsten sind, beeinflussen sie den Wasserstand des Amazonas stärker als die nördlichen Zuflüsse, die zu Schwankungen von 5 bis 7 m führen können.

Etwa 1100 Flüsse speisen den Strom, rund 100 sind schiffbar, 17 sind länger als der Rhein. Mit Nebenflüssen umfaßt der Amazonas ein Einzugsgebiet von 7 Millionen km², das größte Flußsystem der Erde, das rund ein Viertel allen fließenden Wassers ins Meer trägt.

**Ein kompliziertes Ökosystem**
In Millionen von Jahren konnte sich im Amazonasbecken nahezu ungestört das größte zusammenhängende Regenwaldgebiet unseres Planeten entwickeln. Hohe Niederschläge – über 3000 mm pro Jahr – mit wolkenbruchartigen Regengüssen, eine hohe Luftfeuchtigkeit sowie stete und kräftige äquatoriale Sonneneinstrahlung schufen günstige Voraussetzungen für die Entstehung einer überaus reichen Flora und Fauna, die in einem unvorstellbaren Artenreichtum an Pflanzen und Tieren zum Ausdruck kommt.

Geschlossenes Waldland ist allerdings nur im westlichen Amazonien vorhanden. Im mittleren und östlichen Amazonien sind ausgedehnte Feuchtsavannen eingestreut. Im »immergrünen Tiefland-Regenwald« wachsen 50 bis 150 Baumarten pro Hektar. Sie erreichen Höhen von 40 bis 60 m und verzweigen sich erst in Kronennähe. Da der Wald, aber auch der einzelne Baum, zur gleichen Zeit belaubte, laubabwerfende und laublose Bezirke hat, erscheint dieser Regenwaldtyp immergrün. Im mittleren und östlichen Tiefland mit unterschiedlich langen Trockenperioden gedeihen die »halbimmergrünen Regenwälder« mit Bäumen, die vollständig ihr Laub abwerfen.

Ein äußerst kompliziertes Ökosystem bestimmt Leben und Sterben im Regenwald. Die üppige Vegetation läßt einen fruchtbaren Boden vermuten. Der Boden des tropischen Regenwaldes ist jedoch ausgesprochen nährstoffarm, denn die Nährstoffe sind überwiegend in den Pflanzen gespeichert. Die beim Vermodern abgestorbener Pflanzenmasse frei werdenden Nährstoffe werden nämlich sofort von Pilzen aufgenommen und wieder an die Pflanzen weitergeleitet. Der tropische Regenwald ernährt sich bei diesem Nährstoffkreislauf vollständig aus sich selbst.

# Amazonien: Regenwald

Die Regenwälder bildeten einst einen weltumspannenden Gürtel. Das Amazonastiefland ist das größte der heute noch erhaltenen Regenwaldgebiete. Charakteristisch für den immergrünen Regenwald ist der stockwerkartige Aufbau, beeindruckend vor allem die Üppigkeit der Pflanzenwelt. Auffallend ist auch die scheinbare Gleichartigkeit der Vegetation: Alle Bäume ähneln sich in der Art der Blätter, die klein, dunkelgrün und lederartig sind; am zugespitzten Blattende fließt das Wasser rasch von der Blattoberfläche ab.

## Vegetation

Die offensichtliche Ähnlichkeit der Blätter täuscht jedoch. Der Regenwald enthält weit mehr Baumarten als die Wälder der gemäßigten Breiten. In Amazonien kann ein Experte auf einem Hektar 50 bis 150 unterschiedliche Spezies bestimmen, wobei jedes Exemplar Hunderte von Metern oder sogar Kilometer vom nächsten Baum der gleichen Art entfernt stehen kann. Die generelle Ähnlichkeit der Blattform ist ein hervorragendes Beispiel für den Prozeß, den Biologen als »konvergierende Evolution« bezeichnen: die Entstehung ähnlicher Merkmale bei nicht verwandten Arten unter ähnlichen Lebensbedingungen. Da der Baumbestand so vielfältig ist und eine ganze Reihe unterschiedlicher Milieus entstehen läßt, bestehen günstige Bedingungen für verschiedenste Lebensformen.

Auffallende Pflanzen sind die Epiphyten, die auf anderen Gewächsen, vor allem Bäumen, wachsen. Zu ihnen gehören Kannenpflanzen, die in ihren mit anlockenden, aber tödlichen Verdauungssäften gefüllten, flaschenartigen Blättern Insekten fangen. Epiphyten sind aber auch viele Orchideen, die kunstvolle Blüten entwickelt haben, mit denen sie nur eine oder wenige Arten von Insekten und Kolibris zu ihrer Bestäubung anlocken.

## Tierwelt

Unter den Säugetieren Amazoniens sind die Affen die Herrscher der Kronenregion. Es gibt etwa 30 verschiedene Arten. Das Leben in den Baumwipfeln hat sie zu hervorragenden Akrobaten werden lassen. Die Brüll-, die Woll- und die Klammeraffen gehören zu den Arten, die sich durch Greifschwänze auszeichnen, mit denen sie so kräftig und geschickt zupacken können wie mit einer »fünften Hand«. Manchmal streiten verschiedene Arten auf einem Baum um die gleiche Nahrung, im allgemeinen werden jedoch unterschiedliche Nahrungsquellen genutzt. Brüllaffen sind Vegetarier, die sich hauptsächlich von Früchten ernähren. Die kleineren Brüllaffen haben sich auf unreife Früchte spezialisiert, die sie verzehren, bevor größere Affenarten Geschmack an ihnen finden. Totenkopfäffchen ernähren sich von Insekten, während Wollaffen eher Allesfresser sind. Sie leben zwar hauptsächlich vegetarisch, verschmähen aber auch Eier und Insekten nicht.

Ein weiterer Bewohner der Baumkronen ist das Faultier, das sein Leben in einer eigenartigen Haltung verbringt: kopfüber an Baumästen hängend. Die im derben, struppigen Fell der Faultiere wachsenden Grünalgen bieten im Blattdickicht eine ausgezeichnete Tarnung. Faultiere sind strenge Vegetarier. Sie verbrauchen nur wenig Energie und sind zum Teil auf die sie aufwärmende Morgensonne angewiesen. Wie die Affen sind sie die Beutetiere von Räubern, unter anderem von Würgeschlangen, wie der Boa und der Anakonda, sowie eines riesigen Greifvogels, der Harpyie.

Der Jaguar, der dem Leoparden ähnelt, jedoch weitaus schwerer ist, zieht als Lebensraum den Boden oder das Wasser vor (er ist ein hervorragender Schwimmer) und versucht alles, was sich bewegt, zu erlegen. Er macht hauptsächlich Jagd auf am Waldboden lebende Pflanzenfresser, wie den Tapir (der mit dem Pferd

**Ein Pfahlbau über dem Waldboden** *(ganz oben rechts)* ist das Wohnhaus einer Indianerfamilie im Osten Ecuadors. Die »Erschließung« Amazoniens bedroht nicht nur die traditionelle Lebensweise der Waldindianer, sondern auch die Lebensräume der Tierwelt. Hier findet man beispielsweise den **Jaguar** *(rechts Mitte)*, der hauptsächlich Jagd auf am Boden lebende Tiere macht, wie etwa den Tapir oder das schweineartige Pekari. **Das Zweifingerfaultier** *(rechts außen, oben)*, das sein Leben kopfüber von Bäumen herabhängend verbringt, ist in der Wipfelregion vor dem Jaguar sicher. Aber nicht alle Bewohner des Regenwaldes sind Jäger oder Gejagte. Einige scheinen lediglich zu existieren, um ihre augenfällige Schönheit zur Schau zu stellen. Eindrücke davon vermitteln **die wirbelnde Schmetterlingswolke** *(unten rechts)* oder **die buntgefärbten Papageien** *(außen rechts, Mitte)*, die einen jungen Indianer dazu veranlassen, den Fischfang für kurze Zeit zu unterbrechen, um sich mit diesen prachtvollen Lebewesen zu beschäftigen und ihnen einen Leckerbissen zu reichen.

# AMAZONIEN

und dem Rhinozeros verwandt ist) und das Pekari, ein schweineartiges Säugetier der Neuen Welt.

## Vom Regenwald zum unfruchtbaren Grasland

Der Urwaldboden, der diese überaus vielfältige Pflanzen- und Tierwelt ernährt, ist überraschenderweise nur sehr dünn und nährstoffarm. In den Wäldern der gemäßigten Breiten kann sich organisches Material ansammeln, in den Tropen dagegen werden alle toten Pflanzen augenblicklich zersetzt und die in ihnen enthaltenen Nährstoffe den Bäumen wieder zugeführt. Die Rodung der tropischen Wälder hinterläßt folglich nur unfruchtbare Grasländer oder Savannen, die rasch zu Wüsten werden. Dennoch wird der brasilianische Regenwald seit den 80er Jahren in erschreckendem Tempo abgeholzt, in erster Linie, um Weiden für die exportorientierte Rinderzucht zu schaffen. Die mit großen wirtschaftlichen Schwierigkeiten konfrontierte Regierung zeigt nur wenig Bereitschaft, eine andere Lösung der Probleme zu suchen. Möglicherweise könnte der Ausbau des Tourismus lokale Arbeitsmöglichkeiten entstehen lassen und so auch einen ökonomischen Anreiz für die Erhaltung der einzigartigen Pflanzen- und Tierwelt schaffen. Die Durchführung eines solchen Entschlusses wäre zwar kostspielig und technisch nicht einfach, viele Experten vertreten jedoch die Ansicht, daß Amazonien die größte Kostbarkeit sei, die die Erde zu bieten hat. Die Rettung Amazoniens sollte daher nicht an finanziellen Erwägungen scheitern.

## Der Stockwerkbau des Regenwaldes

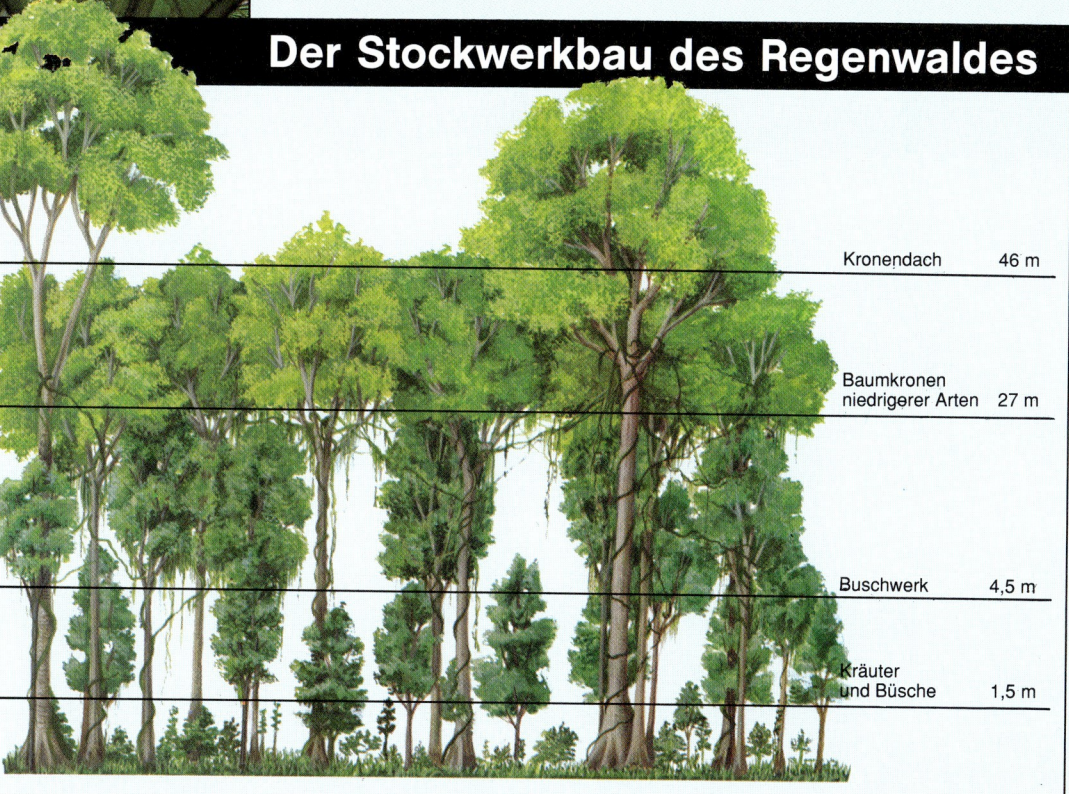

Der tropische Regenwald ist durch einen stockwerkartigen Aufbau, fünf verschiedene Etagen, gekennzeichnet. Die zwei wichtigsten Stockwerke, der Lebensraum der meisten Vögel und übrigen Tiere des Waldes, sind das bis zu einer Höhe von über 40 m reichende geschlossene Kronendach der Altbäume sowie die breite Schicht aus jüngeren Bäumen und kleinwüchsigen Arten. Darunter ist die sogenannte »Buschwerk«-Schicht. Baumriesen, die über das Kronendach ragen, bilden das oberste Stockwerk, der Boden mit krautartigen Pflanzen, die nur sehr wenig Licht brauchen, das unterste Stockwerk.

Kronendach 46 m
Baumkronen niedrigerer Arten 27 m
Buschwerk 4,5 m
Kräuter und Büsche 1,5 m

# Amazonien: Erschließung

**Holzhütten** am Amazonas bei Manaus *(rechts oben)*. Manaus, am Zusammenfluß von Rio Negro und Amazonas gelegen, ist ein bedeutender Handelshafen in Amazonien. Von der Mündung bis hierher ist der Amazonas für Seeschiffe bis 5000 t befahrbar.

Die ungeheuren potentiellen Reichtümer des Amazonas und die majestätische Größe dieses Stromes haben seit Jahrhunderten Forscher und Abenteurer aus der ganzen Welt angezogen. Der Fluß ist zwar nicht der längste der Erde (dieser Rekord steht dem Nil zu), sein Einzugsgebiet erstreckt sich jedoch über rund 7 Millionen km², und gemeinsam mit seinen Nebenflüssen entwässert er halb Brasilien und große Teile der Nachbarstaaten. Der Amazonas führt etwa viermal so viel Wasser wie der zentralafrikanische Kongo (Zaire) und etwa zwölfmal so viel wie der Mississippi. Er transportiert täglich rund eine Million Tonnen Schwebstoffe ins Meer.

### Erforschung

Weder die spanischen Konquistadoren noch die Portugiesen, die sich im 16. Jahrhundert in den östlichen Randgebieten Amazoniens niedergelassen hatten, waren sonderlich daran interessiert, in die Tiefen der unwirtlichen Wälder vorzudringen. Die Erforschung des Landesinneren erfolgte später durch Forschungsreisende und Missionare unter mehr wissenschaftlichen Gesichtspunkten. Viele von ihnen berichteten von der ungeheuren Vielfalt der Tier- und Pflanzenwelt, die sie dort vorgefunden hatten. Mitte des 17. Jahrhunderts kursierten in den Hauptstädten Europas Gerüchte über die Reichtümer der Amazonasregion und ihre geschickte Nutzung durch die Indios.

Mitte des 19. Jahrhunderts hatte sich das Tempo der Erforschung beschleunigt. Die Wissenschaftler begannen nicht nur die Bedeutung der immensen Ansammlung von Tieren und Pflanzen zu erkennen, sondern auch die komplexe Systematik der Nahrungskette zu verstehen. – Die ersten Spanier waren auf der Suche nach dem mythischen Königreich »Eldorado« nach Südamerika gekommen, dessen Herrscher der Sage nach seinen Körper mit Goldstaub puderte. Eldorado hatten sie zwar nicht gefunden, aber der Ruf Amazoniens als mögliche Lagerstätte großer Goldvorkommen war begründet worden.

Die ersten Forschungsreisenden hatten über die Verbreitung der Hevea brasiliensis berichtet, eines mächtigen Baumes, aus dessen Saft sich Kautschuk gewinnen ließ. Doch erst die Erfindung der Heißvulkanisation des Kautschuk zu Gummi durch Charles Goodyear (1839) und des Luftreifens durch John Dunlop (1888) läuteten in Amazonien die »Kautschukära« ein. Das 1600 km landeinwärts gelegene Manaus entwickelte sich zu einer eleganten Stadt. Seit 1853 verkehrten regelmäßig Dampfschiffe, die Güter aller Art nach Manaus transportierten. 1911 kam jedoch durch das Absinken des Weltmarktpreises für Kautschuk zum wirtschaftlichen Zusammenbruch. Die Hauptstadt Amazoniens verlor an Bedeutung.

Ursache dieses Kollapses war die Ausdehnung des Kautschukanbaus auf andere geeignete Gebiete (beispielsweise Malaysia), was durch aus dem Amazonasregenwald herausgeschmuggelten Heveasamen ermöglicht worden war. Um von den Lieferungen der asiatischen Plantagen unabhängig zu werden, versuchte der Automobilhersteller Henry Ford, an einem Amazonasnebenfluß Kautschukplantagen anzulegen. Das Vorhaben schlug jedoch fehl.

### Erschließung

Seit den 70er Jahren unseres Jahrhunderts haben die Bemühungen um die Erschließung der Reichtümer in der Amazonasregion die ver-

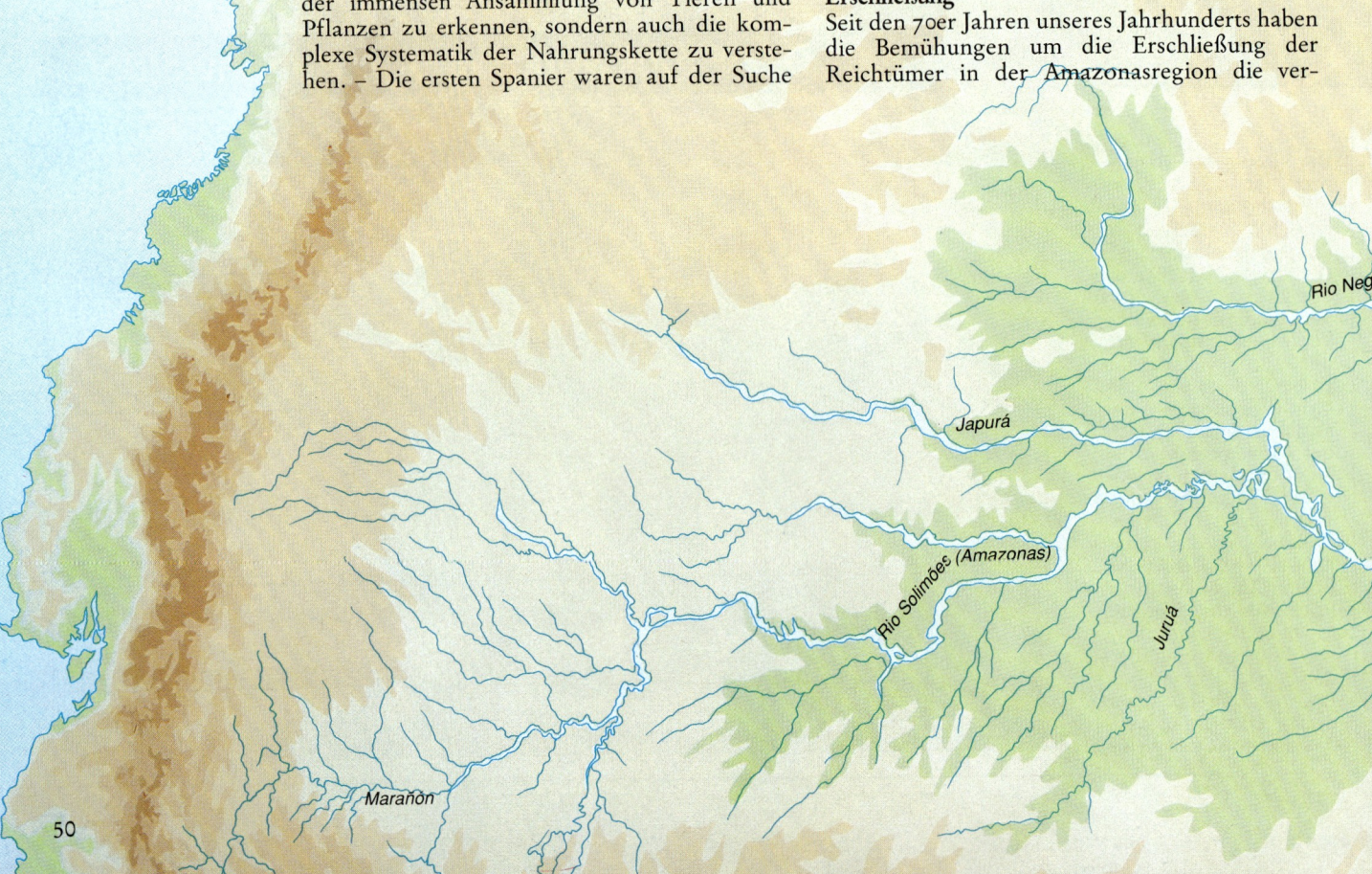

# AMAZONIEN

schiedensten Aktivitäten zur Folge. Die Projekte reichen von der Nutzung des Waldes zur Produktion von Pulpe und Papier bis zur Rinderzucht auf Riesenfarmen, dem sogenannten Ranching, und zum Abbau mineralischer Rohstoffe. Durch die SUDAM, die für die Entwicklung der Amazonasregion zuständige Behörde, treibt die brasilianische Regierung die rasche Erschließung energisch voran, unter Hinzuziehung einer Vielzahl kapitalkräftiger ausländischer Investoren. Manaus wurde zur Freihandelszone erklärt.

Inzwischen sind jedoch die Reichtümer Amazoniens in zunehmendem Maße als globale und nicht nur als nationale Ressourcen erkannt worden. Die Ursachen hierfür sind offensichtlich: in dieser Region befindet sich die Hälfte der noch erhaltenen Regenwälder der Erde; zwischen 30 % und 50 % des weltweit produzierten Sauerstoffs entsteht hier, und das Gebiet enthält nahezu ein Viertel des gesamten Süßwasservorrates der Erde.

Die Auflistung der pflanzlichen und tierischen Vielfalt dieser Region ist ebenso eindrucksvoll. Im Amazonasregenwald gedeihen unzählige Pflanzenarten, die als Rohstoffe zur Nahrungsmittelversorgung, zur industriellen Produktion und für medizinische Zwecke genutzt werden können. 70 % der Pflanzen, die bei der Krebsbekämpfung eingesetzt werden können, stammen aus dem Regenwald.

Das Gleichgewicht dieses empfindlichen Ökosystems ist jedoch bedroht. Wissenschaftler, Umweltschützer und Meteorologen warnen, daß das Ausmaß der Zerstörung des Amazonasregenwaldes zu einer Katastrophe führen könnte – nicht nur für Brasilien, sondern auch für die gesamte Erde.

**Ein Wasserfall** in Amazonien *(links)*. Hier steht die Hälfte der Regenwälder der Erde. Bei weiterer rücksichtsloser Erschließung wird dieses empfindliche Ökosystem in wenigen Jahrzehnten unwiederbringlich zerstört sein.

# Amazonien: Die Menschen

Millionen von Jahren überdauerte das Ökosystem des Amazonastieflands ohne nennenswerte Störungen. Jetzt gehen nach Angaben des Brasilianischen Instituts für Weltraumforschung jährlich 200 000 km² Regenwald in Flammen auf. US-Satellitenaufnahmen ergaben, daß es in nur zwei Monaten in Amazonien an über 59 000 Stellen brannte.

Mit dem Feuersturm und dem Kahlschlag des Waldes geht die Verdrängung und Ausrottung der Urwaldindianer einher. Überall, wo sich Indianer dem Expansionsdrang entgegenstellten oder nur im Wege waren, wurden sie vertrieben oder vernichtet. Aber auch friedliche Kontakte zwischen Weißen und Indianern führten durch Ansteckungskrankheiten wie Grippe und Masern, gegen die sie keine Abwehrkräfte besitzen, zur Dezimierung. Alkohol und Zwang zur Prostitution trugen ihr Teil zur psychischen Schwächung bei. Der Schock des Kontakts mit der sogenannten Zivilisation brachte den Verlust der kulturellen Identität und der wirtschaftlichen Unabhängigkeit.

Jahrtausendelang haben die Urwaldindianer mit großen Kenntnissen über das Gleichgewicht der Natur gelebt. Hunderte von Pflanzen für den täglichen Gebrauch, Früchte, Heil- und Gewürzpflanzen, Säfte, Fasern, Wachse sowie die unterschiedlichsten Baumaterialien bildeten die Grundlage zur Sicherung ihres Lebensunterhalts. Sie reglementierten Jagd und Fischfang, um die Artenvielfalt und somit die eigene Lebensgrundlage zu erhalten. Selbst ihre Brandrodungen haben keine erkennbaren Schäden im ökologischen Gefüge des Regenwaldes hinterlassen. Hinter den alltäglichen Arbeiten der Indianer und den begrenzten Eingriffen in die Natur stand und steht eine Lebensethik, die auf den Schutz der Umwelt ausgerichtet ist, um den Nachkommen einen intakten Lebensraum zu erhalten. Dieses Wissen wurde und wird auch weiterhin von den fremden Eindringlingen und Eroberern ignoriert.

**Die Erschließung Amazoniens**
Die wirtschaftliche Erschließung Amazoniens begann Mitte des 19. Jahrhunderts, nachdem die Vulkanisierung von Rohkautschuk zu Gummi erfunden worden war. Viele Menschen wurden an den Amazonas gelockt, wo sie für eine kleine Gruppe von Waldbesitzern und Konzessionären die Milch des Gummibaumes (Hevea brasiliensis) zapften und zu Rohkautschuk ver-

**Eine Nambikuara-Indianerin** (oben rechts) füttert einen jungen Papagei. Die Indianer und die Tierwelt leiden unter der »Erschließung« Amazoniens, denn ihre Lebensräume im Regenwald werden unwiederbringlich zerstört.

**Das Satellitenbild** (rechts) vom Staat Rondônia im Amazonasgebiet zeigt die im Zusammenhang mit dem Bau einer Straße einsetzende Abholzung. Ungeschädigte, dichte Vegetation erscheint auf der Aufnahme rot.

# AMAZONIEN

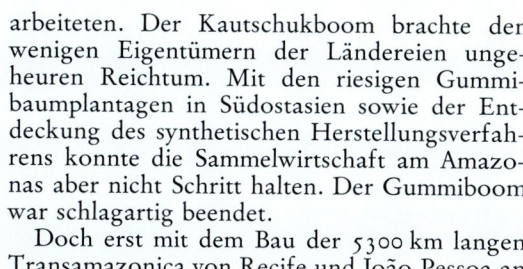

**Die Zerstörung des Regenwaldes** *(rechts)* in Amazonien wird durch die Gründung von Siedlungen, durch Anlage von Weideflächen, Straßen und hydroelektrischen Projekten weiter vorangetrieben.

**Ein Indianer** *(links)* betrachtet die Verwüstung, die durch den Bau einer Landebahn entstanden ist. Zwischen 1990 und 2000 lag die jährliche Entwaldungsrate in Amazonien bei 0,5 %.

**Rauch über einer neuen Siedlung** in Rondônia *(unten links)* deutet das Ende einer weiteren ausgedehnten Fläche tropischen Regenwaldes an. Die intensive landwirtschaftliche Nutzung des ehemaligen Regenwaldbodens ist nur kurze Zeit möglich, da er keine Nährstoffe speichern kann.

arbeiten. Der Kautschukboom brachte den wenigen Eigentümern der Ländereien ungeheuren Reichtum. Mit den riesigen Gummibaumplantagen in Südostasien sowie der Entdeckung des synthetischen Herstellungsverfahrens konnte die Sammelwirtschaft am Amazonas aber nicht Schritt halten. Der Gummiboom war schlagartig beendet.

Doch erst mit dem Bau der 5300 km langen Transamazonica von Recife und João Pessoa an der Atlantikküste nach Cruzeiro do Sul an der peruanischen Grenze begann Anfang der 70er Jahre der wirtschaftliche Großangriff auf Amazonien. Rund 150 000 arme Familien aus den Dürregebieten des Nordostens und aus dem übervölkerten Süden folgten dem lockenden Ruf an den Rand der endlosen Straße. Sie siedelten, betrieben Brandrodungen und vernichteten unwiederbringlich den Regenwald. Geringe Bodenerträge, ungeeignetes Saatgut, fehlende Beratung und Vermarktungsmöglichkeiten sowie Tropenkrankheiten ließen zahlreiche enttäuschte Siedler wieder abwandern.

Die Ost-West-Achse Transamazonica – die Straße ist heute noch nicht vollendet – sollte die wirtschaftliche Erschließung des Amazonastieflandes möglich machen. Der Abbau riesiger Eisenerzvorkommen, die Ausbeutung von Gold- und Erdölfunden und der Bau von gigantischen Wasserkraftwerken wurde vom Staat forciert und mit ausländischem Kapital sowie hohen Steuervergünstigungen beschleunigt.

Durch steuerliche Anreize hat sich die Rinderweidewirtschaft auf Rodungsweiden in Amazonien schnell entwickelt. Träger dieser Entwicklung waren jedoch nicht die traditionellen Rinderzüchter, sondern wirtschaftliche Interessengruppen wie Banken und Versicherungen, einheimische und ausländische Industriekonzerne, die sich infolge der geringen Landpreise in den tropischen Regenwäldern Amazoniens Großgrundbesitz sicherten.

Die großflächigen Brandrodungen der Viehzuchtbetriebe führen zu einer sich stetig beschleunigenden Vernichtung des tropischen Regenwaldes. Nur kurze Zeit sind die ausgelaugten Urwaldböden als Weiden nutzbar, dann ist die dünne Humusschicht erschöpft, und die Herden müssen weiterziehen. Die gesamten ökologischen Folgen sind noch kaum zu übersehen: Zerstörung der Mikroorganismen durch Brandrodung, verstärkte Sonneneinstrahlung und damit Verkrustung der Böden, Nährstoffauswaschung, Bodenerosion, gravierende Störungen im Wasserhaushalt sowie globale oder zumindest regionale klimatische Veränderungen mit zunehmender Instabilität der jährlichen Niederschläge.

Wenn die Vernichtung Amazoniens durch den Menschen mit gleichbleibendem Tempo vorangeht, dann wird der Amazonasregenwald in wenigen Jahrzehnten im wesentlichen verschwunden sein und mit ihm das größte Artenreservoir der Erde.

# Anden

Die Anden sind eines der mächtigsten Gebirge der Welt, und doch sind sie nur ein Teil des noch umfassenderen Kettengebirgssystems, das sich von Alaska bis nach Feuerland erstreckt. Auf einer Länge von 8000 km folgt die »Cordillera de los Andes«, wie das Gebirge in Südamerika heißt, der südamerikanischen Westküste. Weithin sind die Anden in zwei parallele Ketten aufgespalten, zwischen denen hier und da noch eine Zentralkette eingeschaltet ist. In mehreren Knoten vereinigen sich die Ketten und laufen anschließend wieder auseinander. Dazwischen liegen gewaltige Längstäler, wie das Caucatal und das Magdalenatal in Kolumbien, oder aber hochgelegene Plateaus, etwa in Peru und Bolivien.

Die Anden sind eine asymmetrisch verlaufende Wasserscheide, die den Strömen des östlich vorgelagerten Tieflandes einen riesigen Einzugsbereich verschafft, die Zuflüsse des Pazifik jedoch benachteiligt. Mit einer Fläche von über 5 Millionen km² nehmen sie fast ein Drittel Südamerikas ein.

## Die Entstehung der Anden

Nach den heutigen Vorstellungen der Geologen ist die Entstehung der Anden im Zusammenhang mit der Drift von riesigen Platten der Erdkruste zu sehen. Im Bereich des östlichen Pazifik bewegt sich seit etlichen Millionen Jahren die Nazca-Platte auf den südamerikanischen Festlandsblock zu. Da die ozeanische Kruste dünner ist, wird sie unter die kontinentale Kruste gedrückt. Dabei entstehen in den Gesteinsschichten wie in einem zusammengeschobenen Tischtuch einander überlagernde Falten. Die ältesten Ablagerungen finden sich in der Regel in der östlichen Andenkette, nach Westen schließen sich jüngere an. Bei der Faltung wurde das Gestein, vor allem in der Zentralkette, teilweise umgewandelt und von magmatischen Schmelzen aus der Tiefe durchsetzt – Ursache für die Entstehung reicher Erzlagerstätten. Erst durch die Hebung des Gebirgsblocks im Anschluß an die Hauptfaltungsphasen entstanden hier schließlich die gewaltigsten Höhenunterschiede der Erde: Von den fast 7000 m hohen Gipfeln bis zu den tiefsten Stellen des Meeresbodens im vorgelagerten Atacamagraben beträgt die Differenz fast 15 000 m!

Auf das Abtauchen ozeanischer Krustenplatten ist auch der in den Anden weitverbreitete Vulkanismus zurückzuführen. In der Tiefe kommt es bei Temperaturen von mehr als 1000 °C zu Aufschmelzungsvorgängen und zur Entwicklung hoher Drucke, die sich in mehr oder weniger regelmäßigen Abständen in Vulkanausbrüchen Luft machen. Die Gefährdung der Andenregion ist besonders hoch, weil es sich um einen explosiven Vulkanismus handelt, bei dem das glutflüssige Gestein, glühende Aschen und Gase mit urplötzlicher Gewalt in die Luft gesprengt werden. Auf der pazifischen Seite der Anden lebt die Bevölkerung in ständiger Bedro-

**Das Kettengebirge der Anden** (oben und rechts) erstreckt sich auf einer Länge von rund 8000 km entlang der Westküste des südamerikanischen Kontinents. Es besteht streckenweise aus zwei parallelen Gebirgszügen, die niederschlagsarme Hochbecken einschließen. Zahlreiche der sehr hohen Andengipfel sind aktive Vulkane. Die durch gewaltige unterirdische Kräfte geformten Anden lassen sich in drei Abschnitte gliedern: Kolumbien und Ecuador im Norden, die mittleren Anden im südlichen Peru und in Nordchile sowie die südlichen Anden Südchiles. Die Abhänge der nördlichen Anden sind mit tropischen Regenwäldern bedeckt, wogegen es im Süden kälter ist und eisige Winde wehen.

# ANDEN

hung durch Vulkanismus und Erdbeben. Manche Vulkanausbrüche nehmen verheerende Ausmaße an, wenn etwa unter der Hitze die Eiskappen der Gipfel schmelzen und das abfließende Gletscherwasser alles mit sich reißt, was sich ihm in den Weg stellt. Gewaltige Schlammlawinen stürzen dann talwärts, so auch 1985, als beim Ausbruch des Nevado del Ruíz 25 000 Menschen in wenigen Minuten von Schlammassen begraben wurden. Die häufig auftretenden Erdbeben in der Andenregion sind eine Folge der Spannungen in der Erdkruste, die durch die ständige Bewegung der Krustenplatten langsam aufgebaut werden, sich dann aber in plötzlichen Erdstößen entladen.

Trotz ihrer gewaltigen Höhe erhalten viele Gebiete der Anden nur wenig Niederschlag. Das gilt insbesondere für die höchsten Bereiche, die über die regenbringenden Wolken hinausragen. Kaum Niederschlag erhalten auch die im Regenschatten liegenden östlichen Gebiete, etwa zwischen den parallel verlaufenden Gebirgsketten. Weite Hochflächen, die als »Altiplano« bezeichnet werden, haben ein trockenes Wüstenklima.

In Peru und im Norden Chiles verhindert eine kalte Meeresströmung, daß feuchte Luft vom Pazifischen Ozean das Gebirge erreicht. Infolgedessen sind hier auch die Westflanken des Gebirges regenarm.

## Vegetation und Tierwelt

Entsprechend vielfältig wie das Klima ist die Pflanzenwelt in den Anden. Wie in anderen Hochgebirgen ist eine Höhenstufung der Vegetation zu beobachten. Bis etwa 1000 m Höhe reicht in Ecuador die Tierra caliente (»heißes Land«) mit immergrünem tropischen Regenwald. Daran schließt sich bis etwa 2200 m Höhe die Tierra templada (»gemäßigtes Land«) an. Dann folgt zwischen etwa 2200 und 3700 m die Tierra fria (»kaltes Land«), wo bei hoher Luftfeuchtigkeit noch Nebelwälder gedeihen. Darüber liegt die Tierra helada (»Eisland«) mit nur noch kümmerlicher Vegetation. In feuchten Bereichen herrschen hier Polster- und Rosettenpflanzen als sogenannte Páramovegetation vor; wo jedoch nur wenig Niederschlag fällt und auch der Nebel keine Feuchtigkeit spenden kann, bestimmt die Punavegetation mit ihren an die Trockenheit angepaßten Gräsern und Sträuchern die Landschaft.

Die charakteristischen Tiere der Anden sind Lama und Alpaka. Beide wurden schon von den Inkas als Haustiere gehalten und zum Tragen von Lasten sowie zur Gewinnung von Wolle und Milch genutzt. Die nur noch selten vorkommenden wildlebenden Guanakos und Vikunjas gehören gleichfalls zu den »höckerlosen Kamelen« der Anden. Besonders vielfältig ist die Vogelwelt. Sie reicht vom kleinen Kolibri bis zum Kondor. Mit einer Flügelspannweite von rund drei Metern ist er der unumstrittene König der Lüfte.

**Vulkane** beherrschen das Bild in großen Teilen der Anden. Im südlichen Chile (oben) offenbart der Blick vom Gipfel des Monte Llaima – selbst ein Vulkan – eine Landschaft mit mehreren schneebedeckten Vulkankegeln. Als Fenster zu tieferen Bereichen der Erdkugel liefern Vulkane den Geologen wichtige Informationen über die Struktur und die Bewegungen der tektonischen Platten kontinentalen Ausmaßes.

**In der Cordillera Huayhuash** (links), die Teil der westlichen Andenkette in Peru ist, gibt es Hochlandflüsse und zahlreiche Gletscher. In der Nähe entspringen die Quellflüsse des Amazonas, die in diesem Bereich in erster Linie von Gletschern gespeist werden. Die Cordillera gipfelt im 6632 m hohen Yerupajá.

# Anden: Anpassung an Extreme

Die Anden verdanken ihre Entstehung gewaltigen Kräften in der Erdkruste: Dem Aufeinanderstoßen zweier riesiger tektonischer Platten. Unmittelbar vor der Küste Südamerikas gleitet die ozeanische Nazca-Platte unter die Kontinentalplatte. Dies führt zu Verbiegungen und zur Faltung der Gesteinsschichten. Die Gebirgsketten der Anden sind das Resultat derartiger Prozesse. Die Niederschlagsverteilung variiert in Nord-Süd-Richtung sowie auf den Ost- und Westhängen der Anden erheblich und führt zu großen Unterschieden in Klima und Vegetation. All diese Faktoren ergeben in Abhängigkeit von der Höhenlage bestimmte natürliche Bedingungen, an die sich Pflanzen, Tiere und Menschen anpassen müssen.

### Bevölkerungsverteilung

In den südlichen Anden macht der Naturraum dem Menschen das Leben nahezu unmöglich. Weiter nördlich und in Äquatornähe findet man Bauernhöfe und Siedlungen auch noch in großen Höhen. So sind in Chile 70 % der Hochlandgebiete unbewohnbar, während in Peru die Hälfte der Bevölkerung in der Sierra, dem Gebirgsland der Anden, lebt, das nur ein Viertel der Staatsfläche einnimmt.

Im Gebirge müssen alle Lebewesen mit ungewöhnlichen Verhältnissen zurechtkommen: mit einer sauerstoffarmen Atmosphäre, raschem Temperaturwechsel, bitterer Kälte und intensiver Sonneneinstrahlung. In vielen Gebieten verstärken beißende Winde und sehr geringe Niederschlagsmengen noch die Unwirtlichkeit der rauhen Umgebung.

Für den Menschen ist der höhenbedingte Sauerstoffmangel am schädlichsten. Neuankömmlinge in den Anden leiden häufig unter Höhenkrankheit, die dort mit dem indianischen Begriff »soroche« bezeichnet wird. Die örtliche Bevölkerung hat sich jedoch angepaßt. Ihr Blut enthält einen höheren Anteil roter Blutkörperchen. Indianer, wie die Ketschua, haben überdurchschnittlich große Herzen und in ihren Körpern zirkuliert eine größere Blutmenge.

### Anpassung der Tiere

Die Tierwelt der Anden hat sich durch verschiedene Verhaltensweisen an ihre Umgebung angepaßt. In Ermangelung von Bäumen, auf denen sie nisten und sich niederlassen können, nutzen kleinere Vögel jegliche vorhandene Bodenvegetation als Deckung. Einige leben sogar in Erdhöhlen oder unter Felsen, wo sie sich zum Zwecke der Erhaltung ihrer Körperwärme in dichten Scharen zusammendrängen.

Die meisten Vögel der Anden haben kleine, kompakte Körper. Eine erwähnenswerte Ausnahme von dieser Regel stellt der Kondor dar. Dieser gewaltige Vogel ist in der Lage, im Gebirge zu leben, da seine Flügelspannweite von etwa drei Metern es ihm ermöglicht, auf mehr als 6000 m zu steigen und auf der Suche nach Nahrung große Strecken zurückzulegen. Die

**Die typische Vegetation der peruanischen Anden** *(rechts)* spiegelt die durch Wassermangel und Höhenlage bestimmten natürlichen Bedingungen wider. Viele Pflanzen verfügen über tiefreichende Wurzeln und gedeihen nur an windgeschützten Stellen.

**Ein Ketschua-Indianer** *(rechts außen)* trägt die für dieses Volk typische gestrickte Mütze. Schon seit Jahrhunderten leben die Ketschua im Hochland der Anden unter extremen Lebensbedingungen.

**Lamas im peruanischen Altiplano** *(links)* leben in Höhen bis zu 3300 m, sind jedoch auch in niedrigeren Höhenlagen verbreitet. Sie gehören zur Gattung der Kamele.

**Die Entstehung der Anden** *(oben)* ist auf Bewegungen im Erdinnern zurückzuführen, die die Verschiebung von Erdkrustenplatten zur Folge haben. Die ozeanische Nazca-Platte schiebt sich unter die südamerikanische Kontinentalplatte. Verbunden mit diesem Vorgang sind Erdbeben und vulkanische Tätigkeiten.

Augen und das Gehirn des Kondors haben sich an diese spezifische Lebensweise sehr gut angepaßt. Durch die Scharfeinstellung des Auges auf kleine Areale kann er die Bewegungen seiner Beute selbst aus sehr großer Entfernung erkennen.

Lama, Alpaka und Vikunja sind weitere Tiere, die in den Anden noch in Höhen von über 3300 m vorkommen und den Menschen als lebenswichtige Woll- und Nahrungslieferanten dienen. Das üppige, zarte Fell des Vikunja, das in der Vergangenheit durch Überjagung fast ausgerottet worden wäre, ist ein wirksamer Schutz gegen die Kälte. Diese Tiere verfügen auch über spezielle Blut- und Kreislaufsysteme, die hervorragend an die Lebensbedingungen in großen Höhen angepaßt sind.

Die Pflanzenwelt muß Kälte, Wind, intensiver Sonneneinstrahlung und einer durch Niederschlagsmangel und Trockenheit geprägten Umgebung trotzen, in der die meisten Pflanzen schnell verwelken und absterben würden. Die andinen Pflanzen sind zumeist niedrig und gedrungen. Um dem Wind keine Angriffsfläche zu bieten, erheben sie sich nur wenig über den Boden, und zur Gewährleistung ihrer Wasserversorgung treiben sie lange Wurzeln ins Erdreich. Charakteristisch für die Anden sind stachelige Büschelgräser (»ichu«), die im Gebirge weite Gebiete bedecken. Aber auch in der Pflanzenwelt gibt es Ausnahmen, wie den »puya«, der bis zu 7,60 m Höhe erreicht.

Viehzucht und Ackerbau des Menschen haben sich auf die rauhe Umgebung eingestellt. Tiere, die an das Terrain und das Klima gewöhnt sind, werden gezüchtet oder gejagt, und geeignete Gemüsearten werden angebaut. Bedeutende Nahrungsquellen der örtlichen Bevölkerung sind Kartoffeln und andere Knollengewächse. In Peru reicht der Anbau einiger Arten bis in Höhen von fast 4000 m.

# Anden: Lebensraum

Trotz des Hochgebirgscharakters sind die nördlichen und zentralen Anden relativ dicht besiedelt, dichter jedenfalls als vergleichbare Hochgebirge. Das gilt vor allem für Peru und Bolivien, wo die Mehrzahl der Bewohner in Höhenlagen zwischen 2000 und 4000 m lebt. Hier dominiert ganz eindeutig die einheimische indianische Bevölkerung. Im nördlichen Abschnitt der Anden, in Kolumbien und Venezuela, werden die Indios zahlenmäßig von den Nachkommen europäischer Einwanderer übertroffen. Hier bilden die Mestizen, die Mischlinge zwischen europäischer und indianischer Bevölkerung, in einigen Regionen die Bevölkerungsmehrheit. Kaum besiedelt ist der unwirtliche Süden der Anden in Chile und Argentinien. Die hier früher im Gebirge lebenden Indianerstämme sind fast völlig ausgestorben oder durch Vermischung in der zugewanderten weißen Bevölkerung aufgegangen.

Die ausgedehnten Hochebenen zwischen den Gebirgsketten der Zentralanden sind seit Jahrhunderten das Hauptsiedlungsgebiet der Andenbewohner. Aber trotz aller Anpassung der Wirtschaftsweise ist das Leben der Bauern in Höhen zwischen 2000 und 4000 m hart. Europäische Zuwanderer haben das Gebirgsland wegen der Anpassungsschwierigkeiten an die sauerstoffarme Höhenluft gemieden.

Bereits vor der Entdeckung Südamerikas bestanden in den nördlichen und zentralen Anden beeindruckende indianische Hochkulturen. Am bekanntesten ist das Reich der Inka, das sich zu Beginn des 13. Jahrhunderts im Gebiet von Cuzco im heutigen Südperu entwickelte. Zur Zeit seiner größten Ausdehnung, unmittelbar vor der Vernichtung durch die spanischen Eroberer (1532), reichte es vom Süden des heutigen Kolumbien bis nach Mittelchile. Manche Schätzungen gehen davon aus, daß in den Anden zu dieser Zeit zwischen 10 und 15 Millionen Menschen lebten. Die spanische Herrschaft, zumindest anfangs auf Ausbeutung des Landes und Versklavung der Menschen ausgerichtet, ließ die Bevölkerungszahl drastisch zurückgehen. Ein Anstieg der Bevölkerungszahl im Andenraum ist erst wieder in jüngerer Zeit festzustellen. Besonders die Städte haben in Verbindung mit der Landflucht den größten Bevölkerungszuwachs zu verzeichnen. Oberhalb von 2000 m finden sich in den zentralen und nördlichen Anden immerhin 15 Großstädte, im Süden hingegen keine einzige. Viele der hochgelegenen Siedlungen verdanken ihre Entstehung bzw. ihre Entwicklung zur Großstadt dem Bergbau.

### Bodenschätze

Die Anden sind reich an Bodenschätzen, die vereinzelt schon zur Zeit des Inkareiches abgebaut wurden. Die spanischen Eroberer waren vor allem an Edelmetallen interessiert. Bereits 1545 entdeckten sie, welcher Reichtum an Silber der Cerro de Potosí in seinem Inneren verbor-

**Panflöten** wie diese, auf der ein Aymara-Indianer spielt *(rechts)*, zählen zu den traditionellen Instrumenten der Andenvölker. Im harten Alltag der Bergbauern sind die Feste mit Musik und Tanz eine willkommene Abwechslung und Ruhepause.

**Bergbauern** *(rechts außen)* beladen einen Esel mit Viehfutter. Die Nachfahren der einst Südamerika beherrschenden Andenindianer ringen dem nicht sonderlich fruchtbaren Land ihren spärlichen Lebensunterhalt ab.

# ANDEN

**Menschliche Muskelkraft** muß bei den ärmeren Bauern des Altiplano *(links)*, der bolivianischen Hochebene, die Zugtiere ersetzen. Hier ziehen Aymara-Indianer vor der Bestellung ihres steinigen Feldes mit Kartoffeln den Pflug.

**Diese junge Indianerin** gehört zum Stamm der Morochuco *(unten)* im peruanischen Hochland. Ihre Vorfahren waren zur Zeit des großen Inkareiches im frühen 16. Jahrhundert als hervorragende Künstler und geschickte Handwerker bekannt.

**Eingehüllt in einen Poncho** und den typischen »Bowler«-Hut seines Volkes tragend *(oben)*, schaut ein kleiner Ketschua-Indianerjunge scheu in die Kamera. Die Ketschua der nördlichen Anden sind nach der Sprache der Inka benannt.

gen hielt. Hunderttausende von Indianern wurden gezwungen, unter oft unmenschlichen Bedingungen im »Silberberg« zu arbeiten und das Edelmetall zutage zu fördern. Heute ist der Abbau anderer Bodenschätze ergiebiger: Eisen, Kupfer, Zink, Zinn und Blei gehören zu den bedeutendsten. Vermutlich gibt es viele Erzlagerstätten in den Anden, die noch gar nicht aufgespürt worden sind. Allerdings bereitet der Abtransport der geförderten Erze große Schwierigkeiten, wodurch sich die Produktion verteuert und die Konkurrenzfähigkeit des andinen Bergbaus leidet.

Bergbau und neuerdings auch Tourismus haben zwar Arbeitsplätze geschaffen, aber die Mehrzahl der Andenbevölkerung lebt noch immer von dem, was die Arbeit in der Landwirtschaft erbringt. Und das ist wenig genug, denn der Boden gibt kaum mehr her als für den Eigenbedarf ausreicht. Die wenigen Überschüsse werden auf den lokalen Markt gebracht. Für eine exportorientierte Landwirtschaft lassen jedoch der karge Boden und das rauhe Klima zu wenig gedeihen.

## Verkehrserschließung

In Gebieten, in denen es kaum Straßen gibt, bestehen zudem große Transportprobleme. Überhaupt sind die Anden für den Verkehr äußerst schwer zu überwinden. Nur an wenigen Stellen durchquert die Eisenbahn in schwindelerregender Streckenführung das Gebirge. Auch der Straßenbau hat die Verkehrssituation noch nicht ausreichend verbessern können. Viele Pässe liegen weit über 3000 m hoch, und häufige Bergrutsche machen das Fahren auf diesen Straßen zu einer ungewissen Sache. Derartige Bedingungen bewirkten, daß in den Andenländern der Flugverkehr schon früh größere Bedeutung erlangte. Die kolumbianische Fluggesellschaft Avianca, bereits 1919 gegründet, ist die zweitälteste der Welt! In jüngster Zeit ist ein transandines Transportsystem hinzugekommen, das zwar nicht der Erschließung des Gebirges dient, für die Wirtschaft der Andenländer jedoch sehr wichtig ist: 1972 wurde in Ecuador eine Erdölpipeline fertiggestellt, die die Lagerstätten am Ostfuß der Anden mit dem Tankerhafen El Balao am Pazifik verbindet und die Hauptkette des Gebirges in 4000 m Höhe überwindet.

Eine bessere Verkehrserschließung schafft auch neue Möglichkeiten für eine Ausweitung des Tourismus. Hauptattraktionen für den Fremdenverkehr sind die Zeugnisse der präkolumbianischen Hochkulturen, des Inkareichs in Peru, der Chibcha in Kolumbien, aber auch älterer Kulturen wie der von San Agustín. Daneben zieht auch die eindrucksvolle Bergwelt mit ihrer vielfältigen Flora und Fauna die Touristen an. Vereinzelt entstanden in der tropischen Andenregion Wintersportorte. Allerdings liegen die Schwerpunkte des Skitourismus in den südlichen Anden, vor allem in den Skigebieten von Bariloche in Argentinien.

# ANDORRA

Zu den geopolitischen Besonderheiten Europas zählt ohne Zweifel der Pyrenäenstaat Andorra. Das Fürstentum, von Frankreich und Spanien eingeschlossen, umfaßt das von Hochgebirgsketten umgebene, teilweise bewaldete Talbekken des Valira mit einigen Seitentälern. Ihre Entstehung geht auf die Eiszeit zurück, in der Gletscher die ursprünglich engen Täler verbreiterten und das mitgeführte Schuttmaterial als Moränen ablagerten.

Leitlinien der Besiedlung sind die Talzüge des Valira del Norte, des Valira del Orient und des eigentlichen Valira, der nach der Vereinigung der beiden Quellflüsse bei Andorra la Vella, der Hauptstadt des Landes, in südlicher Richtung nach Spanien fließt.

Als gesichert gilt, daß sich in den andorranischen Tälern im Zuge der Völkerwanderung Reste verdrängter Westgoten mit baskischen Eroberern sowie der keltoiberischen Urbevölkerung vermischten.

Erste Hinweise auf Andorra finden sich im Zusammenhang mit der Verteidigung Frankreichs unter Karl dem Großen gegen die maurische Invasion. Die Talschaft war eine bedeutende christliche Bastion im Hinterland des spanischen Bischofssitzes von Seo de Urgel in der 795 entstandenen Spanischen Mark. In der langen Phase maurischer Bedrohung orientierte sich Andorra stärker nach Norden, was die engen wirtschaftlichen und kulturellen Beziehungen zum Frankenreich begründete.

Nach der Vertreibung der Mauren wurden seit dem 12. Jahrhundert von Frankreich und Spanien Annexionsversuche unternommen. Der institutionelle Status Andorras ist eng verknüpft mit dem Friedensvertrag von Lérida aus dem Jahre 1278. In diesem Abkommen (»Paréage«)

**Andorra** *(rechts)* liegt in den Pyrenäen am Kreuzungspunkt dreier Täler. Die Einwohner, früher Schafhirten und Bauern, verdanken ihren Wohlstand der Bedeutung des Zwergstaats als steuerfreies Geschäftszentrum.

**Die Tiere der Pyrenäen** *(rechts außen)* leben in einem der letzten Wildnisgebiete Europas. Die Berge bilden eine natürliche Barriere für die Tätigkeit des wirtschaftenden Menschen und ermöglichen damit die Existenz einer Vielzahl von Tierarten.

wurde die Herrschaft über den souveränen Staat Andorra zwischen Frankreich, vertreten durch den Grafen von Foix, und Spanien, vertreten durch den Bischof von Seo de Urgel, aufgeteilt. Die Rechte des Grafen gingen im 17. Jahrhundert an die französische Krone und später auf den französischen Staatspräsidenten über. Größere Mitbestimmungsrechte blieben der Bevölkerung über lange Zeit weitgehend versagt. Zwar erhielt Andorra mit dem sogenannten Generalrat der Täler eine Volksvertretung - sie durfte erst ab 1970 auch von Frauen gewählt werden -, doch besaß diese keine direkte legislative Gewalt.

Erst in den 90er Jahren dieses Jahrhunderts änderte sich das institutionelle Arrangement. Am 14. 3. 1993 erhielt das Land eine Verfassung, die es zum parlamentarischen Fürstentum

## Daten und Fakten

**DAS LAND**
**Offizieller Name:** Fürstentum Andorra
**Hauptstadt:** Andorra la Vella
**Fläche:** 468 km²
**Landesnatur:** Felsgebirge in den Pyrenäen, durch schmale Hochtäler gegliedert
**Klima:** Schneereiches, wintermildes Klima mit kühlen, feuchten Sommern
**Hauptflüsse:** Valira, Valira del Orient, Valira del Norte
**Höchster Punkt:** Coma Pedrosa 2946 m
**Tiefster Punkt:** 840 m

**DER STAAT**
**Regierungsform:** Souveränes Fürstentum
**Staatsoberhaupt:** Staatspräsident von Frankreich und der spanische Bischof von Urgel
**Regierungschef:** Ministerpräsident
**Verwaltung:** 7 »Täler« (Gemeindebezirke)
**Parlament:** Generalrat mit 28 auf 4 Jahre gewählten Mitgliedern
**Nationalfeiertag:** 8. September
**DIE MENSCHEN**
**Einwohner:** 75 000 (1999)
**Bevölkerungsdichte:** 160 Ew./km²
**Stadtbevölkerung:** 63 %

**Sprachen:** Spanisch, Katalanisch
**Religion:** Katholiken
**DIE WIRTSCHAFT**
**Währung:** Französischer Franc, Spanische Peseta
**Bruttosozialprodukt (BSP):** o.A.
**BSP je Einwohner:** über 9386 US-$ (1998)
**Inflationsrate:** o.A.
**Importgüter:** Konsumgüter aller Art
**Exportgüter:** Elektr. Energie, Vieh, Schaffelle, Keramik, Holz
**Handelspartner:** Hauptsächlich Frankreich u. Spanien
**Straßennetz:** 269 km
**Fernsehgeräte je 1000 Ew.:** o.A.

erklärte. Die beiden ausländischen Schutzherren bleiben Staatsoberhäupter mit rein repräsentativer Funktion. Sie besitzen allerdings ein Vetorecht in auswärtigen Angelegenheiten. Heute ist Andorra Mitglied des Europarats und der Vereinten Nationen. Das Parlament, das für eine Legislaturperiode von 4 Jahren gewählt wird, hat 28 Mitglieder. Regierungschef ist Marc Forné Molné. Amtssprache ist Katalanisch; Französisch und Spanisch dienen als Verkehrssprachen.

Die gebirgige Landschaft Andorras läßt eine ackerbauliche Nutzung nur in geringem Umfang zu. Diese beschränkt sich im wesentlichen auf die terrassenförmig angelegten und künstlich bewässerten Anbauflächen in den Tälern.

Die wirtschaftlichen Grundlagen sind seit dem 15. Jahrhundert die Weidewirtschaft, aber auch Textilherstellung und die auf der Basis lokaler Lagerstätten erfolgende Eisenerzeugung. Später kam noch der Tabakanbau hinzu.

Vor dem Beitritt Spaniens zur Europäischen Gemeinschaft war Andorra auch ein preisgünstiges Versorgungszentrum, das besonders von Spanien aus stark frequentiert wurde. Diese »Grenzmarktfunktion« hat durch den Beitritt Spaniens zur EG sowie durch die Einführung des Europäischen Binnenmarktes 1993 an Bedeutung verloren. Andorra hat daher verstärkte Anstrengungen unternommen, andere Einnahmequellen zu erschließen und den Tourismussektor ausgebaut, vor allem den Bereich des Wintersports. Außerdem soll künftig der Ausbau des Bankensektors und damit verbunden die Entwicklung eines weiteren europäischen Steuerparadieses verstärkt erfolgen.

1. Pyrenäensteinbock
2. Braunbär
3. Gänsegeier
4. Kaiseradler
5. Alpenschneehuhn
6. Schneefink
7. Pyrenäendesman
8. Salamander
9. Pyrenäenlilie
10. Pyrenäenskilla
11. Krokus
12. Schachbrettblume
13. Gemeine Kiefer
14. Bergkiefer

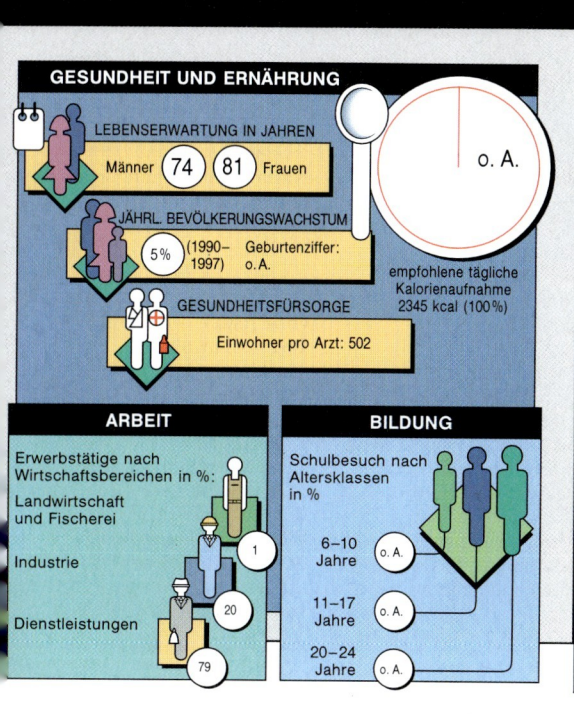

**Das kleine Fürstentum Andorra** (links) liegt zwischen Frankreich und Spanien. Seit dem Jahre 1278 unabhängig, erlangte Andorra durch die 1993 verabschiedete demokratische Verfassung die volle Souveränität als Staat.

# ANGOLA

Angolas Geschichte ist bis in die Gegenwart hinein durch seine Vergangenheit als portugiesische Kolonie geprägt.

Ende des 15. Jahrhunderts landeten die ersten portugiesischen Seefahrer am unteren Kongolauf. Als in der portugiesischen Kolonie Brasilien schwarze Sklaven als Plantagenarbeiter benötigt wurden, legten die Portugiesen in Luanda und Benguela befestigte Handelsplätze an, von denen aus sie ihre Sklavenraubzüge in das südlich des Kongoreichs gelegene Ndongo-Reich des Herrschers N'gola – nach dem das Land später benannt wurde – unternahmen. Die portugiesische Einflußzone reichte zu dieser Zeit nur 200 km ins Landesinnere. Dies sollte sich allerdings im Gefolge der Berliner Afrika-Konferenz 1884/85 ändern. Der Zuspruch Angolas in seinen heutigen Grenzen an Portugal war an die tatsächliche Inbesitznahme des Territoriums gebunden. In lang andauernden militärischen »Befriedungsaktionen« wurden die angolanischen Völker bis zum Ende des Ersten Weltkrieges unterworfen.

In den nächsten Jahrzehnten wurde Angola für Portugal zur Quelle billiger Rohstoffe und landwirtschaftlicher Produkte. Mit einer gezielten Siedlungspolitik wurden vor allem Kaffee-, Baumwoll-, Sisal- und Zuckerrohrplantagen errichtet. Die große Mehrheit der schwarzen Bevölkerung wurde dafür zur Zwangsarbeit herangezogen.

Erst der Beginn des Befreiungskrieges im Jahre 1961 führte zu einer grundlegenden Änderung dieser Wirtschaftspolitik. Während vorher der industrielle Sektor restriktiv vor ausländischem Kapital geschützt worden war, suchte Portugal nach Aufnahme der Kämpfe den Schutz des internationalen Kapitals. Die Erd-

**Eine Gruppe von Angolanern** *(rechts)* versammelt sich um einen Händler an einer Straßenkreuzung auf dem Land. Rund zwei Drittel der angolanischen Bevölkerung leben im ländlichen Raum. Die Landwirtschaft ist der wichtigste Erwerbszweig, die meisten Bauern produzieren nur für den Eigenbedarf. – Diamanten-, Eisenerz- und Erdölvorkommen bieten Angola viele Möglichkeiten, aber die Wirtschaft hat sehr unter dem langen Bürgerkrieg zwischen der kommunistischen Regierung und Guerillagruppen gelitten.

ölfelder wurden US-amerikanischen und französischen Konzernen überlassen, und bei den reichhaltigen Diamantfeldern erhielten südafrikanische und US-amerikanische Gesellschaften weitreichende Konzessionen.

### Befreiungskampf und Bürgerkrieg

Mehrere angolanische Gruppen formierten sich Anfang der 60er Jahre zum bewaffneten Unabhängigkeitskampf: zum einen die MPLA (»Movimento Popular de Libertação de Angola«), die sich vor allem auf linksintellektuelle Weiße und Schwarze sowie auf die Lohnarbeiter der Kaffeeplantagen stützte, und zum anderen die Organisation der im Norden lebenden Bakongo,

## Daten und Fakten

**DAS LAND**
**Offizieller Name:**
Republik Angola
**Hauptstadt:**
Luanda
**Fläche:**
1 246 700 km²
**Landesnatur:**
Im W Küstentiefland, nach O Randschwelle u. anschließend Hochflächen Mittel-Angolas, im NO Lundaschwelle, nach SO Sambesibecken, im N Kongobecken
**Klima:**
Wechselfeuchtes, tropisches Klima
**Hauptflüsse:**
Cuanza, Kasai, Cuango, Cunene
**Höchster Punkt:**
Môco 2620 m

**DER STAAT**
**Regierungsform:**
Präsidiale Republik
**Staatsoberhaupt:**
Staatspräsident
**Verwaltung:**
18 Provinzen
**Parlament:**
Parlament mit 220 auf 4 Jahre gewählten Mitgliedern
**Nationalfeiertag:**
11. November
**DIE MENSCHEN**
**Einwohner:**
12 479 000 (1999)
**Bevölkerungsdichte:**
10 Ew./km²
**Stadtbevölkerung:** 34 %
**Bevölkerung unter 15 Jahren:** 48 %
**Analphabetenquote:**
63 %

**Sprache:**
Portugiesisch; Bantusprachen
**Religion:**
Katholiken, Anhänger von Naturreligionen
**DIE WIRTSCHAFT**
**Währung:**
Kwanza
**Bruttosozialprodukt (BSP):** 4081 Mio. US-$
**BSP je Einwohner:**
340 US-$ (1995)
**Inflationsrate:**
924 % (1990-98)
**Importgüter:**
Maschinen, Spinnwaren, Eisen, Stahl, Erdölprodukte, Kunststoffe, Medikamente, Fahrzeuge, elektrotechn. Erzeugnisse, Nahrungsmittel, lebende Tiere

FNLA (»Frente National de Libertação de Angola«). Von letzterer spaltete sich 1966 die UNITA (»União Naçional para a Independençia Total de Angola«) ab. Die FNLA operierte, von Zaire und den USA unterstützt, im Norden des Landes. Die UNITA hatte ihren größten Einfluß im vorwiegend von den Ovimbundu bewohnten südlichen Landesteil, während der von der Sowjetunion geförderten MPLA der Osten und das nördlich der Hauptstadt gelegene Dembos-Gebiet als Ausgangsbasis diente.

Die Einmischung fremder Mächte hielt auch nach Erlangung der Unabhängigkeit an. Die MPLA übernahm die Macht, nachdem es ihr mit Hilfe sowjetischer Waffen und kubanischer Ar-

**Angola** (oben) ist ein Hochland mit Trockenwald und Savannen als vorherrschender Vegetationsform; der Süden und Südosten wird von weiten Dornsavannen geprägt.

meeinheiten gelungen war, den Vormarsch südafrikanischer Truppen zu stoppen, die in den Süden des Landes eingedrungen waren, und die Offensive von FNLA und zairischen Einheiten im Norden zurückzuschlagen. Doch nach der Unabhängigkeit entflammte ein Bürgerkrieg, der über 20 Jahre andauern sollte. Die permanenten Überfälle der südafrikanischen Armee von namibischem Territorium aus sowie die anhaltende Unterstützung der UNITA durch die USA und die Republik Südafrika führten dazu, daß die Regierung über 50 000 kubanische Soldaten ins Land holte.

### Neue Hoffnung für das Land

Das in der zweiten Hälfte der 80er Jahre begonnene Zeitalter einer neuen Entspannungspolitik zwischen den USA und der Sowjetunion trug wesentlich zur Beendigung des Angola-Konflikts bei. Der von den MPLA-Truppen militärisch erzwungene und multilateral vereinbarte Abmarsch der südafrikanischen Armee aus dem Süden des Landes ist seit der Unabhängigkeit Namibias (1990) dauerhaft. Der im Gegenzug ausgemachte Abzug der Kubaner wurde termingerecht eingehalten. Die Spannungen zwischen UNITA und MPLA ließen sich dagegen nur langsam abbauen. Immer wieder kam es zu militärischen Auseinandersetzungen, und erst 1997 gelang die Bildung einer Regierung der nationalen Einheit. In der Folgezeit wurde Angola durch wiederholte Kämpfe zwischen UNITA-Einheiten und Regierungstruppen destabilisiert.

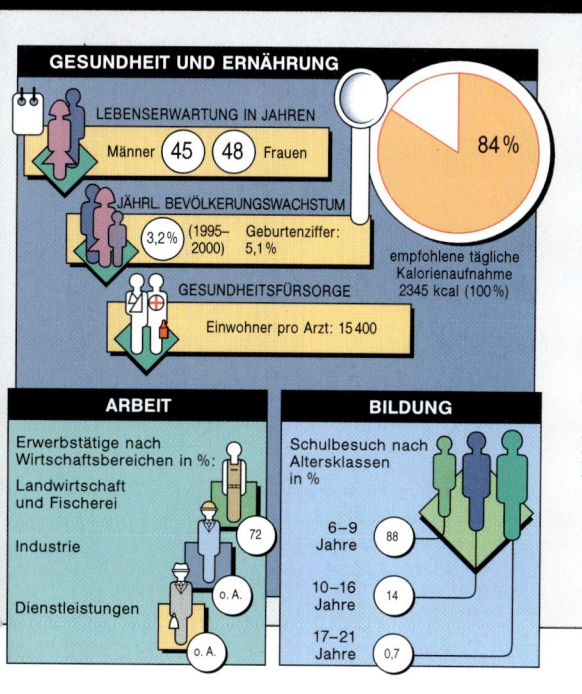

**Exportgüter:**
Erdöl u. Erdölprodukte, Diamanten, Kaffee, Erze, Sisal, Fische u. Fischprodukte, Holz, Baumwolle, Zuckerrohr, Erdgas
**Handelspartner:**
USA, Spanien, Portugal, Frankreich u. andere EU-Länder, Bahamas, Brasilien
**Eisenbahnnetz:**
2952 km
**Straßennetz:**
18 157 km (befestigt)
**Fernsehgeräte je 1000 Ew.:** 14

# ANGOLA: DAS LAND

Das in der Übergangszone zwischen dem äquatorialen und dem südlichen Afrika gelegene Angola hat vorwiegend Hochlandcharakter. Dieses Hochland in 1000–2000 m Höhe wird von West nach Ost von der Lundaschwelle durchzogen. Als flache Aufwölbung bildet sie die kontinentale Wasserscheide zwischen dem riesigen Kongobecken im Norden und den Sambesi-Zuflüssen sowie dem Kalaharibecken im Süden. Die Flüsse Cuanza und Cunene können aufgrund ihres Wasserreichtums und ihrer Gefällstrecken zur Stromerzeugung oder Bewässerung genutzt werden. Im Westen wird Angola von einer Gebirgsschwelle eingefaßt, die gewissermaßen die Fortsetzung des südwestafrikanischen Hochlandrandes bildet. Im Kreuzungspunkt der westöstlich wie der nordsüdlich verlaufenden Hochflächen liegt mit 2620 m Angolas höchste Erhebung. Von hier bricht die Schwelle in mehreren Randstufen mit Höhen zwischen 400 und 1000 m zum 70–150 km breiten Küstentiefland am Atlantischen Ozean ab. Infolge der kontinuierlichen Strandversetzung durch den nach Norden fließenden Benguelastrom weist Angola die besten Naturhäfen an der südatlantischen Küste auf.

Die Vegetation Angolas reicht von tropischem Regenwald im Nordwesten und in der Enklave Cabinda über Feucht- und Trockensavannen und Reste von Trockenwald bis zur wüstenhaften Vegetation im Süden und Südosten. Südlich von Tombua reicht die Vollwüste der Namib auch in den angolanischen Küstenbereich. Infolge der Höhenlage und der Einflüsse des kühlen Benguelastromes im Küstenbereich ergeben sich erhebliche klimatische Unterschiede. Die Hochländer im Binnenland weisen ein gemildertes tropisches Klima auf, im Küstenbereich ist es heiß und trocken.

## Wirtschaft

Angola verfügt über günstige Voraussetzungen für eine wirtschaftliche Entwicklung. Die durch die verschiedenen Höhenlagen bedingten Klimazonen und die fruchtbaren Böden erlauben die Anlage einer breiten Palette landwirtschaftlicher Kulturen sowie die Entwicklung der Viehwirtschaft. Infolge der kalten Meeresströmung sind die Küstengewässer sehr fischreich. Die Savannenwälder bieten eine gute Grundlage für die Forstwirtschaft. Überdies hat die Natur das Land mit beachtlichen Wasserkraftreserven und reichen Bodenschätzen, insbesondere Erdöl, Diamanten und Eisenerz, ausgestattet.

Eine moderne wirtschaftliche Erschließung Angolas begann erst mit dem Kolonialgesetz von 1930. Um der Entkolonialisierungstendenz entgegenzuwirken, förderte das portugiesische Salazar-Regime in den letzten 10–15 Jahren vor Erlangung der Unabhängigkeit die Einwanderung und den Eigentumserwerb von Portugiesen in Angola und versuchte, auch ausländische Investoren anzulocken, was zu einem raschen Wirtschaftsaufschwung führte.

**Dieser Bergwerksbetrieb** *(rechts)*, eine Diamantmine, ist eine wichtige Einnahmequelle. Diamanten, seit den 20er Jahren in Angola abgebaut, machen gegenwärtig ca. 6 % der Exportgewinne aus. Es gibt riesige, noch nicht erschlossene Vorkommen.

**Die Hafenanlagen von Lobito** *(ganz rechts)*, dem bedeutendsten Hafen von Angola, der über spezielle Erzverladeanlagen verfügt. Hier hat die Benguela-Bahn in die Kupferprovinz Shaba in der Demokratischen Rep. Kongo ihren Ausgangspunkt.

**Ein angolanisches Mädchen** *(rechts)* mit traditionellem Schmuck: einer kunstvoll gefertigten Perlenhaube und vielen Ketten. Angolas Bevölkerung umfaßt ca. 100 verschiedene ethnische Gruppen, von denen fast alle zur Bantusprachgruppe gehören.

**Die Küstenfischer** haben ihren Fang entladen *(oben)*, der jetzt zum Trocknen in der Sonne ausgebreitet wird. Im Anschluß daran wird der Fisch zur Konservierung gesalzen. Der kalte Benguelastrom ist die Ursache für reiche Fischgründe.

**Blick auf eine ländliche Siedlung** *(rechts)*. Die meisten Dörfer haben schwer unter dem Bürgerkrieg in Angola gelitten. Zahlreiche Dorfbewohner sind in die Städte geflohen, aber ca. zwei Drittel der Angolaner leben noch immer auf dem Land.

# ANGOLA

Der nach der Unabhängigkeit erfolgte Abzug der portugiesischen Fachkräfte aus Verwaltung, Industrie und Landwirtschaft, der von der Zerstörung der Infrastruktur und des technischen Inventars begleitet wurde, sowie der Bürgerkrieg haben die angolanische Wirtschaft an den Rand des Ruins getrieben.

Die daraus folgenden schweren Beeinträchtigungen der Landwirtschaft haben zu einer katastrophalen Versorgungslage im Lande geführt. Umsiedlungen, der Zusammenbruch des Vermarktungs- und Transportnetzes, der Mangel an Produktionsmitteln und die auf den Staat orientierte Wirtschaftspolitik der MPLA, die die wesentliche Bedeutung des Familiensektors für die Agrarproduktion nicht ausreichend berücksichtigte, haben zur Verminderung der bewirtschafteten Fläche und zur Reduzierung der Hektarerträge geführt. Die Produktion der auf den Export ausgerichteten Großbetriebe, die Kaffee, Sisal, Zucker und Tabak produzieren, ist drastisch zurückgegangen.

Durch die Erdölvorkommen an der Küste ist Angola zu einem der größten Erdölexporteure Schwarzafrikas geworden. Mit einem Exportanteil von über 90 % sind Erdöl und Erdgas die tragenden Säulen der Wirtschaftsentwicklung geworden, machen Angola aber von schwankenden Weltmarktpreisen abhängig. Dies trifft Angola um so härter, als der Abbau anderer Bodenschätze, wie Diamanten, Eisenerz, Kohle, Phosphat und Nickel, infolge des langen Bürgerkriegs nur in sehr geringem Umfang erfolgen konnte und erst wieder verstärkt werden muß.

Die nahe Zukunft Angolas hängt wesentlich von zwei Faktoren ab: der Sicherheitslage im Land und der Höhe der Einnahmen aus dem Erdölexport. 1993 wurde dem Parlament ein wirtschaftliches Notprogramm vorgelegt, dessen zentrale Elemente die Dezentralisierung wirtschaftlicher Entscheidungen, Privatisierung großer Teile der Wirtschaft, Schaffung lukrativer Bedingungen für das Auslandskapital, Währungsabwertung, Subventionsabbau sowie Preis- und Steuerreform sind. Seit 1989 ist Angola Mitglied des Internationalen Währungsfonds und hat ein globales Umschuldungsabkommen erhalten.

## Bevölkerung

In Angola gibt es etwa 100 ethnische Gruppen mit jeweils eigener Sprache, die jedoch bis auf eine Minorität sämtlich der Bantusprachgruppe angehören. Rund ein Drittel der Gesamtbevölkerung zählt zu den Ovimbundu der Zentralregion und des mittleren Küstentieflands, etwa ein Viertel aller Bewohner zu den Mbundu. Die Bantustämme des Nordens werden als Lunda-Quioco zusammengefaßt.

Die regionale Verteilung der Bevölkerung hat sich in den letzten Jahren erheblich verändert. Der Bürgerkrieg hat zu einer überproportionalen Zunahme in den Städten geführt, in denen heute 34 % der Bevölkerung leben.

# Antarktis

»Großer Gott, dies ist ein schrecklicher Ort«, schrieb der britische Antarktisforscher Robert Falcon Scott (1868–1912), nachdem er im Januar 1912 nur einen Monat nach dem Norweger Roald Amundsen (1872–1928) als zweiter den Südpol erreicht hatte. Die Antarktis ist der große Kühlschrank der Erde. Die Wärmebilanz ist ganzjährig negativ. In der russischen Vostock-Station, 1400 km landeinwärts, wurde am 21. Juli 1983 die tiefste Temperatur auf der Erde festgestellt: – 89,2 °C! Am Südpol erreichte der Minusrekord »nur« – 83 °C (23. Juni 1982). Die höchste, dort gemessene Temperatur betrug – 13,6 °C (27. Dezember 1978). Im Inneren der Antarktis steigen die Temperaturen auch im Südsommer (November–Februar) selten über – 20 °C an. In Küstennähe können die Höchsttemperaturen zeitweise bis nahe 0 °C ansteigen.

Die extrem kalte Luft der Antarktis enthält nur wenig Wasserdampf. Relative Luftfeuchten örtlich bis weit unter 30 % lassen die Nasenschleimhäute des Menschen bei sehr tiefen Temperaturen austrocknen und können böse Entzündungen verursachen. Vom wolkenarmen Himmel fällt sehr wenig Schnee – am Südpol sind es gerade 29 mm Wasseräquivalent pro Jahr. Die Antarktis ist eine eisbedeckte Trockenwüste. Antarktis-Stürme können schlimmer sein als ein Taifun. Besonders in Küstennähe sind die Fallwinde zeitweise mörderisch. Windgeschwindigkeiten bis über 300 km/h fegen alles ins Meer. Schon bei geringer Luftbewegung werden die trockenen, feinkörnigen Schneekristalle aufgewirbelt und verdriftet. Die Sicht sinkt auf Null. Im diffusen Licht, unter einer tiefliegenden Wolkendecke, verlieren alle Konturen ihre Schärfe und der Horizont verschwindet im allgemeinen Grauweiß. Eine Orientierung wird bei diesen sogenannten »White Out«-Bedingungen unmöglich und Gleichgewichtsstörungen lassen den Menschen hilflos straucheln.

Die Transportwege zum 14 Millionen km² großen Eiskontinent und innerhalb des Inlandeises sind weit. Wer zum Südpol will, muß mindestens 1200 km Eis- und Schneewüste überwinden. Ohne Flugzeug und Hubschrauber wird jede Expedition zum qualvollen Abenteuer. Trotzdem gelangen A. Fuchs und R. Messner 1990 sowie B. Ousland 1997 die erfolgreiche Durchquerung der Antarktis nur auf Skiern. Wer sich von der Küste weg ins Innere wagt, findet keine eßbaren Tiere mehr. Nur wenige eisfreie Gipfel und Täler (unter 5 % des Kontinents) beherbergen noch ein paar Flechten- und Algenarten. Nahrungsmittel für den Menschen und Brennstoffe gibt es nicht. Die tödliche Kombination von Kälte, Sturm, Trockenheit und Höhe sowie die nicht vorhandenen Nahrungsquellen machen die kontinentale Antarktis zu einem der lebensfeindlichsten Räume der Erdoberfläche. Eine Tatsache, die sich im Winter durch die monatelange Dunkelheit noch verstärkt.

# Antarktis: Ozeane und Inseln

Nahezu ungebremst können die Westwinde den Kontinent umkreisen. Nur die Antarktische Halbinsel und Südargentinien bzw. Südchile ragen in diese zirkumpolare Luftströmung hinein. Furiose Stürme schaffen die größten Ozeanwellen. Die brüllenden Vierziger (»roaring forties«) und die rasenden Fünfziger (»furious fifties«) – gemeint sind die Breitengrade – gelten als Schrecken der Seefahrer. In direkter Umgebung der Kontinentalküste wehen vergleichsweise harmlose Ostwinde.

Im Südwinter sind 20 Millionen km² der südlichen Polarmeere von Packeis bedeckt. Im Sommer schrumpft der dichte Packeisgürtel bis auf kontinentale Reste (4 Millionen km²) zusammen, erschwert aber immer noch den Zugang zum eigentlichen Festland.

Dort, wo die Meere in den Kontinent hineingreifen, bedecken 200–1200 m dicke Eisplatten das kalte Küstenwasser. Zwei Schelfeistafeln erreichen fast die Größe Frankreichs: das Ross-Schelfeis (540 000 km²) und das Filchner- und Ronne-Schelfeis mit zusammen 530 000 km². Insgesamt wird die Größe der Schelfeisgebiete auf 1,5 Millionen km² geschätzt. Mit einer Geschwindigkeit von rund 300 m/Jahr »fließt« das Schelfeis ins Meer.

Am Rande brechen Eisberge ab und treiben in nördlichere Meeresregionen. Einige der größeren Tafeleisberge erreichen fast Afrika, andere treiben weit an der Ostküste Südamerikas hinauf. Untersuchungen ergaben, daß es möglich wäre, derartig große Süßwasservorräte in die Trockengebiete der Erde, z. B. nach Kalifornien oder Saudi-Arabien, zu schleppen. Ein einziger Rieseneisberg könnte dort den Wasserbedarf für viele Jahre decken. Doch bislang scheitern solche Unternehmungen an den Kosten.

Die sehr kalten antarktischen Gewässer nahe dem Kontinent (6 °C Mittelwert) werden durch die antarktische Konvergenz von den subantarktischen Gewässern (6–12 °C Mittelwert) getrennt. Diese Grenzzone pendelt zwischen 54° und 62° südlicher Breite. Die subtropische Konvergenz schließlich grenzt die subantarktischen Gewässer von den wärmeren subtropischen Wassermassen ab.

**Antarktische und subantarktische Inseln**
In unmittelbarer Nähe des Kontinents befindet sich eine Anzahl von unbewohnten Inseln. Alle sind stark vergletschert. Im Winter werden sie von See- und Packeis umschlossen. Nur an geschützten, meist küstennahen Standorten kann hier eine niedrige Vegetation überleben.

Mehrere subantarktische Inselgruppen erheben sich aus dem weiten Südpolarozean. Alle Inseln liegen nahe der antarktischen Konvergenz und spüren daher – mehr oder weniger ausgeprägt – die Nähe des eisigen Kontinents.

Die weiter nördlich gelegenen Inseln (Kerguelen, Crozet-, Prinz Edward-, Marian- und Macquarie-Inseln) sind weniger unangenehm. Ihr naßkaltes Klima ist von ständigem Wind,

**Ein Zügelpinguin** inmitten von Kaiserpinguinen, den größten Pinguinen überhaupt *(rechts)*. Sieben Pinguinarten bevölkern die antarktischen Inselgruppen, aber nur der Kaiserpinguin nistet direkt in Antarktika.

**See-Elefanten** *(rechts Mitte)* waren bereits vom Aussterben bedroht, jetzt gibt es jedoch wieder größere Kolonien auf Südgeorgien und den Kerguelen. Walknochen *(außen rechts)* erinnern an die Walfangfahrten vergangener Zeiten.

# ANTARKTIS

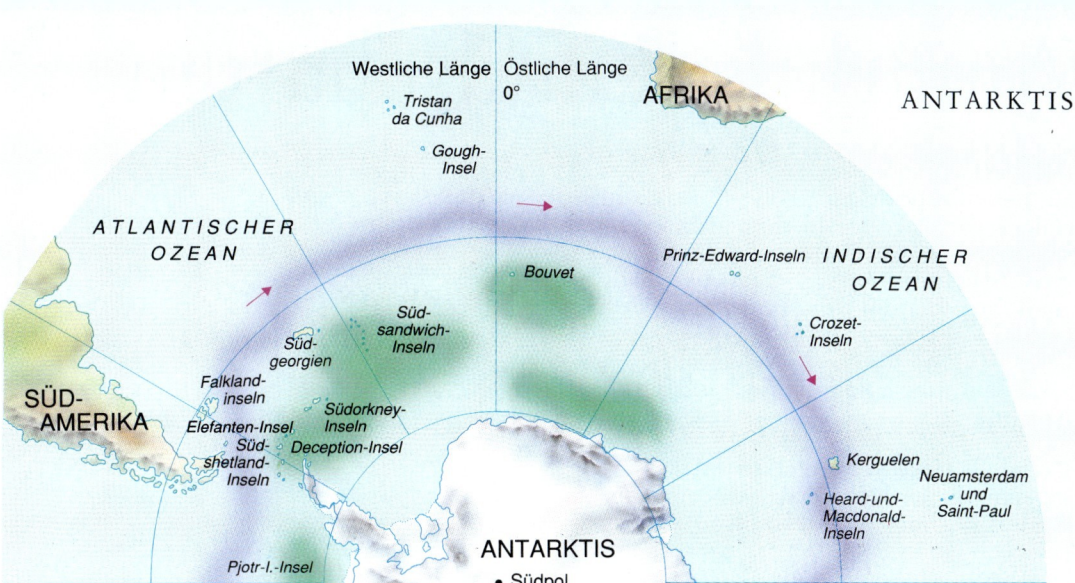

**In der King-Edward-Bucht** *(links)* auf der gebirgigen Insel Südgeorgien befindet sich eine Forschungsstation. Hier liegt auch die Grytviken-Walfangstation, die 1931 aufgegeben wurde. Die Insel ist die Spitze einer halb unter Wasser liegenden Bergkette.

**Die Antarktika umgebenden Inseln** *(oben)* liegen in einem Gebiet, wo das kalte, sauerstoffreiche antarktische Wasser mit wärmeren Strömungen zusammentrifft. In diesem Bereich treten auch die riesigen Krillschwärme auf, die das Meer rot färben.

wenig Sonnenschein und häufigen Regenfällen geprägt. Einige Inseln besitzen beachtliche schnee- und eisbedeckte Berge mit steilen Formen (Mount Paget auf Südgeorgien 2934 m). Die kurzen, kalten Sommer, die wenigen schneefreien Flächen und die große Isolation begrenzen die waldlose Vegetation aus Gräsern, niedrigen, breitblättrigen Pflanzen, Leberblümchen, Flechten, Moosen und Pilzen.

Auch die Tierwelt ist sehr artenarm. Ursprünglich gab es nur wirbellose Landtiere auf den Inseln: Würmer, Schnecken, Gliederfüßler und Spinnen. Erst der Mensch brachte Säugetiere auf die Inseln. Pferde, Rinder, Esel, Ziegen, Schafe, Schweine, Kaninchen, Katzen und Hunde können meist nur direkt bei den menschlichen Siedlungen überleben. Die auf Südgeorgien eingeführten Rentiere haben wie die anderen Säugetiere der einheimischen Vegetation schweren Schaden zugefügt. Nagetiere kamen schon mit den frühen Seefahrern. Nur die Heard-und-Macdonald-Inseln blieben völlig von Säugetieren verschont.

Auf das Meer hin orientiert sind Seevögel, unter anderem viele Pinguinarten, See-Elefanten und diverse Robbenarten. Der Walfang und das früher weitverbreitete Robbenschlagen basierte auf Stützpunkten auf den subantarktischen Inseln (Grytviken auf Südgeorgien, Kerguelen, Macquarie-Insel und andere). Heute sind einige wenige Forschungsstationen an ihre Stelle getreten.

# Antarktis: Landschaften

Die Antarktis oder das Südpolargebiet besteht aus dem antarktischen Kontinent (Antarktika), einigen vorgelagerten Inseln und Meeren. Die wichtigsten dieser Inselgruppen sind Südgeorgien, Südsandwich, Südorkney und Südshetland. Im Zentrum von Antarktika liegt auf einem Hochplateau der Südpol. Hier, am südlichsten Punkt der Erde, treffen alle Längengrade zusammen, und die einzige Richtung ist Norden!

**Der große Gegensatz Antarktis – Arktis**
Im Sommer vierundzwanzig Stunden Sonne, im Winter Tag und Nacht Finsternis und immer kalt. Die Polargebiete der Erde sind sich ähnlich, und doch könnten die Unterschiede nicht größer sein: die Arktis, ein großes Mittelmeer, bedeckt mit meist nur 3 m dickem Packeis, die Antarktis ein Kontinent, begraben unter örtlich über 4000 m mächtigem Inlandeis. Die Arktis tangiert die dichtbesiedelten Kontinente Amerika, Europa, Asien, die Antarktis ist meerumtost, weit und breit gibt es keinen anderen Kontinent. Am Nordpol ist es kalt, in der hohen Antarktis ist es extrem kalt, zeitweise doppelt so kalt wie auf dem niedrigen Packeis der Arktis. Im hohen Norden, nördlich vom Polarkreis, leben über zwei Millionen Menschen, der eisige Süden bringt es im Sommer maximal auf einige tausend »Besucher« – Wissenschaftler und ihr Hilfspersonal.

**Unvorstellbar große Eismengen**
Seitdem die Antarktis vor 7 Millionen Jahren die Polposition erreicht hat, hält das Eis den Kontinent besetzt. Unter dem Eispanzer der Ostantarktis (max. 4800 m mächtig) und der Westantarktis (etwa 4334 m mächtig) liegen hohe Gebirgsketten und tiefe Ozeanbecken begraben. Würde das Eis bei weiterer Erwärmung der Erde völlig abschmelzen, müßte mit einem weltweiten, katastrophalen Anstieg des Meeresspiegels gerechnet werden. Die Eismenge der Antarktis (90 % des Weltgletschereises, in dem 80 % des Süßwassers der Erde gespeichert sind) ist unvorstellbar groß. Würde man die dreißig Millionen Kubikkilometer Eis der Antarktis auf fünf Milliarden Menschen verteilen, so erhielte jeder pro Minute eine Tonne Eis und das zehn Jahre lang!

Auch die sogenannten Trockentäler oder Oasen sind früher einmal vergletschert gewesen. In den von Eis übertieften Talböden findet man heute eisbedeckte Süßwasserseen. Die vegetationslosen Hänge sind im Sommer fast schneefrei. An der Küste des Victorialandes branden die feuchten ozeanischen Luftmassen auf das über 4000 m hohe Transantarktische Gebirge. Durch die flacheren Pässe der Randgebirge fließt inzwischen über 100 000 Jahre alt gewordenes Inlandeis in gewaltigen Strömen zum Meer. Am eindrucksvollsten ist der Lambertgletscher mit maximal 60 km Breite und über 450 km Länge. Die kontinentalen Küstengewäs-

**Antarktika** (rechts) ist von einem bis zu 4800 m dicken Panzer aus Eis und Schnee bedeckt. Das Transantarktische Gebirge teilt den Kontinent in zwei Regionen: Ost-Antarktika, das an ser werden von Schelfeis, Festeis oder Packeis blockiert. Am Rande des Schelfeises lösen sich sehr große Tafeleisberge und driften weit nach Norden.

**Phantastische Antarktis**
Die Eiswunder der hohen Ostantarktis zu erleben, bleibt neben den Wissenschaftlern nur wenigen Menschen vorbehalten. Es gibt keine Flugplätze für zivile Verkehrsmaschinen und die Touristenschiffe ohne Eisbrecherbegleitung wagen sich höchst selten bis zur amerikanischen McMurdo-Station. Auch Touristenflüge sind im schnell wechselnden Polarwetter nicht ohne Risiko. Die DC 10 einer neuseeländischen Fluggesellschaft mit 257 Menschen an Bord zerschellte 1979 am 3794 m hohen Mt. Erebus – genau fünfzig Jahre nach der ersten Südpolüberfliegung durch Admiral Richard E. Byrd (1888–1957).

den Atlantischen und den Indischen Ozean grenzt, und West-Antarktika am Pazifischen Ozean. Der Südpol liegt etwa in der Mitte – auf einem eisigen, sturmumtobten Plateau.

**Eisberge** *(oben)* bilden sich, wenn große Eisbrocken ins Meer abbrechen – ein Vorgang, der »Kalben« genannt wird. Meeresströmungen transportieren antarktische Eisberge weit nach Norden.

**Ein Hauch von Grün** *(links)* auf den küstennahen Hügeln zeugt von dem bescheidenen pflanzlichen Leben in der Antarktis. In Küstennähe kommt in dem kurzen Polarsommer eine felsige Landschaft mit eiskalten Seen zum Vorschein.

**Die »Trockentäler«** des Transantarktischen Gebirges *(oben links)* entstanden durch Gletscherströme. Im Satellitenfoto vom Victorialand sind die eisfreien, durch den Wind schneefrei gefegten Täler als dunkle Flächen deutlich zu erkennen.

**Wie phantastische moderne Skulpturen** *(oben)*, gemeißelt von Wind und Wetter, treiben Eisberge vor der antarktischen Küste. Bei Frühlingsanfang bricht das winterliche Packeis auf. Damit beginnt die für die Schiffahrt tückische »Eisberg-Saison«.

# Antarktis: Pflanzen und Tiere

Es ist überall kalt und stürmisch in der Antarktis. Wo es möglich war, haben Pflanzen und Tiere sich mit raffinierten Überlebenstechniken angepaßt. Auf dem hohen Eiskontinent schaffen das aber nur noch mikroskopisch kleine, wirbellose Tiere (Einzeller, Räder- und Spinnentierchen, Milben und Springschwänze), die sich in den Boden oder in Vegetationspolster zurückziehen. Das größte nur an Land lebende Tier ist ein 12 mm großer, flügelloser Springschwanz.

## Nur Schutt und nackte Gesteine

Bakterien, Algen, Pilze und Flechten wachsen an extremen Standorten unter der Gesteinsoberfläche, dadurch sind sie auch geschützt vor den austrocknenden Winden. Im Sommer wird das Gestein von der Sonneneinstrahlung bis zu 35 °C über die Lufttemperatur aufgeheizt. Dieses Mikroklima macht zeitweise die notwendige Photosynthese möglich. Nur an geschützten Kontinentküsten wachsen fleckenhaft auch Moose und Flechten. Die nördlichere Antarktische Halbinsel mit ihren vorgelagerten Inseln hat ein gemäßigteres Klima als der zu 97 % eisbedeckte Kontinent. Aber auch hier ist die Vegetation sehr spärlich. Es gibt südlich des 60. Breitengrades nur zwei Blütenpflanzen. Feuchtere, geschützte Standorte beherbergen oft Moose und Lebermoose, trockenere, exponierte Hänge erlauben nur noch Flechten.

## Das Leben kommt aus dem Meer

Das eigentliche Leben in der Antarktis spielt sich im Meer ab, oder ist auf den Ozean als Rückzugsmöglichkeit und Nahrungsquelle angewiesen. Sehr langsam wachsen die Tiere im eiskalten Wasser, aber sie wachsen zu erstaunlichen Größen heran, und sie werden älter als vergleichbare Formen in wärmeren Gewässern. Die Artenvielfalt am Meeresboden und örtlich auch einfach die Biomasse sind verblüffend. Es gibt überraschende Dominanzen: Adelie-Pinguine repräsentieren 90 % der Biomasse aller antarktischen Vögel, die Krabbenfresser-Robbe macht 80 % der Robbenbestände aus.

Das langsame Wachstum und die geringe Sterblichkeit erklären die örtlich enormen Individuenzahlen. Dort, wo günstige Meeresströmungen die Lebensbedingungen für den Krill (Sammelbegriff für eine Vielzahl kleiner Krebstiere) optimieren, wurden gewaltige Schwärme beobachtet. In der Nähe der Elefanten-Insel wurde ein Zehn-Millionen-Tonnen-Schwarm entdeckt, der gewichtsmäßig 15 % des jährlichen Fischfangs auf der Erde entsprach. Obwohl sie Allesfresser sind, ernähren sich die Krebstiere des Krills hauptsächlich von Phytoplankton. Der Krill wiederum ist Hauptnahrungsquelle für die fünf Walarten sowie für Robben, Pinguine, Seevögel, Tintenfische und kleine Fische. Den Krill dramatisch zu dezimieren, hieße die gesamte antarktische Nahrungskette zusammenbrechen zu lassen. Wale kommen während des Südsommers in die antarktischen Gewässer, um sich zu mästen. Von den weltweit hundert verschiedenen Walarten trauen sich aber nur zwanzig in die eiskalten antarktischen Ozeane. Die Pottwalweibchen etwa lehnen es strikt ab, ihren Männchen nach Süden zu folgen und bleiben mit dem Rest der Familie in gemäßigten Breiten. Wie ein riesiges Sieb benutzen die Bartenwale ihre 300–400 Hornplatten im Gaumen und fischen unter anderem den Krill aus dem Wasser heraus. Die reichliche Nahrung läßt sie zu den größten Tieren wachsen, die die Erde je erlebt hat. Der Blauwal erreicht eine Länge von über 30 m bei einem Gewicht von 150 t.

## Die Wale drohen auszusterben

Leider war der Bestand von ursprünglich 200 000 Tieren nicht unerschöpflich. Der heutige Restbestand wird auf 10 000 Tiere geschätzt. Als der Blauwal fast ausgerottet war, wurden der Reihe nach die nächst kleineren

**Fossilien** (oben) wie diese Farne aus der Trias (vor 230–180 Mill. Jahren) beweisen, daß Antarktika einst ein grüner Kontinent war. Heute können nur einige Moos- und Flechtenarten in eisfreien und windgeschützten Gebieten überleben.

**Mutter und Kind** (rechts): eine Weddellrobbe schmust mit ihrem Jungen. Der Erzfeind der Robbe ist der Schwertwal. Doch die Weddellrobbe ist eine schwer zu fassende Beute: sie kann bis zu 720 m tief und 40 Minuten lang tauchen.

# ANTARKTIS

**Die Krabbenfresser-Robben** *(links)* sind die zahlenmäßig stärkste Robbenart. Sie leben hauptsächlich an der Küste von Antarktika oder auf dem Treibeis. Auf der Suche nach Krill legen sie große Entfernungen zurück.

**Kaiserpinguine** *(oben)*, die größte Pinguinart, brüten in großen Kolonien. Sie wärmen ihre Jungen, indem sie sie unter ihrem Bauch Schutz finden lassen.

**Die antarktische Nahrungskette** *(unten)* befindet sich in einem labilen Gleichgewicht. Hier gilt wie überall: Die großen Tiere fressen die kleinen. Winzige schwimmende Kieselalgen und Kleinstlebewesen, als Plankton bekannt (1), nähren riesige Schwärme von Krill (2) – eine Leuchtkrebsart, die bis zu 5 cm groß wird. Der eiweißreiche Krill wiederum bildet das Hauptnahrungsmittel für mehrere Fisch- und Tintenfischarten (3), für zahlreiche Seevögel (4) und für größere Tiere wie die Bartenwale (5). Fisch ist die Hauptnahrung für Pinguine (6) und für verschiedene Robbenarten (7). Räuber sind der Seeleopard (8), der Jagd auf andere Robbenarten und auf Pinguine macht, und der Schwertwal (9), der sich hauptsächlich von Fischen ernährt.

Wale, Finn-, Buckel-, Pott- und Zwergwal, gefangen. Die Wale drohen auszusterben. Erst strenge Walfangverbote, für die politisch lange gekämpft wurde, bringen diesen sympathischen Meeresriesen Schutz.

Auch die Pinguine wurden früher nicht verschont. Manche haben Antarktisforschern als Nahrung über den Winter geholfen, viele wurden aber auch in Heizkesseln von Schiffen »verwertet«. Die kleinen Adelie-Pinguine – sie werden nur 70 cm hoch und 5 kg schwer – sind am zahlreichsten. Majestätisch ist der 1 m große und bis zu 30 kg schwere Kaiserpinguin, der niemals einen Fuß auf festes Land setzt. Wasser und Eis sind sein Domizil. Am Ende des Sommers, im Mai/Juni, legt das Weibchen ein Ei, das anschließend sofort vom Männchen auf die Füße balanciert und dort mit seiner Bauchfalte bedeckt wird. Auch bei Temperaturen unter –20 °C und bei Schneestürmen über 200 km/h muß das Ei 65 Tage lang warm gehalten werden. Erst im Juli kommt das Weibchen zurück, um ihn abzulösen.

Die zahlreichen Seevögel der Antarktis sind ausschließlich Sommerbesucher in der südlichen Antarktis. Im Südsommer drängen sie sich auf den wenigen Landflächen, die als Brutplätze geeignet sind. In den stürmischsten Breiten der Erde müssen Albatrosse, Sturmvögel, Skuas und Seeschwalben sehr gewandte Flugakrobaten sein.

# Antarktis: Erforschung

Es muß auf der Südhalbkugel einen großen Kontinent geben, davon war der Römer Pomponius Mela überzeugt – wie sollte sich die Erde sonst im Gleichgewicht befinden? Die großen Landmassen im Norden unter dem Sternbild des Bären (Arktos) würden die Erde umkippen lassen, gäbe es gegenüber dem Bären nicht ein südliches Gegengewicht, nämlich Anti-Arktos. 31 n. Chr. entstand so seine Karte mit einer riesigen südlichen Landmasse. Bis ins 16. Jahrhundert glaubte man an die »Terra-Australis Incognita«, wie Claudius Ptolemäus (um 140 n. Chr.), der berühmte Geograph aus Alexandrien, Mitte des 2. Jahrhunderts n. Chr. die vermuteten Länder nannte.

### Seefahrer entdecken die kalte »Südsee«
Von weißen Flocken auf dem Meer hat bereits der polynesische Sagenheld Ui-te-Rangiora berichtet, der sich weit nach Süden in die Kälte vorgewagt hatte. Aber erst 1773, auf seiner zweiten Weltreise, überquerte James Cook (1728–1779) als erster Europäer den südlichen Polarkreis. Mit seinen Schiffen »Resolution« und »Adventure« wurde er jedoch von Eis gestoppt, bevor er den Kontinent sehen konnte. Im frühen 19. Jahrhundert erkundeten andere Seefahrer die antarktischen Gewässer und entdeckten die Antarktische Halbinsel. Aber erst der Brite James Clark Ross (1800–1862) kam dem antarktischen Kontinent wirklich nahe. Mit seinen Schiffen »Erebus« und »Terror« segelte er 1841 am Victorialand entlang.

### Amundsen und Scott in der Antarktis
Am 14. Dezember 1911 erreichte Roald Amundsen (1872–1928) mit seinen vier Begleitern und siebzehn Schlittenhunden den Südpol. Die Schlittenhunde waren das Geheimnis seines ungefährdeten Erfolgs. Sie ertrugen geduldig alle Schneestürme und legten Entfernungen von 30–40 km pro Tag zurück. Zur gleichen Zeit quälte sich Robert Falcon Scotts (1868–1912) Fünf-Mann-Team noch 600 km weiter im Norden ohne Schlittenhunde durch unwegsamen Sastrugi-Schnee. Am 13. Dezember 1911 schrieb Scott in sein Tagebuch: »Ein äußerst verdammenswerter, trauriger Tag! Wir waren um 8 Uhr gestartet. Die Schlitten ließen sich schlecht ziehen. Am Nachmittag hatte die Sonne den Schnee naß und klebrig gemacht. Wir waren schweißnaß und atemlos. Wir haben heute nur 6,5 km geschafft. Unwohlsein und die nassen Kleider halten mich die Nacht lange wach, die außergewöhnlichen Anstrengungen verursachen böse Krämpfe. Unsere Lippen sind rauh und blasig. Wir beginnen unseren Marsch nicht allzu hoffnungsvoll!« Völlig erschöpft erreichte Scotts Gruppe erst am 17. Januar 1912 den Südpol, wo ein von Amundsen zurückgelassenes Zelt ihnen zeigte, daß sie zu spät gekommen waren. Demoralisiert machten sie sich auf den langen Rückweg. Nahe am Ziel, nur wenige Meilen vor einem großen Depot, wurden sie von einem neuntägigen Blizzard gefangen gehalten und erlagen so der unmenschlichen Kälte.

### Shackleton, der härteste Entdecker
Die frühe Erforschung der Antarktis kennt viele heldenhafte Polarforscher: F. von Bellingshausen, J. Weddell, N. Palmer, J. Dumont d'Urville, C. Wilkes, C. E. Borchgrevink, N. O. Nordenskjöld, D. Mawson, A. de Gerlache, die Deutschen E. von Drygalski und W. Filchner sowie vor allem Sir Ernest Shackleton (1874–1922), der an drei Südpolarexpeditionen teilgenommen hat, und zu Beginn seiner 4. Expedition auf Südgeorgien verstarb. Während der »Nimrod«-Expedition 1907 bis 1909 gelangte er bis auf 155 km an den Südpol heran. Während der »Trans-Antarctic-Expedition« (1914–1916) plante er, vom Weddellmeer via Südpol das Rossmeer zu erreichen. Sein Schiff, die »Endurance«, wurde jedoch im Packeis eingeschlossen und zehn Monate später vom Eis zerdrückt. Nach einer abenteuerlichen, 1300 km langen Seefahrt im Rettungsboot durch stürmische, eisige Gewässer erreichte er zusammen mit vier Begleitern Südgeorgien, überquerte die hohen vereisten Berge, gelangte zur Walfangstation und organisierte erfolgreich die Rettung seiner zurückgebliebenen Mannschaft. Mit dieser wahrhaft heldenhaften Expedition endete das sogenannte heroische Zeitalter in der Antarktis.

### Eisbrecher, Flugzeug und Motorschlitten
Seit Ende der 20er Jahre setzen die Amerikaner Flugzeuge in der Antarktis ein. Richard E. Byrd (1888–1957) überflog am 29.11.1929 erstmalig den Südpol. Die eigentliche Erforschung des Eiskontinents aber begann mit dem Internationalen Geophysikalischen Jahr (1958/59). 48 Forschungsstationen aus zahlreichen Ländern waren Ausgangspunkte erfolgreicher Forschungsexpeditionen. Sir Vivian Fuchs (* 1908) querte die Antarktis über den Pol. Seit 1955 forschen auch die Russen in der Antarktis und unterhalten mehrere permanente Stationen. Inzwischen bestimmt eine hochtechnisierte Logistik die Forschungen. Spezielle Forschungseisbrecher, Flugzeuge, Hubschrauber, Motorschlitten und komfortable Forschungsstationen dominieren das heutige Bild. Die friedliche internationale Zusammenarbeit ist beispielhaft.

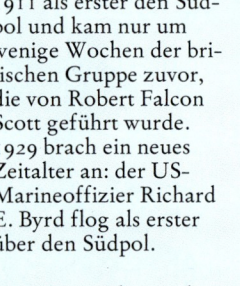

Die Erforschung der Antarktis (rechts) erforderte großen Wagemut und ungeheures Durchhaltevermögen. 1773 erforschte James Cook als erster Europäer das Südpolarmeer, bis Eisberge ihn zur Umkehr zwangen. Roald Amundsen erreichte 1911 als erster den Südpol und kam nur um wenige Wochen der britischen Gruppe zuvor, die von Robert Falcon Scott geführt wurde. 1929 brach ein neues Zeitalter an: der US-Marineoffizier Richard E. Byrd flog als erster über den Südpol.

| | | |
|---|---|---|
| Cook (GB) 1773-74 | D'Urville (Frankreich) 1840 | Byrd (USA) 1929 |
| Bellingshausen (Rußl.) 1819-20 | Ross (GB) 1840-41 | Ellsworth (USA) 1935 |
| Weddell (GB) 1823 | Amundsen (Norwegen) 1911 | Fuchs (GB) 1957-58 |
| Wilkes (USA) 1840 | Scott (GB) 1911-12 | Frühe polynesische Seefahrer |

**Roald Amundsen,** dessen Büste *(ganz links)* in Christchurch, Neuseeland, steht, führte die erste erfolgreiche Expedition, die den Südpol erreichte. Mit Hundeschlitten kamen Amundsen und seine vier Begleiter am 14. Dezember 1911 am Pol an.

**Proviant** steht immer noch in den Regalen *(links)* von Ernest Shackletons Hütte bei Cape Royds, auf der Ross-Insel. Kurz vor Erreichen des Südpols mußte er sich zur Umkehr entschließen, um seine Mannschaft nicht zu gefährden.

**Die Amundsen-Scott-Station** *(Mitte links)*, die US-Forschungsstation am Südpol, wurde in den 60er Jahren errichtet. Sie ersetzt die im Schnee begrabene alte Station aus den Jahren 1956/57.

**Die Holzhütte** *(links)* am McMurdo-Sund an der Rossmeerküste war das Basisdepot für Scotts Polarexpedition von 1911–1912. Fehler in der Planung und Schneestürme behinderten Scotts Vorankommen, so daß er und seine Mannschaft auf dem Rückmarsch umkamen.

# Antarktis: Politik

Vor ca. 170 Millionen Jahren brach das riesige Gondwanaland auf der Südhalbkugel auseinander. Langsam, wenige cm pro Jahr, drifteten die Südkontinente auseinander. Ihre gemeinsame Erdgeschichte zeigt sich in den Gesteinsschichten, Fossilien und Gebirgsstrukturen.

Wenn die Antarktis die gleiche geologische Vergangenheit hatte wie andere Südkontinente, warum sollten unter dem Eis nicht auch Lagerstätten sein, wie sie in der Fortsetzung der antarktischen Strukturen in den Nachbarkontinenten gefunden wurden? Diese Annahme konnte bisher nur an wenigen Stellen bestätigt werden. Außer einem Eisenerzlager im Prince-Charles-Gebirge und Kohleflözen im Transantarktischen Gebirge sind noch keine abbauwürdigen Bodenschätze entdeckt worden.

Dennoch ist der Streit um Nutzungsrechte in der Antarktis schon entbrannt. In Wellington wurde 1988 international über die Modalitäten des Abbaus von Bodenschätzen verhandelt. Das rief die Gegenseite, die aus der Antarktis einen geschützten Naturpark machen möchte, auf den Plan. Während der 15. Internationalen Antarktis-Konferenz 1989 wurde deshalb die Einberufung einer Sonderkonferenz beschlossen, die dem Schutz der Umwelt am Südpol gewidmet sein soll.

Was geschieht, wenn einer der sieben Staaten, die Sektoren aus der großen Eistorte beanspruchen – Großbritannien, Neuseeland, Frankreich, Australien, Norwegen, Chile und Argentinien – ihre alten, sich teilweise überlappenden territorialen Forderungen präsentieren? Wie werden sich die anderen Nationen, unter anderem die Vereinigten Staaten von Amerika, Rußland, China und die Entwicklungsländer verhalten? Wird die bisher friedliche Zusammenarbeit enden, wenn es um Rohstoffe geht? Bislang funktioniert der sogenannte antarktische Geist gegenseitiger Hilfe und Toleranz beispielhaft. In der Antarktis sind jüngst Probleme der gesamten Menschheit zu Tage getreten: Zum Beispiel das immer bedrohlicher werdende Ozonloch, das inzwischen weit über die Antarktis hinausreicht, oder die beschleunigte Erderwärmung, die das Polareis schmelzen lassen könnte. Die Umweltverschmutzung hat die Tiere der Antarktis nicht verschont. Auch Pinguine haben heute Umweltgifte in ihren Körpern.

Die Ökologie der Antarktis ist labil und reagiert bereits auf kleinere Störungen sehr empfindlich. Eine Ölverschmutzung, wie sie am 31. Januar 1989 das gestrandete argentinische Versorgungsschiff »Bahia Paraiso« an der Küste der Anvers-Insel vor der westlichen Antarktischen Halbinsel verursachte, gefährdet die dortige Tierwelt für viele Jahre. Fragwürdig sind Überlegungen, das Inlandeis der Antarktis als Atommüll-Deponie der Welt zu nutzen. Rigorose Naturschützer halten schon die ökologischen Belastungen, die von den Forschungsstationen an der Küste und den immer zahlreicher werdenden Touristengruppen ausgehen, für bedenklich. Inzwischen werden alle Abfälle der Forschungsstationen aus der Antarktis entfernt. Endlich hat man die wachsenden Umweltgefahren erkannt.

### Die Antarktis, Auffanglager für Meteoriten

Die Tiefkühltruhe Antarktis konserviert etwa eine dreiviertel Million Meteoriten. Weder Erosion noch Verwitterung zerstören hier die Gesteins- oder Eisennickelmaterie aus dem Weltraum. Im Meer oder Boden des Festlandes sind kleine Meteoriten schwer zu entdecken. Anders in der Antarktis. Die im Inlandeis angesammelten Himmelsboten werden an Stellen, wo das Eis an Gebirgsbarrieren nach oben gedrückt wird, angereichert. Je mehr das schneefrei gewehte Eis an der Oberfläche aufgezehrt wird, um so mehr dunkle Meteoriten erscheinen auf dem Blaueis. Über 9000 fast unveränderte Bruchstücke hat man seit 1970 eingesammelt, darunter auch Stücke von Mond und Mars.

### Der Antarktis-Vertrag

Am 23. Juni 1961 ratifizierten die zwölf Erstunterzeichnerstaaten den Antarktis-Vertrag, der zunächst für dreißig Jahre das Gebiet innerhalb 60° südlicher Breite (ausschließlich der freien Seegebiete) weitgehend schützte und zur freien Forschung öffnete. Kernwaffentests oder die Anlage von Atommüll-Deponien waren verboten. Bestehende Gebietsansprüche wurden bis zur eventuellen Neuregelung »auf Eis gelegt«.

Im Jahre 1991 wurde von den Konsultativmitgliedern ein Zusatzprotokoll zum Antarktisvertrag unterzeichnet, das den Abbau von Bodenschätzen in der Antarktis für weitere 50 Jahre, also bis 2041, untersagt. Konkret wird die Ausbeutung von Öl- und Erzvorkommen in der Antarktis verboten. Ausnahmen vom Bergbauverbot sind nur möglich, wenn mindestens 21 der 26 stimmberechtigten Mitglieder dafür stimmen.

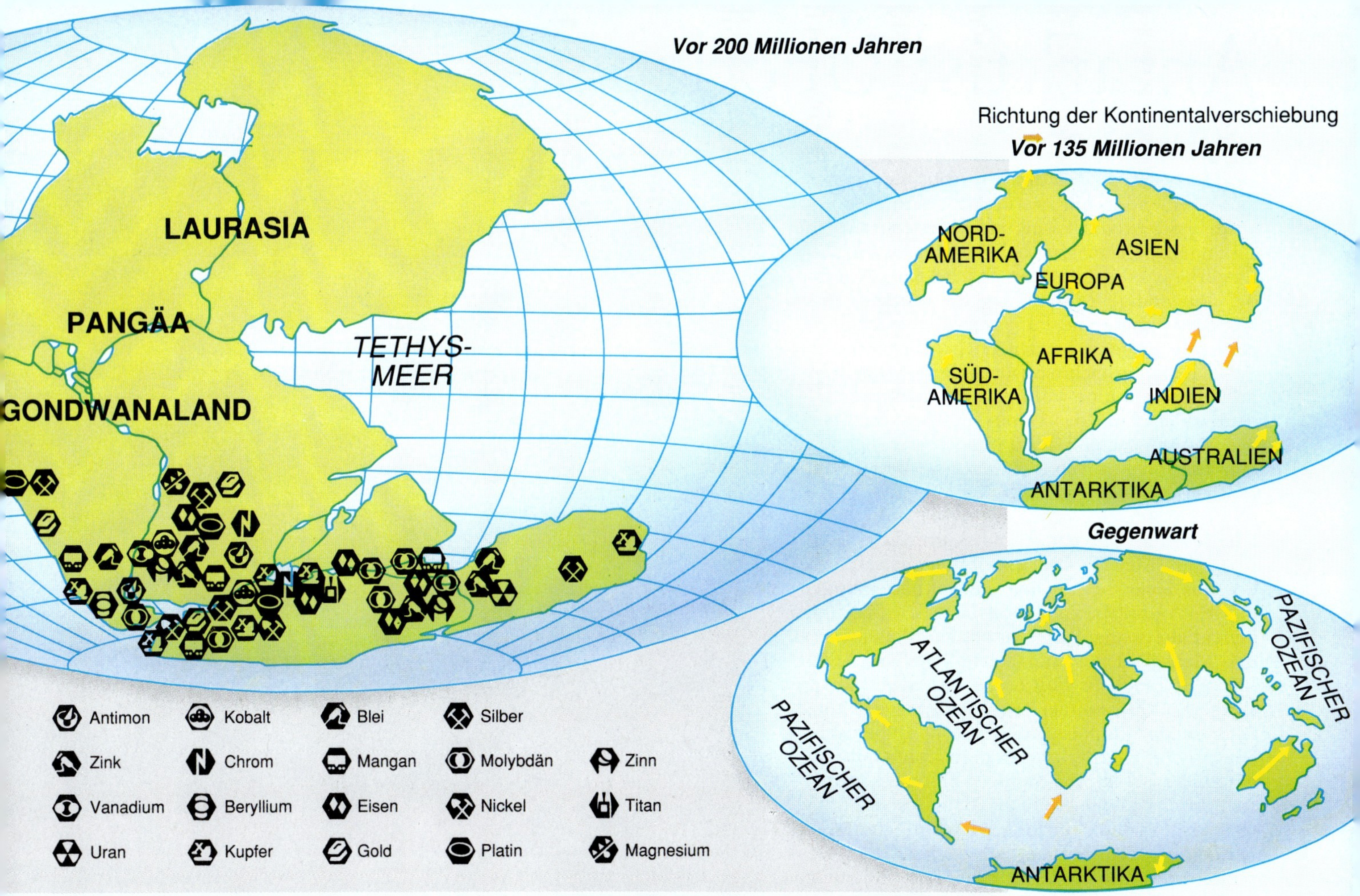

**Vor 200 Millionen Jahren**

LAURASIA
PANGÄA
TETHYS-MEER
GONDWANALAND

Richtung der Kontinentalverschiebung

**Vor 135 Millionen Jahren**

NORD-AMERIKA　ASIEN　EUROPA　AFRIKA　SÜD-AMERIKA　INDIEN　AUSTRALIEN　ANTARKTIKA

**Gegenwart**

PAZIFISCHER OZEAN　ATLANTISCHER OZEAN　PAZIFISCHER OZEAN　ANTARKTIKA

- Antimon
- Kobalt
- Blei
- Silber
- Zink
- Chrom
- Mangan
- Molybdän
- Zinn
- Vanadium
- Beryllium
- Eisen
- Nickel
- Titan
- Uran
- Kupfer
- Gold
- Platin
- Magnesium

**Ein Wissenschaftler** bei Temperaturmessungen *(ganz links)*. Solche Feldarbeiten sind nur während des kurzen antarktischen Sommers möglich. Dann sind auch die Forschungsstationen gut belegt, die im Winter teilweise verlassen werden.

**Die amerikanische Forschungsstation** auf der Ross-Insel am McMurdo-Sund *(links)* ist die größte Siedlung in Antarktika. Der in den Stationen anfallende Müll ist eine Gefahr für die empfindliche Polarregion und muß daher abtransportiert werden.

**Antarktika** gehörte einst zum Gondwanaland *(oben links)* – einer Landmasse, die außer Antarktika das heutige Afrika, Australien, Indien und Südamerika umfaßte und Teil des »Superkontinents« Pangäa war. Vor vielen Millionen Jahren teilte sich Pangäa zunächst in Gondwanaland und Laurasia. Erzlagerstätten in Südafrika und den Anden lassen darauf schließen, daß auch unter dem Eis von Antarktika wichtige Erzvorkommen liegen könnten. Konkrete Anhaltspunkte dafür gibt es aber bisher kaum.

**Ein »Loch«** in der Ozonschicht der Erde *(oben links)* befindet sich direkt über Antarktika, wie diese Satellitenaufnahme vom Oktober 1989 deutlich zeigt. Die Ozonschicht schützt die Erde vor der so gefährlichen ultravioletten Strahlung.

# Antarktis: Überleben

Blitzschnell schlägt das Wetter um. Tiefe Wolken, Eisnebel, aufgewirbelter, trockener Schnee und abfallende Temperaturen bis unter – 30 °C können die Arbeitsbedingungen der Forscher im Gelände rasch unerträglich werden lassen. Fast unmerkbar kühlt der menschliche Körper unter die notwendige Minimaltemperatur ab. Zuerst erfrieren Hände und Füße, die lebenswichtigen, zentralen Organe werden noch bis zuletzt auf 37 °C gehalten. Schließlich kühlt auch das Körperinnere aus. Eine wohlige, aber heimtückische Müdigkeit lähmt das Denk- und Sehvermögen, der Mensch taumelt, wird ohnmächtig. Schließlich folgt der physische Zusammenbruch: Ein sanfter Tod.

## Überleben ist eine Kunst in der Antarktis

Aber der Mensch hat inzwischen gelernt, die überaus lebensfeindlichen Umweltbedingungen in der Antarktis zu überstehen. Die Technik gleicht die mangelhafte natürliche Ausstattung des Menschen aus und macht so seine Arbeit hier erst möglich. Flugzeuge mit Schneekufen landen im Südsommer regelmäßig an der amerikanischen Südpolstation, Hubschrauber bringen Wissenschaftler und Material auch in unzugängliche Gebirgsregionen. Eisbrecher kämpfen sich durchs Meereis und ermöglichen es Frachtern, Nachschub für die Forschungsstationen heranzubringen. Lange, strapaziöse Fußmärsche sind nicht mehr erforderlich. Flugzeug, Hubschrauber und Motorschlitten haben den großen Entfernungen in der Antarktis ihren Stachel genommen. Auch die gefürchteten Schiffspassagen durch die stürmischsten Meere der Erde um den antarktischen Kontinent herum werden immer mehr durch bequeme Flugreisen abgelöst. Hundeschlittengespanne – das Erfolgsgeheimnis der Amundsen-Expedition – sind seit einigen Jahren aus der Antarktis verschwunden.

Doch trotz des technischen Fortschritts schlägt die Antarktis immer wieder brutal zu. Ein technischer Defekt, der zur Notlandung zwingt, plötzliche Nebel, die Hubschrauberflüge unmöglich machen, nötigen die Betroffenen oft über eine Woche lang im Schneesturm zu überleben. Windgeschwindigkeiten bis zu über 300 km/h blasen Zelte und selbst schwerstes Gerät erbarmungslos fort. Während der obligatorischen Überlebenskurse wird daher geübt, in Schneehöhlen dem auskühlenden Wind, der die Körperwärme sehr schnell aufzehrt, zu entfliehen. Schon Windstärke 7 auf der 12-teiligen Beaufortskala läßt eine noch einigermaßen erträgliche Lufttemperatur von – 32 °C auf unerträgliche – 68 °C absinken. Bei dieser sogenannten »Windchill«-Temperatur sind böse Erfrierungen in Sekunden möglich. Da heißt es geduldig besseres Wetter abwarten. Aufgewirbelte feine Schneekristalle lassen die Orientierung im Gelände ohnehin nicht mehr zu und in der Nähe des magnetischen Südpols ist der Kompaß fast unbrauchbar.

Es hat seit Scotts Zeiten viele tragische Unfälle in der Antarktis gegeben: immer wieder Flugzeug- und Schiffsverluste sowie Einbrüche in Gletscherspalten. Erfrierungen, Feuersbrünste, ja selbst Autounfälle kommen vor. Allein die USA haben seit den 50er Jahren über drei Dutzend Flugzeugunfälle und über zwei Dutzend Hubschrauberverluste zu beklagen.

Der Sturm facht die Flammen gewaltig an. Bei – 46 °C und einer Windgeschwindigkeit von über 200 km/h verbrannten am 3. Oktober 1960 acht Sowjets in der meteorologischen Station der Mirnyj-Basis. Löschen mit Wasser war nicht möglich. Rettungsmannschaften riß der Sturm von den Beinen. Innerhalb von dreißig Minuten war alles vorbei!

## Wissenschaftlicher Alltag in der Antarktis

Frühmorgens ist der tägliche Funkkontakt zur Basis obligatorisch. Meldet sich das Außenlager nicht, wird automatisch eine Rettungsaktion gestartet. Die Sicherheit wird ernst genommen! Das Leben in den kleinen aber robusten Zelten

# ANTARKTIS

**Einem Eisbrecher** *(links)* gelingt es, die verschiedenen Packeisschichten aufzubrechen. Mit seinem stumpfen Bug, der den wuchtigen Eismassen standhält, kann sich das Schiff auf die Eisdecke schieben und sie in einzelne Schollen zertrümmern.

**Im Sommer** leben die Wissenschaftler während der Geländearbeiten oft wochenlang fern der Hauptstationen in Zelten *(unten)*. Spezialkleidung schützt sie vor den widrigen Witterungsverhältnissen. Frostbeulen gehören der Vergangenheit an.

ist bei Außentemperaturen um – 20 °C nicht immer angenehm. In der absoluten Einsamkeit ohne Radio und Zeitung und in unausweichlicher Nähe von wenigen Kollegen können leicht psychische Probleme aufkommen. Das trifft besonders auf die langen, dunklen Wintermonate zu.

In den Forschungsstationen ist für alles gesorgt. An ausgezeichneter Verpflegung wird in der Kälte nicht gespart. Probleme entstehen eher, weil Unbelehrbare nicht die mindestens fünf Liter Flüssigkeit pro Tag zu sich nehmen, die in der extrem trockenen Luft nötig sind. Dehydration (Austrocknung) des Körpers ist nicht selten, dagegen hat die Spezialbekleidung die Erfrierungen fast völlig verdrängt. Die Krankenstationen sind selbst für Operationen und Zahnbehandlung gewappnet. In den großen Stationen sind modernste Forschungslabore eingerichtet, in denen fast alle wissenschaftlichen Untersuchungen möglich sind.

**Hubschrauber** *(ganz links)*, hier an einem eisbedeckten See in einem der Trockentäler des Transantarktischen Gebirges, erleichtern die Erforschung des eisigen Kontinents. Bereits seit den 20er Jahren werden Flugzeuge zur Erforschung der Südpolarregion benutzt.

**Ein Techniker** *(links)* hat die Spezialausrüstung für eine Feuerwehrübung angelegt. Feuer stellt hier eine ständige Gefahr dar, weil heftige Stürme die Flammen anfachen und das Wasser zum Löschen meist gefroren ist.

# ANTIGUA UND BARBUDA

**Der malerische Naturhafen »English Harbour«** *(rechts)* von St. John's auf Antigua war früher eine britische Marinewerft. Heute ist er ein beliebter Anlaufhafen für Kreuzfahrtschiffe. Abgesehen von diesen Durchgangstouristen zieht die Insel jedes Jahr rund 150 000 Besucher an.

**Auf den zahlreichen Marktständen** *(rechts Mitte)*, die man auch häufig entlang der Straßen findet, wird die faszinierende Fülle tropischer Früchte ausgebreitet.

Am 1. November 1981 begann für die Bewohner von Antigua und Barbuda eine neue Zeit. In Anwesenheit der britischen Prinzessin Margaret wurde in der Hauptstadt Saint John's die britische Flagge eingeholt und die Insel in die Unabhängigkeit entlassen. Schon zu Beginn des 20. Jahrhunderts war der britischen Kolonie Antigua eine stark eingeschränkte Selbstverwaltung zugebilligt worden, seit 1967 besaß sie innere Autonomie. Von diesem Zeitpunkt an stand es Antigua und den anderen »Assoziierten Staaten Westindiens« frei, durch Mehrheitsbeschluß des Gesetzgebenden Rates als Konstitutionelle Monarchie im Commonwealth die völlige Unabhängigkeit zu erlangen. Die Nationalflagge zeigt ein »V« für »Victory« (Sieg) und eine aufgehende Sonne. Ein rotes Feld symbolisiert die Dynamik der Bewohner, ein schwarzes ihre afrikanische Herkunft. Blau und Weiß stehen für touristische Attraktionen.

## Natur und Wirtschaft

Antigua und Barbuda gehören zu jenen karibischen Inselstaaten, über die man bestenfalls im Reiseteil der Zeitungen etwas erfährt, und die Touristenprospekte sparen nicht mit blumigen Worten, wenn sie für das »Herz der Karibik« werben. Geologisch gehören die Inseln zum Übergangsgebiet zwischen Kalk- und Vulkaninseln. Antigua besitzt eine buchtenreiche, von Korallenriffen umsäumte Küstenlinie. Über dem flachen Kalkplateau erhebt sich im Südwesten der Insel das tief zerschnittene vulkanische Bergland, das im Boggy Peak 402 m Höhe erreicht. Ihr warmes, semiarides Klima – die Temperaturen werden durch den Seewind gemildert – zieht immer mehr Touristen an. Diese kommen entweder mit Kreuzfahrtschiffen und Großraumjets aus Nordamerika und Europa nach Saint John's oder laufen den malerischen Jachthafen, den ehemaligen »English Harbour«, an. Vornehmlich wohlhabende Reisende sonnen sich an den hellsandigen Badestränden exklusiver Hotels. Bis in die 70er Jahre lebte Antigua hauptsächlich vom Zuckerrohranbau. Als immer mehr Touristen die Insel besuchten, unterstützte die Regierung die Umstellung auf Obst- und Gemüseanbau sowie auf Viehwirtschaft. Damit versuchte sie von den kostspieligen Lebensmittelimporten unabhängig zu werden. Durch die Schaffung neuer Arbeitsplätze hat der Fremdenverkehr der Inselwirtschaft neue Impulse gegeben. Die Gewinne fließen aber ins Ausland, da sich die Hotels größtenteils im Besitz internationaler Hotelketten befinden. Nach wie vor müssen Antigua und Barbuda den fortgeschrittenen Entwicklungsländern der Dritten Welt zugerechnet werden.

## Die Menschen

Die Inseln wurden seit 1632 von englischen Zuckerrohrpflanzern aus der Mutterkolonie Saint Kitts (Christopher) besiedelt. Zuvor war die indianische Urbevölkerung von den Spaniern in die Bergwerke Hispaniolas verschleppt oder bis auf kleine Gruppen ausgerottet worden. Für die Arbeit auf den Plantagen wurden schwarze Sklaven aus Afrika eingeführt. Abgesehen von einem kurzen französischen Zwischenspiel 1666 blieb Antigua bis zur Unabhängigkeit in britischem Besitz.

Der Großteil der heutigen Bevölkerung sind Schwarze, die Nachkommen der ehemaligen Sklaven. Mischlinge und Weiße bilden nur eine kleinere Minderheit.

## Daten und Fakten

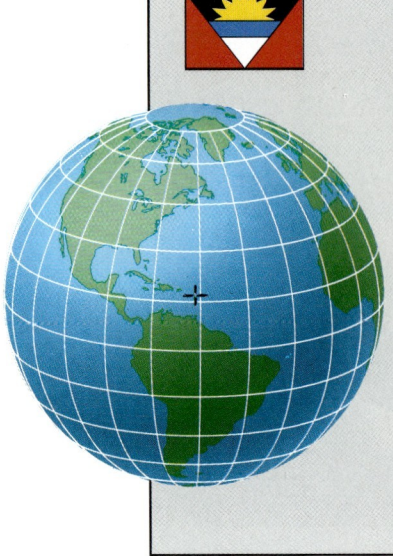

**DAS LAND**
**Offizieller Name:** Antigua und Barbuda
**Hauptstadt:** St. John's
**Fläche:** 442 km²
**Landesnatur:** Flache und buchtenreiche Küsten, im SW vulkanisches Bergland, sonst flache Kalktafelländer
**Klima:** Tropisches Klima
**Höchster Punkt:** Boggy Peak 402 m (Antigua)
**DER STAAT**
**Regierungsform:** Parlamentarische Monarchie
**Staatsoberhaupt:** Königin Elisabeth II., vertreten durch einen Generalgouverneur
**Regierungschef:** Premierminister
**Verwaltung:** 6 Bezirke, 2 Dependencies (Barbuda, Redonda)
**Parlament:** Zweikammerparlament mit Senat (17 ernannte Mitglieder) und Repräsentantenhaus (17 gewählte Mitglieder)
**Nationalfeiertag:** 1. November
**DIE MENSCHEN**
**Einwohner (Ew.):** 67 000 (1999)
**Bevölkerungsdichte:** 152 Ew./km²
**Stadtbevölkerung:** 31 %
**Analphabetenquote:** 4 %
**Sprache:** Englisch
**Religion:** Anglikaner

**DIE WIRTSCHAFT**
**Währung:** Ostkaribischer Dollar
**Bruttosozialprodukt (BSP):** 555 Mio. US-$ (1998)
**BSP je Einwohner:** unter 8300 US-$ (1998)
**Inflationsrate:** 2,6 % (1990-98)
**Importgüter:** Fast alle Konsumgüter
**Exportgüter:** Textilien, Elektronik, Baumwolle, Obst
**Handelspartner:** CARICOM-Staaten, Kanada, USA, Großbritannien
**Eisenbahnnetz:** o.A.
**Straßennetz:** 240 km
**Fernsehgeräte je 1000 Ew.:** o.A.

### Naturparadies Barbuda

Naturfreunde zieht es mehr nach Barbuda, der niedrigen Koralleninsel etwa 40 km nördlich von Antigua. Die 161 km² große, von nur 1500 Menschen bewohnte Insel ist zum größten Teil ein Naturschutzgebiet. Während die Tierwelt auf den anderen Inseln durch Eingriffe in die Natur stark dezimiert worden ist, leben auf Barbuda noch zahlreiche Echsen-, Schildkröten- und Vogelarten. Pracht-Fregattvögel, eine seltene Spezies aus der Familie tropischer Seevögel, haben hier eine große Kolonie. In Waldgebieten hinter weiten, unbebauten Stränden leben ausgesetzte Hirsche und Wildschweine. Auf rosaroten Strandabschnitten hinterlassen Meeresschildkröten ihre Eier. Besonders artenreich ist die Fischpopulation. In den durch Korallenriffe geschützten flachen Lagunen finden Schnorchler und Taucher einige der herrlichsten Unterwassergärten der Karibik.

**Barbuda** *(ganz rechts)* liegt nördlich von Antigua. Der größte Teil der Insel ist zu einem Naturschutzgebiet erklärt worden, in dem zahlreiche Vogel-, Echsen- und Schildkrötenarten leben.

**Antigua** *(rechts)* ist die größte der drei Inseln, aus denen sich der Staat Antigua und Barbuda zusammensetzt. Wie Barbuda ist es vulkanischen Ursprungs, doch hat die Abtragung durch Wind und Regen beide Inseln inzwischen ziemlich eingeebnet. Die dritte Insel, Redonda, ist ein kleines, unbewohntes Felseiland. Bereits 1967 hatten die Inseln die innere Selbstverwaltung erhalten. 1981 entschieden sie sich für die Erlangung der Unabhängigkeit.

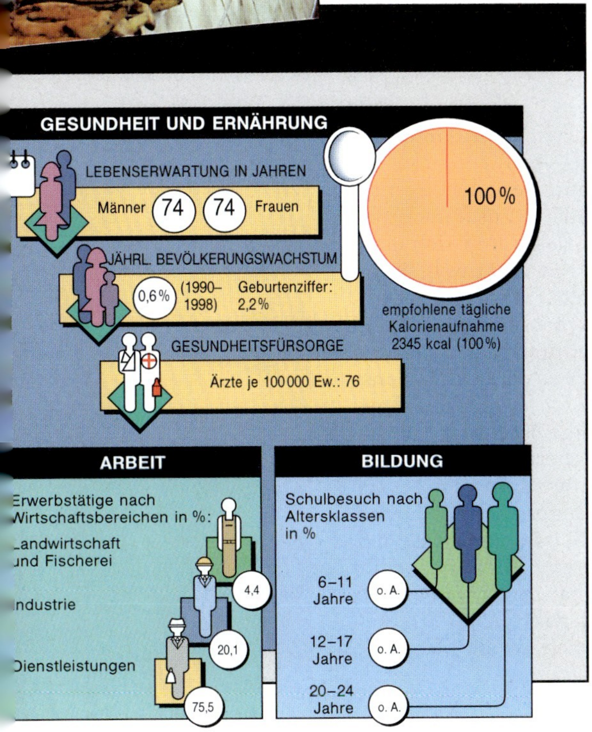

# Antillen, Große

Die größeren Inseln der nördlichen Karibik werden gemeinhin als Große Antillen bezeichnet. Zu ihnen gehören – von West nach Ost – Kuba, Jamaika, Hispaniola (in Haiti und Dominikanische Republik geteilt) und Puerto Rico. In dieser Region liegen auch die Cayman- sowie die Turks- und Caicos-Inseln.

Die stark gegliederte Inselgruppe der Großen Antillen ist von großem landschaftlichem Reiz. Steil aufragende Gebirge mit Höhen über 3000 m, waldbedeckte Mittelgebirge und weite Tiefländer wechseln einander ab. Besonders auffällig sind die Formen des sogenannten »tropischen Karstes«, die sich hier auf Kalktafeln ausgebildet haben. Weite Landstriche sind durch steile Kegel (»Mogotes«) mit dazwischen eingetieften Hohlformen (»Cockpits«) geprägt. Folglich gibt es auch auf allen Inseln zahlreiche Karsthöhlen mit bizarren Tropfsteinen.

Entsprechend der geographischen Breitenlage ist das Klima über das ganze Jahr hinweg tropisch warm. Dies wirkt sich auch auf die natürliche Vegetation aus, die mit mehreren Tausend Arten besonders üppig entwickelt ist. Wo genügend Niederschlag fällt, hat sich tropischer Regenwald ausgebildet. Dies gilt vor allem für die zentralen Bergländer. Doch die Inselwelt der Großen Antillen ist nicht »nur« feuchttropisch. Die im Regenschatten der Gebirge liegenden niederschlagsarmen Bereiche lassen teilweise nur wasserspeichernde Pflanzen, etwa Kakteen und Dornsträucher, gedeihen. Weite Küstenabschnitte werden von Mangrovewäldern gesäumt. Die natürlichen Vegetationsformationen der Inseln, vor allem diejenigen der Feuchtsavanne, sind heute durch den wirtschaftenden Menschen weitgehend zurückgedrängt.

Das Relief der Inseln ist Ausdruck einer immer noch nicht zur Ruhe gekommenen Erdkruste. Erdbeben – im Bereich der Kleinen Antillen auch Vulkanismus – zeugen davon. Große Gefahr droht auch alljährlich im Herbst, wenn tropische Zyklonen entstehen und als Hurrikane über die Inseln rasen. Sie verursachen insbesondere in der Landwirtschaft verheerende Schäden. Am schlimmsten wütete 1988 »Gilbert«, besonders auf Jamaika. Der auch als Jahrhunderthurrikan bezeichnete Wirbelsturm machte Tausende von Menschen obdachlos. Die Dominikanische Republik wurde 1998 von »George« heimgesucht.

## Das »Puertoricanische Modell«

Auf den Antillen versucht man auf verschiedenen Wegen der Unterentwicklung zu begegnen. Die an mineralischen Rohstoffen arme und an Bevölkerung reiche Insel Puerto Rico, heute autonomes Staatsgebiet der USA, hat deshalb schon seit den 1940er Jahren die Industrialisierung zum Entwicklungsziel erhoben. Das sogenannte »Puertoricanische Modell« blieb auf Grund der erzielten Erfolge nicht ohne Auswirkungen auf die karibischen Nachbarn. Bereits Ende der 1950er Jahre bemühte sich Jamaika, seit Mitte der 1960er Jahre vor allem auch die Dominikanische Republik, um die Ansiedlung von Industrie. Teilweise im Wettstreit untereinander bieten sie Unternehmen Investitionsanreize wie Steuerfreiheit, verbilligtes Industriegelände oder Mietfabriken u. a. an.

**CAYMAN-INSELN**
3 Inseln: Grand Cayman, Little Cayman, Cayman Brac
**Hauptstadt:** George Town
**Fläche:** 264 km²
**Verwaltung** Britische Kronkolonie
Staatsoberhaupt: Königin Elisabeth II., vertreten durch einen Generalgouverneur
**Bevölkerung** Einwohner: 37 000
Sprache: Englisch
Religion: Anglikaner (überwiegend), Katholiken
**Währung:** Cayman-Dollar

## Cayman-Inseln

Im Jahr 1503 wurden die Cayman-Inseln durch Christoph Kolumbus (1451–1506) entdeckt. Sie waren jedoch lange Zeit kaum besiedelt. Erst als sie Mitte des 17. Jahrhunderts zusammen mit Jamaika an die Engländer fielen und sich erste Siedler niederließen, verloren die Inseln ihren Ruf als Seeräuberstützpunkt. Schon im 18. Jh. wurde der Grundstein für das heutige Steuerparadies gelegt: König Georg III. (1738–1820) befreite die Inselbewohner vom Militärdienst und von allen Abgaben. 1962 wurden die Cayman-Inseln eine selbständige Kolonie. Für die Bewohner, die nur von Fischerei und Landwirtschaft gelebt hatten, begann erst in den 1950er Jahren mit dem Bau des Flugplatzes auf Grand Cayman eine neue Zeit. Seitdem hat sich der Tourismus zur wichtigsten Einnahmequelle entwickelt, gefolgt vom Finanzsektor; etwa 500 Bankniederlassungen und zahlreiche Briefkastenfirmen konzentrieren sich auf den Inseln.

### TURKS- UND CAICOS-INSELN
Rund 30 Inseln; wichtigste bewohnte Inseln: Grand Turk, Salt Bay, South- und East Caicos, Grand oder Middle Caicos, North Caicos, Providenciales, West Caicos

**Hauptstadt:** Grand Turk
**Fläche:** 430 km²
**Verwaltung**
Britische Kronkolonie
Staatsoberhaupt: Königin Elisabeth II., vertreten durch einen Generalgouverneur
**Bevölkerung**
Einwohner: 16 000
Sprache: Englisch
Religion: Protestanten, Katholiken
**Währung:** US-Dollar

**Touristen** (links), die sonnenhungrig in Scharen zu den Cayman-Inseln reisen, ist es dann manchmal doch zu heiß! Auf den Inseln herrscht tropisches Klima – durch leichte ozeanische Winde gemildert –, man findet dort klares blaues Meer, Korallenriffe und weite Sandstrände. Vor der Südküste der Turks- und Caicos-Inseln liegen zahlreiche Sandbänke (oben).

### Turks- und Caicos-Inseln
Die Turks- und Caicos-Inseln schließen sich im Südosten an die Gruppe der Bahamas an. Die unter britischer Verwaltung stehenden Inseln zählen rund 16 000 Einwohner. Erst im 17. Jahrhundert waren Siedler von den Bermudas und aus Neuengland mit ihren schwarzen Sklaven hierhergekommen. Fehlende Erwerbsmöglichkeiten veranlaßten immer wieder Inselbewohner, ihre Heimat zu verlassen. Doch seit der Tourismus auch diese Inseln erfaßte, hat sich die Beschäftigungslage geändert. Nach dem Vorbild der Cayman-Inseln gibt es im Gebiet von Turks und Caicos inzwischen auch eine größere Zahl von Briefkastenfirmen, die durch großzügige Steuergesetze angelockt wurden und die neben den Pachtzahlungen der US-Amerikaner für Radar- und Raketenbeobachtungsstationen den Inseln eine Verbesserung ihrer Erwerbsgrundlagen garantieren.

# Antillen, Kleine

Wie eine weit nach Osten schwingende Girlande zieht sich die Inselwelt der Antillen von Nord- nach Südamerika und trennt das Karibische Meer vom Atlantischen Ozean. Der Name leitet sich von der sagenhaften »Antilia Insula« ab, deren Lage man vor den Entdeckungsfahrten Christoph Kolumbus' (1451–1506) auf den Karten des 15. Jahrhunderts zwischen Asien und Europa angab. Die über 100 bewohnten Inseln und Inselchen zwischen den Jungferninseln und Aruba, einschließlich Barbados und Trinidad, sind unter dem Namen Kleine Antillen bekannt. Im spanischen, französischen, niederländischen und deutschen Sprachgebrauch werden sie aufgrund ihrer Lage zu dem aus östlicher Richtung wehenden Passat in die meridionale Inselkette »Inseln über dem Winde« und in die dem südamerikanischen Festland vorgelagerten »Inseln unter dem Winde« eingeteilt. Im englischen Sprachgebrauch hingegen werden die Inseln von Anguilla bis Grenada in »Leeward Islands« und »Windward Islands« unterschieden.

Tropische Szenerie bestimmt das Bild der Kleinen Antillen, doch gibt es kaum einen Ort, der dem anderen ähnlich ist. Deutlich erkennbar ist der Gegensatz zwischen den steilen Vulkaninseln des inneren Inselbogens und den flachen Kalktafelinseln des äußeren Bogens, zu dem auch Barbuda und Barbados gezählt werden, sowie zwischen den feuchten Nordost- und den trockenen Südwestseiten fast aller Inseln. Die Inselkette von Trinidad bis Aruba ist die Fortsetzung der venezolanischen Küstenkordillere.

## Die Kariben

Die Inselwelt der Kleinen Antillen war einst der Lebensraum der Kariben, die aller Wahrscheinlichkeit nach im 13. Jahrhundert vom südamerikanischen Festland auf die Inseln gekommen waren. Besser als alle anderen Indianerstämme der Karibik verstanden sie sich auf das Kriegshandwerk. So widerstanden sie am längsten den europäischen Eroberern, die nach der Entdeckung durch Christoph Kolumbus auf der Suche nach Gold und Gewürzen in die Neue Welt gekommen waren. Doch war es ein Zusammentreffen ungleicher Menschen, Kräfte und Ideen – hier nackte, tätowierte Naturkinder, die Mais, Maniok, Ananas, Paprika und Tabak anbauten, in Palmstrohhütten wohnten und dem Animismus und Kannibalismus huldigten, dort weißhäutige Soldaten und Priester, Glücksritter und Missionare, die an schnellen Reichtum und an Christianisierung dachten.

Als sich herausstellte, daß die Inseln nicht die erhofften Schätze bargen, ließen sich europäische Siedler nieder und begannen mit der Rodung des Regenwaldes, dem Häuserbau und der Feldbestellung. Den Eingeborenen war lediglich die Rolle der Knechte zugedacht. Die meisten waren aber nicht bereit, Sklavendienste für die Weißen zu leisten. Sofern sie nicht an

**Fischer auf Saint Lucia** beim Vorbereiten ihrer Netze *(rechts)*, bevor sie in See stechen. Der größte Teil der Bevölkerung dieses kleinen Inselstaates stammt von schwarzafrikanischen Sklaven ab, die während der Kolonialzeit auf die Insel gebracht wurden.

**Palmen** *(unten)* säumen zahlreiche Strände auf den Kleinen Antillen. Obwohl die landschaftliche Schönheit der Inseln viele Touristen anzieht, veranlaßt die hohe Arbeitslosigkeit viele junge Insulaner, die Inseln zu verlassen.

**Ein »schwimmender Markt«** *(links)* im Hafen von Willemstad, Curaçao. Diese Insel, das Industrie- und Handelszentrum der Niederländischen Antillen, ist trocken und unfruchtbar, so daß Nahrungsmittel importiert werden müssen.

**Die Kleinen Antillen** *(rechts)* bilden die östliche Grenze des Karibischen Meers. Die Inselkette im Anschluß an Puerto Rico setzt sich zusammen aus den »Inseln über dem Winde« im Norden und den »Inseln unter dem Winde« im Süden.

# ANTILLEN

eingeschleppten Krankheiten starben, flohen sie in die Berge, verhungerten oder begingen Selbstmord. Bald waren Arbeitskräfte in der Karibik so knapp, daß die europäischen Kolonisatoren dazu übergingen, schwarze Sklaven aus Afrika einzuführen. Nach dem Verbot der Sklaverei Anfang des 19. Jahrhunderts wurden asiatische Kontraktarbeiter für die Plantagen angeworben.

## Die Kleinen Antillen heute

Heute leben Menschen aus mehreren Kontinenten auf den Kleinen Antillen. Die ethnische Vielfalt ist kaum geringer als die sprachliche. Die Inselbewohner sprechen Spanisch, Französisch, Englisch, Niederländisch oder Hindi, Mischsprachen und unzählige Dialekte. Nicht allein aus diesem Grund ist die Verständigung unter den Menschen oft problematisch, wie man feststellen wird, wenn man hinter die schöne Kulisse der Palmen und Luxushotels blickt. Zu unterschiedlich ist das koloniale Erbe, zu unterschiedlich sind die gesellschaftlichen, politischen und wirtschaftlichen Strukturen, die die Inseln auch nach der Erlangung ihrer Selbstbestimmung prägen. Auf vielen Inseln wurde der Tourismus zum wichtigsten Devisenbringer. Aus Plantagenarbeitern wurden Hotelangestellte und Taxifahrer, an den schönsten Badebuchten entstanden Hotels internationaler Konzerne.

Hauptsorgen auf fast allen Inseln der Kleinen Antillen sind das rapide Anwachsen der Bevölkerung und die Arbeitslosigkeit. Während Nordamerikaner und Westeuropäer auf den vermeintlichen »Trauminseln« der Karibik ihren Platz an der Sonne suchen, verlassen viele junge Menschen ihre Inselheimat, um anderswo Arbeit zu finden und ihren Lebensunterhalt zu verdienen.

# Antillen: Andere Inseln

Wenn man die karibischen Inseln geographisch in Große und Kleine Antillen einteilt, letztere wiederum in Inseln unter und über dem Winde, so bleibt eine Reihe kleinerer Inseln übrig, die nicht in dieses Raster passen. Sie genießen keine staatliche Souveränität, lassen sich aber auch nicht einem gemeinsamen Mutterland zuordnen. Zu Frankreich gehört St. Barthélemy, die Niederlande halten Saba und Sint Eustatius, Montserrat ist britisch, und St. Martin ist geteilt in eine französische und in eine niederländische Hälfte.

Mit ihrer unterschiedlichen Kolonialgeschichte haben diese Inseln sehr verschiedene kulturelle Prägungen erfahren. Wenn auch der gesamte karibische Raum (noch) keine eigene kulturelle Identität gewinnen konnte, so hat inzwischen seine farbige Mehrheit einen ausgeprägten Stolz auf ihr afrikanisches Erbe entwickelt. Gerade darin liegt eine Gemeinsamkeit dieser Inseln, deren indianische Ureinwohner ausgerottet wurden. Die Vorfahren der heute überwiegend farbigen Bevölkerung wurden vor kaum 150 Jahren auf Sklavenschiffen von Afrika in die Karibik verschleppt.

**St. Martin**
Saint Martin oder Sint Maarten, 54 km² Frankreich im Norden und 42 km² Niederlande im Süden – an diese Grenze erinnert lediglich ein Straßenschild. Entdeckt und nach dem heiligen Sankt Martin benannt wurde die Insel 1493 von Christoph Kolumbus (1451–1506). Die Teilung wurde 1648 vollzogen, nachdem französische und niederländische Kriegsgefangene ihre spanischen Aufseher vertrieben hatten. Die Deportierten teilten die Insel unter sich auf, indem ein Niederländer und ein Franzose die Insel im Wettlauf in gegensätzlicher Richtung umrundeten. Es heißt, der Niederländer sei unterwegs durstig geworden, weshalb der niederländische Besitz kleiner ausfiel. Heute gilt St. Martin als einer der bedeutendsten Rumproduzenten der Karibik. Die Insel, die bei Urlaubern aus Nordamerika und Europa immer beliebter wird, bietet zahlreiche herrliche Sandstrände, einsame Palmenbuchten, stille Lagunen und eine 500 m hohe Bergkette mit üppiger tropischer Vegetation. Die Hotellerie ist komfortabel ausgebaut.

Das niederländische Philipsburg, das landschaftlich reizvoll auf einer Nehrung liegt, die eine Salzlagune vom Meer trennt, ist touristisch gesehen der lebendigste Ort der Insel. An die Geschichte erinnert heute nur das historische Fort Amsterdam aus dem 17. Jahrhundert. Das französische Marigot erinnert an ein kleines Dorf in der Provence.

**Saba und Sint Eustatius**
Saba und Sint Eustatius, vulkanisch hochgetürmte Kleininseln unter niederländischer Flagge, sind touristisch kaum erschlossen. Saba besitzt keinen Badestrand, aber eine malerische Szenerie. In einem gartenreichen grünen Tal

**Häuser im Kolonialstil** *(unten)* umgaben den baumbestandenen Hauptplatz von Plymouth, der ehemaligen Hauptstadt von Montserrat, einer britischen Kronkolonie. Die britische Kolonisation begann 1632, hauptsächlich durch irische Siedler.

**St. Barthélemy** *(rechts)* zieht mit seiner unangetasteten Schönheit viele wohlhabende Touristen an, von denen einige inzwischen ausgedehnten Privatbesitz erworben haben und deren luxuriöse Jachten in den malerischen Buchten vor Anker liegen.

**Menschen unterschiedlicher Völker und Rassen** leben auf den »Inseln über dem Winde« in großer Harmonie und Toleranz zusammen *(oben)*. So hat etwa die französisch-niederländische Grenze auf der Insel St. Martin nur politische Bedeutung.

**Wolken** verhüllen die höchsten Gipfel der Vulkaninsel Saba *(links)*, die zu den »Inseln über dem Winde« der Niederländischen Antillen gehört. Auf dieser Luftaufnahme ist deutlich die kurvenreiche Straße zum Dorf Zions Peak und zum Zions Hill zu erkennen.

**Die »Inseln über dem Winde«** *(oben rechts)* bilden im Bereich der nordöstlichen Karibik einen weiten Bogen, der aus zwei Inselketten besteht. Zur inneren Kette gehören einige vulkanische Inseln, während die äußeren Inseln überwiegend aus Kalkstein bestehen.

liegt der Hauptort »The Bottom«, der an ein liebenswürdiges altniederländisches Dorf erinnert. Die einzige Straße der Insel führt durch drei nette kleine Siedlungen vierhundert Meter hinauf nach Zions Hill, wo sich ein atemberaubender Blick über die grüne Insel und das Meer bietet.

Sint Eustatius ist landschaftlich weniger reizvoll, historisch aber interessanter. Als wichtigster Handelsplatz der Karibik im 18. Jahrhundert war es die reichste unter den Inseln. Die als »Golden Rock« bekannte Insel wechselte von 1650 bis 1816 etwa 22mal den Besitzer, verlor aber bereits 1781 nach einer gründlichen Plünderung durch die Engländer an wirtschaftlicher Bedeutung. Weitere Zerstörung erlebte die Hauptstadt Oranjestad wenige Jahre später durch ein verheerendes Seebeben, doch auch heute zeugen die teilweise bereits im Meer versinkenden Ruinen der alten Handels- und Lagerhäuser und zwei historische Forts noch vom einstigen Glanz dieser Insel.

### St. Barthélemy und Montserrat

Abseits vom Massentourismus bietet das kleine St. Barthélemy einen der längsten und schönsten Strände der Karibik. Wohl auch deshalb haben die Millionärsfamilien Rothschild und Rockefeller große Teile der Insel aufgekauft. Verkauft wurde die Insel schon einmal: Ludwig XVI. (1774–1793) tauschte die Kolonie mit den Schweden gegen Hafenrechte in Göteborg ein. Die Schweden bauten die Hauptstadt der Insel – Gustavia. Inzwischen ist Barthélemy wieder französisch: alte nordfranzösische Dialekte klingen in der Sprache der Bewohner an, bretonische und normannische Trachten bestimmen an Feiertagen das Straßenbild.

Trotz ihrer landschaftlichen Schönheit war auch die britische Kronkolonie Montserrat, die allerdings innere Autonomie genießt, touristisch kaum erschlossen: steil aufragende, 1000 m hohe Vulkanlandschaften, bedeckt mit üppigem Regenwald, Thermalquellen, zahllose Wasserfälle und einsame Strände luden den Urlauber ein. Doch 1997 haben mehrere Ausbrüche des Vulkans La Soufrière den Südteil der Insel, wo auch die Hauptstadt Plymouth liegt, zerstört. Die Mehrheit der Bevölkerung mußte Montserrat verlassen.

# Antillen: Kultur

Berühmt als Heimat von Calypso, Karneval und Kricket, ausgestattet mit traumhaftem Wetter, fruchtbaren Böden und außergewöhnlicher landschaftlicher Schönheit, stellen die Kleinen Antillen ein tropisches Paradies dar. Sonnenschein, blaues Meer und palmengesäumte Strände mit strahlend weißem Sand spielen sowohl in weitverbreiteten Vorstellungen der Touristen als auch im täglichen Leben der Bewohner eine große Rolle.

Seit den 90er Jahren des 15. Jahrhunderts, als Kolumbus die Inseln entdeckte und sie als »das beste, fruchtbarste, erfreulichste und zauberhafteste Land der Welt« beschrieb, wetteiferten rivalisierende europäische Mächte um Besitzansprüche. Großbritannien, Frankreich, die Niederlande und die USA haben hier ihre Spuren hinterlassen und die Inseln kulturell ganz unterschiedlich geprägt. Und so hat jede Insel ihr ganz eigenes Flair.

Die Bewohner der Inseln führen ihre Abstammung auf viele Wurzeln zurück – europäische, orientalische und indianische –, aber auch auf westafrikanische Völkerschaften, die gefangen und herübergebracht wurden, um als Sklaven auf den Plantagen zu arbeiten. Ihre Nachkommen bilden heute auf den Inseln der Karibik die Bevölkerungsmehrheit, doch zeigt die Gesamtbevölkerung eine weitgefächerte ethnische Mischung. Allein auf Trinidad erhebt man Anspruch auf die Abstammung von 45 verschiedenen Völkerschaften.

### »Pfannenmusik« und Tuk-Bands

Diese ethnische Mischung hat auf vielen der Inseln eine anregende und vitale Kultur hervorgebracht. Es überrascht nicht, daß die offiziellen Sprachen, wie Englisch, Spanisch und Niederländisch, großzügig mit afrikanischen Wörtern und Sätzen angereichert sind, wobei sich gleichzeitig eine Anzahl rein lokaler »gemischter« Sprachen entwickelt hat.

Hinter den lebendigen Traditionen der Inseln der Karibik steht ein kraftvolles afrikanisches Erbe. Am bekanntesten ist wohl die karibische Musik, die heute weltweit verbreitet ist. Afrikanische Musik stand bei der Entstehung von typisch karibischen Schöpfungen, wie dem Calypso, der Steelband-Musik und dem Limbo, Pate.

Steelband-Musik, »Pfannenmusik«, hat ihre Wurzeln im traditionellen Trommeln der Westafrikaner, das die Sklaven trotz des Verbots der Plantagenbesitzer beibehielten. Die »Pfannen« sind Metalltrommeln mit gewölbter Spielfläche, die aus alten Ölfässern hergestellt werden, wobei man die Böden herausschneidet und die Decke so lange konkav zuhämmert, bis der charakteristische Klang entsteht. Danach werden die Fässer auf verschiedene Längen zugeschnitten, wodurch man eine eindrucksvolle Klangbreite erreicht – von der vollen Größe der 180 Liter fassenden »Bass-Pfanne«, die drei bis vier tiefe Töne von sich gibt, bis zur schmalen

**Der Karneval auf Trinidad** *(oben)* wird mit Umzügen gefeiert, bei denen die Teilnehmer farbenprächtige Kostüme tragen. Er geht eigentlich auf katholische Bräuche zurück, hat aber inzwischen viele nichtchristliche Elemente integriert.

**Junge Kricketspieler** *(rechts)* auf Trinidad. Kricket, ursprünglich ein Sport der britischen Kolonialherren, ist heute ein beliebter Nationalsport auf allen ehemals britischen Inseln. Die Inselrepublik ist die Heimat von vielen der besten Spieler der Erde.

# ANTILLEN

**»Steelband-Musik«** *(links außen)* hat ihre Wurzeln in der westafrikanischen Musiktradition. Die Instrumente werden aus alten Ölfässern geformt und bringen je nach Größe eine Vielzahl glockenähnlicher Töne hervor.

**Die palmenbestandenen Strände von Guadeloupe** *(links)* locken Jahr für Jahr Tausende von Touristen in dieses französische Überseedépartement. In der Gastronomie der Insel vereinen sich harmonisch französische und karibische Kochkünste.

**Auf Curaçao** *(links)* weist ein roter Briefkasten auf das holländische Erbe der Insel hin. Einflüsse aus den verschiedenen europäischen Ländern sowie aus Afrika und Asien sind auf allen karibischen Inseln in unterschiedlicher Stärke spürbar.

## Karneval und Kricket

Dem jährlichen Karneval, der auf den meisten Inseln gefeiert wird, liegt eine Mischung aus afrikanischen und europäischen Überlieferungen zugrunde. Jede Insel feiert den Karneval auf ihre Weise, doch ist allen ein kunstvoller Aufzug mit Paraden in phantasiereichen farbigen Kostümen, Steelbands und Calypsowettbewerben sowie reichliches Essen und Trinken gemeinsam.

Die Leidenschaft für Kricket geht bei den Menschen in der Karibik auf die britische Kolonialzeit zurück, ist aber heute zu einer starken Quelle des Nationalstolzes geworden. Die winzigen Inseln bringen die besten Kricketspieler der Welt hervor, wie etwa Garfield Sobers aus Barbados, der im Calypso als »der größte Krikketspieler auf der Erde oder dem Mars« gefeiert wird.

Die natürliche Beschaffenheit der Inseln prägte auch das Leben ihrer Bewohner. Die warmen, kristallklaren Gewässer der Karibik geben Gelegenheit zum Schwimmen und Schnorcheln zwischen den Korallenriffen oder zum Fischen und Segeln. Das Meer trägt auch großzügig zur karibischen Küche bei; das Land liefert eine Fülle tropischer Früchte und Gemüse. Dazu gehören Kokosnüsse, Bananen, Brotfrucht, Mangos, Pisang und Yamswurzel, aber auch Kräuter und Gewürze, für die die karibische Küche berühmt ist.

»Ping-Pong-Pfanne«, die im Längsschnitt nur 21 cm mißt und bis zu 32 Töne hervorbringt. Mit zwanzig oder mehr Instrumenten dieser Art spielt eine moderne Steelband alles, von klassischer Musik bis zum in aller Welt bekannten Calypso.

Der Calypso selbst, abgeleitet vom afrikanischen Volkslied und von mündlich weitergegebener Dichtung, zeichnet sich durch seinen packenden Rhythmus und die Bandbreite seiner Texte aus, die poetisch, satirisch und besonders zeitkritisch sein können. Er kann nur zur Unterhaltung gespielt werden, doch oft spielt er auch die Rolle des gesellschaftlichen Kommentars und sogar die des Nachrichtenübermittlers. Die »Tuk-Bands«, die den Sänger begleiten, haben ihren Namen vom »Bam-a-Tuk«-Klang der großen, aus einem hohlen Baumstamm gefertigten Trommel – »Tuk-Musik« ertönt überall auf den Inseln.

# ÄQUATORIALGUINEA

Die Republik Äquatorialguinea entstand aus zwei getrennten spanischen Überseebesitzungen, den Inseln Bioko und Pagalu und dem wesentlich größeren, aber weit dünner besiedelten Festlandgebiet Mbini (früher Río Muni) samt vorgelagerter Inseln. Bis zum Ende der spanischen Kolonialzeit im Jahr 1968 galt Bioko, ehemals Fernando Póo, als beliebtes exotisches Urlaubsziel für Europäer »aus den Kolonien«; exotisch wegen der in Afrika einmaligen iberischen Architektur und Lebensart.

### Geschichte

Die portugiesischen Erstbesitzer nutzten Insel und Küstenstreifen allein als Zwischenstation für die Verschiffung von Sklaven nach Südamerika und gaben das Gebiet 1778 im Austausch gegen brasilianische Ländereien an Spanien ab. Nachdem die Briten Bioko zeitweise als Sprungbrett für die Inbesitznahme des nahen Nigeria genutzt hatten, setzten die Spanier sich ab 1843 dort fest und erhielten Fernando Póo und Annobón (heute Pagalu) auf der Berliner Afrika-Konferenz 1884 zugesprochen. Ein Jahr später wurde das Festlandgebiet ebenfalls Spanien zuerkannt, doch erst 1900 wurden im Vertrag von Paris seine heutigen Grenzen festgelegt. Zusammen mit den Inseln bildete es bis 1959 die Kolonie »Spanisch-Guinea«. Danach wurden die beiden Gebiete als Überseeprovinzen in den spanischen Staatenbund integriert. Obwohl zahlreiche afrikanische Demokraten und Anhänger der seit 1947 erstmals organisierten Befreiungsbewegung von der Franco-Diktatur ins Exil getrieben worden waren, mußte Spanien 1968, auch auf internationalen Druck hin, Äquatorialguinea die Unabhängigkeit gewähren.

Ohne die erforderliche politische Vorbereitung übergab Madrid die Macht an Macías Nguema (1922–1979), einen Pangwe-Politiker, der überwiegend von den Bewohnern des Festlands gestützt wurde. Dadurch erhielt die alte Auseinandersetzung zwischen den Inselbewohnern, besonders dem Stamm der Bube, und dem Bantustamm der Pangwe (Fang) auf dem Festland sowie die Rivalität zwischen den relativ wohlhabenden Inseln und dem wirtschaftlich weniger entwickelten Festland neue Explosivität. Doch separatistischen Tendenzen widersetzte sich der Staatspräsident energisch, und an die Stelle der faschistischen spanischen Kolonialherrschaft trat nun sein blutiges Terrorregime. Unterstützung suchte er bei der Sowjetunion, bei Kuba, China und der DDR. Nach Vertreibung der gesamten wirtschaftlichen Führungsschicht, der Emigration von rund 30 000 nigerianischen Plantagenarbeitern und der Flucht von mehr als einem Drittel der Gesamtbevölkerung brach die ohnehin nur schwach entwickelte Wirtschaft des Landes völlig zusammen.

1979 stürzte Obiang Nguema Mbasogo (* 1942) den zunehmend okkulten Praktiken frönenden Diktator und übernahm die Macht in dem von der Außenwelt abgeschnittenen Land. Er leitete eine gewisse Liberalisierung des politischen Lebens in Äquatorialguinea ein, brach mit dem Ostblock und knüpfte Kontakte zu den Nachbarstaaten. Die Wiederaufnahme enger Beziehungen zu Spanien, der Eintritt in die afro-französische Franc-Zone, die Vergabe von Schürfrechten an westliche Öl-Konzerne sowie Hilfe der Vereinten Nationen haben die wirtschaftliche Lage der im Land verbliebenen, völlig verarmten und verschreckten Bevölkerung jedoch nur wenig verbessern können. Dabei

**Bürger säumten 1982 die Straßen** *(rechts)*, um Papst Johannes Paul II. in Äquatorialguinea willkommen zu heißen. Die Menschen in Äquatorialguinea sind überwiegend Katholiken; dies ist, wie die offizielle Landessprache Spanisch, auf die koloniale Vergangenheit zurückzuführen.

## Daten und Fakten

**DAS LAND**
**Offizieller Name:** Republik Äquatorialguinea
**Hauptstadt:** Malabo
**Fläche:** 28 051 km²
**Landesnatur:** Festland: Küstenebene, Hochland; vulkanische Inseln
**Klima:** Tropisch-feuchtheiß
**Hauptfluß:** Mbini
**Höchster Punkt:** Pico de Santa Isabel 3008 m auf Bioko
**DER STAAT**
**Regierungsform:** Präsidiale Republik
**Staatsoberhaupt:** Staatspräsident
**Regierungschef:** Ministerpräsident

**Verwaltung:** 7 Provinzen
**Parlament:** Nationalversammlung mit 80 auf 5 Jahre gewählten Mitgliedern
**Nationalfeiertag:** 5. März
**DIE MENSCHEN**
**Einwohner:** 442 000 (1999)
**Bevölkerungsdichte:** 16 Ew./km²
**Stadtbevölkerung:** 42 %
**Analphabetenquote:** 50 %
**Sprache:** Spanisch, Bantusprachen
**Religion:** Katholiken 80 %
**DIE WIRTSCHAFT**
**Währung:** CFA-Franc

**Bruttosozialprodukt (BSP):** 647 Mio. US-$ (1998)
**BSP je Einwohner:** 1500 US-$
**Inflationsrate:** 12,7 % (1990–98)
**Importgüter:** Konsumgüter, Maschinen, Erdöl
**Exportgüter:** Kakao, Kaffee, Holz, Textilfasern
**Handelspartner:** Spanien, Frankreich u. weitere EU-Länder, Kamerun, Nigeria, Liberia
**Eisenbahnnetz:** o.A.
**Straßennetz:** 2682 km
**Fernsehgeräte je 1000 Ew.:** o.A.

wäre der Staat aufgrund seiner natürlichen Ressourcen durchaus lebensfähig, gehörte er doch bis zu seiner Unabhängigkeit zu den am besten entwickelten Ländern Afrikas. Das Entwicklungspotential liegt in den fruchtbaren vulkanischen Böden der Inseln und im Holzreichtum des Festlands.

### Natur und Wirtschaft

Mbini, das Festlandsgebiet, gehört zum Stromgebiet des Río Benito und ist im Inneren von dichtem Regenwald bestanden. Es steigt von einer schmalen Küstenebene landeinwärts auf durchschnittlich 600 m an und erreicht in den gebirgigen Randlagen Höhen von 1200 m. Die Insel Bioko gehört zur Vulkankette der sogenannten Kamerunlinie.

Bis zur Unabhängigkeit waren die großen Kakao- und Kaffee-Plantagen die wichtigsten Wirtschaftsunternehmen. Doch nach der Massenflucht der Besitzer und der nigerianischen Kontraktarbeiter fiel die Produktion ins Nichts und hat sich seither nur geringfügig erholt. Wo die Fischgründe nicht von sowjetischen Trawlern leergefischt wurden – die Sowjetunion hatte von Macías Nguema Fangrechte erhalten –, vermag die Fischerei den Fischbedarf der Bevölkerung nicht aus eigener Kraft zu decken, da es an moderner Ausrüstung fehlt.

Massenmord und -flucht sowie der völlige Zusammenbruch des traditionellen afrikanischen Sozialsystems haben die früher selbstversorgende einheimische Landwirtschaft – Anbauprodukte sind vor allem Maniok, Mais, Yamswurzeln und Kartoffeln – zerstört und Äquatorialguinea zu einem hungernden afrikanischen Kleinstaat abseits jeden weltpolitischen Interesses werden lassen.

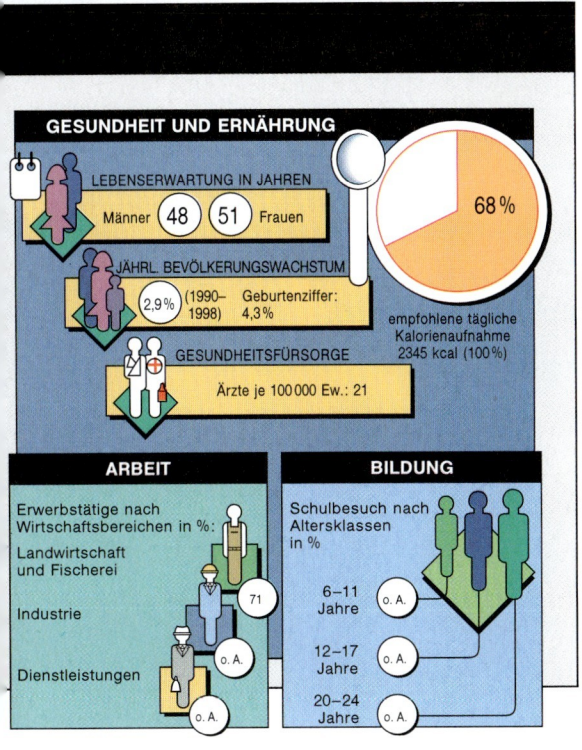

**Die untergehende Sonne** steht über einer von Bäumen gesäumten Uferböschung *(oben)*. Dahinter erstreckt sich tropischer Regenwald.

**Äquatorialguinea** *(rechts)*, seit 1968 unabhängig, besteht im wesentlichen aus der Insel Bioko und dem Festlandsgebiet Mbini.

# Arabische Halbinsel

Die Arabische Halbinsel ist ein alter Festlandsblock, überwiegend ein Tafelland unter wüstenhaftem Klima. Jüngere Aufwölbungen begleiten im Westen das Rote Meer, das in dieses Gewölbe als Grabenbruch eingesenkt ist. Das Relief des Tafellandes wird durch isolierte Gebirgsinseln, langgestreckte Bergrücken und steile Schichtstufen gegliedert; entlang von Spalten ist vulkanisches Material an die Oberfläche getreten und bildet flache Decken über den kristallinen Flächen und den Schichtgesteinen des Tafellandes, auf denen sich zum Teil fruchtbare Böden, aber auch absolut kahle Geröll- und ausgedehnte Dünenfelder ausbreiten. Wo Niederschläge fallen, sind sie im Winter zu erwarten. Nur der Jemen erhält randtropische Sommerregen. Der größte Teil der Arabischen Halbinsel besteht jedoch aus Wüste und Wüstensteppe.

Im äußersten Südwesten und Osten erheben sich im Jemen (3760 m) und in Oman (2980 m) höhere, regenreiche Gebirge. Der gebirgige Streifen entlang dem Roten Meer vom Jemen bis Hedjas (Al-Hijaz) war seit alters das wirtschaftlich-kulturelle Zentrum mit dem legendären Reich der Königin von Saba im Jemen und dem Ursprungsgebiet des Islam im Hedjas mit Mekka und Medina als Glaubenszentren. Die Araber verbreiteten ab dem 7. Jahrhundert mit dem Koran auch ihre Sprache nach Nordafrika, Süd- und Südosteuropa sowie Zentral- und Südostasien. Ein arabisches Weltreich entstand; seine politischen und kulturellen Zentren lagen jedoch außerhalb der Arabischen Halbinsel, wo die alte Nomadenkultur der arabischen Stämme bis ins 20. Jahrhundert hinein bestimmend blieb. Im Spannungsfeld der Kolonial- und Rohstoffinteressen der europäischen Großmächte entstand in den 1920er Jahren Saudi-Arabien, der größte und bedeutendste Staat auf der Halbinsel.

### Erdöl – der politische Rohstoff

In der zweiten Hälfte des 20. Jahrhunderts hat sich das Zentrum an den östlichen Rand verlagert. Dort zieht sich eine langgestreckte Senkungszone vom nördlichen Irak durch den Persischen Golf bis zum Indischen Ozean hin. An und in dieser ausgedehnten Mulde finden sich die bedeutendsten Erdöllagerstätten der Erde. Von den entdeckten Weltvorräten lagern etwa zwei Drittel im Gebiet um den Golf. Die heute bekannten Welt-Erdölvorräte reichen bei gleichbleibender Förderung im Durchschnitt noch 40 Jahre, im Nahen Osten sogar 95 Jahre. Die Ergiebigkeit der Fördersonden ist durch den hohen natürlichen Lagerstättendruck, der Pumpen und andere Förderhilfen entbehrlich macht, sehr hoch. Ein großer Teil der Förderung findet »Off-shore«, d. h. unter dem Meeresboden, statt. Da die Länder der Golfregion den größten Teil ihrer Förderung exportieren, beherrschen sie weitgehend den Weltmarkt und die 1960 gegründete Organisation erdölexportierender Länder (OPEC). Im Jom-

**Das Satellitenphoto** zeigt die Arabische Halbinsel *(oben)*. Ein großer Teil der Region wird von unwirtlichen Wüsten eingenommen. Im Gebiet am Persischen Golf befinden sich die bedeutendsten Erdöllagerstätten der Erde.

**Wie gewaltige Ozeanwellen** erscheinen dem Betrachter diese Sanddünen *(rechts)* in dem großen »Sandmeer« Saudi-Arabiens. Zwei Sandstränge verbinden die Wüsten Rub al Khali im Süden und An Nafud im Norden der Arabischen Halbinsel.

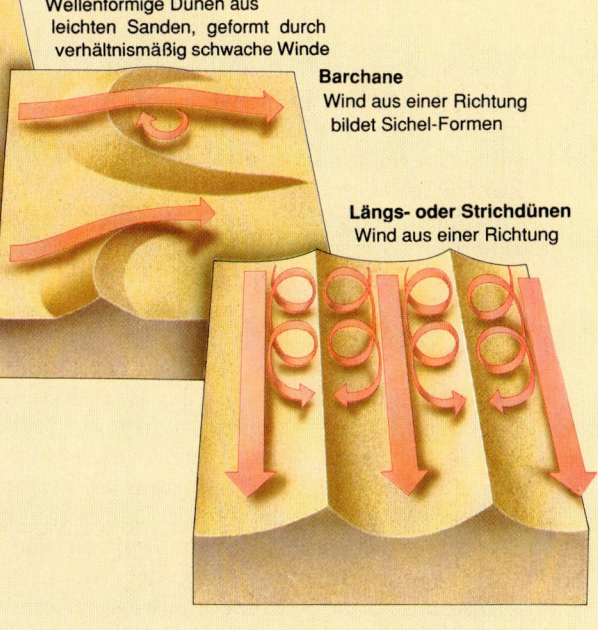

**Stern-Dünen**
Entstehen in Gebieten mit wechselnden Windbedingungen

**Quer- und Walldünen**
Wellenförmige Dünen aus leichten Sanden, geformt durch verhältnismäßig schwache Winde

**Barchane**
Wind aus einer Richtung bildet Sichel-Formen

**Längs- oder Strichdünen**
Wind aus einer Richtung

**Die Dünen Arabiens** *(oben)* lassen vier Haupttypen erkennen. Strichdünen (Längsdünen) bestehen aus unzähligen Einzeldünen, die zu einer langen Kette mit durchlaufendem, scharfen Grat zusammengewachsen sind. Andere Dünenformen sind Barchane (Sicheldünen), Quer- und Sterndünen, die bei wechselnden Windrichtungen entstehen. Einige Dünen erreichen Höhen von 200 m. Sanddünen nehmen zwar nur einen kleinen Teil der Arabischen Halbinsel ein, bilden aber ein großes Hindernis für Verkehr und Kommunikation.

Kippur-Krieg 1973 entdeckten die Ölproduzenten das Öl als politische Waffe, indem sie zeitweilig einen Boykott gegen westliche Länder verhängten. Die Drohung löste zwar mehr Panik als echte Wirkung aus, doch sicherte der mehrfach angehobene Ölpreis den Produzenten einen größeren wirtschaftlichen und politischen Einfluß in der Welt.

Unter dem Eindruck des Golfkriegs (1980–1988) gründeten Saudi-Arabien, Bahrain, Katar, Kuwait, Oman und die Vereinigten Arabischen Emirate am 14. 2. 1981 den »Gulf Cooperation Council« (GCC). Er führte zur Beseitigung von Handelshemmnissen und zur Schaffung einer Freihandelszone.

Die Ölpreisentwicklung, die das OPEC-Kartell zu steuern versucht, hat immer Auswirkungen auf die Weltkonjunktur und ist auch heute in hohem Maße von den politischen Entwicklungen abhängig. In den Boomjahren haben die Golfstaaten nicht nur kräftig in die Industrie, sondern auch in die Infrastruktur investiert, vor allem in den Bau von Flughäfen und die Entwicklung eines Straßennetzes, in die Wasserversorgung, z.B. durch Meerwasserentsalzung, in soziale und Bildungseinrichtungen, aber auch in die Entwicklungshilfe. Sie versuchen, diesen Standard zu halten und ihre einseitig auf die Ölförderung ausgerichtete Wirtschaftsstruktur etwa durch die Schaffung von großen Freihandels- und Finanzzentren zu ändern.

**Gebirge und Ebenen** *(links oben)* wie diese im Gebiet des Jabal Al Akhdar kennzeichnen das Innere der Arabischen Halbinsel. Landwirtschaft ist nur in einigen Gebieten im Süden möglich, z. B. im Bergland von Asir oder in verstreuten Oasen.

**Der südliche Jemen** *(links)* mit seinen von Wadis zerschnittenen Tälern war einst ein reiches Ackerbaugebiet. Im Wadi Hadramaut ist die alte Agrarkultur noch lebendig, ebenso wie die Erinnerung an die große Zeit als Handelszentrum.

# ARGENTINIEN

Argentinien gehört zu jenen Ländern dieser Erde, die einen in ihren Bann ziehen, hat man sie einmal betreten. Ein Land, das einen überwältigt durch seine unermeßliche Weite, durch die vielfältigen und kontrastreichen Landschaften und durch die Fülle einzigartiger Naturschönheiten, die von den Wasserfällen im tropischen Norden bis zu den Gletschern in antarktischer Kälte reichen. Ein Land, das dazu herausfordert, kennengelernt zu werden.

Argentinien ist nach Brasilien das größte Land Lateinamerikas. Hinzu kommen ein Teil der Antarktis, die Südantillen sowie die Islas Malvinas (Falklandinseln), die der Staat als nationale Territorien für sich beansprucht, obwohl Argentinien 1982 den Krieg um die Inseln gegen Großbritannien verlor.

Argentinien hat die Gestalt eines langgezogenen Dreiecks, das im Norden an Bolivien und Paraguay stößt. Im Nordosten bildet der Río Uruguay den größten Teil der Grenze zu Brasilien und Uruguay, im Osten hingegen liegt die endlos erscheinende Atlantikküste und im Westen die massive, imposante Kordillere der Anden – jene ganz Lateinamerika durchziehende Bergkette, die Argentinien von Chile trennt und deren höchster Gipfel – der Aconcagua – in der argentinischen Provinz Mendoza liegt. Der Süden des Landes wird von der großen Kälte am »Ende der Welt« bestimmt.

Hier, am entlegensten Punkt des Landes, wird das spanische Wort SUR, der Süden, zum Synonym eines argentinischen Lebensgefühls tiefer Melancholie, genährt von der Sehnsucht nach absoluter Stille, Klarsicht und Wahrheit. Eine Sehnsucht, Traum und Alptraum zugleich, die in Argentiniens zeitgenössischer Literatur, in den großen Werken von Jorge Luis Borges (1899–1986) oder Ernesto Sábato (* 1911), ebenso ihren Ausdruck findet wie in der ursprünglichen Form des Tangos – dem traurigen Gedanken, den man tanzen kann.

Kaum weniger präsent im kollektiven Bewußtsein ist der Mythos von der Freiheit der Gauchos. Ihn spiegeln eine Reihe großer Epen kritisch wider, unter denen «El gaucho Martín Fierro» von José Hernández (1834–1886) das außerhalb Lateinamerikas bekannteste ist. Es gibt gewisse Parallelen zum nordamerikanischen Mythos des Cowboys und des »Wilden Westens«. Zwar käme wohl niemand auf die Idee, die Western für amerikanische Realität zu halten; seltsamerweise ist jedoch der sogenannte Pampa-Staat mit den Gauchos in ihren malerischen Festtagstrachten und den riesigen Rinderherden eines der zähesten Klischees, das an Argentinien haften geblieben ist. Dabei gibt es auch in Argentinien die für südamerikanische Länder typische Vorherrschaft der Stadt über das Land. Nahezu vier Fünftel der Bevölkerung lebt in Städten, zum Großteil in der Hauptstadt Buenos Aires – Weltmetropole und Zentrum des politischen, wirtschaftlichen und kulturellen Lebens von Argentinien.

# ARGENTINIEN

# ARGENTINIEN: DER STAAT

Argentinien, das vor gut einem halben Jahrhundert noch zu den fortgeschrittensten und reichsten Ländern der Erde gehörte, lebte seit dem Ende der jüngsten Militärdiktatur (1976–1983) unter dem Trauma einer sich rasant verschärfenden wirtschaftlichen und sozialen Krise. Ihre Tiefe spiegelte sich in den ersten großen Massenunruhen des Jahres 1989 und in einer Inflation wider, die Ende 1989 schwindelerregende 5000 % erreichte. Diese das Alltagsleben in unvorstellbarer Weise beherrschenden Entwicklungen ließen fast vergessen, daß die »República Argentina« nicht mehr unter Militärherrschaft stand – und das ist in der Geschichte Argentiniens eine Ausnahme.

Es ist nicht die Regel, daß aufgrund demokratischer Wahlen Volksvertreter, wie jetzt bereits seit 1983, in den zwei Kammern des Nationalkongresses von Buenos Aires das Hausrecht haben und daß die 22 Provinzen, die innerhalb der föderativen Staatsstruktur autonom sind, von gewählten Gouverneuren, Senatoren sowie Abgeordneten regiert bzw. repräsentiert werden. Seit der Unabhängigkeitserklärung 1810 gab es nur wenige zivile Regierungschefs, die nicht durch einen Militärputsch gestürzt worden sind. Die argentinische Nationalhymne, die mit den Worten beginnt: »Hört Sterbliche, den heiligen Schrei: Freiheit...«, ist oft genug ein Widerstandslied gewesen. So war es auch unter dem letzten Militärregime, das eines der schrecklichsten war.

### Rückkehr zur Demokratie

Nach 61 Jahren war Raúl Alfonsín (* 1927) der erste gewählte Staatspräsident, der in der Casa Rosada, dem Regierungssitz, am 8. Juli 1989 die Amtsgeschäfte einem gewählten Nachfolger übergeben konnte. Alfonsín gehört zum linken Flügel der traditionsreichen, im vorigen Jahrhundert begründeten »Unión Cívica Radical« (Radikale Bürgerunion). Der ihm nachfolgende Carlos Saúl Menem (* 1935) ist Peronist; Führungsmitglied der 1945 von General Juan Domingo Perón (1895–1974) ins Leben gerufenen Gerechtigkeitspartei (»Partido Justicialista«). Als Politiker war Menem in dreifacher Hinsicht eine Ausnahmeerscheinung: durch seine syrische, sunnitische Abstammung, seine politische Karriere, die er nicht in Buenos Aires machte, und durch seine Haft als politischer Gefangener. Nach einem Jurastudium an der berühmten Universität von Córdoba wurde ihm nach dem Sturz Peróns 1955 jegliche politische Tätigkeit verboten. In dieser Zeit vertrat er verfolgte Parteigenossen als Rechtsanwalt. In der Ära des »peronistischen Frühlings« 1973 wählte ihn eine überwältigende Mehrheit seiner Heimatprovinz, La Rioja, zum Gouverneur; wie auch 1983, nach fünf Jahren Gefängnis und schwerer Folterungen unter der Diktatur.

Als Präsidentschaftskandidat führte er einen demagogisch messianischen, auch innerhalb der eigenen Partei umstrittenen Wahlkampf. In seiner Rede an die Nation anläßlich der Amtseinführung beschwor Menem die nationale Versöhnung.

### Versöhnung mit dem Militär

Allerdings widerrief Menem bereits mit dieser Ansprache wesentliche Zusagen, die ihm zum Wahlsieg verholfen hatten. Neben der ultraliberalen wirtschaftlichen »Schocktherapie«, die zunächst kaum positive Resultate hervorbrachte, traf seine »Versöhnungspolitik« auf breitesten Widerstand.

## Daten und Fakten

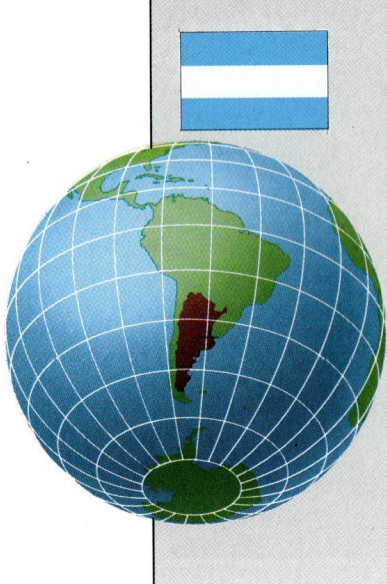

**DAS LAND**
**Offizieller Name:** Argentinische Republik
**Hauptstadt:** Buenos Aires
**Fläche:** 2 780 400 km²
**Landesnatur:** Im W verläuft von N nach S das Hochgebirge der Anden, im NO das zentrale Tiefland (mit Pampa, Gran Chaco und Zwischenstromland) und im SO das Tafel- u. Mittelgebirgsland Patagoniens
**Klima:** Im N subtropisches, warm-gemäßigtes Klima, im S kühlgemäßigtes Klima
**Hauptflüsse:** Paraná, Uruguay, Río Negro, Salado, Colorado
**Höchster Punkt:** Aconcagua 6960 m
**Tiefster Punkt:** Valdés-Halbinsel – 40 m

**DER STAAT**
**Regierungsform:** Präsidiale Republik
**Staatsoberhaupt:** Staatspräsident
**Regierungschef:** Ministerpräsident
**Verwaltung:** 22 Provinzen, Bundesdistrikt Buenos Aires, Nationalterritorium Feuerland
**Parlament:** Zweikammerparlament mit Senat (72 Mitglieder) und Abgeordnetenhaus (257 Abgeordnete)
**Nationalfeiertag:** 25. Mai

**DIE MENSCHEN**
**Einwohner:** 36 577 000 (1999)
**Bevölkerungsdichte:** 13 Ew./km²
**Stadtbevölkerung:** 89 %
**Bevölkerung unter 15 Jahren:** 28 %
**Analphabetenquote:** 3 %
**Sprache:** Spanisch
**Religion:** Katholiken 92 %

**DIE WIRTSCHAFT**
**Währung:** Argentinischer Peso
**Bruttosozialprodukt (BSP):** 324 084 Mio. US-$ (1998)
**BSP je Einwohner:** 8970 US-$

Tiefe Erbitterung rief seine »Versöhnung mit dem Militär« hervor: Die Amnestie, mit der er im Oktober 1989 neben ranghohen Offizieren, die wegen Verbrechen gegen die Menschlichkeit verurteilt waren, auch die Anführer der militärischen Putschversuche gegen seinen Amtsvorgänger begnadigte, wurde von vielen seiner Landsleute nicht verstanden. Diese Amnestie wurde jedoch in ultrakonservativen Militär-, Kirchen- und Wirtschaftskreisen als staatsmännischer Akt und als eine Geste des persönlichen Großmutes gewürdigt und war aus gewisser Sicht die Fortsetzung einer bereits unter dem von mehreren Staatsstreich- und Attentatsversuchen zermürbten Staatspräsidenten Alfonsín begonnenen Politik.

**Soldaten in Paradeuniformen** (oben) halten Wache vor der Residenz des Präsidenten in Buenos Aires.

**Argentinien** (rechts) steht hinsichtlich Größe und Bevölkerung hinter Brasilien an zweiter Stelle in Südamerika. Die Bevölkerungsverteilung ist sehr ungleich. Über zwei Drittel der Einwohner leben in Zentralargentinien, Patagonien und Feuerland sind nahezu menschenleer.

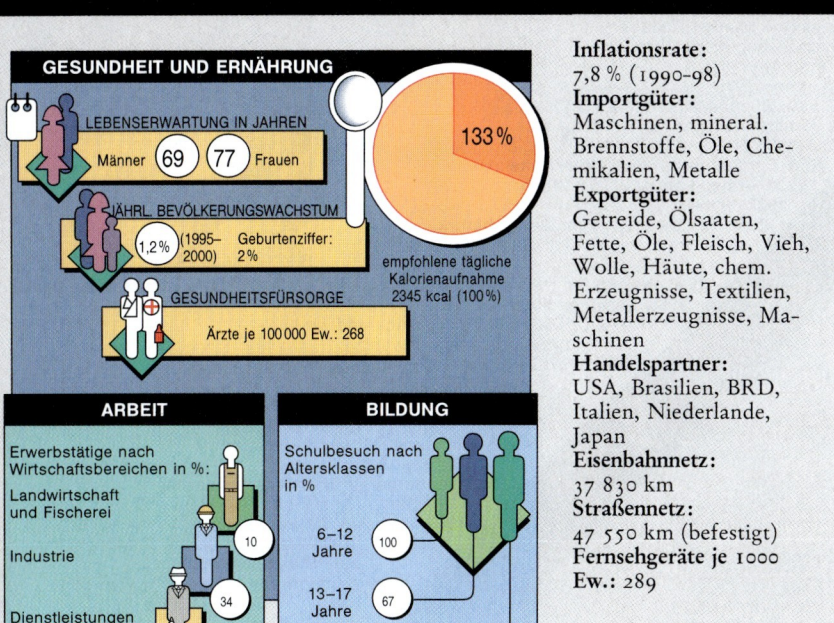

**Inflationsrate:** 7,8 % (1990–98)
**Importgüter:** Maschinen, mineral. Brennstoffe, Öle, Chemikalien, Metalle
**Exportgüter:** Getreide, Ölsaaten, Fette, Öle, Fleisch, Vieh, Wolle, Häute, chem. Erzeugnisse, Textilien, Metallerzeugnisse, Maschinen
**Handelspartner:** USA, Brasilien, BRD, Italien, Niederlande, Japan
**Eisenbahnnetz:** 37 830 km
**Straßennetz:** 47 550 km (befestigt)
**Fernsehgeräte je 1000 Ew.:** 289

Hunderttausende folgten jedoch den Demonstrationsaufrufen der acht großen Menschenrechtsbewegungen, unter ihnen die weltweit ob ihres Mutes bewunderten »Mütter der Plaza de Mayo«, die Gruppe »Gerechtigkeit und Frieden« des 1980 mit dem Friedensnobelpreis ausgezeichneten Bürgerrechtlers Adolfo Péres Esquivel und jene Kommission, die ab 1983 unter Leitung des Schriftstellers Ernesto Sábato das Schicksal von über 30 000 Menschen untersuchte, die unter der Diktatur spurlos verschwunden sind.

Im Verlauf der 90er Jahr normalisierte sich die innenpolitische Lage allmählich. Dank eines ansehnlichen Wirtschaftswachstums und einer erheblich gesunkenen Inflationsrate wurde Carlos Menem 1995 erneut zum Präsidenten gewählt. Nach zehnjähriger Amtszeit legte Menem im Dezember 1999 verfassungsgemäß sein Amt nieder. Zu seinem Nachfolger wurde der Kandidat des Wahlbündnisses »Alianza«, Fernando de la Rúa, gewählt.

# ARGENTINIEN: GESCHICHTE

Die frühesten Nachrichten über Argentinien stammen aus dem Jahre 1515, als der Spanier Juan Díaz de Solís die Mündung des Río de la Plata erreichte. Der vermutete Silberreichtum gab dem Land seinen Namen. Von der Küste aus eroberten die Spanier gegen den Widerstand der hier lebenden Indianer allmählich das Hinterland. Seit Anfang des 17. Jahrhunderts gehörte das heutige Gebiet Argentiniens zum Vizekönigreich Peru und wurde 1776 mit den anderen Gebieten am Río de la Plata zu einem eigenen Vizekönigtum zusammengefaßt.

**Unabhängigkeit und Machtkämpfe**
Als Spanien 1808 von Napoleon besetzt wurde, erhob sich die kreolische Bevölkerung von Buenos Aires gegen die spanischen Kolonialherren. Aus der Reihe großer Freiheitshelden jener Epoche ragt General José de San Martín (1778–1850) hervor. Er war der Überzeugung, daß Lateinamerika nur als Konföderation von Bruderstaaten künftig wirklich frei sein könne. Gemeinsam mit General O'Higgins, dem Befreier Chiles, schlug er die Spanier. 1816 wurden die unabhängigen »Vereinigten Provinzen des Río de la Plata« errichtet. Damit begannen die Machtkämpfe zwischen den Unitariern, die das Land unter die Zentralgewalt von Buenos Aires zwingen wollten, und den Föderalisten, die für die Autonomie der Provinzen eintraten. Paraguay schied aus dem Staatenbund aus, und Uruguay erreichte 1828 die Unabhängigkeit. Die verbliebenen La-Plata-Gebiete bildeten eine Konföderation, doch hielten die kriegerischen Auseinandersetzungen mit den Nachbarstaaten wie der Bürgerkrieg im Lande an.

Aus dieser Zeit stammt auch jene verhängnisvolle Schwarz-Weiß-Ideologie (Schwarz = Barbarei, Weiß = Zivilisation), die seither unter wechselnden Begriffen immer wieder als Freibrief und Deckmantel gedient hat, um bestimmte Gruppen zu verfolgen und zu töten. Einer der geistigen Urheber, Domingo Faustino Sarmiento (1811–1888), vielzitierter Autor, zwischen 1868 und 1874 Staatspräsident und Begründer des argentinischen Schul- und Bildungssystems, war wie kein anderer Repräsentant des »weißen« Argentinien. Sein Werk ist voll schrecklicher Haßausbrüche gegen das angeblich minderwertige Volk der Farbigen, insbesondere gegen die Gauchos. Die Pogrome gegen die Indiovölker und die ersten Einwanderungswellen aus Europa hatten das Ziel, das damalige argentinische Volk durch »zivilisierte Weiße« zu ersetzen.

Der 1880 gewählte General Roca beendete den Konflikt zwischen Unitariern und Föderalisten und wandelte Argentinien in einen Einheitsstaat um. Die wirtschaftliche Entwicklung wurde vorangetrieben, und es bildete sich eine reiche Schicht von Großgrundbesitzern und Kaufleuten aus.

**Viele Argentinier** (rechts oben) unterstützten 1946 Juan Peróns Bewerbung um das Präsidentenamt. Während seiner Amtszeit konnte er sich auf die Arbeiterklasse und die mächtigen Gewerkschaften stützen.

- **ca. 9000 v. Chr.** Indianerstämme erreichen Südargentinien
- **1480 n. Chr.** Inka erobern den Nordwesten
- **1515** Erste spanische Expedition, angeführt von Juan Díaz de Solís
- **1536** Erste spanische Siedlung errichtet
- **1580** Buenos Aires gegründet
- **1776** Vizekönigreich La Plata geschaffen
- **1806** Erste britische Invasion
- **1807** Zweite britische Invasion
- **1810** Buenos Aires bildet eine autonome Regierung
- **1816** Vereinigte Provinzen des Río de la Plata erklären Unabhängigkeit
- **1829–1852** Diktatur von Manuel Rosas
- **1853** Bundesverfassung eingeführt
- **1860** Der Name Argentinien wird angenommen
- **1862** Beitritt Buenos Aires' zu Argentinien
- **1881** Patagonien wird Teil Argentiniens
- **1916–1930** Radikale Bürgerunion regiert
- **1929** Beginn der großen Wirtschaftskrise
- **1930** Armee kommt an die Macht
- **1937** Wahlen
- **1943** Armee übernimmt die Regierung
- **1945** Argentinien beteiligt sich am Zweiten Weltkrieg
- **1946** Perón zum Präsidenten gewählt
- **1955** Perón gestürzt
- **1973** Perón kehrt aus Exil zurück und wird zum Präsidenten gewählt
- **1974** Tod von Perón, Nachfolgerin wird seine Frau Isabel
- **1976** Armee stürzt Isabel Perón
- **1977–1983** Periode der Militärherrschaft
- **1982** Falklandkonflikt; Großbritannien besiegt Argentinien
- **1983** Wiederherstellung der Demokratie, Raúl Alfonsín wird Präsident
- **1989** Wahlsieg der Peronisten
- **1989** bzw. **1995** Wahl von Carlos S. Menem zum Staatspräsidenten
- **1999** Fernando de la Rúa wird Präsident

1 José de San Martín (1778–1850)

2 Juan Perón (1895–1974)
3 Jorge Luis Borges (1899–1986)

**Anhänger Carlos Saúl Menems** (oben) feiern mit südamerikanischem Temperament seinen Sieg bei den Präsidentschaftswahlen von 1989. Nach einer Periode der Militärdiktatur herrschen in Argentinien seit 1983 wieder demokratische Verhältnisse.

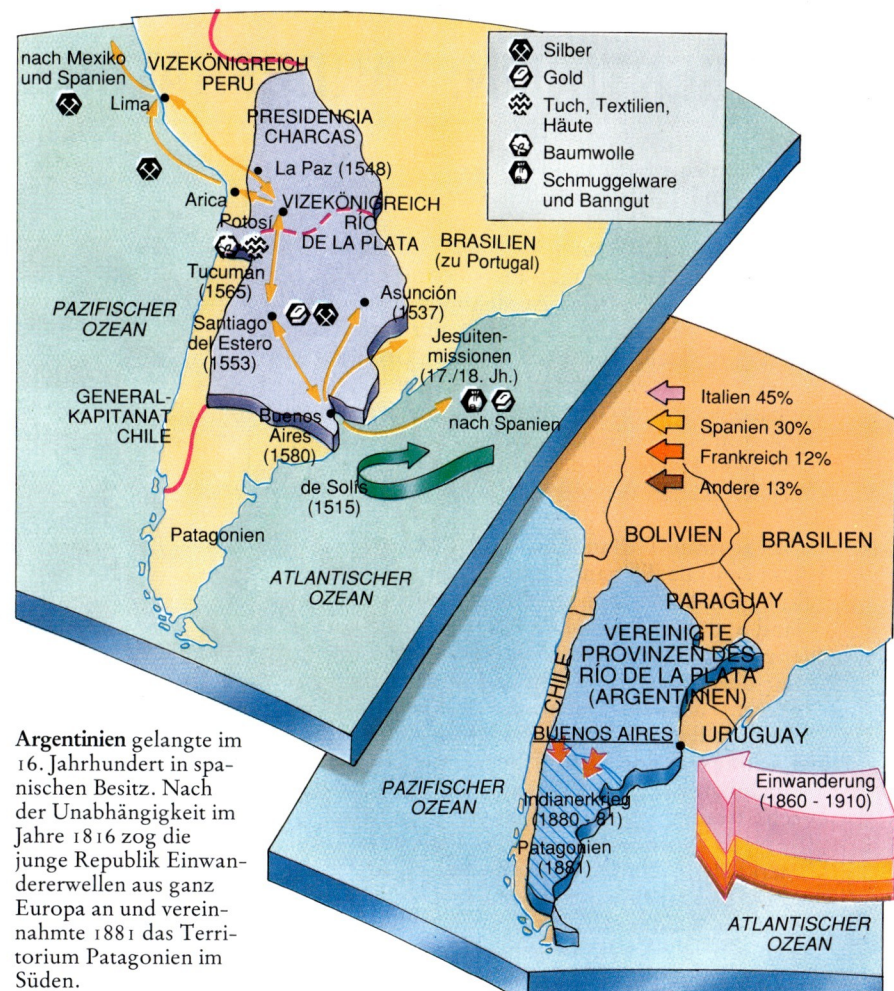

**Argentinien** gelangte im 16. Jahrhundert in spanischen Besitz. Nach der Unabhängigkeit im Jahre 1816 zog die junge Republik Einwandererwellen aus ganz Europa an und vereinnahmte 1881 das Territorium Patagonien im Süden.

### Juan Domingo Perón

Nach häufigen Regierungswechseln putschten 1943 einige sozialrevolutionäre Generäle, unter ihnen Juan Domingo Perón (1895–1974), der Arbeitsminister der rechtsextremen Militärregierung wurde. 1946 erstmals zum Staatspräsidenten gewählt, bleibt die Einschätzung seiner Person sowie seiner beiden Amtsperioden (1946–1955, 1973–1974) in Argentinien extrem kontrovers und zwiespältig. Perón gründete die Gerechtigkeitspartei (Partido Justicialista) und suchte einen dritten Weg zwischen Kapitalismus und Kommunismus, um Argentiniens wirtschaftliche Unabhängigkeit zu erreichen und dem Land eine Führungsrolle in Südamerika zu verschaffen. Er suchte den Ausgleich zwischen den sozialen Schichten und schuf die hierarchischen Strukturen der Gewerkschaften, die zur stärksten Stütze seines Regimes wurden. Seine vom italienischen Faschismus beeinflußte Ideologie und Herrschaftspraxis war autoritär, antiparlamentarisch, nationalistisch und populistisch. Perón wäre wohl kaum zu dieser mythischen Gestalt geworden ohne seine zweite Ehefrau Eva (»Evita«) Duarte (1919–1952), einer einflußreichen, schönen Frau, die als sein soziales Gewissen gilt. Sie wird noch heute von der Masse der Armen leidenschaftlich verehrt. Nach ihrem Tod wandelte sich Perón vom Diktator zum Despoten und wurde 1955 vom Militär mit Unterstützung der Kirche gestürzt.

Schnell wechselnde Militär- und Zivilregierungen bemühten sich vergeblich, der keineswegs nachlassenden Popularität Peróns entgegenzuwirken. Nach Wiederzulassung der Parteien gewannen die Peronisten 1973 die Wahl. Perón kehrte aus 18jährigem Exil nach Argentinien zurück und wurde erneut zum Staatspräsidenten gewählt. Doch weder er noch seine Frau Isabel Perón (* 1931), die nach seinem Tod die Präsidentschaft übernahm, konnten an vergangene Zeiten anknüpfen. Der blutige Bruderkrieg, den die Peronisten des rechten gegen die des demokratischen und linken Flügels entfesselten, nahm mörderische Ausmaße an und eskalierte, als die Militärjunta unter Führung Jorge Rafael Videlas (* 1925) Isabel Perón 1976 stürzte und ihren blutigen »Schmutzigen Krieg« gegen das eigene Volk begann. Die Niederlage im Krieg um die Malvinas/Falklandinseln gegen Großbritannien zwang sie dann 1982 zum Kurswechsel.

Raúl Alfonsín (* 1926), ein Mann mit klaren ethischen und demokratischen Zielen, gewann 1983 die Präsidentschaftswahlen und setzte – erstmals in Lateinamerika – durch, daß sich die Führer des »Schmutzigen Krieges« wegen Verbrechens gegen die Menschlichkeit vor Gericht verantworten mußten. Doch bereits 1986 verabschiedete das Parlament ein Gesetz, mit dem ein Schlußstrich unter die Strafverfolgungen gezogen wurde.

# ARGENTINIEN: LANDESNATUR

Argentinien ist ein Land von extremen klimatischen und landschaftlichen Gegensätzen. Ein Land zwischen Meer und Hochgebirge, das sich in Nord-Süd-Richtung von den Tropen bis in die Regionen des ewigen Eises erstreckt.

Dieses mit einer Ausdehnung von fast 2 800 000 km² achtgrößte Land der Erde läßt sich in drei deutlich unterscheidbare Großräume gliedern: das zentrale Tiefland mit Pampa, Gran Chaco und Zwischenstromland, das Tafelland Patagoniens sowie das Hochgebirge der Anden mit dem Hochland der Puna und den angrenzenden Ketten der Sierren.

### Das zentrale Tiefland

Das zentrale Tiefland liegt in einer breiten Senkungszone zwischen dem Brasilianischen Bergland und den Anden. Das vom Paraguay-Paraná entwässerte Becken gleicht einer einförmigen, nur durch flache Mulden und Bodenwellen gegliederten, endlos erscheinenden Ebene, die sich vom Andenrand nach Südosten senkt. Den Kernraum bildet die Pampa, die mit ihren fruchtbaren Steppenböden der Hauptwirtschaftsraum Argentiniens ist.

Nach Nordosten geht die Pampa fast unmerklich in die weite Ebene des Gran Chaco über. Die fruchtbaren Böden sind zum großen Teil mit Wald bestanden, dazwischen erstrecken sich offene Flächen sowie mit einzelnen Bäumen durchsetztes Grasland. Nach Westen verwandelt sich der Wald allmählich in Dornbuschvegetation.

Die dritte Großlandschaft des Tieflands bildet das »Zwischenstromland« der Flüsse Paraná und Uruguay. Dieses flachwellige Hügelland, das im Süden und Norden von Sümpfen durchzogen ist, wurde einst durch den Wechsel lichter parkartiger Wälder und kleinerer Grasfluren mit vereinzelten Baumgruppen bestimmt, doch weist das Gebiet heute nur noch schüttere Wälder auf. Nach Nordosten schließt sich das bewaldete Bergland von Misiones an, mit dem Argentinien einen geringen Anteil am Brasilianischen Bergland hat. Hier liegen im Regenwald eingebettet die Cataratas del Iguazú, in Katarakten herabstürzende Wassermassen mit imposanten Gischtschleiern, die Regenbogen um Regenbogen aufschimmern lassen. Ihr Donnern ist schon von weither zu hören und übertönt alles: Zikaden und Frösche, das Kreischen der Papageienschwärme und der Affenfamilien. Diese Waldgebiete, Argentiniens Reichtum an Nutz- und Edelhölzern, sind ebenso von der Vernichtung bedroht wie die Amazoniens. Zahlreiche einzigartige Tierarten, darunter der schwarze Jaguar und die Anakonda, die Königin unter den Riesenschlangen, sind so gut wie ausgerottet.

### Das Patagonische Tafelland

Im Süden geht die Pampa allmählich in das Patagonische Tafelland über. Bestimmendes Formelement werden nun zerschnittene Tafeln

**Eine schroffe Eiswand** *(oben)* schimmert im Sonnenlicht: Perito Moreno, ein Gletscher am Lago Argentino im Los Glaciares Nationalpark. Diese herrliche Seen- und Berglandschaft liegt in den südargentinischen Anden an der Grenze zu Chile.

**Eine karge, eintönige Landschaft,** wie hier entlang des Chubut *(rechts)*, ist typisch für den westlichen Teil Patagoniens. Diese dünn besiedelte südliche Region nimmt mehr als ein Viertel der argentinischen Landesfläche ein.

**Ebenes Grasland** *(unten)* erstreckt sich im Norden Argentiniens von Horizont zu Horizont. Diese bedeutende Agrarlandschaft ist auch als »Entre Rios« (Zwischenstromland) bekannt, da sie zwischen den Flüssen Paraná und Uruguay liegt.

**Argentinien** *(rechts)* gliedert sich in drei Großräume: Das zentrale Tiefland im Nord-Osten umfaßt Pampa, Gran Chaco und das Zwischenstromland, im Süden liegt das Patagonische Tafelland, und im Westen erstrecken sich die Anden.

mit vereinzelten Zeugenbergen und cañonartigen Tälern. Das Tafelland, das sich in Feuerland fortsetzt, senkt sich in gewaltigen Stufen vom Andenrand zum Atlantischen Ozean herab. Durch die großen Flüsse mit ihren steilen, gestuften Tälern werden die Schichten in eine Vielzahl von Tafelblöcken zerlegt. Aufgrund der Trockenheit, der beständig wehenden Winde und der kargen Gras- und Strauchvegetation ist Patagonien weithin ein menschenleeres Land.

Der Fauna der Pampa und Patagoniens wurde auf der Valdés-Halbinsel ein Refugium geschaffen. Dort leben Guanakos, Pampa-Hasen, Nandus (argentinische Strauße), dort liegen die schönen Strände der Atlantikküste, dort befinden sich Nist- und Brutplätze für Hunderttausende von Flamingos, Schwänen, Enten und Möwen, dort sind auch Reservate für Pinguine, Robben und für die wohl größten See-Elefanten- und Seelöwen-Kolonien der Welt.

### Das Anden-Hochland

Den äußersten Westen Argentiniens nimmt das Hochland der Anden ein. Den nördlichsten Teil des jungen Gebirges bildet das abflußlose, wüstenhafte Hochland der Puna, eingerahmt von 5000–6000 m hohen Gebirgszügen. Horste – durch Bruchtektonik herausgehobene Einzelschollen der Erdrinde – gliedern das Hochland in einzelne 3600–4200 m hoch liegende Wannen, die häufig mit einer glitzernden Salzkruste überzogen und an den tiefsten Stellen noch von Salzsumpf erfüllt sind. Besonders im Westen ragen mächtige Vulkankegel empor, darunter auch der Ojos del Salado, mit 6880 m der höchste erloschene Vulkan der Erde. Den Abschluß nach Osten bilden die in viele einzelne Bergketten zerlegten sogenannten Subandinen Sierren. Südlich der Puna streicht die Hauptkordillere in zwei großen Zügen nach Süden. Hier erhebt sich der Aconcagua, mit 6960 m der höchste Berg des amerikanischen Doppelkontinents. Einen der schönsten Ausblicke auf diesen Riesen hat man vom rund 30 km entfernten Puente del Inca (Brücke des Inka), einer durch Erosion an den Hängen des Río de las Cuevas entstandenen Naturbrücke.

Ein Grabenbruch trennt die Vorder- von der Hauptkordillere, der die Pampinen Sierren vorgelagert sind. Die anschließende Südkordillere (Cordillera Patagonia) erhält ihr besonderes Gepräge durch die starke eiszeitliche Überformung. Beispiele dafür sind die zahlreichen Täler in Trogform und die zahlreichen waldgesäumten Gletscherseen, wie der Lago Nahuel Huapí, auf dessen Halbinsel der Arrayanes-Wald, der größte Myrtenwald der Erde wächst. Ein Naturschauspiel ganz besonderer Art ist der weiter südlich am Lago Argentino gelegene Moreno-Gletscher.

# ARGENTINIEN: DIE MENSCHEN

Argentinien gilt neben Uruguay als »weißestes« Land Südamerikas. Etwa 94 % der heutigen Bevölkerung sind Nachfahren der Konquistadoren sowie späterer Einwandererströme aus allen europäischen Staaten, hauptsächlich jedoch aus Spanien und Italien.

Noch zu Beginn des 19. Jahrhunderts lebten in Argentinien – vorwiegend in den inneren Landesteilen und der nordwestlichen Provinz – nur rund 500 000 Menschen, zumeist Spanier, Indianer und Mestizen. Doch mit dieser geringen Bevölkerungszahl war ein Land mit den gewaltigen Ausmaßen, wie Argentinien sie besitzt, nicht zu erschließen. Deshalb wurden schon bald nach der Staatsgründung Einwanderungsgesetze erlassen, die seit 1860, in Folge der politischen und wirtschaftlichen Entwicklungen in Europa, Argentinien zu einem beliebten Einwanderungsland werden ließen. Es war aber auch eine Epoche, in der die »Weißen« gegen die »Barbaren« (Indios und Mestizen) offene Kriege führten. In den Nordprovinzen hat eine winzige Minderheit von heute schätzungsweise 30 000 Ureinwohnern die Vernichtung überlebt. Die kämpferischen Indio-Völker der Pampa, Patagoniens und Feuerlands, an die neben vielen Ortsnamen nur noch die Museen erinnern, fielen Mitte des vorigen Jahrhunderts einem letzten Ausrottungsfeldzug zum Opfer.

Der hohe Anteil europäisch-mediterraner Völker sowie die spanische Mission der Kolonialzeit haben dazu geführt, daß heute über 90 % der Bevölkerung der römisch-katholischen Kirche angehören. Die aus der Kolonialzeit übernommene Gesellschaftsstruktur läßt immer wieder starke soziale Spannungen entstehen. Obwohl Argentinien einst den Ruf besaß, ein Land des schnellen Aufstiegs und Reichtums zu sein, sind die Gegensätze zwischen reich und arm immer deutlich spürbare Realität gewesen, kaum weniger auf dem Lande als in den Städten. Einer kleinen Schicht von reichen Großgrundbesitzern steht auf dem Lande die Masse der Kleinbauern, Pächter und Landarbeiter gegenüber. In der Stadt gibt es neben einer dünnen Ober- und Mittelschicht eine wachsende Arbeiterklasse. In den Städten, wo heute rund 80 % der Bevölkerung leben, hat es schon immer Armenviertel gegeben. Doch nur wenige Argentinier konnten sich vorstellen, daß die Zahl der «villas miserias», der nach dem Sturz Peróns 1955 entstandenen großstädtischen Elendssiedlungen, solche Ausmaße annehmen würde und daß die dort bereits in den 70er Jahren in Nachbarschaftshilfe organisierten »ollas populares« (Volksküchen) heute nicht einmal mehr für die dort lebenden Kinder ausreichen. Die Zahl der Menschen, die an der Grenze des Existenzminimums lebt, ist in erschreckendem Maße gestiegen. Seit dem Jahr 1989 werden für die Ärmsten unter ihnen kostenlose Lebensmittel ausgeteilt, um neuen Hungeraufständen vorzubeugen.

## Die Städte

Auf Spuren hoffnungsloser Lebensumstände wird der Besucher überall im Lande stoßen, besonders dann, wenn er sich abseits der organisierten Reiserouten bewegt. Er wird aber auch von der Schönheit und Vielfalt Argentiniens beeindruckt sein, wenn er sich aufmacht, neben den bekannten großen Badeorten der Atlantikküste, wie Mar del Plata und Necochea, die Groß- und Kleinstädte zu entdecken, die zwischen der 1882 gegründeten Hauptstadt der Provinz Buenos Aires im Norden, La Plata, und der 1871 von Engländern gegründeten Hauptstadt Feuerlands im Süden liegen. Ushuaia, die südlichste Stadt der Erde, ist heute ein vom internationalen Tourismus erfaßtes Reiseziel und Ausgangspunkt für Fahrten in die antarktischen Gewässer.

Die Städte des Nordens sind vielfach um Jahrhunderte älter als die des Südens und wei-

**Blick in den Zuschauerraum** des Teatro Colón in Buenos Aires *(unten)*. Es ist eines der berühmtesten Opernhäuser der Welt und gilt als Sinnbild des reichen argentinischen Kulturlebens. Viele bekannte Sänger sind auf dieser Bühne aufgetreten.

**Ushuaia** *(rechts)* ist die Haupt- und Hafenstadt des argentinischen Teils der Insel Feuerland. Sie gilt als die am weitesten südlich gelegene Stadt der Erde. Schiffe, die sich auf dem Weg in die Antarktis befinden, machen hier noch einmal Zwischenstation.

# ARGENTINIEN

sen durch großzügige, in ihrer Harmonie bestechende koloniale Bauten auf Zeiten einstiger wirtschaftlicher und kultureller Blüte hin, auch wenn etwa das 1565 gegründete San Miguel de Tucumán heute sichtbar durch das Elend der erzwungenen Zuckerrohr-Monokultur gezeichnet ist oder drei der bezauberndsten alten Städte, nämlich Mendoza, das Zentrum des argentinischen Weinbaus, La Rioja und San Juan, mehrfach durch verheerende Erdbeben zerstört wurden.

Eine der besten Möglichkeiten, den Norden kennenzulernen, bietet Córdoba, 1573 genau dort gegründet, wo die Maultierkarawanen nordwärts zu den sagenhaften Schätzen des einstigen Inkareiches aufbrachen und wohin sie zurückkehrten. Córdoba, in geographischer wie politischer Hinsicht das »Herz der Republik«, ist die älteste und auch eine der berühmtesten Universitätsstädte Lateinamerikas und auch kulturelles und wirtschaftliches Zentrum, das weit über die gleichnamige Provinz hinausstrahlt. Von hier blickt man allenorts auf die »Blauen Berge«, eine Touristenregion mit langer Tradition. Inmitten der kolonialen Altstadt Córdobas steht die von Jesuiten erbaute berühmte Kathedrale mit erkennbar indianischen Einflüssen. Spuren jener Kulturen, die die Jesuiten zu fördern und vor der Vernichtung zu schützen versuchten, findet man im Norden fast überall.

**Straßengrill** in La Plata *(links)*. An Kundschaft mangelt es nicht, denn Fleisch, besonders Rindfleisch, ist das bevorzugte argentinische Nahrungsmittel. Das Land ist einer der größten Fleischproduzenten der Welt. Argentinisches Rind- und Lammfleisch wird vor allem nach Nordamerika und Europa exportiert.

**Die indianischen Ureinwohner** *(rechts)* sind in Argentinien eine Minderheit von nur noch ca. 30 000 Menschen. Sie leben hauptsächlich im Andenhochland in den nördlichen Provinzen.

# ARGENTINIEN: BUENOS AIRES

Buenos Aires, die argentinische Metropole am Río de la Plata, ist ein faszinierender, vielgesichtiger Moloch, der ein Drittel der argentinischen Gesamtbevölkerung beherbergt. Ein unendliches Häuser- und Lichtermeer breitet sich zu Füßen des Reisenden aus, bevor er in Ezeiza, dem internationalen Flughafen, landet. Die Stadt erscheint ihm zunächst vielleicht viel vertrauter als erwartet. Der erste Eindruck, den diese Stadt vermittelt, läßt den Reisenden glauben, nicht in Südamerika, sondern in Europa, in Madrid oder Mailand etwa, zu sein. Sieht er genauer hin, erkennt er das unverwechselbare eigene Flair dieser Stadt, die durch ihre 450jährige Geschichte geprägt ist.

**Buenos Aires – zweimal gegründet**
1536 landete Pedro de Mendoza (1487–1537), vom spanischen König Karl V. (1519–1556) entsandt, um die Portugiesen von den Gold- und Silberschätzen Oberperus abzuschneiden, am Ufer des Riachuelo. Die Spanier nannten die neue Siedlung »Puerto de Nuestra Señora Santa María del Buen Aire«, nach der kleinen Kirche bei Sevilla, die der Patronin der Seefahrer geweiht war. Die Eroberer wurden von den Ureinwohnern, den Indios der Pampa, alles andere als freundlich empfangen. Mit Schleuderkugeln zwangen sie die Spanier, sich in ihrer Siedlung einzuigeln. Die Feindseligkeit der Indios führte 1541 zur Auflösung der Kolonie und zur Umsiedlung der Einwohner nach Asunción, der heutigen Hauptstadt Paraguays. Erst 1580 erfolgte die zweite, diesmal dauerhafte Gründung der Stadt. In den ersten zwei Jahrhunderten blieb Buenos Aires ein großes Dorf, in dem um 1750 ganze 144 »quadras« – schachbrettartige Häuserblocks – und 12 000 Einwohner gezählt wurden. Erst mit der Wahl von Buenos Aires zur Residenz des neugegründeten Vizekönigreichs Río de la Plata im Jahre 1776 begann der Aufstieg der Stadt.

Nur die traditionsreiche Plaza de Mayo – in den letzten Jahren bekannt geworden durch den Protest der Mütter von den in Gefängnissen der Militärjunta Verschwundenen – vermittelt heute noch einen Eindruck dieser alten Stadt. Die Kathedrale, früher eine bescheidene Kapelle, befindet sich am nördlichen Rand des Platzes, daneben steht der »Cabildo«, das alte Rathaus, heute ein Museum, von dem aus der Blick auf die gegenüberliegende »Casa Rosada«, das Regierungsgebäude fällt. Von der Casa Rosada führt die Avenida de Mayo direkt in westlicher Richtung zum Kongreßgebäude, zur Plaza de Congreso, die zwei Sinnbilder besonderer Art aufweist: die Skulptur »Der Denker« des berühmten französischen Bildhauers Auguste Rodin (1840–1917) und den Kilometerstein Null, von dem aus alle Entfernungen in Argentinien berechnet werden.

Die Avenida de Mayo wird zwischen Parlament und Regierung von der prächtigen Avenida 9 de Julio gekreuzt, einer der breitesten Avenuen der Welt. In einer der Parallelstraßen liegt das Teatro Colón, eines der größten und renommiertesten Opernhäuser der Welt, an dem von Caruso bis zur Callas alles aufgetreten ist, was Charisma und Stimme hat. Hier liegt auch das von Tag- und Nachtbummlern geschätzte Viertel um die Lavalle – die Kinostraße, in der bis weit nach Mitternacht Filme in Originalfassung gezeigt werden. Die anschließende Avenida Corrientes mit ihren zahlreichen Läden, Buchhandlungen, Restaurants, Kaschemmen, Kiosken und Cafés bietet vielfältige Art der Unterhaltung. Der angrenzende »Parque Palermo« wirkt wie ein Refugium für den vom Irrsinnsverkehr der Stadt betäubten Passanten.

Buenos Aires, erst seit 1880 Hauptstadt, ist wichtigste Hafen-, Handels- und Industriestadt des Landes, Stadt der Schlachthöfe und internationale lateinamerikanische Kulturhauptstadt. Vielgeliebt, vielgehaßt, viel photographiert, studiert und analysiert. Schauplatz und Heldin von Erzählungen und Romanen, die zur Weltliteratur zählen. Eine Stadt, die zwischen 1857 und 1941 mehr als 7 Millionen europäische Einwanderer, respektive politisch Verfolgte aufnahm und durch sie geprägt wurde. Dies wird sinnfällig in der Selbstbezeichnung der Einwohner –»Porteño« (von Puerto: Hafen), der auf Europa ausgerichtet ist und seinem Land den Rücken zukehrt.

**Morgenstimmung in Buenos Aires** *(oben)* – der Besitzer eines Cafés beginnt den Tag mit dem Auffüllen seiner Bestände. Für die »porteños« (Hafenbewohner) spielen die Cafés als beliebte Treffpunkte zu jeder Tageszeit eine zentrale Rolle.

**Diese bunt gestrichenen Wohnhäuser** *(rechts)* sind typisch für die Wohnviertel von La Boca, wo schon seit jeher eine große italienische Gemeinde lebt. Boca ist außerdem der Ursprungsort des berühmten, von Melancholie geprägten Tangos.

# ARGENTINIEN

## Buenos Aires – Ursprungsort des Tango

Im Stadtteil Boca, in dem vor allem italienische Einwanderer leben, entstand Ende des letzten Jahrhunderts der Tango. In ihm drückt sich das Lebensgefühl der Vereinsamten, Verarmten und Entwurzelten aus. Der Tango ist »Ein trauriger Gedanke, den man tanzt«, wie Enrique Santos Discépolo, einer seiner größten Interpreten, formulierte. Die Melancholie der Vorstadt findet in den Texten, die von Sehnsucht, unerfüllter Liebe, verlorenen Hoffnungen und von Einsamkeit sprechen, ihren eigenen Ausdruck. Der Tanz, mit dem die ganze Geschichte der Stadt aus der Sicht dieser Armen und Einsamen erzählt wird, ist zugleich lasziv und leidenschaftlich, schmutzig und schön wie die Stadt selbst. Er bietet eine Möglichkeit der Selbstdarstellung: die Befreiung von aufgesetzten Masken, eine Explosion der sonst in sich verschlossenen Gefühle. Seine bekanntesten Interpreten leben bis heute in den Herzen der Porteños, wie Carlos Gardel, der »Sänger mit der Träne in der Kehle«. Er kam 1935 bei einem Flugzeugunglück ums Leben, aber seine Lieder leben fort. Noch heute besucht man ihn auf dem noblen Friedhof »Chacarita« und bringt ihm weiße oder rote Blumen und Zigaretten. Man sagt, daß der Porteño, wann und wo immer ihm eine Gardel-Platte zu Ohren kommt, befriedigt feststellt: »Carlitos singt von Tag zu Tag schöner.«

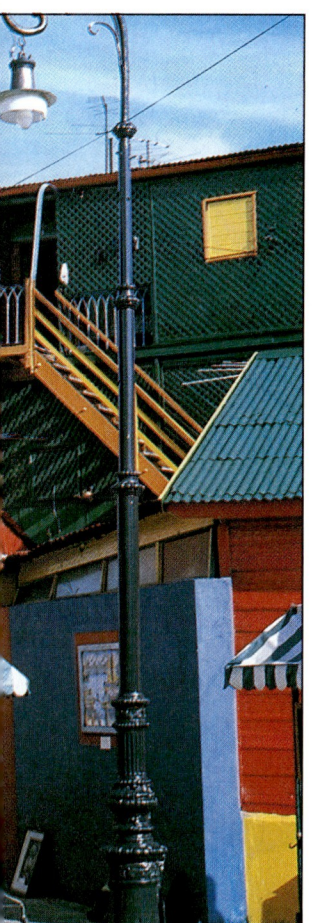

**Die Plaza de Mayo mit Regierungsgebäude** *(oben)* bildet das Zentrum der Landeshauptstadt. Nördlich davon wird das Geschäftszentrum von dem 130 m breiten Boulevard Avenida 9 de Julio durchkreuzt.

**Wie ein Eingangstor nach Argentinien** liegt Buenos Aires *(rechts)* am Río de la Plata. Seit ihrer Gründung im 16. Jahrhundert wuchs die Stadt zu einer eleganten Metropole im europäischen Stil heran. Die wichtigsten Sehenswürdigkeiten sind die Plaza de Mayo (1), das Kongreßgebäude (2), das elegante Teatro Colón (3) und das historische Rathaus Cabildo (4), weiter der Stadtpark Almirante Brown (5), der Zoologische und der Botanische Garten (6), das Teatro Nacional Cervantes (7) und das Río de la Plata Stadion (8).

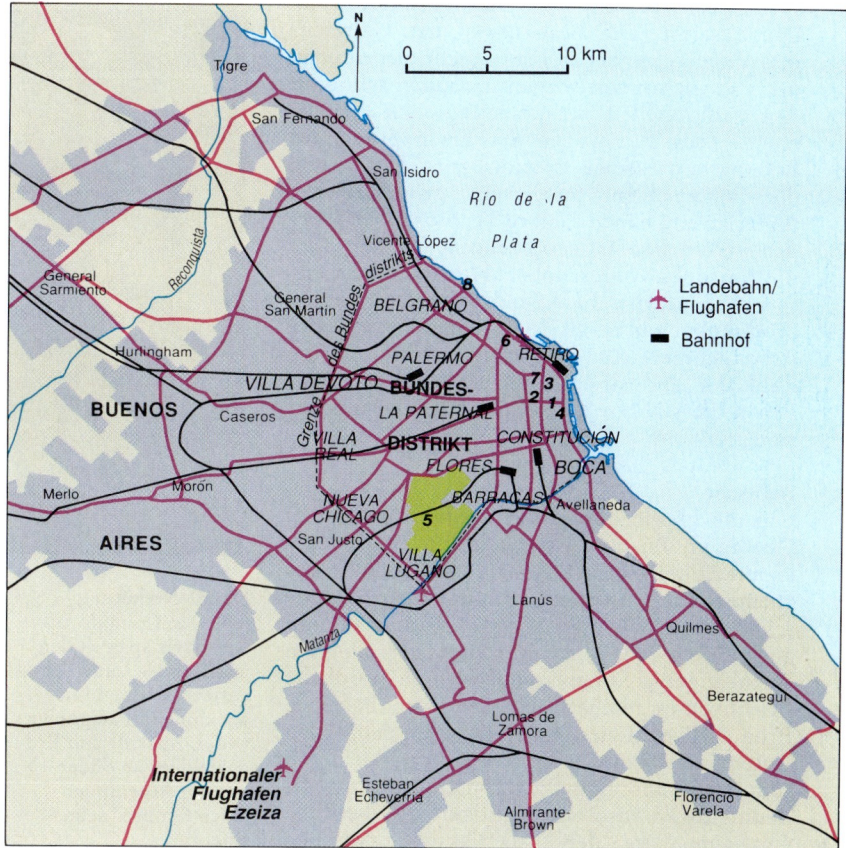

# ARGENTINIEN: WIRTSCHAFT

An der Plaza Italia in Buenos Aires wird seit mehr als hundert Jahren im Juli »La Rural« zelebriert, die Viehausstellung der »Sociedad Rural Argentina«. Dabei handelt es sich um ein gesellschaftliches Ereignis besonderer Art, das vom jeweiligen Staatspräsidenten eröffnet wird und die Bühne stellt, auf der sich Argentiniens mächtige, ultrakonservative Rinderaristokratie präsentiert. Für die »Estancieros«, Rinderzüchter und häufig Herren über 10 000 Hektar Land und mehr, ist »La Rural« Höhepunkt einer ganzen Kette regionaler Viehmärkte und -auktionen, bei denen Rinder unterschiedlicher Rassen nach fachmännischer Begutachtung ihre Besitzer wechseln.

Seit Mitte des 19. Jahrhunderts hat sich Argentinien aufgrund seiner Landwirtschaft eine bedeutende Stellung innerhalb der exportierenden Agrarländer erworben. Die Viehwirtschaft bildet die Grundlage für die wichtigsten Exportprodukte: Rindfleisch und seine Nebenprodukte, wie z. B. Fleischkonserven oder Häute. Rund 85 % der landwirtschaftlichen Nutzfläche bzw. die Hälfte der gesamten Staatsfläche sind Dauerwiesen und Weiden, nur rund 10 % werden ackerbaulich genutzt. Angebaut werden vor allem Weizen, Mais und Soja, aber auch Ölfrüchte (Sonnenblumen und Leinsaat) und Futterpflanzen (Luzerne). Alle Bestrebungen, die Schwelle vom Agrarland zur Industrienation zu überwinden, sind bis heute an den Barrieren der Weltwirtschaftsordnung gescheitert, doch ebenso an den Besitz- und Machtstrukturen im Lande selbst. Die Besitzungen der Getreide- und Viehbarone liegen längst nicht nur in der Pampa, sondern nagen im Süden schon an den traditionellen Schafzuchtregionen Patagoniens. Zum Teil wegen der Erschöpfung des Bodens bzw. seiner Erosion, zum Teil wegen der allgemeinen Steigerung ackerbaulicher Nutzflächen, haben sie ihre Territorien im Norden bis zu den Industriezentren um Santa Fe und Córdoba vorgeschoben. Heute trägt Argentiniens Landwirtschaft rund 6 % zum Inlandsprodukt bei und beschäftigt weniger als 10 % der Arbeitnehmer. Rund dreimal so groß ist die Zahl der Industriearbeiter, die seit der Ära Perón in starken Gewerkschaften organisiert sind.

### Industrie

Gut die Hälfte der nationalen Industrie ist im Großraum Buenos Aires konzentriert. Hauptexportartikel sind Maschinen und Produkte der chemischen, petrochemischen und pharmazeutischen Industrie. Außer Córdoba, Santa Fe und auch Mendoza, dem Zentrum der andinen Weinbaugebiete, haben nur wenige nördliche Provinzen es geschafft, eine landwirtschaftliche Produktdiversifizierung einzuleiten und den Aufbau von Handwerksbetrieben und kleineren Industrien durchzusetzen. Im Süden sind die Bedingungen insofern günstiger, als die Provinzhauptstädte der Atlantikküste zwischen Ushuaia (Feuerland) und Bahía Blanca (Provinz Buenos Aires) nicht nur Exporthäfen sind, sondern auch eine regionale Holz-, Fisch- und Fleischverarbeitungsindustrie bedienen. Darüber hinaus liegen in Comodoro Rivadavia die bisher größten erschlossenen Erdöl- und Erdgaslager Argentiniens.

Die Wirtschaftspolitik der letzten Militärregierung (1976–1983) wirkt sich noch heute derart aus, daß die Rüstungsindustrie eine Sonderstellung neben den privaten wie staatlichen Großkonzernen einnimmt. Die »Fabricaciones Militares« verzeichnen seit spätestens 1977 Riesengewinne durch Exporte von Panzern und anderen Rüstungsgütern. Sie beherrschen auch weite Bereiche der Informatik und kontrollieren die Wirtschafts- und Wissenschaftszweige um die Erforschung bzw. Erschließung neuer Bodenschätze im Süden und in der Antarktis.

Seit den 60er Jahren werden in Argentinien längerfristige Wirtschaftspläne erstellt, deren Umsetzung durch die häufigen Regierungswechsel jedoch meist verhindert worden ist. Der seit Jahren durch hohe Defizite belastete Staatshaushalt wurde durch Geldschöpfung finanziert und trieb die Inflation immer stärker voran, bis sie Ende 1989 die astronomische Höhe von 4923 % erreichte. Hauptursache für die 1989/1990 zutage tretende wirtschaftliche und soziale Krise des Landes ist – neben der Auslandsflucht der auf 40 Milliarden Dollar

**Die Bleiverhüttung** *(oben)* in Comodoro Rivadavia spiegelt den wachsenden Grad der wirtschaftlichen Entwicklung in Patagonien wider. Aus Öl- und Erdgasfeldern im Süden bezieht Argentinien einen Großteil seiner Energie.

**Weizenernte in Entre Rios** *(rechts)*. Weizen ist ein wichtiges Anbauprodukt Argentiniens. Diese fruchtbare Region, die auch als Mesopotamia bekannt ist, wurde im frühen 18. Jahrhundert von Kolonisten, die große Farmen errichteten, besiedelt.

# ARGENTINIEN

geschätzten Privatvermögen – Argentiniens Auslandsverschuldung. Die Wirtschaftspolitik bemüht sich deshalb, einen möglichst hohen Exportüberschuß zu erzielen, um die Auslandsschulden abbauen zu können. Die Regierung Alfonsín (1983–1989) hatte sich aber bereits 1985 dem Strukturreformprogramm des Internationalen Währungsfonds und der Weltbank beugen und neue Verschuldungen hinnehmen müssen.

Präsident Menem hatte nach seinem Amtsantritt 1989 die in Kreisen der Hochfinanz erwünschten Experten in sein Kabinett berufen und verfolgte eine neoliberale Wirtschaftspolitik. Seither wird angestrebt, zur Deckung der Schulden die Privatisierung beziehungsweise den Verkauf von mindestens 40 argentinischen Staatsunternehmen – Bergwerken, Fabriken aber auch Elektrizitäts- und Gaswerken – an ausländische Konsortien voranzutreiben. Seit Beginn der 90er Jahre ist die monatliche Teuerungsrate kontinuierlich zurückgegangen. Allerdings ist die Arbeitslosigkeit infolge der Strukturen im öffentlichen Sektor und durch Rationalisierungen in der Privatwirtschaft im gleichen Zeitraum auf Rekordhöhe angestiegen.

Leidtragende der Sanierungspolitik sind all die Menschen, die irrtümlich Menems Wahlversprechen von einem »riesigen Lohnzuschlag« und seiner »Revolution der Produktion« vertraut haben.

**Ein Gaucho bei der Arbeit** *(ganz oben)*. Argentiniens riesige Viehherden machten früher den Reichtum des Landes aus. In den 80er Jahren, als der US-Dollar *(oben)* praktisch die argentinische Währung ersetzte, herrschte im Lande eine horrende Inflation.

**Die Viehzucht** *(rechts)* ist immer noch eine wichtige Stütze der argentinischen Wirtschaft, außerdem bieten Industrie und Bergbau viele Arbeitsplätze. Argentiniens Auslandsverschuldung *(ganz rechts)* ist eine der höchsten in Lateinamerika.

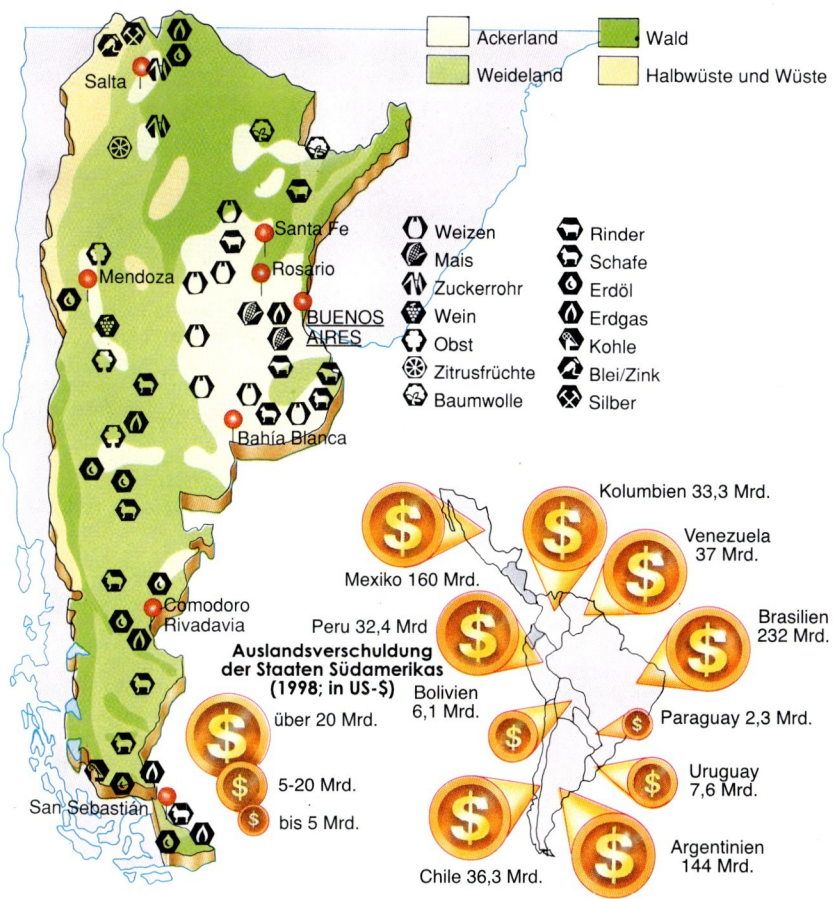

# ARGENTINIEN: DIE GAUCHOS

Jahrhundertelang waren die argentinischen Gauchos das Symbol der Freiheit schlechthin. Diese legendären Helden, die durch die Pampa, die Grassteppe Argentiniens, Uruguays und Paraguays streiften, ähneln in vieler Hinsicht den Cowboys des amerikanischen Westens. Der Ursprung des Wortes Gaucho ist umstritten, von einigen wird es allerdings bis zu dem araukanisch-indianischen Wort für »Waise« zurückverfolgt. Obwohl es den Gaucho als treibende Kraft der Gesellschaft schon lange nicht mehr gibt, lebt er in den Herzen aller argentinischen Patrioten als Volksheld weiter, von dessen Heldentaten immer und immer wieder erzählt wird.

Doch der Gaucho hat nicht immer nur Bewunderer gehabt. Im 17. Jahrhundert wurden die ungestüm reitenden Vorläufer der Gauchos weithin als Vagabunden und Pferdediebe angesehen. Sie lebten draußen in der Pampa – oft ohne jede Habe – und zogen von Farm zu Farm, aber immer zu Pferde. Zu jener Zeit war die Pampa noch wilder als heute. Tausende halbwilder Pferde- und Rinderherden streiften umher. Somit brauchte der Gaucho keinen großen Besitz – Wasser war vorhanden, und frisches Fleisch gab es immer.

In dieser Zeit wurde die Viehzucht noch sehr einfach betrieben. Wahllos wurde das Vieh von den »estancieros« (Farmern) zur Gewinnung von Häuten, Fett und Talg für den Export geschlachtet. Erst im späten 19. Jahrhundert begann man, mit der Einführung des Kühltransports, auch Fleisch zu exportieren. Oftmals zogen die Gauchos durch ihre ungehobelte Lebensweise den Zorn der Siedler auf sich, und in regelmäßigen Abständen machten sich autorisierte Kräfte aus Buenos Aires auf den Weg, um die Streitigkeiten beizulegen.

Die Durchsetzung der Gesetze gelang nur teilweise. Der Gaucho war ein exzellenter Reiter, und seine genaue Kenntnis der Umgebung ermöglichte es ihm, auf unsichtbaren Pfaden in Sicherheit zu gelangen. Manchmal suchte er sogar bei freundlich gesonnenen Indianerstämmen Zuflucht. Im späten 18. Jahrhundert, als die Pampa stärker besiedelt wurde, nahmen die Gauchos auf den Ranches Arbeit an, verweigerten jedoch Aufgaben, die sie nicht vom Pferderücken aus verrichten konnten. Während des argentinischen Unabhängigkeitskrieges im frühen 19. Jahrhundert zeichneten sich die Gauchos als geschickte Kavalleristen aus.

### Die Lebensweise der Gauchos

Ihrer Herkunft nach waren die Gauchos meistens Mestizen oder auch Mulatten. Aber im Grunde war der Begriff des Gaucho weniger eine Abstammungsbezeichnung als eine »Weltanschauung«, und es hat auch irische, britische und französische Gauchos gegeben.

Die Bekleidung der Gauchos veränderte sich im Laufe der Zeit. In ihrer typischsten und auffälligsten Form bestand die Tracht der Gauchos

**Wenn sein Pferd sich aufbäumt** *(oben),* kann ein Gaucho mit Balanceakten sein reiterliches Geschick demonstrieren, für das er so berühmt ist. Anders als ihre Vorfahren streifen die heutigen Gauchos nicht mehr als freie Rinderhirten durch die argentinische Pampa.

**Ein eleganter Gaucho** *(rechts)* mit wertvollem Silberschmuck. Besonders kunstvoll ist der Silbergürtel. Rechts das »facon« (Messer), das einst der wichtigste Besitz eines Gauchos war. Er benutzte es zum Essen und beim Kampf.

# ARGENTINIEN

**Freiheitsdrang** steht im Gesicht dieses Gauchos geschrieben *(unten)*. Die Gauchos stammen von Spaniern und Indianern ab. Im 18. Jahrhundert arbeiteten viele auf Farmen oder wurden Soldaten.

**Diese Gauchos** *(unten)* versuchen mit ihren »bolas«, einer Art Lasso, das schon ihre Vorfahren benutzt haben, ein Kalb einzufangen. Heutzutage leben die meisten Gauchos das ganze Jahr über auf den großen Estanzias.

aus bestickten und gefransten knielangen Hosen, über die sackartiger Stoff oder Cordbreeches in weiche Fohlenlederstiefel gesteckt wurden. Über seiner Stoffjacke trug der Gaucho einen »poncho«, eine farbige Wolldecke. Ein großer Stroh- oder Lederhut mit hochgeklappter Krempe und ein breiter Gürtel oder eine Schärpe mit Silbermünzen oder Medaillons vervollständigten das Bild. An den Hacken seiner Stiefel trug er schwere silberne Sporen mit riesigen Rädchen. Gauchos verschwendeten das meiste Geld für Sporen oder Zubehör für ihre Pferde.

Die Waffen der Gauchos bestanden zunächst einmal aus einem langen Messer mit breiter Klinge, das hinten im Gürtel getragen wurde. Es konnte einerseits dazu benutzt werden, Bullen zu enthaupten, andererseits, um Streitigkeiten am Kartentisch zu beheben. Zudem hatte der Gaucho ein mächtiges Lasso aus zwei oder drei Lederriemen, an deren Ende jeweils ein in Leder gefaßter Stein für Gewicht sorgte. Wenn dieses Lasso (»bolas«) auf einen Bullen oder einen Nandu (einen südamerikanischen Strauß) geschleudert wurde, verfingen sich Beine oder Hals des Tieres darin und es stürzte.

Zu seiner Glanzzeit erkannte der Gaucho keine über ihm stehende Autorität an. Die meiste Zeit verbrachte er im Sattel und legte nur für »asados« (Grillfeste mit frischem Rindfleisch) Pausen ein. Bei diesen Gauchotreffen hockte man sich um das Feuer, schlürfte brühend heißen »mate« (Tee aus Paraguay), tauschte Geschichten aus und sang traurige Lieder zum Klang der Gitarre. Zwar lebte der Gaucho eigentlich in einer strohgedeckten Hütte, da er aber monatelang unterwegs war, schlief er meistens unter freiem Himmel mit dem Poncho als Kopfkissen.

Der in dieser Tradition stehende Gaucho verschwand im späten 19. Jahrhundert. Heute ist die Pampa aufgeteilt und durch wohlhabende Estancieros, die ihre riesigen Ländereien sorgfältig bewachen, eingezäunt worden. Lastkraftwagen und Hubschrauber haben viele der Aufgaben, die die Gauchos früher zu Pferde ausführten, übernommen. Jedoch ist der Genuß von Mate und saftigen Asados immer noch ein wichtiger Teil des argentinischen Lebens. Gelegentlich treiben Reiter heute noch riesige Viehherden durch das lange Gras, und auf Rodeos wird die Reiterei und das Geschick im Lassowurf demonstriert. In der argentinischen Literatur lebt der Gaucho weiter. José Hernández verhalf dem Gaucho in seinem gereimten Epos »Martín Fierro« (1872) zur Unsterblichkeit. Der große argentinische Schriftsteller Jorge Luis Borges vermachte den Reitern der Pampa eine passende Grabschrift mit den Worten: »Noch im Tode überlebt der Gaucho – in der Literatur, die durch seine Präsenz die Menschen in den Städten anspricht ... und in den Adern jedes Argentiniers.«

# Die Arktis

Unter dem Sternbild des Großen Bären liegt rings um den geographischen Nordpol das Zentrum einer schwer abgrenzbaren Region ewiger Kälte – die Arktis – ein eisbedeckter Ozean, umsäumt von der Nordküste Kanadas und Alaskas, von Grönland und Eurasien. Weder der nördliche Polarkreis (66° 32' 51"), wo die Sonne einen Tag im Jahr nicht aufgeht und eine Nacht nicht vom Himmel verschwindet, noch die weit nach Süden reichenden Dauerfrostgebiete eignen sich als Grenzziehung. So wird heute jenes Gebiet als Arktis bezeichnet, wo das Vorkommen von stattlichen Bäumen endet und die Tundravegetation mit Flechten, Gräsern und niedrigen Sträuchern beginnt. Südlich dieser subpolaren Baumgrenze beträgt die Mitteltemperatur des Juli mindestens 10 °C. Das Gebiet nördlich dieser Zone umfaßt rund 26 Millionen km² und ist damit zweieinhalbmal so groß wie Europa. Das eisbedeckte Meer in der zentralen Polarzone nimmt davon etwa 18 Millionen km² ein. Von den verbleibenden Landgebieten sind zwei Drittel Tundra, der Rest ist unter Eis begraben.

## Nur wenig Eis am Nordpol

Im Zentrum des Nordpolargebietes befindet sich – im Gegensatz zur Antarktis – kein Kontinent, sondern ein ausgedehntes Nebenmeer des Atlantischen Ozeans. Folglich erreicht die geschlossene Eisdecke nur eine Mächtigkeit von 3–4 m – im Gegensatz zum mehrere tausend Meter mächtigen antarktischen Inlandeis. Das zentrale Nordpolarmeer, das stellenweise Tiefen von mehr als 5000 m erreicht, wird durch untermeerische Gebirgsschwellen, von denen der Lomonossowrücken bis zu einer Meerestiefe von 900 m aufsteigt, in riesige marine Becken unterteilt. Fünf Randmeere im eurasischen Schelfbereich, die Grönland-, Barents-, Kara-, Laptev- und Ostsibirische See, werden durch Inseln abgeteilt.

Die arktischen Meere sind mit Packeis jahreszeitlich schwankender Ausdehnung bedeckt. Wind und Meeresströmungen lassen einzelne Eisschollen in verschiedenen Zirkulationssystemen driften. Dabei können Eisplatten bis zu 30 m hohen Preßrücken aufgetürmt werden.

Während der Eiszeiten innerhalb der letzten zwei bis drei Millionen Jahre haben sich die Eismassen mehrfach vergrößert. Auf den umrahmenden Randkontinenten bildeten sich enorme Eisschilde, deren Gletscher sehr weit nach Süden ausbrachen. Noch heute beherrscht Väterchen Frost ein Viertel des Festlandes der Erde. Dauerfrostboden mit unterschiedlich großen Eislinsen ist im nördlichen Polargebiet und seinen Randzonen weit verbreitet. In Rußland und in Kanada sind 50 %, in Alaska sogar 80 % Dauerfrostbodengebiete, und in Grönland beherrschen Eis und Permafrost 99 % des Landes.

Die arktischen Hochländer erreichen keine spektakulären Höhen, nur selten wird die 2000-

m-Grenze überschritten. Dennoch haben Frostverwitterung und glaziale Erosion steile Formen geschaffen – mit zerklüfteten Felsküsten und weit einschneidenden Fjorden.

Von einigen Gebirgszügen fließen örtlich die Gletscher direkt in das Meer und bilden gewaltige Eisberge. Diese können weit nach Süden in die atlantischen Schiffsrouten eindringen, wo sie auch heute noch zu einer ständigen Gefahr werden.

### Der Nordpol ist nicht der Kältepol

Durch den Einfluß des Nordpolarmeeres ist das Klima in der Arktis gemäßigter als in der Antarktis. Der Kältepol der Nordhalbkugel liegt nicht etwa im zentralen Polargebiet, sondern mit −77,8 °C im östlichen Sibirien.

Die Sommertemperaturen über dem Packeis liegen fast konstant bei ca. 0 °C. Alle verfügbare Wärme, die Sonnenstrahlung, wärmere Luft und Regen einbringen, wird sofort zum Schmelzen von Eis verbraucht. Typisch für die Polargebiete sind eine tiefhängende Wolkendecke und besonders in Küstennähe häufiger Nebel, der auch im Sommer die sehr flache und daher wenig wärmende Sonneneinstrahlung weiter vermindert.

Die Schnee- oder Regenniederschläge aus kalter Arktisluft sind wenig ergiebig. Sie bringen maximal 100 bis 500 mm im Jahresdurchschnitt. In den extremen Nordgebieten des Kanadischen Archipels und in Nordgrönland sinken die Jahreswerte sogar auf 50 mm.

### Noch sind nicht alle Bodenschätze bekannt

Die Landgebiete um das Polarmeer gehören geologisch sehr alten Landmassen an: Sie bestehen überwiegend aus kristallinen Gesteinen und sind reich an mineralischen Bodenschätzen. Eisen-, Kupfer-, Nickel- und Kobalterze sowie Silber-, Gold-, Diamanten- und Phosphatvorkommen sind bereits erschlossen. In den Sedimentgesteinen aus den verschiedenen Epochen der Erdgeschichte, die die alten kristallinen Schilde randlich überlagern, wurden riesige Energiequellen entdeckt: Kohle-, Erdöl- und Erdgaslager, deren Erschließung jedoch teuren technischen Aufwand erfordert.

### Eine Wildnis ist gefährdet

Die menschenleeren, unendlich groß erscheinenden Nordpolargebiete erwecken den Eindruck unberührter Natur. Doch die höchst empfindlichen Ökosysteme sind mehr und mehr durch eine rücksichtslose Erschließung gefährdet. Die Zeiten, da eine zahlenmäßig kleine Urbevölkerung im stabilen Gleichgewicht mit ihrer Umwelt lebte, sind endgültig vorbei. Ölcamps, Militärstützpunkte, riesige Baustellen, Flugplätze und Straßen haben das nördliche Paradies bereits verändert. Radioaktiver Staub, saurer Regen, Pestizide und andere chemische Stoffe haben auch vor der Arktis nicht haltgemacht.

# Arktis: Erforschung

Menschliche Tragik begleitet die Entdeckungsgeschichte der Arktis. Das Packeis hat Schiffe eingeschlossen, zerquetscht und in den Polarmeeren versinken lassen. Die gestrandeten Entdecker, angetrieben von Streben nach Reichtum und Prestige, von Abenteuerlust und Forschungsdrang beseelt, wurden von eisiger Kälte, heftigen Stürmen und Skorbut geschwächt. Bei völliger Dunkelheit und zur Neige gehenden Nahrungsvorräten, den sicheren Tod vor Augen, brachen sie dennoch zu heroischen Rettungsmärschen auf.

Auf die Menschen im Altertum übte die Arktis mit ihrem unwirtlichen Klima keine große Anziehungskraft aus, sie wirkte abweisend und furchterregend. Seit dem Ende des 8. Jahrhunderts wurde Island von irischen Mönchen und später von Normannen besiedelt. Erich der Rote floh von hier aus mit seinen Getreuen im Jahre 985 nach Westgrönland.

### Die Suche nach der Nordwestpassage

Erst im 15./16. Jahrhundert begann man sich wieder für den hohen Norden zu interessieren. Der Walfang und die Robbenjagd brachten immer mehr Schiffe an den Rand des Packeises. Außerdem verlockte es die Engländer und andere Europäer, fern der spanischen und portugiesischen Einflußsphäre, auf bisher unbekannten Wegen vor der Nordküste Amerikas (Nordwestpassage) zu den sagenhaften Schätzen Chinas vorzudringen. Den ersten Versuch unternahm der englische Seefahrer Martin Frobisher, der zwischen 1576 und 1578 Baffinland und die Hudson-Straße erreichte. Ihm folgten weitere Entdecker. Die gesuchte Nordwestpassage fanden sie indes nicht, und aus wirtschaftlichen Gründen unterblieben weitere Expeditionen. Erst im frühen 19. Jahrhundert, nachdem die nordamerikanischen Landwege erkundet waren, wurde die Suche nach der Nordwestpassage weiter vorangetrieben.

### Die legendäre Franklin-Expedition

Unter all den spektakulären Versuchen gewann die letzte Arktisreise von John Franklin besondere Bedeutung. Im Auftrag der britischen Admiralität stach Franklin mit zwei Schiffen und 168 erfahrenen Matrosen am 26. Mai 1845 in See und verschwand spurlos in der kanadischen Arktis. Über 40 Suchexpeditionen machten sich in den folgenden Jahrzehnten auf die Reise. Einige »Retter« mußten selbst wieder von Rettungsexpeditionen gesucht werden. Anhand eines klärenden Schriftstücks sowie von Überbleibseln, Gerätschaften, persönlichen Besitzstücken, Eskimoberichten und zuletzt auch Leichenfunden ließ sich der tragische Untergang dieser großangelegten Expedition nachvollziehen. Heute nimmt man an, daß die Männer an Bleivergiftung aufgrund schlecht verlöteter Konservendosen starben.

So unheilvoll Franklins Reise endete, die vielen Rettungsexpeditionen erkundeten bei ihrer Suche große Gebiete des Kanadischen Archipels. Erst 1903–1906 bezwang Roald Amundsen die Nordwestpassage mit seinem kleinen Schiff, der »Gjöa«, auf dem Wasserweg.

### Der östliche Seeweg nach China

Die Nordostpassage von Europa entlang der sibirischen Küste durch die Beringstraße in den Pazifik, zwischen 1878 und 1879 erstmals von dem schwedischen Naturforscher A. E. Nordenskiöld mit der »Vega« durchfahren, besitzt heute große Bedeutung für die Erschließung der nordsibirischen Industriegebiete. Auch die Nordostpassage hat eine lange, oft dramatische internationale Entdeckungsgeschichte, die bereits Mitte des 16. Jahrhunderts begann. Von Kamtschatka ausgehend, erforschten Vitus Jonassen Berings Expeditionen 1724–1743 die nordostsibirische Küste, die Beringstraße und das südliche Küstengebiet von Alaska.

### Der Wettlauf zum Nordpol

Schon früh träumte man davon, den Nordpol zu erreichen, nicht wissend, daß dort kein Land anzutreffen sei. 1827 erreichte William Edward Parry 82° 45' nördlicher Breite (nördlich von Spitzbergen). Der Norweger Fritjof Nansen ließ sich 1893–1896 mit seiner »Fram«, einer packeissicheren Konstruktion, quer durch das Nordpolarmeer driften. Bei 83° 24' nördlicher Breite stellte er fest, daß die Eisdrift am Nordpol vorbeiführte. Ein mühevoller Fußmarsch brachte ihn und seinen Begleiter Hjalmar Johansen bis 86° 4' nördlicher Breite. Viele Driftstationen auf Eisinseln im nördlichen Packeis haben später die von Nansen vermuteten Meeresströmungen im Polarmeer bestätigt und genauer erforscht.

Seit 1908/09 stritten sich Frederick Cook und Robert Edwin Peary darum, wer den Nordpol als erster über das Packeis erreicht hätte. Photogrammetrische Untersuchungen an Bildern, die Peary vermeintlich am Pol gemacht hatte, zeigten 1990, daß er den Pol um einige Kilometer verfehlt haben muß.

Die umstrittene Ersterfliegung des Nordpols durch Richard E. Byrd datiert aus dem Jahr 1926. Im selben Jahr überflogen Roald Amundsen, Lincoln Ellsworth und Umberto Nobile den Nordpol mit dem Luftschiff »Norge«. Von einem Rettungsflug für Nobile, der nach einer Bruchlandung mit seinem Luftschiff »Italia« 1928 im Packeis vermißt wurde, kehrte Amundsen nie mehr zurück.

Das erste Atom-Unterseeboot, das den Pol unter dem Packeis erreichte, war 1958 die amerikanische »Nautilus«. Der durch Kernenergie angetriebene sowjetische Eisbrecher »Arktika« erreichte 1977 den Nordpol auch über Wasser. Inzwischen sind mehrere modern ausgerüstete Schlittenexpeditionen über das Packeis zum Nordpol vorgedrungen, so daß es heute keine »weißen Flecken« mehr auf den Karten der Arktis gibt.

1984 fand man den Leichnam eines Seemanns *(rechts)*, der bei Franklins gescheitertem Versuch, die Nordwestpassage zu finden, ums Leben gekommen war.

**Die Arktis** *(unten rechts)* bietet eine kurze Verbindung zwischen West und Ost. Die Nordostpassage wurde 1878/79, die Nordwestpassage 1906 erschlossen. Daß Peary den Nordpol erreicht hat, wird heute bezweifelt. Das US-amerikanische Atom-Unterseeboot Nautilus unterquerte 1958 den Pol; der sowjetische Eisbrecher Arktika erreichte ihn 1977 auf dem Wasserweg.

PAZIFISCHER OZEAN

# ARKTIS

**Der amerikanische Forscher Admiral Byrd** war 1926 der erste Mensch, der den Nordpol überflog *(links)*. Das Foto zeigt, wie der norwegische Polarforscher Roald Amundsen *(in Bildmitte)* die Rückkehr des Flugzeugs zur Basis beobachtet.

**Die Erstbegehung des Nordpols** durch Robert Edwin Peary 1909 wurde durch Frederick Cook angefochten *(unten links)*, der behauptete, den Pol bereits 1908 erreicht zu haben. Eine zeitgenössische Zeitschrift behandelt diesen Streit als Satire.

**Polarexpeditionen** erwarten heute wie eh und je unkalkulierbare Bedingungen *(unten)*. Heutige Expeditionen bleiben daher mit der Heimatbasis in Funkkontakt und befassen sich stärker mit wissenschaftlicher Forschung als mit Entdeckungen.

# Arktis: Die Menschen

Als die ältesten Vorfahren der heutigen Eskimo, das Denbigh-Volk, vor 5000 Jahren über die trockengefallene Beringstraße nach Alaska einwanderten, waren sie offensichtlich keine Neulinge in arktischen Gefilden. Bereits ausgestattet mit allen Jagdgeräten, kamen sie gut vorbereitet aus den asiatischen Polargebieten.

Die Arktis ist nach der unbesiedelten Antarktis der feindlichste Lebensraum für den Menschen. Lebensmöglichkeiten bieten ohnehin nur die Randzonen, während die zentralen Bereiche völlig menschenleer sind. Wenn am Ende der bitterkalten, langen Winternacht die Vorräte zur Neige gingen, wurde die schier unmenschliche Leidensfähigkeit der Arktisbewohner auf eine harte Probe gestellt. Die räumliche Isolation der kleinen Gruppen in einer unendlich weiten, fast menschenleeren Tundra erlaubte keine Nachbarschaftshilfe.

### Nur jeder zehnte ist ein Ureinwohner

Von den etwa 10 Millionen Einwohnern in der 28 Millionen km² großen Arktis gehören nur 10 % den ursprünglichen Bevölkerungsgruppen an. Aber so einfach läßt sich das nicht mehr bestimmen, denn Mischlinge machen inzwischen einen großen Anteil der Bevölkerung aus. In Kanada etwa gelten Kinder von Inuit- oder Indianermüttern und weißen Vätern nicht als Ureinwohner.

Die am stärksten erschlossene russische Arktis beheimatet 75 % der arktischen Bevölkerung, die insgesamt nur 0,2 % der augenblicklichen Weltbevölkerung ausmacht.

Die äußerst widrigen natürlichen Bedingungen begrenzen die Tragfähigkeit der Arktis. Die Inuit, wie die Eskimo sich selbst nennen, wußten das schon sehr früh und betrieben Geburtenkontrolle. Nur alle 28 Monate durften Frauen schwanger werden. Zeitweise wurden von 3 weiblichen Babies 2 ausgesetzt – dem Überleben der Sippe geopfert. Männer waren in der Minderzahl, denn Jagdunfälle, Streitigkeiten und kleine Kriege mit Nachbarstämmen oder Indianern, den Urfeinden der Inuit, forderten viele Opfer. Witwen wurden oft als zweite Frau in eine Familie aufgenommen.

### Der Verlust der alten Lebensformen

Inzwischen hilft die Technik, die Lebensumstände in der Arktis zu verbessern. Die Weißen, die früher viel Unheil in den Norden gebracht haben, bemühen sich seit dem Zweiten Weltkrieg um das Wohlergehen ihrer bedrohten Nordvölker. Die ehemaligen Nomaden wurden in Dörfern seßhaft. Medizinische Versorgung, Schulen, Badehäuser und Sporteinrichtungen gehören in den kleinen Siedlungen heute zum Standard. Flugzeug, Hubschrauber, Motorschlitten und örtlich sogar das Auto überbrücken die Entfernungen.

Dennoch, das Aufeinanderprallen derartig unterschiedlicher Kulturen schafft Probleme, sowohl für die Inuit und ihre verwandten Völker in Sibirien und Skandinavien, die Samojeden, Jakuten, Tschuktschen, die Lappen oder Samen, als auch für die eingewanderten, verwöhnten Bewohner aus dem Süden.

Wie bei den Indianern, deren nördlichste Stämme die Waldtundra besetzt hielten, war auch bei den Inuit-Völkern der fremde Einfluß von Anfang an verheerend für die einfach lebenden Jäger und Fischer des hohen Nordens. Nachdem sie Fallen und Gewehre bekommen hatten, vergaßen sie ihre alten Jagdtechniken. Als die Fellpreise verfielen, konnten viele keine Munition mehr kaufen und verhungerten. Noch nach dem Zweiten Weltkrieg bis in die 50er Jahre hinein leerten Infektionskrankheiten wie Grippe, Kinderlähmung und Tuberkulose die Siedlungsplätze.

Die ehemaligen Jäger verdienen heute zumeist als Bauarbeiter, Lastwagenfahrer oder als Tierzüchter ihr Geld. Obwohl fast überall eine gewisse Selbstverwaltung eingeführt wurde, sind die sozialen Spannungen gewachsen. Zu groß sind die gesellschaftlichen Unterschiede zwischen den einzelnen Volksgruppen. Die Alten haben es am schwersten. Die Jungen bemühen sich, den neuen Anforderungen gerecht zu werden. Einige haben sich wieder in die Weite der Arktis zurückgezogen, um dort das Leben ihrer Väter zu führen: Wale, Robben, Karibus, Eisbären und Vögel zu jagen und Fische zu fangen.

### Die alten Wanderwege sind heute versperrt

Die Lappen oder Samen, wie sie sich selbst nennen, werden durch Landesgrenzen voneinander getrennt. So leben in Norwegen rund 40 000, in Schweden 6000, in Finnland 17 000 und in Rußland 2000 Lappen. Die früheren Nomaden sind zu seßhaften Rentierzüchtern geworden. Zu Tausenden werden die Rentiere einmal im Jahr, im Herbst, zusammengetrieben und auseinandersortiert.

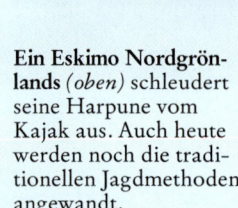

**Ein Eskimo Nordgrönlands** *(oben)* schleudert seine Harpune vom Kajak aus. Auch heute werden noch die traditionellen Jagdmethoden angewandt.

**Die Arktis** *(rechts)* ist Heimat für einige hunderttausend Angehörige der Polarvölker, die von der Jagd, dem Fischfang und der Rentierzucht leben.

**Die Zeiten des Iglu** sind vorbei. Heutzutage leben die meisten Eskimo in modernen Häusern, die viele Annehmlichkeiten bieten *(rechts)*. Doch trotz des modernen Umfelds sind die Tätigkeiten im Haushalt die alten geblieben, wie diese eine Tierhaut bearbeitende Grönländerin zeigt. Das 20. Jahrhundert brachte den arktischen Völkern eine sich ständig vergrößernde Abhängigkeit von moderner Technik. In den 80er Jahren begannen jedoch viele, den Verlust ihrer Kultur zu bedauern, und versuchten, diese wiederzubeleben.

# ARKTIS

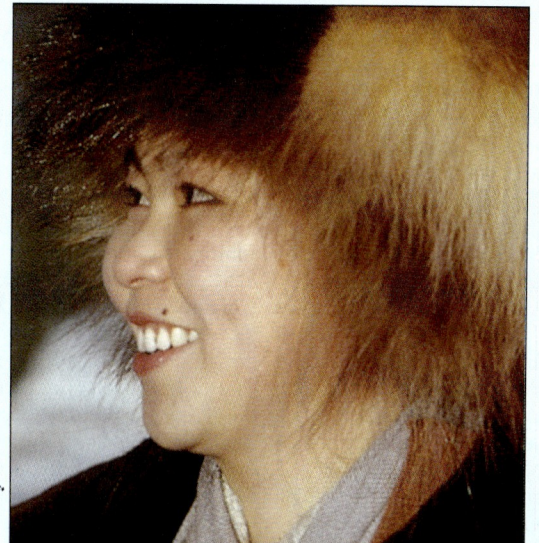

Die Chanten oder Ostjaken *(unten)*, ein finno-ugrisches Nomadenvolk, leben in Sibirien von Jagd, Fischfang und Rentierzucht.

Eine Eskimofrau *(oben)* aus Ostsibirien hat mit den Eskimo in Alaska und Kanada viele charakteristische Gemeinsamkeiten.

## Die Lappen

Sprachen/kulturelle Gruppierungen
1 Finnisch-Ugrisch
2 Turksprachen/Tungusisch
3 Samojedisch
4 Paläoasiatisch
5 Eskimosprachen
6 Ketisch

Lappland liegt im äußersten Norden Europas und ist die Heimat des Volkes der Lappen oder Samen. Etwa 65 000 Lappen leben in dieser unwirtlichen Region, wo die Sonne im Sommer tagelang ohne Unterbrechung scheint und im Winter tagelang überhaupt nicht aufgeht. Obwohl Lappland zwischen Norwegen, Schweden, Finnland und Rußland aufgeteilt ist, haben die Lappen erfolgreich um den Erhalt ihrer kulturellen Identität gekämpft. Sie waren ursprünglich ein Nomadenvolk, das seinen halbwilden Rentierherden folgte; inzwischen leben die meisten von ihnen jedoch in Bauern- oder Fischersiedlungen oder in Städten. Die Lappen sind heute überwiegend evangelisch-lutherische Christen. Früher gehörten sie, wie viele andere Völker des Nordens, einer vom Schamanismus geprägten Glaubensrichtung an.

# Arktis: Flora und Fauna

Es ist nicht zu spaßen mit dem König der arktischen Eisgebiete. Das gewaltige Raubtier, dessen weißes Tarnkleid mit der Farbe des Eises völlig verschmilzt, erreicht eineinhalb Meter Schulterhöhe, aufgerichtet sind stattliche 3,6 m nicht selten. Trotz seines Gewichtes bis über 1000 kg ist er sehr schnell. Man kann vor ihm nicht davonlaufen, und man kann ihn kaum schrecken. Die überall im Polarmeer verbreiteten 1,5 m langen und 90 kg schweren Ringelrobben sind seine bevorzugte Kost. Aber auch die Nahrungsvorräte im Forscherzelt sind nicht vor ihm sicher. Und die Forscher selbst müssen vor ihm auf der Hut sein, denn anders als der Grizzly in der südlichen Tundra, der nur angreift, wenn man ihn überrascht, schleicht der Eisbär an ahnungslose Nordlandbesucher heran. Jedes Jahr gibt es dramatische Unfälle. Nur im Notfall dürfen Eisbären heute noch geschossen werden. Die Gesamtzahl liegt inzwischen wieder bei über 25 000 Tieren.

Riesige Insektenschwärme – vor allem verschiedene Mückenarten – bieten vielen Vogelarten ein überreiches Futterangebot. Die feuchten Böden, Sümpfe und flache Seen sind ideale Brutstätten für die Insekten, die größte Tiergruppe der Arktis. Sogar Schmetterlinge und Hummeln sind darunter.

Größere Fischvorkommen sind vor allem aus den Randmeeren bekannt. Doch hat Überfischung die Bestände stark dezimiert. Hering, Lodde, Kabeljau, Heilbutt und der Polarhai gehören zu den bekanntesten Fischarten. Nur wenige Säugetiere – Robben, Walroß und Narwal – leben im eiskalten Polarmeer. Sie sind vor der Auskühlung durch dicke Fettschichten geschützt.

## Auf das Eis folgten die Pflanzen

Vor einigen tausend Jahren lagen weite Bereiche der heutigen Tundra noch unter 2000 m mächtigem Inlandeis begraben. Nach Abschmelzen des Eises setzte eine langsame Rückwanderung der Pflanzen aus den nicht vergletscherten Gebieten Alaskas, Sibiriens und Teilen des kanadischen Archipels ein. Auch die meisten Polartiere sind Zuwanderer südlicher Arten, die nach dem Rückzug des Eises in die Arktis aufgebrochen waren.

Die Lebensbedingungen in der baumlosen arktischen Tundra sind für Pflanzen wie Tiere äußerst schwierig. Ausgehend von den borealen Nadelwäldern bis zu den nackten, lediglich mit Flechten und Algen bedeckten Gesteinsoberflächen der hocharktischen Kältewüsten wird das Überleben immer mehr zur Kunst.

1 Wanderfalke
2 Ringelgans
3 Schneegans
4 Weißwangengans
5 Eiderente
6 Moschusochse
7 Küstenseeschwalbe
8 Papageitaucher
9 Hermelin
10 Schneehase
11 Rentier
12 Polarwolf
13 Eisbär
14 Walroß
15 Polarrötelmaus
16 Sattelrobbe
17 Klappmütze
18 Steinbrech
19 Rentierflechte

**Die Arktis** (rechts) zählt zu den lebensfeindlichsten Gebieten der Erde. Sie wird von einigen Wissenschaftlern als die Region definiert, die innerhalb des Polarkreises liegt, andere bezeichnen sie als das Gebiet innerhalb der 10 °C-Juli-Isotherme, wo die Temperatur ein sommerliches Mittel von 10 °C nicht überschreitet; die meisten Geographen definieren sie als das Gebiet, in dem kein Baum mehr wachsen kann. Der Nordpol liegt im eisbedeckten Polarmeer, von dem Packeis und Eisberge bis weit in den Süden abdriften.

**Eine Mohnblume** wächst in der arktischen Tundra (oben). Etwa 325 Pflanzenarten haben sich den Bedingungen in dieser Region des Eises, der Felsen und des permanent gefrorenen Unterbodens angepaßt.

**Eine Rentierherde** (rechts) bei ihrer jährlichen Wanderung gen Süden in die schützende Waldtundra.

**Junge Eisbären** (oben) lassen sich die Berührung durch Menschen noch gefallen. Später entwickeln sie sich jedoch zu gefährlichen Raubtieren.

**Entweder anpassen oder aussterben**
An ihren Standort gebunden, können die Pflanzen im unwirtlichen Winterhalbjahr nicht wie Tiere in wärmere Gefilde flüchten. Es bleibt ihnen keine andere Wahl, sie müssen sich anpassen. Viele individuell unterschiedliche Mechanismen ermöglichen den Pflanzen, trotz Wind und Kälte, Trockenheit, aber auch zuviel Nässe, kurzer Vegetationszeit und nährstoffarmer Böden zu überleben. Zwergwuchs, Polsterformen mit isolierenden Lufttaschen, dunkle Blattfarben, die mehr Sonnenwärme aufsaugen, behaarte Blätter und Stengel gegen die Kälte, Wurzeln, die direkt unter der sonnenerwärmten Bodenoberfläche bleiben, kurz, die Polarpflanzen haben sich auf die lebensfeindlichen Bedingungen eingerichtet.

Nicht alle Pflanzen haben die notwendige Anpassung geschafft. Daher ist die polare Flora artenarm. Mangels Konkurrenz sind aber die Individuenzahlen sehr groß.

In Abhängigkeit von den unterschiedlichen Standortbedingungen besiedeln Flechten, Moose, Gräser und niedrige Blütenpflanzen den von Frostverwürgungen immer wieder bewegten Auftauboden. Neben Steinbrecharten und zahlreichen Beerengewächsen sind Kriechweiden und Zwergbirken verbreitet. In der südlichen Tundra gibt es sogar niedrige Wacholder- und Rhododendrongebüsche.

**Im Winter stagniert das Leben in der Arktis**
Wenn die Tage im Herbst kürzer werden und der dunkle, sturmreiche Winter sich drohend ankündigt, verlassen die Wandervögel den hohen Norden. Von Gelb über Orange bis zu sattem Rot leuchtet jetzt die Tundra in der tiefstehenden Sonne. Vorbei ist bald das Geschrei der Gänse, das Gezwitscher der Singvögel. Nur wenige Vögel bleiben auch während des harten Polarwinters in der Arktis. Stille, eisige Nacht liegt monatelang über dem Nordpolargebiet, und nur der Sturm heult sein Lied über Schnee und Eis. Wie tot erscheint dann die Arktis, aber sie schläft nur ihren langen, tiefen Winterschlaf. Die großen Bären, der Grizzly- und der Eisbär, verkriechen sich im Winter in selbstgebauten Schneehöhlen und warten auf wärmere Zeiten. Der arktische Polarfuchs bleibt auch den Winter über aktiv. Sein dichtes, weißes Winterfell isoliert so effektiv, daß ihn die Temperatur von −40 °C nicht stört. Auch der Polarhase mit seinen kleinen Ohren hat die Kälte wenig zu fürchten. Die kleineren Säuger, Lemminge, Wühlmäuse, der amerikanische Vielfraß und der Luchs suchen Schutz in Schnee- und Bodenbauten. Die Rentiere und die größeren amerikanischen Karibus ziehen es jedoch vor, im Herbst nach Süden, in die schützenden Waldgebiete, auszuweichen. Seinen Beutetieren folgt auch der Wolf. Erst wenn die Sonne im Frühjahr wieder über dem Horizont erscheint, erwacht neues Leben.

# Arktis: Mitternachtssonne

Am 4. November 1596 verschwand die Sonne vom Horizont, und die drei Monate lange arktische Eisnacht begann. Die Finsternis des mittleren Winters wurde nur zeitweise durch den Mond und das Sternenlicht ein wenig aufgehellt, so daß man in der Blockhütte die große, mit Bärenfett gefüllte Schiffslampe nicht mehr ausgehen lassen konnte.

Die bitterkalte Polarnacht hielt die holländischen Überwinterer im schnell errichteten Willem-Barents-Haus gefangen. Erst am 19. Januar 1597 sah Barents eine fahle Röte am Himmel, den Vorboten des Sonnengestirns. Am 24. Januar ging endlich die Sonne zum erstenmal wieder auf und beendete die bedrückende, öde Winternacht.

### Die Sonne beherrscht das Leben und die Seele

Wie in Skandinavien feiern die Nordländer überall fröhlich und ausgelassen die Sommersonnenwende. Lustige Tänze und gemeinsames Singen am Freudenfeuer, üppige Mahlzeiten und stimulierende Getränke verdrängen alle Alltagssorgen und die Gedanken an den unausweichlichen Polarwinter.

### Das Naturereignis Mitternachtssonne

Wenn die rote Sonnenscheibe zur sommerlichen Mitternachtszeit nur flach über dem Horizont steht, durchlaufen die Strahlen einen langen Weg durch die wasserhaltige Atmosphäre. Nachdem der blaue Lichtanteil weitgehend herausgefiltert ist, verbleiben nur noch die satten rotgelben bis blauvioletten Farbtöne. Der Morgen- und Abendhimmel scheint in Flammen zu stehen. Mit dieser Farbenpracht können sich nur die Nordlichter messen, die mit flackerndem Lichterspiel über den dunklen Winterhimmel huschen.

Doch die Zeit der »weißen Nächte« vergeht wie im Fluge, und die folgende deprimierend wirkende Polarnacht erscheint endlos. Alkoholismus, Drogenmißbrauch und eine hohe winterliche Selbstmordrate sind typische Probleme der polaren Regionen.

Glücklicherweise wird die scheinbar nicht enden wollende Dunkelheit durch ausgedehnte dämmerige Übergangszeiten im frühen und späten Winter gemildert. Die flach einfallenden Sonnenstrahlen werden auf ihrem langen Weg durch die Atmosphäre zur Erde hin umgelenkt. Bis maximal 18° kann die Sonnenscheibe unter den Horizont versinken, ehe schließlich die dif-

**Die Inselgruppe der Lofoten** *(unten)* liegt mit 68° 30' nördlicher Breite weit innerhalb des Polarkreises. Eine Zeitraffer-Fotografie, die im Mittsommer aufgenommen wurde, zeigt, daß die Sonne 24 Stunden lang ständig am Himmel steht. Die Sonne ist auf ihrer Himmelsrunde zu sehen, die im Osten beginnt *(ganz links)*, nach Süden verläuft *(Mitte links)* und dann über Westen *(Mitte rechts)* und Norden zurück nach Osten führt.

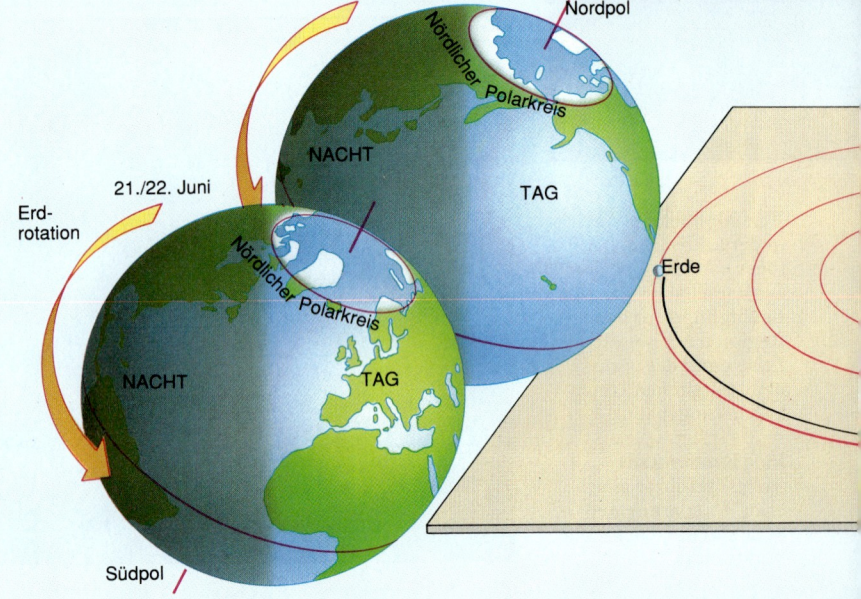

ARKTIS

**Die Mittsommernachtsfeiern** in Nordnorwegen *(links)* ziehen sich gewöhnlich über 24 Stunden hin. Freudenfeuer bilden den Mittelpunkt des Festes, bei dem auch die traditionellen Tänze aus dem »Land der Mitternachtssonne« aufgeführt werden.

**Während der 12-monatigen Laufbahn der Erde um die Sonne** *(unten Mitte)* ist die Erdachse stets um 23,5° geneigt. Gleichzeitig rotiert die Erde in 24 Stunden einmal um ihre Achse, so daß die Sonne auf dem größten Teil des Planeten regelmäßig auf- und

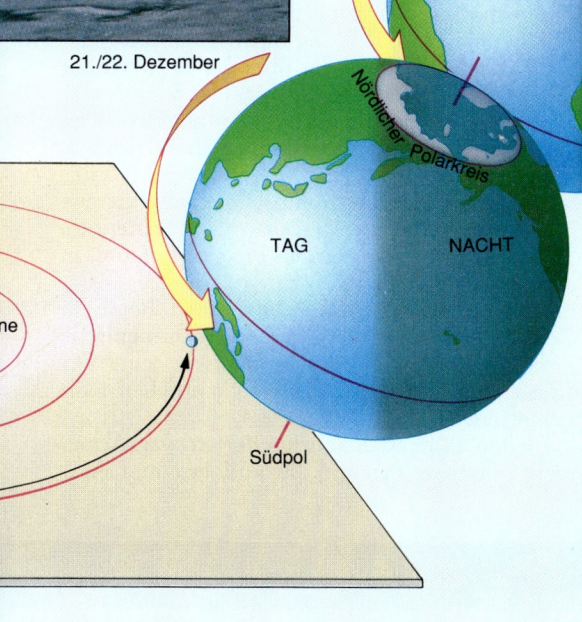

unterzugehen scheint und Tag und Nacht verursacht. Einer der Pole ist durch die Neigung der Erdachse der Sonne sechs Monate lang zugeneigt, während der andere gleichzeitig von ihr wegzeigt. So erscheint die Sonne etwa vom 20. März bis zum 23. September über dem Horizont des Nordpols und vom 23. September bis zum 20. März über dem des Südpols.

fuse Sonnenstrahlung gänzlich erlischt. Am Ende der zivilen Dämmerung, wenn die Sonne 6° unterhalb des Horizontes steht, wird das Sehvermögen des Menschen so sehr eingeschränkt, daß Außenaktivitäten ohne künstliche Beleuchtung so gut wie nicht mehr möglich sind.

### Sommertag und Winternacht als Jahreszeiten
Die Schrägstellung der Erdachse um 23,5° zur Bahnebene bewirkt beim Umlauf um die Sonne, daß der Nordpolarbereich im Nordsommer der Sonne zugewandt ist und Tag und Nacht bestrahlt wird. Im Winter, wenn die Arktis der Sonne abgewandt ist, bleibt es dauernd Nacht. Polarnacht und -tag ersetzen die sonst auf der Erde üblichen vier Jahreszeiten. Am Polarkreis, der bei 66° 32' 51" nördlicher Breite verläuft, geht die Sonne im Sommer einen Tag und eine Nacht lang nicht unter und im Winter einen Tag und eine Nacht nicht auf.

### Licht und Schatten des arktischen Lebens
In Barrow, einem kleinen Eskimo-Ort im nördlichsten Alaska, geht am 10. Mai um 1.06 Uhr die Sonne auf und erst am 2. August um 23.51 Uhr wieder unter. 84 Tage, 21 Stunden und 3 Minuten steht hier in 71° 18' nördlicher Breite die Sonne ununterbrochen über dem Horizont. In Wirklichkeit endet die vollkommene Dunkelheit bereits mit der zivilen Dämmerung am 23. April um 1.03 Uhr morgens, und die Nacht beginnt erst wieder mit dem Ende der zivilen Dämmerung am 19. August um 23.59 Uhr. Also bleibt es 118 Tage, 22 Stunden und 56 Minuten hell.

Wenn die Sonne am 18. November um 0.50 Uhr untergegangen ist, bleibt sie bis zum 24. Januar um 11.51 Uhr verschwunden. Innerhalb der 67 sonnenlosen Tage gibt es aber jeweils für einige Stunden diffuses Licht der Dämmerung. Im Dezember sind es 3 Stunden, im November und Januar sogar je 6 Stunden.

# ARMENIEN

Armenien (in armenischer Sprache Hayastan) ist die südlichste und mit 29 800 km² die kleinste der drei Kaukasusrepubliken. Das Land grenzt im Norden an Georgien, im Osten an Aserbaidschan, im Süden an Iran und im Westen an die Türkei.

Der Norden Armeniens besteht aus den zum Teil stark zerklüfteten Gebirgsketten des Kleinen Kaukasus, an den sich nach Süden das durchschnittlich 1000 m hohe Armenische Hochland anschließt. Das Hochland ist in zahlreiche Beckenlandschaften gegliedert, von denen einige mit Seen, wie dem rund 1400 km² großen Sewansee, gefüllt sind. Das Klima ist durch kalte, relativ schneereiche Winter und trocken-heiße Sommer gekennzeichnet. Armenien liegt in einer tektonisch äußerst unruhigen Region. Das letzte schwere Erdbeben fand im Dezember 1988 statt, bei dem in der Region um die Stadt Leninakan (heute: Kumajri) über 50 000 Menschen ihr Leben verloren.

Die Bevölkerung Armeniens umfaßt über 3,5 Millionen Einwohner und ist ethnisch relativ homogen. 93 % sind Armenier, 3 % Aserbaidschaner, 2 % Kurden und 2 % Russen. Etwa 7 Millionen Armenier leben im Ausland. Die Armenier sind Christen und gehören meist der armenisch-gregorianischen Kirche an. Das Armenische ist eine indoeuropäische Sprache, die seit dem 5. Jahrhundert überliefert ist, und eine eigene Schrift hat. Über ein Drittel der Bevölkerung lebt in der Hauptstadt Eriwan.

Armenien leidet seit Ende der 1980er Jahre unter wirtschaftlichem Niedergang; erst Ende der 90er Jahre zeichnete sich ein Aufwärtsentwicklung ab. Das Land besitzt nur regional bedeutende Bodenschätze (Kupfer, Bauxit, Zink, Molybdän), aber keine Energierohstoffe. Energie muß größtenteils importiert werden. Die aus dem Konflikt um Berg-Karabach resultierende Wirtschaftsblockade durch Aserbaidschan brachte große Belastungen. Extreme Energieknappheit und Rohstoffmangel lähmten die Industrie. Deren wichtigster Zweig ist die Textilindustrie. Die Landwirtschaft, die rd. 40 % zur Wirtschaftsleistung beiträgt, betreibt Viehzucht (vor allem Schafe) auf Gebirgsweiden und Getreideanbau auf den Hochlandsteppen. Auf bewässerten Feldern werden auch Zuckerrüben, Tabak, Wein und Baumwolle angebaut. Ein bedeutender Wirtschaftsfaktor ist die Finanzhilfe der Auslandsarmenier.

## Historische und kulturelle Wurzeln

Der Name Armenien erscheint erstmals in einer persischen Felseninschrift des 6. Jahrhunderts v. Chr. Um diese Zeit hat sich das Volk der Armenier wohl in seinem heutigen Verbreitungsgebiet niedergelassen, das über die Grenzen der Republik Armenien hinausreicht und Teile der Türkei und Irans einschließt. Anfangs ein Teil des Perserreichs, war Armenien im 2. und 1. Jahrhundert v. Chr. ein bedeutendes Königreich, bis es die Oberhoheit Roms anerkennen mußte. Im Jahr 301 wurde das Christentum Staatsreligion; Armenien war das erste Land, in dem dies geschah. Um 400 wurde die armenische Schrift geschaffen, die noch heute in Gebrauch ist. Seither gibt es eine armenische Literatur; damit ist das Armenische eine der ältesten Literatursprachen des christlichen Kulturkreises.

In den folgenden Jahrhunderten war Armenien zwischen Persern, Byzantinern und Ara-

**Händler auf dem Viehmarkt** in der Nähe von Eriwan. In den rauhen Bergregionen wird vor allem Viehzucht betrieben.

## Daten und Fakten

**DAS LAND**
Offizieller Name:
Republik Armenien
Hauptstadt:
Eriwan (Jerewan)
Fläche:
29 800 km²
Landesnatur:
Im N stark zerklüftete Gebirgsketten des Kleinen Kaukasus, nach S folgt das rund 1000 m hohe Armenische Hochland, das in zahlreiche Beckenlandschaften gegliedert ist
Klima:
Kontinentales Klima mit heißen Sommern und mäßig kalten Wintern
Höchster Punkt:
4090 m, g. Aragac

**DER STAAT**
Regierungsform:
Präsidiale Republik
Staatsoberhaupt:
Präsident
Verwaltung:
37 Distrikte
Parlament:
131 Mitglieder, Wahl alle 4 Jahre
Nationalfeiertag:
21. September
**DIE MENSCHEN**
Einwohner (Ew.):
3 525 000 (1999)
Bevölkerungsdichte:
118 Ew./km²
Stadtbevölkerung: 70 %
Bevölkerung unter 15 Jahren: 25 %
Analphabetenquote: 2 %
Sprache:
Armenisch, Russisch

Religion:
Armenisch-gregorianische Christen
**DIE WIRTSCHAFT**
Währung: Dram
Bruttosozialprodukt (BSP)
1 824 Mio. US-$ (1998)
BSP je Einwohner:
480 US-$
Inflationsrate:
349 % (1990–98)
Importgüter:
Mineralische Rohstoffe, Nahrungsmittel
Exportgüter:
Edel- und Schmucksteine, Metalle
Handelspartner:
Rußland, USA, Belgien
Eisenbahnnetz: 832 km
Straßennetz: 10 200 km
Fernsehgeräte je 1000 Ew.: 218

**Das Parlamentsgebäude im Zentrum von Eriwan** *(oben)*. Monumentale Bauten aus dem heimischen roten, rosa und gelben Tuffstein und breite Straßen prägen das Stadtbild.

**Die Republik Armenien** *(oben rechts)* umfaßt den nordöstlichen Teil der historischen Landschaft Armenien.

bern umstritten. Im 9. Jahrhundert erlangte es nochmals eine gewisse Selbständigkeit (»Großarmenien«), danach wurde es erneut von fremden Eroberern heimgesucht und war schließlich jahrhundertelang Streitobjekt zwischen dem persischen und dem osmanischen Reich. Im 19. Jahrhundert wurde Rußland zur Vormacht in der Region: 1828 nahm es den Türken, 1878 den Persern große Teile Armeniens ab. Die unter türkischer Herrschaft verbliebenen Armenier waren in den Jahren 1895/96 und besonders 1915/16 grausamen Verfolgungen ausgesetzt, die 1,5 Millionen Todesopfer forderten.

**Kleine Kapelle am Sewansee** *(unten)*, der von erloschenen Vulkanbergen des Kleinen Kaukasus eingerahmt wird. Der See liegt 1915 m über dem Meeresspiegel.

### Der lange Weg in die Unabhängigkeit

Nach der Revolution von 1917 erklärte sich Russisch-Armenien im Mai 1918 für unabhängig. Führend war die nationalistische Partei der Daschnaki. 1920 wurde an der Grenze zum bereits sowjetischen Aserbaidschan ein kommunistischer Aufstand angezettelt, dessen Führer – nach dem Vorbild ihrer Genossen im Nachbarland – die Rote Armee ins Land riefen. Nach dem Einmarsch proklamierten sie die Armenische Sozialistische Sowjetrepublik. Die Armenische SSR wurde 1922 mit Aserbaidschan und Georgien zur Transkaukasischen Föderativen SSR vereinigt. 1936 wurde diese Föderation wieder aufgelöst, und Armenien erhielt den Status einer Unionsrepublik.

Das änderte sich erst im Reformklima der 80er Jahre. Mit dem Streben nach nationaler Eigenständigkeit lebten aber auch alte regionale Gegensätze wieder auf. Ein schwerer Konflikt mit der Nachbarrepublik Aserbaidschan um die armenische Exklave Berg-Karabach eskalierte zu einem blutigen Krieg. Seit Mai 1994 herrscht ein von Rußland vermittelter Waffenstillstand, eine dauerhafte Friedenslösung zeichnet sich jedoch nicht ab. Die weitreichende kulturelle Autonomie wurde seit den 1930er Jahren rigide unterdrückt.

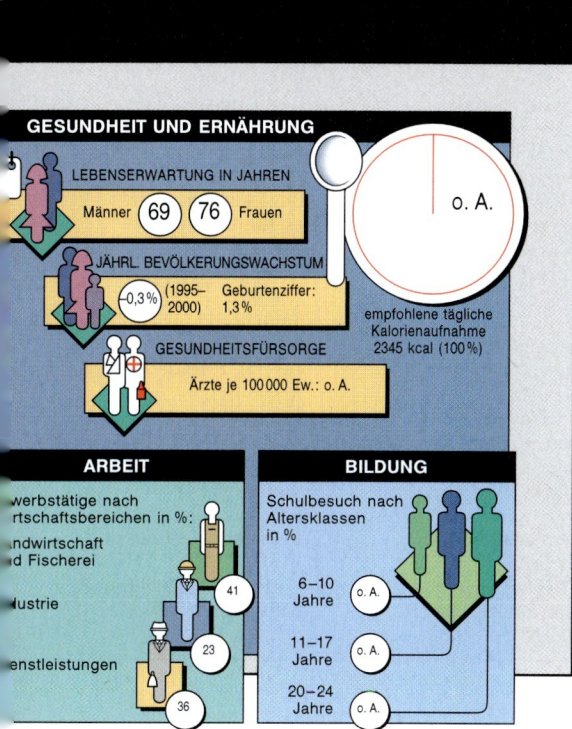

# ASERBAIDSCHAN

Aserbaidschan ist mit einer Fläche von 86 600 km² die größte der drei Kaukasusrepubliken und nimmt den südöstlichen Teil Kaukasiens ein. Zu Aserbaidschan gehören auch die im Armenischen Hochland gelegene Exklave Nachitschewan und das Autonome Gebiet Berg-Karabach, das jedoch von Armenien besetzt wurde.

Im Norden und Süden des Landes bestimmen die südöstlichen Ausläufer des Großen und Kleinen Kaukasus, die sich allmählich zum Kaspischen Meer absenken, die Landesnatur. Der mittlere Landesteil wird vom breiten Tal der Kura eingenommen, die bei Mingetschaur zu einem 620 km² großen Stausee aufgestaut ist. Ab Mingetschaur (Mingäçevir) ist die Kura (Kür) schiffbar. In ihrem Unterlauf durchfließt sie die weite, von Steppe und Halbwüste eingenommene und stellenweise versumpfte Kura-Araks-Niederung, bevor sie in das Kaspische Meer mündet. Der Südosten Aserbaidschans wird von dem relativ feuchten und landwirtschaftlich intensiv genutzten Tiefland von Lenkoran (Länkäran) sowie den nördlichen Ausläufern des Talyschgebirges eingenommen. Nördlich der Kuramündung liegt die Halbinsel Apscheron mit der Hauptstadt Baku.

Von den 7,7 Millionen Bewohnern Aserbaidschans waren 1998 offiziell 85 % Aseri (Aserbaidschaner), 2 % Armenier und 4 % Russen; die Armenier leben fast ausschließlich in Berg-Karabach. Die Aseri bekennen sich überwiegend zum Islam schiitischer Ausrichtung. Ihre Sprache ist eine Turksprache, die nach 1939 mit kyrillischen Buchstaben geschrieben wurde, nach der Unabhängigkeit jedoch in lateinischer Schrift geschrieben wird.

Die Wirtschaft Aserbaidschans beruht vor allem auf den umfangreichen Erdöl- und Erdgaslagern. Die Offshore-Lagerstätten im Kaspischen Meer werden mit ausländischer Hilfe erschlossen. Neue Pipelines führen nach Georgien und in die Türkei. Für den Ackerbau ist das Land in weiten Teilen zu trocken. Doch durch die Stauanlage von Mingetschaur und ein weitverzweigtes Bewässerungssystem ist der Anbau von Baumwolle, Getreide, Obst und Gemüse möglich.

## Der sowjetische Orient

Das heutige Aserbaidschan gehörte im Altertum zu den Reichen der Meder und Perser. Im 8. nachchristlichen Jahrhundert wurde es von den Arabern unterworfen und islamisiert. In den folgenden Jahrhunderten war das Land in zahlreiche Kleinstaaten unter mongolischer, persischer und osmanischer Oberherrschaft aufgesplittert. Seit dem 18. Jahrhundert wurde auch Rußland in Aserbaidschan aktiv und unterwarf nach und nach die einzelnen Chanate. 1829 wurde nach einem russisch-persischen Krieg der nördliche Teil des Landes dem russischen Reich einverleibt. Der südliche Teil blieb persisch. Rußland versuchte mehrfach, ihn gleichfalls in seinen Besitz zu bringen. Nach der russischen Revolution wurde 1918 eine unabhängige Republik Aserbaidschan unter Führung der islamisch-nationalen Mussawat-Partei ausgerufen. 1920 putschten die Kommunisten in ihrer Hochburg Baku. Die Rote Armee marschierte ein, und kurz darauf wurde die Aserbaidschanische Sozialistische Sowjetrepublik proklamiert. 1922 wurde sie mit Armenien und Georgien zur Transkaukasischen Föderativen SSR vereinigt. Diese Föderation wurde 1936 wieder aufgelöst,

**Die Menschen feiern** die Wiederherstellung der Unabhängigkeit ihres Landes am 30. August 1991 *(oben)*.

## Daten und Fakten

**DAS LAND**
**Offizieller Name:**
Aserbaidschanische Republik
**Hauptstadt:**
Baku
**Fläche:**
86 600 km²
**Landesnatur:**
Im N und S Ausläufer des Großen und Kleinen Kaukasus, dazwischen liegt das breite Tal der Kura, die im SO die Kura-Aras-Niederung durchfließt
**Klima:**
Im N gemäßigtes Klima, sonst überwiegend subtropisches Klima
**Hauptflüsse:** Kura
**Höchster Punkt:**
4466 m, Bazardüzü
**Tiefster Punkt:**
−28 m Kaspisches Meer
**DER STAAT**
**Regierungsform:**
Präsidiale Republik
**Staatsoberhaupt:**
Präsident
**Verwaltung:**
54 Distrikte, 9 bezirksfreie Städte; Autonomes Gebiet Berg-Karabach, Autonome Republik Nachitschewan
**Parlament:**
Nationalversammlung mit 125 Mitgliedern, die alle 5 Jahre gewählt werden
**Nationalfeiertag:**
28. Mai
**DIE MENSCHEN**
**Einwohner (Ew.):**
7 697 000 (1999)
**Bevölkerungsdichte:**
89 Ew./km²
**Stadtbevölkerung:**
57 %
**Bevölkerung unter 15 Jahren:**
29 %
**Analphabetenquote:**
4 %
**Sprache:**
Aserbaidschanisch (Aseri), Russisch, Armenisch
**Religion:**
Moslems
**DIE WIRTSCHAFT**
**Währung:**
Aserbaidschan-Manat
**Bruttosozialprodukt (BSP):**
3 870 Mio. US-$ (1998)
**BSP je Ew.:**
490 US-$

und die drei Gliedstaaten erhielten den Rang von Unionsrepubliken.

### Bürgerkrieg

Im Zuge der Reformpolitik der 80er Jahre brachen auch uralte Gegensätze zwischen den ethnisch, sprachlich, religiös und kulturell geschiedenen Aserbaidschanern und Armeniern auf. Der Konflikt entzündete sich an dem Autonomen Gebiet Berg-Karabach. Diese zu 80 % von Armeniern bewohnte Region hatte die Sowjetmacht 1920 der Republik Aserbaidschan zugeschlagen. 1988 beschloß der Gebietssowjet von Berg-Karabach den Austritt aus der Aserbaidschanischen SSR und den Anschluß an die Armenische SSR. Daraufhin kam es zu blutigen Auseinandersetzungen. In den Städten Baku und Sumgait (Sumqayit) fanden Pogrome gegen dort ansässige Armenier statt. Berg-Karabach wurde der direkten Verwaltung Moskaus unterstellt. Das brachte keine Befriedung. Hunderttausende Armenier flohen aus Aserbaidschan nach Armenien, ebenso viele Aserbaidschaner aus Armenien nach Aserbaidschan. Nach dem Untergang der Sowjetunion kam es zu einem blutigen Krieg zwischen beiden Republiken. Russische Vermittlung führte 1994 zu einem Waffenstillstand, doch eine Lösung des Konflikts zeichnete sich auch Anfang des 21. Jahrhunderts nicht ab.

**Aserbaidschan** *(oben)* ist der größte Staat in der Kaukasusregion – **Bewaffnete Armenierinnen in Berg-Karabach** *(rechts)*. In dieser zu 80 % von Armeniern bewohnten Region kam es 1988 zu einem blutigen Nationalitätenkonflikt zwischen Aserbaidschanern und Armeniern. – **Beten zu Allah** *(unten rechts)*, eine typische Szene aus dem Alltag. Die Aserbaidschaner sind überwiegend schiitische Moslems mit westlichen Lebensformen.

# ÄTHIOPIEN

»Dreizehn Monate Sonnenschein«. Mit diesem Slogan warb Äthiopien früher erfolgreich um ausländische Besucher. Später blieben die Touristen aus. Die »Wiege der Menschheit«, das Wasserreservoir Nordostafrikas, wurde in den 80er Jahren zum Symbol des Hungers. Stellvertretend stand es damit für das Schicksal des ärmsten Kontinents. Einst ein blühendes christliches Reich mit großer Kultur, ernährte das fruchtbare Hochland leicht seine Bevölkerung. Seit aber der Staat und der Weltmarkt die Bauern nicht länger ihr eigenes Korn anbauen ließen, wuchsen Unordnung und Not von Jahr zu Jahr. Unmut schlug in Revolution um, Verzweiflung in Terror. Erst das Ende des Bürgerkriegs 1991 weckte neue Hoffnungen, die jedoch nach wiederholten Konflikten mit dem 1993 gegründeten Nachbarstaat Eritrea begraben wurden.

**Der Löwe von Juda**
Drei bis vier Millionen Jahre alt sind die Gebeine von »Lucy«, die 1974 im Awash-Tal auf äthiopischem Boden gefunden wurden und somit zu den ältesten Skeletten eines Hominiden zählen. Im gleichen Jahr wurde das älteste Kaiserhaus der Welt gestürzt. Der »Negus« Haile Selassie (1892–1975) entstammte jener Dynastie, die – laut äthiopischem Nationalepos – um 1000 v. Chr. von Menelik I., einem Sproß aus der Verbindung König Salomons von Juda mit der Königin von Saba, begründet wurde.

Diese Legende spiegelt die enge Verbindung Äthiopiens zu Saba in Südarabien wider, von woher seit vorchristlicher Zeit Semiten einwanderten, die dem Land den Namen »Abessinien« (»Völkergemisch«) gaben. Das griechische »Aithíopes« (»verbrannte Gesichter«) bezeichnete zunächst alle Afrikaner südlich von Ägypten. Die sabäischen Einwanderer gründeten das Reich von Aksum, das vom Handel mit der hellenistischen Welt lebte und im Jahre 330 zum Christentum bekehrt wurde. Doch schon mit dem Bekenntnis zum monophysitischen Glauben (451) lockerten sich die Bande zur römischen Kirche, und im 7. Jahrhundert isolierte der Siegeszug des vordringenden Islam die Abessinier von Europa. Sie gaben den Handel auf und zogen sich als Bauern in die Berge zurück; es entstanden die beiden Völker Amhara und Tigre.

Seit Beginn des 11. Jahrhunderts herrschte die nicht-semitische Dynastie der Zagwe. Als eifrige Christen erbauten sie inmitten eines wilden Olivenhains das »afrikanische Jerusalem« Lalibela. Seit 1270 verdrängten amharische Prinzen der salomonischen Dynastie die Zagwe und unterwarfen im 14. Jahrhundert die islamischen Sultanate im Südosten. Ihre militärische Macht ermöglichte ihnen sogar den Schutz der ägyptischen Christen, und wirtschaftliches Wohlergehen begünstigte eine kulturelle Hochblüte. Die Kirche war wichtigste Stütze des Kaisers. In den Klöstern entstand eine eigene Nationalliteratur.

# ÄTHIOPIEN

### Invasion und Renaissance

1498 entdeckten die Portugiesen den Seeweg nach Indien. Die Herstellung direkter Beziehungen zu dem Gewürzland schaltete den Zwischenhandel über das Rote Meer aus, der bislang in den Händen der Moslems gelegen hatte. Das hatte empfindliche wirtschaftliche Konsequenzen für die Sultanate im Süden. Als Portugal versuchte, Abessinien für einen Stellvertreterkrieg gegen den Islam zu gewinnen, drang Ahmad Grañ (1506–1543) in einer Serie von Feldzügen bis ins Herz des Hochlandes vor. Gleichzeitig begannen die Oromo, animistische Nomaden, nach Norden zu ziehen. Nur mit portugiesischer Hilfe konnte Grañ 1543 besiegt werden. Die Oromo-Invasion zerstörte die Sultanate vollends.

Abessinien besann sich nun vermehrt auf das eigene Erbe, baute neu, was in den Wirren zerstört worden war. In Gondar, Hauptstadt seit 1636 und nach Kairo zweitgrößte Stadt Afrikas, entstanden zahllose Kirchen und Klöster. Ein Juwel ist die Kapelle Debre Berhan Selassie, deren Wand- und Deckenbemalung oft kopiert wurde. Auch auf stillen Inseln im Tanasee verstecken sich viele herrliche Klöster, die nur mit schmalen Papyrusbooten erreichbar sind. Der streng wirkende Kaiserpalast zu Gondar zeigt indisch-portugiesischen Stil: die amharische Renaissance ließ sich geistig durchaus von den Mächten befruchten, die sie politisch vor der Tür hielt.

### Feudale Restauration

Nach 1750 zerfiel das Reich in Teilfürstentümer. Mächtige Feudalherren schwangen sich zu unabhängigen Provinzfürsten (Ras) auf. Erst angesichts der wachsenden Bedrohung durch ägyptische und europäische Kolonialinteressen gelang seit 1855 schrittweise die Wiedervereinigung. Kaiser Menelik II. (1844–1913) konnte die Errichtung einer italienischen Kolonie am Roten Meer (Eritrea) zwar nicht verhindern, doch nach seinem Sieg über Italien 1896 schob er in Verträgen mit den europäischen Mächten Äthiopiens Grenzen weit nach Südosten ins somalische Gebiet vor.

Der Konkurrenz der Europäer untereinander und dem diplomatischen Geschick des Kronprinzen Ras Tafari Makonnen von Schoa, der sich 1930 als Haile Selassie zum »König der Könige« (»negus negesti«) krönen ließ, verdankte Äthiopien seine Unabhängigkeit. 1926 wurde das Land in den Völkerbund aufgenommen, doch verhinderte dies nicht den Überfall italienischer Truppen, die 1936 durch Giftgaseinsatz Äthiopien eroberten. Der »Negus« verließ sein Land. 1941 wurden die Italiener wieder vertrieben. In den folgenden Jahren suchte Kaiser Haile Selassie amerikanische Unterstützung für ein Modernisierungsprogramm des Landes, das jedoch an seiner autokratischen Herrschaft und der feudalistischen Gesellschaftsstruktur nichts änderte.

# ÄTHIOPIEN: DER STAAT

Anfang der 70er Jahre war das feudalistische Regierungssystem Haile Selassies am Ende. Die verarmten Bauern litten unter den Abgaben an die Großgrundbesitzer, das städtische Bürgertum sah sich in seinen Entfaltungsmöglichkeiten eingeengt. Die Inflation im Gefolge der Dürrekatastrophe von 1973 löste in Äthiopien Massendemonstrationen und Streikwellen aus und leitete die Revolution von 1974 ein. Doch schnell übernahm die Armee die Macht.

### Der »Rote Negus«

Im September 1974 wurde Kaiser Haile Selassie I. nach fast sechzigjähriger Herrschaft abgesetzt. Die Staatsgewalt übernahm ein »provisorischer militärischer Verwaltungsrat« (Derg), der Äthiopien 1975 zur Republik erklärte.

Aus blutigen inneren Machtkämpfen ging 1977 Mengistu Haile Mariam (* 1937) als stärkster Mann im Derg hervor, doch dauerte es ein weiteres Jahr, bis die Machtfrage endgültig geklärt war – eine Zeit, die von Einschüchterungs- und Unterdrückungskampagnen gekennzeichnet war und in der mehrere tausend Menschen dem »Roten Terror« zum Opfer fielen. Ein Versuch des Nachbarlandes Somalia, die Wirren zur Eroberung des somalisch bewohnten Ogaden auszunutzen, wurde mit Hilfe kubanischer Truppen und sowjetischer Berater 1978 zurückgeschlagen.

Das Militär wurde zur Staatskaste, die sozialistische Slogans benutzte, um ihre Privilegien zu sichern. Seit 1981 versuchte der Derg, seine Machtbasis durch »zivile« Institutionen zu festigen. Über die Hälfte der Aktivisten der 1984 gegründeten »Äthiopischen Arbeiterpartei« (WPE) waren Soldaten. Neben diesen blieben arme Städter, denen man Wohnung und Brot gab, sowie die vom feudalen Joch befreiten Bauern die Hauptstützen des Regimes.

**Die grünen Hügel** des Hochlands von Äthiopien *(rechts)* erstrecken sich im Norden bis zum Tanasee, der vom Blauen Nil, hier Abay (Abbai) genannt, durchflossen wird. Der Hauptteil der Bevölkerung lebt im Hochland, wo es die fruchtbarsten Böden gibt.

**Ein äthiopisches Kind** *(links)* schläft auf dem Arm eines alten Mannes, in dessen Gesicht das Leiden zum Ausdruck kommt, dem die äthiopische Bevölkerung durch bewaffnete Konflikte, Hungersnöte und Flüchtlingselend ausgesetzt ist.

### Afrikas längster Krieg

Im Zentrum des Landes konnte Mengistu seine Gegner ausschalten, doch in den Provinzen herrschte weiterhin Krieg. Seit 1961 forderte Eritrea seine Unabhängigkeit, seit 1976 kämpfte Tigre für Autonomie. Kleinere Guerillagruppen operierten unter den Oromo, Somali und Afar. In Eritrea leben christliche Hochlandbauern und moslemische Nomaden. Durch die Unabhängigkeitsbewegung entwickelte sich ein eritreisches Nationalbewußtsein. Angesichts der Aufhebung der Autonomie (1962) griff man zur

## Daten und Fakten

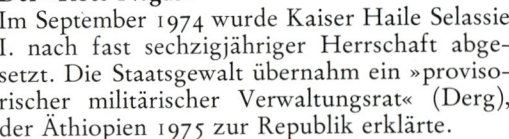

**DAS LAND**
**Offizieller Name:** Demokratische Bundesrepublik Äthiopien
**Hauptstadt:** Addis Abeba
**Fläche:** 1 104 300 km²
**Landesnatur:** Im Zentrum Äthiopisches Hochland, das von SW nach NO von einem Teil des Ostafrikanischen Grabens durchzogen wird, im NO Danakil-Senke
**Klima:** Tropisches Hochlandklima mit relativ niedrigen Temperaturen u. hohen Niederschlägen, im Tiefland trockenheiß
**Hauptflüsse:** Blauer Nil, Awash, Wabi Shebele

**Höchster Punkt:** Ras Dashen 4620 m
**Tiefster Punkt:** Danakil-Senke, 116 m unter Meeresspiegel
**DER STAAT**
**Regierungsform:** Parlamentarische Republik
**Staatsoberhaupt:** Staatspräsident
**Regierungschef:** Premierminister
**Verwaltung:** 9 Regionen, Hauptstadtdistrikt
**Parlament:** Rat der Volksabgeordneten mit 548 auf 5 Jahre gewählten Mitgliedern
**Nationalfeiertag:** 6. April

**DIE MENSCHEN**
**Einwohner:** 61 095 000 (1999)
**Bevölkerungsdichte:** 55 Ew./km²
**Stadtbevölkerung:** 18 %
**Bevölkerung unter 15 Jahren:** 35 %
**Analphabetenquote:** 61 %
**Sprache:** Amharisch, semitische und kuschitische Sprachen
**Religion:** Äthiopische Christen 53 %, Moslems 30 %
**DIE WIRTSCHAFT**
**Währung:** Birr
**Bruttosozialprodukt (BSP):** 6 127 Mio. US-$ (1998)

Waffe. Seit Ende der 80er Jahre verdichtete sich der Widerstand gegen die Zentralregierung. 1991 stürzten verschiedene Rebellengruppen unter Führung der »Volksdemokratischen Revolutionsfront« (EPRDF) das Mengistu-Regime. Mengistu floh außer Landes. Eine Nationalkonferenz setzte einen Staatsrat mit der Aufgabe ein, demokratische Strukturen und Institutionen zu etablieren, was mit der neuen Verfassung von 1994 umgesetzt wurde. Nach einem von der UNO überwachten Referendum wurde die Provinz Eritrea am 24. 5. 1993 zum selbständigen Staat. Ministerpräsident Meles Zenawi (* 1955), der frühere Generalsekretär der EPRDF, betreibt die juristische Aufarbeitung der Mengistu-Ära und versucht, die wirtschaftliche Entwicklung des Landes zu forcieren. Seit der Staatsgründung Eritreas kam es wiederholt zu bewaffneten Konflikten zwischen Truppen beider Staaten.

**Äthiopien** (oben) liegt im nordöstlichen Afrika. Im Zentrum des Landes erhebt sich ein fruchtbares Hochland. Hier liegt auch die Hauptstadt.

### Vielvölkerstaat

Die Bevölkerung setzt sich aus über 100 Nationalitäten und ethnischen Gruppen zusammen. Seit dem 13. Jahrhundert bestimmte jedoch die Minderheit der christlichen Amharen die Geschicke des Landes. Gestützt auf die Kirche breitete sich ihr Feudalstaat immer weiter nach Süden aus. Dabei wurden Teile der Oromo assimiliert. Erheblichen Widerstand leistete die islamische Bevölkerung.

Einer Neuorganisation der 14 Provinzen nach ethnischen Kriterien warf man vor, statt einer Dezentralisierung nur neuen Eliten zu dienen. Die stärkste Kritik aber erntete das Umsiedlungsprogramm: 1985 wurden 600 000 »Freiwillige« aus dem trockenen, übervölkerten Norden in neuen Dörfern im fruchtbaren Südwesten angesiedelt. Damit wurden sie dem Einfluß des Widerstands in Eritrea und Tigre entzogen und halfen mit, die ansässige Bevölkerung zu kontrollieren. Aufgrund internationaler Proteste wurde die Zwangsumsiedlung 1986 vorübergehend gestoppt. Aufgabe der neuen Regierung wird es sein, ohne Zwangsmaßnahmen einen Ausgleich zwischen den verschiedenen Bevölkerungsgruppen zu finden.

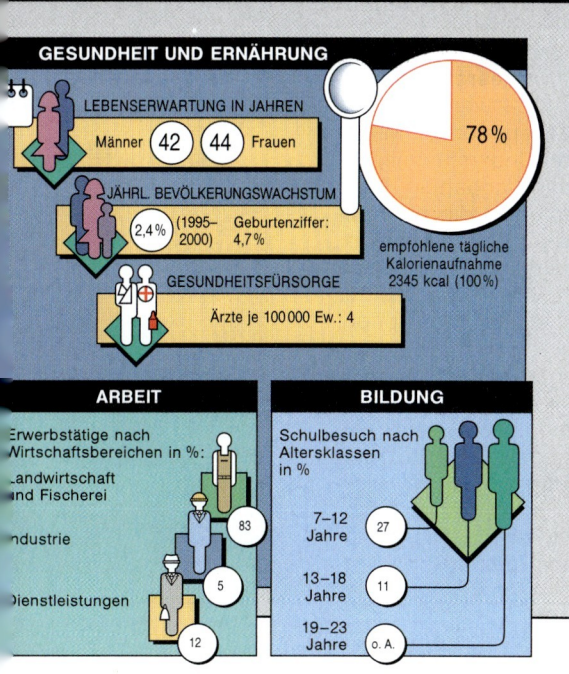

# ÄTHIOPIEN: DAS LAND

Sanfte Hügel, von Hirse bewachsen. Flache Täler, voll schwarzer Erde. Wilder Thymian, Wacholderbüsche, Kandelabereuphorbien. Ein freundliches, fruchtbares Land, das sich plötzlich in steilen, engterrassierten Abhängen in die Tiefe stürzt. Tausend Meter und tiefer bricht ein Fluß sich seine Bahn durch präkambrisches Gestein, ziehen riesige Viehherden durch die gelbe Savanne zum Horizont. Äthiopien ist, im Kern, ein reiches Land. Dennoch hat es fast das niedrigste Pro-Kopf-Einkommen der Erde, werden Tausende von Menschen Opfer von Hungersnöten. Tragik oder Politik?

### Das Dach von Afrika

Der Gegensatz zwischen dem gemäßigten, regenreichen Hochland und den heißen, trockenen Tiefebenen bestimmt die Landesnatur Äthiopiens.

Das Hochland ist kein geschlossener Gebirgsblock, sondern besteht aufgrund seiner geologischen Vergangenheit und der formbildenden Verwitterungskräfte aus recht unterschiedlichen Hochflächen, Bergstöcken, Tafelbergen und Vulkankuppen, die von steilen Tälern begrenzt werden. Die tropische Sonnenglut wird durch die Höhenlage erheblich gemildert, die jährlichen Temperaturschwankungen sind gering, und der Wechsel von Regen- und Trockenperioden bestimmt die Jahreszeiten. Drei Viertel der Bevölkerung leben im Hochland, in Höhen zwischen 2000–2500 m liegen alle wichtigen Städte. Besonders intensiv bebaut ist die warm-gemäßigte Zone (»Woina Dega«), die Heimat der amharischen Kleinbauern. In der kühl-gemäßigten »Dega« bis etwa 3000 m wachsen Gerste und Weizen, und oberhalb der Baumgrenze (3000 m) nähren weite Berggrasländer Rinder und Schafe. In der »Tschoke« (um 4000 m) sprießen Erika und Riesenlobelie umgeben vom vorherrschenden nackten Fels: im wild zerklüfteten Ras Dashen (4620 m) nordöstlich von Gondar gipfelt das Gebirge.

Im Osten und Süden des Hochlandes zeugen heiße Quellen, Erdbeben und Vulkane davon, daß hier die Erdrinde noch nicht zur Ruhe gekommen ist. An dem tief eingeschnittenen Cañon des Abay, dem Oberlauf des Blauen Nils, hat sich der Fluß durch die vulkanischen Decken und die darunterliegenden Sandsteine und Kalke gegraben. Kurz nach seinem Ausfluß aus dem Tanasee stürzt er auf 500 m Breite tosend in die Tiefe. Die Fälle von Tissisat (»Feuerrausch«) gehören zu den schönsten Wasserfällen der Erde.

Zur Regenzeit bilden die Schluchten wochenlang unpassierbare Barrieren zwischen den einzelnen Provinzen. Die wichtigste natürliche Grenze ist jedoch das 30–40 km breite Rift Valley, Teil des gigantischen Ostafrikanischen Grabensystems, das sich vom Jordan zum Sambesi zieht und geologisch die Afrikanische Tafel von Asien trennt. Eine Kette vogelreicher Seen schmückt das Tal, das sich im Osten zum Afar-

**Eine alte Kirche in Lalibela** (oben), die aus massivem Fels gemeißelt wurde, erinnert an die bemerkenswerte Kulturgeschichte dieses Landes. In der Stadt stehen 11 Felsenkirchen, die zwischen dem späten 12. und frühen 13. Jahrhundert entstanden.

**Eine abschreckende Landschaft** (rechts) aus Vulkankegeln und Steinwüste bestimmt das Bild der Danakil-Senke. In dieser Region, die bis zu 116 m unter Meeresspiegelniveau liegt, können die Temperaturen auf über 50 °C ansteigen.

## Hungersnot

In den vergangenen dreißig Jahren war Äthiopien zweimal von verheerenden Dürren betroffen. Im Jahr 1984 waren infolge der langanhaltenden Dürreperiode 3 Millionen Menschen von Nahrungsmittelhilfslieferungen aus dem Ausland abhängig. Viele dieser Menschen strömten in die überfüllten, seuchenbedrohten Flüchtlingslager oder flohen in den benachbarten Sudan (200 Menschen täglich). Die Verteilung der Nahrungsmittel wurde durch Korruption, den Mangel an Lastkraftwagen und das unzureichende Straßennetz stark behindert. Der marxistischen Regierung wurde vorgeworfen, den internationalen Hilfsorganisationen nur unzureichende Unterstützung zu leisten. Um zukünftigen Dürren wirksamer begegnen zu können, ist in Äthiopien die dauerhafte Förderung geeigneter Entwicklungsmaßnahmen unerläßlich.

# ÄTHIOPIEN

**Prachtvolle Gewänder** kennzeichnen die Würdenträger der äthiopisch-orthodoxen Kirche *(oben)*. Über 50 % der Äthiopier bekennen sich zum christlichen Glauben. 30 % sind sunnitische Moslems, und rund 10 % sind Anhänger von afrikanischen Naturreligionen.

**Frauen des nomadischen Hirtenvolks der Afar** *(oben rechts)* aus dem östlichen Äthiopien bereiten pfannkuchenartige Brote, die »injera«, zu, die mit »wat«, einem würzigen Eintopfgericht, verzehrt werden.

**Hungernde Menschen** *(links)* kamen während der Dürrekatastrophe Mitte der 80er Jahre aus dem äthiopischen Hochland in die Lager des Roten Kreuzes und anderer Hilfsorganisationen. Die Notwendigkeit auswärtiger Hilfe hat sich bis heute nicht verringert, denn Hunger ist in Äthiopien ein periodisch auftretendes Problem, das durch die Bürgerkriegsflüchtlinge aus Sudan und Somalia verstärkt wird. 1995 waren ausländische Nahrungsmittelhilfen für etwa 4 Millionen Menschen notwendig.

tiefland weitet und nicht nur die Wasserscheide zwischen Mittelmeer und Indischem Ozean markiert, sondern auch zwischen amharischer und islamischer Kultur.

Klimatisch zählen die Täler im Zentralmassiv bereits zur subtropischen »Kolla«. Darunter versteht man das Land unterhalb 1800 m, das bei mittleren Temperaturen von 26–30 °C weniger als 500 mm Regen im Jahr erhält. Während die Dornbusch- und Akaziensavannen im Süden Zentren nomadischer Weidewirtschaft sind, gehört die bis zu -116 m tiefe Danakil-Wüste am Roten Meer zu den ungastlichsten Gegenden der Erde.

## Heimat des Kaffees

Äthiopiens Hinterhof liegt im Südwesten. Reiche Niederschläge haben hier einen noch weitgehend naturbelassenen tropischen Regenwald hervorgebracht. Hier befindet sich die Heimat des wildwachsenden Kaffeestrauchs. Ende des 19. Jahrhunderts finanzierten Araber erstmals die Anlage von Plantagen.

Kaffee erbringt heute durchschnittlich 60 % der Exporterlöse, Tierhäute und Ölsaaten je 5 %. Jedoch bauen die Bauern, die von der Landwirtschaft leben, hauptsächlich ihre eigene Nahrung an, vor allem Tef, ein nur in Äthiopien vorkommendes Getreide, aus dem man das Nationalgericht »injera« bereitet.

Noch ist Äthiopien vergleichsweise wenig in den Weltmarkt integriert, der Gesamtexport beläuft sich auf nur rund ein Zehntel des Bruttoinlandsprodukts. Der Anbau von Exportprodukten soll aber durch Staats- und Kollektivfarmen gesteigert werden. Neben dem Südwesten wird vor allem im Awash-Tal der mechanisierte Bewässerungsfeldbau gefördert.

## Dürren und Hungersnöte

So fruchtbar das Land im Grunde genommen ist, so deutlich haben die vergangenen Jahrzehnte gezeigt, daß Äthiopien in unregelmäßigen Abständen von Dürre- und damit verbundenen Hungerkatastrophen heimgesucht wird. Aber die Hungersnöte der letzten Jahre haben alle bisherigen in den Schatten gestellt. Ein Grund ist, neben klimatischen und politischen Faktoren, die Bevölkerungsexplosion in Äthiopien: In 30 Jahren hat sich die Einwohnerzahl des Landes verdoppelt. Brennholzeinschlag und Ausdehnung der Landwirtschaft führten zu einer rapiden Abholzung. 1900 waren noch 40 % der Staatsfläche bewaldet, gegenwärtig sind es gerade noch 2 %. Auslaugung des Bodens, Verkarstung und Erosion sind die Folge. Die Bodenverschlechterung zwingt viele Bauern, auf ökologisch labilere Gebiete auszuweichen, die auf Überbeanspruchung noch anfälliger reagieren: ein Teufelskreis. Die »Jahrhundertdürre« von 1984/85 kostete Hunderttausende das Leben, und auch danach blieb der Regen häufiger aus. Die Natur schlägt in immer kürzeren Zeitabständen zurück.

# AUSTRALIEN

# AUSTRALIEN

Australien ist der kleinste, trockenste und flachste Kontinent der Erde. Es ist ein Land der faszinierenden Gegensätze. Riesige Wüsten und die roten Schwemmebenen sind das dünn besiedelte oder unbewohnte »rote Herz« Australiens *(links),* während der Großteil der Bevölkerung in den Orten und Städten der fruchtbaren östlichen Küstenebene wohnt. Nordaustralien liegt in den Tropen. Hingegen werden die Berge des Südostens von einer winterlichen Schneedecke überzogen.

Wenngleich das australische »Buschland« das Bild des Landes geprägt hat, so handelt es sich tatsächlich jedoch um eine urbane, technologisch weit fortgeschrittene und entwickelte Gesellschaft. Die landwirtschaftlichen Erzeugnisse und Bodenschätze haben zum allgemein hohen Lebensstandard der Australier beigetragen. Das Land ist der größte Wollexporteur der Welt und ein wichtiger Erzeuger von Rindfleisch, Zuckerrohr und Weizen. Mit reichhaltigen Erzlagerstätten ist das Land weltweit der führende Produzent und Exporteur von Bauxit, dem Erz, aus dem Aluminium hergestellt wird.

Das überwiegend heiße oder warme Klima verführt viele Australier zum Aufenthalt an der »frischen Luft«, wobei sich der Strandaufenthalt und das Barbecue besonderer Beliebtheit erfreuen. Aber Australien ist auch ein Land der Buschbrände, Dürren und Überschwemmungen. Tobende Sommerzyklone und Monsunwinde überqueren die tropischen Gebiete. Dürren im Landesinneren können jahrelang dauern und Buschbrände eine Bedrohung für die Vororte der Städte sein.

Die einzigartige Tierwelt reicht von Kängeruhs über Schnabeltiere und Koalabären bis hin zum Trauerschwan. Es ist auch das Land des Eukalyptus sowie der Schaf- und Viehzuchtfarmen. Die bemerkenswertesten Wahrzeichen sind der Ayers Rock, der größte Monolith der Welt, und das Große Barriereriff, das größte Korallenriff der Welt.

Australien hält die Verbindung zum »Mutterland« England noch aufrecht. Die Australier fahren auf der linken Straßenseite und Englisch ist die offizielle Landessprache. Heute lebt jedoch eine große Zahl von Einwanderern aus anderen europäischen Ländern und Asien in Australien. Die Aborigines, die Ureinwohner Australiens, sind nur eine kleine Minderheit.

Durch den modernen Flugverkehr und neue Telekommunikationssysteme hat Australien – einst ein ferner Kontinent – den Anschluß an die Welt gefunden. Touristen aus aller Welt kommen, um ein Land mit spektakulären Landschaftsformen, einem eigenen Lebensstil, eigener Kultur und Folklore zu erleben. Im Landesinneren entdecken sie die ehrfurchtgebietende Leere des Buschlandes. In den modernen Städten finden sie das kosmopolitische Australien, den Schmelztiegel einer neuen Nation, die unter dem Kreuz des Südens liegt.

# AUSTRALIEN: DER STAAT

Der Australische Bund ist ein Bundesstaat, bestehend aus sechs Gliedstaaten (Neusüdwales, Victoria, Südaustralien, Queensland, Tasmanien und Westaustralien) zwei Festlandsterritorien (Bundesdistrikt und Nordterritorium) und einigen Außenterritorien. Canberra ist Bundeshauptstadt.

Australien erkennt Königin Elisabeth II. von Großbritannien als Staatsoberhaupt an. Die Königin hat jedoch keine wirkliche Macht; ihr Titel hat mehr Symbolcharakter, gehören doch beide Staaten zum Commonwealth. Vertreten wird die Königin in Australien durch den Generalgouverneur, dessen offizielle Aufgabe es ist, das Parlament einzuberufen und aufzulösen; man erwartet im allgemeinen nicht, daß er eine wesentliche Rolle spielt. Eine Ausnahme gab es jedoch 1975, als die damalige Labour-Regierung in eine Krise geriet, nachdem der Senat den Bundeshaushaltsplan abgelehnt hatte. Gough Whitlam (* 1916), der damalige Premierminister, weigerte sich zurückzutreten, der Generalgouverneur entließ ihn jedoch und rief Neuwahlen aus.

### Die Verfassung und das politische System

Australien verfügt über eine schriftlich niedergelegte Verfassung. Die Rechte seiner Bürger sind gesetzlich verankert und nicht (wie in Großbritannien) durch Tradition oder Konvention geschützt. Die Verfassung legt die Machtbefugnisse der Bundes- und Gliedstaatenregierung fest und garantiert bestimmte Grundrechte, wie etwa die Religionsfreiheit.

Das Bundesparlament besteht aus dem Repräsentantenhaus und dem Senat. Die Wähler in den Gliedstaaten und Territorien wählen die Senatoren und die Mitglieder des Repräsentantenhauses. Es besteht Wahlpflicht für alle Bürger über 18 Jahre. Im Repräsentantenhaus werden die Gesetzesentwürfe der Regierung eingebracht und zur Diskussion gestellt. Der Senat als zweite Kammer kann Gesetzesentwürfe ablehnen oder zustimmen, normalerweise unterstützt jedoch die Mehrheit des Senats die Regierung.

Der Premierminister wird von der Partei gestellt, die im Repräsentantenhaus über die Mehrheit verfügt. Er (oder sie) bildet zusammen mit den Ministern das Kabinett, das die Regierungspolitik festlegt. Die Bundesregierung ist beispielsweise verantwortlich für Außenpolitik, Verteidigung, Steuerwesen und weitere Ressorts, die das ganze Land betreffen.

Jeder Gliedstaat hat seine eigene Regierung unter dem Vorsitz eines Premiers und Gouverneurs als Repräsentant der Königin. Die Staaten erheben zwar ihre eigenen Steuern, sind aber dennoch zur Finanzierung ihrer Politik stark abhängig von Geldern der Bundesregierung. In die Kompetenz der einzelnen Staaten fallen das Gesundheits-, Bildungs-, Transport- und Verkehrswesen und die Polizei. Dagegen gehören Gemeindestraßen, Müllabfuhr, Büchereien und Parks in den Verantwortungsbereich der Stadt- und Gemeindeverwaltungen. Der Aufbau der Staats- und Kommunalverwaltung folgt britischem Vorbild.

### Schulwesen und Sprache

Im allgemeinen besuchen die Kinder staatlich finanzierte Schulen, doch geht etwa ein Viertel aller Kinder im schulpflichtigen Alter in meist konfessionelle Privatschulen, die Schulgeld fordern. Die Schulpflicht liegt in der Mehrzahl der Staaten zwischen 5 und 15 Jahren. Von den über

## Daten und Fakten

**DAS LAND**
**Offizieller Name:** Australischer Bund (Commonwealth of Australia)
**Hauptstadt:** Canberra
**Fläche:** 7 741 220 km²
**Landesnatur:** Westaustralischer Schild, vorgelagert Küstenebene, im Inneren Zentrales Becken (Großes Becken u. Murray-Darling-Becken), im O Ostaustral. Kordillere (Great Dividing Range)
**Klima:** Im N tropisches, im S subtropisches bis warmgemäßigtes, im Inneren Wüstenklima
**Hauptflüsse:** Murray, Darling, Lachlan, Murrumbidgee

**Höchster Punkt:** Mount Kosciusko 2228 m
**Tiefster Punkt:** Lake Eyre −16 m
**DER STAAT**
**Regierungsform:** Parlamentarische bundesstaatliche Monarchie
**Staatsoberhaupt:** Königin Elisabeth II., vertreten durch einen Generalgouverneur
**Regierungschef:** Premierminister
**Verwaltung:** 6 Bundesstaaten, 2 Territorien
**Parlament:** Zweikammerparlament mit Senat (76 Mitglieder) u. Repräsentantenhaus (148 Abgeordnete)

**Nationalfeiertag:** 26. Januar
**DIE MENSCHEN**
**Einwohner:** 18 705 000 (1996)
**Bevölkerungsdichte:** 2 Ew./km²
**Stadtbevölkerung:** 85 %
**Bevölkerung unter 15 Jahren:** 21 %
**Analphabetenquote:** 1 %
**Sprache:** Englisch
**Religion:** Katholiken 26 %, Anglikaner 24 %, andere Protestanten 6 %, Orthodoxe 3 %, Moslems, Juden
**DIE WIRTSCHAFT**
**Währung:** Australischer Dollar
**Bruttosozialprodukt (BSP):** 380 625 US-$ (1998)

# AUSTRALIEN

**Australien** hat eine Fläche von 7 741 220 km² und ist somit der kleinste Kontinent. Australien ist aber auch zugleich der sechstgrößte Staat der Welt. Von den über 18 Millionen Einwohnern sind 90 % britisch-irischer Abstammung.

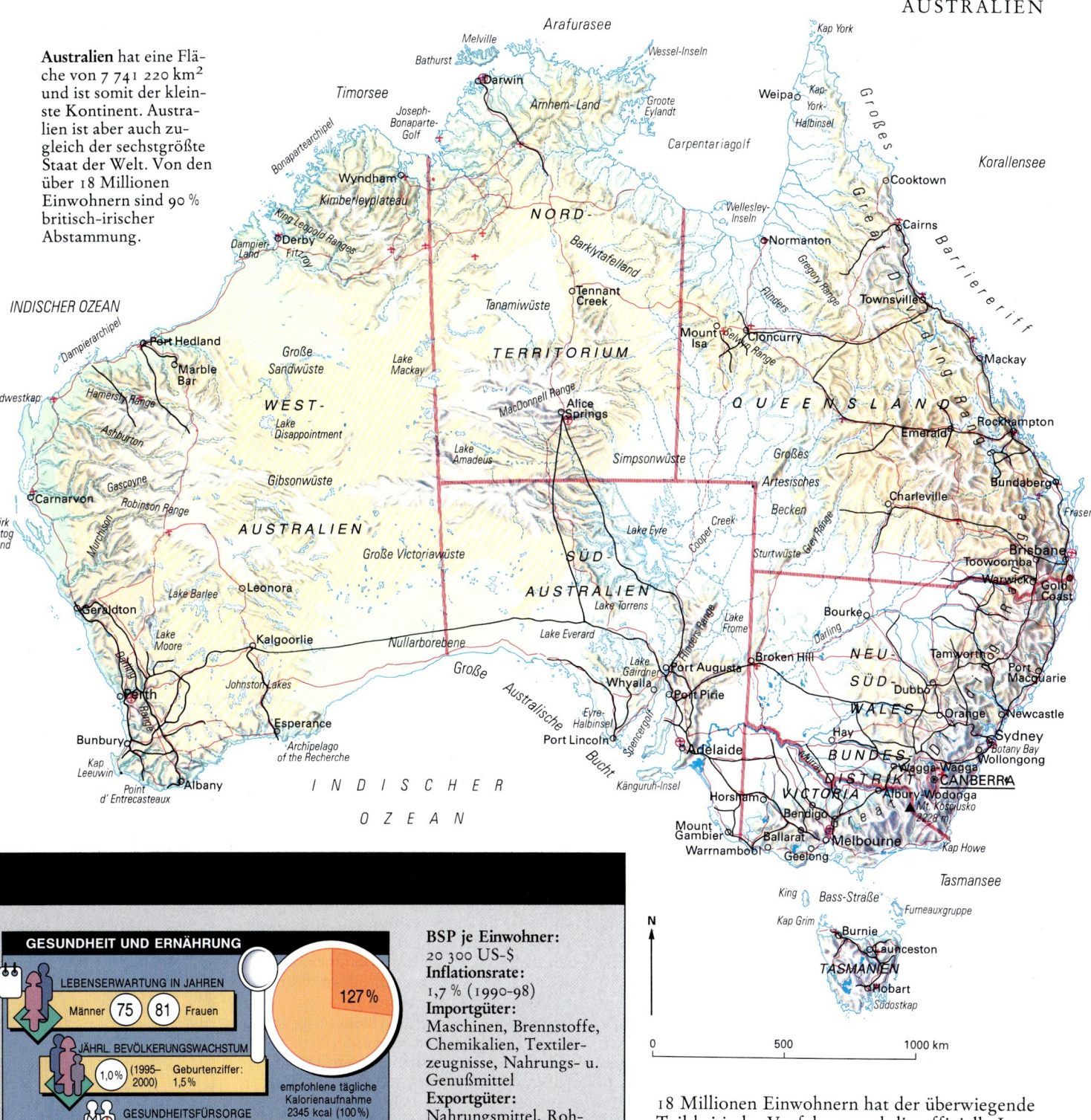

**BSP je Einwohner:** 20 300 US-$
**Inflationsrate:** 1,7 % (1990-98)
**Importgüter:** Maschinen, Brennstoffe, Chemikalien, Textilerzeugnisse, Nahrungs- u. Genußmittel
**Exportgüter:** Nahrungsmittel, Rohstoffe, Schafwolle, Eisenerz, Kohle, Industrieprodukte
**Handelspartner:** Japan, EU-Länder, USA, Neuseeland
**Eisenbahnnetz:** 33 819 km
**Straßennetz:** 353 330 km (befestigt)
**Fernsehgeräte je 1000 Ew.:** 639

18 Millionen Einwohnern hat der überwiegende Teil britische Vorfahren und die offizielle Landessprache ist Englisch. Da Australien jedoch ein Vielvölkerstaat ist, werden auch zahlreiche andere Sprachen gesprochen, besonders Italienisch und Griechisch. Die meisten Australier sind Christen und von ihrer Konfessionszugehörigkeit überwiegend Mitglieder der römisch-katholischen und der anglikanischen Kirche. Daneben gibt es weitere religiöse Gruppen wie Methodisten, Lutheraner, Presbyterianer, Moslems und Juden.

# AUSTRALIEN: BUNDESSTAATEN

Canberra liegt 300 km südlich von Sydney. Es ist seit 1927 Hauptstadt des Australischen Bundes mit eigenem Bundesdistrikt. Canberra wurde vom amerikanischen Architekten Walter Burley-Griffin geplant und ist eine moderne Stadt, gekennzeichnet durch Regierungsgebäude. Zu den Einwohnern zählen viele Diplomaten, Politiker und Beamte. Die Stadt ist Sitz der Bundesregierung sowie des Hohen Gerichtshofes und beherbergt die Nationalgalerie, das War Memorial Museum sowie die Königlich-Australische Münzstätte, in der das australische Geld hergestellt wird.

»Größer als Texas« zu sein, darauf ist **Neusüdwales,** Australiens ältester Staat, stolz. Außerdem ist die pazifische Küstenebene ein Industriezentrum und Ballungsraum der Bevölkerung. Die bedeutenden Standorte für Kohle und Stahl, Newcastle und Wollongong, liegen bei Sydney.

Die herrlichen Blue Mountains hinter Sydney gehören zur Great Dividing Range, der Küstenkordillere. Ihre Tafelländer und westlichen Hänge, die als Weiden, für den landwirtschaftlichen Anbau und von der Forstwirtschaft genutzt werden, sind das Quellgebiet des Flußsystems Darling und Murray, die landeinwärts fließen. Der Murray bewässert die Riverina, das fruchtbarste Anbaugebiet für Weizen, Obst und Mischkulturen.

Die einsamen westlichen Ebenen, die von Millionen von Schafen und Rindern beweidet werden, reichen bis Broken Hill, einer Bergbaustadt für Blei, Silber und Zink im Landesinneren, 1170 km westlich von Sydney und nahe der Grenze zu Südaustralien.

Ein Viertel der australischen Bevölkerung lebt in **Victoria,** dem kleinsten Staat auf dem Festland. Melbourne, die Hauptstadt, ist vorwiegend ein Standort für die erzeugende Industrie. Allerdings verfügt der Staat zusammen mit Neusüdwales am Murray, Victorias Nordgrenze, über ein reiches Anbaugebiet für Obst und Mischkulturen. Westlich liegt die Wimmera, ein riesiges Weizen- und Weideland.

Die südöstliche Küstenregion ist für Milchwirtschaft und Holzindustrie wichtig und heute das »Kraftwerk« von Victoria. Gestützt auf die reichen Braunkohlenvorkommen des Latrobe Valley und die Erdöl- und Erdgasfunde in der Bass-Straße, entwickelte sich die Region zu einem Standort der Energieerzeugung.

**Südaustralien** ist für den Schienen- und Straßenverkehr das Tor zu Zentralaustralien. Seine Industriestädte sind Whyalla, Port Augusta und Port Pirie, bekannt als das »Eisendreieck« des Spencergolfs. Hier werden die Bodenschätze von Broken Hill und Mount Isa im Landesinneren weiterverarbeitet und verschifft.

Der Murray verläuft auf seinem Weg zur Küste in Südaustralien durch die bedeutendsten Weizen-, Obst- und Weinanbaugebiete des Staates, wobei das Barossa-Tal das berühmteste Weinbaugebiet in Australien ist. Der Murray ist

der einzige wirklich wichtige Fluß in Südaustralien. Zu den landschaftlichen Besonderheiten des Staates zählen die sagenumwobene Flinders Range, die nach Norden in Richtung auf den 16 m unter dem Meeresspiegel liegenden Eyre-See, Australiens größten Salzsee, verläuft, die Große Victoriawüste und die baumlose Nullarborebene.

**Queensland** ist das Land der großen Gegensätze. Der tropische Norden wird von bergigen Regenwäldern, Mangrovesümpfen und trichterförmigen Flußmündungen, in denen Krokodile leben, beherrscht. In der Küstenebene, die den stärksten Bevölkerungsanteil in Queensland aufweist, wird Zuckerrohr, Tabak und Weizen angebaut. Die weiten Ebenen des Inneren gehören den Schafen und Rindern. In abgelegenen Bergbauorten wird in beträchtlichem Umfang Bauxit, Blei, Zink, Kupfer und Silber gewonnen. Außerdem ist Queensland Australiens führendes Urlaubsland. Vor der Küste erstreckt sich das Große Barriereriff, das Garant ist für einmalige Taucherlebnisse. Ausgangsorte zum Großen Barriereriff sind Cairns und Townsville.

**Tasmanien,** das wegen seines Obstanbaus schon lange den Namen »Apfelinsel« trägt, ist Australiens kleinster Staat. Die Insel ist mit ihrer an Seen reichen, wilden Berglandschaft (Mt. Ossa 1617 m), ihren tobenden Flüssen und wunderschönen Tälern ein Paradies für Natur-

# AUSTRALIEN

**Queensland** *(ganz links)* liegt mit etwa 45 % seines Gebiets in den Tropen. Die Küste erhält über 2500 Sonnenstunden im Jahr. Ganz anders dagegen **Tasmanien** *(links)*, dessen Klima kühlgemäßigt ist, und das reiche Niederschläge empfängt.

**Mount Olga** *(links unten)* liegt im Süden des Nordterritoriums in der Nähe von Ayers Rock (Uluru). Ähnlich wie Ayers Rock ist Mount Olga ein heiliger Ort der Aborigines. Sie nennen die Felsen »Katajuta«, was »viele Köpfe« bedeutet.

**Perth** *(ganz links unten)* ist Hauptstadt von Westaustralien und zugleich Wirtschaftszentrum. Südlich davon liegt der Hafen Fremantle, der einen hervorragenden Jachthafen am Indischen Ozean bietet.

**Westaustralien**, der größte Staat Australiens, umfaßt annähernd ein Drittel Australiens. Ein Großteil des Territoriums wird von der Nullarborebene, der Großen Victoriawüste, der Gibsonwüste und der Großen Sandwüste eingenommen. Millionen von Schafen und Rindern grasen in dem semi-ariden Gebiet. Pilbara im Nordwesten ist Australiens reichste Eisenerzlagerstätte. Östlich von Perth liegt einer der größten Weizengürtel Australiens, und weiter im Landesinneren befinden sich die großen Gold- und Nickelminen von Kalgoorlie und Kambalda. Auf Grund der Abgeschiedenheit Westaustraliens ist sein Naturraum bis heute weitgehend unberührt geblieben. Ein Flug nach Sydney dauert viereinhalb Stunden.

Das Nordterritorium wird als das »obere Ende« Australiens betrachtet. Die Region zeichnet sich durch ihre riesigen Viehfarmen, den Tourismus und ihre zwei Jahreszeiten – warme, trockene Winter und heiße, feuchte Sommer – aus. Gewaltige Sommerzyklone durchqueren das Gebiet. Darwin wurde durch den Zyklon »Tracy« 1974 zerstört, ist inzwischen aber wiederaufgebaut. Das Nordterritorium ist reich an Bodenschätzen, wie Bauxit und Uran, und weist einige der bekanntesten Attraktionen Australiens, etwa Alice Springs und Ayers Rock, auf. Besucher der Eingeborenen-Reservation Arnhem-Land benötigen eine Sondergenehmigung.

schützer und Wanderer. Seltene Tiere, wie der tasmanische Beutelwolf, sind hier beheimatet. Die Insel wurde 1642 von Abel Tasman entdeckt und war einmal Sitz einer berüchtigten Sträflingskolonie. Heute ist sie aufgrund des Tourismus, des Obst- und Gemüseanbaus und des Wolfram- und Zinnabbaus von wirtschaftlichem Belang. Die Hauptstadt Hobart ist Ziel eines klassischen Jachtrennens zwischen Sydney und Hobart.

# AUSTRALIEN: GESCHICHTE

Die Vorstellung von einer unbekannten südlichen Landmasse (terra australis incognita) geht bis ins griechische Altertum zurück. Frühe Forscher und Geographen waren davon überzeugt, daß ein großer südlicher Kontinent existierte und nur darauf wartete, entdeckt zu werden. Jedoch war dieses Land den Ureinwohnern sehr wohl bekannt, denn sie hatten sich schon vor 40 000 Jahren dort niedergelassen.

Neben den Ureinwohnern waren die seefahrenden »Bugis« von der Insel Sulawesi in Indonesien wahrscheinlich die ersten, die den Kontinent zu Gesicht bekamen. Niederländische Kapitäne nahmen weite Teile der Küste zur Zeit der großen Entdeckungen im 17. und 18. Jahrhundert erstmals kartographisch auf. Einer von ihnen, Abel Tasman, entdeckte 1642 Tasmanien. Captain James Cook sichtete 1770 an Bord der »Endeavour« die Südostküste Australiens. Er segelte nach Norden und unterbrach seine Reise kurz an der Botany Bay, die jetzt zu Sydney gehört, bevor er die britische Flagge am Kap York hißte. Cook stellte für Großbritannien Ansprüche auf die gesamte Ostküste und nannte sie Neusüdwales.

## Deportation

Als Großbritannien die amerikanischen Kolonien verloren hatte, mußte zur Deportation der Sträflinge ein anderer Ort gefunden werden, denn die Strafgesetzgebung war sehr hart und die Gefängnisse dementsprechend überfüllt. Botany Bay an der Ostküste wurde als neue Sträflingskolonie ausgewählt und 1787 setzte Captain Arthur Phillip mit ungefähr 730 männlichen und weiblichen Sträflingen und mehr als 200 Mann Militär an Bord die Segel. Außerdem waren einige Frauen und Kinder der Soldaten dabei.

Die achtmonatige Seereise endete in einem großen Hafen ungefähr 11 km nördlich von der Botany Bay. Man hißte die britische Flagge und nannte den Ort am 26. Januar 1788 Sydney Cove. Die Stadt Sydney war gegründet.

Die ersten Siedler hatten am Anfang mit großen Schwierigkeiten zu kämpfen. Es kam zu Mißernten, die Haustiere verschwanden im Busch und die Siedler, von denen die wenigsten etwas von der Landwirtschaft verstanden, mußten beinahe hungern. Es dauerte mehr als zwei Jahre, bis die nächste Flotte ankam. Die ersten Siedler blieben an der Küste hinter den Blue Mountains, bis drei Landspekulanten, Gregory Blaxland, William Lawson und William Wentworth einen Weg über das Gebirge fanden. Von nun an konnten sie die weiten Ebenen erreichen, die ins Landesinnere führten.

## Die Erforschung

Im frühen 19. Jahrhundert fand die erste größere Besiedlung jener Küstengebiete statt, die später zu Queensland, Victoria, Tasmanien,

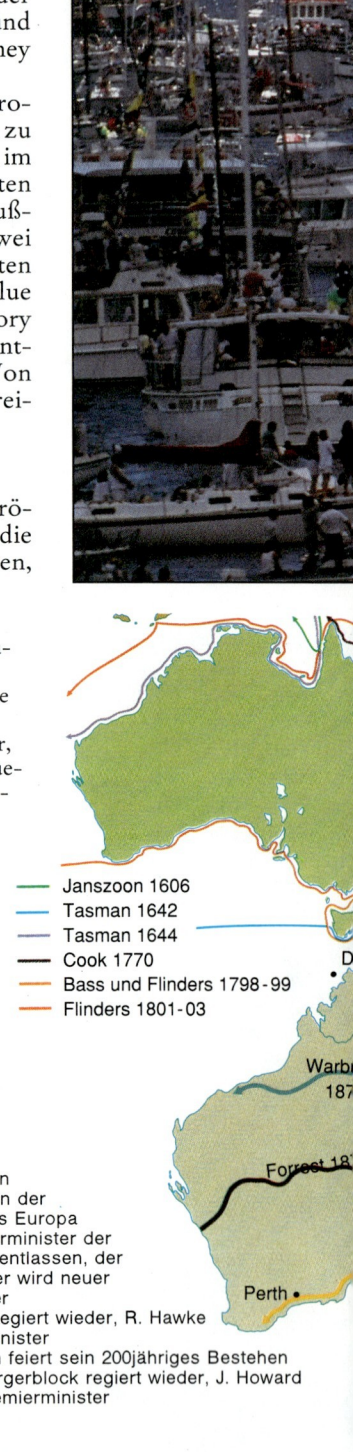

**1606 n. Chr.** Willem Janszoon trifft als erster Europäer auf Australien
**1616–1636** Holländische Seefahrer erkunden die Westküsten
**1642** Abel Tasman entdeckt Van Diemen's Land (1855 in Tasmanien umbenannt)
**1770** James Cook erforscht Australiens Ostküste und beansprucht sie für Großbritannien als Neusüdwales
**1788** Großbritannien errichtet eine Sträflingskolonie in Neusüdwales
**1801–1803** Matthew Flinders umfährt Australien zum Beweis, daß es eine Landmasse ist
**1830–1840er Jahre** Erforschung des Landesinneren
**1851** Kolonie Victoria wird gegründet. Goldrausch in Neusüdwales und Victoria lockt viele Einwanderer an
**1859** Kolonie Queensland wird errichtet
**1868** Großbritannien beendet die Sträflingsdeportation nach Australien
**1901** Australien wird unabhängig, Australischer Bund
**1914–1918** Australien schließt sich Großbritannien im 1. Weltkrieg an
**1939–1945** Australier kämpfen im 2. Weltkrieg
**1945** Australien wird Mitglied bei den Vereinten Nationen. Beginn der Einwanderungswelle aus Europa
**1975** Gough Whitlam, Premierminister der Labour Party, wird entlassen, der Liberale M. Frazer wird neuer Premierminister
**1983** Labour Party regiert wieder, R. Hawke Premierminister
**1988** Australien feiert sein 200jähriges Bestehen
**1996** Der Bürgerblock regiert wieder, J. Howard Premierminister

**Die ersten Forscher** *(rechts)*, die auf den australischen Kontinent trafen, segelten nur die Küste entlang. Später versuchten Abenteurer, Australien zu durchqueren, aber viele überlebten die harten Bedingungen nicht.

— Janszoon 1606
— Tasman 1642
— Tasman 1644
— Cook 1770
— Bass und Flinders 1798-99
— Flinders 1801-03

1 Dame Nelli Melba (1861–1931)

2 Sir Donald Bradman (*1908)
3 Patrick White (1912–1990)

# AUSTRALIEN

Südaustralien und Westaustralien gehören sollten. Aber eigentlich war es das Landesinnere, die sogenannten »weißen Flecken« auf der Landkarte, das die Forscher reizte. Viele waren sich sicher, daß es dort einen großen Ozean gäbe. Versuche, den Kontinent zu durchqueren, schlugen häufig fehl, da die Forscher aus Mangel an Wasser und Nahrung umkehren mußten. Andere Versuche endeten tragisch mit dem Tod der unerschrockenen Pioniere. Ludwig Leichhardt und sein Expeditionsteam verschwanden zum Beispiel beim Versuch einer Ost-West-Durchquerung spurlos.

1860/61 durchquerten Robert O'Hara Burke und William John Wills den Kontinent auf einer strapaziösen Reise erfolgreich vom Süden zum Carpentariagolf im Norden. Sie starben auf der Rückreise, nachdem ihre Begleiter sie zurückgelassen hatten.

Im darauffolgenden Jahr durchquerte John MacDouall Stuart den Kontinent von Adelaide bis zum Gebiet um Darwin. Es folgte der Bau einer Telegraphenleitung, und im Jahre 1872 war Australien endlich telegraphisch mit England verbunden.

## Nationalgefühl und Krieg

Den Forschern folgten die Farmer und Schürfer. Australien gelangte zu Reichtum, und 1901 vereinigte Königin Victoria die sechs Staaten Neusüdwales, Victoria, Tasmanien, Queensland, Südaustralien und Westaustralien, indem sie den föderalistischen Bund der australischen Staaten ausrief.

Die australische Flagge zeigte den britischen Union Jack und die sechs Sterne für die australischen Staaten mit der Konstellation des Kreuzes des Südens, dennoch kam kein Nationalgefühl auf. Australien war wirtschaftlich und geistig noch jahrelang an das »Mutterland« England gebunden.

Der Erste Weltkrieg bildete den Anfang für Australiens Weg zu nationaler Eigenständigkeit. Australiens Truppen, Teil der Streitkräfte des britischen Commonwealth ANZAC (Australian and New Zealand Army Corps), erlitten 1915 bei der verhängnisvollen Gallipoli-Schlacht fürchterliche Verluste. Die Überlebenden und andere australische Soldaten zogen zu allen weiteren Kriegsschauplätzen und als der Krieg vorbei war, waren 60 000 der fünf Millionen Australier tot oder als vermißt gemeldet. Buchstäblich jede Familie in Australien hatte ein Opfer zu beklagen.

Die Auswirkungen der Wirtschaftskrise in den 30er Jahren, Australiens Teilnahme am Zweiten Weltkrieg und an den Kriegen in Korea und Vietnam trugen dazu bei, daß das Land sich eine klar umrissene nationale Identität schuf. Australien steht jedoch bis heute in enger Verbindung zu Großbritannien. Zur Absicherung seiner Zukunft wendet sich Australien allerdings vermehrt den pazifischen Staaten zu.

Blaxland 1813
Hume und Hovell 1824
Sturt 1829-30
Mitchell 1835
Eyre 1840-41
Leichhardt 1844-45
Burke und Wills 1860-61
Stuart 1861-62
Warburton 1873
Forrest 1874

**Die australische Zweihundert-Jahr-Feier** wurde im Jahre 1988 gefeiert *(ganz oben)*. 200 Jahre zuvor hatten die Briten eine Sträflingskolonie in Neusüdwales gegründet, und viele der frühen Siedler kamen von den britischen Inseln.

**Australische Truppen** *(oben)* kämpften heldenhaft neben Soldaten aus Neuseeland und anderen Commonwealth-Staaten in beiden Weltkriegen. Beide Nationalitäten waren als die ANZACs bekannt (Australian and New Zealand Army Corps).

# AUSTRALIEN: LANDESNATUR

Australien läßt sich in drei Großlandschaften unterteilen: Das Ostaustralische Randgebirge (oder Great Dividing Range) ist eine Bergkette, die von Kap York im nördlichen Queensland nach Süden durch Neusüdwales, Victoria und Tasmanien verläuft. Die höchste Erhebung, der 2228 m hohe Mount Kosciusko, liegt im Süden des Kontinents. An seinem Fuße befindet sich die hydro-elektrische Anlage der Snowy Mountains, ein Meisterwerk der Technik, das die Städte des Südens mit Strom versorgt und die wichtigsten Nutzungsräume im Binnenland Südostaustraliens bewässert. Von der Great Dividing Range nach Osten fließen die Flüsse, die die fruchtbaren und dicht besiedelten östlichen Küstenebenen bewässern. Die westlichen Hänge der Great Dividing Range sind die Wasserscheide für die wichtigsten Flüsse des Binnenlandes. Das Große Barriereriff erstreckt sich über eine Länge von 2000 km vor der Nordostküste Australiens und zieht Touristen aus aller Welt an.

Die Innere Ebene ist ein riesiges Plateau, das sich von den fruchtbaren Hängen der Great Dividing Range nach Westen hin erstreckt. Das semi-aride Grasland wird vom »roten Herz« Australiens abgelöst, dem Westaustralischen Schild, einem Land der Öde mit welligen Sandhügeln und steiniger Wildnis.

Am südöstlichen Rand der Ebene fließt der Darling, Australiens längster Fluß, in Richtung Südwesten. In seinem Verlauf trifft er auf das größte Flußsystem des Kontinents, den Murray mit seinen wichtigsten Nebenflüssen Lachlan und Murrumbidgee. Während lange Strecken des Darling im Winter oft trocken sind, ist der Murray durch seine Nebenflüsse und die Staudämme des Snowy-Mountains-Systems das ganze Jahr über wasserführend. Mit seinem Wasser wird das Riverina-Gebiet bewässert, eine der am intensivsten landwirtschaflich genutzten Flächen Australiens.

Im Nordosten der Inneren Ebene speist die Great Dividing Range die Flüsse Diamantina und Thomson/Cooper. Sie verlaufen südwestwärts durch Queensland in das von Rinnen durchzogene Buschland um den Cooper's Creek. Lange Abschnitte dieser Flüsse sind oft trocken, besonders im Winter. Bei seltenen Überschwemmungen können sie jedoch bis nach Südaustralien zum Eyre-See (Lake Eyre) hin fließen. Der Eyre-See ist Australiens größter Salzsee und gleichzeitig mit −16 m der tiefste Punkt des Landes. Auf diese Region fallen nur einige wenige Male im Jahrhundert Niederschläge – sie ist die trockenste Australiens.

Ein noch größerer See liegt in den tieferen Erdschichten der Inneren Ebene verborgen, Australiens Großes Artesisches Becken. Hier nimmt poröser Sandstein Wasser aus der Great Dividing Range auf und stellt so Grundwasservorräte für große Gebiete von Queensland, Neusüdwales und Südaustralien zur Verfügung. Das Wasser ist meist warm und salzig,

**Die Pinnacles,** eine Besonderheit der Wüste in Westaustralien *(unten),* sind isoliert stehende Steingrate, die durch Wind und Wasser herausgemeißelt wurden. Ein Großteil des australischen Kontinents wird von Wüsten eingenommen.

**Ayers Rock** *(rechts)* steht als der Welt größter Monolith im australischen Nordterritorium, südwestlich der Stadt Alice Springs. Den eingeborenen Aborigines als Uluru bekannt, ist der Sandsteinfels von einer Vielzahl kleiner Höhlen durchzogen.

**Die Flinders Range** *(oben),* benannt nach dem englischen Entdeckungsreisenden, der Australien seinen Namen gab, verläuft vom Spencergolf, einem Arm des Indischen Ozeans, der tief in den australischen Kontinent eindringt, nach Norden.

**Australien** *(rechts)* ist weitgehend ein Tafel- und Rumpfflächenland mit durchschnittlich 400 m Höhe, das von einigen Inselbergen und Mittelgebirgszügen überragt wird. Der höchste Berg (Mount Kosciusko) liegt im Südosten.

# AUSTRALIEN

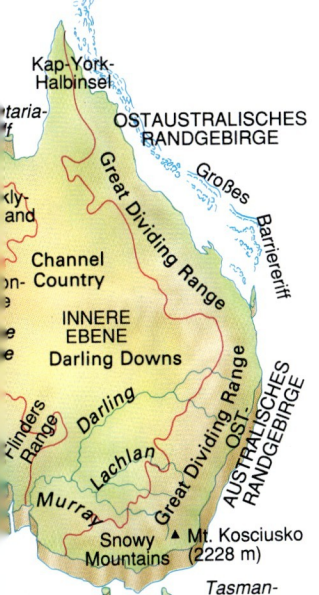

**Tropische Bedingungen** *(oben)* sind auf der Kap-York-Halbinsel, dem nördlichsten Teil von Queensland, vorherrschend. Durch die hohe Feuchtigkeit und extreme Hitze im Sommer empfindet man das dortige Klima als unangenehm.

**Salzkristalle** *(unten)* bilden auf dem trockenen Seeboden des Eyre-Sees in Südaustralien eine Salzpfanne aus. Der Eyre-See ist Australiens größter Salzsee. Durch die große Hitze verdunstet ein Großteil des Wassers der Flüsse und Seen.

ist aber Lebensgrundlage für viele Schaf- und Viehfarmen. Der Eyre-See markiert den Rand dieses riesigen, semi-ariden bis ariden Plateaus, das sich fast 2000 km bis nach Westaustralien erstreckt. Nach Norden und Westen schließen sich die Große Sandwüste, die Große Victoriawüste und die Gibsonwüste an, wie auch die Musgrave Ranges und Macdonnell Ranges. Hier, genau in der Mitte Australiens, erheben sich spektakulär die kuppigen Inselberge Ayers Rock und Mount Olga.

Südlich der Großen Victoriawüste schließt sich die Nullarborebene an, ein trostloses Ödland aus Kalkstein, das ungefähr 640 km breit ist. Sie grenzt an die Große Australische Bucht, ein Küstengebiet des Indischen Ozeans, das sich über 1110 km erstreckt.

## Das Klima

Da Australien auf der Südhalbkugel liegt, ist dort Sommer, wenn auf der Nordhalbkugel Winter herrscht. Sein Klima reicht vom tropischen Norden bis zum warmgemäßigten Süden und ist oft äußerst extrem. Im Norden ist es das ganze Jahr über heiß oder warm. Die westaustralische Stadt Marble Bar ist mit Höchsttemperaturen von 50 °C und manchmal mehr der heißeste besiedelte Ort des Kontinents. Auf der Reise von der Great Dividing Range nach Westen wird das Klima, je weiter man ins Landesinnere vordringt, heißer und trockener. Doch auch der australische Busch bietet faszinierende Anblicke: Wenn ganz selten einmal in der Wildnis wolkenbruchartige Niederschläge heruntergehen, erwacht die Wüste zu ungeahntem Leben. Wildblumensamen, der jahrelang im Boden ruht, gedeiht urplötzlich zu einem Blütenteppich, dessen Farben atemberaubend sind. Das lebensspendende Wasser ist jedoch schnell verbraucht und der Blumengarten verdorrt. Australien hat wieder sein wahres Gesicht angenommen.

# AUSTRALIEN: TIERE UND PFLANZEN

Einige der seltsamsten Tierarten und prächtigsten Pflanzen der Erde findet man in Australien. Hierzu zählt eine besondere Art der Säugetiere, die Beuteltiere, wie etwa Känguruhs, Wombats und Koalas. Die meisten Säuger, wie Pferde, Löwen oder der Mensch, sind Plazentalier, d. h. das Baby bleibt im Mutterleib und wird durch die Plazenta ernährt bis es groß genug ist, um geboren zu werden. Das Beuteltierbaby hingegen wird als Embryo geboren, kriecht dann in eine Hauttasche am Bauch der Mutter und saugt dort an den Zitzen, bis es selbst lebensfähig ist.

Beuteltiere scheinen im Vergleich mit Plazentaliern schlecht abzuschneiden, was zu der Annahme geführt hat, daß sie irgendwie »minderwertig« seien. Jedoch ist die Art und Weise, wie sie ihre Jungen ernähren, eine perfekte Anpassung an die trockenen Lebensverhältnisse in Australien, wo Dürren jahrelang andauern können. Der Fötus im Mutterleib wird selbst dann versuchen, sich weiterhin zu ernähren, wenn die Mutter Hunger leidet. Der Embryo des Beuteltiers wird jedoch niemals groß genug werden, um ernsthaft an der Mutter zu zehren; falls nach seiner Geburt nicht genug Milch da ist, stirbt er.

### Die Entwicklung der Beuteltiere

Obwohl sie in der australischen Tierwelt eine beherrschende Rolle spielen, kommen die Beuteltiere wahrscheinlich nicht aus Australien. Das nordamerikanische Opossum ist ein Beuteltier, und auch in Südamerika und Neuguinea gibt es weitere Arten. Das älteste bekannte Beuteltier, das vor 100 Millionen Jahren existierte, lebte in Nordamerika und ist wahrscheinlich nach Südamerika gelangt, als diese Landmasse noch zum großen Südkontinent Gondwana gehörte. Hier breitete es sich aus, bis Gondwana sich in die heutigen Gebiete Südamerika, Antarktis, Afrika, Indien und Australien aufteilte. Die Plazentalier drangen bis zu allen früheren gondwanischen Kontinenten vor, aber nur wenige erreichten Australien. So konnten die Beuteltiere diesen Kontinent, als er sich erst einmal von Gondwana getrennt hatte, buchstäblich für sich beanspruchen. Auf dem Inselkontinent fand eine Entwicklung statt, die alle »ökologischen Nischen«, die sonst von Plazentaliern eingenommen werden, füllte. Flinke Weidetiere wie die Känguruhs entsprechen dem Rotwild, Wombats leben entsprechend der Lebensweise von Schweinen auf dem Erdboden, Koalas streifen durch die Bäume und sind irgendwo zwischen Faultieren und Affen anzusiedeln, andere Beuteltiere ähneln Maulwürfen und Mäusen, während der wahrscheinlich ausgestorbene Beutelwolf und die Beutelkatze (Quoll) wie unsere Hunde und Katzen waren.

Früher waren die Beuteltiere sogar noch unterschiedlicher. Das Diprotodon war zum Beispiel fast so groß wie ein Rhinozeros und füllte die Nische des Riesenweidetiers. Es scheint

**Die Känguruhs** *(rechts und ganz rechts)* leben nur in Australien in Freiheit. Die beiden größten und bekanntesten Arten sind das Graue und das Rote Riesenkänguruh, welche beide bis zu 1,80 m hoch werden können. Rote Känguruhs leben meist im offenen Grasland im zentralen Australien, während die Grauen Känguruhs das Leben in schattigen Wäldern bevorzugen. Die stark verlängerten Hinterbeine beider Arten werden zum Hüpfen benutzt. Känguruhs können auf diese Weise große Entfernungen zurücklegen; sie erreichen Geschwindigkeiten von über 60 km/Stunde, aber nur in kurzen Spurts. Der lange, muskulöse Schwanz wird zur Balance während des Hüpfens und beim Aufrechtstehen benötigt. Die großen Känguruharten können 12–18 Jahre alt werden.

**Eine Koala-Mutter** *(oben)* und ihr Junges ruhen sich in einer Baumgabel aus. Ihr Lieblingsbaum ist der Eukalyptus. Einst wurden sie gnadenlos wegen ihres weichen Fells gejagt, heute steht der Koala jedoch unter Naturschutz.

**Zwei Krokodilarten** *(rechts)* leben im nördlichen Teil Australiens. Das Salzwasserkrokodil ist möglicherweise das grausamste Beutetier Australiens, während das kleinere Süßwasserkrokodil im allgemeinen als etwas harmloser angesehen wird.

# AUSTRALIEN

**Der Emu** *(unten)* ist ein Laufvogel. Er kann nicht fliegen. Mit seinen gut entwickelten Beinen ist er schneller als ein Pferd. Er lebt in Gruppen im Buschland. Gemeinsam mit dem Känguruh ziert er Australiens Wappen.

**Rosakakadus** *(ganz unten)* zählen zu den bekanntesten Papageien Australiens. In großen Schwärmen fallen sie in Getreidefelder ein und richten dort Schaden an. Da man sie leicht zähmen kann und sie gelehrig sind, werden sie oft als Haustiere gehalten.

jedoch keine großwüchsigen Fleischfresser gegeben zu haben, denen es als Beute diente. Diese Evolutionslücke wurde möglicherweise durch riesengroße Reptilien ausgefüllt. In Australien leben noch große Schlangen, Krokodile sowie Echsen. Daneben gibt es einige sehr große flugunfähige Vögel, wie etwa den in Gruppen lebenden Emu.

**Die Pflanzenwelt**

Genauso fremdartig ist die Pflanzenwelt. Das trockene »Buschland« von Westaustralien birgt 9000 Arten von blühenden Pflanzen, verglichen mit nur 1500 in Großbritannien. Hunderte von Baumarten existieren gleichzeitig in den nördlichen tropischen Regenwäldern, die außergewöhnlichsten und charakteristischsten Bäume Australiens gehören jedoch zu der Gattung Eukalyptus. Sie gedeihen in den riesigen Trockengebieten, weil ihre dicken, gummiartigen Blätter Wasser speichern können und ihre Wurzeln sehr tief reichen. Viele Biologen glauben jedoch, daß ihr Gedeihen auf die weiche, leuchtende Rinde zurückzuführen ist. Häufig wüten in den australischen Trockengebieten Brände, und die Rinde des Eukalyptusbaums, die die Hitze reflektiert, scheint nahezu feuerfest zu sein.

Der Mensch hat die Natur in Australien nachhaltig geschädigt. Die Eingeborenen haben in den 40 000 Jahren ihrer Existenz möglicherweise weniger Schaden angerichtet als ihr Hund, der Dingo, der vor etwa 3000 Jahren eingeführt wurde und den Beutelwolf vertrieb. Die Europäer hingegen haben in 200 Jahren weite Landstriche verwüstet, besonders seit dem Zweiten Weltkrieg. In Teilen Westaustraliens sind 90 % der Pflanzen wie auch die Tiere, die von ihnen abhängig waren, verschwunden. Die verbleibenden Reste stehen unter starkem Streß, selbst wenn sie äußerlich keine Schäden aufweisen. In Australien leben beispielsweise noch viele Kakadus, einige dieser langlebigen Vögel brüten jedoch schon seit Jahrzehnten nicht mehr.

Die Tiere, die durch die Europäer ins Land kamen, haben ebenso zur Zerstörung beigetragen. Kaninchen schädigen hauptsächlich die Weidegebiete. Laut Naturschützern wurden weitaus größere Eingriffe durch Katzen und Füchse verursacht, die im 19. Jahrhundert zu Jagdzwecken eingeführt wurden. Man hat erkannt, daß mehr als 90 % der einheimischen Beuteltiere während der letzten Jahrzehnte verschwunden sind. Das räuberische Verhalten von Katzen und Füchsen und ihre ungebremste Vermehrung wird im großen und ganzen dafür verantwortlich gemacht.

Die Australier kämpfen heute mit allen erlaubten Mitteln, um das zu erhalten, was ihnen geblieben ist. Die Naturschutzbewegung wird immer stärker, gerade weil manche Politiker und Geschäftsleute die »grünen« Ideale nicht teilen.

# AUSTRALIEN: DAS GROSSE BARRIEREREIFF

Ein großes Wunder der Natur ist das fast 2000 km lange, vor der australischen Ostküste verlaufende Große Barriereriff. Es umfaßt ein Gebiet so groß wie Großbritannien und besteht aus nahezu 2500 einzelnen, verstreut liegenden Riffen, von denen viele bei Ebbe zu Inseln werden. Nach Auffassung einiger Naturschützer ist Great Barrier Reef Marine Park der am besten geführte Naturschutzpark der Welt. Hier sei gemessen an anderen Ökosystemen unserer Welt noch Platz für Optimismus.

### Ein lebender Naturraum
Wie alle anderen Riffe wurde auch das Große Barriereriff durch Lebewesen gebaut – durch Korallen. Jede einzelne Koralle, Polyp genannt, ähnelt einer Anemone. Aber anders als Anemonen haben Polypen kalkhaltige »Skelette«, und diese sind durch lebende Gewebefasern verbunden, so daß aus allen einzelnen Polypen eine sogenannte Tier-»Kolonie« entsteht. Jedoch lebt nur die äußere Schicht der Koralle, die tiefergelegenen Schichten bestehen aus den kalkhaltigen Überresten vorheriger Generationen. In nur 10 000 Jahren haben diese kleinsten Skelette sich soweit angehäuft, daß sie jetzt ein Riff bilden, welches sich 40 m hoch über den Meeresboden erhebt.

Besuchern des Riffs fällt sofort der außergewöhnliche Reichtum der Tierwelt auf. Die Korallen selbst haben eine enorme Formenvielfalt, von Sternkorallen mit hartem Skelett bis zu verzweigten »weichen« Korallen, die sich wie Pflanzen im Wasser bewegen. Zwischen den Korallen lebt eine Unmenge anderer Tiere: Schwämme, Seesterne, Krabben und Krebse sowie Tausende von Fischarten.

Zoologen haben in und bei Korallenriffen viele tausend Tierarten gezählt. Unter allen Ökosystemen der Erde kann nur der Regenwald mehr aufweisen. Aber während im Regenwald die Bäume dominieren, ist es beim Korallenriff ein Tier, der Polyp. Selbst pflanzenähnliche Organismen, wie die wogende weiche Koralle, sind in Wirklichkeit Tiere. Dies ist insofern erstaunlich, als Pflanzen gewöhnlich den Grundstein der Nahrungskette bilden. Aber im Körper der Korallen leben Algen, also einzellige Pflanzen, von denen sich die Polypen, neben der Beute, die sie mit ihren Tentakeln fangen, ernähren. Die Algen profitieren von den Korallen als Wuchsort nahe der Meeresoberfläche und durch das Vorhandensein von Substanzen in den Korallen, die die UV-Strahlen der Sonne herausfiltern und so die Algen wie auch sich selbst schützen. Diese chemischen Stoffe werden neuerdings auf ihre Eignung für Sonnencremes hin untersucht.

### Gefahr für das Riff?
Während der letzten 25 Jahre wurde das Riff von einer großen Zahl giftiger Seesterne, den »Dornenkronen« befallen. Diese saugen die lebenden Polypen aus ihren Skeletten und lassen nur den Kalk zurück. Biologen haben viel Zeit und Geld investiert, um den Dornenkronen-Seestern zu vernichten, dennoch breitet er sich weiter aus.

Für einige Fachleute ist dies Grund zur Besorgnis, andere wiederum weisen darauf hin, daß diese Seesterne eine sehr alte Tierart sind, die wahrscheinlich auch schon während der Anfangsphase der Riffbildung vorhanden war. Der Seestern richtet sicherlich ernsthaften Schaden an, es ist aber gut möglich, daß das Riff in der Vergangenheit ähnlichen Angriffen ausgesetzt war und sich wieder erholte. Solche Angriffe können sogar zum Aufbau der Artenvielfalt im Riff beigetragen haben, denn Ökologen glauben, daß Ökosysteme gerade dann am vielfältigsten sind, wenn sie vergangene Störungen wiederauszugleichen suchen, egal ob diese durch tropische Wirbelstürme, menschliche Eingriffe oder sogar Seesterne hervorgerufen wurden. Sie argumentieren dahingehend, daß es besser sei, die Dornenkronen-Seesterne zu erforschen als sie zu vernichten.

Der Erhalt der Vielzahl von Lebewesen auf dem Riff hat Vorrang. Dennoch wird es für die Volkswirtschaften Australiens und Südostasiens künftig wichtig sein, daß das Riff »sich bezahlt macht«. Daher teilen die Behörden des Great Barrier Reef Marine Park das Riff in Zonen ein: Einige sind gegen jeden Zugang geschützt, ausgenommen zu Forschungszwecken, andere ste-

**Ein Taucher** bewegt sich in einem breiten Spalt des Korallenstocks *(rechts),* der mit Fächerkorallen in herrlich leuchtenden Farben besetzt ist. Sie wachsen von einem zentralen Stamm aus, der auf einer anderen Korallenschicht sitzt.

**Saumriffe** schützen kleine tropische Inseln *(unten)* wie diese in der Capricorn-Gruppe vor der Küste von Queensland. Die Riffe entstehen, wenn Korallen in Küstennähe wachsen. Dabei können sie enorme Größen annehmen.

# AUSTRALIEN

**Dieses farbenfrohe Geschöpf** *(links)* gehört zur Familie der Nacktkiemerschnecken (Nudibranchia), die kein Gehäuse haben. Die bizarren, gekräuselten Rückenauswüchse (Cerata) am Körper dienen diesen Weichtieren zur Atmung.

**Erst bei einem Flug über das Große Barriereriff** *(links)* werden die Großformen in den Korallengärten sichtbar. Viele Korallenriffe werden von dem häufigen Auftreten der Dornenkronen-Seesterne in ihrer Existenz bedroht.

**Harte Korallen** *(oben)* bieten Fischen Schutz. Obwohl sich viele nur von Pflanzen ernähren, fressen einige der Riffbewohner kleine Meerestiere. Größere Fische wie Riffmuränen leben ausschließlich von kleinen Fischen.

hen den interessierten Touristen offen, wieder andere können durch kommerziellen Fischfang genutzt werden.

Der Tourismus wirft Probleme auf, wie etwa die Beseitigung der Abwässer und des Unrats auf den Touristenschiffen. Das Wasser wird mit Stickstoff angereichert, was Pflanzen zum Wachsen veranlaßt, die dann die Korallen erdrücken. Auch der immer beliebter werdende Tauchsport bringt eine gewisse Belastung für das Ökosystem mit sich. Noch größere Probleme ergeben sich aus der direkten kommerziellen Nutzung des Riffs durch Fischer und andere Gruppen. Dies kann allerdings auch zum Vorteil gereichen, wenn beispielsweise australische Meeresforscher Kulturen von großen Muscheln zur Nahrungsgewinnung anlegen und so Arbeitsmöglichkeiten für die örtliche Bevölkerung schaffen. Die Australier sorgen sich um ihre Umwelt. Bis jetzt haben sie die Schäden begrenzt und bewiesen, daß die Zerstörung unter Kontrolle gehalten werden kann.

# AUSTRALIEN

### Die Menschen

Ein verbreiteter Mythos über Australien, der in der ganzen Welt bekannt ist, beschreibt ein riesiges, von der Sonne ausgedörrtes Land, das von vielen Schafen und Rindern sowie von sonnengebräunten Schafscherern und Viehtreibern mit breit-krempigen Hüten bewohnt wird.

Zwar stimmt es, daß in Australien viel mehr Schafe als Menschen leben, das Land ist jedoch eine moderne, industriell und technologisch weit fortgeschrittene Nation mit städtischem Charakter. 85 % der Bevölkerung leben in großen Städten, und viele Menschen werden niemals Känguruhs oder Koalas in freier Wildbahn sehen. Der typische Australier lebt eher in einem Vorort, ist mit einer Hypothek belastet, pendelt täglich zum Büro oder zur Fabrik in der Stadt und träumt davon, einen Swimmingpool im Garten zu bauen oder ein Auto mit Klimaanlage zu kaufen.

Aber woher kommt der typische Australier? Das Land wird oft eine Nation der Einwanderer genannt. Die Einwanderungspolitik der Nachkriegszeit sollte neue Arbeiter ins Land bringen und hat dem Land einen kosmopolitischen Charakter gegeben. Melbourne wird nach Athen als die zweitgrößte griechische Stadt beschrieben und einer von vier Menschen, die während der Stoßzeit auf der Harbour Bridge von Sydney im Verkehr steckenbleiben, wurde wahrscheinlich im Ausland geboren. Jedoch, aus dieser Vielfalt von Menschen ist eine neue Nation geworden.

### Eine Nation der Sportfans

»Come on, you Aussies«– das ist der patriotische Schlachtruf, der bei internationalen Sportereignissen ertönt. Sport ist eine nationale Leidenschaft. Zu den bevorzugten australischen Sportarten gehören alle Arten von Wassersport, Cricket, Aussie Rules (eine Art gälischer Fußball), Rugby, Fußball, Pferderennen und Tennis. Die Wahrscheinlichkeit, daß Australier dem Sport vom Fernseher aus beiwohnen, anstatt ihn selbst zu betreiben, ist groß.

Durch das Klima bedingt, hält man sich gern im Freien auf. Das »Barbie« (Grillparty), zu dem Steaks, Koteletts und »Snags« (Würstchen) gehören, ist ein häufig gepflegtes Essen in geselliger Runde. Bei gutem Wetter drängeln sich trotz hoher UV-Strahlung die Sonnenanbeter an den Stränden der Vororte und tragen eine »Esky« (Kühltasche für Getränke), Insektenschutz und Sonnencreme bei sich. Die Geschäftsleute haben ihre traditionelle Sommerkleidung – Bermudashorts, Kniestrümpfe, Hemd und Krawatte – aus dem Schrank geholt und verbringen ihre Mittagspausen an den Stränden der Metropolen. Der Lebensstil ist entspannt. Sätze wie beispielsweise »No worries, mate!« (Nimm's leicht, Junge!) sind in Australien an der Tagesordnung. Unterschiede zwischen sozialen Schichten sind nicht so deutlich ausgeprägt wie in Europa.

**Die Aborigines** *(oben)* sind Australiens frühesten Einwohner. Viele von ihnen haben zwar ihre traditionelle Lebensweise aufgegeben und Arbeit auf Bauernhöfen und Viehfarmen angenommen, pflegen aber weiterhin ihre Stammesgewohnheiten.

**Ein Cricketspiel** *(rechts)* auf grünem Rasen im Herzen der Stadt Melbourne ruft die Erinnerung an das britische Erbe vieler Australier hervor. Spiele gegen britische Mannschaften werden häufig von ehrgeizigen Gefühlen begleitet.

# AUSTRALIEN

**Der Aufenhalt im Freien** *(links)* ist ein wichtiger Teil des australischen Lebens. Das warme, sonnige Klima ermuntert viele, an sportlichen und gesellschaftlichen Ereignissen, die im Freien abgehalten werden, teilzunehmen. Dazu gehören Sporttauchen, Schwimmen und Surfen. Mannschaftssportarten sind auch beliebt, besonders Cricket, Fußball und Rugby. Australische Sportler erreichen in vielen Sportarten Weltspitzenniveau, wie beispielsweise Greg Norman beim Golf oder Patrick Rafter beim Tennis.

Die Australier folgen einer englischen Tradition, indem sie auf der linken Straßenseite fahren. Sie leben aber »dort unten«, auf der Südhalbkugel, wo die Jahreszeiten umgekehrt sind – Weihnachten wird im Hochsommer gefeiert. Selbst die Sterne stehen am Himmel anders. Die Australier leben unter dem berühmten Kreuz des Südens.

Zur Unterhaltung gehen Australier gern ins Theater, in die Oper oder ins Kino. Sie essen auswärts in einem der vielen internationalen Restaurants oder nehmen ihr Essen von einer der weitverbreiteten Fast-Food-Ketten mit nach Hause. Am liebsten mögen sie Steaks und Lammbraten. Ihre Einkäufe erledigen sie größtenteils in großen, gut ausgestatteten Supermärkten. Die australische Kost von heute hat nicht mehr viel gemein mit dem alten Kolonialschmaus eines gebratenen Känguruhs. Die Schaf- und Rinderzucht bietet schmackhafte Lamm- und Rindersteaks. Die Küstengewässer sind reich an Meerestieren für leckere Fisch-, Krebs- und Muschelgerichte.

Zur Ferienzeit flüchten die Australier aus der Stadt und machen Safaritouren in den Busch, unternehmen Ausflüge in die verschneiten Australischen Alpen oder fliegen zum berühmten Großen Barriereriff.

## Australier im Ausland

Australien, einst ein abgelegener Kontinent, hat schon seit langem international Anschluß gefunden. Berühmte Sportler wie der Golfspieler Greg Norman oder der Tennisspieler Patrick Rafter begeistern das Publikum bei großen internationalen Wettkämpfen. Der australische Humor in Form von Paul Hogan (aus dem Film »Crocodile Dundee«) und Barry Humphries (Erfinder der Fernsehfigur Edna Everage) ist wohlbekannt. Geschäftsleute wie der Medientycoon Rupert Murdoch haben im Ausland weitreichende Finanzimperien entwickelt.

Australien genießt Weltruf in den Bereichen Tanz, Musik und Literatur. Die Schriftstellerin Germaine Greer (»The Female Eunuch«), der 1990 verstorbene Literaturnobelpreisträger Patrick White (»Tree of Man«) und Thomas Keneally (»Schindler's ark«), die Opernsängerin Joan Sutherland, der Tänzer Sir Robert Helpmann und die Maler Sidney Nolan und Albert Namatjira sind bzw. waren alle herausragende Vertreter der zeitgenössischen Kulturszene.

**Der Einfluß anderer Kulturen** *(unten)* zeigt sich in vielen größeren australischen Städten. Neben den vielen Briten und Iren, die seit 1945 eingewandert sind, haben Griechen, Italiener, Jugoslawen, Deutsche und Niederländer zum Anstieg der Bevölkerung beigetragen. Melbourne soll nach Athen die zweitgrößte griechische Stadt sein. Neuseeländer und Südostasiaten überwiegen bei den Einwanderern der jüngeren Zeit. Die meisten von ihnen haben den australischen Lebensstil angenommen.

# AUSTRALIEN: DIE ABORIGINES

Die Aborigines sind wahrscheinlich vor mehr als 40 000 Jahren nach Australien gekommen. Aus Asien stammend, fuhren sie mit Kanus von Insel zu Insel bis sie schließlich im tropischen Norden Australiens landeten. Auf der steinzeitlichen Kulturstufe der Jäger und Sammler lebend, besaßen sie ein erstaunlich weit entwickeltes Waffenarsenal, das vom Bumerang bis zu einer Art Speerschleuder reichte.

Schätzungsweise 300 000 Aborigines, die bis zu 200 verschiedene Dialekte sprachen, lebten in ganz Australien, als die ersten britischen Siedler 1788 landeten, um in Neusüdwales eine Sträflingskolonie zu errichten. Die Lebensweise der Eingeborenen erstaunte die Weißen sehr, da die Aborigines in völliger Harmonie mit dem Land und seinen Tieren lebten und unter anderem glaubten, daß niemand über privaten Landbesitz verfügen könne.

### Traumzeit

Dieses Erbe ist ein Teil dessen, was heute als die »Traumzeit« der Aborigines bekannt ist. Die Eingeborenen sagen, daß am Anfang der Zeit Kreaturen und »Wesen« eine spirituelle Welt schufen, wie auch das Land und alles was darauf lebte. Alle Aborigines sind mit dieser Vergangenheit verbunden und mit einem bestimmten Teil der Landschaft oder seiner Geschöpfe identifizierbar. Sie glauben, das Umkreisen des Uluru (Ayers Rock) und weiterer solcher natürlicher »Tempel« in Australien helfe uns, die »Traumzeit« zu verstehen. Die Aborigines gehen davon aus, daß am Anfang der Zeit die heilige Regenbogenschlange aus einem langen Schlaf tief unter der Erde erwachte. Als sie sich aufrichtete, lag ihr ein riesiger Stein im Wege. Die Regenbogenschlange hievte ihn an die Oberfläche und so entstand der Uluru.

Die Aborigines lebten in kleinen Stammesgruppen, die, wenn die Nahrung knapp wurde, regelmäßig in neue Gebiete des von den Vorfahren ererbten Landes zogen. Bevor sie weiterzogen, zündeten sie das Land oftmals an, um sicherzustellen, daß bei ihrer Rückkehr das Land wieder fruchtbar war. Sie wohnten in sogenannten »Wurlies« oder »Gunyahs«, primitiven Unterkünften aus Rinde und Holz. Die jungen Männer jagten Tiere wie etwa Känguruhs, Emus und Kletterbeutler, heilige Geschöpfe, die laut überlieferter Stammesgesetze jedoch nicht gegessen werden durften. Sie bauten Fallen für Fische und fingen Enten. Die Frauen sammelten genießbare Pflanzen und Insektenmaden. Samen wurde zu Mehl gemahlen und zu Brot verarbeitet. Als Schutz gegen die Witterung dienten einfache, aus Zweigen oder Rinde errichtete, Windschirme.

Die Aborigines griffen auf ein überliefertes Wissen zurück, um in dem trockenen und feindlichen Land zu überleben. Sie empfanden das Land als einen freigiebigen und wohltätigen Freund. Sie konnten alle nutzbaren Pflanzen und Büsche identifizieren. Während der anhal-

**Höhlen** *(rechts)* im 335 m hohen Ayers Rock (Uluru) haben den Aborigines über Jahrtausende Schutz gewährt. Das kühle, dunkle Innere der Höhlen steht in scharfem Gegensatz zur sengenden Mittagshitze draußen in der Wüste.

**Aborigines** *(oben)* werden häufig mit hellbraunem oder blondem Haar geboren, das in der Kindheit nach und nach dunkler wird.

**Zu den traditionellen Waffen** für die Jagd und den Fischfang *(oben)* gehören der Bumerang und die Speerschleuder. Zum Fischen eignet sich am besten ein langer Speer, der einer Harpune gleicht. Wilden Tieren werden auch Fallen gestellt.

**Die Lager der Aborigines** *(rechts)* liegen oft in der Nähe von heiligen Stätten, wie dem Ayers Rock. Ein Großteil Zentralaustraliens wurde als »Land der Aborigines« erklärt, damit die Eingeborenen ihrer traditionellen Lebensweise nachgehen können.

# AUSTRALIEN

**Aborigines** *(oben)* bei einem Corroboree-Fest, das aus Gesang und Tanz besteht. Die Männer mimen Tiere und setzen Erzählungen über Tapferkeit um. Als Begleitung zu den Liedern werden Bumerangs aneinander geschlagen.

tenden Trockenzeiten erhielten sie Wasser von Wüstenfröschen, die tief in den Sandhügeln vergraben waren und in ihren Bäuchen Wasser speicherten, um bis zum nächsten Regen zu überleben.

Die Alten lehrten die Jungen die Bräuche und geheimen Riten des Stammes und zeigten ihnen, wie man durch den »Bullroarer« mit den alten Geistern spricht. Auf Höhlenwänden bliesen sie mehrere Mundvoll Farbe über ihre ausgespreizten Hände, um lebhafte und deutliche Abdrükke ihrer Hände zu erhalten. Die Höhlen wurden auch genutzt, um heilige Wandmalereien anzubringen.

Zur spirituellen Seite ihres Lebens gehörte das Corroboree-Fest. Stammesmitglieder, die rituell mit weißer und roter Ockerfarbe beschmiert waren, feierten fröhlich mit rituellem Gesang und Tanz das Leben. Dabei wurde das »Didgeridoo«, ein Blasinstrument, gespielt.

## Konflikte mit den Siedlern

Die Neuankömmlinge verstanden das »Traumzeit«-Konzept der Aborigines nicht. Die ersten Siedlerpioniere hatten wenig Verständnis für das Verhältnis der Aborigines zu ihrem von den Vorfahren ererbten Land. Sie nahmen sich die Weidegebiete, die sie benötigten. Es dauerte nicht lange, bis es zu Querelen kam, jedoch waren die Aborigines für die gut bewaffneten Europäer kein wirklicher Gegner. Das war der Anfang eines Gemetzels, das sich bis in das späte 19. Jahrhundert hinzog. Neue, europäische Krankheiten, Cholera und Pocken forderten auch ihren Preis und so verringerte sich die Zahl der Eingeborenen in weniger als 150 Jahren von schätzungsweise 300 000 auf ungefähr 40 000 Aborigines. Sie lebten hauptsächlich in von der Regierung geschützten Arealen oder Missionen in weit abgelegenen Gebieten des Landes. Bis zum Jahr 1995 stieg ihre Zahl jedoch wieder auf etwa 300 000 an. Nach Plänen der Bundesregierung soll den Aborigines ein Teil ihres Landes zurückgegeben werden. Mit Ayers Rock ist das bereits geschehen. Auf vielen Landkarten wird er heute als Uluru bezeichnet. Zwar ist er eine Hauptattraktion für Touristen, einige heilige Symbole auf dem Fels sind dem Besucher jedoch versperrt. Hier wird die »Traumzeit« in ihrer ganzen farbenprächtigen Tradition zelebriert. Uluru und die Regenbogenschlange sind wieder lebendig.

# AUSTRALIEN: WIRTSCHAFT

Die Versorgung der Bevölkerung mit einheimischen Grundnahrungsmitteln ist gewährleistet. Darüber hinaus ist das Land ein bedeutender Exporteur von Wolle, Weizen, Rindfleisch, Zucker und konservierten Lebensmitteln. 65 % des Territoriums sind als landwirtschaftliche Nutzfläche ausgewiesen, wobei allerdings nur 5 % für den Anbau geeignet sind. Schafe und Rinder sind die Könige der riesigen, semi-ariden Ebenen, während die feuchten Küstenstreifen und die daran anschließenden, besser bewässerten Gebiete des Binnenlandes hauptsächlich dem Weizenanbau, der Milchwirtschaft und dem Obstanbau dienen.

Australien ist der weltweit größte Erzeuger und Exporteur von Wolle und international ein führender Lieferant von Rindfleisch. Auf den weiten Ebenen in ganz Australien grasen Rinder und Schafe. Das Merinoschaf ist bekannt für besonders feine Wolle. Viele große Schaf-»runs« und Rinder-»stations« – oftmals Hunderte von Quadratkilometern umfassend – liegen im Großen Artesischen Becken, das große Teile von Queensland, Neusüdwales und Südaustralien erfaßt. Das Wasser, das durch Bohrlöcher angezapft wird, ist meist warm und salzig, aber für Weidetiere geeignet.

Die größten Viehfarmen gibt es im Tafelland von Queensland und im Nordterritorium. Die weiträumige Victoria-Rivers-Downs-Farm im Nordterritorium ist eine der größten und geschichtsträchtigsten. Rockhampton an der Küste von Queensland ist ein Hauptzentrum für Rindfleisch und Viehhandel.

## Weizen- und Mischbetriebe

Die Hauptproduktionsflächen für Weizen befinden sich in Neusüdwales und Westaustralien. Die Riverina, ein Gebiet zwischen den Flüssen Murray und Lachlan, ist das Kernland der Produktion in Neusüdwales, während der große Weizengürtel Westaustraliens östlich von Perth liegt. Weitere bedeutende Weizenanbaugebiete sind Darling Downs im Süden von Queensland und Victorias Wimmera.

Die Küstengebiete von Victoria, Neusüdwales und Queensland sind bedeutend für die Milchwirtschaft. Obst wird in allen Gliedstaaten angebaut, wobei die Riverina und das Sunraysiagebiet in Victoria am Murray Südfrüchte und Weintrauben erzeugen. Queenslands Küste ist auch berühmt für ihre tropischen Früchte, wie Ananas, Passionsfrüchte und Bananen. Australien ist ein wichtiger Erzeuger und Exporteur von Zucker. Große Zuckerrohrplantagen findet man in den Küstengebieten von Queensland und im Norden von Neusüdwales. Verschiedene Gemüsesorten werden gewöhnlich an der Küste angebaut, besonders in Victoria und auf Tasmanien. Reis und Baumwolle produziert man in einigen nördlichen Staaten.

Der Weinbau wurde erst vor kurzer Zeit ein wichtiger Wirtschaftszweig. Durch das warme, sonnige Klima konnten sich das Barossa Valley,

**Mischbetriebe** *(rechts)* sind typisch für die Landwirtschaft von Neusüdwales, Australiens produktivstem landwirtschaftlichem Anbaugebiet. Sie sind hochmechanisiert und kommen daher mit einem Minimum an Arbeitskräften aus.

**Weintrauben** *(oben)* werden in Südaustralien im Barossa Valley nördlich von Adelaide, in Neusüdwales und in Victoria geerntet.

**Ein Schaffarmer** *(unten)* muß mit seinem Pferd jeden Tag große Strecken zurücklegen, um seine riesige Herde kontrollieren zu können. – **Das Merinoschaf**, eine beliebte Rasse *(unten rechts)*, liefert feine Wolle und mageres Fleisch.

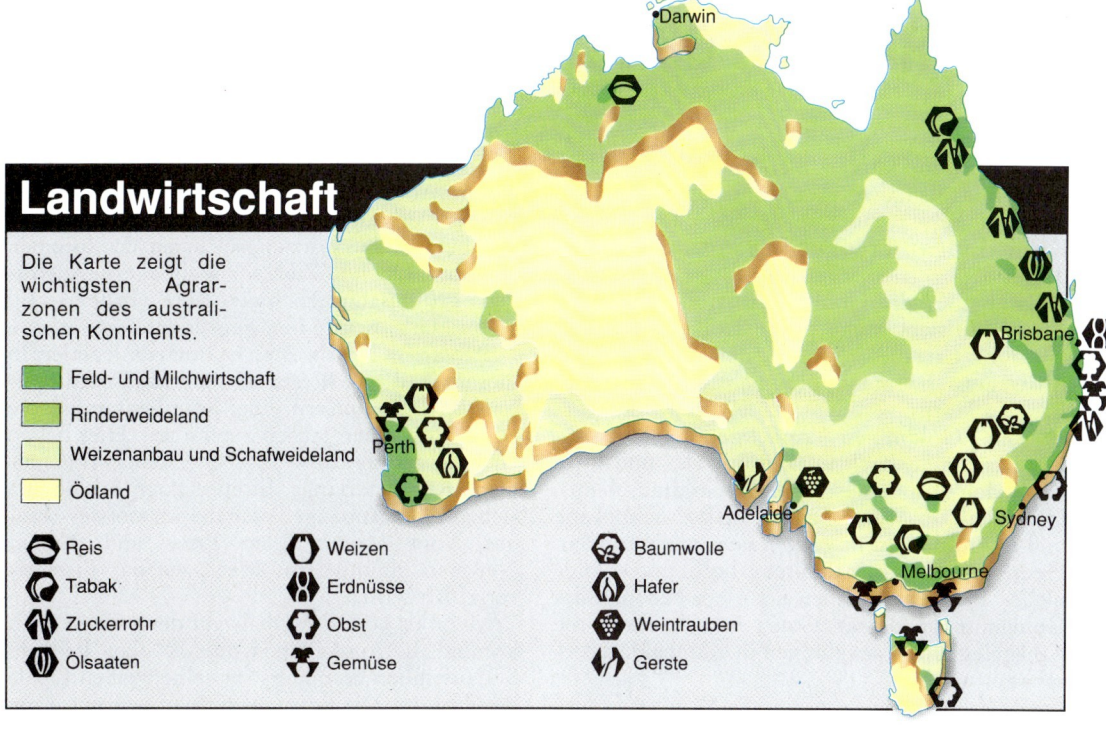

## Landwirtschaft

Die Karte zeigt die wichtigsten Agrarzonen des australischen Kontinents.

- Feld- und Milchwirtschaft
- Rinderweideland
- Weizenanbau und Schafweideland
- Ödland

Reis · Weizen · Baumwolle
Tabak · Erdnüsse · Hafer
Zuckerrohr · Obst · Weintrauben
Ölsaaten · Gemüse · Gerste

**Der Weinbau in Australien** *(oben)* wurde von deutschen Einwanderern begründet. 1998 wurden 660 Mio. Liter Wein produziert, wovon der größte Teil exportiert wurde, u.a nach USA, Kanada, Japan und Deutschland.

**Weizen** *(links)*, nach Anbaufläche und Ernteertrag das wichtigste Anbauprodukt, wächst in Neusüdwales, in Südaustralien beiderseits des Spencergolfs und in Westaustralien. Weizen braucht eine bestimmte Menge an Niederschlag, so daß weite Gebiete des Binnenlandes für den Anbau nicht geeignet sind.

nördlich von Adelaide, und der Hunter River in Neusüdwales zu Zentren der australischen Weinproduktion entwickeln.

### Fischfang und Holzindustrie

Die Australien umgebenden Meere liefern einen kleinen, aber feinen Bestandteil für die Speisekarte: Riesengarnelen, Krabben, Austern, Hummer und Thunfisch landen entweder auf den Tischen von Australiens besten Restaurants oder gelangen nach Übersee, um japanische, chinesische oder andere asiatische Geschmäcker zu befriedigen. Im nördlichen Teil von Westaustralien werden außerdem Perlen gezüchtet.

Holz kommt meistens von der Great Dividing Range. Der Eukalyptus und importierte Pinien aus Baumschulen sind am bedeutendsten, wobei der schnellwachsende Eukalyptusbaum zu Zellstoff verarbeitet wird.

In der hochmechanisierten Landwirtschaft, Fischerei und Holzindustrie sind nur etwa 5 % der Erwerbstätigen beschäftigt. Der finanzielle Erfolg ist abhängig von der Nachfragesituation auf dem Weltmarkt und den Wetterbedingungen. In den letzten Jahren haben Weizen-, Obst- und Milchproduzenten Einbußen hinnehmen müssen. Dürreperioden bei gleichzeitig hohem Zinssatz zwangen viele Farmer im Süden, ihre Betriebe aufzugeben.

Mit der Entwicklung neuer Möglichkeiten, Wasser in die trockenen Landstriche zu schaffen, ändert sich das Gesicht der australischen Landwirtschaft ständig. Die hydro-elektrische Anlage am Snowy River im Südosten des Kontinents gewährleistet eine bessere und regelmäßigere Wasserversorgung des Riverinagebiets. Eine große Anlage entsteht am Ord River im Norden von Westaustralien. Es wurden Dämme gebaut, um die sommerlichen Monsunregenfälle zu speichern, so daß tropische Pflanzen wie Reis und Baumwolle dort angebaut werden können.

# AUSTRALIEN: BERGBAU

Australien ist reich an Bodenschätzen: Mineralien wie Eisen, Kupfer, Blei, Zink, Gold, Silber, Zinn, Nickel, Bauxit, Wolfram, Opal, Diamanten und Saphir, aber auch die Energieträger Kohle, Erdgas, Erdöl und Uran werden gefördert.

Zwar spielt das Gold für Australien in finanzieller Hinsicht keine große Rolle mehr, aber mit ihm hat die Nutzung der Bodenschätze Australiens begonnen. Im Februar 1851 fand Edward Hargraves, der gerade von den kalifornischen Goldminen zurückgekommen war, Gold in einem Bach in Neusüdwales und löste damit den großen australischen Goldrausch aus. Unschätzbare Werte wurden später über Tage und in Goldadern in ganz Australien gefunden. Heute ist Kalgoorlie und seine berühmte »Goldmeile« in Westaustralien noch ein bedeutendes Goldzentrum, dessen Glanz jedoch durch die nahegelegenen Nickelminen in Kambalda überschattet wird.

### Erze, Metalle und Steine

Mount Isa in Queensland ist jene berühmte Stadt im australischen Busch, wo John Campfell Miles, ein Goldsucher, im Jahre 1923 Silberblei entdeckte. Sein Fund führte zur Entwicklung eines der wichtigsten australischen Bergbaugebiete. Riesige Mengen an Kupfer, Blei, Silber und Zink werden in dem weit abgelegenen Ort gefördert.

Die frühesten Entdecker waren von den eigenartigen Konturen der Broken Hills, im Inneren Australiens gelegen, fasziniert. 1883 wurde hier Silber gefunden und später stellte sich heraus, daß dort die reichsten Vorkommen an Silber, Blei und Zink der Welt lagern. Australiens größtes Unternehmen BHP (Broken Hill Proprietary) wurde hier gegründet.

Pilbara im Nordwesten ist noch entlegener. In diesem Teil von Westaustralien fand man Spuren von Dinosauriern, einer Reptilienfamilie, die vor 65 Millionen Jahren ausstarben. Hier liegen auch die größten australischen Eisenerzvorkommen. Kilometerlange Eisenerzzüge schlängeln sich aus den Abbaugebieten der Hamersley Ranges, vom Mount Tom Price und Mount Newman hinunter ans Meer, wo das Eisenerz verschifft wird.

Mehr als 90 % des Opals auf der ganzen Welt kommt aus Australien, wobei Coober Pedy in Südaustralien besonders für seine weißen Opale berühmt ist. Die Bergarbeiter wohnen mit ihren Familien in komfortablen, unterirdischen Heimen, um der entsetzlichen sommerlichen Hitze zu entkommen.

Australien ist größter Exporteur von Bauxit, der bei weitem wichtigste Rohstoff für die Aluminiumgewinnung. Die größten Reserven gibt es bei Weipa auf der Kap-York-Halbinsel, in Gove im Nordterritorium und im südwestlichen Küstengebiet in Westaustralien.

**Zwei Goldwäscher** *(unten rechts)* suchen ihr Glück in einem Bach im Hill End Distrikt von Neusüdwales. Sie benutzen eine der ältesten Methoden, Gold zu gewinnen. Australien erlebte 1851 und vierzig Jahre später einen Goldrausch.

**Die Reichhaltigkeit und Verschiedenartigkeit** der australischen Bodenschätze *(rechts)* ist eine sichere Basis für die Industrieentwicklung. Der Staat fördert ausländische Investitionen, um die hohen Kosten des Abbaus dieser Bodenschätze zu ermöglichen.

**Ein Salzberg** *(oben)* bei Port Hedland in Westaustralien erstrahlt in der Abendsonne im leuchtenden Purpur.

**Abraumhalden der Kohlengruben** *(ganz oben rechts)* gehören zum Landschaftsbild in Neusüdwales. Die nachgewiesenen Reserven belaufen sich bei Steinkohle auf 70,5 Mrd. Tonnen, von denen 50,4 Mrd. Tonnen abbaubar sind. Das Land ist gegenwärtig der weltweit führende Exporteur von Steinkohle. Die größten Mengen gehen nach Japan.

**Opale** zeigen ihre wahre Schönheit erst nach dem Polieren *(ganz rechts)*. Große Vorkommen dieses wertvollen Edelsteins werden bei Coober Pedy *(rechts Mitte)* in Südaustralien abgebaut. Australien produziert weltweit den größten Teil der qualitativ hochwertigen Opale.

AUSTRALIEN

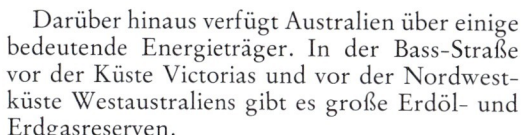

Darüber hinaus verfügt Australien über einige bedeutende Energieträger. In der Bass-Straße vor der Küste Victorias und vor der Nordwestküste Westaustraliens gibt es große Erdöl- und Erdgasreserven.

Im Latrobe Valley in Victoria findet man die wahrscheinlich größte Braunkohlenlagerstätte der Welt und in Newcastle an der Küste von Neusüdwales große Steinkohlevorkommen. Aber auch Uranerze sind in großen Reserven vorhanden. Der Bergbau ist in Australien hochmechanisiert und beschäftigt nur 1 % aller Erwerbspersonen. Ein Großteil des Abbaus von Bodenschätzen und der Energieträger wird stark durch ausländische Investitionen gestützt, besonders durch Gesellschaften aus den USA, Japan und Großbritannien. Japan und andere asiatische Länder, die EU und die USA sind die wichtigsten Abnehmer der reinen oder veredelten Mineralien.

**Die Industrie**
Landwirtschaftliche Produkte und Rohstoffe sind zwar die größten Deviseneinnahmequellen, doch das Bruttoinlandsprodukt wird überwiegend in den Sektoren Industrie und Dienstleistungen erwirtschaftet. Australiens Industrie ist stark auf den Binnenmarkt orientiert. Die mangelnde internationale Konkurrenzfähigkeit wird durch protektionistische Maßnahmen – Schutzzölle und Kontigentierung – aufrecht erhalten. Zu den Konsumgütern, die in Australien produziert werden, gehören Kraftfahrzeuge, Haushaltsartikel wie Kühlschränke und Waschmaschinen, Baumaterialen, Kleidung sowie zahlreiche chemische und pharmazeutische Produkte. Große Bedeutung hat die Nahrungsmittelindustrie. Der Import von Industrieanlagen und der gleichzeitige Verfall vieler Rohstoffpreise haben ein hohes Defizit der Leistungsbilanz und eine hohe Auslandsverschuldung bewirkt.

# AUSTRALIEN: DAS LEBEN IM BUSCH

*Oh, there once was a swagmen camped in a billabong,*
*Under the shade of a coolibah tree.*
*And he sang as he looked at his old billy boiling,*
*Who'll come a-waltzing Matilda with me?*

Der Text zu Australiens berühmtestem Lied, das von einem reisenden Handwerksburschen handelt, der ein schattiges Plätzchen am ruhigen Flußufer gefunden hat, seinen Feldkessel zum Kochen bringt und dabei singt, wurde in den 90er Jahren des letzten Jahrhunderts von dem Dichter »Banjo« Paterson auf einer abgelegenen Viehfarm im Busch geschrieben. Paterson ist ein »Buschdichter«, der die nostalgische, aber ferne Liebe des modernen Australiers zum Busch inspiriert hat. Patersons berühmteste Charaktere, Volkshelden wie der Viehtreiber Clancy und Australiens am meisten gefeierter Reiter »der Mann vom Snowy River« sind alle fort, genauso wie der »swagman« (reisender Handwerksbursche) und seine »Matilda« (Beutel mit dem Hab und Gut, an einen Stock gebunden). Viele der Vieh- und Schaftreiber wurden durch den Schienenverkehr und Straßenzüge – riesige Vieh-LKWs, die drei oder mehr vollbeladene Anhänger in einer Staubwolke hinter sich herziehen – ersetzt.

Auf den großen Viehfarmen werden Rinder und Schafe nicht mehr von Hunden und Reitern zusammengetrieben, sondern von Hubschraubern und Motorrädern. Die Farmer bedienen sich kleiner Flugzeuge, um ihre Ländereien zu kontrollieren. Mit Hilfe von Allradfahrzeugen dringen sie auch in die unwirtlichen Gebiete ihres Besitzes vor.

Der Städter träumt davon, einmal mit Clancy zu reiten und »tagein, tagaus Vieh zu treiben«. Aber trotz Komforts und moderner Einrichtungen, wie Telefon, Elektrizität und Swimmingpool, kämpft man im Busch häufig noch gegen die rauhen Elemente der Natur: Dürre, Überschwemmungen, Sandstürme und Buschfeuer. Ganze Gemeinden in Queensland sind während der sommerlichen Überschwemmungen im Küstengebiet öfters von der Umwelt abgeschnitten. Buschfeuer fegen auf breiter Front schneller über die Landschaft hinweg, als ein Mensch laufen kann. Insekten und Giftschlangen sind verglichen mit jenen Gefahren lediglich ein Störfaktor.

## Kameradschaft

Wenn ein Städter heute mit »G-day, mate« grüßt, spielt er auf die Vergangenheit an, als man sich im australischen Busch noch auf die Kameradschaft (mateship) verließ, um in schwierigen Zeiten zu überleben. Diese berühmte Kameradschaft gibt es heute noch in entfernten Winkeln des Landes, wo die Nachbarn oft eine Tagesreise auseinander leben.

Die Kinder gehen zu Hause zur Schule, indem sie die »School of the Air« anstellen, ein Sende- und Empfangssystem, das den Lehrer mit dem entferntesten Schüler verbindet. Hier

Diese trockene Landschaft *(rechts)* ist typisch für einen Großteil des Buschlands. Die natürliche Vegetation besteht aus spärlichem Grasland mit verkrüppelten Bäumen und Büschen.

Eine Windpumpe *(oben rechts)* holt Wasser aus dem Untergrund. Oft ist dieses Wasser für den Menschen zu salzig, für Rinder und Schafe aber geeignet.

Rodeos und Pferderennen *(unten rechts)* finden ein breites Publikum.

Ein Farmer *(ganz rechts Mitte)* kontrolliert zu Pferde seine Rinderherden in abgelegenen Gegenden des Busches. Obwohl die Schafe in der Überzahl sind, ist die Fleisch- und Milchindustrie ein bedeutender Faktor der Wirtschaft.

Der »fliegende Doktor« *(unten ganz rechts)* gewährleistet die medizinische Versorgung der Farmbewohner. Ebenso wie die »School of the Air« kümmert er sich um die im Busch lebenden Menschen.

verläßt man sich auch darauf, daß der »Royal Flying Doctor Service«, der fliegende Arzt, im Notfall zu Hilfe kommt. Die Flying Doctors gehen zurück auf eine Initiative des Geistlichen John Flynn im Jahr 1927.

Dennoch bringt das Leben im Busch auch viel Freude. Der echte »Buschmensch« verfügt angesichts widriger Umstände über einen einzigartigen Humor. Er mag es, daß das Leben im Busch etwas langsamer und gemütlicher abläuft. Die Nachbarn treffen sich zu Anlässen wie Buschpferderennen oder örtlichen Festen.

Zunehmend trifft man bei solchen Gelegenheiten auch »outsider«, also »Außenseiter«. Die Touristenbranche will dem städtischen Australier einen kleinen Eindruck dessen vermitteln, was er sonst nur in seinen Träumen vom Busch thematisiert. Klimatisierte Safaribusse und Allradfahrzeuge haben den Städtern und ausländischen Touristen das Innere des Kontinents erschlossen und Schaf- und Viehfarmen bieten Ferienunterkünfte.

Der Birdsville-Track, eine historische Viehtriebsroute von Queensland nach Südaustralien, steht abenteuerlustigen Fahrern zur Verfügung.

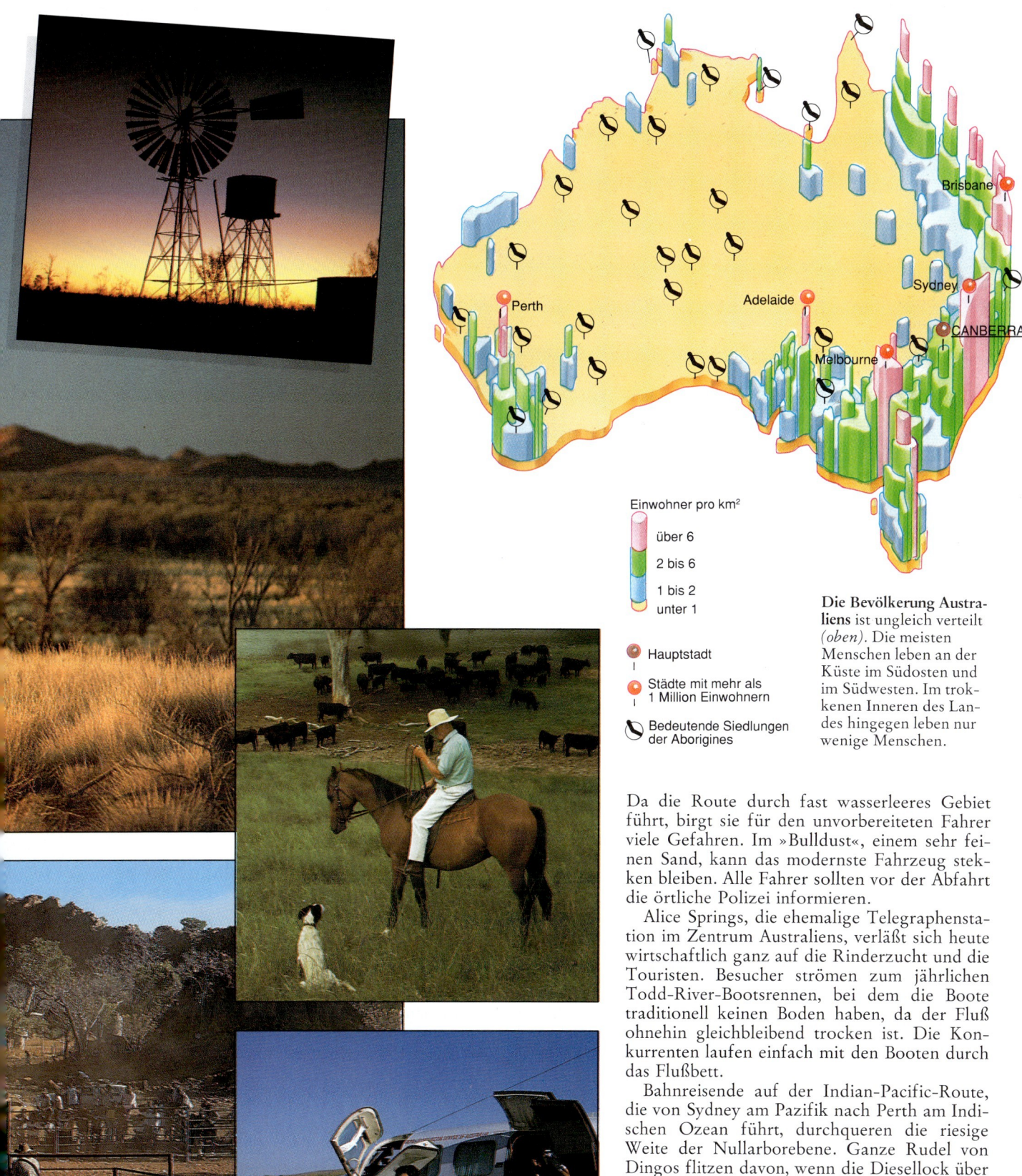

**Die Bevölkerung Australiens** ist ungleich verteilt *(oben)*. Die meisten Menschen leben an der Küste im Südosten und im Südwesten. Im trokkenen Inneren des Landes hingegen leben nur wenige Menschen.

Einwohner pro km²
- über 6
- 2 bis 6
- 1 bis 2
- unter 1

- Hauptstadt
- Städte mit mehr als 1 Million Einwohnern
- Bedeutende Siedlungen der Aborigines

Da die Route durch fast wasserleeres Gebiet führt, birgt sie für den unvorbereiteten Fahrer viele Gefahren. Im »Bulldust«, einem sehr feinen Sand, kann das modernste Fahrzeug stekken bleiben. Alle Fahrer sollten vor der Abfahrt die örtliche Polizei informieren.

Alice Springs, die ehemalige Telegraphenstation im Zentrum Australiens, verläßt sich heute wirtschaftlich ganz auf die Rinderzucht und die Touristen. Besucher strömen zum jährlichen Todd-River-Bootsrennen, bei dem die Boote traditionell keinen Boden haben, da der Fluß ohnehin gleichbleibend trocken ist. Die Konkurrenten laufen einfach mit den Booten durch das Flußbett.

Bahnreisende auf der Indian-Pacific-Route, die von Sydney am Pazifik nach Perth am Indischen Ozean führt, durchqueren die riesige Weite der Nullarborebene. Ganze Rudel von Dingos flitzen davon, wenn die Diesellok über die längste schnurgerade Eisenbahnstrecke der Welt donnert.

Nur wenige Australier leben im Busch, sei es im »Crocodile Dundee«-Land der Tropen oder im roten Staub des Zentrums. Der Großteil konzentriert sich in den Bergbauzentren. Der Busch wird jedoch immer ein einsamer Ort bleiben, zwar wunderschön, aber auch furchteinflößend groß und leer.

# AUSTRALIEN: SYDNEY UND MELBOURNE

Sydney und Melbourne, die beiden größten und bedeutendsten Metropolen Australiens, sind seit der frühen Kolonialzeit Rivalen. Die Städte haben viele Gemeinsamkeiten. Beide sind wichtige Wirtschaftszentren und Millionenstädte mit einem hohen Anteil an neuen Einwanderern, besonders Italienern und Griechen. In den inneren Vororten ist man stolz auf die typischen, terrassenförmig angelegten Häuser im viktorianischen Stil mit Veranden und schmiedeeisernen Geländern. Morgens setzen die Pendler auf Fähren von ihren Vororthäusern zu ihren Arbeitsplätzen in der modernen City über.

Internationale Passagierflugzeuge überfliegen beim Landeanflug auf Sydney die Botany Bay, wo Captain Cook zuerst an Land gegangen ist. Von oben kann man auch Port Jackson sehen, eine der spektakulärsten Hafenanlagen der Welt, und Sydney Cove, wo die erste europäische Siedlung angelegt wurde. Sydneys berühmteste Wahrzeichen sind deutlich zu sehen: die Harbour Bridge, die 1932 fertiggestellt wurde und wegen ihrer Form liebevoll »Kleiderbügel« genannt wird, und das Opernhaus mit seinem Dachgewölbe. Dazwischen schmiegen sich Sydney Cove und Circular Quay, das Herz der modernen City. Die Straßen, in denen die Sträflinge im späten 18. Jahrhundert schufteten, sind heute von in die Höhe strebenden Bürohäusern, Ladenketten und Hotels gesäumt. Einen weiteren Aufschwung erlebte Sydney durch die Olympischen Sommerspiele 2000.

Die herrlichen Blue Mountains tauchen hinter der Skyline der Stadt auf. Ihr Name rührt von dem bläulichen Dunst, den die Öle der Eukalyptusbäume abgeben. In letzter Zeit ist der Blick jedoch zunehmend getrübt. Sydney leidet am zu hohen Verkehrsaufkommen und der daraus resultierenden Luftverschmutzung.

Nach einem 90-minütigen Flug über 840 km in südlicher Richtung erreicht man Melbourne, eine Stadt, die sich an der Mündung des Yarra River in die Port-Phillip-Bay erstreckt. Die riesige Wasserfläche dieser Bucht reicht bis zum Horizont, wo sie einen engen Abfluß in die Bass-Straße hat. Containerschiffe aus aller Welt bahnen sich ihren Weg durch die Bucht zu den Hafendocks von Melbourne.

Melbourne ist nie eine Sträflingskolonie gewesen; 1835 gründeten Schaffarmer aus Tasmanien die Siedlung, die zuerst von Neusüdwales regiert wurde. Durch die Schafzucht kam die Stadt zu frühem Reichtum, und bald verlangten die neuen Siedler politische Unabhängigkeit. Daraufhin wurde 1851 die unabhängige Kolonie Victoria geschaffen.

In der heutigen City wechseln moderne Hochhäuser mit kolonialen Gebäuden aus blauem Tonsandstein aus dem 19. Jahrhundert und säumen breite Boulevards im Pariser Stil. Das elegante Stadtzentrum wird kreuz und quer von Melbournes berühmter elektrischer Straßenbahn durchzogen und ist durch ein geordnetes Straßennetz geprägt. Jenseits der City erstrek-

ken sich auf einer Länge von 40 km moderne Vororte. Die Pendler leben hier in den Waldgebieten der Dandenoy Ranges.

### Rivalität

Als Mitte des 19. Jahrhunderts in Australien Gold entdeckt wurde, waren die Straßen in Sydney und Melbourne wie leergefegt, da Rechtsanwälte und Kutschenbauer, Kesselflicker und Schneider zu den Goldfeldern zogen. Der Wohlstand floß in die beiden Städte zurück, und die Rivalität zwischen beiden Städten wuchs kräftig. Sie kämpften um die dominierende Position im Binnenhandel, um den Handel mit Großbritannien sowie um den Sitz der Bundesregierung. Sie sandten auch rivalisierende Expeditionen aus, um bei der Erforschung des unbekannten Australien zu Ruhm zu gelangen.

Heute reisen die Einwohner Sydneys, die wegen ihrer geschichtlichen Verbindung zum Weizen »Cornsucker« (Getreidekauer) genannt werden, und die aus Melbourne, wegen ihrer Vergangenheit als Handelsgärtner mit dem Spitznamen »Cabbage Patch« (Kohlfleck) versehen, zwischen beiden Städten hin und her. Die Tatsache, daß die Flugroute zwischen Sydney und Melbourne die am stärksten frequentierte ist, verweist eindrücklich auf die immense Bedeutung der beiden Städte für ganz Australien. Doch jede der beiden Städte hat ihre Eigen-

# AUSTRALIEN

**Die Hafenbucht von Sydney** *(links)* bietet hervorragende Anlagemöglichkeiten für die Schiffahrt. Wahrzeichen ist das moderne Opernhaus, dessen Dachkonstruktion das Bild gewellter Segel im Hafen vermittelt.

**Bondi Beach** *(unten)* ist ein herrlicher und viel besuchter Sandstrand in der Nähe des geschäftigen Stadtzentrums von Sydney. Während der Olympischen Sommerspiele fanden hier die Wettkämpfe im Beach-Volleyball statt.

arten. Sydney ist kosmopolitisch. Das Nachtleben im farbenprächtigen King's-Cross-Viertel ist ebenso berühmt wie seine viel besuchte Bondi Beach. Einheimische und Touristen strömen zum spektakulären Opernhaus, besuchen das historische Rocks-Gebiet, wo die ersten Sträflinge ihre Hütten bauten, oder kaufen in der George Street ein, Australiens allererste Adresse. Melbourne hingegen wird allgemein als Australiens Geschäftszentrum anerkannt. Zwar weist es durch zahlreiche internationale Restaurants und Clubs ebenso ein blühendes Nachtleben auf, jedoch entspricht die Stimmung in der Stadt dem eher gelassenen britischen Stil. Collins und Bourke sind die modischen Einkaufs- und Geschäftsstraßen. Historische Sehenswürdigkeiten sind das alte Gefängnis, Captain-Cooks-Hütte, die Stein für Stein aus Yorkshire, England, herübergebracht wurde, der berühmte Botanische Garten und das Kunstzentrum.

Während die Olympiastadt Sydney die Heimat der australischen Rugby Union und Rugby Liga ist, ist Melbourne das Mekka der »Aussie Rules«, eine Art von gälischem Fußball. Am Grand Final Day, dem Tag des Finales, herrscht eine Stimmung wie beim amerikanischen »Super Bowl«. Melbourne ist auch der Gastgeber von Australiens berühmtestem gesellschaftlichem Ereignis, dem Melbourne Cup, einem klassischen Pferderennen. Es entspricht etwa dem englischen Derby in Ascot.

**Das Zentrum von Sydney**, Hauptstadt von Neusüdwales *(rechts)*, liegt am südlichen Ufer des Parramatta River. Viele der bekanntesten Sehenswürdigkeiten der Stadt, wie das Opernhaus (1) befinden sich hier. In der Nähe des Zentrums liegen auch das Regierungsgebäude (2), das Observatorium (3), der Botanische Garten (4) und das Parlamentsgebäude (5). Die Einwohner von Sydney entspannen sich auf der Cricket-Anlage (6), am Strand von Bondi Beach (7) und im Olympiapark (8).

**Das Alte trifft auf das Neue** *(ganz links)* in Melbourne, Australiens zweitgrößter Stadt, hier im weihnachtlichen Straßenschmuck *(links)*. Melbourne hat eine geringere kosmopolitische Ausstrahlung als Sydney.

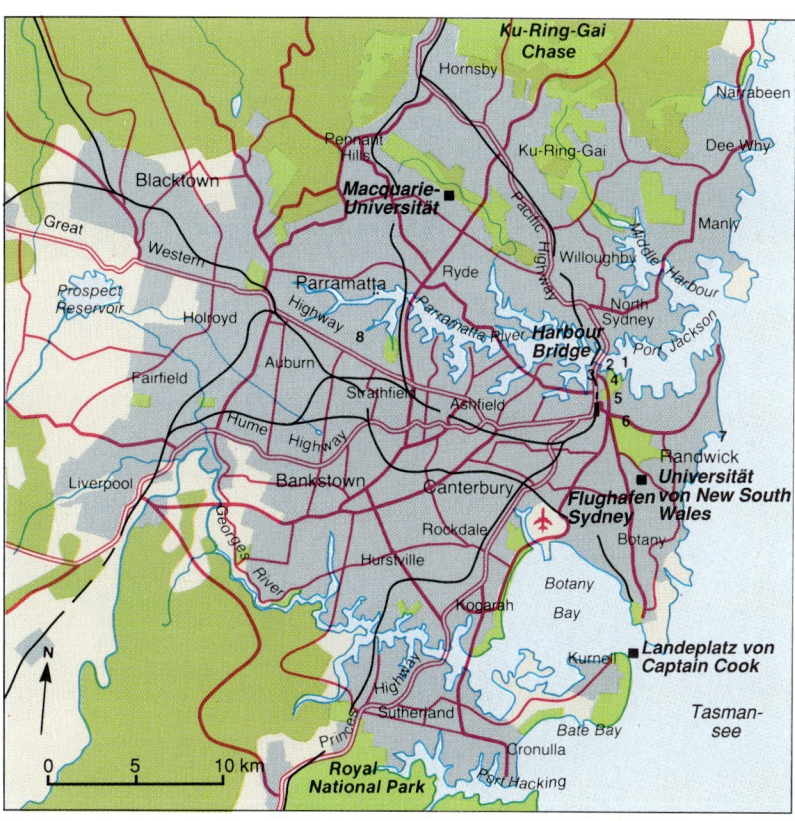

# BAHAMAS

**Die Palmenstrände von Nassau** *(rechts),* Hauptstadt der Bahamas, heißen die Touristen willkommen, die in immer größerer Zahl die Inseln besuchen. Die Bahamas sind ein beliebtes Urlaubsziel in der Karibik – für jährlich etwa 3,5 Millionen Menschen.

Die Bahamas gehören zu den wohl schönsten Urlaubsgebieten der Welt. Der im Atlantischen Ozean liegende Inselstaat erstreckt sich in einem Bogen von mehr als 1200 km von der Ostküste der nordamerikanischen Halbinsel Florida bis zur Insel Hispaniola (Haiti). Rund 700 Inseln und etwa 2400 Cays – so nennt man die Mini-Koralleninseln und Felsklippen – umfaßt der Archipel; davon sind nur dreißig ständig bewohnt. Auf einer der Inseln, San Salvador, war Christoph Kolumbus (1451–1506) im Jahre 1492 gelandet und hatte damit die Entdeckung Amerikas eingeleitet. Die indianischen Ureinwohner der Bahamas wurden von den Spaniern zur Zwangsarbeit nach Kuba und Hispaniola verschleppt. So fanden die Engländer, als sie die Bahamas im 17. Jahrhundert in Besitz nahmen, die Inseln unbewohnt vor. Heute sind etwa 85 % der Bevölkerung Schwarze und Mulatten, Nachfahren der von den Engländern aus Afrika eingeführten Sklaven. Der weiße Bevölkerungsanteil besteht überwiegend aus Nachkommen der eingewanderten Engländer und Amerikaner. Während Schwarze und Mulatten als stärkste Bevölkerungsgruppen die politische Macht auf den Inseln innehaben, besitzen die Weißen die wirtschaftliche Macht. Infolge der günstigen Steuergesetzgebung entwickelten sich die Bahamas zu einem internationalen Finanzzentrum. Seit 1973 sind sie ein unabhängiger Staat im Britischen Commonwealth.

### Landschaft und Klima

Die Bahama-Inseln sind aus verfestigtem Kalksand und Korallenkalken aufgebaut. Sie sitzen den bis etwa 20 m unter die Meeresoberfläche aufsteigenden Bahama-Bänken auf und ragen nur wenige Meter aus dem Meer; der höchste Punkt liegt mit 63 m Höhe auf Cat Island. Folglich findet man kaum Steilküsten; es überwiegen weite, weiße bis rosafarbene Sandstrände, die meist von Palmen und anderen subtropischen Gewächsen gesäumt werden. Die fischreichen Gewässer um die Bahamas gelten als die saubersten der Welt und sind ein Eldorado für Wassersportler und Taucher. Das Klima ist subtropisch-mild und der warme Golfstrom sorgt dafür, daß auf den »Inseln des Juni«, wie die Bahamas bisweilen genannt werden, auch im Winter Durchschnittstemperaturen von 22 °C herrschen, während die Sommertemperaturen selten über 28 °C steigen.

Die Bahamas lassen sich in drei Hauptgebiete unterteilen: *New Providence Island* mit der Re-

## Daten und Fakten

**DAS LAND**
**Offizieller Name:** Commonwealth der Bahamas
**Hauptstadt:** Nassau
**Fläche:** 13 878 km²
**Landesnatur:** Rund 700 Inseln (davon 30 bewohnt) und etwa 2400 kleine Korallenriffe und Felsklippen
**Klima:** Subtropisches, mäßig feuchtes Seeklima
**Höchster Punkt:** Auf Cat Island 63 m
**DER STAAT**
**Regierungsform:** Parlamentarische Monarchie
**Staatsoberhaupt:** Königin Elisabeth II., vertreten durch einen Generalgouverneur
**Regierungschef:** Premierminister
**Verwaltung:** 18 Distrikte
**Parlament:** Zweikammerparlament mit Abgeordnetenhaus (40 auf 5 Jahre gewählte Mitglieder) u. Senat (16 ernannte Mitglieder)
**Nationalfeiertag:** 10. Juli
**DIE MENSCHEN**
**Einwohner:** 301 000 (1999)
**Bevölkerungsdichte:** 22 Ew./km²
**Stadtbevölkerung:** 87 %
**Analphabetenquote:** 2 %

**Sprache:** Englisch
**Religion:** Baptisten 31 %, Katholiken 16 %, Anglikaner 16 %
**DIE WIRTSCHAFT**
**Währung:** Bahama-Dollar
**Bruttosozialprodukt (BSP):** 3 288 Mio. US-$ (1997)
**BSP je Einwohner:** über 9300 US-$ (1998)
**Inflationsrate:** 3,2 % (1985-1995)
**Importgüter:** Erdöl, Maschinen, Fahrzeuge, elektrotechnische Produkte, Halbfertigprodukte, Nahrungsmittel, Getränke u. Tabak, Rohstoffe

Die zu Westindien gehörenden Bahamas bilden eine mehr als 1200 km lange Kette, die aus über 3000 Koralleninseln und -riffen besteht. Ungefähr 30 Inseln sind bewohnt; 75 % der Bevölkerung leben entweder auf New Providence oder auf Grand Bahama. Ortsnamen wie Deadman's Cay oder Rum Cay zeugen noch von der bewegten Vergangenheit der Bahamas als Piratenstützpunkt. In heutiger Zeit üben die Felshöhlen und einsamen Buchten der Inseln großen Reiz auf Touristen aus – die meisten Besucher sind Amerikaner. Die Unabhängigkeit von Großbritannien erlangten die Bahamas im Jahr 1973.

gierungshauptstadt Nassau und dem Touristenzentrum Paradise Island mit einem modernen Flughafen; *Grand Bahama Island* mit dem Touristen- und Wirtschaftszentrum Freeport-Lucaya, das mit Jachthäfen, Luxushotels, Golfplätzen und Spielkasinos Nassau fast schon den Rang abgelaufen hat; die *Family Islands,* auch Out Islands genannt, sind meist kleine, vom Touristenrummel noch nicht erfaßte Inselparadiese, unter anderem Abaco Islands, Andros Island, Bimini Islands, Eleuthera Island, Exuma Islands, San Salvador.

## Tourismus, die wichtigste Einnahmequelle

Reisemotive für einen »Traumurlaub« auf den Bahamas gibt es mehr als genug: herrliche weiße Sandstrände, kristallklares, vom Golfstrom erwärmtes Meer mit großartigen Tauchrevieren, mildes, gesundes Klima, eine zum Teil fremdartige Vegetation, luxuriöse Hotels, Nachtclubs und Spielkasinos. Daneben bestehen Möglichkeiten und Einrichtungen für alle Arten des Wassersports, für Tennis und Golf. Ein Urlaubsangebot also, wie es abwechslungsreicher kaum sein kann.

Die Bahamas haben ihre Schönheit erfolgreich vermarktet. Der Tourismus ist mit Abstand der wichtigste Wirtschaftszweig. Er verschafft mehr als zwei Dritteln der berufstätigen Bevölkerung Arbeit und erwirtschaftet etwa 70 % des Bruttosozialprodukts. Auf den siebzehn touristisch erschlossenen Inseln landen jährlich etwa 3,5 Millionen Gäste. 85 % aller Urlauber kommen aus den USA.

Ferien auf den Bahamas sind längst kein Privileg mehr für Millionäre, auch in dieser einst so exklusiven Enklave hat sich der Massentourismus breitgemacht. Wer Robinson-Charme, einsame Sandstrände und unberührte Naturschönheiten sucht, kann diese Sehnsucht auf einer der kleinen Family Islands stillen.

# BAHRAIN

Das aus 33 Inseln bestehende Emirat Bahrain liegt in einer Bucht des Persischen Golfs vor der Küste Saudi-Arabiens. War Bahrain in vergangenen Jahrhunderten wegen seines Perlenreichtums wohlhabend und berühmt, so basierte die Entwicklung der vergangenen Jahrzehnte auf dem Verkauf von Erdöl.

Da die 1932 entdeckten Vorkommen bereits wieder zur Neige gehen, versucht das Emirat heute verstärkt mit Dienstleistungsangeboten und Industrieansiedlungen die geringer werdenden Öleinnahmen auszugleichen. Internationalen Großbanken dient Bahrain heute als Sprungbrett für Geschäfte in den Ölstaaten auf der Arabischen Halbinsel, und Fluggesellschaften nutzen das Land als Zwischenstation auf ihren Fernflügen zwischen Europa und dem Fernen Osten.

### Geschichte

Im Altertum sprudelten auf der Hauptinsel Bahrain noch keine Öl-, sondern nur die zahlreichen Süßwasserquellen. Bei damals milderem Klima – heute hat die Inselgruppe ein ausgesprochenes Wüstenklima – gedieh die Vegetation üppig, und die Bewohner lebten von Jagd und Fischfang. Es war ein wichtiger Umschlagplatz für den Handel der Sumerer und Babylonier mit dem Industal. Wasserreichtum und Insellage waren aber auch immer wieder Anreiz für ausländische Mächte, auf Bahrain Stützpunkte anzulegen. Reste einer alten Festung erinnern an die portugiesische Herrschaft im 16. Jahrhundert. Die Europäer mußten jedoch nach wenigen Jahrzehnten dem Druck verschiedener Stämme des Persischen Reiches weichen.

1783 ergriff die Familie der Al Khalifa, die ursprünglich aus Kuwait stammt, die Macht in Bahrain. Sie war mit sunnitischen Stämmen von der Arabischen Halbinsel eingewandert und stellt bis heute die Herrscher des Emirats, dessen Bevölkerung mehrheitlich von Schiiten gebildet wird. Im 19. Jahrhundert übernahm Großbritannien das Protektorat über Bahrain. Erst 1971 wurde Bahrain in die Selbständigkeit entlassen und Mitglied der Arabischen Liga. Ein Freundschaftsvertrag mit Großbritannien sichert jedoch bis heute einen starken Einfluß der ehemaligen Kolonialmacht.

### Wirtschaft

Wie in allen Ländern der Region brachten Entdeckung, Förderung und Verarbeitung von Erdöl den entscheidenden Bruch in der Entwicklung des Landes. Fischerei und Landwirtschaft wurden vernachlässigt, und Bahrain begann nahezu ausschließlich von den Öleinnahmen zu leben. Tausende von Arbeitern aus anderen arabischen Staaten und vor allem vom indischen Subkontinent strömten ins Land und prägen seither das Straßenbild. Die Verkäufer in den Geschäften des Bazars sind Zugereiste, und neben alten Teestuben haben indische Restaurants eröffnet. Aber auch Briten und US-Amerikaner haben sich in Bahrain niedergelassen und unterstreichen den seit alters weltoffenen Charakter des Inselstaates.

Doch die Erdölreserven des Emirats sind sehr begrenzt und dürften bereits in wenigen Jahren erschöpft sein. Schon seit Jahren muß in der großen Raffinerie des Landes auch Öl aus Saudi-Arabien verarbeitet werden, um eine volle Auslastung zu sichern.

Durch den Aufbau eines modernen Dienstleistungssektors und die Errichtung petrochemischer und metallerzeugender Betriebe hat sich

## Daten und Fakten

**DAS LAND**
**Offizieller Name:** Staat Bahrain
**Hauptstadt:** Al Manamah
**Fläche:** 694 km²
**Landesnatur:** 33 Inseln; Hauptinsel Bahrain vor allem Sanddünen, im Zentrum Kalksteinplateau, im S und SW Salzsümpfe
**Klima:** Wüstenklima (hohe Temperaturen u. hohe Luftfeuchtigkeit)
**Höchster Punkt:** Jabal ad Dukhan 135 m
**DER STAAT**
**Regierungsform:** Absolute Monarchie
**Staatsoberhaupt:** Scheich
**Regierungschef:** Premierminister

**Verwaltung:** 11 Bezirke
**Parlament:** Konsultativrat mit 740 vom Staatsoberhaupt ernannten Migliedern
**Nationalfeiertag:** 16. Dezember
**DIE MENSCHEN**
**Einwohner (Ew.):** 606 000 (1999)
**Bevölkerungsdichte:** 873 Ew./km²
**Stadtbevölkerung:** 91 %
**Analphabetenquote:** 12 %
**Sprache:** Arabisch
**Religion:** Moslems
**DIE WIRTSCHAFT**
**Währung:** Bahrain-Dinar
**Bruttosozialprodukt (BSP):** 4909 Mio. US-$ (1998)

**BSP je Einwohner:** 7640 US-$
**Inflationsrate:** -0,2 % (1990-98)
**Importgüter:** Rohöl, Maschinen, Fahrzeuge, Eisen, Stahl, Metallwaren, Nahrungsmittel
**Exportgüter:** Erdöl und -produkte, Aluminiumprodukte, Krustentiere, Fische
**Handelspartner:** Saudi-Arabien, Japan, Großbritannien, Deutschland, USA
**Eisenbahnnetz:** o.A.
**Straßennetz:** 2767 km
**Fernsehgeräte je 1000 Ew.:** o.A.

Bahrain jedoch auf sein »Nachölzeitalter« vorbereitet. Das Land verfügt heute über die größte und modernste Aluminiumindustrie der Region. Bei dieser Art der Industrialisierungspolitik ist Bahrain jedoch auf die Finanzkraft seiner ölreichen Nachbarn angewiesen. Das Emirat hat die Mitgliedschaft im 1981 gegründeten Golf-Kooperationsrat (GCC) genutzt, um mehrere Großobjekte der arabischen Golfstaaten auf dem eigenen Territorium anzusiedeln.

Im Rahmen dieser Zusammenarbeit wurde 1986 die auf einem 25 km langen Damm gebaute Autobahn eröffnet, die die Insel mit dem Festland verbindet. Der Gütertransport erfolgt seither auf Lastwagen, zuungunsten der kleinen Passagierschiffe und traditionellen Dhaus. Die Bahrainis nutzen diese neue und schnelle Verbindungsmöglichkeit, um im Nachbarstaat Saudi-Arabien preiswert einzukaufen. In Gegenrichtung hat vor allem an Wochenenden die Zahl der Touristen aus Saudi-Arabien zugenommen. Einige kommen nur, um sich in Hotels und Restaurants der Hauptstadt Al Manamah am Alkohol, der im eigenen Land verboten ist, und am Auftritt von Bauchtänzerinnen zu ergötzen. Der vergleichsweise liberale Lebensstil hat viele Vertreter europäischer Firmen veranlaßt, sich in dem Emirat niederzulassen und von dort aus Kunden in den anderen arabischen Golfstaaten zu betreuen.

**Die große Moschee** (oben) in Manamah bietet 7000 Gläubigen Platz. Der überwiegende Teil der Bahrainis sind Schiiten; von größerem politischen Einfluß ist aber die sunnitische Oberschicht mit der Familie des Emirs.

**Bahrain** (rechts) ist eine Inselgruppe im Persischen Golf. Eine auf Hochbrücken angelegte Straße verbindet heute die Hauptinsel mit dem Festland. Erdölvorkommen haben dem Staat zu Wohlstand verholfen.

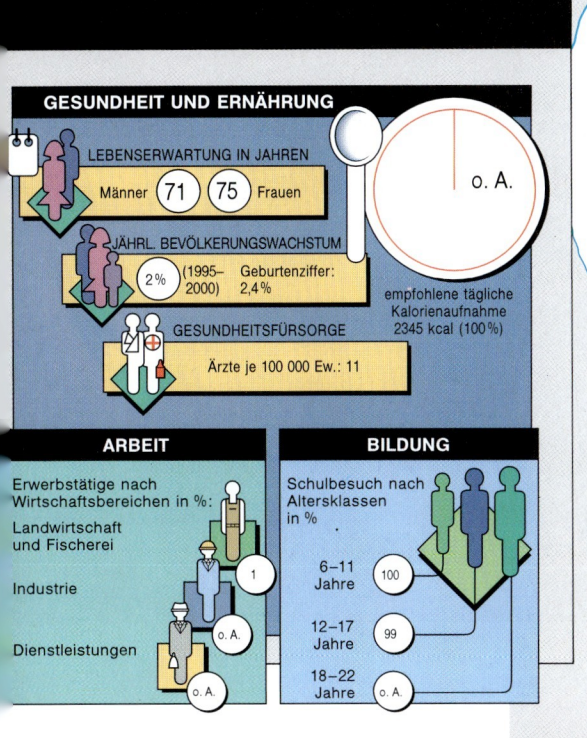

# BANGLADESCH

Im Volksmund nennen die Einheimischen ihren Staat Bangladesch immer noch »Sonar Bangla«, das »Goldene Bengalen« und erinnern damit an die wirtschaftliche Blüte vergangener Zeiten. Heute ist dieser Name nicht mehr als eine Lagebeschreibung des Landes, das den überwiegenden Teil des östlichen Bengalen einnimmt und zum Teil aus der Deltalandschaft von Ganges und Brahmaputra besteht. Mögen auch die Phantasie und die Abendsonne die breiten Wasserläufe, die das flache Land durchziehen, in goldene Ströme verwandeln, die Zukunft von Bangladesch sieht weniger glänzend aus. Der erst 1971 gegründete und somit jüngste Staat Südasiens gehört zu den dichtbesiedeltsten Ländern der Erde. Bangladesch ist heute ein Synonym für Armut, Bevölkerungsexplosion, Unterentwicklung und Naturkatastrophen. Alljährlich treten die großen Flüsse über die Ufer und überfluten immer folgenschwerer den Lebensraum der Bevölkerung. Ebenso regelmäßig brechen verheerende Wirbelstürme über das Land herein. Die Menschen stehen den Problemen hilf- und schutzlos gegenüber als wäre es ihr unabänderliches Schicksal.

Bangladesch ist Teil des südasiatischen Subkontinents und gehört überwiegend zum Tiefland von Bengalen. Dieses besteht aus der Schwemmlandebene des Mündungsdeltas von Ganges und Brahmaputra und deren Hauptmündungsarmen Padma, Jamuna und Meghna. Das Tiefland weist nur geringe Höhenunterschiede auf und liegt nur wenige Meter über dem Meeresspiegel. Eine Ausnahme bilden die Chittagong-Berge im Südosten des Landes, die schon zu den südostasiatischen Faltengebirgen gehören und Höhen bis 1230 m erreichen.

Das Klima in Bangladesch wird vom Monsun bestimmt. In den regenreichen Monaten von Juni bis September fallen 75 % der jährlichen Niederschlagsmengen. Ebenso wie die Temperaturen ist die Luftfeuchtigkeit über das ganze Jahr relativ hoch. Nur in den Wintermonaten sinken die Temperaturen durch kühle, trockene Winde auf 19 °C ab. Während dieser Zeit wird die fruchtbare Region mit ihren immergrünen tropischen Regenwäldern und zahlreichen Reisfeldern von einem Netzwerk stark verzweigter Wasserläufe bewässert. Diese entspringen überwiegend im Himalaya. Dort wird aber durch die fortschreitende Abholzung des Gebirgsmassivs und seiner vorgelagerten Gebiete der Erosionsprozeß beschleunigt. Folglich werden die Flüsse immer stärker mit Sedimenten angereichert, die sie auf ihrem Weg zum Golf von Bengalen im Tiefland von Bangladesch oder im Küstenbereich absetzen. Daraus resultiert eine zunehmende Versandung und Erhöhung der Flußläufe. Wenn dann zu Zeiten der starken Monsunregen die Flüsse die Schmelzwässer aus dem Himalaya nicht mehr auffangen können und wenn schwere Stürme das Wasser vom Meer in das Landesinnere peitschen, wird das Wasser zur tödlichen Gefahr.

# BANGLADESCH

Trotz der Gefahr von Überschwemmung und Hochwasser wird unter dem enormen Bevölkerungsdruck in Bangladesch jedes verfügbare Stück Land kultiviert. Dabei wird die ursprüngliche Naturlandschaft zugunsten von Reisanbauflächen immer weiter zurückgedrängt. Reis ist das Hauptnahrungsmittel der Bewohner und wird in Form von Naßreis auf rund 80 % der gesamten landwirtschaftlichen Nutzfläche angebaut. Durch Züchtung von Reissorten mit langen Halmen ist der Reisanbau selbst unter schwierigen Bedingungen auch während des Monsuns möglich. In Verbindung mit künstlichen Bewässerungssystemen werden somit in vielen Teilen des Landes zwei bis drei Ernten pro Jahr erzielt. Die Erträge sind jedoch nicht sehr ergiebig. Eine Ursache für die geringe Produktivität ist die aus der Bevölkerungsexplosion und dem Landdruck resultierende Flurzersplitterung, wodurch die vorherrschenden Kleinbetriebe auf nur kleinen Betriebsflächen oft unterhalb der Rentabilitätsgrenze arbeiten. Zum anderen können aus Kapitalmangel weder die erforderlichen Maßnahmen zur Mechanisierung durchgeführt noch ertragreicheres Saatgut gekauft und ausreichender Pflanzenschutz geleistet werden. Gleiches gilt für die neben dem Reis wichtigen Selbstversorgungsprodukte wie Weizen, Kartoffeln, Hülsenfrüchte, Zuckerrohr und Tee. Dabei wäre eine Intensivierung gerade des Reisanbaus im Blick auf die steigenden Bevölkerungszahlen und den jährlich wachsenden Bedarf an Nahrungsmitteln dringend erforderlich. Allerdings ist die landwirtschaftliche Nutzfläche mit einem Anteil von rund zwei Dritteln an der Gesamtfläche von Bangladesch praktisch erschöpft.

Die traditionell führende Kulturpflanze dieser Region war Jute, das jedoch im Zeitalter des Kunststoffs an Bedeutung verloren hat. Trotz stark zurückgehender Erträge ist Bangladesch aber immer noch weltweit der drittgrößte Produzent von Jute.

Das rohstoffarme Bangladesch besitzt nur äußerst begrenzte Möglichkeiten für eine industrielle Entwicklung, die sich daher auf die Verarbeitung der im Land angebauten Produkte wie Jute und Tee beschränkt. Die Erdgasvorkommen sichern einen Teil des Energiebedarfs und ermöglichen den Aufbau einer petrochemischen Industrie. Die vom Staat initiierten Entwicklungspläne sollen mit billigen einheimischen Arbeitskräften und ausländischen Investoren die Wirtschaft des Landes ankurbeln, ebenso wie die in allerjüngster Zeit eingeleiteten Bemühungen um die Etablierung des internationalen Tourismus, für den allerdings die Infrastruktur gegenwärtig noch unzureichend ist. Bangladesch ist stärker als jedes andere Land bei seinen Vorhaben auf finanzielle Auslandshilfen angewiesen. Entwicklungsgelder und -projekte können aber nur dann zum Erfolg führen, wenn das Grundproblem, die bedrohliche Übervölkerung des Landes, gelöst wird.

# BANGLADESCH: DER STAAT

Die junge Geschichte der Volksrepublik Bangladesch, die weitestgehend die Landschaft Ostbengalens einnimmt, beginnt mit dem Jahr 1971. Zu diesem Zeitpunkt verkündete sie ihre Unabhängigkeit von Pakistan, das 1947 gegründet worden war. Bis dahin war die Geschichte Bengalens eng mit der Vergangenheit Gesamtindiens verbunden. Ursprünglich buddhistisch, gelangte Bengalen ab dem 13. Jahrhundert zunehmend unter islamischen Einfluß, war bis 1576 selbständiges Sultanat, bis es dem indischen Mogulreich angegliedert wurde. Während dieser Zeit wuchs das Interesse der Europäer an dem südasiatischen Subkontinent. Bengalen bot mit seiner damals hochentwickelten Juteherstellung und seinen weit in das Landesinnere führenden Wasserstraßen ideale Voraussetzungen für den überseeischen Handel. Das veranlaßte die Briten zur Gründung einer Kolonie. Mit dem Ende der britischen Kolonialherrschaft wurde Britisch-Indien unter Berücksichtigung der Religionszugehörigkeit in zwei Staaten aufgeteilt – Indien und Pakistan. Bengalen, selbst in einen hinduistischen Westteil und einen Ostteil mit moslemischer Mehrheit geteilt, bemühte sich um Autonomie. Doch gegen den Volkswillen wurde Ostbengalen dem islamischen Pakistan zugeschrieben und Westbengalen wurde indische Provinz. Daraus ergab sich auf der politischen Landkarte ein bis dahin einzigartiges staatliches Territorium von zwei Landesteilen, die über 1500 km entfernt und durch Indien voneinander getrennt waren – West- und Ostpakistan. Trotz der religiösen Bruderschaft durch den Islam war die junge Geschichte Pakistans von Mißtrauen und Diskriminierungen geprägt, die ihren Ursprung in den gravierenden Unterschieden der Sprache, der kulturellen Traditionen und der Lebensgewohnheiten beider Landesteile hatten. Sie gipfelten in der Verachtung der Bengalen von Seiten der Westpakistaner. Sie bezeichneten die Bengalen als »unreine Moslems«, das sind Nachkommen konvertierter Moslems, deren Religion durch die enge Nachbarschaft zu Westbengalen hinduistischen Einflüssen ausgesetzt war, während der »reine« Islam in Westpakistan auf arabischer Tradition basiert.

Die politische Macht konzentrierte sich auf den westlichen Teil des Landes und das bevölkerungsreichere Ostpakistan fühlte sich bei der Verteilung von staatlichen Wirtschaftshilfen grob vernachlässigt. Die ohnehin bestehenden Spannungen zwischen den beiden Landesteilen wurden noch verstärkt, als das in Westpakistan heimische Urdu die Nationalsprache für beide Landesteile werden sollte. Daraus erwachsende Autonomiebestrebungen Ostpakistans entluden sich bei den ersten direkten Parlamentswahlen im unabhängigen Pakistan im Dezember 1970 und Januar 1971. In Ostpakistan erhielt die Awami-Liga, die unter ihrem Führer Mudschib ur-Rahman (1920–1975, ermordet) für einen selbständigen Staat kämpfte, die absolute Mehrheit. Es folgte am 26. März 1971 die Ausrufung der unabhängigen Volksrepublik Bangladesch. Die Intervention westpakistanischer Truppen führte zum Ausbruch eines brutalen und blutigen Bürgerkrieges, der eine Massenflucht von etwa zehn Millionen Menschen nach Indien auslöste. Indien nahm diese Flüchtlingsströme zum Anlaß, im Dezember 1971 selber in den Sezessionskrieg einzugreifen. Binnen zwei Wochen besetzte Indien das Land, zwang Westpakistan zur Kapitulation und bestätigte Bangladesch als souveränen Staat.

## Daten und Fakten

**DAS LAND**
**Offizieller Name:** Volksrepublik Bangladesch
**Hauptstadt:** Dhaka
**Fläche:** 143 998 km²
**Landesnatur:** Größter Teil Schwemmlandebene mit Ganges-Delta im S, im O westbirmanische Randkette, im N Zwischenstromland
**Klima:** Subtropisches Klima mit hoher Luftfeuchtigkeit u. reichen Niederschlägen
**Hauptflüsse:** Ganges, Jamuna, Meghna
**Höchster Punkt:** Mount Keokradong 1230 m

**DER STAAT**
**Regierungsform:** Parlamentarische Republik mit Mehrparteiensystem
**Staatsoberhaupt:** Staatspräsident
**Regierungschef:** Ministerpräsident
**Verwaltung:** 4 Provinzen mit 21 Bezirken
**Parlament:** Parlament mit 300 direkt gewählten Mitgliedern; 30 weitere Sitze sind für weibliche Mitglieder reserviert; Wahl alle 5 Jahre
**Nationalfeiertag:** 26. März
**DIE MENSCHEN**
**Einwohner (Ew.):** 126 947 000 (1999)

**Bevölkerungsdichte:** 882 Ew./km²
**Stadtbevölkerung:** 21 %
**Bevölkerung unter 15 Jahren:** 35 %
**Analphabetenquote:** 59 %
**Sprache:** Bengali, Englisch
**Religion:** Moslems (meist Sunniten) 88 %, Hindus 11 %
**DIE WIRTSCHAFT**
**Währung:** Taka
**Bruttosozialprodukt (BSP):** 43 970 Mio. US-$ (1998)
**BSP je Einwohner:** 350 US-$
**Inflationsrate:** 3,6 % (1990–98)

**Die Gebetszeit** *(unten)*, wie sie das Gesetz des Islam dem Gläubigen mehrmals am Tage vorschreibt, wird von Passagieren auf einer Fähre im Gangesdelta in der Nähe von Dhaka wahrgenommen. Etwa 87 % der Menschen Bangladeschs sind Moslems.

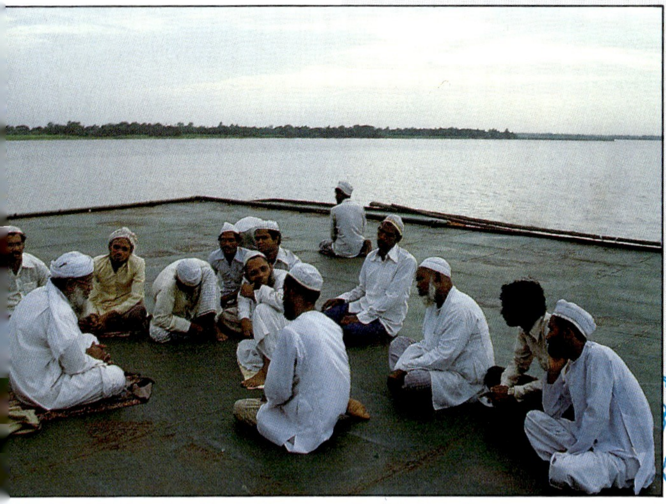

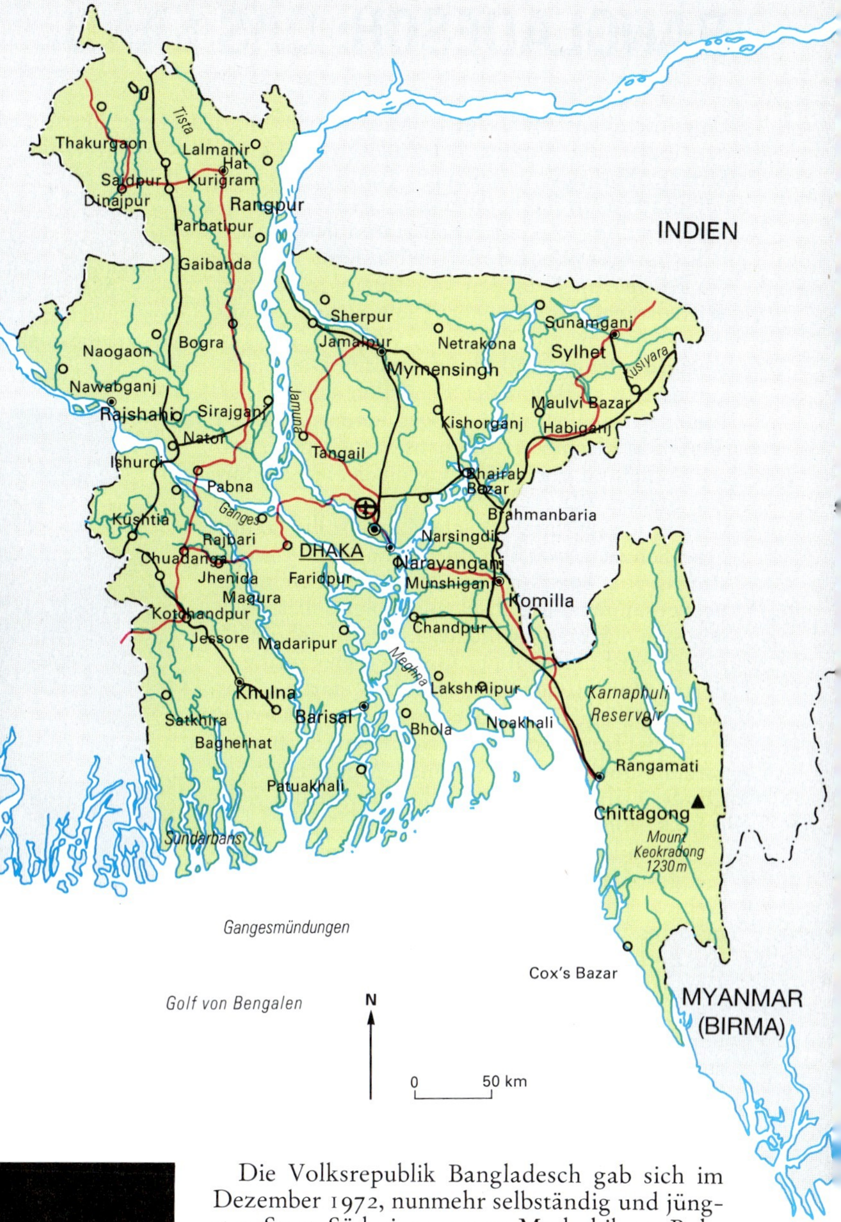

**Bangladesch** profitiert von seiner Lage an der Mündung der beiden Flüsse Ganges und Brahmaputra, leidet aber auch darunter *(rechts)*. Der von den Strömen flußabwärts getragene Schlamm stattet das Land mit fruchtbaren Böden aus, aber Überflutungen gefährden regelmäßig die Unterkünfte in einem der dichtest besiedelten Länder der Erde.

**Importgüter:** Maschinen, Fahrzeuge, Weizen, Erdöl u. -produkte
**Exportgüter:** Jute u. -produkte, Tee, Häute u. Felle, Fische, Krebse, Weichtiere
**Handelspartner:** EU-Länder, Japan, USA, Singapur, Iran
**Eisenbahnnetz:** 2745 km
**Straßennetz:** 25 100 km (befestigt)
**Fernsehgeräte je 1000 Ew.:** 6

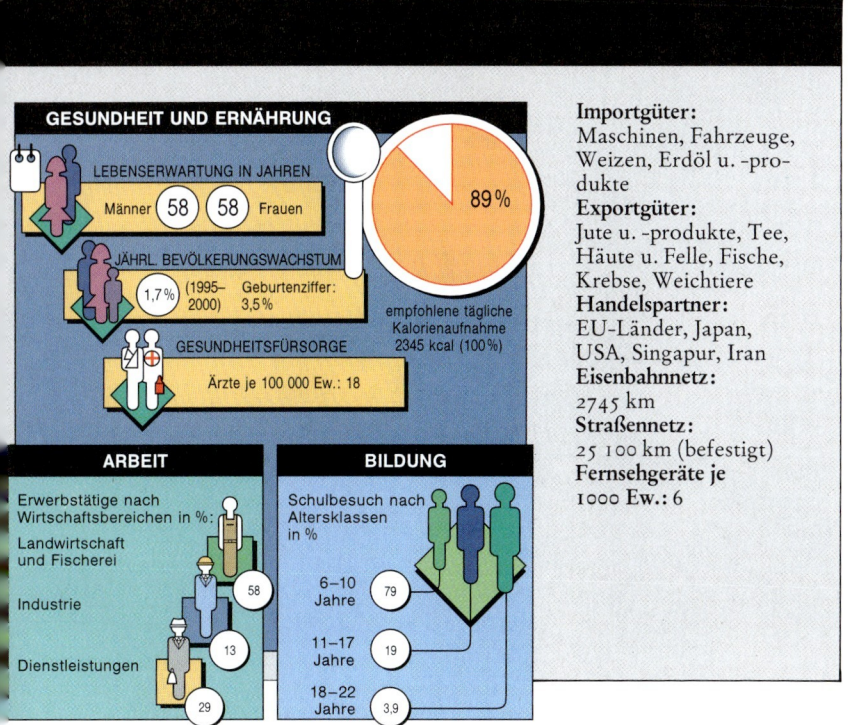

Die Volksrepublik Bangladesch gab sich im Dezember 1972, nunmehr selbständig und jüngster Staat Südasiens, unter Mudschib ur-Rahman ein parlamentarisch-demokratisches Regierungssystem, das 1975 in ein Präsidialsystem umgewandelt wurde. Innere Spannungen um den politischen und wirtschaftlichen Kurs führten jedoch mehrere Male zum Machtwechsel zwischen Zivilregierungen und Militärregimen. Während der Amtszeit (1977–1981) von Zia ur-Rahman (1936–1981, ermordet) wurden erste Zeichen einer Liberalisierung des politischen Systems erkennbar. Unter dem seit 1982 amtierenden Staatschef Hussain Mohammad Ershad (* 1930) fand das Land keine Stabilität. Selbst durch einen Militärputsch an die Macht gekommen, mußte er 1990 zurücktreten. Durch eine Verfassungsänderung 1991 wurde das bisherige Präsidialsystem durch das System der parlamentarischen Demokratie ersetzt. Um die politische Führung des Landes konkurrieren seither Begum Khaleda Zia (* 1945), die Witwe Zia ur-Rahmans, und Sheikh Hasina Wajed (* 1947), eine Tochter Mudschib ur-Rahmans, die seit 1996 Regierungschefin ist.

# BANGLADESCH: DAS LAND

Eigentlich kann man sagen, daß die Entstehung des modernen Staates Bangladesch mit einer Katastrophe zusammenhängt. Am 12. November 1970, als in Pakistan gerade eine Wahl stattfinden sollte – zu jener Zeit waren das heutige Pakistan und Bangladesch noch vereint –, wurde die Küste von Bengalen von einem grausamen Wirbelsturm heimgesucht. Über 200 000 Menschen starben und Millionen verloren ihre Lebensgrundlagen und ihren Besitz. Die unangemessene Reaktion der Behörden schürte den Eifer nationalistischer Bewegungen, trug zu Sheikh Mudschib ur-Rahmans Wahlsieg bei und schließlich zu der Gründung eines eigenständigen Staates Bangladesch.

Aber dieses unglückliche Land sollte häufigere Schicksalsschläge im Ausmaß des Wirbelsturms von 1970 erfahren, und die Geschichte des gesamten bengalischen Gebietes liest sich wie eine Schauergeschichte. Etwa auf zehn Millionen wird die Zahl der Opfer geschätzt, die in der großen Hungersnot von 1770 starben. Damals ging ein Drittel der Bevölkerung zugrunde. Der Hungersnot von 1943 fielen nach offiziellen Quellen 1,5 Millionen Menschen zum Opfer, während andere Schätzungen die Zahl bei 3,5 Millionen ansetzen.

Bangladesch ist ein Opfer des Klimas und der Geographie. Die Überschwemmungen großer Gebiete des Landes sind nicht nur ein regelmäßiges und vorhersagbares Ereignis während der Zeit der Monsunregen, sondern sie sind genauso wichtig für das empfindliche Gleichgewicht des landwirtschaftlichen Systems, das von den neuen, extrem fruchtbaren Schlammablagerungen der Hochwasser abhängt. Jedoch haben Zeitraum und Umfang der Niederschläge zentrale Bedeutung: zuviel Niederschlag führt zu unkontrollierbaren Überschwemmungen, zu wenig zu Dürreperioden.

Auch Wirbelstürme stellen eine ständige Bedrohung dar. Diese Stürme – anderen Teilen der Welt als Hurrikane oder Taifune bekannt – toben, ausgehend vom Golf von Bengalen, über die Küste und die ihr vorgelagerten Inseln. Dürreperioden, Überflutungen und Wirbelstürme führen im günstigsten Fall zu Nahrungsmittelknappheit, im ungünstigsten zu landesweiten Hungersnöten.

Seit der Unabhängigkeit hat Bangladesch große Anstrengungen unternommen und versucht, die ungünstigen Umweltfaktoren in den Griff zu bekommen und die schlimmsten Katastrophenschäden abzuwenden. Am meisten konzentriert sich das Land auf eine Steigerung in der Agrarproduktion, vor allem bei Reis, dem wichtigsten Grundnahrungsmittel. Aber es gibt Wege, die Nahrungsmittelproduktion noch weiter zu verbessern. Durch den Einsatz von neuen kombinierten agrartechnischen Methoden, verbesserte Bewässerungsmaßnahmen und Drainage der Nutzfläche konnte die Reisproduktion erheblich gesteigert werden. Dennoch bleibt die Versorgung der Bevölkerung problematisch.

**Monsunüberschwemmungen** *(unten)* bringen Bangladesch u. a. großen Nutzen, da sie fruchtbaren Schlamm über die Felder verteilen. Zuviel Schlamm aber läßt die Flüsse über die Ufer treten und bringt Hochwasserkatastrophen.

**Arbeiter** *(rechts)* an einer neuen Kanalbaustelle. Das Bild verdeutlicht die zwei Hauptprobleme: zu viele Münder müssen ernährt werden und zu wenig Kapital für bessere technische Lösungsmöglichkeiten ist vorhanden.

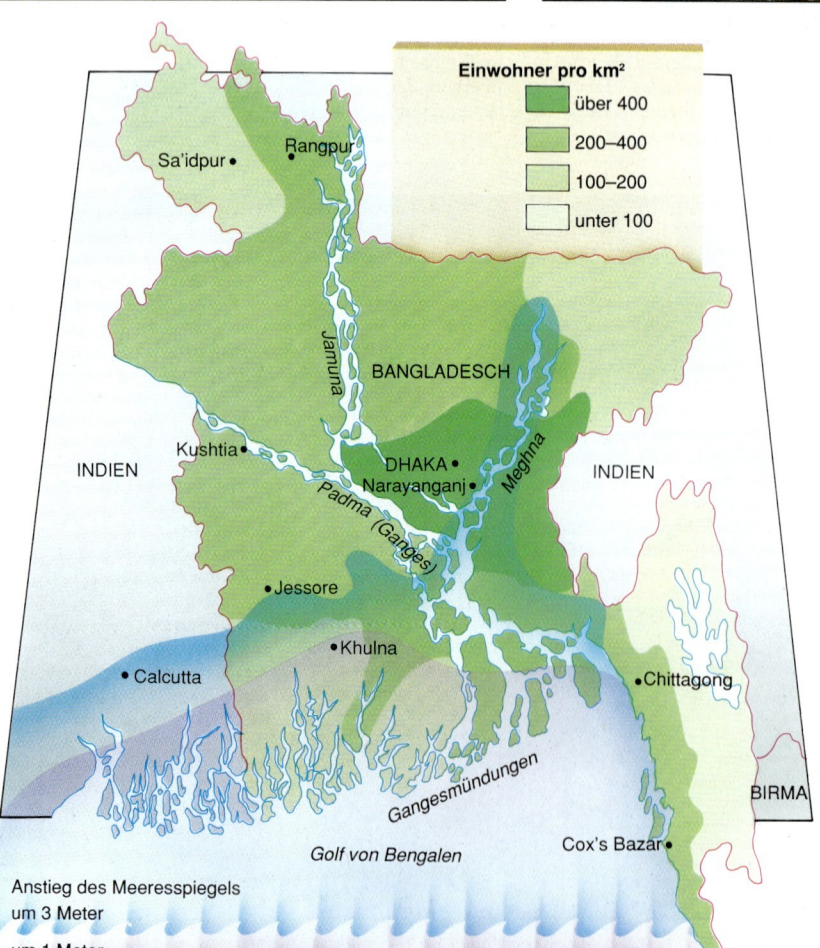

# BANGLADESCH

Die angerichtete Zerstörung durch den Bürgerkrieg von 1971, und die Kämpfe zwischen indischen und pakistanischen Truppen bedeuteten für Bangladesch, daß die neue Republik ihr Dasein in einem chaotischen Zustand beginnen mußte. Trotz der großangelegten internationalen Hilfeleistungen, die von den Vereinten Nationen koordiniert wurden, machte das Land in der Folgezeit kaum Fortschritte. Als die UN-Truppen Ende 1973 abzogen, befand sich die Wirtschaft des Landes immer noch in einem verheerenden Zustand.

Gerade als Mitte 1974 einige Anzeichen der Erholung sichtbar wurden, wurde das Land von einer der schlimmsten Überflutungen seit Jahrzehnten heimgesucht. Bis zum September kamen zu den Überschwemmungen noch Hungersnöte dazu, und Zehntausende starben.

In Bangladesch haben sich die Katastrophen während der 70er und 80er Jahre fortgesetzt. Überflutungen, Dürreperioden und Wirbelstürme suchten das Land mit einer erschreckenden Regelmäßigkeit heim. 1985 wütete ein besonders zerstörerischer Wirbelsturm in den Küstengebieten. Tausende von Menschen starben und weit mehr wurden obdachlos.

Naturkatastrophen vereiteln immer wieder Bangladeschs Bestreben, in der Nahrungsmittelversorgung unabhängig zu werden. Der zweite, 1980 in Angriff genommene 5-Jahresplan, sah vor, daß 1985 die Nahrungsmittelproduktion 20 Millionen Tonnen erreichen würde. Hier kamen jedoch Naturkatastrophen dazwischen. Einer schlechten Ernte im Jahre 1982 folgte 1983 eine Rekordernte von 15,1 Millionen Tonnen, aber schwere Regenfälle und Überschwemmungen, denen 1984 eine Dürreperiode vorausgegangen waren, bedeuteten, daß die Nahrungsmittelimporte nahezu verdoppelt werden mußten. 1985 hatte der Wirbelsturm nicht so verheerende Auswirkungen auf die Landwirtschaft wie auf das Leben vieler Menschen und die Ernte war gut, aber immer noch reichlich unter den vom Plan gesteckten Zielen. Am Ende des Planungszeitraumes hatte die Nahrungsmittelproduktion lediglich 15 Millionen Tonnen erreicht.

Am Ende der 80er Jahre wurde ein bescheidener Fortschritt erreicht, aber wieder einmal wurde das Land im Herbst 1987, von ausgedehnten Überschwemmungen heimgesucht. Das Ziel für die Nahrungsmittelproduktion wurde von 17,5 auf 15,5 Millionen Tonnen nach unten korrigiert. Noch schlimmer kam es im folgenden Jahr, als die schweren Hochwasser während der Monate August und September 75 % des Landes überfluteten und im Dezember ein Wirbelsturm einfiel. Mehr als zwei Millionen Tonnen Nahrungsmittel wurden vernichtet und viele Häuser zerstört.

Etwa alle 2 bis 3 Jahre ereignet sich eine Katastrophe in Bangladesch, der ein Zehntel oder mehr seiner ohnehin knappen Nahrungsmittelvorräte zum Opfer fallen. Dies ist die grausame Wirklichkeit.

**Steigende Wasserstände** (links) würden für Bangladeschs flaches, übervölkertes Land massives Unheil bringen. Wissenschaftler glauben, daß die globale Erwärmung (»Treibhauseffekt«) den Wasserstand der Ozeane in den nächsten Jahrzehnten bedeutsam ansteigen lassen wird. Die Karte zeigt Gebiete, die bei einer Steigung des Wasserspiegels um 1 bzw. 3 m ständig überflutet wären. Zunehmende Wirbelsturmbildung wird ebenfalls vorausgesagt.

**Wirbelstürme** (oben) toben regelmäßig an Bangladeschs Küste. Dadurch entstehende Hochwasser vernichten Nahrungsmittel, isolieren Dörfer voneinander, und die verseuchten Gewässer bringen Krankheiten.

# BANGLADESCH

### Die Menschen

Die Bevölkerung von Bangladesch stellt ethnisch und sprachlich eine deutlich wahrnehmbare Einheit dar. Rund 95 % der Bewohner im Mündungsdelta von Ganges und Brahmaputra sind Bengalen. Übereinstimmend mit der ethnischen Zugehörigkeit ist Bengali die Staatssprache, daneben dient Englisch, das mit den britischen Kolonialherren ins Land kam, als Verwaltungs- und Geschäftssprache.

Die zweitgrößte Bevölkerungruppe stellen die Bergvölker im heutigen Verwaltungsgebiet Chittagong Hill Tracts dar. Sie lebten über Jahrhunderte von den Tieflandbewohnern getrennt und entwickelten durch die Isolation große ethnische, religiöse und kulturelle Eigenheiten.

Eine Sonderstellung nimmt die Volksgruppe der Biharis ein. Sie kamen 1947 als Moslems aus dem benachbarten, hinduistisch-indischen Bihar nach Ostpakistan, dem heutigen Bangladesch. Trotz ihrer Glaubensgemeinschaft mit den moslemischen Bengalen trennt beide Volksgruppen ein tiefer Haß, kämpften die Biharis doch zu Zeiten der Autonomiebestrebungen auf der Seite Westpakistans. Noch heute sind sie Repressalien ausgesetzt.

Als Folge der religiös bedingten Staatenaufteilung bei der Unabhängigkeit des südasiatischen Subkontinents ist in Bangladesch Islam die Staatsreligion. Allerdings sind 12 % der Bevölkerung Hindus. Auch wenn das Zusammenleben zeitweiliger Spannungen ausgesetzt war, verbindet die Bengalen beider Religionen ein Nationalismus, der seine Wurzeln in der gemeinsamen Tradition und der Geschichte hat. Diese Tatsache macht die moslemischen Bengalen nach stenger islamischer Religion zu »unreinen Moslems«, da ihre Religion, und somit auch ihr Staatswesen und ihre Gesellschaft, fremden Einflüssen ausgesetzt war.

### Bevölkerungswachstum

Bangladesch ist der dichtbesiedelste Flächenstaat der Erde. Sein größtes Problem ist das Bevölkerungswachstum, das die sozialen und ökonomischen Verhältnisse des Landes und seiner Einwohner folgenschwer belastet. Schon im kolonialen Britisch-Indien war Bengalen ein dichtbesiedelter Raum, doch hat sich die Übervölkerung nach der Unabhängigkeit des Subkontinents rasant fortgesetzt. Die momentane Wachstumsrate der Bevölkerung liegt bei rund 2,2 %, und Schätzungen prognostizieren Bangladesch für das Jahr 2025 eine Einwohnerzahl von 225 Millionen. Daraus würde sich eine unvorstellbar hohe Bevölkerungsdichte ergeben. Schon bei der heutigen Bevölkerungszahl stößt das landwirtschaftlich genutzte Land an die Grenzen seiner Tragfähigkeit. Die Ursachen der Bevölkerungsexplosion liegen, wie in Entwicklungsländern üblich, in der Verbesserung der medizinischen Versorgung. So hat Bangladesch eine Geburtenziffer von über 3 %, die durchschnittliche Familie hat sechs Kinder. Da-

### Die Dorfbewohner

(rechts) ehren den Fluß. Für die Bengalen sind die Flüsse sowohl Quelle des Lebens als auch des Todes. Sie sorgen für die Bewässerung der Anbauflächen und rächen sich durch Überschwemmungen.

### Eine moslemische Hochzeitsgesellschaft

(unten) verläßt per Bus den Ort der Zeremonie. In Bangladesch übersteigt die Zahl der Moslems bei weitem die der Hindus, aber die Beziehungen zwischen bengalischen Moslems und Hindus sind allgemein gut.

gegen hat die Sterbeziffer mit 1 % ein für die meisten Entwicklungsländer typisches niedriges Niveau erreicht. Allerdings ist in Bangladesch das Gesundheitswesen noch immer unzureichend ausgebaut, und Infektionskrankheiten, deren Auftreten durch die häufigen Überschwemmungen noch begünstigt wird, sind oftmals Todesursache. Die deutliche Überjüngung der Gesellschaft – über die Hälfte aller Einwohner in Bangladesch ist jünger als 20 Jahre – führt zu großen Schwierigkeiten bezüglich einer ausreichenden schulischen Bildung und Alphabetisierung.

Als folgenschwerste Auswirkung des Bevölkerungswachstums ist die unzureichende Versorgung mit Nahrungsmitteln zu sehen. Die unzähligen Reisfelder verschleiern allzu leicht das Problem des Hungers und lenken von der Armut der Menschen ab. Da die Ernteerträge nicht einmal zur Deckung des Eigenbedarfs reichen, leben rund 80 % der Bevölkerung unter dem

BANGLADESCH

**Wasserwege** *(unten)* haben in Bangladesch die Bedeutung von Straßen, da Flüsse und Ströme die Hauptverkehrswege sind. Dampfschiffe verkehren auf den wichtigsten Strecken, kleinere »Landboote« auf den Abschnitten zu den Dörfern.

**Bangladesch** besitzt fruchtbare Böden *(oben)*, die durch den Schlamm der gewaltigen Ströme des Subkontinents aufgebaut werden. Sie können jährlich zwei bis sogar drei Ernten abwerfen, doch kann die Gabe der Natur nicht mit dem rapiden Bevölkerungswachstum mithalten. Als eines der ärmsten Länder der Welt benötigt es dringend Kapital zur Steigerung der Ernteerträge, aber in der Praxis nimmt die wachsende Zahl der Menschen bereits potentielles Ackerland in Besitz.

Existenzminimum. Ein Ausbau der landwirtschaftlichen Nutzfläche, die schon zwei Drittel der Gesamtfläche von Bangladesch beansprucht, ist kaum möglich, stehen doch die kultivierbaren Landreserven in Konkurrenz zu dem dringend benötigten Lebensraum. Nur durch eine Steigerung der Ernteerträge und Erweiterung der Nahrungsmittelproduktion ließe sich die Not mildern, doch dazu fehlt das nötige Kapital. In zunehmendem Maße versprechen sich die Menschen eine Verbesserung ihrer Lebensbedingungen durch Abwanderung in die Städte. Noch lebt kaum mehr als ein Fünftel aller Bengalen in den Städten des Landes, deren drei größte, die Hauptstadt Dhaka, Khulna und Chittagong, allein die Hälfte aller Stadtbewohner beherbergen. Doch die nur in Ansätzen vorhandene Industrie bietet den Menschen keine ausreichenden Arbeitsmöglichkeiten und eine Verelendung ist meist unvermeidbar.

Eine Lösung der Probleme in Bangladesch ist nur dann möglich, wenn ein schneller und erfolgversprechender Weg zur Eindämmung des Bevölkerungswachstums gefunden wird. Mit Hilfe ausländischer Entwicklungsgelder werden unterschiedliche Projekte zur Familienplanung durchgeführt, aber bislang konnten sie die Geburtenrate nur geringfügig senken. Zu tief sind alte Verhaltensweisen und Traditionen verwurzelt, und zu lange lassen die notwendigen sozialen Reformen auf sich warten.

# BANGLADESCH: LEBEN AM FLUSS

Drei große Ströme fließen durch Bangladeschs flache, fruchtbare Ebenen: der Brahmaputra, der Ganges und der Meghna. Unzählige andere große und kleine Flüsse durchfließen das Land. Die Ströme Bangladeschs transportieren die Wassermengen eines gewaltigen Einzugsgebiets. Insgesamt entwässern die Flüsse etwa 1 295 000 km² des indischen Subkontinents, bevor sie durch Bangladesch das offene Meer erreichen. Zusätzlich müssen die Flußsysteme auch mit den Schmelzwassern des Himalaya und den schweren saisonalen Niederschlägen innerhalb des Landes fertigwerden. Der höchste Abflußwert des gemeinsamen Padma-Meghna-Systems kann mit denen des Kongos und Amazonas konkurrieren. Pro Sekunde stürzen etwa 141 500 m³ Wasser herab.

Die Größe der Flüsse übt innerhalb des Landes entscheidenden Einfluß auf die Gestaltung sämtlicher Lebensbereiche aus, bis hin zu dessen Existenzbestimmung. Denn die meisten Gebiete wären im Flachland Bangladeschs permanent überflutet, wenn sein großes Flußsystem nicht das Wasser wegführen würde. Dennoch ist mehr als die Hälfte der landwirtschaftlichen Nutzfläche jedes Jahr überflutet. Alte und relativ ruhig verlaufende Flußsysteme bewässern die ertragreichsten Gebiete Bangladeschs, während Flüsse mit gewaltigen Überschwemmungen die Landschaft in chars (saisonale Inseln) zerschneiden, so daß der Boden keine Möglichkeit hat, zu reifen. In Richtung Küste bildet die schlammige Last der Flüsse eine riesige Deltamündung, die von Ästuaren, deren salzhaltiges Wasser die küstennahen Böden unfruchtbar macht, durchbrochen wird. Jedoch sind die Böden Bangladeschs zum größten Teil gut nutzbar und ernähren die Bevölkerung einer der am dichtest besiedelten und ländlichsten Region der Erde. Jährlich fließt eine Menge von 2,5 Milliarden Tonnen Schlick stromabwärts, und dieser sehr fruchtbare Schlamm hält den Kreislauf der Landwirtschaft im Gleichgewicht. Durch den Zufluß von Schlamm und Schlick werden sogar neue Inseln aufgebaut, die schnell besiedelt und mit Feldfrüchten kultiviert werden. Das Leben auf den chars kann sehr gefährlich sein, aber sie bieten den ärmsten Menschen ein Auskommen.

Für die Dorfbewohner spielt sich das Leben an den Flüssen ab. Die Wasserwege sind etwa 3 100 km lang und etwa drei Viertel des gesamten Warentransports führt über die Flüsse, die im gleichen Ausmaß der Personenbeförderung dienen. Straßen- und Eisenbahnverbindungen sind weniger wichtig und ihre erhöhten, dammartigen Befestigungen unterliegen ständig der Gefahr, weggespült zu werden. Dann können sie das ungehinderte Hereinbrechen des Wassers nicht mehr aufhalten und verheerende Überschwemmungen sind die Folge. Die Bewohner der Dörfer müssen ständig die Bewegungen des Wassers mit berücksichtigen, und so bauen sie ihre Häuser an die höchstmögliche Stelle, die verfügbar ist. Die Aufgabe der Bauern ist es, noch vor dem Einsetzen der Überflutungen abzuschätzen, welche Gebiete betroffen sein werden, wie weit das Wasser hereinreichen wird und wie lange sie dauern wird.

Die Namen, welche den Flüssen gegeben werden, so wie Kirtinasha (»Zerstörer von Geschaffenem«) oder Khlamati (»Erfüller von Wünschen«) zeugen von der Haßliebe der Menschen gegenüber den Gewässern. Flußthemen spielen in den Geschichten der Alapanis, den lokalen Geschichtenerzählern, die ihre Zuhörerschaft mit vielen traditionellen Geschichten unterhalten, eine große Rolle.

Die überwiegende Mehrheit der Bevölkerung Bangladeschs hängt in ihrer Existenz vom Reisanbau (als Grundnahrungsmittel), vom Fisch (für den Eiweißbedarf) und von der Jute (als »cashcrop«, der größten finanziellen Einnahmequelle), ab. Der Rest des indischen Subkontinents verweist auf sie spaßeshalber als »mach-

likor Bengalis« (»fischessende Bengali«), denn mit solch einem Wasserüberfluß stellt der Fisch eine sehr ergiebige Nahrungsquelle dar. Trotz furchtbarer Armut des Landes kommt ein Hungertod selten vor. Dennoch wird die Entwicklung großmaßstäblicher Fischereibetriebe durch eine schlechte Infrastruktur, fehlende Technologie und eine traditionelle Verachtung gegenüber professionellen Fischern behindert. Im Gegensatz dazu ist Bangladesch für seine Reisproduktion berühmt, seine Landwirte sind Meister in fortschrittlichen Reisschälmethoden.

Bangladeschs ländliches Leben ist ein Leben voller Kontraste: Armut, spiralartiges Bevölkerungswachstum und die ständige Bedrohung durch Naturkatastrophen werfen einen Schatten auf den Hintergrund dieser naturgegebenen üppigen, grünen Schönheit und auf die ungestörte, friedliche und harmonische Ebene dörflicher Existenz. Aber immer bestimmt der Fluß den Lauf des Lebens.

# BANGLADESCH

**Die Juteernte** *(ganz links)* ist für viele Bengalen die einzige Einkommensquelle. Das Land ist einer der größten Produzenten hochwertiger Jute, einem vielseitigen Material, das v. a. für Verpackungen und Einrichtungen verwendet wird.

**Pfahlbauten** *(links)* geben den Bewohnern der sumpfigen Gebiete Bangladeschs Schutz gegen die saisonalen Monsunüberschwemmungen. Allerdings können Stärke und Ausmaß der Überflutungen selten ganz genau vorausgesagt werden.

**Fischerboote** *(unten links)* fahren auf einem Fluß stromabwärts. Fischgerichte helfen als proteinhaltige Nahrung, die Bengalen vor dem Hungertod zu bewahren; aber Traditionen gestatten dem Fischerberuf nur eine bescheidene Existenz.

**Bangladesch** *(unten)* hat viele Gebiete, die Hochwassergefahren ausgesetzt sind. Die Karte zeigt diejenigen Gebiete mit hohem Überschwemmungsrisiko im Vergleich zu den wenigen Teilen, die kaum vom Hochwasser bedroht sind.

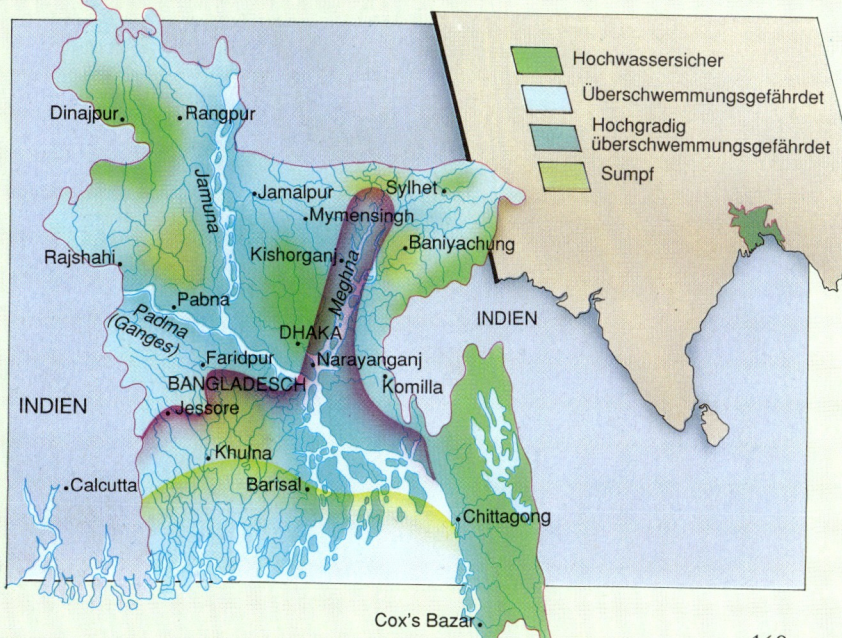

# BARBADOS

Von den Inseln der Karibik ist Barbados politisch, wirtschaftlich oder touristisch betrachtet die brave Musterschülerin des ehemaligen britischen Mutterlandes. In allen Fächern hat sie die besten Noten, und dies erst recht in Betragen, denn Sitte und Ordnung britischer Erziehung haben Barbados nie verlassen. Und weil die Insel so mustergültig erscheint, ist sie vielleicht auch bei den Touristen zum beliebtesten Reiseziel unter den karibischen Schönheiten geworden.

Dabei ist ihre Schönheit weniger spektakulär als die mancher Inselschwestern. Mehr als drei Viertel der Inseloberfläche werden von einem flachen Plateau aus verkarsteten Korallenkalken eingenommen. Lediglich bei Turner's Hall und Cherry Tree Hill finden sich noch letzte Regenwaldreste und sogar wildlebende Affen, ansonsten erstrecken sich auf der Insel endlose Zuckerrohrfelder.

Palmengesäumte Alleen eines vorbildlichen Straßennetzes verbinden blitzsaubere kleine Dörfer, die wie aus einem viktorianischen Spielzeugkasten aufgebaut wirken. Die sanften karibischen Küstenstrände sind fest in der Hand eines blühenden Tourismus, während die Buchten und Klippen der atlantischen Inselseite, deren rollende Brandung weniger zum Baden als zum Träumen einlädt, einsam sind.

Man braucht nicht lange, um die kleine Insel auf einer Rundfahrt kennenzulernen. Immer wieder tauchen in den Zuckerrohrplantagen attraktive georgianische Herrenhäuser auf, deren großzügige Geometrie vom Reichtum der englischen Pflanzer zeugt, während die alten Kirchen auch heute noch die puritanische Redlichkeit atmen, die der Insel englisches Gepräge, Stabilität und Disziplin gab und gibt.

## Von der Kolonie zur Unabhängigkeit

Die frühe Geschichte der Insel ist kaum bekannt. Ihre Urbevölkerung, die Arawak-Indianer, wurden zu Beginn des 16. Jahrhunderts von den Spaniern als Sklaven verschleppt. 1625 fand eine britische Expedition die Insel unbewohnt. Ihre leichte Zugänglichkeit, die ausreichenden Niederschläge und das tropisch-ozeanische Klima erlaubten die schnelle Kultivierung. Während sich die europäischen Kolonialmächte um die meisten karibischen Inseln zähe Gefechte lieferten, blieb Barbados von allen Angriffen verschont und unangefochten britisch. Schon 1652 erhielt die Kronkolonie das Recht auf Selbstverwaltung. So konnte die englische Tradition, Demokratie und Rechtsprechung auf der Insel eine bis heute ungebrochene und ununterbrochene politische Kultur bilden. Daher war Barbados 1966 besser als manche andere Insel darauf vorbereitet, in die Unabhängigkeit entlassen zu werden. Seitdem garantieren die Devisen der Touristen, eine für ausländische Geldgeber günstige Steuerpolitik, die Arbeitsdisziplin der Barbadier und die Segnungen des Commonwealth der Insel das höchste Bruttosozialprodukt in der Karibik und eine soziale Infrastruktur, die Modellcharakter für Mittelamerika hat: Erziehung und Krankenfürsorge sind frei, das Versicherungsnetz wird ständig dichter.

## Englisches Gepräge unter karibischer Sonne

Barbados gehört zwar zu den dichtestbesiedelten Inseln der Karibik, dennoch ist es bestens organisiert: blinkende Sauberkeit in den Straßen, pünktliche Busse, keine Slums, keine nennenswerte Kriminalität. 92 % der Einwohner sind Farbige, doch allen scheint jene freundli-

**In diesem offenen Bus** in Bridgetown *(unten)* genießen die Fahrgäste den erfrischenden Fahrtwind. Die Hafenstadt bewahrt noch viele Erinnerungen an die britische Kolonialherrschaft.

## Daten und Fakten

**DAS LAND**
**Offizieller Name:** Barbados
**Hauptstadt:** Bridgetown
**Fläche:** 430 km²
**Landesnatur:** Im NO Hügelland, sonst flaches Plateau aus verkarstetem Korallenkalk
**Klima:** Tropisch-maritimes Klima
**Höchster Punkt:** Mount Hillaby 340 m
**DIE REGIERUNG**
**Regierungsform:** Parlamentarische Monarchie
**Staatsoberhaupt:** Königin Elisabeth II., vertreten durch einen Generalgouverneur
**Regierungschef:** Premierminister

**Verwaltung:** 11 zentralverwaltete Gemeinden
**Parlament:** Zweikammerparlament mit Abgeordnetenhaus (28 gewählte Mitglieder) und Senat (21 ernannte Mitglieder)
**Nationalfeiertag:** 30. November
**DIE MENSCHEN**
**Einwohner (Ew.):** 269 000 (1999)
**Bevölkerungsdichte:** 626 Ew./km²
**Stadtbevölkerung:** 47 %
**Bevölkerung unter 15 Jahren:** o.A.
**Analphabetenquote:** 3 %
**Sprache:** Englisch
**Religion:** Anglikaner 40 %, Pfingstler, Methodisten, Katholiken

**DIE WIRTSCHAFT**
**Währung:** Barbados-Dollar
**Bruttosozialprodukt:** 1745 Mio. US-$ (1995)
**BSP je Einwohner:** unter 9360 US-$ (1998)
**Inflationsrate:** 2,4 % (1980–88)
**Importgüter:** Nahrungsmittel, Vieh, Maschinen, Erdöl
**Exportgüter:** Elektronikbauteile, elektr. Geräte, Erdölprodukte, Zucker, Melasse, Bekleidung
**Handelspartner:** USA, EU-Länder, Kanada, karibische Länder
**Eisenbahnnetz:** o.A.
**Straßennetz:** 1665 km
**Fernsehgeräte je 1000 Ew.:** o.A.

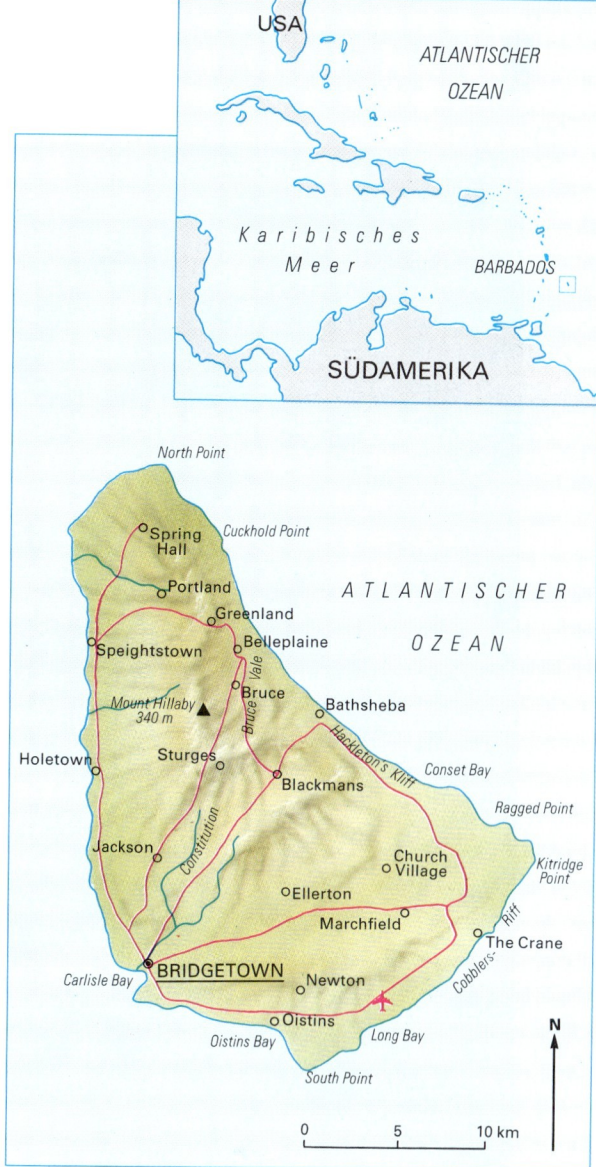
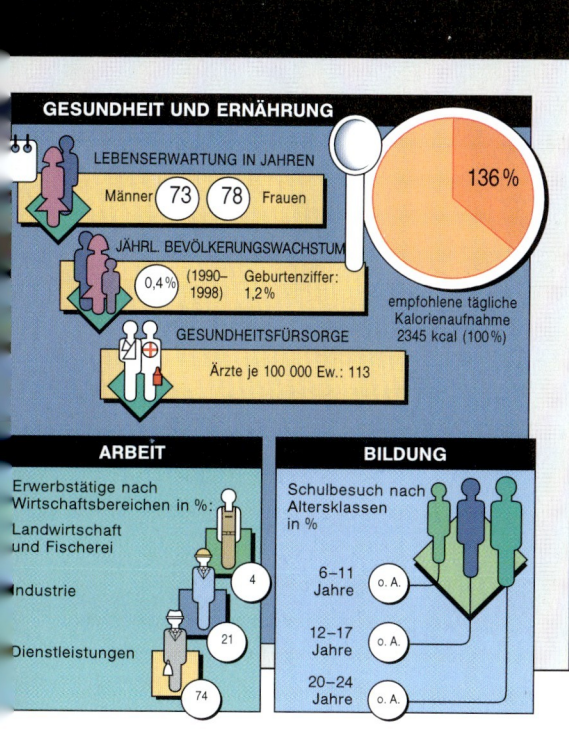

**Arbeiter bei der Zuckerrohrernte** auf Barbados *(oben)*. Das allgemein heiße und feuchte Klima der Insel, mit einem jährlichen Niederschlag von bis zu 2000 mm, begünstigt den Anbau von Zuckerrohr, dessen verarbeitete Produkte – Zucker und Melasse – die wichtigsten Exportprodukte des Landes sind. Über 50 % der Anbaufläche werden von Zuckerrohrplantagen eingenommen.

**Barbados** *(oben rechts)*, seit 1966 ein unabhängiger Staat, ist die östlichste der karibischen Inseln. Ein Kalksteinplateau nimmt den größten Teil der Insel ein; im Nordosten erstreckt sich Hügelland.

che Gelassenheit eigen, die Bridgetown eher als englische Mittelstadt denn als karibische Metropole wirken läßt.

Georgianischer Stil und Neugotik prägen die historischen Gebäude in der Altstadt und am Trafalgar Square, dessen Nelson-Säule älter ist als ihre britischen Pendants. Karibisches Temperament bestimmt nur das Treiben am Hafen, an dessen Kais antiquierte Inselfrachter anlegen und schillernder Tropenfisch aus bunten Booten lautstark gehandelt wird.

Während der internationale Standard der Hotellerie dem Urlauber Strand- und Badevergnügen am, auf und unter Wasser garantiert, amüsieren sich die Barbadier auf englische Art: Kricket ist Volkssport, Mitgliedschaft im Club obligatorisch. »Barbadier sind intelligent und fröhlich, fügen sich den Gesetzen und sind arbeitsam«, schreibt das Ministerium für Tourismus in einem Prospekt. Kein Wunder, daß sich die Gäste aus Übersee in dieser Gesellschaft besonders gut zu Hause fühlen und Barbados trotz fehlender Naturschönheiten zu einem europäischen Kurbad unter karibischer Sonne werden ließen.

# BELGIEN

# BELGIEN

Belgien liegt – wie auch die Niederlande und Luxemburg (die Benelux-Staaten) – im Herzen der Europäischen Union. Mitten durch dieses Zentrum jedoch verläuft eine Trennungslinie – die markanteste Sprachgrenze Europas. Sprache und Kultur des einen Landesteils wurden von germanischen Stämmen beeinflußt, die sich im 5. Jahrhundert in Europa ausbreiteten, die Muttersprache der Bevölkerung im anderen Teil ist Französisch, eine der sogenannten romanischen Sprachen, die vom Lateinischen abstammen. Diese Sprachgrenze ist bereits seit langem eine Quelle grundlegender Differenzen.

Belgien gehört zu den kleinsten europäischen Staaten, ist aber gleichzeitig eines der wohlhabendsten und dichtestbesiedelten Länder. Zwischen mächtigen Nachbarstaaten gelegen, entwickelte sich Belgien – durch seine geographische Lage begünstigt – seit dem Mittelalter zu einem bedeutenden Industrie- und Handelszentrum. Diese zentrale Lage brachte es jedoch auch mit sich, daß das Land, insbesondere im 20. Jahrhundert, zum Schlachtfeld verschiedener kriegführender Nationen wurde.

Das kleine Belgien weist die verschiedenartigsten Landschaftsformen auf – von den Dünen und Stränden der Küstenregion im Norden über fruchtbares Hügelland in der Mitte bis zu den waldbedeckten Bergen der Ardennen. Der fruchtbare Boden ermöglicht eine intensive landwirtschaftliche Nutzung, während die Entwicklung neuer Industrien im Norden den Niedergang Kohle und Stahl im französischsprachigen Süden aufzufangen vermag. Mit zahlreichen Wasserstraßen und einem ausgezeichneten Verkehrsnetz ist Belgien für Touristen ein angenehmes und bequemes Reiseland. Ein beliebtes Reiseziel ist seit über 30 Jahren das zur Weltausstellung von 1958 in Brüssel errichtete Atomium.

Wer Belgien nur als Transitstrecke kennt, wird dem Land, das seit den Zeiten der Merowinger als europäisches Kulturzentrum galt, nicht gerecht. Denn aufgrund seiner ereignisreichen Geschichte kann sich Belgien eines reichen künstlerischen und architektonischen Erbes rühmen. Die Städte wirken zum Teil wie herrliche Museen – mit Kirchen und Galerien voll erlesener Kunstschätze.

Auch in der neueren Geschichte sind von belgischem Boden wichtige Impulse für die Entwicklung der modernen Kunst ausgegangen. So zählen die frühen Arbeiten James Ensors zu den bedeutendsten Vorläufern des Expressionismus, und René Magritte gehört zweifelsohne zu den berühmtesten Surrealisten. Georges Simenon erlangte mit seinen berühmten Maigret-Romanen, die inzwischen in über 55 Sprachen übersetzt worden sind, einen der erstaunlichsten Erfolge der Literaturgeschichte. Als Architekt und Kunstdesigner um die Jahrhundertwende noch dem Jugendstil zugewandt, beeinflußte Henry van de Velde in den folgenden Jahrzehnten maßgeblich die Ideen des Bauhauses.

# BELGIEN: DER STAAT

Bis zu seiner Unabhängigkeit 1831 mußten das Land und seine Bewohner vielen fremden Herrschern dienen. 1830 leitete der Aufstand gegen die absolutistische Herrschaft der Holländer die Unabhängigkeit Belgiens ein. Ein Nationalkongreß erließ 1831 eine parlamentarisch-liberale Verfassung und wählte Leopold I. von Sachsen-Coburg zum belgischen König. Der Monarch – seit 1993 Albert II. – nimmt vor allem repräsentative und beratende Aufgaben wahr, ohne aktiv in die Regierungsgeschäfte einzugreifen. Rein verfassungsmäßig kann in der parlamentarischen Monarchie Belgiens kein Minister ohne Zustimmung des Monarchen irgendwelche Initiativen ergreifen, andererseits kann aber der König ohne Unterstützung des Parlaments keine politischen Entscheidungen treffen. Die Zusammenarbeit zwischen König und Regierung läuft schon seit Jahrzehnten reibungslos und vertrauensvoll ab.

**König Baudouin I.** *(oben)* verläßt zusammen mit Königin Fabiola nach der Eröffnungszeremonie das Parlament. Baudouin war von 1951–1993 König.

### Die Staatsreform

Bestimmendes Merkmal der belgischen Politik ist der Dauerkonflikt zwischen Flamen und Wallonen. Er zieht sich wie ein roter Faden durch das politische, gesellschaftliche und kulturelle Leben des Landes. Die beiden Völker haben eigene Parteien, eigene Schulen und eine eigene Kultur. Um diesen Status auch verfassungsrechtlich abzusichern, beschloß das belgische Parlament im Juni 1988 in einer Verfassungsänderung die Umwandlung des Zentralstaates in einen Bundesstaat mit relativ autonomen Regionen.

In einem zeitlich geregelten Stufenplan wurden den drei Regionen – Flandern, Wallonien und Brüssel – weitreichende Kompetenzen zugestanden. Allein die Außen-, Sicherheits- und

## Daten und Fakten

**DAS LAND**
**Offizieller Name:** Königreich Belgien
**Hauptstadt:** Brüssel
**Fläche:** 30 528 km²
**Landesnatur:** Von N nach S: Niederbelgisches Tiefland mit Marschland, Hügelländer Mittelbelgiens, Mittelgebirge Hochbelgiens mit Ardennen
**Klima:** Ozeanisches Klima mit vorherrschenden Westwinden
**Hauptflüsse:** Schelde, Maas
**Höchster Punkt:** Botrange 694 m
**DER STAAT**
**Regierungsform:** Parlamentarische Monarchie

**Staatsoberhaupt:** König
**Regierungschef:** Premierminister
**Verwaltung:** 3 Regionen, Hauptstadtregion, Gemeinschaften der französisch-, niederländisch- u. deutschsprachigen Gruppen, 10 Provinzen
**Parlament:** Zweikammerparlament mit 150 Abgeordneten im Abgeordnetenhaus u. 71 Senatoren im Senat, jeweils auf 4 Jahre gewählt
**Nationalfeiertag:** 21. Juli
**DIE MENSCHEN**
**Einwohner (Ew.):** 10 152 000 (1999)

**Bevölkerungsdichte:** 333 Ew./km²
**Stadtbevölkerung:** 97 %
**Bevölkerung unter 15 Jahren:** 18 %
**Analphabetenquote:** 1 %
**Sprache:** Niederländisch, Französisch, Deutsch
**Religion:** Katholiken 86 %
**DIE WIRTSCHAFT**
**Währung:** Euro, bis 31.12.2001 Belgischer Franc
**Bruttosozialprodukt (BSP):** 259 045 Mio. US-$ (1998)
**BSP je Einwohner:** 25 380 US-$
**Inflationsrate:** 2,3 % (1990-98)

Der imposante Justizpalast *(links)* mit seiner gewaltigen Kuppel ist eines der berühmtesten Wahrzeichen Brüssels. Die breite Rue de la Regence im Vordergrund verläuft in nordöstlicher Richtung zum Königspalast, der Residenz des belgischen Monarchen.

Das Königreich Belgien *(rechts)* ist ein kleines, dichtbesiedeltes Industrieland im Nordwesten Europas. Große Teile des Landes bestehen aus flachwelligem Hügelland. Im Südosten Belgiens erheben sich die bewaldeten Höhen der Ardennen.

Währungspolitik verbleibt weiterhin bei der belgischen Zentralregierung. Die Entscheidungsgewalt über die anderen Politikfelder von der Bildungs- und Medienpolitik über die Finanz- und Wirtschaftspolitik bis hin zur Forschungspolitik und Energieversorgung ging auf die Gebietskörperschaften über. Zur Finanzierung der neuen Aufgaben wurde ein Verteilungsschlüssel erstellt, der den einzelnen Regionen einen großen Anteil aller Staatsgelder zur Verfügung stellt. Des weiteren wurde ein Finanzausgleich vorgesehen, wonach die Region mit dem geringsten Durchschnittseinkommen Sonderzahlungen seitens der Zentralregierung erhält. Der revidierte Verfassungstext trat am 17. 2. 1994 in Kraft.

Vielleicht wird dieses belgische Modell Beispielcharakter haben für ein zukünftiges Europa der Regionen, in dem die nationalen Regierungen immer mehr Kompetenzen abzutreten haben.

### Parteienlandschaft und Skandale

Die Teilung des Landes findet ihre Entsprechung im Parteiensystem. Über die ideologischen und sozio-ökonomischen Positionen der einzelnen Parteien sind sie regional nach dem Sprachgruppenprinzip organisiert. Die Christlichen Demokraten, Nachfolgepartei der alten Katholischen Partei, gliedern sich in zwei unabhängige Parteien: die Christlijke Volkspartij in Flandern und Brüssel sowie die Parti Social Chrétien in Wallonien und Brüssel. Gleiches gilt für die Sozialisten, die stärkste Partei in Wallonien, und für die Liberalen. Um eine parlamentarische Mehrheit hinter sich zu bringen, ist die Regierung zu Koalitionsbildungen gezwungen. Nach Stimmenverlusten der regierenden Christdemokraten und Sozialisten bei den Parlamentswahlen 1999 gabe es einen Richtungswechsel in der belgischen Politik: Mit Guy Verhofstadt wurde erstmals seit den 50er Jahren wieder ein Liberaler Ministerpräsident; er löste den Christdemokraten Jean-Luc Dehaene (seit 1992) ab und bildete eine „Regenbogenkoalition" aus Liberalen, Sozialisten und Grünen.

Das zersplitterte Parteiensystem und die wegen der Regionalisierung zum teil unübersichtliche Landschaft politischer und rechtlicher Institutionen bildete in den 90er Jahren auch den Hintergrund für Skandale, die zu einem tiefen Vertrauensverlust in der Gesellschaft führten. Korruption um Rüstungsgeschäfte und vor allem die Affäre um den Mörder und Kinderschänder Marc Dutroux kosteten mehreren Ministern und einem NATO-Generalsekretär ihre Ämter und brachten die Polizei und Justiz wegen schwerer Ermittlungsfehler in Mißkredit.

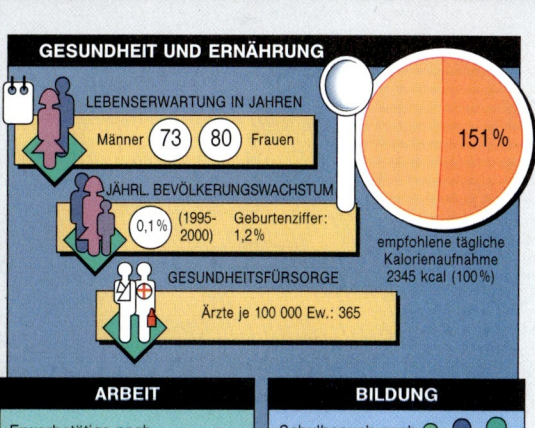

**Importgüter:** Maschinen, Fahrzeuge, mineral. Produkte, Nahrungsmittel, Eisen- u. Stahlwaren, chem.-pharmazeut. Produkte, Tabak
**Exportgüter:** Eisen- u. Stahlwaren, Maschinen, Textilien, Fahrzeuge, chem.-pharmazeut. Produkte, Nahrungsmittel
**Handelspartner:** EU, USA
**Eisenbahnnetz:** 3437 km
**Straßennetz:** 145 850 km (über 1600 km Autobahnen)
**Fernsehgeräte je 1000 Ew.:** 510

# BELGIEN: WIRTSCHAFT

Das Zeitalter der industriellen Revolution wurde auf dem europäischen Kontinent um 1820 in Belgien eingeleitet. Ausgangssektor der Industrialisierung war die traditionsreiche belgische Textilindustrie. Die älteste Industrielandschaft Europas entstand in der Provinz Hennegau (Hainaut) im Südwesten des Landes. Kohlebergbau und Stahlindustrie, vor allem in der Gegend zwischen Charleroi und Mons, haben das Bild dieser Landschaft geprägt. Die alten Werke und Zechen, die in den 50er Jahren geschlossen wurden, sind Zeugen dieser »Gründerjahre«. Die Industrie Belgiens, die damals ausschließlich auf Steinkohle und Eisenerz basierte, befindet sich gegenwärtig in einer Phase der Umstrukturierung und Standortverlagerung. Der früher bedeutende Abbau der Eisenerzvorkommen im Maas-Sambre-Tal, der Gegend von Lüttich und Charleroi, oft als »belgisches Ruhrgebiet« bezeichnet, ist ebenso wenig profitabel wie der Steinkohlebergbau. Die zahlreichen Ruinen der Fördertürme und Zechenanlagen stehen daher heute als Zeugen einer industriellen Vergangenheit.

### Zwei ungleiche Brüder

Seit den 60er Jahren wird der einst reiche Süden Belgiens von dem flämischen Norden wirtschaftlich in den Schatten gestellt. Die Stahlkrise in den 70er Jahren machte die einseitige Ausrichtung der wallonischen Wirtschaft deutlich. Die Modernisierung ihrer Industrieanlagen und vor allem die Ansiedlung neuer Industrien sind die dringlichsten Aufgaben dieser alten Industrieregion. Nur noch ein gutes Viertel des Bruttosozialprodukts wird heute in Wallonien erwirtschaftet.

Der Zwist zwischen Flamen und Wallonen findet heute also in der Wirtschaft seine Fortsetzung. Ausländische Investitionen flossen in den letzten 30 Jahren vorwiegend nach Flandern und verwandelten das ehemalige Bauernland in einen modernen Industrie- und Dienstleistungsstandort. Gründe für diese Konzentration waren vor allem die niedrigen Löhne und die reichlich vorhandenen, gut ausgebildeten Arbeitskräfte sowie die zentrale Lage Flanderns. Der Ausbau der modernen Häfen von Antwerpen, Zeebrugge und Gent hat das rapide Wachstum des Handels begünstigt. Neben diesem hat vor allem Brüssel – als »Zentrale« der EU – dazu beigetragen, daß der Dienstleistungssektor ständig an Bedeutung zugenommen hat. Er erbringt heute mehr als zwei Drittel des Bruttoinlandsprodukts.

### Die Landwirtschaft

Die Landwirtschaft ist sowohl für die Eigenversorgung als auch für den Außenhandel wichtig. Sie vermag den Nahrungsmittelbedarf des Landes zu etwa 80 % zu decken. Die bedeutendsten Ackerbaugebiete liegen in den fruchtbaren Lößgebieten Mittelbelgiens, wo Weizen und Zuckerrüben hohe Erträge bringen; in den trocke-

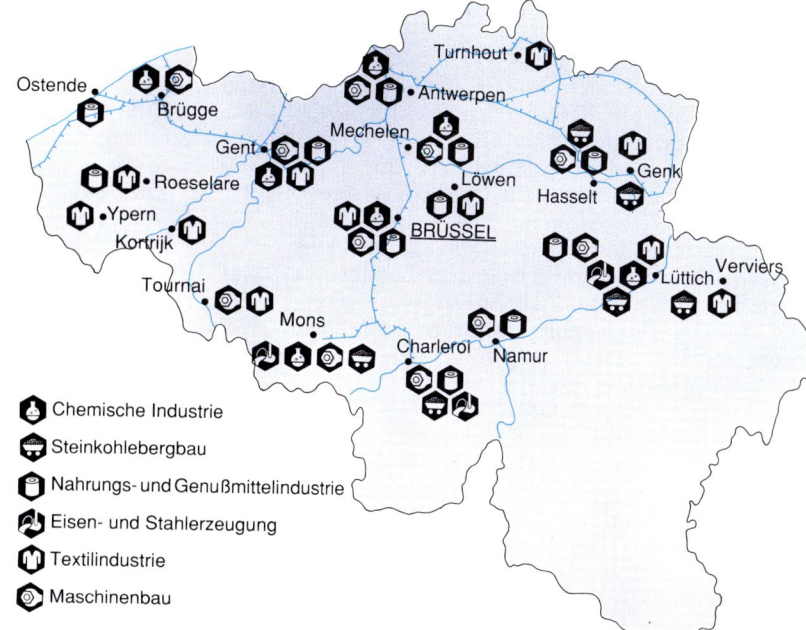

**Belgien** *(rechts)* ist eine der größten Exportnationen der Welt. Aufgrund des Mangels an Bodenschätzen und des kleinen inländischen Marktes besteht eine ausgeprägte Abhängigkeit vom Außenhandel. Die Grundlage der Volkswirtschaft ist das produzierende Gewerbe, insbesondere die chemische Industrie, die Textil- und die Stahlindustrie. Lediglich Luxemburg produziert mehr Stahl pro Kopf der Bevölkerung als Belgien. Seit den 60er Jahren verlagern sich die Industriestandorte von Wallonien nach Flandern.

**Lastkähne drängen sich im geschäftigen Antwerpener Hafen** *(oben),* der zu den größten Häfen Europas gehört. Brauereien, Diamantenschleifereien, Erdölraffinerien, Werften, Färbereien und Nahrungsmittelfabriken bilden die industrielle Basis der Stadt.

**Bierkessel vor einer Brauerei** in Herstel bei Lüttich *(oben rechts),* dem bedeutenden Industriezentrum und der drittgrößten Stadt Belgiens. In mehr als hundert Brauereien des Landes werden über 400 Biersorten hergestellt.

**Ein Bauernhof in der Nähe von Dinant** *(links).* Obgleich die Bauern weniger als 3 % des belgischen Arbeitskräftepotentials ausmachen, produzieren sie doch mehr als 80 % der für die Bevölkerung des Landes notwendigen Nahrungsmittel.

nen Sandgebieten des Kempenlandes ist Kartoffel- und Roggenanbau vorherrschend. In den Ardennen werden Hafer und Gerste angebaut. Hier ist – neben der Forstwirtschaft – die Viehwirtschaft (Schafzucht) stark ausgeprägt; im Marschland wird fast ausschließlich Milchwirtschaft betrieben. Die Viehzucht Belgiens wurde unter anderem durch die Brabanter Pferde berühmt.

### Antwerpen, Handelszentrum für Diamanten

Wirtschaftlicher Mittelpunkt Flanderns und wichtigster Hafen Belgiens ist das am Ostufer der Schelde gelegene Antwerpen. Die Bedeutung der Stadt, in der um 1550 täglich über 100 Schiffe ein- und ausliefen und über 1000 fremde Handelshäuser ihren Sitz hatten, ging infolge des niederländischen Freiheitskampfes zurück, denn viele Bürger wanderten nach Amsterdam aus. Erst im 19. Jahrhundert überwand Antwerpen diesen Rückschlag und wurde zu einem der größten Seehäfen der Welt. Industrien aller Art ließen sich hier nieder: Schiffswerften, Automontagewerke, Nahrungsmittelfabriken, chemische Industrie.

Eine besondere Rolle spielen jedoch der Diamantenhandel und die Diamantenindustrie. Mit vier Diamantenbörsen, fünf Diamantenbanken und etwa 1500 Diamantenfirmen ist Antwerpen das für Diamantenhandel größte Zentrum der Welt; mehr als die Hälfte des Welthandels werden hier abgewickelt. Den renommierten Fachleuten und den alteingesessenen Schleifereien verdankt es Antwerpen, daß es diese »hochkarätige« Position einnimmt. Das Diamantengeschäft, abhängig von den internationalen Devisenkursen, besonders des Dollarkurses, mußte sich 2000 zur besseren Kontrolle verpflichten, weil Erlöse aus illegalem Handel Bürgerkriege in Afrika finanzieren.

Eine der Diamantenbörsen Antwerpens liegt im Judenviertel. Mit etwa 15 000 Juden ist die Stadt eine der letzten großen Talmud-Städte Europas. Das »Jerusalem des Westens« ist nach Brooklyn der einzige Ort außerhalb Israels, in dem eine so große jüdische Gemeinde noch streng nach den Gesetzen des Talmud lebt.

Der kulturelle Reichtum der Stadt zeigt sich sowohl in den prachtvollen Baudenkmälern (unter anderem gotische Kathedrale mit Bildern von Rubens, Zunfthäuser des 16. und 17. Jahrhunderts, Renaissance-Rathaus) als auch in den Meisterwerken der Malerei aus dem 15. bis 17. Jahrhundert. Hier wirkten Rubens und van Dyck, hier entwarf Mercator seine Weltkarten und gründete Plantin seine Druckerei, die das alleinige Recht zum Druck der Gebetsbücher für die spanischen Länder besaß, aber auch die Werke des großen Humanisten Erasmus von Rotterdam verlegte. Auch die Stiche von Peter Bruegel d. Ä. und Hieronymus Bosch wurden hier von Hieronymus Cock verlegt.

# BELGIEN: FLANDRISCHE STÄDTE

Das belgische Flandern war im Mittelalter eines der bedeutendsten Wirtschaftszentren der Welt. Davon zeugen noch heute Städte wie Brügge, Gent, Antwerpen und Mechelen, die ihren Reichtum und ihre kulturelle Blüte vor allem der Tuchmacherei verdankten. Die zentrale Lage Flanderns im Schnittpunkt der großen Handelsstraßen aus Süd- und Osteuropa begünstigte diese Entwicklung zusätzlich. Ein selbstbewußtes, reiches Bürgertum entstand, das seinen Stolz und Wohlstand in prächtigen Bauten zum Ausdruck brachte.

### Gent: Schatzkammer europäischer Kultur

An der Mündung der Leie in die Schelde liegt Gent, seit dem 12. Jahrhundert Hauptstadt Flanderns. Im 13. und 14. Jahrhundert gehörte die Stadt zu den wichtigsten Handelsmetropolen der Hanse und war Zentrum des flandrischen Tuchhandels sowie eine der reichsten Städte Europas. Gent ist der Geburtsort von Kaiser Karl V., der der Stadt 1540 die politischen Rechte entzog und damit für zwei Jahrhunderte ihre Bedeutung minderte. Im 18. Jahrhundert bahnte sich durch die Einführung der Baumwollindustrie der Aufschwung Gents zu einer modernen Industriestadt an. Es siedelten sich bedeutende Industrien, vor allem Baumwollspinnereien und Leinenwebereien, an, später auch Chemie-, Metall-, Papier- und elektrotechnische Industrie. Gent ist außerdem der zweitgrößte Seehafen Belgiens, Mittelpunkt eines weitverzweigten Wasserstraßensystems, das durch den 33 km langen Gent-Terneuzen-Kanal mit dem Meer verbunden ist.

Vom Glanz der Vergangenheit künden heute noch die eindrucksvollen historischen Bauten, besonders die Gilde- und Patrizierhäuser aus den Zeiten der Romanik, Gotik und der Renaissance mit ihren reich verzierten Giebeln sowie die berühmten Kunstwerke in Kirchen und Museen. Der Genter Altar der Gebrüder van Eyck, einem Hauptwerk der niederländischen Malerei, in der gotischen Kathedrale Sint Baafs, einer der schönsten Kirchen der Stadt, gehört zu den Hauptattraktionen. Nahe der Kathedrale erhebt sich mit 95 m Höhe der Belfried, ein im 14. Jahrhundert erbauter Stadtturm mit Glockenspiel.

Das mittelalterliche Stadtbild der Innenstadt wird geprägt von Grachten, Brücken, Kaimauern und den Zunfthäusern, die sich im Wasser der Kanäle spiegeln. Einen der schönsten Ausblicke auf die Altstadt hat man von der Burg s' Gravensteen, ein hervorragendes Beispiel mittelalterlicher Befestigungskunst.

### Brügge, Venedig des Nordens

Eine nicht weniger berühmte »Perle Flanderns« ist Brügge. Die einst so stolze Hansestadt mit ihren Handelskontoren und Tuchmachereien war im 13. und 14. Jahrhundert eine der reichsten Städte Westeuropas und größter Welthandelshafen Nordeuropas. Brügge verfügte damals noch über einen Zugang zum Meer und konkurrierte sogar mit Venedig. Die Schiffe gelangten durch den Zwin, einen Meeresarm, direkt in den Hafen von Brügge, in dem Tuche und Seidenwaren, Gold und Schmuck, Salz und Gewürze gehandelt wurden. Der Reichtum der Stadt basierte jedoch vor allem auf dem Wollhandel, der fast ausschließlich in den Händen Brügges lag.

Mit dem Untergang der Hanse und der Versandung des Zwin erlosch die Bedeutung der Stadt als Warenumschlagsplatz. Das »Venedig des Nordens« erlebte erst im 20. Jahrhundert durch den Bau des Brügge-Seekanals und den Ausbau des Hafens Zeebrugge einen erneuten wirtschaftlichen Aufschwung.

Dennoch ist Brügge heute weniger eine Industriestadt als vielmehr ein »Freilichtmuseum«, das mit seinem mittelalterlichen Stadtbild, den imposanten Kirchen, den prunkvollen, alten Giebelhäusern, dem 83 m hohen gotischen Belfried am Marktplatz, den idyllischen Grachten, Brücken und malerischen Gassen den Besucher in seinen Bann zieht. Wo einst Galeeren und Koggen anlegten, laden heute Ausflugsboote Touristen zu einer Grachtenfahrt ein. Das Groeninge-Museum mit seiner Sammlung alter flämischer Meister, das Gruuthuse-Museum, in dem Brügger Spitzen, Keramik und Möbel ausgestellt sind, der Beginenhof und viele andere Sehenswürdigkeiten machen Brügge zu einem Anziehungspunkt für Kunstfreunde.

**Gent** *(oben)* war im Mittelalter die Hauptstadt Flanderns – eine blühende Wirtschaftsmetropole. Von Bürgerstolz künden noch die prachtvollen alten Gilde- und Patrizierhäuser aus Romanik, Gotik und Renaissance am Graslei.

**Ostende** *(rechts)* ist sowohl ein bedeutender Fähr- und Fischereihafen als auch ein beliebtes und vielbesuchtes Seebad. Im 16. Jahrhundert eine befestigte Stadt, entwickelte sich Ostende im späten 19. Jahrhundert zu einem eleganten Badeort.

**Brügge** *(links)* galt einst als »Venedig des Nordens«, nach Ansicht vieler Besucher ist es die schönste aller flandrischen Städte. Reich an historischen Gebäuden und malerischen Gassen, durchzogen von stimmungsvollen Kanälen, scheint es die mittelalterliche Vergangenheit nahezu unversehrt erhalten zu haben. Wie bei den anderen großen flämischen Städten gründete sich die mittelalterliche Periode des Wohlstands vor allem auf den Handel mit Wolle, Leinen und Holz. In den Kanälen drängten sich damals die Schiffe der Tuchhändler. Flandern umfaßte als Landschaft früher auch Teile von Frankreich und den Niederlanden. Heute bezeichnet man mit diesem Begriff den flämischen, niederländisch-sprachigen Teil Belgiens.

**Antwerpen** *(oben)*, im Bild der Boulevard Meir, der zum Rubenshaus führt, ist seit vielen Jahrhunderten ein bedeutendes Handelszentrum und eine der interessantesten und schönsten Städte Belgiens. Viele kleine Cafés liegen an versteckten Winkeln in der Altstadt *(links)*. Sie bieten eine entspannte Atmosphäre und bilden einen ruhenden Pol im regen Treiben der Stadt. Antwerpen ist der Mittelpunkt des Flamentums mit vielen kulturellen und intellektuellen Ereignissen und zweitgrößte Stadt Belgiens.

# BELGIEN: BRÜSSEL

Die Gründung des mehr als 1000jährigen Brüssel im flachwelligen Hügelland Zentralbelgiens ist eng mit dem Flüßchen Senne verbunden. Wenige Jahre vor der Wende zum 10. Jahrhundert errichteten französischsprachige Siedler auf einer Flußinsel eine Befestigungsanlage, die der Verteidigung ihres Territoriums gegen die flämischen Rivalen dienen sollte. Begünstigt durch die Lage an der Senne, die Teil des Wasserstraßensystems ist, das vom Westen Deutschlands bis Nordfrankreich reicht, hatte sich Bruoscella (die »Stadt am Bach«), um 1000 bereits Residenz der Herzöge von Brabant, im 11. Jahrhundert bereits zu einem blühenden Handelszentrum entwikkelt.

Im 13. Jahrhundert war Brüssel als Handelsplatz und als Zentrum der Wollverarbeitung in ganz Europa bekannt. Die Geschicklichkeit der Handwerker bei der Herstellung von Teppichen, Tapisserien, Spitzen und anderen Textilien begründete den Reichtum der Brüsseler Kaufleute. Dieser Reichtum hat jedoch im Laufe der Jahrhunderte das Interesse zahlreicher Eroberer erregt. So fiel Brüssel unter burgundische, habsburgische, französische und niederländische Herrschaft. Im Jahre 1830 löste ein patriotisches Lied während einer Opernaufführung im Brüsseler Monnaie-Theater die Revolution aus, die schließlich zur Loslösung vom Königreich der Vereinigten Niederlande führte. Das Theater existiert noch und ist heute das führende Opernhaus der Stadt. 1831 wurde Brüssel Hauptstadt des unabhängigen Belgien.

## Die doppelte Hauptstadt

Seither sind Ausdehnung, Bedeutung und Reichtum der Stadt erheblich gestiegen. Die Agglomeration Brüssel ist mit fast einer Million Einwohnern die größte belgische Stadt. In beiden Weltkriegen hatte sie die deutsche Okkupation zu überstehen. Heute ist sie Hauptstadt in mehrfacher Hinsicht: als Sitz von Europäischer Kommission und (neben Luxemburg) Europäischem Palament sowie als Hauptquartier des Ständigen Rates des Nordatlantikpaktes (NATO). So erscheint die Bezeichnung Brüssels als »Hauptstadt Europas« durchaus gerechtfertigt. Die Stadt muß nicht allein den Bedürfnissen der bedeutenden Brüsseler Geschäftswelt gerecht werden, sondern zusätzlich den Ansprüchen Tausender Mitarbeiter der EU-Dienststellen aus ganz Europa. Gewaltige Bürohäuser, Luxushotels, verlockende Einkaufspassagen und breite Autostraßen bestimmen das Bild in großen Teilen der Stadt. Aber es gibt auch ausgedehnte Industrieanlagen, wo Keramikwaren, Arzneimittel, Papier und Textilien produziert sowie Nahrungsmittel verarbeitet werden.

## Der Grand Place

Der eindrucksvolle Grand Place im Herzen Brüssels erinnert an das historische Erbe der Stadt. Die malerischen Gebäude, die den Marktplatz umschließen, die Zunfthäuser der Brüsseler Kaufleute und Handwerker, stammen aus den späten 90er Jahren des 16. Jahrhunderts. Sie traten an die Stelle älterer Bausubstanz, die im Jahr 1695 der französischen Artillerie zum Opfer gefallen war. Lediglich das nahegelegene, Mitte des 15. Jahrhunderts errichtete Hôtel de Ville (Rathaus), eines der schönsten gotischen Bauwerke Europas, hatte den dreitägigen Beschuß überstanden. Das Standbild des heiligen Michael, des Schutzpatrons von Brüssel, krönt auch heute noch den zierlichen Turm des Gebäudekomplexes.

## Der »älteste Bürger von Brüssel«

Der Grand' Place ist der Ausgangspunkt eines Labyrinths kleiner Gassen, die nach den Kaufleuten, die sie einst nutzten, benannt sind: Gewürzmarktstraße, Pfefferstraße, Heringsgasse, Käsemarktstraße sind einige von ihnen. Ebenfalls in diesem Stadtviertel besteht für Touristen die Möglichkeit, den »ältesten Einwohner« der Stadt zu Gesicht zu bekommen. »Manneken Pis«, die im 17. Jahrhundert entstandene Bronzestatue eines kleinen Knaben als Teil eines Brunnens, ist das wohl berühmteste Wahrzeichen Brüssels.

Die älteste und prächtigste der zahlreichen Kirchen Brüssels ist der St.-Michael-Dom. Er liegt nordwestlich des Marktplatzes und wurde im 12. Jahrhundert an Stelle einer im 11. Jahr-

Ein Teppich aus Begonien verschönert den Grand' Place in Brüssel (oben). Der berühmte Marktplatz liegt in der flämischen Unterstadt. Er wird gesäumt vom spätgotischen Rathaus und von prunkvollen Zunfthäusern.

# BELGIEN

**Die Cité Berlaymont** *(rechts)* beherbergt die Europäische Kommission, die Körperschaft, in deren Händen die Exekutive der EU liegt. Das bedeutende Geschäftszentrum Brüssel ist auch der Sitz des NATO-Rats.

**Brüsseler Spitzen oder Point de Gauze** *(unten)* zählen zu den bekanntesten Erzeugnissen der Stadt. Die Gedenktafel zur Linken weist auf das Haus hin, in dem Victor Hugo, der berühmte Autor von »Les Misérables«, in der Zeit seiner Verbannung aus Frankreich lebte.

**Brüssel** *(rechts)* wurde im Jahre 1831 zur belgischen Hauptstadt, nachdem das Land seine Unabhängigkeit von den Niederlanden erfochten hatte. Die im zentralen Hügelland Belgiens gelegene Stadt kommt mit ihren selbständigen, aber zur Agglomeration Brüssel zählenden Vorstädten auf eine Einwohnerzahl von rund einer Million Menschen. Die Sprachgrenze, die das französischsprachige Wallonien vom niederländischsprachigen Flandern trennt, verläuft wenige Kilometer südlich der zweisprachigen Hauptstadt.

**Fahnenwerfer** *(links)* auf dem Grand' Place (Grote Markt), der 1998 von der UNESCO zum Weltkulturerbe erklärt wurde. Im Jahr 2000 war Brüssel eine der europäischen Kulturhauptstädte. Das ganze Jahr über gab es viele festliche Veranstaltungen.

hundert erbauten Kapelle errichtet. Berühmt ist der Dom insbesondere wegen seiner aus dem frühen 16. Jahrhundert stammenden bunten Glasfenster.

Brüssels Entwicklung basiert vornehmlich auf der Bedeutung der Stadt als Handels- und Messeplatz. Die großartigen Sammlungen des Palastes der Schönen Künste und der übrigen ebenfalls sehr gut ausgestatteten Museen bezeugen jedoch, daß die Brüsseler Bürger bei aller Geschäftstüchtigkeit stets auch ein Auge für das Schöne hatten. Das 14. bis 17. Jahrhundert war die Blütezeit der flämischen Kunst. Memling, die Brüder van Eyck, die Brueghels sowie Rubens sind die berühmtesten Maler aus der langen Reihe flämischer Meister.

Die französische und die niederländische Kultur sind in Brüssels architektonischem und künstlerischem Erbe miteinander verschmolzen. Leider zeigen die Beziehungen zwischen den französischsprachigen und niederländischsprachigen Bürgern nicht immer eine solche Harmonie. Dem Besucher fällt auf, daß alle öffentlichen Bekanntmachungen zweisprachig verfaßt sind. Nach zahlreichen Konflikten verfügten Verfassungsänderungen die offizielle Zweisprachigkeit der Agglomeration. Die 1834 gegründete Freie Universität hat seither separate französische und niederländische Fakultäten. Die französischsprechenden Wallonen sind in der Mehrheit.

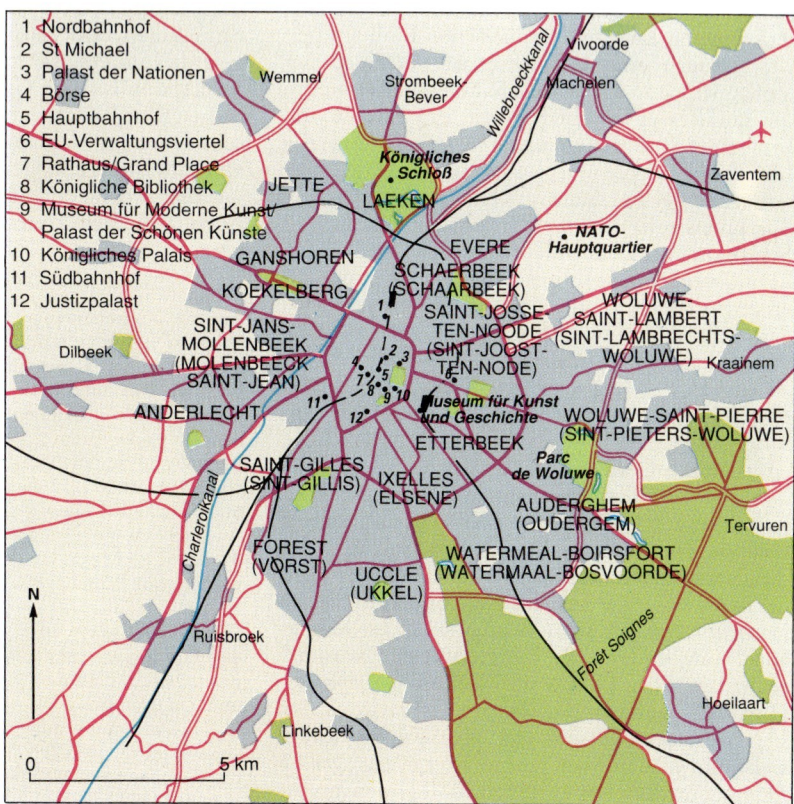

1 Nordbahnhof
2 St Michael
3 Palast der Nationen
4 Börse
5 Hauptbahnhof
6 EU-Verwaltungsviertel
7 Rathaus/Grand Place
8 Königliche Bibliothek
9 Museum für Moderne Kunst/Palast der Schönen Künste
10 Königliches Palais
11 Südbahnhof
12 Justizpalast

# BELGIEN: FLAMEN UND WALLONEN

Dem durch Belgien reisenden Touristen fällt auf, daß in Lüttich eine andere Sprache gesprochen wird als etwa im Seebad Knokke, daß selbst in den Stadtgebieten Brüssels verschieden gesprochen wird. Eine belgische Sprache gibt es nicht. Etwa ein Drittel der Bevölkerung stellen die Französisch sprechenden Wallonen im Süden des Landes, während die im Norden wohnenden, Niederländisch sprechenden Flamen über die Hälfte der Bevölkerung ausmachen. Im Bereich der Ardennen gibt es außerdem eine deutschsprachige Minderheit (etwa 66 000), die seit 1984 eine eigene politische Vertretung hat. Alle drei Sprachen sind als Staatssprachen anerkannt. Südlich von Brüssel verläuft in ost-westlicher Richtung eine Sprachgrenze, die das niederländische und das französische Sprachgebiet voneinander trennt. Das zweisprachige Brüssel liegt inmitten des flämischen Sprachgebiets. Während im Stadtgebiet das Französische überwiegt, wird in den umliegenden Gemeinden vorwiegend flämisch gesprochen. Die Stadt ist schon seit langem ein Zankapfel zwischen Flamen und Wallonen, ein Stolperstein belgischer Regierungen. Zweisprachige Straßenschilder und Briefkästen sind stumme Zeugen dieses Kulturkampfes.

### Ein Land – zwei Völker

Trotz der klaren Trennung in Sprachgebiete bietet das Sprachenproblem seit 150 Jahren immer wieder Zündstoff für politische und gesellschaftliche Konflikte. Man muß bedenken, daß Belgien kein nationalistischer Einheitsstaat ist, sondern eine Gemeinschaft verschiedener Volksgruppen, die – zusammengekettet durch die Zufälle der Geschichte – für ihre Rechte und Freiheiten und nicht zuletzt für ihre kulturelle Identität kämpfen.

Bereits bei der Staatsgründung 1830 war der Sprachenstreit vorhanden. Französisch war Staatssprache, was eindeutig zu einer Benachteiligung der Flamen führte. Diese erlebten damals eine diskriminierende Zeit der Unterdrückung, eine Zeit, in der ihnen französische Sitten und – vor allem – die französische Sprache aufgezwungen wurden. Der Konflikt wurde etwas entschärft, als in mehreren Sprachgesetzen zwischen 1873 und 1898 das Flämische als Schul-, Amts- und Gerichtssprache anerkannt wurde. Die Flamen blieben dennoch bis in die 60er Jahre unseres Jahrhunderts eine benachteiligte Gruppe. Die eigentliche Verkehrssprache, in der die wichtigsten Zeitungen erschienen, blieb Französisch. Wirtschaftliches und politisches Zentrum war bis zum Niedergang der Kohleförderung in den 50er Jahren und der Stahlkrise in den 70er Jahren die Wallonie, die heute zum „Armenhaus der Nation" geworden ist. Das Selbstbewußtsein der Flamen verstärkte sich, und in den 60er Jahren kam es zu großen Demonstrationen, bei denen die Flamen politische Gleichberechtigung und kulturelle Selbständigkeit forderten.

### Umwandlung in einen Bundesstaat

Im Zuge verschiedener Reformen, beginnend 1962 mit der Festlegung der Sprachgrenzen und 1994 (vorerst) endend mit einer revidierten Verfassung, wurde den beiden Sprachgruppen sowie den Regionen und »Gemeinschaften« (flämisch, französisch, deutsch) größtmögliche Autonomie gewährt. Die Gliederung Belgiens in Flandern und Wallonien – Brüssel erhielt einen zweisprachigen Sonderstatus – sowie deren kulturelle Selbständigkeit wurden in der Verfassung verankert. Eine fortschreitende Dezentralisierung wandelte Belgien in einen Bundesstaat um. Die weitreichende Autonomie für Flandern, Wallonien (einschließlich der deutschsprachigen Gebiete von Eupen und Malmédy) und Brüssel mit eigenen Ministerpräsidenten und Parlamenten soll endlich die Zwistigkeiten beenden. Doch mit der Umwandlung in einen Bundesstaat sind nicht automatisch alle Schwierigkeiten aus dem Weg geräumt. Die wirtschaftliche Überlegenheit der Flamen läßt schon zukünftige Konflikte ahnen. Der Erfolg der Reform wird daher von dem politischen Geschick der Zentralregierung abhängen, die verhindern muß, daß aus dem »Sprachenstreit« nun ein heftiger »Wirtschaftskampf« erwächst und als »letzter Belgier« nur noch der König übrigbleibt. Denn mit der Förderalisierung Belgiens sind die wirtschaftlichen und sozialen Ungleichgewichte zwischen dem Norden und Süden nicht beseitigt. Und zur Finanzierung des Strukturwandels in Wallonien ist auch ein Transfer staatlicher Einnahmen und Leistungen notwendig, wogegen besonders flämische Regionalisten und rechtspopulistische Gruppierungen, die auch im belgischen Parlament vertreten sind, opponieren. Doch gibt es mit der Zugehörigkeit zum Katholizismus ein gemeinsames Erbe, das sich vor allem die Flamen als »katholischstes« Volk Europas neben Iren und Polen nicht nehmen lassen.

**Anfang Dezember 1999** gaben sich der 39 Jahre alte Thronfolger Prinz Philippe und die 26-jährige Mathilde d'Udekem d'Adoz in der Brüsseler Kathedrale St. Michael vor Monarchen und Staatschefs aus aller Welt das Ja-Wort *(rechts)*. Die Messe wurde vom Primas von Belgien, Erzbischof Godfried Daneels, in den Landessprachen Französisch, Flämisch und Deutsch gehalten. Die Braut stammt aus einer flämischen Adelsfamilie und ist in Wallonien aufgewachsen.

**Massendemonstrationen** *(rechts)* kennzeichneten den Konflikt zwischen den beiden Sprachgruppen in den 60er Jahren. Forderungen der Flamen nach politischer Gleichberechtigung wurden weitgehend erfüllt, die Spannungen aber dauern an.

**Wegweiser in Niederländisch und Französisch** *(oben)* zeigen Belgiens Sprachenteilung. Seit 1963 gibt es in Belgien drei Amtssprachen: Niederländisch im Norden, Französisch im Süden und Deutsch entlang der östlichen Landesgrenze. 1971 verschaffte eine Verfassungsänderung diesen drei Sprachgemeinschaften die politische Anerkennung und garantierte kulturelle Autonomie.

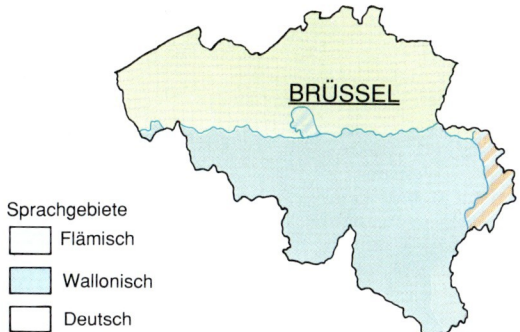

**Quer durch Belgien** verläuft die Sprachgrenze zwischen den Französisch sprechenden Wallonen im Süden und den Niederländisch sprechenden Flamen im Norden *(links)*. In Brüssel und im Südosten wird von einer Minderheit Deutsch gesprochen.

**Der Grote Markt in Antwerpen** *(oben)*, der belgischen Wirtschaftsmetropole und dem kulturellen Mittelpunkt Flanderns. Bereits vor Jahrhunderten entwickelte sich die Stadt durch ihren bedeutenden Hafen zu einem wichtigen Handelszentrum; die architektonischen Glanzpunkte der Stadt zeugen von dieser Blütezeit. Die Wirtschaft Antwerpens stützt sich heute auf den Hafen und auf Industrien aller Art, profitiert aber vor allem von den neuen petrochemischen Industrien in Flandern.

# BELIZE

**Die Stadt Belize** *(rechts)* ist die größte Stadt des Landes. Hier lebt knapp ein Viertel der Gesamtbevölkerung. Die Stadt liegt in der Nähe der Mündung des gleichnamigen Flusses und war ehemals ein Hafen, von dem aus Edelhölzer verschifft wurden.

**Die Maya-Ruinen** *(ganz rechts)* bei Altun Ha sind alles, was von dem ehemaligen Stadtstaat und der großen Zeremonienstätte übriggeblieben ist. Man fand Gegenstände aller Art, ein beträchtlicher Teil der Schätze wurde jedoch geplündert.

Belize, etwa so groß wie Hessen, ist der zweitkleinste Staat des amerikanischen Kontinents. Er wird im Norden von Mexiko, im Westen und Süden von Guatemala und im Osten vom Golf von Honduras, der zum Karibischen Meer gehört, begrenzt. Das von tropisch-wechselfeuchtem Klima geprägte Land ist flachwellig bis eben. Nur im mittleren Südteil des Landes erheben sich als Ausläufer des zentralamerikanischen Gebirges die Maya Mountains mit dem 1122 m hohen Victoria Peak. Das Landesinnere ist von einem undurchdringlichen tropischen Regenwald bedeckt. Vor der langen, lagunenreichen Mangrovenküste liegen zahlreiche Korallenriffe und kleine Inseln, die sogenannten Cays, die von Kokospalmen bewachsen sind.

Das feuchte tropische Klima hat eine durchschnittliche Jahrestemperatur von 27 °C. In der Regenzeit, die etwa von Mitte Mai bis Mitte November dauert, wird Belize oft von Wirbelstürmen heimgesucht.

### Vielvölkerstaat

Bis ins neunte Jahrhundert lebten im Gebiet des heutigen Belize die Mayas. So ist es nicht verwunderlich, daß der Anteil der indianischen Bevölkerung noch immer bei rund 11 % liegt. Die Indianer haben eigene Sozialordnungen und Dialekte entwickelt. Die größte Bevölkerungsgruppe bilden jedoch die Schwarzen und Kreolen, deren Vorfahren von den Kleinen Antillen als Sklaven oder Saisonarbeiter einwanderten. Ihr Bevölkerungsanteil liegt bei rund 40 %. Eine Besonderheit in der Bevölkerungsvielfalt stellen die Karifs oder schwarzen Kariben dar, weil sich hier die Schwarzen mit der indianischen Urbevölkerung mischten. Der Rest der Bevölkerung sind eingewanderte Araber, meist Libanesen, so-

## Daten und Fakten

**DAS LAND**
**Offizieller Name:** Belize
**Hauptstadt:** Belmopan
**Fläche:** 22 696 km²
**Landesnatur:** Flach- u. Hügelländer, im Inneren Maya Mountains, die Ausläufer des zentralamerikanischen Grundgebirges, im N Schwemmland, durchgehende Mangrovenküste
**Klima:** Tropisches Klima mit starken Regenfällen
**Hauptflüsse:** Belize, Río Hondo
**Höchster Punkt:** Victoria Peak 1122 m

**DER STAAT**
**Regierungsform:** Parlamentarische Monarchie
**Staatsoberhaupt:** Königin Elisabeth II., vertreten durch einen Generalgouverneur
**Regierungschef:** Premierminister
**Verwaltung:** 6 Distrikte
**Parlament:** Zweikammerparlament, bestehend aus dem Abgeordnetenhaus mit 29 für 5 Jahre gewählten Abgeordneten u. dem Senat mit 8 ernannten Mitgliedern
**Nationalfeiertag:** 21. September
**DIE MENSCHEN**
**Einwohner (Ew.):** 235 000 (1999)

**Bevölkerungsdichte:** 10 Ew./km²
**Stadtbevölkerung:** 47 %
**Bevölkerung unter 15 Jahren:** o.A.
**Analphabetenquote:** 10 %
**Sprache:** Englisch, englisches Kreolisch, Spanisch, Indianersprachen
**Religion:** Katholiken 62 %, Anglikaner 12 %, Methodisten, Mennoniten, Adventisten
**DIE WIRTSCHAFT**
**Währung:** Belize-Dollar
**Bruttosozialprodukt (BSP):** 615 Mio. US-$ (1998)

wie Chinesen und Inder. Zu der kleinen weißen Bevölkerungsgruppe gehören Nachkommen von Einwanderern aus den USA und Großbritannien sowie deutschstämmige Mennoniten aus Mexiko.

## Wirtschaft

Der größte Teil der Bevölkerung ist in der Landwirtschaft beschäftigt. Auf den großen Plantagen, die meist in ausländischem Besitz sind, wird vor allem Zuckerrohr angebaut. Zucker ist auch das Hauptexportprodukt. Daneben werden vor allem Obst und Gemüse ausgeführt. Die Ausfuhr von Edelhölzern ist rückläufig. Auf kleineren Flächen baut die einheimische Bevölkerung vor allem Mais, Bohnen, Reis und Mehlbananen für den Eigenbedarf an.

Allmählich gewinnt auch der Tourismus an Bedeutung. Den ausländischen Besuchern bieten

**Belize** (oben) ist nach El Salvador das zweitkleinste Land der zentralamerikanischen Landbrücke. Seine landwirtschaftlichen Produkte zeugen von dem starken karibischen Einfluß, der das Land kennzeichnet – Zucker, Orangen, Pampelmusen, Bananen und Melasse. Ein wunderschönes Korallenriff zieht sich vor der gesamten Küste von Belize entlang.

die der Küste vorgelagerten Riffinseln ein ideales Revier zur Unterwasserjagd mit Harpune oder Kamera. Auch zum Surfen eignet sich die Brandung vor der Küste. Die Ruinenstätten der Mayas bei Orange Walk sind für den interessierten Touristen einen Besuch wert.

## Die ehemalige britische Kolonie

Schon 1638 wurde die damals menschenleere und unwirtliche Küste von schiffbrüchigen britischen Seemännern in Besitz genommen. Nach der Niederlage der Spanier in der Seeschlacht bei der Insel Saint George's Cay 1798 konnten sich die Briten endgültig in dem Gebiet festsetzen. Sie erklärten 1862 das Land zur Kolonie Britisch-Honduras und unterstellten es 1884 einem eigenen Gouverneur. Ein Anschluß an Guatemala, das wiederholt Anspruch auf Britisch-Honduras erhob, wurde 1960 durch eine Volksabstimmung abgelehnt.

1964 erhielt das Land innere Autonomie. Im Jahre 1973 änderte das Land seinen Namen von Britisch-Honduras in Belize um und wurde am 21. 9. 1981 endgültig in die Unabhängigkeit entlassen. Seitdem ist Belize eine parlamentarische Monarchie im Commonwealth. Staatsoberhaupt ist Königin Elisabeth II., die durch einen einheimischen Generalgouverneur vertreten wird. Das Parlament besteht aus zwei Kammern, dem Senat mit acht ernannten Mitgliedern sowie dem Repräsentantenhaus, dessen 29 Abgeordnete aus allgemeinen Wahlen hervorgehen. Das Repräsentantenhaus wählt den Premierminister. Die beiden führenden Parteien sind die Vereinigte Volkspartei und die Vereinigte Demokratische Partei.

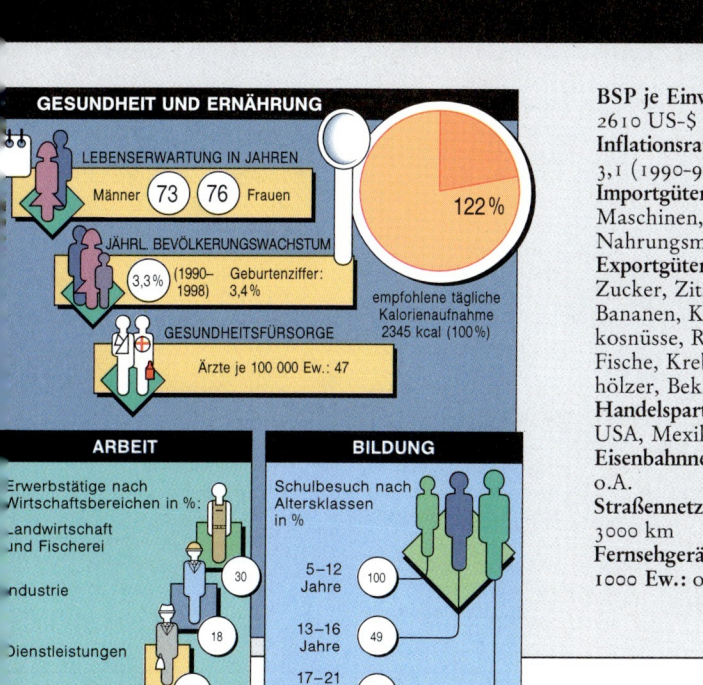

**BSP je Einwohner:** 2610 US-$
**Inflationsrate:** 3,1 (1990–98)
**Importgüter:** Maschinen, Brennstoffe, Nahrungsmittel
**Exportgüter:** Zucker, Zitrusfrüchte, Bananen, Kakao, Kokosnüsse, Rindfleisch, Fische, Krebse, Edelhölzer, Bekleidung
**Handelspartner:** USA, Mexiko, Jamaika
**Eisenbahnnetz:** o.A.
**Straßennetz:** 3000 km
**Fernsehgeräte je 1000 Ew.:** o.A.

# BENIN

Benin erlangte 1960 die Unabhängigkeit als Republik Dahomey, abgeleitet vom Namen des großen vorkolonialen westafrikanischen Königreichs »Abomey«, dessen Zentrum in der gleichnamigen Stadt im Süden des Landes lag. Von hier hatten die zum Volk der Ewe gehörenden Fon mit Hilfe einer straff organisierten, wohlausgerüsteten Armee, zu der zeitweise auch Amazonen gehörten, ihren Einfluß bis in das heutige Nigeria und Togo ausgedehnt. Sie trieben den europäischen Händlern Sklaven zu, die vom portugiesischen Fort Ouidah aus nach Übersee verschifft wurden. Nach dem Ende der Sklaverei kehrten befreite Sklaven aus Brasilien zurück und gewannen an wirtschaftlicher Bedeutung.

Ende des 19. Jahrhunderts begannen die kriegerischen Auseinandersetzungen mit französisch-senegalesischen Truppen, in deren Verlauf das Land zur Kolonie erklärt wurde. Von 1960 – dem Jahr der Unabhängigkeit – bis 1972 konkurrierten Mitglieder der kleinen bürgerlichen Schicht und die aus der ehemaligen Kolonialarmee entlassenen Militärs um die Vorherrschaft im Land. Häufige Umstürze, Verfassungs- und Präsidentenwechsel charakterisierten diese Jahre, bis Mathieu Kérékou (* 1933) die Macht durch einen Militärputsch übernahm. Er erklärte den Staat 1975 zur sozialistischen »Volksrepublik« und benannte das Land – in Anlehnung an das in Nigeria gelegene historische Königreich – in Benin um. Aufgrund des Mißerfolgs der staatlichen Wirtschaftsvorhaben bemühte er sich im Hinblick auf dringend benötigte Unterstützung um gute Beziehungen zu den westlichen Industrieländern, ohne dabei jedoch den Kontakt zu den sozialistischen Staaten zu vernachlässigen. Die dort einsetzenden

**Der gehörnte Kopfschmuck** *(oben)* weist die Trägerin als Anhängerin animistischer Glaubensvorstellungen aus.

**Ein Wollstrang** *(oben)* wird von einem Bariba-Mann gefärbt. Außer solchen handwerklichen Kleinbetrieben gibt es in Benin keine nennenswerte Industrie. Die meisten Menschen sind Bauern.

**Benin** *(rechts)*, bis 1975 als Dahomey bekannt, war bis zu seiner Unabhängigkeit im Jahr 1960 französische Kolonie. Von 1972–1991 und seit 1996 wurde bzw. wird das Land von M. Kérékou geführt.

## Daten und Fakten

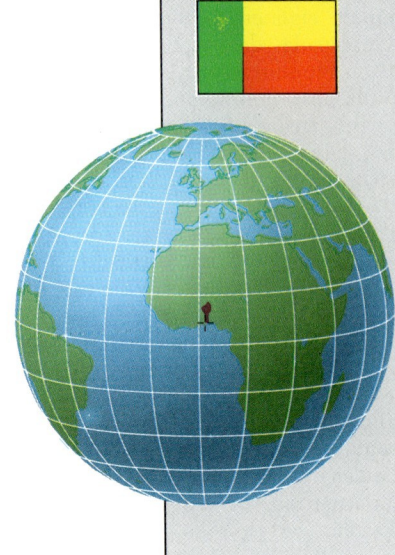

**DAS LAND**
**Offizieller Name:** Republik Benin
**Hauptstadt:** Porto-Novo
**Fläche:** 112 622 km²
**Landesnatur:** Versumpfte Küstenebene, nach N anschließend Teil der Oberguineaschwelle, dann zum Niger hin abfallend
**Klima:** Feucht-heißes, tropisches Klima
**Hauptflüsse:** Ouémé, Okpara
**Höchster Punkt:** 635 m im Atakoragebirge
**DER STAAT**
**Regierungsform:** Präsidiale Republik

**Staatsoberhaupt:** Staatspräsident
**Regierungschef:** Ministerpräsident
**Verwaltung:** 12 Regionen
**Parlament:** Nationalversammlung mit 83 für 4 Jahre gewählten Mitgliedern
**Nationalfeiertag:** 1. August
**DIE MENSCHEN**
**Einwohner (Ew.):** 5 937 000 (1999)
**Bevölkerungsdichte:** 53 Ew./km²
**Stadtbevölkerung:** 42 %
**Bevölkerung unter 15 Jahren:** o.A.
**Analphabetenquote:** 62 %

**Sprache:** Französisch
**Religion:** 60 % Anhänger von Naturreligionen, 20 % Katholiken, 12 % Moslems
**DIE WIRTSCHAFT**
**Währung:** CFA-Franc
**Bruttosozialprodukt (BSP):** 2268 Mio. US-$ (1998)
**BSP je Einwohner:** 380 US-$
**Inflationsrate:** 10,1 % (1990-98)
**Importgüter:** Maschinen, Textilwaren, chem. u. pharmazeut. Produkte, Transportausrüstungen, elektrotechn. Erzeugnisse, Tabak, Erdölprodukte

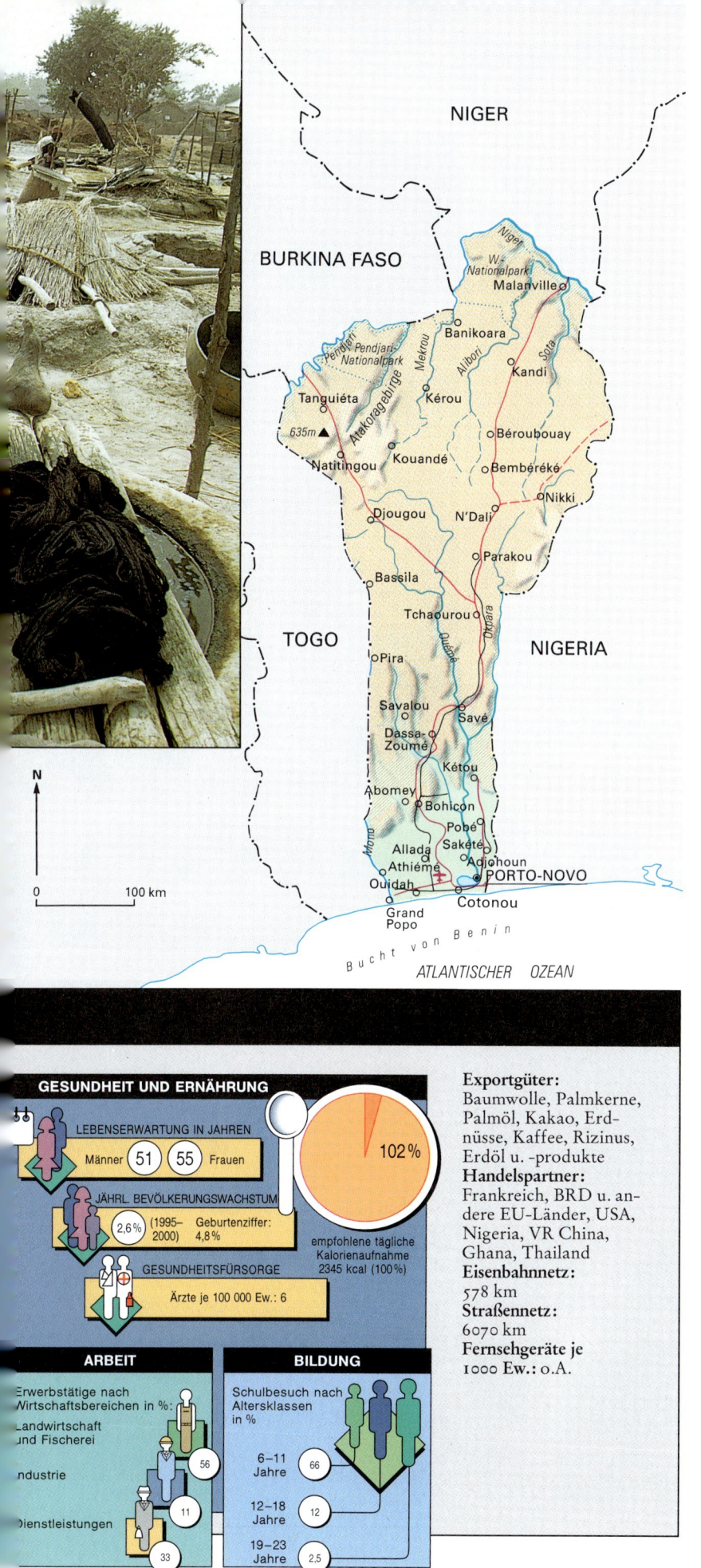

politischen Veränderungen zwangen auch Kérékou 1989, den demokratischen Bewegungen im eigenen Land nachzugeben und ein Mehrparteiensystem zuzulassen. Im Jahr 1991 unterlag er bei den Präsidentschaftswahlen Nicéphore Soglo (* 1933) und wurde somit als erster Staatschef auf dem afrikanischen Kontinent durch ein demokratisches Verfahren seines Amtes enthoben. Er konnte aber bereits nach den Wahlen 1996 wieder ins Präsidentenamt zurückkehren.

### Lebensraum für über 60 Völker und Stämme

Benin ist ein schmaler, sich von der feucht-heißen Guineaküste 700 km weit nordwärts bis in den Sahel erstreckender Kunststaat französischer Kolonialschöpfung. In der feuchten, heute fast ganz entwaldeten flachen Küstenregion leben die Mehrheitsvölker der Yoruba und Fon, zu wesentlichen Teilen bereits als Städter im Großraum der Hauptstadt Porto-Novo und des Regierungssitzes Cotonou. Der beninische Teil der gebirgigen Oberguineaschwelle weist die für alle Küstenstaaten Westafrikas in dieser Breite typische feuchte Baumsavanne auf. Von dort fällt Benin nordwärts zum Niger-Fluß und dem in den letzten Jahren stets weiter austrocknenden Sahel hin ab. In diesen Regionen leben die Bariba und Fulbe sowie viele kleine Stämme, die traditionell nomadisierende Viehzucht treiben sowie Hirse, Erdnüsse und Baumwolle anbauen.

### Ein wirtschaftlich bankrotter Staat

Die zwangsweise Anlage von Ölpalmplantagen hat wesentlich zum Rückgang der selbstversorgenden Landwirtschaft, dem Anbau von Mais, Maniok, Yams und Süßkartoffeln, geführt. Überalterter Baumbestand, rückständige Anbaumethoden, Naturkatastrophen sowie sinkende Weltmarktpreise für Exportprodukte, wie Kakao, Kaffee, Baumwolle und Erdnüsse, haben des weiteren zu einer Zuspitzung der Wirtschafts- und Finanzkrise geführt.

Versuche, Benin an den internationalen Ferntourismus anzubinden, sind fehlgeschlagen. Jahrelange Suche nach Öl- und Gasvorkommen im grenznahen Küstenbereich zu Nigeria blieben bislang erfolglos. Die krisenhafte Entwicklung in Nigeria und in den großen frankophonen Staaten West- und Zentralafrikas führte zudem zu einer massenhaften Rückkehr der zuvor über Jahrzehnte »exportierten« Handwerker, Hilfsarbeiter und Intellektuellen. Dadurch verschärften sich die sozialen und politischen Spannungen.

Ende der 80er Jahre konnte der bankrotte Staat vor einem Aufstand der seit Monaten unbezahlten Beamten und der weiter verarmenden, zahlenmäßig starken städtischen Bevölkerung nur durch großzügige Geldzuwendungen von Frankreich und Nigeria gerettet werden. Erst Soglo versuchte, marktwirtschaftliche Reformen durchzusetzen, um die ökonomische Situation zu verbessern.

# BHUTAN

Der Name »Bhutan« stellt bis heute noch ein Rätsel dar. Die etymologische Forschung glaubt an eine Ableitung aus der altindischen Gelehrtensprache Sanskrit. Demnach soll »Bhutan« das »Ende von Tibet« bedeuten. Weitreichende Verbindungen mit Tibet sind tatsächlich auch vorhanden, was die landschaftliche Gestaltung, Sprache und vor allem die Kultur betrifft. Es dokumentiert aber auch die gleichfalls starken Bindungen an Indien. Die Bhutaner selber nennen ihr Land »Druk-Yul« – Land der Drachen.

Das kleine Königreich Bhutan grenzt an seiner unwegsamen Nordseite an Tibet und somit an China, ansonsten wird es von Indien umschlossen.

Der Lebensraum der Bhutaner ist eng und klein, zudem bildet die Natur gewaltige Barrieren für den Fortschritt und die Entwicklung des Landes. An der Südabdachung des östlichen Himalaya gelegen, wird auch Bhutan in die für den ganzen Himalaya typischen, parallel verlaufenden Landschaftsräume gegliedert. Das südlich gelegene Vorland mit den Siwalikketten, genannt Duarzone, ist von tropischen Regenwäldern bedeckt und erstreckt sich in einer Höhe von rund 800 m. Nach Norden folgt das Gebiet des Vorderhimalaya mit Höhen zwischen 2000 und fast 5000 m und den sieben in nordsüdlicher Richtung verlaufenden Haupttälern. Es sind fruchtbare Täler mit ansteigenden Reisterrassen, reißenden Flüssen und üppigen Wäldern. Die Grenze zum Norden bildet der Hohe Himalaya mit bizarren Gipfelformen, hochgelegenen Bergseen, ewigem Eis und mächtigen Gletschern. Die höchste Erhebung ist der Kula Kangri mit 7553 m. Diese Landschaftsvielfalt und Höhenspanne wird auf einer Nord-Süd-Luftlinie von nur 100 km erreicht.

**In Bhutan** tragen die Väter ihre Kinder auf dem Rücken *(oben)*. Ihre Kleidung weist sie als Volksgruppe tibetischer Herkunft aus.

## Daten und Fakten

**DAS LAND**
**Offizieller Name:** Königreich Bhutan
**Hauptstadt:** Thimbu
**Fläche:** 47 000 km²
**Landesnatur:** Dreiteilung von S nach N: Siwalik-Ketten des Vorlands, anschließend der Vorderhimalaya mit in NS-Richtung verlaufenden Haupttälern, dann der Hohe Himalaya als Hochgebirge mit Gletschern
**Klima:** Subtropisches Klima im S, nach N in Hochgebirgsklima übergehend
**Hauptflüsse:** Wong Chu, Sankosh, Tongsa, Bumtang, Manas
**Höchster Punkt:** Kula Kangri 7553 m
**Tiefster Punkt:** Im Süden 46 m

**DER STAAT**
**Regierungsform:** Monarchie mit Ansätzen eines parlamentarischen Systems
**Staatsoberhaupt:** König
**Regierungschef:** König
**Verwaltung:** 18 Distrikte
**Parlament:** Ständeparlament mit 150 Mitgliedern, davon 105 Dorfälteste, 33 Regierungsbeamte u. 12 Lamas; Königlicher Rat mit 9 Mitgliedern
**Nationalfeiertag:** 17. Dezember

**DIE MENSCHEN**
**Einwohner (Ew.):** 2 064 000 (1999)
**Bevölkerungsdichte:** 44 Ew./km²
**Stadtbevölkerung:** 6 %
**Analphabetenquote:** 52 %
**Sprache:** Dsongha
**Religion:** Buddhisten 75 %, Hindus ca. 25 %

**DIE WIRTSCHAFT**
**Währung:** Ngultrum
**Bruttosozialprodukt (BSP):** 315 Mio. US-$ (1998)
**BSP je Einwohner:** 430 US-$
**Inflationsrate:** 9,7 % (1990-98)
**Importgüter:** Ausrüstungen, Fahrzeuge, Dieselöl
**Exportgüter:** Reis, Mais, Gerste, Hölzer, Wolle
**Handelspartner:** Indien, Singapur, Japan
**Straßennetz:** 2418 km

**Der unabhängige Staat Bhutan** *(links)* wird außenpolitisch und in Fragen der Verteidigung von seinem südlichen Nachbarn Indien vertreten. Der größte Teil des Staatsgebiets besteht aus Gebirgen, die den Ausbau der Verkehrswege erschweren.

Siedlungs- und Wirtschaftsräume von sehr begrenzter Ausdehnung haben sich in den mittleren Abschnitten der Täler entwickelt. Ackerbau mit Reis, Mais, Hülsenfrüchten und Gemüse sowie Viehzucht (vor allem Yaks) prägen die Landwirtschaft, von der der weitaus größte Teil der Bevölkerung lebt. Obwohl Bhutan nach westlichem Maßstab zu den ärmsten Ländern der Welt gerechnet werden muß, sind Armut und Hunger hier unbekannt.

Wichtigste Bevölkerungsgruppe sind die Bhotiyas. Sie sind mongolischen Ursprungs und sprechen einen tibetischen Dialekt. Ihre Religion ist der Lamaismus, eine vor allem in Tibet verbreitete Form des Buddhismus. Der Süden Bhutans ist stark von indischen und nepalesischen Einflüssen geprägt, was sich dort in einem vorherrschenden Anteil der Hindus ausdrückt.

Ihrer tiefen Religiosität verdanken die Bhutaner ihre ungebrochene kulturelle Identität. Diese zu bewahren war immer ihr größtes Anliegen, und hier liegt die Erklärung für die bis 1974 praktizierte Abschottung nach außen. Bis heute ist es den wenigen geduldeten Touristen nicht erlaubt, die heiligen Stätten des Landes zu stören, und selbst den indischen und nepalesischen Gastarbeitern, die zum Aufbau einer wenn auch nur bescheidenen Industrie nach Bhutan geholt worden sind, ist es untersagt, sich in den Gebieten Nord- und Zentralbhutans anzusiedeln, wo das kulturelle und religiöse Zentrum des Landes liegt.

Der geschichtliche Ursprung von Bhutan ist unbekannt. Im 9. Jahrhundert wurde es von Tibet gewaltsam eingenommen und große Teile der Urbevölkerung vertrieben. Die Gründung des Staates Bhutan geht auf das Jahr 1553 zurück. Der herrschende Lama übte die geistliche und die weltliche Macht aus, ein Zustand, der erst im 17. Jahrhundert aufgehoben wurde.

Bhutan ist heute eine konstitutionelle Monarchie. Der König verzichtet allerdings auf sein Vetorecht gegenüber der Nationalversammlung. Diese hat auch das Recht, dem König das Vertrauen zu entziehen und ihn abzusetzen. Ein 1948 geschlossener Vertrag regelt, daß die auswärtigen Angelegenheiten von Indien wahrgenommen werden. Die Souveränität Bhutans ist unangefochten und wird sowohl von Indien als auch von China respektiert. Das Königshaus zeigt sich dem Fortschritt verpflichtet. Es hat das einst verschlossenste Land der Erde unter Wahrung der Tradition für den Weg ins 21. Jahrhundert geöffnet.

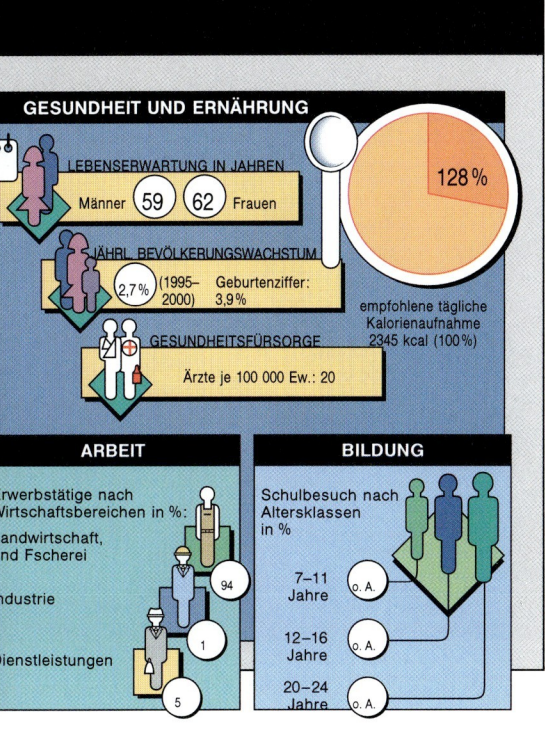

**Das Takktsang-Kloster** *(Mitte)* haftet an einem steilen Hang in der Himalaya-Region. Der gefährliche Standort hat ihm den Namen »Tigernest« eingetragen. Im Leben Bhutans spielen Legenden eine wichtige Rolle – die Bhutaner nennen ihr Land »Druk-Yul« (»Land der Drachen«).

**Ein buddhistisches Fest** *(links)* ehrt den indischen Gelehrten Padmasambhava, der im 8. Jahrhundert den Buddhismus in Tibet und Bhutan eingeführt hat. Drei Viertel der Bhutaner bekennen sich zum tibetischen Buddhismus (Lamaismus), die anderen sind Hindus.

# BOLIVIEN

Bolivien, die Wiege der andinen Kultur und lange Zeit Schatzkammer des spanischen Königreiches, ist heute das Armenhaus Südamerikas. Der Binnenstaat reicht bis hoch auf das Dach der Anden, was dem Land den Namen »Tibet Amerikas« eingebracht hat. Die Staatsfläche der Republik Bolivien hat sich durch eine verhängnisvolle Geschichte verlorener Kriege um die Hälfte reduziert. Sie beträgt noch rund eine Million Quadratkilometer, auf denen nur 8,1 Millionen Einwohner leben. Im Norden grenzt das Land an Peru, im Osten an Brasilien, im Südosten an Paraguay, im Süden an Argentinien und im Westen an Chile.

Bolivien kann mit einem großen Landschaftsreichtum aufwarten: Schneebedeckte Gipfel und schroffe Schluchten wechseln ab mit endlosen Ebenen und ausgedörrte Sand- und verkrustete Salzwüsten mit tropischen Regenwäldern, auf öde Gras- und Strauchpampas folgen sattgrüne, fruchtbare Landstriche. Trotz aller Vielfalt kennzeichnen zwei geographische Großräume das Land: das andine Hochland im Westen und das tropische Tiefland im Osten.

Der überwiegende Teil der Bevölkerung lebt im regenarmen Andenhochland. Nur 20 % aller Einwohner besiedeln das östliche Tiefland, das zwei Drittel der gesamten Staatsfläche einnimmt. Bolivien hat zwei Hauptstädte. In der Verfassung wird zwar Sucre (164 000 Einwohner) als offizielle Hauptstadt genannt, doch hat längst La Paz in den Anden, die höchstgelegene Millionenstadt der Welt, diese Funktion übernommen, zumal auch der bolivianische Präsident hier residiert.

Gegliedert ist die Republik Bolivien in neun Departamentos, die im politischen Aufbau in etwa den bundesdeutschen Ländern gleichen. Offizielle Landessprachen sind Spanisch und – seit 1976 – auch die beiden Indianersprachen Ketschua und Aymará. Staatsreligion ist der römisch-katholische Glaube. Daneben leben einige zehntausend Protestanten und eine kleine jüdische Gemeinde im Lande.

## Geschichte

Die älteste Kultur auf bolivianischem Boden ist die von Tiahuanaco, die etwa um 200 v. Chr. entstand und gegen 600 n. Chr. vom Reich der Aymará abgelöst wurde. Reste der präkolumbianischen Tiahuanaco-Kultur finden sich noch heute südlich des Titicacasees. Die teilweise sehr stark zerstörten Bauten bestehen aus einer 15 m hohen Stufenpyramide (Akapana) und einer 130 mal 135 m großen Anlage mit versenktem Innenhof (Kalasasaya), von dessen Mauer eine Reihe von Megalithen erhalten blieben. Im Innern der Kalasasaya steht das monolithische Sonnentor, dessen von geflügelten Genien flankierte Zentralfigur wohl die Schöpfergottheit Viracocha darstellt.

Im 15. Jahrhundert wurde dann das Aymará-Reich von den aus Peru vordringenden Inka erobert. Nach der Vernichtung des Inka-Rei-

# BOLIVIEN

ches durch die Spanier wurde Bolivien im Jahre 1538 als Hochperu dem spanischen Kolonialbesitz einverleibt – die leidvolle Geschichte der indianischen Ureinwohner, die noch bis heute andauert, begann.

Die 1545 bei Potosí entdeckten Silbervorkommen lösten eine beispiellose Ausbeutung der indianischen Rasse aus. Potosí, die »Pforte zur Hölle«, ausgestattet mit unsagbaren Silberschätzen, wurde Hunderttausenden gequälter Indios zum Friedhof. Luxus und Verschwendungssucht der Spanier wurden mit dem Blutzoll der Unglücklichen bezahlt.

Die 4000 m hoch gelegene Silbermetropole war im 17. Jahrhundert die reichste und gewalttätigste Stadt der Welt. Doch der Abbau des Silbers wurde zunehmend schwieriger und kostspieliger. Eine tiefgreifende Krise der an schnellen Reichtum gewöhnten kolonialen Gesellschaft nahm so ihren Anfang. Von 1780 bis 1782 erhoben sich die geknechteten Ureinwohner gegen die spanischen Unterdrücker. Doch die indianische Revolution scheiterte und wurde blutig niedergeschlagen.

**Unabhängigkeit und Konflikte**

Nach und nach begann sich im 19. Jahrhundert die kreolische Aristokratie Hochperus vom Mutterland zu lösen. Der Ruf nach Freiheit konnte von der spanischen Krone nicht mehr unterdrückt werden. Am 6. August 1825 erhielt das Land nach fast dreihundertjähriger Kolonialherrschaft die Unabhängigkeit. Die neue Republik Bolivien benannte sich nach ihrem Befreier und ersten Präsidenten Simón Bolívar (1783–1830).

Politisch jedoch war der jungen Republik kein Glück beschieden. Denn seit der Unabhängigkeit lösten sich die Machthaber in rascher Folge ab, nahmen die außenpolitischen Konflikte kein Ende.

Der »Salpeterkrieg«, der von 1879 bis 1883 dauerte, entzündete sich an den reichen Salpeterlagerstätten der Region um Antofagasta. Bolivien verlor diesen Krieg und damit seinen einzigen Zugang zum Meer an Chile.

Der »Kautschukkrieg« (1899–1903) war zuerst ein Kleinkrieg zwischen bolivianischen Gummibaronen und dem brasilianischen Staat. Doch schon bald entwickelte er sich zu einer großen militärischen Konfrontation zwischen Bolivien und Brasilien. Der Andenstaat büßte dabei die Kautschukregion Acre und den Zugang zu den wasserreichen Flüssen La Plata und Amazonas ein.

Auch der »Chaco-Krieg« (1932–1935) war ein militärisches Fiasko für Bolivien. Ein ursprünglich kleiner Grenzstreit mit dem Nachbarland Paraguay wurde zum Auslöser eines kriegerischen Desasters. Bolivien kostete es nicht nur seine südliche Provinz, sondern auch Zehntausende von Toten. Die Folge von all diesen Kriegen war der Verlust der Hälfte des ursprünglichen Staatsgebietes.

# BOLIVIEN: DER STAAT

Die Republik Bolivien ist eine der glücklosesten Nationen der Welt. »La Paz«, der Name der Metropole, bedeutet »Friede«. Innenpolitischen Frieden hat dieses Land aber sehr selten erlebt. Mit zweihundert Putschen oder Putschversuchen in etwa 160 Jahren liegt es einsam an der Spitze. Unter den zahlreichen Militärdiktaturen blieben politische Freiheit und sozialer Fortschritt nur ein Traum.

Aber auch in den außenpolitischen Auseinandersetzungen wurde Bolivien zum »Prügelknaben« seiner Nachbarn, an die es so manches rohstoffreiche Gebiet und seinen einzigen Zugang zum Meer verlor.

### Zwischen Diktatur und Demokratie

Das Jahr 1952 brachte die Grundpfeiler der alten feudalistischen Gesellschaft ins Wanken. Die »Revolution von unten«, deren Anführer Paz Estenssoro (* 1907) war, brachte Landreformen, die Verstaatlichung der großen Minen und das allgemeine Wahlrecht. Die indianischen Arbeiter und Bauern wurden zum ersten Mal in das politische Leben mit einbezogen.

Aber die Zeit der Demokratie währte nur kurz. Schon 1964 übernahm General René Barrientos Ortuño (1919–1969) die Macht. In die Geschichte eingegangen ist Barrientos aber vor allem durch den Tod Ernesto (»Ché«) Guevaras (1928–1967). Denn das Idol der revolutionären Jugend wurde beim Versuch, eine Guerillabewegung aufzubauen, am 9. Oktober 1967 auf Befehl des damals in La Paz regierenden Barrientos erschossen. 1971 putschte sich der Oberst Hugo Banzer (* 1926) an die Macht. Es begann die siebenjährige Ära des »Banzerato«, eine Zeit maßloser Unterdrückung jeglicher Opposition.

**Die bunten Banner** *(oben)* der Arbeitervereine werden am Nationalfeiertag, dem 6. August, durch La Paz getragen.

Seit 1982 wird der Andenstaat wieder von verfassungsmäßig gewählten Präsidenten regiert. 1989 trat Jaime Paz Zamora (* 1939) das Präsidentenamt an. Der neue Mann, ein ehemaliger Marxist, glaubte, daß nur mit einem radikalen Sparprogramm die soziale und ökonomische Misere zu beheben wäre. Zudem mußte er sich dem Druck des Internationalen Währungsfonds beugen, der eine Kreditgewährung von der Kürzung der öffentlichen Ausgaben abhängig machte. Auch der Nachfolger Paz Zamoras Gonzalo Sánchez de Lozado (* 1930) versuchte, eine neoliberale Politik in Übereinstimmung mit dem IWF zu betreiben. 1997 wurde erneut Hugo Banzer Präsident.

Um die bolivianische Wirtschaft ist es schlecht bestellt. Trotz reicher Bodenschätze und fruchtbarer Landstriche zählt das Land auch heute noch zu den unterentwickelten Staaten der Dritten Welt. In Südamerika ist Bolivien das ärmste und am wenigsten entwickelte Land. In zu großem Umfang und zu lange wurden die nationalen Reichtümer von der kleinen Oberschicht des Landes und ausländischen Gesellschaften besessen. Eine soziale Wirtschaftspolitik, die auch der Bevölkerungsmehrheit ein gesichertes Auskommen verschafft hätte, verfolgten die Politiker nie. Und so haben vor allem an Boliviens Erzen die ausländischen Investoren profitiert.

### Bergbau und Landwirtschaft

Immer noch sind die Bodenschätze der »Cordillera real«, der östlichen Kordillere, wichtigster Pfeiler der Volkswirtschaft. Allein die Zinnminen des Andenstaates bringen einen großen Teil des Exportwertes ein. Unter der Dornbuschsavanne des »Gran Chaco«, dem Grenz-

## Daten und Fakten

**DAS LAND**
**Offizieller Name:**
Republik Bolivien
**Hauptstadt:**
Sucre
**Fläche:**
1 098 581 km²
**Landesnatur:**
Im W Hochgebirgsregion der Anden, im O Tiefland der Llanos und des Gran Chaco
**Klima:**
Tropisches Klima mit 5 je nach Höhenlage unterschiedlichen Klimazonen
**Hauptflüsse:**
Río Grande, Río Mamoré, Río Beni
**Höchster Punkt:**
Nevado del Illimani 6880 m

**Tiefster Punkt:**
90 m über dem Meeresspiegel, nahe Fortaleza am Río Beni
**DER STAAT**
**Regierungsform:**
Präsidiale Republik
**Staatsoberhaupt:**
Staatspräsident
**Verwaltung:**
9 Departamentos
**Parlament:** Nationalkongreß bestehend aus Abgeordnetenhaus mit 130 Abgeordneten und Senat mit 27 Mitgliedern, jeweils auf 5 Jahre gewählt
**Nationalfeiertag:**
6. August
**DIE MENSCHEN**
**Einwohner (Ew.):**
8 142 000 (1999)

**Bevölkerungsdichte:**
7 Ew./km²
**Stadtbevölkerung:**
63 %
**Bevölkerung unter 15 Jahren:** 39 %
**Analphabetenquote:**
14 %
**Sprache:**
Spanisch, Ketschua, Aymará
**Religion:**
Katholiken 92,5 %
**DIE WIRTSCHAFT**
**Währung:**
Boliviano
**Bruttosozialprodukt (BSP):**
7949 Mio. US-$ (1998)
**BSP je Einwohner:**
800 US-$ (1995)
**Inflationsrate:**
9,9 % (1990–98)

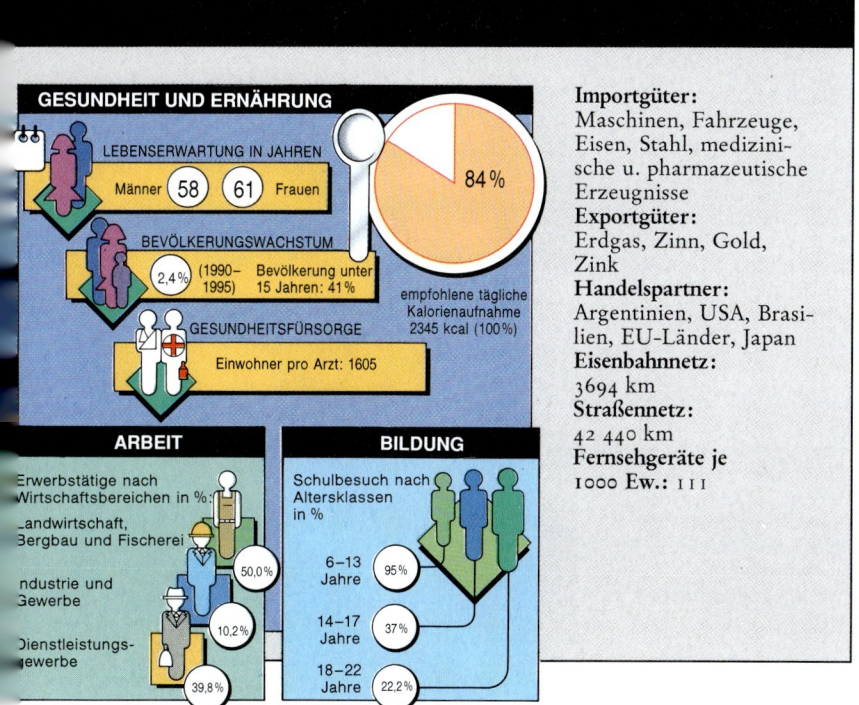

**Zinnerz wird aus dem Schacht** gefahren (oben). Der Bergbau ist der wichtigste Devisenbringer Boliviens. Das Land zählt weltweit zu den größten Zinnproduzenten. Viele Zinnminen befinden sich im Umland von Oruru.

**Bolivien** (oben rechts) liegt nahezu in der Mitte von Südamerika. Im Westen umschließen die Anden eine weite Hochebene, den Altiplano. In den Bergen und Tälern der Valles-Region gibt es fruchtbares Ackerland.

**Importgüter:** Maschinen, Fahrzeuge, Eisen, Stahl, medizinische u. pharmazeutische Erzeugnisse
**Exportgüter:** Erdgas, Zinn, Gold, Zink
**Handelspartner:** Argentinien, USA, Brasilien, EU-Länder, Japan
**Eisenbahnnetz:** 3694 km
**Straßennetz:** 42 440 km
**Fernsehgeräte je 1000 Ew.:** 111

gebiet zu Paraguay, wurden reichhaltige Erdgas- und Erdöllager entdeckt und erschlossen. Und so hat Erdgas heute dem Zinn als Hauptexportprodukt den Rang abgelaufen.

Neben Zinn werden auch kleinere Vorkommen von Gold, Zink, Silber, Kupfer und Blei abgebaut. Da Bolivien über keinen eigenen Meereszugang verfügt, müssen die einheimischen Bergbauprodukte per Eisenbahn an die Küste des Pazifik gebracht werden. Wegen der hohen Transportkosten sind die bolivianischen Erze auf dem Weltmarkt allerdings benachteiligt.

Fast die Hälfte der Erwerbstätigen arbeiten als »campesinos« in der Landwirtschaft. Doch reichen deren Erträge nicht einmal zur Ernährung der eigenen Bevölkerung aus. Angebaut werden vor allem Kartoffeln, Mais, Reis, Maniok, Baumwolle, Zuckerrohr, Kaffee, Kakao und viele tropische Früchte. Ein landwirtschaftliches Produkt allerdings, über das man in La Paz nicht gerne in der Öffentlichkeit redet und das in keiner Statistik auftaucht, bringt weit mehr ein als alle übrigen bolivianischen Erzeugnisse zusammen: Kokain.

# BOLIVIEN: DAS LAND

Bolivien liegt mitten im Herzen Südamerikas. Das Land läßt sich grob in zwei Naturräume teilen: die steilwandigen und teils vergletscherten Kordilleren des andinen Westens und das von zahlreichen Flüssen durchäderte tropische Tiefland des Ostens.

## Die Landschaften

Die bolivianischen Anden gliedern sich in die West- und die Ostkordillere. Die »Cordillera Occidental«, die schneebedeckte Westkordillere, erstreckt sich vom Titicacasee südwärts bis nach Argentinien. Sie gipfelt im Cerro de Tocorpuri (6755 m) und im Sajama (6542 m). Die höchsten Gipfel der Ostkordillere sind Illimani (6880 m) und Illampu (6550 m).

Zwischen beiden Kordilleren liegt der durchschnittlich 3800 m hohe Altiplano. Diese ausgedehnte und nur mit karger Vegetation bedeckte Hochebene ist durch zahlreiche Hügelketten in verschiedene Becken geteilt. Im nördlichen Altiplano liegt das wichtigste und größte Becken: der Titicacasee, von dem allerdings nur der kleine Ostteil zu Bolivien gehört. Die große Wasserfläche von 8300 km² bewirkt eine erhebliche Klimamilderung, wodurch sogar Getreideanbau möglich ist. So hat sich um den See eine intensiv genutzte Landbauzone mit Terrassenkultur entwickelt.

Das Hochplateau wird intensiv landwirtschaftlich genutzt. Jedoch haben Abholzungen und Übernutzung der Böden bereits deutliche ökologische Schäden hinterlassen. Wird der rapide fortschreitenden Bodenerosion nicht Einhalt geboten, dann droht der teils dicht besiedelte Altiplano zu verkarsten.

Der südliche Teil der Hochebene ist mit sogenannten »Solaren« überzogen. Auf diesen grellweißen und lebensfeindlichen Salzkrusten mit extremen Temperaturschwankungen gedeihen nur noch vereinzelt Kakteen. Die größte dieser Salzwüsten ist die »Salar de Uyuni«. Trotz der Höhe und trotz des beinahe mörderisch heißen Klimas wird das Salz in großen Blöcken von indianischen Tagelöhnern abgebaut.

Östlich des Altiplano erheben sich die weit über 6000 m hohen, majestätischen Gipfel der »Königskordillere«. Diese östliche Kordillere ist ein mineralreiches Faltengebirge. Hier liegen die bedeutenden nationalen Schätze Boliviens: Silber, Zinn und Gold. An den Abhängen der Ostkordillere liegen auch die Täler der »Subpuna«. Diese zwischen 2000 und 3500 m hohe Zone wird wegen ihres milden Klimas auch »Land des ewigen Frühlings« genannt. Fruchtbare Böden und ausreichende Feuchtigkeit sorgen für gute Ernten. Besonders auf Höhen um 2500 m werden überaus reiche Erträge eingefahren. Vor allem das dicht besiedelte Tal von Cochabamba hat es als »Kornkammer Boliviens« zu nationalem Ruhm gebracht. Obstkulturen wechseln ab mit Weingärten, Maisanpflanzungen und Weizenfeldern.

An die Subpuna schließt sich in 800–1700 m Höhe die subtropische Zone der »Yungas« mit tief eingeschnittenen Tälern und üppigen Bergwäldern an. Mit den Yungas brechen sich die Anden an den endlosen Ebenen des Tieflands. Dieser Raum teilt sich in drei unterschiedliche Landschafts- und Klimazonen: den üppigen tropischen Regenwald Amazoniens im Norden, die sich südlich anschließende Feuchtsavanne des Departamentos Beni und den südöstlichen »Gran Chaco«, eine staubtrockene Dornbuschsavanne.

## Die Menschen

Vielfältig wie die Landschaften sind auch die Menschen Boliviens. Die ethnische Zusammensetzung des Volkes ist von Region zu Region unterschiedlich. Während sie auf dem Altiplano fast rein indianisch ist und auch in La Paz über die Hälfte der Einwohner Indios sind, leben im milderen Klima des Tieflands überwiegend

**Indio-Musikanten** *(oben)* bereiten sich darauf vor, auf einem Fest aufzuspielen. Ihre farbigen Umschlagtücher werden durch kunstvoll gestalteten Kopfschmuck ergänzt. Flöten zählen zu den wichtigsten Instrumenten der andinen Volksmusik.

**Auf der Ladefläche eines Lastwagens zu sitzen** *(rechts),* gehört nicht gerade zu der bequemsten Reiseart auf dieser kurvenreichen, unbefestigten Straße. Insgesamt hat Bolivien nur 1300 km gepflasterte Straßen.

BOLIVIEN

**Zum Wochenmarkt** *(links)* in einem Dorf nahe dem Bergbauzentrum Potosí in Südbolivien strömen die Bewohner des Altiplano aus allen Himmelsrichtungen heran. Dieses Hochland liegt zwischen den zwei Hauptgebirgsketten der Anden.

**Terrassenförmig** *(oben)* sind die schmalen Felder an einem steilen Bergabhang in den Yungas angelegt. Die Bauern nutzen in dieser Region jeden Zentimeter fruchtbaren Bodens, den sie den Bergen abtrotzen können.

Kreolen, Nachfahren der spanischen Kolonisatoren. Indios, Cholos (Mestizen) und Kreolen sind die drei großen Volksgruppen in Bolivien. Die große Mehrheit der Indios bilden die Ketschua und die Aymará. Daneben gibt es noch indianische Minoritäten im Hochland und in den östlichen Ebenen des Tieflands.

Die Aymará bewohnen die Hochebene von La Paz und Teile der Regionen um Oruro und Potosí. Trotz der Unterwerfung durch Inkas und Spanier haben die Aymará zäh an ihrer eigenen, hochentwickelten Kultur festgehalten. Wie die Aymará sind auch die Ketschua größtenteils Ackerbauern. Sie leben im Altiplano sowie in der Region um Cochabamba. Die Bodenbearbeitung erfolgt auch heute noch mit den traditionellen Handgeräten: dem grabstockähnlichen Spaten, einem Holzbrett als Harke und einem Knüppel zum Kleinschlagen der Erdschollen. Die Lieder, Mythen und Tänze der Ketschua sind ein bedeutender kultureller Schatz Boliviens und Ausdruck ihrer Lebensfreude. Bolivien ist der einzige Staat Südamerikas, in dem die Indios auch heute noch die größte Bevölkerungsgruppe darstellen.

Die zweite große Volksgruppe sind die Cholos. Die Vermischung indianischen und weißen Blutes prägte eine eigenständige Rasse, der heute etwa jeder dritte Bolivianer angehört. Die Cholos bilden weitgehend die Mittelschicht der bolivianischen Gesellschaft. Auch die berühmten Marktfrauen von La Paz, die »Cholitas« gehören zu diesen Mestizen.

Die Kreolen, spanisch »Criollos«, sind die weißen Herren des Landes. Sie bilden die dünne »aristokratische« Oberschicht des Andenstaates. Obwohl sie nur 14 % der Gesamtbevölkerung stellen, ist in den Händen der weißen, meist spanischstämmigen Großgrund- und Minenbesitzer der weitaus größte Teil der politischen und wirtschaftlichen Macht des Landes konzentriert.

# BOLIVIEN: TITICACASEE

Der Titicacasee mit seinen Buchten und Halbinseln zwischen Peru und Bolivien ist das höchstgelegene, schiffbare, stehende Gewässer der Welt. Schmuggler segeln nachts von Bolivien über die Grenze nach Peru mit Fleisch, Zucker, Mehl und Koka. Sie kehren zurück mit Kleidung, Radios, Bier und Textilien, im Dunkeln an den bolivianischen Patrouillenbooten der Marine vorbeigleitend. Tagsüber verkehren Lastensegler und Indio-Fischer in althergebrachten Riedgrasbooten auf dem See.

Die Straße von Tiquina trennt die zwei Hälften des Titicacasees, und die Grenze zwischen den beiden Ländern geht durch die 8300 km² große Wasserfläche. Eine Seite der engen Wasserstraße wird Chucuito genannt, die andere Unimarca.

Der Sage nach hat der Titicacasee keinen Grund, aber Lotungen ergaben eine Tiefe von 272 m. Diese Tiefe des Titicacasees ist das Ergebnis seiner Lage zwischen zwei Kordilleren. Der Titicacasee befindet sich in einer Höhe von 3810 m über dem Meeresspiegel. Sein Wasser fließt über den Río Desaguadero zum abflußlosen Poopósee ab.

In den Zeiten vor dem Inka-Reich umfaßte der See ein viel größeres Gebiet. Die ehemalige Zeremonienstätte Tiahuanaco ist heute 20 km vom Südufer entfernt, sie lag jedoch vor 1000 Jahren direkt an der Uferlinie. Im Jahre 1985 trat der See plötzlich über seine Ufer, überschwemmte fruchtbares Land und machte rund 200 000 Menschen obdachlos.

Die dunklen Wolken, die sich an die Kordilleren rings um den Titicacasee schmiegen, sowie der klare Sonnenschein des Altiplano machen den See zu einem geheimnisvollen Ort. Die Inka glaubten, daß hier der Ursprung ihrer Rasse war, der von der Sonne Leben eingehaucht wurde. Schon vor den Inkas glaubten die Bewohner des Altiplano, daß die Sonne und ihre bärtige weiße Schöpfergottheit Viracocha aus den Tiefen des Sees gestiegen seien.

Moderne Sagen standen alten Traditionen gegenüber, als der norwegische Forscher Thor Heyerdahl in den 70er Jahren zum Titicacasee kam, um sich zur Vorbereitung seiner »Ra«-Expedition die Totoraschilfboote anzuschauen. Heyerdahl fuhr nach Suriqui, einer Insel im südlichen Teil des Titicacasees, um die Hilfe der Aymará-Schilfbootbauer in Anspruch zu nehmen. Der Bau der Totoraschilfboote ist einfach. Grünes Totoraschilf, das an den seichten Stellen des Sees wächst, wird gesammelt und in der Sonne getrocknet. Sowie es keine Feuchtigkeit mehr enthält, wird es gebündelt. Dann binden die Indios jeweils vier Bündel mit Gras zusammen, um den Rumpf zu bilden. Ein Mast mit einem Schilfsegel vervollständigt das kleine Schiff. Heyerdahl fand jedoch bald heraus, daß die Boote sich voll Wasser sogen und schließlich sanken. Aus diesem Grund trocknen die Aymará ihre Boote immer sorgfältig am Ufer.

**Dieses Dampfschiff** *(unten)* befördert Passagiere und Ladung auf dem Titicacasee, der an der peruanisch-bolivianischen Grenze liegt. Mit 3810 m über dem Meeresspiegel ist der Titicacasee der höchstgelegene schiffbare See der Welt.

**Ein Aymará-Indio** in traditioneller Kleidung *(rechts)*, zu der auch der Wollhut mit Ohrschützern gehört, stakt seine selbstgefertigte »balsa« (Boot) durch das Schilf. Rumpf und Segel dieses einzigartigen Bootes sind aus Totoraschilf gemacht.

### Schwimmende Inseln

Totoraschilf spielt im Leben der Urus-Indios, die schwimmende Inseln aus Schilf bewohnen, eine entscheidende Rolle. Sie flechten das Totoraschilf zu großen Matten zusammen und bauen auf diesen ungewöhnlichen Plattformen Dörfer. Die Urus flohen vor etlichen Jahrhunderten vom Festland, weil sie durch Nachbarstämme, wie die Ketschua und Aymará, verfolgt wurden. Die Urus leben von Kartoffeln, Yucca, Oca und Quinoa. Dies sind alles Wurzelgewächse, die in der Erde, die die Urus vom Seeufer nehmen und auf die Schilfmatten streuen, angebaut werden. Fisch, der von »balsas« (kleinen Schilfbooten) aus mit Netzen gefangen wird, ist ein wichtiger Bestandteil ihrer im allgemeinen einfachen Nahrung. Die Urus essen auch riesige, augenlose Kröten, die auf dem Grund des Sees leben und manchmal mehr als 60 cm lang sind.

In den Gewässern des Titicacasees gibt es zahlreiche Fischarten. Zu diesen zählen die winzigen und grätigen, sardinenartigen Boga, der Suchez und der Amanto, beide viel größer als die Boga. Die Regenbogenforelle, bis zu 60 cm lang, ist jedoch der beliebteste Fang. Einige Indiostämme machen einen Eintopf aus Boga, grünen Pfefferschoten und Totoraschilf, garniert mit rotem Lehmboden. Wenn es auf brennendem »taquia«, Lamadung, erwärmt wird, entsteht ein durchdringender Geruch.

**Kinder der Urus-Indios** *(oben)* kauen auf dem weichen Kern des Totoraschilfs, als ob es Zuckerstangen wären. Das Schilf spielt eine wichtige Rolle im Leben der Urus: Aus ihm bauen sie mit handwerklichem Geschick ihre schwimmenden Inselhäuser sowie ihre Boote. Außerdem ist es eßbar.

# BOLIVIEN

Entgegen der allgemeinen Annahme haben die Spanier die Indiobevölkerung dieser Gegend nicht niedergemetzelt. Familiengruppen oder »ayllus«, wie es sie vor der Ankunft der Spanier zur Zeit der Inka gab, leben noch heute in verstreuten Dörfern um den See herum. Die Aymará überlebten die Eroberung durch die Inka und später durch die Spanier. Sie glauben an eine Welt voller Geister, an Medizinmänner und Hexen, aber auch an Christus und ein Leben nach dem Tod.

Aymará-Männer tragen kegelförmige Wollhüte mit Ohrschützern, die als »gorros« bekannt sind. Die Frauen tragen runde, wollene Filzhüte, die den grob gesponnenen spanischen Kleidern aus der Kolonialzeit nachempfunden sind. In jener Zeit gab es eine große Anzahl von Aymarástämmen, die vor allem durch die gemeinsame Sprache miteinander verbunden waren. Auch wenn ihre Zahl heute kleiner ist, halten sie noch immer Lamas und Alpakas und bearbeiten den armseligen Boden im rauhen Klima der Altiplano-Hochebene.

**Schilfboote** *(unten)* aus Bündeln von langem, mit Gras zusammengebundenem Totoraschilf gefertigt, werden von den Fischern und Bauern der Ketschua- und Aymará-Indios, die am Ufer des Titicacasees leben, als Transportmittel benutzt. An den seichten Stellen des Sees wächst das grüne Totoraschilf in großer Fülle. Die kleinen Boote jedoch, die von den Indios gebaut werden, halten nur ein paar Monate, da sie sich allmählich mit Wasser vollsaugen.

**Der Titicacasee** *(unten links)* liegt hoch im Bergland der Anden an der Grenze zwischen Peru und Bolivien. Er hat mehrere kleine Zuflüsse. Sein Abfluß erfolgt über den Río Desaguadero in den Poopósee.

# BOSNIEN-HERZEGOWINA

Bosnien-Herzegowina hatte bis 1992 den Charakter eines Vielvölkerstaates: Mehr als 40 % seiner Einwohner waren Bosnier, etwa ein Drittel Serben, 18 % Kroaten, der Rest verstand sich als »jugoslawisch« oder gehörte kleinen Volksgruppen wie Montenegrinern, Ungarn, Türken und Albanern an. Serben waren vor allem im Osten und an der bosnisch-kroatischen Grenze ansässig, die meisten Kroaten in der westlichen Herzegowina, die Bosnier mehrheitlich im Zentrum. Bosnier, Serben und Kroaten lebten seit Jahrhunderten in einem unentwirrbaren ethnischen Siedlungsgemenge.

Im frühen Mittelalter war Bosnien ein selbständiges Fürstentum; dem nur kurzlebigen Königreich Bosnien im 14. Jahrhundert gehörten Teile Kroatiens und Dalmatiens an. 1463 wurde Bosnien dem Osmanischen Reich einverleibt. Das Herzogtum des Heiligen Sava, die Herzegowina, erlitt 1482 das gleiche Schicksal. Unter der türkischen Herrschaft entwickelte sich Bosnien zu einer islamischen Enklave zwischen serbisch-orthodoxen und römisch-katholischen Nachbarn. Die Gasi-Husrebeg- und Ali-Pascha-Moschee in Sarajevo, die dortige Islamische Theologische Fakultät – die einzige in Europa – sowie Moscheen und Minarette überall in Bosnien-Herzegowina sind sichtbare Symbole einer eigenständigen moslemischen Kultur.

1878 wurde Bosnien-Herzegowina der Verwaltung Österreich-Ungarns unterstellt und 1908 von der Doppelmonarchie annektiert. 1918 wurde es unselbständiger Teil des Königreichs der Serben, Kroaten und Slowenen. Im Zweiten Weltkrieg bemächtigte sich der faschistische kroatische Ustascha-Staat des größten Teils der heutigen Republik. Nach Kriegsende wurde Bosnien-Herzegowina Teilrepublik der jugoslawischen Föderation.

Jahrhundertelang prägte Toleranz das Zusammenleben zwischen Moslems, orthodoxen und katholischen Christen sowie einer großen sephardischen jüdischen Gemeinde. Diese Toleranz schlug im Zweiten Weltkrieg in ihr radikales Gegenteil um. In Bosnien-Herzegowina fanden nicht nur die wichtigsten Schlachten der Tito-Partisanen gegen die deutschen und italienischen Besatzer statt, hier spielten sich auch die schrecklichsten Grausamkeiten des Bürgerkrieges zwischen den Kommunisten, den königstreuen serbischen Tschetniks und der kroatischen Ustascha ab. Die nationalen und religiösen Gegensätze führten, trotz der Bemühungen des Präsidenten, des Moslems Alija Izetbegović, Bosnien-Herzegowina aus dem serbisch-kroatischen Konflikt herauszuhalten und eine neutrale Position einzunehmen, gegen den Willen der Serben im Oktober 1991 zur Unabhängigkeitserklärung. Nachdem sich eine Mehrheit der Bevölkerung in einem von den Serben boykottierten Referendum für die Unabhängigkeit ausgesprochen hatte, brach im März 1992 der bewaffnete Konflikt zwischen den Serben und den übrigen Volksgruppen aus.

Der mehr als zweieinhalbjährige Krieg wurde von allen Seiten mit großer Härte und Grausamkeit geführt. Massaker und Vertreibungen der jeweils anderen Bevölkerungsgruppe (»ethnische Säuberungen«) führten zu 2,7 Millionen Flüchtlingen. Diplomatische Bemühungen und Wirtschaftssanktionen zur Beendigung des Krieges blieben erfolglos, bis das Eingreifen der NATO und militärische Rückschläge der Serben 1995 den Weg frei für das Friedensabkommen von Dayton zwischen Bosnien-Herzegowina,

**Der Kriegsschauplatz Sarajevo** *(oben)*. Die Stadt hat durch den Bürgerkrieg schwere Schäden erlitten.

## Daten und Fakten

**DAS LAND**
**Offizieller Name:** Republik Bosnien-Herzegowina
**Hauptstadt:** Sarajevo
**Fläche:** 51 197 km²
**Landesnatur:** Im N fruchtbare Save-Niederung, ansonsten zerklüftetes Gebirgsland
**Klima:** gemäßigt kontinental, zur Küste hin mediterran
**Höchster Punkt:** 2387 m im Maglić
**DER STAAT**
**Regierungsform:** Präsidiale Republik
**Staatsoberhaupt:** 7-köpfiges Präsidium
**Verwaltung:** 2 Gebiete: Bosniakisch-kroatische Föderation, Serbische Republik, gemeinsam verwaltete Hauptstadt
**Parlament:** Abgeordnetenhaus mit 42 direkt gewählten Mitgliedern, Kammer der Völker mit 15 gewählten Mitgliedern, Wahl alle 4 Jahre; direkt gewähltes 3-köpfiges Präsidium, Wahl alle 2 Jahre
**Nationalfeiertag:** 1. März
**DIE MENSCHEN**
**Einwohner (Ew.):** 3 839 000 (1999)
**Bevölkerungsdichte:** 75 Ew./km²
**Stadtbevölkerung:** 43 %
**Bevölkerung unter 15 Jahren:** 19 %
**Analphabetenquote:** 15 %
**Sprache:** Bosnisch, Kroatisch, Serbisch
**Religion:** Moslems, serbisch-orthodoxe und römisch-katholische Christen
**DIE WIRTSCHAFT**
**Währung:** Konvertible Mark
**Bruttosozialprodukt (BSP):** ca. 4 500 000 Mio. US-$ (1998)
**BSP je Einwohner:** ca. 1180 US-$
**Inflationsrate:** 2,7 % (1997)
**Importgüter:** Nahrungsmittel
**Exportgüter:** Holz- und Papierprodukte
**Handelspartner:** EU-Länder, Kroatien, Jugoslawien
**Eisenbahnnetz:** 1021 km
**Straßennetz:** 11 436 km (befestigt)
**Fernsehgeräte je 1000 Ew.:** 41

**Mostar** (in Herzegowina, rechts). Die aus osmanischer Zeit stammende Brücke wurde 1993 im Bürgerkrieg zerstört. Im Bürgerkrieg evakuierte Waisenkinder (unten) kehren bei Kriegsende nach Sarajevo zurück.

**Sarajevo**, die Hauptstadt (ganz unten), wurde 1463 türkisch und war von 1583–1878 Residenz der türkischen Paschas. 1914 lösten hier die Schüsse bosnischer und serbischer Nationalisten auf den österreichisch-ungarischen Kronprinzen den Ersten Weltkrieg aus.

**Der Staat Bosnien-Herzegowina** liegt im Nordwesten der Balkanhalbinsel (unten).

Kroatien und Serbien machte. Bosnien-Herzegowina blieb als Gesamtstaat zwar erhalten, de facto aber geteilt in eine moslemisch-kroatische Förderation und eine Serbische Republik (»Entitäten«), regiert von einem Hohen Repräsentanten der internationalen Staatengemeinschaft mit umfassenden Vollmachten und militärisch besetzt von einer multinationalen Friedenstruppe, der Stabilization Force (SFOR). Die weiter bestehenden Gegensätze zwischen den infolge des Krieges »entmischten« Nationalitäten, sichtbar etwa an der zwischen Moslems und Kroaten geteilten Stadt Mostar, und territoriale Streitigkeiten wie über den Posavina-Korridor bei Brčko machen Bosnien-Herzegowina zu einem politisch instabilen Gebilde, das zur Wiederherstellung von Wirtschaft und Infrastruktur auf ausländische Finanzhilfe angewiesen ist. Positiven Ansätzen wie der Aufbau einer gemeinsamen Grenzpolizei 1999 oder der Wahlsieg der sich nicht ethnisch definierenden Sozialdemokraten (SDP) 2000 folgten wieder Rückschritte, etwa Anfang 2001 die Proklamation bzw. Wiederbelebung einer eigenen kroatischen Teilrepublik in der Herzegowina durch nationalistische Kroaten.

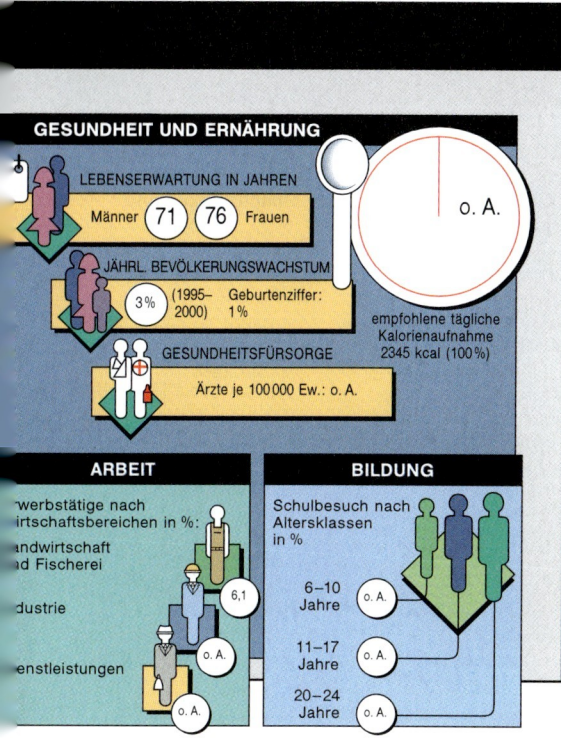

# BOTSUANA

Die Republik Botsuana liegt im Herzen des südlichen Afrika. Die meeresferne Lage in einem rund 1000 m hoch gelegenen, weitgespannten Becken bestimmt das Klima: Im Sommer dörrt die Hitze das Land aus, nur gelegentlich bringen vom Indischen Ozean her vordringende Luftmassen Regen, der dann in gewaltigen Wolkenbrüchen herniederprasselt. Im trockenen Winter hingegen kann es empfindlich kalt werden.

Eine unendlich erscheinende Ebene prägt die Landschaft. Nur in Randgebieten erheben sich Inselberge und Schichtstufen. Der größte Teil wird von der Kalahari eingenommen. In dieser wüstenhaften Landschaft, die im Süden und Westen nach Südafrika und Namibia hineinreicht, bestimmen Dünen- und Flugsandfelder mit spärlicher Dornbuschvegetation das Bild. Die im Sommer gelegentlich auftretenden Regenfälle können die Trockenheit des Bodens kaum mildern, denn das Wasser versickert in dem durchlässigen Untergrund allzu rasch. Wo sich in tieferen Senken doch einmal Wasser sammelt, verdunstet es rasch. Die gelösten Salze, die bei der Verdunstung zurückbleiben, überziehen als dicke, oft farbenprächtig glitzernde Kruste die Oberfläche der »Pfanne«. Die größte, die Makarikaripfanne im tiefsten Teil des Kalaharibeckens, verwandelt sich in der Regenzeit in einen Salzsumpf.

Nur im äußersten Norden gibt es ständig fließende, größere Flüsse. Der Okavango ist der wasserreichste unter ihnen. Wenn während der Regenzeit seine Quellflüsse Cuito und Cubango in Angola anschwellen, dauert es einige Wochen, bis die Wassermassen den Unterlauf des Okavango erreichen. Dann wird der Fluß zu einem gewaltigen Strom, verzweigt sich in zahlreiche Arme und verwandelt das Okavangobecken in eine einzige riesige Sumpflandschaft. Weite Gebiete Botsuanas wurden als Nationalpark oder Wildreservat unter Schutz gestellt. Löwen, Zebras, Giraffen, Antilopen und Elefanten können hier in freier Wildbahn beobachtet werden. In den Feuchtgebieten Nord-Botsuanas leben Krokodile, Flußpferde und unzählige Arten von Wasservögeln.

### Bevölkerung

Der größte Teil Botsuanas ist nahezu unbewohnt. Die ursprüngliche Bevölkerung, die Buschmänner mit heute vielleicht 35 000 Angehörigen, wurde nach und nach in die unwirtlichsten Teile der Kalahari zurückgedrängt. Dies wurde vor allem durch ein Landreformprogramm verursacht, das den »Rinderbaronen« das Recht der Einzäunung und ausschließlichen Nutzung der Wasserlöcher einräumte und damit den Buschmännern ihre traditionelle Lebensgrundlage entzog. Viele arbeiten heute als Hilfskräfte für die Bantubevölkerung.

Die Mehrheit der Bevölkerung lebt im Süden und Osten, wo die klimatischen Verhältnisse eine ausreichende Bodennutzung für die Ernährung garantieren. Größte Bevölkerungsgruppen sind die Tswana, die sich in acht Stämme gliedern. Diese zu den Bantu gehörende Bevölkerung ist in mehreren Schüben erst im 17. und 19. Jahrhundert zugewandert.

### Wirtschaft: Diamanten und Rinder

Die karge Natur des Landes läßt es nicht verwunderlich erscheinen, daß Botsuana früher zu den ärmsten Ländern Afrikas gehörte. Doch in jüngster Zeit verbesserte sich die wirtschaftliche Situation entscheidend. In den 1970er und

*Fisch aus dem Okavango* (oben) ist eine willkommene Bereicherung des Speiseplans dieses Dorfbewohners vom Stamm der Tswana.

## Daten und Fakten

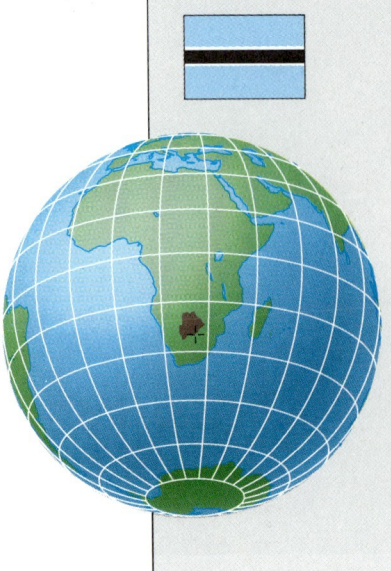

**DAS LAND**
**Offizieller Name:** Republik Botsuana
**Hauptstadt:** Gaborone
**Fläche:** 581 730 km²
**Landesnatur:** Größter Teil zentrales Becken der Kalahari, im NO Salzpfannen, im NW Binnendelta des Okavango
**Klima:** Subtropisches Klima mit nur geringem Niederschlag im Sommer
**Hauptflüsse:** Okavango, Limpopo
**Höchster Punkt:** Otse Mountain 1489 m
**Tiefster Punkt:** 513 m nahe der Flüsse Shashe und Limpopo

**DER STAAT**
**Regierungsform:** Präsidiale Republik
**Staatsoberhaupt:** Staatspräsident
**Verwaltung:** 11 Distrikte
**Parlament:** Nationalversammlung bestehend aus 40 für 5 Jahre gewählten Mitgliedern u. beratendes »House of Chiefs« (15 Mitglieder)
**Nationalfeiertag:** 30. September
**DIE MENSCHEN**
**Einwohner:** 1 597 000 (1999)
**Bevölkerungsdichte:** 3 Ew./km²
**Stadtbevölkerung:** 46 %

**Bevölkerung unter 15 Jahren:** 41 %
**Analphabetenquote:** 26 %
**Sprache:** Setswana, Englisch
**Religion:** Christen 30 %, Anhänger von traditionellen Religionen 49 %
**DIE WIRTSCHAFT**
**Währung:** Pula
**Bruttosozialprodukt (BSP):** 5622 Mio. US-$ (1998)
**BSP je Einwohner:** 3600 US-$
**Inflationsrate:** 10,3 % (1990-98)
**Importgüter:** Nahrungsmittel, Getränke, Tabak, Maschinen, elektr. Ausrüstun-

1980er Jahren wurden reiche Lagerstätten verschiedener Bodenschätze entdeckt. Neben Kupfer, Nickel, Steinkohle sowie Gold und Mangan sind es vor allem Diamanten. 1998 war Botsuana der drittgrößte Diamanten-Produzent der Erde. Der Bergbau ist zum wichtigsten Wirtschaftssektor geworden. Die Diamantminen befinden sich zu gleichen Teilen in den Händen des Staates und des südafrikanischen Diamantenkonzerns De Beers, der zugleich die Betriebsgesellschaft des internationalen Diamantensyndikats ist. Die Wirtschaft Botsuanas ist in vielen Bereichen von Südafrika – zwischen beiden Staaten besteht eine Zollunion – abhängig.

**Botsuana** *(oben links)* liegt auf einer ausgedehnten Hochebene. Das östliche Hügelland ist fruchtbar; der größte Teil des Landes wird jedoch von der Kalahari-Wüste eingenommen.

**Geschützt** vor den Nachstellungen von Elfenbeinwilderern grast eine Elefantenherde *(oben)* friedlich im Chobe-Nationalpark. Dieses Wildreservat an Botsuanas Nordgrenze, mit Elefanten, Löwen, Antilopen, Pavianen und vielen Vogelarten, ist eines der größten von zahlreichen Wildschutzgebieten, die zusammen mehr als 17 % der Landesfläche einnehmen.

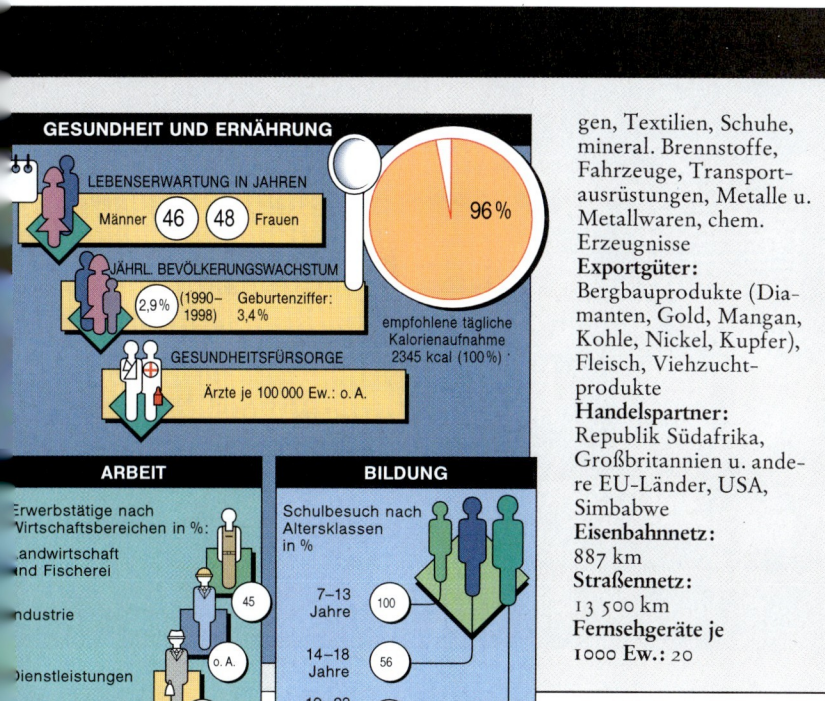

gen, Textilien, Schuhe, mineral. Brennstoffe, Fahrzeuge, Transportausrüstungen, Metalle u. Metallwaren, chem. Erzeugnisse
**Exportgüter:** Bergbauprodukte (Diamanten, Gold, Mangan, Kohle, Nickel, Kupfer), Fleisch, Viehzuchtprodukte
**Handelspartner:** Republik Südafrika, Großbritannien u. andere EU-Länder, USA, Simbabwe
**Eisenbahnnetz:** 887 km
**Straßennetz:** 13 500 km
**Fernsehgeräte je 1000 Ew.:** 20

Allein rund 80 % der Importe stammen aus dem benachbarten Südafrika.

Die Rinderwirtschaft, überwiegend von Großgrundbesitzern betrieben, bildet die Grundlage des Agrarsektors. In den riesigen Schlachthöfen Botsuanas wird mit modernsten Methoden für die europäischen und amerikanischen Abnehmer produziert.

### Geschichte und Politik

In der vorkolonialen Zeit lebte die Bevölkerung in den traditionellen Großdörfern der Stammeskönigreiche der Tswana. Die gesellschaftliche Ordnung basierte auf Sklavenhalterherrschaft und auf Tributleistungen. Um 1850 begann die koloniale Durchdringung: 1885 bezogen die Briten das Gebiet in ihren südafrikanischen Herrschaftsbereich ein. Von 1910–1966 verwaltete Großbritannien Botsuana als Protektorat. Heute ist der Staat eine Präsidialrepublik mit einem Mehrparteiensystem. Trotz der wirtschaftlichen Abhängigkeit von Südafrika schloß sich Botsuana der Gruppe der Frontstaaten an, die die Apartheid bekämpften. Präsident ist seit 1998 Festus Mogae (* 1939).

# BRASILIEN

# BRASILIEN

Der Flug von der brasilianischen Amazonas-Metropole Manaus zu den Wasserfällen von Foz do Iguaçú im Dreiländereck Paraguay – Brasilien – Argentinien dauert mit einer Zwischenlandung acht Stunden. Die über 3000 km lange Reise führt über den endlos scheinenden Urwald, der von zahllosen blinkenden Wasserläufen durchfurcht wird, über schachbrettgemustertes Kulturland riesigen Ausmaßes, über endloses karges und bewaldetes Bergland, über Städte und Siedlungen.

Doch die Grenzen Brasiliens reichen weiter. Von Boa Vista im äußersten Norden bis Rio Grande ganz im Süden sind es 4300 km. Die West-Ost-Ausdehnung von Cruzeiro do Sul im westlichen Bundesstaat Acre bis Recife im östlichen Bundesstaat Pernambuco weist nahezu die gleiche Entfernung auf. Vier Zeitzonen durchfliegt der Reisende von Osten nach Westen in diesem Land, das fast die Hälfte von Südamerika einnimmt. Brasilien ist das fünftgrößte Land der Erde.

Vom fernen Europa aus schrumpft das große Brasilien oft zu Traumbegriffen wie »Rio de Janeiro« oder »Grüne Hölle Amazonas« zusammen. Man denkt an temperamentvolle, wohlgestaltete Menschen in allen Hautfarben, an palmenbewachsene Traumstrände und an artistische Fußball-Künstler.

Alles und nichts stimmt. Recife, das »brasilianische Venedig«, ist Eingangstor zum Nordosten, dem Armenhaus des Landes. Rio de Janeiro mit Zuckerhut und dem Strand von Copacabana ist zweifellos nach wie vor die touristische Attraktion Brasiliens. Doch in den Elendsvierteln, den »Favelas«, nistet hunderttausendfaches Menschenelend.

Das Amazonastiefland, das größte zusammenhängende Regenwaldgebiet der Erde, hat eine entscheidende Funktion für das Klima und das Ökosystem unseres Planeten. Wenn der Kahlschlag im gleichen Tempo weitergeht wie bisher, befürchten einige Wissenschaftler, daß in wenigen Jahrzehnten der Amazonasregenwald nicht mehr existieren wird. Die daraus resultierenden Folgen für unsere Erde könnten katastrophal sein. Indianervölker kämpfen ums Überleben; die Ausrottung einer einzigartigen Pflanzen- und Tierwelt scheint vorprogrammiert.

Knappe 500 Jahre Geschichte mit europäischen Eroberern, mit Kaiserreich, Republik und Diktatur haben Land und Leute geprägt. In der Spannung der Gegensätze existieren Herrenhaus und Sklavenhütte jetzt wie einst, bröckelnde barocke Vergangenheit, goldstrotzende Kirchen und Paläste sowie stählerne Hochhausgiganten. Eine Hauptstadt mit visionären Weiten und Bauten, »Favelas«, die sich wie Wundbrand um die großen Städte gelegt haben, verweisen auf die widersprüchliche Entwicklung Brasiliens. Menschen, die in unvorstellbarem Luxus leben, und Indianervölker in den unerschlossenen Weiten Amazoniens charakterisieren die Spannbreite der brasilianischen Gesellschaft.

# BRASILIEN: DER STAAT

Ende 1989 wählten die Brasilianer erstmals nach 29 Jahren in Direktwahl einen neuen Staats- und Regierungschef, den liberalkonservativen Fernando Collor de Mello (* 1949).

1985 hatten die Militärs die Macht, die sie 1964 durch einen Staatsstreich erobert hatten, nach einer anwachsenden Protestwelle abgeben müssen. Der demokratische Neubeginn nach einer vierjährigen halbdemokratischen Übergangszeit unter dem zivilen Präsidenten José Sarney (* 1930) verlief schleppend. Im September 1988 wurde die neue Verfassung vom brasilianischen Kongreß verabschiedet. Die 246 Artikel reichen von der Abschaffung der Todesstrafe und der Zensur bis zum Wahlrecht für 16jährige und erstmals für Analphabeten, vom Schwangerschaftsurlaub bis zum Streikrecht, der Ächtung der Folter und des Rassismus, der Verankerung des Umweltschutzes für viele Teile des Landes, einschließlich des gefährdeten Amazonastieflandes, und der Verstaatlichung des Bergbaus; sie deklarieren Brasilien zu einem liberalen und sozialen Rechtsstaat.

Die neue, 1997 letztmals geänderte Verfassung schränkt die Vollmachten des Präsidenten ein und stellt ihm ein gestärktes Parlament zur Seite. Allerdings haben die Streitkräfte noch viele Vorrechte und einen großen Einfluß bis hin zum Eingreifen bei Krisen. Der Präsident, dessen Amtsdauer vier Jahre beträgt, kann seit der Verfassungsänderung auch zweimal nacheinander gewählt werden. Seit 1995 ist Fernando Henrique Cardoso (* 1931) Staatschef. Als Finanzminister führte er die neue Landeswährung Real ein und trug dadurch erheblich zur Geldwertstabilität bei.

Ein großer, revolutionärer Wurf im Namen von Gerechtigkeit und Gleichheit ist die neue Verfassung nicht geworden. Zu viele Kompromisse mußten unter dem Einfluß der starken Militärs und der reichen Oberschicht gemacht werden. Die weit verbreitete Korruption sowie ein unbeweglicher, zentralistisch ausgerichteter Beamtenapparat haben bislang die notwendigen, tiefgreifenden Reformen verhindert, die den abgrundtiefen Graben zwischen der herrschenden Oberschicht und den Massen der Armen zuschütten könnten.

### Soziale Gegensätze

Geschichtlich gewachsene Unrechtsstrukturen und das Erbe der Militärs liegen schwer auf diesem Land. Das Regime verschuldete Brasilien mit ca. 115 Milliarden US-Dollar im Ausland, um den Wirtschaftsboom der 70er Jahre zu finanzieren. Diese Schuldenlast beschnitt den ökonomischen Spielraum erheblich. Gleichermaßen gravierend sind die gesellschaftlichen und sozialen Probleme. Hierzu trägt zum einen das steile Entwicklungsgefälle vom industrialisierten Süden zum armen Nordosten bei, zum anderen belasten die ungleichen Besitzverhältnisse immer stärker den sozialen Frieden. 20 % der Landeigentümer verfügen über 88 % des nutzbaren Bodens.

Etwa ein Drittel der Bevölkerung lebt in Armut. Ein erheblicher Teil der Erwerbstätigen ist in der Schattenwirtschaft tätig. Sie verdienen ihren Lebensunterhalt als Straßenhändler, Boten, Hausangestellte oder mit Gelegenheitsarbeiten. Die Säuglingssterblichkeit ist, speziell im Nordosten Brasiliens, sehr hoch: in besonders rückständigen Gebieten sterben von 1000 Neugeborenen 400 bereits im ersten Lebensjahr. Das Bildungsniveau der Menschen insgesamt ist zwar niedrig, doch durch ein Alphabetisierungs-

## Daten und Fakten

**DAS LAND**
**Offizieller Name:** Föderative Republik Brasilien
**Hauptstadt:** Brasília
**Fläche:** 8 547 403 km²
**Landesnatur:** Von N nach S folgen Bergland von Guyana, Amazonastiefland, Brasilianisches Bergland
**Klima:** Überwiegend tropisch, nur im S u. SO warmgemäßigt subtropisch, im Hochland mäßig feuchtes Klima
**Hauptflüsse:** Amazonas, São Francisco, Araguaia, Paranaíba, Tocantins
**Höchster Punkt:** Pico da Neblina 3014 m

**DER STAAT**
**Regierungsform:** Bundesstaatliche präsidiale Republik
**Staatsoberhaupt:** Staatspräsident
**Verwaltung:** 26 Bundesstaaten u. Bundesdistrikt der Hauptstadt
**Parlament:** Nationalkongreß, bestehend aus Abgeordnetenhaus mit 513 für 4 Jahre gewählten Abgeordneten und Senat mit 81 Mitgliedern
**Nationalfeiertag:** 7. September
**DIE MENSCHEN**
**Einwohner (Ew.):** 167 988 000 (1999; ohne indianische Urwaldbevölkerung)

**Bevölkerungsdichte:** 20 Ew./km²
**Stadtbevölkerung:** 82 %
**Bevölkerung unter 15 Jahren:** 29 %
**Analphabetenquote:** 16 %
**Sprache:** Portugiesisch, Indianersprachen
**Religion:** Katholiken 70 %, Protestanten 19 %
**DIE WIRTSCHAFT**
**Währung:** Real
**Bruttosozialprodukt (BSP):** 758 043 Mio. US-$ (1998)
**BSP je Einwohner:** 4570 US-$

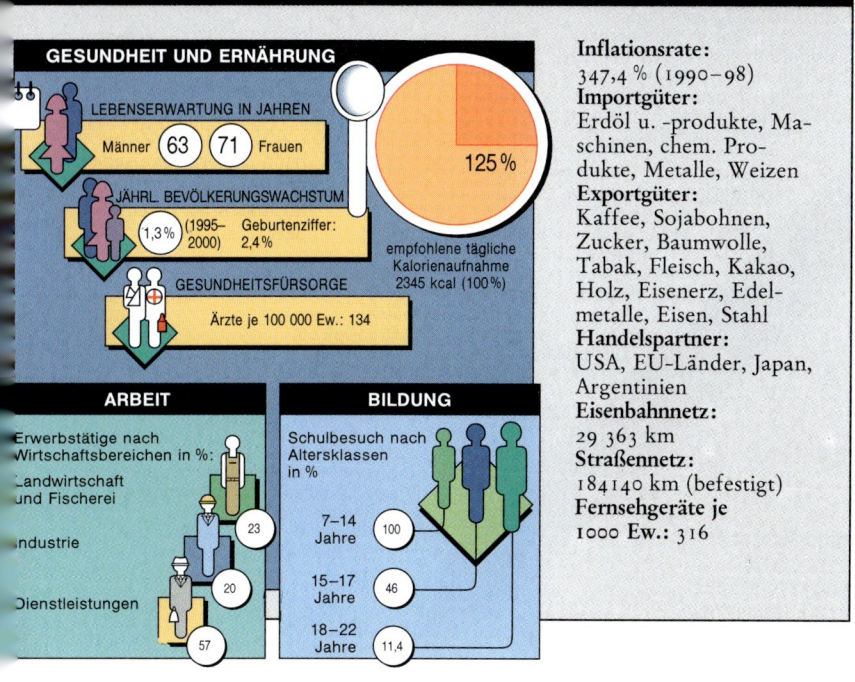

**Die Bundesrepublik Brasilien** *(rechts)*, Südamerikas größte Nation, nimmt fast die Hälfte des Kontinents ein. Landschaften größter Unterschiedlichkeit sind hier vereinigt – vom dürrebedrohten Nordosten, der auch das Armenhaus Brasiliens genannt wird, bis zu den üppigen Regenwäldern Amazoniens. In den klimatisch eher gemäßigten südöstlichen Staaten lebt der größte Teil der Bevölkerung.

**Inflationsrate:** 347,4 % (1990–98)
**Importgüter:** Erdöl u. -produkte, Maschinen, chem. Produkte, Metalle, Weizen
**Exportgüter:** Kaffee, Sojabohnen, Zucker, Baumwolle, Tabak, Fleisch, Kakao, Holz, Eisenerz, Edelmetalle, Eisen, Stahl
**Handelspartner:** USA, EU-Länder, Japan, Argentinien
**Eisenbahnnetz:** 29 363 km
**Straßennetz:** 184 140 km (befestigt)
**Fernsehgeräte je 1000 Ew.:** 316

programm konnte die Analphabetenquote merklich gesenkt werden; sie liegt heute bei rund 16 %. Obwohl Schulpflicht für alle Kinder von sieben bis fünfzehn Jahren besteht, können zehn Millionen Kinder aus ökonomischen Gründen nicht zur Schule gehen.

Auf der anderen Seite herrscht ungeheurer Reichtum: die modernsten, feinsten, teuersten Geschäfte in den Metropolen, elegant gekleidete Menschen in teuren Autos. In den großen Städten lebt ein internationales Publikum, brasilianische Künstler und Architekten genießen Weltruf. Die von Afrikanern und Indianern beeinflußte Volkskunst weist ein hohes Niveau auf, und die brasilianische Musik verweist auf die Lebensfreude der Menschen.

Die soziale Ungleichheit jedoch hat zu einer hohen Kriminalität in den Städten geführt. Landkonflikte, die zahlreiche Verletzte und Tote zur Folge haben, Kinderbanden, die selbst vor Mord nicht zurückschrecken, Streiks und Unruhen in den Industriezentren gehören zum Alltag. Mit diesen Gegensätzen lebt und leidet die brasilianische Gesellschaft.

# BRASILIEN: GESCHICHTE

Die unterschiedlichen Auffassungen Spaniens und Portugals hinsichtlich der Aufteilung ihrer Herrschaftssphären in der »Neuen Welt« konnten 1494 im spanisch-portugiesischen Staatsvertrag von Tordesillas beigelegt werden. Die Kompromißlösung teilte die Erde durch eine 370 Seemeilen westlich der Kapverdischen Inseln liegende Meridianlinie in einen spanischen und einen portugiesischen Einflußbereich. Da der größte Teil Brasiliens östlich dieser Linie liegt, wurde Brasilien zur einzigen portugiesischen Kolonie in Südamerika.

Im Jahre 1500 landete Pedro Alvarez Cabral (1467–1528) an der brasilianischen Küste und nahm das Land gemäß dem Vertrag von Tordesillas für die portugiesische Krone in Besitz. Die neue Kolonie diente vor allem als Flottenstützpunkt. In begrenztem Maße nahm der Farbholz-Handel an Bedeutung zu; dem Baum mit dem tiefroten Holz –»pau brasil« auf portugiesisch – verdankt das Land seinen Namen.

Zum Schutze seiner Interessen vor französischen Übergriffen teilte der portugiesische König Johann III. (1502–1557) den bis dahin bekannten Küstenstreifen Brasiliens in fünfzehn Gebiete (»Kapitanate«) auf, die er als erbliche Lehen an Adelige vergab. Die ersten Siedler begannen mit der Anlage von Zuckerrohrplantagen. Hierfür wurden riesige Urwaldflächen im Süden und Nordosten abgebrannt. Auf der Jagd nach Indianern als Arbeitsklaven stießen die

**Die Barockkirche von Nossa Senhora do Pilar** *(oben)* in Ouro Preto wurde im 18. Jahrhundert errichtet. Die Legende besagt, daß die Maler 400 Kilogramm Goldstaub mit ihrer Farbe vermischt haben.

**Portugiesische Kolonisten** stießen um 1600 mit Botocoudo-Indianern zusammen *(rechts)*. Schon 1550 hatten Jesuiten-Missionare damit begonnen, die Indianer zu christianisieren und vor der Versklavung durch Plantagenbesitzer zu schützen.

**Das Opernhaus in Manaus** *(rechts)* symbolisierte den großen Reichtum dieser Amazonasstadt, als sie das Zentrum der brasilianischen Gummihochkonjunktur im späten 19. Jahrhundert war.

- **1500** Pedro Alvarez Cabral beansprucht Brasilien für Portugal
- **ab 1530** Portugiesische Kolonisten siedeln in 15 Gebieten entlang der Küste
- **1567** Rio de Janeiro gegründet
- **1750** Vertrag von Madrid erkennt Portugals Anspruch auf entdeckte Gebiete an
- **1763** Rio de Janeiro wird Hauptstadt
- **1808–1821** Portugiesische Königsfamilie regiert Portugal und Brasilien von Rio de Janeiro aus
- **1822** Brasilien erklärt seine Unabhängigkeit
- **1828** Brasilien verliert das Territorium Uruguay
- **1840** Kaiser Pedro II. wird gekrönt; führt Periode großen Fortschritts herbei
- **ab 1850** Europäische Einwanderungswelle
- **1888** Abschaffung der Sklaverei
- **1889** Brasilien wird zur Republik
- **frühes 20. Jahrhundert** Kaffee wird zum Hauptexportartikel
- **1917** Brasilien verbündet sich mit den Alliierten im Ersten Weltkrieg
- **1930** Militär macht Getúlio Vargas zum Präsidenten
- **1937** Vargas beginnt als Diktator zu herrschen
- **1946** Neue Verfassung angenommen
- **1956** Juscelino Kubitschek Präsident; beginnt »Brasília« zu bauen
- **1960** Regierung zieht nach »Brasília« um
- **1960er Jahre** massive Urbanisierung
- **1964** Militär übernimmt Kontrolle über Regierung
- **1985** Militärherrschaft endet in Brasilien, José Sarney wird Präsident
- **1989** Fernando Collor de Mello Präsident
- **1993** Rücktritt von F. Collar de Mello nach Einleitung eines Amtsenthebungsverfahrens
- **1995** Fernando Henrique Cardoso zum Präsidenten gewählt

1 Pedro Alvarez Cabral (1467–1528)

2 Getúlio Vargas (1883–1954)
3 Pelé (Edson Arantes do Nascimento (*1940)

Siedler weit ins Landesinnere vor. Doch der Arbeitskräftemangel auf den schnell wachsenden Landgütern konnte schließlich nur durch den Import von Sklaven aus Schwarzafrika gelöst werden. Zucker bildete bald die wirtschaftliche Grundlage der Kolonie.

In den Jahren 1580–1640 wurde Portugal in Personalunion vom spanischen König regiert. Damit war Brasilien während des Dreißigjährigen Krieges (1618–1648) den Angriffen der spanischen Feinde ausgesetzt. Holland eroberte weite Teile des Nordostens. Erst nach der Kapitulation der Niederlande 1654 wurde deren Herrschaft in Nordostbrasilien beendet.

Nach dem Einmarsch napoleonischer Truppen in Portugal im Jahre 1807 flüchtete der portugiesische Hof nach Brasilien. 1815 erlangte Brasilien den Status eines Königreiches. Nach dem Sturz Napoleons war der Thron in Lissabon verwaist. Um die Monarchie zu retten, kehrte Johann VI. (1769–1826) nach Portugal zurück und setzte seinen Sohn Pedro (1798–1834) als Regenten ein. Als die portugiesische Ständeversammlung das südamerikanische Königreich wieder zur Kolonie machen wollte, sagte sich Pedro vom Mutterland los und erklärte am 7. September 1822 die Unabhängigkeit Brasiliens. Am 1. Dezember 1822 wurde er als Pedro I. zum Kaiser von Brasilien gekrönt. Wegen tiefgreifender Zerwürfnisse mit dem Parlament dankte er im Jahre 1831 zugunsten seines Sohnes ab, der 1840 zum Kaiser Pedro II. (1825–1890) gekrönt wurde.

Die Sklaverei war das größte innenpolitische Problem in seiner Regierungszeit. Zwar wurde 1850 der Sklavenhandel verboten, doch dauerte es noch achtunddreißig Jahre, bis die Sklaverei abgeschafft wurde. Diese Entscheidung rief den Widerstand der Großgrundbesitzer hervor, die dem Lager der Republikaner beitraten. Die Erhebung der Garnison von Rio de Janeiro am 15. November 1889 beendete die Monarchie.

### Auf dem Weg zur Demokratie

Die Weltwirtschaftskrise zu Beginn der 30er Jahre brachte auch die vor allem vom Kaffee-Export abhängige brasilianische Wirtschaft an den Rand des Ruins. Mit der Machtübernahme Getúlio Vargas' (1883–1954) 1930 wurde der Einfluß der Großgrundbesitzer zurückgedrängt. Vargas, der ein autoritäres Regierungssystem errichtete, leitete eine Politik der nationalen Industrialisierung ein. Dieses Konzept beinhaltete auch Sozialreformen für die untersten Bevölkerungsschichten. Das diktatorische Regierungssystem rief zunehmend Unmut hervor und führte 1945 zum Sturz von Vargas. Er gelangte jedoch 1950 als gewählter Präsident – sein Vorgänger, General Eurico Dutra (1885–1974), hatte mit der Verfassung von 1946 die Grundlage für ein demokratisches Regierungssystem geschaffen – erneut an die Macht. Unter massivem politischem Druck setzte er seinem Leben 1954 ein Ende.

Nach einer kurzen Übergangszeit wurde Juscelino Kubitschek (1902–1976) 1956 Präsident. In seiner Regierungszeit (1956–1961) kam es zu beträchtlichen ausländischen Investitionen. Die ehrgeizige Entwicklungspolitik beschleunigte die Inflation und ging eindeutig auf Kosten der Armen.

Der nach einer kurzen Übergangsperiode gewählte Nachfolger J. Goulart (1918–1976) hob durch einen Volksentscheid alle Gesetze auf, in denen auf Verlangen der Militärs die Befugnisse des Präsidenten eingeschränkt worden waren. Als er versuchte, eine Landreform durchzusetzen und die Erdölraffinerien zu verstaatlichen, putschten 1964 die Militärs, die das Land über Jahre hinweg terrorisierten. Angesichts zunehmender Inflation, hoher Staatsverschuldung und einer erstarkenden Opposition zogen sich die Militärs 1985 freiwillig von der Regierungsgewalt zurück.

# BRASILIEN: LANDESNATUR

Brasilien nimmt fast die Hälfte der Fläche von Südamerika ein. Es läßt sich nach Bau und Oberflächenformen in drei Großlandschaften unterteilen: Am nördlichen Rand des Amazonasbeckens steigen weite Plateaus und isolierte Tafelberge auf, die sich nach Französisch-Guyana, Suriname, Guyana und Venezuela fortsetzen. Das **Bergland von Guyana** gehört zum geologisch ältesten Teil Südamerikas und ist bis 3000 m hoch. In der Serra Imeri liegt Brasiliens höchster Berg, der 3014 m hohe Pico da Neblina.

Dort, wo das Bergland im Süden schroff abbricht, öffnet sich das größte tropische Tiefland der Erde, das **Amazonastiefland.** Es umfaßt etwa 3,6 Millionen km², von denen auf Brasilien ein Anteil von nahezu 2,4 Millionen km² entfällt. Im Erdaltertum war das riesige Gebiet eine nach Westen, zum Urpazifik hin, offene Meeresbucht. Erst seit der Erdneuzeit, die vor 65 Millionen Jahren begann, füllte sich die Bucht nach Aufwerfung der Anden zu einem gewaltigen Binnensee. Die Abflußbewegung, durch die sich der See langsam einen Abgang zum Atlantik verschaffte, formte das Amazonasbecken.

Die dritte Großlandschaft Brasiliens, das **Brasilianische Bergland,** steigt langsam vom Südrand des Amazonasbeckens auf und reicht bis in den Süden des Landes. Es ist ein sehr altes Massiv, die flache Aufwölbung des brasilianischen Schilds, der als Urkontinent den ältesten Bauteil Südamerikas darstellt. Obwohl das Brasilianische Bergland geologisch eine Einheit darstellt, haben sich doch sehr verschiedene Landschaftsformen herausgebildet. Das Bergland läßt sich in vier Regionen untergliedern: den Nordosten, den Mittelwesten, Südostbrasilien und Südbrasilien.

Nordostbrasilien ist der Oberflächengestaltung nach überwiegend ein flachwelliges Hochland von durchschnittlich 400 bis 800 m Höhe. Das Bergland fällt nach Osten hin steil zu einer bis zu 80 km breiten Küstenebene ab. Einzelne Berggruppen stoßen zum Atlantischen Ozean vor, so z. B. der Zuckerhut und der Corcovado in der Bucht von Rio de Janeiro. Im Mittelwesten, im Süden des Bundesstaates Mato Grosso, fallen die Gesteinsschichten gegen den Paraná ein und bilden eine Folge von nordsüdlich verlaufenden, steil nach Westen gerichteten Schichtstufen. Östlich des Flusses Paraguay liegt das Tiefland des Pantanal – eine etwa 100 000 km² große Schwemmlandebene, die sich während der Hochwasserzeit in eine Sumpflandschaft mit Tausenden von kleinen Seen verwandelt, die dem Erscheinungsbild nach nicht mehr zum Brasilianischen Bergland gehört, geologisch betrachtet jedoch nur eine Absenkung desselben darstellt. Im Süden endet das Brasilianische Bergland in Rio Grande do Sul mit einem großen nach Süden gerichteten Steilabfall des bis 600 m mächtigen Basaltplateaus.

**Phantastische Felsformationen** *(unten),* durch Wind und Regen über Tausende von Jahren geformt, sind ein Merkmal des Vila-Velha-Parks im Staat Paraná. Jeder der 23 Felsen, der ein Tier symbolisiert, trägt einen Namen.

**Ein Indianerdorf** *(ganz unten)* im Xingu-Nationalpark im Norden des Bundeslandes Mato Grosso. Der 22 000 km² große Nationalpark ist ein bedeutendes Schutzgebiet für einen Teil der 220 000 brasilianischen Indianer.

# BRASILIEN

**Ein nicht enden wollender Strom** stürzt sich den Abgrund der mächtigen Iguaçufälle hinunter *(links)*. Hier, tief im subtropischen Regenwald des Südwestens, stürzt der Fluß Iguaçu in rund 275 verschiedenen Wasserfällen etwa 70 m tief über eine 4 km breite Klippe in die Tiefe. Dieses großartige Spektakel ist Teil des Iguaçu-Nationalparks, der an der Grenze zwischen Brasilien und Argentinien liegt.

**Die sonnigen Strände** *(unten)* des Bundesstaates Bahia haben die Region zu einem beliebten internationalen Urlaubsgebiet gemacht. Die mächtigen Atlantikwogen, die sich an dieser Küste brechen, lassen wohl jedes Surferherz höher schlagen.

## Klima

Seine gesonderte Stellung verdankt der Süden seinem Klima, das nicht mehr tropisch, sondern warmgemäßigt-subtropisch ist und im Hochland bereits häufige Schneefälle aufweist. Im restlichen Teil des Landes herrscht überwiegend tropisches Klima mit relativ konstanten Jahresdurchschnittstemperaturen von mehr als 20 °C. Im Amazonastiefland mit seinem Äquatorialklima fallen das ganze Jahr über an mehr als 200 Tagen Niederschläge. Hohe Luftfeuchtigkeit – über 90 % – und Temperaturen zwischen 25 °C und 27 °C sind hier typisch.

Während die Ostküste durch den Südostpassat ganzjährig Niederschläge erhält, fallen jenseits der Küstengebirge im Regenschatten und im Binnenland der Nordküste nur geringe Regenmengen von 600 bis 800 mm im Jahr bei mehrmaligen Trockenzeiten. Im Nordosten Brasiliens konnte sich so das Trockengebiet des »Sertão« entwickeln. Hier und im Mato Grosso werden zeitweise Temperaturen bis zu 40 °C gemessen.

## Vegetation

Nahezu das gesamte Amazonasbecken und ein Teil der Ostküste sind mit immergrünem tropischen Regenwald bedeckt. Im Westen Zentralbrasiliens schließt sich eine Zone mit laubabwerfendem Feuchtwald an, die in die feuchtsavannenähnlichen »Campos cerrados« mit Gesträuch und lederblättrigen Bäumen sowie in Grasfluren übergeht. Die früher im Süden und Südosten verbreiteten Nadelbäume sind durch Raubbau nahezu vernichtet. Für den östlichen Teil Zentralbrasiliens ist die »Caatinga« mit teilweise dornigen Bäumen, Dornensträuchern und Sukkulenten typisch. Im extrem wasserarmen Nordosten hat sich der »Sertão« ausgebreitet, eine überwiegend mit Sukkulenten bewachsene Halbwüste. Die Küste ist teilweise von Mangroven bestanden.

**Brasiliens Landschaften** *(rechts)* reichen vom feuchten Regenwald bis zum halbtrockenen Buschland. Die zentrale und die südliche Hochebene sind die wichtigsten landwirtschaftlichen Anbaugebiete des Landes.

# BRASILIEN: DER NORDOSTEN

Der Nordosten Brasiliens, das größte Problemgebiet des Landes, umfaßt ein Gebiet von rund 2,6 Millionen km². Neun der 23 Bundesstaaten gehören zum Nordosten, rund ein Drittel der brasilianischen Bevölkerung lebt hier. Doch viele Nordestinos, die zu einem großen Teil kaum lesen und schreiben können, sterben bereits vor dem Erreichen des 50. Lebensjahres. Die Region hat sowohl die höchste Geburtenrate als auch die größte Kindersterblichkeit Brasiliens.

Der Nordosten gliedert sich in zwei sehr gegensätzliche Landschaftsräume. Der 240 km lange Küstengürtel erstreckt sich von Salvador im Süden bis nach Fortaleza im Norden. Das humide tropische Klima dieser Region wird durch atlantische Winde etwas gemildert. Hier gibt es einige der herrlichsten unberührten Strände der Erde, und seit Beginn der 90er Jahre ist der Nordosten ein sich rasch entwickelndes internationales Touristenziel geworden. Weiter im Inland werden die fruchtbaren roten Böden der Küstenebene intensiv landwirtschaftlich genutzt. Früher war Zuckerrohr die wichtigste Feldfrucht, heute sind Kakao und Tabak vorherrschend.

### Der Sertão

Hinter der Küste steigt das Land zu den Ausläufern des Brasilianischen Berglandes hin an, und das Bild des Überflusses wird von Trostlosigkeit und Trockenheit abgelöst. Dieser sogenannte »Sertão« umfaßt einen großen Teil des Bundesstaates Bahia. Die Bevölkerung dieses Landstrichs lebt in großer Armut.

Der häufig von Dürreperioden heimgesuchte Sertão ist überwiegend von Trocken- und Dornwald bewachsen, der sogenannten Caatinga. Während der bis zu zwei Jahren andauernden Dürreperioden ist das Land vollkommen unfruchtbar. Menschen, Tiere und Pflanzen leiden unter der sengenden Sonne, Risse durchziehen den ausgetrockneten Boden. Verkrüppelte, blattlose Bäume, die häufig mit gefährlichen Dornen bewehrt sind, richten sich starr gegen den düsteren Himmel. Zwergsträucher scheinen sich auf der glühendheißen Erde zu ducken, um den Sonnenstrahlen zu entgehen. Nachts sinken die Temperaturen, und die Hitze des Tages wird durch unbarmherzige Kälte abgelöst.

Schließlich bringen wolkenbruchartige Regenfälle Erleichterung. Die Wassermassen strömen über die klaffenden Spalten hinweg, werden jedoch rasch von dem ausgedörrten Untergrund aufgesaugt. Die durstige Pflanzenwelt erwacht mit üppigem Grün zu neuem Leben, und Blumen erfüllen die Luft mit wohlriechenden Düften. Auch die Tierwelt lebt auf und nutzt diese Zeit der Wiedergeburt. Wildschweine, Hirsche, Tapire und Nandus (südamerikanische Straußenvögel), um nur einige zu nennen, kommen aus ihren Verstecken hervor und durchstreifen das Dickicht.

**Kleine Häuser aus luftgetrockneten Ziegeln** (rechts) säumen die Hauptstraße eines Dorfes im Bundesstaat Ceará. Der Nordosten bietet den Menschen nur begrenzte Arbeitsmöglichkeiten; viele ziehen deshalb in der Hoffnung auf Arbeit in die Städte des Südens.

**Ein ausgedehnter Palmenstrand** (rechts unten) bei Fortaleza an der Nordostküste. Hier liegen die Jahresdurchschnittstemperaturen bei angenehmen 27 °C. Das Landesinnere, der Sertão, leidet häufig unter Dürreperioden.

**Eine Straßenverkäuferin in Salvador** (ganz rechts unten) bietet lokale Spezialitäten an. Diese bevölkerungsreiche Stadt ist für ihre afrikanische Küche wie auch für die mitreißenden Rhythmen ihrer Musik bekannt.

### Die Bevölkerung

Obwohl holländische Plantagenbesitzer und Portugiesen Tausende schwarzer Sklaven in den Nordosten gebracht haben, leben heute in dieser Region weniger »mulattos« (Mischlinge mit schwarzen und weißen Vorfahren) als in den stärker verstädterten Gebieten Südbrasiliens. Die Menschen des Nordostens sind überwiegend Mischlinge portugiesischer und indianischer Abstammung. Dennoch hat der Staat Bahia, insbesondere die Hauptstadt Salvador, einen großen Anteil an schwarzer und mulattischer Bevölkerung. Mit seiner afrikanisch beeinflußten Kultur gehört Bahia zu den eindrucksvollsten Regionen Brasiliens.

Als »os flagelados« (die Geplagten) werden von den Brasilianern diejenigen bezeichnet, die dem Sertão ihren Lebensunterhalt abzutrotzen versuchen. In den günstigsten Zeiten halten die unermüdlichen Flagelados hagere Rinder und bauen solche Getreidearten an, die auch an den Ufern der unregelmäßig wasserführenden Flüsse gedeihen können.

Schließlich setzt die Dürre wieder ein. Die Vegetation verwelkt, und auch das letzte der armseligen Rinder verendet. Dann treibt es die Sertanejos südwärts. Solche Wanderungsbewegungen können Zehntausende von Menschen gleichzeitig erfassen. Diese hoffen darauf, sich möglicherweise in einer der großen Städte, zum Beispiel Rio de Janeiro oder São Paulo, nieder-

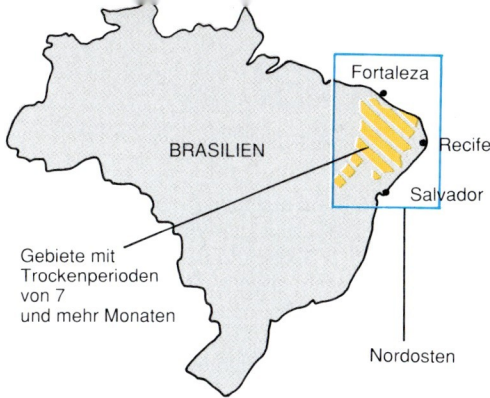

**Brasiliens Nordosten** *(rechts)* ist die ärmste Region des Landes. Ein Streifen nutzbaren Landes säumt die Atlantikküste, landeinwärts jedoch erstreckt sich der trockene Sertão, in dem oft Dürre herrscht.

**Die aus dem 17. Jahrhundert stammende Kathedrale** *(unten)* beherrscht die Plaza del Terreiro de Jesus in Salvador, der Hauptstadt Bahias. Die im frühen 16. Jahrhundert gegründete Stadt war bis 1763 die Hauptstadt Brasiliens.

lassen zu können und dort eine Anstellung in einer Fabrik oder im Baugewerbe zu finden. Doch die Neuankömmlinge werden nur allzuoft schamlos ausgebeutet, und sobald eine Dürreperiode zu Ende geht, kehren zahlreiche Sertanejos in »das von Gott vergessene Land« zurück.

Der Einfluß des Nordostens auf die brasilianische Kunst, Musik und Literatur ist nicht unerheblich. Neben Schriftstellern wie Jorge Amado (* 1912), dem Autor von »Gabriela wie Zimt und Nelken«, kann sich Bahia auch rühmen, die Heimat zahlreicher ausgezeichneter brasilianischer Musiker zu sein, darunter Caetano Veloso, Gilberto Gil und Maria Bethania. Dem Sertão verdankt das wohl berühmteste brasilianische Buch seine Entstehung: »Os Sertães« von Euclides da Cunha (1866–1909). Diese auf tatsächlichen Ereignissen beruhende Erzählung über einen fehlgeschlagenen Bauernaufstand im Sertão der Jahrhundertwende gilt als eines der großen Nationalepen.

**Nordestinos** *(oben)* suchen auf einer Müllhalde am Stadtrand nach verwertbaren Gegenständen oder Nahrung. Die trostlose Armut des Nordostens steht in scharfem Gegensatz zum relativen Wohlstand in den Städten des Südens.

# BRASILIEN

### Die Menschen
Brasilien ist im Laufe seiner Geschichte zu einem wahren Schmelztiegel von Menschen unterschiedlichster Völker, Rassen und Nationen geworden. Hier ist weltweit das bunteste Spektrum auf der Skala der menschlichen Hautfarben zu finden. In dem einwohnermäßig fünftgrößten Staat der Welt leben heute rund 168 Millionen Menschen. Der Anteil der einzelnen Bevölkerungsgruppen an der Gesamtbevölkerung setzt sich wie folgt zusammen: 53 % sind Weiße, 22 % Mulatten, 12 % Mestizen, 11 % Schwarze und 2 % »Sonstige« (Indianer und Asiaten). Von der Altersstruktur seiner Bevölkerung her ist Brasilien als junges Land zu bezeichnen. Fast die Hälfte der Menschen ist jünger als zwanzig Jahre.

### Die ursprünglichen Einwohner Brasiliens
Die ursprüngliche Bevölkerung Brasiliens ist von den Völkerkundlern noch nicht hinreichend erforscht. Es wird davon ausgegangen, daß die ersten Menschen, die Südamerika vor 15 000 Jahren erreichten, aus Asien kamen. Jäger und Sammler zogen etwa 8000 Jahre v. Chr. durch Amazonien, entlang der Flüsse und entlang der Südküste. Die ersten Zeugnisse von Seßhaftigkeit, Keramiken, stammen aus der Zeit 900 bis 500 v. Chr. Als die Portugiesen in Brasilien landeten, lebten die Ureinwohner an der Küste in kleinen Dorfgemeinschaften. Sie waren Jäger und trieben einfachen Ackerbau.

### Das europäische Erbe
In der zweiten Hälfte des 16. Jahrhunderts konnte der Arbeitskräftebedarf auf den riesigen Zuckerrohrplantagen nicht mehr durch versklavte Indianer gedeckt werden und der menschenverachtende Import von schwarzen Sklaven begann. Etwa vier bis fünf Millionen Afrikaner wurden bis 1850 zur Zwangsarbeit nach Brasilien verschifft.

Der Kampf der europäischen Mächte um die neuen Kolonien jenseits des Atlantik hat bis heute seine Spuren hinterlassen. Das Erbe der Niederländer, die im 17. Jahrhundert weite Teile des Nordostens eroberten, ist immer noch sichtbar im hohen Anteil blonder, blauäugiger Brasilianer, die im Kontrast zu den kaffeebraunen Nordestinos stehen. Die europäischen Einwandererströme des 19. und 20. Jahrhunderts machen sich vor allem in den südlichen Regionen Brasiliens bemerkbar. Diese Bundesstaaten werden überwiegend von Weißen bewohnt: Abkommen portugiesischer, italienischer und spanischer Einwanderer.

Im Süden finden sich aber auch deutsche Enklaven, Nachkömmlinge der deutschen Siedler und Flüchtlinge, die Mitte des 19. Jahrhunderts sowie vor und nach den Weltkriegen einwanderten. In den Bundesstaaten Paraná, Santa Catarina und Rio Grande do Sul pflegen bis heute die Deutsch-Brasilianer ihr kulturelles und sprachliches Erbe.

# BRASILIEN

Der unterentwickelte Nordosten und Osten des Landes weist durch die Sklavennachkommen einen hohen Anteil von Schwarzen auf. Schwarze Menschen – Mulatten und Caboclos sowie Cafusos, Kinder von Schwarzen und Indianern – bilden vielfach die ländliche und städtische Unterschicht. Da es in Brasilien keine Rassentrennung gab, entwickelte sich im Laufe der Jahrhunderte eine starke Mischlingsbevölkerung. Es gibt zwar – offiziell – keine Rassendiskriminierung, dennoch gilt die Faustregel: Je dunkler die Hautfarbe, desto geringer sind in der Regel Einkommen, Bildungsgrad und Lebenserwartung. So liegt beispielsweise der Anteil der Analphabeten in der schwarzen Bevölkerung bei über 40 %, beim weißen Bevölkerungsteil hingegen um 15 %.

## Unterdrückung der Indianer

Als die Portugiesen vor 500 Jahren Brasilien in Besitz nahmen, bevölkerten etwa fünf Millionen Menschen das riesige Gebiet. Heute wird die Zahl der Indios mit 220 000 angegeben. Die Reste der indianischen Urbevölkerung leben zum Teil in Reservaten und verstreut vor allem im Nordwesten des Bundesstaates Amazonas, im Mato Grosso und in Rondônia sowie im Bundesterritorium Roraima. Brasilien kann für sich den traurigen Ruhm in Anspruch nehmen, seine Ureinwohner zu verfolgen und systematisch ihre Existenzgrundlage zu zerstören. Auf dem Weg des Fortschritts, vor allem bei der Erschließung des Amazonasregenwaldes, werden sie brutal aus ihren Stammesgebieten vertrieben und ihrer Kultur beraubt.

## Religion

Mit den Kolonisatoren kam auch die katholische Kirche nach Brasilien. Heute sind 70 % der Brasilianer katholischen und etwa 19 % protestantischen Glaubens. So wie die brasilianische Kultur als Folge der Vermischung und Verschmelzung unterschiedlicher Menschenrassen eigene Formen und Traditionen hervorgebracht hat, so haben auch die religiösen Riten der verschiedenen ethnischen Gruppen den christlichen Glauben durchdrungen. Das gilt insbesondere für das religiöse Brauchtum der afrikanischen Sklaven, aber auch für indianische Kulte. Viele Millionen Brasilianer, vor allem die dunkelhäutigen Menschen, die sich ihres afrikanischen Ursprungs besinnen, aber zunehmend auch Brasilianer aus anderen Rassen und sozialen Klassen, praktizieren neben ihrer christlichen Religion afro-brasilianische Kulte wie Macumba oder Candomblé. Vielfach sind diese Kulte mit Elementen des Christentums vermischt. Die katholische Kirche, die einst die gesellschaftliche Ordnung als gottgewollt und damit als unantastbar erklärte, hat inzwischen einen geradezu revolutionären Wandel vollzogen. Angesichts der tiefgreifenden sozialen Probleme des Landes hat sie sich engagiert auf die Seite der Armen gestellt.

**Handarbeiten** – im Bild Klöppelspitzendecken – *(oben)*, ist im Bundesstaat Bahia ein traditionelles Gewerbe. Die in Heimindustrie hergestellten Handarbeiten helfen vielen Familien bei der Existenzsicherung.

**Mischlinge** *(links)* vereinigen verschiedene Rassen in sich. Mehr als 30 % der Brasilianer sind entweder Mulatten (Mischlinge von Weißen und Schwarzen), Caboclos (Mischlinge von Weißen und Indianern) oder Cafusos (Mischlinge von Schwarzen und Indianern).

**Macumba-Anhänger** *(oben)* bei einem Kultritus am Strand von Rio. Offiziell sind die meisten Brasilianer römisch-katholisch, doch haben einige Schwarze und Mulatten ihre alten afrikanischen Religionen mit dem christlichen Glauben kombiniert.

**Brasilianer** *(unten)*, wie dieser Fahnenschwenker, sind stolz auf ihr Land. Die grüne Farbe ihrer Nationalflagge steht für die Wälder des Landes, die gelbe Raute für den Mineralienreichtum. Der Globus beinhaltet das Sternbild vom Kreuz des Südens.

# BRASILIEN: STÄDTE

Der erste Eindruck ist Chaos: Straßenlabyrinthe, Wolkenkratzer, stinkende Autoschlangen, Menschenmassen, Viadukte, Tunnel, Slums, Fabriken, Smog. Dann beginnen die Superlative von **São Paulo** zu faszinieren, der größten Stadt Brasiliens und des Subkontinents. Auf über 16 Millionen Menschen soll der Ballungsraum Groß-São Paulo im Süden Brasiliens angewachsen sein: industrielles Zentrum Brasiliens mit 35 000 Betrieben, die 42 % der industriellen Güter des Landes produzieren, Handelsmetropole, Wirtschaftszentrum. São Paulo, 1554 durch portugiesische Jesuiten gegründet, ist eines der gigantischsten Beispiele für die Konzentration von Reichtum und Macht, für die Sogwirkung der Städte auf die verelendeten Massen. Jährlich kommen rund 250 000 Menschen auf der Suche nach Arbeit. Endstation für die meisten: der Kampf ums Überleben in einer der 1200 »favelas« (Elendsviertel).

Der große Aufschwung setzte um 1850 mit Beginn des Kaffeeanbaus im fruchtbaren Süden ein: Riesige Einwanderungswellen aus Europa brachen über São Paulo herein. Wolkenkratzer und Wohnzentren sowie ein Gewirr von 40 000 Stadtstraßen haben die Vergangenheit weithin überlagert und verdrängt. Sehenswertes liegt weit verstreut. Am Triângulo im Zentrum stehen noch Kloster und Kirche São Bento, die auf die Missionsstation der Gründer zurückgehen. Am historischen Kern liegt auch der große Versammlungsplatz Praça da Sé mit der 1954 fertiggestellten Catedral Metropolitana und dem historischen Museum. Zahlreiche große Parks sind grüne Tupfer in dieser Stadt mit der stets präsenten Horrorvision des Zusammenbruchs.

Als krasses Gegenbeispiel zum Wildwuchs São Paulos kann die brasilianische Hauptstadt **Brasília** betrachtet werden. 1957 am Reißbrett entworfen, ist in der Wildnis des Hochlandes von Goiás in drei Jahren eine neue Hauptstadt auf den Urwaldboden gesetzt worden. Sie sollte eine Klammer zwischen dem reichen Süden und dem armen Norden werden. Die Grundkonzeption dieser von dem Brasilianer Lúcio Costa geplanten Stadt ist ein Straßenkreuz aus einer Hauptverkehrsachse mit den Wohngebieten, die kreuzungsfrei eine sechs Kilometer lange Monumentalstraße mit den Regierungsgebäuden, den kulturellen und kommerziellen Zentren schneidet. Nach der Kreuzung erweitert sich die Achse zu einem gewaltigen Platz, an dessen Kopf die Betonschale des Abgeordnetenhauses, der Kuppelbau des Kongresses und der Oberste Gerichtshof liegen; Gebäude, die der weltbekannte deutschstämmige Architekt Oscar Niemeyer entwarf. Doch fehlt der brasilianischen Hauptstadt das Entscheidende – ein pulsierendes Leben.

**Recife**, das »brasilianische Venedig« – so genannt wegen der vielen Brücken, die Inseln und Halbinseln miteinander verbinden – hat sich einen optischen Hauch seiner kolonialen Vergangenheit bewahrt. Das alte Viertel Santo

**Bewohner eines Slums** *(oben)*, der am Flußufer in Salvador da Bahía entstand. Gegenwärtig wird geschätzt, daß 30 % der brasilianischen Bevölkerung in solchen »favelas« (Slums) leben, die sich in Gürteln um die großen Städte des Landes legen.

# BRASILIEN

Unterstadt, die sich entlang des Hafens hinzieht, und die Oberstadt, die durch einen 70 m hohen, freistehenden Aufzug mit dem tiefergelegenen Stadtteil verbunden ist. Oben ist der alte Stadtkern noch weitgehend im schönsten Barock des 18. Jahrhunderts erhalten. Im Mittelpunkt steht die strenge Kathedrale, vor der Händler buntes Kunsthandwerk, Bilder, Gold und Silber verkaufen. Über den schmalen Gassen der Oberstadt liegt die Elegie des Verfalls; die Fassaden bröckeln.

Als Ende des 17. Jahrhunderts im Südwesten von Minas Gerais Gold und Diamanten gefunden wurden, entstand 1699 **Ouro Preto.** Von den Höhen der rund 1200 m hohen Berge ringsum fällt der Blick auf die leuchtendroten Ziegeldächer, unter denen sich die weißen Profan- und Sakralbauten der unter Denkmalschutz stehenden »Museumsstadt« erheben. Berühmtester Sohn der Stadt ist der Baumeister und Bildhauer Antônio Francisco Lisbôa (1730–1814), der atemberaubend schöne Paläste, Kirchen und Bildhauerarbeiten schuf. Er lebt bis heute in seinem Werk weiter, so in der bedeutendsten Kirche Brasiliens, der Igreja São Francisco. Als die Goldfunde ausblieben, wurde die unermeßlich reiche, von vielen Künstlern bewohnte Stadt eine »Vila Pobre«, eine arme Stadt, und konnte so als Barockjuwel überdauern, welches von der UNESCO zum Kulturerbe der Menschheit ernannt wurde.

**São Paulo** *(links)* ist Brasiliens größte Stadt und führender Industriestandort des Landes. Zwischen den Hochhäusern erinnert wenig an die Vergangenheit São Paulos als einstige Hauptstadt des Kaffeeanbaus.

**Moderne Gebäude** *(oben)* beherrschen den Platz der drei Gewalten in der Hauptstadt Brasília. Links sieht man die Betonschale des Abgeordnetenhauses, rechts hinter den Zwillingstürmen den Kuppelbau des Kongresses.

Antônio mit seinen goldstrotzenden Kirchen und seinen lebhaften, geschäftigen Plätzen – ein Gassenlabyrinth voller Vitalität, Musik und Kunsthandwerk – liegt auf einer Halbinsel im Delta des Rio Capibaribe. Eine der schönsten Kirchen Brasiliens ist die Capela Dourada an der Klosterkirche Santo Antônio. Das Museu do Homen do Nordeste im Nordosten der Stadt informiert über Menschen, Zuckerrohranbau und Kolonialgeschichte Recifes.

Salvador da Bahía, von 1549 bis 1763 Hauptstadt der portugiesischen Kolonie, ist heute die heimliche Hauptstadt der schwarzen Brasilianer, die hier zwei Drittel der 2,2 Millionen Einwohner stellen. In der Vergangenheit war Salvador ein Zentrum des Sklavenhandels. Heute bestimmen die Nachkommen der ehemaligen Sklaven das Stadtbild: ihre Sitten, ihre Musik, ihre Speisen, ihre religiösen Bräuche und Zeremonien sind überall verbreitet.

Die Stadt ist auf zwei Ebenen gebaut: die

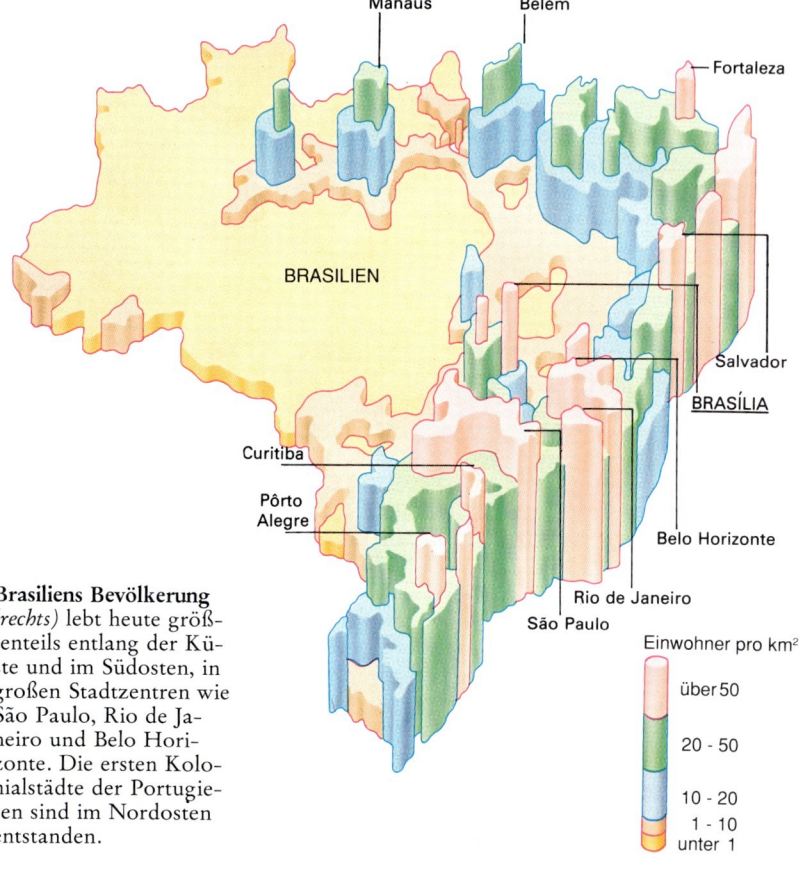

**Brasiliens Bevölkerung** *(rechts)* lebt heute größtenteils entlang der Küste und im Südosten, in großen Stadtzentren wie São Paulo, Rio de Janeiro und Belo Horizonte. Die ersten Kolonialstädte der Portugiesen sind im Nordosten entstanden.

# BRASILIEN: RIO DE JANEIRO

Die vielen Hügel von Rio de Janeiro, wie der Zuckerhut und der Corcovado, bieten einen Blick auf das Panorama dieser wild ausufernden Stadt. Der Name der Stadt, die oft der Einfachheit halber nur Rio genannt wird, bedeutet »Ufer des Januar«, eine Anspielung auf den Januar des Jahres 1503, als portugiesische Seefahrer in die breite Guanabara-Bucht segelten, die heute von Hochhäusern und Büros der modernen Stadt gesäumt wird. Rio de Janeiro, eine der schönsten Städte der Welt, liegt zwischen prachtvollen, dschungelbewachsenen Bergen und dem Atlantischen Ozean. Mit Seebrisen, die die tropische Hitze mildern, mit wehenden Palmen, goldenen Stränden und blauen Lagunen bietet Rio eine bezaubernde Umgebung für seine Bevölkerung, die man als »cariocas« kennt. Rios langgestreckte Strände schaffen Erholungsraum für die Bürger der Stadt. Ob man Volleyball, Fußball oder »frescobol« (Paddelball) spielen oder einfach die Sonne genießen möchte – am Strand spielt sich ein wichtiger Teil des Stadtlebens ab. Cariocas strömen an den Wochenenden zu den Stränden, die dann zum Schauplatz von improvisierten Musikfesten und anderen Darbietungen werden.

Nach seiner Gründung im Jahre 1567 hatte Rio keine vielversprechende Zukunft. Trotz seines herrlichen Hafens und des fruchtbaren Hinterlandes erhielt das bergige und sumpfige Gebiet den Namen »vollgesogener Schwamm« zu Recht. Erst in den 20er Jahren meisterte der Mensch diese unwirtliche Umgebung mit Hilfe eines Abwasser- und Wiederaufbauprogrammes, das die moderne Stadt entstehen ließ. Vom berühmten Aussichtspunkt auf dem Corcovado, der sich 704 m über die Stadt erhebt und auf dessen Spitze die 38 m hohe Christusfigur steht, hat man einen herrlichen Blick auf die Botafogo-Bucht und den modernen Teil der Stadt.

### Slums, Samba und Fußball

Rio de Janeiro hat jedoch, wie alle Städte, seine Schattenseiten, und bei näherem Hinsehen entdeckt man Ansammlungen von »favelas« oder verarmten Slumvorstädten im Norden der Stadt. Obwohl der Name von einer hübschen wildwachsenden Blume stammt, die einmal auf den Hügeln wuchs, sind die Favelas Elendsquartiere voller Armut und Kriminalität, weit entfernt vom glanzvollen Lebensstil unten an den Stränden von Ipanema oder Copacabana. Trotz der Anstrengungen, diese Slums zu räumen, lebt immer noch ein Viertel von Rios Bevölkerung in diesen Hütten. Aber der lebhafte Geist der Stadt, Musik und Tanz erfüllen auch die Slums nicht weniger als die Wohngebiete der Reichen. Der Rhythmus der brasilianischen Volksmusik, der »musica popular brasileira«, erklingt überall und ist den Touristen besonders bekannt als Bossa Nova und Samba. Die berühmten »Sambaschulen«, eher Tanzclubs als Schulen, befinden sich oft in den Favelas. Hier üben die Tänzer bis spät in die Nacht hinein, und »pagodes« (Sambatreffen) finden regelmäßig an Rios Stränden statt. Eine ebenso unvergängliche brasilianische Tradition ist der Sport, besonders der Fußball. Rios riesiges Maracanã-Fußballstadion gilt als das größte der Welt und bietet 200 000 Zuschauern Platz. Fußball im Riostil ist ein eindrucksvolles Schauspiel, bei dem Trommeln, riesige Fahnen und Feuerwerkskörper das Spiel begleiten.

### Karneval

Rio de Janeiro ist vor allem die Stadt des Karnevals. Obwohl dieses extravagante Fest, »die größte Party der Erde«, nur vier Tage und fünf Nächte dauert, verkörpert es für die meisten den Geist dieser Stadt. Der Karneval, der ursprünglich ein Fest für die Armen war, ist heute eine aufwendige Großveranstaltung. Die Vorbereitungen beginnen bereits Monate vorher. Die Sambatänzer und »baterias« (Schlagzeugkapellen) üben am Strand, während Näherinnen kunstvolle Kostüme und Masken herstellen und Geschäfte und Straßenhändler ihre Lager mit Papierschlangen und Konfetti auffüllen. Jede Sambaschule wählt ein Thema der brasilianischen Kultur aus, das dann von bis zu 5000 Tänzern und Musikern interpretiert wird.

Wenn die Zeit des Karnevals dann endlich da ist, wird die ganze Stadt »verrückt«. Zunächst

**Karneval in Rio** *(oben)* – die »größte Party der Welt« – dauert vier Tage und fünf Nächte und wird mit nicht endender Fröhlichkeit gefeiert. Musikkapellen, kunstvoll geschmückte Paradewagen und unzählige Sambatänzer beherrschen dann die Straßen.

**Hotels und Apartmenthäuser** mit Blick auf den Atlantik säumen den 5 km langen, weltberühmten Traumstrand von Copacabana *(rechts)*. Copacabana ist ein südlicher Stadtteil der Metropole am Zuckerhut und hat über 250 000 Einwohner.

# BRASILIEN

**Eine Szene am Strand von Ipanema** *(links)* illustriert zwei der größten Leidenschaften der Cariocas: Sonnenbaden und Fußballspielen. Im Hintergrund ist die Silhouette des Zuckerhutes, des berühmten Wahrzeichens von Rio de Janeiro, zu sehen.

**Rio de Janeiro** *(unten)*, die zweitgrößte Stadt Brasiliens, profitiert von seiner Lage an der Guanabara-Bucht, einer natürlichen Bucht am Atlantischen Ozean. Wichtige Sehenswürdigkeiten sind die Christusstatue auf dem Corcovado (1), der Strand von Copacabana (2), die Botanischen Gärten (3), die Bundesuniversität (4), der Tijuca Nationalpark (5) und das riesige Estádio Maracanã (6). Eine 14 km lange Brücke überspannt die Guanabara-Bucht und verbindet Rio mit Niterói (7). Verwaltungsgebäude säumen die Avenida Rio Branco (8).

finden zahllose Karnevalsbälle statt, auf denen Tausende die Nacht durchtanzen. Den Höhepunkt des Karnevals bildet dann die Parade der Sambaschulen. Die Tänzer, die funkelnde Paillettenkostüme tragen, wirbeln durch prächtig geschmückte Straßen voller Papierschlangen und Konfetti, begleitet von grellen Karnevalswagen und Trommel-, Tambourin-, Triangel- und Pfeifenmusik sowie der »cuica«, einem schrillen einheimischen Instrument. Die Parade, die einst ein zwangloses Treffen von Sambatänzern war, ist inzwischen bis ins letzte durchorganisiert. Das städtische Touristenamt subventioniert die Sambaschulen und ermöglicht ihnen dadurch, kostspielige Darbietungen zu inszenieren.

Das riesige Sambadrom faßt bis zu 85 000 Zuschauer, während Abertausende auf Straßenparties feiern, an Kostümbällen teilnehmen oder am Strand zur Musik der »bandas« (Karnevalskapellen) tanzen. Obwohl der Karneval als ein christliches Fest entstanden ist, ist er in seinen Liedern und Tänzen doch stark von afrikanischen Traditionen beeinflußt worden. Diese verbergen sich auch hinter dem woduartigen Kult »macumba«, wobei jeweils am Silvesterabend eine spektakuläre Zeremonie am Strand von Copacabana abgehalten wird.

Unter Trommelklängen und eintönigem Singsang errichten weißgekleidete Macumba-Anhänger einen kerzenbeleuchteten Altar im Sand und opfern um Mitternacht Blumen, Parfüm und Schmuck für die Seegöttin Iemanja.

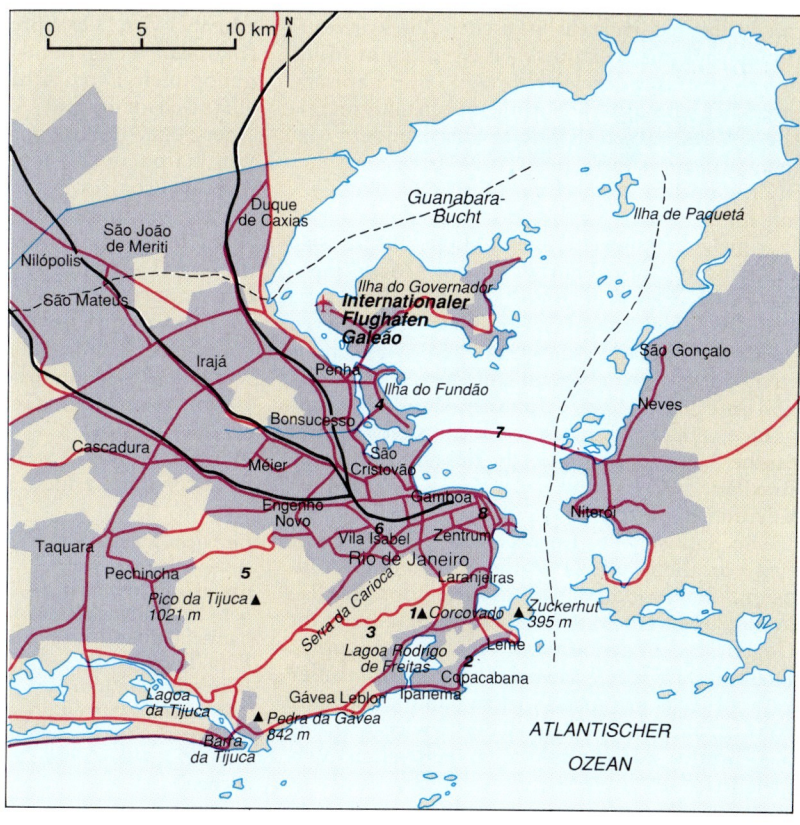

# BRASILIEN

## Wirtschaft

»Hier ist nichts zu holen, weder Gold noch Silber«, meldete der portugiesische Admiral Pedro Alvarez Cabral seinem König nach Portugal, als er 1500 beim heutigen Salvador die Küste für sein Land in Besitz nahm. Ein gewaltiger Irrtum. Brasilien verfügt über reiche Bodenschätze und Naturrohstoffe. Es gibt kaum ein Mineral, das in Brasilien nicht in größerer Menge vorkäme. Die reichen Bodenschätze sind bislang nur zum Teil erschlossen. Allein die Eisenerzvorkommen werden auf über 30 Mrd. Tonnen geschätzt. Mangan, Zinn, Aluminium, Gold und Silber, Titan, Bauxit, Wolfram, Uran, Blei, Nickel, Kupfer und Phosphat sind die wichtigsten von insgesamt über 70 geförderten Bodenschätzen.

Brasilien gehört zu den bedeutendsten Förderländern von Edel- und Halbedelsteinen auf der Erde. Größere Erdöllagerstätten befinden sich an der Küste von Bahia und im Nordosten; im Amazonasbecken wurden ausgedehnte Erdöl- und Erdgaslager entdeckt.

## Das Brasilianische Modell

Die heutige brasilianische Wirtschaft ist strukturell geprägt von dem ehrgeizigen Modernisierungsprogramm, das die regierenden Militärs 1964 entwarfen. Dieses sogenannte Brasilianische Modell beinhaltete: wirtschaftliches Wachstum bei totaler Öffnung des Landes für ausländische Investoren, bei hohen Steuervergünstigungen und billigen Arbeitskräften unter Ausschaltung der Gewerkschaften und der Opposition – dann erst mehr soziale Gerechtigkeit. In den folgenden Jahren wurde das Land mit Hilfe massiver ausländischer Direktinvestitionen und mit ausländischen Krediten in Milliardenhöhe modernisiert. Der brasilianische Staat begleitete diese Politik durch umfangreiche Wirtschaftsaktivitäten, insbesondere im Infrastruktursektor.

Zu dem brasilianischen »Wirtschaftswunder« mit industriellen Wachstumsraten von 13 % pro Jahr trug in beträchtlichem Maße die massive Erweiterung des Fahrzeug- und Maschinenbaus, der Elektrotechnik, der Metallindustrie und der chemischen Industrie bei. Des weiteren gelang der Aufbau einer petrochemischen Industrie, die mit Hilfe von staatlichem, nationalem und internationalem Kapital entstand, die Aufnahme einer Flugzeugproduktion sowie der rasche Ausbau einer eigenen Rüstungsindustrie. Brasilien gehört heute zu den zehn größten Rüstungsexporteuren der Welt.

Die industrielle Entwicklung konzentrierte sich vor allem auf die Ballungsgebiete im Südosten, insbesondere auf die Region um São Paulo, und verschärfte dadurch noch mehr die Gegensätze zu den armen Regionen des Landes. Diese Politik der Industrialisierung von außen katapultierte das Land Anfang der 70er Jahre vom 50. auf den 8. Platz bei der Erwirtschaftung des Bruttosozialprodukts im weltweiten Vergleich.

In der zweiten Hälfte der 70er Jahre wurde unter Führung staatlicher Unternehmen eine Anzahl von Großprojekten gleichzeitig und finanziell weitgehend unkoordiniert in Angriff genommen. Dazu zählen Vorhaben wie das brasilianisch-deutsche Atomprogramm, die zur Energiegewinnung angelegten riesigen Stauseen von Itaipú und Tucurui, das Biotreibstoffprogramm Próalcool, mit dem die Erdölabhängigkeit eingedämmt werden sollte, und viele andere mehr. Gemein war allen diesen Projekten, daß sie Devisenbeträge in Milliardenhöhe für den Import der benötigten Anlagen, Ausrüstungen und des »Know-how« verschlangen. Diese bekannten Renommierprojekte entstanden teilweise weniger aus ökonomischen Gründen als vielmehr aus der Geltungssucht des Militärregimes heraus.

Mit Beginn der weltweiten Rezession Anfang der 80er Jahre endete auch abrupt das »Brasilia-

**Emsigen Ameisen gleich** suchen diese Schürfer nach Gold *(rechts)* in einer Grube im nordbrasilianischen Bundesstaat Pará. In der trockenen Jahreszeit von Juni bis November kommen etwa 60 000 Bergarbeiter dorthin, um ihr Glück zu suchen.

**Arbeiter am Itaipú-Staudamm** *(rechts Mitte)*. Dieses Großprojekt zur Erzeugung von elektrischer Energie durch Wasserkraft, das von Brasilien und Paraguay gemeinsam gebaut wurde, ist seit den frühen 90er Jahren voll operationsfähig.

# BRASILIEN

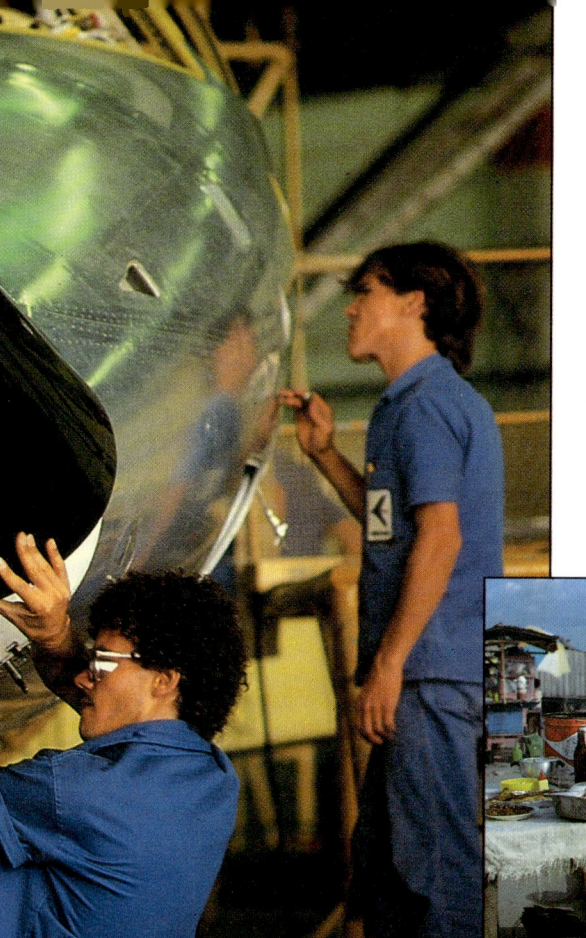

**Monteure** *(links)* einer Flugzeugfabrik montieren den Nasenkegel eines Privatjets.

**Ein Straßenverkäufer** *(unten)* verkauft »churrasco«, über Holzkohle gegrilltes Fleisch. Millionen von Brasilianern verdingen sich in schlecht bezahlten Jobs oder auch illegal auf dem Schwarzmarkt.

nische Wirtschaftswunder«. Die zur Abdeckung des Handelsbilanzdefizits und zur Abzahlung erhaltener Kredite sowie zur Finanzierung inländischer Investitionsvorhaben aufgenommenen Finanzierungsmittel haben einen raschen Anstieg der Außenverschuldung bewirkt. Seit Anfang der 90er Jahre ist Brasilien das größte Netto-Schuldnerland der Welt mit Auslandsschulden von mittlerweile mehr als 230 Milliarden US-Dollar geworden. Die Tilgung dieser erdrückenden Schuld wird dem Land über viele Jahre nur einen geringen wirtschaftlichen Spielraum lassen. Zudem wird Brasilien durch strenge Auflagen der Weltbank und des Internationalen Währungsfonds – von deren Einhaltung die Bewilligung jeweils weiterer Kredite abhängig gemacht wird – gezwungen, eine drastische Sparpolitik gegenüber der Bevölkerung durchzusetzen.

Die durch das Brasilianische Modell geschaffenen Strukturen sowie Korruption und Machtmißbrauch haben eine Gesellschaft geschaffen, in der ein großer Teil der Brasilianer am Rande des Existenzminimums lebt.

**Der Itaipú-Staudamm** *(unten)* staut den Paraná zur Erzeugung von Strom. Das Großprojekt ist gemeinsam von Brasilien und Paraguay entwickelt worden. Die hier mit 18 Turbinen erzeugte elektrische Energie versorgt den gesamten industriellen Südosten Brasiliens.

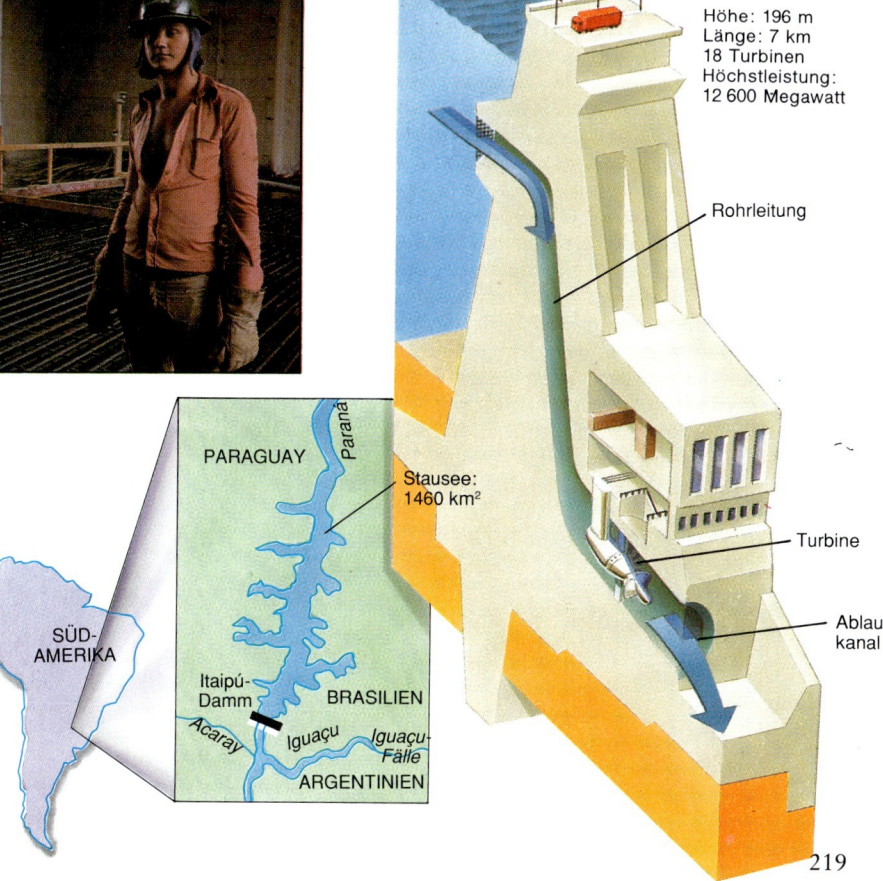

# BRASILIEN: LANDWIRTSCHAFT

Mit Brasiliens landwirtschaftlichem Potential könnten Nahrungsmittel im Überfluß produziert werden, doch weite Teile der Bevölkerung leiden unter unzureichender Ernährung. Früher konnte die brasilianische Landwirtschaft den inländischen Bedarf an Grundnahrungsmitteln wie Maniok, Bohnen, Mais, Reis, Bananen und Kartoffeln decken. Die Anbauflächen für diese Produkte nehmen aber immer weiter ab, da die Regierung angesichts der hohen brasilianischen Auslandsverschuldung die großflächige Anpflanzung weiterer Monokulturen, deren Produkte für den Export bestimmt sind, fördert. Auf diese Weise soll das Handelsbilanzdefizit verkleinert werden.

So ist zu befürchten, daß der Anbau von Soja vorangetrieben wird. Soja, reich an hochwertigen Proteinen für die Menschen, gelangt fast ausschließlich in die Futtersilos der Industrienationen. Bei einer weiteren Erhöhung der Weltmarktpreise für Sojamehl ist davon auszugehen, daß die Regierung die Anbauflächen für Grundnahrungsmittel, wie Mais und Reis, zugunsten von Soja einschränken wird. Damit würde Brasilien aber in kürzester Zeit gezwungen sein, die notwendigen Grundnahrungsmittel zu importieren. Es ist ein Teufelskreis, aus dem das Land ohne umfangreiche Strukturreformen nicht herausgelangen kann.

Obwohl die brasilianische Landwirtschaft gegenüber der Industrie an Bedeutung verloren hat, weist sie immer noch einen Anteil von knapp 8 % am Bruttoinlandsprodukt auf und beschäftigt ein Viertel der Erwerbspersonen.

Nur ein Zehntel der gesamten landwirtschaftlichen Nutzfläche ist Ackerland. Die Hauptanbaugebiete liegen in den Küstenstaaten im Süden und Nordosten. Den Schwerpunkt der Landwirtschaft bildet der Staat São Paulo, wo unter anderem Baumwolle, Zuckerrohr, Erdnüsse, Apfelsinen, Tomaten, Kaffee und Bananen angebaut werden.

### Kaffee, Baumwolle, Zuckerrohr und Rinder

Der Kaffeeanbau, früher die Stütze der brasilianischen Wirtschaft, hat an Einfluß verloren. Brasilien ist zwar mit etwa einem Fünftel der Welterzeugung noch immer der größte Kaffeeproduzent der Erde, doch entfallen vom Gesamtexportwert nur noch etwa 5 % auf den Kaffee. Die Anbauflächen wurden stark reduziert, da durch die zeitweilige riesige Ausweitung der Plantagen ein Überangebot auf dem Weltmarkt entstanden war, das zu einem starken Preisverfall führte. Heute regelt der Weltkaffeerat die Quoten für die einzelnen Produktionsländer. Nachdem lange Zeit der Staat São Paulo Hauptanbaugebiet war, hat sich der Schwerpunkt des Kaffeeanbaus inzwischen nach Nordparaná verlagert, das etwa die Hälfte der gesamten Produktion liefert.

Die Baumwolle ist zu einem wichtigen Produkt der brasilianischen Landwirtschaft geworden. Wie beim Kaffee sind Großfarmen die vorherrschende Betriebsform. Das Zentrum der Produktion hat sich vom Nordosten, wo jedoch noch immer die größten Anbauflächen liegen, nach dem Süden verschoben.

Der Zuckerrohranbau hat stark zugenommen. Während früher die Hauptanbaugebiete in São Paulo, Pernambuco, Minas Gerais und Rio de Janeiro lagen, sind in den letzten Jahren in Mato Grosso riesige Plantagen angelegt worden. Sie sind Teil eines Regierungsprogramms, das die Kraftstofferzeugung durch aus Zuckerrohr gewonnenen Alkohol fördert.

Der größte Teil der landwirtschaftlichen Nutzfläche wird von Naturweiden eingenommen. Entsprechende Relevanz kommt daher der Viehzucht zu, die zu einem Viertel am agrarwirtschaftlichen Produktionswert beteiligt ist. Wichtig ist vor allem die Rinderzucht, die meist extensiv auf den baumlosen Campos von Rio Grande do Sul, auf den Campos Cerrados von Mato Grosso und Minas Gerais sowie im trockenen Nordosten betrieben wird.

### Großgrundbesitzer gegen Kleinbauern

Die Struktur von Vieh- und Landwirtschaft ist einerseits durch relativ wenige Großbetriebe, andererseits durch viele Klein- und Kleinstbetriebe gekennzeichnet. Während auf der einen Seite in den Großbetrieben landwirtschaftliche Flächen ungenutzt bleiben oder nicht adäquat genutzt werden, erweisen sich die bäuerlichen

**Kakaobohnen** *(unten)* werden zu einer gleichmäßigen Schicht festgetreten, um dann im Sonnenlicht zu trocknen. Brasilien ist eines der wichtigsten Erzeugerländer von Kakao, dem Rohstoff für Schokolade.

**Die Jagonda** *(rechts)* mit ihrem dreieckigen Segel ist das traditionelle Fischerboot an den Küsten Brasiliens. Es wird aus Baumstämmen, die in der Mitte gespalten sind und fest zusammengebunden werden, gebaut.

# BRASILIEN

Kleinbetriebe oft als unökonomische Einheiten, die ihre Besitzer zu Zugewinnarbeit zwingen, beziehungsweise Bauern in Landarbeiter verwandeln. Das Problem der Arbeitslosigkeit wird noch dadurch verstärkt, daß die Großbetriebe aufgrund eines erhöhten Einsatzes technischer Landmaschinen Großteile ihrer Beschäftigten entlassen.

Die einzige dauerhaft erfolgreiche Lösung dieser Misere wäre eine umfangreiche Agrarreform. Dies schien auch die Regierung Sarney erkannt zu haben. So verabschiedete sie ein Gesetz, das die gegenwärtigen Bodenbesitzverhältnisse grundlegend verändern sollte. Nicht produktiv genutzter Boden, meist im Besitz der Großgrundbesitzer, sollte bis zum Beginn des 3. Jahrtausends an sieben Millionen Familien verteilt werden. Die bisherigen Eigentümer sollen in den nächsten zwanzig Jahren entschädigt werden. Den gleichen Zeitraum haben die neuen Eigentümer, um die Entschädigungslasten aufzubringen. Regionaler Schwerpunkt des Agrarreformplans ist der brasilianische Nordosten, wo ca. 190 000 km² (dies entspricht 12 % der Nutzfläche) an 630 000 Familien verteilt werden sollen. Bisher hat jedoch nur ein Bruchteil der landlosen Familien Agrarland erhalten. Das Drängen auf eine Beschleunigung der Agrarreform, die auch von der katholischen Kirche engagiert unterstützt wird, wird daher immer massiver.

**Pfefferbeerenernte** *(links);* anschließend werden die Beeren getrocknet, um als Pfefferkörner verkauft zu werden.

**Zuckerrohr** *(unten)* wird seit dem 16. Jahrhundert angebaut. Es wird heute auch zur Herstellung von Fahrzeugtreibstoff verwandt.

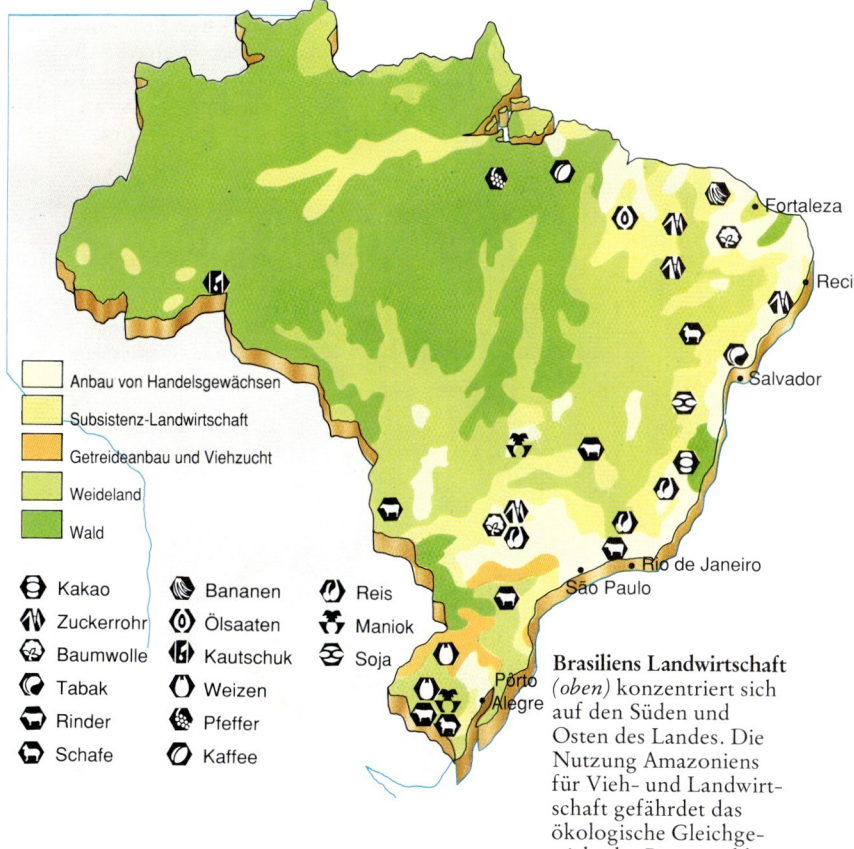

**Brasiliens Landwirtschaft** *(oben)* konzentriert sich auf den Süden und Osten des Landes. Die Nutzung Amazoniens für Vieh- und Landwirtschaft gefährdet das ökologische Gleichgewicht des Regenwaldes.

# BRUNEI

Klein und wohlhabend sind die Attribute des Sultanats Brunei, das mit offiziellem Namen »Brunei Darussalam« heißt (arabisch: Hafen, Heimstatt des Friedens). Der aus zwei nebeneinanderliegenden Landesteilen bestehende Kleinstaat liegt an der Nordwestküste der Insel Kalimantan (Borneo). Brunei hat die Form eines B und ist – außer der Küste – vom malaysischen Teilstaat Sarawak umgeben. Das heutige Staatsgebiet von 5765 km² ist nur noch ein Rest einstiger Größe. Die Sultane von Brunei herrschten bis zur Ankunft der Europäer über Einflußbereiche, die das gesamte Borneo und einige der südlichen Inseln der heutigen Philippinen einschlossen. Von Brunei ist der Name Borneo abgeleitet. »Bornei«– so hatte es der erste historisch belegte Fremde aus der Alten Welt aufgeschrieben, der Italiener Lodovico de Varthema (zwischen 1465/1470–1517), der um 1504 von Calicut an der indischen Malabarküste gekommen war. Im Juli 1521 weilte der italienische Chronist der ersten Weltumsegelung unter Fernão de Magalhães (F. Magellan, um 1480–1521) in Brunei und berichtete von einem glanzvoll ausgestatteten Palast, einem riesigen Dorf im Wasser und einer Kolonie chinesischer Händler.

Der folgenschwere Fremdeinfluß kam mit den Briten. Als Mitte des 19. Jahrhunderts der herrschende Sultan dem englischen Abenteurer Sir James Brooke (1803–1868) für dessen Hilfe bei der Niederwerfung eines Aufstandes ein Stück Flußland südlich des heutigen Sultanats Brunei als persönliches Eigentum übertrug, ahnte der Fürst sicher nicht, daß er damit einen Großteil seiner Macht verschenkte. Brooke gründete als »Weißer Rajah« ein eigenes Königreich, die Basis für das heutige Sarawak. 1888 wurde Brunei britisches Protektorat. 1959

**Der Sultan von Brunei** *(unten)* zählt zu den reichsten Männern der Welt. Er wurde als Bruneis 29. Sultan Nachfolger seines Vaters und führte sein Land 1984 in die staatliche Unabhängigkeit.

**Bandar Seri Begawan** *(oben)* liegt am nördlichen Ufer des Brunei-Flusses, nach dem das Land benannt ist. Es hat zahlreiche sehenswerte öffentliche Gebäude, unter anderen die Omar-Ali-Saifuddin-Moschee.

**Moslemische Frauen in Brunei** *(rechts)* tragen traditionell lange Gewänder und Kopfbedeckungen. Etwa zwei Drittel der Einwohner sind Malaien, die zum überwiegenden Teil Anhänger des Islam sind.

## Daten und Fakten

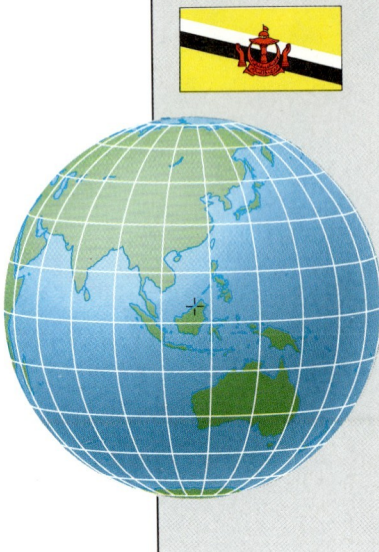

**DAS LAND**
**Offizieller Name:** Brunei Darussalam
**Hauptstadt:** Bandar Seri Begawan
**Fläche:** 5765 km²
**Landesnatur:** Sumpfreiche Küstenebene, angrenzend Hügelland
**Klima:** Tropisch, mit hoher Luftfeuchtigkeit
**Hauptflüsse:** Belait, Tutong, Temburong
**Höchster Punkt:** Bukit Pagon 1850 m
**DER STAAT**
**Regierungsform:** Islamische Monarchie
**Staatsoberhaupt:** Sultan
**Verwaltung:** 4 Distrikte

**Parlament:** Religiöser Rat, Staatsrat, Ministerrat und Erbfolgerat mit beratender Funktion, Gesetzgebender Rat mit 20 vom Sultan ernannten Mitgliedern seit 1962 aufgelöst
**Nationalfeiertag:** 23. Februar
**DIE MENSCHEN**
**Einwohner (Ew.):** 322 000 (1999)
**Bevölkerungsdichte:** 56 Ew./km²
**Stadtbevölkerung:** 90 %
**Bevölkerung unter 15 Jahren:** o.A.
**Analphabetenquote:** 22 %
**Sprache:** Malaiisch, Englisch, Chinesisch

**Religion:** Moslems 67 %, Buddhisten 15 %, Katholiken
**DIE WIRTSCHAFT**
**Währung:** Brunei-Dollar
**Bruttosozialprodukt (BSP):** 7151 Mio. US-$ (1997)
**BSP je Einwohner:** über 9360 US-$ (1998)
**Importgüter:** Fast alle Konsumgüter
**Exportgüter:** Erdöl u. Erdgas (bis 99 %)
**Handelspartner:** Japan, ASEAN-Länder, USA, EU-Länder
**Eisenbahnnetz:** o.A.
**Straßennetz:** 2417 km
**Fernsehgeräte je 1000 Ew.:** o.A.

erhielt das Sultanat die innere Selbstverwaltung mit Sultan Sir Muda Omar Ali Saifuddin (1916–1986) an der Spitze. Unter seinem Sohn und Nachfolger Sir Muda Hassanal al-Bolkiah (* 1946), dem 29. Sultan der Dynastie, erlangte Brunei am 1. Januar 1984 die staatliche Unabhängigkeit.

Der Sultan regiert als absolutistischer Monarch. Alle Fäden der Macht werden von ihm und seiner Familie gehalten. Eine politische Opposition ist nicht zugelassen. Einflußreiche Beraterposten werden weiterhin von Europäern, vor allem Briten und Niederländern, wahrgenommen. Seit in den 20er Jahren auf dem Gebiet von Brunei Erdöl entdeckt wurde und der britisch-niederländische Shell-Konzern das Bohrmonopol erhielt, hat sich im Sultanat eine prosperierende Wirtschaft entwickelt, die auch ausländische Geschäftspartner anzieht. Das flüssige Gold und seit den 60er Jahren auch der Abbau der Erdgasvorkommen bestimmen Bruneis Wirtschaft. Über 92 % der Exporterlöse stammen aus diesem Sektor. Erst in jüngerer Zeit ist auch mit dem Aufbau einer verarbeitenden Industrie begonnen worden. Die Landwirtschaft wurde bisher jedoch wenig gefördert. Der größte Teil der Nahrungsmittel muß daher bis heute importiert werden.

Infolge der starken Ausbeutung der Rohstoffvorkommen gehört Sultan Bolkiah heute zu den reichsten Männern der Welt. Aber auch die Einwohner Bruneis profitieren von den Naturschätzen. Sie verfügen weltweit über eines der höchsten Pro-Kopf-Einkommen und müssen keine Steuern zahlen. Die Altersversorgung wird vom Staat bestritten. Auch medizinische Betreuung und Schulbesuch sind kostenlos.

Der materielle Wohlstand hat das Land innerhalb weniger Jahre stark verändert. Tropischer Regenwald, Sumpfregionen und mäandrierende Flußläufe prägen zwar noch das Landschaftsbild. Doch für moderne Siedlungen, ein Straßennetz von fast 2000 km Länge sowie Anlagen zur Gewinnung und Lagerung von Erdöl und Erdgas werden mehr und mehr Wälder gerodet. Erosion und Verödung sind zu ernsthaften Umweltproblemen geworden.

Die Verstädterung schreitet schnell voran. Mehr als die Hälfte der Bevölkerung lebt bereits in urbanen Zentren, 56 000 allein in der Hauptstadt Bandar Seri Begawan, deren meiste offizielle Gebäude jüngeren Datums sind. Im Mittelpunkt steht die Omar-Ali-Saifuddin-Moschee; gleich daneben das traditionelle Wasserdorf mit Hunderten von Holzhäusern auf Pfählen. Neben der Moschee zur Landseite hin reihen sich die Ministerien, die Banken, die Rundfunk- und Fernsehzentrale. Das Hospital wird als eines der modernsten in Asien bezeichnet, das Sportstadion als eines der repräsentativsten des Kontinents. Am Brunei-Fluß steht das prachtvollste Gebäude, der Sultanspalast, der mit dem kostspieligen Dekor vom ruhmreichen Gestern das gegenwärtige Bedürfnis der Herrscherfamilie nach machtvoller Selbstdarstellung kundtut.

Der Islam bestimmt als Staatsreligion das gesamte öffentliche Leben in Brunei. Die in Politik und Wirtschaft tonangebenden Bürger malaiischer Abstammung folgen dem Gebot des Islam. In der chinesischen Volksgruppe dagegen sind vor allem Buddhisten, Konfuzianer und Christen zu finden. Das uralte Sultanat ist heute ein im doppelten Sinne junger Staat: fast die Hälfte seiner Bewohner zählt noch keine zwanzig Jahre.

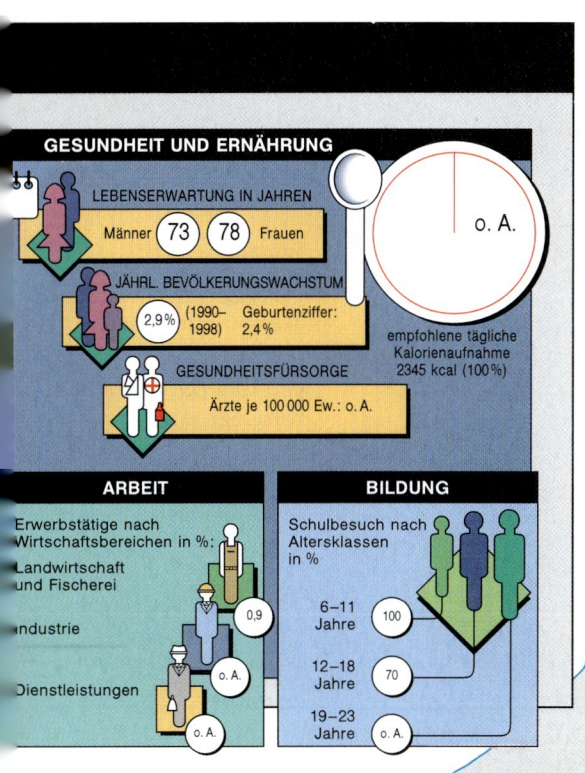

**Die beiden Teile des unabhängigen Sultanats Brunei** (unten) liegen an der Nordküste der Insel Kalimantan (Borneo), umgeben vom malaysischen Staat Sarawak. Brunei erzielt den größten Teil seines Reichtums aufgrund riesiger Erdölvorkommen.

# BULGARIEN

Die Bulgaren sind ein südslawisches Volk. Zu seinen Vorfahren zählen sowohl romanisierte Thraker und zugewanderte Slawen als auch kriegerische Einwanderer aus dem Wolgagebiet – die zu den Turkvölkern gehörenden Bulgaren. Im frühen Mittelalter gründeten die Bulgaren zweimal ein Großreich. In der Zeit des ersten, das von 680–1018 bestand, nahmen sie den orthodoxen Glauben an. Das zweite bulgarische Großreich (1185–1330) fiel zunächst 1330 an Serbien und dann ab 1396 für fünf Jahrhunderte an das Osmanische Reich.

### Ein neuer Balkanstaat

Die Befreiung vom »Türkenjoch« wurde erst 1877/78 mit militärischer und politischer Unterstützung Rußlands erreicht. Doch Bulgarien wurde zum Spielball der europäischen Machtpolitik. Das Land konnte erst 1908 seine Unabhängigkeit erklären. Der Traum von der bulgarischen Vormachtstellung auf dem Balkan war nur von kurzer Dauer. Die im ersten Balkankrieg 1912 eroberten Territorien mußte das Königreich Bulgarien nach Ende des zweiten Balkankriegs zu großen Teilen wieder abtreten. Bis zur Abschaffung der Monarchie (1946) blieb Bulgarien ein von Krisen geschütteltes Land. 1941 trat es an der Seite Hitlers in den Zweiten Weltkrieg ein.

Nach dem Einmarsch der Roten Armee gegen Ende des Zweiten Weltkriegs wurde bereits 1946 die Volksrepublik Bulgarien proklamiert. Die Bulgaren, auch die »Preußen des Balkans« genannt, wurden zum Musterschüler Moskaus und verzichteten auf Extratouren jeglicher Art. Die orthodoxe Staats- und Parteiführung unter Schiwkow (* 1911) folgte allerdings nicht Gorbatschows neuem Kurs.

**Die Alexander-Newskij-Kathedrale** *(rechts)* beherrscht die Innenstadt von Sofia, der Hauptstadt Bulgariens. Die Kathedrale wurde von 1904–1914 als Dank an das russische Volk erbaut, nachdem Russen und Bulgaren gemeinsam die Türken vertrieben hatten.

**Bulgarien** *(ganz rechts)* liegt im Südosten Europas und grenzt an das Schwarze Meer. Landschaftsprägend ist der Balkan, der das Land von Westen nach Osten durchzieht. Die Donau markiert im Norden über weite Strecken die Landesgrenze zu Rumänien. Im Süden erhebt sich das dicht bewaldete Massiv der Rhodopen.

## Daten und Fakten

**DAS LAND**
**Offizieller Name:** Republik Bulgarien
**Hauptstadt:** Sofia
**Fläche:** 110 912 km²
**Landesnatur:** Im N Donautafelland, daran südlich anschließend der Balkan mit Bulgar. Mittelgebirge, das Rumelische Tief- u. Hügelland u. das Rila-Rhodopen-Massiv
**Klima:** Übergangszone zwischen mediterranem u. kontinentalem Klima
**Hauptflüsse:** Donau, Iskâr, Tundža, Maritza, Osăm
**Höchster Punkt:** Musala 2925 m

**DER STAAT**
**Regierungsform:** Parlamentarische Republik
**Staatsoberhaupt:** Staatspräsident
**Regierungschef:** Ministerpräsident
**Verwaltung:** 8 Regionen, Hauptstadtgebiet
**Parlament:** Volksversammlung mit 240 für 4 Jahre gewählten Abgeordneten
**Nationalfeiertag:** 3. März
**DIE MENSCHEN**
**Einwohner (Ew.):** 8 279 000 (1999)
**Bevölkerungsdichte:** 75 Ew./km²
**Stadtbevölkerung:** 70 %

**Bevölkerung unter 15 Jahren:** 16,3 %
**Analphabetenquote:** 1,5 %
**Sprache:** Bulgarisch
**Religion:** bulgarisch-orthodoxe Christen 86 %, Moslems 13 %
**DIE WIRTSCHAFT**
**Währung:** Lew
**Bruttosozialprodukt (BSP):** 10 139 Mio. US-$ (1998)
**BSP je Einwohner:** 1230 US-$
**Inflationsrate:** 117 % (1990-98)
**Importgüter:** Brennstoffe, Mineralien,

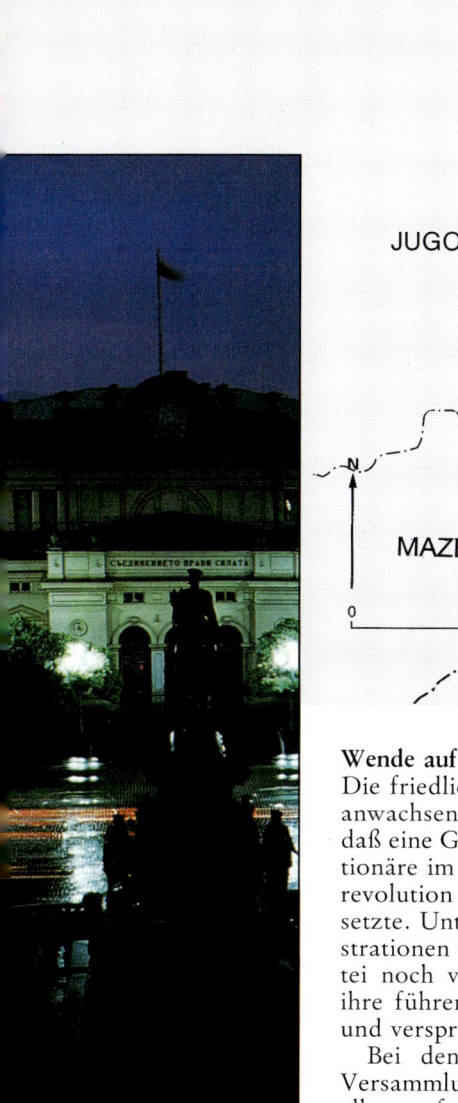

### Wende auf bulgarische Art

Die friedliche Revolution in der DDR und die anwachsende Oppositionsbewegung bewirkten, daß eine Gruppe hoher kommunistischer Funktionäre im November 1989 in einer Art Palastrevolution den Rücktritt der alten Garde durchsetzte. Unter dem Druck anhaltender Demonstrationen verzichtete die kommunistische Partei noch vor dem Jahreswechsel 1989/90 auf ihre führende Rolle in Staat und Gesellschaft und versprach freie Wahlen.

Bei den Wahlen zur verfassunggebenden Versammlung am 10. Juni 1990 gewann die vor allem auf dem Lande starke »Bulgarische Sozialistische Partei« (BSP), wie sich die Reformkommunisten jetzt nennen, 48 % der Stimmen. Die »Union der Demokratischen Kräfte« (SDS), ein Zusammenschluß von 16 Oppositionsparteien und Gruppierungen, die in den Städten dominieren, brachte es auf 35 %. Im August 1990 wurde der Vorsitzende der »Union«, Schelju Schelew (* 1935), mit den Stimmen der Reformkommunisten zum neuen Präsidenten gewählt. Bei den Parlamentswahlen im Oktober 1991 wurde die »Union« stärkste Partei. Filip Dimitrow von der »Union« wurde neuer Ministerpräsident. Bei den Präsidentschaftswahlen im Januar 1992 wurde Schelew in seinem Amt bestätigt. Im gleichen Jahr verlor Dimitrow das Vertrauen des Parlaments. Vorgezogene Wahlen 1994 gewann die BSP mit absoluter Mehrheit. 1996 wurde Petar Stojanow (* 1952), Kandidat der SDS, neues Staatsoberhaupt. Aufgrund der katastrophalen Wirtschaftslage erklärte die BSP-Regierung im Dezember 1996 ihren Rücktritt. Nach Massendemonstrationen gegen die BSP fanden im April 1997 erneut Wahlen statt. Die Oppositon gewann die absolute Mehrheit. Iwan Kostow (* 1949) übernahm das Amt des Regierungschefs. Bulgarien strebt die Mitgliedschaft in der EU und der NATO an.

### Nationale Minderheiten

Zu den 8,3 Millionen Einwohnern Bulgariens zählen rund 850 000 Türken. Die Zahl der Roma wird auf 300 000–600 000 geschätzt. Außerdem leben Armenier und Mazedonier im Land. Die in geschlossenen Siedlungsräumen lebenden Türken gelten offiziell als Bulgaren, die unter der Osmanenherrschaft zwangsislamisiert wurden. Eine brutale Kampagne zur Zwangsbulgarisierung der türkischen Minderheit seit Mitte der 1980er Jahre, die mit Namensänderungen und einem Verbot der Religionsausübung einherging, führte 1989 zum Exodus von 310 000 Türken ins benachbarte Mutterland.

# BULGARIEN: LANDESNATUR

Bulgarien ist natur- und kulturgeographisch ein Übergangsland zwischen Europa und dem Orient. Zwischen dem lößbedeckten Donauland im Norden und den dicht bewaldeten Rhodopen im Süden bestehen landschaftlich und klimatisch große Unterschiede. Landschaftsprägend ist aber vor allem der Balkan. Der bis 2400 m ansteigende Höhenzug durchschneidet das Land auf einer Länge von 600 km in west-östlicher Richtung und ist Klimascheide zwischen dem kontinentalen, von der Donau geprägten Bulgarien und dem mittelmeerischen, milden Ostrumelien. Das »Alte Gebirge« (Stara Planina), wie die Bulgaren den Balkan nennen, ist jedoch kein unüberwindliches Hindernis, zumal seine Durchgängigkeit durch etwa 30 Pässe erleichtert wird.

Der Westbalkan zwischen der Donau und dem Durchbruchstal des Iskâr weist mehrere Zweitausender auf. Der Kleine Balkan im Osten, der am Kap Emine ins Schwarze Meer ausläuft, ist der niedrigste Gebirgsteil. Nur der Hohe Balkan mit dem 2376 m aufragenden Botev erreicht alpine Ausmaße, doch verleihen langgestreckte Rücken, kleinere Hochflächen, auf denen oft Schafe weiden, und Laubwälder dem Balkan insgesamt eher den Charakter einer Mittelgebirgslandschaft.

### Zwischen Balkan und Rhodopen

Parallel zum Hauptkamm ziehen sich einige niedrigere Gebirgszüge hin, die südlich des Hohen Balkan meist als Bulgarisches Mittelgebirge (Sredna Gora) zusammengefaßt werden. Zwischen Balkan und Mittelgebirge erstreckt sich eine Zone kleinerer Becken, die wegen ihrer geschützten Lage schon früh besiedelt wurden und wegen ihres milden Klimas vor allem für die Gewinnung von Rosenöl und Wein genutzt werden. Auch die Hauptstadt Sofia liegt in 550 m Höhe in einem solchen intramontanen Becken. In Sofia selbst, aber auch in seiner unmittelbaren Umgebung, entspringen zahlreiche Heilquellen. Berühmt ist das Heilbad Bankja mit seinem Mineralwasserfreibad.

Die Vitoša leitet im Westen Bulgariens zum Rila-Gebirge über. Mehr noch als die felsigen Gipfel mit dem höchsten Berg Bulgariens, dem 2925 m hohen Musala, lockt das Rila-Kloster Besucher an. Es ist nicht nur das Heiligtum aller Bulgaren, sondern beherbergt auch das Nationalmuseum. Das sich südlich anschließende Pirin-Gebirge mit zahlreichen Gipfeln über 2900 m hat hochalpinen Charakter. Hier sind neben Bären auch Wölfe und Wildkatzen zu Hause, und der Sage nach lebte hier in grauer Urzeit der slawische Gott Perun, der Donnergott, der dem Gebirge seinen Namen gab. Weiter östlich formen die Rhodopen einen 2000 m hohen Grenzwall gegen Griechenland und den Mittelmeerraum. Nadelwälder und Almwiesen prägen diese Gebirgslandschaft.

Zwischen Balkan und Rhodopen bildet das Maritzabecken, auch Thrakisches Tiefland genannt, den Kernraum des Ostrumelischen Beckens. In dieser Region liegen die Industrie- und Handelsstadt Plovdiv sowie Dimitrovgrad, das Zentrum der bulgarischen Schwerindustrie; dank künstlicher Bewässerung wird der Boden auch intensiv für die Landwirtschaft genutzt. Sonnenblumen- und Maisfelder wechseln mit Anbauflächen für Tabak, Gemüse und Baumwolle, unterbrochen von Sesam- und Anisplantagen.

### Donaubulgarien

Fällt der Balkan im Süden meist steil zum Vorland ab, so senkt sich der 30–50 km breite Gebirgszug nach Norden ganz allmählich über die Höhen des Vorbalkans zur Landschaft »Donaubulgariens«, die eine nach Norden geneigte, teils wellige, teils ebene lößbedeckte Kreideplatte ist. Sie erhebt sich mit einer Steilstufe 100–150 m über den Strom, der hier bis zum Gebirgsplateau der Dobrudscha die Grenze zu Rumänien bildet. Die trockenen Hochlagen werden großflächig zum Weizen- und Maisanbau genutzt. In den dicht besiedelten feuchten Tälern, die die Tafellandschaft zerschneiden, gedeihen Obst, Gemüse und Wein. Im Nordosten gibt es weite Flächen von Gras- und Buschland, das nur von Schafherden bevölkert wird. Wichtigste Siedlungszentren sind die Industriestadt Ruse an der Donau und die Hafenstadt Varna am Schwarzen Meer.

**Mildes Klima,** angenehme Wassertemperaturen und historische Stätten, wie die Ruinen beim Badeort Nesebâr *(unten),* locken die Touristen an Bulgariens Schwarzmeerküste. Doch auch diese leidet inzwischen unter Umweltverschmutzung.

**Diese kleine Stadt** *(rechts)* liegt in einem geschützten Tal im Bulgarischen Mittelgebirge. Die vielen fruchtbaren Täler dieser Region eignen sich zum Anbau von Früchten und Gemüse wie Äpfeln, Wein, Birnen, Tomaten und Wassermelonen.

BULGARIEN

**Schneebedeckte Gipfel** *(unten)* erheben sich in der Umgebung des Rila-Klosters in den südbulgarischen Rhodopen. Die Bergkette, in der auch der höchste Gipfel des Landes liegt, bildet zwischen Bulgarien und Griechenland eine hohe Barriere.

**Reifendes Getreide** *(ganz unten)*, hier in parallelen Reihen im Donauhügelland nahe Pleven angebaut, zeigt die Fruchtbarkeit dieser Gegend. Begünstigt durch das feuchte Sommerklima, wird hier ein Großteil der bulgarischen Getreideernte erzeugt.

### Schwarzmeerküste

Bulgariens Schwarzmeerküste ist rund 400 km lang und bietet eine abwechslungsreiche Landschaft, in die sich Ortschaften und Erholungszentren harmonisch einfügen. Feinkörniger, flacher Sandstrand wechselt mit Felsklippen, Dünenstränden und waldigen Höhen, während sich in den Mündungsgebieten der Flüsse Kamčija und Ropotano Schilf und Seerosenfelder ausbreiten. An den Ausläufern des Balkangebirges reichen die Weinberge direkt bis ans Meer. Weiter nördlich sonnen sich die seltenen Mönchsrobben auf den Klippen, doch ist der Bestand dieser Tierart angesichts der zunehmenden Wasserverschmutzung ernsthaft gefährdet. Umweltverschmutzung droht auch den guten Ruf von Varna und Burgas mit ihren herrlichen breiten Stränden, Parkanlagen und Heilquellen zu untergraben. Im Hochsommer erwärmt sich das Wasser auf mehr als 25 °C, doch eine ständige Brise vom Meer sorgt dafür, daß die Lufttemperatur immer erträglich bleibt. Vor den fernen Ausläufern des Balkangebirges erstreckt sich der »Sonnenstrand« als flaches, feinkörniges Band von beträchtlicher Breite. Hinter dem »Goldstrand« steigt das Gelände hangartig auf und bildet so eine grüne Kulisse hinter hellem Sand und blauem Wasser. Gutausgebaute Straßen führen zur kunsthistorisch interessanten Halbinsel Nesebâr, einem wahren Kleinod mittelalterlicher Architektur.

# BULGARIEN: WIRTSCHAFT

Seit der kommunistischen Machtübernahme hat Bulgarien den Übergang von einem Agrarland mit kleinbäuerlichem Landbesitz zu einem Industriestaat mit starkem Agrarsektor vollzogen. Die Entwicklung der Schwerindustrie wurde forciert vorangetrieben. Industrie und Bergbau erwirtschafteten Ende der 80er Jahre zwei Drittel des Nationaleinkommens; der Anteil ging jedoch bis 2000 auf rund ein Drittel zurück, während der Anteil der Dienstleistungen im selben Zeitraum auf über 50 % anstieg. Von einer industriell geprägten Ökonomie wandelt sich Bulgarien in raschem Tempo zu einer Dienstleistungsgesellschaft. Das Hauptgewicht der industriellen Produktion liegt auf den Sektoren Maschinenbau, Hüttenwesen, elektrotechnische und chemische Industrie.

Im Rahmen der Arbeitsteilung der RGW-Staaten setzte die Sowjetunion durch, daß sich Bulgarien konzentriert der Forschung, Entwicklung und Produktion im Bereich der Mikroelektronik zuwandte. Eine zweimal pro Jahr (März/April und September) in Plovdiv stattfindende Messe, die zu einem Umschlagsplatz von High-Tech-Produkten werden sollte, ist trotz des technologischen Rückstands zu einem internationalen Treffpunkt geworden. Die zweitgrößte Stadt des Landes hat sich wieder – wie zur Türkenzeit – zu einem europäischen Handelsplatz entwickelt.

Bulgariens Handel war von allen osteuropäischen Ländern am stärksten auf den Rat für gegenseitige Wirtschaftshilfe, und hier ganz besonders auf die Sowjetunion, ausgerichtet. Durch den Zerfall des RGW brachen die traditionellen Außenhandelsbeziehungen zusammen bzw. wurden nachhaltig gestört. Ausbleibende Lieferungen von Energie und Rohstoffen sowie mangelnde Absatzmöglichkeiten vieler traditioneller Exporterzeugnisse wirkten sich katastrophal auf die Wirtschaft des Landes aus. Die Erschließung neuer Märkte wurde durch die mangelnde Wettbewerbsfähigkeit bulgarischer Produkte sowie durch den notwendigen Übergang zu Weltmarktpreisen im Außenhandel erschwert, vor allem aber auch durch das UN-Embargo gegen Jugoslawien. Die verstärkten Bemühungen um neue Handelspartner führten zu einer deutlichen Erhöhung des Anteils der EU am Außenhandelsumsatz.

### Der Agrarsektor

Der Agrarsektor trägt nur noch mit 19 % zum Bruttosozialprodukt bei. Nach beachtlichen Produktionssteigerungen bis Mitte der 70er Jahre, die den Lebensstandard der Bevölkerung beträchtlich anhoben, stagnierte die Entwicklung auf dem Agrarsektor. 1974 wurde den Genossenschaftsbauern und Arbeitern der Staatsgüter im Rahmen der kollektivierten Landwirtschaft das Recht auf beschränkten privaten Anbau eingeräumt. Auf ca. 11 % der landwirtschaftlichen Nutzfläche trugen sie in erheblichem Maße zur Produktion von Fleisch, Milch-

**Tanklastwagen** *(unten)* warten in einem Ölzwischenlager bei der Stadt Varna, an Bulgariens Schwarzmeerküste, auf ihre Ladung. Obwohl Bulgarien zwei Ölfelder besitzt, sind seine Reserven nur gering, so daß das Land den größten Teil seines Brennstoffs importieren muß.

**Bulgariens Schwarzmeerküste** *(ganz unten)* zieht viele Urlauber aus ganz Europa an. Etwa 3 Millionen Menschen kommen jedes Jahr nach Bulgarien, um seine historischen Stätten zu besichtigen und um sich an den Sandstränden in der Sonne vom Alltagsstreß zu erholen.

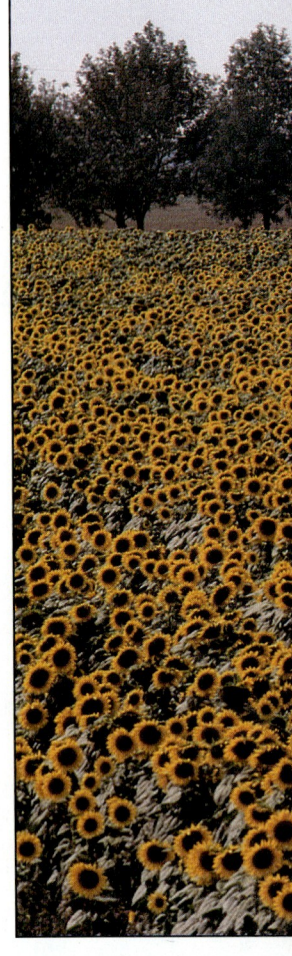

BULGARIEN

**Ein Feld** (oben) mit goldenen Sonnenblumen reift im Nordwesten des Landes heran. Die Kerne der Blumen werden gepreßt, um hochwertiges Pflanzenöl zu gewinnen. Die Landwirtschaft ist für Bulgarien von großer Bedeutung.

**Rosen** (oben rechts) gehören zu den ungewöhnlicheren Anbauprodukten Bulgariens. Aus den gepreßten Blütenblättern gewinnt man eine wertvolle Essenz – das Rosenöl. Dieses ist noch immer ein begehrter Grundstoff für viele Parfüms.

**Ein Küfer** (ganz oben rechts) bei der Arbeit. Wein wird vor allem in den Tälern von Donau, Maritza, Struma und Mesta angebaut. Bulgarien produziert Rot- und Weißweine sowie Weinbrand, verschiedene Obstschnäpse und einen Rosenlikör.

produkten, Eiern, Obst und Gemüse bei. Die guten Erträge hatten bewirkt, daß die private Landwirtschaft zu einem fest einkalkulierten Faktor der Agrarplanung geworden war. Die Anfang der 90er Jahre angelaufene Landwirtschaftsreform verlief bislang enttäuschend. Es kam, verstärkt durch zwei Mißernten, zu einem wesentlichen Produktionsrückgang.

Auf den westlichen Märkten hat ein einzigartiger Exportartikel Bulgariens Berühmtheit erlangt – das Rosenöl. Im »Tal der Rosen«, durch das Balkangebirge vor kalten Nordwinden geschützt, wächst seit dem 17. Jahrhundert die aus Persien stammende, dunkelrosa blühende »Rosa damascena«. Frühmorgens, bevor die Sonne am Himmel steht, werden im Mai und Juni die noch geschlossenen Knospen – nur solche eignen sich für die Produktion – geerntet. Da die Ernte durch Menschenhand erfolgt und für 1 Liter Rosenöl 3000 kg Rosenblätter destilliert werden müssen, erklärt sich der hohe Preis des Rosenöls, das auch »rosa Gold« genannt wird. Pro Gramm können Preise zwischen 20 und 30 US-$ erzielt werden. Nirgendwo werden so viele Rosen angebaut wie in dem 120 km langen Tal zwischen Klisura und Kazanlăk. Bulgarien liefert mehr als 80 % der Rosenöl-Weltproduktion – gut 1500 kg pro Jahr. Als Grundessenz wird es in der Parfümindustrie weiterverarbeitet.

Der Anbau von Tabak und Wein hat seit vielen Jahrhunderten Tradition. Bulgarien gehört zu den großen Tabakproduzenten der Welt und verfügt in Haskovo über eine der modernsten Tabakfabriken Europas. Die Hälfte der Ernte gelangt auf den osteuropäischen Markt, Wein wird auch in westliche Länder geliefert.

**Tourismus**

Der Tourismus ist zu einer wichtigen Devisenquelle für die bulgarische Volkswirtschaft geworden. Das Land gehörte zu den ersten osteuropäischen Ländern, die Westtouristen mit Billigangeboten ins Land lockten. Die Schwarzmeerküste bildet das Zentrum für die Sommerurlauber. Die Hoffnung, daß die westlichen Besucher auch die Wintersportzentren im Vitoša-Gebirge, in den Rhodopen und im Rila-Gebirge nutzen würden, scheint sich nur sehr langsam zu erfüllen. Gerade in den letzten Jahren mußte man im Tourismus generell große Einbußen hinnehmen, doch zeichnet sich allmählich wieder ein positiver Wandel ab.

Doch nicht nur die Tourismus-Branche wartet auf ihre »Perestrojka«. Bulgarien leidet unter einer schweren Wirtschafts- und Finanzkrise und drohender Energie- und Nahrungsmittelknappheit. Rund drei Viertel der Bevölkerung leben unter der Armutsgrenze. Die Regierung will die marktwirtschaftlichen Reformen verstärkt fortsetzen. Die zunächst verschleppten Privatisierungen sollen nun beschleunigt vorgenommen werden.

# BURKINA FASO

Burkina Faso, einer der kleineren Staaten Afrikas, gehört mit seinen über 11 Millionen Einwohnern zu den dichtestbesiedelten Gebieten Westafrikas. Das zu den fünfzehn ärmsten Staaten der Welt gerechnete Land muß heute, wie in der Kolonialzeit, etwa ein Viertel seiner jüngeren Bevölkerung als dauerhafte oder saisonale Plantagen- und Hilfsarbeiter in die afrikanischen Nachbarländer, vor allem Côte d'Ivoire (Elfenbeinküste), schicken.

Das, abgesehen von nur geringen Erhebungen im Südwesten, 300 bis 500 m hohe Hochplateau Burkina Fasos bietet mit seinen kargen Böden kaum Chancen für eine ausreichende landwirtschaftliche Selbstversorgung. Nur der mit bis zu 1200 mm Regen im Jahr versorgte Südwesten des Landes ermöglicht eine landwirtschaftliche Überproduktion, während die Täler der drei Volta-Oberläufe wegen der dort grassierenden tropischen Krankheiten kaum nutzbar sind. Die Böden des zentralen Mossi-Plateaus sind wegen Übersiedlung und Übernutzung bereits heute weitgehend erschöpft. Und der regenarme, seit Ende der 60er Jahre von zwei großen Dürren heimgesuchte Sahel-Norden an der Grenze zu Mali und Niger ist zudem durch Überweidung, die die Grasnarbe zerstört, den Boden austrocknet und damit dem Vordringen der Wüste Vorschub leistet, weitgehend zerstört.

Die Mossi mit dem Siedlungsschwerpunkt um die Hauptstadt Ouagadougou stellen etwa die Hälfte der Bevölkerung. Die andere Hälfte wird von mehreren Völkern eingenommen, wie Fulbe, Lobi, Senouffo und anderen, die jedoch weniger als 10 % ausmachen.

Bis zur Namensänderung im Jahr 1984 hieß Burkina Faso (»Land der ehrbaren Männer«) nach den drei Volta-Flüssen Obervolta. Vermutlich seit dem 11. Jahrhundert wurden die politischen Geschicke durch die vom Osten kommenden Mossi bestimmt. Die Mossi, die über ein gut ausgebautes Verwaltungssystem verfügten, gründeten eine Reihe von Fürstentümern zwischen dem Niger und den Hügeln von Togo. Ihr Kernland wurde nie erobert, da sie keine internen Kriege führten und ihr eher armes Land auch nicht das Interesse der umliegenden Herrscher weckte.

### Kolonialzeit und Unabhängigkeit

Ende des letzten Jahrhunderts besetzten die Franzosen Obervolta und stellten es unter Militärverwaltung. Nach dem Ersten Weltkrieg wurde Obervolta Teil der Kolonie Haut-Senegal-Niger und 1932 unter den Nachbargebieten Soudan (Mali), Niger und Elfenbeinküste aufgeteilt. Erst nach dem Zweiten Weltkrieg entstand Obervolta in seinen heutigen Grenzen. 1960 erlangte es die Unabhängigkeit.

In den ersten Jahren entwickelte sich Obervolta zum persönlichen Herrschaftsgebiet des autoritär regierenden Präsidenten Maurice Yaméogo (* 1921). Demonstrationen erzwangen 1966 seinen Rücktritt. In den folgenden Jahren kam es in Obervolta zu einer raschen Abfolge von gewählten zivilen und militärisch beherrschten Regierungen, bis schließlich 1983 der junge Major Thomas Sankara (1949–1987) die Macht übernahm.

### Neuorientierung durch Thomas Sankara

Die Machtübernahme Sankaras markierte einen Einschnitt in der Geschichte Obervoltas. Die vernachlässigte Landwirtschaft konnte das Land nicht ausreichend ernähren, so daß der Staat

## Daten und Fakten

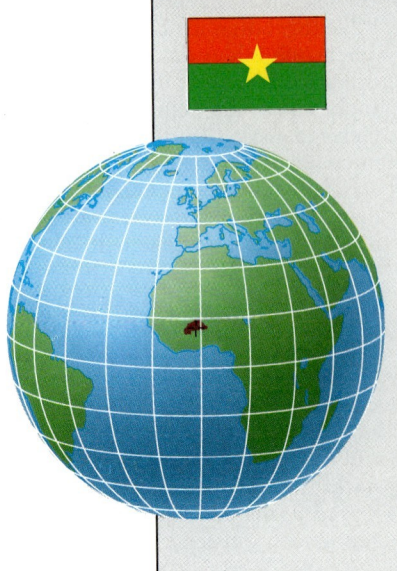

**DAS LAND**
**Offizieller Name:** Burkina Faso
**Hauptstadt:** Ouagadougou
**Fläche:** 274 000 km²
**Landesnatur:** Flachwellige Savannenebenen mit Inselbergen, im W Sandsteintafelland, das mit der Steilstufe von Banfora nach SO abbricht
**Klima:** Wechselfeuchtes, tropisches Klima
**Hauptflüsse:** Schwarzer Volta, Weißer Volta
**Höchster Punkt:** Ténakourou 749 m
**Tiefster Punkt:** 198 m über dem Meeresspiegel

**DER STAAT**
**Regierungsform:** Präsidiale Republik
**Staatsoberhaupt:** Staatspräsident
**Regierungschef:** Ministerpräsident
**Verwaltung:** 45 Provinzen
**Parlament:** Parlament mit 111 für 5 Jahre gewählten Mitgliedern
**Nationalfeiertag:** 11. Dezember

**DIE MENSCHEN**
**Einwohner:** 11 616 000 (1999)
**Bevölkerungsdichte:** 42 Ew./km²
**Stadtbevölkerung:** 18,5 %
**Bevölkerung unter 15 Jahren:** o.A.

**Analphabetenquote:** 77 %
**Sprache:** Französisch (Arabisch u. z.T. Englisch als Handelssprachen)
**Religion:** Moslems 43 %, Katholiken 11 %, Anhänger von traditionellen Religionen

**DIE WIRTSCHAFT**
**Währung:** CFA-Franc
**Bruttosozialprodukt (BSP):** 2575 Mio. US-$ (1998)
**BSP je Einwohner:** 240 US-$
**Inflationsrate:** 6,6 % (1990-98)
**Importgüter:** Maschinen, Fahrzeuge, Eisen, Stahl, Metallwa-

**Burkina Faso** (links), das früher Obervolta hieß, erhielt seinen jetzigen Namen, der »Land der ehrbaren Männer« bedeutet, erst 1984. Von 1897 bis zur Erlangung seiner Unabhängigkeit im Jahr 1960 war das Land eine französische Kolonie.

**Die aus Lehm bestehenden Getreidebehälter** mit ihren kegelförmigen Strohdächern (unten) in einem Bobo-Dorf im Südwesten Burkina Fasos sind den Wohnhütten nachempfunden. Es werden vor allem Mais, Hirse und Reis angebaut.

von westlicher Entwicklungshilfe abhängig war und in Dürrejahren direkt durch internationale Lebensmittellieferungen am Leben erhalten werden mußte. Unter diesen Bedingungen wollte Thomas Sankara zeigen, daß Armut und Unterentwicklung, Korruption und Vetternwirtschaft keine Naturgesetze für Afrika sein müßten. Den grundlegenden Fehler früherer Politik erblickte er darin, daß die jungen Staaten Afrikas ihr Heil in der Industrialisierung gesucht hätten, die Stadt dabei in den Mittelpunkt gestellt und das Land vernachlässigt hätten. Dagegen räumte er dem Agrarsektor absolute Priorität ein.

Zur Entlastung des Staatshaushalts straffte er die staatliche Bürokratie, strich Privilegien und entließ korrupte Beamte. Sankara nahm den Kampf mit den starken Gewerkschaften auf, die nur eine kleine privilegierte Minderheit, die Gehaltsempfänger in den Städten, vertraten. Der rigorose Aderlaß der Privilegierten kam im Rahmen eines nationalen Entwicklungsplans den Dörfern zugute. In den folgenden Jahren wurden in Burkina Faso mehr Brunnen gebohrt, mehr Bäume gepflanzt, mehr Dorfschulen und Gesundheitszentren errichtet als je zuvor. Seine Appelle an die Bevölkerung, auf die eigenen Kräfte zu bauen, und die Einbeziehung der Massen in politische Entscheidungsprozesse zeigten Erfolg.

Sein nicht-korruptes Verhalten, sein demonstrativ bescheidener Lebensstil und seine Politik machten Thomas Sankara zu einer weit über Burkina Faso hinaus bei der afrikanischen Jugend beliebten, bei den konservativen afrikanischen Führern dagegen gefürchteten alternativen Symbolfigur. Im Oktober 1987 wurde er bei einem Putsch durch seinen Chefberater, Capitaine Blaise Compaoré (* 1951), hingerichtet. Dieser führte als Staatsoberhaupt demokratische Reformen durch und wurde im November 1998 letztmals im Amt bestätigt.

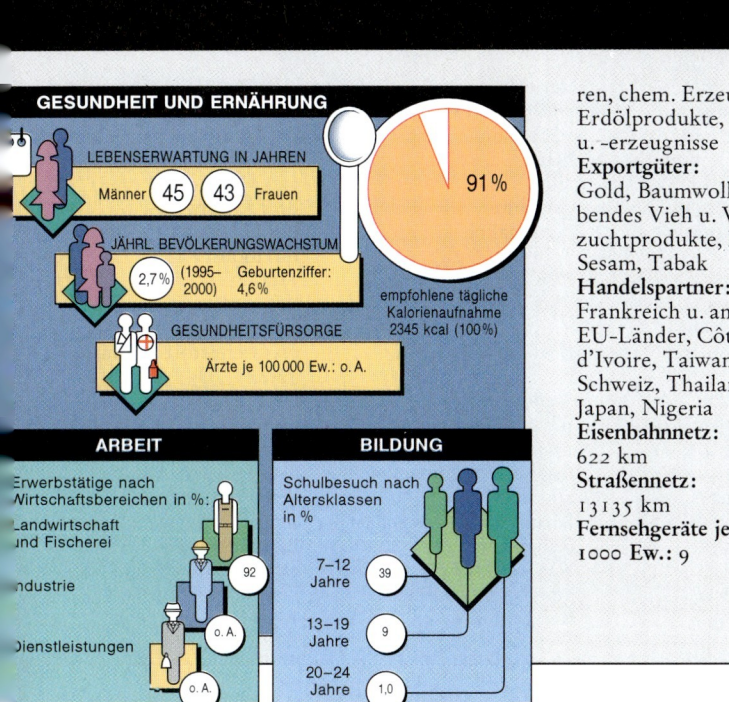

ren, chem. Erzeugnisse, Erdölprodukte, Getreide u. -erzeugnisse
**Exportgüter:** Gold, Baumwolle, lebendes Vieh u. Viehzuchtprodukte, Leder, Sesam, Tabak
**Handelspartner:** Frankreich u. andere EU-Länder, Côte d'Ivoire, Taiwan, USA, Schweiz, Thailand, Japan, Nigeria
**Eisenbahnnetz:** 622 km
**Straßennetz:** 13 135 km
**Fernsehgeräte je 1000 Ew.:** 9

# BURUNDI

Burundi, einer der kleinsten und am dichtesten besiedelten Staaten Afrikas, ist ein klimatisch begünstigtes, mäßig warmes und feucht-tropisches Hochland. Von der trockeneren und wärmeren Zone des großen Zentralafrikanischen Grabens in 773 m Höhe am Tanganjikasee und des Flusses Ruzizi im Westen steigt das Land weiter östlich zur besser beregneten und stärker bewaldeten Wasserscheide von Kongo und Nil in 1500–2000 m Höhe an. Daran schließen sich die zentralen und östlichen Hochebenen an, die zwei Regenzeiten aufweisen und mit Feuchtsavanne bestanden sind. Sie bilden die Weide- und Hauptanbaugebiete des Landes. Die ursprüngliche parkartige Baumsavanne ist infolge langanhaltender Überweidung oft nur noch als baumarme Grassavanne erhalten.

### Wirtschaft

Die Wirtschaft ist agrarisch geprägt. Die ehemals funktionstüchtige Subsistenzwirtschaft der Kleinbauern, die traditionell Bohnen, Erbsen, Maniok, Kartoffeln, Mais und Bananen, in letzter Zeit aber auch Reis und Weizen anbauen, kann angesichts der wachsenden Bevölkerung und einer zurückgehenden Bodenfruchtbarkeit den Bedarf an Grundnahrungsmitteln nicht mehr decken.

Nur Kaffee, Baumwolle und Tee werden überwiegend von Kleinbauern für den Export angepflanzt. Aber nicht nur die schwankenden Weltmarktpreise machen das Geschäft oft zum Verlust, sondern auch der aufwendige Transport. Burundi ist ein Binnenland ohne Hafen, seine wenigen Asphaltstraßen sind nur in der Trockenzeit befahrbar, es gibt keine Eisenbahn, und die Fahrt durch Tansania an den Indischen Ozean dauert wenigstens 10 Tage.

Die Viehwirtschaft bereitet dem Land mehr Schaden als Nutzen, denn sie dient vor allem dem Sozialprestige der Besitzer und wird nicht nach ökonomischen Rentabilitätskriterien betrieben. Da die Größe der Herde das Ansehen der Viehbesitzer bestimmt, müssen Fleischimporte, vor allem aus der Demokratischen Republik Kongo (ehemals Zaire), getätigt werden, während das Land gleichzeitig ungefähr dreimal soviel Großvieh aufweist wie die Weideflächen verkraften können. Die Folge solcher Überweidung ist die Verkarstung des Bodens.

### Bevölkerung und Geschichte

Die Geschichte Burundis ist die Geschichte der fortgesetzten Unterdrückung eines Volkes durch ein anderes. Ende des 13. und Anfang des 14. Jahrhunderts drangen die Tutsi, von Norden kommend, in das Gebiet der heutigen Staaten Burundi und Ruanda ein. Die äthiopiden Viehzüchter, imponierende Zwei-Meter-Männer, deren gewaltig gehörnte Watussi-Rinderherden die Ansässigen in Schrecken versetzten, unterwarfen das negride Bauernvolk der Hutu. In den folgenden Jahren wehrten die Tutsi-Krieger die Einfälle marodierender Nachbarstämme und die von Sklavenhändlern ab. Sie setzten ihren Herrschaftsanspruch gegenüber den Hutu gewaltsam durch und errichteten im 17. Jahrhundert ein sakrales Königreich. Der Herrscher, der Mwami, wurde mit seiner Einsetzung zur heiligen Person, die das Wohl des Staates bestimmte. Das sakrale Königtum hat den Tutsi eine eigene kulturelle Identität vermittelt, die weder von den Kolonialmächten noch von der katholischen Mission gebrochen werden konnte. Das Nationalmuseum in der historischen Residenzstadt Kitega bewahrt dieses kul-

## Daten und Fakten

**DAS LAND**
**Offizieller Name:** Republik Burundi
**Hauptstadt:** Bujumbura
**Fläche:** 27 834 km²
**Landesnatur:** Im O Berg- u. Hügelland, im W Randstufe des Zentralafrikan. Grabens u. Grabensohle am Tanganjikasee
**Klima:** Tropisches Hochlandklima
**Hauptflüsse:** Ruvubu, Ruzizi
**Höchster Punkt:** Luvironza 2760 m
**DER STAAT**
**Regierungsform:** Präsidiale Republik
**Staatsoberhaupt:** Staatspräsident
**Regierungschef:** Ministerpräsident

**Verwaltung:** 15 Provinzen
**Parlament:** Nationalversammlung mit 81 für 5 Jahre gewählten Mitgliedern
**Nationalfeiertag:** 1. Juli
**DIE MENSCHEN**
**Einwohner:** 6 565 000 (1999)
**Bevölkerungsdichte:** 236 Ew./km²
**Stadtbevölkerung:** 9 %
**Bevölkerung unter 15 Jahren:** o.A.
**Analphabetenquote:** 65 %
**Sprache:** Kirundi, Französisch
**Religion:** Katholiken 65 %, Anhänger von traditionellen Religionen

**DIE WIRTSCHAFT**
**Währung:** Burundi-Franc
**Bruttosozialprodukt (BSP):** 922 Mio. US-$ (1998)
**BSP je Einwohner:** 140 US-$
**Inflationsrate:** 11,8 % (1990–98)
**Importgüter:** Maschinen, Fahrzeuge, Nahrungsmittel, Brennstoffe, Konsumgüter
**Exportgüter:** Kaffee (90 %), Tee, Baumwolle, Ölfrüchte, Häute u. Felle
**Handelspartner:** Benelux-Länder, USA, BRD, Frankreich, Japan
**Eisenbahnnetz:** o.A.
**Straßennetz:** 14 473 km
**Fernsehgeräte je 1000 Ew.:** 4

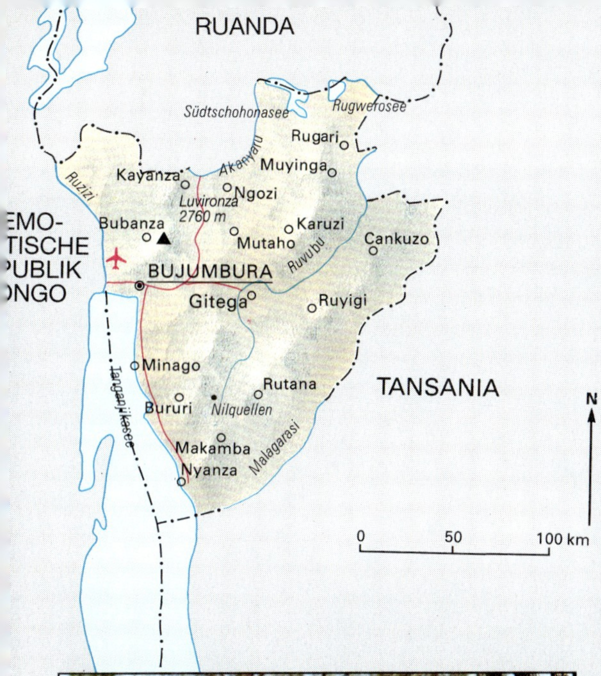

**Burundi** (links) ist ein armes Land, in dem die meisten Menschen sich von der Landwirtschaft ernähren. Die Rivalität zwischen den beiden großen ethnischen Gruppen, Hutu und Tutsi, ist seit eh und je konfliktreich.

**Landfrauen** (unten links) müssen beim Reinigen der lokalen Wasservorräte improvisieren. Mit Hilfe einer alten Blechdose, die reinigende Substanzen enthält, schütten sie das geschöpfte Wasser durch eine Kürbisflasche.

**Diese Berglandschaft** (unten) liegt an der östlichen Grenze Burundis zu Tansania. Die meisten Wälder, die in früherer Zeit die Hochebenen bedeckten, mußten landwirtschaftlich kultivierten Flächen Platz machen.

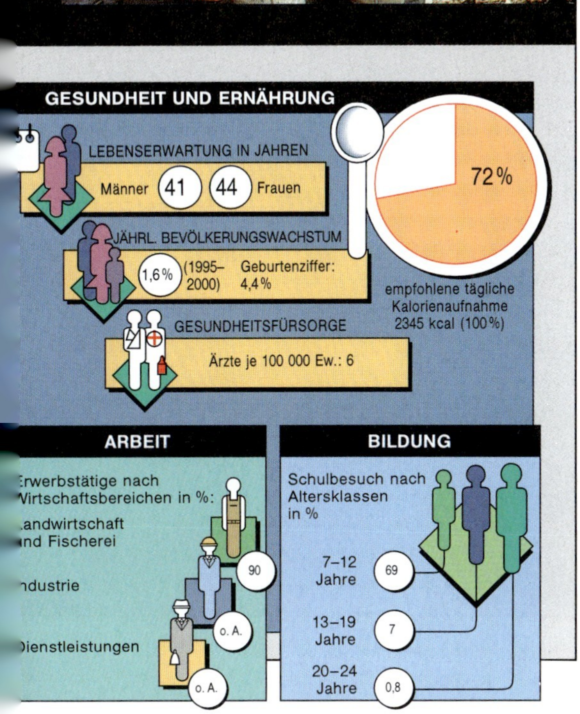

**Ein alter Tutsi-Mann** (oben) bei einer Ruhepause. Obwohl die Tutsi nur 14 % der Bevölkerung ausmachen, ist ihre politische Macht wesentlich größer als die der Hutu, der mit einem Anteil von 85 % größten ethnischen Gruppe im Lande.

turelle Erbe. Als erste Europäer betraten die britischen Forscher Burton und Speke das Gebiet von Burundi. 1884 wurde das Land zusammen mit Rwanda Teil des »Schutzgebiets« Deutsch-Ostafrika. Nach dem Ersten Weltkrieg kam es unter belgische Protektoratsverwaltung, die erst mit der Unabhängigkeit im Jahr 1962 endete. Der Sturz der Monarchie 1966 und der Übergang in eine Präsidial- und Einparteien-Diktatur, seit 1976 in eine Militärherrschaft, brachte für die Hutu keine Veränderung. Immer noch waren sie wirtschaftlicher und gesellschaftlicher Diskriminierung ausgesetzt und lebten in der Furcht vor einer Wiederholung der Massaker von 1972, denen fast 100 000 Hutu zum Opfer fielen. 1990 wurde eine Charta der nationalen Einheit verabschiedet, auf deren Grundlage das politische System demokratisiert werden sollte. In einem Referendum stimmte die Bevölkerung 1992 einer neuen Verfassung zu. Nach der Ermordung des Präsidenten Ndadaye 1993 brachen erneut blutige Kämpfe zwischen den verfeindeten Volksgruppen aus. Seit dem Putsch von 1996 ist Pierre Buyoya (* 1949) Präsident, der das Amt bereits 1987 bis 1993 ausübte.

# CHILE

»El ultimo rincón del mundo«, »das Ende der Welt«, nannte man Chile einst. Auf diese Bezeichnung ist man keineswegs zufällig verfallen, denn Kap Hoorn, der Südzipfel von Chile, ist tatsächlich das Ende der bewohnten Welt.

Zum Territorium des Landes zählen auch die im Pazifik gelegenen und in die Weltliteratur eingegangenen Juan-Fernandez-Inseln, auf denen der Seemann Alexander Selkirk, Daniel Defoes »Robinson Crusoe«, im Jahre 1705 ausgesetzt wurde. Ebenso steht die von einer rätselhaften polynesischen Kultur geprägte Osterinsel unter chilenischer Hoheit. Darüber hinaus erhebt das Land Anspruch auf einen 1,25 Millionen Quadratkilometer großen Sektor der Antarktis.

Seiner außergewöhnlich großen Nord-Süd-Ausdehnung verdankt Chile ein vielseitiges Landschaftsbild. Es reicht von den weitläufigen Fjorden in den kühl-gemäßigten, ja fast subpolaren Waldregionen über die in fruchtbare Hügelländer eingesenkten Seen, hinter denen sich als eindrucksvolle Kulisse die mit ewigem Schnee bedeckten Anden erheben, bis zu den tropischen Wüsten, den unwirtlichen Einöden aus Sand und Steinen. Doch die Schönheit der Natur ist auch im Zeitalter des Tourismus vielen noch weitgehend unbekannt.

Internationale Verbreitung und Anerkennung haben die Nobelpreisträger von 1945 und 1971, Gabriela Mistral (1889–1957) und Pablo Neruda (1904–1973), der chilenischen Literatur verschafft. Doch seit dem Militärputsch von 1973 und der sich anschließenden Diktatur des Generals Augusto Pinochet (* 1915) haben die politischen Verhältnisse das Bild Chiles in der Weltöffentlichkeit geprägt, überschattet von immer neuen Meldungen über massive Menschenrechtsverletzungen, Folter und Mord gegen die eigene Bevölkerung.

Chile gehört zu den stärker industrialisierten Ländern Südamerikas. Die Entdeckung reicher Kupfer- und Salpetervorkommen im 19. Jahrhundert versprach der bis dahin armen spanischen Kolonie zunehmenden Wohlstand und zog viele Einwanderer an, hauptsächlich Briten, Deutsche und Franzosen.

Der Ackerbau setzte im Gebiet Chiles hingegen weit später ein als in den zentralen Andenstaaten. Erst um die Zeitenwende wurde er von einwandernden Stämmen mitgebracht. Bekannt geworden sind die sehr unterschiedlichen Kulturen der frühen chilenischen Stämme unter dem Namen Atacameño.

## Geschichte

Nachdem schon vorher der chilenische Norden zunehmend unter den Einfluß der Inka geraten war, dehnte der von 1438–1471 regierende Inkaherrscher Pachacutec Yupanqui sein Reich bis an den Río Bío-Bío aus. Doch schon am Río Maule waren die Inka auf kriegerische Stämme gestoßen, die ihnen erbitterten Widerstand entgegensetzten. Araukaner wurden sie von den

# CHILE

Inka genannt. Sie selbst allerdings bezeichneten sich als »mapuche«, »Herren des Landes«.

Nur wenige Jahre später begann die spanische Eroberung Chiles. Nachdem Francisco Pizarro (um 1478–1541) Ende 1532 den Inka-Herrscher Atahualpa in seine Gewalt gebracht hatte, fiel ihm zusammen mit dem Inkareich auch der Nordteil Chiles in die Hände. Pedro de Valdivia (1500–1553) gründete 1541 am Río Mapocho die erste chilenische Stadt – Santiago de la Nueva Extremadura. Am Río Maule überschritt er die alte Inkagrenze, bis auch er am Río Bío-Bío auf die Araukaner stieß. Dort gründete er 1550 die Stadt Concepción, die bis Mitte des 19. Jahrhunderts die südlichste Grenzfestung Chiles bildete.

Als Teil des Vizekönigreichs von Peru galt Chile als die ärmste Überseebesitzung der spanischen Krone. Strikte Handelsbeschränkungen – bis 1778 mußte der gesamte chilenische Handel über Callao, den peruanischen Haupthafen, abgewickelt werden – sowie Plünderungen der Hafenstädte durch englische Korsaren und endlose Indianerkriege verhinderten jeden Aufschwung. Der Ruf nach Unabhängigkeit wurde immer lauter. Doch erst am 12. Februar 1818 konnte Bernardo O'Higgins (1776–1842), der in Chile heute noch als Nationalheld verehrt wird, das Land nach blutigen Kämpfen gegen das ·Mutterland für unabhängig erklären. Auf O'Higgins folgten erst konservative, ab 1861 liberale Präsidenten. Zug um Zug veränderte sich Chile unter den liberalen Präsidenten: Aus der »autoritären Republik« wurde die »parlamentarische Republik.«

Den sogenannten »Salpeterkrieg«, der von 1879 bis 1883 um die reichen Nitratlagerstätten von Antofagasta ausgetragen wurde, konnte Chile gegen Peru und Bolivien für sich entscheiden. Durch das Weltmonopol für Salpeter und den Abbau reicher Kupfervorkommen kehrte Wohlstand in das Land ein. Doch nicht alle konnten gleichermaßen daran teilhaben. Vor allem profitierten europäische und US-amerikanische Geldgeber, die Einfluß auf Chile nahmen, sowie die traditionelle Oberschicht. Die soziale Situation der Bergbau- und Industriearbeiter, die sich zum Teil in der 1921 gegründeten »Sozialistischen Arbeiterpartei« sammelten, verschlechterte sich indes zunehmend und führte zu häufigen Unruhen und Streiks. Daran konnten auch die Wirtschafts- und Sozialreformen des Arturo Alessandri (1868–1950), Führer der »Liberalen Allianz« und zwischen 1920 und 1938 mit Unterbrechungen Präsident, kaum etwas verändern, wurde doch die politische Situation des Landes durch die schweren Folgen der Weltwirtschaftskrise von 1929 in besonderem Maße verschärft.

1938 setzte sich schließlich eine Volksfrontregierung verschiedener Linksparteien unter Pedro Aquirra Cerda (1879–1941) durch, die Chile endlich die erste fortschrittliche Sozialgesetzgebung brachte.

# CHILE: DER STAAT

»Por la razón o la fuerza«, »mit Vernunft oder Gewalt«. Auf diesem Wahlspruch ruht das chilenische Staatswappen. Doch gerade in der jüngsten Geschichte des Landes wurde diese Devise auf den Kopf gestellt, rangiert Gewalt vor Vernunft. Von politischer Freiheit und sozialem Fortschritt träumten die Chilenen. Doch die Geschichte verlief anders. Es kamen die Soldaten – und am 11. September 1973 wurde Chile eine Militärdiktatur.

Seitdem herrschte Angst im Lande; Angst vor dem Inhaftiertwerden ohne Haftbefehl, Angst vor den Folterkammern des Geheimdienstes, Angst vor dem spurlosen »Verschwinden«. Dabei gab die chilenische Geschichte zu Beginn der 60er Jahre insgesamt gesehen Anlaß zu politischem Optimismus.

1964 wurde der Führer der »Christlich Demokratischen Partei« Eduardo Frei (1911–1982) mehrheitlich zum chilenischen Staatspräsidenten gewählt. Sein ehrgeiziges Programm der »Revolution in Freiheit« sollte die wirtschaftlichen und sozialen Probleme des Landes lösen. Während seiner sechsjährigen Amtszeit wurden im Zuge der Agrarreform Teile des Landes in genossenschaftliche »asientamentos« umgewandelt sowie die Teilnationalisierung der in US-amerikanischem Besitz befindlichen Kupferindustrie durchgeführt.

Freilich, was für den einen den ersten Schritt bedeutete, ging für den anderen zu weit: Die Reformen seien zu zögerlich, meinte die Linke, zu radikal, urteilten dagegen die Konservativen und entzogen dem christdemokratischen Präsidenten ihre Unterstützung.

Weit über die Reformansätze Freis ging das Programm hinaus, mit dem der Sozialist und Kandidat der aus Kommunisten und anderen Linksparteien zusammengesetzten »Frente de Acción Popular« (Volksfront), Salvador Allende (1908–1973), zu den Präsidentschaftswahlen 1970 antrat. Er strebte eine sozialistische Neugestaltung des Landes auf parlamentarischem Weg an und gewann, für viele überraschend, die Wahl.

Auf dem Weg zum chilenischen Sozialismus wurde der Großgrundbesitz enteignet und ging in Staats- und Kollektivbesitz über. Die großen Kupferminen wurden nationalisiert, Banken und Teile der Industrie verstaatlicht sowie die Einkommen der unteren Bevölkerungsschichten angehoben. Nach anfänglichen Erfolgen verschlechterte sich jedoch die wirtschaftliche Lage des Landes rapide – nicht zuletzt im Zuge der weltweiten Rezession. Kapitalflucht, Abwanderung von Führungskräften und Boykottmaßnahmen in- und ausländischer Wirtschaftskreise trugen zu wirtschaftlichen Rückschlägen bei, die von einer zunehmenden politischen Polarisierung begleitet wurden.

Im August 1973 forderte die Mehrheit des Kongresses den Präsidenten zum Rücktritt auf. Doch Allende blieb keine Zeit zum Überlegen. Am 11. September kam es zum blutigen Putsch. Allende wurde von der Armeeführung mit Unterstützung des US-amerikanischen Geheimdienstes gestürzt und kam auf »ungeklärte Weise« ums Leben.

Die Militärjunta unter der Führung von General Augusto Pinochet löste sofort das Parlament auf, die Grundrechte wurden aufgehoben, die traditionell starken chilenischen Gewerkschaften entmachtet, und zehn Jahre lang – von 1977 bis 1987 – blieben alle politischen Parteien verboten. Um jegliche Opposition schon im Keim zu ersticken, schreckte Pinochet auch

## Daten und Fakten

**DAS LAND**
**Offizieller Name:** Republik Chile
**Hauptstadt:** Santiago de Chile
**Fläche:** 756 626 km²
**Landesnatur:** Im O Anden, nach W anschließend die mittleren Hochebenen, im W Küstenkordilleren
**Klima:** Im N tropisch-subtropisches Wüstenklima, in Mittelchile warm-gemäßigtes Winterregenklima, im S kühles, niederschlagsreiches Klima
**Hauptflüsse:** Loa, Maipo, Maule, Bío-Bío
**Höchster Punkt:** Ojos del Salado 6880 m

**DER STAAT**
**Regierungsform:** Präsidiale Republik
**Staatsoberhaupt:** Staatspräsident
**Verwaltung:** 13 Regionen, 40 Provinzen
**Parlament:** Abgeordnetenhaus mit 120 auf 4 Jahre gewählten Abgeordneten und Senat mit 39 auf 8 Jahre gewählten und weiteren 9 ernannten Mitgliedern
**Nationalfeiertag:** 18. September

**DIE MENSCHEN**
**Einwohner (Ew.):** 15 019 000 (1999)
**Bevölkerungsdichte:** 20 Ew./km²
**Stadtbevölkerung:** 85 %
**Bevölkerung unter 15 Jahren:** 28 %
**Analphabetenquote:** 4 %
**Sprache:** Spanisch
**Religion:** Katholiken 77 %

**DIE WIRTSCHAFT**
**Währung:** Chilenischer Peso
**Bruttosozialprodukt:** 71294 Mio. US-$ (1998)
**BSP je Einwohner:** 4810 US-$
**Inflationsrate:** 9,3 % (1990–98)
**Importgüter:** Erdöl u. -produkte, Maschinen, Ausrüstungen, Nahrungsmittel
**Exportgüter:** Bergbauprodukte (Kup-

**Der frühere chilenische Diktator** Augusto Pinochet (in Zivil, *links*) kehrte am 3. März 2000 nach fast eineinhalb Jahren Hausarrest in London als freier Mann in seine Heimat zurück.

**Chile** (*rechts*) liegt an der Westküste des südamerikanischen Kontinents und reicht von der peruanischen Grenze bis zum Kap Hoorn, der Südspitze Südamerikas. Es ist mehr als zehnmal so lang wie breit. Die Anden bilden die östliche Begrenzung des Landes.

vor willkürlichen Verhaftungen, Folter und Mord nicht zurück. Pinochet hob Allendes Reformwerk wieder auf, enteigneter Grundbesitz wurde zurückgegeben, verstaatlichte Betriebe reprivatisiert. Eine dauerhafte wirtschaftliche Konsolidierung gelang indes nicht. Durch die im März 1981 in Kraft getretene neue Verfassung machte er sich für weitere acht Jahre zum Präsidenten, Regierungschef und Oberbefehlshaber der Streitkräfte.

### Rückkehr zur Demokratie

Das 1987 erlassene Parteiengesetz legalisierte mit Einschränkungen die Betätigung politischer nichtmarxistischer Parteien. Doch der Widerstand in der Bevölkerung gegen die Diktatur wuchs weiter, und im Oktober 1988 verlor Pinochet in einem Referendum die Zustimmung für eine erneute Amtsperiode. Daraufhin wurden für Ende 1989 die ersten freien Wahlen seit 1973 angesetzt, bei denen der Christdemokrat Patricio Aylwin (* 1918) einen großen Wahlsieg erringen konnte. Er war Kandidat der vereinigten chilenischen Opposition, einer aus 17 Parteien und Gruppen bestehenden Mitte-Links-Koalition. Damit sprach sich die Bevölkerung Chiles innerhalb eines Jahres dreimal für die Demokratisierung des politischen Lebens aus. Eduardo Frei (* 1942), ein Sohn des früheren Präsidenten Frei, löste Aylwin 1994 als Staatschef ab. Im Januar 2000 wurde der Sozialist Ricardo Lagos Escobar zum Staatspräsidenten gewählt.

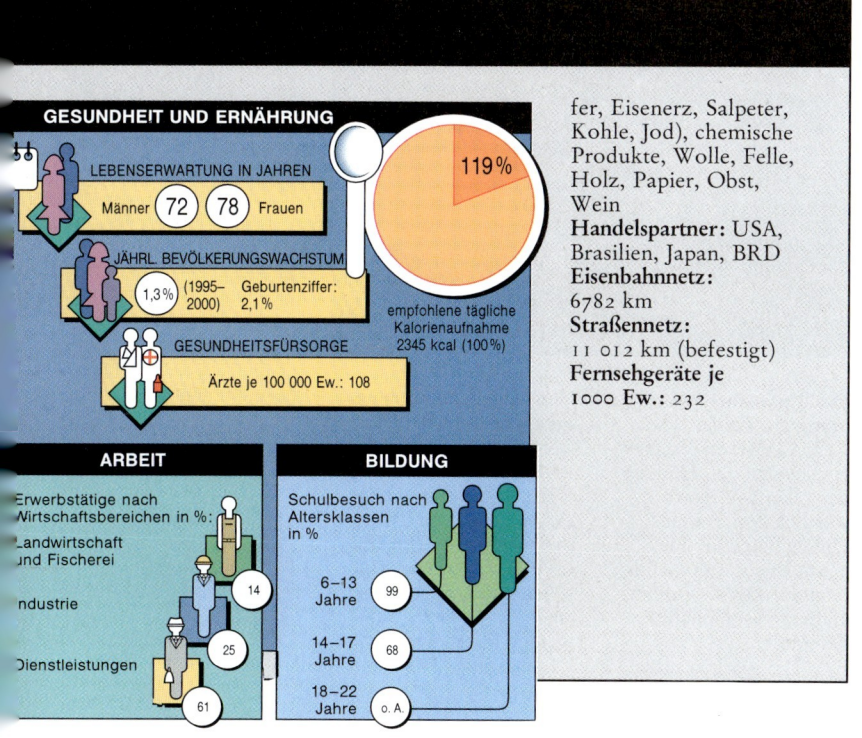

fer, Eisenerz, Salpeter, Kohle, Jod), chemische Produkte, Wolle, Felle, Holz, Papier, Obst, Wein
**Handelspartner:** USA, Brasilien, Japan, BRD
**Eisenbahnnetz:** 6782 km
**Straßennetz:** 11 012 km (befestigt)
**Fernsehgeräte je 1000 Ew.:** 232

# CHILE: LANDESNATUR

Chiles geographische Gestalt ist einzigartig auf der Erde. Wie ein schier endloses Band zieht sich das Land von Kap Hoorn, der sturmumtosten und vereisten Südspitze des südamerikanischen Subkontinents über 4200 km nach Norden und grenzt dabei auf seiner gesamten Länge an den Pazifischen Ozean. Dabei erreicht Chile eine maximale Breite von 400 km – im Durchschnitt jedoch nur 190 km – und an seiner engsten Stelle schrumpft die Ost-West-Ausdehnung gar auf 90 km.

Aufgrund der großen Nord-Süd-Ausdehnung bietet das Land zwischen Anden und Pazifik eine einzigartige Abfolge verschiedener Klimazonen. Beinahe alle außertropischen Vegetations- und Landschaftstypen sind vertreten: staubtrockene Wüsten, ausgedörrte Salz- und sonnendurchglühte Steinpampas, sattgrüne Weinbautäler mit spiegelklaren Seen, in denen sich von glitzernden Gletscherhauben gekrönte Andengipfel spiegeln, immergrüne Regenwälder und leuchtende Südbuchenhaine, karge Kältesteppen und zerklüftete Fjorde, gleißende Gletscher und schimmernde Schneefelder, über die ewiger Sturm hinwegfaucht.

Chile ist ein echtes Hochgebirgsland, dessen Oberfläche durch die im Tertiär aufgefalteten Anden bestimmt wird. Die häufigen Erdbeben in diesem Raum mit ihren oft katastrophalen Auswirkungen deuten darauf hin, daß diese geologisch junge Gebirgsbildung der zwei parallel laufenden Bergketten, die das Land in seiner gesamten Länge durchziehen, noch nicht abgeschlossen ist. Die Hauptkordillere bildet die Fortsetzung der bolivianischen Westkordillere und wird aus stark gefalteten mesozoischen und vulkanischen Gesteinen aufgebaut. Von Norden nach Süden sinkt die Kordillere allmählich von nicht ganz 7000 m Höhe auf knapp 4000 m ab. Die Küstenkordillere hingegen erreicht im allgemeinen nur Höhen bis 2000 m. Südlich der Insel Chiloé taucht sie ins Meer und löst sich in einen Schwarm von Inseln und Klippen auf.

### Die Landschaften

Aufgrund des unterschiedlichen Klimas und der Vegetation sowie der Besiedlung und Wirtschaftsform lassen sich in Chile mehrere Großräume unterscheiden: Großer Norden, Mittelchile und Großer Süden, wobei sich Mittelchile wiederum in den »Kleinen Norden«, die »Zentralzone« und den »Kleinen Süden« aufteilt.

Mit »Großer Norden« werden die Wüsten und Trockenpampas im Norden des Landes bezeichnet. Sie liegen im Trockengürtel der Erde. Die über die Atacama-Wüste streichenden auflandigen Winde führen – wegen der starken Abkühlung durch den Humboldtstrom – kaum Feuchtigkeit mit sich und machen sie zur »trockensten Wüste der Welt«. Es ist eine überaus einsame und lebensfeindliche, sonnendurchglühte Hochgebirgswüste, deren Oberfläche weithin von salzverkrustetem Sand und Staub

**Die Reste eines verbrannten Waldes** (oben) stehen inmitten erstarrter Lava an den Hängen des Llaima-Vulkans, westlich von Temuco. Dieser Berg, 3 124 m hoch, ist einer der zahlreichen aktiven Vulkane an der Westabdachung der Anden.

**Von einem Gletscher abgebrochene Eisschollen** (rechts) in einem Fjord in der Tierra del Fuego (»Feuerland«) sind ein sicheres Zeichen dafür, daß sich dieser Teil Chiles in der subantarktischen Klimaregion befindet. Hier leben nur wenige Menschen.

# CHILE

**Eruption eines Geysirs** *(links)* in der Atacama-Wüste, einem der trockensten und lebensfeindlichsten Gebiete der Erde. Wegen ihrer Bodenschätze, u. a. Salpeter und Kupfer, hat die Wüste dennoch große wirtschaftliche Bedeutung für Chile.

**Die Gebäude einer kleinen Farm** *(oben)* in der »Chilenischen Schweiz« sind aus Holz gebaut. Diese fruchtbare Landschaft liegt in einem Längstal südlich des Bío-Bío-Flusses. Sie wird von den verschneiten Gipfeln der Anden überragt.

**Chile** *(links)* umfaßt durch seine außergewöhnliche Nord-Süd-Erstreckung eine Vielzahl von Landschaftszonen, von heißen Wüsten im Norden über gemäßigte Waldzonen bis zu kalten, der Tundra ähnlichen Landschaften im Süden.

gebildet wird. Doch die nördliche Trockenregion hat weit mehr zu bieten. Sie birgt nämlich die größten nationalen Bodenschätze: Salpeter, Schwefel und Kupfer.

Mit dem – freilich noch sehr trockenen – »Kleinen Norden« zwischen Copiapó und Vallenar beginnt Mittelchile. Zwar sind die Niederschläge gering, aber die der Kordillere entspringenden wasserreichen Flüsse erlauben eine intensive Bewässerung der Täler. Das Klima ist von angenehmer Milde, so daß viele Hänge und Hügel Weinkulturen tragen.

Der 6958 m hohe Aconcagua, nordwestlich der Hauptstadt Santiago de Chile, auf argentinischem Gebiet liegend, markiert wie ein gigantischer Grenzstein den Anfang der »Zona Central«, der subtropischen, dichtbesiedelten Zentralzone. Sie erstreckt sich südlich bis nach Concepción. Gleichzeitig beginnt auf der Höhe des Aconcagua die für Mittelchile typische Dreiteilung des Landes: im Osten die schneegekrönte Haupt-, im Westen die mittelgebirgsartige Küstenkordillere und dazwischen das »Valle Longitudinal«, das mit Flußsedimenten und vulkanischem Material angefüllte Chilenische Längstal.

Ausgeklügelte Bewässerungssysteme, gespeist von den Andengletschern, bescheren dem üppig grünen Längstal reiche Getreide-, Obst- und Weinernten. In der Küstenregion wird dagegen Regenfeldbau und Weidewirtschaft betrieben. Hier liegt auch Chiles zweitgrößte Stadt und Haupthafen: Valparaíso.

Etwa auf der Höhe von Los Angeles beginnt der maritim-milde »Kleine Süden«. Wegen seiner reizvollen Landschaften und den oft buchstäblich atemberaubenden Ausblicken auf die Andengipfel wird er auch als »Chilenische Schweiz« bezeichnet. Da die Westwinde für ausgiebige Niederschläge sorgen, reifen die endlosen Weizenfelder der »Frontera«, wie der Norden des »Kleinen Südens« genannt wird, ohne künstliche Bewässerung. Diese sträflich einseitige Nutzung als »Kornkammer Chiles« hat jedoch bereits deutliche ökologische Spuren einer Bodenverarmung hinterlassen. Bis gegen 1880 war der Name »Frontera« tatsächlich wortwörtlich zu verstehen: »Grenzzone«. Denn dort begann mit den undurchdringlichen Urwäldern das Gebiet der einst gefürchteten indianischen Araukaner.

Es schließt sich das fast menschenleere patagonische Chile an, der nördliche Teil des »Großen Südens«. Patagonien, das bedeutet Landschaften von beinahe archaischer Ursprünglichkeit, geprägt von kleinwüchsigen, immergrünen Feuchtwäldern und dornigen Kältesteppen, Inlandeismassen und Gletschern, die ins offene Meer kalben. Und dann, kurz vor Kap Hoorn: Feuerland, das der Seefahrer Fernão de Magalhães nach den Feuern der Indianer taufte. Unter ewig brausendem Sturm löst sich hier der amerikanische Kontinent in einem Gewirr von Inseln und Kanälen auf.

# CHILE: DIE MENSCHEN

Chile ist ein Hochgebirgsland, aber die Chilenen sind kein Bergvolk. Während weite Teile des Landes wegen geographischer und klimatischer Bedingungen beinahe menschenleer sind, kommt es in Mittelchile, dem begünstigten Siedlungs- und Wirtschaftsraum des Andenvorlandes, zu einer hohen Bevölkerungsdichte. Über 80 % aller Chilenen leben hier, allein jeder Dritte in Santiago de Chile.

Im Gegensatz zu den meisten südamerikanischen Staaten ist die ethnische Bevölkerungszusammensetzung Chiles recht homogen. Sie ist das Ergebnis einer rund 400 Jahre währenden Vermischung altspanischer und indianischer Bevölkerungselemente. Bei großzügiger Auslegung des Begriffs »Mestizen« zählen 70 % aller Chilenen zu dieser Bevölkerungsgruppe. In Chile indes spricht man weniger von den Mestizen denn von der »raza chilena«, der chilenischen Rasse.

Doch schon während der Kolonialzeit gingen zwei sehr unterschiedliche ethnische Gruppen eigene Wege: die sich auf rein spanische Vorfahren zurückführenden »Kreolen«, die als Weiße gelten und heute rund ein Viertel der chilenischen Bevölkerung stellen, sowie die indianischen Mapuche, die araukanischen »Herren des Landes«. Beide Volksgruppen hielten unbeirrbar an der eigenen Kultur und Herkunft fest. Allerdings mit unterschiedlichem Ergebnis. Denn während die kreolischen Familien noch heute einen nicht unerheblichen Teil der chilenischen Oberschicht stellen, finden sich die araukanischen Mapuche am Rand der chilenischen Gesellschaft wieder. Obwohl sie bis Mitte des 19. Jahrhunderts große Teile des »Kleinen Südens« besaßen, teilen die weitaus meisten der heute ungefähr 140 000 Araukaner das Schicksal ihrer nordamerikanischen Brüder und leben in Reservationen um Temuco.

Während im nördlichen Wüstenchile noch vielleicht 10 000 Aymará-Indianer und, verteilt im Lande, kleinere Ketschua- und Chonos-Gruppen leben, sind patagonische Indiovölker wie die Alacalufes, Onas und Yanganas nahezu ausgerottet. Sie wurden durch eingeschleppte Krankheiten dezimiert oder von Neusiedlern und Goldsuchern umgebracht. In Punta Arenas hat man den ausgerotteten Indianern ein Denkmal gesetzt. Ein makaberes allerdings. Denn nicht von Tortur und Tod kündet das Denkmal, sondern von »Einbettung in die Liebe des Chilenentums«.

Weit mehr als die indianischen Ureinwohner prägten neben den Spaniern Briten, Franzosen und Deutsche das Land. Vor allem die Deutschen haben sich – wohl wegen ihrer späten Einwanderung ab Mitte des 19. Jahrhunderts – ihre eigene Identität und Kultur bis in unsere Tage bewahrt, wenngleich heute im »Kleinen Süden« – der klassischen deutschen Enklave – Vermischungs- und Auflösungsprozesse kaum mehr zu leugnen sind. Aber nicht nur die späte Einwanderung, auch die Tatsache, daß sie als Protestanten in das bis heute überwiegend römisch-katholische Chile kamen, hat zu dieser sehr langen Isolierung geführt. Insgesamt wird die Zahl der ansässigen Deutschen auf rund 16 000 geschätzt, die der Deutschstämmigen jedoch auf über 100 000.

Die überwiegende Einheitlichkeit der chilenischen Bevölkerung spiegelt sich auch in der Sprachzugehörigkeit wider. Von den einst zahlreichen Indianersprachen hat sich lediglich das Mapuche der Araukaner erhalten können, das neben der Staatssprache Spanisch jedoch nur wenig verbreitet ist.

### Santiago de Chile

Ein durch und durch spanisches Bild zeigt auch Santiago de Chile, Landeshauptstadt und Fünf-Millionen-Metropole. Hier, in dem 600 m hohen Längstal, das von den schroffen Anden im Osten und der sanft gewellten Küstenkordillere im Westen begrenzt wird, herrscht ein sehr angenehmes und mildes Klima. Gut 300 Sonnentage zählt das Jahr.

Doch Sonnentage heißt auch in Santiago de Chile längst nicht mehr unbedingt auch Sonnenschein. Denn in den letzten Jahrzehnten hat sich Santiago de Chile in eine moderne Metropole verwandelt. Auto- und Industrieabgase liegen wie eine Dunstglocke über der Stadt, so daß an manchen Tagen sogar die in unmittelbarer Nähe gelegene, über 5000 m aufragende

**An der Plaza de Armas** in Santiago de Chile *(rechts)* trifft die Vergangenheit in extremer Weise auf die Gegenwart: moderne Bürohäuser überragen die alte, im kolonialspanischen Barockstil gebaute Kathedrale.

**Der Großteil** der noch in Chile verbliebenen araukanischen Mapuche-Indianer lebt wie diese ältere Frau *(oben)* heute in Reservationen.

# CHILE

**Ein chilenischer Schafzüchter** *(unten)*, dessen Gesichtszüge auf eine südeuropäische Herkunft seiner Vorfahren hindeuten. Er bewirtschaftet eine Farm in Südchile, wo mit der Steppenregion Patagoniens das Zentrum der Schafzucht liegt.

**In den Markthallen** von Santiago de Chile *(ganz oben)* werden viele verschiedene Meerestiere angeboten. Die pazifischen Gewässer entlang der Küste sind reich an Fisch, und Chile ist eine der führenden Fischerei-Nationen. Ein Großteil des Gesamtfangs von etwa 3,6 Millionen Tonnen im Jahr wird für den Export zu Fischmehl und -öl verarbeitet. Fisch ist auch ein wichtiges Nahrungsmittel: die »paila marina«, »caldillo de congrio« oder »chupe de mariscos« sind beliebte und schmackhafte Fischsuppen.

**Santiago de Chile** ist eine europäisch anmutende Metropole in den Anden *(oben)*. Als wichtigstes Industrie-, Handels- und Kommunikationszentrum Chiles ist Santiago die Heimat von ungefähr einem Drittel der Bevölkerung.

Andenmauer vom Smog verschluckt wird. Da die Landflucht in die Städte weiterhin anhält, kommt es auch in Santiago de Chile zu hoher Arbeitslosigkeit und Wohnungsmangel. Dabei platzt die Stadt schon jetzt aus allen Nähten. Wuchernde neue Wohn- und Industriesiedlungen schnüren den alten Stadtkern ein, und in den zahlreichen Brettersiedlungen, die rund um die Hauptstadt entstanden sind – den Callampas – wohnen Menschen unter erbärmlichsten Umständen.

Noch allerdings kennt das alte Santiago de Chile ruhige Stellen, verträumte Winkel und bemerkenswerte Ladengalerien, die beinahe detailgetreu ihren italienischen Vorbildern nachgeahmt sind. Mitten im Zentrum der kleinen Parkanlage Plaza de Armas steht die wuchtige Kathedrale, hinter ihr das im klassizistischen Stil gebaute Abgeordnetenhaus. Auch die größte Nationalbibliothek Lateinamerikas befindet sich in Chiles Hauptstadt.

Auf dem 679 m hohen Cerro de Santa Lucia steht eine bronzene Indianerskulptur. Der erstarrte chilenische Ureinwohner spannt seinen Bogen. Doch er wird nie mehr zum Schuß kommen. Denn weit über ihm, auf dem bedeutend höheren San-Cristóbal-Hügel steht als Sinnbild des siegreichen Spaniens das – inoffizielle – Wahrzeichen der Stadt: die triumphierende, beinahe 15 m hohe, weiß-marmorne »Jungfrau der Unbefleckten Empfängnis«.

# CHILE: WIRTSCHAFT

Hoch im Norden Chiles liegt auf knapp 3000 m Höhe in einem knochentrockenen Landstrich das größte offene Kupferbergwerk der Erde: die Mine von Chuquicamata. Über eine halbe Million Tonnen des roten Erzes werden hier Jahr für Jahr gefördert. Und wie die staatlichen Minen von Andino, El Teniente und El Salvador steht auch Chuquicamata unter Leitung der »CODELCO«, dem größten Kupfertrust der Erde.

Fast ein Viertel aller bekannten Kupferreserven liegen in Chile. Doch von Anfang an verstanden es ausländische Investoren, zuerst britische, dann US-amerikanische, die Mehrheit der Kupferminenanteile an sich zu reißen. Der jungen Republik dagegen blieben nur die bescheidenen Steuer- und Zolleinnahmen.

Ebenso ungünstig für die chilenische Wirtschaft war die Erfindung der synthetischen Stickstoffherstellung zu Beginn des 20. Jahrhunderts. Damit verloren die chilenischen Salpeterminen erheblich an Bedeutung. Zwar konnte das Kupfer diese nationale Krise mildern, beheben aber konnte es sie nicht. Zu groß war bereits der Anteil des von Ausländern kontrollierten chilenischen Kapitals.

### Chiles Wirtschaftspolitik

Dieses Trauma des »nationalen Ausverkaufs« bestimmt seit nunmehr sieben Jahrzehnten jede ökonomische Debatte. Auf ein universales Heilmittel zur Lösung der drängenden Probleme allerdings konnten sich die unterschiedlichen politischen Kräfte Chiles nie einigen.

Vor allem seit den frühen 20er Jahren wurde in Chile mit sehr gegensätzlichen Wirtschaftsstrategien experimentiert. Auf Teilverstaatlichungen und Verstaatlichungen von Bergbau und Banken sowie auf Bodenverteilungen an landlose Bauern folgte meist schon bald die teilweise Reprivatisierung. Bis zum gewaltsamen Sturz Allendes im Jahr 1973 indes läßt sich auch unter liberalen Regierungen ein Trend hin zu mehr staatlichem Einfluß und hin zur Absicherung nationaler Interessen erkennen. Nach seinem Militärputsch leitete Pinochet eine rigorose Reprivatisierung von Staatsbetrieben ein. Auch wenn die »CODELCO« mehrheitlich staatlich blieb, so malten sich doch etliche internationale Konzerne durch Pinochets neo-liberale Wirtschaftspolitik erneut Zugriffsmöglichkeiten auf das chilenische Kupfer aus.

Chile ist nach wie vor vom Bergbau abhängig. Von den Weltmarktpreisen für Kupfer und andere Metalle hängt das nationale Wohl bedingungslos ab. Schon mehr als einmal mußten die Chilenen dies bitter erfahren, am dramatischsten durch die Weltwirtschaftskrise 1929. Damals, als kein Mensch mehr Kupfer oder andere Metalle orderte, kollabierte die gesamte chilenische Wirtschaft. Massenarbeitslosigkeit und blutige Unruhen brachen aus. Als zu Beginn der 80er Jahre der Kupferpreis

**Der Umgang mit der Motorsäge** *(links)* ist gefährlich, daher trägt dieser Arbeiter Schutzkleidung. Die Holzindustrie hat sich rasch zu einem der wichtigsten Wirtschaftszweige des Landes entwickelt; Chile exportiert Holzerzeugnisse in alle Welt.

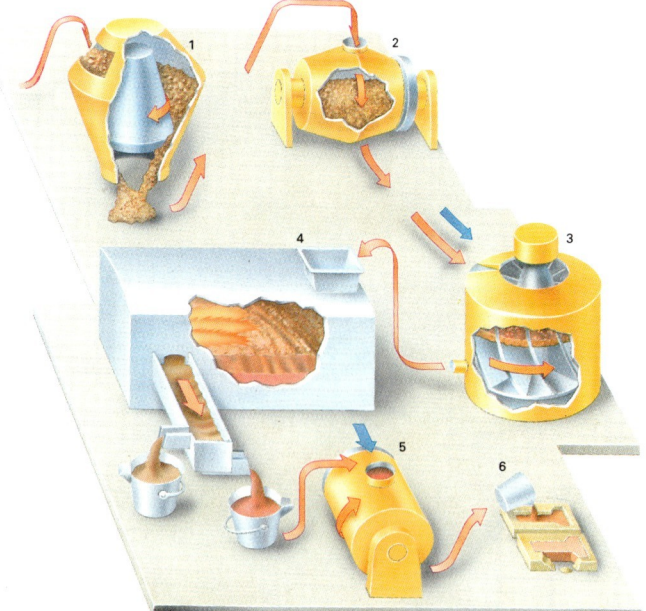

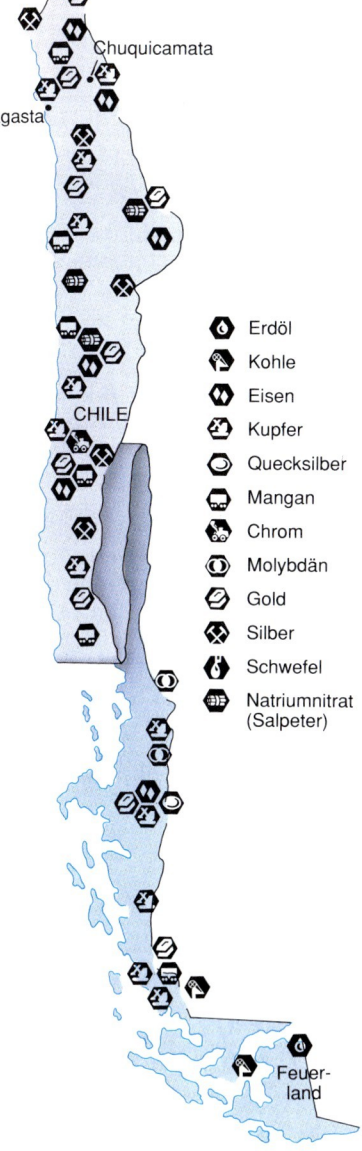

**Wie eine nicht verheilende** Narbe erscheint dem Betrachter der Bergbauort Chuquicamata *(links)* in der Atacama-Wüste, der größte Kupferminenaufschluß der Welt. Chile ist der führende Kupferlieferant weltweit.

**Bei der Kupferherstellung** *(oben)* wird der Kupferstein zerkleinert (1) und mit Wasser in einer Mischtrommel (2) durchwalkt. Schwebezellen (3) reichern die so entstandenen kleinen Teilchen an, und bei der Verhüttung (4) werden Verunreinigungen entfernt. Das flüssige Metall wird dann durch Luftzufuhr aufgefrischt (5). So wird das Kupfer für das Gießen (6) oder die elektrolytische Veredelung vorbereitet.

**Chile** verfügt über reiche Vorräte an mineralischen Bodenschätzen *(rechts)*, wie Kupfer, Salpeter, Eisenerz und Erdöl. Europäische und US-amerikanische Gesellschaften finanzierten die Erschließung der chilenischen Bodenschätze und kontrollieren die Minen auch heute noch.

erneut einem rapiden Preisverfall ausgesetzt war, stürzte das ganze Land in eine tiefe wirtschaftliche und soziale Krise. Die repressive Politik Pinochets verhinderte indes Arbeitskämpfe und Unruhen.

### Fischerei, Forst- und Landwirtschaft

Seit dieser schmerzhaften Erfahrung hat Chile ernsthafte Bemühungen unternommen, um die wirtschaftlich einseitige und verhängnisvolle Abhängigkeit zu verringern. Manche Erfolge hat das Land durchaus erzielt. Chile verfügt über größere Holzreserven und ist bemüht, Holz und Holzprodukte in steigendem Maße zu exportieren. Die Ausfuhr von Fischereierzeugnissen trug in den letzten Jahren schon in erheblichem Umfang zu den Deviseneinlösen des Landes bei, das zu den weltweit größten Fischereinationen gehört. Der überwiegende Teil der Fangmengen wird industriell weiterverarbeitet, vor allem zu Fischmehl. Die Zucht von Lachsen und Austern soll das Produktangebot erweitern, wie auch mit dem Anbau von Weizen und Mais, Hülsen- und Ölfrüchten, Zitrusfrüchten und Wein die Landwirtschaft ausgedehnt wurde. Darüber hinaus konnten die Hektarerträge gesteigert werden. Doch dem wirtschaftlichen Wachstum sind Grenzen gesetzt, da infolge des Klimas und der Bodenverhältnisse nur ein Fünftel der Staatsfläche landwirtschaftlich, und davon wiederum nur ein Drittel als Ackerland nutzbar ist. So kann der Nahrungsmittelbedarf der Bevölkerung nur durch umfangreiche Einfuhren gedeckt werden. Die unzureichende Nahrungsmittelproduktion ist aber auch Folge der Betriebsformen. Der Mehrzahl der Bauern, die auf ihrem Kleinstbesitz nahe der Rentabilitätsgrenze wirtschaften, steht eine kleine Zahl von Großgrundbesitzern gegenüber, die den Löwenanteil des Landes ihr eigen nennen.

Die Wirtschaftspolitik unter Pinochet war ausschließlich darauf ausgerichtet, die Rahmenbedingungen für ausländische Geldgeber günstig zu gestalten. Der Staat selbst reduzierte seine Ausgaben, besonders im sozialen Bereich. Dadurch befindet sich seit Mitte der 80er Jahre Chiles Wirtschaft auf international anerkanntem Erfolgskurs. Die Kosten für diese Entwicklung trägt der Großteil der chilenischen Bevölkerung durch den Verlust von Arbeit und sozialer Sicherheit.

**Junge Chilenen** *(oben)* verpacken Erdbeeren für den Export. Auch andere Obstsorten, wie Weintrauben, Äpfel, Zitrusfrüchte, Pfirsiche, Birnen und Pflaumen, sind gewinnbringende Exportprodukte. Sie stammen meist aus dem Chilenischen Längstal.

# CHILE: OSTERINSEL

Die Maschine aus Santiago de Chile, welche die Touristen nach rund viereinhalb Stunden Flug auf die »Insel, die in den Himmel sieht« bringt, ist zugleich ein fliegender Supermarkt, der die dort lebenden Menschen mit frischen Lebensmitteln versorgt. Dort, in der Weite des Südpazifik, liegt die von Chile verwaltete, 162 km² kleine »Isla de Pascua«, die Osterinsel oder polynesisch »Rapa-nui«, die große Insel. In fast allen Richtungen von mehreren tausend Kilometern Meer umgeben, zählt sie zu den einsamsten Eilanden der Welt – und zu den rätselhaftesten.

Die Touristen kommen allein auf die Osterinsel, um die Moai zu sehen, jene 80 bis 100 t schweren und bis zu 20 m hohen mythologischen Tuffsteinfiguren, deren Geheimnis bis heute, trotz der Bemühungen vieler Forscher, noch nicht restlos gelöst ist. Und sie enttäuschen die Besucher nicht. Nach dem nicht einmal vollständigen wissenschaftlichen Inventar existieren noch 638 von den einstmals 1000 Moai. Am eindringlichsten bieten sie sich im ehemaligen Steinbruch am Hang des Vulkans Rano Raraku im Westen der Insel dar. 193 fertige oder fast vollendete und 83 angefangene Statuen stehen und liegen als stumme Zeugen einer ungelösten Geschichte in der schütteren Steppenvegetation umher.

Fest steht heute lediglich, daß die Moai Ausdruck einer Hochkultur der Ahnenverehrung waren, welche die Vorfahren symbolisierte und vergötterte. Die ältesten und kleinsten wurden um 700 errichtet, die jüngsten und größten stammen aus dem 17. Jahrhundert. Für das wohl meistverbreitetste Bild der Osterinsel sorgen die sieben Moai nordöstlich von Hanga Roa. Sie wurden 1960 zur Freude der Touristen und Postkartenfabrikanten als einzige wiederaufgerichtet und sind in ihrer Symmetrie die künstlerisch harmonischste Gruppe.

Die zweite große Sehenswürdigkeit der Insel ist der Vulkan Rano Kao, dessen Rand 410 m hoch ist, mit dem teilweise wiederhergestellten Dorf Orongo, das dem Vogelkult gewidmet war. An jedem Frühlingsbeginn – in der südlichen Hemisphäre zwischen August und Oktober – pilgerte die gesamte Bevölkerung nach Orongo, um dort den Wettstreit der Stammesathleten zu erleben. Diese mußten durch die stürmische und von Haien wimmelnde See nach der zwei Kilometer entfernten Insel Moto-nui (Großes Inselchen) schwimmen, um das erste Ei der zurückgekehrten Seeschwalben zu entdecken. Der Sieger präsentierte das Ei, das für die Inkarnation des Schöpfergottes »Make-Make« gehalten wurde, seinem Häuptling. Dieser ernannte ihn bis zum nächsten Wettbewerb zum Vogelmann (»Tangata Manu«), eine mit Privilegien verbundene Stellung.

### Geschichte

Über die Herkunft der frühen Inselbewohner gibt es verschiedene Theorien. Vermutlich stammen die Vorfahren der heutigen Bevölkerung von den Marquésas-Inseln, die im 4. Jahrhundert die Osterinsel erreichten. Einer Legende zufolge soll im 14. Jahrhundert der König Hotu Matua aus dem fernen westlichen Land Hiva als erster Herrscher der Osterinsel mit großem Gefolge an Land gegangen sein, als deren Nachkommen sich die Eingeborenen der Osterinsel sehen. Dagegen stand lange Zeit die Theorie Thor Heyerdahls (* 1914), der eine Besiedlung von Südamerika aus zu beweisen suchte. Sicher ist jedenfalls, daß die Ureinwohner eine eigenständige Kultur über Jahrhunderte hinweg ohne äußere Einflüsse entwickeln und erhalten konnten. Sie war gekennzeichnet durch eine streng hierarchisch gegliederte Gesellschaftsordnung mit sakralem Herrschertum, ein polytheistisches Religionssystem mit erblichem Priestertum sowie einer ausgeprägten Berufsspezialisierung mit Bauern, Fischern, Kriegern, Künstlern und Gelehrten.

# CHILE

**Die rätselhaften »Moai«** *(links)*, die berühmten Tuffsteinfiguren, sind weithin sichtbar in der Landschaft der Südpazifikinsel. Über sechshundert »Moai«, Monumente der frühen polynesischen Einwohner, sind über die Osterinsel verstreut.

**Dieser Bewohner der Osterinseln** *(oben)* trägt seinen Tagesfang heim: baumelnde, lebendige Trophäen aus der Tiefe. Heutzutage sind der Tourismus und die Schafzucht, die vor allem Wolle liefert, die Hauptstützen der Wirtschaft der Insel.

Noch vor der Entdeckung der Insel durch den niederländischen Kapitän Jacob Roggeveen (1659–1729) am Ostersonntag des Jahres 1722 – daher ihr Name – begann nach Stammesfehden der kulturelle Niedergang. Einen tiefgreifenden Einschnitt in die Welt der Insulaner bedeuteten die Deportation der Eingeborenen Mitte des 19. Jahrhunderts zur Zwangsarbeit nach Peru und eingeschleppte Krankheiten, wodurch binnen weniger Jahre die Zahl der Insulaner drastisch sank. 1877 sollen nur noch 111 Eingeborene auf der Insel gelebt haben.

1888 annektierte Chile die Insel, doch fand sie zunächst wenig Beachtung. Chile verpachtete 90 % des Landes an private Schafzüchter. Die Ureinwohner wurden in ein kleines Reservat um die Siedlung Hanga Roa zurückgedrängt. Ihre Situation veränderte sich erst in den 50er Jahren, nachdem Chile die Insel als mögliche Zwischenstation des interkontinentalen Luftverkehrs entdeckte, einen Militärflugplatz anlegte sowie eine Schule, ein Krankenhaus, Geschäfte und eine landwirtschaftliche Versuchsanstalt errichtete. 1965 erhielt die Insel den Status eines chilenischen Departements, verwaltet von einem Gouverneur, dem ein einheimischer Bürgermeister zur Seite steht.

## Bevölkerung

Heute leben auf der Osterinsel etwa 1800 Einwohner, überwiegend Pascuaner, polynesisch-europäische Mischlinge, sowie einige hundert Festlandschilenen. Der größte Teil der Bevölkerung lebt direkt vom Fischfang in den fischreichen küstennahen Gewässern und vom Ackerbau auf den fünf Hektar großen Parzellen, die jeder neugegründeten Familie von der chilenischen Regierung zugeteilt wird. Die Grundlage der bescheidenen Wirtschaft ist neben dem Anbau von Mais, Süßkartoffeln, Zuckerrohr, Gemüse und Früchten die Schafs-, Rinder- und Pferdezucht.

**Erloschene Vulkane,** wie der Rano Kao *(links)*, beherrschen die Landschaft der Osterinsel. Kleine Seen in den Kratern liefern den größten Teil des Süßwassers für die Insel, die nur wenige Bäume und Sträucher hat, deren Hänge aber von dichtem Gras bedeckt sind.

**Archäologen** *(links)* heben hier »Moai«, die vor Jahrhunderten gefertigt wurden, in eine aufrechte Stellung. Einige »Moai« wurden von heftigen Stürmen umgestürzt, während andere unfertig verlassen worden sind.

**Die Osterinsel** *(rechts)* liegt an der östlichen Grenze Polynesiens, steht aber unter chilenischer Verwaltung. Man vermutet, daß polynesische Einwanderer im 4. Jahrhundert die Insel besiedelten.

# CHINA

# CHINA

China ist nicht irgendein Land, sondern vielmehr ein Subkontinent, auf dem über eine Milliarde Menschen leben und der auf der Welt nicht seinesgleichen an natürlicher und kultureller Vielfalt hat: Im Osten wird das Land von einer 14 000 km langen Meeresküste, im Westen und Süden durch gewaltige Gebirge, Steppen und Hochebenen begrenzt. Diese natürlichen Grenzen haben dafür gesorgt, daß das Reich immer wie hinter einer Festung verschanzt war. Lediglich nach Norden ist China offen – und von dort kamen denn auch im Laufe der Jahrhunderte immer wieder die, wie es hieß, »barbarischen« Steppenvölker – zuerst die Hunnen, später die Mongolen und dann die Mandschu.

In keinem anderen Land sind sämtliche Klimate so ausgeprägt vertreten wie in China: Sie reichen von tropischen bis zu sibirischen Temperaturen und von Feuchtregionen bis zum Wüstenklima.

Faszinierend wie die Landschaft ist auch die Geschichte: Die Tradition des chinesischen Kaiserhauses war 221 v. Chr. durch den »Ersten Kaiser« Qin Shihuangdi begründet worden und hatte 25 Dynastien hindurch bestanden, periodisch unterbrochen zwar durch den Sturz von Herrscherhäusern und durch Gebietsabspaltungen, am Ende aber doch immer wieder wie ein Phönix aus der Asche sich erhebend. Nirgends in der Geschichte hat eine Staatsform solche Zeiträume überdauern können.

Vielfältig wie Landschaft und Geschichte ist auch die chinesische Kultur, deren durchgehende »Tonart« unterschiedlichste Variationen aufweist: Man denke an die zahlreichen Denkschulen und Religionslehren, die, wie Konfuzianismus, Daoismus, Mohismus oder »Legalismus«, schon im 6. und 5. Jahrhundert v. Chr. aufgekommen waren oder aber im Laufe der Jahrhunderte importiert wurden, wie z. B. der Buddhismus. Man denke auch an die Fülle von künstlerischen Traditionen, die zumeist auf dem Weg über Zentralasien eingeführt wurden. China ist darüber hinaus dasjenige Land, das als erstes die großen Erfindungen des Papiers, des Buchdrucks, des Kompasses, des Schießpulvers, des Porzellans und des Rechenbretts hervorgebracht hat.

Faszinierend – und bedrückend – auch die »Massen«, denen der Reisende in China auf Schritt und Tritt begegnet – ob in den Städten oder auf den Dörfern, wie ja überhaupt das Massenerlebnis die mit Abstand intensivste Erfahrung ist, die man als Europäer aus Asien zurückbringt. Die allgegenwärtigen Dimensionen sind atemberaubend, die Probleme deprimierend, die Perspektiven jedoch gleichzeitig auch beflügelnd. Seit Beginn des 20. Jahrhunderts kämpft China um einen Entwicklungskurs, der den gewaltigen Anforderungen der explosionsartig anwachsenden Bevölkerung gerecht werden kann. Reformbestrebungen für das Modell »Sozialistische Marktwirtschaft« und die behutsame Öffnung nach außen prägen das heutige Bild Chinas.

# CHINA: DER STAAT

Trotz aller Wirtschaftserfolge ist China bislang noch keine Weltmacht geworden, aber es ist mit über einer Milliarde Einwohnern der bevölkerungsreichste Staat der Erde. Die chinesischen Planer, die erst bei der Volkszählung von 1982 auf das ganze Ausmaß der Bevölkerungsexplosion aufmerksam geworden sind, hoffen nun, daß das überproportionale Wachstum zum Stillstand kommt. Dazu beitragen soll die propagierte Ein-Kind-Familie. Sie soll durch Erziehungsmaßnahmen wie »Geburtenrechtszuteilung« im Gruppenrahmen, Verteilung von Verhütungsmitteln, Legalisierung der Abtreibung und durch sozialpolitische Verbesserung erreicht werden.

Militärisch ist China kaum zu erobern, und es ist das einzige Land der Dritten Welt mit ständigem Sitz im UNO-Sicherheitsrat. Daneben verfügt China über die regionale Vorherrschaft in Asien. Der ideologisch bedingte Bruch mit Moskau verfestigte sich nach den Ussuri-Gefechten 1967/68 über Jahrzehnte. Nach dem Abzug der sowjetischen Truppen aus Afghanistan und der Reduzierung der vietnamesischen Soldaten in Kambodscha kam es Ende der 80er Jahre zur Wiederaufnahme der Gespräche zwischen den beiden Staaten. Die guten Regierungskontakte der VR China zu den USA und Europa wurden auch durch das Tiananmen-Massaker (1989) nicht ernsthaft gefährdet, doch wirtschaftlich mußten erhebliche Einbrüche hingenommen werden.

### Reformpolitik

Die Bewußtseinskrise und die Wirtschaftskatastrophe, in die China durch das kulturrevolutionäre Fehlexperiment hineingesteuert worden war, führten zur Neubesinnung und schließlich zur Einleitung einer Reformbewegung, die den bisherigen Klassenkampfkurs durch die sogenannten »Vier Modernisierungen«– Landwirtschaft, Industrie, Verteidigung und Wissenschaft – ersetzte. In dem nun folgenden Jahrzehnt, d. h. zwischen 1979 und 1988, bekam China – zumindest schien es nach außen so – ein »westliches Gesicht«. Leistung, Marktwirtschaft und »Öffnung der Tür nach außen« waren Parolen, die damals höchst populär waren. Der Alltag in China veränderte sich in rapidem Tempo. Der »Mao-Anzug« wurde durch farbenfrohe Kleidung abgelöst, und in den Haushalten ersetzten Kühlschränke und Farbfernseher als neue Zeichen des Wohlstands Fahrräder und Nähmaschinen. Westliche Einflüsse drangen ins kulturelle Leben ein, und aus den Radios klang Schlagermusik aus Hongkong. Die beeindruckenden wirtschaftlichen Erfolge des Jahrzehnts wurden jedoch überschattet durch Begleiterscheinungen wie Inflation, Kaderkorruption und Einkommensungerechtigkeit.

Innerhalb der Kommunistischen Partei hielten auch in den 80er Jahren die Richtungskämpfe zwischen »Reformern« und »Konservativen« an. Besonders deutlich wurde dies, als Anfang 1987 – im Gefolge der studentischen Forderungen nach politischen Freiheiten – der Generalsekretär Hu Yaobang (1913–1989) durch Ministerpräsident Zhao Ziyang (* 1918) ersetzt wurde.

### Das Tiananmen-Massaker und die 90er Jahre

Reformfeindliche Kräfte innerhalb der KPCh nutzten die Studentendemonstrationen vom Mai/Juni 1989 dazu, ihren Forderungen nach bedingungslosem Parteigehorsam, nach Rezentralisierung und Einschränkung des Privatunternehmertums Nachdruck zu verleihen. Aus-

## Daten und Fakten

**DAS LAND**
**Offizieller Name:** Volksrepublik China
**Hauptstadt:** Peking
**Fläche:** 9 598 036 km²
**Landesnatur:** Im SW Hochgebirgsland, im N u. NW Tafelländer u. Hochbecken, nach O Gebirgsland, im NO Tiefland
**Klima:** Kontinental, im SO z. T. subtropisch
**Hauptflüsse:** Huang He, Chang Jiang, Xi Jiang, Mekong
**Höchster Punkt:** Mount Everest 8846 m
**Tiefster Punkt:** Turpan-Senke 154 m u. M.
**DER STAAT**
**Regierungsform:** Sozialistische Volksrepublik
**Staatsoberhaupt:** Staatspräsident
**Regierungschef:** Ministerpräsident
**Verwaltung:** 22 Provinzen, 5 Autonome Regionen, 4 regierungsunmittelbare Städte, Sonderverwaltungszonen Hongkong und Macao
**Parlament:** Nationaler Volkskongreß (Einkammerparlament) mit 2972 gewählten Mitgliedern; ständiger Ausschuß mit 154 Mitgliedern
**Nationalfeiertag:** 1. Oktober
**DIE MENSCHEN**
**Einwohner (Ew.):** China: 1 266 838 000 (1999)
Hongkong: 6 801 000 (1999)
**Bevölkerungsdichte:** China: 132 Ew./km²
Hongkong: 6 327 Ew./km²
**Stadtbevölkerung:** 34 %
**Bevölkerung unter 15 Jahren:** 25 %
**Analphabetenquote:** China: 15 %
**Sprache:** Chinesisch; Sprachen der nationalen Minderheiten
**Religion:** Chines. Volksreligionen 20 %, Buddhisten 9 %, Moslems 1 %
**DIE WIRTSCHAFT**
**Währung:** Renminbi Yuan
**Bruttosozialprodukt (BSP):** China: 928 950 Mio. US-$ (1998);
Hongkong: 158 286 Mio. US-$ (1998)

Die Volksrepublik China, der drittgrößte Staat der Erde, dehnt sich über eine gewaltige Fläche in Ostasien aus.

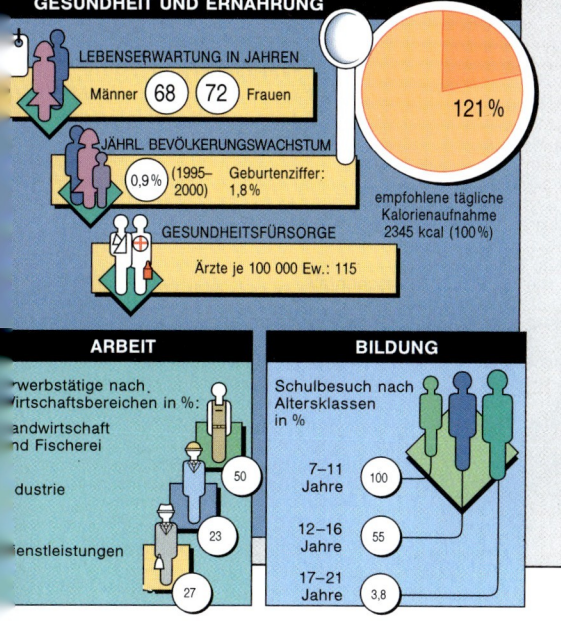

**BSP je Einwohner:**
China: 750 US-$; Hongkong: 23 670 US-$ (1998)
**Inflationsrate:**
9,7 % (1990–98)
**Importgüter:** Eisen, Stahl, Maschinen, Fahrzeuge, chem. Erzeugnisse, Getreide
**Exportgüter:** Landwirtschaftl. Erzeugnisse, Bergbauprodukte, Garne, Bekleidung u. Wäsche, Maschinen
**Handelspartner:** Japan, China, BRD, Kanada, Rußland, Nordkorea
**Eisenbahnnetz:** 68 000 km
**Straßennetz:**
1 190 000 km (befestigt)
**Fernsehgeräte je**
**1000 Ew.:** China: 321; Hongkong: 283 (1998)

gelöst wurden die Studentenproteste durch den Tod des früheren Generalsekretärs Hu Yaobang und einen Besuch des sowjetischen Parteiführers Michail Gorbatschow. Beide galten als Symbolfiguren für einen demokratischeren Sozialismus. So entwickelte sich eine Massenbewegung, die in der Nacht vom 3. auf den 4. Juni mit Panzern niedergewalzt wurde und über tausend Menschen das Leben kostete. Zhao Ziyang wurde abgesetzt. Das Amt des Generalsekretärs übernahm Jiang Zemin (* 1926).

Auf Initiative Deng Xiaopings (1904–1997) wandte sich das Land seit 1992 wieder der Reformpolitik zu. In der Verfassung wurde der Begriff »Planwirtschaft« durch »Sozialistische Marktwirtschaft« ersetzt. Die Entkollektivierung der Landwirtschaft ging einher mit der Sanierung von Staatsbetrieben und der nicht nur auf die Wirtschaft beschränkten Öffnung nach Westen. Demokratische Reformen wurden jedoch auch von Dengs Nachfolgern ausgeschlossen. Angesichts des zunehmenden Einflusses oppositioneller und spiritueller Bewegungen bekräftigten sie den Machtanspruch der KPCh.

# CHINA: GESCHICHTE (BIS 1912)

Die chinesische Geschichtsschreibung pflegt von »5000 Jahren Geschichte« zu reden, bezieht also auch die mythische Zeit mit ein, die bei den »Drei Erhabenen« (huang) 2952–2673 v. Chr. beginnt, über die »Fünf Urkaiser« (di) (2673–2184) weiterführt und in die »Drei Erbdynastien« (2184 bis ungefähr 250 v. Chr.) einmündet, von denen die erste, nämlich die der »Xia« (wörtlich »Sommer«), noch im Dunkeln, die zweite und die dritte, nämlich die Epochen der Shang und der Zhou, dagegen bereits im Lichte der Geschichte liegen. Den »Erhabenen« und den »Urkaisern« werden fast alle Tugenden und materiellen Erfindungen zugeschrieben – stets nach dem Grundsatz »Je älter, desto besser«.

### Die Kaiser von China

Einem Zeitalter einander bekämpfender Adelsstaaten, in dessen Verlauf China ins Licht der Geschichte eintritt und das sich mit dem Begriff »Östliche Zhou« (771–221 v. Chr.) flächenmäßig umschreiben läßt, folgt die staatliche Einheit unter dem »Ersten Kaiser«. Seine Qin-Dynastie regierte allerdings nur während 15 Jahren (221–206 v. Chr.) und wurde anschließend durch die kraftvolle vierhundertjährige Han-Dynastie (206 v.–220 n. Chr.) abgelöst.

Nach dem Niedergang der Han spaltete sich China zuerst in »Drei Reiche« (220–265) auf und wurde schließlich von nicht weniger als neun »Süd- und Norddynastien« regiert. Während dieser rund 400 Jahre wurde der gesamte Norden von »Barbaren«, d. h. von Stämmen aus Zentralasien beherrscht, die vor allem für die Ausbreitung des Buddhismus sorgten. Von 581 bis 907 konnte sich das Reich dann unter den Sui (581–618) und den Tang (618–907) wieder zu einer Einheit zusammenfinden und sich zu einem wirtschaftlich blühenden, politisch mächtigen und kulturell fruchtbaren Gemeinwesen entfalten, dessen Glanz chinesische Patrioten noch heute mit Stolz erfüllt.

Der Niedergang der Tang war eine der schlimmsten Katastrophen in der chinesischen Geschichte: Auf der Höhe seines Ruhms stürzte das Reich jäh ab und löste sich im Zeichen der »Fünf Dynastien« (907–960) erneut in mehrere Teile auf. Mit der Song-Dynastie (960–1279), die eine neue, wenn auch höchst zerbrechliche Einheit herbeiführte, verlagerte sich der Schwerpunkt des Reiches von Norden nach Süden, d. h. von der Weizenanbau- in die Reisanbauregion. Dieser Vorgang wurde von zahlreichen technischen Innovationen und umwälzenden Erfindungen (Druckkunst, Schießpulver, Kompaß, Rechenbrett etc.) begleitet, gleichzeitig aber auch vom Unwillen des mißtrauisch gewordenen Mandarinats gegen die neu nach oben strebenden mittelständischen Schichten. Mit der Song-Zeit erreichte der Aufstieg des Mandarinats seinen Höhepunkt. Dieses bestand

**Die Qin-Dynastie** *(rechts)* brachte China zum ersten Mal die staatliche Einheit. Der »Erste Kaiser« Qin Shihuangdi befahl im Norden des Landes zum Schutz vor Nomadeneinfällen den Bau der Großen Mauer.

**Die Han-Dynastie** *(ganz rechts)* brachte kulturelle Neuerungen. Der Buddhismus kam aus Indien, der Konfuzianismus wurde zur Staatsphilosophie. Die kaiserliche Hauptstadt Chang'an lag am Beginn der Seidenstraße. Chinas letzte Dynastie, die **Qing-Dynastie** *(unten rechts)*, wurde 1644 von den Mandschu gegründet, die sich Anfang des Jahrhunderts im Nordwesten Chinas zu einem Königreich zusammengeschlossen hatten.

**500 000–250 000 v. Chr.** Prähistorische Menschen (Pekingmensch)
**3000 v. Chr.** Gipfel der Yangshao-Kultur. Sie wird von Longshan abgelöst
**Etwa 1766 v. Chr.** Chinas erste Dynastie, die Shang, geht aus Longshan hervor
**Etwa 1122 v. Chr.** Zhou-Dynastie löst die Shang-Dynastie ab
**Etwa 500 v. Chr.** Philosoph Konfuzius entwickelt sein Wertesystem
**221–206 v. Chr.** Staatliche Einheit unter Qin-Dynastie. Bau der Großen Mauer
**206 v. Chr. – 220 n. Chr.** Han-Dynastie: China wird mächtiges Kaiserreich
**220–581** China ist geteilt; Invasionen im Norden; viele Dynastien im Süden. Buddhismus gewinnt an Einfluß
**581–618** Sui-Dynastie eint China wieder
**618–907** Tang-Dynastie
**960–1279** Song-Dynastie: Neokonfuzianismus wird offizielle Staatsphilosophie
**1126** Invasoren aus der Mandschurei besetzen den Norden
**1275–1292** Marco Polo besucht China
**1279** Die Mongolen ergreifen von China Besitz und gründen die Yuan-Dynastie
**1368–1644** Ming-Dynastie
**1644–1911** Die Mandschu herrschen als Qing-Dynastie über China
**1840–1842** Opiumkrieg. Hongkong fällt an die Briten
**1850–1864** Taiping-Revolution
**1858–1860** Durch Verträge vergrößern westliche Nationen ihren Einfluß
**1894–1895** Krieg mit Japan, das Korea und Taiwan kontrolliert
**1900** Antiwestlicher Boxeraufstand
**1905** Gründung der »Vereinten Liga der Revolutionären Organisation«, die von Sun Yatsen geführt wird
**1912** Gründung der Republik China

1 Konfuzius (etwa 551 – 479 v. Chr.)
2 Kublai Khan (etwa 1216 – 1294)
3 Sun Yatsen (1866 – 1925)

# CHINA

**Pekings (Beijings) »Verbotene Stadt«** *(links)*, ein beeindruckender Tempel- und Palastkomplex, wurde unter der Ming-Dynastie an der Stelle des Palastes von Kublai Khan erbaut. Bis 1911 lebten alle Kaiser Chinas in dieser 72 ha großen »Stadt« *(unten)*.

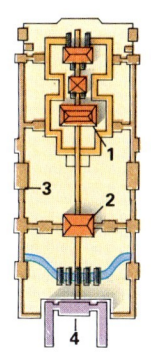

1 Halle der Höchsten Harmonie
2 Tor der Höchsten Harmonie
3 Pavillons und Galerien
4 Mittagstor

aus einer Schicht von grundbesitzenden Beamten, die sich durch staatliche Prüfungen qualifiziert hatten und die dafür sorgten, daß die Herrschaft des Blutadels nun endgültig durch einen Prüfungsadel abgelöst wurde.

Auf der Flucht vor den aus dem Norden angreifenden Mongolen zog der Song-Hof immer tiefer in den Süden und mußte schließlich kapitulieren. Damit folgte ein Jahrhundert der mongolischen Fremdherrschaft, die unter dem Dynastienamen »Yuan« (1279–1368) in die Geschichte eingegangen ist. In dieser Zeit blieb China zwar eine Einheit, aber als solche nur Teil des sich über fast ganz Asien erstreckenden Mongolenreichs. Im Zeichen der damaligen »Rassengesetzgebung« wurden Mongolen und andere zentralasiatische Völker an die Spitze der Gesellschaftspyramide, Südchinesen dagegen an die unterste Stelle gesetzt. Gegen die mongolische Fremdherrschaft erhob sich eine mächtige »nationale« Bewegung, die zur Vertreibung der Mongolen und zur Gründung der Ming-Dynastie (1368–1644) führte. Der tatkräftige Begründer der Ming, der aus einer niederen Gesellschaftsschicht stammte, schuf neue Institutionen, die bis ins 20. Jahrhundert hinein wirken: die Verlegung der Hauptstadt nach Peking, die Festlegung zahlreicher Grenzen, die Einteilung der Provinzen, das Aufkommen eines dauerhaften chinesischen Nationalbewußtseins, die autokratische Ausprägung des kaiserlichen Systems, die Einführung eines einheitlichen Reichskatasters und eines neuen Steuersystems.

Unverträglichkeiten zwischen den starren autokratischen Institutionen der Ming-Kaiser und den um 1550 einsetzenden sozioökonomischen Wandlungen führten zu Spannungen, die den Staat von innen heraus so sehr aufweichten, daß am Ende das lediglich zwei Millionen zählende Volk der Mandschu, aus dem Nordosten das Reich erobern und fast 300 Jahre lang (1644–1912) beherrschen konnte.

## Die letzte Dynastie

Die beiden Kaiser der Qing-Dynastie, wie sich das Mandschu-Reich benannte, Kangxi (1662–1722) und Qianlong (1736–1796) gelten als besondere Förderer der chinesischen Kultur. Die Niederlage gegen die Briten im Opiumkrieg (1840–1842) und einer der blutigsten Aufstände in der Menschheitsgeschichte, die Taiping-Revolution (1850–1864), die rund 30 Millionen Menschen das Leben kostete und weite Teile Chinas in Trümmer fallen ließ, leiteten den Verfall des Qing-Reiches ein.

Nachdem verschiedene Reformversuche am Ende des 19. Jahrhunderts gescheitert waren, nachdem ferner eine neue politische Öffentlichkeit dem Mandarinat die Regierung streitig zu machen und China abermals in Regionen zu zerfallen begann, mußte die Qing-Dynastie 1912 abdanken. 1912 wurde die Republik China gegründet.

# CHINA: GESCHICHTE (20. JH.)

Das Ende des Kaiserreichs war keine Götterdämmerung, sondern eine Beerdigung dritter Klasse. Vorausgegangen war die demütigende, mit territorialen Verlusten verbundene militärische Niederlage Chinas gegen Japan (1894/95). Angesichts des allgemeinen Vertrauensschwunds geriet die Monarchie immer stärker in Bedrängnis und mußte abdanken. Die unter Führung Sun Yatsens (1866–1925) stehenden Republikaner mußten die neugewonnene Macht an den ehemaligen Oberbefehlshaber der kaiserlichen Truppen, Yuan Shikai (1859–1916), abgeben. Nach dessen Tod war ganz China in »Warlord«-Reiche zerfallen, die teils miteinander paktierten, teils einander bekämpften. Die nationalistische Bewegung Sun Yatsens hatte sich inzwischen nach Canton zurückgezogen und dort mit Hilfe der Moskauer Komintern ihre Partei, die »Guomindang« (GMD), neu organisiert.

**Der »Lange Marsch«**
Von Canton aus begann die Revolutionsarmee 1926 den »Marsch nach Norden«, dessen Ziel es war, ganz China erneut im Zeichen der Republik zu einigen. Während des Feldzugs, der von Chiang Kai-shek (1887–1975) militärisch geleitet wurde, kamen jedoch die Spannungen zwischen linken (KPCh) und rechten (GMD) Kräften zum Ausbruch. Chiang nutzte einen kommunistischen Aufstandsversuch in Shanghai im April 1927 zum Gegenschlag aus und fügte der KPCh eine deutliche Niederlage zu.

Die zerschlagene Linke konnte ihre noch verbliebenen Reststreitkräfte ins südostchinesische Xing'an-Gebirge retten und dort unter der Führung Mao Zedongs (1893–1976) eine Armee aufbauen, die den neuen Stützpunkt in den Jahren 1927 bis 1934 zur »Sowjetrepublik« Jiangxi erweiterte. Die Guomindang-Regierung führte mehrere Einkreisungs- und Vernichtungsfeldzüge gegen die »Sowjetrepublik« und zwang deren Armeen zum Abzug aus Südchina. Der damit eingeleitete »Lange Marsch« (1934–1935) über 12 500 km führte zu einer Verlegung der Truppen Mao Zedongs nach Nordchina in die Provinz Shaanxi.

Im Gefolge des japanischen Angriffs auf China im Juli 1937 bildeten GMD und KPCh eine »antijapanische Einheitsfront«, die es den Kommunisten ermöglichte, immer weitere Gebiete zu »befreiten Stützpunkten« auszubauen. In den von Chiang Kai-shek regierten Gebieten ging der Zerfall der politischen Institutionen mit der Zunahme von Korruption und gewaltsamer Herrschaft einher. Demgegenüber gewann die KPCh durch die Disziplin ihrer Truppen und die Errichtung eines funktionsfähigen Gemeinwesens ständig an Einfluß. Nach der Kapitulation der Japaner kam es zum Bürgerkrieg, der mit einer Niederlage Chiangs und dessen Flucht nach Taiwan endete.

1 Yuan Shikai (1859 – 1916)

2 Zhou Enlai (1898 – 1976)
3 Deng Xiaoping (1904 – 1997)

**1921** Gründung der Kommunistischen Partei Chinas, 1923 Vereinigung mit der Nationalistischen Partei (Guomindang)
**1928** Unter Chiang Kai-shek einigen die Nationalisten China
**1931** Japan besetzt Mandschurei; Bürgerkrieg zwischen Nationalisten und Kommunisten
**1934–1935** Mao Zedong führt die Kommunisten auf dem »Langen Marsch« nach Shaanxi
**1937–1945** Krieg mit Japan
**1941** China tritt auf seiten der Alliierten in den Zweiten Weltkrieg ein
**1946** Ausbruch des Bürgerkriegs in China
**1949** Kommunisten besiegen Nationalisten und gründen Volksrepublik China
**1953** Erster Fünfjahresplan
**1958** Der »Große Sprung Vorwärts« richtet die Wirtschaft des Landes zugrunde
**1960** China und UdSSR brechen Beziehungen ab
**1962** Grenzkrieg mit Indien
**1966–1969** Kulturrevolution
**1971** China wird in die UN aufgenommen
**1972** US-Präsident Nixon besucht China
**1976** Tod von Mao Zedong und Premier Zhou Enlai. Machtkampf zwischen Gemäßigten und Radikalen
**1977** Deng Xiaoping, ein Gemäßigter, wird zweiter Vorsitzender der Kommunistischen Partei. Die »Viererbande« wird inhaftiert
**1979** China und die USA nehmen diplomatische Beziehungen auf
**1986** Studenten fordern mehr Freiheiten
**1989** China erstickt die Erhebung in Tibet; Studentendemonstrationen werden durch das Tiananmen-Massaker zerschlagen
**1997** Hongkong kommt als Sonderverwaltungsgebiet wieder an China

**Im Sommer 1989** demonstrierten chinesische Studenten und Arbeiter für demokratische Reformen *(oben rechts)*. Diese politische Demonstration wurde brutal niedergeschlagen. Mehr als 1000 Menschen kamen dabei um.

**Der »Lange Marsch«** *(unten rechts)* führte die kommunistischen Streitkräfte unter dem Druck der nationalistischen Armeen vom Südosten nach Yan'an in der Provinz Shaanxi. Im Norden gewannen die Kommunisten unter der Landbevölkerung wachsenden Einfluß.

# CHINA

## Die Volksrepublik China

Am 1. Oktober 1949 wurde in Peking die Volksrepublik China ausgerufen. Die Kommunisten begannen sofort mit einer Bodenreform sowie mit dem Aufbau eines neuen Staatsapparats. Die Jahre 1953 bis 1957 standen im Zeichen der Nachahmung des auf die Entwicklung der Schwerindustrie hin orientierten Sowjetvorbilds.

Ab 1958 revidierte die Partei ihre Politik im Zeichen der sogenannten Drei Roten Banner – ein Konzept, das die Neuformulierung der Generallinie des Aufbaus, den »Großen Sprung« und die Volkskommunenbewegung beinhaltete. Ziel des »Großen Sprungs« war es, durch politische Massenmobilisierung die permanente Revolution voranzutreiben. Die Volkskommunen, die sich auf ihre eigenen Kräfte stützen mußten, sollten Produktion, Verteilung, Industrialisierung (Hochöfen), Schulwesen, Verteidigung (Volksmilizen) und Verwaltung miteinander verschmelzen lassen. Der Kurswechsel war innerhalb der kommunistischen Partei stark umstritten. Im Gefolge der Kontroversen entstanden regelrechte Fraktionen, die einander zunächst mit Worten und später mit physischer Gewalt bekämpften. Der neue Weg endete mit einer wirtschaftlichen Katastrophe, deren Folgen jedoch durch einen liberalen Reformkurs zwischen 1961 und 1965 aufgefangen wurden. Private bäuerliche Betriebe und freie lokale Märkte blühten wieder auf. In den Fabriken wurde die Arbeiterselbstverwaltung durch ein autoritäres Leitungssystem abgelöst, das aber über finanzielle Leistungsanreize den materiellen Vorsprung der Arbeiter gegenüber den Bauern ausdehnte.

## Kulturrevolution und »Viererbande«

Mitte der 60er Jahre begann unter der Führung Mao Zedongs eine erneute Kampagne, die sogenannte Große Proletarische Kulturrevolution (1966–1969). In ihrem Verlauf versuchte Mao, seine innerparteilichen Gegner, die Machthaber auf dem kapitalistischen Weg, wie er sie bezeichnete, kaltzustellen und ihrer Strategie den Todesstoß zu versetzen. In dieser Zeit geriet das Land an den Rand eines Bürgerkriegs. Erst 1971, nach dem Sturz des linksradikalen Verteidigungsministers Lin Biao (1907–1971), konnten gemäßigte Kräfte um Ministerpräsident Zhou Enlai (1898–1976) allmählich die in der Kulturrevolution verbannten Kader rehabilitieren. An erster Stelle ist Deng Xiaoping (1904–1997) zu nennen, der bereits 1973 wieder in führende Ämter eingesetzt wurde. Aber der radikale Flügel, die sogenannte Viererbande um Jiang Qing (1913–1991), Maos letzte Ehefrau, gab sich noch nicht geschlagen. Die Demonstrationen für den verstorbenen Zhou Enlai und die von ihm vertretene Politik im April 1976 nahm sie zum Anlaß, Deng erneut zu stürzen. Doch knapp ein halbes Jahr später, nach dem Tode Maos, wurde die Viererbande entmachtet und verhaftet.

**Mao Zedong** *(oben)* und einige seiner Anhänger mit dem Ende der 60er Jahre weltweit verbreiteten »kleinen roten Buch« (»Maobibel«), einer Auswahl von Mao-Zitaten und Pflichtlektüre eines guten Maoisten.

Route des Langen Marsches (1934–1935)
Marschroute der 2. Armee
Marschroute der 4. Armee
Kommunistisches Basisgebiet (seit 1935/36)
Von Kommunisten beherrschte Gebiete (1927–1934)

# CHINA: DER WESTEN

Die Volksrepublik China liegt am Ostrand des asiatischen Kontinents und ist nach Rußland und Kanada das drittgrößte Land der Welt. Sein Territorium reicht von der tropischen Insel Hainan im Süden bis zu den extrem winterkalten Regionen der Mandschurei im Norden, vom Pamir im Westen bis zum Zusammenfluß von Amur (Heilong Jiang) und Ussuri im Nordosten. Wenn dort im versumpften Tiefland die Sonne aufgeht, liegt das fernwestliche Pamirhochland noch in Dunkelheit. Wenn Schneestürme über den Norden des Landes fegen, wird auf Hainan bereits die Frühlingssaat ausgebracht.

Die Landesgrenzen der Volksrepublik China gegen die Nachbarstaaten verlaufen durch äußerst dünn besiedelte Räume. Dies gilt in erster Linie für den südlichen und westlichen Grenzverlauf zu Laos, Birma, Indien, den Himalayastaaten, Pakistan, Kirgisien und Kasachstan, wo gewaltige Hochgebirgsketten eine natürliche Grenze bilden. Die Nordgrenzen gegen die Mongolei und Rußland sind dagegen weniger natürlich als historisch bedingt. Aber auch sie durchziehen wenig besiedelte Räume, die zu dem großen asiatischen Trockengürtel gehören. Im Osten und Südosten stößt die Volksrepublik China mit ihren dichter besiedelten Gebieten an die Randmeere des Pazifischen Ozeans. Die Länge der chinesischen Küste, die von der Mündung des Yalu Jiang an der Grenze zu Nordkorea bis hinunter nach Vietnam reicht, mißt rund 14 000 km.

### Drei-Stufen-Gefälle

China ist in erster Linie ein Gebirgsland, das gleich einer majestätisch geschwungenen Treppe in mehreren Stufen vom hochgelegenen zentralasiatischen Nordwesten bis zum östlichen Tiefland an der pazifischen Küste hinabsteigt, im Norden entlang dem fruchtbaren Lößhochland des Huang He, im Süden entlang den Höhen und Tälern von Chang Jiang und Xi Jiang. Sein heutiges Relief erhielt das Land erst durch die alpidische Gebirgsbildung im Tertiär, das etwa 63 Millionen Jahre währte und vor 2 Millionen Jahren endete.

Gebirge nehmen etwa ein Drittel der Gesamtfläche des Landes ein. Die meisten von ihnen streichen von Ost nach West. Lediglich das osttibetische Randgebirge verläuft in Nord-Süd-Richtung, und nur wenige Berg- und Hügelketten im Nordosten des Landes, an der Grenze zwischen Nordostchina und Korea, orientieren sich in Nordost-Südwest-Richtung.

Zwischen all diesen Gebirgen, die das Grundraster der chinesischen Landschaft abgeben, sind ausgedehnte Hochebenen und Becken eingelagert.

### Das »Dach der Welt«

Die größte Hochebene des Landes und mit mittleren Höhen um 4500 m zugleich die höchstgelegene Landmasse der Erde ist das in seinem Zentrum abflußlose Qinghai-Tibet-Plateau im

Südwesten Chinas. Umsäumt von den höchsten und teilweise vergletscherten Gebirgen der Erde – im Süden vom Himalaya, im Westen vom Karakorum, im Norden und Osten vom Gebirgssystem des Kunlun mit seinen nach Süden schwenkenden Ausläufern, dem osttibetischen Randgebirge (Hengduan Shan) –, wird das Innere durch zahlreiche Bergketten in einzelne Becken gegliedert. Ein gemäßigtes Klima im Ostteil ermöglicht noch Ackerbau, dagegen sind die von vielen Endseen, Salzsümpfen und Schuttflächen erfüllten kalten und wüstenhaften Hochbecken des übrigen Gebietes nahezu vegetationslos.

### Chinas Nordwesten

Jenseits der gewaltigen Steilabfälle von Kunlun und Hengduan Shan, die in dieser Ausprägung ihresgleichen suchen, wird das Hochland in einem großen Bogen von Plateaus und Becken-

# CHINA

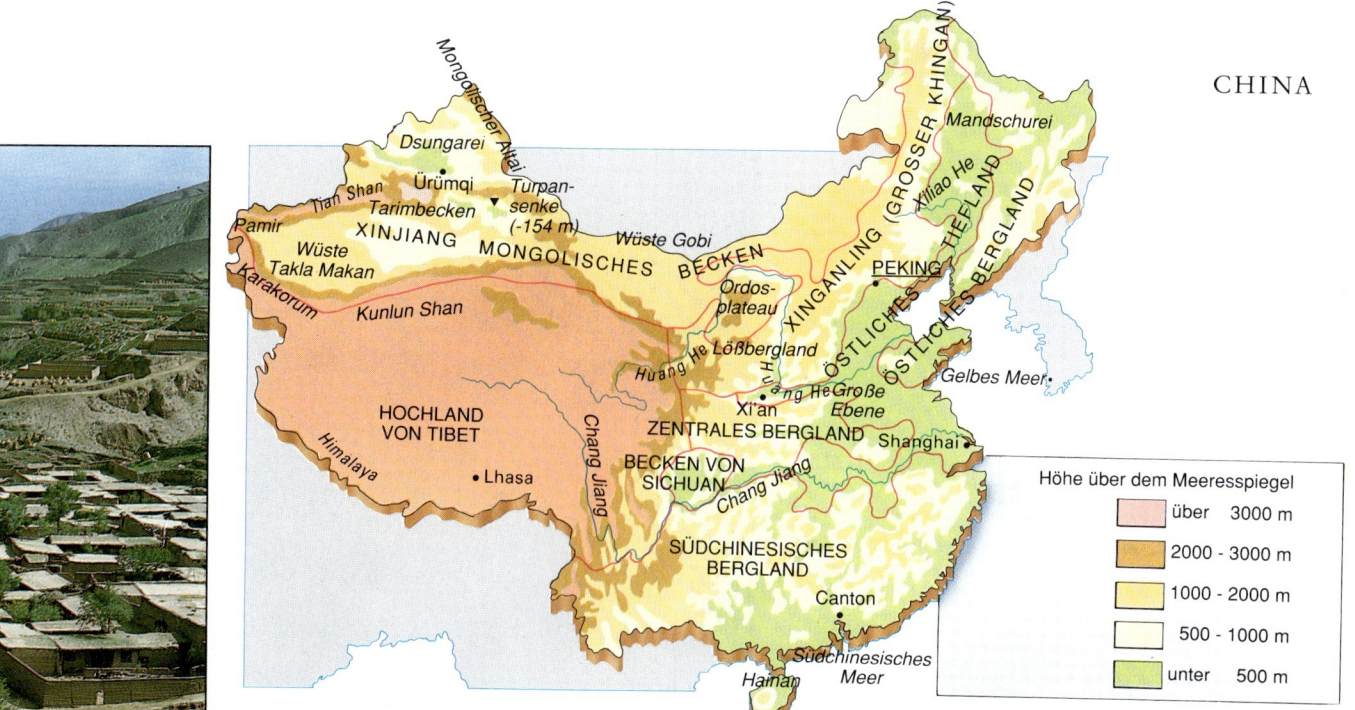

**China** (oben) gliedert sich in eine Vielzahl eigenständiger Landschaften. Westchina besteht aus hohen Bergketten und ausgedehnten Wüsten- und Steppengebieten. In Ostchina liegen bedeutende Landwirtschaftszonen.

**Die Wüste Takla Makan** (links) war einst Teil der Seidenstraße, auf der die Kamelkarawanen die chinesische Seide nach Westen brachten. Diese Region, eine der trockensten Wüsten der Erde, liegt im äußersten Westen Chinas.

**Für die Bauerndörfer** (ganz links) in der Provinz Qinghai sind Gerste und Weizen die Hauptgetreidearten. Da Qinghai im Nordwesten Chinas am Rand des Tibetanischen Hochlands liegt, hat es wie Tibet ein kaltes, trockenes Klima.

**Filzzelte** (links), die auf Sommerweiden aufgestellt sind, kennzeichnen ein Kasachenlager in den niedrigeren Ausläufern des Altaigebirges am nordwestlichen Rand Chinas. Gebirgsketten, wie Himalaya und Karakorum, umschließen Chinas westliche Grenzregionen.

landschaften in 1000 bis 2000 m Höhe umgeben. Südlich des Tsin Ling, der östlichen Verlängerung des Kunlun, die sich über 1500 km quer durch Zentralchina zieht und die Klimascheide zwischen den gemäßigten und den subtropischen Zonen Chinas bildet, liegen das Becken von Sichuan (Szetchuan) und das Hochland von Yunnan und Guizhou. Das nördlich des Tsin Ling gelegene Tarimbecken ist wie das Ordos-Plateau und das Hochland der Mongolei Bestandteil des Trockengürtels, der China im Westen und Norden umspannt.

Das abflußlose Tarimbecken zählt zu den trockensten Landstrichen der Erde. Es besitzt ein extremes Kontinentalklima mit großen jahreszeitlichen Temperaturschwankungen. In einem Labyrinth von sumpfigen und salzigen Flußläufen, Endseen und langgezogenen Dünen liegt die lebensfeindliche Wüste Takla Makan. Nur am Fuße der das Tarimbecken umgebenden Randgebirge Altin Tagh, Pamir und Tian Shan sind dauerhafte Siedlungen entstanden. Hier bilden zahlreiche Oasen einen schmalen Streifen Kulturland, das von den schnee- und gletschergespeisten Flüssen der Gebirge bewässert wird, bevor diese zum Teil im trockenen Untergrund versickern. Der Tian Shan, der von über 7000 m an der chinesisch-kirgisischen Grenze bis auf 154 m unter Meeresniveau in der Senke von Turpan absteigt, trennt das Tarimbecken von der Dsungarei, dem meeresfernsten Gebiet der Erde.

Das mongolische Becken wird größtenteils von der Trockenlandschaft der Gobi eingenommen, die mit ihren hohen Sanddünen, die von Salzsümpfen unterbrochen werden, und ihren ausgedehnten Kies- und Felswüstengebieten die größte zusammenhängende Wüste der Inneren Mongolei darstellt. Das 1200 bis 2000 m hohe Ordosplateau, das in großem Bogen vom Huang He umflossen wird, reicht mit seinen Sandwüsten weit nach Süden.

# CHINA: DER OSTEN

Der Ost- und Nordteil Chinas wird von Hügelländern und Tiefebenen geprägt, der untersten Stufe der chinesischen Treppenlandschaft. Hier findet nicht nur der intensivste Ackerbau statt, hier ist auch das eigentliche Ballungsgebiet der Bevölkerung und der Industrie.

Eindrucksvoll ist der Gegensatz zwischen den Landschaften nördlich und südlich des Tsin (Qin) Ling, einer Fortsetzung des Kunlun, der im Gebirgsaufbau des östlichen China einen Fremdkörper bildet. Im Norden des Scheidegebirges dehnt sich das größte Lößgebiet der Erde aus, im Süden öffnet sich dem Blick eine zerrissene und zerklüftete Bergwelt. Im Norden ist das Klima durch einen ausgeprägten Wechsel zwischen heißen Sommern und kalten Wintern bestimmt, während das Klima im Süden gemäßigt subtropisch ist.

## Löß und weite Ebenen

Das Lößbergland südlich der Gebirgskämme, die die innermongolische Wüsten- und Steppenregion abschließen, gehört zum Kernraum des chinesischen Volkes und seiner Kultur. In den Becken zwischen den Hochflächen und Bergzügen, inmitten der terrassierten Bewässerungsfelder, entwickelten sich frühe Siedlungsschwerpunkte. Der feine gelbe Flugsand wurde seit Hunderttausenden von Jahren aus den Wüstengebieten hierher geweht, abgelagert und mit Ausnahme der steilen Bergketten zu einer teilweise über 100 m mächtigen Lößschicht verfestigt. Da der Löß dem abfließenden Regenwasser nur wenig Widerstand bietet, ist die Landoberfläche durch viele kleine Engtäler und Schluchten zerteilt. Auch der Huang He, der Gelbe Fluß, nimmt auf seinem Weg durch das Lößgebiet große Mengen an Lößschlamm in seinen Fluten auf und transportiert sie zum Teil bis zum Bo Hai, einer flachen Meeresbucht, in die er mündet. Durch die häufige Veränderung seines Unterlaufs wurde die Tiefebene allmählich vergrößert. Da der Löß sehr fruchtbar ist, gehört die Große Ebene zu den landwirtschaftlichen Vorzugsgebieten Chinas. Andererseits lösen die häufigen Überschwemmungen infolge der Versandung des Flußbettes eine immer wiederkehrende Gefahr aus, der durch großangelegte Wasserschutzarbeiten Einhalt geboten werden soll.

Halb aus dem Tiefland, halb aus dem Gelben Meer ragt wie eine Insel das Bergland von Shandong (Schantung) heraus, dessen zerklüfteter Ostteil an die mandschurische Halbinsel Liaodong erinnert.

Die historische Landschaft der Mandschurei liegt zwischen Großem Khingan im Westen und einem durchgängigen Berg-, Plateau- und Hügelland im Osten, das von der Steilküste der Liaodong-Halbinsel bis zum versumpften Sungari-Amur-Ussuri-Tiefland im Nordosten reicht. Inmitten der bewaldeten Gebirgsumrahmung erstreckt sich eine durchgängige, von Löß und Schlamm bedeckte Ebene. Der große

**Ein Dorf mit ummauerten Höfen** (oben) im südlichen Hochland, dem wichtigsten Reisanbaugebiet Chinas. Das bergige Gelände erschwert den Landverkehr. Viele Wege müssen zu Fuß zurückgelegt werden. Hauptverkehrswege sind die Flüsse.

**Yan'an** (rechts) in der Provinz Shaanxi liegt an einem Nebenfluß des Huang He (Gelber Fluß) in den fruchtbaren Lößbergen Nordchinas. Die Flüsse dieser Region transportieren große Mengen an Lößschlamm – Ursache einer starken Versandung.

# CHINA

**Der Turmkarst** (links), bei der südchinesischen Stadt Guilin in der Autonomen Region Guangxi, ist eine vielbesuchte touristische Attraktion. Kalklösendes Wasser hat die sagenumwobenen Kalkfelsen bizarr geformt.

**Der Huang He oder Gelbe Fluß** (rechts) ist ein sich verlagernder, Schlamm (Löß) führender Wasserlauf, der häufig die dicht besiedelte Nördliche Chinesische Ebene überflutet hat. Er hat dadurch einerseits den Namen »Chinas Trauer« verdient, sorgte jedoch andererseits für fruchtbaren Boden. Über die Jahrhunderte hinweg hat der Unterlauf des Flusses mehrmals seine Lage geändert. Dies wird jetzt durch zahlreiche Maßnahmen wie den Bau von Dämmen, Entwässerungsgräben und Bewässerungskanälen verhindert.

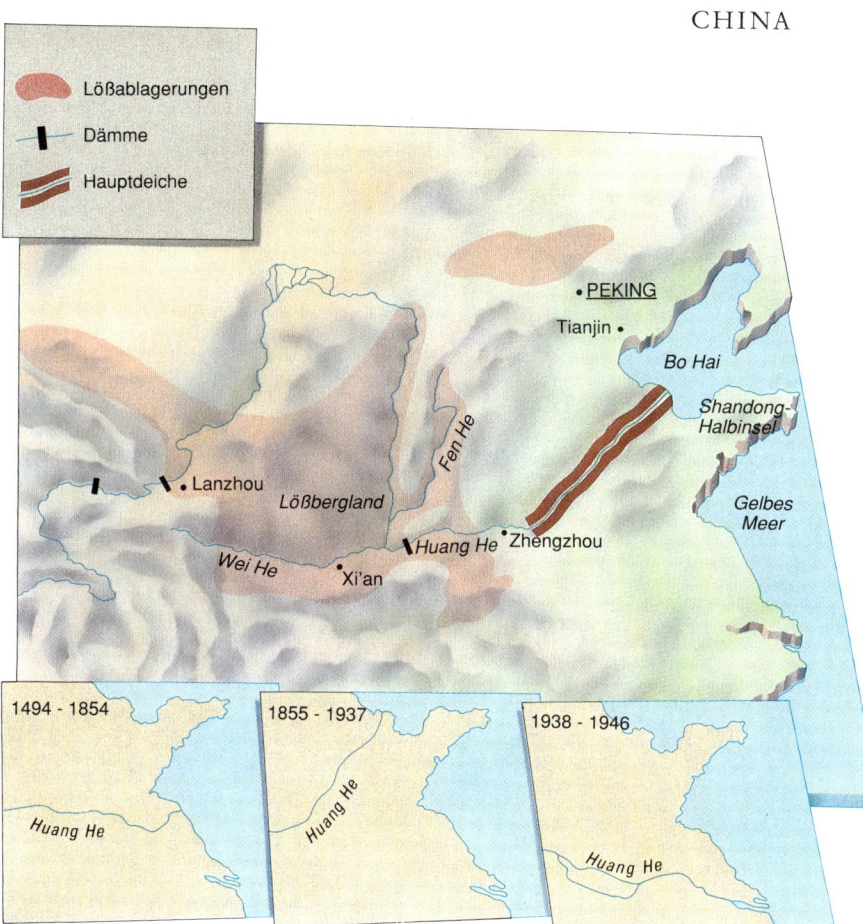

Nordostzipfel Chinas wurde von Chinesen erst zu Beginn des 20. Jahrhunderts besiedelt, doch bildeten die großen Ackerbauflächen sowie die reichlichen Kohle-, Eisen- und Erdölvorkommen die Grundlage für den bedeutenden wirtschaftlichen Aufschwung dieses Gebiets.

### Dort, wo China am schönsten ist

Südlich des Tsin Ling gibt es keine Ebenen vergleichbarer Größe. Auf seinem Weg zur Deltaregion durchfließt der Chang Jiang in seinem Unterlauf zunächst drei kleinere Tieflandgebiete, die durch enge Talstrecken voneinander getrennt werden. Diese isolierten Tieflandkammern, die von mehreren Seen erfüllt sind, erweisen sich bei Hochwasser als natürliche Auffangbecken, in denen auch ein großer Teil des vom Strom mitgeführten Schlamms abgelagert wird.

Das Rote Becken von Sichuan (Szetchuan) am mittleren Chang Jiang, das seinen Namen dem weitverbreiteten roten Sandstein verdankt, ist die am weitesten im Binnenland gelegene Kulturlandschaft Chinas. Allseits von hohen Bergketten umgeben, die in den Osttibetischen Randketten bereits 6000 m überschreiten, ist das dichtbesiedelte Becken von jeher ein agrarisches Vorzugsgebiet, das zudem noch mit zahlreichen Bodenschätzen ausgestattet ist.

Die Osttibetischen Randketten bilden – im eindrucksvollen Wechsel zwischen hochaufragenden Gebirgsgraten und schluchtenartig eingeschnittenen Stromtälern – auch die westliche Grenze des Yunnan-Plateaus mit dem östlich anschließenden verkarsteten und zertalten Hochland von Guizhou (Keitschou), dem Übergang zum Südostchinesischen Bergland.

Das ganze südöstliche China zwischen dem Chang Jiang im Norden und dem Golf von Tonkin im Süden wird von dem unruhig gestalteten, formenreichen Südchinesischen Bergland eingenommen. Durch die ins Meer ausstreichenden Gebirgsrücken entstand eine ebenfalls unruhig verlaufende Küste mit zahlreichen vorgelagerten Inseln.

Erdgeschichtlich ist das Bergland ein sehr alter Festlandsteil, der jedoch mit den Gesteinsablagerungen späterer Erdzeitalter erfüllt ist. Infolge der starken subtropischen Verwitterung entstand eine Mittelgebirgslandschaft, in der Bergrücken, von den Flüssen tiefeingeschnittene Täler und Hügelreihen einander abwechseln. Ergiebige Niederschläge speisen die wasserreichen Flüsse und ermöglichen auch in den tieferen Lagen noch Regenfeldbau.

Der Süden ist Chinas Reiskammer, und Reisfelder beherrschen über weite Teile das Bild der Landschaft. Die Bewohner Südchinas sind überdies davon überzeugt, im schönsten Teil des Landes zu leben. Die drei Chang-Jiang-Schluchten zählen zu den großen Naturwundern der Erde.

# CHINA: DER CHANG JIANG

**Der Chang Jiang** *(Karte)* ist der drittlängste Fluß der Erde. Von seiner Quelle im Hochland von Tibet aus windet sich der Chang Jiang ostwärts über eine Distanz von mehr als 6300 Kilometern, bevor er in das Ostchinesische Meer mündet.

**Steile Schluchten und Klippen** charakterisieren den Ober- und Mittellauf des Chang Jiang *(rechts)*. Sie sind für Touristen von einmaligem landschaftlichem Reiz und können von Passagierfähren aus in Dreitagestouren bestaunt werden.

Der Reiseschriftsteller Paul Theroux nennt den Chang Jiang (Jangtsekiang) den »Äquator Chinas«. Er teilt das riesige Land in zwei Teile und trennt die zurückhaltenden, nudelessenden Nordchinesen von ihren gesprächigeren, reisenden Vettern im Süden. Seine Fluten rauschen durch enge Schluchten, überwinden weite Ebenen und bilden schließlich ein ausgedehntes Delta am Ostchinesischen Meer. Der »Lange Fluß«, wie die Übersetzung des chinesischen Namens lautet, erstreckt sich über 6300 km und ist damit der drittlängste Fluß der Erde.

## Der Oberlauf des Flusses

Die genaue Quelle des Chang Jiang wurde erst 1976 bestimmt, als chinesische Regierungsbeamte eine Expedition in die Tanggulaberge in der Provinz Qinghai nahe Tibet unternahmen. In einer Höhe von 4876 m fanden sie nicht nur einen, sondern zwei Gletscherbäche. Die Bäche vereinigen sich und fließen in einem flachen, breiten Tal durch das Hochland von Tibet, wobei sie auf ihrem Weg kleine Seen und Wasserbecken speisen. Sobald der Fluß die Hochebene verläßt, beschleunigt der plötzliche Höhenabfall die Fließgeschwindigkeit des Wassers. Der schnellfließende Fluß hat tiefe Schluchten eingegraben. Eine dieser Schluchten ist als die »Schlucht des Tigersprungs« bekannt, weil eine örtliche Legende berichtet, daß ein Tiger über den schmalen Spalt springen könne.

## Mittel- und Unterlauf

Nach seinem Abstieg aus dem tibetischen Hochland ergießt sich der Fluß in das Becken von Sichuan, das auch als »Rotes Becken« bekannt ist. Abgesehen von den Schluchtausgängen, die der Fluß in die beiden Enden des Beckens geschnitten hat, riegeln hohe Berge die Region vom Rest des Landes ab. Die günstigen Klimabedingungen des Beckens erlauben den Anbau einer Vielzahl von Getreidearten, darunter Reis, Mais, Weizen, Hirse, sowie von Zuckerrohr, Tee, Tabak und Gemüse. Von diesem Überfluß an Nahrungsmitteln leben viele Menschen, so auch die Bewohner der ersten großen am Chang Jiang gelegenen Stadt Chongqing.

Passagierfähren bringen Ausflügler in einer Dreitagesreise von Chongqing aus durch die beeindruckenden »Drei Schluchten« zu dem Industriezentrum Wuhan. Steile Kalksteinklippen türmen sich entlang eines 193 km langen Korridors von Stromschnellen. Die Tiefe des Flusses erreicht 182,8 m, was den Chang Jiang zum tiefsten Fluß der Erde macht. Diese landschaftliche Schönheit wird jedoch durch den im Bau befindlichen Drei-Schluchten-Damm, der 2009 abgeschlossen sein wird, für immer verloren sein.

Nachdem er die Schluchten hinter sich gebracht hat, fließt der Chang Jiang zum Gezhouba-Staudamm, dem größten Chinas. Durch den 70 m hohen Damm konnte der Fluß erstmalig zur Energiegewinnung nutzbar gemacht werden.

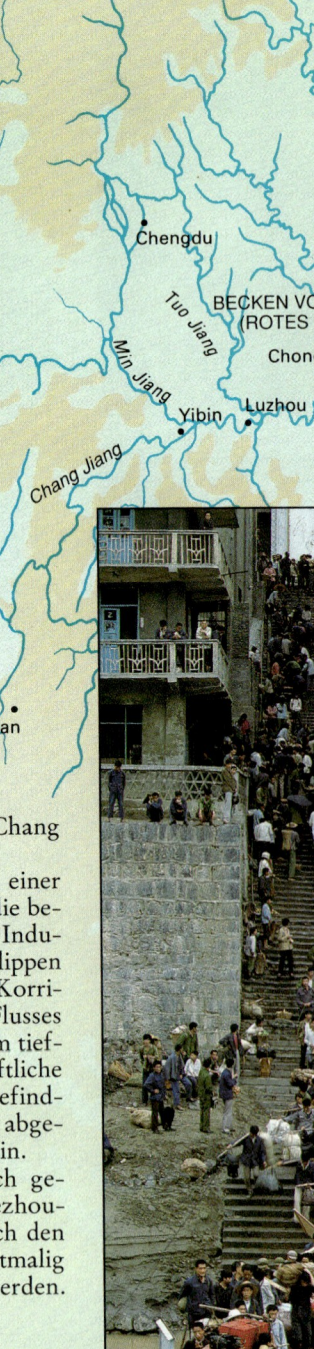

*Gelbes Meer*

**Reisende** auf einer Treppe *(unten)*, die zu einem Kai am Chang Jiang führt. Der »Lange Fluß« ist ein wichtiger Verkehrsweg. Für Hochseeschiffe ist er bis zu der Industriestadt Wuhan befahrbar.

Bei der Stadt Wuhan vereinigt sich der Chang Jiang mit dem Han Shui, seinem größten Nebenfluß. An dieser Stelle hat der Chang Jiang eine Breite von mehr als 1,5 km. An seinen Ufern ziehen sich Landungsbrücken entlang. Von hier aus fließt der Fluß durch eine weite Ebene, die eine von Chinas höchstentwickelten Industrie- und Agrarregionen ist. Doch an dieser Stelle hat der mächtige Strom in der Vergangenheit immer wieder Überschwemmungen verursacht, die sowohl Städte als auch Felder verwüsteten. Flutkatastrophen des Chang Jiang, wie etwa die von 1991, treten durchschnittlich alle 50 bis 55 Jahre auf. Jede Überschwemmung bringt jedoch auch neue fruchtbare Ablagerungen von Schlamm mit sich. Die Felder dieser Region bringen zwei bis drei Ernten hervor. Mit dem Staudammbau hofft man, solche Flutkatastrophen in Zukunft zu verhindern und Energie für die wachsende Wirtschaft zu gewinnen.

Inzwischen erreicht der Chang Jiang die Stadt Nanjing, und sein Wasser, das von einer schweren Schlammfracht braun gefärbt ist, fließt träge dahin. Bevor er die See erreicht, durchquert der Fluß eine Ebene, die zu den am dichtesten bevölkerten Gebieten der Erde zählt. Zahllose Ströme und Kanäle durchziehen das Land und sorgen für Transport, Be- und Entwässerung. Landwirtschaft, besonders der Reisanbau, wird hier äußerst intensiv betrieben. Die zahllosen Fischteiche liefern eine Vielfalt von Speisefischen. Der Fluß mündet im Norden der Metropole Shanghai ins Meer, wo er seine massive Schlammfracht ablagert und dadurch die Ausdehnung seines Deltas alle 64 Jahre um 2,58 km² vergrößert.

### Das Transportwesen auf dem Fluß

Der Chang Jiang ist Chinas Hauptverkehrsader. Hochseeschiffe können bis nach Wuhan fahren, das mehr als 1090 km von der Küste entfernt liegt. Fast überall herrscht emsige Betriebsamkeit am Fluß. Die Boote werden von Menschenkraft be- und entladen. Im 6. und 7. Jahrhundert n. Chr. wurde mit ebendieser Kraft der »Große Kanal« gegraben, der die nördlichen Städte Chinas mit dem Chang Jiang verbindet. Zahlreiche Arbeiter kümmern sich um die Fracht, die von Zahnpasta bis zu Steckrüben, von Schweinen bis zu Kartoffeln und von Körben bis zu Fahrrädern reicht. Die Frachtmenge, die jährlich auf dem Strom befördert wird, erreicht ein Gesamtvolumen von 22 000 000 Tonnen. Der Fluß ist Arbeitsplatz für die Menschen, die in seinen Häfen leben und sorgt für den Unterhalt der Millionen, die an seinen Ufern wohnen.

# CHINA: TIERWELT

Bestimmte Tiere wurden von den Chinesen lange Zeit als Träger magischer Kraft verehrt – und deshalb auch nicht getötet, so z. B. die Schlangen. Wichtige Tiersymbole der chinesischen Mythologie sind die Riesenschildkröte als Sinnbild des langen Lebens und der Dauerhaftigkeit, Löwen, die vor Tempeleingängen drohend die Zähne fletschen, Drachen, die sich an Palastbalustraden hochwinden, sowie Kraniche und Hirsche.

Tiere spielen im chinesischen Bauernhaushalt eine wichtige Rolle. Zwar hat es in der traditionellen chinesischen Kultur Großviehzucht kaum gegeben, unbekannt war vor allem die Haltung von Milchtieren. Um so größer war die Bedeutung jener Haustiere, die zur Aufzucht keiner größeren Flächen bedürfen, so z. B. Schweine, Enten und Hühner.

### Artenvielfalt

Entsprechend der topographischen und klimatischen Vielfalt Chinas gibt es dort auch eine überaus reiche Fauna und Flora. Zu den besonders wertvollen und seltenen Tieren gehören der Große Panda, der Takin (Budorcas taxicolor), der Delphin des Chang Jiang, der Chinesische Alligator und der urtümliche Riesensalamander.

Weitere seltene Tiere, die früher einmal über ganz Ostasien verbreitet waren, sich heute aber ebenfalls fast nur noch in China finden lassen, sind der Hulock (Hylobates hoolock), eine Gibbonart, der Schneeleopard (Irbis) und das Wildkamel. Einige Tierarten, die weltweit bereits als ausgestorben galten, wurden neuerdings in abgelegenen Gebieten Chinas wiederentdeckt, so z. B. der Japan-Ibis im nordwestlichen Tsin Ling. Wildpferde und Wildesel leben hauptsächlich in den Wüstengebieten und kalten Hochebenen der Inneren Mongolei, Xinjiangs und Tibets. Der Asiatische Elefant ist im Gebiet Xishuangbanna (in der Provinz Yunnan) anzutreffen.

China ist außerdem ein Vogelparadies: Es beherbergt ein Siebtel aller weltweit vorhandenen 9000 Arten. Von ihnen sind über 90 Vogelarten nur in China beheimatet oder halten sich die meiste Zeit des Jahres in China auf, etwa der Mandschuren-, der Mönchs- und der Schwarzhalskranich. Allerdings sind die Bestände der sehr standorttreuen Kraniche durch die zunehmende Zerstörung ihrer weiträumigen Brutgebiete gefährdet. Ferner gibt es in China die verschiedensten Raubvogelarten, wie Adler, Geier und Gänsegeier.

### Bedrohte Tierwelt

Viele dieser Tierarten sind inzwischen gefährdet. Zwei Ursachen sind für ihren Rückgang maßgebend: Einmal ist es die Tatsache, daß die Chinesen alles zu essen pflegen, »was sich mit dem Rücken nach oben bewegt«. So ist der Bestand an Tigern gefährdet, da nach herkömmlichem Volksglauben die Einverleibung von Teilen des Tigers Kraft verleiht. Ein anderer Grund ist die schnelle Dezimierung der Wälder infolge von Raubbau, Waldbränden und Baumkrankheiten. Die Folgen dieser Naturzerstörung sind für die Tierwelt dramatisch, denn das Aussterben jeder Pflanzenart zieht ungweigerlich das Verschwinden mehrerer Tierarten nach sich. Dieses Schicksal haben bereits das China-Nashorn und die Saiga-Antilope, deren Hörner in chinesischen Apotheken als Aphrodisiakum verkauft wurden, erlitten. Weitgehend ausgerottet ist auch der Chinesische Tiger (Panthera tigris amoyensis).

Stark gefährdet ist inzwischen der wegen seiner Drolligkeit beliebte Große Panda, von dem es in China zur Zeit nur noch rund 1000 Exemplare gibt. Er ist zum Symboltier des »World Wildlife Fund« geworden. Als Anfang der 80er Jahre seine ausschließliche Nahrungsquelle – der Pfeilbambus – großflächig einging, war die Spezies der Pandas vom Aussterben bedroht. Die Regierung eröffnete daraufhin eine Kampagne zur Rettung der »Bärenkatzen« (Xiangmao), wie sie im Chinesischen heißen, die aus allen Teilen der Bevölkerung unterstützt wurde.

**Der seltene Große Panda** (*oben*) lebt in den Bambuswäldern der Bergländer in den Provinzen Sichuan, Shaanxi und Gansu.

# CHINA

Zu Chinas Tierwelt *(links)* gehören Bergtiere wie der Yak (1) und der seltene Schneeleopard (2). Wälder sind die Heimat der Goldstumpfnase (3), des Kleinen Panda (4), des wiedereingeführten Davidshirschs (5) und des Moschustieres (6) sowie des sehr seltenen Großen Panda oder Bambusbären (7) und des Tigers (8). An Flüssen leben winzige Spitzmäuse (9) und der Riesensalamander (10). An Vögeln gibt es den Schwarzhalskranich (11), den nördlichen Habicht (12), die Halsring-Zwergohreule (13), den Paradiesschnäpper (14) und das Temminck-Satyrhuhn (15).

**Chinas Naturschutzgebiete** *(unten)* umfassen ca. 300 Reservate. Diese bewahren besondere Landschaften und Naturschönheiten sowie seltene Tiere und Pflanzen.

## Schutzgebiete

1956 begann China in größerem Stile Naturschutzgebiete anzulegen. Ende der 90er Jahre gab es in China rund 300 Naturschutzgebiete – geplant sind insgesamt 500 mit einer Gesamtfläche von über 20 Millionen ha. Die überwiegende Mehrzahl dieser Gebiete wurde erst in den 80er Jahren eingerichtet. In den drei nordostchinesischen Provinzen Heilongjiang, Jilin und Liaoning gibt es 30 Parks – genausoviele wie allein in der südchinesischen Provinz Yunnan, die auch als »Königreich der Tiere und Pflanzen« bezeichnet wird.

Vier Typen von Naturschutzgebieten werden heute unterschieden: 1. Gebiete zur Erhaltung ganzer ökologischer Großsysteme, die sich vor allem im Nordosten und Südosten des Landes befinden, 2. Sonderschutzgebiete für die Artenerhaltung, so z. B. die Schlangeninsel bei Dalian (Nordostchina), wo auf einer Fläche von nur 0,8 km² Zehntausende von hochgiftigen Halys-Schlangen leben, die Vogelinsel im nordwestlich gelegenen Chöch Nuur und die Affeninsel im Bereich von Hainan, 3. Waldschutzgebiete, in denen vor allem Pflanzen, wie z. B. die wertvolle Silberzypresse, erhalten werden sollen, und 4. erdgeschichtlich und ökologisch besonders typische Landschaften.

Darüber hinaus sollen Gesetze und eine Artenliste der gefährdeten Wildtiere zum Schutz der bedrohten Populationen beitragen.

## Der Große Panda

Der bedrohte Große Panda (Ailuropoda melanoleuca) gehört zu den beliebtesten Tieren der Welt. In prähistorischen Zeiten war der größte Kleinbär (auch Bambusbär) weit verbreitet, doch wird er heute nur noch in drei Gebieten in China angetroffen. Der neugeborene Panda ist so klein, daß man ihn auf eine Handfläche setzen kann. Erwachsene Tiere können mehr als 110 kg wiegen. Ihre schwarz-weiße Fellzeichnung und die Verspieltheit sind der Grund für ihre Popularität. Der Große Panda ist jedoch kein geselliges Tier. Er lebt meist als Einzelgänger in den Wäldern des westlichen und südwestlichen China. Mit einem Greifballen an den Vordertatzen pflückt er den Bambus, seine ausschließliche Nahrung.

# CHINA: DIE GROSSE MAUER

Als eines der Wunderwerke der chinesischen Zivilisation verläuft die Große Mauer über eine Distanz von mehr als 6400 km quer durch Nordchina. Die Große Mauer ist das größte Bauwerk, das je errichtet wurde, und sein chinesischer Name – Wan li, Chang chang – bedeutet »die lange Mauer von 10 000 Li«. Der Li entspricht einer Länge von 539 m. Die Große Mauer wurde in ihrer heutigen Gestalt von den Ming-Kaisern zwischen dem späten 14. Jahrhundert und der Mitte des 16. Jahrhunderts erbaut. Sie ist das einzige von Menschenhand geschaffene Werk, das vom Weltraum aus zu erkennen ist.

### Anfänge

Im 4. Jahrhundert v. Chr. stritten viele kleine Staatsgebilde um die Vorherrschaft in China. Einige von ihnen erbauten an ihren Grenzen lange Wälle aus gestampfter Erde. Eine der wichtigsten Grenzen lag im Norden, wo China sich der dauernden Invasionsdrohung kriegerischer Stämme ausgesetzt sah. Im 3. Jahrhundert v. Chr. eroberte Qin Shihuangdi die kleineren Staaten und wurde »Erster Kaiser« von China. Unter seiner Regierung wurden viele Grenzwälle miteinander verbunden oder wiederaufgebaut und bildeten so die erste der »Großen Mauern«. Darüber hinaus ließ Qin überall im Reich Straßen bauen und errichtete für sich selbst ein gewaltiges Grabmal, das von Hunderten lebensgroßer Tonkrieger bewacht wird. Unter großem finanziellen Aufwand und dem Opfer vieler Menschenleben arbeiteten Tausende von Männern mehr als 10 Jahre lang, um die Große Mauer zu erbauen.

Während der folgenden Jahrhunderte bildete die Mauer für China eine befestigte Grenze zum Norden hin. Von Zeit zu Zeit verlor sie ihre Bedeutung, je nachdem, ob sich die Grenzen des Reiches nördlich oder südlich der Mauer verlagerten. In der Zeit der Han- und Sui-Dynastien wurde die Mauer erweitert, doch verfiel sie nach dem Ende der Sui. Im 13. Jahrhundert drangen Mongolen aus dem Norden in China ein und gründeten die Yuan-Dynastie. Die Mongolen wurden von den Ming besiegt, die die Mauer wieder aufbauten.

### Der Aufbau

Die von den Ming-Kaisern erneuerte Mauer verlief von der Ostküste, um die Stadt Shanhaiguan herum, bis jenseits des Jiayuguan-Passes in der Provinz Gansu im fernen Nordwesten. Außen verkleidete eine Steinverblendung den alten Wall aus gestampfter Erde. Auf die Mauerkrone setzten die Erbauer verschiedene Backsteinschichten, um das Einsickern von Wasser in das Erdreich im Inneren zu verhindern. Wachtürme mit ebenen Beobachtungsterrassen, die sich in bestimmten Abständen entlang der Mauer erhoben, erlaubten es den kaiserlichen Truppen, Lichtsignale mit großer Geschwindigkeit weiterzugeben. Zur Zeit der Ming-Dynastie war

die Mauer in neun Verwaltungsbezirke eingeteilt und ständig mit kampfbereiten Soldaten bemannt. Bogenförmige Tore unterbrachen die Mauer in strategischen Abständen, und mächtige Rampen führten zu ihr hinauf. Die Höhe der Mauer betrug etwa 8 m. An seiner Basis war der Wall etwa 7 m und an seiner Oberkante 6 m breit. An verwundbaren Stellen verstärkten mehrere hintereinandergestaffelte Wälle die Grenzbefestigungen.

Gebaut wurde die Große Mauer aus verteidigungsstrategischen Gründen: Sie sollte das Eindringen von »Barbaren« aus dem Norden verhindern. Im Jahr 1867 beschrieb der Comte de Beauvoir, ein französischer Reisender, die Große Mauer als eine phantastische steinerne Schlange, die sich durch die Berge und über die Hügel windet. Die mauerbewehrte Straße durch die Berge erleichterte den Verkehr, wobei es ihre Breite erlaubte, mindestens fünf Pferde nebeneinander passieren zu lassen. Man sagte von den berühmten zentralasiatischen Pferden, welche die kaiserlichen Boten trugen, daß sie galoppieren konnten, bis sie Blut schwitzten. In Kriegszeiten konnten schwerbeladene Militärtruppen auf der Großen Mauer marschieren und auf diese Weise schwierige, kraftraubende Gebirgspässe vermeiden.

# CHINA

**Die Große Mauer** *(links)* ist eine der beeindruckkendsten technischen Leistungen. In der heutigen Form von den Ming-Kaisern zwischen dem 14. und 16. Jahrhundert gestaltet, schlängelt sich der Wall über eine Strecke von 6400 km durch Nordchina.

**Auf der Großen Mauer** drängen sich auf einem restaurierten Teilstück bei Badaling die Touristen *(ganz unten links)*. Der einstige Verteidigungswall gegen kriegerische Nomaden ist das berühmteste Bauwerk Chinas.

Die Große Mauer diente jedoch auch als Handelsroute zwischen den Städten in der Grenzregion. Der Kaiser konnte Früchte aus dem Westen bestellen, die unreif gepflückt wurden und bei der Ankunft im kaiserlichen Palast ausgereift und zum Verzehr geeignet waren.

**Tourismus**

In der Vergangenheit stellte die Große Mauer ein massives Hindernis für potentielle Invasoren aus der Mongolei und Mandschurei dar. Heute können Tausende von Besuchern aus aller Welt die Große Mauer besichtigen. In Badaling ist ein Teil der Mauer restauriert und für Besucher geöffnet worden. Tausende von chinesischen und ausländischen Touristen besuchen diesen Abschnitt der Mauer, der etwa 80 km von Peking entfernt ist. Die Mauer dient auch als Rahmen für Ereignisse von staatspolitischer Bedeutung.

**Ein bemalter Wachturm** *(unten Mitte)* bei Jiayuguan markiert das westliche Ende der Großen Mauer. – **Nahe Datong** *(links Mitte)* haben Bauern die Steinverkleidung abgerissen. – **Andenkenläden** an der Großen Mauer *(links)* bieten Touristen Souvenirs an.

**Das längste Bauwerk der Erde**, die Große Mauer *(rechts)*, die sich vom Gelben Meer bis tief nach Zentralasien hinein erstreckt, war ein Verteidigungssystem.

# CHINA: KULTUR

Die Leistungen der chinesischen Kultur zählen zu den größten in der Geschichte der Menschheit. Verschiedene Verhaltensmuster, Traditionen, die Art, etwas zu tun oder zu lernen, waren in China schon sehr früh auf hohem Niveau entwickelt. Auf den Gebieten der Architektur, Literatur, Malerei, Wissenschaft und Technologie war China in seiner Erfindungsgabe und der reinen Schönheit seiner vielen Schätze oft wegweisend.

Im sozialen und politischen Leben hat die Idee, daß der Kaiser der Sohn des Himmels und China eine große, ihm gehorsame Familie sei, in verschiedenen Formen bis in die Gegenwart hinein überlebt. Zur Zeit der Zhou-Dynastie wurde die Theorie vom »himmlischen Auftrag« zur festen Lehre. Sie besagte, daß der Kaiser seinen Auftrag, das Recht zu herrschen, vom Himmel bekam, dieses Recht aber durch grausame oder inkompetente Regierung verwirken konnte.

Im alten China existierte zivilisierte Lebensart Seite an Seite mit großer Grausamkeit. Der Brauch, die Füße junger Mädchen so fest zusammenzuschnüren, daß sie eine elegante Form annahmen, starb erst in unserem Jahrhundert aus. Im 12. Jahrhundert v. Chr., als die Europäer noch fern jeglicher Zivilisation standen, fertigte das chinesische Volk bereits wunderbare Bronzegefäße. 1974 entdeckten Archäologen unter einem künstlichen Hügel nahe Xi'an Tausende lebensgroßer Figuren von Tonsoldaten und Dienern; sie fanden sich in der Nähe des Grabes von Qin Shihuangdi (Regierungszeit 221–210 v. Chr.), dem Reichseiniger und »Ersten Kaiser« von China.

## Das religiöse Leben

Der chinesische Philosoph Konfuzius, er lebte von 551–479 v. Chr., wird zu den größten Denkern der Welt gezählt. Für zahllose nachfolgende Generationen begründete er ein Modell familiärer Werte und politischen Gehorsams. Der Konfuzianismus, der bis heute das chinesische Denken beeinflußt, betont die Bedeutung von Ordnung und Hierarchie wie auch den Respekt vor der Würde des Mitmenschen.

Die als Daoismus bekannte Philosophie, die sich etwa im 4. Jahrhundert v. Chr., teilweise als Reaktion auf die konfuzianische Ordnungs- und Pflichtlehre, entwickelte, hat sich als beinahe ebenso einflußreich erwiesen. Sie lehrte die Bedeutsamkeit des Lebens im Einklang mit der Natur, fern von den Forderungen des Alltagslebens. Der Daoismus leitete seinen Namen von dem chinesischen Wort Dao – das Straße oder Weg bedeutet – her. Das Dao wurde als Interaktionsform zweier entgegengesetzter Kräfte – Yin (weiblich) und Yang (männlich) – betrachtet, die vereint jeden Aspekt des Universums beeinflussen. Dieses Zusammenspiel entgegengesetzter Kräfte hat die chinesische Kultur stark beeinflußt, und jedes der Systeme berührte einen anderen Lebensbereich. Wo der Daoismus das persönliche Verhalten beeinflußte, nahm der Konfuzianismus Einfluß auf Politik und Ethik. Ein Zweig des Konfuzianismus, der als Legalismus bekannt ist, trug dazu bei, Verhaltensmuster zu installieren, die den kaiserlichen Staat stärkten. Der Buddhismus erreichte China im 1. Jahrhundert n. Chr. und führte sowohl neue moralische Werte als auch die Ideen von Wiedergeburt und dem Leben nach dem Tode ein.

## Die Künste

Die Anfänge der chinesischen Kunst liegen mehr als 7000 Jahre zurück. Ausgrabungen alter Gräber decken immer wieder interessante Aspekte von Chinas Kunstfertigkeit auf.

Besonders das chinesische Porzellan, die kunstvollen Elfenbein- und Jadeschnitzereien, Lackarbeiten und Möbel riefen bei den Europäern sehr große Bewunderung hervor. Porzellan, in China erfunden, wurde dort seit dem 7. Jahrhundert hergestellt, und die Erzeugnisse aus Chinas Brennöfen erreichten ihren höchsten Entwicklungsstand während der Han-, Tang- und Ming-Dynastie.

Die chinesische Kalligraphie (kunstvolle Schönschrift) zählt zusammen mit Malerei, Musik und Poesie zu Chinas edlen Künsten. Sowohl die Kalligraphie als auch die Malerei sind verfeinert und kultiviert, wobei sie sich durch Abwechslungsreichtum im Gebrauch von

**Qing-Porzellan** *(unten)* verdankt sein besonderes Aussehen einem Glasurprozeß, der während der Ming-Periode (14.–17. Jahrhundert) perfektioniert wurde. Die Porzellanherstellung erfolgt in China seit dem 7. Jahrhundert.

**Diese Bildrolle der Tang-Dynastie** *(rechts)* zeigt den Kaiser Xuanzong (reg. 712–756). Chinesische Gemälde waren oft durch Kalligraphie ergänzt. Neben Hofszenen waren Landschaften Hauptmotive der chinesischen Malerei.

**Eine Armee von Terrakotta-Soldaten** *(oben)* bewacht nach Jahrhunderten immer noch das Grab von Chinas »Erstem Kaiser« Qin Shihuangdi nahe der alten Kaiserstadt Xi'an. 1974 entdeckten ortsansässige Bauern die erste der etwa 7000 Figuren.

# CHINA

Pinsel und Tusche auszeichnen. Auch die Musik ist eine alte und hochentwickelte chinesische Kunstform. Heute steht die Pekingoper für den zugleich verbreitetsten und einflußreichsten Zweig von Chinas langer Tradition des Musiktheaters. Die Pekingoper vereint in ihren Aufführungen Gesang, Sprechtheater, Mimenspiel, Tanz und Akrobatik.

In der Technologie brachte der chinesische Erfindungsreichtum das Schießpulver hervor. Schon im 9. Jahrhundert wurde der hölzerne Druckstock erfunden. Die Seidenraupenzucht geht auf das 3. Jahrhundert v. Chr. zurück; chinesische Seide erreichte Europa über die sagenumwobene Seidenstraße. Die mechanische Seidenspinnerei war seit dem 13. Jahrhundert weit verbreitet.

Holz auf einem Unterbau aus Stein ist die Basis der chinesischen Architektur. Die ziegelgedeckten Dächer mit ihren geschwungenen Rändern sind wohl das charakteristischste Merkmal chinesischer Bauwerke. Die Gestaltung aller Gebäude, sowohl der Paläste als auch der einfachen Häuser, beruhte auf allseits anerkannten ästhetischen Prinzipien. Diese gaben dem grundlegenden chinesischen Ideal der Harmonie zwischen Mensch und Natur (Geomantie) Ausdruck. Der Fung Shui oder Geomant stellte das glückliche oder unglückliche Schicksal fest, das von einem besonderen Platz oder einem Arrangement von Gebäuden ausging.

Diese aus dem Felsen gehauene Statue des sitzenden Buddha *(oben rechts)* in den Grotten von Yungang ist über 13,70 m hoch. An diesem Ort, der nahe Datong in der Provinz Shaanxi liegt, finden sich mehr als 51 000 Buddha-Statuen.

**Ein von Mauern umgebener Hof** unterschiedlicher Aufteilung war das beherrschende Merkmal des traditionellen chinesischen Hauses *(rechts)*. Häuser im Süden hatten aufgrund des wärmeren Klimas kleinere Höfe. In einigen Gegenden hatten größere Häuser kleine Vergnügungsgärten. Holzpfosten trugen das Gewicht des Ziegeldaches.

1 Eingangstür
2 Wohnräume, unterteilt durch leichte Trennwände
3 Galerien verbinden die Räume
4 Hölzerne Stützpfeiler
5 Ziegeldach
6 Hofraum

# CHINA: DIE HAN-CHINESEN

Anfang der 80er Jahre erreichte die Bevölkerung der Volksrepublik China die Milliardenzahl. Bis zur Jahrtausendwende waren es etwa 1,3 Milliarden Chinesen, und das Wachstum hält weiter an. Nach dem gegenwärtigen Trend wird für das Jahr 2023 eine Bevölkerungszahl von nahezu 1,6 Milliarden prognostiziert. Damit aber sind Einbußen im Lebensstandard, bei der Arbeitsbeschaffung und im Erziehungsbereich bereits vorprogrammiert. Angesichts der Tatsache, daß die Ackerfläche pro Kopf in China weitaus geringer ist als die anderer Staaten, zeichnen sich bereits heute erhebliche Ernährungsprobleme ab.

Mitursächlich für dieses Mißverhältnis zwischen Kopfzahl und Bodenfläche sind Denktraditionen, die im Kinderreichtum an sich und in der Geburt eines Sohnes im besonderen zum Ausdruck kommen. Bezeichnenderweise gibt es auch heute noch einen offensichtlichen Zusammenhang zwischen Bildungsstand und Bevölkerungsentwicklung. Aber auch die Regierungspolitik der 50er und 60er Jahre trägt einen Teil der Schuld, da im Zuge der Volkskommunenbewegung und der Kulturrevolution alle wissenschaftlichen Warnungen vor einer Überbevölkerung in den Wind geschlagen wurden. Das seit einigen Jahren von der Regierung vorangetriebene Programm der »Ein-Kind-Familie« ist angesichts der eingefahrenen Denktraditionen schwer zu verwirklichen. Der steigende Wohlstand in den ländlichen Gebieten läßt viele Familien auch finanzielle Sanktionen des Staates in Kauf nehmen, um einen männlichen Nachkommen zu erhalten.

### Die Han

Die Han, d. h. die Chinesen im engeren Sinne, stellen 92 % der Bevölkerung und siedeln hauptsächlich im östlichen Drittel des Landes. Die restlichen zwei Drittel werden von den 8 % »Nationalen Minderheiten« bewohnt. Während die chinesischen Schriftzeichen von allen Han verstanden werden, die lesen gelernt haben, wird die Hochsprache, der Peking-Dialekt, nur von etwa der Hälfte der Han beherrscht. Die andere Hälfte spricht einen der sieben anderen Dialekte der Han-Chinesen.

Seit geschichtlich erfaßbarer Zeit sind die Han-Chinesen ein seßhaftes Bauernvolk mit festgefügten sozialen Einheiten, das in einem ursprünglich wenig landwirtschaftsfreundlichen Siedlungsgebiet lebt. Diese drei Vorgaben haben ihren Charakter geformt und dafür gesorgt, daß sie sich beträchtlich von einigen ihrer Nachbarvölker unterscheiden.

Da ist zunächst die Seßhaftigkeit. Kein größerer Gegensatz läßt sich beispielsweise denken als der zwischen den bäuerlichen Chinesen und den zentralasiatischen Hirtennomaden, mit denen sich die Han jahrhundertelang im Dauerkonflikt befanden.

Ein zweiter Aspekt, durch den sich China vor allem von einer Reihe südostasiatischer Gesellschaften abhebt, ist die feste Fügung der Gesellschaft in überschaubare Einheiten, die sogenannten »Danweis« (wörtlich: Grundeinheiten). Im Gegensatz dazu sind die meisten Völker Süd- und Südostasiens durch eine auffallend »lockere Struktur« ihres Gesellschaftsgefüges gekennzeichnet.

Ein dritter Unterschied zu vielen anderen asiatischen Völkern ist die Zentralisierung und organisatorische Disziplinierung des Volkes, die sich im Laufe vieler Jahrhunderte aus dem Zwang zu ständiger Zusammenarbeit bei der Wasserabwehr (Flußtal des Huang He) und bei der Wasserbevorratung entwickelt hat.

### Die Expansion der Han

Während das Herz des klassischen China ursprünglich in der Nordchinesischen Ebene und im Huang-He-Bereich geschlagen hatte, verlagerte sich der wirtschaftliche Schwerpunkt zur

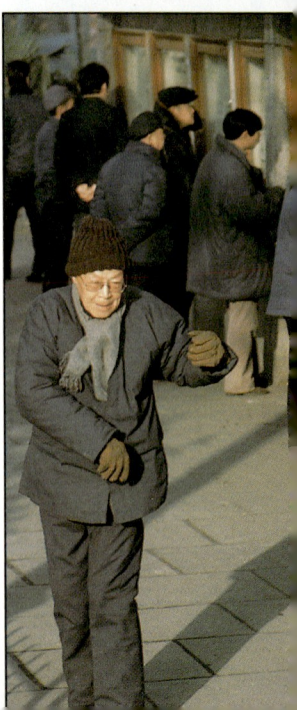

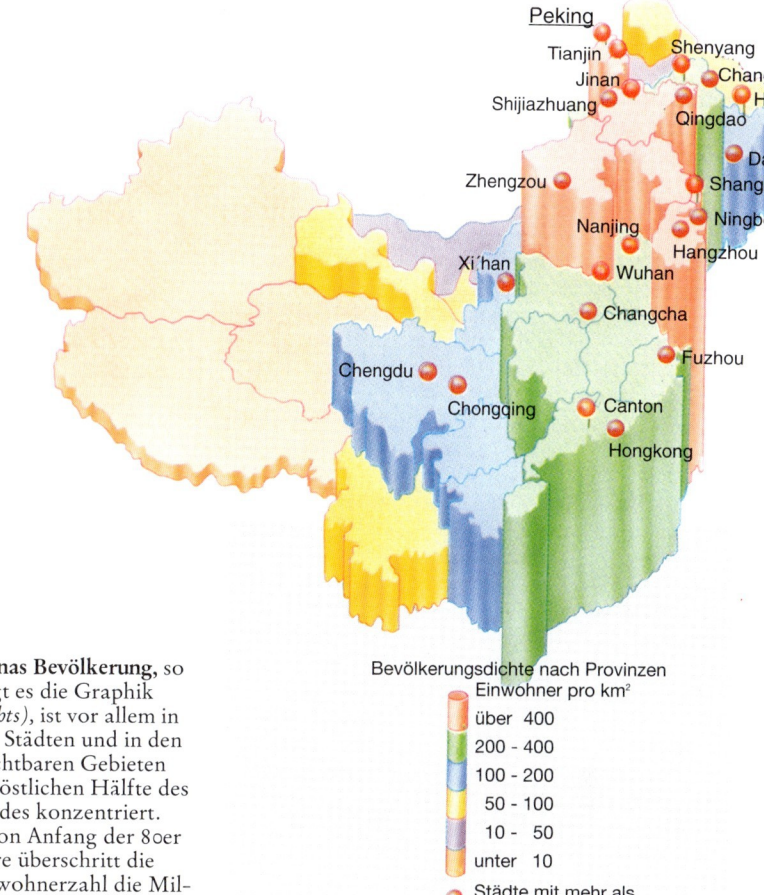

**Schweißerinnen** *(oben)* in einem Industriebetrieb zeigen die zunehmende Gleichberechtigung der Geschlechter am chinesischen Arbeitsplatz.

**Körperliche Ertüchtigung** *(links)* für die Schüler einer Mittelschule in Peking (Beijing) am Anfang des Tages. Etwa 70 % der chinesischen Kinder treten mit 12 bis 13 Jahren in die Mittelschule ein, doch viele verlassen sie vor dem Abschluß.

**Chinas Bevölkerung,** so zeigt es die Graphik *(rechts),* ist vor allem in den Städten und in den fruchtbaren Gebieten der östlichen Hälfte des Landes konzentriert. Schon Anfang der 80er Jahre überschritt die Einwohnerzahl die Milliardengrenze.

Bevölkerungsdichte nach Provinzen
Einwohner pro km²
- über 400
- 200 - 400
- 100 - 200
- 50 - 100
- 10 - 50
- unter 10
- Städte mit mehr als 2 000 000 Einwohnern

**Wandzeitungen** sind eine wichtige Informationsquelle in China; hier ziehen sie diese Bürger von Shanghai *(links)* in ihren Bann. In den späten 70er Jahren waren Wandzeitungen auch ein wichtiges Mittel zur freien politischen Meinungsäußerung.

**Ein praktischer Kinderwagen** *(oben)* mit zwei Insassen wird von einem männlichen Verwandten geschoben. Die chinesische Regierung versucht, das Bevölkerungswachstum zu verlangsamen, und gewährt Eltern, die nur ein Kind haben, Unterstützung.

Zeit der Song-Dynastie (960–1279) vom Huang He zum unteren Chang Jiang, also von der Weizen- in die Naßreiszone.

Durch das Vordringen der Chinesen wurden zahlreiche Völker aus ihren Siedlungsgebieten vertrieben und weiter nach Süden abgedrängt, u. a. die Thai und die Vietnamesen. Im 20. Jahrhundert erfolgte eine zweite große Expansionswelle – diesmal hinauf in den mandschurischen Nordosten.

Sowohl die süd- als auch die nordostchinesische Emigrationsbevölkerung weist viele pionierhafte Züge auf, die den im Ursprungsgebiet verbliebenen Nordchinesen fremd sind. Die Südchinesen gelten aus nördlicher Sicht als lebhaft, aber auch als leichtsinnig, Nordchinesen umgekehrt als schwerfällig.

Unabhängig von solchen Unterschieden aber sind allen Chinesen bestimmte Bräuche (man denke beispielsweise an die Küche oder an die fünf großen Jahresfeste) und vor allem ein Wertesystem gemeinsam: Dazu gehört ein ausgeprägtes Gemeinschaftsbewußtsein gegenüber bestimmten Personenkreisen, eine intensive Lernkultur, hierarchisches Denken und Sensibilität für den anderen. Aber auch ein den Anforderungen des industriellen Zeitalters höchst angemessenes Verhalten und Wirtschaftsdenken, das sich mit den Begriffen Leistung, Fleiß und Sparsamkeit charakterisieren läßt, ist den Chinesen nicht fremd.

# CHINA: MINDERHEITEN

China wurde bereits mit dem Vordringen der Han-Kaiser im 2. Jahrhundert v. Chr. nach Westen und Süden ein Vielvölkerstaat, der die verschiedensten Nachbarvölker zum Teil »mit Haut und Haaren« assimilierte. Umgekehrt wurden zahlreiche Fremdelemente in die chinesische Kultur aufgenommen und genießen dort inzwischen unbestrittenes Heimatrecht: Man denke an die türkischen und die iranischen sowie an andere zentralasiatische Einflüsse während der Tang-Zeit, gar nicht zu reden von der völkischen Vermischung, die vor allem im Norden des Landes in den letzten 2000 Jahren stattfand.

**Die Einstellung gegenüber Fremdvölkern**
Für das traditionelle China existierten keine geographischen Grenzen und keine rassischen Vorurteile. Als »chinesisch« wurde anerkannt, wer die chinesische Zivilisation annahm und die konfuzianischen Verhaltensregeln verinnerlichte. Zu einem Angehörigen des Reichs der Mitte wurde man nicht aufgrund rassischer Merkmale oder geschichtlicher Kriterien, sondern durch kulturelle Identifizierung. Es gab keine geborenen, sondern letztlich nur Gesinnungs- und Verhaltenschinesen.

Mit dem Aufkommen eines modernen chinesischen Nationalstaats begann sich diese Einstellung gegenüber »Fremdvölkern« zu ändern. Welche Haltung sollte ein Nationalstaat der Han, wie er sich seit Beginn des 20. Jahrhunderts herausgebildet hatte, gegenüber den verschiedenen Ethnien einnehmen? Sollte er sie als »Stämme« (zu) behandeln, die es zu assimilieren galt, oder aber als eigenständige »Völkerschaften« (minzu)? Sollte er den Minderheiten das Recht einräumen, eigene, dem Gesamtstaatsverband nur föderativ eingegliederte Teilrepubliken zu bilden, oder mußte es nicht ratsam erscheinen, an dem überkommenen Zentralismuskonzept festzuhalten?

In der ersten Hälfte des 20. Jahrhunderts, d. h. im Zeichen der Guomindang-Herrschaft, wurde der Assimilierungsansatz verfolgt. Minoritäten galten jetzt als mehr oder weniger unselbständige Spielarten des Chinesentums, die früher oder später in der einheitlichen chinesischen Nation aufzugehen hatten.

Demgegenüber kam es von seiten der Minderheiten zu Unabhängigkeitsbestrebungen, die z. B. in der »Ostturkestanischen Republik« von 1944/45 oder in einem selbständigen Tibet (1911–1951) ihren Ausdruck fanden.

**Nationalitätenpolitik der VR China**
Heute leben über 100 Millionen Angehörige nationaler Minoritäten innerhalb der VR China. Die 55 anerkannten ethnischen Gruppen verteilen sich über die Hälfte des gesamten Territoriums, vor allem auf die Steppen- und Gebirgslandschaften im Nordosten, Nordwesten und im Südwesten Chinas. Die einzelnen Minderheitengruppen unterscheiden sich in ihren Lebensfor-

**Pferderennen** (oben), Vorführungen von reiterlichem Können und der Jagd, sind ein beliebter Zeitvertreib bei Chinas kasachischer Minderheit. Die etwa 1 Million nomadischen Kasachen leben in der Autonomen Region Xinjiang.

**Diese Schuljungen** (rechts) aus Hohhot in der Inneren Mongolei gehören zu Chinas kleiner mongolischer Minderheit, die mit ihren rund 5 Millionen Menschen hauptsächlich an der Grenze zur Äußeren Mongolei, dem Staat Mongolei lebt.

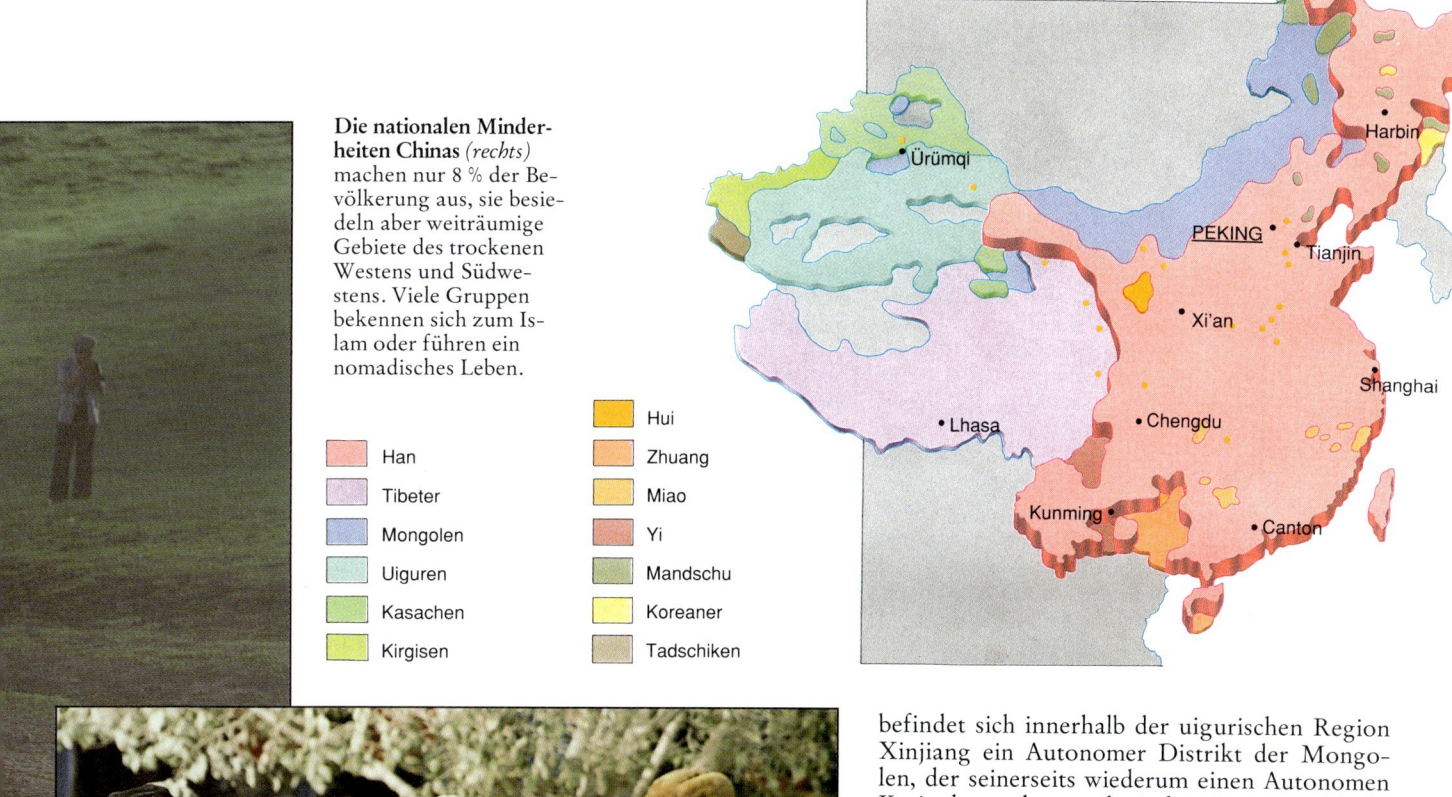

**Die nationalen Minderheiten Chinas** *(rechts)* machen nur 8 % der Bevölkerung aus, sie besiedeln aber weiträumige Gebiete des trockenen Westens und Südwestens. Viele Gruppen bekennen sich zum Islam oder führen ein nomadisches Leben.

- Han
- Tibeter
- Mongolen
- Uiguren
- Kasachen
- Kirgisen
- Hui
- Zhuang
- Miao
- Yi
- Mandschu
- Koreaner
- Tadschiken

**Eine Gruppe von Uiguren** versammelt sich um einen Musiker *(oben)*, der die »Rawap«, ein Saiteninstrument, spielt. Die Uiguren leben in der Autonomen Region Xinjiang. Sie sind, wie die Kasachen, Moslems, und ihre Sprache hat türkische Wurzeln.

**Leuchtende Farben** zieren den Kopfschmuck einer Frau des Hani-Volkes *(links)* in Yunnan. Die Hani sind nur eine von vielen Bevölkerungsminderheiten in dieser Region des Südwestens. Sie leben hauptsächlich an der vietnamesischen Grenze.

men, ihrer Kultur und ihrer Sprache grundsätzlich voneinander. Da ihre Siedlungsgebiete von großer strategischer Bedeutung sind – Grenznähe und große Rohstoffvorkommen –, widmet die Regierung ihren Lebensbedingungen besondere Aufmerksamkeit.

Die KPCh vertritt einen Ansatz, der sich mit dem Schlüsselbegriff »Nationale Gebietsautonomie« wiedergeben läßt. Gemäß Artikel 4 der »Grundprinzipien« vom 2.2.1952 werden drei Hauptarten der »Nationalen Gebietsautonomie« unterschieden: erstens Gebiete, in denen eine einzige geschlossene Minderheit dominiert, wie z. B. in Tibet, zweitens Gebiete mit mehreren etwa gleich großen nationalen Minderheiten und drittens vielfältig durchwachsene Gebiete, wie sie vor allem im fernwestlichen Xinjiang anzutreffen sind. Die »Mücke im Bernstein«, d. h. die Einkapselung einer kleineren Nationalität durch eine größere, kommt hier häufig vor. So befindet sich innerhalb der uigurischen Region Xinjiang ein Autonomer Distrikt der Mongolen, der seinerseits wiederum einen Autonomen Kreis der mohammedanischen Hui umschließt. All diesen verschiedenen Gebieten kommen Selbstverwaltungsrechte zu. Diese Rechte umfassen das Finanz- und Erziehungswesen, die Aufstellung lokaler Sicherheitstruppen, die Bestellung von Organen der Selbstverwaltung sowie die Beibehaltung der eigenen Sprache und Bräuche. Die meisten Positionen in den regionalen Selbstverwaltungsorganen werden – zumeist bis hinauf zum Gouverneur – von Minderheitenvertretern besetzt. In den Schlüsselpositionen sitzen jedoch in aller Regel nach wie vor Han-Chinesen.

### Zhuang, Hui und Uiguren

Die größte Minderheit mit etwa 16 Millionen Angehörigen sind die zur Dai-Familie zählenden Zhuang, die in der Autonomen Region Guangxi und in den Provinzen Yunnan und Guangdong leben. Die zweitgrößte Gruppe, die Hui, sind keine ethnische, sondern eine religiöse Minderheit. Schon im 7. Jahrhundert nahmen sie den islamischen Glauben an. Die 9 Millionen Menschen, die Han-Chinesisch sprechen und die chinesischen Schriftzeichen verwenden, leben sowohl in der Autonomen Region Ningxia als auch über viele Provinzen verteilt. Die etwa 7 Millionen Uiguren – ein Turkvolk – siedeln in der nordwestlichen Autonomen Region Xinjiang.

Will man den offiziellen Darstellungen Pekings Glauben schenken, so ist das Verhältnis zwischen Han und Angehörigen »Nationaler Minderheiten« harmonisch. Doch wie so oft klafft zwischen Anspruch und Wirklichkeit eine Lücke, denn ausgehend vom Anspruch der kulturellen Überlegenheit blicken die Han-Chinesen mit Hochmut und Verachtung auf die anderen Völker herab.

# CHINA: STÄDTE

Obwohl die Gesellschaft Chinas immer noch ländlich geprägt ist, zählen einige seiner Städte zu den größten der Welt. Das Gebiet der Metropole Shanghai hat eine Bevölkerung von mehr als 18 Millionen. Canton (Guangzhou), das am Deltagebiet des Xi Jiang liegt, leitet seine Bedeutung von seinen internationalen Handelsverbindungen her. Andere Städte, wie Xi'an oder Nanjing, präsentieren dem Besucher ein altertümliches Gesicht.

Seit Tausenden von Jahren wurden chinesische Städte in rechteckiger Form nach einem Gitterplan entworfen. Hohe Mauern, die von befestigten Toren unterbrochen wurden, umgaben die ganze Stadt. Von den Haupteingangstoren aus durchzogen breite Straßen die Stadt von Norden nach Süden und von Osten nach Westen. Die wichtigsten Gebäude standen nach Süden hin ausgerichtet hintereinander; weniger wichtige Gebäude waren nach Osten und Westen hin plaziert. Ummauerte Höfe trennten die großen Gebäude voneinander und schirmten Wohnhäuser zur Straße hin ab. Parallel zu den Wirtschaftsreformen setzten in den 80er Jahren in China starke Bevölkerungsbewegungen ein, welche die traditionelle Gesellschaftsstruktur tiefgreifend veränderten. Auf der Suche nach Arbeit wanderte ein Strom von Menschen vom Land in die Städte. Heute leben offiziell 34 % der Chinesen in der Stadt. Hinzu kommen jedoch noch bis zu 100 Millionen statistisch nicht erfaßte ländliche Migranten.

### Xi'an

Xi'an, eine der ältesten Städte Chinas, war insgesamt unter elf Dynastien die Hauptstadt. Heute ist sie Hauptstadt der Provinz Shaanxi. Sie liegt in Zentralchina, am östlichen Ende der sagenumwobenen Seidenstraße im fruchtbaren Tal des Wei He nördlich des Qin Ling. Xi'an wurde auf einem riesigen rechteckigen Grundriß von 8 mal 10 km Seitenlänge erbaut. Ein Erdwall umgab die Stadt. Xi'an setzte sich aus drei Teilen zusammen: dem Palast, der »Kaiserstadt« und der »äußeren Stadt«.

Da die meisten Gebäude aus Holz errichtet worden waren, hat nur ein kleiner Teil der antiken Stadt bis heute überlebt. Eine Ausnahme bildet die »Große Wildganspagode« aus der Tang-Zeit, bei deren Konstruktion Ziegel verwendet wurden. Während der Ming- und Qing-Dynastie wurde die Stadt, wenn auch in kleinerem Maßstab, wieder aufgebaut. Xi'ans Hauptstraßen kreuzen sich bei dem massiven Glockenturm (15. Jahrhundert), in dessen Nähe der gewaltige Trommelturm (14. Jahrhundert) liegt.

### Nanjing

Die historische Stadt Nanjing, deren Name »Südliche Hauptstadt« bedeutet, ist seit über 4000 v. Chr. besiedelt. Bis zum Tode ihres ersten Herrschers (1398) fungierte Nanjing als Hauptstadt der Ming-Dynastie (1368–1644). Der Kaiser wurde außerhalb Nanjings in einem Grab beerdigt, zu dem eine »Geisterstraße« aus gigantischen Steintieren und Wächterfiguren hinaufführt. 1928 machte der Nationalistenführer Chiang Kai-shek (1887–1975) Nanjing wieder zur Hauptstadt Chinas.

### Suzhou

Suzhou, im 6. Jahrhundert v. Chr. gegründet, liegt etwa 15 km vom Taihu-See entfernt am Kaiserkanal, der von Shanghai aus ins Landesinnere führt. Zur Zeit der Song-Dynastie (960–1279) wurde die Stadt durch die Seidenverarbeitung bekannt, doch verdienen auch Suzhous berühmte Gärten Beachtung. Sie wurden von wohlhabenden Beamten und konfuzianisch gebildeten Herren aus der Oberschicht zur Zeit der Song-, Yuan-, Ming- und Qing-Dynastien angelegt. Die ummauerten Gärten nehmen relativ kleine Flächen ein, die meist zu Privathäusern gehören. Die Besitzer häuften Steine an, mit denen sie den Eindruck von Bergen schaffen wollten, und verteilten ungewöhnliche Steine wie Statuen über die Gärten. Indem sie hölzerne Gitterfenster in Wände setzten, die auf eine gekalkte Mauer hinaussahen, vor der Gruppen von Bambus gepflanzt waren, schufen die Gärtner die Illusion großer räumlicher Distanz. Bäche und Wasserläufe trugen zusätzlich zu dieser Illusion bei. In chinesischen Gärten gibt es nur wenige Blumen, doch erzeugt die geschickte Anordnung von Pflanzen, Bäumen und Steinen eine gefällige Wirkung.

**Die Straßen von Suzhou** *(oben)* sind am frühen Morgen, wenn die Berufstätigen zu Fabriken und Büros unterwegs sind, von Fahrrädern beherrscht. Nur wenige Chinesen besitzen ein Auto, doch haben die meisten Familien zumindest ein Fahrrad.

**Ein Aufgang von 299 Stufen** führt zum Grab Sun Yatsens *(rechts)*, das inmitten der Purpurberge nahe der Stadt Nanjing liegt. Sun Yatsen (1866–1925) wird sowohl in der VR China als auch in Taiwan als revolutionärer Ahnherr verehrt.

# CHINA

**Wolkenkratzer und Prachtbauten** *(links)*, von der Uferpromenade (»Bund«) des Huang Pu Jiang aus gesehen, bewahren die Erinnerung an Shanghais Zeit als internationaler Freihafen. Seit Mitte des 19. Jahrhunderts war Shanghai das Zentrum des europäischen Einflusses in China. Trotzdem ist Shanghai heute eine sehr chinesische Stadt und eines der bedeutendsten industriellen und kulturellen Zentren Chinas. Mit einer Bevölkerung von 13 Millionen Einwohnern ist es Chinas zweitgrößte Stadt.

## Shanghai

Shanghai bedeutet »über der See«, und seine Bevölkerung von nahezu 13 Millionen Einwohnern macht es zu einer der größten Städte der Welt. Shanghai, das vom Huang Pu Jiang, dem Mündungszufluß des Chang Jiang, durchquert wird, ist Chinas wichtigster Hafen und sein bedeutendstes Industriezentrum. Wahrzeichen der Stadt ist die Uferpromenade, früher »Bund« genannt. Der Bund erhielt seinen Namen in Shanghais Tagen als internationaler Freihafen, als die Stadt in eine Reihe ausländischer Enklaven oder »concessions« aufgeteilt war. Das Vermächtnis europäischer und amerikanischer Herrschaft zeigt sich deutlich an den Bauwerken, die den Bund säumen. Ein schöner alter Park, der im Jahre 1537 angelegt wurde, liegt im alten Teil der Stadt – ein Ort der Ruhe, der in starkem Kontrast zur unaufhörlichen Aktivität der Stadt steht.

**Shanghai** mit der aufstrebenden Sonderwirtschaftszone Pudong *(oben)*. Die größte Stadt Chinas mit ihren neuen High-Tech-Türmen ist als wichtigste Handels- und Hafenstadt des Landes neben Hongkong das ökonomische Aushängeschild des modernen China im 21. Jahrhundert.

**Fastfood-Restaurants** in einer Einkaufsstraße in Peking *(links)* verdeutlichen mit ihren Marketing-Aktionen den wachsenden Einfluß des westlichen Lebensstils auf die chinesische Gesellschaft.

# CHINA: PEKING

Peking hat eine wechselvolle Geschichte von rund 3000 Jahren aufzuweisen und war – neben Xi'an, Nanjing, Luoyang, Kaifeng und Hangzhou – eine der sechs Hauptstädte des kaiserlichen China. Bereits im 11. Jahrhundert v. Chr. diente die Stadt als Residenz des nordchinesischen Schwalben-Staats (Yan) und hieß damals »Ji«. Im 12. Jahrhundert n. Chr. – also mit einem Abstand von beinahe 2000 Jahren – erhielt Peking erneut Hauptstadtfunktion, diesmal des Staates »Jin«. Zwischen dem 13. und dem 20. Jahrhundert diente es dann fast ununterbrochen als Metropole der einander folgenden Yuan-, Ming- und Qing-Dynastien und erhielt den Namen »Beijing« (wörtl. »Nördliche Hauptstadt«). Lediglich in den ersten Jahren der Ming-Dynastie wurde die »Nördliche« in ihrer Hauptstadtfunktion kurze Zeit von Nanjing, der »Südlichen Hauptstadt«, abgelöst. Nanjing war auch in den entscheidenden Guomindang-Jahren von 1928 bis zur Eroberung durch japanische Streitkräfte im Jahre 1937 Hauptstadt der »Republik China« – und wird als solche auch heute noch von der seit 1949 in die »provisorische Hauptstadt Taipeh« übergesiedelten Guomindang-Führung betrachtet. Am 1. Oktober 1949 wurde Peking gleichzeitig mit der Ausrufung der VR China zur Hauptstadt der neuen »Volksrepublik China« erklärt.

## Denkmäler kaiserlicher Blütezeit

Die Hauptstadtrolle Pekings tritt besonders in den Bauwerken eindrucksvoll zutage. Zentrum der traditionellen Metropole war die »Verbotene Stadt« – keine Stadt im eigentlichen Sinne, sondern eine riesige Palastanlage mit einer Fläche von 720 000 m². Von hier aus herrschten 24 Ming- und Qing-Monarchen während eines Zeitraums von über 500 Jahren als Kaiser über China. Der 9000 Räume zählende Palastkomplex ist das größte und am besten erhaltene Bauwerk seiner Art auf der Welt und dient mit seinen Sammlungen und Kunstgegenständen seit 1924 als Museum, das der Öffentlichkeit zugänglich ist.

Außerhalb der von einer 12 m hohen Mauer umschlossenen »Verbotenen Stadt« lag die quadratisch angelegte frühere »Kaiserstadt«. Um diese herum legte sich die wiederum quadratische »Innenstadt« mit einem äußeren Umriß von 20 km. Südlich der »Innenstadt« befand sich die von einer Mauer umgebene »Außenstadt«. Die alte Hauptstadt hatte 20 Tore (4 in der »Kaiserstadt«, 9 in der »Innenstadt« und 7 in der »Außenstadt«), von denen jedes eine eigene Funktion hatte.

Südlich vom Kaiserpalast liegt das im 15. Jahrhundert errichtete »Tor des Himmlischen Friedens« (Tiananmen), das inzwischen als Symbol Pekings weltbekannt geworden ist. Es bildet seinerseits den nördlichen Abschluß des mit 40 ha größten öffentlichen Platzes der Welt. Auf ihm haben sich zahlreiche Schlüsselereignisse der neueren Geschichte abgespielt,

**Unter einem Sonnenschirm** regelt ein Polizist *(unten)* den Verkehr auf Pekings Tiananmen-Platz, dem Zentrum der chinesischen Hauptstadt. Hinter ihm sieht man die monumentale Fassade der Großen Halle des Volkes, Chinas Parlamentsgebäude.

**Der See im Beihai-Park** *(rechts)* in der Innenstadt ist im Sommer ein beliebter Treffpunkt für Pekinger Bürger. Der Überlieferung nach wurde der See auf Befehl von Kublai Khan, dem Gründer der Yuan-Dynastie (1279–1368), angelegt.

**Der Tempel des Himmels,** oder Tiantan *(rechts)*, das Wahrzeichen Pekings, ist das schönste architektonische Denkmal der Ming-Dynastie. Chinas Kaiser kamen hierher, um die Götter um gute Ernten oder andere Gnadenerweise zu bitten. Einer der beliebtesten Bewohner des Pekinger Zoos ist der **Große Panda** *(unten)*, der nur noch in den Bambuswäldern Südwestchinas anzutreffen ist.

# CHINA

und er rückte durch die blutige Niederschlagung der Studentenbewegung vom 4. Juni 1989 erneut ins Zentrum der Weltöffentlichkeit. Das »Tor des Himmlischen Friedens« und der davorliegende Platz werden durch die Chang'anjie-Straße (Straße des Ewigen Friedens) voneinander getrennt, die zur kaiserlichen Zeit nur eine Ausdehnung von 4 km hatte, heute aber auf 40 km verlängert ist. Die 50 bis 80 m breite Straße durchzieht Peking als dominante Achse, zu der alle anderen Hauptstraßen parallel oder rechtwinklig verlaufen. Diese Schachbrettform ist typisch für alle klassischen Städte Chinas.

Aus der Vielzahl sehenswerter Bauwerke der kaiserlichen Zeit ist noch der im Nordwesten der Stadt gelegene »Sommerpalast« hervorzuheben. Er diente dem Hof als Residenz während der schwül-heißen Sommermonate.

Das Schachbrettmuster der Stadt setzt sich in die Nebenbezirke hinein fort und führt dort zur Ausbildung von rund 6000 »Gassen« (hutong), die von Wohnhäusern – häufig noch den mausgrauen traditionellen Hofhäusern des einfachen Volkes – gesäumt sind.

## Das moderne Peking

Die Altstadt wurde nach 1949 durch zahlreiche Modernisierungsmaßnahmen neugestaltet – dabei vielfach aber in ihrer Einheitlichkeit zerstört. Bereits Ende der 50er Jahre entstanden zehn Monumentalbauten, unter ihnen die »Große Halle des Volkes«, die Museen für Chinesische Geschichte und für Chinesische Revolution, der Pekinger Hauptbahnhof, das Gästehaus der Regierung und das Arbeitersportstadion.

Die alten Stadtmauern wurden – ganz im Gegensatz zu denen der »Südlichen Hauptstadt« (Nanjing) – abgetragen und durch moderne Wohnblocks ersetzt. Erhalten geblieben sind lediglich die großen Stadttore sowie eine Reihe von Parks, die mit ihren Seen und Pavillons beliebte Ausflugs- und Treffpunkte sind.

Vor allem das neue Verkehrsnetz hat die Stadt umgestaltet: 1969 wurde die 24 km lange U-Bahn in Ost-West-Richtung und 1984 der 16 km lange U-Bahn-Ring um die Innenstadt dem Verkehr übergeben. Über dieser U-Bahn verläuft der 2. Ring mit zehn von Überführungen überspannten Kreuzungen, dem sich inzwischen ein 3. Ring angefügt hat. Entlang dieser Ringstraßen entstehen seither monumentale Repräsentationsgebäude und Hotels.

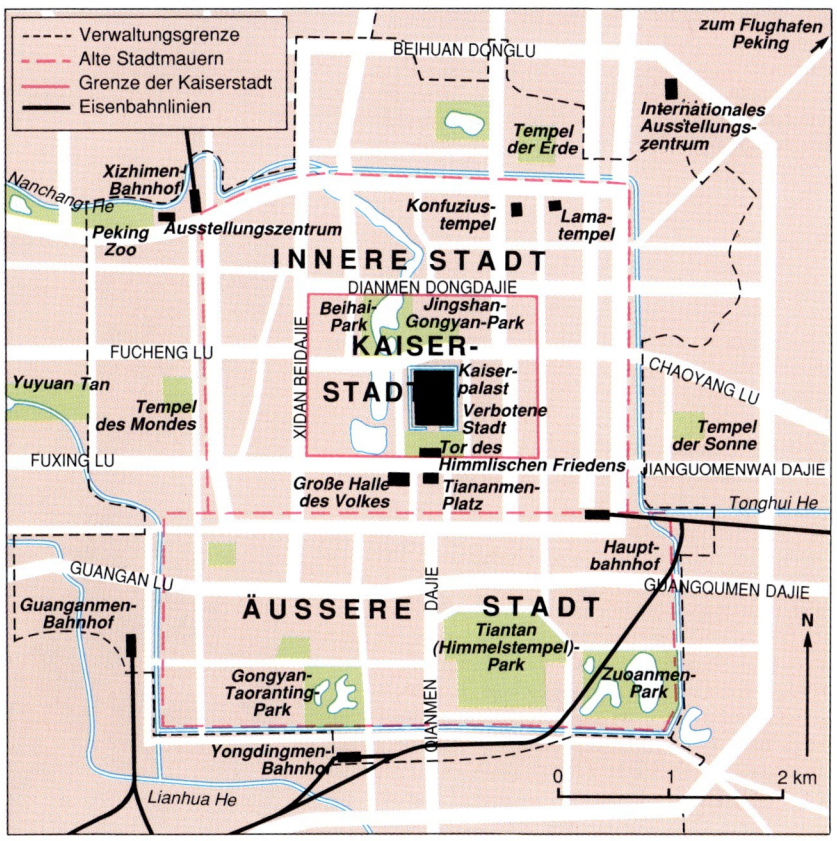

**Das Zentrum von Peking** *(links)* gliedert sich in drei Stadtteile: die Kaiserstadt, die Innere Stadt und die Äußere Stadt. Wie die meisten chinesischen Städte ist Peking im Rechteckmuster angelegt, mit Hauptstraßen, die es in einzelne Bezirke unterteilen. Im Herzen der Kaiserstadt liegt die Verbotene Stadt, der Palastkomplex, in dem einst die kaiserliche Familie wohnte. Seit 1949 hat sich Peking zu einem bedeutenden Industriezentrum entwickelt.

# CHINA: LANDWIRTSCHAFT

Seit Jahrtausenden ist China ein Bauernland, dessen Bedingungen sich im Zeichen wachsender Bevölkerung vor allem zu Beginn des 20. Jahrhunderts rapide verschlechtert hatten.

Hauptmerkmal war die Winzigkeit der Parzellen, die wie Gärten bewirtschaftet wurden, deren Ertrag aber trotzdem häufig nicht zum Leben reichte. Außerdem gab es im alten China weder Viehzucht noch eine nennenswerte Forstwirtschaft, sondern eine weitgehend auf Getreide eingeengte Anbauweise. Des weiteren wurde fast nur für den Eigenbedarf und nicht für den Markt produziert.

Spätestens seit Beginn des 20. Jahrhunderts zeigte es sich, daß diese drei Mängel nicht mehr, wie bisher, lediglich durch agrotechnische Intensivierung wettgemacht, sondern daß sie nur noch durch eine grundlegende Bodenreform beseitigt werden konnten. Dies erkannte bereits Sun Yatsen, der »Vater der Chinesischen Republik«. Freilich vereitelten Bürgerkriege, Fraktionsstreitigkeiten innerhalb der Guomindang und die Besetzung Chinas durch Japan (1937–1945) sämtliche Ansätze zu einer solchen Umgestaltung.

### Bodenreform und Kollektivierung

Die Entwicklung der Agrarwirtschaft in der 1949 gegründeten VR China war starken Schwankungen unterworfen. Zunächst wurden die Großgrundbesitzer enteignet und das Land den Kleinbauern und Tagelöhnern als Privateigentum übergeben. Aber bereits der erste Fünfjahresplan (1953–1957) führte zu einer Neuordnung der Eigentumsverhältnisse. Der Getreidehandel ging an den Staat über, und die Landwirtschaft wurde kollektiviert. In der sich anschließenden Kampagne »Der Große Sprung nach vorn« wurden die rund 800 000 Genossenschaften in 23 000 Volkskommunen mit durchschnittlich 5000 Haushalten zusammengefaßt. Neben der landwirtschaftlichen Arbeit wurden die Bauern zu Arbeiten an der Verbesserung der Infrastruktur – vor allem an Bewässerungsprojekten – und zum Aufbau einer ländlichen Industrie herangezogen. Die Appelle an den revolutionären Elan der Bauern konnten jedoch nicht verhindern, daß die Ernteerträge drastisch zurückgingen und Millionen von Menschen in den »drei bitteren Jahren« in der Zeit von 1959 bis 1962 verhungerten.

1961 zog die KPCh die Konsequenz aus dem wirtschaftlichen Desaster und leitete eine neue Agrarpolitik ein, die wieder mehr den materiellen Interessen Rechnung trug und die unter dem Stichwort »Verantwortlichkeitssystem« stand: Die Bauern bekamen ihre Produktionsaufträge jetzt nicht mehr durch Befehl von oben, sondern durch vertragliche Abmachungen zugeteilt, deren Erträge, soweit sie ein Übersoll erbrachten, in die Taschen der Bauern fließen durften. Diese Maßnahmen waren – zwischen 1961 und 1965 – so erfolgreich, daß die Folgeschäden der Kommunisierungspolitik fast schon wieder in Ver-

**Die Arbeiter einer Kommune** *(oben)* bei der Weizenernte. Riesige kollektive Landwirtschaftsbetriebe wurden seit den 50er Jahren favorisiert, doch war ihr Ertrag gering. Seit den 80er Jahren werden kleinere Familienbetriebe gefördert.

**Eine alte Brücke** überspannt einen Bach *(rechts)* zwischen terrassierten Reisfeldern in Südchina. Nur 10 % der Fläche sind für die Landwirtschaft geeignet; dennoch kann China seine Bevölkerung zum größten Teil selbst ernähren.

gessenheit gerieten. In der folgenden Kulturrevolution wurden jedoch alle »materiellen Anreize« als »revisionistische« Auswüchse verurteilt und verfolgt.

### Neuer Reichtum auf dem Land

Im Dezember 1978 wurde von der KPCh ein grundlegender Kurswechsel beschlossen, der das Hauptaugenmerk auf die weitgehende Reprivatisierung der landwirtschaftlichen Produktion legte. Eigentumsgrundlage dieser markt- und leistungsorientierten Wirtschaftsreform ist das »System der vertragsgebundenen Verantwortlichkeit auf der Basis der Haushalte«. Darunter wird ein Vertrag zwischen der noch fortbestehenden Genossenschaftsleitung und dem einzelnen Haushalt verstanden, der beispielsweise regelt, daß der Haushalt A die Parzellen XYZ und andere Produktionsmittel für eine gewisse Zeit (manchmal für 20 Jahre) zugeteilt

# CHINA

erhält, wofür er sich im Gegenzug verpflichten muß, am Ende jeder Erntesaison soundsoviele Tonnen Getreide oder sonstige Produkte an den Vertragspartner oder an die staatliche Aufkaufstelle zu liefern, wofür er genau festgelegte Preise erhält. Produkte, die über die Pflichtablieferungsquote hinaus erzeugt werden, dürfen vom Haushalt A entweder selbst verbraucht oder aber auf dem freien Markt veräußert werden. Neben solchen materiellen Anreizen wurden weitere Maßnahmen ergriffen, die insgesamt zu einer bemerkenswerten Ertragssteigerung führten. Die wichtigsten waren: die Zunahme staatlicher Investitionen in der Landwirtschaft, die Verwendung ertragreicheren Pflanzenguts, die Erhöhung des Getreideankaufpreises durch den Staat, die Kontrolle des Bevölkerungswachstums in den ländlichen Gebieten sowie die Erweiterung einiger Anbauflächen durch Erschließung von Ödland. Heute trägt der Agrarsektor – trotz zunehmender Industrialisierung – noch immer 18 % zum Bruttoinlandsprodukt bei und beschäftigt mehr als die Hälfte der Arbeitskräfte. Zu den Hauptproblemen der Landwirtschaft zählen Umweltverschmutzung und Rückgang der Ackerflächen aufgrund von Straßenbau und Industrieansiedlung.

Ein Problem mit tiefgreifenden ökologischen Folgen stellt die Wasserwirtschaft dar. Während im Norden des Landes Wasser ein knappes Gut ist, führen im altchinesischen Kernland Überschwemmungen des Huang He (Gelber Fluß) zu schweren Erosionsschäden. Teilweise werden hundert Meter mächtige Lößschichten weggespült. Ähnlich verhält es sich mit dem Chang Jiang. An seinem Unterlauf liegt die Reiskammer Chinas, die durch die mitgeführten Sinkstoffe ständig gedüngt wird. Durch den Bau des Drei-Schluchten-Damms werden diese allerdings künftig fehlen.

**Auf dem freien Markt** *(links)* in Zhenjiang nahe Nanjing bieten heimische Bauern ihre Produkte an. Sie müssen eine bestimmte Menge zu Festpreisen an den Staat abgeben, können jedoch den Rest auf dem offenen Markt verkaufen.

**Chinas Landwirtschaft** *(unten)* produziert viele Feldfrüchte, doch liegt das Hauptgewicht auf dem Getreideanbau. Im feuchteren Süden wird Reis, im kühleren Norden werden Getreidearten wie Weizen und Mais angebaut.

# CHINA: CHINESISCHE KÜCHE

Aufgrund der Emigration vieler Chinesen nach Europa, Nordamerika oder in andere Teile Asiens erfreut sich die Chinesische Küche heute überall auf der Welt großer Beliebtheit und einer hohen Reputation. Chinas kulinarische Traditionen gehen auf die Frühzeit zurück und sind regional sehr verschieden.

Reis, Weizen und Mais sind die Grundlage der chinesischen Ernährung; die Bandbreite der Regionalgerichte reicht von verlockenden Fischgerichten bis zu den sehr stark gewürzten Speisen Sichuans. Die Chinesische Küche bedient sich auch ungewöhnlicher Ingredienzen, wie etwa Haifischflossen, Seeschnecken und Bärentatzen.

### Eßgewohnheiten und kultureller Rahmen

Obwohl ihre Küche extrem verfeinert ist, nehmen die meisten Chinesen heute doch ihre Mahlzeiten vorzugsweise in einfachem Rahmen ein, da sie in bescheidenen Verhältnissen leben. Die Eßstäbchen ersetzen Messer und Gabel. Die Nahrung muß also in kleine Stücke geschnitten sein, um leicht vom Teller genommen werden zu können. Eßstäbchen bestehen aus Holz oder Bambus und sind etwa 20 cm lang. Kunstvoll lackierte Eßstäbchen wurden neben anderen Küchenutensilien in Gräbern gefunden, die fast 2000 Jahre alt waren. Solche Entdeckungen zeigen, daß Chinas Tischsitten viele Jahrhunderte zurückreichen.

Die Mahlzeiten werden in China gewöhnlich sehr früh eingenommen. Gefrühstückt wird zwischen 6 und 8 Uhr morgens, und das Mittagessen findet zwischen 11 und 13 Uhr statt. Zu Abend ißt man zwischen 17.30 Uhr und 19.30 Uhr; Kaffee und Milchprodukte sind fast unbekannt, wohingegen Tee das beliebteste Getränk des Landes ist.

Das Frühstück beginnt oft mit einer Schale dicker Nudel- oder Reissuppe, Reisbrei oder gebackenen Pasteten. Zum Mittagessen gehören Eierteigrollen oder Klöße mit einer Füllung aus Fleisch oder Krabben. Die Hauptmahlzeit besteht normalerweise aus einem Fisch- oder Fleischgericht mit Gemüse, das mit Reis oder Nudeln serviert wird.

### Regionale Unterschiede

Aus Mangel an Tiefkühlgeräten und großen Supermärkten müssen die meisten chinesischen Familien jeden Tag auf dem örtlichen Markt einkaufen. Zwischen den Speisen, die in den verschiedenen Regionen Chinas gekocht werden, gibt es große Unterschiede. Während Reis die Hauptgetreideart des Südens ist, wird in den Weizen- und Maisanbaugebieten des Nordens der Reis durch Nudeln ersetzt.

Aus dem Südosten kommen mehr bekannte Gerichte als aus jeder anderen Region Chinas. Die cantonesische Küche, die ihren Namen der Stadt Canton (Guangzhou) verdankt, ist berühmt für die Vielfalt und Feinheit ihres Geschmacks. Im Süden wird die Nahrung meist gedämpft oder bei hoher Temperatur unter ständigem Rühren kurz in Öl gebraten, wobei man eine große Pfanne mit rundem Boden, den Wok, verwendet.

Der Geschmack der südlichen Küche ist meist mild, wobei die Würze auf Knoblauch, Schwarzen Bohnen und Austernsauce beruht. Die Bestandteile einiger Gerichte, wie Haifischflosse oder Schlange, sind sehr teuer. Die Küche von Fujian ist bekannt für delikat gekochten Fisch und Krabben. Im Westen wartet die Provinz Sichuan mit scharf gewürzten Speisen auf. Die Küche von Sichuan kombiniert oft verschiedene Geschmacksrichtungen wie süß und sauer; ihr wichtigstes Merkmal bleibt jedoch der reichliche Gebrauch von Chiliwürze. Im Norden ist das Essen, wenn man von der Küche des Kaiserlichen Hofs absieht, ziemlich einfach und besteht meist aus kurzgebratenen Gerichten, die mit gedämpften Teigrollen und Nudeln geges-

**Ein Händler** wiegt eine Ente ab *(rechts)*. Peking-Ente – knusprig gebratene Streifen von Entenfleisch, die mit Pfannkuchen und Frühlingszwiebeln gegessen werden – ist ein traditionelles chinesisches Gericht, das weltweit bekannt und beliebt ist.

**Passanten** umringen einen Verkäufer, der Tee auf der Straße anbietet *(unten)*. Tee zählt zu den Hauptanbauprodukten in Chinas Süden und ist seit Jahrhunderten das Lieblingsgetränk der Chinesen. Gewöhnlich wird er in Gläsern serviert.

CHINA

**Eine Mahlzeit** in einem Pekinger Restaurant *(oben)*. Typisch ist die Vielfalt und mundgerechte Zubereitung des Menues. Im allgemeinen gehen kalte Speisen dem Hauptgang voran, der aus warmen Gerichten besteht.

sen werden. Gebratene Ente wird als die berühmteste Spezialität der Küche Pekings betrachtet. Die Ente wird in dünne Streifen geschnitten und mit einer braunen Erdnußsauce, zusammen mit gewürfeltem Lauch oder Frühlingszwiebeln, die in einen Pfannkuchen gewickelt werden, gegessen. Eintöpfe sind eine Spezialität des Nordens. Das Essen nach Mongolenart besteht hauptsächlich aus Lammfleischgerichten, die mit Joghurt oder gegorener Stutenmilch verzehrt werden.

Tibetische und mongolische Gerichte bestehen auch aus Milchprodukten, welche die Han-Chinesen wenig appetitlich finden. In Tibet wird geröstete Gerste mit Yakbutter vermischt, mit salzigem Tee befeuchtet und zu kleinen Teigkugeln gerollt, die als Tsampa bekannt sind. Fremde haben oft Schwierigkeiten, sie zu verdauen.

### Grundregeln der Chinesischen Küche

Chinesische Köche sind stets bemüht, eine harmonische Balance zwischen den verschiedenen Zutaten der Gerichte herzustellen. Nach dem chinesischen Harmonieideal lauten die Hauptprinzipien der Chinesischen Küche, daß jedes Gericht in sich selbst und innerhalb der ganzen Mahlzeit wohl ausgewogen sein sollte. Es sollte sowohl den Geschmacks- und Geruchssinn zufriedenstellen als auch fürs Auge ansprechend zubereitet sein. Der Gebrauch von grünem und rotem Pfeffer als Kontrast zu den weißen Teilen eines Hühnchens verdeutlicht dieses Balanceprinzip. Auch sollte ein starkes Gewürz nicht den Eigengeschmack überdecken.

Häufig beginnen die in der Regel mehrgängigen Mahlzeiten mit kalten Gerichten. Ein Fischgericht steht am Ende der Hauptspeisenfolge. Eine heiße Suppe bildet den Abschluß der Mahlzeit, doch kann es sein, daß danach noch Süßspeisen wie etwa Äpfel in heißer Karamelsauce angeboten werden.

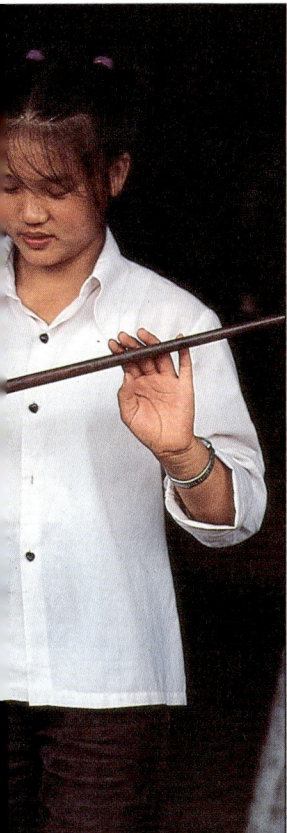

**Eine Händlerin** wiegt Nudeln ab *(links)*, die es in vielen Geschmacksrichtungen gibt. Sie sind neben Reis ein Grundpfeiler der Chinesischen Küche. Nudelstände stellen in China das Pendant zu den »Fast-Food«-Restaurants des Westens dar.

**Ein chinesischer Junge** ißt mit Stäbchen aus seiner Reisschale *(oben)*. Im südlichen China ist Reis die bevorzugte Getreideart, wohingegen die Menschen im Norden Chinas ihre Gerichte meist mit Nudeln und anderen Weizenprodukten servieren.

# CHINA: INDUSTRIE

Nach den positiven Erfahrungen mit dem neuen Reformkurs in der Landwirtschaft beschloß die KPCh, diese auch auf die städtische Industrie zu übertragen. Die Grundlage bildete der 10-Punkte-Beschluß vom 20.10.1984. Als Ziel der Umgestaltung wurde die schrittweise Errichtung einer geplanten Warenwirtschaft genannt. Der Markt sollte dabei als Regulierungsinstrument für eine Reihe von Produkten fungieren. Des weiteren wurde die Autonomie der Betriebe ausgebaut, das Leistungsprinzip sollte die Gleichmacherei ersetzen und die Ausbildung von qualifiziertem Fachpersonal vorangetrieben werden. In der Frage der Verfügungsgewalt über die Produktionsmittel wurde die Vielseitigkeit der Eigentumsgestaltung hervorgehoben.

### Frühe Industrialisierungsansätze

Zu dieser Zeit hatte die Industrie in China bereits einen beachtlichen Stand erreicht. Noch bis 1949 war es um den industriellen Sektor nicht gerade günstig bestellt gewesen; unter westlich-kolonialem Einfluß war an den Küsten eine Leichtindustrie entstanden. In der damaligen Mandschurei hatte sich eine mit japanischem Kapital und unter japanischer Regie entstandene Schwerindustrie entwickelt.

Mit dem ersten Fünfjahresplan (1953–1958) wurde die forcierte Industrialisierung des Landes in Angriff genommen. Die gesamte Privatindustrie wurde verstaatlicht. Nach sowjetischem Vorbild und mit massiver materieller und personeller Unterstützung seitens der UdSSR wurde die Schwerindustrie gezielt entwickelt. Dies ging naturgemäß zu Lasten der Konsumgüterindustrie, aber auch des Transportsektors. Zum Ausgleich des Ost-West-Gefälles pumpte die Regierung gewaltige Summen in die westlichen Regionen. In diesem Zusammenhang entstanden das Eisen- und Stahlkombinat von Baotou (Innere Mongolei), das Daqing-Ölfeld (Provinz Heilongjiang) und die verschiedenen Kohlezechen der Provinz Shaanxi. Doch blieb die Spaltung Chinas in einen »reichen Osten« und einen »armen Westen« trotzdem weiter bestehen.

Mit Beginn der Reformperiode wurden ab 1979 die Entwicklungsschwerpunkte wieder an die Küste des Landes zurückverlegt. Fortan sollte das Hinterland entlang der Flüsse Chang Jiang, Huang He, Xi Jiang und anderer Ströme entwickelt werden. Die Initialzündung für die »Öffnung nach innen« sollte von vier Wirtschaftszentren an der Küste ausgehen: dem Chang-Jiang-Delta mit Shanghai und neun anderen Großstädten, vom Küstengebiet am Huang-He-Delta und am Bo Hai mit seinen sieben Industriestädten, von der »Goldenen Küste« mit den Provinzen Fujian und Guangdong sowie von den sechs mandschurischen Schwerindustriezentren.

Neben den regionalen Disparitäten blieb das Ungleichgewicht zwischen Schwer- und Leicht-

Das chinesische Handwerk der Jadeschnitzerei *(unten)* geht auf das 6. Jahrtausend v. Chr. zurück. Nephrit, die verbreitetste Form dieses harten Gesteins, wird heute hauptsächlich in Peking, Shanghai und Canton (Guangzhou) verarbeitet.

Ein Großteil der chinesischen Industrieanlagen sind heute technisch veraltet *(rechts)*. Ihre Ausstattung und Leitung genügen vielfach nicht den wirtschaftlichen Erfordernissen; auch sind sie für die zunehmenden Umweltbelastungen verantwortlich.

Arbeiter in einer Teppichfabrik *(oben)* legen letzte Hand an ihr gefertigtes Erzeugnis an. Heute sind chinesische Teppiche wertvolle Exportgüter. Natur- und Synthetiktextilien sind Produkte der im Wachstum befindlichen Konsumgüterindustrie.

Bei der Seidenherstellung *(rechts)* werden heute moderne Methoden angewandt. In China ist die Verarbeitung von Seide seit dem 5. Jahrhundert v. Chr. belegt. Die Seidenstraße war in der Antike eine der wichtigsten Handelsrouten.

# CHINA

**Die chinesische Industrie** *(rechts)* profitiert von dem Überschuß des Landes an Rohstoffen. Die wichtigsten Industriegebiete sind die Mandschurei, Sichuan und die Regionen von Hongkong und Shanghai. China hofft, ausländische Investoren anziehen zu können.

industrie ein gravierendes Problem für das wirtschaftliche Wachstum. Bis 1979 entwickelten sich vor allem die Chemie-, Stahl- und Zementproduktion sowie neuerdings die Petrochemie. Auch im Metallurgiesektor – jahrzehntelang das Lieblingskind der Planungsbürokratie – mit dem wichtigen Bereich des Maschinenbaus wurden respektable Ergebnisse erzielt. Die 1979 getroffene Entscheidung, die Leichtindustrie stärker zu fördern und damit den Schwerindustriesektor einzuschränken, rief jedoch den Widerstand der einflußreichen Ministerien hervor.

### Erfolge und Gefahren des Reformkurses

Heute hat sich Chinas Wettbewerbsfähigkeit durch den Zufluß von ausländischem Kapital und Technologie erheblich verbessert. Neben der Reform der Staatsbetriebe, bei der die Effizienzsteigerung und der Abbau von Überkapazitäten im Vordergrund steht, bemüht sich die chinesische Regierung vor allem um die Neuordnung des Bankensektors und die Modernisierung der Schlüsselindustrien, hier insbesondere der Elektronik-, Chemie- und Automobilindustrie.

Die Arbeitslosigkeit, deren Quote offiziell zwar bei lediglich rund 3 % liegt, nach ausländischen Schätzungen aber etwa 15 % beträgt, entpuppt sich als größtes wirtschaftliches Problem und als Gefahr für den sozialen Frieden. Der Aufbau eines sozialen Sicherungssystems und die Stärkung des Bildungswesens sollen Abhilfe schaffen.

### Zunehmende Umweltverschmutzung

Als Folge des schnellen Industriewachstums und des steigenden Bevölkerungsdrucks hat China mit verstärkten Umweltproblemen zu kämpfen. Auf dem Land beeinträchtigt saurer Regen schon große Teile der Agrarproduktion. In den städtischen Gebieten sind Flüsse und Seen durch Benzin, Schwermetalle und andere Stoffe stark verschmutzt. Etwa zwei Drittel der Bevölkerung sind auf gesundheitlich bedenkliches Trinkwasser angewiesen. Die Belastung der Luft mit Staub, Schwefeldioxid und Kohlenmonoxid liegt in China weit über den Werten im gesamten Europa.

### WTO-Beitrittsverhandlungen

Ende des 20. Jahrhunderts schienen Chinas 13 Jahre andauernden Bemühungen um den Beitritt zur Welthandelsorganisation (WTO) zum Erfolg zu führen. China einigte sich mit den USA auf bilaterale Beitrittsbedingungen, wonach der Staat in vielen Wirtschaftssektoren seine Märkte öffnen, Exportsubventionen streichen und die Zolltarife senken wird. Nach Statistiken der WTO lag China Ende der 90er Jahre mit einem Exportvolumen von rund 183 Millarden US-Dollar auf Platz zehn der größten Welthandelsmächte.

# CHINA: HONGKONG

Hongkongs alter chinesischer Name, Xiang Gang, bedeutet »Hafen der Düfte«. Dieses Bild stimmt noch immer, da über Hongkong alle Schätze und exotischen Waren aus Ost und West transferiert werden. Was die Menge der Waren betrifft, die hier jährlich umgeschlagen werden, so steht Hongkong weltweit nach Rotterdam und New York an dritter Stelle. Jedoch existiert Hongkongs hektische internationale Geschäfts- und Handelswelt Seite an Seite mit den winzigen Werkstätten der Schuster, Jadeschnitzer und Schneider. Mit den gewaltigen Wohntürmen der neuen Satellitenstädte bis zu den auf Hausbooten lebenden Menschen im Hafen von Aberdeen verbindet Hongkong traditionelle chinesische Werte mit einer zukunftsweisenden Wirtschaft.

Für die chinesischen Flüchtlinge, die über viele Jahre hinweg ins Land strömten, stellte Hongkong die Gelegenheit dar, ein Taipan zu werden, d. h. erfolgreich. Heute wie zu Zeiten des Opiumkrieges bietet Hongkong viele Möglichkeiten, reich zu werden. Hongkongs größtes Problem ist und bleibt die ständig wachsende Bevölkerung.

Teile von Hongkong und Kowloon zählen zu den dichtestbesiedelten Gegenden der Welt. Nur 16 % der Fläche stehen als Bauland zur Verfügung. Dies führte zur Errichtung riesiger Satellitenstädte wie Tuen Mun, Tsuen Wan und Sha Tin. Die Stadtplaner prophezeien, daß in diesen »vertikalen Städten« dereinst ca. 2 000 000 Menschen leben werden. Hongkongs Mangel an Land zwingt die Menschen buchstäblich in die Höhe. Festes Granitgestein ermöglicht dieses vertikale Wachstum, und der Bau von Wolkenkratzern vergrößert die Gewinne, da die Kosten für Wasser und Strom gesenkt werden. Die im Bau befindlichen Gebäude werden von altherkömmlichen Bambusgerüsten verdeckt.

## Dschunken und Sampans

Aberdeen an der Südküste der Insel Hongkong hat ein traditionelleres Gesicht. Hier leben Zehntausende von Menschen wie einst ihre Vorfahren auf Dschunken und Sampans. Diese Hafenbewohner bestehen aus zwei Gruppen, den Tanka und den Hoklo. Heute unterstützt Hongkongs Verwaltung die Hausbootbewohner, die an Land ziehen und in Fabriken statt als Fischer arbeiten. Im Monat April feiert man mit dem Tin-Hau-Fest den Geburtstag der Königin des Himmels und der Göttin des Meeres, die auch Patronin der Fischer ist. Während des Tin-Hau fahren bunt geschmückte Fischerboote im Hafen umher.

Im Schatten der Bürotürme des Central District liegt der Western District, eine der ersten Gegenden Hongkongs, die von den Briten besiedelt wurde. Der Western District ist heute eine der letzten Enklaven von Hongkongs traditionellen chinesischen Kunsthandwerkern. Hier werden die Steine für die große chinesische

**Hunderte von Dschunken und Sampans** *(rechts)*, auf denen Tausende von Familien wohnen, bilden eine schwimmende Stadt im Hafen von Aberdeen. Die Regierung versucht, diese Menschen von einem Leben an Land zu überzeugen.

**Hakka-Frau mit Gardinenhut** *(oben)*. Das Volk der Hakkas bewahrt seinen traditionellen Lebensstil, bei dem Frauen einen großen Einfluß besitzen.

**Dampfküchen** mit chinesischem »Fast Food« *(oben)* sind charakteristisch für Hongkongs geschäftigen Western District. Hier befindet sich auch der berühmte Nachtmarkt, oft »Poor Man's Nightclub«, »Nachtclub des armen Mannes«, genannt.

**Berufsbriefeschreiber** *(rechts)* erfüllen eine wichtige soziale Aufgabe für die Einwanderer in Hongkong, von denen viele Analphabeten sind. Die chinesische Sprache besitzt zwar kein Alphabet, besteht jedoch aus rund 50 000 Schriftzeichen.

CHINA

**Der Stadtplan von Victoria** *(rechts)*, der Hauptstadt des Sonderverwaltungsgebietes Hongkong. Straßen, öffentliche Einrichtungen und die wichtigsten Anlegepiere geben einen Eindruck von der Anlage dieser Stadt.

**Dieser Maler** *(unten)* fertigt seine Gemälde nach geschichtlichen Vorbildern an. Hongkong zählt zu den wichtigsten Handelszentren für chinesische Kunst und Antiquitäten, wozu Gemälde, Porzellan und Schnitzereien aus Jade zählen.

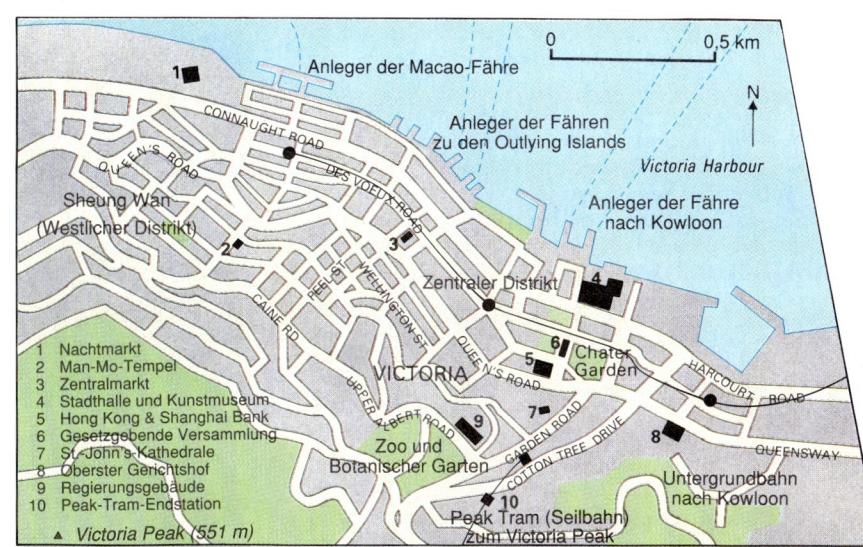

Leidenschaft, das Mah-Jong-Spiel, hergestellt. Kräuterhändler offerieren eine verwirrende Vielfalt an Kräutern, Ginseng, pulverisierter Eidechse und anderen chinesischen Heilmitteln. Überall bieten Dapaidongs (Imbißbuden) an den Straßen schnell zubereitete und schmackhafte chinesische Speisen an.

Der »Nachtmarkt« in der Temple Street im Western District findet auf dem Parkplatz vor dem Macao Ferry Terminal statt. Jede Nacht besuchen nicht nur Tausende von Einwohnern sondern auch Touristen den Markt, der oft »Nachtclub des armen Mannes« genannt wird. In den 450 Marktbuden werden Hemden, Uhren, Cassetten sowie Goldschmuck, Silber, Leder und sogar Schnitzereien aus Jade und Elfenbein verkauft. Internationale Abkommen schränken zwar heute den Handel mit Elfenbein ein, aber jahrelang war Hongkong Mittelpunkt des weltweiten Elfenbeinhandels.

### Geister und Wolkenkratzer

Trotz der modernen Fassade wird das tägliche Leben in Hongkong noch immer von vielen alten Bräuchen beeinflußt. Hunderte von Tempeln und Schreinen übersäen die Stadt und erinnern an die Macht religiöser Tradition, die chinesische Verschmelzung von Buddhismus, Daoismus und Konfuzianismus. In ihren Häusern verehren die Familien ihre Vorfahren und beten vor kleinen Hausaltären. Das Begräbnis eines Toten ist ein wichtiges Ereignis, aber Platzmangel auf den Friedhöfen führt dazu, daß einige Begräbnisse in der benachbarten Volksrepublik China stattfinden müssen. Um eine Harmonie mit den Geistern und der umgebenden Natur herzustellen, bestimmt der fung shui, eine Art von Wahrsager, alles, von der Möbelanordnung in einem Zimmer bis zu der Lage eines Gebäudes. Aberdeens Elektrizitätswerk hat fünf Schornsteine, obwohl nur vier ständig in Gebrauch sind. Die Zahl vier ist jedoch für Chinesen eine Unglückszahl, daher wurde ein fünfter Schornstein hinzugefügt.

Die zerklüftete Insel Lantao im Südwesten von Kowloon ist die größte der mehr als 235 Inseln vor Hongkong. Lantao bedeutet »zerbrochener Kopf«, und die rauhe Natur der Insel hat einen ländlichen Charakter bewahrt. Es bleibt abzuwarten, ob der neue Flughafen im Norden von Lantao das Leben auf der Insel selbst verändern wird.

# CHINA: HONGKONGS WIRTSCHAFT

Die Gegenwart Hongkongs ist unmittelbar mit der Frage nach seiner Zukunft verbunden, über die auch nach der erfolgten Übergabe der ehemaligen britischen Kolonie an die Volksrepublik China am 1. Juli 1997 viel spekuliert wird. Doch als »Sonderverwaltungsgebiet« wird Hongkong bis zum Jahr 2047 weitgehende Selbstverwaltung gewährt und das heute bestehende Wirtschafts- und Gesellschaftssystem garantiert. Doch hinter der krampfhaft optimistischen Kulisse verbirgt sich Angst – und diese Angst schafft für die Wirtschaft eine schleichende Krise. Rechtzeitig vor der Übergabe hatten viele Einwohner ihr Erspartes außer Landes gebracht, zahlreiche Mitglieder des Mittelstands und der Führungselite waren ausgewandert: Hongkong erlebte einen »brain drain« und einen finanziellen Aderlaß, der sein Wirtschaftswachstum erstmals nachhaltig bremste.

### Die Übervölkerung – das größte soziale Problem in Hongkong

Die, die gehen konnten, sind die »happy few« – aber die, die immer noch kommen, sind die Masse der Armen und Vertriebenen Südostasiens. Die Wohnmisere infolge der Übervölkerung bleibt Hongkongs größtes soziales Problem. Die Barackenviertel der »Squatters«, die Slumgürtel, werden mit wenig sozialem Wohnungsbau saniert, der die Menschen in die engen Mietskasernen hoch aufragender Trabantenstädte verbannt. Sie werden bald ebenso verrottet sein wie die alten Wohnblocks, die aufeinandergezwängt und verschachtelt die ganze Stadt zum Bienenstock machen. Keine Sonne und keine frische Luft dringen in die endlosen Straßenschluchten, die unten mit chinesischer Neonreklame und oben mit Wäsche verhängt sind. Und hinter den verfallenen Fassaden leben Millionen Menschen in winzigen Wohnungen zusammengepfercht.

Doch Grund und Boden ist das Teuerste, was es in der Stadt gibt, und die Spekulation auf dem Immobilienmarkt ist gnadenlos. Die Ärmeren weichen auf das Wasser aus: In Dschunken, auf Sampans, auf morschen Kähnen und uralten Leichtern wohnen Tausende von Großfamilien. Die Boote, die sich in den Taifun-Schutzbecken der Insel aneinanderdrängen, sind vertäut zu einer großen schwimmenden Stadt. Noch Ärmere mieten sich einen Drahtkäfig, hoch genug zum Sitzen, lang genug zum Liegen und geräumig genug, um sich selbst, eine Zeitung und einen Teekocher darin aufzubewahren. Unzählige stapeln sich in diesen Draht-Verhauen, die in Hauseingängen und wo immer sich noch eine Nische findet, übereinandergetürmt sind. Und doch bieten diese Wohnzellen mehr Schutz und Privatheit als die verwahrlosten Blocks der »Walled City«. In dieser Enklave endet alle Zivilisation: 33 000 Menschen verkommen in ihrem Dreck; Glücksspiel, Prostitution und Drogenhandel diktieren Überlebensgesetze jenseits jeder Menschenwürde, kein Arzt und kein Polizist

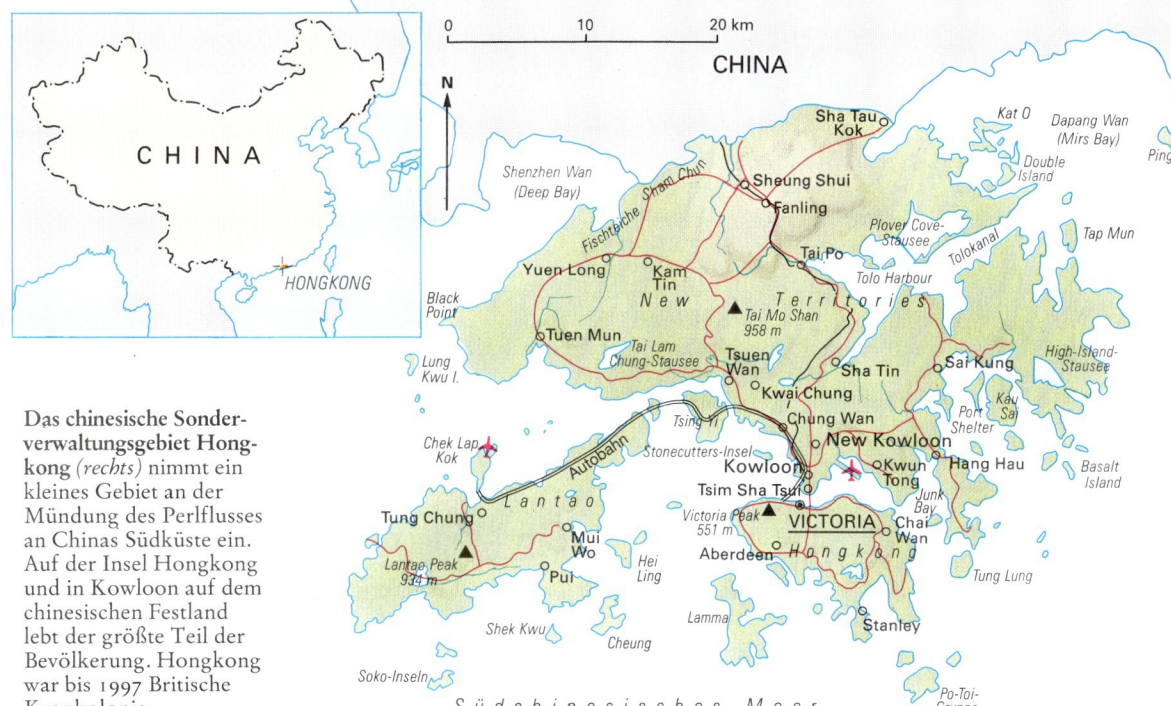

**Das chinesische Sonderverwaltungsgebiet Hongkong** (rechts) nimmt ein kleines Gebiet an der Mündung des Perlflusses an Chinas Südküste ein. Auf der Insel Hongkong und in Kowloon auf dem chinesischen Festland lebt der größte Teil der Bevölkerung. Hongkong war bis 1997 Britische Kronkolonie.

**Die Wolkenkratzer von Victoria** (links) finden in den hochragenden Türmen der gegenüberliegenden Hafenstadt Kowloon ihr Gegenstück. Regelmäßig verkehren Fähren zwischen der Insel Hongkong und Kowloon.

**Die Hafenstadt Kowloon** (unten) auf der gleichnamigen Halbinsel in der Sonderverwaltungszone Hongkong ist sowohl Touristenzentrum wie auch eines der wichtigsten Warenumschlagplätze zwischen China und der westlichen Welt.

**Auf jede Veränderung am Markt achtend,** blicken die Händler (ganz links) an Hongkongs Börse gebannt auf ihre Bildschirme. Das Finanzwesen rivalisiert mit der Industrie. Hongkong ist eines der wichtigsten Finanzzentren der Welt.

**Reklameschilder** (links) beherrschen Hongkongs Straßenbild und weisen auf das vielfältige Warenangebot hin. Die seit langem ertragreiche Textilindustrie konkurriert heute mit der Elektronik um die wirtschaftliche Vormachtstellung.

wagt sich noch dorthin. »Walled City« ist die düsterste Kehrseite des Wirtschaftswunders von Hongkong.

### Drehscheibe des Welthandels

Es waren Flüchtlinge aus der Volksrepublik China, die in den 50er Jahren begannen, mit unermüdlichem Fleiß, billiger Arbeitskraft, asiatischem Geschäftssinn und ohne jede Entwicklungshilfe die Stadt zu einer Industrie- und Handelsmetropole aufzubauen. Die britische Verwaltung bremste nicht, sondern profitierte mit. Zollfreiheit, Handelserleichterungen und eine höchst liberale Steuergesetzgebung schufen günstige Voraussetzungen, mit Einsatz von Arbeit, Geschick und Kapital zu Wohlstand zu kommen. Den Anfang machte die Textilindustrie, die ihre Vorrangstellung heute zunehmend an die High-Tech-Produktion und die Elektronik verliert. Uhren, Schmuck und Konsumgüter aller Art kommen als Billigware aus Hongkong. In der Spielwarenherstellung ist die Stadt weltweit führend.

Hongkong ist eine Drehscheibe des Handels, in Ostasien sowie des Welthandels. Hier versammeln sich mehr als hundert internationale Banken, um die Kapitalströme von Aus- und Einfuhr, von Handel und Bodenspekulation, von Drogengeld und Industrie-Vermögen zu kanalisieren, um gutes Geld zu mehren und illegales zu waschen. Hongkong ist die Schweiz Ostasiens – und, so hoffen die Optimisten, wird es auch bleiben. Die britische Regierung schien diesen Optimismus nicht zu teilen. Oder warum untersagte sie den Hongkong-Bürgern, die die britische Staatsbürgerschaft besaßen, das Niederlassungsrecht in Großbritannien? Noch ist es zu früh, Prognosen über die weitere Zukunft Hongkongs abzuliefern. Entgegen allgemeinen Befürchtungen blieb ein übermäßiger Kapitalabfluß jedoch aus.

# CHINA: HONGKONGS MENSCHEN

Wer nicht als Geschäftsmann, sondern als Tourist nach Hongkong kommt, wird von den politischen Sorgen und den Wirtschaftsproblemen der Bevölkerung kaum etwas merken. Er genießt das exotische Flair dieser westöstlichen Metropole, läßt sich gerne verwirren von der Fülle und den Billigpreisen des zollfreien Warenangebotes, und wenn ihm das Bad in der Menschenmenge der pulsierenden Stadt zu viel geworden ist, dann mag ihm der ländliche Friede Altchinas in den New Territories willkommene Abwechslung sein.

Die ehemals britische Kronkolonie liegt an der Südostküste des chinesischen Festlands östlich der Mündung des Perlflusses. Das Gebiet mißt 1075 km² und besteht aus der 75 km² großen Insel Hongkong mit der Stadt Victoria, der Insel Lantao, dem Küstenstreifen der Halbinsel Kowloon mit der gleichnamigen Hafenstadt und ihrem Hinterland (New Territories) sowie 235 Eilanden.

Den Siedlungskern (Hongkong im engeren Sinn) bilden die durch einen schmalen Meeresarm des Chinesischen Meeres getrennten Städte Victoria und Kowloon. Die City mit Banken, Kaufhäusern und bunten Straßenmärkten – vom nächtlichen »Poor Man's Nightclub« mit den Netsuke-Ständen und zahllosen Garküchen bis hin zu den Fischmärkten von Aberdeen und seinen »Floating Restaurants« – liegt auf der Insel Hongkong. Die Fahrt mit einer Fähre über die Causeway Bay, vorbei an containerbepackten Ozeanriesen und durch ein Gewimmel von kleinen Booten, Dschunken und Sampans hinüber auf die Halbinsel Kowloon, gehört zu den schönsten Eindrücken, die die Stadt am Südchinesischen Meer zu bieten hat. Kowloon ist Zentrum der großen Hotels von Weltrang, dichtes Wohn- und Industriegebiet und so berühmt wie berüchtigt für seinen Flughafen Kai Tak, dessen in die See gebaute Landebahn den wohl schönsten wie schwierigsten Anflug der Welt erleben läßt. Kowloon bedeutet »Neun Drachen«, und gemeint sind die umliegenden Berge, die schon zu den New Territories gehören und deren Tai Mo Shan es immerhin auf 958 m bringt.

Kowloon und Hongkong Island sind extrem dicht besiedelt, in einigen Stadtteilen zwängen sich bis zu 25 400 Menschen auf einem Quadratkilometer zusammen, während die ländlichen New Territories auf gleichem Raum etwa 550 Menschen Platz lassen. Mit durchschnittlich knapp 5600 Einwohnern pro Quadratkilometer gehört das Sonderverwaltungsgebiet unter chinesischer Souveränität zu den dichtestbesiedelten Gebieten der Welt.

Wo die Ärmsten und die Reichsten so hautnah nebeneinanderleben, ist es wohl zwei Faktoren zu verdanken, daß sich die Spannungen und auch die Kriminalität in Grenzen halten. Zum einen ist die Bevölkerung mit 95 % Chinesen homogen, zum anderen verbindet sie die friedfertige Lehre Buddhas und ein traditioneller Sittenkodex, dessen höflicher Anstand in den Regeln von Daoismus und Konfuzianismus wurzelt. Reste altchinesischer Kultur und Kultiviertheit mildern die brutalen Seiten kapitalistischen Überlebenskampfes zwischen den legendären »Taipehs«, den großen Bossen, ebenso wie zwischen den »Squatters« und den »boat people«. Und wenn sich die Chinesen auch in verschiedene Volksgruppen teilen, die Cantonesen, die Sze Yap, Chiu Chow und Kaukasier überwiegen, so ist ihnen jeder Tribalismus fremd. Man ist zurückhaltend, aber respektvoll im Umgang miteinander und in einem besonders einig: Eigentlich sind die Weißen Barbaren. Nur eine Leidenschaft verbindet die Chinesen mit den Briten: Pferderennen und Cricket sind Volksfeste für beide.

Wie Lantao sind auch die New Territories sanftes grünes Tropenland: Berge statt Hochhäusern, Täler statt Straßenschluchten, Strände statt Slums. Seen und Äcker, Gärten und Teiche, Landwirtschaft, Fischfang und Fischzucht, Entenfarmen – dies ist die grüne Lunge Hongkongs, seine Speisekammer, sein Wasserreservoir, sein Erholungsgebiet. Hier in den Dörfern, Klöstern und Tempeln hat sich das alte China erhalten können. Ohne die New Territories und die anderen Inseln ist die City nicht lebensfähig, und es hätte der Kolonie wenig genützt, daß sie das Stadtgebiet theoretisch auch nach Ablauf des Pachtvertrages für das Hinterland hätte

**Eine bunte Mischung** aus chinesischer und westlicher Reklame *(oben)* sieht man in einer breiten Einkaufsstraße in Hongkong. Die Doppeldecker-Straßenbahnen fahren umweltfreundlich mit elektrischem Strom aus einer Oberleitung.

**Von Menschen wimmelnde Märkte** wie dieser *(rechts)* gehören zum farbenfrohen, brodelnden Leben Hongkongs. Eine riesige Auswahl an Waren steht zum Verkauf, von Gegenständen des täglichen Bedarfs bis zu exotischen Artikeln für Touristen.

CHINA

behalten können: es wäre ausgetrocknet ohne das Wasser aus den Staubecken der Berge, denn das Klima ist heiß. Die nur kurzen Monsunschauer bringen wenig Erleichterung. Die Angst vor Taifunen sitzt tief bei den »Squatters«, deren provisorische Slums jeder Sturm von den Hängen reißen kann.

Taifune, weltwirtschaftliche Turbulenzen, kalter Wind aus der Volksrepublik China – sonst scheinen die Menschen Hongkongs wenig zu fürchten. Der Buddhismus kennt viele schützende Geister, in den Tempeln werden Amulette und Talismänner verkauft. Mit genug Geld kann man eine der raren Glückszahlen als Autokennzeichen bei den Versteigerungen der Verkehrsbehörde erstehen, deren Erlöse von manchmal fast einer Million Dollar jährlich der Wohlfahrt zufließen. Die »Lucky Number« ist nach chinesischem Glauben die beste Versicherung auf allen Wegen.

**Dichte Reihen moderner Hochhäuser** *(oben)* bilden die Satellitenstadt Tai Koo, am nördlichen Ufer der Insel Hongkong gelegen. Das schnelle Wachstum der Bevölkerung Hongkongs machte den Bau dieser riesigen Wohnanlagen notwendig.

**Hongkongs gesicherte Grenze** hinter sich, kümmert sich ein Bauer *(unten)* in den New Territories auf dem chinesischen Festland um sein Gemüse. Hongkongs Ackerland reicht nicht aus, um die Bevölkerung des Sonderverwaltungsgebiets zu ernähren.

**Eine aufgeregte Menge** *(ganz unten)* säumt Hongkongs Pferderennbahn Happy Valley. Pferderennen, von den Briten im 19. Jahrhundert eingeführt, sind bei den Einwohnern Hongkongs, von denen rund 95 % Chinesen sind, sehr beliebt.

# CHINA: GESCHICHTE HONGKONGS

Die Kulisse gleicht der Manhattans, die City einem lärmenden chinesischen Warenhaus voller Exotik. Dazu im Kontrast das Hinterland, wo tropische Natur und ländliche Tradition Stille und Anmut ausstrahlen. Über sechs Millionen Menschen leben hier, darunter hunderttausend Millionäre, aber auch mehrere Hunderttausende in bitterster Armut. Hongkong, das ist ein legendäres Wirtschaftswunder und ein Reservat altchinesischen Brauchtums. Immer war Hongkong Zentrum der Hoffnungen, des Handels, Fluchtpunkt vertriebener Völker, Piratenversteck, kolonialer Vorposten, und alle kamen, um Geschäfte zu machen, Existenzen zu gründen oder nur, um das nackte Leben zu retten. Hongkong ist eine Mischung aus Moloch und Metropole, aus chinesischem Drachen und britischem Bullterrier.

### Von der öden Insel zur Handelsmetropole

Zu Beginn des 16. Jahrhunderts drangen portugiesische Seefahrer und Kaufleute bis an die südchinesische Küste vor und gründeten mit Duldung des chinesischen Kaiserreichs auf der ins Mündungsdelta des Perlflusses reichenden Halbinsel Macao die erste europäische Handelsniederlassung in Fernost. Der Handel war schwierig, denn die Grenzen Chinas waren für »Barbaren« gesperrt, aber er war nicht unmöglich, und unter der Einhaltung gewisser von China festgelegter Bedingungen erwies er sich in der Folgezeit als für beide Seiten äußerst profitabel. Englische und niederländische Kaufleute versuchten zunehmend, sich in den Handel einzumischen. Da sich Macao aber fest in portugiesischer Hand befand und sich nicht erobern ließ, mußten die Briten sich nach einem anderen Hafen umsehen, um ihr indisches Opium gegen chinesischen Tee lukrativ zu tauschen. Zuerst versuchte China jedoch, den schwunghaften Handel mit der sein Volk vergiftenden Droge zu unterbinden. In dem dadurch entfachten 1. Opiumkrieg (1840–1842) mußte es sich jedoch der Überlegenheit Großbritanniens beugen und im Vertrag von Nanjing 1842 die Insel Hongkong »auf ewig« an die britische Krone abtreten. Doch konnte sich diese »öde Insel, auf der kaum ein Haus stand« jemals zu einem Handelsplatz entwickeln? Nach erneuten Feindseligkeiten sicherte sich Großbritannien im Jahre 1860 auch Teile der Halbinsel Kowloon, und 1898 pachtete es »auf 99 Jahre« die New Territories samt 235 größeren und kleineren Inseln von China. So gewann Hongkong Platz, sich auszudehnen, und bis in die 30er Jahre wuchs die Hauptstadt des Opiumhandels zu einer bedeutenden Handelsmetropole in Fernost mit 1,6 Millionen Einwohnern (1939). Chinesischer Fleiß und britische Verwaltung mehrten den Wohlstand – bis 1941 japanische Truppen die Kronkolonie besetzten und Menschen und Maschinen nach Japan deportierten. Nach der japanischen Kapitulation übernahmen die Briten erneut die Macht in

# CHINA

Hongkong und begannen sofort mit dem Wiederaufbau, unterstützt von vielen Flüchtlingen aus China, die mit ihrem Kapital, ihrer Arbeitskraft und ihrem Wissen seit der Machtübernahme der Kommunisten in der britischen Kolonie Zuflucht suchten. Mitte der 50er Jahre zählte Hongkong bereits 2,5 Millionen Einwohner. Und die Emigration riß nicht ab: Dissidenten, Wirtschaftsflüchtlinge, Landflüchtige und Vertriebene fanden den Weg in die Stadt der Träume und Hoffnungen, die für die vielen illegalen Einwanderer zum Alptraum wurde: Wer nicht erwischt und ausgewiesen wurde, verschwand in den Elendsquartieren der »Squatters«, deren Barackensiedlungen sich wie ein Krebs in die Hügel der Stadt gruben. Wenn die Flüchtlinge bis in die 70er Jahre das Wirtschaftswunder von Hongkong aufbauten, so wurden sie seitdem zu einem seiner größten sozialen Probleme. Deshalb war die Regierung gezwungen, zugunsten sozialpolitischer Maßnahmen lenkend in die klassische Laissez-faire-Wirtschaft einzugreifen.

Die Regierung – das waren britische Kolonialbeamte, denen ein Gouverneur vorstand, allesamt von Großbritannien ernannt. Wenn sich der Gouverneur auch zunehmend vom Einfluß des Mutterlandes emanzipieren konnte, so blieb die politische Mitsprache der Bevölkerung bis in die 90er Jahre auf die unterste Kommunalebene beschränkt. In den 70er Jahren wandelte sich das Verhältnis der britischen Kronkolonie zum großen Nachbarn China völlig. Hatte gegen Ende der 60er Jahre noch die Furcht bestanden, China könne sich die Kolonie einverleiben, so führte der Tod Maos zu einer Umgestaltung der Beziehungen: China investierte in Hongkong und schickte Geschäftsleute in die Kolonie, die sich mit dem westlichen Geschäftsleben vertraut machen sollten. Das direkte Engagement der Volksrepublik in Form von Firmengründungen und Kapitalbeteiligungen nahm rasant zu, und China nutzte das Babel des Kapitalismus, um weniger linientreue Geschäfte über diese Schweiz des Fernen Ostens abzuwickeln.

### Die Rückkehr unter chinesische Verwaltung

Da die Volksrepublik seit 1949 die aufgezwungenen »ungleichen Verträge«, durch die Großbritannien in den Besitz von Hongkong und Kowloon gekommen war, nicht anerkannte, wurde das Gebiet der gesamten Kolonie in den 80er Jahren Thema der Übergabeverhandlungen zwischen London und Peking. Großbritannien blieb kaum eine andere Wahl, denn ohne das Hinterland als grüne Lunge und Trinkwasserreservoir war das Stadtgebiet nicht lebensfähig. So schloß Großbritannien 1984 mit China ein Abkommen, aufgrund dessen Hongkong am 1.7.1997 als Sonderverwaltungsgebiet unter chinesische Souveränität zurückkehrte. China hat sich verpflichtet, das bestehende Wirtschafts- und Gesellschaftssystem noch 50 Jahre unverändert zu lassen.

# CHINA: MACAO

Macao, mehr als zwei Jahrzehnte die letzte portugiesische Bastion in Übersee, ist eine Halbinsel mit sieben Hügeln im weitverzweigten seichten Mündungsdelta des Perlflusses an der südchinesischen Küste und zusammen mit den zwei kaum bewohnten Inseln Taipa und Coloane rund 16 km² groß. Ausgerechnet die kleinste und wirtschaftlich unbedeutendste seiner »Überseeprovinz« genannten Kolonien war Portugal geblieben, als Mitte der 70er Jahre das Kolonialreich zerfiel. Macao blieb zunächst, weil China an einer Rückgabe nicht interessiert und mit der Gewährung innerer Autonomie zufrieden war. Im portugiesisch-chinesischen Abkommen von 1987 einigten sich beide Staaten auf die Rückgabe der seit 1557 portugiesisch beherrschten Kolonie. Als Sonderverwaltungszone – ein mit dem Hongkonger vergleichbarer Status – geriet Macao und seine rund 431 000 Bewohner am 19.12.1999 unter chinesische Kontrolle.

### Leben in Macao

Die Bevölkerung Macaos ist zu 98 % chinesisch, das Leben eine ost-westliche Mischehe, in der beide Kulturen ihre Tugenden verbunden und ihre Fehler zu ertragen gelernt haben. Die Prozession für die portugiesische Nationalheilige Fatima wird genauso andächtig, festlich und mit aller chinesischen Farbenpracht gefeiert wie das buddhistische »Fest der hungrigen Geister«, die man mit kleinen Speiseopfern vor der Haustür besänftigt.

Die Kirchen sind, wie die Basilika São Paulo, von der ein Taifun und ein Feuer im Jahre 1835 nur die prachtvolle Fassade übriggelassen haben, eindrucksvolle Beispiele der katholischen Barockarchitektur Portugals; im Kwan-Yin-Tempel hingegen verirrt man sich in der labyrinthischen Verschachtelung buddhistischer Baukunst. Der A-Ma-Tempel, der Schutzpatronin der Fischer geweiht, ist eines der ältesten Heiligtümer Macaos, und nach A Ma nannten die Christen ihre Kolonie.

Im Vergleich zu Hongkong ist Macao ein Museumsstück geblieben – mit unwiderstehlichem Charme und mediterranem Ambiente. Über Kopfsteinpflaster hoppeln die Rikschas durch das Gassengewirr der Altstadt, deren verwitterte Häuser mit blumengeschmückten Balkons an Lissabons »Alfama« erinnern. Chinesische Reklameschriften und offene Werkstätten, Bestattungsfirmen mit knallbuntem Grabschmuck, winzige Garküchen und Restaurants, in denen chinesische Spezialitäten mit portugiesischem Wein und traditioneller portugiesischer Fischeintopf mit tropischen Meeresfrüchten und Stäbchen serviert werden, kennzeichnen den Alltag auf Macao, das als einstiges koloniales Zwischenreich noch heute einen Hauch jener wechselvollen Geschichte zwischen Orient und Okzident bietet, von der abenteuerlichen Begegnung zwischen Händlern, Soldaten und Missionaren des Abendlandes mit Bauern, Mandarinen und Seeräubern Chinas.

**Nur die reichverzierte Fassade** steht noch von Macaos Basilika São Paulo *(unten)*, die im Jahre 1835 durch ein Feuer zerstört wurde. Sie gilt als Wahrzeichen Macaos und erinnert an die portugiesische Herrschaft.

**Macaos pastellfarbene Gebäude** *(rechts)* mögen an das alte Lissabon erinnern, aber die Rikschas sind Kennzeichen Ostasiens. Anders als sein geschäftiger Nachbar Hongkong hat Macao eine mediterrane Atmosphäre bewahrt.

### Vom Handelsplatz zum Glücksspieler-Mekka

1557 errichteten die Portugiesen auf Macao den ersten abendländischen Außenposten in Ostasien. Gegen die Entrichtung einer jährlichen Pacht ließen die Chinesen die »Barbaren« gewähren, hatten diese sich doch sehr hilfreich im Kampf gegen die Piraten an der südchinesischen Küste erwiesen. Macao entwickelte sich zum wichtigsten Umschlagplatz für den profitablen Handel mit Gold, Silber, Seide, Porzellan und Opium. Gleichzeitig wurde es zum Zentrum und Ausgangspunkt der jesuitischen Missionstätigkeit in Ostasien. 1680 wurde der erste portugiesische Gouverneur ernannt, der sich jedoch ausschließlich um die Belange seiner Landsleute kümmerte. Die Souveränität über das Territorium und seine chinesischen Bewohner blieb bei China.

Es folgten stürmische Zeiten, in denen Portugal zwar den Handel zwischen China, Japan und Indien kontrollierte, sich aber auch den zunehmenden Angriffen niederländischer und britischer Konkurrenten zu erwehren hatte. Doch als die Briten 1841 das nahegelegene Hongkong besetzten und es zur britischen Kronkolonie ernannten, war der wirtschaftliche Niedergang Macaos besiegelt. Als eine Art letzte Demonstration seiner schon verblassenden Stärke nutzte Portugal die internen Schwierigkeiten in China und erklärte Macao einseitig zum portugiesischen Territorium. Doch mit den einstigen

**Macaos Kasinos** *(oben)*, seine Rennbahnen und sein Nachtleben ziehen viele ausländische Besucher in dieses »Las Vegas des Fernen Ostens«. **Eine geschäftige Köchin** *(rechts)* bei der Zubereitung chinesischer und europäischer Gerichte in einer Garküche.

**Eine chinesische Astrologin** *(unten)* bietet ihre Voraussagen für die Zukunft an. Rund 70 % der Bevölkerung Macaos sind Chinesen, eine kleine Minderheit bilden die Portugiesen. Chinesisch und Portugiesisch sind die offiziellen Sprachen.

**Macao** *(oben rechts)* liegt an der Küste der südchinesischen Provinz Guangdong nahe Hongkong. Das winzige Gebiet war einst die letzte Erinnerung an Portugals Kolonialreich. Die Verwaltung von Macao ist 1999 wieder an China zurückgefallen.

Handelshäusern schwand auch der gute Ruf, und Macao galt fortan als Schmugglernest und Mekka der Glücksspieler.

Auch heute kommen jährlich viele Millionen Touristen, die in Macao ihrer Spielleidenschaft frönen. Die Halbinsel bezieht etwa die Hälfte ihrer Einnahmen aus dem Glücksspiel. Aber an die Blütezeit der Vergangenheit konnte Macao nie mehr anknüpfen und auch nicht aus dem Schatten Hongkongs hervortreten. Mehr als einmal wollte Portugal seine Besitzung an China zurückgeben, nicht zuletzt, als zur Zeit der chinesischen Kulturrevolution 1966/67 auch Macao Schauplatz blutiger Auseinandersetzungen wurde.

Doch die Volksrepublik verzichtete. Sie wollte nicht mit einer Rückführung des »chinesischen Territoriums unter portugiesischer Verwaltung« – seit 1976 die offizielle Bezeichnung von Macao – das Vertrauen in den Fortbestand der britischen Kronkolonie Hongkong, seiner wichtigsten Devisenquelle, gefährden. Mitte der 80er Jahre wurden jedoch die Rückgabemodalitäten für Hongkong geklärt, und seitdem stand fest, daß Macao noch zum Ende des 20. Jahrhunderts, nämlich 1999, an China zurückfallen würde. Portugal räumte jedoch allen Inhabern eines portugiesischen Passes Heimatrecht im Mutterland ein. Noch bis 2050 wird das bestehende Gesellschafts- und Wirtschaftssystem der »Sonderverwaltungszone« garantiert.

# CHINA: LANDESNATUR TIBETS

Über Jahrhunderte hinweg lag über Tibet ein Schleier des Geheimnisvollen. Die natürliche Unzugänglichkeit des Landes erschwerte den Einblick in sein Inneres, und politische Wirren taten ein übriges, den Zugang zum Gottesstaat im Schutze des Himalaya in Grenzen zu halten. Doch je weniger die Außenwelt über Tibet erfuhr, desto üppiger blühten die Phantasien über ein verborgenes Paradies auf dem »Dach der Welt«, in dem die Menschen in vollem Einklang mit ihren Göttern lebten, über Dämonenbeschwörung und Magie und über Mönche, die sich kraft ihrer religiösen Energie in die Lüfte erheben konnten.

Zweifelsohne spielen Religion, Legenden und Mythen in Tibet eine wichtige Rolle – ohne sie wären die Menschen, ihre Kultur und ihre Geschichte nicht zu verstehen –, vom Paradies war Tibet in seiner langen Geschichte aber ebensoweit entfernt wie jeder andere Ort dieser Welt. Es war indes ein nach streng feudalistischen Grundsätzen gegliederter Bauern- und Nomadenstaat, in dem bittere Armut und Leibeigenschaft ebenso verbreitet waren wie kriegerische Auseinandersetzungen und Machtkämpfe unter den Herrschenden.

## Ewiges Eis und Bambushaine

Tibet, eine Autonome Region Chinas, liegt im Inneren des asiatischen Kontinents auf dem Hochland von Tibet. Dieses Hochland bildet mit einer Fläche von rund zwei Millionen Quadratkilometern und einer mittleren Höhe zwischen 4000 bis 5000 m das höchstgelegene und ausgedehnteste Hochland der Erde. Im Süden wird es durch den Himalaya, im Norden durch den Kunlun gesäumt. Der Karakorum bildet im Westen die Grenze, und die gewaltigen Stromtäler im Osten riegeln es nach China hin ab. Der Transhimalaya quert das Hochland und trennt die weiten abflußlosen Hochbecken des Inneren von den großen Stromtälern im Süden und Südosten.

Hinter dem nüchternen Begriff »abflußloses Hochbecken« verbirgt sich in Tibet eine ebenso überwältigende wie lebensfeindliche Landschaft: Hochplateaus, die von zahlreichen Gebirgsketten durchzogen werden, deren Gipfel sich über die Grenze des ewigen Schnees erheben, großflächige Hügelsteppen, die einem die einzigartige Weite dieser Landschaft vermitteln, eintönige Stein- und Schuttwüsten, in denen kaum mehr als das derbe tibetische Riedgras gedeiht, und im Nordwesten Salzseen, Salzsümpfe und heiße Mineralquellen.

Das aride Kontinentalklima und die extreme Höhenlage bewirken, daß es in Tibet trotz seiner Lage in subtropischen Breiten normalerweise sehr kalt ist. Allerdings führt die hohe Sonneneinstrahlung am Tage zu einer starken Erwärmung der trockenen Luft und folglich zu Temperaturschwankungen zwischen Tag und Nacht von 20–30 °C sowie zu stark wehenden Winden. In den Wintermonaten lassen kontinentale Kaltluftströme, die oft tagelang Schnee über das Land peitschen, die Temperaturen bis auf minus 40 °C fallen. Es gibt nur wenige Menschen, die sich dieser extremen Natur und der Höhenluft angepaßt haben. Sie ziehen als Nomaden mit ihren Yakherden zu den spärlichen Weidegebieten, trotzen der Hitze der Gebirgssonne und der Kälte im Winter.

Ein gänzlich anderes Bild bietet sich in den tieferen Lagen im Süden und Südosten des Landes, in den Stromtälern von Indus und Tsangpo (Brahmaputra) oder den nach Süden verlaufenden, teils unzugänglichen Gebirgsschluchten der in Osttibet entspringenden Flüsse Chang Jiang, Mekong und Saluen. Hier kann im Schatten der hoch aufragenden, spitzgezackten und vom ewigen Eis bedeckten Gipfel Ackerbau und Viehzucht betrieben werden, hier wachsen im Einflußbereich des subtropischen Klimas dichte Wälder aus Eichen, Tannen und Bambus, werden sogar Bananen geerntet und Reisfelder angelegt.

**Fruchtbare grüne Felder** umgeben ein Dorf (*oben*) in Südtibet. Der größte Teil der Tibeter lebt im Süden, wo ein etwas milderes Klima den Anbau von Getreide sowie die Viehzucht begünstigt.

**Die schneebedeckten Gipfel des Himalaya** überragen diesen See (*rechts*) in Südtibet. Viele Flüsse – z. B. Brahmaputra, Indus, Mekong und der Chang Jiang – entspringen in den Bergen Tibets.

# CHINA

**Mächtige Gipfel** erheben sich hinter der berühmten, jetzt zerstörten Klosteranlage von Ganden *(links)* in der Nähe von Lhasa. In diesem Kloster war der erste Dalai-Lama, Gendün Truppa (1391–1475), Mitte des 15. Jahrhunderts Abt.

**Yaks,** die wichtigsten Haustiere der Tibeter *(unten),* grasen in einer Steinwüste, in der nur hartes Schilfgras zu finden ist. Solche trockenen Gegenden werden nur von nomadischen Hirten und ihren Herden (auch Schafe und Ziegen) genutzt.

### Die Wiege der Eiszeit

Das Hochland von Tibet ist Teil einer geologisch jungen Gebirgshebung. Dort, wo sich heute die höchsten Berge der Welt erheben, lag noch zu Beginn des Erdaltertums das mächtige Meeresbecken der »Tethys«, in dem sich die abgetragenen Gesteine der nördlichen und südlichen alten Schollen ablagerten. Im Tertiär bewegte sich ein Rest des sogenannten Gondwanalandes langsam nordwärts, verdrängte das Meer und stieß auf die starre asiatische Festlandsmasse. Unter dem Druck entstand das riesige Faltensystem des heutigen Himalaya. Das Land zwischen Himalaya und den Ketten des Kunlun wurde zusammengedrückt, in Falten gelegt, hochgehoben oder aufgebrochen. Infolge der starken Verwitterung füllten sich die Täler zwischen den Gebirgsfalten mit Schutt der benachbarten Höhen und gaben Tibet die Form einer Hochebene. Den letzten »Schliff« erhielt es jedoch erst während der Eiszeiten, als vom Hohen Himalaya bis zum Rand der Wüste Gobi ganz Tibet unter einer Kuppel aus Schnee, Firn und Eis lag. Ungeklärt ist immer noch, wodurch die Vergletscherung Tibets eingeleitet worden ist, doch kann schon eine geringe Verminderung der Sonneneinstrahlung bewirkt haben, daß Tibet von einer riesigen Aufheizfläche in eine Abstrahlungsfläche verwandelt worden ist und auf diese Weise an der weltweiten Klimaabkühlung beteiligt war.

# CHINA: GESCHICHTE TIBETS

Um ins »Schneeland« zu gelangen, muß man die höchsten Berge der Erde überwinden, doch noch schwieriger ist es, in das Wesen der Tibeter einzudringen. Ohne Kenntnis des tibetischen Buddhismus, des Lamaismus, ist das für einen Außenstehenden gar nicht möglich. Und selbst für Eingeweihte ist die unendliche Vielfalt an Buddhas, Bodhisattvas, an Schutzgöttern und Heiligen kaum zu durchschauen. Der Lamaismus ist mehr als Religion – er ist die Verschmelzung von mythologischem Erbe, buddhistischen Prinzipien, heidnischen Bräuchen und tantrischen Ritualen. Er begleitet den stets im Einklang mit der Natur lebenden Tibeter von der Geburt bis über den Tod hinaus.

Am Anfang, so heißt es in der tibetischen Schöpfungslegende, war ein Affengott und ein weiblicher Dämon. Aus ihrer von den Göttern verfügten Verbindung entstanden sechs Kinder, die die sechs Arten von Geschöpfen am »Rad des Lebens« symbolisieren: Götter, Halbgötter, Menschen, Geister, Tiere und Dämonen. Gesicherte Daten aus der Frühzeit Tibets sind kaum vorhanden. Anthropologen und Archäologen glauben, daß die ersten Tibeter, mongolische Hirtenvölker mit einer dem Birmanischen verwandten Sprache, vor rund 2500 Jahren aus dem Norden und Osten in das Hochgebirgsland mit seinen fruchtbaren Tälern einwanderten. Zu Beginn des 7. Jahrhunderts wurden die verstreut lebenden Stämme unter Namri Songtsen zu einem Königreich vereint. Er war der Sproß einer Dynastie, die laut Legende 32 Generationen zuvor von Nyatri Tsanpo, einem vom Himmel herabgestiegenen König, im Yar-klunistal gegründet worden war. Die herausragende Bedeutung seines Sohnes und Nachfolgers Songtsen Gampo (620–649) beruht auf der Einführung des Buddhismus in einem bis dahin der schamanistischen Bon-Religion ergebenen Land sowie der Ausdehnung seines Herrschaftsgebietes weit nach Norden und über Nepal hinaus. Er ebnete seinen Nachfolgern den Weg für eine zweihundertjährige Großmachtpolitik, die erst durch innere Auseinandersetzungen gestoppt wurde. Der Adel, Gegner des starken Königtums, ging erfolgreich aus diesen Machtkämpfen hervor und setzte als Anhänger der Bon-Religion der Verbreitung des Buddhismus ein Ende. Tibet zerfiel danach in eine Reihe kleinerer, sich bekämpfender Fürstentümer.

## Tibet wird ein theokratischer Staat

Im 11. Jahrhundert setzt eine Renaissance des Buddhismus ein, ausgehend von dem westtibetischen Königreich Guge. Mit dem religiösen Aufbruch kam der lamaistische Klerus in den Besitz großer Ländereien, so daß Ende des 12. Jahrhunderts die Äbte der großen Klöster gleichberechtigt neben den Fürsten standen. Im Kampf der Sekten untereinander gewannen die »Gelugpa« (Gelbmützen), die den mongolischen Titel des Dalai-Lama einführten, die Oberhand. Mit Hilfe der Mongolen konnte sich der 5.

**Ein Teppichhändler** *(unten),* gegen den kalten tibetischen Wind warm angezogen, breitet seine Ware auf einer Straße in Lhasa aus. Wolle ist ein wichtiges Ausfuhrprodukt Tibets, wo Wollteppiche und -stoffe von alters her in Heimarbeit gewebt werden.

**Der mächtige Potala-Palast** *(rechts)* beherrscht das Stadtbild von Lhasa, Tibets Hauptstadt. Im späten 17. Jahrhundert unter der Anleitung des fünften Dalai-Lama errichtet, war er offizieller Sitz von Tibets geistlichen und weltlichen Führern.

# CHINA

**Ein Töpfer** *(links)* greift bei seinem Handwerk auf jahrtausendealte Fertigkeiten zurück. Die chinesische Besatzung hat einen Modernisierungsprozeß in Gang gesetzt, aber auch unwiederbringliche Aspekte der alten tibetischen Kultur zerstört.

**Felsmalerei und Gebetsfahnen** *(oben rechts)* beleben einen steinigen Abhang in der Nähe eines tibetischen Klosters. Trotz der Unterdrückung durch das chinesische kommunistische Regime versuchen die Tibeter, ihren alten Lebensstil beizubehalten.

**Eine Landhändlerin** *(links)* wiegt Yakmilch für ihre Kunden ab. Seit frühester Zeit, und teilweise noch heute, verlassen sich auf dem Land lebende Tibeter für viele Bedürfnisse des täglichen Lebens auf das Yak. Dieses Hausrind ist Tibets wichtigstes Lasttier und liefert auch Milch, Fleisch und Fell, das zum Zeltbau verwendet oder zu Leder verarbeitet werden kann.

Dalai-Lama auch erfolgreich gegen die aufstrebende tibetische und lamafeindliche Königsdynastie durchsetzen. Sich selbst erklärte er im Jahr 1642 zum König. Damit war in Tibet zum ersten Mal die weltliche und geistliche Macht in einer Person vereint, und Tibet wurde ein theokratisch geführter Staat. Auf den 5. Dalai-Lama geht auch der Bau des berühmten Potala-Palastes in Lhasa zurück.

## Tibet und China

Von Anbeginn hatten sich die Tibeter des Zugriffs ihrer chinesischen Nachbarn zu erwehren, die 1720 schließlich doch erfolgreich Tibet zum chinesischen Protektorat erklärten. Die chinesische Oberhoheit wurde von Großbritannien und Rußland – zwei um den Einfluß in Zentralasien konkurrierenden Großmächten – vertraglich anerkannt. In den chinesischen Revolutionswirren von 1911 erkämpfte sich Tibet seine Unabhängigkeit. Umjubelt kehrte der 13. Dalai-Lama aus dem Exil zurück, bildete eine funktionsfähige Regierung und begann, mit einem umfangreichen Reformprogramm die tibetischen Gesellschaftsstrukturen zu erneuern. Doch er versäumte, die Unabhängigkeit Tibets völkerrechtlich abzusichern. So schwieg die Welt, als 1950 die »Volksbefreiungsarmee« der Volksrepublik China, trotz aller natürlichen Hindernisse, bis Lhasa marschierte, um den Tibetern zur »Heimkehr ins chinesische Mutterland« zu verhelfen und sie vom »Joch des Feudalsystems« zu befreien. Doch dem rücksichtslosen Vernichtungskampf gegen die traditionelle Kultur und Gesellschaft fielen Tausende von Tibetern und nahezu alle Klöster zum Opfer. Und wieder einmal mußte ein Dalai-Lama sein Land verlassen. Die rund 6 Millionen Tibeter innerhalb und außerhalb des Landes geben seither aber die Hoffnung nicht auf. Die Hoffnung, daß die Welt auf die Vorkommnisse in Tibet schließlich doch reagiert und daß eines Tages ihr Oberhaupt zurückkehren wird.

Peking wird indes nicht müde zu betonen, wie viele Straßen, Elektrizitätswerke, Schulen und Hospitäler seit der Befreiung in Tibet gebaut worden sind, wie viele Arbeitsplätze geschaffen wurden. Doch was die einen Fortschritt nennen, heißt bei den anderen Verlust einer einmaligen Kultur. Und schaut man genauer hin, so erkennt man, daß vor allem die in Tibet neu angesiedelten Han-Chinesen von den enormen Subventionen und Neuerungen profitieren. Dem Durchschnitt der Tibeter hingegen geht es heute schlechter als vor der Zwangskollektivierung. Doch das Selbstwertgefühl der Menschen bleibt ungebrochen. So wurden zu Beginn der 80er Jahre von China gewisse Korrekturen der Fehlentscheidungen vorgenommen, und seither drehen sich die tibetischen Gebetsmühlen mit chinesischer Erlaubnis. Autonomieforderungen werden jedoch weiterhin rigoros unterdrückt.

# CHINA: LAMAISMUS IN TIBET

Der Lamaismus ist der in Tibet entwickelte Zweig des Buddhismus. Die Ursprünge des Buddhismus liegen um 500 oder 400 v. Chr. Damals bemühte sich der Gründer des Buddhismus, der indische Weise Siddhartha Gautama (Buddha), das menschliche Leiden zu verstehen und religiöse Erleuchtung zu finden. Für Buddha war das Leben Teil eines Kreislaufs aus Tod und Wiedergeburt. Durch Überwindung der Lebensgier konnte dieser Kreislauf durchbrochen werden.

In Tibet schuf die Verschmelzung von buddhistischen Praktiken und traditionellem tibetischen Glauben an Naturgeister und -mächte, der Bon-Religion, eine tief religiöse Gesellschaft. Im Lamaismus, der tibetischen Form des Buddhismus, gibt es zwei große Lamas: den Dalai-Lama und den Pantschen-Lama. Der Dalai-Lama, was »Weltmeerpriester« bedeutet, hat die rangälteste Stellung inne und wird als der politische Herrscher von Tibet angesehen.

Die Wahl des Dalai-Lama, Tibets Gottkönig, wie auch des Pantschen-Lama, der führenden geistlichen Autorität, geschieht auf ungewöhnliche Art und Weise. Nach dem Tod des Dalai-Lama oder des Pantschen-Lama soll sein Geist in den Körper eines neugeborenen Jungen eingehen. Mönche müssen im ganzen Land nach dem Baby suchen, das in der Todesstunde des Lama geboren wurde. Sowie man das Kind gefunden hat, wird es Nachfolger des verstorbenen Lama. Der jetzige Dalai-Lama nahm seine Stellung im Alter von zwei Jahren ein, als Mönche verkündeten, er sei die 14. irdische Verkörperung von Avalokiteshvara, dem Bodhisattva der Barmherzigkeit.

## Klöster

Bis zum Einmarsch chinesischer Truppen im Jahre 1950, den blutigen Unruhen von 1959 und der Flucht des Dalai-Lama berührte der Buddhismus jeden Aspekt des tibetischen Lebens. Brauchtum und Familienstolz bestimmten, daß zumindest ein Kind aus jeder Familie ins Kloster ging. Einige Jungen, vor allem Waisen, traten im Alter von drei oder vier Jahren dem Klosterleben bei. Vor der chinesischen Machtergreifung lebten 20 % der tibetischen Männer in Klöstern. Es war jedoch nicht ungewöhnlich, daß Mönche nach einigen Jahren ins weltliche Leben zurückkehrten oder daß Tibeter um die dreißig in ein Kloster eintraten.

Jedes Kloster bildete eine sich selbst versorgende Gemeinschaft. Wie die europäischen Klöster im Mittelalter, bestimmten jene in Tibet das tägliche Leben der Bevölkerung. Tausende von tibetischen Klöstern wurden bei der chinesischen Machtergreifung sowie später während der Unruhen der Kulturrevolution zerstört. Mehr als 1,2 Millionen Tibeter starben in dieser Zeit, und chinesische Truppen plünderten systematisch kostbare Statuen, Gemälde und religiöse Bildwerke.

Nur eine Handvoll der bedeutendsten Klöster ist heute noch erhalten. Die Klöster von Sera, Ganden und Drepung bildeten früher die wichtigsten Zentren der »Gelbmützen-Sekte«, Tibets größter lamaistischer Gruppe. All diese Klöster beherbergten einst mehr als 20 000 Mönche. Heute leben nur noch ein paar Hundert Mönche in Sera und Drepung, Ganden liegt in Ruinen. Über Lhasa erhebt sich der unzerstört gebliebene großartige Potala, der Palast des Dalai-Lama. 1645 von dem großen 5. Dalai-Lama errichtet, enthält der riesige Palast Zeremonienstätten, Kapellen, Meditationshallen und acht Grüfte mit den Gebeinen verstorbener Dalai-Lamas.

Ebenfalls in Lhasa befindet sich der Jokhang-Tempel, der heiligste aller tibetischen Schreine. Die Sitte, religiöse Stätten zu umschreiten, ist von alters her Teil der tibetischen Religion, und ständig umkreist ein Strom von Pilgern den Jokhang-Tempel.

### Arten der Verehrung

Tibetische Tempel beherbergen eine Fülle an Bildern von Gottheiten, einige lächelnd, andere zornvoll, den Betrachter auffordernd, seinen eigenen Zorn zu überwinden. Am Eingang eines Tempels befindet sich oft eine Darstellung des Rads der Zeit. In einem in sechs Abschnitte geteilten Kreis werden Hölle, Geister und Tiere

**Dieser Mönch** (ganz rechts oben) ist einer der wenigen, die im Drepung-Kloster übriggeblieben sind. Vor der Besetzung Tibets durch China lebten Tausende von Mönchen dort.

**Mönche** versammeln sich zu einer Debatte (oben rechts) im Hof des Sera-Klosters. Die Klöster Sera, Ganden und Drepung bei Lhasa waren die Zentren der Gelbmützen-Sekte.

**Pilger** (ganz rechts) legen oftmals weite Strecken zurück, um sich als Zeichen der Hingebung und Verehrung vor dem Altar eines tibetischen Tempels auf den Boden zu werfen.

## Der Dalai-Lama

Der jetzige Dalai-Lama, Tenzin Gyatso (rechts), ist das 14. geistliche und weltliche Oberhaupt der Tibeter. Aufgewachsen in dem riesigen Potala in Lhasa, floh der Dalai-Lama aus Tibet, als 1959 der offene Konflikt zwischen Tibetern und der chinesischen Roten Armee ausbrach. Heute lebt er in Dharamsala, Nordindien, umgeben von einer großen Gemeinde, die ihm ins Exil gefolgt ist. Hier führt der Dalai-Lama die tibetische Exilregierung an. 1989 wurde ihm der Friedensnobelpreis verliehen – in Anerkennung seiner Bemühungen um eine gewaltfreie Loslösung Tibets von China. Trotz Chinas Weigerung, die Kontrolle über Tibet zu lockern, predigt der Dalai-Lama Toleranz statt Haß. Seine Botschaft lautet, daß Menschen Liebe und Erbarmen untereinander verbreiten sollen und daß nur durch beständige Bemühungen dieses Ziel erreicht werden kann.

**Der Dalai-Lama** (oben) schenkt seinem Volk aus dem Exil Zuspruch. In Klöstern wie **Gyantsu** (rechts) lebten einst 20 % der männlichen Bevölkerung Tibets.

sowie das Leben von Menschen, Halbgöttern und Göttern gezeigt. Tibetische Buddhisten wiederholen die Gebetsformel »Om Mani Padme Hum« (»O Du Kleinod im Lotus«) in den Tempeln und auf den Straßen. Dazu benutzen sie eine Gebetsmühle, einen sich um eine Achse drehenden Zylinder an einem kurzen Stock. Der Zylinder ist mit Papierstreifen gefüllt, auf denen die Gebetsformel steht. Durch ununterbrochenes Drehen wird diese Formel ständig wiederholt. Weihrauchduft durchzieht die Tempel, die von flackernden Butterlämpchen erhellt werden. Den buddhistischen Gottheiten werden Blumen und Tücher dargebracht. Eine andere Art der Verehrung ist, sich langausgestreckt auf den Boden zu werfen. Viele gläubige Tibeter legen weite Strecken zurück, um zu den heiligen Stätten wie Lhasa, Xigaze (Shigatse) und zum Berg Kailas im fernen Südwesten zu pilgern.

# COSTA RICA

Costa Rica unterscheidet sich in mehrfacher Hinsicht von seinen Nachbarn auf der »Wespentaille Amerikas«: Die Gesichter von nur wenigen seiner Bewohner lassen noch erkennen, daß auch hier vor der Ankunft von Christoph Kolumbus (1451–1506) im Jahre 1502 indianische Völker gelebt haben; vorherrschend ist das weiße Bevölkerungselement. Hier sind die großen sozialen Gegensätze zwischen wenigen Reichen und vielen Armen, zwischen Großgrundbesitzern und Kleinbauern weniger ausgeprägt. Auch deshalb wurden Militärputsche und Militärdiktaturen nicht zur Regel, sondern blieben Ausnahmen. Die Armee kann hier keinen »Staat im Staate« bilden, weil sie 1949 durch eine kleine Polizeitruppe ersetzt wurde. Costa Rica wurde zwar in den Regionalkonflikt in Zentralamerika hineingezogen, blieb aber selbst von einem Bürgerkrieg verschont. Der damalige Präsident Oscar Arias Sánchez (* 1941) erhielt 1987 den Friedensnobelpreis für eine hoffnungsvolle Friedensinitiative für diese Region.

Ist also Costa Rica die friedliche, demokratische und wohlhabende »Schweiz Mittelamerikas«? Zu den Schönfärbereien, die dieses Bild zeichneten, gehörte schon die Namensgebung. Kolumbus glaubte, eine reiche Küste gefunden zu haben und nannte sie deshalb »Costa Rica«. Die nachfolgenden spanischen Eroberer fanden an und hinter der »reichen Küste« jedoch nicht die Edelmetalle, die sie erhofft hatten und an deren Besitz in jener Zeit Reichtum gemessen wurde.

Costa Rica bewahrte den sozialen Frieden, weil die Regierungen schon früh mit einer fortschrittlichen Arbeits- und Sozialgesetzgebung sozialen Konfliktstoff entschärften und mehr für das Bildungs- und Gesundheitswesen taten

## Daten und Fakten

**DAS LAND**
**Offizieller Name:** Republik Costa Rica
**Hauptstadt:** San José
**Fläche:** 51 100 km²
**Landesnatur:** Im W die pazifische Küstenlandschaft, im Zentrum die zentralamerikanischen Kordilleren mit dem Hochbecken »Meseta Central«, im O die Karibische Tiefebene
**Klima:** Tropisches Klima mit geringen Temperaturschwankungen, im O dauerfeucht, im SW wechselfeucht
**Hauptflüsse:** Carlos, Tempisque, Río Grande de Térraba

**Höchster Punkt:** Chirripó Grande 3820 m
**DER STAAT**
**Regierungsform:** Demokratische präsidiale Republik
**Staatsoberhaupt:** Staatspräsident
**Verwaltung:** 7 Provinzen
**Parlament:** Gesetzgebende Versammlung mit 57 für 4 Jahre gewählten Abgeordneten
**Nationalfeiertag:** 15. September
**DIE MENSCHEN**
**Einwohner (Ew.):** 3 933 000 (1999)
**Bevölkerungsdichte:** 77 Ew./km²

**Stadtbevölkerung:** 52 %
**Bevölkerung unter 15 Jahren:** 32 %
**Analphabetenquote:** 4 %
**Sprache:** Spanisch
**Religion:** Katholiken 89 %
**DIE WIRTSCHAFT**
**Währung:** Costa-Rica-Colón
**Bruttosozialprodukt (BSP):** 9786 Mio. US-$ (1998)
**BSP je Einwohner:** 2780 US-$
**Inflationsrate:** 17,6 % (1990–98)
**Importgüter:** Erdöl u. Erdölprodukte, Maschinen, Fahrzeuge, Eisen, Stahl

**Üppige Vegetation** (links) bedeckt die Hügel oberhalb von Puerto Golfito am Pazifik. Die natürliche Vegetation an der rund 1000 km langen Pazifikküste besteht aus immergrünen tropischen Regenwäldern, regengrünen Feuchtwäldern und den trockeneren Savannen. Der immergrüne tropische Regenwald an der feuchteren karibischen Küste ist mit Mangrovensümpfen durchsetzt.

**Costa Rica** (unten) gilt als eines der schönsten Länder der Erde. Das karibische Tiefland im Osten ist heißer und feuchter als die pazifische Küste im Westen. Eine zentral gelegene Hochebene ist das Hauptsiedlungs- und Wirtschaftsgebiet.

als die Nachbarstaaten. Diese sozialen Bedingungen förderten die politische Stabilität. Nach Erlangung der Unabhängigkeit im Jahr 1821 und dem Ausscheiden aus dem Staatenbund der »Vereinigten Provinzen von Zentralamerika« 1838 spielten sich auch hier die in Zentralamerika üblichen Machtkämpfe zwischen rivalisierenden Familiencliquen und »Caudillos« ab. Doch bereits 1871 trat eine Verfassung in Kraft, in der festgelegt ist: Staatsoberhaupt und Regierungschef ist der für vier Jahre gewählte Präsident. Er ernennt und entläßt die elf Minister, die die Regierungsgeschäfte ausüben. Im Parlament sind 57 Mitglieder vertreten, die ebenfalls für vier Jahre gewählt werden. Diese Verfassungsordnung wurde nur 1917/1918 durch eine kurzlebige Diktatur und durch den Bürgerkrieg von 1948 durchbrochen. Die politische Bilanz ist außergewöhnlich: Seit der Unabhängigkeit gingen nur neun der 44 Präsidenten aus Staatsstreichen hervor. Seit 1949 gibt es einen geregelten Wechsel zwischen der sozialdemokratischen Partido Liberación Nacional (PLN) und konservativen Parteikoalitionen. Und es gibt eine sehr starke Stellung der Justiz, die die Rechte der Bürger schützt.

Diese Entwicklung hebt Costa Rica als Sonderfall aus der Krisenregion heraus. Aber das rosige Bild der »Schweiz Mittelamerikas« erhielt zu Beginn der 1980er Jahre durch eine schwere Wirtschaftskrise tiefe Kratzer. Das Land hat seit dem Ende des 19. Jahrhunderts eine außenwirtschaftlich sehr verwundbare Plantagenwirtschaft. Vier Agrargüter – Kaffee, Bananen, Rindfleisch und Zucker –, die starken Nachfrage- und Preisschwankungen unterliegen, machen etwa zwei Drittel der Exporte aus. Obwohl der auf dem Hochland angebaute Kaffee die meisten Devisen bringt, ist Costa Rica heute der weltgrößte Exporteur von Bananen. Wie in Honduras liegt auch hier der Anbau und die Vermarktung der Bananen in den Händen von US-Konzernen.

Zu Beginn der 1980er Jahre mußten Bauern und Regierung ohnmächtig einem dramatischen Zerfall der Preise für die Exportgüter zusehen. Das Land geriet an den Rand des Bankrotts und mußte 1981 seine Goldreserven verkaufen. Die Auslandsverschuldung ist auf rund 4 Milliarden US-Dollar angewachsen. Doch die Hauptlasten eines vom Internationalen Währungsfonds verhängten Sanierungsprogramms zum Abbau der Verschuldung werden den Armutsgruppen im Lande aufgebürdet. Dies gefährdete aber die politische Stabilität mehr als der revolutionäre Nachbar Nicaragua im Norden.

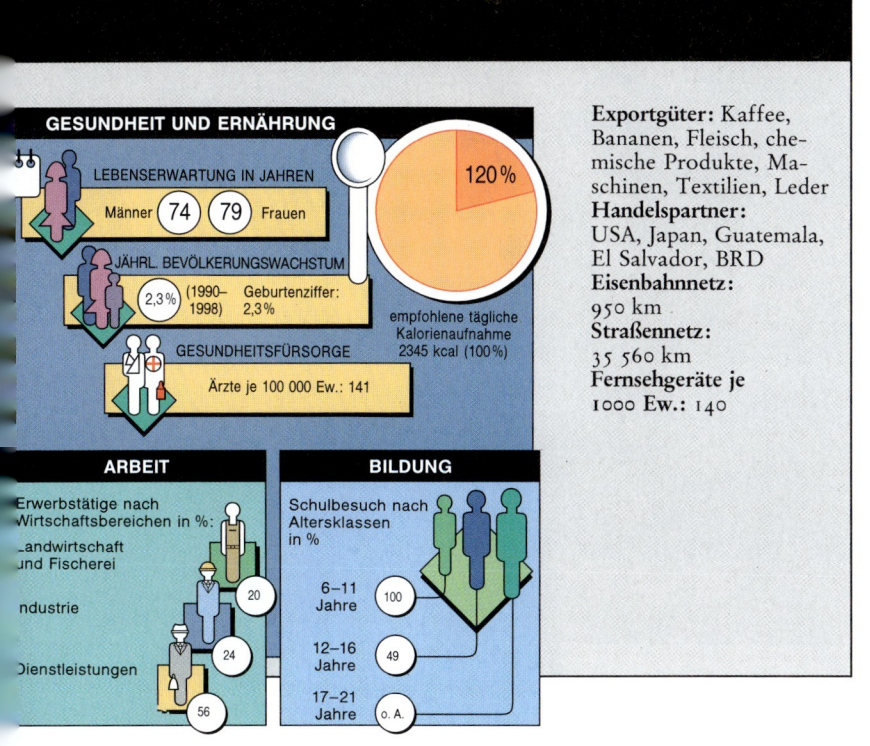

**Exportgüter:** Kaffee, Bananen, Fleisch, chemische Produkte, Maschinen, Textilien, Leder
**Handelspartner:** USA, Japan, Guatemala, El Salvador, BRD
**Eisenbahnnetz:** 950 km
**Straßennetz:** 35 560 km
**Fernsehgeräte je 1000 Ew.:** 140

# COSTA RICA: DAS LAND

Vor der Ankunft von Christoph Kolumbus im Jahre 1502 an der »reichen Küste« stießen auf dem Gebiet von Costa Rica indianische Kulturen aus Südamerika und Mittelamerika aufeinander. Von ihnen sind bis heute nur noch Restgruppen übriggeblieben, die sich in entlegene Waldsiedlungen in der Cordillera de Talamanca zurückgezogen haben und verschiedene Chibcha-Sprachen sprechen. Costa Rica unterscheidet sich von seinen Nachbarn, Nicaragua im Norden und Panama im Süden, weil hier die Weißen die Mestizen überwiegen. Sie sind größtenteils Nachkommen von Bauernfamilien, die erst in der Mitte des 19. Jahrhunderts aus Europa einwanderten und sich nicht mit den Ureinwohnern vermischten. Sie bilden den Grundstock einer breiten bäuerlichen Mittelschicht, die nicht – wie die Kleinbauern in den Nachbarstaaten – in ausbeuterischen Pachtverhältnissen leben mußte. Einige zehntausend Schwarze und Mulatten leben mehrheitlich an der Karibik-Küste. Der »Schmelztiegel« verschmolz Europäer, aber nicht die verschiedenen Rassen miteinander, die ziemlich friedlich nebeneinander leben.

**Landschaft und Klima**

Costa Rica ist nur wenig größer als Niedersachsen. Sein Staatsgebiet ist in sehr unterschiedliche Naturräume gegliedert. Das Rückgrat bilden die Gebirgsketten der Zentralamerikanischen Kordilleren, die das Land von Nordwesten nach Südosten durchziehen und die durch tiefe Senken voneinander getrennt sind. Die Vulkane der nordwestlichen Gebirgskette (Cordillera de Guanacaste) sind erloschen. Aus den Vulkanmassiven der Cordillera Central erheben sich dagegen noch sieben aktive Vulkankegel, unter ihnen der Irazú (3432 m) und Turrialba (3328 m). Der höchste Berg des Landes, der Chirripó Grande (3820 m), überragt die südöstliche Gebirgskette (Cordillera de Talamanca). An der Nahtstelle zwischen den drei Gebirgszügen geht die Cordillera Central in ein 50 km langes und 25 km breites Hochbecken (Meseta Central) über. Hier schlägt das wirtschaftliche und politische Herz des Landes, hier liegt die Hauptstadt San José und hier leben auf 5 % der gesamten Landesfläche zwei Drittel der Bevölkerung. Früher wurden die Menschen von dem fruchtbaren vulkanischen Boden und vom milden Klima, heute werden sie von den Verheißungen der über 300 000 Menschen zählenden Hauptstadt angezogen.

Das Hochland fällt im Osten in eine rund 150 km breite Tiefebene vor der karibisch-atlantischen Küste ab. Das feucht-heiße Tiefland ist noch größtenteils von tropischem Regenwald, der an der Küste in Mangrovensümpfe ausläuft, mit wertvollen Edelhölzern bedeckt, doch werden die Narben des Raubbaus an den Laubwäldern immer häßlicher. Die pazifische Küsten-

landschaft im Westen dagegen ist für den Fremdenverkehr wichtig. Hier wurden zahlreiche Buchten zu Ferienlandschaften umgestaltet. Im Süden dieser Küstenebene und auf der Halbinsel Osa haben US-amerikanische Bananenkonzerne große Schneisen in den Regenwald geschlagen. Auf der Halbinsel Nicoya und im nordwestlichen Grenzgebiet zu Nicaragua ließ die mehrmonatige jährliche Trockenzeit Trockenwälder und Kakteenlandschaften entstehen. Dieser Naturraum ist aber durch die Viehwirtschaft gefährdet.

Die Höhenunterschiede prägen Klima und Vegetation. Sie bilden verschiedene Klimastufen, die mit »je höher, desto kühler« beschrieben werden können. In der subtropischen Höhenstufe der Meseta Central liegt die durchschnittliche jährliche Temperatur bei 20 °C. Die Kordilleren sind Klimascheide zwischen dem feucht-heißen Tiefland am Atlantik und der wechselfeuchten Küstenebene am Pazifik.

Etwa die Hälfte des Landes ist noch mit Wald und Busch bedeckt. Das Vorrücken der Siedlungsgrenzen in die Tiefebenen und auf die Berghänge sowie Brandrodung, Köhlerei und Raubbau zehren jedoch an den Waldbeständen. Die Ausweitung der »Kulturlandschaft« hat der Natur schon schwer zugesetzt. Die Regierungen versuchten, durch die Anlage von Nationalparks Schonräume für die Natur, aber auch touristische Attraktionen zu schaffen.

**Auf den Kaffeeplantagen** (links außen) wird die qualitativ hochwertige Arabikabohne angebaut. Kaffee ist das Hauptausfuhrerzeugnis Costa Ricas; Anbau und Aufbereitung des Kaffees beschäftigen ein Drittel der Bevölkerung. Anbauquoten begrenzen die Produktionsmenge. Die Bohnen (links) werden in viele Länder der Erde exportiert. Das kräftige Aroma der Bohnen entsteht beim Röstvorgang, der üblicherweise erst außerhalb des Erzeugerlandes beim Importeur durchgeführt wird.

**Der Poás** (oben) ist einer der vielen tätigen Vulkane, die für den Fremdenverkehr erschlossen worden sind. Der Krater ist 305 m tief und hat einen Durchmesser von 1,6 km. Eine gepflasterte Straße ermöglicht den bequemen Zugang.

**Ein kleiner Teil der Bevölkerung Costa Ricas** (oben) hat aus Jamaika stammende Vorfahren. Diese waren Ende des 19. Jahrhunderts als Sklaven nach Costa Rica gebracht worden, um in den Baumwollplantagen an der karibischen Küste zu arbeiten. Sitten und Gebräuche sowie die Musik dieser ethnischen Gruppe sind auch heute noch stark von Jamaika beeinflußt. Sie unterscheidet sich auch in Bezug auf ihre Sprache, einen jamaikanischen Dialekt des Englischen, von der übrigen Bevölkerung.

# COSTA RICA: REISEN

Costa Rica, der »Garten Mittelamerikas«, ist berühmt für seine landschaftliche Schönheit und die Gastfreundschaft seiner Bewohner. Flora und Fauna des Landes sind außergewöhnlich. So gibt es mehr Vogelarten als auf dem gesamten nordamerikanischen Kontinent, mehr Schmetterlinge als im gesamten Afrika und über 12 000 Pflanzenarten.

### San José

San José, die Hauptstadt Costa Ricas, hat ein mildes Klima. Als kulturelles Zentrum des Landes ist die Stadt reich an Bauwerken aus der spanischen Kolonialzeit sowie an Beispielen moderner Architektur. Der besondere Stolz ihrer Bürger ist das »Teatro Nacional«, das Nationaltheater. 1890 wurde es von reichen Plantagenbesitzern finanziert, um die »Crème« der europäischen Kulturschaffenden anzulocken. Vieles an diesem Theater ist atemberaubend, von den marmornen Treppenaufgängen, den Fresken und dem venezianischen Spiegelglas des vergoldeten Foyers bis zu den Statuen am Haupteingang. In diesem Gebäude, heute ein Nationaldenkmal, finden täglich abwechslungsreiche Konzert- und Ballettaufführungen statt.

In San Josés »Parque Nacional« erinnert ein überlebensgroßes Denkmal an den erfolgreichen Kampf der zentralamerikanischen Republiken gegen den amerikanischen Abenteurer William Walker (1824–1860) und an die Abschaffung der Sklaverei in Zentralamerika.

Cartago, die frühere Hauptstadt Costa Ricas, liegt rund 22 km südwestlich von San José im bedrohlichen Schatten des Vulkans Irazú. In der dortigen Basilika befindet sich der Reliquienschrein von »Nuestra Señora de los Angeles«, der Schutzpatronin Costa Ricas. Tausende von Pilgern aus dem gesamten zentralamerikanischen Raum strömen hier alljährlich zusammen, um »La Negrita«, einer Indianer-Madonna, zu huldigen.

Limón, die größte Hafenstadt des Landes, zeigt eine Atmosphäre, in der sich karibische Lässigkeit mit der emsigen Betriebsamkeit eines chinesischen Viertels verbindet. Der jährlich im Oktober stattfindende Karneval ist der Höhepunkt der in Costa Rica gefeierten Feste.

### Die Naturlandschaft

Costa Rica hat eine beeindruckende Auswahl an Nationalparks, Gärten, Wäldern und anderen Naturschönheiten zu bieten. Nördlich von Limón bis zur nicaraguanischen Grenze erstreckt sich ein weitverzweigtes Wasserstraßennetz. Es besteht aus dem Fluß Tortuguero und dessen Kanalsystem. Für die Abenteuerlustigeren ist ein Ausflug in den Tortuguero-Nationalpark zu empfehlen. Er ermöglicht das Erlebnis eines nahezu unberührten Regenwaldes. Der Park gilt als Angelparadies und genießt aufgrund seiner reichen Tierwelt einen besonderen Ruf. Neben Affen, Vögeln und Ameisenbären kann man vielleicht sogar einen Jaguar oder einen Alligator zu

**Die Isla del Coco** *(rechts)* liegt auf halbem Wege zwischen dem Festland Costa Ricas und den Galápagosinseln. Auf der Cocosinsel brüten zahlreiche seltene Vogelarten. In den Korallenriffen vor der Küste tummeln sich Haie, Delphine und Thunfische.

**Glanzvolle religiöse Feste** *(unten)* bestimmen den Kalender Costa Ricas. In vielen Dörfern werden jeden Sonntag Heiligenfeste gefeiert.

**Das »Teatro Nacional«** *(oben rechts)* ist eines von San Josés berühmtesten Wahrzeichen. Mit einer Abgabe aus dem Erlös eines jeden exportierten Sacks Kaffee wurde der Bau Ende des 19. Jahrhunderts finanziert. Die Auftritte europäischer Künstler verliehen dem Theater einen Hauch von Extravaganz. Das Theater bietet einen großartigen Rahmen für die Aufführung von Theaterstücken, Opern und Balletten.

### Tierwelt

**Nationalparks in Costa Rica**
1 Santa Rosa
2 Rincón de la Vieja
3 Palo Verde
4 Barra Honda
5 Tortuguero
6 Poás volcano
7 Braulio Carrillo
8 Irazú volcano
9 Manuel Antonio
10 Chirripó
11 La Amistad
12 Corcovado
13 Cahuita
14 Isla del Coco (Cocos
R Naturreservat

Gesicht bekommen. Hier befinden sich auch die Eiablageplätze der atlantischen Suppenschildkröte, die dem Park seinen Namen gab (Tortuga bedeutet Schildkröte). Von Juli bis September legen die Meeresschildkröten nachts ihre Eier ab, und beim Licht einer Taschenlampe kann man sie vorsichtig beobachten.

Der unberechenbare Vulkan Irazú, im Mittelpunkt des Irazu-Nationalparks, erhebt sich 45 km östlich von San José. Von den Rändern seiner beiden Krater kann man aus einer Höhe von 3432 m über dem Meeresspiegel, wenn es die Wolkenbildung zuläßt, einen flüchtigen Blick auf beide Ozeane werfen, sowohl auf den Pazifik als auch auf das Karibische Meer.

Nordwestlich von San José liegt an der Carretera Interamericana (Panamerikastraße) Monteverde, der höchste Punkt im nordwestlichen Costa Rica. Auf der grünen Hochebene wurde 1951 in einer Höhe von 1372 m diese friedliche kleine Gemeinde von einer Gruppe amerikanischer Quäker gegründet. Jenseits der Siedlung erstreckt sich das Monteverde-Cloud-Waldschutzgebiet. Zahlreiche Vogelarten, z. B. der prächtige Quetzal und der Hämmerling, ein Glockenvogel, leben in der dünnen Luft dieses Landstrichs. Die Isla del Coco (Cocosinsel), etwa 560 km südwestlich von Puntarenas gelegen, ist die einzige zu Costa Rica gehörende Meeresinsel. Die gesamte Insel ist ein Nationalpark. Seltene Seevögel nisten auf der Insel, die als ehemaliges Refugium von Piraten auch das Ziel vieler Schatzsucher ist.

1 Quetzal
2 Klammeraffe
3 Zwergameisenbär
4 Totenkopfäffchen
5 Zwergbeutelratte
6 Jaguar
7 Agrias sardanapaalus
8 Nessaea obrinus
9 Suppenschildkröte
10 Tarantel
11 Alligator

# CÔTE D'IVOIRE

Der »Vater der Nation«, Präsident Houphouët-Boigny (1905-1993), hat es so verfügt: die »Elfenbeinküste«, so benannt nach ihrem einst wichtigsten Exportprodukt, darf seit Ende der 80er Jahre nur noch mit dem französischen Kolonialnamen »Côte d'Ivoire« geführt werden. Während einige Staaten sich unter anderem durch Namensänderung von ihrem kolonialen Erbe befreien und mit Bezeichnungen aus der eigenen Historie ihre Identität wiederfinden wollten, hielt Côte d'Ivoire auch nach der Erlangung der Unabhängigkeit im Jahr 1960 an den engen Verbindungen zum ehemaligen französischen Mutterland fest.

### Geschichte und Ära Houphouët-Boigny

Schon seit der ersten Hälfte des 17. Jahrhunderts ließen sich französische Seefahrer und Missionare an der Küste des heutigen Côte d'Ivoire nieder. Nach der kolonialen Besitznahme durch Frankreich in der zweiten Hälfte des 19. Jahrhunderts begann die Entwicklung zu einer weltmarktorientierten tropischen Landwirtschaft. Bis zu diesem Zeitpunkt bestand das Land aus zwei politisch unterschiedlichen Teilen. Die aus dem benachbarten Ghana zugewanderten Baule schufen im 18. Jahrhundert kleinere Staatengebilde, während das von Samori Touré (um 1835–1900) gegründete Fulbe-Reich von Guinea aus auch Teile des heutigen Côte d'Ivoire kontrollierte. Touré leistete mit seinen Kriegern bis zu seiner Verhaftung im Jahr 1898 den französischen Kolonialtruppen erbitterten Widerstand. Auch nachdem dieses Küstengebiet 1893 Teil des französischen Kolonialreiches wurde, dauerte es mehrere Jahrzehnte, bis der Widerstand endgültig gebrochen werden konnte.

Die bis in die 40er Jahre von Frankreich angeordnete Zwangsarbeit auf privaten Plantagen oder zugunsten öffentlicher Baumaßnahmen führte zur Verarmung und massenhaften Abwanderung der Bevölkerung. Gegen diese Zwangsrekrutierung wandte sich seit den 30er Jahren eine Gruppe relativ wohlhabender und westlich gebildeter Einheimischer. Das von dem Häuptlingssohn, Mediziner und Pflanzer Felix Houphouët-Boigny 1944 mitbegründete »Syndicat Agricole Africain« war eine Schutzorganisation afrikanischer Pflanzer gegen die Diskriminierung durch europäische Pflanzer. Daraus entwickelte sich 1946 die »Parti Démocratique de Côte d'Ivoire« (PDCI), die nationale Sektion der überregionalen nationalistischen Bewegung »Rassemblement Démocratique Africain«.

1951 wurde Houphouët-Boigny zum Präsidenten der Territorialversammlung gewählt. Seither bestimmte er bis zu seinem Tod im Jahr 1993 die Politik des Landes. 1958 entschied sich die autonome Republik für einen Verbleib in der »Communauté Française«. Kurze Zeit später widersetzte sich Houphouët-Boigny dem Plan einer Föderation der frankophilen westafrikanischen Staaten und führte das wirtschaftlich relativ gut entwickelte Land 1960 in die nationalstaatliche Unabhängigkeit, mit weiterhin starker politischer, wirtschaftlicher und militärischer Anbindung an Frankreich und die übrigen westlichen Staaten. Besonders enge Bindungen knüpfte er auch zu Israel, den USA sowie – in Herausforderung des übrigen Afrika – zur Republik Südafrika, mit deren Regierung er bereits früh einen erfolglosen »Dialog« zur Überwindung der Apartheid führte.

Mit dem »Dialog« als Instrument der politischen Auseinandersetzung versuchte Hou-

## Daten und Fakten

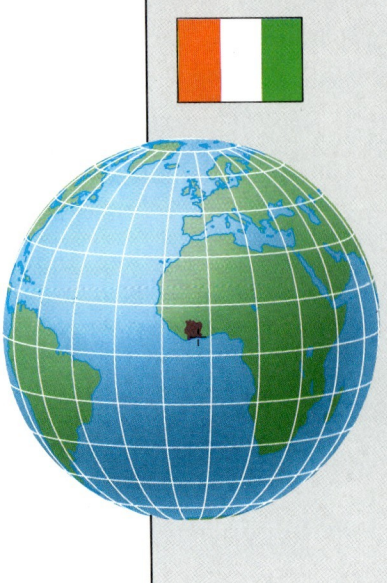

**DAS LAND**
**Offizieller Name:**
Republik Côte d'Ivoire
**Hauptstadt:**
Yamoussoukro
**Regierungssitz:**
Abidjan
**Fläche:** 322 463 km²
**Landesnatur:**
Küstenebene, anschließend Hochebene mit Inselbergen, im W Nimbabergland
**Klima:**
Tropisches Klima
**Hauptflüsse:**
Komoé, Bandama, Sassandra
**Höchster Punkt:**
Mount Nimba 1752 m
**DER STAAT**
**Regierungsform:**
Präsidiale Republik

**Staatsoberhaupt:**
Staatspräsident
**Regierungschef:**
Premierminister
**Verwaltung:**
16 Regionen
**Parlament:**
Nationalversammlung (Assemblée Nationale) mit 177 für 5 Jahre gewählten Mitgliedern
**Nationalfeiertag:**
7. August
**DIE MENSCHEN**
**Einwohner (Ew.):**
14 526 000 (1999)
**Bevölkerungsdichte:**
45 Ew./km²
**Stadtbevölkerung:**
46 %
**Bevölkerung unter 15 Jahren:** o.A.
**Analphabetenquote:** 53 %

**Sprache:**
Französisch
**Religion:**
Moslems 27 %, Katholiken 21 %, Anhänger von traditionellen Religionen
**DIE WIRTSCHAFT**
**Währung:**
CFA-Franc
**Bruttosozialprodukt (BSP):**
10 144 Mio. US-$ (1998)
**BSP je Einwohner:**
700 US-$
**Inflationsrate:**
8,7 % (1990-98)
**Importgüter:**
Maschinen, Fahrzeuge, Nahrungsmittel, Erdöl u. -produkte, Geräte, Metallwaren, Eisen, Stahl

Côte d'Ivoire, zu deutsch Elfenbeinküste (unten), wurde 1960 unabhängig. Von der atlantischen Küste steigt das Land allmählich über einen breiten Regenwaldgürtel zu den Hochländern im Westen und grasbedeckten Savannen im Norden an.

Die Kathedrale »Unserer Lieben Frau des Friedens« in Yamoussoukro (rechts) ist eine originalgetreuen Replik des Petersdomes in Rom und die größte Kirche der Welt. Der Bau kostete die gigantische Summe von ca. 200 Mio. D-Mark.

**Exportgüter:**
Kakao und Kakaoprodukte, Kaffee, Holz, Baumwolle

**Handelspartner:**
Frankreich, BRD u. andere EU-Länder, USA, Nigeria, Burkina Faso, Mali

**Eisenbahnnetz:**
660 km

**Straßennetz:**
68 000 km

**Fernsehgeräte je**
1000 Ew.: o.A.

phouët-Boigny zeitlebens, auch die widerstreitenden Interessen der überaus zahlreichen ethnischen Gruppen im eigenen Land zu einen. Geschickt verstand er es, die Macht durch eine kunstvolle Kabinetts-Arithmetik auf eine breite Basis zu verteilen. Oppositionelle Kräfte band er in den ersten zwei Jahrzehnten, in denen sich das Land mit ausländischer Hilfe zum »Wirtschaftswunderland« entwickelte, durch Posten- und Kontraktvergabe in das System ein. Die demokratische Öffnung, die Zulassung von Oppositionsparteien und die Abschaffung der diktatorischen Einheitspartei PDCI scheiterten lange Zeit an seinem Widerstand. Doch monatelange Streiks und Protestaktionen im ganzen Land zwangen Houphouët-Boigny 1990 schließlich, politische Reformen, so auch das Mehrparteiensystem, einzuleiten. Nach seinem Tod 1993 wurde Henri Konan Bédié (* 1934) neuer Staatschef. Er wurde 1999 nach einem Putsch des Armeechefs General Robert Guéi (* 1941) abgelöst, der eine Übergangsregierung bildete. Im Oktober 2000 wurde Laurent Gbagbo zum Staatsoberhaupt gewählt.

### Ungewisse Zukunft

Angesichts wachsender Jugendarbeitslosigkeit und bei gleichzeitig weitreichender Beherrschung der Wirtschaft durch Franzosen und Libanesen wuchs in dem Land die Sorge über die politische und wirtschaftliche Entwicklung nach dem Ableben des Patriarchen. Das politische Überleben des »Systems Houphouët-Boigny«, der in seinen letzten Lebensjahren noch eine friedensstiftende Rolle in Afrika spielte, ist seit dem Militärputsch Ende 1999 gefährdet.

# CÔTE D'IVOIRE: DAS LAND

Mit annähernd quadratischer Gestalt liegt Côte d'Ivoire, zu deutsch Elfenbeinküste, an der Nordguineaküste in Westafrika. Der westliche Küstenabschnitt ist durch vorspringende felsige Halbinseln und sandige Buchten gegliedert und geht nach Osten allmählich in eine flache, fast geradlinig verlaufende Ausgleichsküste mit zahlreichen Nehrungen und mangrovenbestandenen Sümpfen über. Der hier einst vorherrschende dichte Regenwald ist den großen Plantagen zum Opfer gefallen.

Von der Küstenebene steigt das feucht-tropische Land stufenartig zu den inneren, bis 500 m über dem Meeresspiegel liegenden Hochebenen an, auf denen die großen Flüsse, von zahlreichen Stromschnellen und Wasserfällen unterbrochen, nahezu parallel in Nord-Süd-Richtung zum Golf von Guinea fließen. Im Nordwesten hat Côte d'Ivoire Anteil am Hochland von Guinea und erreicht im westlichen Nimbagebirge an der liberianischen Grenze Höhen bis knapp 1800 m. An der Grenze zu Mali und Burkina Faso geht die Feucht- allmählich in Trockensavanne über. Stärker noch als in der südlichen Waldzone haben sich hier in den letzten drei Jahrzehnten Brandrodungsfeldbau und Überweidung ertragsmindernd für den Anbau von Hirse, Sorghum, Süßkartoffeln und Reis zur Eigenversorgung ausgewirkt.

### Bevölkerung und Wirtschaft

Ein großer Teil der aus etwa 60 ethnischen Gruppen zusammengesetzten Bevölkerung lebt heute in dem rund 60 km breiten und durchschnittlich 200 m hoch liegenden Küstenstreifen. Hier befindet sich auch der hauptstädtische Großraum von Abidjan, in dem heute vermutlich etwa 3 Millionen Menschen leben. Das für seine beeindruckenden handwerklichen Fertigkeiten bekannte Volk der Baule, aus dessen Häuptlingsschicht auch der 1993 verstorbene Präsident Houphouët-Boigny stammt, stellt rund 23 % der Gesamtbevölkerung. Im Westen des Landes leben die Bete, die einen Anteil von etwa 18 % stellen, und die Senufo, im Norden Malinke und Fulbe, die Agni im Osten sowie die Kru an der Küste.

Die bereits während der frühen Kolonialzeit einsetzende Anwerbung afrikanischer Gastarbeiter, vornehmlich aus dem Sahel, und die Einwanderung von Flüchtlingen aus Ghana und Guinea hat in den Jahren des wirtschaftlichen Aufschwungs weiter zugenommen. Sie sind überwiegend als Plantagen- und Hilfsarbeiter in Industrie, Bauwesen, Handel, Transport und Verwaltung tätig und – in Zeiten wirtschaftlicher Krisen – immer wieder Opfer von Ausweisungen. Die Zahl der in Regierung, Verwaltung, Industrie und Handel tätigen Franzosen hatte sich seit der Unabhängigkeit vervierfacht, die große Zahl der französischen Berater wird jedoch seit Ausbruch der Wirtschaftskrise zugunsten der Beschäftigung einheimischer Fachkräfte schubweise reduziert. Ein größeres sozia-

**Ein Narbenmuster** *(unten)* weist diesen Mann als Mitglied eines der kleineren Akan-Stämme aus. Im Unterschied zu anderen afrikanischen Staaten leben die verschiedenen ethnischen Gruppen in Côte d'Ivoire harmonisch miteinander.

**Säcke mit Kaffeebohnen** *(rechts)* werden in Abidjan abgeladen. Kaffee und Kakao sind die wichtigsten Ausfuhrerzeugnisse. Bananen, Ananas und Kautschuk sind weitere landwirtschaftliche Produkte, deren Bedeutung zunehmend steigt.

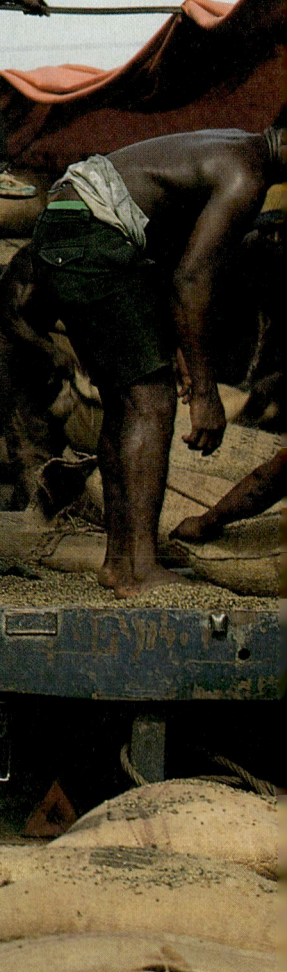

# CÔTE D'IVOIRE

**Trommler schlagen den Rhythmus** für die einheimischen Tänzer *(links)*. Die Tänze haben häufig religiöse Bedeutung: die meisten Bewohner in Côte d'Ivoire sind Anhänger von Naturreligionen. Etwa 39 % sind Moslems und etwa 21 % Katholiken.

**Lehmhütten mit kegelförmigen Dächern** *(unten)* stehen in einem Dorf dicht an dicht. Auf der Suche nach Arbeit sind in den letzten Jahren viele Menschen vom Land in die Städte gezogen. Heute leben nahezu 45 % der Bevölkerung in Städten.

**Kakao** *(rechts)* ist eines der wertvollsten Exportgüter von Côte d'Ivoire. Die Hülsen der Kakaofrucht enthalten bis zu 50 Samen oder Bohnen. Wenn sie getrocknet und verarbeitet sind, bilden Kakaobohnen den Hauptbestandteil der Schokolade.

Frucht

Jede Frucht enthält 30–50 Kakaobohnen

Kakaobohnen

Kakaobaum *(Theobroma cacao)*

les Konfliktpotential bieten bei der heutigen angespannten Wirtschaftslage die vermutlich weit über 100 000 libanesischen Händler und Geschäftsleute. Denn das über zwei Jahrzehnte von jährlich hohen Zuwachsraten geprägte »Wirtschaftswunder« ist seit 1979 zusammengebrochen. Das »Wunder« basierte auf einer überaus liberalen Wirtschaftspolitik, die den Zufluß französischen Kapitals sicherte, sowie auf den Gewinnen aus dem Kakao- und Kaffeeexport. Côte d'Ivoire entwickelte sich zum größten Kakao- und Kaffeexporteur der Welt, muß aber heute, da der Selbstversorgungsanbau immer stärker durch Monokulturen zurückgedrängt wird, einen großen Teil der benötigten Grundnahrungsmittel, wie Weizen und Mais, importieren.

Um die hohe Abhängigkeit von den Hauptausfuhrprodukten zu verringern, wird von staatlicher Seite vor allem der Anbau von Baumwolle, Kautschuk und Palmöl gefördert und intensiviert. Die Ausfuhr tropischer Edelhölzer wird wegen allmählicher Erschöpfung der Vorräte in Zukunft weiter abnehmen. Côte d'Ivoire verfügt über einige Rohstoffe, die jedoch nicht erschlossen sind. Die Anfang 1980 unter Beteiligung von amerikanischen und französischen Firmen in Küstennähe begonnene Erdölförderung ist aufgrund der hohen Erschließungskosten nicht weiter ausgedehnt worden. Damit haben sich die Hoffnungen auf exportfähige Vorkommen nicht erfüllt.

Die positive wirtschaftliche Entwicklung führte nicht nur zum Ausbau von Staat und Verwaltung und zu staatlichen Leistungen in den Sektoren Gesundheit und Erziehung, sondern ermöglichte auch den Aufbau einer – zum Teil überdimensionierten – landesweiten Verkehrs- und Stadtinfrastruktur. Gleichzeitig entwickelte sich vor allem im Großraum von Abidjan eine in Westafrika einzigartige Weiterverarbeitungs- und Zulieferindustrie.

Nach dem 1979 einsetzenden – und bis in die 90er Jahre anhaltenden – Niedergang der Weltmarktpreise für die wichtigsten Exportprodukte Kakao und Kaffee verschuldete sich das Land rasch. Das »Wirtschaftswunderland« wurde zahlungsunfähig, mußte bei den staatlichen und privaten Gläubigern um alljährliche Umschuldung nachkommen und die Vorschriften des Weltwährungsfonds nach sparsamer Haushaltsführung befolgen.

Angesichts großer sozialer Kontraste wächst indes bei schnell steigender Arbeitslosigkeit die soziale Unsicherheit. Soziale Krise und Verarmung machten sich Anfang der 90er Jahre auch in einer wachsenden Kriminalität in den rasch gewachsenen Städten bemerkbar. So vor allem in der Metropole Abidjan, Sitz vieler internationaler Organisationen, die mit ihren Luxushotels auch ein Zentrum des internationalen Konferenz-Tourismus geworden ist.

# DÄNEMARK

Innerhalb der skandinavischen Staaten, die kulturhistorisch zahlreiche Gemeinsamkeiten aufweisen, nimmt das Königreich Dänemark eine besondere Stellung ein. Als natürlicher Übergang vom europäischen Festland zur skandinavischen Halbinsel kommt ihm eine wichtige Brückenfunktion zwischen den Staaten Mittel- und Nordeuropas zu. Es schlägt aber auch eine Brücke zwischen Nord- und Ostsee – und damit zwischen Atlantik und einem Binnenmeer, das den Weg weit in den kontinentalen Osten Europas öffnet. Obwohl klein an Fläche und gering an Bevölkerungszahl, war das Kernland zeitweilig weitausgreifendes Zentrum einer politischen Macht, die vom Nordkap bis zur Elbe, von Grönland bis Estland reichte und zudem als Kolonialmacht Handelsstützpunkte in der Karibik, in Westafrika und in Indien besaß.

## Geschichte

Nicht immer waren die Beziehungen Dänemarks zu seinen Nachbarn im Norden und Süden so gut wie in heutiger Zeit. Oft genug kam es im Laufe der Geschichte zu kriegerischen Auseinandersetzungen. Als brandschatzende Seeräuber waren dänische Wikinger vom 9. bis zur Mitte des 11. Jahrhunderts an den Küsten Westeuropas gefürchtet. Besonders die Britischen Inseln, aber auch Frankreich, Portugal und selbst Italien hatten unter den Beutezügen der ungebetenen Besucher zu leiden.

In ihrer Heimat begann im 9. Jahrhundert unter König Godfred, dem ersten historisch bekannten Wikingerkönig, der Bau der Grenzwälle, des Danewerk, gegen die nach Jütland vordringenden Franken. Nachdem die dänischen Kleinkönigtümer im 10. Jahrhundert durch König Gorm den Alten zu einem Gesamtstaat geeint und von Harald »Blauzahn« zum Christentum bekehrt worden waren, begann die Zeit der Expansionspolitik. So gerieten Teile Englands, Holstein, Hamburg und Lübeck sowie Mecklenburg, Pommern, Rügen und Estland zeitweise unter dänische Herrschaft. Unter Margarete I. (1353–1412) wurde durch die Kalmarer Union von 1397 nahezu ganz Skandinavien der dänischen Krone untertan. Doch mit dem schwedischen Unionsaustritt 1523 begann der langandauernde Konflikt um die politische Führung im Ostseeraum, in dessen Verlauf Schweden die Vorherrschaft gewann, während Dänemarks Macht mehr und mehr schrumpfte. Mitte des 17. Jahrhunderts verlor es seine Ostprovinzen, das heutige Südschweden, 1814 auch die Herrschaft über Norwegen und 50 Jahre später die Herzogtümer Schleswig, Holstein und Lauenburg. 1920 fand jedoch nach den Vereinbarungen des Versailler Vertrags eine Volksabstimmung statt, der, entsprechend dem Votum der Bevölkerungsmehrheit Nordschleswigs, eine Grenzkorrektur zugunsten Dänemarks folgte.

Während des Zweiten Weltkrieges, als Dänemark trotz erklärter Neutralität von deutschen Truppen überfallen und besetzt wurde, gewann Island seine Unabhängigkeit, und nach Kriegsende erhielten Grönland und die Färöer weitgehende Autonomie.

Von dem einst so mächtigen Königreich ist den Dänen nicht viel übriggeblieben, doch ihr Nationalbewußtsein wurde dadurch nicht getrübt. Überall leuchten einem die dänischen Landesfarben entgegen, und überall spürt man die starke Verbundenheit der Menschen mit ihrem Land. Die große Popularität von Königin Margarete II. (* 1940), die 1972 die Nachfolge

## Daten und Fakten

**DAS LAND**
**Offizieller Name:**
Königreich Dänemark
**Hauptstadt:**
Kopenhagen
**Fläche:**
43 094 km² (ohne Färöer u. Grönland)
**Landesnatur:**
Flachwellige bis hügelige Inseln und Halbinseln mit vielgestaltigen Küsten
**Klima:** Kühl-gemäßigtes Seeklima
**Hauptflüsse:**
Gundenå, Skjern
**Höchster Punkt:**
Yding Skovhoj 173 m
**DER STAAT**
**Regierungsform:**
Parlamentarische Monarchie

**Staatsoberhaupt:**
Königin
**Regierungschef:**
Ministerpräsident
**Verwaltung:**
14 Verwaltungsbezirke, 2 Stadtgebiete (Frederiksberg, Kopenhagen)
**Parlament:**
Einkammerparlament (Folketing) mit 175 Abgeordneten, für 4 Jahre gewählt; außerdem je 2 Repräsentanten der Färöer u. Grönlands
**Nationalfeiertag:**
16. April
**DIE MENSCHEN**
**Einwohner (Ew.):**
5 282 000 (1999)
**Bevölkerungsdichte:**
123 Ew./km²

**Stadtbevölkerung:**
86 %
**Bevölkerung unter 15 Jahren:**
18,5 %
**Analphabetenquote:**
1 %
**Sprache:**
Dänisch
**Religion:**
Protestanten 90 % (evang.-lutherisch)
**DIE WIRTSCHAFT**
**Währung:**
Dänische Krone
**Bruttosozialprodukt (BSP):**
176 374 Mio. US-$ (1998)
**BSP je Einwohner:**
33 260 US-$
**Inflationsrate:**
1,6 % (1990–98)

**Dänemark** *(rechts)* besteht aus der Halbinsel Jütland und einer Vielzahl von Inseln, die zwischen dem Kattegat im Norden, einem engen Ausläufer der Ostsee, und dem Fehmarnbelt im Süden liegen. Als natürlicher Übergang bildet Dänemark eine Brücke zwischen dem europäischen Festland und der skandinavischen Halbinsel. Grönland und die Färöer sind autonome Außenbesitzungen des dänischen Königreichs.

**Ein Soldat der königlichen Garde** *(links)* patrouilliert bei der Wache vor Schloß Amalienborg, dem Sitz der Königin in Kopenhagen. Die zeremonielle Wachablösung findet täglich zur Mittagszeit statt.

ihres verstorbenen Vaters antrat, trägt entscheidend dazu bei, daß das System der parlamentarischen Monarchie von der eindeutigen Mehrheit der Bevölkerung befürwortet wird. Die politische Macht des Monarchen wurde schon 1849 durch eine liberale Verfassung beschränkt, die die höchste Gewalt des Landes fortan in die Hände des gewählten Parlaments, des Folketing, legte.

### Nachkriegspolitik

Die dänische Nachkriegspolitik wurde wesentlich von den Sozialdemokraten bestimmt, deren Tradition, wie die der liberalen Venstre, bis in die 1870er Jahre zurückreicht. Allerdings war die Sozialdemokratie in mehreren Wahlperioden gezwungen, die politische Macht abzugeben oder mit anderen Parteien der traditionell vielfältigen dänischen Parteienlandschaft zu teilen. Als Gegenpol ist die Konservative Volkspartei zu sehen, die eine zentristische Richtung vertritt und auch mehrfach an der Regierung beteiligt war.

Bereits in den 30er Jahren wurde in Dänemark eine Reihe von Sozialreformen in Angriff genommen. Heute gilt das Land in der sozialen Absicherung seiner Bürger als vorbildlich. Die Finanzierung solcher Projekte und des großzügig ausgebauten Bildungssystems ist nur möglich, weil das Pro-Kopf-Einkommen der Dänen zu den höchsten der Welt zählt. Die hohen Steuern finanzieren das teure soziale Netz und sorgen zugleich für einen Ausgleich der Einkommensunterschiede.

---

**GESUNDHEIT UND ERNÄHRUNG**

LEBENSERWARTUNG IN JAHREN
Männer 73 — 78 Frauen

JÄHRL. BEVÖLKERUNGSWACHSTUM
0,2 % (1995–2000) Geburtenziffer: 1,2 %

162 % empfohlene tägliche Kalorienaufnahme 2345 kcal (100 %)

GESUNDHEITSFÜRSORGE
Ärzte je 100 000 Ew.: 283

**ARBEIT**
Erwerbstätige nach Wirtschaftsbereichen in %:
Landwirtschaft und Fischerei 4
Industrie 26
Dienstleistungen 70

**BILDUNG**
Schulbesuch nach Altersklassen in %
7–12 Jahre: 99
13–18 Jahre: 100
19–23 Jahre: 45

**Importgüter:** Maschinen, Erdöl u. -produkte, chem. Erzeugnisse, Fahrzeuge, Eisen, Stahl, Garne

**Exportgüter:** Fleisch- und Molkereiprodukte, Maschinen, Fahrzeuge, Textilien, Arzneimittel, Fisch

**Handelspartner:** BRD, Großbritannien, Schweden, Finnland u. andere EU-Länder, Norwegen, USA

**Eisenbahnnetz:** 2875 km

**Straßennetz:** 71 600 km

**Fernsehgeräte je 1000 Ew.:** 594

# DÄNEMARK: KOPENHAGEN

Einst Mittelpunkt einer ausgedehnten Ostseemacht, heute an der Peripherie eines kleinen Königreiches gelegen, ist Kopenhagen dennoch unbestritten politisches, wirtschaftliches und kulturelles Zentrum Dänemarks. Und so wie Dänemark ein wenig verspielt und ungezwungen erscheint, so wirkt auch seine Hauptstadt. Der Individualismus, die Toleranz, die Heiterkeit und Vitalität sowie die schöpferische Kraft der Dänen, von denen jeder vierte in Kopenhagen lebt, prägen die Atmosphäre der Stadt. Das architektonische Gesamtbild, aber auch das Flair einer allen Traditionen zum Trotz jung wirkenden Weltstadt machen den Charme Kopenhagens aus.

Das Wahrzeichen Kopenhagens – die Plastik der »Kleinen Meerjungfrau«, geformt nach einer Märchengestalt Hans Christian Andersens – ist gleichermaßen unscheinbar wie liebenswürdig. Ihre Anziehungskraft auf die Besucher aus aller Welt ist ebensogroß wie die des Tivoli oder die der täglichen Wachablösung vor Schloß Amalienborg. Letzteres ist eine Komposition von vier Palais in unmittelbarer Nähe des Inneren Hafens und die Residenz der Königin. Weltruf genießt Kopenhagen jedoch auch als alte Universitätsstadt, als Stadt der Museen, Theater, Galerien und der Künste, des königlichen Balletts und dänischen Designs. Kopenhagen ist aber auch die Stadt der kleinen Kunst, der Stadtkultur und der Alternativszene, die in den 70er Jahren mit der Gründung der Freistadt Christiania viel Aufmerksamkeit erregte. Für die einen war Christiania Protest gegen die Überflußgesellschaft, für andere ein soziales Experiment und für wieder andere ein Schandfleck.

### Von der Händlersiedlung zur Hauptstadt

Verfolgt man die Entwicklung der Stadt zurück, so findet man am Anfang eine kleine Fischer- und Händlersiedlung am Öresund. 1167 erhielt Bischof Absalon aus Roskilde dieses Fleckchen Land von König Waldemar I. geschenkt. Er erkannte die strategisch gute Lage und sicherte die Überfahrt nach Schweden durch den Bau einer Burg, die die kleine Siedlung vor Seeräubern schützte. Damit war eine wichtige Voraussetzung für die Ausweitung von Handel und Verkehr geschaffen. Aus dem schlicht »Havn« genannten Ort wurde bald »Købmandens Havn«, also Kaufmannshafen, und schließlich das heutige København.

Als die Hanse erkannte, daß sich hier eine unliebsame Konkurrenz entwickelte, zerstörte sie 1369 Burg und Siedlung. Doch die Gunst der Lage ließ sich damit nicht beseitigen. Schon 1416 wurde die wiederaufgebaute Siedlung Residenz des Königs, und 1443 mußte Roskilde offiziell die Hauptstadtfunktion an Kopenhagen abtreten.

Eine bemerkenswerte Blüte erlebte die Stadt in der ersten Hälfte des 17. Jahrhunderts unter der Regentschaft König Christians IV. Aus sei-

**Die Börse**, auf der Schloßinsel (Slotsholmen) gelegen *(rechts)*, zählt mit dem langgestreckten Renaissancebau und dem 54 m hohen Turm aus vier ineinander verflochtenen stilisierten Drachenschwänzen zu den schönsten Bauten Kopenhagens. Börsengeschäfte werden hier aber nicht mehr getätigt. Das Gebäude, in dem die Handelskammer von Kopenhagen ihren Sitz hat, ließ Christian IV. von 1619 bis 1640 errichten.

**Die »Kleine Meerjungfrau«** *(ganz oben)*, eine Bronzestatue von einer der beliebtesten Märchenfiguren Andersens, wacht über Kopenhagens Hafen. Die Statue, das Wahrzeichen der Stadt, wurde von E. Eriksen geschaffen.

**Der gartenähnliche Vergnügungspark Tivoli** wird alljährlich von über 4 Millionen Menschen besucht *(oben)*. Es werden viele Attraktionen, Spiel- und Vergnügungsmöglichkeiten, Restaurationen und Veranstaltungen geboten.

# DÄNEMARK

ner Zeit stammen etliche der schönsten bis heute erhaltenen Gebäude der Stadt, darunter die Börse mit dem kurios aus stilisierten Drachenschwänzen verzwirbelten Turm, die Holmenskirche und Schloß Rosenborg in dem typischen, von der niederländischen Architektur beeinflußten Renaissancestil. Auch mehr praktischen Zwecken dienende Bauten wie das Arsenal und die alten Speicher in Christianshavn gehen auf diese Zeit zurück.

Die Erlöserkirche mit dem von einer spiralförmigen Außentreppe umgebenen schlanken Turm ist ein Beispiel für die Architektur des Barock. Zu nennen ist auch Schloß Frederiksborg, das nach langer Bauzeit erst 1738 unter Laurids de Thura, dem berühmtesten Architekten der Stadt, vollendet werden konnte.

### Epidemien, Feuer und Krieg

Aber die Geschichte Kopenhagens läßt sich nicht nur mit Hilfe repräsentativer Bauwerke erzählen, sie spiegelt sich auch in der Not und im Elend eines Großteils der Einwohner wider. Im 18. Jahrhundert verlor durch Epidemien rund ein Drittel der auf engstem Raum wohnenden Bevölkerung das Leben. Durch Feuersbrünste versank fast die gesamte Altstadt in Schutt und Asche. Was davon übrig blieb oder neu aufgebaut wurde, wurde 1807 zum Teil durch Beschuß englischer Kriegsschiffe erheblich zerstört. Mit dem Beginn der Industrialisierung Mitte des 19. Jahrhunderts zogen viele Menschen aus den ländlichen Gebieten nach Kopenhagen. Der Platz innerhalb der alten Befestigungsanlagen reichte bald nicht mehr aus. Nachdem diese geschleift worden waren und das Glacis zur Bebauung freigegeben war, dehnte sich die Stadt zunächst entlang der Hauptausfallstraßen aus. Die Brücken, die nach Westen, Norden und Osten über die früheren Befestigungsgräben führten, wurden namengebend für die Vororte Vesterbro, Nørrebro sowie das »vornehmere« Østerbro. Zum Teil saniert und modernisiert, werden diese Viertel heute überwiegend von Arbeitern, alten Menschen oder Studenten bewohnt.

Obwohl Kopenhagen im Laufe des 20. Jahrhunderts seine führende Stellung als Industriestandort ausbaute, macht sich dies zumindest im historischen Stadtkern kaum bemerkbar. Hier dominiert alles, was mit Handel, Finanzen und Dienstleistungen zu tun hat. Die Industrie ist systematisch ausgelagert worden.

Der Ballungsraum Kopenhagen reicht heute im Norden bis Helsingør, im Westen bis Roskilde und im Süden bis Køge und ist nur durch den Öresund von der schwedischen Nachbarstadt Malmö getrennt. Seit dem 1. Juli 2000 verbindet die Öresund-Brücke die »Ørestad«, wie in grenzüberschreitender Sicht der verstädterte Siedlungsraum beiderseits des Sundes von Planern gern genannt wird.

**Farbenfrohe Giebelhäuser** säumen Nyhavn *(links)*. Sie wurden im 18. und 19. Jahrhundert von dänischen Kaufleuten erbaut. Heute zieht Nyhavn viele Touristen an, da es dort zahlreiche Restaurants gibt und die Boote zur Stadtrundfahrt bzw. nach Schweden dort ablegen.

**Kopenhagen** *(rechts)* liegt am Öresund; der südöstliche Teil der Stadt befindet sich auf der durch Brücken mit Seeland verbundenen Insel Amager. Etwa ein Viertel der dänischen Bevölkerung lebt in oder in der Nähe der Hauptstadt. Verwaltung, Banken und Industrie haben hier ihren Sitz. Kopenhagen ist Garnisons-, Bischofs- und Universitätsstadt und besitzt mit der Königlichen Bibliothek die größte Bibliothek Skandinaviens, mit dem Tivoli den größten Vergnügungspark Nordeuropas.

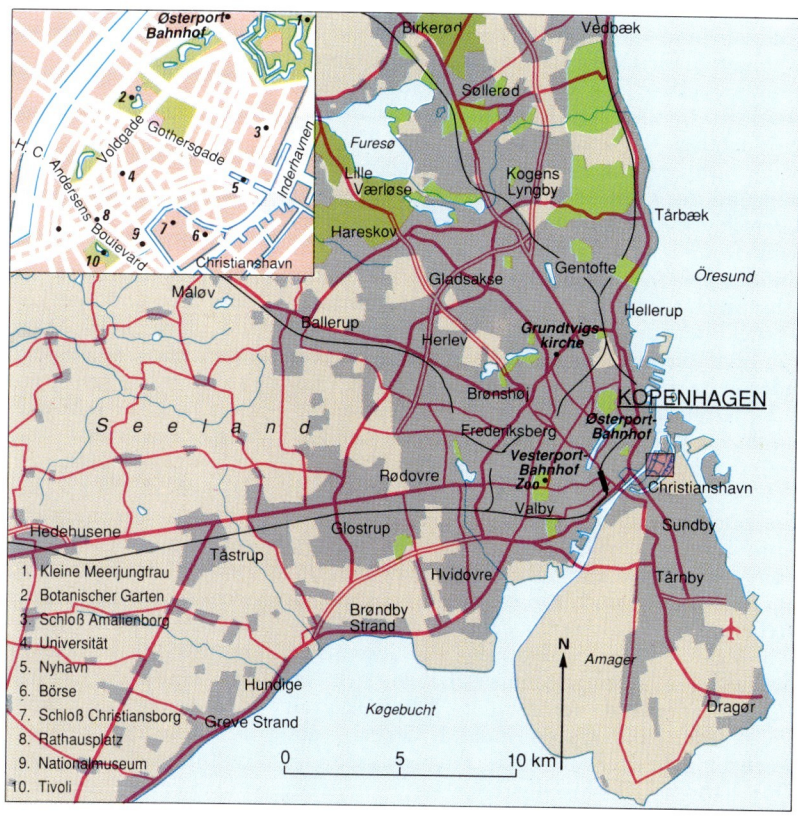

1. Kleine Meerjungfrau
2. Botanischer Garten
3. Schloß Amalienborg
4. Universität
5. Nyhavn
6. Börse
7. Schloß Christiansborg
8. Rathausplatz
9. Nationalmuseum
10. Tivoli

# DÄNEMARK: DAS LAND

Überall ist Dänemark mit seinen rund 470 größeren und kleineren Inseln und seinen ungezählten Halbinseln aufs engste mit dem Meer verzahnt – kein Ort des Landes ist mehr als 50 km von der Küste entfernt. Dänemark ist nicht das Land der großen Naturschauspiele, der atemberaubenden Höhen oder der endlosen Weiten. Dänemarks Reize liegen in dem harmonischen Zusammenspiel von Mensch und Landschaft, von Kultur und Geschichte – es ist ein Land der sanften Übergänge, seine vielfältige Schönheit ist von stiller Poesie, aber kräftigen Farben. Dänemark – das ist der weiße Strand Westjütlands, das sind die steil zum Meer abfallenden Kreidefelsen von Møn, die gepflegten Bauernhöfe inmitten wohlbestellter Felder und die prachtvollen Renaissanceschlösser und Herrenhäuser aus der Zeit der Ständegesellschaft, das ist die weit sichtbare Silhouette der weiß getünchten Kirchen mit ihren Treppengiebeln, das kräftige Kolorit der verträumten Städtchen und malerischen Fischerdörfer und das ist nicht zuletzt das charmante Kopenhagen, das politische, kulturelle und wirtschaftliche Zentrum.

## Landschaft

Die Landschaften Dänemarks sind im wesentlichen ein Produkt der Eiszeiten, die im Laufe des Pleistozän mehrfach von Skandinavien weit nach Süden vordrangen. Sie hinterließen mächtige glaziale Ablagerungen, die den aus flachgelagerten Kalken bestehenden Untergrund Jütlands und der Inseln überdecken. Nur an wenigen Stellen wird der voreiszeitliche Untergrund sichtbar, vor allem auf der abgelegenen Insel Bornholm, am Limfjord sowie an den Kreidefelsen der Insel Møn.

Die Ablagerungen des Eises bestehen überwiegend aus Gesteinen, die im Nährgebiet der Gletscher, im Norden Skandinaviens, ausgeschürft und auf dem langen Weg mehr oder minder fein zerrieben wurden und nach dem Abschmelzen der Eismassen als Grundmoränen zurückblieben. Dabei wurden die Spuren älterer Eiszeiten von jüngeren weitgehend zerstört oder stark überformt. Die Eismassen der letzten Eiszeit drangen nur noch bis zur Mitte Jütlands vor. An ihrer Front häufte sich der Gesteinsschutt zu wallartigen Hügeln auf. Westlich vor diesem Endmoränenzug, in dem auch die höchste Erhebung des Landes, der 173 m hohe Yding Skovhoj, liegt, erstrecken sich die vom Schmelzwasser aufgeschütteten Sandflächen (Sander) und Binnendünen, aus denen stellenweise die älteren, weitgehend eingeebneten Moränen der Saaleeiszeit als Geestinseln herausragen. Demgegenüber haben sich im Jungmoränenland der letzten Weichseleiszeit im Norden und Osten Jütlands weitaus abwechslungsreicher wirkende Formen erhalten. Das Land ist flachwellig oder sogar hügelig, hier und da von Seen durchsetzt, und die Böden sind oft recht fruchtbar.

Auf dänischem Gebiet schmolzen die letzten Eismassen vor rund 12 000 Jahren ab. Der vielfältig gegliederte Küstenumriß Dänemarks hat seine Gestalt erst durch den anschließenden Meeresspiegelanstieg erhalten. In den Förden und Sunden der Ostsee spiegelt sich die im Meer ertrunkene Landschaft wider. Anders das Bild an der Westküste Jütlands, die dem Wechsel der Gezeiten und dem Anbranden der Nordsee ausgesetzt ist. Hier fehlen geschützte Buchten, und bis auf ein kleines Watt- und Marschengebiet im Süden überwiegt eine flache Ausgleichsküste mit Nehrungen, seichten Strandseen und ausgedehnten Dünenfeldern. Westliche Winde sorgen hier für ein rauhes Klima. Nach Osten hin, auf den Inseln, schwächt sich die Wirkung des Atlantischen Ozeans allmählich ab, Windgeschwindigkeiten wie Niederschläge nehmen ab, und der Einfluß des Kontinentalklimas nimmt zu.

## Landwirtschaft und Industrie

Das milde Klima und die lehmigen Böden bieten gute Voraussetzungen für die Landwirtschaft. Das heutige Bild der Agrarlandschaft mit ihren typischen Einzelhöfen inmitten großer Einödfluren geht auf das Ende des 18. Jahrhunderts zurück. Doch auch die alten Dörfer haben noch Bestand. Sie sind mit ihren Läden, Werkstätten und nicht zuletzt mit ihrem »Kro« (Gasthaus) Mittelpunkte des weiten Umlandes. In einigen Orten läßt sich bis heute der typische Grundriß des ausgehenden Mittelalters erkennen, der nach den Vorschriften König Waldemars angelegt wurde.

Die Landwirtschaft ist in Dänemark hochentwickelt und wird nach modernsten Gesichtspunkten mit hohem Maschineneinsatz betrieben. Produziert wird weitaus mehr, als zur Versorgung der eigenen Bevölkerung erforderlich ist. Daher ist Dänemark schon seit Jahrzehnten eines der bedeutendsten Exportländer agrarischer Erzeugnisse: Butter, Käse, Eier, Fleisch, Schinken und Speck wurden kennzeichnend für die dänischen Agrarexporte. Der Ackerbau dient ganz überwiegend der Gewinnung von Viehfutter – selbst von der Getreideernte wandert Jahr für Jahr der größte Teil in die Tröge des Borstenviehs.

Trotz der leistungsfähigen Landwirtschaft ist Dänemark längst kein Agrarland mehr. Die Industrie beschäftigt heute weitaus mehr Menschen und erwirtschaftet einen weitaus größeren Teil des Bruttosozialprodukts als die Agrarwirtschaft. Da Dänemark jedoch über keine nennenswerten Rohstoffe verfügt, basiert die industrielle Entwicklung auf der Verarbeitung von landwirtschaftlichen Produkten sowie auf der Veredelung importierter Rohstoffe. Die Produktskala reicht von Nahrungs- und Genußmitteln, Textilien, Möbeln, Porzellan, Chemikalien, elektronischen Geräten und Schiffen bis zu kompletten Fabrikationsanlagen und Schiffsausrüstungen.

**Die dänische Wirtschaft** *(rechts)* basiert auf der Nahrungsmittel- und der Fertigungsindustrie. Die Betriebe konzentrieren sich um die Hauptstadt Kopenhagen. Die Produktion umfaßt Elektrogeräte, Maschinen und Schiffe.

**Fischerboote** liegen am Strand von Ostjütland *(links)*.

**Die Fischereiwirtschaft** *(unten)* konzentriert sich auf die Nordsee mit ihrem großen Fischreichtum. Die Fischereiindustrie verarbeitet drei Viertel des Fangs zu Fischmehl und Fischöl.

**Esbjerg** *(unten)*, Dänemarks bedeutendster Fischereihafen, liegt an der Nordseeküste. Hier gibt es auch zahlreiche Fabriken, um den Fang zu verarbeiten. Gleichzeitig ist der Hafen die Basis für die dänischen Erdölbohrungen in der Nordsee.

- Landwirtschaftlich genutzte Fläche
- Heide und Küstendünen
- Wald
- Fisch
- Bedeutende Industriezentren

**Die Kreideküste** *(ganz links)* der Insel Møn mit ihren über 100 m hohen Klippen bildet eine markante Landmarke und erinnert an die Kreidefelsen von Rügen. Die höchste Erhebung, Møns Klint, ist eine der größten Touristenattraktionen Dänemarks.

**Ein weiß getünchtes Bauerngehöft** *(links)* steht inmitten fruchtbarer Felder und saftiger Weiden auf der Insel Ærø. Die fruchtbaren Böden in Dänemark, Moränenablagerungen aus Sand und feinem Lehm, sind ein Erbe der letzten Eiszeit.

# DÄNEMARK: FÄRÖER

Einsam im Nordatlantik zwischen Norwegen, Island und Schottland liegt die kleine Inselgruppe der Färöer. Die 18 größeren Inseln und die zahlreichen kleineren Eilande, zusammen 1400 km² groß, bilden einen autonomen Teil Dänemarks. Ihre bizarre Gestalt läßt schon etwas von dem ständigen Kampf der Naturgewalten ahnen, der die Färöer geprägt hat.

Hier begann die Schöpfungsgeschichte vor 60 Millionen Jahren. Glutflüssige Gesteinsschmelze quoll aus langgestreckten Spalten der Erdkruste und ergoß sich über den Meeresboden. Schicht legte sich auf Schicht: ein mächtiges Plateau aus schwarzem Vulkangestein und roter Asche entstand. Später bearbeiteten die Gletscher der Eiszeit das Gestein, schürften tiefe Täler in den Untergrund, hobelten und polierten den schwarzen Basalt. Als sich die Gletscher zurückzogen und das Meer in die Täler eindrang, erhielten die Färöer ihre heutige Gestalt: steilabfallende Fjells, die den Eindruck ungeheurer Höhe erwecken, jedoch an keiner Stelle 882 m überschreiten, Inseln und Inselchen mit zahlreichen kleineren Flüssen und Wasserfällen, mit vermoorten Senken und seenerfüllten Talzügen mit grünen Wiesen und weiten Heidefluren.

Zu den Färöern gehören die kräftig wehenden Winde, die brausenden Stürme und die starke Meeresbrandung, die mit ihrer zerstörerischen Kraft dazu beiträgt, eine einzigartige, wilde Küstenlandschaft zu formen: Brandungspfeiler und Klippen, die in jedem Frühjahr von Hunderttausenden nistender Seevögel bevölkert werden, schroffe Küsten von atemberaubender Steilheit. Der Golfstrom beschert den Inseln ein milderes Klima, als die Nähe zum Polarkreis vermuten läßt. Zu den Färöern gehören aber auch das Glitzern der Sonne im stillen Wasser der Fjorde, die Mitternachtssonne, die kaum unter den Horizont sinkt, und das farbenreiche Schauspiel des Lichtes, das die Landschaft wie den Betrachter gleichermaßen verzaubert. Und schließlich die rotgestrichenen, mit Grassoden bedeckten Häuser, der Klippfisch auf den Holzgestellen und die vielen neugierigen Schafe, die den Inseln ihren Namen gaben.

## Die Wikinger und ihre Nachkommen

Wikinger waren es, die die »Schafsinseln« vor mehr als 1000 Jahren in Besitz nahmen. Viele der ersten Siedler kamen als Flüchtlinge, die ihre Heimat verlassen hatten, um der Herrschaft Harald Schönhaars, des nicht gerade friedlichen Einigers Norwegens, zu entgehen. Andere trieb wohl mehr die Abenteuerlust in den »Wilden Westen« am Rand der damals bekannten Welt. Die Geschichte der Landnahme, wie sie uns in den Sagas überliefert ist, war eine nicht endende Folge von Raubzügen und Mordtaten. Von dem Bemühen, schon im 11. Jahrhundert einen Bischofssitz auf den Inseln zu begründen und die Färinger zum Christentum zu bekehren, zeugt der Magnusdom von Kirkjubøur – ein bis

**Die hell angestrichenen Häuser** *(rechts)* eines Färöer-Dorfes liegen entlang der Küstenstraße. Die Färöer haben ein feuchtes und stürmisches Klima. Die Inseln sind daher waldlos und mit Mooren und zahlreichen Gras- und Heidefluren bedeckt.

**Dieser Junge** verdient sich sein Taschengeld mit dem Ausnehmen von Fisch *(oben)*. Die Fischerei ist der wichtigste Wirtschaftszweig.

**Am Hang über einem kleinen Fischerdorf wird Heu gemacht** *(oben)*. Das hergestellte Trockenfutter dient zur Versorgung des Viehs während der langen Wintermonate. Die Inselbewohner betreiben Schafzucht zur Woll- und Fleischproduktion.

**Im Hafen von Mikladur** *(rechts)* auf der Insel Kalsoy wird ein Frachtschiff entladen. Meist peitschen heftige Stürme das Meer in der Umgebung der Färöer auf, so daß die Schiffahrtsbedingungen zwischen den einzelnen Inseln ziemlich rauh sind.

**Die sturmumtoste Inselgruppe der Färöer** *(rechts)* liegt im Nordatlantik zwischen Island und Großbritannien *(unten)*. Wie Grönland waren die Färöer-Inseln früher einmal ein Teil Norwegens, sie kamen aber im Jahre 1380 unter dänisches Recht. Seit 1948 sind sie ein autonomer Landesteil Dänemarks. Tórshavn auf Streymoy ist Regierungssitz und Hauptort der Färöer.

heute unvollendet gebliebenes Dokument gotischer Baukunst am äußersten Rande Europas.

Die Nachkommen der wilden Wikinger sind friedfertige Menschen, stolz auf ihre Tradition, aber aufgeschlossen für die moderne Welt. 43000 Färinger leben heute auf den Inseln, davon allein ein Drittel in der Hauptstadt Tórshavn, die unbestritten politisches, wirtschaftliches und kulturelles Zentrum der Inseln ist. Über Tórshavn führt mit Ausnahme des Flugverkehrs alles, was die Inseln mit der Welt verbindet – und das ist mehr, als »romantische« Gedanken an Wikinger erwarten lassen. Denn die Zeiten, da die Färöer abgeschnitten von der übrigen Welt den Stürmen des Atlantik ausgeliefert waren, sind vorbei. Die Stürme sind geblieben, doch hat die Technik Wege gefunden, um das Leben der Färinger mit den »Segnungen« der Konsumgesellschaft zu bereichern.

### Fisch und nochmals Fisch

Lebendigstes Zeugnis aus der Zeit der Wikinger ist die Sprache. Aus Norwegen wurde sie mitgebracht und blieb auf den abgelegenen Inseln lange Zeit frei von fremden Einflüssen. Aber mit dem Verlust der Eigenstaatlichkeit Norwegens im Jahre 1380 gerieten die Färöer unter dänische Herrschaft, und das bedeutete, daß bis vor wenigen Jahrzehnten in den Amtsstuben, Schulen, Pfarrhäusern und Handelskontoren nur noch dänisch gesprochen wurde.

Das Bewußtsein der kulturellen Eigenständigkeit war auch in den Jahrhunderten dänischer Verwaltung nie verlorengegangen. An politische Selbständigkeit aber hatten die Färinger kaum je gedacht. Dies änderte sich, als 1940 deutsche Truppen Dänemark besetzten, die Inselgruppe der Färöer hingegen Stützpunkt der Alliierten wurde.

Fünf Jahre lang war die Verbindung nach Kopenhagen unterbrochen. Jahre, in denen Forderungen nach Unabhängigkeit laut wurden. Dänemark kam diesem Wunsch teilweise entgegen und gewährte den Inseln nach Kriegsende einen Autonomiestatus, der die Befugnisse des Lagting, eines der ältesten Parlamente Europas, wesentlich erweiterte und unter anderem ermöglichte, eine eigene Fischereipolitik zu betreiben. So entschieden sich die Färinger aufgrund der Reglementierung der Fischfangquoten gegen einen Beitritt zur Europäischen Gemeinschaft, denn Fischfang und Fischverarbeitung bilden die Lebensgrundlage der Inselbewohner. Rund ein Viertel der Erwerbstätigen ist in der Fischerei beschäftigt. Das allzu feuchte Klima macht Ackerbau zu einem hoffnungslosen Unterfangen, nur hier und da werden ein paar Flecken Land zum Kartoffelanbau genutzt. Deshalb ist Fisch, geräuchert, gesalzen, aber auch fangfrischer Speisefisch und Fischmehl, mit einem Anteil von über 95% das wichtigste Exportprodukt.

# DÄNEMARK: GRÖNLAND

Kalaallit Nunaat, »Land der Menschen«, nennen die Eskimos Grönland. Aber treffender wäre »Land des Eises«, denn fünf Sechstel der größten Insel der Welt sind permanent unter einem mächtigen Eispanzer begraben. Auf jeden Fall ist die Bezeichnung »Grünes Land« irreführend. Aber das sollte sie auch sein. Mit diesem vielversprechenden Namen gelang es 986 Erich dem Roten, Siedler von Norwegen nach Grönland zu locken. Heute leben auf der 2 175 600 km² großen Eisinsel rund 56 000 Grönländer, was einer Bevölkerungsdichte von einem Einwohner auf 39 km² entspricht. Für menschliche Siedlungen eignen sich nur die eisfreien Küstengebiete, vor allem die der mittleren Westküste. Ein Ausläufer des Golfstroms bringt hier wärmeres Wasser an die Eisgestade.

## Nur ein schmaler Küstensaum ist eisfrei

Die polare arktische Insel gehört geologisch zum Kanadischen Schild. Wie dort dominieren auch hier kristalline, präkambrische Gesteine, die zumeist nur im äußersten Norden von jüngeren Schichtgesteinen überlagert werden. An die vulkanischen Aktivitäten im Tertiär erinnern Basalte und einige wenige warme Quellen. Wie die nackten, vom Eis überschliffenen Gesteinsoberflächen zeigen, war Grönland während der Eiszeiten zeitweise völlig von Eis bedeckt. Eisfrei ist nur ein schmaler, nirgends mehr als 200 km breiter Küstenstreifen. Zahlreiche Gletscher erreichen das Meer und kalben in den Buchten: Eisberge entstehen.

Das Eisplateau, wo der Schnee allein durch die Schneelast schließlich zu Eis komprimiert wird, erreicht mit 3300 m im nördlichen Eisdom seine größten Höhen und flacht zu den Rändern hin ab. Es liegt wie in einer großen Schüssel innerhalb der umrahmenden Gebirgszüge gefangen. Nur durch einige Pässe und tiefe Taleinschnitte erreichen die Gletschersysteme die tief ausgeschürften Fjorde, wie z. B. der Humboldt-Gletscher, der sich als 100 km breiter Eisstrom ins Polarmeer ergießt.

## Pflanzen und Tiere

Das hohe Inlandeis beschert Grönland auch weit südlich des Polarkreises noch arktisches Klima. Nirgends wird die Juli-Mitteltemperatur von 10 °C erreicht. Von Süden nach Norden wird das Überleben der Pflanzen immer schwieriger. Die niedrige Tundravegetation der Küstenregionen, im Süden noch mit Wacholder und Rhododendron durchsetzt, wird nach Norden zunehmend durch Gräser, Moose und Flechten geprägt. Eisige Kälte und anhaltende Trockenheit im hohen Norden erlauben nur noch Flechten und Algen ein dürftiges Dasein.

In den Tundren der Küstensäume sind Lemminge, Hasen, Füchse und ganz im Norden der Eisbär zu Hause. Das Rentier wurde 1952 von Norwegen wieder eingeführt. Im marinen Küstenbereich tummeln sich verschiedene Robbenarten, Walrosse und Wale. Etwa 200 Vogelarten bevölkern im Sommer die Küstenregionen. Von den über 100 Fischarten grönländischer Gewässer werden vor allem der Kabeljau, Heilbutt, Lachs und neuerdings die Krevetten gefischt. Während noch Anfang des Jahrhunderts besonders die Jagd auf Robben die wirtschaftliche Basis garantierte, sind heute mehr als die Hälfte der Grönländer direkt oder indirekt vom Fischfang bzw. der Fischverarbeitung abhängig. Kein Wunder, daß Grönland seine Fischfangrechte in den eigenen Gewässern gegen andere Fischereinationen, wie die EU-Staaten, vehement verteidigt.

## Die Wikinger waren nicht die ersten

Die ersten Menschen, die Grönland erreichten, waren arktische Jägerhorden der Sarqaq-Kultur aus Nordamerika, die mit Pfeil und Bogen und ihren enorm großen Hunden den Rentieren nachstellten. Die Jäger der folgenden Dorset-Kultur, die mit der Harpune jagten, kamen etwa 1000 Jahre später. Sie wurden von den Eskimos der Thule-Kultur zwischen 1000 bis 1400 vertrieben oder niedergekämpft.

Wie die Dorsetmenschen verschwanden auch die frühen skandinavischen Einwanderer im Nebel der Geschichte. Niemand weiß, wo die Nachfahren von Erich dem Roten geblieben sind. Erst 1578 entdeckte Martin Frobisher auf der Suche nach der Nordwestpassage Grönland aufs neue. Als der norwegische Missionar Hans Egede 1721 nach den Nordmännern suchte, fand er nur noch Eskimos oder Inuit, wie sie sich selbst nennen. Die von ihm gegründete

**Winter auf der Insel Upernavik** (unten), die vor der mittleren Westküste Grönlands liegt. Die Westküste ist aufgrund ihres milden Klimas auch die von den meisten Touristen besuchte Gegend.

**Umanak** (rechts), etwa 480 km nördlich des Polarkreises gelegen, ist einer der größten Orte Grönlands. Wie die meisten anderen Siedlungen liegt auch dieser Fischereihafen an der eisfreien mittleren Westküste.

**Von Tundra** (oben) bedeckter Dauerfrostboden bei Thule. Deutlich zu erkennen sind die Strukturen im Boden, die durch Auftauprozesse der obersten Bodenschichten entstehen. Solche Böden werden auch als Frostmusterböden bezeichnet.

**Grönland** (oben) ist die größte Insel der Erde. Nur Australien ist größer. Grönland liegt in einer strategisch wichtigen Position (oben rechts) zwischen dem nordamerikanischen Festland und Europa. Geographisch gehört es zu Nordamerika.

**Zwei Fischerboote** (links) kreuzen in den Gewässern vor der Nordküste Grönlands. Die Fischerei ist die wirtschaftliche Grundlage Grönlands. Die Eisberge im Hintergrund entstanden durch »Kalben« eines Gletschers, der ins Polarmeer fließt.

Siedlung Godthåb war der Ausgangspunkt für die Christianisierung und für die Ansiedlung von Dänen und Norwegern.

1815 kam Grönland an Dänemark. Seit 1953 ist es gleichberechtigter Teil des Königreiches und besitzt innere Autonomie. Weiterhin notwendige technische Hilfe und finanzielle Unterstützung aus Dänemark zögern die völlige Selbständigkeit Grönlands hinaus, für deren schrittweise Einführung sich 1979 rund 70 % der Grönländer aussprachen. Die Regierung in der Hauptstadt Nuuk, dem früheren Godthåb, sieht wirtschaftlich trotz des aufkommenden Tourismus schwierigen Zeiten entgegen. Der Zustrom in die kleinen Städte, wo man Arbeitsplätze und bessere Lebensverhältnisse erwartet, hält an und verursacht zahlreiche soziale Probleme. Nach Einstellung der Kohle- und Kryolithförderung hoffen die Grönländer verstärkt auf die Entdeckung großer Erdöl- und Erdgasvorkommen.

# DEUTSCHLAND

# DEUTSCHLAND

In der Mitte Europas, zwischen den skandinavischen Ländern im Norden, den Alpenländern im Süden, den Ländern im atlantischen Westeuropa und im kontinentalen Osteuropa, liegt Deutschland. Es reicht vom »Fels zum Meer«: vom Hochgebirge der Alpen bis zur Nord- und Ostsee. Durch seine Lage in der Mitte Europas ist Deutschland seit alters ein Raum des Durchgangs und des Austauschs – von Völkern, Kulturen, wirtschaftlichen, sozialen und geistigen Kräften und Ideen –, aber auch ein Raum der politischen Auseinandersetzung.

Wer durch Deutschland reist, wird vielleicht von den vielen Wiesen, Feldern und Wäldern in dem hochindustrialisierten Land überrascht sein. Fast ein Drittel der Fläche Deutschlands ist Wald, über die Hälfte wird immer noch von der Landwirtschaft genutzt. Dennoch ist es eines der am dichtesten besiedelten Länder Europas: knapp über 82 Millionen Menschen, davon über 7 Millionen Ausländer, leben auf einer Fläche von 357 000 km². Die stärkste Bevölkerungskonzentration findet sich im Ruhrgebiet mit 11 Millionen Menschen. Die Metropole Berlin hat über 3 Millionen Einwohner. Weitere große Städte sind Hamburg, München, Köln, Frankfurt a. M., Stuttgart, Hannover, Leipzig und Dresden. Am dünnsten besiedelt ist Mecklenburg-Vorpommern.

Eine abwechslungsreiche Landschaft, die Hochgebirge, malerisch gelegene Seen, von Reben gesäumte Flußläufe und dünenbestandene Meeresküsten einschließt, ist ebenso typisch für Deutschland wie die Vielfalt an historischen Bauwerken und Denkmälern. Mittelalterliche Städte, etwa Rothenburg ob der Tauber, erhabene gotische Kathedralen wie der Kölner oder der Magdeburger Dom sowie Burgen und Schlösser, wie das bekannte Märchenschloß Neuschwanstein, das König Ludwig II. von Bayern im 19. Jahrhundert erbauen ließ – gehören zu den zahlreichen Sehenswürdigkeiten des Landes.

Deutschland war seit dem Ende des Zweiten Weltkrieges geteilt. Eine 1378 km lange, streng bewachte Grenze trennte die beiden deutschen Staaten: die Bundesrepublik Deutschland im Westen und die Deutsche Demokratische Republik (DDR) im Osten. Erst seit 1990 ist Deutschland wieder ein geeintes Land. Die beiden Teilstaaten gingen jahrzehntelang sehr verschiedene Wege. Die Bundesrepublik wurde zur stärksten Wirtschaftsmacht Westeuropas und nahm tatkräftig Anteil an der wirtschaftlichen und politischen Einigung der demokratischen Staaten im Westen des Kontinents. Die DDR war in das Herrschaftssystem des Ostblocks eingebunden und trug schwere wirtschaftliche und ökologische Schäden durch die kommunistische Mißwirtschaft davon. Die Verwirklichung des hochgesteckten Ziels, möglichst rasch gleichartige Lebensbedingungen in allen Teilen des geeinten Landes herzustellen, erfordert auch Anfang des 21. Jahrhunderts große wirtschaftliche, finanzielle und politische Anstrengungen.

# DEUTSCHLAND: DER STAAT

Schon in ihrem Staatsnamen bringt die Bundesrepublik Deutschland ihren bundesstaatlichen (föderativen) Charakter zum Ausdruck. Sie besteht aus 16 Ländern: Baden-Württemberg, Bayern, Berlin, Brandenburg, Bremen, Hamburg, Hessen, Mecklenburg-Vorpommern, Niedersachsen, Nordrhein-Westfalen, Rheinland-Pfalz, Saarland, Sachsen, Sachsen-Anhalt, Schleswig-Holstein und Thüringen.

Die Bundesländer sind keine Provinzen, sondern Länder mit eigener Staatsgewalt. Das Grundgesetz verbietet es ausdrücklich, die Gliederung des Bundes in Länder aufzuheben. Jedes Land hat seine eigene Verfassung. Für bestimmte Gebiete der Gesetzgebung und Verwaltung sind die Länder allein zuständig.

Das Grundgesetz trat am 24. Mai 1949 in Kraft. Mit seiner Ausarbeitung wurde begonnen, als sich abzeichnete, daß die durch den Ost-West-Konflikt verursachte Teilung des Landes vorerst nicht überwunden werden konnte. Seine Aufgabe war es, im Gebiet der Westzonen »dem staatlichen Leben für eine Übergangszeit eine neue Ordnung zu geben«. Der Begriff Grundgesetz (statt Verfassung) wurde gewählt, um den vorläufigen Charakter des Werks anzudeuten. Artikel 23 des Grundgesetzes eröffnete anderen Teilen Deutschlands die Möglichkeit, seinem Geltungsbereich beizutreten. Aufgrund dieses Artikels traten die Länder der ehemaligen DDR am 3. Oktober 1990 der Bundesrepublik Deutschland bei.

Das deutsche Staatsoberhaupt ist der Bundespräsident, der im wesentlichen nur repräsentative Befugnisse hat. Er wird von der Bundesversammlung für fünf Jahre gewählt. Diese besteht aus den Mitgliedern des Bundestages und einer gleichen Anzahl von Mitgliedern, die von den Volksvertretungen der Länder durch Verhältniswahl gewählt werden. Einmalige Wiederwahl ist zulässig.

Die Bundesregierung besteht aus dem Bundeskanzler und den Bundesministern. Der Bundeskanzler wird vom Bundestag auf Vorschlag des Bundespräsidenten gewählt. Er bestimmt die Richtlinien der Politik.

Das Parlament der Bundesrepublik ist der Deutsche Bundestag. Seine Abgeordneten werden nach den Grundsätzen einer »personalisierten« Verhältniswahl für vier Jahre gewählt. Im Bundestag sind heute sechs Parteien vertreten: die Sozialdemokratische Partei Deutschlands (SPD) und Bündnis 90/Die Grünen, ab 1998 als Regierungsparteien, sowie die Christlich-Demokratische Union (CDU), die Christlich-Soziale Union (CSU), die Freie Demokratische Partei (FDP) und die Partei des demokratischen Sozialismus (PDS), der Nachfolgepartei der ehemaligen SED.

Durch den Bundesrat wirken die Länder an der Gesetzgebung des Bundes mit. Er besteht aus ernannten Vertretern der Regierungen der Länder. Ein Land hat je nach seiner Einwohnerzahl drei, vier, fünf oder sechs Stimmen.

Das höchste Gericht ist das Bundesverfassungsgericht. Seine Aufgabe ist es, über die Einhaltung des Grundgesetzes zu wachen. Gesetze, die dem Grundgesetz widersprechen, kann es für nichtig erklären. Es nimmt auch Verfassungsbeschwerden von Bürgern entgegen, die ihre Grundrechte verletzt glauben.

Deutsche Hauptstadt ist Berlin. Bis 2000 wurden die Amtssitze von Bundespräsident, Bundeskanzler, der meisten Bundesministerien sowie der Sitz des Parlaments (Bundestag und Bundesrat) von Bonn nach Berlin verlegt.

## Daten und Fakten

**DAS LAND**
**Offizieller Name:** Bundesrepublik Deutschland
**Hauptstadt:** Berlin
**Fläche:** 357 022 km²
**Landesnatur:** Von N nach S: Norddeutsches Tiefland, Mittelgebirgsschwelle, Alpenvorland, Nördliche Kalkalpen
**Klima:** Kühl-gemäßigtes Klima, im NW ozeanisch bestimmt, nach S und O hin mehr kontinentaler Charakter
**Hauptflüsse:** Rhein, Elbe, Weser, Donau, Main, Saale, Neckar
**Höchster Punkt:** Zugspitze 2962 m

**DER STAAT**
**Regierungsform:** Parlamentarische bundesstaatliche Republik
**Staatsoberhaupt:** Bundespräsident
**Regierungschef:** Bundeskanzler
**Verwaltung:** 16 Bundesländer
**Parlament:** Bundestag mit 662 für 4 Jahre gewählten Abgeordneten u. Bundesrat mit 68 Mitgliedern
**Nationalfeiertag:** 3. Oktober

**DIE MENSCHEN**
**Einwohner (Ew.):** 82 178 000 (1999)
**Bevölkerungsdichte:** 230 Ew./km²
**Stadtbevölkerung:** 88 %
**Bevölkerung unter 15 Jahren:** 16 %
**Analphabetenquote:** 1 %
**Sprache:** Deutsch
**Religion:** Protestanten 34 %, Katholiken 33 %

**DIE WIRTSCHAFT**
**Währung:** Euro; bis 31.12.2001 Deutsche Mark
**Bruttosozialprodukt (BSP):** 2 179 802 Mio. US-$ (1998)
**BSP je Einwohner:** 25 850 US-$
**Inflationsrate:** 2,2 % (1990–98)

# DEUTSCHLAND: LANDESNATUR

Aufgrund der Oberflächenformen und der Höhengliederung werden von Norden nach Süden drei große Landschaftsräume unterschieden: das Norddeutsche Tiefland, die Mittelgebirgszone und die Alpen.

Da das Land insgesamt gesehen von den Alpen bis zur Nordsee hin abfällt, fließen die Hauptflüsse nach Norden. Die Donau macht eine Ausnahme; sie verbindet Süddeutschland mit Südosteuropa.

### Norddeutsches Tiefland

Zwischen den Küsten von Nord- und Ostsee und dem Mittelgebirgsrand liegt das Norddeutsche Tiefland. Seine Oberfläche wurde von den Gletschern der einige zehn- bis hunderttausend Jahre zurückliegenden Eiszeiten geformt. Das Norddeutsche Tiefland ist nicht völlig eben oder eintönig, sondern von Hügeln, Talzonen und Seengebieten (»Holsteinische Schweiz«, Mecklenburgische Seenplatte) unterbrochen. Das Tiefland greift mit weiten Buchten in das Mittelgebirge ein: der Niederrheinischen Bucht (mit der Kölner Bucht), der Münsterländer Bucht und der Leipziger Bucht. Mit ihren fruchtbaren Lößböden sind diese Tieflandsbuchten bevorzugte Siedlungs- und Wirtschaftsgebiete, ebenso das nördliche Harzvorland zwischen Hannover und Magdeburg.

Vor dem fruchtbaren Marschlandstreifen der Nordseeküste erheben sich aus dem flachen Wattenmeer zahlreiche Inseln. Zu den bekanntesten gehören Sylt und Norderney. Fünfzig Kilometer vor der Nordseeküste ragt der rote Felsen von Helgoland aus dem Meer.

Die Ostseeküste ist teils sandige Flachküste, teils felsige Steilküste, von seichten Buchten und schmalen Landzungen begleitet. Rügen, die größte deutsche Insel, ist ihr vorgelagert.

### Mittelgebirgszone

Im Gebiet der waldreichen deutschen Mittelgebirge wechseln Hochflächen, Berglandschaften mit zum Teil vulkanischen Formen, Graben- und Beckenlandschaften.

Im Südwesten Deutschlands erhebt sich entlang der klimatisch begünstigten Oberrheinischen Tiefebene der Schwarzwald, der im Feldberg bis auf 1493 m ansteigt. Wie die Stufen einer Treppe erstreckt sich östlich des Schwarzwaldes das Schwäbisch-Fränkische Stufenland mit meist fruchtbaren, dichtbesiedelten Becken und den rauhen Hochflächen der Schwäbisch-Fränkischen Alb, die mit einer rund 400 m hohen Steilstufe aufragt. Im Osten wird diese Landschaft durch die Bergzüge des Bayerischen Waldes (Großer Arber 1456 m), des Böhmerwaldes und des Oberpfälzer Waldes begrenzt.

Im Westen erheben sich rechts und links des Rheins die bergigen Landschaften Hunsrück, Taunus, Eifel und Westerwald. Im Osten ragt aus dem Tiefland als massiver Gebirgsblock der bis über 1100 m hohe Harz heraus, der ebenso wie Thüringer Wald, Fichtelgebirge, das steil

**Die Oker** (oben) entspringt im Harz, einem weit nach Norden vorgeschobenen Schollengebirge, das im Granitmassiv des Brocken 1142 m hoch ist. Die Oker wird unterhalb von Altenau durch die 1956 vollendete Okertalsperre aufgestaut.

**Der Schwarzwald** (links) hat seinen Namen von dem dichten Nadelwaldbestand, der die Granit- und Sandsteinhöhen bedeckt. Der Schwarzwald liegt im Südwesten Deutschlands und ist ein im Sommer und Winter beliebtes Fremdenverkehrsgebiet.

# DEUTSCHLAND

**Die Landschaftsformen Deutschlands** *(links)* umfassen das ausgedehnte Flachland der Norddeutschen Tiefebene mit vielen Seen sowie die bewaldeten Hochflächen und Gipfel der zentralen Mittelgebirge und der Mittelgebirge in Süddeutschland, wie den Schwarzwald. Im Süden bilden die nördlichen Kalkalpen einen Teil von Europas größtem Gebirgssystem. Die Norddeutsche Tiefebene nimmt die größte Fläche des Landes ein. Sie liegt nur an wenigen Stellen höher als 90 m über dem Meeresspiegel. Wichtige Flüsse sind Elbe, Ems, Main, Neckar, Oder, Rhein und Weser; die Donau entspringt im Schwarzwald und verbindet Süddeutschland mit Südosteuropa. Aufgrund der Meeresnähe hat Deutschland ein im allgemeinen mildes Klima mit Niederschlägen zu allen Jahreszeiten.

**Die Lüneburger Heide** *(unten links)* in der Norddeutschen Tiefebene ist ein beliebtes Erholungsgebiet. Die ursprünglich vorherrschende Heide ist heute großenteils Aufforstungen und Ackerflächen gewichen; ein Teil steht unter Naturschutz.

**Die Kreidefelsen der Steilküste** bei Stubbenkammer *(oben)* auf Rügen, der größten deutschen Insel, erreichen Höhen von über 100 m. Dank der abwechslungsreichen Küste sind auf der Ostseeinsel Rügen zahlreiche Seebäder entstanden.

nach Böhmen abfallende Erzgebirge und das Lausitzer Bergland abwechslungsreiche und der Erholung dienende Landschaften in diesem Teil Deutschlands bietet.

Zwischen dem Rheinland im Westen und Thüringen im Osten erstreckt sich das bis 600 m hohe hessische Mittelgebirgsland. Alte Handelsstraßen (z. B. die Salzstraße) umgehen die ehemals vulkanisch aktiven Höhen von Vogelsberg und Rhön, durchziehen das Hessische Bergland und führen durch den Leinegraben bzw. durch das Weserbergland ins Norddeutsche Tiefland.

## Alpen und Alpenvorland

Der deutsche Anteil an den Alpen beschränkt sich auf die zu den Nördlichen Kalkalpen gehörenden Allgäuer (Hochfrottspitze, 2649 m), Bayerischen (Zugspitze, 2962 m) und Berchtesgadener Alpen (Watzmann, 2713 m). In diesen Gebieten sind Hochgebirgsformen mit felsigen Spitzen, Graten und steil abfallenden Wänden charakteristisch. Eingebettet in diese alpine Landschaft liegen eiszeitliche Karseen wie der 5,2 km² große und bis 189 m tiefe Königssee südlich von Berchtesgaden.

Den Alpen vorgelagert ist eine weite, hügelige Hochebene, das Alpenvorland. Es fällt von rund 800 m am nördlichen Alpenrand sanft nach Norden und Nordosten zur Donauebene hin bis unter 300 m Höhe ab.

# DEUTSCHLAND: VOLKSSTÄMME

1 Erzgebirge
2 München
3 Landshut
4 Bad Hersfeld
5 Thüringen
6 Hameln

Deutsche Stämme, die sich bis in die Gegenwart sprachlich, kulturell und zum Teil auch politisch voneinander abgrenzen, gab es über den Bereich des heutigen deutschen Staates hinaus schon lange bevor es »Deutsche« gab.

Der Begriff »deutsch« geht auf Karl den Großen zurück. In den (lateinisch geschriebenen) Urkunden seiner Zeit ist von einer »lingua theodisca« oder »theudisca« die Rede, die als »Volkssprache« der »lingua Romana« gegenübergestellt wird, der Sprache Roms, in der das Reich verwaltet, die christliche Botschaft verkündigt und Recht gesprochen wurde. Der Wunsch Karls des Großen, dem Volk (gotisch »thiuda«, germanisch »theuda«) solle Recht, Gesetz und Glaubenslehre in seiner eigenen Sprache nahegebracht werden, steht also am Anfang der Entwicklung einer deutschen Sprache, die als Hochsprache über den Dialekten der überregionalen Verständigung dienen sollte. Aus der sprachlichen Einheit entwickelte sich das Gemeinschaftsbewußtsein, ein Volk zu sein. Dies widersprach nicht dem individuellen Zugehörigkeitsgefühl dem einzelnen Stamm gegenüber, sondern ergänzte es. Zum deutschen Volk gehörten – mit Ausnahme der Langobarden und der Friesen – alle Westgermanen des Kontinents: Franken, Sachsen, Thüringer, Alemannen und Bayern.

Die deutsche Sprache veränderte sich in zwei Lautverschiebungen: aus dem Althochdeutschen der Karolingerzeit (ca. 750–1050) wurde das Mittelhochdeutsche der Stauferzeit (ca. 1050–1350), aus dem dann das Neuhochdeutsche entstand. Seinen großen Durchbruch erlebte die neue Sprache mit der Bibelübersetzung Martin Luthers (1483–1546). Es ist allerdings anzumerken, daß es sich beim Hochdeutschen über die Jahrhunderte hinweg vor allem um eine Schriftsprache gehandelt hat, neben der die Dialekte der einzelnen Stämme als Umgangssprache erhalten blieben.

Heute haben moderne Verkehrs- und Kommunikationsmittel dafür gesorgt, daß das Hochdeutsche zur Standardsprache wurde. Dennoch, in vielen Regionen der Bundesrepublik Deutschland leben die alten Dialekte weiter und werden als Umgangssprache benutzt. Der beträchtliche Unterschied der einzelnen Dialekte führt dazu, daß beispielsweise Norddeutsche in Bayern oder Baden der »normalen« Konversation der Einheimischen häufig nicht folgen können. Aber nicht nur in der Sprache unterscheiden sich die deutschen Regionen. Ihre Besonderheiten werden gepflegt, und landschaftliche Kulturvereine, die sich der Bewahrung regionaler Trachten, Tänze und des Brauchtums verpflichtet fühlen, haben verstärkt Zulauf.

## Volksfeste

Die im alten »Volksglauben« wurzelnden Bräuche und die bäuerlichen Gepflogenheiten rund um Saat und Ernte, ländliche Hauswirtschaft und Gemeindeleben sind nur noch in kümmer-

**Maifeiern** gehen vielfach auf alte Traditionen zurück, wie die Errichtung des Maibaums *(oben)*. In Bayern ist jedes Dorf stolz auf seinen eigenen Maibaum, der traditionell in den bayerischen Farben Weiß und Blau und oft auch mit Figuren geschmückt ist.

**Eine Gruppe von jungen Bayerinnen** *(rechts)*. In ländlichen Gegenden tragen noch viele Bayern an Sonn- und Feiertagen ihre herkömmlichen Trachten.

lichen Formen erhalten geblieben. Zahlreichen Sitten aus dem Umfeld der Handwerker und ihrer Zünfte ist es ähnlich ergangen, wenngleich zuweilen Handwerker anzutreffen sind, die den Traditionen ihrer Zunft entsprechend die ersten Gesellenjahre »auf der Walz«, d. h. auf Wanderschaft verbringen und ihre berufliche Erfahrung vergrößern. Im Erzgebirge (1) und im Vogtland wird in Umzügen, Trachten und Liedgut die alte, vom Bergbau geprägte Geschichte dieser Mittelgebirgslandschaft lebendig.

Geblieben sind die großen Volks- und Erinnerungsfeste von überregionaler Bedeutung, wie das Oktoberfest in München (2), die Fürstenhochzeit in Landshut (3) oder das Lullusfest in Bad Hersfeld (4), geblieben sind die Bergfeste im Süden und die Schützenfeste im Norden der Republik. Als sehr lebendig erwiesen hat sich – auch außerhalb der Karnevalshochburgen Köln, Mainz und München – das Fastnachtsbrauchtum vor allem im Südwesten Deutschlands sowie die traditionellen Kinderfeste, mit denen um die Pfingstzeit der Sommer begrüßt oder um die Jahreswende herum der Winter herausgefordert wird. Im katholisch geprägten Süden ergänzen Prozessionen, Wallfahrten, Leonhardiritte und verwandte Bräuche das bunte Bild althergebrachter Feste. In Thüringen (5) wird nach traditioneller Art die »Thüringer Kirmes« gefeiert, und auch die alten Hochzeitsbräuche haben sich erhalten.

# DEUTSCHLAND

**Bei einem Hochzeitszug** *(ganz unten)* tragen die Sorben ihre reichverzierten Trachten. Diese ethnische Minderheit siedelt an der Spree in der Ober- und Niederlausitz und hält ihre Sprache und ihren traditionellen Lebensstil noch weitgehend aufrecht.

**Bei der Alemannischen Fastnacht** in Südwestdeutschland *(unten)* sieht man viele, zum Teil schreckenerregende handgeschnitzte Masken, die manchmal noch heidnische Vorbilder haben; mit ihnen soll der Winter vertrieben werden.

**Der Rattenfänger von Hameln** *(6, links)* führt die Kinder aus der Stadt. Zur Erinnerung an die berühmte Sage finden in Hameln von Mai bis September jeden Sonntag die Rattenfängerspiele statt. Das Verschwinden der Kinder im Jahre 1284 wird oft mit der deutschen Ostsiedlung in Zusammenhang gebracht, man zieht auch Seuchen oder Naturkatastrophen in Betracht. Andere Forscher verbinden das Ereignis mit dem unseligen Kinderkreuzzug 1212, bei dem Tausende von Kindern umkamen.

# DEUTSCHLAND: DER SÜDEN

1 Bayern
2 Baden-Württemberg
3 Hessen

## Bayern

Der Freistaat Bayern nimmt die gesamte Osthälfte Süddeutschlands ein. Er grenzt im Süden an Österreich und im Osten an die Tschechische Republik. Seine landschaftlichen Reize – die Bergwelt der Alpen, die Seen im hügeligen Alpenvorland, der Bayerische Wald – ebenso wie seine an Kulturdenkmälern und Sehenswürdigkeiten reichen Städte machen Bayern zu einem der beliebtesten Touristenziele.

Mitten im Alpenvorland liegt die Landeshauptstadt München, seit Kriegsende zur Millionenstadt herangewachsen und früher von manchen »Deutschlands heimliche Hauptstadt« genannt. Das Tal der Donau trennt das Alpenvorland von der Fränkischen Alb. Südlich der Donau wird das kulturelle und wirtschaftliche Leben außer von München besonders von der alten Reichsstadt Augsburg bestimmt. Nördlich der Donau sind es die ehemalige Freie Reichsstadt Regensburg, die Bischofsstädte Würzburg und Bamberg, die Wagner-Stadt Bayreuth und vor allem die Metropole Frankens, die alte Reichsstadt Nürnberg, die kulturell und wirtschaftlich den Ton angeben.

Die nördlichen Bezirke Bayerns sind stärker industrialisiert als der Süden des Landes, wenn man von München, Augsburg und Ingolstadt absieht. Im Vordergrund steht die Verarbeitungs- und Veredlungsindustrie. Andere wichtige Industriezweige sind die elektrotechnische und Textilindustrie, der Maschinen- und Fahrzeugbau und die chemische Industrie. Besondere Erwähnung verdient das berühmte bayerische Bier. Land- und Forstwirtschaft prägen weite Teile Bayerns, besonders die Alpen und das Alpenvorland.

Bayern ist eines der ältesten und beständigsten deutschen Länder. Fast ein Dreivierteljahrtausend (1180–1918) wurde es von der Dynastie der Wittelsbacher regiert. Voll Stolz auf ihre lange Geschichte verteidigen die Bayern zäh ihre Selbständigkeit gegenüber der Zentralgewalt. Um nur eine von vielen Besonderheiten zu nennen: Der Freistaat Bayern stellt als einziges Bundesland an seinen Grenzen eigene Grenzpfähle auf.

## Baden-Württemberg

Baden-Württemberg grenzt im Westen an Frankreich und im Süden an die Schweiz, wobei größtenteils der Rhein die Grenze bildet. Entlang der Oberrheinischen Tiefebene erhebt sich der Schwarzwald, ein waldreiches Mittelgebirge, das dank seines gesunden Höhenklimas und seiner Mineralquellen ein beliebtes Erholungsgebiet ist. Im Süden reicht Baden-Württemberg bis zum Bodensee, dem »Schwäbischen Meer«. Neben dem Rhein und der Donau ist der Neckar der wichtigste Fluß Baden-Württembergs. Inmitten des Neckarbeckens liegt die Landeshauptstadt Stuttgart, wirtschaftlicher und kultureller Mittelpunkt des südwestlichen Bundeslandes.

**Ein Grenzposten** *(oben)* in den Bayerischen Alpen nahe der Zugspitze. Als einzigem deutschen Bundesland ist es dem Freistaat Bayern gestattet, eigene Grenzposten aufzustellen.

**Die Zugspitze** *(rechts)* erhebt sich majestätisch über Garmisch-Partenkirchen. Mit 2962 ist sie der höchste Gipfel der Bundesrepublik Deutschland. Die Alpenlandschaft zieht im Winter wie im Sommer viele Besucher an.

**Das Schwarzwaldhaus** *(oben)* vereint Wohn- und Wirtschaftsräume unter einem ausladenden Dach. Benannt nach den dichten, dunklen Tannenwäldern, die seine Berghänge überziehen, ist der Schwarzwald Ursprungsort vieler Sagen und Märchen.

**Eine Bierwirtschaft** *(rechts)* im Kloster Andechs südwestlich von München. Seit der Klostergründung 1455 wird hier Bier gebraut. Hochwertiges, aus hier wachsendem Hopfen gebrautes Bier ist eines der bekanntesten Erzeugnisse Bayerns.

# DEUTSCHLAND

Baden-Württemberg gehört zu den Ländern, deren Wirtschafts- und Finanzkraft über dem Bundesdurchschnitt liegt. Von allen Bundesländern hat es den höchsten Industrialisierungsgrad. Die Industrie ist breit gefächert. Zentren sind Mannheim, Karlsruhe, Pforzheim, Heilbronn, Stuttgart und Ulm. Einige Erzeugnisse genießen Weltruf, wie die Autos von Daimler-Benz (Mercedes) und Porsche, Pforzheimer Schmuck, Schwarzwälder Uhren, aber auch Produkte der Elektronik, Feinmechanik, Chemie und Optik. Die Landwirtschaft ist gleichfalls ein wichtiger Wirtschaftsfaktor. Viele Landwirte haben sich auf Rinderhaltung spezialisiert. Neben Getreide wird Obst, Gemüse, Tabak und Wein angebaut.

Baden-Württemberg ist das einzige Bundesland, das sein Dasein einer Volksabstimmung verdankt. Bei Kriegsende 1945 hatten die Besatzungsmächte aus den alten Ländern Baden und Württemberg zunächst drei Länder gebildet, doch 1951 stimmte die Bevölkerung mit großer Mehrheit für ihren Zusammenschluß.

**Hessen**

Das Bundesland Hessen liegt in der Mitte Deutschlands. Zwischen den Bergländern Odenwald und Taunus breitet sich die Rhein-Main-Ebene aus, wo sich mit der Metropole Frankfurt als europäisches Finanzzentrum einer der bedeutendsten Wirtschaftsräume Deutschlands entwickelt hat. Hier treffen sich Autobahnen, Eisenbahnen und Schiffahrtswege, und der Frankfurter Flughafen ist eine Drehscheibe des europäischen Luftverkehrs. Das Schwergewicht der industriellen Produktion liegt auf den Bereichen Chemie, Elektrotechnik, Gummi- und Lederwaren, Maschinen- und Automobilbau. Ein weiteres Industriezentrum mit Maschinen- und Automobilbau hat sich um Kassel in Nordhessen gebildet.

Im oberen Lahntal liegen die Universitätsstädte Marburg und Gießen sowie die Stadt Wetzlar, die vor allem durch ihre optische Industrie bekannt ist. Am Taunusrand entspringen viele Mineralquellen, an denen Heilbäder entstanden sind. Die Landeshauptstadt Wiesbaden ist das bedeutendste Heilbad. In den zum Teil lößbedeckten, fruchtbaren Senken nördlich des Mains wird Getreide-, Gemüse- und Zuckerrübenanbau betrieben; in den höheren Berglagen dominiert die Wald- und Viehwirtschaft. Die Bergstraße südlich von Darmstadt und der Rheingau gehören zu den besten deutschen Obst- und Weinbaugebieten.

In der deutschen Geschichte hat Hessen als Land nur kurze Zeit eine wichtige Rolle gespielt, nämlich im 16. Jahrhundert, als der hessische Landgraf Philipp der Großmütige einer der politischen Führer der Reformation wurde. Vorher und nachher war es fast immer territorial zersplittert. Erst nach dem Zweiten Weltkrieg wurden die alten hessischen Gebiete zum Land Hessen vereinigt.

# DEUTSCHLAND: MÜNCHEN

Kaum eine andere deutsche Großstadt hat so viele Gesichter und weckt so viele Erwartungen wie München. »Weltstadt mit Herz«, »heimliche Hauptstadt Deutschlands«, »Millionendorf« sind nur einige von zahlreichen Namen, die versuchen, das Flair und die Bedeutung der bayerischen Hauptstadt einzufangen.

### Die alte Stadtanlage

Münchens Geschichte begann mit einem Gewaltstreich Heinrichs des Löwen, der – nach Zerstörung des Marktes Oberföhring – 1158 auf eigenem Territorium die Siedlung »Munichen« gründete. Der Name »Munichen« (»zu den Mönchen«) weist auf eine klösterliche Wurzel hin. Die alte Stadtanlage Heinrichs des Löwen ist noch heute im Grundriß als Kern der Innenstadt erkennbar. Die Pfarrkirche Sankt Peter, die älteste Kirche Münchens, die Frauenkirche (Dom »Zu Unserer Lieben Frau«), das Alte und das Neue Rathaus sowie der Alte Hof, die Burg der Wittelsbacher, bezeichnen diesen Stadtkern um den Marienplatz.

Im 12. Jahrhundert kam München unter die Herrschaft der Wittelsbacher, die dort bis 1918 residierten und das Bild der Stadt entscheidend prägten. Besonders unter dem baulustigen Bayernkönig Ludwig I. (1786–1868) erlebte München eine große kulturelle Blüte. In dieser Zeit entstanden monumentale Bauwerke wie Anbauten zur Residenz der Wittelsbacher im Stil des Klassizismus, die Propyläen, die Ruhmeshalle mit der Kolossalstatue der Bavaria sowie der Ausbau der Ludwigstraße.

Zu den Glanzpunkten Münchens zählt auch das prunkvolle Schloß Nymphenburg mit Marstallmuseum und Amalienburg. Einst vor den Toren der Stadt inmitten einer weitläufigen Parkanlage als Sommerresidenz der bayerischen Herrscher erbaut, bildet die Schloßanlage heute mit ihren weitläufigen Parks, Wasser- und Rasenflächen eine stille Oase inmitten der lärmenden Großstadt.

### Die moderne Metropole

Die ideale Lage der Stadt zum Feriengebiet des Voralpenlandes – einer Landschaft, die zum Baden, Segeln, Surfen, Skifahren und Wandern einlädt – sowie das lebhafte kulturelle und künstlerische Leben tragen erheblich zu Münchens Beliebtheit bei. Der hohe Freizeitwert der Stadt erleichterte Anfang der 1970er Jahre den Zuzug von jungen hochqualifizierten Wissenschaftlern, Ingenieuren und Computer-Spezialisten. Heute ist das sogenannte Isar Valley ein Zentrum der High-Tech-Landschaft in der Bundesrepublik Deutschland. Aber auch der Fahrzeug- und Maschinenbau, Versicherungen und Banken sowie Medien- und Modemacher tragen zur wirtschaftlichen Prosperität Münchens bei.

Aber die Münchener verstehen nicht nur zu arbeiten, sondern auch zu entspannen und zu feiern. Dafür bietet die Stadt eine gelungene

**Die zweitürmige Frauenkirche** (»Dom zu Unserer Lieben Frau«), ein spätgotischer Backsteinbau aus dem 15. Jahrhundert ist das Wahrzeichen Münchens *(rechts)*. Die Frauenkirche erkennt man leicht an den zwei markanten Kuppelhauben. Der Marienplatz mit dem neugotischen Neuen Rathaus, das zwischen 1867 und 1908 erbaut wurde, liegt im Zentrum der Altstadt. In dem 80 m hohen Turm befindet sich ein sehenswertes Glockenspiel. Der historische Stadtkern wurde nach den schweren Zerstörungen im Zweiten Weltkrieg wieder sorgfältig restauriert.

**Das Münchner Oktoberfest** *(unten)*, ein riesiges Bier- und Volksfest, zieht jedes Jahr Millionen von Besuchern an. Das erste Oktoberfest fand im Jahre 1810 statt, um die Heirat des bayerischen Kronprinzen zu feiern.

# DEUTSCHLAND

**München** *(rechts)* liegt an der Isar, nicht weit von den Bayerischen Alpen. Mit seiner breitgefächerten Wirtschaft und dem vielseitigen Kulturangebot verbreitet München Weltstadtatmosphäre und Kleinstadtcharme gleichermaßen. Mitte des 19. Jahrhunderts weitete sich München über die Grenzen des mittelalterlichen Stadtkerns aus. König Ludwig I., der von 1825 bis 1848 regierte, ließ die breite Ludwigstraße erbauen, die von wichtigen öffentlichen Gebäuden wie der Bayerischen Staatsbibliothek und der Ludwig-Maximilians-Universität gesäumt ist. Im Englischen Garten kann man sich heute vom hektischen Treiben des Großstadtlebens erholen. In der Alten und Neuen Pinakothek befinden sich berühmte Gemäldesammlungen, in der Glyptothek eine Sammlung antiker Skulpturen.

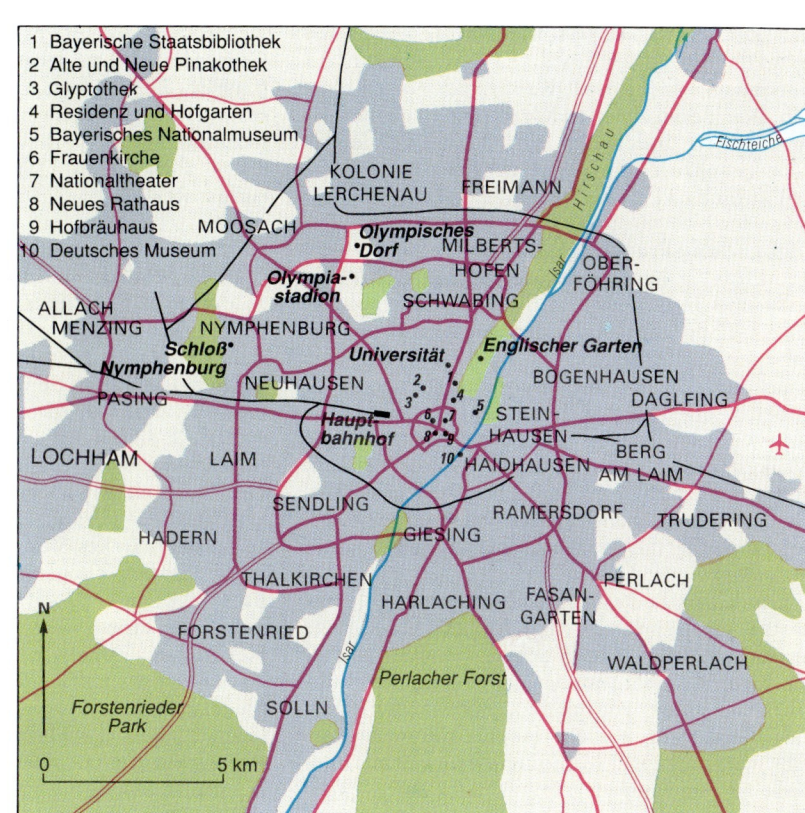

1 Bayerische Staatsbibliothek
2 Alte und Neue Pinakothek
3 Glyptothek
4 Residenz und Hofgarten
5 Bayerisches Nationalmuseum
6 Frauenkirche
7 Nationaltheater
8 Neues Rathaus
9 Hofbräuhaus
10 Deutsches Museum

**Der Münchner Olympiapark** *(oben)* mit Fernsehturm nordwestlich des Stadtzentrums war 1972 Schauplatz der Olympischen Sommerspiele. Auf dem weitläufigen Gelände finden im Sommer häufig Veranstaltungen unter freiem Himmel statt.

Mischung aus Urbanität und Urwüchsigkeit, aus sorgsam gewahrter Tradition und Modernität. Barocke Lebensfreude und bajuwarische Behaglichkeit prägen die Atmosphäre und gestalten das Leben unter dem weiß-blau-bayerischen Himmel äußerst facettenreich: Es findet im Künstler-, Studenten- und Vergnügungsviertel Schwabing statt, wo die Nächte kurz sind, und – solange die Sommersonne scheint – in den gemütlichen Biergärten bei einer »Brotzeit« und einer kühlen Maß Bier. Auch die zahlreichen Parks, besonders der Englische Garten, sowie die Isarauen sind beliebte Freizeitoasen für den streßgeplagten Großstädter. Im Herzen von München laden die Fußgängerzone rund um den Marienplatz mit dem mächtigen neugotischen Rathaus und seinem Glockenspiel sowie viele bunte Märkte – der älteste und größte ist der Viktualienmarkt – zum Einkaufen und Verweilen ein.

Aber auch die Kulturliebhaber kommen auf ihre Kosten: die Neue Pinakothek bietet eine große Sammlung moderner Kunst, während die Alte Pinakothek mit ihren großen Rubens- und Dürer-Sammlungen zu den bedeutendsten Gemäldegalerien Europas zählt; in der Glyptothek findet man eine Sammlung griechischer und römischer Plastiken. Das Deutsche Museum schließlich zeigt die Geschichte der Naturwissenschaften und Technik auf. Es ist weltweit das bedeutendste Museum dieser Art.

# DEUTSCHLAND: FRANKFURT AM MAIN

Zur Zeit Karls des Großen wurde Frankfurt erstmals urkundlich erwähnt (794); es kann auf eine lange Tradition als Kaiserstadt zurückblicken. Nach dem Zweiten Weltkrieg, der eine völlig zerstörte Innenstadt zurückließ, wurde das neue Frankfurt, die »Wirtschaftswunderstadt«, neu aufgebaut.

### »Boomtown« Frankfurt

Frankfurt ist heute eines der wichtigsten Handels- und Industriezentren der Bundesrepublik Deutschland und einer der bedeutendsten Finanzplätze Europas. Das Bankenviertel, eine imposante Skyline von Hochhäusern, deren Silhouette schon von weitem sichtbar ist, wurde zum Wahrzeichen des neuen »Mainhattan«. Die Wolkenkratzer wachsen um die Wette: Schlank und wuchtig zugleich, mit gläsernen Fassaden, die im Sonnenschein funkeln, haben diese Symbole wirtschaftlicher Macht ihre eigene Ästhetik entwickelt.

Frankfurts Bedeutung als Messestadt geht auf das 13. Jahrhundert zurück. Im Jahre 1240 hatte Kaiser Friedrich II. den Schutz der Frankfurter Herbstmesse übernommen, 1330 kam die Frühjahrsmesse hinzu, durch die die Stadt internationale Bedeutung erhielt. Heute kommen jedes Jahr weit über zwei Millionen Besucher aus aller Welt zu den rund vierzig internationalen Fachmessen, von denen die Frankfurter Buchmesse und die Internationale Automobilausstellung die wichtigsten sind.

Frankfurt ist ein Verkehrszentrum ersten Ranges. Der Rhein-Main-Flughafen ist der verkehrsreichste Flughafen auf dem europäischen Festland; er macht Frankfurt zu einer Drehscheibe des Weltluftverkehrs. Auch im Eisenbahn- und Straßenverkehr hat Frankfurt eine zentrale Funktion: Hier laufen viele Eisenbahnhauptstrecken (ICE-, Intercity-Züge) zusammen, im »Frankfurter Kreuz« treffen die Autobahnen von Kassel, Karlsruhe, Köln und Würzburg aufeinander.

### Historische Gebäude

Historische Mitte der Altstadt in der Nähe des Mains ist die Gegend um den Dom, der – obwohl nie Bischofssitz – seine Bezeichnung als Wahl- und Krönungsstätte deutscher Kaiser erhielt, und um den Römerberg. Dort steht eine Gruppe von rekonstruierten mittelalterlichen Bürgerhäusern – das traditionelle Wahrzeichen der Stadt. Namengebend ist das Haus »Römer«, eines der drei Patrizierhäuser mit den gotischen Staffelgiebeln, die vom Magistrat der Stadt gekauft und zum Rathaus umgebaut wurden. Im Kaisersaal hielten die deutschen Kaiser ihre Krönungsgelage ab.

In unmittelbarer Nähe befindet sich die Paulskirche, 1848/49 Sitz der Deutschen Nationalversammlung, heute ein Fest- und Ausstellungssaal. Alljährlich werden hier der Goethepreis der Stadt Frankfurt und der Friedenspreis des Deutschen Buchhandels verliehen. Nur wenige Schritte sind es von der Paulskirche zum Goethehaus. Das 1944 abgebrannte Geburtshaus des Dichters wurde in der Gestalt von 1756 restauriert und beherbergt seither das Goethemuseum mit originalgetreuen Zimmern, vor allem aber vielen Handschriften und Erinnerungsstücken.

### Kultur und Unterhaltung

Für den Kunstfreund bietet sich ein Besuch des Städelschen Kunstinstituts und der Städtischen Galerie an – mit Gemälden aus den verschiedensten Epochen. In unmittelbarer Nachbarschaft am Schaumainkai, dem Museumsufer, reiht sich eine Vielzahl von Museen auf.

Bei all dem Drang nach Größe und Bedeutung ist der Hang zum Provinziellen geblieben. Der Stadtteil Alt-Sachsenhausen ist sowohl Inbegriff der »Frankfurter Gemütlichkeit« als auch touristisches Vergnügungsviertel. In dieser mittelalterlich-kleinstädtischen Umgebung aus Fachwerkhäusern trifft man sich traditionsgemäß zu einem Glas »Ebbelwoi« (Apfelwein). Neben den »Ebbelwoi«-Kneipen haben sich hier als Kontrast zahlreiche Bars, Discos und Pubs niedergelassen. Auch die vielen Parks und Grünanlagen, die Mainuferpromenade, der Palmengarten (Botanischer Garten), der Zoo und die günstige Lage zwischen Taunus und Spessart bieten vielseitige Möglichkeiten, der Großstadthektik zu entfliehen.

**Die Alte Oper** (oben) am Anfang der Fußgängerzone wurde im 19. Jahrhundert (1873–1880) erbaut. Nachdem sie unter großem Kostenaufwand umgebaut worden war, wurde sie Mitte der 1980er Jahre wiedereröffnet und dient nun als Kongreß- und Konzerthalle. Der Frankfurter Stadtrat investiert eine beträchtliche Summe in kulturelle Einrichtungen – so z. B. in die »Museumsmeile« am Mainufer –, um dem einseitigen Bild als Finanz- und Messezentrum Deutschlands entgegenzuwirken.

**Trümmer der Frankfurter Innenstadt** (rechts) durch das Gitterfenster eines Ladens gesehen. Dieses Bild entstand kurz nach dem Ende des Zweiten Weltkrieges. Während des Krieges wurde Frankfurt, bis dahin eine der prächtigsten mittelalterlichen Städte Deutschlands, fast gänzlich zerstört. Die Behörden beschlossen, die Stadt im Gegensatz zu vielen anderen zerstörten deutschen Städten nicht originalgetreu wiederaufzubauen, sondern sie stattdessen neu zu gestalten. Mit ihren zahlreichen Messen und ihrem Kulturangebot zieht heute die Mainmetropole Frankfurt jährlich Millionen Besucher an.

# DEUTSCHLAND

**Einen herrlichen Blick** *(links)* über das alte und neue Frankfurt hat man vom 95 m hohen Turm des Doms. Die drei wiederhergestellten Giebel des »Römers«, des aus mehreren Patrizierhäusern zusammengewachsenen Alten Rathauses, ragen zwischen den umliegenden neueren Gebäuden hervor *(im Bild vorne)*. Das mit 259 m höchste Hochhaus Europas, der Büroturm der Commerzbank, einer der vielen Banken, die ihren Hauptsitz in dieser Stadt haben, beherrscht die Skyline dieser modernen Stadt.

**Die Frankfurter Buchmesse** *(oben)* ist nur eine der zahlreichen internationalen Messen, die hier jährlich abgehalten werden. Die Lage Frankfurts, Schnittpunkt von Luft-, Schienen- und Straßenverkehr, macht die Stadt zu einem idealen Tagungsort.

**Frankfurt, das Zentrum des deutschen Bankwesens** *(rechts)*, liegt am Main; die Stadt hat eine Bevölkerung von fast 650 000 Einwohnern. Die wichtigsten Sehenswürdigkeiten finden sich im Stadtzentrum am Nordufer des Mains. Der »Römer« – das Rathaus – wurde im 15. Jahrhundert erbaut; das Geburtshaus des Dichters Johann Wolfgang von Goethe (1749–1832) ist heute Museum. In der Paulskirche versuchten die Führer der Revolution von 1848 bis 1849 vergeblich, eine demokratische Verfassung durchzusetzen. Am Südufer des Mains, am Schaumainkai, liegt Frankfurts »Museumsmeile«.

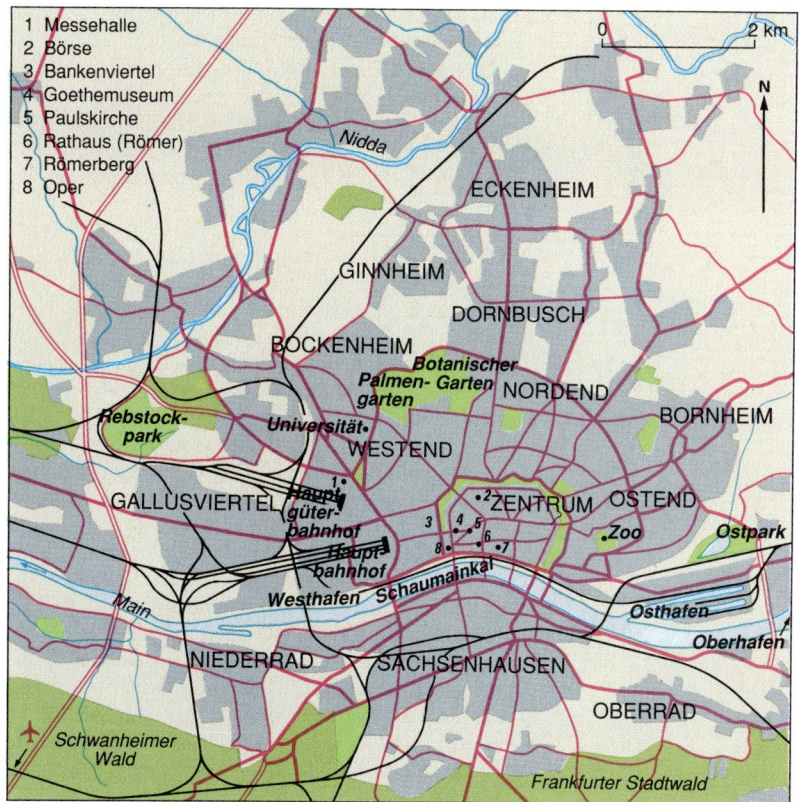

# DEUTSCHLAND: DER WESTEN

1 Nordrhein-Westfalen
2 Rheinland-Pfalz
3 Saarland

### Nordrhein-Westfalen

Nordrhein-Westfalen hat gemeinsame Grenzen mit Belgien und den Niederlanden. Es ist das bevölkerungsstärkste Bundesland. Die Kernzone der rheinisch-westfälischen Industrielandschaft ist das Ruhrgebiet, eines der reichsten Steinkohlenreviere der Welt, das lange Zeit einseitig durch Kohle-, Stahl- und Eisenerzeugung geprägt war. Inzwischen haben sich auch andere Industriezweige angesiedelt: Betriebe der elektronischen, chemischen, Kunstfaser- und Farbenindustrie, der Aluminiumverhüttung und Mineralölverarbeitung. Daneben gibt es Textil- und Automobilindustrie, Maschinenbau, Zement- und Glaswerke sowie Großbrauereien. Zwischen Köln und Bonn, im Höhenzug der Ville, wird das zweitgrößte Braunkohlenvorkommen Deutschlands im Tagebau abgebaut.

Nordöstlich des Ruhrgebiets erstreckt sich bis zum Teutoburger Wald die Münsterländer Bucht. Hier wie auch in den angrenzenden Landschaften dominiert die Landwirtschaft mit dem Anbau von Weizen, Gerste und Zuckerrüben, kombiniert mit Rinderhaltung, Schweinemast und Pferdezucht. Die waldreichen Bergländer des Sauerlandes, des Siegerlandes, des Bergischen Landes und der Nordeifel im Süden von Nordrhein-Westfalen sind als Erholungsgebiete geschätzt und für die Trinkwasserversorgung der Industrieballungen an Rhein und Ruhr lebenswichtig.

Ein engmaschiges Verkehrsnetz verbindet die vielen Großstädte miteinander. Südlich von Köln, ebenfalls am Rhein, liegt Bonn, das von 1949 bis zur Wiedervereinigung Hauptstadt der Bundesrepublik Deutschland war.

Das Land Nordrhein-Westfalen wurde 1946 aus Gebieten gebildet, die seit dem Beginn des 19. Jahrhunderts größtenteils zu Preußen gehörten, aber keine politische Einheit bildeten. 1947 wurde noch das Land Lippe eingegliedert.

### Rheinland-Pfalz

Das Bundesland Rheinland-Pfalz hat gemeinsame Grenzen mit Belgien, Luxemburg und Frankreich. Landschaftlich ist das Land zum größten Teil ein Berg- und Hügelland. Im Landschaftsbild der Eifel sind die vulkanisch entstandenen Maare – kreisrunde Kraterseen – eine auffallende Erscheinung. Die Täler von Rhein und Mosel sind bevorzugte Siedlungs- und Wirtschaftsgebiete. Die alten Römerstädte Koblenz, Trier, Worms und Mainz sowie die Städte Ludwigshafen und Kaiserslautern sind die Zentren des Bundeslandes. Das Mittelrheintal mit seinen vielen Burgruinen ist eine der schönsten deutschen Landschaften.

Rheinland-Pfalz ist die wichtigste Weinbauregion Deutschlands. Seine bekanntesten Weingebiete sind Rheinpfalz, Rheinhessen, Mosel-Saar-Ruwer, Nahe und Ahr. Als einziges Bundesland hat es einen Minister für Weinbau. In bedeutendem Maße ist die chemische Industrie vertreten.

Das Land Rheinland-Pfalz wurde 1946 aus bayerischen, hessischen und preußischen Landesteilen gebildet, die vorher noch nie zusammengehört hatten.

### Saarland

Von den Stadtstaaten abgesehen, ist das Saarland das kleinste Bundesland. Es liegt in Südwestdeutschland an den Grenzen zu Frankreich und Luxemburg. Mit diesen Ländern unterhält das Saarland bedeutsame Handelsbeziehungen. Die Wirtschaftszentren liegen im Tal der Saar. In einem schmalen Streifen zieht sich von Neunkirchen über Saarbrücken zum Waldgebiet des Warndt das Kohlenrevier. Mit der saarländischen Steinkohle wird Eisenerz aus Lothringen in Neunkirchen, Dillingen und Saarlouis zu Eisen und Stahl verhüttet. Daneben gibt es Metallverarbeitung, Maschinenbau, chemische, keramische und Glasindustrie.

Das Saarland wurde als politische Einheit 1920 durch den Friedensvertrag von Versailles geschaffen und der Verwaltung des Völkerbundes unterstellt. 1935 stimmte die saarländische Bevölkerung für die Rückkehr zum Deutschen Reich. Nach dem Zweiten Weltkrieg versuchte Frankreich, das Saarland schrittweise zu annektieren. Aufgrund der eindeutigen Willenskundgebung seiner Bürger wurde das Saarland am 1. Januar 1957 ein Land der Bundesrepublik Deutschland.

# DEUTSCHLAND

**Stahlwerk mit Schmelzöfen** des Thyssen-Unternehmens in Duisburg *(links)*. Das Thyssen-Werk gehört zu den größten Industrieanlagen Deutschlands und ist nach der Fusion mit Krupp/Hoesch-Stahl 1997 das größte Stahlunternehmen Europas.

**Der Kölner Dom St. Peter** *(unten)* mit seinen zwei 157 m hohen Türmen ist ein Meisterwerk gotischer Architektur. Er wurde im 19. Jahrhundert vollendet, 600 Jahre nach der Grundsteinlegung. Der fünfschiffige Basilikabau ist das Wahrzeichen der Stadt Köln.

**Fruchtbare Weinberge** begleiten den windungsreichen Lauf der Mosel durch Rheinland-Pfalz *(links)*. Das tief eingeschnittene Moseltal mit den engen Flußschleifen und berühmten Weinorten, wie Bernkastel-Kues und Kröv, gehört zu den schönsten Landschaften Deutschlands.

**Im neu gestalteten Rheinpark Bilk** liegt direkt am Rheinufer das futuristisch anmutende Gebäude des nordrhein-westfälischen Landtags in Düsseldorf *(oben)*, das von einer Architektengruppe entworfen wurde. Seit 1989 tagt an diesem Ort das Landesparlament.

# DEUTSCHLAND: DER RHEIN

»Der schönste Landstrich von Deutschland, an welchem unser großer Gärtner sichtbar con amore gearbeitet hat, sind die Ufer des Rheins von Koblenz bis Mainz, die wir auf dem Strom selbst bereist haben. Das ist eine Gegend wie ein Dichtertraum, und die üppigste Phantasie kann nichts Schöneres erdenken als dieses Tal, das sich bald öffnet, bald schließt, bald blüht, bald öde ist, bald lacht, bald schreckt.« Noch heute – 200 Jahre nachdem Heinrich von Kleist den Rhein so enthusiastisch beschrieb – zeigt sich dieser Strom von seiner reizvollsten Seite dem, der ihn mit dem Schiff befährt.

185 Stromkilometer liegen zwischen Köln und Mainz, zwei Städten, die seit 2000 Jahren miteinander in der Schönheit, Reichtum und Bedeutung rivalisieren. Beide sind aus römischen Kastellen entstanden, beide beinahe um die gleiche Zeit zu Bischofssitzen (313 bzw. 346) und zu Erzbistümern (782 bzw. 795) erhoben, beide berühmt für ihre Dome und Kirchen, ihre Universitäten und Museen, ihre Rheinbrücken und ihren Karneval. Die niederrheinische Tiefebene, deren Charakter bis über Köln hinaus die Landschaft zu beiden Seiten des Stromes prägt, geht bei Bonn in ein anmutiges Hügelgelände über, aus dem sich zur Linken das Siebengebirge erhebt, eine Kette erloschener Vulkane. Sein unmittelbar am Rhein gelegener »Drachenfels« bildet zusammen mit dem linksrheinischen Godesberg das »Tor zum rheinischen Paradies« (Paul Zaunert).

### Rheinmelancholie
Koblenz gibt sich heute so freundlich und weltoffen, wie es 1808 auf Dorothea Schlegel wirkte. »Man führt Goethes Lieder im Munde und liest die besten neuen Sachen mit Liebe, dabei ist man gesellig und freundlich und lebt heiter. Die Weiber sind meistens sehr hübsch, sogar schön; der Wein und das Brot ganz vortrefflich; die Luft durch die vielen Flüsse, die dort zusammentreffen, und durch das schützende Gebirge rein und mild [ . . . ]. Und die Gegend, die Gegend! welche Hügel, welche Täler und Felder und Wiesen, alte Burgen und Dörfer und Gewässer; welche Abwechslung und welche Übereinstimmung!«

Bei Koblenz münden Mosel und Lahn in den Rhein. Stromaufwärts von hier beginnt jener wildromantische Abschnitt des Stromes, den die meisten meinen, wenn sie vom Rhein schwärmen. »Der so viel gepriesene Rhein zwischen Bingen und Koblenz hat für mich immer etwas Dämonendunkles gehabt«, schreibt Karl Korn. »Es gibt eine sehr faszinierende Rheinmelancholie. Selbst die moderne Technik, die Schleppdampfer mit ihren Kähnen, die Brücken und die Schnellzüge, die an beiden Ufern wie Schlangen den Strom entlang huschen, haben den düsteren Genius loci nicht überwinden können [ . . . ]. Die Windungen des Tals geben immer aufs neue die Impression, daß man sich wie in einer Schlucht gefangen fühlt.«

**Der Mäuseturm** aus dem 13. Jahrhundert bei Bingen steht auf einer Felsklippe im Rhein *(oben)*. Dahinter ragt am rechten Rheinufer die ehemalige Mainzer Zollburg Ehrenfels auf. Seit 1855 diente der Mäuseturm als Signalturm für die Rheinschiffahrt.

**Die Drosselgasse in Rüdesheim** *(rechts)* ist wohl die touristisch berühmteste und beliebteste Straße am Rhein.

**Weinlese** *(unten).* An den Hängen des Rheintals reifen erlesene, von Kennern geschätzte Weine.

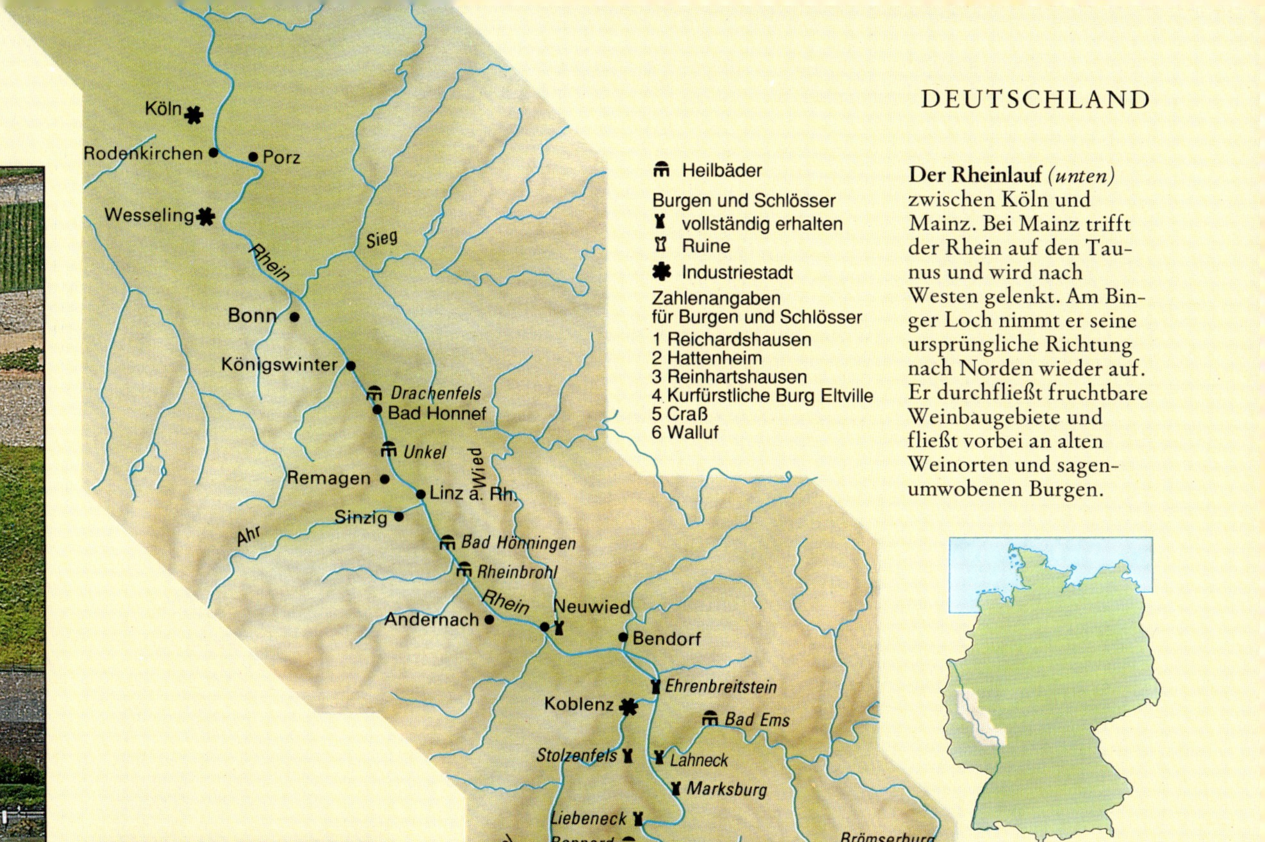

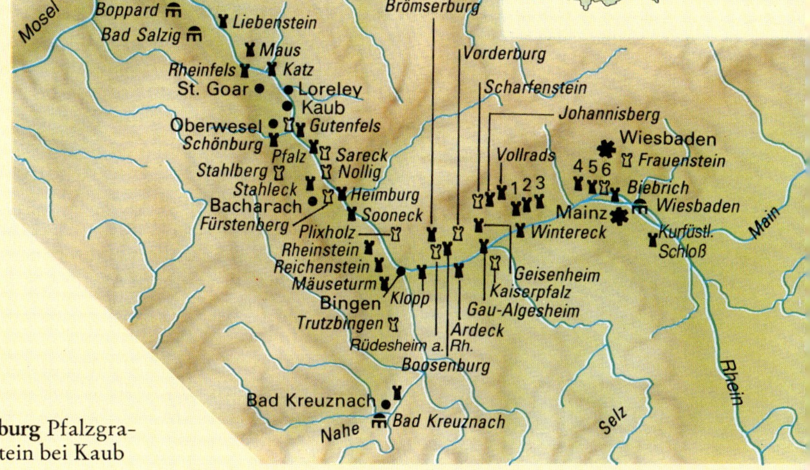

# DEUTSCHLAND

**Zollburg** Pfalzgrafenstein bei Kaub

**Der Rheinlauf** (unten) zwischen Köln und Mainz. Bei Mainz trifft der Rhein auf den Taunus und wird nach Westen gelenkt. Am Binger Loch nimmt er seine ursprüngliche Richtung nach Norden wieder auf. Er durchfließt fruchtbare Weinbaugebiete und fließt vorbei an alten Weinorten und sagenumwobenen Burgen.

Inbegriff aller Stätten der »Rhein-Romantik« ist die Loreley, jener sagenumwobene Felsen bei St. Goarshausen, der schon den jungen Clemens Brentano und Joseph von Eichendorff faszinierte, ehe er durch das 1823 entstandene Gedicht von Heinrich Heine, vertont von Friedrich Silcher, unsterblich wurde.

## Burgen- und Weinland

Im sogenannten Engtal des Rheins, der hier das rheinische Schiefergebirge durchschneidet, liegt der größte Teil der rund 60 Burgen, die zwischen Köln und Mainz einst vor allem zur Sicherung der Handelswege oder als Zollstationen erbaut wurden, oft »in so dichter Folge, daß auch der friedlichste Handelsherr die vielen durch den Rhein gelegten Ketten als übelste Belästigung und Wegelagerei ansehen mußte. Zahlreiche Zwingburgen fielen daher schließlich dem Zorn der Ausgeplünderten zum Opfer« (Theodor Müller-Alfeld). Zu denen, die übrigblieben, gehören Burg Stolzenfels und Lahneck, die Marksburg und die »feindlichen Brüder« Sterrenberg und Liebenstein, die von Ludwig dem Bayern auf einer Felseninsel im Rhein bei Kaub errichtete Pfalz und der Binger Mäuseturm, der im 13. Jahrhundert als Mautturm (Zollturm) auf die schmale Insel im Strom gesetzt wurde.

Zwischen Bingen und Mainz fließt der Rhein von Osten nach Westen. So ist zwischen Rüdesheim und Eltville eine Region entstanden, die, vor rauhen Nordwinden geschützt und von der Mittagssonne verwöhnt, die süßesten Trauben hervorbringt. Aus dem Riesling wird einer der feinsten deutschen Weißweine gewonnen. Als »Lustgarten der Natur« bezeichnete Kleist den Rheingau, und Goethe nannte ihn eine »gesegnete Gegend, die ein Gefühl von Wohlfahrt und Behagen erweckt«.

333

# DEUTSCHLAND: DER NORDEN

1 Niedersachsen
2 Schleswig-Holstein
3 Mecklenburg-Vorpommern

### Niedersachsen

Das Bundesland Niedersachsen nimmt den Nordwesten Deutschlands ein und grenzt im Westen an die Niederlande. Es reicht von der Nordseeküste mit den Ostfriesischen Inseln bis zur mitteldeutschen Gebirgsschwelle mit dem Weserbergland und dem westlichen Harz im Süden, vom Emsland im Westen bis zur Lüneburger Heide und zur Elbe im Osten. Neben Küsten-, Marsch-, Heide-, Moor- und Waldlandschaften hat Niedersachsen auch zwei große Binnenseen: Steinhuder Meer und Dümmer, die nur bis zu 4 m tief sind.

Niedersachsen gehört zu den wichtigsten landwirtschaftlichen Produktionsgebieten in Deutschland. Die niedersächsischen Bauern liefern hauptsächlich Getreide, Zuckerrüben, Futtermais und Kartoffeln. Die Viehwirtschaft ist hoch entwickelt. Bedeutung hat auch die Küsten- und Hochseefischerei.

Die Industrie hat ihre Schwerpunkte in den dichtbesiedelten Gebieten am Übergang zwischen Tief- und Bergland (Ballungsraum Hannover und Harzvorland) sowie in den Hafenstädten Emden (Fahrzeugmontage), Wilhelmshaven, dem größten deutschen Umschlagplatz für ausländisches Rohöl, und Cuxhaven (Fischverarbeitung). Große wirtschaftliche Bedeutung hat die Förderung von Erdöl und Erdgas im Emsland und im deutschen Nordseesektor. Die Landeshauptstadt Hannover, Standort der Expo 2000, hat sich als Messe- und Industriestadt in der Welt einen Namen gemacht. Wolfsburg, zwischen Lüneburger Heide und Harzvorland gelegen, ist Sitz des Volkswagenkonzerns. Touristische Ziele sind vor allem die Ostfriesischen Inseln, die Küstenseebäder, der waldreiche Harz und die Lüneburger Heide.

Niedersachsen umfaßt annähernd das Gebiet des mächtigen mittelalterlichen Herzogtums der Sachsen, das bereits im 12. Jahrhundert unterging. Der Name »Sachsen« ging durch dynastische Verschiebungen auf ein mitteldeutsches Land über. Im Unterschied dazu bürgerte sich für das alte sächsische Stammesgebiet der Name »Niedersachsen« ein. Das Land Niedersachsen wurde 1946 unter anderem aus der preußischen Provinz Hannover gebildet.

### Schleswig-Holstein

Das nördlichste Bundesland liegt zwischen Nord- und Ostsee. Es grenzt im Norden an Dänemark. Eider und Nord-Ostsee-Kanal trennen die Landesteile Schleswig im Norden und Holstein im Süden. Das Land besteht im Westen aus fruchtbarem Marschland, in der Mitte aus der sandigen Geest und im Osten aus einer kuppigen Hügel- und Seenlandschaft. Der Westküste ist eine 15 bis 30 km breite Wattenmeerzone vorgelagert, in der die nordfriesischen Inseln Sylt, Amrum und Föhr sowie die Halligen liegen. Zu Schleswig-Holstein gehört auch die steil aus der Nordsee aufragende Buntsandsteininsel Helgoland.

**Das Schweriner Schloß,** auf einer Insel im Schweriner See gelegen *(rechts),* ist Sitz des Landtags des Bundeslandes Mecklenburg-Vorpommern. Das Schloß wurde Mitte des 19. Jahrhunderts im Stil der Neorenaissance gebaut; im Bild links das Staatstheater.

**Der wettergegerbte friesische Fischer** *(oben)* gehört zu jenem rauhen Menschenschlag, der im Kampf mit den Naturgewalten der Nordsee lebt.

# DEUTSCHLAND

Der östliche Küstenbereich ist stark gegliedert und bietet ausgezeichnete Naturhäfen, denen Flensburg, die Landeshauptstadt Kiel und die alte Hansestadt Lübeck ihre Entstehung verdanken. Von den Ostseehäfen führen Fährverbindungen nach Dänemark, Norwegen, Schweden, Finnland, Rußland und Lettland. Die kürzeste Verkehrsverbindung zwischen Deutschland und Skandinavien ist die sogenannte Vogelfluglinie über den Fehmarnbelt. Der Nord-Ostsee-Kanal, einer der meistbefahrenen Seeschiffahrtskanäle der Welt, verbindet die Unterelbe mit der Kieler Förde.

Die Landwirtschaft – besonders Rinderhaltung und Schweinemast – prägt das Landschaftsbild Schleswig-Holsteins. Die Ostseehäfen werden von der Fischerei und der Werftindustrie beherrscht. Die Bäder an der Nord- und Ostsee sowie die »Holsteinische Schweiz« sind ganz auf Fremdenverkehr eingestellt.

Schleswig-Holstein war ein Jahrtausend lang Streitobjekt zwischen Deutschen und Dänen. 1864 kam es nach dem Deutsch-Dänischen Krieg zum Deutschen Bund und wurde 1866 preußische Provinz. Die überwiegend dänische Bevölkerung im Nordteil Schleswigs entschied sich 1920 für den Anschluß an Dänemark, Südschleswig verblieb bei Deutschland. 1946 erhielt Schleswig-Holstein den Status eines selbständigen Bundeslandes.

## Mecklenburg-Vorpommern

Das Bundesland mit der geringsten Bevölkerungsdichte erstreckt sich von der Ostseeküste südwärts über fruchtbare, von Buchenwäldern durchsetzte Niederungen zum meist sandigen Hügelland des Nördlichen Landrückens mit der Mecklenburgischen Seenplatte. Es dominiert die Landwirtschaft. Hauptanbaufrüchte sind Gerste, Weizen, Grünfutter, Ölfrüchte, Zuckerrüben, Roggen und Kartoffeln. Auf den weiten Grünflächen, zunehmend aber auch in Großstallanlagen, wird Viehzucht betrieben.

Wichtige Wirtschaftszweige sind Schiff- und Maschinenbau, Lebensmittelverarbeitung und der Tourismus. Über die Häfen Rostock, Wismar und Stralsund wird der Seehandel abgewickelt.

Die Ostseeküste einschließlich der Inseln Rügen und Hiddensee mit zahlreichen Seebädern sowie die Mecklenburgische Seenplatte mit ihren über 650 Seen (unter anderem Müritz, Schweriner See, Plauer See, Kummerower See) sind beliebte Erholungsgebiete, besonders der Berliner.

Mecklenburg entstand 1934 durch Vereinigung der ehemaligen Großherzogtümer und späteren Freistaaten Mecklenburg-Schwerin und Mecklenburg-Strelitz. Nach Kriegsende 1945 kam Vorpommern (ohne Stettin), der westlich der Oder gelegene Teil der preußischen Provinz Pommern, zu Mecklenburg, das bis 1947 und wieder seit 1990 offiziell »Mecklenburg-Vorpommern« heißt.

**Der Nord-Ostsee-Kanal** *(links)* ist eine der meistbefahrenen Wasserstraßen der Welt. Der Kanal verläuft über eine Strecke von knapp 100 km durch Schleswig-Holstein und verbindet Brunsbüttel an der Unterelbe mit dem Ostseehafen Kiel.

**Hörnum** *(oben)* ist eines der nordfriesischen Dörfer, die neben den mondänen und teuren Wohnorten auf Sylt zu finden sind. Die Anziehungspunkte der Insel reichen von Vogelschutzgebieten und Stränden bis zu flotten Cafés und Diskotheken.

# DEUTSCHLAND: HAMBURG UND BREMEN

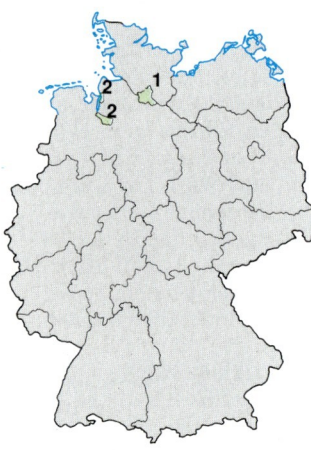

1 Hamburg
2 Bremen

**Die Speicherstadt im Hamburger Freihafen** ist ein architektonisches Meisterwerk zwischen den Wasserkanälen (Fleets), das seit 1991 unter Denkmalschutz steht *(rechts)*. Viele Hamburger Kaufleute nutzen die Gebäude mit den dicken Mauern gerne als Lagerort, da die Waren dort trocken und gleichzeitig kühl lagern.

Die beiden größten Hafenstädte Deutschlands, Hamburg und Bremen (Land Bremen mit Bremerhaven), bilden jeweils ein eigenes Bundesland, einen Stadtstaat. Beide waren wichtige Mitglieder der Hanse und nennen sich bis heute stolz »Hansestadt«.

## Hamburg

Die Freie und Hansestadt Hamburg, »Deutschlands Tor zur Welt«, liegt rund 120 km oberhalb der Mündung der Elbe in die Nordsee. Hamburg ist der größte deutsche Seehafen, eine der wirtschaftlich stärksten Regionen in der EU, die zweitgrößte deutsche Stadt und eines der wichtigsten Verkehrszentren.

Das Hafengebiet umfaßt 75 km², davon sind 16 km² Freihafen. Der Hamburger Hafen ist ein offener Tidenhafen. Der Tidenhub – der mittlere Unterschied zwischen Hoch- und Niedrigwasser – beträgt nur 2,3 m. Die Hafenbecken brauchen nicht abgeschleust zu werden, um bei Ebbe den Wasserstand für die Schiffahrt halten zu können: Die Schiffe können jederzeit aus- und einlaufen. Nicht zuletzt deshalb ist Hamburg ein »schneller Hafen«.

Annähernd 100 Reedereien sind in Hamburg ansässig. Im Hafengelände haben sich umfangreiche Industrieanlagen entwickelt. Neben der Werftindustrie und dem Flugzeugbau (Airbus) gibt es Veredlungsindustrien für ausländische Rohstoffe, z.B. Kaffeeröstereien und Getreidemühlen. Hamburg ist als Raffinerie-Standort zugleich Sitz der meisten großen Mineralölgesellschaften.

Große Bedeutung hat Hamburg als Kongreßstadt und als Verlagsort von Zeitungen und Zeitschriften. Rund 3000 Außenhandelsfirmen unterhalten Beziehungen zur ganzen Welt. Zahlreiche ausländische Konsulate haben ihren Sitz in Hamburg; als Konsularplatz wird es nur von New York übertroffen.

Hamburg hat eine ähnliche Entwicklung wie die Hansestadt Bremen durchlaufen. Es wurde im frühen 9. Jahrhundert gegründet, ist also jünger als die Rivalin, hat diese aber im Lauf der Jahrhunderte überflügelt. Seine Entwicklung zur Hafen- und Handelsstadt begann im 12. Jahrhundert mit einem kaiserlichen Handels-, Zoll- und Schiffahrtsprivileg. Als offizieller Gründungstag des Hamburger Hafens gilt der 7. Mai 1189, an dem Kaiser Friedrich I. Barbarossa der Hamburger Schiffahrts- und Kaufmannssiedlung am unteren Alsterlauf Zollfreiheit für ihre Schiffe auf der unteren Elbe bis in die Nordsee gewährte. Der 7. Mai wird heute als »Überseetag« gefeiert. Seit dem Jahr 1510 galt Hamburg als reichsunmittelbar, d. h. nur dem Kaiser untertan. Diese Selbständigkeit bewahrte es auch im Deutschen Bund von 1815 und im Deutschen Reich von 1871. Im 19. Jahrhundert nahm die Stadt einen gewaltigen wirtschaftlichen Aufschwung. Um die Jahrhundertwende war sie zum größten Seehafen auf dem europäischen Festland geworden, eine Funk-

**Händler am Elbe-Kai** *(unten)* verkaufen täglich frischen Nordseefisch, vor allem Heringe. Der berühmte Hamburger Fischmarkt, westlich der St.-Pauli-Landungsbrücken gelegen, findet jeden Sonntagmorgen in aller Frühe statt.

# DEUTSCHLAND

tion, die heute Rotterdam zukommt, denn Hamburg hatte durch die Teilung Deutschlands über 40 Jahre lang den Großteil seines Hinterlandes verloren. 1921 erhielt die Stadt eine demokratische Verfassung; die jetzige wurde 1952 verabschiedet.

Nach den Zerstörungen im Zweiten Weltkrieg wurde Hamburg größtenteils in aufgelockerter Form wiederaufgebaut. Der bauliche Charakter reicht von reinen Villenvierteln bis zur dichten Ballung von Wohnblocks und Hochhäusern. Zentrum der Millionenstadt ist auch heute noch der alte halbkreisförmige Stadtkern am Nordufer der Elbe mit der von zahlreichen Fleeten durchzogenen Altstadt, der Börse, vielen Kirchen und zahllosen Kontorhäusern. Ein Wassersportparadies inmitten der Stadt bilden Binnen- und Außenalster.

## Bremen

Das Land Bremen besteht aus der Freien Hansestadt Bremen und Bremerhaven. Beide Städte liegen 60 km voneinander entfernt am Unterlauf und Mündungstrichter der Weser. Bremen ist als größter Containerumschlagplatz in Europa einer der führenden Seehäfen der Welt. Bremerhaven hat sich vom Vorhafen Bremens zu einem der größten Hochseefischereihäfen des europäischen Festlands entwickelt.

Die in dem kleinen Bundesland angesiedelte Industrie ist eng mit dem Hafen verbunden. Viele der eingeführten Rohstoffe, unter anderem Kaffee, Tabak, Baumwolle und Jute, werden hier verarbeitet und veredelt. Ein wichtiger Industriezweig war bis in die 1990er Jahre der Schiffbau.

Bremen wurde im 8. Jahrhundert gegründet. 965 erhielt die Stadt Marktrechte und wurde zu einem bedeutenden Handelszentrum. Seit dem 13. Jahrhundert regierte ein Rat, der allerdings nicht demokratisch gewählt, sondern von den reichsten Kaufmannsfamilien gestellt wurde. Im späten Mittelalter wurde Bremen neben Hamburg und Lübeck eines der wichtigsten Mitglieder der Hanse, eines Städtebundes, der vom 14. bis zum 16. Jahrhundert den Handelsverkehr im Nord- und Ostseeraum beherrschte.

Die Hansestadt konnte sich ihre Unabhängigkeit durch alle Wechselfälle der Geschichte hindurch erhalten. 1871 wurde Bremen Bundesstaat des Deutschen Reiches. Die Verfassung behielt damals noch stark patrizische Züge; erst 1920 wurde sie demokratisiert. Nach dem Zweiten Weltkrieg erhielt Bremen 1947 eine neue Verfassung.

Kristallisationspunkt des öffentlichen Lebens ist die historische Altstadt, die jedoch im Zweiten Weltkrieg großenteils den Bomben zum Opfer fiel. Wieder aufgebaut wurde die Böttchergasse, liebevoll restauriert das »Schnoorviertel«. Mittelpunkt der Altstadt ist der Markt mit der Rolandsäule, umrahmt vom Rathaus, dem Dom, dem »Haus der Bürgerschaft« und vielen anderen stattlichen Bauten.

**Das historische Bremer Rathaus,** Sitz des Bremer Senats *(links)*, gehört zu den bedeutendsten mittelalterlichen Baudenkmälern in Norddeutschland. Das Sandsteingebäude am Marktplatz wurde im Stil der Weserrenaissance gebaut. Vor dem Gebäude steht die Rolandsäule.

**Das Denkmal von den »Bremer Stadtmusikanten«** in der Bremer Innenstadt *(oben)* erinnert an das Märchen der Gebrüder Grimm, in dem die vier Haustiere Esel, Hund, Katze und Hahn auf Wanderschaft ziehen und durch ihre »Musik« gefährliche Abenteuer glücklich bestehen.

# DEUTSCHLAND: DER OSTEN

1 Brandenburg
2 Sachsen
3 Sachsen-Anhalt
4 Thüringen

### Brandenburg

Brandenburg wird im Westen von den Flüssen Elbe und Havel, im Osten von Oder und Lausitzer Neiße begrenzt. Letztere bilden seit 1945 die deutsche Grenze zu Polen. Das flachwellige Tiefland weist viele Seen auf. Der Boden ist meist sandig und erlaubt daher nur den Anbau von Kartoffeln, Roggen und Hafer. Im Spreewald wird Gemüse, im Havelland Obst angebaut. Inmitten des Landes, aber administrativ nicht zu ihm gehörend, liegt Berlin. Erholungsgebiete sind die Märkische Schweiz, der Spreewald und die Havelseen. Zum Weltkulturerbe gehört die Potsdamer und Berliner Schloß- und Parklandschaft.

Das Lausitzer Braunkohlenrevier mit seinen Großkraftwerken ist ein bedeutendes Zentrum der Energiewirtschaft. Wichtige Betriebe der chemischen Industrie befinden sich in Schwedt an der Oder (Erdölraffinerie) und Premnitz an der Havel (Chemiefasern).

1815 wurde bei der Neugliederung Preußens die Provinz Brandenburg gebildet. 1945 kamen die Gebiete östlich der Oder-Neiße-Linie, etwa ein Drittel der Provinz, unter polnische Verwaltung. Mit der Aufhebung des Staates Preußen wurde aus der Provinz das Land Brandenburg. 1952 teilte die DDR Brandenburg im wesentlichen auf die Bezirke Potsdam, Frankfurt (Oder) und Cottbus auf. 1990 wurde das Land Brandenburg wiederhergestellt.

### Sachsen

Der Freistaat Sachsen reicht von den Höhen des Elster-, Erz-, Elbsandstein- und Zittauer Gebirges über ein Hügelland bis zum Norddeutschen Tiefland. Der Hauptfluß ist die Elbe.

Sachsen ist von alters her ein Industrieland. Traditionsreiche Zweige sind die Textilindustrie und der Maschinen- und Fahrzeugbau. Im Bereich des Erzgebirges hat sich eine vielbeachtete Heimindustrie mit Spielzeug-, Musikgeräte- und Klöppelspitzenherstellung entwickelt. Heute wird die Wirtschaftsstruktur im wesentlichen von mittelständischen Betrieben bestimmt.

Von den sächsischen Großstädten ist neben der Hauptstadt und Kulturmetropole Dresden vor allem Leipzig zu nennen. Im Schnittpunkt alter Handelsstraßen war Leipzig bereits im Mittelalter als Messestadt bekannt.

Im 18. Jahrhundert spielte Sachsen zeitweise eine wichtige Rolle in der europäischen Machtpolitik. Unter Kurfürst August dem Starken wurde Dresden zur prächtigsten deutschen Residenz. Dem Bündnis mit Napoleon verdankte Sachsen 1806 die Erhebung zum Königreich. Nach der Novemberrevolution 1918 wurde es Freistaat. 1945 kamen die westlich der Oder-Neiße-Linie liegenden Teile Niederschlesiens zu Sachsen. 1952 wurde das Land im wesentlichen auf die DDR-Bezirke Dresden, Leipzig und Chemnitz (1953–1990 Karl-Marx-Stadt) aufgeteilt. 1990 wurde das Land Sachsen wiederhergestellt.

# DEUTSCHLAND

**Wittenberg** *(links)* in Sachsen-Anhalt ist eng mit dem Begründer der Reformation Martin Luther (1483–1546) verknüpft, der an der Universität von Wittenberg lehrte. Die Denkmäler Luthers und Melanchthons stehen vor dem Rathaus.

**Im Nationalpark »Sächsische Schweiz«** liegt im Elbsandsteingebirge das zerklüftete Felsmassiv der Bastei *(unten)*, ein beliebter Ausflugsort. Die Bastei überragt den Flußlauf der Elbe, an deren Ufer der Ort Rathen liegt, um fast 200 Meter.

**Abgestorbene Bäume** *(links)* zeigen die Auswirkungen des sauren Regens im Erzgebirge bei Oberwiesenthal in Sachsen. Die östlichen Bundesländer Deutschlands wurden in der Zeit kommunistischer Herrschaft ökologisch schwer geschädigt.

**Rostbratwürste** *(oben)* sind eine Spezialität von Thüringen. Besonders gut schmecken sie, wenn sie, auf Holzkohle gebraten, im Freien gegessen werden. Die Bewohner dieses Bundeslandes sind für ihre Freundlichkeit und ihren Humor bekannt.

## Sachsen-Anhalt

Sachsen-Anhalt umfaßt ein Tiefland mit teils sehr fruchtbaren Böden, teils dürftigen Sandböden, den Ostharz und einen Teil des Stufenlandes an Saale und Unstrut. Die Lößböden der Magdeburger Börde werden ackerbaulich intensiv genutzt. Hier werden vor allem Zuckerrüben, Weizen und Gerste angebaut. Das bedeutendste Erholungsgebiet ist der Harz mit seinen zahlreichen Luftkurorten.

Die Erzlagerstätten im Harz (Eisen, Silber, Zinn, Kupfer) sind längst erschöpft. Eine besondere Rolle spielten heute die Rohstoffe Kali- und Steinsalz und vor allem die Braunkohle; sie diente in der DDR zur Energiegewinnung und als Ausgangsstoff für die chemische Industrie, die in den Räumen Halle-Merseburg (Leunawerke) und Bitterfeld-Wolfen konzentriert war. der Chemie- und Energiestandort wurde 1990 zwar erhalten, viele umweltbelastende und unrentable Betriebe mußten jedoch schließen; etwa 60 % der Arbeitsplätze gingen verloren.

Das Land Sachsen-Anhalt ist eine Schöpfung der sowjetischen Besatzungsmacht 1945. Seine beiden Hauptbestandteile sind die preußische Provinz Sachsen und das Land Anhalt. Die Provinz Sachsen wurde 1816 gebildet. Anhalt war seit dem 13. Jahrhundert selbständiges Fürstentum. In der Weimarer Republik war es Freistaat. 1952 wurde Sachsen-Anhalt im wesentlichen auf die DDR-Bezirke Halle und Magdeburg aufgeteilt; 1990 wurde es wiederhergestellt.

## Thüringen

Die Kernlandschaft von Thüringen ist das Thüringer Becken. Es ist sehr fruchtbar, ebenso der Tieflandstreifen der Goldenen Aue zwischen Kyffhäuser und Hainleite. Die Landwirtschaft findet im Nordteil des Thüringer Beckens beste Voraussetzungen (Weizen, Gerste, Zuckerrüben). Bei Erfurt werden Gemüse, Blumen und Heilpflanzen angebaut.

Bedeutend ist die feinmechanisch-optische Industrie; die Zeiss-Werke in Jena gehören zu den wichtigsten Industrieunternehmen in Thüringen. Automobile werden in Eisenach hergestellt. Auf viele kleine Betriebe ist die Glas-, Porzellan- und Spielwarenindustrie verteilt.

Thüringen war schon im vorigen Jahrhundert eine bevorzugte Erholungslandschaft (»das grüne Herz Deutschlands«). Der Thüringer Wald, der Harzrand und das Kyffhäusergebirge sind nach wie vor beliebte Wander- und Wintersportgebiete. Aber auch der »Bildungstourismus« spielt eine Rolle: Man denke nur an die Städte Weimar und Jena.

Im Kaiserreich von 1871 bestanden in Thüringen mehrere Herzog- und Fürstentümer, die sich 1920 zum Land Thüringen zusammenschlossen, mit Ausnahme des Landesteils Coburg, der durch Volksabstimmung zu Bayern kam. 1952 wurde Thüringen im wesentlichen auf die DDR-Bezirke Gera, Erfurt und Suhl aufgeteilt; 1990 wurde es wiederhergestellt.

# DEUTSCHLAND: DRESDEN

»Die Stadt Dresden gehört, wegen der Schönheit ihrer sowohl öffentlichen als Privatgebäude, unter die vorzüglichsten Städte Deutschlands. Ihre Lage ist reizend und entzückend.« Diese Sätze aus einer Stadtbeschreibung des 18. Jahrhunderts sind noch heute gültig. Die Lage der sächsischen Hauptstadt im weiten, von Hügeln gerahmten Tal der Elbe, die im Stadtgebiet drei Bogen beschreibt, ist von einzigartiger Schönheit.

Was die Gebäude betrifft, muß freilich eine Einschränkung gemacht werden. Dresden wurde in der Nacht vom 13. zum 14. Februar 1945 Opfer eines der schwersten Bombenangriffe des Zweiten Weltkrieges, der furchtbare Verwüstungen anrichtete. Vieles von der alten Pracht ging für immer verloren. Für den Wiederaufbau der historischen Bauwerke wurde sehr viel getan, aber die Schäden waren so schwer, daß noch heute, über fünf Jahrzehnte nach der Katastrophe, umfangreiche Restaurierungsarbeiten (z.B. Schloß, Frauenkirche) im Gange sind.

### Vom Fischerdorf zur Barockresidenz

Dresdens Keimzelle war ein slawisches Fischerdorf. An dieser Stelle kreuzte eine alte Handelsstraße die Elbe; der Fluß wurde mit einer Fähre überquert. Mit dem Aufkommen des Silberbergbaus im Erzgebirge gewann die Straße an Bedeutung; schon 1287 gab es eine steinerne Brücke, und Dresden wurde zur befestigten Stadt. Sein eigentlicher Aufstieg begann jedoch erst 1485, als es ständige Residenz der Herzöge und späteren Kurfürsten von Sachsen wurde. Die große Zeit Dresdens kam unter Kurfürst August dem Starken, der seit 1697 zugleich König von Polen war. Er hatte den Ehrgeiz, Dresden zu einer Hauptstadt von europäischem Rang zu machen. Unter seiner Herrschaft und der seines Sohnes August III. wurde Dresden durch Baumeister wie Daniel Pöppelmann, George Bähr und Gaetano Chiaveri zur schönsten deutschen Barockresidenz. Es entstanden der Zwinger – wohl das berühmteste Bauwerk Dresdens –, Schloß Pillnitz, das Japanische Palais, die Katholische Hofkirche und die Frauenkirche mit ihrer das Stadtbild beherrschenden Kuppel. Während die Kriegsschäden an den vier ersten Bauwerken behoben werden konnten, wurde die Frauenkirche fast völlig zerstört; die Ruine sollte ursprünglich als Mahnmal erhalten bleiben. Dank privater Initiativen wird die Frauenkirche jedoch jetzt originalgetreu wiederaufgebaut.

August III. förderte vor allem die Dresdner Kunstsammlungen. Er erwarb Raffaels Sixtinische Madonna, heute das kostbarste Stück der von Gottfried Semper erbauten Gemäldegalerie. Wegen der Fülle der Kunstschätze wurde Dresden »das deutsche Florenz« genannt. Die 1764 gegründete Kunstakademie zog bedeutende Maler in ihren Bannkreis: Caspar David Friedrich, Ludwig Richter, Otto Dix, um nur wenige zu nennen. Die große Musiktradition Dresdens begründete Heinrich Schütz, der im 17. Jahrhundert Hofkapellmeister war. Das gleiche Amt bekleideten später Carl Maria von Weber und Richard Wagner. Das nach Plänen Sempers 1871–1878 errichtete Opernhaus erlebte viele glanzvolle Uraufführungen; 1945 wurde es zerstört, nach dem Wiederaufbau 1985 neu eröffnet.

Ihre Freizeit verbringen die Dresdner gern im Großen Garten, einem in der Zeit des Barocks angelegten Park, der fast zwei Quadratkilometer bedeckt und den Vergleich mit den großen Londoner Parks nicht zu scheuen braucht. Wenige Kilometer elbaufwärts liegt die Sächsische Schweiz, ein Sandsteingebirge mit bizarren Felsformationen. Flußabwärts ist es nicht weit bis zum mittelalterlichen Meißen mit seiner weltberühmten Porzellanmanufaktur. Der Meißner Wein, den die Weinberge am rechten Elbufer liefern, ist außerhalb Sachsens zu Unrecht wenig bekannt.

**Der Zwinger** *(rechts)* wurde im 18. Jahrhundert von Daniel Pöppelmann für August den Starken als ein Ort für fürstliche Vergnügungen erbaut. Im Zwinger befindet sich die neben der Sammlung des Serail in Istanbul größte Porzellansammlung der Welt.

**Das Gebäude der Semperoper** am Theaterplatz *(unten)*. Es ist das Hauptwerk des Architekten Gottfried Semper (1803–1879). An der Dresdner Oper wirkten Komponisten wie Richard Wagner, Carl Maria von Weber und Richard Strauss.

**Blick vom Ufer** der Neustadt über die Elbe zum historischen Zentrum der Altstadt *(unten)* mit der katholischen Hofkirche und dem Schloß.

# DEUTSCHLAND

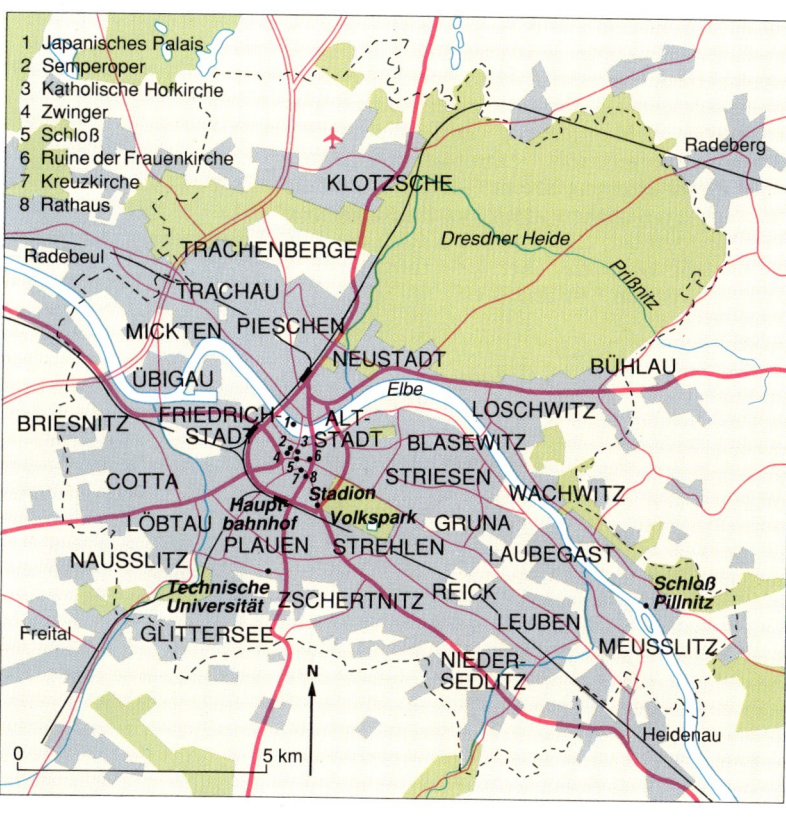

1 Japanisches Palais
2 Semperoper
3 Katholische Hofkirche
4 Zwinger
5 Schloß
6 Ruine der Frauenkirche
7 Kreuzkirche
8 Rathaus

**Tänzerin im Oberen Vestibül** *(rechts)* der wiederaufgebauten Semperoper, wo Konzerte, Opern- und Ballettaufführungen stattfinden.

**Dresden** *(oben)*, die Landeshauptstadt von Sachsen, liegt an der Elbe und zählt rund 470 000 Einwohner. Nicht weit entfernt liegt die Stadt Meißen, wo das berühmte Meißner Porzellan hergestellt wird. Siedler aus Meißen gründeten Dresden im frühen 13. Jahrhundert. Die Stadt ist ein bedeutendes kulturelles Zentrum. Etliche ihrer Gebäude sind nach dem Krieg stilgerecht wiederhergestellt worden. Allerdings wurde ein großer Teil Dresdens in Betonbauweise wiederaufgebaut.

### Das Nachkriegs-Dresden

Dresden hat nicht nur unter dem Bombenhagel des Zweiten Weltkriegs schwer gelitten, sondern auch unter viereinhalb Jahrzehnten kommunistischer Mißwirtschaft. Neben dem Aufbau im sozialistischen Sinn, etwa der Prager Straße, verfielen viele Straßenzüge. Aber die Dresdner, als typische Sachsen fleißig, unternehmend und erfinderisch, nutzten die Chance, die sich ihnen nach der Wende 1989 bot, und machten ihre Stadt mit viel Bürgersinn zu einem der attraktivsten Anziehungspunkte in den neuen Bundesländern: Von der pulsierenden Neustadt mit ihren Restaurants, Galerien und liebevoll restaurierten Innenhöfen fällt der »Canaletto-Blick« auf das barocke Ensemble zwischen Schloßplatz und Zeughaus. Das moderne Dresden erscheint im Gewand seiner High-Tech-Industrie (Fertigung elektronischer Bauteile) und »gläsernen Automanufaktur« (Volkswagen).

# DEUTSCHLAND: HAUPTSTADT BERLIN

Berlin setzt Akzente. Zehn Jahre nach der deutschen Vereinigung lassen sich die Konturen einer europäischen Metropole erkennen. Die Jahre der Teilung scheinen lange vorüber. Dennoch befindet sich die deutsche Hauptstadt immer noch in einem schwierigen Prozeß, der verschiedene Mentalitäten und Traditionen zusammenführen soll. Administrativer Ausdruck dieses Strebens ist eine Gebietsreform, die 2001 aus 23 Bezirken zwölf machte; zwei von ihnen überwinden damit auch politisch die alte, kaum mehr sichtbare, aber weiterhin spürbare Grenze zwischen Ost und West.

### Hauptstadt mit Gesicht

Der Parlamentsbeschluß 1991, den Sitz von Regierung und Bundestag vom Rhein an die Spree zu verlegen, wurde durch den Hauptstadtvertrag 1992 und das Berlin/Bonn-Gesetz 1994 abgesichert. Mittlerweile haben die Mehrzahl der Ministerien nicht nur eine kleine Dependence, sondern auch ihren Hauptsitz mit dem Großteil ihres Beamtenapparats in Berlin. Zu diesem Zweck wurden überwiegend bestehende Gebäude umgebaut. Der Bundespräsident konnte 1994 das renovierte Schloß Bellevue als Amtssitz, der Bundeskanzler im Jahr 2000 nach Berlin umziehen und 2001 sein neues Bundeskanzler-Amtsgebäude übernehmen. Der Geschichte verpflichtet sah sich der Bundestag mit der Übernahme des wilhelminischen Reichstagsgebäudes. Doch schufen sich die Parlamentarier einen Tagungsort, der modernen Ansprüchen genügen soll. Sichtbarer und spektakulärer Ausdruck des sich Transparenz verordnenden parlamentarischen Selbstverständnisses ist die begehbare gläserne Kuppel über dem Plenarsaal. Mit weiteren Bundestagsbauten entsteht im Spreebogen wieder ein eigenständiges Regierungs- und Parlamentsviertel. Auch die ausländischen Diplomaten zeigen Präsenz, indem sie frühere Botschaftsstandorte wiederbeleben, manchmal auch im Gewande zeitgemäßer Architektur, wie etwa Großbritannien.

### Zwischen Vergangenheit und Zukunft

Der Wille zur aufwendigen Neugestaltung zeigt sich besonders am Potsdamer Platz, wo auf einem Abschnitt des ehemaligen Todesstreifens der einst verkehrsreichste Platz in Europa in Form eines gigantischen Dienstleistungs-, Hotel- und Wohnkomplexes mit Kulturforum, Theatern und Konferenzzentrum wiedererstehen soll. Bekannte Architekten leisten ihren Beitrag dazu, etwa Helmut Jahn (Sony Center) oder Renzo Piano (Debis-Bauten). Bewahrung (Gendarmenmarkt), behutsamer Umwidmung (Neue Wache), Zeichensetzung (offenes Brandenburger Tor mit Quadriga und Siegesgöttin) und wiedererstandener Pracht (Hotel Adlon) steht die Unsicherheit gegenüber, wie mit dem baulichen Erbe der DDR (ehemaliger Schloßplatz mit dem Palast der Republik), durchaus nicht immer abrißreif (Palasthotel), oder mit der

**In Kreuzberg** wurde 1999 das Jüdische Museum (*unten*) eröffnet, dessen mit Zinkblech verkleideten Gebäude von dem amerikanischen Architekten Daniel Libeskind einem geborstenen Davidstern nachempfunden wurde.

**Tanzende Raver** auf einem Wagen bei der Love Parade auf der Straße des 17. Juni (*unten links*). Hunderttausende Menschen waren am 11. Juli 1998 beim weltweit größten Techno-Festival.

# DEUTSCHLAND

Inszenierung schuldhafter Vergangenheit (Holocaust-Denkmal) zu verfahren sei. Jedenfalls ist die bis 1990 den Charakter der Stadt prägende Mauer verschwunden. Eine (teure) Konservierung der wenigen verbliebenen Reste findet nicht ungeteilte Zustimmung.

**Kultur der Vielfalt**
Ihre geographische Lage, näher Warschau als Paris, macht die Dreieinhalb-Millionen-Stadt zum Sprungbrett nach bzw. Einfallstor aus Osteuropa, bemerkbar an der stetigen Zuwanderung von Polen, Russen oder auch Juden. Bei einem Ausländeranteil von insgesamt fast 13 Prozent stellen die Türken die zahlenmäßig größte nichtdeutsche Bevölkerungsgruppe. Schon in der dritten Generation als Arbeitnehmer oder Gewerbetreibende in Berlin geben sie dem Wirtschafts- und sozialen Leben ein besonderes Gepräge. Den Spagat zwischen Sparzwang, Befriedigung künstlerischen Anspruchs und Orientierung am Populären wagt die Berliner Kulturpolitik. Es gilt eine große und vielfältige Theater- und Musiktradition, von den Berliner Philharmonikern und der Deutschen Oper über Deutsches Theater und Berliner Ensemble bis zu Volksbühne, Kabarett und Kleinkunst, zu bewahren bzw. neues Leben einzuhauchen. Dem gesellt sich eine Museumslandschaft zu, die nahezu alle Bereiche und Zeitspannen von der Antike bis zur Gegenwart umfaßt. Zudem hat jedes Berliner Stadtquartier sein eigenes Flair: historisch-repräsentativ die Mitte, multikulturell Kreuzberg, alternativ Prenzlauer Berg, städtisch Schöneberg, ländlich Köpenick, grün Wilmersdorf, mit vielstöckiger »Platte« Marzahn. Daß Berlin weiterhin Menschen anlocken will, entweder dauerhaft als Neubürger oder vorübergehend als Touristen, Geschäftsreisende und Kongreßteilnehmer, zeigt sich an den Vorhaben zur Verbesserung der Infrastruktur: Tiergartentunnel, Zentralbahnhof und Großflughafen Schönefeld.

**Eröffnungsfeier des Sony Centers** (Architekt: Helmut Jahn) am Potsdamer Platz mit 2500 Gästen aus Kultur, Politik, Wirtschaft und Medien im Juni 2000 *(oben)*. Nach der Wiedervereinigung entwickelte sich der vor dem Krieg verkehrsreichste Platz in Berlin zur größten Baustelle Berlins. Viele der neuen Gebäude, wie auch der Debis-Bau von Daimler-Chrysler, sind inzwischen fertiggestellt.

**Das Schauspielhaus am Gendarmenmarkt** wurde 1818–1821 von Karl Friedrich Schinkel im klassizistischen Stil erbaut *(links)*. Im Hintergrund erhebt sich der Französische Dom (1701–1708).

**Die Weltzeituhr** am Alexanderplatz in Berlin-Mitte *(rechts)*.

# DEUTSCHLAND: GESCHICHTE BERLINS

Berlin ist die mit Abstand größte Stadt Deutschlands und Mitteleuropas. Deutsche Hauptstadt war Berlin in der Vergangenheit nur in der relativ kurzen Periode zwischen der Gründung (1871) und der Zerschlagung (1945) des Deutschen Reiches. In den Nachkriegsjahrzehnten von 1948 bis 1990 stand die geteilte Stadt wiederholt im Mittelpunkt des internationalen politischen Interesses.

### Geschichte

Im Urstromtal der Spree, wo um Christi Geburt germanische Semnonen und später Burgunder, danach westslawische Heveller und Sprewanen gesiedelt hatten, entstanden im 12./13. Jahrhundert im Zuge der von dem askanischen Markgrafen Albrecht dem Bären (um 1100–1170) geführten Siedlungsbewegung neben anderen deutschen Städten und Dörfern zwei Kleinstädte – Berlin und Cölln. Als Siedlung von Fischern, Handwerkern und Kaufleuten wurde Cölln (erste Urkunde von 1237) auf einer von Spreearmen umflossenen Insel gegründet, Berlin (1244 erstmals erwähnt) nordöstlich davon auf dem rechten Ufer des Hauptarmes.

Beide Städtchen schlossen sich zum gegenseitigen Schutz vor Raubrittern bald eng zusammen; sie waren zeitweise Mitglied der Hanse und hatten im 15. bis 17. Jahrhundert eine Bevölkerung, die je nach den Zeitumständen zwischen 6000 und 12000 schwankte. Im 15. Jahrhundert wurde Cölln Residenz der brandenburgischen Kurfürsten aus dem Haus Hohenzollern, während sich Berlin vor allem als Handelsplatz entwickelte.

Bis zum formellen Zusammenschluß beider Städte vergingen noch mehrere Jahrhunderte. Er erfolgte 1709 unter dem ehemaligen Kurfürsten Friedrich III. (1657–1713), der als Friedrich I. seit 1701 König in Preußen war. Aus seiner Regierungsperiode stammen die ältesten bedeutenden Bauwerke, das Zeughaus und das Schloß Charlottenburg (ab 1695).

Das historische Berlin war bis 1990 ein Teil der »Hauptstadt der DDR«. Zwar wurde das keineswegs irreparabel beschädigte Berliner Schloß auf der Cöllner Spreeinsel in einem Wandalenakt 1950/51 gesprengt, doch begannen die zuständigen Behörden später aus Repräsentationsgründen mehr oder weniger gut erhaltene Gebäude zu restaurieren: Marienkirche, Zeughaus, Staatsoper, St.-Hedwigs-Kathedrale, die Museumsinsel, das Nikolaiviertel mit dem Ephraim-Palais und der Nikolaikirche, die Friedrichswerdersche Kirche, das Ensemble des ehemaligen Gendarmenmarktes, den Dom und viele andere historische Bauten.

### Der Schmelztiegel Berlin

Beim Wachstum Berlins entstand ein Bevölkerungsgemisch aus vielen deutschen und ausländischen Herkunftsgebieten. Zu den Einheimischen aus der Mark Brandenburg mit ihren deutschen und slawischen Wurzeln traten Süddeutsche, Holländer und Flamen, französische protestantische Hugenotten und Böhmen, die in der Literatur oft herausgehobenen Schlesier, Pommern, Ostpreußen und Polen und nicht zuletzt Juden.

Das stürmische Wachstum, verbunden mit dem raschen Ausbau der Industrie, schuf große soziale Probleme. Die Berliner »Mietskasernen« wurden zum Begriff. Heinrich Zille (1858–1929), ein Sachse, zeichnete dieses »Milljöh«, Gerhart Hauptmann (1862–1946), ein Schlesier, verlieh ihm auf der Bühne literarische Gestalt.

Wie Berlin im 19. Jahrhundert zur größten deutschen Industriestadt wurde, so entwickelte es sich auch zur führenden Stadt der deutschen Wissenschaft und Kultur sowie zum politischen Zentrum und wurde im Jahre 1871 Hauptstadt des Deutschen Reiches. Seine größte Blüte erreichte Berlin kurz vor dem Ersten Weltkrieg und zur Zeit der Weimarer Republik in den »Goldenen Zwanzigern«.

In dieser Zeit entstand in Charlottenburg ein zweites Zentrum im Groß-Berliner Raum. Kulturelle und wissenschaftliche Einrichtungen wie die heutige Technische Universität, die ehemaligen Hochschulen für Musik und Bildende Künste, die heutige Deutsche Oper Berlin, das Theater des Westens und das Schiller-Theater, das Internationale Kongreßzentrum (ICC) sowie das Handelszentrum um den Kurfürstendamm kennzeichnen diesen Stadtteil.

### Die geteilte und wiedervereinigte Stadt

Am Ende des Zweiten Weltkriegs war Berlin in vier verschiedene Sektoren gespalten: Großbritannien, die Vereinigten Staaten, Frankreich und die Sowjetunion kontrollierten jeweils das ihnen zugefallene Gebiet. Die Sowjets machten ihre Besatzungszone (Ost-Berlin) zur »Hauptstadt der DDR«. Die isolierte Lage des Westteils der Stadt rückte Berlin immer wieder ins Zentrum des Ost-West-Konflikts (Blockade mit Luftbrücke 1948/49, Berlin-Ultimatum 1958, Viermächteabkommen 1971).

1961 beschloß die DDR-Führung, Grenzsperren zu errichten, und ließ die Polizei in kürzester Zeit eine massive, 42 km lange Mauer bauen. Mehr als 80 Menschen mußten den Versuch, die Mauer zu überwinden, mit dem Leben bezahlen; der letzte starb im März 1989. Im November 1989 sah sich die Regierung der DDR gezwungen, allen Bewohnern von Berlin (Ost) und der DDR wieder den Weg nach Berlin (West) zu öffnen. Mit der Vereinigung der beiden deutschen Staaten im Oktober 1990 wurde auch Berlin wieder zu einer einheitlichen Stadt mit gemeinsamer politischer Vertretung und Verwaltung. Die Hauptstadt Deutschlands, gleichzeitig Sitz von Bundesregierung und Parlament, bildet mit seinem Umland, mit dem es langsam wieder zusammenwächst, einen Bevölkerungskomplex von etwa 5 Millionen Menschen.

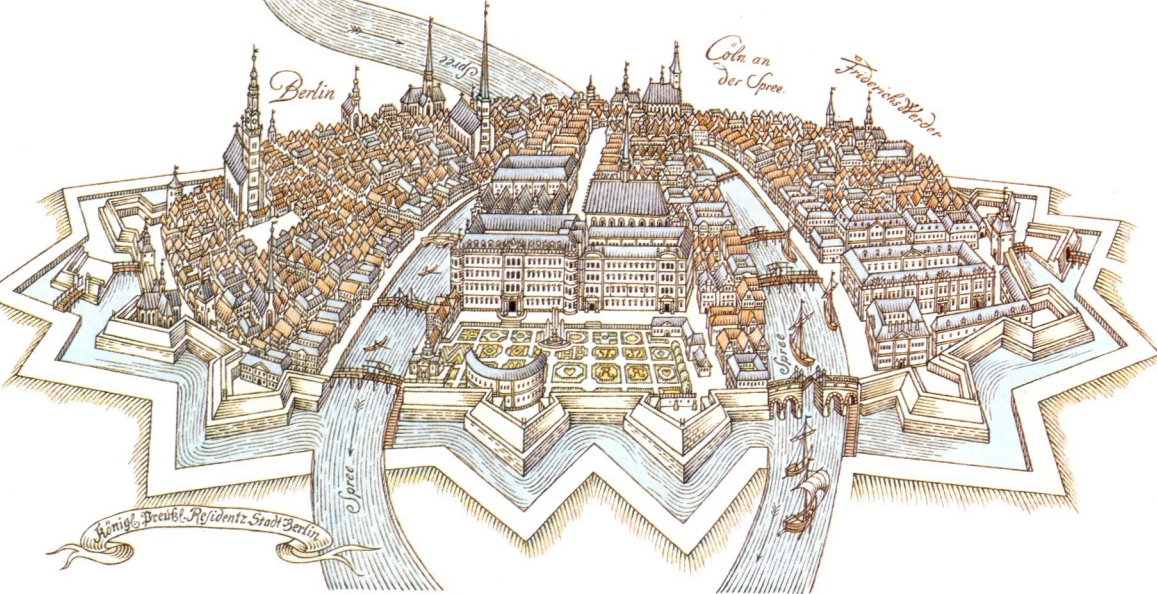

**Die Berliner Mauer** *(links)* – eine abschreckende Grenze aus Beton, Minenfeldern und Stacheldraht – teilte die Stadt in zwei Teile. Die Mauer, die 1961 von der DDR-Regierung errichtet wurde, symbolisierte 30 Jahre lang die Teilung Deutschlands.

**Das ehemalige Reichstagsgebäude**, 1884–1894 von Paul Wallot erbaut, ist seit 1999 Parlaments- und Regierungssitz der Bundesrepublik Deutschland *(oben)*. Das Gebäude wurde nach Plänen des britischen Architekten Sir Norman Foster umgebaut und mit einer eindrucksvollen Glaskuppel über dem Plenarsaal versehen. Das monumentale Bauwerk (137 m lang, 97 m breit) erlitt am 27./28. Februar 1933 durch einen Brand und während des Zweiten Weltkriegs durch Bombenangriffe schwere Schäden.

**Das alte Berlin** *(unten)* nahm ursprünglich nur das rechte Spreeufer ein. Später wurde es mit der Nachbarstadt Cölln, einem alten slawischen Fischerdorf, vereinigt, aber erst 1709 verschmolzen beide mit anderen Siedlungen zum heutigen Berlin.

# DEUTSCHLAND: WIRTSCHAFT

Als Folge des verlorenen Zweiten Weltkrieges entstanden zwei souveräne deutsche Staaten mit unterschiedlicher Wirtschafts- und Gesellschaftsordnung.

**Soziale Marktwirtschaft in Westdeutschland**
Mit US-amerikanischer Kapitalhilfe gelang in der Bundesrepublik ein langanhaltender wirtschaftlicher Aufschwung, der oft als »Wirtschaftswunder« bezeichnet wird. Obwohl Millionen Vertriebene und Flüchtlinge in den Arbeitsprozeß eingegliedert werden mußten, konnte schon Ende der 50er Jahre Vollbeschäftigung erreicht werden. Diese Aufwärtsentwicklung hielt bis zur Rezession von 1966/67 an. Für die Wirtschaftspolitik brachte dieser konjunkturelle Einbruch einen bedeutsamen Einschnitt: dem Staat wurde eine aktivere Rolle bei der Beeinflussung der Konjunktur zugewiesen. Mit dem 1967 in Kraft getretenen Stabilitätsgesetz wurde ein Instrument geschaffen, mit dem ein hoher Beschäftigungsstand, Preisstabilität und ein außenwirtschaftliches Gleichgewicht bei stetigem Wirtschaftswachstum gesichert werden sollten. Ein neuer Aufschwung konnte eingeleitet werden. Doch angesichts der weltwirtschaftlichen Rezession stagnierte das Wirtschaftswachstum, Arbeitslosigkeit, Inflation und Staatsverschuldung stiegen an. Nach 1982 befand sich die Wirtschaft der Bundesrepublik wieder auf Wachstumskurs, der durch die Veränderung der weltwirtschaftlichen Rahmenbedingungen und eine die Unternehmen begünstigende Wirtschaftspolitik eingeleitet wurde.

**Planwirtschaft in der DDR**
Die Ausgangsbedingungen für die ostdeutsche Wirtschaft – die umfangreichen Reparationsleistungen an die Sowjetunion und das fast vollständige Fehlen einer Grundstoffindustrie – lähmten die wirtschaftliche Entwicklung in erheblichem Maße. Die Verstaatlichung von Industrie und Handel, die Errichtung von riesigen Kombinaten, ließen den binnenwirtschaftlichen Wettbewerb fast zum Erliegen kommen und führten so in vielen Branchen zu einer Veralterung der Produktionsstätten. Der unzureichenden Versorgung der Bürger mit hochwertigen Konsumgütern entsprach eine geringere Leistungsbereitschaft der Arbeitnehmer. Nach vierzig Jahren sozialistischen Wirtschaftens hatten sich die Lebensbedingungen in den beiden deutschen Staaten scherenartig auseinanderentwickelt. Aber die Bundesrepublik blieb für die DDR-Bürger der Vergleichsmaßstab und nicht die anderen sozialistischen Staaten, die die DDR ihrerseits überflügelt hatte.

**Umbau in Ostdeutschland**
Nach der Vereinigung Deutschlands mußte die marode Planwirtschaft auf Marktwirtschaft umgestellt werden. Das Fehlen einer funktionsfähigen Infrastruktur, vor allem im Bereich des Straßen- und Telekommunikationswesens,

# DEUTSCHLAND

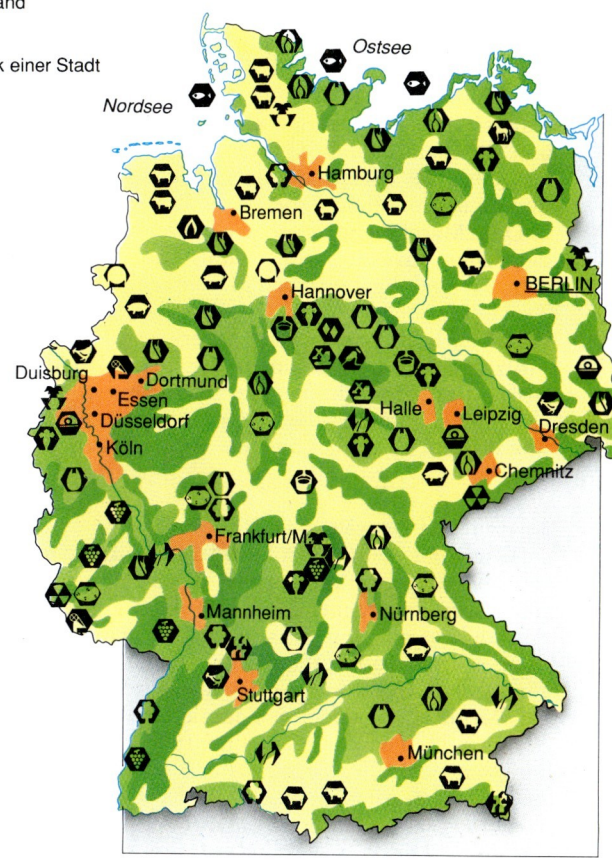

**Die Eisenbahn** verfügt über ein weitverzweigtes Streckennetz. Ihre einst führende Rolle als Verkehrsträger mußte sie aber an die Straße abgeben. Für den Personenverkehr wird das Schnellstreckennetz, auf dem Hochgeschwindigkeitszüge wie der ICE *(oben)* Spitzengeschwindigkeiten von über 300 km/h erreichen können, zunehmend ausgebaut. – **Hannover** ist seit 1947 alljährlich im Frühjahr Schauplatz der größten Industriemesse der Welt. Auf dem Gelände fand die Weltausstellung Expo 2000 *(oben links)* statt. Der »Pavillon der Hoffnung« des CVJM, »Walfisch« genannt, wurde zum Expo-Wahrzeichen gekürt.

**Deutschland gehört wirtschaftlich** *(oben rechts)* zu den höchstentwickelten Ländern der Erde. Der Export ist von besonderer Bedeutung. Deutsche landwirtschaftliche Betriebe können den Nahrungsmittelbedarf der Bevölkerung zu 80 % decken.

**Deutschland verfügt** über eine leistungsfähige Landwirtschaft, die über drei Viertel des Inlandsbedarfs an Agrarprodukten deckt *(links)*. Da aber viele Anbauflächen stillgelegt wurden, nahm die Getreideernte in den letzten Jahren ab. Es werden hauptsächlich Weizen, Gerste und Roggen angebaut. – **Windkraftanlagen** *(oben)* liefern umweltfreundliche Energie.

machten Investitionen notwendig, die in großem Umfan durch Bund und Länder sowie aus Steuermitteln gefördert werden mußten. 8000 Volkseigene Betriebe wurden durch eine 1990 gegründete Treuhandanstalt saniert und privatisiert. Die meisten großen Kombinate wurden zerschlagen, da sie unter den Bedingungen des freien Marktes nicht konkurrenzfähig waren, und die überlebensfähigen Betriebsteile verkauft. Der radikale Umbau der ostdeutschen Wirtschaft ging mit hoher Arbeitslosigkeit einher, die auch im Zuge des einsetzenden Wirtschaftsaufschwungs kaum verringert werden konnte. Der Lebensstandard hatte sich zu Beginn des 21. Jahrhunderts zwar annähernd dem Westniveau angeglichen, die Wirtschaftskraft der neuen Bundesländer ist im Vergleich zu Westdeutschland jedoch gering, so daß weitere öffentliche Unterstützung notwendig erscheint.

## Die Agrarwirtschaft

Deutschland verfügt über eine leistungsfähige Landwirtschaft. Allerdings sind in den letzten Jahrzehnten die Zahl der Betriebe mit mehr als 5 Hektar Fläche kontinuierlich auf heute 429 000 zurückgegangen. Weit über die Hälfte der Landwirte, die 3 Prozent der deutschen Erwerbstätigen stellen, bewirtschaften ihren Hof inzwischen als Nebenerwerbsbetriebe. Die größte ökonomische Bedeutung haben die Milchwirtschaft, die Rinder- und Schweinezucht sowie der Anbau von Getreide und Zuckerrüben.

In der ehemaligen DDR veränderte eine Bodenreform die Besitzstruktur. Der besonders im Norden verbreitete Großgrundbesitz wurde enteignet, das Land nach sowjetischem Muster kollektiviert. In den großflächigen Landwirtschaftlichen Produktionsgenossenschaften (LPGs) wurde mit zunehmender Mechanisierung und Technisierung die konsequente Einführung industriemäßiger Produktionsmethoden gefördert. Zwar wurden die LPGs inzwischen in andere Eigentumsformen überführt, aber durch die Einrichtung neuer Genossenschaften und GmbHs blieb die Form der Großlandwirtschaft erhalten. Allerdings werden heute wesentlich weniger Arbeitskräfte beschäftigt als früher. Und nur 7 Prozent der Agrarbetriebe liegen in Ostdeutschland. Sie erwirtschaften im Durchschnitt höhere Gewinne als im Westen.

# DEUTSCHLAND: INDUSTRIE

Die Industrie in der alten Bundesrepublik nahm nach dem Zweiten Weltkrieg einen raschen Aufschwung. Gemeinsam mit dem produzierenden Handwerk trägt sie heute über ein Drittel zur wirtschaftlichen Gesamtleistung bei. Die leistungsstärksten Branchen sind der Maschinenbau, die Elektro- und Umwelttechnik, der Fahrzeugbau, die chemische sowie die Nahrungs- und Genußmittelindustrie.

Der Maschinenbau ist das Herzstück der deutschen Investitionsgüterindustrie. Weltweit führend sind die deutschen Maschinenbauer bei Trocknungsanlagen und Apparaten der Oberflächentechnik, bei Druck-, Bergwerks- und Holzbearbeitungsmaschinen. In der Grundstoff- und Produktionsgüterindustrie ist die chemische Industrie der wichtigste Zweig. Die umsatzstärkste Branche ist die Automobilindustrie.

### Energie und Umwelt

Deutschland steht als rohstoffarmes Land vor dem besonderen Problem, bei der Versorgung mit Energie weitgehend auf Einfuhren aus dem Ausland angewiesen zu sein. Zwar verfügt sie über ausreichende Stein- und Braunkohlevorräte, jedoch ist gerade die Steinkohlenförderung im Vergleich zu anderen Energieträgern heute nicht mehr wirtschaftlich. Ihre führende Stellung hat sie an Erdöl, Erdgas und an die Kernenergie abtreten müssen. Nach der Erdölkrise von 1973 konnte die Energieversorgung insgesamt krisenfester gestaltet werden. Der Erdölanteil an der deutschen Energieversorgung wurde auf 40 % reduziert. Gleichzeitig wurden die Bezugsquellen regional weiter gestreut: der Anteil der Erdölimporte aus OPEC-Staaten konnte stark reduziert werden.

Die Energieversorgung der ehemaligen DDR war von der Braunkohle abhängig. Aus Gründen des Umweltschutzes wurde der Tagebau in den neuen Bundesländern erheblich reduziert. Dennoch blieb der Anteil der Braunkohle an der dortigen Stromerzeugung mit etwa 75 % sehr hoch. Der im Jahr 2000 von der rot-grünen Regierungskoalition beschlossene Ausstieg aus der Kernenergie führte zur verstärkten Förderung von erneuerbaren Energien, um die internationale Verpflichtung Deutschlands, den Kohlendioxidausstoß zu verringern, nicht zu gefährden.

Durch Luftverunreinigungen war schon in den 1980er Jahren mehr als die Hälfte der Waldfläche im Westen geschädigt. Gefährdet waren auch die Böden und die Gewässer. Um die Schädigungen nicht noch weiter voranschreiten zu lassen, sind verschiedene umweltpolitische Maßnahmen getroffen worden, die Erfolge gezeigt haben. So konnten durch entsprechende Verordnungen der Schadstoffausstoß in die Atmosphäre sowie Gewässer- und Bodenverunreinigungen reduziert werden. Im Gegensatz dazu waren die Umweltbedingungen für die Menschen in Ostdeutschland zum Teil

DEUTSCHLAND

**In der Ausbildungswerkstatt** eines Industriebetriebes üben Auszubildende das autogene Schweißen *(links)*, d. h. das Schneiden, Verbinden und Trennen von Metallteilen durch örtliches Schmelzen mit einer sehr heißen Stichflamme.

**Ein internationales Forscherteam** analysiert die Molekularstruktur eines neuen chemischen Wirkstoffes *(oben)*. Dank des technologischen Fortschritts können heutzutage neue Arzneimittel am Bildschirm entwickelt werden.

**In einer vollautomatischen Fertigungsstraße** im Opelwerk in Eisenach übernehmen Industrieroboter Punktschweißarbeiten beim Zusammensetzen der Karosserie *(oben)*. Die Steuerung erfolgt über einen computergestützten Programmablauf.

**Mit Spezialmaschinen** werden im Braunkohlentagebau die kohleführenden Schichten abgetragen *(links)*. Deutschland ist weltweit der größte Braunkohlenproduzent. Sie wird im Rheinischen Revier Köln/Aachen, in der Lausitz und im mitteldeutschen Revier Halle/Leipzig gefördert.

unerträglich. Insbesondere die Belastung der Gewässer und die hohe Luftverschmutzung stellten eine akute Gesundheitsgefährdung für weite Teile der Bevölkerung dar. Der Zusammenbruch der Schwer- und chemischen Industrie, der Einsatz moderner Industriefilter und der Bau moderner Kraftwerke haben mit dazu beigetragen, daß sich die Situation wesentlich verbessert hat.

### Arbeitsmarkt

Vom Ende der 50er bis in die frühen 70er Jahre bestand in der alten Bundesrepublik nahezu Vollbeschäftigung. Die Zahl der Erwerbstätigen stieg ständig an, und der Bedarf an Arbeitskräften konnte schließlich nur durch die Anwerbung ausländischer Arbeitnehmer gedeckt werden. 1973 waren 2,6 Millionen Ausländer in Deutschland beschäftigt. Die internationale Wirtschaftskrise hatte auch für den Arbeitsmarkt der Bundesrepublik negative Folgen: die Arbeitslosenzahlen erreichten zu Beginn der 1980er Jahre die Millionengrenze. Zwar konnten durch die gute Weltkonjunktur, die die exportorientierte deutsche Wirtschaft stützte, auch neue Arbeitsplätze geschaffen werden, eine Entlastung des Arbeitsmarktes trat aber nicht ein. Die Gründe waren vielfältig. Verteuerung des Faktors Arbeit mit dem Zwang zur Rationalisierung, Wandel der Branchenstruktur, Übergang von der national geprägten Industrie- zur internationalisierten Informations- und Dienstleistungsgesellschaft sowie Umstellung der ostdeutschen Wirtschaft auf die Erfordernisse der Marktwirtschaft.

Die regionale Verteilung der Arbeitslosigkeit läßt ein Nord-Süd-Gefälle erkennen. Die Regionen mit strukturschwachen Branchen liegen überwiegend in der Mitte und im Norden, während im Süden die Mehrzahl der Unternehmen der Zukunftsindustrien – Informationstechnologie, Luft- und Raumfahrttechnik, Maschinenbau und Automobilindustrie – angesiedelt ist. Trotz umfangreicher Programme zur Arbeitsbeschaffung, Umschulung und Weiterbildung in Ostdeutschland lagen die Arbeitslosenquoten zu Beginn des 21. Jahrhunderts in den neuen Bundesländern und Berlin durchweg höher als in den westdeutschen Ländern, am höchsten in Sachsen-Anhalt (rd. 20 %), am niedrigsten in Bayern (rd. 5 %).

# DEUTSCHLAND: GESCHICHTE (800–1945)

Das von Karl dem Großen (747–814) geschaffene Reich der Franken, das die Gebiete des heutigen Frankreich, Westdeutschland und Oberitaliens umfaßte, bestand nur ein halbes Jahrhundert. Im Vertrag von Verdun teilten sich 843 die Enkel Karls den Besitz, wobei Ludwig der Deutsche (806–876) den östlichen Teil erhielt. Dieses Ostfränkische Reich bildete die Keimzelle des späteren Deutschen Reiches. Nach dem Aussterben der Karolinger kam 919 mit Heinrich I. (um 875–936) die sächsische Dynastie auf den Königsthron. Sein Sohn Otto I. (912–973) setzte das von Heinrich begonnene Einigungswerk der deutschen Stämme erfolgreich fort. Mit seiner Kaiserkrönung 962 in Rom erneuerte er die Reichsidee Karls des Großen, legte den Grundstein für das »Heilige Römische Reich Deutscher Nation« und damit für die deutsche Kaiserpolitik in Italien. Durch die Gründung von Grenzmarken im Osten leitete er eine Entwicklung ein, die später in der deutschen Ostkolonisation gipfelte.

Unter der 1024 an die Macht gekommenen Salischen oder Fränkischen Dynastie entstand ein tiefer Gegensatz zwischen den deutschen Kaisern und den Päpsten in Rom. Das Wormser Konkordat von 1122 überbrückte zwar die Gegensätze, doch flackerten sie im folgenden Jahrhundert immer wieder auf. Unter den Stauferkaisern erlebte das Reich zwischen 1138 und 1254 die glanzvollste Epoche des Mittelalters. Doch dann setzte ein allmählicher Niedergang ein. Im späten Mittelalter wählten die sieben deutschen Kurfürsten möglichst schwache Herrscher aus verschiedenen Familien. Diese wiederum bemühten sich, eine Hausmacht aufzubauen, um so gestärkt den Fürsten entgegentreten und der eigenen Familie die Nachfolge sichern zu können. Aus der mit Rudolf von Habsburg (1218–1291) beginnenden Reihe der spätmittelalterlichen Herrscher ragte Karl IV. (1316–1378) aus dem Hause Luxemburg hervor, der mit der »Goldenen Bulle« das erste Reichsgrundgesetz schuf und damit auch Ordnung in das System der Königswahlen brachte.

Hatten in der staufischen Zeit Lehenswesen und Rittertum eine hohe Blüte erlebt, so begann seit dem 14. Jahrhundert der Aufstieg der Städte und des Bürgertums. In Städte- und Handelsbünden wie der Hanse in Nord- und Mitteldeutschland erlangten sie politische und wirtschaftliche Macht und wurden zu Trägern des kulturellen Lebens.

### Protestanten und Katholiken

Von 1438 an stellte das Haus Habsburg bis 1806 (mit Ausnahme der Jahre 1740–1745) die deutschen Könige und Kaiser. Zu Beginn des 16. Jahrhunderts wirkte sich die von Martin Luther (1483–1546) eingeleitete Reformation gleichermaßen nachhaltig auf das religiöse, geistige und soziale Leben aus und führte

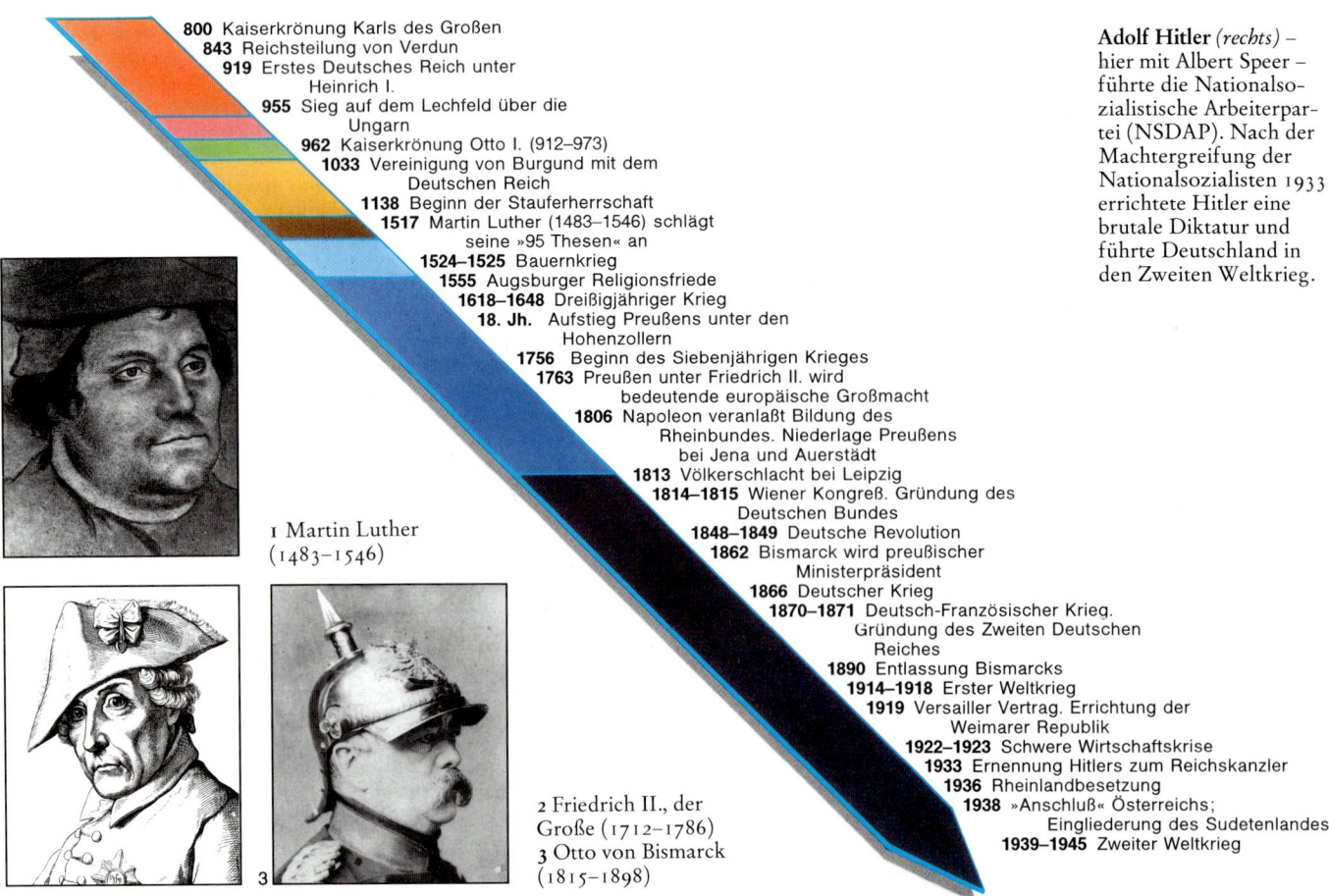

**Adolf Hitler** (rechts) – hier mit Albert Speer – führte die Nationalsozialistische Arbeiterpartei (NSDAP). Nach der Machtergreifung der Nationalsozialisten 1933 errichtete Hitler eine brutale Diktatur und führte Deutschland in den Zweiten Weltkrieg.

- 800 Kaiserkrönung Karls des Großen
- 843 Reichsteilung von Verdun
- 919 Erstes Deutsches Reich unter Heinrich I.
- 955 Sieg auf dem Lechfeld über die Ungarn
- 962 Kaiserkrönung Otto I. (912–973)
- 1033 Vereinigung von Burgund mit dem Deutschen Reich
- 1138 Beginn der Stauferherrschaft
- 1517 Martin Luther (1483–1546) schlägt seine »95 Thesen« an
- 1524–1525 Bauernkrieg
- 1555 Augsburger Religionsfriede
- 1618–1648 Dreißigjähriger Krieg
- 18. Jh. Aufstieg Preußens unter den Hohenzollern
- 1756 Beginn des Siebenjährigen Krieges
- 1763 Preußen unter Friedrich II. wird bedeutende europäische Großmacht
- 1806 Napoleon veranlaßt Bildung des Rheinbundes. Niederlage Preußens bei Jena und Auerstädt
- 1813 Völkerschlacht bei Leipzig
- 1814–1815 Wiener Kongreß. Gründung des Deutschen Bundes
- 1848–1849 Deutsche Revolution
- 1862 Bismarck wird preußischer Ministerpräsident
- 1866 Deutscher Krieg
- 1870–1871 Deutsch-Französischer Krieg. Gründung des Zweiten Deutschen Reiches
- 1890 Entlassung Bismarcks
- 1914–1918 Erster Weltkrieg
- 1919 Versailler Vertrag. Errichtung der Weimarer Republik
- 1922–1923 Schwere Wirtschaftskrise
- 1933 Ernennung Hitlers zum Reichskanzler
- 1936 Rheinlandbesetzung
- 1938 »Anschluß« Österreichs; Eingliederung des Sudetenlandes
- 1939–1945 Zweiter Weltkrieg

1 Martin Luther (1483–1546)
2 Friedrich II., der Große (1712–1786)
3 Otto von Bismarck (1815–1898)

# DEUTSCHLAND

**Wilhelm I.** wurde 1871 im Spiegelsaal von Versailles zum Deutschen Kaiser ausgerufen *(oben)*. Der preußische Ministerpräsident Otto von Bismarck (1815–1898) erreichte nach dem Sieg Preußens über Österreich (1866) und Frankreich (1871) die Gründung des Deutschen Reichs. 1871 wurde Bismarck der erste Reichskanzler des neuen Nationalstaats; er regierte 19 Jahre.

**Grenzänderungen Deutschlands** *(unten)* vom Mittelalter bis zum zweiten Jahrzehnt dieses Jahrhunderts: das Kerngebiet *(links)* zeigt das von Friedrich I. Barbarossa geerbte Reich, ein Symbol deutscher Einheit. 1815 hatte der Deutsche Bund seinen Bereich nach Osten ausgedehnt. Das Deutsche Reich von 1871 *(unten rechts)* wurde nach dem Ersten Weltkrieg verkleinert.

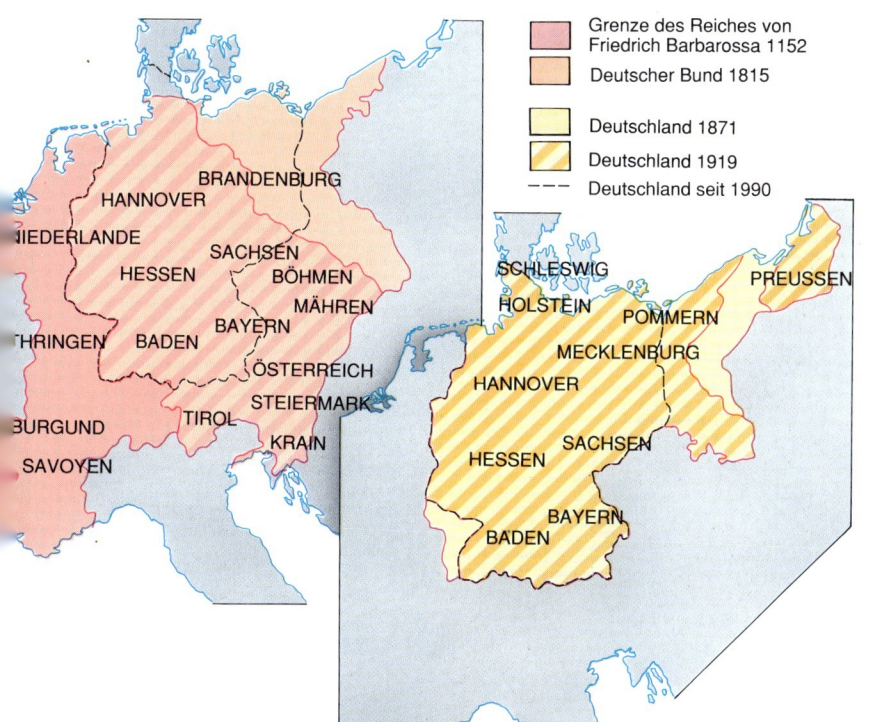

schließlich zu einer politischen Polarisierung. Während die Kaiser aus dem Hause Habsburg die katholische Seite unterstützten, standen der größere Teil der deutschen Fürsten und das Bürgertum auf seiten der reformatorischen Bewegung. Zwar legte nach langen Auseinandersetzungen der Augsburger Religionsfriede 1555 die Gleichberechtigung der beiden Konfessionen ausdrücklich fest, aber bis 1618 spitzten sich die Verhältnisse wieder so zu, daß eine gewaltsame Lösung unvermeidlich schien. Der daraus erwachsene Dreißigjährige Krieg war nur in seiner ersten Phase ein Religionskrieg; durch das Eingreifen Schwedens und Frankreichs weitete er sich zu einer europäischen Auseinandersetzung aus, unter der Deutschland schwer zu leiden hatte. Der Westfälische Friede von 1648, der den Dreißigjährigen Krieg beendete, förderte die Aufsplitterung des Reiches in zahlreiche Fürstenhäuser, die ihre Macht im Geist des Absolutismus auszubauen suchten. Als die beiden bedeutendsten kristallisierten sich dabei Brandenburg-Preußen und Österreich heraus, die sich dann erstmals um die Mitte des 18. Jahrhunderts in den Schlesischen Kriegen bekämpften.

**Vom Deutschen Bund bis zum »Dritten Reich«**
Die Französische Revolution und die Napoleonischen Kriege führten zur Auflösung des alten Reichsverbandes. Zwar schlossen sich die Fürsten 1815 in einem Deutschen Bund zusammen, aber sie unterdrückten gleichzeitig alle weiteren Einigungs- und vor allem Liberalisierungsbestrebungen. Dies führte in den Jahren 1848/49 zur Revolution in den deutschen Städten, die aber ohne greifbaren Erfolg endete. Im Deutschen Krieg von 1866 zwang Preußen seinen Rivalen Österreich zum Ausscheiden aus dem Bund, und fünf Jahre später gelang dem preußischen Ministerpräsidenten Otto von Bismarck (1815–1898) nach dem Deutsch-Französischen Krieg 1871 die Gründung des zweiten deutschen Kaiserreiches unter der Führung Preußens. Bismarck selbst prägte die deutsche Politik der folgenden zwei Jahrzehnte, doch unter seinen Nachfolgern und dem eigenmächtigen Regime Kaiser Wilhelms II. (1859–1941) trieb das Reich unaufhaltsam der Katastrophe des Ersten Weltkrieges entgegen.

Die 1919 (Kriegsende 1918) entstandene Weimarer Republik wurde in den nur fünfzehn Jahren ihres Bestehens von schweren wirtschaftlichen und politischen Krisen erschüttert. Dies erleichterte 1933 den Nationalsozialisten die Übernahme der Macht. Im »Dritten Reich« bauten Adolf Hitler (1889–1945) und seine Anhänger eine bedrückende Diktatur auf. Der von ihnen ausgelöste Zweite Weltkrieg brachte für Deutschland zwar das Ende der nationalsozialistischen Herrschaft, zugleich aber auch den Verlust weiter Ostgebiete, militärische Besetzung, Zerstörung, Flüchtlingselend und vor allem die Teilung in zwei Staaten.

# DEUTSCHLAND: GESCHICHTE (SEIT 1945)

Der Zweite Weltkrieg endete in Europa am 8. Mai 1945 mit der bedingungslosen Kapitulation der deutschen Wehrmacht. Die Siegermächte – die USA, die Sowjetunion, Großbritannien und Frankreich – teilten Deutschland in vier Besatzungszonen auf. Die Militärbefehlshaber der vier Zonen bildeten den Alliierten Kontrollrat, der die oberste Regierungsgewalt in Deutschland übernahm. Die Hauptstadt Berlin gehörte keiner Zone an, sondern wurde von den vier Mächten gemeinsam verwaltet; jede erhielt einen Sektor der Stadt. Die Gebiete östlich der Oder und der Lausitzer Neiße wurden polnischer und zu einem kleinen Teil sowjetischer Verwaltung unterstellt. Obwohl die endgültige Grenze erst später festgelegt werden sollte, wurden die deutschen Bewohner dieser Gebiete vertrieben. Über elf Millionen Menschen mußten in den Besatzungszonen Unterkunft finden.

## Die Teilung Deutschlands

Die vier Siegermächte wollten Deutschland gemeinsam regieren, doch schon bald entwickelten sich unüberbrückbare Gegensätze zwischen den drei Westmächten und der Sowjetunion – der »Kalte Krieg« begann. Mit dem Auseinanderbrechen der Viermächteverwaltung 1948 war die Teilung Deutschlands besiegelt. Im Jahre 1949 wurden auf deutschem Boden zwei Staaten gegründet: die Bundesrepublik Deutschland, eine parlamentarische Demokratie, und die Deutsche Demokratische Republik, ein kommunistischer Staat.

Unter ihrem ersten Kanzler Konrad Adenauer (1876–1967) gliederte sich die Bundesrepublik in die Gemeinschaft der westlichen Demokratien ein. 1955 wurde sie Mitglied der NATO, 1957 gehörte sie zu den Gründern der Europäischen Wirtschaftsgemeinschaft, der späteren EG. Ein beispielloser wirtschaftlicher Aufschwung, oft »Wirtschaftswunder« genannt, beseitigte rasch die Verwüstungen des Krieges und brachte der Bundesrepublik Wohlstand und innenpolitische Stabilität.

## Eiserner Vorhang und Berliner Mauer

In der DDR wurde unter Führung des SED-Parteichefs Walter Ulbricht (1893–1973) mit dem »Aufbau des Sozialismus« begonnen. Die diktatorische Herrschaft und das wirtschaftliche Elend veranlaßten viele Bürger zur Flucht in die Bundesrepublik. Daher errichteten die DDR-Behörden ab 1952 unüberwindliche Grenzbefestigungen, aber noch gab es in Berlin die offene Grenze zwischen dem sowjetischen Sektor und den Sektoren der drei Westmächte. 1961 schnitt die DDR auch diesen Fluchtweg ab, indem sie quer durch Berlin eine Mauer baute. Bis zu diesem Zeitpunkt zählte man insgesamt 3,5 Millionen Flüchtlinge.

Über zwei Jahrzehnte lang bestanden keine Beziehungen zwischen den beiden deutschen

**Ein Kind klettert durch ein Loch** in der gerade erst geöffneten Berliner Mauer *(rechts)*. Die Mauer war 1961 von der DDR-Regierung errichtet worden. Auf massiven Druck des Volkes wurde die DDR-Grenze im November 1989 geöffnet.

- **1945** Die Alliierten teilen Deutschland in vier Besatzungszonen
- **1948** Währungsreform. Marshallplan für Westzonen bewirkt raschen wirtschaftlichen Wiederaufbau. Berlin-Blockade
- **1949** Gründung der Bundesrepublik Deutschland und der Deutschen Demokratischen Republik
- **50er Jahre** »Wirtschaftswunder« in der Bundesrepublik
- **1953** Aufstand des 17. Juni in der DDR
- **1955** Beitritt der Bundesrepublik zur NATO und der DDR zum Warschauer Pakt
- **1957** Bundesrepublik ist Gründungsmitglied der EWG
- **1961** Bau der Berliner Mauer
- **1969** Sozialdemokraten gewinnen Bundestagswahl. Bundeskanzler Willy Brandt eröffnet Dialog mit Ostblockstaaten
- **1971** Erich Honecker tritt Nachfolge von Walter Ulbricht als Parteichef der SED in der DDR an
- **1973** Bundesrepublik und DDR ratifizieren »Grundvertrag« mit dem Ziel gutnachbarlicher Beziehungen. Beitritt beider deutscher Staaten zu den Vereinten Nationen
- **1974** Rücktritt von Bundeskanzler Willy Brandt; Nachfolger Helmut Schmidt
- **1980** Gründung der Partei »Die Grünen«
- **1984** CDU/FDP-Koalition gewinnt Bundestagswahlen in Bundesrepublik
- **1989** Tausende DDR-Bürger flüchten nach ungarischer Grenzöffnung in die Bundesrepublik. Massendemonstrationen in der DDR: Rücktritt Honeckers, DDR-Grenzöffnung
- **1990** Freie Wahlen in der DDR. Im Oktober Wiedervereinigung: Beitritt der DDR zur Bundesrepublik

1 Erich Honecker (1912–1994)
2 Willy Brandt (1913–1992)
3 Helmut Kohl (*1930)

# DEUTSCHLAND

**Das Brandenburger Tor in Berlin** *(oben)* war im Dezember 1989 Schauplatz von zahlreichen Festveranstaltungen. Die Deutschen konnten Weihnachten nun wieder als eine Nation feiern. Die offizielle Wiedervereinigung erfolgte im Oktober 1990.

**Deutschland kam 1945 unter alliierte Besatzung** *(unten)*. Die deutschen Ostgebiete fielen an Polen und die Sowjetunion. 1949 entstanden zwei deutsche Staaten: die Bundesrepublik Deutschland und die Deutsche Demokratische Republik.

**Konrad Adenauer und Charles de Gaulle** *(unten)*, der deutsche Bundeskanzler (1949–1963) und der damalige französische Staatspräsident, unterzeichneten im Jahre 1963 in Paris den Vertrag über die deutsch-französische Zusammenarbeit.

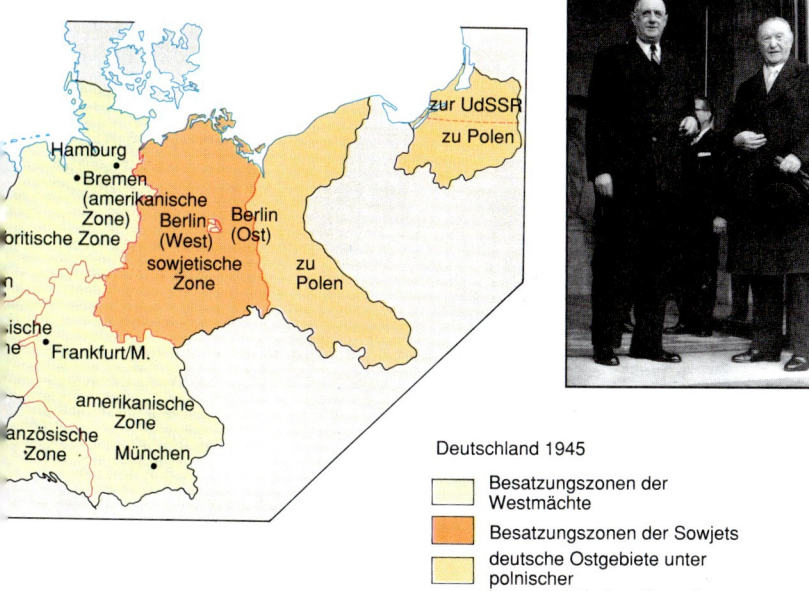

Deutschland 1945
- Besatzungszonen der Westmächte
- Besatzungszonen der Sowjets
- deutsche Ostgebiete unter polnischer bzw. sowjetischer Verwaltung

Staaten, denn das SED-Regime betrieb eine Politik strikter Abgrenzung gegenüber der Bundesrepublik. Anfang der 70er Jahre begannen die beiden Regierungen miteinander zu verhandeln. Mehrere Verträge wurden geschlossen, die Erleichterungen etwa hinsichtlich der Reisemöglichkeiten für die Menschen in beiden Teilen Deutschlands brachten, aber die grundlegenden Gegensätze nicht aufheben konnten.

Die Reformpolitik, die seit 1985 in der Sowjetunion unter Michail Gorbatschow betrieben wurde, brachte Bewegung in die erstarrten Fronten. Die SED-Führung lehnte diese Politik entschieden ab. Damit verschärfte sie den Gegensatz zur Bevölkerung, die sich von Reformen eine Lockerung des Regimes erhoffte, vor allem Meinungs- und Reisefreiheit. Als Ungarn 1989 die Grenze zu Österreich öffnete, flohen in wenigen Tagen Zehntausende DDR-Bürger in die Bundesrepublik. In den Großstädten der DDR kam es zu Massendemonstrationen, in deren Folge Parteichef Erich Honecker zurücktrat; die neue Führung versprach Reformen, und am 9. November 1989 öffnete sie die Grenzen.

## Deutsche und europäische Einigung

Doch die immer zahlreicheren Demonstranten forderten das Ende des SED-Regimes und bald auch die Wiedervereinigung Deutschlands, die von der aus freien Wahlen hervorgegangenen DDR-Regierung unter Lothar de Maizière und der Bundesregierung ausgehandelt wurde. Als Vorstufe der staatlichen Einheit trat am 1. Juli 1990 eine Währungs-, Wirtschafts- und Sozialunion zwischen den beiden deutschen Staaten in Kraft. Auch die Siegermächte stimmten nun der Wiedervereinigung zu. Die Sowjetunion erklärte sich damit einverstanden, daß das vereinigte Deutschland Mitglied der NATO würde. Die beiden deutschen Parlamente bestätigten die Oder-Neiße-Linie als endgültige Ostgrenze Deutschlands. Am 3. Oktober 1990 wurde in Berlin der Beitritt der wiederhergestellten ostdeutschen Länder zur Bundesrepublik feierlich vollzogen.

Innenpolitisch waren die 90er Jahre von dem Bemühen getragen, gleichartige Lebensverhältnisse in Ost- und Westdeutschland herzustellen. Der Aufbau eines demokratischen Rechts- und Gesellschaftssystem sowie der Umbau der DDR-Wirtschaft verlangte großen Einsatz, der mit Steuern, sozialpolitischen Einschnitten und höherer Staatsverschuldung »bezahlt« wurde. Mit Reformen im Gesundheitswesen und in der Altersversorgung sowie der Anpassung an eine globalisierte Wirtschaft versuchten sowohl die christlich-liberale Regierung unter Kanzler Helmut Kohl wie auch die seit 1998 amtierende rotgrüne Koalition von Gerhard Schröder, den »Standort Deutschland« zu sichern. Außenpolitisch trieb Deutschland die europäische Einigung voran und stärkte seinen internationalen Einfluß, u. a. durch Beteiligung an Kriseneinsätzen, vor allem auf dem Balkan.

# DEUTSCHLAND: HISTORISCHE STÄTTEN

1 Aachen
2 Jena
3 Kyffhäuser
4 Mainz
5 Nürnberg
6 Potsdam
7 Quedlinburg
8 Wartburg
9 Weimar
10 Wittenberg
11 Leipzig

Deutschland hat nie ein Zentrum wie London oder Paris besessen, in dem sich durch die Jahrhunderte das gesamte politische und geistige Leben der Nation zusammenballte. Deshalb finden sich über das ganze Land verstreut historisch bedeutsame Stätten. Einige davon sollen hier vorgestellt werden.

Die Stadt **Aachen**, im äußersten Westen Deutschlands gelegen, war unter Kaiser Karl dem Großen (747–814) der Mittelpunkt des riesigen Frankenreichs, aus dem später Deutschland und Frankreich hervorgingen. Durch die Anwesenheit hervorragender Gelehrter wurde Karls Hof auch ein geistiges Zentrum Europas. In der von ihm errichteten Hofkapelle ruhen seine Gebeine; dort steht auch ein ihm zugeschriebener marmorner Thron. Die Kapelle bildet den Kern des Aachener Münsters, das sechs Jahrhunderte lang, von 936 bis 1531, die Krönungsstätte der deutschen Könige war.

An der Mündung des Mains in den Rhein liegt **Mainz**. Im Mittelalter war der Mainzer Erzbischof der ranghöchste Fürst; ihm oblag es, nach dem Tod des Königs die Kurfürsten zur Wahl eines Nachfolgers zusammenzurufen. Wohl der berühmteste Sohn der Stadt ist Johannes Gutenberg, der den Buchdruck mit beweglichen Lettern erfand.

Die alte Reichsstadt **Nürnberg** erlebte um 1500, in der Zeit des Humanismus und der Renaissance, eine kulturelle Blüte ohnegleichen. Fast gleichzeitig lebten und wirkten dort der Maler Albrecht Dürer, der Bildhauer Veit Stoß, der Erzgießer Peter Vischer, der Geograph Martin Behaim, der Philologe Willibald Pirckheimer und der Dichter Hans Sachs. Burggrafen von Nürnberg waren seit 1192 die Hohenzollern, die später auf den preußischen Königsthron und an die Spitze des deutschen Kaiserreichs gelangten.

Die preußische Nebenresidenz **Potsdam** erhielt ihre schönsten Anlagen durch Friedrich II. (1712–1786), der nach eigenen Entwürfen durch den Architekten G. W. von Knobelsdorff das Schloß Sanssouci errichten ließ.

**Wittenberg** war eine kleine sächsische Residenzstadt, in der 1502 die Universität gegründet wurde, an der Martin Luther Theologie lehrte. Am 31.10.1517 soll Luther seine 95 Thesen an die Tür der Schloßkirche geschlagen haben.

Heinrich I. (um 875–936) ließ in **Quedlinburg** eine Pfalz errichten. Der Sage nach saß Heinrich I. (»Heinrich der Vogler«) am Finkenherd, am Fuße des Burgberges, als ihm die Königskrone des ersten Deutschen Reiches überbracht wurde.

Vom Harz durch die Ebene der Goldenen Aue getrennt, liegt das Kyffhäusergebirge mit der Ruine der **Kyffhäuserburg** aus dem 11./12. Jahrhundert. Der Sage nach schläft Kaiser Barbarossa im unterirdischen Gewölbe, bis es an der Zeit ist, das deutsche Volk zu einen. Das 1896 errichtete Kyffhäuserdenkmal widmet sich dieser Sage. Am Südrand des Kyffhäusers erlitten im Bauernkrieg die aufständischen Bauern unter Thomas Müntzer 1525 ihre entscheidende Niederlage.

Am Nordwestrand des Thüringer Waldes soll Landgraf Ludwig der Springer 1067 die **Wartburg** gegründet haben. Unter Landgraf Hermann (um 1155–1217) wurde die Burg oft das Ziel fahrender Sänger. Der Wettstreit unter ihnen wurde die Grundlage eines mittelhochdeutschen epischen Gedichtes, das als »Sängerkrieg auf der Wartburg« bekannt wurde. Richard Wagner benutzte diesen Stoff für seine Oper »Tannhäuser«.

Als Martin Luther 1521 aus Worms, wo er den Widerruf seiner Thesen verweigert hatte, nach Wittenberg zurückkehren wollte, ließ Kurfürst Friedrich der Weise von Sachsen ihn auf die Wartburg bringen, um ihn vor Bann und Reichsacht zu bewahren. Hier übersetzte Luther das Neue Testament aus dem griechischen Urtext ins Deutsche.

**Die Wartburg** *(links)*, für viele die schönste Burg Deutschlands, erhebt sich auf einer steilen Anhöhe oberhalb von Eisenach. Hier wetteiferten wandernde Minnesänger im Mittelalter mit ihren Liedern, und hier fand Martin Luther als »Junker Jörg« im Jahre 1521 Zuflucht.

**Das Chinesische Teehaus** *(unten)* steht im Park von Schloß Sanssouci in Potsdam. Sanssouci wurde nach den Plänen von Friedrich II., dem Großen, gebaut, unter dessen Führung Preußen zu einer europäischen Großmacht wurde.

**Das Goethehaus am Frauenplan** in Weimar *(ganz oben)* war von 1782 bis 1832 Wohnsitz und Arbeitsstätte des bedeutendsten deutschen Dichters, Johann Wolfgang von Goethe. Sein Gönner, Herzog Karl August, schenkte ihm das Haus 1792, das heute ein Museum ist.

**Der Marmorthron Karls des Großen** *(oben)*, auf dem jahrhundertelang die deutschen Könige gekrönt wurden, steht im Dom von Aachen. Karl der Große machte Aachen zur Residenz; im Dom befindet sich seine Grabstätte.

»Stadt der deutschen Klassik«, »Stadt der Dichter und Denker«, »Stadt der Musen« – gemeint ist **Weimar,** die ehemalige Residenzstadt der Herzöge von Sachsen-Weimar, beziehungsweise der Großherzöge von Sachsen-Weimar-Eisenach. Zwar waren schon die Maler Lucas Cranach d.Ä. und sein Sohn hier tätig, wohl wirkte Johann Sebastian Bach von 1708 bis 1717 als Hoforganist hier, aber als Begründerin des »Weimarer Musenhofes« gilt Herzogin Anna Amalia (1723–1787). Sie und ihr ab 1775 regierender Sohn Karl August holten Wieland, Goethe, Herder und Schiller, der in Jena eine Professur hatte, nach Weimar.

Im Weimarer Theater, das unter Goethes Leitung von 1791 bis 1817 eine Glanzzeit erlebt hatte und 1919 zum Deutschen Nationaltheater erhoben wurde, tagte nach Ende des Ersten Weltkriegs die deutsche Nationalversammlung, die am 11.8.1919 die Verfassung der »Weimarer Republik« beschloß.

Die geringe räumliche Entfernung zwischen den beiden Zentren deutschen Geisteslebens, **Jena** und Weimar, begünstigte eine gegenseitige intensive Befruchtung. An der 1558 eröffneten Universität Jena lehrten Ende des 18./Anfang des 19. Jahrhunderts so bedeutende Professoren wie Schiller, Fichte, Schelling, Schlegel und Hegel. Jena war ein Zentrum der deutschen idealistischen Philosophie und der deutschen Romantik.

Mit Jena ist der Name der Schlacht verbunden, in der Napoleon 1806 Preußen und Sachsen unterwarf. Bei **Leipzig** fand die »Völkerschlacht« statt, in der 1813 Napoleons Herrschaft über Deutschland zerbrach. 1889–1913 wurde das Völkerschlachtdenkmal errichtet.

Seit 1723 wirkte Johann Sebastian Bach als Kantor an der Thomaskirche in Leipzig. Hier entstanden viele seiner Kantaten, vor allem aber die Johannes- und die Matthäuspassion. 1750 starb er in Leipzig.

# DEUTSCHLAND: HISTORISCHE STÄDTE

Die weitaus meisten Städte Deutschlands entstanden im Mittelalter. Als Bischofssitze erlangten die alten Römerstädte an Rhein, Mosel und Donau Bedeutung – zu den ältesten gehören Köln, Trier und Regensburg; in Trier sind noch die Grundzüge der römischen Stadt erhalten. Charakteristisch für die Bischofsstadt des frühen Mittelalters sind die Häufung kirchlicher Bauten um den Dom sowie die Adelshöfe der Dom- und Stiftsherren, die – wie in Bamberg – vielfach einen eigenen Stadtteil bilden. Im weiteren Umkreis lagen Klöster und Stifte mit den zugehörigen Gebäuden für Handwerk, Gewerbe und Landwirtschaft, jeweils durch eigene Mauern geschützt.

Bereits seit dem 10. Jahrhundert entwickelten sich Marktsiedlungen, doch die eigentliche Zeit des Städtebaus fällt in das 12. bis 14. Jahrhundert. Mit dem Aufblühen von Handel und Gewerbe entfaltete sich städtisches Leben in den aufstrebenden Markt- und Fernhandelsorten. Märkte waren zu einer gewinnbringenden Einrichtung für die im Machtkampf stehenden Landesherren geworden. Diese gründeten Städte, um sich gegenseitig den Rang abzulaufen, um ihren Machtbereich zu sichern und auszubauen, meist im Schutz einer Burg oder an der Kreuzung bedeutender Verkehrswege. Wehrhaft mußten die Städte sein, ihren Bewohnern und denen des Umlands Schutz und Zuflucht bieten: deshalb erhielten sie eine Ummauerung. Rückgrat der meisten dieser Gründungen ist die breite Marktstraße, die durch Stadttore abgeschlossen wird.

Die persönliche Freiheit und Rechtsgleichheit in den Städten sowie die besseren wirtschaftlichen Möglichkeiten übten große Anziehung auf die Landbevölkerung, vor allem die Handwerker, aus. Kaufmannsgeist und Handwerkerfleiß machten die Städte reich und mächtig. Ein selbstbewußter, um seine Selbstverwaltung kämpfender Bürgerstand entstand, dessen Macht und Stolz die Rathäuser und die Pfarrkirchen widerspiegeln. Eines der schönsten Beispiele bürgerlichen Städtebaus bietet mit eindrucksvollen Backsteinbauten Lübeck, Zeugnis der Tatkraft des hanseatischen Kaufmannsstandes. Die Hansestädte waren bereits weitgehend autonom, die größte Selbständigkeit aber erlangten die Reichsstädte, beispielsweise Goslar und Nürnberg; sie unterstanden nicht mehr einem Landesherren, sondern unmittelbar dem Kaiser.

### Wiederaufbau nach Kriegszerstörungen

Brände und Kriege, vor allem auch der Zweite Weltkrieg, haben viele historische Städte zerstört. Viele von ihnen wurden nach Kriegsende vollständig oder teilweise wieder aufgebaut. In kleineren Städten Süddeutschlands haben sich malerische Stadtbilder mittelalterlichen Charakters am besten erhalten, so z. B. in Rothenburg ob der Tauber, Dinkelsbühl, Miltenberg und Michelstadt. Reizvolle Stadtbilder gibt es aber auch in Norddeutschland, etwa in Lübeck, Lüneburg oder Celle oder in Bremen mit seiner über tausendjährigen Geschichte.

In Ostdeutschland, das nach dem Zweiten Weltkrieg 40 Jahre lang kommunistisch beherrscht wurde, begann man erst Anfang der 80er Jahre mit der Erhaltung wertvoller Bausubstanz. Sie war allerdings nur für die geschichtsträchtigen Städte vorgesehen und beschränkte sich dann auf einzelne Gebäude, Marktplätze oder Straßenzüge. Wernigerode und Quedlinburg legen Zeugnis von der hohen Kunst des Fachwerkbaus ab, die einstigen Hansestädte Wismar, Rostock und Stralsund sowie Greifswald bieten prächtige Beispiele der Backsteingotik. Mit dem Wiederaufbau, getreu den historischen Vorbildern, in den Altstädten von Wittenberg, Erfurt, Eisenach, Weimar, Dresden, Meißen, Potsdam u. a. Städten wurde erst in den 90er Jahren ernsthaft begonnen.

**Rothenburg ob der Tauber** *(oben)*, die ehemalige Freie Reichsstadt in Franken, hat ihr mittelalterliches Stadtbild fast vollständig bewahrt. Die gut erhaltene Stadtmauer mit ihren Türmen und Toren birgt großartige Baudenkmäler.

**Quedlinburg** *(rechts)* im Harz war schon 922 ein sächsischer Königshof. Heinrich I. legte dort eine Burg an; seine Witwe Mathilde ließ 936 das Nonnenstift St. Servatius errichten. In Quedlinburg wurden auch Reichstage abgehalten.

# DEUTSCHLAND

**Bautzen** *(links)* liegt über der Spree in Sachsen. In der Vergangenheit stand die Stadt abwechselnd unter deutscher, böhmischer und sächsischer Oberhoheit. Im 14. Jahrhundert war Bautzen die Hauptstadt des Lausitzer »Sechsstädtebundes«.

**Michelstadt** mit seinem malerischen Marktplatz *(unten)* ist als einer der schönsten Luftkurorte im Odenwald bekannt. Sein Fachwerkrathaus (1484) mit der offenen Ständerhalle im Erdgeschoß ist ein Prunkstück spätgotischer Holzbaukunst.

# DEUTSCHLAND: FESTSPIELE

Deutschland ist reich an Festspielen verschiedenster Art – Konzert, Oper, Schauspiel, Tanz, Film –, große und kleine Städte warten mit Festtagen und -wochen auf. Manche finden in etablierten Häusern statt, wie etwa die international bedeutenden »Richard-Wagner-Festspiele« in Bayreuth, bei anderen werden Freilichtbühnen benutzt, wie bei den »Karl-May-Festspielen« in Bad Segeberg.

Seit 1634 werden die Passionsspiele in Oberammergau aufgeführt, die ältesten Festspiele Deutschlands. Sie gehen auf ein Gelöbnis der Oberammergauer anläßlich der großen Pestepidemie von 1633 zurück. Als Zeichen ihrer Dankbarkeit gelobten die Überlebenden am Ende der Pest, alle zehn Jahre die Leidensgeschichte Jesu Christi aufzuführen. Rund eine halbe Million Zuschauer aus aller Welt strömt jedesmal nach Oberammergau, um diesem Schauspiel beizuwohnen.

Fast das ganze Jahr über gibt es Festspiele in Berlin. Begonnen wurde das Festspielleben 1951 mit den »Internationalen Filmfestspielen«, einem Wettbewerb der neuesten Filme aus aller Welt. 1964 wurden die »Berliner Jazztage« ins Leben gerufen. Das »Theatertreffen Berlin« (seit 1964) stellt ausgewählte Inszenierungen des deutschen Sprachraums vor. Schwerpunkt des Festspielbetriebs aber sind die »Berliner Festwochen«, die Konzerte, Opern und Ballettaufführungen darbieten.

Aber nicht nur die großen, auch viele kleinere Städte veranstalten Festspiele. In der Stiftsruine von Bad Hersfeld finden jeden Sommer Theateraufführungen statt; Schauspiele bieten neben Konzerten, Vorträgen und Kunstausstellungen auch die weithin bekannten Ruhrfestspiele in Recklinghausen.

## Festspielkalender

Eine kleine Auswahl der zahlreichen Festspiele, die an verschiedenen Orten in Deutschland stattfinden.

**Schleswig-Holstein:** Musikfestival *(Juli/August)*

**Bad Segeberg:** Karl-May-Spiele *(Juli)*

**Hitzacker:** Sommerliche Musiktage *(Juli/August)*

**Hannover:** Musik und Theater in Herrenhausen *(Mai – September)*

**Berlin:** Internationale Filmfestspiele *(Februar/März)* Jazz-Fest *(November)* Theatertreffen *(Mai)* Festwochen *(September/Oktober)*

**Recklinghausen:** Ruhrfestspiele *(Mai/Juni)*

**Witten:** Tage für neue Kammermusik *(April)*

**Herne:** Tage alter Musik *(Dezember)*

**Kassel:** Musiktage *(September/Oktober)*

**Leipzig:** Internationales Bachfest *(alle 4 Jahre)*

**Bad Hersfeld:** Festspiele *(Juli/August)*

**Bonn:** Internationales Beethovenfest *(alle 3 Jahre im September)*

**Zwickau:** Schumanntage *(alle 4 Jahre im Juni)*

**Bayreuth:** Wagner-Festspiele *(Juli/August)*

**Würzburg:** Mozartfest *(Juni)*

**Schwetzingen:** Festspiele *(Mai)*

**Nürnberg:** Orgelwoche *(Juni/Juli)*

**Ansbach:** Bachwoche *(Juli/August)*

**Augsburg:** Mozartfest *(Mai)*

**München:** Oper und Theater *(Mai – August)*

**Oberammergau:** Passionsfestspiele *(alle 10 Jahre im Sommer)*

**Donaueschingen:** Musiktage für zeitgenössische Musik *(Oktober)*

## Musikfestivals

Die meisten Veranstaltungen werden jedoch im musikalischen Bereich angeboten, als Beispiele seien die Opernfestspiele in München genannt, die »Musiktage« von Kassel oder die »Sommerlichen Musiktage« in Hitzacker. Häufig sind die Festspiele einem einzigen Komponisten gewidmet, wie das Mozartfest in Würzburg, die Schumanntage in Zwickau, das Beethovenfest in Bonn und die Thüringer Bachtage in Weimar.

In Dresden finden neben den »Dresdner Musikfestspielen« mit dem internationalen Carl-Maria-von-Weber-Wettbewerb auch ein »internationales Dixielandfestival« und ein »internationales Schlagerfestival« statt.

Das 1985 von dem Musiker Justus Frantz initiierte »Schleswig-Holstein-Musikfestival«, bei dem sich alljährlich Musiker von internationalem Rang treffen, bietet Veranstaltungen in ganz Schleswig-Holstein – mit Konzerten in Schlössern, Kirchen und Scheunen und unter freiem Himmel. Auf eine viel längere Tradition kann das »Internationale Bachfest« in Leipzig zurückblicken. Der renommierte Thomanerchor pflegt das Bachsche Erbe – Johann Sebastian Bach wirkte von 1723 bis 1750 als Kantor an der Thomaskirche – mit großen Oratorienaufführungen, die Bach nebst Motetten einst für den Chor komponierte.

Den Reiz der »Tage alter Musik« machen vor allem die seltsamen altertümlichen Instrumente aus, auf denen diese »alte Musik« gespielt wird. Die »Musiktage für zeitgenössische Musik« in Donaueschingen bieten dagegen »neue Musik«. Nur ein einziges Instrument, nämlich die Orgel, steht bei der »Orgelwoche« in Nürnberg im Mittelpunkt.

Im Ausland am bekanntesten sind wohl die Bayreuther »Richard-Wagner-Festspiele«. Sie wurden 1876 von Wagner selbst mit der Aufführung des »Ring der Nibelungen« eingeweiht. Seither kommen jedes Jahr im Sommer die »Wagnerianer« nach Bayreuth, um den Festspielen beizuwohnen.

Das Festspielhaus *(rechts)* in Bayreuth wird jedes Jahr im Juli und August, wenn die Richard-Wagner-Festspiele stattfinden, zum Treffpunkt der Prominenten und der Reichen. Wagner lebte seit 1872 in Bayreuth und komponierte hier mehrere seiner Opern. Hier liegt er begraben, und sein Haus ist heute ein Museum. Wagner, eine überragende Figur in der europäischen Kultur, schuf das Musikdrama, in dem Musik und dramatisches Geschehen eine künstlerische Einheit bilden.

**Das religiöse Wandgemälde** an einem Haus in Oberammergau *(oben)* stellt das Gelübde dar, das die Bevölkerung im Pestjahr 1633 ablegte. Als Dank für die Rettung vor der Seuche versprach sie, alle zehn Jahre ein Passionsspiel aufzuführen.

**Das Berliner Philharmonische Orchester** *(unten)* – hier unter der Leitung von Claudio Abbado – stellt einen der Höhepunkte des deutschen Musiklebens dar. Der Musikkalender der Metropole präsentiert ein riesiges Angebot, und die »Berliner Festwochen«, die jedes Jahr im September/Oktober stattfinden, halten eine breite Auswahl an Musikveranstaltungen – eingeschlossen Opern- und Ballettaufführungen – bereit. In Berlin finden auch bedeutende Jazz-, Film- und Theaterfestspiele statt.

# DOMINICA

»Abenteuerinsel« nennen selbst die Dominicaner ihr vulkanisches Naturparadies, und das Abenteuer Dominica beginnt mit der Reise vom Flughafen Melville nach Roseau. In beklemmenden Steigungen windet sich die unwegsame Piste durch die Pflanzenwand des Regenwaldes, über Schlaglöcher, Schlamm und Schotter, vorbei an 60 m hohen Bäumen, durch die 1000 m hohen Vulkanmassive der Morne Trois Pitons und des Diablotin. Regenfangende Steilhänge bedingen eine unerschöpliche Fruchtbarkeit. Zweihundert Baumarten – vom Mahagoni bis zur Zeder – verwachsen zur Undurchdringlichkeit eines mehrstöckigen Regenwaldes, in dessen Paterre Blütenmeere von Lilien, Hibiskus und Orchideen wachsen. Überall ist Wasser: glasklare Seen, Hunderte von Wasserfällen, Wildbäche, die aus den Bergen kommend zu Flüssen angeschwollen in Meeresbuchten münden, wo Palmen auf schwarzem Lavastrand das Bild umrahmen.

»Insel der vielen Kämpfe« nannten die indianischen Ureinwohner ihre Insel. Tatsächlich konnten die Briten erst 1759 den erbitterten Widerstand der Kariben brechen, die zuvor schon Spanier und Franzosen vertrieben hatten. Und erst nach zahllosen Kämpfen zwischen England und Frankreich fiel die Insel 1805 endgültig der britischen Krone zu, bis sie 1978 ihre volle Unabhängigkeit erhielt.

Doch der selbständige Staat hat viele Probleme: Mißwirtschaft, Korruption und ein nur nominell demokratisches Parlament sowie ein sinkendes Bruttosozialprodukt sind Kennzeichen der neben Haiti ärmsten Insel der Karibik. Gebirge und dichtester Regenwald geben nur knapp 20 % der Gesamtfläche zur landwirtschaftlichen Nutzung frei. Wer der Natur nicht Raum für ein paar Ananas- oder Bananenstauden abringt oder wer nicht im bescheidenen Dienstleistungsgewerbe der Hauptstadt Roseau unterkommt, bleibt arbeitslos.

Roseau, das sind ein altes Fort, ein paar britisch-koloniale Gebäude, ein quadratischer Grundriß als Reste englischer Geschichte und Ordnung – ansonsten ist dieser Marktflecken als Einkaufszentrum und Regierungssitz doch vor allem ein aus Wellblech und Brettern gezimmertes Dorf, dessen Armut aber nicht armselig, sondern auf eigene Weise selbstbewußt und charmant wirkt. Französisches »savoir vivre« und karibische Sorglosigkeit überspielen die soziale Not. Das klangvolle Französisch-Patois übertönt die englische Amtssprache, das ausgeprägte Selbstbewußtsein der schwarzen Dominicaner und ihr Stolz auf die Einzigartigkeit ihrer Insel übertünchen die Schattenseiten des täglichen Überlebenskampfes von Kleinbauern, Fischern und Händlern.

### Die ursprünglichste Insel der Karibik

Badetourismus ist auf dieser ungezähmten Insel, deren Straßen selbst für Geländefahrzeuge nicht unproblematisch sind und deren Strände folglich noch den Fischern gehören, kaum möglich. Nur zu Fuß ist die feuchtheiße Sauna des »Boiling Lake« zu erreichen: Man braucht Macheten und gute Schuhe, um durch Dschungel und über wabernden vulkanisch-aktiven Boden zum zweitgrößten kochenden See der Erde zu gelangen, und man braucht eine widerstandsfähige Nase, um die Nähe blubbernder Sulfatquellen zu ertragen.

In einem schwer zugänglichen Reservat bei Marigot an der Ostküste leben etwa 500 Kariben als letzte jener kriegerischen Ureinwohner,

**Ein junger Dominicaner** *(unten)* sitzt am Rand einer Fumarole. Diese vulkanischen Gasaushauchungen erreichen Temperaturen bis zu 200 °C. Sie zerstören in ihrer Umgebung oft die Vegetation.

## Daten und Fakten

**DAS LAND**
**Offizieller Name:** Dominikanischer Bund
**Hauptstadt:** Roseau
**Fläche:** 751 km²
**Landesnatur:** Durch Vulkanismus geprägte Insel; von N nach S von einem Gebirge durchzogen
**Klima:** Tropisch-feuchtheiß
**Hauptflüsse:** Layou
**Höchster Punkt:** Morne Diablotin 1447 m
**Tiefster Punkt:** Meeresspiegel
**DER STAAT**
**Regierungsform:** Parlamentarische Republik
**Staatsoberhaupt:** Staatspräsident
**Regierungschef:** Premierminister
**Verwaltung:** 10 Bezirke
**Parlament:** Abgeordnetenhaus (21 gewählte, 9 ernannte Mitglieder)
**Nationalfeiertag:** 3. November
**DIE MENSCHEN**
**Einwohner (Ew.):** 71 000 (1999)
**Bevölkerungsdichte:** 95 Ew./km²
**Stadtbevölkerung:** 25 %
**Bevölkerung unter 15 Jahren:** o.A.
**Analphabetenquote:** 6 %
**Sprache:** Englisch
**Religion:** Katholiken ca. 80 %

**DIE WIRTSCHAFT**
**Währung:** Ostkaribischer Dollar
**Bruttosozialprodukt (BSP):** 222 Mio. US-$ (1998)
**BSP je Einwohner:** 3010 US-$
**Inflationsrate:** 3,2 % (1990-98)
**Importgüter:** Nahrungsmittel, Industriegüter
**Exportgüter:** Bananen, Kakao, Kopra, Kokosnüsse, Obstsäfte
**Handelspartner:** Großbritannien, CARICOM-Staaten, USA
**Eisenbahnnetz:** o.A.
**Straßennetz:** 1207 km
**Fernsehgeräte je 1000 Ew.:** o.A.

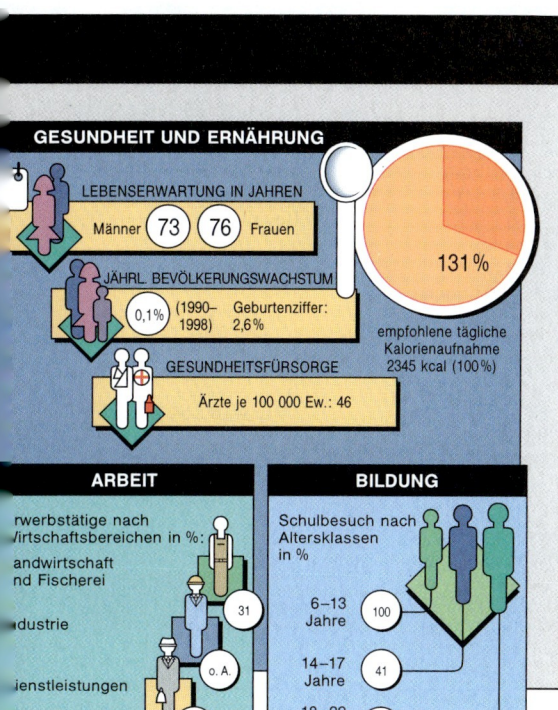

**Der palmenbestandene Karibikstrand** *(oben)*, läßt Dominica als Inselparadies erscheinen. In Wirklichkeit ist es eines der ärmsten Länder dieser Region, mit hoher Arbeitslosen-, Analphabeten- und Sterblichkeitsrate. Darüber hinaus hemmt ein schlecht ausgebautes Kommunikationsnetz die Entwicklung der Insel.

**Die Insel Dominica** *(oben rechts)* ist seit 1978 eine Republik. Sie liegt im Karibischen Meer, etwa 515 km nördlich von Venezuela. Die Insel entstand durch Vulkanismus und ist mit dichtem Regenwald bestanden.

denen einst die Karibik gehörte. Noch 1930 wagten sie mit Pfeil und Bogen den Aufstand gegen ihre Herren und kapitulierten erst vor dem Feuer englischer Kanonenboote. Heute leben sie als Fischer und Korbflechter, und noch immer wissen wir wenig von ihrer Kultur und ihrer Sprache, der wir Entlehnungen wie Karibik, Kannibale, Karneval oder Hängematte verdanken. Ihr Reservat genießt inzwischen eine bescheidene Unabhängigkeit. Mit den schwarzen Dominicanern haben sie nicht viel im Sinn, gelten diese doch als die Urenkel der vom weißen Mann gebeugten Sklaven, den ihr stolzer Stamm bis an die Grenze der eigenen Ausrottung bekämpfte.

So erschlossen die meisten karibischen Inseln dem Touristen sein mögen, so unerschlossen bleibt Dominica und ist damit die ursprünglichste und beeindruckendste Insel der Karibik. Wer das Abenteuer wagt, erfährt hautnah Reize und Schatten dieser geographischen Region, einer uralten Naturlandschaft, die die Indianer schützte und die zu zerstören selbst dem weißen Mann nicht gelang.

# DOMINIKANISCHE REPUBLIK

Die Dominikanische Republik teilt sich mit Haiti die Insel Hispaniola. Der zweitgrößte karibische Staat nimmt fast zwei Drittel der gebirgigen Insel ein. Vier Bergketten, durch langgestreckte Tieflandfurchen (Grabenbrüche) voneinander getrennt, durchziehen die Insel von Nordwesten nach Südosten. Die höchste, die Cordillera Central – zugleich das höchste Gebirge der Westindischen Inseln –, erreicht im Pico Duarte eine Höhe von 3175 m. Große Höhenunterschiede auf kleinem Raum sind typisch für Hispaniola und den die Insel umgebenden untermeerischen Bereich. So fällt der vor der Nordküste der Dominikanischen Republik verlaufende Puerto-Rico-Graben bis in eine untermeerische Tiefe von 9200 m ab. Auch im Lande selbst, in der Enriquillo-Senke mit dem Lago Enriquillo, liegt die Erdoberfläche 46 m unter dem Meeresniveau. Im Norden bildet der Cibao eine 15 km bis 40 km breite Senke, die sich von der Grenze zu Haiti über 225 km bis zur Bucht von Samaná im Osten erstreckt. Der Südwesten des Landes wird von der relativ breiten Küstenebene von Santo Domingo eingenommen. Hier besteht der Untergrund aus jungen Korallenkalken mit vielfältigen Karsterscheinungen.

## Klima und Vegetation

Entsprechend der geographischen Lage in den Randtropen sind die jahreszeitlichen Schwankungen der Temperatur gering. Im Juli werden durchschnittlich 28 °C, im Januar 23 °C erreicht. Der jahreszeitliche Wechsel kommt durch den Unterschied zwischen sommerlicher Regen- und winterlicher Trockenzeit allerdings deutlicher zum Ausdruck. Nirgendwo im karibischen Raum ist die Vielfalt des tropischen Klimas größer als auf der Insel Hispaniola. Entscheidend hierfür sind die großen Höhenunterschiede. Die im Luv zum regenbringenden Nordpassat gelegenen Gebirgshänge erhalten reichlich Niederschläge (über 2000 mm pro Jahr). Die im Windschatten gelegenen Gebiete weisen wesentlich geringere jährliche Niederschläge auf. Die klimatischen Unterschiede reichen vom feucht-warmen Regenwaldklima bis zum wüstenartigen Trockenklima. Entsprechend vielfältig ist auch die Vegetation ausgebildet. Während die windseitigen Gebirgshänge immergrünen Regenwald tragen, bildeten sich in den windabgewandten Bereichen je nach Höhenstufe regengrüne, in der Trockenzeit laubabwerfende Trockenwälder aus. In der Küstenebene von Azua, den Senken von Enriquillo und Cibao findet man sogar Dornstrauch- und Sukkulentenvegetation. Die im Herbst auftretenden Hurrikane, die durch Stürme und Überflutungen große Schäden anrichten können, sind eine ständige Bedrohung für die Insel.

## Hispaniola: Spanischer contra französischen Kultureinfluß

Bereits auf seiner ersten Fahrt in die Neue Welt hatte 1492 Christoph Kolumbus (1451–1506) die Insel entdeckt und sie Hispaniola (»kleines Spanien«) genannt. Sie wurde zum Ausgangspunkt weiterer spanischer Eroberungen in Lateinamerika. Die Urbevölkerung, die Arawaken, wurde von den Spaniern bald durch Verfolgung, Sklaverei und ins Land gebrachte Seuchen ausgerottet. Bereits zu Beginn des 16. Jahrhunderts mußten Negersklaven aus Afrika auf die Insel geholt werden, um die Ausbeutung der mineralischen Rohstoffe für die Spanier weiter betreiben zu können. Nach deren Er-

## Daten und Fakten

**DAS LAND**
**Offizieller Name:** Dominikanische Republik
**Hauptstadt:** Santo Domingo
**Fläche:** 48 511 km²
**Landesnatur:** Von NW nach SO verlaufende Gebirgsketten, durch Längstäler voneinander getrennt, im N die Cibao-Senke, im SW die Küstenebene von Santo Domingo
**Klima:** Randtropisches Klima mit regenreichen Sommern
**Hauptflüsse:** Yaque del Norte, Yuna, Yaque del Sur, Saco
**Höchster Punkt:** Pico Duarte 3175 m
**Tiefster Punkt:** Lago Enriquillo –46 m
**DER STAAT**
**Regierungsform:** Präsidiale Republik
**Staatsoberhaupt:** Staatspräsident
**Verwaltung:** 29 Provinzen, Hauptstadtbezirk Santo Domingo
**Parlament:** Nationalkongreß mit Abgeordnetenhaus (149 Mitglieder) u. Senat (30 Mitglieder), beide für 4 Jahre gewählt
**Nationalfeiertag:** 27. Februar
**DIE MENSCHEN**
**Einwohner (Ew.):** 8 364 000 (1996)
**Bevölkerungsdichte:** 172 Ew./km²
**Stadtbevölkerung:** 65 %
**Bevölkerung unter 15 Jahren:** o.A.
**Analphabetenquote:** 16 %
**Sprache:** Spanisch
**Religion:** Katholiken 91 %
**DIE WIRTSCHAFT**
**Währung:** Dominikanischer Peso
**Bruttosozialprodukt (BSP):** 14 610 Mio. US-$ (1998)
**BSP je Einwohner:** 1770 US-$
**Inflationsrate:** 10,6 % (1990-98)

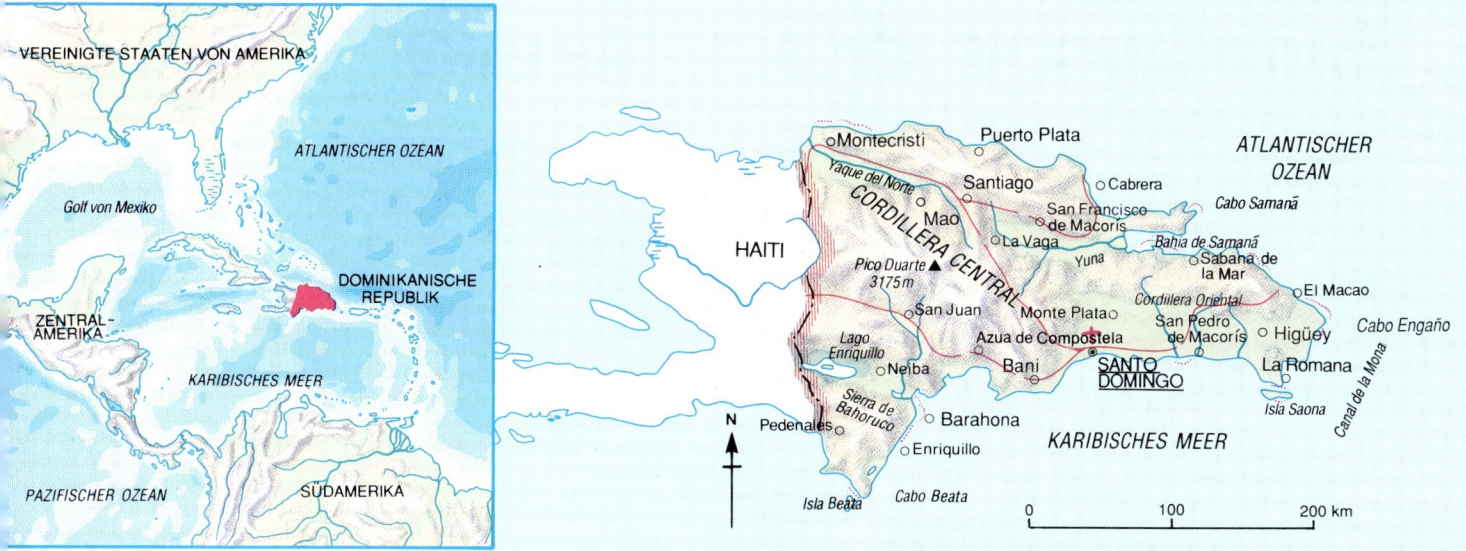

**Die Dominikanische Republik** mit ihrer zickzackförmigen Grenze zu Haiti *(oben)* nimmt die östlichen zwei Drittel von Hispaniola ein und ist der zweitgrößte Staat in der Karibik. Mit seinem westlichen Nachbarn hat das Land nur wenig gemeinsam.

**Die Morgendämmerung** erhellt die Landschaft der Dominikanischen Republik *(rechts)*. Hier liegt auch der höchste Berg des Karibikraums, der Pico Duarte (3175 m); zahlreiche Gebirgshänge sind noch mit tropischem Regenwald bedeckt.

schöpfung wandten sich die spanischen Kolonialherren allerdings immer stärker dem südamerikanischen Festland zu. Die Position Santo Domingos, einst führende Stadt der Neuen Welt, wurde geschwächt. So gelang es den Franzosen, ihren Einflußbereich im Karibischen Raum auszuweiten. Im Frieden von Rijswijk 1697 mußte Spanien schließlich den Westen von Hispaniola an Frankreich abtreten. In der Folgezeit wurde auch im östlichen Teil der französische Einfluß größer. Nachdem dieser bereits an Frankreich gefallen war, gelang es den dort ansässigen Spaniern, sich zu Beginn des 19. Jahrhunderts wieder vom westlichen Teil loszusagen. Dort entstand dann die erste »Negerrepublik«, Haiti. Der westliche Nachbar blieb jedoch eine Bedrohung für die im Jahre 1844 gegründete Dominikanische Republik.

Durch die Nachkommen der zahlreichen, nach Haiti gebrachten afrikanischen Sklaven bildeten sich zwischen beiden Staaten zuneh-

mend kulturelle Unterschiede heraus, die bis heute Bestand haben. Gibt es in der Dominikanischen Republik anteilsmäßig nur 11% Schwarze, so beträgt der entsprechende Anteil in Haiti etwa 60% (ohne Mulatten). Haiti ist – im Vergleich zum Nachbarland – auch viel dichter besiedelt. Bis heute leidet die Dominikanische Republik unter dem Bevölkerungsdruck im Westen der Insel. Aus Angst vor einer zunehmend illegalen Einwanderung aus Haiti wurden in diesem Jahrhundert sogar Wehrdörfer an der Grenze errichtet.

Nach wie vor gibt es viele unüberbrückbare Gegensätze zwischen beiden Staaten. Am deutlichsten werden sie durch die unterschiedlichen Sprachen: In Haiti ist die Amtssprache Französisch, in der Dominikanischen Republik Spanisch. Darüberhinaus ist im haitianischen Volk ein großes Maß an afrikanischem Kulturgut, so zum Beispiel der magisch-religiöse Wodu-Kult, verhaftet, auf das die sich als Weiße fühlenden Dominikaner in der Regel eher verächtlich herabblicken. Auch aufgrund der höheren wirtschaftlichen Entwicklung fühlen sich die Dominikaner den Einwohnern Haitis weit überlegen.

# DOMINIKANISCHE REPUBLIK: DAS LAND

Bedingt durch die wechselvolle Geschichte der Dominikanischen Republik findet sich in dem Land ein interessantes Völkergemisch. Der größte Teil der Bevölkerung sind Mulatten, es gibt nur etwa 28 % Weiße und ungefähr 11 % Schwarze. In der Nähe von Bahía de Samaná, im Nordosten des Landes, leben vereinzelt sogar noch Nachkommen von US-Sklaven. Es gibt keine offensichtliche Rassendiskriminierung in der Dominikanischen Republik, die Hautfarbe scheint jedoch trotzdem die gesellschaftliche und wirtschaftliche Stellung des einzelnen zu bestimmen. Dunkelhäutige gehören meist den ärmeren Schichten an. Die weiße Hautfarbe dominiert bei Grundbesitzern, Industriemagnaten, Angehörigen der Mittelklasse und höheren Berufsständen. Diese gesellschaftliche Differenzierung mag auf den Drang der Dominikaner zurückzuführen sein, sich als »Spanier« zu betrachten, um sie so von ihren »französischen« Nachbarn in Haiti abzugrenzen. Die Armut ist nach wie vor eines der wichtigsten gesellschaftlichen Probleme der Republik: Die Slums in den Städten sind Schandflecken im Land.

## Zuckerrohr und Fremdenverkehr: die wichtigsten Devisenbringer

Zuckerrohr ist das bedeutendste Agrar- und zugleich Hauptexportprodukt der Dominikanischen Republik. Hauptanbaugebiet ist die Ebene von Santo Domingo im Südosten des Landes. Die Zuckerwirtschaft wird hauptsächlich von Großbetrieben durchgeführt, 60 % davon sind staatlich. 30 % der Plantagen liegen in den Händen US-amerikanischer Unternehmen, nur etwa 10 % befinden sich im Privatbesitz dominikanischer Familien. Im Gegensatz zu anderen karibischen Staaten ist hier die Plantagenwirtschaft kein koloniales Erbe; sie wurde in ihrer heutigen Form erst in der zweiten Hälfte des letzten Jahrhunderts von kubanischen Einwanderern ins Land gebracht. Gleichwohl zeigt die derzeitige Situation auf dem Lande gewisse Ähnlichkeit mit anderen Teilen Karibiens. Die Groß- und Mittelbetriebe verfügen über den Großteil der gesamten landwirtschaftlichen Betriebsfläche. Für vier Fünftel aller landwirtschaftlichen Betriebe bleibt daher nur eine landwirtschaftliche Fläche von weniger als fünf Hektar. Dies reicht für die Ernährung der Familien meist nicht aus. Landflucht ist die Folge, denn die Arbeit auf der Plantage ist eine der unbeliebtesten Tätigkeiten überhaupt. Folglich werden jedes Jahr ca. 30 000 Haitianer für die Zuckerrohrernte aus Haiti geholt. Diese erhalten für die harte Knochenarbeit des Rohrschneidens nur einen Hungerlohn. Mit diesen »braceros« machte die haitianische Regierung das eigentliche Geschäft, denn ihr wurden von den Dominikanern für die Gastarbeitertransporte in der Vergangenheit jährlich 2 Millionen US-Dollar bezahlt. Mit dem starken Preisverfall für Zucker auf dem Weltmarkt ist die Situation für alle Beteiligten nicht besser geworden.

## Die Botelleros von Santo Domingo

Für viele Dominikaner wird der Müll zunehmend zu einer großen Belastung, da die öffentliche Müllabfuhr nicht in der Lage ist, eine ordnungsgemäße Müllbeseitigung zu organisieren. Auf der anderen Seite bietet der Müll für Tausende der unteren sozialen Schichten eine Überlebenschance. Die Müllsammler von Santo Domingo entnehmen den Abfällen, bevor sie endgültig auf der Müllhalde eingeebnet werden, alle noch brauchbaren Bestandteile: Metalle, Kartons, Holz, Plastik- und Glasbehältnisse. Die »Botelleros« sind Flaschensammler, die auf ihren dreirädrigen Fahrrädern die Wohnviertel durchkämmen, aus den Abfalltonnen alle Flaschen aufsammeln bzw. gesammelte Flaschen gegen Pfennigbeträge von den Haushalten erwerben. In zentralen Sammelstellen werden die Behältnisse dann sortiert und einer Wiederverwendung zugeführt.

## Industrieparks gegen Arbeitslosigkeit

Auch in der Dominikanischen Republik wurde mit zunehmendem Bevölkerungszuwachs deutlich, daß neue Erwerbsmöglichkeiten geschaffen werden mußten. 1986 waren aber immer noch 40 % der Erwerbspersonen in der Landwirtschaft tätig. Ähnlich wie in Puerto Rico versuchte man verstärkt seit Beginn der 1970er Jahre Industrieförderungsmaßnahmen im Lande durchzuführen. Es entstanden privat

# DOMINIKANISCHE REPUBLIK

**Textilarbeiterinnen** einer Fabrik in Santo Domingo nähen Wäsche für den Export *(links)*. Zur Schaffung von Arbeitsplätzen werden ausländischen Industriebranchen Anreize geboten, sich in der Dominikanischen Republik niederzulassen.

**Auf einer Rinderfarm in Peligro** wird Vieh zusammengetrieben *(unten links)*. Die Dominikanische Republik ist ein vorwiegend agrarisches Land, das sich wegen der sinkenden Nachfrage nach Zucker auf andere Produkte umstellen muß.

**Ein Getränkeverkäufer** in den Straßen von Santo Domingo *(oben)*. Nichts ist nutzlos in dieser Stadt: erfinderische Sammlertalente – »botelleros« – suchen die Straßen nach Flaschen ab, die sie verkaufen oder für ihre Getränke verwenden.

**Musikanten** beleben die Strandpromenade des Ferienortes Boca Chica östlich von Santo Domingo *(links)*. Der Tourismus ist eine wachsende Einkommensquelle für die Dominikanische Republik; jährlich kommen über 2,5 Mio. Urlauber.

oder staatlich organisierte Industrieparks, deren Gelände exterritorial ist. Dort angesiedelte Betriebe dürfen alle Betriebsmittel zollfrei importieren, sind jedoch verpflichtet, ihre Produkte auf dem Exportmarkt anzubieten. Dadurch daß für große Exportmärkte, wie etwa den der USA, produziert wird, können in diesen Freizonen zahlreiche Arbeitskräfte in lohnintensiven Branchen, etwa der Textilindustrie, beschäftigt werden. Wegen der infrastrukturellen Ausstattung befinden sich derartige Freizonen ausschließlich im Einzugsbereich der größeren Städte. Haupthandelspartner der Dominikanischen Republik sind die Vereinigten Staaten von Amerika, Venezuela, Mexiko und die Europäische Union.

### Neues Zentrum des Fremdenverkehrs: Puerto Plata

Über 2,5 Millionen Auslandsgäste reisen jedes Jahr in die Dominikanische Republik ein. Damit liegt das Land nach Puerto Rico und den Bahamas an dritter Stelle in der Karibik. Wie bei den Handelsgütern sind auch beim Tourismus die Vereinigten Staaten von Amerika das wichtigste Land. 60 % der Gäste kommen aus den USA. Hierbei spielt freilich auch eine Rolle, daß ca. 170 000 Dominikaner, von denen der größte Teil in den USA lebt, jedes Jahr in ihrer Heimat Ferien machen. Puerto Plata, an der Nordküste gelegen, ist ein in jüngster Zeit stark entwickeltes Fremdenverkehrsgebiet, das inzwischen fast 30 % des dominikanischen Zimmerangebots auf sich vereint. Die Touristen besuchen dieses Gebiet vor allem wegen der weiten weißen Sandstrände und des angenehmen, von der Atlantikbrise gekühlten Klimas. Probleme gibt es allerdings bei der Versorgung der zahlreichen neuen Hotels mit Strom und Wasser, ein Grundübel in der Dominikanischen Republik. Eigene Brunnen und Notstromaggregate sind häufig der letzte Ausweg aus dem Dilemma.

# Donau

Seit frühesten Zeiten bis zum heutigen Tage ist die Donau eine der großen europäischen Flußadern. Die frühen Kelten, die am Ufer der Donau lebten, bevor sie das übrige Europa und Asien besiedelten, gaben dem Fluß den Namen Danu. Von dieser Form leiten sich alle anderen Namen ab, mit denen der Fluß in heutiger Zeit bezeichnet wird. Vor etwa 8000 Jahren wurde das ihn umgebende Land von aus Kleinasien stammenden Bauern und Hirten bevölkert. Sie brachten Getreidearten wie Weizen und Gerste mit, und die Einführung von Haustieren wie Schaf, Ziege und Rind geht auf sie zurück. Für die Römer stellte die Donau eine Begrenzung gegenüber ihren Feinden im Norden dar. Der Fluß bildete eine natürliche Grenze, und aus den von den Römern errichteten befestigten Siedlungen entwickelten sich Jahrhunderte später schließlich bedeutende Städte wie die europäischen Hauptstädte Wien, Budapest und Belgrad.

Das Donaubecken entwässert 817 000 km² der europäischen Landmasse. Rund 300 Nebenflüsse münden in die Donau. Die wichtigsten sind Save, Theiß und Drau. Die Donau hat ihren Ursprung durch die Vereinigung der kleinen Flüsse Breg und Brigach bei Donaueschingen im östlichen Schwarzwald. Von dort fließt sie zunächst in nordöstlicher Richtung bis Regensburg, bevor sie sich nach Südosten wendet und bei Passau Österreich erreicht. Das Wasser eines weiteren bedeutenden Nebenflusses, des aus den Alpen kommenden Inn, läßt die Donau dort anschwellen.

Auf ihrem weiteren Weg in östliche Richtung bildet die Donau einen Teil der Grenze zwischen der Slowakei und Ungarn. Weiter nach Süden biegend, fließt sie durch Ungarn und passiert die Hauptstadt des Landes, Budapest. In Ungarn wird die Donau Duna genannt, die Slowaken bezeichnen sie als Dunaj. Nach dem Überschreiten der kroatischen Grenze wird sie zur Dunav. Sie fließt durch Belgrad und auf ihrem Weg nach Rumänien weiter durchs Eiserne Tor, ein 130 km langes Durchbruchstal, in dem die oberhalb und unterhalb 1,5 bis 2 km breite Donau bis auf 150 m eingeengt wird. Nachdem sie die Tiefebenen Ungarns und Jugoslawiens passiert hat und zahlreiche Nebenflüsse aufgenommen hat, preßt sich der Fluß durch diese Engstelle, bevor er sich in die Tiefländer Rumäniens und Bulgariens ergießt. Der Strom markiert den größten Teil der Grenze zwischen diesen beiden Ländern.

In Rumänien, wo er den Namen Dunarea trägt, wendet der Fluß sich schließlich nach Nordosten und teilt sich in zahlreiche Mündungsarme, die das Donau-Delta bilden. Da der Fluß große Mengen an Schwebstoffen transportiert, die er hier ablagert, schiebt sich das Delta ständig weiter ins Schwarze Meer vor, jährlich um etwa 30 m. Den nördlichsten Teil des Mündungsgebietes bildet die ukrainisch-rumänische Grenze. In der Ukraine hat der Fluß einen weiteren Namen, Dunay. Ein großer Teil des Deltas ist mit Schilf bewachsen; um das Verschlammen der zentralen Fahrrinne zu verhindern, muß diese ständig ausgebaggert werden.

**Naturreservate,** wie das Biosphärenreservat Donaudelta in Rumänien *(rechts)*, sind Einrichtungen, die auch seltenen Tieren einen Lebensraum bieten. Für viele Bewohner des Donaudeltas bildet der Fischfang eine wichtige Einkommensquelle.

**Eine landschaftlich besonders** reizvolle Strecke der Donau ist die Wachau in Niederösterreich *(rechts)*. Die Engtalstrecke führt über eine Länge von rund 30 km von Melk bis nach Krems an der Donau. Mit dem Ausflugsdampfer fährt man vorbei an Weinbergen, bewaldeten Berghängen, Weinorten und Burgruinen.

## Nutzung und Umweltprobleme

Die Donau ist ein bedeutender Verkehrs- und Transportweg. Viele betriebsame Häfen sind entstanden, und der Bau des Rhein-Main-Donau-Kanals, der 1992 abgeschlossen worden ist, eröffnet die Möglichkeit, daß Schiffe ihre Ladung vom Schwarzen Meer bis zur Nordsee transportieren können. Die Donau wird auch zur Elektrizitätserzeugung genutzt. Das berühmteste Beispiel sind die Wasserkraftwerke am Eisernen Tor, die sowohl zur Elektrizitäts-

versorgung Jugoslawiens als auch Rumäniens beitragen.

Bei so vielen Anrainerstaaten, die alle ein kommerzielles Interesse an dem Fluß haben, gibt es von jeher Schwierigkeiten beim Abschluß von Abkommen und Regelungen, die die Schiffahrt betreffen. Seit mehreren hundert Jahren gibt es Versuche, sich auf einen von allen Anliegerstaaten akzeptierten Donau-Vertrag zu einigen. Der Donau-Vertrag von 1949 ist immer noch umstritten, da nach Ansicht einiger Staaten der ehemaligen Sowjetunion zu weitgehende Rechte eingeräumt wurden.

Der von Johann Strauß komponierte Walzer »An der schönen blauen Donau« ist die berühmteste Huldigung an die Schönheit und Erhabenheit des Flusses. An einem schönen Tag mit klarem Himmel hat das Wasser der Donau auch durchaus eine blaue Farbe. Die Folgen von Umweltverschmutzung belasten den Fluß jedoch in zunehmendem Maße. Für die Vielzahl der großen Bevölkerungskonzentrationen und bei dem Ausmaß des industriellen Wachstums an ihren Ufern ist die Donau zu einem günstig gelegenen »Müllabladeplatz« für alle Abfallprodukte der modernen Industrie- und Konsumgesellschaft geworden. Diese Problematik wird zwar von allen erkannt, die Verantwortung wird jedoch abgeschoben. Strenge internationale Kontrollen sind notwendig, um Abhilfe zu schaffen, bevor es zu spät ist.

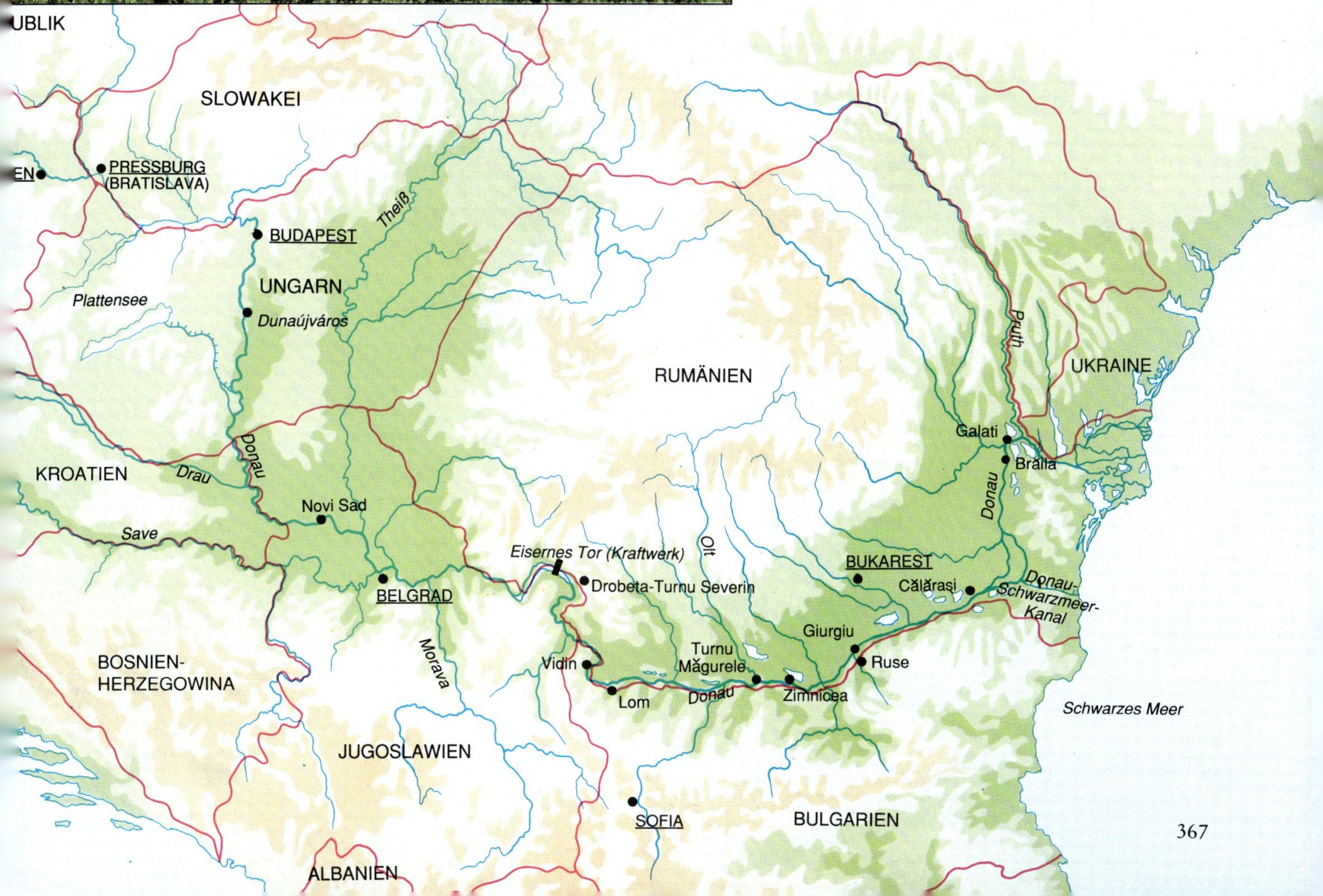

# DSCHIBUTI

Dschibuti, das kleine Land am Eingang zum Roten Meer, erscheint manchem Reisenden wie das Ende der Welt. Doch für Geologen ist es ein Paradies: Nirgends sonst ist die Kruste unserer Erde so dünn. Nur 7 km unter der Oberfläche brodelt das Magma. So deutlich wie hier wird Erdgeschichte nur selten sichtbar. Dschibuti liegt in der Mitte des großen Grabens, wo die Afrikanische Tafel von Asien abbricht und langsam gen Westen driftet. Vom Flugzeug aus kann man das eindrucksvoll sehen: Mitten durch die Lavawüste zieht sich der Bruch als ein langer, schmaler Spalt.

**Schwarze Lava, weißes Salz**

Gleich neben der schwarzen Lava blenden kilometerlang weiße Salzseen das Auge. Der Assalsee, 155 m unter dem Meeresspiegel gelegen, ist der tiefste Punkt Afrikas. Dschibutis Salz- und Gipslager gehören zu den größten der Erde. Schwefeldampf entströmt einigen der Salzsäulen, die bis zu 12 m hoch aus dem schwankenden Boden ragen. Die geothermischen Quellen sollen das Land in Zukunft unabhängig von teuren Energieeinfuhren machen.

Doch das Traumland des Erdforschers stellt sich seinen Bewohnern als karge Buschsavanne dar. Neben dem unfruchtbaren Boden erschweren hier die unregelmäßig fallenden Niederschläge von durchschnittlich 130 mm im Jahr an der Küste und 500 mm in den Bergen sowie die sehr hohen Temperaturen, die im Jahresmittel um 30 °C liegen, das Leben. Nur wenige Nomaden durchziehen die Steppe. Der Ackerbau beschränkt sich auf etwas Gemüse für den Eigenbedarf. Erst neuerdings experimentiert man mit tropfenbewässerten Jojoba-Kulturen für den Export.

**Durchgangsstation**

Auch den arabischen Seefahrern kam diese unwirtliche Gegend nicht gerade freundlich vor. Die Lagune am Ende des Golfs von Tadjoura, um den herum Dschibuti sich zieht, nannten sie »Katakombe des Verderbens«. In ihrer Mitte ragt die »Île du Diable«, die Teufelsinsel, auf. An deren Korallenriffen zerschellte so manches Segelboot, Dhau genannt, das die starke Strömung hineingerissen hatte. Es waren überwiegend Jemeniten, die seit dem 3. Jahrhundert v. Chr. zum Perlenfischen kamen, vor allem aber, um Waren aus dem abessinischen Hinterland nach Arabien und Indien zu verschiffen. Die Nomaden des Afar-Sultanats von Tadjoura betreuten die Karawanen zu Lande, die »Nomaden der See« übernahmen den Weitertransport auf dem Meer.

Durch die Planung des Suezkanals Mitte des 19. Jahrhunderts erlangte der Golf strategische Bedeutung zwischen dem Roten Meer und dem Indischen Ozean. In Konkurrenz zur englischen Präsenz in Aden erwarb Frankreich von den Afar 1862 das Gebiet um den Hafenplatz Obock sowie die Afar- und Issaküste, die 1896 zur Kolonie »Französisch Somaliland« erklärt wurde, mit Dschibuti als Hauptstadt. Mit dem Bau der ersten Eisenbahn in dieser Region von 1897–1917 erhielt Frankreich die Kontrolle über den äthiopischen Außenhandel. Für Dschibuti, das 1977 als letzte Kolonie auf dem afrikanischen Festland unabhängig wurde, ergab sich daraus eine problematische wirtschaftliche Abhängigkeit. Militärische Konflikte zwischen Äthiopien und Somalia führten mehrfach zu Unterbrechungen der Bahnlinie, und Äthiopien wickelte seinen Handel zunehmend über den eigenen Hafen Assab ab.

## Daten und Fakten

**DAS LAND**
Offizieller Name: Republik Dschibuti
Hauptstadt: Dschibuti
Fläche: 23 200 km²
Landesnatur: Im SW Danakiltiefland, im NO küstenparallele Danakilberge, die bis an den Golf von Tadjoura reichen
Klima: Trocken-heiß
Höchster Punkt: Moussa Ali 2063 m
Tiefster Punkt: Assalsee, 155 m u.M.

**DER STAAT**
Regierungsform: Präsidiale Republik
Staatsoberhaupt: Staatspräsident
Regierungschef: Premierminister
Verwaltung: 4 Distrikte
Parlament: Nationalversammlung mit 65 für 5 Jahre gewählten Abgeordneten
Nationalfeiertag: 27. Juni

**DIE MENSCHEN**
Einwohner (Ew.): 629 000 (1999)
Bevölkerungsdichte: 27 Ew./km²
Stadtbevölkerung: 83 %
Bevölkerung unter 15 Jahren: o.A.
Analphabetenquote: 54 %
Sprache: Französisch, Arabisch
Religion: Moslems

**DIE WIRTSCHAFT**
Währung: Dschibuti-Franc
Bruttosozialprodukt (BSP): 448 Mio. US-$ (1993)
BSP je Einwohner: unter 3030 US-$ (1998)
Inflationsrate: 5,2 % (1989–96)
Importgüter: Konsumgüter
Exportgüter: Häute, Felle, Viehzuchtprodukte, Kaffee, Salz
Handelspartner: Frankreich (über 50 %), Äthiopien, Italien, Japan, Jemen
Eisenbahnnetz: 106 km
Straßennetz: 3067 km
Fernsehgeräte je 1000 Ew.: o.A.

**Dschibuti** *(oben)* ist seit 1977 ein unabhängiger Staat. Auf die Küstenebene folgen im Landesinneren Bergketten mit aktiven Vulkanen. Jenseits des Gebirges befindet sich eine steinige Hochebene. Die Hauptstadt Dschibuti verfügt über einen der bestausgebauten Häfen Ostafrikas. Die Wirtschaft des Landes ist auf die hier erzielten Handelseinnahmen angewiesen.

**Die harte Arbeit in glühender Hitze** *(oben)*, bei der diese Männer Salzblöcke aus der Oberfläche des Assalsees herausschneiden, bringt ihnen nur einen geringen Verdienst ein. Der 155 m unter dem Meeresspiegel am Rande der unfruchtbaren Küstenebene gelegene See ist der tiefste Punkt Afrikas. In dem heißen, trockenen Land, das manchmal auch als »Tal des Todes« bezeichnet wird, können die Temperaturen auf über 42 °C ansteigen. Unter diesen Bedingungen ist das Arbeiten sehr kräftezehrend. Circa 75 % der Erwerbstätigen arbeiten in der Landwirtschaft, 11 % und 14 % in Industrie bzw. im Dienstleistungsgewerbe.

Dschibutis Innenpolitik ist bestimmt durch die Animosität zwischen Afar und Issa, beides moslemische, hamitische Nomadenvölker. Die Afar bewohnen seit alters den Norden und Westen und leben auch jenseits der äthiopischen Grenze. Die Issa, ein Somali-Stamm, wanderten seit dem 10. Jahrhundert im Süden ein. Sie wurden zur Bevölkerungsmehrheit im Lande, besonders in der Hauptstadt, wo knapp zwei Drittel der Gesamtbevölkerung leben. Zwar bestimmte die Verfassung, daß der Präsident ein Somali und der Premierminister ein Afar sein muß, doch seit Präsident Hassan Gouled Aptidon (* 1916) 1981 einen Einparteienstaat etablierte, hatten die Issa faktisch die Oberhand gewonnen.

Doch im Jahr 1991 eskalierte der ethnische Konflikt zum Bürgerkrieg, bei dem sich Regierungstruppen und die Afar-Rebellenorganisation FRUD gegenüberstanden. In dieser gespannten Lage wurde mit der am 15. 9. 1992 in Kraft getretenen Verfassung ein Mehrparteiensystem eingeführt. Die ersten Wahlen im Dezember 1992 boykottierte die Opposition. Bei Präsidentschaftswahlen 1993 wurde Aptidon im Amt bestätigt. In der Folgezeit verschärften sich die Auseinandersetzungen zwischen der FRUD und der Regierungsarmee. Erst 1994 konnten sich beide Parteien auf ein Friedensabkommen einigen, in dem auch eine Regierungsbeteiligung der FRUD festgeschrieben wurde. Umfangreiche Finanzhilfen aus Frankreich und der Freihafen des Landes bilden die wirtschaftliche Basis des Landes.

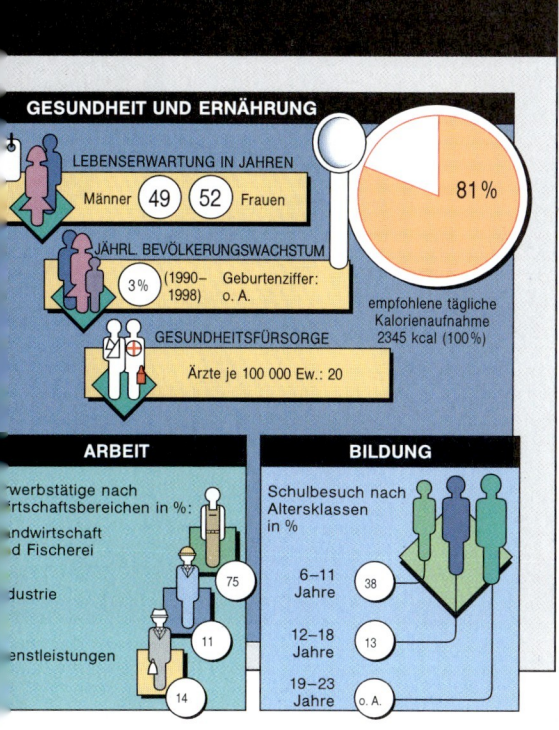

# ECUADOR

Es ist kurz nach 6 Uhr auf der Plaza Santo Domingo in Ecuadors Hauptstadt Quito. Die große, alte Stadt erwacht langsam aus der Kältestarre der Nacht. Auch im Sommer, wenn das Thermometer tags auf 28 °C klettert, ist es nachts empfindlich kalt, obwohl der Äquator, der dem Land seinen Namen gab, nur knappe 30 km nördlich der Hauptstadt verläuft. Quito liegt fast 2900 m hoch in den Anden.

An der Plaza Santo Domingo halten viele der klapprigen Autobusse, und schon in der Morgendämmerung drängen sich die Menschen. Am Rande des Platzes kochen Indiofrauen auf Eimeröfen Kaffee, verkaufen kleine Brote, Süßigkeiten, gekochte Eier. Sie tragen bunte Ponchos über weiten Röcken und auf den schwarzen Haaren halbrunde Filzhüte.

Mitten auf dem Platz steht ein Denkmal für General Antonio José de Sucre (1795–1830), dessen ausgestreckter Arm auf den Vulkan Pichincha weist. An seinen Abhängen schlugen Sucres Soldaten am 25. Mai 1822 die entscheidende Schlacht gegen die Spanier, die Ecuador nach über 270jähriger spanischer Herrschaft die Unabhängigkeit brachte.

Quito, 1534 von den Spaniern auf den erkalteten, hügeligen Lavaströmen des Pichincha gegründet, wurde bald die größte Stadt Südamerikas und bis ins 19. Jahrhundert eines seiner kulturellen Zentren. Zahlreiche Bau- und Kunstdenkmäler sind noch erhalten und machen die Altstadt zu einer der sehenswertesten Metropolen Lateinamerikas: koloniale Adelspaläste und aufwendige Bürgerhäuser, mit Gold und Silber ausgestattete barocke Kirchen, dazwischen in den schmalen Straßen buntes Leben und farbenfrohe Indiomärkte. Nördlich der Altstadt erstreckt sich die gepflegte Neustadt mit ihren modernen Gebäuden aus Glas und Beton und den Villenvierteln.

**Ein Land der Kontraste**
Ecuador, vom Massentourismus noch nicht entdeckt, bietet viele landschaftliche und folkloristische Attraktionen: dichten amazonischen Regenwald, palmenbestandene Strände, einsame Berglandschaften mit erhabenen, schneebedeckten Gipfeln, Gletscher und Vulkane sowie barocke Städte und versteckte Indiodörfer.

Von Macará an der peruanischen bis Tulcán an der kolumbianischen Grenze durchzieht die Panamericana, die »Traumstraße der Welt«, das Hochtal zwischen den beiden Andenketten der Sierra. Abseits der »Traumstraße« liegen inmitten der eindrucksvollen Bergwelt die einsamen Indiodörfer der Otavalo-Indianer. Es sind Menschen, die seit Jahrhunderten ihre Felder auf fruchtbarer Lavaasche bestellen und von alters her Wolle spinnen und bunte Stoffe weben. Jenseits der östlichen Andenkette liegt das Tiefland des »Oriente«. Eine Reise auf dem Río Napo, dem bedeutendsten ecuadorianischen Zufluß des Amazonas, ist unvergleichlich schön. An den Anlegestellen stößt man auf vom Ölboom ent-

# ECUADOR

wurzelte Waldindianer, die Schrumpfkopf-Imitationen zum Kauf feilbieten. Ein rundes Dutzend Indianervölker lebt im «Oriente», bedroht von der immer weiter und schneller vorrückenden Zivilisation.

Aus der Hochlandebene von Quito gelangt man nach einer abenteuerlichen zwölfstündigen Fahrt mit der Schmalspurbahn über Riobamba durch die Westkordillere hinunter nach Guayaquil. 3000 m Höhenunterschied werden mit kühner Streckenführung überwunden. Guayaquil ist das Wirtschafts- und Finanzzentrum Ecuadors, seine bedeutendste Hafenstadt und mit knapp 2 Millionen Einwohnern auch größte Stadt des Landes. Wenig ist aus der Zeit der spanischen Gründung von 1535 erhalten.

Eine Reise durch Ecuador ist immer auch eine Reise durch die Geschichte dieses alten Kulturlandes. 10 000 Jahre zurück lassen sich Funde datieren, die auf präkeramische Kulturen im Bereich der Anden hindeuten. In der Küstenebene wurden die ältesten Keramikfiguren Amerikas aus der sogenannten Valdiviakultur (3200 bis 500 v. Chr.) gefunden.

Als Ecuador in den Jahren 1533/34 durch Francisco Pizarros General Benalcázar (1490–1551) für die Spanier erobert wurde, war das Land seit Jahrzehnten Teil des Inkareiches. 1563 kam es zum Vizekönigreich Peru und 1739 zum Vizekönigreich Neugranada.

1809 begann mit einer von der kreolischen Oberschicht eingeleiteten Revolution der Unabhängigkeitskampf, der 1822 mit dem Sieg Sucres über die Spanier endete. Ecuador wurde noch im gleichen Jahr Teil des auf Initiative des südamerikanischen Freiheitshelden Simón Bolívar (1783–1830) entstandenen Großverbandes Großkolumbien. Dieser zerfiel schon 1830, als Venezuela und der Verwaltungsbereich Quito ihre Unabhängigkeit erklärten.

Die ersten Jahrzehnte des ecuadorianischen Staates waren durch wirtschaftliche Machtkämpfe der rivalisierenden Kreolenelite bestimmt. Bis zum Ende des 19. Jahrhunderts kontrollierten die »konservativen« Großgrundbesitzer des Hochlandes die staatliche Politik. Die zunehmende Bedeutung der Agrar- und Handelselite der Küste, die im rapiden Anstieg der Kakaoexporte deutlich wurde, führte 1895 zur Machtübernahme der »liberalen« Costa-Oligarchie unter dem Caudillo Eloy Alfaro (1842–1912). Machtkämpfe rivalisierender Caudillos innerhalb der »Liberalen«, eine verheerende Pflanzenseuche, die den Großteil der Kakaopflanzen vernichtete, und der Preisverfall auf dem Weltmarkt leiteten das Ende ihrer Herrschaft ein.

Nach einer Periode wirtschaftlicher und politischer Instabilität, die durch 23 Präsidentenwechsel zwischen 1925 und 1948 anschaulich wird, bildete der Ende der 40er Jahre einsetzende Bananenexport die Grundlage für eine Phase der wirtschaftlichen Prosperität und der politischen Kontinuität.

# ECUADOR: DER STAAT

Ecuador ist flächenmäßig einer der kleinsten Staaten Südamerikas. Über 60 % der heutigen Bevölkerung leben in Städten, vor allem in den Ballungszentren der Hauptstadt Quito und der Hafenstadt Guayaquil. Nach der seit 1979 in Kraft befindlichen Verfassung ist Ecuador eine Präsidialrepublik. Der Präsident, zugleich Regierungschef, wird durch Direktwahl vom Volk gewählt.

Der Ölpreisverfall und das katastrophale Erdbeben von 1987 bremsten den steilen Aufstieg der ecuadorianischen Wirtschaft. Der konservative Präsident León Febres Corderos (* 1931) tat damals wenig, um Staatshaushalt und Wirtschaft zu sanieren und sich mit den Gläubigern bezüglich der 12 Milliarden US-Dollar Auslandsschulden zu arrangieren. Korruptionsskandale, Militärrevolten und das mehrheitlich oppositionelle Parlament schadeten seinem Ansehen und verhinderten eine Wiederwahl.

Im August 1988 wurde der Sozialdemokrat Rodrigo Borja Cevallos (* 1935) zum Präsidenten gewählt. Die im gleichen Jahr stattfindende Parlamentswahl machte seine Partei, die »Izquierda Democrática«, zur stärksten politischen Kraft, die in Zusammenarbeit mit den links orientierten Christdemokraten über eine breite Parlamentsmehrheit verfügte. Damit waren die politischen Ausgangsbedingungen Borjas weitaus besser als die seiner beiden demokratisch gewählten Vorgänger, die gegen eine Parlamentsmehrheit regieren mußten. Borja verkündete ein Programm zur wirtschaftlichen Erholung und betonte die Notwendigkeit einer stärkeren Position des Staates im ökonomischen Sektor, um soziale Reformen für die Unterprivilegierten durchsetzen zu können. Seine Regierung verfügte jedoch nur über einen geringen Spielraum zur Verwirklichung tiefgehender Reformen. Ecuador befand sich in einer Wirtschaftskrise und war bei der Rückzahlung seiner Auslandsschulden vom Wohlwollen der ausländischen Gläubiger abhängig. Zum anderen sperrte sich die Oberschicht, die reichen Großgrundbesitzer und die konservative Wirtschaftselite gegen alle Veränderungen. Darüber hinaus bremste eine stark aufgeblähte, ineffiziente Bürokratie die Durchsetzung jeglicher Reformen.

1992 wurde der Konservative Sixto Durán Ballén zum Präsidenten gewählt. Er versuchte vor allem, die öffentlichen Haushalte durch Sparmaßnahmen zu sanieren. In seiner Amtszeit kam es aufgrund eines schon seit 50 Jahren schwelenden Grenzkonflikts zu einer militärischen Auseinandersetzung mit Peru. Im Februar 1997 enthob das Parlament den 1996 gewählten Präsidenten Abdala Bucaram (* 1952) wegen geistiger Unfähigkeit seines Amtes. Nachfolger wurde Fabian Alarcón Rivera (* 1947), der im Juli 1998 von Jamil Mahuad Witt von der »Democracia Popular« abgelöst wurde. Dessen Parteifreund Gustavo Noboa Bejerano wurde im Januar 2000 neuer Staatspräsident.

Die Notwendigkeit sozialer Reformen wird dadurch deutlich, daß etwa ein Viertel der Ecuadorianer unter der Armutsgrenze lebt. Selbst fünf- und sechsjährige Kinder müssen schon mitarbeiten, um den Lebensunterhalt ihrer Familien zu gewährleisten. Große Bevölkerungsteile können ihren Kalorienbedarf nicht regelmäßig decken und leiden besonders unter Eiweißmangel. Die Wohnverhältnisse, vor allem in den »Barriadas«, den Elendsvierteln der großen Städte, sind katastrophal.

## Daten und Fakten

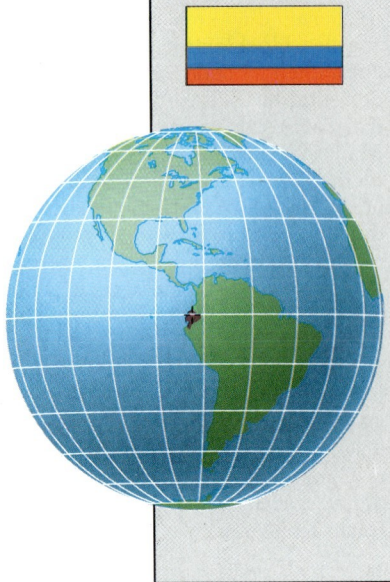

**DAS LAND**
**Offizieller Name:**
Republik Ecuador
**Hauptstadt:**
Quito
**Fläche:**
283 561 km²
**Landesnatur:**
Im W pazifisches Küstentiefland, nach O anschließend das Andenhochland, im O zum Amazonasbecken gehörendes Tiefland
**Klima:**
Tropisches Klima
**Hauptflüsse:**
Río Esmeraldas, Río Daule, Río Napo, Río Curaray
**Höchster Punkt:**
Chimborazo
6267 m

**DER STAAT**
**Regierungsform:**
Präsidiale Republik
**Staatsoberhaupt:**
Staatspräsident
**Regierungschef:**
Staatspräsident
**Verwaltung:**
22 Provinzen, 115 Kantone, 715 Gemeinden
**Parlament:**
Einkammerparlament mit 121 für 4 Jahre gewählten Abgeordneten
**Nationalfeiertag:**
10. August
**DIE MENSCHEN**
**Einwohner (Ew.):**
12 411 000 (1999; ohne indianische Urwaldbevölkerung)
**Bevölkerungsdichte:**
44 Ew./km²

**Stadtbevölkerung:**
62 %
**Bevölkerung unter 15 Jahren:** 34 %
**Analphabetenquote:**
8 %
**Sprache:**
Spanisch, Ketschua und andere indianische Sprachen
**Religion:**
Katholiken 93 %
**DIE WIRTSCHAFT**
**Währung:**
Sucre
**Bruttosozialprodukt (BSP):**
18 617 Mio. US-$ (1998)
**BSP je Einwohner:**
1530 US-$
**Inflationsrate:**
32 % (1990–98)

# ECUADOR

**Ecuador** (oben) ist ein kleines Land an der Nordwestküste von Südamerika. An die Küstenebene, Costa genannt, schließt sich das Andenhochland mit Gipfelhöhen von über 6000 m an. Im Osten erstrecken sich undurchdringliche Wälder.

**Das Kloster Santo Domingo** (oben rechts), erbaut im spanischen Barockstil, liegt in einem ruhigen Teil der Millionenstadt Quito.

**In Cuenza** (rechts) ist das Leben stark traditionell geprägt. Im Vordergrund bündeln Indios Sisalfasern.

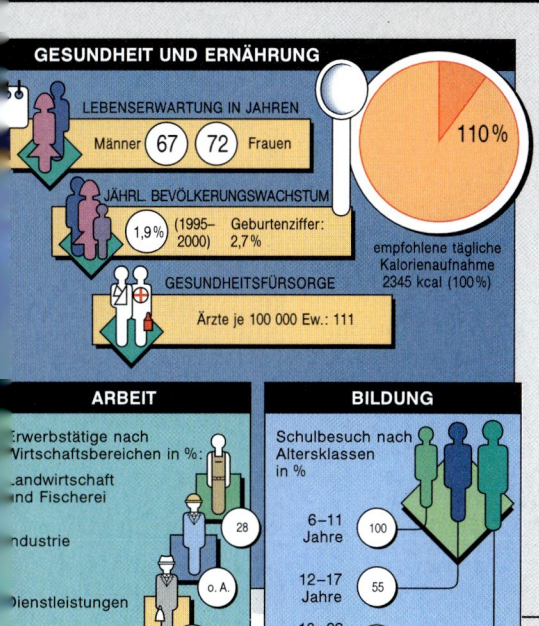

**Importgüter:**
Maschinen, Apparate, Fahrzeuge, chemische Erzeugnisse, Metallwaren

**Exportgüter:**
Erdöl (60 %), Kaffee, Bananen, Kakao, Zucker, Fischprodukte, Balsaholz, Reis

**Handelspartner:**
USA, Japan, BRD u. andere EU-Länder, Panama, Brasilien, Mexiko, Chile, Peru

**Eisenbahnnetz:** 1121 km
**Straßennetz:** 43 709 km
**Fernsehgeräte je 1000 Ew.:** 130

### Gesundheitsfürsorge und Alphabetisierung

Auch die medizinische Versorgung muß verbessert werden. Das ungünstige Klima im Küstengebiet und im »Oriente« fördert Krankheiten wie Malaria, Paratyphus und Tuberkulose, während sich in den jodarmen Gebieten des Hochlandes viele Menschen mit Schilddrüsenerkrankungen finden. Die durchschnittliche Lebenserwartung wird mit 70 Jahren angegeben, wobei die der Indios weitaus geringer ist. Zu dem sozialpolitischen Dringlichkeitskatalog gehört auch die Stärkung des nationalen Wohnungsbaus, um menschenwürdige Unterkünfte zu errichten.

Besondere Aufmerksamkeit fordert auch die dringende Durchführung eines Alphabetisierungsprogramms. Der Anteil der Analphabeten muß erheblich gesenkt werden. Über das Erlernen von Lesen und Schreiben kann man den Menschen auch sozialpolitische und demokratische Ideen vermitteln – als Hilfe zur Selbsthilfe. Denn nur mit einer gut ausgebildeten Bevölkerung wird sich das Land im rauhen Wind der Globalisierung behaupten können.

# ECUADOR: DAS LAND

Ecuador liegt im Westen des Subkontinents, im Bereich der nördlichen Anden beiderseits des Äquators. Das Land gliedert sich in drei Großlandschaften. Entlang der Küste am Pazifischen Ozean erstreckt sich das westliche Tiefland, »Costa« genannt, das in nordsüdlicher Richtung von der Küstenkordillere durchzogen wird. Tropisch heiß und feucht ist der bis zu 160 km breite Nordteil, kühler und trocken das 40 bis 50 km schmale, im Einflußbereich des Humboldtstromes gelegene Küstenband im Süden. Um Guayaquil, der größten Stadt Ecuadors, liegt in einer breiten, fruchtbaren Schwemmlandebene das wirtschaftliche und siedlungsmäßige Zentrum der Costa.

Aus dem Küstenland erhebt sich steil das Hochgebirge der Anden, die Sierra, das von zwei parallel verlaufenden, etwa 650 km langen Hochgebirgsketten gebildet wird. Die Westkordillere erreicht Höhen von 4000–4500 m. In der im Mittel 500 m höheren Ostkordillere erhebt sich der höchste noch aktive Vulkan der Erde, der 5897 m hohe Cotopaxi. Beide Kordilleren werden durch einen von vulkanischen Aufschüttungen gefüllten Graben getrennt, der stellenweise nur 40 km breit ist. Flache Querriegel zwischen den beiden Gebirgsketten teilen diese grabenartige Senke in zahlreiche abgeschlossene Hochlandbecken. Aufgrund ihres gemäßigten Klimas sind sie das Hauptsiedlungsgebiet der Sierra.

Die Ostkordillere fällt steil zum östlichen Tiefland (»Oriente«) im Stromgebiet des Amazonas ab. Dieses Gebiet ist kaum erschlossen, obwohl es etwa die Hälfte der Landesfläche Ecuadors einnimmt. Rund 1000 km vom Festland entfernt liegen die politisch zu Ecuador gehörenden Galápagos-Inseln mit einer einzigartigen, archaisch anmutenden Tierwelt.

Ecuador liegt in den inneren Tropen. Die klimatische Kammerung ist auf die Höhenstufen der Anden und auf den Luv-Lee-Gegensatz der Gebirgsflanken zurückzuführen. An der Küste und im Amazonastiefland liegen die Durchschnittstemperaturen das ganze Jahr über nahe 26 °C. Im Oriente fallen im Jahresdurchschnitt 2000 mm Niederschläge, am Ostrand der Anden örtlich sogar mehr als 5000 mm. Ähnliche Niederschlagsmengen werden im Norden der Costa gemessen. Nach Süden nehmen sie im Einflußbereich des Humboldtstroms auf 1000 bis 500 mm ab. Während hier die Trockenzeit mehrere Monate andauert, beträgt sie in den Hochbecken zwischen den hoch aufragenden Andenketten bei kühlem, gemäßigtem Klima fast ein dreiviertel Jahr.

Den Niederschlägen entsprechend geht die Halbwüste der südlichen Costa über Savannen schnell in den immergrünen Regenwald über, der auch das Amazonastiefland bedeckt. Die hohen Niederschläge an den Außenhängen der Bergketten begünstigen den Wuchs tropischer Berg- und Nebelwälder. Über 3500 m erstrecken sich weite baumlose Büschelgrasweiden.

**Ecuadorianische Schafhirten** (*unten*) sind mit ihrer Herde auf dem Weg zu den Weidegründen an den unteren Hängen des Chimborazo. Dieser Vulkankegel ist mit seinen 6267 m Höhe der höchste Berg der Vulkankette »Allee der Vulkane«.

**Im klaren Wasser eines Gebirgsbachs** im Andenhochland (*rechts*) wird Wäsche gewaschen. In ländlichen Gebieten, wo hauptsächlich Mestizen und Schwarze wohnen, sind sowohl Lebensbedingungen als auch Ackerbaumethoden sehr einfach.

**Zum Schutz gegen den kalten Wind** auf den hochgelegenen Weiden haben sich diese indianischen Hirten in wärmende Decken gehüllt (*oben*). Die meisten Hirten leben in Andendörfern, wo sie ein kleines Stückchen Land bewirtschaften.

**Eine Otavalo-Indianerin** (*rechts*) bereitet mit einer einfachen, aber zweckmäßigen Vorrichtung Wollfäden für den Webstuhl vor. Die fertigen Stoffe haben wunderschöne geometrische Muster in cremefarbenen, ockergelben und braunen Farbtönen.

**Ecuador** *(rechts)* läßt sich in drei Landschaftsregionen unterteilen. Von der Küstenebene im Westen erhebt sich das Land steil zu den Hochgebirgsketten der Anden. Das Tiefland im Osten besteht größtenteils aus dichten Wäldern.

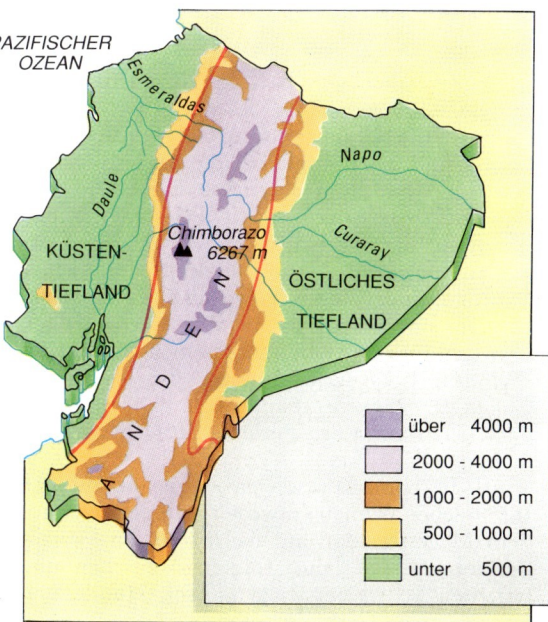

**Mestizinnen** helfen bei der Zuckerrohrernte *(oben)*. Wie andere landwirtschaftliche Produkte Ecuadors, vor allem Bananen, Kakao und Kaffee, wird Zuckerrohr hauptsächlich in den Plantagen der Landgüter für den Export angebaut.

### Indios, Weiße, Schwarze und Mischlinge

In Ecuador leben nach Schätzungen der Vereinten Nationen heute über 12 Millionen Menschen. Die Hälfte der Ecuadorianer siedelt an der Küste, 47 % leben in den Gebirgsregionen. Der Oriente ist nur sehr dünn besiedelt.

Der Anteil der Urbevölkerung, der Indios, und die Zahl der Mestizen soll 25 % bzw. 65 % betragen, der Anteil der Weißen wird mit 7 % angegeben. Mit insgesamt 3 % sind die Schwarzen und die Mischlinge zwischen Schwarzen und Weißen sowie Schwarzen und Indios – Mulatten bzw. Zambos – beteiligt. Die Oberschicht des Landes bilden die Kreolen, Abkömmlinge der altspanischen Einwanderer. Seit der Kolonialzeit sind sie im Besitz der wirtschaftlichen und politischen Macht. Ihnen gegenüber steht die große Zahl der in bedrängten wirtschaftlichen und sozialen Verhältnissen lebenden Indios und Mestizen.

### Erdöl und Bananen – Die Hauptexportgüter

Die traditionell agrarisch geprägte Wirtschaft Ecuadors befindet sich seit Anfang der 70er Jahre im Wandel. Reiche Erdölvorkommen im Oriente haben eine beschleunigte wirtschaftliche Entwicklung ausgelöst. Das Erdöl stellt heute die Haupteinnahmequelle der ecuadorianischen Außenwirtschaft dar. Demgegenüber haben die traditionellen Güter des Agrarexports an Bedeutung verloren, sie prägen aber immer noch die Landwirtschaft der Küstenregion. In der Costa mit 60 % der landwirtschaftlichen Anbaufläche gedeihen Bananen (Ecuador ist der größte Bananenexporteur der Erde), Kaffee, Kakao, Weizen, Sojabohnen, Reis, Ölpalmen und Orangen. In der Sierra, die rund 30 % des kultivierten Landes umfaßt, werden vor allem für den Eigenbedarf Getreide, Kartoffeln, Gemüse und Obst angebaut. Die Viehwirtschaft ist in den vergangenen Jahren auf Kosten des Getreideanbaus vergrößert worden.

An Bedeutung zugenommen hat die Fischereiwirtschaft, die zu den wachstumsstärksten Bereichen der Volkswirtschaft gehört. Ecuador verfügt über ergiebige Fischgründe und ist inzwischen zum weltgrößten Exporteur von Zuchtgarnelen geworden.

Probleme für die zukünftige Entwicklung der Volkswirtschaft könnten sich aus zwei Ursachen ergeben: aus der Abhängigkeit der angeführten Exportgüter von der Preisentwicklung auf dem Weltmarkt und aus der ungleichen Verteilung des Bodens. Immer noch gibt es die »Latifundios«, die großen Landgüter. Sie verfügen über die größten Flächen fruchtbaren Landes, das oft nur unzureichend genutzt wird. Das feudale Pachtsystem – Landarbeiter erhalten gegen Arbeitsleistung kleine Parzellen auf minderwertigem Boden – wird noch immer praktiziert. Zur Ankurbelung der Wirtschaft wurde im Oktober 2000 der US-Dollar als Landeswährung eingeführt.

# ECUADOR: GALÁPAGOS-INSELN

970 km westlich von Ecuador liegt eine Inselgruppe, die nach den Riesenschildkröten benannt ist, die auf ihnen leben: Galápagos. Die 15 Inseln sind vulkanischen Ursprungs. Bekannt geworden ist die Inselgruppe beiderseits des Äquators vor allem durch die biologischen Theorien, die der Naturforscher Charles Darwin an seine Beobachtungen knüpfte, die er hier während einer Weltreise im Jahr 1835 machte. Seitdem sind die Inseln mit ihrem eigenartigen Tier- und Pflanzenbestand immer wieder das Ziel von Forschern gewesen, die bis in die Gegenwart neue Erkenntnisse auf dem Gebiet der Genetik und der Verhaltensforschung sammelten.

All die bemerkenswerten Tiere, die auf den Inseln leben, kamen entweder geflogen oder auf dem Meer treibend auf die Inseln. Im Verlauf der letzten 400 Jahre folgten Menschen und brachten Schweine, Ziegen, Esel, Hunde und Katzen sowie Getreide mit sich.

Auf den Inseln leben nur wenige eingeborene Säugetiere: zwei Fledermaus- und sechs Rattenarten sowie eine Seelöwen- und Pelzrobbenart, die zur Fortpflanzung an Land kommen. Vor der Küste schwimmen Wale und Tümmler. Aber wo es keine Säugetiere gibt, gedeihen andere Tiere, und die Vögel und Reptilien der Galápagos-Inseln – nicht nur die Riesenschildkröte, sondern auch Schlangen und riesige Land- und Meerechsen – zählen zu den Wundern der Natur.

**Vogelwelt**

Unter den Vögeln gibt es Seevögel, die auch sonst in den Tropen vorkommen: die Sula, eine Tropenart der Tölpel, Fregattvögel und Tropikvögel, Braune Pelikane, Flamingos und verschiedene Seeschwalben und Sturmvögel. Aber es gibt auch fünf Seevogelarten, die nur auf den Galápagos-Inseln brüten, das heißt, sie sind »endemisch«. Zu diesen zählen der Albatros, der Galápagos-Pinguin – der nördlichste aller Pinguine –, zwei Galápagos-Möwen-Arten und der flugunfähige Kormoran. Ferner gibt es eine Vielzahl endemischer Landvögel wie den Galápagos-Bussard und verschiedene Finken und Spottdrosseln.

**Die Reptilien**

Zwei der Galápagos-Reptilien sind außergewöhnlich, ja einzigartig. Riesige Leguane, die bis zu 120 cm lang werden können, leben auf einigen der Inseln. Aber noch außergewöhnlicher sind die etwas kleineren und bekannteren Meerechsen, die ins Meer tauchen und sich von Pflanzen auf dem Grund des Meeres ernähren. Sie können bis zu 9 m tief tauchen, wobei sie sich mit großen Krallen am Boden festhalten. Sie kontrollieren ihre Körpertemperatur, indem sie sich in und aus der Sonne bewegen. Nachts klettern einige von ihnen auf Bäume, um dort zu schlafen. Es ist ungewöhnlich, daß Eidechsen Pflanzen fressen, und noch ungewöhnlicher,

**Galápagos** ist der spanische Name für die Riesenschildkröten *(oben)*, die auf den Inseln leben. Sie können über 250 kg schwer werden. Die Meerechsen *(rechts)* streiten um einen Sonnenplatz auf dem vulkanischen Gestein. Sie ernähren sich von Pflanzen auf dem Meeresgrund.

## Darwinfinken

Der britische Naturforscher Charles Darwin (1809–1882) kam 1835 auf die Galápagos-Inseln. Seine Studien über die Tierwelt dieser Inseln, speziell über die Finken, waren eine wichtige Grundlage für seine Evolutionstheorie. Obwohl die Finken sich grundsätzlich ähnelten, stellte er die Entwicklung verschiedener Arten fest. Darwin erkannte, daß diese eine Spezies hier alle Rollen besetzt, die woanders von einer Vielzahl von Vögeln, wie Sperlingen, Finken, und Singvögeln, eingenommen werden. Darwin folgerte daraus, daß die Galápagosfinken alle von einem einzelnen Urfinken abstammen, der vom südamerikanischen Kontinent gekommen war. Der Gedanke, daß die Arten sich von Generation zu Generation verändern konnten, war die Basis seiner Evolutionstheorie.

**Die Galápagos-Inseln** *(oben)* liegen im Pazifischen Ozean, weit entfernt von der Küste Ecuadors, wozu sie politisch gehören. Die 15 Inseln sind vulkanischen Ursprungs.

# ECUADOR

**Der spitze Pinnacle Rock** *(links)* ist der Insel San Salvador vorgelagert und einer der beliebtesten Nistplätze vieler Seevögel und der Galápagos-Pinguine. Ferner kann man hier auch die Seeschildkröten und bunte tropische Fische beobachten.

Manche Strände der Insel San Salvador haben hellen Sand, aber viele andere Strände auf den Galápagos-Inseln sind schwarz, da der Sand von vulkanischer Lava stammt. Ein Strand ist sogar grün – wegen der Olivinvorkommen im Sand.

daß sie im Meer leben. Die Meerechsen können Meerwasser trinken und sondern das überschüssige Salz durch Drüsen in der Nase ab, indem sie es laut herausniesen.

Die Riesenschildkröten können bis 1,80 m lang werden und über 250 kg wiegen. Wie die ersten Riesenschildkröten auf die Galápagos-Inseln gelangten, ist bis heute ein Rätsel. Vielleicht befanden sie sich auf treibenden Gewächsen. Es ist allerdings bekannt, daß sie sich tagelang ohne Schaden im Wasser aufhalten können. Ihre ungeheure Größe ist wahrscheinlich auf das Fehlen jeglicher Raubtiere auf den Inseln zurückzuführen.

Die Schildkröten sind von Insel zu Insel verschieden. Im allgemeinen gibt es zwei Rückenschildarten. Jene mit gewölbten Panzern können ihre Köpfe kaum heben und grasen daher. Jene mit sattelartigen, vorn hochgewölbten Panzern können ihre Köpfe hoch erheben und Zweige abnagen. Die meisten Schildkröten sind Pflanzenfresser und ernähren sich von den einheimischen stacheligen Feigenkakteen, aber sie fressen auch das Fleisch toter Tiere.

Die Riesenschildkröten lebten einst zu Tausenden auf den Galápagos-Inseln. Aber dann wurden sie erst für Piraten und später für Walfänger zum Hauptnahrungsmittel. Ihre Zahl ist deshalb stark zurückgegangen.

Das Leben der Schildkröten und der Echsen wird durch die vielen Tiere, welche die Menschen mit sich brachten, erschwert. Schweine und eingeschleppte Ratten fressen ihre Eier und Jungtiere. Kühe zertrampeln ihre Nester, Ziegen machen ihnen das Futter streitig. Der Landleguan ist selten geworden, mehrere Unterarten der Riesenschildkröte sind schon ausgestorben, und etliche andere sind in Gefahr.

1978 verlieh die UNESCO den Galápagos-Inseln den Status »Welterbe der Natur«. Die stetig wachsenden Besucherströme muß Ecuador inzwischen durch Sondergenehmigungen begrenzen und vermehrt an den Bedürfnissen der Tiere und Pflanzen ausrichten. Wissenschaftler beschäftigen sich weiterhin mit den Riesenschildkröten und Landleguanen und ziehen sie in Brutanstalten auf, um den in Freiheit lebenden Bestand zu vermehren. Wenn es auf den Galápagos-Inseln gelingt, die Neugier der Menschen mit den Bedürfnissen der Natur in Einklang zu bringen, dann können sie weltweit ein vorbildliches Beispiel werden.

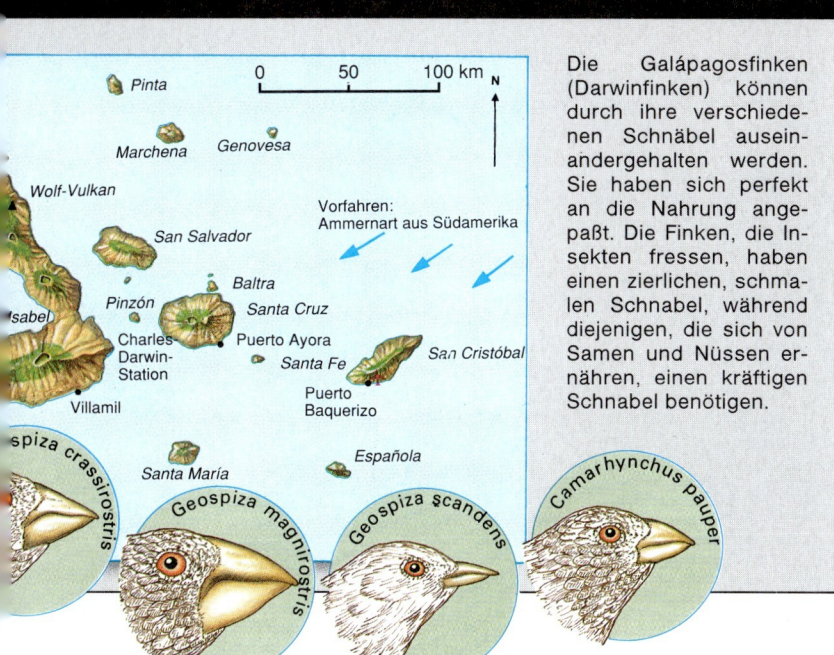

Die Galápagosfinken (Darwinfinken) können durch ihre verschiedenen Schnäbel auseinandergehalten werden. Sie haben sich perfekt an die Nahrung angepaßt. Die Finken, die Insekten fressen, haben einen zierlichen, schmalen Schnabel, während diejenigen, die sich von Samen und Nüssen ernähren, einen kräftigen Schnabel benötigen.

# EL SALVADOR

El Salvador ist ein ruheloses Land, in dem die Erde häufig bebt. Sein Kerngebiet, das zentrale Hochland, wird von zwei Gebirgszügen eingerahmt: von der Küstenkordillere entlang der pazifischen Küste im Südwesten und von dem hier 1650 m hohen Kamm der Zentralamerikanischen Kordilleren im Nordosten. Das Küstengebirge erhält seine Besonderheit und Schönheit von einer Kette von Vulkankegeln, deren höchster mit 2381 m der Santa Ana ist. Sieben der insgesamt sechzig Vulkane sind noch aktiv. In Senken zwischen einigen Vulkankegeln entstanden Seen, etwa der Lago de Ilopango, dessen reizvolle Lage in Zukunft Touristen ins Land locken soll. Wo Vulkane tätig sind, wächst die Gefahr von Erdbeben. Diese Gefahr besteht für die gesamte Vulkanzone und die angrenzenden Regionen. Seit der spanischen Eroberung im 16. Jahrhundert wurden fast 30 größere Erdbeben gezählt. Schwache Beben gehören schon fast zum Alltag. Die beiden letzten großen Beben am 13. Januar 2001 und am 13. Februar 2001 richteten schwere Zerstörungen an. Insgesamt kamen mehr als 1000 Menschen ums Leben, rund 7000 wurden zum Teil schwer verletzt, Hunderttausende verloren ihr Obdach.

Das von breiten Hochtälern unterbrochene Hochland zwischen den beiden Gebirgszügen der Kordilleren bildet mit seinen günstigen Klimabedingungen, ausreichenden Niederschlägen und fruchtbaren vulkanischen Böden seit jeher das bevorzugte Siedlungsgebiet. Seine Grasfluren haben dem Land den schmückenden Beinamen der »Gartenrepublik« eingebracht. Der Küstenkordillere vorgelagert ist ein zwischen 15 und 20 km breites Tiefland, das von mehreren Trichtermündungen mit breiten versumpften Ufern unterbrochen wird. Es wurde erst besiedelt, als der Boden auf dem Hochland knapp wurde.

El Salvador liegt am Rande der Tropen im Übergangsbereich zwischen immergrünen Regenwäldern und dem Savannengürtel. Das wichtigste Merkmal des wechselfeuchten Klimas ist der Wechsel zwischen der Regenzeit von Mai bis Oktober und der Trockenzeit von November bis April. Bestimmend für die Niederschlagsverteilung ist der Nordostpassat, der sich an den Nordflanken der Zentralamerikanischen Kordilleren abregnet. Daher erhalten die hochgelegenen Bergregionen die meisten Niederschläge, nämlich rund 2500 mm im Jahr. Von den Regenwäldern an den Hängen der Küstenkordillere ist nicht viel übrig geblieben: Nur noch 5 % der Landesfläche sind von Wald bedeckt, weil die Berghänge schon zur Zeit des Kaffeebooms vor der Weltwirtschaftskrise abgeholzt und mit Kaffeesträuchern bepflanzt wurden. Der Zwang einer wachsenden Bevölkerung, der Natur möglichst viel Nutzfläche abzugewinnen, hat die tropische Vegetation zusätzlich verarmt.

### Die Landwirtschaft

Die Landwirtschaft, der bedeutendste Wirtschaftszweig des Landes, beschäftigt noch immer 28 % der Erwerbspersonen. Allerdings sind die Verdienste sehr niedrig. Auffällig ist der Gegensatz zwischen einer sehr erfolgreichen Plantagenwirtschaft, die für den Export produziert, und einer Kleinbauernwirtschaft, die immer weniger in der Lage ist, die eigene Familie zu ernähren und darüber hinaus die wachsende Stadtbevölkerung mit Nahrungsmitteln zu versorgen. Da die Großgrundbesitzer gerade das fruchtbarste Land in Plantagen umgewandelt

## Daten und Fakten

**DAS LAND**
**Offizieller Name:** Republik El Salvador
**Hauptstadt:** San Salvador
**Fläche:** 21 041 km²
**Landesnatur:** Von SW nach NO folgen das pazifische Tiefland, die pazifische Küstenkordillere, das zentrale Hochland und die Zentralamerikanischen Kordilleren
**Klima:** Tropisches Klima mit geringen Temperaturschwankungen
**Hauptflüsse:** Río Lempa, Río Grande de San Miguel
**Höchster Punkt:** Monte Cristo 2418 m

**DER STAAT**
**Regierungsform:** Präsidiale Republik
**Staatsoberhaupt:** Staatspräsident
**Verwaltung:** 14 Departamentos
**Parlament:** Nationalversammlung mit 84 für 3 Jahre gewählten Mitgliedern
**Nationalfeiertag:** 15. September

**DIE MENSCHEN**
**Einwohner (Ew.):** 6 154 000 (1999)
**Bevölkerungsdichte:** 292 Ew./km²
**Stadtbevölkerung:** 47 %
**Bevölkerung unter 15 Jahren:** 38 %

**Analphabetenquote:** 21 %
**Sprache:** Spanisch, indianische Sprachen
**Religion:** Katholiken 92 %

**DIE WIRTSCHAFT**
**Währung:** El-Salvador-Colón
**Bruttosozialprodukt (BSP):** 11 208 Mio. US-$ (1998)
**BSP je Einwohner:** 1850 US-$
**Inflationsrate:** 8,9 % (1990–98)
**Importgüter:** Maschinen, Nahrungsmittel, Erdöl, Textilien, Fahrzeuge
**Exportgüter:** Kaffee, Baumwolle,

**Kaffeebohnen** werden nach der Ernte im Freien getrocknet *(unten)*. Kaffee ist in El Salvador das wichtigste Agrarprodukt. Er wird in großen Plantagen im zentralen Hochland kultiviert. Der Kaffee macht rund 60 % des Gesamtexportwertes aus.

**El Salvador** *(oben)* ist das kleinste Land Zentralamerikas, ungefähr so groß wie das Bundesland Hessen. Umgeben von Guatemala im Nordwesten und Honduras im Norden und Nordosten, hat es nur eine Öffnung zum Meer hin, dem Pazifischen Ozean.

haben, werden Nahrungsmittel wie Reis, Hirse, Mais und Bohnen vorwiegend von unproduktiven Kleinbetrieben auf den schlechteren Böden angebaut. Vor allem das traditionelle Grundnahrungsmittel Mais wird nicht mehr in ausreichenden Mengen geerntet. Dies bedeutet, daß eine Agrargesellschaft wertvolle Devisen für die Einfuhr von Nahrungsmitteln ausgeben muß, weil sie auf dem verfügbaren Land nicht das anbaut, was sie selbst zum Leben braucht.

El Salvador genießt immer noch den Ruf einer »Kaffeerepublik«. Schon seit der Mitte des 19. Jahrhunderts ist Kaffee, der auf dem Hochland ab 400 m ideale Wachstumsbedingungen vorfindet, das wichtigste Exportgut. Er erwirtschaftet – je nach der Höhe des Kaffeepreises auf dem Weltmarkt – bis zu 60 % der Exporterlöse. Auch Kleinbauern beteiligten sich schon früh an seinem Anbau. Den allergrößten Anteil erzeugen aber Mittel- und Großbetriebe. Die großen »cafeteros« besitzen in der Regel auch die »beneficios« – das sind die Anlagen zum Entschälen, Waschen und Trocknen der Kaffeebohnen.

Zum zweitwichtigsten Exportgut wurde nach dem Zweiten Weltkrieg die Baumwolle, die an der Pazifikküste angebaut wird. Die mechanisierten Großbetriebe erreichen eine Produktivität, die zur Zeit nur noch von Israel übertroffen wird. Riesige Baumwollfelder verdrängten Zuckerrohrfelder und Viehweiden und machten Zehntausende von Kleinpächtern land- und brotlos. Neben der Monokultur des Kaffees auf dem Hochland entstand so im Tiefland eine Monokultur der Baumwolle mit Einsprengseln von Kakao- und Zuckerpflanzungen.

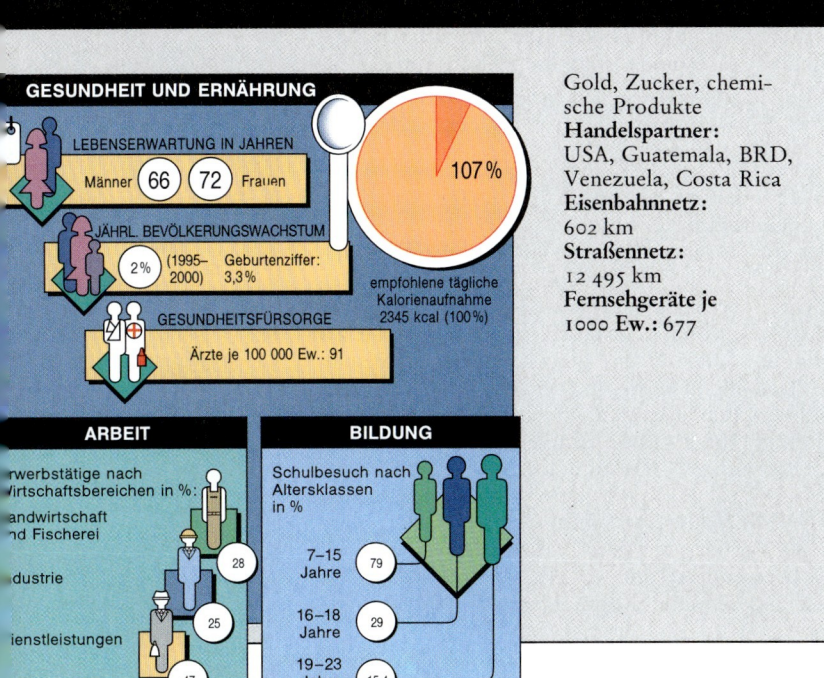

Gold, Zucker, chemische Produkte
**Handelspartner:** USA, Guatemala, BRD, Venezuela, Costa Rica
**Eisenbahnnetz:** 602 km
**Straßennetz:** 12 495 km
**Fernsehgeräte je 1000 Ew.:** 677

# EL SALVADOR: GESCHICHTE UND POLITIK

Im Jahre 1524 erreichte die von Pedro de Alvarado (um 1485–1541) geführte spanische Expeditionsgruppe das Hochland. Heftige Kämpfe mit den hier ansässigen Indiovölkern, die sich gegen die Unterwerfung wehrten, entbrannten. Auch nach der Eroberung von Cuscatlán, der Hauptstadt der Pipil, und der Gründung von El Salvador im Jahr 1525 mußten sich die Eroberer mit mehreren Aufständen herumschlagen. Erst 18 Jahre später, nämlich 1542, wurde das mit Feuer und Schwert »befriedete« Gebiet dem Generalkapitanat von Guatemala einverleibt. Die wenigen spanischen Händler und Kolonisten beschränkten sich zunächst auf den An- und Verkauf von Kakao und Balsam, die sie von Indiobauern anbauen ließen. Später wurden diese zur Arbeit auf den Indigo-Plantagen gezwungen, wo tropische Pflanzen angebaut wurden, die den Farbstoff »Indigoblau« lieferten.

Schon in der Kolonialzeit entstand die Oligarchie der »14 Familien«, die sich einen Großteil des Landes aneigneten. Sie schloß sich 1821 der Erhebung der zentralamerikanischen Provinzen gegen die spanische Krone und der gemeinsamen Eingliederung in das kurzlebige Kaiserreich von Mexiko an. Schon zwei Jahre später verselbständigten sich die »Vereinigten Provinzen von Zentralamerika«. Obwohl sich besonders die Führungsgruppen von El Salvador um den Erhalt dieses Staatenbundes bemühten, scheiterte er 1841 an den Eigenbröteleien der Provinz-Oligarchien. In den folgenden Jahrzehnten bekämpften sich rivalisierende Familiencliquen – Konservative (die mit der Kirche verbündeten Großgrundbesitzer) und Liberale (städtische Händler und Intellektuelle) –, denen oft militärische Caudillos ihre Dienste anboten. Ein halbes Jahrhundert lang mischte sich die klerikal-konservative Partei des benachbarten Guatemala in diese Machtkämpfe ein. Nach der »liberalen Revolution« im Jahre 1885 unter General Francisco Menéndez (1830–1890) wurde die bis 1944 gültige Verfassung verkündet. Dennoch blieb weiterhin der Machtwechsel durch Militärputsche die Regel. Seit der Unabhängigkeit erlebte das Land über 110 Machthaber mit einer durchschnittlichen Regierungszeit von weniger als 2 Jahren.

Die Abhängigkeit des isolierten Landes vom Weltmarkt und seiner wechselnden Nachfrage zeigte der Zusammenbruch der Indigo-Monokultur zu Beginn unseres Jahrhunderts, der durch die synthetische Herstellung von Indigoblau verursacht wurde. Als Ersatz hierfür wurde rasch eine Kaffee-Monokultur errichtet. Weil aber der Kaffeeanbau mehr Kapital und Arbeitskräfte sowie eine besondere Boden- und Klimaqualität benötigte, löste er auf dem Land tiefgreifende wirtschaftliche und soziale Veränderungen aus. Die Kaffeepflanzer sicherten sich die Arbeitskräfte durch das »Colono-System«, d. h. durch deren Ansiedlung am Rande ihrer Landgüter, später zunehmend durch die billigere Lohnarbeit. Der Sturz des Kaffeepreises und der Löhne sowie der massenhafte Ruin kleiner Kaffeepflanzer in der Weltwirtschaftskrise von 1929 lösten Massenunruhen aus.

Seit dem von der Oligarchie betriebenen Putsch von 1931 gegen den reformwilligen Präsidenten Arturo Araujo beherrschte das Militär die politische Szene. Die Militärdiktatoren veranstalteten zwar das Ritual von Wahlen, deren Ausgang sie kontrollierten, und verkündeten Reformen, verteidigten aber mit aller Gewalt die bestehenden gesellschaftlichen Verhältnisse. Besonders zu nennen sind die Diktatoren A. A. Molina (* 1927), der von 1972 bis 1976 regierte, und sein Nachfolger Carlos H. Romero (* 1924), der bis 1979 an der Macht blieb. Streiks, Botschafts- und Kirchenbesetzungen sowie militärische Anschläge linker Guerillagruppen häuften sich.

1979 putschte sich eine militärische Reformgruppe an die Macht und versuchte, mit Reformversprechen und einer »Reformkoalition« die revolutionäre Situation unter Kontrolle zu bringen. Seit 1983 ist eine neue demokratische Verfassung in Kraft, mit einem vom Volk gewählten Präsidenten an der Spitze, der die Regierung führt. Die Mitglieder der Nationalversammlung – 84 Abgeordnete – werden auf jeweils drei Jahre gewählt. Die wichtigsten in der Nationalversammlung vertretenen politischen Parteien sind die Linkskoalition Nationale Befreiungsfront (FMLN), die ARENA (rechtsgerichtete Republikanisch Nationalisti-

**Die Dörfer in El Salvador** *(rechts)* haben schwer unter dem Bürgerkrieg gelitten. Aufgerieben zwischen Guerilla-Rebellen und Regierungstruppen, sieht die Landbevölkerung ihr Leben zerstört. Viele Dörfer wurden verwüstet, die Bewohner wurden obdachlos und mußten fliehen.

**Die Indianer von El Salvador** *(links)* machen knapp 10 % der Bevölkerung aus. Sie gehören einer Vielzahl von Stämmen an, zu denen auch die Lenca, Jicaque und Paya zählen. Die indianischen Dialekte werden nur lokal gesprochen.

**Die Ursache für Überschwemmungen** *(unten)* sind starke Sommerregen. Unbefestigte Staubpisten werden zu unbefahrbaren Schlammbahnen, Brücken brechen zusammen und machen den Verkehr nahezu unmöglich.

sche Allianz), die konservative Nationale Versöhnungspartei (PCN) sowie die gemäßigte Christlich Demokratische Partei (PDC).

Der von den USA und Westeuropa massiv unterstützte, von 1980 bis 1989 regierende Präsident Napoleón Duarte (1925–1990) versuchte, der linken Opposition durch ein umfassendes Reformprogramm und durch Verhandlungsangebote Wind aus den Segeln zu nehmen. Dieser Versuch scheiterte jedoch am Widerstand der rechten Opposition, die im Parlament reformpolitische Obstruktion betrieb. Die Armee verschärfte durch Flächenbombardements ihre Kriegsführung, konnte aber ebensowenig wie die Guerilla eine militärische Konfliktlösung erzwingen. Der kranke Präsident Duarte unterzeichnete den »Arias-Plan«, der 1987 ein hoffnungsvolles Konzept zur Befriedung der Region vorlegte. Der Kampf zwischen Regierungstruppen und linker Guerilla ging indes weiter. Mit dieser Hypothek begann auch Alfredo Cristiani (* 1948), als Kandidat der rechtsextremen ARENA-Partei ab 1989 Präsident, seine Regierungszeit. 1992 unterzeichneten Regierung und Guerilla ein Friedensabkommen, mit dem der Bürgerkrieg, der rd. 80 000 Tote gefordert hatte, beendet wurde. Die Präsidentschaftswahlen 1994 gewann mit Armando Calderón Sol (* 1948) erneut der Kandidat der ARENA-Partei. Bei den Präsidentschaftswahlen vom März 1999 setzte sich der ARENA-Kandidat Francisco Guillermo Flores Pérez durch.

# EL SALVADOR: DIE MENSCHEN

El Salvador ist das kleinste und zugleich am dichtesten besiedelte Land Zentralamerikas. Schon vor der spanischen Eroberung war das Hochland von verschiedenen Indiovölkern vergleichsweise dicht besiedelt. Etwa 120 000 Angehörige der Pipil mit toltekisch-aztekischem Ursprung, der Pokoman (Maya) und Lenca teilten sich das Land, auf dem heute über 6 Millionen Menschen leben. Die Salvadorianer zählen sich selbst zu 90 % zu den Mestizen genannten Mischlingen zwischen Spaniern und Indios, obwohl vielen die indianische Herkunft von den Gesichtern abzulesen ist. Das Sozialprestige verbietet es ihnen, sich zu den »primitiven« Indios zu zählen. Sie feiern zwar deren Feste mit, aber sie haben keine gemeinsame kulturelle Identität. Das große Erbe der Vergangenheit wurde durch das Christentum und noch mehr durch die Anpassung an die »Zivilisation« verschüttet. Heute erinnert nur noch die Folklore an alte Traditionen.

Etwa 90 % der »Guanacos« – so lautet der Spitzname für die Bewohner von El Salvador – sprechen die spanische Landessprache und nur noch 10 % eine der indianischen Lokalsprachen. Über 90 % der Bewohner eines Landes, das nach dem Erlöser benannt ist und in dem fast jeder Berg den Namen eines Heiligen trägt, bekennen sich zum Katholizismus, aber nur etwa 10 % praktizieren ihren Glauben. Die katholische Kirche hat sich von einer konservativen Kraft zu einer Verteidigerin der sozialen und politischen Menschenrechte gewandelt. Der von Todesschwadronen ermordete Erzbischof von San Salvador, Oscar Romero (1917–1980), wurde zum Symbol der Märtyrer dieser Wende.

El Salvador hatte in den 1970er und 1980er Jahren eine der höchsten Wachstumsraten der Bevölkerung in der Welt. Innerhalb der letzten zwanzig Jahre hat sie um über die Hälfte zugenommen. Zwar ist die jährliche Wachstumsrate seit einigen Jahren rückläufig, doch dies ändert nichts an der Tatsache, daß das Land bereits heute in der »Bevölkerungsfalle« gefangen ist, d. h. es kann kaum noch Landreserven erschließen; es kann auch durch eine Umverteilung des Landes und Umpolung seiner Exportorientierung kaum die schnell wachsende Menschenzahl produktiv beschäftigen und ausreichend ernähren. Die stillschweigende Ausdehnung der Siedlungsgrenze bis tief in das Staatsgebiet von Honduras war eine wesentliche Ursache für den 1969 zwischen den beiden Staaten ausgetragenen »Fußball-Krieg«. Die Binnenwanderung aus den vernachlässigten Randprovinzen und die vom Bürgerkrieg ausgelösten Fluchtbewegungen in die landwirtschaftlich und industriell höher entwickelten Kernprovinzen Sonsonate, La Libertad und San Salvador verschärften hier den Bevölkerungsdruck und die Arbeitslosigkeit: Gut die Hälfte der Salvadorianer hat keine geregelte Arbeit. Ebenso viele leben bereits in den Städten, die längst unfähig sind, den wachsenden Strom von Zuwanderern mit Arbeit, Wohnung, Schulen, Krankenhäusern sowie Trinkwasser zu versorgen. Auch ein hohes industrielles Wachstum in den 1960er und 1970er Jahren, das El Salvador zum industriell am weitesten entwickelten Land innerhalb des »Zentralamerikanischen Gemeinsamen Marktes« machte, konnte die Arbeitslosigkeit nicht abbauen.

Wer kein Land und keine Arbeit hat und sich mit Gelegenheitsarbeiten über Wasser halten muß, kann sich vieles nicht leisten, was ein lebenswertes Leben ausmacht. Die Statistiken verzerren mit Durchschnittszahlen die elenden Lebensbedingungen der Bevölkerungsmehrheit. Die durchschnittliche Lebenserwartung bei Geburt liegt bei ihr mit schätzungsweise 69 Jahren am unteren Ende, die Sterblichkeit infolge von Malaria an der Spitze im lateinamerikanischen Vergleich. Der Bürgerkrieg hat die schlechte medizinische Versorgung des Hinterlandes noch verschlimmert. Alphabetisierungsprogramme haben zwar den Anteil der Analphabeten verringert, aber er liegt auf dem Land nach wie vor bei 42 %. Über drei Viertel der schulpflichtigen Kinder beginnen eine Schulausbildung, aber nur ein Fünftel schließt die Grundschule ab. In den Kampfzonen hatte der Bürgerkrieg das Bildungswesen völlig lahmgelegt.

Die Ursache für die Massenverelendung liegt jedoch nicht allein im Krieg, sondern in der »strukturellen Gewalt« auf dem Land. Die schlechten Lebensverhältnisse auf dem Land treiben viele in die Hoffnungslosigkeit der Städte. Die Erlöse der Kleinbauern reichen in der Regel nicht aus, um ihre Familien mit dem Lebensnotwendigsten zu versorgen. Eine durchschnittlich große Bauernfamilie bräuchte zur Existenzsicherung eine Betriebsfläche von etwa 10 ha. Tatsächlich verfügen gut zwei Drittel der Kleinbauern über weniger als 2 ha. 63 Großbetrieben gehörte vor der zu Beginn der 1980er Jahre eingeleiteten Agrarreform ebensoviel Land wie nahezu 200 000 Kleinbauern. Sechs Familien aus der einflußreichen Oligarchie der sogenannten »14 Familien« besaßen so viel Land wie 80 % der armen Bauernfamilien. Die große Mehrheit der Kleinbauern lebt außerdem auf Pachtland, meist in ungesicherten Rechtsverhältnissen, und ist deshalb immer von Vertreibung bedroht.

Es waren vor allem diese krassen sozialen Gegensätze und der Terror von Militärdiktaturen, die zum Bürgerkrieg führten. Dieser kostete bis zum Frieden 1992 rd. 80 000 Menschen das Leben, machte Hunderttausende zu Flüchtlingen, zerstörte viele Verkehrs- und Versorgungseinrichtungen, beschleunigte die Kapitalflucht und lähmte die gesamte Wirtschaft. Die von ihm in den Jahren 1981 bis 1986 angerichteten Schäden wurden auf 1,2 Milliarden US-Dollar geschätzt. Ungefähr so viel Wirtschaftshilfe leisteten die USA in demselben Zeitraum. Der Krieg und seine Folgen, die auch heute noch überall zu spüren sind, bestimmten den Alltag der Salvadorianer.

# EL SALVADOR

**Menschengedränge** bei einer Wahlversammlung in San Salvador *(links)*, der Hauptstadt von El Salvador. Die Gesichter zeigen die Mischung indianischen und spanischen Blutes. Die Indios erlitten im Bürgerkrieg der 1980er Jahre schwere Verluste.

**Der Osterumzug von Sonsonate** *(unten)*, einer am Vulkan Izalco gelegenen Stadt, ist der Höhepunkt der Feierlichkeiten, die während der Karwoche stattfinden. Für Katholiken auf der ganzen Welt ist Ostern das wichtigste religiöse Fest des Jahres.

**Fischerboote** werden am Ende des Tages in La Libertad an Land gehievt *(links)*. La Libertad ist eine der wichtigsten Hafenstädte des Landes. Die Häfen sind ungeschützt, daher werden die Boote aus dem Meer gezogen. Städter und Fischhändler scharen sich um die Boote und feilschen um den Fang, oft bevor die Boote an Land sind. Die reichen Fisch- und Muschelgründe mit Garnelen, Sardellen, Blaufischen, Barschen und Meerbarben sind für den Menschen von großem Wert.

**Guerillas** *(oben)* halten Stützpunkte in den ländlichen Gegenden im Norden El Salvadors. Sie widersetzen sich den Regierungseinheiten und versuchen, die Landbevölkerung zu schützen, die ihnen Nahrung und Zuflucht gewährt.

# ERITREA

Jüngster Staat Afrikas ist Eritrea, das 1993 seine Unabhängigkeit erlangt hat. Das Land kam zwischen 1869 und 1885 nach und nach in italienischen Besitz und wurde 1890 Kolonie. In den 30er Jahren diente Eritrea als Aufmarschgebiet für den Krieg gegen Äthiopien, das gleichfalls italienische Kolonie werden sollte.

Im Zweiten Weltkrieg wurde Eritrea von britischen Truppen erobert und vorläufig von Großbritannien verwaltet. Da Italien nach einem UNO-Beschluß seine Kolonien abtreten mußte, wurde Eritrea in einer Föderation mit Äthiopien zusammengeschlossen, behielt aber zunächst innere Autonomie. 1962 erklärte Äthiopien das Land zu seiner Provinz, ohne daß die Bevölkerung hierzu gehört wurde.

Vor allem in der moslemischen Bevölkerung Eritreas regte sich Widerstand gegen die Annexion, zumal die Verwaltung durch das damalige kommunistische Regime Äthiopiens als Unterdrückung empfunden wurde. Die Eritreische Befreiungsfront EPLF nahm den bewaffneten Kampf auf und konnte schließlich nach fast dreißigjährigem Kampf 1991 alle wichtigen Städte unter Kontrolle halten. In einem Referendum, das die provisorische Regierung der EPLF im Frühjahr 1993 durchführte, sprach sich eine überwältigende Mehrheit für die Unabhängigkeit von Äthiopien aus. Am 24. Mai 1993 wurde dann in der Hauptstadt Asmera die Republik Eritrea ausgerufen.

## Wüstenhafte Küsten und dichtbesiedeltes Hochland

Von Natur aus hat Eritrea teil an sehr unterschiedlichen Landschaftsräumen. Die Küstenzone am Roten Meer ist ein wüstenhafter Landstrich, mit schwer erträglichem schwül-heißem Klima. Anbau kann nur in wenigen Oasen betrieben werden, die zumindest gelegentlich durch die vom Bergland hinabführenden Wadis Wasser erhalten.

Im Süden der Küstenzone breitet sich an einer geschützten Bucht die Hafenstadt Massaua (Mitsiwa) aus. Sie war schon im Mittelalter für das äthiopische Reich eine wichtige Verbindung nach außen. Während der italienischen Kolonialzeit war Massaua bis 1897 Hauptstadt der Kolonie. Im 20. Jh. wurde der Zugang zum Hafen durch eine moderne Straße und eine Eisenbahnverbindung mit dem Hochland ausgebaut.

Dem nur punkthaft besiedelten, weithin öden Küstenland steht das dichtbesiedelte Hochland im Norden Eritreas gegenüber. Hier fällt zumindest im Sommer ausreichend Niederschlag, und die Temperaturen sind aufgrund der Höhenlage von 1800–2500 m gut zu ertragen. Typisch sind Mittelwerte zwischen 16 und 18 °C in allen Monaten des Jahres. Das Hochland bietet vergleichsweise günstige Möglichkeiten der Landnutzung. Außer den zur Selbstversorgung dienenden Produkten wie Gemüse, Knollenfrüchte und Hirse werden – je nach Höhenlage – auch Kaffee, Baumwolle und Tabak angebaut.

## Asmera, die Hauptstadt

Asmera, die in 2350 m Höhe gelegene Hauptstadt des Landes, vereinigt alle wichtigen Funktionen von Verwaltung und Wirtschaft, ist Bischofssitz und verfügt über Bildungseinrichtungen bis hin zur Universität. Da Asmera erst während der Kolonialzeit vom Dorf zur Stadt ausgebaut wurde, ist trotz mancher Zerstörung der italienische Einfluß im Stadtbild noch unverkennbar. Daneben weist die Stadt mit ihren Moscheen aber auch orientalische Züge auf.

## Daten und Fakten

**DAS LAND**
Offizieller Name: Eritrea
Hauptstadt: Asmera
Fläche: 117 600 km²
Landesnatur: Hinter der Küstenzone das küstenparallel verlaufende Bergland von Eritrea, im W Ausläufer des Äthiopischen Hochlands
Klima: Tropisches Hochlandklima
Hauptflüsse: Barka
Höchster Punkt: Fangaga 2589 m
Tiefster Punkt: Danakil-Senke unter 0 m

**DER STAAT**
Regierungsform: Republik
Staatsoberhaupt: Staatspräsident
Verwaltung: 10 Provinzen
Parlament: Nationalversammlung mit 104 Mitgliedern
Nationalfeiertag: 24. Mai

**DIE MENSCHEN**
Einwohner (Ew.): 3 719 000 (1999)
Bevölkerungsdichte: 32 Ew./km²
Stadtbevölkerung: 19 %
Bevölkerung unter 15 Jahren: 44 %
Analphabetenquote: 80 %
Sprache: Tigrinya, Arabisch
Religion: Koptische Christen 50 %, Moslems 49 %

**DIE WIRTSCHAFT**
Währung: Nakfa
Bruttosozialprodukt (BSP): 776 Mio. US-$ (1998)
BSP je Einwohner: 200 US-$
Inflationsrate: o.A.
Importgüter: Maschinen u. Ausrüstungen, Nahrungsmittel, lebende Tiere
Exportgüter: Rohstoffe, Nahrungsmittel, lebende Tiere
Handelspartner: Äthiopien, Saudi-Arabien, Italien
Eisenbahnnetz: 307 km
Straßennetz: 874 km (befestigt)
Fernsehgeräte je 1000 Ew.: 14

**Die Hauptstadt Asmera** *(rechts)* war bis zur Einnahme durch die Italiener 1889 nur ein kleines Dorf und blieb auch danach zunächst eine kleine Kolonialstadt. Erst seit 1934 nahm sie als Basis der italienischen Eroberung Äthiopiens einen großen Aufschwung. Den italienischen Einfluß dokumentiert auch der schlanke Campanile der Kathedrale.

**Jubel der Bevölkerung** *(unten)* bei der Volksabstimmung 1993 über die Unabhängigkeit von Äthiopien.

**Nomaden der Hedareb** *(oben)* im Wadi Barka im Nordwesten Eritreas an der Grenze zur Republik Sudan. Die Nomadenfamilien ziehen auf periodischen Wanderungen mit ihren Viehherden durch das Tal des Barka und seiner Nebenflüsse. Wegen der großen Trockenheit kann der eritreische Sahel nur durch extensive Viehwirtschaft genutzt werden, wobei die Schaf- und Ziegenzucht überwiegt; in geringerem Umfang werden auch Kamele und Rinder gehalten.

Asmera ist als größte Stadt des Landes bei weitem wichtigster Standort für Handel und Gewerbe. Textil- und Nahrungsmittelindustrie sowie zahlreiche Kleinbetriebe des produzierenden Gewerbes sind hier ansässig. Seitdem wieder Frieden herrscht, hat auch der internationale Flughafen an Bedeutung gewonnen.

Die Zeit seit Kriegsende wurde zum Wiederaufbau der Wirtschaft, der Infrastruktur und des Bildungswesens intensiv genutzt. Da es jedoch an finanziellen Mitteln fehlt, konnten bislang noch längst nicht alle notwendigen Projekte verwirklicht werden.

Mit dem Nachbarstaat Äthiopien kam es zu Grenzkonflikten. Gespannt sind auch die Beziehungen zum Nachbarland Sudan, weil Eritrea auf Seiten der mit Waffengewalt unterdrückten Opposition steht.

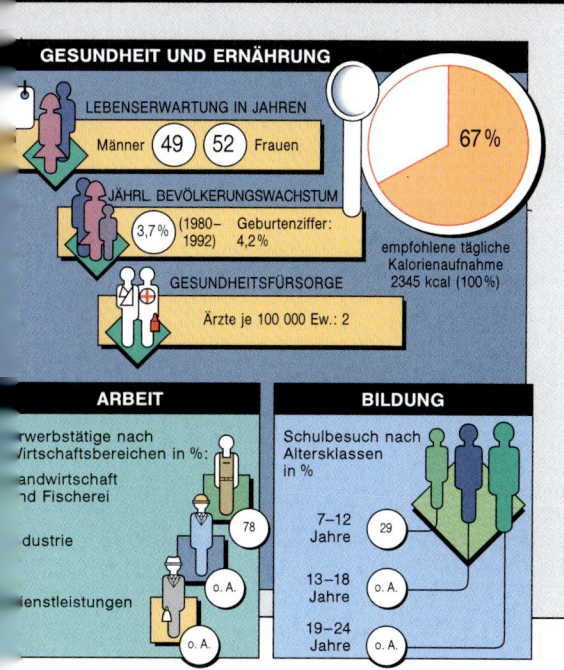

# ESTLAND

Estland ist das nördlichste und kleinste der drei baltischen Länder. Es erstreckt sich vom finnischen Meerbusen bis zum Rigaer Meerbusen, von der Ostsee bis zum Peipussee. Zu seinem Territorium gehören mehr als 70 Inseln vor der stark gegliederten West- und Nordküste der Ostsee. Die größten Inseln sind Ösel (Saaremaa) mit 2710 km² und Dagö (Hiiumaa) mit 960 km². Estland ist ein eiszeitlich geformtes ebenes bis flachwelliges Land mit vielen Seen, Sümpfen und Mooren, stark gelichteten Wäldern und üppigen Wiesen. Das Klima ist gemäßigt kontinental, im Norden rauh.

Die Bevölkerung besteht zu rund 65 % aus den namengebenden Esten. Größte Minderheit bilden mit 28 % die Russen, die vor allem im Nordosten des Landes leben. Sie sind im Zuge einer planmäßigen Russifizierung nach 1945 angesiedelt worden. Daneben leben noch Ukrainer sowie Weißrussen und Finnen im Land. Der überwiegende Teil der Bevölkerung bekennt sich zum evangelisch-lutherischen Glauben.

Die Wirtschaft Estlands basiert auf der vielseitigen Industrie und der Nutzung der hochwertigen Ölschiefervorkommen. Maschinenbau, Chemie-, Baustoff-, Textil-, Nahrungsmittel- und Papierindustrie gehören neben der Ölschiefergewinnung und -verarbeitung zu den führenden Industriezweigen. Von Bedeutung sind auch die intensive Landwirtschaft, meist Viehwirtschaft, und der Fischfang in der Ostsee. Der Hauptfang ist der Hering. Der Ausrichtung von Industrie und Handel auf die sowjetische Wirtschaft begegnete Estland nach Wiederherstellung der Unabhängigkeit 1991 durch eine konsequent marktwirtschaftliche Orientierung, die auch die Wirtschaft nach 1994 auf Wachstumskurs brachte. Dies befähigte das Land, das seine Währung an die Deutsche Mark koppelte, zu einem der ersten Kandidaten aus dem Kreis der ostmitteleuropäischen Reformstaaten für eine EU-Mitgliedschaft.

### Geschichte

Im 13. Jahrhundert kam Estland in den Besitz des Deutschen Ordens. Bis ins 19. Jahrhundert bildeten deutsche Patrizier in den Städten und deutsche Gutsbesitzer auf dem Lande eine fremdsprachige Oberschicht. 1710 wurde Estland von Peter dem Großen im Nordischen Krieg gegen Schweden erobert und blieb – wie das gesamte Baltikum – bis zum Ende des Ersten Weltkriegs Teil Rußlands. Während das russische Zarenreich zerbrach, erreichte Estland seine Unabhängigkeit. Sie wurde 1920 im Frieden von Dorpat von Sowjetrußland anerkannt.

Die Selbständigkeit dauerte nur zwanzig Jahre. Durch den »Hitler-Stalin-Pakt« 1939, in dem die beiden Diktatoren ihre Interessensbereiche in Ostmitteleuropa absteckten, geriet

## Daten und Fakten

**DAS LAND**
**Offizieller Name:** Republik Estland
**Hauptstadt:** Tallinn (Reval)
**Fläche:** 45 100 km²
**Landesnatur:** Eiszeitlich geformtes flachwelliges Land mit Seen, Mooren u. Sümpfen; im N Steilabbruch zum Finnischen Meerbusen; zahlreiche vorgelagerte Ostsee-Inseln
**Klima:** Feucht-gemäßigtes Klima
**Höchster Punkt:** Munamägi 318 m

**DER STAAT**
**Regierungsform:** Parlamentarische Republik
**Staatsoberhaupt:** Präsident
**Verwaltung:** 15 Regionen, 6 Stadtbezirke
**Parlament:** Reichstag mit 101 Mitgliedern, Wahl alle 4 Jahre
**Nationalfeiertag:** 24. Februar

**DIE MENSCHEN**
**Einwohner (Ew.):** 5 165 000 (1999)
**Bevölkerungsdichte:** 15 Ew./km²
**Stadtbevölkerung:** 74 %
**Bevölkerung unter 15 Jahren:** 18,6 %
**Analphabetenquote:** 0,2 %
**Sprache:** Estnisch, Russisch
**Religion:** Evangelisch-lutherische Christen

**DIE WIRTSCHAFT**
**Währung:** Estnische Krone
**Bruttosozialprodukt (BSP):** 4893 Mio. US-$ (1998)
**BSP je Einwohner:** 3390 US-$
**Inflationsrate:** 75,4 % (1990–98)
**Importgüter:** Maschinen u. Ausrüstungen, chem. Erzeugnisse, Bekleidung, Nahrungsmittel
**Exportgüter:** Maschinen u. Ausrüstungen, Holz und -waren, Textilien
**Handelspartner:** Finnland, Schweden, Rußland
**Eisenbahnnetz:** 1024 km
**Straßennetz:** 8700 km (befestigt)
**Fernsehgeräte je 1000 Ew.:** 480

Estland in die sowjetische Interessenssphäre und wurde 1940 von der Roten Armee besetzt und in die UdSSR eingegliedert.

Danach begann die Zeit der Enteignung von Industrie und Landwirtschaft und der Deportierung von annähernd 60 000 Esten. Der Einmarsch deutscher Truppen 1941 wurde daher auch als Befreiung vom sowjetischen Joch empfunden.

Ab 1944 wieder unter sowjetischer Herrschaft, wurden Estlands Wirtschaftsstruktur und Gesellschaftsordnung weiter der sowjetischen angepaßt. Die parallel mit der Zwangskollektivierung der Landwirtschaft vorangetriebene Industrialisierung des Landes veränderte grundlegend die Struktur der Wirtschaft. Immer mehr Russen wurden als Industriebevölkerung oder Funktionärsschicht angesiedelt.

Im April 1988 wurde die unabhängige Volksfrontbewegung für Perestrojka ins Leben gerufen, die sich einer verstärkten Industrialisierung und der damit verbundenen Umweltzerstörung durch den Ölschieferabbau widersetzte sowie für die Wiederherstellung der Souveränität eintrat. Im Herbst 1989 erklärte der Oberste Sowjet Estlands, daß hinfort estnische Gesetze Vorrang vor gesamtsowjetischen haben sollten.

### Die Unabhängigkeit

1990 setzten die Esten neben die sowjetischen Behörden eigene Staatsorgane. Nach dem Scheitern des kommunistischen Putsches gegen die Reformpolitik Gorbatschows erklärte Estland am 21.8.1991 endgültig seine Unabhängigkeit, die schließlich am 6.9.1991 von der Sowjetunion anerkannt wurde. Es war einer der Höhepunkte im langen Streben nach Unabhängigkeit, als in Tallinn die nationale blau-schwarz-weiße Flagge des unabhängigen Estland gehißt wurde. Bereits am 17.9.1991 wurde Estland zusammen mit den anderen beiden baltischen Staaten in die UNO aufgenommen. Eines der schwierigsten Probleme der neuen parlamentarischen Demokratie blieb der Ausgleich mit der russischen Minderheit, die nicht die estnische Staatsbürgerschaft erhielt, sondern sich erst nach Erfüllung bestimmter Auflagen einbürgern lassen konnte.

**Aus Anlaß der Proklamation** der Unabhängigkeit im Spätsommer 1991 versammelten sich die Esten *(links)*, geschmückt in den nationalen Farben, auf öffentlichen Plätzen im ganzen Land.

**Waldland, Tiefebenen und Seen** *(oben)* prägen die estnische Landschaft, die im wesentlichen in der letzten Eiszeit geformt wurde.

**Estland** *(unten)*, der nördlichste der baltischen Staaten, grenzt im Osten an Rußland, im Süden an Lettland und im Westen und Norden an die Ostsee.

# Europäische Union: Geschichte

**Die Flagge** *(oben)* wurde zum ersten Mal im Jahre 1983 beim Weltwirtschaftsgipfel in Williamsburg in den USA gehißt.

Ganz Europa in einem Staat vereint! Für manche Denker war das schon früh ein kühner Traum. Einer der ersten, der derartige Ideen formulierte, war der französische Staatstheoretiker Pierre Dubois (etwa 1250–1322); knapp zwei Jahrhunderte später forderte Georg von Podiebrad (1420–1471), König von Böhmen und nicht frei von eigennützigen Gedanken, ein vereinigtes Europa. Einen europäischen Reichstag, der den gegenwärtigen und zukünftigen Frieden sichern sollte, schlug William Penn (1644–1718) im Jahre 1693 vor; weiter ging der Schotte Charles Mackay (1814–1889), der 1848 in London seine Idee der Bildung der »Vereinigten Staaten von Europa« verfocht. Konkretere Vorstellungen wurden nach den Schrecken des Ersten Weltkrieges diskutiert. Doch der »Paneuropabewegung«, 1923 begründet, war kein Erfolg beschert.

Erst nach dem Zweiten Weltkrieg erhielt der Europagedanke wieder neue Kraft. Aber für eine radikale Neuordnung war die Zeit nicht reif. Der französische Außenminister Robert Schuman (1886–1963) bewies Sinn für das Machbare, als er in einer Erklärung am 9. Mai 1950 seine Vorstellungen von einer stufenweisen Integration europäischer Staaten verkündete. Der französische Wirtschaftspolitiker Jean Monnet (1888–1979) erarbeitete einen Plan zur Zusammenarbeit im Bereich von Kohle und Stahl, der auch Deutschland die Chance eröffnen sollte, wieder ein gleichberechtigter Partner zu werden. Am 18. April 1951 wurde der Vertrag zur Gründung der Europäischen Gemeinschaft für Kohle und Stahl (EGKS) unterzeichnet. Frankreich, die Bundesrepublik Deutsch-

**In der EU, der Europäischen Union** *(links)*, sind fünfzehn sehr verschiedenartige Länder vereint. 1965 wurden die europäischen Wirtschaftsgemeinschaften EGKS, EWG und EURATOM zur Europäischen Gemeinschaft zusammengeschlossen, die sich nach den Maastrichter Verträgen seit 1993 Europäische Union nennt. Obwohl die Staaten rechtlich keine Einheit bilden, verfolgen sie gemeinsame Ziele, nicht nur im wirtschaftlichen, sondern zunehmend auch im politischen Bereich. Nur die Schweiz und Norwegen erhalten sich ihre Eigenständigkeit. Neben der Türkei und Zypern bemühen sich viele Länder des ehemaligen Ostblocks um die Mitgliedschaft und haben offizielle Beitrittsgesuche eingereicht.

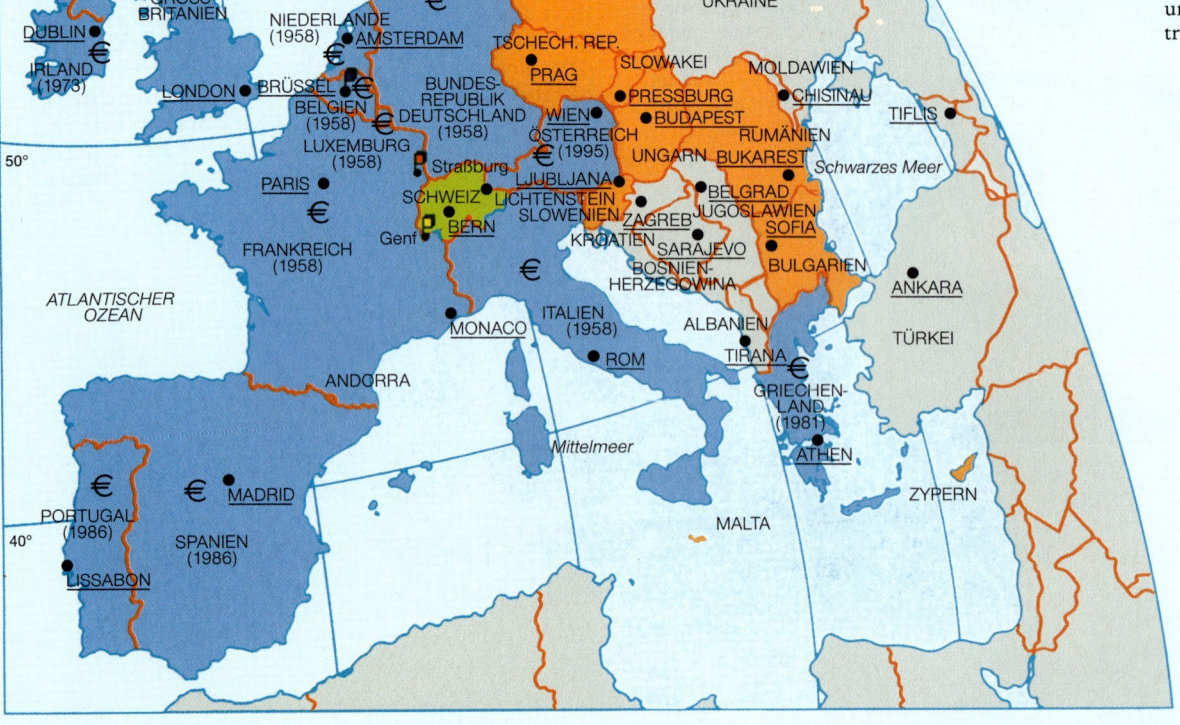

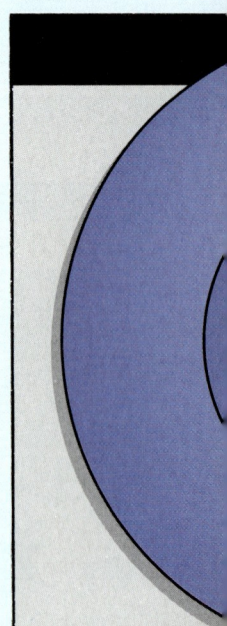

# EUROPÄISCHE UNION

**1950 verkündete Robert Schuman** *(links)*, der französische Außenminister, seine Idee einer Europäischen Gemeinschaft für Kohle und Stahl. Schumans Plan war der erste konkrete Schritt zur Schaffung der Europäischen Union.

**Das Europäische Parlament** *(unten)* tagt seit 1999 in einem neu errichteten Gebäude, das die Gestalt eines großen gläsernen Schiffs hat. Das Parlament steht am Kreuzungspunkt von Ill und Rhein-Marne-Kanal.

### EU-Binnenhandel

| | |
|---|---|
| 55,6% | Deutschland |
| 62,8% | Frankreich |
| 45,8% | Großbritannien |
| 55,2% | Italien |
| 63,4% | Niederlande |
| 74,1% | Belgien und Luxemburg |
| 68,9% | Spanien |
| 59,2% | Schweden |
| 66,0% | Österreich |
| 68,7% | Dänemark |
| 58,0% | Irland |
| 53,9% | Finnland |
| 78,9% | Portugal |
| 63,2% | Griechenland |

EU ●    Welt ●
EU-Handel (1998)

Die Kreisflächen entsprechen dem Handelsaufkommen der einzelnen Mitgliedstaaten. Die Bundesrepublik Deutschland verfügt über das größte Handelsvolumen, Griechenland über das kleinste.

land, Italien, die Niederlande, Belgien und Luxemburg erklärten sich bereit, in bestimmten Fragen ihre Souveränität den Entscheidungen der supranationalen »Hohen Behörde« unterzuordnen.

Pläne zu einer weiteren Integration wurden diskutiert, die neben einer Europäischen Verteidigungsgemeinschaft (EVG) auch eine Integration im Rahmen einer politischen Gemeinschaft vorsahen. Mehr und mehr setzte sich die Ansicht durch, daß die bisherige wirtschaftliche Integration nicht auf die Schwerindustrie beschränkt bleiben dürfe.

Am 25. März 1957 unterzeichneten die obersten Repräsentanten der EGKS-Mitgliedstaaten in Rom die Verträge zur Gründung einer europäischen Wirtschaftsgemeinschaft – mit dem Ziel, »durch gemeinsames Handeln den wirtschaftlichen und sozialen Fortschritt ihrer Länder zu sichern, indem sie die Europa trennenden Schranken beseitigen«. EGKS, EWG und die gleichzeitig gegründete Organisation zur friedlichen Nutzung der Atomenergie (EURATOM) wuchsen in organisatorischer Hinsicht mehr und mehr zusammen, so daß nach dem Fusionsvertrag des Jahres 1965 die zusammenfassende Bezeichnung Europäische Gemeinschaften (EG) eingeführt wurde. 1987 trat die Einheitliche Europäische Akte in Kraft, die die Errichtung eines Europäischen Binnenmarktes festlegte. Nach langen Verhandlungen wurde 1992 der Maastrichter Vertrag über die Europäische Union (EU) unterzeichnet, in dem auch die 1999 vollendete Wirtschafts- und Währungsunion beschlossen wurde.

### Erweiterung der Union

Am 1. Januar 1973 wurden Großbritannien, Dänemark und Irland Mitglieder der Europäischen Gemeinschaft. In Norwegen hingegen sprach sich die Mehrheit der Bevölkerung in Volksabstimmungen (1972 und 1994) gegen einen Beitritt aus. Zehntes Mitglied der EG wurde am 1. Januar 1981 Griechenland; genau fünf Jahre später traten Spanien und Portugal der Gemeinschaft bei. Mit dem am 3. Oktober 1990 erfolgten Beitritt der Länder der ehemaligen DDR zur Bundesrepublik Deutschland erlebte die EG eine rasche und unerwartete Erweiterung. Seit 1995 sind auch Finnland, Österreich und Schweden Mitglieder der Europäischen Union.

Längst ist die Europäische Union über eine Wirtschaftsunion hinausgewachsen. Das Europaparlament in Straßburg, von den Bürgern der Union gewählt, wacht nicht nur über den Haushalt der EU, sondern auch darüber, daß die europäische Idee gewahrt bleibt. Der Europäische Gerichtshof in Luxemburg hat dafür zu sorgen, daß im Konflikt zwischen staatlichen Einzelinteressen und den Interessen der Union das europäische Recht nicht verletzt wird. Die Europäische Kommission in Brüssel ist eine selbständige exekutive Instanz, die nicht an Weisungen der Mitgliedsländer gebunden ist.

# Europäische Union heute

Die Europäische Union ist ein Staatenverbund mit zur Zeit 15 Mitgliedern. Die wichtigsten Organe der EU sind die Kommission, der Rat der EU, der Europäische Rat, das Europäische Parlament sowie der Europäische Gerichtshof. Die 20-köpfige Kommission überwacht die Verträge und treibt mit Gesetzgebungsinitiativen die Gemeinschaftspolitik voran. An ihrer Spitze steht der Präsident. Als zentrales Beschluß- und Lenkungsorgan der Union muß der Rat der Europäischen Union (Ministerrat) angesehen werden. In den Rat entsendet jedes Mitglied einen Vertreter auf Ministerebene. Die Präsidentschaft wechselt halbjährlich unter den Mitgliedern nach einer vorher festgelegten Reihenfolge. Als Legislative erläßt der Rat Rechtsakte oder Verordnungen. Die Entscheidungen werden vom Ausschuß der Ständigen Vertreter vorbereitet. Der Ausschuß der Regionen und der Wirtschafts- und Sozialausschuß sind ebenfalls Beratungsorgane für Kommission und Rat. Der Ausschuß der Regionen hat erst am 1. 1. 1994 seine Arbeit aufgenommen. Er soll gewährleisten, daß regionale Belange in der Europäischen Union besser vertreten werden. Der Europäische Rat, die Staats- und Regierungschefs der Mitgliedstaaten, übt gewissermaßen die Funktion eines kollektiven Staatsoberhauptes aus. Das seit 1979 direkt gewählte Europäische Parlament ist Kontrollorgan der europäischen Politik. Es bestätigt die von den Regierungschefs ernannte Kommission und kann sie mit Zweidrittelmehrheit zum Rücktritt zwingen. Zusammen mit dem Rat entscheidet das Parlament auch über den Haushalt. Geht es um internationale Verträge oder Beitritte zur EU hat das Parlament ein absolutes Vetorecht. Der Europäische Gerichtshof schließlich sorgt für die Einhaltung des Gemeinschaftsrechts. Die 15 Richter werden von den Regierungen in gegenseitigem Einvernehmen für 6 Jahre ernannt.

Daß die EU mehr sein will und auch mehr ist als ein Bündnis zwischen Staaten, zeigt sich nicht zuletzt in der Schaffung einer eigenen Währung. Wie Pfund, Franc, Lira und Deutsche Mark soll in Zukunft der Euro eine weltweit anerkannte Währungseinheit werden.

Die Schaffung einer Europäischen Wirtschafts- und Währungsunion (EWWU) ist das Kernstück des Maastrichter Vertrages. Vorstufe der EWWU war das bereits 1979 geschaffene Europäische Währungssystem (EWU). Es beruhte auf festen Leitkursen der beteiligten Währungen. In Verbindung mit einem bestimmten Wechselkursmechanismus entstand die European Currency Unit (ECU, Europäische Währungseinheit). Die Kommission empfahl im März 1998, daß folgende Mitgliedsstaaten am 1. 1. 1999 den Euro einführen: Belgien, Deutschland, Finnland, Frankreich, Irland, Italien, Luxemburg, die Niederlande, Österreich, Portugal und Spanien. Diese Länder erfüllten mehr oder weniger punktgenau die vertraglich festgelegten Konvergenzkriterien. Euro-Münzen

## Handel der EU

Die meisten EU-Länder hängen vom Welthandel ab (rechts), daher muß die Union ein wachsames Auge auf Handelspolitik und Zolltarife anderer Länder haben. Die Europäische Kommission in Brüssel regelt EU-Handelsabkommen in der ganzen Welt. Die EU verfolgt auch ihre eigene Politik gegenüber den Entwicklungsländern. Das 4. Lomé-Abkommen beinhaltet Finanzhilfe und handelspolitische Zusammenarbeit mit 71 Ländern in Afrika, in der Karibik und im Pazifik, den sogenannten AKP-Staaten. Andere Übereinkünfte wurden mit Mitgliedern der ASEAN, einer 1967 in Bangkok gegründeten Organisation von südostasiatischen Ländern, sowie mit nordafrikanischen Staaten unterzeichnet.

**Umstrittene Agrarpolitik der EU** *(rechts)*. Als Protestdemonstration treiben elsässische Schäfer ihre Herden vor das Palais de l'Europe in Straßburg.

**Die Ariane-Rakete** *(unten)* beweist, daß die EU auf dem Gebiet der Satellitentechnologie mit anderen Großmächten durchaus konkurrieren kann.

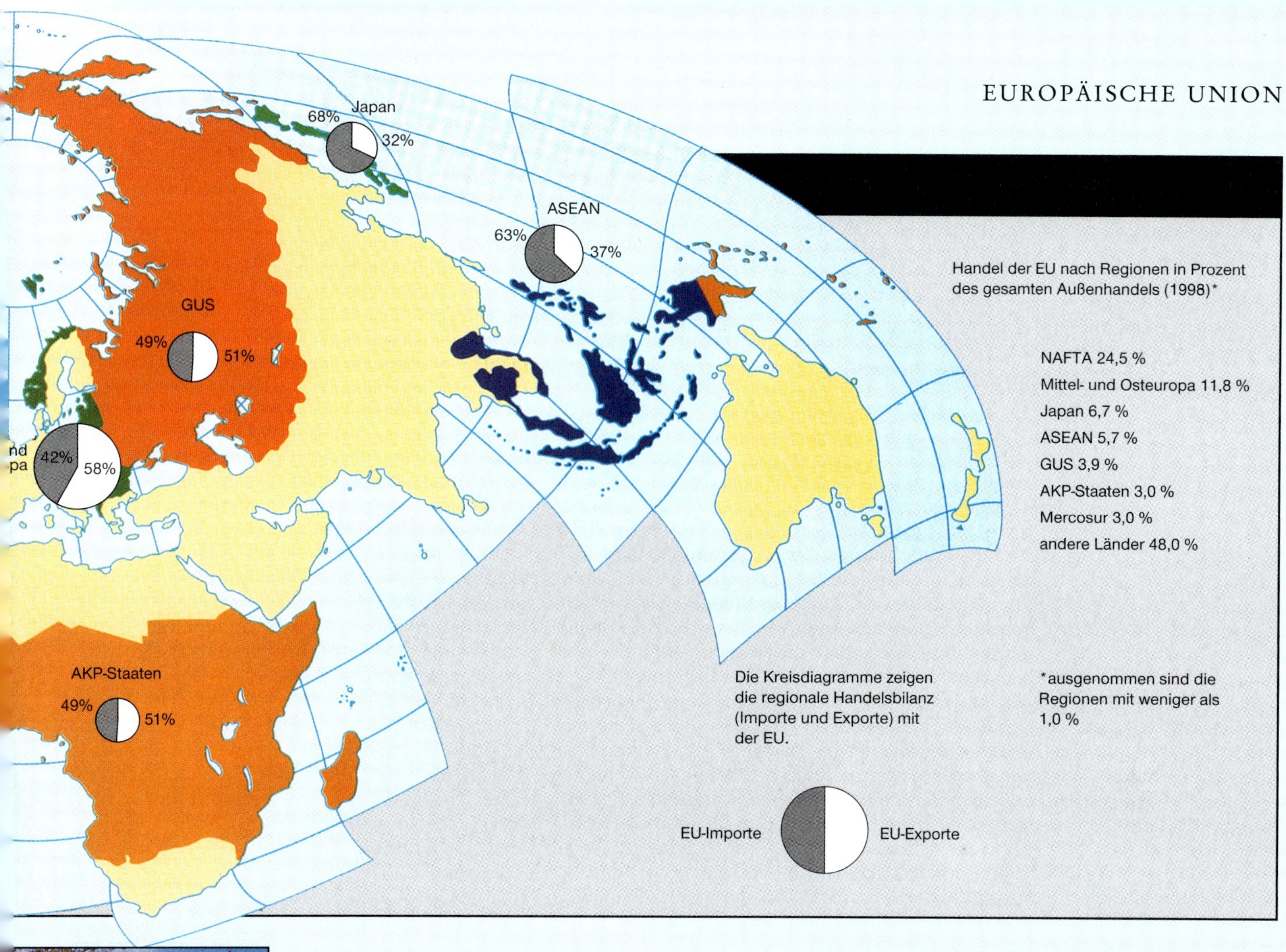

EUROPÄISCHE UNION

Handel der EU nach Regionen in Prozent des gesamten Außenhandels (1998)*

NAFTA 24,5 %
Mittel- und Osteuropa 11,8 %
Japan 6,7 %
ASEAN 5,7 %
GUS 3,9 %
AKP-Staaten 3,0 %
Mercosur 3,0 %
andere Länder 48,0 %

Die Kreisdiagramme zeigen die regionale Handelsbilanz (Importe und Exporte) mit der EU.

*ausgenommen sind die Regionen mit weniger als 1,0 %

EU-Importe   EU-Exporte

und Banknoten werden allerdings erst am 1. 1. 2002 in Umlauf gebracht. Das Bestreben der Mitgliedsstaaten, die Konvergenzkriterien zu erfüllen, hat zu erheblichen wirtschaftlichen Anpassungsprozessen geführt. Ob diese Entwicklungen letztlich zu ökonomischer Stabilität und zu größerer Unabhängigkeit von Weltwährungsturbulenzen führen, ist heute noch nicht absehbar. Eine Europäische Zentralbank wacht dabei nach dem Vorbild der Deutschen Bundesbank über die Festigkeit des Euro, der unter den Bürgern der EU nicht unumstritten ist.

### Außenbeziehungen der EU

Die EU ist keine »geschlossene Gesellschaft«, sondern eine Gemeinschaft, die auf wirtschaftlicher und politischer Ebene mit den Staaten der Welt zusammenarbeiten will. Dies ist im eigenen Interesse auch erforderlich, denn die Wirtschaft der meisten EU-Länder ist exportorientiert und auf den Welthandel angewiesen. So gibt es in der EU-Kommission, der eigentlichen »Regierung« der Gemeinschaft, auch ein Ressort für Auswärtiges. Ihre Offenheit zeigt die EU darin, daß sie grundsätzlich bereit ist, weitere Länder als Mitglieder aufzunehmen. In der Praxis ist dies aufgrund der unterschiedlichen wirtschaftlichen und politischen Situation in den beitrittswilligen Ländern allerdings gar nicht so einfach. Hier entstehen neue Herausforderungen für die die Institutionen der Union bislang nicht gerüstet sind. Ein erster Schritt, um hier Abhilfe zu schaffen, war der am 2. 10. 1997 unterzeichnete Vertrag von Amsterdam. Danach werden bei der nächsten Erweiterung die großen Länder ihr zweites Kommissionsmitglied einbüßen, falls es zu einem Beschluß über eine Neugewichtung der Stimmen im Ministerrat kommt. Auch die Kompetenzen des Parlaments wurden erweitert.

An der Entwicklung einer Gemeinsamen Außen- und Sicherheitspolitik (GASP) wird sich zeigen lassen, ob die Mitgliedsstaaten bereit sind, auch Kernbereiche ihrer Souveränität auf die Gemeinschaft zu übertragen. Oft stehen hier noch einseitige nationale Interessen im Vordergrund, die verhindern, daß die EU als starker internationaler Akteur auftreten kann. Ein Negativbeispiel bildete hier die Politik im Jugoslawienkonflikt. Trotzdem haben sich gerade auch in der Sicherheitspolitik neue Strukturen der militärischen Zusammenarbeit entwickelt. Im Dezember 2000 wurde auf dem EU-Gipfeltreffen in Nizza der Grundstein für eine eigene Militärpolitik gelegt. Als wichtiger internationaler Akteur unterhält die EU natürlich auch enge Beziehungen zu den Staaten der Dritten Welt. Zu zahlreichen Entwicklungsländern Afrikas, des karibischen Raumes und des Pazifiks (zusammen als AKP-Länder bezeichnet) bestehen besondere Verbindungen durch das 1975 abgeschlossene und 1976 in Kraft getretene Lomé-Abkommen.

# FIDSCHI

Fidschi ist der bevölkerungsreichste Inselstaat Ozeaniens. Auch flächenmäßig und der wirtschaftlichen Leistungsfähigkeit nach nimmt es unter den Staaten der Region einen führenden Platz ein. Seit Erlangung der Unabhängigkeit im Jahre 1970 hat der junge Staat jedoch mit innenpolitischen und sozialen Problemen zu kämpfen. Ursache hierfür ist die Gliederung der Bevölkerung in zwei große Gruppen, die sich nicht nur nach Herkunft, Sprache, Kultur und Religion, sondern auch von ihrer Stellung im politischen und wirtschaftlichen Leben erheblich unterscheiden. Die einheimischen Fidschi-Insulaner, überwiegend dunkelhäutige Melanesier, haben einen Bevölkerungsanteil von über 50 %. Die zweite große Bevölkerungsgruppe bilden die Nachkommen der während der Kolonialherrschaft auf die Inseln geholten indischen Plantagenarbeiter. Aufgrund der heutigen Vormachtstellung der Inder im Zuckerrohranbau, Handel und Gewerbe fühlen sich viele Fidschianer benachteiligt. Als 1987, den Ergebnissen der Parlamentswahlen entsprechend, eine überwiegend aus indischstämmigen Mitgliedern bestehende Regierung die Amtsgeschäfte übernehmen wollte, kam es zum Militärputsch und zu blutigen Zusammenstößen zwischen den Volksgruppen. Der nur schwer durchschaubare Konflikt wurde genährt durch den Gegensatz zwischen linken Parteien, die vor allem von Indern gestützt werden, und konservativen Gruppierungen der Fidschianer, denen auch die Sympathien des Militärs gehören. Die Unruhen haben der Wirtschaft schwer geschadet und das Land in eine politische Isolation geführt. 1987 wurde Fidschi aus dem Commonwealth ausgeschlossen. Erst 1997 nach der Verabschiedung einer neuen Verfassung, die die politische Benachteiligung der Inder abmilderte, kehrte die Republik ins Commonwealth zurück.

## Geschichte

Über die Geschichte Fidschis vor dem Eintreffen der ersten Europäer ist nicht allzuviel bekannt. Vermutlich wurden die Hauptinseln Viti Levu und Vanua Levu vor etwa 4000 Jahren erstmals von Südostasien aus besiedelt. Der erste Europäer, der den Archipel sichtete, war der Niederländer Abel Tasman (1603–1659) im Jahre 1643. Näher erkundet wurden die Inseln jedoch erst Ende des 18. Jahrhunderts durch den britischen Admiral William Bligh (1753–1817), der durch die »Meuterei auf der Bounty« später zu literarischem Ruhm kam.

Für Seefahrer früherer Jahrhunderte waren die Inseln ein wichtiger Stützpunkt für die Versorgung mit frischen Lebensmitteln und Wasser. Ein begehrtes Produkt war Sandelholz, das zur Parfümherstellung und für wertvolle Drechslerarbeiten verwendet wurde.

Auch als sich Anfang des 19. Jahrhunderts erstmals Europäer, darunter Missionare, Händler und einige versprengte Seeleute, auf den Inseln niederließen, blieb die Herrschaft der einheimischen Häuptlinge erhalten. Um die Mitte des 19. Jahrhunderts vollzog sich als Folge innerer Machtkämpfe und dem Versuch der Einflußnahme der Vereinigten Staaten von Amerika eine Annäherung an Großbritannien, das die Inseln schließlich 1874 zur Kolonie erklärte. Der Kontakt mit den Europäern brachte den Fidschianern zwar wirtschaftlichen Fortschritt, aber auch zuvor unbekannte Krankheiten, an denen viele tausend Menschen starben. Die Zeit der britischen Herrschaft ging 1970 zu Ende, als Fidschi die Unabhängigkeit erlangte. Bis 1987

## Daten und Fakten

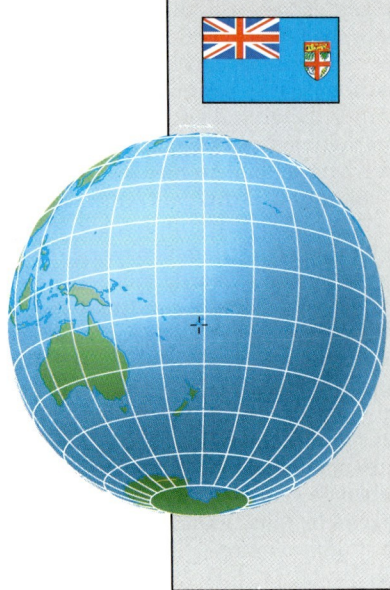

**DAS LAND**
**Offizieller Name:** Republik Fidschi
**Hauptstadt:** Suva
**Fläche:** 18 274 km²
**Landesnatur:** Über 300 größere Inseln, umgeben von einem Wallriff
**Klima:** Tropisch-maritim mit geringen jahreszeitlichen Schwankungen
**Höchster Punkt:** Mount Tomanivi 1323 m
**DER STAAT**
**Regierungsform:** Republik (im Commonwealth)
**Staatsoberhaupt:** Staatspräsident
**Regierungschef:** Premierminister
**Verwaltung:** 4 Bezirke mit 14 Provinzen
**Parlament:** Repräsentantenhaus (71 Mitglieder), Senat (35 Mitglieder); Wahl alle 5 Jahre
**Nationalfeiertag:** 10. Oktober
**DIE MENSCHEN**
**Einwohner (Ew.):** 806 000 (1999)
**Bevölkerungsdichte:** 44 Ew./km²
**Stadtbevölkerung:** 41 %
**Analphabetenquote:** 7 %
**Sprache:** Fidschianisch, Englisch
**Religion:** Christen 53 % (Methodisten, Katholiken), Hindus 38 %, Moslems 8 %

**DIE WIRTSCHAFT**
**Währung:** Fidschi-Dollar
**Bruttosozialprodukt (BSP):** 1745 Mio. US-$ (1998)
**BSP je Einwohner:** 2110 US-$
**Inflationsrate:** 3,7 % (1990-98)
**Importgüter:** Nahrungsmittel, Brennstoffe, Maschinen
**Exportgüter:** Zucker (34 %), Kokosöl, Kopra, Gold, Ingwer, Bananen, Manganerz, Fischkonserven
**Handelspartner:** Großbritannien, Australien, Neuseeland, Japan
**Eisenbahnnetz:** 820 km
**Straßennetz:** 4994 km
**Fernsehgeräte je 1000 Ew.:** o.A.

**Indische Plantagenarbeiter** bei der Zuckerrohrernte *(rechts)*. Auf den daraus hergestellten Rohzucker entfällt etwa die Hälfte des Exports. Weitere wichtige Exportgüter sind Kopra (das Fleisch der Kokosnuß), Bananen und Ingwer.

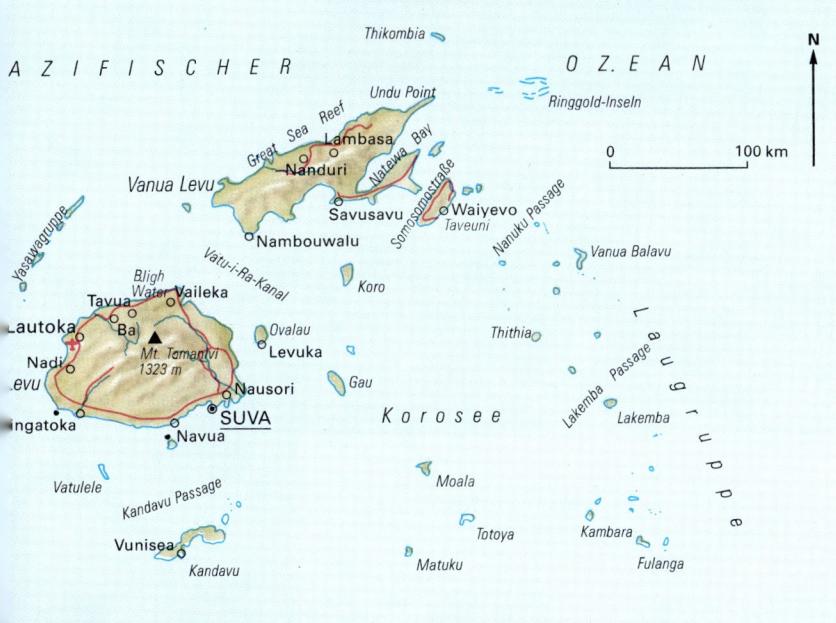

war es mit Großbritannien durch das gemeinsame Staatsoberhaupt Königin Elisabeth II. verbunden. Durch eine Verfassungsänderung wurde das Land im Jahre 1987 Republik.

Grundlage der Wirtschaft Fidschis ist die Landwirtschaft, insbesondere der Zuckerrohranbau. In mehreren Fabriken wird das Zuckerrohr zu Rohzucker verarbeitet. Auf Zucker entfällt rund die Hälfte des Exports. Abgesehen von Kopra und Kokosöl dienen die übrigen landwirtschaftlichen Produkte wie Reis und Bananen der Eigenversorgung. In letzter Zeit hat die Fischerei an Bedeutung gewonnen.

Da Zucker das wichtigste Exportprodukt ist, schwankt der Wohlstand des Landes mit dem Weltmarktpreis für Zucker. Um diese einseitige Abhängigkeit zu mindern, wurde der Aufbau anderer Wirtschaftszweige gefördert. Inzwischen haben neben der Nahrungsmittelindustrie, die vorwiegend die einheimischen landwirtschaftlichen Produkte verarbeitet, auch Fischkonservenfabriken, Textilindustrie und holzverarbeitende Industrie an Bedeutung gewonnen. Die Haupteinnahmequelle des Landes ist jedoch seit 1982 der Tourismus. Auf die erwirtschafteten Devisen ist das Land angewiesen, um teure Exportgüter einführen zu können.

**Die Republik Fidschi** *(links)* liegt im Südpazifik, etwa 2100 km nördlich von Neuseeland. Sie setzt sich aus mehr als dreihundert Inseln zusammen, die von einem Wallriff umgeben sind. Viti Levu und Vanua Levu sind die größten Inseln.

**In dieser Kindergruppe** *(unten)* wird die ganze Rassenvielfalt auf den Fidschi-Inseln deutlich. Die einheimischen melanesischen Fidschi-Insulaner sind zahlenmäßig geringer vertreten als die während der Kolonialherrschaft eingewanderten Inder.

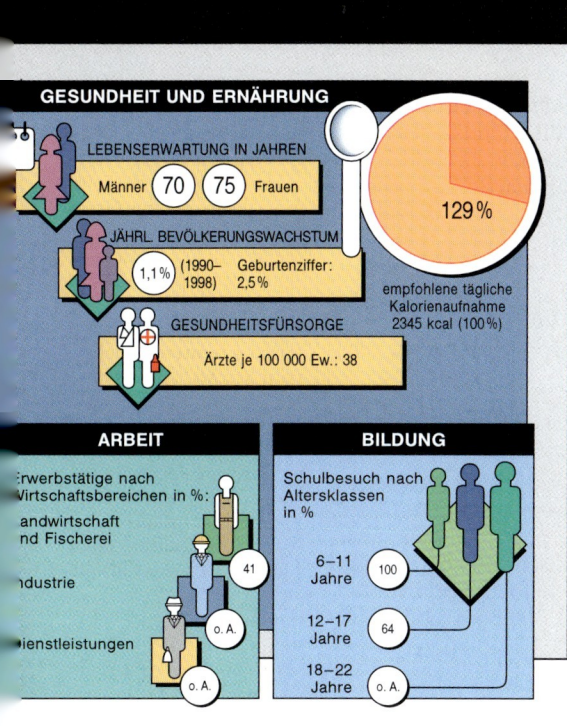

# FIDSCHI: NATUR UND BEVÖLKERUNG

Eine große Anzahl von Inseln und Atollen, verstreut über einige hunderttausend Quadratkilometer im Südostraum des melanesisch-polynesischen Übergangsgebiets, bildet das Territorium der Republik Fidschi. Ein riesiges Wallriff umschließt die Inseln, von denen nur etwa dreihundert größer sind als 2,6 km², davon weniger als die Hälfte bewohnt.

### Naturraum

Rund 85 % der gesamten Landfläche entfällt auf die beiden Hauptinseln Viti Levu und Vanua Levu. Sie sind die höchsten Gipfel vom Meeresboden aufragender Vulkanmassive, deren stark zertalte und üppig bewaldete Berglandschaften in dem 1323 m hohen Mount Tomanivi die höchste Erhebung erreichen. Die aktive Zeit der Vulkane scheint heute längst vorbei zu sein, doch geben Erdbeben und warme Quellen noch Zeugnis von der überschüssigen Energie aus der Tiefe.

Neben den Vulkaninseln gibt es im östlichen Teil der Inselgruppe viele kleine Atolle, die nur wenige Meter aus dem Wasser herausragen. Sie verdanken ihre Entstehung dem Wirken riffbauender Korallen, die dicht unter der Meeresoberfläche im warmen, sauerstoffreichen und lichtdurchfluteten Wasser gedeihen. Der »Unterbau« der Inseln besteht vielfach aus einem erloschenen Vulkan, der sich entweder über den Meeresspiegel erhoben hat oder aber im Laufe der Erdgeschichte abgesunken ist.

Die meisten der reinen Koralleninseln sind unbewohnt. Eines der Hauptprobleme hier ist die Wasserversorgung, denn auf den flachen Inseln fällt nur wenig Regen, der zudem im porösen Kalkgestein schnell versickert. Ganz anders ist es auf den Vulkaninseln. Dort kann aus verwittertem Lavagestein fruchtbarer Boden entstehen. Wasser ist auf den größeren Inseln reichlich vorhanden. Die Flüsse der großen Inseln laden ihre Sedimentfracht am Rande des Berglandes ab und lassen dort ertragreiches Schwemmland entstehen.

Die Fidschi-Inseln liegen in der Passatzone, wo die Niederschlagsverteilung von den vorherrschenden Südostwinden bestimmt wird. Daher wirkt sich das gebirgige Innere der größeren Inseln als deutliche Klimascheide aus. Der regenreichen Luvseite im Südosten der Hauptinsel Viti Levu, wo teilweise mehr als 5000 mm Niederschlag pro Jahr gemessen werden, folgt jenseits der höchsten Rücken eine deutlich niederschlagsärmere Leeseite im Nordwesten. Hier ist die Regenzeit auf die Monate November bis April beschränkt, wenn tropische Wirbelstürme ihr Unwesen treiben und gelegentlich auch Fidschi heimsuchen. Die Temperaturen betragen im Jahresmittel etwa 25 °C, wobei sie während der kälteren Jahreszeit auch unter 20 °C fallen können.

Der Gegensatz zwischen Luv- und Leeseite spiegelt sich nicht nur in der Ausrichtung und Dichte des Gewässernetzes, sondern auch in der natürlichen Vegetation wider. Dichter tropischer Regenwald bedeckt die ständig feuchten Südostseiten der Fidschi-Inseln, während für die trockenen Westseiten savannenartiges Grasland charakteristisch ist, das nur von einzelnen Baumgruppen durchsetzt ist.

Anders als die reichhaltige Meeresfauna ist die Tierwelt über Wasser sehr artenarm und beschränkt sich auf Insekten, Vögel und Reptilien. Säugetiere, mit Ausnahme von Nutztieren, fehlen nahezu völlig.

### Bevölkerung

Wenn auch viele der kleinen Inseln unbewohnt sind, so ist Fidschi insgesamt doch dichter besiedelt als die meisten anderen Inselstaaten des Pazifik. Die Besiedelung erfolgte wohl vor über 4000 Jahren durch melanesische Bevölkerungsgruppen aus Südostasien. Jedoch beeinflußten benachbarte polynesische Völker im Laufe der

**Derartige Unterkünfte** *(oben)* errichten die Insulaner innerhalb weniger Tage. Die Bauweise ist zweckmäßig und hat sich seit Generationen nicht geändert. Es werden ausschließlich Materialien verwendet, die auf den Inseln verfügbar sind.

**Der Ausblick von der Mana-Insel** *(rechts)* zeigt, wie dicht die zum Wind gekehrten und somit stärker beregneten Luv-Seiten der Inseln mit tropischen Pflanzen bestanden sind. Der Hauptniederschlag fällt zwischen Dezember und April.

**Auf den Märkten** in Fidschis Hauptstadt Suva herrscht immer reges geschäftliches Treiben *(ganz rechts)*. Im Bild eine Händlerin, die zur Gruppe der einheimischen melanesischen Fidschi-Insulaner gehört.

**Mit der Eisenbahn** wird frisch geerntetes Zuckerrohr *(rechts)* zur Weiterverarbeitung in eine Fabrik transportiert. Zucker gehört zu den wichtigen Exportgütern. Zuckerrohr und andere Nutzpflanzen werden in den inneren Landesteilen der Fidschi-Inseln in Plantagen angebaut.

# FIDSCHI

Zeit die Bevölkerung Fidschis in kultureller Hinsicht. Rotuma, die nördlichste Insel der Republik Fidschi, hat sogar eine ausschließlich polynesische Bevölkerung.

Während der britischen Kolonialzeit wurden in verstärktem Maße Inder für die Arbeit auf den Zuckerrohrplantagen angeworben. Nach zehnjährigem Aufenthalt hatten diese Arbeitskräfte das Anrecht auf eine bezahlte Rückreise in ihre Heimat, doch viele zogen es vor, sich auf den Inseln niederzulassen. Die Nachkommen der Plantagenarbeiter machen heute fast die Hälfte der Bevölkerung aus. Sie sind zum größten Teil Hindus oder Moslems und haben viele Gebräuche aus der Heimat ihrer Vorfahren bewahrt. Die einheimischen melanesischen Fidschi-Insulaner stellen über 50 % der Bevölkerung und sind überwiegend Mitglieder von christlichen Glaubensgemeinschaften. Das bunte Völkergemisch wird erweitert durch ei-

nige tausend Bewohner europäischer Herkunft, durch Chinesen und zahlreiche Mischlinge.

Während die Inder, die aufgrund eines Abkommens bis heute keinen Landbesitz erwerben dürfen, die gesellschaftlich und wirtschaftlich einflußreiche städtische Bevölkerung stellen, gehören die Fidschianer noch weitgehend den traditionell hierarchischen Dorfgemeinschaften an. Trotz des langen Kontakts mit der europäischer Lebensweise haben sie manches von ihrer eigenständigen Kultur bewahrt. Dazu gehören die gegenseitige Hilfe aller Familien-, Dorf- und Stammesmitglieder ebenso wie die feierlichen Begrüßungszeremonien oder die kunstvolle Herstellung von Pandanusmatten und Holzschnitzereien. Ein Überrest alten Kulturerbes sind die »Feuerläufer« der Insel Beqa, junge Männer, die barfüßig über glühende Steine laufen, ohne dabei sichtbare Verbrennungen zu erleiden.

# FIDSCHI: DAS KULTURELLE ERBE

Ein Besucher Fidschis wird sicherlich von der ungeheuren Freundlichkeit und Wärme der Einheimischen beeindruckt sein. Vom frühen Kindesalter an wird jungen Fidschianern beigebracht, die Wichtigkeit der Familie und der Freunde zu schätzen, und dieser traditionelle Ansatz wurde trotz des jüngsten Touristenzustroms noch nicht zerstört. Obwohl die Seebäder mit ihren Hotels, Swimming-Pools und wehenden Palmen wie ein Szenenaufbau für einen Hollywoodfilm erscheinen mögen, sind die fidschianischen Dörfer immer noch überraschend authentisch und unverdorben. Ein Fremder, der sich die Mühe macht, Zeit mit den Einheimischen zu verbringen und die Grundregeln der Höflichkeit respektiert, wird wahrscheinlich eingeladen werden, an der Zeremonie des »Kava«-Trinkens teilzunehmen und mit einer Familiengruppe eine Schüssel des aus Pfefferpflanzen hergestellten Getränkes zu teilen. Das Getränk ist nicht alkoholisch, obwohl behauptet wird, daß es ein leichtes Gefühl der Euphorie hervorruft. Sein Hauptzweck scheint die Funktion einer verbindenden sozialen Aktivität zu sein.

### Die »Kannibaleninsel«

Es fällt schwer zu glauben, daß Fidschi einmal als »Kannibaleninsel« bekannt war, und die Fidschianer den Ruf hatten, die grausamsten und kriegerischsten aller Einwohner Melanesiens zu sein. Von den frühesten Zeiten der fidschianischen Geschichte an war Kannibalismus ein akzeptierter Bestandteil des Stammeslebens, und der Brauch des Menschenopfers für die Götter und das Sich-gütlich-Tun an den Opfern waren wesentliche Aspekte des religiösen Lebens und der Kultur. Als die Fidschianer im frühen 18. Jahrhundert erstmals in festen Kontakt mit den Europäern traten, wurde ihre Anzahl sowohl durch eingeführte abendländische Krankheiten als auch durch die Verfügbarkeit von Feuerwaffen, die es kriegführenden Stämmen möglich machte, ihre alten Streitigkeiten wirkungsvoller beizulegen, dezimiert. Es gibt haarsträubende Geschichten über Missionare, Händler und freibeutende Söldner, die versuchten, sich während dieser Epoche auf den Inseln niederzulassen. Der unzivilisierteste von ihnen war sicherlich Charles Savage, ein schwedischer Söldner und Strandgutsammler, der fünf Jahre lang auf der Insel Bau lebte, dort mehrere Frauen erwarb und blutrünstige Schlachten arrangierte. Es handelt sich dabei um dieselbe Insel Bau, die die Heimat des ersten »Königs von Fidschi«, einer mächtigen Figur namens Häuptling Cakebau, war. Er dehnte seine Befehlsgewalt auf die meisten Inseln aus und führte relativ friedvolle Zustände für Fidschi herbei. Im Jahre 1874 stimmte er zu, Fidschi als Kronkolonie an Großbritannien abzutreten. Die britische Herrschaft dauerte fast ein Jahrhundert, bis 1970 die Unabhängigkeit erklärt wurde.

**Die Fischer der Fidschi-Inseln** *(oben)* wenden auch magische Techniken an, wie das »Rufen«, womit die Fische an die Wasseroberfläche gelockt werden.

**Toberna-Island** *(rechts)* liegt vor der östlichen Küste der Hauptinsel Viti Levu. Als ein beliebter Touristenort vermittelt die palmenbestandene Insel das weitverbreitete Klischee von der paradiesischen Südsee.

# FIDSCHI

**Neben Palmen, Sonne, Sand und Meer** *(ganz links)* sind es die eindrucksvollen Sonnenuntergänge, die den Zauber der Südsee ausmachen und ein Gefühl von Ruhe und Entspannung verbreiten. Kühle Winde bewirken angenehme Temperaturen.

**Die Fidschi-Inseln** *(links)* sind die einzige Inselgruppe in Ozeanien mit einem hohen indischen Bevölkerungsanteil. Die Inder stammen von Plantagenarbeitern ab, die vor ungefähr einhundert Jahren nach Fidschi gebracht worden sind.

### Das Überleben der Traditionen

In den letzten Jahrzehnten gab es einen großen Zuwachs an Tourismus und viele Küstenorte wurden umgebaut, um den Bedürfnissen des modernen Touristen zu entsprechen. Abenteuerlustige können die abgelegenen Inlandregionen erforschen. In ländlichen Gegenden hält die einheimische Bevölkerung immer noch eine Lebensart aufrecht, die die hierarchischen Muster widerspiegelt, wie sie lange vor der Ankunft der Europäer und der ins Land geholten indischen Arbeiter bestanden. Der Brauch der gegenseitigen Hilfe zwischen Mitgliedern einer Familie, eines Dorfes oder eines Stammes, die Kunst, bestimmte Meerestiere, wie Haie und Schildkröten, aus den Tiefen des Meeres heraufzurufen, die feierlichen Begrüßungszeremonien und vieles andere erinnern an frühere Zeiten. Die farbenfrohe Tanz-, Musik- und Gesangszeremonie »Meke« wird vielleicht zu oft für Touristengruppen aufgeführt, aber so wird wenigstens sichergestellt, daß die alten Legenden und Geschichten in absehbarer Zeit nicht aussterben werden. Ähnlich ist es mit dem ungewöhnlichen Brauch des Feuerlaufens der jungen Männer vom Stamm der Sawau auf der Insel Beqa vor der Küste Viti Levus, der inzwischen Massen von staunenden Fremden anlockt, die kaum eine Ahnung von der Bedeutung dieser Demonstration der Macht des Geistes über den Körper haben. Im Verlaufe der Zeremonie gehen junge Männer mit nackten Füßen langsam über glatte Felsbrocken, welche vorher mit brennenden Holzscheiten bis zum Glühen aufgeheizt wurden. Sie erleiden keine Verbrennungen an ihren Fußsohlen und fühlen keine Schmerzen. Medizinische Experten aus aller Welt haben versucht, eine Erklärung dafür zu finden, aber bisher noch keine befriedigende Antwort erhalten. Das Feuerlaufen ist ein weiteres geheimnisvolles Erbe aus Fidschis Vergangenheit.

**Das Feuerlaufen über glühendheiße Steine** *(links Mitte)*, das junge Männer des Sawau-Stammes auf der Insel Beqa vorführen, ohne sich dabei zu verletzen, ist eines der Geheimnisse aus Fidschis reicher Vergangenheit.

**Die heutige moderne Ausführung der Katamarane** *(links)* ist der traditionellen polynesischen Bauweise nachempfunden worden. Die Gewässer um die Fidschi-Inseln sind bestens für Wassersport jeglicher Art geeignet.

# 🇫🇮 FINNLAND

„Land der tausend Seen" nennt man Finnland in bescheidener Untertreibung: in Wahrheit sind es an die 55 000. Über Jahrhunderte hinweg wurde die Entwicklung Finnlands von den benachbarten Großmächten Schweden und später Rußland bestimmt. Dennoch gelang es den Finnen, die sich in Sprache und Kultur deutlich von den skandinavischen und slawischen Völkern unterscheiden, ihre nationale Identität zu wahren. Heute verfügt Finnland über gute Beziehungen zu Rußland, und die kulturellen und wirtschaftlichen Verbindungen zu den skandinavischen Nachbarn und zu Mitteleuropa sind eng. Dies verschafft dem Land die Möglichkeit, als neutraler Mittler zwischen West und Ost aufzutreten. Die Wahl Helsinkis als Tagungsort der Konferenz über Sicherheit und Zusammenarbeit in Europa (KSZE) hat Finnlands wichtige Rolle in der Völkergemeinschaft deutlich gemacht.

## Im Dunkel der Geschichte

Aus dem Osten kamen auch vor einigen tausend Jahren die Vorfahren der heutigen Finnen. Viel weiß man nicht über ihre Kultur und Lebensweise, doch hat die Sprachforschung etwas Licht in die Vergangenheit gebracht. Die meisten Sprachwissenschaftler gehen heute davon aus, daß es einmal eine gemeinsame finnischugrische Grundsprache und ein geschlossenes Verbreitungsgebiet gegeben hat, das vermutlich zwischen Wolgaknie und Ural gelegen haben dürfte. Von dort haben sich vor etwa vier bis fünf Jahrtausenden Bevölkerungsgruppen in die Weite des eurasischen Tieflandes aufgemacht. Als dem Finnischen verwandt gilt das Estnische und im weiteren Sinne ebenso das Ungarische. Auch die vereinzelt noch im Norden Skandinaviens gesprochene Sprache der Lappen gehört zur gleichen Sprachfamilie.

Wann die Vorfahren der heutigen Bevölkerung Finnland erreicht haben, ist nicht genau nachzuweisen. Um das 1. Jahrtausend v. Chr. waren sie im Baltikum ansässig, von wo sie wahrscheinlich in den ersten Jahrhunderten unserer Zeitrechnung nach Südfinnland zogen.

In engeren Kontakt mit der abendländischen Welt gerieten die Finnen durch christliche Missionare, die seit dem 11. Jahrhundert von Schweden aus nach Finnland kamen. Etwas später verbreiteten griechisch-orthodoxe Missionare von Nowgorod aus ihren Glauben im Osten Finnlands. Heute noch bekennt sich eine kleine Minderheit der sonst überwiegend protestantischen Finnen zur orthodoxen Kirche.

Der faktischen Einbeziehung folgte im 13. Jahrhundert die offizielle Eingliederung des größten Teils Finnlands in das schwedische Herrschaftsgebiet. Da Schweden die Nord- und Ostgrenze Finnlands immer weiter ausdehnte, kam es zu kriegerischen Auseinandersetzungen mit Rußland. Als Folge der Napoleonischen Kriege mußte Schweden seine Vorherrschaft über Finnland aufgeben. Zar Alexander I.

# FINNLAND

(1777–1825) ließ das Land 1808 erneut von russischen Truppen besetzen; und Finnland wurde ein eigenständiges Großfürstentum unter russischer Herrschaft.

**Der unabhängige Staat**
Während sich die finnische Bevölkerung im Laufe des 19. Jahrhunderts in inneren Angelegenheiten mehr und mehr Mitspracherechte sichern konnte, erstarkte das finnische Nationalbewußtsein, das auf der eigenen Sprache, Kultur und Geschichte beruhte. Zar Nikolaus II. (1868–1918) sah darin eine Bedrohung der russischen Oberherrschaft und entzog 1899 im Rahmen einer allgemeinen Russifizierungspolitik Finnland die Autonomie, was jedoch heftigsten Widerstand hervorrief.

Die Loslösung von Rußland gelang Finnland erst in den Wirren der russischen Oktoberrevolution von 1917. Die nationale Frage wurde jedoch vom Klassenwiderspruch überlagert, der in einem kurzen, aber blutigen Bürgerkrieg zwischen den bürgerlichen und den progressiven Parteien seinen Höhepunkt fand. Unter Führung Carl Gustaf Freiherr von Mannerheims (1867–1951) siegten die von deutschen Truppen unterstützten »Weißen Garden« über die »Roten Garden«, die für die revolutionäre Umgestaltung der finnischen Gesellschaft nach sowjetischem Vorbild eintraten. Nachdem sich der Plan einer finnischen Monarchie 1918 als undurchführbar erwiesen hatte, nahm der Reichstag 1919 eine republikanische Verfassung an und schuf damit die Grundlage für ein demokratisches Staatswesen. Im Jahre 1920 erkannte die neue sowjetische Führung im Frieden von Dorpat die Selbständigkeit Finnlands an. Das Bestreben der Sowjetunion, den politischen Einfluß auf Finnland zu verstärken und Gebietsabtretungen zu erreichen, führte jedoch 1939 zum Finnisch-Sowjetischen Winterkrieg. Das auf sich allein gestellte Finnland konnte dem mächtigen Nachbarn nur kurze Zeit Widerstand leisten und mußte im Moskauer Frieden von 1940 beträchtliche Gebietsverluste hinnehmen. Um die verlorenen Gebiete zurückzuerhalten, kämpfte Finnland im Zweiten Weltkrieg seit 1941 auf deutscher Seite. Als seine Lage jedoch aussichtslos wurde, vereinbarte Finnland 1944 mit der Sowjetunion einen Waffenstillstand. Die in Nordfinnland operierenden deutschen Truppen zerstörten daraufhin bei ihrem Rückzug zahlreiche Straßen, Brücken, Eisenbahnlinien und Ortschaften. Die am Polarkreis gelegene Stadt Rovaniemi wurde nahezu völlig zerstört. Durch Auflagen des Friedensvertrages von 1947, insbesondere auch durch die Verpflichtung zu Reparationsleistungen, geriet Finnland in wirtschaftliche und politische Abhängigkeit von der Sowjetunion. Die finnische Staatsführung verstand es jedoch, jeden Konflikt mit russischen Interessen zu vermeiden und zugleich die Selbständigkeit des Landes zu bewahren.

# FINNLAND: DER STAAT

Der Staatspräsident Finnlands wird seit 1988 direkt vom Volk gewählt, wodurch das von den Mehrheitsverhältnissen im Parlament unabhängige Amt des Präsidenten weiter gestärkt wird. Die starke Stellung des finnischen Präsidenten mit weitreichenden Entscheidungsbefugnissen hat ihren Ursprung in der Gründungsgeschichte der Republik. Die Grundlagen für die national orientierte Politik der Nachkriegszeit schuf Kusti Juho Paasikivi (1870–1956), Staatspräsident von 1946 bis 1956. In erster Linie kam es darauf an, das immer noch prekäre Verhältnis zu dem großen östlichen Nachbarn auf eine solide, berechenbare Basis der gegenseitigen Koexistenz zu stellen. Diesem Zweck diente der 1948 abgeschlossene Freundschaftsvertrag und Beistandspakt, der mehrmals verlängert wurde. Urho Kaleva Kekkonen (1900–1986), der zwischen 1950 und 1956 als Ministerpräsident verschiedenen Regierungen vorstand und danach als Staatspräsident über drei Jahrzehnte die finnische Politik maßgeblich bestimmte, führte die Ostpolitik fort und bemühte sich, Finnlands Status der Neutralität zu untermauern. Erst die Auflösung der UdSSR machte eine außenpolitische Neuorientierung möglich. 1994 wurde der Sozialdemokrat Martti Ahtisaari (* 1937) Staatspräsident. Im Februar 2000 wurde seine Parteifreundin Tarja Halonen zur Präsidentin gewählt.

Das angewandte Verhältniswahlrecht stützt das finnische Mehrparteiensystem, doch ist keine der im Reichstag (Eduskunta) vertretenen Parteien in der Regel stark genug, um die absolute Mehrheit zu erringen. Koalitionsregierungen und häufige Kabinettsumbildungen sind deshalb charakteristisch für das politische Leben. Die Koalitionsregierungen wurden seit 1933 durch die Zusammenarbeit zwischen Sozialdemokratischer Partei und Zentrumspartei (früher Agrarunion) bestimmt. Gegenwärtig regiert eine Fünfparteienkoalition unter Führung des Sozialdemokraten Paavo Lipponen (* 1941). Einen starken Bedeutungsverlust erlitten die Kommunisten, die nach dem Zweiten Weltkrieg mit 25 % sogar die stärkste Partei waren. Heute sind sie am 1990 gegründeten Linksverband beteiligt.

Alle wichtigen Entscheidungen werden in der Hauptstadt getroffen, denn die zwölf Provinzen Finnlands haben politisch kaum Einfluß. Den Gemeinden kommt zwar eine gewisse Selbständigkeit zu, allerdings macht sich auch hier der zentralistische Einfluß stark bemerkbar. Eine Sonderstellung nehmen die Ålandinseln im Bottnischen Meerbusen ein. Da die Inseln überwiegend von Schweden besiedelt wurden, ist Schwedisch auch heute noch die offizielle Landessprache. Die Granitinseln waren 1809 zusammen mit Finnland an Rußland abgetreten worden. Als Finnland 1917 selbständig wurde, wollten die Inselbewohner den Anschluß an Schweden. Doch gemäß eines Schiedsspruchs des Völkerbundes wurden sie Staatsbürger Finnlands, die sich jedoch selbst verwalten sollten. 1951 erhielten die Inseln weitgehende innere Autonomie.

Finnland hat sich seit dem Zweiten Weltkrieg zu einer modernen Industriegesellschaft entwickelt. Bis vor wenigen Jahrzehnten bestand gegenüber Schweden noch ein deutliches Wohlstandsgefälle, das viele Menschen veranlaßte, in dem reichen Nachbarland Arbeit zu suchen. Dennoch war und ist das Zusammenleben zwischen Finnen und der schwedischsprachigen Minderheit im Lande frei von Spannungen. Der Anteil der »Finnschweden« ist in den letzten

## Daten und Fakten

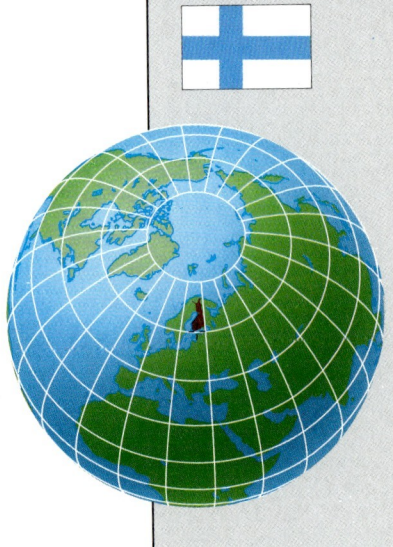

**DAS LAND**
**Offizieller Name:** Republik Finnland; finn. Suomi
**Hauptstadt:** Helsinki
**Fläche:** 338 145 km²
**Landesnatur:** Überwiegend Hügel- u. niedrige Berglandschaften, im W Binnen- u. Küstenebenen, im äußersten NW Gebirge. Die wald- und moorreiche finnische Seenplatte im S zählt über 60 000 Seen
**Klima:** Kühlgemäßigtes, kontinental beeinflußtes Klima
**Hauptflüsse:** Kemijoki, Ounasjoki, Oulujoki

**Höchster Punkt:** Haltiatunturi 1 324 m
**DER STAAT**
**Regierungsform:** Republik
**Staatsoberhaupt:** Staatspräsident
**Regierungschef:** Ministerpräsident
**Verwaltung:** 5 Provinzen, Sonderstatus der Ålandinseln
**Parlament:** Einkammerparlament mit 200 für 4 Jahre gewählten Abgeordneten
**Nationalfeiertag:** 6. Dezember
**DIE MENSCHEN**
**Einwohner (Ew.):** 5 165 000 (1999)
**Bevölkerungsdichte:** 15 Ew./km²

**Stadtbevölkerung:** 65 %
**Bevölkerung unter 15 Jahren:** 18 %
**Analphabetenquote:** 1 %
**Sprache:** Finnisch, Schwedisch
**Religion:** Protestanten 86 % (evang.-lutherisch)
**DIE WIRTSCHAFT**
**Währung:** Euro; bis 31.12.2001 Finnmark
**Bruttosozialprodukt (BSP):** 124 293 Mio. US-$ (1998)
**BSP je Einwohner:** 24 110 US-$
**Inflationsrate:** 1,7 % (1990-98)

# FINNLAND

**Eine Statue** *(links)* von Carl Gustaf Freiherr von Mannerheim (1867–1951) steht vor dem Parlamentsgebäude. Mannerheim verteidigte Finnland gegen die Sowjetunion während des Zweiten Weltkrieges. Von 1944–1946 war er Präsident.

**Finnland** *(unten)*, das »Land der tausend Seen« liegt zwischen zwei Meerbusen der Ostsee. Die meisten Finnen leben im Südteil des Landes, wo ein relativ mildes Klima herrscht. Der nördlichste Teil Finnlands liegt innerhalb des nördlichen Polarkreises.

Jahrzehnten vor allem durch Auswanderung deutlich zurückgegangen und liegt heute bei etwa 6 bis 7 % der Bevölkerung.

Mit der Verbesserung der wirtschaftlichen Verhältnisse ergaben sich auch Möglichkeiten zur Verwirklichung der Idee eines modernen Sozialstaates. Mit gewisser Verzögerung und vielleicht nicht so ausgeprägt wie in den skandinavischen Nachbarländern wurde schließlich in den 60er und 70er Jahren das soziale Netz weiter ausgebaut. Heute kann Finnland im Hinblick auf Sozialfürsorge, Gesundheitswesen und Bildungseinrichtungen seinen Staatsbürgern ein höheres Leistungsniveau bieten als die meisten anderen Länder Europas. Seit 1995 ist Finnland Mitglied der Europäischen Union.

**GESUNDHEIT UND ERNÄHRUNG**

LEBENSERWARTUNG IN JAHREN
Männer 73 — 80 Frauen

JÄHRL. BEVÖLKERUNGSWACHSTUM
0,2 % (1990–1998) — Geburtenziffer: 1,3 %

124 % empfohlene tägliche Kalorienaufnahme 2345 kcal (100 %)

GESUNDHEITSFÜRSORGE
Ärzte je 100 000 Ew.: 269

**ARBEIT**
Erwerbstätige nach Wirtschaftsbereichen in %:
Landwirtschaft und Fischerei 6
Industrie 28
Dienstleistungen 66

**BILDUNG**
Schulbesuch nach Altersklassen in %
7–12 Jahre: 100
13–18 Jahre: 100
19–23 Jahre: 63,2

**Importgüter:** Erdöl, Brennstoffe, Maschinen, chem. Erzeugnisse, Fahrzeuge, Garne, Gewebe, Eisen, Stahl
**Exportgüter:** Papier, Holz und -produkte, Zellulose, Maschinen, Metallwaren, Schiffe, chem. Erzeugnisse, Textilien
**Handelspartner:** Schweden, BRD, Großbritannien, Frankreich, USA, Rußland
**Eisenbahnnetz:** 5864 km
**Straßennetz:** 49 790 km (befestigt); 444 km Autobahn
**Fernsehgeräte je 1000 Ew.:** 640

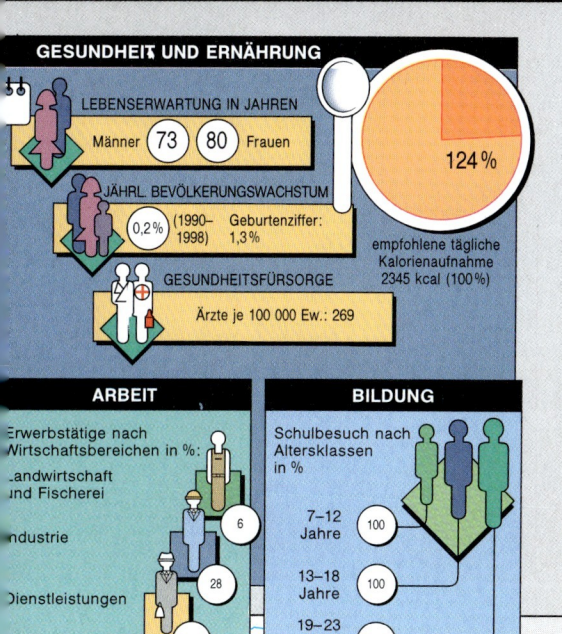

# FINNLAND: HELSINKI

Helsinki, blühender Seehafen und Hauptstadt Finnlands, ist auch ein Schaustück bester moderner Architektur. Die »Weiße Stadt des Nordens« zeigt Werke von Architekten wie Aalto und Saarinen, deren Bauwerke in vielen bekannten Städten auf der ganzen Welt zu bewundern sind. Für das Jahr 2000 wurde Helsinki zu einer der Europäischen Kulturhauptstädte ernannt. Dennoch schien es Helsinki, das lange als Helsingfors bekannt war, nicht bestimmt zu sein, eine bedeutende Hauptstadt zu werden. Es wurde 1550 als Seehafen gegründet und hatte in den darauffolgenden Jahrhunderten unter einer Reihe von Bränden, Seuchen und Hungersnöten zu leiden.

### Die neue Hauptstadt

Eine dieser Katastrophen, das Große Feuer von 1808, zerstörte mehr als zwei Drittel der alten Stadt. Doch es bewirkte auch die Verwandlung einer altertümlichen Siedlung aus eng aneinanderstehenden Holzhäusern und engen Straßen in eine elegante und moderne Stadt. Der Anstoß zu einem großen Wiederaufbauprogramm kam im Jahre 1812, als die Russen als Beherrscher Finnlands die Hauptstadt von Turku nach Helsinki verlegten. Die Wiederaufbaupläne sollten mit einer neuen Architektur und einer weiträumigen Anlage mit breiten Alleen, zahlreichen Parks und Grünflächen den neuen Status der Stadt widerspiegeln. Der in Deutschland geborene Architekt Johann Carl Ludwig Engel (1778–1840) wurde mit dem Wiederaufbau beauftragt; das heutige Helsinki ist unverkennbar seine Schöpfung.

Engel ließ sich von der neoklassizistischen Architektur Sankt Petersburgs (zwischenzeitlich Leningrad) inspirieren. Dieser Einfluß wird in seinem beeindruckenden Platz des Senats (Senaatintori) deutlich, der vom Regierungspalast, der Universität und der lutherischen Kathedrale mit ihren weißen Säulen und der strahlenden Kuppel eingefaßt ist.

Mit Engel begann die bauliche Vollendung Helsinkis, doch war dies erst der Anfang. In dramatischem Gegensatz zu Engels neoklassizistischer Strenge steht Gornostajews Uspenski-Kathedrale, die 1868 vollendet wurde, ein gewaltiger byzantinischer Bau aus rotem Backstein mit goldenen Kuppeln und einem verschwenderisch ausgestatteten Innenraum. Wiederum anders ist Eliel Saarinens monumentaler Bahnhof, der 1916 mit seinem rosafarbenen Granit und seiner »Stromlinienform« im Stile des Art Deco in seiner Modernität Aufsehen erregte. In fast jeder Straße finden sich Werke von so bedeutenden finnischen Architekten wie Saarinen, Alvar Aalto und Herman Gesellius. Eine der neueren Arbeiten ist Aaltos weiße Finlandia-Halle aus Marmor und Kalkstein.

Das vielleicht erstaunlichste Beispiel moderner finnischer Architektur ist die Felsenkirche (Temppeliaukion Kirkko), die von Timo und Tuomo Suomalainen entworfen und 1967 vollendet wurde. Eine natürliche Felsenformation, die sich mehr als 12 m über das Straßenniveau erhebt, wurde ausgehöhlt und bildet eine grottenähnliche Rotunde, die von einer riesigen Kupferkuppel überwölbt wird. Im Inneren lassen vertikale Fensterschlitze in der Decke Tageslicht ein. Dazu liefert die Felsformation dramatische Klangeffekte.

### Grüne Parks und Schiffahrtswege

Über seinen architektonischen Reichtum hinaus ist Helsinki für seine schönen Parks und Gärten bekannt. Diese reichen von weitgehend naturbelassenen Flächen wie dem Sibelius-Park, der an den großen finnischen Komponisten Jean Sibelius (1865–1957) erinnert, bis hin zu künstlich angelegten Arealen wie den Botanischen Gärten von Kaisaniemi. Vor allem ist Helsinki jedoch eine vom Meer geprägte Stadt, die stolz den Titel »Tochter der Ostsee« trägt. Es ist Finnlands größter Hafen und ist immer noch sowohl Hauptseehafen als auch bedeutendstes Schiffsbauzentrum des Landes. An drei Seiten von Wasser umgeben, erstreckt es sich bis ins Meer hinaus, da einige Inseln des Finnischen Meerbusens zu seinem Stadtgebiet zählen. Die Stadt ist Ausgangshafen für Fischerboote, deren Fang von Ostseeheringen (Silakka) jeden Morgen am Kai des Südhafens direkt vom Schiff aus verkauft wird. Zusammen mit den vielen Süßwasserfischen aus den zahlrei-

**Die im neoklassizistischen Stil gebaute Domkirche** (Sankt-Nikolaus-Kathedrale, finnisch Suurkikko; *rechts*) liegt zusammen mit den Regierungsgebäuden am Senatsplatz und prägt das Bild der Innenstadt Helsinkis, das im Jahr 2000 als eine der Europäischen Kulturhauptstädte zu vielen Veranstaltungen einlud.

**Das Auditorium der technischen Universität** Otanijemi *(ganz rechts oben)* wurde von Alvar Aalto von 1955 bis 1964 im Architekturstil des organischen Bauens errichtet.

**An der Westseite** der Töölö-Bucht erheben sich als »weiße Schönheiten« *(ganz rechts)* die Finlandia-Halle, 1967-1975 von Alvar Aalto erbaut, die als Konzert- und Kongreßhalle genutzt wird, und die 1993 eröffnete Finnische Nationaloper, erbaut von einer finnischen Architektengruppe.

# FINNLAND

**Helsinkis Marktplatz** *(links)* ist das Herz der Stadt und liegt an der Nordseite des Südhafens. Der Markt ist wochentags ab frühmorgens geöffnet. Neben Obst, Gemüse und Blumen wird Fisch aus der Ostsee direkt vom Fischerboot aus angeboten.

**In Helsinki** *(unten)* gibt es eine Vielzahl von Bauwerken, die vielen größeren und bekannteren Hauptstädten zur Zierde gereichen würden. Dazu zählen der Platz des Senats mit seinem lutherischen Dom und der Universität (C. L. Engel, 1832), die orthodoxe Uspenski-Kathedrale (Gornostajew, 1868), das Athenäum (Höijer, 1884), der Hauptbahnhof (E. Saarinen, 1916), die Felsenkirche (T. und T. Suomalainen, 1967) und die Finlandia-Halle (A. Aalto, 1971–1976).

chen Seen und Flüssen des Landes sind diese kleinen silbrigen Fische der Hauptbestandteil des finnischen Speiseplans.

## Der Markt

Bei diesem engen Bezug zum Meer ist es wenig verwunderlich, daß die Meerjungfrau Havis Amanda das Wahrzeichen der Stadt ist. Ihr Bronzestandbild wacht über den Marktplatz (Kauppatori) am Südhafen und steht am Vorabend des 1. Mai im Mittelpunkt der traditionellen Frühlingsfeier. Diese Jubelfeier wird von ausgelassenen Studenten angeführt, die in Havis Amandas Springbrunnen klettern und die Statue mit ihren weißen Mützen krönen.

Während des ganzen Jahres erhält der Marktplatz durch die Blumen- und Gemüsestände des täglichen Marktes Farbe. Für die Besucher Helsinkis ist er stets ein beliebter Anziehungspunkt, der im Sommer am Nachmittag ein zweites Mal geöffnet wird, um den Touristen Gelegenheit zum Einkauf zu geben. Es sind Handwerkserzeugnisse des Landes wie Holzschnitzarbeiten, Schmuck mit traditionellen Motiven, handgewebte Textilien und gefärbte Kerzen erhältlich. In den Sommermonaten werden auch wilde Beeren, die in der Mitternachtssonne gereift sind, angeboten. In den Markthallen kann man finnische Spezialitäten wie geräucherte Rentierzunge und Buttermilchkäse kaufen.

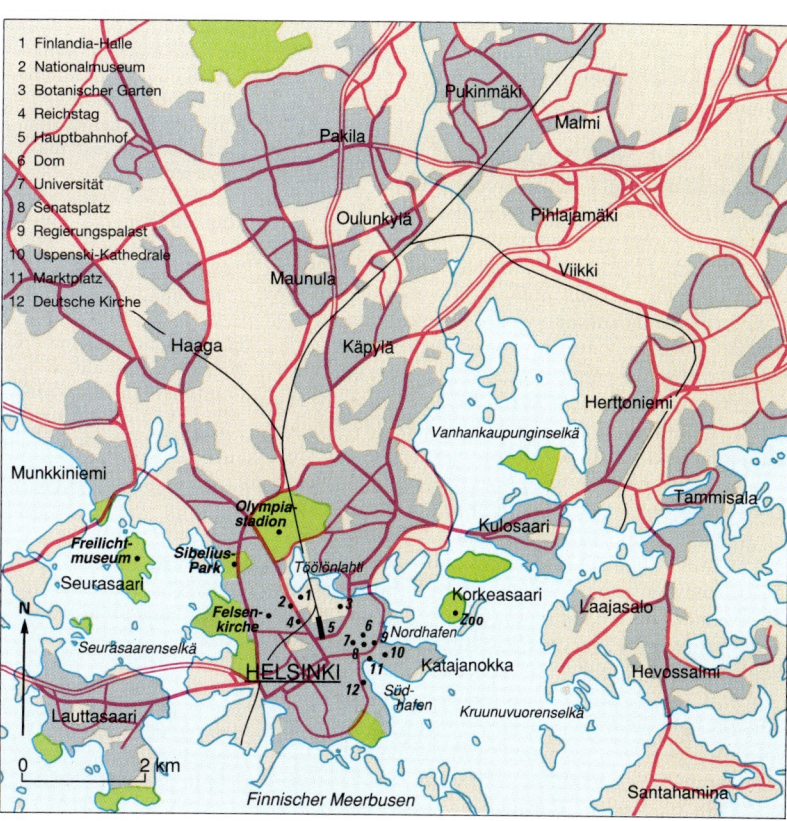

1 Finlandia-Halle
2 Nationalmuseum
3 Botanischer Garten
4 Reichstag
5 Hauptbahnhof
6 Dom
7 Universität
8 Senatsplatz
9 Regierungspalast
10 Uspenski-Kathedrale
11 Marktplatz
12 Deutsche Kirche

403

# FINNLAND: LANDESNATUR

Finnland ist ein Land des Übergangs, seine Natur kennt keine plötzlichen Wechsel und keine großen Höhen. Zwei Drittel des allmählich nach Nordosten ansteigenden, größtenteils waldbedeckten Landes liegen unter 200 m. Lediglich im äußersten Nordwesten hat Finnland geringen Anteil am Skandinavischen Gebirge und erreicht im Haltiatunturi 1324 m Höhe.

### Land der Seen, Sümpfe und Wälder

Finnland, das von den Ebenen Rußlands zur Skandinavischen Halbinsel überleitet, ist geologisch betrachtet Teil des Baltischen Schildes. Im Laufe von Jahrmillionen wurde das überwiegend aus Gneis, Granit und kristallinem Schiefer bestehende Gebirge weitgehend abgetragen und eingeebnet. Das feste Gestein wird heute fast überall von einer mehr oder minder mächtigen Schicht eiszeitlicher Ablagerungen überdeckt, dem Gesteinsschutt, den die Eismassen der letzten Eiszeit bei ihrem Abschmelzen zurückließen. Dort, wo die Stirn des sich zurückziehenden Eises längere Zeit verharrte, entstanden langgestreckte Rücken und Wälle (Endmoränen), die die Ebenheit der Landschaft unterbrechen. Kleinere Endmoränen, aber auch andere eiszeitliche Formen wie Drumlins und Oser, die durch Eis und Schmelzwasser entstanden sind, finden sich in vielen Teilen Finnlands. Stillstandslagen des Inlandeises aus der Zeit vor etwa 10 000 Jahren markieren die beiden parallelen Höhenrücken des Salpausselkä, die Südfinnland in geschwungenem Bogen von Nordosten nach Südwesten durchziehen. Der Salpausselkä endet bei Hanko als Lohjanselkä und trennt hier die Südfinnische von der Bottnischen Küstenebene. Hier liegt auch die historische Landschaft »Varsinais Suomi« (das eigentliche Finnland). An den durchschnittlich 100 km breiten Küstenstreifen schließt sich landeinwärts die Finnische Seenplatte an. Der besondere Reiz dieser Landschaft liegt im Zusammenspiel von Land und Wasser in Buchten, Inseln, Halbinseln und stromschnellenreichen Flüssen. Schier unübersehbar ist das Gewirr von im Sommer silbern blinkenden Wasserflächen und bräunlich-grünen Sümpfen zwischen dunkelgrünen Nadelwäldern – und das Gewirr von Stechmücken, die hier ihre Brutstätte haben. Die Moore sind auch das Rückzugsgebiet der Elche, deren Zahl, wie die der Wölfe, Braunbären und Luchse, jedoch stark zurückgegangen ist. Wieviele Seen es in Finnland gibt, weiß niemand genau. Selbst wenn man nur diejenigen Seen zählt, die einen Durchmesser von mehr als 200 m haben, sind es immer noch etwa 55 000. Da die Seeböden oft gutes Ackerland ergeben, wurden schon viele Seen trockengelegt.

Auch die Seen verdanken ihre Entstehung den Eiszeiten. Häufig arbeitete sich das Eis bei seinem Vorstoß entlang schon bestehender Klüfte und Schwächezonen tiefer in das Gestein ein und schuf damit die Hohlformen der

**Ein See nahe Kuopio** *(rechts)* zeigt den Reiz der zentralfinnischen Landschaft mit ihrem faszinierenden Wechselspiel von Seen, Inseln, Buchten und ursprünglichem Wald. Fast die Hälfte dieser eindrucksvollen Landschaft ist wasserbedeckt.

**Eine Lappenfrau aus Nordfinnland** *(oben)* schiebt ihr Kind in einem Kinderwagen, der statt Rädern Schlittenkufen hat.

**Die Ålandinseln** *(rechts)* gehören erst seit 1921 zu Finnland. Sie bilden eine autonome Provinz mit eigenem Parlament. Die schwedisch sprechenden Bewohner wollen nicht, daß man sie Finnen nennt. Sie leben von der Fischerei und vom Tourismus.

**Niedriges Bergland** erhebt sich über den Wäldern des finnischen Hochlands *(außen rechts oben)*, das allmählich in baumlose Tundra übergeht. Es ist die Heimat vieler Tiere (z. B. des Elchs), die hier noch in freier Wildbahn zu sehen sind.

**Die Hütte eines Fallenstellers** *(außen rechts unten)* mit einem Motorschlitten, der den Einzug moderner Technik anzeigt. Nur wenige Menschen siedeln im unwirtlichen Norden Finnlands; die Mehrzahl lebt in den Küstenniederungen des Südens.

# FINNLAND

Seen. Einige Seen entstanden, als isolierte Eisreste von Schmelzwasserablagerungen überschüttet wurden; erst als nach Jahrhunderten das verdeckte Eis abschmolz, sackte die Oberfläche nach und füllte sich mit Wasser. Andere Seebecken sind nichts anderes als durch Endmoränen abgeriegelte Senken.

Durch das Abschmelzen des Eises entstand als Vorläufer der heutigen Ostsee ein riesiger Schmelzwasserstausee, der große Landesteile Finnlands bedeckte. Die während dieser Zeit abgelagerten feinkörnigen Sedimente sind an der Küste durch die anschließende Landhebung – die, wenn auch verlangsamt, bis heute anhält und in 100 Jahren einen Landzuwachs von ungefähr 1000 km² erbringt – trockengefallen und bilden oftmals für den Ackerbau gut nutzbare Böden. Im unmittelbaren Küstenbereich wurden die lockeren Ablagerungen durch die Brandung weggespült, wodurch dort das Grundgebirge wieder freigelegt wurde. Wo die kuppigen, vom Eis glattgeschliffenen »Rundhöcker« aus dem Wasser der Ostsee emporragen, bilden sie den sogenannten Schärengürtel, der aus Tausenden Inseln und Inselchen besteht.

## Kurze Sommer – lange Winter

Entsprechend der geographischen Lage herrscht in Finnland, bis auf die Küstenregion, kontinentales Klima vor. Der Einfluß des Golfstroms ist kaum noch spürbar, doch sind die Sommer im Vergleich mit anderen Gebieten gleicher Breitenlage noch relativ warm. Auch im Norden sind die Temperaturen im Sommer, wenn die Sonne die Nacht zum Tage macht, noch recht mild. Die Winter sind hingegen lang und streng, mit einer Dauerschneedecke, die nur im Süden durch Tauwetter unterbrochen wird. In Lappland gelten Winter-Temperaturen um −15 °C als normal, vereinzelt wird es auch −40 °C kalt. Kein Wunder, denn jenseits des Polarkreises blinzelt die Sonne im Dezember und Januar höchstens ein paar Minuten täglich über den Horizont.

Eine gewisse ausgleichende Wirkung auf das Klima hat die Ostsee, jedoch nur, wenn sie nicht zugefroren ist. Zwischen Dezember und April sind der Norden des Bottnischen Meerbusens und teilweise auch die mittlere Ostsee eisbedeckt und wirken eher wie ein Eisschrank.

## Die Finnische Sauna

Die Sauna entstand in Finnland vor mehr als 1000 Jahren und ist dort eine nationale Institution. Die Badenden sitzen im Saunaraum bei sehr starker Hitze, die dadurch erzeugt wird, daß man die Steine des Saunaofens erhitzt. Die Hitze wird noch gesteigert, indem man diese Steine mehrmals kurz mit Wasser übergießt, wodurch Dampf aufsteigt. Zur Anregung des Kreislaufs schlägt man sich mit Birkenruten. Als Abschluß des Saunabades wälzt man sich im Freien im Schnee oder duscht sich mit eiskaltem Wasser ab.

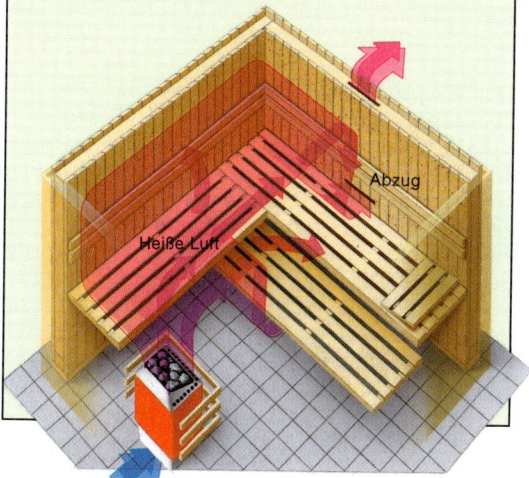

# FINNLAND: WIRTSCHAFT

Finnland wandelte sich erst nach dem Zweiten Weltkrieg vom Agrarstaat zur Industriegesellschaft, gehört aber heute zu den Ländern mit einem überdurchschnittlich hohen Lebensstandard. Dem Pro-Kopf-Einkommen nach übertrifft es manches westeuropäische Industrieland. Seine Wirtschaft ist in starkem Maße mit dem Welthandel verflochten. Das Land war Mitglied der Europäischen Freihandelszone (EFTA) und mit dem Comecon und zunächst auch mit der EG durch Wirtschaftsverträge verbunden. Seit 1995 ist es Mitglied der EU.

### Einst bitterarmes Land

Infolge der klimatischen Bedingungen und der Bodenverhältnisse sind nur 8 % der Gesamtfläche Finnlands landwirtschaftlich nutzbar. Das Schwergewicht liegt traditionell auf der Viehhaltung und dort wiederum hauptsächlich auf der Milchwirtschaft, deren Produkte aus dem Küstengebiet Finnlands seit Jahrhunderten exportiert werden. Lange Zeit wurden die sozialen Verhältnisse in Finnland durch die Besitzverteilung in der Landwirtschaft geprägt. Ursprünglich war der Boden in Händen freier Bauern; erst im 18. und 19. Jahrhundert wurde ein großer Teil des Landes verpachtet. Daraus entwickelten sich soziale Gegensätze zwischen relativ wohlhabenden Grundbesitzern, am Rande des Existenzminimums lebenden Pächtern und landlosen Tagelöhnern. Zu den ersten Maßnahmen des jungen Staates gehörte deshalb eine umfangreiche Bodenreform, durch die die meisten Pachtbetriebe in Privateigentum überführt wurden.

Geringe Betriebsgrößen und mangelnde Wirtschaftlichkeit machen auch heute noch den finnischen Bauern zu schaffen, so daß viele ihren Erwerb in anderen Berufen suchen mußten oder sich genötigt sahen, im Ausland zu arbeiten. Die meisten zog es nach Schweden; andere wanderten nach Übersee aus. Erst Mitte der 70er Jahre ging der Auswandererstrom zurück, und der enorme Aufschwung der finnischen Wirtschaft ließ viele Auswanderer in ihr Heimatland zurückkehren. Nur noch wenige Erwerbstätige beziehen heute ihren Lebensunterhalt aus der Landwirtschaft. Die moderne Industrie und der rasch anwachsende Dienstleistungssektor bestimmen mehr und mehr die Erwerbsstruktur.

### Der Weg zum modernen Industriestaat

Die Grundlage des finnischen Industrialisierungsprozesses bilden die Holz- und Metallverarbeitung. Aufgrund der natürlichen Bedingungen war die Holzverwertung schon im vergangenen Jahrhundert der wichtigste Wirtschaftszweig neben der Landwirtschaft. Früher wurde der größte Teil des Holzeinschlags als Baumaterial im Lande selbst genutzt oder verheizt, heute dominiert eindeutig der Verbrauch der holzverarbeitenden Industrie mit ihren Sägewerken, Zellstoff-, Papier-, Furnier- und Mö-

**Nutzholz** *(rechts)* wird die Flüsse hinabgeflößt und im äußersten Süden des komplizierten finnischen Seensystems Saimaa gesammelt. Nutzholz und seine Nebenprodukte machen mehr als ein Drittel von Finnlands Export aus.

**Heuernte** *(ganz rechts)* im Süden Finnlands. Nur 8 % seiner Gesamtfläche sind landwirtschaftlich nutzbar.

**Die Papierherstellung** *(ganz rechts Mitte)* ist einer der wichtigsten Wirtschaftszweige in Finnland.

**Schiffbau** ist für Finnland ein wichtiger Industriezweig, besonders in Turku *(oben)*, einem eisfreien Hafen im Süden.

**Die Verarbeitung von Bäumen zu Holzprodukten** *(rechts)* beginnt mit dem Fällen; danach befördert eine Zugmaschine die Stämme zur Verarbeitungsmaschine. Das Holz wird die Flüsse hinabgeflößt, die den billigsten Transportweg von den ausgedehnten Wäldern zu den Sägewerken darstellen. Die holzverarbeitende Industrie Finnlands stellt Bauholz in Form von abgerundeten Balken oder zu Brettern geschnitten her, ferner Sperrholz (Holzschichten, die unter Druck zusammengeleimt werden), Furniere (dünne Lagen Holz mit feiner Oberfläche) und Spanplatten (Holzspäne, die mit einem Bindemittel gemischt und zu Platten gepreßt werden).

# FINNLAND

belfabriken. Die ersten Betriebe entstanden schon in der zweiten Hälfte des 19. Jahrhunderts, vornehmlich im Süden des Landes, dort wo heute ein Großteil der Bevölkerung lebt. Hier kann das Holz über die miteinander verbundenen Seen und Flüsse kostengünstig geflößt oder geschleppt werden.

Nach dem Zweiten Weltkrieg wurde die Modernisierung der holzverarbeitenden Industrie rasch vorangetrieben und durch den Ausbau neuer Industriezweige ergänzt. Einen wesentlichen Anstoß dazu gaben der Verlust Kareliens, die Notwendigkeit, rund 400 000 Karelienflüchtlinge wirtschaftlich und sozial zu integrieren, sowie die Verpflichtung zur Lieferung von Industriegütern als Reparationsleistungen an die Sowjetunion.

Unter Anwendung modernster Technologie hat sich Finnlands Wirtschaft in raschem Tempo diversifiziert und spezialisiert. Zu den Schlüsselindustrien gehört der Schiffsbau. Das Lieferprogramm der zehn Werften des Landes reicht von Eisbrechern, Tankern für Flüssiggas und für Chemikalien, Containerschiffen über Bohrinseln, Jachten, Kreuzfahrtschiffen bis hin zu Fährschiffen für den Kraftfahrzeug- und Eisenbahnverkehr. Die Wärtsilawerft in Turku hat sich auf diesen Sektoren zu einer der bedeutendsten Werften der Welt entwickelt.

Einen besonderen Ruf genießen einige Produkte Finnlands auch durch ihr Design. Dazu zählen zum Beispiel Glaswaren und Keramik, aber auch Textilien und Bekleidung, Möbel und Elektrogeräte. In neuester Zeit ist die Herstellung von Datenverarbeitungsanlagen und Geräten der Nachrichtentechnik hinzugekommen. Steigende Wachstumsraten kann auch die chemische Industrie vorzeigen, deren Anfänge auf das Ende der 50er Jahre zurückgehen.

## Weder Kohle noch Erdöl

Finnland verfügt nur über wenige Bodenschätze, die jedoch in letzter Zeit verstärkt abgebaut werden. Am bedeutendsten sind die Kupferlagerstätten, vor allem bei Outokumpu im Osten des Landes. Einige kleinere Lagerstätten in Mittelfinnland versorgen das Land mit Chrom, Vanadium und sonstigen Stahlveredlern. Im Norden entstand an der Küste bei Raahe ein Schwerindustriekomplex, in dem neben finnischen Erzen auch schwedisches Eisenerz verhüttet wird.

Seinen Energiebedarf kann Finnland nur zu einem Drittel selbst decken. Abgesehen von großen Torfvorkommen spielen Wasserkraftwerke für die Energieversorgung eine wichtige Rolle. Allerdings sind fast alle in Frage kommenden Gewässer genutzt, so daß ein weiterer Ausbau kaum möglich ist. Deshalb wird zur Stromerzeugung in erheblichem Maße Kernkraft eingesetzt. Um die Energielücke zu schließen, wird Steinkohle aus Polen bezogen und der eigene Erdölbedarf überwiegend aus russischen Importen gedeckt.

1 Holzfäller
2 Maschinelles Holzfällen
3 Baumtransport mittels Traktor
4 Verarbeitungsmaschine

# FRANKREICH

# FRANKREICH

Frankreich nimmt innerhalb Europas in vielerlei Hinsicht eine Sonderstellung ein. Im Laufe seiner jahrhundertelangen Geschichte haben die Franzosen ein starkes nationales Bewußtsein entwickelt, in dem Tradition und Moderne auf einzigartige Weise verknüpft sind. Frankreich war in seiner Entwicklung anderen Ländern oft ein Stück voraus. Schon früh einte es sich zu einem zentral gelenkten Staat. Die Lebensweise in der absolutistischen Monarchie Ludwigs XIV. galt seinerzeit als Vorbild für die europäischen Herrscherhäuser, die Ideen der Französischen Revolution setzten Maßstäbe für alle modernen Demokratien der Welt.

Das Leben in Frankreich ist weit über seine Landesgrenzen hinaus sprichwörtlich bekannt. Dabei schwingt besonders die Bewunderung für die französische Lebensart mit. Natürlich spielen in diesem Zusammenhang Essen und Trinken eine wichtige Rolle. Die Raffinesse der französischen Küche genießt weltweit Anerkennung. Nicht anders steht es mit den Weinen, deren Renommee und Vormachtstellung seit langer Zeit ebenso unbestritten ist wie die des französischen Käses.

Das »Savoir vivre«, das »Zu Leben verstehen«, bedeutet jedoch mehr als nur Essen und Trinken. Es bedeutet gleichzeitig, die Dinge gelegentlich etwas leichter zu nehmen und die kleinen gesellschaftlichen Kontakte, im Café, beim Boules-Spiel oder auch beim täglichen Einkauf, zu pflegen. Es bedeutet aber auch, seinen persönlichen Freiraum optimal zu nutzen und sich nicht in seinem ausgeprägten Individualismus einschränken zu lassen.

Verbreitet ist die Vorstellung, daß Paris gleich Frankreich sei, und Bauwerke wie Sacré-Cœur scheinen dies zu unterstreichen. Doch wer dieses Klischee verwendet, kennt weder die erstaunliche Kulturvielfalt des Landes noch seine abwechslungsreichen Landschaftsbilder oder folgt blindlings dem Selbstverständnis einiger Pariser, die die unbestrittene wirtschaftliche, politische und kulturelle Vormachtstellung der Hauptstadt zum alleinigen Gradmesser ihres Urteils erheben. Viele Pariser verschwinden jedoch in den Sommermonaten fluchtartig aus der Großstadt, um sich von der Hektik und dem Streß des Alltags zu erholen. Viele bekennen sich dabei zu ihren traditionellen Herkunftsgebieten, denn der größte Teil der Bevölkerung ist schon im Laufe der vergangenen Jahrhunderte in die Hauptstadt übergewechselt, da das überwiegend ländlich geprägte Frankreich nur bedingt seinen Bevölkerungsüberschuß ernähren konnte. Auch heute noch zieht die Metropole an den Ufern der Seine die Menschen wie ein Magnet an.

Hierin drückt sich ein Strukturmerkmal aus: Frankreich weist ein starkes wirtschaftliches Gefälle zwischen Zentrum und Peripherie auf, auch wenn in den letzten Jahrzehnten große Anstrengungen zur Regionalentwicklung geleistet worden sind.

# FRANKREICH: DER STAAT

Frankreich feierte im Jahre 1989 den 200. Jahrestag der Revolution von 1789. Die Forderung nach »Freiheit, Gleichheit, Brüderlichkeit« ist seither aus keiner demokratischen Verfassung mehr wegzudenken.

Nicht weniger als 16 Verfassungen haben einander in Frankreich seit der Revolution abgelöst und dabei die unterschiedlichsten Regierungsformen hervorgebracht. Bei allem Wandel lassen sich dabei einige Konstanten erkennen, die so in kaum einem anderen europäischen Staat ausgeprägt sind. Frankreich wird gerne als der älteste Nationalstaat Europas bezeichnet, in dem die Begriffe Staat und Nation untrennbar miteinander verknüpft sind. Dies bedeutet vor allem, daß der französische Nationalstaat, trotz aller inneren Zerrissenheit, Spannungen, Konflikte oder Wechsel der Regierungssysteme, tief in der Gesellschaft verwurzelt ist.

Die Idee der Unantastbarkeit des Nationalstaates ist gleichzeitig einer der Gründe für die Tradition des Zentralismus. »Frankreich ist einheitlich und unteilbar«, so lautet die Formulierung in der Verfassung. Zentralstaat bedeutet seit Jahrhunderten Mißtrauen gegenüber regionalen »Zwischengewalten« als möglichen Gefahren für die Beziehung zwischen Staat und Bürger. Erst die Regionalisierungspolitik der letzten Jahre läßt hier gewisse Wandlungen, wenngleich keinen grundsätzlichen Durchbruch, erkennen. Im gleichen Zuge ist eine grundsätzliche Distanz des Volkes gegenüber den Regierungen charakteristisch.

Mit rund 543 965 km² Fläche ist Frankreich der größte Territorialstaat Westeuropas. Hinzu kommen die überseeischen Départements Guadeloupe, Französisch-Guyana, Martinique, Réunion, Saint-Pierre-et-Miquelon und Mayotte (Mahoré) sowie die Überseeterritorien Neukaledonien, Französisch-Polynesien, Wallis und Futuna.

Die Wurzeln des französischen Zentralstaates liegen bereits im Mittelalter. Vor allem im Zeitalter des Absolutismus erfuhr er eine Konsolidierung. Die heutige innere Verwaltungsstruktur geht im wesentlichen auf die Französische Revolution zurück. Wichtigstes Element ist die aktuelle Untergliederung des Territoriums in 96 Départements, zuzüglich fünf Départements in den überseeischen Besitzungen. Den Départements steht jeweils ein von der Regierung ernannter Präfekt vor. Als gewähltes Gremium steht ihm der Départementsrat zur Seite. Seit 1960 gibt es als Zwischeninstanz 22 Programmregionen, die durch einen Regionalpräfekten und einen Regionalrat verwaltet werden.

### Staatsform

Von der Staatsform ist Frankreich eine demokratische parlamentarisch-präsidiale Republik mit einem Zweikammerparlament (Nationalversammlung und Senat). Die derzeitige Verfassung ist seit 1958 in Kraft. Gemäß der Verfassungsänderung von 1962 wird der Präsident der Republik auf 7 Jahre gewählt. Er ist Vorsitzender des Ministerrats und Oberbefehlshaber der Streitkräfte und wird direkt vom Volk gewählt. Ihm obliegt auch die Ernennung des Premierministers, wobei die parlamentarischen Mehrheiten zu beachten sind.

Nach Gründung der V. Republik (1958) durch Charles de Gaulle (1890–1970) regierten konservative Präsidenten 23r Jahre lang. Erst 1981 wurde mit François Mitterrand (1916–1996) ein Sozialist Staatspräsident. Sein Nachfolger wurde 1995 der Gaullist Jacques Chirac (*1932).

## Daten und Fakten

**DAS LAND**
**Offizieller Name:** Französische Republik
**Hauptstadt:** Paris
**Fläche:** 543 965 km² (ohne Überseegebiete)
**Landesnatur:** Im N Pariser Becken, im NW an die Bretagne, im NO an die Ardennen u. Vogesen grenzend. Im S Zentralmassiv, nach W anschließend das Garonnebecken, im S von den Pyrenäen begrenzt; westlich von Alpen u. Jura der Rhône-Saône-Graben
**Klima:** Ozeanisch, im S Mittelmeerklima
**Hauptflüsse:** Loire, Garonne, Rhône, Seine

**Höchster Punkt:** Mont Blanc 4807 m
**DER STAAT**
**Regierungsform:** Präsidiale Republik
**Staatsoberhaupt:** Staatspräsident
**Regierungschef:** Ministerpräsident
**Verwaltung:** 22 Regionen, 96 Départements (6 Überseedépartements, 5 Überseeterritorien)
**Verwaltung:** Nationalversammlung (577 für 5 Jahre gewählte Mitglieder), Senat (321 für 9 Jahre gewählte Mitglieder; ein Drittel der Sitze werden alle 3 Jahre erneuert)
**Nationalfeiertag:** 14. Juli

**DIE MENSCHEN**
**Einwohner (Ew.):** 58 886 000 (1999)
**Bevölkerungsdichte:** 107 Ew./km²
**Stadtbevölkerung:** 76 %
**Bevölkerung unter 15 Jahren:** 18 %
**Analphabetenquote:** 1 %
**Sprache:** Französisch
**Religion:** Katholiken
**DIE WIRTSCHAFT**
**Währung:** Euro; bis 31.12.2001 Französischer Franc
**Bruttosozialprodukt (BSP):** 1 466 014 Mio. US-$ (1998)
**BSP je Einwohner:** 24 940 US-$
**Inflationsrate:** 1,7 % (1990-98)

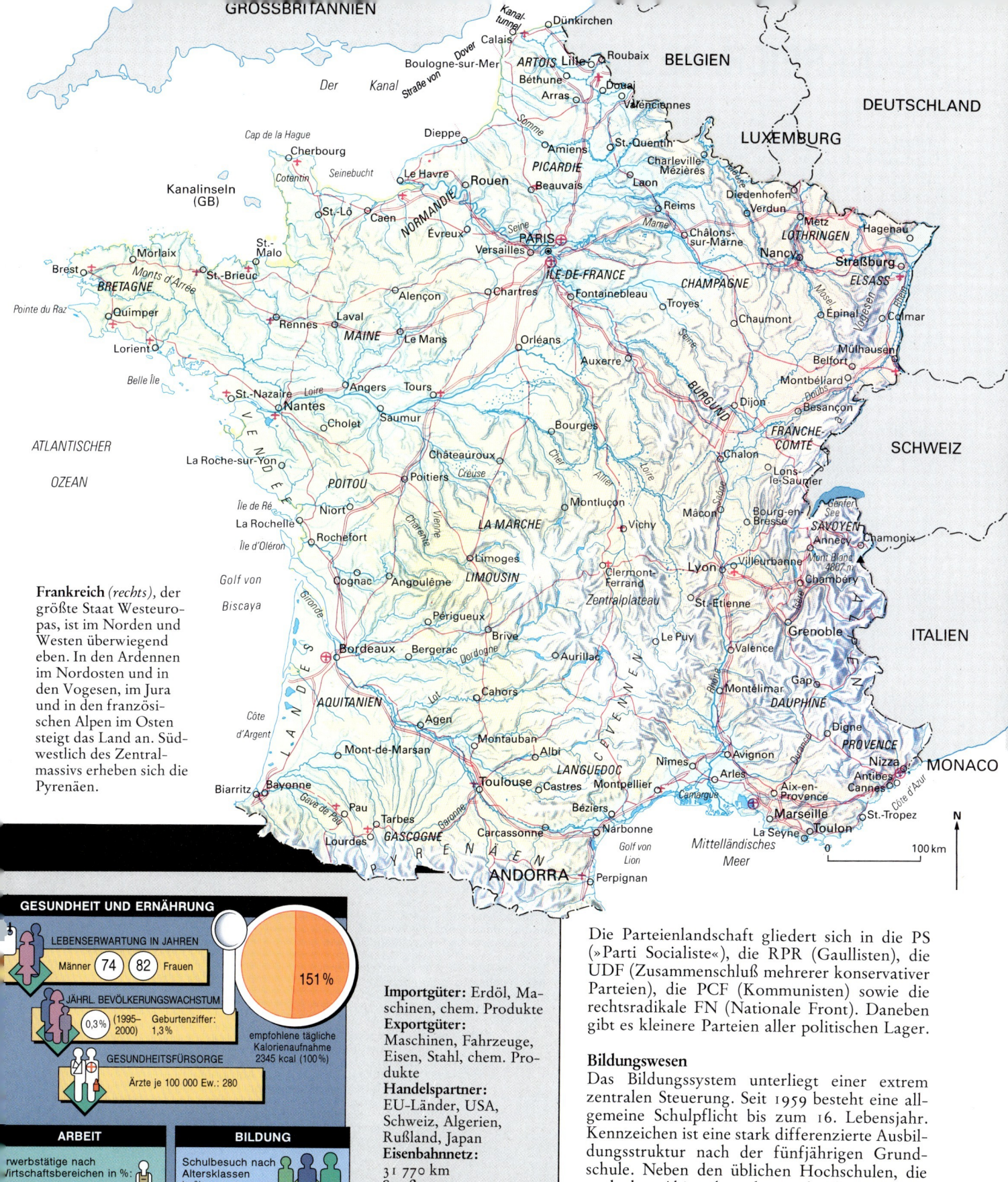

**Frankreich** (rechts), der größte Staat Westeuropas, ist im Norden und Westen überwiegend eben. In den Ardennen im Nordosten und in den Vogesen, im Jura und in den französischen Alpen im Osten steigt das Land an. Südwestlich des Zentralmassivs erheben sich die Pyrenäen.

**Importgüter:** Erdöl, Maschinen, chem. Produkte
**Exportgüter:** Maschinen, Fahrzeuge, Eisen, Stahl, chem. Produkte
**Handelspartner:** EU-Länder, USA, Schweiz, Algerien, Rußland, Japan
**Eisenbahnnetz:** 31 770 km
**Straßennetz:** 892 000 km; 9900 km Autobahn
**Fernsehgeräte je 1000 Ew.:** 601

Die Parteienlandschaft gliedert sich in die PS (»Parti Socialiste«), die RPR (Gaullisten), die UDF (Zusammenschluß mehrerer konservativer Parteien), die PCF (Kommunisten) sowie die rechtsradikale FN (Nationale Front). Daneben gibt es kleinere Parteien aller politischen Lager.

### Bildungswesen

Das Bildungssystem unterliegt einer extrem zentralen Steuerung. Seit 1959 besteht eine allgemeine Schulpflicht bis zum 16. Lebensjahr. Kennzeichen ist eine stark differenzierte Ausbildungsstruktur nach der fünfjährigen Grundschule. Neben den üblichen Hochschulen, die nach dem Abitur besucht werden können, gibt es die Eliteschulen, die »Grandes Ecoles«. Fast alle Spitzenmanager der Wirtschaft sowie das Führungspersonal von Verwaltung und Politik werden hier ausgebildet.

# FRANKREICH: GESCHICHTE (BIS 1453)

Eismassen, die in den letzten 500 000 Jahren mehrmals über lange Zeiträume weite Teile Europas bedeckten, drangen nicht bis in die meeresnahen Zonen Südfrankreichs vor. Dort konnten sich steinzeitliche Jäger und Sammler in kleinen Gruppen halten. Davon zeugen reichhaltige Funde aus der Altsteinzeit, über 100 000 Jahre alte Werkzeuge und Waffen sowie Statuen, Steinzeichnungen und Felsmalereien aus jüngerer Zeit. Die Höhlenbilder von Lascaux entstanden um 15 000 v. Chr.

Nach der letzten Eiszeit bildeten sich im östlichen Mittelmeerraum neue Kulturen aus, die sich langsam nach Westen ausbreiteten. Sie hinterließen in Frankreich zahlreiche Grab- und Kultsteindenkmäler, die Megalithen, die um 2000 v. Chr. errichtet wurden. Auch die Kenntnis der Bronzeverarbeitung kam aus dem Osten. Die damit einhergehenden Wandlungen der Lebensweise und der sozialen Ordnungen beschleunigten sich, als zwischen 900 und 600 v. Chr. große Völkergruppen aus Südost- und Mitteleuropa nach Westen vorstießen. Dazu zählten die Kelten, die die Römer Gallier nannten. Sie wurden um 600 v. Chr. in Frankreich seßhaft und besiedelten ein Gebiet, das weit über die heutigen Landesgrenzen hinausreichte. Die Griechen gründeten das Handelszentrum Massilia, das heutige Marseille. Unter griechischem und keltischem Einfluß schritt die Kultivierung des Landes rasch voran. Im Umfeld der Fürstensitze, meist waren es burgartige Anlagen, entstanden zahlreiche Siedlungen. Seit dem 2. Jahrhundert v. Chr. mußten sich die Kelten zunehmend den Angriffen der aus dem Norden vordringenden germanischen Volksgruppen widersetzen. Diese siedelten sich um 70 v. Chr. im östlichen Gallien an, wurden aber im Verlauf der gallischen Kriege vom römischen Feldherrn Gaius Julius Cäsar (100 bis 44 v. Chr.) zurückgedrängt. Die Römer hatten bereits 121 v. Chr. entlang des Mittelmeers die Provinz Gallia Narbonensis gegründet. Nach dem für das römische Reich siegreich verlaufenen Krieg wurde ganz Gallien 51 v. Chr. römische Provinz. Die Römer banden den keltischen Adel in ihr Herrschaftssystem ein und errichteten die meisten ihrer Verwaltungszentren in bereits bestehenden Siedlungen. Die über mehrere Jahrhunderte dauernde Bindung an Rom hat die französische Sprache und Kultur nachhaltig beeinflußt. Besonders in Südfrankreich sind noch zahlreiche Bauwerke der Römerzeit erhalten, unter ihnen der Aquädukt über den Gard oder das Amphitheater in Nîmes.

Nach dem Zerfall des Weströmischen Reichs im 5. Jahrhundert übernahmen die Germanen die Herrschaft in Gallien. Dadurch kam es in den folgenden Jahrhunderten zu einer Verschmelzung der germanisch-feudalen Herr-

- Kronland 987
- Unter englischer Kontrolle 115
- Kronland 1180
- Abhängige Gebiete (1180)
- Unter englischer Kontrolle (12
- Erweiterung der Kronlande (um 1270)
- Erweiterung der Kronlande (um 1314)
- Erweiterung der Kronlande (um 1328)

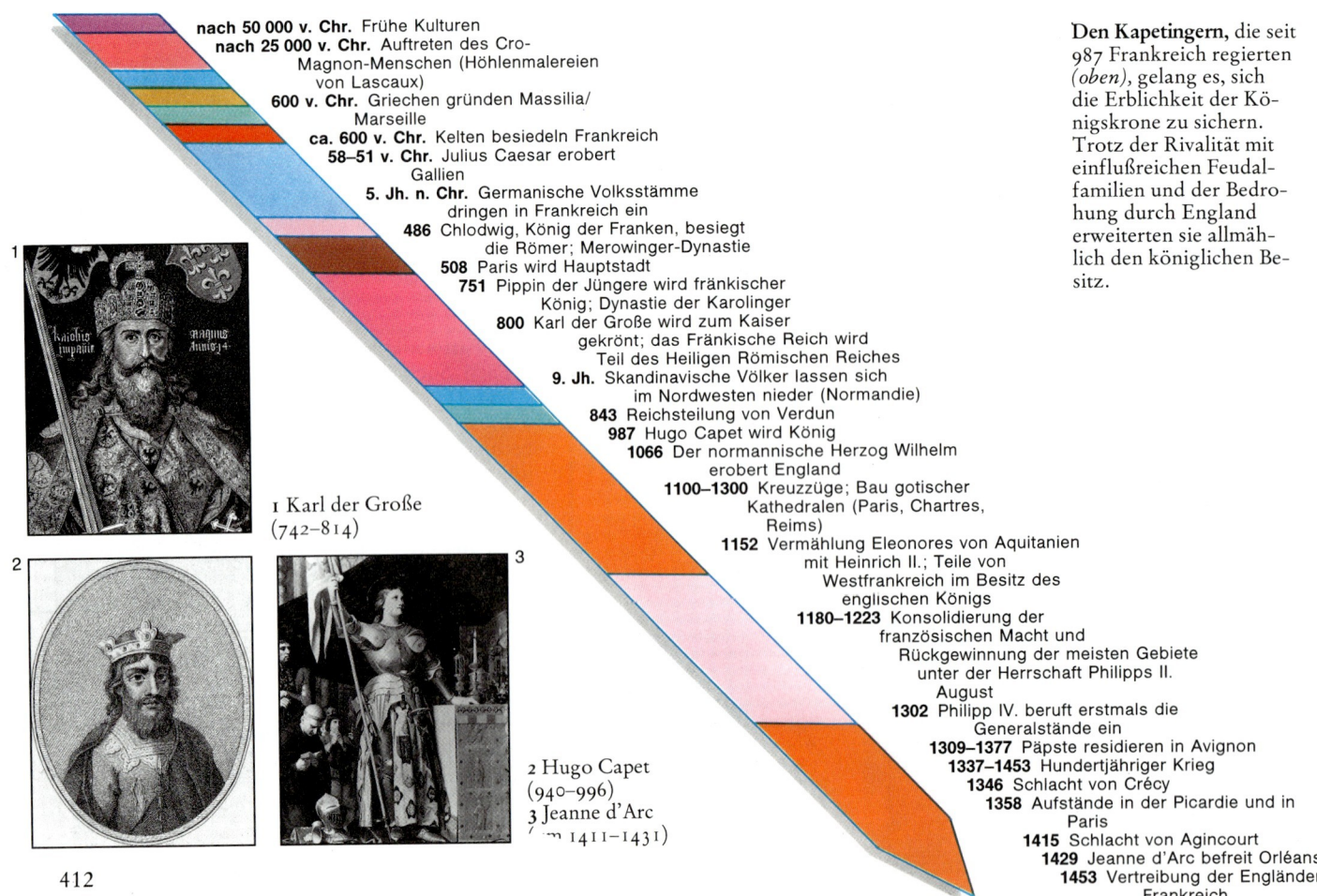

1 Karl der Große (742–814)

2 Hugo Capet (940–996)

3 Jeanne d'Arc (um 1411–1431)

**Den Kapetingern,** die seit 987 Frankreich regierten *(oben)*, gelang es, sich die Erblichkeit der Königskrone zu sichern. Trotz der Rivalität mit einflußreichen Feudalfamilien und der Bedrohung durch England erweiterten sie allmählich den königlichen Besitz.

- **nach 50 000 v. Chr.** Frühe Kulturen
- **nach 25 000 v. Chr.** Auftreten des Cro-Magnon-Menschen (Höhlenmalereien von Lascaux)
- **600 v. Chr.** Griechen gründen Massilia/Marseille
- **ca. 600 v. Chr.** Kelten besiedeln Frankreich
- **58–51 v. Chr.** Julius Caesar erobert Gallien
- **5. Jh. n. Chr.** Germanische Volksstämme dringen in Frankreich ein
- **486** Chlodwig, König der Franken, besiegt die Römer; Merowinger-Dynastie
- **508** Paris wird Hauptstadt
- **751** Pippin der Jüngere wird fränkischer König; Dynastie der Karolinger
- **800** Karl der Große wird zum Kaiser gekrönt; das Fränkische Reich wird Teil des Heiligen Römischen Reiches
- **9. Jh.** Skandinavische Völker lassen sich im Nordwesten nieder (Normandie)
- **843** Reichsteilung von Verdun
- **987** Hugo Capet wird König
- **1066** Der normannische Herzog Wilhelm erobert England
- **1100–1300** Kreuzzüge; Bau gotischer Kathedralen (Paris, Chartres, Reims)
- **1152** Vermählung Eleonores von Aquitanien mit Heinrich II.; Teile von Westfrankreich im Besitz des englischen Königs
- **1180–1223** Konsolidierung der französischen Macht und Rückgewinnung der meisten Gebiete unter der Herrschaft Philipps II. August
- **1302** Philipp IV. beruft erstmals die Generalstände ein
- **1309–1377** Päpste residieren in Avignon
- **1337–1453** Hundertjähriger Krieg
- **1346** Schlacht von Crécy
- **1358** Aufstände in der Picardie und in Paris
- **1415** Schlacht von Agincourt
- **1429** Jeanne d'Arc befreit Orléans
- **1453** Vertreibung der Engländer au Frankreich

# FRANKREICH

**Die Kathedrale von Rouen** *(links)* gehört zu den eindrucksvollsten Beispielen gotischer Architektur in Frankreich. Der aufwärtsstrebende gotische Baustil war ein Ausdruck des starken katholischen Glaubens im mittelalterlichen Frankreich.

**Der Pont du Gard** *(unten)*, ein von den Römern im 1. Jh. v. Chr. erbauter Aquädukt über den Gard, einem Nebenfluß der Rhône, ist ein Teil der Wasserleitung, die die südfranzösische Stadt Nîmes mit Wasser versorgte. Die 49 m hohe und 269 m lange Wasserleitung ist seit 1985 UNESCO-Welterbe.

schaftsverfassung mit dem römischen Kulturerbe und dem Christentum. Diese Zeit war von erneuten Völkerwanderungen, ständigen Kämpfen zwischen nach Westen strebenden kriegerischen Stämmen und zahlreichen Reichsgründungen geprägt. Erst den fränkischen Karolingern gelang es unter Karl dem Großen (742–814), weite Teile des ehemaligen Weströmischen Reichs zu einen. Unter seinen Erbfolgern wurde im Vertrag von Verdun 843 die Reichsteilung eingeleitet, aus der das westfränkische Reich – Frankreich – hervorging.

## Die Kapetinger

Hugo Capet (940–996) sicherte den Kapetingern, einem westfränkischen Geschlecht, die Erblichkeit der Krone. Die Könige konnten sich jedoch kaum gegen die adligen Grundherren durchsetzen, die zumal im Süden eigenständig bleiben wollten. Die Hauptgefahr drohte der Krone indes aus dem Norden. An der Westküste Frankreichs hatten sich die seit 1066 auch in England herrschenden Normannen festgesetzt. Durch Heirat kam Westfrankreich 1154 unter englische Herrschaft. Erst Philipp II. August (1165–1223) konnte die verlorenen Gebiete für Frankreich zurückgewinnen und sich im Inneren auch gegen den starken Adel und Klerus durchsetzen. In den Albigenserkriegen (1209–1229) wurden Toulouse, die Provence sowie das Languedoc unterworfen. Frankreich entwickelte sich in dieser Zeit zum politischen und geistigen Zentrum Europas.

Von den burgundischen Klöstern Cluny und Cîteaux nahm die mönchisch-kirchliche Reformbewegung ihren Ausgang. Bernhard, Abt von Clairvaux (1091–1153), verbreitete die Kreuzzugsidee, der im 12. und 13. Jahrhundert viele Ritter, unter ihnen deutsche Kaiser, französische und englische Könige, folgten. An der neu gegründeten Pariser Universität führten die bedeutendsten Köpfe der Zeit die wiederentdeckte griechische Philosophie mit der christlichen Theologie zusammen. In Paris und seinem Umland bildete sich auch die Gotik aus. Alle Künste und viele der neugewonnenen Kenntnisse wurden in den Dienst der Errichtung der gotischen Kathedralen gestellt.

## Der »Hundertjährige Krieg«

1328 starb der letzte Kapetinger. Im Streit um die Thronfolge gerieten Frankreich und England in den »Hundertjährigen Krieg«. Er stürzte Frankreich in innere Wirren und lähmte seine Wirtschaft. Es entstand aber auch ein neues »Nationalbewußtsein« des französischen Volkes, aus dessen Mitte Jeanne d'Arc (um 1411–1431) hervortrat. Sie sammelte die französischen Truppen und befreite 1429 die Stadt Orléans von den Engländern. Damit verhalf sie Karl VII. (1403–1461) an die Macht, doch erst im Jahre 1453 konnte Frankreich den Krieg endlich siegreich beenden und seine Einheit wiederfinden.

413

# FRANKREICH: GESCHICHTE (SEIT 1453)

Im ausgehenden Mittelalter gewann das Königtum in Frankreich zunehmend an Stärke, während der Adel und die Stände entmachtet wurden. Die französische Kirche hatte sich durch die »Pragmatische Sanktion« von 1438 schon während der Gefangenschaft der Päpste in Avignon (1309–1377) ihre Autonomie gegenüber dem Papst gesichert. Franz I. (1494–1547) setzte mit den Feldzügen nach Italien den Kampf um eine von den Königen beherrschte Nationalkirche fort.

Im 16. Jahrhundert spitzen sich indes die Gegensätze zwischen den protestantischen Hugenotten und dem katholischen Königtum in den Religionskriegen dramatisch zu. Tausende von Hugenotten wurden ermordet oder des Landes verwiesen. Durch Erbfolge erhielt Heinrich IV. (1553–1610), Führer der protestantischen Partei, Anspruch auf die französische Krone. Nach seinem Übertritt zum katholischen Glauben beendete er die Kämpfe.

### Ludwig XIV. – der »Sonnenkönig«

Unter der politischen Führung der beiden Kardinäle Richelieu (1585–1642) und Mazarin (1602–1661) wurde Frankreich endgültig zur absolutistisch regierten Großmacht. Den Höhepunkt erreichte der Absolutismus in den 72 Regierungsjahren des »Sonnenkönigs« Ludwig XIV. (1638–1715). Das neue Schloß in Versailles wurde zum Mittelpunkt seines riesigen Hofes und zum bewunderten Vorbild der Aristokratie in ganz Europa. Ludwigs XIV. bedeutendster Mitarbeiter, Jean-Baptiste Colbert (1619–1683), trieb die wirtschaftliche Entwicklung mit vielfältigen Mitteln staatlicher Besteuerung voran. Kolonien in Afrika und Amerika sollten Rohstoffe für die neuen staatlichen Produktionsstätten liefern. Durch seine Expansionspolitik versuchte Ludwig XIV. Frankreichs Vormachtstellung auch auf dem Kontinent zu erweitern. Zurück blieben immense Staatsschulden, für die die Bauern und das Bürgertum mit Fronarbeit und hohen Steuerabgaben aufzukommen hatten, während Adel und Klerus mit zahlreichen Privilegien ausgestattet worden waren. Mit der Vertreibung der Hugenotten 1685 hatte das Land zudem viele wirtschaftlich rege Bürger verloren.

Die sozialen Mißstände und die politischen Verhältnisse nährten die Kritik der französischen Aufklärer, die im 18. Jahrhundert, dem Jahrhundert Voltaires (1694–1778) und Jean-Jacques Rousseaus (1712–1778), immer mehr Gehör fanden. Eine schwere Wirtschafts- und Versorgungskrise führte 1789 zum Ausbruch der Revolution. Die erstmals seit 1614 wieder einberufene Ständeversammlung erklärte sich zur Nationalversammlung. Noch im gleichen Jahr wurden die allgemeinen Menschen- und Bürgerrechte verkündet und 1791 die Verfassung verabschiedet, die den König an die Ge-

**Die Exekution König Ludwigs XVI.** *(oben rechts)* auf der Place de la Concorde leitete 1793 den Beginn der radikalen Phase der Französischen Revolution ein. Im Zuge der Revolution führte Frankreich Krieg mit seinen mächtigen Nachbarn. **Kostüme und Paraden** *(rechts)* kennzeichneten 1989 die Zweihundertjahrfeiern der Revolution in Paris, dem Zentrum der Feierlichkeiten. – **Freudig wurden 1944 die alliierten Befreier** der Stadt Paris begrüßt *(unten rechts)*. Nach dem wirtschaftlichen Wiederaufbau entwickelte sich Frankreich zu einer der treibenden Kräfte auf dem Weg zur europäischen Einheit.

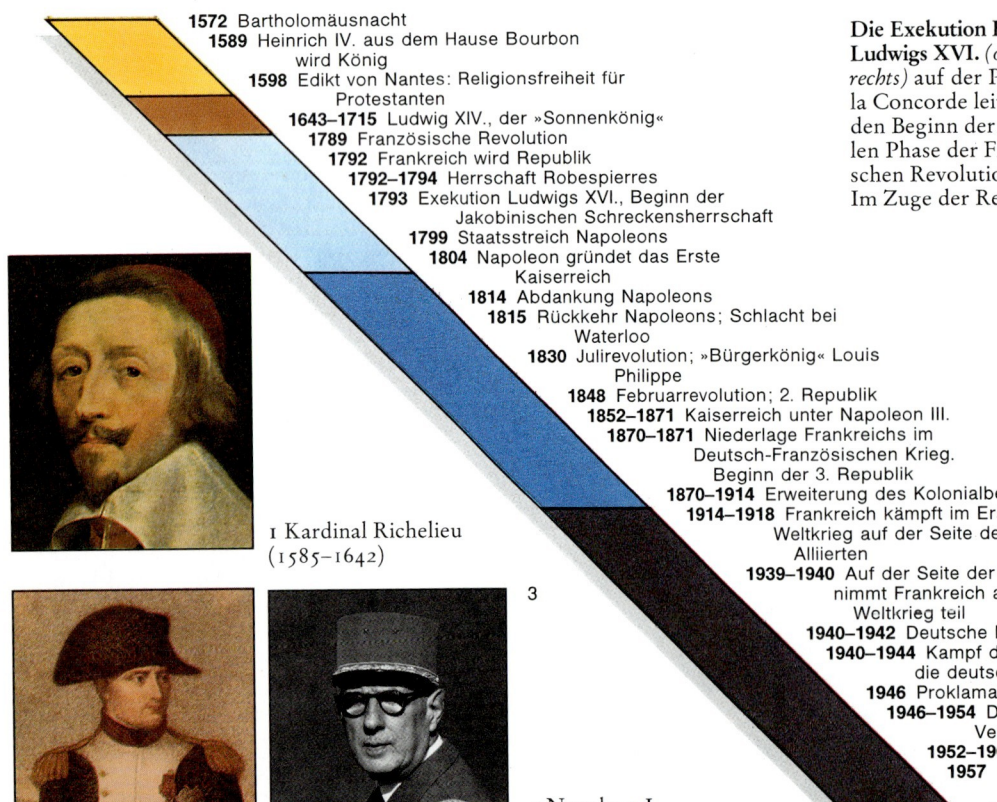

- **1572** Bartholomäusnacht
- **1589** Heinrich IV. aus dem Hause Bourbon wird König
- **1598** Edikt von Nantes: Religionsfreiheit für Protestanten
- **1643–1715** Ludwig XIV., der »Sonnenkönig«
- **1789** Französische Revolution
- **1792** Frankreich wird Republik
- **1792–1794** Herrschaft Robespierres
- **1793** Exekution Ludwigs XVI., Beginn der Jakobinischen Schreckensherrschaft
- **1799** Staatsstreich Napoleons
- **1804** Napoleon gründet das Erste Kaiserreich
- **1814** Abdankung Napoleons
- **1815** Rückkehr Napoleons; Schlacht bei Waterloo
- **1830** Julirevolution; »Bürgerkönig« Louis Philippe
- **1848** Februarrevolution; 2. Republik
- **1852–1871** Kaiserreich unter Napoleon III.
- **1870–1871** Niederlage Frankreichs im Deutsch-Französischen Krieg. Beginn der 3. Republik
- **1870–1914** Erweiterung des Kolonialbesitzes
- **1914–1918** Frankreich kämpft im Ersten Weltkrieg auf der Seite der Alliierten
- **1939–1940** Auf der Seite der Alliierten nimmt Frankreich am Zweiten Weltkrieg teil
- **1940–1942** Deutsche Besatzung im Norden
- **1940–1944** Kampf der Résistance gegen die deutsche Besatzungsmacht
- **1946** Proklamation der 4. Republik
- **1946–1954** Der Indochina-Krieg führt zum Verlust der französischen Kolonien
- **1952–1962** Algerienkrieg
- **1957** Frankreich tritt der Europäischen Gemeinschaft bei
- **1958** 5. Republik; Charles de Gaulle Staatspräsident
- **1968** Studenten- und Arbeiterunruhen
- **1981** François Mitterrand Staatspräsident
- **1995** Jacques Chirac Staatspräsident

1 Kardinal Richelieu (1585–1642)
2 Napoleon I. (1769–1821)
3 Charles de Gaulle (1890–1970)

# FRANKREICH

setzgebung eines gewählten Parlaments band. Unter dem Druck der fast alle Nachbarstaaten einenden antirevolutionären Koalition gewann der radikale Flügel der Revolutionäre unter Robespierre (1758–1794) die Oberhand. Der König wurde hingerichtet. Jahre der Schreckensherrschaft, in denen Tausende unter der Guillotine starben, folgten.

**Die napoleonische Ära**

In den Koalitionskriegen wurde der junge Korse Napoleon Bonaparte (1769–1821) zum erfolgreichsten Heerführer und Volkshelden. Unter seiner Führung wurden weite Teile Europas erobert und die alteuropäische Staaten- und Herrschaftsordnung umgestürzt. Im Jahr 1812 drang der inzwischen zum Kaiser gekrönte Napoleon I. bis Moskau vor, mußte von dort aber einen verlustreichen Rückzug antreten und wurde 1813 bei Leipzig und 1815 bei Waterloo von den Armeen Preußens, Österreichs, Schwedens, Großbritanniens und Rußlands vernichtend geschlagen. Nach Napoleons Verbannung versuchten restaurative Kräfte, die alte Ordnung in Frankreich wiederherzustellen, doch die Französische Revolution hatte einen tiefgreifenden Wandel ausgelöst. Die »Ideen von 1789« beeinflußten fortan alle Verfassungskämpfe.

Im 19. Jahrhundert schwankte Frankreich lange zwischen Monarchie, Republik und von Volksmassen getragenen »bonapartistischen« Diktaturen. Außenpolitisch ließ sich Frankreich vom alten Ideal der kontinentalen Vormacht und neuen Ideal der imperialistisch-kolonialen Weltmacht leiten. So geriet es 1870/71 in einen kriegerischen Konflikt mit Preußen, in dem es unterlag und neben dem Elsaß auch Teile Lothringens verlor. In Paris kam es für wenige Monate durch radikal-demokratische Kräfte in der »Pariser Kommune« zur ersten Diktatur des Proletariats. Doch der Hochimperialismus, übersteigerter Nationalismus und internationale Krisen führten Europa und damit auch Frankreich 1914 in den Ersten Weltkrieg. Der Friedensvertrag von Versailles (1919) veränderte das europäische Staatengefüge.

Der deutsche Angriff im Mai 1940 überrannte Frankreich innerhalb weniger Wochen. Durch ein Waffenstillstandsabkommen wurden weite Teile des Landes einschließlich Paris der deutschen Besatzung unterstellt. Die Bildung der »Vichy-Regierung«, die um Zusammenarbeit mit dem nationalsozialistischen Deutschland bemüht war, rief die Widerstandsbewegung, die Résistance, im eigenen Land hervor. Ein führender Kopf dieser Bewegung, Charles de Gaulle (1890–1970), bildete nach Landung der alliierten Streitkräfte 1944 in Paris eine provisorische Regierung. Sein Einfluß auf die Nachkriegspolitik Frankreichs war sehr groß. Als erster Präsident der V. Republik beendete er die vergeblichen Kämpfe um den Erhalt der Kolonialmacht und gewährte nahezu allen überseeischen Gebieten die Autonomie.

# FRANKREICH: PARIS

»Paris? Paris, das sind die himmelwärts strebenden Windungen des Eiffelturms.« Diese Zeile stammt aus einem Lied des berühmten französischen Chansonniers Maurice Chevalier. Für viele symbolisiert die von Gustave Eiffel (1832–1923) entworfene Konstruktion die dauerhafte Huldigung an die Macht der Technik. Sie beherrscht die monumentale Architektur in der stimmungsvollen Stadt. Dennoch erzielen die konischen Konturen des aus 7000 t Stahl bestehenden Turms eine künstlerische Wirkung und scheinen aus der Ferne zierlich wie Spitzen am Horizont zu schweben.

Der zwischen 1887 und 1889 zur Weltausstellung anläßlich der Hundertjahrfeier der Französischen Revolution errichtete Eiffelturm war lediglich für die Dauer der Ausstellung geplant. Rundfunk und Telegrafie bewahrten ihn jedoch vor dem Abriß: mit seiner Höhe von 300,51 m ist er ein idealer Sender.

### Ein harmonisches Ganzes

An klaren Tagen haben Touristen vom Eiffelturm, der jährlich von etwa 6 Millionen Menschen besucht wird, einen unvergleichlichen Blick über Paris. Unter ihnen fließt die Seine mit ihren vielen Brücken, liegen herrliche Kirchen und Paläste, schmale mittelalterliche Gassen, breite Boulevards und Marktplätze sowie berühmte Parks und Gärten von Paris.

Es ist charakteristisch für Paris, daß mit dem Eiffelturm ein vergleichsweise modernes Bauwerk als Wahrzeichen dieser alten Stadt gilt, deren Geschichte bis in die römische Zeit zurückreicht. Gleichzeitig durchaus mittelalterlich und von einer lebhaften Modernität geprägt war Paris nie statisch, sondern veränderte im Zuge grandioser Bau- und Stadtplanungsvorhaben ständig sein Gesicht. Die breiten Boulevards aus dem 19. Jahrhundert, die heute das Bild des elegantesten Pariser Stadtteils bestimmen, entstanden unter anderem, um den Bau von Barrikaden durch potentielle Revolutionäre zu erschweren. Sowohl in friedlichen als auch in kämpferischen Zeiten bauten die Pariser Architekten jedoch stets mit dem Ziel vor Augen, ein harmonisches Ganzes zu schaffen.

Die weltbekannten Sehenswürdigkeiten von Paris sind so zahlreich, daß sie hier nicht alle aufgelistet werden können. Die vielen Kirchenbauten reichen von der im 14. Jahrhundert von König Ludwig IX. (Ludwig dem Heiligen) zur Aufnahme eines Reliquienschreins, der unter anderem die vermeintliche Dornenkrone Christi enthielt, errichteten Sainte-Chapelle bis zum Panthéon, dem Ehrentempel, zunächst ein Gotteshaus, das nach der Revolution zu einem Mausoleum für die Helden der Revolution umgestaltet wurde. Unvergeßlich bleibt der erste Spaziergang auf der von Kastanienbäumen gesäumten Champs-Élysées. An ihrem westlichen Ende steht der Arc de Triomphe, das 1806–1836 erbaute Denkmal Napoleons für die glorreichen französischen Armeen. Das von Ludwig XIV. als Hospital für arme und kranke Soldaten in Auftrag gegebene Hôtel des Invalides wurde 1676 fertiggestellt und beherbergt heute eines der beeindruckensten Militärmuseen der Welt. Unter seiner berühmten Kuppel befindet sich das Grab Napoleons.

**Die Kathedrale von Notre-Dame** *(oben)* beherrscht das alte Pariser Viertel auf der von der Seine umschlossenen Île de la Cité. Napoleon I. ließ sich hier 1804 zum Kaiser der Franzosen krönen. Die gotische Westfassade stammt aus dem 13. Jh.

**Die Gäste dieses Cafés** *(unten rechts)* am Ende der Champs-Élysées, der berühmtesten Pariser Allee, haben eine herrliche Aussicht auf den Arc de Triomphe. Der 1836 fertiggestellte Triumphbogen erinnert an die Siege Napoleon Bonapartes.

Zuvorderst unter den mittelalterlichen Bauwerken von Paris ist die Kathedrale von Notre-Dame zu nennen, mit deren Bau im Jahr 1163 begonnen wurde. Dieses Meisterwerk gotischer Baukunst verfügt über ein prachtvolles Rosettenfenster mit einem Durchmesser von ungefähr 9,5 m, darüber erhebt sich eine offene Arkade, die von grotesken Wasserspeiern und zwei großen Türmen gesäumt wird.

Der Palais du Louvre ist als das vielleicht eindrucksvollste weltliche Bauwerk der Stadt zu bezeichnen. Zunächst eine um das Jahr 1200 errichtete Festung, wurde er im 16. Jahrhundert zur königlichen Residenz und schließlich von nachfolgenden Herrschern zu einem gewaltigen Gebäudekomplex erweitert, der sich heute auf einer Gesamtlänge von 800 m entlang der Seine erstreckt.

Der 1793 zum »Museum der Republik« erklärte Louvre ist in unseren Tagen eines der größten und bedeutendsten Kunstmuseen der Welt. Hier sind solch bekannte Meisterwerke wie die Venus von Milo und da Vincis Mona Lisa ausgestellt. Vor einigen Jahren hat er durch eine gläserne, transparente Pyramide eine architektonische Ergänzung erfahren.

# FRANKREICH

**Der Eiffelturm** *(links)* ist für Millionen von Touristen das Symbol der Stadt. Eigentlich nur für die Dauer der Weltausstellung 1889 errichtet, wurde er für die Pariser und die Touristen zu einem dauerhaften Wahrzeichen.

**Ein Feuerschlucker** *(oben)* vor dem Centre Pompidou, in dem auch das Nationalmuseum für moderne Kunst untergebracht ist.

**Paris** *(rechts)*, die Hauptstadt Frankreichs, gehört zu den schönsten Städten der Erde. Ihr Zentrum an den Ufern der Seine verfügt über breite Alleen, gemütliche Straßencafés, elegante Geschäfte und zahlreiche historische Denkmäler. Die Industriegebiete befinden sich in den peripheren Bezirken. Als Kunstzentrum von internationalem Rang bietet Paris seinen Besuchern eine beispiellose Zahl an Museen. Es ist auch berühmt für gute Einkaufsmöglichkeiten und eine hervorragende Gastronomie.

## Die Lebenden und die Toten

Zu den Reizen von Paris gehört neben den bekannten Bauwerken auch die charakteristische Lebensfreude, die die Stadt ausstrahlt. Schon 1715 war sie bekannt für ihre lebhaften Cafés, damals bereits etwa 300 an der Zahl, und heute noch erfreuen sich die Cafés als Treffpunkte zum Plaudern oder zum Beobachten der Vorübergehenden großer Beliebtheit.

Paris hat auch eine Unterwelt: die stilvoll renovierte Métro (Untergrundbahn), die zur Besichtigung freigegebene Kanalisation und die Katakomben. Als Schlupfwinkel des fiktiven »Phantoms der Oper« hat die aus dem 19. Jahrhundert stammende Kanalisation durch den gleichnamigen Film weltweite Berühmtheit erlangt. Ebenso abschreckend wirken die Katakomben, unterirdische Gänge, die in römischer Zeit unter dem Montparnasse gegraben wurden. Der gruselige Ausflug durch die von Totenschädeln gesäumten Stollen führt zu einem riesigen Beinhaus, das die Überreste von über sechs Millionen Menschen enthält.

Im lebhaften und geschäftigen Paris gibt es eine kleinere Stadt, eine Stadt der Toten, den Père-Lachaise-Friedhof. Dieser kunstvoll angelegte Friedhof aus dem frühen 19. Jahrhundert hat eine Ausdehnung von 47 ha. Hier befinden sich die sterblichen Überreste vieler berühmter Persönlichkeiten, darunter Molière (1622–1673) und La Fontaine (1621–1695).

# FRANKREICH: LANDESNATUR

Frankreichs natürliche Grenzen zeigen ein uneinheitliches Bild. Offen ist das Land gegen den Atlantik, mit einer Ausgleichsküste im Bereich des Golfes von Biscaya, einer vielgegliederten und scheinbar unzugänglichen Felsküste in der Bretagne und einer wiederum geradlinig verlaufenden Küste entlang des Ärmelkanals, wo die weißen Kreidefelsen steil zum Meer hin abfallen. Nur an wenigen Stellen erlaubte diese Küste die Gründung bedeutender Hafenstädte, meistens jedoch nur dort, wo große Flußmündungen, wie die von Garonne, Loire und Seine, den Zugang zum Landesinneren ermöglichen.

Vom Mittelmeer her war der Zugang ebenfalls nur bedingt möglich. Die Alpen und ausgedehnte Sumpfareale erschwerten die Durchgängigkeit, die somit im wesentlichen auf den Rhônetalgraben beschränkt blieb.

Italien, die Schweiz und die Iberische Halbinsel sind durch die Alpen bzw. die Pyrenäen gegen Frankreich abgegrenzt. Dadurch wurde die Kommunikation zwischen den Nachbarländern stets erschwert, jedoch nie ganz verhindert. Nach Mitteleuropa öffnet sich das Land durch die Burgundische Pforte, der Verbindung zwischen der Rhônefurche und dem Oberrheingraben, und über das nordfranzösische Flachland, das sich über die Benelux-Staaten bis in die Norddeutsche Tiefebene fortsetzt.

Frankreich ist gekennzeichnet durch das Nebeneinander großer Becken- und Gebirgslandschaften. Das Herzstück ist das Pariser Becken, das im geologischen Sinne eine große Mulde aus Sedimentgesteinen bildet. Die Ränder dieser Sedimentpakete bilden markante Stufen, die besonders deutlich im nordostfranzösischen Schichtstufenland ausgebildet sind. Im Westen wird diese Abfolge durch den Ärmelkanal unterbrochen. Einen ähnlichen geologischen Aufbau weist das Aquitanische Becken im Südwesten Frankreichs auf.

Von den Gebirgslandschaften ist vor allem das Zentralmassiv herauszustellen. Dieser alte Gebirgsrumpf nimmt fast den ganzen Südosten des Landes ein. Die in einem langen Erosionsprozeß eingerumpfte Oberfläche dieses Gebirges wurde in einer jüngeren erdgeschichtlichen Phase von Vulkanen durchsetzt, die das Relief erneut belebt haben. Im gleichen Zeitraum wurde auch der gesamte Gebirgsblock angehoben, während sich an der Ostflanke die Rhônefurche absenkte und somit eine markante Zäsur im Übergang zu den Alpen bewirkte.

Ein altes, eingerumpftes Gebirgsmassiv ist auch die Bretagne (Armorikanisches Massiv), die geologisch über die Schwelle von Poitou mit dem Zentralmassiv in Verbindung steht. Ebenfalls eine Fortsetzung des Zentralmassivs sind die Ardennen, Teil eines großen Faltungsbogens, der sich im Rheinischen Schiefergebirge wiederfindet. Die Vogesen wurden beim Einbruch des Oberrheingrabens herausgehoben.

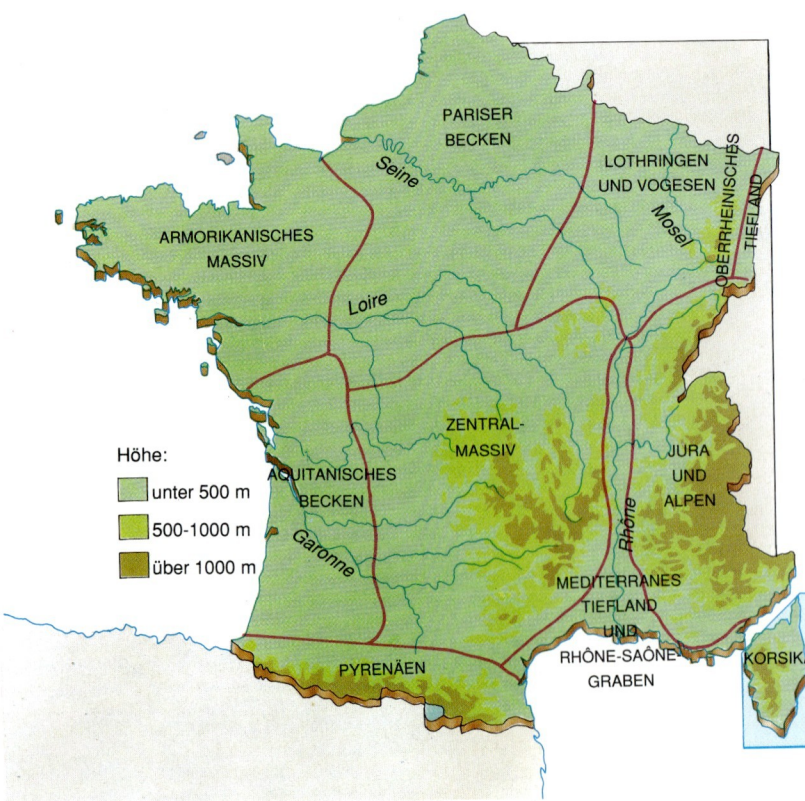

**Mit roten Ziegeln gedeckte Häuser** *(rechts)* drängen sich um die Kapelle von Sons Brancion. Dieser kleine Ort liegt im Département Saône-et-Loire inmitten einer malerischen Landschaft, in der Felder und Wälder miteinander abwechseln.

**Die Landschaftseinheiten Frankreichs** *(links)* reichen von den Hochalpen, dem Jura und den Pyrenäen bis zu den fruchtbaren Ebenen des Pariser Beckens. Das Zentralmassiv ist ein altes Gebirge mit eingerumpfter Oberfläche, dessen Relief durch erdgeschichtlich jüngere Vulkane erneut belebt wurde. Aufgrund der langen Küstenlinie haben der Atlantische Ozean und das Mittelmeer beträchtlichen Einfluß auf das Klima des Landes. In der Provence bietet die Trockenheit gute Bedingungen für die Olivenbäume.

# FRANKREICH

## Klima und Vegetation

Die Großformen des Reliefs sind für die klimatische Kennzeichnung Frankreichs ausschlaggebend. Die Öffnung zum Atlantik bedeutet, daß die feuchten atlantischen Luftmassen nahezu ungehindert eindringen können. Sie sind für ein extrem maritimes Klima in der Bretagne verantwortlich, also für vergleichsweise häufige, wenngleich nicht besonders starke Regenfälle, für geringe Temperaturextreme im Tages- und Jahresverlauf und für häufig auftretende Winde. Der Südwesten wird dagegen wesentlich weniger von den atlantischen Tiefdruckgebieten erreicht, so daß sich hier klimatisch der Übergang zum mediterranen Klima vollzieht. Das Pariser Becken weist kontinentalere Klimazüge auf. Die Niederschläge betragen in diesem Gebiet nur rund 600 mm pro Jahr, im Sommer kann es sehr heiß und trocken werden. Die Gebirgslandschaften zeichnen sich durch hohe Niederschläge und reichlich Schneefall im Winter aus.

Frankreich gehört zu den waldarmen Ländern Europas. Die natürlichen Wälder sind, besonders in den Beckenlandschaften, schon früh dem kultivierenden Menschen zum Opfer gefallen. Extrem atlantisch geprägt ist die natürliche Vegetation in der Bretagne, wo vor allem im inneren Bergland die atlantischen Heiden mit Stechginster und Heidevegetation vorkommen. Die Vegetation Nordfrankreichs gleicht dem Pflanzenreich der gemäßigten Breiten Mitteleuropas. Südfrankreich gehört bereits zum Bereich der mediterranen Vegetation. Die ursprünglichen, immergrünen Hartlaubwälder sind jedoch seit langem zerstört und haben der Gebüsch- und Strauchvegetation, Macchie und Garrigue, zu der unter anderem Zistrose, Erdbeerstrauch, Lorbeer, Lavendel und Thymian gehören, Platz gemacht. Zum charakteristischen Erscheinungsbild gehören ferner Ölbäume, Korkeichen und Zypressen.

**Die zerklüfteten Gipfel** *(links)* vermitteln einen Eindruck von der rauhen Bergwelt der an die Schweiz grenzenden französischen Alpen, wo auch Europas höchster Berg, der Mont Blanc, liegt. In den Alpentälern liegen zahlreiche Fremdenverkehrsorte.

**Französische »Cowboys«** *(rechts)* treiben Wildpferde der Camargue, der sumpfigen Landschaft im Rhônedelta, zusammen. Lange war die Camargue eine unberührte Wildnis, heute ist allerdings ein großer Teil der Sümpfe trockengelegt.

# FRANKREICH: LANDWIRTSCHAFT

Die ländlichen Gebiete Frankreichs haben sich seit dem Zweiten Weltkrieg mehr verändert als zuvor in einem ganzen Jahrhundert. Um 1900 war noch jeder zweite, 50 Jahre später immerhin noch jeder vierte Erwerbstätige Frankreichs in der Landwirtschaft beschäftigt. Heute liegt der Anteil lediglich bei 4 %.

Allein zwischen 1970 und heute hat die Zahl der Bauernhöfe um über eine halbe Million abgenommen, vor allem kleine, unrentable Betriebe wurden aufgegeben. Mit diesem Wandel hat sich auch eine räumliche Verlagerung der Bevölkerung ergeben. Besonders aus den Gebirgsgegenden hat eine starke Landflucht stattgefunden. Viele ehemalige Höfe sind hier verfallen oder haben als Feriendomizil der Stadtbewohner eine neue Bestimmung erfahren. Ehemalige Nutzflächen sind verödet oder aufgeforstet worden. Dennoch ist Frankreich heute der größte Produzent landwirtschaftlicher Erzeugnisse in Europa. Rund 55 % des Bodens werden landwirtschaftlich genutzt.

### Typen der französischen Agrarlandschaft

Etwas vereinfacht läßt sich die französische Agrarlandschaft in drei Typen unterscheiden. Im Pariser Becken und seinen Randbereichen dominieren offene Ackerbaulandschaften mit meist verstreut liegenden Großbetrieben, die als »Champagne« bezeichnet werden und auf denen heute der Anbau von Getreide und Zuckerrüben vorherrscht. Sie weisen meist eine geschlossene Hofform auf.

Der westeuropäische Grünlandgürtel mit seiner typischen Heckenlandschaft prägt vor allem die Normandie und die Bretagne sowie die historischen Landschaften Maine und Vendée. Sie werden als »Bocage« bezeichnet. Streusiedlungen mit offenen Gehöften, die aus vielen Einzelgebäuden bestehen, sind hier typisch. In dieser Region überwiegt die Viehwirtschaft. Weite Teile des Zentralmassivs weisen ähnliche Kennzeichen auf.

Südfrankreich läßt sich zwar durch den dominierenden Weinbau charakterisieren, doch sind die Strukturen nicht einheitlich. Im aquitanischen Teil sind die großen Weindomänen beherrschend. Entlang der Mittelmeerküste stellt zusätzlich der Ölbaum eine wichtige Erwerbsgrundlage dar. Hier sind die Siedlungen meist in dichtbebauten Dörfern konzentriert, die Betriebe oft nur sehr klein und ohne Nebenerwerbstätigkeit nicht lebensfähig.

Natürlich gibt es im Detail zahlreiche Abweichungen von dieser pauschalen Darstellung, die indessen in Frankreich sprichwörtlich verankert ist: »Chartres sans pain, Bordeaux sans vin, Paris sans science, Adieu la France«: »Chartres ohne Brot, Bordeaux ohne Wein, Paris ohne Wissenschaft, das wäre das Ende Frankreichs«.

Das weltweit wohl geschätzteste Produkt der französischen Landwirtschaft ist der Wein, der schon unter den Römern eine landesweite Verbreitung fand. Das nördlichste Anbaugebiet ist die Champagne. Von hier stammt der berühmte Champagner, den man in den Höhlen der Kreidesedimente gären läßt. Zu den kleinen Anbaugebieten des Nordens gehört auch das für seine Weißweine berühmte Elsaß.

Die renommiertesten Weine kommen aus Burgund und aus dem Anbaugebiet von Bordeaux, wo überwiegend Rotweine von höchster Qualität reifen. Auch die Côtes-du-Rhône, die Côtes-de-Provence und das Garonne-Dordogne-Gebiet produzieren beliebte Weine. Eine breite Qualitätspalette weißer Weine wird im Loiretal erzeugt. Der größte zusammenhängende Weingarten ist das Languedoc-Roussillon. Hier dominiert der Anbau einfacher Tafelweine, die in Frankreich normalerweise bei jedem Essen auf dem Tisch stehen.

### Spezialisierung und Spezialitäten

Die Palette der renommierten französischen Agrarprodukte aufzuzeigen würde Bücher füllen. Erwähnt werden muß aber der Käse, da er, wie der Wein, weltweit mit Frankreich identifiziert wird. Jede Region hat ihre besonderen Käsespezialitäten im Verlauf einer langen Tradition entwickelt, häufig mit Unterschieden von Ort zu Ort.

Andere Spezialitäten verbinden sich mehr mit Einzelregionen, zum Beispiel Cidre und Calvados mit der Normandie und Bretagne. Weite Teile Südfrankreichs sind heute in einen großen

**Gruyère de Comté** *(unten)*, eine von drei Arten des Gruyère, ist eine der beliebtesten Käsesorten Frankreichs. Die Produktion von Gruyère, der vor allem im Département Haute-Savoie hergestellt wird, erfordert eine sechsmonatige Reifezeit.

**Auf den welligen Feldern** *(rechts)* im Norden und Westen des Landes wird der Hauptteil der Getreideernte Frankreichs eingebracht. Die Bauern produzieren große Mengen an Gerste und Mais. Die bedeutendste Getreideart ist jedoch der Weizen.

# FRANKREICH

**Knoblauch** *(unten)* ist aus der französischen Küche nicht wegzudenken. In dekorativen Bündeln wird hier die scharfe Knolle zum Kauf angeboten.

Gemüse- und Obstgarten verwandelt worden, wobei teilweise durch staatliche Hilfen die Voraussetzungen für eine moderne Bewässerungskultur geschaffen wurden. Feinschmecker aus aller Welt bevorzugen Geflügel aus der Bresse nördlich von Lyon oder Lämmer, die auf den Salzwiesen in der Bucht des Mont St. Michel geweidet wurden. Nicht zu vergessen sind die Meeresfrüchte der atlantischen Küste, etwa die Austern von Cancale oder Arcachon.

## Viehzucht

Über 50 % der landwirtschaftlichen Produktion entfallen auf die Viehzucht. Schwerpunkt der Rinderhaltung und Milcherzeugung sind der Norden und Nordwesten Frankreichs, das Zentralplateau sowie die Alpenregionen. In den letzten Jahrzehnten ist die Bretagne zum bedeutendsten Zentrum der Schweine- und Geflügelhaltung des Landes geworden.

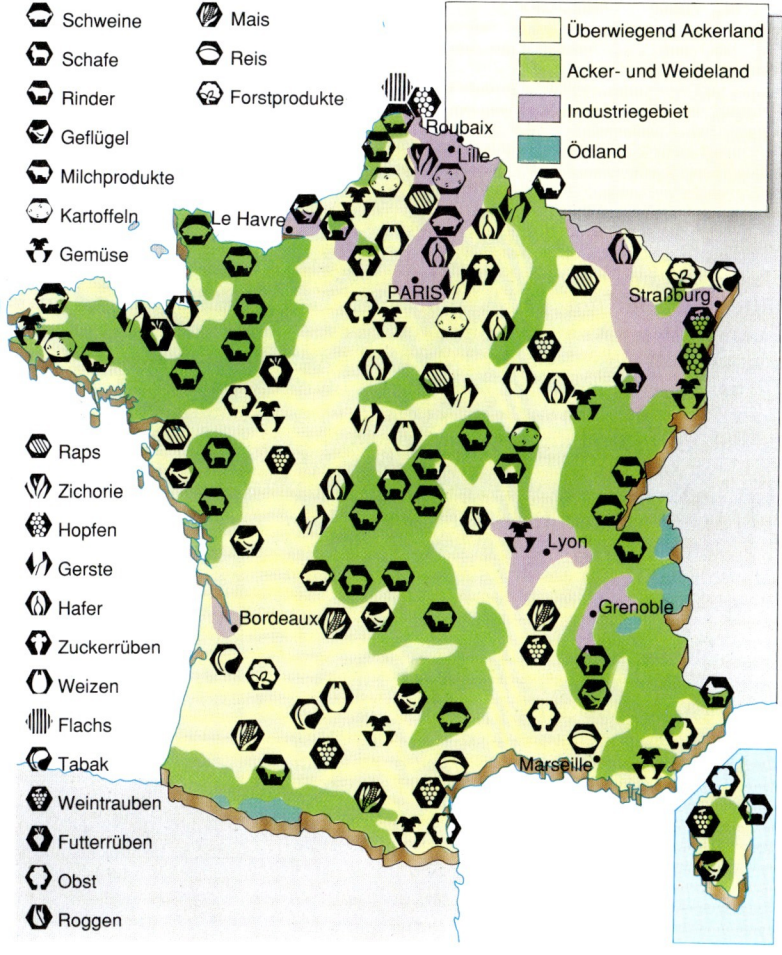

**Die Lavendelfelder** der Provence *(links)* liefern eine duftende Ernte; Blüten und Stengel werden zur Parfüm- und Seifenherstellung benutzt.

**In nahezu allen Regionen Frankreichs** *(oben)* wird Landwirtschaft betrieben. Mit guten Böden und einem milden Klima ausgestattet, produziert das Land eine Vielzahl von landwirtschaftlichen Erzeugnissen und äußerst schmackhaften regionalen Spezialitäten, die ihre Abnehmer in der ganzen Welt finden.

# FRANKREICH: WEINANBAU

Die Franzosen genießen nicht nur ihre Weine, sie nehmen sie auch sehr ernst, denn die Herstellung und Vermarktung von Wein zählt zu den ökonomischen Hauptinteressen des Landes. Die berühmten Champagner-, Burgunder- und Bordeauxjahrgänge genießen weltweit einen exzellenten Ruf und erzielen bei Auktionen eindrucksvolle Preise.

Der Wein gibt vielen Menschen Lohn und Brot, vom ländlichen Winzer bis zum Pariser Geschäftsmann, der edle Weine in die ganze Welt exportiert. Darüber hinaus sind mit dem Wein auch Erwerbsquellen wie die Herstellung und der Vertrieb von Zubehör – von der Gartenschere bis zum Drucken von Etiketten – verbunden. In Frankreich ist eine ganze Industrie vom Wein abhängig.

### Positive Veränderungen

Der französische Weinbau hat in den vergangenen Jahrzehnten bedeutende Veränderungen erfahren. Aufgrund des starken Rückgangs des inländischen Weinkonsums werden die weiten Ebenen des Midi, wo früher flächendeckend der Anbau qualitätsarmer Weinstöcke betrieben wurde, zunehmend aufgegeben. Die Produktion ist zurückgegangen, die Qualität des Weines hat sich jedoch erheblich verbessert. In Frankreich avanciert Wein immer mehr von einem Kneipen- zu einem vorwiegend zu den Mahlzeiten genossenen Getränk.

Diese Veränderung der Trinkgewohnheiten führte zunächst zu einem problematischen Überangebot an Wein. Zur Entstehung des sogenannten »Weinsees« in der EG trugen neben den italienischen auch die billigen, qualitätsarmen Weine aus dem südlichen Frankreich bei. Die Behörden der Europäischen Gemeinschaft bemühten sich um die Beseitigung dieses Problems, indem sie viele Winzer für die Einstellung des Weinbaus finanziell entschädigten oder zum Anbau besserer Rebsorten und zur Kultivierung geeigneterer Flächen rieten, um die Qualität der Weine zu verbessern.

### Weinqualitäten

Solche Weine haben gute Aussichten, einer der offiziellen Qualitätsklassen zugeordnet zu werden. Die höchste ist die »Appellation (d'Origine) Contrôlée« (AOC), die darauf hinweist, daß der Wein gemäß bestehender Normen und in einem bestimmten Anbaugebiet hergestellt wurde und einen Geschmackstest bestanden hat. Die niedrigste, aber immer noch anerkannte Qualitätskategorie ist der »vin de pays« (Landwein). Diese Weine sind zwar qualitätsärmer als die AOC-Weine, doch auch bei ihrer Herstellung sind die Winzer verpflichtet, Vorschriften einzuhalten, die die Rebsorten, die Produktionsmenge je Hektar und die Herstellungsmethoden festlegen.

Die Grundlagen des französischen Weingesetzes sind Lage und Ernteertrag. So muß beispielsweise der Champagner nicht nur aus einem bestimmten Anbaugebiet stammen, sondern sogar von bestimmten Weinbergen. Ebenso gibt es eine Obergrenze für die Weinproduktion je Hektar Fläche, denn die Franzosen sind der Meinung, daß beim Wein »mehr« auch »schlechter« bedeutet.

Weinberge, in denen AOC-Weine angebaut werden, gibt es in allen französischen Weinbaugebieten. Hinsichtlich Status und Qualität unterscheiden sie sich jedoch erheblich voneinander. Dadurch garantiert eine »AOC«-Etikettierung nicht unbedingt einen exzellenten Wein, denn einige Weinbaugebiete sind besser als andere und einige Winzer keltern besser als andere. Bei einem als Qualitätswein einer bestimmten Anbauregion etikettierten Wein kann der Verbraucher lediglich sicher sein, daß Minimalstandards eingehalten wurden.

Die Schaffung der »vin de pays«-Kategorie hat zur Verbesserung durchschnittlicher Weine und Weinbaugebiete geführt. Aufgrund von der Regierung geförderter Werbekampagnen werden diese Weine von den Verbrauchern als authentische und sorgsam hergestellte Produkte akzeptiert. Damit können die Winzer für die Landweine einen höheren Preis verlangen als für die »vins de table« (Tafelweine), die aus keinem bestimmten Anbaugebiet stammen.

### Châteaux und Winzergenossenschaften

Wein ist ein einfaches Naturprodukt, dessen Herstellung bei Gewährleistung einer gleichbleibenden Qualität jedoch große Sorgfalt erfordert. Im Gegensatz zu anderen landwirtschaftlichen Produktionszweigen verbindet der Weinbau auf engem Raum den Anbau des Rohmaterials mit der Weiterverarbeitung zum Verkaufsprodukt. Die über die Wanderungsbewegung der Menschen vom Land in die Städte besorgten französischen Behörden sind sich die-

**Zwei Jungen** im Weinanbaugebiet von Bordeaux *(oben)* helfen bei der Weinlese. Das kühle atlantische Klima, der mineralreiche Untergrund und die dünne Bodenkrume machen Bordeaux zu einer erstklassigen Weinregion.

## Weinbaugebiete

**Die geographischen Voraussetzungen** haben Frankreich zum Herkunftsland der berühmtesten Weine der Erde gemacht. Das Land liegt in den richtigen Breiten, wo eine ausreichende Sonnenscheindauer das Reifen der Trauben gewährleistet, ohne daß es – mit Ausnahme von Teilen Südfrankreichs – zu heiß wird. Bei zu großer Hitze kann der Gärungsprozeß außer Kontrolle geraten. Moderne Kühltechniken können dies zwar verhindern, dennoch führt eine zu hohe Sonneneinstrahlung zu mittelmäßigen Weinqualitäten. Die besten Weine stammen immer noch aus kühleren Gegenden wie um Bordeaux, in Atlantiknähe gelegen, oder aus Burgund mit seiner Côte d'Or; Champagner wird vor allem in den kühlen nördlichen Kalkebenen und dem

**Ein typisches Wein-Château** *(rechts)* besteht aus dem Wohnhaus (1), das von Weingärten umgeben wird (2). In der Kelter werden die Trauben zerkleinert (3), der Saft in Gärbehälter (4) geleitet und die Rückstände in einer hydraulischen Presse (5) ausgepreßt. In Behältern aus nicht-rostendem Stahl gärt der frische Wein weiter (6) und wird dann in Eichenfässer (7) umgefüllt. In einem anderen Gebäude erfolgt dann die Flaschenabfüllung (8).

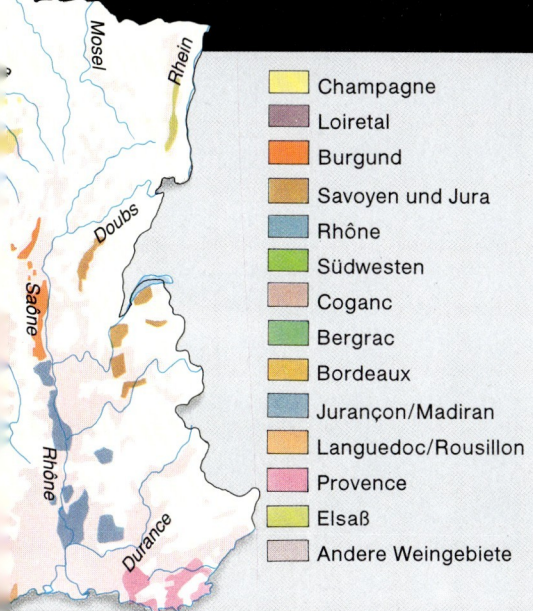

| | |
|---|---|
| 🟨 | Champagne |
| 🟪 | Loiretal |
| 🟧 | Burgund |
| 🟫 | Savoyen und Jura |
| 🟦 | Rhône |
| 🟩 | Südwesten |
| 🟧 | Coganc |
| 🟩 | Bergrac |
| 🟨 | Bordeaux |
| 🟦 | Jurançon/Madiran |
| 🟧 | Languedoc/Rousillon |
| 🟪 | Provence |
| 🟩 | Elsaß |
| 🟫 | Andere Weingebiete |

durch die Berge geschützten Elsaß gewonnen. Ein südlicheres, für seine edlen Tropfen berühmtes Weinanbaugebiet ist das Rhônetal. In den Mittelmeerlandschaften Provence und Languedoc-Roussillon sind die Standards niedriger – trotz der in den letzten Jahrzehnten erzielten, erheblichen Verbesserungen. Dort ist die Qualität in hohem Maße von der Wahl des richtigen Standorts und den Fertigkeiten der Keltermeister abhängig, die mit sehr viel Fingerspitzengefühl arbeiten.

ser Eigenschaft der Weinindustrie bewußt, von der die Landbewohner profitieren und denen sie eine ganze Reihe unterschiedlichster Beschäftigungsmöglichkeiten bietet. Der Weinanbau ist auch für den Tourismus wichtig. Weinliebhaber aus aller Welt strömen zu den Orten, an denen die berühmtesten Weine hergestellt werden, zu den »château« genannten Weingütern.

Allerdings wird der überwiegende Teil der französischen Weinproduktion nicht in den vielgepriesenen »châteaux«, sondern von Winzergenossenschaften hergestellt und vertrieben. In diesen Einrichtungen sind Hunderte oder gar Tausende von Winzern organisiert. Gemeinsam sind sie in der Lage, die modernen Produktionstechniken und das notwendige Fachpersonal zur Herstellung, Abfüllung und Vermarktung der Weine zu finanzieren. Gut geführte Kooperativen treiben auch auf den Exportmärkten Werbung für ihre Produkte, tragen zur Hebung der regionalen Standards und somit des Einkommens der Winzer bei.

# FRANKREICH

### Industrie
Frankreich nimmt heute unter den Industrienationen der Welt eine führende Position ein. Damit knüpft es an eine Tradition an, die schon im 17. und 18. Jahrhundert begründet wurde. Im absolutistischen Frankreich hatte sich das Manufakturwesen unter dem Schutz des Königtums zu höchster Blüte entwickelt.

Diese Vormachtstellung geriet jedoch im Zuge der Industrialisierung rasch ins Wanken. Das Land verfügt nur über wenige natürliche Rohstoffe. Die wichtigsten europäischen Kohlebecken erreichen Frankreichs Norden nur in Ausläufern, Erdöl und Erdgas beschränken sich auf kleine Lagerstätten im Südwesten. Auch die instabilen politischen Verhältnisse und die schleppende Bevölkerungsentwicklung waren Ursachen dafür, daß der Industrialisierungsprozeß in Frankreich im Vergleich zu Großbritannien rund 100 Jahre später einsetzte.

Erst nach dem Zweiten Weltkrieg erfuhr Frankreichs Wirtschaft einen beachtlichen Aufschwung und schaffte in wenigen Jahren den Anschluß an die Weltspitze.

### Industriestandorte und Strukturwandel
Frankreichs Industriestandorte sind regional sehr ungleich verteilt. Auf der Grundlage von Kohle- und Erzvorkommen haben sich schon im 19. Jahrhundert die Schwerindustrieviere in Lothringen, zwischen Valenciennes und Cambrai sowie im Becken von Saint-Étienne entwickelt. Die Hauptgebiete der traditionellen französischen Textilindustrie liegen im Raum Lille-Tourcoing-Roubaix, Rouen, Lyon und Colmar.

Schon immer war Paris und Umgebung der wichtigste Industriestandort Frankreichs. Hier sind nahezu alle wichtigen Industriezweige vertreten. Faßt man die bedeutendsten Industriebetriebe des Pariser Beckens zusammen, so sind in dieser Region über die Hälfte aller französischen Industriearbeiter beschäftigt. Vor allem das verarbeitende Gewerbe, die Mode- und Lederwarenindustrie sowie Druckindustrie und Parfümherstellung sind in hohem Maße im Großraum Paris konzentriert.

Seit den 60er Jahren hat sich in der französischen Industrie ein räumlicher, sektoraler und struktureller Wandel vollzogen. Die staatlich gesteuerte Industriepolitik versuchte mit Hilfe von Regionalisierungsprogrammen die landesweite Dezentralisierung der Wirtschaft durchzusetzen. Dazu mußten erst wichtige Voraussetzungen geschaffen werden, wie zum Beispiel die Sicherstellung der Energieversorgung in industriell nur gering erschlossenen Regionen. In gewaltigen Baumaßnahmen wurde beispielsweise die Rhône kanalisiert und für die Energiegewinnung nutzbar gemacht. Ebenso baute Frankreich schon früh auf die Entwicklung der nuklearen Energie, die heute mit einem Anteil von 76 % an der Stromversorgung den Spitzenplatz unter allen europäischen Ländern einnimmt.

## Frankreichs Hochgeschwindigkeitszug

**Der Hochgeschwindigkeitszug,** kurz TGV (rechts), ist mit einer Höchstgeschwindigkeit von 270 Stundenkilometern der schnellste Zug der Erde. Der TGV wurde in den 70er Jahren von der staatlichen französischen Eisenbahngesellschaft entwickelt. Der elektrisch angetriebene TGV verkehrt auf überwiegend geraden Strecken, die das Fahren mit hoher Geschwindigkeit und damit die erhebliche Verkürzung der bisherigen Fahrzeiten erlauben.

# FRANKREICH

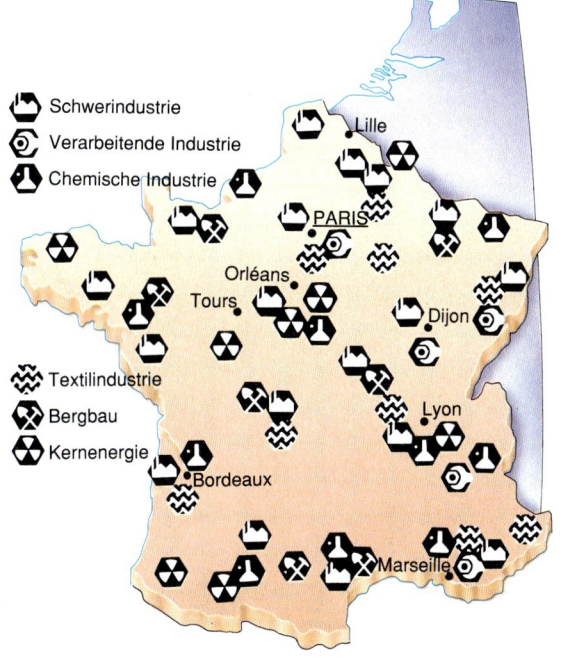

**Frankreich** *(links)* ist eine der führenden Industrienationen. Die Vielzahl der produzierten Güter reicht vom Stahl bis zu optischen Fasern. In staatlichen Wirtschaftsplänen werden die Ziele der Volkswirtschaft festgelegt. Die Forschung sowie die Entwicklung neuer Technologien werden mit hohen Investitionen gefördert. Paris ist der wirtschaftliche Mittelpunkt, ein Zentrum der Automobil- und Elektroindustrie. Weitere Industriestädte sind Marseille, Lyon, St.-Étienne, Lille und Toulouse.

Die traditionellen Industriereviere verloren an Bedeutung und neue Standorte der Stahlindustrie wurden entwickelt. Mit erheblichen staatlichen Hilfen wurden in Dünkirchen an der Kanalküste und in Fos bei Marseille neue große Hüttenkomplexe angesiedelt. Auch die Automobilindustrie, die in hohem Maße in Paris konzentriert war, wurde an andere Standorte verlegt. Trotzdem bleibt die wirtschaftliche Vormachtstellung von Paris ungebrochen.

Im Rahmen der regionalen Wirtschaftsförderung wurde die Entwicklung zukunfts- und wachstumsorientierter Wirtschaftssektoren forciert vorangetrieben. Die Region Rhône-Alpes mit den Schwerpunkten Lyon, Saint-Étienne und Grenoble erlebte einen boomartigen Aufschwung auf der Grundlage der chemischen und petrochemischen Industrie sowie der Elektro- und Elektronikindustrie. Toulouse entwickelte sich zum Zentrum des Flugzeugbaus. Airbus und Ariane sind nur zwei Projekte, die sich mit hohen wirtschaftlichen Erwartungen und nationalem Prestige verbinden. Um die Wettbewerbsfähigkeit auf dem internationalen Markt zu gewährleisten, setzte die französische Wirtschaftspolitik besonders auf die Zusammenlegung von Betrieben.

**Goldrot beleuchtet die** Edelmetallschmelze den Arbeiter in Pessac bei Bordeaux, wo Frankreich seine Münzen prägt *(ganz links)*. Diese staatliche Münze kann aber nicht den Produktionseinbruch der Schwerindustrie kompensieren.

**Ein Kernkraftwerk** *(oben rechts)*, bei Chinon am Fluß Vienne gelegen, soll für Frankreichs uneingeschränkte Befürwortung der Kernenergie stehen.

### Der Staat als Planer und Unternehmer

Zu den Wesensmerkmalen des zentralistischen Staates gehört, daß er die Wirtschaftsentwicklung durch Planungsdirektiven beeinflußt. In Frankreich hat dies eine lange Tradition.

So wurde nach dem Zweiten Weltkrieg die wirtschaftliche Entwicklung in starkem Maße durch staatliche Rahmenpläne gesteuert. Eine übergeordnete Plankommission erstellt Fünfjahrespläne, in denen die Investitionsschwerpunkte beschrieben werden und die den Orientierungsrahmen privater Unternehmen bilden. Die Verwirklichung der Planziele wurde vor allem durch Steuererleichterungen und gezielte Vergabe von Subventionen durchgesetzt.

Gleichzeitig hat die Rolle des Staates als Unternehmer ständig zugenommen. Schon vor dem Zweiten Weltkrieg setzte die Verstaatlichung von Industriebetrieben ein. Sie wurde unter de Gaulle und Mitterrand weiter vorangetrieben. Die wichtigsten Unternehmen des Energiesektors, Verkehrs- und Nachrichtenwesens, der Auto- und Flugzeugindustrie, der Eisen- und Stahlindustrie, der Rüstung, Elektronik und Chemie sowie einige Großbanken und Versicherungen sind heute Staatsunternehmen.

Allerdings wurden seit 1986 vereinzelt Betriebe auch wieder reprivatisiert. Seit 1995 unter Präsident Chirac hat sich die Wirtschaftspolitik wieder stärker von der sozialistischen zur konservativen Seite gewandt.

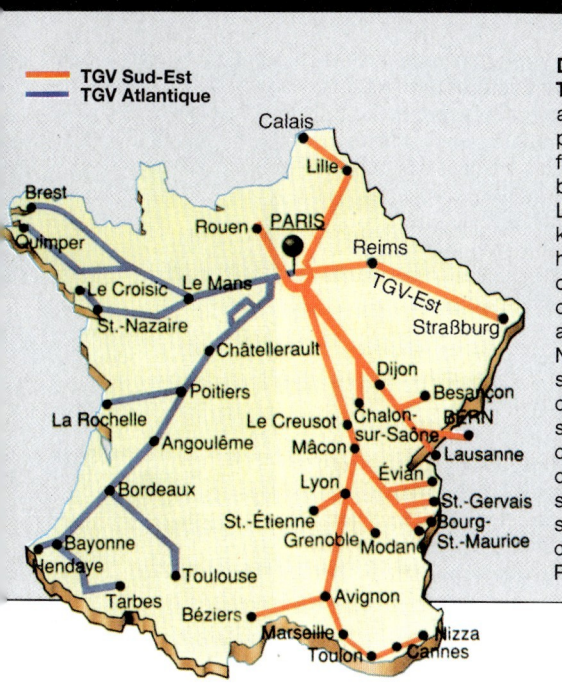

**Das Schienennetz des TGV** (links) verläuft radial auf Paris, den Mittelpunkt des gesamten französischen Eisenbahnnetzes, zu. Paris-Lyon war die erste Strecke, die der TGV befahren hat. Heute erreicht er durch Erweiterungen des Streckennetzes u. a. auch Bern, Lausanne, Nizza, Toulon und Marseille. Die Atlantik-Linie des TGV, 1989 eröffnet, schließt Brest, Bordeaux, Toulouse und andere Städte im Südwesten an. Der TGV Eurostar verbindet seit 1994 durch den Eurotunnel Paris mit London.

# FRANKREICH: DIE MENSCHEN

So einheitlich sich die französische Nation nach außen hin darstellt, so uneinheitlich ist sie in ihrer bevölkerungsgeographischen Struktur. Zwischen dem Mediterranfranzosen im Süden, dem Auvergnat des Zentralmassivs, dem Normannen, Savoyarden oder Aquitaner liegen buchstäblich Welten hinsichtlich Lebensart, Selbstverständnis, Wirtschaftsgeist oder gesellschaftlicher Verhaltensweisen. Hinzu kommen die ethnischen Minderheiten, die Bretonen, die Basken, die Katalanen, die Provençalen, die Korsen, die Elsässer und die Flamen, die immer wieder auf ihre kulturelle und gesellschaftliche Eigenständigkeit hinweisen.

Daß es in Anbetracht dieser Vielfalt nie zu einer Zersplitterung des Landes gekommen ist, liegt im Wesentlichen an dem zentralistisch ausgerichteten Staatswesen. So wurde den regionalen Autonomiebestrebungen seit frühester Zeit ein Riegel vorgeschoben, denn in Frankreich bedeutete Zentralismus nicht nur zentrale Verwaltung der kulturellen, wirtschaftlichen und sozialen Angelegenheiten, sondern auch zentrale Kontrolle.

Das ethnische Spektrum der Bevölkerung hat sich in den letzten Jahrzehnten deutlich erweitert, verursacht durch die Zuwanderungen ausländischer Arbeitnehmer und den Prozeß der Entkolonialisierung. Spanier und Portugiesen stellen seit vielen Jahren in Frankreich bedeutende Minderheiten dar, hinzu kommen im Südosten des Landes die Italiener. In den 50er Jahren stieg zudem der Anteil von Ostasiaten deutlich an.

Zahlenmäßig werden diese Gruppen jedoch von den Nordafrikanern übertroffen, die nach der Unabhängigkeit ihrer Heimatländer zu Millionen nach Frankreich eingewandert sind. Genaue Zahlen gibt es nicht, da diese Zuwanderung häufig auf »Schleichwegen« erfolgt ist. Vor allem in den Großstädten sind ganze Stadtviertel zu regelrechten orientalischen Bazaren umfunktioniert worden. Diese »Maghrebisierung« hat in den letzten Jahren verstärkt zu gesellschaftlichen Konflikten geführt, die auch in der politischen Reaktion der Bevölkerung ihren Niederschlag gefunden haben.

### Sprachliche Vielfalt

Die ethnische und kulturelle Vielfalt des französischen Volkes erklärt sich aus jahrtausendelangen Überlagerungen, die sich in diesem Land vollzogen haben. Eine Vereinheitlichung der Bevölkerung ist weder den Römern oder Franken in vergangenen Zeiten noch dem heutigen Zentralstaat geglückt. So spiegelt sich das ethnische Mosaik auch in einer sprachlichen Vielfalt wider. Französisch, das durchweg von allen Franzosen beherrscht wird, gehört zu den romanischen Sprachen. Es teilt sich in zwei Mundartgruppen (Sprachgebiete der Langue d'oui und der Langue d'oc), die Trennlinie verläuft etwas unterhalb der Loire. Im Osten des Landes trifft man auf eine Dialektvariante, das

Frankoprovençalisch. Ebenfalls zu den romanischen Sprachen zählt das Katalanische, das beiderseits der französisch-spanischen Grenze in den Ostpyrenäen gesprochen wird.

Die deutsche Sprache hat sich in Form eines alemannischen Dialekts in weiten Teilen des Elsaß erhalten. Das Flämische reicht vom Norden ebenfalls in das französische Territorium hinein. In einigen französischen Alpenregionen und auf Korsika bestehen bedeutende italienische Sprachminderheiten.

Besonderheiten stellen vor allem das Bretonische und Baskische dar. Bretonisch wird bis heute im Westteil der Bretagne gesprochen. Es zählt zu den keltischen Sprachen, zu denen auch das Walisische (Gälisch), das Irische, das Schottische oder das Galicische gehören.

Das Baskische, richtiger das Eskuara oder Euskara, ist die älteste Sprache, die auf dem europäischen Kontinent erhalten ist. Rund 100 000–200 000 französische und etwa 900 000 spanische Basken beherrschen diese Sprache, die als einzige Sprache Westeuropas nicht zur indogermanischen Sprachfamilie zählt.

### Bevölkerungsstrukturen

Die Bevölkerungsentwicklung Frankreichs zeigt im Verlauf der letzten beiden Jahrhunderte auffällige Abweichungen von der anderer vergleichbarer europäischer Staaten. Besonders im 19. Jahrhundert, als die Bevölkerungszahl kräf-

**Religiöse Prozessionen** *(oben)* wie hier in St. Tropez verweisen auf die Bedeutung des römisch-katholischen Glaubens. In Frankreich gibt es zwar keine offizielle Staatsreligion, die Bevölkerung ist jedoch zum überwiegenden Teil römisch-katholisch.

FRANKREICH

**Eine Blaskapelle in historischen Kostümen** *(links)* im Ort Obernai an der elsässischen Weinstraße. Die elsässische Volkskultur hat sich bis heute in historischen Ortschaften mit Fachwerkbauten, Trachten und Bräuchen erhalten.

**Zwei Weinbauern aus Argol** in der Bretagne *(unten)* verkosten jungen Cidre, das ist ein Apfelwein mit einem Alkoholgehalt von 2–5 Vol. %. Für die Bretonen ist Cidre ein »Nationalgetränk«. Es wird auch in der Normandie hergestellt.

tig zunahm, zeichnete sich Frankreich durch die niedrigsten Geburtenziffern in Europa aus. Erst im 20. Jahrhundert, begünstigt durch eine kinderfreundliche Familienpolitik vor allem nach dem Zweiten Weltkrieg, hat sich dieser Trend umgekehrt. Zwischen 1950 und 2000 hat die Bevölkerungszahl des Landes um 17 Millionen Menschen zugenommen.

Im Vergleich zu den Nachbarstaaten ist die Bevölkerungsdichte in Frankreich relativ gering. Allerdings ist die Bevölkerung innerhalb des Landes sehr ungleichmäßig verteilt. Größter Konzentrationspunkt ist die Île de France mit dem Zentrum Paris, wo knapp 20 % der Gesamtbevölkerung leben. Demgegenüber ist das übrige Land vergleichsweise dünn besiedelt.

### Bevölkerungsbewegungen

Diese ungleiche Bevölkerungsverteilung ist zum Teil das Ergebnis eines starken Wanderungsprozesses im Verlauf der letzten Jahrhunderte. Neben dem Schwerpunkt Paris waren die Industriegebiete im Norden und Osten des Landes Anziehungspunkte für die Bevölkerung aus den ländlichen Gebieten und den Gebirgen. Seit dem Zweiten Weltkrieg erfolgt eine zunehmende Konzentration entlang der südfranzösischen Küste, die sich mehr und mehr zum »Alterssitz der Franzosen« entwickelt, aber auch für viele ausländische Arbeitnehmer aus den mediterranen Anrainerstaaten zur neuen Heimat geworden ist.

**Bei einem Sommerfest in Brive** im Département Corrèze führen Männer auf Stelzen einen Volkstanz vor *(rechts)*. Trotz einer langen Tradition der Zentralisierung legt der Staat heute großen Wert auf die Erhaltung der vielen regionalen Kulturen.

**Zwei Gendarmen,** Mitglieder der französischen Polizei, auf Streife in der Nähe des Eifelturms *(unten),* spiegeln die neue multikulturelle Gesellschaft Frankreichs wider. Die Einwanderer aus den früheren Kolonien haben heute einen relativ großen Anteil an der Gesamtbevölkerung.

# FRANKREICH: LEBENSART

Zur weitverbreiteten Vorstellung von den Franzosen gehört das Bild eines wohlgekleideten Mannes mit gerötetem Gesicht und üppigem Schnurrbart, der beim Genuß eines opulenten Mahls hingebungsvoll das Bukett eines guten Glases Wein prüft. Die »typische« Französin ist eine elegante Brünette, deren modische Kleidung mit Bedacht ausgewählt erscheint und deren Auftreten in der Öffentlichkeit von überzeugendem Selbstbewußtsein und natürlicher Ungezwungenheit geprägt ist. Diese Vorstellungen verkörpern zwei der bemerkenswertesten Eigenschaften der Franzosen, die am zutreffendsten mittels zweier Redewendungen beschrieben werden können »Savoir-vivre« (»zu leben wissen«) und »Savoir-faire« (die Gewandheit, der Takt). Rückschlüsse auf das Wesen der französischen Lebensart ermöglichen zahlreiche ähnliche, ursprünglich französische Ausdrücke, die heute auch Teil des deutschen Wortschatzes sind. Einige Beispiele sind: der Bonvivant (der Lebemann), der Gourmet (der Feinschmecker), die Haute Cuisine (die feine Küche) und die Haute Couture (vollendete Schneiderkunst).

Spätestens seit dem 18. Jahrhundert wurde die Kultur der Franzosen zum Ideal, an dem sich andere Länder orientierten. Lange Zeit war das Französische und nicht das Englische die wichtigste Sprache in Westeuropa und für jeden, der als »gebildet« gelten wollte, war deren Beherrschung unverzichtbar. Das Französische hat einen weitaus kleineren Wortschatz als das Englische, die grammatischen Regeln sind jedoch wesentlich strikter. Eben diese Präzision, verbunden mit der einschmeichelnden Melodie der Sprache, läßt Ausländern das Französische als kultiviert erscheinen.

### Die französische Küche

Untrennbar mit der französischen Kultur verbunden sind die französische Küche und die Weine des Landes, die auch heute noch einen unbestritten exzellenten Ruf genießen. Obwohl sich andere Völker ähnlich ernähren wie die Franzosen, können sie sich keiner so international angesehenen Köche wie Bocuse, Carème und Escoffier rühmen.

Außerhalb Frankreichs ist die französische Küche auch deshalb so beliebt, weil den Franzosen das Essen weitaus mehr bedeutet als die bloße Zuführung der notwendigen Nährstoffe. Bocuse verglich das Kochen mit den Vorbereitungen zu einer Opernaufführung und viele Franzosen messen dieser Tätigkeit philosophische Bedeutung zu. Insbesondere Anthelme Brillat-Savarin (1755–1826) wäre in diesem Zusammenhang zu erwähnen, ein französischer Politiker, dessen unter dem Titel »Der Philosoph in der Küche« erschienenes Buch einen großen Einfluß ausgeübt hat. Die Einstellung der Franzosen zum Essen erlaubt ebenso Rückschlüsse auf die nationale Mentalität, wie die Vorliebe der Amerikaner für »Fast Food«.

**Eine Kundin** erwägt den Kauf einer Ente auf dem Markt von Bordeaux *(unten)*. Die französische Küche verwendet grundsätzlich nur frische Naturprodukte. Viele Franzosen verschmähen die in Massenproduktion hergestellten Waren.

**Ein modisch gekleidetes Paar** *(rechts)* in einem der zahlreichen Pariser Restaurants. Die französische Lebensart ist auch ein Ausdruck der Einstellung, daß Vergnügen eine ernste Angelegenheit sei, bei der man sorgfältig vorgehen sollte.

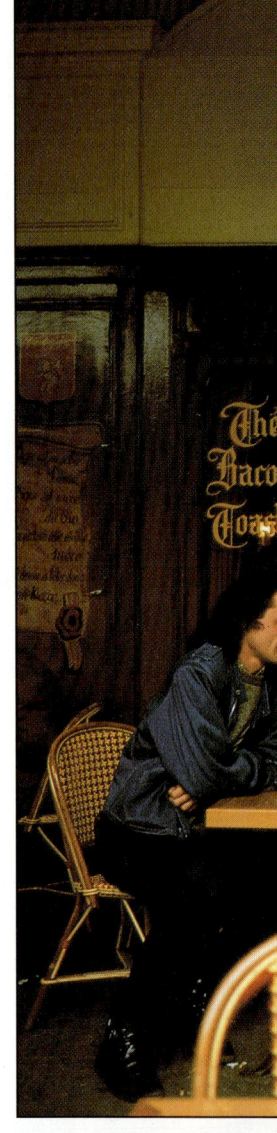

FRANKREICH

**Diese Schaufenster** *(unten)* bieten eine wohlgeordnete Warenauswahl. Das 1761 gegründete Geschäft pflegt die Tradition geschmackvoller Auslagen, die für den typischen Stil des französischen Konsumgüterhandels charakteristisch ist.

**Ein französischer Arbeiter** *(ganz unten)* probiert ein Stück von dem noch warmen Brot, das er eben in der Bäckerei erstanden hat. Die in den kleinen »Boulangeries« täglich frisch gebackenen Brotlaibe haben traditionell unterschiedliche Formen.

**Für das französische Modehaus Chanel** entwirft der deutsche Modedesigner Karl Lagerfeld die Haute Couture *(links)*. Bei einer Modenschau führen die Top-Models Cindy Crawford, Helena Christiansen und Claudia Schiffer die neuesten Kreationen vor.

Die Haute Couture hat sich von den »Kreationen« der Spitzendesigner zu einer Industrie mit einem weltweiten Umsatz von vielen Milliarden Dollar entwickelt. Viele Modehäuser bringen auch Parfums und andere »Accessoires« auf den Markt.

Essen, sagen die Franzosen, sollte man nie in Eile, sondern es sollte ein Erlebnis, ein Fest sein. Diese Auffassung wurde vor einiger Zeit in einem Kinofilm hervorragend illustriert. In »Babettes Festmahl« verändert ein Franzose, der im 19. Jahrhundert nach seiner Flucht aus Paris eine neue Heimat in Dänemark findet, durch die sinnlichen Wonnen einer mit französischen Delikatessen überladenen Festtafel die Weltanschauung einer Gruppe biederer und verzagter Dorfbewohner.

**Die französische Mode**

Das französische Essen und die französische Mode weisen eine Reihe von Gemeinsamkeiten auf. Frankreich ist ebenso berühmt für seine »couture« (Mode) wie für seine »cuisine« (Küche): Die Frühjahrsmodenschauen in Paris bestimmen noch immer weltweit den Modetrend der Saison, und wird man aufgefordert, einige Designer zu nennen, so fallen einem zuallererst die Namen französischer Vertreter dieser Zunft ein, wie beispielsweise Yves Saint-Laurent, Pierre Cardin und Christian Dior. Überraschend ist, daß laut Statistik in Frankreich im Durchschnitt weniger Geld für Kleidung ausgegeben wird als in vielen anderen Ländern.

Das Geheimnis der französischen Küche besteht weniger aus ausgefeilten, extravaganten Saucen als vielmehr in der sorgfältigen Zubereitung einfachster Zutaten. Vergleichbar dazu besitzen die Franzosen die Fähigkeit, beim Tragen schlichtester Kleidung chic auszusehen. Sie waren die Erfinder des Denim (der Name bezieht sich auf Stoff aus der Stadt Nîmes) und rühmen sich immer noch des modischen Schnitts ihrer Jeans. Auch sind sie in der Lage, die Modeerscheinungen anderer Länder äußerst kreativ weiterzuentwickeln: ebenso wie sich die französische Küche bei der Entstehung ihrer »nouvelle cuisine« von der japanischen inspirieren ließ, ist es den französischen Modeschöpfern gelungen, den groben Faltenrock und das legere Sportsakko der Briten in elegante Kleidungsstücke zu verwandeln.

Die unnachahmliche Lebensart und das Flair der Franzosen offenbart sich auch in vielen anderen Bereichen ihrer Kultur, von der schmucken Auslage eines Lebensmittelladens bis zu den charakteristischen Filmen. Das französische Kino ist seit jeher für seine schönen Bilder und für seine Fähigkeit, gewöhnliche Geschichten fesselnd darzustellen, berühmt. So beschäftigt sich der Kinofilm »Claires Knie« von Eric Rohmer während seiner gesamten Dauer mit der Suche eines Mannes nach dem psychologisch richtigen Moment, das Knie eines Mädchens zu berühren. Aus einer Geschichte, deren einzige Handlung aus dem möglichen Streicheln eines Knies besteht, einen witzigen, schönen, intellektuell anregenden und sinnlichen Film zu machen, erfordert eine Eigenschaft, die die Franzosen im Überfluß besitzen: Phantasie.

# FRANKREICH: TOURISMUS

Für viele Länder hat heute der Fremdenverkehr als Devisenquelle und Wirtschaftsfaktor große Bedeutung. Das gilt auch für Frankreich. Das Land ist in besonderer Weise prädestiniert, seine landschaftlichen Reize, das gastronomische Renommee, eine breite Palette kultureller Sehenswürdigkeiten, malerische Städte und vieles andere darzubieten. Bis in das 18. Jahrhundert lassen sich die Wurzeln der Fremdenverkehrsentwicklung zurückverfolgen, wobei sich im Verlauf von zwei Jahrhunderten grundlegende Wandlungen vollzogen haben.

### Die Côte d'Azur – Wiege des Luxustourismus

Die Côte d'Azur ist der Küstenabschnitt des Landes, der am Anfang dieser Entwicklung steht. Etwa 1750 kamen die ersten Wintergäste aus England nach Hyères, um dem rauhen Klima der Britischen Inseln zu entfliehen. Wenige Jahre später wurden in Nizza rund 100 überwiegend englische Familien gezählt, die hier einen Teil des Winters verbrachten.

Schon 1772 wurde in Nizza das Meeresufer terrassiert, 1777 entstanden das Theater und das Casino. Wie stark der Anteil der Engländer an dieser Entwicklung war, dokumentiert sich in der »Promenade des Anglais«, der Prachtstraße von Nizza, die zwischen 1822 und 1824 angelegt wurde. Zum Großbürgertum aus England gesellten sich schon bald die oberen Gesellschaftsschichten aus Rußland, Deutschland und aus Frankreich selbst.

Im Verlauf des 19. Jahrhunderts erhielt die Côte d'Azur ihr unverwechselbares Gesicht einer mondänen, luxuriösen Fremdenverkehrslandschaft. Prachtvolle Villen entstanden innerhalb exotisch angelegter Gärten, Grandhotels mit großen Suiten, Ballsälen, aufwendigen Fassaden und Entrees wurden zum Kennzeichen der Strandpromenaden. Die mehrere Wochen verweilenden Wintergäste dominierten.

Im 20. Jahrhundert gewann der Sommertourismus immer mehr an Bedeutung. Nach dem Zweiten Weltkrieg setzte schließlich die Welle des Massentourismus ein, der das Bild der Côte d'Azur rasch veränderte. Große Appartementblocks verdrängten die Villen, Grandhotels und Parks. Gefragt sind heute möglichst preiswerte Unterkünfte, da der Urlaub ohnehin überwiegend dem Strandleben gewidmet ist. Um die neu angelegten Jachthäfen entstanden Fremdenverkehrszentren von teilweise gigantischen Ausmaßen. Diese Entwicklung hat sich mit staatlicher Unterstützung auch auf die Küstenstreifen zwischen der Camargue und den Pyrenäen ausgeweitet, wo mehrere Touristenzentren mit teilweise futuristischer architektonischer Gestaltung entstanden sind.

### Die Atlantikküste – touristische Vielfalt

Eine vergleichbare Entwicklung, jedoch mit zeitlicher Verschiebung, ist an der atlantischen Küste zu beobachten. Napoleon III. (1808 bis 1873) wählte Biarritz im Jahre 1855 als Som-

**Über einem schneebedeckten Alpental** fährt eine Seilbahn *(unten)* zu einem Berggipfel in der Nähe von Avoriaz im Département Haute-Savoie. Die Popularität des Skisports ließ Wintersportzentren wie Avoriaz, Megève und Val d'Isère entstehen.

**Jachten** *(rechts)* drängen sich im Hafen von Cannes, dem Schauplatz der jährlich stattfindenden internationalen Filmfestspiele. Die Côte d'Azur hat sich seit Mitte des 18. Jahrhunderts zu einem mondänen Fremdenverkehrsgebiet entwickelt.

# FRANKREICH

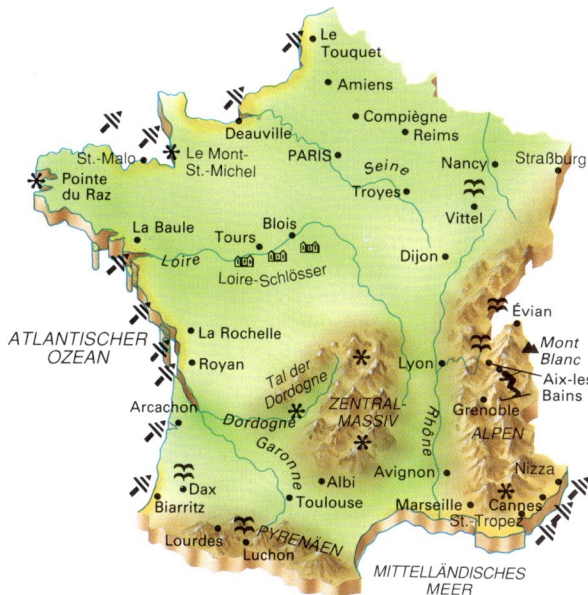

**Die geheimnisvollen Steinreihen von Carnac** *(links)* in der Bretagne stammen aus keltischen Zeiten. Die bretonische Halbinsel mit ihrer felsigen Landschaft und ihrer einzigartigen Kultur wird heute von zahlreichen Touristen bereist.

**Als Symbol des Glaubens** zieht die Wundergrotte der Jungfrau Maria in Lourdes *(unten)* am Fuße der Pyrenäen jedes Jahr Millionen von Besuchern an. Das Wasser der darin entspringenden Quelle wird seit langem als heilkräftig verehrt.

**Frankreich** hat ein breites Spektrum der unterschiedlichsten Landschaften *(oben)*. Es umfaßt unter anderem die malerischen Küsten an Atlantik und Mittelmeer, die Vulkanlandschaft der Auvergne sowie schneebedeckte Alpengipfel.

- Bedeutendes Seebad
- Wintersport
- Touristisch interessante Stadt
- Ort von besonderer landschaftlicher Schönheit
- Heilquelle

merresidenz, was eine Magnetwirkung auf den gesamten französischen Hochadel hatte. Nachdem 1889 die britische Königin Viktoria (1819–1901) Biarritz zu ihrem Winteraufenthaltsort gewählt hatte, war der internationale Ruf dieses Seebades endgültig gesichert.

Auch an den normannischen Küsten entstanden ab Mitte des 19. Jahrhunderts zahlreiche Seebäder, wiederum stark von Großbritannien her beeinflußt. Ausgehend von Trouville-sur-Mer und Deauville südlich der Seinemündung entwickelten sich die Côte Fleurie und die Côte de Grace im Laufe der folgenden Jahrzehnte zum exklusiven Badestrand von Paris.

Der Ausbau der Verkehrswege hat auch in der lange Zeit abseits gelegenen Bretagne eine intensive Fremdenverkehrsentwicklung ausgelöst. La Baule nördlich der Loire-Mündung oder Dinard an der Kanalküste haben sich zu reizvollen Badeorten entwickelt. Im Zuge des Massentourismus sind die bretonischen Strände glücklicherweise nicht mit »Touristensilos« zugebaut worden, wie dies im Mittelmeerraum geschehen ist.

**Zunehmende Bedeutung des Wintertourismus**

In den letzten Jahren ist der Wintersporttourismus zu einem wichtigen Faktor für die Fremdenverkehrswirtschaft geworden. Für die ökonomische Entwicklung der Gebirgsregionen bieten sich damit neue Impulse, nachdem die Landwirtschaft in diesen Gebieten stark rückläufig war und sich der ohnehin nur spärlich ausgeprägte Sommertourismus zunehmend an die Küsten verlagerte. Der Ausbau neuer Skizentren erfolgte in den letzten Jahren mit atemberaubender Geschwindigkeit und verursachte damit zunehmend auch Kritik, da die ökologischen Schäden durch den Wintersport immer offensichtlicher werden. Zu Hunderttausenden wedelt ein internationales Publikum über die Pisten der Westalpen, wo diese Entwicklung besonders dynamisch verlaufen ist und wo heute vielerorts Appartementhochhäuser an die Stelle der Almhütten getreten sind. Die Winterolympiaden von 1968 (Grenoble) und 1992 (Albertville) haben diese Entwicklung in erheblichem Maße beschleunigt. Aber auch im Zentralmassiv und in den Pyrenäen ist in den letzten Jahren ein Bedeutungszuwachs des Wintersports auf der Suche nach immer neuen Skipisten zu beobachten.

431

# FRANKREICH: KUNST UND KULTUR

Das kulturelle Leben Frankreichs genießt weltweit einen ausgezeichneten Ruf. Nur in wenigen anderen westlichen Ländern spielt die Kultur eine so vitale Rolle im Alltagsleben der Menschen wie hier.

## Das Mittelalter

Umgeben von Spanien, England, Flandern, Deutschland und Italien hat Frankreich im Mittelalter die Einflüsse all dieser Länder aufgenommen und in eine mächtige, eigenständige Kultur einfließen lassen. So ließen sich die französischen Troubadoure – wandernde Dichter und Sänger – bei der Schaffung ihrer berühmten Liebesdichtung von der Literatur des maurischen Spanien inspirieren. Frankreich war auch richtungweisend bei der Entwicklung der Romanik, eines neuen Kunst- und Architekturstils, der eng mit dem siegreichen Christentum verbunden war. Eine Reihe überwältigender romanischer Kirchen und anderer Baudenkmäler entstand auf den Routen, die die Pilger auf ihrem Weg nach Santiago de Compostela in Nordspanien, dem Begräbnisort des Apostels Jakobus, durch Frankreich führten.

Auf die Romanik folgten die Spitzbögen und der sanfte Naturalismus des gotischen Stils. Er wurde von französischen Zisterziensermönchen entwickelt und über ganz Europa verbreitet. Die gotische Baukunst erreichte mit der Errichtung der einzigartigen nordfranzösischen Kathedralen von Chartres, Bourges, Reims und Amiens ihren Höhepunkt.

Im 14. Jahrhundert erlebte die französische Kultur durch die Verlegung des Papstsitzes von Rom nach Avignon einen weiteren Aufschwung. Die päpstliche Residenz in Avignon wurde um 1400 zu einem Zentrum der Spätgotik und zog zahlreiche zeitgenössische Künstler, Schriftsteller und Musiker an. Im folgenden Jahrhundert stärkte König Franz I. die kulturellen Bande zu Italien, indem er so namhafte Künstler wie Leonardo da Vinci an seinen Hof nach Fontainebleau einlud. Aufgrund der Initiative Franz I. war Frankreich das erste Land, das die künstlerischen, literarischen und geistigen Neuerungen der italienischen Renaissance mit Begeisterung aufnahm.

## Versailles und danach

Im 17. Jahrhundert entstand im französischen Versailles der prächtigste aller europäischen Höfe – der Hof von Ludwig XIV., dem »Sonnenkönig«. Seit jener Zeit bestehen bis zum heutigen Tage zwei gegensätzliche Strömungen in der französischen Kunst und Kultur: die Liebe zum Rationalen, verdeutlicht durch die strenge Symmetrie des Palastes und der Gärten von Versailles, und die Neigung zu Farbeffekten, Sinnlichkeit und Übersinnlichem. Um 1700 entstand eine heftige Debatte zwischen französischen Intellektuellen. Für die einen stellten die Werke des »klassizistischen« Malers Nicolas Poussin (1593–1665) das Ideal dar, während die

**Versailles** (rechts), der Palast Ludwigs XIV., hatte bei der Pracht des königlichen Hofes keinen Rivalen zu fürchten. Der hier abgebildete Spiegelsaal ist ein langgestreckter, von Spiegeln gesäumter Saal. Die Anlage von Versailles mit ihren geometrisch angeordneten Gärten verkörpert eines der Hauptthemen der französischen Kultur: das Bedürfnis nach Ordnung. Darüberhinaus sind Farbgebung und Sinnlichkeit in der französischen Kunst und Architektur von großer Bedeutung.

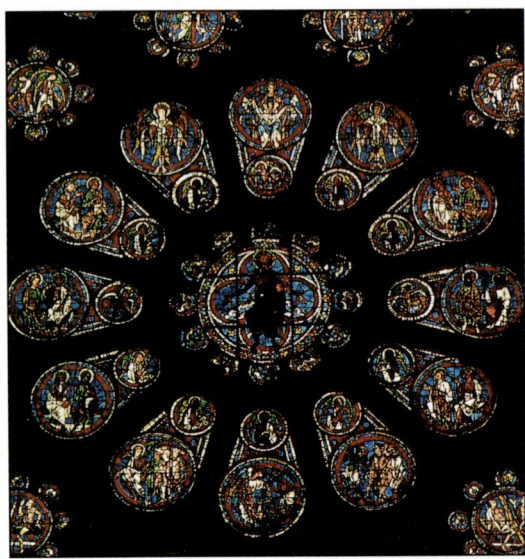

**Das Rosenfenster von Chartres** (ganz oben) zeigt seine mittelalterliche Pracht den heutigen Touristen so wie einst den gläubigen Pilgern. Die Kathedrale von Chartres ist ein Beispiel für den von Zisterziensermönchen entwickelten gotischen Baustil.

**Der Papstpalast in Avignon** (oben) wurde im 14. Jahrhundert erbaut, als der Papstsitz für eine Zeit von Rom nach Frankreich verlegt wurde. Er zog viele führende Künstler an, die ihren Beitrag zum Glanz der gotischen Baukunst leisteten.

# FRANKREICH

anderen dessen flämischen Zeitgenossen Peter Paul Rubens (1577–1640) favorisierten, einen Künstler, der für die Klarheit seiner Farbgebung und seines Pinselstrichs berühmt war. Schließlich behielten die Anhänger von Rubens die Oberhand. Unter der Führung von Künstlern wie J.-A. Watteau (1684–1721), F. Boucher (1703–1770) und J. H. Fragonard (1732–1806) machte sich die französische Malerei frei von den Zwängen des Stils und der Inhalte, denen sie noch im 17. Jahrhundert unterworfen war. Die Franzosen wurden somit zu den Wegbereitern einer Bewegung, die als Aufklärung bezeichnet wurde.

Nach der Französischen Revolution kam der strenge und kompromißlose Klassizismus wieder in Mode, ein Stil, der später charakteristisch für alle radikalen Bewegungen werden sollte. Die Frivolität von Watteau und dessen Zeitgenossen wurde durch die nüchterne und emotional direkte Kunst von J. L. David (1748–1825) ersetzt, eines Künstlers, der neben der Malerei auch aktiv am politischen Leben teilnahm. All dies sollte sich jedoch 1815 mit der Niederlage Napoleons wieder ändern, die in Frankreich zu einer weit verbreiteten Desillusionierung im Hinblick auf die politischen Strukturen führte. Die Künstler suchten Zuflucht in ihren eigenen Fantasien und lehnten gesellschaftliche Konventionen ab. Ein Beispiel dieser Epoche, der Romantik, sind die Arbeiten von Eugène Delacroix (1798–1863).

## Ein kultureller Erneuerer

Um 1830 war Frankreich zum unbestrittenen kulturellen Zentrum der westlichen Welt geworden und konnte bis nach dem Zweiten Weltkrieg diesen Ruf wahren. Künstler, Schriftsteller und Musiker aus ganz Europa und Amerika strömten nach Paris. Auf die Romantik folgte der Realismus. In der Malerei wird diese Bewegung durch die Werke der Impressionisten repräsentiert, die eine ausdrucksvoll realistische Kunstfertigkeit in ihrer Sichtweise entwickelten. Es folgten Symbolismus, Kubismus, Surrealismus, Existentialismus, Strukturalismus. Und bis heute ist Frankreich weiterhin häufig der Ausgangspunkt solcher Bewegungen. Die französische Regierung ist mit der Investition hoher Geldsummen und der Durchführung neuer, wirkungsvoller Initiativen darum bemüht, das Image des Landes als kultureller Erneuerer zu bewahren.

**Monets Garten** im nordfranzösischen Giverny *(Mitte links)* verdeutlicht die künstlerische Idee des impressionistischen Malers. Er inspirierte ihn zu vielen seiner Werke. Seine Lilien-Gemälde gehören heute zu den teuersten Kunstwerken.

**Skulpturen unter freiem Himmel** *(links)* im »Forum des Halles« versuchen, den Besucher in die Welt der modernen Kunst einzubeziehen. Das riesige moderne Einkaufszentrum entstand an der Stelle der einst berühmten Markthallen.

# FRANKREICH: LOIRE-SCHLÖSSER

Das Tal der Loire, das historische Kernland Frankreichs, verfügt über ein architektonisches Erbe, das es zu einer der berühmtesten Regionen Frankreichs macht. Mehr als 1000 »châteaux« (große Landschlösser) säumen die Ufer und das nahe Umland der Loire. Dieser Schaukasten der französischen Vergangenheit, der in einer idyllischen Umgebung liegt, wird auch »Straße der königlichen Lebenskunst« genannt. Die Region ist bekannt für die schönen Landschaften, die ausgedehnten Weinberge, ihre schmackhafte Küche und ihr mildes Klima.

1429 hat eine junge Frau aus dem nahegelegenen Orléans, Jeanne d'Arc, die als »Jungfrau von Orléans« in die Geschichte eingegangen ist, diese Stadt der englischen Kontrolle entrissen. Dieser große Sieg bedeutete den Wendepunkt im »Hundertjährigen Krieg« (1337–1453) und leitete die Vertreibung der Engländer aus dem französischen Territorium ein. Im folgenden Jahrhundert wurden elegante Jagdsitze und Landschlösser errichtet.

## Die französische Renaissance

Auf die vielen Jahre kriegerischer Auseinandersetzungen folgte mit der Zeit der französischen Renaissance eine Periode des Friedens und des Wohlstands. Damals entstanden zahlreiche der Schlösser, die man heute besichtigen kann, beispielsweise Ussé, Azay-le-Rideau, Villandry, Amboise, Chenonceaux, Chaumont, Cheverny, Blois und Chambord. Hier errichteten die französischen Monarchen und die mächtigen Adeligen des Landes ihre in grüne Parks eingebetteten, luxuriösen Residenzen.

Im 16. Jahrhundert führte der auf Schloß Amboise residierende junge König Franz I. (1494–1547) ein prunkvolles Hofleben ein, das die Loire zum Magneten für Gelehrte, Poeten, Musiker und für andere Künstler machte. Die Gemälde, das Mobiliar, die kostbaren Wandteppiche und Juwelen des Schlosses bezeugen die außergewöhnliche kulturelle Blüte jener Zeit. Auf dem nahegelegenen Herrensitz Clos-Lucé befindet sich das Grab Leonardo da Vincis (1452–1519), des berühmtesten Künstlers und Denkers der Renaissance. Seine letzten vier Lebensjahre verbrachte Leonardo unter dem Mäzenatentum des Königs. Sein ehemaliger Wohnsitz beherbergt heute ein Museum, in dem maßstabsgetreue Nachbildungen seiner erstaunlichen Erfindungen ausgestellt sind.

Für den heutigen Besucher ist der an der Mündung der Loire gelegene malerische Seehafen Nantes ein günstiger Startpunkt für eine Besichtigungsreise durch das Tal der Loire. Zu dessen schönsten Schlössern zählt das im 15. Jahrhundert erbaute Schloß Ussé, das den Dichter Charles Perrault (er lebte im 16. Jahrhundert auf Ussé) zu seinem Märchen »Die Schöne, die im Wald schlief«, dem französischen »Dornröschen«, angeregt hat.

Azay-le-Rideau genießt sowohl aufgrund seines Standorts als auch seiner Architektur einen

**Chambord** (rechts) spiegelt sich im Wasser des Schloßgrabens. 1519 begann man auf Geheiß Franz I., des größten königlichen Kunstmäzens, mit dem Bau, der, 1539, als der König dort Kaiser Karl V. empfing, immer noch nicht abgeschlossen war.

**Villandry** (rechts außen) verfügt über einen der wenigen, heute noch zu besichtigenden Renaissance-Gärten. Die Zierbeete stellen Charaktere der Liebe dar, die durch verschiedene Formen und die Wahl der Blumen symbolisiert werden.

**Azay-le-Rideau** (unten rechts) wird sowohl aufgrund seiner herrlichen Lage als auch seiner Architektur für das schönste Loire-Schloß gehalten. Die »Son et Lumière« genannten Schauspiele berichten von der faszinierenden Geschichte des Schlosses.

zumindest ebenso guten Ruf wie Ussé. Von Mai bis Dezember wird jeden Abend bei dem »Son et Lumière« genannten Schauspiel die Geschichte des Schatzmeisters Franz I., der den Bau des Schlosses veranlaßte, erzählt. Durch die Veruntreuung königlicher Gelder fiel er in Ungnade und seine schöne Gemahlin, die die eigentliche Bauherrin war, mußte ihr prächtiges Heim dem König überlassen.

## Der Garten der Liebe

Besucher von Villandry können einen der wenigen Renaissance-Gärten Europas bewundern, der den Plänen der ursprünglichen Anlage aus dem 16. Jahrhundert nachgestaltet wurde. Die drei Gartenterrassen mit einem Wassergarten von etwa 7000 m² Wasserfläche und einem Ziergarten, wurden im frühen 20. Jahrhundert in ihrer ursprünglichen formalen Schönheit rekonstruiert. Den größten Ruhm weist jedoch die unterste Ebene auf, auf der die phantasievoll gemusterten Gemüsebeete die Charaktere der Liebe darstellen.

Bevor man die Wegkreuzungen von Anjou, Poitou und Touraine hinter sich läßt, eröffnet eine Fahrt in Richtung Saumur den Blick auf römische Bäder und Kirchen, steinerne Denkmäler und die hoch in den weißen Kreidefelsen gelegenen Höhlen. Zu den berühmten Produkten dieser Region gehören leichte Weißweine, cremiger Ziegenkäse und Champignons. Die

# FRANKREICH

Höhlen an den Abhängen eignen sich als kühle, dunkle Orte zum Ziehen der Champignons und zum Reifen der edlen Weine.

Passiert man Tours und setzt die Reise in östlicher Richtung fort, so gelangt man bald zu dem Schloß Chenonceaux. Über dem idyllischen Fluß Cher errichtet, ist es eines der wenigen Schlösser, in dem sich der Besucher frei bewegen und das glitzernde Schauspiel des sich im Wasser brechenden Lichtes, das von den Wänden und Decken der großen, luftigen Räume reflektiert wird, ohne Führung bewundern kann. Nordwestlich von Chenonceaux und direkt über dem Ufer der Loire erbaut, liegt Schloß Chaumont. Das ansehnliche Gebäude entspricht nicht den Befürchtungen, die man bei Kenntnis seiner traurigen Geschichte als Ort des Exils der Diana von Poitiers haben könnte. Die Maitresse König Heinrichs II. wurde nach dessen Tod aus ihrem geliebten Chenonceaux nach Chaumont verbannt.

### Chambord und Blois

Die Reise wäre unvollständig ohne die Besichtigung der Paläste von Blois und Chambord, der größten Schlösser an der Loire. Allein Chambord hat 440 Zimmer und das zugehörige Gelände war einst größer als Paris. Seine Entstehung verdankt es Franz I., der hier im Jahr 1539 Karl V. (1500–1558), dem Kaiser des Heiligen Römischen Reiches, einen pompösen Empfang bereitete. Die Erbauer beabsichtigten dabei, die Loire umzuleiten, um die Wirkung der 5503 ha Wälder, Gärten, Seen und Teiche noch zu vergrößern.

Blois, der Schauplatz von Hofintrigen und geheimnisvollen Verschwörungen, war die bevorzugte Residenz zahlreicher französischer Könige. Die wilde Umgebung des Schlosses gefiel Franz II., der es als Jagdsitz nutzte. Heute gründet sich die Berühmtheit von Blois auf eine prunkvolle Wendeltreppe, die angeblich von Leonardo da Vinci entworfen worden ist.

**Das Tal der Loire** (unten) verfügt über zahlreiche Prunkstücke französischer Architektur. Diese Konzentration von Kunst und Architektur der Renaissance verdankt ihre Existenz dem kulturellen Aufblühen Frankreichs nach dem »Hundertjährigen Krieg« (1337 bis 1453). Amboise, die erste königliche Residenz, kennzeichnet den Beginn dieser Entwicklung, die unter König Franz I. ihren Höhepunkt fand. Franz I. war die Personifizierung der französischen Renaissance.

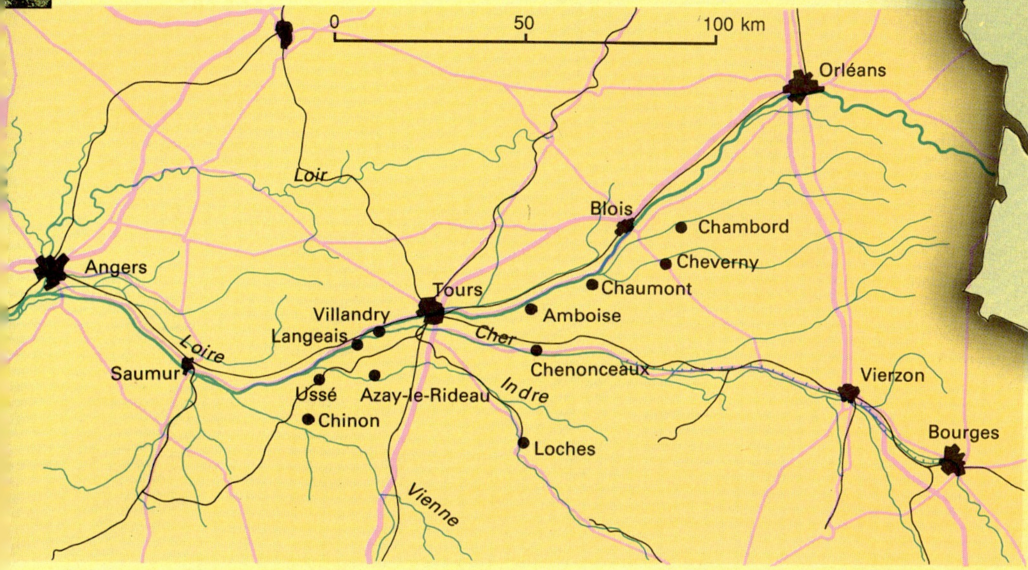

# FRANKREICH: KORSIKA

Die Beziehungen der Mittelmeerinsel Korsika zu ihrem Mutterland gelten seit Beginn ihrer Zusammengehörigkeit als »schwierig«, und das ist sicher nur eine unzureichende Andeutung eines Konflikts, der seither besteht. Ein echtes Zusammengehörigkeitsgefühl ist nie entstanden, auch wenn einer der großen Franzosen, Napoleon I. (1769–1821), eben in jenem Jahr in Korsika geboren wurde, als die Insel Frankreich angegliedert worden ist.

Die geographische Lage hat Korsika seit frühester Zeit zum Kreuzungspunkt von Völkern und Kulturen werden lassen. Die Häufung von Grabanlagen und Menhiren, den ersten monumentalen Steinskulpturen des Abendlandes, weist auf eine hochentwickelte steinzeitliche Megalithkultur hin. Lange vor den Griechen und Römern haben die Etrusker, Ligurer und andere Völker ihre Spuren hinterlassen. Die Phönizier bauten Mitte des ersten vorchristlichen Jahrtausends Handelsstützpunkte aus. Die römische Eroberung setzte 260 v. Chr. ein. Trotz eines über hundert Jahre andauernden Kampfes gelang ihnen aber nie die endgültige Unterwerfung dieses Inselvolkes.

Nach dem Untergang des Römischen Reiches blieb die Insel Spielball der Machtinteressen vieler Völker. Vandalen, Byzantiner und Sarazenen wechselten einander in der Herrschaft ab, bis im 9. Jahrhundert Korsika von den Mauren erobert wurde. Während ihrer mehr als zweihundertjährigen Herrschaft rissen die kriegerischen Auseinandersetzungen mit den Korsen nicht ab.

Als Korsika 1077 durch einen päpstlichen Beschluß dem Bistum von Pisa unterstellt wurde, rief das den Neid der Genueser hervor, die zu Beginn des 14. Jahrhunderts die Oberhoheit auf Korsika durchsetzen konnten. Im Widerstandskampf gegen die Fremdherrschaft verloren viele berühmte Korsen ihr Leben. Ein Aufstand unter Pasquale Paoli (1725–1807) beendete 1755 die genuesische Hegemonie. Die Zeit der korsischen Unabhängigkeit dauerte nur wenige Jahre und endete mit dem Verkauf der genuesischen Rechte an Frankreich. Nachdem die Korsen auch 1769 die Schlacht bei Ponte-Nuovo verloren hatten, war der Anschluß der Insel an Frankreich endgültig besiegelt: sie wurde als Département eingegliedert.

## Land und Wirtschaft

Die viertgrößte Insel des Mittelmeers liegt über 160 km von der französischen Küste entfernt. Der westliche Teil der Insel, aus alten kristallinen Gesteinsschichten aufgebaut, ist ein wildes, fast unzugängliches Gebirgsland, das im Monte Cinto 2710 m über Meereshöhe erreicht und zum Meer hin steil abfällt. Die Besiedlung beschränkt sich im wesentlichen auf einige Küstenhöfe, die sich im Mündungsbereich der Gebirgsbäche gebildet haben. Schmale und langgestreckte Buchten bieten gute Voraussetzungen für die Anlage von Naturhäfen. Landläufig wird der Westteil der Insel als »au-delà« (jenseits) bezeichnet. Dem steht östlich der Wasserscheide der Teil »en-deçà« (diesseits) gegenüber. Er ist an einigen Stellen zwar ebenfalls gebirgig, doch sind die Küstenebenen wesentlich breiter ausgebildet und ermöglichen eine dichtere Besiedlung.

Die wirtschaftlichen und strukturellen Probleme Korsikas liegen zum Teil in der wechselvollen Geschichte der Insel begründet. Die Einheimischen mußten sich immer wieder in die Gebirgsregionen zurückziehen, wo sie von einer extensiven Viehwirtschaft lebten. Erst in den letzten Jahrzehnten ist die Bewässerungslandwirtschaft in Ostkorsika intensiviert worden. Die Ansiedlung von ehemaligen Kolonialfranzosen aus Nordafrika hat in diesem Zusammenhang jedoch zu erheblichen Konflikten mit der einheimischen Bevölkerung geführt.

Zu einem wichtigen Wirtschaftsfaktor hat sich der Tourismus entwickelt. Besonders die Ostküste verfügt über kilometerlange Sandstrände, an denen in den letzten Jahren eine Reihe von Feriendörfern und touristischen Zentren entstanden sind. Daneben bilden die bizarre Schönheit der Insel sowie die kulturellen Zeugnisse der Vergangenheit eine gute Voraussetzung für den Fremdenverkehr. Aus Angst vor Überfremdung regt sich jedoch unter Teilen der Inselbewohner häufig Widerstand gegen den Tourismus.

**Als viertgrößte Mittelmeerinsel** verdankt Korsika *(unten)* seine Form den Gebirgen, die ihr Rückgrat bilden. Der Osten wird von einer Flachküste geprägt, während der Westen ob seiner wilden Steilküste berühmt ist.

**Der Bergort Vivario** *(oben)* liegt an der Verbindungsstraße von Ajaccio nach Corte im Landesinneren in einer reizvollen Mittelgebirgslandschaft mit Wein- und Gemüsekulturen, Macchia und Wäldern. Der Ort dient als Ausgangspunkt für Wanderungen in die Berge.

**Der Hafen von Bonifacio** *(rechts)* liegt am Ende eines 1500 m langen fjordartigen Einschnitts in die halbinselartige Südspitze Korsikas. Mit seinen Hotels und Restaurants ist der Hafen der belebteste Teil der Stadt.

**Korsikas Westküste** *(links)* ist in zahlreiche Buchten gegliedert, die gute Voraussetzungen für Naturhäfen bieten. Entlang dieses Küstenabschnitts bieten sich immer wieder wunderbare Ausblicke und Badebuchten.

# FRANKREICH: GUADELOUPE

Aus der Luft erlebt der Reisende Guadeloupe als einen Schmetterling im Karibischen Meer. Der Umriß der beiden Inseln Grande-Terre und Basse-Terre, die der schmale kanalartige Meeresarm Rivière Salée trennt, gleicht auffällig den Flügeln eines Falters. Wer jedoch über die verbindende Brücke von einem Flügel zum anderen fährt, wird erstaunt feststellen, daß ihre unterschiedliche Landschaft auf typische Weise die beiden Gesichter der Karibik zeigt: das offene der flachen Strände auf Grande-Terre und das geheimnisvolle der tropischen Regenwälder auf Basse-Terre.

Zusammen mit den benachbarten Inseln Les Saintes, Marie Galante und La Désirade sowie den über 200 km weiter nördlich gelegenen Inseln Saint Barthélemy und dem Nordteil von Saint Martin bildet Guadeloupe ein französisches Überseedépartement.

### Grande-Terre

Grande-Terre, der östliche Teil Guadeloupes, der zum äußeren Bogen der Kleinen Antillen gehört, ist ein niedriges, durch verschiedene eindrucksvolle Karsterscheinungen geformtes Kalkplateau. Das Zuckerrohr hat im Verlauf der letzten Jahrhunderte den tropischen Regenwald verdrängt, und der Blick reicht weit über langgestreckte Palmenalleen auf die malerischen Kleindörfer der Plantagenarbeiter. Ein 40 km langer Sandstrand säumt die sanfte karibische Seite dieses Flügels von Pointe-à-Pitre bis Pointe des Châteaux. Hier erfüllen Meer, Palmen, Sand und Buchten karibische Postkartenträume, hier findet der Urlauber alle Annehmlichkeiten einer französisch geprägten Hotellerie. Doch Grande-Terre hat noch mehr zu bieten als Sonnenbad und Wassersport. Seine herbere, dem Atlantik zugewandte Seite zeigt bei den Steilklippen von Pointe de la Grande Vigie und um die aus dem Meer ragenden Felsblöcke vor den Sandbuchten bei Pointe des Châteaux eine stark brandende See, deren steter Angriff den Fels zu imposanten Grotten ausgehöhlt hat.

Das Naturschauspiel steht im Kontrast zu einem anderen Spektakel: dem farbenfrohen Markt der Hafenstadt Pointe-à-Pitre, wo man neben exotischen Früchten, Gewürzen und Meerestieren aller Art auch Utensilien zur Geisterbeschwörung und Wodu-Medizin kaufen kann. Markt und Hafen bestimmen die Atmosphäre der quirligen Hauptstadt, an deren Kais der Umschlag von Gütern aus Frankreich und von Guadeloupes Exportprodukten Zuckerrohr, Rum und Früchten für das Mutterland Kolonialgeschichte und wirtschaftliche Abhängigkeiten deutlich werden läßt. Die Stadt, vor über 300 Jahren von ihrem holländischen Namenspatron, dem Fischer Pieter, gegründet, wurde nach Feuersbrünsten, feindlichen Überfällen und allein drei Hurrikanen im 20. Jahrhundert mehrfach zerstört, und doch lassen noch zahlreiche Gebäude aus der Zeit der Wende vom 19. ins 20. Jahrhundert mit ihren holzgeschnitzten Fassaden sowie den Säulen und Balkonen in ornamentreichem Gußeisen den Charme französischer Kolonialarchitektur spüren. Lohnenswert ist der Besuch der Hallen des Marché Central, der Basilique Saint-Pierre-et-Saint-Paul oder auch ein abendlicher Gang zum Place de la Victoire, wo die jungen Farbigen ihren Treffpunkt haben.

### Basse-Terre

Basse-Terre ist ganz anders: der gebirgige Westteil Guadeloupes, der zum inneren Bogen der Kleinen Antillen gehört, ist ein einzigartiger Naturpark. Er wird von Nord nach Süd von einem vulkanischen Bergland durchzogen. Tropischer Regenwald erstreckt sich meilenweit, von den heißen Quellen bei Matouba bis an den Rand der Schwefelfelder unterhalb des knapp 1500 m hohen Vulkans Soufrière, dessen noch nicht erloschene Aktivität Basse-Terre mehrfach in Schrecken versetzte. Wanderwege und eine Autostraße machen die Eroberung des sonst undurchdringlichen Regenwaldes zu einem bequemen Abenteuer. Und immer wieder taucht aus den Wällen von Lianen, Hibiskus, Flamingoblumen und wilden Orchideen einer von über 90 Flüssen, Bächen und Seen auf, wegen der die indianischen Ureinwohner ihre Insel »Karukera« – das heißt »Schöne Wasser« – tauften.

»Schöne Wasser« gibt es vor allem auch an der Westküste von Basse-Terre. Die Korallenriffe vor Pigeon, wo man einen stilleren, aber nicht weniger komfortablen Tourismus findet als auf Grande-Terre, gelten als die reichsten Tauchgründe der südlichen Karibik.

Den Ausflug über diesen Teil der Insel beschließt der Besuch in der gleichnamigen Stadt Basse-Terre, der Verwaltungshauptstadt des französischen Überseedépartements. Die indianischen Felsbilder von Trois Rivières zeugen von kriegerischen Indianern, die Christoph Kolumbus (1451-1506), der die Inselgruppe 1493 entdeckte, den spanischen Flotten und den Franzosen bis 1635 trotzten. Bis 1815 wechselte in Guadeloupe viermal die Flagge zwischen Union Jack und Trikolore, bis der Wiener Kongreß die Karibikinsel endgültig Frankreich zusprach.

Das Ende der Sklaverei kam erst 1848. Als französisches Überseedépartement ist Guadeloupe seit 1946 durch einen Abgeordneten im Pariser Parlament vertreten. Es wird von einem vom französischen Präsidenten ernannten Präfekten verwaltet, der einem Generalrat vorsteht. Wenn auch in Basse-Terre nur noch das alte Fort und die Kirche Notre Dame du Mont-Carmel an die Geschichte erinnern, so atmet der Place de Champ d'Arboud im Zentrum der Stadt doch eine eigene französische Atmosphäre, deren Leichtigkeit und Charme sich mit den lebhaften Farben und Temperament der tropischen Karibik harmonisch verbindet.

**Wie die zahlreichen Touristen** genießen auch die einheimischen Kinder die herrlichen Strände Guadeloupes *(unten)*. Diese jungen Badenixen sind, wie die meisten Inselbewohner, gemischter afrikanischer und europäischer Herkunft.

**Die Inseln von Guadeloupe** *(rechts)* liegen etwa 600 km nördlich von Venezuela in der Karibik. Ein warmes, feuchtes Klima, gemäßigt durch die Passatwinde, begünstigt den Anbau von Bananen, Kakao, Kaffee und Zuckerrohr.

**Dichter tropischer Regenwald** *(links)* überzieht einen großen Teil von Basse-Terre, dem Westteil von Guadeloupe. Dieses Gebiet um den tätigen Vulkan »La Soufrière« wird in seinem natürlichen Zustand belassen.

**Junge Burschen** machen sich einen Spaß daraus, den von einem Hurrikan aufgepeitschten Wassermassen zu entkommen *(rechts)*. Hurrikane, wie der letzte große im September 1989, richten meist schwere Schäden an.

**Zuckerrohrverarbeitung** *(unten)*. Nach der Ernte (1) und dem Transport in die Fabrik (2) wird das Rohr gewaschen (3), zerkleinert (4), zerquetscht (5) und ausgepreßt (6). Der Saft wird erhitzt (7), gefiltert (8) und eingedampft (9). In einem Vakuumbehälter (10) wird Wasser entzogen. Nach dem Kühlen (11) bleiben nur noch Zuckerkristalle und Sirup (Melasse) übrig. Diese werden in einer Zentrifuge (12) getrennt, bevor sie exportiert werden (13).

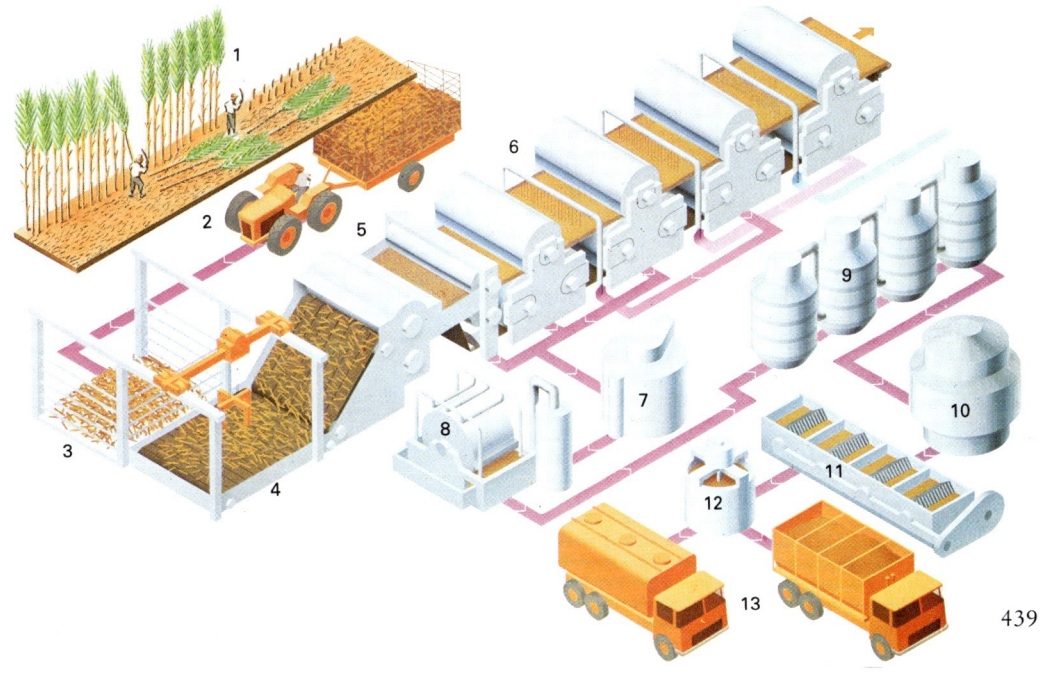

# FRANKREICH: MARTINIQUE

So wie Guadeloupe ist auch Martinique, mit 1102 km² die zweitgrößte Insel der Kleinen Antillen, seit 1946 französisches Überseedépartement. Auch die Geschichte beider Inseln verlief ähnlich. Als Christoph Kolumbus (1451–1506) Anfang des 16. Jahrhunderts die Antilleninsel entdeckte, fand er eine karibische Bevölkerung vor. 1635 begannen französische Siedler gegen den erbitterten Widerstand der Insulaner und mit Hilfe afrikanischer Sklaven Zuckerrohr- und Kaffeeplantagen anzulegen.

Aber auch Briten und Niederländer interessierten sich für die seit 1674 in französischem Besitz befindliche Insel. Zeitweise heftig umkämpft und von Großbritannien besetzt, wurde Martinique Anfang des 19. Jahrhunderts jedoch endgültig Frankreich zugesprochen. Verwaltung, Sprache und die französische Fluglinie verbinden sie mit dem Mutterland, und die wirtschaftliche Abhängigkeit von Frankreich, die der Insel einen bescheidenen sozialen Wohlstand sowie eine funktionierende Infrastruktur beschert hat, ist kaum zu brechen.

## Die Landschaft

Die zum Großteil aus vulkanischen Gesteinen aufgebaute Insel teilt sich in große landschaftliche Einheiten auf: im Norden der Reichtum tropischer Regenwälder auf vulkanischen Höhen, im Süden das flachere Land der Zukker-, Ananas- und Bananenplantagen mit den weißen Stränden, den Zentren des Badetourismus, den hübschen Siedlungen der Fischer und Farmarbeiter und als Extravaganz der Natur die »Savane des Pétrifications«. Unweit des Salzsees bei Sainte Anne glaubt man sich in einem Wald versteinerter Bäume, die doch nur die bizarren Ausformungen kristallin angereicherter Laväströme sind. Ein auffallender Gegensatz besteht zwischen West- und Ostküste der Insel: Erscheint die dem Karibischen Meer zugewandte Seite lieblich, so zeigt sich die atlantische Seite der Insel eher rauh. Hier sind die Buchteneinschnitte tiefer, die See bewegter und das Wasser kühler.

Ein gut ausgebautes Straßennetz erschließt die Schönheit der Insel, verbindet sie immer wieder mit dem kulturell interessanten Ambiente und dem pulsierenden Leben der Hauptstadt, ebenso wie mit den Strandzentren einer vorzüglichen Hotellerie. So bietet Martinique mit reizenden Dörfern, einer sehenswerten Hauptstadt, mit Vulkangebirge und tropischem Regenwald, mit sanften Buchten und einer herb-schönen Atlantikküste alle Attraktionen der Karibik auf engem Raum vereint. Ein Teil der Strände ist schwarz, als wären sie direkt aus dem Kamin des grausamen Montagne Pelée geblasen worden. 1902 begrub dieser Vulkan die Stadt St. Pierre mit seinen 30 000 Einwohnern unter Lava und Asche, färbte den Strand bis auf den heutigen Tag schwarz und schuf die stets fortgesponnene Legende von einem Pompeji der Karibik.

## »Perle der Karibik«

Wenn das heute dörfliche St. Pierre damals als Klein-Paris der Tropen galt, so hat Martinique mit Fort de France eine bedeutende Hauptstadt, die gut 100 000 Menschen der insgesamt 392 000 Einwohner der Insel versammelt. Die Stadt, die an einer malerischen Hafenbucht liegt, imponiert durch eine intakte französische Kolonialarchitektur im Stil des 19. Jahrhunderts. Tropischen Empire-Stil zeigen das alte Rathaus und der Justizpalast, Ornamente aus Gußeisen schmücken das Wahrzeichen der Stadt, den Glockenturm der Kathedrale Saint-Louis, Jugendstil und spanischer Modernismo machen die Bibliothèque Schoelcher zum eigenwilligsten, wenn nicht schönsten Kolonialbau der gesamten Karibik.

Großzügig angelegte Wohnhäuser mit luftigen Fassaden in üppigen Gärten zeugen vom einstigen Reichtum der Überseefranzosen, lautes Gewimmel in malerischen Gassen weckt Erinnerungen an die Fröhlichkeit provençalischen Kleinbürgertums. Bistros säumen die Straßen, an deren typisch rotkariert gedeckten Tischen die farbigen Bürger Martiniques mit gleicher Hingabe Rotwein, Käse und Muscheln genießen wie ihre französischen Verwandten im Mutterland.

Betriebsame Obst-, Fisch- und Gemüsemärkte versorgen die heftig feilschenden Kunden mit exotischen Waren und den Touristen

**Der wolkenverhangene Gipfel des Montagne Pelée** (*rechts*) ragt drohend über einer Siedlung auf dem Gebiet der Stadt St. Pierre empor. Am 8. Mai des Jahres 1902 zerstörte eine schwere Eruption dieses 1397 m hohen Vulkans die Stadt, wobei etwa 30 000 Menschen getötet wurden. St. Pierre, das einst als »Klein-Paris der Westindischen Inseln« bekannt gewesen war, war früher die Hauptstadt der Insel Martinique.

**Alle Bewohner eines Dorfes** müssen mit anfassen, wenn die vollen Fischernetze auf den Sandstrand gezogen werden (*unten*). An der karibischen Westküste Martiniques, ist das Wasser warm und relativ ruhig; vor der östlichen Küste, die dem Atlantik zugewandten ist, ist es kälter und bewegter.

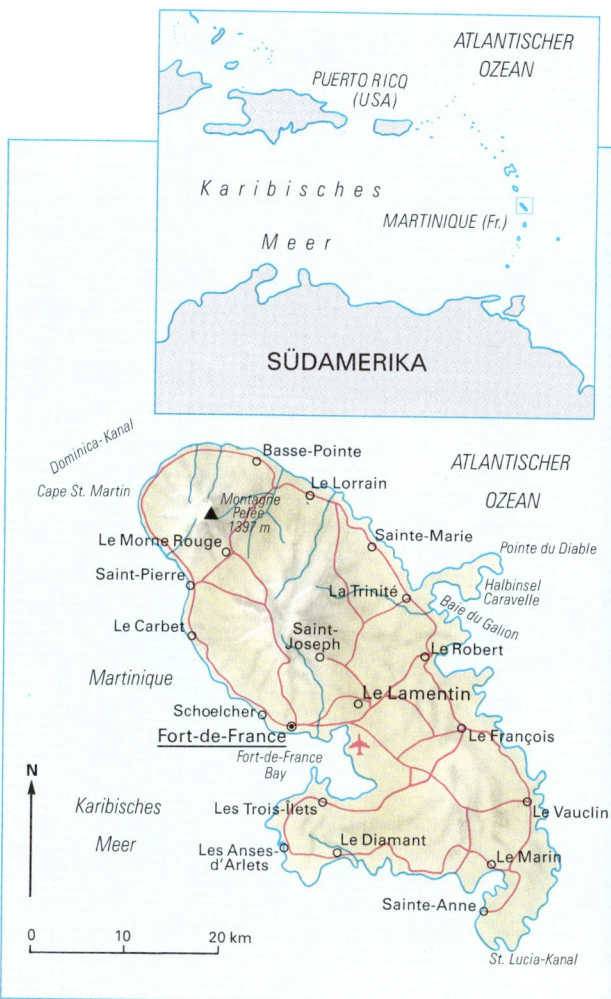

**Der Eigentümer eines Ladens** *(unten links)* wartet auf Kundschaft. Sein Ladenschild ist in Französisch geschrieben, doch wie viele Bewohner Martiniques spricht er einen kreolischen Dialekt.

**Martinique** *(oben)* ist gebirgig, vor allem im Norden, wo es viele Vulkane gibt. Haupterwerbszweig ist der Akkerbau, wichtigstes Anbauprodukt ist das Zukkerrohr, aus dem der Rum destilliert wird.

mit bezaubernden Fotomotiven. Noch bezaubernder ist die lässig-stolze Bereitschaft der Mädchen Martiniques, sich im Stadtpark Savane fotografieren zu lassen, genießen sie doch den Ruf, die Schönsten der Karibik zu sein. In diesem Park, in dem sich allabendlich die ganze Stadt zum Boule-Spiel oder zur Plauderei mit Freunden trifft, steht die Büste von Kaiserin Josephine, Gattin von Napoleon I., die 1763 auf Martinique geboren wurde.

Heute versorgen sich Kolonie und Mutterland gegenseitig mit ihren jeweils typischen Genußmitteln: Frankreich hat fast den höchsten Rumverbrauch in Europa. Auf Martinique hingegen fließt pro Kopf mehr Champagner als in dessen europäischer Heimat. Schon früh galt die Insel in Europa als »Perle der Karibik«, deren französisch-kreolische Küche und karibisch-französischer Lebensstil diesen Ruf bis heute nicht haben verblassen lassen.

# FRANKREICH: FRANZÖSISCH-GUYANA

Französisch-Guyana, der Nordostzipfel Südamerikas, ist mit 90 000 km² das kleinste Land des Kontinents. Obwohl das französische Übersee-Département etwas größer als Österreich ist, zählt es nur etwa 174 000 Einwohner. Begrenzt wird das Land im Norden vom Atlantik, im Süden und Osten von Brasilien und im Westen von Suriname. Politisch und wirtschaftlich ist die ehemalige Kolonie auch heute noch weitgehend vom Mutterland abhängig.

Bereits im Jahr 1498 entdeckte Christoph Kolumbus (1451–1506) die Küste Französisch-Guyanas. Doch erst hundert Jahre später begannen sich Europäer, zunächst Niederländer, dann Franzosen und Engländer, anzusiedeln. Als »Archipel der Verdammten« brachte es Französisch-Guyana später zu zweifelhaftem Ruhm. Denn beinahe hundert Jahre lang wurde es von Frankreich als Verbannungsort für politische »Querulanten« und Kriminelle genutzt. Erst 1945 wurden die gefürchteten Straflager aufgelöst. Im Jahre 1946 wurde die Sträflingskolonie dann in ein Übersee-Département umgewandelt.

### Landschaft und Natur

Französisch-Guyana zeigt im wesentlichen dieselbe Aufeinanderfolge von Großlandschaften wie die anderen Guyana-Länder. Hinter der von Mangroven gesäumten Ausgleichküste mit Nehrungen und Lagunen erstreckt sich ein schmales, 15 bis 40 km breites, großenteils versumpftes und von zahlreichen Strandwällen durchsetztes Küstentiefland. Über ein niedriges, von Bauxitrücken durchzogenes Hügelland steigt die Küstenebene zum Bergland von Guyana an. Dessen kristalliner Sockel ist in diesem zum östlichen Flügel des Massivs gehörenden Abschnitt größtenteils freigelegt und bildet eine flachwellige Rumpfflächenlandschaft. Sie liegt im Durchschnitt 300 bis 500 m hoch und wird von zahlreichen Inselbergen überragt. Vor der Küste tritt das Grundgebirge in Form der Îles du Salut wieder zutage, zu denen auch die berüchtigte Teufelsinsel gehört.

Dichter Regenwald, nur an der Küste von Savanneninseln durchbrochen, bedeckt fast das gesamte im feucht-tropischen Klimabereich liegende Land. Das Küstentiefland ist Hauptsiedlungsgebiet.

### Bevölkerung

Wie in einem Schmelztiegel haben sich in Französisch-Guyana die unterschiedlichsten Völker und Rassen vermischt. Mit weit über 70 % aller Einwohner bilden heute die Kreolen die Bevölkerungsmehrheit. Als Kreolen werden hier die Mischlinge zwischen den ehemaligen schwarzen Sklaven und den Weißen, und nicht die Nachfahren von ausgewanderten Spaniern, bezeichnet. Daneben gibt es eine größere Zahl von Franzosen und kleine, wirtschaftlich einflußreiche Minderheiten, vor allem Indonesier, Chinesen, Libanesen und Syrer. Die indianischen Ureinwohner indes sind nur gering vertreten. Nur noch wenige Tausend leben in unzugänglichen Urwaldgebieten, wohin sich auch die »Marons«, die »Buschneger« – Nachkommen entlaufener Sklaven – zurückgezogen haben. Auch diese ethnische Gruppe zählt nur wenige Tausend Köpfe und hat stets versucht, sich ihre ursprüngliche afrikanische Kultur zu bewahren.

### Politik und Wirtschaft

Verglichen mit den Nachbarstaaten Guyana und Suriname ist die politische Bedeutung Französisch-Guyanas gering. Alle wichtigen politischen Entscheidungen werden nämlich in Paris getroffen. Lediglich die Wahl je zweier Mitglieder für die französische Nationalversammlung und den Senat gesteht das Mutterland seinem tropischen Übersee-Département zu. Dessen Bewohner sind grundsätzlich fran-

zösische Staatsbürger. Aber eben nur grundsätzlich, denn die indianischen Ureinwohner erhalten nur auf besonderen Antrag einen französischen Paß.

Trotz finanzieller Unterstützung Frankreichs zählt Französisch-Guyana zu den »Habenichtsen« der Region. 1998 standen den Ausfuhren von gerade 85 Millionen US-Dollar Einfuhren in schwindelerregender Höhe von 488 Millionen US-Dollar gegenüber. Einzig die Holzwirtschaft ist von gewisser Bedeutung. Größter Arbeitgeber im Lande ist der französische Staat, denn die Küstenstadt Kourou, ein ehemals verschlafenes Tropennest, ist heute das Zentrum der europäischen Raumfahrt. Von dort startet die europäische »Ariane-Rakete«. Doch auch der »Weltraumbahnhof« hat das Land nicht tiefgreifend verändert. Französisch-Guyana bleibt das exotische Urwaldparadies, abseits der touristischen Routen.

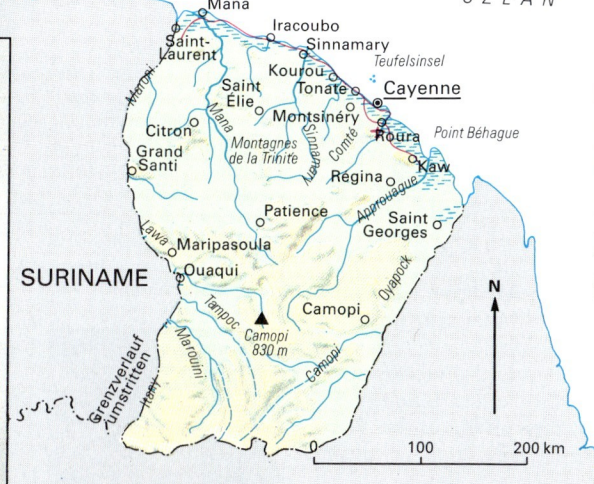

**Französisch-Guyana** *(links)* an der Nordostküste Südamerikas ist ein französisches Übersee-Département. Das kleine Gebiet hat tropisches Klima mit hohen Temperaturen, die im Jahresdurchschnitt bei 27 °C liegen, und hohen Niederschlägen.

**Arbeiterinnen** einer Fabrik *(ganz links)*, die Produkte der Palmen, die in den Regenwäldern wachsen, verarbeitet. Die Palme liefert Früchte, Holz und Fasern, außerdem Öle und Stärkemehl für die Nahrungsmittelherstellung.

**Auf der Teufelsinsel** *(links)* existieren noch die Häftlingsbaracken. Um 1790 wurden erstmals politische Gefangene dorthin gebracht. Von 1854–1945 erlangte die Insel traurige Berühmtheit als berüchtigtes Straflager.

**Gebäude**, die vom Baustil her in keiner Provinzstadt Frankreichs auffallen würden *(oben)*, säumen eine Straße in Cayenne, der Hauptstadt Französisch-Guyanas, die gegen Mitte des 17. Jahrhunderts gegründet wurde.

# FRANKREICH: RÉUNION

La Réunion – die Wiedervereinigung: Der Name dieses tropischen Inselparadieses im Indischen Ozean, knapp nördlich des südlichen Wendekreises zwischen Madagaskar und Mauritius, ist irreführend und in seiner Herkunft kaum erklärbar, denn was hätte auf dieser 2510 km² großen Insel je einer Wiedervereinigung bedurft?

Im Gegensatz zur oftmals blutigen Kolonialgeschichte in anderen Teilen Afrikas ist die Historie von Réunion eher undramatisch, und die Mischbevölkerung aus Kreolen, Schwarzen, indisch-arabischen Orientalen und Franzosen – und all diese abermals in Generationen vermischt – lebt friedlich zusammen unter dem einigenden Dach französischer Lebenskultur und Regierung.

### Geschichte

Geographisch zählt Réunion mit Mauritius zur Gruppe der Maskarenen, benannt nach ihrem Entdecker Pedro de Mascarenhas. Da die Insel keines der begehrten Edelmetalle aufwies, war sie für die Portugiesen nicht von Interesse und blieb bis zur Ankunft der Franzosen unbewohnt. Das Eiland, das den Namen des königlichen Geschlechtes »Bourbon« erhielt, wurde 1664 an die mächtige »Compagnie des Indes«, die den kolonialen Handel beherrschte, abgetreten. 1714 begann die Gesellschaft mit dem großflächigen Kaffeeanbau. Als billige Arbeitskräfte wurden schwarze Sklavenheere vom afrikanischen Kontinent geholt, um den Regenwald der Vulkaninsel in gewinnbringende Plantagen umzuwandeln.

Nach einem Zwischenspiel britischer Besetzung von 1810–1815 sprach der Wiener Kongreß die damals bereits Réunion genannte Insel wieder Frankreich zu. Der Niedergang der Kaffeeplantagen und die Abschaffung der Sklaverei zwangen die französischen Geschäftsleute zu Alternativen: Im 19. Jahrhundert führten sie den heute noch vorherrschenden Anbau von Zuckerrohr ein und ersetzten die Sklaven durch südindische Tagelöhner.

Seit 1946 ist Réunion ein von Frankreich verwaltetes Überseedépartement: Man spricht Französisch, wenn auch in krausen afro-indischen Dialekten, die Verwaltung ist bis zum Finanzamt und zur Briefmarke französisch, und die Anzahl der Beamten, die für wenige Jahre aus Frankreich kommen und hier gut bezahlt werden, ist stark angewachsen.

### Wirtschaft – Der Tourismus

Ohne öffentliche Gelder aus Paris ist die Insel nicht lebensfähig. Die Staatsgelder fließen in den einzigen Wachstumsbereich der Insel – den Tourismus – und, damit zusammenhängend, in die Bauindustrie. Réunion verfügt über eines der am besten ausgebauten Straßennetze Afrikas und über die Annehmlichkeiten eines französisch geprägten Hotelwesens mit entsprechender Küche. Den Urlauber erwarten jedoch

**Gewundene Pfade** schlängeln sich durch die Zuckerrohrfelder *(rechts)* im Osten von Réunion. Zuckerrohr, vor allem seit dem 19. Jahrhundert angebaut, ist das wichtigste Landbauprodukt der Insel und macht mehr als 60 % der Ausfuhreinnahmen aus.

**Eine Frau sortiert Vanilleschoten** *(oben)*. Die Mehrzahl der Insulaner sind Mischlinge mit afrikanischen, indisch-arabischen und französischen Vorfahren.

**Im Schatten hoher Palmen** tragen Arbeiterinnen einer Bananenplantage *(oben)* ihre Last auf dem Kopf. Das innere Hochland von Réunion, mit wechselfeuchtem Klima und reichlich Niederschlag, ist ideal für den Anbau tropischer Pflanzen.

**Ströme geschmolzener Lava** *(rechts)* aus einem der Vulkane auf Réunion sind ein beeindruckender Anblick, nicht nur für Touristen. Der Tourismus ist von wachsender Bedeutung; viele Hotels und Straßen wurden in den letzten Jahren gebaut.

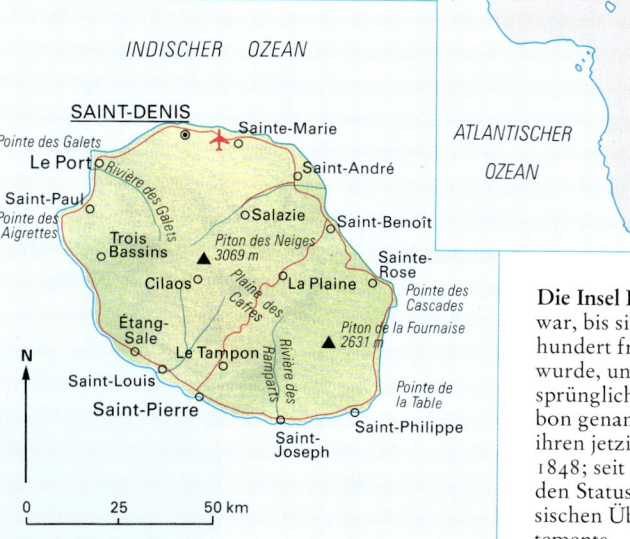

**Die Insel Réunion** (links) war, bis sie im 17. Jahrhundert französisch wurde, unbewohnt. Ursprünglich Île de Bourbon genannt, erhielt sie ihren jetzigen Namen 1848; seit 1946 besitzt sie den Status eines französischen Überseedépartements.

auch Hunger, schwarzer Stammes- und Bürgerkrieg, menschliches Elend und die politischen Krankheiten des Kontinents. Andererseits befindet er sich nicht in Afrika, sondern auf einer Trauminsel für Urlauber, wo Schwarze, Mischlinge und Weiße sich in französischem »Savoir vivre« auf den Plätzen der Inselhauptstadt Saint-Denis zusammenfinden.

Knapp ein Fünftel der über 700 000 Insulaner lebt in Saint-Denis. In der Stadt herrscht ein lebhaftes Treiben an der versandeten Mole des alten Hafens und der Strandpromenade »Barachois«, die als Palmenallee mit einer Eiffelturmnachbildung der berühmten Pariser Avenue des Champs Elysées gleichen sollte. Kathedrale, Rathaus, Präfektur und Generalsekretariat sind, wie auch das Schachbrettmuster des Stadtplanes, durch die attraktive französische Kolonialarchitektur des 18. und 19. Jahrhunderts geprägt.

**In einer Fabrik** wird Zuckerrohr verarbeitet (oben). Die Zuckerrohrfelder bedecken über die Hälfte der Nutzfläche im Tiefland der Insel. Der Anbau wird von den Besitzern großer Plantagen bestimmt, die oft auch mit den Zuckerfabriken verbunden sind. Der Zuckerabsatz wird durch eine Abnahmegarantie der Europäischen Union gestützt. Réunion bemüht sich um eine größere Vielfalt an Exportkulturen. Der relativ hohe Lebensstandard auf der Insel ist nur wegen der Subventionsleistungen durch Frankreich möglich.

Von und nach Saint-Denis führen alle Hauptstraßen der Insel, die man auf einer Rundfahrt in wenigen Tagen kennenlernen kann. Eine spektakuläre Küstenstraße, zum Teil in die Felsklippen gehauen und direkt an den Stränden vorbeiführend, läuft rings um die Insel durch die Fischerdörfer. Doch die eigentliche Schönheit von Réunion erschließt sich auf den hochgewundenen Stichstraßen in die vulkanische Gebirgswelt der Insel, die sich mit dem Piton des Neiges bis auf 3069 m erhebt. Je höher der Weg in die Berge führt – über Hängebrücken, die die tiefeingeschnittenen Flußtäler in schwindelnder Höhe überspannen –, um so mehr verdrängt dichter Regenwald die Zuckerrohrplantagen. Hier oben findet sich die Insel dann doch nicht nur namentlich, sondern im Wesen »wiedervereinigt« mit ihrem ursprünglichen Sein als unberührter Felsen, der im Schutze des Indischen Ozeanes nicht den Menschen gehörte, sondern vielmehr den Pflanzen und Tieren Afrikas.

# FRANKREICH: NEUKALEDONIEN

In Nouméa, der Hauptstadt Neukaledoniens, gewinnt man den Eindruck, man befände sich an einem Kreuzungspunkt des Pazifik. Aus allen Gebieten Ozeaniens scheinen die hellbraunen bis tiefschwarzen Menschen zu stammen. Die Weißen sind überwiegend Franzosen, Australier und Neuseeländer.

Die langgestreckte Hauptinsel Grande Terre sowie die Îles Loyauté (Loyalitäts-Inseln) und weitere kleine Inseln gehören zum französischen Überseeterritorium. Die Hauptinsel ist von Korallenriffen umgeben und wird von zwei parallel verlaufenden Gebirgszügen von bis zu 1628 m Höhe durchzogen. Sie fallen zur Ostküste steil ab, der Westen ist dagegen flach. Das Klima ist subtropisch mit hohen Temperaturen während der Regenzeit von Dezember bis März. In der folgenden trockeneren Jahreszeit sinken die Durchschnittstemperaturen auf etwa 20 °C. Die Niederschläge erreichen im Jahresmittel rund 2000 mm, wobei die dem Südostpassat zugewandte Ostabdachung mehr Feuchtigkeit erhält. Dort wächst tropischer Regenwald, sonst sind Buschwald und Savanne verbreitet. Ähnlich artenreich wie der üppige und einzigartige Pflanzenwuchs auf den Inseln ist die farbenprächtige Tier- und Pflanzenwelt unter Wasser.

Neukaledonien erhielt seinen Namen von dem englischen Seefahrer James Cook, der 1774 die Hauptinsel entdeckte. Britischen Missionaren folgten französische Sträflinge und Kolonisten, nachdem Frankreich Neukaledonien im Jahre 1853 annektiert hatte. Die Franzosen errichteten Kokospalmen-, Kakao- und Kaffeeplantagen und prägten fortan das Leben auf den Inseln. 1956 wurde Neukaledonien als Überseeterritorium in die französische Republik eingegliedert und die Einwohner somit zu französischen Staatsbürgern. Zwanzig Jahre später erhielt das Gebiet die innere Selbstverwaltung, mit einem von Paris ernannten Hochkommisar an der Spitze.

Gut ein Drittel der Bevölkerung Neukaledoniens lebt in der Hauptstadt Nouméa. Viele dieser Menschen wurden von einem profitverheißenden Rohstoff angezogen – dem Nickel. Neukaledonien verfügt über annähernd 40 % der Nickelreserven der Erde und besitzt beträchtliche Vorkommen an Chrom, Mangan, Kobalt und Eisen. Wie klaffende Wunden liegen die Minen an den Berghängen. Ein großes, luftverschmutzendes Schmelzwerk in Nouméa besorgt die erste Stufe der Aufbereitung, bevor das Erz nach Japan, Westeuropa und Nordamerika verschifft wird.

Die zahlreichen Autos auf den gut ausgebauten Inselstraßen und die Jachten im Hafen von Nouméa lassen auf Wohlstand schließen. Man kann alles kaufen, freilich zu stark erhöhten Preisen, denn nahezu alles muß eingeführt werden. Während des »Nickelbooms« in den Kriegs- und Nachkriegsjahren veröldeten viele Plantagen. Einheimische und Gastarbeiter bevorzugten die besser bezahlte Tätigkeit in der Nickelindustrie oder in den Haushalten der meist privilegierten Weißen. Zwar gibt es offiziell keinerlei Rassenschranken, doch im Privatleben bleiben Weiße, Braune und Schwarze meist unter sich.

### Der Kampf um Unabhängigkeit

Das Bild von Freiheit, Gleichheit und Brüderlichkeit wurde in den letzten Jahren brüchig, es kam wiederholt zu schweren Unruhen. Frankreich hat seine Sicherheitskräfte verstärkt; in Neukaledonien ist eine bürgerkriegsähnliche Situation entstanden. Der Konflikt wird von zwei gleichstarken Gruppen der Inselbevölkerung ausgetragen: einerseits von eingeborenen Kanaken – so nennen sich die Nachkommen der melanesischen Urbewohner, die im vorigen Jahrhundert vielfach durch weiße Siedler von ihrem Stammland verdrängt wurden; andererseits von Franzosen aus dem Mutterland und den Nachkommen der bereits im 19. Jahrhundert für die Plantagenarbeit angeworbenen Asiaten. Die einen unterstützen in ihrer Mehrheit die kanakische Befreiungsfront »Front de la Libération Kanake Socialiste« (FLNKS) und fordern die Unabhängigkeit Neukaledoniens, die anderen stehen überwiegend hinter dem »Rassemblement pour la Calédonie dans la République« (RPCR) und setzen sich für den Verbleib der Inseln bei Frankreich ein. 1984 kam es

**Die Île Ouen** (oben), auch bekannt als Schildkröteninsel, liegt südöstlich von Grande Terre im Schutze eines Riffs, das die Hauptinsel Neukaledoniens umgibt und als zweitgrößtes Riff der Erde nach Australiens Großem Barriereriff gilt.

**Neukaledonien** (unten), eine Inselgruppe in Südmelanesien, besteht aus einer großen und mehreren kleineren Inseln. Frankreich annektierte die Inseln im Jahre 1853. Noch heute bildet Neukaledonien ein französisches Überseeterritorium.

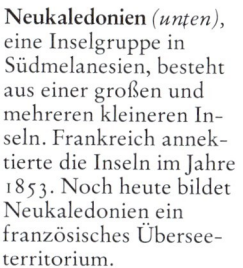

**Grande Terre** (oben links) wird auf seiner ganzen Länge von Gebirgen durchzogen. Üppiger Pflanzenwuchs gedeiht nur an der Ostküste und in den Tälern der neukaledonischen Hauptinsel. Ansonsten ist Buschwald und Savanne verbreitet.

**In den Gewässern Neukaledoniens** wird der Nautilus – ein vierkiemiger Kopffüßer – (links) gefangen, dessen weicher Körper von einem spiralförmigen Gehäuse umgeben ist, das rund dreißig mit Stickstoff gefüllte Kammern enthält.

**Eine Demonstration** (links) bestärkt die Forderung der Kanaken, Neukaledoniens Ureinwohner, nach Unabhängigkeit von Frankreich. Die Kanaken, ein melanesisches Volk, machen knapp die Hälfte der Bevölkerung aus.

durch Vertreter der Kanaken zur Ausrufung der »Republik Kanaky«, die jedoch von Frankreich aus eigenen Wirtschaftsinteressen nicht anerkannt wird.

Die frankreichtreuen Bürger, die im Falle der Unabhängigkeit um ihre Wohn- und Besitzrechte fürchten, sprachen sich 1987 in einem Referendum mehrheitlich für den Status eines Überseeterritoriums aus. Die FLNKS hatte diese Wahlen boykottiert, da nach ihrer Vorstellung nur Kanaken über die politische Zukunft Neukaledoniens entscheiden sollten.

1988 einigten sich die Unterhändler der »Loyalisten« und der FLNKS nach zähen Verhandlungen auf ein »Abkommen über die Zukunft des französischen Pazifik-Territoriums Neukaledonien«. Nach einer zehnjährigen Übergangsperiode erhielt Neukaledonien 1998 ein neues Übergangsstatut. Dieses sieht eine Volksabstimmung über den endgültigen Status in frühestens 15 Jahren vor.

Beim Anblick von kunstvoll geschnitzten Totempfählen, Holzskulpturen, Masken, Feder- und Korallenschmuck im Museum von Nouméa kann man derweil feststellen, wieviel von der alten Kultur der Kanaken verlorengegangen ist. Nur in den abgelegenen Bergdörfern auf Grande Terre und auf den Nebeninseln sind noch einige melanesische Traditionen lebendig, herrschen noch die Regeln der historisch gewachsenen Stammeshierarchie.

# FRANKREICH: FRANZÖSISCH-POLYNESIEN

Die östlichen Inselgruppen Polynesiens bilden das französische Überseeterritorium Französisch-Polynesien. Die über eine Meeresfläche von rd. 5 Millionen km² verstreute Inselwelt besteht aus fünf Archipelen – den Gesellschaftsinseln mit Tahiti, den Marquésas-, den Gambier- und Tubuai-Inseln (auch Australinseln) sowie den flachen Riffen und Atollen des Tuamotu-Archipels.

Fernão de Magalhães (Ferdinand Magellan, um 1480–1521) lief als erster Europäer im Jahre 1521 eine Insel des späteren Französisch-Polynesien an. Tahiti wurde verhältnismäßig spät, dafür jedoch gleich zweimal entdeckt. Zuerst von Samuel Wallis (um 1728–1795), der die Insel 1767 für die britische Krone in Besitz nahm und ein Jahr später von Antoine de Bougainville (1729–1811), der in Unkenntnis der Besitzverhältnisse die Insel für Frankreich reklamierte. 1843 erklärte Frankreich die rund 130 Inseln zu Protektoraten.

Von 1881 an gehörten die Inseln zur Kolonie Französisch-Ozeanien, bis sie 1959, ebenso wie Neukaledonien sowie die zwei Inselgruppen Wallis und Futuna, in ein französisches Überseeterritorium übergingen.

In Papeete, dem Hauptort Tahitis, verwaltet ein Hochkommissar aus Frankreich in Gemeinschaft mit einer parlamentarischen Volksvertretung, die sich aus 41 Vertretern mehrerer Parteien zusammensetzt, die Geschicke der Inseln. 1996 wurde die innere Selbstverwaltung vor allem durch den Ausbau wirtschaftlicher Rechte erweitert. 1958 entschieden sich 62 % der stimmberechtigten Insulaner, die 1945 die französische Staatsbürgerschaft erhielten, bei Wahlen gegen die Unabhängigkeit und für den Verbleib bei Frankreich. Zwei Abgeordnete vertreten das Überseeterritorium in der französischen Nationalversammlung. Doch ihr Einfluß war zu gering, um den Protest der Bewohner gegen die von Frankreich seit 1968 im Gebiet Französisch-Polynesiens unternommenen Atombombenversuche durchzusetzen. Diesen Protesten schlossen sich auch Neuseeland und Australien, Chile, Peru und Ecuador an. Doch französische Wissenschaftler versicherten wiederholt, daß von diesen Kernwaffentests keinerlei Gefahr für die Inselbewohner ausgehe. Ab 1974 wurden die Atomtest unterirdisch innerhalb des Sockels der Atolle von Mururoa und Fangataufa (Tuamotu-Archipel) durchgeführt. Die letzten der insgesamt 160 Atombombenversuche fanden 1995/96 statt; danach schloß die französische Regierung das Testgelände.

Französisch-Polynesien nimmt über das Mutterland am Europäischen Binnenmarkt teil und ist in hohem Maße von Einfuhren (meist aus Frankreich), Subventionen und dem Tourismus abhängig. Diese »privilegierte« Stellung machte das Überseeterritorium zwar zu einem der wohlhabendsten Gebiete in Ozeanien, allerdings zum Preis großer sozialer Unterschiede und einer weit verbreiteten Unterbeschäftigung.

**Ein Fischer** *(rechts)* inspiziert mit seinem Begleiter von einem Auslegerkanu aus die überaus fischreichen Gewässer in Bora-Boras malerischer Korallenlagune. Außer Fisch sind Kopra und Perlmutt die Hauptprodukte der Gesellschaftsinseln.

**Pfahlhäuser** *(oben)*, hier Teil einer Feriensiedlung, entstehen am inneren Atollrand von Bora-Bora. Der Tourismus wird für die Wirtschaft des Überseeterritoriums Französisch-Polynesien immer wichtiger.

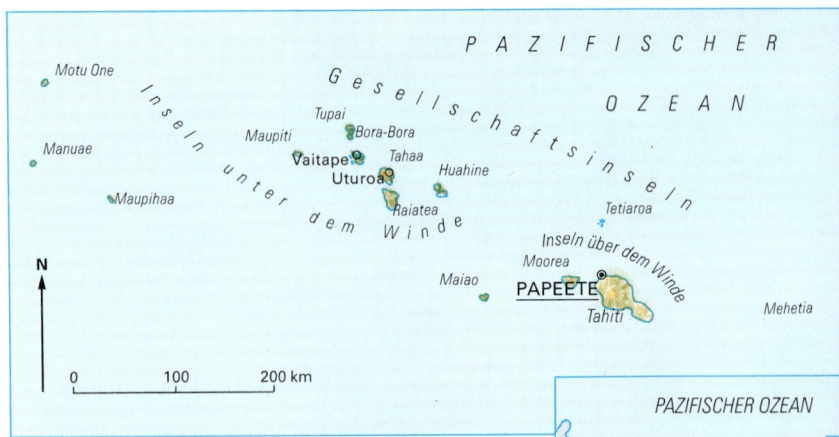

### Gesellschaftsinseln
Die bedeutendste und bekannteste Inselgruppe Französisch-Polynesiens sind die Gesellschaftsinseln (Archipel de la Société) mit der größten Insel Tahiti. Hier, im geographischen Zentrum Polynesiens, liegt nicht nur das heutige Han-

# FRANKREICH

**Sturmwolken** umkränzen die zerklüfteten Gipfel *(oben)* auf Moorea. Die von Regenwald bedeckte Insel ist vulkanischen Ursprungs. Sie liegt neben der Hauptinsel Tahiti.

**Die Einwohner der Gesellschaftsinseln** *(oben)* sind hauptsächlich Polynesier, die ihre Abstammung auf Einwanderer aus Asien zurückverfolgen. Heute leben auch viele Franzosen auf den Inseln.

**Die Gesellschaftsinseln** *(links)* bestehen aus einer Vielzahl von Atollen und Inseln, die über den südpazifischen Ozean verstreut sind. Zu Französisch-Polynesien gehören außerdem noch die Marquésas-, die Gambier- und die Tubuai-Inseln sowie der Tuamotu-Archipel.

dels- und Gewerbezentrum Französisch-Polynesiens, von hier gingen auch die wichtigsten Ausstrahlungen polynesischer Kultur aus. Der englische Seefahrer James Cook (1728–1779) erforschte die Inseln im Jahr 1769 und benannte den Archipel nach seinem Auftraggeber, der Königlich-Britischen Gesellschaft der Wissenschaften.

Je nach ihrer Lage zum Südostpassat sind sie in die »Inseln über dem Winde« und in die »Inseln unter dem Winde« aufgeteilt. Das Klima ist feucht-tropisch mit geringfügig schwankenden Monatstemperaturen um 26 °C. Der stetig wehende Südostpassat bringt den Luvseiten besonders in den Monaten Dezember bis Februar reichlich Niederschlag. Die Vegetation ist je nach Bodenbeschaffenheit, Regenmenge und Höhenlage sehr unterschiedlich. Auf den durchlässigen Kalksteinböden der Koralleninseln wachsen hauptsächlich Kokospalmen. Das Spektrum der Pflanzenwelt auf den gebirgigen Vulkaninseln reicht von Brotfruchtbäumen und Kokospalmen an den Küsten über üppigen tropischen Regenwald bis zu dichten Farnwäldern in den höheren Lagen.

Mit der Ankunft der Europäer und der Bekehrung zum christlichen Glauben veränderte sich die stark hierarchisch gegliederte Gesellschaft und ihre traditionelle Kultur. Heute besteht die Bevölkerung, wie auch auf den anderen Inselgruppen, etwa zu zwei Dritteln aus Polynesiern. Rund ein Achtel sind Franzosen und etwa 15 % Mischlinge. Der Rest entfällt auf Chinesen und Inder, die als Händler oder Geschäftsleute tätig sind.

Weit über die Hälfte der über 220 000 Bewohner Französisch-Polynesiens lebt auf Tahiti, davon ein großer Teil in der Hauptstadt Papeete. Sie sprechen das vokalreiche Tahitianisch, das den Dialekten der Hawaiianer, der Samoaner und der Maori auf Neuseeland verwandt ist. Immer mehr verdrängt der westliche Lebensstil die polynesischen Traditionen. Auf Tahiti und seinen touristisch erschlossenen Nebeninseln Moorea und Bora-Bora werden die rot-weiß leuchtenden, blumengemusterten Hüfttücher, die »Pareos«, heute mehr von Touristen als von Tahitianern getragen. Die traditionellen Auslegerboote findet man als Museumsstücke vor Hotels aufgestellt. Das ursprüngliche Polynesien liegt meist auf einer fernen, unbekannten Nebeninsel, auf der es weder Hotels noch Kinos, bestenfalls eine Krankenstation und Missionsschulen gibt.

### Die anderen Inseln Französisch-Polynesiens

Den nördlichen Teil des Überseegebiets bilden die 13 Marquésas-Inseln (Îles Marquises) mit einer Fläche von 1274 km² und etwa 7500 Einwohnern. Sie wurden im 3. Jahrhundert v. Chr. von Polynesiern besiedelt. Zu den größten der bis zu 1232 m hohen (Potianui auf Uapou) Vulkaninseln mit ihren schroffen Steilküsten gehören Nuku Hiva (Nordwestgruppe) und Hiva Oa (Südostgruppe); dort verbrachte der französische Maler Paul Gauguin (1848–1903) seine letzten Lebensjahre. Die ersten Europäer, Spanier, landeten 1595 auf den Inseln, die später Walfangstützpunkte waren und 1842 in den Besitz Frankreichs übergingen.

Auf den 45 bewohnten von insgesamt 80 Atollen des Tuamotu-Archipels (Fläche: 774 km²) leben rd. 12 000 Menschen; er erstreckt sich in zwei Ketten über 1500 km nordöstlich der Gesellschaftsinseln. Hauptinsel ist Rangiroa. Südöstlich schließen sich die neun Gambier-Inseln (rd. 600 Einwohner) an; sie sind auf drei Seiten von einem Korallenriff umgeben. Hauptinsel ist Mangareva. Vulkanischen Ursprungs sind die meisten Tubuai-Inseln 600 km südlich der Gesellschaftsinseln. Fünf von ihnen sind bewohnt; die 7000 Einwohner leben überwiegend auf Rurutu und Tubuai, erste Anlaufstation der von Tahiti geflohenen legendären Meuterer der »Bounty«.

# FRANKREICH: TAHITI

Tahiti, die größte Insel Französisch-Polynesiens, ist für viele Menschen der Inbegriff der Südseeromantik. Die von Korallenriffen umgebene, malerische Insel besteht aus zwei erloschenen Vulkanen, die zwei rundliche Halbinseln bilden und durch eine schmale Landenge miteinander verbunden sind. Die Gipfel, mit dem 2241 m hohen Mont Orohéna, sind meist von einem Wolkenkranz umgeben. Das Innere der Insel ist ein unwegsames, unbewohntes Bergland mit zerklüfteten Bergen und Hügeln. Auf den zum Meer abfallenden Bergrücken wuchert üppigste Südseeflora. Häufige Regenschauer, besonders zwischen Oktober und Mai, berieseln die Täler, in denen die Nahrung der Eingeborenen – Yamswurzeln und Maniok, Süßkartoffeln und Riesenrettiche, Bananen und Brotfrucht – in tropischer Fülle gedeiht. Das Meer versorgt die Tahitianer mit Seegetier aller Art, von Thunfischen bis zu Krabben und Kraken.

Der immerwährende Sommer – im Durchschnitt schwankt die monatliche Temperatur nur geringfügig um 26 °C – erlaubt es den Insulanern, fast zu jeder Jahreszeit zu pflanzen und zu ernten. So können sie gewissermaßen von der Hand in den Mund leben. Aus den Blättern und Stämmen des Pandanusbaumes bauen sie ihre Hütten, sie trinken Kokosmilch und baden an den zahlreichen Wasserfällen. Man sieht kupferfarbene Frauen und Männer mit Hibiskus- und Bougainvilleablüten im schwarzen Haar oder hinter dem Ohr, nur mit einem »Pareo«, einem bunten Hüfttuch, bekleidet.

Dieses einfach anmutende, naturverbundene Leben der Insulaner, die ihre materiellen Bedürfnisse auf das Nötigste beschränken und ihre Zeit anstelle mit Handel und Geschäften lieber mit Freude und Muße verbringen, erschien den Matrosen, die im 18. Jahrhundert mit den Entdeckern nach Tahiti kamen, wie das irdische Paradies. Sie ließen sich von der Schönheit und dem Charme seiner Bewohner verzaubern und glaubten, daß kein Gesetz das Leben auf der Insel einschränken würde. Doch bei Ankunft der Europäer bestand auf der Insel eine ausgeprägte hierarchische, nach den Regeln des Kastenwesens gegliederte Gesellschaft, angeführt von den Häuptlingen.

In der Inselhauptstadt Papeete ist heute von dem einfachen Leben der Insulaner nicht viel zu spüren. In mehrstöckigen Betonhäusern haben sich ausländische Handelsfirmen, Behörden, Supermärkte und Boutiquen eingerichtet. Autos verstopfen zu Stoßzeiten die Straßen, Mopeds verpesten die Luft.

An den aus Vulkanerden bestehenden, schwarzsandigen Strandabschnitten bei Papeete trifft man auf die Verbotsschilder privilegierter Villenbesitzer und des französischen Militärs. Ihre Anwesenheit erklärt sich aus der Geschichte der Insel, die seit 1843 französisches Protektorat war und 1959 in das neukonstituierte Überseeterritorium Französisch-Polynesien überging.

**Papeete** *(rechts)*, die Hauptstadt und größte Siedlung Französisch-Polynesiens, liegt an Tahitis Nordküste. Die Stadt ist ein lebhaftes Hafen- und Handelszentrum. Der Tourismus stellt heute die größte Einnahmequelle des Territoriums dar.

**Dieses kleine tahitische Mädchen** *(oben)* mit einem Kranz von Hibiskusblüten im Haar, belegt die Schönheit und Grazie, für die die Insulaner berühmt sind.

# FRANKREICH

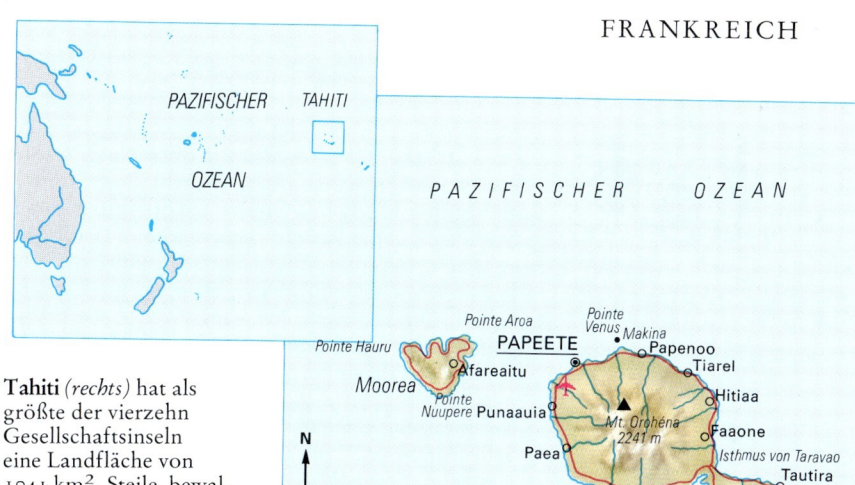

**Tahiti** *(rechts)* hat als größte der vierzehn Gesellschaftsinseln eine Landfläche von 1041 km². Steile, bewaldete Berge machen das Inselinnere unzugänglich. Auch die Insel selbst ist durch ein sie umgebendes Korallenriff schwer zugänglich.

**Leichte Auslegerkanus** *(links)*, die hier aus dem Wasser geholt werden, trugen früher Inselbewohner auf langen Reisen durch die polynesische Inselwelt. Der Doppelrumpf fungiert als Gegengewicht, um die Stabilität auf dem Meer zu erhöhen.

**Ein Wettbewerb im Korbflechten** *(unten)* bringt diese Frauen zum Lachen. Wie die anderen Bewohner der Gesellschaftsinseln sind die Einwohner Tahitis auch Polynesier, die von asiatischen Seefahrern abstammen.

Auf einer Inselrundfahrt kann man Tahiti noch von seiner ursprünglichen Seite kennenlernen. Man kommt in das Reich der Orchideen und Weihnachtssterne, der Hibiskus- und Vanilledüfte und zu stillen Lagunen mit smaragdgrünem Wasser. Das Picknick unter Palmen und die Siesta unter Fischern gehören ebenso dazu wie ein Abstecher zu Grotten und Wasserfällen, der Gang durch die Bambusalleen des botanischen Gartens von Papeari und der Besuch des Gauguin-Museums. Der französische Maler Paul Gauguin (1848–1903) hat in bewußter Abwendung von der modernen Zivilisation auf Tahiti gelebt.

Die Fahrt über die gut hundert Kilometer lange Küstenstraße wäre ein ungetrübtes Vergnügen, wenn man nicht wiederholt Menschen begegnete, die von Lepraleiden und von der Elefantiasis entstellt sind. Man würde unbekümmert im Meer schwimmen, gäbe es nicht Haie und den zwischen spitzem Korallengestein lauernden Drückerfisch mit seinen gefährlichen Rückenstacheln. Auch im vermeintlichen Paradies der Südsee birgt die Schöpfung Gefahren, kann die Natur furchterregend sein.

## Bevölkerung

Die meist aus Frankreich stammenden Europäer, die Chinesen, die überwiegend im Handel und in der Wirtschaft tätig sind, und die Eingeborenen leben mehr neben- als miteinander. Die einen können sich nicht die Haut des westlichen Leistungsmenschen abstreifen, den anderen ist Ehrgeiz und das Streben nach materiellen Reichtümern eher fremd. Die Seelenruhe der Polynesier sei Gleichgültigkeit, sagen langansässige Europäer. Manche sehnen sich nach Europa zurück. Andere hingegen verfallen den Reizen Polynesiens – den Farben und Düften der Natur, den Tänzen und Gesängen, den anmutigen Bewegungen der Menschen und ihrem unkomplizierten Lebensstil.

# GABUN

Gabun, das Land an der Westküste des äquatorialen Afrika, ist einer der wirtschaftlich reichsten Staaten des schwarzen Kontinents. Bereits im 15. und 16. Jahrhundert wurde die fjordartige Flußmündung des Como von portugiesischen Seefahrern angelaufen, die sie wegen der Form »gabão« (Mantel mit Kapuze) nannten. Die Portugiesen trieben zwar zeitweise im Küstengebiet Sklavenjagd, ihr eigentliches Interesse galt jedoch mehr den vorgelagerten Inseln São Tomé und Príncipe.

### Kolonialzeit und Unabhängigkeit

Schon bald folgten französische, englische und niederländische Kaufleute auf der Suche nach Elfenbein und wertvollen Hölzern. Sie legten Handelsniederlassungen an der Küste an und trafen dabei auf die seit dem 17. Jahrhundert aus dem Kongo eingewanderten Myenes (Omiene) und die aus Kamerun stammenden Pangwe (Fang). Die Erschließung und Kolonisierung erfolgte erst Mitte des 19. Jahrhunderts, als Frankreich mit den einheimischen Königen Kowé und Dowé Verträge zum Schutz gegen den Sklavenhandel abschloß. 1849 wurde die heutige Hauptstadt Libreville als »Stadt der Freien« für befreite Sklaven aus anderen französischen Kolonien gegründet, doch dienten die Stadt und das umgebende Küstengebiet den Franzosen lange nur als Ausgangspunkt für Expeditionen, vornehmlich in den Kongo. 1888 wurde Libreville Hauptstadt des französischen Kongo, verlor diesen Status jedoch 1904 wieder an Brazzaville.

Bis nach dem Zweiten Weltkrieg konnten französische Kolonialgesellschaften das Gebiet praktisch unkontrolliert als Privat-Domäne ausbeuten. Die winzig kleine, an Frankreich assimilierte bürgerliche Schicht übernahm 1960 unter Führung des Bürgermeisters der Hauptstadt Léon M'Ba (1902–1967) das aus dem französischen Kolonialreich »Äquatorialafrika« herausgeschnittene Gabun.

Die politische Elite, allen voran Staatspräsident M'Ba, hielt bewußt auch nach der Unabhängigkeit an den engen Verbindungen zu Frankreich fest, schien ihr doch die Fortsetzung des bisherigen Entwicklungsweges die beste Voraussetzung, sich ihre Privilegien zu erhalten. Auseinandersetzungen zwischen M'Ba und seinem Außenminister führten 1964 zu einem Putschversuch des einheimischen Militärs. Nach dem Verteidigungsabkommen mit Frankreich wurde dieser Versuch jedoch durch den Einsatz der ansässigen französischen Truppen in wenigen Tagen niedergeschlagen.

### Präsident El Hadsch Omar Bongo

Nach dem Tode M'Bas 1967 übernahm der bisherige Vizepräsident Albert B. Bongo (* 1935) die Macht. Der Präsident, der sich nach seiner Konvertierung vom Katholizismus zum Islam El Hadsch Omar Bongo nannte, gründete 1968 die »Parti Démocratique Gabonais«(PDG). Soweit er die westlich gebildeten Jugendlichen und politisch interessierten Intellektuellen nicht durch Postenvergabe in sein personalisiertes System integrieren konnte, schlossen sich diese der Widerstandsbewegung »MORENA« (Mouvement de Redressement National) an. Da er bis 1990 jedoch ein Mehrparteiensystem strikt ablehnte, wurden solche oppositionellen Regungen streng verfolgt. Erst 1990 kam es zu Parlamentswahlen auf der Basis eines Mehrparteiensystems, die von der PDG unter Präsident Bongo gewonnen wurden.

**In Paradeuniform** spielen die Musiker der Militärkapelle *(oben)* am 17. August, dem Tag der Unabhängigkeit Gabuns.

## Daten und Fakten

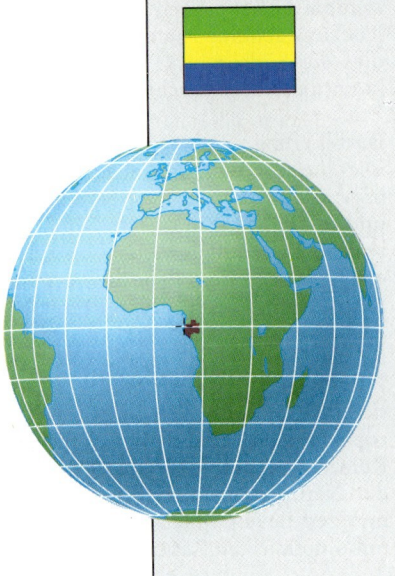

**DAS LAND**
**Offizieller Name:**
Gabunische Republik
**Hauptstadt:**
Libreville
**Fläche:** 267 668 km²
**Landesnatur:**
Im Westen bis 100 km breites Küstentiefland mit Ausgleichsküste u. zahlreichen Lagunen im S, anschließend Anstieg zum gebirgigen Hochland von Gabun, Teil der Niederguineaschwelle, im NO Hochplateaus
**Klima:**
Feuchtwarmes, tropisches Klima mit doppelter Regenzeit
**Hauptflüsse:** Ogooué, Nyanga, Ivindo

**Höchster Punkt:**
Mont Iboundji 1575 m
**DER STAAT**
**Regierungsform:**
Präsidiale Republik
**Staatsoberhaupt:**
Staatspräsident
**Regierungschef:**
Ministerpräsident
**Verwaltung:**
9 Provinzen
**Parlament:**
Nationalversammlung mit 120 Mitgliedern, Senat mit 91 Mitgliedern; Wahl alle 5 Jahre
**Nationalfeiertag:**
17. August
**DIE MENSCHEN**
**Einwohner (Ew.):**
1 197 000 (1999)
**Bevölkerungsdichte:**
4 Ew./km²

**Stadtbevölkerung:**
50 %
**Analphabetenquote:**
37 %
**Sprache:**
Französisch
**Religion:**
Katholiken 52 %, Anhänger traditioneller Religionen
**DIE WIRTSCHAFT**
**Währung:**
CFA-Franc
**Bruttosozialprodukt (BSP):**
4664 Mio. US-$ (1998)
**BSP je Einwohner:**
3950 US-$
**Inflationsrate:**
7,2 % (1990–98)
**Importgüter:**
Maschinen, Werkzeuge, Eisen, Stahl, elektro-

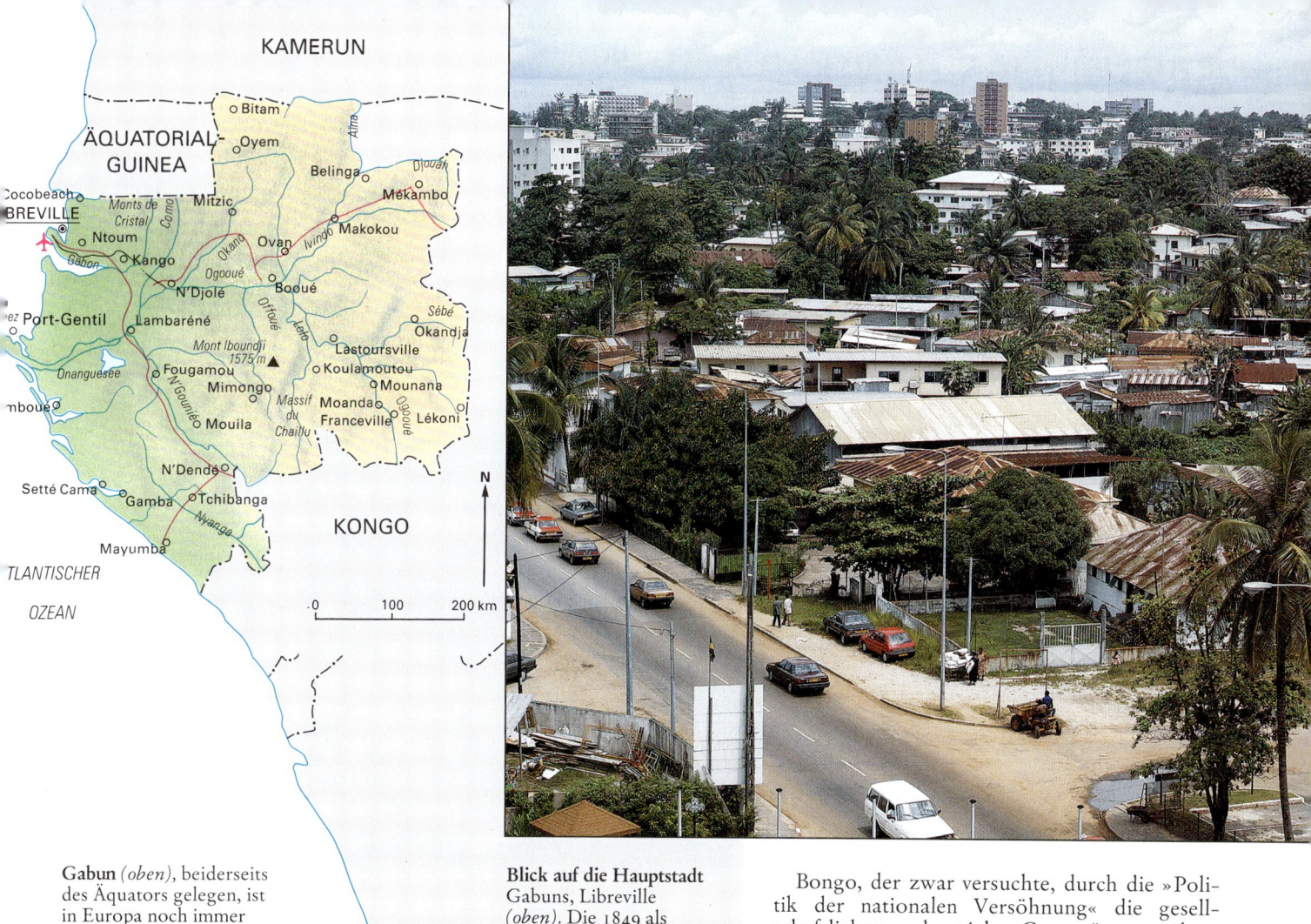

**Gabun** (oben), beiderseits des Äquators gelegen, ist in Europa noch immer am bekanntesten durch Lambaréné, jenen Ort, wo Albert Schweitzer 1913 sein Urwald-Krankenhaus errichtete.

**Blick auf die Hauptstadt** Gabuns, Libreville (oben). Die 1849 als Siedlung für befreite Sklaven gegründete Stadt ist heute Sitz eines katholischen Erzbistums und einer Universität.

techn. Erzeugnisse, Fahrzeuge, Zement
**Exportgüter:** Erdöl, Holz, Mangan, Uranerz
**Handelspartner:** Frankreich, BRD, Großbritannien u. andere EU-Länder, USA
**Eisenbahnnetz:** 668 km
**Straßennetz:** 8600 km
**Fernsehgeräte je 1000 Ew.:** 55

Bongo, der zwar versuchte, durch die »Politik der nationalen Versöhnung« die gesellschaftlichen und sozialen Gegensätze zu überwinden, stützte seine uneingeschränkte Macht im wesentlichen auf eine kleine Gruppe der ihm stammesmäßig verbundenen Elite. Eine wichtige Stütze seiner Macht ist auch die Präsidentengarde, jene knapp 3000 Mann zählende Einheit, die von einem französischen Söldnergeneral geleitet wird. Die Kritik in der französischen Presse an seinem autoritären Regierungsstil und seiner verschwenderischen Finanzpolitik führten 1985 zu kurzzeitigen Verstimmungen mit Frankreich. Aus diesem Grunde hat Präsident Bongo seine außenpolitischen Beziehungen durch Verbindungen zu den USA, zu Südafrika, Marokko und den arabischen Ölstaaten zu diversifizieren versucht.

Seinem kleinen Land hat er zeitweise als amtierender Präsident der »Organisation für Afrikanische Einheit« und als Vermittler in innerafrikanischen Konflikten wie im Tschad zusätzliches Gewicht zu verleihen gesucht. Dem waren jedoch stets seine engen Beziehungen zur weißen Minderheit Simbabwes, zu Südafrika, zur angolanischen UNITA sowie die Rolle Gabuns als »Flugzeugträger« für französische und amerikanische Militäreinsätze in Schwarzafrika abträglich. Die von dem 1998 wiedergewählten Präsidenten gesuchte panafrikanische Rolle wurde auch immer wieder durch die von ihm praktizierte Ausweisung der in Gabun arbeitenden afrikanischen Ausländer beeinträchtigt.

## GESUNDHEIT UND ERNÄHRUNG

**LEBENSERWARTUNG IN JAHREN:** Männer 51, Frauen 54

**JÄHRL. BEVÖLKERUNGSWACHSTUM:** 2,1 % (1995–2000), Geburtenziffer: 3,8 %

**GESUNDHEITSFÜRSORGE:** Ärzte je 100 000 Ew.: 19

107 % empfohlene tägliche Kalorienaufnahme 2345 kcal (100 %)

## ARBEIT

Erwerbstätige nach Wirtschaftsbereichen in %:
- Landwirtschaft und Fischerei: 40
- Industrie: o. A.
- Dienstleistungen: o. A.

## BILDUNG

Schulbesuch nach Altersklassen in %:
- 7–12 Jahre: o. A.
- 13–18 Jahre: o. A.
- 20–24 Jahre: o. A.

# GABUN: DAS LAND

Zu beiden Seiten des Äquators liegend, weist Gabun durchgängig ein feuchttropisches Klima auf und ist auch heute noch zu etwa drei Vierteln von dichtem Regenwald bedeckt, der jedoch wegen seiner Devisen bringenden tropischen Hölzer immer stärker Opfer einer wilden Abholzung wird. Damit ist auch der Lebensraum der kleinen Gruppe der Pygmäen gefährdet, jener Ureinwohner, die dort als Jäger und Sammler leben.

Von der etwa 100 km breiten, mangrovenbestandenen Küstenebene dehnt sich Gabun bis auf eine Höhe von maximal 1370 m ostwärts zur Niederguineaschwelle aus, die die westliche Grenze des Kongobeckens bildet. Die am Schichtaufbau beteiligten, alten, kristallinen Gesteine bergen reiche Erzvorkommen. Das bewaldete Bergland wird von vielen Flüssen durchzogen, die über zahlreiche Wasserfälle und Stromschnellen den Weg zur Küste suchen. Der Ogooué, der auch für das Flößen wertvoller Tropenhölzer aus dem Landesinnern genutzt wird, ist die wichtigste Wasserader. Die Feuchtsavanne im Hinterland Gabuns ist das Resultat der Entwaldung und des Wanderfeldbaus der dorthin eingewanderten Gruppen.

## Bevölkerung

Da sich die Regenwaldgebiete kaum für eine Besiedlung eignen, lebt heute nahezu die Hälfte der Gabuner in den wenigen städtischen Siedlungen des Landes. Die Bevölkerung setzt sich aus mehr als 40 ethnischen Gruppen – hauptsächlich Bantustämmen – zusammen, von denen die Pangwe (Fang) und Kwele etwa ein Drittel stellen. In den nördlichen und südlichen Teilen des Landes leben als eine Minderheit die Stämme der Punu und Nzabi. Nicht gerade eine Minderheit sind die – in Afrika einmalig – zahlreichen Europäer, vornehmlich Franzosen, die neben allen Wirtschaftsbereichen des Landes auch die Verwaltung, Polizei und Armee beherrschen; ihre Zahl wird auf 60 000 geschätzt. Zusammen mit der Gabuner Staatsoligarchie profitierten sie am meisten von dem wirtschaftlichen Aufschwung Anfang der 70er Jahre. In dieser Zeit übte Gabun auch eine große Anziehungskraft auf die Menschen in den afrikanischen Nachbarländern aus, die zu mehreren Zehntausend ins Land kamen und als Hilfsarbeiter, Handwerker und Facharbeiter Beschäftigung fanden. In den sich verschärfenden wirtschaftlichen und politischen Krisenzeiten wurden sie jeweils mit propagandistischer Begleitmusik schubweise des Landes verwiesen, wodurch es jedoch in vielen Bereichen der Industrie und des Dienstleistungsgewerbes zu großen Versorgungsschwierigkeiten kam.

## Wirtschaftsentwicklung

Die reichlich fließenden Erdöl-Exportgewinne, die über 80 % des Deviseneinkommens einbringen, regten die Regierung Bongo zu Investitionen großen Stils an: gigantische Bauvorhaben in

**Ein junger Gabuner** *(unten)* belädt ein kleines Boot in Port-Gentil mit Kassave, das auch unter dem Namen Maniok bekannt ist. Kassave, eines der wichtigsten Nahrungsmittel der Tropen, wird vor allem für den Eigenbedarf des Landes angebaut.

**Der Bau der Trans-Gabun-Eisenbahn** *(rechts)* in den 70er und 80er Jahren sollte dazu dienen, Erze aus dem Inneren zur Küste zu transportieren. Heute wird die Linie dazu benutzt, Frachtgüter (besonders Nutzholz) und Passagiere zu befördern.

**Das Tropenkrankenhaus** von Lambaréné *(oben)*. Geduldig warten die Menschen auf die ärztliche Behandlung und die Ausgabe von Medikamenten. Das Tropenkrankenhaus wurde 1913 von dem Elsässer Arzt Albert Schweitzer gegründet.

**Dichte Wälder** reichen in den Küstengebieten Gabuns bis zum Strand *(rechts)*. Das heiße, feuchte Äquatorialklima ist günstig für das Wachstum tropischer Hölzer wie Okoumé (Balsambaumgewächs), Ozigo, Limba, Llomba und Azobé.

# GABUN

**Ein Gigant** bricht durch den Regenwald *(oben)*, wenn einer der massiven tropischen Bäume, die es in Gabun gibt, gefällt wird. Nutzholz war für mehr als ein Jahrhundert das Hauptexportgut Gabuns. Über Flüsse wird das Holz aus dem Landesinneren geflößt.

der luxuriös erscheinenden Hauptstadt, kostspielige Infrastrukturmaßnahmen, wie der Bau der Trans-Gabun-Eisenbahn, der Bau des neuen Erzhafens von Owendo, des Präsidenten-Forts in Libreville sowie der Aufbau einer eigenen Fluglinie. Raffinerien und andere Industrieprojekte wurden für die Gesamtregion der »Zentralafrikanischen Wirtschaftsgemeinschaft« konzipiert, erwiesen sich nach Fertigstellung ähnlicher Projekte in diesen Staaten jedoch als völlig überdimensioniert.

Die ohnehin unterentwickelte, nur der Selbstversorgung dienende Landwirtschaft wurde in dieser Zeit so sehr vernachlässigt, daß Gabun mehr als 80 % seiner Nahrungsmittel importieren mußte. Von der Gesamtfläche des Landes werden zwei Prozent landwirtschaftlich genutzt. Einige moderne Großplantagen liefern Kaffee und Kakao, ansonsten überwiegen Kleinbetriebe, die keine Überschüsse erwirtschaften können. Daher gehört es zu den wichtigsten Aufgaben der Wirtschaftspolitik, den Agrarsektor zu fördern und den Nahrungsmittelbedarf wieder aus eigener Kraft zu decken. Die allmähliche Erschöpfung der alten Rohöl-Vorkommen, sowie zeitweiser Preisverfall und Absatzschwierigkeiten bei den mineralischen Rohstoffen bewirkten bereits seit Ende der 70er Jahre mehrere einschneidende wirtschaftliche Krisen. Die Regierung versuchte, ihnen durch eine Diversifizierung der Außenbeziehungen vor allem zu den USA und Südafrika zu begegnen, mußte sich jedoch wiederholt den Sparvorschriften von Weltbank und Internationalem Währungsfonds beugen.

Doch neue, von amerikanischen Konzernen entdeckte Öllagerstätten, kaum ausgebeutete, reiche Uran-, Mangan- und Eisenerzvorkommen sowie die noch vorhandenen Holz- und anderen Ressourcen des Regenwaldes sichern Gabun angesichts einer zahlenmäßig nur kleinen Bevölkerung, trotz des hohen Bevölkerungswachstums von gut 2 %, auf Dauer ein Pro-Kopf-Einkommen, das weit über dem im übrigen Afrika üblichen Niveau liegt. Da das Pro-Kopf-Einkommen jedoch als Indikator bei der Vergabe internationaler Kredite eine erhebliche Rolle spielt, ist Gabuns Regierung ständig bemüht, die Bevölkerungszahlen nach oben zu manipulieren.

Das touristisch kaum erschlossene Land mit dem in Afrika höchsten Preisniveau gerät immer wieder durch das vor Jahrzehnten im Landesinnern von Albert Schweitzer errichtete »Urwald-Krankenhaus« von Lambaréné in die Schlagzeilen. Wiederholte Versuche, das von dem Elsässer Theologen, Organisten und Mediziner gezielt auf einem einfachen Niveau gehaltene Hospital mit Spendengeldern auf einem akzeptablen Niveau zu erhalten, werden von Beobachtern als gescheitert angesehen. Die Regierung Gabuns zeigt kein sonderliches Interesse für dieses Symbol europäischer Spendenfreudigkeit und Mildtätigkeit.

# GAMBIA

Von allen »Unfällen« der Kolonialgeschichte ist Gambia ohne Zweifel der seltsamste: Das Land dehnt sich nur wenige Kilometer beiderseits des gleichnamigen Flusses aus, doch reicht es über 320 km von der Atlantik-Mündung ostwärts tief in den westafrikanischen Sahel hinein und schneidet das Nachbarland Senegal praktisch in zwei Teile. Gambia besitzt lediglich in Flußnähe einige Waldreste und besteht ansonsten aus Savanne, die ostwärts immer trockener wird. Vor dem Eintreffen der ersten portugiesischen Seefahrer im Jahre 1447, denen die Engländer die Siedlungen an der Küste abkauften, stand dieses Gebiet während des 13. und 14. Jahrhunderts unter dem Einfluß des ganz Westafrika beherrschenden Mali-Reiches, später unter dem der Fulani- oder Fulbestaaten.

Die Bevölkerung von über 1,2 Millionen Einwohnern gehört überwiegend zu den Sudanvölkern. Die stärkste Gruppe sind mit rund 43 % die Mandingo, zu denen auch die Bambara und Malinke gehören, gefolgt von den Fulani oder Fulbe (18 %), die hauptsächlich von der Viehzucht leben. Der Anteil der Wolof, ein Volk von Händlern und Kaufleuten, beträgt nach der letzten Volkszählung 1993 etwa 8 %. Der Rest der Bevölkerung gliedert sich u.a. in Serahulis, Sarakolle und Diola, die zu den ältesten Einwohnern Gambias gerechnet werden.

Der Staat Gambia ist das Ergebnis europäischer Auseinandersetzungen um die Inbesitznahme von Regionen. Frankreich bekam schließlich auf der Berliner Afrika-Konferenz von 1884 den großen Senegal zugesprochen, die britische Krone erhielt die kleine Kolonie Gambia. Die beiderseits des Flusses lebenden Völker wurden jedoch in der Kolonialzeit nur scheinbar durch eine in der Savanne unerkennbare Grenze getrennt. Allein eine winzige Elite wurde britisch ausgebildet. Die englische Sprache, englische Gesetze und Lebensgewohnheiten prägten das Alltagsleben in der kleinen Hauptstadt Bathurst, die erst in den 70er Jahren in Banjul »afrikanisiert« wurde. In ihr gab es eine den ethnischen Clans entsprechende Mehrparteien-Demokratie nach britischem Vorbild. Die Verfassung aber garantierte dem seit der Unabhängigkeit 1965 ununterbrochen regierenden Präsidenten Sir Dawda Kairaba Jawara (* 1924) praktisch die uneingeschränkte Herrschaft. Die Monopolisierung der Macht löste 1982 einen nur wenige Tage dauernden blutigen Aufstand aus. Dieser wurde durch die von der Regierung zu Hilfe gerufenen Truppen des Nachbarlandes Senegal niedergeschlagen.

Aus »Dankbarkeit« willigte der Präsident 1982 in den von Senegal geforderten Zusammenschluß zur »Senegambischen Föderation« ein. Sie sollte neben einer engen Zusammenarbeit im Sicherheits- und Transportwesen auch die Bildung einer Wirtschafts- und Währungsunion veranlassen. Doch bis auf ein gelegentlich tagendes gemeinsames Parlament blieb sie durch die stillschweigende Weigerung der gambischen Führung nur Papier. 1989 wurde sie auch offiziell aufgekündigt. 1994 übernahm eine Militärjunta unter Führung von Yayah Jammeh (* 1962) die Macht. Nach der Verabschiedung einer neuen Verfassung 1996 ließ sich Jammeh zum zivilen Präsidenten wählen.

Der »Kunststaat« Gambia lebt zu einem geringen Teil von Reisanbau in Flußnähe und Erdnußanbau in der Savanne. Von überragender wirtschaftlicher Bedeutung ist der Tourismus. Seit den 60er Jahren sind in dem ansonsten ressourcenarmen Staat an den Atlantik-Strän-

## Daten und Fakten

**DAS LAND**
**Offizieller Name:** Republik Gambia
**Hauptstadt:** Banjul
**Fläche:** 11 295 km²
**Landesnatur:** Flußebenen am Gambia, flachwellige Sandsteinplateaus
**Klima:** Wechselfeuchtes Klima der Randtropen
**Hauptflüsse:** Gambia
**Höchster Punkt:** Plateaus im Osten bis 200 m
**DER STAAT**
**Regierungsform:** Präsidiale Republik
**Staatsoberhaupt:** Staatspräsident
**Verwaltung:** 6 Bezirke

**Parlament:** Nationalversammlung mit 45 für 5 Jahre gewählten Mitgliedern; weitere 4 Mitglieder werden vom Staatspräsidenten ernannt
**Nationalfeiertag:** 18. Februar
**DIE MENSCHEN**
**Einwohner (Ew.):** 1 285 000 (1999)
**Bevölkerungsdichte:** 112 Ew./km²
**Stadtbevölkerung:** 37 %
**Analphabetenquote:** 61 %
**Sprache:** Englisch
**Religion:** Moslems 85 %
**DIE WIRTSCHAFT**
**Währung:** Dalasi

**Bruttosozialprodukt (BSP):** 413 Mio. US-$ (1998)
**BSP je Einwohner:** 340 US-$
**Inflationsrate:** 4,4 % (1990-98)
**Importgüter:** Nahrungsmittel, Maschinen, Industriegüter
**Exportgüter:** Erdnüsse, Erdnußöl, Uran, Palmkerne, Fischprodukte, Häute
**Handelspartner:** Senegal, Großbritannien u. a. EU-Länder, Schweiz, Japan, VR China
**Eisenbahnnetz:** o.A.
**Straßennetz:** 2386 km
**Fernsehgeräte je 1000 Ew.:** 4

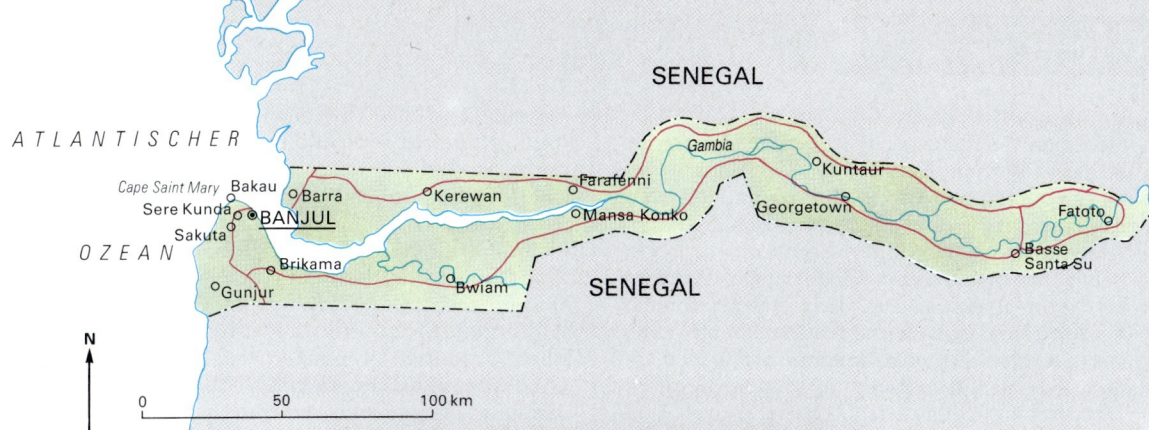

**Gambia** *(links)* nimmt einen schmalen Landstreifen ein, der von der Atlantikküste ausgehend eine Enklave innerhalb von Senegal bildet. An der Küste und entlang des gleichnamigen Flusses gibt es bewaldete Gebiete, das übrige Land besteht aus sandigen Ebenen.

**Passagiere gehen an Bord eines Dampfers** *(oben)*, der sowohl der Güter- als auch der Personenbeförderung auf dem durch das gesamte Staatsgebiet fließenden Fluß Gambia dient. Der Fluß ist die Hauptverkehrsader des Landes und bis 200 km landeinwärts für Seeschiffe befahrbar.

**Diese ruhige Straße** *(oben rechts)* in Banjul, der Hauptstadt Gambias, läßt kaum vermuten, daß es sich hier um eine betriebsame Hafenstadt am Atlantik und um die einzige große Stadt des Landes handelt. Sie wurde 1860 von den Briten gegründet und hieß bis 1973 Bathurst.

den von ausländischen Konzernen mehr als ein Dutzend Hotel-Komplexe errichtet worden. Doch außer Strand, Hochseefischerei und Bootsfahrten auf dem Fluß hat das Ferienland Gambia nicht viel anzubieten. In den wenigen Monaten der trockenen Wintersaison sorgen die Touristen, vornehmlich aus Skandinavien, Großbritannien und Deutschland, für eine alljährliche kurze saisonale Beschäftigung. Gleichzeitig aber schaffen sie zunehmend soziale Probleme, zumal in den übrigen Monaten Massenarbeitslosigkeit herrscht.

Die vermutlich wichtigste wirtschaftliche Tätigkeit in Gambia ist der Schmuggel. Ein Großteil der senegalesischen Erdnußproduktion findet über Buschpfade den Weg zum Exporthafen Banjul. Für die dort eingenommenen Dalasi erwerben die senegalischen Händler sowie die Mitglieder der Händlerkaste der Diola vornehmlich industrielle Waren aus Fernost und Europa. Da diese im Transitland Gambia niedrig besteuert sind, erzielen die Händler im Hochpreisland Senegal interessante Profite. Von diesem illegalen zweibahnigen Handel profitieren auch die Führungseliten beider Staaten.

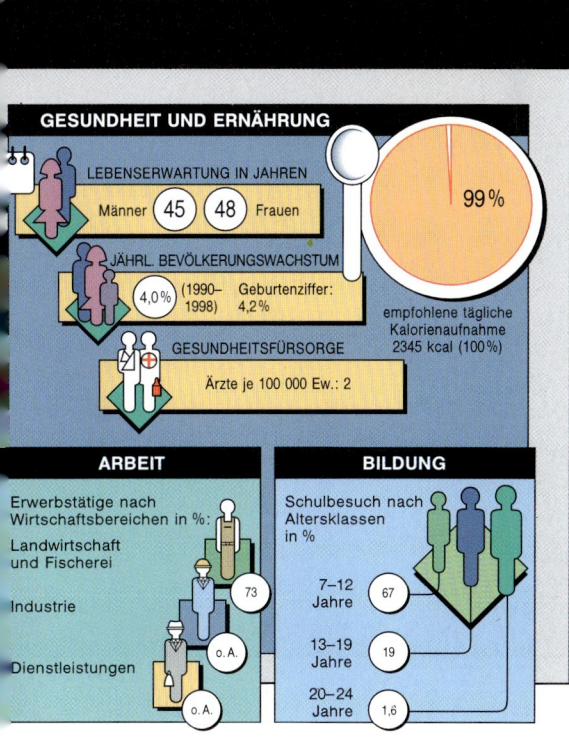

# GEORGIEN

Georgien (in georgischer Sprache Sakartvelo) liegt im Westen Kaukasiens und umfaßt eine Fläche von 69 700 km². Es grenzt im Norden an Rußland, im Osten an Aserbaidschan und im Süden an Armenien und die Türkei.

Die landschaftliche Gliederung Georgiens wird von den zum Teil dicht bewaldeten Gebirgsketten des Großen Kaukasus mit seinen stark vergletscherten Kämmen im Norden und dem Kleinen Kaukasus im Süden bestimmt. Dazwischen liegen die subtropisch warmen und feuchten Flußtäler des Rioni und der oberen Kura. Landwirtschaftlicher Kernraum ist das Kolchis-Tiefland im Mündungsgebiet des Rioni am Schwarzen Meer.

Die Bevölkerung Georgiens zählt über 5 Millionen Einwohner und besteht aus mehreren kulturell sehr unterschiedlichen Völkern: 72 % sind Georgier, zu denen auch die Adscharen gerechnet werden, 8 % Armenier, 6 % Russen, 6 % Aseri (Aserbaidschaner), außerdem Osseten, Griechen und Abchasen. Die Georgier, Adscharen und Abchasen sprechen kaukasische Sprachen, die Armenier, Osseten, Russen und Griechen indoeuropäische Sprachen und die Aseri eine Turksprache. Ein Großteil der Bevölkerung bekennt sich zum orthodoxen Christentum; die Aseri, die Adscharen und ein kleiner Teil der Osseten sind Moslems. Der nationalen Eigenständigkeit der Adscharen, Abchasen und Osseten wurde durch die Zusicherung innerer Autonomie Rechnung getragen, Abchasien hat sich jedoch de facto nach einem bewaffneten Konflikt 1992/93 von Georgien gelöst. Dabei wurden 250 000 Georgier vertrieben.

Grundlage der Wirtschaft Georgiens sind die reichen Bodenschätze, vor allem Mangan, Steinkohle, Kupfer, Erdöl, Wolfram, Baryt und Baustoffe, und die intensiv betriebene Landwirtschaft, so der Anbau von Tee, wovon es in der Sowjetära 95 % des Unionsaufkommens lieferte, Wein, Obst, Getreide und Tabak. Die Wirtschaft Georgiens, darunter Chemieindustrie und Maschinenbau sowie der Fremdenverkehr am Schwarzen Meer, erlitt bis Mitte der 1990er Jahre gewaltige Einbußen, stabilisierte sich jedoch dann auf niedrigem Niveau. Die Bevölkerung ist weitgehend verarmt.

**Vom Perserreich zur russischen Provinz**
Im Altertum stand das heutige Georgien unter persischem und griechischem, dann unter römischem Einfluß. Im 4. Jahrhundert wurde – wohl von Armenien aus – das Christentum eingeführt. Wenig später erhielt Georgien eine eigene Schrift. Gegen die Angriffe der Perser stellte sich Georgien unter den Schutz von Byzanz. Im 7. Jahrhundert überrannten die Araber das Land, islamisierten es aber nicht; nur Tiflis war bis ins 12. Jahrhundert eine islamische Enklave. Seit dem 9. Jahrhundert vollzog sich unter der Dynastie der Bagratiden die Einigung des Landes. Im 12. und 13. Jahrhundert reichte Georgien vom Schwarzen bis zum Kaspischen Meer und erlebte in dieser Zeit unter Königin Tamara eine kulturelle Blüte. Im 13. und 14. Jahrhundert wurde das Land von den Mongolen verwüstet. Danach zerfiel es in Teilfürstentümer, die teils von der Türkei, teils von Persien abhängig waren. Seit dem 16. Jahrhundert faßte auch Rußland in Georgien Fuß. Im 18. Jahrhundert begann es, mit einzelnen georgischen Herrschern Protektoratsverträge zu schließen. 1801 annektierte es den östlichen

## Daten und Fakten

**DAS LAND**
Offizieller Name:
Republik Georgien
Hauptstadt:
Tiflis (Tbilissi)
Fläche: 69 700 km²
Landesnatur:
Im N Gebirgsketten des Großen Kaukasus, im S Kleiner Kaukasus, im W Tiefländer im Mündungsbereich der Flüsse ins Schwarze Meer
Klima: Im W subtropisches, sonst gemäßigtes Klima
Höchster Punkt:
Schara 5028 m
**DER STAAT**
Regierungsform:
Präsidiale Republik
Staatsoberhaupt:
Präsident

Verwaltung: 79 Bezirke; Autonome Republiken Abchasien und Adscharien, Autonomes Gebiet Südossetien
Parlament: »Oberster Rat« mit 235 Mitgliedern, Wahl alle 4 Jahre
Nationalfeiertag:
26. Mai
**DIE MENSCHEN**
Einwohner (Ew.):
5 006 000 (1999)
Bevölkerungsdichte:
72 Ew./km²
Stadtbevölkerung: 61 %
Bevölkerung unter
15 Jahren: 22 %
Analphabetenquote: 4 %
Sprache:
Georgisch, Russisch
Religion: Georgisch-orthodoxe Christen

**DIE WIRTSCHAFT**
Währung: Lari
Bruttosozialprodukt (BSP):
5 055 Mio. US-$ (1998)
BSP je Einwohner:
930 US-$
Inflationsrate:
709 % (1990–98)
Importgüter: Erdöl u. -produkte, Erdgas, Nahrungs- u. Genußmittel, Arzneimittel
Exportgüter: Metalle u. Metallwaren, Nahrungs- u. Genußmittel, Bergbauprodukte
Handelspartner: Türkei, Rußland, Aserbaidschan
Eisenbahnnetz: 1600 km
Straßennetz: 19 350 km
Fernsehgeräte je
1000 Ew.: 473

Landesteil. Weitere Annexionen folgten, bis schließlich 1878 ganz Georgien Bestandteil des russischen Reiches war.

### Der lange Kampf um die Unabhängigkeit

Nach der Oktoberrevolution von 1917 erklärte sich Georgien im Mai 1918 zur Republik, deren Unabhängigkeit Sowjetrußland vertraglich anerkannte. 1921 besetzte die Rote Armee das Land; die Georgische Sozialistische Sowjetrepublik wurde proklamiert. 1922 wurde Georgien gegen den heftigen Widerstand der einheimischen Kommunisten mit Armenien und Aserbaidschan zur Transkaukasischen Föderativen SSR vereinigt. 1936 wurde diese Föderation wieder aufgelöst, und die drei Gliedstaaten wurden zu Unionsrepubliken erhoben. Bei der großen »Säuberung« der 30er Jahre ging Stalin, obwohl selbst Georgier, besonders brutal gegen den georgischen »Nationalismus« vor.

Das in den 80er Jahren erwachende Streben nach nationaler Selbstbehauptung verstärkte sich, als im April 1989 die Armee eine Demonstration in Tiflis blutig niederschlug. Im April 1991 erklärte Georgien seine Unabhängigkeit. Der erste Präsident Swiad Gamsachurdia wurde 1992 wegen seines diktatorischen Regierungsstils gestürzt. Unter seinem Nachfolger, dem ehemaligen sowjetischen Außenminister Eduard Schewardnadse, eskalierte der Konflikt mit den nationalen Minderheiten der Abchasen und Osseten, die sich aus dem georgischen Staat lösen wollten, zu einem blutigen Bürgerkrieg. Außenpolitisch steuerte Georgien ab Ende der 1990er Jahre einen zunehmend prowestlichen Kurs. Auch bis 2001 konnte die Zentralregierung die abchasischen und ossetischen Regionen nicht unter Kontrolle bringen.

**Durch das Streben nach nationaler Unabhängigkeit** uferten Gedenkfeiern in den 80er Jahren oft in politische Demonstrationen aus *(oben).* – **Georgische Weinbauern** verkosten jungen Wein im Anbaugebiet von Kakhetia *(links).*

**Eduard Schewardnadse** (* 1928) ist seit 1992 Staatsoberhaupt der Republik *(links).*

**Der Staat Georgien** *(unten)* liegt im westlichen Kaukasien am Schwarzen Meer.

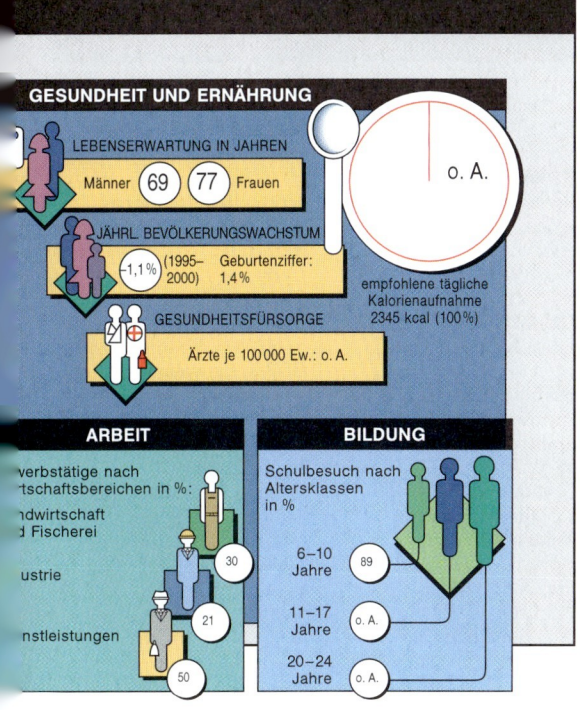

# GHANA

Daß Ghana in Afrika gewissermaßen zum Schrittmacher der Unabhängigkeitsbewegung wurde, verdankt es der Herausbildung einer breiten gebildeten Schicht von Einheimischen. Dies hing eng mit der hervorragenden wirtschaftlichen Stellung des Landes als Lieferant von Bodenschätzen, vor allem aber als Marktführer bei Kakao zusammen.

Der Grundstein für die wirtschaftliche Entwicklung wurde in den 70er Jahren des 19. Jahrhunderts gelegt, als die ersten Kakaosetzlinge von den Guineainseln nach Ghana gebracht wurden. Ihre rasche Kultivierung auf einheimischen Pflanzungen ließ das Land nicht nur zum zeitweise weltgrößten Kakaoexporteur werden, sondern erlaubte in Verbindung mit den Erlösen aus der Goldförderung seit 1920 einen in Afrika einmaligen Ausbau von Straßen, Häfen, Krankenhäusern und Schulen. Nach der Staatsgründung wurde die höchst verwundbare Monokultur des Kakaos nur ansatzweise diversifiziert, und als die Preise für Ghanas wichtigstes Exportprodukt auf dem Weltmarkt fielen, begann der wirtschaftliche Niedergang des potentiell reichen Landes. Die in rascher Folge einander ablösenden Militär- und Zivilregierungen trieben Ghana durch Mißwirtschaft, Korruption, Schwarzmarkt und Schmuggel immer tiefer in eine aussichtslose Krise.

Mit dem Anspruch, all diese Probleme zu lösen, übernahm Jerry (»Junior Jesus«) Rawlings (* 1947) 1981 durch einen Staatsstreich das bankrotte Land. Durch eine bis dahin in Afrika unbekannte »partizipatorische Demokratie« von unten, durch Organisation und Mobilisierung der arbeitenden Bevölkerung in Volksverteidigungsräten (PDCs) auf Stadtteil- und Dorfebene sowie Arbeiterverteidigungsräten (WDCs) auf Betriebsebene, sollten die sozialen, politischen und wirtschaftlichen Strukturen grundlegend verändert werden. Die neu geschaffenen Komitees sollten als »Wächter der Revolution«, nach dem Verbot von Parteien und Gewerkschaften, gegen Korruption und Ämtermißbrauch vorgehen, die landwirtschaftliche und industrielle Produktion ankurbeln und öffentliche Dienste wie Gesundheit und Erziehung wiederherstellen helfen. Doch die Revolutionsregierung des »Provisorischen Nationalen Verteidigungsrates« (PNDC) hatte mit großen Startschwierigkeiten zu kämpfen. Ghanas Anlehnung an die Staaten des sozialistischen Lagers verunsicherte westliche Geldgeber, und internationale Banken stellten ihre finanziellen

## Daten und Fakten

**DAS LAND**
**Offizieller Name:** Republik Ghana
**Hauptstadt:** Accra
**Fläche:** 238 533 km²
**Landesnatur:** Küstentiefland, anschließend Ashantihochland, nach N u. NO in Mittelgebirge übergehend, im Zentrum Voltabecken (Stausee)
**Klima:** Tropisch-feuchtheiß
**Hauptflüsse:** Weißer Volta, Schwarzer Volta, Oti
**Höchster Punkt:** Ashantihochland 884 m
**DER STAAT**
**Regierungsform:** Präsidiale Republik

**Staatsoberhaupt:** Staatspräsident
**Verwaltung:** 10 Regionen
**Parlament:** Parlament mit 200 für 4 Jahre gewählten Mitgliedern
**Nationalfeiertag:** 6. März
**DIE MENSCHEN**
**Einwohner (Ew.):** 19 678 000 (1999)
**Bevölkerungsdichte:** 83 Ew./km²
**Stadtbevölkerung:** 38 %
**Bevölkerung unter 15 Jahren:** 44 %
**Analphabetenquote:** 29 %
**Sprache:** Englisch, Kwa- und Gur-Sprachen

**Religion:** Moslems 16 %, Katholiken 20 %, Protestanten 40 %, Anhänger von traditionellen Religionen
**DIE WIRTSCHAFT**
**Währung:** Cedi
**Bruttosozialprodukt (BSP):** 7199 Mio. US-$ (1998)
**BSP je Einwohner:** 390 US-$
**Inflationsrate:** 28,6 % (1990-98)
**Importgüter:** Erdöl u. -produkte, Maschinen, Fahrzeuge, Nahrungsmittel, Eisen, Stahl, Zement, Konsumgüter aller Art
**Exportgüter:** Kakao, Gold, Holz,

**Diese Fischerboote** nahe der Stadt Cape Coast *(links)* kommen bei der Fischerei vor Ghanas Küste zum Einsatz. Da die Fleischerzeugung unzureichend ist, kommt dem Fischfang eine besondere Bedeutung zu.

Hilfen ein. Zu allem Unglück wurde das Land von einer Hungersnot heimgesucht, als Ghana binnen Wochenfrist mehr als eine Million aus Nigeria ausgewiesener Landsleute aufnehmen mußte.

## Das Sanierungsprogramm Rawlings'

Aus dieser Not heraus warf Rawlings ab Mitte der 80er Jahre das Ruder wirtschaftlich völlig herum, leitete eine Normalisierung der Beziehungen zu den konservativen afrikanischen Nachbarstaaten sowie zum Westen ein und unterwarf sich dem Diktat des Internationalen Währungsfonds.

Entsprechend dem von ihm entwickelten Sanierungsprogramm wurden in Ghana seit 1983 gemäß der Forderung »Abbau des Staats« Zehntausende von Mitarbeitern aus Staat und Verwaltung entlassen, staatliche Unternehmen privatisiert oder geschlossen, Subventionen gestrichen, Importbeschränkungen aufgehoben und die landeseigene Währung abgewertet. Als Gegenleistung wurden Ghana nicht nur Schulden erlassen, sondern seither großzügige Kredite für den Wiederaufbau der mittlerweile desolaten Infrastruktur gewährt. Bis heute haben sich erste zaghafte Erfolge eingestellt, haben gestiegene Exportzahlen von Kakao, Gold und Holz ein nominelles Wachstum ausgelöst. Für die meisten Ghanaer bedeutete das »Strukturelle Anpassungsprogramm« jedoch erst einmal eine Verschlechterung ihres Lebensstandards, Einbußen des Realeinkommens oder Arbeitslosigkeit. Um der wachsenden »Anpassungsmüdigkeit« in der Bevölkerung entgegenzuwirken und die Regierung vor weiterem Legitimationsverlust zu bewahren, kam Ghana als erstes Land in den Genuß eines speziellen Zusatzprogramms (PAMSCAD), das unter anderem sofortige Hilfe für die ärmsten Bevölkerungsschichten verspricht.

Angesichts anhaltend niedriger Rohstoffpreise und der wachsenden sozialen Gegensätze ist es verständlich, daß die »Erfolge« der vor allem im Ausland gepriesenen Anpassungspolitik von Rawlings selbst als »enttäuschend« bezeichnet wurden. Trotzdem muß das Land, das seit 1993 eine demokratische Verfassung hat, auch unter dem im Dezember 2000 gewählten neuen Präsident John Agyekum Kufuor den eingeschlagenen Weg weitergehen.

**Die Republik Ghana** *(oben rechts)* liegt am Golf von Guinea und umfaßt das Voltabecken, das Ashantihochland und die nördlichen Savannen. Das in kolonialer Zeit als Goldküste bekannte Ghana wurde 1957 unabhängig.

Erdölerzeugnisse, Bauxit, Manganerze
**Handelspartner:**
Großbritannien, BRD u. andere EU-Länder, USA, Nigeria, Japan, Togo, Côte d'Ivoire
**Eisenbahnnetz:**
1 300 km
**Straßennetz:**
11 650 km (befestigt)
**Fernsehgeräte je 1000 Ew.:** 99

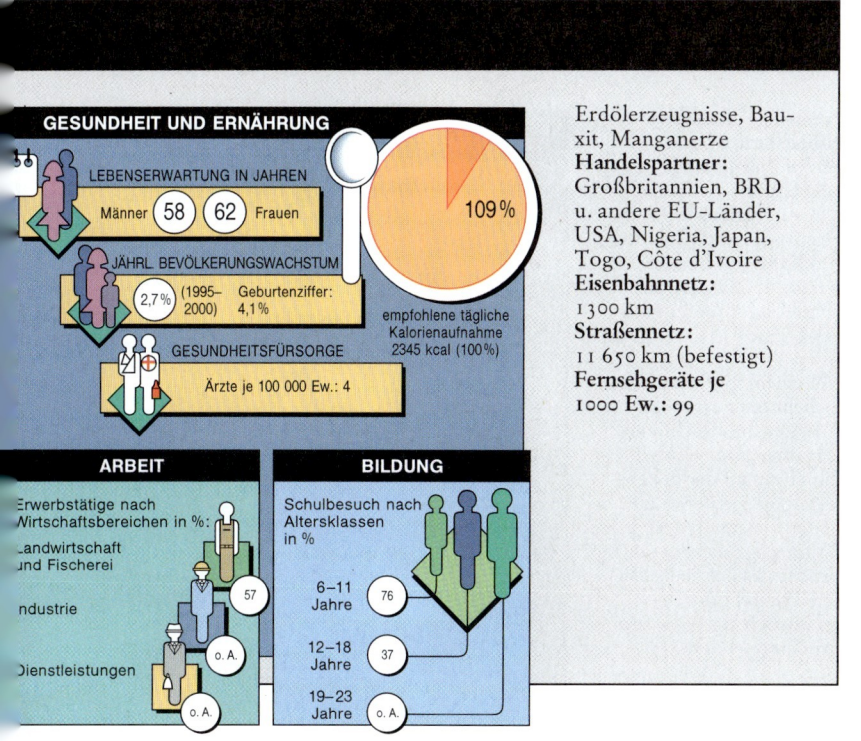

# GHANA: DAS LAND

In nahezu rechteckiger Gestalt erstreckt sich Ghana ohne große Höhenunterschiede von der Küste am Golf von Guinea – in diesem Bereich Goldküste genannt – bis 700 km landeinwärts in die Savannengebiete des westlichen Sudan. Landschaftlich lassen sich drei große Naturräume unterscheiden: das Küstentiefland, das Ashantihochland und das zentrale Voltabecken im Landesinneren. Im Osten hat Ghana einen geringen Anteil am Bergland von Togo.

Die 535 km lange Küste ist zum überwiegenden Teil flach und sandig und wird lediglich im mittleren Abschnitt von Gneis-Granitrücken durchbrochen, so daß sich hier eine felsige Kliffküste gebildet hat. Nur im Bereich der Voltamündung ist die ansonsten buchtenarme Küste stärker gegliedert und weist Nehrungen und zahlreiche Lagunen auf.

Im Anschluß an die 20–100 km breite Küstenebene steigt das Land in stark zerschnittenen Schichtstufen zum 300–800 m hohen Ashantihochland an. Inselberge und Hügelketten, die durch breite Täler voneinander getrennt sind, bilden die einzige Belebung der weiten, eintönigen Landschaft. Das Hochland setzt sich nach Norden und Nordosten am Rand des Voltabeckens fort, das Relief wird bewegter, und die Hügelketten gehen in Mittelgebirge mit Höhen bis zu 1000 m über.

Das flache, halbkreisförmige Voltabecken, das von den Ashantibergen und dem Schichtstufenland Togos umrahmt wird, ist der zentrale Raum im Inneren Ghanas. Es ist ein etwa 150–300 m hohes Tafel- und Stufenland, dessen Landschaftsbild von weiten Ebenen und welligen Hügelländern beherrscht wird. Das gesamte Becken wird von dem rund 1600 km langen Volta und seinen Nebenflüssen durchzogen, der mit einer langen Trichtermündung bei Ada ins Meer strömt. Bei Akosombo wird sein Unterlauf zu einem der größten künstlichen Seen aufgestaut, der das gesamte Flußtal bis zu den Quellmündungen (Schwarzer Volta und Weißer Volta) überflutet und sich bis weit in die Täler der Voltazuflüsse erstreckt.

Die Vegetation Ghanas, die vom Norden abgesehen zum Bereich der wechselfeuchten Tropenklimazone gehört, zeigte ursprünglich das typische Bild der westafrikanischen Küstenregion. Doch heute ist der Mangrovengürtel in Meeresnähe durch menschlichen Raubbau weitgehend zerstört. Der einst besonders in Flußmündungen anzutreffende tropische Regenwald, der im Landesinneren in Feuchtwaldgebiete übergeht, wurde durch Kakaoplantagen verdrängt oder fiel der Abholzung für den Holzexport zum Opfer. Die weiten Gebiete der Feucht- und Trockensavannen sind durch intensive Rinderzucht zu ödem Grasland versteppt. Die bereits arme Tierwelt Ghanas wurde weiter dezimiert, so daß es heute nur noch im Damongo-Schutzgebiet nennenswerte Bestände von Elefanten, Flußpferden, Büffeln, Affen, Leoparden und Hyänen gibt.

**Die Reisernte** *(unten)* wird von weiblichen Angehörigen der Mossi und der Dagomba sortiert. Auf vielen der kleinen Farmen ziehen die Frauen Gemüse, während die Männer Kakao und verschiedene Getreidearten für den Export anbauen.

**Das Wasser des Weißen Volta** *(rechts)* fließt zum Volta-Stausee, einem der größten von Menschen geschaffenen Seen der Erde. Das Wasser dieses gewaltigen Stausees wird zur Energiegewinnung durch das Großkraftwerk bei Akosombo genutzt.

**Freiwillige ghanaische Arbeitskräfte** *(rechts)* sind während einer Arbeitspause beim Verladen von Kakao für den Export bei guter Laune. Kakao ist das bedeutendste landwirtschaftliche Ausfuhrerzeugnis des Landes.

**Mit einem speziellen Sichelmesser** erntet dieser Arbeiter die Früchte der Ölpalme *(ganz rechts)*, die zu einem der beliebtesten Speiseöle verarbeitet werden. Jeder Baum trägt 10 bis 15 Fruchtbüschel, jedes Büschel besteht durchschnittlich aus etwa 200 Früchten.

# GHANA

## Vielfalt der Völker

Die Staatsgrenzen Ghanas sind kolonialen Ursprungs und verlaufen vielfach durch Siedlungsgebiete der sowohl in Ghana als auch in den Nachbarstaaten ansässigen ethnisch-kulturellen Gruppen. Genaue Angaben über die ethnische Zusammensetzung werden in den letzten Jahren von Regierungsseite nicht mehr erstellt, um damit die bestehenden Stammesunterschiede zugunsten eines »Nationalbewußtseins« zu überwinden. Doch die mehr als 70 Sprachen und Dialekte deuten ungefähr die Zahl der Stammesverbände an.

Entsprechend der naturräumlichen Gliederung ist die Bevölkerung in Ghana ungleichmäßig verteilt und nimmt in Verbindung mit einer starken Binnenwanderung von Norden nach Süden stark zu. In den Savannen des Nordens leben überwiegend Mole-Dagbane. Die in der südlichen Mitte des Landes siedelnden Akan-Völker, mit rund 50 % der Einwohner die größte Bevölkerungsgruppe, drangen vermutlich seit dem 12. Jahrhundert aus dem Norden nach Ghana ein. Die Ashanti sind das wirtschaftlich führende Volk. Sie beherrschen den Kakaoanbau und die Goldförderung und stellen die bedeutsame Gruppe der im Ausland ausgebildeten Fachleute.

Die an der Küste siedelnden, ebenfalls zur Ashanti-Sprachgruppe gehörenden Fanti, die im Grenzbereich zu Togo lebenden Ewe sowie die Ga-Adanbge beiderseits des Volta-Flusses im Süden und Südosten Ghanas haben durch ihre jahrhundertelange Berührung mit den Europäern und dem städtischen Leben viele traditionelle Stammesbindungen verloren. Heute leben über 10 % der Bevölkerung Ghanas im Bereich der Doppelstadt Accra-Tema. Accra ist Sitz von Regierung und Verwaltung, Tema ist wichtigste Hafen- und Industriestadt. Schnell wachsen auch die Küstenstädte Sekondi-Takoradi, Cape Coast, Winneba und Axim.

## Wanderungsland Ghana

Die wirtschaftliche Prosperität hat Ghana zu einem Zentrum westafrikanischer Migration werden lassen. Einerseits kamen Menschen aus den armen Sahelstaaten, um auf den Plantagen, im Bergbau oder in den Städten Beschäftigung zu finden, andererseits wanderten bis Anfang der 80er Jahre weit über eine Million vor allem junger Menschen aufgrund der politischen und wirtschaftlichen Schwierigkeiten in das »Wirtschaftswunderland« Côte d'Ivoire und das Erdölland Nigeria aus. Von dort wurden sie jedoch in zwei Schüben 1983 und 1985 in die hungernde Heimat rückverwiesen und dort – wenn auch auf niedrigstem Lebensniveau – beachtlich rasch reintegriert.

Zehntausende von Ghanaern – sowohl Ärzte und Ingenieure wie auch Wanderarbeiter – haben ihr Land jedoch für immer verlassen und ersuchen in Großbritannien, den USA, Kanada oder Deutschland um Asyl.

# GHANA: GESCHICHTE

Das sagenhafte »Goldreich Ghana«, das zwischen dem 4. und 13. Jahrhundert am mittleren Niger bestand, hat weder geographisch noch politisch, ethnisch oder kulturell etwas mit der heutigen Republik Ghana zu tun. Doch Kwame Nkrumah griff mit diesem Namen gezielt auf einen Begriff zurück, der als Symbol der eigenständig-afrikanischen Größe galt.

### Von Großreichen zur Kolonie

Vom 12. bis 14. Jahrhundert gehörten weite Teile des nördlichen Ghana zu den machtvollen Großreichen von Mamprussi, Mossi und Dagomba. Ihr Reichtum entsprang dem Handel mit Gold und Kolanüssen quer durch die Sahara bis zur Mittelmeerküste.

Das bekannteste Königreich war jedoch das Ashanti-Reich – ein Zusammenschluß der Akan-Völker –, das Ende des 17. Jahrhunderts im Landesinneren, in der zentralen Waldregion, entstand. Die »Asantihene«, die Könige der Ashanti, herrschten von Kumasi aus über ein Reich, das weit über die Grenzen des heutigen Ghana reichte. Sie bestimmten zum Großteil den Gold- und Sklavenhandel mit den Europäern, allen voran Portugiesen, Holländer und Briten, die seit Ende des 15. Jahrhunderts an der »Goldküste« Stützpunkte und Handelsniederlassungen errichtet hatten. Als zu Beginn des 19. Jahrhunderts die Briten den Sklavenhandel aufhoben und auf der Suche nach neuen Nutzungsmöglichkeiten immer weiter ins Landesinnere vordrangen, schlug die einst profitable Zusammenarbeit mit den Ashanti in Feindseligkeit um. Im Verlauf der mehrere Jahrzehnte währenden »Ashanti-Kriege« verdrängten die Briten alle anderen Europäer, schlossen Schutzverträge mit den Fanti-Küstenstaaten und erklärten die Küstenregion 1874 zur britischen Kronkolonie. Rund zwanzig Jahre später wurde auch die Nordregion zum Protektorat erklärt. Den Widerstand der Ashanti konnten die Briten erst 1901 durch brutale Unterdrückung und Vertreibung des Asantihene brechen, ihre Entschlossenheit zu Eigenständigkeit jedoch nicht. Aus Sorge vor neuen kriegerischen Auseinandersetzungen gewährte Großbritannien dem Ashantiherrscher 1935 beschränktes Hoheitsrecht und legalisierte die Wiederherstellung der »Ashanti-Konföderation«.

So bestand die britische Besitzung zu Beginn des 20. Jahrhunderts aus drei Gebieten mit höchst unterschiedlichem Status: dem »Nördlichen Protektorat«, der »Ashanti-Konföderation« und der Kronkolonie im Süden.

### Kwame Nkrumah, »Vater der Nation«

Die Herrschaft der Briten zeichnete sich dadurch aus, daß sie die bestehenden Machtstrukturen unangetastet ließ und die führenden Schichten des Landes nach und nach in die Kolonialverwaltung mit einbezog. Ungeachtet der neuen Kolonialverfassung des Jahres 1946, mit der Ghana noch weitergehende Rechte zur

**Einfache, aber solide Lehmhäuser** *(oben)* umschließen in einem Dorf im südlichen Ghana einen Innenhof, in dem sich das tägliche Leben abspielt. Die kunstvollen Fassaden einiger Gebäude deuten auf eine traditionelle kultische Nutzung hin.

**Eine Festung an der Küste von Ghana** *(rechts)* ist ein beredtes Zeugnis aus der Zeit des Handels mit afrikanischen Sklaven. Vom 17. bis zur Mitte des 19. Jahrhunderts wurden solche Festungswerke von Sklavenhändlern als Operationsbasen errichtet.

Selbstverwaltung gewährt wurden, wuchs die Opposition zugunsten einer völligen Unabhängigkeit. 1947 entstand unter Joseph B. Danquah (1895–1965) die erste nationale, im wesentlichen von der kleinen Schicht der Besitz- und Bildungsbürger getragene Sammelbewegung, die »United Gold Coast Convention« (UGCC), von der sich zwei Jahre später die unter Kwame Nkrumah gegründete »Convention People's Party« (CPP) abspaltete. Kwame Nkrumah, ein charismatischer Führer und begnadeter Redner, vermochte die Unzufriedenen, die gewerkschaftlich organisierten Hafen- und Minenarbeiter, die arbeitslosen Schulabgänger, die hoffnungslosen Intellektuellen und die oppositionellen Bauern auf seine Seite zu bringen. Sein Programm war einfach und klar verständlich: sofortige Selbstregierung, soziale Gerechtigkeit, Zerschlagung der alten feudalen Herrschaftsordnung der »chiefs« und Gewinnung

von Selbstvertrauen aus der Wahrung der schwarzafrikanischen Tradition. Dieses populistische Programm entfachte eine Massenbewegung, die Nkrumah zunächst zum Ministerpräsidenten machte und ihm erlaubte, Ghana 1957 als erstes schwarzafrikanisches Land in die Unabhängigkeit zu führen. In den ersten Jahren seiner Regierungszeit begann er mit dem systematischen Ausbau seiner innenpolitischen Machtstellung. Dabei ging er nicht zimperlich mit der innerparteilichen Opposition um: sie wurde zerschlagen, die Führer wurden verfolgt und inhaftiert. Trotz der panafrikanischen Rhetorik waren seine ökonomischen Vorstellungen europäisch geprägt. Eine massive Industrialisierungspolitik wurde eingeleitet. Durch Investitions- und Nationalisierungsprogramme wurde der Staat immer dominierender. Durch den Aufbau von Staatsfarmen nahm die CPP den Kampf gegen die Kakao-Barone auf. Innenpolitisch isolierte sich der Präsident immer mehr durch die rücksichtslose Ausdehnung seiner persönlichen Machtstellung. Der zunehmende Widerstand der korrupten Bürokratie, der vermögenden Pflanzer- und Händlerschicht, der oppositionellen Fachkräfte und Intellektuellen sowie die überhandnehmende Schmuggel- und Schwarzmarktwirtschaft und Nkrumahs autokratisches Gehabe ließen ihn letztendlich scheitern.

Seine außenpolitische Autorität als Vertreter des Panafrikanismus schlechthin, der für eine Unabhängigkeit aller Kolonien verschiedener sprachlicher Prägung in einer größeren staatlichen Einheit jenseits künstlicher Grenzen plädierte, konnte letztlich doch nicht verhindern, daß 1966 eine Gruppe von prowestlich eingestellten Militär- und Polizeioffizieren einen Auslandsaufenthalt von Nkrumah zu einem Putsch ausnutzte.

Ghanaische Frauen, gehüllt in leuchtendrote Stoffe *(links)*, haben aus Anlaß einer feierlichen Versammlung ihre traditionelle Festtagskleidung angelegt. Derartige Feste und Zeremonien spielen im Leben der mehr als 100 verschiedenen ethnischen Gruppen Ghanas eine wichtige Rolle. Besonders erwähnenswert sind die prunkvollen Feste der Ashanti, bei denen das Andenken an ihr ehemals mächtiges Königreich gefeiert wird.

## Kwame Nkrumah

1909 geboren
1935 Beginn des Studiums in USA
1947 Rückkehr an die Goldküste
1948 Inhaftierung
1951 Nach den ersten freien Wahlen an der Goldküste Ministerpräsident
1957 Vereinigung von Goldküste und West-Togo, Gründung des Staates Ghana
1958 Legalisiert Haft ohne Gerichtsverhandlung
1961 Unruhen; Unterstützung durch kommunistische Staaten
1962 Attentatsversuch
1964 Präsident auf Lebenszeit
1966 Nach Putsch Militärregierung
1967 Flucht
1972 Tod in Bukarest

Die schwarze Unabhängigkeitsbewegung verdankt vieles der Arbeit eines Mannes: Kwame Nkrumah *(links)*. Nach einem in den USA und in Großbritannien absolvierten Studium veröffentlichte Nkrumah sein berühmtes Werk »Towards Colonial Freedom« und organisierte an der Goldküste den Boykott der britischen Geschäfte. Dies veranlaßte Großbritannien schließlich dazu, der Kolonie die Autonomie zuzugestehen. In späteren Verhandlungen mit den Briten konnte Nkrumah seinen Gesprächspartnern zahlreiche weitere Konzessionen abringen. Als Präsident einer der ersten Republiken Afrikas war Nkrumah ein diktatorischer Herrscher. Mit Ausnahme seiner eigenen – der »Convention People's Party« – verbot er alle Parteien und verfolgte bis zu seinem gewaltsamen Sturz durch Militär- und Polizeioffiziere im Jahr 1966 unnachgiebig seine politischen Gegner.

# GRENADA

Grenada, als Gewürzinsel weltweit bekannt, bildet seit 1974 mit den südlichen Grenadineninseln – zahlreiche kleine Inseln und Klippen, darunter Carriacou und Petit Martinique – als konstitutionelle Monarchie im britischen Commonwealth einen selbständigen Staat.

### Geschichte und Politik

1498 von Christoph Kolumbus (1451–1506) entdeckt, wurde die Insel im Vormachtstreben europäischer Kolonialmächte schon bald zum Zankapfel zwischen Franzosen und Engländern, die abwechselnd die Herrschaft über den Inselstaat ausübten. Kriegerische Karibenstämme hinderten die Europäer lange daran, Grenada zu besiedeln, bis schließlich die europäischen Feuerwaffen obsiegten und europäische Pflanzer mit schwarzafrikanischen Sklaven den Zuckerrohranbau ausweiteten. 1877 erhielt Grenada den Status einer britischen Kronkolonie. Bevor sich die Briten 1974 von ihrem karibischen Besitz trennten, hatten sie der einheimischen farbigen Elite schrittweise die politische Macht übertragen sowie eine weitgehende Selbstverwaltung, freie Gewerkschaften und einen parlamentarischen Regierungsstil nach britischem Vorbild eingeführt.

**Käufer** drängen sich auf einem Straßenmarkt *(unten)* in St. George's, der malerischen kleinen Hauptstadt Grenadas.

Doch bald geriet das Commonwealth-Mitglied Grenada unter die Herrschaft von Machthabern, die es mit den Menschenrechten nicht so genau nahmen. Der anfangs sehr populäre Regierungs- und Gewerkschaftschef Eric Gairy (* 1922) entpuppte sich immer mehr als ein extravaganter Diktator. Er verwaltete die Insel wie einen Privatbesitz, und Grenadas Staatskasse war meist leer. Während die Landbevölkerung kaum Schulbildung und medizinische Fürsorge erhielt, reisten die wenigen Wohlhabenden zu ärztlicher Behandlung und zum Einkaufen nach London und New York.

Im März 1979 nutzten linksgerichtete Oppositionelle einen Auslandsaufenthalt Gairys zu einem Staatsstreich. Die Putschisten etablierten die »Revolutionäre Volksregierung« unter dem neuen Premierminister Maurice Bishop (1944–1983). Das Parlament wurde durch einen Revolutionsrat ersetzt. Durch verschiedene sozialpolitische Reformen erlangte die neue Regierung die Unterstützung der Bevölkerung. Da sich die karibischen Nachbarländer und die USA gegenüber dem neuen Regime ablehnend verhielten, bemühte sich Grenada um enge politische und wirtschaftliche Beziehungen zu Kuba und der Sowjetunion. Als im Oktober 1983 Maurice Bishop von radikalen Angehörigen seines Revolutionsrates erschossen wurde, besetzten US-amerikanische Einheiten vorübergehend die Insel. Mit der Invasion verfolgte die US-Regierung das Ziel, die Errichtung eines »zweiten Kuba« in der Karibik zu verhindern. Dieses Ziel wurde erreicht, auch wenn der Vorgang völkerrechtlich umstritten blieb.

Die Ende 1984 durchgeführten Parlamentswahlen gewann mit großer Mehrheit die bürgerliche »Neue Nationalpartei« (NNP), deren Führer Herbert Blaize (* 1918) Premierminister wurde. 1988 zogen die USA von der Insel zurück. Die Wahlen 1990 gewann der »Nationale Demokratische Kongreß« (NDC). Seit 1995 ist Keith Mitchell von der NNP Premierminister.

### Natur und Wirtschaft

Noch ist die Landwirtschaft der Haupterwerbszweig der Bevölkerung. Auf dem vulkanischen Boden gedeihen einheimische und eingeführte

## Daten und Fakten

**DAS LAND**
**Offizieller Name:** State of Grenada
**Hauptstadt:** St. George's
**Fläche:** 344 km²
**Landesnatur:** Stark zerklüftete, gebirgige Insel
**Klima:** Tropisch-maritimes Klima
**Hauptflüsse:** Great River
**Höchster Punkt:** Mount St. Catherine 840 m
**DER STAAT**
**Regierungsform:** Parlamentarische Monarchie
**Staatsoberhaupt:** Königin Elisabeth II., vertreten durch einen Generalgouverneur
**Regierungschef:** Premierminister
**Verwaltung:** 6 Gemeinden, 1 Dependency
**Parlament:** Zweikammerparlament, bestehend aus Repräsentantenhaus (15 für 5 Jahre gewählte Mitglieder) und Senat (13 ernannte Mitglieder)
**Nationalfeiertag:** 7. Februar
**DIE MENSCHEN**
**Einwohner (Ew.):** 93 000 (1999)
**Bevölkerungsdichte:** 270 Ew./km²
**Stadtbevölkerung:** 65 %
**Analphabetenquote:** 2 %
**Sprache:** Englisch
**Religion:** Katholiken 53 %, Anglikaner 14 %
**DIE WIRTSCHAFT**
**Währung:** Ostkaribischer Dollar
**Bruttosozialprodukt (BSP):** 305 Mio. US-$ (1998)
**BSP je Einwohner:** 3170 US-$
**Inflationsrate:** 2,8 % (1990-98)
**Importgüter:** Fast alle Konsumgüter
**Exportgüter:** Kakao, Bananen, Muskatnüsse, Fische, Rum
**Handelspartner:** Trinidad u. Tobago, Großbritannien, USA
**Eisenbahnnetz:** o.A.
**Straßennetz:** 1127 km
**Fernsehgeräte je 1000 Ew.:** o.A.

**Arbeiter sammeln reife Muskatnüsse** *(links)* – eine Ernte, die zwei von Grenadas wertvollsten Exportgütern liefert. Der Kern der Frucht enthält die Muskatnuß; die hellrote Haut, die diesen Kern teilweise bedeckt, ergibt die Muskatblüte. Die fleischige Außenhülle wird oft als Bonbon gegessen.

**Eine Bananenplantage** *(unten)* inmitten der vulkanischen Berge, die große Teile Zentralgrenadas einnehmen. Neben Gewürzen sind Bananen und Kakao die Hauptexportgüter.

Pflanzen. Das bergige, zerklüftete Inselgelände eignet sich für Kakao und Bananen und besonders gut für den Muskatnußanbau. Dieses Gewürz dominiert auf Grenada in solchem Maße, daß die Muskatnuß seit der Unabhängigkeit als Flaggenemblem verwendet wird.

Dennoch ist Grenada wirtschaftlich auf Tourismus und ausländische Investoren angewiesen. Dem Besucher hat Grenada einiges zu bieten, z.B. die malerische Inselhauptstadt Saint George's, die 1650 als französische Siedlung gegründet wurde. Man blickt auf ein »Amphitheater« von gepflegten pastellfarbenen Holz- und Backsteinhäusern in französischem und englischem Kolonialstil. Das runde Hafenbecken mit seinen Kähnen, Schonern und Jachten, die grüne Kulisse der Berge und die bunte Blütenpracht der Gärten fügen sich zu einem idyllischen Postkartenbild. Die steilen Straßen, die Kirchlein auf den Hügeln, die zahlreichen Lädchen, der farbenfrohe Markt und drei Festungen in prächtiger Lage geben der Stadt viel Lokalkolorit. In Sichtweite liegt »Grand Anse Beach«, ein Traumstrand.

Auf viele Besucher wirkt die Insel wie ein Paradies. Die Taxifahrt vom Flughafen nach Saint George's führt durch unzählige Kurven. Ständig ist man versucht, den Wagen anzuhalten, um die verschwenderische Natur und fotogene Dorfszenen näher zu betrachten. Es will nicht recht einleuchten, daß Grenada den armen Entwicklungsländern angehört. Nur rund 93000 Grenadiner leben auf der Insel, dagegen etwa viermal so viele im Ausland. Zwar muß niemand auf Grenada Hunger leiden, doch sind viele Insulaner auf die Geldüberweisungen ihrer Angehörigen aus dem Ausland unbedingt angewiesen.

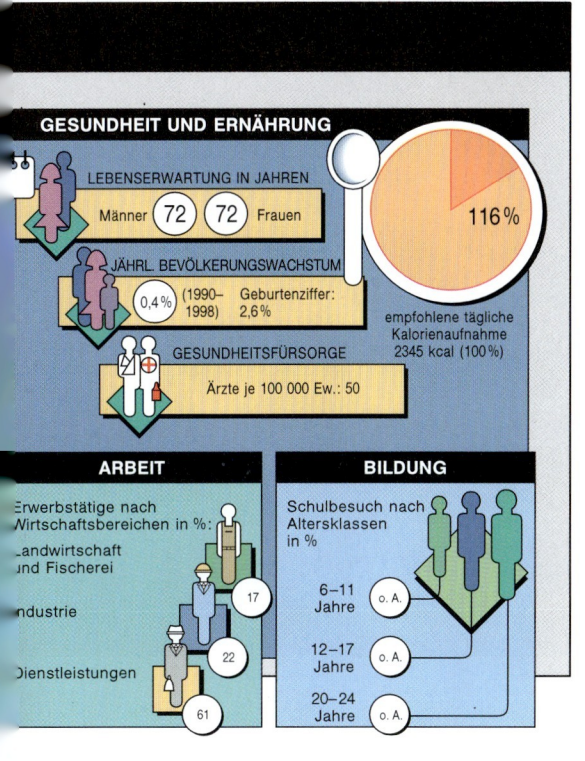

**Grenada** *(rechts)*, die südlichste der Inseln über dem Winde, besteht aus einer großen und einer Vielzahl kleinerer Inseln. Das Inselinnere ist gebirgig und stark bewaldet.

# GRIECHENLAND

# GRIECHENLAND

Wenn man von Griechenland spricht, denkt man an die sonnendurchflutete weiß-blaue Inselwelt der Ägäis, den mediterranen Charme und den einzigartigen landschaftlichen Reiz, an die »Wiege des Abendlandes«, das Land der Sagen und Mythen, Götter und Tempel, der Kunst und Wissenschaft und an den Ursprung der völkerversöhnenden »olympischen Idee«. Die Gunst seiner Lage im östlichen Mittelmeer, dem Zentrum der Antiken Welt, machte Griechenland zur Brücke zwischen Europa, Asien und Afrika, zum Mittler der Kulturströme zwischen Orient und Okzident. Der Geist und die Kultur des antiken Griechenland haben das Weltbild des Abendlandes nachhaltig geprägt.

Doch das klassische Hellas ist für die heutigen Griechen Erbe und Hypothek zugleich. Wie schrieb doch die bis 1989 amtierende Kulturministerin und ehemalige Schauspielerin Melina Mercouri (1925 bis 1994) in ihrer Autobiographie? »Als Grieche oder Griechin geboren zu sein ist ein erhabener Fluch. Für erstaunlich viele Leute heißt dies offenbar, daß man persönlich die Akropolis gebaut, Delphi gegründet, das Theater erschaffen und den Begriff der Demokratie erfunden hat. In Wirklichkeit aber bedeutet es, daß man arm ist, eine Menge Landsleute hat, die weder schreiben noch lesen können, und daß einem das bißchen Demokratie und Unabhängigkeit, die man in seltenen Augenblicken genießen durfte, alsbald von fremden Schutzmächten und ihren griechischen Handlangern wieder weggeschnappt wurde.«

Griechenland, einst Weltreich, ist heute Objekt weltwirtschaftlicher und weltpolitischer Abhängigkeiten und zugleich Heimat geschäftstüchtiger, im Tourismus und Auslandsgeschäft zu Wohlstand und Ansehen aufgestiegener Griechen. Es ist die vielbesuchte Stätte anspruchsvoller und kulturbeflissener Touristen, die auf der Suche nach antiken Säulen häufig nur wenig Interesse für die Lebensbedingungen und Probleme der heutigen, überaus gastfreundlichen Griechen entwickeln.

Widersprüchlich ist auch die Mentalität und politische Kultur im modernen Griechenland. Seine Bewohner neigen zu einem starken Individualismus, zeigen aber Geschlossenheit nach außen. Trotz ihrer starken Freiheitsliebe hatten sie aber nur wenig Glück mit der Errichtung stabiler Demokratien. Ihre Bewunderung gegenüber charismatischen Politikern kann ebenso extrem sein wie ihre Verdammung und grenzenlose Verachtung derselben. Ihre Begeisterungsfähigkeit und Improvisationskunst ist ebenso charakteristisch wie das nur gering ausgeprägte Organisations- und Verwaltungsgeschick. Und schließlich ist da noch das Selbstbewußtsein, als wäre jeder heutige Ioannis ein Perikles, doch gleichzeitig besteht die Angst, dem historischen Ideal nicht gerecht werden zu können.

Kurzum: es ist ein Land und ein Volk mit unverwechselbarem Kolorit, liebenswürdig allemal.

# GRIECHENLAND: DER STAAT

**In seiner traditionellen Uniform** (oben) wacht ein Evzone (Soldat) am Grab des unbekannten Soldaten. Die mit einer Quaste geschmückte Mütze und die Schnabelschuhe des Soldaten rühren von der traditionellen albanischen Tracht her.

Die ersten Jahre nach Ende des Zweiten Weltkriegs waren gekennzeichnet von den Konfrontationen zwischen Kommunisten und Antikommunisten. Sie führten zwischen 1946 und 1949 zum blutigen Bürgerkrieg. Mit ausländischer Unterstützung konnte sich die konservative Seite durchsetzen und verkündete 1952 erneut die konstitutionelle Monarchie. Der Antikommunismus wurde zur Staatsdoktrin erklärt, geschützt durch das Militär. Rechtswidrige Verwaltungspraktiken boten der Exekutive Möglichkeit zur Unterdrückung oppositioneller Kräfte. Als diese jedoch Mitte der 60er Jahre zunehmend an Einfluß gewannen, griff das Militär ein und übernahm 1967 die Macht. Während der siebenjährigen Obristendiktatur unter Georgios Papadopoulos (1919-1999) wurden die Verfassung außer Kraft gesetzt und die bürgerlichen Rechte massiv beschnitten. Der Zypernkonflikt zwang das Militär 1974 zum Rücktritt. Konstantin Karamanlis (1907-1998), Führer der rechtsgerichteten »Neuen Demokratie«, stellte eine bürgerliche Regierung der Nationalen Einheit zusammen. In einer Volksabstimmung entschied sich die Mehrheit der griechischen Bevölkerung gegen die Wiederherstellung der Monarchie und für die Republik als parlamentarische Demokratie. Die neue Verfassung von 1975 räumte dem vom Parlament in Zweidrittelmehrheit auf fünf Jahre gewählten Staatspräsidenten eine starke Stellung ein. Das politische Leben begann sich zu normalisieren, die Kommunistische Partei wurde legalisiert und die Linke nach ihrer Ausgrenzung von 1949 reintegriert.

In den Wahlen von 1981 ging die »Panhellenische Sozialistische Bewegung« (PASOK) unter Andreas Papandreou (1919–1996) mit rund 48 % der Stimmen als Gewinner hervor und bildete die erste sozialistische Regierung in der Geschichte Griechenlands. Doch nach achtjähriger Regierungszeit der PASOK waren die Ideale der Parteianhänger in Skandalen und Korruptionsfällen untergegangen. 1981 wurde »Allaghi«, die Politik des großen Wandels, versprochen. Acht Jahre später redete man nur noch von der »Katharsis«, der Reinigung des mächtigen Staatsapparats.

Gerade an der Person des Andreas Papandreou lassen sich elementare Grundzüge des politischen Systems und der politischen Kultur in Griechenland aufzeigen. Mit der PASOK, die aus der Widerstandsbewegung »Panhellenische Befreiungsbewegung« gegen die Militärdiktatur hervorgegangen war, hatte er eine für griechische Verhältnisse moderne und gut organisierte Partei geschaffen. Gleichzeitig aber hat Papandreou seine Partei wie ein Autokrat geführt, hat Opponenten massenweise aus ihren Reihen entfernt und den Personalismus in der griechischen Politik verfestigt. Einerseits hat er sich zu Oppositionszeiten durch niemanden in nationalistischen Attacken gegen die Türkei überbieten lassen, andererseits hat er Anfang 1988 den Weg nach Davos zum Treffen mit dem türkischen Ministerpräsidenten Özal gefunden und einen Dialog eingeleitet, der jedoch ohne greifbare Erfolge blieb.

Die griechische Wählerschaft erteilte Papandreou die erwartete Quittung. Die »Neue Demokratie« wurde unter Konstantin Mitsotakis (* 1918) stärkste Partei. Mitsotakis konnte Papandreou 1990 als Ministerpräsident ablösen. Bei den Parlamentswahlen 1993 gewann die PASOK jedoch wieder die absolute Mehrheit und Papandreou kehrte ins Amt des Regie-

## Daten und Fakten

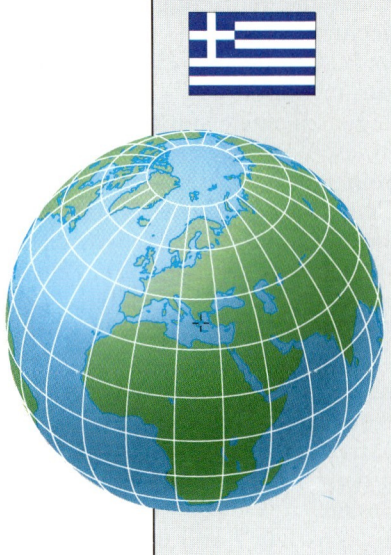

**DAS LAND**
**Offizieller Name:** Griechische Republik
**Hauptstadt:** Athen
**Fläche:** 131 957 km²
**Landesnatur:** Im W Kalkketten des Pindos-Systems, über Kreta Fortsetzung bis Kleinasien; im O kristalline Bergländer, Fortsetzung der Gebirge in der ägäischen Inselflur
**Klima:** Mittelmeerklima
**Hauptflüsse:** Vardar (Axios), Aliakmon, Pinios, Arakthos
**Höchster Punkt:** Olymp 2917 m
**DER STAAT**
**Regierungsform:** Parlamentarische Republik
**Staatsoberhaupt:** Staatspräsident
**Regierungschef:** Ministerpräsident
**Verwaltung:** 10 Regionen; Mönchsrepublik Athos mit autonomem Status
**Parlament:** Nationalversammlung mit 300 für 4 Jahre gewählten Abgeordneten
**Nationalfeiertag:** 25. März
**DIE MENSCHEN**
**Einwohner (Ew.):** 10 626 000 (1999)
**Bevölkerungsdichte:** 81 Ew./km²
**Stadtbevölkerung:** 60 %
**Bevölkerung unter 15 Jahren:** 16 %
**Analphabetenquote:** 3 %
**Sprache:** Neugriechisch
**Religion:** Griech.-orthodoxe Christen 98 %,
**DIE WIRTSCHAFT**
**Währung:** Euro; bis 31.12.2001 Drachme
**Bruttosozialprodukt (BSP):** 122 880 Mio. US-$ (1998)
**BSP je Einwohner:** 11 650 US-$
**Inflationsrate:** 11 % (1990–98)
**Importgüter:** Erdöl u. -produkte, Maschinen, Wasserfahrzeuge, chemische Produkte, Eisen, Stahl

Griechenland *(rechts)* ist durch hohe Berge und viele Gewässer in eine große Zahl einzelner Regionen unterteilt. Das Staatsgebiet umfaßt die große Insel Kreta und 400 weitere Inseln, die zusammen 20 % der gesamten Landesfläche ausmachen.

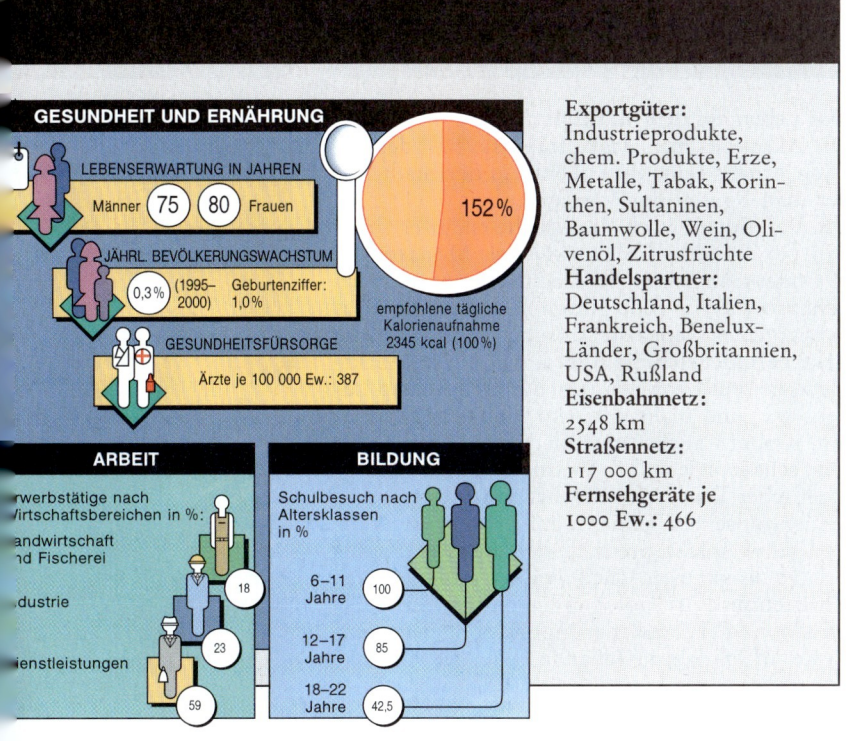

**Exportgüter:** Industrieprodukte, chem. Produkte, Erze, Metalle, Tabak, Korinthen, Sultaninen, Baumwolle, Wein, Olivenöl, Zitrusfrüchte
**Handelspartner:** Deutschland, Italien, Frankreich, Benelux-Länder, Großbritannien, USA, Rußland
**Eisenbahnnetz:** 2548 km
**Straßennetz:** 117 000 km
**Fernsehgeräte je 1000 Ew.:** 466

rungschefs zurück, das er 1996 aufgrund einer schweren Erkrankung niederlegen mußte. Sein Nachfolger wurde Konstantinos Simitis (* 1936), der nach dem Tode Papandreous auch die Führung der PASOK übernahm. Er führte die Partei bei vorgezogenen Wahlen 1996 wieder zur absoluten Mehrheit im Parlament, die bei den Wahlen im April 2000 verteidigt werden konnte. Das politische Hauptziel von Simitis ist eine Reform der wirtschaftlichen Strukturen Griechenlands. In der Außenpolitik sind nach wie vor die Bindungen an den Westen bestimmend. 1952 trat Griechenland der NATO bei. Zeitweise scherte es nach der türkischen Zyperninvasion 1974 aus der militärischen NATO-Struktur aus. 1981 wurde Griechenland Mitglied der EG. Der Konflikt mit der Türkei wegen Zypern, der Ägäis und der Minderheiten in beiden Ländern hat an Brisanz nichts verloren. Der 1988 eingeleitete Dialog ließ Hoffnung aufkommen, daß Entspannung an die Stelle der Auseinandersetzungen treten könnte. Im Mai 2000 stimmte das Europäische Parlament dem Beitritt Griechenlands zur Europäischen Währungsunion zum Januar 2001 zu.

# GRIECHENLAND: ATHEN

In der Stadt Athen ist die Verflechtung von Gegenwart und Vergangenheit einmalig. Hektischer Verkehr bahnt sich mit Hilfe der Hupe seinen Weg durch die engen Straßen. Moderne Fabrikgebäude und Wohnblocks beherrschen große Teile des Stadtbildes. Die Geschichte vieler Viertel reicht nicht weiter als bis in die 1830er Jahre zurück, als nach dem Unabhängigkeitskrieg Athens Wahl zur Hauptstadt des neuen griechischen Königreichs zu weitreichenden Um- und Neubaumaßnahmen führte. Diese moderne Stadt ist jedoch stolz auf ihre Agora (Marktplatz), wo Sokrates (469/470 bis 399 v. Chr.) vor ca. 2500 Jahren Philosophie lehrte, und das Freilufttheater, wo sowohl tragische als auch komische Schauspiele im frühen 5. Jahrhundert v. Chr. ersonnen wurden. Und wo man auch hinkommt, wird man den Parthenon erblicken können, den größten Stolz des antiken Athen, der sich über dem geschäftigen Treiben und dem Verkehr erhebt.

Athens Geschichte läßt sich etwa 5000 Jahre zurückverfolgen, als die alten Griechen auf dem großen ebenen Berg, der als Akropolis bekannt wurde, die »Hohe Stadt« gründeten. Über die Jahrhunderte hinweg breitete sich diese Stadt am Fuße des Berges aus und wählte ihren Namen Athen als Ableitung von der Schutzgöttin Athene. Während des 5. Jahrhunderts v. Chr. wurde die Stadt das kulturelle Zentrum Griechenlands und zog viele Philosophen, Dramatiker, Poeten, Historiker, Staatsmänner und Architekten an, deren Werke die restliche Welt bis heute beeinflußt haben.

### Der Berg der Götter

Man denkt gezwungenermaßen an das Goldene Zeitalter Athens, wenn man die Akropolis besucht, wo die Ruinen der imposanten Tempel und öffentlichen Gebäude den Unbilden der Zeit standgehalten haben. In der frühen Geschichte Athens wurde der Berg als Siedlungsfläche aufgegeben und ausschließlich dem Ruhme der Götter gewidmet. 480 v. Chr. plünderte eine riesige persische Armee die Stadt und zerstörte die Tempel der Akropolis. Aber unter der Herrschaft von Perikles (um 490 – um 429 v. Chr.) begannen die Athener mit dem Wiederaufbau. Aus dieser Zeit stammen die großartigen Bauwerke, die das Bild der Akropolis heute beherrschen, einschließlich der monumentalen Tor- und Festungswerke der Propyläen, des restaurierten Tempels der Athena Nike und des riesigen Theaters des Dionysos, der Geburtsstätte des europäischen Schauspiels. Der Standort des marmornen Tempels der Athene, der Parthenon mit seinen eindrucksvollen, wuchtigen Säulen und dem berühmten Fries, ist wohl der erhabenste. Wie auch andere Gebäude auf der Akropolis wurde der Parthenon während der Besetzung durch die osmanischen Türken stark beschädigt. 1801 kaufte der britische Staatsmann Lord T. Elgin (1766–1841) einige der schönsten bildhauerischen Verzierungen und schaffte sie nach London. Trotz der griechischen Forderung nach Rückgabe werden die »Elgin Marbles« auch weiterhin im Britischen Museum ausgestellt.

Ursprünglich waren die Bauwerke der Akropolis farbenprächtig bemalt und vergoldet. Diese Dekoration verblich schon vor Jahrhunderten, aber der goldene Altersüberzug verlieh dem Stein noch bis in die vergleichbar jüngere Zeit einen warmen Ton. Die Farblosigkeit des Marmors in der heutigen Zeit ist dagegen ein modernes und tragisches Phänomen – in den letzten 30 Jahren hat die chemische Verwitterung durch Luftverschmutzung mehr Schäden verursacht als 20 Jahrhunderte zuvor es vermochten. In einem Versuch, die Ruinen zu retten, hat man den Zugang zu den Bauwerken verboten und viele Statuen zu ihrem Schutz im Akropolis-Museum aufgestellt, um sie dann durch Repliken zu ersetzen.

### Das Leben auf den Marktplätzen

Die Akropolis mag das auffälligste Bild des antiken Athens sein, aber überall in der Stadt findet man Spuren der Vergangenheit. Geht man auf der Suche nach Gelegenheitskäufen über den berühmten »Flohmarkt« des Monastiraki, so findet man Schmiede, die ihr Handwerk noch genauso wie vor 2600 Jahren in der Straße ihres Schutzgottes Hephaistos ausüben. Gleich um die Ecke befindet sich die Agora, der antike Marktplatz, der einst das Zentrum des athenischen Lebens war und nicht nur dem Handel vorbehalten, sondern auch Ort athletischer Vorführungen, schauspielerischer Wettbewerbe und philosophischer Diskussionen war. Sokrates wandelte hier mit seinen Schülern umher; und ungefähr 450 Jahre später predigte der Apostel Paulus (um 10 bis um 64 n. Chr.) hier den Athenern das Christentum. Archäologen haben die Verkaufsstätten und Tempel der Agora freigelegt und Reste öffentlicher Gebäude, wie die »Stoas«

# GRIECHENLAND

**Der Parthenon** *(links)* auf der Akropolis beherrscht die Skyline von Athen. Das marmorne Bauwerk wurde zwischen 447 und 431 v. Chr. errichtet und mißt 70 x 31 m. Leider zerstört die chemische Verwitterung, verursacht durch die starke Luftverschmutzung, die Substanz des Parthenons und anderer klassischer griechischer Bauwerke.

**Ein Straßenverkäufer** *(ganz links)* aus Athen bietet bestickte Stoffe an. Seit Jahrhunderten sind die Griechen für ihre Handarbeiten, insbesondere für ihre feinen Stickereien bekannt.

**Beliebte Treffpunkte** *(unten links)* sind die Tavernen (Café-Restaurants), wo man zwischen verschiedenen wohlschmeckenden Gerichten wählen kann und gern zu den folkloristischen Weisen der »rebetika« oder »bouzouki« tanzt.

(überdachte Arkaden) gefunden. Die Stoa des Attalos, erbaut zwischen 159 und 138 v. Chr., wurde in den 50er Jahren restauriert und ist jetzt ein Museum, das Funde aus dieser antiken Stätte beherbergt.

Auch im modernen Athen gibt es große Plätze, die voller Leben sind, besonders der Syntagma-Platz (»Verfassung«), das administrative Zentrum der Stadt. Hier halten die Evzonen der Präsidentengarde Wache über das Parlamentsgebäude. Die Evzonen tragen eine farbenprächtige Uniform mit der Fustanella, einem kurzen Kilt, der noch von den Gewändern der römischen Legionäre herrühren soll. In den athenischen »Kafenias« wird auch weiterhin die Kunst der Konversation aufrechterhalten, die schon im Goldenen Zeitalter so populär war, doch ziehen viele Menschen die Tavernen vor (Café-Restaurants), wo man den »Rebetikas« (Volksliedern) zuhören oder zum Klang der Bouzouki tanzen kann.

Im Odeion von Herodes Atticus, das etwa 170 erbaute, 268 durch die Heruler zerstörte und im 20. Jahrhundert wieder errichtete Theater, finden seit 1955 die Athener Festspiele der Musik und des Schauspiels statt. In diesem großen Theater, das bis zu 5000 Menschen faßt, werden dann sowohl klassische griechische Tragödien als auch moderne Werke aufgeführt. Im März 2001 wurde ein neuer internationaler Flughafen eröffnet. Athen ist als Austragungsort der Olympischen Sommerspiele 2004 vom IOC gewählt worden.

**Athen** *(rechts)*, mit dem Hafen von Piräus verbunden, war einst der intellektuelle und künstlerische Mittelpunkt der Welt. Hier stehen der Parthenon (9), die Attalos-Stoa (6), das Erechtheion (8), das Dionysos-Theater (10), das Odeion (11), das Olympieion (12) und der Hephaisteion (7). Athens Universität (1) und Parlament (2) sind Zeichen der modernen Geschichte, während weitere Schätze im Archäologischen Nationalmuseum (3), Benaki-Museum (4) und Byzantinischen Museum (5) aufzuspüren sind.

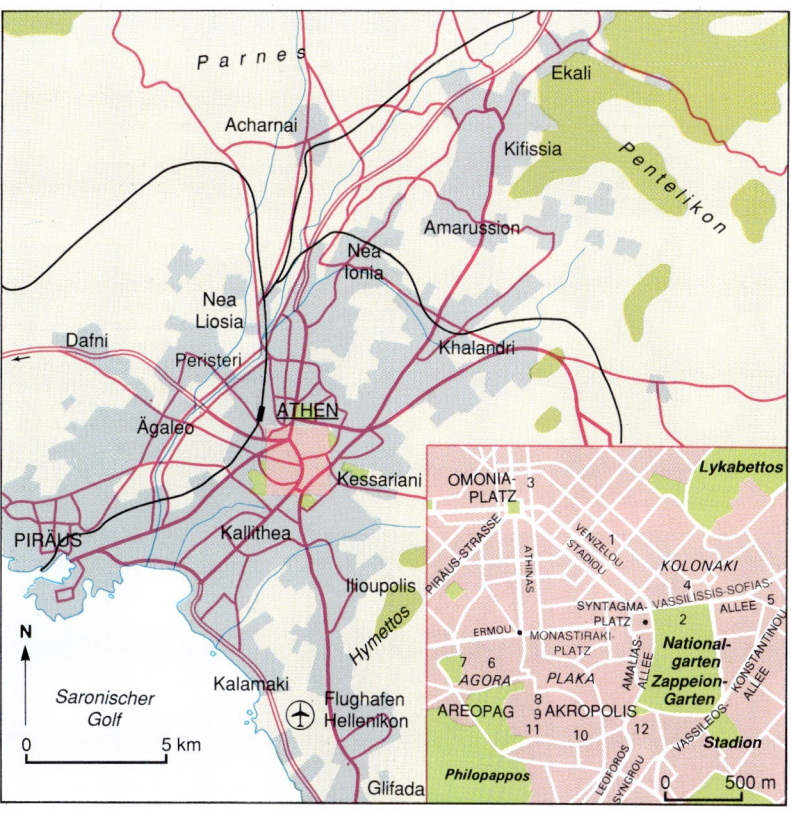

# GRIECHENLAND: GESCHICHTE

Griechenland wird mit einigem Recht die »Wiege des Abendlandes« genannt. Auf griechischem Boden entstanden die ersten Hochkulturen Europas. Die frühesten dieser Kulturen, die kretische (2600–1150 v. Chr.) und die kretisch-mykenische (1600–1150 v. Chr.), blieben indes noch ganz an Kreta und die Argolis auf dem Peloponnes gebunden. Die griechische Antike ist von ihnen durch die Zeit der dorischen Völkerwanderungen (1100–900 v. Chr.) getrennt, mit denen eine andere Sozial- und Kulturgeschichte begann.

Die kretischen Paläste geben noch immer viele Rätsel auf. Dank gründlicher Ausgrabungen kennen wir ihre komplizierte Architektur, ihre wirtschaftliche Organisation wie auch ihre in der Epoche der jüngeren Paläste (nach 1400 v. Chr.) ungemein reichhaltige und verfeinerte Ausschmückung. Über die Bewohner dieser Paläste und die Bedingungen, unter denen sich die kretische Kultur entwickelt hat, wissen wir jedoch nur wenig. Offenkundig ist allerdings, daß sie in engen Beziehungen zu Ägypten und den vorderasiatischen Hochkulturen der Bronzezeit stand. Von der kretisch-mykenischen Kultur, deren Palastbauten durch gewaltige Wehrmauern gesichert waren, haben wir hingegen durch Homers Epen bessere Kenntnis.

Homers Bericht von der Zerstörung Trojas kündet auch vom Untergang der kretisch-mykenischen Kultur, der durch das Vordringen dorischer Stämme eingeleitet wurde. Um 700 v. Chr. hatten sie in Griechenland fest Fuß gefaßt. Die Dorer bezeichneten das Land, in das sie eingewandert waren, als »Hellas«. Wenn wir dagegen von Griechenland sprechen, so folgen wir den Römern, die Griechenland »Graecia« nannten.

Wer sich heute solcher Namen bedient, denkt an eine nationale politische Einheit. Eine solche Einheit hat jedoch im antiken Griechenland niemals bestanden. Es gab vielmehr kleine Gemeindestaaten der Stämme, die »Poleis«. Von diesem Stammespartikularismus war auch die Geschichte der griechischen Stadtstaaten bestimmt. Sie begann im 7. Jahrhundert v. Chr. Die führenden Stadtstaaten in Mittelgriechenland waren Athen und Theben, auf dem Peloponnes Argos, Korinth und Sparta. Die aufstrebenden, im Mittelmeerraum rasch an Macht gewinnenden Poleis gerieten nicht nur in Konflikt mit fremden Mächten, so mit den Persern, die griechischen Städte und der im Süden des Peloponnes gelegene Staat der Spartaner bekriegten sich auch gegenseitig. Im Kampf um die Vormacht lagen Athen und Sparta fast 30 Jahre (431–404 v. Chr.), Theben und Sparta neun Jahre lang im Krieg (371–362 v. Chr.). Dennoch konnte sich in den griechischen Städten der Antike, zumal in Athen, die weltgeschichtlich einflußreichste Kultur der Alten Welt ausbilden.

- **ca. 2600 v. Chr.** Minoische Kultur
- **1600–1200 v. Chr.** Mykenische Kultur
- **776 v. Chr.** Erste Olympische Spiele
- **750–550 v. Chr.** Zeitalter der Kolonisation
- **490–479 v. Chr.** Perserkriege
- **461–429 v. Chr.** Goldenes Zeitalter unter Perikles
- **431–404 v. Chr.** Peloponnesischer Krieg
- **338 v. Chr.** Philipp II. von Makedonien erobert Griechenland
- **356–323 v. Chr.** Alexander der Große
- **146 v. Chr.** Griechenland wird römische Provinz
- **395 n. Chr.** Griechenland wird Teil des Oströmischen (Byzantinischen) Reichs
- **15. Jh.** Türken erobern Griechenland
- **1821–1829** Unabhängigkeitskrieg
- **1832** Griechenland wird unter Otto I. Monarchie
- **1844** Konstitutionelle Monarchie
- **1864** Demokratischere Verfassung unter König Georg I. erstellt
- **1909–1910** Militärrevolte führt zu Reformen
- **1912–1913** Balkankrieg
- **1917–1918** Griechenland kämpft an der Seite Alliierter im Ersten Weltkrieg
- **1924** Griechenland wird zur Republik erklärt
- **1935** Erneut konstitutionelle Monarchie
- **1936–1941** Diktatur unter General Metaxas
- **1941–1944** Deutschland und seine Verbündeten besetzen Griechenland während des Zweiten Weltkriegs
- **1952** Griechenland tritt der NATO bei
- **1960** Griechisch beeinflußtes Zypern wird von Großbritannien unabhängig
- **1967** Offiziere schaffen Militärdiktatur
- **1973** Papadopoulos schafft Monarchie ab. Militär überwältigt Papadopoulos-Regierung
- **1974** Zivilregierung wiedereingeführt
- **1981** Beitritt zur EG
- **2001** Aufnahme in die Europäische Währungsunion

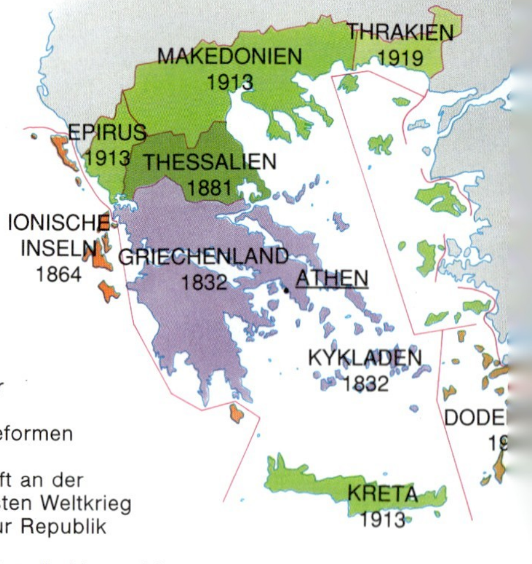

1 Alexander der Große (336–323 v. Chr.)

2 Plato (427–347 v. Chr.)
3 Eleutherios Venizelos (1864–1936)

# GRIECHENLAND

**Die Überreste** einer Macht *(oben)*, die einst die griechische Welt beherrschte: das berühmte »Löwentor« von Mykene. Nach dieser Stadt auf dem Peloponnes wurde eine Kultur benannt, die zwischen 1600 und 1150 v. Chr. ihre Blütezeit hatte.

**Der runde Tempel** der Athene *(ganz oben)* steht schon seit mehr als 2000 Jahren in Delphi, der heiligsten Stadt im antiken Griechenland. Von etwa 1100 v. Chr. bis in die frühe christliche Zeit strömten Pilger nach Delphi, um das Orakel zu befragen.

Griechische Kolonisten siedelten schon seit etwa 750 v. Chr. an allen Küsten des Mittelmeers. Alexander der Große (356–323 v. Chr.), der Griechenland seinem makedonischen Königreich angegliedert hatte, erweiterte den von Griechen beeinflußten Kulturkreis auf seinen Feldzügen bis Ägypten, Persien und Indien. Schließlich wurde die neue Weltmacht Rom zum Träger des »Hellenismus«, der mit orientalischen Elementen verschmolzenen Kultur der griechischen Spätzeit. Die Römer hatten die zerstrittenen hellenistischen Reiche erobert. Makedonien wurde 148 v. Chr. römische Provinz, weitere Besetzungen folgten, so daß unter Augustus (63 v. Chr. – 14 n. Chr.) aus Griechenland die Provinz Achaia wurde. Bei der Teilung des Römischen Reichs 395 fiel Griechenland an das Oströmische Reich.

Seit dem 15. Jahrhundert geriet das Land unter türkische Herrschaft. Im Zeitalter des aufkeimenden Nationalbewußtseins erhoben sich 1821 die Griechen gegen die Fremdherrschaft. Als die Türken mit großem militärischem Aufgebot die zunächst erfolgreiche Unabhängigkeitsbewegung niederzuschlagen drohten, griffen 1827 Großbritannien, Frankreich und Rußland zugunsten der Griechen in den Konflikt ein. 1830 wurde Griechenlands Souveränität anerkannt, und 1832 wählte die Nationalversammlung auf Vorschlag der Großmächte den bayerischen Prinzen Otto von Wittelsbach (1815–1867) zum König der Hellenen. Außenpolitisch blieb Griechenland aber vor allem mit Großbritannien verbunden.

Der Nachfolger Ottos I., der Dänenprinz Wilhelm, begründete als Georg I. (1845–1913) 1862 das griechische Königshaus. Ein schneller Wechsel der Könige, erzwungene Thronverzichte, häufige Veränderungen der Verfassung und politische Umstürze kennzeichnen seit der Unabhängigkeit die Schwierigkeiten beim Aufbau eines modernen Staatswesens. Zur größten Belastung wurde der auch nach 1830 fortdauernde Konflikt mit der Türkei über die weiterhin von Türken beherrschten griechischen Siedlungsgebiete, d. h. über Kreta, die ägäischen Inseln, Makedonien und die griechischen Siedlungen in Kleinasien. Nach langen Auseinandersetzungen kamen fast alle diese Gebiete in den Balkankriegen (1912/1913) und in der Folge des Ersten Weltkriegs in griechische Hand. Der griechische Vormarsch ins Innere Anatoliens (griechisch-türkischer Krieg 1920–1922) endete jedoch mit einer verlustreichen Niederlage der Griechen. Im Zweiten Weltkrieg wurde Griechenland von deutschen Truppen besetzt. Die Zerstrittenheit der zum Teil von Alliierten unterstützten Widerstandsgruppen führte nach Abzug der Besatzungstruppen in einen Bürgerkrieg zwischen Kommunisten und Republikanern. Mit ausländischer Unterstützung siegten die Regierungstruppen. Seither hat sich die Eingliederung Griechenlands in die westliche Welt vollzogen.

# GRIECHENLAND: HELLENISMUS

Im Jahre 776 v. Chr. hielten die Hellenen, denen wir das Wort »Demokratie« verdanken, die ersten Olympischen Spiele ab. Sie betrachteten dies Ereignis als geschichtlichen Ausgangspunkt und entwickelten von da an eine Zivilisation, die die heutige grundsätzlich beeinflußt hat. Viele der Werte, die unserer westlichen Kultur zu eigen sind, haben größtenteils ihren Ursprung in den Denkmodellen der Griechen.

Viele Jahrhunderte zuvor hatten die Vorväter der Hellenen die Seewege des östlichen Mittelmeeres befahren, sich durch den Bosporus in das Schwarze Meer vorgewagt, immer auf der Suche nach Möglichkeiten zu handeln oder zu plündern. Sie führten einen langen Krieg gegen den mächtigen hethitischen Staat, der den Bosporus beherrschte: Ilion oder Troja, dessen Untergang und die zehnjährige Irrfahrt des Odysseus (Ulysses) lieferten das Material für die zwei Epen »Ilias« und »Odyssee« von Homer. Im späten 19. Jahrhundert zog der deutsche Kaufmann und Altertumsforscher Heinrich Schliemann (1822-1890) Homers Beschreibungen zur Wiederentdeckung sowohl des alten Troja als auch Mykenes heran.

Im späten 12. Jahrhundert v. Chr. brach die mykenische Kultur zusammen, und zwar wie viele Archäologen heute annehmen, als Folge von Aufständen der Leibeigenen.

## Die griechische Welt

Seit dem 8. Jahrhundert v. Chr. breitete sich eine Vielzahl griechischer Stadtstaaten über den östlichen Mittelmeerraum aus, von denen jeder einzelne seine Eigenständigkeit streng verfolgte. Raumenge, wachsende Bevölkerungszahlen und politische Unzufriedenheit brachten die abenteuerlustigen Siedler dazu, neue Staaten im Westen und Osten zu gründen. Im 7. Jahrhundert v. Chr. hatten sich bereits zahlreiche Kolonien über den gesamten Mittelmeerraum ausgebreitet, wobei jede nach dem Muster der »Metropolis« (Heimatstadt) errichtet wurde. So lebten Griechen an der westlichen Küste Kleinasiens, in Makedonien und Thrakien, an den Küsten Süditaliens und Siziliens und sogar noch in Südfrankreich und Spanien. Sie hatten meist ein gutes Verhältnis zu den nicht-griechischen Nachbarn.

Die Seewege gewährleisteten Mobilität, während die zerklüftete griechische Landschaft den Hang zur Unabhängigkeit förderte – beides beeinflußte die politische, soziale und kulturelle Entwicklung der griechischen Stadtstaaten. Die Monarchie wich der Oligarchie (der Herrschaft Weniger), welche wiederum durch angesehene Alleinherrscher herausgefordert wurde. Diese »Tyrannen« brachen die Macht der alten aristokratischen Familien und ebneten den Weg für offenere Regierungsformen, wie es sie zuerst in Athen im 6. Jahrhundert v. Chr. gab. Andere Staaten jedoch, besonders Sparta im Süden Griechenlands, hielten sich an das repressivere, oligarchische System.

## Das Goldene Zeitalter

In der Zwischenzeit entwickelten sich Kunst und Philosophie zusehends, besonders unter den ionischen Griechen in Kleinasien. Die wachsende Macht des Persischen Reiches verschlang das ionische Griechenland allerdings gegen Ende des 6. Jahrhunderts v. Chr. Auf dem griechischen Kontinent führte der mächtige Seestaat Athen mit Hilfe seiner Kriegsflotte eine Konföderation gegen die persischen Eindringlinge. Als sie sich mit den von Sparta angeführten Landstreitkräften vereinigten, konnten sie den zahlenmäßig überlegenen Feind schlagen und die Gefahr der Invasion bannen.

Nach dem Zurückschlagen der Perser (490–479 v. Chr.) begann das Goldene Zeitalter Griechenlands mit einer außergewöhnlichen Blüte in den Bereichen Kunst, Architektur, Literatur und Philosophie. Athen, inzwischen Hauptstadt der Seemacht, war sowohl treibende Kraft dieser kulturellen Aktivitäten als auch der »Demokratie«, der Volksherrschaft. Alle Bürger Athens nahmen an den exekutiven und legislativen Funktionen des Staates teil. Sparta, dessen Macht sich im Landesinneren entfaltet hatte, stellte sich gegen die Gewalt Athens und seine Ideologie. Es brach ein langer Krieg aus, der mit Athens Niederlage endete. Sparta war aber nicht in der Lage, seine Gebietsgewinne zu konsolidieren, und so konnte König Philipp II. von Makedonien (um 382–336 v. Chr.) aus dem

**In Sounion** *(ganz oben)* in Attika schaut man vom Tempel zur Insel Salamis, wo die Griechen 480 v. Chr. eine persische Invasion abwehrten. Nach dem Sieg begann das sogenannte Goldene Zeitalter.

**Aristoteles** *(oben)*, Erzieher Alexanders des Großen, gründete im 4. Jahrhundert v. Chr. in Athen eine Philosophieschule.

**Die Akropolis von Athen** *(oben)* mit Bauwerken aus der Mitte des 5. Jahrhunderts v. Chr. ist der Beweis für den »Ruhm des einstigen Griechlands«. Der Weg führte am Tempel der Athena Nike (1) vorbei durch die Propyläen (2) zum prächtigen Parthenon (3). Das Erechtheion (4) steht im Norden, während der Südhang der Akropolis das Odeion des Herodes Atticus (5) beherbergt, wie auch das Theater des Dionysos (8), die Geburtsstätte des Dramas. Im 4. Jahrhundert v. Chr. wiedererbaut, faßte es 17 000 Zuschauer. Verbunden sind beide durch die Eumenes-Stoa (6), einen Wandelgang. Dahinter liegt das Asklepieion (7), das dem Gott der Heilung gewidmet war.

**Kerngebiet der griechischen Zivilisation** *(unten)* waren die Küstengebiete Griechenlands und des westlichen Kleinasiens sowie die ägäischen Inseln.

Streit der Stadtstaaten Nutzen ziehen und einen nach dem anderen erobern. Sein Sohn, Alexander der Große (356–323 v. Chr.), dehnte seine Eroberungen bis jenseits des Indus aus. Als Schüler des Philosophen Aristoteles (384–322 v. Chr.) verbreitete er die hellenisch-griechische Zivilisation soweit wie möglich und gründete mehr als 70 Städte. Er und seine Nachfolger schufen damit den Hellenismus, eine Zivilisation mit gemeinsamer Sprache, Literatur, Kunst und politischer Organisation, die auf der Stadtfreiheit der Polis oder den zahlreichen Stadtstaaten basierte.

Im Westen kämpften Alexanders Nachfolger gegen die wachsende Macht Roms an, doch wurde Griechenland im 2. Jahrhundert v. Chr. von Rom eingenommen. Durch diese Eroberung breitete sich der griechische Einfluß jedoch weiter aus. Denn die Macht, die die griechische Literatur, Philosophie und Kunst über den römischen Geist erlangte, drang bis Westeuropa vor. Durch den Niedergang Roms im 5. Jahrhundert n. Chr. verlor der Westen eine Zeitlang den Kontakt zu seiner klassischen Quelle. Im Osten konnte das Byzantinische Reich mit Konstantinopel als Zentrum jedoch wichtige Elemente dieser Kultur erhalten und als Konstantinopel 1453 fiel, waren es griechische Ideen, die zur Entwicklung der europäischen Renaissance beitrugen – dem Grundstein des westlichen Humanismus.

# GRIECHENLAND: DIE MENSCHEN

Über 10,6 Millionen Menschen leben heute in Griechenland. Infolge eines hohen Geburtenüberschusses hat sich die Einwohnerzahl seit 1940 um rund 25 % erhöht. Dieser Bevölkerungszuwachs rief mehrere Auswanderungswellen hervor, die immer in enger Verbindung mit der konjunkturellen und politischen Entwicklung des Landes standen.

Die erste Auswanderungswelle führte bereits während der vierhundertjährigen Türkenherrschaft zur Gründung von Handelskolonien in Wien, Odessa und Alexandria. Zu Beginn des 20. Jahrhunderts wanderten viele Griechen vornehmlich in die USA aus, nach dem Bürgerkrieg emigrierten politisch Verfolgte in die sozialistischen Länder, und mit Beginn der 60er Jahre kamen griechische Gastarbeiter nach Westeuropa. Seit Anfang der 70er Jahre ist die Zahl der Auswanderungen rückläufig.

Abgesehen von kleinen nationalen Minderheiten, wie Makedonier, Türken, Albaner und Bulgaren, besteht die Bevölkerung des Landes zu rund 99 % aus Griechen. Wenn sich die heutigen Griechen auch als Nachfahren der antiken hellenischen Stämme sehen, so hinterließen doch im Laufe der Jahrhunderte slawische, albanische und auch italienische Einflüsse ihre Spuren. Doch trotz historisch bedingter regionaler Unterschiede und starker geographischer Zersplitterung haben die Griechen ihre kulturelle Identität bewahrt und ein starkes Nationalbewußtsein entwickelt.

Dabei spielten gemeinsame Sprache und Religion eine wichtige Rolle. Nahezu alle Griechen sprechen Neugriechisch, das sich aus dem Altgriechischen entwickelt hat. Sie gehören fast ausnahmslos der orthodoxen christlichen Kirche an, die als Staatskirche eine herausragende Stellung einnimmt. Ihr Einfluß im privaten wie auch im öffentlichen Leben ist ungebrochen, wenngleich sich mit fortschreitender Industrialisierung auch ein allmählicher Wertewandel in der Bevölkerung vollzieht.

In der Religion ist auch die Besonderheit des griechischen Osterfestes begründet. Dieses Fest der Liebe und des Frühlings ist der höchste Feiertag der Griechen. Gefeiert wird mit Gottesdiensten und festlichen Prozessionen, mit traditionellen Tänzen und ausgelassener Musik – und mit reichlich gutem Essen. So entspricht der Grieche wohl auch dem Bild, das man sich außerhalb der Landesgrenzen von ihm macht. Seine Vorliebe für die Abhandlung eines philosophischen Traktats scheint ebenso typisch zu sein wie seine Freude an der Improvisation. Traditions- und Kulturbewußtsein stehen nicht im Widerspruch zu seinem ausgeprägten Individualismus. Der Grieche ist gern sein eigener Herr. Die ihm nachgesagte Geschäftstüchtigkeit beweist er in der Regel mehr als Händler, weniger als Unternehmer. Dabei neigt er eher zum schnellen Profit als zu langfristigen Investitionen. Wohl eng mit der Geschichte seines Landes verbunden, hemmt unter anderem diese Einstellung heute den Aufbau einer modernen griechischen Wirtschaft.

## Die Familie

Ein wesentliches Merkmal der griechischen Gesellschaft ist die starke Dominanz der Familie. Traditionell begreifen sich die Griechen in erster Linie als Mitglied eines Familienverbandes, der Schutz bietet, Ansehen wahrt, aber auch gleichzeitig das Eintreten für die übrigen Mitglieder abverlangt. Der Mann kümmert sich um die öffentlichen Angelegenheiten, die Frau indes hat ihren Aufgabenbereich innerhalb der Familie. Dabei sind die griechischen Frauen tief in der patriarchalischen Gesellschaft verwurzelt. Selten sieht man eine Frau in der Öffentlichkeit allein, sogar der Zutritt in das »Kafeneion« (Kaffeehaus) ist ihr verwehrt. Das ist die klassische Domäne der Männer. Hier gehen sie ihrer Lieblingsbeschäftigung nach, hier wird sinniert, wild gestikuliert und diskutiert – besonders gerne über Politik.

Für die Frauen ist Beruf und Bildung weit weniger wichtig als Mutterschaft und Heirat. Deshalb kümmert sich die ganze Familie um die Verheiratung einer Tochter. Der Vater und die Brüder arbeiten für die Mitgift, damit die Tochter standesgemäß verheiratet werden kann. Von der Möglichkeit, sich nur zivil und nicht kirchlich trauen zu lassen, wird besonders auf dem Lande wenig Gebrauch gemacht.

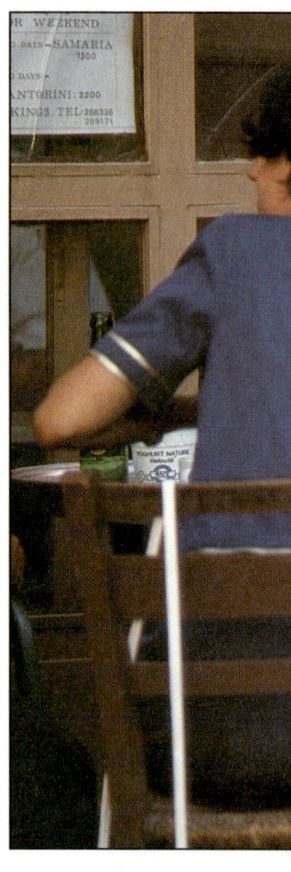

**Das Kaffeehaus** (oben) ist der gesellschaftliche Treffpunkt für die griechischen Männer. Die Frauen nehmen immer noch eine untergeordnete Stellung in der eher auf Tradition und Konvention beruhenden griechischen Gesellschaft ein.

**Das Angebot an frischem Obst und Gemüse** (links) ist in Griechenland sehr reichhaltig. Aus den guten Zutaten läßt sich so mancher herzhafte griechische Salat zubereiten, wie z. B. »Horiatiki« mit Oliven, Gemüse und Feta-Käse.

**Ein Priester** (rechts) verteilt Brot auf einem religiösen Fest. Die meisten Griechen gehören der griechisch-orthodoxen Kirche an, und viele Gemeinden verehren ihren eigenen Heiligen, dessen Festtag mit Gebet und Festmahl begangen wird.

# GRIECHENLAND

In den Städten hat die Familie ihre zentrale Bedeutung verloren, und die Entwicklung zur Kleinfamilie ist unübersehbar. Hier ist auch die Rolle der Frau weniger traditionsbestimmt, hier brechen die alten Gesellschaftsstrukturen auf und neue Wertvorstellungen entstehen. Die Frauen besuchen Universitäten oder üben einen Beruf aus. Aber weniger der Wunsch nach Emanzipation drängt heute rund 30 % der weiblichen Bevölkerung zu außerhäuslicher Beschäftigung als vielmehr die schlechte finanzielle Situation innerhalb der Familie.

**Verstädterung**
Durch unzureichende Verdienstmöglichkeiten und Arbeitsplatzmangel auf dem Land hat der Urbanisierungsprozeß in den letzten Jahren rasante Formen angenommen. 1920 lebten über 60 % aller Griechen auf dem Land, 1998 waren es nur noch 40 %. Im Großraum Athen leben heute gut drei Millionen Menschen, etwa ein Drittel aller Griechen. Viele Dörfer in den Bergen und auf den Inseln werden verlassen, zurück bleiben nur die Alten.

Damit spiegelt die Bevölkerungsentwicklung die allgemeine Zentralisierung in und um Athen wider: Dort gibt es die meisten Arbeitsplätze und dort wird auch über das Schicksal des Landes politisch entschieden. Ein verkleinertes Abbild Athens ist Saloniki, dessen Bevölkerung sich der Millionengrenze nähert.

**In vielen Dörfern** *(unten)*, wie hier auf Kreta, der größten griechischen Insel, bleiben die alten Menschen zurück. Die Jungen zieht es in die Städte und Touristenzentren.

# GRIECHENLAND: WIRTSCHAFT

Griechenland ist seit 1981 Mitglied der Europäischen Union. Im Vergleich zu den übrigen EU-Ländern ist es eher ein Entwicklungs- als ein fortgeschrittenes Industrieland. Die volkswirtschaftliche Leistungsfähigkeit ist gering. Gemessen am Bruttosozialprodukt erreicht es pro Kopf der Bevölkerung nicht einmal die Hälfte des EU-Durchschnitts.

Trotz zunehmender Industrialisierung ist Griechenland noch immer ein stark agrarwirtschaftlich geprägtes Land. Rund 18% der Erwerbstätigen sind in der Landwirtschaft beschäftigt. Die ackerbauliche Nutzfläche nimmt jedoch nur knapp 22% der Gesamtfläche ein, denn das Gebirgsland bietet wenig günstige Voraussetzungen für den Feldbau. Es leidet unter geringen Niederschlägen und diese versickern im wasserdurchlässigen Kalkgestein. Auf terrassierten und künstlich bewässerten Feldern werden vor allem Weizen, Obst, Südfrüchte und Frühgemüse sowie Tabak und Baumwolle angebaut. Zu den wichtigsten Kulturen der griechischen Landwirtschaft und des Agrarexports zählen Wein und Oliven. Griechenland ist drittgrößter Olivenölproduzent der EU.

Viehwirtschaft wird überwiegend als extensive Weidewirtschaft betrieben. Durch den mageren Bewuchs der Bergweiden ist oft nur Schaf- und Ziegenhaltung möglich. Die Kleinbauern sind vornehmlich auf Eigenversorgung eingestellt, doch müssen zur Deckung des Bedarfs Lebensmittel eingeführt werden.

Durch ständiges Überfischen der Küstengewässer hat die Fischerei an Bedeutung verloren. Die Fischvorkommen im Mittelmeer sind so zurückgegangen, daß der Export zum Erliegen gekommen ist. Zu einem dynamischen Zweig hat sich die Fischzucht im Meerwasser entwickelt.

Die industrielle Entwicklung in Griechenland krankt an den mangelnden Rohstoffen. Die Bodenschätze des Landes sind zwar vielfältig, aber nicht sehr ergiebig. Gefördert werden vor allem Braunkohle, Bauxit zur Aluminiumherstellung, Eisenerze, Mangan, Magnesit und Marmor. Dabei stellt das Fehlen der Hauptenergieträger Erdöl, Erdgas und Steinkohle eines der größten Probleme dar. In der nördlichen Ägäis wurden zwar Erdöl- und Erdgasvorkommen entdeckt, ihre Ausbeutung stößt jedoch neben finanziellen und technischen auch auf politische Schwierigkeiten, da die Türkei aufgrund der bislang ungeklärten Seehoheitsrechte ebenfalls Ansprüche auf die Vorkommen erhebt. So muß zur Deckung des ständig steigenden Energiebedarfs in großem Umfang Erdöl eingeführt werden.

Die Industrie konzentriert sich auf das verarbeitende Gewerbe der Bereiche Nahrungs- und Genußmittel, Schuhe, Textilien, Metallverarbeitung und Schiffbau. Wie in der Landwirtschaft dominiert auch hier der familiäre Klein- und Mittelbetrieb. Die Produktivität ist jedoch gering und fehlendes Kapital verhindert notwendige Modernisierungsmaßnahmen.

Die hohe Importabhängigkeit von Brennstoffen und hochwertigen Industriegütern sowie ein wachsendes Defizit der Handelsbilanz kennzeichnen die griechische Wirtschaft. Mehr als 30% der Einnahmen aus Waren- und Dienstleistungsexporten müssen zur Deckung der Auslandsschulden bereitgestellt werden.

Diese Lücke vermag nicht einmal die griechische Handelsflotte zu schließen. Sie gehört zu den größten der Welt und nimmt in der EU den ersten Platz ein. Neben dem Tourismus ist die Schiffahrt als Devisenbeschaffer von größter Bedeutung. Allerdings ist die Krise in der internationalen Seeschiffahrt nicht spurlos an der griechischen Handelsflotte vorübergegangen. Die vielen in der Bucht von Eleusis stillgelegten Schiffe sind dafür der Beweis.

Ein weiterer wichtiger Devisenbringer ist der internationale Fremdenverkehr. 1999 kamen mehr als 11 Millionen ausländische Besucher nach Griechenland. Schon Mitte der 70er Jahre

hatten die Einnahmen aus dem Tourismus die Summe der von griechischen Gastarbeitern in die Heimat überwiesenen Gelder überflügelt. Ob ein Ausbau der vorhandenen Kapazitäten wünschenswert ist, bleibt angesichts der damit verbundenen erhöhten Belastung für die Umwelt fraglich.

Die Gefahr der Überschuldung kann auf Dauer nur eine leistungsfähige und wettbewerbsfähige Exportwirtschaft bremsen. Daher zählen der Aufbau dynamischer Wirtschaftszweige, die Modernisierung der Agrarwirtschaft und des Produktionsapparats sowie die Verbesserung der Infrastruktur zu den dringendsten Zukunftsaufgaben. Eine nicht unwesentliche Unterstützung erhält Griechenland aus den Mitteln für Regionalförderung der EU sowie durch Technologietransfer. Ausländische Investitionen sollen der Wirtschaft neue Impulse verleihen und den Ausfall privater griechischer Investitionen ausgleichen.

**In großen dunklen Räumen** (*links*) lagert eine reichhaltige Auswahl Käselaibe. Die meisten griechischen Käsesorten werden aus der Milch der Schafe und Ziegen hergestellt, die auf den kargen griechischen Weiden noch Futter finden.

# GRIECHENLAND

**Die weiß getünchten Mauern** *(links)* einer Kirche leuchten durch das Grün der Olivenhaine. Der Olivenbaum ist eine der wenigen Pflanzen, die auf der dünnen, steinigen Bodenkrume in Griechenland wächst und schon seit alters hier gedeiht.

**Wie Spielzeugboote wirken die Schiffe** *(unten)* zwischen den hohen Wänden im Kanal von Korinth. Dieser Wasserweg durch die Landenge von Korinth wurde 1881–1893 gebaut und verbindet den Golf von Korinth mit dem Saronischen Golf.

**Das grelle Sonnenlicht** versengt den Boden förmlich *(rechts)*, ist aber auch die ideale Voraussetzung für die Zubereitung von Rosinen. Große Mengen an Weintrauben werden zum Trocknen bis zu 15 Tage auf braunem Papier ausgebreitet.

# GRIECHENLAND: LANDESNATUR

Griechenland bildet den südlichen Ausläufer der Balkanhalbinsel und reicht zwischen Ionischem Meer im Westen und Ägäischem Meer im Osten weit in das Mittelmeer hinein. Kennzeichnend für das Landschaftsbild sind die hochragenden Gebirge, die enge Verzahnung von Land und Meer, die reiche Küstengliederung mit tief in das Land greifenden Buchten und weitreichenden Landzungen sowie die dem Festland vorgelagerten Inselscharen.

Griechenland läßt sich geologisch in zwei große Einheiten gliedern. Im Westen des Festlandes verlaufen parallel zur Küste die intensiv gefalteten, hauptsächlich aus Kalken, Mergeln und Sandsteinen bestehenden Gebirgszüge des Pindos-Systems. Sie sind Teil der geologisch jungen Ketten, die als Fortsetzung der Dinariden sich aus Jugoslawien kommend über den Peloponnes und die ägäische Inselwelt bis nach Kleinasien fortsetzen. Der Osten und Nordosten des Landes bildet die Fortsetzung des aus Norden hereinreichenden Pelagonischen Massivs und des Rhodopengebirges, in denen geologisch alte kristalline und metamorphe Gesteine vorherrschen.

Alte Massive und junge Faltengebirge wurden in einer späteren Phase durch Bruchtektonik abgesenkt, gehoben und verschoben. Es kam zur reichen Kammerung des Raumes, zur Bildung einer Vielzahl voneinander getrennter Becken und zum Meer geöffneter Tiefländer, die besonders im Osten das Landschaftsbild bestimmen. In diesem Zeitabschnitt wurde auch die Landbrücke nach Kleinasien durch die Absenkung von Teilstücken in der Ägäis aufgelöst. Die Bewegungsvorgänge der Erdkruste dauern bis in die Gegenwart an und machen Griechenland zu einem Gebiet mit reger Erdbebentätigkeit.

In dem überwiegend gebirgigen Land nehmen die Becken und Senken zwar nur einen geringen Teil der Gesamtfläche ein, doch sind sie seit jeher der eigentliche Siedlungs- und Kulturraum Griechenlands. Sie sind überwiegend fruchtbar und landschaftlich äußerst abwechslungsreich. Die teils entwaldeten, verkarsteten, zerklüfteten und unwegsamen Gebirgsregionen sind nur bedingt für Weidewirtschaft geeignet. Griechenland läßt sich folgendermaßen untergliedern: Nordgriechenland mit Epirus, Thessalien, Makedonien und Thrakien, Mittelgriechenland mit Attika, Euböa, Böotien, Phokis, Kokris und Ätolien; Südgriechenland mit Peloponnes, Kreta und ägäischen Inseln.

## Klima

Typisch für das mediterrane Klima in Griechenland sind die trockenen und heißen Sommer sowie die milden und regenreichen Winter. Es gibt allerdings deutliche regionale Unterschiede, die sich unter anderem aus der Höhenlage erklären. Mit zunehmender Entfernung vom Meer nimmt der kontinentale Einfluß auf das Klima zu und führt zu großen täglichen und jahreszeitlichen

Temperaturschwankungen. In den Sommermonaten sind die trockenen, kräftig aus nördlicher Richtung wehenden Meltemi-Winde deutlich spürbar. Im Winter gerät Griechenland in den Einfluß der Westwindzone. Westliche Luftmassen bringen die Hauptniederschläge, die sich zum Teil wolkenbruchartig an den Westseiten der Gebirge abregnen. Dadurch liegen die Ostflanken der Halbinsel sowie die Becken im Regenschatten des Pindosgebirges.

## Vegetation

In der Pflanzenwelt unterscheidet sich Griechenland vom nördlichen Europa dadurch, daß sich die Pflanzen weniger auf die winterliche Kälte, sondern mehr auf die sommerliche Trockenheit einstellen müssen. Einige Arten, wie zum Beispiel der Ölbaum, schützen sich daher durch die Ausbildung kleinerer Blätter vor der Verdunstung. Andere, so die Sukkulenten, können in ihren fleischigen Blättern oder den Stämmen Wasser speichern. Der Olivenbaum, gleichsam das Symbol der griechischen Flora, benötigt gerade die längere sommerliche Trockenzeit zum Ausreifen seiner Früchte.

Stärker als in den meisten europäischen Ländern ist die natürliche Vegetation durch menschliche Eingriffe zurückgedrängt worden. Anstelle der mediterranen Laub- und Nadelwälder sind Ersatzgesellschaften getreten. Zu den typischen Vertretern der heutigen Busch- und

**Eine Berglandschaft des Peloponnes** (oben links), der rauhen griechischen Halbinsel im Süden, wo die alte Stadt Mystra (Mistras) sich an den Hang zu klammern scheint. Mystra war eine bedeutende Stadt im späten Byzantinischen Reich.

**Der nackte Fels** in braunen, schwarzen und roten Farben erinnert an die vulkanische Entstehung der Insel Santorin (rechts). 200 m über dem Meer und dem alten Hafen liegt die Inselhauptstadt Thira, die 1956 von einem Erdbeben heimgesucht wurde.

# GRIECHENLAND

Gestrüppformationen (Macchie) und den immergrünen Hartlaubgewächsen zählen Zistrosen, Myrte, Mastixstrauch, Steineichen, Erdbeerbäume und Lorbeer. Ihre Verbreitung, wie auch die der Aleppokiefer, beschränkt sich vor allem auf die Küsten- und Tiefländer.

Mit zunehmender Höhenstufe nehmen die Sommerniederschläge zu und die Temperaturen ab. Das begünstigt besonders in Nord- und Mittelgriechenland zwischen 700 und 1200 m den Wuchs laubabwerfender Bäume, wie Buchen, Kastanien und Platanen. Oberhalb der Baumgrenze beherrschen alpine Matten das Landschaftsbild, sofern die verkarsteten Kalksteinhöhen überhaupt Vegetation zulassen.

Heute sind nur noch rund 20 % der Gesamtfläche bewaldet. Mit der Vernichtung der einst üppigen Wälder wurde bereits in der Antike begonnen. Das Holz wurde für den Schiffbau und als Feuermaterial verwendet. Heute geht die größte Gefahr von den alljährlichen Waldbränden aus, die den Bestand drastisch reduzieren. Die Schäden sind meist irreparabel. Die ungeschützte Humusschicht wird von Regen und Wind fortgetragen – Bodenerosionen gewaltigen Ausmaßes sind die Folge. Zurück bleiben der nackte Fels und die verkarsteten Berghänge. Nur ein geringer Teil der Flächen wird wieder aufgeforstet. Aber auch dann dauert es Jahrzehnte, bis sich wieder ein ausgewogenes Ökosystem entwickelt hat.

**Weingärten und Olivenhaine** *(oben)* haben ein buntes Landschaftsmuster in einem Tal auf Kreta geschaffen. Kreta hat ein mildes, trockenes Klima, die nördlichen Meltemi-Winde können jedoch den Spätsommer drückend heiß machen.

**Die »Mäuseinsel«** *(rechts)* liegt unweit der Küste von Korfu. Sie soll das Boot sein, das Odysseus zurück nach Ithaka gebracht hat und dann vom Meeresgott Poseidon in Stein verwandelt worden ist. Ihr griechischer Name ist Pontikonisi.

# GRIECHENLAND: ÄGÄIS

Zu den faszinierendsten Erscheinungen Griechenlands gehört seine Inselwelt. Ein Fünftel des Gebiets verteilt sich auf mehr als 2000 Inseln, von denen aber nur weniger als zweihundert bewohnt sind.

Vor der Westküste liegen die Ionischen Inseln mit Korfu, Paxos, Levkas, Kefallinia, Ithaka, der Heimat des Odysseus, und Zakynthos.

Die meisten Inseln liegen in der Ägäis, dem vom griechischen Festland, Kleinasien und Kreta umschlossenen Ostteil des Mittelmeers. Unmittelbar dem Festland vorgelagert ist Euböa. Nordöstlich schließen sich die Nördlichen Sporaden mit Skiathos, Skopelos, Alonissos und Skyros an. Ganz im Norden liegen Thasos, Samothraki und Limnos. Unmittelbar der türkischen Küste vorgelagert sind Lesbos und Chios. Vor der Südwestküste Kleinasiens reiht sich zwischen Rhodos und Samos in enger Folge die Kette der Südlichen Sporaden auf, deren größter Teil zum Dodekanes gehört. Von Attika bis nach Kreta erstrecken sich die Kykladen mit so bekannten Inseln wie Mykonos, Paros, Naxos, Ios, Milos und Santorin.

Die meisten Inseln der Ägäis sind die Restpfeiler der an zahlreichen Brüchen in die Tiefe abgesunkenen Faltengebirgsstränge und Massive, die im erdgeschichtlichen Altertum Griechenland mit Kleinasien verbanden. Die große Zahl der Inseln begünstigte in der Antike die Seefahrt und machte Griechenland schon früh zu einem bedeutenden wirtschaftlichen Zentrum zwischen den drei Erdteilen der Alten Welt. Sie förderte auch die Ausbildung einer kulturellen und ethnischen Vielfalt.

So unterscheiden sich die ägäischen Inseln nicht nur vom griechischen Festland, jede Insel ist eine Welt für sich. Die griechischen Nationalfarben Weiß und Blau findet man indes auf allen Inseln wieder: im blauen Meer und seiner weißen Brandung, in den weißen Wolken am blauen Himmel und den weißen Häusern mit ihren blauen Türen. Der weiße Kalkanstrich der kubischen Häuser reflektiert die Sonnenstrahlen und hält die Wände kühl. Flachdächer fangen das begehrte Regenwasser auf und leiten es in Zisternen. Eng sind die Gassen in Dörfern und Städten, und blumengeschmückte Treppen führen ins Innere.

Dieses vielgezeichnete, besonders gern für Ansichtskarten und Reiseprospekte benutzte Bild trifft wohl am augenscheinlichsten auf die Inselwelt der Kykladen zu. Immer mehr Menschen folgen alljährlich diesem Bild, werden angezogen von der Vielfalt der Landschaft, dem ständigen Wechsel der Formen, der bis in den Sommer hinein andauernden Farbenpracht und dem unvergleichlichen Licht der Ägäis.

Die Insel Rhodos hat sich zu einem Zentrum des Tourismus entwickelt. Die gleichnamige Hauptstadt zeigt Spuren ihrer langen Geschichte: Ruinen aus mykenischer Zeit, ein antikes Theater, byzantinische Mauern, gotische Bauten und ein 4 km langer, mächtiger Befesti-

**Eine ruhige Straße** *(unten)* ist für die Frauen von der Insel Limnos der ideale Ort, um sich zum Sticken oder Häkeln zu treffen. Die kostbaren Handarbeiten werden entweder direkt an Touristen verkauft oder gehen in den Export.

**Diese arg verwitterten Marmorlöwen** *(rechts)*, bewachen schon seit dem 7. Jahrhundert v. Chr. den heiligen See des Delischen Apoll auf der Insel Delos (Dilos). Delos ist heute eine unbewohnte Insel der Kykladengruppe im Ägäischen Meer.

gungsring der Johanniterzeit, eine türkische Moschee und ein türkisches Bad.

**Wirtschaft**

Viele Menschen der Ägäis leben vom Tourismus. Er ist die wichtigste Einnahmequelle, denn Landwirtschaft und Industrie sind nur auf wenigen Inseln von Bedeutung. Thasos bildet mit seinen Erdölvorkommen und den Blei-, Zink- und Eisenerzlagern die Ausnahme. Die Vorkommen an Eisen auf Serifos, Baryt auf Milos, Magnesium auf Andros und Korund auf Naxos haben nicht den Grundstein für eine industrielle Entwicklung legen können.

Die Landwirtschaft stößt hier auf die gleichen Schwierigkeiten wie auf dem Festland: geringe Niederschläge, die in den wasserdurchlässigen Kalkschichten versickern, Kahlschlag der einst üppigen Wälder, der der Bodenerosion Vorschub leistet, starke Winde, die eine Wiederaufforstung erschweren und Überweidung durch Schaf- und Ziegenherden. So geben der nackte Fels und der Olivenbaum, der sich als einziger über Jahrhunderte hinweg auf kargem Boden zu behaupten vermochte, den Inseln heute ein weithin unvergleichliches Bild.

Aufgrund der mangelnden Beschäftigungsmöglichkeiten verlassen immer mehr, besonders junge Menschen als »Arbeitsemigranten« ihr Land oder siedeln von den Inseln in die städtischen Zentren des Festlands über.

**Bei der Explosion der Vulkaninsel Santorin** (*rechts*) vor etwa 3500 Jahren entstand eine Aschewolke, die ihre Spuren auch auf den umgebenden Inseln hinterließ. Auf Santorin wurde eine bedeutende Kultur zerstört.

**Frauen und Kinder** (*oben*) haben für ein Kirchenfest auf der Insel Karpathos im Südosten der Ägäis ihre farbenprächtigen Gewänder angezogen.

**Die Insel Mykonos** (*links*) steht häufig für das typische Ägäis-Bild. Der ungewöhnlich schöne Eindruck entsteht aus dem Kontrast von blauem Meer, weiß gekalkten Häusern und braunen Bergen in einem besonders intensiven Licht.

Außerhalb der Saison verfallen viele der Inseln, verlassen von Touristen und den vielen Saisonarbeitskräften des Hotel- und Fremdenverkehrsgewerbes, in eine Art Dämmerschlaf – wartend auf den allsommerlichen Massenansturm der Touristen, die ihrer Hektik entfliehen und in das paradiesische Idyll der Ägäis einkehren wollen.

### Schattenseiten des Tourismus

Massentourismus auf der einen Seite und Massenflucht der Bewohner auf der anderen verändern den ursprünglichen Charakter der Inselwelt und die Sozialstruktur ihrer Bewohner. Die Inselgriechen haben seit alters eine spezielle Art im Umgang mit Antikem entwickelt. Sie haben es ganz selbstverständlich in ihr alltägliches Leben eingebaut, haben sogar ihre Häuser darauf gebaut. Dadurch wurde das antike Erbe nicht zerstört, sondern auf lebendige Weise der Nachwelt erhalten.

Der Massentourismus hingegen nimmt auf solche Traditionen kaum Rücksicht. Er geht allzu sorglos mit dem kulturellen Erbe und den Dingen um, die den Zauber dieser Inselwelt ausmachen. So auch mit der Gastfreundschaft. Sie hat gelitten, weil sie von allzu vielen Touristen hemmungslos ausgenutzt worden ist. Noch verbindet sich mit der ägäischen Inselwelt nicht nur ein Ort, sondern eine Art zu leben, und daran sollte man nichts ändern.

# GRIECHENLAND: KRETA UND RHODOS

»Ein Schiff mit drei Masten war Kreta, mit seinen großen Berggipfeln, den Weißen Bergen, dem Psiloritis und dem Diktys, und es fuhr dahin vom Meerschaum umspült. Ein Meeresungeheuer war es, eine Meerjungfrau mit vielen Brüsten, und sie sonnte sich, auf den Wellen ausgestreckt... Mir sind mehrere Freuden im Leben geschenkt worden, ich darf mich nicht beklagen; doch diese hier, Kreta auf den Wellen zu sehen, gehört zu den größten.« (Nikos Kazantzakis, 1885–1957)

### Wechselvolle Geschichte

Kreta bietet nicht nur eine Landschaft von ganz eigenartigem Reiz. Seine Bewohner gelten als die stolzesten in Griechenland. Ihre Freiheitsliebe ist besonders stark ausgeprägt. Kreta war oft besetzt, seine Menschen deshalb jedoch nie unterwürfig. Von Kreta hat der politische Liberalismus in Griechenland seinen Ausgang genommen. Eleutherios Venizelos (1864–1936), der große griechische Staatsmann und Vorkämpfer der Vereinigung Kretas mit Griechenland, stammte von der Insel.

Nach den Römern, den Arabern und den Venezianern – der letzten Epoche entstammt der bedeutende Maler Dominikos Theotokopoulos, genannt El Greco (um 1541 bis 1614) – kamen 1645 die Osmanen als Eroberer. Die orthodoxe Religion wurde verboten. Vom Glaubenswechsel und der Steuerlast bedrängt, flohen viele Kreter in die Berge und nahmen den Kampf gegen die türkische Besatzung auf.

1898 erhielt Kreta auf Druck der europäischen Großmächte eine selbständige Verwaltung unter türkischer Oberhoheit. 1913 folgte der Anschluß an Griechenland.

Der Erste Weltkrieg verschonte die Insel. Im Zweiten Weltkrieg jedoch landeten 1941 deutsche Fallschirmjäger auf Kreta, das wegen seiner Mittellage zwischen Europa und Nordafrika von großer strategischer Bedeutung war. Die »Schlacht um Kreta« begann. Nach zehn Tagen waren die dort stationierten britischen Soldaten – Großbritannien war mittlerweile Verbündeter Griechenlands – von der Insel vertrieben. Die leidenschaftlich am Kampf gegen die Invasoren teilnehmende Bevölkerung hatte den neuen Herren zwar herbe Verluste beigebracht, doch der Widerstandskampf forderte zahlreiche Opfer. Das am Nordhang des Psiloritis gelegene Dorf Anojia etwa wurde dem Erdboden gleichgemacht, seine Bewohner liquidiert. Erst im Mai 1945 zogen die deutschen Besatzungstruppen ab.

Der nach dem Zweiten Weltkrieg in Griechenland ausbrechende Bürgerkrieg griff 1947 auch auf Kreta über. Mit der Landung von Regierungstruppen begannen die Kämpfe gegen die Partisanen, die sich in der Schlucht von Samaria geschlagen geben mußten. Bei den Wahlen von 1964 stimmten die Kreter mit großer Mehrheit für Georgios Papandreou (1888–1968), der eine liberale Erneuerung Griechenlands versprach. Als die Obristen die Macht abgaben, war die liberale Haltung der Kreter nicht gebrochen: Seit dem Jahr 1974 findet die Zentrumspartei bei den Kretern ein großes Wählerpotential, und vor allem die PASOK-Sozialisten von Andreas Papandreou (1919 bis 1996), dem Sohn des Georgios.

### Stützpfeiler der Wirtschaft

Kreta zählt mehr als eine halbe Million Bewohner. Mit gut 120 000 Einwohnern ist Herakleion (Iraklion) die größte der kretischen Städte und gleichzeitig die Hauptstadt. Bis 1972 war Chania mit heute gut 70 000 Einwohnern Inselhauptstadt. Rethymnon mit ca. 20 000 Einwohnern kann als das geistig-kulturelle Zentrum der Insel betrachtet werden, befindet sich doch hier die philosophische Fakultät der Universität von Kreta.

Die Insel ist sehr gebirgig und deshalb für den Ackerbau wenig geeignet. Er konzentriert sich

**Das Abendlicht** *(Mitte oben)* hüllt den Hafen von Chania (Canea) in einen warmen Ton. Chania war bis 1972 Inselhauptstadt und ist heute der wirtschaftliche Mittelpunkt des westlichen Kreta.

**Delphine** *(rechts)* zieren die Wände im Megaron der Königin im Palast von Knossos auf Kreta. Die Freskomalereien wurden auf feuchten Kalkputz aufgetragen, eine Technik, die den Bildern einen frischen Ausdruck verleiht.

## Rhodos

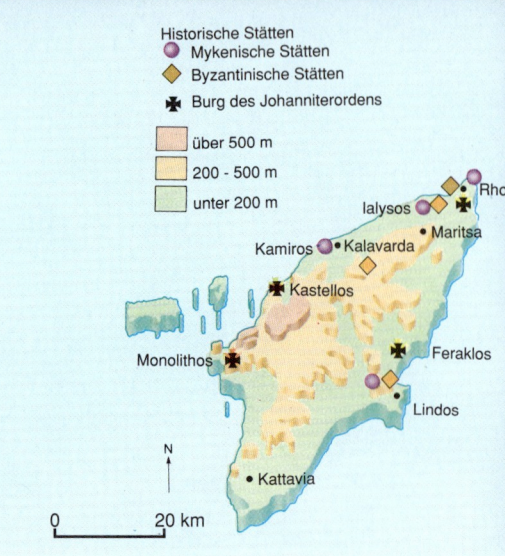

**Rhodos** (rechts), die größte Insel des Dodekanes, liegt etwa 20 km vor der Südwestküste der Türkei. Die »Roseninsel« Rhodos hat ein mildes Klima und eine üppige Vegetation. Im Hafenbereich von Rhodos stand einst der »Koloß von Rhodos«, eines der sieben Weltwunder der Antike. Diese gewaltige Bronzestatue des Sonnengottes Helios wurde im Jahre 227/26 v. Chr. durch ein Erdbeben umgestürzt und aufgrund eines Orakels nicht mehr aufgebaut. 1309 besetzte der Johanniterorden die Insel und ließ die ein-

# GRIECHENLAND

**Die Insel Kreta** (oben) liegt südöstlich des griechischen Festlands im Mittelmeer. Die Insel war die Wiege der minoischen Kultur, die sich Mitte des 3. Jahrtausends v. Chr. entwickelte und bis um 1400 v. Chr. bestand.

**Die monumentalen Mauern** des Großmeisterpalastes (oben), einer Kreuzfahrerburg, erheben sich über der Stadt Rhodos. Die Johanniterritter hielten die Insel seit 1309 besetzt, bis sie von den Türken im Jahre 1522 vertrieben wurden. drucksvollen gotischen Gebäude und Befestigungsanlagen von Rhodos errichten. Die Türken drangen 1522 auf Rhodos ein und behielten es fast vier Jahrhunderte in Besitz. Moscheen erinnern an diese Zeit der türkischen Herrschaft. Seit 1947 gehört Rhodos zu Griechenland. Tausende von Touristen besuchen die Insel jedes Jahr wegen der schönen Sandstrände, der antiken Ruinenstädte Kamiros und Lindos und vor allem wegen der Stadt Rhodos mit ihren vielen Sehenswürdigkeiten.

auf die fruchtbaren Täler, besonders an der Nordküste, und die Mesaraebene im Süden. In den letzten Jahren hat sich die sehr ertragreiche Kultur von Gemüse und Zierpflanzen in Gewächshäusern verbreitet. Es werden typische Mittelmeerprodukte wie Oliven, Zitrusfrüchte und Tafeltrauben angebaut. Im Gebirge wird extensive Schaf- und Ziegenzucht betrieben. Nennenswerte Eisen- und Lignitvorkommen finden sich im Westen bei Kastelli. In Herakleion haben sich Unternehmen der Nahrungsmittelbranche niedergelassen. Viele traditionelle Gewerbe, wie das Töpferhandwerk oder die Webkunst, sind durch die maschinelle Produktion verdrängt worden.

Angezogen von der großartigen Landschaft und dem außergewöhnlich reichen Kulturerbe, bevölkern besonders von Frühjahr bis Herbst ausländische Touristen die Insel. Bei Rundfahrten und Wanderungen entdecken sie die Schönheiten der kretischen Gebirge (im Ida 2456 m hoch), und wer möchte, kann die 18 km lange Schlucht von Samaria durchwandern. Viele Touristen kommen auch nur zum Baden und Sonnen.

Kulturelle Anziehungspunkte sind neben Zeugnissen aus der venezianischen Zeit (u. a. Kastelle in Chania und Rethymnon) und verschiedenen griechisch-orthodoxen Klöstern (z. B. Arkadi), die archäologischen Stätten von Knossos und Phaistos. Knossos war die bedeutendste Anlage der minoischen Kultur auf Kreta. Der englische Archäologe Sir Arthur Evans grub den riesigen Palast des sagenhaften König Minos Anfang dieses Jahrhunderts aus und ließ ihn teilweise in Beton rekonstruieren. Umgeben war der Herrschersitz von palastartigen Villen mit Fresken und Stuckreliefs; um 1400 v. Chr. soll er zerstört worden sein. Die Funde aus dem Inneren des Palastes beherbergt heute das Archäologische Museum von Herakleion.

# GRIECHENLAND: ATHOS

Die Mönchsrepublik Athos ist seit mehr als eintausend Jahren ein Zufluchtsort weltentsagender Asketen des christlich-orthodoxen Glaubens. Von den Besuchern des »Heiligen Berges« (neugriech. »Hagion Oros«) wird erwartet, daß sie ein wissenschaftliches oder religiöses Anliegen auf die Halbinsel führt. Frauen ist der Zutritt untersagt. Mindestens einen Monat vor dem Besuch ist eine formelle Erlaubnis des griechischen Außenministeriums in Athen einzuholen. Über die endgültige Zustimmung und die Dauer des Aufenthalts entscheidet das Patriarchat von Athos bei der Ankunft im Verwaltungszentrum Karyaí (Karyes).

Der »Heilige Berg« Athos ist eine Welt für sich. Wie ein ausgestreckter Finger ragt die Halbinsel weit ins Ägäische Meer. Sie ist nur mit dem Boot erreichbar – von Ouranoupolis oder Trypití nach Dafni. Früher brachten Maultiere den Besucher über einen holprigen Bergpfad nach Karyaí, seit der Tausendjahrfeier von 1963 gibt es eine Serpentinenstraße – der erste Schritt zur touristischen Erschließung des Athos. Damals hofften viele Reisemanager, daß die Mönche ihre Klöster einem breiten Besucherstrom öffneten, was aber nicht geschah.

Man weiß, daß es auf dem Heiligen Berg an Nachwuchs fehlt und die Klöster mehr oder weniger der Verarmung und dem Verfall preisgegeben sind. Die materielle Hilfe, die früher in Form von Stiftungen herrschaftlicher Häuser und Latifundienerträgen aus Rußland und vom christlich-orthodoxen Balkan kamen, ist seit den politischen Veränderungen dieses Jahrhunderts ausgeblieben. Heute leben die zwanzig Hauptklöster und kleineren Mönchsgemeinschaften auf Athos von selbstangelegten Wein-, Oliven- und Gemüsekulturen, von verbliebenem Landbesitz in Griechenland und bescheidenen Privatschenkungen. Der Athos untersteht griechischer Oberhoheit; die Selbständigkeit der Mönchsrepublik ist auf die innere Verwaltung beschränkt. Obwohl noch rund zweitausend Mönche auf dem Heiligen Berg leben und neue Mönche aus den Ostblockländern zuwandern, zeichnet sich immer mehr die Umwandlung der Mönchsrepublik in eine Museumsinsel ab.

Einstweilen aber kann man in der Mönchsrepublik Athos noch denkwürdige Begegnungen erleben. Die Mönche tragen einen hohen Filzhut und ein langes schwarzes Mönchsgewand. Das Haar haben sie zu einem Knoten hochgesteckt, und sehr eindrucksvoll sind ihre wallenden Vollbärte. Und wer wird schon den Mönch vergessen, der dem Besucher bei der Ankunft im malerisch gelegenen Kloster Iviron eine schwer duftende Kamelienblüte überreicht, bevor er das traditionelle Willkommensmahl auftischt – zuerst ein Gläschen Anisschnaps und einen geleeartigen, mit Puderzucker bestäubten Honigwürfel, später eine Karaffe Wein, Pellkartoffeln mit Zwiebeln und Oliven und schließlich Löwenzahnsalat.

In der Klosterbibliothek werden dem Besucher kunstvolle byzantinische Handschriften, wertvolle Kirchengeräte, Gewänder und Preziosen gezeigt. Schöne Mosaiken und Fresken, in Silber und Edelsteinschmuck eingefaßte Ikonen schmücken die kreuzförmig gebaute, kuppelgekrönte Kapelle. Der Besucher kann an den Gottesdiensten teilnehmen, die sich auf mehrere Stunden des Tages verteilen. Nachts hört

**Einige Mönche** (oben) von Athos betätigen sich als Ikonenmaler.

**Die Klosterküchen** (rechts) sind oft sehr einfach. Ein Mönch bereitet Fisch zu, der neben Brot und Gemüse als Hauptnahrungsmittel dient.

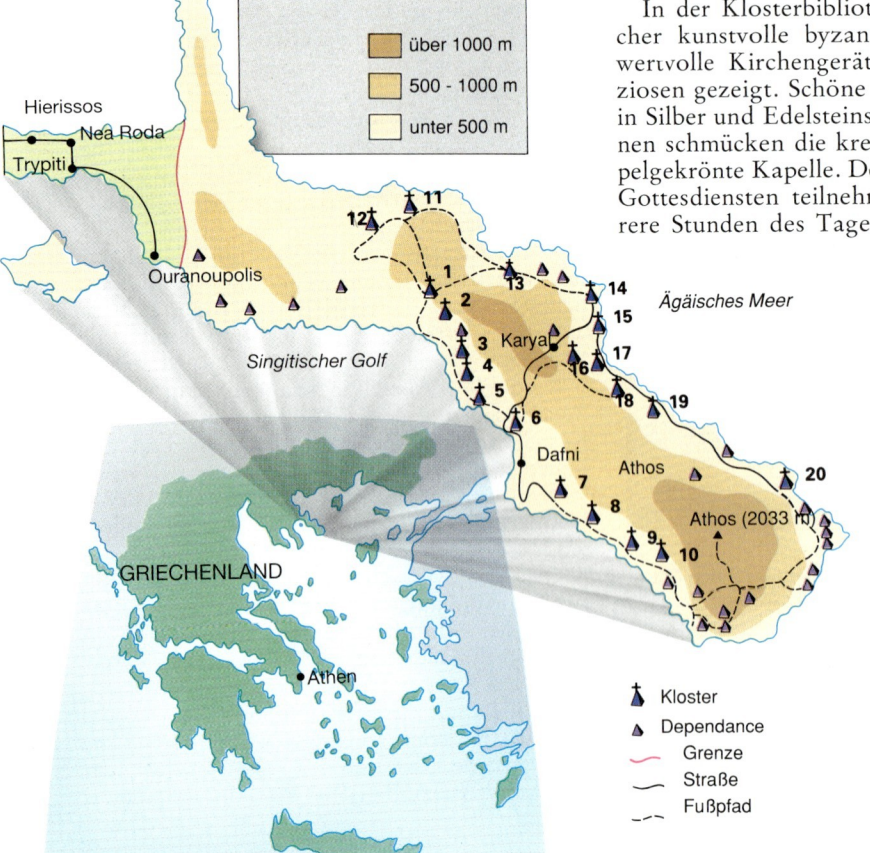

**Klöster**

1. Zografu
2. Konstamonitu
3. Dochiariu
4. Xenophontos
5. Panteleimonos
6. Xiropotamu
7. Simonos Petra
8. Grigoriu
9. Dionysiu
10. Agiu Pavlu
11. Esfigmenu
12. Chilandariu
13. Vatopediu
14. Pantokratoros
15. Stavronikita
16. Kutlumusiu
17. Iviron
18. Philotheu
19. Karakallu
20. Megistis Lavras

# GRIECHENLAND

**Das Kloster von Sankt Gregorius** *(links)* liegt an steilen Berghängen der Halbinsel Athos. Das festungsähnliche Bauwerk ist eines von 20 Hauptklöstern, die seit dem 10. Jahrhundert unter schwierigen Bedingungen auf dem Heiligen Berg errichtet wurden.

**Religiöse Motive** *(oben)* schmücken die ansonsten nüchtern wirkenden Mönchszellen. In strenger Disziplin wollen sich die Mönche durch Andacht, Gebete und Arbeit von allen irdischen Belangen befreien und damit näher zu Gott gelangen.

man den hölzernen Klang der Stundentrommel, die zum Gebet aufruft. Recht unheimlich werden die Klosternächte, wenn ein Sturm aufkommt. Zum Schutz gegen Piratenüberfälle wurden viele Athos-Klöster hoch gebaut, ihre Balkontrakte schweben über schroffen Abgründen.

In der Küche und im Garten, beim Anblick der Geräte und Zisternen fühlt man sich immer wieder in die Vergangenheit zurückversetzt. Das Brot wird in Steinöfen gebacken und in großen Holzkisten aufbewahrt. Jedes Fleckchen bebaubaren Bodens wird ausgenutzt. In einigen Klöstern beschäftigen die Mönche griechische Landarbeiter, und sie halten Hühner, Katzen und Kühe. Dort hat man sich sogar über das Verbot alles Weiblichen hinweggesetzt. Über diese Mißachtung der religiösen Vorschriften ereifern sich vor allem die Einsiedler, die ihre Ansprüche auf das Minimalste reduziert haben. Unter den Mönchen hat es immer wieder Meinungsverschiedenheiten über das Maß der Askese gegeben. Manche Klöster stehen in dem Ruf strengster Zucht, andere sind für ihre weltlichen Tendenzen bekannt.

Früher wurden Besucher in den Klöstern kostenlos aufgenommen, beköstigt und mit Wegzehrung versorgt. Die Athos-Klöster genossen Steuerfreiheit; in byzantinischer Zeit war der Heilige Berg von 30 000 Mönchen bewohnt. Die Besteuerung durch die Athener Obristen-Diktatur, vor allem aber ein zunehmender Mißbrauch der Gastfreundschaft führten dazu, daß einige Klöster Speise und Nachtlager heute nur noch gegen Bezahlung gewähren und andere die Aufnahme von Gästen ganz eingestellt haben.

Zu den einzelnen Klöstern führen nur schmale Pfade. Der Weg ist anstrengend, denn zahlreiche Bergvorsprünge und Schluchten müssen bewältigt werden. Die Klöster halten ihre Tore nur bis Sonnenuntergang geöffnet, danach findet niemand mehr Einlaß.

Auf dem Heiligen Berg hat jeder Zeit für den anderen, überhaupt ist die Fülle an Zeit und Stille das elementare Erlebnis. Hinzu kommt ein Naturerlebnis: Athos ist, im Gegensatz zu den meisten griechischen Inseln, ein blühender subtropischer Garten. Die Halbinsel wird von dem steil aus dem Meer aufragenden, 2033 m hohen Athos-Berg überragt. Unter dem blauen ägäischen Himmel leuchtet der pyramidenförmige Marmorgipfel wie eine Schneekrone, darunter liegt das Meer, und in der Ferne erkennt man die Konturen der Inseln Limnos (Lemnos) und Thasos.

Athos läßt den Kunst- wie den Naturfreund reichlich auf seine Kosten kommen. Vielleicht aber besteht der Hauptgewinn des Athos-Wanderers darin, den Wert eines Stückes Brot, eines Glases Brunnenwasser und der schützenden vier Wände (wieder) erkannt zu haben.

# GROSSBRITANNIEN

# GROSSBRITANNIEN

Das Vereinigte Königreich von Großbritannien und Nordirland war für mehr als 200 Jahre war es jedoch einer der weltpolitisch bedeutendsten Staaten der Erde. Es ist das Ursprungsland der Industrialisierung und beherrschte einmal das größte Imperium der Geschichte.

Seit 1945 hat sich die Macht des Vereinigten Königreichs erheblich vermindert. Nahezu alle früheren Kolonien sind zu unabhängigen Staaten geworden, die meisten haben aber auch durch die Zugehörigkeit zum Commonwealth of Nations die Verbindung zum ehemaligen Mutterland und untereinander aufrechterhalten. Diese freie Vereinigung von Staaten aller Kontinente hat eine gemeinsame Sprache, das Englische, die führende Wirtschaftssprache der Welt. Auch viele parlamentarische und zahlreiche andere traditionell britische Institutionen sind übernommen worden. So tragen die Mitgliedsstaaten des Commonwealth alle vier Jahre die Commonwealth-Spiele, früher Empire Games, aus.

Das Vereinigte Königreich hat sich seit 1945 auch in anderer Beziehung verändert. Die lähmenden Kosten des Zweiten Weltkriegs, das Ende des Britischen Weltreichs, der Niedergang der traditionellen Industrien und die zunehmende Konkurrenz anderer Industrienationen hat zu komplexen ökonomischen Problemen geführt. Das Vereinigte Königreich ist nicht mehr das reichste Land der Welt. Hinsichtlich des Bruttosozialprodukts steht es an 5. Stelle, hinter den Vereinigten Staaten von Amerika, Japan, der Bundesrepublik Deutschland und Frankreich. Unter Zugrundelegung des Bruttosozialprodukts pro Kopf der Bevölkerung rangiert es weltweit sogar nur an 22. Stelle (Stand 1999). Auch die Handelsbeziehungen haben sich verändert. Obwohl der Handel mit den Commonwealth-Ländern immer noch bedeutend ist, sind inzwischen die Länder der Europäischen Union zum wichtigsten Handelsgebiet geworden. Haupthandelspartner Großbritanniens sind die USA, Deutschland und Frankreich.

Nur wenige Briten verstehen sich als Europäer – der Europäischen Wirtschafts- und Währungsunion blieb Großbritannien (vorerst) fern. Danach gefragt, würden sich die meisten noch nicht einmal als Briten bezeichnen. Statt dessen ziehen sie es vor, sich als Engländer, Nordiren, Schotten oder Waliser zu betrachten. Dies weist darauf hin, daß der Staat mit der amtlichen Bezeichnung »Vereinigtes Königreich von Großbritannien und Nordirland« in Wirklichkeit eine aus vier Ländern bestehende Union ist: England, Schottland und Wales, die zusammen Großbritannien bilden, und Nordirland. Jedes dieser Länder hat seine eigene Sprache, eigene Kultur, Geschichte und auch heute mehr denn je gepflegte Tradition. Bei Gefahr tritt jedoch an die Stelle des lokalen Nationalismus von jeher ein unerschütterliches und bleibendes britisches Nationalbewußtsein und ein ebensolcher Patriotismus.

# GROSSBRITANNIEN: DER STAAT

Das Vereinigte Königreich ist eine konstitutionelle Monarchie. Die Verfassung setzt sich aus Statuten (Gesetzen, die vom Parlament verabschiedet werden), aus dem Gewohnheitsrecht (begründet auf Sitten und Glaubensanschauungen) und den Verfassungskonventionen zusammen. Die oberste Regierungsgewalt, das Parlament, besteht aus dem Monarchen, dem Unterhaus (House of Commons) mit 659 gewählten Abgeordneten und dem Oberhaus (House of Lords) mit 661 Mitgliedern, ab 1999 beschränkt auf 92 Erblords (vorher 758), 543 Lords auf Lebenszeit, einschließlich der Law Lords (Mitglieder des obersten Appelationsgerichts) sowie 26 Bischöfe.

Der britische Monarch ist das Oberhaupt des Commonwealth, einer freien Vereinigung von 54 Staaten, die aus dem britischen Weltreich entstanden ist. In 16 der Commonwealth-Staaten ist er auch Staatsoberhaupt. Das Commonwealth ist eine der Organisationen, in der das Vereinigte Königreich Einfluß auf die internationale Politik ausübt. Daneben sind die Europäische Union und die NATO zu nennen.

An der Spitze der Exekutive steht die Regierung, bestehend aus dem Kabinett, dem der Premierminister und die übrigen Minister angehören. In den für die nationale Verwaltung zuständigen Ministerien arbeiten Beamte, die unabhängig von der jeweiligen Regierungspartei im Amt bleiben. England, Schottland, Wales und Nordirland verfügen über ein eigenes Rechtswesen.

Die Haupteinheiten der Kommunalverwaltung in England außerhalb Groß-Londons sind die 45 Grafschaften (Counties und Metropolitan Counties), Schottland wird seit 1996 in 32 Local Authorities untergliedert, Wales teilt sich in 8 Grafschaften (Counties) auf, Nordirland hat 26 Distrikte, hatte bis 1972 eine eigene Regierung und ab 1998/2000 aufgrund des Nordirland-Abkommens eine Regionalversammlung und eine Regionalregierung, in der katholische und protestantische Parteien paritätisch vertreten sind.

## Die Bevölkerung

Im dicht besiedelten Vereinigten Königreich lebt der überwiegende Teil der Bevölkerung (90 %) in städtischen Gebieten. Das Englische ist zwar die offizielle Sprache, die keltischen Sprachen sind aber noch nicht alle ausgestorben. 20 % der Waliser sprechen auch Kymrisch, und 1,5 % der Schotten beherrschen eine Form des Gälischen. Während sich Waliser und Schotten noch 1979 gegen die regionale Autonomie entschieden haben, durften sie 1999 eigene parlamentarische Vertretungen wählen. In Nordirland steht einer römisch-katholischen Minderheit eine protestantische Mehrheit gegenüber.

Die Briten sind ein Völkergemisch, dessen Vorfahren Kelten, Römer, Angeln, Sachsen, Skandinavier und Normannen waren. Seit den 50er Jahren lassen sich Menschen aus Commonwealth-Staaten, insbesondere aus Südindien und von den Westindischen Inseln, im Königreich nieder. In den 90er Jahren lebten 2,4 Millionen Nicht-Weiße im Vereinigten Königreich, etwa die Hälfte von ihnen ist bereits hier geboren.

Die englische Staatskirche, die Church of England, der der Monarch vorsteht, hat ca. 27 Millionen Mitglieder. Die Church of Scotland verfügt über ca. zwei Millionen Mitglieder. Es gibt außerdem mehr als fünf Millionen Katholiken und etwa 1,5 Millionen Moslems.

**Downing Street Nr. 10** ist der Amtssitz des britischen Premierministers. Das elegante Haus wurde im 18. Jahrhundert erbaut.

## Daten und Fakten

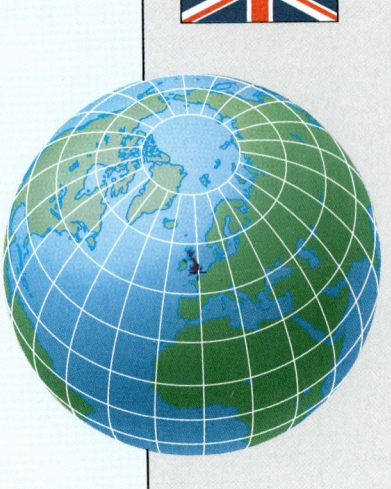

**DAS LAND**
**Offizieller Name:** Vereinigtes Königreich Großbritannien und Nordirland
**Hauptstadt:** London
**Fläche:** 242 900 km²
**Landesnatur:** Von N nach S: Schott. Hochländer, Penninen-Gebirge, im W Bergland von Wales, im S Schichtstufenland mit »Londoner Becken«, im SW Bergland von Cornwall; Nordirland: Berg- u. Hügelland
**Klima:** Feuchtgemäßigtes, ozeanisch geprägtes, vom Golfstrom begünstigtes Klima
**Hauptflüsse:** Themse, Severn, Wye, Ouse, Trent, Bann
**Höchster Punkt:** Ben Nevis 1343 m
**Tiefster Punkt:** The Fens –4,6 m

**DER STAAT**
**Regierungsform:** Parlamentarische Monarchie
**Staatsoberhaupt:** Königin
**Regierungschef:** Premierminister
**Verwaltung:** England: 39 Grafschaften, 7 Metropolitan Counties; Wales: 8 Grafschaften; Nordirland: 26 Distrikte; Schottland: 12 Regionen
**Parlament:** Zweikammerparlament mit ca. 661 Mitgliedern im Ober- u. 659 für 5 Jahre direkt gewählten Abgeordneten im Unterhaus
**Nationalfeiertag:** 2. Samstag im Juni

**DIE MENSCHEN**
**Einwohner (Ew.):** 58 744 000 (1999)
**Bevölkerungsdichte:** 242 Ew./km²
**Stadtbevölkerung:** 90 %
**Analphabetenquote:** 1 %
**Sprache:** Englisch; Reste keltischer Sprachen in Schottland u. Wales
**Religion:** Anglikaner 57 %, Protestanten 15 %, Katholiken 8,5 %, Moslems 2,5 %

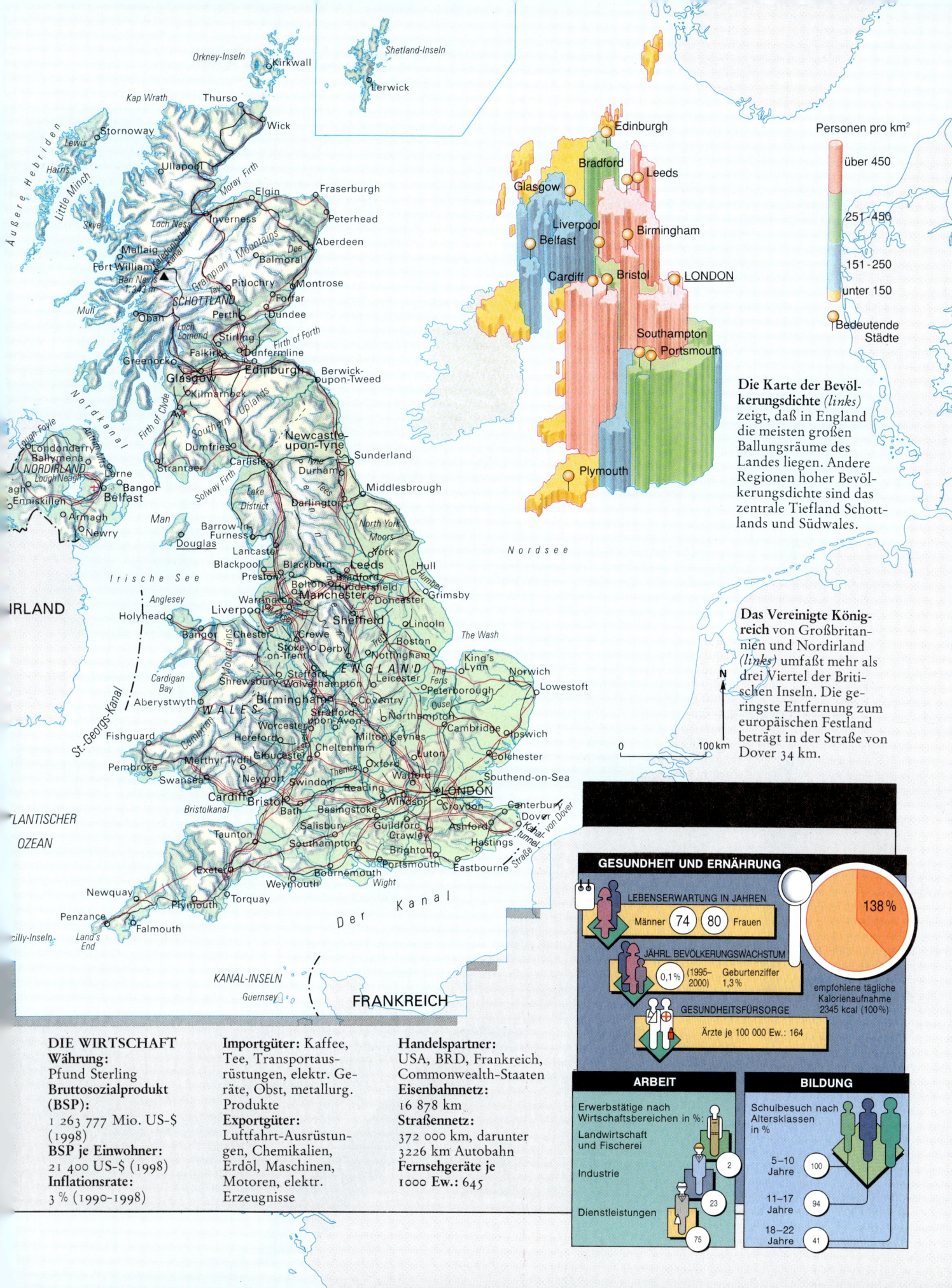

# GROSSBRITANNIEN: GESCHICHTE (43–1660)

Die Briten sind eine Mischung aus verschiedenen Rassen und Kulturen – Kelten, Römern, Angeln, Sachsen, Jüten, Wikingern, Normannen, Juden, Zigeunern u. v. a. –, die über Jahrhunderte zu einem Volk verschmolzen sind. Die frühesten Bewohner haben nur wenige Spuren hinterlassen. Ein faszinierendes vorgeschichtliches – vor etwa 4000 Jahren errichtetes – Zeugnis ist in der Ebene von Salisbury, in Stonehenge, erhalten geblieben.

### Kelten, Römer und Wikinger

Etwa 600 v. Chr. entstand auf den Britischen Inseln eine keltische Kultur. Die Kelten rodeten die Wälder und bauten Dörfer und Forts. 43 landete der römische Kaiser Claudius (10 v. Chr.–54 n. Chr.) in England. Colchester in Essex wurde zur ersten römischen Kolonie Britanniens. Die römische Eroberungswelle wurde im Süden Schottlands aufgehalten. Kaiser Hadrian (76–138) war um 122 gezwungen, einen Wall (118 km lang, 4,50 hoch, 3 m breit) zum Schutz vor den Einfällen der wilden Kaledonier zu errichten.

Im frühen 5. Jahrhundert zogen sich die Römer zurück. Germanische Angeln, Sachsen und Jüten strömten in den Süden des Landes, während keltische Pikten und Skoten den Hadrianswall überwanden. Irische Mönche begannen im 6. Jahrhundert mit der Christianisierung der Angelsachsen.

Das 8. und 9. Jahrhundert brachten neue Schrecken an die britischen Küsten. Die Wikinger kamen von Norwegen und Dänemark über die Nordsee und verwüsteten große Teile des Landes. Alfred dem Großen (849–899), König von Wessex, gelang es schließlich, die Nordmänner zu vertreiben.

### Normannen

1066 fiel der letzte angelsächsische König Englands, Harald II. (um 1022–1066), in der Schlacht bei Hastings. Er unterlag Wilhelm dem Eroberer (um 1027–1087), der von der Normandie kam. Die Normannen eroberten nahezu das gesamte Britannien. Als König Johann (1167–1216) im Jahr 1215 auf Drängen der Barone gezwungen war, die Magna Charta, das wichtigste englische Grundgesetz, zu unterschreiben, wurden in England die bürgerlichen und politischen Rechte aufgewertet. Im 14. Jahrhundert raffte die Pest ein Drittel des Volkes dahin und beschleunigte auch das Ende des Feudalismus in seiner bisherigen Form. Bereits 1258 hatte Simon de Montfort (um 1208–1265) ein aus Landbesitzern, Geistlichen, Rittern und Stadtbürgern bestehendes Parlament ins Leben gerufen, das Einspruch gegen das königliche Hoheitsrecht erhob.

Das 14. und 15. Jahrhundert waren konfliktreiche Jahre. Auf den Hundertjährigen Krieg mit Frankreich folgten die sogenannten Rosen-

Oxford (oben rechts) mit seiner Universität ist seit dem 12. Jahrhundert ein Zentrum wissenschaftlicher Bildung. Bis 1869 war die Universität auch an der Stadtverwaltung beteiligt.

Der Hadrianswall (rechts) war ein römischer Grenzwall, begonnen im Jahre 122 durch Kaiser Hadrian. Er erstreckte sich mit 118 km Länge zwischen der Tynemündung und dem Solway Firth. Errichtet als Schutzwall gegen die schottischen Stämme, bildete er für 250 Jahre die nördliche Grenze des römischen Britannien.

- 43 Beginn der römischen Eroberung
- 5. Jh. Germanische Stämme dringen ins südliche Britannien ein
- 410 Die Römer verlassen Britannien
- 597 Beginn der Christianisierung
- 878 König Alfred besiegt die Dänen
- 1066 Schlacht bei Hastings: Eroberung Englands durch die Normannen
- 12. Jh. Gründung der Universitäten Oxford und Cambridge
- 1215 Magna Charta
- 1282 England erobert Wales
- 1295 Eduard I. beruft Vertreter der Grafschaften und Städte ins Parlament
- 1305 Schottischer Aufstand unter Robert Bruce
- 1338 Beginn des Hundertjährigen Krieges
- 1348 Ausbruch der Pest
- 1381 Bauernaufstand
- 1455 Beginn der Rosenkriege
- 1485 Heinrich VII. wird erster Tudor-König
- 1534 Heinrich VIII. bricht mit der römisch-katholischen Kirche
- 1536 Heinrich VIII. vereinigt England und Wales
- 1553 Versuch der »Rekatholisierung« Englands durch Königin Maria I.
- 1558 Thronbesteigung Elisabeths I.
- 1588 Sieg über die spanische Armada
- 1603 Jakob I. vereinigt England und Schottland
- 1620 Pilgerväter verlassen England
- 1642 Bürgerkrieg: Königstreue gegen Parlamentsheer
- 1646 Niederlage der Royalisten
- 1649 Hinrichtung König Karls I. England wird Republik unter Oliver Cromwell
- 1660 Wiederherstellung der Monarchie durch Karl II.
- 1665 Pestepidemie
- 1666 »Großes Feuer von London«
- 1685 Thronbesteigung Jakobs II.

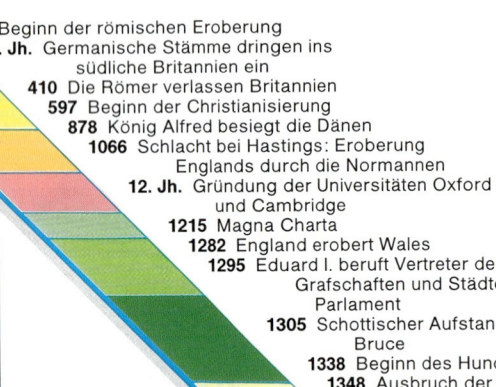

1 Königin Elisabeth I. (1533–1603)

2 William Shakespeare (1564–1616)
3 Oliver Cromwell (1599–1658)

# GROSSBRITANNIEN

kriege, ein erbitterter Bürgerkrieg zwischen den Häusern Lancaster (Rote Rose) und York (Weiße Rose) um die Krone. Der siegreiche Heinrich Tudor (1457–1509) verzichtete als König Heinrich VII. größtenteils auf die Zusammenarbeit mit dem Parlament. Unter den späteren Tudors nahm dessen Einfluß jedoch immer mehr zu.

England erlebte im Mittelalter zahlreiche gesellschaftliche Veränderungen. Von geschickten Handwerkern wurden Zünfte gegründet. Das normannische Französisch wurde durch die englische Sprache ersetzt. Im späten 12. Jahrhundert wurden die Universitäten Oxford und Cambridge gegründet, die zur Belebung des Bildungswesens beitrugen.

**Die Reformation**
Der Streit König Heinrichs VIII. (1491–1547) mit dem Papst um die Rechtmäßigkeit der Scheidung von seiner ersten Frau löste im frühen 16. Jahrhundert die englische Reformation aus. 1560 wurde die schottische Kirche, beeinflußt von Predigten des John Knox (um 1513–1572), presbyterianisch. Die uneinigen keltischen Königreiche von Wales waren schon zur leichten Beute des englischen Königs Eduard I. (1239–1307) geworden. Und als die beiden Länder durch die Unionsgesetze (1536–1543) vereinigt wurden, breitete sich auch dort die Reformation aus. In Irland hatten sich die Stammesoberhäupter bereits im 12. Jahrhundert nach der Invasion durch die Normannen Heinrich II. (1133–1189) unterworfen. Die Iren haben jedoch nie die Herrschaft der protestantischen Minderheit akzeptiert.

Das »goldene Zeitalter« von Königin Elisabeth I. (1533–1603) war eine Periode des Wohlstands und der politischen Expansion. Drake, Raleigh und andere englische Seefahrer durchfuhren die Meere und trieben deren Erforschung voran. Die Finanzierung bewaffneter Handelsschiffe durch die Königin bedeutete das Anfangsstadium der Marine. Unterdessen sank die bedrohliche spanische Armada vor der englischen Küste. Die Kultur erblühte im Geiste der Renaissance. In Stratford-upon-Avon wurde Shakespeare (1564–1616), der bedeutendste Repräsentant dieser kulturellen Blütezeit, geboren.

Nach dem Tode von Elisabeth I. wurde der schottische König Jakob VI. (1566–1625) als Jakob I. auch König von England und Irland. Jedes Königreich behielt jedoch seine eigenen Gesetze und ein eigenes Parlament. 1620 gingen die Pilgerväter an Bord der Mayflower, um England auf der Suche nach einer Möglichkeit zur freien Religionsausübung in Richtung Neue Welt zu verlassen.

Im 17. Jahrhundert wurde die Monarchie für eine kurze Zeit durch die republikanische Staatsform (»Commonwealth of England«) ersetzt. Karl I. (1600–1649) verlor Thron und Leben im Kampf gegen Oliver Cromwell (1599–1658).

# GROSSBRITANNIEN: GESCHICHTE (AB 1660)

Mit der Thronbesteigung Karls II. (1630–1685) wurde im Jahr 1660 die Monarchie wiederhergestellt. Es war eine Zeit angenehmer und häufig ausschweifender Zerstreuung – eine Reaktion auf die früher praktizierte puritanische Strenge.

Der offen zur Schau getragene Katholizismus Jakobs II. (1633–1701) veranlaßte 1688 das Parlament, den niederländischen Prinzen Wilhelm von Oranien (1650–1702) auf den englischen Thron zu berufen. Seit jener Zeit wurde die Nation eher durch das Parlament als durch den König regiert. Durch das Unionsgesetz von 1707 wurden England und Schottland unter dem Banner des Vereinigten Königreichs von Großbritannien miteinander verbunden.

Im Inland traten Whigs und Tories als rivalisierende politische Parteien in Erscheinung. Der Landadel lebte im Luxus, während die städtischen Slums in Armut versanken. Im Ausland beteiligte sich das Vereinigte Königreich am Siebenjährigen Krieg (1756–1763) und siegte im Streit um die Kolonien über Frankreich. Mit der Eingliederung Kanadas und Indiens begann der Aufbau eines Weltreiches.

Im späten 18. und frühen 19. Jahrhundert führte die Industrielle Revolution zu grundlegenden Änderungen. Handarbeit wurde durch mit Dampfkraft betriebene Maschinen ersetzt, und die ehemaligen Heimarbeiter mußten nun in Fabriken schuften; der Siegeszug der Kohle hatte begonnen.

**Der Bau eines Kanaltunnels** *(unten)*, um Großbritannien und Frankreich miteinander zu verbinden, war lange Zeit ein vieldiskutiertes Projekt. 1987 wurde mit den Bauarbeiten an dem 50 km langen Tunnel begonnen, die Eröffnung fand 1994 statt.

**Die erste Weltausstellung** *(rechts)* 1851 war ein Ausdruck des britischen Optimismus und der britischen Macht. Für diese Ausstellung entwarf der Architekt Joseph Paxton den »Kristallpalast«, den ersten rein funktionalistischen Bau aus Glas und Eisen.

**Die massive Bombardierung Londons** *(rechts)* im Jahr 1940 wird von den Briten »The Blitz« genannt. Sie forderte 23 000 Ziviltote, ihr Ziel, die Moral zu erschüttern, wurde jedoch nicht erreicht. Die begeisternden Ansprachen Churchills bestärkten die Nation in ihrem Willen, unter allen Umständen durchzuhalten.

1 Herzog von Wellington (1769–1852)

2 Königin Viktoria (1819–1901)
3 Winston Churchill (1874–1965)

- **1688** »Glorreiche Revolution«: Vertreibung Jakobs II.
- **1689** Bill of Rights
- **1707** Das Unionsgesetz vereinigt die Königreiche England und Schottland
- **1756** Die Briten leiten die Niederlage der Franzosen in Indien und Kanada ein
- **1768** James Cook segelt nach Australien und Neuseeland
- **1769** James Watt erfindet Dampfmaschine
- **1775** Beginn des amerikanischen Unabhängigkeitskrieges
- **1793** Krieg mit dem napoleonischen Frankreich
- **1801** Unionsgesetz vereinigt England und Irland
- **1807** Verbot des Sklavenhandels
- **1815** Niederlage Napoleons bei Waterloo
- **1832** Erste Wahlrechtsreform erhöht die Zahl der Wahlberechtigten
- **1845** Hungersnot in Irland
- **1851** Weltausstellung in London
- **1858** Indien wird britische Kronkolonie
- **1867** Das Parlament gründet das Dominion Kanada. Wahlrecht für wohlhabende Arbeiterschaft
- **1899** Ausbruch des Burenkriegs
- **1911** Parlamentsgesetz beschneidet die Rechte des Oberhauses
- **1914** Ausbruch des Ersten Weltkriegs
- **1924** Erste Labour-Regierung
- **1939** Ausbruch des Zweiten Weltkriegs
- **1947** Indien und Pakistan unabhängig
- **1957** Die ersten britischen Kolonien in Afrika werden unabhängig
- **1973** Beitritt Großbritanniens zur EG
- **1979** Margaret Thatcher wird erster weiblicher Premierminister
- **1982** Krieg um die Falklandinseln
- **1988** Baubeginn des Kanaltunnels
- **1997** Die Labour Party stellt mit Tony Blair wieder den Premierminister

# GROSSBRITANNIEN

1775 begann der amerikanische Unabhängigkeitskrieg. Im Jahr 1783 wurden die Briten endgültig vertrieben, und die früheren Kolonien konstituierten sich als Vereinigte Staaten von Amerika.

Die Briten sahen in der Französischen Revolution eine Gefahr und standen daher zwischen 1793 und 1815 wiederum mit Frankreich im Krieg, das mit Hilfe Rußlands, Österreichs und Preußens besiegt wurde.

### Die jüngere Vergangenheit

Königin Viktorias (1819–1901) lange und friedvolle Regierungszeit wurde in den 1850er Jahren nur kurz durch den Krimkrieg gegen Rußland unterbrochen. Das von dem Parlamentsführer Lord Grey (1764–1845) 1832 durchgesetzte Reformgesetz erhöhte die Zahl der Wahlberechtigten. Irland hatte schwere Zeiten zu überstehen. Die große Hungersnot forderte Tausende von Menschenleben. Viele Iren sahen in der Emigration die einzige Rettung. Die Briten beherrschten ein Weltreich mit Besitzungen auf allen Kontinenten. Aus den Tories entwickelte sich die konservative, aus den Whigs die liberale Partei, und eine Gruppe sozialistischer Intellektueller gründete im Jahr 1893 die Unabhängige Arbeiterpartei (Independent Labour Party).

Im frühen 20. Jahrhundert war das Vereinigte Königreich die reichste Nation der Erde. Es beherrschte etwa ein Viertel der damaligen Weltbevölkerung. Doch nach dem Ersten Weltkrieg begann das Empire von den Rändern her zu zerbröckeln. Nach dem Ende des Zweiten Weltkriegs, lag das Vereinigte Königreich bankrott darnieder.

Nach 1945 verwandelte eine Labour-Regierung das Vereinigte Königreich in einen Wohlfahrtsstaat. Die Regierung verstaatlichte zahlreiche Industriezweige. Doch die herrschende Wohnungsnot blieb lange Zeit ein großes Problem: Die deutschen Luftangriffe des Zweiten Weltkriegs hatten viele städtische Slums in Schutt und Asche gelegt, und die Wiederaufbauprogramme blieben lange weit hinter dem Bedarf zurück.

### Aufbruch nach Europa

1973 trat das Vereinigte Königreich der Europäischen Gemeinschaft bei. Sechs Jahre später wurde Margaret Thatcher zum ersten weiblichen Premierminister in der Geschichte des Landes. Ihre konservative Regierung kürzte die Staatsausgaben und leitete die »Privatisierung« der Industrie ein. Nach ihrem Rücktritt 1990 übernahm John Major das Amt des Premierministers. Unter seiner Führung verlor die Konservative Partei zunehmend an Ansehen. Bei den Unterhauswahlen 1997 gewann die Labour Party 419 von 659 Mandaten. Mit Tony Blair stellte sie erstmals seit 1979 wieder den Regierungschef. Er verfolgt das Ziel einer Modernisierung des Landes.

# GROSSBRITANNIEN: MONARCHIE

Die Monarchie Großbritanniens, ein wichtiges Symbol für die nationale Identität der Briten, ist bis heute eine »Familienangelegenheit« geblieben. Königin Elisabeth II. kann ihre Blutsverwandtschaft zu allen bisherigen 62 Monarchen Englands zurückverfolgen, bis zu Egbert von Wessex, der 829 die kriegerischen Stämme im Süden des heutigen Vereinigten Königreiches zusammenfaßte. Ihre Vorfahren auf schottischer Seite gehören zu einem ebenso alten Geschlecht schottischer Könige.

Die Briten haben zwar die Erbmonarchie nicht erfunden, sie haben sie jedoch entwickelt und länger bewahrt als die meisten anderen Nationen. Es gab lediglich eine 11-jährige Unterbrechung: von 1649 bis 1660 war England eine Republik unter einem Lord-Protektor.

### Die konstitutionelle Monarchie

Seit acht Jahrhunderten ist die Geschichte der britischen Krone durch die stufenweise Beschneidung ihrer tatsächlichen Macht gekennzeichnet: die Unterzeichnung der »Magna Charta« durch König Johann im Jahr 1215 leitete den allmählichen Verzicht auf die absolute Herrschaft ein. Die Ankunft des niederländischen Prinzen Wilhelm von Oranien im Jahr 1688, der im darauffolgenden Jahr den Thron bestieg, gilt als Beginn der modernen »konstitutionellen« Monarchie. Die Annahme der »Bill of Rights«, des englischen Staatsgrundgesetzes, bedeutete die Garantie dafür, daß er kaum eine Entscheidung ohne die formelle Zustimmung des Parlaments treffen konnte.

Die britische Monarchie ist eine eigenartige Staatsform. Im Vereinigten Königreich existiert keine geschriebene Verfassung, in der der Umfang der monarchischen Rechte präzise festgelegt wäre. Königin Elisabeth hat das Recht, um Rat gefragt zu werden, das Recht zu ermuntern und zu warnen. Einmal wöchentlich sucht der Premierminister den Buckingham Palace auf, um ein streng vertrauliches, offenes Gespräch mit der Monarchin zu führen. Alle Premierminister, die ihr im Laufe ihrer Amtszeit (seit 1952) dienten, waren stets von ihrem profunden Wissen über den Zustand ihrer Nation beeindruckt.

Die heutige Funktion der Monarchie besteht vor allem in der Repräsentation des Staates nach innen und außen. So eröffnet die Königin jedes Jahr im November im Anschluß an eine große Parade die neue Parlamentssession. Die Briten akzeptieren, ja sie begrüßen sogar eine solche Zurschaustellung ihrer Macht auf den Straßen, denn sie stellt keine Bedrohung für die demokratischen Institutionen dar. Die erbliche Krone ist nämlich heutzutage lediglich das Symbol, in dessen Namen das Land verwaltet und regiert wird.

Die Mitglieder der Königlichen Familie waren einmal die Vorbilder für die herrschende Mode und übten als Mäzene einen erheblichen Einfluß auf Kunst und Architektur aus. In diesem Jahrhundert hat das Königliche Haus Windsor diese Aktivitäten aufgegeben und dadurch eine Normalität ausgestrahlt, die von der Öffentlichkeit seit langem geschätzt wird und an die sie glaubt. Königin Elisabeths wahre Leidenschaft gilt auch weniger den Kunstschätzen der Königlichen Kollektion, der weltweit kostbarsten Privatsammlung, sondern mehr den Pferderennen.

### Die Kinder der Königin

Prinz Charles stellt innerhalb der engsten Familie aufgrund seines Engagements in moralischen und sozialen Belangen eine Ausnahmeerscheinung dar. Er nutzt sein langes Warten auf den Thron auf konstruktive Art und Weise, indem er sich für eine bessere Lebensqualität einsetzt und sich den Schattenseiten der Nation widmet. Mit seinem Beispiel verdeutlicht Prinz Charles die eindeutige Erkenntnis, daß die Monarchie ihren Stil an die Zeiten, in denen sie existiert, anpassen und zeitgenössische Anliegen berücksichtigen muß. In seinem Privatleben war dem Thronfolger allerdings kein Glück beschieden. Der tragische Unfalltod von Prinzessin Diana, von der Charles 1996 geschieden wurde, erschütterte 1997 die Weltöffentlichkeit.

Die britische Königsfamilie wird durch direkte Staatszuschüsse und durch manche verborgene Subvention der Steuerzahler, die zur Instandhaltung ihrer Paläste oder ihrer Privat-

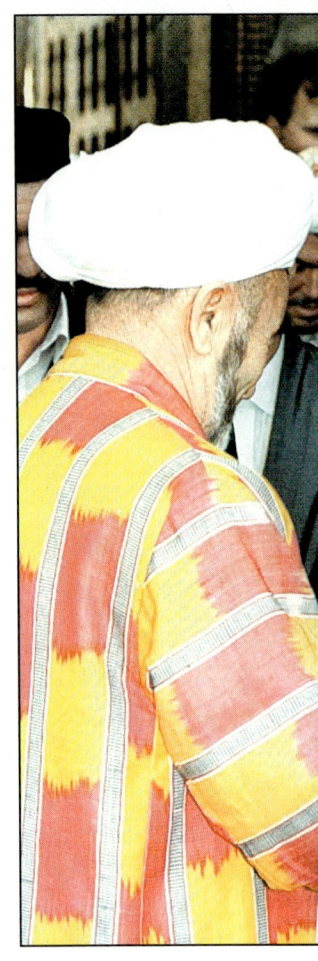

**RESIDENZEN DER KÖNIGSFAMILIE**

1. Althorp
2. Anmer Hall
3. Balmoral Castle
4. Barnwell
5. Birhall
6. Buckingham Palace
7. Castle of Mey
8. Clarence House
9. Gatcombe Park
10. Highgrove
11. Holyroodhouse
12. Kensington Palace
13. Nether Lypatt Manor
14. St. James's Palace
15. Sandringham House
16. Thatched House Lodge
17. The Royal Lodge
18. Windsor Castle

Die königlichen Residenzen *(rechts)* sind zum Teil staatliches Eigentum, das von der königlichen Familie genutzt wird. Dazu gehören Buckingham Palace und Schloß Windsor. Andere Anwesen, wie Schloß Balmoral, sind Privathäuser, die Mitgliedern der königlichen Familie gehören und von diesen auch instand gehalten werden.

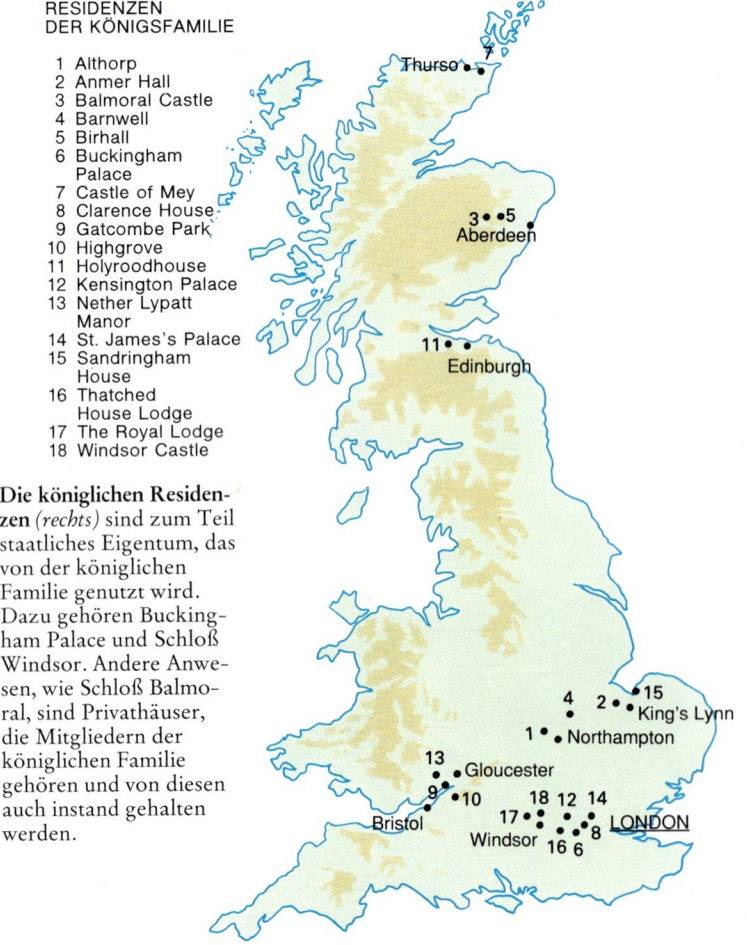

# GROSSBRITANNIEN

**Der britische Thronfolger** Prinz Charles *(links)* wird bei seiner offiziellen Reise in die Staaten Mittelasiens vom religiösen Oberhaupt Usbekistans in Taschkent ein traditioneller islamischer Hochzeitsanzug umgehängt.

**Die britische Königinmutter** »Queen Mum« *(unten)* konnte im August 2000 ihren 100. Geburtstag feiern. Vom Balkon des Buckingham-Palastes aus nimmt sie die Glückwünsche der zahlreichen Gratulanten entgegen.

flugzeuge verwendet wird, unterstützt. Sie ist sich bewußt, daß sie der kritischen Öffentlichkeit gegenüber eine Rechenschaftspflicht hat. Charles' Schwester Prinzessin Anne mag als Princess Royal keine formalen Aufgaben innerhalb der konstitutionellen Monarchie haben, sie erfreut sich aber als unermüdliche Präsidentin der internationalen Wohlfahrtsorganisation »Save the Children Fund« seit Jahren großer Beliebtheit.

Die übrigen Söhne der Königin stehen weniger im Blickpunkt der Öffentlichkeit. Prinz Andrew, Herzog von York, hat einer alten königlichen Tradition folgend, die Offizierslaufbahn in der Royal Navy eingeschlagen. 1982, während des Falklandkrieges mit Argentinien, bestand er darauf, wie jeder andere Offizier behandelt zu werden. Prinz Edward, das jüngste Familienmitglied, brach seine militärische Laufbahn bereits während der Ausbildung ab.

Meinungsumfragen zeigen, daß die Briten die Institution der erblichen konstitutionellen Monarchie mehrheitlich schätzen und weit davon entfernt sind, eine Republik anzustreben. Das durch die Berichterstattung der britischen Boulevardpresse in die Öffentlichkeit gezerrte, in den 90er Jahren durch Ehekrisen und Scheidungen geprägte Privatleben der Royals haben dem Ansehen der Monarchie jedoch geschadet, den Respekt für Königin Elisabeth II. selbst aber nicht geschmälert.

**Königin Elisabeth II.** und ihr Gemahl Prinz Philip *(links)* fahren in der offenen Kutsche zum traditionellen Pferderennen in Ascot. Die Ascot-Rennwoche findet seit 1825 jedes Jahr statt und erfreut sich bei den Briten großer Beliebtheit

**Schloß Balmoral** *(oben)*, in den Grampian Mountains des schottischen Hochlands gelegen, ist jedes Jahr für zwei Monate die Sommerresidenz des britischen Königshauses. Weht die schottische Fahne über dem Castle, ist die Königsfamilie anwesend.

# GROSSBRITANNIEN: EINWANDERUNG

Im Jahr 1900 erstreckte sich das Britische Empire über weite Teile der Welt, von der Karibik bis nach Ostasien. In den späten 50er Jahren des 20. Jahrhunderts hatten nahezu alle diese Gebiete ihre Unabhängigkeit erlangt. Die meisten ehemaligen Besitzungen blieben jedoch als Mitglieder des Commonwealth of Nations partnerschaftlich mit dem »Mutterland« verbunden. Eine Vielzahl von Bürgern dieser Nationen haben in Großbritannien eine neue Heimat gefunden. Zu den Briten zählen heute ebenso turbantragende Sikhs wie indische Frauen in schimmernden Saris, aus der Karibik stammende Menschen mit ihrer typischen Haartracht und Westafrikaner in wallenden Baumwollgewändern. Viele britische Hauptstraßen kennzeichnet heute das Nebeneinander von traditionellen englischen Geschäften, indischen Restaurants, Läden, in denen Ballen glänzender Sari-Stoffe ausgestellt sind, Ständen, an denen tropische Spezialitäten angeboten werden, und Videotheken, die sowohl für englische als auch für indische Filme werben.

### Ein Einwanderungsland

Seit nahezu 2000 Jahren kommen Menschen aus anderen Ländern als Einwanderer auf die Britischen Inseln, angefangen von den Angelsachsen im 5. Jahrhundert bis zu den europäischen Juden, die sich im 20. Jahrhundert aus Angst vor Verfolgung für ein Exil in Großbritannien entschieden haben. Nach dem Zweiten Weltkrieg warb die Regierung wegen des Arbeitskräftemangels Bürger aus den Commonwealth-Staaten der Karibik und des indischen Subkontinents an. Diese kamen wegen der Aussicht auf Arbeit und bessere Lebensbedingungen in großer Zahl. Mitte der 50er Jahre kamen pro Monat etwa 3000 Inder, Westinder, Pakistani (Westpakistan) und Bengalen (Ostpakistan) ins Vereinigte Königreich und erhoben Anspruch auf die britische Staatsbürgerschaft.

Seit 1962 haben alle Regierungen die Zahl der Einwanderer stark eingeschränkt. Heute liegt der Anteil der Nicht-Weißen an der Gesamtbevölkerung etwas unter sechs Prozent, und ungefähr die Hälfte der Farbigen ist bereits in Großbritannien geboren.

### Probleme

Das Vereinigte Königreich ist, wie viele andere Staaten mit gemischter Bevölkerung, von Rassenkonflikten nicht verschont geblieben. In den Innenstädten, mit hoher Konzentration von Immigranten, die mit schlechten Wohnverhältnissen und hohen Arbeitslosenraten konfrontiert sind, stellen diese Spannungen ein besonders schwerwiegendes Problem dar. Im Sommer 1981 explodierte die Stimmung, und es kam zum Ausbruch gewalttätiger Rassenunruhen. Zwei Drittel der 4000 verhafteten Aufrührer waren unter 20 Jahre alt. Weitere Probleme entstehen durch das Aufeinandertreffen der unterschiedlichen Kulturen. Die Situation britischer Jugendlicher asiatischer Herkunft wird dadurch erschwert, daß sie feststellen müssen, daß Verhalten und Wertesysteme ihrer Eltern westlichen Vorstellungen widersprechen.

Trotz all dieser Probleme wird die britische Gesellschaft auch in Zukunft ihre multikulturelle Struktur beibehalten. Das Erscheinungsbild britischer Städte macht den Einfluß fremder Kulturen deutlich. Indische Restaurants gehören heute genauso zur Normalität wie die traditionellen »fish and chips«-Imbisse oder die asiatischen Geschäfte. Neben christlichen Kirchen existieren Tempel, Synagogen und Moscheen. In Städten mit einem großen asiatischen Bevölkerungskontingent erscheinen außer den englischsprachigen auch Lokalzeitungen in Urdu und Gujerati, und die Straßen werden für Diwali, dem hinduistischen »Fest des Lichts«, ebenso bunt geschmückt wie zum einheimischen Weihnachtsfest.

**Britische Staatsbürger** *(oben)* unterschiedlichster Herkunft begutachten die an einem Verkaufsstand in East London ausgestellten Waren. So sind zum Beispiel Moslems aus Bangladesch und eine Frau aus der Karibik zu erkennen.

**Ein Schulhof** *(unten)* in der Hauptstadt London spiegelt die multikulturelle Struktur der meisten großen Städte des heutigen Großbritannien wider. Viele Pädagogen würden die Koexistenz unterschiedlicher Kulturen der Assimilation vorziehen.

**Hinduistische Kinder** *(rechts)* entzünden an Diwali, dem »Fest des Lichts«, Kerzen zu Ehren von Lakschmi, der Göttin der Schönheit und des Glücks. Das beliebte hinduistische Fest wird im September/Oktober fünf Tage lang gefeiert.

# GROSSBRITANNIEN

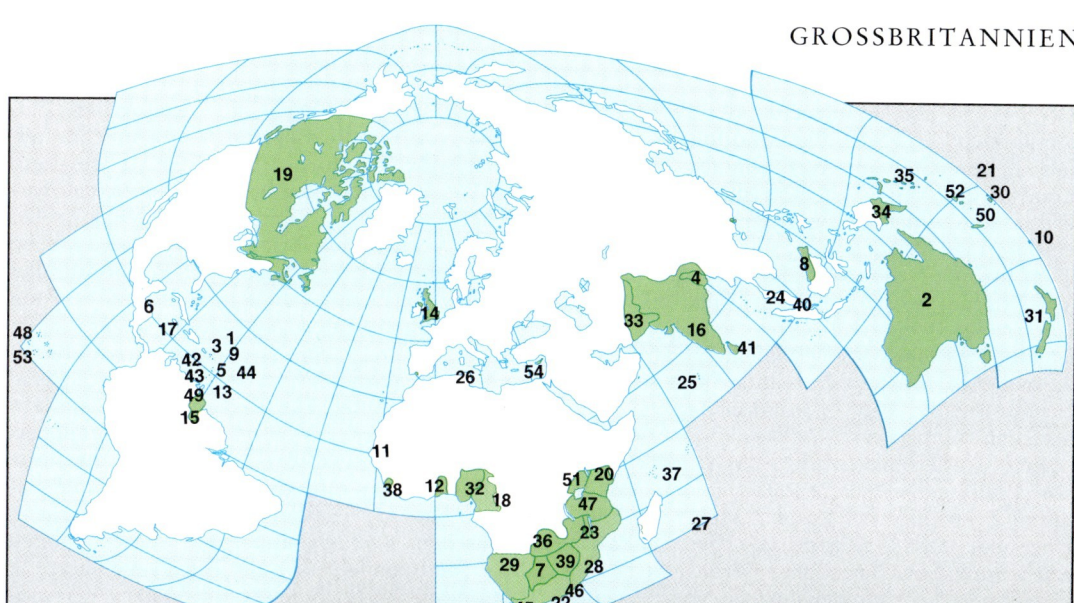

**Commonwealth of Nations** *(oben)* ist der Zusammenschluß von Staaten, die einst zum Britischen Empire gehörten. Seit dem Ende des Zweiten Weltkrieges stammen die meisten Einwanderer in Großbritannien aus den Commonwealth-Staaten.

**Das chinesische Neujahrsfest** *(unten)*, das jeden Februar mit Begeisterung gefeiert wird, ist durch kunstvolle Kostüme, Feuerwerkskörper und Umzüge gekennzeichnet. Die meisten Briten chinesischer Herkunft sind über Hongkong eingereist.

Unabhängige Mitgliedstaaten des Commonwealth of Nations

| | | | |
|---|---|---|---|
| 1 | Antigua und Barbuda | 29 | Namibia |
| 2 | Australien | 30 | Nauru |
| 3 | Bahamas | 31 | Neuseeland |
| 4 | Bangladesch | 32 | Nigeria |
| 5 | Barbados | 33 | Pakistan |
| 6 | Belize | 34 | Papua-Neuguinea |
| 7 | Botsuana | 35 | Salomonen |
| 8 | Brunei | 36 | Sambia |
| 9 | Dominica | 37 | Seychellen |
| 10 | Fidschi | 38 | Sierra Leone |
| 11 | Gambia | 39 | Simbabwe |
| 12 | Ghana | 40 | Singapur |
| 13 | Grenada | 41 | Sri Lanka |
| 14 | Großbritannien | 42 | St. Kitts und Nevis |
| 15 | Guyana | 43 | St. Lucia |
| 16 | Indien | 44 | St. Vincent und die Grenadinen |
| 17 | Jamaika | | |
| 18 | Kamerun (seit 1995) | 45 | Südafrika |
| 19 | Kanada | 46 | Swasiland |
| 20 | Kenia | 47 | Tansania |
| 21 | Kiribati | 48 | Tonga |
| 22 | Lesotho | 49 | Trinidad und Tobago |
| 23 | Malawi | | |
| 24 | Malaysia | 50 | Tuvalu |
| 25 | Malediven | 51 | Uganda |
| 26 | Malta | 52 | Vanuatu |
| 27 | Mauritius | 53 | Westsamoa |
| 28 | Mosambik (seit 1995) | 54 | Zypern |

Die Assimilation der ethnischen Minderheiten im Schmelztiegel Großbritannien ist allerdings bei weitem noch nicht abgeschlossen. Viele der Immigranten sind besorgt, als britische Staatsbürger ihre ethnische Identität zu verlieren. Zahlreiche Gruppen sind, nicht selten mit Erfolg, für die Erhaltung religiöser und sozialer Sitten und Bräuche eingetreten, die sich von britischen Gepflogenheiten unterscheiden. Trotz der im Laufe der Jahrhunderte bewiesenen Fähigkeit Großbritanniens, eine Vielzahl von Volksgruppen, die als Eroberer, Flüchtlinge oder hoffnungsvolle Einwanderer ins Land kamen, aufzunehmen, ist ihre Diskriminierung weiterhin ein besorgniserregendes Phänomen. Es besteht jedoch durchaus die Möglichkeit, daß die vielen Fasern des modernen multikulturellen Großbritannien, wie in vorangegangenen Zeitaltern, zu einem harmonischen Ganzen verwoben werden können.

# GROSSBRITANNIEN: LONDON

London ist die Hauptstadt des Vereinigten Königreichs. Die Siedlung Londinium wurde im Jahr 43 von den Römern gegründet. Die City of London, die heute den Bereich der ursprünglichen römischen Siedlung einnimmt, hat nur eine geringe Ausdehnung, ist jedoch als Zentrum im internationalen Handel, Banken- und Versicherungswesen für die britische Wirtschaft von großer Bedeutung. Groß-London (Greater London) mit etwa 7,1 Millionen Einwohnern – einschließlich etwa einer Million Immigranten – besteht aus der City of London und 32 Stadtbezirken (boroughs).

Eine große Feuersbrunst, das »Große Feuer von London«, zerstörte 1666 nahezu das gesamte Zentrum. Aber aus der Asche erhob sich eine neue Stadt, gekrönt von der St.-Paul's-Kathedrale Sir Christopher Wrens. St. Paul's überstand die Bombenabwürfe des Zweiten Weltkrieges unbeschadet und beherrschte bis zur Errichtung der ersten riesigen Bürogebäude in den 60er Jahren die Londoner Skyline.

### Sehenswürdigkeiten und Verkehr

Die Londoner Innenstadt ist der Mittelpunkt des Tourismus. Im Tower of London, einst ein königliches Gefängnis, werden die Kronjuwelen verwahrt. In Westminster stehen die Parlamentsgebäude, die Westminster Abbey, die römisch-katholische Kathedrale von Westminster und der Buckingham Palace. Die wichtigsten Geschäftszentren, Parks und kulturellen Einrichtungen Londons befinden sich in unmittelbarer Nähe. London verfügt über 40 bedeutende Theater, fünf Symphonieorchester, das Königliche Opernhaus und eine Vielzahl großer Kunstgalerien und Museen. Die South Bank am Ufer der Themse ist ein riesiger kultureller Komplex mit Konzerthallen, Kunstgalerien und dem Nationaltheater.

London besitzt ein umfangreiches U-Bahn- und Eisenbahnnetz. Greenwich und Hampstead sind zwei Beispiele für die zahlreichen Siedlungen, die mit der Erweiterung des Schienennetzes von London absorbiert wurden, aber zum Teil bis heute ihren »dörflichen« Charakter behalten haben. Viele der in London arbeitenden Menschen wohnen außerhalb dieser großen Stadt und pendeln Tag für Tag in die City.

London ist reich an traditionellen Zeremonien, wie der Festzug des Lord Mayor oder die Eröffnung des Parlaments, die alljährlich im November stattfindet. Gleichzeitig ist es eine blühende Stadt mit einer von Dienstleistungssektor und produzierendem Gewerbe geprägten Wirtschaft. Dennoch ist das Zentrum Londons kein wichtiger Hafen mehr – der gehört auch der Vergangenheit an; sein Hafen befindet sich nun stromabwärts in Tilbury. In den ehemaligen Docklands entstand ein neues Stadtviertel mit Gewerbe-, Wohngebieten und einem Flughafen, dem London City Airport.

**Die »City of London«** *(rechts)*, das Hauptgeschäftszentrum der Hauptstadt, befindet sich an der Stelle der alten römischen Siedlung Londinium. Im Zuge des Wiederaufbaus nach dem Zweiten Weltkrieg entstanden hier moderne Bürohochhäuser.

**Trafalgar Square** *(links)* mit der Nelsonsäule erinnert an Lord Nelsons Seesieg über die spanisch-französische Flotte bei Trafalgar im Jahre 1805. Am Rande des Platzes liegen die Nationalgalerie und die Kirche St. Martin in the Fields, die im Jahre 1726 erbaut wurde.

**Der Straßenmarkt in der Portobello Road** *(rechts)* erstreckt sich über eine Länge von 1,5 km. Er zieht an Wochenenden zahlreiche Käufer an. Am bekanntesten ist er für seine Silberwaren, bietet jedoch für jeden Sammler etwas.

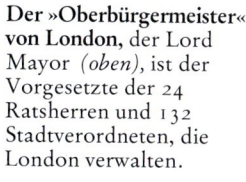

**Der »Oberbürgermeister« von London**, der Lord Mayor (oben), ist der Vorgesetzte der 24 Ratsherren und 132 Stadtverordneten, die London verwalten.

**Die »Horse Guards Parade«** (oben) bildet den Rahmen für eine der spektakulärsten Zeremonien Londons, für das »Trooping the Colour« – eine große Fahnenparade, die zu Ehren von Königin Elisabeth II. an ihrem Geburtstag stattfindet.

**Karte von Groß-London** (unten) und dem Zentrum (ganz unten). Die Stadt breitet sich inmitten des Londoner Beckens beiderseits der Themse weit ins Umland aus. Die kommunale Verwaltungsgliederung unterscheidet die »City of London« und 32 Stadtbezirke (boroughs). Zahlreiche historische Gebäude im Zentrum Londons, prächtige Zeremonien und eine Fülle von kulturellen Aktivitäten machen die britische Hauptstadt zur größten Touristenattraktion des Landes.

**Public houses** (oben), Wirtshäuser, in denen Getränke und gewöhnlich auch Speisen verkauft werden, sind ein beliebter Treffpunkt der Londoner Bevölkerung.

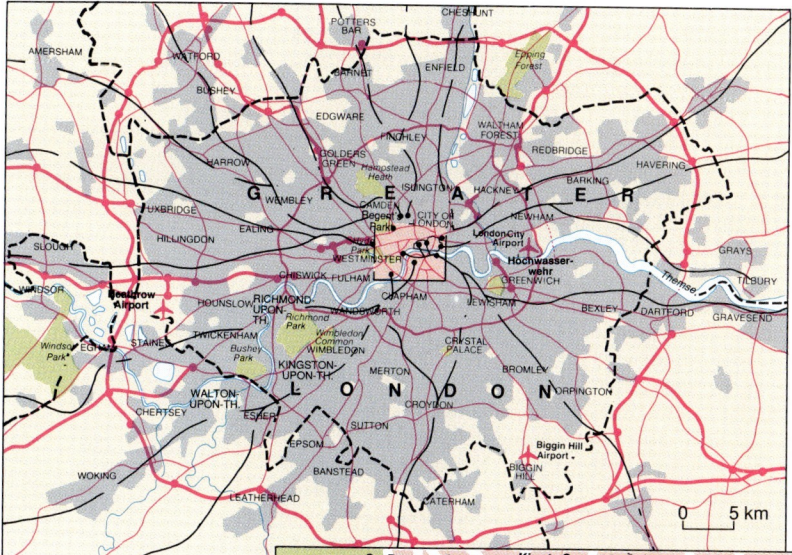

1 Buckingham Palace
2 Westminster Abbey
3 Houses of Parliament
4 Big Ben
5 Trafalgar Square
6 Leicester Square
7 British Museum
8 Covent Garden
9 Royal Festival Hall
10 Nationaltheater
11 St. Paul's Cathedral
12 Tower of London

# GROSSBRITANNIEN: LANDSITZE

Britische Landsitze bilden den Hintergrund zahlreicher romantischer Romane und Filme und nicht weniger Kriminalstücke. In wunderschöner Umgebung gelegen, inmitten einer grünen, flachwelligen Landschaft, sind heute zahlreiche dieser prächtigen Gebäude für die Öffentlichkeit zugänglich. Ihre beeindruckende Architektur, ihre kostbaren Kunstschätze, die geschmackvoll gestalteten Gartenanlagen und ihre nostalgische Atmosphäre ziehen jedes Jahr viele Touristen an.

Als Wohnsitze der wenigen Privilegierten waren diese luxuriösen Herrenhäuser für viele Jahrhunderte Statussymbole und Leitbilder für das kulturelle Leben der Nation. Ihre Entstehung geht auf die großen Besitzungen zurück, in die das Land im Mittelalter aufgeteilt wurde. Der mittelalterliche Landsitz war aber eher eine Burg, bot wenig Komfort und kaum eine Möglichkeit, sich zurückzuziehen. Im Verlauf des Mittelalters stieg das Interesse an der Privatsphäre. Dies hatte die strengere Trennung zwischen Herrschaft und Dienern sowie die Unterteilung in mehrere Einzelräume zur Folge. Ein hervorragendes Beispiel für ein spätmittelalterliches Haus ist Haddon Hall mit seiner angenehmen vertrauten und zwanglosen Atmosphäre.

### Architektonische Paradestücke

Im Elisabethanischen Zeitalter gegen Ende des 16. Jahrhunderts waren die Eigentümer der Landsitze mehr an Außenwirkung als an Komfort interessiert. Herrensitze wie Longleat House und Hardwick Hall verfügen über einen eindrucksvollen, streng symmetrischen Grundriß mit langen, ununterbrochenen Reihen von Räumen und architektonischen Dekorationen, die die kontinentale Mode imitierten. Ein Merkmal dieser Häuser war die »Lange Galerie«.

Wilton House ist eines der schönsten herrschaftlichen Wohnhäuser des frühen 17. Jahrhunderts. Es ist von den Arbeiten Andrea Palladios beeinflußt, eines Baumeisters der italienischen Renaissance. Ein Jahrhundert später waren die Dienste des Architekten Sir John Vanbrugh, eines ehemaligen Bühnenschriftstellers, wegen dessen massiver und dramatischer Bauweise und seiner mitreißenden Säulenhallen sehr gefragt. Castle Howard in Yorkshire, der Ausgangspunkt seines Ruhmes, ist eines der bedeutendsten Landschlösser Großbritanniens. Ein weiteres eindrucksvolles Anwesen ist Vanbrughs Blenheim Palace, ein Geschenk der Nation an den Herzog von Marlborough nach dessen Sieg über Ludwig XIV. im Spanischen Erbfolgekrieg. Die Vorliebe für streng konzipierte Häuser währte im Vereinigten Königreich bis zum Ende des 18. Jahrhunderts.

Auch in der Neuzeit bildeten Jagd, Schießsport und Fischen den traditionellen Zeitvertreib auf den Landsitzen. Seit dem 17. Jahrhundert galten auch das Lesen von Büchern und das Sammeln von Kunstwerken als eines Gentlemans würdige Beschäftigungen. Die Besitzer der Landhäuser ließen nun große Bibliotheken bauen und mit prachvollen Büchern ausstatten. Sie durchstreiften Europa auf der Suche nach Gemälden, Skulpturen und Antiquitäten, die die Reihen der Ahnenportraits ergänzen sollten. So wurden die britischen Landsitze damals zu regelrechten Schatzkammern.

Ebenso erlangten im 17. und 18. Jahrhundert die Gärten, von denen viele eine Nachempfindung der von ihren Besitzern geschätzten Landschaftsmalereien sind, eine besondere Bedeutung. Einer der schönsten ist der Garten von Stourhead mit seinen kunstvoll angelegten Seen, Grotten und dekorativen Bauten, die als »follies«, zu deutsch Torheiten, bezeichnet werden. Manche Eigentümer gingen sogar so weit, ganze Dörfer niederreißen zu lassen, um aus ihren Fenstern einen von störenden Elementen freien Ausblick zu erhalten.

Im späten 18. Jahrhundert führte die Liebe zur Natur zur Abkehr von den streng konzipierten Häusern. Bei der Planung der Gebäude rückte der Einklang mit der Landschaft in den Vordergrund. Mit der neuen Vorliebe für gläserne Anbauten oder Wintergärten war auch der Einzug der Natur ins Innere der Häuser verbunden. Religiös gesinnte viktorianische Grundbesitzer ließen ihre Landsitze häufig im gotischen Stil errichten, um Ähnlichkeit zu Kirchenbauten zu erreichen. Gegen Ende des 19. Jahrhunderts war man mehr auf Entspannung

**Eine Auswahl von Landsitzen** *(rechts)* vermittelt einen Eindruck von der früheren Macht des britischen Landadels. Heute sind sie für die viele Millionen Pfund umsetzende Tourismusindustrie wichtig.

# GROSSBRITANNIEN

bedacht. Ein Merkmal zahlreicher Häuser war der Billard- oder Raucherraum, dessen Nutzung allein den Männern vorbehalten war und in dem man Zigarren, Brandy und zotige Späße genießen konnte.

In der Zeit zwischen 1890 und 1914 konnte sich der Lebensstil der britischen Aristokratie ein letztes Mal in vollen Zügen entfalten, bevor dieses immer unzeitgemäßer werdende Relikt durch den Zweiten Weltkrieg endgültig zerstört wurde. In Wirklichkeit hatte der Landsitz bereits lange zuvor seine zentrale Bedeutung eingebüßt. In unserem Jahrhundert ist kein einziges Haus von architektonischer Bedeutung gebaut worden. Die wenigen aristokratischen Besitzer sind viel zu sehr damit beschäftigt, ihre alten Wohnsitze zu erhalten.

Die große Mehrheit der Landhausbesitzer hat deshalb ihre Häuser der Öffentlichkeit zugänglich gemacht. Viele Aristokraten haben dabei einen gesunden Geschäftssinn entwickelt: sie gründen »Safari Parks«, organisieren Musikfestivals, verkaufen Marmelade und lassen wohlhabende Touristen für das Privileg bezahlen, mit ihnen zu dinieren. Heute können weit mehr Menschen die Schönheit der Landsitze genießen als jemals zuvor, aber nie haben diese eine so unbedeutende Rolle im Leben der Nation gespielt: heute überleben sie allein dadurch, daß sie einen Blick in die glorreiche Vergangenheit ermöglichen.

**Castle Howard** *(oben links)* wurde von dem ehemaligen Dramatiker John Vanbrugh gebaut. Der »Double Cube Room«, der »Doppelwürfelsaal«, *(links)* von **Wilton House** wurde entworfen, um die Kunstsammlung des Besitzers aufzunehmen.

**Landschaftsgärten** *(oben)* bilden die elegante Umgebung zahlreicher Landhäuser. Generationen hingebungsvoller Gärtner, wie James Robertson von Levens Hall in Nordengland haben sich mit Engagement um die Erhaltung dieses Erbes bemüht.

# GROSSBRITANNIEN: FESTIVALS

Die Feste eines Landes offenbaren viel von der Bevölkerung. Denn dies sind die Anlässe, zu denen sich eine Gemeinde, eine Schicht oder manchmal auch eine ganze Nation zusammenfindet, um gemeinsam zu feiern. Die britische Bevölkerung begeht eine ganze Reihe von Festtagen. Sie reichen von althergebrachten lokalen Feierlichkeiten wie der »Padstow Hobby-Horse Parade«, den »Derbyshire Well Dressings« oder dem »Up-Helly-A« der Bewohner der Shetlandinseln bis zu nationalen Veranstaltungen wie dem »Derby Day« in Epsom und der »Guy Fawkes Night«.

### Nationale Vergnügungen?

Eine Auswahl von britischen Festivals (siehe Kasten) verdeutlicht, daß es kaum Festtage mit nationalistischem oder nur patriotischem Charakter gibt. Dies gilt besonders für die Engländer, während die Waliser bei ihrem »Eisteddfod« und die Schotten bei den Hochlandspielen die Besonderheiten ihrer Kultur betonen. In England fehlt ein vergleichbares Beispiel eines solchen gemeinsam begangenen historischen oder kulturellen Festtages. Die Feuerwerke und Scheiterhaufen, die an den am 5. November 1604 gescheiterten Versuch von Guy Fawkes, die Parlamentsgebäude in die Luft zu sprengen, erinnern, ziehen zwar Millionen von Zuschauern an, es kommt aber nur selten zum Ausbruch nationalistischer Gefühle. Und das »Trooping the Colour« zu Ehren des Geburtstags der Monarchin wird außerhalb Londons kaum beachtet.

### Die »Saison«

Ein Blick auf die beliebtesten britischen Festivals verdeutlicht sofort gewisse Schwerpunkte. Zunächst ist eine ausgeprägte Einbeziehung von Sport und Tieren zu beobachten – oft miteinander kombiniert wie bei den großen Pferderennen und Pferdeschauen. Dann wird bei Veranstaltungen, wie der Rennwoche von Ascot, die althergebrachte Klassenstruktur der britischen Gesellschaft erkennbar, auch wenn die meisten Feste Menschen aller sozialen Schichten ansprechen. Bei den Festlichkeiten zum »Ladies' Day« wird dies durch die teilnehmenden exquisit gekleideten Damen der besseren Gesellschaft und die zylindertragenden Gentlemen besonders deutlich. Festlichkeiten der Arbeiterschicht, wie das Fest der Durhamer Bergleute, die »Durham Miners Gala«, sind seltener. Die prunkvollsten Veranstaltungen finden im Rahmen der sogenannten Saison statt, einer Reihe von Festlichkeiten, die durch öffentlich zur Schau gestellten Reichtum, einen aufwendigen Lebensstil, elegante Kostüme und königliches Patronat gekennzeichnet sind.

Der »Notting Hill Carnival« ist eine Ausnahme dieser Regel. Als nach dem Zweiten Weltkrieg zahlreiche Bewohner aus verschiedenen Ländern der ehemals zum Britischen Empire gehörenden Westindischen Inseln ins Vereinigte Königreich einwanderten, drohten kulturelle Widersprüche die rassische Harmonie zu sprengen. Den Verantwortlichen der Gemeinden gelang es jedoch, die Situation zu entschärfen, indem sie es den Emigranten ermöglichten, ihre musikalischen Traditionen weiterhin zu pflegen. Heute ist der Notting Hill Carnival vielleicht das größte afro-karibische Festival der Welt und eines der größten Volksfeste Europas, das am letzten Sonntag und Montag im August rund um Portobello Road und Ladbroke Grove stattfindet, mit Umzügen, Märkten, Steelbands und heißen Samba-Rhythmen

Zahl und Vielfalt der Feste sind in diesem Land außergewöhnlich. Sie reichen von alten und lokal begrenzten Volksfesten bis hin zu Veranstaltungen jüngeren Ursprungs, wie dem Opernfestival in Glyndebourne. Eines haben sie jedoch alle gemeinsam: den Vorsatz der Teilnehmer, sich gut zu amüsieren.

## Britische Festivals

Eine Auswahl britischer Festivals aus den Bereichen Sport, Gesellschaft, Musik und Folklore

**Ascot:** Royal-Ascot-Rennen *(Juni)*
**Badminton:** Horse Trials *(April)*
**Balmoral:** Hochlandspiele *(September)*
**Brighton:** Arts Festivals *(Mai)*
**Cambridge:** King's-College-Weihnachtssingen *(Dezember)*
**Epsom:** Das Derby *(Juni)*
**Edinburgh:** Edinburgh-Festival *(August)*
**Farnborough:** Farnborough-Luftfahrtschau *(September)*
**Glastonbury:** Glastonbury-Volksfest *(August)*
**Glyndebourne** (Sussex): Eröffnung des Opernfestivals *(Mai)*
**Henley** (Berkshire): Ruderregatta *(Juli)*
**Padstow** (Cornwall): Padstow Hobby-Horse Festival *(Mai)*
**Shetlandinseln:** Up-Helly-A-Festival *(Januar)*
**London:** Chelsea-Blumenschau *(Mai)*
Amtseinführung des Lord Mayor *(November)*
Notting Hill Carnival *(August)*
Parlamentseröffnung *(Oktober)*
Trooping the Colour *(Juni)*
**Stratford:** Shakespeare-Festspiele *(Eröffnung März)*
**Liverpool:** Grand-National-Hindernisrennen *(April)*
**York:** Mysterienspiele *(Juni)*
**Wales:** Royal National Eisteddfod *(Musikfest; August)*

# GROSSBRITANNIEN

**Henley** *(links)* war 1839 Austragungsort der weltweit ersten Ruderregatta. Die Rennen sind ein wichtiges gesellschaftliches Ereignis der »Saison«. An den Gesellschaften nehmen elegant gekleidete Damen und Herren mit steifen Strohhüten teil.

**Das »Up-Helly-A-Festival« der Shetlandinseln** *(rechts)* stammt aus der Zeit der Wikinger. Die Inselbewohner feiern im Januar mit rituellen Feuern, einem Festmahl und dem Verbrennen eines Wikinger-Langschiffes die »Rückkehr der Sonne«.

**Der »Notting Hill Carnival«** *(links)* ist ein Höhepunkt des Londoner Sommers. Jedes Jahr im August drängen sich Hunderttausende von Besuchern in den engen Straßen *(links unten)*, um afro-karibische Rhythmen, Tanz und Musik zu erleben.

**Die berühmte Rennwoche von Ascot** *(links oben)* verbindet auf einzigartige Weise erstklassigen Pferderennsport und Haute Couture. Insbesondere am »Ladies' Day« messen sich die exotischen Hüte und Kleider der Damen mit den Vollblütern.

**Ein »morris dancer«** *(oben)*. »Morris dancing« (das Wort könnte von »Moorish«, zu deutsch maurisch, abgeleitet sein) ist ein kostümierter Volkstanz, der in großen Teilen des Vereinigten Königreichs am Pfingstfest aufgeführt wird.

# GROSSBRITANNIEN: SPORT

Die alten Griechen, die die athletischen Wettkämpfe vor fast 3000 Jahren erfanden, sahen im Sport in erster Linie eine Möglichkeit, Prestige zu erringen. Die heutigen Olympischen Spiele spiegeln in gewisser Weise diese Gesinnung wider. Dagegen stand im Vereinigten Königreich, der Wiege so vieler weltweit beliebter Sportarten, traditionell das Spiel selbst im Vordergrund und war wichtiger als der Sieg oder die Niederlage.

**Fußball und Rugby**
Von allen Spielen, die die Welt den Briten verdankt, ist das Fußballspiel das mit Abstand populärste. Die Beliebtheit dieses Spiels hat vielleicht mit seinem Ursprung in vergleichsweise bescheidenen Verhältnissen zu tun. Arbeiter füllten damit ihre Pausen in der Fabrikroutine. Nahezu alle übrigen von den Briten ins Leben gerufenen Spiele sind mit der Aristokratie oder den höheren Klassen verbunden. Der Geburtsort des Fußballspiels waren dagegen vor mehr als 150 Jahren die Abfallhalden in der Umgebung von Fabriken und Hüttenwerken des industriellen Nordens von England.

Bis zur Mitte unseres Jahrhunderts kamen die meisten großen Mannschaften aus dieser Region, und die Vereine aus Liverpool und Manchester setzen diese stolze Tradition bis zum heutigen Tag fort. Die Hauptstadt des Landes erlebte immer eine Invasion aus dem Norden, wenn die Mannschaften in Wembley, dem Mekka des Fußballs, ihre Kräfte maßen. Aber ebenso wie die britische Überlegenheit in dieser Sportart bereits vor langer Zeit von anderen Nationen erschüttert wurde, mußten auch die stolzen Mannschaften aus dem Norden die Gleichwertigkeit ihrer Gegner aus anderen Teilen ihres Landes anerkennen.

Die Ursprünge des Rugby, eines dem Fußball ähnlichen Spiels, lassen sich genauer bestimmen. Eine Gedenktafel in einer der privilegiertesten Schulen Englands, Rugby, bezeichnet die Stelle, an der 1823 ein Schüler, William Webb Ellis mit Namen, »unter leichter Mißachtung der damals geltenden Regeln erstmals den Ball in seine Hände nahm und damit lief«. Aus dieser rebellischen Tat entwickelte sich nicht nur das ursprüngliche Spiel der Rugby Union, sondern auch das professionelle Gegenstück der Rugby League sowie auch beliebte ausländische Varianten wie der amerikanische und der australische Fußball.

Wie beim Fußballspiel ist die britische Dominanz auch beim Rugby von Mannschaften aus vielen anderen Ländern, insbesondere aus Frankreich, Australien und Neuseeland, erfolgreich in Frage gestellt worden. Aber nirgendwo sonst in der Welt setzt dieses Spiel solche Leidenschaften frei wie in Wales, das traditionell eine Vielzahl von Weltklassespielern hervorbringt. Im Arms Park in Cardiff fordert Wales selbst das englische Twickenham mit seinem Anspruch heraus, das Kernland des Spiels zu

**Der westindische Krikketspieler Gus Logie** *(oben)* schlägt in einem Testspiel zwischen England und den Westindischen Inseln den Ball zur Grenzlinie. England »exportierte« sein Nationalspiel in die Karibik, nach Australien und Vorderindien.

**Bei einem Rugby-Länderspiel** im Jahr 1987 zwischen Wales und Schottland war der Arms Park *(rechts)* in Cardiff ausverkauft. Dieses 1823 in England erfundene Spiel ist auch in Argentinien, Frankreich und Neuseeland sehr beliebt.

# GROSSBRITANNIEN

**Tor!** Wembley *(links)*, das berühmteste Fußballstadion der Welt, ist der Schauplatz einer Spielszene aus dem Pokalfinale zwischen Liverpool und Arsenal London im Jahr 1987. Fußball in seiner heutigen Form war bis 1863 unbekannt.

**Der »Royal and Ancient Golf Club«** *(unten)* von St. Andrews an der Ostküste Schottlands ist das Mekka Tausender von Golf-Enthusiasten. Der Club wurde zwar 1754 gegründet, Golf wurde in Schottland aber bereits lange vor dieser Zeit gespielt.

sein. Und eine Heimniederlage kann einen nationalen Trauertag auslösen.

## Tennis und Golf

Tennis ist eine weitere international sehr erfolgreiche Sportart, die auf einen aristokratischen Ursprung verweisen kann. Die gegenwärtige Version stammt vom sogenannten Real (Royal) Tennis, dem königlichen Tennis, einem Spiel, das zur Zeit Heinrichs VIII. sehr beliebt war. Gegen Ende des 19. Jahrhunderts wurde das Spiel vereinfacht und als »Rasentennis« ins Freie verlegt. Sein Erfolg ist untrennbar mit dem ersten Spielort, Wimbledon, verbunden. Wimbledon ist die Krönung der zahlreichen heute rund um den Erdball ausgetragenen Profiturniere geblieben.

Das Ursprungsland des Golfspiels ist zweifellos Schottland, wo man bereits Mitte des 15. Jahrhunderts dieser Sportart den Titel »the Royal and Ancient Game of Golf« verlieh. St. Andrews war bereits 1834 der berühmteste Spielort, als Wilhelm IV. Schutzherr des dortigen Golfclubs wurde. Bei Revisionen und Änderungen der Spielregeln wird dieser Golfclub immer noch hinzugezogen. Später breitete sich das Spiel in Großbritannien und dann auch in Amerika aus, wo eine Reihe von erstklassigen Golfern heranwuchsen. Besonders beliebt bei Geschäftsleuten, erfreut sich Golf in Japan eines enormen Zuspruchs.

**Die Gewinnerin des Dameneinzelfinales von Wimbledon** 1988, Steffi Graf *(oben),* nimmt nach ihrem Triumph die Glückwünsche der Herzogin von Kent entgegen. Allgemein als das bedeutendste Tennisturnier der Welt erachtet, ist Wimbledon auch ein großes gesellschaftliches Ereignis. Das königliche Interesse begann mit Georg V., der im Jahr 1907 Präsident des Clubs wurde. Sein Sohn, König Georg VI., war selbst ein guter Tennisspieler und stiftete den Silberpokal für das Herreneinzel.

# GROSSBRITANNIEN: WIRTSCHAFT

Im späten 18. Jahrhundert wurde in Großbritannien das Zeitalter der Industriellen Revolution eingeleitet. Technologische Neuerungen führten zum Entstehen von Fabriken, zum Niedergang der alten Handwerksbetriebe und zum Wechsel von der landwirtschaftlichen zur industriellen Wirtschaftsweise. Gleichzeitig entstand durch die britische Vormachtstellung in Handel und Schiffahrt ein Weltreich, das Britische Empire, das einen globalen Markt für britische Waren darstellte. Im frühen 20. Jahrhundert war Großbritannien ein reiches Land. Der Wohlstand basierte auf den Kohle- und Eisenerzvorkommen, der Herstellung von Eisen und Stahl, schweren Maschinen und Textilien sowie dem Außenhandel. Industrie und Handel sind trotz aller Veränderungen in den letzten sechzig Jahren die Haupteinnahmequelle des Vereinigten Königreichs geblieben.

Zwei Weltkriege, der Zusammenbruch des Britischen Empire, Inflation, Arbeitskämpfe, die Konkurrenz von Staaten mit niedrigeren Lohnkosten und der Mangel an Investitionen haben zu diesem Wandel beigetragen. Dem Niedergang der älteren Industriezweige steht die Expansion moderner Industrien der Hochtechnologie gegenüber. Obwohl das Vereinigte Königreich immer noch zu den größten Kohleproduzenten der Erde gehört, sind heute Erdöl und Erdgas aus der Nordsee die bedeutendsten Bodenschätze. Großbritannien ist heute nach Norwegen der wichtigste Erdölproduzent, während die Kohleförderung in den 90er Jahren um mehr als die Hälfte zurückging.

### Landwirtschaft, Industrie, Dienstleistungen

Land- und Forstwirtschaft sowie Fischerei erwirtschaften lediglich 1,5 % des Bruttoinlandsprodukts und beschäftigen 1,9 % der Arbeitskräfte. Das Vereinigte Königreich kann trotzdem zwei Drittel seines Nahrungsmittelbedarfs aus eigener Produktion decken. Stark in Mitleidenschaft zog die britische Landwirtschaft, die sich mehr als in anderen EU-Staaten in Großbetrieben konzentriert, das Auftreten der wahrscheinlich auch auf den Menschen übertragbaren Rinderkrankheit BSE Mitte der 80er Jahre. Die BSE-Krise, wahrscheinlich hervorgerufen durch die Verfütterung von ungenügend vorbehandeltem Tiermehl, führte zur Vernichtung von Millionen Tieren und zu einem zeitweiligen Exportverbot für britisches Rindfleisch, was allerdings die Verbreitung von BSE auf dem Kontinent nicht verhinderte. Von der Industrie werden rund 30 % des Bruttoinlandsprodukts erwirtschaftet, und nahezu ein Viertel der Arbeitskräfte ist in diesem Wirtschaftssektor beschäftigt. Die meisten Industriebetriebe sind in privater Hand. Die konservative Premierministerin Margaret Thatcher übernahm Ende der 70er Jahre eine Wirtschaft, in der die wichtigsten Industriezweige, wie die Kohle- und Stahlindustrie, in Staatsbesitz waren. Ihre Regierungspolitik der »Privatisierung« oder des Wiederverkaufs der Industriebetriebe an die freie Wirtschaft hat dazu beigetragen, eine »Unternehmenskultur« zu schaffen, in der die Erwirtschaftung der Gewinne dazu sollte, den allgemeinen Wohlstand zu erhöhen. Allerdings war mit dem »Thatcherismus« auch ein Anstieg der Arbeitslosigkeit verbunden. Die Erwerbslosenquote erreichte 1986 mit 12 % einen Höhepunkt, bevor sie bis 1990 wieder zu sinken begann. Nach einer Konjunkturschwäche Anfang der 90 Jahre waren zu Beginn des 21. Jahrhunderts etwa 6 % der Erwerbstätigen ohne reguläre Beschäftigung. Die Privatisierungen wurden von der seit 1997 regierenden Labour Party nicht rückgängig gemacht. Auch das Niveau von Sozialabgaben und -leistungen blieb vergleichsweise niedrig, und der Machtverlust der Gewerkschaften scheint dauerhaft zu sein.

Trotz wichtiger und produktiver Branchen wie der Nahrungsmittel-, Chemie-, Stahl- und elektrotechnischen und Elektronikindustrie sowie dem Energiesektor erwirtschaften Handel und Dienstleistungen fast 70 % des Bruttoinlandsprodukts und beschäftigt auch 75 % der Arbeitskräfte.

Dieser sogenannte tertiäre Sektor umfaßt öffentliche und private Dienstleistungen, Groß- und Einzelhandel, Finanz- und Versicherungswesen, Immobilienhandel und Tourismus. Dienstleistungen, als Gegensatz zu Gütern, leisten einen bedeutenden Beitrag zum britischen Außenhandel. Unter der Sammelbezeichnung »invisibles« (unsichtbare Güter) erbringen sie einen bedeutenden teil der Auslandseinnahmen. In diesem Zusammenhang ist das in der Londoner »City« konzentrierte, leistungsfähige und hochentwickelte britische Finanzwesen besonders hervorzuheben. Wachsende Deviseneinnahmen erbringt der Tourismus.

### Handel

Für das Vereinigte Königreich ist der internationale Handel lebenswichtig. Großbritannien ist eines der führenden Welthandelsländer. Die Struktur des britischen Handels hat sich in den letzten Jahren verändert. Die Hauptursache dafür war der 1973 erfolgte Beitritt des Landes zur EG. 1972, kurz vor dem Eintritt, gingen 19 % der britischen Exporte in die Commonwealth-Staaten. Dieser Anteil ist bis heute auf unter 10 % gesunken. Andererseits stiegen die Exporte in die Staaten der EG drastisch an. Die wichtigsten Außenhandelspartner Großbritanniens sind Deutschland, die USA und Frankreich.

**Die Bank von England** liegt inmitten des Geschäfts- und Finanzviertels von London *(rechts)*, das wegen der vielen im internationalen Handel, Banken- und Versicherungswesen dort tätigen Firmen für die britische Wirtschaft von großer Bedeutung ist.

**Erdölraffinerie** in der Hafenanlage von Milford Haven *(unten)*. Die Stadt im Südwesten von Wales verfügt über die größten Ölraffinerien Großbritanniens. Die Stadt ist an eine Pipeline nach Manchester angeschlossen.

**Mit den neuen Flugzeugen** vom Typ Airbus A 320 *(unten)* wird die britische Fluggesellschaft British Airways erstmals auch in den Farben ihrer Gesellschaft fliegen.

# GROSSBRITANNIEN

Die Karte *(unten)* verdeutlicht einige Aspekte des Wandels der britischen Wirtschaft. Die älteren Industriegebiete entstanden an Standorten, wo preiswerte Energieträger oder Rohstoffe vorhanden waren. Der Ausbau des Verkehrswesens und der Import von Rohstoffen führten zum Ausbau neuer Industriezentren. Der Außenhandel ist eine wichtige Komponente der britischen Wirtschaft. Die Handelsbeziehungen zu anderen hochentwickelten Staaten sind in den letzten 30 Jahren erheblich erweitert worden. Die meisten britischen Exporte gehen in westliche Industrieländer.

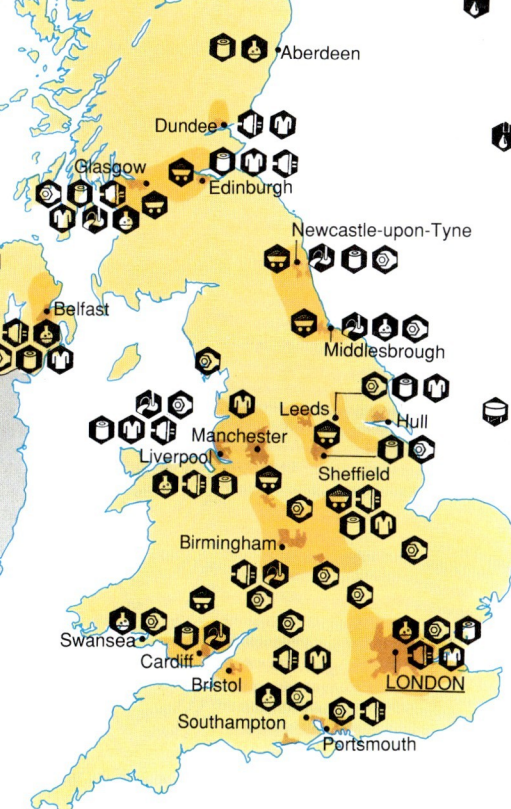

- Chemische Industrie
- Elektroindustrie
- Nahrungs- und Genußmittelindustrie
- Eisen- und Stahlerzeugung, Metallverhüttung
- Maschinen- und Fahrzeugbau
- Textilindustrie

- Steinkohle
- Erdgas
- Erdöl

**Prinz Charles besichtigt** einen Bauernhof im Ort Nannerch in Wales *(links)*. In Wales nutzt die Landwirtschaft über 40 % der Fläche als Weideland.

# GROSSBRITANNIEN: ENGLAND

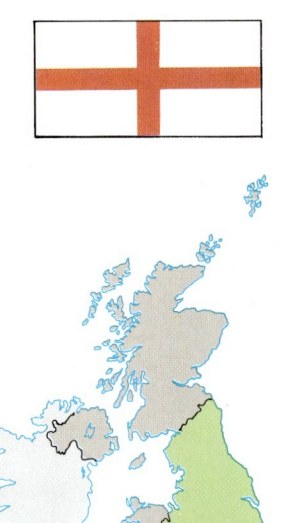

Der Anteil Englands an der Gesamtfläche des Vereinigten Königreichs beträgt fast 54 %, doch leben hier 83 % der Bevölkerung. Trotz der hohen Bevölkerungsdichte findet man jedoch noch reizvolle ländliche Gegenden, herrliche Landschaften und eindrucksvolle historische Gebäude. Traditionen und Zeremonien, viele davon verbunden mit dem Königshaus und dem Glanz des einstigen Weltreichs, sind andere charakteristische Merkmale Englands, die viele Touristen zum Besuch dieses Landes bewegen. Der Fremdenverkehr ist heute ein bedeutender Wirtschaftszweig.

**Landschaft und Klima**
Obwohl England ein kleines Land ist – keine Stelle ist mehr als 120 km vom Meer entfernt –, zeigt es eine Vielfalt an Landschaften. Die bedeutendsten Hochlandgebiete befinden sich im Norden und Westen. Dazu gehört das domartig aufgewölbte Kumbrische Bergland (Cumbrian Mountains) mit dem 979 m über Meeresniveau aufragenden Scafell Pike, der höchsten Erhebung, und Windermere, dem größten See Englands. Östlich davon erheben sich der Gebirgszug der Penninen (Pennines), das »Rückgrat« Nordenglands, und die North York Moors. Im Südwesten liegen die Heidegebiete Exmoors und Dartmoors. Teile dieser eindrucksvollen Landschaften stehen heute als Nationalparks unter besonderem Schutz.

Der überwiegende Teil Englands ist jedoch Tiefland, eine sanftwellige Schichtstufenlandschaft. Langgestreckte Hügelketten, wie die Kalksteinhöhen der Cotswolds und die Kreidehügel der Chilterns, werden durch fruchtbare Talweitungen und Mulden voneinander getrennt. Die Entwässerung des Landes erfolgt durch zahlreiche Flüsse wie die Themse, den in Wales entspringenden Severn und den Trent. Das am tiefsten gelegene Gebiet ist das um die Meeresbucht des Wash befindliche Fenland. Große Teile dieses Marschgebietes wurden durch Landgewinnungsmaßnahmen dem Meer abgerungen. Zu England gehören auch die Scilly-Inseln (Isles of Scilly) im äußersten Südwesten und die vor der Südküste gelegene Insel Wight (Isle of Wight).

Die Tierwelt ist durch die Zerstörung ihres natürlichen Lebensraumes bedroht. Deshalb widmet man sich heute in Nationalparks und Biotopen ganz besonders der Erhaltung selten gewordener Arten.

Der Westen Englands liegt im Einzugsbereich vorherrschender Südwestwinde. Sie sind verantwortlich für das regenreiche Klima besonders der Hochlandgebiete und die allgemein milden Temperaturen. Der trockene Nordosten ist im Winter häufig nordöstlichen Winden ausgesetzt, die zu einem rapiden Temperaturabfall führen können. Das Wetter Englands ist vor allen Dingen wechselhaft.

# GROSSBRITANNIEN

## Bevölkerung

Bis ins späte 18. Jahrhundert war England eine Agrargesellschaft. Die damals einsetzende Industrialisierung hat jedoch zu einem enormen Wachstum der Städte geführt. So leben heute mehr als 90 % der Bevölkerung in urbanen Gebieten. Die Regionen mit der höchsten Bevölkerungsdichte sind London und das Mündungsgebiet der Themse, West Yorkshire und die Industriestädte des Nordwestens, des Nordostens und die Midlands um Birmingham. Acht der zehn großen Ballungszentren des Vereinigten Königreichs liegen in England. Diese sind (mit den Einwohnerzahlen von 1998) Groß-London (7 122 000), Birmingham (1 014 000), Leeds (728 000), Sheffield (530 000), Bradford (483 000), Liverpool (464 000), Manchester (428 000) und Bristol (401 000).

Heute ist nur noch ein geringer Teil der Erwerbstätigen Englands in der Landwirtschaft tätig. Die Basis der Volkswirtschaft Englands bilden zwar immer noch Handel und produzierendes Gewerbe. Der tiefgreifende Strukturwandel mit dem Ausgreifen der Dienstleistungsgesellschaft war jedoch mit dem Niedergang der traditionellen Industrien verbunden. Veraltete Maschinen und ausländische Konkurrenz haben zur Schließung vieler Betriebe, darunter Stahlwerke, Werften und Automobilwerke, besonders im Norden Englands geführt. Hingegen haben weniger arbeitsintensive moderne Wachstumsindustrien gewaltig expandiert.

Der allmähliche Niedergang des produzierenden Gewerbes wurde begleitet vom Aufstieg von Verwaltung, Handel und Bankwesen. So arbeiten 75 % der Erwerbstätigen in London und im Südosten im Dienstleistungssektor. Ein Teilbereich dieses Sektors beschäftigt sich mit Freizeitaktivitäten, denn die meisten Menschen verfügen über mehr Freizeit als frühere Generationen, und der Anteil der älteren, im Ruhestand befindlichen Menschen steigt ständig. Der größte Teil der Freizeit wird zu Hause mit Fernsehen verbracht. Der Pub ist für viele Engländer das Zentrum für ihre sozialen Aktivitäten außerhalb der eigenen vier Wände.

Die Staatskirche ist die Kirche von England oder auch Anglikanische Kirche mit 44 Diözesen. Die Religionszugehörigkeit liegt in England nominell bei 70 %.

Die Veränderung der ökonomischen Bedingungen hat regionale Disparitäten aufkommen lassen. Während der letzten 30 Jahre lagen die sich am schnellsten entwickelnden Gebiete überwiegend im Südwesten Englands. Dies hat dazu geführt, daß man von den »zwei Nationen« sprach, dem wohlhabenden Süden und dem weniger wohlhabenden Norden. Noch ausgeprägter war das Wirtschaftsgefälle zwischen England und den anderen Teilen des Vereinigten Königreichs. Vor allem Schottland und Nordirland gehörten mit überdurchschnittlichen Arbeitslosenquoten zu den wirtschaftlichen Problemgebieten.

**Das Seebad Blackpool** *(links)* ist von jeher ein Urlaubsziel der Industriearbeiter aus dem Norden Englands.

**Die Tyne-Brücke** *(links außen)* erinnert an die Zeit, als Newcastle zu den Industriezentren Europas gehörte.

**Der Lake District** *(oben)* ist der landschaftlich schönste und beeindruckendste Nationalpark Englands.

**Die Londoner Docklands** *(unten)*, einst keine attraktive Gegend, sind heute ein Wohnviertel der Wohlhabenden.

# GROSSBRITANNIEN: WALES

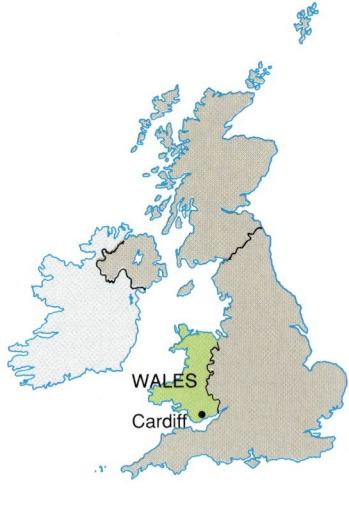

Wales nimmt 8,5 % der Gesamtfläche des Vereinigten Königreichs ein, aber es leben dort lediglich 5 % der Gesamtbevölkerung. Nahezu ein Fünftel der Waliser beherrscht noch die ursprüngliche keltische Sprache von Wales, das Walisische oder Kymrische; ihre Zahl wird jedoch ständig kleiner. Walisisch und Englisch sind offizielle Sprachen.

Die meisten Waliser sind stolz auf ihre Sprache und ihre uralte Kultur. Ihre Literatur ist eine der ältesten Europas, und Wales ist berühmt für seine Musik, insbesondere für seine Chöre. Bei dem »Eisteddfod« (walisisch »Sitzung«) genannten Festival werden walisische Poesie, Prosa und Musik dargeboten.

Die Forderung der walisischen Nationalpartei, Plaid Cymru, nach der Unabhängigkeit vom Vereinigten Königreich erscheint mit der Wahl eines walisischen Parlaments 1999 unrealistisch, zumal die Nationalisten nur 17 der 60 Sitze errangen; stärkste politische Kraft wurde die Labour Party, die mit ihrer Politik der Regionalisierung separatistische Tendenzen aufgefangen hatte. Wales wird zwar auch weiterhin 40 der 661 Mitglieder des britischen Unterhauses stellen. Doch stärkt die eigene Nationalversammlung – mit weniger Kompetenzen als die schottische Volksvertretung – das Profil des Fürstentums.

### Landschaft und Klima

Das Kambrische Gebirge (Cambrian Mountains) nimmt etwa zwei Drittel von Wales ein. Der höchste Gipfel, der Snowdon (Eyri auf Walisisch) im Norden, erreicht eine Höhe von 1085 m. Die hoch gelegenen Heidegebiete werden vorwiegend zur Schafzucht genutzt. Das walisische Tiefland besteht in erster Linie aus den schmalen Küstenebenen und breiten Tälern an den Unterläufen der Flüsse. Severn und Wye sind die längsten Flüsse und münden beide im Südosten in den Bristol-Kanal. Anglesey (oder Mon auf Walisisch) ist die größte walisische Insel. Sie wird durch die schmale Meerstraße Menai Strait vom nordwestlichen Festland getrennt. Auf der kleinen Insel Holy Island vor der Nordwestküste Angleseys liegt Holyhead, der Fährhafen nach Dublin.

Die walisischen Tieflandgebiete haben ein mildes, feuchtes Klima. Im Südwesten beginnt der Frühling so zeitig, daß die dortigen Landwirte gegenüber ihren Berufskollegen im Osten des Landes einen Wettbewerbsvorteil besitzen. Die durchschnittliche jährliche Niederschlagsmenge liegt hier durchweg über 2000 mm. Teile von Snowdonia, eine der regenreichsten Regionen des Vereinigten Königreichs, bekommen sogar bis zu 5000 mm Regen jedes Jahr.

### Bevölkerung und Wirtschaft

Die Regionen höchster Bevölkerungsdichte sind die Täler, in denen seit dem 19. Jahrhundert Bergbau betrieben wird, die sogenannten Valleys, und auch die Industriestädte im Süden. Die größten Städte (Einwohnerzahlen von 1998) sind Cardiff (318 000), Swansea (182 000) und Newport (137 000). Wrexham Maelor (115 000) ist der am dichtesten besiedelte Distrikt in Nordwales. Es gibt zwar kleine Küstenstädte, das Hochland ist jedoch nahezu menschenleer.

Etwa vier Fünftel von Wales werden als landwirtschaftliche Nutzfläche ausgewiesen. Seit Mitte des 19. Jahrhunderts, als die Menschen in die Bergbaugebiete und Industriestädte zogen, ist jedoch eine ständige Entvölkerung der ländlichen Gebiete zu beobachten. Wales verfügt über zwei bedeutende Steinkohlereviere, eines in Südwales und ein kleineres im Nordosten. Doch haben Kohlebergbau und Schwerindustrie ihre einstige Bedeutung verloren. Stattdessen ließen sich Betriebe der Ölindustrie nieder. Gleichzeitig haben sich viele Betriebe der Leichtindustrie angesiedelt. Wales ist mit Hilfe japanischer und nordamerikanischer Investitionen auf dem besten Wege, sich zu einem Zentrum der Elektronikindustrie und Informationstechnologie zu entwickeln.

Bezüglich der Freizeitaktivitäten besteht kein Unterschied zu den anderen Teilen des Vereinigten Königreichs. Das walisische Nationalspiel ist jedoch unbestritten Rugby. Die jährlich ausgetragenen internationalen Begegnungen gegen England, Frankreich, Irland und Schottland werden daher mit leidenschaftlichem Interesse verfolgt.

**Die für Großbritannien** typischen roten Telefonzellen findet man auch in abseits gelegenen ländlichen Regionen *(oben)*. Sie werden allerdings immer weniger genutzt, da die Zahl der Mobiltelefone deutlich gestiegen ist.

# GROSSBRITANNIEN

**Die Burg Conwy** in der im Norden von Wales gelegenen Grafschaft Gwynedd bietet vom Hafen aus einen idyllischen Anblick *(links)*. Die normannische Burg war eine der strategisch wichtigen Festungsanlagen von König Eduard I. (1272-1307).

**Prinz Charles** wurde 1969 auf Schloß Caernarfon *(unten)* zum »Prince of Wales« ernannt. Dieser Titel wird seit 1301, als Eduard I. seinen Sohn erstmals zum Prinzen von Wales erhob, an den jeweiligen britischen Thronerben verliehen.

**Der Llanberis-Paß** *(links)* liegt südöstlich von Llanberis, dem Ausgangspunkt der Zahnradbahn zum Gipfel des Snowdon, mit 1085 m der höchste Berg von Wales. Der 1951 gegründete Snowdonia-Nationalpark hat eine Fläche von 2190 km².

**Das Royal National Eisteddfod** *(oben)*, ein großes Musik- und Kunstfestival, findet jedes Jahr im August abwechselnd an einem Ort in Nord- und Südwales statt. Dieses Festival wurde erstmals vor mehr als 1400 Jahren abgehalten.

# GROSSBRITANNIEN: SCHOTTLAND

Schottland ist der am dünnsten besiedelte Teil des Vereinigten Königreichs. Hier leben auf 32 % der Gesamtfläche nur 10 % der Bevölkerung. Am spärlichsten besiedelt sind die Hochländer (Highlands) und die Inseln. Die Menschen dort sprechen noch die ursprüngliche keltische Sprache, das Schottisch-Gälische, und ihre Traditionen sind eng mit Schottlands langem Ringen um Unabhängigkeit verbunden. Hierzu gehört die Loyalität zu den Clans und das Tragen des Kilts.

Ein starkes Identitätsbewußtsein und die Abneigung gegen das zentralistische und von England dominierte Parlament hatte manchen Schotten dazu veranlaßt, den schottischen Nationalismus und die Einrichtung eines gewählten Parlaments in der Hauptstadt Edinburgh zu fordern. Als die Wähler 1979 darüber zu entscheiden hatten, wurde wegen der geringen Wahlbeteiligung die erforderliche Unterstützung von 40 % der Wahlberechtigten nicht erreicht. Genau wie in Wales entschied sich die Bevölkerung dann 1997 doch für ein eigenes Parlament, das 1999 gewählt wurde und 129 Sitze umfaßt; es kann Gesetze für die Bereiche Wirtschaft, Steuern, Verkehr, Gesundheit und Bildung beschließen.

### Landschaft und Klima

In Schottland unterscheidet man drei Großlandschaften: die Hochländer (Highlands) und die Inseln, das mittelschottische Tiefland (Central Lowlands) und das südschottische Bergland (Southern Uplands). Ein tiefes Tal, Glen More oder Great Glen, teilt die Highlands in das nordschottische Bergland (Northwest Highlands) und das Grampiangebirge (Grampian Mountains). Einer der Seen im Bereich dieses Grabenbruches ist Loch Ness. Mit einer Höhe von 1343 m ist das Massiv des Ben Nevis im Grampiangebirge die höchste Erhebung des Vereinigten Königreichs. Die Highlands sind von Seen (schottisch-gälisch Lochs) übersät. Heide, Moore und Grasland bestimmen das südschottische Bergland.

In Schottland entfällt ein Siebtel des Landes auf die drei Regionen, die als Landschaftsschutzgebiete ausgewiesen sind, und auf 40 weitere Gebiete besonderer landschaftlicher Schönheit. Diese sind Rückzugsgebiete der Wildkatze und der wichtigste Lebensraum des Blau- oder Berghasen in Großbritannien.

Aufgrund der nördlichen Lage ist es in Schottland im allgemeinen kühler als in den übrigen Teilregionen des Vereinigten Königreichs, durch den Einfluß des Golfstroms ist das Klima jedoch noch mild. Die Niederschlagsmengen sind in den westlichen Teilen der Gebirge am höchsten.

### Bevölkerung und Wirtschaft

Wie im übrigen Vereinigten Königreich vollzieht sich auch hier eine ständige Bevölkerungsbewegung von ländlichen Regionen, insbesondere von den Highlands und von den Inseln, in die städtischen Gebiete. Ungefähr drei von vier Schotten leben im mittelschottischen Tiefland. Dort liegen Glasgow und Edinburgh. Weitere Städte sind die Öl- und Fischereihäfen Aberdeen und Dundee.

Der Niedergang von Steinkohlebergbau, Schiffbau- und Stahlindustrie haben das Ausmaß der schottischen Emigration nach England und darüber hinaus erhöht. In den 70er Jahren nahm die Auswanderung infolge der Erschließung der Ölfelder in der Nordsee ab. Dies bot Beschäftigungsmöglichkeiten und führte zur Ansiedlung neuer Industriebetriebe, unter anderem der chemischen Industrie, und zu einem Aufschwung von Handel und Finanzwesen. Zwischen Glasgow und Edinburgh entstand mit dem »Silicon Glen« eine High-Tech-Region von europäischer Bedeutung. Dort werden Software-Lösungen erdacht, Halbleiter »geschmiedet« und Revolutionen in der Biotechnologie »durchgeführt« (Klonschaf »Dolly«).

Der Tourismus befindet sich im Aufschwung. Zu den Attraktionen gehören neben der herrlichen Landschaft kulturelle Ereignisse wie die Highland Games, die Hochlandspiele, und das jährlich stattfindende Edinburgh International Festival. Volkssport und beliebteste Freizeitbeschäftigungen sind Golf, die Sportart, die in Schottland ihren Ursprung hat, und Fußball; auch Rugby ist sehr populär.

**Der Dudelsackpfeifer** *(unten)*, in traditionellem Kostüm, spielt bei einer der zahlreichen Zusammenkünfte der Clans. Der schottische Dudelsack ist ein altertümliches Instrument. Sein trauriger Klang prägt die schottische Volksmusik.

**Loch Awe** *(rechts)* in der Nähe von Oban, einer der vielen schönen Seen der schottischen Highlands. Das 1440 von Sir Colin Cambell erbaute Kilchurn Castle ist eine der Ruinen an seinen Ufern, die von vergangenen Clan-Konflikten zeugen.

# GROSSBRITANNIEN

**Mit der Destillation von Scotch Whisky** *(unten)* begann man vor mehr als 500 Jahren. Die Brennerei in Tain am Dornoch Firth ist eine der über 100 Brennereien Schottlands; Whisky ist ein Exportschlager des Landes. Etwa die Hälfte der Whisky-Ausfuhr geht in die Vereinigten Staaten von Amerika. Die Herstellung von qualitativ hochwertigem Tweed und verschiedener anderer Textilien sind weitere traditionelle Industriezweige, für deren Erzeugnisse Schottland Berühmtheit erlangt hat.

**Das Internationale Edinburgh Festival** *(links)* findet jedes Jahr im Spätsommer statt, mit Musik- und Schauspielaufführungen, Tanz und Kabarett. Der allabendliche feierliche Zapfenstreich ist ein weiterer attraktiver Programmpunkt.

**Mallaig** *(oben)* an der Nordwestküste Schottlands ist ein wichtiger Heringshafen. Großbritanniens Fischfang wird zu mehr als 75 % von Schottlands Häfen aus getätigt. Neben Mallaig sind Aberdeen und Fraserburgh weitere bedeutende Fischereihäfen.

# GROSSBRITANNIEN: NORDIRLAND

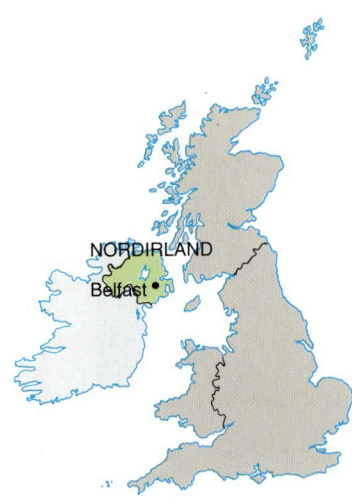

Nordirland nimmt als Provinz des Vereinigten Königreichs den nordöstlichen Teil der Insel Irland ein. Es bestand ursprünglich aus sechs Grafschaften (Londonderry, Antrim, Tyrone, Fermanagh, Down und Armagh). Im Zuge einer kommunalen Verwaltungsreform wurden diese Grafschaften im Jahr 1973 durch 26 Distrikte ersetzt. Für Nordirland wird häufig noch die Bezeichnung Ulster verwendet –, der Name der historischen Provinz aus der Zeit, als die Insel noch eine politische Einheit darstellte. Im 16. und 17. Jahrhundert siedelte die englische Regierung systematisch protestantische englische und schottische Emigranten an und legte damit den Grundstein für den heutigen Konflikt.

Nordirland nimmt etwa ein Sechstel der gesamten Insel Irland ein – mit etwas weniger als einem Drittel der Gesamtbevölkerung. Die Mehrheit ist protestantisch, die Minderheit römisch-katholisch. Diese scharfe religiöse Trennung ist in erster Linie verantwortlich für die tragischen Ereignisse, die die Provinz seit ihrer Gründung 1920 überschatten. Damals erließen die Briten ein Gesetz, das Nordirland vom übrigen Irland trennte, und gewährten den sechs nordirischen Grafschaften das Recht zur Selbstverwaltung. Die anderen 26 Grafschaften lehnten das Gesetz ab und schlossen sich 1921 zum Freistaat Irland zusammen, der heutigen Republik Irland. Seit dieser Zeit hat die überwiegend katholische Bevölkerung der Republik ihre Glaubensbrüder in Nordirland unterstützt.

Seit 1969 eskalierte die Gewalt in der Provinz. Eine aus britischen Soldaten bestehende Friedenstruppe wurde dort stationiert. Die bürgerkriegsähnlichen Zustände führten jedoch 1972 zur Direktregierung durch das Parlament des Vereinigten Königreiches in London. Die Zunahme von Terroranschlägen der IRA (Irish Republican Army) hatte den bewaffneten Gegenterror protestantischer paramilitärischer Gruppen zur Folge. Erst das anglo-irische Friedensabkommen von 1948 schuf die Voraussetzung für einen Ausgleich. Nach der Wahl einer parlamentarischen Versammlung (1998), der Bildung einer handlungsfähigen Mehrparteienregierung (2000) und der Zusage der IRA, ihre Waffen zu vernichten, scheint ein Ende des gewaltsamen Konflikts absehbar.

### Landschaft und Klima

Die felsige Küste Nordirlands ist reich an schmalen Buchten und Loughs von großer Schönheit. Lough ist der irisch-gälische Name für Meeresarm oder See. Ein Wahrzeichen ist der Giant's Causeway nordöstlich von Portrush, eine aus Tausenden von Basaltsäulen bestehende Landzunge. Auch im Landesinneren gibt es zahlreiche Loughs. So ist der fast im Zentrum der Provinz gelegene Lough Neagh mit einer Ausdehnung von 396 km² der größte See der Britischen Inseln. Das nordirische Bergland besteht aus drei Gebirgsgruppen. Die größte ist das Antrim Plateau im Nordosten. Der Fluß

Bann trennt dieses Plateau von den Sperrin Mountains im Westen. Im romantischen Mournegebirge im Südosten der Provinz befindet sich die höchste Erhebung des Landes – Slieve Donard mit einer Höhe von 852 m. Die Landoberfläche senkt sich bis zu den sumpfigen Gebieten im Zentrum der Provinz.

Das Klima Nordirlands ist mild und feucht. Die Niederschläge nehmen von Westen nach Osten ab, und die über den Golfstrom wehenden Winde erwärmen die Küste.

### Bevölkerung und Wirtschaft

Der Großteil der Bevölkerung ist schottischer oder englischer Herkunft. Trotz des ständigen Zugs vom Land in die Städte lebt noch etwa die Hälfte der Bevölkerung in ländlichen Regionen. Im Zuge des Niedergangs der traditionellen Industrien, Schiffbau und Leinenherstellung, gingen seit 1950 zahlreiche Arbeitsplätze verloren. So hat sich die Industrielandschaft stark ver-

GROSSBRITANNIEN

**Während der Getreideernte** *(links)* am Fuß des Mournegebirges in der Grafschaft Down bereitet eine Bauersfrau Tee und Brote für die Erntearbeiter. Viele nordirischen Höfe sind so klein, daß sich ihre Besitzer keine Maschinen leisten können.

**»Lusty Man«** *(rechts)*, eine um 500 entstandene Steinfigur eines heidnischen Gottes, grüßt die Besucher von Lough Erne in der Grafschaft Fermanagh. Damit man die Figur von allen Seiten betrachten kann, gab man dem »Lusty Man« zwei Köpfe.

**Ulster Orangemen** *(oben)* bei der Feier des »glorreichen Zwölften« – des Sieges des protestantischen Königs Wilhelm III. von Oranien über den Katholiken Jakob II. am 12. Juli 1690. Die Orange Society (Oraniengesellschaft) bemüht sich um die Erhaltung der politischen Herrschaft durch die Protestanten.

**Short** *(links)* ist einer der wichtigsten Arbeitgeber in Belfast. Die Firma arbeitet zusammen mit anderen internationalen Herstellern an Luft- und Raumfahrtprojekten.

ändert. Maschinenbau, chemische und Elektroindustrie sowie die Herstellung von Kunstfasern haben viele Arbeitslose aufnehmen können. Doch erst der 1994 von der IRA ausgerufene Waffenstillstand brachte Investitionen, die vor allem der Informationstechnologie und Telekommunikation zugute kamen und die Arbeitlosenquote auf rund 7 % halbierte.

Die Berge, Küsten, Moor- und Heidegebiete der Provinz bieten unzerstörte Landschaft und vielfältige Erholungsmöglichkeiten. Portrush und Bangor sind beliebte Ferienorte. Carrickfergus Castle und Castlecool sind Beispiele für Nordirlands Reichtum an historischen Bauwerken. Belfast, nicht nur die Hauptstadt der Provinz, sondern auch Universitäts- und Industriestadt, bietet alle Attraktionen einer bedeutenden Stadt und eines wichtigen Hafens. Viele Besucher reisen nach Nordirland, um die Freuden des Wassersports, des Golfspiels und des Pferdesports zu genießen.

# GROSSBRITANNIEN: INSELN

Die Kanalinseln (Channel Islands) liegen in Sichtweite der französischen Küste und sind geographisch ein Teil Frankreichs. Sie waren jedoch nie französisch und sind auch kein Teil des Vereinigten Königreiches, obwohl die Bewohner sich zu den treuen Untertanen der Englischen Krone zählen. 1066, als Wilhelm, Herzog der Normandie, nach der Schlacht bei Hastings König von England wurde, befanden sich die Kanalinseln bereits seit mehr als hundert Jahren im Besitz normannischer Herzöge. Deshalb wird manchmal scherzhaft behauptet, England sei die älteste noch bestehende Besitzung der Kanalinseln. Zwei Jahrhunderte später, als die Normandie von Frankreich erobert wurde, gewährte man den Kanalinseln als Belohnung für ihre Loyalität zum englischen König einen Sonderstatus, der in der einen oder anderen Form noch bis heute besteht.

Bogenförmig angeordnet liegen die Hauptinseln – Jersey, Guernsey, Alderney, Sark, Herm und Jethou – in Sichtweite voneinander. Einschließlich der zahlreichen kleineren Inselchen nehmen die Kanalinseln ein Areal von 194 km² ein. Bei einer Gesamtbevölkerung von etwas weniger als 150 000 Menschen leben allein 85 000 auf Jersey und knapp 60 000 auf Guernsey. Englisch ist heute die offizielle Sprache, aber viele Bewohner der Kanalinseln sprechen noch einen normannisch-französischen Dialekt, der von Insel zu Insel variiert.

Die administrative Gliederung der Inseln unterscheidet die Amtsbezirke (Bailiwicks) von Jersey und Guernsey. Innerhalb dieses Systems werden die Bewohner der Kanalinseln von ihren eigenen, als States bezeichneten Parlamenten regiert. Ihre Anbindung an das Vereinigte Königreich wird durch die Bailiffs, die Amtmänner, gewährleistet, die richterliche Beamte und Präsidenten der Parlamente ihrer Amtsbezirke sind.

**Die Kanalinseln (Channel Islands)** *(unten Mitte)* liegen in Sichtweite Frankreichs. Dennoch sind sie bereits seit 1066 mit Großbritannien verbündet. Sie werden von Jersey und Guernsey aus *(rechts außen)* nach ihrem alten Recht verwaltet.

Das Rechtswesen unterscheidet sich erheblich vom britischen; es basiert auf altem normannischen Gesetz. Die internationalen Beziehungen und die Außenpolitik gehören allerdings zum Aufgabenbereich des britischen Außenministeriums.

## Die Kanalinseln in heutiger Zeit

Ihren Wohlstand verdanken die Kanalinseln großenteils dem günstigen Klima. Dieses fördert nicht nur die frühe und qualitativ hochwertige Produktion von Obst, Blumen und Gemüse wie auch das Heranwachsen der berühmten Jersey- und Guernseyrinder, es lockt auch zahlreiche Touristen an.

Auch das finanzielle »Klima« ist einladend. Der zollrechtliche Status als Freihafen ist verantwortlich für die niedrigen Preise vieler

**Die »Battle of Flowers«**, die »Schlacht der Blumen« *(links außen)*, ist ein Festzug, der jedes Jahr im Juli oder August in St. Helier, Jerseys Hauptstadt, stattfindet. Zahlreiche Jachten haben in Gorey *(links)* an der Ostküste Jerseys ihren Liegeplatz.

GROSSBRITANNIEN

# Die Insel Man

Die Insel Man ist eine weitere »selbständige« Insel Britanniens. Selbstverwaltung und autonomer Status reichen jedoch weiter zurück. Das Parlament der Insel ist sogar älter als das britische in Westminster, die »Mutter der Parlamente«. Die zahlreichen Touristen kommen wegen der landschaftlichen Schönheit, der prähistorischen Zeugnisse und der internationalen Motorradrennen.

Auf Man hat die Regierungspolitik, die darum bemüht ist, die Einkommensteuern auf niedrigem Niveau zu halten, viele »Ausländer« angezogen. Insgesamt haben 42 Firmen auf der Insel ihren Sitz, und mehr als ein Drittel der Wirtschaftsleistung erbringen Finanzdienstleistungen.

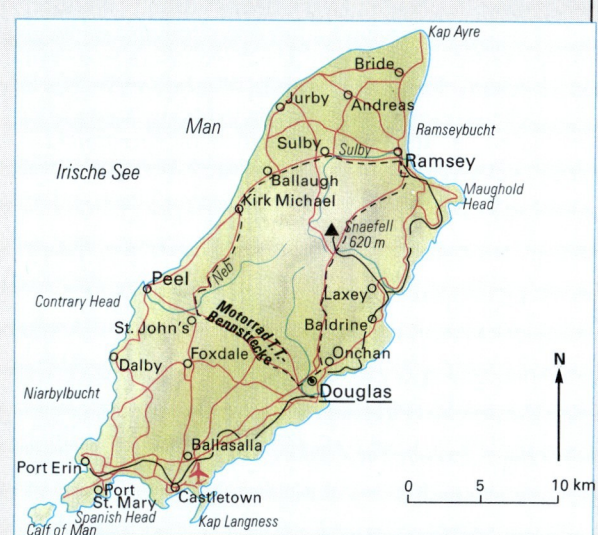

*Das autonome Man (oben rechts)* wird außenpolitisch vom Vereinigten Königreich vertreten. Die Steuergesetze machen die Insel für Handels- und Finanzunternehmen attraktiv.

*Das Tynwald-Zeremoniell (rechts)* bekräftigt das Recht der Insel Man auf Selbstverwaltung und Autonomie.

Waren, und die Zahl der Institutionen des Finanzwesens, die hier ihren Standort wählen, steigt ständig. Heute wird die Bedeutung Jerseys als Zentrum des internationalen Bank- und Finanzwesens bereits mit Zürich verglichen, Guernsey folgt mit geringem Abstand.

Touristen mögen kaum Unterschiede zwischen den Inseln Jersey, Guernsey und Sark feststellen, für die Einheimischen, die die zwischen den Inseln ausgespielte Meisterschaftsrunde im Fußball immer noch als »The Internationals« bezeichnen, sind sie jedoch offensichtlich. Trotz einer seit langem bestehenden demokratischen Regierungsform sind Spuren des alten Feudalsystems erhalten geblieben: So besteht beispielsweise in Sark (550 Einwohner) weiterhin der Brauch, daß nur der Grundherr eine Hündin besitzen darf.

# GROSSBRITANNIEN: GIBRALTAR

Die britische Kolonie Gibraltar, eine Halbinsel an der Südostküste Spaniens, hat eine Fläche von 6,5 km². Sie wird fast ganz von einem riesigen Kalksteinmassiv, dem »Felsen von Gibraltar«, eingenommen, der wie der Kopf eines gigantischen Löwen, das Verbindungstor zwischen Mittelmeer und Nordatlantik bewachend, emporragt. Steile Klippen steigen im Norden und Osten auf 426 m an. Von den Gipfeln kann man nach Norden bis zur Sierra Nevada Spaniens und nach Süden bis zum Atlas und dem Rifgebirge Marokkos sehen.

In der Antike wurde der Felsen als eine der »Säulen des Herkules« betrachtet, die der Halbgott geschaffen hatte, um den Graben zu markieren, den er zwischen Europa und Afrika gezogen hatte. So schuf er die Straße von Gibraltar, die das Mittelmeer mit dem Atlantik verbindet. Die strategische Bedeutung wurde zuerst von den Phöniziern erkannt. Sie gründeten auf dem Felsen eine Handelskolonie, die über die Meerenge wachte.

## Eroberung und Belagerung

Im Jahre 711 entrissen die nordafrikanischen Mauren den Felsen dem spanischen Westgotenreich. Ihr Anführer, Tarik ibn Ziyad, ließ hoch auf dem Berg eine Festung bauen, die nach Westen hin die Bucht von Algeciras kontrollierte. Die »Maurenburg«, die sich heute über der Stadt erhebt, läßt nur noch Spuren der Festung Tariks erkennen, sein Name lebt jedoch fort: Durch Europäisierung der Aussprache kam der Jabal al Tariq (»Felsen des Tarik«) im Lauf der Jahrhunderte zu seinem heutigen Namen. Spanien gewann seinen Besitz 1462 wieder, seine Herrschaft wurde jedoch seit Anfang des 16. Jahrhunderts von der aufstrebenden Seemacht England herausgefordert. 1704 eroberte eine anglo-niederländische Streitmacht im Namen des Erzherzogs von Österreich Gibraltar durch einen Überraschungsangriff. Der englische Oberbefehlshaber hißte jedoch die Flagge Englands, hielt einer franko-spanischen Belagerung stand und erlebte 1714 die Anerkennung Gibraltars als britischer Besitz.

Innerhalb kurzer Zeit wurde der Felsen zu Großbritanniens Hauptbasis im westlichen Mittelmeer ausgebaut. Gewaltige Buhnen wurden angelegt, um den westlichen Ankerplatz und die Militärdocks an seinem südlichen Ende zu schützen. 1779–1783 widerstand die britische Garnison einer der schwersten Belagerungen der Geschichte, einer Kanonade zu Wasser und zu Land. Noch heute kann man die schußsicheren Laufgänge sehen, die von den Verteidigern in den Felsen getrieben waren.

Die mit Gibraltar verbundene Seeherrschaft spielte eine wichtige Rolle beim Sieg über zwei große Diktatoren: über Napoleon Bonaparte im 19. Jahrhundert und in unserer Zeit über Adolf Hitler. Während des Zweiten Weltkrieges kämpften Kriegsschiffe aus Gibraltar den Weg für lebenswichtige Nachschubkonvois nach

**Ein Berberaffe** *(unten)* sonnt sich hoch auf dem »Felsen«. Gibraltar ist ihr einziges Verbreitungsgebiet in Europa. Eine alte Legende besagt, daß die britische Herrschaft auf dem Felsen mit dem Verschwinden der Affen ebenfalls enden wird.

**Fischer** *(ganz unten)* beim Ordnen ihrer Fangnetze am Strand von Gibraltar, der von dem mächtigen Felsen überragt wird. Gibraltar muß praktisch alle Lebensmittel einführen, da es über keine landwirtschaftlich nutzbaren Flächen verfügt.

**Ein Hochseeschiff** (links) wartet im Trockendock von Gibraltar auf seine Reparatur. Als jahrhundertealter, bedeutender Seehafen hat Gibraltar ausgedehnte Hafenanlagen. Sein Wohlstand hängt jedoch ebenso von Handel und Tourismus ab.

**Auf dem Summit Ridge** (unten) wird Regenwasser über metallverkleidete Ablaufwände in Rückhaltebecken geleitet, die eine Gesamtkapazität von rund 68 190 000 Litern haben. Dies ist die einzige natürliche Wasserversorgung Gibraltars.

**Gibraltar** (rechts) liegt auf einer schmalen Halbinsel, die sich von der spanischen Mittelmeerküste aus südostwärts erstreckt. Der größte Teil wird von dem gewaltigen Kalksteinmassiv eingenommen, das als Felsen von Gibraltar bekannt ist.

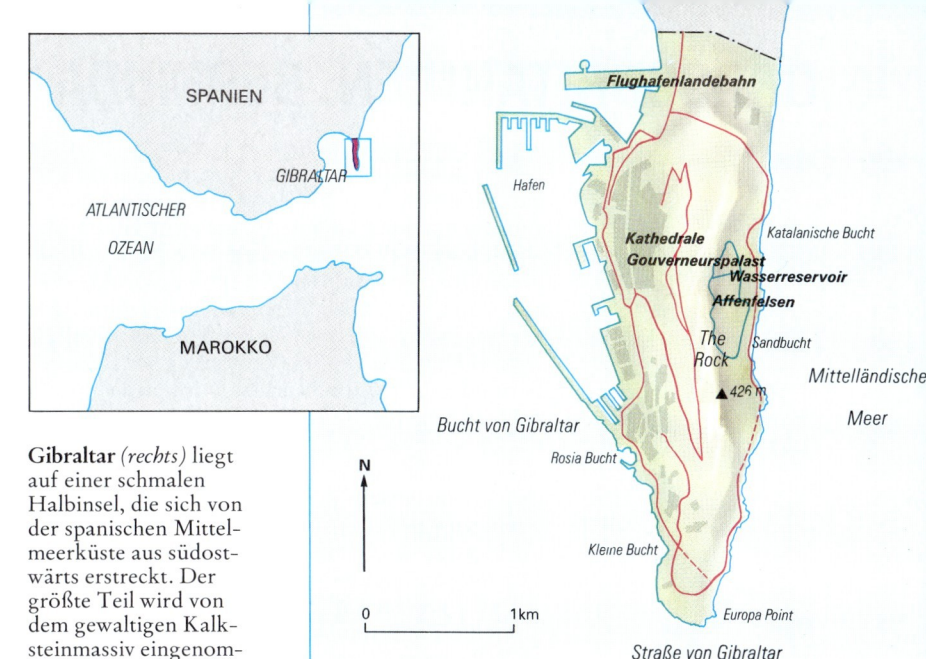

Malta frei. 1942 war der Fels Kommandozentrale für die Landung der Alliierten in Nordwestafrika.

Zu Beginn der 60er Jahre erneuerte Spanien seinen Anspruch auf das Gebiet, beschränkte den Überlandreiseverkehr nach Gibraltar und schloß 1967 die Grenze, nachdem die Einwohner Gibraltars (zum Großteil ein Völkergemisch spanischer, portugiesischer, maltesischer und italienischer Herkunft) mit überwältigender Mehrheit für ihre »britische« Nationalität gestimmt hatten. Die Grenze wurde erst 1985 wieder vollends geöffnet.

Gibraltar ist ein bedeutender Luft- und Flottenstützpunkt geblieben. Sein heutiger Wohlstand basiert aber ebenso auf seiner Entwicklung als Handelszentrum und Urlaubsort. Es ist auch ein zoll- und steuerfreies Einkaufsparadies für europäische Luxusgüter und Produkte des nordafrikanischen Handwerks. Früher jedoch bedeutete »Freihandel« in Gibraltar Schmuggel, und die Fähigkeit seiner Bewohner, sowohl Zollbeamte als auch die Käufer ihrer illegal erworbenen Waren hereinzulegen, ließ sie in Verruf kommen.

Abgesehen von der St. Michaels-Höhle, einem phantastischen Labyrinth von unterirdischen Seen und Stalaktiten, stammen die meisten Sehenswürdigkeiten Gibraltars aus seiner kriegerischen Vergangenheit. Die in den Fels gehauenen Galerien aus der Zeit der großen Belagerung wurden während des Zweiten Weltkrieges zu einem Tunnelsystem von etwa 48 km Länge ausgebaut. Weniger bekannt ist der mächtige »Rock Buster«. Als er 1872 fertiggestellt worden war, war er die größte Kanone der Welt – ein passendes Symbol für die »Festung Gibraltar«.

**Die Affen von Gibraltar**

Die berühmtesten »Eingeborenen« des Felsens sind die Berberaffen – struppige Geschöpfe von der Statur großer Hunde. Gibraltar ist ihr einziges europäisches Verbreitungsgebiet. Ob sie auf natürlichem Weg aus Nordafrika hierherkamen oder von Menschen angesiedelt wurden, ist nicht bekannt. Sie ziehen frei am höhergelegenen Teil des Felsens umher, und die Legende weiß zu berichten, daß die britische Herrschaft nur solange dauern wird, wie es Affen am Felsen gibt.

Im September 1944, während einer kritischen Phase des Zweiten Weltkrieges, nahm sich Premierminister Winston Churchill die Zeit, seinem Kolonialminister folgende Anweisung zukommen zu lassen: »Der Bestand an Affen in Gibraltar sollte 24 nicht unterschreiten... um diese Zahl frühestmöglich zu erreichen und sie danach aufrechtzuerhalten, sollte jede Anstrengung unternommen werden.« Die Kolonie wird in regelmäßigen Abständen mit neuen Affenbeständen aus Nordafrika aufgestockt.

# GROSSBRITANNIEN: BERMUDA

**Hauptstadt:**
Hamilton
**Fläche:** 53 km²
**Verwaltung:**
Britische Kronkolonie
**Staatsoberhaupt:**
Königin Elisabeth II.,
vertreten durch einen
Generalgouverneur
**Einwohner:**
63 000
**Sprache:** Englisch
**Religion:** Überwiegend
Anglikaner
**Währung:**
Bermuda-Dollar

Bermuda besteht aus über 360 kleinen Inseln, die im westlichen Nordatlantik etwa 1000 km von der Ostküste der USA entfernt liegen. Sie wurden nach dem spanischen Seefahrer Juan de Bermúdez benannt, der sie 1503 entdeckte. Bis zum Jahr 1603 blieb Bermuda unbewohnt. Als der englische Admiral George Somers 1609 mit seinem Flaggschiff »Sea Venture« im Gebiet der Bermudas Schiffbruch erlitt, wurden die Inseln nach und nach besiedelt und von England in Besitz genommen. Seit 1684 ist Bermuda britische Kronkolonie. Im Lauf des 18. Jahrhunderts wurden die Inseln zum britischen Flottenstützpunkt ausgebaut. Teile der Inseln sind seit 1941 als Flotten- und Luftbasis auf 99 Jahre an die Vereinigten Staaten verpachtet.

Seit 1968 verwaltet sich Bermuda selbst. Es gibt eine Regierung und ein Parlament, in dem zwei Parteien vertreten sind. Ein von der britischen Königin ernannter Gouverneur steht an der Spitze der Exekutive und ist für die Außen- und die Verteidigungspolitik sowie die innere Sicherheit zuständig; außerdem ernennt er den Premierminister. Außenpolitik und Recht liegen in der Verantwortlichkeit Großbritanniens.

Die Bermudas erheben sich auf einem etwa 150 km langen und 30 km breiten Vulkansockel, der aus dem 5000 m tiefen nordamerikanischen Meeresbecken steil bis 70 m unter den Meeresspiegel aufsteigt. Dem Sockel liegen Bänke aus Korallenkalk und verfestigtem Dünensand auf. Dem Besucher fällt auf, daß viele Häuser aus dem gelblichen Korallenkalkstein erbaut sind. Die Hauptinsel Bermuda ist 40 km² groß. Hier befindet sich die Hauptstadt Hamilton. Das auffälligste landschaftliche Merkmal ist die starke Zergliederung der Bermudas und die bis zu 70 m hoch aufgewehten Dünen. Von Inselchen umschlossene Buchten, Halbinseln, Sandbänke, Korallenriffe, Grotten, Höhlen und durch bizarre Felsformationen begrenzte rosafarbene Sandstrände lassen eine lebhaft-pittoreske Küstenszenerie entstehen.

Nur 20 Inseln sind bewohnt. Brücken und Dammwege verbinden die größten Bermudainseln – (Great) Bermuda, Ireland, St. Davids, St. George's und Somerset. Die meisten Häuser haben flache Dächer mit Regenwasserbehältern, denn Bermuda hat kein Grundwasser. Etwa 60 % der Bevölkerung sind Schwarze und Mulatten. Sie stammen von Sklaven ab, die aus Afrika und der Karibik auf die Bermudas gebracht wurden. Die Weißen sind meist britischer Herkunft. Die Menschen sprechen Englisch, überhaupt sind Lebensart und Mentalität der Bevölkerung britisch geprägt.

Das Klima ist vom Golfstrom begünstigt. Die subtropisch-mediterrane Pflanzenwelt, zu der Freesien, Weihnachtssterne und Hibiscus gehören, und die herrlichen weißen und rosafarbenen Sandstrände (was den gleichfarbigen Korallen zu verdanken ist) machen die Bermudas zu einem Paradies für zahlungskräftige Touristen. Das Meerwasser ist sauber und die Strände sind – im Vergleich zu den Stränden am europäischen Mittelmeer – noch nicht überlaufen. Gepflegte Golfplätze sind ein weiterer Anziehungspunkt. Neben Luxushotels gibt es Hotels und Pensionen aller Kategorien. Der Fremdenverkehr ist heute der wichtigste Wirtschaftszweig der Bermudas und gewährleistet der Bevölkerung einen hohen Lebensstandard. Von den jährlich über 600 000 Gästen kommen rund 95 % aus den USA. Arbeitslosigkeit spielt auf den Bermudas kaum eine Rolle. Wer nicht im Touristengewerbe tätig ist, findet zumeist im Bank- oder Versicherungswesen eine Beschäftigung. Dank ihrer günstigen Steuer- und Wirt-

**Der Jachthafen von Bermuda** *(links)*. Der Tourismus ist der wichtigste Wirtschaftszweig auf den Bermuda-Inseln. Um die Küstengewässer wurde eine anspruchsvolle touristische Infrastruktur aufgebaut.

**Das Rathaus von Hamilton** *(rechts)*. Die Hauptstadt der Bermudas wurde 1790 gegründet. In ihr leben etwa 1000 Menschen.

# GROSSBRITANNIEN

**Bermuda** besteht aus etwa 360 Inseln, von denen 20 bewohnt und einige durch Brücken miteinander verbunden sind. Auf Bermuda Island *(oben)*, der größten, befindet sich die Hauptstadt Hamilton.

**Das Meer** gewährleistet den Bewohnern der Bermudas einen hohen Lebensstandard. Sauberes Wasser und herrliche Strände *(ganz oben links)* ziehen jährlich über 600 000 Touristen an. Ortsansässige Fischer *(ganz oben rechts)* bereiten den Tagesfang auf.

schaftsgesetze – es gibt keine Einkommensteuer – genießen die Bermudas den Ruf eines Steuerparadieses. Das milde Klima ermöglicht auch eine intensive Landwirtschaft. Hauptanbauprodukte sind Bananen, Spargel, Gemüse, Kartoffeln, Blumen und Tabak. Kleine Industriebetriebe verarbeiten vor allem Parfümessenzen, Kosmetika und pharmazeutische Produkte.

**Das Bermuda-Dreieck – nur eine Legende?**
Generationen von Seefahrern war der westliche Atlantik zwischen Bermuda, der Insel Puerto Rico und der Südspitze Floridas nicht geheuer. Dieses sogenannte Bermuda-Dreieck erschien Seefahrern heimtückisch und galt als »Meer der verlorenen Schiffe«. Immer wieder verschwanden Schiffe in diesem Gebiet, ohne eine Spur zu hinterlassen. Man fand weder Überlebende noch Wrackteile, Ölspuren o.ä. Die Unfälle trafen auch den Luftverkehr. Insgesamt sollen von 1945 bis Ende der 1970er Jahre um das Bermuda-Dreieck mehr als 100 Schiffe und 20 Flugzeuge spurlos verschwunden sein. Die mysteriösen Unfälle nährten zahlreiche Legenden, Seemannslatein und Schauergeschichten. Während einige Darstellungen die Unglücksfälle übernatürlichen Kräften zuschrieben, entwickelten Wissenschaftler zahlreiche Hypothesen, die bis heute jedoch unbewiesen blieben. Eine besonders wagemutige Annahme ging von einer Anomalität der Gravitationskräfte in diesem Gebiet aus, die in der Lage sei, Dinge aus der erkennbaren Raum-Zeit-Dimensionalität in eine Art Para-Raum verschwinden zu lassen. Eine weniger spektakuläre Hypothese vermutet das ungünstige Zusammenwirken von meteorologischen und hydrologischen Fakten als Ursache, z. B. riesige Strudel als Folge geophysikalischer Anomalien. Viele Wissenschaftler jedoch halten das Katastrophen-Dreieck für einen Mythos. Sie leugnen eine auffällige Häufung von Unfällen in diesem Gebiet oder führen die Unglücksfälle auf natürliche Ursachen, wie z. B. menschliches Versagen, zurück.

# GROSSBRITANNIEN: JUNGFERNINSELN

Vergleicht man die Geschichte der Britischen Jungferninseln mit dem Abenteuerroman, als der die Historie der US-amerikanischen Jungferninseln erscheinen mag, wird man sich wundern, wie zwei Inselgruppen der gleichen geographischen Familie eine so unterschiedliche Entwicklung nehmen konnten. Man vermutet, daß dies mit der bevorzugten strategischen Lage der US-amerikanischen Jungferninseln zu tun hat, die zur karibischen Seite offen sind und als Bastion im mittelamerikanischen Meeresgebiet friedlichen Handelszwecken ebenso dienlich waren wie kriegerischen Absichten. Die Britischen Jungferninseln öffnen sich in ihrer Nordlage am oberen Ende des kleinen Antillenbogens vor allem der Weite des Atlantik, über den die Segelrouten in das englische Mutterland führen.

### Die Spanier rotteten die Kariben aus

1493 von Christoph Kolumbus (1451–1506) entdeckt, widersetzten sich die Bewohner der Inseln, die Kariben, mehreren Eroberungsversuchen, bis sie 1555 von spanischen Truppen endgültig geschlagen und ausgerottet wurden. Nach den Spaniern kamen um 1620 die Engländer. Zunächst als Freibeuter und Piraten, die im Gewirr der Inseln ideale Verstecke fanden, später als Siedler und Farmer. 1672 wurde die Hauptinsel Tortola britische Kolonie, die übrigen Inseln folgten bis 1773 nach.

Und so ist es bis heute geblieben: Bei weitgehender innerer Selbstverwaltung sind die Inseln nach wie vor britisches Staatsgebiet. Man fährt links, man ist protestantisch auf anglikanische Art, man begeht die Geburtstage der Königin als nationale Feiertage, und auch in der Hitze der Tropen ist in den Hotels um 17 Uhr Teezeit – wenn auch mit Eistee. Nur die offizielle Währung ist nicht das Pfund Sterling, sondern der Dollar, der mit dem Urlauberstrom aus den Vereinigten Staaten von Amerika auf die Inseln fließt. Der Tourismus ist Hauptgeschäft, Hauptarbeitgeber und wesentliche Einnahmequelle der Inseln.

Zwar umfaßt das Gebiet der Britischen Jungferninseln knapp 40 Inseln auf einer Fläche von 153 km², doch nur etwa 16 davon sind bewohnt. Von den insgesamt 19 000 Einwohnern leben gut 14 000 auf der Hauptinsel Tortola. 90 % der Insulaner sind Farbige, Nachkommen afrikanischer Sklaven. Sie finden Arbeit in der Tourismusindustrie, leben als Fischer, Kleinbauern und Kleinhändler gerade über dem Existenzminimum, und einige wenige kommen zu bescheidenem Wohlstand als Lieferanten für die vielfältigen Bedürfnisse der Hotellerie.

Die eher ruhig verlaufende Geschichte der Britischen Jungferninseln hinterließ in ihren freundlichen kleinen Städten kaum prägende Spuren kultureller oder architektonischer Art wie auf den benachbarten US-amerikanischen Jungferninseln, die architektonisch ein kleines Dänemark in der Karibik suggerieren. Die britischen Schwestern erfahren ihren Glanz durch die noch weitgehend unberührte Schönheit tropischer Landschaft und südlicher Meere: jungfräuliche Inseln im wahrsten Sinne des Wortes.

### Tortola, Anegada und Virgin Gorda

Der Tourist kommt über die Queen Elizabeth Bridge vom Flughafen auf Beef Island nach Road Town, der Hauptstadt auf der Hauptinsel Tortola. Road Town ist Ausgangspunkt für Ausflüge in das Naturschutzgebiet des über 500 m hohen Mount Sage, dessen Hänge von tropischem Regenwald bedeckt sind. Traumstrände wie auf Postkarten locken den Besucher nach Belmint Bay oder in die Apfelbucht. Die See um die Britischen Jungferninseln gilt als Paradies für Segler. Im Jachthafen von Road Town sind schnittige Schiffe teuerster Bauart aus aller Welt zu bewundern. Von dort laufen auch Schiffe nach Dead Chest, dessen Korallenriffe zu den reichsten Biotopen der Karibik zählen, oder nach Norman Island aus, das mit der »Schatzinsel« des gleichnamigen Romans von R. L. Stevenson identisch sein soll.

Wer vor allem tauchen möchte, besucht die nördlichste der Inseln, Anegada. Sie ist die einzige Koralleninsel unter den ansonsten vulkanischen Inseln und ermöglicht dadurch unvergeßliche Taucherlebnisse. Im Horse Shoe Reef finden sich inmitten einer unvorstellbaren Artenvielfalt der submarinen Natur auch über 300 Schiffswracks.

**Ein Kleinbauer auf Tortola** *(unten)* benutzt für seine Wege auf der Insel den Esel als Transportmittel. Ein Großteil der Bevölkerung lebt in bescheidenen Verhältnissen, nur wenig über dem Existenzminimum.

**Blaues Wasser** und ein palmenbeschatteter Strand, von grünen Hügeln umgeben *(rechts)* vereinigen sich an der Deadmans Bay, Peter Island, zu einer idyllischen, von Urlaubern geschätzten Landschaft.

# GROSSBRITANNIEN

Als drittgrößte Insel ist Virgin Gorda mit der kleinen Stadt Spanish Town Ziel ruhesuchender Naturliebhaber. Fels- und Höhlenformationen erzählen älteste Naturgeschichte, und die verlassenen Minen von Copper Mine Point zeugen vom Goldrausch der Spanier vor vierhundert Jahren. Der flache Südteil der Insel lädt zum Schnorcheln an palmenbestandene, feinsandige Strände ein, während die bis zu 450 m hohen Klippen im Norden der Insel das etwas rauhere Gesicht einer atlantischen Küste unter karibischem Himmel zeigen.

Zahllose weitere Inseln von nicht minderem Reiz erschließen sich dem Touristen mit »Air-Taxis« und Wasserflugzeugen und werden auch in Zukunft noch erschlossen – von einer kapitalträchtigen Hotellerie: Sie sind somit Oasen des Friedens den einen und moderne Goldgruben den anderen.

**Dieses winzige Eiland** (unten links) in der Nähe von Beef Island beherbergt eine Hotelanlage. Der Tourismus ist die Haupteinnahmequelle der Britischen Jungferninseln. Den größten Anteil der sonnenhungrigen Besucher stellen Jahr für Jahr die US-Amerikaner.

**Die Britischen Jungferninseln** (unten) bestehen aus knapp 40 Inseln, von denen nur 16 bewohnt sind. Sie liegen im Anschluß an die Großen Antillen nördlich und östlich der US-amerikanischen Jungferninseln und sind dem Atlantischen Ozean zugewandt.

# GROSSBRITANNIEN: FALKLANDINSELN

Das Zusammenspiel von Felsen und Meer macht die Schönheit der Falklandinseln aus. Die Inseln liegen nordöstlich der äußersten Spitze Südamerikas, etwa 500 km östlich der Magallanstraße. Obgleich die kalten Wellen des Südatlantik an die Strände schlagen und stürmische westliche Winde über die flachen, baumlosen Hügel fegen, gibt es auf den Inseln eine Fülle von wildlebenden Tieren.

Die Hauptinseln – Ost- und West-Falkland – sind die größten von insgesamt etwa zweihundert Inseln. Ost-Falkland nimmt eine Fläche von 6683 km² ein, während das etwas kleinere West-Falkland 5278 km² umfaßt. Über 2500 Menschen leben auf den Falklandinseln. Sie sind eine britische Kronkolonie, zu der früher auch die Inseln Südgeorgien, Südorkney, Südsandwich und Südshetland gehörten; diese Inseln sind heute Teil des von Großbritannien beanspruchten Antarktisgebietes.

### Landschaft

Obwohl durch weite Entfernung und stürmische See vom Festland isoliert, sind die Falklandinseln keineswegs ein unwirtlicher Lebensraum. Die Landschaft ähnelt Schottland oder Irland mit einer Fülle von kleinen Buchten und Küsteneinschnitten und mit flachen, grasbedeckten Hügeln im Landesinneren. Schmale Flüßchen schlängeln sich durch die Talmulden, in denen zahlreiche Feldblumenarten gedeihen. Die Temperaturen fallen im Winter selten unter −8 °C, im Sommer können sie 24 °C erreichen. Die durchschnittliche Niederschlagsmenge beträgt 665 mm pro Jahr, gelegentlich fällt im Winter auch Schnee.

Die Falklandinseln sind ein wichtiger Lebensraum für etwa 60 Vogelarten. Auf New Island vor Westfalkland leben Felsenpinguine und Albatrosse in kilometerlangen Kolonien beisammen. Gänse und andere Vogelarten nisten in dem dichten Büschelgras, welches das Landesinnere bedeckt.

An der Küste gibt es auch große Bestände von Meeressäugetieren, darunter der Peale-Schweinswal und der Commerson-Delphin. Robben und Seelöwen kommen zur Paarungszeit immer noch auf die Falklandinseln, obwohl einige Robbenarten von Ausrottung bedroht sind. Das Meer um die Falklandinseln liegt im Bereich der Antarktischen Konvergenz – dort trifft das kalte Wasser der Antarktis auf die wärmeren Strömungen des Südatlantik. Dies schafft den geeigneten Lebensraum für zahlreiche Meerestiere, etwa für riesige Mengen Krill, die winzigen Krebse, die das Hauptnahrungsmittel der Wale sind.

### Geschichte

Zahlreiche Staaten meldeten seit der Entdeckung durch den englischen Seefahrer John Davis im Jahre 1592 (nach argentinischen Angaben im Jahre 1519 durch Estéban Gómez) Ansprüche auf die Falklandinseln an. Davis nannte sie nach Viscount Falkland, dem Schatzmeister der englischen Kriegsmarine. Der französische Entdeckungsreisende Louis-Antoine de Bougainville nannte die Inseln »Les Malouines« (nach St. Malo). Die Vereinigten Provinzen des Rio de La Plata – wie Argentinien früher hieß – errichteten im Jahre 1815 eine Siedlung und nannten die Inseln »Las Malvinas«, eine hispanisierte Form von Les Malouines. 1833 baten britische Siedler die englische Regierung um Schutzherrschaft, und 1842 gewährte Großbritannien den Falklandinseln den Status einer Kronkolonie.

An dem wichtigen Schiffahrtsweg um die Spitze Südamerikas gelegen, wurden die Falklandinseln zu einer bedeutsamen Station für Schiffe, die das Kap Hoorn umfuhren. Segelschiffe, die in dem vortrefflichen natürlichen Hafen von Port Stanley – seit 1845 der Hauptort der Falklandinseln – vor Anker gingen, konnten ihre Vorräte wieder aufstocken und Schäden reparieren, die die stürmische See hinterlassen hatte. Mit der Zeit wurden viele der

**Die Siedlung Napier** *(unten)* auf Westpoint Island ist ein Beispiel für die kleinen, abgelegeneren Gemeinden der Falklandinseln. Die Schafzucht ist immer noch der Haupterwerbszweig, obgleich auch der Fischfang an Bedeutung gewinnt.

**Die kleine Stadt Stanley** *(rechts)*, Verwaltungssitz und mit 1600 Einwohnern größte Gemeinde der Falklandinseln, liegt an einem Naturhafen auf Ost-Falkland. Die Inseln sind von ausgedehntem, größtenteils baumlosem Weideland geprägt.

**Ein ausgeblichenes Walfischbein** auf der Seelöweninsel *(rechts)*, neben dem ein Inselbewohner klein erscheint, erinnert an die Zeit, als Walfangschiffe den Südatlantik durchkreuzten. Heute besteht absolutes Walfangverbot.

**Die Falklandinseln** *(oben)* liegen im Südatlantik vor der äußersten Spitze Südamerikas. Argentinien erhebt Anspruch auf die Inseln, die seit 1842 britische Kolonie sind. Rund 2500 Menschen leben auf den beiden Hauptinseln. Hauptort ist Stanley.

**Auf New Island vor West-Falkland** gibt es große Pinguinkolonien *(links)*. Hier leben außerdem Robben und zahlreiche Seevogelarten. Vier Naturschutzgebiete dienen dem Erhalt dieser Tierwelt.

**Eine Falkländerin beim Wollespinnen** *(oben)*. Die Insulaner pflegen fern vom Mutterland ganz bewußt ihre britischen Lebensgewohnheiten.

stark beschädigten Schiffe auf den Stränden und in den zahlreichen kleinen Buchten der Inseln zurückgelassen. Die »Great Britain«, das erste aus Eisen gebaute Schiff, fand über Jahre eine Ruhestätte im Hafen von Port Stanley. 1975 wurde das Schiff nach Großbritannien zurückgeschleppt, wo es instandgesetzt und zu einem Museum umgebaut wurde.

Von den 30er Jahren des 19. Jahrhunderts an widmete sich die Einwohnerschaft intensiv der Schafzucht, die bald die Wirtschaft der Inseln entscheidend bestimmte. Schafhaltung ist auf den gesamten Falklandinseln verbreitet, und der Wollhandel war für die Inselbewohner noch vor kurzem fast die einzige Einkommensquelle. Seit 1984 versucht die Gesellschaft zur Entwicklung der Falklandinseln auch andere Wirtschaftszweige auszubauen, indem sie Fischvorbereitungsbetriebe und Wollspinnereien einrichtet.

Nach vielen Jahrzehnten als unbedeutende britische Kolonie rückten die Falklandinseln 1982 plötzlich in den Mittelpunkt des öffentlichen Interesses, als Argentinien seinen Anspruch auf die Inseln erneut geltend machte. Argentinische Truppen drangen am 2. April 1982 auf die Falklandinseln vor und besetzten gleichzeitig die britische Forschungsstation auf Südgeorgien. Großbritannien entsandte daraufhin einen Flottenverband in den Südatlantik und eroberte in einer kurzen Militäraktion die Herrschaft über die Inseln zurück. Die britische Regierung betont immer noch nachdrücklich das Recht der Inselbewohner, über ihren zukünftigen politischen Status selbst zu entscheiden, Argentinien erhebt jedoch weiterhin Ansprüche auf die Inseln. Nach acht Jahren gegenseitiger Distanz nahmen Großbritannien und Argentinien 1990 die diplomatischen Beziehungen wieder auf. Seit 1999 besteht wieder regelmäßiger Flugverkehr zwischen Stanley und Argentinien.

# GUATEMALA

Guatemala ist ein von Tiefebenen umsäumtes Hochgebirgsland. Zwei Hauptketten – die Sierra Madre im Westen und die Sierra de los Cuchumatanes im Nordosten – der zentralamerikanischen Kordilleren umrahmen ein zentrales Hochland, das den Kernraum für Siedlungen und Wirtschaft bildet. Die Sierra Madre, die parallel zur Pazifikküste verläuft, wird von einer Kette von Vulkanen überragt, die teilweise noch aktiv sind. Die Kegel der höchsten, des Tajumulco (4220 m) und des Tacaná (4093 m), sind zeitweise von Schnee bedeckt. Das reich gegliederte Hochland fällt im Westen zu dem etwa 60 km breiten Schwemmlandstreifen an der Pazifikküste ab, geht im Norden in das Hügel- und Sumpfland des Petén und im Osten in das Tiefland am Atlantik über. Entlang der geologischen Bruchlinie des Motaguatales liegt eine Zone mit hoher Erdbebengefahr. Das letzte große Beben im Februar 1976 kostete 22 500 Menschen das Leben.

### Klima und Vegetation

Das tropische Klima Guatemalas variiert hinsichtlich Temperatur und Niederschlagshöhe in Abhängigkeit von den unterschiedlichen Höhenstufen. Es reicht vom wechselfeuchten Tropenklima im pazifischen Tiefland, von der immerfeuchten Hitze im Petén und im karibischen Tiefland über die gemäßigten Klimazonen des Hochlandes in 600–1800 m Höhe bis zum kalten Hochgebirgsklima.

Diese klimatische Grobgliederung bestimmt den Vegetationswechsel von der tropischen Fülle und Vielfalt bis zur alpinen Kargheit und damit auch die landwirtschaftlichen Produktionsmöglichkeiten. Das karibische Tiefland ist noch weitgehend von tropischem Regenwald

**Der Tolimán-Vulkan** *(rechts)* ist einer der drei perfekt geformten Kegel, die sich am südlichen Ufer des Lago de Atitlán, des zweitgrößten Sees in Guatemala, in der Nähe der ehemaligen Hauptstadt Antigua erheben. Die genaue Tiefe des Sees ist unbekannt, sein Wasserstand schwankend.

## Daten und Fakten

**DAS LAND**
**Offizieller Name:** Republik Guatemala
**Hauptstadt:** Guatemala-Stadt (Ciudad de Guatemala)
**Fläche:** 108 889 km²
**Klima:** Wechselfeuchtes tropisches Klima
**Landesnatur:** Im SW das pazifische Tiefland, anschließend die Hochgebirgsregion der Zentralamerikanischen Kordilleren mit dem zentralen Hochland, im N die Hügellandschaft Petén und im O das atlantische Tiefland
**Hauptflüsse:** Río Negro, Río Motagua, Río de la Pasión
**Höchster Punkt:** Vulkan Tajumulco 4220 m

**DER STAAT**
**Regierungsform:** Präsidiale Republik
**Staatsoberhaupt:** Staatspräsident
**Verwaltung:** 22 Departamentos
**Parlament:** Kongreß (Einkammerparlament) mit 113 für 4 Jahre gewählten Abgeordneten
**Nationalfeiertag:** 15. September

**DIE MENSCHEN**
**Einwohner (Ew.):** 11 090 000 (1999)
**Bevölkerungsdichte:** 102 Ew./km²
**Stadtbevölkerung:** 40 %
**Analphabetenquote:** 44 %
**Sprache:** Spanisch
**Religion:** Katholiken 80 %, Protestanten 19 %

**DIE WIRTSCHAFT**
**Währung:** Quetzal
**Bruttosozialprodukt (BSP):** 17 712 Mio. US-$ (1998)
**BSP je Einwohner:** 1640 US-$
**Inflationsrate:** 11,4 % (1990–98)
**Importgüter:** Brenn- u. Schmierstoffe, Rohöl, Baumaterial,

bedeckt. Die mittleren Gebirgslagen sind reich an Kiefern- und Eichenwäldern. Dornsträucher und Kakteen sind charakteristisch für die trockenen Beckenlandschaften des Hochlands und für die Karstlandschaft der Sierra de los Cuchumatanes. In der pazifischen Tiefebene werden auf Großplantagen, die von riesigen Viehweiden unterbrochen sind, Zuckerrohr und Baumwolle angepflanzt. Kaffee, das wichtigste Exportgut, wird an den Berghängen der Sierra Madre und von Alta Verapaz angebaut. Die von US-amerikanischen Konzernen im Motaguatal angelegten Bananenplantagen haben zwar ihre Blütezeit längst hinter sich, dennoch trägt der Export von Bananen auch heute noch nicht unerheblich zu den gesamten Exporteinnahmen bei.

## Wirtschaft

Etwa 60 % der Bevölkerung lebt im Hochland. Hier liegt auch die Hauptstadt Guatemala (Ciudad de Guatemala), deren Einwohnerzahl sich in zwei Jahrzehnten auf 1,2 Millionen verdoppelt hat. Die große Mehrheit der indianischen Kleinbauern lebt in kleinen Streudörfern und baut mit einfachsten Mitteln vor allem Mais, Bohnen und Gemüse für den familiären Eigenbedarf und geringen Tauschhandel an. Neun Zehntel von ihnen besitzen freilich mit durchschnittlich nur 386 m² Betriebsfläche nicht genügend Land, um ihre Familie zu ernähren. Viele sind deshalb zur Saisonarbeit auf den Plantagen im Tiefland gezwungen. Wie überall in Lateinamerika ist auch hier die Landwirtschaft durch den krassen Gegensatz zwischen Minifundien und Latifundien, zwischen einer kleinbäuerlichen Selbstversorgungswirtschaft und einer großbetrieblichen Exportwirtschaft, gekennzeichnet. Während die Großbetriebe –

**Der Name Guatemala** *(oben)* stammt von einem indianischen Wort ab, das »Land der Bäume« bedeutet. Beinahe die Hälfte des Landes ist von dichten Wäldern bedeckt. Im Südwesten liegt der höchste Berg Zentralamerikas, der 4220 m hohe Tajumulco.

nur 0,1 % aller Betriebe – über ein Viertel des bebaubaren Landes verfügen, müssen sich fast neun Zehntel der Betriebe mit einem Fünftel der Nutzfläche begnügen. Diese seit Jahrhunderten bestehende Ungerechtigkeit hat sich in den letzten Jahrzehnten noch dadurch verschärft, daß sich Politiker, hohe Offiziere sowie in- und ausländische Spekulanten mit teilweise dubiosen Methoden Land, vor allem im dünn besiedelten Norden, angeeignet haben, weil dort große Rohstoffvorkommen vermutet werden. Auf dem Hochland wurden viele verschuldete Kleinbauern von ihren Parzellen vertrieben, aus ihren Gemeinschaften und Lebensformen herausgerissen und teilweise in Barackendörfern (»Modelldörfern«) zusammengepfercht. Statt Mais und Bohnen für den Eigenbedarf bauen sie nun auf Plantagen Chinakohl, Broccoli oder Melonen für den Export an. Zu Beginn der 1980er Jahre machte der unter dem Vorwand der Aufstandsbekämpfung von Armee und Todesschwadronen organisierte Terror gut eine Million Indiobauern zu Flüchtlingen. Sie tauchten in Slums unter, versteckten sich im Regenwald oder flohen nach Mexiko.

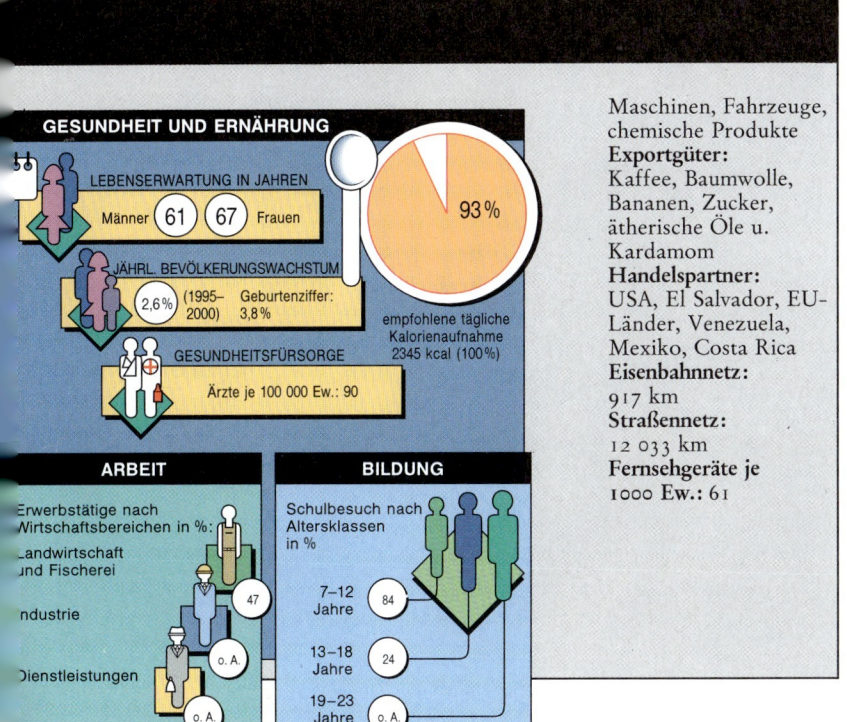

Maschinen, Fahrzeuge, chemische Produkte
**Exportgüter:** Kaffee, Baumwolle, Bananen, Zucker, ätherische Öle u. Kardamom
**Handelspartner:** USA, El Salvador, EU-Länder, Venezuela, Mexiko, Costa Rica
**Eisenbahnnetz:** 917 km
**Straßennetz:** 12 033 km
**Fernsehgeräte je 1000 Ew.:** 61

# GUATEMALA: GESCHICHTE

Das Gebiet von Guatemala gehörte vor seiner Eroberung durch die Spanier zum Mayareich. Die Mayasiedlung Kaminaljuyú auf dem Hochland bestand schon rund 800 Jahre v. Chr. Die Spanier eroberten 1524, von Mexiko kommend, zunächst nur das Hochland. Sie machten Guatemala zum Generalkapitanat, dem sie die anderen Provinzen in Zentralamerika unterstellten. Die Eroberer zwangen den Indios das Christentum auf und überließen sie den Schatzsuchern und Kolonisten als Arbeitssklaven.

1821 schloß sich die Provinz-Oligarchie der Erhebung der zentralamerikanischen Provinzen gegen die Kolonialherrschaft an. Sie begaben sich zunächst gemeinsam unter die Schirmherrschaft des kurzlebigen Kaiserreichs von Mexiko und verselbständigten sich zwei Jahre später im Staatenbund der »Vereinigten Provinzen von Zentralamerika«. Den Indios brachte die »Freiheit« eher Nachteile, weil sie nun auch den kolonialen Schutz ihres kommunalen Landbesitzes vor dem Zugriff der Oligarchie verloren. Das Bündnis von Oberschicht und Kirche machte Guatemala für ein halbes Jahrhundert zum Zentrum der klerikal-konservativen Kräfte in Zentralamerika. Die Geschichte der »Republik Guatemala« begann erst 1839 mit ihrer Herauslösung aus dem zentralamerikanischen Staatenbund. Der Diktator R. Carrera (1814–1863) verschaffte ihr durch Kriege mit den Nachbarstaaten eine Vormachtstellung auf der Landbrücke. Die Machtkämpfe zwischen Familienclichen brachten 1871 die »Liberalen« an die Macht, die mit der Säkularisierung der Klöster und dem Verbot der Jesuiten das klerikal-konservative Machtkartell zu brechen versuchten.

Der Diktator Estrada Cabrera, der von 1898 bis 1920 regierte, modernisierte das rückständige Land durch den Bau von Straßen, Eisenbahnen und Nachrichtenverbindungen und beteiligte es durch den Ausbau von Exportkulturen am devisenbringenden Exportgeschäft. Er diente damit den Interessen der Plantagenbesitzer, machte aber das Land außenwirtschaftlich verwundbar. J. Ubico (1878–1946), der von 1931 bis 1944 das Land regierte, wurde aufgrund seines herrischen Gehabes als »Napoleon der Tropen« berüchtigt. Sein Sturz durch einen Generalstreik schien der Oberschicht die politische Macht zu entreißen und den Ladinos den Zugang zur Macht zu eröffnen. Es waren die gewählten Präsidenten J. J. Arévalo (1904–1990) und J. Arbenz Guzmán (1913–1971), der von

**Der Tempel des Großen Jaguars in Tikal** *(rechts)* ist eines der beeindruckkendsten Zeugnisse der Mayakultur. Sein Name rührt vom Bild eines Jaguars her, das in einen Türsturz geschnitzt ist. Die Maya verehrten eine Reihe von Göttern, die mit ihrem täglichen Leben verbunden waren, wie zum Beispiel den Maisgott, oder – in umfassenderem Sinn – den Gott des Bodenbaus. Steinfiguren stellen diese Götter dar *(ganz rechts)* und weisen auf Zeremonienstätten hin, an denen die Rituale auch Menschenopfer forderten.

**Farbenfrohe Girlanden** schmücken am 21. Dezember die Kirche in Chichicastenango *(unten)*, um den Namenstag des Schutzheiligen, St. Thomas, zu feiern. Die Kirche wurde 1540 erbaut und ist noch immer ein religiöses Zentrum.

**Der Einfluß der Armee** *(rechts)* ist seit vielen Jahren ein Merkmal der politischen Situation Guatemalas. Rechtsgerichtete, von Armeeoffizieren gestützte oder geführte Regierungen kämpfen seit den 1950er Jahren gegen linke Guerillas.

# GUATEMALA

1950 bis 1954 regierte, die versuchten, durch den Aufbau von Gewerkschaften, Bauernligen und Reformparteien ein Gegengewicht zur Oligarchie zu schaffen. Als Präsident Arbenz jedoch auch noch daran ging, durch Reformgesetze die Macht der Großgrundbesitzer und ausländischen Plantagengesellschaften zu brechen, wurde er durch einen Putsch gestürzt. Die USA gewährten dem Putschführer Carlos Castillo Armas (1914–1957) großzügige Unterstützung mit Geld und Söldnern. Sie blockierten mit dieser Intervention in ihrem »Hinterhof« eine friedliche Veränderung der konfliktträchtigen Besitz- und Herrschaftsstrukturen.

### Das Ende der Militärherrschaft?

Nach 1954 beherrschte wieder das Militär die politische Szene. Seine Führungen veranstalteten zwar unter dem Druck der USA gelegentlich das Ritual von Wahlen, fälschten aber deren Ergebnisse nach Belieben. 1978 erhielt General R.L. García zwar nur 8,3 % der Stimmen, wurde aber dennoch Präsident. Die Militärs verhängten häufig den Ausnahmezustand, trieben die Opposition in den Untergrund, folterten und mordeten. Nach Angaben von »Amnesty International« fielen diesem Staatsterror in den Jahren 1966 bis 1980 mindestens 30 000 Menschen zum Opfer. Gegen diese Willkürherrschaft organisierten sich nach 1979, ermutigt durch den revolutionären Sieg der Sandinisten in Nicaragua, mehrere bewaffnete Widerstandsgruppen. Ihre Anschläge lösten wiederum grausame »Säuberungsaktionen« der Armee aus, die auch vor bestialischen Massakern in Indiodörfern nicht zurückschreckte. Der Terror sollte die Indios einschüchtern und sie vor einer Unterstützung der Guerilla abschrecken. Die US-Regierung sperrte zwar die Wirtschafts- und Militärhilfe, konnte aber nicht verhindern, daß das Foltern und Morden im Namen der »nationalen Sicherheit« weiterging.

In den Jahren 1985/1986 erreichte die Re-Demokratisierung im übrigen Lateinamerika auch Guatemala. Die Christdemokraten, die mit ihrem Reformprogramm besonders die Ladinos ansprachen, gewannen bei Wahlen deutliche Mehrheiten. Der neue Präsident Vinicio Cerezo Arévalo (* 1942), dem die Präsidialverfassung nach US-amerikanischem Vorbild eine starke Stellung gab, bemühte sich, das Treiben von Todesschwadronen zu beenden. Arévalos Nachfolger wurde 1991 der rechtsgerichtete Jorge Serrano Elias (* 1945). Er löste 1993 das Parlament auf und schränkte Verfassungsrechte ein. Unter dem Druck der Opposition zwang das Militär ihn zum Rücktritt. Der 1996 gewählte Präsident Alvaro Arzú Irigoyen (* 1946) schloß im Dezember 1996 ein Friedensabkommen mit der linken Guerilla, um den jahrzehntelangen Bürgerkrieg, dem rd. 100 000 Menschen zum Opfer gefallen sind, zu beenden. Im November 1999 wurde Alfonso Antonio Portillo Cabrera zum Präsidenten gewählt.

**Bedeutende Stätten der Mayakultur** (unten) befanden sich im heutigen Guatemala. Archäologen datieren die klassische Epoche der Mayakultur auf die Zeit von 250 bis 900. Die Maya benutzten eine komplizierte Bilderschrift und entwickelten einen sehr genauen Kalender.

# GUATEMALA: DIE MENSCHEN

Der flüchtig wahrnehmende Tourist, der sich nicht nur in der Hauptstadt aufhält, gewinnt den Eindruck, ein von Indios geprägtes Land zu besuchen. In den Führungsetagen von Ministerien, Banken und Großfirmen, in Villenvierteln, in Eliteschulen und auf den pompösen Landsitzen der Großgrundbesitzer begegnet er allerdings der weißen Minderheit, die nur rund 5 % der Gesamtbevölkerung ausmacht. Im karibischen und pazifischen Tiefland bereichern Menschen mit schwarzer und brauner Hautfarbe die Rassenvielfalt. Die Aussage, daß fast zwei Drittel der Guatemalteken Indios sind und von diesen wiederum zwei Drittel auf dem Hochland leben, stimmt nicht mehr. Die Landflucht aus übervölkerten Regionen und die vom Bürgerkrieg erzwungene Massenflucht haben die alten Siedlungsgrenzen verwischt. Nach Rassenmerkmalen gibt es noch immer eine Mehrheit von Indios, nach der Selbsteinschätzung aber eine Mehrheit von »Ladinos«, also nicht mehr reinrassigen Indios, die auch Spanisch sprechen, die die typischen Indiotrachten abgelegt haben und vorwiegend in den Städten leben. Die weiße Oberschicht, zu der sich eine kleine Gruppe neureicher Ladinos gesellte, steht ganz oben auf der gesellschaftlichen Stufenleiter, die Indios befinden sich ganz unten und das Gros der Ladinos irgendwo dazwischen. Besonders »die da oben« und »die da unten« leben in völlig verschiedenen Welten und Kulturen.

Die Indios sind Nachfahren der Maya, also Erben einer großen Kultur. Sie gehören vorwiegend zu den Mayavölkern der Quiché und Cakchiquel und sprechen verschiedene Dialekte aus der Maya-Quiché-Sprachgruppe. Die ehemaligen Herren des Landes sind seit der Kolonialzeit mehrheitlich arme Kleinbauern, Landarbeiter, Tagelöhner und schließlich Slumbewohner, wenn sie in den Städten Arbeit suchen. Bei der schwierigen Beschäftigungssituation haben sie als ungelernte Arbeitskräfte und Analphabeten die geringsten Chancen, eine feste Arbeit zu finden. Weil sich der von Weißen und Ladinos beherrschte Staat außerhalb der Städte wenig um das Bildungs- und Gesundheitswesen kümmert, hat die »Entwicklung« den Indios wenig Gutes gebracht. Nach Schätzungen der Vereinten Nationen kann mehr als ein Drittel der Erwachsenen weder lesen noch schreiben. Diese Durchschnittszahl, die in ganz Lateinamerika nur noch von Haiti übertroffen wird, verschleiert jedoch die wesentlich höhere Zahl der Analphabeten unter den Indios. Weil sie sich auch keinen Arzt leisten können, selbst wenn es einen in erreichbarer Nähe ihres Dorfes geben sollte, sterben viele Säuglinge. Weil viele Kinder früh sterben, müssen viele geboren werden. Das jährliche Bevölkerungswachstum lag deshalb in den letzten Jahren bei 2,6 % und gehört damit zu den höchsten in der Welt.

Wer in Guatemala »aufs Land« fährt, scheint in eine wirtschaftliche, soziale und kulturelle Vergangenheit zu reisen – wenn er nicht in zer-

**Frauen aus dem Dorf** (*oben*) plaudern auf den Stufen des Büros der Landwirtschaftskooperative in der Provinz Huehuetenango. Der größte Teil der indianischen Bevölkerung stammt von den Maya ab, den einstigen Herren des Landes.

**Die Mam-Indianer** (*rechts*) tragen farbenfrohe Kleidung aus handgewebtem Tuch. Es wird auf traditionellen Webstühlen nach jahrhundertealten überlieferten Vorlagen hergestellt. Jedes Dorf hat sein eigenes, charakteristisches Muster.

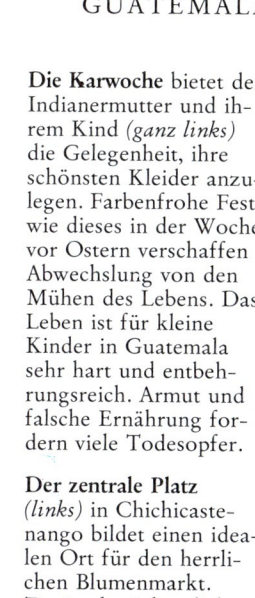

# GUATEMALA

**Die Karwoche** bietet der Indianermutter und ihrem Kind *(ganz links)* die Gelegenheit, ihre schönsten Kleider anzulegen. Farbenfrohe Feste wie dieses in der Woche vor Ostern verschaffen Abwechslung von den Mühen des Lebens. Das Leben ist für kleine Kinder in Guatemala sehr hart und entbehrungsreich. Armut und falsche Ernährung fordern viele Todesopfer.

**Der zentrale Platz** *(links)* in Chichicastenango bildet einen idealen Ort für den herrlichen Blumenmarkt. Zweimal wöchentlich wird in diesem Mayadorf Markt abgehalten, auf dem auch Töpferwaren, indianische Decken und Schmuck angeboten werden. Einige Hilfsorganisationen verkaufen von Indianern hergestellte Gegenstände und versuchen, ihnen einen fairen Preis dafür zu zahlen.

störten Dörfern den Folgen des Bürgerkrieges begegnet. Die Indiofamilien leben in kleinen Dörfern in der Gemeinschaft von Sippen- und Stammesverbänden. Die Dörfer sind Lebensgemeinschaften, in denen vieles gemeinsam geregelt wird. Die Familien stellen mit einfachen Werkzeugen fast alles selbst her, was sie brauchen: ihre Trachten aus Schafwolle, ihre Schuhe aus Agavenfasern, ihre Mahlzeiten und Getränke. Bei aller Armut feiern die Indios gerne und trinken viel. In ihrer tiefen Religiosität verbinden sie Bräuche und Vorstellungen der Mayakultur mit den ihnen aufgezwungenen Inhalten und Riten des Katholizismus. Sie verehren christliche Heilige, vergessen aber nicht die alten Götter und Geister der Maya, die ein Opfer erwarten. Die von vielen Touristen besuchten Kultstätten der Maya, Tikal, Yaxchilán, Piedras Negras und Quiriguá, sind für sie nicht nur Erinnerung an eine verlorene Geschichte, sondern immer noch religiöse Kultstätten.

80 % der Guatemalteken bekennen sich zum Katholizismus, der aber für viele nur eine Gewohnheit und Pflichtübung darstellt. Seit den 1970er Jahren haben protestantische Erweckungsbewegungen, die aus den USA finanziert werden, starken Zulauf bekommen. Die konservative katholische Kirche öffnete sich nur langsam den sozialen Problemen und Bedürfnissen von Menschen, die in ihrer Hoffnungslosigkeit für Verheißungen auf irgendein Glück anfällig sind. Aus dem religiösen Eiferer Ríos Montt wurde ein blutrünstiger Diktator, der von 1982 bis 1983 regierte und mit »Bohnen und Kugeln« Jagd auf die als Komplizen der Guerilla verdächtigten Führer der Indios machen ließ.

Die guatemaltekische Gesellschaft steckt auch nach dem offiziellen Ende des Bürgerkriegs noch voller Gewalt, deren Opfer vor allem die Ureinwohner sind. Ihre traurigen Augen und verhärmten Gesichter drücken aus, was sie täglich erleben: Ausbeutung und Unterdrückung, Diskriminierung und Verachtung. Die Idylle einer alten Kultur und farbenfroher Feste, die zivilisationsmüde Touristen anzieht, romantisiert ihre Lebenslage. Sie sind beispielhaft für die »Verdammten dieser Erde«. Wenn sich soziale Aufsteiger von ihren ethnischen und kulturellen Wurzeln distanzieren, dann droht das Erbe der Maya vollends zur Randkultur zu verkommen.

Im Kampf um soziale Gerechtigkeit trat ein katholischer Priester in Aktion: Andrés Giron wurde Ende der 1980er Jahre zum Führer der Landreformbewegung. Er arbeitete unermüdlich für die Unterprivilegierten und versuchte auf legalem Wege, brachliegendes Land und regierungseigenen Boden für die Indianer zu bekommen. Reiche private Grundbesitzer sind seit langem Ziel seines Zorns. Dies, zusammen mit seinem leidenschaftlichen Eintreten für die Rechte der Armen, kennzeichnete ihn für einige als Marxisten.

# GUINEA

Rund fünfhundert Jahre nach seiner Entdekkung durch den Portugiesen Juan Perez wurde Guinea 1958 eine unabhängige Republik.

Archäologische Funde beweisen, daß Teile des Gebiets ursprünglich von Pygmäen besiedelt waren, die jedoch von einwandernden Mande-Gruppen in die unwegsameren Regionen vertrieben wurden. Im Mittelalter war Guinea mit den großen Reichen des westlichen Sudan, Ghana und Mali, verbunden, deren Reichtum auf den Goldfunden im Unterlauf des Falème im Fouta-Gebirge beruhte.

Vor der europäischen Kolonisation hatten von Norden eindringende islamisierte Fulbe um Fouta Djalon ein Reich gleichen Namens gegründet. Mit dem ersten »Heiligen Krieg« (1725) wurde die Vorherrschaft der Patoralisten (nomadisierende Viehtreiber) über die zentrale Bergregion Guineas gefestigt. Mitte des 19. Jahrhunderts kam es an der Küste zu ersten Niederlassungen der Franzosen. Bei ihren Vorstößen ins Landesinnere trafen sie auf ein hochorganisiertes, von Samori Touré (um 1835–1900) gegründetes Reich, das außer weiten Teilen des heutigen Guinea auch Teile von Mali und der Elfenbeinküste umfaßte.

Tourés Widerstand konnten die französischen Kolonialtruppen erst 1898 brechen. Unter dem Namen Französisch-Guinea wurde die Kolonie 1904 Französisch-Westafrika angeschlossen, bis sie 1946 in ein französisches Überseedépartement umgewandelt wurde.

Die reiche geschichtliche Tradition war dank der mündlichen Überlieferung noch im Volksbewußtsein gegenwärtig, als der Gewerkschaftsführer Sékou Touré (1922–1984) im Jahr 1947 die »Parti Démocratique de Guiné« (PDG) gründete.

**Rundhütten mit Lehmwänden und Strohdächern** *(rechts)* sind die traditionellen Behausungen der Landbevölkerung Guineas. Durch das Fehlen eines effizienten Straßennetzes bleiben viele Siedlungen von den Errungenschaften der modernen Welt unbeeinflußt.

## Daten und Fakten

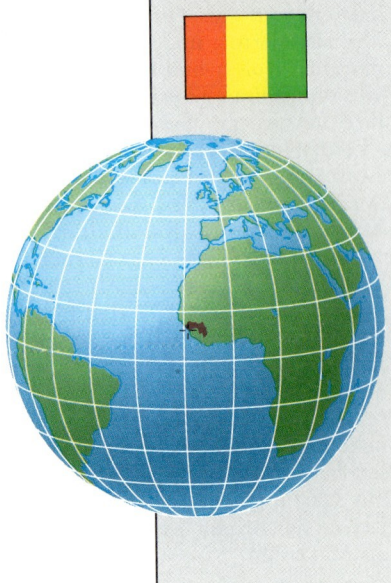

**DAS LAND**
**Offizieller Name:**
Republik Guinea
**Hauptstadt:**
Conakry
**Fläche:**
245 857 km²
**Landesnatur:**
Flache, regenwaldbestandene Küstenebene, im NO anschließend Bergland der Oberguineaschwelle, im Inneren Feuchtsavannen, im Grenzgebiet zu Mali Trockensavannen
**Klima:** Feucht-heißes, tropisches Klima
**Hauptflüsse:**
Niger, Konkouré, Tinkisso, Sankarani
**Höchster Punkt:**
Mount Nimba 1752 m

**DER STAAT**
**Regierungsform:**
Präsidiale Republik
**Staatsoberhaupt:**
Präsident
**Verwaltung:**
4 Supra-Regionen, 30 Regionen und Hauptstadtdistrikt
**Parlament:**
Parlament mit 114 für 4 Jahre gewählten Mitgliedern
**Nationalfeiertag:**
2. Oktober
**DIE MENSCHEN**
**Einwohner (Ew.):**
7 360 000 (1999)
**Bevölkerungsdichte:**
30 Ew./km²
**Stadtbevölkerung:** 33 %
**Analphabetenquote:**
58 %

**Sprache:**
Französisch
**Religion:**
Moslems 95 %
**DIE WIRTSCHAFT**
**Währung:**
Guinea-Franc
**Bruttosozialprodukt (BSP):**
3825 Mio. US-$ (1998)
**BSP je Einwohner:**
540 US-$
**Inflationsrate:**
6,7 % (1990-98)
**Importgüter:**
Erdölprodukte, Maschinen, Geräte, Fahrzeuge, Nahrungsmittel, Investitionsgüter, Konsumgüter aller Art
**Exportgüter:**
Bergbauprodukte (Aluminiumoxid, Bauxit,

Guinea *(rechts)* wurde 1958 unabhängig. Obwohl mit dem Tod Sékou Tourés (1922–1984) die Abkehr von der sozialistischen Politik erfolgte, leidet das Land immer noch an den Folgen der langjährigen staatlichen Mißwirtschaft.

Als einzige französische Kolonie entschied sich Guinea in einem Referendum 1958 mit großer Mehrheit gegen das Angebot von General de Gaulle, mit einer Teilautonomie in der »Communauté Française« zu verbleiben. Sékou Touré, der erste Staatspräsident des Landes, prägte den Satz: »Lieber in Armut frei als reich und Sklave.«

### Guinea nach der Unabhängigkeit

Frankreich gewährte Guinea zwar die sofortige Unabhängigkeit, versuchte aber, die neue Republik politisch und wirtschaftlich zu isolieren, stellte jede finanzielle und personelle Hilfe ein, zerstörte die gesamte Infrastruktur und zog alles, bis zum sprichwörtlichen letzten Wasserhahn, aus dem Land. Das so von Frankreich geschaffene Nichts löste die zeitweilige Hinwendung zu sozialistischen Staaten aus. Dennoch versuchte Touré einen politisch eigenständigen Weg zu gehen, beteiligte sich an der Gründung der »Organisation für die Einheit Afrikas« und zählte zu den führenden Mitgliedern der blockfreien Staaten.

Das von Touré als reaktionär erachtete Häuptlingstum wurde abgeschafft und durch die Alleinherrschaft der PDG ersetzt, gesichert vom Geheimdienst, wodurch über Jahre mehr als ein Drittel der Einwohner Guineas in die Nachbarländer getrieben wurde. Von dort aus unternahmen die Führer der Exilgruppen, unter anderem mit französischer und portugiesischer Unterstützung, immer wieder Versuche, Touré zu stürzen. Er reagierte seinerseits mit einer »Radikalisierung der Revolution«. Den damit einhergehenden blutigen Säuberungskampagnen, den Verhaftungen, Folterungen und Hinrichtungen fielen zahlreiche Politiker des eigenen Landes zum Opfer.

Die Auswüchse der Einparteien-Diktatur drängten Guinea immer stärker in die politische Isolation, und die sich verschärfende wirtschaftliche Situation führte im Jahr 1978 zum »Aufstand der Marktfrauen«. Danach begann Touré nicht nur eine allmähliche Liberalisierung der Wirtschaft, sondern normalisierte auch die Beziehungen zu Frankreich und zu den afrikanischen Nachbarstaaten. 1984 starb der islamisch geprägte Sozialist Touré in einem amerikanischen Militärhospital.

Nur wenige Tage nach seinem Tod putschte das Militär, das ihm fast drei Jahrzehnte treu gedient hatte, und entmachtete die Staatspartei. Unter dem ebenfalls von Putschversuchen heimgesuchten Lansana Conté (* 1934) wurde für eine Übergangszeit ein »Militärkomitee für den Nationalen Wiederaufbau« (CMNR) gebildet, das berüchtigte Foltercamp von Boiro geöffnet, politische Häftlinge wurden freigelassen, die Wirtschaft wurde weiter liberalisiert, und die Beziehungen zu Frankreich wurden noch enger gestaltet. Doch das Land leidet auch zu Beginn des 21. Jahrhunderts noch an den Folgen langjähriger staatlicher Mißwirtschaft und an fehlenden Investitionen. Nach der neuen Verfassung, die 1991 in Kraft trat, ist Guinea eine Präsidialdemokratie. Auf Basis dieser Verfassung konnten 1995 freie Wahlen stattfinden.

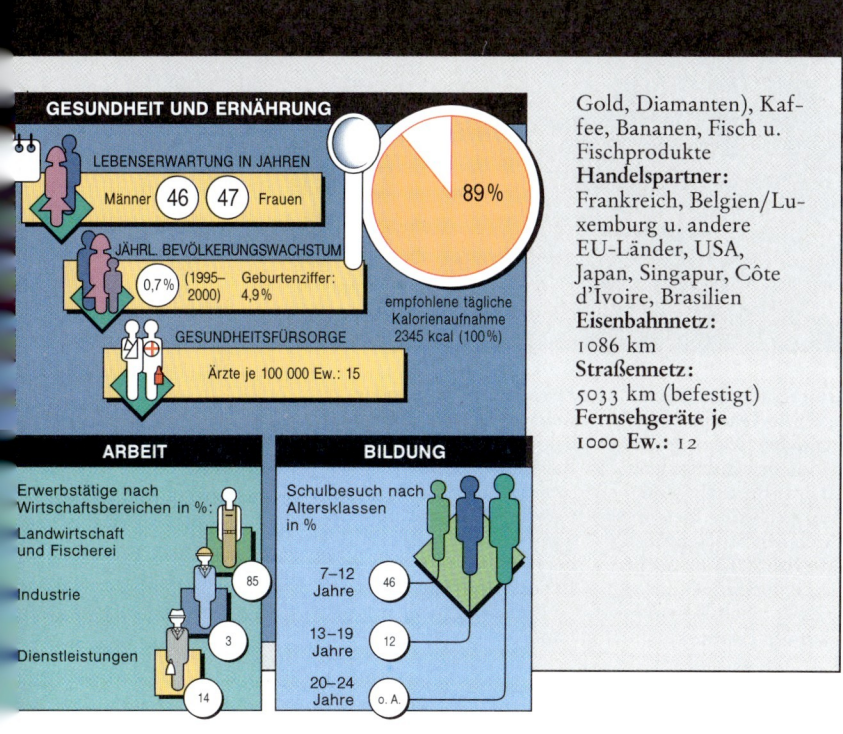

Gold, Diamanten), Kaffee, Bananen, Fisch u. Fischprodukte
**Handelspartner:** Frankreich, Belgien/Luxemburg u. andere EU-Länder, USA, Japan, Singapur, Côte d'Ivoire, Brasilien
**Eisenbahnnetz:** 1086 km
**Straßennetz:** 5033 km (befestigt)
**Fernsehgeräte je 1000 Ew.:** 12

# GUINEA: DAS LAND

Der weitaus größte Teil der Republik Guinea wird von den westlichen Eckpfeilern der Oberguineaschwelle eingenommen: dem Fouta Djalon und dem Liberianischen Schiefergebirge oder Guineahochland. Dem gebirgigen Inneren ist eine 50 bis 90 km breite Küstenebene vorgelagert, deren flache Uferzone bis auf wenige Ausnahmen von Mangroven und sumpfigen Lagunen durchsetzt ist, denen Nehrungen und Sandbänke vorgelagert sind.

Aus der Küstenebene erhebt sich in Stufen das um 1500 m hohe Tafelland von Fouta Djalon, das größte Hochlandgebiet Westafrikas. Als Hauptwasserscheide ist das Sandsteinplateau Quellgebiet zahlreicher Flüsse. Mit zum Teil steilen Schichtstufen, die die Flüsse durchschneiden und dabei zahlreiche Wasserfälle und -schnellen bilden, bricht das Massiv zu den Flachländern im Westen und Norden ab; süd- und ostwärts läuft es allmählich in die Hochebene der Oberguineaschwelle aus. In der südöstlich gelegenen Waldregion wird das Guineahochland von einzelnen Inselbergen, wie dem Mount Nimba, überragt.

Guinea liegt im Bereich der tropisch-subtropischen Klimazone. Während der Regenzeiten dringen niederschlagsreiche Luftmassen vom Atlantik ins Land, die von den Hochlandgebieten aufgefangen werden und in der Küstenebene, am Westabfall des Fouta Djalon und im Südosten Guineas abregnen. Landeinwärts wird das sommerfeuchte Klima trockener. Weite Teile des Landes werden von Feuchtsavanne bedeckt. Sie geht im Grenzgebiet zu Mali in Trockensavanne über. In der Trockenzeit von Dezember bis April weht aus der Sahara ein heißer, trockener Wind, der Harmattan. Er läßt die ohnehin hohen Temperaturen auf Werte um 40 °C ansteigen.

## Bevölkerung

Die Bevölkerung Guineas ist sehr unterschiedlich verteilt. Den Städten, dem Gebiet des Fouta Djalon, der südlichen Waldregion und der Provinz Guéckédou-Kankan als Hauptsiedlungsraum stehen weite, ausgesprochen menschenarme Landstriche gegenüber.

Die ethnische Zusammensetzung der Bevölkerung ist sehr vielschichtig. Die Fulbe, die als viehzüchtende Halbnomaden wenig Respekt für die nationalstaatlichen Grenzen zeigen, haben rund 30 % Anteil an der überwiegend islamischen Bevölkerung. Weitere wichtige, eher seßhafte und Ackerbau betreibende Völker sind die Angehörigen der Mandingo-Gruppe: Malinke 30 %, Sussu 15 % und Kissi 6,5 %. Seit der politischen Liberalisierung des Landes Mitte der 80er Jahre ist die Zahl der Franzosen und Libanesen, die überwiegend das Wirtschaftsleben in den Städten bestimmen, wieder gestiegen. Die Amtssprache Französisch bietet häufig die einzige Verständigungsmöglichkeit, da jede stammesmäßig organisierte Gruppe ihre eigene Sprache hat.

**Nur einige wenige Behausungen,** hier im Bild strohgedeckte Hütten und ein Gebäude mit Wellblechdach *(unten)*, bilden im Hochland von Guinea eine ländliche Siedlung. Die Mehrheit der Bevölkerung lebt in solchen kleinen Dörfern.

**Eine Hirtin** treibt ihre Tiere einen unbefestigten Weg entlang *(rechts)*. Das unzureichende Verkehrsnetz behindert die Entwicklung des Landes. In Guinea gibt es lediglich 5033 km geteerte Straßen und nur 1086 km Eisenbahnstrecken.

**Althergebrachte und moderne Transportmethoden** *(oben)* treffen in Conakry aufeinander, wo eine Brote tragende Frau sich ihren Weg durch den Straßenverkehr bahnt. Conakry ist die Hauptstadt Guineas, zugleich auch die größte Stadt des Landes.

**Zwei guinesische Kinder** sitzen auf einem Eisenbahnwaggon, der mit Bauxit beladen ist *(rechts)*. Bauxit, das zur Gewinnung von Aluminium benötigt wird, bildet mit über 50 % der Exporterlöse eine wichtige Einnahmequelle des Landes.

# GUINEA

## Wirtschaft

Obwohl Guinea dank seiner reichen Bodenschätze und der vorhandenen Wasserkräfte gute Voraussetzungen für eine Industrialisierung besitzt, leben heute noch rund 85 % der Bevölkerung von der Landwirtschaft. Der Anbau von Feuchtreis im Küstengebiet sowie von Trockenreis, Hirse und Mais im Binnenland gewährleisten schon seit langem nicht mehr die Eigenversorgung mit Grundnahrungsmitteln. Der staatliche Export landwirtschaftlicher Produkte, wie Bananen, Ananas oder Kaffee, ist praktisch zur Bedeutungslosigkeit abgesunken. Im Bergland halten sich die Menschen zur eigenen Versorgung Rinder, Ziegen und Schafe; an der Küste betreiben sie Fischfang (Thunfisch).

Export, Devisen- und Staatseinkommen werden seit Anfang der 60er Jahre zu weit mehr als 80 % durch das von ausländischen Unternehmen geförderte Bauxit bestimmt, das in der »Friguia Companie Fria« zu Tonerde veredelt wird. Guinea gehört neben Australien zu den weltweit größten Bauxit-Exporteuren.

Pläne für die weitere Erschließung der riesigen Eisenerz-Vorkommen bei Mount Nimba im Grenzgebiet zu Liberia – über dessen Erzbahn sie auch einmal exportiert werden sollen – wurden zurückgestellt. Die im Lande gefundenen Diamanten werden auch heutzutage größtenteils ohne jede staatliche Kontrolle auf den Weltmarkt geschmuggelt.

Das bei westlichen Industrieländern hoch verschuldete Guinea hat sich 1984 unter der Militärregierung vom Staatssozialismus abgewendet und betreibt konsequent den Wandel zu einer marktwirtschaftlichen Ordnung. Dem Diktat des Weltwährungsfonds folgend, wird der Staatsapparat drastisch beschnitten und der staatliche Rückzug aus den meisten Wirtschaftsbereichen zugunsten einer starken Beteiligung privater Unternehmen eingeleitet. Die wirtschaftliche Entwicklung verlief in den letzten Jahren mit jährlichen Wachstumsraten um 4 % zufriedenstellend, so daß sich die internationalen Geldgeber zu neuen Krediten und zu großangelegten Umschuldungsmaßnahmen bereit erklärten. Die Unterentwicklung der Infrastruktur – von Straßen und Hotels – machen selbst den Ansatz eines modernen, devisenbringenden Fremdenverkehrs schwierig. Dabei bietet Guinea mit seiner kunsthandwerklichen Tradition und seiner reizvollen Landschaft viele Attraktionen.

»Uniformiert« gekleidet, nehmen Guineerinnen an einer politischen Kundgebung teil *(links)*. Derartige Veranstaltungen trugen zum Einigungsprozeß unter Sékou Touré bei. Seiner Regierung gelang es, die vorhandenen Spannungen zwischen den verschiedenen ethnischen Gruppen abzubauen und die soziale Absicherung zu verbessern. Allerdings wurde die wirtschaftliche Entwicklung durch eine sozialistische Wirtschaftspolitik gehemmt, da ausländische Hilfen und Investitionen ausblieben.

# GUINEA-BISSAU

**Ein Malinke-Mädchen** (unten), Angehörige einer der größeren ethnischen Gruppen Guinea-Bissaus, balanciert eine Flasche auf ihrem Kopfputz. Die meisten Menschen sprechen eine als »crioulo« bezeichnete Sprache, die die Amtssprache Portugiesisch mit lokalen afrikanischen Sprachen vermischt.

Es gibt Länder in Afrika, von denen die Weltöffentlichkeit nur wenig Notiz nimmt. Der strukturschwache Kleinstaat Guinea-Bissau gehört dazu. Eine Ausnahme bildete die Zeit des zähen Unabhängigkeitskampfes, an dessen Ende das westafrikanische Land als erste portugiesische Kolonie die über fünfhundert Jahre währende Fremdherrschaft beenden konnte.

Guinea-Bissau wurde 1446 von Nuño Tristão entdeckt und 1466 zu portugiesischem Besitz erklärt. Es blieb zunächst für die Seefahrer lediglich Anlaufstation auf dem Weg nach Süden, bis Anfang des 16. Jahrhunderts die Portugiesen versuchten, den einträglichen transatlantischen Sklavenhandel unter ihre Kontrolle zu bringen. Nach der Abschaffung des Sklavenhandels war die Besitzung – seit 1879 portugiesische Kolonie – für Portugal von untergeordneter Bedeutung, da das Fehlen von Bodenschätzen eine Erschließung nicht lohnenswert erscheinen ließ. Portugal überließ Guinea-Bissau Monopolgesellschaften, die den Anbau von Erdnüssen und ein Steuersystem auf Kosten der einheimischen Bevölkerung durchsetzten.

Mit der Gründung der »Partido Africano da Independência de Guiné e Cabo Verde« (PAIGC) unter Führung von Amilcar Cabral (1924–1973) organisierte sich 1956 der Widerstand gegen dieses System. Als verschärfte koloniale Repressalien die Hoffnung auf eine durch Verhandlungen herbeigeführte Unabhängigkeit zunichte machten, schlug der Widerstand in einen bewaffneten Befreiungskampf um. Es begann einer der blutigsten Kolonialkriege. Auch die Ermordung Amilcar Cabrals, der Symbolfigur einer ganzen Generation afrikanischer Befreiungskämpfer, im Januar 1973 konnte das Streben nach Unabhängigkeit nicht mehr aufhalten. Noch im selben Jahr rief die PAIGC die Republik Guinea-Bissau aus. Nach der Revolution in Portugal 1974 wurde Guinea-Bissau auch offiziell in die Unabhängigkeit entlassen, nachdem die UN-Vollversammlung das Land bereits 1973 als selbständigen Staat anerkannt hatte.

Die bereits durch den Parteinamen zum Ausdruck kommende und beabsichtigte Einheit mit den Kapverdischen Inseln kam nicht zustande. Die Vorherrschaft der Kapverder in Regierung und Verwaltung führte in Guinea-Bissau 1980 zum Staatsstreich durch João Bernardo Vieira (* 1939), genannt »Nino«, gegen Staatspräsident Luis Cabral (* 1931), den Bruder des ermordeten Parteigründers. Die Einheit mit den Kapverdischen Inseln wird seitdem nicht mehr verfolgt.

## Probleme der Wirtschaft

Die Portugiesen hatten nach ihrem Abzug ein Land hinterlassen, das in seiner wirtschaftlichen Entwicklung weit hinter den meisten Ländern der Erde zurücklag. Portugal hatte sich stets auf die Kontrolle einiger Städte und Häfen sowie der nötigen Verbindungswege beschränkt, der Erschließung des Hinterlandes schenkte es keinerlei Aufmerksamkeit.

Die Entwicklungsmaßnahmen der ersten Regierung vergrößerten indes den Stadt-Land-Gegensatz, worin sich heute die hauptsächlichen Interessenkonflikte der Gesellschaft widerspiegeln. Daneben führten falsche Investitionsplanung, mangelhafte Koordinierung der Auslandshilfe und Vernachlässigung der Landwirtschaft, die weder die Bevölkerung ausreichend ernähren noch die verarbeitende Industrie beliefern konnte, in eine wirtschaftliche Situation, aus der Vieira das Land nur mittels Liberalisie-

## Daten und Fakten

**DAS LAND**
**Offizieller Name:** Republik Guinea-Bissau
**Hauptstadt:** Bissau
**Fläche:** 36 125 km²
**Landesnatur:** Flaches Tiefland
**Klima:** Tropisches Klima
**Hauptflüsse:** Cacheu, Geba, Corubal
**Höchster Punkt:** Etwa 300 m an der Grenze zu Guinea
**DER STAAT**
**Regierungsform:** Präsidiale Republik
**Staatsoberhaupt:** Staatspräsident
**Regierungschef:** Ministerpräsident
**Verwaltung:** 8 Regionen und Hauptstadtdistrikt

**Parlament:** Nationalversammlung mit 102 für 5 Jahre gewählten Abgeordneten
**Nationalfeiertag:** 24. September
**DIE MENSCHEN**
**Einwohner (Ew.):** 1 187 000 (1999)
**Bevölkerungsdichte:** 33 Ew./km²
**Stadtbevölkerung:** 22 %
**Analphabetenquote:** 45 %
**Sprache:** Portugiesisch
**Religion:** Anhänger traditioneller Religionen 54 %, Moslems 38 %
**DIE WIRTSCHAFT**
**Währung:** CFA-Franc

**Bruttosozialprodukt (BSP):** 186 Mio. US-$ (1998)
**BSP je Einwohner:** 160 US-$
**Inflationsrate:** 41,8 % (1990-98)
**Importgüter:** Konsumgüter, Maschinen, Transportausrüstungen
**Exportgüter:** Fische u. Krustentiere, Erd- u. Kokosnüsse, Palmöl, Baumwolle, Holz
**Handelspartner:** Portugal, Spanien, Senegal, Guinea, Japan, Indien
**Straßennetz:** 4 150 km
**Fernsehgeräte je 1000 Ew.:** o.A.

rung und Privatisierung der Wirtschaft retten zu können glaubte. Da Guinea-Bissau arm an Bodenschätzen ist – die Bauxit- und Phosphatlager werden auf ihre Abbauwürdigkeit überprüft, und die Bohrungen nach vermuteten Erdölvorkommen vor der Küste haben noch zu keinem nennenswerten Ergebnis geführt –, richten sich die wirtschaftspolitischen Maßnahmen auch unter dem seit Februar 2000 regierenden neuen Staatsoberhaupt Kumba Yala in erster Linie auf die Förderung und Modernisierung der Land- und Fischereiwirtschaft. Die Landwirtschaft wird auch heute noch überwiegend mit traditionellen Methoden betrieben. Der Anbau von Mais, Bataten, Maniok, Hirse, Zuckerrohr und Bohnen dient vor allem der Selbstversorgung, während Erdnüsse, Kopra und Palmkerne wichtige Exportprodukte sind.

Hauptanbaugebiet von Reis, dem Grundnahrungsmittel, ist die Küstenregion, jene buchtenreiche Senkungszone, der die flachen, sumpfigen, bewaldeten und dicht bevölkerten Bijagos-Inseln vorgelagert sind. Zwischen diesen Inseln und der Küste breitet sich ein seichtes Wattenmeer aus. Auf den landeinwärts gelegenen, trockeneren Flächen wachsen Ölpalmwälder.

**Die Symbole seines Amtes** hält dieses Oberhaupt eines Dorfes der Bijagos-Inseln in seinen Händen *(rechts)*. Die Bijagos-Inselgruppe besteht aus fünfzehn Haupt- und mehreren kleineren Inseln und liegt ungefähr 48 km vor der Küste des afrikanischen Kontinents.

**Guinea-Bissau** *(unten)* hat ein heißes und feuchtes Klima mit heftigen Regenfällen. An der Küste breiten sich Mangrovesümpfe und dicht bewaldete Gebiete aus. Im Landesinneren steigt das Gelände allmählich zu ausgedehnten grasbedeckten Savannen hin an.

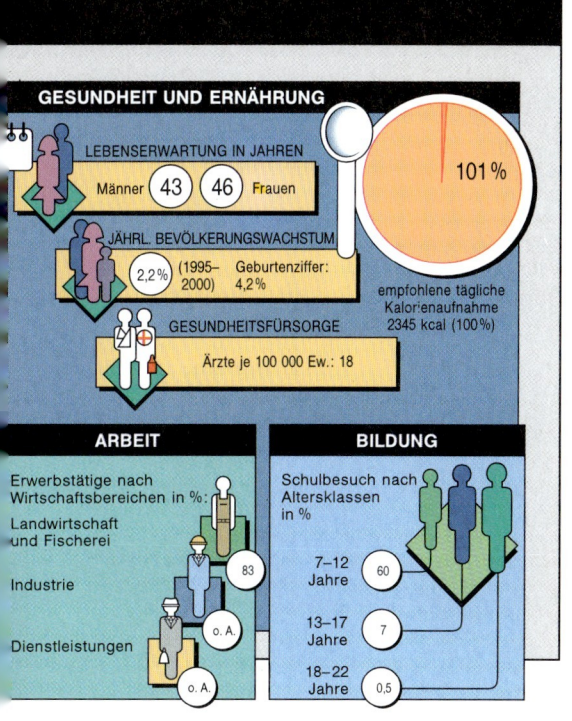

# GUYANA

Im Jahr 1978, als knapp tausend Mitglieder einer fanatischen nordamerikanischen Sekte in Jonestown gemeinsam Selbstmord begingen, geriet die Republik Guyana in die internationalen Schlagzeilen. Bis zu diesem Zeitpunkt waren über die landeseigenen Probleme, die latenten Rassenkonflikte etwa, nur wenig Informationen an die Weltöffentlichkeit gedrungen.

Das Land im Nordosten des südamerikanischen Kontinents stößt im Norden an den Atlantischen Ozean. Im Osten bildet der Fluß Corantijn die Grenze zu Suriname. Im Süden grenzt es an den Nachbarn Brasilien und im Westen an Venezuela. Wie die benachbarten Guyana-Länder unterscheidet sich Guyana von den übrigen Staaten Lateinamerikas. Es ist historisch, wirtschaftlich und kulturell eng mit der karibischen Inselwelt verbunden.

Die Spanier landeten um 1500 als erste an der Küste Guyanas, zeigten aber nur wenig Interesse an diesem Gebiet. Dafür wurde das Land lange Zeit Streitobjekt zwischen Briten, Franzosen und Niederländern. Sie führten im 17. Jahrhundert die Plantagenwirtschaft ein. Damit begann die traurige Zeit des Sklavenhandels, denn die Plantagenbesitzer beschafften sich die Arbeitssklaven aus Afrika. 1814 wurde Guyana unter den drei Kolonialmächten aufgeteilt. Die Briten erhielten den Westteil und ernannten es 1831 zur Kronkolonie Britisch-Guyana. Als 1834 die Sklaverei verboten wurde, verließen die Schwarzen die Plantagen und zogen in die Städte. Um den Mangel an Arbeitskräften auszugleichen, wurden Kontraktarbeiter aus Asien angeworben.

1928 erhielt Britisch-Guyana von Großbritannien eine neue Kolonialverfassung. Die politische Macht aber blieb beim Mutterland. Die Ausweitung der politischen Rechte für die Kolonialbevölkerung führte zur Gründung der noch heute einflußreichen Parteien.

## Politik und Wirtschaft

Der Inder Cheddi Berrett Jagan (1918–1997) gründete 1950 die »People's Progressive Party« (PPP). Fünf Jahre später kam es jedoch zur Spaltung der Partei, woraufhin Forbes Burnham (1923–1985) seine eigene Partei, die »People's National Congress« (PNC) bildete. Während die sozialistische PNC vor allem von der schwarzen Bevölkerung Zulauf erfuhr, unterstützten die Inder die marxistische PPP. Die für 1962 geplante Unabhängigkeit Britisch-Guyanas verzögerte sich bis 1966, da sich der Machtkampf zwischen den großen Parteien zu einem blutigen Rassenkonflikt ausweitete.

Durch ein neues Wahlgesetz wurde trotz Stimmenmehrheit der PPP Burnham zum Regierungschef ernannt. Er regierte von 1964 bis 1985 mit autoritärer Gewalt, die er auch zum Machterhalt einsetzte.

Unter der Führung von Burnham stiegen die aktiven schwarzen Mitglieder der PNC zur unangefochtenen Führungsschicht Guyanas auf. Sie bekleiden die höheren Ämter in Verwaltung und Militär. Die Inder dagegen dominieren Handel und Landwirtschaft. Das Burnham-Regime versuchte, ihre Macht durch drastische Steuern zu brechen. Gleichzeitig nahm die Regierung auch Teilverstaatlichungen in den Sektoren Bergbau, Banken und Handel vor.

Der Bergbau ist für die Wirtschaft des Landes von großer Bedeutung. Bergbauprodukte, wie Bauxit und Diamanten, machen etwa ein Drittel des gesamten Exports aus. Von vorrangiger Bedeutung ist jedoch die Landwirtschaft, wenn-

## Daten und Fakten

**DAS LAND**
**Offizieller Name:** Kooperative Republik Guyana
**Hauptstadt:** Georgetown
**Fläche:** 214 969 km²
**Landesnatur:** Küstentiefland, nach S anschließend Hügelland, im W Bergland von Guyana
**Klima:** Feuchttropisches Klima
**Hauptflüsse:** Demerara, Essequibo, Mazaruní
**Höchster Punkt:** Roraima 2810 m

**DER STAAT**
**Regierungsform:** Präsidiale Republik
**Staatsoberhaupt:** Staatspräsident
**Regierungschef:** Premierminister
**Verwaltung:** 9 Bezirke
**Parlament:** Nationalversammlung mit 65 für 5 Jahre gewählten Mitgliedern
**Nationalfeiertag:** 23. Februar

**DIE MENSCHEN**
**Einwohner (Ew.):** 855 000 (1999)
**Bevölkerungsdichte:** 4 Ew./km²
**Stadtbevölkerung:** 36 %
**Analphabetenquote:** 3 %
**Sprache:** Englisch
**Religion:** Hindus 33 %, Protestanten 34 %, Katholiken 20 %, Moslems 8 %

**DIE WIRTSCHAFT**
**Währung:** Guyana-Dollar
**Bruttosozialprodukt (BSP):** 660 Mio. US-$ (1999)
**BSP je Einwohner:** 770 US-$
**Inflationsrate:** 16 % (1990-98)
**Importgüter:** Brennstoffe, Schmieröle, Maschinen, Fahrzeuge
**Exportgüter:** Zucker, Reis, Rum, Bauxit, Aluminiumoxid, Diamanten
**Handelspartner:** USA, Großbritannien, Trinidad u. Tobago, Kanada, Jamaika
**Eisenbahnnetz:** 88 km
**Straßennetz:** 7200 km
**Fernsehgeräte je 1000 Ew.:** o.A.

gleich nur rund 2,5 % der Landesfläche kultiviert sind. Wichtigstes Agrarprodukt ist Zuckerrohr, das Hauptausfuhrprodukt Zucker.

1970 erklärte sich die parlamentarische Monarchie Guyana zur »Kooperativen Republik«, blieb aber weiterhin Mitglied des Commonwealth. Der Zusatz »Kooperative« sollte die Absicht ausdrücken, die wirtschaftlichen Aktivitäten auf genossenschaftlicher Basis zu fördern. In der 1980 neu verabschiedeten Verfassung wurde die Entwicklung zu einem sozialistischen Einheitsstaat verankert. Daran änderte auch Hugh Desmond Hoyte (* 1929), nach dem Tod Burnhams verfassungsmäßiger Nachfolger und in umstrittenen Parlamentswahlen 1985 als Staatspräsident bestätigt, nichts. Er bemühte sich jedoch um bessere Beziehungen zu den westlichen Industriestaaten, da Guyana aufgrund seiner wirtschaftlichen Situation dringend ausländische Hilfe benötigte. Die autokratischen Strukturen lockerten sich allmählich.

International überwachte Parlamentswahlen gewann 1992 die PPP. Das Präsidentenamt übernahm Jagan, der seine marxistische Grundhaltung inzwischen revidiert hatte. Nach seinem Tod 1997 wurde Samuel Hinds neuer Staatschef. Im August 1999 übernahm Bharrat Jagdeo das Präsidentenamt.

**Auf dem Starbroek-Markt** *(links)* in der Hauptstadt Georgetown hat sich ein Metzgerladen auf die Speisevorschriften der Moslems eingestellt. Etwa 8 % der Guyaner sind Moslems, meist indischer Herkunft.

**Die Kooperative Republik Guyana** *(unten)*, zwischen Venezuela, Brasilien und Suriname gelegen, wurde 1966 unabhängig. Wie in Suriname besteht Guyanas Landschaft aus einem schmalen, fruchtbaren Küstentiefland. Im Landesinneren erstrecken sich dichte Regenwälder sowie eine Berg- und Hügelregion. In der Serra Acaraí verläuft die Grenze zu Brasilien.

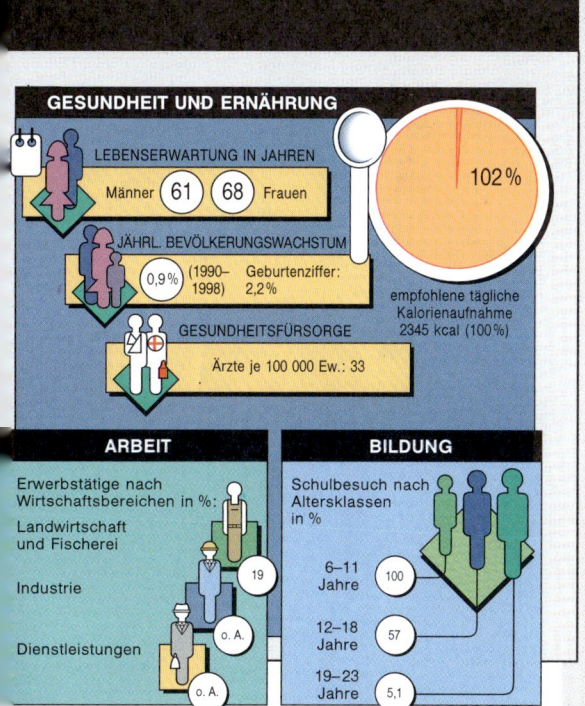

# GUYANA

### Landesnatur

Das feuchtheiße Guyana besteht aus zwei landschaftlichen Großräumen: dem unzugänglichen Bergland im Westen und Süden sowie der fruchtbaren Tiefebene im Norden. Über 80 % der Republik Guyana sind von immergrünen tropischen Regenwäldern bedeckt.

Die Berg- und Hügelregion im Landesinneren gehört zum Bergland von Guyana. Es ist ein geologisch sehr altes Massiv, das schon in der Urzeit der Erde gefaltet und im Laufe von Jahrmillionen wieder weitgehend eingeebnet wurde. Im westlichen Teil erreicht das Bergland durchschnittlich 1300 m Höhe, während die mittlere Höhe im Süden des Landes nur um 600 m liegt. In der Region Roraima, dem Grenzdreieck zwischen Venezuela, Brasilien und Guyana, liegt die höchste Erhebung des Landes: der Roraima, 2810 m hoch und aufgrund der reichlichen Niederschläge oft wolkenverhangen. Entlang der brasilianischen Grenze erstreckt sich auf einer Höhe von 1000 m die »Rupununi-Savanne«. Im Südwesten reicht dieses Savannengebiet bis über die Wasserscheide hinaus ins Einzugsgebiet des Amazonas-Nebenflusses Rio Branco. Obwohl die Bergregion mehr als die Hälfte der Gesamtfläche Guyanas einnimmt, ist sie nahezu menschenleer und unerschlossen.

Zwischen Bergland und Küstenebene erstreckt sich eine 50 bis 100 km breite Zone, die nach Norden zum Küstentiefland hin abfällt. Dieser kaum fruchtbare Landstrich ist von schneeweißem Quarzsand bedeckt, der aus den Ablagerungen der Berge im Landesinneren stammt. Unter dem glitzernden Sand verbirgt der Boden allerdings reiche Bauxitvorkommen und bescheidene Mengen an Diamanten.

Nordöstlich der »Quarzzone« schließt sich der sehr fruchtbare, bis zu 70 km breite Küstenstreifen an. Teilweise sinkt das Küstenschwemmland unter den Meeresspiegel ab und muß durch Deiche gegen die Fluten des Atlantik geschützt werden. Diese Küstenregion ist das Hauptanbau- und Hauptsiedlungsgebiet.

### »Land der vielen Wasser«

Guyana wurde von der indianischen Urbevölkerung »Land der vielen Wasser« genannt. Nicht zu Unrecht, denn viele wasserreiche Flüsse, die im Roraima-Bergland und in den Pakaraima-Bergen entspringen, durchziehen das Land. Der Essequibo fließt direkt in den Atlantischen Ozean und ist auch von Hochseeschiffen befahrbar. Einige Flüsse stürzen von den Klippen des Hochplateaus in grandiosen Wasserfällen ins Tiefland hinab. Ein Naturschauspiel besonderer Art bietet der Kaieteurfall, wo der breite Potaro über die Ränder der Sandsteintafel fast 250 m in die Tiefe stürzt.

Besonders während der Regenzeit ist das Bergland von Guyana ein unerschöpfliches Wasserreservoir. Trotz zahlreicher Stromschnellen und Wasserfälle wurde das Innere Guyanas über die Wasserwege erschlossen.

**Holzhäuser im britischen Kolonialstil** *(rechts)* sind typisch für das Stadtbild von Georgetown, der Hauptstadt und dem wichtigsten Hafen des Landes. Der Großteil der Stadtbevölkerung sind Schwarze.

**Auf Kanalbooten** wird Zuckerrohr *(ganz rechts)*, Guyanas wichtigstes Anbau- und Exportprodukt, zur Weiterverarbeitung in Fabriken transportiert. Ein ausgedehntes Kanalnetz, das Dämme und Deiche umfaßt, schützt die tiefliegende Küstenebene vor Überflutung.

**Berge, Grassavanne,** dichter tropischer Regenwald sowie ein mäandrierender Flußlauf *(links):* Diese Luftaufnahme vereinigt alle Hauptmerkmale der Landschaft Guyanas. – **Zu Guyanas Tierwelt** *(rechts)* gehören der Riesenotter (1) und der Hoatzin (2), (3) als junger Vogel.

Noch heute sind sie wichtige Transport- und Verkehrswege, da das Straßennetz nur im Küstenbereich gut ausgebaut ist. Vor allem für den Bauxitabbau sind die Flüsse von größter Bedeutung, denn die Erze der wichtigen Bergbaustadt Linden werden über den Demerarafluß an den Atlantik verschifft.

### Vielvölkerstaat Guyana

An der Mündung des Demerara liegt Georgetown, die Hauptstadt und Handelsmetropole mit der einzigen Universität des Landes. Viele Teile des alten, aus Holz gebauten Georgetown sind von kolonialer Architektur geprägt. Auch die ethnisch überaus bunte Bevölkerung zeugt noch von der kolonialen Vergangenheit. Rund die Hälfte der Gesamtbevölkerung ist indischer Abstammung. Mit einem Anteil von etwa 30% bilden die Schwarzen die zweitgrößte ethnische Gruppe. Es folgen Mulatten und Mestizen mit rund 10% und kleinere Gruppen von Indianern, Europäern und Chinesen.

Die Mehrheit der städtischen Bevölkerung bilden Schwarze und Mulatten. Sie sind aber auch in den Bergbauzentren des Landes stark vertreten. Die Weißen, hauptsächlich Portugiesen, leben ebenfalls in den Städten. Sie nehmen eine zentrale Rolle in Wirtschaft, Verwaltung und Handel ein. In den Plantagengebieten der Küstenregion dominieren die Inder, die ihrer Kultur und Religion verhaftet geblieben sind.

Von den indianischen Ureinwohnern leben heute nur noch wenige Nachkommen in Restgruppen vor allem in weit verstreuten kleinen Siedlungen an den Flüssen im Landesinneren, wo sie als Sammler, Jäger und Bauern immer noch ein weitgehend unabhängiges Leben führen können. Die meisten fristen jedoch als Gelegenheitsarbeiter in den Bergbauzentren ein trauriges Dasein.

Der Völkervielfalt entsprechend ist auch die Religionszugehörigkeit sehr unterschiedlich. An vielen Stellen im Küstenraum trifft man auf kleinere Hindutempel, die auf die starke Verbreitung des von den Indern eingeführten Hinduismus hinweisen. Über 50% der guyanischen Bevölkerung sind Christen. Die mehrheitlich schwarzen Anhänger bekennen sich wie ihre einstigen Kolonialherren zum protestantischen Glauben. Als ehemalige britische Kolonie ist die Republik Guyana heute das einzige Englisch sprechende Land auf dem lateinamerikanischen Kontinent.

»One People, one Nation, one Destiny« – »ein Volk, eine Nation, ein gemeinsames Schicksal« –, so steht es im Staatswappen des Vielvölkerstaats Guyana. Diesem hehren Anspruch konnte das bunte Tropenland freilich nur phasenweise gerecht werden. Denn immer wieder erschütterten anhaltende und blutige Rassenkonflikte den südamerikanischen Staat.

# HAITI

Nach den USA ist Haiti der am längsten unabhängige Staat des amerikanischen Doppelkontinents. Bereits 1804 erfolgte die Ausrufung einer unabhängigen »Negerrepublik«, nachdem sich die Sklaven in einem blutigen Aufstand erfolgreich gegen die französischen Kolonialherren erhoben hatten. Heute ist Haiti nach Kuba und der angrenzenden Dominikanischen Republik der drittgrößte Staat im karibischen Raum. Mit über 8 Millionen Einwohnern ist das Land dicht besiedelt.

### Die Diktatur der Duvaliers

Politische Aufstände und Greueltaten der meist diktatorisch regierenden Staatsführer ziehen sich wie ein roter Faden durch die Geschichte Haitis des 19. und 20. Jahrhunderts. François Duvalier (1907–1971), ein schwarzer Arzt, wurde 1957 Präsident. Er regierte das Land, das durch die US-amerikanische Besatzungszeit und zahlreiche kurzlebige Diktaturen gekennzeichnet war, mit brutaler Gewalt. 1964 ließ er sich vom haitianischen Volk zum Präsidenten auf Lebenszeit wählen. Seine gefürchteten »Tontons Macoutes«, eine Polizeitruppe, wüteten bis 1971, seinem Todesjahr. Danach übernahm sein Sohn Jean-Claude (* 1951) – »Baby Doc« genannt – die Regierungsgewalt. Mit nur neunzehn Jahren wurde auch er zum Präsidenten auf Lebenszeit proklamiert. Die Duvaliers stürzten das ohnehin wenig entwickelte Land in das totale wirtschaftliche Chaos. Die Befreiung von der Duvalier-Herrschaft geschah letztendlich mit Hilfe der US-Regierung. Washington hatte zwar sehr lange die Familien-Dynastie der Duvaliers gestützt, vollzog aber während der Herrschaft von Jean-Claude Duvalier dann doch eine Wende. Hilfsgelder für das Land blieben aus, nachdem Baby Doc nicht bereit war, eine Demokratisierung zuzulassen. Der stets weiter fallende Lebensstandard führte schließlich Anfang 1986 zu größeren Unruhen und zum Sturm auf den Präsidentenpalast, mit der Konsequenz, daß Jean-Claude Duvalier ins Exil nach Frankreich floh. Die Interimsregierung des General Henry Namphy (* 1932) brachte im zweiten Anlauf zwar Wahlen, doch der gewählte Staatspräsident, Leslie Manigat (* 1930), konnte sich nicht lange halten. 1988 wurde auch Namphy gestürzt, dem General Prosper Avril (* um 1938) als Machthaber folgte. Aber auch er mußte bereits ein Jahr später bei einem Putschversuch seine Position verteidigen und daraufhin im März 1990 zurücktreten. Zum neuen Präsidenten wurde der oppositionelle Priester Jean Bertrand Aristide (* 1953) gewählt. Er wurde noch im gleichen Jahr durch einen Militärputsch gestürzt. Mit der Androhung einer gewaltsamen Intervention erzwangen die USA 1994 seine Wiedereinsetzung. 1995 wurde René Préval (* 1943) zum neuen Staatspräsidenten gewählt. Im Februar 2001 wurde Aristide erneut Staatsoberhaupt.

### Das afrikanische Erbe

Der hohe Anteil schwarzer Bevölkerung in Haiti liegt in seiner Wirtschaftsentwicklung begründet. Die ehemals reiche französische Plantagenkolonie führte immer mehr Sklaven aus Westafrika ein. Ende des 18. Jahrhunderts wurden über 20 000 Sklaven pro Jahr nach Haiti verschleppt. So wird es verständlich, daß es zu jener Zeit neben 30 000 Weißen über 400 000 Negersklaven auf der Insel gab. Die Nachkommen dieser afrikanischen Sklaven pflegen heute noch zahlreiche afrikanische Sitten und Bräu-

**Ein Portrait** des früheren Präsidenten Jean-Claude »Baby Doc« Duvalier *(oben)* schmückt eine Hauswand in Port-au-Prince, der Hauptstadt Haitis. Duvalier wurde bei einem Putsch im Jahre 1986 entmachtet und floh nach Frankreich.

## Daten und Fakten

**DAS LAND**
**Offizieller Name:**
Republik Haiti
**Hauptstadt:**
Port-au-Prince
**Fläche:**
27 750 km²
**Landesnatur:**
Von NW nach SO verlaufende Gebirgsketten werden durch schmale, langgestreckte Tieflandsenken voneinander getrennt
**Klima:**
Randtropisches Klima mit Regenzeit im Sommer
**Hauptflüsse:**
Artibonite, Les Trois Rivières
**Höchster Punkt:**
Pic de la Selle 2677 m

**DER STAAT**
**Regierungsform:**
Präsidiale Republik
**Staatsoberhaupt:**
Staatspräsident
**Verwaltung:**
9 Départements
**Parlament:**
Abgeordnetenhaus mit 82 für 4 Jahre gewählten Mitgliedern; Senat mit 27 für 6 Jahre gewählten Mitgliedern
**Nationalfeiertag:**
1. Januar
**DIE MENSCHEN**
**Einwohner (Ew.):**
8 087 000 (1999)
**Bevölkerungsdichte:**
291 Ew./km²
**Stadtbevölkerung:** 35 %
**Bevölkerung unter 15 Jahren:** 41 %

**Analphabetenquote:** 51 %
**Sprache:**
Französisch, Kreolisch
**Religion:**
Katholiken 80 %, Baptisten 10 %, Wodu-Kulte
**DIE WIRTSCHAFT**
**Währung:**
Gourde
**Bruttosozialprodukt (BSP):**
3130 Mio. US-$ (1999)
**BSP je Einwohner:**
410 US-$
**Inflationsrate:**
23,3 % (1990-98)
**Importgüter:**
Nahrungsmittel, Brenn- u. Schmierstoffe, Maschinen, Fahrzeuge
**Exportgüter:**
Textilien, Elektroteile,

**Ein Geröllhang bei Kenscoff** (*links*) – im Massif de la Selle südlich von Port-au-Prince gelegen – zeugt von der Massenrodung von Wäldern auf Haiti. Das Land, das den Westteil der Insel Hispaniola einnimmt, ist eines der ärmsten der Welt.

**Haiti** (*unten*) ist der drittgrößte Staat in der Karibik.

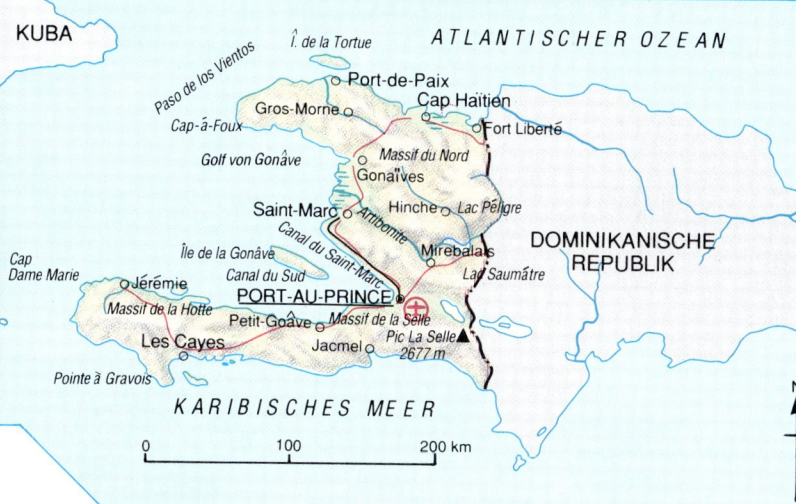

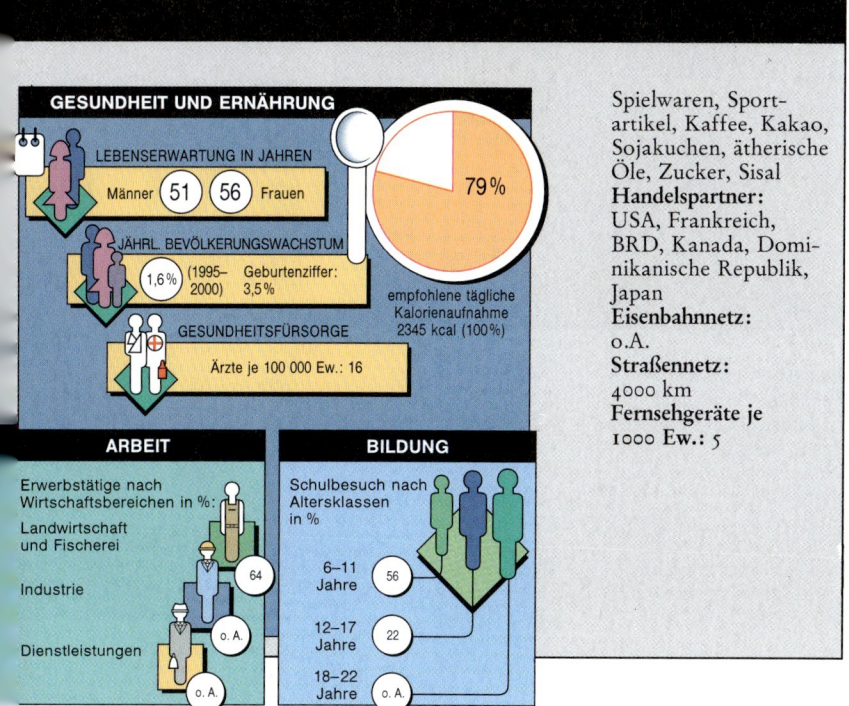

Spielwaren, Sportartikel, Kaffee, Kakao, Sojakuchen, ätherische Öle, Zucker, Sisal
**Handelspartner:**
USA, Frankreich, BRD, Kanada, Dominikanische Republik, Japan
**Eisenbahnnetz:**
o.A.
**Straßennetz:**
4000 km
**Fernsehgeräte je 1000 Ew.:** 5

che bzw. haben diese in eine haitianische Kultur integriert. Am bekanntesten ist der Wodu-Kult, in dem sich afrikanische Glaubensinhalte mit der in der französischen Kolonie verbreiteten Christenlehre mischten.

### Vegetation und Klima

Haiti nimmt das westliche Drittel der Antilleninsel Hispaniola ein und liegt im Bereich der Randtropen. Vier Gebirgszüge, die von Nordwesten nach Südosten verlaufen und durch langgestreckte Täler voneinander getrennt sind, bestimmen die Oberfläche des Landes.

Die gebirgige Landschaft und der regenbringende Nordostpassat wirken sich entscheidend auf das Klima Haitis aus. Die Höhe der Niederschläge, die in der sommerlichen Regenzeit fallen, hängt von der Lage der einzelnen Landschaften ab. Die dem Wind zugewandten Gebirgsflanken erhalten die höchsten Niederschlagsmengen und sind daher waldbedeckt, teilweise sogar noch mit tropischem Regenwald. Die im Regenschatten liegenden Hänge und Täler weisen dagegen nur Feucht-, teilweise auch Trockensavannen auf.

# HAITI: DAS LAND

Haiti zählt zu den dreißig ärmsten Ländern der Welt. Nach Angaben der Weltbank hat über die Hälfte der Bevölkerung ein Pro-Kopf-Einkommen von weniger als 150 US-Dollar. Vier Fünftel der ländlichen Bevölkerung Haitis leben unter dem absoluten Armutsniveau. Die Landwirtschaft ist hier nach wie vor der wichtigste Wirtschaftszweig, dessen Anteil am Bruttosozialprodukt 30 % beträgt. Noch deutlicher kommt ihre Rolle in der Erwerbsstruktur zum Ausdruck: Für über 60 % der Bevölkerung ist sie immer noch die entscheidende Lebensgrundlage. Rund 40 % des Exports entfallen auf Agrarprodukte, wovon Kaffee am wichtigsten ist. Er wird aber wenig systematisch angebaut, wie überhaupt die landwirtschaftlichen Produktionsmethoden äußerst primitiv sind. Obwohl das Land ein ausgesprochener Agrarstaat ist, kann der heimische Bedarf an Milch und Milchprodukten, Ölen, Fetten und Körnerfrüchten nur zu drei Vierteln gedeckt werden. Allgemein verhindern die historisch gewachsene Sozialstruktur in der Landwirtschaft und der niedrige Entwicklungsstand des Landes eine zügige Entwicklung. Der Selbstversorgungscharakter der Landwirtschaft ist auch dadurch bedingt, daß der größte Teil der Nutzfläche sich auf Kleinstbetriebe mit weniger als zwei Hektar verteilt. Etwa 8 % der landwirtschaftlichen Nutzfläche werden von Großbetrieben genutzt, die meist in ausländischem Besitz sind und rund 30 % der Agrarproduktion erzeugen.

Die starke Besitzsplitterung sowie die zunehmende Bodenzerstörung der landwirtschaftlich nutzbaren Flächen verhindern eine Steigerung der Produktion. Angesichts eines starken Bevölkerungswachstums gerät so die Versorgung der Bevölkerung mit Nahrungsmitteln ins Hintertreffen.

Besonders am Fuß der leeseitigen, regenarmen Gebirge kommt es zu einer fortschreitenden Vernichtung der Anbauflächen. Ein ehemaliger Agrarberater in Haiti spricht sogar von einem »physischen Untergang« des Landes. Unter dem Bevölkerungsdruck werden immer steilere Berghänge von der Landwirtschaft genutzt. Die Vernichtung der natürlichen Vegetation, die noch durch den chronischen Holzmangel im Lande und die Folgen der Energiekrise beschleunigt wird, führt zur schweren Schädigung der Landschaft und zu einer Zerstörung des ökologischen Gleichgewichts. Unregelmäßig fallende Starkregen verursachen an Berghängen eine Abtragung des Oberbodens sowie eine Versandung von Flußtälern und der in Jahren mühsam erbauten Rückhaltebecken. Mancherorts ist bereits ein Absinken des Grundwasserspiegels beobachtet worden. Da eine wasserspeichernde Vegetation fehlt, fördern die klimatischen Veränderungen das Vordringen der Trockenpflanzen. In der Durchführung angepaßter kulturtechnischer Maßnahmen ist daher heute in Haiti der wesentliche Ansatz einer erfolgreichen Agrarentwicklung zu sehen.

**Der Eiserne Markt von Port-au-Prince** *(ganz oben)* ist das wirtschaftliche Zentrum. Die Stadt muß eine Flut von Abwanderern vom Land aufnehmen. Industrie gibt es wenig, der Staat versucht aber, Anreize für Auslandsinvestoren zu geben.

**Reisernte** *(oben)* im Artibonite-Tal in Zentral-Haiti. Reis ist eines der wichtigsten Anbauprodukte; die meisten Farmer allerdings ernten in ihren Kleinbetrieben kaum genug zur Versorgung ihrer Familien. Große Plantagen sind kaum vorhanden.

# HAITI

**Im Fort Dimanche in Port-au-Prince** *(unten)*, dem Vermächtnis der französischen Kolonialzeit, wird eine Abordnung der kleinen Armee Haitis empfangen, die das Land nach dem Putsch vorübergehend kontrollierte. – Der Name der Hauptstadt geht auf das Kriegsschiff »Le Prince« zurück, das hier um 1700 ankerte. Ein Jahr nach ihrer Gründung 1749 wurde sie das Verwaltungszentrum der Kolonie, die im Frieden von Rijswijk 1697 von Spanien an Frankreich gekommen war.

**Ein buntbemaltes »Tap-Tap«** *(links)*, eine klapprige Kreuzung zwischen einem Lastwagen und einem Omnibus, nimmt Fahrgäste auf. Diese Fahrzeuge sind oft die einzigen öffentlichen Verkehrsmittel und bestimmen das Bild von Port-au-Prince.

**Mit einem Fischfanggerät** aus Bambusgeflecht an Bord, »cocoyer« genannt *(oben)*, paddelt ein Fischer in einem Einbaum-Kanu durch die seichten Küstengewässer Haitis. Er fängt vor allem Meeresschildkröten, Muscheln und Garnelen.

Die Welternährungskonferenz hat Haiti völlig zu Recht in die Gruppe der Staaten eingereiht, die mit den größten Ernährungsproblemen zu kämpfen haben. Die haitianische Regierung zog bis heute aber noch nicht entsprechende Konsequenzen aus dieser verhängnisvollen Entwicklung. Bis vor wenigen Jahren flossen jährlich weniger als 10 % aller eingesetzten Investitionsmittel zur Modernisierung und Technisierung in die Landwirtschaft.

### Port-au-Prince: Karibische Hauptstadt mit vielen Gesichtern

Die ca. 900 000 Einwohner zählende Hauptstadt Haitis bietet dem Fremden ein farbenfrohes Bild und täuscht damit allzu leicht über die gravierenden Probleme der Stadt hinweg. Nirgendwo in der Karibik sind die Elendsviertel, hier »bidonvilles« genannt, so zahlreich wie in Port-au-Prince. Die Arbeitslosenquote erreicht erschreckende Prozentsätze. Tausende von Straßenhändlern, Schuhputzern, Altwarensammlern und Losverkäufern versuchen sich jeden Tag aufs Neue im Überleben. Das Straßenbild von Port-au-Prince wird überdies von den buntbemalten »Tap-Taps« gekennzeichnet. Diese wichtigsten öffentlichen Verkehrsmittel sind klapprige Kreuzungen zwischen einem Lastwagen und einem Omnibus. Nur stellenweise ist Port-au-Prince eine moderne Großstadt. Im Rahmen der Industrialisierungsbestrebungen entstand seit den 1970er Jahren im Norden der Hauptstadt der »Parc Industriel Métropolitain«, ein moderner Industriepark mit 2000 Arbeitsplätzen. Die meist aus Nordamerika stammenden Investoren sind vor allem durch das Vorhandensein billiger Arbeitskräfte und durch niedrige Steuern angelockt worden. Die Betriebe stellen aus importierten Rohstoffen und Halbfertigprodukten Exportgüter wie Textilien, Sportartikel und Elektrogeräte her. Doch angesichts der schwierigen Lage des Landes ist kaum zu erwarten, daß sich weitere Investoren für die Ansiedlung von dringend benötigten Industrien finden lassen. Wegen der schlechten Infrastruktur in den anderen Landesteilen sind Kapitalinvestitionen ohnehin nur in der Hauptstadtregion zu erwarten. Dies wiederum beschleunigt jedoch den Zuzug ländlicher Massen in die Hauptstadt Port-au-Prince, ein Problem, das bisher noch keine Regierung auch nur annähernd lösen konnte.

# Himalaya: Naturraum

Von allen Gebirgen der Erde ist der Himalaya das größte, das höchste und das mächtigste. Majestätisch und würdevoll präsentiert sich die Natur und findet nirgends sonst ihresgleichen. Dichtern fehlen die Worte, Malern die Phantasie und Bergsteigern der Atem, ja selbst das Auge einer Kamera kann den Himalaya nicht abbilden, denn die »Wohnung der Götter«, von Eis und Schnee beherrscht, ist und bleibt ein geheimnisvolles Wunder der Schöpfung.

Der Himalaya ist nicht nur »ein Gebirge«, sondern ein ganzes System und eine Vielzahl von Gebirgen, im Englischen deshalb zu Recht als »die Himalayas« mit dem Plural bezeichnet. Dazu zählt auch durch seine geologische Verwandtschaft das Hochgebirge des Karakorum.

Der Himalaya gehört zu dem gewaltigen alpin-euroasiatischen Faltengebirgssystem, das sich von den Alpen bis zu den südostasiatischen Gebirgen erstreckt. Es ist das höchste und eines der jüngsten Gebirge der Erde. Sein komplizierter Bau mit häufig wechselnden Gesteinen unterschiedlichen Alters wird durch die Theorie der Plattentektonik erklärt. Demnach sind die verschiedenen Gebirgsketten und ihre gürtelförmige Anordnung das Ergebnis von mächtigen, großräumigen Überschiebungen kontinentaler Decken, die im Tertiär vor etwa 1–60 Millionen kette und dem Vorderen Himalaya ist der Hohe Himalaya die majestätische Hauptkette des Systems. Sie bietet ein stolzes vergletschertes Hochgebirgspanorama mit dem Mount Everest, der mit 8846 m der höchste Berg der Erde ist und 1953 von dem Neuseeländer Sir E. Hillary und dem »Sherpa Tenzing Norgay« erstmalig bestiegen wurde. Es schließt sich der Transhimalaya an, der häufig als vierte, äußerste Himalayakette gesehen wird. An seinem nordwestlichsten Teil liegt das Karakorumgebirge, einschließlich des zweithöchsten Berges der Erde, dem K 2 mit 8611 m. 28 % des Karakorum sind vergletschert. Er weist damit die größte zusammenhängende Eisfläche außerhalb der Polargebiete auf. Die bis zu 40 km langen Gletscher im Karakorum reichen bis in 2900 m hinab, im Himalaya dagegen enden sie bereits in Höhen um 3700 m.

Als natürliche Begrenzung des Himalaya im Westen und Osten gelten die Durchbruchstäler von Indus bzw. Brahmaputra-Tsangpo. Die Flüsse sind an vielen Stellen Lebensbasis, ihre Täler der hauptsächliche Lebensraum der Menschen in den Himalayastaaten. Sie entspringen fast alle einem Gebiet des westlichen Hohen Himalaya, bis sie, wie der Ganges, im Golf von Bengalen oder ins Arabische Meer münden.

Jahren zu enormen Aufwölbungen, Faltungen und Hebungen geführt haben.

Girlandenförmig begrenzt der Himalaya den indisch-pakistanischen Subkontinent nach Norden hin. Dabei ist die Gebirgsbarriere gegen die nordindische Ebene und den Punjab schroffer und höher ausgebildet als gegen das Hochland von Tibet.

Einem Bogen gleich erstreckt sich der Himalaya über 2500 km in west-östlicher Richtung, während die ungleich schmalere Nord-Süd-Ausdehnung sich auf 280 km im Nordwesten und 150 km im Osten beläuft. Das längsstreichende Gebirgssystem des Himalaya besteht aus verschiedenen parallelen Gebirgszügen, die in sich durch Flußtäler häufig stark aufgelöst sind und zwischen denen intramontane Talflächen eine zusätzliche Gliederung bewirken. Von Süden nach Norden werden drei oder vier große, parallele Gebirgsketten des Himalaya gegeneinander abgegrenzt. Neben der Siwalik-

# HIMALAYA

**Der Mount Everest** *(links)* wurde nach Sir George Everest (1790 bis 1866), einem britischen Offizier in Indien, benannt. Den Nepalesen ist er jedoch als Sagarmatha (»die Stirn der Ozeane«) bekannt.

**Als Tahr bezeichnete wilde Ziegen** *(oben)* streifen über die Felsen des Sagarmatha-Nationalparks.

Der Himalaya stellt wegen seiner gewaltigen Längs- und Höhenerstreckung eine gravierende Klimascheide dar. Die Monsunregen übersteigen das Gebirge kaum, und damit steht der nach Süden exponierten Regenseite des Himalaya die trockene Nordseite gegenüber. Die starke Gebirgskammerung bewirkt darüberhinaus die Ausbildung von intramontanen Trockenräumen.

Dementsprechend unterscheidet sich auch die Vegetation mit üppigen Berg- und Nebelwäldern auf der Südseite und Hochgebirgssteppen auf der Nordseite. Die Waldgrenze liegt in unterschiedlichen Höhen: im Vorderen Himalaya liegt sie bei 3700 m und im Hohen Himalaya zwischen 4200–4400 m. Typisches Kennzeichen der vielfältigen Waldformationen ist der durch die zunehmende Feuchtigkeit verursachte Übergang der Nadelwälder im westlichen Himalaya zu Mischwäldern im östlichen Himalaya. Die Tierwelt ist im geologischen Grenzgebiet zwischen dem indischen Subkontinent und Zentralasien hauptsächlich auf die Waldregionen beschränkt. Den unwirtlichen Gegebenheiten angepaßt, haben sich vor allem Blauschafe und Ziegen verbreitet, in bewaldeten Feuchtregionen dagegen leben vor allem Schmetterlinge, Vögel, Schlangen und Reptilien sowie Affen.

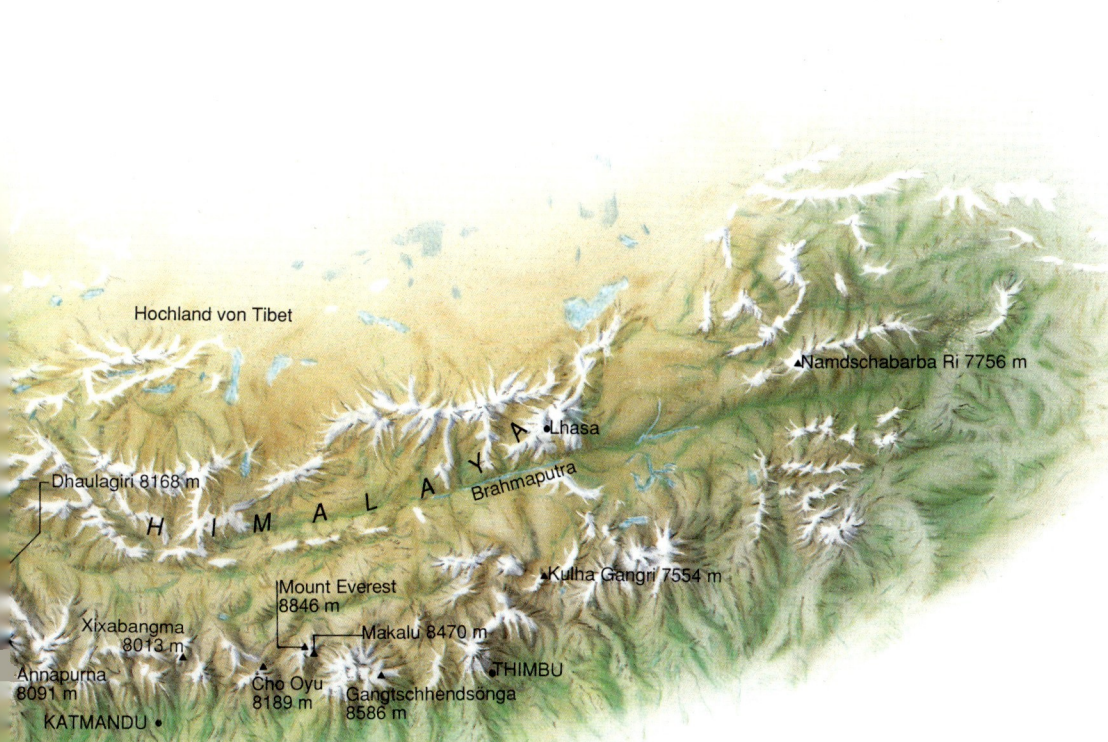

**Ein Querprofil** *(ganz oben)* über nur 161 km durch Nepal schließt viele der höchsten Berge der Erde ein. Der Himalaya als ganzer Komplex *(links)* bildet einen gewaltigen Bogen, der den südasiatischen Kontinent vom restlichen Asien trennt.

# Himalaya: Lebensraum

Der Himalaya, der mächtigste Gebirgszug der Erde, bildet sowohl eine natürliche Grenze zwischen dem indisch-pakistanischen Subkontinent und Zentralasien als auch eine ethnische Grenze zwischen den Indiden und den Mongoliden. Trotz seiner Gebirgsbarrieren war der Himalaya immer auch ein Durchdringungsraum für viele Völker, zahlreiche Sprachgruppen, Religionen, unterschiedliche Sitten und Gebräuche. Die vielen unzugänglichen Täler und entlegenen Bergregionen entwickelten sich dabei zu einem fast unbegrenzten Refugium ethnischer Minderheiten und kultureller Sonderformen. Es gibt Gebiete im Himalaya, in denen hinter jedem Bergrücken oder in jedem Tal eine andere Sprache, ein anderer Dialekt gesprochen wird. Somit zählt der Himalaya zu den vielfältigsten ethnischen Regionen der Welt. Und doch gibt es viele Gemeinsamkeiten in den Verhaltensweisen der Menschen, die sich den schwierigen Lebensbedingungen der Region angepaßt haben. Gleich welcher der drei großen Religionen – Islam, Hinduismus und Buddhismus – oder den regional ausgeprägten religiösen Sonderformen die Menschen angehören, ihr Leben wird von einer tiefen Religiosität und Frömmigkeit bestimmt. Die Menschen verehren unter anderem die Flüsse und Berge, den Wohnort der Götter und Gottheiten. Der Berg Kailas am Manasarovar-See im westlichen Tibet ist solch ein heiliger Berg, der heiligste des Himalaya. Er wird von allen dort lebenden Gläubigen, mit Ausnahme der Moslems, als Sitz der Götter und Mittelpunkt der Welt verehrt.

Die Religiosität ist den Menschen des Himalaya gemein, aber die Religionen und somit das kulturelle Erscheinungsbild sind unterschiedlich und bieten daher die Möglichkeit einer Gliederung in der Völkervielfalt. Der Himalaya trennte einst den Hinduismus Indiens von dem Buddhismus in Tibet, dem Lamaismus. Allerdings hat sich im Lauf der Zeit diese Trennung regional stark aufgelöst. Ansässige Religionen wurden zurückgedrängt, mit dem Ergebnis von religiösen Überschneidungen in den heutigen fünf souveränen Staaten Indien, Pakistan, China (Tibet), Nepal und Bhutan. Die religiösen Gegensätze spielen neben den machtpolitischen Territorialinteressen bis heute eine wesentliche Rolle für anhaltende Grenzkonflikte. Sie finden Ausdruck im Kaschmirkonflikt zwischen Indien und Pakistan, in den chinesischen Ansprüchen auf die Region von Aksai-Chin in Ladakh oder den Unabhängigkeitsbestrebungen des ehemaligen Königreichs Sikkim, das heute ein Unionsterritorium von Indien ist.

Eine andere Möglichkeit, die Vielfalt der Völker, Stämme und ethnischen Gruppen im Himalaya zu gliedern, ist die Unterscheidung nach Lebensräumen. In den tiefliegenden Regionen bis 1000 m ist die Besiedlung auf Grund der tropischen Wälder und des lebensfeindlichen Klimas sehr gering. Das Hauptsiedlungsgebiet des Himalaya liegt in Höhen zwischen 1000 und

2500 m. Hier ermöglichen das milde Klima und die günstige Bodenbeschaffenheit eine landwirtschaftliche Nutzung. In diesen Gebieten sind auch jene Völker zu Hause, die vornehmlich aus dem Süden von Indien oder im Westen nach Kaschmir eingewandert sind und die sich nicht an die extremen Lebensbedingungen in den Höhen zwischen 2500 und 5000 m anpassen konnten. In diesen Regionen, an den Grenzen gegen China (Tibet), in Sikkim, Nepal, Bhutan und Ladakh, leben die Bergvölker des Himalaya, die aus dem Norden, überwiegend aus Tibet, kamen. Der Himalaya ist nahezu eine reine Agrarregion, da Bodenschätze kaum vorhanden sind. Je nach Lebensraum leben die Menschen vom Anbau landwirtschaftlicher Produkte, von der Weidewirtschaft, in wenigen Fällen von der Forstwirtschaft und in den Bergregionen von Hirtenwirtschaft. Ihr ursprüngliches Leben als Nomaden können nur noch wenige Stämme erhalten. Denn die heutigen Staatsgrenzen und

# HIMALAYA

**Das malerische Dorf** Pangeboche in Nepal *(oben)* haftet in den Felsen am Anstieg der Ausläufer des Himalaya. In Pangeboche gompa (Kloster) wird angeblich der Skalp des sagenumwobenen Yeti (»der abscheuliche Schneemensch«) aufbewahrt.

**Am Eingang zum königlichen Palast** in Katmandu, Nepal, zeigt ein Untertan seine Ehrerbietung *(oben links)*. Der Palast trägt zu Ehren des hinduistischen Affengottes den Namen Hanuman-Dhoka, einer der Helden im Ramajana-Epos.

**Der Marktplatz in Thimbu** *(links)*, Bhutan, ist nicht nur ein geschäftiges Handelszentrum, sondern dient auch als Zentrum für viele soziale Aktivitäten der von den umliegenden Bergdörfern kommenden Bauern.

Grenzkonflikte lassen ein jahreszeitlich bedingtes Wandern zwischen verschiedenen Naturräumen nicht mehr zu.

Mit Ausnahme des fruchtbaren Kaschmirtals dient die Landwirtschaft der Himalayastaaten ausschließlich der Selbstversorgung. Eine Intensivierung dieses Wirtschaftszweiges ist kaum möglich, zu ungünstig sind die klimatischen und landschaftlichen Bedingungen, zu gering die Anbauflächen in den Tälern, und der Ausbau der terrassierten Berghänge stößt an seine natürlichen Grenzen. Zwar weist die Selbstversorgungswirtschaft in den meisten Regionen nur eine geringe Produktivität auf, doch bis heute gab es noch keine Versorgungsschwierigkeiten für die Menschen. Daran könnte jedoch das hohe Bevölkerungswachstum, das trotz aller Abgeschiedenheit einzelner Regionen auch im Himalaya ein Problem darstellt, in Zukunft etwas ändern. Deshalb bemühen sich die Himalayastaaten um die Erschließung neuer Wirtschaftszweige und um industrielle Entwicklung. Schon in frühesten Zeiten wurden die Gebirgspässe des Himalaya zum Warentransfer zwischen Indien und China genutzt, und Händler zogen mit ihren Karawanen auf alten Handelswegen. Für moderne Ansprüche sind diese unwegsamen Gebirgspfade jedoch nicht geeignet. Die tief eingeschnittenen Flußtäler erschweren zudem den Ausbau einer Infrastruktur. So führen nur wenige ausgebaute und wetterfeste Straßen in diese großartige Hochgebirgsregion.

# Himalaya

**Naturraum in Gefahr**

Der Himalaya ist ein Gebiet mit großer landschaftlicher Vielfalt und starken klimatischen Gegensätzen. Er ist aber auch einer der Naturräume, die stark gefährdet sind. Immer häufiger treten hier Umweltkatastrophen auf, die das Leben von nahezu 200 Millionen Menschen, vor allem in den dicht besiedelten Gebieten Indiens und Bangladeschs, gefährden. Ein Grund liegt im meist unbedachten und sorglosen Umgang mit der Natur, der – bedingt durch die starke Bevölkerungszunahme in den Himalayastaaten – tiefe Spuren in einem empfindlichen Ökosystem hinterläßt.

Auch das ausgeprägte Monsunklima dieser Region spielt in diesem Zusammenhang eine entscheidende Rolle. Der Himalaya bildet eine wichtige Klimascheide des asiatischen Kontinents. Die aus dem Süden kommenden regenbringenden Winde können die hohen Gebirgsbarrieren nicht übersteigen. Die Folge sind hohe Niederschlagsmengen im Süden des Gebirges und fehlende Niederschläge im Norden. Innerhalb des Gebirgszuges ist ebenfalls ein deutliches Niederschlagsgefälle zu verzeichnen. Im Ostteil fallen ganzjährig Niederschläge, im Westen liegt die Regenzeit in den Wintermonaten und im zentralen Himalaya in den Sommermonaten. So fällt zum Beispiel während des feucht-warmen Südwestmonsuns im Sommer in nur vier Monaten der größte Teil der jährlichen Niederschlagsmenge.

An diese Verhältnisse hat sich die Natur angepaßt, ihr Erscheinungsbild ist regelrecht von diesen klimatischen Bedingungen bestimmt. Es reicht von tropischen Wäldern im Süden über bewaldete Vorberge, fruchtbare Tallandschaften, Hochsteppe, Wüstenzonen bis zu den mit ewigem Eis und Schnee bedeckten Gipfeln.

Erst das Abholzen großer Waldflächen bringt dieses Bild aus dem Gleichgewicht und verändert die Landschaft drastisch. Im Zeitalter des Bevölkerungswachstums gewinnt das Holz und somit der Wald als wichtigster Energielieferant und primärer Baustoff immer größere Bedeutung. Armut und steigender Bedarf an landwirtschaftlicher Nutzfläche zur Deckung des Nahrungsmittelbedarfs sind die maßgeblichen Gründe für den Holzschlag im Himalaya. Dabei wagen sich die Menschen mit dem Terrassenanbau immer weiter an steile Berghänge heran. Das Ergebnis ist Bodenerosion. Was in langwierigen Verwitterungsprozessen über Jahrhunderte aufgebaut worden ist, wird durch die starken Regenfälle des Monsuns einfach weggeschwemmt. Abgeholzte Berghänge und ausgelaugte Böden sind durch die fehlende Vegetation nicht mehr in der Lage, Wasser aufzunehmen, deshalb sinkt der Grundwasserspiegel bedenklich ab. Die Folge sind ungewollt lange Dürreperioden in den Wintermonaten, was wiederum eine Neubepflanzung erschwert oder sie mitunter sogar unmöglich macht. Bei Regen wälzen sich die schlammigen Wassermassen mit

**Umweltprobleme** im Himalaya führen zu einem Teufelskreis für den indischen Subkontinent: einerseits verlangt eine ständig steigende Bevölkerung dem Boden ein Maximum ab, andererseits kann der zunehmenden Zerstörung von Landschaft nur durch eine Abnahme des Bevölkerungsdrucks Einhalt geboten werden. Zu den akutesten Problemen gehören die Schluchtenbildung in den höhergelegenen Gebieten und Überschwemmungen im unteren Bereich *(Nebenbilder unten)*.

Gesteins- und Felsbrocken von den Berghängen des Himalaya in die Tiefebenen Nordindiens, Bangladeschs und Pakistans. Die großen Flüsse Ganges, Brahmaputra und Indus treten immer häufiger über die Ufer, da sie, allmählich versandend, die gewaltigen Wassermassen, die hauptsächlich zur Zeit der Schneeschmelze aus den Bergen kommen, nicht mehr aufnehmen können. So verursachen die abgeholzten Wälder des Himalaya die großen Überschwemmungskatastrophen in den Hauptsiedlungsgebieten von Indien, Pakistan und Bangladesch.

Verstärkt wird die sich verschlechternde Umweltsituation durch einen zunehmenden Fremdenverkehr. Für die Staaten des Himalaya ist er jedoch die einzige Möglichkeit des regionalen Wirtschaftsaufbaus und wurde somit in den 70er Jahren zunehmend forciert. Solange es sich dabei um einem kulturgeschichtlichen Besichtigungstourismus handelt, liegen die Probleme in der Konfrontation der verschiedenen Sozial- und Kulturkreise. Immer beliebter wird jedoch der Trekking-Tourismus, der die Besucher in entlegene Bergregionen führt und die Zerstörung des Naturraums beschleunigt. Allein der Bedarf an Feuerholz liegt bei den Bergwanderern um ein Vielfaches über dem der Einheimischen. Auch der Sraßenbau, der den Touristen den Weg in die sonst nur schwer zugänglichen Gebiete erleichtern soll, kann durch zusätzliche Bodenerosion die ohnehin schon angespannte Umweltsituation verschlimmern.

Beispiel für diese ungünstig verlaufende Entwicklung ist Nepal, das sich schon früh und in großem Umfang dem Tourismus geöffnet hat. Wenn die Umweltzerstörung in Form von Kahlschlag anhält, wird in Nepal bis zur Jahrtausendwende kein Baum mehr stehen. Die Alternative wäre ein Tourismus, der die sozio-kulturellen und ökologischen Gegebenheiten des Landes berücksichtigt und verantwortungsvoll damit umzugehen vermag.

**Bodenerosion** *(links)* führt entlang des gesamten Flußlaufes zu schwerwiegenden Folgen. Es kommt zu Dürren und Überschwemmungen, weil die regulierende Funktion der Wälder verlorengeht. Sedimente brechen die Dämme, verschlammen die Flußbetten und führen zur Zerstörung der Küstenfischerei, da Fische nicht in den trüben Gewässern überleben können. Im Golf von Bengalen bilden Schlammablagerungen unter Wasser eine riesige Sandbank, die bald die Oberfläche erreichen könnte.

**Die Wälder des Himalaya** *(oben)* fallen den Äxten der Holzfäller zum Opfer, die kahle Hügel hinterlassen.

**Versorgungsmittel einer Bergsteigerexpedition** *(links)* verunreinigen das Basislager am Mount Everest. Die Umweltverschmutzung stellt für die Zukunft des Himalaya eine ernsthafte Bedrohung dar.

**Die eindrucksvolle Karakorumstraße** in Pakistan *(unten)* wurde 1978 eröffnet. Sie verläuft durch das steile Hunza-Tal bis zur chinesischen Grenze.

# Himalaya: Trekking

Eingemummt in seinen Schlafsack nimmt der unerschrockene Bergsteiger in seinem Zelt eine eiweißreiche Suppe zu sich. Draußen heulen die Stürme, während die »Sherpas« sich um ihr Lagerfeuer zusammenkauern und geheimnisvoll erzählen, daß der »Yeti« des Nachts umgeht.

Ist das das Bild vom westlichen Forschungsreisenden im Himalaya? Etwas Wahres ist daran. »Professionelle« Bergsteiger nehmen freiwillig immer noch große Anstrengungen auf sich, riskieren ihr Leben, um die mächtigen Gipfel zu bezwingen, und die Sherpas erzählen immer noch Geschichten vom Yeti, dem »abscheulichen Schneemenschen«. Einige berühmte Bergsteiger sind davon überzeugt, daß der Yeti – normalerweise beschrieben als ein haariger menschenähnlicher Affe bis zu einer Größe von zwei Metern – existiert. Sie haben sogar Bilder aufgenommen, die seine Fußspuren zeigen sollen. Andere Theorien besagen, daß es sich um eine außerirdische Kreatur oder einfach um einen großen Bären handelt.

Ob er nun existiert oder nicht, der Yeti symbolisiert die tiefgründige Rätselhaftigkeit des geheimnisumwobenen Himalaya. Er vermittelt den Eindruck, an einem Ort der Wunder zu sein, einer Region, entfernt von weltlicher Existenz, die fortbesteht, auch wenn die größten Berge der Welt zunehmend für »normale« Touristen zugänglich werden. Da mögen Hotels am Fuße des Mount Everest und Abfallbehälter am Annapurna sein, aber der Reisende im Himalaya kann immer noch glauben, daß die magische und unheimliche Landschaft Wunder verborgen hält und daß sich eine Begegnung mit dem Yeti immer noch ereignen kann.

Obwohl der Himalaya allgemein immer mit »Bergsteigertum« in Verbindung gebracht wird, braucht der heutige Tourist keine Eispickel, Steigeisen, Seile und Sauerstoffgeräte mehr. Für den gewöhnlichen Reisenden bieten Ferienorte in Nepal, Indien und Pakistan durch Trekking-Touren Zugang zum Himalaya an. Die Trekking-Route führt durch die Berge über 500 bis 3000 m hohe Pässe. Eine Trekking-Tour im relativ milden Sommer ist auch als individuelle Rucksackreise, die im Katmandu-Tal in Nepal oder im Tal von Kaschmir startet, möglich. Eine dem größeren Ehrgeiz entsprechende Tour kann für eine Touristengruppe organisiert werden; sie umfaßt eine 21-tägige Expedition (einschließlich des Rückweges per Flugzeug) von Katmandu zum Basislager des Mount Everest. Heutzutage werden die Touren auf jeden Geschmack zugeschnitten, reiche Reisende fliegen inzwischen per Hubschrauber von einem zum nächsten Touristenpark und kommen zwar mit Dias von sich mit dem Mount Everest und Annapurna heim, haben aber weniger vom Himalaya erfahren als der Wanderer, der die Gipfel nur von weitem sieht.

Der niedere Himalaya ist keine Wildnis. Über die Jahrhunderte hat sich in einer Region mit wenigen geeigneten Straßen ein ausgedehntes

Netz von Pfaden entwickelt, welches die vielen kleinen Dörfer im Vorgebirge verbindet. Allerdings ist es nicht ratsam, völlig allein zu wandern. Ein kleiner Unfall auf einem entlegenen Weg kann zu einer Katastrophe führen. Es werden mindestens ein Begleiter, oder wenn das nicht möglich ist, einer der lokalen Bergführer dringend empfohlen. Vielleicht der beste und billigste Weg, den Himalaya zu erfahren, ist die Rucksacktour mit soviel Ausrüstung, wie man zu Hause bei einer Wanderung tragen würde. Obwohl der Anstieg des Tourismus an den bekanntesten Routen zu einer Umwandlung der vielen »bhatti« (am Weg gelegene Unterkunftsmöglichkeiten) in Hotels geführt hat, ist es teilweise immer noch möglich, den Lebensstil der Menschen im Himalaya und deren sprichwörtliche Gastfreundschaft zu erleben.

In einem traditionellen »bhatti« stößt man auf eine Gastfreundschaft, die eine ausgeprägte Neugierde hinsichtlich der eigenen Person und

**Rucksackreisen** in Nepal *(links)*, wo das Gelände manchmal unwegsam ist und es nur wenige und weit voneinander entfernte medizinische Einrichtungen gibt, werden am besten in einer Gruppe unternommen. Die Gipfel des Himalaya sind Hintergrund jeder Wanderung.

**Eine Trekking-Gruppe** *(rechts)* überquert in einem Tal Nepals einen Gebirgsfluß. Obwohl es nur wenige geeignete Straßen gibt, überzieht ein Netzwerk von Pfaden – oftmals mit Fußgängerbrücken – die Gebirgslandschaft.

**Die einfache Wohnung einer Sherpa-Familie** *(rechts)*. Die Sherpa sind ein nepalesischer Stamm von Bergführern und Trägern im Himalaya. Auch wenn nicht alle Nepalesen, die als Bergführer arbeiten, wirklich zu den Sherpa gehören, werden sie allgemein doch so bezeichnet.

**Nepalesische Träger** *(unten links)* bereiten ein Zeltlager in einem Tal bei Pokhara mit Blick auf den Annapurna vor. Für die Tour zwischen Pokhara und dem Basislager am Annapurna benötigen die Wanderer etwa zwei Wochen.

Habseligkeiten miteinschließt. Es gilt als höflich, diese – sofern es Sprachkenntnisse und Würde erlauben – zu befriedigen. Das Essen ist billig und in der Regel wohlschmeckend: »dal bhat« (Reis mit Linsenpaste) oder mit Curry gewürzte Kartoffeln, im tibetischen Stil mit salzigem Tee als Getränk serviert, sind Hauptgerichte. Da die Übernachtungsmöglichkeiten meistens sehr einfache Massenunterkünfte sind, kann sich die Mitnahme eines leichten Zeltes und Schlafsackes als sehr nützlich erweisen, vorausgesetzt man scheut nicht das zusätzliche Gewicht. Oder man kann das Angebot annehmen, eine Nacht bei einer Familie zu verbringen. Am nächsten Tag begibt man sich wieder auf den Weg und kann möglicherweise ein berühmtes Heiligtum oder Kloster besichtigen. Wenn nicht, erlebt man einfach eine weitere großartige Gebirgslandschaft. Die Bezahlung für Kost und Logis sollte angemessen, aber nicht übertrieben großzügig sein. Denn indem man seinen relativen Wohlstand offen zur Schau stellt, stört man das Leben der Menschen genauso nachhaltig, wie wenn man es versäumt, den Abfall zu vergraben oder mehr als das absolut notwendige Minimum an Feuerholz für das Camplager schlägt.

Voraussetzung, um solch eine Wanderung zu genießen, ist natürlich die körperliche Fitneß. Wenn man in der Lage ist, den eigenen Bedarf für einige Tage auf dem Rücken zu tragen und etwa 16 km pro Tag zu Hause über hügelige Berge zurücklegen kann, ist man fit genug für den Himalaya. Aber Vorsicht und gesunder Menschenverstand sind angebracht. Die üblichen Impfungen müssen vorgenommen werden, und man muß sich zur Akklimatisierung beim Bergwandern Zeit lassen. Wenn man sich auf Höhen über 2400 m wagt, gilt allgemein: ein Tag für jeden Anstieg von 300 m. Dies ist die empfohlene Vorsichtsmaßnahme, um »Höhenkrankheiten« zu vermeiden.

# HONDURAS

Honduras bildet eine Landbrücke zwischen dem Atlantischen und dem Pazifischen Ozean, zwischen der 650 km langen Küste am Golf von Honduras im Osten und dem nur rund 80 km langen Küstenstreifen am Golf von Fonseca im Westen. Sein Staatsgebiet verbindet zwei sehr unterschiedliche Naturräume: Erstens das mit mächtigen Lavadecken bedeckte Hochland im Westen, ein Mittelgebirge, das von zahlreichen Hochtälern und Senken unterbrochen ist. Zweitens die Zentralamerikanischen Kordilleren im Osten, die das Land von Nordwesten nach Südosten durchqueren, sich in mehrere Gebirgszüge verzweigen und Hochtäler bilden. Hinzu kommt noch das Tiefland an der karibischen Küste mit seinen Lagunen und Sümpfen. Der östliche, stark versumpfte Teil der Küstenebene wird nach dem Indianerstamm der Miskito (Misquito) »Mosquitia« genannt. Einige Regionen sind noch immer schwer zu erreichen. Auch die Hauptstadt Tegucigalpa hat keinen Schienenanschluß, weil das Schienennetz auf den Transport von Bananen von den Plantagen zu den Häfen zugeschnitten wurde.

Das Klima ist tropisch mit ganzjährigen Niederschlägen, die nach Süden und Südwesten hin abnehmen. Die Temperaturen auf dem regenarmen Hochland sind gemäßigt und daher gut verträglich für den Menschen. Über dem karibischen Tiefland liegt dagegen das ganze Jahr eine feuchte Hitze. Dieser Küstenabschnitt wird häufig von tropischen Wirbelstürmen heimgesucht. 1974 tötete der Hurrikan Fifi rund 8000 Menschen und richtete große Schäden an. 1998 wütete der Hurrikan Mitch. Über ein Drittel der Landesfläche ist noch mit immergrünem Regenwald bedeckt. Wo das Holz abtransportiert werden kann, hat der Raubbau die Bestän-

**Elendsviertel** (unten) wie dieses in Tegucigalpa, der Hauptstadt von Honduras, umgeben oft die Städte Lateinamerikas. Kolumbus landete auf Guanaja (rechts), einer zu den Islas de la Bahía gehörenden Insel vor der Nordküste Honduras.

**Honduras** (rechts außen) erstreckt sich im Norden und Osten mit einer rund 650 km langen Küste entlang des Karibischen Meeres. Das Land läuft zum Süden hin spitz zu und endet in einem kleinen Küstenstreifen am Golf von Fonseca.

## Daten und Fakten

**DAS LAND**
**Offizieller Name:** Republik Honduras
**Hauptstadt:** Tegucigalpa
**Fläche:** 112 088 km²
**Landesnatur:** Im N die karibische Küstenebene einschließlich der küstennahen Gebirgsketten, im O das karibische Tiefland, im Zentrum das Gebirgsland und im S das pazifische Tief- und Hügelland
**Klima:** Tropisches Klima
**Hauptflüsse:** Río Ulua, Río Aguan, Río Patuca, Río Coco
**Höchster Punkt:** Cerro de Celaque 2870 m

**DER STAAT**
**Regierungsform:** Präsidiale Republik
**Staatsoberhaupt:** Staatspräsident
**Verwaltung:** 18 Bezirke, 4 Bundesdistrikte
**Parlament:** Nationalversammlung mit 128 für 4 Jahre gewählten Abgeordneten
**Nationalfeiertag:** 15. September
**DIE MENSCHEN**
**Einwohner (Ew.):** 6 316 000 (1999)
**Bevölkerungsdichte:** 56 Ew./km²
**Stadtbevölkerung:** 47 %
**Analphabetenquote:** 27 %

**Sprache:** Spanisch
**Religion:** Katholiken 90 %
**DIE WIRTSCHAFT**
**Währung:** Lempira
**Bruttosozialprodukt (BSP):** 4493 Mio. US-$ (1998)
**BSP je Einwohner:** 730 US-$
**Inflationsrate:** 20,6 % (1990-98)
**Importgüter:** Maschinen u. Fahrzeuge, chem. Produkte, Erdöl u. Erdölprodukte, Nahrungsmittel
**Exportgüter:** Bananen, Kaffee, Schalentiere, Holz, Zucker, Baumwolle, Gefrier-

de an Edelhölzern wie Mahagoni, Zeder und Gelbholz schon stark verringert. Inzwischen haben US-Gesellschaften damit begonnen, die Kiefernsavannen im Nordosten ebenfalls holzwirtschaftlich zu nutzen.

### Bevölkerung

Die klimatischen Bedingungen haben die Siedlungsstruktur geprägt. Die große Mehrheit der Bevölkerung lebt im Hochland im Nordwesten mit dem Industriezentrum San Pedro Sula, im Zentrum um die Hauptstadt und im Süden; nur ein Zehntel lebt im Tiefland, das fast die Hälfte der Fläche einnimmt. Honduras, auf dessen Gebiet vor der Eroberung durch die Spanier nach Schätzungen 1,2 Millionen Indios lebten, hat seine indianische Prägung längst verloren. Neun Zehntel seiner Bevölkerung zählen sich selbst zu den Mestizen, also zu Mischlingen zwischen Weißen und Indios. Bei dieser Selbsteinschätzung zählen nicht irgendwelche Erbmerkmale, sondern allein die Absicht, sich von den »Primitiven« zu distanzieren. Der Anteil der unvermischten Indios ist auf etwa 7 % zusammengeschmolzen. Diese sogenannten Ureinwohner haben sich in schwer zugängliche Bergtäler zurückgezogen, wo sie vom Bildungs- und Gesundheitswesen und vom politischen Geschehen abgeschnitten sind. Einige Stämme von »Flußindianern« durchstreifen die Wälder an der Karibikküste noch als Sammler und Jäger. Das Vorrücken der Holzfällerkolonnen könnte auch ihren Lebensraum zerstören. An dieser Küste und auf den ihr vorgelagerten Islas de la Bahía haben sich Schwarze, Mulatten und Zambos – Mischlinge aus Schwarzen und Indianern – eine eigene kleine Welt geschaffen.

Die Mestizen sprechen die spanische Landessprache, die Indios daneben auch ihre eigenen Lokalsprachen, die Küstenbewohner ein kreolisch eingefärbtes Englisch. Mit 90 % bekennen sich mehr Menschen zum Katholizismus als in den Nachbarstaaten. Durch massive Unterstützung aus den USA haben verschiedene protestantische Kirchen erfolgreiche Missionsarbeit geleistet, besonders auf den Islas de la Bahía. Viele praktizieren ihre Religion aber nur an hohen Feiertagen und auch dann nur unter Beimengung von allerlei vorchristlichen Vorstellungen und Zeremonien. Die Mischlinge verschmolzen die Religionen ihrer Urahnen mit dem Glauben ihrer Eroberer. Die katholische Kirche hat sich noch nicht ganz von ihrem Bündnis mit konservativen Kräften gelöst und sich deshalb auch nicht von der »Theologie der Befreiung« anstecken lassen. Der durch Zentralamerika wehende revolutionäre Wind hat Honduras bisher nur gestreift.

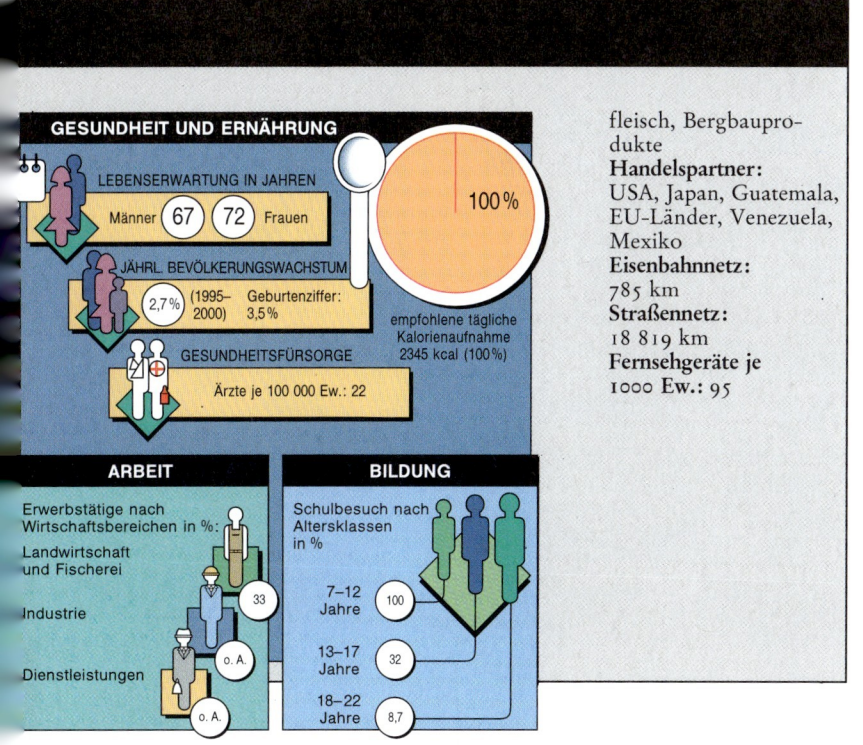

fleisch, Bergbauprodukte
**Handelspartner:**
USA, Japan, Guatemala, EU-Länder, Venezuela, Mexiko
**Eisenbahnnetz:**
785 km
**Straßennetz:**
18 819 km
**Fernsehgeräte je 1000 Ew.:** 95

# HONDURAS: WIRTSCHAFT

Für viele ist Honduras noch immer die sprichwörtliche »Bananenrepublik«. Dieses Brandzeichen war einmal zutreffend, ist aber heute ebenso irreführend wie seine Zweiteilung in die »Bananenenklave« und den »Rest des Landes«. Drei US-amerikanische Konzerne, die United Fruit Company, die Standard Fruit Company und die Cuyamel Fruit Company, hatten sich um die Wende des 19. zum 20. Jahrhunderts mit Hilfe großzügiger Konzessionen riesige Flächen im karibischen Tiefland angeeignet. Sie bauten Straßen, Eisenbahnen und Siedlungen für ihre Arbeiter; sie wurden die größten Arbeitgeber im Land; sie zahlten nur geringe Steuern, obwohl ihre Gewinne viele Jahre den Staatshaushalt überstiegen; sie machten die »Enklave« zum weltgrößten Exporteur von Bananen; sie korrumpierten die Politiker und versorgten willfährige Diktatoren mit Geld und Waffen. Als diese in den Jahren 1911, 1913 und 1924/1925 dennoch mit Streiks und Unruhen nicht fertig wurden, schickte Washington Interventionstruppen. Während der Weltwirtschaftskrise kaufte die United Fruit Company den Cuyamel-Konkurrenten auf und wurde zum »Staat im Staate«. Der von 1933 bis 1948 regierende Diktator T. Carías Andino leistete ihr durch die Unterdrückung von Gewerkschaften und Streiks Schützenhilfe. Nach dem großen Streik von 1954 verkleinerten die beiden Konzerne schrittweise ihre Plantagen und halbierten die Zahl der Arbeiter. Allmählich nahm der Staat stärkeren Einfluß auf die Produktion und Vermarktung der Bananen. Gleichzeitig holte der »Rest des Landes« auf. Der Anteil der Bananen am Gesamtexport fiel von rund 50 % in den 1960er Jahren auf ein Drittel in den 1990er Jahren zurück. Die Anteile von Kaffee und Fleisch erhöhten sich. Die »Bananenrepublik« verdiente ihren Namen nicht mehr.

### Das Armenhaus Mittelamerikas

Honduras ist das Armenhaus Mittelamerikas. Anders als der Nachbar El Salvador hat es aber noch unerschlossene Reserven, vor allem viel Land. Ein Drittel der Landesfläche könnte landwirtschaftlich genutzt werden; tatsächlich werden nur etwa 12 % genutzt. Während viele Großgrundbesitzer riesige Flächen brachliegen lassen, haben die meisten Kleinbauern zu wenig Land, um genügend Nahrungsmittel für ihre eigenen Familien und darüberhinaus für die rasch wachsende Stadtbevölkerung anbauen zu können. Eine in den Jahren 1974 bis 1978 eingeleitete Landreform sollte 120 000 Familien mit Land versorgen. Der Widerstand der Großgrundbesitzer und Verwaltungsprobleme verzögerten aber die Durchführung. Am Ende wurde die Zielvorgabe um die Hälfte verfehlt; ein Drittel der Bevölkerung muß sich weiterhin als Wanderarbeiter durchschlagen. Erfolgreicher war das Bemühen der Entwicklungsplaner, die außenwirtschaftlich gefährliche Monokultur der Banane zu überwinden.

**Einsatz eines Traktors** *(unten)* beim Ausbau des Flughafens der Islas de la Bahía. Die Zunahme des Fremdenverkehrs in jüngster Zeit hat zu großen Veränderungen in der Wirtschaft geführt. Anziehungspunkte für Touristen sind die Inseln, die im 17. Jahrhundert ein wichtiger Stützpunkt für englische Piraten waren. Sklavenhändler überfielen die Inseln ebenfalls und entvölkerten sie unzählige Male.

## Bananenplantage

Bananen gedeihen in den feuchtwarmen tropischen Gebieten der Erde. Die Vermehrung erfolgt durch Ableger von den unterirdischen Teilen ausgewachsener Stauden. Innerhalb von 3 bis 4 Wochen sprießt daraus ein Scheinstamm aus eng zusammengerollten Blattscheiden, der sich an der Spitze zu einer Krone öffnet. Die Staude wird 3 bis 6 m hoch und entwickelt nach einem Jahr einen traubenförmigen Blütenstand. Aus jeder Einzelblüte entwickelt sich eine Banane. Die handförmigen Fruchtstände, die sich aus 10 bis 20 Bananen zusammensetzen, wachsen senkrecht nach oben. Diese Bananenbüschel werden noch grün gepflückt und vor dem Verpacken gewaschen. Per Bahn werden sie zu den Häfen transportiert, von wo sie auf speziell ausgerüsteten Bananenfrachtern in alle Welt verschifft werden.

# HONDURAS

**Kokosnüsse** *(links)* wachsen in der gesamten Karibik und in Zentralamerika. Die Kokospalme bringt nicht nur eine herrliche Frucht hervor, ihr Holz wird auch zum Bauen benutzt, und die Blätter liefern Material für Dächer und Körbe.

**Viele Einwohner von Honduras** sind bei der United Fruit Company angestellt *(unten)* und bereiten die Bananen für den Export vor. Die Früchte werden noch grün geerntet, da sich das Aroma während der Verschiffung entfaltet.

Honduras hat erste Schritte zur Industrialisierung unternommen – allerdings nicht aus eigener Kraft, sondern mit Hilfe von Auslandsunternehmen und Auslandskapital. Auslandskapital bedeutet in erster Linie US-Kapital. US-Konzerne beherrschen alle gewinnversprechenden Industrie- und Dienstleistungsbranchen. Die einheimischen Klein- und Mittelbetriebe, die vorwiegend Erzeugnisse der Landwirtschaft verarbeiten, erwirtschaften mit ihrer niedrigen Produktivität nur etwa 40 % der Industrieproduktion, beschäftigen aber fast zwei Drittel der Industriearbeiter. Honduras war dem Konkurrenzdruck innerhalb des »Zentralamerikanischen Gemeinsamen Marktes« nicht gewachsen und nutzte den »Fußball-Krieg« mit El Salvador (1969) als Vorwand zum Ausscheiden. Die Industrialisierung hat bislang wenig zum Abbau der hohen Arbeitslosigkeit beigetragen. Der dramatische Verfall der Rohstoffpreise zu Be-

ginn der 1980er Jahre und die Schuldenlast von über 5 Milliarden US-Dollar schwächten die ohnehin marode Wirtschaft zusätzlich. Zwar sind in Honduras die Reichen nicht so reich wie in einigen Nachbarländern, aber deshalb geht es den Armen nicht besser. Unter- und Fehlernährung sind weit verbreitet. Die medizinische Versorgung auf dem Land ist miserabel. Der Anteil der Analphabeten wurde zwar in den Städten auf unter 30 % gedrückt, liegt aber auf dem Land noch immer bei über 60 %. Der schlechte Ausbildungsstand ist wiederum ein Grund für den Mangel an Fachkräften, der die Entwicklung in allen Bereichen behindert.

# HONDURAS

### Geschichte

Die bedeutendste Sehenswürdigkeit von Honduras ist Copán. Bereits 1839 wurden deren völlig überwachsene Ruinen entdeckt, doch es dauerte über 100 Jahre bis mit ihrer Freilegung begonnen wurde. Die Maya, die vor über 3000 Jahren das westliche Hochland, später auch das Tiefland besiedelten, errichteten hier vom 5. bis 9. Jahrhundert n. Chr. eine Siedlung, deren Mittelpunkt eine imposante Akropolis war.

Als die spanischen Eroberer bei ihrem Vormarsch von 1524 in dieses ehemals von den Maya besiedelten Gebiet eindrangen, stießen sie auf zahlreiche untereinander verfeindete Indiostämme wie die Lenca, Pipil, Chorotega, Jicaques, Paya und andere, die zunächst erbitterten Widerstand leisteten. 1525 unternahm Hernando Cortés (1485–1547) einen Kriegszug, 1536 Pedro de Alvarado (um 1485–1541) einen weiteren, um den vom Häuptling Lempira geführten Aufstand niederzuschlagen. Die Spanier gründeten 1540 die Hauptstadt Comayagua und gliederten die Provinz dem Generalkapitanat von Guatemala ein. Die heutige Hauptstadt wurde 1579 als Siedlung in der Nähe von Gold- und Silberminen gegründet. Um diese Edelmetalle ging es den Eroberern in erster Linie. Die durch Kriege, Zwangsarbeit und eingeschleppte Krankheiten von über 1,2 Millionen auf im Jahre 1778 ca. 88 000 dezimierten Indios behielten zwar ihr Gemeindeland zur Selbstversorgung, mußten aber Arbeitskräfte für Bergwerke und Ländereien der Kolonisten stellen.

### 125 Militärputsche in 150 Jahren

1821 schloß sich die Provinz-Oligarchie der Erhebung der anderen zentralamerikanischen Provinzen gegen die spanische Krone an. Nach nur zweijähriger Anbindung an das Kaiserreich von Mexiko verselbständigten sie sich im Staatenbund der »Vereinigten Provinzen von Zentralamerika«. Eine seiner Führungsfiguren, der als »mittelamerikanischer Bolívar« verehrte Francisco Morazán (1792–1842), stammte aus Honduras. Aber auch er konnte das Ausbrechen seiner Heimatprovinz und den Zusammenbruch des Staatenbundes 1839 nicht verhindern. Von Beginn der »Freiheit« an kämpften mehrere Fraktionen der Oligarchie um die Macht. Von 1821 bis 1876 wechselten sich 85 Regierungen ab. Die klerikal-konservative Führung mischte sich ständig in diese Machtkämpfe ein.

1876 leitete Marco Aurelio Soto eine liberale Wende ein: Er säkularisierte den Kirchenbesitz, führte die Zivilehe und ein staatliches Bildungswesen ein. Seine Gegner – Kirche und Großgrundbesitzer – und Befürworter – das städtische Bürgertum – organisierten sich später in der Nationalen Partei und in der Liberalen Partei, die bis heute die wichtigsten Parteien geblieben sind. Gleichzeitig trieb Soto die Erschließung und Weltmarktöffnung des isolierten Landes voran. Großzügige Konzessionen lockten US-Konzerne an und führten zur Entwicklung der »Bananenrepublik«. Die Geschichte einer kolonieähnlichen Fremdbestimmung begann. Die Diktatoren T. Carías Andino und J.M. Gálvez, die von 1933 bis 1948 bzw. von 1949 bis 1954 an der Macht waren, betätigten sich als Handlanger der United Fruit Company. Der Streik von rund 25 000 »Enklave«-Arbeitern auf den US-amerikanischen Bananenplantagen im Jahre 1954 leitete die Bändigung der Macht ein, die von der »Enklave« auf den »Rest des Landes« ausgeübt wurde.

Die Reformansätze des Präsidenten Villeda Morales, der von 1957 bis 1963 regierte, wurden zwar zunächst durch Militärputsche aufgehalten, aber die Militärregierung unter Osvaldo López Arellano, der von 1972 bis 1975 an der Macht war, griff sie wieder auf und trieb sie unter dem Druck von Gewerkschaften und Bauernorganisationen voran. Sie packte vor allem eine Agrarreform an, die ihren Namen verdiente, obwohl ihre Durchführung von zwei nachfolgenden Militärregierungen gebremst wurde. Militärregimes à la Honduras waren nicht ganz so schlimme Folterregimes wie in den Nachbarstaaten. Sie verboten zwar allzu linke Parteien und Organisationen, beließen aber den beiden großen Parteien und vor allem den starken Bauernorganisationen politische Freiräume. Diese autoritäre Toleranz bildet einen wesentlichen Grund, warum bislang in Honduras Guerillagruppen über Ankündigungen des bewaffneten Widerstandes nicht hinauskamen.

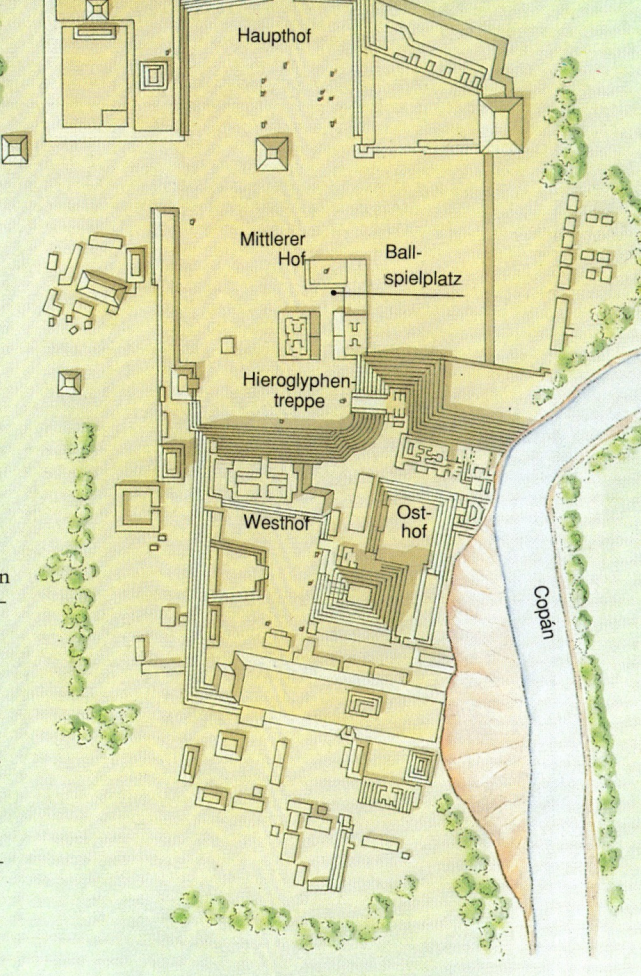

**Die Anlage** *(rechts)* von Copán befindet sich nahe des westlichen Ufers des Río Copán, der einige der Ruinen fortgespült hat. Die Bauten, die aus einem ungewöhnlichen, grünen Stein errichtet sind, umfassen Tempel, Hofanlagen und Terrassen.

**Die Ruinen** *(links)* der ehemaligen Mayastadt Copán liegen inmitten tropischer Regenwälder in der Tiefebene nahe der guatemaltekischen Grenze. Copán gilt als eine der schönsten Stätten der Maya und ist berühmt für seine Skulpturen und Stelen.

**Versammlungen zur Vergabe von Landrechten** *(links)* ziehen viele Bauern an. Die meisten Ländereien gehören immer noch Großgrundbesitzern. Die Bauern müssen das Land mit einfachsten Geräten bearbeiten.

**Die Miskito-Indianer** *(unten)* flohen aus Nicaragua nach Honduras. Bei dem Versuch, die Indianer zu integrieren, haben die Sandinisten deren Kultur vernachlässigt und sie so sich selbst entfremdet.

Bei den Präsidentschaftswahlen von 1981, die die Rückkehr zur Demokratie signalisierten, erhielt der Kandidat der Liberalen Partei, Roberto Suazo Córdova (* 1928), eine eindeutige Mehrheit. Viele Beobachter hegten Zweifel an seiner politischen Überlebensfähigkeit – in einem Land, in dem es in 150 Jahren immerhin 125 Militärputsche gab. Er überstand eine schwere Wirtschaftskrise und viele Putschgerüchte. Er und sein Nachfolger José Azcona Hoyo (* 1927) mußten es allerdings wohl oder übel hinnehmen, daß Honduras zu einem Brückenkopf der USA im unerklärten Krieg gegen Nicaragua wurde. Erst 1989 erzielte eine internationale Konferenz Einigung über den Abzug der nicaraguanischen »Contras«.

Das von der Schuldenkrise gebeutelte Land hängt am Tropf der Überlebenshilfe, die der »große Bruder« jedoch nicht ohne Gegenleistungen gibt. Die Tradition der Fremdbestimmung erhielt eine neue Version, das häßliche Wort von der »Bananenrepublik« eine neue Begründung. Zu den Folgewirkungen der massiven Präsenz der USA gehörten nationalistische Aufwallungen. 1992 schlossen El Salvador, Guatemala und Honduras ein Freihandelsabkommen. Der 1993 gewählte Präsident Carlos Roberto Reina (* 1926) versuchte in seiner Amtszeit, den Einfluß des Militärs einzudämmen. Seit 1998 ist Carlos Roberto Flores (* 1950) Staatspräsident von Honduras.

# INDIEN

# INDIEN

Indien, eines der größten Länder der Erde, ist reich an Kultur und Tradition, aber auch an Widersprüchen und Gegensätzen, die sowohl seine Faszination ausmachen als auch Ursache für viele Probleme sind. Indien, das bedeutet Armut der Massen und Reichtum einer kleinen Minderheit, reformbedürftiges Agrarland und Industrienation, Dürrekatastrophen und »Grüne Revolution«, tropischer Regenwald und vergletscherte Gebirgsregionen, Götterwelt und Bürokratie, alte Paläste und neue Slums. Kein anderes Land vereinigt so nachhaltig Tradition und Fortschritt, nirgends liegen Vergangenheit und Gegenwart so nah zusammen. Als eindrucksvolles Zeugnis der Vergangenheit ist das Taj Mahal *(links)* in Agra, ein Meisterwerk der Baukunst der Mogulzeit, zu einem Wahrzeichen Indiens geworden. Noch immer hat Indien die Fesseln der Unterentwicklung nicht abgelegt, doch investiert es seit längerem erfolgreich in modernste Technologien bis hin zur Atomtechnik und Weltraumforschung.

Seit alters ein wahres Sammelbecken von Sprachen, Völkern und Kulturen, ist Indien nicht nur eine Nation, eher ein Konglomerat aus vielen verschiedenen Nationen mit eigenem Kulturgut, eigener historischer Prägung und Tradition. So gibt es allein vierzehn Hauptsprachen, von denen sich zehn auch in der Schrift voneinander unterscheiden. Der Hinduismus, der die staatsgründende und -tragende Basis für ein politisch eigenständiges Indien war, bildet die starke nationale Klammer. Das allgegenwärtige Kastenwesen, das bis heute mit Indien untrennbar verbunden ist, baut gesellschaftliche Unterschiede auf, anstatt sie abzubauen. Für Indien ist das kein Widerspruch zu seiner seit fünf Jahrzehnten andauernden demokratischen Staatsordnung.

Die Geduld der Inder ist der Schlüssel für ein funktionierendes Gemeinwohl und Mahatma Gandhi (1869–1948, ermordet), den die Inder »als Vater der Nation« verehren, der andere Name für das Prinzip der Gewaltlosigkeit. Auf seiner Lehre wurde der freie und moderne Staat aufgebaut.

Bevölkerungsmäßig zum zweitgrößten Land der Erde emporgeschnellt, ist Indien mit der Geißel der Übervölkerung wie kein anderes Land gepeinigt. Monat für Monat wächst die Zahl der in Indien lebenden Menschen um mehr als eine Million, in weniger als alle eineinhalb Sekunden wird ein Baby geboren. Dennoch hat das Land die schlimmste Armut und den Hunger von Millionen Menschen weitestgehend beseitigen können. Indien ist eine Großmacht geworden – militärisch stark und gefürchtet, politisch eigenwillig und streitbar gegenüber den Supermächten, die es umwerben.

Es ist eine stolze Nation, die das Bild Asiens insgesamt entscheidend mitprägt. Indien bleibt ein Wechselbad von Eindrücken und Empfindungen, ein Subkontinent handgreiflicher Gegensätze, dem Respekt und Verehrung gebührt.

# INDIEN: DER STAAT

Beschleunigt durch die zunehmenden Konflikte zwischen Indien und Großbritannien und durch die Auseinandersetzungen zwischen den auf dem Subkontinent lebenden Hindus und Moslems erfolgte 1947 die Gründung zweier selbständiger Staaten, der Indischen Union mit hinduistischer Bevölkerungsmehrheit und des moslemischen Pakistan mit den beiden Landesteilen West- und Ostpakistan. Mit der bis heute gültigen Verfassung von 1950 gab sich Indien den Status einer demokratischen Republik und wurde zur ersten Republik des britischen »Commonwealth of Nations«. Die Teilung des Subkontinents wurde von zahlreichen Ausschreitungen zwischen Hindus und Moslems begleitet.

Mit der schwer erkämpften Unabhängigkeit stand die neue Indische Union vor gewaltigen internen territorialen Problemen. Nur etwa 55 % des neuen Staatsgebietes von Indien waren direkt von den Briten verwaltet worden; in den restlichen 45 % regierten nicht weniger als 562 Fürsten, die durch Sonderverträge mit der britischen Krone verbunden waren.

In den meisten Fällen verlief der Intergrationsprozeß der Fürstentümer reibungslos. Größere Schwierigkeiten bereitete die Eingliederung des moslemischen Fürstentums Kaschmir, dem allerdings ein hinduistischer Maharaja vorstand. Der Kaschmir-Konflikt löste 1948 einen Krieg zwischen Indien und Pakistan aus, der durch einen bis heute gültigen Waffenstillstand beendet wurde. Entlang der Demarkationslinie wurde Kaschmir zwischen Indien und Pakistan aufgeteilt.

Die nach der Unabhängigkeit Indiens zunächst noch weiter bestehenden französischen und portugiesischen Überseebesitzungen Pondicherry, Goa, Daman und Diu wurden 1954 an Indien abgetreten bzw. 1961 von Indien okkupiert. Erst 1975 verzichtete Portugal offiziell auf seine ehemaligen Kolonien. Sikkim wurde 1975 als indischer Bundesstaat integriert.

Seiner Verfassung gemäß ist Indien eine föderale Union mit einer dennoch starken Zentralgewalt. Sie besteht aus »Bundesstaaten« mit eigenen Parlamenten und Regierungen und »Territorien«, die der Verwaltung der Zentralregierung unterstellt sind. Die bei der Unabhängigkeit vollzogene innerstaatliche Gliederung des Landes wurde zwischenzeitlich mehrfach reorganisiert, um sprachlich homogene Staaten zu schaffen.

Indien besitzt einen gut funktionierenden demokratischen und auf freien Wahlen basierenden Parlamentarismus. Staatsoberhaupt ist der Präsident, der überwiegend repräsentative Pflichten wahrnimmt, während die politische Verantwortung vom Ministerpräsidenten ausgeübt wird. Das nach britischem Vorbild konstituierte Zweikammerparlament besteht aus der Staatskammer, »Rajya Sabha«, die sich aus den Vertretern der indischen Bundesstaaten zusammensetzt, und aus der alle fünf Jahre direkt gewählten Volkskammer, »Lok Sabha«.

Die indische Parteienlandschaft wird maßgeblich von der Partei des »Indian National Congress« bestimmt, die sich, schon als Wegbereiter des unabhängigen Indien, als Massenpartei landesweit etabliert hat. Die Namen ihrer starken Führungspersönlichkeiten – Jawaharlal Nehru (1889–1964) und Indira Gandhi (1917–1984) – sind untrennbar mit Indien verbunden. Die meisten Parlamentsabgeordneten stellt allerdings seit 1996 die hinduistische »Bharatiya Janata Party«.

## Daten und Fakten

**DAS LAND**
**Offizieller Name:** Republik Indien
**Hauptstadt:** Neu-Delhi
**Fläche:** 3 287 263 km² (einschl. indischer Teil von Jammu u. Kaschmir)
**Landesnatur:** Im N Himalaya, im Zentrum nordindische Schwemmlandebene, im S Dekanhochland, gesäumt von den West- und Ostghats
**Klima:** Im S tropisches, im N subtropisches Monsunklima
**Hauptflüsse:** Ganges, Yamuna, Krishna, Narbada, Godavari, Brahmaputra
**Höchster Punkt:** Gangtschhendsönga 8586 m

**DER STAAT**
**Regierungsform:** Parlamentarische bundesstaatliche Republik
**Staatsoberhaupt:** Staatspräsident
**Regierungschef:** Ministerpräsident
**Verwaltung:** 28 Bundesstaaten, 7 Unionsterritorien
**Parlament:** Zweikammerparlament mit Staatenkammer (Rat der Staaten) mit 245 Mitgliedern u. Unterhaus (Haus des Volkes) mit 543 für 5 Jahre gewählten Abgeordneten
**Nationalfeiertag:** 26. Januar
**DIE MENSCHEN**
**Einwohner (Ew.):** 998 056 000 (1999)

**Bevölkerungsdichte:** 304 Ew./km²
**Stadtbevölkerung:** 28 %
**Bevölkerung unter 15 Jahren:** 33 %
**Analphabetenquote:** 44 %
**Sprache:** Hindi
**Religion:** Hindus 80 %, Moslems 11 %, Christen 2 %, Sikhs 2 %
**DIE WIRTSCHAFT**
**Währung:** Indische Rupie
**Bruttosozialprodukt (BSP):** 421 259 Mio. US-$ (1998)
**BSP je Einwohner:** 430 US-$

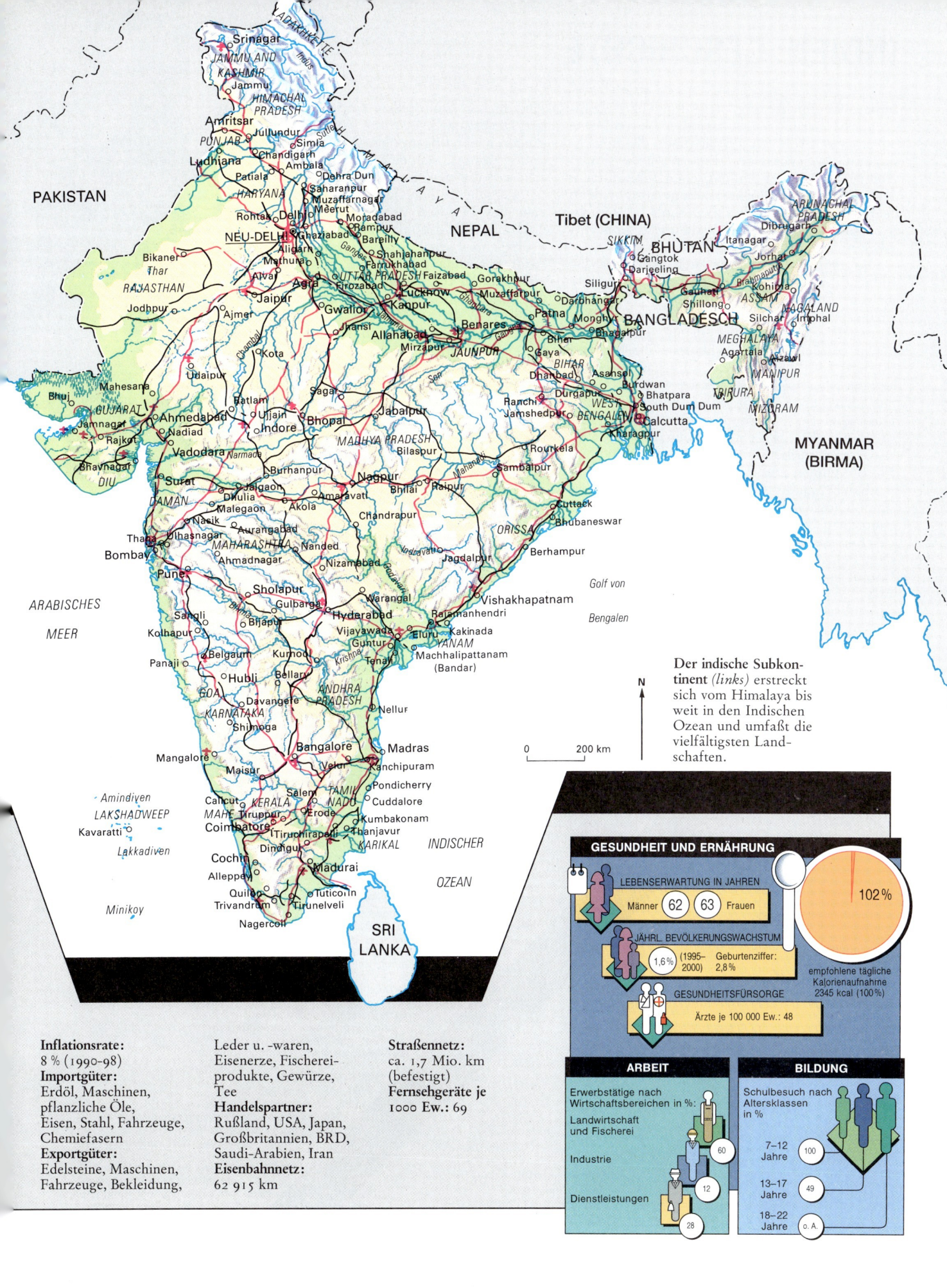

Der indische Subkontinent *(links)* erstreckt sich vom Himalaya bis weit in den Indischen Ozean und umfaßt die vielfältigsten Landschaften.

**Inflationsrate:**
8 % (1990-98)
**Importgüter:**
Erdöl, Maschinen, pflanzliche Öle, Eisen, Stahl, Fahrzeuge, Chemiefasern
**Exportgüter:**
Edelsteine, Maschinen, Fahrzeuge, Bekleidung, Leder u. -waren, Eisenerze, Fischereiprodukte, Gewürze, Tee
**Handelspartner:**
Rußland, USA, Japan, Großbritannien, BRD, Saudi-Arabien, Iran
**Eisenbahnnetz:**
62 915 km
**Straßennetz:**
ca. 1,7 Mio. km (befestigt)
**Fernsehgeräte je 1000 Ew.:** 69

**GESUNDHEIT UND ERNÄHRUNG**
LEBENSERWARTUNG IN JAHREN
Männer 62  63 Frauen
102 %
JÄHRL. BEVÖLKERUNGSWACHSTUM
1,6 % (1995–2000)  Geburtsziffer: 2,8 %
empfohlene tägliche Kalorienaufnahme 2345 kcal (100 %)
GESUNDHEITSFÜRSORGE
Ärzte je 100 000 Ew.: 48

**ARBEIT**
Erwerbstätige nach Wirtschaftsbereichen in %:
Landwirtschaft und Fischerei 60
Industrie 12
Dienstleistungen 28

**BILDUNG**
Schulbesuch nach Altersklassen in %
7–12 Jahre 100
13–17 Jahre 49
18–22 Jahre o. A.

# INDIEN: GESCHICHTE

Indiens Geschichte ist geprägt durch eine Abfolge von Eroberungszügen fremder Völker. Dabei haben alle Eroberer, ob sie über die unwegsamen Gebirgspässe des Himalaya hinweg oder vom Meer aus über den indischen Subkontinent herfielen, die Geschichte Indiens entscheidend beeinflußt und die kulturelle, ethnische, sprachliche und religiöse Vielfalt dieser Region vergrößert.

Die Träger der ältesten, sich weit über das Industal hinaus erstreckenden Besiedlung dürften die Draviden gewesen sein, deren frühe Zivilisation sich jedoch im Dunkel der Geschichte verliert. Ihre ins 3. Jahrtausend v. Chr. zurückreichenden Hauptstädte Mohenjo-Daro und Harappa sind gut erhalten freigelegt worden und dokumentieren eine höchst beeindrukkende städtische Zivilisationsstufe. Die Indus- oder Harappakultur rangiert infolgedessen gleichberechtigt neben den anderen berühmten antiken Hochkulturen von Ägypten, Mesopotamien und China.

Ab dem 2. Jahrtausend v. Chr. fielen die Arier, ein nomadisierendes Hirtenvolk aus den vorderasiatischen Steppenregionen, über den Hindukusch in den Subkontinent ein und drängten die Draviden in mehreren Phasen nach Süden ab. Darauf ist der bis heutige gültige Gegensatz zwischen dem »arischen Norden« und dem »dravidischen Süden« Indiens zurückzuführen, der im Laufe der Geschichte zu einer unterschiedlichen kulturellen Entwicklung geführt hat. Die arische Eroberung hat die indische Kultur am nachhaltigsten bestimmt. Es entwickelte und verfestigte sich eine Gliederung der Gesellschaft in die vier großen hierarchischen Kasten, die auch heute noch bestehen. Auch die Wurzeln des Hinduismus als Religion oder eher noch als Philosophie reichen in die arische Frühzeit zurück. Aus dem Machtstreben der Arier untereinander entstanden in Nordindien während der folgenden Jahrhunderte viele kleine selbständige Fürstentümer und Königreiche. Einblick in diese frühe Zeit Indiens geben die Veden, eine Sammlung in Sanskrit abgefaßter heiliger Schriften der frühen vedisch-brahmanischen Überlieferung, die verschiedene Verfasser hatte.

Der endgültige Untergang der vedischen Kulturepoche fällt mit dem Erscheinen des Gautama Buddha (563–460 v. Chr.), dem Prinzen Siddhartha und Stifter des Buddhismus, zusammen. Sein Todesdatum gilt vielfach als erstes gesichertes Geschichtsdatum des indischen Subkontinents.

Mit der Erweiterung des politischen Machtbereichs König Bimbisaras von Magaltha, einem Zeitgenossen Buddhas, breitete sich der Buddhismus nahezu in ganz Indien aus. Diese Religion überstand den Einfluß der persischen Eroberungen, den Indienfeldzug Alexanders des Großen (356–323 v. Chr.) und fand während

**Jawarhalal Nehru** (*oben*) war von 1947 bis 1964 der erste Ministerpräsident des unabhängigen Indien. Seine Nachkommen nahmen ebenfalls aktiv am öffentlichen Leben Indiens teil und schufen eine politische Dynastie. Seine Tochter Indira Ghandi und deren Sohn Rajiv wurden ebenfalls mit dem Amt des Ministerpräsidenten betraut.

- **ca. 2600 v. Chr.** Anfänge der Induskultur
- **ca. 1500 v. Chr.** Arier erobern Nordindien
- **ca. 500 v. Chr.** Siddhartha Gautama begründet den Buddhismus
- **ca. 320–185 v. Chr.** Die Maurya vereinigen Indien unter ihrer Herrschaft
- **320–500** Gupta-Dynastie
- **1206** Gründung des muslimischen Sultanats Delhi
- **1398** Timur fällt in Indien ein
- **1498** Vasco da Gama landet in Indien
- **1526** Babur begründet das Mogulreich
- **1556–1605** Unter Akbar Höhepunkt des Mogulreichs
- **17. Jh.** Briten gründen die »East India Company«
- **1757** General Clive besiegt die indische Armee
- **ca. 1800–1850** Territoriale Machterweiterung der Ostindischen Kompanie
- **1858** Britische Regierung erklärt Indien zur Kolonie
- **1885** Gründung der Kongreßpartei
- **1920** Mahatma Gandhi entwickelt die Methode des waffenlosen Kampfes
- **1935** Neue Verfassung
- **1947** Indien erhält die Unabhängigkeit. Jawarhalal Nehru wird erster Ministerpräsident. Abtrennung von Ost- und West-Pakistan
- **1947–1949** Streit um Kaschmir führt zum indisch-pakistanischen Krieg
- **1948** Ermordung Gandhis
- **1950** Indien wird Republik
- **1965** Zweiter indisch-pakistanischer Krieg
- **1966** Indira Gandhi wird Premierministerin
- **1971** Indien unterstützt Ost-Pakistan (Bangladesch) im Bürgerkrieg gegen West-Pakistan
- **1984** Ermordung Indira Gandhis. Rajiv Gandhi wird Ministerpräsident
- **1989** Wahlniederlage der Kongreßpartei
- **1991** Ermordung Rajiv Gandhis
- **1998** Atal Behari Vajpayee wird Ministerpräsident

1 Akbar (1542–1605)

2 Mahatma Gandhi (1869–1948)

3 Indira Gandhi (1917–1984)

# INDIEN

der Maurya-Dynastie ab 320 v. Chr. in dem legendären Kaiser Ashoka (um 290–232 v. Chr.) ihren größten Förderer. Nach kurzlebigen Herrschaften der Griechen, Sakas und Parther eroberten die aus Zentralasien stammenden Kuschanen Nordwestindien. Als »goldenes Zeitalter« des mittelalterlichen Nordindien gilt die Zeit der Gupta-Dynastie, während der sich der Hinduismus über ganz Indien ausbreitete und den Buddhismus verdrängte. Sie war die klassische indische Kunstepoche.

Nach anfänglichen, sporadischen Einfällen zwischen dem 7. und 12. Jahrhundert erfolgte über sechs Jahrhunderte ein stürmischer Siegeslauf des Islam, der mit der Gründung des Sultanats von Delhi begann. Zur Hochblüte und vorherrschenden Macht auf dem Subkontinent gelangte der Islam mit den mächtigen Mogulreichen des 16. und 17. Jahrhunderts. Unter den Mogulherrschern dieser Epoche gilt Akbar (1542–1605) als der bedeutendste. Der Tod Aurangsebs (1618–1707) leitete den Verfall der moslemischen Herrschaft in Indien ein.

Die europäische Kolonialära in Indien begann schon im Jahre 1498 mit der Landung des portugiesischen Seefahrers Vasco da Gama (1469–1524) an der Malabarküste, womit zugleich die portugiesische Vorherrschaft im Indischen Ozean eingeleitet wurde. Das von Alfonso de Albuquerque (1453–1515), einem weiteren großen portugiesischen Seefahrer, eroberte Goa wurde ab 1510 zum wichtigsten Stützpunkt der Portugiesen in Indien. Um das handelsmäßig lukrative Erbe Portugals kämpften Holländer, Dänen und Franzosen – zuletzt und mit dem größten Erfolg die Engländer. Im Jahre 1600 gründeten englische Kaufleute die »East India Company« und errichteten schrittweise ein lockeres Netz von Handelsniederlassungen auf dem indischen Subkontinent. Den anhaltenden und starken Widerstand der Bevölkerung gegen die englische Machtausweitung konnten die Engländer nur mit Unterdrückung und Zugeständnissen brechen, bis Mitte des 19. Jahrhunderts der gesamte Subkontinent von der »East India Company« kontrolliert wurde. Als Ausdruck einer systematischen Kolonialpolitik wurde 1858 der letzte Großmogul abgesetzt, und die britische Krone übernahm die Verwaltung der rund 500 Fürstentümer. 1877 wurde Königin Viktoria (1819–1901) zur Kaiserin von Indien proklamiert. Obwohl die Briten zwecks Machterhaltung die sozialen und religiösen Gegensätze zwischen Moslems und Hindus ausnutzten, entstand ein gemeinsames Nationalbewußtsein und Widerstand gegen die Kolonialherren. Unter der Führung Mahatma Gandhis (1869–1948) begann der gewaltlose Kampf für die Unabhängigkeit Indiens, der nach dem Zweiten Weltkrieg zum Erfolg führte. Sein Ziel, die beiden Religionen in einer gemeinsamen Nation zu einen, blieb ohne Erfolg, und der indische Subkontinent wurde 1947 in zwei Staaten geteilt: Pakistan und Indien.

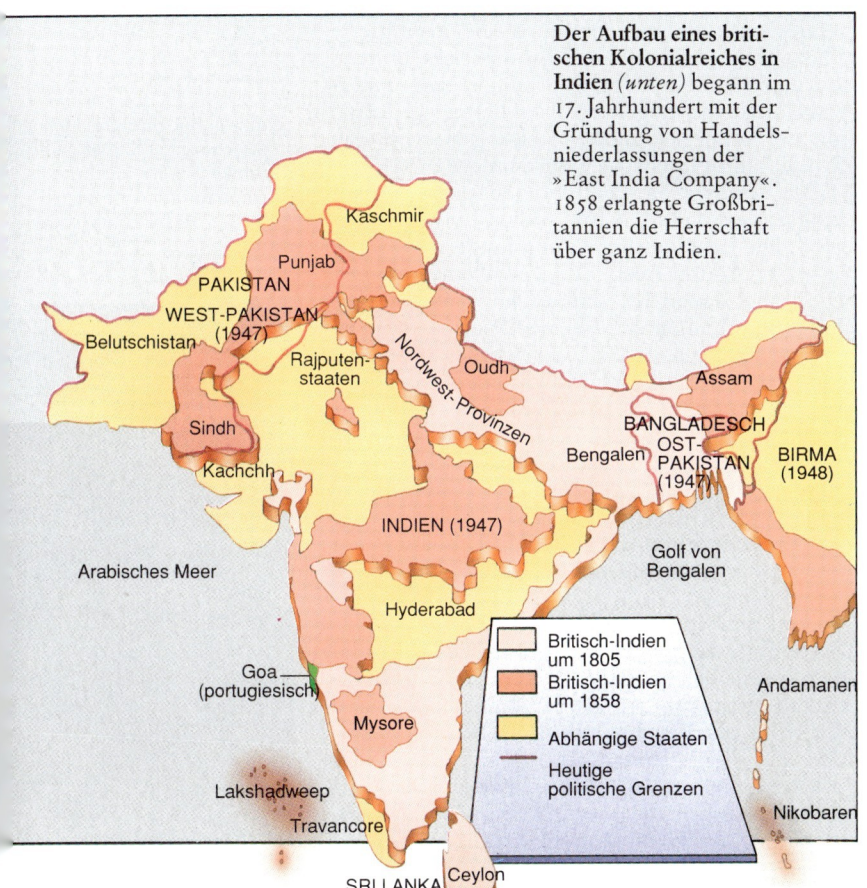

Der Aufbau eines britischen Kolonialreiches in Indien (unten) begann im 17. Jahrhundert mit der Gründung von Handelsniederlassungen der »East India Company«. 1858 erlangte Großbritannien die Herrschaft über ganz Indien.

# INDIEN: DIE MENSCHEN

Das gravierende Ausmaß von Indiens Übervölkerung wird besonders deutlich, wenn man den Flächenanteil Indiens an der Erdoberfläche mit seinem Anteil an der Weltbevölkerung vergleicht. Danach hat Indien nur einen Anteil von 2,3 % an der festen Erdoberfläche, sein Staatsgebiet ist aber Lebensraum für rund 18 % aller Erdbewohner. Der sich aus diesem Mißverhältnis ergebende Bevölkerungsdruck ist gerade für ein Agrarland wie Indien besonders eklatant. Mitte der 90er Jahre überschritt die Einwohnerzahl des Landes die 900-Millionen-Schwelle, und im Jahre 2000 lebten in Indien trotz des im Vergleich zu anderen Ländern Südasiens geringen Bevölkerungswachstums mehr als eine Milliarde Menschen. Der Bevölkerungsdruck ist erdrückend hoch – Indien zählt zu den am dichtesten bevölkerten Ländern der Erde –, und die Situation wird sich in den nächsten Jahren noch weiter zuspitzen.

Das nunmehr schon im fünften Jahrzehnt kontinuierlich anhaltende, viel zu rasche Bevölkerungswachstum – mit einem derzeitigen jährlichen Realzuwachs von 15 Millionen – läßt nicht den geringsten Zweifel an einer bedrohlichen »Bevölkerungsexplosion«, die Indien vor unlösbare demographische, sozioökonomische und soziale Probleme stellt. Schätzungsweise die Hälfte aller Inder lebt unter dem Existenzminimum, was zur Zeit einem realen Bevölkerungsanteil von 500 Millionen entspricht. Weitere 200 Millionen leben am Rande des Existenzminimums. Denn die Bevölkerungsexplosion zehrt den wirtschaftlichen Fortschritt des Landes gleich wieder auf und ist der Hauptauslöser für die Armut der Bevölkerung. Mit der gravierenden Armut greifen die Unter- und Mangelernährung erschreckend um sich, die wiederum die Anfälligkeit gegen Krankheiten steigern und die Arbeitsleistung reduzieren.

## Zu viele Kinder

Die Ursache der Bevölkerungsexplosion in Indien ist die nach wie vor viel zu hohe Geburtenziffer bei abnehmender Sterberate. Die vom indischen Staat forciert betriebenen Maßnahmen zur Familienplanung und Geburtenkontrolle haben längst nicht den erhofften und für eine vernünftige Bevölkerungsentwicklung notwendigen Erfolg gezeigt. Sie zielten einseitig nur auf die Senkung der Geburtenrate, wurden aber nicht von den erforderlichen sozialen Maßnahmen begleitet. Bis heute gibt es für die Masse der Inder keine Altersversorgung, so daß eine große Zahl von Kindern nach wie vor den sichersten Altersschutz darzustellen scheint. Die Familienplanungsangebote, wie zum Beispiel die frei angebotenen Verhütungsmittel, wurden unregelmäßig in Anspruch genommen und stießen bei der indischen Bevölkerung auf großes Unverständnis. So führte die indische Regierung umfangreiche Familienplanungsgesetze ein, die schon 1972 den Schwangerschaftsabbruch legalisierten, das Heiratsalter des Mannes wurde auf 21 Jahre, das der Frau auf 18 Jahre heraufgesetzt. Verboten wurden auch die arrangierte Ehe und die Zahlung eines Brautpreises, obwohl auf dem Lande nach wie vor eine freie Partnerwahl nicht die Regel ist. Dies hängt wiederum mit der untergeordneten Stellung der Frau in Familie und Gesellschaft zusammen.

Die demographischen Folgen der Bevölkerungsexplosion sind für Indien unvorstellbar groß. Die Bevölkerung ist überjüngt, was erhebliche Schul- und Ausbildungsprobleme aufwirft. Die Folge davon ist, daß die im unabhängigen Indien permanenten Alphabetisierungsdefizite bislang nicht abgeschwächt werden konnten, sondern sich eher verstärkt haben – bei freilich gewaltigen räumlichen Unterschieden. Es ergibt sich vor allem ein auffallendes Bildungsgefälle zwischen stärker städtisch und ländlich geprägten Regionen. Indien versucht in steigendem Maße, neben der Schulausbildung der Kinder die Erwachsenenbildung, vor allem auch der Frauen, voranzutreiben.

## Völker- und Sprachenvielfalt

Zu den gravierenden demographischen Problemen gesellt sich auch die Völker- und Sprachenvielfalt, die für Indien wie für kein anderes Land der Erde zutrifft. Die ethnische Vielfalt resultiert aus den großen historischen Einwanderungsepochen nach Indien bzw. dem südasiatischen Subkontinent. So wird Nord- und Mittelindien überwiegend von hellhäutigen Indiden

**Religiöse Feste der Hindus** (rechts) werden immer mit großem Gepränge gefeiert. Rund vier Fünftel der indischen Bevölkerung sind Anhänger des Hinduismus, der das religiöse, geistige und kulturelle Leben bestimmt.

**Die Sufi** (oben) gehören zu einer mystischen Richtung des Islam. Benannt sind die Sufi (abgeleitet vom arabischen Wort für Wolle) nach ihrer Kleidung.

**Das Volk der Toda** (unten) umfaßt heute nur noch wenige Menschen. Sie leben in Strohhütten in den Nilgiri-Bergen in Tamil Nadu. Ihre Existenzgrundlage bilden Milchwirtschaft, Zuckerrohranbau und die Herstellung von Bambuswaren.

# INDIEN

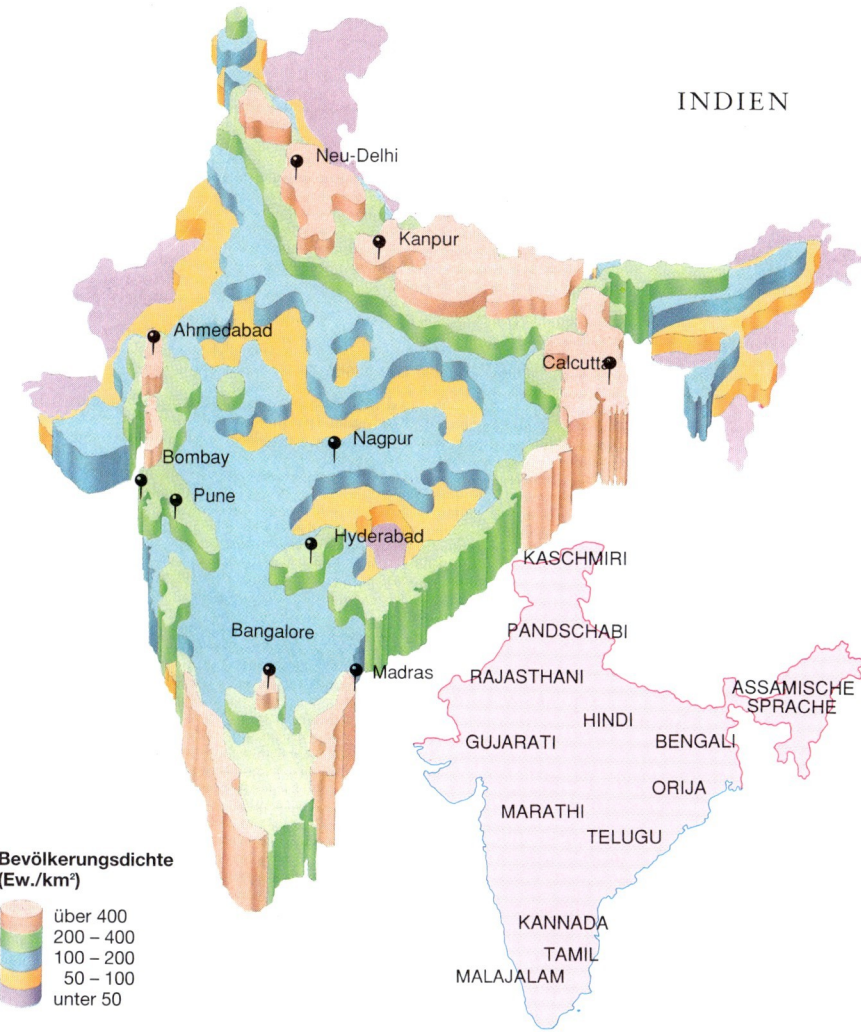

Bevölkerungsdichte (Ew./km²)
- über 400
- 200 – 400
- 100 – 200
- 50 – 100
- unter 50

**Die Schulmahlzeit** in Madras *(rechts)* besteht häufig aus traditionellen vegetarischen Gerichten. Viele Menschen aus dieser Region sind Nachkommen der dunkelhäutigen Draviden, die mit Völkerwanderungswellen aus Zentralasien nach Süden kamen.

**Die hellhäutigen Bewohner Rajasthans** *(links)* zeigen als Nachkommen der Invasoren aus dem Norden moslemischen Einfluß.

indo-arischer Abstammung bewohnt, zu denen auch die Sikhs gehören. Die schon zur Zeit der Induskultur in Indien lebenden Draviden wurden durch die Arier im Laufe der Geschichte immer weiter nach Süden gedrängt, wo heute die zu dieser Volksgruppe zählenden Tamilen leben. Hinzu kommen mongolide und turko-iranische Gruppen, die heute meist als zahlenmäßig kleine Gruppen in abgelegenen Bergregionen und peripheren Räumen Indiens leben.

Durch ethnische Mischungen hat sich die rassische Gliederung noch weiter differenziert und ist dadurch ebenso unüberschaubar wie die verschiedenen Sprachen Indiens. Diese lassen sich in vier große Sprachfamilien einteilen: die indo-arische, dravidische und sino-tibetische Sprache sowie Munda. Das zu den indo-arischen Sprachen zählende Hindi, die Heimatsprache für ein Drittel aller Inder, wurde zur Nationalsprache erhoben. Darüber hinaus wurden weitere 13 Sprachen durch die indische Verfassung als offizielle Regionalsprachen anerkannt, die zusammen von 90 % aller Inder gesprochen werden. Englisch stellt nach wie vor die Umgangssprache für die Oberschicht dar. Wie viele Sprachen in Indien gesprochen werden, ist nicht einmal genau bekannt: Die Angaben darüber variieren zwischen 845 und 1652 Sprachen und Dialekten. Dies bestätigt in eindrücklicher Weise die für Indien so charakteristische Sprachenvielfalt (und erklärt auch manches Unverständnis).

# INDIEN: RELIGION UND KULTUR

Die Vielfalt der auf dem indischen Subkontinent vorhandenen Kulturformen, die nicht nur in zeitlicher Abfolge, sondern oft nebeneinander bestanden haben, macht es nahezu unmöglich, ganz allgemein von einer indischen Kultur zu sprechen. Allgegenwärtig ist in Indien jedoch trotz allem das Bewußtsein, eine der ältesten Hochkulturen der Menschheit besessen zu haben. Seit über dreitausend Jahren war und ist die Religion unbestreitbar Träger der »indischen Kultur«.

Der Hinduismus ist auch bis heute die weitaus stärkste, aber keineswegs einzige Religion in Indien. Rund 11 % der Bevölkerung sind Moslems. Die große islamische Vergangenheit Indiens ist mit der jahrhundertelangen Mogulherrschaft verbunden und hat prägenden Einfluß auf die indische Kultur genommen. Das wird in den räumlichen Zentren des Islam wie Delhi, Hyderabad, Agra und Lucknow mit deren Palästen und Moscheen besonders deutlich. Regionale Schwerpunkte setzen auch die nur gering vertretenen Religionen: das Christentum in Kerala, Goa und Tamil Nadu, die Religion der Sikhs im Punjab, der Buddhismus in Maharashtra, der Jinismus in Gujarat und Rajasthan und der Parsismus um Bombay. Diese Religionen treten aber nicht nur durch ihre Kultstätten und bestimmte religiöse Feste und Zeremonien in Erscheinung, sondern haben auch bestimmte Bereiche des öffentlichen Lebens beeinflußt. So verdankt Kerala seine hohe Alphabetenrate dem christlichen Schulwesen. Die massiven Autonomiebestrebungen der Sikhs haben den Punjab zu einem schwelenden Krisenherd in Indien gemacht, und die zwar zahlenmäßig unbedeutende, aber wirtschaftlich wichtige Minderheit der Parsen hat die Entwicklung Bombays zur indischen Wirtschaftsmetropole maßgeblich gesteuert.

Mit über 800 Millionen Anhängern ist der Hinduismus die bestimmende Kraft des religiösen, geistigen und kulturellen Lebens, wie es sonst in keinem anderen Land die Religion zu sein vermag. Herausragendes Merkmal des Hinduismus und somit des indischen Kulturkreises ist das Kastenwesen, das charakteristische soziokulturelle Ordnungssystem schlechthin. Die Kastenzugehörigkeit wird durch die Geburt eines Menschen festgelegt. Das Kastensystem durchdringt und bestimmt alle Lebensbereiche, nach ihm orientieren sich Heirat und Berufswahl. Selbst die alltäglichen Lebensgewohnheiten wie Kleidung, Essen und Trinken sowie die zwischenmenschlichen Beziehungen unterliegen seinen Regeln. Entstanden ist das Kastenwesen aus der Ständeordnung der Arier vor rund dreitausend Jahren. Es unterscheidet vier hierarchisch angeordnete Kasten: Brahmanen (Priester und Gelehrte), Kshatriyas (Krieger und Adel), Vaishyas (Bauern und Händler) und Shudras (Handwerker), unter denen noch die Parias (»Unberührbare«) stehen. Jede Kaste ist in sich noch mehrfach untergliedert. Diese strenge Hierarchie bedeutet eine klare und feste soziale Rangordnung innerhalb der Gesellschaft. Offiziell zwar nach der Unabhängigkeit abgeschafft, ist das Kastenwesen jedoch bis heute noch die entscheidende Steuerungsgröße der indischen Gesellschaft geblieben.

## Heilige Stätten des Hinduismus

Der Hinduismus als Religion und Philosophie, erwachsen aus den Glaubensvorstellungen und Mythen der Arier und Draviden, steckt voller metaphysischer Rituale. Sein größtes Heiligtum ist der Ganges, die Mutter allen Lebens, dessen Quell und Ziel. Nach der hinduistischen Mythologie soll er einst dem Fuße Vishnus und der Stirn des Gottes Shiva entsprungen sein. Die wichtigsten Pilgerziele sind bei Hardwar, wo der Ganges den Himalaya verläßt, bei Benares, wo der Fluß eine Biegung nach Norden nimmt und damit gleichsam zum Ursprung der Welt, zu den erhabenen Gipfeln des Himalaya, zurückkehrt, oder Hugli, ein Mündungsarm bei Calcutta, wo durch Zeremonien die Vereinigung allen Lebens mit dem Universum hergestellt werden soll. Benares, die heilige Stadt der 1500 Tempel, und die Berührung mit dem heiligen Gangeswasser sind für jeden Hindu das höchste irdische Glück. Es kann nur noch von der Totenverbrennung auf den Ghats von Benares, den Treppenstufen zum Ganges, eine Steigerung erfahren, die seine Seele vom Körper befreit. Die Hindus glauben an Seelenwanderung.

Ausschnitt einer buddhistischen Wandmalerei *(rechts)* in einem der in die Felsen gehauenen Höhlentempel von Ajanta in der Provinz Maharashtra. Die von Mönchen geschaffenen Kunstwerke stammen aus dem 2. Jahrhundert v. Chr.

**Der goldene Tempel von Amritsar** *(oben)*, Zentrum der Glaubensgemeinschaft der Sikhs, einer reformierten Hindusekte.

# INDIEN

**Die Verehrung der heiligen Kühe** *(unten)* begann in der vedischen Periode vor etwa 3500 Jahren. Oft wird das rituelle Verbot der Schlachtung von milchproduzierenden Kühe mit der Nützlichkeit dieser Tiere für den Menschen erklärt. Es hat jedoch vermutlich eine tiefere Bedeutung und versinnbildlicht den Glauben an die Seelenwanderung. Die Heiligkeit der Kühe wird auch in den Erzählungen von Krishna unter den Gopis (Milchmädchen) von Brindaban hervorgehoben.

Nach ihrer Vorstellung haben auch Tiere eine Seele und dürfen deshalb nicht getötet werden. Das gilt besonders für die »heiligen Kühe«. Trotz wachsenden Unmuts über deren große Freiheit, ist ihre religiöse Verehrung durch die breite Masse der Inder ungebrochen.

Zum einzigartigen Kulturgut Indiens gehören auch Tanz und Musik, die ebenso ausdruckskräftig wie eigenwillig dargeboten werden. Sie zählen zur ältesten Tradition und werden in ihren klassischen Formen bis heute unverfälscht gespielt. Die Musik war immer ein Teil der Verehrung der Götter in den Tempeln der Hindus.

Die ältesten Werke der indischen Literatur sind in Sanskrit verfaßt, das bis heute als Gelehrten- und Literatursprache gepflegt wird. Die Veden, über lange Zeit nur mündlich überliefert, sind überwiegend religiöse Lieder, Beschwörungsformeln und Lehrschriften der Ethik. Generell handelte es sich bei der indischen Literatur über viele Kulturepochen hinweg um ausschließlich religiöse Erläuterungsschriften oder deren Ergänzungen in Gedichtform, wie z. B. das Mahabharata. Daraus entwickelte sich eine hochstehende Erzählkunst in Form von Legenden, Fabeln und Mythen. Immer auch fremdsprachigen Einflüssen ausgesetzt, fanden besonders während der britischen Kolonialzeit nicht nur die englische Sprache, sondern auch westliche Ausdrucksformen und Problemstellungen Eingang in die moderne indische Literatur.

**Der elephantenköpfige Gott Ganesha** *(links)* wird traditionell auf einer Maus reitend dargestellt. Diese populäre Gottheit des Hinduismus wird als Schirmherr der Bildung und als Nothelfer verehrt.

**Beim Dussehra-Fest der Hindus** *(unten)* werden riesige Bildnisse Ramas, der Verkörperung der Rechtschaffenheit, und der ihm feindlichen Dämonen zur Schau gestellt. Daneben wird auch der Triumph der Göttin Durga über das Böse gefeiert.

# INDIEN: BENARES

Die Stadt an den Ufern des Ganges ist der wichtigste der sieben heiligsten hinduistischen Wallfahrtsorte. Da von allen frommen Hindus erwartet wird, daß sie mindestens einmal in ihrem Leben Benares besuchen, zieht die Stadt mit ihren über 930 000 Einwohnern und 2000 Tempeln jährlich Hunderttausende von Pilgern an. Für die vielen, die gekommen sind, um hier zu sterben, ist es das letzte Ziel, denn diejenigen, deren Asche über dem heiligen Fluß verstreut wird, erwartet die endgültige Erlösung: der endlose Zyklus von Geburt, Tod und Wiedergeburt wird durchbrochen.

Benares, das heute auch den Namen Varanasi trägt, ist nicht nur ein Wallfahrtsort der Hindus, sondern auch anderer Religionsgemeinschaften. Nach seiner Erleuchtung im Jahr 532 v. Chr. hielt Buddha in Sarnath in Benares seine erste Predigt. Diese Stelle ist deshalb eine der vier heiligsten buddhistischen Stätten. Viele Moscheen zieren die Stadt, und verstreute Kirchen aller Konfessionen verkünden die Botschaft Christi. In Benares befindet sich auch eine berühmte Universität, deren Bibliothek über eine Sammlung von mehr als 150 000 alten, bedeutenden Handschriften verfügt.

Aber der kulturelle Glanz von Benares ist nicht allein auf die Religion beschränkt. Indiens berühmteste Musiker, Pandit Ravi Shankar, der Meister der Sitar, und Ustad Bismillah Khan, der beste Shenai-Spieler der Welt, haben hier ihren Wohnsitz gewählt. Kunst und Gewerbe der Stadt genießen seit jeher für ihre Seiden- und Brokatgewebe, Kupfer- und Messingarbeiten einen besonderen Ruf. Die Verkaufsstände, in denen alle erdenklichen Waren angeboten werden, drängen sich in den schmalen Straßen der Stadt. In der westlichen Welt unbekannte Behinderungen verursachen Verkehrsstauungen, so beispielsweise eine auf der Fahrbahn widerkäuende und dösende heilige Kuh oder eine sich nur langsam vorwärtsbewegende Beerdigungsprozession.

## Heilige Waschung

Auf einer Strecke von acht Kilometern ermöglichen 52 »ghats«, aus breiten Stufen bestehende Treppen, die zum Fluß hinabführen, den Zugang zum Ganges. Fünf davon sind Badetreppen und spielen eine Schlüsselrolle im Leben der Einwohner der Stadt und der zahllosen Pilger. Vor dem ersten Licht der Morgendämmerung versammeln sich große Gruppen von Badenden zum täglichen, heilbringenden Eintauchen in die Wasser des Ganges. Sie werden von freundlichen, stillen Priestern mit ihren charakteristischen, riesigen Strohschirmen erwartet. Wenn die ersten Sonnenstrahlen auf die geduldige Menge, die sich entlang des Ufers aufgestellt hat, fallen, tauchen Kähne und Boote auf dem Fluß ins Morgenlicht, und die mit Goldplättchen verzierten Turmspitzen des Vishwanath-

**Die Ghats** *(rechts)* von Benares, die Badetreppen, führen hinunter zum heiligen Fluß, wo unter ihren eigentümlichen Schirmen die »Ghatia-Priester« die Gläubigen erwarten. Die abgebildete Treppe wurde im 4. Jahrhundert erbaut.

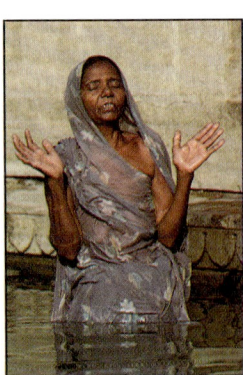

**Die Hindus** *(oben)* glauben, daß ein Eintauchen in den Ganges die Reinigung ihrer Seelen bewirkt; sowohl die Einwohner als auch die Pilger baden täglich.

# INDIEN

Tempels reflektieren die Strahlen der aufgehenden Sonne. Dieser Tempel ist Shiva geweiht, dem Gott der Zerstörung und der Wiedergeburt. Feierliche Gesänge erklingen aus unzähligen Heiligtümern, wenn die Geburt des neuen Tages mit heiligen Hymnen begrüßt wird.

## Die Verbrennungstreppen

Die Badetreppen sind den Lebenden, andere dagegen, die Verbrennungstreppen, den Toten vorbehalten. In Benares finden jährlich über 3000 Feuerbestattungen statt. Die aufgeschichteten Scheiterhaufen schwelen den ganzen Tag, und Flammen durchdringen die Nacht. Manikarnika, die älteste der Verbrennungstreppen, ist nach dem »manikarnika« (Ohrring) Satis, der Gattin Shivas, benannt. Priester der obersten Kaste (Brahmanen) fanden diesen Ohrring, gaben ihn jedoch nicht zurück. Zur Strafe verbannte Shiva sie in eine niedrigere Kaste, »doam« genannt, und übertrug ihnen die Verantwortung für die Scheiterhaufen.

Heute sind die »doam« zuständig für das Management und die Instandhaltung der Verbrennungstreppen und die Säuberung der Stellen, an denen die Scheiterhaufen aufgeschichtet werden. Obwohl sie einer niedrigen Kaste angehören, haben ihnen ihre traditionellen Aufgaben zu beträchtlichem Wohlstand verholfen. Denn die Gebühren für die Einäscherungen sichern ihnen ein ständiges Einkommen.

**Pilger kommen in Scharen** *(links)*, um sich im heiligen Fluß von Benares zu reinigen. Fromme Hindus versuchen, die heilige Stadt wenigstens einmal in ihrem Leben zu besuchen. Sie glauben, daß der Tod in Benares endgültige Erlösung bedeutet.

**An einer der drei »Verbrennungstreppen«** *(oben)* der Stadt Benares wird gerade ein Leichnam eingeäschert. Die Durchführung der Feuerbestattungen liegt traditionell in der Verantwortlichkeit der »doam«, einer niederen Hindu-Kaste.

# INDIEN: STÄDTE UND DÖRFER

Indien gilt auch heute noch als ein »Land der Dörfer«. Die ländliche Region ist nach wie vor der typische Lebensraum. Über 70 % der Gesamtbevölkerung, das sind über 700 Millionen Menschen, leben in schätzungsweise 600 000 Dörfern. Der restliche Teil verteilt sich auf eine verhältnismäßig geringe Zahl von rund 3000 Städten, von denen achtzehn Städte die Millionengrenze überschritten haben.

### Leben auf dem Land

Die dörflichen Siedlungen zeigen gewaltige Unterschiede im Erscheinungsbild sowie alle Übergänge zwischen Streusiedlungen und Einzelhöfen auf der einen und geschlossenen Formen auf der anderen Seite. Auch wenn es das typische indische Dorf nicht gibt, so werden doch alle Dörfer von der aus der Kastengliederung entspringenden Viertelbildung geprägt. In Abhängigkeit von der sozialen und wirtschaftlichen Stellung der Kasten ergeben sich die augenscheinlichen Gegensätze zwischen ziegelgedeckten, gepflegt aussehenden Steinhäusern und armseligen, strohgedeckten Lehmhütten. Die meisten Dörfer leiden unter schlechten und wenig attraktiven Lebens-, Wohn- und Arbeitsbedingungen, die vor allem durch den hohen Bevölkerungszuwachs noch verschlimmert werden. Die soziale Infrastruktur, die Verkehrsverbindungen und die Bildungsangebote sind unzureichend. Doch bei aller Armut und Bescheidenheit der Lebensverhältnisse auf dem Land ist das Gemeinschaftsleben größtenteils intakt. Beharrlichkeit und Geduld, die die indische Mentalität kennzeichnen, haben die ländlichen Lebensformen seit Jahrhunderten nur wenig verändert. Noch immer wird nahezu jede Arbeit mit der Muskelkraft der Menschen oder der Tiere geleistet. Selten stehen, trotz intensiver staatlicher Modernisierungsmaßnahmen, Maschinen zur Verfügung, die bei der Feld- und Hausarbeit die traditionellen Arbeitsweisen ersetzen oder erleichtern könnten. Selbst wenn technische Geräte vorhanden sind, profitiert häufig nur ein kleiner, wohlhabenderer Teil der Landbevölkerung von diesen Errungenschaften, da in der Regel in den meisten Dorfgemeinschaften die dafür notwendige Energie fehlt.

### Leben in der Stadt

Getrieben von Verzweiflung oder auch angelockt von der städtischen Faszination, versuchen immer mehr Menschen, den schlechten Lebensbedingungen auf dem Lande zu entfliehen, und ziehen in die großen Ballungszentren Indiens. Dadurch verzeichnen die Groß- und Millionenstädte ein doppelt so hohes Bevölkerungswachstum wie das für das ganze Land gültige. Besonders im übervölkerten Umland der großen Städte hofft die junge Generation ihre kaum gesicherte Zukunft gegen einen Arbeitsplatz in der Stadt eintauschen und eine Existenz aufbauen zu können. Doch die Realität schlägt für die meisten Zuwanderer ins Gegenteil ihrer Erwar-

# INDIEN

**Chandni Chowk** *(links)* ist die Hauptgeschäftsstraße Alt-Delhis, berühmt für ihre Läden der Silberschmiede. In den zahlreichen Verkaufsständen werden aber auch Großhandelswaren, Leckereien, Handarbeiten, Stoffe und Kleider angeboten.

**Die dorfeigene Zisterne** *(rechts)* versorgt im ländlichen Indien Tausende von kleinen Gemeinden. Diese künstlichen Reservoirs, die häufig vor Jahrhunderten von fortschrittlichen Herrschern errichtet wurden, sind nicht selten die einzige Wasserquelle.

**Unerreichbar fern** liegen für diese Slumbewohner *(unten links)* die modernen Hochhäuser von Bombay. In einfachen Hütten wird gelebt und gearbeitet. Die Ärmsten der Armen leben ohne Dach über dem Kopf auf der Straße.

**Dorfkinder** in Naricanda an den Ausläufern des Himalaya beim Schulunterricht *(unten)*. Der Regierung ist es durch kostenlosen Unterricht für alle Kinder gelungen, die Analphabetenquote erheblich zu senken.

tungen um. Arbeitslosigkeit, sozialer Niedergang und Verelendung sind die Etappen des Abstiegs. Die Endstation bilden oft die unwürdigen Slums – Elendsviertel, die wie Krebsgeschwüre die Randbezirke der indischen Großstädte überwuchern. Ursprünglich wurden die Slums nur von verarmten Angehörigen tiefstehender Kasten bewohnt. Heute leben dort auch Angehörige angesehener Klassen, die vom Land gekommen sind, aber keine neue Existenz aufbauen konnten. Die Slums der Großstädte wachsen in erschreckendem Maße. Die Verelendung bleibt aber nicht nur in den Grenzen der Papp- und Blechhütten. Sie dringt vor bis in die Innenstädte, wo die sogenannten »Pavement Dwellers« auf Bürgersteigen und an den Straßenrändern wohnen und nachts nur unter einem Zeltdach an der Hauswand etwas Schutz finden. Wieviele Inder in den tristen Slums der Großstädte leben, belegt die indische Statistik nicht. Vorsichtige Schätzungen sprechen von mindestens 30 Millionen Menschen. Die dringend notwendigen Slumsanierungen sind in einem energisch durchgeführten Programm schon durchgesetzt worden. Dazu sind einerseits Umsiedlungsmaßnahmen vollzogen worden, andererseits wurde das Umfeld der Slums verbessert. Oberstes Ziel ist und bleibt aber eine soziale Rehabilitation und Integration der Slumbewohner und deren Teilhabe an den wirtschaftlichen Fortschritten des Landes. Denn mit den Slums wächst auch der Wohlstand einer kleinen Minderheit. Vor allem die Mittelklasse der großen Millionenstädte, die mit ihren Wolkenkratzersilhouetten modernem Standard entsprechen, profitiert von Indiens Weg zur Industrienation. In den modernen Ballungszentren reißt die Urbanisierung alte Schranken nieder und baut ein neues Wertesystem auf, Kastenunterschiede werden verwischt und eine neue Klassengesellschaft entsteht. Die Kluft zwischen Land- und Stadtbevölkerung wird dadurch immer größer.

# INDIEN: LANDWIRTSCHAFT

Rückgrat der Wirtschaft Indiens ist uneingeschränkt die Landwirtschaft, trotz steigender Industrialisierung und wachsendem Dienstleistungsgewerbe. Rund 72 % aller Inder leben auf dem Land, und 60 % aller Erwerbstätigen leben von der Landwirtschaft. Dies bedeutet auch, daß die über 600 000 Dörfer, bei denen es sich in der Mehrzahl um Kleindörfer mit weniger als 1000 Einwohnern handelt, Indien stärker prägen als die Städte. Über die Hälfte der Gesamtfläche des Landes wird landwirtschaftlich genutzt. Dabei handelt es sich zum weitaus größten Teil um Ackerland. Eine systematische Viehwirtschaft wird in Indien durch religiöse Tabus unterbunden, da der überwiegend hinduistischen Bevölkerung das Töten von Tieren verboten ist. Die in geringem Umfang betriebene Rinderhaltung dient daher ausschließlich der Milchgewinnung.

Der Anteil der landwirtschaftlichen Anbaufläche und mithin auch die Intensität der Landwirtschaft ist räumlich sehr unterschiedlich und ergibt sich durch die verschiedenen klimatischen Bedingungen der Gebiete. Das Gangestiefland einschließlich dem Punjab ist die fruchtbarste Region und wird zu 80 % ackerbaulich genutzt, gefolgt von Gujarat sowie den Küstenländern und dem Hochland von Dekan. Rajasthan weist mit unter 20 % die geringste landwirtschaftliche Nutzung auf. Eine Ausweitung der Anbauflächen, die zur Sicherung des steigenden Nahrungsmittelbedarfs einer immer schneller wachsenden Einwohnerzahl erforderlich wäre, ist kaum möglich. Daher betreibt Indien seit seiner Unabhängigkeit mit großem Erfolg eine Flächenintensivierung und hat dazu vor allem die künstliche Bewässerung ständig ausgebaut. Das führte einerseits zu einer Sicherung des Ackerbaus in klimatisch trockenen Problemgebieten, andererseits wurde eine intensivere Mehrfachnutzung von Ackerland durch Einbringen von zwei, stellenweise sogar drei Ernten erreicht. Indien zählt zu den klassischen Bewässerungsländern der Erde und rangiert mit über 40 Millionen Hektar Bewässerungsfläche nach China an zweiter Stelle unter allen Ländern. Die größten Bewässerungsflächen Indiens liegen im Punjab, einer nahezu geschlossenen Bewässerungsregion, sowie im Gangestiefland. Beide zusammen gelten als Kornkammer Indiens.

Allein der Ausbau künstlicher Bewässerungssysteme, denen durch die verfügbaren Wasserressourcen der Flüsse und des Grundwassers Grenzen gesetzt sind, bewirkt jedoch noch keine Produktivitätssteigerung des verfügbaren Ackerlandes. Ein Grund für die geringen Ernteerträge sind die tradierten Methoden der Feldbestellung sowie die durch Erbteilung bedingte Flurzersplitterung. Rund 50 % aller Betriebe sind kleiner als ein Hektar, weitere 25 % sind nicht größer als drei Hektar und liegen somit unterhalb der Rentabilitätsgrenze. Deshalb wird von staatlicher Seite und mit großzügigen Krediten aus dem Ausland im

**Die Reisfelder** (oben) in Südindien bedürfen der ständigen Pflege. Bei der Ernte wird der Reis mit Sicheln geschnitten. Indien ist der zweitgrößte Reisproduzent der Welt, kann aber bislang dennoch keine Überschüsse exportieren.

**Tee** (unten), beliebtes Getränk in aller Welt, ist wohl die am besten bekannte Anbaupflanze Indiens. Obwohl sie in ganz Indien wächst, gedeiht sie am besten an den Hängen in Südindien und in den nördlichen Provinzen Assam und Darjeeling.

# INDIEN

Rahmen der »Grünen Revolution« ein landwirtschaftliches Modernisierungs- und ländliches Entwicklungsprogramm durchgeführt. Das bedeutet in diesem Zusammenhang gleichermaßen eine Ausweitung der Mechanisierung, die Einführung von Hochertragssorten der angebauten Kulturpflanzen, einen höheren Einsatz von Dünge- und Pflanzenschutzmitteln wie auch die Verbesserung der Lebensbedingungen in den ländlichen Regionen. Dabei gilt den nicht bewässerten Ackerflächen die größte Aufmerksamkeit, denn sie umfassen drei Viertel des gesamten Ackerlandes. Auf ihnen werden aber nur knapp ein Drittel der Agrarprodukte erzeugt.

Untrennbar mit der indischen Landwirtschaft verbunden sind die Begriffe »Kharif« und »Rabi«. Sie bezeichnen die sommerliche Hauptanbauperiode bzw. die winterliche Nebensaison. Die Haupternten werden in der Kharif-Saison eingebracht, vorausgesetzt die Monsunregen sorgen für eine ausreichende Wasserversorgung der Felder. Doch in den letzten Jahren sind häufig die Regenfälle ausgeblieben.

Hauptanbauprodukt und zugleich Grundnahrungsmittel Indiens ist der Reis, gefolgt von Weizen und Hirse. Bei allen drei Produkten zählt Indien zu den führenden Produzenten der Erde, ohne daß allerdings Produktionsüberschüsse exportiert werden könnten, vielmehr reichen die Ernten oft nicht einmal zur Eigenversorgung aus. Gleiches gilt für Zuckerrohr, diverse Ölfrüchte, Mais, Gerste, Kartoffeln und viele Gemüse- und Obstsorten. Wichtig für den Export sind dagegen vor allem Tee, bei dem Indien der führende Weltmarktlieferant ist, sowie Baumwolle und Jute. Gerade diese Produkte bildeten bereits in kolonialer Zeit die besondere Anziehungskraft des Landes.

**Ein Bauer** *(oben)* beim Pflügen vor einem der berühmten Hindutempel von Khajuraho. Weizen ist ein wichtiges Nahrungsmittel der Inder. Er wird oft zu verschiedenen Arten von Brot verarbeitet wie beispielsweise den »Chapattis«, einem dünnen Fladenbrot, das zu Gemüse gereicht wird.

**Die ertragreichsten Anbaugebiete** Indiens *(rechts)* liegen in den nördlichen Ebenen, in Punjab, Gujarat, auf dem Hochland von Dekan und im Küstentiefland. Im Gegensatz dazu eignen sich lediglich 20 % des trockenen Rajasthan zur landwirtschaftlichen Nutzung. Etwa ein Zehntel der Landoberfläche wird von Wäldern bedeckt, hauptsächlich in den Ausläufern des Himalaya. Wo das Land zu wenig ertragreich ist, wird Viehzucht betrieben.

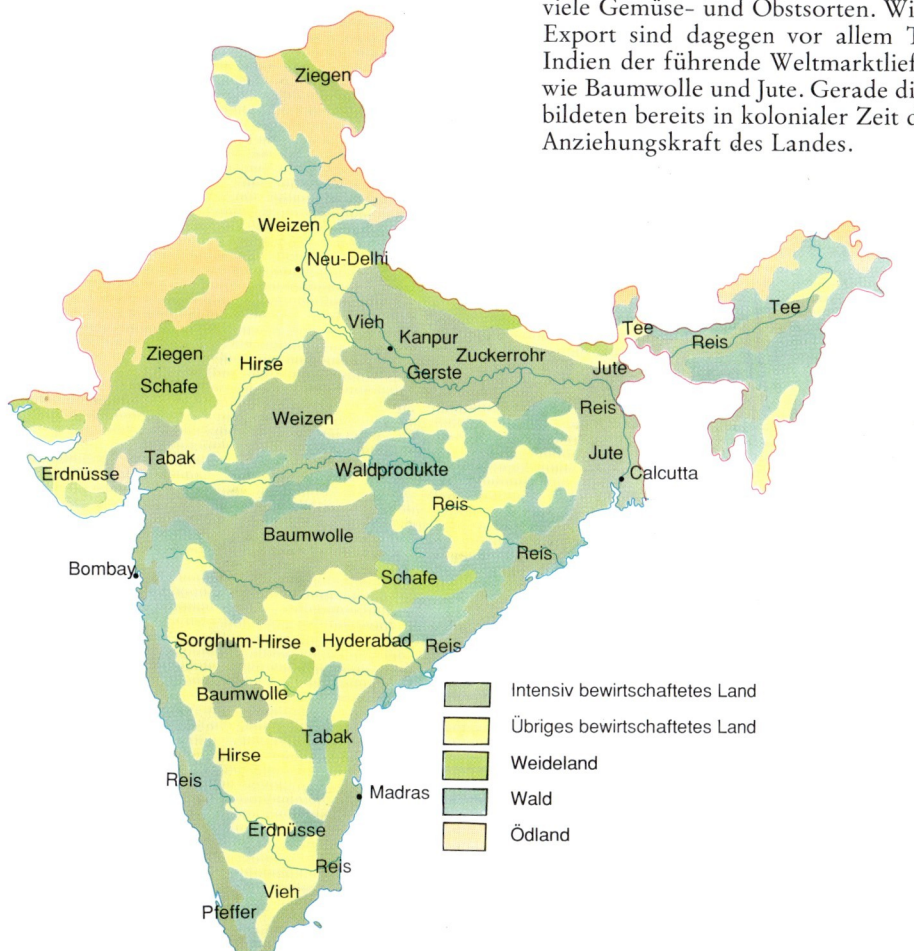

# INDIEN: WIRTSCHAFT

Die Verteilung der in den verschiedenen Wirtschaftsbereichen beschäftigten Menschen gibt allgemein Auskunft über den Entwicklungsstand eines Landes. Demzufolge ist Indien ein Entwicklungsland. Denn hier leben noch 60 % der Erwerbstätigen von der Landwirtschaft und nur etwa 12 % arbeiten im produzierenden Sektor. Dennoch verfügt Indien auch über eine beachtliche Industrie, die zwar in einem sehr langsamen, dafür aber kontinuierlichen Aufschwung begriffen ist. Dabei baut es auf dem breiten Spektrum traditioneller Gewerbe und moderner Schwerindustrie auf. Im Unterschied zu der Agrarwirtschaft erfolgt in der Industrie eine systematische und langfristige Planung. Die seit 1951 eingeführten Fünfjahrespläne steuern die gesamte wirtschaftliche Entwicklung, ganz gleich ob es sich dabei um private oder in staatlichem Besitz befindliche Industriezweige handelt.

### Bodenschätze und Industrie

Indien verfügt über reiche Rohstoffvorkommen und erhebliche industrielle Kapazitäten. Der Abbau der Manganerzlagerstätten, vor allem in Orissa und Bihar, macht Indien zum größten Manganlieferanten der Welt. Die reichen Bauxitvorkommen führten zum Aufbau einer leistungsfähigen Aluminiumindustrie. Besondere Bedeutung mißt der Staat der Entwicklung des Energiesektors bei, da erst eine ausreichende Energieversorgung die industrielle Entwicklung sichern kann. Heute bestehen noch gravierende Engpässe hinsichtlich einer ausreichenden Versorgung mit Energie. Außerdem sind weite Gebiete des Landes immer noch ohne Elektrizität. Die Vorkommen an Stein- und Braunkohle sind groß. Sie stellen mit einem Anteil von 70 % an der Stromerzeugung die wichtigste Energiequelle dar. Neben Erdöl, das im großen Umfang noch eingeführt werden muß, wird auch Wasserkraft und Kernkraft zur Energiegewinnung eingesetzt. Die Förderung der eigenen bedeutenden Erdöl- und Erdgasvorkommen in Assam und Gujarat ermöglicht darüber hinaus den Ausbau der petrochemischen Industrie.

Um die nach der Unabhängigkeit des Landes schwerwiegenden industriellen Defizite zu beheben, förderte die indische Regierung angesichts der ergiebigen Bodenschätze die Schwerindustrie. Sie konzentriert sich auf die großen Kombinate von Rourkela, Durgapur, Durg-Bhilainagar und Bokaro. Die Eisen- und Stahlindustrie wurde mit großzügiger Unterstützung von deutscher, britischer und sowjetischer Seite errichtet und schöpft die idealen industriellen Standortressourcen der Region Chota Nagpur aus, die in Verbindung mit der Hafenstadt Calcutta ein wichtiges exportwirtschaftliches Industrierevier ist.

Neben den staatlichen Großindustrien wurden aber auch die privaten Mittel- und Kleinbetriebe gefördert, die besonders in der Leichtindustrie anzutreffen sind. Auf diesen Bereich

**Mit farbenprächtigen Handarbeiten** (oben) verdienen viele Inder ihren Lebensunterhalt. Schuhe, Kleider, Holzschnitzereien, Steinskulpturen, Stoffe, Stikkereien, Teppiche und viele andere Produkte werden in die ganze Welt verkauft.

**Als Zentrum der geschäftigsten Filmindustrie der Welt** (rechts) gilt Bombay. Die populärsten Filmthemen sind die vielgeliebten Hindulegenden. Gezeigt werden die Streifen in den im gesamten Indien verbreiteten kleinen, örtlichen Kinos.

entfällt der Hauptanteil der indischen Industrie. Die Textilindustrie, die sich schon früh zwecks Weiterverarbeitung der landwirtschaftlichen Produkte Indiens entwickelte, hat die größte exportwirtschaftliche Bedeutung für das Land. Sie stützt sich dabei auf die große britisch-koloniale Tradition der Textil- und Baumwollfabrikation und wurde in den 70er Jahren umfangreich modernisiert. Die traditionellen Zentren der Produktion sind Bombay und Ahmedabad. Darüber hinaus gibt es unzählige, über das Land verteilte Heimbetriebe, die sogenannten »Cottage Industries«. Sie bieten für den industriell völlig rückständigen ländlichen Raum eine Möglichkeit zur wirtschaftlichen Entwicklung und sollen auch der zunehmenden Landflucht entgegenwirken. Besonders das traditionell reiche und hochstehende Kunsthandwerk, wie Töpferei, Seidenweberei und Teppichknüpferei, bietet der Landbevölkerung die lebensnotwendige Erwerbsgrundlage. Die berühmten Gold- und Silberarbeiten sowie Schmuckartikel sind wichtige Exportwaren.

**Indiens Textilindustrie** *(oben)* verarbeitet neben heimischer Baumwolle und Jute in größerem Umfang auch Wolle, Rayon und farbenprächtige Seidengewebe. Die Textilindustrie beschäftigt mehr Menschen als jeder andere Industriezweig.

**Die Kernenergie** *(unten)* wird in Indien seit Beginn der 70er Jahre ausgebaut. Auch ein kanadisches Kernkraftwerk (CANDU) ging ans Netz. Trotz eines bestehenden Verbotes ist Indien inzwischen auch im Besitz von Nuklearwaffen.

### Blick in die Zukunft

Seit Beginn der 80er Jahre bemüht sich Indien um den Anschluß an die hochentwickelte Technologie der Industrienationen. Besondere Schwerpunkte liegen in den Bereichen Elektronik, Computer- und Nachrichtentechnik sowie Energie. Allein im indischen nuklearen Forschungszentrum Trombay bei Bombay mit seinen zwei Forschungsreaktoren arbeiten 15 000 indische Wissenschaftler. Auch mit der Satellitentechnik und Raumfahrtforschung ist Indien der Sprung in die Zukunft gelungen.

Eine von vielen Besonderheiten in Indien ist die Filmindustrie. Im Schatten bekannter Filmnationen wurde Indien zu einem der größten Filmproduzenten der Welt. Mittlerweile hat sich das Kino zur sechstgrößten Industrie auf dem Subkontinent entwickelt, die ihre Filme in über 100 Länder, vornehmlich im asiatischen Raum, exportiert. Der Kinobesuch ist in Indien, wo die Versorgung der privaten Haushalte mit Fernsehgeräten noch sehr gering ist, ein besonderes Erlebnis. Die Filme dienen überwiegend der Unterhaltung. Nur wenige der unzähligen jährlich hergestellten Filme finden jedoch internationale Aufmerksamkeit.

Indien hat auf seinem Weg zur modernen Industrienation noch viele Schwierigkeiten zu überwinden. Den gravierenden Kapitalmangel versucht die Regierung durch ein investitionsfreundliches Klima für ausländische Unternehmen zu beseitigen. Auch die infrastrukturellen Mängel ließen sich, zwar mit erheblichem Aufwand, beseitigen. Das größte Hindernis ist jedoch das Kastenwesen. Denn es legt bereits mit der Geburt den Beruf eines Menschen fest und trennt Hand- und Kopfarbeit strikt voneinander. Diese Regeln lassen sich mit den neuen Betätigungsbereichen einer Industrie- und Dienstleistungsgesellschaft kaum vereinbaren.

# INDIEN: TOURISMUS

Indien vereinigt wie kaum ein anderes Land der Erde eine unvorstellbare Vielfalt an kulturellen und historischen Sehenswürdigkeiten, die sich aus der Vergangenheit des südasiatischen Subkontinents ergibt. Eingebettet sind die Monumente, oft Zeugen einer über 3000jährigen Geschichte, in eine ebenso abwechslungsreiche Landschaft, deren Spannbreite von romantisch-tropischen Badestränden bis zu den schnee- und eisbedeckten Bergregionen des Himalaya, von bizarren Wüsten und Steppen bis zu lieblich anmutenden Almen reicht.

Die Inder begegnen den Besuchern mit offenherziger Gastfreundschaft und Toleranz. Doch nur der Tourist, der sich auf die mythenvolle Geistes- und Gefühlswelt der Landesbewohner einläßt, wird deren traditionelle Lebensgewohnheiten, Volksbräuche und religiöse Zeremonien verstehen können. Er wird die Sitten des Landes respektieren, wird sich zur Begrüßung mit auf der Brust verschränkten Händen zu seinem Gegenüber verneigen und die direkte Berührung mit den Händen vermeiden. Er wird weder mit unbedecktem Nacken, Armen oder Beinen eine religiöse Stätte betreten und auch andernorts eine allzu legere Kleidung vermeiden. Wer sich auf diesen Kulturkreis einläßt, erkennt, welch prägende Kraft die drei großen Religionen – Buddhismus, Hinduismus und Islam – über viele Jahrhunderte bis heute auf das Leben der Menschen ausüben.

Der Fremdenverkehr in Indien hat seit den 70er Jahren im Zeichen des Fernreisebooms der Industrieländer einen kräftigen Aufschwung erfahren und sich zu einem finanzstarken Wirtschaftssektor entwickelt. Die indische Regierung bemüht sich, die bestehenden Einrichtungen weiter auszubauen und neue Gebiete für den Tourismus zu erschließen. Aufgrund der zahlreichen historischen Bauwerke steht der Kultur- und Bildungstourismus uneingeschränkt an erster Stelle der Beliebtheitsskala, gefolgt von Badereisen, Gebirgsexpeditionen und Trekking-Urlaub sowie Natursafaris in die Wildschutzgebiete von Tigern, Löwen und Elefanten. Schon lange ein beliebtes Ziel einzelner Individualtouristen, besucht heute die überwiegende Mehrheit der Touristen Indien in einer organisierten Gruppenreise. Hauptreisezeit ist die trockene Wintermonsunperiode von November bis März.

Verschiedene Orte und Regionen in Indien haben sich als Knotenpunkte des Tourismus herausgebildet. Unter den vielen heiligen Städten und Stätten des Landes ist das Mausoleum »Taj Mahal« in Agra wohl der berühmteste Ort. Er weckt mit seinem architektonisch unverwechselbaren Marmorpalast die Erinnerung an die längst vergangene Blüte der Mogulherrscher in Indien und läßt die vielen anderen großen historischen Sehenswürdigkeiten in Agra und Umgebung, wie die alte Palaststadt Fatehpur Sikri, oft verblassen. Zu den vielbesuchten Bauwerken der islamischen Herrscher gehören auch die kolossalen Befestigungsanlagen, zum Beispiel das »Rote Fort« in Delhi. Gleichermaßen häufig besucht wird die heilige Stadt Benares am ebenso heiligen Ganges, der bedeutendste Wallfahrtsort der Hindus und Stätte vieler religiöser Feste. Hinduistische Tempelanlagen von einzigartigem historischen Wert sind weit über Indien verstreut, vor allem in Bhubaneswar, Khajuraho, Puri und in den hinduistischen Zentren Südindiens, wo sich der Hinduismus als Religion auch über lange Phasen der Fremdherrschaft erhalten hat. Unvergleichliche Höhlentempel mit beeindruckenden Fresken und Wandmalereien, teils auch vom Buddhismus beeinflußt, befinden sich bei Ajanta, Ellora, Aurangabad und auf Elephanta. Mit der Pracht der Kultbauten können indes auch viele monumentale Bauwerke der weltlichen Herrscher konkurrieren: ihre lebendigsten Zeugen sind die »rosarote Stadt« Jaipur sowie Udaipur und Ajmer. Faszination liegt ohnehin über den Metropolen

**Das ausgedehnte Eisenbahnnetz** *(rechts)* bietet eine preiswerte Möglichkeit, das Land zu besichtigen. In Kurseong in West-Bengalen fährt der Zug mit so niedriger Geschwindigkeit, daß Kaufleute mit den Passagieren Handel treiben können.

**Im südindischen Tamil Nadu** *(rechts außen)* steht eine Vielzahl großartiger Tempel. Bei Tempelbesichtigungen zeigt sich, daß viele der anmutigen und kunstvollen bildlichen Darstellungen immer wiederkehrende Themen behandeln.

**Das Gitterwerk** *(rechts unten)* am Palast des Maharadscha in Jodhpur läßt vermuten, daß es aus einem weichen Stein besteht. Tatsächlich wurde es aus einem sehr harten Gestein gemeißelt und bezeugt die enorme Geduld und Geschicklichkeit der Steinmetze.

**Der inmitten eines Sees gelegene Palast Jal Mahal** *(unten Mitte)* am Rande von Jaipur in Rajasthan vermittelt einen Eindruck von der Ruhe und Schönheit Indiens. Die indischen Landschaften sind reich an Palästen und Festungen.

# INDIEN

Neu-Delhi, Bombay und Calcutta – hektische Millionenstädte im Spannungsfeld zwischen jahrhundertealter Tradition, kolonialer Prägung und moderner Architektur.

Auch wenn dank der ausgebauten Verkehrsverbindungen per Eisenbahn und Flugzeug der Reisende große Distanzen schnell überwinden kann, so bleibt die Reise mit Überlandbussen – für viele Inder das Hauptbeförderungsmittel – ein unvergeßliches Abenteuer. Zwar nicht sehr bequem, meist hoffnunglos überfüllt und unpünktlich, ist nirgends für den Reisenden der Kontakt zu der Bevölkerung intensiver und die Erfahrung einer anderen Zeitvorstellung deutlicher spürbar. Andere, nicht weniger typische Bilder dieses weiten Landes sind das wüstenhafte Rajasthan, die kolonial-nostalgischen »Blauen Berge« der Nilgiris, die frühlingshaften Täler von Kulu und Kangra im Himalaya oder das tee-duftende Darjeeling.

# INDIEN: GOA

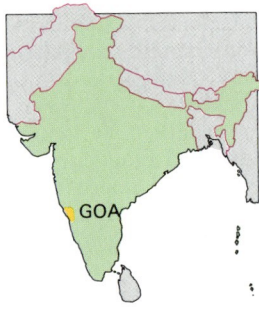

**Goa** (*oben*), zusammen mit Daman und Diu eine ehemalige portugiesische Besitzung an der Westküste Indiens, ist seit 1987 indischer Bundesstaat. Bis dahin war es ein Territorium der Indischen Union.

**Der Strand von Baga** in Goa bei Sonnenuntergang mit einem Auslegerboot (*rechts*). Bei der Ernährung der Goanesen ist Fisch ein wichtiger Eiweißlieferant und erscheint auch auf den Speisekarten in den Restaurants der Touristenhotels.

**Ein Erbe** aus der portugiesischen Kolonialzeit sind die reich geschmückten Kirchenhäuser in Goa wie hier bei Panjim (*rechts außen*). Ein Drittel der Bevölkerung hält heute noch am römisch-katholischen Glauben fest.

**Die Landbevölkerung** (*unten Mitte*) hat unter der portugiesischen Herrschaft gelitten, aber Programme der indischen Regierung sorgen für bessere Wohnverhältnisse und Gesundheitsvorsorge.

**Viele junge Reisende** (*rechts*) sehen die langen, ebenen Strände Goas als ein Stück Paradies an. Bekannt für ihre entspannte Atmosphäre und ihre freundlichen Bewohner bietet die ehemalige Kolonie den Touristen vielfältige Möglichkeiten zur Freizeitgestaltung.

Goa erstreckt sich über faszinierende 133 km an der mittleren Westküste Indiens. Sein größter Charme und sein größtes Kapital sind die malerischen Strände, die seit einigen Jahren immer stärker vom internationalen Badetourismus entdeckt und vereinnahmt werden. Die an etlichen Landspornen unübersehbaren Forts sind bis heute ein lebendiges Zeugnis einer großen und eigenwilligen kulturhistorischen Tradition, die von der portugiesischen Kolonialherrschaft bestimmt worden ist.

Die Küstenlandschaft ist von einer lebhaften Verzahnung von Land, Meer und Flüssen geprägt. Das Hinterland besteht aus den Lateritplateaus und den Sahyadri-Bergen der Westghats. Die Plateaus sind durch kräftige Monsunregen stark zertalt und erodiert worden, in den Sahyadris machen dichtbewaldete Bergketten und enge Täler mit zahlreichen Wasserfällen den landschaftlichen Reiz aus.

Um die Besonderheiten Goas erkennen und verstehen zu können, muß man seine geschichtliche Entwicklung betrachten. Schon im indischen Nationalepos Mahabharata wird das Land erwähnt, das ab dem 11. Jahrhundert ein Hindu-Königreich war und 1469 unter moslemische Herrschaft geriet. Seit der Portugiese Alfonso de Albuquerque (1453–1515) im Jahr 1510 mit 1200 Soldaten das Reich des Sultans eroberte, bestimmte der Katholizismus das Leben auf Goa. Die Hindus wurden mit oft grausamen Mitteln zum Christentum bekehrt. Als erster Stützpunkt der Portugiesen in Indien entwickelte sich Goa zur »Hauptstadt des Ostens« und erlebte im 16. und 17. Jahrhundert seine wirtschaftliche Blütezeit. Im 19. Jahrhundert versuchten Niederländer, Briten und Franzosen Goa zu besetzen, aber die Bemühungen blieben erfolglos. Auch Indien bemühte sich ab 1947, zunächst auf friedlichem Wege, Goa zu gewinnen. Doch 1961 besetzte das indische Militär Goa und beendete so die über 451 Jahre

INDIEN

dauernde portugiesische Kolonialzeit. Goa wurde mit den Enklaven Daman und Diu zum Unionsterritorium erklärt. Seit dem 30. Mai 1987 ist es indischer Bundesstaat. Daman und Diu bilden weiterhin ein Territorium.

Nirgends sonst in Indien waren die portugiesischen Einflüsse so prägend wie in Goa. Die Bevölkerung ist zu fast einem Drittel katholisch, und selbst eigene christliche Kasten haben sich in Goa herausgebildet. Zum religiösen Leben der Katholiken gehört die Messe zur Sonntagsheiligung ebenso wie die Teilnahme an großen Wallfahrten. Größtes Heiligtum und Pilgerziel für Wallfahrer aus ganz Indien und sogar aus Übersee ist der Schrein des Heiligen Franziskus von Xavier in der Basilika Bom Jesus in Velha Goa. Dieses kleine Dorf Velha Goa (bzw. Alt-Goa), nur wenige Kilometer von der Hauptstadt Panjim entfernt, ist das eindrucksvollste zeitgeschichtliche Dokument der portugiesischen Kolonialzeit. Schon im 11. Jahrhundert gegründet, erhoben die Portugiesen diesen Ort zum wichtigsten Handelsplatz zwischen Ost und West und zum Zentrum ihrer eigenen Kultur in Asien. Hier entstand 1557 die erste Universität in Indien und 1544 der erste Gerichtshof Asiens. Zeitgenössische Dichter priesen gar das »goldene« Goa, und der Satz »Wer Goa gesehen hat, muß sich Lissabon nicht mehr ansehen« rühmt einmal mehr die hohe, heute freilich welke Blüte einer unvergessenen geistigen und künstlerischen Zeit in Goa.

Die starke europäische Prägung Goas wird in vielen alltäglichen Gewohnheiten, wie zum Beispiel bei den Eßgewohnheiten, deutlich. Statt des typischen indischen Verzehrs des Essens mit den Fingern der rechten Hand gebraucht man in Goa Besteck, und statt eines Blattes benutzt man Eßgeschirr. Auch wird ein Stuhl dem Erdboden als Sitzgelegenheit vorgezogen.

Seit der Zugehörigkeit zu Indien haben aus Sorge um die Zukunft viele Goanesen ihre Heimat verlassen, um vorzugsweise in arabischen Golfstaaten zu arbeiten. Andererseits kommen viele Hindus nach Goa, um an dem für indische Verhältnisse relativ hohen Lebensstandard teilhaben zu können. Es verfügt über die reichsten Erz- und Manganerzvorkommen in Indien, besitzt mit dem Naturhafen Marmagao einen der leistungsstärksten Häfen Indiens und hat fruchtbare Tiefländer für eine intensive landwirtschaftliche Nutzung, vor allem für Reisanbau. Auch als Industriestandort hat Goa längst eine überregionale gesamt-indische Bedeutung erringen können.

Seit einigen Jahren ist der internationale Tourismus die stärkste wirtschaftliche Wachstumskomponente. Die rasch wachsende Nachfrage hat inzwischen eine voll funktionierende und konkurrenzfähige Tourismusindustrie etabliert. Der besondere Reiz von Goa liegt in seinen verlockenden Tropenstränden, ergänzt durch die sprichwörtlich goanesische Weltoffenheit und das antiquierte portugiesische Flair.

# INDIEN: LANDESNATUR

Nach seiner Fläche ist Indien das siebtgrößte Land der Erde und nimmt den größten Teil des naturräumlich eigenständigen südasiatischen Subkontinents ein. Durch Meere und Gebirge klar umgrenzt, gleicht der Subkontinent in seinen Umrissen einem stumpfen Keil, der weit in den Indischen Ozean vorstößt. Das Arabische Meer und der Golf von Bengalen bilden die Meeresgrenzen, während der Himalaya im Norden sowie die iranisch-afghanischen und birmanischen Grenzgebirge den festländischen Gebirgsrahmen abstecken. Der Naturraum Indiens wird in drei Großräume gegliedert.

Das Hochland von Indien, das im Sanskrit Südland bedeutet, nimmt einschließlich der dazugehörigen Küstenebenen mehr als die Hälfte der gesamten Fläche Indiens ein. Der Dekan ist eine alte, nach Osten geneigte Grundgebirgsscholle, die im Norden bis zur Gangesebene reicht und einen Teil des sogenannten Gondwana-Urkontinents darstellt. Das Hochland wird von zahlreichen Flüssen zerschnitten, die in der Mehrzahl im Golf von Bengalen münden. Sein Inneres ist durch zahlreiche Hochebenen, Flußbecken und Gebirgszüge relativ stark reliefiert. Die Gebirge im Westen und Osten, die sogenannten »Ghats«, wölben den Dekan schüsselartig an den Rändern auf. Die Westghats liegen durchschnittlich zwischen 1000 m und 1500 m hoch, erreichen aber in den südindischen Bergen Nilgiri und Anaimalai fast 2700 m Höhe. Sie fallen steil gegen die Malabarküste ab. Den weniger steil abfallenden und durchschnittlich 600 m hoch liegenden Ostghats an der Coromandelküste ist eine breitere, durch verschiedene Mündungsdeltas nochmals ausgebaute Küstenregion vorgelagert.

Zwischen dem Dekan-Hochland und dem Himalaya liegen die größtenteils zu Indien gehörenden Tiefländer an Ganges und Brahmaputra. Die Nordindische oder Große Ebene ist eine Aufschüttungsebene und zugleich Wasserscheide gegen das Indus-Tiefland. Sie stellt eine geologisch junge, weitgespannte Schotter- und Schwemmlandebene dar und wird durch die beiden Hauptströme und ihre zahlreichen Nebenflüsse umfangreich drainiert, ist aber vielerorts durch die Flußwässer auch stark überschwemmungsgefährdet. Dank der hochwassergeschützten Zwischenstromplatten, den »Doabs«, zählt die Nordindische Ebene zu den fruchtbarsten Regionen des Landes. Der indische Teil des Punjab wie auch die Wüste Thar gehören bereits zum Indus-Tiefland.

Die mächtige und durchgehende Barriere des Himalaya grenzt Indien gegen Zentralasien ab. Der schmale Gebirgsstreifen, der zu Indien gehört, umfaßt den nordwestlichen Kaschmir- und Kumaunhimalaya sowie den nordöstlichen Assamhimalaya, wo an der Grenze zu Nepal der dritthöchste Berg des Himalaya, der 8586 m hohe Gangtschhendsönga, liegt. Auch im indischen Teil des Himalaya trifft überwiegend die typische vierteilige Längsgliederung in Siwalik-, Vorder-, Hoch- und Transhimalaya zu. Zwischen den verschiedenen Gebirgsketten liegen breite Täler und weite Becken.

Indien wurde in den vergangenen Jahrzehnten wiederholt von schweren Erdbeben heimgesucht. Beim Beben im Januar 2001 starben in Gujarat und Umgebung mehrere zehntausend Menschen.

## Klima und Vegetation

Das Klima in Indien ist räumlich stark differenziert, obwohl das Land vollständig und übereinstimmend vom Monsun beherrscht wird, der von Mai/Juni bis September die Hauptniederschläge bringt. Die Gebiete an der Westküste, auf dem nordöstlichen Dekan, in Assam und am Himalayafuß, erhalten während des Sommermonsuns zwischen 2000 und 3000 mm Niederschlag. Besonders begünstigte Gebiete, so die Luvseiten der Westghats und des Shillong-Berglands erhalten jährliche Regenmengen von über

4000 mm. In weiten, extrem trockenen Teilen des Hochlands von Dekan fallen dagegen in den Sommermonaten nur zwischen 500 und 1000 mm Niederschläge. Die trockensten Gebiete Indiens liegen im Westen mit den Savannen Rajasthans und der Wüste Thar, die stellenweise unter 100 mm Regen im Jahr erhält. In Indien herrschen ganzjährig hohe Temperaturen, die nur im Norden durch die Höhenlage abgeschwächt werden und im Himalaya in weiter gemilderte subtropische Temperaturbedingungen übergehen. Häufig auftretende Wirbelstürme, Dürreperioden und Hochwasser stellen Klimarisiken größten Ausmaßes dar. Entsprechend den klimatischen Bedingungen unterscheidet sich auch die Vegetation. Sie reicht vom immergrünen tropischen Regenwald über die Hartlaubwälder bis zu den montanen Tannen- und subtropischen Birkenwäldern im Himalaya. Die extrem trockenen Landesteile werden von Gras- und Dornbuschsavannen geprägt.

**Der indische Subkontinent** *(rechts)* gliedert sich in drei Großlandschaften: den Himalaya mit den höchsten Gipfeln der Erde, die nordindischen Ebenen, in denen der Großteil der Bevölkerung lebt, und das Hochland von Dekan.

# INDIEN

**Dorfbewohnerinnen** *(ganz links)* der nordindischen Ebenen sammeln Kuhmist, um ihn in der Sonne zu Brennmaterial zu trocknen. Diese von Ganges und Brahmaputra bewässerten fruchtbaren Gebiete sind am dichtesten besiedelt.

**Durch eine kleine Siedlung in Himachal Pradesh** windet sich die Straße *(links)* zu einem hochgelegenen Paß des Himalaya. Dieses mächtige Faltengebirge trennt den indischen Subkontinent von der Hauptmasse des Erdteils Asien.

**Terrassierte Felder** *(unten)* in den Nilgiri-Bergen. Die Nilgiri liegen dort, wo die beiden Randgebirge des Hochlands von Dekan, die Ost- und die Westghats, zusammentreffen. Das gewaltige Hochland nimmt die Hälfte Indiens ein.

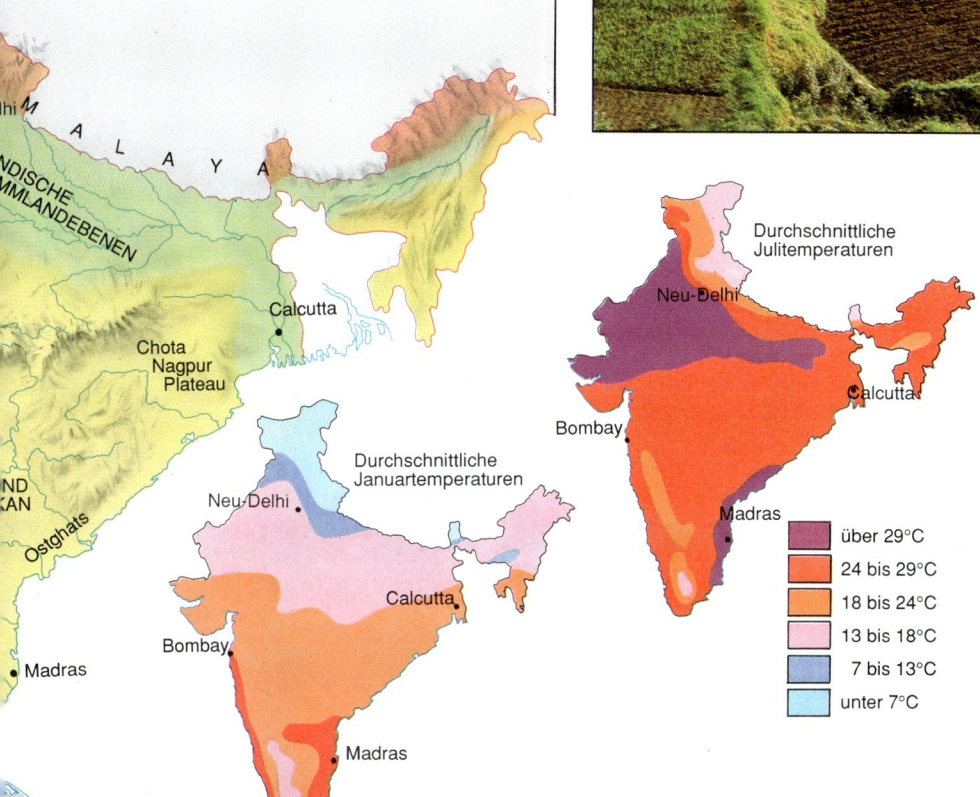

**Die Karten** *(links)* mit den mittleren Januar- und Julitemperaturen zeigen erhebliche Unterschiede. Die kühle Strömung des Wintermonsuns führt im Norden zu niedrigen Temperaturen, während Südindien recht hohe Temperaturen aufweist. Die höchsten Temperaturen herrschen zwischen März und Juni. Im Juli, nach den Monsunregen, sind die Temperaturmaxima bereits überschritten. Der Himalaya bleibt das ganze Jahr über kühl. Die südlichen Küsten weisen ganzjährig hohe Temperaturen auf.

# INDIEN: DER GANGES

Der Ganges, der hoch oben im Himalaya entspringt und vor seiner Mündung in den Golf von Bengalen zusammen mit dem Brahmaputra das größte Delta der Erde bildet, ist die Lebensader eines der am dichtesten besiedelten Gebiete der Erde. Die Beschäftigung mit diesem gewaltigen Fluß ermöglicht das Verständnis sowohl des Reichtums Indiens als auch der Probleme dieses Landes.

## Mythologische Bedeutung

Die meisten Inder sehen den Ganges als wohlwollende, großzügige Gottheit an. In den vedischen Schriften, die die Grundlage des Hinduismus bilden, sind der Fluß und die Gottheit miteinander in Gestalt der »Ganga Mai«, der Mutter Ganges verflochten, die das Leben selbst symbolisiert.

Ganga Mai verbindet die indische Kultur über Raum und Zeit. Ihre mythologischen Ahnen spiegeln die Wanderung der Siedler wider, die die vedische Kultur schufen. Die heiligen Stätten an den Gangesufern gehören zu den ältesten Kultplätzen Indiens. Bekannt als »prayags« bezeichnen sie die Stellen, an denen die Götter während der Erschaffung der Welt kostbare Tropfen aus dem Kelch der Unsterblichkeit verschüttet haben. Die Geschichte von Gangas eigenem Abstieg zur Erde schildert, wie sie sich im dichten Gestrüpp der Haare des Gottes Shiva verfing. So wurde verhindert, daß sie die Erde mit ihren Wassermassen überflutet und auf diese Weise die Welt ertränkt hätte. Diese romantische Legende hat viele Künstler zu wunderschönen bildlichen Darstellungen inspiriert. Bei unzähligen Hinduritualen wie Hochzeiten, Taufzeremonien und Begräbnissen spielen die Wasser des Ganges eine wichtige Rolle. Alle Hindus haben den Wunsch, daß sie nach ihrem Tod verbrannt werden und ihre Asche über den heiligen Wassern der heiligen Stadt Benares (Varanasi) verstreut wird.

## Indiens Lebenslinie

Die Nutzung und die Probleme des Ganges sind so unterschiedlich wie das geographische Gebiet, das er durchfließt. Nachdem der Quellfluß Bhagirathi aus einer Eishöhle am Gletschertor des Gangotri herabstürzt, ermöglicht er die in dieser rauhen Umgebung einzig mögliche landwirtschaftliche Bodennutzung, die Terrassenkultur. In dieser Höhenregion mit ihren kargen Böden und steilen Hängen bleibt das ökologische Gleichgewicht nur bei einer geringen Bevölkerungsdichte und einem hohen Anteil an bewaldeter Fläche – mehr als 40% – erhalten. Seit den 70er Jahren hat jedoch das Bevölkerungswachstum zur Entwaldung und zu nachfolgender Bodenerosion in den höhergelegenen Gebieten und folglich zu Überschwemmungskatastrophen am Unterlauf des Flusses geführt. Die Situation ist ernst, aber lokale Protestgruppen haben inzwischen das Bewußtsein für die Umweltprobleme erhöht.

**Ein schäumender Gebirgsbach** *(oben)* ist der Ganges an seiner Quelle im Himalaya. Indiens heiligster Strom entspringt in einer Höhe von 3431 m aus den Schmelzwassern des Gangotri-Gletschers. – **Ein steilwandiges Tal** *(rechts)* bildet den Abschluß des Gangesoberlaufs im Himalaya. In der Nähe von Rishikesh verläßt der Fluß das Gebirge und fließt zu den großen nordindischen Ebenen.

Nach seinem steilen ersten Abschnitt erreicht der Ganges in der Nähe der heiligen Stadt Hardwar die nördlichen Ebenen. Von nun an mäandriert der Fluß gemächlich auf einer Strecke von 2250 km, lagert dabei etwas von den fruchtbaren Sinkstoffen ab, die er transportiert, bewässert Indiens größtes Anbaugebiet und ermöglicht ertragreichen Fischfang. Leider haben jedoch die steigenden Bevölkerungszahlen in dieser Region auch zu einem höheren Raumbedarf geführt. Um ihren Lebensunterhalt bestreiten zu können, haben die Menschen durch Überweidung und Abholzung der Wälder auch hier die langfristige Erhaltung des ökologischen Gleichgewichts zugunsten ihrer kurzfristigen Existenzsicherung geopfert. Dies führt zwangsläufig zu Bodenerosion, Schluchtenbildung und Überschwemmungen.

Ein weiteres Problem stellt die Wasserverschmutzung dar. Städtisches und industrielles Wachstum haben zu einer starken Zunahme belastender Abwässer, Chemikalien, Industrie- und Haushaltsabfälle, Reinigungsmittel und feuerbestatteter Körper (deren Asche traditionell über die Wasseroberfläche verstreut wird) geführt. Durch den wissenschaftlichen »Fortschritt« in der Landwirtschaft wird dieses Problem weiter verschärft: Insektizide, Pestizide und Düngemittel belasten das Grundwasser. Es ist eine Ironie des Schicksals, daß gerade die Entwicklungsmöglichkeiten, die der Ganges dieser Region bietet, zu ihrer Zerstörung beitragen.

**Bestrebt, die Reichtümer des Ganges** zu nutzen, wirft ein Fischer *(unten)* sein Netz aus. Der Fluß spielt sowohl im religiösen wie auch im wirtschaftlichen Leben des Landes eine wichtige Rolle.

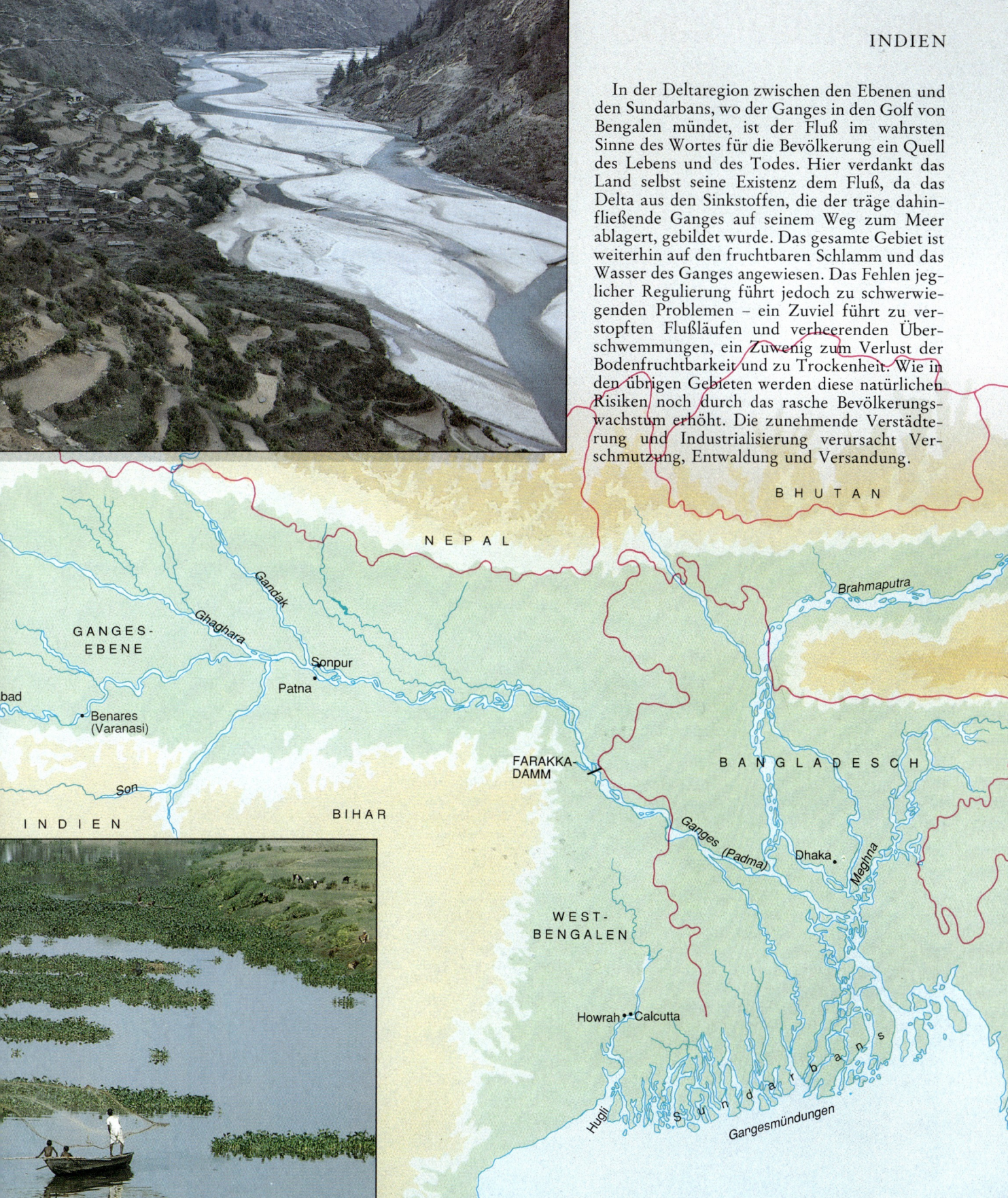

# INDIEN

In der Deltaregion zwischen den Ebenen und den Sundarbans, wo der Ganges in den Golf von Bengalen mündet, ist der Fluß im wahrsten Sinne des Wortes für die Bevölkerung ein Quell des Lebens und des Todes. Hier verdankt das Land selbst seine Existenz dem Fluß, da das Delta aus den Sinkstoffen, die der träge dahinfließende Ganges auf seinem Weg zum Meer ablagert, gebildet wurde. Das gesamte Gebiet ist weiterhin auf den fruchtbaren Schlamm und das Wasser des Ganges angewiesen. Das Fehlen jeglicher Regulierung führt jedoch zu schwerwiegenden Problemen – ein Zuviel führt zu verstopften Flußläufen und verheerenden Überschwemmungen, ein Zuwenig zum Verlust der Bodenfruchtbarkeit und zu Trockenheit. Wie in den übrigen Gebieten werden diese natürlichen Risiken noch durch das rasche Bevölkerungswachstum erhöht. Die zunehmende Verstädterung und Industrialisierung verursacht Verschmutzung, Entwaldung und Versandung.

# INDIEN: DER MONSUN

Auf dem indischen Subkontinent wird das Leben der Menschen entscheidend vom Monsun bestimmt. Wenn auch der Begriff das Bild eines wolkenbruchartig herabstürzenden Regens heraufbeschwört, werden als »Monsun« (abgeleitet vom arabischen Wort für Jahreszeiten) doch üblicherweise die jahreszeitlich wechselnden Winde bezeichnet, die für die heftigen Niederschläge verantwortlich sind.

Als Teil des Monsunsystems wehen zwischen November und März Nordostwinde über den Subkontinent. Diese kühle Strömung kommt vom Festland über den Himalaya und transportiert wenig Feuchtigkeit. Im Gegensatz dazu ist der Sommermonsun außerordentlich feucht. Die Winde überqueren den Subkontinent in umgekehrter Richtung und transportieren warme, feuchte Luftmassen vom Indischen Ozean.

### Der Sommermonsun

Der Monsun gehört in das System der jahreszeitlichen Verlagerung der globalen Zirkulation, wesentlich mitbestimmt durch die unterschiedliche Erwärmung von Meer und Land. Im Sommer erwärmt sich die Luft über dem Land stärker, im Winter dagegen kühlt sie stärker ab als über dem Meer. Das so entstehende Luftdruckgefälle verursacht eine Luftströmung vom kalten zum warmen Gebiet. Wenn sich die Luft erwärmt, nimmt sie Feuchtigkeit in Form von Wasserdampf auf. Warme Luft kann eine weitaus größere Menge Feuchtigkeit aufnehmen und transportieren als kalte. Der Wasserdampf kondensiert und bildet aus Wassertropfen bestehende Wolken.

Der regenbringende Sommermonsun weht von April bis Oktober über den Indischen Ozean und trifft auf die Südwestküste Indiens. Hier teilt er sich in zwei Strömungen: die eine verursacht hohe Niederschläge über den westlichen Küstenregionen, die andere überquert die Ostküste Indiens, zieht weiter nach Norden und wird von der riesigen Barriere des Himalaya scharf nach Westen abgelenkt. Von da an bewegt sie sich westwärts über die nördlichen Ebenen und bringt diesem intensiv bewirtschafteten und äußerst dicht besiedelten Gebiet den ersehnten Niederschlag.

Der Wintermonsun führt dagegen zu geringeren Niederschlägen, da die kalten, vom Himalaya kommenden Strömungen weniger Feuchtigkeit transportieren als die warmen.

### Die Problematik der Vorhersage

Dieses Muster erweist sich jedoch nicht immer als zutreffend: es kann sein, daß die Monsunregen ausbleiben, oder zwar beginnen, aber nur wenig ergiebig sind. Zuweilen drehen sie auch ab, oder aber sie sind so heftig, daß die Wolkenbrüche in großen Gebieten zu Überschwemmungen führen. Deshalb verbringen südasiatische Meteorologen einen Großteil ihrer Zeit mit dem Versuch, das Verhalten des Sommermonsuns vorherzusagen.

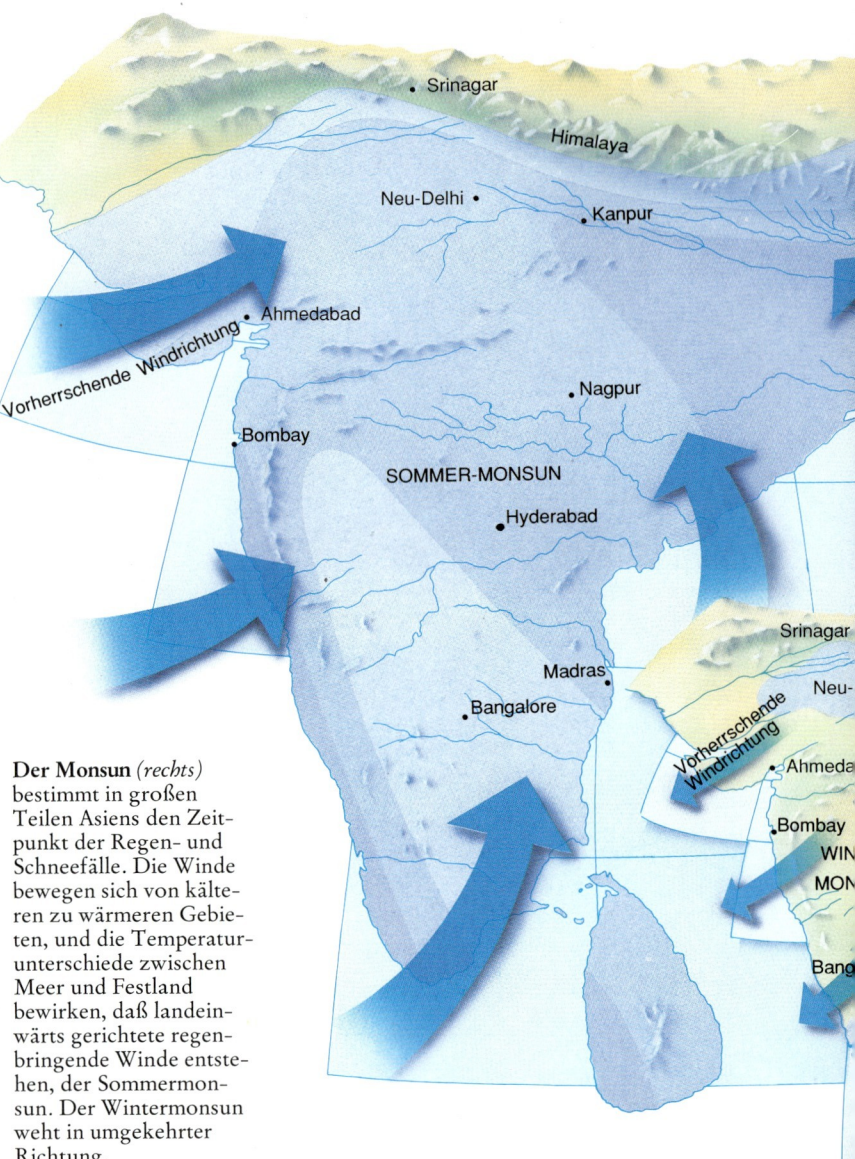

**Der Monsun** (rechts) bestimmt in großen Teilen Asiens den Zeitpunkt der Regen- und Schneefälle. Die Winde bewegen sich von kälteren zu wärmeren Gebieten, und die Temperaturunterschiede zwischen Meer und Festland bewirken, daß landeinwärts gerichtete regenbringende Winde entstehen, der Sommermonsun. Der Wintermonsun weht in umgekehrter Richtung.

**Überschwemmungen** infolge der Monsunregen (rechts) sind im Mündungsdelta von Ganges und Brahmaputra in Bangladesch die Regel. Um die Wohnungen vor Überflutungen zu schützen, werden die Häuser vielfach auf Pfählen errichtet.

**Regenschirme** (ganz rechts) bestimmen während des Sommermonsuns das Straßenbild von Bombay. Die Menschen sind an die Überschwemmungen infolge der lebensspendenden Regenfälle gewöhnt; der Alltag geht den gewohnten Gang.

# INDIEN

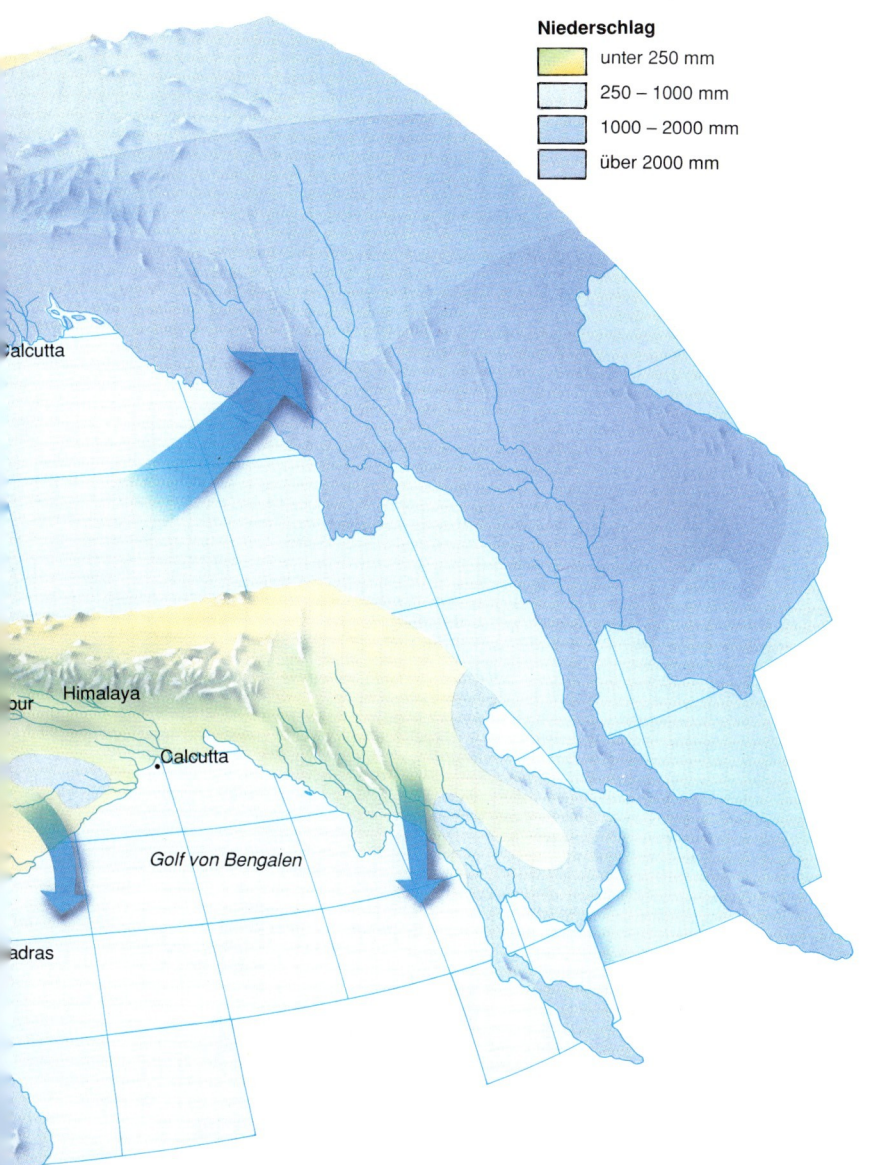

Bei ihren Bemühungen, die Monsunregen zu verstehen, berücksichtigen die heutigen Meteorologen Vorgänge in weiter Entfernung. Man ist zu der Erkenntnis gelangt, daß selbst die Meerestemperatur des weit entfernten östlichen Pazifik vor der Küste Perus ebenso einen Einfluß ausübt wie die wechselnden Muster hohen und niedrigen Luftdrucks über dem gesamten Pazifik. Manche Wissenschaftler verweisen darauf, daß die starken Westwinde in großer Höhe über dem nördlichen Indien, die sich im Sommer nach Norden verlagern, von großer Bedeutung sind. Manchmal bewegt sich dieser Höhenstrom jedoch nicht, und der Monsun kann nicht vorankommen. Eine weitere Determinante könnte die Mächtigkeit der Schneedecke des Himalaya darstellen.

**Die Abhängigkeit von den Niederschlägen**

Die Monsunregen sind lebenswichtig für Indiens Landwirtschaft. Trotz der Fortschritte, die in den letzten 30 Jahren bei den Anbaumethoden gemacht wurden, ist die Landwirtschaft immer noch vom Niederschlag abhängig. In Indien wird mehr als die Hälfte des Getreides in der Regenzeit produziert und, obgleich weite Gebiete über künstliche Bewässerungsanlagen verfügen, sind dennoch mehr als zwei Drittel der bewirtschafteten Fläche von den jahreszeitlichen Niederschlägen abhängig.

Wenig ergiebige Monsunregen haben nicht nur direkte Auswirkungen auf die Ernte, sondern führen auch zur Erschöpfung der Wasserreserven und damit zur Reduzierung der Vorräte zur künstlichen Bewässerung. Zuweilen müssen Wasserkraftwerke ihren Betrieb einstellen, und als Folge fehlt den Bauern die zur Betreibung der Brunnen notwendige Elektrizität.

Im Jahre 1987 wurden große Teile Indiens von der schlimmsten Dürrekatastrophe seit 40 Jahren heimgesucht, während andere Landesteile die verheerendsten Überschwemmungen dieses Jahrzehnts erlebten. Die im Nordwesten des Landes gelegene Provinz Rajasthan litt unter einer Dürre, während in dem im Nordosten gelegenen Assam die höchsten Juliniederschläge der letzten 50 Jahre niedergingen. Im nördlichen Bihar wurden ab Juli wiederholt Zehntausende von Dörfern überschwemmt. Zur gleichen Zeit waren in anderen Regionen die Dorfbewohner gezwungen, ihre Felder aufzugeben, da die Sonne das Land verbrannte und bis zu 46 m tiefe Brunnen austrockneten. Wegen Trockenfuttermangels wurden die Rinder zur Futtersuche freigelassen.

Obwohl die Unregelmäßigkeiten des Monsuns im Jahre 1987 weitaus gravierender waren als die vorausgegangenen schweren Dürren der Jahre 1965 und 1979, waren die Folgen im gesamten Indien wenig spürbar. Millionen Tonnen Getreide waren verloren, aber mit Hilfe der Getreidevorräte, die nach den vorangegangenen guten Ernten angelegt worden waren, war die Versorgung gesichert.

591

# INDIEN: »PROJEKT TIGER«

Zu Beginn des 20. Jahrhunderts waren Tiger in Indien noch stark verbreitet. Es gab damals mehr als 40 000 Exemplare. Einige Jahrzehnte später, 1972, wurde bei der ersten gesamtindischen Tigerzählung festgestellt, daß ihre Zahl beträchtlich zurückgegangen war – es wurden weniger als 2000 erfaßt. Im folgenden Jahr rief die Regierungspräsidentin Indira Gandhi mit dem »Projekt Tiger« die möglicherweise dramatischste Rettungsaktion in der Geschichte des Artenschutzes ins Leben. Neun Reservate auf dem gesamten Subkontinent wurden der Erhaltung dieser Tierart gewidmet. Heute sprechen offizielle Schätzungen davon, daß sich die Zahl der Tiger bereits verdoppelt hat. Die Zukunft dieser Großkatze scheint gesichert zu sein, zumindest für die nächste Zeit.

Große Raubtiere stellen die Tierschützer vor besondere Probleme. Lediglich eine relativ hohe Individuenzahl schließt die Möglichkeit des Aussterbens aus. Experten vertreten die Ansicht, daß eine Population von weniger als einigen Hundert durch Inzucht geschwächt werden könnte; bei noch niedrigerer Zahl wäre es statistisch möglich, daß sie einfach zufällig oder durch Krankheit ausgelöscht würden.

Große Raubtiere wie der Tiger fressen jedoch eine Menge, und jeder einzelne beansprucht ein großes Territorium. So verlangt eine sichere (lebensfähige) Population von einigen hundert Tieren einen enormen Lebensraum. Das dramatische Absinken des Bestandes während des größten Teils im 20. Jahrhundert ist zu einem gewissen Teil auf die starke Bejagung zurückzuführen, wesentlich bedeutsamer war jedoch der Verlust des Lebensraumes durch die Rodung der Wälder zum Zwecke der Erweiterung der landwirtschaftlichen Nutzfläche.

Heute ist der Bevölkerungsdruck noch größer. In Indien leben mehr als 1 Milliarde Menschen, und diese sind nicht in den Städten konzentriert, sondern leben in hunderttausenden kleinen Dörfern, die über das ganze Land verteilt sind. Sehr wenig Land entgeht der Kultivierung. Außerdem haben sich Tiger oft zu Menschenfressern und Viehräubern entwickelt; das Nebeneinander von Mensch und Tiger ist also nicht unproblematisch. Deshalb sind die Tiger auch trotz der Größe Indiens verdrängt worden.

Aus diesen Gründen war das vorrangige Ziel des Projekts, Tiger-Reservate von geeigneter Größe einzurichten, die jedoch auch in einiger Entfernung der Dörfer liegen mußten. So bestand jedes Reservat aus einem »Kerngebiet« zu dem Menschen überhaupt keinen Zutritt hatten, und einer dieses umgebenden »Pufferzone«, in die zu bestimmten Zwecken, wie dem Schneiden von Bambus, der Zutritt erlaubt war.

Dieser scheinbar vernünftige Kompromiß hat dennoch zu Problemen geführt. Die Einrichtung von Kerngebieten machte die Verlegung ganzer Ortschaften notwendig, und das Betreten der Pufferzonen ist für die Dorfbevölkerung, die dort notwendigen Tätigkeiten nachgeht, nicht ungefährlich. Seit 1972 sind in diesen Arealen Hunderte von Menschen ums Leben gekommen, in der Regel als sie zufällig auf eines der Tiere stießen. Aber auch menschenfressende Tiger lauern im Dickicht. Dennoch könnten die Tiger für die Dorfbevölkerung von Nutzen sein, da Touristen gewillt sind, für die Möglichkeit, einen wildlebenden Tiger zu Gesicht zu bekommen, zu bezahlen.

**Die Tigerreservate** (oben) sind Ergebnis des Artenschutzprogramms »Projekt Tiger«; die Schutzgebiete umfassen 24 700 km². Gelände, Vegetation und Areale sind sehr unterschiedlich und spiegeln die Anpassungsfähigkeit des Tigers an die Umgebung – von schneebedeckten Bergen bis zu Salzsümpfen – wider. Dies rechtfertigt die Entscheidung, sich nur auf ihren Schutz zu beschränken, denn zahlreiche andere bedrohte Tierarten profitieren ebenfalls von diesen Reservaten.

Tiger können sich an viele verschiedene Umgebungen anpassen. In der Sumpflandschaft der Sundarbans verbringen sie auf der Jagd nach den Sumpfhirschen (Barasingha) viel Zeit im Wasser; auf der Suche nach dem Gaur, dem größten Wildrind der Erde, durchstreifen sie die Hochländer; in den Wäldern machen sie Jagd auf eine ganze Reihe von Tieren, insbesondere auf Sambar- oder Aristoteleshirsch, Sikahirsch und Gangesreh. Die ersten neun Reservate wurden unter Berücksichtigung dieser Lebensräume eingerichtet. Der 520 km² große Corbett National Park liegt in den Ausläufern des Himalaya, wogegen der Manas im Osten aus 2840 km² Sumpf- und Schilflandschaft besteht. Nachdem den ursprünglich neun Schutzgebieten sechs weitere hinzugefügt wurden, nehmen sie jetzt eine Landfläche von 24 700 km² ein.

Die Tierwelt Indiens zeichnet sich durch einen beeindruckenden Artenreichtum aus. Viele der Tierarten, unter anderem der Elefant, das indische Nashorn, Gaur- und Sumpfhirsch, gel-

# INDIEN

ten als seltene und bedrohte Spezies. Verschiedene Tierschützer sind der Meinung, daß es übertrieben sei, riesige Gebiete lediglich der Erhaltung einer Tierart zu widmen. In der Praxis allerdings profitieren auch viele andere Spezies davon, eine von den Ökologen als »Rockzipfeleffekt« bezeichnete Nebenerscheinung. Denn Unternehmen wie das »Projekt Tiger« bewahren nicht nur eine Tierart vor dem Aussterben, wie es beispielsweise bei der Zucht in Zoos der Fall wäre. Sie erhalten den Lebensraum des Tieres beziehungsweise eine ganze Reihe von Lebensräumen, so daß viele andere Spezies – darunter diejenigen, die von Tigern und anderen Raubkatzen gejagt werden – nicht unter den Eingriffen der Menschen zu leiden haben. Verschiedene dieser ebenfalls bedrohten Tierarten würden weit weniger öffentliches Interesse auf sich ziehen, wenn sie sich nicht den »Rockzipfel« des Tigers zunutze machten.

**Ein Tiger schleicht sich an ein Hirschrudel** *(links)*. Indiens vielfältige Tierwelt profitiert vom Schutz des Tigers; es fallen zwar Tiere den Großkatzen zum Opfer, aber insgesamt sind sie vor den gefährlicheren Eingriffen des Menschen geschützt.

**Im Corbett National Park** in den Ausläufern des Himalaya wird ein Affe zur Mahlzeit für einen hungrigen Tiger *(unten)*. Corbett war eines der ersten Reservate und wurde nach einem legendären Jäger, der zum Tierschützer wurde, benannt.

**Tiger an einem Wasserlauf** in einem der 15 Schutzgebiete *(links)*. Als außerordentlich anpassungsfähige Tierart ist der Tiger ein ausdauernder Schwimmer und hat sich auch auf das Leben in den Mangrovesümpfen der Sundarbans eingestellt.

**Einer betäubten Tigerin** *(unten)* wird von einem Wissenschaftler ein Sender am Nacken befestigt. Die vorsichtige Beobachtung der Wanderung der Tiere innerhalb der Schutzgebiete des »Projekts Tiger« gewährleistet ihr Wohlergehen.

# INDIEN: INSELGRUPPEN

Die indische Halbinsel ist eine kompakte Landmasse, die steil gegen das Arabische Meer und den Golf von Bengalen abbricht. Dadurch ist Indien ausgesprochen arm an Inseln, und um so bemerkenswerter sind die wenigen, weit vorgelagerten Inseln: Im Westen die Amindiven und Lakkadiven und im Osten die Andamanen und Nikobaren. Erstere liegen zwischen 300 und 500 km von der Malabarküste entfernt und sind durch einen Tiefseegraben von ihr deutlich getrennt. Es sind Koralleninseln, die sich nach Süden in den Malediven bis über den Äquator fortsetzen. In einer Entfernung von über 1200 km von der Coromandelküste ragen die Andamanen und Nikobaren als Reste eines Gebirgsrückens vom Arakangebirge Birmas aus dem Golf von Bengalen empor.

Die Amindiven und Lakkadiven bilden zusammen mit der Insel Minikoy Indiens kleinstes Unionsterritorium Lakshadweep. Lakshadweep bedeutet eigentlich »Tausend Inseln«, tatsächlich sind es aber nur 27 Inseln, die zu 14 Atollen gehören und eine Fläche von nur 32 km² einnehmen. Auf den zehn bewohnten Inseln leben über 50 000 Menschen, überwiegend indisch-arabische Mischlinge, die dem Islam angehören. Nur die Einwohner von Minikoy sprechen eine dem Singhalesisch auf Sri Lanka ähnliche Sprache, während die übrigen Bewohner das an der Malabarküste verbreitete Malajalam (eine dravidische Sprache) sprechen.

**Die Lakkadiven und die Amindiven** bilden mit der Insel Minikoy das Territorium Lakshadweep *(oben).*

**Ein Raddampfer** *(unten)* nähert sich vorsichtig den Andamanen. Dieser Kupferstich aus dem 19. Jahrhundert zeigt, wofür die Bewohner dieser Inselgruppe berühmt waren: für die Verteidigung ihres Landes gegenüber Eindringlingen.

**Wenige Ureinwohner** *(unten rechts)* der Andamanen haben überlebt. Die Eingeborenen ernähren sich von der Jagd und vom Fischfang. Honig aus den Stöcken wilder Bienen der dichten tropischen Regenwälder ergänzt ihren Speisezettel.

**Fischerboote und -netze** *(rechts)* vor Cochin. Die Stadt liegt auf dem indischen Festland und ist der wichtigste Anlaufhafen für die Händler aus Lakshadweep. Die Inselbewohner liefern Kokosfasern und -matten und kaufen für den Erlös Reis.

# INDIEN

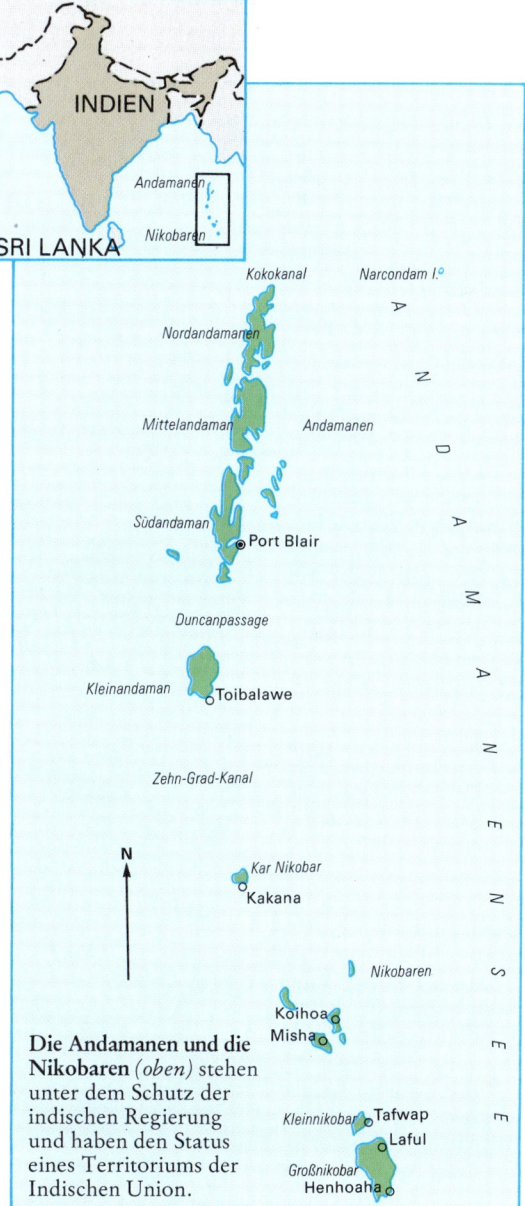

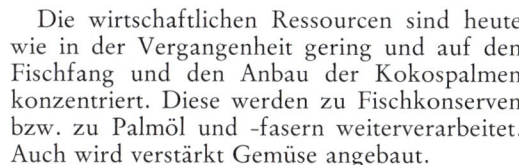

Die Andamanen und die Nikobaren *(oben)* stehen unter dem Schutz der indischen Regierung und haben den Status eines Territoriums der Indischen Union.

auf Agatti aufgenommen worden sind. Dem interinsularen Verkehr dient ein gut funktionierendes Netz von Motorbooten. Die spürbaren Verbesserungen im Sozialwesen betreffen die längst auf allen Inseln gewährleistete Schulbildung wie auch eine gesicherte medizinische Versorgung im Zentralkrankenhaus auf Kavaratti, der Hauptstadt von Lakshadweep.

Die Andamanen und Nikobaren, die den einsamsten Vorposten Indiens im östlichen Golf von Bengalen darstellen und ebenfalls ein indisches Unionsterritorium sind, werden klangvoll als »Marigold Sun« verehrt: Dabei dürfte freilich die solchermaßen gepriesene Dotterblume eher symbolischen Charakter für die Schönheit und Natürlichkeit der Inseln tragen. Ihre Ursprünglichkeit und weitgehende Unberührtheit aber haben die Andamanen und Nikobaren beibehalten. Die insulare Zersplitterung ist groß; auf insgesamt nicht einmal 10 000 km² fallen 223, überwiegend kleine Inseln, davon 204 Inseln der Andamanen (mit den »großen« Inseln Nord-, Mittel-, Südandaman sowie Baratang und Rutland) und nur 19 Inseln der Nikobaren, darunter als große Insel Groß- und Kleinnikobar sowie Kamorta, Katchall und Kar Nikobar. Der Verwaltungssitz ist Port Blair, auf Südandaman gelegen, mit etwa 50 000 Einwohnern die einzige Stadt und zugleich Hafenstadt und wirtschaftliches Zentrum.

Als Reste eines ehemaligen geschlossenen Faltengebirges sind alle Inseln durch stark zergliederte Bergländer gekennzeichnet, die maximale Höhen von 738 m (Saddle Peak auf Nordandaman) bzw. 642 m (Mount Thulier auf den Nikobaren) erreichen. Ergiebige Regenfälle, sowohl zur Zeit des Sommer- wie auch Wintermonsuns, noch ergänzt durch die gefürchteten tropischen Zyklonen, sorgen für ein üppiges Pflanzenkleid aus dichten, immergrünen tropischen Regenwäldern, das noch immer fast die gesamte Inselfläche überzieht.

Der Lebensraum der Einwohner ist auf schmale Küstenniederungen, Talauen und Flußmündungen begrenzt. Die Bevölkerung der Andamanen und Nikobaren ist ethnisch vielschichtig. Das Gros bilden die Nachkommen der Strafgefangenen – die Inseln waren bis 1945 indische Strafkolonie – sowie Umsiedler und Flüchtlinge, letztere aus Ostpakistan, dem heutigen Bangladesch. In den unwegsamen Bergländern der Andamanen und der Nikobaren leben zurückgezogen die Ureinwohner, unter anderem die negroiden Andamaner, die sich durch Jagd und etwas Ackerbau ernähren.

Bei äußerst begrenzten wirtschaftlichen Ressourcen spielt der Anbau von Reis, dem Hauptnahrungsmittel, die größte Rolle, ergänzt von Kokospalmen, Kautschuk und Kaffee sowie tropischen Gemüse- und Obstsorten. Für den Export sind Hölzer, vor allem Teak- und Bauholz, wichtig. Die touristische Öffnung, bislang nur in Port Blair auf Südandaman und einigen Nachbarinseln, steckt in den Anfängen.

Die wirtschaftlichen Ressourcen sind heute wie in der Vergangenheit gering und auf den Fischfang und den Anbau der Kokospalmen konzentriert. Diese werden zu Fischkonserven bzw. zu Palmöl und -fasern weiterverarbeitet. Auch wird verstärkt Gemüse angebaut.

In früheren Zeiten waren die Inseln strategisch wichtig als westliche Vorposten Indiens und als Navigationspunkte für die Segelschiffahrt zwischen Afrika, Arabien und Indien. Inzwischen ist Lakshadweep auch ein interessantes Fernreiseziel für Abenteurer. Allerdings ist nur eine einzige, unbewohnte Insel (Bangarem) als Touristeninsel freigegeben worden, und ausnahmslos Pauschalreisende können überhaupt mit einer Genehmigung rechnen. Freilich wird deren Idealismus und Mut mit einem Exklusivurlaub auf einem »weißen Fleck« der Tourismus-Landkarte belohnt! Die Anreise ist bequem geworden, seitdem regelmäßige Flugverbindungen zwischen Cochin und dem neuen Flughafen

# INDIEN: SIKKIM

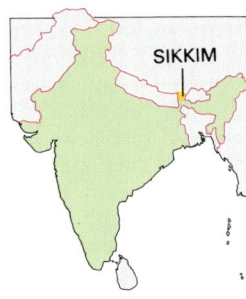

**Das kleine Sikkim** *(oben)* liegt an der Nordostgrenze Indiens zu China zwischen den Himalaya-Königreichen Nepal im Westen und Bhutan im Osten.

Sikkim spielt in Südasien seit jeher eine selbstbewußte Rolle, auch nachdem es 1975 von Indien zu einem Bundesstaat assoziiert wurde. Vorausgegangen war der pro-indischen Kräften zugeschriebene Sturz des letzten Königs. Damit endete die genau 333 Jahre dauernde Monarchie Sikkims und die Souveränität des kleinen Königreiches im Himalaya. Damit endete aber auch die Zeit der zahlreichen Invasionen, denen Sikkim aufgrund seiner strategisch günstigen Lage ausgesetzt war. Der Zwergstaat zwischen den großen Nachbarn Indien, Tibet, Nepal und Bhutan stand während der Kolonialherrschaft der Briten über Indien unter britischem Protektorat. Dieser Status blieb nach der Unabhängigkeit Indiens mit dem indo-sikkimischen Abkommen weiterbestehen und wurde 1950 vertraglich erneuert. Seither waltete Indien als Schutzmacht über Sikkims Verteidigung, Außenpolitik und Verkehrswesen, während Sikkim in seiner Innenpolitik autonom blieb. Mit der Eingliederung in Indien hat Sikkim zwar seine politische Souveränität verloren, seine kulturelle Identität bewahrt es aber weiterhin.

Sikkim ist eine Gebirgsregion von extrem großen Gegensätzen auf kleinstem Raum. Der Gangtschhendsönga liegt an der Nordwestgrenze Sikkims und ist mit 8586 m der dritthöchste Berg der Welt. Nur knapp 100 km Luftlinie trennen ihn vom tiefstgelegenen Punkt Sikkims, der mit 230 m über dem Meeresspiegel im Tistatal liegt. Der orographische Bau Sikkims kann mit einem gigantischen »Amphitheater« verglichen werden. Drei massive Gebirgswälle im Norden, Westen und Osten bilden die natürlichen Grenzen. Allein der Süden ist durch das Tal der Tista zur weiten indischen Ebene geöffnet. Die Vegetation in der vielgestaltigen Landschaft ist dementsprechend abwechslungsreich. Sie reicht vom Dschungel mit vielen Orchideenarten in den tiefliegenden Tälern über die Alpenflora in Höhen zwischen 2000 und 3000 m bis zur Baumgrenze in 4200 m Höhe.

Der zentrale und wirtschaftlich wichtigste Teil Sikkims wird vom Oberlauf der Tista und von den gletscher- und schneegespeisten Zuflüssen gebildet. Hier, wo im Bereich des Sikkim-Himalaya die Gebirgsketten ohnehin näher zusammenrücken, bietet sich der kürzeste und zudem relativ leicht passierbare Weg zwischen Indien und Tibet an. Ihn benutzen von alters her die Karawanen zwischen Xigaze/Lhasa und Gangtok, der Hauptstadt Sikkims, die durch das Tal der Tista sogar einen direkten Anschluß an das heutige indische Straßennetz besitzt.

Aus der historischen Durchgangslage Sikkims resultieren besonders starke Einflüsse von Seiten der Nachbarn auf die ethnischen, sprachlichen und religiösen Gegebenheiten. Die älteste Bevölkerungsgruppe stellen die vermutlich aus Assam stammenden Lepchas dar. Sie siedelten sich in den unwegsamen Talschluchten von Zentral- und Südsikkim an und betrieben Wanderfeldbau mit Brandrodung.

# INDIEN

**Grüne Landschaft** (*links außen*) umgibt die Hauptstadt Sikkims, Gangtok. Dieser Name bedeutet »der eingeebnete Hügel«. In einer Höhe von 1640 m liegt die Stadt im Angesicht des sie überragenden Gipfels des Gangtschhendsönga.

**Religiöse Prozessionen** (*links*) sind charakteristisch für Sikkim. Die meisten Menschen gehören dem tibetischen Lamaismus an, einer Form des Buddhismus, die, obwohl in Tibet unterdrückt, in vielen Regionen des Himalaya verbreitet ist.

**Lamaistische Mönche** (*oben*) treten bereits in sehr jungen Jahren dem Orden bei. Sie sind für ihre Hingabe an den Buddhismus berühmt.

Seit dem 15. Jahrhundert wanderten die aus Tibet stammenden Bhotiyas ein. Sie unterdrückten die Lepchas, ließen sich vor allem als Händler und Hirten in Nordsikkim nieder und waren Träger der tibetischen Kultur und Sprache sowie des aus Tibet stammenden Lamaismus. Sichtbare äußere Zeichen der bis heute Sikkim prägenden tibetischen Einflüsse sind die vielen Tempel und Klöster.

Den größten Bevölkerungsteil stellen mit rund drei Viertel aller Einwohner die Nepalesen, die sowohl in der Landwirtschaft (Getreide- und Obstanbau) als auch in Handel und Gewerbe tätig sind. Sie brachten aus ihrer Heimat den Hinduismus mit seinem Kastenwesen nach Sikkim. Aus religiösen Gründen ist ihnen die Ansiedlung nur im Süden des Landes erlaubt. Als wirtschaftlich wichtigste Minderheit in Sikkim gewinnen die im Handel tätigen Inder eine ständig größere Bedeutung.

Die ethnische, religiöse und sprachliche Vielfalt in Sikkim bedeutet weder einen kulturellen Separatismus unter den verschiedenen Bevölkerungsgruppen noch eine Majorisierung durch die Nepalesen. Hier gelingt eine reibungslose nationale, gemeinschaftliche Identifizierung der dort lebenden Menschen als »Sikkimer«.

Die von Indien mit erheblichem Kapitalaufwand betriebene Entwicklungsplanung für Sikkim zielt auf eine Verbesserung der noch stark rückständigen sozialen und wirtschaftlichen Verhältnisse. Die Schwerpunkte der Bemühungen liegen auf dem Bildungssektor, der Landwirtschaft und dem Straßenbau. Indiens besonderes Interesse gilt einer intakten und schnellen Verbindung mit China, wofür in der Tat Sikkim die besten Voraussetzungen besitzt. Damit erhält der geschichtsträchtige Durchgangsraum Sikkim als günstige geographische »Pforte« eine neuerliche Aufwertung.

# INDIEN: JAMMU-KASCHMIR

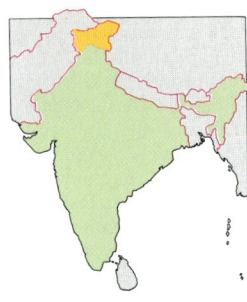

**Jammu und Kaschmir** *(oben)*, der nördlichste indische Bundesstaat, grenzt an Pakistan und China. Grenzstreitigkeiten belasten das Verhältnis zu den beiden Nachbarländern. Das Hauptsiedlungsgebiet, das Tal von Kaschmir, wird von hohen Gebirgen umrahmt.

Das »glückliche Tal« sei der Himmel auf Erden, und mit dem Kranz der umgebenden Schneegipfel gleiche es »in Perlen gefaßten Smaragden«. Gemeint ist das als Juwel unter allen landschaftlichen Schönheiten Indiens verehrte Kaschmir-Tal mit seiner Hauptstadt Srinagar. Dieses Tal ist die meistbesungene, mit einzigartigen und überschwenglichen Prädikaten versehene Landschaft Indiens. Hier wird ein Traum von unvorstellbarer Schönheit und sehnsüchtiger Romantik Wirklichkeit – für Inder und Ausländer, für Dichter, Träumer und Touristen. In Kaschmir und Srinagar lebt die Erinnerung an Glanz und Größe der Mogulkaiser weiter, die sich in den Mogul-Gärten mit Blumenbeeten und Wiesen, künstlichen Wasserläufen und marmornen Springbrunnen ein zeitloses Denkmal gesetzt haben. Srinagar, die Hauptstadt, wird vom Fluß Jhelum geteilt. Sieben malerische Brücken verbinden die beiden Teile der Stadt miteinander. Eine Besonderheit Kaschmirs aber sind die »Dungas«, jene Hausboote, die auf dem Dal-See von Srinagar und seinen Kanälen schwimmen. Dieser war eine beliebte Sommerfrische der britischen Kolonialherren, und inzwischen gehört er zu den Attraktionen für die Touristen aus nah und fern.

Das Tal von Kaschmir ist eine fruchtbare Aufschüttungsebene des oberen Jhelum und seiner vielen Nebenflüsse, die hier zahlreiche kleine und große Seen gebildet haben. Der Wular-See ist zugleich der größte natürliche See in ganz Indien. Das weitreichende und in Nordwest-Südost-Richtung langgestreckte Tal von Kaschmir ist über 150 km lang und über 40 km breit, eingerahmt vom Hohen Himalaya und dem Pir Panjal-Gebirge, die hier bis in Höhen zwischen 4700 m und 6000 m ansteigen und vergletschert sind. Am nordwestlichsten Rand bildet das majestätische Massiv des Nanga Parbat (8126 m) eine der gigantischsten Gebirgskulissen.

Die Lage des Tales sorgt für ein Beckenklima, gekennzeichnet durch lange und warme Sommer und durch selbst auf den zahlreichen Almen im Pir Panjal-Gebirge milde Temperaturen. Die umrahmenden Gebirge bedingen auch die relativ niedrigen Niederschläge, die hauptsächlich im Winter fallen und die sonst in Indien üblichen kräftigen Monsunregen mit unangenehmer Luftfeuchtigkeit und großer Schwüle in Kaschmir nicht wirksam werden lassen.

Die Besiedlungsdichte des indischen Bundesstaates Jammu und Kaschmir ist sehr unterschiedlich. Der überwiegende Teil der Bevölkerung lebt im Tal von Kaschmir. Ihre Kultur wurde von drei Religionen, dem Hinduismus, dem Buddhismus und dem Islam, geprägt. Heute gehört rund 70 % der Bevölkerung Kaschmirs dem Islam an. Die etwa 25 % Hindus leben vor allem in Jammu und sind hauptsächlich Nachkommen einer kleinen Gruppe, die sich im Mittelalter nicht dem islamischen Diktat unterworfen hat.

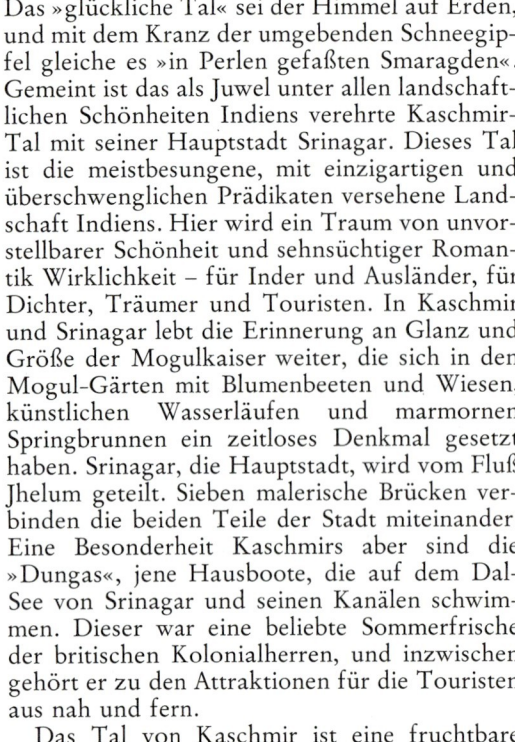

**Markt auf dem Dal-See** *(oben)* im Tal von Kaschmir: In ihren flachen Flußkähnen feilschen Bauern und Händler um die Erzeugnisse der berühmten »schwimmenden Gärten«. Dieser See ist auch für seine Ferienhausboote bekannt.

**Vergnügungsboote in Srinagar** *(oben)*: ihr gondelartiges Aussehen deutet an, warum diese Stadt mit ihrem dichten Kanalnetz auch das »Venedig Indiens« genannt wird. Heute gilt der Tourismus als Kaschmirs wichtigster Devisenbringer.

**In einem entlegenen Flußtal** *(rechts)* bezeugen die Terrassenkulturen an den steilen Berghängen die Bodennutzung durch den Menschen. Viele der Täler und Pässe in der Region sind im Winter durch die Schneefälle im Hohen Himalaya blockiert.

Die klimatische Gunst und die fruchtbaren Böden haben das Tal zu einem blühenden Agrarraum gemacht. 80 % der Bevölkerung leben von der Landwirtschaft. In den mit Entwässerungskanälen durchzogenen Niederungen und auf bewässerten Hängen wird das Hauptnahrungsmittel Reis angebaut, während auf trockeneren Standorten Mais, Weizen und Gerste kultiviert werden. Besondere Bedeutung hat Kaschmir als einziger indischer Produzent von Safran. Im Aufbau befinden sich die Champignonzucht, der Obstbau und die Seidenraupenzucht. Für Indien einzigartig sind die schwimmenden Gemüsegärten auf den vielen Seen von Kaschmir. In den höheren Landesteilen wird in Form von Weide- oder Hirtenwirtschaft Schaf- und Ziegenzucht betrieben. Die Ziegen liefern den Rohstoff für die Produkte, durch die Kaschmir bekannt geworden ist – die feine Kaschmirwolle. Mit ihrer hochentwickelten Handwerkskunst werden daraus die weltbe-

# INDIEN

**Das zentrale Kaschmirtal** von Srinagar *(unten)* dehnt sich nach dem Passieren des Jawahir-Tunnels vor dem Reisenden aus. In den 70er Jahren wurde der Tunnel in einer Höhe von 2750 m durch den Banihar-Paß getrieben. Dieses bedeutende technische Projekt ermöglicht einen unvergeßlichen Blick auf die Landschaft Kaschmirs. Das Tal von Kaschmir ist das wichtigste Anbaugebiet in einer Region, in der sich nur 6 % des Landes für die landwirtschaftliche Nutzung eignen.

rühmten Kaschmirtextilien und -teppiche hergestellt. Ganz besondere Wertschätzung genießen auch die Silberarbeiten und die Schnitzereien aus Walnußholz. Die industrielle Entwicklung gewinnt erst seit einigen Jahren an Bedeutung. Sie ist in ein gesamtindisches Konzept eingebunden und beschränkt sich überwiegend auf die Leicht- und Zementindustrie.

Kaschmir gehört wohl zu den ältesten Reiseländern der Welt. Deshalb verfügt es im Gegensatz zu anderen Himalayastaaten schon heute über eine Tourismusindustrie, die der wichtigste Wachstumsfaktor für die Wirtschaft Kaschmirs darstellt. Sowohl Inder als auch ausländische Besucher wählen sich von Mai bis Oktober Kaschmir als Reiseziel. Das Land bietet neben seiner landschaftlichen Schönheit auch viele interessante Anziehungspunkte und Sehenswürdigkeiten: der alte Bazar in Srinagar mit seinem großen Angebot an kunsthandwerklichen Artikeln, die zahlreichen historischen Tempel und Moscheen, die prächtigen Gärten und Seen der Großmoguln. Dabei beschränkt sich der Tourismus aber nicht nur auf das Kaschmir-Tal. Die Berglandschaft von Srinagar hat neben einem Skiparadies auch einen Golfplatz, von dem behauptet wird, daß er der höchstgelegenste der Welt sei. Srinagar ist auch Ausgangspunkt für die schönsten Bergwanderungen bis in die Hochgebirgswelt des Himalaya hinein, wo sich dem Betrachter eine faszinierende Bergwelt offenbart.

# INDIEN: LADAKH

»Klein-Tibet« oder das »Tor nach Tibet« wird Ladakh genannt, womit die landschaftliche und kulturelle Verwandtschaft beider Länder deutlich zum Ausdruck kommt. Politisch ist Ladakh ein Distrikt des indischen Bundesstaates Jammu und Kaschmir. Die vorausgegangenen Grenzstreitigkeiten zwischen Indien und Pakistan um Kaschmir und die Zugehörigkeit von Ladakh wurden erst 1949 durch ein Waffenstillstandsabkommen geregelt. Die Oberhoheit, die Kaschmir seit dem 19. Jahrhundert über Ladakh ausübte, konnte die enge kulturelle und religiöse Verbundenheit mit dem östlich benachbarten Tibet nicht zerstören. Deshalb dokumentierte China, das Tibet 1950 annektierte, seinen Besitzanspruch auf Ladakh durch die 1962 erfolgte Besetzung der im Nordosten gelegenen Aksai-Chin-Region. Die tatsächlichen Besitzverhältnisse sind bis heute ungeklärt.

Ladakh ist ein karges, schwer zugängliches Gebirgsland am Oberlauf des Indus und Teil des tibetischen Hochlandes, dem »Dach der Welt«. Im Transhimalaya, nördlich der Hauptkette des Himalaya, liegt der Lebensraum in Höhen zwischen 4000 und 6000 m. Die harten Lebensbedingungen werden vor allem vom unwirtlichen Klima geprägt. Die Winter sind lang und kalt, die Sommer sind nur kurz und warm. Niederschläge erhält Ladakh wegen der Gebirgsbarrieren des Himalaya kaum, und somit beschränkt sich die natürliche Vegetation überwiegend auf einige Flußoasen am Indus. Er ist die Lebensader des Landes, hier lebt der überwiegende Teil der Bevölkerung und hier liegt die kleine Hauptstadt Leh in 3550 m Höhe. Die Bedingungen für die Landwirtschaft sind extrem schwierig. Die angebauten Produkte wie Gerste, Weizen, Buchweizen und Aprikosen dienen ausschließlich der Selbstversorgung der Bauern. Wegen der Trockenheit im warmen und anbaugünstigen Sommer ist Landwirtschaft nur mit Hilfe von künstlicher Bewässerung durch Flüsse und Brunnen möglich. Auch die Viehhaltung steht unter ungünstigen Vorzeichen, denn die kargen, von Steppengräsern gebildeten natürlichen Weiden können den Futterbedarf von Schafen, Ziegen und Yaks nicht ausreichend befriedigen.

Die kulturelle Verwandtschaft Ladakhs mit Tibet wird augenscheinlich durch die vielen festungsartigen Dörfer typisch tibetischen Baustils sowie in den farbenprächtigen Kleidern und Kopfbedeckungen der ladakhischen Frauen. Seit dem Übergriff Chinas auf Tibet ist Ladakh die letzte Hochburg des Lamaismus, der tibetischen Form des Buddhismus, der hier in seiner reinsten und ursprünglichsten Form ausgeübt wird. Die Religion prägt und bestimmt das Leben der Ladakhis. Überall durchziehen bunte Gebetsfahnen die Landschaft und Gebetsmauern säumen den Weg. In dieses Bild fügen sich auch die vielen Klöster, die wie Festungen, meistens weithin sichtbar, auf Bergen oder Felsspornen errichtet worden sind. Die in ihnen bis

**Ladakh** *(unten),* eine Gebirgslandschaft im Himalaya, ist heute ein Teil des indischen Bundesstaates Jammu und Kaschmir. Grenzstreitigkeiten zwischen Indien, Pakistan und China schlossen Ladakh bis 1974 von der westlichen Welt ab.

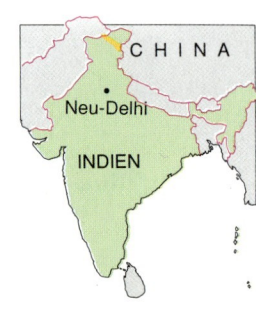

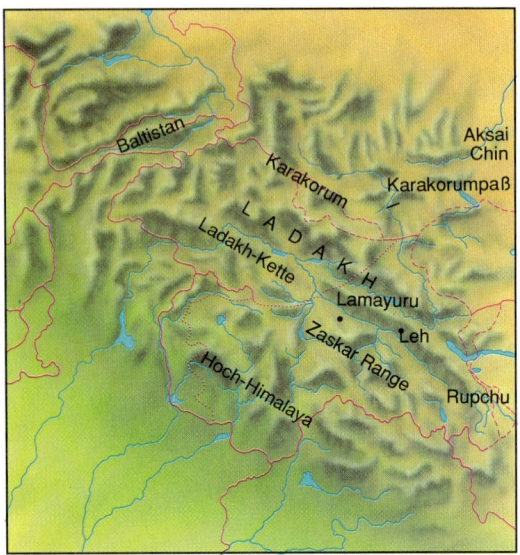

**Tallandschaft mit Feldern** bei der Stadt Leh *(unten).* Die kurzen Sommer schränken die landwirtschaftliche Nutzung ein. Die Bauern sind bei der künstlichen Bewässerung ihrer Felder auf die Schmelzwässer der Gletscher angewiesen.

**Ein prächtiger Stupa** mit mythologischen Reliefdarstellungen *(rechts)* gehört zu einem hoch über der Hauptstadt Leh gelegenen Kloster. Leh, in 3550 m Höhe im felsigen Industal gelegen, ist das Zentrum des lamaistischen Buddhismus in Ladakh.

# INDIEN

heute beheimateten Mönchsorden haben über Jahrhunderte das geistig-religiöse Erbe des Lamaismus gepflegt. Zentrum des Lamaismus ist Leh, mit seinen Monumenten religiöser Vergangenheit, dem hoch über der Stadt gelegenen alten Palast und den zahlreichen Tempeln und Klöstern der nahen Umgebung. Zu den eindrucksvollsten lamaistischen Klöstern gehören Alchi, das vermutlich älteste Kloster Ladakhs mit prächtigen Fresken und farbigen Holzschnitzereien, Lamayuri, sehenswert durch seine Bilder und Statuen, und Tikse, das eine besonders reiche Sammlung von Sakralgegenständen besitzt. Ein Besuch in einem der vielen Klöster ist oft mit der freundlichen Einladung zum Buttertee verbunden, der einmal mehr als Nationalgetränk der Tibeter die Verwandtschaft mit Tibet ausdrückt.

Bis heute ist es den Ladakhis weitgehend gelungen, ihre kulturelle Identität gegenüber den kaschmirischen Moslems und dem Hinduismus

**Gebetsfahnen in leuchtenden Farben** *(oben rechts)* säumen den Pfad zum Leh Gompa (Kloster). Die meisten Ladakhi bekennen sich zum tibetischen Buddhismus mit seinen zahlreichen Festen und Ritualen.

**Eine Ladakhi-Frau** *(rechts)* in traditioneller Tracht mit der »Ohrenkappe«, die von Frauen und Männern getragen wird. Ihr Schmuck besteht zum größten Teil aus Türkisen und Korallen. Sie hält eine Spindel, ein Symbol für die notwendige Selbstversorgung.

zu bewahren. Seit Indien politisch für Ladakh zuständig ist, versucht es, seinen kulturellen Einfluß in Ladakh auszudehnen. Die Inder verboten z. B. die Vielmännerei und zerstörten damit ein fein abgestimmtes Familien- und Erbrechtsystem, das Schutz gegen Übervölkerung und Zersplitterung des Landbesitzes bot. Die Bevölkerung wächst seither jährlich um fast 1,6 %, zuviel für ein Land, dessen Wirtschaft kaum ausbaufähig ist.

Eine Erwerbsmöglichkeit bietet der Tourismus. Für militärische Versorgungszwecke der Grenzgebiete zu China ließ Indien den einzigen Karawanenpfad zwischen Kaschmir und Ladakh ausbauen, der seit 1974 Touristen die Möglichkeit eröffnet, sich in eine fremdartige und fast noch unberührte Welt zu begeben. Ladakh gilt als exklusives indisches Besuchsziel, das die landschaftliche und kulturelle Faszination des tibetischen Himalaya einzigartig offeriert und Reisen zu einem Abenteuer werden läßt.

# INDONESIEN

# INDONESIEN

Umgeben vom Südchinesischen Meer, vom Indischen und Pazifischen Ozean erstreckt sich als Brücke vom asiatischen zum australischen Kontinent über mehr als 13 600 Inseln der größte insulare Staat der Welt: die Republik Indonesien. »Tanah Air« (Erde und Wasser) nennen die Indonesier ihre Heimat. Der niederländische Schriftsteller Multatuli (1820–1887), der sich vehement für die Menschenrechte im damaligen Niederländisch-Indien einsetzte, nannte den Archipel poetisch verklärt »ein Smaragdband, das sich um den Äquator schlingt«.

Über prähistorische Landverbindungen und später auf den Wasserwegen strömten nördliche, östliche und westliche Einflüsse in den Raum, vermischten sich und schufen eine Symbiose aus chinesischen, indischen und polynesischen Kulturelementen, die bis heute das Bild Indonesiens prägen. Um 3000 v. Chr. kamen die ersten Siedler vom Festland Südasiens. Mit den Kaufleuten aus dem indischen Subkontinent segelten nach Beginn unserer Zeitrechnung die Verkünder der großen asiatischen Religionen ein; Hinduismus, Buddhismus, schließlich auch der Islam verbreiteten sich in der Inselwelt. Von den Monsunwinden getrieben, machten sich auch chinesische Händler auf, um südlich vom Reich der Mitte Geschäfte zu machen. Die Europäer unterwarfen Indonesien vom Beginn des 16. Jahrhunderts an und verkündeten das Christentum.

Mit einem Wort aus dem Sanskrit wird der Wappenspruch formuliert, der seit der Proklamation der »Republik Indonesia« am 17. August 1945 das staatliche Selbstverständnis und zugleich die immer wieder neu zu erfüllende Aufgabe umreißt: »Bhinneka Tunggal Ika«, die Einheit in der Vielfalt: die Vereinigung von über 200 Millionen Menschen mit ihren unterschiedlichen kulturellen Eigenheiten, vielfältigen ethnischen Gruppen, zahlreichen Religionsgemeinschaften, sozialen Schichtungen und politischen Differenzen innerhalb eines Staatsverbandes kontinentalen Ausmaßes.

Ein Archipel der Widersprüche: Er ist gigantisch in seinen Ausdehnungen und einmalig in seiner geographischen Zerrissenheit, unvergleichlich in seinen landschaftlichen Reizen und beladen mit einer Fülle von Entwicklungsproblemen, deren Lösungen punktuell mit modernster Technologie angegangen werden, während die Mehrzahl der Bevölkerung noch nicht einmal über Elektrizität verfügt. Der Archipel ist reich an Rohstoffen und Naturschätzen, an fruchtbarem Boden und fischreichen Gewässern. Trotz dieser Segnungen weist Indonesien ein tiefes Gefälle zwischen einer reichen Minderheit und der Mehrheit der armen Bevölkerung auf.

Das tropische Klima und die natürliche Schönheit vieler Inseln, vor allem der Insel Bali, sowie das freundliche Wesen der Indonesier haben den Archipel zu einem attraktiven Ziel des internationalen Tourismus werden lassen.

# INDONESIEN: DER STAAT

Hinduistisch-buddhistisch geprägte Großreiche bildeten zwischen dem 7. und 15. Jahrhundert die ersten Machtzentren, von denen aus die Entwicklung zu einem, den gesamten Archipel umfassenden Staatsverband einsetzte. Srivijaya mit seinem Mittelpunkt im östlichen Sumatra und später Majapahit mit seiner Hauptstadt im östlichen Java waren die bedeutendsten dieser frühen Reiche. Zwischen dem 14. und 16. Jahrhundert erfolgte eine weitreichende Islamisierung, von der nur das bis heute hinduistisch bestimmte Bali sowie küstenferne Regionen unberührt geblieben sind. Nach der Entdeckung des Seeweges um Südafrika im Jahre 1497/98 kamen als erste Europäer die Portugiesen nach Indonesien und kontrollierten innerhalb kurzer Zeit große Teile des Handels. Im Wettlauf um die begehrten Gewürze der östlichen Inseln, der Molukken, blieben die Niederländer schließlich Sieger. Von 1602 an, der Gründung der Vereinigten Ostindischen Kompanie (VOC), bestimmten sie über 300 Jahre lang die politische und wirtschaftliche Entwicklung dieser Region.

Um die Jahrhundertwende formierten sich die Nationalisten, die schließlich mit dem Ingenieur Achmed Sukarno (1901–1970) an der Spitze am 17. August 1945 die Unabhängigkeit proklamierten und die Republik ausriefen. Erst nach langwierigen Verhandlungen und militärischer Konfrontation billigten die Niederlande am 27. Dezember 1949 Indonesien die staatliche Souveränität zu. Sukarno wurde der erste Präsident. Auf seine Vorstellungen des nationalen Neubeginns gehen die Prinzipien der Staatsphilosophie »Pancasila« zurück, die fünf Grundpfeiler umfaßt: 1. Glaube an einen Gott, 2. Humanität, 3. nationale Einheit, 4. Demokratie, 5. soziale Gerechtigkeit.

Die Grenzen der Republik folgen dem einstigen Herrschaftsbereich der niederländischen Kolonialverwaltung. Der Westteil Neuguineas, West-Irian, wurde erst nach jahrelangem, auch militärisch geführtem Streit im Jahre 1963 an Indonesien übergeben und heißt seither Irian Jaya. Die einzige Region, die aus einem anderen Kolonialbereich annektiert wurde, ist der östliche Teil der Insel Timor. Nach Abzug der portugiesischen Verwaltung wurde Osttimor 1976 als 27. Provinz der Republik angegliedert. Ein Referendum machte 1999 den Weg zur staatlichen Unabhängigkeit Osttimors frei. Außenpolitisch schloß sich Indonesien den Ländern der Dritten Welt an, die im Ost-West-Konflikt einen eigenständigen Weg suchten. Sukarno war ein Vorkämpfer der blockfreien Bewegung, deren erste, historisch gewordene Konferenz im April 1955 in Bandung stattfand.

## Daten und Fakten

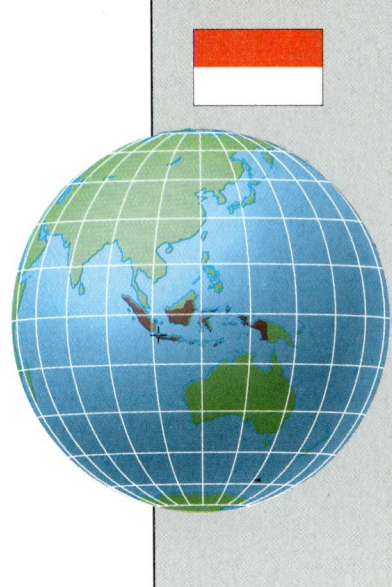

### DAS LAND
**Offizieller Name:** Republik Indonesien
**Hauptstadt:** Jakarta
**Fläche:** 1 889 960 km² (einschl. Irian Jaya, aber ohne Osttimor)
**Landesnatur:** Rund 13 600 Inseln, die zum großen Teil von Gebirgsketten durchzogen sind
**Klima:** Tropisches Monsunklima
**Hauptflüsse:** Mahakam, Musi, Kayan, Kahayan, Barito
**Höchster Punkt:** Puncak Jaya 5030 m

### DER STAAT
**Regierungsform:** Präsidiale Republik
**Staatsoberhaupt:** Staatspräsident
**Verwaltung:** 26 Provinzen, 3 Sonderbezirke (Jakarta, Yogyakarta, Aceh)
**Parlament:** Beratende Volksversammlung mit 700 Mitgliedern; Abgeordnetenhaus mit 500 Mitgliedern
**Nationalfeiertag:** 17. August

### DIE MENSCHEN
**Einwohner (Ew.):** 209 255 000 (1999)
**Bevölkerungsdichte:** 110 Ew./km²
**Stadtbevölkerung:** 40 %
**Bevölkerung unter 15 Jahren:** 30 %
**Analphabetenquote:** 13 %
**Sprache:** Bahasa Indonesia
**Religion:** Moslems 87 %, Christen 10 %, Hindus 2 %, Buddhisten 1 %

### DIE WIRTSCHAFT
**Währung:** Rupiah
**Bruttosozialprodukt (BSP):** 138 501 Mio. US-$ (1998)
**BSP je Einwohner:** 680 US-$
**Inflationsrate:** 12,2 % (1990-98)
**Importgüter:** Maschinen, Fahrzeuge, Reis, Erdöl, chem. Er-

**Die Republik Indonesien** (oben) erstreckt sich als Archipel über 4800 km zwischen dem Indischen und Pazifischen Ozean. Mit ihren mehr als 13 600 Inseln ist sie der größte insulare Staat. Die Bevölkerungsdichte einiger Inseln zählt zu den höchsten der Welt.

Innenpolitisch sollte mit den sehr allgemein gehaltenen Idealen der »Pancasila« der Ausgleich im spannungsgeladenen Vielvölkerstaat Indonesien mit über 250 Volksgruppen und ebenso vielen Sprachen gefunden werden. Sukarno verfolgte das Ziel, einander stark widerstrebende Interessen wie die einer orthodoxen islamischen Minderheit, die bis heute vergeblich die Schaffung des Islamstaates fordert, die der kommunistischen Bewegung und die der Armee, die ihren alleinigen Machtanspruch aus der Unabhängigkeitsbewegung ableitet, zu versöhnen.

Aber die Gegensätze blieben indes unvereinbar. Vor dem Hintergrund katastrophaler wirtschaftlicher Verhältnisse entluden sich die Spannungen am 30. September 1965 in einem angeblich kommunistischen Putsch, dessen genauer Ablauf und Hintermänner bis heute umstritten sind. Der niedergeschlagene Putsch leitete den antikommunistischen Machtwechsel ein und brachte den Armeegeneral Suharto (* 1921) ins Amt des Präsidenten. Unter seiner Herrschaft kam es zur Massenverfolgung und -ermordung von Kommunisten und deren Sympathisanten. »Pancasila« wurde zur Staatsdoktrin erhoben und erlangte 1985 für jedermann verbindliche Gesetzeskraft. Es wurde als Machtinstrument politischer Gleichschaltung benutzt, wobei Regierungspolitik und Staat als identisch galten.

Unter Suharto kam es zu einer engeren Anlehnung an den Westen und zunächst zu einer Stabilisierung der wirtschaftlichen Verhältnisse. Dank der beträchtlichen Einnahmen aus dem Erdölgeschäft konnten vor allem umfangreiche Projekte bei der Förderung der Infrastruktur, der Selbstversorgung mit dem Grundnahrungsmittel Reis und der Industrialisierung begonnen werden. Die Wirtschaftskrise in Südostasien führte 1998 zu politischen und sozialen Konflikten. Nach schweren Unruhen mußte Suharto zurücktreten. Es folgte Bacharuddin Jusuf Habibie, der das Amt des Staatschefs nach nur 17 Monaten 1999 an Abdurrahman Wahid von der neugegründeten islamischen Partei des nationalen Erwachens (PKB) übergeben mußte. Zu Beginn des 21. Jahrhundert verschärften sich sowohl die Unabhängigkeitsbestrebungen einzelner Inseln als auch die politisch-religiösen Auseinandersetzungen innerhalb des Vielvölkerstaates.

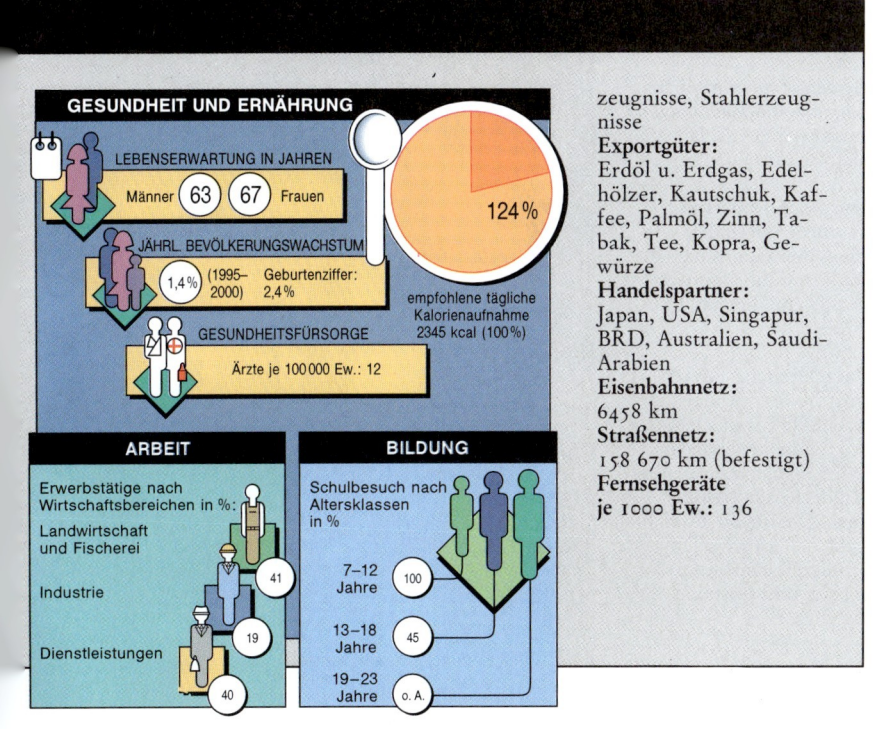

**GESUNDHEIT UND ERNÄHRUNG**

LEBENSERWARTUNG IN JAHREN: Männer 63, Frauen 67

JÄHRL. BEVÖLKERUNGSWACHSTUM: 1,4% (1995–2000), Geburtenziffer: 2,4%

GESUNDHEITSFÜRSORGE: Ärzte je 100 000 Ew.: 12

124% empfohlene tägliche Kalorienaufnahme 2345 kcal (100%)

**ARBEIT** – Erwerbstätige nach Wirtschaftsbereichen in %:
- Landwirtschaft und Fischerei: 41
- Industrie: 19
- Dienstleistungen: 40

**BILDUNG** – Schulbesuch nach Altersklassen in %:
- 7–12 Jahre: 100
- 13–18 Jahre: 45
- 19–23 Jahre: o. A.

zeugnisse, Stahlerzeugnisse

**Exportgüter:** Erdöl u. Erdgas, Edelhölzer, Kautschuk, Kaffee, Palmöl, Zinn, Tabak, Tee, Kopra, Gewürze

**Handelspartner:** Japan, USA, Singapur, BRD, Australien, Saudi-Arabien

**Eisenbahnnetz:** 6458 km

**Straßennetz:** 158 670 km (befestigt)

**Fernsehgeräte je 1000 Ew.:** 136

# INDONESIEN: DIE MENSCHEN

Die indonesische Bevölkerung setzt sich aus vielen unterschiedlichen Volksgruppen zusammen. Sie besteht größtenteils aus Indonesiern – Javanen, Sundanesen, Maduresen, Balinesen u. a. – sowie aus einigen malaiischen und weddiden Urvölkern sowie Chinesen, Indern und Weißen. Der überwiegende Teil der Indonesier sind Moslems. Buddhisten, Christen und Hindus bilden religiöse Minderheiten.

### Eine ungleiche Bevölkerungsverteilung

Indonesiens Bevölkerung wächst jährlich um 1,9 %, was bei der nach wie vor hauptsächlich agrarisch strukturierten Wirtschaft schon schwierig genug wäre. Doch die Mehrzahl der Menschen drängt sich auf den Inseln Java, Madura und Bali zusammen, die aber nur etwa 8 % der Landfläche ausmachen. Auf diesen Inseln beträgt die Siedlungsdichte über 400, auf Java sogar über 600 Menschen je km². Auf den äußeren Inseln jedoch sind es durchschnittlich weit unter 100: auf Sumatra beispielsweise 38 Menschen je km², in der Provinz Ostkalimantan nur 6.

Schon zur niederländischen Kolonialzeit wurde mit der behördlich angeordneten Umsiedlung begonnen. Die Regierung unter dem früheren Präsident Suharto (* 1921) hatte diese Transmigration (»Transmigrasi«) zum nationalen Programm erhoben und forciert. Folgt man den offiziellen Daten, so sind seit Mitte der 60er Jahre nur etwa vier Millionen Menschen umgesiedelt worden, was nicht einmal die Zuwanderung von den äußeren Inseln nach Java ausgleicht, geschweige denn den Geburtenüberschuß auffängt. Die Umsiedlungspolitik ist sehr umstritten, weil die Bewohner der äußeren Inseln eine Javanisierung ihrer Lebensweise befürchten. Außerdem kommt Kritik von Umweltschutzorganisationen, die in der rigorosen Urbarmachung bislang noch relativ unberührter Regionen tropischen Regenwaldes eine weitere Zerstörung dieses für den gesamten Naturhaushalt Indonesiens lebenswichtigen Raumes sehen. Die ungleiche Bevölkerungsverteilung auf dem Archipel ist die Folge natürlicher Gegebenheiten. Der auf den fruchtbaren vulkanischen Böden Javas und Balis betriebene intensive Anbau von Naßreis läßt sich nicht auf die gerodeten Waldflächen der äußeren Inseln übertragen, deren Böden schnell auslaugen, erodieren und somit unfruchtbar werden.

Um dem Bevölkerungsdruck entgegenzuwirken, wird für die Zwei-Kinder-Familie geworben. Eine der populärsten Abkürzungen der nationalen Sprache »Bahasa Indonesia« heißt »KB« für »Keluarga Berencana«, Familienplanung. Noch gilt auch in Indonesien: Je ärmer die Menschen, desto größer der Kindersegen. Daher ist die Akzeptanz dieser Aktion je nach sozialem Milieu sehr unterschiedlich.

Die Verstädterung ist vor allem in Jakarta überwältigend. 1945 lebten dort 600 000 Menschen, fünf Jahrzehnte danach sind es mehr als neun Millionen (Ballungsraum: 11,5 Millio-

**Moslems** *(oben)* machen fast 30 % der indonesischen Bevölkerung aus. Der islamische Glaube verbreitete sich seit dem 14. Jahrhundert. Er wurde durch den Herrscher von Malakka, der im 15. Jahrhundert zum Islam übertrat, forciert.

**Das malerische Toraja-Dorf** *(rechts)* auf der Insel Sulawesi (Celebes) ist Heimat für eine der vielen kleinen ethnischen Minderheiten Indonesiens. Die für die Insel typischen kunstvollen Schnitzereien zieren Häuser und Getreidespeicher.

# INDONESIEN

nen). Zur Jahrtausendwende sollte nach den Hochrechnungen der Vereinten Nationen die 15. Million überschritten werden. Damit bietet Jakarta ein eindrucksvolles Beispiel für die städtische Explosion in einem Entwicklungsland. Längst haben die Behörden einen Zuzugstopp für Jakarta verhängt und immer wieder werden gewaltsam Slumviertel aufgelöst. Doch damit lassen sich die Probleme nicht beheben. Die regionalen Planungsbehörden haben den Großraum Jakarta bereits mit einem Akronym aus den Anfangsbuchstaben der umliegenden Städte benannt: JABOTABEK für Jakarta, Bogor, Tangerang, Bekasi, die zusammengewachsen sind und in ihrem Einzugsbereich mehr als elf Millionen Menschen zählen. Eine ähnlich rasante Entwicklung haben auch die anderen Großstädte auf Java zu verzeichnen: Bandung, Yogyakarta, Surabaya ebenso wie Medan und Padang auf Sumatra und Ujung Pandang im Süden Sulawesis (Celebes). Das am westlichen Vorbild orientierte Leben in den urbanen Zentren hat entscheidend zu einem Wertewandel beigetragen, der seit der Unabhängigkeit und dem wirtschaftlichen Aufschwung eingesetzt hat.

Die städtische Sogwirkung trägt zu Wandlungsprozessen in den von vielfältigen kulturellen Eigenheiten geprägten Volksgruppen bei. Der Familienzusammenhalt spielt zwar noch immer eine wichtige Rolle, beginnt aber lockerer zu werden. Noch werden vor allem von der älteren Generation die alten Riten und religiös motivierten Bräuche, die Tänze und Lieder gepflegt, die in den Weiten der Inselwelt so vielfarbig sind. Doch das Lokalkolorit schwindet mehr und mehr. In den touristischen Zentren verkommt es zu Folklore, die nicht gelebt, sondern vorgeführt wird. Eine gesamtindonesische Kultur mit der Dominanz der großen Volksgruppen zeichnet sich ab. Für zahlreiche Minoritäten heißt dies, sich anzupassen oder zu verkümmern, was – gemessen an den regionalen Traditionen – im Endeffekt auf dasselbe hinausläuft. Besonders gefährdet in ihrem Selbstverständnis sind die Eingeborenen Irian Jayas, die Dayak-Völker auf Kalimantan und die Sakuddei auf den Mentawai-Inseln. Die Problematik des Vielvölkergemisches äußerte sich Ende des 20. Jh. nicht nur in verstärkten Unabhängigkeitsbestrebungen von Osttimor, Irian Jaya und der rohstoffreichen Provinz Aceh, sondern auch in religiös und sozial motivierten blutigen Konflikten auf den Molukken und auf Kalimantan.

**Die Indonesische Reistafel** *(oben)* ist ein opulentes Mahl aus bis zu hundert kleinen Gängen, zu der Schüsselchen mit gegrilltem Lammfleisch, Hühnerfleisch, Eiern und Fisch, aber auch Schälchen mit Gemüse und Früchten serviert werden.

**Die Balinesen** *(links)* haben eine reiche Kultur. Sie sind berühmt für ihre Religion und ihre alten magischen Rituale, die seit der Zeit bestehen, als die Islamisierung Priester und Gelehrte zwang, von Java hierher zu fliehen.

**Die Bevölkerungsdichte** *(unten)* ist von Insel zu Insel unterschiedlich. Die zentralen Teile des Landes, wie Java, Madura und Sumatra, sind dicht besiedelt, wohingegen Kalimantan und Neuguinea fast menschenleer sind.

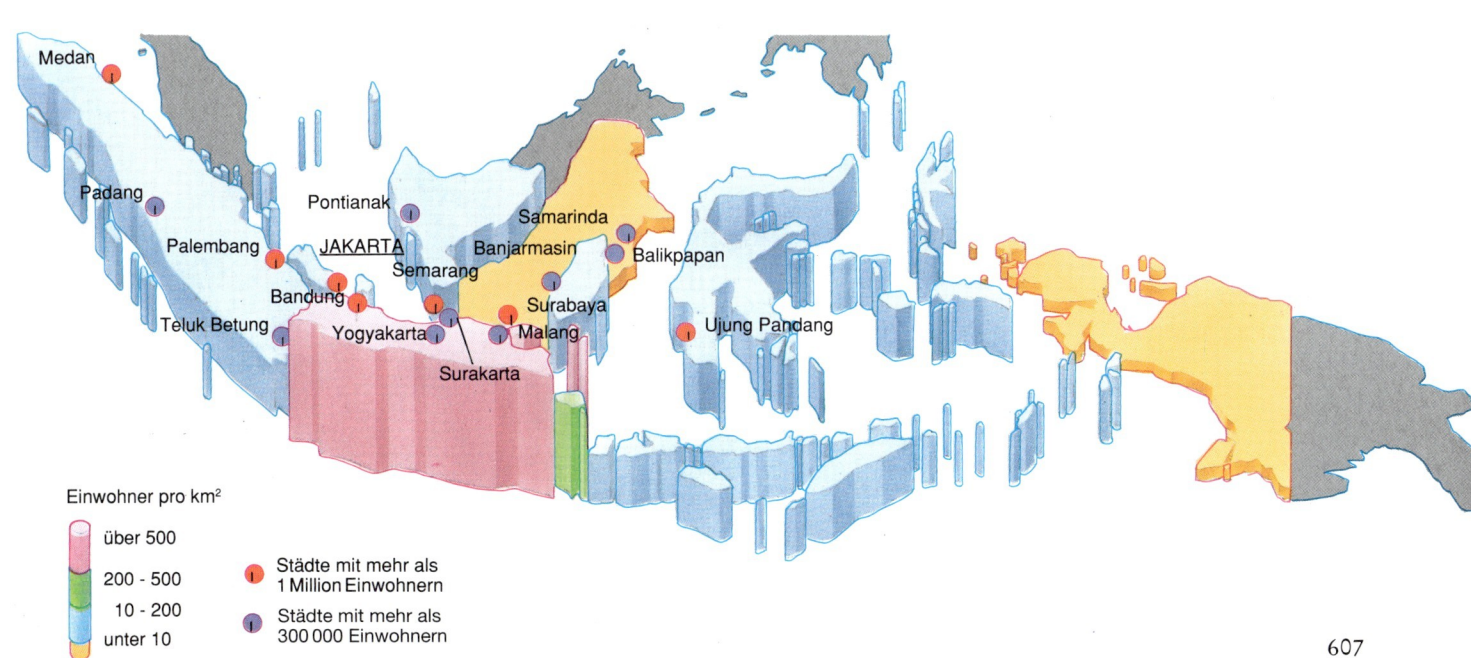

# INDONESIEN: KULTURELLES ERBE

Das moderne kulturelle Leben auf Java und Bali ist das Ergebnis vieler Einflüsse, die über Tausende von Jahren hinweg auf die Inseln eingewirkt haben. Jede neue Völkerwanderung fügte eine neue kulturelle Schicht hinzu, manchmal alte Traditionen überlagernd, sie jedoch meistens aufnehmend und mit dem neuen vermischend. Als Folge davon gibt es auf den Inseln heute eine ungewöhnliche Verschmelzung vielfältigen Brauchtums und verschiedener Kulturen.

Indonesien liegt am Kreuzungspunkt der großen Seewege, die über 2000 Jahre lang von Reisenden und Händlern befahren wurden. Die lange Verbindung mit Menschen aus China, Indien und der Arabischen Welt sowie die spätere Anwesenheit der Europäer bewirkte, daß eine Folge verschiedener kultureller Einflüsse die Inseln prägten. Besonders nachhaltig haben die buddhistische, hinduistische und islamische Religion Verhalten, Gewohnheiten und künstlerisches Schaffen beeinflußt.

### Frühe Kulturen

Vor ca. 3000 Jahren wanderten die Vorfahren der heutigen Indonesier aus Südchina und Südostasien ein. Diese frühen Bewohner von Java und Bali entfalteten eine hochentwickelte Zivilisation, die auf dem Ackerbaugesetz (»adat«) von Java basierte, von dem viele Elemente noch heute erhalten sind. Zusätzlich entstand in dieser frühen javanischen Kultur der Glaube an die Beseeltheit der Natur und an die Existenz von Geistern. Die Javaner glaubten, daß es wichtig sei, mit der sie umgebenden Welt in Harmonie und Frieden zu leben. Buddhistische und hinduistische Kulturen wetteiferten um die Vormachtstellung, bestanden aber oftmals auch nebeneinander. Das letzte große javanische Königreich mit einem starken hinduistischen Einfluß beherrschte Java und Bali vom 15. bis zum 18. Jahrhundert. Bedeutendstes Bauwerk der buddhistischen Zeit ist Borobudur, eine javanische Kultstätte des 8./9. Jahrhunderts, aus der Zeit der Shailendra-Dynastie. Die Tempelanlage ist als abgestumpfte Pyramide mit neun Terrassen gestaltet. Sie gipfelt in einem Stupa inmitten von 72 kleineren Stupas.

### Der Einfluß des Islam

Durch den Islam wurde der kulturellen Verschmelzung, die auf den Hauptinseln von Indonesien bereits bestand, eine weitere Schicht hinzugefügt. Wieder einmal war es der Handel, der es dem Islam ermöglichte, mit Kaufleuten aus dem indischen Gujarat in das Land Einzug zu halten. Diese Kaufleute waren vermutlich die ersten Moslems, die nach Indonesien kamen. Der Islam hatte jedoch vorerst keinen großen Einfluß auf die Menschen auf Java und noch weniger auf Bali. Sogar als der Islam Wurzeln schlug, war er oft noch mit früheren kulturellen Traditionen vermischt.

Heute ist Indonesien mit 175 Millionen Moslems das größte islamische Land der Welt, das heißt, daß hier mehr Moslems leben als in irgendeinem anderen Land; dennoch wird es selten als islamische Nation angesehen.

Auf Java stellen sich gesellschaftliche Gewohnheiten und Kultur dem Außenstehenden als verwirrende Mischung aus Traditionen und Widersprüchen dar. Elemente von Mystizismus und Hingabe sind immer noch reichlich vorhanden, was Moslems aus anderen Teilen der Welt nicht verstehen oder gar tolerieren würden. Auf Bali, wo die meisten Bewohner dem Hinduismus angehören, gehören zu gesellschaftlichen Zusammentreffen und Festen viele Zeremonien, die wiederum indische Hindus höchst seltsam finden würden.

Das traditionelle Wayang-Stabpuppen- oder Schattenspiel ist typisch für die Kultur auf Java und Bali. In diesen Aufführungen erscheinen Figuren und Geschichten aus den vielen kultu-

**Der Legong-Tanz** *(rechts)* erzählt die Geschichte des Königs Lassem und der Prinzessin Langkasari. Die Tänzerinnen tragen kostbare Goldbrokatgewänder.

**Musik** *(unten)* spielt eine bedeutende Rolle in der indonesischen Kultur. Das berühmte Gamelanorchester besteht aus abgestimmten Schlaginstrumenten, die einen volltönenden Klang hervorbringen. Mit Gamelanmusik werden Tänze und Schattenspiele (Wayang) begleitet.

**Das Gesicht eines Tänzers** *(oben)* wird durch eine besonders furchterregende Maske verdeckt. In vielen dieser Tänze werden Dämonen und Tiere dargestellt.

**Traditionsreiche feierliche Umzüge** *(rechts)* finden überall in Indonesien statt. Alle Mitglieder einer Familie helfen, die phantasievollen Podeste zu tragen.

INDONESIEN

rellen Vermächtnissen der Inseln, und sowohl moslemische Javaner als auch hinduistische Balinesen identifizieren sich mit den Charakteren aus Volkserzählungen und Heldengedichten, die ständig verändert und verfeinert werden.

Eine andere Kunstform auf den Inseln Java und Bali ist das Gamelanorchester, das hauptsächlich aus Trommeln und gongähnlichen Instrumenten aus Metall und Bambus besteht. Die Bedeutung von Gamelan kann aus der Tatsache ersehen werden, daß das Wort »Gong« eines der wenigen javanischen Wörter ist, das in die englische Sprache aufgenommen wurde. Die anmutigen Tänze werden von Gamelanorchestern begleitet.

Auch im persönlichen Verhalten und in gesellschaftlichen Bräuchen drückt sich die Verschmelzung der Kulturen aus. Islamische Formalität und Höflichkeit verbinden sich mit der althergebrachten javanischen Sehnsucht nach Harmonie, nach guten Beziehungen mit der Außenwelt und den Mitmenschen. Es wird als höchst unhöflich angesehen, die Stimme zu erheben oder die Geduld zu verlieren. Das zu tun, bedeutet auch den Verlust von innerer persönlicher Harmonie und Ausgeglichenheit.

# INDONESIEN: LANDESNATUR

Indonesien vereint nahezu alle Landschaftstypen der Erde in kontrastreicher Vielfalt: Fruchtbares Schwemmland entlang der Flüsse auf Sumatra, üppiggrüne Reisfelder und malerische Reisterrassen auf Java bzw. Bali, savannenähnliche Trockengebiete auf Timor, tropische Regenwälder auf Kalimantan (Borneo), schneebedeckte Berge in Irian Jaya, Palmenstrände auf Bali und im gesamten Archipel Vulkane, die an die Entstehungsgeschichte der Inselwelt erinnern. Erst in der mittleren Steinzeit, also vor nicht mehr als 10 000 Jahren, bildete sich der Archipel in den Umrissen heraus, wie er auf heutigen Landkarten zu sehen ist. Vorausgegangen war ein über Millionen von Jahren währender geologischer Prozeß. Was einmal eine Landverbindung zwischen den Großräumen Asien und Australien war, löste sich in ein eigenständiges Inselreich auf.

Die Indonesier haben sich auf einer brüchigen Nahtstelle der Erde angesiedelt. Zwischen Birma und Neuguinea durchzieht eine Vulkankette den indonesischen Archipel, bestehend aus 300 »Feuerbergen« (»Gunung Api«, wie sie in indonesischer Sprache heißen), von denen etwa die Hälfte während der vergangenen 150 Jahre ausgebrochen ist. Besonders der Krakatau, in der Sundastraße zwischen Java und Sumatra, kam zu trauriger Berühmtheit. Seine Eruption im August 1883 kostete mehr als 36 000 Menschen das Leben und richtete schwere Verwüstungen an. Die durch den Ausbruch verursachte Rauchentwicklung konnte rund um den Globus beobachtet werden. Heute gelten in Indonesien über siebzig Vulkane als aktiv. Damit ist ein Drittel aller Vulkane der Erde auf indonesischem Gebiet zu orten. Zu den höchsten Vulkanen gehören der Kerinci auf Sumatra (3805 m), der Rinjani auf Lombok (3726 m) und der Semeru auf Java (3676 m). Die meisten Inseln werden von Gebirgen durchzogen, die sich vor allem an deren Südrand gegen den Indischen Ozean erheben. An den südlichen Küsten fällt der Meeresboden bis zu 7450 m ab.

Das Staatsgebiet Indonesiens erstreckt sich über 7 Millionen km² und ist damit fast so groß wie Australien. Die Landfläche macht allerdings nur knapp 2 Millionen km² aus. Gemessen daran ist Indonesien der fünftgrößte Staat Asiens (ohne Rußland). Indonesien hat wegen seiner enormen Ost-West-Ausdehnung drei Zeitzonen mit jeweils einer Stunde Unterschied.

Klimatisch wird Indonesien von zwei Monsunzeiten geprägt, der sogenannten trockenen zwischen Juni und September mit Winden aus südöstlicher Richtung und der feuchten zwischen Oktober und April mit Winden aus Nordwest bzw. Nordost. Auch die Regenperiode ist nicht von Dauergüssen gekennzeichnet, sondern von abwechslungsreichem Wetter mit plötzlichen Schauern, zumeist in der zweiten Tageshälfte. Heiß und schwül ist es das ganze Jahr über. Deutliche Temperaturunterschiede sind durch die Höhenlage bedingt. Der Osten Indonesiens hat eine ausgeprägte Trockenzeit zwischen Juni und September. In den Niederungen schwankt die Tagestemperatur zwischen 25 und 35 °C. Die Luftfeuchtigkeit liegt bei 80 %, kann aber auch über 90 % erreichen.

### Fruchtbare vulkanische Böden

Bodenbeschaffenheit und regionale Lage gestalten das Landschaftsbild und die Möglichkeiten wirtschaftlicher Nutzung durch den Menschen sehr unterschiedlich. Ohne die fruchtbaren Lavaböden als Folge ungezählter Vulkanausbrüche hätte sich niemals die Kultur des Naßreisanbaus entwickeln können, der vor allem auf Java und Bali große Bedeutung zukommt. Ein Viertel der javanischen Oberfläche besteht aus vulkanischem Material. Tropische Regenwälder, die in früheren Jahrhunderten weite Teile der Inseln bedeckten, sind nur noch in Irian Jaya, auf Sumatra und auf Kalimantan zu finden. Doch durch Abholzung und Brandrodung werden auch diese Waldbestände weiter reduziert. Ökologen befürchten eine Klimaveränderung und die landschaftliche Verödung mit irreparablen Schäden.

Nur auf Kalimantan und im südlichen Sumatra gibt es wasserreiche Flüsse, die auch für den Transport eine wichtige Rolle spielen. Ansonsten haben Wasserläufe nur eine lokale Bedeutung und dienen der Trinkwasserversorgung. Im Norden Sumatras liegt der größte Binnensee Indonesiens, der Tobasee.

**Der Tobasee** (oben) ist die größte Caldera, ein wassergefüllter Vulkankrater, der Welt. Seine langgestreckte Form entstand durch geologische Bewegungen. Durch Vulkantätigkeiten entstand auch die mitten im See liegende Insel Samosir.

**Balis berühmte Reisterrassen** (rechts) lassen die Landwirtschaft nach Gartenarbeit und Bergsteigen aussehen. Die Fruchtbarkeit des Landes sowie eine kluge Bewirtschaftung erlauben es den Bauern, bis zu drei Reisernten im Jahr einzuholen.

# INDONESIEN

## Flora und Fauna

Indonesien weist eine unerhört vielfältige Vegetation auf, wobei die Mehrzahl der registrierten 40 000 Pflanzenarten im tropischen Regenwald zu finden ist. Allein die Zahl der Orchideenarten wird mit mehr als 2500 angegeben. Hunderte verschiedener Früchte, die es zum Teil nur in Indonesien gibt, tragen wesentlich zur Ernährung bei.

Schon die ersten Siedler haben Reis, Ananas und Bananen kultiviert. Der Reichtum an Gewürzen wie etwa Pfeffer, Nelken, Zimt und Muskat lockte einst die Europäer an. Sie begründeten auch die Plantagenwirtschaft für Tabak, Tee, Kaffee und Kautschuk (vor allem im nordöstlichen Sumatra) sowie die Anlage ausgedehnter Zuckerrohrfelder (vor allem auf Java). Darüber hinaus sind Bambus und Palmen unentbehrliche Nutzpflanzen.

Die ursprünglich reiche Tierwelt ist durch die immer weitere Ausdehnung menschlicher Siedlungen und Ausbeutung natürlicher Ressourcen stark vermindert worden. Viele Tierarten sind ausgestorben, bedroht oder nur noch in wenigen Exemplaren anzutreffen. Dazu gehören Tiger, Elefanten, Panther, Wildschweine und Krokodile. Streng geschützt sind Orang-Utans, die ihre Heimat auf Kalimantan und Sumatra haben. In Reservaten leben die Panzernashörner Javas. Als ein letzter Überlebender prähistorischer Zeit gilt der nur auf der Insel Komodo lebende Riesenwaran, der bis zu drei Meter lang werden kann.

## Der Mount Bromo

*(links)* liegt in Ostjava und ist Teil der Vulkankette, die das Rückgrat der größeren Inseln Indonesiens bildet. In der Morgendämmerung ist der eindrucksvolle Krater besonders malerisch.

**Der Ausbruch des Krakatau** *(rechts)* 1883 war eine der schlimmsten Naturkatastrophen. Als der Vulkan (A) explodierte, brach der mittlere Teil ein. Übrig blieb nur noch der kleine Gipfel (B) des Anak Krakatau.

# INDONESIEN: REGENWÄLDER IN GEFAHR

Man schätzt, daß in ganz Südostasien drei Viertel des Regenwalds im Laufe des 20. Jahrhunderts zerstört worden sind. In Indonesien sind rund 1,1 Millionen km² Regenwald, was etwa 60 % der gesamten Landesfläche entspricht. Aber Jahr für Jahr werden hier über 6000 km² Regenwald zerstört. Mit Ausnahme von Brasilien geht in Indonesien somit jedes Jahr mehr Regenwald verloren als in irgendeinem anderen Land der Welt: fast ein Zehntel des gesamten Regenwaldverlustes.

### Bevölkerungsexplosion und Holzeinschlag

Der Regenwald wird von mehreren Seiten angegriffen. Angesichts der schnell wachsenden Bevölkerung Indonesiens, die zusammengedrängt auf den Hauptinseln lebt, beschloß die Regierung, die Menschen in weniger bevölkerte, von Regenwald bedeckte Inseln umzusiedeln. Aber die Böden sind dort weit weniger fruchtbar und eignen sich kaum für einen intensiven Ackerbau, wie er auf den fruchtbaren Inseln, wie Java und Bali, betrieben werden kann. Die Bauern können nur für kurze Zeit ein Stück Land kultivieren. Wenn sie es schließlich verlassen, wird es schnell von Elefantengras (alang-alang) überwuchert, welches jede weitere Bearbeitung unmöglich macht. Solchermaßen brachliegendes Land braucht Jahrzehnte, um sich wieder zu erholen.

Der Regenwald wird ebenfalls durch kommerzielles Holzschlagen und durch die holzverarbeitende Industrie bedrängt, von der im ganzen Land errichtete Anlagen zeugen. Die Ausfuhr von Holzerzeugnissen, wie Papier und Zellstoff, ist extrem angestiegen. Komplett vorgefertigte Teakhäuser im balinesischen Stil werden nach Japan und Australien exportiert. Allerdings werden aufgrund der anhaltenden Kritik an der Ausbeutung der Wälder keine neuen Lizenzen an ausländische Investoren vergeben.

Indonesien ist auch weltweit der größte Exporteur von Furnierholz. Die Kapazität der Produktionsfabriken von Furnierholz ist seit den 80er Jahren enorm gestiegen. Neue holzverarbeitende Anlagen zur Herstellung von Holzspänen und Zellstoff sind in den 90er Jahren in Irian Jaya errichtet worden. An der Ostküste von Kalimantan (Borneo) werden sogar Mangroven aus den Sumpfgebieten gefällt, um aus ihnen Holzspäne zu machen, wodurch die Gefahr einer Küstenabtragung und Vernichtung der Fischbestände entsteht.

### Schutzmaßnahmen seitens der Regierung

Die Regierung hat Schritte unternommen, um die Auswirkungen der Holzwirtschaft zu kontrollieren und zu regulieren. 1981 wurde die Ausfuhr unbearbeiteter Baumstämme verboten; ab Mitte der 80er Jahre wurden weitergehende Maßnahmen ergriffen und Neuanpflanzungen gefördert. Besonderes Augenmerk wurde auf die Anlage von Baumkulturen für die Papier- und Zellstoffindustrie gelegt. Der Sengonbaum,

**Charakteristische Bäume des Regenwaldes** (oben) sind der Eisenholzbaum (Sloetia sideroxylon) und der Tapang (Koompassia excelsa). Man nimmt an, daß im Regenwald noch viele Pflanzen von großem medizinischem Wert entdeckt werden können.

**Der Holzeinschlag** (rechts) im tropischen Regenwald – ist eine mühselige Arbeit. Werden nur kleine Bestände gerodet, kann der Regenwald schnell von Samen benachbarter Bäume nachwachsen. Abholzungen größeren Ausmaßes schwächen den Wald für immer.

# INDONESIEN

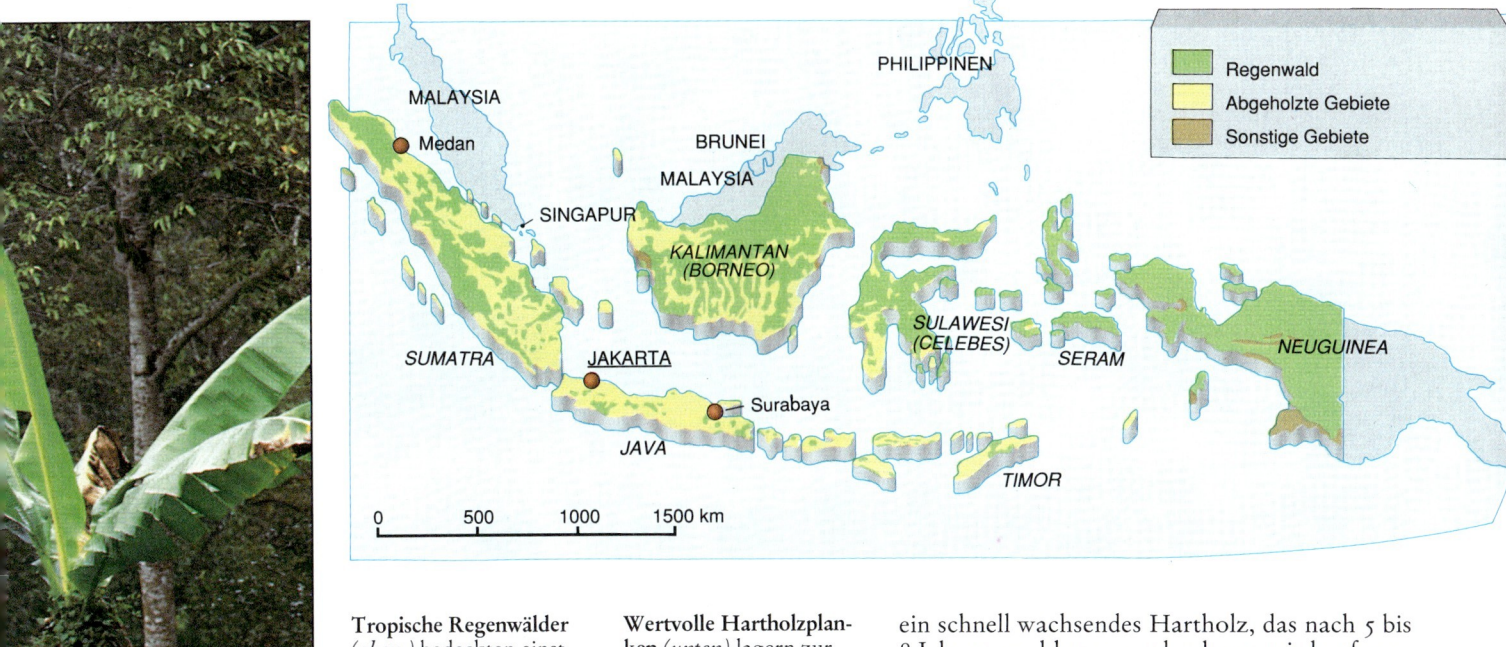

**Tropische Regenwälder** *(oben)* bedeckten einst fast alle Inseln Indonesiens. Durch Rodungen im 20. Jahrhundert wurde dieser natürliche Reichtum erheblich dezimiert. Auf der ganzen Welt sind die Regenwälder ähnlich bedroht.

**Wertvolle Hartholzplanken** *(unten)* lagern zur Verschiffung in den Kaianlagen von Jakarta. Die Einnahmen, die Indonesien durch den Export tropischer Harthölzer erzielt, sind für die Wirtschaft von entscheidender Bedeutung.

**Der Siamang** *(links)*, eine Affenart, die zur Gibbonfamilie gehört, lebt in den Wäldern von Indonesien und Malaysia. Mit seinen langen Armen schwingt er von Baumkrone zu Baumkrone. Er stößt laute Rufe aus und lebt hauptsächlich von Früchten.

ein schnell wachsendes Hartholz, das nach 5 bis 8 Jahren geschlagen werden kann, wird auf großen Teilen Javas angepflanzt. Mit Hilfe eines Aufforstungsprogramms sollen in den nächsten Jahren jährlich 15 bis 20 Millionen Sengonsämlinge neu angepflanzt werden. Man nimmt an, daß diese den Bedarf der Papier- und Zellstoffindustrie werden decken können, ohne weitere Umweltschäden in Form von Raubbau im Regenwald zu verursachen.

Trotz dieser Bemühungen herrscht noch immer große Sorge um die Zukunft von Indonesiens Regenwäldern. Das Holzschlagen wirkt sich nicht nur auf den Holzbestand aus, er verändert oder zerstört das empfindliche Gleichgewicht des Waldes durch den Bau von Straßen, die Zugang ins Waldesinnere schaffen sollen, oder durch den vermehrten Wasserabfluß in die Flüsse. In den Regenwäldern lebt eine immense Vielfalt von Tier- und Pflanzengattungen, deren Aussterben unermeßliche Schäden verursachen würde.

### Ein unwiederbringliches Ökosystem

Eine der gegenwärtig wichtigsten Aufgaben ist die Erstellung einer Studie, die Auskunft über Bestand und Gefährdung der Tier- und Pflanzenarten gibt. Medizinische Forscher und pharmazeutische Unternehmen möchten den tropischen Regenwald in unberührtem Zustand erhalten, da sie davon überzeugt sind, daß viele wichtige und sogar lebensrettende Arzneimittel aus der natürlichen Flora hergestellt werden können.

Artenverlust, Umsiedlung der Waldbewohner, Bodenerosion: all dies geschieht in Indonesien bereits als Folge der Abholzung des Regenwaldes. Die 1997 über weite Teile des Landes treibende Rauchdecke, die durch Waldbrände und Auto- und Industrieabgase entstanden war, machte Indonesiens Umweltprobleme überdeutlich.

# INDONESIEN: WIRTSCHAFT

Noch Anfang der 80er Jahre mußte Indonesien große Mengen an Reis importieren, um die eigene Bevölkerung ernähren zu können. Im Jahre 1985 quollen erstmals die Lagerhäuser mit Reis von indonesischen Feldern über. Aus dem größten Importeur der Welt war ein Selbstversorger geworden. Die indonesische Reislücke, jahrzehntelang ein Politikum ersten Ranges, scheint jetzt bis auf weiteres geschlossen zu sein. Reis ist das Grundnahrungsmittel. Die meisten Indonesier decken ihren Kalorienbedarf zu 60 bis 80 % damit.

## Land- und Forstwirtschaft

Die Landwirtschaft hat jedoch auch ihre Schattenseite. Die stetig wachsende Zahl der Menschen zwingt dazu, das vererbbare Land weiter aufzuteilen. Die kleinbäuerlichen Betriebe machen das Gros der Erzeuger auf Java, Bali und Sumatra aus. Die meisten besitzen kaum einen Hektar Boden. Landverkäufe sind häufig die einzige Rettung, um den unerträglich gewordenen Schuldenberg abzutragen. Heute verfügen daher 40 % der Dorfbevölkerung nicht mehr über eigenes Land. Die Zahl der selbständigen Betriebe geht immer weiter zurück und die Masse der Tagelöhner steigt an. Aus ihren Kreisen rekrutieren sich die Abwanderer in die Städte.

Eine andere Form landwirtschaftlicher Produktion ist der Plantagenanbau. Er geht auf die Kolonialzeit zurück und begann mit Tabak. 1863 wurden im Nordosten Sumatras die ersten Versuche gemacht, diese Genußmittelpflanze anzubauen. Es war der Anfang einer breitangelegten Plantagenwirtschaft, die später auch Kaffee und Kautschuk zum einträglichen Geschäft kultivierte. Heute werden die Plantagen in staatlicher Regie oder als Joint Venture mit ausländischem Kapital betrieben, nun um Kakaobäume und Ölpalmen erweitert. Neben den Großbetrieben arbeiten Hunderttausende von Kleinbauern auf eigenen Parzellen als Zulieferer vor allem in der Kaffeeproduktion.

Für die Mehrzahl der auf dem Lande lebenden Bevölkerung ist der Anbau von Obst und Gemüse sowie die Kleintierhaltung ein wesentlicher Teil der Selbstversorgung. Der Anteil der Landwirtschaft am Bruttoinlandsprodukt beträgt etwa 18 %. Sie ist damit volkswirtschaftlich und was die damit verbundenen Arbeitsplätze (46 %) betrifft nach wie vor von großer Bedeutung.

Die Forstwirtschaft ist in den vergangenen Jahren mit dem natürlichen Reichtum der Wälder sehr verschwenderisch umgegangen. Der Holzeinschlag wurde in Raubbaumanier betrieben und vornehmlich ausländischen Konzessionären übertragen. Seit den 1980er Jahren wird aber ein größerer Wert auf die Wiederaufforstung der gerodeten Flächen gelegt und der Export von Rundhölzern ist seither zugunsten der Weiterverarbeitung im eigenen Lande stark eingeschränkt worden.

**Ein balinesischer Bauer** *(oben)* treibt seine Gänse zusammen und führt sie zum Markt. Die Geflügelzucht benötigt nur wenig Platz, daher ist sie für die Bauern auf den stark übervölkerten Inseln Indonesiens gut geeignet, den Lebensunterhalt zu verdienen.

**Kokosnüsse** *(unten)* wachsen in ganz Indonesien. Ihr Fruchtfleisch ist Bestandteil vieler indonesischer Gerichte. Die Bewohner servieren oftmals das Essen auf Kokospalmenblättern, die auch zur Korbflechterei oder beim Dachbau verwendet werden.

# INDONESIEN

**Indonesiens Reisfelder** *(oben)* versorgen die stetig wachsende Bevölkerung mit dem Hauptnahrungsmittel Reis. Durch vorsichtige Verwaltung des Wasservorrates können die fruchtbarsten Felder bis zu drei Ernten im Jahr hervorbringen.

**Holzschnitzer** *(links)* ruhen sich aus, nachdem sie die Arbeiten an einer kunstvollen Holztafel beendet haben; indonesische Harthölzer sind dafür ein ideales Material. Aber der Raubbau an den Wäldern hat den Bestand auf bedenkliche Weise reduziert.

## Bodenschätze und Industrie

Was immer an wirtschaftlichem und technologischem Aufschwung seit den 60er Jahren möglich war, ist dem Erdöl- und Erdgasexport zu verdanken. Bereits vor dem Zweiten Weltkrieg wurden in vielen Teilen des Archipels Erdöl und Erdgas gefördert, aber erst mit der Preissteigerung auf dem Weltmarkt in den 70er Jahren schlugen diese Einnahmen im Staatsetat folgenschwer zu Buche. Bis in die Mitte der 80er Jahre stammten rund zwei Drittel der Exporteinnahmen aus dem Petrogeschäft. Heute hat dieser Sektor seine herausragende Bedeutung für die wirtschaftliche Entwicklung Indonesiens verloren.

Dank seiner geologischen Beschaffenheit ist Indonesien auch reich an anderen Bodenschätzen. Niemand weiß präzise, was alles im Innern der Inseln und auf dem Grund der zum Staatsgebiet gehörenden Meere verborgen ist. Nur ein Viertel des Landes ist bisher systematisch erforscht worden. Weil die Erschließung neuer Rohstoffquellen die finanziellen und technischen Möglichkeiten des Staates übersteigt, bemüht sich die Regierung um ausländische Investoren. Bei der Zinn- und Nickelgewinnung nimmt Indonesien im Weltvergleich eine führende Rolle ein. Weitere wichtige Bodenschätze, die in wirtschaftlich bedeutenden Mengen abgebaut werden, sind Bauxit, Kupfer, Eisensande, Manganerz, Silber und Gold. Doch mit sinkenden Preisen für Erdöl und Erdgas und andere Rohstoffe auf dem Weltmarkt hat Indonesien Ende der 80er Jahre eine Vielzahl ambitionierter Großprojekte im Bereich von Infrastruktur und Industrialisierung streichen oder kürzen müssen. Die Parole hieß zunächst: Stärkung anderer Sektoren, nämlich Weiterverarbeitung landwirtschaftlicher Produkte sowie Herstellung von Textilien. Erdöl und Erdgas spielen zwar noch immer eine wichtige Rolle, doch deren Anteil ist in der Exportbilanz stark geschrumpft. Insgesamt machen die Erdöl- und Erdgaseinnahmen nur noch einen Anteil von 15 % aus, während sie in den 80er Jahren noch bis zu 70 % eingebracht hatten.

Nach jahrelangen Bemühungen hat Indonesien mittlerweile den Wandel von einer staatlich kontrollierten, vom Rohstoffexport abhängigen Volkswirtschaft zu einer modernen, privatwirtschaftlich dominierten Industriewirtschaft vollzogen. Der Anteil der verarbeitenden Industrie am Bruttoinlandprodukts hat sich von 8 % Anfang der 70er Jahre auf rund 24 % Ende der 90er Jahre erhöht. Der Wirtschaftsbereich bietet etwa 10 % der Erwerbstätigen Arbeit. Allerdings ging die industrielle Produktion im Zuge der Asienkrise ab 1997 zurück, so daß viele Branchen stark gefährdet waren. Vier Fünftel aller Industriebetriebe liegen auf Java. Dabei reicht die Spanne von der kleingewerblichen Produktion über moderne Düngemittelfabriken bis zur Konstruktion von Hubschraubern und Flugzeugen.

# IRAK

Der Irak ist eines der ältesten Siedlungsgebiete der Menschheit und war schon im Altertum eine Brücke zwischen Europa und Asien. Das eigentliche Geheimnis für die hier seit Jahrtausenden immer wieder entstehenden Hochkulturen sind die Flüsse Euphrat und Tigris, die wie Lebensadern das Land durchziehen und dem Irak auch den Namen Zweistromland gaben. Euphrat und Tigris bilden auch heute noch die Grundlage für die Entwicklung des Iraks. Die von den beiden Strömen eingeschlossenen Gebiete umfassen das alte Mesopotamien, das in der Antike Kernland mehrerer Großreiche war.

Erdölfunde zu Beginn dieses Jahrhunderts haben bedeutende Veränderungen eingeleitet und den Irak zu einem bedeutenden Wirtschafts- und politischen Faktor der arabischen Welt gemacht. Der Irak hat nicht nur Wasser, sondern mit über 22 Millionen Bewohnern auch das Bevölkerungspotential, um Landwirtschaft und Industrie aufbauen zu können; große Erdölvorkommen könnten auch langfristig genug Einnahmen zur Finanzierung der ökonomischen Entwicklung bringen.

Dabei ist das Erdöl Segen und Fluch zugleich. Denn die Petrodollars wurden nicht nur zum Kauf von Maschinen und Rohstoffen, sondern auch zur Anschaffung eines großen Waffenarsenals genutzt. Im September 1980 marschierten irakische Truppen nach Iran ein. Acht Jahre Kämpfe im sogenannten ersten Golfkrieg führten zu einem Rückschlag in den Bemühungen, Wirtschaft und Gesellschaft zu modernisieren. Zur Beseitigung der kriegsbedingten Schulden besetzte der Irak im August 1990 das reiche Emirat Kuwait, was zu einer Niederlage des Irak gegen eine internationale militärische Allianz unter Führung der USA führte.

Schon im 4. Jahrtausend v. Chr. wurde Mesopotamien von den Sumerern besiedelt, deren kulturhistorisch herausragende Leistung die Erfindung der Keilschrift war. Zwar haben in diesem Gebiet schon in der Altsteinzeit – also vor 100 000 Jahren – Menschen gelebt, aber die den Sumerern folgenden und für die Menschheitsgeschichte bedeutenden Hochkulturen der Babylonier und Assyrer hatten ihre Blüte in den zwei Jahrtausenden vor Christi Geburt.

Babylon, die Hauptstadt des Babylonischen Reiches mit den in der Antike zu den sieben Weltwundern gezählten »hängenden Gärten«, lag hundert Kilometer südlich von Bagdad und war ein Zentrum der Wissenschaft, in dem Architektur, Bildhauerei, Mathematik und Geometrie aufblühten. Lag Babylon südlich von Bagdad, so war der nördliche Teil Mesopotamiens das Kerngebiet der Assyrer mit den meisterlich erbauten Städten Assur, Ninive und Nimrud.

In den Jahrhunderten vor und nach Christi Geburt drängten zuerst die Griechen und später die Römer die mesopotamischen Hochkulturen zurück. Alexander der Große (356–323 v. Chr.) starb sogar in Babylon. Nach wechselvoller

# IRAK

Herrschaft – die Parther seit 141 v. Chr., die persischen Sassaniden seit 226 v. Chr. – gelang es den Arabern zwischen 635 und 642, das Reich zu erobern. Bagdad wurde im 8. Jahrhundert zur Hauptstadt des jungen islamischen Weltreiches. Während der Herrschaft des Abbasidenkalifen Harun al-Rashid (763 oder 766–809) fand das Zweistromland zu einer neuen Hochblüte von Wissenschaft und Kultur. Die Herrschaft der Abbasiden fand ihr Ende mit der Eroberung und Zerstörung Bagdads durch die Mongolen im 13. Jahrhundert. 400 Jahre später wurde Mesopotamien von den Türken erobert.

Der moderne Irak hat eine kurze, aber ebenfalls wechselvolle Geschichte. Nach dem Zerfall des Osmanischen Reiches Ende des Ersten Weltkrieges entstand unter britischer Bevormundung 1921 ein irakisches Königreich, das 1932 selbständig wurde.

1958 stürzten nationalistische Offiziere König Faisal II. (1935–1958) und ergriffen die Macht. Sie verkündeten eine Bodenreform und erließen ein Gesetz zur Gleichstellung der Frau. Die Ausrufung der Republik brachte dem Irak jedoch keine innere Ruhe, sondern leitete eine Periode von Putschen und Aufständen ein.

1968 übernahm die Baathpartei die Macht. Diese ursprünglich in Syrien gegründete Partei verfügte im Irak über eine starke Untergrundorganisation. Die Baathisten begannen mit der systematischen Modernisierung des Landes, verstaatlichten 1972 die Erdölindustrie und orientierten sich außenpolitisch am Ostblock. Ende der 70er Jahre gab es einen gewaltigen Wirtschaftsboom, der nach Ausbruch des Kriegs gegen Iran ein jähes Ende fand.

Irans Revolutionsführer Ayatollah Chomeini (1902–1989) hatte nach dem Sturz des Schah 1979 begonnen, gegen die Regierung in Bagdad zu agitieren. Nach mehreren Anschlägen proiranischer Attentäter in Bagdad und kleineren Gefechten an der Grenze marschierte die irakische Armee 1980 in Iran ein. Die historische Feindschaft zwischen dem Irak und Iran war wieder aufgebrochen. Statt des von der Führung in Bagdad erhofften schnellen militärischen Sieges erstreckten sich die Kämpfe über acht Jahre. Erst 1988 wurde ein Waffenstillstand geschlossen.

Das Abenteuer des Kuwait-Feldzugs endete zwar in einem militärischen Desaster, und das internationale Wirtschaftsembargo ließ die Zivilbevölkerung leiden; beides brachte die diktatorische Herrschaft Saddam Husseins, ab 1979 an der Spitze von Einheitspartei und Staat, zwar kurzzeitig in Bedrängnis, stürzte sie aber nicht. Zwar wurde das Land durch zwei Flugverbots- bzw. Schutzzonen faktisch in drei Teile geteilt, doch konnte Saddam Hussein sich der Kontrolle internationaler Waffeninspekteure entziehen und seine außenpolitische Bewegungsfreiheit schrittweise erweitern. Denn die arabische Welt hat kein Interesse an einer dauerhaften Schwächung des Iraks.

# IRAK: DER STAAT

Auf allen Plätzen Bagdads stehen Statuen oder hängen Porträts des irakischen Präsidenten Saddam Hussein. Der im Jahr 1937 geborene Bauernsohn aus Takrit am Tigris ist allmächtig und nicht nur Staats-, Regierungs- und Parteichef, sondern auch Oberkommandierender der Streitkräfte. Hussein stützt sich bei seiner Herrschaft auf die Baathpartei und die Geheimdienste, vor allem aber auf seinen Familienclan, und regiert das Land diktatorisch. Er hat seinen Weg zur Alleinherrschaft durch die Ausschaltung von Konkurrenten in den Reihen der Partei geebnet.

Nach der Verfassung ist der Irak eine Republik, in der alle vier Jahre Parlamentswahlen stattfinden. Aber die Nationalrat genannte Volksvertretung wird von der Baathpartei beherrscht, da Oppositionsparteien in Irak verboten sind. 1989 und 1996 standen zwar parteilose Kandidaten zur Wahl, oppositionelle Politiker blieben aber ausgeschlossen.

Die Ideologie der Baathpartei besteht aus einer Mischung von Sozialismus und arabischem Nationalismus und dominiert das gesellschaftliche Leben. Der Anspruch der Partei, die arabische Welt zu einigen, ist in den vergangenen Jahren verblaßt. Zu der in Syrien ebenfalls herrschenden Baathpartei besteht eine große Feindschaft und die Baathisten in anderen arabischen Ländern werden nicht mehr wie früher unterstützt.

Die Baathideologie wird jedoch mit einem gewaltigen Erziehungsapparat in der Bevölkerung verfestigt und vom Kindergarten bis zum Universitätsseminar gelehrt. Hatte der schnelle Ausbau des Schul- und Universitätssystems auch machtpolitische Motive, so wurde mit den Bildungsanstrengungen innerhalb kurzer Zeit auch das Analphabetentum entscheidend zurückgedrängt und eine große Zahl von Studenten auf die Arbeit in Führungsstellungen in Wirtschaft und Verwaltung vorbereitet.

Ein großer Teil dieser neuen Elite stammt aus Familien, die erst vor wenigen Jahren vom Lande in die Stadt abgewandert sind. Diese starke Wanderungsbewegung hat dramatische Veränderungen der alten Familienstrukturen ausgelöst und die Bedeutung der traditionellen Großfamilie entscheidend geschwächt. Wie in Europa leben die Menschen heute überwiegend in Kleinfamilien.

Allerdings vollzog sich die gesellschaftliche Entwicklung unter weitgehender Abschirmung nach außen. Anders als in vielen Ländern der arabischen Welt kann man in Irak nur selten ausländische Zeitungen oder Bücher kaufen.

Diese Veränderungen werden von der Baathpartei gezielt gefördert. Fundamentalistische islamische Untergrundgruppen haben sich dieser Entwicklung zwar widersetzt, sie wurden jedoch vom Sicherheitsapparat ausgeschaltet.

Vor dem Hintergrund zunehmender Spannungen mit Iran hatte der Irak Ende der 70er Jahre die Agitation gegen konservative Scheichs und Herrscher der arabischen Welt beendet und sich auch wieder stärker dem Westen genähert. Doch schon bald sollte sich zeigen, daß diese Mäßigung nur eine taktische Maßnahme war, um im Krieg gegen Iran bestehen zu können. Saddam Hussein hatte in Wirklichkeit zu keiner Zeit den Führungsanspruch im arabischen Lager aufgegeben. Da durch den Krieg gegen Iran die Wirtschaftslage des Landes prekär geworden war, bildeten naturgemäß die Ölreichtümer der Emirate ein verlockendes Ziel für die aggressive Politik Husseins.

## Daten und Fakten

**DAS LAND**
**Offizieller Name:** Republik Irak
**Hauptstadt:** Bagdad
**Fläche:** 438 317 km²
**Landesnatur:** Im N u. NO Bergland, im W u. SW welliges Tafelland, dazwischen das Tiefland Mesopotamien
**Klima:** Subtropisches, größtenteils wüstenhaftes Klima
**Hauptflüsse:** Euphrat, Tigris, Kleiner Zab, Großer Zab
**Höchster Punkt:** Keli Haji Ibrahim 3609 m

**DER STAAT**
**Regierungsform:** Autoritäre präsidiale Republik
**Staatsoberhaupt:** Staatspräsident
**Verwaltung:** 18 Provinzen (darunter 3 autonome kurdische Provinzen)
**Parlament:** »Kommandorat der Revolution« / CCR mit 8 u. beratender Nationalrat mit 250 Mitgliedern. Eigenes Regionalparlament (Legislativrat) mit 115 Vertretern der Kurdenprovinzen.
**Nationalfeiertag:** 14. Juli

**DIE MENSCHEN**
**Einwohner (Ew.):** 22 450 000 (1999)
**Bevölkerungsdichte:** 51 Ew./km²
**Stadbevölkerung:** 77 %
**Bevölkerung unter 15 Jahren:** 41 %
**Analphabetenquote:** 43 %
**Sprache:** Arabisch
**Religion:** Moslems 97 %

**DIE WIRTSCHAFT**
**Währung:** Irak-Dinar
**Bruttoinlandsprodukt (BIP):** 11 500 Mio. US-$ (1996)
**Bruttosozialprodukt je Einwohner:** unter 3030 US-$ (1998)
**Inflationsrate:** o. A.
**Importgüter:** Maschinen u. Geräte,

# IRAK

**Irak** (*links*), die arabische Republik am inneren Ende des Persischen Golfs, hat vielfältige Landschaften. Die südlichen Regionen werden von geröllbedeckten Wüsten eingenommen, das Gebiet nördlich der Flüsse Tigris und Euphrat ist gebirgig.

**Moschee und Denkmal** (*unten*) am Platz des unbekannten Soldaten in der irakischen Hauptstadt Bagdad. Die Stadt wurde im 8. Jahrhundert gegründet und ist heute wichtigstes Verkehrs- und Industriezentrum des Landes.

## Der zweite Golfkrieg und seine Folgen

Durch die Annexion Kuwaits 1990 änderte er die politische Szenerie am Golf einmal mehr entscheidend. Der UN-Sicherheitsrat verhängte Wirtschaftssanktionen und ermächtigte eine internationale militärische Allianz unter Führung der USA zur Wiederherstellung der kuwaitischen Souveränität. Die »Operation Wüstensturm« endete mit der völligen militärischen Niederlage des Iraks. Bagdad mußte sich verpflichten, alle von der UNO beschlossenen Resolutionen (u. a. Rückzug aus Kuwait, Reparationen, Verzicht auf ABC-Waffen und Duldung von Inspektionen) zu erfüllen. Aufstände schiitischer und kurdischer Widerstandsgruppen konnte die irakische Armee gleichwohl niederschlagen. Um die Sicherheit der Kurden und Schiiten zu gewährleisten, errichteten die Alliierten im Norden und Süden des Landes Schutz- bzw. Flugverbotszonen. Die ökonomischen Probleme verstärkten sich durch anhaltende Sanktionen der UNO. Trotzdem gelang es Hussein, jegliche Opposition zu unterdrücken und seine Machtstellung im Innern zu behaupten und die außenpolitische Isolation Iraks allmählich aufzubrechen. Immer wieder versuchte er auch, die vollständige Erfüllung der UNO-Resolutionen zu hintertreiben, insbesondere in der Frage der Inspektion von Waffenarsenalen und der zahlreichen Präsidentenpaläste. Wiederholt kam es deswegen zum Streit mit den USA.

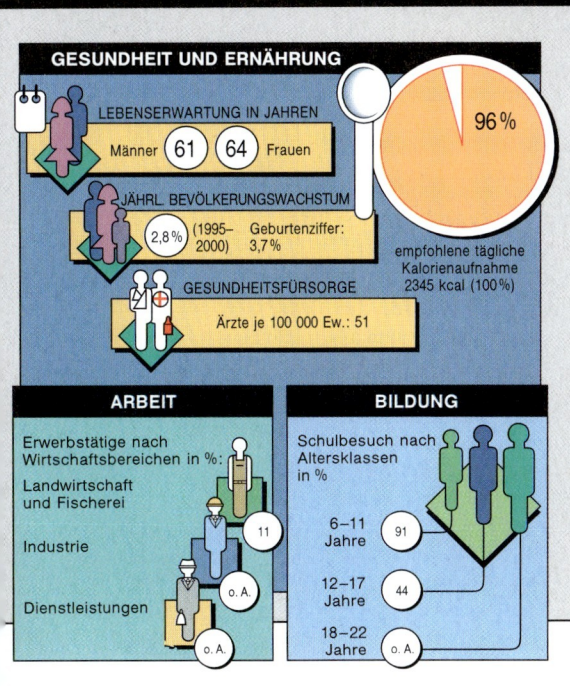

Fahrzeuge, Zucker, pharmazeutische Produkte, Tee, Nahrungsmittel
**Exportgüter:**
Erdöl (95 %), Datteln, Baumwolle, Viehzuchtprodukte, Zement
**Handelspartner:**
Rußland, Frankreich, China, Türkei, Jugoslawien
**Eisenbahnnetz:**
2032 km
**Straßennetz:**
40 700 km (befestigt)
**Fernsehgeräte je 1000 Ew.:** 83

# IRAK: MESOPOTAMIEN

Mesopotamien (griechisch »Land zwischen den Strömen«), die Großlandschaft zwischen den gewaltigen, träge dahinfließenden Flüssen Tigris und Euphrat, liegt im Nahen Osten. Diese, für Touristen zunächst nicht sonderlich interessante, aride, von der Sonne ausgedörrte Region war Schauplatz eines der möglicherweise bedeutendsten Ereignisse der Weltgeschichte: der Entstehung der ersten Städte. Im Frühjahr läßt die Schneeschmelze im Hochland von Iran Euphrat und Tigris über die Ufer treten. Das Marschland im südlichen Irak ist das Resultat der jahrhundertelangen, von den beiden historischen Flüssen verursachten Überschwemmungen. Vor mehr als 8000 Jahren wanderten hellhäutige, dunkelhaarige Menschen von den iranischen Ebenen ein und ließen sich im äußersten Süden nieder. Dort errichteten sie Schilfgrashütten, bauten Kanus und lebten vom Fischfang. Dies war das Volk der Sumerer.

Sie fanden ihre erste Heimat in der Deltaregion des Shatt Al Arab, einer bedeutenden Schiffahrtsstraße, die am Zusammenfluß von Euphrat und Tigris oberhalb von Basrah beginnt. Dieses Marschland hat eine Fläche von 15 500 km² und ist damals wie heute eine permanente Moorlandschaft, deren Vegetation hauptsächlich aus einem Schilfgras besteht, das »qasab« genannt wird und bis zu 7,6 m hoch werden kann. Die saisonalen Sumpfgebiete der Region, die im Herbst und Winter trockenfallen, sind mit Binsen bewachsen. Die Überschwemmungen des Frühjahrs erreichen Wüstengebiete, die mehr als 320 km entfernt sind.

In den Sumpfgebieten errichteten die Sumerer zunächst Pfahlhäuser. Bald lernten sie jedoch Bewässerungsgräben und -kanäle zu bauen, mit denen sie Wasser in Gebiete in größerer Entfernung der Flußläufe leiten konnten. Die Errichtung komplexer Bewässerungssysteme setzte die Zusammenarbeit von Menschen in größeren Gemeinschaften voraus und die Arbeitsteilung bedeutete, daß ein gewisser Grad der Spezialisierung erreicht wurde. Reiche Ernten befreiten viele Sumerer von der Arbeit in der Landwirtschaft und ermöglichten die Entwicklung neuer Technologien. So entwickelten Astronomen einen zuverlässigen Kalender und die Töpferscheibe sowie – die wohl wichtigste Leistung – die Schrift wurden erfunden.

Um 3000 v. Chr. gab es mehr als ein Dutzend blühender sumerischer Städte mit jeweils mehreren tausend Einwohnern. 500 Jahre später lebten 80 % der etwa 500 000 Sumerer in Städten. Kriege zwischen den Stadtstaaten führten jedoch schließlich zum Untergang der sumerischen Hochkultur. Vor über 4000 Jahren, nach jahrhundertelangen Kämpfen zwischen den Städten, drangen semitische Nomaden, die Akkader, in Mesopotamien ein. Sie überrannten die alten sumerischen Stadtstaaten und errichteten ihre Hauptstadt Babylon. Das Land wurde 728 v. Chr. von den Assyrern und zwei Jahrhunderte später von den Persern erobert. Die Dynastie der Abbasiden verlegte im 8. Jahrhundert n. Chr. die moslemische Hauptstadt von Damaskus an den Tigris, nach Bagdad. Im 13. Jahrhundert fielen die Mongolen ein. Ihre unbesiegbaren Armeen zerschmetterten die Abbasiden und zerstörten Bagdad. Die jahrhundertealten Bewässerungssysteme verfielen und das große Binnendelta versumpfte. Regionen, die vormals durch intensive Bewirtschaftung und eine berühmte städtische Kultur gekennzeichnet waren, verödeten und wurden von arabischen Nomaden als Viehweiden genutzt.

Die Sümpfe waren im Verlauf der Geschichte ein Ort gewesen, an dem viele Menschen auf der Flucht vor ihren Feinden Schutz suchten. Nun wurden sie zum Bollwerk der Zanj. Als Sklaven hatten die Angehörigen dieses Volks einst die Sümpfe um Basrah trockengelegt. Im 14. Jahrhundert retteten die Bani-Malik-Stämme den Sohn eines ihrer Wohltäter und gewährten ihm Obdach. Als er erwachsen war, kehrte er an den Euphrat zurück, besiegte seine Feinde und gründete das große Stammesbündnis, das sich unter den Osmanen zu einem selbständigen Staat entwickelte.

In unserer Zeit haben die Schriften des englischen Reisenden Wilfred Thesiger zur Berühmtheit des Marschlandes beigetragen. Als Freund eines lokalen Clanführers kam er bei seinem ersten Besuch mit einem Kriegskanu in die Sümpfe. Seine Eindrücke hat er in bewegenden Worten beschrieben: den Ruf der Gänse, die sich in einem feierlichen Zug bewegenden Kanus, die hinter dem Rauch brennenden Schilfs untergehende Sonne, die schmalen Wasserwege, die sich durch die Sümpfe schlängeln. Er erinnert sich an die Schilfgrashütten, die schwarzen, triefend nassen Büffel, das Spiegelbild des Sternenhimmels im dunklen Wasser, an die Kanus, die abends nach Hause kommen – »die Stille einer Welt, die keine Motoren kennt«. Bis heute hat sich hier wenig verändert.

**Die Sumerer** verehrten ihre Götter in stufenförmigen Tempeln *(oben)*, den sogenannten Zikkurats. Die Rekonstruktion zeigt einen der am besten erhaltenen Tempel. Er befindet sich in Ur in Niedermesopotamien und ist über 2000 Jahre alt.

IRAK

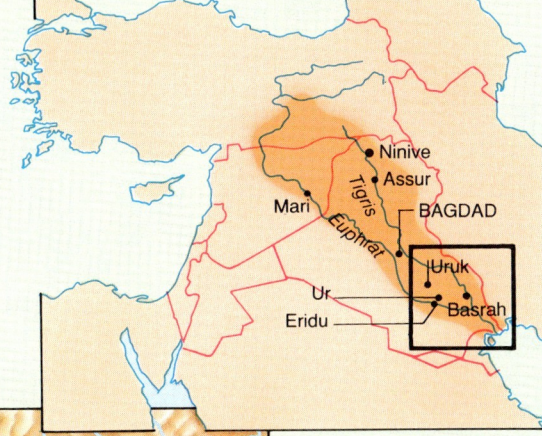

**Mesopotamien** *(rechts)* war der Geburtsort der menschlichen Zivilisation. Das Marschland Niedermesopotamiens *(unten)* war das Siedlungsgebiet der Sumerer. Hier entwickelten sie Methoden der landwirtschaftlichen Ertragssteigerung.

**Das Marschland im südlichen Irak** *(links)* ist das Resultat der saisonalen Überflutung durch die historisch bedeutenden Flüsse Euphrat und Tigris. Seit 5000 Jahren besiedeln Menschen dieses Gebiet.

**Die Schilfhäuser der Sumpfaraber** *(rechts)*, aus leichtem Material gebaut, vermitteln dennoch einen stabilen architektonischen Eindruck. Diese Menschen haben über Jahrhunderte eine einzigartige Kultur entwickelt.

**Die Wasserstraßen des Marschlandes** *(links)* in der Nähe von Qurna werden von den Bewohnern als Verkehrswege genutzt. Nach dem Schneiden wird das Schilfgras in die Siedlungen transportiert und zu zahlreichen Produkten verarbeitet.

**Schilf ist das Grundmaterial** *(oben)* für die meisten von den Sumpfarabern verwendeten Gegenstände. Das »qasab« genannte Schilfrohr kann bis zu 7,6 m hoch werden. In einem Gebiet von 15 500 km² bildet es die Hauptvegetation.

# IRAK: LANDESNATUR

Die von Euphrat und Tigris eingeschlossenen Gebiete Mesopotamiens bilden auch heute noch das Kernland des Iraks. Aus dem Flugzeug sind die bewässerten Grünzonen rechts und links der beiden Flüsse und die großen Ballungsräume gut zu erkennen: Im Norden – etwa 100 km von der syrischen und türkischen Grenze entfernt – die Stadt Mosul mit über einer halben Million Einwohner, in der Mitte des Landes die Hauptstadt Bagdad mit ihrer Viermillionen-Bevölkerung und im Süden am Shatt Al Arab die über 600 000 Bewohner zählende alte Handels- und Hafenstadt Basrah.

Da die jährliche Regenmenge im Bereich der Flüsse nur in Ausnahmefällen für die Landwirtschaft ausreicht, werden diese Gebiete seit dem Altertum bewässert. Die Palmenhaine und Zitrusgärten östlich von Bagdad waren bereits in der frühislamischen Zeit berühmt. Auf dem Wege von Bagdad zur iranischen Grenze sind in der Stadt Kut al Amara (Al Kut) noch heute die alten Wasserräder am Tigris zu besichtigen. Auch dort werden auf beiden Seiten des Flusses, wie in alten Zeiten, Obst und Gemüse angebaut. Die Bewässerung reicht jetzt tiefer in die Trockengebiete hinein, nachdem alte Kanalsysteme durch moderne Betonkanäle ersetzt und erweitert worden sind. Weizenfelder und Großplantagen, auf denen vor allem Arbeiter aus Ägypten beschäftigt sind, können so berieselt werden.

Folgt man den Flußläufen südlich von Bagdad, werden immer mehr Gärten von den Wäldern mit Dattelpalmen abgelöst. Der Irak ist seit Jahrhunderten für die hohen Bäume bekannt, in deren Wipfel im Herbst die Früchte reifen. Rund 55 % aller Datteln auf dem Weltmarkt stammten vor dem internationalen Wirtschaftsembargo aus dem Irak.

Oft ist der Übergang in die Wüste abrupt. Manchmal beginnt das riesige Trockengebiet, das im Süden bis nach Saudi-Arabien und Kuwait und im Westen bis nach Syrien und Jordanien reicht, direkt an den Ufern des Euphrat. Fährt man auf den alten Pisten oder den in den vergangenen Jahren gebauten Autobahnen durch diese Region, trifft man nur selten auf Dörfer oder kleine Städtchen.

Tagsüber ist die Hitze in diesem Teil des Iraks erbarmungslos. Im Sommer weicht an einigen Stellen der Belag der Straßen auf unter dem Druck der Reifen von Tausenden von Lastwagen, mit denen Erdöl exportiert und alle Arten von Waren importiert werden.

Aber auch diese Wüste lebt. Die geringen Niederschläge im Frühjahr lassen Blumen sprießen und vereinzelte Sträucher blühen. Abends sieht man immer wieder kleine Feuer am Horizont. Das sind nicht nur Fahrer, die neben ihren großen Lastwagen auf offenem Feuer Tee kochen, sondern vor allem die Beduinen. Viele von ihnen ziehen noch wie vor Hunderten von Jahren von Wasserstelle zu Wasserstelle durch die Wüste. Einige von ihnen sind sogar immer noch staatenlos, da die Weidegründe ihrer Schafher-

den in verschiedenen Ländern liegen. Kamele tragen nur noch selten die Zelte auf dem Weg zum nächsten Lagerplatz. Die Beduinen transportieren stattdessen ihr Hab und Gut inzwischen auf kleinen Lastwagen. Aber die Wanderwege der Bewohner der Wüste sind über die Jahrhunderte hinweg zumeist die gleichen geblieben. Diese Ureinwohner Arabiens durchziehen – je nach der Jahreszeit – ein Gebiet von Syrien bis Kuwait.

So heiß und trocken es in den Wüsten im Westen und Süden des Iraks ist, so kalt und naß kann es in den Bergregionen im Nordosten des Landes werden. In diesen Gebieten schneit oder regnet es im Winter häufig. Die Landschaft erinnert vielfach an die Alpen. Bis tief in das Frühjahr hinein tragen Gipfel der bis über 3600 m hohen Bergketten Schnee. Ganze Täler sind im Winter oft wochenlang mit Fahrzeugen nicht mehr zu erreichen. Hier befinden sich die Zentren von seit Jahrzehnten gegen die Regierung in Bagdad kämpfenden Kurden. Jahrhundertealte Sitten und Gebräuche der kurdischen Stammesgesellschaft haben noch heute Geltung. Wasserfälle, Wälder mit Walnußbäumen und kalte Quellen verleihen diesem Gebiet im nordöstlichen Irak einen besonderen Reiz. Auf Hochebenen und an Stauseen sind in den 1970er Jahren Feriendörfer entstanden. Und die abseits gelegenen Täler, die früher nur nach tagelangen Wanderungen mit Mulikarawanen erreichbar waren, können heute problemlos mit dem Auto angefahren werden.

Ein völlig anderes und wohl einmaliges Szenarium eröffnet sich im irakischen Süden. Nahe des Zusammenflusses von Euphrat und Tigris zum Shatt Al Arab erstrecken sich riesige Sumpfgebiete, die durch den Rückzug des persischen Golfs Richtung Süden entstanden sind. Wie in den Tagen vor der Zeitenwende fahren die Menschen dort mit Einbäumen von einer Siedlung zur anderen. Schilfhütten auf kleinen Erhebungen wirken wie vereinzelte Inseln in den Sümpfen, deren Wasserflächen und Schilfpflanzen sich bis zum Horizont erstrecken. Dort blühen im Frühjahr exotische Blumen und im Herbst machen Wandervögel Station.

Die Bewohner jagen Fische wie ihre Vorfahren mit einem Fünfzack oder fangen sie mit Netzen. Noch vor dreißig Jahren steuerten viele Männer unbekleidet ihre schmalen Einbäume durch das endlose Kanalsystem, das die Schilfregion durchzieht.

Aber dieses Idyll am Rande der Wüste ist in Auflösung begriffen. Dämme wurden aufgeschüttet und Straßen durchziehen bereits Teile der Wasserwildnis. Zudem fressen sich die Trockengebiete immer weiter in den Sumpf vor, da nicht mehr so viel Wasser wie in der Vergangenheit aus Euphrat und Tigris nachströmt, seitdem hoch oben im Norden immer größere Mengen in Stauseen aufgefangen werden.

**An den Ufern des Shatt Al Arab** *(links oben)* südlich von Basrah, befinden sich ausgedehnte Dattelpalmenhaine, deren Früchte zu den Hauptausfuhrprodukten des Irak gehören. Der erste Golfkrieg (1980–1988) führte hier zu schweren Zerstörungen.

**Die nördlichen Regionen des Iraks** *(links unten),* oft als Kurdistan bezeichnet, umfassen das Gebirgsvorland und die Gipfel des westasiatischen Gebirges, einen Kontrast zu dem Sand und den steinigen Ebenen der Syrischen Wüste bildend.

**Wasserräder am Euphrat** *(links),* im Arabischen »na'our« genannt, sind für den Bewässerungsfeldbau im zentralen Irak notwendig. Diese Methode der künstlichen Bewässerung läßt sich bis zu den frühesten Kulturen zurückverfolgen.

# IRAK: DIE MENSCHEN

Die Bandbreite der Klimazonen – von der glühend heißen Wüste bis zu der Bergregion mit gemäßigten Temperaturen – bildet einen der Gründe für die Vielfalt der Bevölkerungsgruppen im Irak. Von den über 22 Millionen Irakern sind 95 % Moslems. Zwei Drittel von ihnen sind Schiiten, die meist südlich von Bagdad leben. Die Sunniten bevölkern hauptsächlich den Norden. Aber nicht alle Sunniten sind Araber, denn auch die Kurden des Iraks gehören der sunnitischen Glaubensrichtung des Islams an.

In Najaf und Karbala, etwa 100 km südlich von Bagdad, liegen die bedeutendsten Heiligtümer der Schiiten. Zum in Karbala gelegenen Schrein von Imam Hussain (626 oder 627–680), dem großen Vorbild aller Schiiten, pilgern seit Hunderten von Jahren Gläubige aus aller Welt. Im Bazar der Stadt und auf dem Vorplatz der prächtigen Moschee mit der vergoldeten Kuppel und den beiden vergoldeten Minaretten wird sich keine Frau unverschleiert zeigen. Bedeutende theologische Bildungsstätten der Schiiten gibt es im nahegelegenen Najaf. An ihnen hat Irans Revolutionsführer Chomeini während seines fünfzehnjährigen Exils bis zu seiner Ausweisung aus dem Irak unterrichtet.

Die Schiiten im Süden des Iraks sind bei der Besetzung staatlicher Positionen seit Jahrzehnten benachteiligt worden. So gab es bereits in den 30er Jahren Schiitenrevolten. Während des Golfkrieges (1980–1988) gingen iranische Hoffnungen auf einen Schiitenaufstand jedoch nicht in Erfüllung. Die historische Feindschaft zwischen Iran und dem Irak erwies sich größer als die Gemeinsamkeit religiöser Glaubenssätze der Schiiten. Während des Krieges wurden die meisten der etwa 100 000 seit Generationen im Irak lebenden Iraner über die Grenze in das Land ihrer Vorfahren abgeschoben.

Doch nicht nur religiöse Gegensätze prägen das Leben im Irak, sondern auch der Unterschied zwischen gestern und heute, zwischen Orient und Okzident.

In Bagdad wurde die Tradition ab den 1970er Jahren von der Moderne überlagert. Im Bazar prallten die Kulturen aufeinander. Verschleierte Mütter standen neben ihren westlich gekleideten und geschminkten Töchtern vor den Auslagen der Goldgeschäfte. Wie in alten Zeiten kauften Arme und Reiche in den überdachten Märkten des alten Bazars Schmuck, Stoffe und viele Güter des Alltags, und Handwerker stellten ihre Produkte in den verschiedenen Abteilungen des nach Zünften aufgeteilten Bazars her. Die alte Ladenstraße der Kupferschmiede war auch ein beliebtes Einkaufsziel der Touristen. Und die Luxushotels am Tigris waren die Anziehungspunkte für die am westlichen Lebensstil orientierte Elite des Landes. Im Frühjahr wurden an manchen Tagen oft mehrere Hochzeiten gleichzeitig in den Bankettsälen der Hotels gefeiert. Die beiden Golfkriege und die internationalen Sanktionen führten jedoch zur Verarmung großer Teile der Bevölkerung.

Zum Straßenbild von Bagdad gehören auch Kurden, die selbstbewußt ihre traditionelle Kleidung tragen. Der größte Teil der Kurden im Irak lebt weiterhin in den nordöstlichen Bergregionen, in denen seit Beginn des Jahrhunderts immer wieder Aufstandsbewegungen Selbstbestimmung forderten, und es seit 1991 de facto einen eigenen »Staat« gibt, wie er den Kurden nach Ende des Ersten Weltkrieges von europäischen Mächten versprochen worden war. Im Irak haben Kurden, die auch noch in Iran, der Türkei und Syrien leben, seit Ende der 50er Jahre besonders erbittert gegen die Regierung gekämpft.

1970 erkannte die Baathpartei den Kurden das Recht auf Autonomie zu. Seither gibt es kurdische Rundfunk- und Fernsehprogramme und Kurdisch ist Unterrichtssprache in den Schulen. Die Regierung in Bagdad konnte mit diesem Zugeständnis zwar einen großen Teil der Kurden für eine Zusammenarbeit gewinnen, Bündnisse mit ihren Organisationen zerbrachen jedoch immer wieder, und die kurdischen Partisanen setzten ihren Krieg gegen die in der Kurdenregion stationierte Armee fort.

Unterstützung erhielten die Kurdenrebellen jeweils von Iran. Nach einer Übereinkunft zwischen dem damaligen Schah von Persien und der Regierung in Bagdad brach 1975 die bisher größte Kurdenrevolte innerhalb von Stunden zusammen. Aber im ersten Golfkrieg entbrann-

# IRAK

**Der alte Händler** vor einer der Moscheen Bagdads *(links außen)* trägt die traditionelle Kopfbedeckung und die Pluderhosen der zahlenmäßig großen kurdischen Minderheit des Irak. Mit knapp 10 % der Bevölkerung verfügt der Irak über den größten Anteil an Kurden im gesamten Nahen Osten. Der Kampf um ihre Unabhängigkeit zwingt viele Kurden dazu, im Exil zu leben.

**Die Al-Abbas-Moschee in Karbala** *(links)* beherbergt das Grab des Imam Hussain und macht diese Stadt zu einem der bedeutendsten schiitischen Wallfahrtsorte. Viele Menschen besuchen Karbala, bevor sie ihre Pilgerfahrt nach Mekka antreten. Etwa zwei Drittel der irakischen Bevölkerung sind Schiiten. Im Gegensatz zu den sunnitischen Moslems verehren sie viele Heilige.

**Im zentralen Irak** *(unten links),* wo diese Iraker vor einem Café sitzen, lebt der größte Teil der Bevölkerung. Dieses im Bewässerungsfeldbau genutzte Gebiet liegt zwischen Euphrat und Tigris. Neue Industrien locken viele Iraker in die Städte.

**Für die weibliche Landbevölkerung** wie für diese auf einen Bus wartenden Irakerinnen *(unten)* ändert sich das Leben nur langsam. Die Baathpartei hat in den Städten zahlreiche Beschäftigungsmöglichkeiten für die weibliche Bevölkerung geschaffen.

te der Kampf aufs neue. Die Kurden wollten die Schwäche der Regierung in Bagdad nutzen, um die alten Forderungen nach Selbstbestimmung durchzusetzen. Erneut erhielten die Rebellen Unterstützung aus Teheran, die jedoch nach Beginn des Waffenstillstands im Golfkrieg drastisch eingeschränkt wurde. Die Kurdenkämpfer standen gegen die hochgerüstete und kampferfahrene irakische Armee auf verlorenem Posten, bis sie 1991 unter Protektion der USA ein Autonomiegebiet errichten konnten.

Im Norden des Iraks lebt auch eine türkischsprachige Minderheit. Wie die Kurden haben diese Menschen das Recht auf eigene Sprache und die Möglichkeit, ihre Kultur zu pflegen. Erst 1926 wurde das zwischen dem Irak und der Türkei umstrittene Gebiet von Mosul endgültig Teil des irakischen Territoriums.

Nahe der türkischen Grenze liegt auch das Stammland der etwa 60 000 Yeziden, die kurdischer Herkunft sind. Ihr Glauben enthält neben Grundauffassungen des Islam auch Elemente aus dem Christentum und der altiranischen Lehre des Zarathustra (um 800 oder 700 v. Chr.). Die Yeziden werden von den Moslems als Ungläubige betrachtet und sogar Teufelsanbeter genannt. Zwar propagiert die herrschende Baathpartei eine deutliche Trennung von Glauben und Staat, doch setzt Staatschef Saddam Hussein den Islam als politische Waffe gegen Israel und die USA ein.

625

# IRAK: DIE KURDEN

Kurdistan erscheint auf vielen Landkarten, stellt jedoch trotz der in Aserbaidschan und im westlichen Iran existierenden Provinzen dieses Namens keine politische Einheit dar. Sogar das geographische Gebiet ist nicht exakt definiert. Kurdistan ist eine aus ausgedehnten Gebirgen und Hochebenen bestehende Region, die sich von den Ketten des Pontischen Gebirges und des Taurus an Aserbaidschan und Armenien angrenzend durch den Nordosten Syriens und des Iraks bis zum Sagrosgebirge im nordwestlichen Iran erstreckt. Dies ist der Lebensraum der Kurden, eines stolzen freiheitsliebenden Volkes von Ackerbauern und Viehhirten. Ihre kriegerischen Traditionen sind jahrhundertealt. Der Kampf der Kurden für einen unabhängigen kurdischen Staat scheiterte bis heute an den gegensätzlichen Interessen der umgebenden Staaten wie auch an der Uneinigkeit unter den Kurden selbst.

Das Volk der Kurden ist ebenso schwer zu beschreiben wie ihr Territorium. Die Wissenschaftler sind der Meinung, daß sie von einem kriegerischen mesopotamischen Volk des Altertums, den Guti (Gutäern), abstammen, das um 3000 v. Chr. vom Sagrosgebirge aus in Babylonien einfiel. Der griechische Historiker Xenophon beschrieb den Angriff eines wilden Bergstammes auf ein griechisches Söldnerheer, der 401–400 v. Chr. stattfand. Xenophon nannte dieses Volk Kardukai (Kadschuken). Dies waren wohl die Vorfahren der heutigen Kurden.

Auch die Bevölkerungsschätzungen differieren. Offizielle Volkszählungen von Mitte der 60er Jahre sprechen von etwa 7 Millionen Kurden, heutige Schätzungen gehen von einer Bevölkerung von mindestens 12 Millionen, maximal 30 Millionen aus. Nach allgemeiner Übereinstimmung leben etwa die Hälfte der Kurden in der Südosttürkei. In Iran leben mehr als 4 Millionen Kurden, während die kurdische Bevölkerung im Irak mit 2 Millionen einem Anteil von 10 % an der Gesamtbevölkerung entspricht. Nach Arabern, Türken und Persern sind die Kurden die viertgrößte Bevölkerungsgruppe im Nahen Osten.

Aus vielerlei Gründen besteht eine Trennlinie zwischen den Kurden und den übrigen Bewohnern der Staaten, an denen Kurdistan Anteil hat: den Türken, den Aseri, Armeniern, Arabern (Irakern und Syrern) und Persern (Iranern). Ihre kantigen Gesichtszüge, ihre häufig helle Haut- und blaue Augenfarbe unterscheiden sie von ihren Nachbarn. Das Kurdische ist, obwohl es vieles mit dem Persischen gemeinsam hat, eine eigenständige Sprache. Die meisten Iraner sind schiitische Moslems und im Irak sind die Schiiten in der Mehrheit. In diesen Staaten bildet die Zugehörigkeit der meisten Kurden zur sunnitischen Richtung des Islam eine weitere Ursache für die Entfremdung von ihren Landsleuten. Auch in der Türkei bestehen gravierende Probleme mit der kurdischen Minderheit. Obwohl Kurden in beträchtlicher Zahl in den Gebieten um die Städte Van, Diyarbakir und Mardin leben, erkennt die türkische Regierung sie nicht als eigenständige linguistische und kulturelle Gruppe an.

Auch ihre traditionelle Lebensweise unterscheidet die Kurden, wenn sie nicht in großen Städten wie Istanbul leben, von der übrigen Bevölkerung. Heute noch sind einige von ihnen halbnomadische Hirten, die in Zelten leben und mit ihren Herden im Sommer in die iranischen Hochländer und im Winter in die Ebenen des Iraks wandern. Andere leben als Ackerbauern in kleinen Gemeinden. Die diesen Gemeinschaften vorstehenden »aga« (Scheichs) sind die religiösen und weltlichen Autoritäten. Wenig modernes Gerät wird verwendet – das Land wird mit von Ochsen gezogenen Holzpflügen bearbeitet. Glanz wird den aus Lehmziegeln gemauerten, spärlich möblierten Häusern durch die berühmten von kurdischen Kunsthandwerkern geknüpften Teppiche verliehen.

Kurdische Frauen genießen erheblich mehr Freiheiten als ihre Geschlechtsgenossinnen in den meisten anderen islamischen Gesellschaften. Sie tragen keinen Schleier und nehmen zum Teil hohe Stammes- und politische Ämter ein. Mit einer zehn Jahrhunderte zurückreichenden Tradition geschriebener Literatur räumen die Kurden der Bildung einen hohen Stellenwert ein.

**Diese dürftigen Weidegebiete** *(rechts)* gehören zu den Bergen und Tälern des westasiatischen Hochlands, das die Heimat der Kurden ist. Einige leben heute noch als halbnomadische Hirten.

**Dieser Iraker** *(oben rechts)* gehört zur kurdischen Minderheit der irakischen Bevölkerung. Viele Kurden leben in ihren traditionellen gesellschaftlichen Ordnungen, die vom Klanwesen geprägt ist.

## Der Kampf der Kurden um Unabhängigkeit

Im 20. Jahrhundert zogen Kurden in Städte wie Kermanshah (Iran), Kirkuk und Mosul (Irak) oder Diyarbakir (Türkei). Dort traten viele in kurdischsprachigen Zeitungen und Radiostationen für die kurdische Autonomie ein. Diese Bestrebungen wurden u. a. durch den Friedensvertrag von Sèvres (1920) zwischen den Alliierten und der Türkei, der ein unabhängiges Kurdistan in Aussicht stellte, unterstützt. Das Versäumnis der Alliierten, dieses Versprechen einzulösen, führte zu kurdischen Aufständen in der Türkei (1922–1924), in Iran (1930) und im Irak.

Trotz vereinzelter Gefechte in Iran, und von syrischen Stützpunkten aus geführten Vorstößen kurdischer Guerillagruppen in die Türkei, konzentriert sich der kurdische Unabhängigkeitskampf auf den Irak. 1961 griffen die Kurden unter der Führung des

# IRAK

charismatischen Mustafa Al Barzani (1903–1979), der als Nachfolger des kurdischen Kriegshelden Saladin – der im 12. Jahrhundert die Kreuzritter besiegte – gefeiert wurde, zu den Waffen. In einem Waffenstillstandsabkommen sicherte der Irak den Kurden die Unabhängigkeit zu. Die Einhaltung der Vereinbarung wurde jedoch 1975 durch die Kontroverse um Ölrechte an den ergiebigen, in der Heimat der Kurden liegenden Erdölfördergebieten vereitelt. Unfähig, der kurdischen Kämpfe Herr zu werden, setzten die Iraker sogar chemische Kampfstoffe gegen deren Bergfestungen ein. Tausende von Kurden haben in der Türkei Schutz gesucht, wo sie in primitiven Lagern untergebracht waren *(links)*. Die Kurden setzen den Kampf für ihre nationale Einheit gegen eine überwältigende Übermacht weiterhin fort.

**Die Kurden** leben in einer ausgedehnten Gebirgslandschaft *(oben)*, die sich von der Türkei über Syrien, den Irak, Nordwest-Iran bis nach Armenien erstreckt. Heute leben die meisten Kurden in der Türkei.

# IRAK: WIRTSCHAFT

Die Erdölfelder sind das Geheimnis der irakischen Wirtschaftsentwicklung. Vorkommen gibt es in der Wüste im Süden und am Rande der Berge im Norden. Ein weitverzweigtes Pipelinesystem durchzieht das Land. Irak exportiert das »schwarze Gold« vorwiegend auf dem Landweg über die Türkei, Saudi-Arabien und Jordanien. Mit den vom UNO-Sicherheitsrat im August 1990 verhängten und immer wieder, vor allem auf Initiative der USA und Großbritannien verlängerten Wirtschaftssanktionen kam der Erdölexport zum Erliegen, bis dem Irak 1996 mit dem sogenannten Programm »Öl für Lebensmittel« erlaubt wurde, die Ausfuhr wiederaufzunehmen. 30 % der Erlöse flossen auf ein Treuhandkonto zur Bedienung von Reparationsforderungen aus dem zweiten Golfkrieg. Neben Zahlungen an die Kurden und für die (1998/99 vorerst eingestellten) Waffeninspektionen diente der Rest für den Import dringend notwendiger Nahrungsmittel und Medikamenten für die notleidende Bevölkerung. 1999 wurden die Mengenbeschränkungen für den Erdölexport aufgehoben, so daß der Irak 1999/2000 wieder zwischen 2,3 und 2,5 Millionen Faß pro Tag ausführen konnte; nach dem Ende des ersten Golfkriegs 1988 waren es rd. 2 Millionen Faß gewesen. Damals wollte das Land verstärkt Erdölprodukte und nicht mehr nur Rohöl verkaufen. Zur Erreichung dieses Zieles wurden Raffinerien und petrochemische Komplexe gebaut. Bemühungen, die Exportabhängigkeit von den Erdölprodukten zu verringern, dürften jedoch auf absehbare Zeit nicht erfolgreich sein, denn bis zur Verhängung des Embargos stammten 99 % der Devisen aus Erdölverkäufen.

Ein Teil dieser Einnahmen wurde genutzt, um eine Stahl-, Kunststoff-, Zement- und Düngemittelindustrie aufzubauen und die Landwirtschaft zu modernisieren. Ende der 70er Jahre wurde mit der Produktion von Textilien und elektronischen Gebrauchsgütern begonnen. Meist waren diese Fabriken Staatsbetriebe. Die Herstellung traditioneller Waren erfolgt weiter in den vielen kleinen Handwerksbetrieben, die die lokalen Märkte beliefern.

Der Krieg gegen Iran führte zu einem Rückschlag beim Aufbau der neuen Industrien. Pläne für neue Städte mit Automobil- und Maschinenfabriken, über deren Bau bereits mit ausländischen Firmen verhandelt worden war, verschwanden wieder in den Schubladen der Ministerien, und ein großer Teil des Ausbaus der Infrastruktur wurde ausgesetzt. Viele Arbeiter, Techniker und Manager wurden an die Front abkommandiert. Das Geld zum weiteren Aufbau der Betriebe fehlte aufgrund der hohen Kriegsausgaben und des Aufbaus einer eigenen Rüstungsindustrie. Aber auch die Bürokratie in den aufgeblähten Planungs- und Verwaltungsinstanzen verhinderte die erhofften Zuwachsraten in der Produktion.

Nach der Industrie wurde vor allem in die Landwirtschaft investiert, mit dem Ziel, Irak in

**Auf einer Erdölraffinerie in Basrah** *(rechts)* schließt ein Arbeiter Ventile einer Ölpipeline. Der Irak gehört zu den erdölreichsten Ländern der Welt, allerdings kam der Erdölexport aufgrund von Wirtschaftssanktionen als Folge des 2. Golfkriegs bis 1996 weitgehend zum Erliegen.

**Von den Erdölexporten** *(unten)* ist die weitere Entwicklung des Irak, eines der größten Erdölförderländer, abhängig. 1927 wurde in der Nähe von Kirkuk mit der Erdölförderung begonnen. Die größten Vorkommen sind jedoch die Ölfelder um Basrah. 1972 wurde die bis dahin in ausländischem Besitz befindliche Ölindustrie verstaatlicht. Als 1980, nach dem Ausbruch des Krieges gegen den Iran, der Shatt Al Arab als Transportweg ausfiel, wurde das irakische Erdöl über Kuwait und die Türkei ausgeführt.

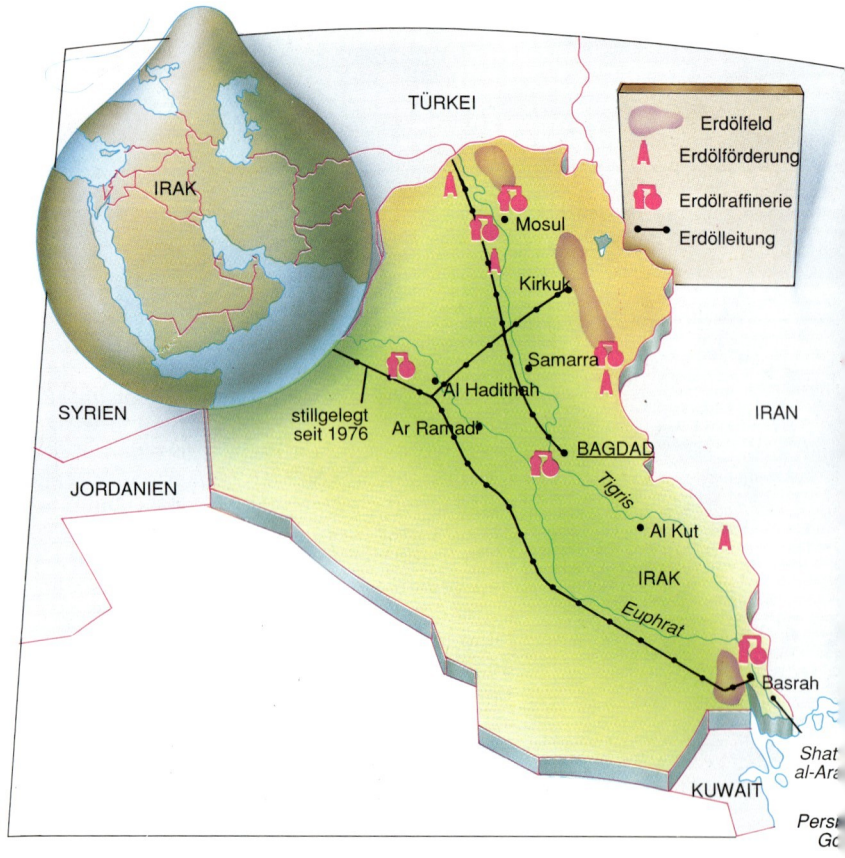

IRAK

**In der Nähe von Samarra** am Ufer des Tigris *(oben)* ziehen Bauern Gurken unter Plastikfolien. Mit Hilfe künstlicher Bewässerung und großer Dammprojekte hofft der Irak, seinen Nahrungsmittelbedarf bald selbst decken zu können.

**Das traditionelle Handwerk,** wie es von diesem Tischler in Souk Al Kadimiyah *(unten)* ausgeübt wird, bildet immer noch einen wesentlichen Bestandteil der irakischen Wirtschaft. Irak versucht aber auch, moderne Industriebetriebe anzusiedeln.

wenigen Jahren von Lebensmittelimporten unabhängig zu machen. Bei Erreichung dieses Zieles wäre Irak das erste arabische Land, das sich allein ernähren kann. Hauptanbauprodukte sind Weizen, Gerste, Dattelpalmen, Reis, Baumwolle, Tabak, Obst und Gemüse.

Hatte es nach dem Sturz der Monarchie 1958 eine Bodenreform gegeben, so wurden zehn Jahre nach der Machtergreifung der Baathpartei im ganzen Land landwirtschaftliche Genossenschaften gebildet. Mit gewaltigen Bewässerungsprojekten wurden Trockengebiete für den Nahrungsmittelanbau erschlossen.

Das Wasser aus den Reservoiren der neuerbauten Staudämme wird aber nicht nur für die künstliche Bewässerung, sondern auch zur Entsalzung alter, unfruchtbar gewordener Böden genutzt. Denn nach jahrhundertelanger intensiver künstlicher Berieselung sind größere Gebiete ehemals wertvollen Landes im Zweistromland inzwischen übersalzen. In der Sonnenglut der Sommermonate bleiben bei der schnellen Verdunstung von Süßwasser kleine Salzmengen zurück, die nach vielen Jahren landwirtschaftlicher Nutzung zu einem Absinken der Ernteerträge führen, weil der Salzgehalt zu stark angestiegen ist. Mit großen Wassermengen soll dieses Salz wieder aus dem Boden gespült werden.

Bei der Bewässerung ist der Irak auf die Wassermengen von Euphrat und Tigris angewiesen. Da in der Türkei und in Syrien immer neue Staudämme an den beiden Flußsystemen entstehen, zeichnen sich in der Region große Konflikte um das immer knapper werdende Wasser ab.

Die Entwicklung der Landwirtschaft profitierte auch von den Milliardenbeträgen, die seit Mitte der 70er Jahre aufgewendet wurden, um die irakischen Straßen auszubauen. Ein Autobahnnetz, das von Kuwait bis an die Wüstengrenzen mit Syrien und Jordanien und an die Nordgrenze zur Türkei reichen soll, wurde zu großen Teilen fertiggestellt. Auch das Eisenbahnnetz wurde modernisiert und erweitert. Bis August 1990 konnten Touristen auch mit dem Flugzeug in den Norden oder Süden des Landes fliegen, um dort die bedeutenden Zeugnisse der vergangenen Hochkulturen zu besichtigen.

In den beiden Golfkriegen trugen Industrieanlagen und Infrastruktur großen Schaden davon; Wiederaufbau und notwendige Modernisierung wurden in den 90er Jahren kaum vorangebracht, so daß selbst Strom-, Wasser- und Abwasserversorgung nicht mehr ausreichend funktionierten und in einem Land mit vormals vorbildlichem Gesundheitswesen auch die medizinische Grundversorgung nicht mehr gewährleistet werden konnte. Dagegen verdiente die politische Führung am Schmuggel und investierte in Prestigeobjekte. Nach internationaler Einschätzung kann ohne Finanzhilfen die wirtschaftliche Leistungsfähigkeit des Iraks nicht wiederhergestellt und die humanitäre Situation nicht durchgreifend verbessert werden.

# IRAN

# IRAN

Im Februar 1979 beendete die siegreiche Islamische Revolution die 2500jährige persische Monarchie und errichtete an deren Stelle eine Islamische Republik, den ersten real existierenden »Gottesstaat« auf Erden. Die Welt sah in jenem Februar ungläubig zu, wie der »Mullah aller Mullahs« über den »König aller Könige« siegte und der tausendjährige schiitische Traum von Macht und Herrschaft zur Wirklichkeit wurde. Seitdem gilt der Iran als ein internationaler Krisenherd ersten Ranges und beschäftigt wie kaum ein anderes Land der Erde die Gemüter in Ost und West.

Ayatollah Ruhollah Musawi Chomeini (1902 bis 1989), wie sein vollständiger Name lautete, war mit dem Anspruch aufgetreten, einen islamischen Staat zu errichten, in dem nach Gottes Gebot und des Propheten Geheiß regiert und gelebt wird. Er versprach dem gläubigen Volk nicht nur das Heil im Jenseits, sondern auch Glück im Diesseits. Von diesseitigem Glück kann inzwischen in der Islamischen Republik keine Rede mehr sein.

Mit Iran verbindet man heute im In- und Ausland Krieg und Chaos, religiöse Unduldsamkeit, politische Unterdrückung, Terror und Geiselnahme und nicht zuletzt einen religiös verbrämten Todeskult, das schiitische Märtyrertum. Das ausgesprochen düstere Bild des heutigen Iran läßt zunehmend vergessen, welche positive Rolle die Perser in Geschichte und Kultur der Menschheit gespielt haben.

Iran war das Land von Kyros II. (Regierungszeit 559–530 v. Chr.) und Dareios I. (Regierungszeit 522–486 v. Chr.), jener Herrscher, die das erste Weltreich der Geschichte gründeten und als Vorbild der politischen Weisheit und Staatskunst galten. Iran war die Heimat von Zarathustra (um 800 oder 700 v. Chr.) und Mani (216–276), deren dualistische Lehre vom ewigen Kampf zwischen Gut und Böse in die christliche Theologie Eingang fand. Moslemische Perser, wie Avicenna (980–1037) und Alfârâbi (um 870–950), entdeckten und übersetzten die griechischen Philosophen und verschafften so dem Abendland Zugang zum antiken Denken. Die klassische persische Dichtung gilt bis heute als ein wesentlicher Bestandteil der Weltliteratur. Die lyrische Trunkenheit Hafis (um 1326–1390), das gewaltige Reimepos »Schahname« (Königsbuch) Firdausis (um 940–1020), das in mehr als 50 000 Doppelversen die Geschichte des Perserreichs erzählt, und die pantheistischen Höhenflüge von Dschelal Ad-Din Rumi (1207–1273) bezauberten Generationen abendländischer Dichter und Denker.

Im Kreuzweg der Völker und Kulturen gelegen, wurde Iran über längere Perioden von fremden Eroberern beherrscht, doch die persische Kultur erwies sich stets als stärker. Die Iraner nahmen den Islam an, bewahrten aber ihre Sprache und das Bewußtsein, über ein kulturelles und historisches Erbe zu verfügen, das viel älter ist als der Islam.

# IRAN: DER STAAT

Zwei Monate nach dem Sturz der Monarchie, also im April 1979, wurde die Islamische Republik als der einzig real existierende »Gottesstaat« auf Erden ausgerufen. Die Republik bekam bald auch eine Verfassung, ausgearbeitet von 80 ausgesuchten Theologen. Den Kern der Verfassung bildet die »Velayat-e faqih«, die »Herrschaft des Rechtsgelehrten«. »Die Leitung des Landes«, heißt es in Artikel fünf der neuen Verfassung, »liegt in den Händen des kundigsten, gerechtesten, tugendhaftesten, mutigsten Rechtsgelehrten, der seiner Zeit bewußt ist«. Der höchste »faqih« ist der Imam, d. h. der religiöse und politische Führer und als solcher absoluter Herr über Leben und Tod der Gläubigen. Er ist nur Gott gegenüber zur Rechenschaft verpflichtet. Der Geistlichkeit kommt im Iran eine herausragende Rolle zu. Doch bildet der schiitische Klerus keinen festgefügten Machtblock. Sehr bald nach dem Sieg der Revolution zeigten sich politische und religiöse Differenzen innerhalb der klerikalen Macht.

### Die Islamisierung

Gleich nach der Errichtung der Islamischen Republik begann man im Lande mit der Durchsetzung der »Scharia«, der herkömmlichen islamischen Rechtsordnung. Diese beinhaltet unter anderem Verbot von Alkohol, Musik und Glücksspiel, Einführung der Todesstrafe für Ehebruch und Homosexualität, das archaische Vergeltungsrecht (»Auge um Auge, Zahn um Zahn«), die Armensteuer und das Zinsverbot. Die Islamisierung zeigt sich heute aber vor allem in Kleidervorschriften für die Frauen: Schador oder langer Mantel, weite Hosen und ein Haar und Hals bedeckendes Kopftuch. Wer die Normen nicht beachtet, muß mit Peitschenhieben, günstigstenfalls mit Geldstrafe rechnen. Islamisiert wurde auch der Bildungssektor. Die Schulklassen und Hörsäle sind nach Geschlechtern getrennt. Die religiöse Unterrichtung und ideologische Unterweisung haben absoluten Vorrang vor der säkularen Ausbildung. Wer studieren will, muß eine Aufnahmeprüfung im Fach »Religion und Ideologie« ablegen. Nur die Kriegsversehrten und Kinder der »Familien der Märtyrer« können ohne solche Prüfungen studieren. Eine Ausnahme bilden auch die Kinder aus jüdischen und christlichen Familien. Im Gegensatz zu den verfolgten und verbotenen Baha'i, deren Lehre Elemente aller Weltregionen enthält, sind Christen und Juden als Anhänger der Offenbarungs-Religionen weitgehend unbehelligt geblieben.

Die Islamisierung konnte bis heute nur leicht zu erringende Erfolge verbuchen. Was aber die sozialen und wirtschaftlichen Probleme angeht, so hat die religiöse Heilslehre des Ayatollah Chomeini auf katastrophale Weise versagt: Inflation, Arbeitslosigkeit und Lebensmittelknappheit prägen heute das iranische Alltagsleben. Durch Rationierung vieler Grundnahrungsmittel versucht die Regierung seit Jahren, der Situation Herr zu werden. Doch wer in der Islamischen Republik Geld hat, kann in den großen Städten alles, vom deutschen Luxuswagen bis zu amerikanischen Zigaretten, kaufen. Die »verdorbene Verwestlichung« hat sich längst durch die Hintertür in den »Gottesstaat« eingeschlichen. Sie tritt besonders bei privaten Festlichkeiten in Erscheinung. Die Damen und Herren tragen die neueste Mode aus Paris. Getanzt wird zu verbotener westlicher Musik. Auch verbotener Alkohol, der über die türkische oder irakische Grenze geschmuggelt wird, fließt

## Daten und Fakten

**DAS LAND**
Offizieller Name:
Islamische Republik Iran
Hauptstadt:
Teheran
Fläche:
1 633 188 km²
Landesnatur:
Iranisches Hochland, eingeschlossen von Randgebirgen im Zentrum, im N u. S Küstenebenen
Klima:
Gemäßigtes, subtropisches u. kontinentales Klima mit Wüsten
Hauptflüsse:
Karkheh, Mond, Qezel Owzan, Karun
Höchster Punkt:
Demawend 5604 m

**DER STAAT**
Regierungsform:
Autoritäre Republik mit theokratischer Spitze
Staatsoberhaupt:
Staatspräsident
Verwaltung:
28 Provinzen (Ostan)
Parlament:
Islamische konsultative Versammlung mit 290 für 4 Jahre gewählten Abgeordneten. Verfassungsrat (»Wächterrat«) mit 12 Mitgliedern
Nationalfeiertag:
11. Februar
**DIE MENSCHEN**
Einwohner (Ew.):
66 796 000 (1999)
Bevölkerungsdichte:
41 Ew./km²
Stadtbevölkerung: 62 %

Bevölkerung unter 15 Jahren: 36 %
Analphabetenquote:
23 %
Sprache:
Persisch (Farsi)
Religion:
Moslems, vorwiegend Schiiten
**DIE WIRTSCHAFT**
Währung:
Rial
Bruttosozialprodukt (BSP):
109 645 Mio. US-$ (1998)
BSP je Einwohner:
1770 US-$
Inflationsrate:
28,3 % (1990-98)
Importgüter:
Maschinen, Fahrzeuge, Metalle u. Metallwaren,

Iran (rechts) ist seit der Islamischen Revolution eine Islamische Republik. Das Land liegt zwischen Persischem Golf und Kaspischem Meer, im Bereich des europäisch-asiatischen Hochgebirgsgürtels. Kernraum ist ein trockenes Hochland, das im Norden und Süden vom Elburs- und Sagrosgebirge umrahmt wird.

## GESUNDHEIT UND ERNÄHRUNG

**LEBENSERWARTUNG IN JAHREN**
Männer 68 – 70 Frauen

**JÄHRL. BEVÖLKERUNGSWACHSTUM**
1,6% (1995–2000) Geburtenziffer: 3,4%

**GESUNDHEITSFÜRSORGE**
Ärzte je 100 000 Ew.: 90

120%
empfohlene tägliche Kalorienaufnahme 2345 kcal (100%)

### ARBEIT
Erwerbstätige nach Wirtschaftsbereichen in %:
Landwirtschaft und Fischerei 23
Industrie 31
Dienstleistungen 46

### BILDUNG
Schulbesuch nach Altersklassen in %
6–10 Jahre 100
11–17 Jahre 69
18–22 Jahre 12,7

Getreide, chemische Produkte
**Exportgüter:** Erdöl, Erdgas, Teppiche, Baumwolle, Trockenfrüchte, Wolle, Reis, Ölsaaten, Erze
**Handelspartner:** Deutschland, Italien, Südkorea, Großbritannien, Japan
**Eisenbahnnetz:** 6540 km
**Straßennetz:** 81 000 km (befestigt)
**Fernsehgeräte je 1000 Ew.:** 157

reichlich. Und wer sich für amerikanische Fernsehserien oder europäische Filme interessiert, kann die entsprechenden Videokassetten, die unter dem Ladentisch gehandelt werden, gegen teures Geld erhalten. Auch die breite Masse darf gelegentlich unislamischer Genüsse teilhaftig werden. Seit Ende des Golfkrieges ist die klassische persische Musik wieder zugelassen.

Außenpolitisch ist der Iran weitgehend isoliert. Auch die Beziehungen zu Deutschland verschlechterten sich 1997 durch den »Mykonos-Prozeß«. Die USA werfen Teheran die Unterstützung internationaler Terrororganisationen vor. Möglicherweise vermag der 1997 gewählte Staatspräsident Zayed Mohammed Chatami (* 1943), der als Vertreter der gemäßigten Geistlichkeit gilt, innen- wie außenpolitisch einen Richtungswechsel durchzusetzen. Bei den Parlamentswahlen im Februar 2000 errangen die Reformkräfte um Chatani zwei Drittel der Mandate.

# IRAN: GESCHICHTE

»Mit dem persischen Reiche«, schrieb der deutsche Philosoph Friedrich Hegel (1770-1831), »treten wir erst in den Zusammenhang der Geschichte«. Mit der Herrschaft der Achämeniden, eines edlen Geschlechts aus Persis, dem heutigen Fars in Südiran, begann tatsächlich das erste Weltreich der Geschichte: das Reich der Perser. Kyros II. (Regierungszeit 559-530 v. Chr.), der Befreier der Juden aus babylonischer Gefangenschaft, ist der Begründer des Perserreiches. Dieses, durch die Eroberung Babylons und Kleinasiens erweitert, reichte vom Mittelmeer bis zum Indus, vom Kaspischen Meer bis zum Indischen Ozean und umfaßte eine Fläche von fast fünf Millionen km², in dem annähernd zehn Millionen Menschen lebten.

Neben Kyros ist die bedeutendste Gestalt des Achämenidenhauses Dareios I. (Regierungszeit 522-486 v. Chr.). Er befriedete die aufständischen Provinzen, konsolidierte die Königsmacht und schuf eine gut funktionierende Verwaltung. Von Herodot wissen wir, daß das große Reich des Dareios I. in zwanzig Provinzen oder Satrapien eingeteilt war. »Augen« und »Ohren« des Königs, d.h. die Emissäre Dareios I., die die Satrapien besuchten, sahen darauf, daß keine Rebellionen oder separatistische Tendenzen aufkamen. Unter Dareios I. begannen die ersten Kämpfe mit den Griechen, die mit der Niederlage der Perser bei Marathon (490 v. Chr.) ein vorläufiges Ende fanden.

Nach dem Tode Dareios I. begann der allmähliche Zerfall des Weltreiches, bis es mit Dareios III. (Regierungszeit 335-330 v. Chr.) unter dem Ansturm Alexanders des Großen (356-323 v. Chr.) endgültig zusammenbrach. Nach dem Tod Alexanders trat einer seiner Feldherren, Seleukos (312-280 v. Chr.), die Nachfolge in dem Reichsteil an, zu dem Persien gehörte. Er wurde zum Begründer der Seleukidendynastie, die bis 160 v. Chr. herrschte. Für über 300 Jahre war Persien dann Teil des Partherreiches, das vom ostiranischen Herrscherhaus der Arsakiden regiert wurde, bis mit den Sassaniden das zweite persische Reich entstand.

Unter den Sassaniden (224-650), die aus Persis stammten, wurde die Lehre Zarathustras (um 800 oder 700 v. Chr.) zur offiziellen Religion des Landes, und die Priester dieses Glaubens bildeten den ersten der vier Stände der persischen Gesellschaft. Mehr als vier Jahrhunderte lang verteidigte sich das Sassanidenreich erfolgreich gegen Römer, Byzantiner, Inder und Mongolen, bis es im 7. Jahrhundert dem Ansturm der Araber erlag.

### Das islamische Persien

Unter dem Kalifen Omar I. (um 592-644), dem zweiten Nachfolger des Propheten Mohammed (um 570-632), eroberten die Araber das persische Großreich. Der vorangegangene innere Zerfall des Reiches ermöglichte ihnen einen

**Unter der Herrschaft der Sassaniden** *(oben)* erreichte Persien wieder die Ausdehnung des alten Reiches der Achämeniden. Die 400 Jahre, in denen die Macht in den Händen der Sassaniden lag, waren eine Periode des Friedens und des Wohlstands.

**Die Schah-Moschee in Isfahan** *(rechts)*, Anfang des 17. Jahrhunderts unter Schah Abbas dem Großen erbaut, ist ein Meisterwerk islamischer Baukunst. Mitte des 7. Jahrhunderts begann im persischen Reich die Ausbreitung des Islam.

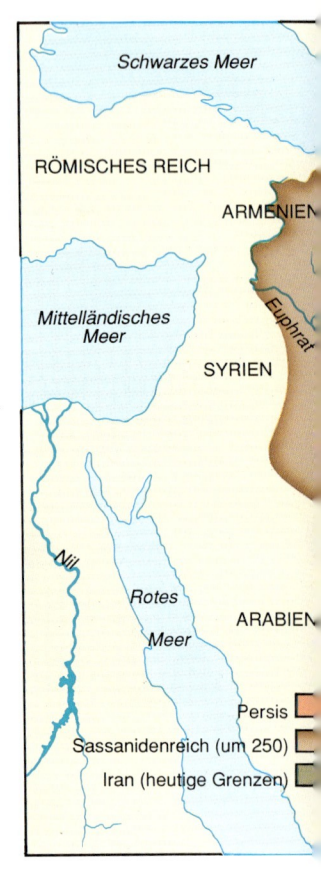

1 Chosroes II. (regierte 590-628)

2 Schah Mohammed Riza Pahlewi (1919-1980)

3 Ruhollah Mussawi Chomeini (1902-1989)

- **ca. 3000 v. Chr.** Kultur der Elamiten
- **ca. 1500 v. Chr.** Eindringen iranischer Völker, der Meder und Perser
- **550 v. Chr.** Kyros der Große gründet das achämenidische Reich
- **539 v. Chr.** Kyros erobert Babylonien, Palästina, Syrien und Kleinasien
- **500 v. Chr.** Höhepunkt des achämenidischen Weltreichs
- **490 v. Chr.** Schlacht von Marathon
- **331 v. Chr.** Alexander der Große erobert Persien
- **323-160 v. Chr.** Herrschaft der Seleukiden
- **250 v. Chr.** Parther dringen in Persien ein
- **224** Perser besiegen die Parther und begründen die Sassaniden-Dynastie
- **637** Eroberung Persiens durch die islamischen Araber
- **Mitte 11. Jh.-1220** Herrschaft der türkischen Seldschuken im Iran
- **1220** Die Mongolen unter der Führung von Tschingis Chan erobern Persien
- **1502-1736** Dynastie der Safawiden
- **1722** Einfall afghanischer Stämme
- **1736** Nadir Schah erobert Persien
- **1794-1925** Herrschaft der Kadscharen-Dynastie
- **1826** Rußland dringt in Persien ein
- **1828** Im Vertrag von Turkmantschaj werden die Grenzen festgelegt
- **frühes 20. Jh.** Erschließung iranischer Ölfelder durch die Anglo-Iranische Ölgesellschaft
- **1906** Verkündung der ersten iranischen Verfassung durch Mosaffar od-Din
- **1925** Riza Chan (Riza Pahlewi) wird Schah
- **1941** Mohammed Riza Pahlewi wird dessen Nachfolger
- **1951** Verstaatlichung der Erdölindustrie
- **1979** Islamische Revolution unter Ruhollah M. Chomeini
- **1980-1988** Iranisch-Irakischer Krieg
- **1989** Tod des Ayatollah Chomeini
- **1997** Zayed Mohammed Chatami wird Staatspräsident

# IRAN

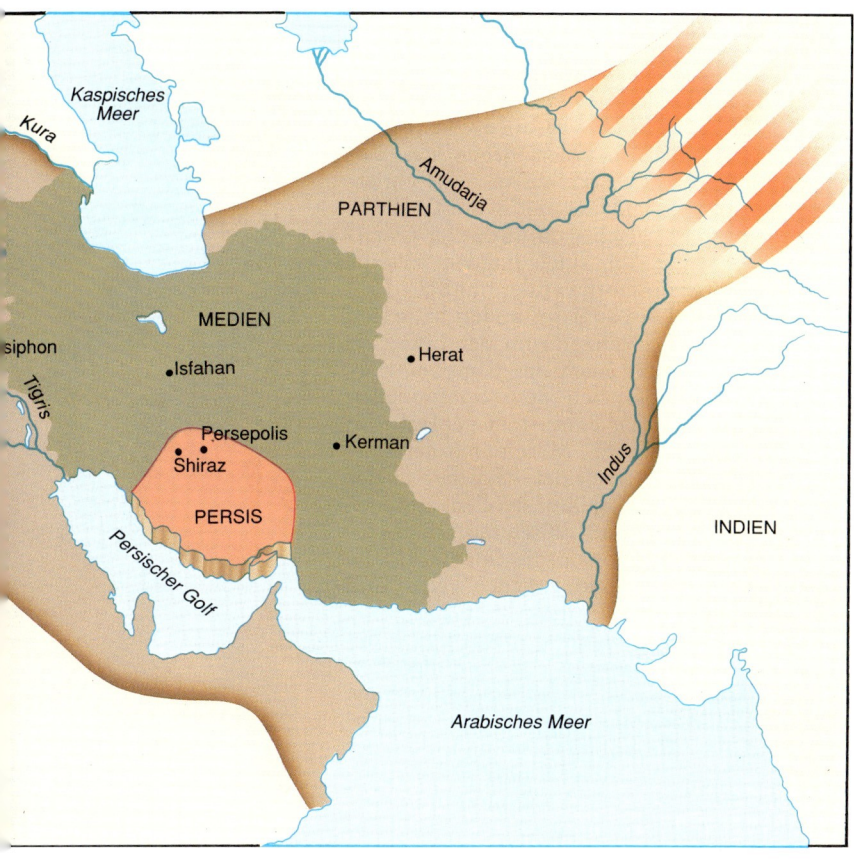

raschen Sieg. Auch die Islamisierung des Landes ging rasch vonstatten. Nur einige Jahrzehnte nach dem Tode Mohammeds war die Mehrheit der Perser freiwillig oder unter Zwang zum neuen Glauben übergetreten. Politisch spaltete sich das Sassanidenerbe auf in verschiedene Fürstentümer, die aber alle nominell zum Herrschaftsbereich des Kalifen von Bagdad gehörten.

Der Mongolensturm Anfang des 13. Jahrhunderts setzte den persischen Teilstaaten und Fürstentümern ein Ende. Nach der Zerstörung weiter Gebiete des iranischen Hochlandes errichtete Hülägü (1217–1265), ein Enkel Tschingis Chans (1167–1227), das Ilchanenreich auf persischem Gebiet. Doch die nationale Dynastie der Safawiden (1502–1736) beendete die Zeit der Fremdherrschaft. Sie bemächtigten sich im 16. Jahrhundert des gesamten persischen Gebietes und errichteten den ersten persischen Nationalstaat mit Isfahan als Hauptstadt. Unter ihnen wurde der Islam schiitischer Ausprägung offizielle Staatsreligion.

Politisch wirksam wurde die schiitische Geistlichkeit zu Beginn dieses Jahrhunderts. Zusammen mit dem aufgeklärten Bürgertum nötigte sie 1906 dem Kadscharenherrscher eine konstitutionelle Verfassung ab. Doch mit der Herrschaft Riza Pahlewis (1878–1944), eines ehemaligen Kosakenoffiziers, der den letzten Kadscharenherrscher absetzte und sich selbst zum Schah machte, geriet die Geistlichkeit ab 1925 ins Hintertreffen. Er wollte das Land, nach dem Vorbild Kemal Atatürks (1881–1938), dem Begründer der modernen Türkei, modernisieren. Bildung und Justiz, bis dahin Domänen der Geistlichkeit, wurden europäischen Vorbildern angepaßt und die Entschleierung der Frau mit Gewalt durchgesetzt.

1941 wurde der Iran von den Alliierten besetzt, und Riza Pahlewi, der mit den Deutschen sympathisierte, mußte zugunsten seines Sohnes Mohammed Riza Pahlewi (1919–1980) abdanken. Der junge Schah wurde mit einer Reihe politischer und sozialer Probleme konfrontiert. Der Konflikt mit dem Premierminister Mossadegh (1880–1967), der die Erdölindustrie, die sich bis dato in britischen Händen befand, nationalisierte, kostete ihn beinahe die Krone. 1953 aus dem Lande geflüchtet, organisierte er mit Hilfe der USA den Sturz Mossadeghs. Nach Iran zurückgekehrt, herrschte er dank des Erdölreichtums und seines Geheimdienstes Savak fast ein Vierteljahrhundert bis die Islamische Revolution ihn stürzte.

Am 1. Februar 1979 kehrte der Großayatollah Chomeini (1902–1989) nach 15jähriger Verbannung nach Iran zurück. Am Teheraner Flughafen wurde er von vier Millionen Menschen empfangen. Zehn Tage später legte die kaiserliche Garde, die bis zuletzt Widerstand geleistet hatte, ihre Waffen nieder. Damit war das Schicksal der 2500jährigen persischen Monarchie endgültig besiegelt.

# IRAN: KULTURELLES ERBE

Die iranische Kunst kann auf eine jahrtausendealte Geschichte zurückblicken. Keramikfunde bezeugen die Verbindung einer 5000 v. Chr. im südwestlichen Iran blühenden Kultur mit Mesopotamien, dem Geburtsort der Zivilisation. Um 1500 v. Chr. drangen iranische Völker aus Zentralasien ein und nannten ihr neues Land Iran. Sie beherrschten Techniken der Metallbearbeitung und stellten kunstvoll bearbeitete Haushaltsgegenstände und Waffen her.

550 v. Chr. gründeten die von den Griechen als Perser bezeichneten südlichsten iranischen Stämme unter Kyros ein gewaltiges Weltreich. Seine Nachkommen, die Achämeniden, schmückten ihre Hauptstadt Persepolis mit den Arbeiten begabter Künstler aus den eroberten Ländern, aus Babylonien, Ägypten und den griechischen Stadtstaaten Kleinasiens. 331 v. Chr. wurden die Achämeniden von dem Makedonier Alexander dem Großen besiegt. Der griechische Einfluß währte ein Jahrhundert, dann begann die Eroberung des Iran durch ein mächtiges Reitervolk, durch die Parther. Ihnen folgten die Sassaniden (224–650 n. Chr.). Sie bauten Paläste, fertigten feine Gewebe und reich verzierte Metallarbeiten und hinterließen monumentale Felsreliefs.

## Die Ausbreitung des Islam

Im 7. Jahrhundert brachte die Eroberung durch arabische Heere die islamische Religion in den Iran. Der neue Glaube gab den bestehenden persischen Kunststilen und der Architektur neue Impulse. Aufgrund des traditionellen islamischen Verbots, lebende Geschöpfe in religiösem Kontext darzustellen, verwendeten die Künstler abstrakte Ornamente: geometrische Figuren, Blütenmuster und Schriftzeichen. In der iranischen Architektur entstand mit der Arabeske ein eigentümlicher islamischer Stil. Noch bedeutender war der Einfluß des Islam auf die Kalligraphie (Schönschreibkunst). Iranische Künstler verzierten die gesamten Fronten iranischer Bauwerke mit Versen aus dem Koran.

In der frühen islamischen Epoche, der Zeit der von Damaskus aus regierenden Omajjaden-Dynastie (661–750), wurden neben der iranischen Religion des Zarathustra auch christlich-byzantinische und sassanidische Traditionen weitergeführt. Nach dem Sturz der Omajjaden machten die Abbasiden Bagdad im Jahr 762 zur Hauptstadt. Dort war der iranische Einfluß beherrschend. Im 10. Jahrhundert hatte sich der Iran zu einem Weltzentrum der Literatur, der Wissenschaft und auch der Kunst entwickelt. Bagdad wurde nach dem traditionellen Schema der iranischen Palaststadt geplant, mit dem Palast des Kalifen im Mittelpunkt der konzentrischen Anlage. Auch der Palastbezirk der Stadt Samarra war für die kunstvollen, aus geometrischen Motiven und Blütenmustern bestehenden Wanddekorationen, die Innenhöfe, die rechtwinklig angelegten künstlichen Teiche und die blumenbestandenen Kanäle berühmt.

Im 13. und 14. Jahrhundert wurden viele der iranischen Denkmäler aus der Zeit der Seldschuken-Dynastie (rund 1040–1220) durch die plündernden Mongolen zerstört. Die mongolischen Ilchane führten die ursprünglich bei der Buchillustration zur Anwendung gekommene Miniaturmalerei ein. Die Miniaturen im persischen Königsbuch (Schahname) des Epikers Firdausi stellen die größte künstlerische Leistung der Ilchanidenepoche dar.

Während der Safawiden-Dynastie (1502 bis 1736) bedeuteten die Arbeiten des berühmten Malers Riza Abbasi eine Weiterentwicklung dieser Miniaturmalerei. Unter den Safawiden blühten die Malerei, die Fertigung feiner Gewebe und Metallobjekte sowie die Keramikkunst wie nie zuvor. Mit der Verlegung der Dynastie nach Isfahan unter Schah Abbas I. (1571–1629) be-

»Bahram Gor tötet einen Drachen« *(oben)*. Die Miniaturmalerei aus dem 14. Jahrhundert stellt eine Szene aus dem berühmtesten persischen Epos dar, dem von Firdausi verfaßten Schahname (Königsbuch).

**Perserteppich** *(rechts)* aus dem 16. Jahrhundert mit einem Tier- und Blumenmuster. Teppiche früherer Zeiten haben abstrakte Muster. Unter den Safawiden gehörte die Teppichknüpferei zu den Schönen Künsten. Es gab Schulen in Tabriz und Kerman.

**Die Stadt Persepolis** *(rechts außen)*, deren Ruinen in der Nähe von Shiraz liegen, wurde um 500 v. Chr. von Dareios I. gegründet. Bis zur Zerstörung durch Alexander den Großen war sie die Hauptstadt des achämenidischen Reiches.

IRAN

gann das goldene Zeitalter der safawidischen Baukunst. Abbas ließ den riesigen Schah-Platz mit einem überdachten Bazar umgeben.

Am südlichen Ende des Schah-Platzes wurde die herrliche Schah-Moschee (Masdschid-i-Schah) Isfahans erbaut. Die Hauptstraße der Stadt, eine breite Allee, die »Vier Gärten« (Chahar Bagh) genannt wurde, verlief in nord-südlicher Richtung und endete in einem riesigen Garten, dem Hazar Jerib, der aus zwölf übereinanderliegenden Terrassen bestand. Ein weiteres herrliches Bauwerk am Meidan ist die Lutfullah-Moschee, deren Eingang und Kuppel mit prächtigen glasierten Fliesen verziert sind.

Die Zeit der Abbasiden war eine Blütezeit des Kunsthandwerks. Gelegentlich ließen sich die Künstler von der chinesischen Kunst inspirieren und beeinflußten ihrerseits Europa. Die ältesten erhaltenen Teppiche stammen aus Anatolien und können auf das 13. Jahrhundert datiert werden. Zahlreiche spätere sind jedoch iranischen Ursprungs, wobei die Safawiden die lebhaftesten Muster entworfen haben. Die iranische Keramikkunst maß der Dekoration größere Bedeutung zu als der Form. Das billige Rohmaterial machte sie zum beliebtesten Kunsthandwerk. Die erhaltenen iranischen Metallgegenstände sind zumeist wertvolle silberne Krüge und Schüsseln. Im 11. Jahrhundert wurde allerdings infolge Silbermangels die Verarbeitung von Messing und Bronze populär.

# IRAN: DIE MENSCHEN

Der Name Iran leitet sich vom altpersischen »Arynam« ab, das bedeutet das »Land der Arier«, und ist seit 1935 die offizielle Bezeichnung des Landes. Die Vorfahren der heutigen Iraner, die sogenannten Indoeuropäer, hatten ihre Heimat in den südrussischen Steppen. Sie begannen um 1500 v. Chr. das Iranische Hochland zu besiedeln. Aus ihrer Sprache entwickelte sich das heutige Persisch, »Farsi« genannt, das seit der Islamisierung des Landes im 7. Jahrhundert mit arabischen Wörtern durchsetzt ist und sich der arabischen Schrift bedient.

Die Iranische Hochebene liegt zwischen dem Nahen Osten und Zentralasien und war damit stets der Kreuzweg verschiedener Völker und Kulturen. So leben heute in Iran eine Reihe ethnisch und sprachlich unterschiedlicher Volksgruppen. Den Hauptteil der iranischen Bevölkerung bilden die Farsen, auch Perser genannt, die persischsprechenden Iraner. Sie stellen die Hälfte der rund 67 Millionen Einwohner des Landes und sind Anhänger der 12. Schia, der offiziellen Staatsreligion Irans. Die Farsen sind seßhaft und leben in festen Siedlungen. Aus ihrer Mitte bildete sich die intellektuelle und politische Elite des Landes. Die politisch wichtigste Gruppe unter den ethnischen Minderheiten sind die Kurden. Ungefähr ein Drittel der sonst hauptsächlich noch in Irak und in der Türkei lebenden Kurden sind in Iran ansässig. Ihre Zahl wird auf etwa fünf Millionen geschätzt. Das Hauptwohngebiet der Kurden liegt im nördlichen Teil des Sagrosgebirges und in der Provinz Kurdistan. Die Kurden sind in Stämmen organisiert und teils seßhaft, teils viehzüchtende Nomaden. Im Verlauf dieses Jahrhunderts haben sie mehrfach vergeblich versucht, von Iran unabhängig zu werden.

Nach Autonomie strebten in den vergangenen Jahrzehnten auch die Aseri, die türkisch-sprechenden Bewohner der Nordwestprovinz Aserbaidschan. Die Aseri stellen mit ca. 20 % der Gesamtbevölkerung die weitaus größte Minderheit in Iran dar. Im Gegensatz zu den Kurden sind die schiitischen Aseri als zweites Staatsvolk in das soziale Gefüge des Landes integriert. Dies bewirken besonders die Händler- und Bazarfamilien, die nicht nur in der Provinzhauptstadt Tabriz, sondern auch in Teheran wirtschaftlich eine bedeutende Stellung einnehmen. Ihr Nationalismus beschränkt sich auf eine Betonung der sprachlichen Differenz gegenüber den persischen Landesteilen.

Wie die Aseri sind auch die rund 700 000 Turkmenen, die bis zum Ausbruch des Krieges in Iran gezählt wurden, mehrheitlich schiitisch und türkischsprachig. Sie leben südöstlich des Kaspischen Meeres, sind stammesmäßig organisiert und betreiben Landwirtschaft und Viehzucht.

Anders als die Turkmenen, gehören die ca. eine Million Belutschen zu den iranischen Völ-

**Den Frauen in Iran** *(rechts)* werden von Seiten der Islamischen Republik erhebliche Beschränkungen auferlegt. Während sich die Frauen auf dem Lande nicht vollständig bedecken, tragen sie in den Städten meist den Schador.

**Die kaspische Küste,** wo dieser Fischer seinen Fang zur Schau stellt *(oben)*, ist dicht besiedelt. Der westliche Teil ist die Heimat der aserbaidschanischen Minderheit.

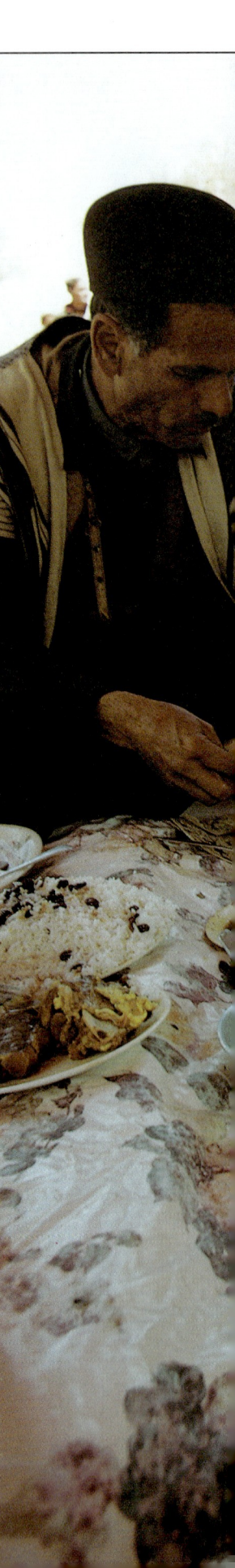

# IRAN

**Mitglieder des Volkes der Bachtiaren,** die hier eine typische Mahlzeit einnehmen *(links)*, leben im Sagrosgebirge im westlichen Iran. Etwa ein Drittel der Bachtiaren lebt noch als Nomaden. Sie treiben ihre Rinder-, Ziegen- und Schafherden hinauf zu den hochgelegenen Sommerweiden Khusestans. Ihre farbenprächtigen, auffällig gemusterten Läufer und Teppiche, die im Gebiet von Chahar südwestlich von Isfahan geknüpft werden, bezeugen kunsthandwerkliches Geschick und stolzes Erbe.

kern, und ihre Sprache ist eng mit dem Persischen verwandt. Die Belutschen sind Sunniten und leben als Nomaden im ostiranischen Grenzgebiet von Belutschistan, Seistan (Sistan) und Kirman. Die in jenem fernen Winkel des Iran fortbestehenden traditionellen Stammesstrukturen, die dünne Besiedelung der weiten Wüstengebiete sowie die recht geringe Präsenz der Zentralmacht, sowohl unter dem Schah als auch unter dem islamischen Regime, dürften dazu beigetragen haben, daß die Unzufriedenheit der Belutschen nicht zu einem totalen Aufstand führte. Die bislang schwersten Unruhen fanden zur Jahreswende 1979/1980 statt. Seither hat man kaum mehr von bewaffneten Auseinandersetzungen gehört.

**Religiöse Minderheiten**

Iran ist das einzige Land, in dem der Islam schiitischer Ausrichtung Staatsreligion ist. 98% der Iraner sind Moslems; 90% gehören zur 12. Schia, den Rest bilden die Sunniten. Die größte nicht-moslemische Minderheit stellen die Christen. Unter ihnen sind die Armenier die wichtigste Gemeinde. Die armenische Gemeinde ist ein Teil der östlichen armenischen Kirche mit dem Zentrum Eriwan. Die Armenier haben ein vergleichsweise hohes Bildungsniveau. Viele sprechen fremde Sprachen. Neben dem Geschäftsleben konzentrieren sich ihre Aktivitäten auf akademische Berufe und künstlerische Tätigkeiten. Den Christen folgen die Juden mit ca. 150 000 Gläubigen. Ihre Zentren befinden sich in Teheran, Shiraz, Hamadan und Isfahan.

Die einzige religiöse Minderheit, die von der iranischen Regierung nicht anerkannt wird und ihren Glauben nicht ausüben darf, sind die Baha'i, Anhänger einer ursprünglich von der 12. Schia abgespaltenen Sekte. Während die Baha'i unter dem Schah toleriert wurden, sind sie heute der religiösen Unduldsamkeit der klerikalen Herrscher ausgesetzt. Eine Reihe führender Baha'i wurde in den letzten Jahren hingerichtet, andere sitzen im Gefängnis oder sind ins Ausland geflüchtet. Letztere bilden einen Teil der zwei bis drei Millionen Iraner, die seit der Revolution das Land verlassen haben und heute in den iranischen Nachbarstaaten sowie in Westeuropa und Nordamerika leben. Die Flüchtlinge gehören meist zur städtischen Mittelschicht, unter ihnen viele Technokraten, Akademiker und Künstler. Ihr Weggang führte zu einer intellektuellen Ausblutung des Landes.

# IRAN: WIRTSCHAFT

## Landesnatur

Gebirge und hochliegende, wüstenhafte Beckenräume sind die beherrschenden Landschaftselemente in Iran. Kernraum des Landes ist das Hochland von Iran, das im Norden und Süden von zwei mächtigen Hochgebirgssystemen umrahmt wird, die im Nordwesten im Hochland von Aserbaidschan zusammenlaufen. Die Gebirge gehören zum euroasiatischen Hochgebirgsgürtel, der sich von der Iberischen Halbinsel über die Alpen, Karpaten, den Balkan, Taurus und Pontus bis zum Himalaya fortsetzt. Die Wüsten und Steppen sind Teil jenes Trockengebietes, das von der Sahara über die Arabische Halbinsel auf das Iranische Hochland übergreift. Hauptsiedlungsgebiete sind die Gebirgstäler, das Küstentiefland am Kaspischen Meer sowie die Randgebiete des Hochlandes.

Iran ist auch ein Land klimatischer Gegensätze. Nur die schmale Kette des Elbursgebirges trennt das immerfeuchte kaspische Tiefland von der wüstenhaften Hochebene Zentralirans, wo die Sommer extrem heiß, die Winter aber bisweilen unerträglich kalt werden. Temperaturen über 50 °C sind im persischen Süden keine Seltenheit. Abgesehen vom Gebiet am Kaspischen Meer ist Iran ein ausgesprochenes Trockengebiet. In weiten Teilen des Landes fallen im Jahr weniger als 100 mm Niederschläge.

Dicht bewaldet ist nur das kaspische Tiefland. Die Hänge des Elburs sind mit Eichen, Buchen und Wacholder bedeckt, die aber in Folge der Industrialisierung weniger werden. Trockenwälder bilden auch die Hauptvegetation der westlichen Gebirge und des Sagrosgebirges. Charakteristisch für die Küstenregion am Persischen Golf sind Bäume wie die arabische Akazie und Palmen. Artemisia- und Astragalusarten sind die Hauptvegetation der wüstenartigen Beckenlandschaft im Landesinnern.

## Wirtschaft

Knapp 40 % der iranischen Bevölkerung leben auch heute noch auf dem Lande. Damit bildet die Landwirtschaft nach wie vor die Grundlage der iranischen Wirtschaft. Doch nicht einmal 10 % der gesamten Fläche des Landes werden für den Anbau und die Viehzucht genutzt. Das liegt in erster Linie am chronischen Wassermangel. Neben den herkömmlichen »Qanaten«, den unterirdischen Wasserkanälen, die Wasser über weite Entfernungen leiten, versucht man seit den 70er Jahren, durch elektrisch betriebene Tiefbrunnen Wasser zu gewinnen. Die landwirtschaftlichen Produkte sind gemäß den unterschiedlichen klimatischen Zonen vielfältig: Am Kaspischen Meer werden in erster Linie Tee, Reis, Zitrusfrüchte und Baumwolle angebaut. Im Westen und Nordwesten sind Getreide, Zuckerrüben, Gemüse, Obst und Ölfrüchte die üblichen Erzeugnisse. Dieselben Produkte gewinnt man auch auf dem Iranischen Hochland, insbesondere um die städtischen Zentren von Teheran, Isfahan und Shiraz. Im Süden wachsen Zuckerrohr, Datteln, Baumwolle und Reis – aber auch Getreide, Zuckerrüben und Futterpflanzen. Doch die landwirtschaftlichen Erträge reichen bei weitem nicht aus, den inländischen Bedarf zu decken. Seit Jahren müssen daher wichtige Nahrungsmittel, wie Weizen, Reis und Fleisch, aus dem Ausland importiert werden.

Nach der Landreform von 1963 bis 1971 ist der größte Teil des Agrarlandes im Besitz von Kleinbauern. Doch viele von ihnen, die nicht über das nötige Geld verfügten, um ihr Land rentabel zu bewirtschaften, gingen in den 70er Jahren auf Arbeitssuche in die großen Städte. Diese Bevölkerungsgruppe bildete 1979 die Speerspitze der Islamischen Revolution. Seit dem Sieg der Revolution ist die Regierung bemüht, die Lage der Landbevölkerung zu verbessern: Straßenbau, Elektrifizierung und Errichtung von Schulen stehen im Vordergrund. Die Bauern können inzwischen auch leichter Kredite erhalten als unter dem Schah.

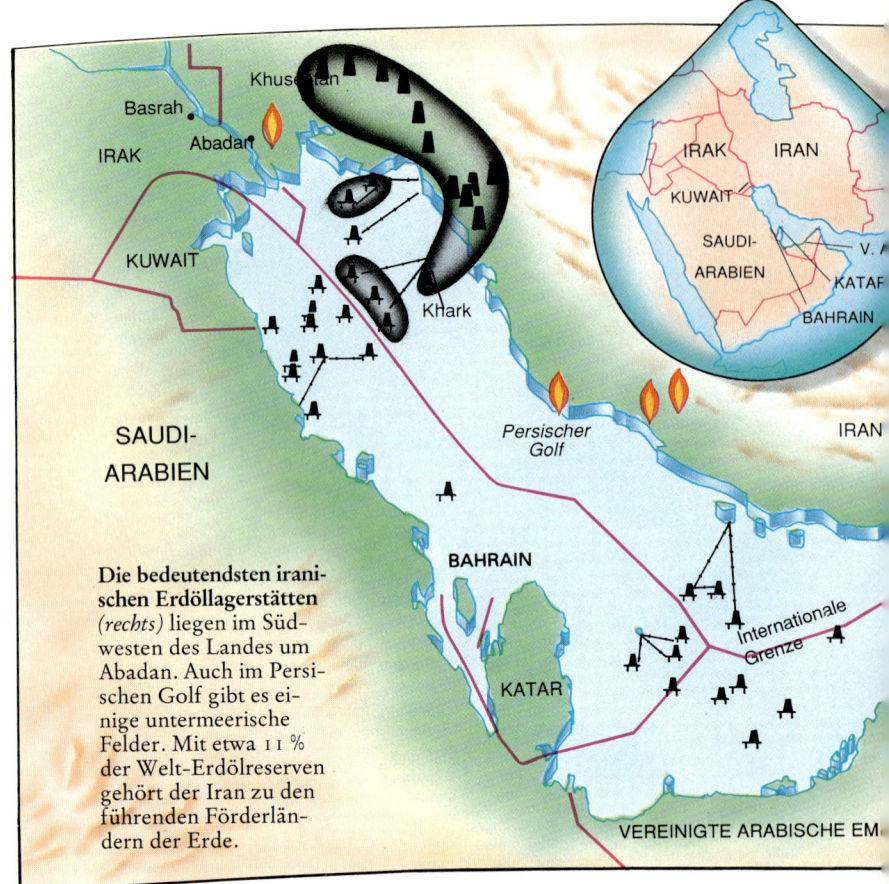

Die bedeutendsten iranischen Erdöllagerstätten (rechts) liegen im Südwesten des Landes um Abadan. Auch im Persischen Golf gibt es einige untermeerische Felder. Mit etwa 11 % der Welt-Erdölreserven gehört der Iran zu den führenden Förderländern der Erde.

Die Erdölraffinerie in Masjed Soleyman (oben Mitte) in Khusestan liegt in der Nähe des ersten iranischen Ölfeldes. Nach der Islamischen Revolution gingen die Fördermengen zurück, außerdem behinderte der Krieg mit Irak den Export.

Teppiche und Läufer (rechts), von Nomaden und in dörflichen Werkstätten geknüpft, werden zum Trocknen im Freien ausgebreitet. Sie gehören zu jeder iranischen Wohnungs- oder Zelteinrichtung und sind ein wichtiges Exportprodukt.

# IRAN

Eine weitere Hauptstütze der iranischen Wirtschaft bildet die Ölproduktion. Das erste Erdöl in Iran wurde 1908 200 km nördlich von der späteren Raffineriestadt Abadan gefunden. In der Folgezeit begann das britische Unternehmen »Anglo Persian Oil Company« mit der Erschließung und Ausbeutung der Ölfelder im Südwesten des Landes. 1951 wurde die iranische Erdölindustrie verstaatlicht.

Unter der iranischen Erde liegen ca. 11 % der gesamten bekannten Erdölreserven der Welt. Der Versuch des Schah, mit Hilfe der Erdöleinnahmen das Agrarland binnen kurzem in einen modernen Industriestaat umzuwandeln, scheiterte. Den Erben des Kaiserreiches liegt nicht viel am »industriellen Fortschritt«. Seit der Revolution sind viele Betriebe stillgelegt oder ihre Produktion ist stark eingeschränkt. Durch die kriegerischen Auseinandersetzungen mit Irak 1980 bis 1988 mußte die Erdölförderung zwischenzeitlich stark eingeschränkt werden. Ende der 1990er Jahre war Iran aber mit einer Fördermenge von über 190 Millionen Tonnen der weltweit viertgrößte Erzeuger.

Das traditionelle Handwerk ist nach wie vor ein wichtiger Wirtschaftszweig, vor allem die Teppichknüpferei. 1962 wurde Kinderarbeit in der Teppichproduktion verboten. Doch auch heute noch sind zahllose Kinder in diesem Gewerbe tätig. Neben Teppichen sind Kaviar und Pistazien gefragte Produkte Irans im Ausland.

**Fischfang** (oben) wird vor allem am Kaspischen Meer betrieben. Die Fischerei ist auf den Fang von Stör zur Kaviargewinnung ausgerichtet. – Im Sommer verlassen viele Einwohner Teherans die heiße Hauptstadt in Richtung der kaspischen Region.

**Auf ihrer jährlichen Wanderung** treiben die Bachtiaren ihre Schaf- und Ziegenherden (unten) über das hohe Sagrosgebirge. Viele der Ketten des von Nordwesten nach Südosten ziehenden Sagros erreichen eine Höhe von mehr als 3600 m.

# IRLAND

# IRLAND

Irland, die westliche der beiden großen Britischen Inseln, wird zu Recht die »Grüne Insel« genannt. Zu fünf Sechsteln gehört sie zur unabhängigen Republik Irland, das übrige – nordöstliche – Sechstel, Nordirland, ist Teil des Vereinigten Königreichs von Großbritannien und Nordirland.

Grasbewachsene Hänge im Osten der Republik bilden einen lebhaften Gegensatz zu den heidebedeckten Hügeln und Bergseen des Westens. Im Landesinneren prägen ebenes Weideland und ausgedehnte Torfmoore das Landschaftsbild. Die randlichen zerklüfteten Gebirge formen schroffe Felsküsten, die steil zum oft stürmischen Meer abbrechen. Das milde, feuchte Wetter scheint von Tag zu Tag zu wechseln. Im äußersten Südwesten der Insel allerdings, in der Grafschaft Kerry, gedeihen – durch den warmen Golfstrom begünstigt – sogar im Freien subtropische Pflanzen.

Die lebenslustigen Iren sind talentierte Redner, besonders nach einem Glas dunklem Starkbier –»stout« oder (nach der berühmten Brauerei) »guinness« genannt. Eine Reihe Autoren hat irische Rhetorik in Roman und Drama zu einem beneidenswerten Höhepunkt geführt. Die berühmten Namen reichen von Richard Brinsley Sheridan, Oscar Wilde und William Butler Yeats bis zu George Bernard Shaw, John Millington Synge, Sean O'Casey, Samuel Beckett, Brendan Behan und James Joyce.

Die Iren begeistern sich für Musik. Brillante Flöten- und Harfenspieler trugen dazu bei, daß sich die irische Volksmusik über die ganze Welt verbreiten konnte. Sobald der sanfte irische Akzent erklingt, lassen Volkstänze – flotte Gigues und Reels – und gefühlvolle Balladen nicht lange auf sich warten. Meisterwerke wie das berühmte »Book of Kells«, das aus dem 8. oder 9. Jahrhundert nach Christus stammt, sind glänzende Zeugnisse einer weiteren hochentwickelten Kunst, der Buchmalerei.

Die meisten Iren haben keltische Vorfahren. Der Zauber jener Zeit ist immer noch in halbvergessenen Sagen von Todesfeen, Elfen und heidnischen Göttern lebendig geblieben. Als jedoch der heilige Patrick im 5. Jahrhundert das irische Volk zum Christentum bekehrte, wurde der Katholizismus zum beherrschenden Glauben der Nation. Heute bekennen sich 88 % der Bevölkerung zum katholischen Glauben. Der Zusammenstoß mit der fast ausschließlich protestantisch orientierten Kultur Nordirlands hat immer wieder dazu geführt, die bewegte Vergangenheit und Gegenwart aufzuwühlen.

Angeblich leben mehr Iren im Ausland als in Irland selbst. Die meisten von ihnen haben große Sehnsucht, ihr Heimatland wiederzusehen. Jahr für Jahr strömen Besucher zu Millionen auf die »Grüne Insel«, um den Zauber ihrer Landschaft, die Vielfalt an sportlichen Aktivitäten – vom Angeln bis zum Pferderennen – und die unvergleichliche Herzlichkeit irischer Gastfreundschaft zu erleben.

# IRLAND: DER STAAT

Irland ist eine politisch souveräne, unabhängige demokratische Republik. Das Parlament des Landes setzt sich aus zwei Häusern zusammen, denen der Staatspräsident vorsteht. Dieser ist offizielles Staatsoberhaupt und wird vom Volk für sieben Jahre direkt gewählt; er kann einmal wiedergewählt werden.

Das Parlament besteht aus zwei Kammern, dem Repräsentantenhaus (Dáil Éireann) mit 166 Mitgliedern und dem Senat (Seanad Éireann) mit 60 Mitgliedern. Beide Häuser tagen im Leinster House in Dublin. Der Premierminister (Taoiseach), der vom Präsidenten ernannt wird, ist der eigentliche Regierungschef. Er wird für fünf Jahre gewählt und ist in der Regel Führer der Mehrheitspartei im Repräsentantenhaus. Er stellt sich aus der Reihe der Parlamentsmitglieder sein Kabinett zusammen.

Zum gegenwärtigen Zeitpunkt gibt es in Irland vier größere politische Parteien: die Republikaner (Fianna Fáil), die konservative Fine Gael, die sozialistische Labour Party und die Demokratische Fortschrittspartei (Progressive Democratic Party).

Das Gerichtswesen stützt sich auf den Supreme Court, das Oberste Gericht des Landes, und – eine Stufe niedriger – auf den High Court (das Hohe Gericht). Darüber hinaus gibt es noch eine Reihe von Gerichten mit beschränkter Zuständigkeit. Der Präsident ernennt die Richter auf Lebenszeit.

Die Kommunalverwaltung wird von 26 Grafschaften wahrgenommen (Tipperary ist aus verwaltungstechnischen Gründen in zwei Bezirke aufgeteilt). Die Städte Cork, Dublin, Galway, Limerick und Waterford bilden Stadtgrafschaften. Irland ist verschiedenen internationalen Organisationen beigetreten. Es ist Mitglied der

Die Gebiete, in denen das irische Gälisch Alltagssprache ist *(oben)*, sind als Gaeltacht bekannt. Im gesamten übrigen Irland wird Englisch gesprochen.

**Dublin Castle** *(oben)* war einst das Symbol der britischen Herrschaft in Irland und ist heute Sitz des Staatsarchivs. Seit 1938 werden die irischen Präsidenten in St. Patrick's Hall, den State Apartments des Schlosses, vereidigt.

**Die Republik Irland** *(rechts oben)* ist ein agrarisch orientiertes Land, das etwa fünf Sechstel der Insel einnimmt. Den übrigen Teil bilden die sechs Grafschaften von Nordirland, die unter britischer Krone geblieben sind.

## Daten und Fakten

**DAS LAND**
**Offizieller Name:** Irland
**Hauptstadt:** Dublin
**Fläche:** 70 273 km²
**Landesnatur:** Zentrales Tiefland (Central Lowlands), im N Donegal-Bergland, im W Connemara-Bergland, im S Bergländer von Kerry u. Cork, im O Wicklowberge
**Klima:** Durch den Golfstrom beeinflusstes mildes, ozeanisch gemäßigtes, regenreiches Klima
**Hauptflüsse:** Shannon, Blackwater, Suir, Barrow
**Höchster Punkt:** Carrauntoohill 1041 m
**DER STAAT**
**Regierungsform:** Republik
**Staatsoberhaupt:** Staatspräsident
**Regierungschef:** Premierminister
**Verwaltung:** 4 Provinzen, 26 Grafschaften (counties)
**Parlament:** Zweikammerparlament mit 166 für 5 Jahre gewählten Abgeordneten im Abgeordnetenhaus u. 60 Senatoren im Senat
**Nationalfeiertag:** 17. März
**DIE MENSCHEN**
**Einwohner (Ew.):** 3 705 000 (1999)
**Bevölkerungsdichte:** 53 Ew./km²
**Stadtbevölkerung:** 60 %
**Bevölkerung unter 15 Jahren:** 22 %
**Analphabetenquote:** 1 %
**Sprache:** Irisch, Englisch
**Religion:** Katholiken 88 %, Anglikaner 3 %
**DIE WIRTSCHAFT**
**Währung:** Euro; bis 31.12.2001 Irisches Pfund
**Bruttosozialprodukt (BSP):** 67 491 Mio. US-$ (1998)
**BSP je Einwohner:** 18 340 US-$
**Inflationsrate:** 2 % (1990-98)

UN (Vereinten Nationen), der OECD (Organisation für Wirtschaftliche Zusammenarbeit und Entwicklung) und auch der Europäischen Union.

### Bevölkerung

Fast 60 % der über 3,7 Millionen Einwohner Irlands leben in den Städten und Großstädten, der übrige Teil der Bevölkerung in kleineren Stadtgemeinden, Dörfern oder auf Gehöften in ländlichen Gegenden; nur die Hauptstadt Dublin und die Stadt Cork haben mehr als 100 000 Einwohner.

Irisch (eine gälische Sprache) ist die offizielle erste Amtssprache, Englisch nur die zweite, trotzdem wird Englisch im Gegensatz zu Irisch von allen Iren gesprochen. Von staatlicher Seite werden Schulen angewiesen, Irisch zu unterrichten, um es als lebende Sprache zu erhalten. Die Gebiete mit Irisch sprechender Bevölkerung sind unter dem Namen Gaeltacht bekannt und werden durch ein Sonderministerium verwaltet, dessen hauptsächliche Aufgabe die Förderung der irischen Sprache ist.

Der Lebensstandard variiert von relativem Wohlstand in städtischen Gegenden bis zu ärmlichen Verhältnissen in einigen strukturschwachen ländlichen Regionen. Irland erwirtschaftet innerhalb der EU-Staaten – mit Ausnahme von Luxemburg – das geringste Bruttoinlandsprodukt. Etwa 39 % des Bruttoinlandsprodukts werden von Industrie und Bergbau erbracht, 7 % durch die Landwirtschaft. Fleisch, Milchprodukte und der Verkauf von Lebendvieh sind wichtige Exportgüter. Hauptindustriezweige sind Maschinenbau, chemische Industrie, Hochtechnologie und Textilherstellung. Chemikalien und elektrische Maschinen machen rund 70 % des Exports aus.

### Bildungswesen

Für Kinder zwischen 6 und 15 Jahren besteht allgemeine Schulpflicht. Nahezu alle Schulen in Irland werden von privaten Organisationen geleitet, insbesondere von der katholischen Kirche und teilweise von der anglikanischen Church of Ireland. Da jedoch auch der Staat finanzielle Unterstützung gewährt, ist an den meisten Grundschulen und den weiterführenden Schulen die Ausbildung kostenlos.

Die Religion spielt in Irland von jeher eine wichtige Rolle. Etwa 88 % der Bevölkerung sind katholisch, was z. T. erheblichen Einfluß auf die Regierungspolitik hat und bis zur Zensur von Büchern und Theaterstücken führte. Die Terroranschläge, die in Nordirland verübt wurden, sind zum großen Teil auf den scharfen Gegensatz der Republik zum vornehmlich protestantisch ausgerichteten Nachbarstaat zurückzuführen. Die von der Regierung verbotene IRA (Irisch Republikanische Armee) macht sich diese religiösen Differenzen zunutze, um eine Wiedervereinigung Irlands auf gewaltsamem Wege zu erreichen.

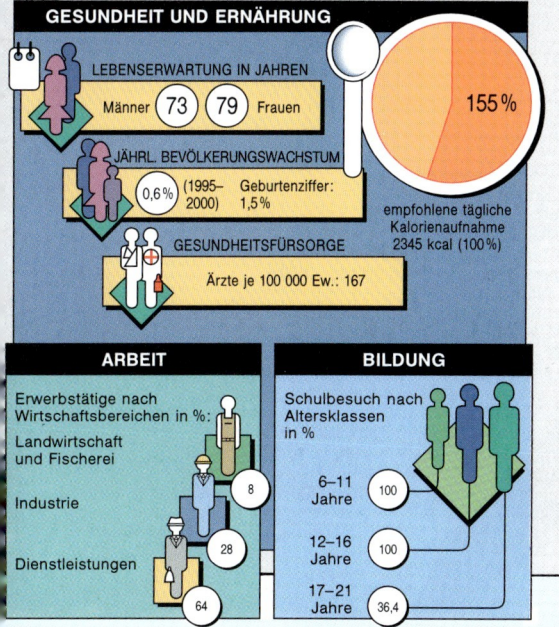

**Importgüter:** Obst, Getreide, Maschinen, Fahrzeuge, Mineralöl, Kunststoff
**Exportgüter:** Chemikalien, Computer, Molkereiprodukte, Fleisch, Textilien
**Handelspartner:** Großbritannien, BRD, weitere EU-Länder, USA, Kanada
**Eisenbahnnetz:** 1947 km
**Straßennetz:** 87 042 km (befestigt; darunter 50 km Autobahn)
**Fernsehgeräte je 1000 Ew.:** 402

# IRLAND: GESCHICHTE

Spuren der ersten Bewohner Irlands lassen sich mehr als 5000 Jahre zurückverfolgen; sie hinterließen eindrucksvolle Megalithgräber, so z. B. Newgrange in der Grafschaft Meath. Durch eine Öffnung über dem Eingang zur Totenkammer dieser Grabanlage beleuchten die ersten Sonnenstrahlen am Tag der Wintersonnenwende einen Altarstein im sogenannten »Tempel«. Den talentierten Baumeistern dieser frühen Epoche folgten in der Bronze- und Eisenzeit die Kelten, die die Grundlage für die Entwicklung des irischen Volkes legten und durch die es bis heute geprägt ist. Die irische Version des Gälischen, der Sprache der Kelten, ist heute offizielle Landessprache von Irland, es ist allerdings die Muttersprache nur eines kleinen Teils der Bevölkerung.

## Christentum

Die Iren nahmen das Christentum bereitwillig an. Es wurde im 5. Jahrhundert von einem gewissen Patricius (Patrick) eingeführt, einem Mönch, der später zum verehrten Schutzheiligen des Landes wurde (Nationalfeiertag 17. März). Bis heute gehört das irische Volk zu den leidenschaftlichsten Anhängern des Katholizismus in Europa. Besonders verehrt wird die Jungfrau Maria. In Irland gibt es eine Reihe von wundertätigen Statuen und Denkmälern und außerdem die berühmte Wallfahrtsstätte Knock in der Grafschaft Mayo.

1 Jonathan Swift (1667–1745)

2 Daniel O'Conell (1775–1847)
3 William Butler Yeats (1865–1939)

- **um 3000 v. Chr.** erste Megalithbauten
- **um 400 v. Chr.** Ansiedlung keltischer Gälen
- **432** Beginn der Christianisierung durch den heiligen Patrick
- **um 800** Wikingereinfälle und -niederlassungen
- **1014** Vernichtende Niederlage der Wikinger
- **1534** Beginn der britischen Herrschaft
- **um 1570** Unterdrückung irischer Katholiken durch Elisabeth I.
- **1608** Ansiedlung englischer und schottischer Protestanten in der Provinz Ulster
- **1649** Cromwell schlägt irischen Aufstand nieder
- **1690** Schlacht am Boyne: Sieg Englands über Jakob II. und die irischen Katholiken
- **18. Jh.** Strafgesetze gegen Katholiken. Aufstieg der Protestanten
- **1782** England toleriert irisches Parlament unter Henry Grattan
- **1801** Eingliederung Irlands ins Vereinigte Königreich
- **1829** Wiederzulassung von Katholiken im britischen Parlament
- **1845–49** Hungersnot: Massenauswanderung
- **1916** Osteraufstand: Ausrufung der Irischen Republik; England zerschlägt Aufstand
- **1919** Gründung eines nationalen irischen Parlaments in Dublin
- **1921** Errichtung des Freistaates Irland
- **1937** Neue Verfassung: Unabhängigkeit Irlands als souveräner Staat Eire
- **1949** Irland wird Republik, Austritt aus dem Commonwealth
- **1973** Beitritt Irlands zur EG
- **1985** Anglo-Irisches Hillsborough-Abkommen zur Bekämpfung der Spannungen in Nordirland
- **1998** Nordirland-Friedensabkommen

**Das Muiredach's Kreuz** *(rechts)* im Kloster Monasterboice (Grafschaft Louth) stammt aus dem 10. Jahrhundert, es ist das besterhaltene keltische Hochkreuz.

# IRLAND

Unter dem Einfluß des heiligen Patrick wurden zahlreiche irische Klöster und Konvente gegründet – Zentren der Gelehrsamkeit, die Irland zum »Leitstern« im Europa des frühen Mittelalters werden ließen. Irische Missionare bekehrten einen Großteil des »barbarischen« Europa, und die schöpferische Kraft der Mönche leuchtet aus den vollendet illustrierten Handschriften hervor, die uns überliefert sind. Im 12. Jahrhundert allerdings erlebte die Insel dunklere Zeiten. Nach wiederholten Einfällen der Wikinger drangen die Normannen in Irland ein – Lehnskrieger aus England, die sich jedoch der irischen Lebensweise bald weitgehend anpaßten und allmählich »irischer wurden als die Iren selbst«.

Im späten 16. Jahrhundert nahm mit der Wendung Englands zum Protestantismus die erneute Verfolgung der Iren religiöse Bedeutung an. Unter Elisabeth I. (1533–1603) wurden große protestantische Gemeinden von Britannien nach Nordirland umgesiedelt, Grundlage für religiöse Spannungen, die bis heute andauern und oft auch zu schwersten Auseinandersetzungen führt. Im folgenden Jahrhundert schlugen die Engländer unter Cromwell einen Aufstand der Iren blutig nieder und legten ganze Städte und Dörfer in Schutt und Asche. Unter der Herrschaft des katholischen Königs Jakob II. verbesserte sich die Situation der irischen Katholiken – allerdings nur für kurze Zeit. Als der König in der Schlacht am Boyne 1690 durch den protestantischen Wilhelm von Oranien vernichtend geschlagen wurde (ein Ereignis, das das protestantische Nordirland immer noch jedes Jahr feiert), verbannten die Engländer katholische Bischöfe und Mönche und erließen Gesetze, die irischen Katholiken Landbesitz untersagten und sie von jeglichen einflußreichen Stellungen ausschlossen. In den folgenden Jahrhunderten mußten sich die meisten alteingesessenen Iren mühsam als kleine Bauern durchschlagen.

## Armut in Irland

Da Irland größtenteils ungeeignet für Getreideanbau ist, waren die Inselbewohner in erster Linie auf die anspruchslose Kartoffel angewiesen, um überleben zu können. Im Jahre 1845 drohte sogar diese dürftige Kost durch eine Seuche vernichtet zu werden: die Hungersnot, die deshalb von 1845–1849 herrschte, war eine der schwersten der Neuzeit. Hunderttausende von Iren waren zur Auswanderung gezwungen, sie emigrierten vor allem nach Amerika. Aber wohin sie auch gingen, es gelang ihnen, ihr »irisches Wesen« zu bewahren – und eine tiefe Verbundenheit mit ihrem Vaterland. Irische Einflüsse sind in Amerika besonders stark und vielfältig, sie haben u. a. die »Country Music«, vielleicht sogar den amerikanischen Akzent geprägt. Amerikaner irischer Herkunft haben oftmals ihr Heimatland in seinem langandauernden Kampf um die Unabhängigkeit von Großbritannien unterstützt.

## Irlands Weg zur Republik

In der 2. Hälfte des 19. Jahrhunderts ist ein rasches Erstarken der Nationalismusbewegung in Irland zu beobachten, was 1905 zur Gründung der Sinn-Féin-Partei (»Wir-selbst«-Bewegung) und 1916 zur Konstituierung der Irisch Republikanischen Armee (IRA) führte. 1921, fünf Jahre nachdem die Iren ihr Land im Osteraufstand zur Republik erklärt hatten, wurde im Anglo-Irischen Vertrag der protestantische Norden der Insel Großbritannien zugesprochen, der übrige Teil wurde Freistaat mit dem Status eines Dominion innerhalb des Britischen Empire. Anhänger der Republik lehnten diese Kompromißlösung rigoros ab, doch erst 1949 wurde Irland endgültig zur unabhängigen Republik. Trotzdem blieb die Spaltung des Landes in protestantischen Norden und katholischen Süden bis heute bestehen.

**Fischer der Araninseln** (links) tragen ihr »curragh« vom Strand. Diese seetüchtigen Boote, ursprünglich aus wasserdichten Tierhäuten gefertigt, die über ein Weidenrutengestell gespannt wurden, gehen auf prähistorische Zeiten zurück.

**Scharfschützen** (unten) der Irischen Bürgerarmee auf dem Dach der Liberty Hall in Dublin während des Osteraufstands von 1916. Britische Truppen schlugen die Rebellion zwar blutig nieder, fünf Jahre später war Irland dennoch »Freistaat«.

# IRLAND: WESENSART DER IREN

Irland ist heute ein blühendes Agrarland, das sich durch die Mitgliedschaft in der Europäischen Union in vielversprechender Weise entwickeln konnte. Vom allgemeinen Erscheinungsbild her wirkt das Land jedoch liebenswert altmodisch und heruntergekommen und bestätigt damit die vorgefaßten Meinungen von zahlreichen Besuchern. Die Iren wenden sich zu Recht gegen diese Vorurteile, nutzen sie aber zugleich zu ihrem Vorteil.

Die Iren sind als warmherzig, freundlich und gesprächig bekannt; viele Iren machen sich einen Spaß daraus, dieses Image zu bestätigen. Sie lassen ihrer Redelust und Phantasie freien Lauf, so als ob sie tatsächlich den legendären Stein von Blarney geküßt hätten, der »die Gabe der freien Rede« verleihen soll.

Wenn Iren heutzutage auf Dinge fürs Auge auch wenig Wert zu legen scheinen, so zeichnen sie sich doch um so stärker durch ihre Wort-

**Die Begeisterung der Iren für Pferde** (*oben*) zieht sich durch die gesamte Nation, sie hat für Wohlstand und Unterhaltung gesorgt: Die in Irland gezüchteten »steeplechasers« und »hurdles« – zum Hindernisrennen besonders geeignete Pferde – führen heute das Feld auf britischen Rennbahnen an.

gewandtheit und eine fast poetische Sprache aus, die man andernorts selten findet. Ihre sprachschöpferische Begabung verwandelt einen völlig verregneten Tag in einen »Tag milder Witterung«, und ein Glas des Nationalgetränks »Guinness« mit einem Schuß schwarzem Johannisbeersaft wird zu »Blut auf dem Mond«. Vielleicht hat sich das glänzende Talent für feinsinnig-komplizierte Ausschmückungen, das in den illustrierten Handschriften, den Holzschnitzereien und Schmucksachen der irischen Künstler und Schreiber des Mittelalters zum Ausdruck kommt, bis in die üppige, humorige und unendlich verwickelte Art heutiger irischer Konversation fortgesetzt.

Die meisten Iren sind leidenschaftliche Sportfans. Ungefähr dreißig Rennbahnen, über das ganze Land verteilt, zeugen von ihrer Begeisterung für Pferde und Pferderennen. Berühmte Sportwettbewerbe sind das »Irish Derby« und das »Irish Grand National«; die »Dublin Horse Show« zieht jedes Jahr im August mehrere tausend ausländische Besucher an. Andere berühmte Sportarten sind Fußball, gälischer Fußball, Rugby und Hurling.

### Die Irische Renaissance

Fast die gesamte Periode der englischen Herrschaft hindurch spiegelten Kunst und Architektur in Irland englische Geschmacksvorstellungen wider. Große, prunkvolle Anwesen nach englischem Muster wurden in verlassenen Gegenden des Landes errichtet – nur an dem heruntergekommenen Zustand, in dem sich die meisten Häuser heute befinden, und an den offenkundig exzentrischen anglo-irischen Familien, die darin wohnen, sind sie als irisch zu erkennen. Der erstarkte Nationalismus im späten 19. Jahrhundert jedoch bewirkte in Irland einen gewaltigen schöpferischen Aufschwung durch einheimische Talente, eine kulturelle Erneuerung, die »Irische Renaissance«.

Alle bedeutenden Persönlichkeiten, die mit dieser Bewegung in Zusammenhang stehen, wie der Dichter William Butler Yeats, sein Bruder Jack, der als Maler zu Ansehen gelangte, und die Dramatiker John Millington Synge und Sean O'Casey, setzten sich in ihrem Land aktiv für die Sache der Freiheit ein. In ihre Reihen gehörten auch so außergewöhnliche Frauen wie die Porträtmalerin Estella Solomons und die Gräfin Markievicz, Malerin und Politikerin, die als erste weibliche Abgeordnete ins britische Parlament einzog. Solche Persönlichkeiten trugen nicht nur dazu bei, daß Irland schließlich die Unabhängigkeit erlangte, sie verhalfen auch der Frauenemanzipation in ihrem Land früher als in Großbritannien zum Durchbruch.

### Berühmte Exil-Iren

Dennoch haben sich viele der bedeutendsten Persönlichkeiten des kulturellen Lebens hartnäckig von ihrem irischen Heimatland ferngehalten. Oscar Wilde, der irischen Witz literarisch zur Vollendung führte, verbrachte die längste Zeit seines Lebens in London, ebenso der Dramatiker George Bernard Shaw. Die beiden eigenständigsten und einflußreichsten Schriftsteller dieses Jahrhunderts, James Joyce und Samuel Beckett, ließen sich in Paris nieder und schlossen sich dort einem fruchtbaren irischen Intellektuellenzirkel an.

Das charakteristischste Merkmal irischer Literatur ist ihre Nähe zur Musik: Klang und Sprachrhythmus sind wichtiger als begriffliche Genauigkeit. Seltsamerweise hat Irland wenig zum internationalen Musikleben beigetragen, sein Einfluß blieb vorwiegend auf die heimische Volksmusik beschränkt. Diese jedoch bleibt gestern wie heute ein entscheidender Punkt im Leben der Iren: Die Klänge der Harfen, Flöten und anderer traditioneller Instrumente lassen die keltische Vergangenheit des Landes immer wieder aufleben.

IRLAND

**Ein umherziehender Musikant** *(oben links).* Volksmusik erfreut sich in Irland außerordentlicher Beliebtheit – eine lebendige Tradition, die überall gepflegt wird. Die junge Generation hat die alten Melodien begeistert aufgegriffen und weiterentwickelt.

**Der Torftransport in Connemara** *(oben)* ruft Erinnerungen an das traditionelle Irland wach. Die Grafschaft ist Teil der Provinz Connacht, wo 20 000 Menschen immer noch das irische Gälisch sprechen; insgesamt liegt die Zahl bei etwa 180 000.

**Ein Ladenbesitzer in Athlone** *(links)* stellt stolz seine Waren, bunt arrangiert, im Schaufenster aus. Obgleich Athlone (irisch Áth Luain) die größte Stadt in der Grafschaft Westmeath ist, zählt es weniger als 9000 Einwohner.

# ISLAND

Es waren rauhe Zeiten, als die Wikinger auf Island herrschten. Trotz ihrer oft ungestümen Vorfahren sind die Isländer heute friedliebende und freundliche Menschen, wenn auch für Fremde nicht immer leicht verständlich – zumindest dann nicht, wenn sie sich in ihrer Landessprache unterhalten. Das mit dem Altnorwegischen eng verwandte Islenska hat sich seit Jahrhunderten kaum verändert, neue, z. B. technische Begriffe werden aus alten isländischen Ausdrücken gebildet. Noch heute können viele Isländer ihre mittelalterlichen Handschriften – die bis heute lebendig gebliebenen, unermeßlich kunstvollen Götter- und Heldenlieder der Edda sowie die Familiengeschichten aus der Zeit der Landnahme, die isländischen Sagas – im Original lesen.

Literatur spielt von jeher eine wichtige Rolle, denn die Isländer haben sich nach den Worten ihres Dichters und Nobelpreisträgers Halldór Laxness (1902-1998) in die Gefangenschaft des geschriebenen Wortes begeben. Sie haben sich aber auch, trotz ihrer sehr modernen Einstellung gegenüber Wissenschaft und Technik, in ihrer Seele ein Stück Aberglaube bewahrt.

**Unabhängigkeit mit Unterbrechung**
Zu Beginn des 9. Jahrhunderts wohnten keltische Mönche auf der nördlichen Atlantikinsel. Die eigentliche Besiedlung erfolgte aber erst 870–874 mit der Landnahme des Norwegers Ingólfur Arnarson. Im Jahre 930 entstand auf Thingvellir das Althing, die erste demokratische Volksversammlung der Welt. Doch die Geschichte des freien Island endete 1264 für fast sieben Jahrhunderte. Es waren dunkle Jahrhunderte, gezeichnet von der politischen Unterdrückung durch Dänemark, das Island von 1380

## Daten und Fakten

**DAS LAND**
**Offizieller Name:** Republik Island
**Hauptstadt:** Reykjavík
**Fläche:** 103 000 km²
**Landesnatur:** Im Inneren weite Hochebenen mit vielen Vulkanen; zahlreiche Fjorde, im S Küstentiefländer
**Klima:** Kühlgemäßigt-subarktisches maritimes Klima
**Hauptflüsse:** Thjórsá, Jökulsáá Fjöllum, Skjálfandafljót, Hvítá
**Höchster Punkt:** Hvannadalshnúkur 2119 m
**DER STAAT**
**Regierungsform:** Republik
**Staatsoberhaupt:** Staatspräsident
**Regierungschef:** Ministerpräsident
**Verwaltung:** 23 Landkreise, 14 Stadtbezirke
**Parlament:** Einkammerparlament (Althing) mit 63 für 4 Jahre gewählten Abgeordneten
**Nationalfeiertag:** 17. Juni
**DIE MENSCHEN**
**Einwohner (Ew.):** 279 000 (1999)
**Bevölkerungsdichte:** 3 Ew./km²
**Stadtbevölkerung:** 92 %
**Analphabetenquote:** 1 %
**Sprache:** Isländisch
**Religion:** Protestanten 93 %

**DIE WIRTSCHAFT**
**Währung:** Isländische Krone
**Bruttosozialprodukt (BSP):** 7626 Mio. US-$ (1998)
**BSP je Einwohner:** 27 830 US-$
**Inflationsrate:** 2,9 % (1990-98)
**Importgüter:** Erdöl u. -produkte, Maschinen, Fahrzeuge, Nahrungsmittel
**Exportgüter:** Fisch u. -erzeugnisse, Aluminium
**Handelspartner:** USA, Großbritannien, BRD, skandinavische Länder
**Straßennetz:** 12 419 km
**Fernsehgeräte je 1000 Ew.:** 358

bis 1918 beherrschte. Es war auch eine Zeit der Armut, Hungersnöte, Naturkatastrophen und Seuchen.

Die Tausendjahrfeier der Landnahme Islands auf Thingvellir im Jahre 1874 war Ausdruck des allgemein aufkeimenden Nationalbewußtseins im 19. Jahrhundert. Dem Streben nach Unabhängigkeit wurde 1918 endgültig nachgegeben, doch blieb Island weiterhin mit Dänemark in einer Personalunion verbunden. In den Wirren des Zweiten Weltkrieges kündigte die isländische Regierung die Union mit Dänemark und proklamierte am 17. Juni 1944 auf der historischen Stätte Thingvellir die selbständige Republik Island. Seither wird die Politik von Koalitionsregierungen bestimmt.

**Wohlstand aus dem Meer**
Mit drei Einwohnern pro Quadratkilometer ist Island das am dünnsten besiedelte Land Europas. Über 90 % der Gesamtbevölkerung lebt in Städten, vor allem im Küstensaum des Südwestens; allein im Großraum der Hauptstadt Reykjavík sind es rund 160 000 Einwohner.

Nur noch wenige Menschen wohnen in Einzelhöfen auf dem abgelegenen Lande. Die rauhe Landesnatur bietet keine günstigen Bedingungen für die Landwirtschaft. Nur rund 1 % der Vulkaninsel ist kultiviert, 20 % sind Naturweiden, der Rest ist im Naturzustand. Die ackerbauliche Produktion beschränkt sich auf Kartoffeln, Rüben und Heu. In den mit Erdwärme geheizten Glashäusern werden für den eigenen Markt Gemüse, aber auch Schnittblumen gezogen, die Farbe in das durch trübes Wetter häufig bedrückend wirkende Land bringen. Schafe und Rinder sind die wichtigsten Fleischlieferanten. Isländische Schafwolle und Schaffelle gelten unter Kennern als unübertroffen.

Schon um die Jahrhundertwende wanderten die Landarbeiter in die zentralen Orte ab, wohin sie vor allem besser bezahlte Tätigkeiten in Industrie und Dienstleistungsbetrieben lockten. Island, das außer der Wasserkraft und der geothermischen Energie keine nennenswerten Bodenschätze besitzt, lebt vor allem vom Fisch. Sein Kapital sind die fischreichen Küstengewässer, die es in den Jahren von 1964 bis 1970 einseitig auf 200 Seemeilen erweiterte. Drei Viertel der Exporterträge erwirtschaftet die Fischindustrie. Doch als vor einigen Jahren die Fangmengen von Kabeljau, Heilbutt, Hering, Lachs und Lodde vorübergehend drastisch abnahmen und ein weltweites Jagdverbot auf die in ihrem Bestand gefährdeten Wale ausgesprochen wurde, zeigte sich, wie wenig abgesichert der augenblicklich hohe Lebensstandard und das leistungsfähige Sozialfürsorgesystem der Isländer letztlich ist.

In den Sommermonaten bietet der Tourismus eine lohnende Nebenerwerbsquelle. Zwischen 150 000 bis über 180 000 Naturliebhaber, die die hohen Kosten im teuersten Land Europas nicht scheuen, kommen jährlich auf die Insel, in ein Land der extremen Gegensätze.

**Die isländische Hauptstadt Reykjavík** *(links)* ist die größte Stadt des Landes. Als Kultur- und Bildungszentrum verfügt sie über zwei Theater, eine Universität und ein Symphonieorchester. Rund zwei Fünftel der isländischen Bevölkerung leben hier.

**Island** *(unten)* ist eine Insel vulkanischen Ursprungs, die im Nordatlantik, etwas südlich des Polarkreises, liegt. Ausgedehnte Eis- und Schneefelder bedecken große Teile des Landesinneren. Fast alle Siedlungen befinden sich daher an der Küste.

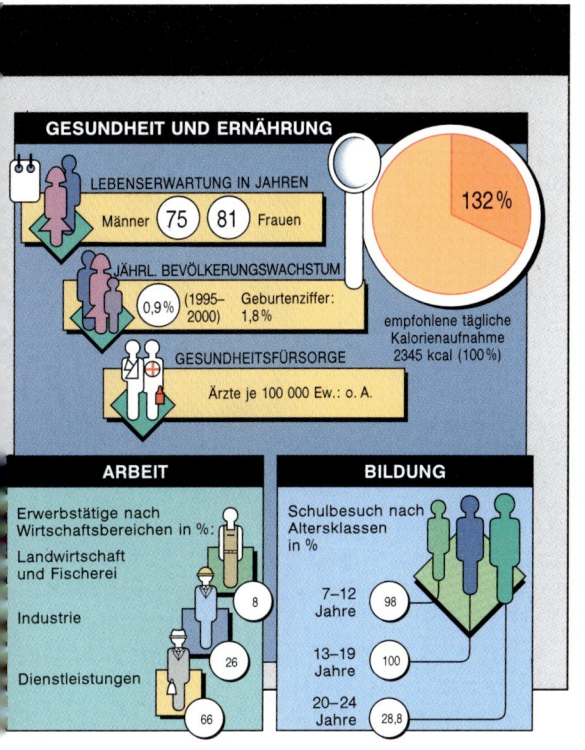

# ISLAND: LANDESNATUR

Island ist eine grandiose, archaisch anmutende Naturlandschaft. Die Küsten im Norden, Osten und Westen sind von Buchten und Fjorden vielfach eingeschnitten, das Landesinnere ist unbewohnbares, wüstenhaftes Hochland. Es ist die Welt der bizarren Farben und Formen, der schwarzen Vulkanasche und der imposanten weißen Gletscherfelder, der unruhig brodelnden Geysire, der heißen Schwefelquellen, der zahlreichen Seen, der unpassierbaren Flüsse und der tosenden Wasserfälle. Lavaströme haben weite Gebiete bedeckt und zu sagenumwitterten und geheimnisvollen Einöden werden lassen, die in den langen, nur spärlich erhellten Winternächten und den nachtlosen Sommermonaten eine oft melancholische Stimmung verbreiten. Wer davon einmal gefangen wird, kommt immer wieder.

## Insel aus Feuer und Eis

Die Isländer leben gefährlich: Erdbeben und Vulkanausbrüche gehören zu ihrem Alltag, denn sie leben auf einer großen Erdspalte, die den Mittelatlantischen Rücken durchzieht. Vor etwa 16 Millionen Jahren begann die eigentliche Inselentstehung, als nach anfänglich nur untermeerischen Lavaergüssen der submarine Höhenrücken schließlich über die Meeresoberfläche hinauswuchs – ein Prozeß, der 1963 bei der Entstehung der Insel Surtsey exemplarisch beobachtet werden konnte.

Der geologische Untergrund Islands kommt bis heute nicht zur Ruhe. Die Krustenteile der Insel schieben sich noch immer mit unterschiedlicher Geschwindigkeit aneinander vorbei. Immer wieder kommt es zu Erdbeben. Vulkanische Aktivitäten schmolzen im Herbst 1996 unterirdische Eismassen des Vatnajökull, die sich schließlich in einer Flutwelle ergossen.

Die Landoberfläche der Vulkaninsel besteht etwa je zur Hälfte aus Plateaubasalten und lokkeren vulkanischen Auswurfprodukten, der Tephra. Wo nicht die durchlässigen Tuffböden ohnehin jegliches Pflanzenwachstum verhindern, haben jahrhundertelanger Raubbau und Überweidung die einstigen Wälder Islands bis auf spärliche Reste vernichtet und die Böden der Erosion ausgesetzt. Auch Heidekrautgewächse, Gräser, Moose und Flechten bedecken den steinigen Boden nur noch fleckenhaft.

Dort, wo die Basalte noch nicht völlig abgekühlt sind, wird das Grundwasser stark erhitzt. Zahlreiche der so entstandenen 600 Thermalquellen werden auf der Insel als natürliche Warmwasserheizung genutzt. Besondere Touristenattraktion sind jene großen Geysire, die in regelmäßigen Abständen ihre Heißwasserfontänen bis maximal 60 m hoch in die Luft schleudern.

Extreme Hitze und Kälte – nirgendwo auf der Welt liegen sie so nahe beisammen wie auf Island. Zeugnisse der letzten Eiszeit sind überall gegenwärtig. Heute sind noch immer über 11 % der Landfläche unter fünf Eiskappen begraben.

**Grüne Wiesen und Felder** umgeben in der isländischen Küstenebene einen kleinen Bauernhof *(unten)*. Die Bauern betreiben in der überwiegenden Mehrheit Schaf- und Rinderzucht. Der Anbau von Rüben und Kartoffeln ist von geringerer Bedeutung.

**Hochweiden säumen ein Eisfeld** *(rechts)* am Rande des zentralen Hochlandes von Island. Lediglich ein kleiner Teil der Gesamtfläche Islands ist landwirtschaftlich nutzbar. Der Lavastrom im Vordergrund deutet auf den vulkanischen Ursprung der Insel hin.

Größter Gletscher ist mit einer Fläche von rund 8300 km² der Vatnajökull. Unzählige Wasserarme aus Schmelzwasser nehmen am Gletscherrand ihren Anfang. Heftige Regenfälle oder warme Sommertage lassen die Flüsse auf ihrem Weg zum Meer schnell anschwellen. Ständig verlagern sie ihr Bett, überschottern so immer größere Strecken und lassen ausgedehnte Geröll- und Sandwüsten entstehen. Harte, mächtige Basalte bilden Stufen, über die das Wasser bis zu 60 m hinunterstürzt. Der größte Wasserfall ist der Dettifoss, dessen Kaskaden wie bei dem Skógafoss, dem Godafoss und dem Gullfoss zum spektakulären Naturerlebnis werden.

Von ganz besonderem Reiz ist auch der Myvatn, der Mückensee im Norden der Insel, nahe einem der größten Solfatarenfelder voll brodelnder Schlammlöcher. Der Mückensee ist ein Paradies für Vögel, für Lachse und Forellen, aber auch für Mücken und Fliegen.

## Auf das Wetter ist kein Verlaß

Island ist nicht so eisig, wie sein Name vermuten läßt, und das isländische Wetter ist besser als sein Ruf – das behaupten zumindest die Isländer. Es ist gekennzeichnet durch stetigen Wechsel der Bewölkung, durch häufige Niederschläge, Aufhellungen und Winde mittlerer Stärke, durch kühle Sommer mit Julidurchschnitt im Tiefland um 11 °C und milde Winter, in denen das Thermometer im Durchschnitt

# ISLAND

kaum unter den Gefrierpunkt sinkt. Island liegt im Grenzbereich der kühlen arktischen Luftmassen und der gemäßigten südlicheren Luftströme. Eine wichtige klimatische Funktion hat auch der Golfstrom, der von Süden kommend die Insel im Uhrzeigersinn umspült. Ohne ihn wäre Island aufgrund seiner hohen Breitenlage kaum bewohnbar.

### Ein Inselreich für Vögel

Als die ersten Siedler auf Island ankamen, war der arktische Fuchs, der die Insel auf Eisschollen erreicht hatte, das einzige hier lebende Säugetier. Für die rund 240 Vogelarten war es wesentlich einfacher, auf das isolierte Eiland zu gelangen. Millionen von Küstenseeschwalben verbringen hier ihren Sommer. Hundertschaften von Singschwänen fallen auf den meernahen Wiesen ein, und auf der Insel Heimaey brüten Abertausende von Papageitauchern. Sie finden ein reiches Nahrungsangebot.

In den planktonreichen Küstengewässern tummeln sich Fischarten wie Kabeljau, Schellfisch, Heilbutt, Scholle, Hering und Lodde. Und auch Wale und Robben leben in den Meeren um Island, wenn auch die natürlichen Bestände zunehmend gefährdet sind. Was sonst auf der Insel lebt, wurde von den Menschen dorthin gebracht, so auch das Schaf, als Spender von Fleisch und Wolle, und das anspruchslose und zähe Islandpferd.

**Die Isländer leben auf dem Vulkan.** Als im Jahre 1973 auf der Insel Heimaey der Vulkan Kirkufjell neu entstand, wurde die Hafenstadt Vestmannaeyjar von einer mehrere Meter hohen Schicht vulkanischer Asche begraben *(links)* und von dem ausfließenden Lavastrom bedroht. Die 5500 Bewohner der Insel mußten zeitweise evakuiert werden, und 30 % der Häuser wurden zerstört oder schwer beschädigt. Der bekannteste Vulkan Islands ist der 1447 m hohe »Heilige Berg« Hekla.

**Das geothermische Kraftwerk von Svartsengi** *(unten links)* nutzt die in der Erdkruste vorhandene Energie. Die im Wasser gelösten Minerale helfen bei der Heilung von Hautkrankheiten und von Erkrankungen der Atemwege.

**Fische** werden in dieser in der Nähe von Reykjavík gelegenen Fabrik verarbeitet *(unten)*. Fischfang und fischverarbeitende Industrie sind die wichtigsten Wirtschaftszweige. Etwa ein Fünftel der Arbeitskräfte sind in diesen Bereichen beschäftigt.

# ISLAND: SAGEN UND MYTHEN

Nach dem nordischen Schöpfungsmythos begann die Welt durch die Verbindung einer kalten Hölle, die Niflheim genannt wurde und Heimat der Eisriesen war, der Quelle der »Kälte und aller rauhen Dinge«, mit Muspellheim, dem Reich des Feuers, in dem die Feuerriesen herrschten. An der Stelle, an der sich die beiden trafen, taute das Eis im Feuer und schuf so die Grundlage zur Entstehung der Welt.

Als seefahrende Wikinger Island im 9. Jahrhundert entdeckten, fanden sie ein Land aus Eis und Feuer, das geradewegs ihrer Mythologie zu entstammen schien. Turmhohe Gletscher, schneegekrönte Berge und kahle Steinwüsten, die der gefrorenen Öde von Niflheim glichen, während sie in den aktiven Vulkanen und der geschmolzenen Lava das Feuer von Muspellheim sahen. Doch auch hier waren die grünen Täler so fruchtbar, daß einer der ersten Wikinger, der sie betrat, erklärte, daß »Butter aus jedem Grashalm tropfte«.

### Wächter der Wikingergeschichte

Diese nordischen Abenteurer brachten einen reichen Schatz skandinavischer Traditionen mit, und im Laufe der folgenden Jahrhunderte wurde Island zur Schatzkammer der Wikinger-Überlieferung. In den harten Wintern wurden Geschichten und Gedichte rezitiert, um die langen Abende auszufüllen. Als sich Lese- und Schreibfertigkeit ausbreiteten, konnten die alten Erzählungen in kostbaren Manuskripten niedergeschrieben werden, welche im Lauf der Jahrhunderte immer wieder kopiert wurden.

Seit dem 12. Jahrhundert verfaßten Isländer wie Samundr Sigfusson († 1133), Ari Thorgilson (1067–1148) und Snorri Sturluson (1179–1241) Schriften über die Welt ihrer skandinavischen Vorfahren und über ihre eigene isländische Geschichte.

Im Jahr 1000 wurde Island zwar christianisiert, doch heidnische Erinnerungen hielten sich über Jahrhunderte. Menschen, die Vulkanausbrüche wie den des Hekla erlebt hatten, der im Jahr 1104 mehr als zwanzig Gehöfte in Thjorsardalur unter Lavaströmen begrub, konnten sich nicht leicht vom Bild des Feuerriesen Surtr trennen, der seine Brüder anführt, um die Welt zu vernichten. Zwei Jahrhunderte nachdem Island offiziell dem Heidentum abgeschworen hatte, schrieb Snorri Sturluson alles, was er über den Glauben und die Götter seiner Vorfahren wußte, in der Heldenlied- und Gedichtsammlung der »Edda« nieder.

### Chronisten und »Romanciers«

Die Isländer waren vor allem leidenschaftliche Historiker. Sie schrieben Werke wie das Landnamabok (»Das Buch der Besiedlung«), das die Kolonisierung Islands aufzeichnet, wobei 400 Siedler namentlich erwähnt werden, und Snorris Heimskringla (»Die Weltkugel«), eine Geschichte der norwegischen Könige von legendären Anfängen bis zum Jahr 1177. Sie schrieben

**Dampf aus einer heißen Quelle** *(rechts)* in der kargen Landschaft ruft Erinnerungen an den nordischen Schöpfungsmythos vom »Land aus Frost und Feuer« wach. Weite Teile Islands haben sich seit den Zeiten der Sagas kaum verändert.

**Eine Statue des Wikingers Leif Erikson** *(oben)* – ein früher Nordamerikafahrer und Held vieler isländischer Sagas – blickt über die Hügel von Reykjavík.

**Die Reisen der Wikinger** *(ganz rechts)*, die um 860 auch zur Entdeckung Islands führten, erstreckten sich über weite Entfernungen. In Langschiffen, die von stark gebauten Handelsschiffen wie der Knarre *(rechts)* begleitet wurden, eröffneten sie Handelsrouten, die sie quer durch Europa – und im 11. Jahrhundert schließlich bis nach Nordamerika – führten.

**Auf solchen großen Gestellen** *(oben)* trocknet der Fisch in der Sonne, bevor er in Salz eingelegt wird. Die Wikinger waren auf ihren Fahrten auf den »Stockfisch« angewiesen; auch heute noch ist haltbar gemachter Fisch eine isländische Delikatesse.

ISLAND

Geschichten über berühmte Männer der Vergangenheit – Gesetzlose, Krieger, Dichter, Bauern und Reisende – so lebhaft, daß Wikinger, die vor 1000 Jahren gestorben sind, dem heutigen Leser immer noch lebendig vor Augen stehen.

Die Sagas (wörtlich »Berichte«), die einst als genaue Wiedergabe der historischen Tatsachen angesehen wurden, werden wohl am besten als halberfundene Berichte über historische Personen und Ereignisse klassifiziert. Die Mitte des 13. Jahrhunderts erlebte eine Blüte der traditionellen Saga, die große Epen hervorbrachte, welche man als »die ersten Romane« bezeichnet hat. Den Saga-Schreibern ist zu verdanken, daß die längst verstorbenen Nordmänner bis heute weiterleben, nicht nur als bloße Namen, sondern als lebensstrotzende Individuen von gelegentlicher Gewalttätigkeit, mit grimmigem Humor und einer Leidenschaft für ihre Ehre, mit Respekt vor Dichtung, Wissenschaft und Gesetz sowie einem ausgeprägten Unabhängigkeitsgefühl.

Island ist bis heute eng mit seiner Vergangenheit verbunden geblieben. Ein Großteil des Landes hat sich seit dem Zeitalter der Besiedelung wenig verändert, und wegen seiner Saga-Schreiber ist Islands unberührte Landschaft voller Erinnerungen an die ersten Siedler, ihre Werke, Fehden und Liebesgeschichten. Eine berühmte Touristenattraktion ist das Lavafeld von Thingvellir, wo die Isländer seit dem Jahr 930 ihre Volksversammlungen abhielten, wo Rechtshändel ausgetragen, Treueverhältnisse vereinbart, Männer geächtet und Fehden begonnen oder beigelegt wurden.

Die geographische Genauigkeit der Sagas bringt uns das Leben ihrer Charaktere sehr nahe. Die Felsenschlucht von Havragil sieht wahrscheinlich noch genauso wie vor 1000 Jahren aus, als Bolli Thorleikson dort auf der Lauer lag, um Kjartan Olafssohn, seinen Pflegebruder und Nebenbuhler, zu töten; nicht weit davon entfernt, an den Hängen von Salingsdalur, können wir den Ort sehen, wo Bolli 1007 getötet wurde. Als Kontrast dazu können wir das kleine weiße Bauernhaus von Hoskuldsstadir besuchen, wo wir uns bei dem kleinen Wildbach daran erinnern können, wie Olafr Dala-Kollson hier seine irische Geliebte traf und mit ihrem gemeinsamen Sohn Olafr, dem Pfau, sprach, »an einem schönen Tag, als die Abendsonne schien«.

# ISRAEL

# ISRAEL

Israel, das Gelobte Land, das Heilige Land, Palästina – das Land, das für die drei großen monotheistischen Weltreligionen Christentum, Judentum und Islam eine mehr oder weniger zentrale Rolle spielt. Das gilt besonders für die Hauptstadt Jerusalem mit ihren heiligen Stätten.

In Jerusalem (Yerushalayim), der Stadt Davids, konzentrieren sich die herausragenden Plätze von Kult, Glaube und Bekenntnis auf engstem Raum: um den Tempelberg mit der West- oder Klagemauer als Rest des Herodianischen Tempels und mit den islamischen Heiligtümern der El-Aqsa-Moschee und des Felsendoms, um die Grabeskirche auf dem legendären Hügel Golgatha, auf dem Jesus am Kreuz starb, und um den Ölberg.

Aber es sind nicht nur die Stadt, mit der religiöse Erfahrungen und Erwartungen verknüpft sind, und die heiligen Plätze, die Glauben erlebbar, erfahrbar machen, es geht um das Land, mit dem sich Hoffnungen und Ansprüche verbinden, aus denen Konflikte erwachsen.

Der jüdische Anspruch auf das Land stützt sich auf biblische Worte wie Exodus (2. Mose) 6,8: »Ich bringe Euch in das Land, das ich Abraham, Isaak und Jakob mit einem Eid versprochen habe; ich gebe es Euch, ihren Nachkommen, als bleibenden Besitz. Ich bin der Herr.« Die Frage ist, ob diese Verheißung auch für das heutige Israel gilt. Sie wird von der großen Mehrheit der Juden und heute auch von den meisten Protestanten bejaht, andere Christen äußern sich eher ablehnend, und die Moslems verneinen sie uneingeschränkt. Daß sich aus der Bibel keine christlichen Besitzansprüche auf das Land herleiten lassen, ist heute im Gegensatz zur Zeit der Kreuzzüge allgemeine Überzeugung. Die Attraktivität der »Pilgerreise«, des Glaubenserlebnisses an heiligen Stätten, ist dadurch nicht geschmälert.

Für die Moslems findet sich in der 17. Sure »Die Nachtreise« (al-Isra) des Korans die Geschichte von der Reise des Propheten »zur fernsten Moschee«, mit der der Legende nach Jerusalem gemeint ist, wohin Mohammed auf seinem geflügelten Pferd Burak ritt und von wo er mit dem Erzengel Gabriel durch die sieben Himmel gereist sei. Im Felsendom ist ein Hufabdruck des Burak zu sehen, und mit dieser Geschichte ist der Rang Jerusalems als dritte heilige Stadt des Islam verbunden.

Religiöses Gewicht bekommt der politische Anspruch der islamischen Palästinenser auf das Land, der sich aus ihrer Ansiedlung seit dem Beginn der islamischen Geschichte herleitet, durch die Unterscheidung zwischen »Dar ul-harb« (»Haus« oder »Welt des Krieges«) und »Dar ul-Islam« (»Haus« oder »Welt des Islam« bzw. des »Friedens«): Da Palästina ein Teil des Dar ul-Islam ist, ist es religiös nicht tolerabel, daß es von Feinden des Islam besetzt ist. Und Feinde des Islam seien die Juden, wenn sie sich ihm nicht unterwerfen, das meinen die meisten Moslems.

# ISRAEL: DER STAAT

Der 1948 gegründete Staat Israel ist eine parlamentarische Republik. Ähnlich wie Großbritannien besitzt auch Israel keine schriftlich fixierte Verfassung, sondern nur die Unabhängigkeitserklärung vom 14. Mai 1948 sowie einzelne Grundgesetze, die später zu einer Verfassung ausgearbeitet werden sollen. Staatsoberhaupt ist der vom Parlament für fünf Jahre gewählte Präsident. Als achter Repräsentant in der Geschichte des israelischen Staates füllt Moshe Katsav seit 2000 das eher repräsentative Amt aus. Die Knesset, das Einkammerparlament, besteht aus 120 für vier Jahre gewählten Abgeordneten.

Das israelische Regierungssystem entspricht grundsätzlich dem westlicher parlamentarischer Demokratien. Allerdings wurde die Position des Regierungschefs mit der 1996 eingeführten Direktwahl gestärkt. Die Regierung unter Führung des Premierministers bleibt gewöhnlich vier Jahre im Amt. Lehnt das Parlament jedoch die vorgeschlagene Kabinettsliste ab oder spricht es dem Premierminister mit einfacher Mehrheit das Mißtrauen aus, werden sofort Neuwahlen anberaumt. Ein unabhängiger, von der Knesset gewählter Ombudsmann kontrolliert die Arbeit der Regierung sowie anderer bürokratischer Institutionen und nimmt die Beschwerden der Bürger entgegen.

Mit einem Anteil von 82 % sind die Israelis unter den über 6 Millionen Einwohnern die staatstragende Gruppe, die sich in Vatiqim (vor der Staatsgründung eingewandert), Olim (nach der Staatsgründung eingewandert) und Sabra (im Land Geborene) aufteilt. Hauptreligion ist mit einem Anteil von rund 80 % das Judentum, das vom ultra-orthodoxen bis zum reformerischen Spektrum reicht. Daneben gibt es 15 % Moslems und eine kleine Gruppe Christen.

### Verwaltungsdistrikte und besetzte Gebiete

Israel gliedert sich in die sechs Gebietsbereiche Jerusalem (einschließlich des annektierten Ostjerusalem), Norddistrikt, Haifa, Zentraldistrikt, Tel Aviv und Süddistrikt sowie 13 Subdistrikte. Daneben gibt es besetzte Gebiete wie die 1981 annektierten Golan-Höhen und den Ostteil Jerusalems, die zum Teil vom politischen Likud-Lager als integraler Bestandteil des Staatsgebietes angesehen werden. Die von Israel geräumten Gebiete in Westjordanland und der Gaza-Streifen werden durch die Palästinensische Autonomiebehörde unter Führung von Jasir Arafat und den Autonomierat repräsentiert und verwaltet. Vor dem Aufflammen der Intifada in den besetzten Gebieten und der erneuten blutigen Eskalation 2000/2001 wurden die Bestimmungen des Wye-2-Abkommens umgesetzt, die den weiteren Rückzug Israels aus dem Westjordanland, die Freilassung von Gefangenen und die Eröffnung von Transitkorridoren beinhalteten. Zu Beginn des 21. Jahrhunderts standen somit etwa 40 % des Westjordanlands unter palästinensischer Verwaltung. Im Jahr 2000 zog Israel auch seine letzten in der Sicherheitszone im Südlibanon stationierten Soldaten ab. Verhandlungen mit Syrien über einen Rückzug vom Golan scheiterten zunächst.

### Ein Staat – viele politischen Strömungen

Der Staat Israel sollte den weltweit verstreut lebenden Juden eine neue Heimat geben und sie unter der Hauptreligion des Judentums vereinen. In verschiedenen Einwanderungswellen – zuletzt der ab 1989 einsetzende Zuzug von etwa 750 000 Juden aus dem Gebiet der ehemaligen UdSSR – kamen kulturell, sozial und vor allem auch religiös höchst unterschiedlich geprägte

## Daten und Fakten

**DAS LAND**
Offizieller Name: Staat Israel
Hauptstadt: Jerusalem
Fläche: 21 056 km²
Landesnatur: Im N Küstenebene, Bergland und Jordangraben, die sich in nordsüdl. Richtung erstrecken, im S der wüstenhafte Negev
Klima: Subtropisches Mittelmeerklima mit trockenheißen Sommern und mild-feuchten Wintern
Hauptflüsse: Jordan
Höchster Punkt: Meron 1208 m
Tiefster Punkt: Totes Meer –399 m

**DER STAAT**
Regierungsform: Republik
Staatsoberhaupt: Staatspräsident
Regierungschef: Ministerpräsident
Verwaltung: 6 Distrikte
Parlament: Einkammerparlament (Knesset) mit 120 für 4 Jahre gewählten Abgeordneten
Nationalfeiertag: 12. Mai

**DIE MENSCHEN**
Einwohner (Ew.): 6 101 000 (1999)
Bevölkerungsdichte: 290 Ew./km²
Stadtbevölkerung: 91 %

Bevölkerung unter 15 Jahren: 27 %
Analphabetenquote: 3 %
Sprache: Hebräisch, Arabisch, Englisch
Religion: Juden 80 %, Moslems 15 %

**DIE WIRTSCHAFT**
Währung: Neuer Schekel
Bruttosozialprodukt (BSP): 95 179 Mio. US-$ (1998)
BSP je Einwohner: 15 940 US-$
Inflationsrate: 11 % (1990-98)
Importgüter: Rohdiamanten, Maschinen, Fahrzeuge, Nahrungsmittel, Garne

Gruppen ins Land, die in vielfältiger Weise und in wechselnden Allianzen heute wie früher Einfluß auf die Innen- und Außenpolitik nehmen. Das breit gefächerte Parteienspektrum Israels ist eines der Zeichen für die bis jetzt nicht geglückte Verschmelzung der verschiedenen Bedürfnisse und Vorstellungen. Zu den einflußreichsten Gruppierungen zählen die 1968 gegründete Israelische Arbeitspartei und der 1973 gegründete Likud, die seit den 90er Jahren wechselseitig die Regierung stellen. Die sozialdemokratisch geprägte Arbeitspartei, seit 1996 Teil des Wahlbündnisses »Ein Israel«, gilt als Sammelbecken der gebildeten und wohlhabenden Gesellschaftsschichten. Die Amtszeiten ihrer Premierminister Yitzhak Rabin (1992–95), Shimon Peres (1995/96) und Ehud Barak (1999–2001) standen im Zeichen einer behutsamen israelisch-palästinensischen Annäherung. Der national-konservative Likud-Block, eine Koalition aus rechts stehenden Gruppierungen, tritt dagegen für einen israelischen Staat in den Grenzen des Mandatsgebiets von 1922 ein. Beide Parteien sind bei der jeweiligen Regierungsbildung auf die Gunst einiger kleinerer Parteien angewiesen, die bei parlamentarischen Entscheidungen große Bedeutung erlangen und einzelne Regierungen wie das Kabinett unter Führung von Ehud Barak 1999/2000 in ernsthafte Krisen stürzen können. In der von Likud-Chef Ariel Scharon 2001 gebildeten Regierung der Nationalen Einheit sind neben den rechten Parteien auch das Zentrum und Mitglieder der Arbeitspartei vertreten. Aufgrund der stark differgierenden Ansichten über die Fortführung der Friedensverhandlungen mit den Palästinensern waren Spannungen innerhalb der Koalition vorprogrammiert.

**Diamantschleifer** *(oben)* bei der Arbeit. Die aus importierten Rohwaren hergestellten Diamanten sind ein wichtiges Industrieprodukt für den Export. Fremdenverkehr und moderne Leichtindustrien sind weitere bedeutende Wirtschaftszweige.

**Israel** *(rechts)* ist ein kleiner Staat im östlichen Mittelmeerraum. Östlich an die Küstenebene schließen sich das Hochland von Galiläa, der Jordangraben und das Tote Meer an. Im Süden liegt die Wüste Negev.

**Exportgüter:** Zitrusfrüchte, verarbeitete Diamanten, Textilien, Maschinen, Kupfer
**Handelspartner:** USA, Deutschland u. a. EU-Länder, Schweiz, Japan, Südafrika
**Eisenbahnnetz:** 530 km
**Straßennetz:** 15 464 km (darunter 56 km Autobahn)
**Fernsehgeräte je 1000 Ew.:** 318

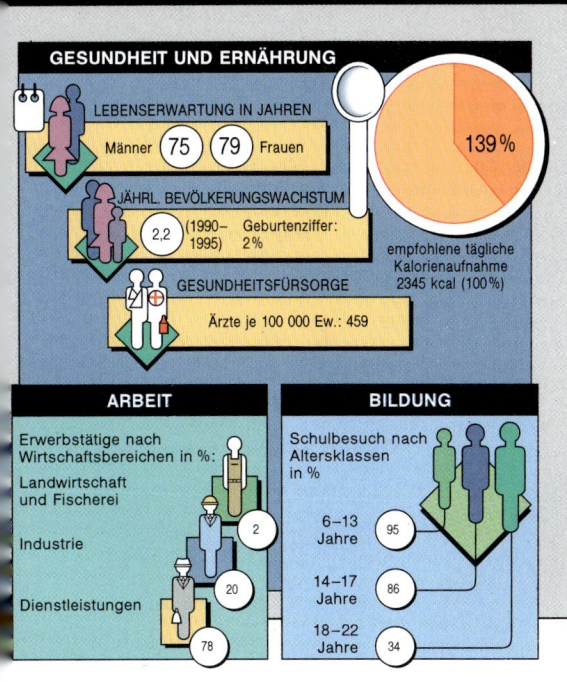

# ISRAEL: GESCHICHTE

»Wir wollen den Grundstein legen zu dem Haus, das dereinst die jüdische Nation beherbergen wird.« Mit diesem Satz beschrieb Theodor Herzl (1860–1904) am 29.8.1897, dem Eröffnungstag des 1. Zionistenkongresses in Basel, die Ziele der zionistischen Bewegung. Zu dieser Zeit war die Zahl der Juden in Palästina seit 1882 von 24 000 auf 45 000 gestiegen, vor allem durch Auswanderung aus Rußland, wo es immer wieder zu Pogromen kam, bei denen Tausende Juden ermordet wurden. Von einem Judenstaat als Ziel des Zionismus wurde damals aus diplomatischer Rücksicht noch nicht gesprochen, es war stets nur von einer »öffentlich-rechtlich gesicherten Heimstätte« die Rede.

Das Jahr 1917 brachte den Juden mit der »Balfour-Deklaration« die wohlwollende Unterstützung und weitere Förderung dieses Anliegens durch die britische Regierung. Dieser Brief des britischen Außenministers vom 2.11.1917 wurde Grundlage der Friedens- und Mandatsregelungen nach dem Ersten Weltkrieg, durch die mit dem britischen Völkerbundsmandat über Palästina eindeutige völkerrechtliche Tatsachen geschaffen wurden.

Die Ansiedlung in der alten und neuen Heimat war schwierig. Arabische Aufstände führten zu immer neuen Kämpfen, die 1936 in der Vernichtung der uralten jüdischen Gemeinde in Hebron gipfelten. Gleichzeitig lief in Europa die Judenverfolgung durch den Nationalsozialismus an, die im Zweiten Weltkrieg im Versuch der »Endlösung« ihren in der Geschichte beispiellosen Höhepunkt erreichte.

Bis 1939 stieg die Zahl der jüdischen Einwanderer seit 1882 auf 425 000. Damit machten die Juden 30 % der Bevölkerung Palästinas aus. Bis zur Staatsgründung am 14. 5. 1948 folgten noch weitere 118 000 Einwanderer.

Nachdem die Briten im und nach dem Zweiten Weltkrieg aus Rücksicht auf die Araber die jüdische Einwanderung trotz der Verfolgung stark behindert hatten, wurden sie der Auseinandersetzungen mit Arabern und Juden nicht mehr Herr und übergaben das Palästinaproblem am 2. 4. 1947 den Vereinten Nationen. Sie folgten am 29. 11. 1947 dem Mehrheitsvotum eines Ausschusses und beschlossen mit 33 gegen 13 Stimmen bei 10 Enthaltungen die Teilung Palästinas in je einen jüdischen und arabischen Staat und ein Sondergebiet Jerusalem unter ihrer Hoheit. Die Juden akzeptierten, die Araber nicht. Ergebnis war der Unabhängigkeitskrieg 1948/49, der offiziell erst nach der Proklamation Israels am 14. 5. 1948 durch den Überfall der Armeen von fünf arabischen Staaten eröffnet wurde, in Wirklichkeit aber durch Bandenangriffe bereits seit dem UN-Beschluß tobte.

Nachdem Israel trotz zunächst großer materieller und personeller Unterlegenheit alle Angriffe abgewehrt und dabei sein Gebiet um 30 % gegenüber dem Teilungsplan erweitert hatte,

**Jüdische Flüchtlinge** *(oben)* kamen auf überfüllten Handelsschiffen nach dem Zweiten Weltkrieg aus Europa nach Palästina. Die Neuankömmlinge beteiligten sich maßgeblich am Aufbau des 1948 gegründeten Staates.

**Nach dem Scheitern des UN-Planes,** der die Teilung Palästinas in einen jüdischen und einen arabischen Staat vorsah, blieb Israel *(rechts)* in seinem Unabhängigkeitskrieg (1948–49) gegen die arabischen Staaten siegreich. Weitere Kriege wurden 1956 und 1967 geführt, als die israelischen Truppen in nur sechs Tagen die Sinai-Halbinsel, den Gazastreifen, die Golanhöhen und die Westbank besetzten. Der 1979 unterzeichnete Friedensvertrag mit Ägypten führte zu einem schrittweisen Rückzug vom Sinai.

- **1900 v. Chr.** Israelitische Stämme lassen sich in Kanaan nieder
- **1700–1290 v. Chr.** Israeliten als Fronarbeiter in Ägypten
- **13. Jh. v. Chr.** Moses führt Israeliten aus Ägypten
- **1000 v. Chr.** König David eint das Reich
- **ca. 965–922 v. Chr.** König Salomo, Davids Sohn, errichtet den ersten Tempel
- **ca. 922 v. Chr.** Zerfall des Reiches in die Staaten Israel und Juda
- **587–538 v. Chr.** Babylonische Gefangenschaft der Judäer
- **167 v. Chr.** Nach dem Makkabäeraufstand entsteht nochmals ein jüdischer Staat
- **63 v. Chr.** Römer besetzen Judäa
- **135** Römer vertreiben die Juden
- **19. Jh.** Zionistische Bewegung strebt Gründung eines jüdischen Staates in Palästina an
- **1917** »Balfour-Deklaration«
- **1920** Palästina unter britischem Mandat
- **1930** Widerstand der Araber gegen jüdische Einwanderung
- **1946** Europäische Juden wandern in Palästina ein
- **1948** Gründung des Staates Israel
- **1948–49** Erster arabisch-israelischer Krieg
- **1956** Zweiter arabisch-israelischer Krieg
- **1964** Gründung der PLO
- **1967** Sechstagekrieg
- **1973** Jom-Kippur-Krieg
- **1977** Menachem Begin wird Ministerpräsident
- **1978** Camp-David-Abkommen
- **1979** Friedensvertrag mit Ägypten
- **1982** Libanonkrieg
- **1985** Israelischer Rückzug aus dem Libanon
- **1987** Beginn der Intifada (Palästinenseraufstand)
- **1993** Gaza-Jericho-Abkommen verabschiedet
- **1995** Izhak Rabin ermordet

1 Theodor Herzl (1860–1904)
2 David Ben-Gurion (1886–1973)
3 Golda Meir (1898–1978)

# ISRAEL

begann ein jahrzehntelanger Kampf um Frieden und Sicherheit, der bis heute andauert.

Vor allem Ägypten war zunächst der Ausgangspunkt permanenter Übergriffe. Eine vorübergehende Besetzung des Gazastreifens 1955 brachte keine Abhilfe; nach dem Sinaikrieg 1956, in dem kurz vor der britisch-französischen Besetzung der Suezkanalzone israelische Truppen zum Kanal vorstießen, wurde eine UN-Truppe an der Grenze stationiert.

Ägyptens Präsident Abd An Nasser (1918–1970) löste 1967 den Sechstagekrieg aus, indem er diese Truppe zum Abzug veranlaßte, den Zugang zu Israels Hafen am Roten Meer Elat sperrte und ein Angriffsbündnis mit Syrien und Jordanien schloß. Am 10. 6. 1967 standen Israels Truppen am Suezkanal, am Jordan und auf den Golan-Höhen.

Israel akzeptierte wie auch Ägypten und Jordanien (nicht aber Syrien und die inzwischen entstandene Organisation zur Befreiung Palästinas PLO) die Sicherheitsratsresolution 242 der Vereinten Nationen, doch kam es nicht zum Frieden und damit zur Rückgabe besetzter Gebiete. Nasser löste mit sowjetischer Hilfe am Suezkanal einen ergebnislosen Zermürbungskrieg von Mitte 1968 bis August 1970 aus, sein Nachfolger Anwar As Sadat (1918–1981) gemeinsam mit Syriens Präsident Hafez Al Assad (1930–2000) 1973 den Jom-Kippur-Krieg, der eine neue, schwere arabische Niederlage brachte. US-Außenminister Henry Kissinger (* 1923) bewirkte in einer »Pendeldiplomatie« 1974/75 mehrere Truppenentflechtungsabkommen auf dem Sinai und dem Golan. Ein Besuch von Ägyptens Präsident Sadat in Jerusalem im November 1977 führte im September 1978 zur Vereinbarung von Camp David zwischen Israel und Ägypten und zur Unterzeichnung des Friedens zwischen beiden Ländern in Washington im März 1979.

## Die PLO

Indessen hatten die Palästinenser ihre aggressive Aktivität – überwiegend terroristische Angriffe auf zivile Ziele – in den 60er Jahren an Israels Ostgrenze verlagert. Nach dem Sechstagekrieg unterband Syrien Übergriffe. Auch Jordaniens König Hussain II. (1934–1999) suchte israelische Gegenschläge zu vermeiden, indem er die Basen der PLO im »Schwarzen September« von 1970 und bis zum Sommer 1971 zerschlug. Die PLO verlagerte ihre Aktivitäten in den Libanon und stürzte dieses Land in Bürgerkrieg und Chaos. Die Entwicklung mündete im Sommer 1982 im Libanonkrieg, als Israel vorübergehend die südliche Landeshälfte bis Beirut besetzte und der PLO die letzte Basis nahm. Der Ausbruch der Intifada 1987 sensibilisierte die Weltöffentlichkeit für das Palästinenserproblem. Trotz internationaler Vermittlungsbemühungen und verschiedener Ansätze zur Einigkeit konnte der Nahostkonflikt bis heute nicht beigelegt werden.

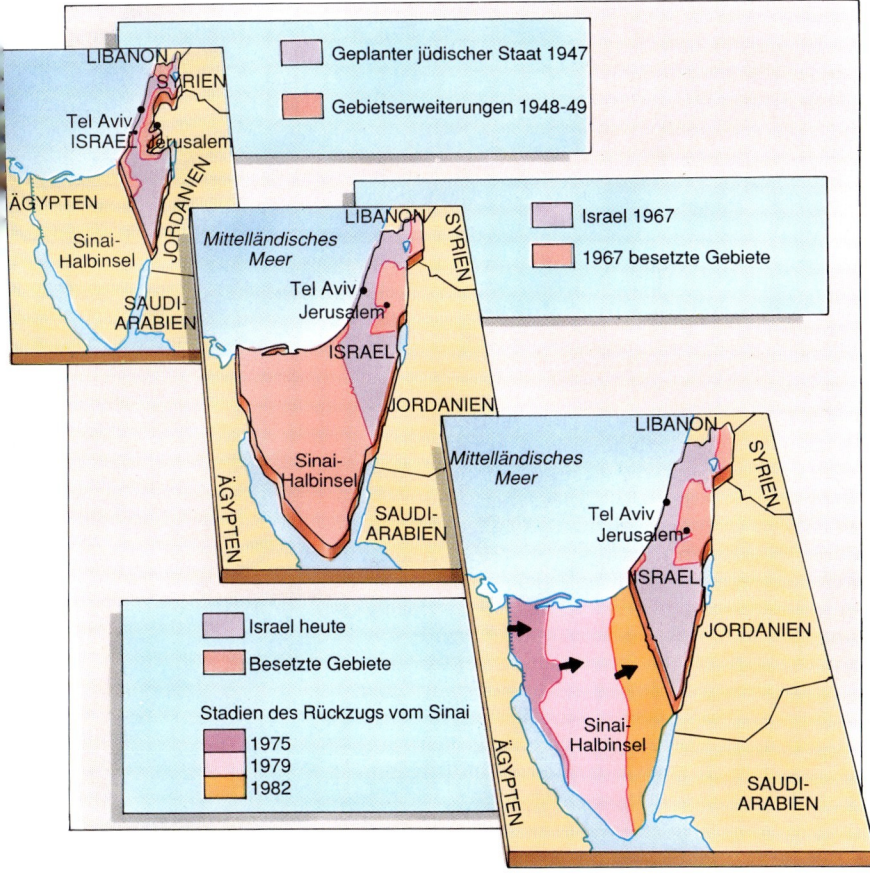

# ISRAEL: WIRTSCHAFT

Israel ist ein größtenteils bergiges oder hügeliges Land, das überwiegend aus Kalkstein- und Kreideschichten aufgebaut ist. Diese Gesteinsgrundlage und das subtropische Mittelmeerklima mit intensiver Sonneneinstrahlung und scharfem Gegensatz von regenreichen Wintern und absolut regenlosen Sommern bestimmen Böden und natürlichen Pflanzenwuchs. Der Süden des Landes (60 % der Staatsfläche) wird von der keineswegs unfruchtbaren, aber regenarmen Wüste Negev eingenommen. Etwa drei Viertel der Bevölkerung leben in der Küstenebene, wo intensiver Bewässerungsfeldbau betrieben wird.

## Vom Agrarland zum Industriestaat

Israel hat seit der Staatsgründung 1948 einen beachtlichen Wirtschaftsaufschwung erzielt. Es bemühte sich mit Erfolg um eine allseitige Entwicklung der Wirtschaft, wobei Auslandsinvestitionen, Waren- und Kapitalhilfen (u. a. deutsche Wiedergutmachungsleistungen) sowie staatliche Förderung eine große Rolle spielten. Aufgrund der Wasserknappheit, der begrenzten landwirtschaftlichen Anbaufläche, der spärlichen Ausstattung mit natürlichen Ressourcen und der Abhängigkeit von westlichen Außenmärkten war die Wirtschaftsplanung von Beginn an auf Industrialisierung ausgerichtet. Heute ist Israel ein moderner Industriestaat mit leistungsfähiger Landwirtschaft.

Obwohl für die Bildung des Bruttoinlandsprodukts die Industrie (38 %) erst nach dem Dienstleistungssektor (58 %) an zweiter Stelle steht, konnte dieser Bereich in den 90er Jahren beachtliche Zuwächse verzeichnen. Die Industrie, die etwa 20 % der Erwerbstätigen beschäftigt, ist weitgehend auf importierte Rohstoffe und Energieträger angewiesen. Bedeutende Zweige sind die Baustoff- und chemische Industrie, die Metallverarbeitung sowie die feinmechanische, Elektro- und Elektronikindustrie. Ein weiterer wichtiger Faktor für den Export ist die Diamantenverarbeitung. Mit einer jährlichen Ausfuhr im Wert von 4,5 Milliarden US-Dollar nimmt Israel einen weltweit führenden Rang ein.

Zu den größten wirtschaftlichen Problemen des Staates zählen die Inflationsgefahr, die Arbeitslosigkeit mit einer Quote von rund 9 %, die Auslandsverschuldung und die negative Bilanz von Export und Import. Die Einnahmen aus dem Tourismus schließen einen Teil der Lücke zwischen Ein- und Ausfuhren, allerdings ist der Besucherstrom vor allem aus dem westlichen Ausland wegen erneuter blutiger Eskalation des Nahostkonflikts rückläufig.

## Leben im Kibbuz

Trotz der insgesamt eher ungünstigen klimatischen Bedingungen arbeitet Israels Landwirtschaft mit Gewinn. Sie erzeugt mit nur wenig mehr als 2 % aller Erwerbstätigen wertmäßig mehr als 70 % des inländischen Nahrungsmittelbedarfs und etwa 4 % des Exportwerts. Für den Export werden vor allem Zitrusfrüchte erzeugt. Umfangreich sind auch die Viehwirtschaft (Rinder, Geflügel), die Fischzucht in künstlichen Teichen sowie der Gemüseanbau. Insgesamt wird mehr als ein Viertel der Landesfläche landwirtschaftlich genutzt, wovon etwa zwei Drittel künstlich bewässert werden müssen.

Für viele Menschen in aller Welt ist der Kibbuz (Mehrzahl: Kibbuzim) ein besonders typisches Kennzeichen Israels. Dabei ist diese Art der Gemeinschaftssiedlung weder die älteste noch die vorherrschende Form ländlicher Siedlung. Der Kibbuz ist eine genossenschaftlich arbeitende, wirtschaftlich unabhängige Gemeinschaft gleichgestellter Mitglieder. Es gibt weder Privatbesitz, außer persönlichen Dingen, noch Gehalt. Als Entgelt für die Arbeit wird der gesamte Bedarf (Wohnung, Kleidung, Ernährung, medizinische Versorgung, Schule, Verkehr, Kultur und Unterhaltung, aber auch Taschen-

geld und Urlaub) vom Kibbuz bestritten. Jeder hat Mitsprache bei wirtschaftlichen und finanziellen Entscheidungen. Im Prinzip gilt auch, daß Ämter und Aufgaben immer wieder neu verteilt werden. Allerdings hat dies in der zunehmenden Spezialisierung und Differenzierung wirtschaftlicher Aktivitäten und Aufgaben ebenso seine Grenzen wie die ursprüngliche Ablehnung von Lohnarbeit. Abgesehen von diesen Einschränkungen der Kibbuz-Ideologie hat sich das Modell sehr bewährt. Im Unterschied zu den Kollektivwirtschaften der sozialistischen Länder beruht das Kibbuz-Modell auf völliger Freiwilligkeit bei Eintritt und Austritt sowie einer absolut demokratischen Struktur, nicht beschränkt durch die Eingriffe einer herrschenden politischen Partei. Die meisten Kibbuzim sind heute gemischte Großbetriebe aus Landwirtschaft, oft hochspezialisierter Industrie und Dienstleistungen und zugleich autonome Siedlungen mit 400 bis 1500 Einwohnern.

# ISRAEL

**Das Luftbild** *(links)* zeigt einen Kibbuz am Ufer des Sees Genezareth. Die Kibbuzim, die früher oftmals nur aus einer Gruppe einfacher Hütten bestanden, sind heute gut ausgestattete Gemeinden mit vergleichsweise hohem Lebensstandard.

**Ein israelisches Mädchen** *(unten)* beim Ernteeinsatz. Die Wurzeln des Kibbuz sind im europäischen Sozialismus zu suchen. Ein wesentlicher Unterschied zu Kollektivformen in kommunistischen Ländern ist die Freiwilligkeit von Ein- und Austritt.

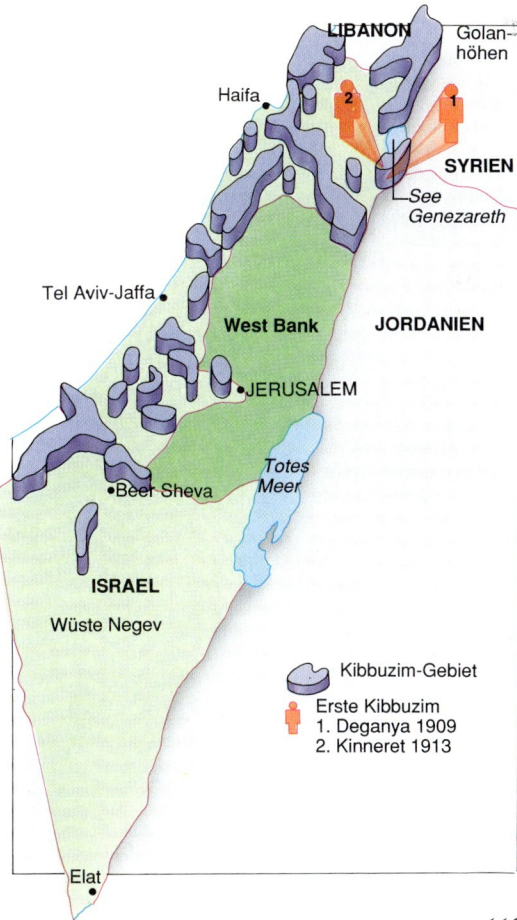

**Pfirsiche** *(ganz links)* werden in einer landwirtschaftlichen Kooperative für den Export verpackt. In den Kibbuzim, der bekanntesten Form dieser genossenschaftlich arbeitenden Kooperativen, gehört das Land der Gemeinschaft.

**Freiwillige Arbeiter** *(links)* in einem Kibbuz bei der Pause. Zahlreiche junge Menschen aus vielen Ländern machen hier Arbeitsferien. Das gute Kameradschaftsgefühl wiegt die geringe Bezahlung und die einfachen Lebensbedingungen auf.

**Jüdische Pioniere** errichteten 1909 in der Nähe des Sees Genezareth den ersten Kibbuz *(rechts)*. Die als rein landwirtschaftliche Siedlungen gegründeten Kibbuzim verbinden heute den Ackerbau mit Industrie und Dienstleistungen. Die verschiedenen von den Kibbuz-Landwirten eingeführten Neuerungen wie die durch Computer geregelte Tropfenbewässerung wenden heute auch zahlreiche Bauern in der Dritten Welt bei der Überwindung der Trockenheit und anderer ungünstiger Anbaubedingungen an.

# ISRAEL: JERUSALEM

»Jerusalem, wollte ich deiner vergessen, vergessen sei auch meine Rechte« (Psalm 137). Nachdem die überlegenen Babylonier sie im 6. Jahrhundert v. Chr. aus ihrer Heimat in die Gefangenschaft geführt hatten, beklagten die von Heimweh geplagten Israeliten in dieser Weise ihr Exil. Jerusalem war bereits eine große Stadt, ein Symbol des jüdischen Glaubens an Jahwe (Jehova). In den folgenden Jahrhunderten sollte sie auch die heilige Stadt des Christentums und des Islam werden.

Die menschliche Besiedlung auf dem Felsplateau des Judäischen Berglandes begann vor mehr als 4000 Jahren. Etwa um 1500 v. Chr. errichteten die Jebusiter (Kanaanäer) hier eine befestigte Stadt, die um das Jahr 1050 v. Chr. von dem israelitischen König David erobert wurde. Auf dem Burgberg (nach dem hebräischen Wort Tsiyon, »Hügel«, auch Zion genannt) ließ König David Yerushalayim (Jerusalem) als Hauptstadt der vereinigten Stämme Israels erbauen. Als »Zion« symbolisiert die Stadt die Heimat der Juden und für die Christen das Königreich Gottes.

## Juden, Christen und Moslems

Um 950 v. Chr. ließ König Salomon, der Sohn Davids, zum Zwecke der Unterbringung des heiligsten Besitzes Israels, der Aron ha-kodesch (Bundeslade), einen Tempel errichten. Diese aus vergoldetem Akazienholz bestehende, die Allgegenwart Jahwes symbolisierende Lade überstand die Plünderungen der Ägypter (984 v. Chr.), der Babylonier (586 v. Chr.) und Alexanders des Großen (333 v. Chr.) ebenso wie die vollkommene Zerstörung des Tempels durch den syrischen König Antiochos IV. im Jahr 186 v. Chr. Herodes der Große, jüdischer Herrscher während der römischen Besatzung, ließ den Tempel 37 v. Chr. erneut aufbauen. Im Verlauf des jüdischen Aufstandes gegen die römische Oberherrschaft wurde im Jahr 70 n. Chr. der gesamte Tempel, mit Ausnahme der westlichen Außenmauer (die auch heute noch als »Klagemauer« weiterbesteht), durch die Truppen Kaiser Titus' zerstört. Die Bundeslade wurde nach Rom gebracht, und ihre Spur verliert sich dort. Um das Jahr 130, als Kaiser Hadrian auf den Ruinen Jerusalems die römische Kolonie Aelia Capitolina gründete, begann die Diaspora der Juden, ihre Verstreuung über die ganze Erde. Über die Jahrhunderte des Exils wurden jedoch in jedem jüdischen Heim die Erinnerung an die Heilige Stadt und die Hoffnung an eine Rückkehr wachgehalten, wie die rituelle, an jedem Passahfest wiederholte Erklärung »Nächstes Jahr, Jerusalem« bewies.

324 n. Chr. erklärte der römische Kaiser Konstantin I. das Christentum zur Staatsreligion. Es war jedoch die Mutter des Kaisers, Helena, die am meisten zur Entwicklung Jerusalems zum Mittelpunkt des christlichen Glaubens beitrug. Bei der ersten »archäologischen Grabung« im Heiligen Land entdeckte sie im Jahr 326 auf

**Ein Luftbild der Stadt Jerusalem** *(rechts)* zeigt ihre ehrwürdige Pracht und die Macht des Glaubens. Im Zentrum liegt der Berg Zion, auf dem bedeutende Bauwerke der Weltreligionen – Judentum, Christentum und Islam – stehen. Ungefähr 75 % der Einwohner Jerusalems sind Juden und leben vorwiegend im modernen West-Jerusalem. Im 1980 besetzten Ost-Jerusalem, wo Sehenswürdigkeiten wie die Grabeskirche und der Felsendom liegen, überwiegen die Araber.

**Orthodoxe Juden** *(unten rechts)* in Jerusalem. Die Rolle der Stadt als Mittelpunkt verschiedener Religionen macht Jerusalem seit Jahrhunderten zum Spielball religiöser Leidenschaften. Ihrer Bevölkerung bleibt bis heute ein friedvolles Leben verwehrt.

**Juden beten an der Klagemauer** *(unten)*, den Überresten des Tempels, der vor nahezu 2000 Jahren von den Römern zerstört wurde. Seit jener Zeit ist auch die heilige Bundeslade verschollen. Die Mauer blieb jedoch weiterhin ein Anziehungspunkt für fromme Juden.

# ISRAEL

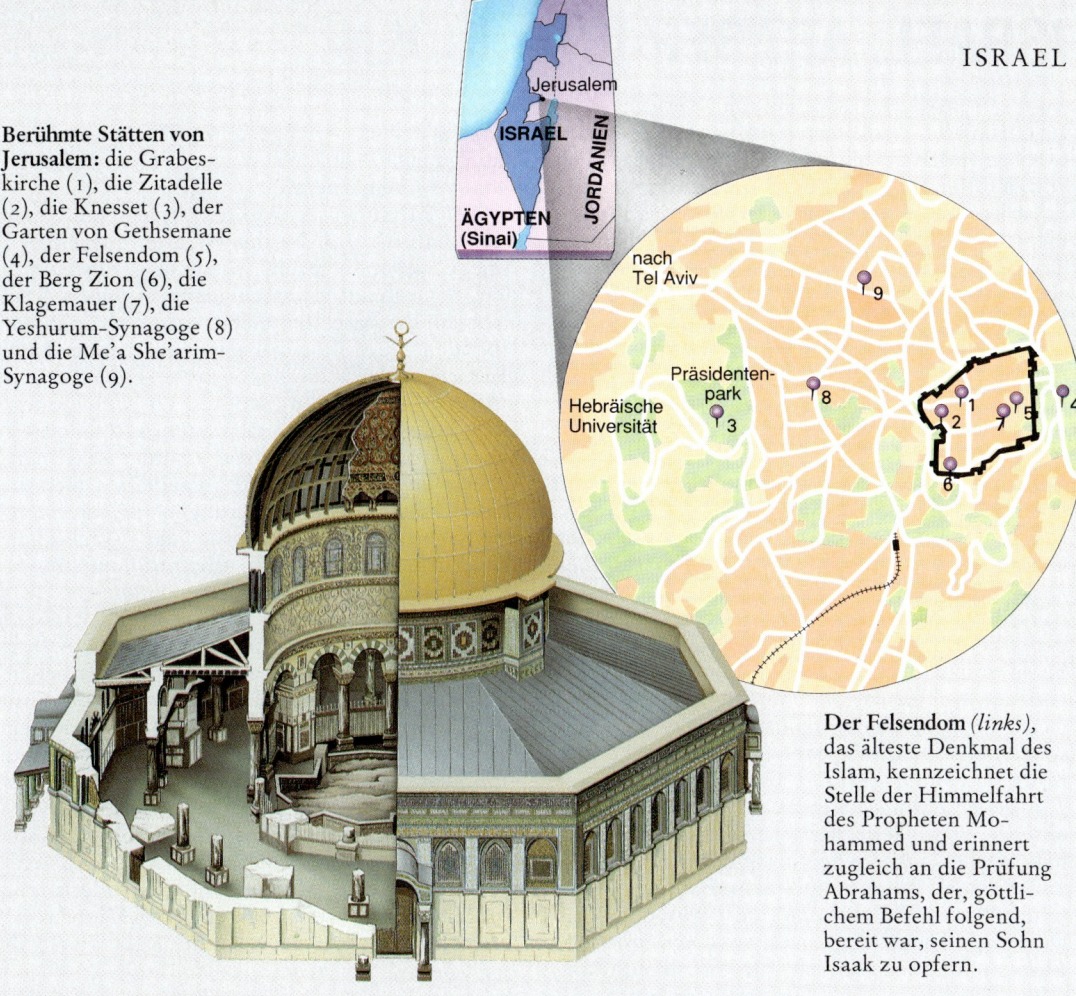

**Berühmte Stätten von Jerusalem:** die Grabeskirche (1), die Zitadelle (2), die Knesset (3), der Garten von Gethsemane (4), der Felsendom (5), der Berg Zion (6), die Klagemauer (7), die Yeshurum-Synagoge (8) und die Me'a She'arim-Synagoge (9).

**Der Felsendom** (links), das älteste Denkmal des Islam, kennzeichnet die Stelle der Himmelfahrt des Propheten Mohammed und erinnert zugleich an die Prüfung Abrahams, der, göttlichem Befehl folgend, bereit war, seinen Sohn Isaak zu opfern.

Golgatha, dem Ort der Kreuzigung und der Bestattung Jesu, Reliquien, die als das Wahre Kreuz verehrt wurden. Konstantin ließ auf Golgatha die Grabeskirche erbauen. Dieses bedeutendste christliche Heiligtum steht, zweimal zerstört und nach dem Wiederaufbau durch die Kreuzfahrer im Jahr 1149 mehrfach restauriert, in der Altstadt Jerusalems am Ende der Via Dolorosa (Straße der Tränen), auf der Jesus sein Kreuz nach Golgatha getragen hat.

937 wurde Jerusalem von moslemischen Arabern in Besitz genommen, die die Stadt als Ort der Himmelfahrt Mohammeds verehren. Von 685–705 dauerte die Bauzeit ihres Heiligtums, des Felsendomes. Der osmanische Sultan Suleiman ließ 1561 das Innere des achtseitigen Gebäudes mit Marmor, die Außenwände mit persischen Kacheln verkleiden. Gekrönt wird das Gebäude von einer vergoldeten Kuppel.

Während des ersten Kreuzzuges wurde Jerusalem im Jahre 1099 von christlichen Kreuzfahrern eingenommen. Sie gründeten das von den Franken beherrschte Königreich Jerusalem. Unter der Führung Saladins gelangte die Stadt wiederum in moslemische Hand und blieb von 1244 bis ins 20. Jahrhundert unter der Herrschaft des Islam. Von 1517 an war sie ein Teil des Osmanischen Reiches. Es war christlichen Pilgern erlaubt, die Heiligtümer aufzusuchen, und im späten 19. Jahrhundert waren bereits zahlreiche Juden in die Stadt zurückgekehrt.

## Die geteilte Stadt

Im Dezember 1917 wurden die Türken von den Briten aus Jerusalem vertrieben. Die Stadt wurde zum Sitz der britischen Mandatsregierung für Palästina. Die britische Regierung befürwortete die Errichtung einer »nationalen Heimstätte« der Juden. Ihre Versuche, das Gebiet auf die Selbstverwaltung vorzubereiten, stießen auf heftige Kritik seitens der palästinensischen Araber, die fürchteten, ihr Land zu verlieren, und seitens der »Zionisten«, die baldmöglichste Gründung eines selbständigen jüdischen Staates anstrebten. 1947 beschlossen die Vereinten Nationen, daß Palästina in einen arabischen und einen jüdischen Staat geteilt werden sollte, mit Jerusalem als »internationale Stadt«. Als aber im Mai 1948 die Briten abzogen und der jüdische Staat Israel proklamiert wurde, begann ein offener Kampf, der sich auf den Besitz Jerusalems konzentrierte. Am Ende des Jahres war die Altstadt (Ost-Jerusalem) unter arabischer Kontrolle. Die Juden hielten die neue Stadt (West-Jerusalem), die zur Hauptstadt Israels wurde. Nun waren aber die Juden von ihren heiligen Stätten getrennt. 1967 vertrieben israelische Truppen während des Sechstagekrieges die Araber nach drei Tagen heftiger Straßenkämpfe. Israel erklärte Gesamt-Jerusalem 1980 gegen den erbitterten Widerstand der arabischen Seite zu seiner Hauptstadt, die heute 650 000 Einwohner hat.

# ISRAEL: ARABER UND JUDEN

Im Frühjahr 1948 lebten in Palästina neben 650 000 Juden etwa 1,35 Millionen Araber. Der von den Vereinten Nationen für sie vorgesehene Staat kam nicht zustande, weil die Palästinenser nicht mit weniger als dem ganzen Land zufrieden waren, weil die arabischen Nachbarstaaten einen Krieg gegen Israel anzettelten und weil Jordanien anschließend das nicht von Israel besetzte Gebiet annektierte.

Den Türken, die Palästina vierhundert Jahre lang, von 1516/17 bis 1917/18, verwalteten, war die jüdische ländliche Siedlung seit 1878 nicht unwillkommen, sahen sie in ihr doch ein Gegengewicht zu den aufbegehrenden Arabern und potentiell eine gute Steuerquelle. Die Juden kauften Land von türkischen oder arabischen Grundherren; Pächter, die oft seit Generationen ansässig waren, mußten weichen. Es waren meist vernachlässigte, aber sehr fruchtbare Böden, die trockengelegt und kultiviert wurden. Nicht selten überflügelten die Juden ihre arabischen Nachbarn und verdrängten sie vom Markt. So entstanden frühe Konflikte. Sie verschärften sich, als vor 1914 das sozialistisch-zionistische Prinzip aufkam, auf die »Ausbeutung« arabischer Lohnarbeiter zu verzichten und eine allseitig entwickelte jüdische Wirtschaft aufzubauen. Die Araber sehen heute darin Tendenzen zur Rassentrennung und zum Boykott arabischer Waren. Noch schwerer wiegt der Vorwurf, die Ansiedlung, nach 1920 das britische Mandat und schließlich die Staatsgründung seien Ergebnisse eines imperialistischen Komplotts. Sicher war die britische Politik imperialistisch; die Chance, die sie den Juden bot, war aber begrenzt, denn sie war während der Mandatszeit eher antizionistisch und einer Staatsgründung keineswegs förderlich.

Als Folge arabischer Aufstände, die ihren Höhepunkt 1936 erreichten (u. a. Pogrom in Hebron), nahmen die Briten 1939 die Balfour-Deklaration praktisch zurück, indem sie die Errichtung eines von der arabischen Mehrheit beherrschten Palästinastaats binnen zehn Jahren zusagten. Auch das genügte den Palästinensern nicht. Ihr prominentester Führer, Mohammed Amin Al Hussaini (1895–1974), von den Briten eingesetzter Großmufti von Jerusalem, verbündete sich mit Adolf Hitler (1889–1945) und diskreditierte die Nationalbewegung schwer.

Nach der Gründung Israels verließen über eine halbe Million Palästinenser das Gebiet des neuen Staates, teils freiwillig, weil ihre politischen Führer rieten, den Vormarsch der arabischen Armeen nicht zu behindern, teils aus Furcht vor dem Gegenterror extremistischer jüdischer Verbände.

Bis 1966 schränkte die Militärverwaltung ihrer Siedlungsgebiete die Bewegungsfreiheit und wirtschaftliche Entfaltung der in Israel lebenden Araber ein, doch waren sie seither – abgesehen davon, daß sie mit Ausnahme der Drusen nicht zum Militär eingezogen wurden – formalrechtlich als Staatsbürger der jüdischen Bevölkerungsmehrheit gleichgestellt. Sie hatten aber naturgemäß Probleme, sich mit dem jüdischen Staat zu identifizieren.

Die Palästinenser wußten inzwischen aber auch, daß die von Nachbarstaaten ausgelösten Kriege weder in ihrem Interesse geführt wurden, noch ihnen etwas eingebracht haben. Das Problem der besetzten Gebiete und der in ihnen lebenden 1,3 Millionen Palästinenser hatte Israel in eine scharfe innenpolitische Polarisierung geführt. Die »Falken« wollten die Gebiete aus sicherheitspolitischen, aber auch aus ideologischen Gründen für immer unter israelische Oberhoheit behalten; die »Tauben« traten in unterschiedlichen Schattierungen für Räumung der Gebiete unter Wahrung der israelischen Sicherheitsinteressen ein. Verhandlungen mit der PLO lehnten fast alle Parteien ab.

### Die Zukunft der Palästinenser

Die 80er und 90er Jahre waren von immer neuen Ansätzen zu Verhandlungen über die Zukunft der Palästinenser im Rahmen einer regionalen Friedensordnung, die auch die Nachbarstaaten einbindet, gekennzeichnet. Der im Dezember 1987 ausgebrochene Aufstand (Intifada) veränderte die Lage insofern, als er König Hussain von Jordanien bewog, die 1950 erfolgte Annexion der Gebiete im Sommer 1988 zu widerrufen. Seitdem war die von der arabischen Gipfelkonferenz 1974 in Rabat anerkannte Rolle der PLO

**Ein Soldat** führt bei einem arabischen Bewohner der Altstadt Jerusalems eine Sicherheitsüberprüfung durch *(rechts)*. Zahlreiche palästinensische Araber widersetzen sich der israelischen Herrschaft.

**Sephardische und östliche Juden** wie diese jemenitische Braut *(unten)* tragen andere Kleidung und haben andere Bräuche als die Aschkenasim (europäischen Juden).

# ISRAEL

als Vertretung aller Palästinenser im arabischen Lager unumstritten. Im Zeichen des Aufstands proklamierte die PLO im November 1988 den Staat Palästina neben Israel, erkannte Israel indirekt an, bildete eine Exilregierung und distanzierte sich von Gewalttaten. PLO-Chef Jasir Arafat (* 1929) erklärte die PLO-Charta von 1968, die nach wie vor die Vernichtung Israels forderte, für hinfällig.

Diese Entwicklung mündete 1993 in das Gaza-Jericho-Abkommen. Israel und die PLO vereinbarten den Abzug der israelischen Truppen aus dem Gazastreifen und Jericho, die Einrichtung einer begrenzten palästinensischen Verwaltung in diesen Gebieten und die Aufnahme von Verhandlungen. Die Selbstverwaltung wurde 1994 eingerichtet. Im gleichen Jahr schlossen Israel und Jordanien Frieden. 1995 begann der Abzug der israelischen Truppen aus weiteren Städten des Westjordanlandes. Nach der Ermordung von Premierminister Izhak Rabin 1995 durch einen israelischen Extremisten kam der Friedensprozeß ins Stocken und erreichte unter seinem Nachfolger Benjamin Netanjahu einen neuen Tiefpunkt. Erst das unter Vermittlung der USA zustande gekommene Wye-Abkommen setzte ab 1998 die palästinensisch-israelische Annäherung wieder in Gang. Unter der 2001 gebildeten Regierung von Ariel Scharon eskalierte der Nahostkonflikt erneut zu blutigen Unruhen.

**Diese arabische Beduinenfrau** *(oben)* hütet unbeeindruckt von den über der Wüste Negev schwebenden Heißluftballons ihre Schafe. Die meisten Beduinen sind inzwischen seßhaft geworden und leben heutzutage in Dörfern und Städten.

**Fischer auf dem See Genezareth** *(unten)* führen ein Leben, das sich seit den biblischen Zeiten nur unwesentlich verändert hat. Der See ist der tiefstgelegene Süßwassersee der Erde und sehr fischreich. Sein Wasser wird auch zur Bewässerung genutzt.

**In Israel** *(unten)* leben Juden aus allen Teilen der Erde, wie dieses Schaubild zeigt. Der größte Teil der jüdischen Einwanderer kam aus Osteuropa und Nordafrika. Das Rückkehrergesetz, das 1950 in der Knesset verabschiedet wurde, bekräftigte das Recht jedes Juden, sich in Israel niederzulassen. Ein seit 1954 geltendes Gesetz garantiert jedem jüdischen Einwanderer die israelische Staatsbürgerschaft. Etwa 60 % der heute in Israel lebenden Juden sind bereits dort geboren.

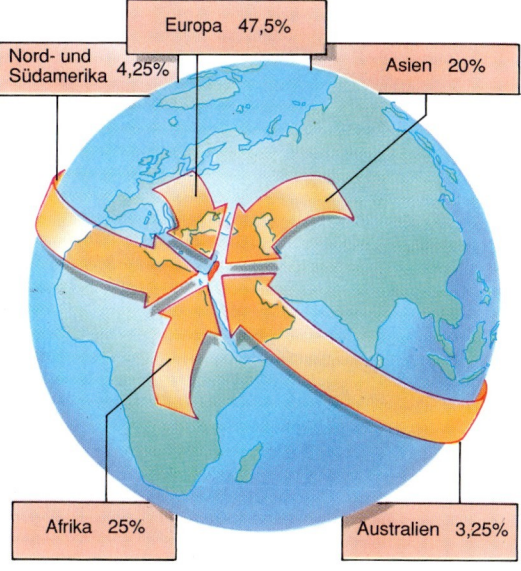

Nord- und Südamerika 4,25%
Europa 47,5%
Asien 20%
Afrika 25%
Australien 3,25%

# ITALIEN

# ITALIEN

Kaum ein anderes Land der Welt bietet dem Reisenden solch einen landschaftlichen, historischen und kulturellen Reichtum wie Italien. Von den Bergen im Norden bis zu den Inseln im Süden beeindruckt die Schönheit der Landschaft: Die großen Massive und schneebedeckten Gipfel der Alpen, die oberitalienischen Seen, die sich zur Poebene erstrecken, die Toskana, die abwechslungsreichen Gebirgszüge des Apennin, die mal flachen, mal steilen Küsten im Osten und Westen sowie die Inseln Sizilien und Sardinien. Die Natur fasziniert sowohl als Kulturlandschaft wie auch in ihrer unberührten Form den Betrachter.

Bedeutende Zeugnisse der Geschichte, archäologische Funde, Tempelruinen und Theater, Foren oder Triumphbögen, erinnern daran, daß von Rom aus ein Imperium beherrscht wurde, das fast die ganze damals bekannte Welt einschloß. Mittelalterliche Städte, in ihrem historischen Zentrum weitestgehend erhalten, erzählen vom Leben vergangener Zeiten.

Kunstwerke von hohem Rang, Kirchen und Paläste, Plätze und Brunnen, Treppen und Brücken, Gemälde und Skulpturen, ziehen Besucher aus aller Welt an. Ohne Italien wäre die Welt um eine Kulturstätte ärmer. Ohne die italienischen Schöpfungen im Mittelalter, in der Renaissance und im Barock würde der Kunst Europas das belebende Herz fehlen.

Doch Italien ist nicht nur das Land einer ruhmreichen Vergangenheit. Die Gegenwart wird bestimmt von einem vitalen Volk, das mit seiner Lebenslust und Klugheit, dem Gefallen an äußerlichen Dingen, seiner leichten Nachlässigkeit, die nicht alles ernst nimmt und manches auf morgen verschiebt, und seiner kritischen Distanz zu allen politischen Institutionen einen unverkennbar eigenen Stil und eine eigene Lebensweise gefunden hat. Die Fremden suchen »das Italienische« und erheben es als lockere Lebensart zum Glücksgefühl einer Ferienreise. Wie die Italiener ihr tägliches Leben in Stadt und Land führen, ihre Familie in Ehren halten, wie Mann und Frau miteinander umgehen, was sie essen und trinken, wie sie sich vergnügen und kleiden, Feste feiern und Skandale bestehen, wie trotz allem Wirtschaft und Politik funktionieren, gehört zum festen Bestandteil im bunten Kaleidoskop dieser Welt.

So verwundert es nicht, daß die Völker Europas seit alters einen unwiderstehlichen Drang zu diesem Land im Süden verspürt haben. Zu den Bewunderern Italiens gehörten immer auch namhafte Künstler und berühmte Schriftsteller. Das Land, »wo die Zitronen blühn, im dunklen Laub die Goldorangen glühn« (Goethe), ist das Ziel der Sehnsucht für Unzählige, die dann zu diesem Stück Erde mit seinen unverwechselbaren Bewohnern »in unergründliche Liebe fallen« (Lord Byron). Andere wallfahren in die Heimat der römisch-katholischen Kirche, in das Land der Kirchen, Klöster und Heiligtümer, in die Stadt des Papstes, das »Ewige Rom«.

# ITALIEN: DER STAAT

Unruhen und Krisen scheinen Staat, Gesellschaft und Politik in Italien zu kennzeichnen. Zwischen 1945 und 2000 haben 58 Kabinette einander abgewechselt. Streit gibt es nicht nur zwischen Regierung und Opposition, sondern ebenso zwischen den verschiedenen Parteien der jeweiligen Koalition.

Der Staat hat stets mit mannigfachen Schwierigkeiten zu kämpfen: mit einer hohen Verschuldung der öffentlichen Hand, mit Inflation und einer chronisch schwachen Währung, mit einer mäßigen Verwaltung und unzulänglichen öffentlichen Diensten, mit Streiks und Skandalen, mit Terrorismus und dem organisierten Verbrechertum der Mafia und besonders mit den gravierenden wirtschaftlichen Unterschieden zwischen Nord und Süd.

Dennoch herrschen zugleich Kontinuität und Stabilität. Seit Kriegsende wurden die Regierungen häufig von der Christlich Demokratischen Partei (DC) geführt. Auch wenn sie nicht immer den Ministerpräsidenten stellte, wurde die »Democrazia Cristiana« bis 1992 immer als stärkste Partei von den Wählern bestätigt. Der zweitstärksten politischen Partei Italiens, der »Partito Comunista«, der mächtigsten kommunistischen Partei in der westlichen Welt, gelang es bis dahin nicht, sich den Wählern als Alternative zu präsentieren. 1993 kam es zu einem Umbruch in der Parteienlandschaft. Die DC, deren Ansehen in der Öffentlichkeit rapide abgenommen hatte, zerfiel in mehrere Nachfolgeorganisationen. Neue Gruppierungen wie Forza Italia unter der Führung des Medienmagnaten Silvio Berlusconi (* 1936) betraten die politische Bühne. Die Bevölkerung sprach sich in einem Referendum für politische Reformen aus. Das war ein Zeichen dafür, daß sich das politische Klima verschlechtert hatte. Die Wirtschaftsentwicklung wurde durch die hohe Staatsverschuldung blockiert. Mordanschläge der Mafia bewiesen Defizite im Bereich der inneren Sicherheit.

Nach den Wahlen von 1996 wurde Romano Prodi (* 1939) Ministerpräsident. Er stand an der Spitze des Mitte-Links-Bündnisses »Ulivo«, dem auch die Kommunisten angehörten, die sich heute »Partito Democratico della Sinistra« nennen. Prodi wurde im Oktober 1998 von seinem Parteifreund Massimo d'Alema im Amt des Ministerpräsidenten abgelöst. Seit April 2000 war Giuliano Amato Chef einer Mitte-Links-Regierung. Die Grundausrichtungen der Republik Italien blieben trotz der innenpolitischen Turbulenzen konstant: ihr freiheitlich demokratischer Charakter, der Platz in der Europäischen Union, die Einbindung in die NATO und eine leistungsfähige soziale Marktwirtschaft. Bei den Parlamentswahlen im Mai 2001 gewann das von Silvio Berlusconi geführte Mitte-Rechts-Bündnis, in dem die Forza Italia die stärkste Gruppierung ist, in beiden Kammern des Parlamentes die absolute Mehrheit.

Staatsoberhaupt ist der Präsident der Republik, der für sieben Jahre gewählt wird. Die 325 Senatoren und 630 Abgeordneten werden alle fünf Jahre gleichzeitig in geheimen Wahlen bestimmt, wenn nicht vorgezogene Neuwahlen notwendig werden. Der Ministerpräsident legt die allgemeinen Richtlinien der Regierungspolitik fest, während die Minister jeweils für ihr Ressort verantwortlich sind. Die Regierung wird, wie in einer Demokratie üblich, vom Vertrauen des Parlaments getragen, dem die Gesetzgebung obliegt. Eine unabhängige Justiz gewährleistet die Gewaltentrennung.

## Daten und Fakten

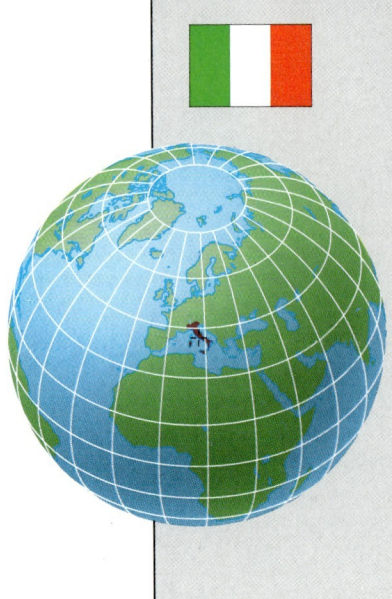

**DAS LAND**
**Offizieller Name:** Italienische Republik
**Hauptstadt:** Rom
**Fläche:** 301 318 km²
**Landesnatur:** Von N nach S: Alpenanteil, norditalische Tiefebene (Poebene), anschließend von N nach S verlaufend der Apennin, im W Hügelland (Latium)
**Klima:** Im N warmgemäßigt, im S mediterran
**Hauptflüsse:** Po, Arno, Tiber, Etsch
**Höchster Punkt:** Mont Blanc 4807 m
**DER STAAT**
**Regierungsform:** Republik

**Staatsoberhaupt:** Staatspräsident
**Regierungschef:** Ministerpräsident
**Verwaltung:** 20 Regionen
**Parlament:** Senat mit 325 Senatoren (davon 10 Senatoren auf Lebenszeit); Abgeordnetenkammer mit 630 gewählten Abgeordneten; Wahl alle 5 Jahre
**Nationalfeiertag:** 1. Sonntag im Juni
**DIE MENSCHEN**
**Einwohner (Ew.):** 57 343 000 (1999)
**Bevölkerungsdichte:** 190 Ew./km²
**Stadtbevölkerung:** 67 %
**Bevölkerung unter 15 Jahren:** 15 %

**Analphabetenquote:** 1,5 %
**Sprache:** Italienisch
**Religion:** Katholiken 90 %
**DIE WIRTSCHAFT**
**Währung:** Euro; bis 31.12.2001 Italienische Lira
**Bruttosozialprodukt (BSP):** 1 166 178 Mio. US-$ (1998)
**BSP je Einwohner:** 20 250 US-$
**Inflationsrate:** 4,4 % (1990-98)
**Importgüter:** Rohöl, Fahrzeugteile, Maschinen, chem. Produkte, Eisen, Stahl
**Exportgüter:** Maschinen, Fahrzeuge,

Italien *(links)* erstreckt sich von den Alpen aus weit ins Mittelmeer hinein. Im Norden liegen die malerischen Seen und die fruchtbare Poebene, im Süden dagegen die Vulkane Vesuv und Ätna.

### Gesellschaft und politisches Leben

Das politische Leben Italiens wird neben den Parteien zudem von den einflußreichen gesellschaftlichen Kräften bestimmt. Zu den mächtigsten Interessenvertretern gehören die katholische Kirche, die vielen Verbände sowie die Gewerkschaften, die ihre eigene Dynamik entwickelten und oft Regierungen und Unternehmern sowie häufig auch der Bevölkerung mit Streiks das Leben schwer machen.

Die italienische Gesellschaft zeigt sich in sehr unterschiedlichen Gruppierungen und Schichten, doch stets in erstaunlicher Vitalität. Einerseits stoßen sich die Bürger an dem schlechten Zustand der öffentlichen Einrichtungen und Dienste. Zum anderen können sich die Italiener auf vielen Gebieten frei entfalten; ihre Leistungen in Wirtschaft und Kultur zeugen davon.

# ITALIEN: ROM

Der Sage nach wurde am Tag der Gründung Roms, am 21. April 753 v. Chr., einer der Stadtgründer – Remus – von seinem Bruder Romulus ermordet. Auch später war die Geschichte Roms von Gewalt geprägt, zumindest in der Antike; die Republik, die die erste Königsherrschaft gewaltsam stürzte, endete in Diktatur und Tyrannei und hatte die Alleinherrschaft der Kaiser zur Folge. Im Römischen Reich waren die Worte »civis Romanus sum« (»Ich bin ein Römer«) der größte Stolz eines jeden Bürgers – dieser Stolz gründete sich jedoch auf Sklaverei und Zerstörung. »Sie richten Verwüstung an und nennen es Frieden!« bemerkte ein zeitgenössischer Historiker im Hinblick auf Roms Behandlung seiner eroberten Gebiete. Und doch schaffte jenes autoritäre Reich einige der entscheidenden Grundlagen für die Entwicklung der heutigen Militär- und Regierungssysteme und der Rechtsordnungen in der abendländischen Welt wie auch für ihre Sprachen, ihre Kunst und Kultur. Und es hinterließ einmalige Denkmäler der Antike.

## Kaiserliche Denkmäler

Rom, so sagt man, wurde nicht an einem Tag erbaut, dementsprechend ist ein Leben zu kurz, um die Stadt wirklich kennenzulernen. Das vielleicht eindrucksvollste Monument des kaiserlichen Rom ist das Kolosseum, in der Nähe des Forum Romanum. Dieses gewaltige Amphitheater, in den Jahren 72–80 erbaut, symbolisiert die Unsterblichkeit der Stadt: es heißt, daß, wenn das Kolosseum einstürzt, auch Rom untergeht – und die übrige Welt ebenfalls.

Die aus verschiedenen, übereinandergelagerten Schichten von Marmor und rotem Travertin bestehende Außenwand, die die riesige Arena des Kolosseums umschließt, hat zahlreiche Plünderungen und Zweckentfremdungen überdauert: Päpste plünderten das Kolosseum, um den Petersdom und andere Kirchen zu bauen, Generäle benutzten es als Festung und Geschäftsleute als Düngemittelfabrik. Vom Jahre 80 bis ins 5. Jahrhundert war es Schauplatz von Gladiatorenkämpfen, Vorführungen mit wilden Tieren und wahrscheinlich auch der Hinrichtung christlicher Märtyrer. Einige Gelehrte meinen allerdings, letztgenannte Greueltaten seien im Circus Maximus verübt worden, dem großen Stadion für die Wagenrennen. Ein modernes Pendant zu diesen antiken Arenen ist der Sportpalast der E.U.R. (Weltausstellung von Rom) im jüngsten Stadtviertel.

Westlich des Kolosseums liegen das Forum Romanum, dessen Ruinen das geschäftliche und religiöse Zentrum des alten Rom bezeichnen, und die Kaiserforen, Plätze, die als Mittelpunkte des öffentlichen Lebens von selbstherrlichen Herrschern wie Julius Cäsar und seinen Nachfolgern angelegt wurden. Am größten ist das Trajansforum mit der 40 m hohen Trajanssäule, an der sich ein Reliefband mit etwa 2500 Figuren spiralfömig hinaufzieht. Die Säule ist jedoch inzwischen, wie viele antike Denkmäler Roms, fast vollständig von einer Verkleidung umhüllt. Die Luftverschmutzung, vor allem verursacht durch den sehr starken Autoverkehr, gefährdet seit einigen Jahren den Erhalt dieser historischen Bauten erheblich.

## Von der Vergangenheit leben

Das heutige Rom ist keine Industriestadt, obgleich im Nordwesten ein Industriekomplex angesiedelt ist und im Südosten Cinecittà, die international bekannte »Filmstadt« liegt. Nach wie vor spielt der Tourismus die entscheidende Rolle für die Wirtschaft Roms, so daß die Stadt in gewisser Weise von ihrer geschichtsträchtigen Vergangenheit lebt.

Sicherlich können die Bauten aus neuerer Zeit kaum an die architektonischen Glanzleistungen der Antike und der Renaissance heranreichen. An Italiens politische Wiedergeburt im 19. Jahrhundert erinnert bis heute das Nationaldenkmal für König Viktor Emanuel II. beim Kapitolshügel am Ende der Via del Corso, ein gewaltiges Monument aus weißem Marmor. Zahlreiche mittelalterliche Häuser wurden für dessen Bau abgerissen. Benito Mussolinis aufwendigen Entwürfen zur Stadtplanung in den 20er und 30er Jahren fielen weitere historische Bauten zum Opfer; die Verkehrssituation erinnert nun an die ursprüngliche Funktion des Corso – eine Rennbahn, über die im 17. und 18. Jahrhundert während der Zeit des Karnevals Wildpferde gejagt wurden.

**Das Kolosseum in Rom** *(oben)* hatte für mehr als 70 000 Zuschauer Platz. Es wurde in den Jahren 72–80 n. Chr. erbaut. Während der 100-tägigen Einweihungsfeierlichkeiten wurden Gladiatorenkämpfe ausgetragen, bei denen rund 5000 wilde Tiere getötet wurden.

**Die Piazza Navona** *(rechts)*, für den Verkehr gesperrt, wurde an der Stelle eines antiken Stadions angelegt und gehört zu den beliebtesten Treffpunkten in Rom. Vom berühmten Neptunbrunnen sieht man die Kirche S. Agnese in Agone aus dem 17. Jahrhundert.

# ITALIEN

**Die Spanische Treppe** (links), 1726 fertiggestellt, führt zu der Kirche Santissima Trinità dei Monti. Touristen wie Einheimische treffen sich hier, sitzen auf den Stufen und beobachten das Wechselspiel von Licht und Schatten über der Ewigen Stadt. – **Rom** (unten) war jahrhundertelang das Herz des Römischen Reiches und Hauptstadt der damals bekannten Welt. Und bis zum heutigen Tage hat diese Stadt nichts von ihrer Anziehungskraft verloren. Berühmte Sehenswürdigkeiten sind der Petersplatz, das Kolosseum, in dem die römischen Kaiser Gladiatorenkämpfe und Vorführungen mit wilden Tieren abhalten ließen, die Spanische Treppe, ein beliebter touristischer Treffpunkt, die Piazza del Popolo, Mittelpunkt des heutigen Rom, die Oper und das Forum Romanum, das Rechts- und Verwaltungszentrum des alten Rom.

Dennoch haben zwei der berühmtesten Touristentreffpunkte Roms die Bauwut selbstherrlicher Machthaber überdauert, der Trevibrunnen und die Spanische Treppe. Es heißt, daß derjenige, der eine Münze in den bekanntesten der zahlreichen Brunnen der Stadt wirft, sich damit eine glückliche Wiederkehr nach Rom sichert; die Geldsummen, die man wöchentlich aus dem Brunnen fischt, werden für die Instandhaltung römischer Waisenhäuser verwendet. Zwischen der Piazza di Spagna und der Via Condotti mit ihren weltberühmten Modeboutiquen von Gucci, Valentino und anderen Modeschöpfern gelegen, ist die Spanische Treppe seit langem ein beliebter Treffpunkt für Jung und Alt, für Römer und Touristen.

Der Besucher, der auf der Spanischen Treppe in der Sonne faulenzt oder bei einem Glas Wein oder einem Becher »gelato« – Eis gehört zu den größten Delikatessen Roms – vor einem der zahlreichen Cafés sitzt, kann sich entspannen und die Welt an sich vorüberziehen lassen, er kann eine Seite römischer Lebensart genießen, die bereits im Jahre 100 von dem Schriftsteller Plinius dem Jüngeren (62–114) geschildert wurde. Plinius wies auf die Begabung der Römer für das hin, was Italiener heute als »dolce far niente« (»schönes Nichtstun«) bezeichnen. Denn, obgleich kaum eine Stadt mehr erlebt hat als Rom, gibt es wenige Menschen, die sich besser als die Römer von der Mühsal des Tages auszuruhen wissen, wenn die Arbeit getan ist.

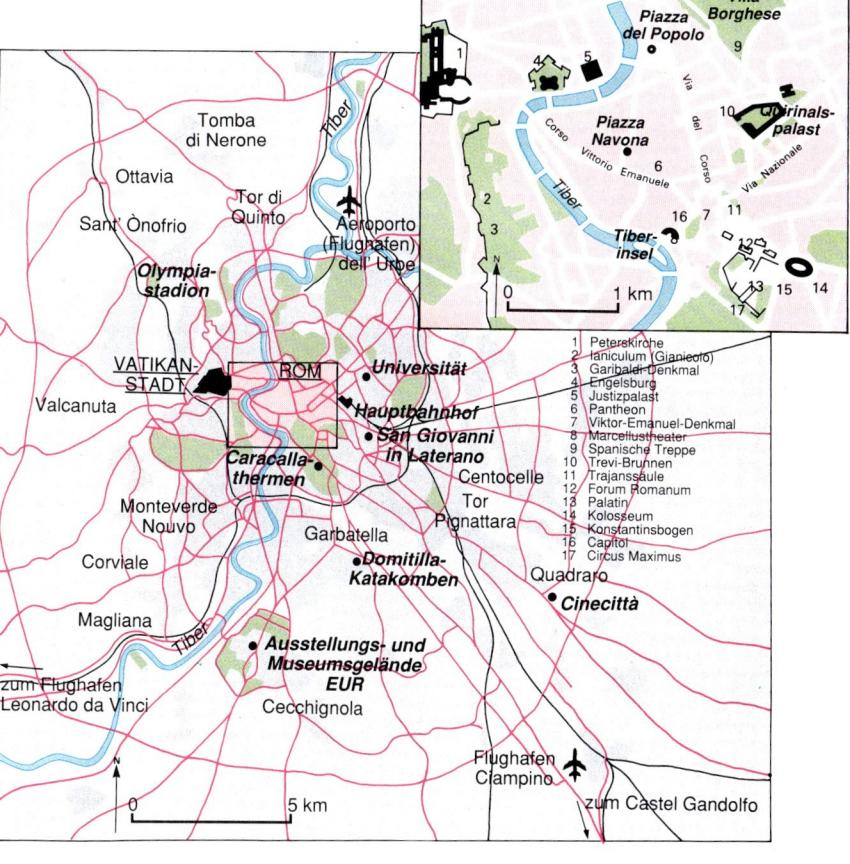

1 Peterskirche
2 Ianiculum (Gianicolo)
3 Garibaldi-Denkmal
4 Engelsburg
5 Justizpalast
6 Pantheon
7 Viktor-Emanuel-Denkmal
8 Marcellustheater
9 Spanische Treppe
10 Trevi-Brunnen
11 Trajanssäule
12 Forum Romanum
13 Palatin
14 Kolosseum
15 Konstantinsbogen
16 Capitol
17 Circus Maximus

# ITALIEN: RÖMISCHES REICH

In der Geschichte Italiens kommt dem Römischen Kaiserreich eine herausragende Bedeutung zu. Die römische Zivilisation, die sich vor mehr als 2000 Jahren aus dem Erbe des Hellenismus in Italien ausgebildet hat, prägt bis heute die abendländische Kultur.

Frühe archäologische Funde weisen eine Besiedlung verschiedener Gebiete der Apenninhalbinsel schon in der Altsteinzeit nach. Bereits am Ende des 3. Jahrtausends v. Chr. gab es Verbindungen zwischen Süditalien und den alten Kulturen des Mittelmeerraums. Eine für die gesamte Mittelmeerwelt entscheidende Veränderung beginnt mit den indogermanischen Wanderungen, die um 1200 v. Chr. einsetzten und in deren Verlauf Italiker, Illyrer und Kelten in Italien eindrangen.

Den ersten großen Herrschaftsverband schufen die vielleicht aus Kleinasien eingewanderten, möglicherweise aber auch in Mittelitalien alteingesessenen Etrusker. Während ihrer meist friedlich verlaufenden Expansion im 8. und 7. Jahrhundert v. Chr. überzogen sie das Gebiet vom nördlichen Apennin bis vor die Tore Neapels mit einem Netz von etruskisch beherrschten Stadtstaaten. Die Kultur der Etrusker hat ihre Herrschaft überdauert und viele Völker beeinflußt, die mit ihnen in Berührung kamen. Unter diesem Einfluß stand auch das um 750 v. Chr. gegründete und zeitweise von einem etruskischen Stadtkönig beherrschte Rom. Hieran erinnert auch die Sage von Romulus und Remus, den durch die etruskische Wolfsgöttin gesäugten »Gründern« Roms. Funde deuten jedoch darauf hin, daß schon um 1000 v. Chr. Latiner auf den Hügeln von Rom siedelten.

Seit Ende des 6. Jahrhunderts v. Chr. wurden die Etrusker von den Griechen bedroht. Diese gründeten zwischen 750 und 550 v. Chr. von Tarent über Sizilien bis Neapel unabhängige Stadtstaaten, die in loser Verbindung mit ihrer jeweiligen Mutterstadt standen. Zur Abwehr der vorstrebenden Griechen gingen die Etrusker ein Bündnis mit den Karthagern ein, deren Handelsstützpunkte auf Sizilien durch die griechische Kolonisation gefährdet waren. In der Seeschlacht von Cumae (Kyme) fiel 474 v. Chr. die Entscheidung zugunsten der Griechen, die Karthager wurden zurückgedrängt und die Flotte der Etrusker vernichtend geschlagen. Der Verfall der etruskischen Macht wurde damit eingeleitet.

### Römisches Reich

Am Anfang des 5. Jahrhunderts v. Chr. wurde die etruskische Fremdherrschaft in Rom gestürzt und die römische Republik gegründet. Der Adel stellte mit der Versammlung der patrizischen Familienoberhäupter das höchste Staatsorgan: den Senat. Bei ihm lag das eigentliche Zentrum der politischen Willensbildung, trotz des Rechts der Volksversammlung zum

**Das Forum Romanum** *(oben rechts)* mit seinen Tempeln, Palästen und Basiliken liegt in zentraler Lage in Rom in der Nähe des Kolosseums. Es war das politisch-religiöse Zentrum Roms mit Rathaus, Rednertribünen und Gerichtshallen.

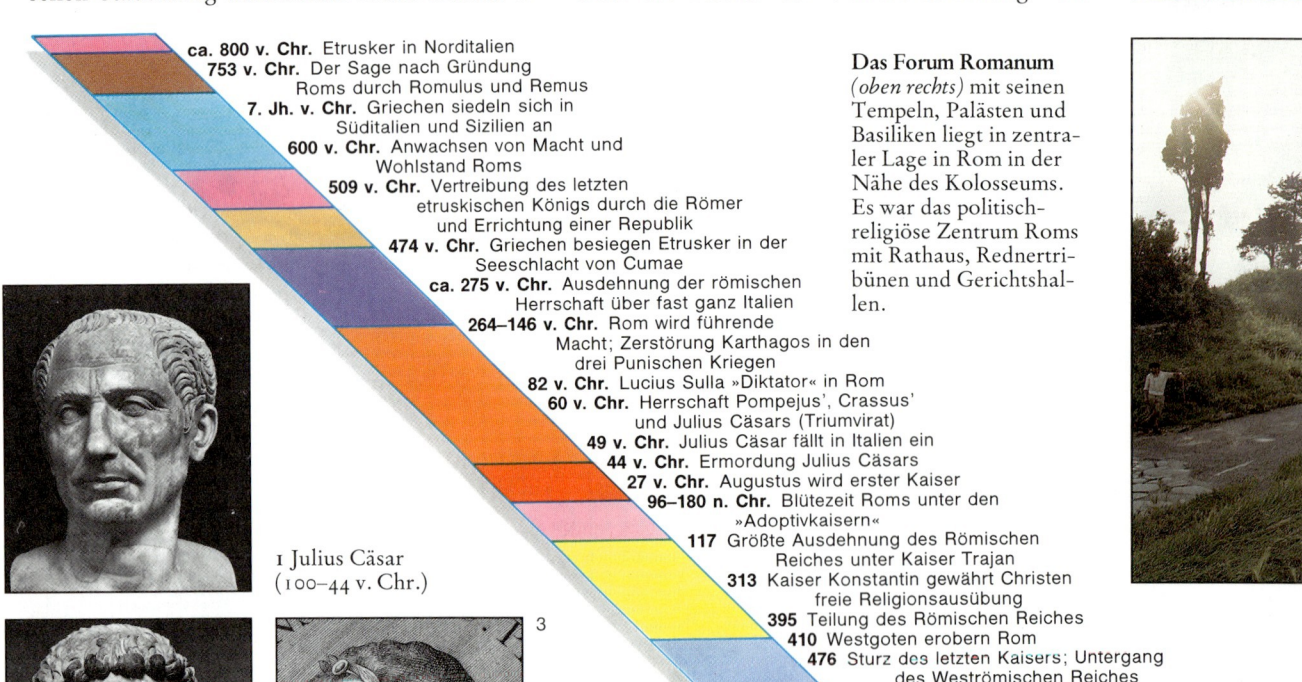

- ca. 800 v. Chr. Etrusker in Norditalien
- 753 v. Chr. Der Sage nach Gründung Roms durch Romulus und Remus
- 7. Jh. v. Chr. Griechen siedeln sich in Süditalien und Sizilien an
- 600 v. Chr. Anwachsen von Macht und Wohlstand Roms
- 509 v. Chr. Vertreibung des letzten etruskischen Königs durch die Römer und Errichtung einer Republik
- 474 v. Chr. Griechen besiegen Etrusker in der Seeschlacht von Cumae
- ca. 275 v. Chr. Ausdehnung der römischen Herrschaft über fast ganz Italien
- 264–146 v. Chr. Rom wird führende Macht; Zerstörung Karthagos in den drei Punischen Kriegen
- 82 v. Chr. Lucius Sulla »Diktator« in Rom
- 60 v. Chr. Herrschaft Pompejus', Crassus' und Julius Cäsars (Triumvirat)
- 49 v. Chr. Julius Cäsar fällt in Italien ein
- 44 v. Chr. Ermordung Julius Cäsars
- 27 v. Chr. Augustus wird erster Kaiser
- 96–180 n. Chr. Blütezeit Roms unter den »Adoptivkaisern«
- 117 Größte Ausdehnung des Römischen Reiches unter Kaiser Trajan
- 313 Kaiser Konstantin gewährt Christen freie Religionsausübung
- 395 Teilung des Römischen Reiches
- 410 Westgoten erobern Rom
- 476 Sturz des letzten Kaisers; Untergang des Weströmischen Reiches
- 553 Italien unter byzantinischer Herrschaft
- 572 Langobarden fallen in Italien ein
- 774 Eingliederung der Langobardei in das Reich Karls des Großen
- 800 Papst Leo III. krönt Karl den Großen zum römischen Kaiser; Päpste herrschen in »Kirchenstaaten«
- 962 Otto der Große wird zum ersten Kaiser des »Heiligen Römischen Reiches Deutscher Nation« gekrönt

1 Julius Cäsar (100–44 v. Chr.)
2 Hadrian (76–138)
3 Konstantin der Große (275–337)

**Das Römische Reich** *(oben)* erreichte seine größte Ausdehnung unter der Herrschaft von Kaiser Trajan, der von 98–117 n. Chr. regierte. Zu dieser Zeit umfaßte es weite Teile von Europa, Nordafrika und Kleinasien.

**Opfer des Vesuvs** *(links)*: Diese Bürger von Pompeji starben bei dem Vulkanausbruch, der die Stadt im Jahre 79 n. Chr. zerstörte. Ihre Gestalten sind restauriert worden, indem man Gips in den Hohlraum goß, den ihre Körper in der erkalteten Asche hinterlassen hatten.

**Auf der Via Appia** *(oben)* hallten einst die Schritte der römischen Legionäre wider. Die etwa 380 km lange Heerstraße verband die Hauptstadt Rom mit dem Hafen von Brundisium (Brindisi). Sie wurde in den Jahren 312–267 v. Chr. erbaut.

Volksentscheid. An der Spitze des Staates standen zwei jährlich gewählte Konsuln. Mit der Fixierung dieser Verfassung wurde die Grundlage für das römische Recht gelegt.

Die Patrizier – Ritter aus dem ehemaligen königlichen Heer – schlossen jedoch zunächst auch die Oberschicht der »Plebejer«, der bodenständigen bäuerlichen Grundbesitzer, von der Herrschaft aus. Ihre Gleichberechtigung mußten sich die Plebejer in den rund zwei Jahrhunderte während Ständekämpfen erst mit Gewalt erzwingen.

In zahlreichen Kriegen unterwarf Rom zwischen 340 und 266 v. Chr. weite Gebiete zwischen dem Nordbogen des Apennin und dem Golf von Tarent. Oft folgte Rom dabei Hilferufen bedrängter Städte. Aus einer Vielzahl von Bündnissen und Verträgen entstand das von Rom entwickelte römische Bundesgenossensystem, das die Vorherrschaft der römischen Herrschaft in Italien sicherte.

Ein Jahrhundert später erstreckte sich das Römische Reich bereits von Spanien über Südfrankreich, Norditalien, die Ostküste der Adria und Griechenland bis nach Kleinasien. Kriegsbeute und Kriegsentschädigungen flossen in riesigem Umfang nach Rom. Die Gewinner der Kriege waren die Adligen, die im entvölkerten Land große Gutsbetriebe errichteten, sowie die Statthalter und Steuereintreiber in den Provinzen, die deren Bevölkerung ausbeuteten. Rom trieb in ein Jahrhundert der Bürgerkriege.

Erst Gaius Julius Cäsar (100–44 v. Chr.), der mit seinem Heer Gallier und Germanen unterwarf, konnte nach der Vereinigung aller Staatsgewalten in einer Hand damit beginnen, die verworrenen Verhältnisse neu zu ordnen. Nach seiner Ermordung konnte sein Großneffe Gaius Octavius (63 v. Chr.–14 n. Chr.) die wieder aufgeflammten inneren Machtkämpfe beenden, die Republik auflösen und als Kaiser Augustus in den 41 Jahren seiner Herrschaft den alten Traum von der Weltherrschaft in einem durch Rom befriedeten Reich verwirklichen. Die Provinzen wurden neu gegliedert und einer geordneten Militärverwaltung unterstellt.

Theodosius I. (347–395) gelang es letztmalig, das Römische Reich unter eine einheitliche Regierungsgewalt zusammenzufassen, indem er das schon weit verbreitete Christentum zur Staatsreligion machte. Das Römische Reich wurde so zum Träger einer Weltreligion und seiner Mission. Die Teilung des Reiches unter seine Söhne brachte 395 die Spaltung in ein Oströmisches (Byzantinisches) und ein Weströmisches Reich. Doch gegen die sich seit dem Jahr 375 mehrenden Germaneneinfälle konnte sich das Weströmische Reich kaum noch wehren. 410 fielen die Westgoten in Rom ein. 476 setzte der germanische Heerführer Odoaker (um 430–493) den letzten römischen Kaiser Romulus Augustulus ab. Das Römische Reich hatte aufgehört zu bestehen.

# ITALIEN: DER WEG ZUR EINHEIT

Von Byzanz unterstützt, gelang es dem Ostgotenkönig Theoderich dem Großen (um 454–526) ab 493, Italien unter seiner Herrschaft noch einmal zu einen. Doch wie viele Reichsgründungen jener Zeit wurde auch Theoderichs Reich bald wieder in die Wanderbewegung der Völker hineingerissen. Nach schweren Kämpfen mit den Streitkräften des oströmischen Kaisers Justinian I. (482–565) wurde Italien 553 oströmische Provinz. Von Norden fielen ab 568 Langobarden ein, drangen bis Unteritalien vor und drängten die byzantinische Herrschaft zurück. Mit der Teilung des Landes in ein langobardisches und ein byzantinisches Herrschaftsgebiet begann eine lange Zeit, in der Italien nur noch ein geographischer Begriff war. Es entstanden viele politische Einheiten mit unterschiedlicher Verfassung.

Da sich das Papsttum in Rom, das sich von Byzanz gelöst hatte, von den Langobarden bedroht fühlte, übertrug Papst Stephan II. dem Karolingerkönig Pippin (um 715–768) die Würde des Schutzherren über Rom. Dieser drängte die Langobarden zurück und sicherte dem Papsttum durch die »Pippinische Schenkung« den Besitz von Rom, Ravenna und Perugia, woraus der spätere Kirchenstaat hervorging. Sein Sohn Karl der Große (747–814) eroberte das norditalienische Langobardenreich, vereinigte es mit dem Frankenreich und ließ sich 800 von Papst Leo III. zum römischen Kaiser krönen. Nach dem Zerfall des Karolingerreichs übernahm der deutsche König Otto I. (912–973) die Herrschaft in Oberitalien. Das Schutzverhältnis zwischen Kaiser und Papst verwandelte sich jedoch in ein Konkurrenzverhältnis. Die Päpste strebten selbst nach weltlicher Macht in einem Kirchenstaat und lösten sich im Investiturstreit (1075–1122) von der deutschen Vorherrschaft. Auch die oberitalienischen Städte wie Florenz, Genua, Mailand und Venedig nutzten ihre wirtschaftliche und politische Macht zur Gründung unabhängiger Stadtstaaten.

In den byzantinischen Gebieten Süditaliens und Siziliens übernahmen die Normannen im Laufe des 11. Jahrhunderts die Gewalt. Die verschiedenen normannischen Fürstentümer wurden 1130 von König Roger II. (1095–1154) zum sogenannten Reichsitalien geeint und durch den Papst legitimiert.

Unter dem Stauferkönig Friedrich II. (1194–1250) fiel zum ersten Mal seit dem Untergang des Weströmischen Reichs fast ganz Italien in eine Hand. Sein Vorhaben, Italien zu einem zentralistisch geführten Staat zu einen, ließ erneut den Konflikt zwischen Kaiser und Papst aufflammen. Obwohl ein Teil der oberitalienischen Städte durchaus kaiserlich gesinnt war (Ghibellinen), scheiterten diese Pläne an dem Widerstand des Lombardischen Städtebunds (Guelfen) und dem Papst.

1 Lorenzo I. de Medici, der Prächtige (1449–1492)

2 Leonardo da Vinci (1452–1519)
3 Giuseppe Garibaldi (1807–1882)

**1000** Italienische Städte entwickeln sich zu selbständigen Stadtrepubliken
**1050–1060** Normannen erobern Süditalien
**1130** Normannisches Königreich auf Sizilien
**1309–1377** Sitz des Papsttums in Avignon
**15. Jh.** Goldenes Zeitalter der Renaissance
**1519** Karl V. (Karl I. von Spanien) wird römisch-deutscher Kaiser
**1521–1559** Habsburg besiegt Fankreich in mehreren Kriegen um die Herrschaft über Italien
**1713** Österreichisches Haus Habsburg regiert über Italien
**1796** Napoleon Bonaparte erobert Italien
**1814–1815** Wiener Kongreß: Italien kommt wieder an Habsburg
**1848–1849** Aufstand in Italien; Österreich behält die Vormacht
**1860** Garibaldi unterstützt Sizilien im Kampf gegen Neapel
**1861** Errichtung des Königreichs Italien
**1866** Angliederung Venedigs an Italien
**1871** Rom wird Hauptstadt Italiens
**1882** »Dreibund« mit Österreich-Ungarn und Deutschland
**1911–1912** Italien besetzt Libyen
**1915–1918** Italien kämpft im I. Weltkrieg auf seiten der Alliierten
**1922** Mussolini wird Ministerpräsident
**1925** Diktatorische Herrschaft Mussolinis
**1929** Italien und Vatikan beenden Konflikt. »Lateranverträge«
**1936** Italien erobert Äthiopien; Achse »Berlin – Rom« mit NS-Deutschland
**1940** Eintritt Italiens in den II. Weltkrieg auf der Seite Deutschlands
**1943** Waffenstillstand mit den Alliierten
**1947** Annahme einer neuen Verfassung
**1950** Italien Gründungsmitglied der NATO
**1958** Italien fördert Errichtung der Europäischen Wirtschaftsgemeinschaft
**1970er Jahre** Terroranschläge der Roten Brigaden
**1990er Jahre** Umbruch der traditionellen Parteienlandschaft

**Der Staat Italien,** wie wir ihn heute kennen *(rechts)*, entstand erst in der zweiten Hälfte des 19. Jahrhunderts als sich das Königreich Sardinien mit anderen Gebieten der italienischen Halbinsel zusammenschloß.

# ITALIEN

Die italienischen Stadtstaaten, die durch den Handel zwischen Europa und Byzanz reich und mächtig wurden, übernahmen vom 14. bis in das frühe 17. Jahrhundert auch die kulturelle Führung Europas. Humanismus und Renaissance öffneten die Augen für eine neue Sicht der Antike. Künstler mit universaler Begabung revolutionierten Techniken und die Formenwelt der Baukunst, der Bildhauerei und der Malerei. Die naturwissenschaftlichen Entdeckungen, zumal die Forschungen Galileo Galileis (1564–1642), sprengten das mittelalterliche Weltbild.

Mit der Entdeckung der Neuen Welt verloren die norditalienischen Städte ihre wirtschaftliche Schlüsselstellung. Das aufsteigende Frankreich entwickelte sich zur politischen und kulturellen Führungsmacht Europas.

### Nationalstaat

Bis zum Einmarsch Napoleons I. (1769–1821) im Jahre 1797 bewegten sich der Kirchenstaat und die teils mit Österreich, teils mit Spanien verbundenen italienischen Fürstentümer auf den Bahnen der europäischen Staatenwelt.

1805 schuf Napoleon das Königreich Italien. Nach dem Zusammenbruch seiner Herrschaft wurde zwar die alte, von Österreich dominierte Staatenordnung wiederhergestellt. Wie unter anderen europäischen Völkern verbreitete sich aber auch unter den Italienern die Idee der Freiheit und Unabhängigkeit in einem geeinten Nationalstaat. Die 1848 in Italien ausgebrochene Revolution wurde von den konservativen Mächten Österreichs, Frankreichs und des Kirchenstaats noch einmal niedergeschlagen.

In den folgenden dreizehn Jahren konnten indes das Königreich Sardinien, dessen Ministerpräsident Camillo Cavour (1810–1861) eine geschickte Bündnispolitik betrieb, und die von Giuseppe Garibaldi (1807–1882) geführten Freischaren die Einheit erkämpfen. 1870 besetzten italienische Truppen auch das Restgebiet des Kirchenstaates. Rom wurde somit wieder Hauptstadt.

Im Gegensatz zu den liberalen Ideen der Unabhängigkeitsbewegung, des »Risorgimento«, entwickelte sich im neuen Königreich Italien eine starke nationalistisch-imperialistische Bewegung. Sie wurde zum Träger des Wunsches nach Kolonialbesitz in Nordafrika und Abessinien. Die am Ende des Ersten Weltkriegs erhobenen und nur teilweise erfüllten Gebietsforderungen führten zu einer Dauerkrise des Staates, aus der die faschistische Bewegung des Benito Mussolini (1883–1945) erwuchs. Durch den »Marsch auf Rom« (1922) wurde er unter Beibehaltung der Monarchie Führer eines totalitären Staates, der seine Nachahmer in anderen Ländern Europas fand. Mit Deutschland verbündet, trat Italien 1940 in den Zweiten Weltkrieg ein. Der sich abzeichnende Sieg der Alliierten beschleunigte den Sturz des Diktators.

**Mittelalterliche »Wolkenkratzer«** *(ganz oben)* bestimmen die Silhouette von San Gimignano in der Nähe von Siena. Mehr als siebzig solcher Geschlechtertürme ragten im Mittelalter über der auf Hügeln gelegenen Stadt in der Toskana auf.

**Die mächtige Kuppel des Doms** *(oben)* erhebt sich über der Altstadt von Florenz (Firenze). Das Geschlecht der Medici gehörte, wie viele andere Herrscher italienischer Stadtrepubliken, zu den bedeutenden Förderern von Kunst und Kultur.

# ITALIEN: LANDESNATUR

Italien erstreckt sich vom Hauptkamm der Alpen und der südlich anschließenden Poebene über die gesamte Apenninhalbinsel; es umfaßt außerdem die Inseln Sizilien und Sardinien sowie einige kleinere Archipele. Der Apennin, der mit seinen bis fast auf 3000 m Höhe ansteigenden Bergen, mit sanften Hügeln, engen Flußtälern, weiten Ebenen und breiten Becken die eigentliche Halbinsel formt, verläuft von Nordwesten nach Südosten. Die Apenninhalbinsel ragt als oft beschriebener »Stiefel« des europäischen Kontinents in das Mittelmeer, im Osten vom Adriatischen, im Westen vom Ligurischen und Tyrrhenischen, im Süden vom Ionischen Meer umspült. Die Küstenlänge beträgt, die Inseln eingeschlossen, rund 8000 km.

## Klima

Die Veränderung des Klimas ist von Nordwesten nach Südosten durch den Temperaturanstieg deutlich zu spüren. Nach Norden ist Italien durch die Barriere der Alpen vor den Nordwinden geschützt. In den Alpen herrscht ein mitteleuropäisches Gebirgsklima mit überwiegend Sommerniederschlägen und Temperaturen entsprechend der Höhenlage. Die oberitalienischen Seen bilden in dieser Region wärmebegünstigte Klimainseln. Die Poebene trennt den Alpenraum von der Apenninhalbinsel. Die heißen Sommer lassen die Nähe des Südens ahnen, während die Winter kalt und feucht sind. Im Apennin überwiegt kontinentales Klima mit ausreichenden Niederschlägen und gemäßigten Temperaturen. Zu den Küsten des Adriatischen und Tyrrhenischen Meeres hin erhöhen sich die Durchschnittstemperaturen. In Süditalien, vor allem in Kalabrien und Apulien sowie auf den Inseln, herrscht das typische mediterrane Klima, das vom Wechsel zwischen heißen, trockenen Sommern und milden, feuchten Wintern bestimmt wird.

## Landschaft und Vegetation

Die Pässe und Flußtäler der Alpen gewähren vom nördlichen Europa aus den Zugang nach Italien. Die Vegetation an den oberitalienischen Seen, die in die Berglandschaft des Alpensüdrandes eingebettet sind, vermittelt einen südländischen Eindruck: Zitronen und Orangen, Palmen und Magnolien wachsen an geschützten Stellen. Die vertrauten Blumen des Nordens nehmen eine üppigere Pracht und kräftigere Farben an. Knorrige Olivenbäume glitzern mit silbernen Blättchen, dunkle schlanke Zypressen setzen südliche Akzente. Der Alpenbogen wird im Süden hauptsächlich aus Kalkgestein und Dolomit aufgebaut, die kahle Steilwände oder, wie in den Dolomiten, bizarre Felstürme und Zinnen bilden. Die reißenden Bäche haben starkes Gefälle, die Täler sind eng und karg, so in Piemont, der Lombardei oder im Aostatal, in Südtirol oder im Trientinischen, in Venetien oder Friaul. Der Charakter der Landschaft wird durch stadtartig enge Siedlungen, die an die

**In Paestum** (rechts) am Golf von Salerno kann man einen in der Grundstruktur noch erhaltenen dorischen Tempel besichtigen. Trotz Erdbeben haben hier die Reste einer griechischen Siedlung mehr als 2000 Jahre überdauert.

**Italien** (ganz rechts) gliedert sich in verschiedene Landschaftsregionen. Im Norden sind es die Alpen und die Poebene. Der waldbedeckte Apennin durchzieht von Norden nach Süden die gesamte Halbinsel. Vorgelagert sind das westliche Hügelland, Apulien und die südöstlichen Ebenen sowie die großen Inseln Sizilien und Sardinien.

**Zypressenalleen** (oben) sind ein Charakteristikum der lieblichen toskanischen Hügellandschaft. Meist säumen sie, wie hier, die Zufahrt zu einem Landgut. Sie dienen als Schutz vor der im Sommer brennenden Sonne und vor dem Wind.

**Die alte Festung von Malcesine** (rechts), einst Sitz der Herrscher von Verona, erhebt sich über dem Gardasee, dem größten See Norditaliens. Die Seen liegen im mittleren Teil der Südalpenregion und erstrecken sich in Richtung Poebene.

# ITALIEN

Stelle der Dörfer und auseinandergezogenen Gehöfte treten, hervorgehoben.

Die Poebene erscheint auf den ersten Blick eintönig. Doch in dem flachen Land der Lombardei, der Emìlia und Venetiens hat der Mensch die Landschaft verändert, hat Pappeln, Platanen und Maulbeerbäume, Espen, Erlen und Weiden gepflanzt, Dämme gegen das allgegenwärtige Wasser der Alpen- und Apenninflüsse errichtet, doch auch unregulierte Auen gelassen, Entwässerungsgräben gezogen und Reisfelder angelegt. Das Kulturwerk wird gekrönt von drei Städte-Reihen, die in dieser Dichte mit unermeßlichem Reichtum an Kunstwerken in Europa nicht ihresgleichen finden. Mailand, Bergamo, Brèscia, Verona, Vicenza, Padua und Venedig; Turin, Pavia, Cremona, Mantua und Ferrara; Piacenza, Parma, Mòdena, Bologna und Ravenna.

Wie man nördlich der Poebene immer wieder die Alpen erblickt, wenn nicht gerade im Sommer Dunst oder im Winter dichter Nebel die Sicht verwehrt, so tauchen südlich die Berge des Apennin auf. In Ligurien sind es jene, die der Riviera ihre geschützte Lage sichern, in der Emìlia-Romagna jene, die nach Mittelitalien zum toskanischen Hügelland und in die Marken überleiten. Sie bilden hier ein welliges Mittelgebirge, aus dem sich nur einzelne schroffe Bergmassive erheben. Die Apenninhänge sind zerklüftet und unwegsam, ein Hinweis auf die geologisch junge Entstehung des Gebirges, das – wie die Alpen – in der Kreide- und Tertiärzeit gefaltet wurde. Beispiele sind die Apuanischen Alpen mit dem berühmten Marmor von Carrara oder die rauhen, abweisenden Abruzzen mit dem fast 3000 m hohen Massiv des Gran Sasso d'Itàlia. Doch die Berge lassen in der Toskana und in Umbrien, in den Marken und in Latium noch genügend Platz für Ebenen und Becken, ausgedehnte Talsenken und Flußniederungen, die bis zu den Meeren reichen.

Unmerklich vollzieht sich der Übergang von Mittel- zu Süditalien. Zu den Zypressen treten Pinien, an die gewohnten Obstplantagen schließen sich Olivenhaine sowie Kulturen mit Orangen und Zitronen, Mandel- und Feigenbäumen an, immer begleitet von der Weinrebe, der bestimmenden Kulturpflanze Italiens. Stets dominiert der Apennin, den weiter nach Süden die Sonne zu kahlen Erhebungen und Bergabbrüchen ausbrennt.

Doch dazwischen gibt es Landschaften von ganz besonderer Prägung: das sumpfreiche Küstenland der Maremmen, die unverkennbaren Hügel der Toskana, die Hochtäler der Abruzzen, die fruchtbare Campagna um Rom, der Golf von Neapel mit dem Vulkankegel des Vesuv und den vielbesuchten Inseln Capri und Ischia, das Vorgebirge des Monte Gargano und die Agrarzonen in Apulien sowie die Küstengebiete der Basilicata und Kalabriens.

# ITALIEN: SIZILIEN UND SARDINIEN

### Sizilien

Wer vom »Kontinent« die Straße von Messina überquert, die an ihrer schmalsten Stelle knapp drei Kilometer mißt, betritt eine andere Welt. Gemeint ist Sizilien, die größte und volkreichste Insel des Mittelmeers, gelegen zwischen der Apenninhalbinsel und dem afrikanischen Kontinent. Sie gehört zu Italien, doch sie erweitert das Italienische um geschichtliche Spannungen, fremde Kulturen und eine beinahe irreale Lebenseinstellung.

Griechen und Karthager, Germanen und Byzantiner, Araber und Normannen, französische Anjou und deutsche Staufer, Spanier von Aragón und Österreicher aus Wien stritten um ihren Besitz. Die Sizilianer fügten sich scheinbar ohne Widerstand den Eroberern und bewahrten doch ihre Eigenart, jene traurige Melancholie, deren Weisheit über die vergänglichen Dinge des Lebens erhaben scheint. Sie sind auch daran gewöhnt, daß alle Welt ihren Namen mit der Mafia in Verbindung bringt, einem organisierten Verbrechertum besonderer Art, das einst Schutzfunktionen wahrnahm. Feudale Strukturen haben hier länger gehalten als im übrigen Italien, die Landreformen der 50er Jahre konnten das System von Großgrundbesitz und Kleinpächtern nicht gänzlich aufbrechen, und die Industrieansiedlungen konnten nicht die alte Mentalität überwinden.

Im Mittelalter war Sizilien der modernste Beamtenstaat Europas, heute hat es mit der Durchsetzung offener Gesellschaftsformen, die eine Kontrolle über Macht und Reichtum erlauben und jedem Bürger ein Leben in Sicherheit und Wohlstand ermöglichen, viel Mühe.

Der Reisende wird zunächst davon nur wenig merken, auch wenn Armut und Unterentwicklung im Vergleich zu Norditalien und Mitteleuropa nicht zu übersehen sind. Man wird zuerst fasziniert sein von der wilden Naturschönheit der Insel sowie jener der umliegenden kleineren Inseln, von dem Zusammenspiel zwischen Land und Meer an der Küste, von dem noch tätigen Vulkan, dem 3340 m hohen Ätna, von den fruchtbaren Küstenebenen, von den kargen Bergen im Inneren der Insel, von der trockenen Gluthitze des Sommers und der feuchten Milde im Winter.

Zur Schönheit der Landschaft gesellt sich die der Kunst. Bei einer Rundfahrt durch die autonome Region Sizilien mit den neun Provinzen findet man in der zuweilen bedrückenden Gegenwart grandiose Denkmäler einer kulturreichen Vergangenheit. In der Hauptstadt Palermo stößt man auf die Spuren der Araber und Normannen, in den Tempeln von Segesta, Selinunt, Agrigento und Syrakus auf die der Griechen und Römer. In der Provinz Ragusa im Südosten entdeckt man einen strahlenden Barock und in Taormina Bauwerke der Antike in einer unvergleichlichen Umgebung am Fuß des Ätna. Piazza Armerina mit der römischen Villa, Tindari mit dem Theater über dem Meer,

**Der Hafen von Alghero** *(unten)* im Norden Sardiniens bildet den malerischen Hintergrund für einen Abendspaziergang. Viele Sarden sprechen Katalanisch, eine spanische Sprache. Der spanische Einfluß wird auch in der Bauweise deutlich.

**Costa Smeralda** ( = Smaragdküste) heißt der nodöstliche Küstenabschnitt von Sardinien *(rechts)*. Der bekannteste Ort dieses eher exklusiven Feriengebietes ist Porto Cervo, der über einen gut ausgebauten Jachthafen verfügt.

Cefalù mit dem erhabenen Dom, die schwarze, aus Vulkangestein erbaute Stadt Catània im Osten oder die weißen, von Kalk getünchten Städte Tràpani und Marsala im Westen bleiben unvergeßlich.

### Sardinien

Mit einer Fläche von rund 24 000 km² ist Sardinien die zweitgrößte Insel des Mittelmeers. Von der im Norden liegenden, zu Frankreich gehörenden Insel Korsika wird sie durch die Straße von Bonifacio getrennt. Vom italienischen »Kontinent«, wie die Sarden Italien nennen, trennt sie das Tyrrhenische Meer.

Sardinien ist ein Teil Italiens, eine autonome Region. Es ist eine Insel voller Geheimnisse und widersprüchlicher Fremdheit. Man gerät unversehens wenige Kilometer von der Küste entfernt in unzugängliches Bergland, wo nur die Gesetze der Natur und das Recht des Stärkeren zu gelten scheinen. Man wird versöhnt durch den Anblick von Schafherden und silbernen Ölbäumen, wird durch die Nuragen, jene kegeligen Steinbauten und Wahrzeichen der Insel, zurückversetzt in eine über 3000 Jahre zurückliegende Zeit und sieht Korkeichen mit nackten, braunen Stämmen in sonnengelben Feldern. Nicht weniger typisch ist das türkis und kristallklar funkelnde Wasser und der goldene Sand der Strände. An der Costa Smeralda, der Smaragdküste, im Nordosten hat sich ein aus-

ITALIEN

**Sarden** *(unten)* und **Sizilianer** *(oben rechts)* haben, wie viele andere Inselbewohner auch, eine lange Zeit der Fremdherrschaft hinter sich. Das Vermächtnis dieser Einflüsse spiegelt sich deutlich in der Sprache, im Essen und in der Lebensweise wider.

**Das Griechische Theater** von Taormina *(links)* aus dem 3. Jahrhundert v. Chr. liegt auf einem Hügel über dem Golf von Catània an der Nordostküste Siziliens.

gedehntes Touristengebiet entwickelt. Der Wohlstand dort steht im Kontrast zu der nicht selten anzutreffenden Armut und Schlichtheit der Insulaner.

So vielfältig wie die Landschaft ist auch die Bevölkerung der Insel. Die Sarden vereinen verschiedenste Rassen, Charaktere und Sprachen. Es gibt allein drei sich völlig voneinander unterscheidende Hauptsprachen auf der Insel. Sie sind ein Kaleidoskop der zahlreichen Kulturen, die mit den Eroberern auf die Insel gekommen sind. Die fremden Herrscher hinterließen eindrucksvolle Kirchen, Burgen und Türme; aus der Jahrtausende währenden Unterdrückung rührt aber auch eine unverkennbare Egozentrik der Sarden. Dunkle Augen in verschlossenen Gesichtern schauen jeden Fremden prüfend an, skeptische Zurückhaltung oder Gastfreundschaft im Blick.

Die Bevölkerung lebt noch weitgehend von der Landwirtschaft, dem Anbau von Getreide und Wein, Oliven und Obst, Gemüse und Tabak. Im Bergland werden Schafe und Ziegen gehalten. Die Sarden gelten als Experten für Viehzucht. Seit langem versucht man, auch Industrie auf Sardinien anzusiedeln, metallverarbeitende Fabriken und Chemiewerke, mit unterschiedlichem Erfolg. Der Tourismus hat zweifellos als Wirtschaftszweig seine Bedeutung, auch wenn seine Auswirkungen bei den Sarden nicht unumstritten sind.

# ITALIEN: DIE MENSCHEN

Im Jahr der staatlichen Einigung 1870 zählte Italien innerhalb der nationalen Grenzen 28 Millionen Einwohner. Seither hat sich die Zahl mehr als verdoppelt. Heute ist es, verglichen mit anderen südeuropäischen Ländern, verhältnismäßig dicht besiedelt. Dabei sind regionale Unterschiede in Bevölkerungsverteilung und -zuwachs deutlich sichtbar.

Die Küstenebenen sind im allgemeinen dichter besiedelt als die Bergregionen im Landesinneren. Der industrialisierte Norden weist trotz sinkender Geburtenrate eine hohe Bevölkerungsdichte auf, während sich im dünnbesiedelten Süditalien die Geburtenrate nicht nennenswert verändert hat. Die Zeit der massenhaften Binnenwanderungen von Süd nach Nord im Gefolge der wirtschaftlichen Entwicklung nach dem Zweiten Weltkrieg ist zwar vorbei, doch noch immer übt der Norden mit seinen bedeutenden Wirtschaftszentren und Metropolen eine große Anziehungskraft gerade auf die jungen, arbeitsuchenden Menschen aus dem Mezzogiorno aus.

## Die regionalen Unterschiede

Die Italiener sind ein Volk, das im Laufe der Geschichte aus den ursprünglichen Bewohnern der Apenninhalbinsel und zugewanderten Stämmen zusammengewachsen ist, aber durch die erst rund einhundert Jahre bestehende staatliche Zusammengehörigkeit seine typischen regionalen Charakteristika hat bewahren können. Besonders deutlich werden die ethnischen Unterschiede in Süditalien und auf Sizilien, wo die Normannen und Araber ihre Spuren hinterlassen haben. In Kalabrien leben griechische und albanische Minderheiten. Nahe der slowenischen Grenze ist das slawische Element erkennbar, in Südtirol lebt eine große deutschsprachige Bevölkerungsgruppe.

Vergleichbare Unterschiede gibt es auch in der Sprache. Italienisch gehört zu den romanischen Sprachen und ist offizielle Staatssprache. Daneben gibt es mehr als tausend Dialekte, die je nach Region deutsche, französische, spanische oder arabische Elemente aufweisen. Amtssprachen für anerkannte Minderheiten sind Französisch im Aostatal, Deutsch in Südtirol und Slowenisch in Friaul-Julisch-Venetien.

Auch wenn so manche Eigenart verlorengegangen ist, sind zahlreiche tiefgreifende Unterschiede erhalten geblieben. Da wird die Grenze zwischen Nord und Süd gezogen, da wollen Mailänder anders sein als Römer. Piemontesen und Lombarden, Toskaner und Umbrier, Kalabrier, Sizilianer und Sarden legen Wert auf ihre eigene Identität, ihre Traditionen, Heiligenfeste und Sprache, die lokale Küche und die Weine. Dann werden diese Regionalisten sogleich zu eigenwilligen Städtern, zu Bergamasken und Turinern, Florentinern oder Neapolitanern. Selbst die Bewohner kleinerer Orte wissen bestimmte Besonderheiten ihrer Heimat hervorzuheben.

**Im Straßencafé** *(unten)* trifft sich eine Gruppe von Männern zu einer angeregten Plauderei. Obgleich die Italiener angeblich das Landleben schätzen, wie etwa dieser Mann *(oben),* wohnen etwa zwei Drittel in der Stadt, wo das Café ein wichtiger Treffpunkt ist.

**Mitglieder einer Ordensgemeinschaft** *(rechts)* bei einem Spaziergang. Obgleich über 90 % der italienischen Bevölkerung offiziell römisch-katholisch sind, ist der große Einfluß, den die Kirche in früherer Zeit ausübte, inzwischen zurückgegangen.

# ITALIEN

**Vorm Fenster aufgehängte Wäsche** *(links)* ist ein typisches Bild italienischer Städte, denn traditionell wohnt der überwiegende Teil der Italiener in großen Mietshäusern. Viele Städte, besonders im Norden, leiden heute an Übervölkerung.

**Musik** – im Bild eine Gruppe von Akkordeonspielern in Kalabrien *(unten links)* – spielt eine wichtige Rolle im Leben der Italiener. In dieser Tradition steht auch die Opernmusik, die in Italien ihren Ursprung und ihre vollendetste Ausprägung hat.

## Die urbane Kultur

In den Städten Italiens hat sich, im Schatten des Campanile, des Glockenturms, eine ausgeprägte urbane Kultur entwickelt. Nicht die Gemeinschaft des Dorfes, dessen Lebensbedingungen sich überall ähneln, sondern die Stadtgemeinde stand im Mittelpunkt. Bis heute ist dafür die Piazza, der Hauptplatz eines Städtchens, die bevorzugte Bühne des bürgerlichen Lebens, an der Kirche und Rathaus als prächtige Kulisse stehen. Jung und Alt treffen sich dort, reden unendlich lang über schier unerschöpfliche Themen. Distinguierte Herren und elegante Damen eilen geschäftig über die Piazza, selbst wenn sie nicht auf ihrem Weg liegt. Hier spielt sich das wirkliche Leben ab.

Die kirchlichen Gemeinden erstarkten religiös und zivil unter der Leitung des Bischofs in der Stadt. Für Jahrhunderte waren in Italien Katholizismus, Kirche und urbane Kultur eins, vollzog sich das Leben in den Traditionen, Festen und Feiern des Glaubens. Noch heute sind dessen Formen allgegenwärtig, selbst wenn sein Inhalt für die Gesellschaft nicht mehr allgemein verbindlich und der Katholizismus auch offiziell nicht mehr Staatsreligion ist. Schienen Papst und Kirche lange Zeit in Italien allmächtig zu sein, so bildete sich doch immer eine Opposition. Ein Gegensatz zur Kirche blieb erhalten, auch als der Papst seinen Staat und die Kirche ihre allesdurchdringende Macht verloren hatte. Er wird von den laizistischen Liberalen des italienischen Bürgertums und den Anhängern der Kommunistischen Partei gebildet. Da werden Scharmützel ausgetragen, wie zwischen Don Camillo und Peppone, dem katholischen Pfarrer und dem kommunistischen Parteifunktionär in den bekannten Romanen von Giovannino Guareschi.

Hinter der städtischen Kultur Italiens tritt das ländliche Leben zurück, doch vielleicht nur scheinbar. In Wahrheit hat jeder Italiener einen Stützpunkt »auf dem Land«, dort, wo die wirklichen oder vermeintlichen Ursprünge der Familie liegen, wo man noch aufrichtige Freundschaft und Erholung von dem alltäglichen Kampf in der Stadt findet, wo Essen und Trinken noch eine menschenverbindende Handlung sind, der Wein rein, Obst und Gemüse unverdorben sind, das Brot und die Pasta von der eigenen Hand zubereitet werden. Auf diese, wenn auch nur eingebildete, romantische Idylle mag man nicht verzichten.

# ITALIEN: ESSEN UND TRINKEN

In Italien gedeiht eine Fülle der verschiedensten Früchte, Gemüsesorten, Kräuter und Gewürze. Zusammen mit dem vielfältigen Angebot von Fleisch und Fisch bilden sie die Grundlage für die vielgerühmte italienische Küche.

Jede Region weist, in Abhängigkeit der lokalen Anbauprodukte, ihre eigenen Speisen und Gerichte auf. Die Emìlia-Romagna zeichnet sich durch ihre äußerst nahrhafte Küche aus. In Bologna, woher so viele Gerichte »alla bolognese« stammen, ist herzhaftes Essen angesagt – mit Knoblauchwürsten, gefülltem Teig, in Milch eingelegtem Kalbfleisch, Tortellini und fettem Aal. Florentinische Speisen dagegen sind leichter, und die Piemonteser Küche ist stark vom benachbarten Frankreich und der Schweiz beeinflußt. Einige regionale Spezialitäten wie »risotto alla milanese« (Safran-Reis) sind außerhalb Italiens sehr bekannt geworden, weniger bekannt sind so außergewöhnliche Genüsse wie »cardi in bagna«, ein Gericht mit eßbaren Disteln in einer heißen Soße aus Butter, Öl, Sardellen, Sahne und Knoblauch.

Weizenmehlteig und Olivenöl sind die Hauptbestandteile von süditalienischen Speisen. Der Norden eignet sich hingegen besser für Viehzucht und Reisanbau als für Weizenfelder und Olivenbäume, statt Pasta ißt man »polenta« (Maismehlbrei) oder Reisgerichte.

**Pizza und Spaghetti**
Für viele besteht italienisches Essen nur aus »pizza« (Pastete), im 18. Jahrhundert in Neapel erfunden, und »spaghetti« (dünner Faden). Spaghetti sind jedoch nur eine von einigen hundert Pasta-Arten – einer Masse aus sonnengetrocknetem Weizenmehl, Öl und Wasser (manchmal noch mit einem Ei oder Spinatpüree angereichert). Der Teig wird zu unterschiedlichen Formen geknetet: zu langen dünnen Stangen (»spaghetti« oder »linguine«), zu kurzen Röhren (»maccheroni« oder »rigatoni«), zu flachen Bändern (»fettucine« oder »tagliatelle«) und zu kleinen Teigtaschen, die mit Fleisch oder Käse gefüllt werden (»ravioli« oder »agnelotti«).

Die Soßen dazu sind so vielfältig wie die verschiedenen Pasta-Arten. Im Norden werden sie häufig mit Butter und Knoblauch angerichtet, im Süden mit Tomaten. Als im 16. Jahrhundert Tomaten aus der Neuen Welt in Westeuropa eingeführt wurden, zeigte Italien als erstes europäisches Land wirkliche Begeisterung für die »pomodori« (den »goldenen Apfel«); heute werden dort mehr als 5 Millionen Tonnen Tomaten pro Jahr geerntet. Andere Gemüsesorten sind »carciofi« (Artischocken), »peperoni« (Paprikaschoten) und »piselli« (junge Erbsen).

Käse ist seit langem ein wichtiges Nahrungsmittel. Das antike Rom stellte mindestens dreizehn verschiedene Arten Käse her, heute produziert Italien Hunderte weltberühmter Käsesorten. Einige der bekanntesten sind der »Gorgonzola«, ein Blauschimmelkäse, der milde »Bel

**Eine Marktfrau in Rom** *(oben)* bietet knackigen Spinat zum Verkauf an. Frisches Gemüse ist für die italienische Küche unentbehrlich. Frischer Spinat ist in Florenz vielleicht noch wichtiger als in Rom, da viele Gerichte »nach Florentiner Art« mit diesem Gemüse zubereitet werden.

**Ein Gondoliere** *(rechts)* wartet vor einem Straßencafe auf Kundschaft. Eine Gondelfahrt auf den zahlreichen Kanälen der pittoresken Lagunenstadt gehört sicherlich zum unvergeßlichen Höhepunkt eines Venedigbesuches.

# ITALIEN

Paese« und der harte »Pecorino«, ein römischer Käse, der oft zum Kochen verwendet wird, sowie der »Parmigiano« (Parmesankäse).

Italien ist außerdem berühmt für Räucherfleisch und -wurst, so für Parmaschinken (»prosciutto«) und Mortadella, eine Bologneser Wurst aus stark gewürztem Schweinefleisch in einer Speckhülle. Frischfleisch wird entweder »alla griglia« (gegrillt oder auf Holzkohle geröstet) serviert, sonst »arrosto« (gebraten) oder in verschiedenen Soßen geschmort. »Abbacchio« (Lamm) erfreut sich im Frühjahr besonderer Beliebtheit, gegrillt oder gebraten, mit Knoblauch und Rosmarin gewürzt. Auch Kaninchenbraten wird gern gegessen und auf die verschiedensten Arten zubereitet – vom sizilianischen »agrodolce« (süß-sauer), mit Zucker, Essig, Rosinen und Pistazien geschmort, bis zu Rezepten des Nordens mit Rotwein, Rosmarin oder Tomaten.

Italiener schätzen darüber hinaus alle Arten von Fisch, von »pesce spada« (Schwertfisch) bis zu »calamari« (Tintenfisch). Gerichte wie »fritto misto di mare« (Bratfisch und Krebse) oder »zuppa di pesce« (Fisch in Tomatensoße) werden mit vielen verschiedenen Fischsorten zubereitet. In jüngster Zeit sind Krebstiere durch die Verschmutzung des Mittelmeers weniger verlockend, obwohl Krebse zu vielen traditionellen Gerichten hinzugehören. Besonders beliebt sind die kleinen Muscheln, die in ganz Italien an Suppen und Soßen gegeben werden und die unterschiedlichsten Bezeichnungen haben: »vongole« in Rom, »capperozzoli« in Venedig, »arselle« in Genua und »telline« in Florenz.

### Espresso und Eis – weltweit beliebt

Bei den zahlreichen berühmten Weinen Italiens, etwa dem Chianti oder dem Frascati, sind – wie auch beim Essen – ausgeprägte regionale Unterschiede festzustellen. Weitere bekannte italienische Getränke, die inzwischen in der ganzen Welt getrunken werden, sind die starken Kaffeesorten »espresso« und »cappuccino«. Es gibt in Italien aber auch milderen Kaffee: »caffe lungo« (mit mehr Wasser), »caffe macchiato« (Espresso mit Milch), Espresso mit Zitrone oder Anis verfeinert und »caffe freddo«, einen kalten säurehaltigen Kaffee.

Die bekannteste Süßspeise ist Eis (»gelato«). Häufig wird es »con panna« (mit Sahne) oder »affogato« (in Whisky getränkt) serviert. Ein Dessert aus Sardinien, »sebadas«, wird aus lockeren, mit Käse gefüllten Ravioli gemacht, die gebraten und mit Wildhonig übergossen werden. Turin ist für seine gute Schokolade bekannt, besonders für die »gianduiotti« mit Haselnüssen. Eine andere traditionelle Süßspeise ist »Baci di Dama« (»Frauenküsse«), eine Mischung aus Mandeln, Mehl, Butter, Zucker, Likör, Vanillezucker und Schokolade.

**Der Fischermarkt** an der Rialtobrücke, der bedeutendsten Brücke über Venedigs berühmten Canal Grande *(rechts)*, bietet eine reiche Auswahl an Fisch aus der Adria. Meeresfrüchte spielen in der venezianischen Küche eine wichtige Rolle.

**Eine Pasta-Herstellerin** *(rechts außen)* bei der Arbeit. Das italienische Hauptnahrungsmittel, die aus Mehl, Öl und Wasser bestehende Masse, wird zu den verschiedensten Formen verarbeitet, wie zu langen Spaghetti oder zu hohlen Makkaroni.

# ITALIEN: LANDWIRTSCHAFT

Die hochentwickelte Landwirtschaft hat in Italien Tradition. Man findet sie bereits bei den Römern oder gar den Etruskern, die mit ausgeklügelten Bewässerungsanlagen und einer geschickten Agrartechnik auf fruchtbarem Boden hohe Erträge erzielten. Daher ist es kein Zufall, daß Norditalien im Mittelalter dank seiner reichen Landwirtschaft die blühendste Gegend Europas war. Die Städte der weiten Poebene, der Lombardei, Venetiens und der Emìlia, waren schon in jenen Zeiten für ihre Delikatessen bekannt. Die »Haute Cuisine«, die feine Küche, wurde nicht in Frankreich erfunden, sondern Ende des 15. Jahrhunderts als »Alta Cucina« durch den französischen König Karl VIII. von Italien dorthin gebracht. Florentiner waren es, die 1753 die erste Landwirtschaftshochschule der Welt, die »Accademia dei Georgofili«, gründeten, um Ackerbau und Viehzucht nach wissenschaftlichen Methoden zu erproben und zu betreiben.

### Qualität, Geschmack und Frische

Von dem Fortbestand dieser Traditionen kann man sich auf jedem italienischen Lebensmittelmarkt überzeugen. Bei allen landwirtschaftlichen Produkten stehen Qualität und Geschmack, Frische und der richtige Zeitpunkt der Reife im Vordergrund. Vielleicht zeigt sich darin noch etwas von der engen Verbindung der Städter zum Land und der erst relativ spät einsetzenden Entwicklung vom Agrarland zum Industriestaat. Noch vor dem Zweiten Weltkrieg war mehr als die Hälfte der erwerbstätigen Bevölkerung in der Landwirtschaft tätig, heute liegt der Anteil bei knapp 6 %.

Der eklatante Beschäftigungsrückgang ging jedoch einher mit einer Produktionssteigerung und einer Spezialisierung auf Qualitätserzeugnisse. Gleiches gilt für die Verarbeitung landwirtschaftlicher Grunderzeugnisse und ihre Verfeinerung zu Delikatessen, besonders bei den Fleisch- und Milchprodukten.

Aufgrund der natürlichen Gegebenheiten ist die Landwirtschaft in Italien von großen Unterschieden gekennzeichnet. Das Nord-Süd-Gefälle erklärt sich aus den ungünstigen Klimabedingungen Süditaliens, das besonders zur Vegetationszeit unter Trockenheit zu leiden hat. Zusammen mit der unterschiedlichen Oberflächengestaltung des Landes kommt es daher zu verschieden hohen Anteilen der landwirtschaftlich genutzten Flächen. Im Durchschnitt liegt er in Italien bei rund 54 %.

Die klassischen Anbauprodukte sind je nach Region Weizen, Mais, Reis, Zuckerrüben, Gemüse und Hülsenfrüchte. Der Anbau von Sojabohnen ist in den letzten Jahren ausgeweitet worden. Der Tabakanbau nimmt nach den Zuckerrüben die größte Fläche unter den Handelsgewächsen ein. Zitrus- und Südfrüchte werden vor allem in Süditalien und Sizilien angebaut. Oliven und Wein sind mit wenigen Ausnahmen in ganz Italien verbreitet.

**Die sanfte Hügellandschaft der Toskana** *(rechts)* ist äußerst fruchtbar. Die Region eignet sich sowohl für Viehzucht als auch für den Anbau von Getreide, Oliven und Weintrauben, die zu Weinen wie dem Chianti verarbeitet werden.

**Mittagspause** *(oben)* bei den Landarbeitern im Weinberg. Nur noch 6 % der erwerbstätigen italienischen Bevölkerung sind in der Landwirtschaft tätig.

**In der fruchtbaren Poebene** *(unten rechts)* im Norden Italiens werden jedes Jahr große Mengen Reis geerntet. Weitere Anbauprodukte sind Weizen, Mais, Flachs und Gemüse. Die Region gilt als das bedeutendste Ackerbaugebiet Italiens.

### Weinbau, Viehzucht und Fischerei

Fast jede der 103 Provinzen des Festlandes und der großen wie der kleinen Inseln kann im Weinbau auf besondere Gewächse verweisen, auf Spitzentropfen, die auch den Kenner zufriedenstellen. Die Italiener sind maßvolle, doch regelmäßige Weintrinker. So konsumieren sie den Löwenanteil ihres Rebensaftes selbst, doch der Export gewinnt zunehmend an Gewicht. Eine Zeitlang legte man dabei mehr Wert auf Quantität, heute jedoch steht die Qualität im Vordergrund. Die Rotweine aus Piemont, z. B. Barbera, Barolo, Barbaresco oder Gattinara, und aus der Toskana, wie der Chianti Classico, und der weiße Soave, der Bardolino Rosé und der rote Valpolicella aus Venetien, der Lambrusco der Emìlia-Romagna zählen zu den bekanntesten, doch auch Weine aus Mittel- und Süditalien dringen auf den internationalen Märkten vor.

# ITALIEN

**Künstliche Bewässerung** *(links)* eines Ackers in Kalabrien. Die südlichen Regionen Italiens leiden in den langen, heißen Sommern unter starker Trockenheit. Die Gegend wird vorwiegend als Weideland, weniger für den Getreideanbau genutzt.

**Die Getreideernte** *(unten)* im Norden Italiens liefert Stroh und Winterfutter für die Viehwirtschaft. Die Gegend, die die tieferen Regionen der Alpen umfaßt, ist durch das vorgelagerte Gebirge vor rauher Witterung aus dem Norden geschützt.

Auch in der Viehzucht gibt es starke regionale Unterschiede. Während in Norditalien die Rinder- und Schweinezucht überwiegt, werden im Süden des Landes vor allem Schafe, Ziegen und Geflügel gehalten.

Eine Besonderheit stellt die Seidenraupenzucht in Norditalien dar, deren Erzeugnisse in einen profitablen Industriezweig übergehen und zu feinen Textilien verarbeitet werden.

Von traditioneller Bedeutung ist der Fischfang in Italiens küstennahen Gewässern. Thunfisch, Sardinen, Sardellen und Makrelen gehören selbstverständlich zu jedem italienischen Speiseplan. Doch um den inländischen Bedarf zu decken, müssen Fische und Fischereiprodukte auch eingeführt werden.

Italienische Landwirtschaftsprodukte haben zusammen mit der italienischen Küche, die sich von der Pizza bis zum »Menu gastronomico« überall immer größerer Beliebtheit erfreut, einen Siegeszug um die Welt angetreten. Italienisch essen oder »zum Italiener gehen« ist internationaler Brauch geworden. Die Vorliebe für die italienische Küche beruht auf der gastronomischen Leistung und der hohen Qualität der Agrarprodukte. Gemüse und Obst sind aufgrund ihres besonderen Geschmacks und Aromas, dem kein künstliches Treibhauswachstum vorzuwerfen ist, gesucht. Käse und Schinken aus Parma sind weltweit begehrte Artikel. Auf den norditalienischen Autobahnen begegnet man vielen Lastzügen aus Mittel- und Nordeuropa, die landwirtschaftliche Erzeugnisse wie Fleisch und Milch zur Verarbeitung nach Italien bringen und verfeinerte Lebensmittel wieder zurücknehmen. Zum Bruttosozialprodukt und zum Export in die überwiegend europäischen Länder trägt die Landwirtschaft wesentlich bei. Der Agrarexport ist mit rund 7 % am Gesamtexport Italiens beteiligt.

# ITALIEN: INDUSTRIE

Es erfüllte die Italiener mit Stolz, als sie Mitte der 80er Jahre unter den großen Industrienationen des Westens den fünften Rang einnahmen. Bei diesem Erfolg mag Italien der für diese Rechnung günstige Wechselkurs zugute gekommen sein, dennoch ist nicht zu leugnen, daß die italienische Wirtschaft derzeit eine positive Tendenz aufweist. Das erstaunt um so mehr, als in Italien immer noch starke regionale Entwicklungsunterschiede zwischen der wohlhabenden Industrieregion des Nordens und dem relativ armen, von veralteten Agrarstrukturen geprägten Süden des Landes bestehen. Trotz intensiver staatlicher Förderungsprogramme seit den 50er Jahren, die auch eine Verbesserung der Lebensverhältnisse im Süden – im Mezzogiorno – einschließen, liegt der Lebensstandard in Norditalien deutlich höher.

Italien zählt zu den rohstoffarmen Industriestaaten. Einige kleine Erdgas- und Erdölvorkommen in der Poebene, Kohle auf Sardinien, die kaum den Abbau lohnt, Schwefel auf Sizilien und Marmor in den Brüchen von Carrara sind fast schon alles, wenn man nicht die Anziehungskraft der Kunst- und Naturschätze auf den Tourismus – einer der wichtigsten Wirtschaftszweige und Devisenbringer – zu den natürlichen Ressourcen des Landes rechnen will. Besonders die Einfuhr der Energierohstoffe – nur zu einem Fünftel kann Italien seinen Energiebedarf aus eigenen Mitteln decken – verursacht hohe Kosten für die Volkswirtschaft. Diese müssen aus den Einnahmen der verarbeitenden Industrie und des Dienstleistungssektors bezahlt werden. Die wichtigsten Zentren des produzierenden Gewerbes konzentrieren sich in Norditalien zwischen Genua, Turin und Triest, zwischen Bozen und Bologna.

### Automobile, Bekleidung und Schuhe

Die größte Bedeutung kommt der eisen- und metallverarbeitenden Industrie, einschließlich dem Maschinenbau, zu, gefolgt von Elektrotechnik, chemischer Industrie und Automobilindustrie. Die Fiat-Werke haben sich inzwischen, zusammen mit dem Volkswagenwerk, zum größten Automobilkonzern Europas entwickelt. Ferrari, Lamborghini und Maserati, diese Luxusautos aus Norditalien finden Bewunderer und Käufer in aller Welt. Hochentwickelt und für den Export von großer Wichtigkeit ist die Textil-, Schuh- und Bekleidungsindustrie.

Wichtiger als die großen staatlichen und privaten Konzerne sind die unzähligen kleinen und mittleren Betriebe. Nicht wenige der kleinen Betriebe werden effizient, wenn auch nicht ganz legal als »Schattenwirtschaft« geführt. Dadurch und wegen der verbreiteten Mehrfachbeschäftigung erscheint auch die relativ hohe Arbeitslosenquote politisch und sozial als nicht ganz so bedrohlich. Diese kleinen bis mittelgroßen Betriebe stellen Konsumgüter her, wie Stoffe und Kleidung, Schuhe und andere Lederwaren, Möbel und Einrichtungsgegenstände, Produkte

**Eine Frau in Kalabrien** *(ganz rechts)* wartet vor ihrem Souvenirgeschäft auf Kundschaft. Italiens eindrucksvolle Landschaften und sein überreiches kulturelles Erbe ziehen Jahr für Jahr Millionen von Besuchern aus fast allen Ländern der Erde an.

**Die Glasbläserei** *(oben)* auf der Insel Murano in der Lagune von Venedig ist seit dem 13. Jahrhundert für ihre hochwertigen Glasarbeiten berühmt.

**Kunsthandwerker** *(oben)* gestalten und polieren Skulpturen in den berühmten Marmorbrüchen von Carrara bei La Spezia in Norditalien. Zahlreiche Meisterwerke von Renaissance-Bildhauern sind aus Carrara-Marmor entstanden.

**Mannequins** *(unten)* führen bei einer Modenschau Modellkleider von Armani vor. Die italienischen Modeschöpfer setzen internationale Maßstäbe, nicht nur in bezug auf die Haute Couture, sondern auch in anderen Bereichen der Mode.

**Das Fiatwerk in Turin** ist der Stammsitz des Automobil-Unternehmens *(rechts)*, das 1899 von Giovanni Agnelli gegründet wurde. Andere bekannte italienische Automobilfirmen wie Lancia, Alfa Romeo und Ferrari gehören heute zum Fiat-Konzern.

# ITALIEN

des Handwerks wie Keramik und Druckerzeugnisse. Hier kann sich die Begabung für rasches Improvisieren, wenn auf Marktänderungen reagiert werden muß, für geschmackvollen Stil und elegantes Design entfalten. In den Modezentren von Mailand und Florenz sind die alten Handwerkstraditionen im Umgang mit kostbaren Stoffen lebendig. Die Modeschöpfer bringen immer neue Ideen ein. Die »Alta Moda« – von A wie Armani bis Z wie Zegna – ist in der ganzen Welt berühmt.

Wie in anderen Industriestaaten gewinnt der Dienstleistungsbereich immer mehr an Bedeutung und bietet zunehmend Arbeitsplätze an. Mailand ist das Zentrum der Banken und der Kommunikationsindustrie, Triest das der Versicherungen. Auch dadurch wird bestätigt, daß Norditalien mit 26 Millionen Einwohnern eine der lebhaftesten und prosperierendsten Wirtschaftsregionen Europas ist und als »Lokomotive« die schwächeren Regionen der Mitte und des Südens mitzieht. Diese Aufgabe hatten die Industriezentren von Mailand und Turin besonders in den 50er und 60er Jahren, als sie Hunderttausende von Emigranten aus dem Süden beschäftigten und aus den meist ungelernten Hilfsarbeitern Fachkräfte machten.

Der Unternehmungsgeist solcher Wirtschafts-»Condottieri«, wie der im Dezember 1997 verstorbene Fiat-Chef Agnelli und der Medientycoon Berlusconi, kann freilich nicht verbergen, daß die Infrastrukturen dringend einer Modernisierung bedürfen. Fast alle »Kommunikationseinrichtungen«, die von staatlicher oder halbstaatlicher Hand gelenkt werden, Post und Telefon, der Flugbetrieb und die Eisenbahnen, der Verkehr in den Städten, die Häfen und das Straßensystem, sind im europäischen Vergleich zurückgefallen. So stehen den positiven Fakten der Wirtschaft bei beständigem realen Wachstum und hoher Investitionstätigkeit der Industrie bedenkliche Daten gegenüber: ein hohes nationales Preis- und Lohnniveau, eine überdurchschnittliche Inflationsrate, ein aus politischen Gründen fortwährend steigendes Haushaltsdefizit und die damit verbundene Staatsverschuldung, ein Minus in der Handelsbilanz mit der Tendenz steigender Importe bei zurückgehenden Exporten. Wachsende Realeinkommen und höherer privater Konsum sind zudem nicht immer durch bessere Leistungen der Volkswirtschaft gedeckt.

⬡ Chemikalien und Erdölprodukte
⬢ Kraftfahrzeugbau
Eisen und Stahl
Maschinenbau
Elektroindustrie
Textilindustrie

**Die Industrie** *(links)* ist in Italien ungleichmäßig verteilt – sie konzentriert sich im Norden des Landes. Das Städtedreieck Mailand-Turin-Genua bildet das industrielle Zentrum Italiens mit den Fiat-Werken und mehreren Mineralölgesellschaften.

# ITALIEN: KUNST UND KULTUR

Mit seinen zahlreichen bedeutenden Kunst- und Architekturdenkmälern ist Italien für Bildungsreisende das vorrangige Reiseziel in Europa. Manche Besucher wundern sich, daß die Schöpfer der historischen Monumente die Vorfahren der Italiener von heute sein sollen – mit ihrer offensichtlichen Freude am Amüsement, an gutem Essen und an der Mode. Andere wiederum meinen, daß gerade ebendiese, sehr menschlichen Züge dazu beigetragen haben, ihre Kultur lebendig zu erhalten.

Italiens »klassisches« Erbe mit der starken Betonung der menschlichen Gestalt hat die Kultur des Landes entscheidend geprägt. Nach dem Zusammenbruch des Römischen Reiches lebte die klassische Tradition in Italien weiter – stärker als in jedem anderen Land. Der Maler Giotto (um 1266–1337) etwa entwarf, lange bevor die Renaissance sich durchsetzte, Gestalten mit Raumperspektive und in Lebensgröße – genau wie in der klassischen Kunst.

Giotto stammte aus Florenz, wie auch seine beiden bedeutenden Zeitgenossen, die Schriftsteller Dante Alighieri (1265–1321) und Petrarca (1304–1374). Beide waren hochgebildet, und doch durchziehen ein ausgeprägter Sinn für Humor, die Freude an gutem Essen und Trinken und leidenschaftliche Liebe selbst so anspruchsvolle und komplexe Werke wie Dantes berühmte »Göttliche Komödie«. Diese »epische Reise« durch Hölle, Fegefeuer und Himmel wird durch ironische und witzige Schilderungen Dantes von Zeitgenossen aufgelockert, und im letzten Teil des Werkes geleitet seine geliebte Beatrice den Dichter in einer »Rundreise durch den Himmel«.

»**Marias Tempelgang**« *(oben)* von Tizian befindet sich in der Gallerie dell'Accademia in Venedig. Mit acht Metern Länge ist es das größte unter den erhaltenen Gemälden des Künstlers; es ist um 1539/40 entstanden.

»**Die Verzückung der heiligen Therese**« von Bernini *(unten links)* ist eine eigenwillige barocke Darstellung. Bernini schuf diese Skulptur für die Kirche Sta. Maria della Vittoria in Rom – im Auftrag Papst Urbans VIII.

**Der Herzogpalast in Urbino** *(unten)*, dessen Bau 1474 vollendet wurde, spiegelt den »universalen Menschen« der Renaissance wider. Neben den herzoglichen Gemächern umfaßte er einen Prunksaal, eine Bibliothek, ein Theater, Kunstgalerien und zwei Kapellen. Zwei »Treppentürme« rahmten den ursprünglichen Arkaden-Innenhof ein. Später wurden an der Nordseite ein Audienzsaal sowie ein »Geheimer Garten« angebaut.

»Die Erschaffung Adams« von Michelangelo *(oben)* ist eines der Meisterwerke an der Decke der Sixtinischen Kapelle im Vatikan – Gott erweckt den ersten Menschen zum Leben. Michelangelo, einer der Hauptvertreter der italienischen Hoch- und Spätrenaissance, war auch ein bedeutender Bildhauer, Baumeister und Dichter.

»Frühling« (Primavera), ein Gemälde von Botticelli *(links)* in den Uffizien in Florenz, zeigt das Interesse des Malers für antike Mythen. Die Maler vor der Renaissance stellten eher religiöse als »heidnische« Themen dar.

### Die Renaissance

Im 15. Jahrhundert gipfelt das Kulturleben von Florenz in der Renaissance – einer künstlerischen, literarischen und naturwissenschaftlichen Blütezeit, angeregt durch das wiedererwachte Interesse an der Kultur der Antike. Erstaunlich viele bedeutende Maler und Baumeister lebten und arbeiteten in der Stadt, von Brunelleschi (1377–1446), Masaccio (1401–1428) bis zu Botticelli (1444/45–1510). Allerdings hätte sich dieses ausgeprägte Kulturleben kaum ohne die beträchtliche finanzielle Unterstützung der Florentiner Bankiersfamilie der Medici entfalten können.

Im frühen 16. Jahrhundert, der sogenannten Hochrenaissance, verlor Florenz seine kulturelle Vormachtstellung. Diese Periode wurde von einigen wenigen großen Künstlern beherrscht, etwa Leonardo da Vinci (1452–1519), der meist in der Gegend von Mailand wirkte. Leonardo war als Forscher, Baumeister, Erfinder und Mathematiker ein Universalgenie wie niemand vor oder nach ihm. Dennoch blieb sein künstlerischer Einflußbereich relativ begrenzt, zumindest verglichen mit dem seiner beiden bedeutenden Zeitgenossen Raffael (1483–1520) und Michelangelo (1475–1564). Beide wurden nach Rom berufen, das sich unter Papst Julius II. zum künstlerischen Mittelpunkt Europas entwickelte und dann 300 Jahre lang als »Mekka« für Künstler aus der ganzen Welt galt.

Die einzige Stadt, die mit Rom im kulturellen, politischen und wirtschaftlichen Bereich ernstlich konkurrieren konnte, war Venedig, wo sich um 1500 eine ausdrucksstarke und sehr eigenwillige künstlerische Stilrichtung herausbildete und rasch entfaltete. Während sich die Gemälde Raffaels und Michelangelos durch eindrucksvolle Formgebung und harmonische Komposition auszeichnen, bestechen die Werke ihres großen venezianischen Zeitgenossen Tizian (um 1477–1576) durch die Farben, vor allem durch die naturgetreuen, fleischfarbenen Töne, die so realistisch wirken, daß ein Kunstkritiker einmal bemerkte, man könne das Blut durch die Adern der Gestalten fließen sehen.

Auf musikalischem Gebiet hebt sich Monteverdi (1567–1643) heraus; er gilt als der erste bedeutende Komponist von Opern – einer Musikgattung, wie sie durch den Überschwang der Gefühle kaum »italienischer« sein könnte. Mit der charakteristischen Mischung aus Schauspiel, Gesang und spektakulären szenischen Effekten stand die Oper darüber hinaus völlig im Einklang mit der nächsten bedeutenden Epoche italienischer Kunst – dem Barock.

### Von der Barockzeit bis zur Gegenwart

Der Barockstil entwickelte sich in Rom und gelangte in der Bildhauerkunst Gianlorenzo Berninis (1598–1680) und den Deckengemälden von Künstlern wie Pietro da Cortona und Ignazio Pozzo zur höchsten Vollendung. Der letzte bedeutende Vertreter des italienischen Barock war G. B. Tiepolo (1696–1770).

Der Tod Tiepolos leitete den Niedergang der italienischen Kunst ein – Italien war künstlerisch nun fast nur noch aufgrund seiner großen Vergangenheit interessant. Das künstlerische Erbe erdrückte die meisten italienischen Maler, Schriftsteller und Musiker des 19. Jahrhunderts. Viele Schöpfungen jener Zeit wie auch die Opern Rossinis, Bellinis, Verdis und Puccinis waren von früheren Meisterwerken inspiriert. Puccini, der letzte herausragende italienische Opernkomponist, schrieb noch bis ins 20. Jahrhundert hinein schwermütige, gefühlvolle Opern.

Die als »Futuristen« bekannte Gruppe italienischer Künstler versuchte im frühen 20. Jahrhundert bewußt, sich von ihrer Vergangenheit abzusetzen. Und doch wird auch hinter den meisten italienischen Werken unseres Jahrhunderts die immer noch lebendige Tradition der Antike sichtbar – von den beklemmenden Arkadenlandschaften De Chiricos bis zu den vom Römischen Reich inspirierten Baukonstruktionen des Architekten G. A. Nervis'.

Italien wurde in jüngster Zeit zum Vorreiter einer Entwicklung, die von der abstrakten Malerei zu einer Rückbesinnung auf die antike Tradition führt.

# ITALIEN: VENEDIG

Venedig beherrschte in der Zeit zwischen dem 13. und 15. Jahrhundert mit seiner Flotte das gesamte Mittelmeer. Die venezianischen Galeonen waren im späten 14. Jahrhundert vermutlich die ersten Kriegsschiffe überhaupt, die Kanonen geladen hatten (»Bombenwerfer«). Die Entdeckung Amerikas und des Seewegs nach Indien hatte dann jedoch im 16. Jahrhundert den allmählichen Machtverfall Venedigs zur Folge. 1797 besetzte Napoleon die Stadt und stürzte den letzten Dogen.

Trotzdem ist der frühere Glanz Venedigs zum großen Teil erhalten geblieben; es ist immer noch eine der schönsten Städte der Welt. Das Spiel von Licht und Schatten beim Anblick der prächtigen, sonnenbestrahlten »palazzi« (Paläste), die das Ufer des Canal Grande säumen und sich in ihm spiegeln, wird jedem Besucher unvergeßlich bleiben.

Venedig erstreckt sich über etwa 120 kleine Inseln, die durch mehr als 400 Brücken und etwa 160 Kanäle miteinander verbunden sind. Die Gebäude stehen auf mächtigen Kiefernpfählen, die acht Meter tief in den Grund der Lagune reichen. Bis die Behörden in den 70er Jahren die Entnahme von Grundwasser durch die Industrie einschränkten, sank die Stadt jedes Jahr um etwa 5 mm.

Eine weitere Gefahr droht Venedig schon von altersher durch Unterspülung und Bodenerosion. Bereits im 13. Jahrhundert gab es durch die große Sandbank, die die Lagune von der Adria trennt, nur drei Durchlässe: den Lido (heute ein beliebter Badeort), Malamocco und Chioggia. Dennoch hat jahrhundertelang das »acque alte«, das winterliche Hochwasser, die tiefergelegenen Stadtgebiete überflutet. 1966 bedrohte eine besonders schwere Überschwemmung die Stadt. Zahlreiche Kunstwerke von unschätzbarem Wert wurden zerstört, durch internationale Hilfe konnte jedoch Geld für die Restaurierung aufgebracht werden, und die italienische Regierung stellte Gelder zum Bau von beweglichen Flutbarrieren zur Verfügung, um die drei Lagunendurchlässe zu verengen. Die Regierung finanzierte darüber hinaus ein Programm zum Schutz vor Überflutung und Luftverschmutzung, um dem Verfall der historischen Bauten entgegenzuwirken.

Zum Schutz Venedigs ist kein Preis zu hoch. In den Jahrhunderten, als die Stadt Macht und Wohlstand besaß, häufte Venedig zahllose Kunstschätze an. In der Malerei entwickelte sich eine venezianische Schule, der einige der berühmtesten Maler angehörten, so Giovanni Bellini (um 1430–1516), Giorgione (um 1478–1510) und Tizian (1477–1576).

### Das »Herz von Venedig«

Durch das Zentrum Venedigs schlängelt sich der Canal Grande, der von mehr als hundert prunkvollen »palazzi« gesäumt wird. Eigentlich sollte man diese historische Wasserstraße mit einer »gondola« befahren, doch die Miete für diese schwarz gestrichenen, einrudrigen Boote – seit dem 12. Jahrhundert charakteristisch für den venezianischen Alltag – ist so hoch, daß die meisten Besucher sich für ein weniger romantisches »motoscafo« (Motorboot) oder ein »vaporetto« (Linienflußboot) entscheiden. Mit den zweirudrigen »traghetto«-Fähren kann man in zwei Minuten den Kanal überqueren, oder man spaziert über die Rialtobrücke – einst das geschäftliche Zentrum Venedigs. Ansonsten verlocken gewundene Gäßchen und geheimnisvolle Winkel den Besucher zur Erkundung der eher kleinen Stadt.

Wie auch immer man Venedig entdecken mag, man wird wahrscheinlich im Herzen der Stadt Halt machen, auf der ganz mit Marmorplatten ausgelegten »Piazza San Marco«, dem Markusplatz mit seinen Taubenschwärmen. Sitzt man dort vor einem der zahlreichen Cafés, sieht man sich mehr als einem Jahrtausend Geschichte gegenüber – vom Markusdom, 832 gegründet, mit seinem 99 m hohen »Campanile« (Glockenturm) bis zu dem Ballsaal, der 1000 Jahre später von Napoleon erbaut wurde. Neben dem Markusdom erhebt sich der malerische »Torre dell'Orologio«, ein Uhrturm, der um 1500 erbaut wurde und berühmt ist für die Figurendarstellung der Heiligen Drei Könige, die sich vor einem Bild der Muttergottes verneigen, sowie der beiden bronzenen Mohren, die die Stunden anzeigen.

**Hochwasser** *(oben)* in den engen Gassen von Venedig. Die verhängnisvolle Kombination von Meeresspiegelanstieg und verstärkter Absenkung des schlammigen Untergrunds der Lagunenstadt gefährdet die historische Bausubstanz.

**Die Rialtobrücke** mit ihren Andenken- und Kunstgewerbeläden *(unten rechts)* überspannt den Canal Grande. Die Bogenform der 1592 fertiggestellten Brücke ermöglichte, daß die venezianischen Galeeren darunter durchfahren konnten.

# ITALIEN

**Vom Torre dell'Orologio** (Uhrturm) blickt man auf die Inselkirche San Giorgio Maggiore *(links)* mit ihren Gemälden von Tintoretto. Der Markusplatz, Mittelpunkt von Venedig, lockt die Touristen mit Markusdom, Dogenpalast und Cafés an.

**Ein Gondoliere** *(oben)* mit seinen Fahrgästen. Diese musikliebenden venezianischen »Taxifahrer« verleihen der Stadt einen besonderen Reiz

## Das beliebte Reiseziel

An der Kanalseite des Markusdoms steht der Dogenpalast, ein riesiges, weiß-rosafarbenes Gebäude in gotischem Stil, die Residenz der Herrscher von Venedig. Der Doge hatte eigentlich den Titel »Oberster Richter«, und der Palast ist durch eine schmale, geschlossene Brücke mit einem Gefängnis verbunden: die »Ponte dei Sospiri« (Seufzerbrücke), über die die von dem Dogengericht Verurteilten in die Haft oder zur Exekution geleitet wurden.

Touristen strömen in Scharen nach Venedig, besonders im Sommer, wenn in der Stadt ein drückendes Klima herrscht. Man ist geteilter Meinung darüber, ob die günstigste Zeit, nach Venedig zu reisen, der Mai sei oder der September zur Zeit des berühmten Wasserkarnevals (»regatta«) oder vielleicht der Oktober mit seiner angenehm kühlen Witterung. Einige bevorzugen sogar die kältere Periode von Februar bis März, wenn der Touristenstrom am spärlichsten fließt. Mehr als 3 Millionen Besucher kommen jedes Jahr, und manchmal – wenn mehr Touristen in der Stadt sind als Einheimische – muß Venedig vorübergehend »geschlossen« werden. Manche halten die Belastungen im Hinblick auf die Versorgung der Stadt und auf ihre bereits gefährdete Bausubstanz inzwischen zu hoch; daher müßten Maßnahmen zur Eindämmung des Touristenzustroms so bald wie möglich eingeleitet werden.

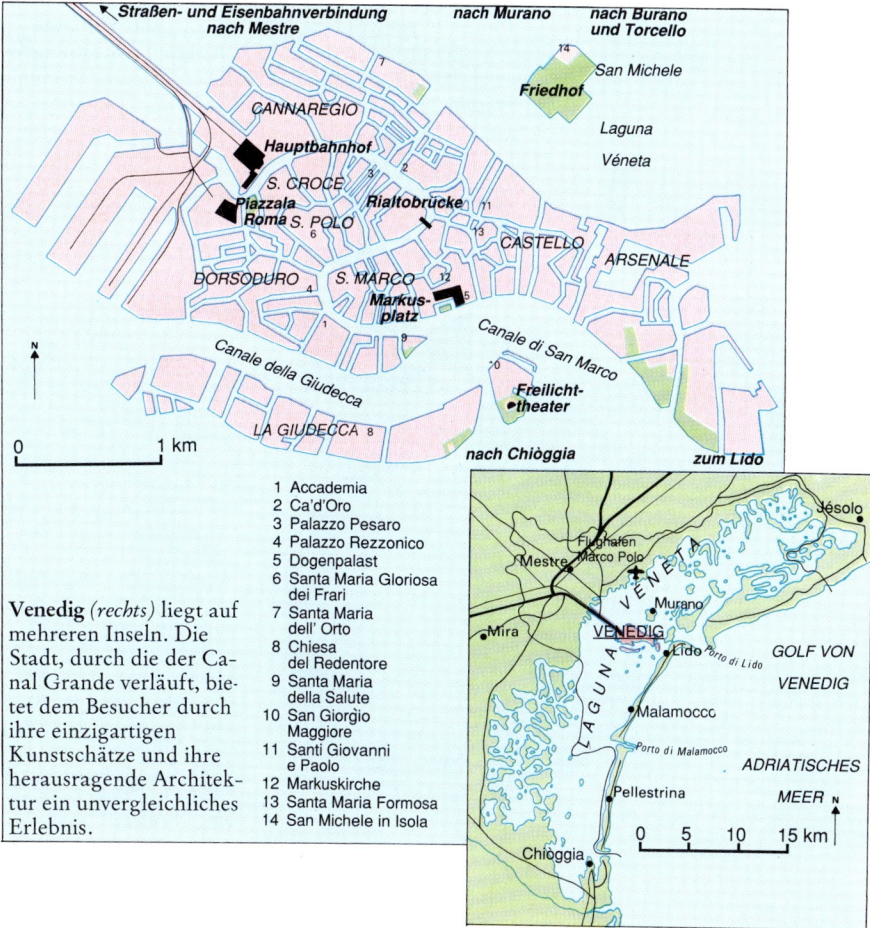

**Venedig** *(rechts)* liegt auf mehreren Inseln. Die Stadt, durch die der Canal Grande verläuft, bietet dem Besucher durch ihre einzigartigen Kunstschätze und ihre herausragende Architektur ein unvergleichliches Erlebnis.

1 Accademia
2 Ca' d'Oro
3 Palazzo Pesaro
4 Palazzo Rezzonico
5 Dogenpalast
6 Santa Maria Gloriosa dei Frari
7 Santa Maria dell' Orto
8 Chiesa del Redentore
9 Santa Maria della Salute
10 San Giorgio Maggiore
11 Santi Giovanni e Paolo
12 Markuskirche
13 Santa Maria Formosa
14 San Michele in Isola

# JAMAIKA

Jamaika, die drittgrößte Insel der Großen Antillen, wurde 1493 durch Christoph Kolumbus (1451–1506) entdeckt. Die Besiedlung von Spanien aus begann schon 1509. Santiago de la Vega, das heutige Spanish Town, wurde Hauptstadt. Bereits unter der Herrschaft der Spanier wurden die ersten Kakao- und Kaffeepflanzungen angelegt. Sehr früh, 1517, holte man die ersten schwarzen Sklaven von Afrika auf die Insel. Nachdem jedoch Spanien größeres Interesse an den Rohstoffen des amerikanischen Festlandes gezeigt hatte, rührten sich andere europäische Mächte im Karibischen Meer. 1655 entrissen die Engländer den Spaniern die Insel. Eine systematische Besiedlung durch die Briten kam aber erst im 18. Jahrhundert zustande. Unter dem nun verstärkt erfolgenden Einsatz von schwarzen Sklaven in den Zuckerplantagen wurde Jamaika zur bedeutendsten Zuckerkolonie des Britischen Empire. Bis zum Beginn des 19. Jahrhunderts entwickelte sich die Insel zum wirtschaftlich wertvollsten Plantagenbesitz im gesamten westindischen Raum. Mit der Aufhebung der Sklaverei im Jahr 1838 und dem zunehmenden Konkurrenzdruck durch den europäischen Rübenzucker geriet Jamaika zusehends in die Krise. Auch die Nutzung eines Teils der Zuckerplantagen für den Bananenanbau konnte den wirtschaftlichen Niedergang nicht aufhalten. So kam es wegen der zunehmenden wirtschaftlichen und sozialen Probleme in der ersten Hälfte des 20. Jahrhunderts zu heftigen Ausschreitungen, die 1959 zur Selbstregierung und im Jahr 1962 zur politischen Unabhängigkeit führten.

Nach dem Muster der britischen Demokratie wird Jamaika seither in einem Zwei-Parteien-System regiert. 1989 wählten die Jamaikaner wieder Michael Manley (* 1924) von der soziali-

**Bauxitrückstände** *(unten)* färben Jamaikas Küstenlandschaft rot und stellen den Konflikt dar zwischen den wichtigsten Devisenbringern: Tourismus und Bergbau. Die meisten Feriengebiete sind heute jedoch frei von Verschmutzung.

**Die westindische Insel Jamaika** *(rechts)* liegt ca. 800 km südlich von Florida. Ihre weißen Sandstrände, die tiefblauen Lagunen und das gebirgige Landesinnere machen sie alljährlich zum begehrten Reiseziel für Tausende von Touristen.

## Daten und Fakten

**DAS LAND**
**Offizieller Name:** Jamaika
**Hauptstadt:** Kingston
**Fläche:** 10 990 km²
**Landesnatur:** Im Zentrum das von W nach O verlaufende Faltengebirge, daran anschließend die verkarsteten Kalkplateaus und an der Küste, besonders im S, eine breite Tiefebene
**Klima:** Feuchttropisches Klima
**Hauptflüsse:** Minho, Cobre
**Höchster Punkt:** Blue Mountain Peak 2256 m

**DER STAAT**
**Regierungsform:** Parlamentarische Monarchie
**Staatsoberhaupt:** Königin Elisabeth II., vertreten durch einen Generalgouverneur
**Regierungschef:** Ministerpräsident
**Verwaltung:** 14 Bezirke
**Parlament:** Abgeordnetenhaus mit 60 für 5 Jahre gewählten Abgeordneten u. Senat mit 21 Mitgliedern
**Nationalfeiertag:** 1. Montag im August
**DIE MENSCHEN**
**Einwohner (Ew.):** 2 560 000 (1999)
**Bevölkerungsdichte:** 233 Ew./km²

**Stadtbevölkerung:** 56 %
**Analphabetenquote:** 13 %
**Sprache:** Englisch
**Religion:** Protestanten 56 %, Katholiken 5 %, Rastafari 5 %
**DIE WIRTSCHAFT**
**Währung:** Jamaika-Dollar
**Brtuttosozialprodukt (BSP):** 4329 Mio-US-$ (1998)
**BSP je Einwohner:** 1680 US-$
**Inflationsrate:** 29,1 % (1990–98)
**Importgüter:** Erdöl u. Erdölprodukte, Nahrungsmittel, Vieh,

stischen »People's National Party« zu ihrem Premierminister. Er hatte bereits zwischen 1972 und 1980 das Regierungsamt inne und dabei weltweit Schlagzeilen gemacht. Damals orientierte sich der Sozialist Manley stark an Fidel Castro (* 1927), propagierte die Kubanisierung Jamaikas und überwarf sich mit den Vereinigten Staaten von Amerika. Als Premier Jamaikas schwang er sich auch zum Wortführer der Dritten Welt auf. Er führte innerhalb der Vereinten Nationen die »Gruppe der 77« an. Sein Gegenspieler, der konservative Führer der »Labour Party«, Edward Seaga (* 1930), regierte zwar zwischen 1980 und 1989 das Land, doch auch er konnte Jamaika nicht aus Arbeitslosigkeit und Armut befreien, trotz vielfältiger Unterstützung durch die USA. Michael Manley, überdies seit 1955 der dritte Manley in der Funktion des Premierministers, verfolgte bis zu seinem Rücktritt 1992 eine gemäßigtere Politik, die sich stärker als bisher an der weltpolitischen Realität orientierte. Diese Linie wird von seinem Nachfolger Perceval J. Patterson fortgeführt.

## Bevölkerung

In der ethnischen Zusammensetzung Jamaikas dominieren Schwarze und Mulatten, Nachkommen der von Spaniern und Briten auf die Insel gebrachten Sklaven. Daneben gibt es noch kleine Minderheiten von Indern, Chinesen und Weißen. Die Ureinwohner Jamaikas, die Aruak-Indianer, wurden schon vor Jahrhunderten ausgerottet. Die Mehrheit der Bevölkerung gehört heute protestantischen Kirchen und Glaubensgemeinschaften an, den Anglikanern, Baptisten, Methodisten und anderen.

Bis zur Unabhängigkeit wurde die Oberschicht fast ausschließlich von Weißen gebildet; sie beherrschten die Wirtschaft, Politik und den höheren Staatsdienst. Die Unterschicht setzte sich größtenteils aus Schwarzen zusammen, während Mulatten in der Mittelschicht dominierten. Mit Erlangung der Unabhängigkeit verließen zahlreiche Weiße aus Angst vor einer ungewissen Zukunft das Land oder zogen sich aus Politik und öffentlichen Ämtern zurück, um sich vermehrt der Wirtschaft zu widmen. Der farbigen Mittelschicht eröffneten sich damit Chancen für den Aufstieg in Politik und Verwaltung.

## Kingston – wirtschaftliche Potenz und soziale Gegensätze

Ein Problem Jamaikas ist die einseitig gerichtete Binnenwanderung in die Städte, wo bereits über die Hälfte der Bevölkerung lebt. Von den knapp 2,6 Millionen Jamaikanern lebten 1999 rund 600 000 allein im Großraum Kingston, der Hauptstadt des Landes.

Kingston wurde 1693 gegründet und ist seit 1872 Inselhauptstadt. Die Stadt nimmt eine herausragende Stellung im Lande ein, insbesondere was die wirtschaftlichen Funktionen anbetrifft. So ist der Hafen von Kingston im Karibischen Raum einmalig, denn die 14 km lange Palisadoes-Landzunge vor der Stadt ließ hier einen Naturhafen entstehen, der der siebtgrößte in der Welt ist. Auf der Landzunge liegt auch einer der beiden internationalen Flughäfen des Landes, der Norman-Manley-Airport. Das seit den 1960er Jahren stark gewachsene Kingston ist heute Standort zahlreicher Industrien. Gut belegt ist der neu entstandene Industriepark, der »Kingston Industrial Estate«, der sich unmittelbar an den neuen Container- und Stückguthafen Newport West anschließt.

Allerdings hat die übergroße Attraktivität der Hauptstadt auch sehr negative Auswirkungen für Kingston. In bisher nicht bebauten Nischen des Stadtgebiets sind unansehnliche Wellblechsiedlungen, »Shanty Towns« genannt, entstanden. Sie sind Ausdruck der noch immer anhaltenden starken Landflucht. Vom Reiz der Großstadt angezogen, müssen die Zuwanderer dort erfahren, daß das Überleben in Kingston sehr viel schwieriger ist als auf dem Lande. Arbeitslosenquoten von über 30 % begünstigen die Kriminalität.

Maschinen, Fahrzeuge, chemische Produkte
**Exportgüter:** Aluminiumoxid, Bauxit, Zucker, Tabak, Bananen, Rum, Obst, Gewürze
**Handelspartner:** USA, EU-Länder, Venezuela, Kanada, Mexiko, CARICOM-Staaten
**Eisenbahnnetz:** 208 km
**Straßennetz:** 16 435 km
**Fernsehgeräte je 1000 Ew.:** 183

# JAMAIKA: DAS LAND

Mit seinen blaugrün aus der Ferne schimmernden Bergen, seinen teilweise noch unberührten Karsthöhlen und seinen weißen Sandstränden gehört Jamaika zu den schönsten Inseln der Karibik. Der nur 150 km südlich von Kuba gelegene Commonwealth-Staat besteht zu einem großen Teil aus Gebirgsland; im Osten ragen die Blue Mountains bis über 2000 m auf. Die naturräumliche Großgliederung weist jedoch für zwei Drittel der gesamten Inselfläche bis über 500 m hohe Kalkplateaus aus, in denen sich durch den Prozeß der Verkarstung zahlreiche Höhlen mit bizarren Tropfsteinen ausgebildet haben. Die Küstenebenen, im Norden nur als schmaler Saum existent, umziehen die Insel als drittes Landschaftselement. Mit jährlich über 1,5 Millionen Besuchern gehört Jamaika zu den wichtigsten Fremdenverkehrszielen in der Karibik. Heute ist der Fremdenverkehr der wichtigste Devisenbringer des Landes.

### Klima und Vegetation

Entsprechend der geographischen Breitenlage ist das Klima das ganze Jahr über tropisch warm. Die Temperaturen variieren nicht sehr stark, im Winter liegen sie durchschnittlich bei ca. 26 °C, im Sommer bei ca. 30 °C. Nachts sinken die Temperaturen nicht unter 22 °C ab. Die Wassertemperaturen an den Küsten liegen bei 24 °C im Winter und bei 27 °C im Sommer. Der Einfluß des Passatwindes sowie die Wirkung des Land- und Seewindes machen auch höhere Temperaturen im Sommer für den Touristen erträglich. Die dem Passatwind zugekehrten Gebirgsteile der Blue Mountains empfangen Niederschlagsmengen von jährlich über 5000 mm, das im Regenschatten liegende Bergland bekommt meist jedoch nur ca. 1000 mm. Dort, wo genügend Niederschlag fällt, hat sich tropischer Regenwald ausgebildet. Dornbusch- und Trockensavannen kennzeichnen die niederschlagsarmen Gebiete der Insel.

### Bauxit, Zuckerrohr und Tourismus

Mit dem Aufkommen des Bauxitbergbaus auf Jamaika vor fast vierzig Jahren wurden das in kolonialer Zeit entstandene Wirtschaftsgefüge und die damit verbundene Sozialstruktur einem Wandlungsprozeß unterworfen, der noch immer nicht ganz abgeschlossen ist. Der traditionellen Zuckerwirtschaft Jamaikas, die viele Arbeiter beschäftigt, steht nun die Bauxit- und Tonerdeindustrie gegenüber, die zwar hohe Kapitalinvestitionen erfordert, aber den Einheimischen wenig Arbeitsplätze bietet. Der Grund hierfür ist der starke Einsatz von Maschinen in diesem Industriezweig. Auch die neuen Leichtindustrien und vor allem der Fremdenverkehr gerieten immer wieder in den Einflußbereich der Bauxitbergbau-Gesellschaften. 1953 begann die Verschiffung des Bauxits von Ocho Ríos aus nach Nordamerika. Obwohl diese später auch von der Südküste aus erfolgte, kam es vor allem im Norden zu Interessenskonflikten mit dem Fremdenverkehr, der sich gerade bei Ocho Ríos besonders gut entfaltete. Die Verladestation beeinträchtigte stark die neu erschlossenen Strände. Der eisenhaltige Bauxitstaub färbte die Küstenlandschaft wegen Unzulänglichkeiten beim Verladevorgang rot ein. Erst im Rahmen des weiteren Ausbaus des Fremdenverkehrs und der verstärkten Umwandlung von Bauxit in Tonerde ließen sich diese Probleme vermindern. Andererseits führt nun die Tonerdeindustrie zu nicht unerheblichen Geruchsbelästigungen, vor allem im Raum Mandeville. Aber auch in anderer Form verursachte die Entwicklung der Bauxit- und Tonerdeindustrie starke strukturelle Veränderungen. Durch die relativ hohen Löhne in diesem Wirtschaftszweig kam es in Jamaika zu einem Exodus in der wenig geliebten Zuckerwirtschaft. Tausende zogen in die Hauptstadt Kingston, wo sie sich bessere Arbeitsbedingungen und höheren Lohn erhofften.

### Kleinbauern und Landarbeiter

Aus Jamaika stammt weitgehend der gesamte Weltbedarf an Piment, ein Gewürz, das die Gerüche von Gewürznelken, Zimt und Pfeffer vereinigt. Es wird auch Hanf angebaut, woraus Marihuana gewonnen wird. Die Bedeutung der Landwirtschaft ist in den vergangenen Jahren ständig zurückgegangen. Arbeitete 1979 noch über ein Viertel aller Erwerbstätigen in der Landwirtschaft, so sind es heute nur noch rund 21 %. Gut drei Viertel der Agrarbetriebe sind kleinbäuerlich, d. h. die Betriebsfläche liegt unter 2 ha. Es handelt sich um Betriebe, die hauptsächlich für den Eigenbedarf produzieren. Obwohl diese Kleinbauern in Armut leben, fühlen sie sich freier als das Heer der landlosen Saisonkräfte auf den Zuckerplantagen. Diese Tätigkeit gilt in Jamaika als verpönt, erinnert sie doch noch viel zu sehr an die frühere Sklavenarbeit. Und das Heer der Landarbeiter hat einen sozial schlechten Stand.

# JAMAIKA

Die »Quelleninsel«, wie die Aruak-Indianer Jamaika nannten *(links)*, bezaubert auch heute noch durch ihre reizvolle Landschaft mit Flüssen, Wasserfällen und Karstquellen.

**Eine Jamaikanerin** *(ganz links)* bringt die Bananenernte ein. In der Landwirtschaft, Jamaikas wirtschaftlicher Hauptstütze, arbeiten weiterhin ca. 21 % der Bevölkerung, aber die Zahl nimmt ab.

**Zuschauer beim Kricket** *(ganz unten links)* frönen ihrer Leidenschaft für einen Sport, der viele Teams und Spieler von Weltklasse hervorgebracht hat.

**Die Ansammlung von Hütten** *(unten)* in den Randgebieten der Touristenhochburg Montego Bay im Nordwesten Jamaikas ist Ausdruck der Landflucht. Das Straßenleben in Jamaikas Armenvierteln pulsiert im Rhythmus des größten Kulturexports der Insel – der Reggaemusik.

# JAMAIKA: REGGAEMUSIK

Jamaika erlangte 1962 die Unabhängigkeit von Großbritannien. Für den Rest der Welt war das neue Land zu jener Zeit eine wunderschöne und exotische, jedoch kleine, verarmte und von Wirbelstürmen heimgesuchte Gegend mit einer sagenumwobenen Geschichte, in der Piratensiedlungen und Zuckerrohrplantagen eine bedeutende Rolle spielten. Aber innerhalb von 20 Jahren brach diese kleine Karibikinsel aus ihrer kulturellen Abgeschiedenheit hervor und erreichte Millionen auf der ganzen Welt mit einem neuen und aufregenden Rhythmus.

Die Musik Jamaikas ist der Reggae, ein fesselnder Rhythmus, in dem unbetonte Taktteile hervorgehoben werden. Anfang der 1970er Jahre begann er sich überall großer Beliebtheit zu erfreuen, in den Armenvierteln der Großstädte wie auch in wohlhabenden Vororten. Von Montreal bis Tokyo, von Los Angeles bis London ertönte der Reggae überall dort, wo junge Leute zusammenkamen. Heute zählt er zu den bekanntesten Musikformen; Reggaeplatten werden in unzähligen Fachgeschäften verkauft und von Rundfunkstationen auf der ganzen Welt gespielt.

### Ursprung – Rockmusik – Reggae

Die Hörer von Popmusik wurden erstmals durch die Lieder von Harry Belafonte in den 1950er Jahren auf jamaikanische Musik aufmerksam. Geboren in New York, wurde Belafonte als Filmschauspieler berühmt, aber am bekanntesten ist er wahrscheinlich als Sänger jamaikanischer Lieder. Sein »Jamaica Farewell« schuf eine »Inselmusik«– Mode, die 1962 zur Bildung der einflußreichen Island Record Company führte. Der Reggae hat verschiedene Ursprünge, afrikanische, westliche sowie jamaikanische. Die Musik besteht aus amerikanischen Rhythmen und Blues, jamaikanischem Mento, Ska und Rock-Steady, afrikanischer Burru-Musik und der verfeinerten Technik der Aufnahmestudios. Das vielfältige Burru-Trommeln erfüllt ihn mit afrikanischen Rhythmen, übersetzt in einer instrumentalen Grundzusammensetzung aus elektrischem Bass, Rhythmusgitarre, Keyboards, Schlagzeug und Bläsern. Diese Instrumente bilden eine perfekte Begleitung für diese Art von Gesang und Stimmgebung.

Es mag sein, daß 1969 der hervorragende Musiker Toots und seine Gruppe »The Maytals« das Wort Reggae zum ersten Mal an die Öffentlichkeit brachten mit ihrem Lied »Do the Reggay«. Einige glauben, es stamme von »regular« ab, bezogen auf den gleichmäßigen Rhythmus der Musik. Andere wiederum sehen den Ursprung in dem lateinischen Wort »Für den König« und behaupten, daß die wahre Reggaemusik JAH oder Jehova, den König des Himmels, preist. Mit Sicherheit sind die Lieder und die Musik von Toots and The Maytals, deren Karriere Jahrzehnte überspannte, im Kern religiös, aber mit fröhlicher, positiver, optimistischer Tendenz und vorgetragen mit ausgezeich-

**Ein Rastafarian** *(unten)* trägt sein Haar in strangähnlichen Flechten, genannt Dreadlocks (furchterregende Locken). Die Bewegung will der schwarzen Bevölkerung durch die Reggaemusik vor allem ihren Stolz und ihre Identität wiedergeben.

**Harry Belafonte** *(unten)*, geboren 1927 in New York, wurde als Sänger und Schauspieler berühmt. Seine Interpretation von jamaikanischen Volksliedern, in den 1950er Jahren aufgenommen, brachte die Musik Jamaikas auf die Weltbühne.

**Das Marley Museum** *(rechts)* in Kingston, wo an das Wirken des großen Reggae-Musikers erinnert wird, ist zu einem Wallfahrtsort für Reggaefans aus vielen Ländern der Erde geworden.

# JAMAIKA

**Der Sonnenuntergang** auf Jamaika *(links)* symbolisiert den Beginn der Reggaemusik, die kurz nach der Unabhängigkeit 1962 entstand.

**Kingston Trenchtown** *(unten)* war der fruchtbare Nährboden für die Reggaemusik, Jamaikas schönstem Exportgut.

**Robert Nesta Marley**, bekannt als Bob Marley *(oben)*, konnte in der Reggaemusik seinen einzigartigen musikalischen Talenten künstlerische Gestaltung geben. Mehr als jeder andere machte er eine bekannte Musikform zum Ausdrucksmittel für den Stolz der Schwarzen auf der ganzen Welt. Nach seinem Tod hat ihn sein Heimatland Jamaika mit dem Verdienstorden geehrt.

neter Technik und Musikalität. Beeinflußt vom Christentum, handelt es sich um geistliche Musik mit unwiderstehlichem Rhythmus und wunderbarer Melodie.

Die Eindringlichkeit der Reggaemusik rührt jedoch von dem besonderen Rastafarian-Glauben her. Diese Bewegung, die in den 1930er Jahren entstand, leitet ihren Namen von Ras Tafari (1892–1975) ab, der zum Kaiser Haile Selassie von Äthiopien gekrönt wurde zu einer Zeit, als fast der gesamte Rest von Afrika unter Kolonialherrschaft stand. Seine Krönung und sein mutiger Widerstand gegen die italienische Invasion des Landes brachte viele Jamaikaner dazu, ihn mit den Weissagungen von Marcus Garvey (1887–1940) in Verbindung zu bringen, der von der Krönung eines schwarzen Königs gesprochen hatte, der das schwarze Volk von seinen Unterdrückern befreien würde.

Rastafarians lebten in entlegenen Lagern in den Bergen, führten ein Leben nach dem Alten Testament im Sinne der Gebote von JAH (Jehova) und suchten Erleuchtung durch das Rauchen des Ganja-Krautes. Die Behörden betrachteten sie mit Mißtrauen und zerstörten 1954 ihr Hauptlager. Viele der versprengten Rastas zogen nach Kingston, wo ihre Botschaft für die wachsende Zahl der Armen in den Slums wie Trenchtown eine neue, soziale Bedeutung erhielt. Viele Musiker, die für ihre äußerst beliebten Lieder von korrupten Plattenstudios einen Hungerlohn erhielten, fühlten sich von ihrer Botschaft angesprochen.

### Der Meistersänger

Unter ihnen war ein junger Mann namens Robert Nesta Marley (1945–1981), Sohn des weißen Kapitäns Norval Marley und von Cedella Bookers. In jungen Jahren nach Kingston gekommen, traf Bob die Musiker Peter Tosh und Bunny Wailer. Anfang der 1970er Jahre bildete er seine berühmte Gruppe, Bob Marley and The Wailers. Bunny Wailer und Peter Tosh wurden jeder für sich Reggaestars, aber die drei zusammen waren unschlagbar. Von seinem ersten Album, »Catch a Fire« (1973), bis zu seinem Tod 1981 war Bob Marley die treibende Kraft, die den Reggae zum weltweit vorherrschenden Musikstil machte. Lieder wie »No woman no cry« rührten Millionen mit ihrer einfachen, aber beeindruckenden Schilderung des mühseligen Lebens, das Bob hinter sich gelassen hatte, in dem jedoch noch viele gefangen waren.

Marley gab dem Reggae eine nachhaltige soziale Komponente, die von brillianten »dub poets«, Reggae-Dichtern wie Linton Kwesi Johnson und Benjamin Zephaniah, weiterentwickelt wurde. Aber ob religiös oder sozial, im Innersten ist Reggae Ausdruck schwarzen Stolzes. Die Suche nach schwarzer Identität, Würde und Kultur, versinnbildlicht durch Marcus Garvey's Botschaft der Rückkehr zu afrikanischen Wurzeln, hat einer sehr bekannten Musikform eine tiefe Bedeutung gegeben.

# JAPAN

# JAPAN

"Robotland oder Lotusland" fragte sich schon 1961 Arthur Koestler nach einer Japanreise ratlos. Ein dichtes Nebeneinander unaufgelöster kultureller Widersprüche durchzieht das Leben der Menschen auf den japanischen Inseln. Hinter äußerlicher »Verwestlichung«, die deutlich im neuen Lebensstil der Jugend zum Ausdruck kommt, verbergen sich unverändert traditionelle japanische Werte, wie der hohe Stellenwert von Familie und Gruppe und das Streben nach Harmonie. Die schnelle wirtschaftliche Entwicklung seit 1868 hat solche Werte nicht aufgehoben, sondern in die Industriegesellschaft eingelagert. Dabei konnte die konfuzianische Forderung der Elitenrekrutierung durch Bildungsauslese für die wachsende Leistungsfähigkeit der japanischen Wirtschaft optimal genutzt werden. Ein ausgeprägtes Gruppendenken in Japan, das sich als Gegensatz zwischen »Innen« (uchi) – die eigene Gruppe, Betrieb, Familie – und »Außen« (soto) – die anderen Betriebe und Gruppen – äußert, förderte früh wirtschaftliches Konkurrenzdenken: Japans Riesenunternehmen liefern sich untereinander genauso erbitterte Konkurrenzkämpfe wie international gegenüber ausländischen Wettbewerbern.

In dem betäubenden Wirbel optischer und akustischer Reizüberflutung japanischer Riesenstädte ist es kaum vorstellbar, sich in Zen-Naturbetrachtung zu verlieren und den »Klang der Stille« zu hören – und doch gibt es Top-Manager, die sich in Bergklöster zur Zen-Meditation zurückziehen, um neue Kraft zu sammeln. Auch in einer medienüberfluteten und nach westlicher Warenästhetik ausgerichteten Gesellschaft behaupten sich japanisches Schönheitsempfinden und unbefangene Freude an traditioneller Kunst: Studenten pflegen emsig den klassischen japanischen Tanz – das Blumenstecken (ikebana) und die Teezeremonie (sado) haben eine unübersehbare Anhängerschaft. Die klassische japanische Musik behauptet sich mühelos neben der ungeheuer populären westlichen sinfonischen Musik.

Die raffiniert schlichten Holzhäuser Japans mit ihren streng gegliederten Papierschiebetüren und Böden, die mit binsenbespannten Reisstrohmatten (tatami) belegt sind, haben in den Riesenstädten mit explodierenden Bodenpreisen keinen Platz mehr; aber selbst in den eintönigen Apartments der Betonhochhäuser wird noch ein klassisch-japanisches Zimmer für die Teezeremonie eingebaut.

Bevölkerungsentwicklung, unkontrollierte Ausdehnung der Großstädte an den Küsten und immer neue Industrieansiedlungen haben zu großflächiger Landschaftszerstörung geführt – die enge Verknüpfung zwischen japanischer Kultur und Naturerleben konnte das nicht verhindern. So müssen japanische Kulturtraditionen neue Ausdrucksformen in einer Industriegesellschaft finden, deren Lebensgefühl von Konsum, elektronischen Medien und wachsender Oberflächlichkeit bestimmt wird.

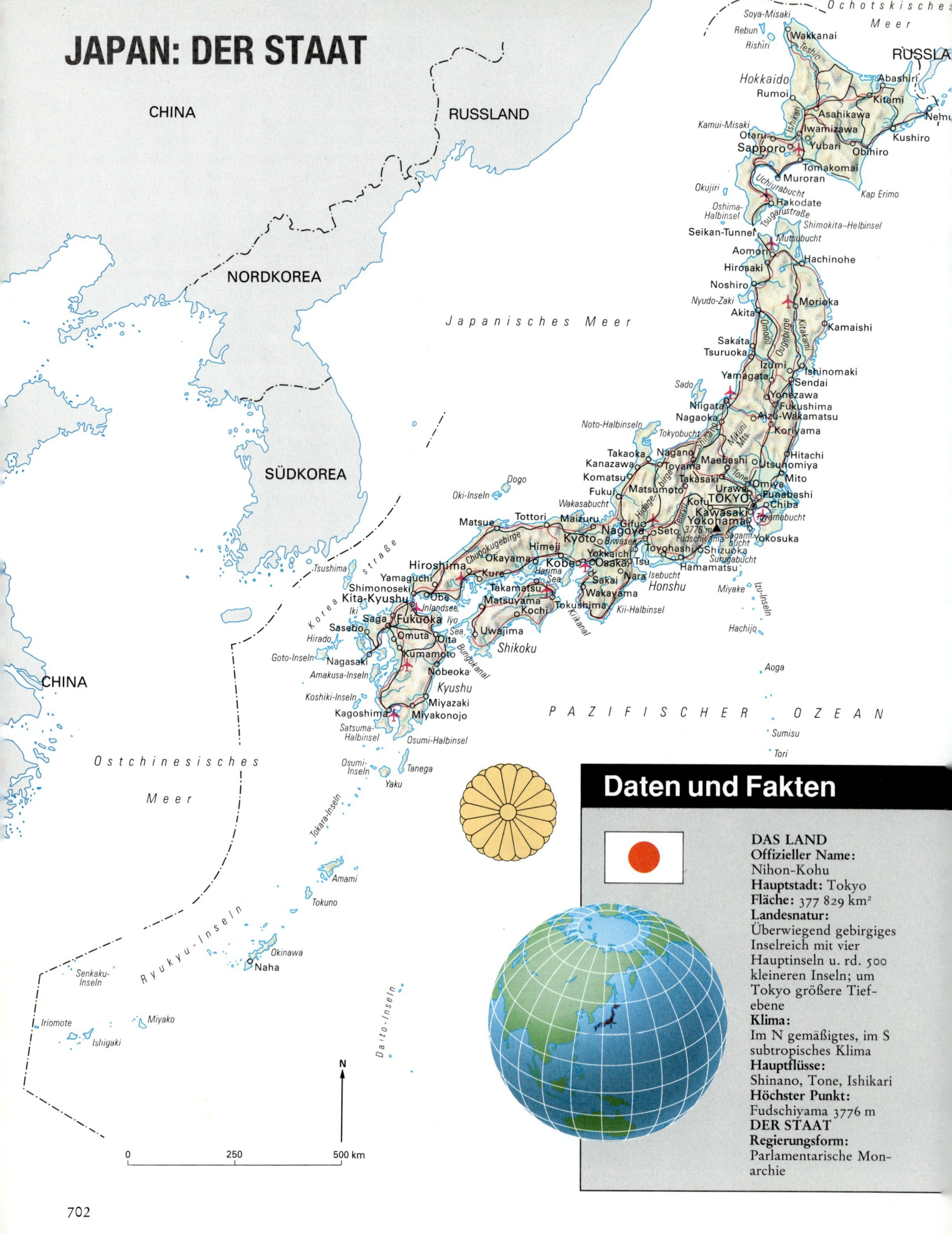

Japan *(links)* liegt am Nordrand des Pazifik. Die vulkanische, von Erdbeben heimgesuchte Inselkette wird von Hokkaido bis zu den Ryukyu-Inseln von einem Gebirgskamm durchzogen, der im 3776 m hohen Fudschiyama gipfelt.

**Seine kaiserliche Hoheit Akihito**, Kaiser von Japan *(oben)*, bestieg im Januar 1989 den Thron. Die Bedeutung des Kaisers, der früher eine gottähnliche Stellung einnahm, hat seit dem frühen 20. Jahrhundert beträchtlich abgenommen. Heute hat er fast nur noch repräsentative Pflichten.

Innerhalb von nur vier Jahrzehnten gelang Japan nach dem Zweiten Weltkrieg der erneute Aufstieg zur asiatischen Großmacht. Doch diesmal stützt sich die japanische Macht auf friedlichere Methoden, auf die Leistungsfähigkeit ihrer Wirtschaft. Ein erneuter militärischer Weg war Japan schon durch das Friedensgebot der Verfassung versperrt.

Die japanische Verfassung wurde 1947 unter maßgeblicher Beteiligung der US-Besatzungsbehörden erarbeitet und ist stark beeinflußt durch die amerikanische Verfassung und durch englisches Verfassungsrecht. Die einschneidendsten Veränderungen der neuen Verfassung gegenüber der Vorkriegsverfassung waren: Einführung des Frauenwahlrechts und Erklärung der Volkssouveränität. Damit wurde der Kaiser (Tenno) entmachtet, dem die Vorkriegsverfassung eine gottgleiche Position zugewiesen hatte. Die neue Verfassung bezeichnet ihn nur noch als »Symbol Japans und der Einheit des japanischen Volkes« und beschränkt seine Funktion auf formale Aufgaben.

### Die LDP – Regierungspartei ohne Alternative?

Die Notwendigkeit politischer Reformen war durch den Kriegsverlauf und das Versagen der traditionellen Führung vorgegeben. Folgerichtig dankte die alte Führungsoligarchie ab, aber die Kontinuität einer bürokratisch-technokratischen Fachelite blieb bestehen. Der wirtschaftliche Aufbau des Landes wurde unter Ministerpräsident Yoshida bereits 1953 abgeschlossen. Sein Nachfolger Hatoyama vereinigte 1955 die liberale und konservative Partei zur »Liberal-Demokratischen Partei« (LDP), die als konservativer Sammlungsverband mit enger Unterstützung der Großindustrie bis 1993 alleinige Regierungspartei blieb. Haupthindernis für einen Erfolg der Oppositionsparteien war unter anderem auch eine auf die LDP zugeschnittene Wahlkreiseinteilung. Erst nach den vorgezogenen Neuwahlen 1993 gelang es der Opposition, die durch Abspaltungen geschwächte LDP aus der Regierungsverantwortung zu verdrängen. Im Januar 1994 konnte endlich auch eine Reform des Wahlrechts verabschiedet werden. Im Juni 1994 wurde die LDP aber schon wieder Regierungspartei, und seit 1996 stellt sie auch wieder den Ministerpräsidenten.

### Die »Japan GmbH & Co KG«

Die japanische Opposition muß gegen mächtige, fest etablierte Interessen antreten: Die Regierungspartei unterhält engste Beziehungen zu den Wirtschaftskreisen, deren Spendenaufkommen die LDP und ihre konservativen Bosse finanzieren. Zudem bestehen enge Kontakte zwischen den Elite-Beamten der zentralen Ministerien (Wirtschaft und Finanzen) und konservativen Parteipolitikern; viele hochrangige Beamte gehen nach ihrer Pensionierung in die Politik. Andere Spitzenbeamte »steigen vom Himmel herab« und erhalten hochdotierte Positionen in der Wirtschaft.

Die Spenden der Wirtschaft kommen in erster Linie aber nicht der Parteizentrale der LDP zugute, sondern den verschiedenen Fraktionen, jenen innerparteilichen Gefolgschaften mächtiger Parteibarone, deren Bündnis die LDP bildet. Die Fraktionsbosse schieben untereinander den Posten des Parteichefs – und damit das höchste Regierungsamt des Ministerpräsidenten – hin und her; häufige Ablösungen an der Partei- und Regierungsspitze sind daher die Folge.

**Staatsoberhaupt:** Kaiser
**Regierungschef:** Premierminister
**Verwaltung:** 44 Präfekturen, 3 Stadtpräfekturen (Hauptstadt Tokyo, Osaka, Kyoto)
**Parlament:** Zweikammerparlament, bestehend aus Unterhaus mit 480 für 4 Jahre gewählten Abgeordneten u. Oberhaus mit 252 für 6 Jahre gewählten Abgeordneten
**Nationalfeiertag:** 11. Februar, 23. Dezember

### DIE MENSCHEN

**Einwohner (Ew.):** 126 505 000 (1999)
**Bevölkerungsdichte:** 335 Ew./km²
**Stadtbevölkerung:** 79 %
**Bevölkerung unter 15 Jahren:** 15 %
**Analphabetenquote:** 1 %
**Sprache:** Japanisch
**Religion:** Shintoisten u. Buddhisten 80 %, Christen 1 %

### DIE WIRTSCHAFT

**Währung:** Yen
**Bruttosozialprodukt (BSP):** 4 089 910 Mio. US-$ (1998)
**BSP je Einwohner:** 32 380 US-$
**Inflationsrate:** 0,2 % (1990–98)
**Importgüter:** Mineral. Brennstoffe, Nahrungsmittel, Maschinen
**Exportgüter:** Maschinen, Eisen- u. Stahlwaren, Fahrzeuge, Schiffe, Baumwollerzeugnisse, Rohseide, Fischereiprodukte
**Handelspartner:** USA, Kanada, Australien, Indonesien, Iran, BRD, VR China, Taiwan, Rußland
**Eisenbahnnetz:** 36 634 km
**Straßennetz:** 870 000 km (befestigt; darunter 6070 km Autobahn)
**Fernsehgeräte je 1000 Ew.:** 707

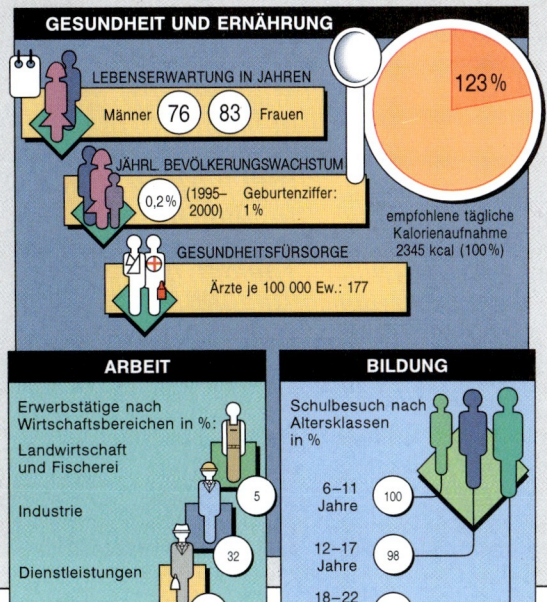

# JAPAN: TOKYO

Im Jahre 1590 fiel die damalige Burg Edo mit der sie umgebenden kleinen Stadt an den mächtigsten Mann des Landes: an Tokugawa Ieyasu. Er machte ab 1603 Edo zum Verwaltungszentrum Japans. Hauptstadt blieb zwar formal Kyoto, aber dreihundert Jahre lang konzentrierte sich die politische Macht in Edo. Ieyasu plante die Stadtanlage in konzentrischen Ringen von Samurai- und Bürgervierteln, mit der Burg als strategischem Zentrum. In den Außenbezirken lagen die buddhistischen Tempel, Shinto-Schreine, aber auch viele Fürstenresidenzen. Der heutige Kaiserpalast umfaßt die Anlagen der alten Burg von Edo. Kaiser Meiji verlegte 1868 »seine« Hauptstadt von Kyoto nach Edo und residierte im Schloß der Tokugawa. Die neue kaiserliche Hauptstadt wurde »Tokyo«, d. h. östliche Hauptstadt, genannt. In der sogenannten Meiji-Zeit (1868–1912) wurde die Stadt unter dem starken Einfluß westlicher Architektur weiter ausgebaut. Im Stadtteil Tsukiji, dem heutigen zentralen Fischmarkt, wurden die Ausländer angesiedelt, die als Berater oder Kaufleute ins Land gekommen waren, und westliche Missionsschulen und Kirchen errichtet. Vom nahegelegenen Bahnhof Shimbashi fuhren ab 1872 die Dampfeisenbahnen nach Yokohama. Die erste Straße, die mit Ziegelsteinen gepflastert wurde, war die »Ginza«. Heute ist sie das berühmteste Einkaufszentrum von Tokyo. In den »Konsumtempeln« werden Waren aller Art und aus aller Welt angeboten. Grelle Neonreklameleuchten an den Hochhäusern erleuchten auch abends das lebhafte Treiben der Millionenmetropole.

Im 20. Jahrhundert erlebte Tokyo eine Reihe von verheerenden Zerstörungen, so daß nur noch wenige alte Gebäude erhalten geblieben sind. Im Jahre 1923 verwüstete ein schweres Erdbeben fast die gesamte Stadt, zehntausend Menschen starben, und im Zweiten Weltkrieg wurde die Stadt vom Bombenhagel erneut zerstört. Trotzdem überlebten einige historische Gebäude: Teile der Burganlage und besonders Bauten aus der frühen Moderne, so der alte Teil des Hauptbahnhofs und das Imperial Hotel, aber auch der Asakusa-Schrein aus dem 17. Jahrhundert.

### Das moderne Tokyo

Tokyo gliedert sich in zwei Sektionen, Shitamachi (»Unterstadt«) am Sumida-Fluß und Yamanote (»Oberstadt«) auf dem höhergelegenen Hinterland. In Shitamachi lagen die alten Bürgerviertel Edos, an die das gewundene, enge Straßengewirr noch erinnert. Yamanote dagegen war das vornehme Quartier und repräsentiert heute das moderne Tokyo mit seinen gigantischen Hochhäusern.

Die Region der Metropole Tokyo umfaßt über 2000 km² mit einer Bevölkerung von ca. 12 Millionen. Wohnen ist inzwischen zum Hauptproblem der Menschen geworden: Zentrumsnahe, preiswerte Wohnungen gibt es nicht mehr, und selbst winzige Apartments oder Häuschen, die etwa eine Stunde Bahnfahrt vom Zentrum entfernt liegen, kosten noch Monatsmieten von umgerechnet 2000 DM. Ein Kaufpreis von 2 Millionen DM für ein kleines 60 m²-Haus ist marktüblich. Um sich den Traum vom eigenen Häuschen zu erfüllen, nehmen viele Tokyoter heute Anfahrtszeiten von über zwei Stunden pro Strecke in Kauf. Das Verkehrssystem Tokyos ist hervorragend ausgebaut, ein dichtes Netz von privat betriebenen und staatlichen Nahverkehrsbahnen verbindet alle Stadtteile miteinander; die Züge fahren im Abstand von ein oder zwei Minuten. An den Endbahnhöfen dieser Linien und an den Schnittpunkten sind die örtlichen »Stadtzentren« der zahlreichen kleinen Dörfer und Städtchen gewachsen, die in Wirklichkeit die Riesenmetropole Tokyo bilden. Jeder Tokyoter findet in unmittelbarer Nähe seines Wohnorts Einkaufs- und Vergnügungsmöglichkeiten. An der äußersten Peripherie sind triste Wohnanlagen (danchi) entstanden, doch auch die vielen eintönigen Einzelhaussiedlungen wirken nicht gerade reizvoller.

### Das Verwaltungszentrum des Landes

Doch die Bevölkerung Tokyos wächst stetig, denn die ortsansässigen großen Firmen ziehen auch diejenigen Mitarbeiter an, die ihr Studium nicht in Tokyo absolviert haben. Aber in der Regel gilt: Eine Karriere beginnt in Tokyo und

**Westlich gekleidete Japaner** im Nakamise-Dori *(unten)*, der Rekonstruktion einer Einkaufsstraße im Tokyo des 18./19. Jahrhunderts. Diese Arkade führt zu dem sehr populären Asakusa-Kannon-Tempel.

**Verschneit** zeigt dieser Teil der kaiserlichen Palastanlage *(unten Mitte)* etwas von der stillen Schönheit, die man traditionell mit Japan verbindet. Der schöne Park, der die kaiserliche Residenz umgibt, liegt im Herzen der Stadt.

# JAPAN

**Der Shinkansen** (»Zug mit der Geschwindigkeit einer Gewehrkugel«) braust zu Beginn seiner Fahrt nach Fukuoka durch eine Schneise zwischen den Wolkenkratzern Tokyos *(links)*. Er legt die 1177 km lange Fahrt in nur sechs Stunden zurück.

**Die Metropole Tokyo** *(unten)* umfaßt das Stadtzentrum *(unten rechts)* und zahlreiche Außenbezirke. Mit rund 12 Millionen Einwohnern ist Tokyo mit Abstand die größte der elf japanischen Millionenstädte. Der Kaiserpalast liegt im Herzen des Stadtzentrums in der Nähe der Bucht von Tokyo. Der Ueno-Park, der nördlich des Palastes liegt, ist bei der Bevölkerung beliebt. Seine Attraktionen sind die Kirschblüte im Frühling, eine Konzerthalle, ein Zoo und mehrere Tempel. Südöstlich des Kaiserpalastes liegt der Bezirk Ginza, Tokyos Unterhaltungszentrum, und Marunouchi, das Geschäftszentrum. Nordöstlich des Palastes erstreckt sich Kanda, das für seine Bücherläden bekannt ist, und Asakusa, in dem viele Restaurants und Theater zu finden sind.

setzt sich dort fort. Am Beginn steht der Besuch einer der sechs angesehensten von den insgesamt 250 Universitäten Tokyos: Todai, Waseda, Keio, Hosei, Meiji und Rikkyo. Von diesen Universitäten werben die großen Unternehmen und die Elite-Ministerien ihren Nachwuchs an. Die Verwaltungszentralen solcher Firmen überragen als Wolkenkratzer das Häusermeer der Stadt: Die hohen Bodenpreise – ab 100 000 DM pro $m^2$ im Zentrum – zwingen zum Hochbau; so erreicht im Viertel Shinjuku z. B. die Zentrale des Mitsui-Konzerns die Höhe von 212 m auf 55 Stockwerke und das »Sunshine Center« sogar 240 m mit 60 Stockwerken. Zu den Verwaltungstürmen dieser Art streben jeden Morgen dichtgedrängt die Pendler in überfüllten Zügen. Abends endet die Arbeitszeit erst spät, und man geht nicht sofort nach Hause. Statt dessen verwandelt sich die Metropole abends in ein glitzerndes Lichtermeer der Leuchtreklamen von Bars und Restaurants, wo sich die vielen Angestellten im Kollegenkreis entspannen. Besonderer Beliebtheit erfreut sich das Akasakaviertel mit seinen engen Gassen, in denen sich auf engstem Raum unzählige Restaurants, Bars und Nightclubs angesiedelt haben.

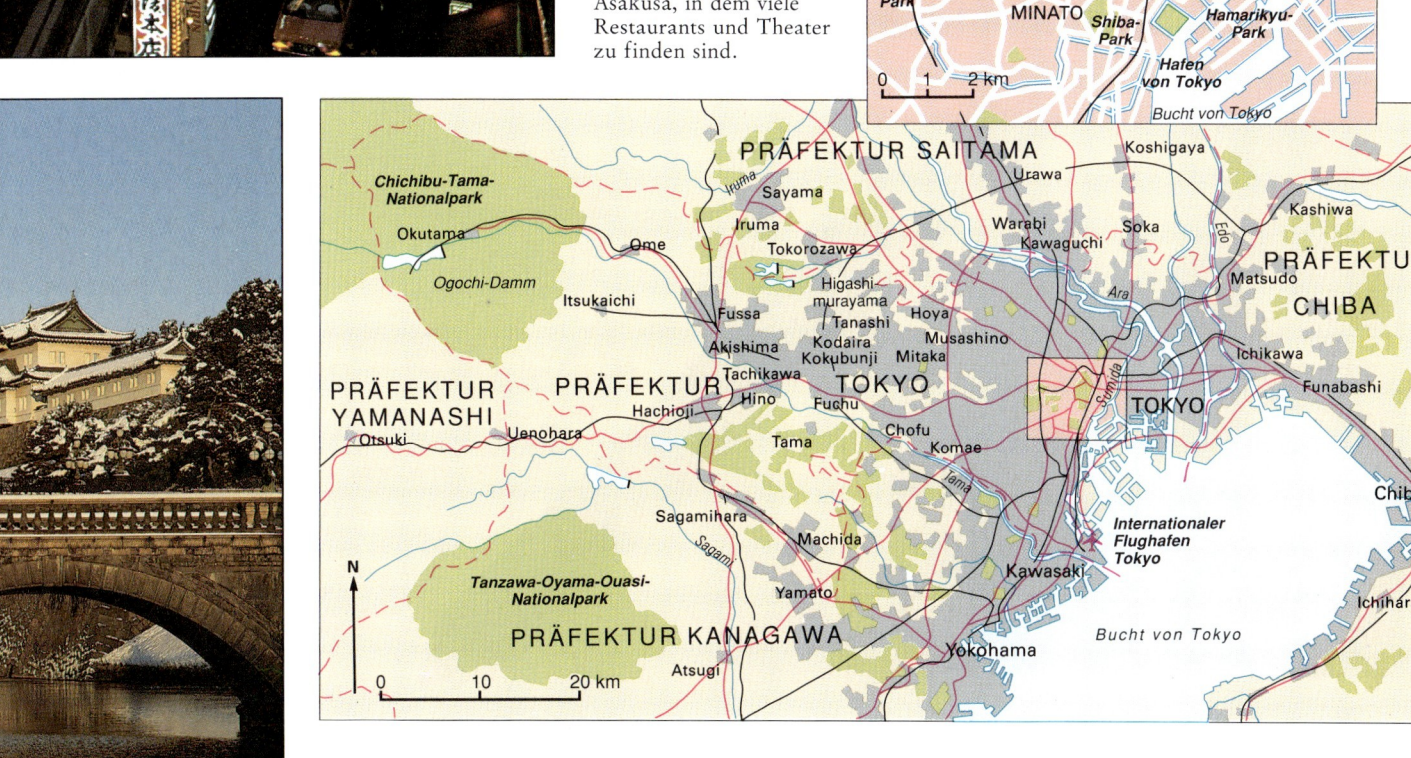

# JAPAN: GESCHICHTE

Menschen müssen auf den japanischen Inseln schon 20 000 Jahre v. Chr. gelebt haben, wie Bodenfunde zeigen. Ausgrabungen belegen weiter, daß es erste lockere Wohngemeinschaften mindestens um 1000 v. Chr. gegeben hat. Diese frühen Kulturen erhielten zwischen 300 v. Chr. und 300 n. Chr. durch Einwanderer vom asiatischen Festland weitere Impulse.

Um 350 n. Chr. gelang es dem Lokalherrscher der Region Yamato, die etwa einhundert existierenden Gemeinwesen unter seiner Vorherrschaft zu einen. Der kulturelle Austausch mit China über die koreanische Halbinsel als »Kulturbrücke«, aber auch mit Korea selbst, verstärkte sich besonders im 6. Jahrhundert: Von dieser Zeit an reisten immer wieder koreanische Gelehrte und Handwerker nach Japan. Sie brachten Hausbautechnik, medizinisches Wissen, Musik, Literatur, vor allem aber buddhistische Schriften nach Japan. Korea wurde auf diese Weise zu einem Bindeglied zwischen dem kulturell hochentwickelten chinesischen Kaiserreich und dem vergleichsweise »primitiven« jungen japanischen Staat. Im 6. Jahrhundert gelangte so der Buddhismus nach Japan, der nach längeren Machtkämpfen zwischen den führenden Familien unter dem Regenten Shotoku (574–622) Staatsreligion wurde. Unter Shotoku wurde der Kaiser (Tenno), gestützt auf die »17 Artikel« (eine Art Verfassung Shotokus), zum göttlichen Alleinherrscher über den Staat, einen ansonsten locker zusammengefügten Sippenverband. Dieses Reich übernahm im 8. Jahrhundert das chinesische Verwaltungssystem, den zentralisierten Beamtenstaat, und entwickelte ein zentralisiertes kaiserliches Regierungssystem. Im 9. Jahrhundert errang die Familie der Fujiwara den eigentlichen politischen Einfluß am Kaiserhof, während die Bedeutung des Kaisers nur noch auf zeremonielle Rituale beschränkt war.

## Die Samurai

Unter dem Hofadel (kuge), der von Heian aus das Land regierte, entfaltete sich eine in der japanischen Geschichte einmalige kulturelle Blüte. In den Provinzen stieg indessen allmählich der Einfluß einer neuen Schicht landbesitzenden Kriegeradels (bushi oder Samurai), der vom 12. Jahrhundert an zur politischen Elite wurde. Fern von Kyoto, in Kamakura, wurde das neue Machtzentrum errichtet, von wo aus mächtige Samurai-Familien über dreihundert Jahre das Land beherrschten, während der Kaiser in Kyoto ein politisches Schattendasein führte. Ende des 15. Jahrhunderts zerfiel die Macht der Kriegerfamilien, es begann ein Jahrhundert der Bürgerkriege. Von 1573 bis zur Eroberung Osakas im Jahre 1615 vereinigten drei aufeinanderfolgende Samuraiführer die unabhängigen Territorialherrschaften: Oda Nobunaga (1534–1582) beendete die Bürgerkriege,

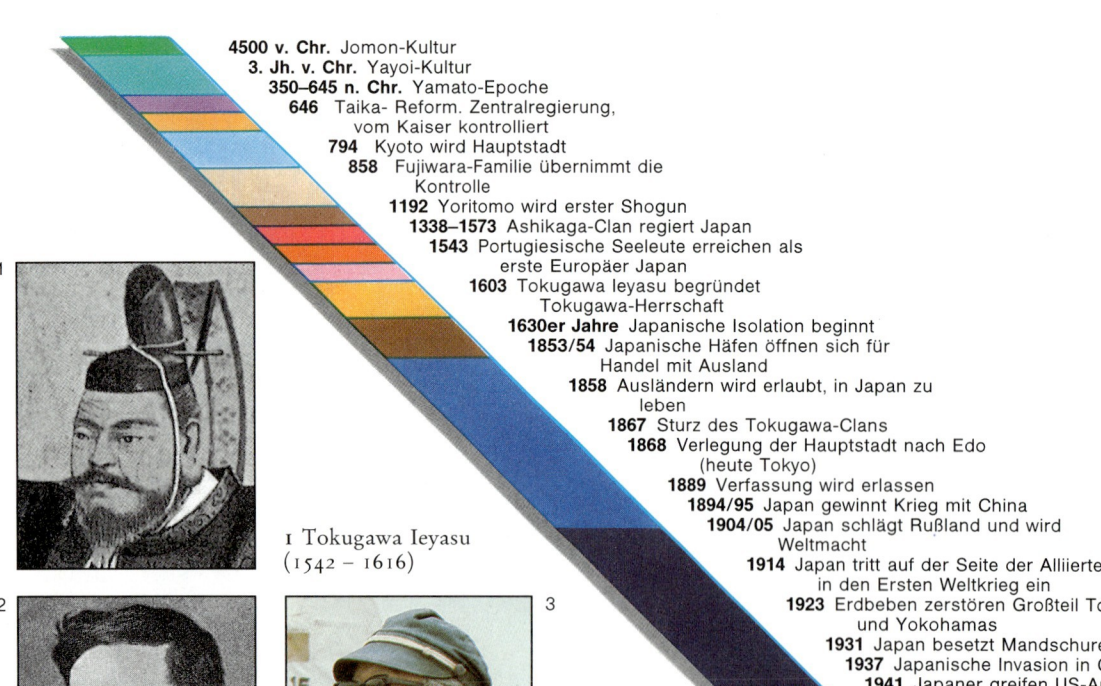

- 4500 v. Chr. Jomon-Kultur
- 3. Jh. v. Chr. Yayoi-Kultur
- 350–645 n. Chr. Yamato-Epoche
- 646 Taika- Reform. Zentralregierung, vom Kaiser kontrolliert
- 794 Kyoto wird Hauptstadt
- 858 Fujiwara-Familie übernimmt die Kontrolle
- 1192 Yoritomo wird erster Shogun
- 1338–1573 Ashikaga-Clan regiert Japan
- 1543 Portugiesische Seeleute erreichen als erste Europäer Japan
- 1603 Tokugawa Ieyasu begründet Tokugawa-Herrschaft
- 1630er Jahre Japanische Isolation beginnt
- 1853/54 Japanische Häfen öffnen sich für Handel mit Ausland
- 1858 Ausländern wird erlaubt, in Japan zu leben
- 1867 Sturz des Tokugawa-Clans
- 1868 Verlegung der Hauptstadt nach Edo (heute Tokyo)
- 1889 Verfassung wird erlassen
- 1894/95 Japan gewinnt Krieg mit China
- 1904/05 Japan schlägt Rußland und wird Weltmacht
- 1914 Japan tritt auf der Seite der Alliierten in den Ersten Weltkrieg ein
- 1923 Erdbeben zerstören Großteil Tokyos und Yokohamas
- 1931 Japan besetzt Mandschurei
- 1937 Japanische Invasion in China
- 1941 Japaner greifen US-Amerikaner in Pearl Harbor an
- 1945 US-Amerikaner werfen Atombombe auf Hiroshima und Nagasaki, Kapitulation Japans
- 1947 Neue Verfassung
- 1952 Besetzung durch Alliierte beendet
- 1955 Liberale Demokratische Partei regiert
- 1989 Tod des Kaisers Hirohito, Nachfolge tritt Kronprinz Akihito an.

1 Tokugawa Ieyasu (1542 – 1616)
2 Kaiser Mutsuhito (Meiji) (1852–1912)
3 Akira Kurosawa (1910–1998)

# JAPAN

**Ausländer** wurden im 17. Jh. verfolgt *(links)*, nachdem die Herrscher die Unterdrückung des Christentums und den Abbruch der Kontakte zum Ausland beschlossen hatten. Alle Ausländer wurden ausgewiesen, und den Japanern wurde verboten, ins Ausland zu reisen. Die Isolation Japans dauerte bis 1853, als es einem amerikanischen Geschwader unter M. C. Perry gelang, das Land gewaltsam zu öffnen.

und Toyotomi Hideyoshi (1535–1598) bezwang die rebellischen Feudalfürsten. Das Einigungswerk vollendete sein früherer Gefolgsmann Tokugawa Ieyasu (1542–1616), der einer Epoche (1603–1868) ihren Namen gab. Ieyasu schloß Japan fast hermetisch gegen das Ausland ab.

## Aufstieg und Fall der Großmacht Japan

Mitte des 19. Jahrhunderts begannen die Kolonialmächte ihre Expansionsbestrebungen auch auf Japan auszudehnen. US-amerikanische Kriegsschiffe erzwangen die Öffnung von Vertragshäfen, andere westliche Länder wie die Niederlande, Frankreich und das Deutsche Reich folgten. Die japanische Führung reagierte mit Modernisierungsanstrengungen in Industrie und Militärwesen. Der Staat gründete Fabriken (Textilindustrie, Werften) und reformierte die Gesellschaftsordnung und das Steuersystem (Geldsteuern). An die Stelle der Tokugawa-Herrscher traten junge, reformfreudige Samurai aus dem Südwesten, die den Kaiser wieder zum höchsten politischen Organ machen wollten. Ab 1868 herrschte der Meiji-Tenno, der Reform-Kaiser, über einen Staat, der, gestützt auf eine moderne Armee und leistungsfähige Industrien, seinen Herrschaftsbereich immer weiter ausdehnte. Dies führte zur Erwerbung Taiwans von einem schwachen China, zur Kolonisierung Koreas und zur Übernahme der deutschen Gebiete in China nach dem Versailler Vertrag.

Im Gefolge der Wirtschaftskrisen zu Beginn der 20er und 30er Jahre geriet Japans politische Führung, die sich aus bürgerlichen Parteipolitikern rekrutierte, zunehmend unter den Einfluß radikaler ultranationalistischer Militärs, die Japans Anspruch auf Hegemonie in Ostasien verwirklichen wollten. Es kam zu gezielten militärischen Aggressionen in China, die sich zu blutigen Kämpfen wie dem Massaker von Nanjing im Dezember 1937 ausweiteten. Der Krieg in China wurde nach Südostasien gegen die europäischen Kolonien in Malaya, Birma, Indonesien usw. ausgeweitet. Singapur und Hongkong fielen, Thailand wurde zum Verbündeten bei der Eroberung Indochinas. Das Bündnis mit dem faschistischen Italien und dem nationalsozialistischen Deutschen Reich sowie ein Neutralitätspakt mit der Sowjetunion (1941) ließen Japan den Krieg gegen die USA wagen. Bis 1944 wurde ein Weltreich erobert – und in wenigen Monaten verloren. Japans Städte lagen längst schon in Schutt und Asche, als die Atombomben auf Hiroshima am 6. 8. und Nagasaki am 9. 8. 1945 fielen.

**Die Vermählung von Prinz Fumihito Ayanomiya mit Kiko Kashima** *(oben)* fand 1990 statt. Zum zweiten Mal heiratete ein Mitglied der kaiserlichen Familie jemanden, der nicht dem Adelsstand angehörte.

**Das japanische Kaiserreich** *(unten)* erreichte 1942 seine größte Ausdehnung. Japan eroberte Teile Chinas, Südostasiens und des westlichen Pazifik. Der Krieg endete für Japan mit der Kapitulation 1945.

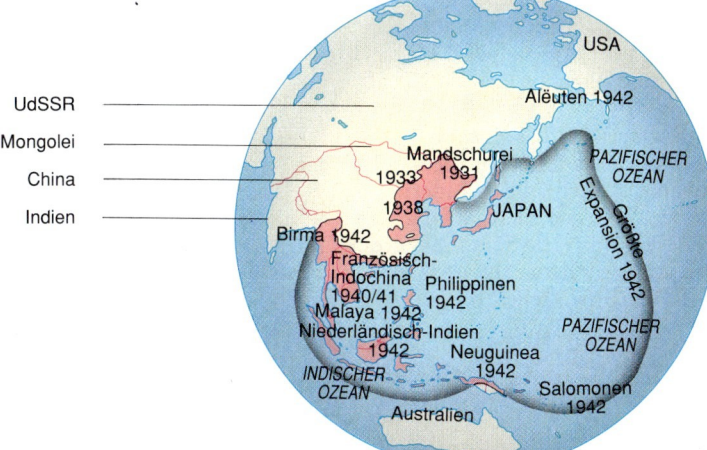

# JAPAN: SAMURAI

### Die Samurai
»Das Schwert ist die Seele des Samurai.« Dieses Zitat von Tokugawa Ieyasu faßt die traditionellen Glaubenssätze und die Lebensart der japanischen Kriegerschicht zusammen.

Die beiden Schwerter (daisho) des Samurai gaben auf der einen Seite seinen Rang an und waren auf der anderen Seite Werkzeuge, die über Leben und Tod entschieden. Das Katana, ein langes Schwert mit einer leicht gekrümmten Klinge und einem zweihändigen Griff, war die wichtigste Waffe. Das Wakisashi sah aus wie das Katana, war nur kürzer und wurde im Nahkampf benutzt. Wenn die Niederlage unausweichlich schien, suchte der Besitzer mit Hilfe dieser Schneide die eigene Schande zu vermeiden, indem er Harakiri (zeremoniellen Selbstmord) beging.

### Bushi, Ronin und Ninja
Nicht immer war das Schwert die wichtigste Waffe des japanischen Kriegers. Die Vorläufer der Samurai, die aristokratischen Bushi (Krieger) des 4. Jahrhunderts, waren berittene Bogenschützen. Bis zum 11. Jahrhundert hatten sie der größeren Schicht der Berufssoldaten, genannt Samurai (»jemand, der dient«), Platz gemacht. Die Samurai hielten die Kunst des Bogenschießens aufrecht und begannen ihre Schlachten oft mit einem Pfeilwechsel auf größere Distanz. Sie waren aber in erster Linie Fußsoldaten, die gewöhnlich mit Schwert und Naginata in Nahkämpfe verwickelt waren. Die letztere Waffe, eine lange Klinge, die auf einen kräftigen Stock montiert war, wurde von den Samurai bevorzugt.

Ein Samurai konnte seinen Status nur so lange aufrechterhalten, wie er im Dienste seines Daimyo (Feudalherren) stand. Wenn dieser gestürzt wurde oder in Ungnade fiel, wurde er zum Ronin (Wellenmann), einem Söldner, der auf der Suche nach einem neuen Herrn auf der Wanderschaft war. Einige Ronin wurden Ninja, schwarz gekleidete, besonders ausgebildete Spione und Meuchelmörder, deren Heldentaten auch in westlichen Fernsehsendungen ein beliebtes Thema sind.

### Der Bushido-Kodex
Vom 12. bis 14. Jahrhundert wurde das Verhalten der Samurai vom Bushido-Kodex (»Lebensweise des Kriegers«) bestimmt. Bushido wiederum wurde durch den Zen-Buddhismus beeinflußt, demzufolge Satori (geistige Perfektion) nur durch eiserne Selbstdisziplin erreicht werden kann.

Für den Samurai bedeutete das die Ausbildung kriegerischer Fähigkeiten, die Annahme eines einfachen Lebensstils und vor allem eine Betonung der Loyalität. Der Samurai muß zu jeder Zeit bereit sein, sein Leben für den Kaiser, seinen Daimyo oder um seiner persönlichen Ehre willen zu opfern. Ein Samurai darf keinen Gedanken an sein eigenes Wohlbefinden oder seine Sicherheit verschwenden und sollte angesichts einer Niederlage Harakiri begehen anstatt zu kapitulieren. Als der Bushido-Kodex zum ersten Mal in Druck gegeben wurde, was erst im 18./19. Jahrhundert der Fall war, wurde besonders hervorgehoben, daß der Samurai »so leben muß, daß er immer bereit ist, zu sterben«. Der Samurai-Mönch Jocho Yamamoto (1659–1719) hat das ganz einfach ausgedrückt: »Die Lebensweise der Samurai ist der Tod.«

Unter dem Tokugawa-Shogunat (1603 bis 1867) stellten die Samurai, die zu keiner Zeit mehr als 5 bis 7 % der Gesamtbevölkerung ausmachten, eine kleine privilegierte Schicht. Da Japan sich zu dieser Zeit im Frieden befand, wurden sie Kommunalbeamte, Administratoren und Grundherren. Nur Samurai war das Tragen und der Gebrauch von Waffen erlaubt – und einige der »Kriegskünste«, wie Aikido (eine Art Judo) und Jodo (der Kampf mit einem Stock), die man heute den Samurai zuschreibt, wurden in Wirklichkeit vom unbewaffneten Bauernstand zum Schutz vor den Übergriffen der Samurai entwickelt.

### Das Vermächtnis der Samurai
Die Wiederherstellung der Kaiserherrschaft 1868 und die schnelle »Modernisierung« Japans führten 1871 zur Abschaffung der Samurai als eigener Stand. Viele Samurai wurden Geschäftsleute und gründeten die großen Wirtschaftsunternehmen, die heute das Geschäftsleben beherrschen.

**Minamoto Yoritomo** reitet ein schwarzes Pferd ganz links in diesem Bild *(links)*. Er nahm im Jahre 1192 den Titel Shogun an. Die Samurai hatten die Macht übernommen, und der Kaiser hatte nur noch rituelle Funktionen inne.

**Zwei Samurai** *(oben)* in prächtiger Rüstung. Zur roten Rüstung (links) aus verschnürten Platten gehören Perücke und Maske. Die schwarze Rüstung hat eine einzige starke Brustplatte. Ein langes Schwert dient der Verteidigung.

Die Gegner des neuen Weges wurden von Feldmarschall Takamori Saigo (1827–1877), Befehlshaber der kaiserlichen Leibgarde, in den offenen Widerstand geführt. Aber bei der Schlacht von Shiroyama am 24. September 1877 brachte eine nach westlichem Muster organisierte Armee Saigos 15 000 Samurai eine entscheidende Niederlage bei.

Dennoch, der Geist der Samurai lebt weiter. Der neue Kodex für die kämpfende Truppe Japans, das »Kaiserliche Reskript an Soldaten und Matrosen« (1882), betont die Samurai-Tugenden der Loyalität und Selbstaufopferung und besagt: »Die Pflicht ist schwerer als ein Berg, der Tod ist leichter als eine Feder.« Mit diesem Satz sollte bei allen Japanern das Gefühl erweckt werden: »Wir alle sind Samurai.«

Die Dauerhaftigkeit der Samurai-Tradition wurde während des Russisch-Japanischen Krieges 1904–1905 offensichtlich, als die japanischen Truppen selbstmörderischen Mut bewiesen, indem sie hochgradig befestigte Stellungen durch »menschliche Wellen« überwältigten. Seinen größten und tragischsten Ausdruck fand dies im Zweiten Weltkrieg, als japanische Piloten als Kamikaze (göttlicher Wind) in Selbstmordangriffen auf feindliche Schiffe ihr Leben opferten.

Bei Kriegsende begingen viele japanische Heerführer Harakiri. Vielleicht waren aber die wahren Erben der Samurai jene Menschen, die »das Unerträgliche ertrugen« – Japans Kapitulation – und am Wiederaufbau arbeiteten.

**Das Jidai Matsuri,** ein Gedenkfest für die Stadtgründung, findet jeden Oktober in Kyoto statt. In historischen Kostümen *(links)* erfolgt ein Umzug vom Kaiserpalast zum Heian-Schrein.

**In der Waffenschmiede** *(oben)* erhält die Schneide eines traditionellen Schwertes seinen Schliff. Das Schwert war der wertvollste Besitz des Samurai, und es zu tragen, war mit Ritualen verknüpft.

# JAPAN: KYOTO

Heiankyo (was soviel bedeutet wie Hauptstadt des Friedens und der Stille) – oder auch Kyoto, die seit dem 11. Jahrhundert zunehmend benutzte Bezeichnung –, liegt im Süden der Insel Honshu, zwischen den Flüssen Katsura und Kamo. Kyoto war von 794 bis 1868 die Hauptstadt von Japan.

Als Kaiser Kammu sich entschloß, die kaiserliche Residenz aus Heijo (heute Nara) zu verlegen, wählte er zunächst Nagaoka. Wegen schlechter Omen gab man jedoch diesen Ort auf und entschied sich für Kyoto.

## Die Blüte der Künste

Der Kaiser zog nach Kyoto, um dem Einfluß der großen Nara-Klöster zu entgehen und das zentralisierte Ritsuryo-Verwaltungssystem zu reaktivieren. Tatsächlich wurde die Zahl der Tempel in der neuen Hauptstadt begrenzt, wobei allerdings Buddha- und Shintotempel und Shintoschreine auch weiterhin in großer Zahl errichtet wurden. Kyoto übernahm eine wichtige Rolle im religiösen Leben Japans. Die Stadt wurde außerdem zum Zentrum einer aristokratischen Kultur, mit einer stark wachsenden Gemeinde von Kaufleuten und Künstlern.

Große Werke der Literatur wie »Die Erzählungen des Prinzen Genji« und »Das Kopfkissen-Buch« geben einen Einblick in die Welt der Schönheit, Kultur (miyabi) und des Vergnügens, das das Leben der Heian-Zeit bestimmte. Kultiviertheit, Kalligraphie, Musik, Kleidung und Benehmen waren wichtiger als kriegerische Fähigkeiten, die erst später in der Heian-Zeit an Gewicht gewannen.

Es kam zur Einführung japanischer Schriftzeichen (Kana) in die Sprache, die bis dahin ausschließlich in chinesischer Schrift geschrieben worden war. Die lyrischeren Kana-Schriftzeichen führten zum Aufblühen der Dichtkunst, und die Schriftsprache war erstmals vom japanischen Charakter geprägt. Fast alle typisch japanischen Kulturmerkmale haben ihre Wurzeln in der Heian-Periode.

## Grundriß im Schachbrettmuster

Die Originalpläne für Kyoto zeigten eine Stadt, die in regelmäßige Blöcke (bo) unterteilt war. Die bo wurden dann weiter in 16 cho unterteilt. Der ummauerte kaiserliche Palastbezirk »Daidairi« war von diesen Blöcken umgeben. Alleen verliefen in Nord-Süd Richtung, Straßen von Westen nach Osten, wobei die breite Suzakuoji-Allee die Stadt in zwei Sektoren teilte, Sakio im Osten und Ukio im Westen. Die Suzakuoji, heute Sembon-dori, führte direkt zum weitläufigen Daidairi mit seinen zahlreichen Ministerien und Palästen.

Obwohl seine ehemaligen Gebäude durch Katastrophen wie Kriege, Erdbeben, Feuer und Überschwemmungen weitgehend zerstört wurden, ist Kyoto immer wieder in dem für die

**Das moderne Kyoto** *(rechts)* hat noch viel vom Bild der alten Stadt bewahrt, die ungefähr vor 1200 Jahren gegründet wurde. Obwohl einige Häuserblocks neu aufgebaut wurden, blieb das grundlegende Straßengitter erhalten.

**Kyoto** *(oben)*, von 794 bis 1868 die Hauptstadt Japans, liegt auf der japanischen Hauptinsel Honshu. Nara, die frühere Hauptstadt, liegt südlich davon, Tokyo, die heutige Hauptstadt, nordöstlich.

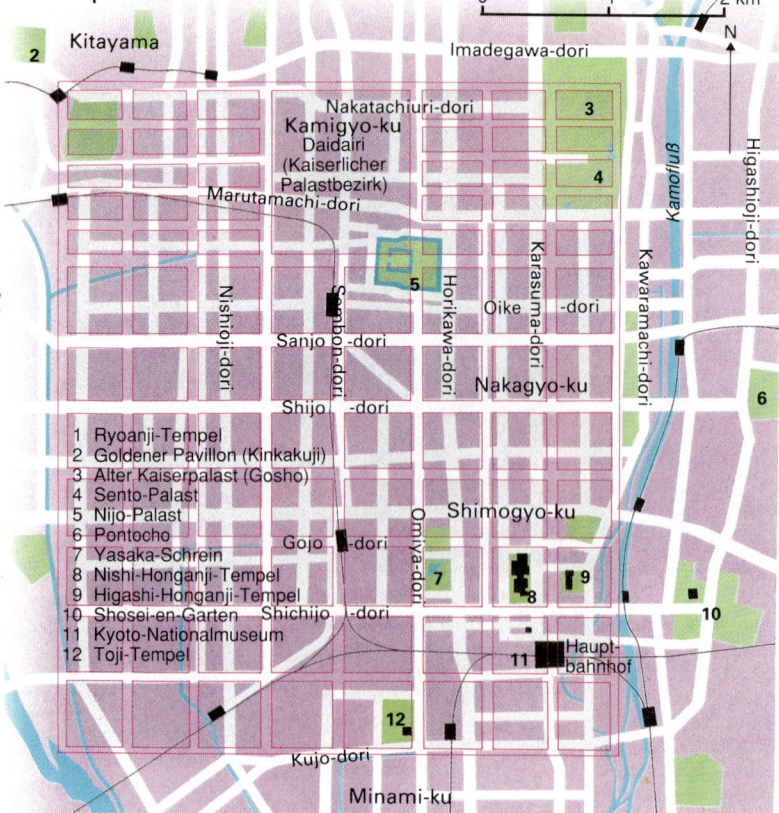

1 Ryoanji-Tempel
2 Goldener Pavillon (Kinkakuji)
3 Alter Kaiserpalast (Gosho)
4 Sento-Palast
5 Nijo-Palast
6 Pontocho
7 Yasaka-Schrein
8 Nishi-Honganji-Tempel
9 Higashi-Honganji-Tempel
10 Shosei-en-Garten
11 Kyoto-Nationalmuseum
12 Toji-Tempel

Grundriß der alten Hauptstadt Kyoto (Heian) zur Zeit der Gründung um 800

JAPAN

**Einige schlichte Holzbauten** *(links)* sind noch aus der Zeit erhalten, als Kyoto Hauptstadt war. Die Raummaße sind durch die **Tatami-Matten** *(oben)* vorgegeben, mit denen der Fußboden jedes Raumes ausgelegt ist.

Der »**Tanz der Kraniche**« *(links)* ist nur eines der farbenprächtigen Elemente des Gion-Festes am Yasaka-Schrein. Jedes Jahr Mitte Juli findet in Kyoto eine Prozession anläßlich dieses Festes statt, das seit dem 9. Jahrhundert gefeiert wird.

**Der Kinkakuji-Tempel** oder »Goldene Pavillon« in Kyoto *(unten)* war im 14. Jahrhundert die Sommerresidenz eines Ashikaga-Shoguns. Das jetzige Gebäude, das nach dem Brand von 1955 erbaut wurde, ist die exakte Nachbildung des Originals.

Stadt charakteristischen Gittermuster aufgebaut worden. Der Grund dafür ist, daß der gesamte Grundriß Kyotos eng mit der Größe einer einzigen Tatami-Matte, ungefähr 1 m x 2 m, verknüpft ist. Die Maße der Räume werden nach der Zahl der Tatami-Matten, die in ihnen liegen, genommen. Dadurch wird die Länge und Breite jedes Raumes festgelegt, ja selbst der gesamten Wohnung der Familie, der Machiya, die im Scherz auch »unagi no nedoko« genannt wird – Schlafzimmer für Aale; dies bezieht sich auf die Größe der Häuser, die gewöhnlich 8 m breit und nach hinten über 40 m lang sind. Fünf Häuser bilden ein gonin-gumi, und 40 Häuser gehören zu einem cho. Auf diese Weise können die Maße eines Hauses, eines Nachbarviertels, eines Bezirks und schließlich der gesamten Stadt bis zur Größe einer einzigen Tatami-Matte zurückverfolgt werden.

**Die moderne Stadt**

Das moderne Kyoto hat einen festen Innenstadtkern und ist übersichtlich angelegt; man findet sich leicht zurecht. Seine Dreh- und Angelpunkte sind die Gebiete um den Bahnhof und den kaiserlichen Palast. Sein Nachtleben spielt sich am Kamo ab, auf dessen Westufer sich das Pontocho befindet, eines der Haupt-Geisha-Viertel. Im Nordwesten Kyotos liegt Kitayama, wo man die schönsten Zen-Tempelbauten der Stadt findet, einschließlich des Ryoanji, der wegen seines stilisierten Steingartens und Goldenen Pavillons berühmt ist. Außerdem ist dieses Gebiet mit der japanischen Teezeremonie historisch verbunden.

Es gibt in Kyoto aber auch noch Stätten, die sich außerhalb der Touristenviertel über Jahrhunderte hinweg nur wenig verändert haben. Allerdings verschwinden die alten Wohngegenden mit hölzernen Reihenhäusern (machi-nami) schnell von der Bildfläche, obwohl sie gesetzlich geschützt sind.

# JAPAN: ZEN UND SHINTO

Durch das Streben nach wirtschaftlichem Wachstum und einem High-tech-Lebensstil scheint Japan seine beiden bedeutendsten Religionen vernachlässigt zu haben – den Shintoismus und den Buddhismus. Tatsächlich jedoch ist die japanische Lebensart nicht von einer spirituellen Denkweise zu trennen, und Rituale aus dem Shintoismus und Buddhismus können täglich beobachtet werden. Ungefähr 80 % der Japaner sind Shintoisten und 80 % Buddhisten. Diese Zahlen lassen sich dadurch erklären, daß viele Japaner beiden Religionen angehören, denn die Bekenntnisse stehen nicht im Widerspruch zueinander. Außerhalb der lärmenden modernen Städte drängen sich Pilger an großen Shinto-Schreinen wie denen bei Izumo und Ise, und Büroangestellte und Lehrer finden einen ruhigen Ort, um sich zurückzuziehen, in den Gärten der Zen-Klöster.

### Die Frühzeit
Nur wenig ist über den Glauben der frühen Japaner bekannt, aber hier entstand die Basis für den Shintoismus. Wie man aus Aufzeichnungen, die zu Beginn des 8. Jahrhunderts gesammelt wurden, weiß, wurde allen natürlichen Dingen – Bergen, Felsen, Flüssen, Bäumen – ein Geist (kami) zugesprochen. Jede Person, die starb, wurde ein Kami und konnte zeitweilig irgendeines dieser Objekte bewohnen.

Mit dem Aufkommen der verschiedenen Klans und der religiösen Funktion, die dem Kaiser zukam, wurden vor der Einführung des Buddhismus die Mythen und Legenden über den Ursprung Japans beherrschend. Laut dieser Mythologie wurden die japanischen Inseln von einem Geschwisterpaar – Izanagi und Izanami – geschaffen, die von der »hohen Ebene des Himmels« herabstiegen und Amaterasu, die Sonnengöttin gebaren.

Im 4., 5. und 6. Jahrhundert kamen unter chinesischem Einfluß der Daoismus und Konfuzianismus nach Japan und vermischten sich mit der Mythologie und dem Glauben an »kami«. Diese Verbindung unterschiedlicher Glaubenssätze wurde Shinto genannt, was soviel bedeutet wie »der Weg der Götter«. Die Natur ist der wahre Shinto-Schrein, und ihre Kräfte werden verehrt. Die Götter existieren im Wasser der Quellen und Wildbäche oder im Gras und in den Bäumen, die um die Tempel wachsen. Der Shintoismus fand fast immer die Unterstützung des Staates, wohl besonders, weil er dem Kaiser göttliche Herkunft zugesteht und daher eine starke Rechtfertigung der kaiserlichen Herrschaft ist. Der Shintoismus als Staatsreligion wurde nach dem Zweiten Weltkrieg abgeschafft.

### Der Buddhismus
Der Buddhismus kam im Jahre 552 aus China und Korea und wurde ursprünglich von den Herrschenden abgelehnt, weil er die chinesische Kultur in Japan einbrachte. Die Auffassung vom Zyklus des Todes und der Wiedergeburt, die Bedeutungslosigkeit weltlicher Dinge und das Versprechen göttlicher Gnade waren für den Japaner neu.

Zunächst herrschte – mehr aus politischen Gründen – eine Rivalität zwischen Anhängern des Shintoismus und des Buddhismus. Aber obwohl der Buddhismus von der Aristokratie angenommen und gefördert wurde, blieb der Shintoismus die Religion des Volkes.

Im Laufe der Geschichte des japanischen Buddhismus hat es viele Schulen gegeben, die gegründet und später wieder aufgelöst wurden. Heute existieren elf Schulen in Japan, die wiederum in achtundfünfzig Zweige unterteilt sind. Die Nara-Schule vertritt die älteste Form des Buddhismus in Japan; eine einflußreiche Form des Buddhismus – der Zen – wurde jedoch im 12. Jahrhundert durch den Mönch Tendai Eisai bekannt gemacht.

**Der herrliche Toshogu-Schrein in Nikko** *(oben)* ist Tokugawa Ieyasu, dem Begründer des Tokugawa-Shogunats, geweiht. Er zeigt sowohl buddhistische als auch Shinto-Symbole. Früher wie heute gehören viele Japaner beiden Religionen an.

**Priester in traditionellem Kopfschmuck** *(rechts)* begehen das Aoi Matsuri, ein wichtiges Shintofest in Kyoto. Als Feier der göttlichen Herkunft der Kaiser soll das Fest bis ins 8. Jahrhundert zurückgehen, als Kyoto Sitz des Kaisers wurde.

JAPAN

**Der Torii** *(links)*, ein Torbogen, durch den der Weg zum Itsukushima-Schrein führt, steht bei Flut im Wasser. Der Schrein wurde im 12. Jahrhundert während der Taira-Periode auf einer kleinen Insel bei Hiroshima gebaut.

**Der Große Buddha von Kamakura** *(oben)* schaut schon seit 700 Jahren ruhig auf die Pilger nieder. Die riesige Bronzefigur ist 12,75 m hoch, wiegt ca. 100 Tonnen und wurde 1252 gegossen. Die Figur gilt als »schönster Japaner«.

**Auf einer Straße in Tokyo** *(links)* bittet ein Mönch um Spenden. Auch in heutiger Zeit sind religiöse Gefühle tief in den meisten Japanern verwurzelt, und Shinto- und buddhistische Institutionen finden starke Unterstützung.

### Formen des Zen

Unter Tendai Eisai bildete sich die Rinzai-Glaubensgemeinschaft des Zen heraus, aber kurze Zeit später gründete ein Mönch namens Dogen eine weitere Zen-Schule – Soto. Sie ist heute eine der aktivsten buddhistischen Glaubensgemeinschaften in Japan mit ungefähr acht Millionen Mitgliedern. Sie hat eine Universität, verschiedene Mittelschulen und ein umfassendes Programm sozialer Fürsorge. Als wichtigste Aspekte betont Soto die Sozialarbeit und moralische Verhaltensweisen.

Von den drei Hauptzweigen des Buddhismus – Jodo-Shinsu, Nichiren und Zen – bevorzugte die Kriegerschicht der Samurai den Zen-Buddhismus. Sie betonten die eher mit Gewalt verknüpften Aspekte des Zen – die Gleichgültigkeit gegenüber Leiden und Vergnügen und die Selbstdisziplin. Ironischerweise ist der Zen-Buddhismus in der modernen Zeit aufgrund seiner friedlicheren Seiten von neuem populär geworden.

Beim Zen-Buddhismus steht die Meditation (zen) im Mittelpunkt des religiösen Lebens und trägt zum Erreichen einer geistigen Erleuchtung (satori) bei. Ziel der Meditation ist es, Buddhas Geist auf den Geist des Meditierenden zu übertragen. Dazu muß der Gläubige zu einer völligen Reinheit des Geistes kommen, die er nur durch die Meditation über die Leere aller Dinge erlangen kann.

# JAPAN: GARTENKUNST

Die japanische Gartenkunst hat eine lange Tradition. Schon seit dem 6. Jahrhundert haben die Japaner Gartenlandschaften von magischer Schönheit geschaffen – Gärten zum Spazierengehen, Gärten, die zur Meditation anregen sollen, Gärten, die den Lebensraum vergrößern, wellig angelegte Gärten, Wassergärten und Steingärten. Die Spannbreite reicht von weiträumigen Parks für den japanischen Adelsstand seit dem Mittelalter bis zu winzigen Teegärten, die manchmal nicht viel größer sind als ein Roji (»taufeuchter Pfad«), ein Steinweg, der zum Teehaus führt.

### Der Natur entliehen

Der japanische Gartenarchitekt möchte seine Kunst eher verbergen und den Eindruck erwekken, daß seine Kreation ein Werk der Natur sei, frei von menschlicher Einflußnahme. Wie auch bei den anderen japanischen Künsten liegt die Betonung auf Schlichtheit, Natürlichkeit und Stille. Der traditionelle japanische Garten ist weit entfernt von den eintönigen Blumenbeeten und Rasenflächen der westlichen Welt; er spiegelt vielmehr die Schönheiten der japanischen Naturlandschaft mit ihren Felsen und Bergen, verwitterten Bäumen und tosenden Wasserfällen wider. Einige Gärten imitieren tatsächlich existierende Landschaften, wie etwa der berühmte Suizenji-Park in Kumamoto, der in Miniaturform einige der Ausblicke festhält, die man von der vom Künstler Hiroshige in seinen berühmten Holzschnitten abgebildeten Tokaido-Straße aus hat. Andere wiederum schaffen ihre eigenen Bilder mit Baumgruppen, Gebüsch und Steinen oder sogar künstlichen Bergen.

Wasser in Form von Teichen, Wasserfällen oder Bächen, mit Miniaturinseln und dekorativen Brücken, gehört zu den beliebtesten Gestaltungselementen. Steinlaternen spenden einerseits Licht im Garten, durch ihren Symbolcharakter als Leuchtturm verstärken sie aber andererseits das Thema Wasser. Der Hamarikyu-Park an der Bucht von Tokyo schließt das Meer selbst in seinen Entwurf ein, wobei echte Wellen gegen die zum Park gehörenden Steinterrassen spülen und gegen die Miniaturbrücken schlagen.

Zur scheinbaren Natürlichkeit dieser Gärten gehört die geschickt hervorgerufene Illusion der Weite. Hierzu benutzen die Gartenkünstler oft raffinierte perspektivische Tricks: Große, auffällige Objekte werden in den Vordergrund gerückt, Pflanzen und Steine abnehmender Größe nach hinten zu angeordnet. Teile des Gartens werden durch Mauern, Hecken oder durch dekorative Pavillons verdeckt, so daß sich dem Besucher, der dem gewundenen Pfad folgt, immer wieder neue überraschende Anblicke bieten. Die Landschaft jenseits der Gartenbegrenzung kann in den Gesamtentwurf mit einbezogen werden – dies wird als Shakkeizukuri-Technik (»entliehene Landschaft«) bezeichnet. Die Grenze des Gartens wird verborgen oder überspielt, indem man Pfade oder Bäche raffiniert hinter Steinen oder Büschen verschwinden läßt. Dadurch wird der Anschein erweckt, daß sie sich bis in die Ferne hinziehen.

### Eine erhabene Einfachheit

Durch die Anwendung von Symbolen wird die natürliche Vielfalt der Gärten verstärkt: Ein Strauch kann einen entfernten Berg oder Wasserfall verkörpern, der kunstvoll geharkte Sand die Küste. Besonders Steine sind charakteristisch für den japanischen Garten und werden mit der gleichen Sorgfalt ausgesucht wie bestimmte Pflanzen vom Gärtner der westlichen Welt. Der Garten am Samboin-Tempel in Kyoto, der 1598 entworfen wurde, birgt fast 800 einzeln ausgewählte Steine.

Die Symbolik erreichte ihren Höhepunkt in der Entwicklung des kare sansui (»trockener

# JAPAN

**Der Zen-Garten des Ryoanji-Tempels in Kyoto** *(ganz links)* besteht einzig und allein aus Steinen und Kies. Er entstand Mitte des 15. Jahrhunderts. Die auffällige Komposition besteht lediglich aus 15 Steinen, die im geharkten Kies liegen.

**Die Bäume** um einen See im Park der kaiserlichen Villa Katsura Rikyu *(links)* in Kyoto sind scheinbar Teil einer natürlich gewachsenen Landschaft. Die sorgfältige Gestaltung des Gartens bietet von jeder Stelle eine Art »Hauptansicht«.

**Die Shugakuin-Gärten in Kyoto** *(links)* sind bekannt für die Technik des Shakkeizukuri (»entliehene Landschaft«). Die Gärten werden so angelegt, daß sie mit der sie umgebenden natürlichen Landschaft eine Einheit bilden.

**Der Korakuen-Garten** *(unten links)* in Okayama auf der Insel Honshu ist ein bedeutendes Beispiel der japanischen Gartenbaukunst, bei der Teiche und Stege wichtige Gestaltungselemente sind. Die Gärten laden zur Betrachtung und Meditation ein.

Garten«), der ohne Pflanzen oder Wasser angelegt wurde, ein Ort der Meditation des Zen-Buddhismus. Das westliche Auge wird durch die »erhabene Einfachheit« zunächst in Staunen versetzt, denn solch ein Garten besteht aus nichts anderem als ein paar sorgfältig ausgesuchten und genau plazierten Steinen, die von Sand umgeben sind, in den ein gleichmäßiges Muster geharkt wurde. Manchmal verkörpert ein Garten eine ganze Landschaft, wie beim Daisen-in-Garten, der 1480 in Kyoto geschaffen wurde und in dem die wogenden Muster im Sand einen Fluß darstellen, der Steine umspült, die den Berg Horai und ein »Schatzboot« symbolisieren. Im Gegensatz dazu steht der berühmte Garten des Ryoanji-Tempels, ebenfalls in Kyoto, der in den 70er Jahren des 15. Jahrhunderts geschaffen wurde: ein völlig abstrakter Entwurf mit 15 Steinen, die als Inseln im geharkten weißen Kies liegen.

## Der Garten im Haus

In Japan besteht traditionell kaum eine Trennung zwischen Garten und Wohnraum. Die Unterteilung ist fließend und besteht nur aus zerbrechlichen Schirmwänden, die im Sommer offenstehen und Farbenpracht und Duft des Gartens bis ins Haus lassen. Im Wohnzimmer steht ein Tokonama (»Schönheitsalkoven«), in dem die verschiedensten Gegenstände ausgestellt werden. Man kann hier auf Bonkei (»Tablett-Gärten«) stoßen, Miniaturlandschaften mit Zwergpflanzen, die zwischen winzigen Bergen aus Torfmoos und »Meeren« aus Sand stehen. Andere Gartenminiaturen, die man hier sieht, sind künstlich klein gehaltene Bonsai-Bäume (wörtlich »Baum im Tablett«), die durch Beschneiden und Versteifen mit Draht jahrelang geformt wurden, bis sie ein vom künstlerischen Standpunkt zufriedenstellendes und »natürliches« Aussehen erreicht haben.

# JAPAN: BEVÖLKERUNG

Insulare Isolation und jahrhundertelange Abschließungspolitik gegen das Ausland haben unter den Japanern die Vorstellung von ethnischer Homogenität entstehen lassen, die sich mit einem ausgeprägten Bewußtsein der Einzigartigkeit verbindet. Der Anspruch auf völkische Einzigartigkeit taucht schon früh in Mythen und Chroniken auf: Mit der vermeintlichen Abstammung der Kaiserfamilie von der Sonnengöttin wurde eine herausgehobene Stellung »ihres« Volkes gegenüber anderen Völkern begründet, die im 19. Jahrhundert zur völkischen Staatsideologie weiterentwickelt wurde. Die unbezweifelbare kulturelle Homogenität der Japaner sollte eine ethnische Homogenität begründen. Jedoch zeigt bereits ein kurzer Blick auf die Menschen in den Straßen, daß die Japaner sehr unterschiedliche ethnische Merkmale aufweisen. Mehrere Einwanderungswellen in vor- und frühgeschichtlicher Zeit brachten über Landbrücken vom asiatischen Festland südchinesische, zentralasiatische und später auch koreanische Gruppen nach Japan; von Süden drangen südostasiatische und polynesische Völker vor. Aus einer Vermischung dieser Rassen entstanden die heutigen Japaner.

### Die Ureinwohner Japans

Erste Ureinwohner der japanischen Hauptinseln waren die Ainu, die von Zentraljapan über Hokkaido bis zu den Kurilen siedelten. Sie trieben Jagd und Fischfang, ihre Religion kannte einen Bärenkult. Die Ainu unterschieden sich durch hellere Haut und starke Körperbehaarung vom heutigen Durchschnittsjapaner. Zivilisatorisch höher entwickelte zugewanderte Völker verdrängten sie. Es folgten jahrhundertelange Assimilierungsprozesse und gewaltsame Unterdrückung. Nach offiziellen Angaben lebten Ende der 1990er Jahre auf Hokkaido noch 50 000 Ainu.

### Das japanische Bildungssystem

Da die Schul- und Universitätsausbildung über die Qualität des späteren Arbeitsplatzes entscheidet, beginnt die Eliteauslese schon beim Kindergarten und setzt sich über alle Schulformen fort: von der sechsjährigen Grundschule über die dreijährige Mittelschule bis zur ebenfalls dreijährigen Oberschule, die von 95 % der Mittelschulabsolventen besucht wird. Der Anteil teurer privater Bildungseinrichtungen ist ab der Oberschulstufe sehr hoch.

Vor dem Übergang zur Oberschule und zur Universität liegen scharfe Aufnahmeprüfungen, auf die sich viele Kinder in teuren Nachhilfestunden (juku) extra vorbereiten müssen. Nur die besten Colleges und erstklassige Universitäten, wie etwa die Todai-Universität in Tokyo, sichern gute Berufschancen und den Zugang zu einer angesehenen Firma. So sind z. B. zwei Fünftel des hohen Managements und etwa drei Viertel der hohen Regierungsbeamten Todai-Absolventen.

**Geschäftsleute** in Tokyo auf ihrem Weg ins Büro *(rechts)*. Wie die meisten Japaner heute, sind sie während der Arbeitszeit in westlichem Stil gekleidet, während der Freizeit zu Hause tragen sie allerdings häufig auch traditionelle Kleidung.

**Ein Ainu** auf Hokkaido *(oben)*. Heute bilden die Ureinwohner Japans eine ethnische Minderheit, die zurückgezogen in der Gebirgslandschaft Hokkaidos lebt.

Aber über die auf den ersten Blick beeindruckende Erfolgsbilanz des japanischen Bildungssystems legt sich ein Schatten. Der Anteil der Schüler, die dem enormen Streß nicht standhalten, nimmt zu. Dies äußert sich sowohl in der Einrichtung von Sonderabteilungen für Schulstreßgeschädigte in Krankenhäusern als auch in zunehmender Gewaltanwendung bei Schülern gegenüber ihren Lehrern und in einer der höchsten Selbstmordraten von Jugendlichen auf der Welt.

### Männer und Frauen

Ein scharf getrenntes Nebeneinander von »Männerwelt« (Firma, Kollegen) und »Frauenwelt« (Kinder, Erziehung, Haushalt) beeinflußt direkt die japanische Arbeitsmentalität. Nach der üblichen Universitätsausbildung und einem betrieblichen Aufnahmeverfahren konzentriert sich der künftige Tagesablauf bei Männern fast ausschließlich auf die Firma. Diese bildet dann die Großgruppe, der man sich zugehörig fühlt, die Kollegen in der Abteilung oder Schicht sind die verhaltensprägende Kleingruppe. Die Arbeitsleistung wird an der Gruppe gemessen; der einzelne wird in der Gruppe zum Einsatz motiviert. Andererseits übt die Gruppe im Betrieb auch Leistungsdruck aus. Der Abend gehört in der Regel mit zum Arbeitstag, Geselligkeit im Kollegenkreis ist unverzichtbar. Der Urlaub wird bis jetzt noch selten vollständig in An-

# JAPAN

**Ein Händler** *(unten)* aus Toba, an der Südostküste von Honshu, präsentiert Perlenschnüre. Auf der »Perleninsel« vor Toba errichtete Mikomoto Kokichi 1893 die erste Perlenzuchtanlage. Die meisten Zuchtperlen stammen aus dieser Gegend.

**Fröhliche Kinder** *(ganz unten)* stärken sich während der Feierlichkeiten zum Schneefest in Sapporo, Hokkaido, in einem Schneehaus. Japanische Kinder werden traditionell streng erzogen, doch sind eine Reihe von Festen besonders ihnen gewidmet.

**Eine Köchin** serviert eine verlockende Auswahl traditioneller Gerichte *(unten)*. Früher beschränkte sich die Arbeit der japanischen Frau auf den Haushalt, aber in jüngster Zeit haben sich die Möglichkeiten für eine berufliche Laufbahn vergrößert.

**Auf einem Fest** *(links)* wird die Fröhlichkeit auch durch einen Schneesturm nicht getrübt. **Die festliche Ausstattung** von Braut und Bräutigam *(ganz links)* zeigt, welch wichtige Rolle Traditionen und Zeremonien im Leben des Japaners spielen.

spruch genommen; stattdessen gibt es häufig Betriebsausflüge an Wochenenden.

Die Rolle der Frau wird noch immer durch ihre Stellung in der Familie als Ehefrau und Schwiegertochter definiert. Trotz gesetzlicher Gleichberechtigung werden Frauen im Beruf bezüglich betrieblicher Ausbildung und Aufstiegschancen benachteiligt. Die Entwicklung von der als ideal angesehenen Großfamilie zur Kleinfamilie ist inzwischen unaufhaltsam; dennoch leben noch häufig die Eltern oder ein Elternteil des Ehemannes in der Familie, aber beengtes Wohnen macht diese Lebensform zunehmend schwierig. In der idealtypischen Familie verwaltet die Frau den Etat und trifft auch höherwertige Konsumentscheidungen allein. Sie überwacht den Ausbildungsgang der Kinder und treibt sie zu Höchstleistungen an. Die Beziehungen der Kinder zur Mutter sind eng, der Vater ist häufig eher willkommener »Gast«. Das Nebeneinander zweier »Geschlechterwelten«, zweier getrennter Sphären, die es zu respektieren gilt, behindert auch längere gemeinsame Freizeiten, in denen diese Trennung aufgehoben ist. Das Rollenverständnis der Frauen aber beginnt sich zu wandeln: Das Heiratsalter steigt deutlich an, Frauen sind heute nach der Eheschließung allein schon aus ökonomischen Gründen häufig noch weiter berufstätig. Sie fordern daher bessere Ausbildungs- und Aufstiegschancen im Betrieb.

# JAPAN: VOLKSKULTUR

Schon im Verlauf seiner gesamten Geschichte hat Japan Kulturgüter von anderen Nationen entliehen. Es hat aber nie gezögert, Elemente, denen es nicht zustimmen konnte, zurückzuweisen, um nur die seiner Meinung nach besten Bestandteile für die eigenen Zwecke weiterzuentwickeln.

So hat Japan seit dem Ende des Zweiten Weltkriegs einen Teil der Kultur der westlichen Welt, besonders der Vereinigten Staaten von Amerika, übernommen. Die traditionellen Künste und Sportarten wie No, das Kabuki-Theater und der Sumo-Ringkampf haben zwar überlebt und erfreuen sich immer noch großer Beliebtheit, aber die jüngere Generation in Japan interessiert sich mehr für Baseball, Rockmusik und Hamburger.

Es wäre jedoch ein Fehler, anzunehmen, daß diese Einflüsse aus dem Ausland in ihrer reinen Form importiert wurden, denn die Japaner versuchen, die fremden Elemente der eigenen Lebensart anzupassen. Beim Baseball, der beliebtesten Sportart in Japan, ist die Spielweise noch sehr japanisch. Wie beim Sumo macht das tatsächliche Spiel nur einen geringen Teil des Sportereignisses aus, während das Einherstolzieren der Sportler vor dem Match genauso wichtig zu sein scheint wie das Endergebnis. Am Tage des größten Baseballspiels »fiebert« ganz Tokyo. Tausende von Menschen scharen sich um die Bildschirme auf Bahnsteigen und in Warenhäusern. An diesem Tag wird von niemandem erwartet, daß er arbeitet.

Eine der beliebtesten Freizeitbeschäftigungen des Japaners jeden Alters ist das Pachinko, ein lautes Spiel an einem Automaten, das dem Flipper gleicht. Der besondere Sinn und Zweck des Pachinko-Spiels liegt darin, soviel Lärm wie möglich zu machen. Der Name des Spiels ist Ausdruck des Getöses, das die Metallkugel bei ihrem vertikalen Weg nach unten an den Tag legt – »pachin« ist der Radau, und »ko« drückt den Aufschlag auf dem Boden des Bretts aus. Eine Pachinko-Spielhalle enthält Hunderte von Automaten, die in Reih und Glied stehen. In ganz Japan gibt es Tausende von diesen Spielhallen, die allgemein die Vergnügungsviertel der großen Städte beherrschen.

## Kinos und Popmusik

Der japanische Kinofilm geht auf den Beginn dieses Jahrhunderts zurück und wurde ursprünglich durch das traditionelle Kabuki-Theater beeinflußt. Jedoch sind selbst heute noch die Heldengeschichten der Samurai ein wichtiger Bestandteil der japanischen Filmproduktion. Akira Kurosawa ist der im Westen bekannteste japanische Filmregisseur. Seine Samurai-Filme beziehen ihren Stoff aus den alten Legenden und sind wirklich japanische »Western«. Kurasawas Filme beeinflußten viele von Clint Eastwoods Italo-Western wie »Eine Handvoll Dollar«. Am beliebtesten bei der japanischen Öffentlichkeit sind allerdings Yakuza-Filme (Gangsterfilme).

Auch diese sind eher aufgemacht wie moderne Samurai-Erzählungen als wie amerikanische Thriller.

Daneben konzentriert sich die Thematik der Filme auf Fragen der Ritterlichkeit und Probleme des Privatlebens. Die Japaner fasziniert der Konflikt zwischen Liebe und Pflichterfüllung oder selbst zwischen zwei gegensätzlich gearteten Pflichten.

Die westliche Rockmusik ist zwar bei den jungen Japanern sehr beliebt, dennoch verfügt das Land über einen eigenen sehr aktiven Wirtschaftszweig »Popmusik«. Aber anders als in der westlichen Welt setzt sich die japanische Popmusik viel mehr mit Fragen des Stils und Aussehens auseinander. Ein Popidol kann anerkanntermaßen ein schlechter Sänger sein, aber dennoch aufgrund seines Images oder seiner Persönlichkeit bei der Öffentlichkeit, die schließlich die Platten kauft, beliebt sein. Die Spannbreite der Sänger und Gruppen reicht

# JAPAN

**Baseball** *(links)* hat sich in Japan zum beliebtesten Zuschauersport entwickelt. Hier schlägt ein Schlagmann der japanischen Nationalmannschaft den Ball während eines Matches gegen Taiwan.

**Wie viele japanische Geschäftsleute** *(unten)* sind auch diese Männer begeisterte Golfspieler. Aus Mangel an geeigneten Plätzen wurde dieses Spielfeld auf dem Dach eines Warenhauses in Tokyo angelegt.

vom ultrareinen Image einer Miho Nakayama, die gleichzeitig Sängerin und Schauspielerin ist, bis zu »Heavy Metal« – Gruppen wie »X Complex«, die mit ihren gefärbten Perücken und dem leuchtenden Make-up sehr bühnenwirksam sind. Wegen ihrer hochgradigen Stilisierung vermitteln Gruppen wie »X Complex« den Eindruck einer Kombination von Kabuki-Theater und westlicher Rockmusik.

Dieser Kombination des durchaus Akzeptablen und des Bizarren begegnet man in der japanischen Popkultur häufig. So treffen sich junge Leute sonntags im Ueno-Park in Tokyo, tragen die Rock-and-Roll-Kluft der 50er Jahre und tanzen zu lauter Musik aus tragbaren Radios. Doch nach der Fete ziehen die weiblichen Teenager wieder ihre Schuluniformen an und kehren zu den nichtsahnenden Eltern nach Hause zurück.

Das beste Beispiel für eine importierte Idee, die völlig dem japanischen Lebensstil angepaßt wurde, ist vielleicht das Karaoke. Nach der Arbeit gehen viele Geschäftsleute in Kneipen, in denen die Möglichkeit besteht, Musik von verschiedenen Bändern auszuwählen. Es gibt jedoch keinen Sänger: Der Gesang kommt aus dem Publikum – jemand nimmt das Mikrofon und singt hinein! Es geht nicht darum, ein guter Sänger zu sein, lediglich die Teilnahme und der Spaß stehen an erster Stelle.

**Ein schwerer Sumo-Ringer** *(unten links)* betritt den Ring in aggressiver Pose, der Schiedsrichter bleibt jedoch unbeeindruckt. Die Rituale vor dem Kampf dauern oft beträchtlich länger als die Runde selbst.

**Bei der traditionellen Teezeremonie** wird auf ritualisiert-meditative Art grüner Tee zubereitet *(unten)*. Örtlichkeit, Haltung, Ablauf und Dauer der Zeremonie sind vom Zen-Buddhismus inspiriert.

**Junge Japaner** *(rechts)* orientieren sich nicht mehr ausschließlich an traditionellen japanischen Wertvorstellungen. Die junge Generation strebt nach westlicher Mode und Musik, Freiheit und Individualität.

# JAPAN: SOZIALE RANDGRUPPEN

Über 3 Millionen Burakumin (offiziell 1982: 1,3 Millionen) bilden in der japanischen Gesellschaft die größte soziale Randgruppe, deren Existenz von amtlicher Seite ungern zugegeben wird, obwohl es staatliche Förderprogramme für sie gibt. Die Bezeichnung Burakumin bedeutet soviel wie Bürger besonderer Gemeinwesen, Bewohner besonderer Siedlungen und Stadtviertel, und verweist auf die noch heute fortgesetzte soziale und siedlungsmäßige Diskriminierung dieser Bevölkerungsgruppe. Die Burakumin – ethnisch reine Japaner – sind die Nachfahren von Angehörigen aus buddhistischer Sicht »unreiner Berufe«, wie Schlächter, Abdecker und Lederverarbeiter. Offiziell gibt es keine echten »buraku«-Gebiete mehr, aber immer noch sind sie durch Geburtsort und Familienregister zu identifizieren. Dem Burakumin ist in der Regel der Aufstieg in die Mittelschicht durch Vorurteile, Diskriminierung, aber auch durch jahrzehntelang verinnerlichtes Randgruppen-Bewußtsein verwehrt; die Karriere in Wirtschaftsunternehmen kann behindert werden, und Liebesbeziehungen können mitunter daran zerbrechen. Staatliche Hilfsprogramme mit Schwerpunkten in Osaka und Kyoto sind bisher gescheitert. Durch innere Zersplitterung sind auch die Interessenverbände der Burakumin bisher ohne Wirkung geblieben.

### Nationale Minderheit – Die Koreaner

Die größte ethnische Minderheit der ansonsten homogenen japanischen Gesellschaft sind die Koreaner. Die ca. 700 000 Koreaner leben – im Gegensatz zu den Burakumin – nicht vorwiegend in geschlossenen Siedlungen, sondern über ganz Japan verstreut, allerdings mit Zentren in Osaka, Kobe und Kyoto. Allein im Osten von Osaka, im Stadtviertel Ikuno und Umgebung, leben etwa 180 000 Koreaner. Der wirtschaftliche Niedergang ihrer Heimat, die 1910 von Japan annektiert wurde, veranlaßte seit den 1920er Jahren überwiegend koreanische Bauern, nach Japan überzusiedeln. Im pazifischen Krieg wurden sie dann verstärkt als Industriearbeiter dienstverpflichtet, später mußten sie auch in der Armee dienen.

Bei Kriegsende 1945 lebten über 2 Millionen Koreaner in Japan. Die meisten von ihnen kehrten zurück; die etwa 600 000 Verbliebenen verloren die japanische Staatsbürgerschaft, erhielten jedoch eine Sonderaufenthaltsgenehmigung und begrenzte soziale Rechte, etwa die Pflichtschule, eigene weiterführende Schulen und Sozialversicherung. Nach der Aufnahme diplomatischer Beziehungen zwischen Japan und Südkorea 1965 erhielt auch die zweite Generation mehrheitlich dieselben Rechte. Nicht einbezogen in diese Regelungen war ein Drittel Koreaner, die sich der Demokratischen Volksrepublik Korea (Nordkorea) verpflichtet fühlten. Sie werden als Ausländer behandelt und genießen darüber hinaus keinen diplomatischen Schutz. Die in der Organisation »Chosoren« zusammengeschlossene nordkoreanische Minderheit wird auch heute noch aus Nordkorea unterstützt. Der Verband verfügt heute über Bildungseinrichtungen in Japan, die vom Kindergarten bis zur Universität reichen und in denen ausschließlich Koreanisch gesprochen wird. Eine Eingliederung in die japanische Gesellschaft wird von ihnen strikt abgelehnt. Aber auch die südkoreanische Minderheit hat sich zusammengeschlossen – in der Organisation »Mindan«, die über ein breites Netz von politischen Institutionen verfügt, jedoch im wirtschaftlichen und kulturellen Bereich weniger aktiv ist. Beide Koreanergruppen, die jeweils zu Nord- oder Südkorea Beziehungen unterhalten, sind untereinander heftig verfeindet.

Zwischen Japan und Südkorea wurde 1990 auch für die dritte Koreaner-Generation das unbegrenzte Aufenthaltsrecht vereinbart – die Diskriminierungen aber gehen weiter, selbst die

**Burakumin-Häuser** *(rechts)* liegen meistens nur in den ärmeren Vierteln der japanischen Städte. Diese leichtgebauten, armseligen Unterkünfte brechen bei Erdbeben, einer ständigen Gefahr in Japan, leicht zusammen.

**Ein Landstreicher** *(ganz rechts)* legt vor einem teuren Geschäft in Tokyo eine Rast ein. In der japanischen Gesellschaft ist der Erfolg in Schule und Beruf von größter Wichtigkeit. Wer in diesen auf Wettbewerb ausgerichteten Bereichen auf der Strecke bleibt, wird verachtet.

**Der Burakumin-Bevölkerung** stehen nur weniger angesehene, niedere Arbeiten offen, wie Schuhputzen *(ganz rechts Mitte)*. Oft arbeiten sie mit Leder, als Gerber, auf dem Schlachthof, sind Schrotthändler oder Gefängniswärter.

**Zwei Mitglieder des mächtigen Yakuza-»Clans«** *(unten)* zeigen ihre starken Tätowierungen. Früher maß man dieser Gruppe weniger Bedeutung zu, inzwischen ist sie durch ihre wachsende Einmischung in den Drogenhandel weitaus bedrohlicher geworden.

JAPAN

Bereitschaft zu völliger Anpassung »befreit« die Koreaner in Japan nicht. Allein ihre Herkunft versperrt ihnen den Einstieg in die großen japanischen Konzerne. Der überwiegende Teil arbeitet daher in koreanischen Ghettos in Minibetrieben oder als Heimarbeiter für Zulieferbetriebe. Teile der jüngeren Generation versuchen inzwischen auch, im Vergnügungswesen ihren Unterhalt zu verdienen.

### Yakuza – Die japanische Mafia

Soziale Randgruppe – und doch untrennbar Teil der japanischen Gesellschaft – sind die *Yakuza*, Japans Gangstersyndikate. Der Begriff bezeichnete ursprünglich die schlechteste Augenzahl in einem Kartenspiel und verweist auf die Entstehung der Banden aus organisierten Glücksspieler-Gruppen in der Edo-Zeit (1600–1868). »Yakuza« heißt aber auch »Tagedieb«, »Nichtsnutz«. Die Yakuza sehen sich selbst häufig noch als Nachfahren der freien Ritter, als »japanische Robin Hoods«. Sie waren ursprünglich nach strengen Ehrenregeln organisiert. Noch in jüngster Zeit konnte man in öffentlichen Bädern Yakuza an ihren kunstvollen Tätowierungen oder auch am verstümmelten kleinen Finger der linken Hand erkennen, der die Strafe für Regelverletzungen ist. Der alte »Ehrenkodex« zerfällt; Yakuza betreiben heute »normale« Kriminalität wie Prostitution, Glücksspiel und Drogenhandel.

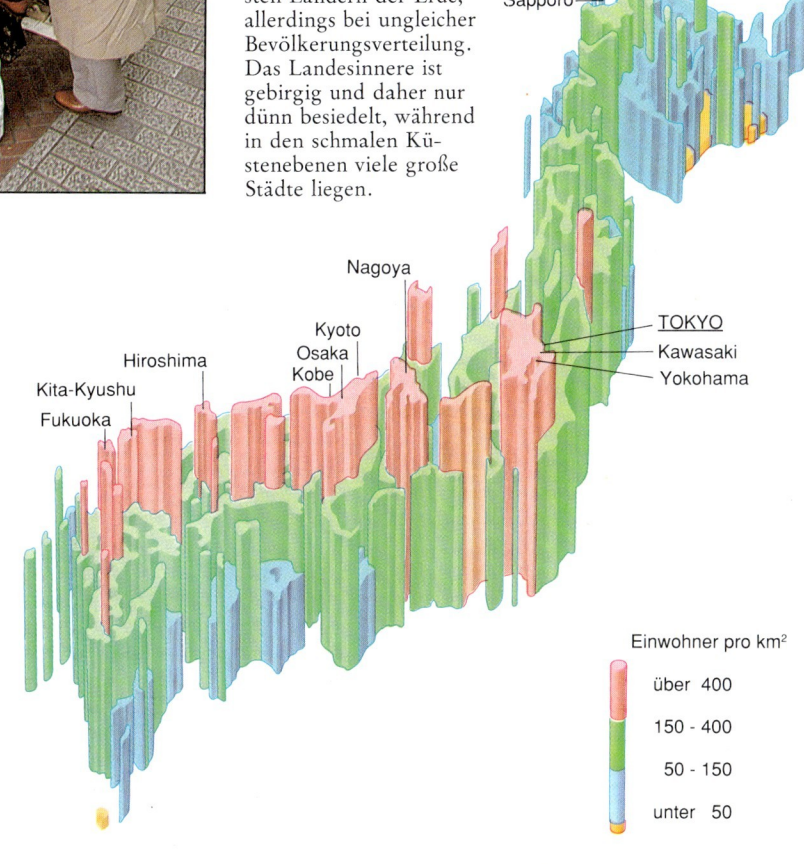

**Japan** (unten) gehört zu den bevölkerungsreichsten Ländern der Erde, allerdings bei ungleicher Bevölkerungsverteilung. Das Landesinnere ist gebirgig und daher nur dünn besiedelt, während in den schmalen Küstenebenen viele große Städte liegen.

Einwohner pro km²
über 400
150 - 400
50 - 150
unter 50

# JAPAN: LANDESNATUR

Das japanische Inselreich bildet unweit des asiatischen Festlands einen girlandenförmig gezogenen Inselbogen, der neben den vier Hauptinseln Hokkaido, Honshu, Shikoku und Kyushu aus 3300 bis über 3900 kleinen und kleinsten Inseln besteht, je nach Definition des Begriffes »Insel«. Mit seinen nationalen Grenzen stößt Japan zur See im Norden an russisches Gebiet, im Westen fast bis an die koreanische Halbinsel, und im Südwesten liegt die äußerste japanische Insel nur 200 km Luftlinie von Taiwan entfernt.

### Vier Klimaregionen

Japan erstreckt sich über rund 3800 km vom Ochotskischen Meer im Norden bis zum Ostchinesischen Meer im Süden. Der weite Inselbogen verbindet von Nord nach Süd sehr unterschiedliche Klimazonen, die zahlreichen Gebirgsketten markieren eine west-östliche Wetterscheide. Deutliche Jahreszeitenwechsel sind in allen Teilen Japans die Regel, aber es gibt dabei vier klar unterscheidbare Klimaregionen: die pazifische Region mit hohen sommerlichen Niederschlägen, die dem japanischen Meer zugewandten Landesteile und die Nordinsel Hokkaido mit schweren Schnee- und Regenfällen im Winter, eine Inlandzone, die verhältnismäßig geringere Niederschläge hat, und schließlich als extremer Gegensatz zu den kühlen bis kalten Zonen im Norden die südwestlichen Inseln mit ihrem fast subtropischen Klima. Allen Klimazonen gemein ist eine Regenzeit im Frühsommer (Juni bis Anfang Juli). Dem Sommer zwischen Juni bis Anfang September folgt eine Taifun-Periode, die sich häufig bis in den Frühherbst erstreckt. Der Jahreszyklus wird in allen Klimaregionen durch einen dreimonatigen Winter von Dezember bis Februar abgeschlossen. Im Sommer werden die japanischen Inseln von feuchtheißen Winden aus südöstlicher Richtung, vom Pazifik her überstrichen, im Winter wehen kalte nordwestliche Winde vom chinesischen Festland über den japanischen Archipel.

### Das vulkanreichste Land der Erde

Die japanischen Inseln sind die Spitzen eines aus mehreren tausend Metern Tiefe aufsteigenden Gebirgssystems, das in den zentralen japanischen Alpen westlich von Tokyo die höchste Erhebung erreicht. Eine der geologisch bedeutendsten Leitlinien der Oberflächengestaltung ist die sogenannte Medianlinie, die als junge längsgerichtete tektonische Bruchzone vom Nordwesten Hokkaidos bis nach Nord-Kyushu verläuft.

Eine zweite bedeutende geologische Leitlinie ist die quergerichtete Einbruchzone (fossa magna) auf Honshu, in der sich mit 3776 m der höchste japanische Berg, der Fudschiyama, erhebt. Vulkanismus, Erdbeben und heiße Quellen sind die Begleiterscheinungen dieses komplizierten geologisch-tektonischen Aufbaus der japanischen Inselwelt. In keinem anderen Land  der Erde gibt es so viele, z. T. noch aktive Vulkane. Die »Feuerberge« haben die Bodenbeschaffenheit Japans in zahlreichen Regionen geprägt. Vulkanasche und Lavaflächen früherer Ausbruchskatastrophen haben einerseits fruchtbare Böden entstehen lassen, andererseits hinterließen jüngere Vulkanausbrüche im östlichen Hokkaido und an der Nordspitze von Honshu wasserarme und karge Böden.

Unerwartet und beängstigend plötzlich kann sich der scheinbar feste Boden schütteln: Erdbeben! In Japan bebt die Erde mehr als in jedem anderen Land der Welt. Im Jahresdurchschnitt werden rund 7500 Erdbeben seismographisch registriert, von denen sich rund 1500 durch geringe Erschütterungen des Bodens äußern. Allein in der Region Tokyo ereignen sich jährlich 40 bis 50 Beben, die körperlich wahrgenommen werden können. Schwere Erdstöße mit starken Zerstörungen ereignen sich im Durchschnitt alle zwei Jahre irgendwo im Lande. Wenn das Epizentrum eines Bebens auf dem Meeresgrund liegt, kommt es nicht selten zu einer weiteren Naturerscheinung mit oft katastrophalen Folgen: Dann können riesige Flutwellen – die sogenannten Tsunamis – über die Küsten hereinbrechen und weite Landstriche zerstören.

Zwischen äußerer Gelassenheit und Panik, die dicht unter der Oberfläche lauert, leben die Japaner in der drangvollen Enge ihrer Städte mit der latenten Bedrohung durch Naturkatastro-

**Der riesige Krater des Aso** *(links)* auf der Insel Kyushu umschließt eine fruchtbare Landschaft mit üppigen grünen Feldern und verstreuten, kleinen Siedlungen. Am Rand des Kraters erheben sich fünf Vulkankegel, von denen der Nakadake bis heute noch aktiv ist.

**Die Kintai-Kyo-Brücke** bei Iwakuni *(unten)* auf der Insel Honshu wurde 1673 ohne Verwendung von Nägeln errichtet. Im Jahre 1953 wurde die Brücke originalgetreu wieder aufgebaut, nachdem sie im Jahre 1950 von einer gewaltigen Flutwelle weggespült worden war.

phen. Die extrem hohe Bevölkerungsdichte in den Küstengebieten und den kleinen Tal- und Beckenlandschaften ergibt sich aus dem Landschaftsgefüge Japans. Rund 67 % der Bodenfläche sind bewaldet, hinzu kommen gebirgige Landesteile, so daß für landwirtschaftlich genutzte Flächen, Industriegebiete und städtische Siedlungen kaum mehr als 20 % der Gesamtfläche übrig bleiben. Doch dort gesellt sich zur stets vorhandenen Gefahr durch Naturkatastrophen die Bedrohung durch die zunehmende Umweltverschmutzung.

### Unberührte Natur in den Nationalparks

Abseits der Städte herrscht noch die Natur, begegnet man der stillen Schönheit der japanischen Nationalparks: Birken- und Lärchenwälder, bei denen nur die herausragenden Vulkankegel daran erinnern, daß sie sich nicht in Nordeuropa erstrecken. Vulkankegel, deren Gipfel in die Wolken ragen, malerische Gebirgsseen, Wasserfälle, die von hohen Felsen stürzen, steile Felsküsten, an denen die Wellen des Ozeans unaufhaltsam emporbranden, Quellen, die in der Tiefe aufgeheizt aus dem Boden sprudeln – Japan hat alle Formen landschaftlicher Schönheit zu bieten. Und das Land ist touristisch perfekt erschlossen, denn Reisen gehört zu den großen Leidenschaften der Japaner. Eine andere Art von Flutwelle rollt über das Land: die Reisewelle.

**Die bis 3000 Meter hohe Berglandschaft** der Japanischen Alpen bei Nagano war 1998 Austragungsort der 18. Olympischen Winterspiele. Auf den Skisprungschanzen von Hakuba *(links)* waren auch die japanischen Athleten erfolgreich.

**Flutwellen** *(rechts)* sind auch unter dem japanischen Namen »tsunami« (»eine Welle im Hafen«) bekannt. Sie kommen im Pazifischen Ozean, dessen Ränder ausgeprägte Erdbebenzonen sind, häufig vor. Die Karte zeigt die stündliche Ausbreitung eines Tsunami, der die Folge eines Erdbebens war, das sich am 27. März 1964 südlich von Alaska ereignete. Die Wellen können sich im Flachwasser viele Meter aufsteilen und an der Küste zu katastrophalen Überschwemmungen führen (in der Sundastraße 1983: 35 m).

**Tsunamis** *(rechts)* werden durch Erdbeben auf dem Meeresgrund verursacht. Sie lösen tiefreichende langperiodische Meereswellen aus, die sich vom Ursprungsort ringförmig mit einer von der Wassertiefe abhängigen Geschwindigkeit fortpflanzen.

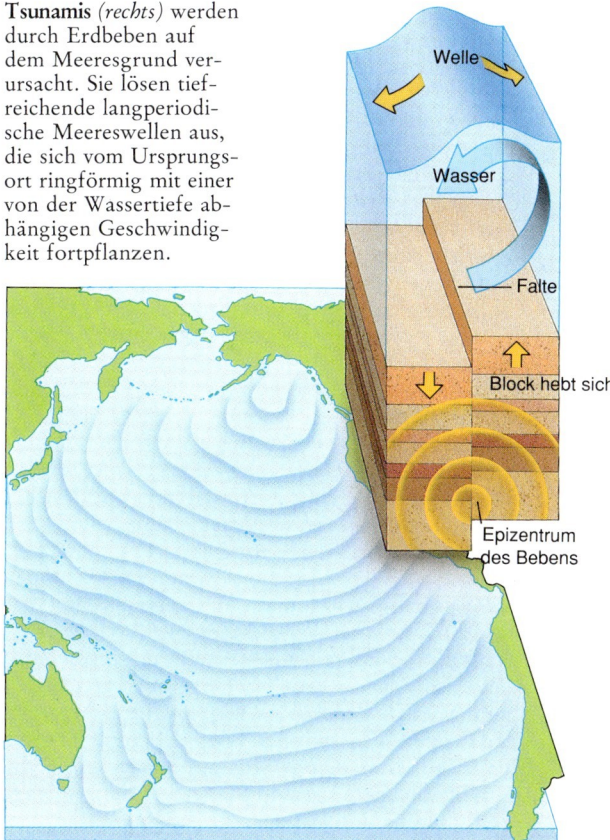

# JAPAN: INSELGRUPPEN

Die vier Hauptinseln des japanischen Inselbogens sind nach fast allen Richtungen von nicht weniger als 500 Inseln mit mindestens 4 km² Fläche und einigen tausend Eilanden umgeben – Archipele innerhalb eines Archipels. Viele der Inselchen, die dicht nebeneinander vor den Küsten aufgereiht liegen, sind karge unbewohnte Felsenriffe. Mit ihrem verkrümmten Kiefern- und Bambusbewuchs erinnern sie häufig an die Landschaftsdarstellungen auf den Tuschbildern aus dem alten China.

Nach Norden setzt sich der Inselbogen über die Inselkette der Kurilen, nach Süden über die der Ryukyu-Inseln fort. Die sieben Izu-Inseln erstrecken sich von Honshu weit nach Süden in den Pazifik. Fern ab von der japanischen Küste liegen auch die Ogasawara-Inseln (Bonin-Inseln), ein Archipel von etwa 30 Eilanden, der nur nach vierzig Stunden Schiffahrt von Tokyo aus zu erreichen ist.

Die meisten vorgelagerten Klein-Archipele Japans werden wegen ihrer landschaftlich überaus reizvollen Umgebung touristisch intensiv genutzt, wobei aber der Staat die teilweise bizarren Naturgebilde mehr und mehr als Nationalparks zu schützen sucht. Gemeinsam ist den Inselgruppen meist ihr vulkanischer Ursprung, der überall heiße Quellen speist und auf den größten Inseln viel besuchte Badeorte (onsen) entstehen ließ. Die wenigen Bewohner leben vor allem vom Tourismus, vom Fischfang, Seetang-Sammeln und, wo die Natur es zuläßt, von der Landwirtschaft.

Auf einigen Inselgruppen hat die Bevölkerung im Laufe der Jahrhunderte eine kulturelle und historische Eigenständigkeit entwickelt, die sie von den Bewohnern der japanischen »Hauptinseln« unterscheidet. Und bis heute sind die Besitzverhältnisse verschiedener Inseln zwischen Japan und seinen Nachbarn nicht geklärt.

## Die Kurilen

Im äußersten Norden des japanischen Inselbogens liegen die südkurilischen Inseln Habomai, Shikotan, Kunashiri und Etorofu. Sie gehören politisch zwar seit 1945 zur Sowjetunion bzw. Rußland, doch hält Japan bis heute seinen Anspruch auf die Inseln aufrecht. Die Kurilen sind eine vulkanische Inselkette, deren Klima und Vegetation der Hokkaidos gleicht: vergleichsweise kühle Sommer und schneereiche Winter. Einst boten die mit Birken, Lärchen und Kiefern bewachsenen Inseln den japanischen Bewohnern eine rauhe Existenz als Fischer, Viehzüchter oder Holzfäller. Als die sowjetischen Truppen die Inseln 1945 besetzten, mußten sich die Japaner zurückziehen.

Auch die politischen Veränderungen in Rußland Anfang der 1990er Jahre brachten bisher keine neuen Ergebnisse im Streit um die Kurilen-Inseln. Hinsichtlich der Inseln Habomai und Shikotan sagte Moskau schon 1956 die Rückgabe nach Abschluß eines Friedensvertrags zwischen beiden Ländern zu.

## Die Ryukyu-Inseln

Im äußersten Südwesten des japanischen Territoriums, rund 500 km von der Hauptinsel Kyushu entfernt, liegen die Ryukyu-Inseln. Die rund 60 Inseln bilden sechs kleinere Gruppen mit der Okinawa-Gruppe als wirtschaftlichem und politischem Zentrum. Im 14. Jahrhundert geriet das bis dahin unabhängige Inselkönigreich unter chinesische Oberhoheit. Als Ergebnis früher japanischer Expansionspolitik wurden die Ryukyu-Inseln 1879 als Provinz Okinawa dem japanischen Reich einverleibt. Die Bewohner der Inseln wurden jedoch von der übrigen japanischen Bevölkerung stets verächtlich behandelt, nicht zuletzt, weil sich die dort gesprochene Sprache völlig vom Hochjapanischen unterscheidet und eine Verständigung kaum möglich ist. Ihrerseits hegen die Inselbewohner aufgrund der bitteren Erinnerungen an den Militarismus Japans antijapanische Ressen-

**Okinawa,** die südlichste Präfektur Japans, besteht aus 57 Inseln in der Ryukyu-Inselgruppe. Das Klima ist subtropisch und die farbenprächtige Vegetation ergrünt das ganze Jahr über. Die Okinawa-Insel (1176 km²) ist im Norden gebirgig *(oben).*

**Eine junge Frau auf einer Farm** *(oben links)* streift die Blätter von einem Stück Zuckerrohr ab, das auf Okinawa angebaut wird. Neben der bescheidenen Landwirtschaft sind Fischfang und vor allem der Fremdenverkehr wichtige Erwerbszweige.

**Das Rathaus von Nago** *(links),* im Norden der Insel Okinawa, wurde in einem auffallend modernen Stil erbaut. Zu den vielen Attraktionen der Insel gehören die herrlichen Korallenriffe vor der Küste und die dichten, unberührten Wälder.

# JAPAN

timents. In den letzten Monaten des Zweiten Weltkrieges landeten hier US-amerikanische Truppen. Bevor sich die Japaner, die Okinawa um jeden Preis verteidigten, in einer der blutigsten Schlachten der Geschichte der US-amerikanischen Übermacht geschlagen gaben, verloren hunderttausend Zivilisten – rund ein Viertel der damaligen Bevölkerung – ihr Leben. Ebensoviele japanische Soldaten wurden getötet oder in den Tod getrieben, um der US-amerikanischen Gefangennahme zu entgehen. Bis 1972 blieb die Inselgruppe unter US-amerikanischer Verwaltung. Die Rückgabe der Inseln führte zu erheblichen wirtschaftlichen Rückschlägen, und bis heute ist Okinawa die ärmste Präfektur Japans geblieben.

Das Klima der Inseln ist fast subtropisch, die Vegetation gleicht eher der Südostasiens und Taiwans als der Japans. Doch die bescheidene Landwirtschaft, die sich vor allem auf den Anbau von Zuckerrohr und Ananas spezialisiert hat, ist nur mit staatlicher Hilfe möglich. Als einziger Wachstumsbereich gilt der Tourismus. Und es sind vor allem die eigenen Landsleute von den dichtbesiedelten Hauptinseln und deren überfüllten Städten, die an den weißen Stränden und den Korallenriffen der Sonneninsel Ruhe und Erholung suchen.

Streit um die Senkaku-Inseln, eine winzige Untergruppe der Ryukyu-Inseln, führte in den 1970er Jahren zu einem Konflikt zwischen Japan, China und Taiwan, als man um die Inselchen Erdöl vermutete. Sie sind nicht mehr als Felsenriffe, die regelmäßig vom Meer überspült werden, doch ragen sie gerade weit genug aus dem Wasser heraus, um einen Fußpunkt für eine 200-sm-Wirtschaftszone mit entsprechenden Ausbeutungsrechten zu bilden.

**Japans Staatsgebiet** *(links)* umfaßt neben den vier Hauptinseln viele kleinere Inseln im Pazifik.

**Im Süden Japans** *(rechts)* teilen sich die Inseln in zwei Hauptgruppen. Im Südwesten liegt die Ryukyu-Kette, einschließlich Okinawa, während im Südosten mehrere Ketten kleinerer Inseln die Izu-, Ogasawara- und Vulkan-Inseln bilden.

# JAPAN: LANDWIRTSCHAFT UND FISCHFANG

Der Anteil der Agrarwirtschaft am Bruttosozialprodukt ist rückläufig: 1975 waren es noch 6,7 %, 1987 nur noch 3,0 %, bis Ende der 1990er Jahre sank der Anteil auf unter 2 %. Aufgrund der gebirgigen Oberflächengestalt Japans und der starken Nachfrage nach Siedlungsgebieten können nur knapp 12 % der japanischen Bodenfläche als landwirtschaftliche Anbaufläche genutzt werden. In den dichtbesiedelten Küstenregionen wachsen Industrieanlagen, ausufernde Vorstadtsiedlungen und Landwirtschaft ineinander. Dies ermöglicht den meist winzigen landwirtschaftlichen Betrieben mit einer durchschnittlichen Größe von 1,2 ha das Überleben als Neben- oder Zuerwerbsbetrieb. Die rapide ansteigenden Grundstückspreise nutzen Bauern allerdings auch dazu, ihr Agrarland als Bauland zu veräußern.

## Reisanbau

Das wichtigste japanische Agrarprodukt ist der Reis, der auf über zwei Dritteln der landwirtschaftlichen Nutzfläche angebaut wird. Der Naßreis-Anbau erstreckt sich über das ganze Land, sogar im kalten Hokkaido mit seinen langen Wintern können noch spezielle Reissorten auf Naßfeldern angebaut werden. Die Haupterzeuger-Gebiete aber liegen in Zentral-Honshu, auf Kyushu und auf der kleinsten Hauptinsel Shikoku. Ertragreiche Reissorten, massiver Düngemittel- und Pestizideinsatz sowie äußerst intensive Anbautechniken ermöglichen den Kleinbetrieben hohe Ernteerträge: Japan ist bei Reis zu 100 % Selbstversorger. Die Regierung garantiert aus politischen Gründen – die ländlichen Wähler bilden die Basis der Regierungspartei – gleichbleibend hohe Erzeugerpreise. Zusammen mit dem allmählich sinkenden Reiskonsum führt dies jedoch inzwischen zu massiver Überproduktion. Durch Prämien für Flächenstillegungen und für die Umwandlung von Naßreis-Äckern in Trockenfelder sucht der Staat die Überproduktion einzudämmen – bisher jedoch nur mit geringem Erfolg.

Der Gemüseanbau konzentriert sich auf die stadtnahen Regionen bzw. auf Regionen mit industriell-agrarischer Mischstruktur. Kurze Transportwege und stetige Nachfrage garantieren hier den Gemüsebetrieben ein gutes Einkommen. In den höhergelegenen landwirtschaftlichen Erzeugergebieten ist die Seidenraupenzucht traditionell eine Zuerwerbsmöglichkeit, die allerdings an Bedeutung eingebüßt hat. Hokkaido ist das Zentrum der Milchviehhaltung und der Molkerei-Industrie, deren Produkte allerdings noch keinen festen Platz in den japanischen Eßgewohnheiten haben. Dagegen steigt der Rindfleischkonsum deutlich an, seit die Preise durch freie Einfuhren aus den USA und Australien gedrückt wurden. Extrem teuer ist noch immer das Fleisch aus spezieller Rinderhaltung in Kobe und Matsuzaka (West-Honshu), dort werden Rinder u. a. mit Bier gemästet und täglich massiert.

**Reisanbau** *(rechts)* auf der Insel Shikoku. Die Reisschößlinge werden in Saatbeeten gezogen und dann auf den Feldern ausgepflanzt. – **Bambusspitzen** *(unten)*, die in vielen asiatischen Gerichten verwendet werden, werden in ganz Japan angebaut.

**Eine Teegarten-Anlage** an den Berghängen des Fudschiyama *(unten)*. Im wichtigsten Anbaubezirk Shizuoka reichen die Teegärten bis in Höhen von 500 m. Japan ist der viertgrößte Teeproduzent der Erde und baut nur grünen Tee an. 90 Prozent der Ernte trinken die Japaner selbst.

## Fischfang

Seit Beginn des 19. Jahrhunderts hat sich eine selbständige Fischereiwirtschaft etabliert. Fisch war und ist die wichtigste Proteinquelle Japans, der Pro-Kopf-Verbrauch von Meeresprodukten ist einer der höchsten der Welt. Viele Ernährungswissenschaftler sehen darin den Grund für die hohe Lebenserwartung der Japaner. In der Regel werden die Meeresfrüchte »natürlich«, d.h. roh gegessen. »Sashimi«, so wird der fangfrische, hauchdünn geschnittene Fisch genannt, ist für japanische Gaumen eine Delikatesse. Eine traurige Berühmtheit hat der Fugu, eine Art Kugelfisch, erlangt. Diese bekannteste aller japanischen Fischspezialitäten kann bei falscher Zubereitung den sofortigen Tod bringen. Verantwortlich dafür ist das in den Eierstöcken unterhalb der Schwanzflosse enthaltene Tetrodotoxin, das durch Atemlähmung zum Tode führt. Vor 1969 fielen bis zu 200 Menschen jährlich diesem tödlichen Leckerbissen zum Opfer. Verschärfte Zulassungsbedingungen für Fugu-Köche haben inzwischen dazu beigetragen, daß der Genuß heutzutage nahezu ungefährlich ist.

Der jährliche Fischfang übersteigt 8 Millionen Tonnen. Obwohl die Fangerträge in den letzten Jahren etwas zurückgegangen sind, nimmt Japan noch immer hinter der Volksrepublik China, Peru und Chile Platz vier in der Fischfang-Rangliste ein. Neben Thunfisch und Lachs sind es vor allem Sardinen und Makrelen, die jährlich in beträchtlichen Mengen gefangen werden. In den 1990er Jahren verfügte Japan über insgesamt rund 400 000 Schiffe mit einer Gesamttonnage von 1,8 Millionen Bruttoregistertonnen. Die Fangflotten operieren nicht nur im Küstenbereich, viele von ihnen sind auch auf Stützpunkten im Ausland stationiert.

Seitdem 1982 die 200-Seemeilen-Wirtschaftszonen eingerichtet wurden, die dem jeweiligen Uferstaat das ausschließliche Recht einräumen, über den Fischfang zu entscheiden, sind die Fanggründe vor den Küsten eingeengt worden. Diese völkerrechtliche Bestimmung zwang japanische Firmen dazu, Fangrechte gegen Bezahlung zu erwerben oder sich mit jeweils ortsansässigen Fischern zusammenzutun. Trotz der 200-Seemeilen-Zone und wachsenden Schwierigkeiten beim Abschluß neuer Fischereiabkommen zählt das Land unverändert zu den weltgrößten Fischereinationen. Japan hat jedoch mit dem Problem der Überfischung sowie der zunehmenden Meeresverschmutzung zu kämpfen.

Jahrzehntelang war die japanische Hochseefischerei berüchtigt für ihre Praxis der Treibnetzfischerei: Die kilometerlangen »Wände des Todes« vernichteten viele bedrohte Arten von Meerestieren. Auch beim Thema Walfang geriet Japan in die Kritik. Trotz des Verbots des kommerziellen Walfangs durch die internationale Walfangkommission ab 1986 wird auf Druck der mächtigen inländischen Fischerei-Lobby auch weiterhin dieses Geschäft betrieben. In den 1990er Jahren besaß Japan etwa 16 Walfangschiffe, die allerdings offiziell für wissenschaftliche Zwecke eingesetzt wurden. Sie produzierten jährlich rund 1000 t Walfleisch.

Da die nationale Fangflotte die überaus große Nachfrage nach dem Haupteiweißlieferanten nicht allein decken kann, müssen zusätzlich noch große Mengen Fisch eingeführt werden. Als alternative Einnahmequelle für Küstenfischer ist inzwischen die Aquakultur, also die planmäßige Bewirtschaftung und Nutzung der Küstenflächen für die Zucht von Garnelen und Austern hochentwickelt.

**Aquakultur-Anlage** in einem japanischen Küstengewässer zur Züchtung der Rotalge Porphyra spec., die auf Netzen wachsen und von denen sie abgeerntet werden (links). Algen sind in Japan ein wichtiges vitamin- und jodreiches Nahrungsmittel. Außerdem spielen im Küstenbereich die Seetanggewinnung und Perlmuschelzucht eine große Rolle, auch wenn deren Produktivität mittlerweile vor allem wegen der Verschmutzung der Küstengewässer wieder rückläufig ist.

# JAPAN: INDUSTRIE

Eine grundlegende Neustrukturierung der japanischen Wirtschaft war die Voraussetzung für die erfolgreiche Umwandlung Japans zu einem modernen Staat in der Meiji-Zeit (1868–1912). Dabei konnte zum einen auf »moderne« Wirtschaftselemente wie marktorientierte Produktion, Bankwesen, Börsensystem und einen vorhandenen Groß- und Einzelhandel zurückgegriffen werden. Zum anderen griff der Staat aktiv in die Gesellschafts- und Wirtschaftspolitik ein. Die Reform des ländlichen Abgabesystems wirkte im Sinne einer Bauernbefreiung und trug wesentlich zur Schaffung einer Klasse von Lohnarbeitern bei. Tragende Sektoren der wirtschaftlichen Modernisierung waren die Textil- und die Schwerindustrie. Erstere schuf mit modernen importierten westlichen Anlagen und mit moderner Arbeitsorganisation, u. a. durch die Einführung von Nachtschichten, die Grundlage für die gewaltige Exportproduktion. Für die Schwerindustrie war kennzeichnend, daß ihre ersten Unternehmen im militärstrategisch wichtigen Bereich der Stahl-, Werft- und Eisenbahnindustrie in staatlichem Besitz waren. Später wurden diese privatisiert, und einige von ihnen entwickelten sich in wenigen Jahrzehnten zu Riesenkonzernen.

Ergebnis dieser Entwicklung war in den 20er und 30er Jahren dieses Jahrhunderts die Entstehung einer dualen Wirtschaftsstruktur. Neben wenigen riesigen Familienkonzernen (zaibatsu), wie Mitsui, Mitsubishi (Familie Iwasaki), Sumitomo und Yasuda, bestand eine Vielzahl kleiner und kleinster Betriebe, die meist nur als Zulieferer der großen überleben konnten. Während des Ersten Weltkriegs erlebte die japanische Wirtschaft ein bislang unbekanntes Wachstum. Nach Kriegsende wurde bereits mehr als die Hälfte des Bruttosozialprodukts im Industriesektor erwirtschaftet. Somit war Japan der Übergang von der Agrar- zur Industriegesellschaft binnen weniger Jahrzehnte gelungen.

Die Weltwirtschaftskrisen der 1920er und 1930er Jahre trafen Japan schwer. Doch der militärische Bedarf infolge der Besetzung der Mandschurei 1931 und des 1937 begonnenen Kriegs gegen China brachte einen neuen Industrialisierungsschub. Die militärische Kontrollwirtschaft bündelte das gesamte volkswirtschaftliche Potential auf die kriegswichtigen Produktionszweige Eisen-, Leichtmetall- und Stahlindustrie sowie auf den Flugzeug- und Schiffbau – bis Japan 1945 in Trümmer sank.

## Wirtschaftsmacht Japan

Der schnelle Aufstieg nach 1945 vollzog sich vor dem Hintergrund massiver US-amerikanischer Wirtschaftshilfe, staatlicher Rahmenplanung und geduldeten Protektionismus. Neben der zunächst forciert vorangetriebenen Entwicklung der Schwerindustrie und der chemischen Industrie brachte die Massenproduktion einen raschen Wirtschaftsaufschwung: Japanische Uhren, Fotoapparate, elektrische Haus-

**Der japanische Hochgeschwindigkeitszug Shinkansen** fährt an einem vollen Bahnsteig in Tokyo ein *(oben)*. Der Shinkansen ist der Stolz des gut ausgebauten japanischen Verkehrsnetzes. Er gehört zu einer Reihe von Super-Expreß-Zügen, die auf der Hauptinsel Honshu die großen Städte miteinander verbinden. Dabei fährt er mit einer Geschwindigkeit von bis zu 270 km/h. – **Die japanische Börse** *(rechts)* mit Sitz in Tokyo ist neben New York und London eines der bedeutendsten Finanzinstitute der Erde. Die Asienkrise 1998 führte zu großer Hektik bei der Abwicklung der Geldgeschäfte.

halts- und Unterhaltungsgeräte, Computer und Autos sind heutzutage überall in privaten Haushalten Europas und Nordamerikas anzutreffen. Aber auch die Industrie setzt seit längerem auf den Einsatz japanischer Werkzeugmaschinen, modernster elektronischer Bauteile und Industrieroboter.

Die weltweit marktbeherrschende Stellung basiert längst nicht mehr auf dem Kopieren ausländischer Produkte, sondern gründet sich auf die Fähigkeit, neue Produkte schnell zur Serienreife zu entwickeln und in Massen herzustellen; dazu werden überall auf der Welt Patente und Lizenzen eingekauft. Der Vertrieb erfolgt häufig über die Generalhandelshäuser (Sogo shosha), die weltweit ein dichtes Informationsnetz unterhalten.

In den 1960er Jahren, in einer Hochwachstumsphase, verlief die Wirtschaftsexpansion nach Rahmenplänen – Industriepolitik, »indikative« Planung – des MITI (Ministerium für Au-

## Wirtschaft

Japans Hauptindustriegebiete (rechts) liegen im wesentlichen an den Küsten der Hauptinsel Honshu. Die Keihin-Region umgibt die Bucht von Tokyo und umschließt die Hauptstadt selbst und das nahegelegene Yokohama. Weiter westlich liegt die Chukyo-Region mit der Stadt Nagoya und der Isebucht. Die Hanshin- und die Inlandsee-Region liegen am südlichen Ende der Insel Honshu. Ein weiterer schmaler Industriegürtel erstreckt sich von Komatsu bis nach Niigata entlang des Japanischen Meeres.

**In der Verwendung von Robotern** ist Japan führend in der Welt. Bei ihrem Einsatz in der Industrie verrichten sie vorwiegend Arbeiten, die eine gleichbleibende Präzision erfordern und sich ständig wiederholen. Aber auch für schmutzige Arbeiten und solche, die die Gesundheit des Menschen gefährden würden, werden Roboter verstärkt eingesetzt. Auf einer Ausstellung in Japan im Jahr 2000 wurde der Roboter Robovie *(rechts)* vorgestellt, der menschliche Gefühle, wie »Zuneigung« auszudrücken vermag.

**Yokohama** ist eine der bedeutendsten Hafenstädte Japans *(oben)* und ein wichtiges Geschäftszentrum für den Außenhandel. Neben modernen Hafenanlagen verfügt die Millionenstadt über Werften, Ölraffinerien und Industriebetrieben.

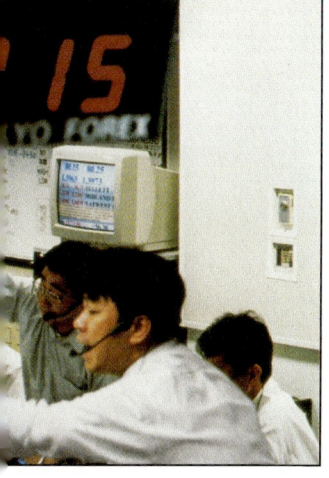

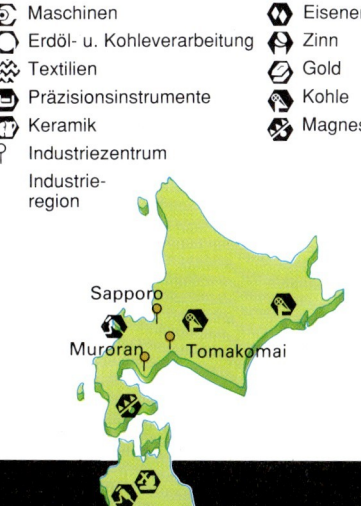

Symbole:
- Transportausrüstungen
- Eisen und Stahl
- Chemikalien
- Maschinen
- Erdöl- u. Kohleverarbeitung
- Textilien
- Präzisionsinstrumente
- Keramik
- Industriezentrum
- Industrieregion
- Zink und Blei
- Kupfer
- Erdöl
- Eisenerz
- Zinn
- Gold
- Kohle
- Magnesium

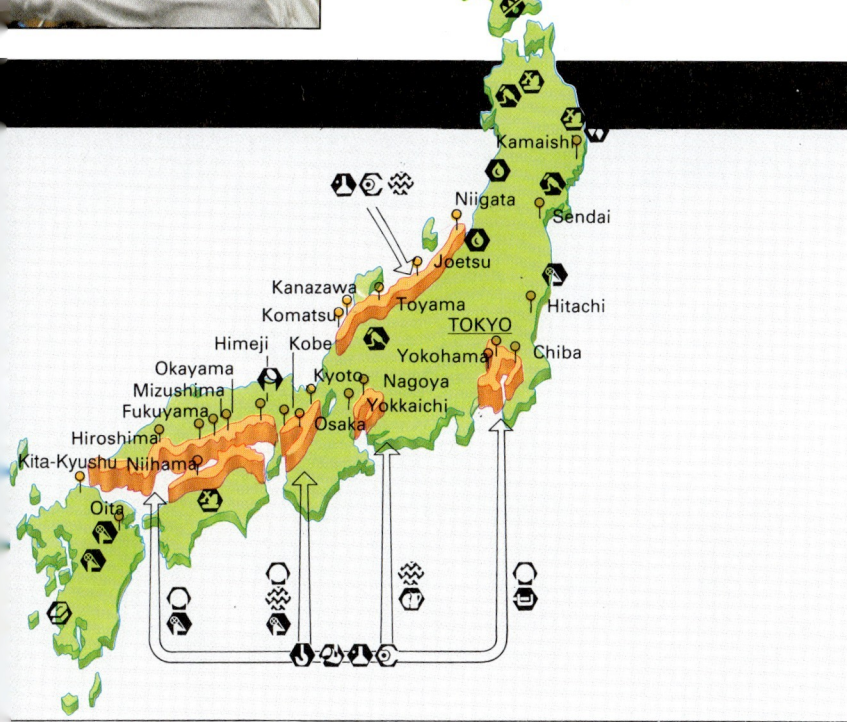

ßenhandel und Industrie), das seither als geheimnisumwitterte Steuerzentrale japanischer Wirtschaftsoffensiven gilt.

### Japans Weg zur postindustriellen Gesellschaft

Langfristige Planungen des MITI, den bestehenden Trend weg vom produzierenden Gewerbe hin zur Entwicklung von technischem Know-how und hochqualifizierten Dienstleistungen zu verstärken, waren erfolgreich: Ende der 1990er Jahre waren nur noch ca. 5 % aller Beschäftigten im Primärsektor (Landwirtschaft, Fischerei) tätig. In der Industrie war nur noch ein Drittel der Erwerbstätigen angestellt. Aber bereits deutlich mehr als die Hälfte arbeitete im Dienstleistungsbereich.

Die verstärkte Hinwendung zum Forschungs- und Entwicklungsbereich kommt nicht nur in einer überproportionalen Zunahme von Wissenschaftlern und technischen Fachkräften zum Ausdruck, sondern auch in einer beeindruckenden Forschungsbilanz, die u. a. neue Chipsgenerationen, Magnet-Schnellbahnen, hochauflösendes TV (HDTV), Biotechnologie sowie »intelligente« Werkstoffe hervorgebracht hat.

### Stagnierende Wirtschaft

Zwar zählt Japan auch heute noch zu den weltweit größten Industrienationen, doch die Krise des nationalen Finanzsystem ließ den Staat in den 1990er Jahren von der einst bewunderten Wirtschaftsmacht zur Bedrohung für die Weltwirtschaft werden. Die Börsenkurse brachen ein, die Arbeitslosigkeit erreichte einen Rekordstand von 4 %, die Staatsverschuldung stieg rapide und der private Verbrauch – mit einem Anteil von über 50 % am Bruttoinlandsprodukt ein bedeutender Faktor für die Erholung der japanischen Wirtschaft – verringerte sich besorgniserregend.

# JEMEN

Zwei Bedeutungen hat das arabische Wort »Yamin«: Glücklich und rechts. »Glückliches Land zur Rechten Allahs« meint demnach der Name Jemen. Ein blühender Karawanenhandel mit den in der antiken Welt begehrten Duftharzen Weihrauch und Myrrhe, geheimnisvolle Märchenstädte und biblisch anmutende, fruchtbare Landschaften haben dem Land zu Recht diesen Namen eingebracht.

In drei große Landschafts- und Klimazonen gliedert sich der Jemen: Die flachen, feuchtheißen Küsten-, die klimatisch gemäßigten Berg- und Höhenregionen und die Wüste. Im Westen des Landes säumt der bis zu 45 km breite, fruchtbare Tieflandstreifen der Tihamah die Küste des Roten Meeres. Auch im Süden und Südosten des Landes begleitet ein flacher Küstenstreifen den Indischen Ozean. Parallel zur Tihamah erstreckt sich von Norden nach Süden der Bergjemen. Und ebenso wie an die Tihamah schließen sich auch an das Tiefland am Indischen Ozean Höhenzüge an: die bis zu 2000 m aufragenden Kalksteinplateaus des Jol. Den Norden und Nordosten des Landes bedeckt die große arabische Wüste Rub al Khali.

Jede der Landschaftszonen hat ihre unverwechselbare Architektur, die natürlich vorhandene Baustoffe aufgreift und so Minarette und Moscheen, Wohnhäuser und Wehrburgen wie organisch aus dem Boden gewachsen erscheinen läßt. Am Rande der Rub al Khali im Osten und Nordosten wird mit Lehm gebaut. Im Bergland sind es bevorzugt behauene Felsbrocken und in den Küstenstreifen dominieren neben Ziegelsteinen Holz und Korallenblöcke.

Im Gegensatz zur weniger fruchtbaren Küstenregion am Indischen Ozean wird in der Tihamah intensive Landwirtschaft betrieben. In guten Jahren ist hier sogar Regenfeldbau möglich. Meist jedoch wird das kostbare Naß aus dem Grundwasser hochgepumpt und auf die Felder geleitet. Baumwolle, Tabak, Luzerne, Mais, Bohnen, Tomaten u. a. werden angebaut. Wichtigste und modernste Hafenstadt am Roten Meer ist Al Hudaydah, das 260 000 Einwohner zählt. Eine besondere Rolle nahm einst das Tihamah-Hafenstädtchen und heute fast bedeutungslose Mokka (Al Mukha) ein. Von hier aus trat vor allem im 16. und 17. Jahrhundert der Kaffee seinen Siegeszug um die Welt an. Und von Al Mukha erhielt er auch seinen Namen: Mokka. Haupthafen und Handelszentrum des modernen Jemen ist freilich das am Indischen Ozean gelegene Aden, die mit über 400 000 Bewohnern zweitgrößte Stadt des Landes. Einst spielte Aden für Großbritannien eine zentrale Rolle bei der Sicherung des Seewegs nach Indien. Die ebenfalls am Indischen Ozean gelegene Hafenstadt Al Mukalla ist für die Versorgung des Hinterlandes Hadramaut von einiger Bedeutung.

Verläßt man die Tihamah in Richtung Hochland, so erreicht man in kurzer Zeit ein unzugängliches, wildromantisches Bergland. Aus

# JEMEN

Verteidigungsgründen und um das knappe Ackerland nicht durch Bauten zu vergeuden, kleben die jemenitischen Dörfer wie trutzige Schwalbennester an den oft bis in die Täler hinab terrassierten Berghängen. Zusammen mit den höhenbedingt milden Temperaturen und den sich an den Bergketten abregnenden Monsunen ermöglichen die in jahrhundertelanger, mühseliger Arbeit terrassierten Bergflanken eine überaus intensive Landwirtschaft. Wie kaum ein anderes Volk haben die Bergjemeniten neben dem raffinierten Terrassenbau auch die Kunst ausgeklügelter Bewässerungssysteme kultiviert. Kaffee, Hirse, Gerste, Weizen, Hülsenfrüchte aller Art, Bananen und Papayas können im Hochland geerntet werden. Auf halber Höhe zwischen der Tihamah und der Hochebene der Hauptstadt San'a liegt Ta'izz, die mit 290 000 Einwohnern drittgrößte jemenitische Stadt. Das knapp eine Million Menschen zählende San'a, das der Legende nach von Sem, dem Sohn Noahs, als erste Stadt nach der Sintflut erbaut wurde, liegt am Kreuzungspunkt der alten Weihrauch- und Myrrhestraßen.

Will man von der Küste des Indischen Ozeans ins Landesinnere gelangen, so folgt man heute nicht mehr den Weihrauchstraßen, auf denen vielleicht einst die Heiligen Drei Könige reisten. Der moderne Reisende benutzt die von den Chinesen gebaute Teerstraße, die von der Küste ins bergige Wunderland der Wüstenstädte führt. Gleich hinter der Küste erhebt sich das Kalksteinplateau des Jol. Auf den Hochlagen des Jol kann sogar Regenfeldbau betrieben werden, denn hier sind die Niederschläge häufiger und ausgiebiger als im niedrigeren Jol. Tief in das Plateau eingeschnitten ist das Geäder trockenliegender Wüstenflüsse. Nach den zwar seltenen, aber heftigen Gewittergüssen brechen meterhohe Flutwellen durch diese Wadis. Durch jahrhundertelange Erfahrung haben die Wüstenbewohner gelernt, diese Ströme zur Bewässerung ihrer Felder zu nutzen.

Das berühmteste Tal im Inneren des südöstlichen Jemen ist das Wadi Hadramaut, in dem das für seine Hochhäuser berühmte Shibam liegt. In Millionen von Jahren haben Regenfluten das mehrere hundert Meter tiefe, fast 200 km lange und bis zu 10 km breite Tal aus dem Kalkstein gewaschen. Ein sich in über 100 m Tiefe unterirdisch erstreckender See steigert die üppig-grüne Fruchtbarkeit des Wüstentals ins beinahe Unwirkliche. In mühsamer Arbeit haben seine Bewohner der ockerfarbenen Wüste dieses grüne, schattige Tal mit seinen Getreidefeldern, Dattelpalmen und Feigenbäumen abgetrotzt und eine der eigenwilligsten Kulturen der arabischen Welt hervorgebracht.

Doch die üppige Fruchtbarkeit von Tihamah, Bergjemen und Wadi Hadramaut steht in krassem Gegensatz zum übrigen Jemen, der von einer riesigen Wüste beherrscht wird: Die unerbittliche und menschenfeindliche Sandwüste Rub al Khali im Norden und Osten.

# JEMEN: DER STAAT

Begrenzt wird der Jemen vom Roten Meer im Westen, vom Sultanat Oman im Osten, von Saudi-Arabien im Norden und vom Indischen Ozean im Süden. Mit knapp 530 000 km² Staatsfläche, die Inseln Socotra (Suqutra) und Perim (Barim) sowie die Kamaran-Inselgruppe mitgerechnet, ist der Jemen etwa so groß wie Frankreich. Über 17 Millionen Einwohner zählt das in 17 Provinzen gegliederte Land. Staatsreligion ist der Islam. Doch während die Bevölkerungsgruppen der Tihamah und die der Regionen um Tai'zz und Aden sowie die des Wadi Hadramaut dem sunnitischen Islam angehören, zählen die meisten Berglandbewohner zu den Zaiditen, einer gemäßigt schiitischen Glaubensrichtung.

Seit den Glanztagen des antiken und frühislamischen Jemen hat sich manches verändert. Wie die Deutschen gerieten die Jemeniten am Bab al Mandab, dem »Tor der Tränen« – wie man jene Meerenge nennt, an der das Rote Meer in den Golf von Aden mündet – ins Spannungsfeld der Großmächte. Und wie die Deutschen lebten die Jemeniten in zwei Staaten. Marktwirtschaft herrschte im nördlichen Jemen, der ehemaligen Jemenitischen Arabischen Republik mit der Hauptstadt San'a, Planwirtschaft dagegen im südlichen Jemen, der vormaligen Demokratischen Volksrepublik Jemen mit der Hauptstadt Aden. Der Norden fühlte sich dabei dem Westen zugehörig und der Süden pflegte enge Beziehungen zur Sowjetunion. Mehrfach gab es militärische Auseinandersetzungen zwischen den Bruderstaaten. Doch stets versöhnten sie sich wieder und verkündeten für eine unbestimmte Zukunft Vereinigungsabsichten.

Am 22. Mai 1990 war es dann soweit: Die beiden jemenitischen Republiken gaben ihre Ver-

**Die Häuser in San'a** *(rechts)* mit ihren wunderschönen Balkonen, Türmchen und dem dekorativ verzierten Mauerwerk zählen zu den schönsten architektonischen Schätzen der Welt. Durch die acht Tore der Stadtmauer dringt man in die überfüllte Enge des Zentrums ein, das auf biblische Zeiten zurückgeht.

## Daten und Fakten

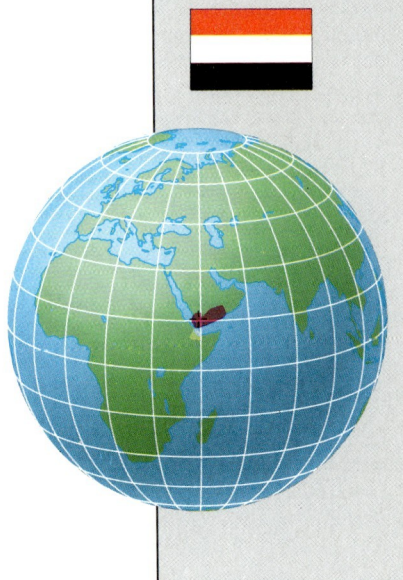

**DAS LAND**
**Offizieller Name:** Republik Jemen
**Hauptstadt:** San'a
**Fläche:** 527 968 km²
**Landesnatur:** Küstenlandschaften mit der feuchtheißen Tihamah am Roten Meer, zentrales Bergland mit dem Wadi Hadramaut im S, Wüsten Innerarabiens
**Klima:** Wüstenklima mit sehr hoher Luftfeuchtigkeit
**Höchster Punkt:** Hadur Shu'ayb 3760 m
**Tiefster Punkt:** Meeresspiegel

**DER STAAT**
**Regierungsform:** Islamische Präsidialrepublik
**Staatsoberhaupt:** Präsident
**Regierungschef:** Ministerpräsident
**Verwaltung:** 17 Provinzen
**Parlament:** Parlament mit 301 für 5 Jahre gewählten Mitgliedern
**Nationalfeiertag:** 22. Mai
**DIE MENSCHEN**
**Einwohner (Ew.):** 17 488 000 (1999)
**Bevölkerungsdichte:** 33 Ew./km²
**Stadtbevölkerung:** 38 %

**Bevölkerung unter 15 Jahren:** 48 %
**Analphabetenquote:** 53 %
**Sprache:** Arabisch
**Religion:** Moslems über 99 %
**DIE WIRTSCHAFT**
**Währung:** Jemen-Rial
**Bruttosozialprodukt (BSP):** 4946 Mio. US-$ (1998)
**BSP je Einwohner:** 300 US-$
**Inflationsrate:** 24,2 % (1990-98)
**Importgüter:** Maschinen, Fahrzeuge, Metallwaren, Eisen, Stahl, Garne, Gewebe,

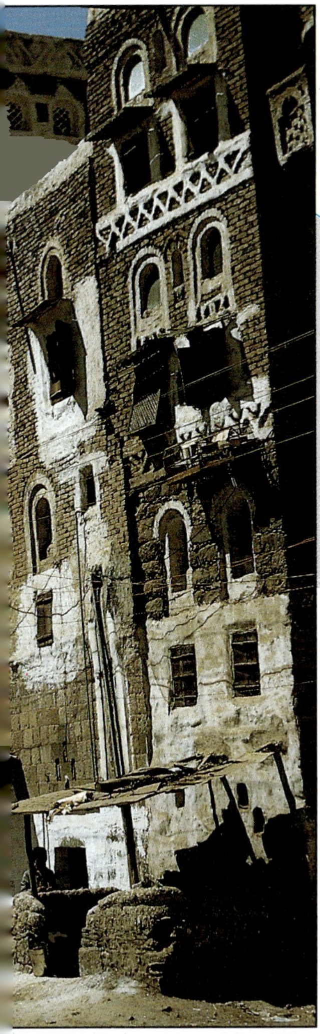

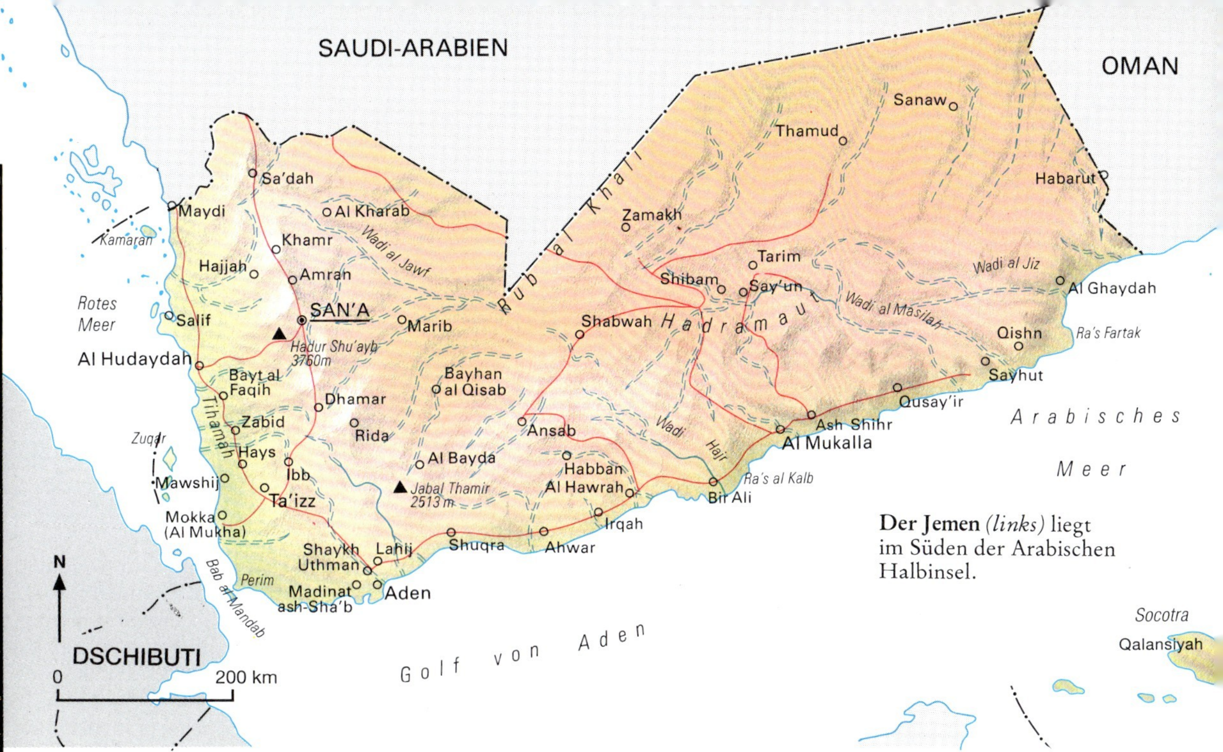

Der Jemen *(links)* liegt im Süden der Arabischen Halbinsel.

einigung zur »Republik Jemen« bekannt. Unerwartet kam die Staatenfusion nicht. Schon 1989 wurde die Grenze zwischen beiden Ländern weitgehend geöffnet. Anfang Mai 1990 einigten sich die beiden Präsidenten, Oberst Ali Abdullah Saleh (* 1942) für den Nordjemen und Haidar Abu Bakr Al Attas (* 1939) für den Südjemen, auf San'a als Hauptstadt. Die südjemenitische Haupt- und Hafenstadt Aden wurde zum Handelszentrum des Landes erklärt. Ebenso konnte man sich auf Oberst Saleh als Vorsitzenden des Präsidentenrates und ersten Regenten der Republik Jemen einigen. Als Vize-Präsident wurde der bisherige Generalsekretär der »Jemenitischen Sozialistischen Partei« (Südjemen), Ali Salem Al Baid, ernannt. Für eine Übergangszeit wurde ein Präsidialrat gebildet, der alle legislativen und exekutiven Befugnisse übernahm. Die Mehrheit der Bevölkerung stimmte in einem Referendum 1991 für die Annahme einer neuen Verfassung, auf deren Grundlage 1993 freie Parlamentswahlen stattfanden.

Da zwischen Saleh und Al Baid Differenzen über die Machtverteilung und die Entwicklung des Landes bestanden, blieb die innenpolitische Lage heikel. Dazu trug auch bei, daß wegen der pro-irakischen Haltung des Jemens während des Golfkriegs viele jemenitische Gastarbeiter aus Saudi-Arabien und den Golfstaaten ausgewiesen wurden. Dadurch verschlechterte sich die wirtschaftliche Lage erheblich.

1993 zog sich Al Baid von San'a nach Aden zurück. 1994 eskalierte der Konflikt endgültig. Al Baid warf Saleh die Islamisierung des Landes vor, machte die Einheit rückgängig und rief die »Demokratische Republik Jemen« aus. Es kam zum militärischen Konflikt. Da die Streitkräfte des Nordens und des Südens nicht verschmolzen worden waren, standen sich eigenständige gut gerüstete Verbände gegenüber. Im Juli 1994 eroberten die Nordtruppen Aden, und die politische Führung des Südens floh ins Exil. Das Parlament in San'a billigte im Anschluß an diese Ereignisse eine neue Verfassung auf der Grundlage des islamischen Rechts und wählte Saleh für eine fünfjährige Amtszeit zum Präsidenten. Seine Partei, der »Allgemeine Volkskongreß«, gewann auch die letzten Parlamentswahlen im Jahre 1997.

Im Juni 2000 einigten sich Jemen und Saudi-Arabien über den Grenzverlauf. Die saudischen Monarchen, die in der Vergangenheit dem Nordjemen mehrfach finanziell unter die Arme griffen und so den drohenden Staatsbankrott verhinderten, stehen einem Gesamtjemen argwöhnisch gegenüber. Großzügige finanzielle Unterstützung erhält Jemen nach wie vor von Kuwait.

Textilien, Weizen, Weizenmehl, Zucker, Honig
**Exportgüter:**
Erdölderivate, Baumwolle, Kaffee, Häute, Felle, Salz, Fischereiprodukte
**Handelspartner:**
USA, VR China, Japan, Frankreich und andere EU-Länder, Australien, Thailand, Saudi-Arabien
**Straßennetz:**
5243 km (befestigt)
**Fernsehgeräte je 1000 Ew.:** 29

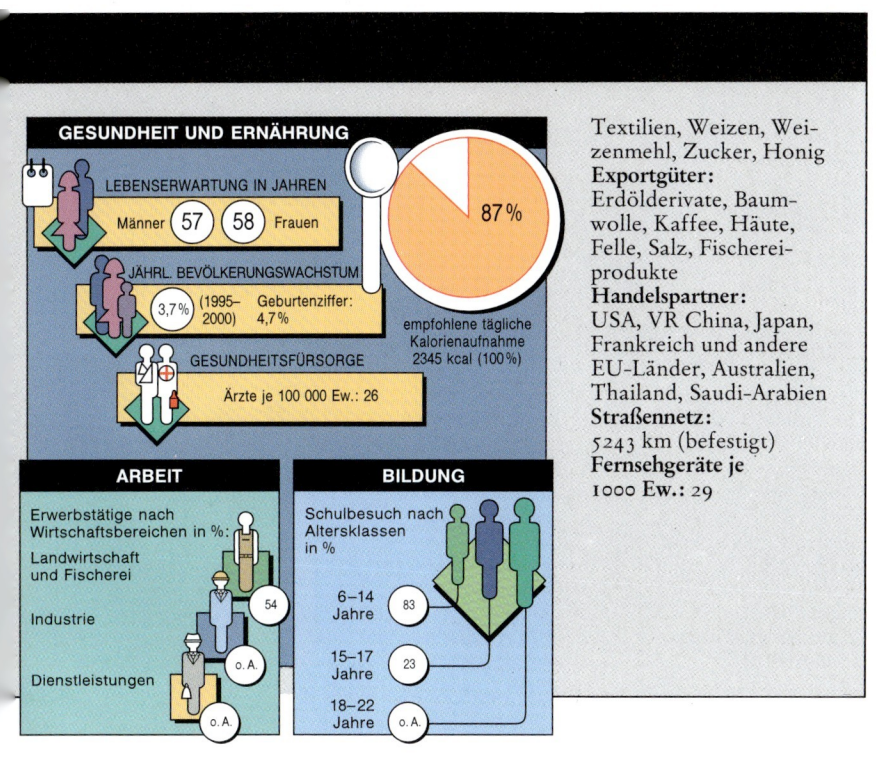

# JEMEN: GESCHICHTE

Die alten Griechen und Römer kannten das Gebiet, das heute vom Jemen und der Provinz Dofar (Oman) eingenommen wird, unter dem Namen »Arabia felix« (das glückliche Arabien). Noch vor dem Jahre 100 n. Chr. beschrieb ein griechischer Seekapitän es als »das Weihrauchland, gebirgig und gefährlich, in dicke Wolken und Nebel gepackt, (dessen) Bäume Weihrauch erbringen, (ein Gebiet) der friedfertigen Menschen, nomadischer Hirten von Rindvieh, Schafen und Kamelen.« Der Legende zufolge haben arabische Karawanen Parfüm und Gewürze aus Arabien und Afrika hierhergebracht, Musselin aus Ceylon, Seide aus China, Schildpatt, Zimt, Diamanten und Saphire aus Indien und aus den afrikanischen Ländern Weihrauch, Gold, Myrrhe, Elfenbein, Sklaven, Affen, Straußenfedern und Öl.

### Das Volk der Mondgöttin

Man sagt, daß die Söhne des Qahtan, die wahren Araber, aus dem Jemen kommen. Im 1. Jahrtausend v. Chr. handelten die Minäer von Djouf mit Ägypten, Syrien und der Stadt Petra im heutigen Jordanien, von wo aus sie die Verehrung ihrer Mondgöttin bis zur Mittelmeerinsel Delos verbreiteten. Seit 900 v. Chr. beheimatete diese Region die Sabäer, ein technisch weitentwickeltes, friedfertiges Volk, das den berühmten Damm bei Marib gebaut hat, eine Stadt, die später Hauptstadt dieses Volkes wurde. Ihr legendärer Reichtum ist auf den Gewürzhandel zurückzuführen, ein Grund für die »ungeheure Menge sowohl an Gold- als auch an Silberartikeln, wie Liegen, Dreifüße und Gefäße und die prächtigen Häuser«, über die sie nach dem griechischen Geographen Strabo verfügten. Zu den Herrschern der Himjaren, den Nachfolgern der Sabäer, gehört die Königin von Saba, im Arabischen bekannt als Bilqis. Auf ihre Begegnungen mit Salomon wird in der Bibel und im Koran hingewiesen.

Später schwand der Wohlstand von »Arabia felix«: nach Angaben arabischer Historiker ist dies auf das berühmte Brechen des großen Marib-Damms im Jahre 550 n. Chr. zurückzuführen, aber der wirtschaftliche Niedergang war wohl eher dem Rückgang des Handels zuzuschreiben, nachdem die Überlandrouten zugunsten der Seewege an Bedeutung verloren hatten. In der späteren himjarischen Zeit kam sowohl das Christentum als auch das Judentum in den Jemen. Der letzte Himjaren-König Dhu Nuwas trat zum Judentum über, und dem Rufe nach massakrierte er im Jahre 523 die Christen von Najran. Viele Juden lebten weiterhin im Jemen, bis die Gründung Israels 1948 Wanderungsbewegungen in den neuen Staat auslöste.

### Das Aufkommen des Islam

Im Jahre 628 nahm der fünfte persische Satrap des Jemen, Badhan, den Islam an. Von da an bewegte sich die arabische Geschichte fort von »Arabia felix« nach Norden zum Hedjas, wo der Koran dem Propheten Mohammed offenbart worden war. Im Jemen gab es in den frühen Jahrhunderten des Islam religiöse Konflikte, wodurch viele Bürgerkriege ausgelöst wurden. Die meisten Einwohner des Jemen sind zaiditische Moslems – eine schiitische Glaubensrichtung, andere wiederum sind Sunniten. Die Imams, die geistlichen und weltlichen Herrscher bis zur Revolution 1962, waren Zaiditen. Die osmanischen Türken hielten den Nordjemen von 1517–1635 besetzt und noch einmal von 1872–1890.

### Die Zeit der Tyrannei

Im Jahre 1904 kam der Imam Jahja zur Macht und herrschte bis 1948. Seine grausame Herrschaft beruhte auf Bündnissen mit den Stämmen und einem System der Geiselnahme aus führenden Familien als Bürgen für adäquates und konformes Verhalten. Die Strafen für Verrat und Verbrechen waren schrecklich. Dieben wurden die Hände abgehauen und an den Mauern der Hauptstadt San'a befestigt; die Köpfe der Rebellenführer dekorierten die Mauern der Stadt; politische Gefangene wurden festgekettet wie wilde Tiere; Alkohol, Musik und Tanz galten als gottlos und waren daher verdammt. Es gab nur ein Krankenhaus, jedoch litten 80 % der Bevölkerung an der furchtbaren Augenkrankheit Trachom. Das durchschnittliche Pro-Kopf-Einkommen lag bei jämmerlichen 55 US-Dollar im

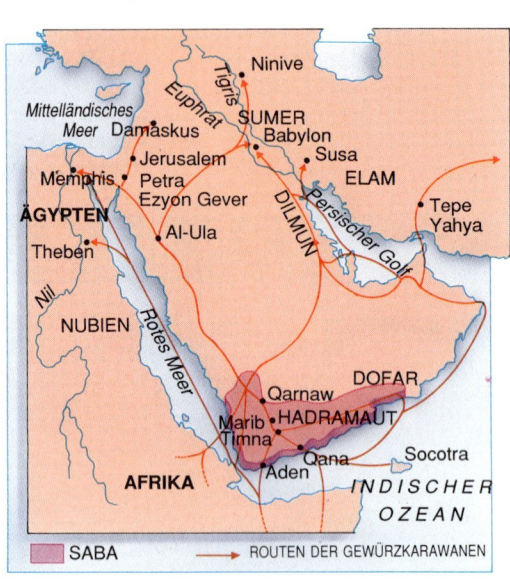

Das Land der Königin von Saba *(oben)*, der Jemen und ein Teil von Oman, war einst in der ganzen Welt als Handelszentrum speziell für qualitativ hochwertige Waren berühmt. Hier nahm die »Weihrauchstraße« zum Mittelmeer ihren Anfang.

Der Marib-Damm *(rechts)* im Jemen ist ein Zeugnis für den Höhepunkt des vorislamischen Staates Saba (Sheba). Mit einer Länge von rund 600 m schützte er eine Oasenstadt, die als das »Paris des Altertums« bezeichnet worden ist.

# JEMEN

Jahr. Jahjas Sohn Ahmed, der die Rebellen niederschlug und nach der kurzen Revolution 1948 Imam wurde, setzte die Tyrannei seines Vaters fort, und als der liberalere Al Badr im Jahre 1961 seine Nachfolge antrat, war es zu spät, einen neuen Aufstand zu verhindern. Ein junger Soldat namens As Sallal besetzte San'a und machte das Land zur Republik. Aber Al Badr begann einen Bürgerkrieg, in dem eine Viertelmillion Jemeniten ums Leben kamen. Präsident Nasser von Ägypten leistete den Republikanern mit Truppen und Geld Unterstützung, während die Saudis den Königstreuen unter die Arme griffen. 1970 beendeten die Republikaner und Royalisten ihre Feindschaft, und fortan bestand eine (Arabische) Republik Jemen. Drei Jahre früher wurde der bis dahin weitgehend von Großbritannien kontrollierte Südjemen als Volksrepublik unabhängig. Beide Staaten vollzogen 1990 den Schritt zur staatlichen Einheit.

**Schön, aber auch karg.** In der wilden Hügellandschaft des nördlichen Jemen *(links)* gediehen einst große Bestände duftender Gummibäume, Quelle für Myrrhe und Weihrauch. Auf diesen Produkten baute der Handel des »Weihrauchlands« auf.

**Frauen im nördlichen Jemen** *(unten)* waschen Kleidungsstücke in einer »Freiluftwäscherei«, einem kleinen Bach. Die leuchtenden Stoffe ihrer Kleider erinnern entfernt an den einstigen Reichtum dieser Region, den es schon seit langem nicht mehr gibt.

# JEMEN: DAS LAND

Die meisten Bewohner des Jemen gehören südarabischen Stämmen an. An vielen Stellen des Landes sind jedoch auch andere Einflüsse augenfällig. Vor allem in der Tihamah haben sich Afrika und Arabien vermischt. Auf Afrika weisen die dunklen, oft schwarzen Menschen hin. Arabisch dagegen sind Religion und Kultur. Wie überall im Lande tragen die Männer Röcke und die Frauen Hosen. Verschleierte Frauen allerdings sind in der Tihamah selten. Denn der sunnitische, afrikanisch gemilderte Islam der Tihamah-Bewohner ist weniger streng als der zaiditische der Bergbewohner. Ähnlich ist die Bevölkerungszusammensetzung im Küstenstreifen des Indischen Ozeans. Doch haben sich hier auch jeweils mehrere tausend indische, pakistanische und somalische Einwanderer niedergelassen, und seit der britischen Kolonialzeit leben kleinere Gruppen von Briten im Lande.

### Die Städte im Wadi Hadramaut

Im Wadi Hadramaut haben sich die Südaraber dagegen mit Malaien vermischt. Im Mittellauf des Wadi liegen die beinahe schon mythischen Städte Hadramauts: Shabwah, Shibam, Say'un und Tarim. Bereits in der Antike blühte hier eine ausgeprägte städtische Kultur. Die »Wolkenkratzerstadt« Shibam, »Chicago der Wüste« nannte sie 1935 der deutsche Jemenreisende Hans Helfritz, ist heute die älteste der Hadramaut-Städte. Trotz der wenig dauerhaften Bauweise aus gestampftem Lehm und luftgetrockneten Lehmziegeln sind die meisten der bis zu dreißig Meter hohen Turmhäuser des heutigen Shibam mehrere hundert Jahre alt. Wie zu alten Zeiten zeigt die inzwischen von der UNESCO geschützte Stadt eine beeindruckend trutzige Kulisse: etliche hundert, festungsartig ineinander verschachtelte, meist achtstöckige »Wolkenkratzer«, umgürtet von einer Stadtmauer, die nur einen einzigen Zugang zur Stadt bietet. Gleich schneebedeckten Gipfeln heben sich die leuchtend weißen Obergeschosse der ansonsten braunen Turmhäuser vom Blau des Himmels ab. Tarim, die unweit von Shibam gelegene Stadt, war einst Zentrum des sunnitischen Islam im Jemen. Die Glanzzeit von Tarim allerdings, das einst Dutzende von Koranschulen und ebenso viele Moscheen zählte wie das Jahr Tage hat, ist vorbei – Tarim zerfällt.

Später als andere Teile des Landes öffnete sich der Bergjemen mit seinen zahllosen Stämmen der Außenwelt. Denn von der Mitte des 10. Jahrhunderts an regierten bis zur Revolution von 1962 die zaiditischen Priesterkönige die abgeschiedene Bergregion. Erst im nachfolgenden Bürgerkrieg fand ihre Herrschaft ein Ende. Die Devise von Imam Ibn Mohammed Jahja (1876–1948) »Lieber werden mein Volk und ich Stroh fressen, als daß wir Fremde hereinlassen!« verlor somit ihre Gültigkeit. Das Land öffnete sich und wagte den Sprung vom Mittelalter in die Moderne.

**Viele Menschen im Jemen** tragen westliche Jacken über ihrer langen Stammestracht *(unten)*. Als Moslems haben sie im allgemeinen eine Kopfbedeckung auf. Die Stammesmitglieder des Nordens sind Schiiten, die des Südens hauptsächlich Sunniten.

**Eine lebensfeindliche Landschaft** *(rechts)* aus kargem Gestein und Sand kennzeichnet den unzulänglich abgesteckten Grenzraum zum riesigen Saudi-Arabien. Hier liegen die Temperaturen oft höher als 54 °C, und Regen fällt nur äußerst selten.

### San'a – die orientalische Märchenstadt

Auf den ersten Blick wirkt die auf über 2300 m Höhe gelegene Hauptstadt San'a mit ihren prächtigen, über und über mit kalligraphischen Zeichen bedeckten Moscheen und ihren reich verzierten, palastartigen Häusern immer noch wie eine orientalische Märchenkulisse. Doch bei genauerem Hinsehen erscheint es, als wolle die »Perle Arabiens« ihr legendäres biblisches Alter buchstäblich beweisen. Da die Jemeniten noch ungeübt im Umgang mit moderner Zivilisation und ihren Folgen sind, haben Abgase und Abfall der Stadt schwer zugesetzt. Weit mehr allerdings bedroht die »schön Gebaute« ein soziales Begleitphänomen des raschen Wandels: Übervölkerung durch Landflucht. Lebten in San'a vor gut 30 Jahren 55 000 Menschen, so sind es heute knapp 1 Million. In der übervölkerten Stadt verfallen die Häuser: Das alte San'a, 1980 von der UNESCO zu einem der schützenswertesten Kulturgüter erklärt, verkommt zum Slum.

**Ein Verkäufer,** der mit Jambiyas handelt *(oben)*, wartet auf Kundschaft. Ohne diese Waffe, die ein Symbol des Stolzes und des Selbstvertrauens in diesem Land darstellt, läßt sich kein Jemenite sehen.

**Ein Lehrer** vor einer Klasse eifriger Beduinenschüler *(links)*. Die Regierung hofft, die Analphabetenquote zu senken, indem sie alle Arten von Bildungseinrichtungen unterstützt, jedoch gibt es in manchen Gebieten überhaupt keine Schulen.

**Eine Frau im südlichen Jemen** *(oben)* trägt einen schweren, bestickten Schleier. Viele Frauen im Lande wollen sich heutzutage aber nicht mehr auf ihre traditionelle Rolle beschränken, sondern lesen und schreiben lernen und arbeiten.

## Zu wenig Arbeitskräfte für die Landwirtschaft

Doch nicht nur alte Stadtkerne sind im Jemen bedroht. Auch die traditionelle Landwirtschaft ist es. Etwa ein Drittel aller arbeitsfähigen Jemeniten jobbt in den arabischen Ölstaaten. Zwar decken ihre Überweisungen das hohe Defizit in der Zahlungsbilanz, doch der heimischen Wirtschaft fehlen diese Arbeitskräfte. Die Terrassenfelder liegen brach, verfallen und die Monsune spülen die Erde ins Tal. Heute muß der fruchtbare Jemen Lebensmittel einführen.

Als Rettung der bedrohten Terrassen könnte sich ausgerechnet der Drogenanbau erweisen. Früher wuchs hier vor allem Kaffee. Heute hat der Qat-Strauch die Kaffeebohne weitgehend verdrängt. Die im Lande allgegenwärtige Blätterdroge mache die Menschen nervös, krank und faul, sagen die Kritiker des Qatgenusses. Dem freilich halten seine Befürworter entgegen, daß Qat das mit Abstand einträglichste landwirtschaftliche Produkt sei und durch seine hohen Erlöse das wirtschaftliche und soziale Gefälle zwischen Stadt und Land ausgleiche. Diesem Argument kann man sich nur schwer verschließen. Immerhin leben über 60 % aller Jemeniten auf dem Lande.

Noch immer zählt der Jemen zu den Habenichtsen der Erde. Landwirtschaftliche und tierische Produkte bilden die Wirtschaftsbasis des Landes. Übergroße Erwartungen weckten in dieser Lage die Ölfunde im Osten des Landes. Ob das schwarze Gold aber mehr Segen oder Fluch sein wird, weiß niemand. Man ahnt, daß mit dem Öl das Ende der stolzen jemenitischen Kultur und der stolzen jemenitischen Männer, die zum Zeichen ihrer Unabhängigkeit die »Jambiya«, den Krummdolch, im Gürtel tragen, droht. Schon immer wurde im Jemen gegen die bösen Geister Weihrauch abgebrannt. Auch heute durchziehen seine Schwaden manches Haus. Doch vielleicht nicht nur gegen die alten Geister der Wüsten, sondern auch gegen die neuen einer öldominierten Zukunft.

# JORDANIEN

Seit der jordanische König Hussain II. (1935-1999) im Sommer 1988 offiziell die Bindungen seines Landes zu den im Jahr 1950 annektierten Gebieten westlich des Jordan gelöst hat, besteht das Land wieder aus der Ostflanke des großen Grabenbruchs der Jordansenke mit den begleitenden Bergzügen der biblischen Länder Moab, Edom und Ammon, die teilweise 1700 m Höhe überschreiten, während die Jordansenke bis auf 400 m unter dem Meeresspiegel absinkt. An die weithin gut beregneten Bergländer, die mit ihren Tälern die wirtschaftlichen Zentren des Landes bilden, schließt sich nach Osten ein ausgedehntes Wüstenplateau an, das 700 bis 1000 m über dem Meeresspiegel liegt und nur als Weidegebiet von nomadisierenden Beduinenstämmen genutzt wird.

Jordanien gehört zu den Nachfolgestaaten des Osmanischen Reiches. Diese entstanden nach dem Ende des Ersten Weltkriegs, als die beiden Hauptsiegermächte, Großbritannien und Frankreich, eine Neuordnung des arabischen Raumes erzwangen, den die in Istanbul/Konstantinopel residierenden Sultane seit Jahrhunderten beherrscht hatten.

Bereits 1916 hatten sich Großbritannien und Frankreich weitgehend über die Aufteilung des Raumes geeinigt. Allerdings gab es nach dem Krieg vor allem in Palästina noch gewisse Verschiebungen zugunsten des britischen Herrschafts- oder Einflußgebiets, als die Vereinbarungen der Siegermächte Bestandteil des Abkommens von San Remo im April 1920 über die Bildung der Mandatsgebiete und der Friedensverträge mit der Türkei von Sèvres (1920) und Lausanne (1923) wurden.

Diese Vereinbarungen bezogen sich ebenso wie der formelle Beschluß des Völkerbundrates über die Errichtung des britischen Mandats für Palästina (24. 7. 1922) auf ein Gebiet beiderseits des Jordan. Sie enthielten auch die Verpflichtungen, die Großbritannien mit der sogenannten Balfour-Deklaration (2. 11. 1917) übernommen hatte. Dabei handelte es sich um den Brief eines britischen Außenministers an einen englischen Zionistenführer, in dem Großbritannien Unterstützung für die Gründung eines »jüdischen Nationalheims« in Palästina zugesagt hatte. Dieser Brief, dessen rechtliches Gewicht durchaus zweifelhaft ist, erhielt durch die internationale Zustimmung, wie sie sich u. a. durch die Aufnahme in die Verträge und Abkommen ausdrückt, völkerrechtliche Bindekraft.

Problematisch wurde die Situation im Palästina-Mandat beiderseits des Jordan aus zwei Gründen: Zum einen lehnten sich die Araber von Anfang an gegen eine jüdische Ansiedlung auf, zum anderen waren schon seit 1918/19 in Transjordanien Tatsachen geschaffen worden: Während britische Truppen im Jahr 1918 westlich des Jordan die Türken zurückdrängten, hatten sich östlich des Flusses arabische Truppen unter Führung Faisals I. (1885-1933), eines Sohnes Ibn Ali Hussains I. (1853-1931), des Sheri-

# JORDANIEN

fen von Mekka (Makkah) und Königs von Hedjas (Al Hijaz), festgesetzt.

Faisal sollte nach dem Wunsch des Allgemeinen Syrischen Nationalkongresses zunächst König von Groß-Syrien werden, wurde aber von den Franzosen im Juli 1920 aus Damaskus vertrieben und von den Briten im März 1921 als König des Irak ausersehen. Gleichzeitig bot der englische Kolonialminister Winston Churchill (1874–1965) dessen Bruder Abdallah Ibn Hussain (1882–1951) das Emirat Transjordanien an, das dieser am 27./28. 3. 1921 akzeptierte.

Schon im August 1921 wurde in den Entwurf des Beschlusses über das Völkerbundsmandat Palästina eine Klausel über die faktische Abtrennung Transjordaniens bzw. die Nichtanwendung der Bestimmungen über das »jüdische Nationalheim« eingefügt. Das bedeutete für Transjordanien das Verbot jüdischer Einwanderung und jüdischen Landerwerbs.

Offiziell wurde Transjordanien dann am 25. 3. 1923 ein selbständiges Emirat unter britischem Mandat. Das Land erhielt 1925 Zugang zum Roten Meer, als der Hafen von Al Aqabah (Aqaba) erworben wurde. Großbritannien behielt die Verantwortung für Außenpolitik, Verteidigung und Finanzen. Als offizielles Unabhängigkeitsdatum gilt der 22. 3. 1946, der Tag, an dem die Mandatsherrschaft endete.

Auch danach blieben britische Truppen im Land stationiert. Darüber hinaus stand auch die Armee, die aus der von den Briten geschaffenen »Arabischen Legion« entstanden war und seit 1939 von General John Bagot Glubb (1897–1986) geführt wurde, unter dem Befehl englischer Offiziere. Erst mit dem Abzug der letzten englischen Truppen am 2. 7. 1957 war die Unabhängigkeit vollständig.

Inzwischen hatte die Armee sich während des israelischen Unabhängigkeitskrieges 1948/49 als einzige arabische Streitmacht behauptet. Beim Waffenstillstand vom 3. 4. 1949 hielt sie Ost-Jerusalem und die später sogenannte Westbank besetzt. Auf Bitten von Repräsentanten der Flüchtlinge aus den israelisch gewordenen Gebieten, der Stammesführer und religiöser Autoritäten kam es am 1. 4. 1950 zur formellen Vereinigung der von der Arabischen Legion besetzten Gebiete mit Transjordanien zum Haschemitischen Königreich Jordanien.

Diese Vereinigung, die von den übrigen arabischen Staaten, aber auch einem großen Teil der palästinensischen Bevölkerung als Annexion empfunden wurde, ist von König Hussain II. am 31. 7. 1988 rückgängig gemacht worden.

Dazwischen liegen fast vier Jahrzehnte. Hussain hatte nach der Ermordung seines Großvaters Abdallah 1951 und der Absetzung seines kranken Vaters Talal (1909–1972) 1952 mit Erreichen der Volljährigkeit 1953 den Thron bestiegen. Seit dem 10. 6. 1967, nach dem für Jordanien unglücklichen Ausgang des Sechstagekrieges mit Israel, beschränkt sich das Staatsgebiet auf Transjordanien.

# JORDANIEN: DER STAAT

Die Frage nach der Grundlage des politischen »Wunders«, das die lange Herrschaftszeit König Hussains darstellt, wird immer wieder aufgeworfen. Sein von Natur aus eher armes Land bietet kaum Voraussetzungen für eine gesicherte und dauerhafte Herrschaft. Doch trotz des Mißerfolges im Sechstagekrieg mit Israel im Jahre 1967, trotz vielfacher Anfeindung von außen und von innen und trotz der außerordentlich bescheidenen Ressourcen seines Landes hat sich König Hussain II. (1935-1999) als der mit großem Abstand »dienstälteste« Staatschef der Region und somit als politischer »Überlebenskünstler« erwiesen.

Die Frage nach der Stabilität der Monarchie wird auch nach seinem Tod vor allem von denjenigen gestellt, die in Jordanien den »Staat der Palästinenser« sehen. Man findet diese Auffassung in Israel, aber auch weithin im Ausland wie in Jordanien selbst. Ihre Vertreter verweisen darauf, daß zwischen 40 % und 60 % der Bewohner des heutigen Jordanien aus den palästinensischen Gebieten westlich des Flusses stammen. Die Palästinenser, so sagen die Verfechter dieser Meinung, hätten ja bereits ihren Staat, und treten damit der Forderung nach einem Staat Palästina auf der Westbank entgegen.

Zweifellos stellt diese Argumentation die größte Gefahr für den jordanischen Thron dar. Das regierende Haus der Haschemiten hat sich diese Bedrohung selbst eingehandelt: Jordanien war der einzige arabische Nutznießer des israelischen Unabhängigkeitskrieges 1948/49, da seine Armee den größten Teil des für einen arabischen Palästinastaat von den Vereinten Nationen vorgesehenen Gebietes besetzt hielt, als der Krieg endete. 1950 annektierte Jordanien diese Gebiete einschließlich Ost-Jerusalem.

Hussain verstand es, durch rasch wechselnde Anlehnungen und Bündnisse immer wieder Gefahren sowohl für die Unabhängigkeit seines Landes wie für seinen Thron abzuwehren.

In den 60er Jahren setzte Hussain zunächst auf die Militär- und Finanzhilfe der USA und ein Bündnis mit Saudi-Arabien. Ein Pakt mit Gamal Abd An Nasser (1918-1970) verwickelte ihn dann 1967 in den Sechstagekrieg und kostete die Gebiete westlich des Jordan.

Danach sah sich der König einem wachsenden Einfluß der Organisation zur Befreiung Palästinas (PLO) gegenüber, den er schließlich mit Hilfe seiner Beduinenarmee in äußerst blutigen Kämpfen im September 1970 und Juli 1971 brechen konnte.

Anschließend blieb Hussain bei der Anlehnung an die USA und Saudi-Arabien, suchte aber auch Kontakte zur Sowjetunion und zu Syrien. Im sogenannten Golfkrieg zwischen Iran und Irak, der von 1980-1988 dauerte, stellte er seinen Hafen Al Aqabah für den Waffennachschub der Irak zur Verfügung. Er unterstützte in vorsichtiger Form die ägyptische Friedenspolitik gegenüber Israel und suchte in den 80er Jahren mehrfach Verhandlungen mit Israel. Dabei strebte er eine gemeinsame jordanisch-palästinensische Delegation an, die aber nicht zustande kam.

Mit der Aufgabe der westjordanischen Gebiete im Juli 1988 hatte Hussain politisch »Ballast« abgeworfen, seine internationale Stellung im arabischen Raum aber kaum gestärkt. Dies suchte er im Februar 1989 wettzumachen, indem er die Gründung eines »Arabischen Kooperationsrats« initiierte, der die beiden regionalen »Großmächte« Ägypten und Irak mit Jordanien und Nordjemen zusammenschloß.

## Daten und Fakten

**DAS LAND**
**Offizieller Name:** Haschemitisches Königreich Jordanien
**Hauptstadt:** Amman
**Fläche:** 89 342 km²
**Landesnatur:** Jordangraben, Ostjordanisches Bergland (Gilead, Ammon, Moab, Edom), Ostjordanisches Wüstenplateau
**Klima:** Kontinentales Klima
**Hauptflüsse:** Jordan, Nahr al-Zarqa
**Höchster Punkt:** Jabal Ram 1754 m
**Tiefster Punkt:** Totes Meer -399 m

**DER STAAT**
**Regierungsform:** Parlamentarische Monarchie
**Staatsoberhaupt:** König
**Regierungschef:** Ministerpräsident
**Verwaltung:** 12 Governorate
**Parlament:** Abgeordnetenhaus mit 80 für 4 Jahre gewählten Mitgliedern und Senat mit 40 vom König ernannten Mitgliedern
**Nationalfeiertag:** 25. Mai

**DIE MENSCHEN**
**Einwohner (Ew.):** 6 482 000 (1999)
**Bevölkerungsdichte:** 66 Ew./km²
**Stadtbevölkerung:** 74 %
**Bevölkerung unter 15 Jahren:** 42 %
**Analphabetenquote:** 10 %
**Sprache:** Arabisch
**Religion:** Moslems 85 %

**DIE WIRTSCHAFT**
**Währung:** Jordan-Dinar
**Bruttosozialprodukt (BSP):** 5252 Mio. US-$ (1998)
**BSP je Einwohner:** 1150 US-$
**Inflationsrate:** 3,3 % (1990-98)
**Importgüter:** Maschinen, Nahrungsmittel, Vieh, Rohöl, Fahrzeuge

# JORDANIEN

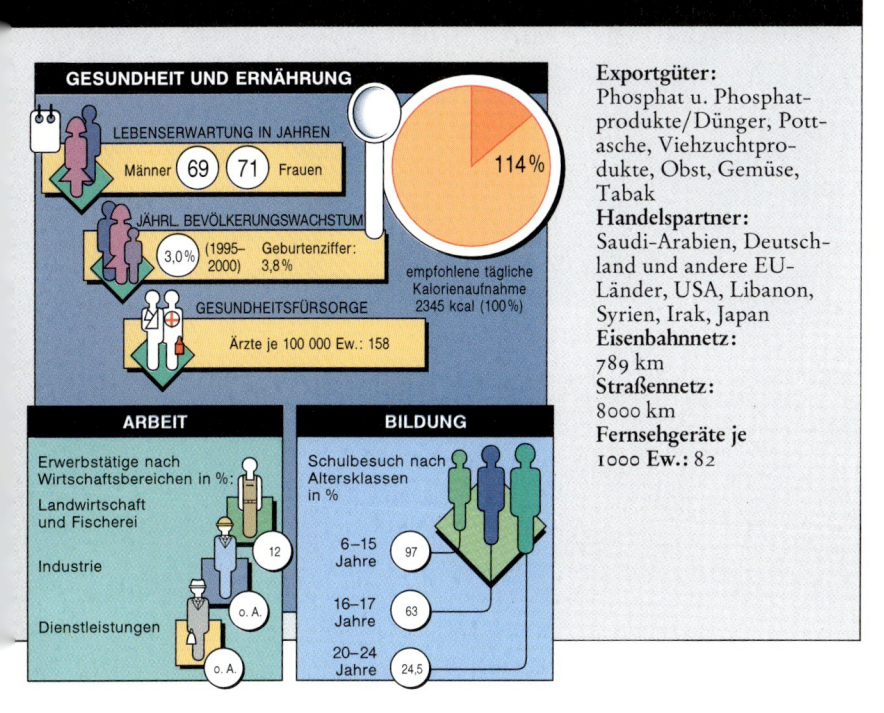

**Die Palästinenser** (rechts) bilden die größte Bevölkerungsgruppe in Jordanien.

**Die Beduinenpolizei** (unten) macht bei Wadi Rum Pause, um ihren Kamelen eine Ruhe zu gönnen.

**Jordanien** (oben) umfaßt vier Großlandschaften. Im Westen liegen das Westjordanische Bergland und der Jordangraben, im Osten befindet sich das bewaldete Ostjordanische Bergland, das zum trockenen Wüstenplateau hin abfällt.

**Exportgüter:** Phosphat u. Phosphatprodukte/Dünger, Pottasche, Viehzuchtprodukte, Obst, Gemüse, Tabak

**Handelspartner:** Saudi-Arabien, Deutschland und andere EU-Länder, USA, Libanon, Syrien, Irak, Japan

**Eisenbahnnetz:** 789 km

**Straßennetz:** 8000 km

**Fernsehgeräte je 1000 Ew.:** 82

Wie gefährdet das Regime blieb, zeigte sich im April 1989, als es – ausgelöst durch eine krisenhafte Entwicklung der Wirtschaft – zu blutigen Unruhen kam, diesmal nicht unter den Palästinensern, sondern unter den »transjordanischen Jordaniern«. Hussain stützte sich vor allem auf die Beduinen, die zwar nur 5 % der Bevölkerung bilden, aber die Mehrheit des Offizierskorps stellen. Durch die irakische Annexion Kuwaits im August 1990 sah sich Hussain in eine kritische Lage versetzt, da ihn seine politische Abhängigkeit vom Irak zu einer Politik des Lavierens zwang, die Jordanien in der westlichen Staatenwelt in Mißkredit brachte. Auch das vorher gute Verhältnis zu den USA wurde dadurch verschlechtert. Trotzdem beteiligte sich Jordanien an den Nahostfriedensgesprächen. 1991 ließ der König als Signal für eine innenpolitische Öffnung eine Nationalcharta verabschieden. Außerdem fanden wieder Wahlen statt. 1994 schlossen Israel und Jordanien einen Friedensvertrag. Nach Hussains Tod im Februar 1999 versprach sein ältester Sohn und Thronfolger Abdallah die Politik seines Vaters fortzusetzen.

# JORDANIEN: WIRTSCHAFT

### Landwirtschaft

Jordanien gehört zum Westflügel des »Fruchtbaren Halbmonds« am Nordrand der Arabischen Halbinsel, doch zählt nur noch ein sehr kleiner Teil des Landes, etwa ein Zwanzigstel, zu dem hinreichend beregneten oder bewässerten Gebiet, in dem eine ertragreiche Landwirtschaft möglich ist. Nur in der relativ kurzen Periode von 1950 bis 1967, als das Westjordanland den wirtschaftlichen Kernraum bildete, war der Anteil größer. Dieses Westjordanische Bergland mit den biblischen Landschaften Judäa und Samaria und den Städten Nabulus (Nablus, Sychem), Hebron (Al Halil) und Bethlehem (Bayt Lahm) umfaßte 1967 gut 6 % der Landesfläche, aber über 30 % des Kulturlands und beherbergte etwa 45 % der Bevölkerung. Es lieferte vier Fünftel der Oliven- und zwei Drittel der Obst- und Gemüseernte sowie die Hälfte der Gewerbe- und Industrieproduktion.

In dem relativ regenreichen Gebiet (300–800 mm Niederschlag im Winter), das nach Südosten etwa durch die Linie Al Mafraq – Az Zarqa – Amman – Totes Meer (Yam Hammelah) begrenzt wird, finden sich in den Becken und Tälern der aus Kalk aufgebauten Berg- und Tafelländer ergiebige Karstquellen und auch einzelne Flüsse. Hier erstrecken sich Getreidefelder und Gartenkulturen, Weinpflanzungen und Olivenhaine, während die wasserarmen, verkarsteten Höhenlagen nur lichte Waldreste mit Kiefern und Eichen oder kümmerliche Weideflächen tragen. Abgesehen von der heißen Ostflanke des Jordangrabens, wo die reichen Wasservorräte des Yarmuk (Yarmouk) genutzt werden können – hier werden Obst und Gemüse, die auch exportiert werden, angebaut –, gibt es nur kleine »Inseln«, in denen künstliche Bewässerung möglich ist. Das übrige Land, etwa 90 % der Gesamtfläche, ist kaum nutzbare Wüste und Wüstensteppe.

Die Landwirtschaft trägt 3 % zum Bruttoinlandsprodukt bei. Sie beschäftigt gut 12 % der Erwerbstätigen (mit Familienangehörigen über 20 %) und liefert rund 25 % des Ausfuhrwerts. Hauptprodukte sind Getreide, Hülsenfrüchte, Obst, Gemüse, Oliven und Tabak.

### Die Menschen

Nach dem Verzicht auf das Westjordanland hat das Königreich etwa 6,5 Millionen Einwohner (1999), eine Zahl, die derzeit jährlich um den erstaunlich hohen Wert von annähernd 3 % wächst. Über 40 % der Bevölkerung sind jünger als fünfzehn Jahre.

Über 80 % der Bewohner Jordaniens sind Moslems sunnitischer Richtung, 3 % Schiiten. Die Zahl der Christen wird mit knapp 5 % angegeben. Neben Arabern, davon 5 % Beduinen, gibt es vor allem in Amman eine kleine Minderheit moslemischer Tscherkessen, ferner einige Tausend Armenier, Kurden und Türken.

Im Tal des Wadi Zarqa (Sarqa) an der Straße von Damaskus in den Hedjas befand sich in römischer Zeit die Siedlung »Philadelphia«. Während der Ort vom 13. – 19. Jh. bedeutungslos war, entwickelte sich hier, begünstigt durch den Bau der Hedjasbahn (um 1900), die Hauptstadt Amman. Ihre Bevölkerung lag 1994 bei 1,3 Millionen. Zwei weitere Großstädte sind Az Zarqa mit über 600 000 und Irbid mit 385 000 Einwohnern. Diese Städte sind auch die Hauptstandorte der Industrie, die Baustoffe, chemische Produkte, Nahrungsmittel und Textilien herstellt.

### Rohstoffe und Handel

Im Gegensatz zu den meisten arabischen Ländern blieb in Jordanien die Erdölsuche erfolglos. Der einzige nennenswerte Bodenschatz ist Phosphat. Bei einer Jahresproduktion von knapp 6 Millionen Tonnen ist Jordanien der drittgrößte Phosphatexporteur der Welt, nach Marokko und USA. Wichtig ist auch die Gewinnung von Pottasche aus dem Toten Meer.

Der Export dieser Massengüter erfolgt über den Hafen Al Aqabah, auf den das weitmaschige Verkehrsnetz ausgerichtet ist. Die Hälfte des Phosphates wird mit der Eisenbahn transportiert, der Rest mit LKW's. Bei dem großen Umfang des Straßentransports überrascht es nicht, daß im Bereich Verkehr und Nachrichtenwesen mehr Erwerbstätige beschäftigt sind als in der Landwirtschaft.

Der jordanische Außenhandel ist stark defizitär; die Ausfuhr deckt nur etwa 35 % der Ein-

**Ein Beduine** *(oben)* in der östlichen Wüste bewirtet seine Besucher mit Tee und unterhält sie mit Musik. Die arabischen Nomaden sind nach den palästinensischen Flüchtlingen die stärkste Bevölkerungsgruppe in Jordanien.

**Felder und Weideland** im Norden Jordaniens *(ganz oben)*.

**Das zerstörte Jarash** *(rechts)* gehörte einst zur Decapolis, einem aus zehn griechischen Städten bestehenden Städtebund.

# JORDANIEN

fuhren. Fast ebenso groß ist der Betrag an Deviseneinnahmen aus dem Tourismus und durch Überweisungen der im Ausland, vor allem in Saudi-Arabien, arbeitenden Jordanier.

**Tourismus**
Die Auslandsgäste kommen zum größten Teil aus den arabischen Ländern. Weniger als 3 % sind Europäer. Die Hauptziele des Tourismus sind neben dem Badeort Al Aqabah die historischen Stätten, voran Petra, das antike Gerasa (Jarash), Karak mit seiner mächtigen Kreuzritterburg, Madaba (Ma'daba) und das an antiken Überresten reiche Amman.

Petra war vom 3. Jahrhundert v. Chr. bis ins 1. Jahrhundert n. Chr. Hauptstadt des Nabatäerreichs und nach der Eroberung durch die Römer auch Hauptstadt der Provinz »Arabia Petraea«. Wegen seiner reichen Ausgrabungen ist Petra die größte Sehenswürdigkeit Jordaniens. An der kilometerlangen Schlucht As-Siq, dem Hauptzugang nach Petra, liegen das »Schatzhaus des Pharao«, mit eindrucksvoller Fassade, ein Theater und mehrere Gräber. Im Zentrum der Stadt sind Reste eines Nymphäums, eines Palastes sowie von Thermen und Tempeln erhalten. Es erheben sich westlich die Akropolis, im Nordwesten ein 42 m hoher Grabtempel und das Löwengrab (zwei Löwenreliefs flankieren den Eingang). Im Nordosten Petras liegt das berühmte Urnengrab.

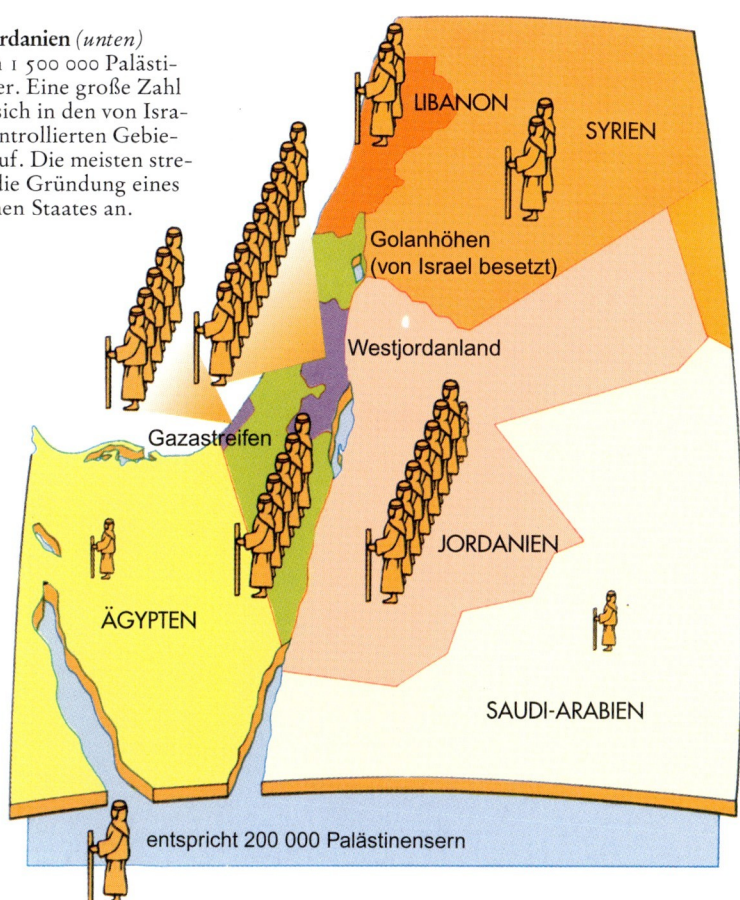

**In Jordanien** (unten) leben 1 500 000 Palästinenser. Eine große Zahl hält sich in den von Israel kontrollierten Gebieten auf. Die meisten streben die Gründung eines eigenen Staates an.

entspricht 200 000 Palästinensern

# JUGOSLAWIEN

**Serbische Demonstranten** *(unten)* zeigen im März 1999 bei einer Kundgebung gegen die NATO-Angriffe in Belgrad Papierzielscheiben mit der Aufschrift »Target?« (= Ziel).

**Jugoslawien** *(rechts)* besteht nach dem Auseinanderbrechen der Sozialistischen Föderativen Republik Jugoslawien im Jahr 1992 nur noch aus Serbien und Montenegro.

Nach mehr als siebzig Jahren staatlicher Existenz ist das alte Jugoslawien an seinen inneren Gegensätzen zerbrochen. Slowenien und Kroatien, Bosnien-Herzegowina und Mazedonien sind seit 1991/92 international anerkannte selbständige Staaten. Von den fast 24 Millionen Einwohnern des alten Jugoslawien sind mehr als 13 Millionen aus dem Staatsverband ausgeschieden. Serbien und das kleine Montenegro hingegen haben eine Union gebildet, die sich »Föderative Republik Jugoslawien« nennt. Die Vielfalt des alten Jugoslawien resultierte daraus, daß die nordwestlichen Landesteile - Slowenien, Kroatien und Dalmatien - jahrhundertelang zur Habsburger Monarchie gehörten, während Serbien, Bosnien-Herzegowina und Mazedonien Teil des Osmanischen Reichs waren. Diese Zweiteilung in einen westeuropäisch-katholisch-lateinischen Kulturkreis und in einen osteuropäisch-griechisch-orthodox bzw. islamisch geprägten Landesteil hatte tiefgehende Folgen. Ihren augenfälligen Ausdruck findet sie bis heute darin, daß Slowenen und Kroaten das lateinische Alphabet verwenden, während Serben und Mazedonier in kyrillischer Schrift schreiben.

Als Staats- und Parteichef Tito 1980 starb, hinterließ er ein Gebilde aus sechs Teilrepubliken und zwei autonomen Provinzen (Vojvodina und Kosovo), das von kollektiven Gremien geführt wurde. Schwerfällige Entscheidungsmechanismen, eine großes wirtschaftliches Gefälle zwischen den einzelnen Regionen, Rezession und sinkender Lebensstandard sowie das politische Verlangen nach Demokratie verstärkten die nach Souveränität strebenden Tendenzen innerhalb der »Sozialistischen Föderativen Republik Jugoslawien«. Die verantwortlichen Politiker in Serbien waren allenfalls bereit, Slowenien aus Jugoslawien zu entlassen. Nicht aber Kroatien und auch nicht Bosnien-Herzegowina, denn hier lebt eine recht große Anzahl von Serben. Angeblich zum Schutz dieser Minderheiten, in Wirklichkeit jedoch mit dem Ziel, einen möglichst großen Teil Jugoslawiens zu bewahren und der serbischen Vorherrschaft zu unterwerfen, entfesselte Serbien den Bürgerkrieg. Diese Politik, die zur internationalen Isolierung Serbiens in Europa und in der Welt führte, zerstörte schließlich das von Tito begründete Staatswesen.

Zum Hauptgegenspieler der beiden abspaltungswilligen Republiken entwickelte sich Serbien unter seinem Präsidenten Milošević (*1941). Serbien hatte im Frühjahr 1989 die beiden autonomen Provinzen Kosovo und Vojvodina unter Anwendung von brutaler Gewalt ihrer Autonomie beraubt. Aus serbischer Sicht mußte der Zerfall Jugoslawiens vereitelt werden. Sollte jede der Republiken zum selbständigen Staat werden, hätte das die Dreiteilung der serbischen Nation zur Folge. 600 000 Serben leben in Kroatien und 1,3 Millionen in Bosnien-Herzegowina. Als sich Slowenien und Kroatien am 25. Juni 1991 für unabhängig erklärten, besetzte die jugoslawische Bundesarmee Slowenien. Nachdem sie zum Rückzug gezwungen worden war, trug sie den Krieg nach Kroatien. Unterstützt von serbischen Freischärlern eroberte sie bis zum Dezember 1991 fast ein Drittel des kroatischen Territoriums. Nach der Unabhängigkeitserklärung von Bosnien-Herzegowina griff der Krieg 1992 auch auf diese Republik über. Serbien und Montenegro proklamierten im April 1992 eine neue »Bundesrepublik Jugoslawien«. Erst 1995 kam es zur

## Daten und Fakten

**DAS LAND**
**Offizieller Name:** Bundesrepublik Jugoslawien
**Hauptstadt:** Belgrad (Beograd)
**Fläche:** 102 173 km²
**Landesnatur:** Im N Tiefland, im SW Dinarisches Gebirge, im O Bergland
**Klima:** gemäßigtes kontinentales Klima; an der montenegrinischen Küste Mittelmeerklima
**Hauptflüsse:** Morava, Donau, Save, Theiß
**Höchster Punkt:** Durmitor 2522 m
**DER STAAT**
**Regierungsform:** Bundesrepublik

**Staatsoberhaupt:** Staatspräsident
**Regierungschef:** Ministerpräsident
**Verwaltung:** 2 Republiken (Serbien, Montenegro)
**Parlament:** Bundesparlament, bestehend aus Rat der Bürger mit 138 Mitgliedern und Rat der Republiken mit 40 Mitgliedern
**Nationalfeiertag:** 29. November
**DIE MENSCHEN**
**Einwohner (Ew.)** 10 637 000 (1999)
**Bevölkerungsdichte:** 104 Ew./km²
**Stadtbevölkerung:** 60 %

**Bevölkerung unter 15 Jahren:** 20,8 %
**Analphabetenquote:** 7 %
**Sprache:** Serbisch
**Religion:** Serbisch-orthodoxe Christen, Katholiken, Moslems
**DIE WIRTSCHAFT**
**Währung:** Jugoslawischer Neuer Dinar
**Bruttosozialprodukt (BSP):** 25 400 Mio. US-$ (1998)
**BSP je Einwohner:** 2300 US-$
**Inflationsrate:** 42 % (1999)
**Importgüter:** Maschinen u. Ausrüstungen,

Unterzeichnung des Friedensabkommens von Dayton zwischen Serbien, Kroatien und Bosnien-Herzegowina.

Die Bundesrepublik Jugoslawien blieb jedoch weiter infolge der rücksichtslosen Machtpolitik von Präsident Milošević isoliert; die diplomatische Anerkennung durch die EU-Staaten erfolgte erst 1996. Krieg, ausbleibende Reformen, mafiose Strukturen und internationale Wirtschaftssanktionen, die 1995 nur zum Teil aufgehoben wurden, haben das Land verarmen lassen. Kennzeichen der jugoslawischen Wirtschaftslage waren eine ausgedehnte Schattenwirtschaft, hohe Geldentwertung und eine darniederliegende Industrie und Landwirtschaft, was einen Großteil der ländlichen Bevölkerung zur Selbstversorgung übergehen ließ. Außerdem stellten Hunderttausende von Flüchtlingen aus allen Regionen des früheren Jugoslawien das Land vor große Probleme.

Auf politischer Ebene gab es zwei Teilrepubliken Serbien und Montenegro mit eigenen Parlamenten, Regierungen und direkt gewählten Präsidenten. Das jugoslawische Staatsoberhaupt wurde von einem gemeinsamen Zweikammer-Parlament gewählt (1997–2000 Milošević). Innenpolitisch regierten Sozialisten und Nationalisten mit harter Hand; die allerdings zerstrittenen Oppositionsparteien wurden massiv benachteiligt, Menschen- und Bürgerrechte mißachtet. Ab 1998 setzte sich die kleinere Teilrepublik Montenegro unter dem neu gewählten Präsidenten Djukanović von der serbischen Vormundschaft ab und steuerte einen eigenständigen wirtschafts- und finanzpolitischen Kurs. 1999 wurde die D-Mark als Parallelwährung neben dem jugoslawischen Dinar eingeführt. Dem entsprachen Versuche der jugoslawischen Staatsführung, den Einfluß Montenegros in den gesamtstaatlichen Institutionen zu schwächen.

Zunehmende Konfrontation zwischen serbischen Sicherheitskräften und Albanern ließen ab 1996 den Konflikt im Kosovo eskalieren. Die brutale Vertreibung der Albaner veranlaßte die NATO 1999 zum militärischen Eingreifen. Internationale KFOR-Einheiten sichern seitdem den Aufbau einer zivilen Verwaltung im Kosovo und sorgen für Frieden. Schließlich wurde Ende 2000 Präsident Milošević von einer großen Protestbewegung aus dem Amt vertrieben, weil er seine Abwahl und den Sieg seines Kontrahenten Vojislav Koštunica in der vorangegangenen Präsidentschaftswahl nicht anerkennen wollte. Die Opposition übernahm die Regierung und Staatsführung in Serbien und Jugoslawien und leitete eine Demokratisierung ein. Das auf Selbständigkeit drängende und vom Westen unterstützte Montenegro boykottierte jedoch die faktisch nur noch auf dem Papier bestehenden gemeinsamen Staatsorgane. Im April 2001 wurde schließlich auf Drängen der westlichen Regierungen, vor allem der USA der frühere Präsident Milošević verhaftet.

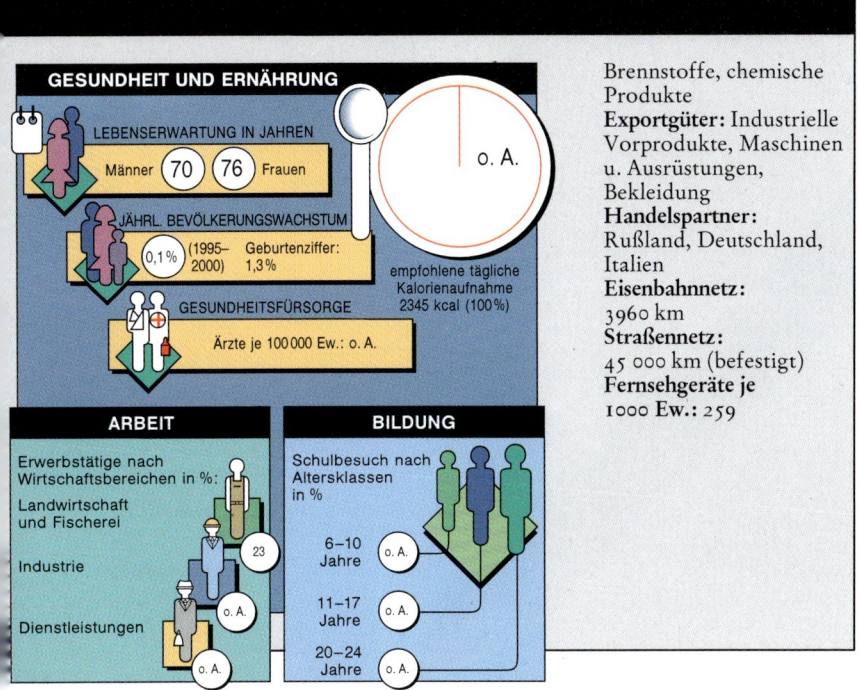

# JUGOSLAWIEN: GESCHICHTE

Das Land zwischen der Adria, dem Südrand der Alpen und dem Mittellauf der Donau ist seit der Steinzeit besiedelt; die um 6000 v. Chr. entstandene Siedlung Lepenski Vir ist das älteste Denkmal vorgeschichtlicher Kultur. In frühgeschichtlicher Zeit wurde das Gebiet von den indogermanischen Illyrern bewohnt. Sie waren als Krieger und Seeräuber bei den Griechen und Römern gefürchtet. Den Römern gelang es erst 168 v. Chr., nach wiederholten Kämpfen gegen die Illyrer, die gesamte Adriaküste unter ihre Kontrolle zu bringen. Bis zur Unterwerfung des gesamten Illyricums vergingen dann noch einmal 180 Jahre. Unter Augustus (68 v. Chr. bis 14 n. Chr.) wurde es in die römischen Provinzen Dalmatia und Pannonia aufgeteilt. Deren mehr und mehr romanisierte Bewohner bewährten sich vor allem im römischen Heer. Aus den illyrischen Elitetruppen sind viele der sogenannten Soldatenkaiser hervorgegangen, zu denen bedeutende Herrscher wie Aurelian (214–275), Diocletian (um 243–313) und Konstantin (280–337) zählen. Die Illyrer und Römer haben vielfältige Zeugnisse, in den Sprachen und kulturellen Überlieferungen aber nur wenige Spuren hinterlassen. Denn die illyrisch-römische Bevölkerung konnte sich gegen die Germanen, die im 5. und 6. Jahrhundert in das Illyricum einfielen, und die ihnen nachfolgenden Slawen nicht behaupten.

Nach langen, durch die Völkerwanderungen ausgelösten Wirren begann sich im 10. u. 11. Jahrhundert eine neue Ordnung abzuzeichnen. Sie wurde durch die slawischen Stämme, die sich seit dem 6. Jahrhundert auf dem Balkan niedergelassen hatten, sowie im Norden durch das Deutsche Reich, das sich bis in den Golf von Venedig und dessen Hinterland ausdehnte, und im Süden durch das Oströmisch-Byzantinische Reich (Mazedonien, Südküste der Adria) bestimmt. Die Serben und Bulgaren, die in den angrenzenden Gebieten siedelten, wurden von der Ostkirche missioniert. Die Slowenen im deutschen Grenzherzogtum Kärnten und die südlich von ihnen lebenden Kroaten hatten dagegen den römisch-katholischen Glauben angenommen. Die Stammesgrenze zwischen Kroaten und Serben verwandelte sich so in eine Konfessionsgrenze und in eine kulturelle Grenze zwischen dem römisch-katholisch beeinflußten Westen mit lateinischer Schrift und dem griechisch-byzantinisch beeinflußten Osten mit kyrillischer Schrift.

Seit dem 10. Jahrhundert haben Kroaten, Serben und Bulgaren versucht, eigene Reiche zu bilden, die sich aber nicht festigen konnten. Das junge kroatische Reich geriet 1091 unter ungarische Herrschaft. Der Bildung bulgarischer Großreiche, die wieder zerfielen, folgte im 14. Jahrhundert die Bildung des Großserbischen Reichs. Unter Stephan IV. Dušan (1308–1355) reichte es von Belgrad bis zum

- ca. 1000 v. Chr. Einfall der Illyrer und Thraker
- 3. Jh. v. Chr. Griechen gründen Städte an der Adriaküste; Römer dringen ein
- 27 v. Chr.–14 n. Chr. Gründung der Provinzen Dalmatien und Pannonien
- 9 n. Chr. Römer gründen Provinz Illyricum
- 395 Thrakien wird Teil des Oströmischen (Byzantinischen) Reiches
- 500–700 Slawen dringen ein und gründen eigene Staaten (Kroatien, Serbien)
- 1091 Die Ungarn erobern Kroatien
- 1389 Schlacht auf dem Amselfeld
- 1400 Osmanisches Reich beherrscht den größten Teil des heutigen Jugoslawien; Österreicher, Ungarn und Venezianer kontrollieren Slowenien, Kroatien und Dalmatien
- 1717 Österreicher erobern Belgrad
- 1809–1815 Napoleon vereinigt Teile Dalmatiens, Sloweniens und Kroatiens
- 1877 Rückzug der Osmanen
- 1878 Serbien und Montenegro erlangen die Unabhängigkeit; Bosnien und Herzegowina fallen an Österreich
- 1914 Ermordung des österreichischen Thronfolgers in Sarajevo löst den Ersten Weltkrieg aus
- 1918 Bildung des »Königreichs der Serben, Kroaten und Slowenen«
- 1929 König Alexander I. errichtet Militärdiktatur
- 1934 Ermordung Alexanders I.
- 1941 Deutschland und seine Verbündeten überfallen Jugoslawien; Tito organisiert den Widerstand
- 1945 Jugoslawien wird unter Tito Republik
- 1948 Sowjetunion bricht Beziehungen zu Jugoslawien ab
- 1955 Jugoslawien und die Sowjetunion nehmen Beziehungen wieder auf
- 1980 Tod Titos
- 1991 Zerfall des kommunistischen Staates

1 Alexander I. (1888–1934)

2 Josip Broz Tito (1892–1980)

3 Ivo Andrić (1892–1975)

# JUGOSLAWIEN

Peloponnes. Keines der slawischen Reiche war den Türken gewachsen, die seit Mitte des 14. Jahrhunderts nach Europa vordrangen. Dagegen behielt Venedig, das seinen Handelsweg nach Osten durch die Besetzung von Teilen der dalmatinischen Küste und ihr vorgelagerter Inseln sicherte, die meisten seiner Erwerbungen. Viele Küstenstädte, so die mächtige Stadtrepublik Ragusa (Dubrovnik), wurden von der italienisch-venezianischen Stadtkultur geprägt.

1389 vernichteten die Türken in der Schlacht auf dem Amselfeld den serbischen Adel. 1459 war ganz Serbien in türkischer Hand. Seit 1526 kamen die größten Teile Kroatiens, einschließlich Slowenien, unter türkische Herrschaft. Erst den von Prinz Eugen (1663–1736) geführten habsburgischen Truppen gelang es, mit der Eroberung Belgrads die Türken 1717 wieder bis zur Save zurückzuschlagen. Südlich der Save hielten sich die Türken, bis sie 1877 durch die Niederlage im russisch-türkischen Krieg zum Rückzug gezwungen wurden. Serbien und Montenegro gewannen 1878 auf dem Berliner Kongreß die Unabhängigkeit, Bosnien und die Herzegowina kamen an Österreich.

Erneut wurde die alte Stammes- und Konfessionsgrenze zur politischen Grenze. Die nationalen Unabhängigkeitsbewegungen ließen sich jedoch nicht mehr aufhalten. 1912 verbündeten sich Serbien, Montenegro, Bulgarien und Griechenland gegen die Türken und verdrängten sie aus Europa. Nach der Niederlage der österreichisch-ungarischen Monarchie und des Osmanischen Reichs im Ersten Weltkrieg kam die staatliche Neuordnung des Balkans zum Abschluß. Serbien behielt das zwischen Bulgarien und Serbien umstrittene Makedonien. Mit Montenegro, der Herzegowina, Bosnien, großen Teilen Dalmatiens und dem slowenischen Kärnten schloß es sich zum später Jugoslawien genannten »Königreich der Serben, Kroaten und Slowenen« zusammen.

Jugoslawien war ein Vielvölkerstaat. Die darin angelegten Spannungen wurden durch die zentralistische Politik der Serben verschärft. Anhaltende Auseinandersetzungen ließen das junge Königreich nicht zur Ruhe kommen. Es fiel dem nationalsozialistischen Deutschland und seinen Verbündeten Italien, Ungarn und Bulgarien, deren Truppen das Land im Frühjahr 1941 besetzten, nicht schwer, Jugoslawien aufzuteilen. Kroatien trat dem Bündnis dieser Staaten bei. Dessen Gegner sammelten sich in verschiedenen Partisanengruppen. Unter ihrem Führer Josip Broz Tito konnten die sowohl von der Sowjetunion als auch von Großbritannien unterstützten kommunistischen Partisanen innerhalb der Widerstandsbewegung die militärische und politische Führung übernehmen. Im Dezember 1944 eroberten sie Belgrad. Am 29.11.1945 wurde die »Föderative Volksrepublik Jugoslawien« ausgerufen (ab 1963 »Sozialistische Föderative Republik Jugoslawien«).

Titos Jugoslawien entwickelte nach dem Bruch mit Stalin 1948 in den 50er Jahren das »jugoslawische Modell«, das mit seinen Aushängeschildern Blockfreiheit, eigener Weg zum Sozialismus und Arbeiterselbstverwaltung eine starke Ausstrahlung auf den gesamten Ostblock hatte. Reise- und Informationsfreiheit sowie ein relativ hoher Lebensstandard ließen viele Beobachter vergessen, daß dieses Land im Kern jedoch eine kommunistische Diktatur war.

**Jugoslawien** *(links)* in seinen Grenzen bis 1991 entstand im wesentlichen im Jahre 1918, als das »Königreich der Serben, Kroaten und Slowenen« proklamiert wurde. 1945 wurde die »Föderative Volksrepublik Jugoslawien« ausgerufen.

**Ein anmutiges Minarett** *(oben links)* überragt ein mazedonisches Dorf und zeigt den Ort einer Moschee an. Ein großer Teil Südjugoslawiens war vom 14.–18. Jahrhundert unter türkischer Herrschaft; heute leben hier noch viele Moslems.

**Der Diocletian-Palast** *(unten)* in Split (Spalato) ist das imposanteste römische Bauwerk in Dalmatien. Der römische Kaiser Diocletian ließ sich 305 in dem von ihm um 300 erbauten Palast nieder und wurde dort nach seinem Tod im Jahr 313 beigesetzt.

# JUGOSLAWIEN: SERBIEN

Serbien mit der Millionenmetropole Belgrad erstreckt sich von der Pannonischen Tiefebene im Norden über das Hügelland der Šumadija und das Serbische Bergland bis zu den von Gebirgen begrenzten Beckenlandschaften längs der Morava im Süden.

Serbien nahm innerhalb des ehemaligen Jugoslawiens immer eine Sonderstellung ein, es war mit 9,86 Millionen Einwohnern (1991) nicht nur mit Abstand die größte Republik, es konnte auch auf die längste staatliche Tradition zurückblicken. 1830 wurde Serbien autonomes Fürstentum, 1878 ein international anerkannter Staat und 1882 Königreich. Am Ende des Ersten Weltkriegs gehörte es zu den Siegerstaaten. In das am 1. Dezember 1918 gegründete »Königreich der Serben, Kroaten und Slowenen« brachte es nicht nur die von nun ab herrschende Dynastie der Karadjordjević ein, sondern auch seine territorialen Erwerbungen Bosnien-Herzegowina, Mazedonien und Kosovo (Amselfeld).

Die Serben betrachteten das Jugoslawien der Zwischenkriegszeit, aber auch Titos 1945 gegründete sozialistische Republik als ihren Staat, der alle Serben – auch die in Bosnien-Herzegowina, Kroatien und Mazedonien – unter einem Dach vereinigte. Von 1918 bis zum Zerfall des jugoslawischen Staates waren die Serben eine Minderheit in Jugoslawien. Sie waren zwar das zahlenmäßig stärkste Volk, aber ihr Anteil an der Gesamtbevölkerung lag nur zwischen 35 und 40%. Im sozialistischen Jugoslawien sorgte Staats- und Parteichef Tito für einschneidende Begrenzungen der serbischen Macht. 1945 schuf er mit Bosnien-Herzegowina, Mazedonien und Montenegro drei neue Republiken und entzog sie damit dem dominierenden serbischen Einfluß. Zu Beginn der 70er Jahre erhob er zwei Regionen Serbiens – die Vojvodina im Norden und Kosovo im Süden – zu autonomen Provinzen und integralen Bestandteilen der jugoslawischen Föderation. Formal blieben beide Provinzen zwar Bestandteil der Republik Serbien, faktisch jedoch hatten sie den Status eigener Republiken.

### Die Vojvodina

Die Vojvodina mit der Hauptstadt Novi Sad gehörte bis 1920 zur ungarischen Reichshälfte der Donaumonarchie. Dann wurde sie dem »Königreich der Serben, Kroaten und Slowenen« zugesprochen. Die »Kornkammer Jugoslawiens« war ein Vielvölkermosaik aus 55% Serben, 20% Ungarn, 5% Kroaten sowie 23 weiteren Nationalitäten.

### Kosovo

Kosovo wurde auch als das Armenhaus Ex-Jugoslawiens bezeichnet. Die zu 90% von Albanern bewohnte Provinz war geprägt von einer schlechten wirtschaftlichen Situation, Übervölkerung, einer rückständigen Landwirtschaft und einer Arbeitslosenrate von über 40%.

Im Mittelalter war das Kosovo das Herzstück des serbischen Reiches. Die emotionale Bindung der christlich-orthodoxen Serben an Kosovo ist außerordentlich stark, obwohl sie Anfang der 90er Jahre nur noch 10% der Bevölkerung stellten. Dennoch betrachteten sie die überwiegend moslemischen Albaner als nationalen Fremdkörper, der kein Recht auf dieses Gebiet hat. Es hat in der Zwischenkriegszeit und auch in den ersten beiden Jahrzehnten der Nachkriegszeit nicht an Versuchen gefehlt, Kosovo wieder serbisch zu machen. Die Mittel dazu bestanden in brutalem Terror, der zur Vertreibung der Albaner und der Neuansiedlung von Serben führen sollte. Erst mit dem Sturz des jugoslawischen Innenministers Ranković (1966) setzte eine gegenläufige Tendenz ein. Die Kosovo-Albaner erhielten umfangreiche Rechte, und es wurde versucht, sie in den jugoslawischen Staat zu integrieren. Als die

**Klosterkirche Gradać** *(ganz oben)*. Sie ist in einer mittelalterlichen Bauweise errichtet worden: Langhaus, Kuppel über quadratischem Tambour, Apsis.

**Freskomalerei** (um 1320) im Kloster Gračanica *(oben)*. Die Fresken dieser Kirche gelten als Höhepunkt der Renaissance in der serbischen Malerei.

**Belgrad,** der Platz der Republik, mit Café-Terrasse gegenüber dem Nationaltheater *(oben)*. Die Hauptstadt des Landes, die Pforte zum Balkan und östlichen Karpatenvorland, liegt am Zusammenfluß von Save und Donau. Belgrad ist Sitz eines katholischen Erzbischofs und eines Patriarchen der Serbisch-Orthodoxen Kirche.

**Ein endloser Treck** von Kosovo-Albanern *(ganz rechts)* flieht im März 1999 vor den serbischen Truppen auf Eisenbahnschienen zur mazedonischen Grenze.

# JUGOSLAWIEN

gigkeitserklärungen von Bosnien-Herzegowina, Kroatien, Mazedonien und Slowenien die serbische Vormachtstellung erhalten wissen. Sein Ziel war die Vereinigung aller Serben unter einem Dach. Milošević brachte durch seine Politik Krieg, Zerstörung und Vertreibung nach Kroatien und Bosnien-Herzegowina, der 1995 mit dem Friedensabkommen von Dayton beendet wurde. Die Proklamation einer neuen Bundesrepublik Jugoslawien (Serbien und Montenegro) im April 1992 änderte nichts am großserbischen Machtstreben. Auch die Protestbewegung, die sich aus der Annullierung der serbischen Kommunalwahlen zu Lasten der zerstrittenen Opposition 1996 entwickelte, konnte das Belgrader Regime vorerst nicht gefährden.

Doch der nächste Konflikt ließ nicht auf sich warten. Im Kosovo, wo die albanische Bevölkerung zunächst gewaltfreien Widerstand gegen die serbische Okkupation geleistet und im Untergrund einen Schattenstaat aufgebaut hatte, gingen albanische Guerillas gegen die serbischen Sicherheitskräfte vor, die mit Massakern antworteten. Die Situation eskalierte 1998/99, als eine groß angelegte Vertreibung der Albaner begann. Nachdem der Konflikt nicht mehr auf diplomatischer Ebene gelöst werden konnte, griff die NATO militärisch ein, um den befürchteten Völkermord zu verhindern. Nach dreimonatigem Luftkrieg zog sich die jugoslawische Armee zurück. Die Streitkräfte der KFOR und eine Übergangsverwaltung der UNO übernahmen die Verantwortung im Kosovo, das damit de facto zum internationalen Protektorat wurde. Das Regime von Milošević wurde Ende 2000 nach Massendemonstrationen gestürzt. Eine von der – sehr heterogenen – Opposition gestellte Regierung versucht, das Land in eine demokratische Zukunft zu führen und die internationale Isolation Serbiens zu überwinden.

Albaner jedoch im Jahr 1981 in gewalttätigen Demonstrationen eine eigene Republik Kosovo forderten, wurde die Provinz von Militär und Polizei besetzt. Eine Zeit anhaltender Unterdrückung setzte ein.

**Großserbische Politik**
Als sich 1988 der Zerfall Jugoslawiens in mehrere Einzelstaaten abzuzeichnen begann, machten sich die Serben unter ihrem nationalistischen Parteichef Milošević daran, die »künstliche Dreiteilung« Serbiens zu beseitigen. Durch putschähnliches Vorgehen wurde die Autonomie der beiden Provinzen Vojvodina und Kosovo beseitigt: sie verloren ihr Parlament, ihre Regierung sowie den Einfluß auf Amtssprache, Bildungswesen und Massenmedien. Der im Dezember 1990 in direkter Volkswahl mit 65 % der Stimmen gewählte serbische Präsident Milošević wollte trotz der Unabhän-

# JUGOSLAWIEN: MONTENEGRO

In den Bergen wohnt die Freiheit – diese alte Weisheit läßt sich anhand der montenegrinischen Geschichte eindrucksvoll bestätigen. Das wildverkarstete Hochland, in dem einzelne Berge bis zu 2500 m aufragen, bot seinen Bewohnern nicht nur ein rauhes Klima, sondern durch seine Unzugänglichkeit auch Schutz gegen fremde Eroberer. Die alte Hauptstadt Cetinje war ein »Nest der Freiheit« hoch auf dem Gipfel des Lovćen. Die herrliche Landschaft der montenegrinischen Adriaküste hingegen, die mit den Buchten von Risan, Kotor und Tivat zu den malerischsten Plätzen Europas gehört, zog Fremde magisch an. In früheren Jahrhunderten kamen sie als griechische, römische oder osmanische Soldaten oder auch als Piraten, in der zweiten Hälfte des 20. Jahrhunderts fanden sich sonnenhungrige Touristen aus fast allen Ländern Europas ein. Hauptstadt von Montenegro (amtlich Crna Gora, »schwarzes Gebirge«), ist seit 1956 Podgorica, das von 1946–92 den Namen Titos (Titograd) trug. Das Wirtschafts- und Handelszentrum liegt nördlich des Skutari-Sees an der 1976 eröffneten Eisenbahnlinie aus Belgrad, die im montenegrinischen Hafen Bar endet. Die alte Seefahrerstadt Kotor an der sich 28 km weit ins Land hinein erstreckenden gleichnamigen Bucht mit ihrem Naturhafen und dem Seebad Hecegnovi ist seit 1979 Weltkulturerbe.

## Kriegerische Vergangenheit

Trotz seiner Wehrhaftigkeit geriet Montenegro, das ab dem 7. Jahrhundert unter byzantinischem Einfluß stand, vom 12. bis zum 14. Jahrhundert Serbien angegliedert war und nach der Niederlage der Serben gegen die Türken 1389 unabhängiges Fürstentum wurde, um 1528 endgültig unter die formelle Oberherrschaft des Osmanischen Reichs, wahrte jedoch unter seinen Fürsten, die gleichzeitig Bischöfe waren, eine weitgehende Autonomie. Kriegerische Tradition und heroische Denkweise sind in diesem südslawischen Volk, das sehr eng mit den Serben verwandt ist, fest verwurzelt. Durch die Jahrhunderte war Montenegro ein treuer Verbündeter der christlichen Mächte in den Türkenkriegen. Die herausragende Gestalt unter den montenegrinischen Herrschern war Petar II. Petrović Njegoš, der von 1830-1851 regierte. Der Dichter im Bischofs- und Fürstengewand erzählt in seinem Hauptwerk »Der Bergkranz« vom Kampf der Montenegriner gegen die Türken. Das in zahlreiche Sprachen übersetzte Drama ist auch heute noch Pflichtlektüre in den Schulen Montenegros. Wie schon seine Vorgänger fühlte sich Njegoš Rußland besonders verbunden. Er sprach fließend Russisch und tat alles in seiner Macht Stehende, um die Kontakte seines winzigen Reichs mit dem großen slawischen Bruderstaat zu intensivieren.

Njegoš Nachfolger legte die geistliche Würde nieder und nannte sich Fürst und Gebieter des freien Montenegro. Sein Neffe Nikola (Nikita I.) setzte durch, daß Montenegro 1878 international als unabhängiges Fürstentum und 1910 sogar als Königreich anerkannt wurde. Montenegro kämpfte erfolgreich in den Balkankriegen (1912/13), erlitt jedoch im Ersten Weltkrieg die entscheidende Niederlage gegen Österreich-Ungarn (1916). Ende November 1918 beschloß die montenegrinische Nationalversammlung den Anschluß an das »Königreich der Serben, Kroaten und Slowenen«. Das war das Ende der montenegrinischen Unabhängigkeit. Eine staatliche Organisationsform erhielt Montenegro erst wieder 1945 als kleinste Teilrepublik Jugoslawiens.

## Die Gegenwart

69 % der rd. 650 000 Einwohner sind Montenegriner, die sich zum orthodoxen Christentum bekennen, 15 % der Bevölkerung sind bosnische Moslems und etwa 5 % Albaner katholischen Glaubens. Wirtschaftlich gesehen gehört Mon-

**Fischeranlagen in Cetinje** *(rechts)* an der süddalmatinischen Küste.

**Ein gewohnter Anblick in Montenegro** *(unten)*: schwer zugängliches und karges Gebirgsland wie hier am Lovêen, der unmittelbar an der Adriaküste aufragt und eine Höhe von 1759 m erreicht. Die Lovêenstraße wurde in den Jahren von 1876 bis 1881 erbaut und verbindet Kotor und Cetinje. – **Eine Bäuerin mit ihren Ziegen und Schafen** *(unten links)* im Olivenhain. Oliven und Tabak werden vor allem an der Küste angebaut.

# JUGOSLAWIEN

tenegro zu den unterentwickelten Regionen. 1990 stellte es lediglich 2 % vom Bruttosozialprodukt Jugoslawiens und wies nur im Bereich Stahl- und Aluminiumproduktion nennenswerte Industrien auf. 40 % aller Beschäftigten arbeiteten in der Landwirtschaft, vorwiegend Weidewirtschaft und in den Tal- und Beckenlandschaften Anbau von Getreide, Wein und Tabak. Ein wichtiger Wirtschaftszweig war bis 1991 der Tourismus. Im Dezember 1990 fanden in Montenegro erstmals seit dem Zweiten Weltkrieg freie Wahlen statt. Doch wie in Serbien bedeuteten sie nicht das Ende der kommunistischen Herrschaft. Die Sozialisten gewannen zwei Drittel der Parlamentssitze. Zum Präsidenten Montenegros wurde im Dezember 1990 der Sozialist Momir Bulatović gewählt. Er war ein getreuer Paladin des serbischen Präsidenten Slobodan Milošević. Um die enge Verbundenheit zwischen beiden Republiken deutlich zu machen, wurde immer wieder ein Schlagwort zitiert: (Das achtmal so große) Serbien und Montenegro sind wie die beiden Augen in einem Kopf. – Doch Montenegro im Schlepptau der großserbischen Politik? Jedenfalls stimmte bei einem Referendum 1992 eine Mehrheit der Bevölkerung für den Verbleib Montenegros in einem gemeinsamen jugoslawischen Staat. Im April 1992 proklamierten die montenegrinischen Abgeordneten zusammen mit ihren serbischen Kollegen die neue Bundesrepublik Jugoslawien.

Seit 1997 versucht Montenegro allerdings immer mehr, auf Distanz zu Belgrad zu gehen. 1998 wurde der prowestliche Reformer Milo Djukanović (* 1962), ein Gegner des von Serbien gestützten Bulatović, Präsident der Teilrepublik; sein Parteienbündnis erreichte auch eine Mehrheit im Parlament. Montenegro distanzierte sich zunehmend von der Belgrader Kriegspolitik und näherte sich den Staaten der EU an, insbesondere um seine von den internationalen Sanktionen gegen Jugoslawien geschwächte Wirtschaft, in der sich die Menschen hauptsächlich auf dem Schwarzmarkt und durch Schmuggel versorgten, wiederzubeleben. Ein eigenständige Währungs- und Handelspolitik mit der Einführung der Deutschen Mark als Zahlungsmittel 1999 führte zum Konflikt mit Serbien, das die Grenze zu Montenegro für den Warenaustausch sperrte und versuchte, dessen Einfluß in den gemeinsamen jugoslawischen Staatsorganen zu mindern. Die jugoslawischen Präsidentenwahlen vom September 2000 wurden daraufhin von Montenegro boykottiert. Eine Wiederannäherung an Serbien/Jugoslawien fand auch nach der Regierungsübernahme der demokratischen Opposition im Herbst 2000 in Belgrad nicht statt. Auch die Wahl des Montenegriners Z. Zizic zum neuen jugoslawischen Ministerpräsidenten im November 2000 brachte keinen politischen Konsens. Stattdessen setzte Djukanović ein Referendum über die Loslösung Montenegros von Rest-Jugoslawien an.

# KAMBODSCHA

Wo sich heutzutage fünf moderne Nationalstaaten, nämlich Vietnam, Kambodscha, Laos, Thailand und Myanmar (ehemals Birma) zusammendrängen, lag einst das mächtige Khmer-Reich, das in seiner Blütezeit vom Golf von Bengalen bis zum Südchinesischen Meer reichte.

Diese altkambodschanische Monarchie überdauerte immerhin vom 6. bis zum 13. Jahrhundert. Auch in den Zeiten danach, als ihr politischer Einfluß längst verlorengegangen war, strahlte sie immer noch kulturellen Glanz aus und bewirkte, daß beispielsweise das Volk der Thai vom 15. bis 17. Jahrhundert weitgehend »kambodschanisiert« wurde.

## Geschichte

Ins Licht der Geschichte trat Kambodscha im 1. Jahrhundert n. Chr. Zu dieser Zeit lebten am Unterlauf des Mekong drei Völker: die Funanesen, die Khmer und die Cham, die seit dem 4. Jahrhundert v. Chr. unter dem Einfluß der indischen Kultur standen.

Funan gewann zwischen dem 1. und dem 6. Jahrhundert unter der sogenannten »Monddynastie« die Oberhand. 532 gelang es den Khmer von Chenla, die Herrschaft der »Monddynastie« abzuschütteln und, unter Führung der »Sonnendynastie«, ihrerseits die Funanesen zu unterwerfen. Zwischen 532 und 802 brachte das neue Herrscherhaus fast die gesamte indochinesische Halbinsel unter seine Herrschaft und wurde so über 250 Jahre lang zur Vormacht auf dem Subkontinent.

Gegen Ende des 8. Jahrhunderts fiel Chenla infolge zahlreicher Bürgerkriege auseinander, so daß ein nördliches »Hochland-Chenla« (mit einer Ausdehnung bis nach Südlaos hinein) und ein südliches, hauptsächlich das Mekongbecken umfassendes »Wasser-Chenla« entstand. Dieser südliche Teil wurde von dem unter indischem Kultureinfluß stehenden malaiischen Srivijaya-Großreich unterworfen.

Bereits 802 konnten die Khmer die Oberherrschaft von Srivijaya jedoch wieder abschütteln und die beiden Landesteile erneut zum Einheitsreich zusammenfügen. Damit begann die machtvollste Epoche der kambodschanischen Geschichte, die nach der damaligen Hauptstadt »Angkor-Periode« heißt und von 802 bis 1432 dauerte.

In seiner Blütezeit (10.–12. Jahrhundert) gehörten zum Reich von Angkor neben dem heutigen Kambodscha noch das das Mekongdelta umfassende Cochinchina und das zentralvietnamesische Annam, darüber hinaus größere Teile von Laos und Thailand sowie Landstriche von Birma und vom heutigen Malaysia.

Die Zeit historischer Größe und kulturellen Glanzes war auch eine Periode der Kriege gegen die damaligen zwei Todfeinde der Khmer, nämlich die Thai und die Cham. Eineinhalb Jahrhunderte nach der Verwüstung Angkors durch die Cham griffen die Siamesen an und eroberten Angkor gleich zweimal, nämlich 1353

# KAMBODSCHA

und 1431; sie zerstörten große Teile der Stadt, so daß sie schließlich 1432 aufgegeben werden mußte.

Die Tempelruinen von Angkor sind das Symbol für den Untergang eines Reiches, dessen maßlos gewordene Kulte von den Untertanen auf die Dauer nicht mehr verkraftet werden konnten. In der Tat schüttelte die zu ständigem Tempelbau verurteilte Bevölkerung ihr Los in dem Augenblick ab, da die Bürokratie von Angkor infolge des thailändischen Überfalls zu existieren aufhörte, und übernahm in überraschend kurzer Zeit den »demokratischeren« Theravadabuddhismus.

Nach den Cham und den Thai kamen die Vietnamesen, die vor allem seit dem 17. und 18. Jahrhundert in »Kampuchea Krom« (Südkambodscha) eindrangen und schließlich das ganze Mekongdelta besetzten.

Mitte des 19. Jahrhunderts schien Kambodscha nur noch die Wahl zu haben, sich entweder den Thai oder den Vietnamesen zu unterwerfen. Da ergriff es die »rettende« Hand Frankreichs, das mit dem Königreich 1863 einen Protektorats-Vertrag abschloß und es 1887 in die »Union Indochinoise« eingliederte.

Der antifranzösische Widerstand begann mit der 1930 von Ho Chi Minh (1890–1969) gegründeten KP Indochinas, der auch Kambodschaner angehörten. 1940–1945 besetzten die Japaner das Land und zwangen Kambodscha, zwei Provinzen an das inzwischen mit Japan verbündete Thailand abzutreten.

1954 mußten die Franzosen auf der Genfer Konferenz dem Königreich Kambodscha die Unabhängigkeit gewähren. Der bereits 1941 von Frankreich als König eingesetzte Prinz Norodom Sihanouk (* 1922) verstand es, alle Einmischungsversuche der Vietminh und allen Widerstand seiner innenpolitischen Gegner abzuschütteln und das Land aus dem Zweiten Indochinakrieg herauszuhalten, mußte dafür allerdings hinnehmen, daß Ostkambodscha unter die Kontrolle Vietnams geriet, d. h. zu einem Teil des »Ho-Chi-Minh-Pfads« wurde.

Am 18. März 1970 wurde Sihanouk mit US-amerikanischer Hilfe durch eine Offiziersrevolte unter Führung von General Lon Nol (1913-1985) gestürzt. Der neue Machthaber führte das Land an der Seite der USA in den Vietnamkrieg. Schon am 23. März 1970 gründete der gestürzte Sihanouk unter tatkräftiger Mithilfe der VR China in Peking gemeinsam mit der KP Kambodschas eine »Nationale Einheitsfront von Kampuchea« (FUNK). In deren Namen traten Guerillaarmeen gegen die Lon-Nol-Regierung an, wobei sie von Nordvietnam unterstützt wurden. Der kambodschanische Bürgerkrieg, in dessen Verlauf das Land durch Flächenbombardierungen der USA verwüstet wurde, dauerte fünf Jahre und endete am 17. April 1975 mit der Eroberung Phnom Penhs durch die FUNK, d. h. im wesentlichen durch die Truppen der Roten Khmer.

# KAMBODSCHA: DER STAAT

Mit dem Sieg der Roten Khmer 1975 wurden die durch Bürgerkrieg und Bombardierungen hervorgerufenen Leiden der kambodschanischen Bevölkerung nicht beendet. Geprägt von radikalen Änderungsvorstellungen ihrer Führer und unterstützt durch das maoistische China, verfolgten die Roten Khmer – an ihrer Spitze vor allem Pol Pot (1928–1998) – eine Politik des sofortigen Übergangs zu einem agrarisch geprägten Sozialismus.

Die Folgen dieser Politik, die von westlichen Beobachtern zu Recht als »Steinzeitkommunismus« bezeichnet wurde, sind bekannt: Entvölkerung der Städte, Zerschlagung der wirtschaftlichen Infrastruktur, Stilllegung der Industriebetriebe und des gesamten Handels, Vernichtung der Fischernetze, Verbot jeglichen individuellen Anbaus von Feldfrüchten, Versklavung der städtischen Bevölkerung in Form von Zwangsarbeit an Bewässerungsprojekten, Abschaffung aller Erziehungsanstalten über Volksschulniveau, Liquidierung der Intelligenz, Schließung fast aller Krankenhäuser, versuchte Ausrottung der Ärzteschaft, Eliminierung aller modernen Arzneimittel, Vernichtung der Bibliotheken, Abschaffung von Geld sowie Schließung der Banken, Ermordung der in Vietnam ausgebildeten Kader und der Versuch zur Unterdrückung der Religionsausübung.

### Vietnamesische Invasion

Die Radikalisierung der damaligen Politik führte nicht nur zu einer tiefen Abneigung der Bevölkerung gegenüber dem Regime, sondern verursachte auch eine Spaltung in den eigenen Reihen der Roten Khmer; denn längst hatte der Radikalismus begonnen, seine eigenen Kinder zu fressen. Kaum jemand, der davor sicher ge-

**Der Königspalast in Phnom Penh** (rechts). Er wurde Mitte des 19. Jahrhunderts von den Franzosen im sogenannten Khmer-Stil erbaut. Zum Palast gehören u.a. die Thronhalle, die Schatzkammer und die Silberne Pagode. Phnom Penh wurde ab 1434 Residenz des Khmer-Adels, der die Königsstadt Angkor aufgab, um sich nicht den Siamesen zu unterwerfen.

## Daten und Fakten

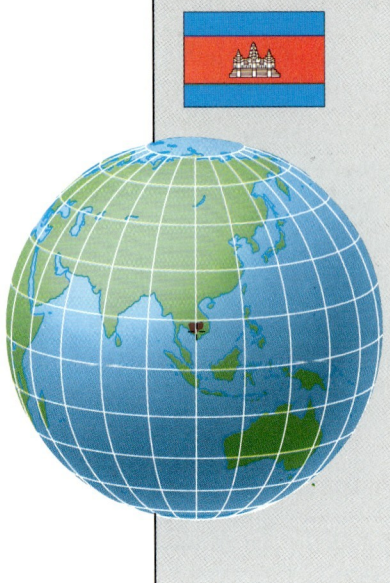

**DAS LAND**
**Offizieller Name:** Königreich Kambodscha
**Hauptstadt:** Phnom Penh
**Fläche:** 181 035 km²
**Landesnatur:** Hauptsächlich Schwemmlandebenen, im W zentrale Ebenen, im O Tief- u. Hügelland des Mekongbeckens
**Klima:** Feuchtheißes, tropisches Monsunklima
**Hauptflüsse:** Mekong, Tonlé-Sap
**Höchster Punkt:** Phnom Aural 1813 m
**DER STAAT**
**Regierungsform:** Parlamentarische Monarchie
**Staatsoberhaupt:** König
**Regierungschef:** Ministerpräsident
**Verwaltung:** 21 Provinzen
**Parlament:** Nationalversammlung mit 122 für 5 Jahre gewählten Abgeordneten
**Nationalfeiertag:** 9. November
**DIE MENSCHEN**
**Einwohner (Ew.):** 10 945 000 (1999)
**Bevölkerungsdichte:** 60 Ew./km²
**Stadtbevölkerung:** 24 %
**Analphabetenquote:** 65 %
**Sprache:** Khmer, Französisch
**Religion:** Buddhisten 88 %

**DIE WIRTSCHAFT**
**Währung:** Riel
**Bruttosozialprodukt (BSP):** 3001 Mio. US-$ (1998)
**BSP je Einwohner:** 280 US-$
**Inflationsrate:** 32,8 % (1990–98)
**Importgüter:** Konsumgüter, Nahrungsmittel
**Exportgüter:** Bearbeitete Waren, Eisen, Stahl, tier. u. pflanzl. Produkte
**Handelspartner:** Thailand, China, Vietnam, Japan, USA
**Eisenbahnnetz:** 612 km
**Straßennetz:** 12 300 km
**Fernsehgeräte je 1000 Ew.:** 9

# KAMBODSCHA

wesen wäre, nicht als »Handlanger des CIA, des KGB oder als vietnamesischer Agent« angeklagt zu werden, nicht einmal Kinder. Bereits 1977 setzten sich Teile der Roten Khmer von Pol Pot ab und versuchten, die Herrschaft ihrer ehemaligen Mitrevolutionäre zu stürzen. Unter ihnen befanden sich die späteren Führer in Phnom Penh – Heng Samrin (* 1934) und Hun Sen (* 1951), die zuvor als Kommandeure die Politik Pol Pots umsetzten.

Im Gefolge von bewaffneten Auseinandersetzungen im kambodschanisch-vietnamesischen Grenzbereich marschierten Ende 1978 vietnamesische Truppen in Kambodscha ein und besetzten es innerhalb von zwei Wochen. Am 8. Januar 1979 wurde in Phnom Penh die »Volksrepublik Kampuchea« ausgerufen. Die neue Regierung in Phnom Penh akzeptierte einen auf 25 Jahre angelegten »Sonderbeziehungsvertrag«, der unter anderem die Präsenz vietnamesischer Truppen in Kambodscha gestattete und dessen Ziel es offensichtlich war, Kambodscha zu »vietnamisieren«.

Daraufhin bildete sich eine Exilregierung des nationalen Widerstands, die seit Juni 1982 von drei Gruppen getragen wurde: Neben den gestürzten Roten Khmer bestand diese »Nationale Regierung Kambodschas« aus den Anhängern des früheren Präsidenten Sihanouk und des ehemaligen Ministerpräsidenten Son Sann. Die vor allem von der VR China und Thailand unterstützten Gruppen führten einen Guerillakrieg gegen die neue Regierung und die im Lande stationierten vietnamesischen Truppen. Die verbreitete Ablehnung der Besatzer sicherte den Widerstandskämpfern die Unterstützung der Bevölkerung, so daß ihre militärische Stärke schließlich die Vietnamesen nach zehn Jahren dazu bewegte, vollständig abzuziehen. Internationaler Druck und tiefgreifende Wirtschaftsprobleme im eigenen Land spielten bei dieser Entscheidung eine zusätzliche Rolle.

Im Jahr 1991 unterzeichneten die Bürgerkriegsparteien in Paris einen Friedensplan. Die UNO entsandte die Friedensstreitmacht UNTAC, die aber von den Roten Khmer verweigert wurde. Nach langem Ringen konnte 1993 eine neue Verfassung verabschiedet werden. Kambodscha wurde zur konstitutionellen Monarchie mit Sihanouk als König. Trotzdem mißlang die politische Stabilisierung des Landes. Immer wieder kam es zu Auseinandersetzungen mit den Roten Khmer, die in einem Schauprozeß ihren Führer Pol Pot 1997 zu lebenslanger Haft verurteilten. In einer blutigen Auseinandersetzung entmachtete Hun Sen im selben Jahr seinen royalistischen Ko-Ministerpräsidenten Norodom Ranariddh (* 1944). Im Februar 1999 wurden die letzten Verbände der Roten Khmer aufgelöst.

**Kambodscha** (*unten rechts*) nannte sich in den 70er und 80er Jahren Kampuchea. Seit 1863 ein französisches Protektorat, wurde das Land 1953 unabhängig.

Die Kriege der letzten Jahre zwangen zahlreiche Kambodschaner, ihr Land zu verlassen.

# KAMBODSCHA: DAS LAND

Kambodscha wird manchmal mit einer Reisschüssel verglichen – ein Bild, das sich angesichts der doch etwas eckigen Ausformungen nur mit einiger Phantasie nachvollziehen läßt, das aber trefflich auf den wahren Reichtum des Landes hinweist – zumindest wie es ihn einmal gegeben hat. Das Mekongbecken, das drei Viertel der Landesfläche einnimmt, wird im Westen, Norden und Osten von Hochländern und Bergzügen umschlossen. Im Südwesten erheben sich die bis zu 1700 m hohen Kardamomberge, an die sich in südlicher Richtung die Elefantenberge anschließen. Das Dangrekgebirge bildet die nördliche Umrahmung, die das Land gegen das thailändische Khoratplateau abgrenzt. Im Osten, an der Grenze zu Laos und Vietnam, steigt das Land über das Moiplateau zu den Gebirgen der Küstenkette von Annam an. Lediglich nach Südosten, in Richtung Vietnam, geht Kambodscha geographisch ungeschützt ins Mekongdelta über, das noch zu Beginn des 18. Jahrhunderts kambodschanisches Territorium war.

Hauptsiedlungsgebiete der Khmer sind die Tieflandgebiete der Küste, die Mekongebene und die Flachlandstrecken entlang dem Tonléabfluß und dem Tonlé-Sap bis hinauf nach Battambang, dem Mittelpunkt der Kornkammer Kambodschas. Politisches und wirtschaftliches Herzstück des Landes sind die Tonléebene sowie die »Ebene der vier Arme«, die vom Mekong und seinen beiden Zuflüssen, dem Tonlé-Sap und dem Bassac, gebildet werden. Genau im Zentrum dieses Gebiets liegt die Hauptstadt Phnom Penh. Die flache Landschaft wird von Reisfeldern, Kokospalmen und spiegelnden »Beng« (Seen) bestimmt.

## Hauptnahrungsmittel: Reis und Fisch

Zur Monsunzeit (April bis September) sind weite Teile Südkambodschas fast vollständig überflutet, denn die durchschnittliche Regenmenge beträgt 1600 mm. Nur Hügel (phnom) oder die Uferwülste der Flüsse ragen aus den riesigen Wasserflächen heraus. Größere Ansiedlungen pflegen stets auf Hügeln zu liegen, weshalb »Phnom« häufig in Ortsnamen vorkommt.

Die Dörfer liegen zumeist auf den für Südkambodscha so typischen, oft kilometerbreiten Uferwülsten, auf deren Rückseite sich die manchmal bis zu 1000 ha großen »Wasser-Tümpel« anschließen.

Herzstück des naturgegebenen Bewässerungssystems des Landes ist der Tonlé-Sap (Großer See), der dem Mekong während der Monsunzeit als natürliches Rückstaubecken dient, wobei der Tonléabfluß den Flutungskanal bildet. Je nach Jahreszeit bewegt sich die Fläche des Tonlé-Sap zwischen 3000 und 10 000 km². Im Flutungsbereich zwischen Tonlé-Sap, Tonléabfluß und Mekong vollzieht sich Jahr für Jahr eine riesige Fischwanderung, die seit ewigen Zeiten den neben Reis zweitwichtigsten Bestandteil der kambodschanischen Ernährung liefert.

**Eine Textilfabrik** *(unten)* in Kompong Cham ist auf die Herstellung von Baumwollstoffen für den Export spezialisiert. Zur Zeit verfügt Kambodscha über nur wenig Industrie. Es gibt aber Bestrebungen, weitere derartige Industriebetriebe zu gründen.

**Dieses Dorf auf dem Wasser** *(rechts)* am Tonlé-Sap ist ein typisches Beispiel für eine ländliche Gemeinde in Kambodscha. Der überwiegende Teil der Bevölkerung lebt auf dem Land und ernährt sich von den Erträgen der umliegenden Felder.

**Die neuen Markthallen** von Phnom Penh *(rechts)*. Nach der Herrschaft der Roten Khmer, die die Hauptstadt Kambodschas fast entvölkerten, beginnt das wirtschaftliche Leben der einstigen Metropole sich langsam zu erholen. In den engen Gassen und Markthallen drängen sich die Menschen. Angeboten werden nicht nur Lebensmittel, sondern auch industrielle Erzeugnisse. In der Stadt ist eine Aufbruchstimmung zu spüren, überall entstehen Läden oder kleine Imbißstellen.

**Typischer traditioneller Lebensmittelmarkt** *(ganz rechts)* in der Altstadt Phnom Penhs, wie er auch in anderen asiatischen Städten und Ländern vorherrscht. Die Einwohner verkaufen kleine Mahlzeiten oder eigene Anbauprodukte, um ihr spärliches Einkommen zu verbessern.

# KAMBODSCHA

Vor allem die unter Wasser gesetzten Wälder im Bereich der »Bengs« sind ideale Laichplätze und Planktonparadiese, von denen die Fische so magnetisch angezogen werden, daß der Mekongunterlauf in den Monsunmonaten fast ohne Leben ist. Erst mit der Rückflutung des Wassers in den Mekong beginnt auch die große Rückwanderung »aus den Wäldern nach Phnom Penh«, wobei die Fischer Tag und Nacht unermeßliche Fänge einbringen, die sofort getrocknet oder aber zu Prahoc (gesalzene Fischpaste) und Fischsoße verarbeitet werden müssen, da das Fischfleisch in der tropischen Hitze schnell verdirbt.

**Vom Reisexporteur zum Hungergebiet**
Es war einer der »Sündenfälle«, daß Frankreich während seiner Oberherrschaft dazu überging, die Fangrechte an meistbietende Fischereiunternehmen zu verpachten, die zumeist nicht kambodschanischen, sondern vietnamesischen oder Cham-Ursprungs waren. Auch nach 1979 ist die Fischerei zum größten Teil wieder in vietnamesische Hände übergegangen.

Im übrigen ist Kambodscha weitgehend ein Agrarland, in dem es auch Ende der 90er Jahre nur wenige Kleinindustriebetriebe gibt. An Bodenschätzen gibt es Eisenerz, Kalkstein, Kupfer und Phosphat, aber auch einige Edelstein- und Goldvorkommen. In den zahlreichen Salzgärten entlang der Südwestküste wird zunehmend Meeressalz gewonnen.

Das Verkehrswesen ist unterentwickelt. Abgesehen von einer Eisenbahn, die von Phnom Penh hinüber nach Thailand führt – und deren Betrieb unter Sprengstoffanschlägen leidet –, wird der Löwenanteil des Transports von Rindergespannen, altertümlichen Lkws und Bussen abgewickelt, die auch nicht immer vorankommen, da die Landstraßen holprig und in der Regenzeit z. T. unbefahrbar sind.

Es ist eine Tragödie der jüngeren asiatischen Geschichte, daß ausgerechnet Kambodscha, das noch bis 1969 eines der wichtigsten Reisexportländer Asiens war, seit Mitte der 70er Jahre, vor allem aber in den Jahren unmittelbar nach der vietnamesischen Invasion, zu einem der Welthungergebiete wurde. Verantwortlich dafür sind zum einen die systematischen Flächenbombardierungen der US-Luftwaffe, die dazu führten, daß viele Bauern ihre Felder nicht mehr bearbeiten konnten und in die Städte, vor allem nach Phnom Penh, flüchteten. Zum anderen haben die Roten Khmer zwischen 1975 und 1979 eine Politik der systematischen Vernichtung von Maschinen, Geräten, Fischernetzen und städtischen Infrastrukturen betrieben. Da sie überdies auch die technische Intelligenz des Landes liquidiert haben, ist der wirtschaftliche Wiederaufbau außerordentlich schwierig. Zwar ist mit Hilfe vietnamesischer Siedler die Reisernte in den letzten Jahren wieder angestiegen, doch wird ein Großteil davon direkt nach Vietnam exportiert.

# KAMBODSCHA: ANGKOR VAT

Die im nördlichen Zentralkambodscha gelegene Stadt Angkor besitzt etwa dreißig erhaltene Tempel des Khmer-Reiches, dessen Mittelpunkt hier ab dem 9. Jahrhundert fast 600 Jahre lang bestand.

Nachdem sie die vorherigen Herrscher, die Chenla und die Funan, besiegt hatten, nutzten die Khmer die Kriegsbeute zum Aufbau eines gewaltigen Reiches mit über einer Million Untertanen. Die Landschaft um Angkor wurde mit einem Netzwerk von Kanälen und Dämmen überzogen, das die Ebene in ein großes Reisfeld verwandelte.

An den Schnittpunkten der Kanäle wurden zahlreiche Stufentempel (Vats) errichtet. Gemeinsam war ihrer Architektur das hinduistische Weltbild, das sich vor allem in den an jeder Seite mit Türmen versehenen pyramidenartigen Bauten äußerte, die den mythischen Weltberg als Zentrum der Welt symbolisieren sollten. Die Konstruktionen wurden zunehmend kunstvoller und gipfelten schließlich in der Errichtung von Angkor Vat, einem der Weltwunder der Architektur.

Angkor Vat, der Mittelpunkt des Khmer-Reiches, wurde in der ersten Hälfte des 12. Jahrhunderts unter dem König Surjavarman II. errichtet. Er war zunächst der Hindu-Gottheit Vishnu geweiht, am Ende des Khmer-Reiches aber bereits ein buddhistisches Heiligtum. Die gewaltigen Ausmaße des Tempels bezeugen den enormen Reichtum der Khmer jener Tage.

Die Tempelanlage, die von einem breiten Graben begrenzt wird, war praktisch eine Stadt innerhalb der Stadt. Rechtwinklige Galerien umgeben die zentrale Pyramide. Die Wände der überdachten Gänge sind vollständig mit Reliefs bedeckt, die mythologische Szenen darstellen. Szenen von Himmel und Erde, Schlachten und königliche Zeremonien, so weit das Auge reicht. Große Türme und Tore erheben sich vom Dach der Galerien. Innerhalb des äußeren Rechtecks der Galerien befindet sich das Hauptgebäude, das von einer weiteren Galerie umgeben ist. Der Mittelpunkt der Tempelanlage ist die steile, über zwölf Treppen zugängliche Pyramide. Die höchste Ebene wird von einer weiteren Galerie gebildet, die von fünf massiven Türmen überragt wird, an jeder Seite einer und der größte in der Mitte.

### Die Dschungelruine

Das romantische Bild von den pflanzenüberwucherten Tempelruinen ist eines der beständigsten Elemente in der Vorstellung der Europäer vom alten Angkor. Von 1867 an war Kambodscha eine französische Kolonie, und französische Archäologen hatten einen großen Anteil an der Entdeckung und der Restaurierung der Anlage. Zunächst wußten die Europäer nur wenig von den Ursprüngen der Denkmäler, die ersten Berichterstatter waren bei Erklärungsversuchen auf ihre Phantasie angewiesen. Aber nach und nach wurden Inschriften entdeckt und entschlüsselt, und die Rekonstruktion der Geschichte wurde möglich, die umfassenden Aufschluß sowohl über den Alltag im Königreich als auch über die Könige und Tempel erlaubte. Auch der Bericht eines buddhistischen Reisenden aus China, der Ende des 14. Jahrhunderts hier weilte, gab ein detailliertes Bild der damaligen Stadt.

In einer Inschrift sind die Reichtümer des Tempels Ta Prohm, der nordöstlich von Angkor Vat liegt, aufgeführt. In dieser Liste sind goldenes Tafelgeschirr im Gesamtgewicht von mehreren hundert Pfund, 40 000 Perlen, 500 Seidenbettbezüge und 800 chinesische Schleier genannt. Tausende von Menschen waren mit der Unterhaltung des Tempels beschäftigt. Die dafür notwendigen Dinge wurden vom König zur Verfügung gestellt. Öl, Wachs, Milch, Honig und Samen werden erwähnt.

Die Entstehung immer kunstvollerer und imposanterer Tempel fiel mit der Expansion des Königreichs Angkor zusammen, das schließlich einen großen Teil der benachbarten Länder Thailand und Laos umfaßte. In diesen Ländern kann man heute noch die verfallenen Überreste vieler dieser Bauwerke besichtigen. Der von 1181 bis 1218 regierende König Dschajavarman VII. scheint von einer wahren Bauwut besessen gewesen zu sein. Die Ausführung der Arbeiten war jedoch infolge der Eile durch zunehmende Nachlässigkeiten geprägt. Viele der Tempel waren bereits kurz nach der Fertigstellung vom Einsturz bedroht. Schließlich hatte die Besessenheit Dschajavarmans sein Volk erschöpft und die Geldmittel aufgebraucht. Die Eroberung des Königreiches durch die Siamesen im Jahr 1431 bedeutete dessen endgültigen Zusammenbruch.

### Bauweise

Der in der Region reichlich vorhandene Lateritboden lieferte das in Angkor hauptsächlich benutzte Baumaterial. Laterit ist beim Behauen zunächst relativ weich und läßt sich mühelos zu Blöcken verarbeiten. Werden diese allerdings

**Die Wurzeln eines Baumes** *(oben),* der über Jahrhunderte wachsen konnte, zersprengen in Angkor die Steinquader eines Straßenpflasters.

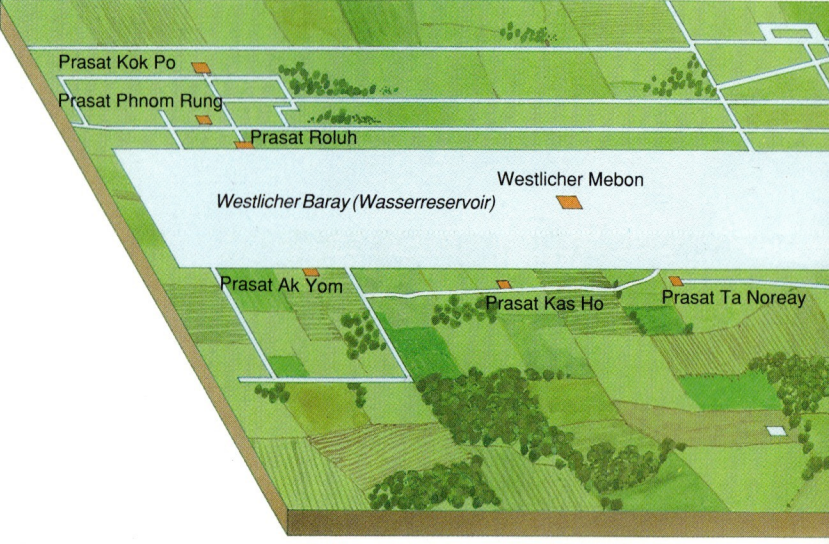

# KAMBODSCHA

Wind und Regen ausgesetzt, so werden sie so hart und widerstandsfähig wie jeder andere Steinblock. Dieses im Überfluß vorhandene, leicht zu bearbeitende Material wurde zum Bau der Fundamente und anderer weniger sichtbarer Gebäudeteile verwendet. Lediglich Türstürze und dekorative Details wurden aus edlerem Sand- und Kalkstein gearbeitet.

Das hohe Tempo, in dem die Tempel errichtet wurden, führte zu Nachlässigkeiten in der Ausführung. Unzulängliches Grundmauerwerk begann bald zu zerbröckeln. Durch zusätzliche Zerstörungen von Plünderern und Schatzsuchern wurde der Verfall des teilweise aufgegebenen und vernachlässigten Angkor noch beschleunigt. Der Einzug der tropischen Vegetation in die verfallenen Bauwerke setzte ein. Wurzeln zwängten sich in die Steinspalten, erweiterten sie, stemmten die Steine auseinander und zersprengten Mauern.

**Das wichtigste Baumaterial,** das in Angkor *(oben)* verwendet wurde, war Laterit. 800 Jahre haben die großen Tempel überdauert.

**Auf einem breiten steinernen Fußweg** verläßt ein buddhistischer Mönch Angkor Vat *(oben links)*. Im Hintergrund ist ein Teil des riesigen, von Toren durchbrochenen und von Türmen überragten Galeriensystems zu erkennen, das die zentrale Pyramide umschließt.

**Die alte Khmer-Stadt Angkor** *(unten),* die 1432 nach Zerstörungen aufgegeben wurde, lag in einem ausgeklügelten Netz von Kanälen und großen Wasserreservoiren. Die Wege verlaufen entlang der Kanäle, die das Wasser zu den Reisfeldern lenken, die die Stadt umgeben. Die Kanäle werden auch zum Transport benutzt. Die orangen Flächen zeigen die Lage der Haupttempel. Zwei der bedeutendsten Tempel liegen an wichtigen Positionen, an Kanalkreuzungen. Der Tempel Bayon (A) wurde um 1200 n. Chr. als letzter großer Tempel im Komplex von Angkor erbaut. Er ist Buddha geweiht und enthält viele Bilder, die für den buddhistischen Glauben wichtig sind. Angkor Vat (B), der größte und besterhaltene Tempel, zeigt eine Reihe hinduistischer Einflüsse und ist dem wichtigen Hindu-Gott Vishnu geweiht.

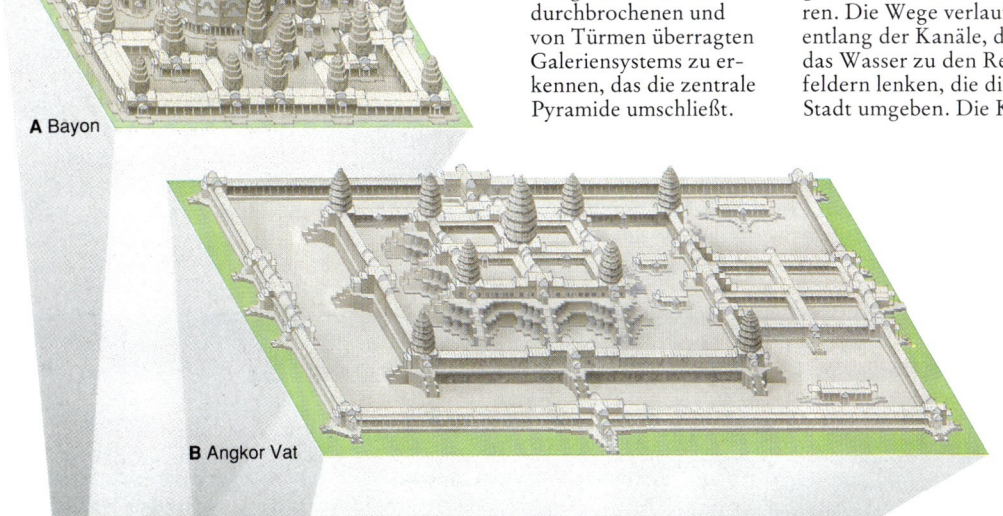

A Bayon

B Angkor Vat

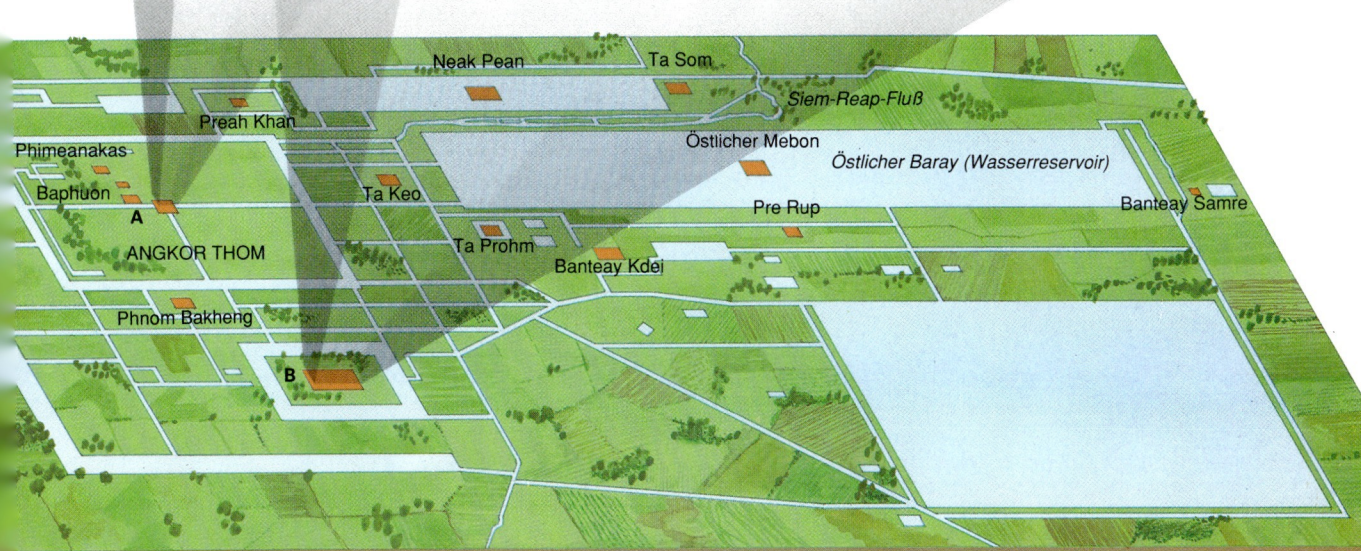

# KAMERUN

»Ganz Afrika in einem Dreieck« lautet die zutreffende Tourismus-Werbung des von Äquatornähe über 1200 km nordwärts bis in den Sahel reichenden Kamerun. »Ganz Afrika«, weil das in kolonialer Zeit in Dreiecksform zusammengeschnittene Territorium mit rund 200 Stämmen und über 120 Sprachen, mit seiner Fülle an Klima- und Vegetationszonen sowie landschaftlichen Formationen die Vielfalt des afrikanischen Kontinents widerspiegelt.

Für Europa entdeckt wurde das schon lange von verschiedenen Völkern besiedelte Kamerun 1472 von dem portugiesischen Seefahrer Fernando Póo. Beeindruckt vom Krabbenreichtum nannte er den Wuri-Fluß »Rio dos Camaroes«, woraus sich der Name Kamerun entwickelte. Doch das feucht-heiße Klima und die Unzugänglichkeit der sumpfigen Küstenregion hielten sowohl Portugiesen als auch die auf sie folgenden holländischen Händler davon ab, sich dauerhaft in ihr niederzulassen. Für den Handel, zunächst mit Sklaven aus dem Hinterland, bedienten sie sich deshalb der Vermittlung der Küstenstämme, besonders der Dualas.

Deutsche Kolonie wurde Kamerun nur deshalb, weil der kaiserliche Kundschafter Gustav Nachtigal dem in gleicher Mission reisenden britischen Emissär fünf Tage zuvorkam und – während die Europäer noch auf der Berliner Afrika-Konferenz 1884/85 den Kontinent unter sich aufteilten – einen Schutzvertrag mit den Duala-Häuptlingen unterzeichnete.

Der Versuch der Dualas, ihr Privileg des einträglichen Handels zwischen Küste und Hinterland gegen deutsche Interessen zu verteidigen, war Auslöser für die blutigen Auseinandersetzungen von 1897 bis 1901. Auch die weitere Ausbreitung militärischer und administrativer Kontrolle sowie der Bau von Eisenbahn und Straßen und die Anlage von Plantagen waren nur gewaltsam möglich.

Durch den Sieg der Alliierten im Ersten Weltkrieg wurde Kamerun Frankreich und Großbritannien als Völkerbundmandat zugeteilt. Der kleinere Westteil wurde an die benachbarte britische Kolonie Nigeria angegliedert. Frankreich verwaltete seinen Teil als selbständige Einheit, der es 1958 die interne Autonomie und 1960 die Unabhängigkeit gewährte.

Bereits 1948 war die Partei »Union des Populations du Cameroun« (UPC) gegründet worden. Mit ihren Forderungen nach sofortiger Vereinigung beider Landesteile und gemeinsamer Unabhängigkeit war sie bei der Masse der Bevölkerung vor allem im westlichen Teil so populär, daß die Kolonialmacht ihre Veranstaltungen gewaltsam unterdrückte und die UPC 1954 verbot. Die so in den Untergrund gezwungene Bewegung wurde bis nach der Unabhängigkeit mit erheblichem militärischen Einsatz französischer Truppen bekämpft, ihre Führer verfolgt und ermordet.

## Kamerun nach der Unabhängigkeit

In der 1961 von den Vereinten Nationen organisierten Volksabstimmung entschied sich der Norden West-Kameruns für den Verbleib bei Nigeria, der Süden hingegen für den Anschluß an den ehemals französischen Hauptteil.

Mit der neuen zentralistischen Verfassung von 1972 wurden das anglophone West-Kamerun und das größere frankophone Kamerun in die bis heute offiziell zweisprachige »Vereinigte Republik Kamerun« umgewandelt.

Der aus dem islamischen Norden stammende konservative Präsident Ahmadou Ahidjo

## Daten und Fakten

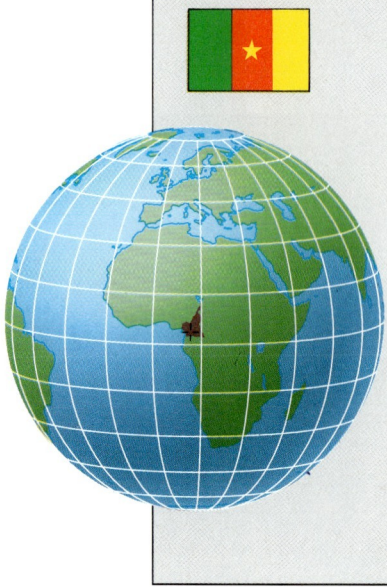

**DAS LAND**
**Offizieller Name:**
Republik Kamerun
**Hauptstadt:**
Yaoundé
**Fläche:**
475 442 km²
**Landesnatur:**
Küstentiefland, anschließend Hochland von Kamerun, weiter nördlich Hochland von Adamaoua, im N Anteil am Tschadbecken
**Klima:**
Tropisch-feuchtheiß
**Hauptflüsse:**
Sanaga, Benue, Logone
**Höchster Punkt:**
Kamerunberg 4070 m
**DER STAAT**
**Regierungsform:**
Präsidiale Republik

**Staatsoberhaupt:**
Staatspräsident
**Regierungschef:**
Ministerpräsident
**Verwaltung:**
10 Provinzen
**Parlament:**
Nationalversammlung mit 180 für 5 Jahre gewählten Abgeordneten
**Nationalfeiertag:**
20. Mai
**DIE MENSCHEN**
**Einwohner (Ew.):**
14 693 000 (1999)
**Bevölkerungsdichte:**
31 Ew./km²
**Stadtbevölkerung:**
49 %
**Analphabetenquote:**
37 %
**Sprache:**
Französisch, Englisch

**Religion:**
Katholiken 35 %, Protestanten 18 %, Moslems 22 %, Anhänger von traditionellen Religionen
**DIE WIRTSCHAFT**
**Währung:**
CFA-Franc
**Bruttosozialprodukt (BSP):**
8742 Mio. US-$ (1998)
**BSP je Einwohner:**
610 US-$
**Inflationsrate:**
6,1 % (1990–98)
**Importgüter:**
Halbfertigwaren, Energieträger, Schmierstoffe, Nahrungsmittel
**Exportgüter:**
Kaffee, Kakao, Edelhölzer, Aluminiumoxid, Baumwolle, Kautschuk,

**Marktszene in Yaoundé** (*links*). Viele Kameruner arbeiten als Kleinbauern. Die Menschen ernähren sich vorwiegend von Hirse, Maniok, Mais und Süßkartoffeln.

**Kamerun** (*unten*) erstreckt sich von der Küste am Golf von Guinea in nordöstlicher Richtung bis an den Tschadsee und bildet den Übergang von West- zu Zentralafrika.

(1922–1989), der seit 1958 das Land regierte, baute mit tatkräftiger französischer Militär-, Geheimdienst- und Verwaltungshilfe einen stark zentralistisch organisierten Staat auf. In dem Maß, in dem sich der Ein-Parteien-Staat zum »Kein-Parteien-Staat« wandelte, sicherten lückenlose Überwachung durch den allgegenwärtigen Geheimdienst, regelmäßige Rotation der Beamten, gezielte Postenvergabe und Einsatz der – in Zeiten des Wachstums – reichlich verfügbaren Finanzmittel das Überleben des von 1960 bis 1982 in Afrika einmaligen Überwachungsstaates.

1982 übergab Ahidjo die Macht überraschend an seinen aus dem Süden des Landes stammen-

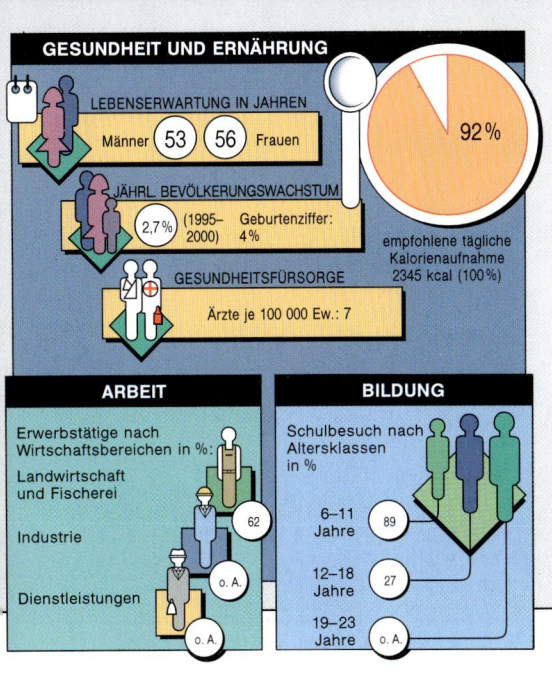

Bananen, Palmkerne u. Palmöl, Erdöl, Fleischkonserven
**Handelspartner:** Frankreich, BRD, USA, Niederlande, Italien, Spanien, Senegal
**Eisenbahnnetz:** 1104 km
**Straßennetz:** 70 570 km
**Fernsehgeräte je 1000 Ew.:** 32

den Premier Paul Biya (* 1933). Der auf französischen Eliteschulen ausgebildete katholische Technokrat setzte zwar die eindeutig pro-westliche Außenpolitik seines Vorgängers fort, baute jedoch die politische Vormachtstellung des Nordens in Regierung, Verwaltung, Militär und Geheimdienst rasch ab und leitete unter dem Druck blutiger Unruhen eine zögerliche politische Liberalisierung ein. Neben der zur »Rassemblement Démocratique du Peuple Camerounais« (RDPC) umbenannten Einheitspartei wurden 1990 erstmals konkurrierende Parteien erlaubt, und es wurde auch eine »unabhängige« Presse zugelassen. Mit dem Nachbarland Nigeria besteht ein Grenzstreit um ölreiche Inseln im Golf von Guinea.

Angesichts der noch tief im Volksbewußtsein präsenten blutigen jüngeren Geschichte und des scharfen Nord-Süd-Gegensatzes sind die Schritte zur Demokratisierung aber eher bescheiden geblieben.

# KAMERUN: DAS LAND

## Landesnatur

Den größten Teil des Landes nimmt das Hochland von Kamerun ein, das zur Niederguineaschwelle, der nordwestlichen Umrahmung des Kongobeckens, gehört. Der Westen Kameruns wird an der Grenze zu Nigeria von einer nach Nordosten gerichteten Schwächezone der Erdkruste, der sogenannten Kamerunlinie, durchzogen. Entlang dieser Linie reihen sich vom Mandaragebirge im nördlichen Grenzgebiet zu Nigeria bis zu dem mächtigen Kamerunberg an der Küste mehrere Vulkanmassive aneinander. Hier entspringen viele Flüsse, und fruchtbare vulkanische Böden bieten gute Voraussetzungen für die Landwirtschaft. In ehemaligen Kratersenken haben sich zahlreiche Seen gebildet; einer davon, der Niossee, wurde 1986 zum Schauplatz einer Naturkatastrophe, als ausströmende Gase zum Tod der Menschen in den umliegenden Dörfern führten.

Der in seinen Nebenkratern noch tätige, meist wolkenumkränzte Kamerunberg ist das Wahrzeichen des Landes und mit 4070 m der höchste Berg Westafrikas. Er gehört mit über 10 000 mm Niederschlag pro Jahr zu den regenreichsten Gebieten der Welt. Als landfest gewordene ehemalige Insel hebt er sich mit steilen, von dichtem Regenwald überzogenen Flanken aus dem Küstentiefland. Dichte Regenwälder, die an den Flußmündungen und an der Küste in Mangrovendickichte übergehen, bedecken auch diese bis zu 130 km breite, großenteils versumpfte Anschwemmungsebene.

Hinter der Küstenebene steigt landeinwärts in mehreren flachen, bewaldeten Stufen das Südkameruner Hochland auf, weite regenwaldbedeckte Plateauflächen, im Durchschnitt 600 m hoch, wenig besiedelt und kaum erschlossen. Nach Norden schließt sich das bis zu 1200 m ansteigende Hochland von Adamaoua an, das in seinem mittleren Bereich von mehreren Bergketten (bis 2000 m hoch) in West-Ost-Richtung durchzogen wird. Von Feuchtsavannen bedeckt, die nur an den Flußläufen von Galeriewäldern unterbrochen werden, fällt das Hochland nach Norden steil zur niedrigen, fast brettebenen Wasserscheide zwischen Benue und Logone ab. Jenseits der Senke beginnt die Trockenzone des abflußlosen Tschadbeckens, die offenen Grasfluren und Strauchsavannen gehen allmählich in eine karge Dornbuschvegetation über.

## Landwirtschaft

Kamerun ist vor allem ein Agrarstaat, in dem nahezu zwei Drittel der Bevölkerung landwirtschaftlich tätig sind. Die bereits in deutscher Kolonialzeit mit Zielrichtung Europa angelegte, zunächst auf den Küstenstreifen beschränkte exportorientierte Landwirtschaft in Plantagen, aber auch in Kleinbetrieben, wurde seit der Unabhängigkeit mit staatlichen Mitteln und Entwicklungsgeldern stark ausgeweitet. Kakao und Kaffee sind nach wie vor die wichtigsten Exportprodukte.

**Der moderne Lastwagen** wirkt in dem typisch afrikanischen Dorf aus runden, strohgedeckten Hütten wie ein Fremdkörper *(ganz rechts)*. Kraftfahrzeuge sind in den ländlichen Gebieten Kameruns eine Seltenheit, da die meisten Straßen unbefestigt sind.

**Mehrere kleine Hütten** mit konischen Strohdächern *(rechts)* bilden ein Dorf im nördlichen Kamerun. Über 50 % der Bevölkerung lebt auf dem Land. Die Mehrzahl davon baut Getreide an, um die Familie ernähren und Vieh züchten zu können.

**Zwei Frauen** *(oben)* auf einem staubigen Pfad im heißen, trockenen Tschadbecken im nördlichen Kamerun, wo die Temperaturen bis auf Werte um 50 °C ansteigen, tragen ihre Lasten in traditioneller Weise auf dem Kopf.

**Passagiere verlassen eine Fähre** *(ganz rechts)*, die sie über den Sanaga im südlichen Kamerun gesetzt hat. Der Sanaga wird bei Edéa zur Nutzung der Wasserkraft aufgestaut. Das Kraftwerk versorgt in erster Linie Industriebetriebe.

## Der Niossee

Am 21. August 1986 quoll aus dem Niossee im Westen von Kamerun eine Wolke von giftigem Kohlendioxid hervor. Augenzeugen berichteten, zur gleichen Zeit ein dumpfes Poltern gehört zu haben. Da das farblose Gas schwerer als Luft ist, strömte es bergab auf einige kleine Dörfer zu, wobei es den Sauerstoff verdrängte. Dadurch erstickten über 1700 Menschen in der plötzlich sauerstofflosen Luft. Das tödliche Gas war, festgehalten durch das Gewicht des darüberliegenden Wassers, in den tieferen Schichten des Sees gebunden gewesen. Einige Wissenschaftler sind der Ansicht, daß ein Erdrutsch, ein leichtes Erdbeben oder vulkanische Aktivitäten unter dem See das Geschehen ausgelöst haben könnten. Um eine weitere Katastrophe zu verhindern, wurde im Januar 2001 mit der Entgasung des Sees begonnen.

**Der Niossee** *(oben)* liegt in einer Schwächezone der Erdkruste, der sogenannten Kamerunlinie. Längs der Linie folgen vom Golf von Guinea bis ins Tschadbecken mehrere Vulkanmassive aufeinander.

# KAMERUN

Mit Hilfe von ausländischem »Know-how« wurde die landwirtschaftliche Produktion in den 70er Jahren durch Ölpalmen, Kautschuk und Zucker ergänzt. Der Anbau von Reis auf bewässerten Flächen im Westen und Norden erbringt zwar gute Erfolge, doch sind die lokalen Produzenten gegenüber den »Billigimporten« aus Asien kaum konkurrenzfähig. Die lange Zeit guten Weltmarktpreise für landwirtschaftliche Exporte kaschieren die Tatsache, daß der stets ob seiner »selbstversorgenden Landwirtschaftpolitik« gepriesene Staat seit geraumer Zeit erhebliche Devisen für den Import von Weizen und Reis aufwenden muß, da die Produktion von Grundnahrungsmitteln, wie Maniok, Süßkartoffeln und Mais, nicht mit dem hohen Bevölkerungswachstum Schritt halten kann.

## Wirtschaftswunderland in Geldnöten

Die industrielle Entwicklung setzte erst mit der Erlangung der Unabhängigkeit ein und konzentriert sich im wesentlichen auf die Verarbeitung landwirtschaftlicher Produkte. Dank Wasserreichtum und Erdölvorkommen kann Kamerun einen erheblichen Teil seines Energiebedarfs aus eigener Kraft decken. Die Bedeutung des Erdöls als Ausfuhrprodukt ist seit dem Beginn der Förderung Ende der 70er Jahre stetig gestiegen. Die Erlöse wurden für den Aufbau der Verkehrs-, Kommunikations- und Energieinfrastruktur sowie einer Reihe halbstaatlicher Industrieunternehmen eingesetzt. Unter dem Schlagwort »liberale Planwirtschaft« vollzog sich in Kamerun ein »afrikanisches Wirtschaftswunder« mit hohen jährlichen Zuwachsraten, die jedoch nicht unweigerlich zur Hebung des Lebensstandards der breiten Masse geführt haben.

Doch die Glanzzeiten hatten mit dem starken Rückgang der Erdölpreise und dem drastischen Preissturz für die wichtigsten Exportgüter auf dem internationalen Rohstoffmarkt ein schnelles Ende. Die großen Löcher, die dadurch in das Haushaltsbudget des Landes gerissen wurden, zwangen Premier Biya seit Mitte der 80er Jahre zu einer drastischen Sparpolitik. Unrentable Staatsbetriebe wurden stillgelegt oder privatisiert, staatliche Fördermaßnahmen im landwirtschaftlichen Bereich aufgegeben. Der Staats- und Verwaltungsapparat mußte reduziert, die Privilegien der Beamtenschaft mußten kräftig beschnitten werden, damit Kamerun in den Genuß von Umschuldung durch westliche Staaten und Banken sowie von Beistandskrediten des Internationalen Währungsfonds kommen konnte.

Durch Diversifizierung der Außenbeziehungen hofft die Regierung, ausländische Investoren, die schon heute große Teile der inländischen Wirtschaft bestimmen, für die Erschließung weiterer Erdöl- und Gas- sowie bekannter Bauxit- und Eisenvorkommen in das Land zu ziehen, ohne dabei jedoch die Grundsätze einer eigenständigen Entwicklung aufzugeben.

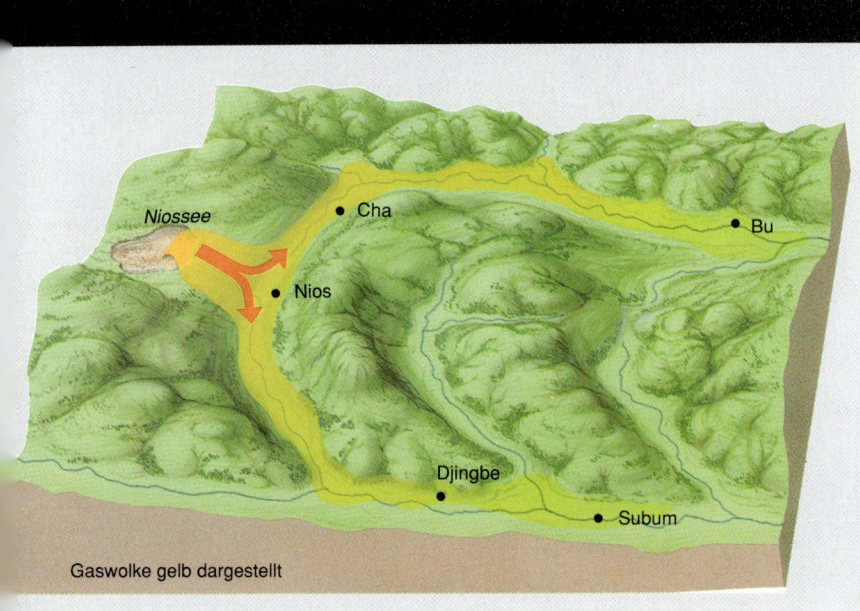

Gaswolke gelb dargestellt

# KAMERUN: DIE MENSCHEN

Wie die Landschaft, so spiegelt auch die Bevölkerung Kameruns die Vielfalt des afrikanischen Kontinents wider. Am Schnittpunkt der Durchgangsrouten zwischen Sahara und Atlantischem Ozean gelegen, drängten im Laufe der Jahrhunderte zahlreiche kulturelle Einflüsse in das Gebiet und machten Kamerun mit rund 200 Stämmen und Völkern zu einem Schmelztigel Afrikas.

Zu den ältesten Bewohnern zählt die kleine Gruppe der Pygmäen, deren Lebensform als Sammler und Jäger sich über Jahrtausende kaum verändert hat. Ihr Lebensraum ist der tropische Regenwald im Südosten des Landes, doch auch in Kamerun scheinen die letzten Zeugen einer Steinzeitkultur im Inneren Afrikas den Kampf ums Überleben zu verlieren. Brandrodende Bauern, Bulldozer und Motorsägen der Holzkonzerne dringen immer tiefer in den tropischen Regenwald ein, verdrängen die, die zeitlebens im Einklang mit der Natur gelebt haben, bis ihr Lebensraum endgültig zerstört ist. Staat und Missionen drohen mit ihren Versuchen, die Pygmäen seßhaft zu machen und zu »zivilisieren«, deren Lebensstil, Gesellschaftsform und Kultur binnen weniger Jahrzehnte zu vernichten. Ihre eigene Sprache haben die Pygmäen längst verloren. Sie ist aufgegangen in den zahlreichen Sprachen und Dialekten der Bantustämme, die 40 % der heutigen Gesamtbevölkerung ausmachen und über Jahrhunderte hinweg die Pygmäen in ihre Abhängigkeit gezwungen haben. Bantusprachige Völker, ein buntes Gemisch ohne viele Gemeinsamkeiten, stellen die Mehrheit in den südlichen Waldregionen. Bis vor wenigen Jahrzehnten lebten die meisten der alteingesessenen Bakoko, Bassa, Duala, Maka und Pangwe (Fang) vornehmlich als Hackbauern in Einzelsiedlungen oder kleinen Dörfern. Mit der kolonialen Erschließung und mehr noch mit dem Bau von Straßen ist ein wesentlicher Teil der Bevölkerung jedoch in die großen Straßendörfer bzw. in die Städte abgewandert.

Die in den Baumsavannen Mittelkameruns lebenden Mischvölker der Semi-Bantu, vor allem Bamileke und Bamum, gehören traditionell ebenfalls zu den Hackbauern, doch sind sie heute überall im Land als Händler und Kaufleute, aber auch als Verwaltungsbeamte präsent. Weil sie lange durch die vorherrschende islamische Schicht des Nordens von der politischen Macht ausgeschlossen wurden, drängen sie heute um so nachhaltiger auf eine ihrem wirtschaftlichen Gewicht entsprechende politische Beteiligung.

Der Norden Kameruns ist geprägt vom Gegensatz zwischen sudanesischen und hamitischen Völkern. Eine Reihe von Sudanstämmen, die an den meist nur saisonal Wasser führenden Flüssen südlich des Tschadsees und an den Berghängen leben, werden wegen ihres Festhaltens an Naturreligionen von den Moslems unter dem Sammelnamen »Kirdi« (Ungläubige) zusammengefaßt. Sie sind sowohl als ge-

**Einem religiösen Führer** *(ganz unten)* wird ein Mikrofon gereicht, damit die Gebete für jeden laut und vernehmlich zu hören sind. Diese Zeremonie ist Teil des Fastenmonats, des Ramadan.

**Die charakteristische Kegelform** *(unten)* der Lehmhütten hat sich seit Jahrhunderten nicht geändert. Die stromlinienförmigen Strukturen auf der Oberfläche lassen das Regenwasser schneller abfließen.

# KAMERUN

**Ein farbenfrohes Gewand** und ein goldener Nasenring *(oben)* gehören zur traditionellen Kleidung dieser Frau aus Nordkamerun.

**Händler auf einem Straßenmarkt** *(links)* bieten ihre Waren unter dichtbelaubten Bäumen an. Solche lokalen Märkte dienen der Versorgung der städtischen Bevölkerung mit Grundnahrungsmitteln. Den Bauern verschafft der Handel ein bescheidenes Einkommen.

**Der Sklavenhandel über den Atlantik** *(unten)* verlief nach einem Dreiecksmuster. Frachtschiffe luden Fertigwaren in den großen europäischen Häfen und segelten damit an die afrikanische Küste. Dort verkauften sie ihre Ladung und nahmen Schwarze »als Ware« an Bord. Anschließend überquerten sie den Atlantik und liefen Häfen an, in denen Güter von den Plantagen der Karibik und der englischen Kolonien in Nordamerika verkauft wurden. Hier wurden auch die Schwarzen auf die Sklavenmärkte gebracht, wobei die Insel Hispaniola der Hauptumschlagsplatz war. Mit Zucker, Baumwolle und Tabak beladen, überquerten die Schiffe wiederum den Atlantik und brachten diese Produkte dann auf die europäischen Märkte.

schickte Bauern, die die schwierigen natürlichen Bedingungen der Region bewältigt haben, wie auch als kunstfertige, eisenverarbeitende Handwerker bekannt.

Das hamitische Hirtenvolk der Fulbe stammt aus dem inneren Westafrika und begründete zu Beginn des 19. Jahrhunderts seine bis heute andauernde Vorherrschaft über die hier einst ansässigen Völker. Die Fulbe, die Viehwirtschaft betreiben oder als Händler in den Städten leben, sind die vorherrschende islamisierte Schicht des Nordens, ohne die landesweit keine Politik durchsetzbar ist.

Im Westen und Südosten haben die christlichen Missionen zahlreiche Gläubige gewonnen. Doch sind mit den Missionsschulen letztlich auch die Werte, Lebens- und Handlungsweisen zerstört worden, die sich aus der Erfahrung vieler Generationen mit dem Leben auf dem afrikanischen Kontinent entwickelt haben. Durch das von den Europäern importierte Welt- und Menschenbild wurde eine tiefe Kluft in das traditionelle Gemeinschaftsleben gerissen. So verlor auch die Großfamilie als wirtschaftliche, soziale und religiöse Einheit ihre integrierende Funktion. Ein Großteil der christianisierten – im Süden fast immer schulisch gebildeten jugendlichen – Einwohner lebt heute bereits in den rasch ausufernden Städten, und die Bevölkerung des sich zunehmend leerenden Hinterlands altert zusehends.

Fast alle Städte Zentralafrikas sind Gründungen der ehemaligen Kolonialmächte. Douala an der Südwestküste ist die größte Stadt Kameruns und neben der Hauptstadt Yaoundé bedeutendste Wirtschaftsmetropole. Ihr Stadtbild wird von Verwaltungsgebäuden, Geschäftshäusern und Industriekomplexen bestimmt, in denen nach wie vor mehrere tausend Franzosen als Berater in Regierung, Verwaltung, Industrie und Wirtschaft tätig sind. Sowohl in Douala als auch in den großen Städten des Nordens, Garoua und Maroua, mit ihren wohlbestellten, auch heute noch von traditionellen Handwerkern belebten bunten Märkten trifft man Menschen vieler Völker aus den afrikanischen Nachbarstaaten, vor allem aber aus dem nordöstlichen, seit mehr als dreißig Jahren vom Bürgerkrieg heimgesuchten Nachbarland Tschad.

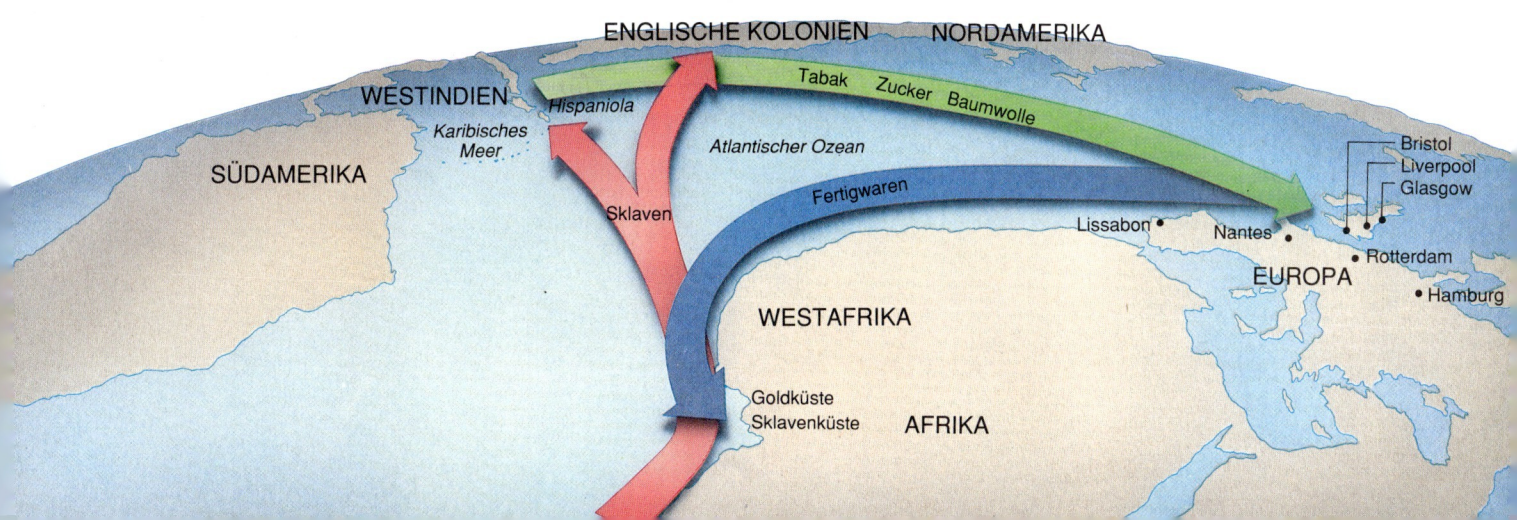

# KANADA

# KANADA

A Mari usque ad Mare, »vom Meer zum Meer«, heißt das Motto in Kanadas Wappen. Viele derer, die dieses Land als Waldläufer, als Entdecker und Eroberer, oder ganz einfach als Reisender kennengelernt haben, mögen an die Fortsetzung dieses Spruches aus Psalm 72, Vers 8 erinnert worden sein... »usque ad terminos terrae«, »bis ans Ende der Erde«. Die Dimensionen dieses Landes sind in der Tat schwer vorstellbar. Mit 9,97 Millionen km² hat Kanada fast die Größe Europas. Nur Rußland ist als Flächenstaat noch größer. Die gesamte Bevölkerung, über 30 Millionen Menschen, fände indessen in den beiden Städten Paris und London Platz.

Die Entfernung, die man zu seiner Durchquerung von Ost nach West zurücklegen muß, ist weit größer als die von einem mitteleuropäischen Flughafen in eine der zentralkanadischen Metropolen. Die Fahrtstrecke über den Trans-Canada-Highway von Victoria auf der Vancouver-Insel im Pazifischen Ozean vor der Küste von British Columbia bis nach Saint John's auf der Insel Neufundland, die im Atlantischen Ozean liegt, beträgt über 7000 km. Die südlichste Stadt, Windsor in Ontario, liegt auf dem 42. Breitengrad, das entspricht der geographischen Breite von Rom. Im arktischen Norden reicht das Land bis zum 84. Breitengrad. Von hier aus sind es nur noch rund 700 km bis zum Nordpol.

Die Größe des Landes ist indessen nur einer von vielen Superlativen. Kanada ist bezüglich seiner Bodenschätze eines der reichsten Länder der Erde, es verfügt über die größten Süßwasserreserven der Welt. Einige Hoch-Technologiebereiche zählen zu den modernsten aller Industrienationen. Die gigantischen Projekte zur Wasserkraftgewinnung im hohen Norden des Landes zählten während ihrer Verwirklichung weltweit zu den größten Baustellen. Die Ölsand-Tagebaubetriebe im Norden der Provinz Alberta halten dem Vergleich mit jedem anderen Tagebau der Welt stand. Diese Beispiele ließen sich noch beliebig fortsetzen.

In der Sprache der Cree-Indianer bedeutet »Kanata« soviel wie das »saubere Land«. In Anbetracht der gewaltigen Erschließungsmaßnahmen mag man heute an manchen Stellen daran zweifeln, ob dieses Attribut noch zutrifft. Man muß sich aber klarmachen, daß von der riesigen Landfläche nur etwa 10 % überhaupt flächendeckend bewohnt und in Kultur genommen sind, ein schmaler Saum am Südrand in Nachbarschaft zu den Vereinigten Staaten von Amerika. Der Rest ist heute zwar längst nicht mehr unberührt, dennoch finden sich hier noch die Weite und die Wildnis, die seit Jahrhunderten zu den großen Verlockungen dieses Landes zählen. Politisch ist Kanada in die zehn Provinzen Alberta, British Columbia, Manitoba, New Brunswick, Newfoundland, Nova Scotia, Ontario, Prince Edward Island, Quebec und Saskatchewan sowie in die Territorien Northwest, Yukon und Nunavut gegliedert.

# KANADA: DER STAAT

Kanada ist ein Bundesstaat mit einem demokratisch-parlamentarischen Regierungssystem. Den Rahmen für die Regierung bilden die Verfassungsgesetze von 1867 und 1982. Das Jahr 1867 ist das Gründungsjahr Kanadas als föderativer Bundesstaat. Damals wurde der Bundesregierung durch den »Confederation Act« die Gesetzgebungsgewalt in Fragen von nationaler Bedeutung, wie z. B. Strafrecht und Urbevölkerungsfragen, zugewiesen.

Den Provinzregierungen wurden zahlreiche Zuständigkeitsbereiche übertragen, etwa die Ressourcenausbeute, das Gesundheits- und Bildungswesen sowie die Gemeindeverwaltung. Im Verfassungsgesetz von 1982, der ersten eigenen Verfassung Kanadas, wurden insbesondere die Grundrechte, die Gleichberechtigung der Geschlechter und der ethnischen Gruppen, der Schutz von Minoritäten usw., festgelegt. Offiziell liegt die vollziehende Gewalt heute noch beim britischen Monarchen, vertreten durch einen Generalgouverneur. Die gesetzgebende Gewalt liegt beim kanadischen Parlament, das aus dem Unterhaus (»House of Commons«) und dem Senat besteht. Die 301 Abgeordneten des Unterhauses, davon 75 aus der Provinz Quebec, werden in allgemeinen Wahlen gewählt, während die 112 Mitglieder des Senats, die die Provinzen vertreten, vom Generalgouverneur ernannt werden.

Der Premierminister des Landes wird im Normalfall von der Partei gestellt, die im Unterhaus mit den meisten Sitzen vertreten ist. Er und sein Kabinett sind formal Berater des Monarchen, faktisch üben sie jedoch weitestgehend souverän die Staatsgeschäfte aus.

Eng verknüpft mit der politischen Struktur ist auch das Gerichtswesen des Landes. Die Rechtsprechung orientiert sich am britischen, in der Provinz Quebec am französischem Vorbild. Seit 1875 ist verfassungsmäßig der Oberste Kanadische Gerichtshof als allgemeine Berufungsinstanz in Zivil- und Strafrechtsfragen eingerichtet. Der Kanadische Gerichtshof befaßt sich dagegen mit Steuerfragen, Urheberrechten, Patenten usw. Daneben gibt es noch eine Reihe von Spezialgerichtshöfen wie die Prüfungskommission in Steuerangelegenheiten oder die Berufungskommission für Einwandererfragen. Von den Provinzen eingesetzte Gerichte sorgen für die Anwendung von Bundes- und Provinzgesetzen.

Der Regierungsapparat der zehn kanadischen Provinzen entspricht im wesentlichen dem der Bundesregierung, doch haben die Provinzen keinen Senat. Wie die Bundesregierung werden die Provinzregierungen jeweils für fünf Jahre gewählt. Der Norden des Landes ist in drei Territorien, die Northwest Territories, das Yukon Territory und das Nunavut Territory untergliedert, die der Regierung und dem Parlament von Kanada direkt unterstehen.

Die Parteienlandschaft Kanadas beschränkt sich im wesentlichen auf einige größere Parteien. Daneben gibt es auf Provinzebene zahlreiche Splitterparteien. Die bedeutendsten Parteien auf Bundesebene sind die Liberalen (»Liberals«) und die Konservativen (»Conservatives«), die seit Gründung der Konföderation im Jahr 1867 bestehen. In den 1930er Jahren kamen die »Social Credits« (ehemals konservative Bauernpartei) und die CCF (»Co-Operative Commonwealth Federation«) hinzu, die sich 1961 in NDP (»New Democratic Party«) umbenannte. Von Bedeutung ist auch der separatistische BQ (»Bloc Quebecois«). Die Konservativen organisierten sich im Jahr 2000 unter der Bezeichnung »Canadian Alliance« neu.

## Daten und Fakten

**DAS LAND**
**Offizieller Name:** Canada
**Hauptstadt:** Ottawa
**Fläche:** 9 970 610 km²
**Landesnatur:** Von W nach O: pazif. Küstenketten u. Tiefebenen, Rocky Mountains, Great Plains, Kanadischer Schild mit Hudsonbai-Tiefebene, Sankt-Lorenz-Tiefland u. Appalachen; im N arktische Inseln
**Klima:** Überwiegend kühles Kontinentalklima; im W gemäßigtes Klima
**Hauptflüsse:** Mackenzie, Saskatchewan, St. Lorenz
**Höchster Punkt:** Mount Logan 5951 m

**DER STAAT**
**Regierungsform:** Parlamentarische Monarchie
**Staatsoberhaupt:** Königin Elisabeth II., vertreten durch einen Generalgouverneur
**Regierungschef:** Premierminister
**Verwaltung:** 10 Provinzen, 3 Territorien
**Parlament:** Parlament, bestehend aus dem Unterhaus mit 301 für 5 Jahre gewählten Abgeordneten u. dem Senat mit 112 ernannten Mitgliedern
**Nationalfeiertag:** 1. Juli

**DIE MENSCHEN**
**Bevölkerungszahl:** 30 857 000 (1999)
**Bevölkerungsdichte:** 3 Ew./km²
**Stadtbevölkerung:** 77 %
**Bevölkerung unter 15 Jahren:** 19 %
**Analphabetenquote:** 3 %
**Sprache:** Englisch, Französisch
**Religion:** Katholiken 45 %, Protestanten 28 %

**DIE WIRTSCHAFT**
**Währung:** Kanadischer Dollar
**Bruttosozialprodukt (BSP):** 612 332 Mio. US-$ (1998)

Als zweitgrößter Staat der Erde nimmt Kanada die nördliche Hälfte Nordamerikas ein.

## Bildung

Das Bildungswesen liegt im Zuständigkeitsbereich der einzelnen Provinzen, jedoch gibt es zahlreiche einheitliche Regelungen auf Bundesebene. So ist der Unterricht in der Primar- und Sekundarstufe gebührenfrei. Allgemeine Schulpflicht besteht für alle Kinder zwischen dem 6. bzw. 7. und dem 15. bzw. 16. Lebensjahr. Auf kommunaler Ebene haben die Schulaufsichtsbehörden weitestgehende Befugnisse bei der Aufstellung von Haushaltsplänen im Ausbildungsbereich, bei Einstellungen von Lehrkräften, Tarifverhandlungen, Wahlfachbenennungen, Fächerkombinationen usw. Die Hochschulausbildung wird vom Bund und den Provinzen subventioniert, jedoch müssen alle Studenten Studiengebühren zahlen, die je nach Provinz und Studienfach zwischen 10% und 27% der Studienkosten betragen. Auch der Bereich der Privatschulen ist bedeutend. Diese werden zum Teil durch kirchliche Institutionen, teilweise auch durch ethnische Gruppen getragen und spiegeln damit das gesellschaftliche und ethnische Mosaik wider, das Kanada kennzeichnet.

# KANADA: LANDESNATUR

## Die Landschaften

Der Naturraum Kanada läßt sich in folgende Großeinheiten gliedern, die für die Besiedlung und die Wirtschaftsweise der Menschen sehr unterschiedliche Rahmenbedingungen bieten.

Das Hochgebirge der Kordilleren erreicht in Kanada im Durchschnitt zwischen 3000 und 4000 m Höhe. Die höchsten Erhebungen befinden sich im Yukon Territory. Der Mount Logan in der St. Elias-Kette ist mit 5951 m der höchste Berg Kanadas.

Das Kordillerensystem untergliedert sich in mehrere parallel zueinander angeordnete Höhenzüge, die jeweils durch ausgedehnte Plateaus (z. B. Fraser Plateau), Becken (z. B. um Kamloops) oder tiefe Taleinschnitte (z. B. Rocky Mountains Trench) voneinander getrennt sind. Die Gebirgsketten stehen in ihrem Nord-Süd-Verlauf quer zur Hauptwindrichtung, nämlich den pazifischen Westwinden. Dies hat Auswirkungen auf das Klima. Die feuchten Luftmassen regnen sich im Stau der Gebirge ab, so daß sie fast ausgetrocknet die Prärielandschaften erreichen. Schon die Becken innerhalb der Gebirgsketten sind hiervon extrem betroffen. Das Becken von Kamloops in British Columbia zählt zu den trockensten und heißesten Teilen des Landes. Unter den fast subtropischen Temperaturen dieser Becken- oder Tallandschaften sind teilweise intensive Bewässerungslandschaften, etwa im Okanagan-Tal, entstanden.

Die Großen Ebenen (Prärien) sind eigentlich eine riesige Tieflandsmulde, die sich über mehrere Erdzeitalter hinweg mit jüngeren Sedimenten aufgefüllt hat. Diese erreichen bis zu 3000 m Mächtigkeit und schließen die riesigen Kohle-, Erdöl- und Teersand-(Ölsand)Lagerstätten ein, die besonders für die Provinz Alberta große wirtschaftliche Bedeutung haben.

Der Kanadische Schild ist geologisch einer der ältesten Teile unseres Erdmantels. Das ehemalige Hochgebirge ist im Laufe von Jahrmillionen abgetragen und während der Eiszeit zusätzlich abgehobelt worden. Spuren der Eiswirkung finden sich hier überall in Gletscherschrammen auf dem Gestein, in Moränenablagerungen, in den Hunderttausenden von Seen. Für die Landwirtschaft bietet dieser Naturraum keinerlei Gunstmerkmale, dafür ist er in den letzten einhundert Jahren immer mehr zur Schatzkammer Kanadas geworden, seit man beim Bau der transkontinentalen Eisenbahn in den 1880er Jahren die ersten Erzlagerstätten entdeckt hatte.

Die Hudsonbai-Tiefebene erstreckt sich im Südwesten der Hudsonbai. Es ist ein ebenes, waldbedecktes Gebiet mit wenigen Siedlungen.

Die räumliche Ausdehnung des Sankt-Lorenz-Tieflandes ist gering. Dennoch ist es bis heute noch der wichtigste Wirtschaftsraum des Landes. Die fruchtbaren Böden dieses Tieflandes wurden schon in vorkolonialer Zeit von den Indianern ackerbaulich genutzt. Die größten Städte des Landes, Toronto und Montreal, stellen nur die herausragenden Agglomerationsräu-

**Kanada** *(rechts)* nimmt fast vollständig die nördliche Hälfte Nordamerikas ein und erstreckt sich weit in die Nordpolargebiete. Die Mitte des Landes wird vom Kanadischen Schild beherrscht, präkambrischen Gesteinen, die während der Eiszeit von Gletschern überformt wurden und heute von ausgedehnten Wäldern bedeckt sind. Im Osten erstrecken sich die Tiefländer entlang dem Sankt-Lorenz-Strom zwischen den Appalachen und dem Kanadischen Schild. Hier gibt es fruchtbares Ackerland und einen Zugang ins Innere des Landes sowie zu den Großen Seen. Im Westen liegen die Inneren Ebenen, bekannt als Prärien, riesige flachwellige Grassteppen. Die Prärien sind eines der größten Getreideanbaugebiete der Welt. Sie erstrecken sich bis zu den Rocky Mountains und der pazifischen Küstenkette. Die unteren Hänge dieser Berge sind von dichten Wäldern bedeckt. Die Strömungen des Pazifischen Ozeans bescheren der Westküste ein mildes Klima. Obwohl die Arktis lange eisbedeckt ist, wachsen im kurzen Sommer eine Fülle wilder Blumen.

**Der Winter in Kanada** *(rechts)* kann sechs Monate oder länger andauern. Die durchschnittlichen Temperaturen im Januar bewegen sich zwischen –7 °C und –12 °C im Süden, während sie im Norden unter –29 °C sinken. Die Temperaturschwankungen sind beträchtlich, und häufig treten plötzliche Tauwetterperioden ein. Juli ist der heißeste Monat mit Durchschnittstemperaturen zwischen 15 °C und 21 °C.

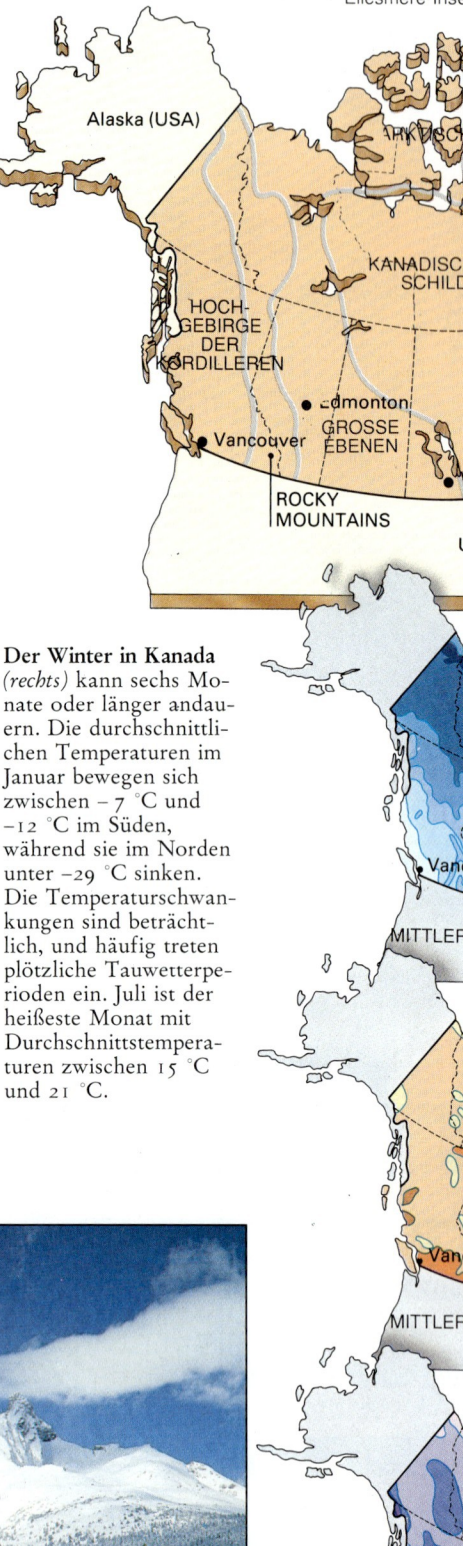

**Banff-Jasper Highway** in den Rocky Mountains.

# KANADA

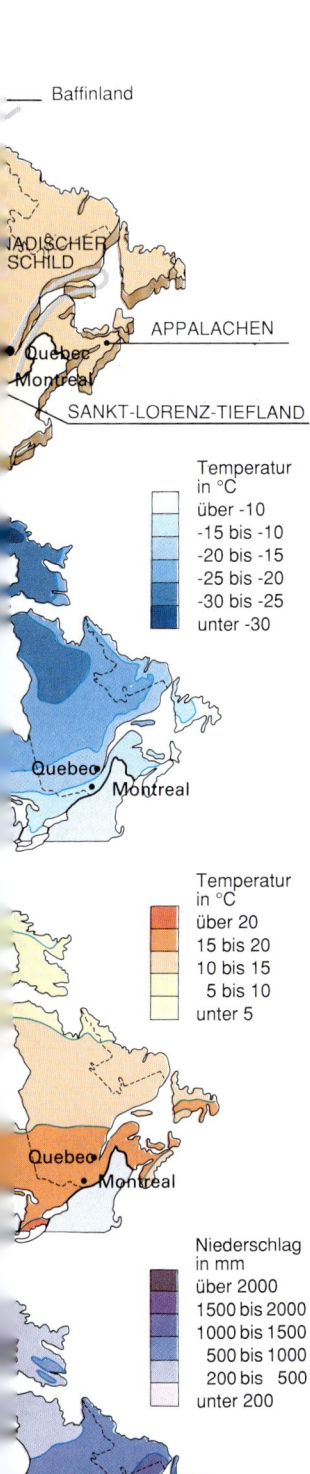

**Der Hufeisenfall**, Teil der Niagara-Fälle.

**Wälder** bedecken die Berge bei Haliburton, Ontario.

**Flachwellige Grassteppe** im nördlichen Alberta.

me in einer Landschaft dar, deren zentrale Ader der Sankt-Lorenz-Strom ist und die man wegen ihrer Bedeutung für das ganze Land als »Main Street Canada's« bezeichnet.

Der nördlichste Naturraum Kanadas, die arktische Inselwelt, liegt fast ausschließlich innerhalb des Polarkreises. Die sehr dünn besiedelten Inseln sind mit arktischer Strauch- und Flechtentundra bedeckt. Wegen der hohen Produktions- und Transportkosten werden die dortigen Erdöl- und Erdgasvorkommen bisher wenig gefördert.

## Klima

Klimatisch wird Kanada gerne als »arktisches« Land charakterisiert. Dies stimmt nur zum Teil. Kanada ist unbestritten ein Land der Klimaextreme. Winterliche Minimumtemperaturen von −30 °C sind keine Ausnahme, aber auch −40 °C werden nicht selten erreicht, auch im Süden, wo man im Sommer Temperaturen zwischen +30 °C oder gar +40 °C antrifft.

Ähnliche Extreme kennzeichnen die Niederschläge. Prince Rupert in British Columbia erhält durchschnittlich pro Jahr über 2400 mm Niederschlag, St. John's in Newfoundland über 1500 mm. Saskatoon in Saskatchewan registriert dagegen lediglich rund 350 mm. Im hohen Norden des Landes sinken sowohl die durchschnittlichen Niederschlagsmengen als auch die Temperaturmittel ständig ab. Hier gelangt man in das Gebiet des Dauerfrostbodens, der auch im kurzen Sommer nicht mehr auftaut.

## Vegetation

Von den Klimaverhältnissen ist die Vegetationsgliederung Kanadas entscheidend beeinflußt. Im Westen sind die gewaltigen pazifischen Gebirgswälder kennzeichnend, mit Baumriesen, die bis zu 100 m hoch werden können. Mit Überschreiten der Küstenkordillere ändert sich dann aber rasch das Bild. Das Becken von Kamloops ist eine regelrechte Steppenlandschaft. Die Prärien sind aufgrund der landwirtschaftlichen Nutzung kaum mehr in ihrem ursprünglichen Vegetationszustand anzutreffen.

Die markanteste Formation ist der nördliche boreale Nadelwald, der sich als rund 1500 km breiter Streifen nördlich an die Prärielandschaft anschließt und auch den Kanadischen Schild zum großen Teil bedeckt.

Eine besondere Formation ist die südliche Laubwaldzone, die sich im Randbereich des Sankt-Lorenz-Tieflandes und in der Appalachenregion verbreitet findet. Sie sei deshalb hervorgehoben, weil der Ahorn zu den wichtigsten Baumarten dieser Formation zählt. Das »Maple Leaf«, das Ahornblatt, ist seit 1967 das Emblem der kanadischen Flagge.

Wenn sich somit die Landschaftsformen und die Naturgegebenheiten klar gliedern lassen, so entbehren sie doch nicht der Vielfalt. Nur bedarf es größerer Distanzen, um von einer Großform in die andere zu gelangen.

# KANADA: WILDNIS

Eine Fahrt mit der transkontinentalen Eisenbahn ist der schnellste und einfachste Weg, einen Eindruck von der ungeheuren Größe Kanadas und der herrlichen Vielfalt der kanadischen Landschaft zu gewinnen. Von der Kuppel des Aussichtswaggons eröffnet sich dem Reisenden der Blick auf ein Land, dessen Naturwunder durch ihre Mannigfaltigkeit und ihre Ausdehnung beeindrucken.

Auch für Abenteuerlustige oder für diejenigen, die Abwechslung vom Alltagstrott suchen, ist Kanada interessant. Weite Teile des Landes verfügen noch über eine nahezu unzerstörte natürliche Umwelt. Ob man eine Kanufahrt im Norden Ontarios unternehmen oder nur auf einer der Loipen in der Nähe Montreals skilaufen möchte, Kanadas Naturlandschaft bietet nahezu unbegrenzte Möglichkeiten.

In den zahlreichen Nationalparks und Naturschutzgebieten kann man wandern, zelten, skilaufen, kanufahren oder eine Floßfahrt auf einem der Wildwasserbäche riskieren. Eigentlich umfaßt die Palette an möglichen Freizeitaktivitäten alles vom Angeln bis zum Langstreckenreiten. Klare Wintertage und lange Sommernächte, sich von Osten nach Westen verändernde Landschaften, der unvergeßliche Anblick eines Elchs oder eines Dickhornschafes – dies sind die Wunder, die Kanada zu bieten hat.

Es ist nicht schwierig, Naturreservate zu erreichen, denn die Bundesregierung ist gemeinsam mit den Provinzen darum bemüht, sowohl den Kanadiern als auch den Touristen, den Zugang zu einzigartigen Naturschönheiten zu ermöglichen. Sogar die Provinz Ontario, in der etwa 11,5 Millionen Menschen leben (etwa 39 % der kanadischen Bevölkerung) und viele große Städte und Industriegebiete liegen, ist noch zu 90 % mit Wald bedeckt. Das dünnbesiedelte Nordontario zieht viele Jäger und Angler an. Der nördlich von Haliburton gelegene Algonquin Park ist mit einer Fläche von 7511 km² der größte Naturpark der Provinz. Er hat die letzten großen Bestände an Weißfichten, eine faszinierende Tierwelt und eine Vielzahl wildwachsender Blumenarten zu bieten. Vor allem ist er aber berühmt für seine Seetaucher, einer Wasservogelart mit geflecktem Gefieder und einem gespenstischen Lockruf. Sie gehören zu einer der ältesten bekannten Vogelarten der Erde und sind eines der kanadischen Nationalsymbole. Der Algonquin Park, dessen Seen und Flüsse sich ideal zu Kanufahrten eignen, gilt als Geheimtip unter Campern.

Der Mont Tremblant Park, einer der beliebtesten Naturparks Quebecs, liegt 140 km nördlich von Montreal. Seinen Namen verdankt dieser Park dem imposanten Mont Tremblant. Bereits in den 1920er und 1930er Jahren wurde der 975 m hohe Berg als Skigebiet erschlossen – als eines der ersten Nordamerikas – und zieht auch heute noch tausende von Wintersportlern an, für die die Loipen in den Wäldern eine große Herausforderung sind. Seine 380 Seen tragen zum Insektenreichtum des Parks bei – Kriebelmücken und Moskitos sind in den Sommermonaten eine ständige Plage. Der Sommer ermöglicht aber auch den Genuß wildwachsender Heidelbeeren und, an den Abenden, das Erlebnis vielstimmiger Froschchöre.

Auch die Küstenprovinzen bieten eine ganze Reihe eindrucksvoller Naturlandschaften. Im Gros Morne National Park kann man Wale, Seehunde, Rentiere und Elche sehen. Die als »Teiche« bezeichneten Seen und die wilde Küstenlinie von Newfoundland sind das Ziel vieler Sportfischer, die nach Lachsen, Rotforellen, Saiblingen und Hechten angeln.

Auf der Insel Cape Breton in Nova Scotia, die heute über einen Dammweg mit dem Festland verbunden ist, liegt der Cape Breton Highland Park. 1497 ging hier John Cabot an Land. Die felsige Küste und die bewaldeten Hügel erinnern an die rauhe Küstenlandschaft Schottlands

# KANADA

**Die Wälder und die ebenen Tundren** der kanadischen Wildnis bieten vielen verschiedenen Tierarten einen Lebensraum *(unten)*. Einige der großen Säugetiere sind Elch (1), Rentier (2) und Braunbär (3). Kleinere Pelztierarten sind Waschbär (4), Grauhörnchen (5) und Biber (6), das Nationalsymbol Kanadas. Der Kardinalvogel (7) ist ein gelegentlicher Gast, während Schnee-Eule (8), Kanadagans (9), Haarspecht (10) und Löffelente (11) stärker verbreitet sind. In den zahlreichen, nahezu unberührten Seen und Flüssen leben Amurhecht (12), Flußbarsch (13) und Regenbogenforelle (14).

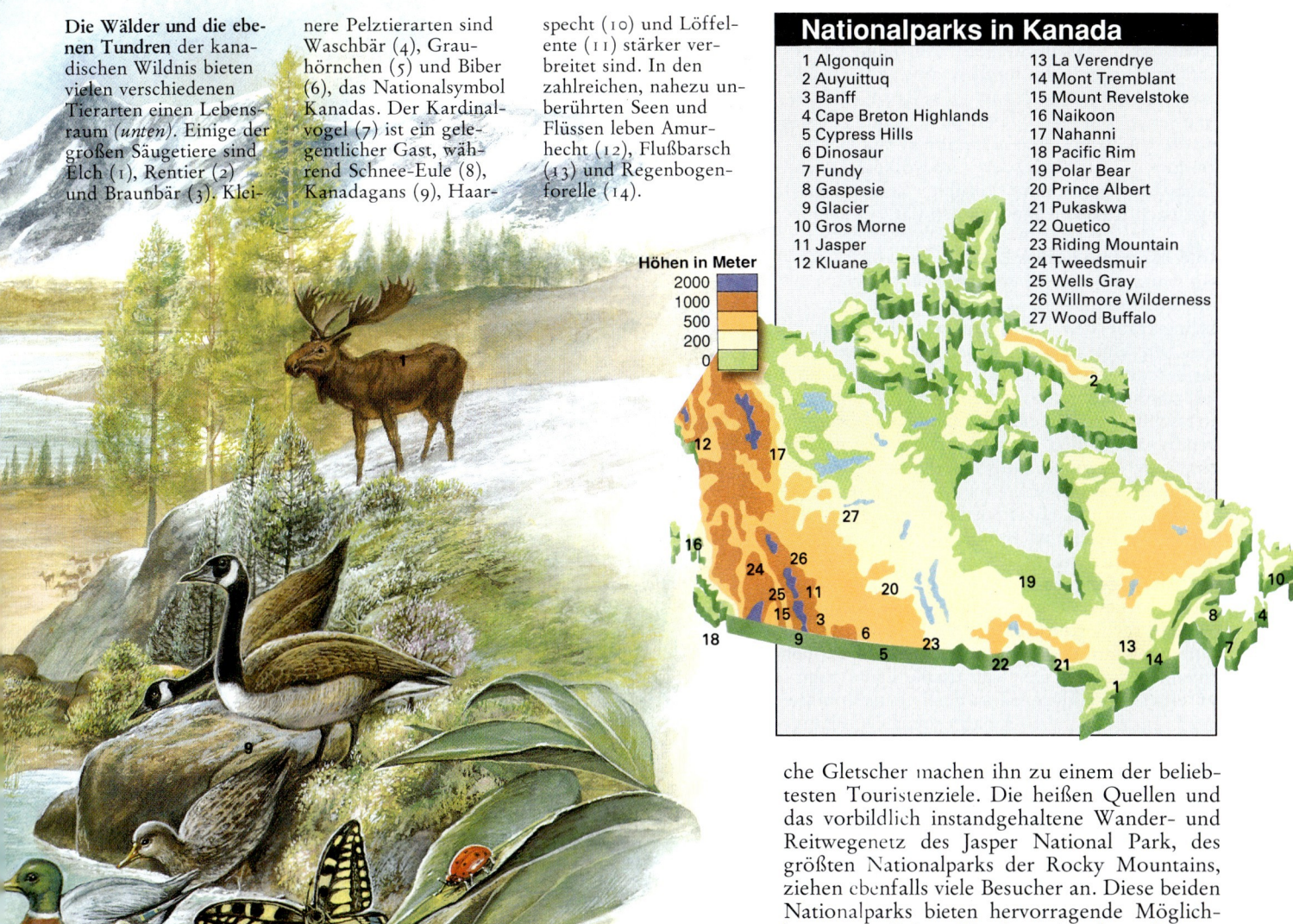

**Nationalparks in Kanada**

1 Algonquin
2 Auyuittuq
3 Banff
4 Cape Breton Highlands
5 Cypress Hills
6 Dinosaur
7 Fundy
8 Gaspesie
9 Glacier
10 Gros Morne
11 Jasper
12 Kluane
13 La Verendrye
14 Mont Tremblant
15 Mount Revelstoke
16 Naikoon
17 Nahanni
18 Pacific Rim
19 Polar Bear
20 Prince Albert
21 Pukaskwa
22 Quetico
23 Riding Mountain
24 Tweedsmuir
25 Wells Gray
26 Willmore Wilderness
27 Wood Buffalo

und viele der Bewohner Cape Bretons sind schottischer Herkunft.

Weiter westlich bieten die Prärien ein vollkommen anderes Erscheinungsbild. Der Riding Mountain National Park in Manitoba ist nach einem relativ niedrigen »Berg« benannt, der sich über das wellige Flachland westlich von Winnipeg erhebt. An der Grenze zwischen Saskatchewan und Alberta erstreckt sich der dicht bewaldete und wildreiche Cypress Hills Park, der zu den wenigen Gegenden Kanadas gehört, die während der letzten Eiszeit nicht vom Inlandeis erreicht wurden.

Einige der bekanntesten Naturschutzgebiete Kanadas liegen in der Provinz Alberta. Eines davon, der vor mehr als einem Jahrhundert gegründete Banff National Park, ist der bedeutendste Nationalpark Kanadas. Seine atemberaubende Bergwelt, die heißen Mineralquellen, die glitzernden türkisblauen Seen und zahlreiche Gletscher machen ihn zu einem der beliebtesten Touristenziele. Die heißen Quellen und das vorbildlich instandgehaltene Wander- und Reitwegenetz des Jasper National Park, des größten Nationalparks der Rocky Mountains, ziehen ebenfalls viele Besucher an. Diese beiden Nationalparks bieten hervorragende Möglichkeiten zum Zelten, Wandern, Angeln und Kanufahren. In der gleichen Provinz werden im Dinosaur National Park, der von der UNESCO als »Weltkulturerbe« ausgewiesen ist, mehrere Fundstellen fossiler Dinosaurierskelette geschützt, die inmitten der von Bodenerosion geprägten Badlands liegen.

Die Naturschutzgebiete Albertas bilden mit einigen Nationalparks British Columbias ein zusammenhängendes Gebiet. Der Besuch dieser gebirgigen westlichen Provinz ist für Naturfreunde ein besonderes Erlebnis. Der Glacier National Park ist mit seinen über 100 Gletschern besonders beeindruckend.

Der Norden ist eine abgelegene Region, die am einfachsten mit dem Flugzeug erreicht werden kann. Wegen der außergewöhnlichen Landschaft und der reichen Tierwelt lohnt jedoch die Reise. Der 1972 gegründete Auyuittuq National Park ist eines der jüngeren Naturschutzgebiete. Über Gletschern und beeindruckenden Fjorden erheben sich Berge und Felsen – ein Paradies für Wanderer und Bergsteiger. Die kurzen nördlichen Sommer beeinträchtigen aber die Nutzung durch den Fremdenverkehr.

# KANADA: DIE URBEVÖLKERUNG

»Ohne Land haben Indianer keine Seele, kein Leben, kein Dasein, keinen Sinn. Land ist Bestandteil unseres kulturellen und wirtschaftlichen Überlebens«– dies sind die Worte eines indianischen Sprechers, der im Zusammenhang mit dem Bau des Alaska-Highway auf das besondere Verständnis der Urbevölkerung von ihrem Land und damit von ihrer Lebensgrundlage nachdrücklich hingewiesen hat.

### Rote Haut und weißes Land

Seit wann die Urbevölkerung Nordamerikas aus ihrem ostasiatischen Ursprungsgebiet über die Beringstraße den Kontinent gewechselt hat, ist unsicher. Um 10 000 v. Chr., also gegen Ende der letzten Eiszeit, ist diese Immigration zum Stillstand gekommen, wobei mit jedem Immigrationsschub die bereits vorhandenen Gruppen weiter nach Süden gewandert sind. Die jüngste Einwanderergruppe sind somit die Inuit – die Bezeichnung Eskimo sollte man wegen ihrer negativen Bedeutung (Rohfleischfresser) nicht verwenden –, die erst nach Nordamerika gelangten, als sich der Eispanzer der letzten Eiszeit allmählich zurückgezogen hatte.

Die Urbevölkerung Kanadas gliedert man heute in sechs Kulturbereiche, die deutliche Anlehnungen an die geographischen Großzonen erkennen lassen. Der »arktische Kulturraum« jenseits der Waldgrenze ist der Lebensraum der Inuit. Im südlichen »subarktischen Waldland« bietet die Jagd auf Elch, Waldrentier, Rothirsch und Wildschaf, teilweise auch der Fischfang, die traditionelle Lebensgrundlage. Der »nordöstliche Kulturraum« im Gebiet des Sankt-Lorenz-Stroms und der Mittelgebirgslandschaften war schon früh durch indianischen Ackerbau, von Bohnen, Kürbis und Mais, dem sogenannten »indian corn«, und durch ständige Siedlungen geprägt. Demgegenüber war die Lebens- und Wirtschaftsform der »Prärie-Indianer« eher halbnomadisch. Die Büffeljagd war eine wesentliche Lebensgrundlage, das Tipi die klassische Siedlungsform. Eine Vermischung der unterschiedlichen Lebensgewohnheiten charakterisiert die »Plateau-Indianer« in den Becken- und Plateaulandschaften des Kordillerengebirges. Die »Indianerbevölkerung der Westküste« bildet einen eigenen Kulturraum, der sich durch einen besonders hohen Entwicklungsstand mit Totemkultur, großen Sippenhäusern, reichen Schnitzereien und Malereien auszeichnet.

Auch eine Differenzierung nach Sprachfamilien ist möglich, da es in Kanada rund 50 verschiedene Sprachen und Dialekte der Urbevölkerung gibt. Der Algonkin-Gruppe gehören rund 60 % aller Indianer Kanadas an. Es folgen die Athapasken (8,4 %), Irokesen (8,0 %), Salish (7,5 %) und Inuit (7,4 %).

Heute leben in Kanada rund 300 000 Indianer, soweit sie als »registered indians« in Stammeslisten geführt werden. Nimmt man die Mischbevölkerung der Métis hinzu, so erhöht sich die Zahl auf ca. 800 000.

**Die Ureinwohner** Kanadas zogen vor mehr als 20 000 Jahren von Asien (rechts) auf dem Landweg über die jetzt als Beringstraße bekannte Meerenge. Sie kamen in einen unbewohnten Kontinent, von dessen natürlichen Reichtümern Mensch und Tier gleichermaßen leben konnten. Nomadengruppen erreichten die östlichen Wälder ungefähr im Jahre 1000 v. Chr. Französische Entdecker und Missionare trafen zuerst auf die Huronen, Algonkin und Irokesen.

**Totempfähle** (1), Einbäume (2), reich verzierte Kleidung (3) und Masken (4) der Westküsten-Indianer. Die Inuit benutzten Harpunen (5) für die Seehundjagd.

# KANADA

Die Prärie-Indianer lebten von der Büffeljagd (6) und benutzten die Felle zur Kleiderherstellung (7). Gedrehte Haarknoten (8), Kopfschmuck (9), verzierte Jacken (10) und das Tipi (11) als Wohnzelt waren typisch. Auf der Jagd benutzten sie Trompeten aus Birkenrinde (12), um Elche anzulocken.

## Iglu und Hundeschlitten

Rund 100 000 Inuit leben in den arktischen Anrainerstaaten, davon gut die Hälfte in Grönland, ein Viertel in Alaska und nur 3000 in Rußland. Auf Kanada entfällt somit knapp ein Viertel dieser Urbevölkerungsgruppe.

Obwohl die Immigration dieser Bevölkerung deutlich früher erfolgte, läßt sich die erste Kulturstufe, die »Prä-Dorset-Kultur«, erst für die Zeit von 2500 bis 800 v. Chr. nachweisen. Zahlreiche kunstvoll behauene Steinwerkzeuge für Jagd und Fischfang wurden aus dieser Zeit gefunden. Die folgende »Dorset-Kultur« (bis 1300 n. Chr.) basierte dann stark auf der Jagd nach Meeressäugern wie etwa Robben und Wale und den Karibus, dem amerikanischen Rentier. Die Menschen lebten überwiegend in Fellzelten oder Sodenhäusern, jedoch nimmt man auch den Beginn des Schneehauses, Iglu genannt, für diese Zeit an.

Iglus, Hundeschlitten, Kajaks und Specksteinlampen sind dann aber erst die eigentlichen Kennzeichen der sogenannten »Thule-Kultur«, für die der Walfang eine zentrale Bedeutung hatte. Man muß annehmen, daß diese Kultur durch den Beginn der Kontakte mit den Europäern im 17./18. Jahrhundert deutliche Veränderungen erfuhr. Denn anstelle des Walfangs traten Robben- und Walroßjagd stärker in den Vordergrund, da diese durch die Verwendung von Feuerwaffen erleichtert wurde.

## Kulturen in Gefahr

Sowohl das Leben der Inuit als auch das der Indianer ist heute durch die Einflüsse der westlichen Zivilisation stark geprägt. Die Holzhäuser in den Inuitsiedlungen verfügen über allen technischen Komfort, bis hin zu Kühlschrank, Mikrowellenherd, Fernseher etc. Hundeschlitten und Iglu spielen lediglich noch während der Jagd eine gewisse Rolle. Ob diese Entwicklung in jedem Falle zum Segen der Bevölkerung war, erscheint fragwürdig. Die großen wirtschaftlichen Erschließungsprojekte, wie etwa der Bergbau oder die Errichtung von Staudämmen und Ölleitungen, stellen heute für den Erhalt dieser Kulturen ernsthafte Bedrohungen dar.

Bei der Indianerbevölkerung ist dieser Verdrängungsprozeß schon seit dem 17. Jahrhundert zu beobachten. Im Jahre 1867 wurde von der Regierung durch den »Indian Act« die Einrichtung von Reservaten per Gesetz verfügt, um diesen Prozeß zumindest einigermaßen steuern zu können. Aber diese Politik kam einer Gettoisierung gleich, da die Indianer über ihr Land nunmehr nur noch bedingt verfügen konnten. Für viele von ihnen bedeutete dies den Verlust ihrer Identität.

Erst in den letzten Jahren ist es der Urbevölkerung gelungen, ihre verfassungsmäßigen Rechte stärker zur Geltung zu bringen. Dies läßt für den Fortbestand ihrer Kulturen hoffen, wenngleich die Gefahren noch längst nicht gebannt sind.

# KANADA: GESCHICHTE

Kanada in seinen heutigen Grenzen besteht erst seit 1949, nachdem sich Newfoundland in einem Volksentscheid für den Anschluß an den föderativen Bundesstaat entschlossen hatte. Dies ist jedoch nur der Endpunkt einer Entwicklungsgeschichte, die sich über mehrere Jahrhunderte vollzogen hat.

### Franzosen und Engländer im Wettlauf

Mit der Entdeckung Amerikas durch Christoph Kolumbus (1451–1506) änderte sich schlagartig die politische Landkarte der Welt. Die Kolonialmächte wetteiferten um die Vorherrschaft auf dem neu entdeckten Kontinent, wobei Nordamerika zum Spielball der Interessen zwischen Spaniern, Engländern und Franzosen wurde. Vergessen sollte man jedoch nicht, daß bereits um das Jahr 1000 die Wikinger zur Ostküste Nordamerikas gelangt waren, freilich ohne sich dort auf Dauer festzusetzen. Am 24. Juni 1497 erreichte dann John Cabot (um 1450–1498 oder 1499) die Ostküste Neufundlands (Bonavista) und beanspruchte es für die englische Krone. Knapp vierzig Jahre später entdeckte der Franzose Jacques Cartier (um 1491–1557) den Zugang zum Landesinneren über den Sankt-Lorenz-Strom.

Die ersten Siedlungsgründungen durch die Franzosen erfolgten indessen erst zu Beginn des 17. Jahrhunderts. Samuel de Champlain (um 1570–1635) ließ 1605 einen Stützpunkt an der Fundybay (Port Royal) anlegen, 1608 folgte Quebec und 1642 Ville-Marie, das spätere Montreal.

Hatten sich somit die Franzosen entlang des Sankt-Lorenz-Stroms fest etabliert, so konzentrierten sich die Engländer zunächst auf die Ostküste des Kontinents (Neu-England), suchten gleichzeitig aber auch die Nord-West-Passage durch die arktischen Gewässer. 1610 gelangte Henry Hudson (um 1550–1611) dabei in die Hudsonbai. Der Pelzreichtum veranlaßte die Engländer im Jahre 1670 zur Gründung der »Hudson's Bay Company«, der treuhänderisch das gesamte Land im hydrographischen Einzugsgebiet der Hudsonbai übertragen wurde. Dieses »Rupert's Land« genannte Gebiet reichte, wie sich erst später herausstellen sollte, bis in die westkanadischen Gebirge.

Somit war die französische Kolonie durch die Engländer in die Zange genommen. Nachdem die Franzosen 1759 auf den Plaines d'Abraham in der Nähe der Stadt Quebec überlistet worden waren, wurde im Frieden von Paris 1763 der französischen Herrschaft in Kanada ein Ende gesetzt. Durch die Quebec-Akte 1774 wurden der französischen Bevölkerung jedoch die Beibehaltung ihres katholischen Glaubens, des französischen Rechts und andere Privilegien zugestanden. Dies bedeutete die Garantie für den Fortbestand der französischen Kultur auf dem nordamerikanischen Kontinent.

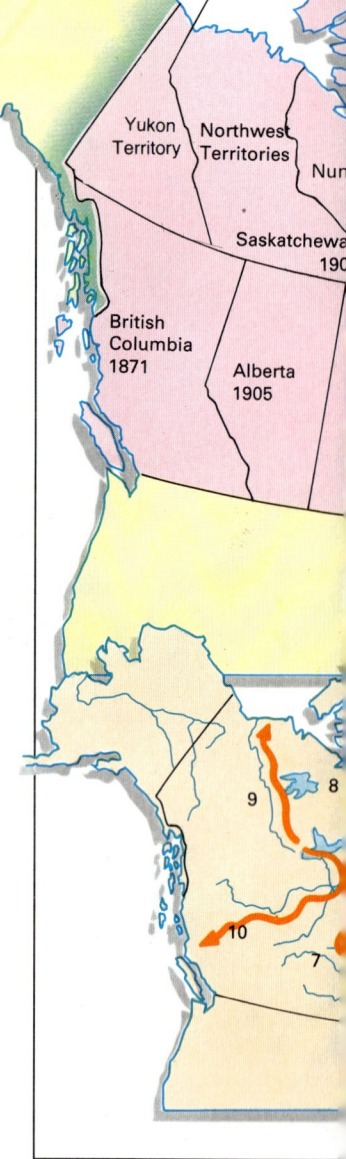

**bis 10 000 v. Chr.** Einwanderung ostasiatischer Stämme nach Nordamerika
**um 1000** Normannische Seefahrer entdecken die Ostküste
**1497** John Cabot (um 1450–1498 oder 1499) landet in Neufundland
**1535** Jacques Cartier (um 1491–1557) erreicht Hochelaga (Montreal)
**1608** Gründung Quebecs
**1610** Der Engländer Henry Hudson (um 1550–1611) erforscht die Hudsonbai
**1642** Gründung Montreals
**1670** Die Hudson's Bay Company erhält Landbesitz und Handelsrechte
**1763** Frankreich tritt Neufrankreich an Großbritannien ab
**1791** Konstitutionelle Gründung Kanadas; Teilung in Ober- und Unterkanada
**1812–1814** Krieg zwischen Großbritannien und USA; Invasion von US-Truppen
**1857** Ottawa wird Hauptstadt
**1867** Gründung des Bundesstaates Kanada
**1885** Canadian Pacific Railway eröffnet
**1897** Goldrausch im Klondike-Gebiet
**1914–1918** Kanada kämpft im Ersten Weltkrieg auf Seiten der Alliierten
**1931** Politische Unabhängigkeit von Großbritannien
**1939** Kriegserklärung an Deutschland
**1949** Newfoundland wird 10. Provinz
**1959** Sankt-Lorenz-Seeweg eröffnet
**1962** Trans-Canada-Highway fertig
**1967** EXPO (Weltausstellung) in Montreal
**1974** Französisch wird neben Englisch gleichberechtigte Staatssprache
**1977** Ein Sprachgesetz garantiert Priorität des Französischen in Quebec
**1982** Verabschiedung einer kanadischen Verfassung ohne die Zustimmung Quebecs
**1994** NAFTA-Abkommen tritt in Kraft
**1995** Unabhängigkeitsreferendum in Quebec scheitert
**1999** Nunavut wird 3. Territorium

1 Samuel de Champlain (um 1570–1635)

2 Margaret Atwood (*1939)
3 Pierre E. Trudeau (1919–2000)

# KANADA

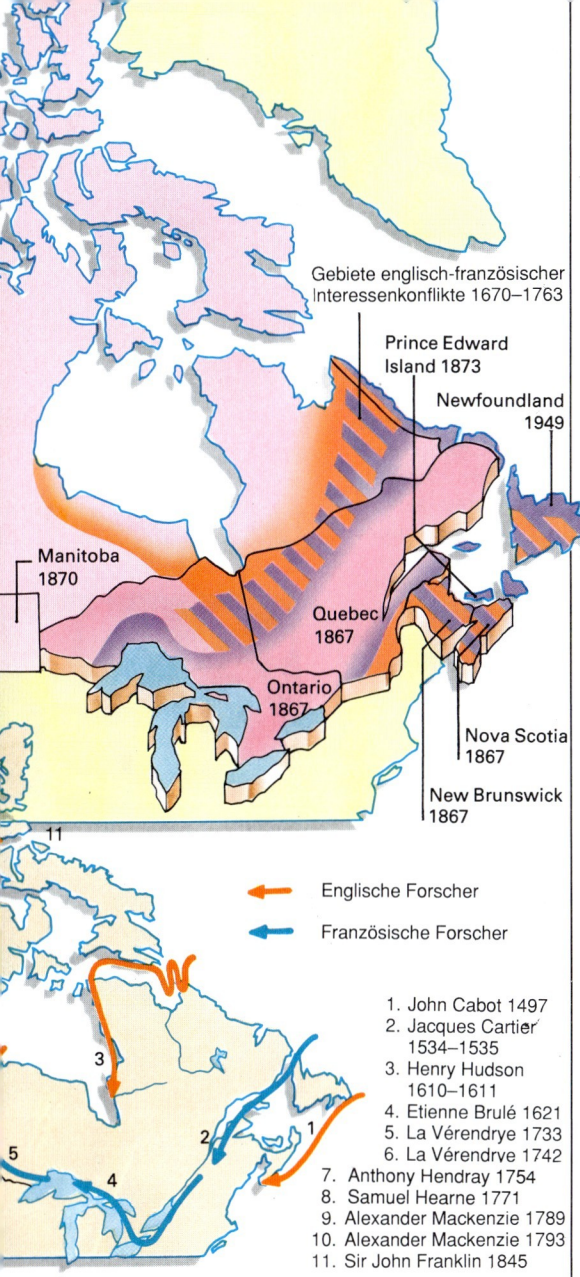

Kanada wurde 1867 zur Nation erklärt *(links)*, als der »British North America Act« die vier Provinzen New Brunswick, Nova Scotia, Quebec und Ontario zu einem Bundesstaat, Konföderation genannt, zusammenschloß.

- Konföderation 1867
- Kanada 1905

- Neu-Frankreich (bis 1763)
- Hudson's Bay Company
- Alaska (bis 1867 russisch)

Englische Forscher
Französische Forscher

1. John Cabot 1497
2. Jacques Cartier 1534–1535
3. Henry Hudson 1610–1611
4. Etienne Brulé 1621
5. La Vérendrye 1733
6. La Vérendrve 1742
7. Anthony Hendray 1754
8. Samuel Hearne 1771
9. Alexander Mackenzie 1789
10. Alexander Mackenzie 1793
11. Sir John Franklin 1845

## Der Westen öffnet sich

Inzwischen hatten sich auch im Westen Interessenskonflikte ergeben. 1858 war New Caledonia zur britischen Kolonie British Columbia geworden. Das Versprechen zum Bau einer transkontinentalen Eisenbahn veranlaßte British Columbia, im Jahre 1871 der Konföderation beizutreten. Inzwischen war auch Rupert's Land von der Hudson's Bay Company an Kanada verkauft worden. Im gleichen Jahr (1870) war ein kleines Territorium in den Prärien als Provinz Manitoba gegründet worden. Prince Edward Island im Osten trat schließlich 1873 dem kanadischen Bundesstaat bei. Der Bau der Canadian Pacific Railway (1881–1885) öffnete den Westen für jenes ethnische Mosaik, das heute die Prärieprovinzen kennzeichnet.

1905 wurden östlich von British Columbia die Provinzen Alberta und Saskatchewan gegründet, 1912 Manitoba und Ontario bis zu ih-

**Die Erforschung Kanadas** *(oben)* begann mit John Cabot 1497. Jacques Cartier und Samuel de Champlain entdeckten den Sankt-Lorenz-Strom. Englische und französische Pelzhändler stießen in das Innere Kanadas vor.

**Ein Musikkorps** spielt vor dem Stadtkastell in Quebec *(oben rechts)*. 1759 eroberte hier der britische General Wolfe Quebec von den Franzosen. Heute machen die Frankokanadier 28 % der kanadischen Bevölkerung aus, in Quebec über 78 %.

## Von der Constitution zur Confederation

Konstitutionell beginnt die Existenz Kanadas im Jahre 1791 mit der Unterteilung der britischen Kolonie in »Upper Canada« (das spätere Ontario) und »Lower Canada« (das spätere Quebec). Im Krieg von 1812 bis 1814 mußte diese Kolonie gegen die Annexionsbestrebungen der Vereinigten Staaten verteidigt werden.

Ab 1837 rührte sich in der Kolonie Widerstand gegen das Mutterland. Die Konsequenz war die Vereinigung der beiden Teile zur »Province of Canada« durch den »Act of Union« 1840, Hauptstadt wurde Montreal, ab 1857 Ottawa per Entscheid Königin Viktorias.

Im Jahre 1867 entstand dann durch den »British North America Act« der kanadische Bundesstaat, der jedoch weiter dem »Commonwealth of Nations« angehörte. Gründungsprovinzen waren Ontario und Quebec sowie New Brunswick und Nova Scotia.

ren heutigen Grenzen ausgeweitet. Die Gebiete nördlich des 60. Breitengrades blieben als Territorien (Yukon Territory und Northwest Territories) direkt der Regierungsgewalt des Bundes unterstellt. Mit dem Beitritt von Newfoundland wurde 1949 die zehnte Provinz dem kanadischen Bundesstaat eingegliedert. 1999 entstand das Territorium Nunavut.

Seither hat sich die kanadische Nation politisch weiter gefestigt, wenngleich sie innerlich nicht frei von Auseinandersetzungen ist. Der Quebec-Konflikt stellt dabei nur ein Problemfeld dar. Die Verselbständigung als Nation dokumentiert sich unter anderem in der Schaffung einer eigenen Flagge (1967), einer eigenen Hymne (1980) und schließlich einer eigenen Verfassung (1982). Aber auch heute noch ist die britische Königin gleichzeitig Königin von Kanada, die durch eine(n) Generalgouverneur(in) vertreten ist.

# KANADA: PROBLEME UND CHANCEN

Der Pioniergeist eines ganzen Volkes und der Reichtum des Landes verbinden sich in Kanada zu einer optimistischen Zukunftsperspektive. Dennoch sind diesem Optimismus immer wieder Hindernisse entgegengestellt, mit denen sich das Land auseinanderzusetzen hat.

Kanada legt Wert auf seine multikulturelle Gesellschaft und grenzt sich diesbezüglich gern gegen die Vereinigten Staaten ab, deren Gesellschaft als »melting pot«, als »Schmelztiegel« bezeichnet wird. Multikulturalismus bedeutet, daß jeder ethnischen Gruppe in Kanada die Erhaltung ihrer kulturellen Identität ermöglicht werden soll, ohne daß sie deshalb in irgendeiner Weise eine Benachteiligung erfahren darf.

Dieser Idealanspruch ist in der politischen Praxis jedoch nicht überall verwirklicht. Am augenfälligsten dokumentiert sich dies in der sogenannten »Quebec-Frage«, die in den letzten Jahrzehnten immer wieder für politischen Zündstoff gesorgt hat. Die historischen Wurzeln dieses Konflikts reichen bis ins 18. Jahrhundert zurück, als der frankokanadischen Bevölkerung durch die Quebec-Akte kulturelle Eigenständigkeit garantiert wurde. Über fast zweihundert Jahre hinweg hat sich seither eine Rivalität zwischen der frankokanadischen Minderheit und der anglokanadischen Mehrheit gebildet. Der Führungsanspruch letzterer führte schließlich in den 1960er Jahren zu militanten Auseinandersetzungen, Straßenschlachten und sonstigen Formen des organisierten Widerstandes. Von der Straße wurden diese Auseinandersetzungen in den 1970er Jahren mehr auf die politische Ebene verlagert, hier jedoch nicht weniger heftig weitergeführt. Unter dem Druck Quebecs wurde das Französische zweite offizielle Landessprache, in der eigenen Provinz genießt es aufgrund eines besonderen Sprachengesetzes von 1977 absolute Priorität. In den 1980er Jahren hat sich Quebec um »mehr Souveränität« gegenüber der Bundesregierung bemüht. Dabei hat es Zugeständnisse der Regierung erreicht, die unter Umständen Signalwirkung für das Verhalten anderer Provinzen bzw. ethnischer Gruppen haben könnten.

Über den rein ethnischen Konflikt hinaus verbirgt sich in dieser Frage auch die nach dem Verhältnis der Provinzen zum Bund schlechthin. Quebec ist diesbezüglich ein Musterbeispiel, steht jedoch nicht alleine da. In vielen Fragen der politischen, wirtschaftlichen und kulturellen Entwicklung stehen sich die Provinzen und die Bundesregierung als Kontrahenten gegenüber, so etwa in der Frage der Rohstoffnutzung. Diese ist grundsätzlich Angelegenheit der Provinzen, jedoch lassen sich Entwicklungsprojekte oft nur unter Beteiligung mehrerer Nachbarprovinzen und des Bundes verwirklichen. Am deutlichsten sichtbar geworden ist dieses Dilemma beim Bau der transkontinentalen Pipelines oder der Starkstromleitungen aus dem Norden, deren Verwirklichung lange und zähe Verhandlungen erfordert hat. Es kommt erschwerend hinzu, daß die Northwest Territories, das Yukon Territory und das Nunavat Territory ohnehin direkt der Bundesverwaltung unterstehen. Ohne Koordination mit den südlich angrenzenden Provinzen ist hier aber praktisch kein Entwicklungsprojekt zu verwirklichen. Daß neben wirtschaftlichen Gesichtspunkten auch politische und kulturelle in diesem Konflikt eine Rolle spielen, überrascht nicht. In den Jahren des

**Ein Kriegsveteran** (links) drückt sein Mißfallen gegen Quebec's Artikel 101 aus, dem Gesetz, das Französisch zur einzigen offiziellen Sprache der Provinz erhebt. Die Quebec-Frage ist seit vielen Jahren die Ursache von Konflikten. In Gegenwart von Premierminister Pierre E. Trudeau unterzeichnete Königin Elisabeth II. das Verfassungsgesetz von 1982 (links außen). Die »Charter of Rights« (links unten) zu den Grundrechten und zur Gleichberechtigung war eine wichtige Ergänzung zu der Verfassung.

# KANADA

Ölbooms regten sich in Alberta separatistische Strömungen, Newfoundland droht manchmal mit dem Wiederaustritt aus der Konföderation, British Columbia macht seinem Unmut gegenüber Ottawa ebenfalls gelegentlich Luft. Die Territorien im Norden fordern mehr Eigenständigkeit in ihrer Entwicklung durch die Schaffung eines Provinzstatus', der ihnen mehr Selbstbestimmung ermöglichen würde.

Gerade im arktischen Teil Kanadas wird eine andere Art von Problemen besonders sichtbar, die Umweltgefährdung. Riesige wirtschaftliche Erschließungsmaßnahmen stellen dramatische Eingriffe in das labile Ökogefüge dar. Das James-Bay-Projekt zur Gewinnung von Hydroelektrizität im nördlichen Quebec, das die Leistung von 14 000 Megawatt erreichen soll, hat den Aufstau einer Wasserfläche von der Größe Englands verursacht. In Mitleidenschaft wurde der indianische Lebens- und Wirtschaftsraum gezogen, die Wanderwege der Rentierherden wurden unterbrochen, der Dauerfrostboden begann abzutauen, die Vegetation veränderte sich. Das James-Bay-Projekt ist dabei nur eines von vielen, die in der kanadischen Arktis verwirklicht worden oder geplant sind.

Aber auch im Süden ist die Umwelt in Gefahr. Im Gebiet um Sudbury ist ein riesiges Waldgebiet aufgrund der Nickelindustrie zu einer »Mondlandschaft« geworden. Die Emissionen gefährden in hohem Maße die Wälder. In den Prärien sind Erosionsschäden auf den gerodeten Ackerflächen, bis hin zur Badlandbildung, die im südlichen Alberta ein spektakuläres Ausmaß angenommen hat, unübersehbar. In Gebieten der Waldwirtschaft kommt es ebenfalls häufig zur Abtragung und Auslaugung der Böden. Inzwischen ist das Umweltbewußtsein sehr geschärft und Maßnahmen zum Schutz der Natur sind heute selbstverständlich.

**Ein Schild** in französischer Sprache zeigt eine Reitschule in Quebec an *(ganz oben)*. Kanada ist offiziell zweisprachig, jedoch herrscht Französisch in Quebec vor. Französisch und Englisch sind nur ein Teil im Kulturenmosaik Kanadas.

**Mennonitische Frauen** stellen in Elmira im südlichen Ontario *(oben)* Steppdecken her. Dieses Gebiet von Ontario wurde von deutschen und osteuropäischen Emigranten besiedelt. Heute kommen die meisten Einwanderer aus Asien und der Karibik.

**Herbstliche Farben** in den Wäldern des Riding Mountain National Park in Manitoba *(links)*. Viele Waldgebiete sind durch die Luftverschmutzung bedroht. Giftige Schwefeldioxide aus der Industrie reagieren in der Luft mit Feuchtigkeit. Der daraus entstehende »Saure Regen« ist eine große Gefahr für die Bäume. Er hat die Ahornbäume in Ostkanada sowie die Großen Seen schon ernstlich angegriffen.

**Greenpeace-Anhänger** *(oben)* fertigen ein Transparent auf einem ihrer Boote an. 1970 in Vancouver gegründet, führte Greenpeace zahlreiche Protestaktionen gegen Umweltvergehen durch, wozu auch der Walfang und die Atomtests zählen.

# KANADA: WIRTSCHAFT

Premierminister Wilfrid Laurier (1841–1919) soll in den Boom-Jahren des ausgehenden 19. Jahrhunderts einmal formuliert haben, daß das 20. Jahrhundert das Jahrhundert Kanadas sein werde. Veranlaßt wurde er zu dieser euphorischen Prognose durch die fast täglich neuen Berichte über technische Fortschritte und die Entdeckung von Bodenschätzen. Was Kanada für die Nutzung dieser Reichtümer fehlte, waren Menschen. Auch heute reicht die Bevölkerung von über 30 Millionen nicht aus, um alle Möglichkeiten des wirtschaftlichen Ausbaus voll ausschöpfen zu können.

### Vom Pelzhandel zur Wirtschaftsmacht

In der Frühphase des Kolonialismus richtete sich das Interesse der Mutterländer in starkem Maße auf den Reichtum an Pelztieren. Die beabsichtigte Ansiedlung von Bauern in dem neu zu besiedelnden Land trat zumindest in der Anfangsphase deutlich hinter diesen Interessen zurück. Die Entwicklung Kanadas zum Agrarland setzte zwar bereits im 17. Jahrhundert ein, sie beschränkte sich jedoch zunächst fast ausschließlich auf das Tiefland des Sankt-Lorenz-Stroms bis in den Bereich der Großen Seen. Einer Ausdehnung waren durch die Appalachen und den Kanadischen Schild schon rasch Grenzen gesetzt. Erst im 19. Jahrhundert, nachdem die Eisenbahn die Öffnung des Westens bewirkt hatte, kam es zu einer raschen Umgestaltung der Prärien. Letztere wurden zu einer der größten Kornkammern der Welt. Im Okanagan- und Fraser-Tal entwickelte sich eine intensive Agrarlandschaft mit Gemüse-, Obst- und Weinanbau. Große Vieh-Ranchs entstanden am Ostfuß der Rocky Mountains und in den Becken- und Plateaulandschaften der Kordilleren.

Parallel zu dieser agrarischen »Frontier« entwickelte sich der Bergbausektor, insbesondere die Erzgewinnung. Eingesetzt hatte diese mit dem Goldrausch an der Westseite des Kontinents, beginnend in Kalifornien im Jahre 1848, später dann in British Columbia, wo ab 1858 der »Cariboo Goldrush« einsetzte, und am Ende des Jahrhunderts am Klondyke im Yukon Territorium (1898).

Während der Goldrausch Tausende von Abenteurern in den Westen lockte, siedelten sich im Osten Industriebranchen an, die fortan zu den Stützen der kanadischen Wirtschaft wurden. Gewaltige Nickelfunde im Gebiet von Sudbury ließen mitten in einem riesigen Nadelwaldgebiet eine beeindruckende Industriestadt entstehen. Andere Bergwerksstädte folgten. Teilweise wurde das Erz lediglich im Norden gefördert, um dann im Süden verarbeitet zu werden. Dies gilt insbesondere für die Eisen- und Stahlindustrie, deren Zentrum in Hamilton am Ontariosee liegt. Der Rohstoffreichtum ist so groß, daß er nur zu einem geringen Teil im eigenen Land verarbeitet werden kann. Kanada ist deshalb heute einer der bedeutendsten Rohstofflieferanten der Welt.

**Milchwirtschaftsbetriebe** in Quebec *(oben)* beliefern die Städte im Osten. Die schmalen Landstreifen waren für die französische Besiedlung charakteristisch. In den Prärieprovinzen wird auf riesigen Farmen Getreide für den Export angebaut.

**Holzstämme** *(rechts)* für die Papierfabriken in Saint John, New Brunswick, flößt ein Schlepper den Saint John River hinunter. Fast die Hälfte des Landes ist waldbedeckt. Kanada ist einer der führenden Hersteller von Holzerzeugnissen.

### Landwirtschaft, Forstwirtschaft, Fischerei

Es ist nur schwer vorstellbar, daß die kanadische Landwirtschaft noch vor rund 100 Jahren in ihrem Pionierstadium steckte. Dennoch gelang es einem bunten Völkergemisch aus aller Welt, in kurzer Zeit den Wald oder das Grasland in eine »Kornkammer« des Landes zu verwandeln. Die Zahl der Farmen des Landes stieg bis 1941 auf knapp 750 000 an.

Heute sind es allerdings wieder weniger als die Hälfte. In Gebieten ungünstiger Ertragsverhältnisse wurden die Siedlungen wieder aufgegeben. In klimatisch begünstigten und fruchtbaren Gebieten konnten immer größere Flächen durch immer weniger, aber hochtechnisierte und hochmechanisierte Farmen bewirtschaftet werden. Heute ist nur noch jeder 25. Erwerbstätige Kanadas in der Landwirtschaft beschäftigt. Die Durchschnittsgröße einer Farm in den Prärieprovinzen beträgt 300 ha, zuweilen überschreiten sie aber die 1000-ha-Grenze.

# KANADA

**Ein Fischerdorf** in Nova Scotia *(links oben)*. Die Fischerei ist einer der ältesten Gewerbezweige Kanadas und wird seit dem 14. Jahrhundert betrieben. Das Stahlwerk bei Sydney, Nova Scotia, *(links Mitte)* ist einer der wenigen Schwerindustriebetriebe dieser Region. Auf einem Rangierbahnhof in British Columbia *(links unten)* wird Frachtgut aus dem ganzen Land umgeschlagen. Die transkontinentale Eisenbahnverbindung war für die Entwicklung Kanadas von außerordentlicher Bedeutung.

Die Holzwirtschaft des Landes ist auf ein scheinbar unerschöpfliches Rohstoffpotential begründet. Über 2,4 Millionen km² sind mit Wald bedeckt, der seit Jahrhunderten als Bau- und Brennholz, seit Ende des 19. Jahrhunderts dann verstärkt zur Papier- und Zellulosegewinnung genutzt wird.

Die Fischerei Kanadas hat erst mit der Einbindung der Provinz Newfoundland in den Bundesstaat an Bedeutung gewonnen. Zwar gibt es eine nicht unbedeutende Binnenfischerei, sie ist aber vorwiegend als Sportfischerei zu betrachten. Für Newfoundland und die übrigen maritimen Provinzen bilden Fischereiprodukte jedoch einen wichtigen Teil der Ausfuhr.

**Unbegrenzter Reichtum?**
Die Entwicklung der letzten Jahrzehnte hat Kanada mit weiteren Reichtümern gesegnet. Im Jahre 1947 wurde bei Leduc (Alberta) erstmals Erdöl erbohrt, was zur Installation von über 2200 Ölpumpen im Radius von rund 50 km um Edmonton geführt hat. Sie fördern jedoch lediglich 10 % der nationalen Ölproduktion, denn inzwischen sind zahlreiche weitere Lagerstätten erschlossen worden. Zu diesem Reichtum tragen in besonders starkem Maße die Rohstoffreserven der kanadischen Arktis an der Beaufortsee bei. Noch in den Anfängen steht die Nutzung der Teersande bei Fort McMurray, im Norden der Provinz Alberta, deren Ölreserven größer sind als die der Länder des Vorderen Orients zusammengenommen.

Dennoch ist der Reichtum nicht unbegrenzt. Seine Nutzung ist darüber hinaus mit erheblichen Problemen verbunden. Viele Lagerstätten befinden sich im traditionellen Siedlungsgebiet der Urbevölkerung, deren Lebens- und Wirtschaftsweise fast zwangsläufig beeinträchtigt wird. Mindestens ebenso problematisch ist die Bedrohung einer sehr labilen Naturlandschaft, die insbesondere im arktischen und subarktischen Raum erheblich gefährdet ist.

Kanada unternimmt große Anstrengungen, diese Probleme zu lösen. Hierzu gehört auch der Aufbau einer umweltschonenderen Wirtschaft, die nicht mehr ausschließlich auf den natürlichen Rohstoffen basiert. Neue Industrie- und Dienstleistungsunternehmen sind entstanden. So zählt das Land heute auch zu den führenden Weltnationen im sogenannten High-Tech-Bereich, etwa im Telekommunikationssektor oder in der Elektroindustrie.

# KANADA: SANKT-LORENZ-STROM

Der Sankt-Lorenz-Strom ist 1287 km lang und führt zum Herzen des nordamerikanischen Kontinents. Er kann die Geschichte Kanadas erzählen und spielt im Handelsverkehr zweier Nationen eine wichtige Rolle. Auf dem Sankt-Lorenz-Seeweg können Ozeanschiffe vom Atlantik bis zu den bedeutenden Hafenstädten an den Großen Seen gelangen.

Im Gegensatz zu den meisten anderen Flüssen entsteht der Sankt-Lorenz-Strom nicht aus herabstürzenden Gebirgsbächen. Er beginnt im nordöstlichen Ontariosee und seine behäbig fließenden Wassermassen haben den gleichen Ursprung wie die des St. Louis-River, der bei Duluth, Minnesota, in den Oberen See mündet.

Die aus über 1700 Inseln bestehenden sogenannten »Tausend Inseln«, die das Bild des Oberlaufs des Sankt-Lorenz-Strom prägen, sind die südlichen Ausläufer der Bergketten des alten Kanadischen Schildes. Der Mittellauf des Flusses reicht von Montreal bis zur Stadt Quebec. Nachdem ihm sein größter Nebenfluß, der Ottawa, in Montreal seine Wassermassen zugeführt hat, überwindet der tosende Sankt-Lorenz-Strom bei den Lachine-Stromschnellen 25 m Höhenunterschied. Ab Quebec erweitert sich der 16 km breite Strom und bildet am Sankt-Lorenz-Golf eine bis zu 145 km breite Trichtermündung. An seinem Unterlauf, östlich der Industriestadt Trois Rivieres, ist das Wasser des Sankt-Lorenz-Stroms mit Meerwasser vermischt und den Gezeiten unterworfen.

Die Entstehung des fruchtbaren Sankt-Lorenz-Tals ist wie die der Großen Seen auf die Austiefung durch mehrere Kilometer mächtige Gletscher zurückzuführen, die während der 15 000 Jahre zurückliegenden Eiszeit Kanada und große Teile der USA bedeckten. Die »Tausend Inseln« trennen die Seen vom Tiefland am Sankt-Lorenz-Strom. Der Beitrag des Sankt-Lorenz-Tieflandes zur landwirtschaftlichen Produktion Kanadas ist beträchtlich.

Der Franzose Jacques Cartier, der 1534 von St. Malo aufbrach, war der erste Europäer, der den Sankt-Lorenz-Strom aufwärts fuhr. Bereits lange bevor die Franzosen begannen, sich entlang des Sankt-Lorenz-Stroms niederzulassen, lebten dort die Indianerstämme der Algonkin, der Irokesen und der Huronen in Siedlungen wie Hochelaga (dem heutigen Montreal) und Stadacona (dem heutigen Quebec). Das erste Haus wurde 1600 in Tadoussac, wo der tief eingeschnittene Saguenay zwischen hoch aufragenden Felsen in den unteren Sankt-Lorenz-Strom mündet, errichtet. Die entlang des Flusses siedelnden Franzosen waren Bauern und unterteilten das Land in schmale Parzellen, die sich wie Bänder landeinwärts zogen. Dieses Muster ist auch heute noch erkennbar. In regelmäßigen Abständen entstanden kleine Dörfer: Gruppen von Steinhäusern mit »sprungschanzenförmigen« Dächern, die von einer großen Kirche überragt wurden. Einige Kilometer östlich der Stadt Quebec steht die Basilika der Heiligen Anna von Beaupré. Sie ist einer der bedeutendsten römisch-katholischen Wallfahrtsorte Nordamerikas.

Das 1642 gegründete Montreal entwickelte sich zu einem wichtigen Zentrum des Pelzhandels. Da die Lachine-Stromschnellen ein weiteres Stromauffahren großer Schiffe verhinderten, wurde Montreal zu einem wichtigen Hafen, in dem die Fracht auf kleinere Schiffe verladen wurde, die den Transport ins Landesinnere übernehmen konnten. Der Bau des Lachine-Kanals (1821–1826) ermöglichte die Umgehung der Stromschnellen und führte zu einem Anstieg des Verkehrsaufkommens auf dem oberen Sankt-Lorenz-Strom.

Im späteren 18. Jahrhundert waren tausende königstreuer britischer Untertanen gezwungen, die nun unabhängigen amerikanischen Kolonien zu verlassen. Diese »Loyalisten« ließen sich in Oberkanada, der heutigen Provinz Quebec, an den Ufern des Sankt-Lorenz-Stroms nieder. Der an der Grenze zwischen Quebec und Ontario gelegene Bezirk Glengarry wurde von Einwanderern aus dem schottischen Hochland besiedelt und der Fluß wurde zu einer Hauptroute für die Immigranten, die auf dem Weg nach Westen waren. Im nahe Morrisburg gelegenen Upper Canada Village hat man versucht, die Lebensweise dieser Pioniere des frühen 19. Jahrhunderts zu rekonstruieren. Die an der Quelle des

**Der Sankt-Lorenz-Strom** (rechts) fließt 1287 km nach Nordosten und mündet in der Atlantikregion Kanadas in den Sankt-Lorenz-Golf. Der Sankt-Lorenz-Seeweg, ein System aus Kanälen, Schleusen und Fahrrinnen, wurde von den USA und Kanada gemeinsam aufgebaut. Seit der Eröffnung 1959 können große Schiffe Häfen der Großen Seen wie Chicago, Detroit, Duluth und Toronto erreichen. Zum Seeweg gehört auch der Wellandkanal, der bereits 1829 die mächtigen Niagara-Fälle umging. – **Ruderwettkämpfe** auf dem vereisten Sankt-Lorenz-Strom (unten Mitte) sind in der Stadt Quebec ein traditioneller Programmpunkt des Karnevals. – **Massengutfrachter** (unten rechts), wie dieser in Montreal vor Anker liegende, gelangen auf dem Sankt-Lorenz-Seeweg bis ins Herz des Kontinents.

# KANADA

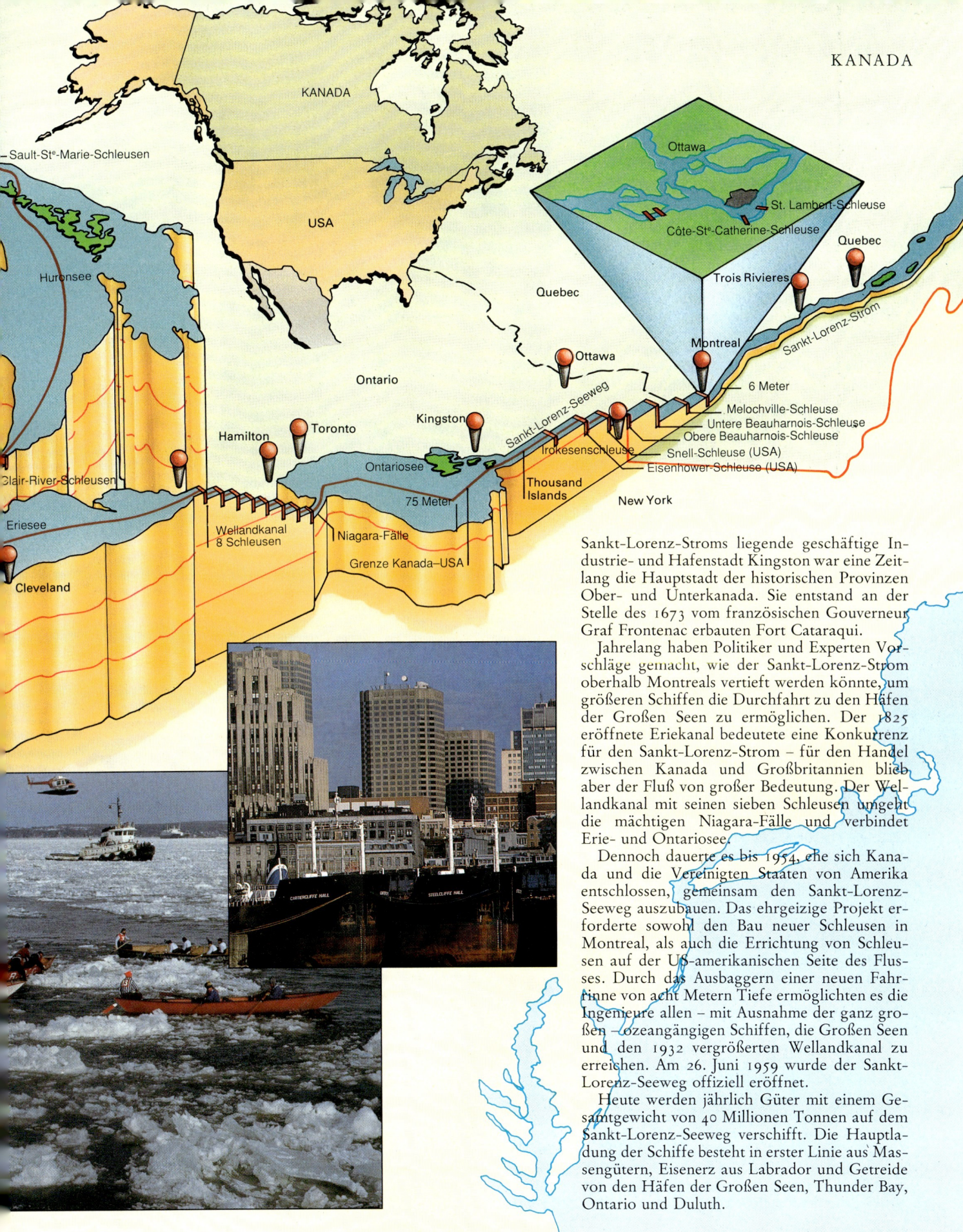

Sankt-Lorenz-Stroms liegende geschäftige Industrie- und Hafenstadt Kingston war eine Zeitlang die Hauptstadt der historischen Provinzen Ober- und Unterkanada. Sie entstand an der Stelle des 1673 vom französischen Gouverneur Graf Frontenac erbauten Fort Cataraqui.

Jahrelang haben Politiker und Experten Vorschläge gemacht, wie der Sankt-Lorenz-Strom oberhalb Montreals vertieft werden könnte, um größeren Schiffen die Durchfahrt zu den Häfen der Großen Seen zu ermöglichen. Der 1825 eröffnete Eriekanal bedeutete eine Konkurrenz für den Sankt-Lorenz-Strom – für den Handel zwischen Kanada und Großbritannien blieb aber der Fluß von großer Bedeutung. Der Wellandkanal mit seinen sieben Schleusen umgeht die mächtigen Niagara-Fälle und verbindet Erie- und Ontariosee.

Dennoch dauerte es bis 1954, ehe sich Kanada und die Vereinigten Staaten von Amerika entschlossen, gemeinsam den Sankt-Lorenz-Seeweg auszubauen. Das ehrgeizige Projekt erforderte sowohl den Bau neuer Schleusen in Montreal, als auch die Errichtung von Schleusen auf der US-amerikanischen Seite des Flusses. Durch das Ausbaggern einer neuen Fahrrinne von acht Metern Tiefe ermöglichten es die Ingenieure allen – mit Ausnahme der ganz großen – ozeangängigen Schiffen, die Großen Seen und den 1932 vergrößerten Wellandkanal zu erreichen. Am 26. Juni 1959 wurde der Sankt-Lorenz-Seeweg offiziell eröffnet.

Heute werden jährlich Güter mit einem Gesamtgewicht von 40 Millionen Tonnen auf dem Sankt-Lorenz-Seeweg verschifft. Die Hauptladung der Schiffe besteht in erster Linie aus Massengütern, Eisenerz aus Labrador und Getreide von den Häfen der Großen Seen, Thunder Bay, Ontario und Duluth.

# KANADA: STÄDTE

Die Kanadier leben heute weitgehend in Städten. Auffällig an den kanadischen Städten ist ihre ungleiche Verteilung im Land und ihre unterschiedliche Bedeutung für Wirtschaft und Verwaltung.

### Ottawa – vom Holzfällercamp zur Hauptstadt

Daß Ottawa zur Hauptstadt des Landes Kanada wurde, ist nicht zuletzt dadurch begründet, daß man sich zwischen den übrigen Bewerbern, Montreal, Kingston und Toronto, nicht einigen konnte. Königin Viktoria von England (1819–1901) entschied daraufhin im Jahre 1857 höchstpersönlich, daß der kleine Ort an der Abzweigung des Rideau-Kanals vom Ottawa-Fluß, der die geographische Mitte der Province of Canada darstellte, diese Funktion übernehmen solle.

Nach dem Vorbild von Westminster in London wurden ab 1859 das Parlament und die Regierungsgebäude erbaut, so daß die Väter der Konföderation im Jahre 1867 bei der Gründung Kanadas Ottawa als Hauptstadt bestätigen konnten. Seither ist Ottawa zu einer Großstadt mit über einer Million Einwohnern angewachsen und hat sich neben dem politischen auch zu einem kulturellen Zentrum des Landes entwickelt. Mit der französisch-sprachigen Université d'Ottawa und der englisch-sprachigen Carleton University verfügt die Stadt über zwei renommierte Hochschulen. Die »National Gallery«, das »National Museum of Man« und das »National Museum of Natural Sciences« gehören zu den bedeutendsten Museen des Landes.

### Montreal – das Tor Kanadas

Die Geschichte Montreals beginnt deutlich früher. Im Jahre 1642 entstand am Fuße des Mont Royal die Siedlung Ville-Marie, die aufgrund ihrer strategisch günstigen Lage rasch an Bedeutung gewann. Sie entwickelte sich zu einem der wichtigsten Umschlagplätze für die Pelzfrachten aus dem Landesinneren, die hier für den Transport nach Europa verladen wurden. Im Gegenzug brachten die Schiffe Kolonisten vom europäischen Kontinent, die sich an den Ufern des Sankt-Lorenz-Stroms niederließen. Schon 1850 zählte die Stadt 57 000 Einwohner, 1950 waren es 1,7 Millionen, heute sind es über 3,4 Millionen Einwohner.

Seit dem 19. Jahrhundert ist Montreal zu einer bedeutenden Industriestadt geworden. In dieser Zeit entstand ein charakteristisches Nebeneinander von Armenvierteln mit überwiegend frankokanadischer Industriearbeiterbevölkerung und Nobelvierteln um den Mont Royal mit hohen Anteilen der anglokanadischen Gesellschaft. Diese Unterschiede sind bis heute noch sehr gut sichtbar, obwohl die krassen sozialen Gegensätze inzwischen deutlich gemindert sind. Montreal ist auch Banken- und Versicherungszentrum. Besonders durch die Weltausstellung 1967 und die Olympischen Spiele 1976 ist die Stadt weltweit bekannt geworden.

**Die Cafés und Bistros** um den Place d'Armes in Quebec *(oben)* sind jeden Sommer voller Touristen. Quebec, dessen Altstadt mit den bretonisch anmutenden Häuserfassaden unter Denkmalschutz steht, ist die Hauptstadt der Provinz Quebec.

**Die Abenddämmerung** legt einen goldenen Schimmer auf die Parlamentsgebäude in Ottawa *(oben rechts)*. Königin Viktoria wählte 1857 Ottawa als Hauptstadt Kanadas aus. Heute ist es das politische und auch ein kulturelles Zentrum.

### Quebec – das kanadische Kleinod

Eine Sonderstellung nimmt Quebec ein, jene im Jahre 1608 auf dem »Diamant-Felsen« über dem Sankt-Lorenz-Strom angelegte Siedlung, in der sich das französische Kulturerbe des Landes besonders augenfällig dokumentiert. In der Altstadt befindet man sich in verwinkelten Gassen mit bretonisch anmutenden Häuserfassaden. Die alten Festungsanlagen, Kasernen, Zitadellen, Kirchen, die Restaurants, Plätze, Künstlergassen u. a. sind Attraktionen, die jährlich Hunderttausende von Besuchern anlocken, die hier ein Stück Europa auf dem nordamerikanischen Kontinent erleben wollen. Quebec, das Zentrum der Separationsbewegung, hat heute knapp 700 000 Einwohner.

### Toronto – Metropole der Eleganz

In der Huronen-Sprache bedeutet »toronto« »Treffpunkt«. Diesem Namen macht die Stadt heute alle Ehre. Ein Mosaik von ethnisch geprägten Stadtvierteln wie das chinesische, portugiesische oder italienische fügt sich zu einem harmonischen Ganzen zusammen, dessen Kern jedoch eindeutig britisch ist. Seit Beginn seiner Entwicklung um 1812 war Toronto zunächst eine Hochburg der britischen Zuwanderung. Damit konzentrierte sich hier bald auch die wirtschaftliche, politische und kulturelle Elite.

Der Wettlauf gegen die Vormachtstellung Montreals war durch diese Konzentration vor-

# KANADA

programmiert. Toronto konnte in der Folgezeit vom Ausbau des Sankt-Lorenz-Seewegs profitieren, der seit dem 19. Jahrhundert verwirklicht wurde. Heute gelangen Schiffe bis zu 25 000 t Ladung, die »Lakers«, bis in den Oberen See. Mit über 4,6 Millionen Einwohnern hat Toronto Montreal inzwischen überholt. Gleichsam als Symbol der erlangten Vormachtstellung schmückt sich die Stadt heute mit dem 1976 fertiggestellten CN-Tower, einem Funk- und Fernsehturm, der mit 553 m zu den höchsten Bauwerken der Welt zählt.

### Vancouver – Drehscheibe am Pazifik

Im Jahre 1873 zählte Vancouver, das sich heute nicht zu Unrecht die »Metropole des Westens« nennt, lediglich 65 Einwohner. Heute ist die Zweimillionengrenze längst überschritten. Für dieses rasante Wachstum war zunächst die Anbindung an den Osten durch die »Canadian Pacific Railway« ausschlaggebend. Unter dem Völkergemisch der Stadt sind heute die ostasiatischen Gruppen besonders auffällig. Vancouver hat aus Anlaß seines 100. Gründungstages 1986 die Weltausstellung EXPO 86 veranstaltet. Dies hat der Entwicklung der Stadt, die wegen ihrer geschützten Lage im Schatten der Vancouver-Inseln und am Fuß der Küstenkordillere als eine der »schönsten der Welt« gilt, zusätzliche Impulse verliehen.

### Edmonton und Calgary – Öl und Rodeo

Die jüngsten Großstädte des Landes sind Edmonton und Calgary in der Provinz Alberta, die ihren Entwicklungsboom den Ölfunden verdanken. Calgary war bis in die 1950er Jahre Hauptstadt des Rodeo sowie Zentrum eines agrarischen Umlandes. Edmonton war eine Provinzhauptstadt ohne besonders solide wirtschaftliche Basis. Dies sollte sich mit dem Ölboom schlagartig ändern. Calgary wurde zum Verwaltungszentrum fast aller großen Ölkonzerne und Bohrgesellschaften der Welt. Edmonton umgab sich mit einem Ring großer Raffinerien und sonstiger Betriebe, die mit der Ölförderung zu tun haben. Das Öl hat diese Städte innerhalb weniger Jahrzehnte auf Bevölkerungszahlen von über 900 000 anwachsen lassen. Beide Städte sind jedoch inzwischen aus dem Schatten des Öls herausgetreten. Calgary hat heute große Bedeutung für den Tourismus, der von hier aus in die westlichen Hochgebirge führt. Mit den Olympischen Winterspielen 1988 hat die Stadt weltweit auf sich aufmerksam gemacht. Edmonton ist zu einem exklusiven Versorgungszentrum und kulturellen Mittelpunkt geworden. Mit der »West-Edmonton-Mall« verfügt die Stadt über eines der größten Einkaufszentren der Welt. Heerscharen von Käufern aus ganz Nordamerika kommen mit Flugzeugen in die Stadt. Auf der Grundlage der Öldollars haben sich somit beide Städte heute ein solides Fundament für ihre künftige Entwicklung geschaffen.

**Toronto** *(links)* ist das Geschäftszentrum Kanadas, und seine führende Rolle als solches spiegelt sich im Finanzbezirk wider. Im Hintergrund erhebt sich der Fernsehturm, dessen Aussichtsplattform in 447 m Höhe eine Attraktion ist.

**Skifahrer** strömen in Scharen zum Grouse Mountain bei Vancouver *(oben)*. Das bedeutende Handels- und Verkehrszentrum ist pazifischer Endpunkt der transkontinentalen Eisenbahnstrecken und Kanadas wichtigster Pazifikhafen.

# KAP VERDE

Kap Verde ist ein kleiner Inselstaat im Atlantischen Ozean. 500 km vor der westafrikanischen Küste liegend, haben die Inseln dasselbe trockene Klima wie die Sahelländer am Südrand der Sahara. »Bauen wir dieses Land auf, wir haben kein anderes«, ist der Wahlspruch der Kapverder.

Der Archipel besteht aus 15 Inseln vulkanischen Ursprungs, die sich hufeisenförmig nach Westen öffnen. Sie sind voller Gegensätze, in der Mehrheit verkarstet, aber es gibt auch Täler mit nahezu üppiger Vegetation. Die geologisch ältesten Inseln (Maio, Sal und Boa Vista) erheben sich mit flachen Stränden nur wenig über dem Meeresspiegel. Die übrigen sind stark gebirgig, mit steil zum Meer abfallenden Küsten. Der 2829 m hohe Pico de Fogo auf Fogo hatte 1995 seine letzte Eruption.

### Geschichte

Die günstige Lage ließ die Kapverden seit der Entdeckung durch portugiesische Seefahrer im 15. Jahrhundert zum Kreuzungspunkt von Kontinenten und Völkern werden. Bei der Entdeckung unbewohnt, waren die Kapverden rund 400 Jahre ein Einwanderungsland. Zunächst wichtiger Sklavenumschlagsplatz, wurden die Inseln später zur Anlaufstelle für amerikanische Walfänger und schließlich zur Bunkerstation für Dampfschiffe vor ihrem langen Seeweg nach Südamerika und Südafrika.

Als Zwischenstation willkommen, waren die Inseln als Siedlungsgebiet weniger anziehend. Da mußten schon starke materielle Reize für die ersten portugiesischen Siedler sowie Zwang für die Deportierten nachhelfen oder der Zufall eintreten, der entlaufene oder freigelassene Sklaven auf die Kapverden führte. Die einstigen »Stra-

**Kinder auf den Kapverden** *(oben)* nehmen fröhlich ein Bad im Atlantischen Ozean, der die Inseln des Staates umschließt.

## Daten und Fakten

**DAS LAND**
**Offizieller Name:**
Republik Kap Verde
**Hauptstadt:**
Praia
**Fläche:**
4033 km²
**Landesnatur:**
10 größere u. mehrere kleinere Inseln, meist vulkanischen Ursprungs und stark gebirgig
**Klima:**
Tropisches Klima
**Höchster Punkt:**
Pico de Fogo 2829 m
**DER STAAT**
**Regierungsform:**
Republik
**Staatsoberhaupt:**
Staatspräsident
**Regierungschef:**
Premierminister

**Verwaltung:**
15 Bezirke
**Parlamente:**
Nationalversammlung mit 72 für 5 Jahre gewählten Mitgliedern
**Nationalfeiertag:**
5. Juli
**DIE MENSCHEN**
**Einwohner (Ew.):**
418 000 (1999)
**Bevölkerungsdichte:**
104 Ew./km²
**Stadtbevölkerung:** 52 %
**Analphabetenquote:**
30 %
**Sprache:**
Portugiesisch
**Religion:**
Katholiken über 98 %
**DIE WIRTSCHAFT**
**Währung:**
Kap-Verde-Escudo

**Bruttosozialprodukt (BSP):**
437 Mio. US-$ (1998)
**BSP je Einwohner:**
1060 US-$
**Inflationsrate:**
4,4 % (1990-98)
**Importgüter:**
Nahrungsmittel u. andere Konsumgüter
**Exportgüter:**
Fisch u. -produkte, Salz, Bananen, Pflanzenöle, Kaffee, Südfrüchte
**Handelspartner:**
Portugal, Niederlande, USA, Algerien, Spanien
**Eisenbahnnetz:**
o.A.
**Straßennetz:**
2250 km
**Fernsehgeräte je 1000 Ew.:** o.A.

Ein von Nebel eingehüllter erloschener Vulkan *(links)* erhebt sich bedrohlich über einer Siedlung auf Santo Antão, der nördlichsten der Kapverdischen Inseln. Die meisten der 15 Inseln sind vulkanischen Ursprungs. Der einzige heute noch aktive Vulkan liegt auf der Insel Fogo, im Süden der Inselgruppe.

ßen der Misere« erinnern an das portugiesische Zwangsarbeitssystem, und die kahlen, weiten Flächen machen die Versteppung aufgrund intensiver Abholzung und planloser Übernutzung der Grundwasservorkommen deutlich. In der kapverdischen Geschichte sind Hungersnöte mit Zehntausenden von Toten immer wieder leidvoller Alltag gewesen.

### Politische Unabhängigkeit

Nach dem Zweiten Weltkrieg gründeten kapverdische Intellektuelle, die die Unabhängigkeit der Inseln sowie von Portugiesisch-Guinea forderten und einen vereinten nachkolonialen Staat gründen wollten, die »Partido Africano da Independência de Guiné e Cabo Verde« (PAIGC). Während sich die Bewegung auf dem Festland permanent vergrößerte, blieb sie auf den Inseln bis Anfang der 70er Jahre relativ erfolglos. Im Gefolge der »Nelkenrevolution« in Portugal erklärten die Kapverden 1975 ihre Unabhängigkeit. Die PAIGC, seit 1980 in PAICV (»Afrikanische Partei für die Unabhängigkeit der Kapverden«) unbenannt, bestimmte bis zu den ersten freien Parlamentswahlen 1991 als Einheitspartei die Linie der Politik.

In der Innen- und Außenpolitik regierte Pragmatismus. Man hat sich damit abgefunden, daß die Alphabetisierung, die Emanzipation der Frau sowie die Landreform langsamer vorangehen als man 1975 geglaubt hatte. Man nimmt es hin, daß sich die Gesellschaft durch die Rückkehr von Emigranten sozial und einkommensmäßig differenziert. Erst 1990 ist durch Verfassungsänderung das Mehrparteiensystem eingeführt und die bei den Wahlen erfolgreiche »Bewegung für Demokratie« (MPD) gegründet worden. Bei den Wahlen im Januar 2001 wurde die PAICV stärkste politische Kraft.

### Wirtschaft

Ohne Entwicklungshilfe wäre die Inselrepublik nicht lebensfähig. Dem Land fehlen Rohstoffe; außer Salz, Pozzolanerde und Fischereiprodukten gibt es keine Exportgüter. Nur 10 % der Gesamtfläche sind kultiviert. Ein langfristiges Land- und Wasserkonservierungsprogramm (Wiederaufforstung, Bau von Terrassen und Dämmen) soll die Flächen wesentlich ausdehnen. 90 % aller Nahrungsmittel müssen eingeführt werden oder sind Spenden in Form von Hilfsgütern. Für viele Kapverder bedeutet Auswanderung die einzige Lösung. Die Überweisungen der in aller Welt lebenden Emigranten sind zu einer unentbehrlichen Existenzstütze für die Daheimgebliebenen geworden.

Die Stadt Mindelo auf der sechstgrößten Insel São Vicente hat sich zum Wirtschaftszentrum entwickelt. Grund dafür sind der geschützte Hafen, eine Reparaturwerft, eine Fischkonservenfabrik und einige kleinere Fabriken für Textilien und Schuhe.

Schon vor der politischen Umgestaltung betonte die politische Führung immer wieder, wie wichtig die private Initiative für die Entwicklung des Landes sei und wie willkommen ausländische Investoren seien. Dies gilt auch für den Tourismus, den die Kapverden gern forcieren möchten.

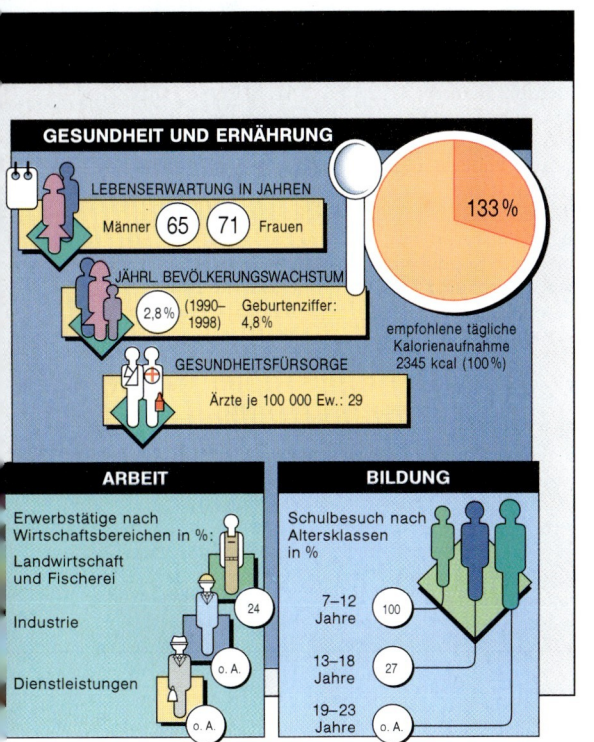

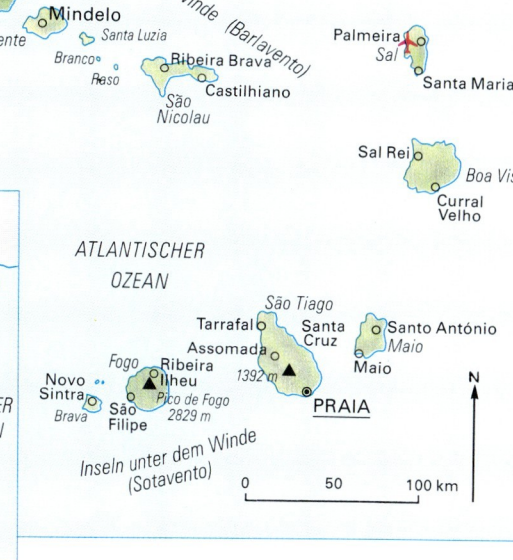

Die Kapverden *(rechts)*, bis zur Unabhängigkeit 1975 portugiesisch, sind ein kleines Entwicklungsland. Zwar hat extreme Trockenheit die Landwirtschaft ruiniert, aber Fischerei und Bergbau bieten zukünftige Entwicklungsmöglichkeiten.

# KASACHSTAN

**Die Schafzucht** ist auf den Trockensteppen und Halbwüsten der Gebirgsvorländer im Osten und Süden verbreitet *(rechts).* – **Die Erträge von Obst** und Gemüse decken den regionalen Bedarf *(ganz rechts)* und werden auch an einfachen Verkaufsstellen angeboten.

**Nursultan Nasarbajew** ist seit 1991 Staatsoberhaupt *(oben).* Er wurde 1999 wiedergewählt.

Kasachstan, einer der fünf zentralasiatischen GUS-Staaten, ist flächenmäßig sechsmal so groß wie der südwestliche Nachbarstaat Usbekistan, hat aber nur zwei Drittel dessen Einwohner.

Das »Land der Kasachen« wurde seit dem 6. Jahrhundert von Turkvölkern bewohnt, geriet im 13. Jahrhundert in den Herrschaftsbereich der Mongolen. Das kasachische Volk entstand durch Vermischung türkischer und mongolischer Stämme; der Name »Kasachen« kam im 16. Jahrhundert in Gebrauch. Im 17. Jahrhundert teilte sich das Volk in drei selbständige Horden, die häufig in Kämpfe untereinander und mit mongolischen Völkerschaften verwickelt wurden. Bis ins 19. Jahrhundert waren die Kasachen überwiegend Nomaden.

Seit 1822 wurde das Gebiet der Kasachen von Rußland erobert. Nachdem 1873 die Annexion abgeschlossen war, begann in den 80er Jahren die Ansiedlung russischer Kolonisten. Ein Aufstand gegen die zaristische Herrschaft wurde 1916 blutig niedergeschlagen. Nach der Revolution von 1917 war Kasachstan jahrelang Schauplatz von Bürgerkriegskämpfen, die mit dem Sieg der Bolschewiki endeten. 1920 wurde die Kirgisische Autonome Sozialistische Sowjetrepublik im Rahmen der RSFSR gegründet (»kirgisisch« wurde damals synonym mit »kasachisch« gebraucht); sie wurde 1925 in Kasachische ASSR umbenannt und 1936 zur Unionsrepublik erhoben. Die Sowjetisierung und Kollektivierung wurde mit brutaler Gewalt durchgeführt. 1941 wurden Hunderttausende von Rußlanddeutschen zwangsweise nach Kasachstan umgesiedelt. 1954 begann in Kasachstan eine großangelegte Kampagne zur Neuland-

## Daten und Fakten

**DAS LAND**
**Offizieller Name:** Republik Kasachstan
**Hauptstadt:** Astana
**Fläche:** 2 724 900 km²
**Landesnatur:** Im N weite Steppen Südsibiriens, nach S folgen Halbwüste und Wüste; im SO Ausläufer des Tian Shan und Altai; im W Tiefländer der Kaspischen und Turanischen Senke; im Zentrum Kasachische Schwelle
**Klima:** Trockenes Kontinentalklima
**Hauptflüsse:** Irtysch, Ili, Syrdarja, Ural
**Höchster Punkt:** 4973 m Ausläufer des Altai
**Tiefster Punkt:** –132 m Karagijesenke

**DER STAAT**
**Regierungsform:** Präsidiale Republik
**Staatsoberhaupt:** Staatsräsident
**Verwaltung:** 15 Regionen
**Parlament:** Zweikammerparlament mit Unterhaus (77 Mitglieder, davon 10 über Parteilisten) und Senat (47 Mitglieder, Delegierte der Regionen, davon 7 vom Staatspräsidenten ernannt
**Nationalfeiertag:** 25. Oktober

**DIE MENSCHEN**
**Einwohner (Ew.):** 16 269 000 (1999)
**Bevölkerungsdichte:** 6 Ew./km²
**Stadtbevölkerung:** 62 %
**Bevölkerung unter 15 Jahren:** 28 %
**Analphabetenquote:** 2 %
**Sprache:** Kasachisch, Russisch
**Religion:** Moslems, russisch-orthodoxe Christen

**DIE WIRTSCHAFT**
**Währung:** Tenge
**Bruttosozialprodukt (BSP):** 20 573 Mio. US-$ (1998)

**Kasachstan** *(oben)* liegt in Mittelasien zwischen dem Kaspischen Meer im Westen und China im Osten. Über die Hälfte des Landes bestehen aus Trockensteppen und Wüsten. Kasachstan ist innerhalb der Gemeinschaft Unabhängiger Staaten (GUS) der zweitgrößte Staat.

gewinnung, die abermals eine große Zahl russischer Siedler ins Land brachte.

Im Klima der Reformpolitik Gorbatschows zeigten sich 1986 erste Ansätze einer antirussischen Protestbewegung. Am 25.10.1990 erklärte sich Kasachstan für souverän, am 16.12.1991 für unabhängig. Am 21.12.1991 trat es der Gemeinschaft Unabhängiger Staaten (GUS) bei. Seither pflegt Kasachstan eine enge Zusammenarbeit mit Rußland im militärischen und wirtschaftlichen Bereich. 1992 wurde zwischen beiden Staaten ein Freundschafts- und Sicherheitsvertrag geschlossen. Mit der Ratifizierung des Atomwaffensperrvertrags 1993 wurde die Basis für den Abzug der Atomwaffen aus Kasachstan geschaffen. Trotz der Bemühungen um eine Politik des Ausgleichs bleiben die Spannungen zwischen den verschiedenen Volksgruppen innerhalb des Landes bestehen.

Kasachstan ist eine Präsidialrepublik (Verfassung von 1995), die sich außenpolitisch eng an Rußland anlehnt und vorwiegend aus wirtschaftlichen Gründen auch Beziehungen mit Iran, China, den USA und Deutschland pflegt. An der Spitze des Staates steht seit 1991 als direkt gewählter Präsident der ehemalige KP-Vorsitzende Kasachstans Nursultan Nasarbajew. Seine Amtszeit wurde in einem Referendum 1995 bis Ende 2000 verlängert (nach der Verfassung wird der Präsident für sieben Jahre gewählt). Die politische Stellung des Staatsoberhaupts blieb unangefochten, zumal im Zweikammerparlament fast ausschließlich Gruppierungen vertreten waren, die den Präsidenten stützten. Weitreichenden politischen Einfluß auf Lebenszeit sicherte sich Nasarbajew 2000 noch einmal per Gesetz.

# KASACHSTAN: DAS LAND

Das 2 724 900 km² große mittelasiatische Land – das zweitgrößte nach Rußland in der Gemeinschaft unabhängiger Staaten (GUS) – umfaßt die weiten Steppen Südsibiriens, die nach Süden in Halbwüste und Wüste übergehen. Im äußeren Südosten hat das Land Anteil an den Ausläufern von Tian Shan und Altai und erreicht hier mit 4973 m seine größte Höhe. Der Westen wird von den Tiefländern der Kaspischen und Turanischen Senke eingenommen. Im zentralen Landesteil erhebt sich die bis 1559 m ansteigende Kasachische Schwelle mit ihren zahlreichen abflußlosen Salzseen, von denen der Balchaschsee der größte ist.

Das Klima Kasachstans ist streng kontinental mit großen Temperaturunterschieden zwischen Sommer und Winter; es wird nach Süden zunehmend trockener, so daß hier nur noch Bewässerungsanbau möglich ist. Demgegenüber sind die Steppen Nordkasachstans ab den 1950er Jahren zu einem großen Teil in riesige Getreide- und Sonnenblumenfelder umgewandelt worden. Aus der intensiven landwirtschaftlichen Nutzung, Industrialisierung und Besiedlung des Steppengebiets resultieren auch die größten Umweltprobleme des Landes: Übermäßige Düngung und der Einsatz von Pestiziden zum Anbau von Monokulturen wie Baumwolle belasten den Boden. Die Wasserentnahme aus den Zuflüssen des Aralsees (Syrdarja und Amudarja) führten zum Verlust riesiger Wassermengen und leisteten der Versalzung Vorschub. Seit 1960 verlor der ehemals viertgrößte See der Erde etwa die Hälfte seiner Fläche, so daß der ehemals ertragreiche Fischfang eingestellt werden mußte. Der frühere Seegrund verwandelte sich in unfruchtbare Wüste, deren salziger Staub über weite Entfernungen davongetragen wird. Darüber hinaus bedroht die Absenkung des Grundwasserspiegels Landwirtschaft und Wasserversorgung.

## Wirtschaft

Die Wirtschaft Kasachstans wird von den sehr umfangreichen und vielseitigen Bodenschätzen geprägt: Kohle, Erdöl, Erdgas, Kupfer, Chrom, Zink, Gold, Silber, Mangan und Uran, das die Atomreaktoren in der GUS versorgt. Haupthandelspartner ist Rußland. Die Industrie verarbeitet die Rohstoffe aus Bergbau und Landwirtschaft. Zu ihren wichtigsten Zweigen gehören außerdem der Maschinenbau, die Petrochemie und die Textilindustrie. Die Landwirtschaft liefert vor allem Getreide, Zuckerrüben, Tabak, Obst, Baumwolle und Fleisch. Von Bedeutung sind auch die Fischzuchtanlagen am Kaspischen Meer zur Kaviargewinnung. Eine große Rolle spielen auch Schaf- und Rinderhaltung.

In Kasachstan, nordöstlich des Aralsees, liegt auch der 1955–57 erbaute »Weltraumbahnhof« Baikonur (Türatam); er wurde 1994 für 20 Jahre an Rußland verpachtet. Das ehemals sowjetische Atomtestgelände (ab 1949) nordwestlich von Semipalatinsk (Semej) wurde 1991 geschlossen.

# KASACHSTAN

**Im Medeo Sport-Center in Almaty** *(links oben)* – der berühmten Hochgebirgs-Eislaufbahn – sind zahlreiche Weltrekorde im Eisschnellauf erzielt worden.

**Getreideernte** auf kultiviertem, d. h. bewässertem ehemaligen Brachland *(links)*. In den 50er Jahren wurden die Steppen im Norden Kasachstans zur Deckung des stetig ansteigenden Getreidebedarfs für den Ackerbau erschlossen.

**In Erdölraffinerien** *(oben)* wird das im Land gewonnene Erdöl weiterverarbeitet.

**Ein Kasache beim Musizieren** *(oben)*. Die Kasachen sind ein musikliebendes Volk mit einem großen Schatz überlieferter Volkslieder.

Die ober- und unterirdischen Kernwaffenversuche hinterließen eine großräumig radioaktiv verseuchte Landschaft. Sie werden für die hohe Kindersterblichkeit, angeborene Mißbildungen und verschiedene Krankheiten in der Region um das Testgelände verantwortlich gemacht. Die USA halfen bei der Versiegelung der Testtunnel, die bis Ende 2000 abgeschlossen war.

Wie überall in den ehemaligen Sowjetrepubliken führte die Auflösung der UdSSR und die Unabhängigkeit 1991 auch in Kasachstan zu ökonomischen Problemen. Zwischen 1990 und 1998 sank die reale Wirtschaftsleistung um 6,9 %. Nach 1996 setzte ein verhaltener Aufschwung ein. Die galoppierende Geldentwertung Anfang der 1990er Jahre fand erst 1999 zurück zu Werten im einstelligen Bereich. Wirtschaftlichen Anstoß soll die Erschließung der Erdölfelder im Nordwesten am Kaspischen Meer bringen. Dazu ist Kasachstan auf Investitionen aus dem Ausland angewiesen; bis Ende der 1990er Jahre waren vor allem russische Kapitalgeber engagiert.

### Bevölkerung

Nur 44 % der Einwohner Kasachstans gehören zu den Kasachen, die eine Turksprache sprechen und sich überwiegend zum sunnitischen Islam bekennen. Die nächstgrößere Gruppe (36 %) bilden die Russen, größere Minderheiten sind die Deutschstämmigen (4 %) und die Ukrainer (5 %). Außerdem leben noch Tataren, Usbeken, Uiguren, Weißrussen und Koreaner im Land. Amtssprachen sind Kasachisch und Russisch, das von mehr als 80 % der Bevölkerung gesprochen wird. Während die Bevölkerung durch Industrialisierung und Deportationen in der Stalin-Zeit, z. B. der Wolgadeutschen, noch in den 1950er Jahren durch die Neulandkampagnen der sowjetischen Führung wuchs, nahm sie in den 1990er Jahren ab: Ursachen waren sinkende Geburtenraten, Wirtschafts- und Umweltprobleme sowie nationale Spannungen, denen sich vor allem die Russen und Deutschen durch Aus- und Abwanderung entzogen.

Die Bevölkerungsverteilung in Kasachstan ist sehr ungleich. Im Westen werden nur einige Flußoasen bewohnt, größer wird die Dichte in den zentral- und nordkasachischen Steppen- und Industriegebieten. Am stärksten besiedelt sind die Vorgebirgsregionen um Almaty (Alma Ata), mit fast 1,2 Millionen Einwohnern die größte Stadt des Landes, und um die Städte Tschimkent und Dschambul. Die Hauptstadt Astana (rund 280 000 Einwohner), seit 1998 auch Regierungssitz, wurde 1830 als russische Festung gegründet, bis 1992 hieß sie daher auch Zelinograd, danach erhielt sie kurzfristig wieder den ursprünglichen Namen Akmola, der jedoch offensichtlich wegen seiner Bedeutung, »Weißer Hunger«, wieder aufgegeben wurde. Die Verlegung der Hauptstadt von Almaty nach Norden gilt als politische Konzession an die russische Bevölkerung in Kasachstan.

# Kaschmir: Krisenregion

Kaschmir trägt viele Gesichter, die vom Charme einer grandiosen Landschaft bis zum geopolitischen Krisenherd zwischen Indien und Pakistan reichen. Aus geographischer Sicht ist Kaschmir der von zahlreichen gigantischen Gebirgen und intramontanen Flußlandschaften gebildete nordwestliche Himalaya, einschließlich dem Karakorum. Die exponierte Lage im äußersten Nordwesten des indisch-pakistanischen Subkontinents mit Grenzen zu China und Rußland machten Kaschmir in der Geschichte zu einem Durchgangs- und Durchdringungsraum zwischen Zentral-, Vorder- und Südasien. Als Folge davon sind bis heute in Kaschmir starke ethnische, kulturelle und religiöse Züge aus den Nachbarräumen zu verzeichnen, die im Laufe der wechselvollen Geschichte ein unterschiedliches zeitliches und regionales Gewicht besessen und ihre Spuren hinterlassen haben.

Das ursprünglich buddhistische Kaschmir geriet dabei unter die wechselnde Herrschaft von hinduistischen und islamischen Fürsten bis es 1586 dem Mogulreich angegliedert wurde. Zwischen 1756 und 1819 gehörte es zum Machtbereich von Afghanistan, dann zum Reich der Sikhs im Punjab, bis 1846 die Briten die Oberhoheit in Kaschmir erlangten. Das Fürstentum mit überwiegend moslemischer Bevölkerung wurde jedoch weiterhin von einem hinduistischen Maharadscha regiert. Als die Briten 1947 ihre Herrschaft in Indien aufgaben, teilten sie den britisch-indischen Kolonialbereich in zwei Staaten – Indien und Pakistan. Die religiösen, politischen und gesellschaftlichen Gegensätze, die zu dieser Teilung führten, waren der Ausgangspunkt für die Konflikte um Kaschmir, dem es nach Abzug der Briten freigestellt wurde, an welche der beiden Staaten es sich anschließen wollte. Indien sowie Pakistan beanspruchten Kaschmir indes für sich. Die einen begründeten ihren Anspruch mit der jahrhundertelangen Bindung an Indien, die anderen verwiesen auf die religiöse und natürliche geographische Einheit zwischen Kaschmir und Pakistan. Aus diesem Grund versuchte Pakistan mit militärischen Mitteln eine Entscheidung zu seinen Gunsten herbeizuführen. Daraufhin rief der letzte Hindu-Maharadscha, der eigentlich ein unabhängiges Kaschmir anstrebte, indische Truppen zu Hilfe. Als Gegenleistung im Falle des indischen Sieges legte er vertraglich den Anschluß Kaschmirs an Indien fest. Der sich verschärfende indisch-pakistanische Konflikt um Kaschmir konnte erst durch das Einschreiten der Vereinten Nationen mit der Ausrufung des Waffenstillstands entlang des Frontverlaufs zum Jahresende 1948 gestoppt werden.

Dabei gelangte der südliche Teil von Kaschmir, der rund zwei Drittel seiner gesamten Fläche umfaßt und auch das Tal von Kaschmir mit einschließt, unter indische Hoheit. Indien seinerseits erhob jedoch ganz Kaschmir im Jahre 1957 zum 16. indischen Bundesstaat Jammu und Kaschmir. Ein Drittel des Landes, der nördliche

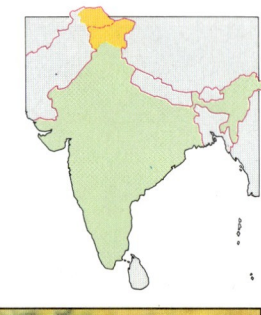

**Kaschmir** *(unten)* ist seit 1947 in den indischen Bundesstaat Jammu und Kaschmir und das pakistanische Territorium Azad (Freies) Kaschmir geteilt. Die 1949 vom UN-Sicherheitsrat festgelegte Demarkationslinie bildet auch heute noch die Grenze.

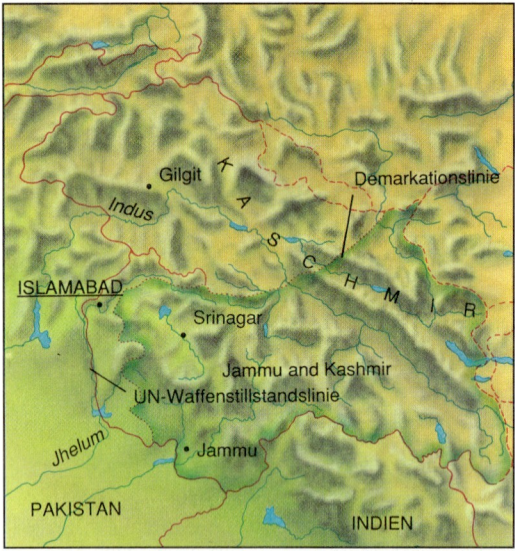

**Das Gebirgsvolk der Kaschmiri** *(unten)* leidet unter dem Streit Indiens und Pakistans um Kaschmir. Dennoch konnten die traditionellen Lebensweisen trotz der sie bedrohenden politischen und militärischen Manöver bis heute überdauern.

**Eine wohlhabende Familie** *(oben)* aus dem Tal von Kaschmir posiert vor der Kamera. Über 75 % der Bevölkerung im indischen Bundesstaat Jammu und Kaschmir sind Moslems. Aus religiöser Sicht fühlen sie sich Pakistan zugehörig.

**In Kaschmirs Dal-See** *(unten)* spiegelt sich der Palast des Mogulherrschers Akbar (1542–1605), der 1586 dieses Gebiet eroberte. Jahrhundertelang war Kaschmir der Sommersitz indischer Herrscher, sowohl der Hindus als auch der Moslems.

**In Srinagar** verkauft ein moslemisches Mädchen Backwaren *(oben rechts)*. Der bestehende Kaschmir-Konflikt zwischen Pakistan und Indien hat seine Grundlage in der Geschichte und in der geographischen Lage dieser Region.

Teil Kaschmirs, fiel an Pakistan, darunter Baltistan, Gilgit, Teile der Distrikte von Mirpur, Punch und des Distrikts Muzaffarabad. Einer Auflage zufolge sollte in einer Volksabstimmung der Bevölkerung Kaschmirs das Recht eingeräumt werden, über ihre Zugehörigkeit zu Indien oder Pakistan zu entscheiden. Diese Abstimmung hat allerdings bis heute nicht stattgefunden, und seither liegt zwischen Indisch-Kaschmir und »Azad Kaschmir«, dem sogenannten Freien Kaschmir in Pakistan, eine Demarkationslinie, an der es ständig zu militärischen Auseinandersetzungen kommt. 1965 wurde der sogenannte Kaschmirkonflikt noch durch den von China erhobenen und auch mit Waffengewalt durchgesetzten Anspruch auf Randgebiete Kaschmirs in Ladakh und einen schmalen Grenzstreifen im nördlichen Baltistan verschärft, die seitdem unter chinesischer Kontrolle stehen. Erneut wurde erst durch die Vermittlung der Vereinten Nationen ein Waffenstillstand erzielt. Die Differenzen über die Zugehörigkeit blieben bestehen. Daran änderten auch die kriegerischen Auseinandersetzungen zwischen Pakistan und Indien in den Jahren 1971 bis 1973 nichts. Sie endeten mit der Umwandlung Ost-Pakistans in den unabhängigen Staat Bangladesch und einer geschwächten Position Pakistans. Diese verhinderte in den folgenden Jahren eine friedliche Lösung im Kaschmirkonflikt, denn Pakistan muß den endgültigen Verlust des Gebiets fürchten.

Aufgrund des totalen Anspruchs von Indien und Pakistan auf Kaschmir bezichtigen sich beide Länder weiterhin der illegalen Okkupation. Der Konflikt hält bis heute an, und die indischen Landkarten der Region gleichen nicht den Karten Pakistans. Das vor fünfzig Jahren garantierte Selbstbestimmungsrecht für Kaschmir wurde bislang nicht in die vertraglich fixierte Volksabstimmung umgesetzt. Übriggeblieben ist das Mißtrauen zwischen den beiden Nachbarstaaten.

# KATAR

Seit 1950 hat die Bevölkerung des Emirats Katar einen beispiellosen Zuwachs erfahren. Lebten zu Beginn der Erdölexporte 20 000 Menschen auf der kleinen Halbinsel an der Nordostküste Arabiens, so waren es 1999 rund 589 000 Einwohner. Der durch die Öleinnahmen bedingte Wirtschaftsboom hat eine beispiellose Einwanderungswelle ausgelöst.

Zuerst kehrten Kataris zurück, die wegen der Armut des Landes ihre Heimat verlassen hatten, doch schnell folgten auch ausländische Arbeitskräfte, vor allem aus Indien und Pakistan, um in der aufstrebenden Öl- und Bauindustrie zu arbeiten. Heute ist nur jeder fünfzigste in der Privatwirtschaft Beschäftigte ein Einheimischer. Knapp 80 % der Bewohner sind Ausländer.

In den vergangenen Jahrhunderten stand Katar, ein extrem ödes und unfruchtbares Wüstengebiet, im Schatten des wenige Kilometer westlich gelegenen reichen Bahrain. Selbst ein Teil des Trinkwassers mußte während der Trockenzeiten mit Schiffen von Bahrain nach Katar transportiert werden. Für ausländische Mächte war das Emirat deshalb weder von wirtschaftlicher noch von militärischer Bedeutung und Touristen kommen bis heute nicht.

Katar etablierte sich erst 1868 als selbständiges Scheichtum. 1872 gliederten es die Türken dem Osmanischen Reich an. Ab 1916 wurde Katar britisches Protektorat, die Entlassung in die Unabhängigkeit erfolgte im Jahr 1971.

Siedlungen gab es bis zum Ölboom nahezu ausschließlich an der Küste, die Menschen lebten vom Perlentauchen und vom Fischfang. Die Zahl der in den Wüstengebieten des Landesinneren lebenden Nomaden war wegen der unregelmäßigen und spärlichen Niederschläge auf etwa fünfhundert Familien begrenzt.

Nicht zufällig gehörten die Errichtung kleiner Meerwasserentsalzungsanlagen und der Einbau von Motorpumpen in die Brunnen der Wüste zu den ersten aus Öleinnahmen finanzierten Projekten. Heute verfügt Katar über gewaltige Kraftwerke mit jeweils angeschlossenen Meerwasserentsalzungsanlagen. Als Energieträger dient Erdgas. Auch wenn die Erdölvorkommen nur noch etwa 30 Jahre reichen, gibt es Gas in nahezu unbegrenzten Mengen. Wenige Kilometer vor der Küste ist eines der größten Erdgaslager der Welt entdeckt worden.

Die Verarbeitung von Erdöl und -gas bildete nach der Unabhängigkeit im Jahre 1971 den Schwerpunkt der Industrialisierungspolitik Katars. Südlich der Hauptstadt Doha (Ad Dawhah) entstand das Industriegebiet Umm Sa'id (Umm Said, Musayid). Neben einer Raffinerie wurde ein Werk für Flüssiggaserzeugung und Kunstdüngerherstellung gebaut. Aber auch eine große Getreidemühle und ein Stahlwerk konnten nur wenige Kataris zum Umzug nach Umm Said bewegen.

Das sogenannte Sponsorenprinzip sichert den Kataris die Kontrolle über die Wirtschaft, ohne arbeiten zu müssen. Da Ausländer im Lande keine Firmen eröffnen dürfen, müssen sie einheimische Partner suchen, unter deren Namen Geschäfte geführt und Verträge geschlossen werden können. Praktisch kümmern sich die Besitzer jedoch kaum um ihre Unternehmen, auch wenn sie einen großen Teil der Gewinne erhalten. Dieses Privileg nutzen Kataris, die in der Regel beim Staat beschäftigt sind, um hohe Nebeneinkünfte zu erzielen. In vielen Fällen übersteigen die Einnahmen aus von Ausländern geführten Geschäften die vom Staat gezahlten Gehälter um ein Vielfaches.

## Daten und Fakten

**DAS LAND**
**Offizieller Name:** Staat Katar
**Hauptstadt:** Doha
**Fläche:** 11 000 km²
**Landesnatur:** Halbinsel im Persischen Golf mit Salzsümpfen im S, Hügelländern im W, Kalksteinebene im O
**Klima:** Wüstenklima, hohe Luftfeuchtigkeit an den Küsten
**Höchster Punkt:** Tuwayyir al Hamir 103 m

**DER STAAT**
**Regierungsform:** Absolute Monarchie
**Staatsoberhaupt:** Scheich
**Verwaltung:** 9 Bezirke
**Parlament:** Beratende Versammlung mit 35 ernannten Mitgliedern; Konsultativrat mit 29 gewählten Mitgliedern
**Nationalfeiertag:** 3. September

**DIE MENSCHEN**
**Einwohner (Ew.):** 589 000 (1999)
**Bevölkerungsdichte:** 54 Ew./km²
**Stadtbevölkerung:** 91 %
**Analphabetenquote:** 21 %
**Sprache:** Arabisch
**Religion:** Moslems

**DIE WIRTSCHAFT**
**Währung:** Katar-Riyal
**Bruttosozialprodukt (BSP):** 7448 Mio. US-$ (1997)
**BSP je Einwohner:** über 9360 US-$ (1998)
**Inflationsrate:** 1,6 % (1991-95)
**Importgüter:** Maschinen, Fahrzeuge, Transportausrüstungen, Industriegüter
**Exportgüter:** Erdöl, Flüssiggas, Dünger, petrochemische Produkte
**Handelspartner:** Japan, EU-Länder, USA, Thailand
**Eisenbahnnetz:** o.A.
**Straßennetz:** 1190 km
**Fernsehgeräte je 1000 Ew.:** o.A.

Auf den Rückgang der Ölpreise in der zweiten Hälfte der 80er Jahre reagierte die Regierung von Katar mit einer Kürzung der Staatsausgaben. Der Emir des Landes war darauf bedacht, auch in Zeiten sinkender Öleinnahmen Überschüsse im Staatshaushalt zu erzielen. Diese Gelder hat Katar vor allem in Industrieländern investiert. Standen privater und öffentlicher Konsum bis zu diesem Zeitpunkt im Vordergrund, so wird seither stärker an Zukunftsinvestitionen gedacht und es wird versucht, den Anteil der Ausländer an der Bevölkerung zu senken, um Devisen zu sparen. Die Bemühungen, Kataris stärker in die industrielle Produktion einzubeziehen, sind bisher jedoch ohne großen Erfolg geblieben.

1995 entmachtete Kronprinz Hamad bin Khalifa at Thani mit einem unblutigen Staatsstreich seinen Vater.

### Das Erdöl verändert den Lebensstil

Obwohl die Kataris als Wahhabiten auf eine strikte Einhaltung der Gebote ihrer Religion achten und die Religion einen puritanischen Lebensstil vorschreibt, geben sich viele von ihnen dem Müßiggang hin. Für die Reichen sind das Fahren von Luxuslimousinen genauso selbstverständlich wie die Urlaubsreise in die Jet-Set-Gebiete Europas oder der USA. Ihre Villen liegen in gepflegten Gärten.

Die Freude, Wüstengebiete zu bepflanzen, wird auch an der mehrere Kilometer langen Zufahrtsstraße zum Flughafen deutlich, die von automatisch bewässerten Grünanlagen gesäumt ist. Die Kataris schämen sich ihres Reichtums nicht und wissen ihn zu genießen. Aber sie haben in den vergangenen Jahren auch erkannt, daß dieser Reichtum vergänglich sein kann.

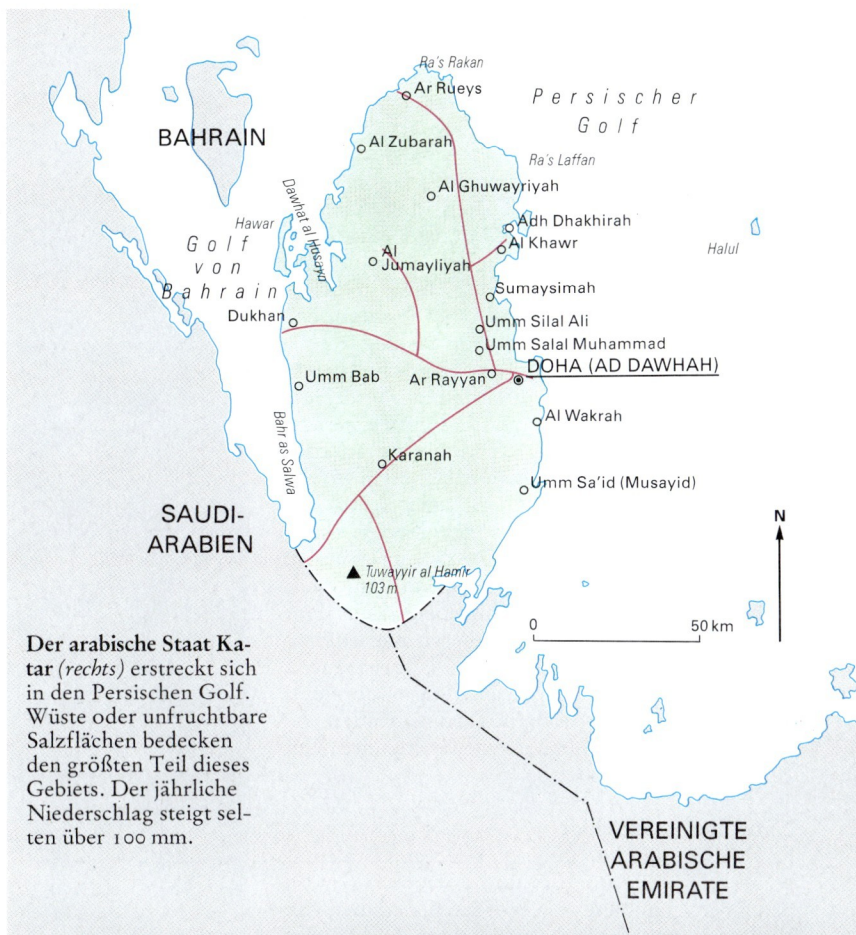

**Der arabische Staat Katar** *(rechts)* erstreckt sich in den Persischen Golf. Wüste oder unfruchtbare Salzflächen bedecken den größten Teil dieses Gebiets. Der jährliche Niederschlag steigt selten über 100 mm.

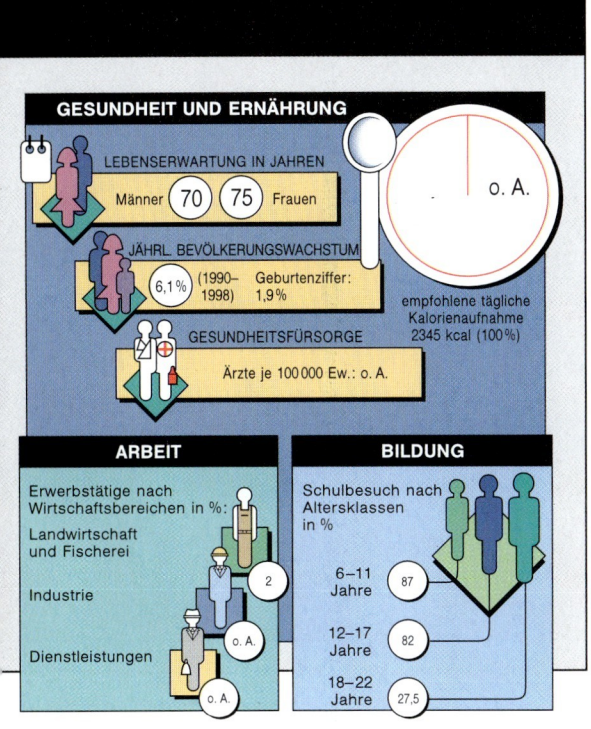

**Ausländische Techniker** *(oben)* arbeiten im Kontrollraum von Katars Erdölraffinerie, die im Industriegebiet von Umm Sa'id liegt.

**Abgerichtete Falken** *(rechts)*, die für die Jagd auf Kleinwild bestimmt sind, werden auf dem Markt von Doha feilgeboten.

# KENIA

Facettenreich und widersprüchlich offenbart sich dem Fremden Kenia, die prähistorische Wiege der Menschheit. Einst gelobtes Land weißer Siedler, ist es heute das verfluchte Land eines verarmten Proletariats. Kenia bedeutet Elend der Slums vor den Fassaden des Reichtums in den Städten und der Kulisse von Industrie und Großplantagen in den übervölkerten Hochlandgebieten und an der Küste, ethnisches Chaos, Reservate steinzeitlicher Nomadensippen mit den geheimnisvollen Kulten animistischer Naturreligionen und die puritanische Rechtschaffenheit der britischen Siedler.

Kenia ist aufgrund seiner landschaftlichen Vielfalt und mannigfaltigen Pflanzen- und Tierwelt aber auch eines der meistbesuchten Ferienländer Afrikas. Es ist der Schutzraum aussterbender Tierarten, Großwildparadies in einer einzigartigen Naturlandschaft, ein Land mit ehrfurchtgebietender Weite der leeren Halbwüsten und Trockensavannen, mit grünem Hochland und tropischem Regenwald, mit Vulkankegeln und den ewig schneebedeckten Gipfeln des Mount Kenya, mit riesigen Binnenseen, deren Oberfläche sich wie beim Nakurusee rosa färbt, wenn Millionen von Flamingos dort einfallen, und mit tropischen Traumstränden am Indischen Ozean, die zu den schönsten der Welt gerechnet werden.

## Natur und Landschaft

Kenia liegt in den inneren Tropen Ostafrikas beiderseits des Äquators und erstreckt sich von den Trockengebieten im Norden bis zu dem von Vulkanen gekrönten Hochland im Südwesten, dem »Dach Afrikas«. Der schmale Küstenstreifen am Indischen Ozean ist fruchtbar und gut beregnet. Die Landwirtschaft hat den einstigen Regenwald verdrängt. Diese dichtbesiedelte Region ist aber auch ein wichtiger Industriestandort des Landes und Zentrum des internationalen Badetourismus. Dem sandigen Ufersaum sind Korallenriffe vorgelagert, deren schillernde Artenvielfalt man im Unterwasser-Nationalpark von Malindi bewundern kann. Diese Stadt atmet noch arabische Geschichte – wie Mombasa, deren orientalische Altstadt in wirkungsvollem Kontrast zur Geschäftigkeit des modernen Tiefseehafens und der großstädtischen City steht.

Von der flachen Küstenniederung steigt das Land in weitläufigen Ebenen und Plateaus nach Westen allmählich zum Hochland an, das von dem nord-südlich verlaufenden Ostafrikanischen Graben durchzogen wird. Teils noch aktive Vulkanmassive sowie mächtige Lava- und Tuffdecken verleihen der Landschaft ihren besonderen Reiz. Und über allem erheben sich die vergletscherten Gipfel des Mount Kenya-Massivs, dem das Land seinen Namen verdankt. Mit 5199 m ist der Mount Kenya die höchste Erhebung des Landes und der zweithöchste Berg des ganzen Kontinents. Hohe Niederschläge in Verbindung mit den fruchtbaren vul-

# KENIA

kanischen Böden lassen im Gebirgsland eine üppige Vegetation gedeihen, so daß es sich als »grünes Herz« von den ausgedehnten Trockenlandschaften des übrigen Landes abgrenzt. Im Zentrum des Hochlandes liegt die Hauptstadt Nairobi, eine moderne Wirtschafts- und Verwaltungsmetropole, deren schachbrettartiger Grundriß und koloniale Architektur das britische Erbe nicht leugnen können. Das pulsierende Geschäftsleben in der City und die gepflegten Villenviertel stehen in scharfem Kontrast zur bitteren Not in den Slumgürteln, die die Stadt umgeben.

Nach Westen fällt das Keniahochland zum Becken des Victoriasees mit seiner feucht-warmen Küstenebene ab. Im Norden bestimmen die weiträumigen Savannen und Halbwüsten mit trockener Hitze das Bild.

Die Einflüsse des Monsuns und des Südostpassats bewirken zwei Regenzeiten: von Oktober bis Dezember und von März bis Mai. Mit Ausnahme der Hochlandgebirge, die das ganze Jahr über ausreichende Niederschläge erhalten, wirken sich im übrigen Land mehrmonatige extreme Trockenzeiten aus, in denen fast gar keine Niederschläge fallen. Besonders die Trockengebiete im Norden werden häufig von Dürrekatastrophen heimgesucht, die Hungersnöte nach sich ziehen.

### Naturparks

Die meisten der nur den Touristen zugänglichen Nationalparks liegen im Hochland, wie auch die Wildreservate, die in bescheidenem Umfang auch landwirtschaftlich genutzt werden dürfen. Manche Parks sind berühmt dafür, daß seltene Tierarten bis heute in ihnen überleben konnten: Rappenantilopen im Shimba Hills, Leierantilopen im Arawale und Weißbartgnus im Massai Mara. Die Seenparks dienen als Schutzgebiete für Krokodile; manche Seen sind rosa gefärbt von den Flamingoscharen. In anderen Parks wie im Tsavo oder im Amboseli – im Schatten des Kilimandscharo gelegen und berühmt geworden durch Hemingways Erzählungen – sind Afrikas »Große Fünf« beheimatet: Elefant, Nashorn, Giraffe, Löwe und Leopard. Die Elefanten im Tsavo-Nationalpark zeigen sich in ungewöhnlicher Färbung. Es ist immer noch ein beeindruckendes Naturschauspiel, wenn die »roten« Elefanten abends inmitten der anderen Herden zur Tränke erscheinen. Der rote Staub der Lateritböden, mit dem sich die Elefanten einpudern, ist für dieses »Wunder« verantwortlich.

Safaris, die unter sicherer Führung Einheimischer von einer komfortablen Lodge zur anderen führen, sind heute kein Abenteuer mehr wie zu Hemingways Zeiten. Und seine Nachfolger tragen wenigstens nicht zur weiteren Dezimierung der Tierbestände bei: Großwildjagd findet heute mit der Kamera statt. Dennoch ist der Tierbestand der Naturparks durch zahlreiche Wilderer stark gefährdet.

# KENIA: DER STAAT

**Moslems** versammeln sich an der Jamai-Moschee in Nairobi *(rechts)*. Die rund 6 % Moslems in Kenia stammen zum Teil von den Arabern ab, die früher die Küste beherrschten, zu einem anderen Teil von den indischen Arbeitskräften, die die Briten ins Land brachten.

Die Geschichte Kenias reicht zurück in vorzeitliches Dunkel. Prähistorische Skelettfunde erlauben den Schluß, daß Kenia zu jenen Regionen gehört, wo Hominiden (Vormenschen) vor gut drei Millionen Jahren den aufrechten Gang lernten.

Aus der überlieferten Geschichte ist bekannt, daß bereits in vorchristlicher Zeit phönizische Segler an der Küste Kenias landeten. Um das Jahr 1000 n. Chr. bildete sich eine arabisch geprägte Küstenkultur heraus. Die islamischen Stadtstaaten – u. a. Mombasa und Malindi – betrieben regen überseeischen Handel, der bis nach China reichte. Zur gleichen Zeit durchzogen schwarze Völker das Landesinnere. Vom Kongo her wanderten Bantu-Stämme ein, nilotische Luos folgten vom Sudan kommend, und vom Nordosten zogen kuschitische Gruppen wie die Somal durchs Land. Manche siedelten als Bauern, andere blieben als Viehzüchter und Krieger Nomaden. Früh entstandene Rivalitäten um Siedlungsgebiete, Acker- und Weideland schürten Haß und Stammesfehden, deren Nachwehen bis heute in der kenianischen Gesellschaft spürbar sind.

Zu Beginn des 16. Jahrhunderts nahmen die Portugiesen Besitz von den blühenden Handelsmissionen der Araber, die sie jedoch 1729 an den Sultan von Oman abgeben mußten. Berichte von Forschungsreisenden machten im 19. Jahrhundert auch Deutsche und Briten neugierig auf das weite Land. Durch Kaufverträge und Pachtverhältnisse, diplomatische Ränkespiele und Scharmützel gewannen die Briten schließlich die Oberhand und erklärten Kenia 1895 zum Protektorat. Der Bau der Eisenbahn mit Hilfe indischer Arbeitskräfte, deren Nachfahren heute den mittelständischen Handel bestimmen, erschloß das Landesinnere für immer mehr weiße Siedler. Sie nahmen das Land in Besitz und drängten die afrikanische Bevölkerung in sogenannte Reservate. Nur die Eingeborenen, die sich der fremden Kultur anpaßten, konnten bis in die unteren Ränge der Verwaltung vordringen und eine für afrikanische Verhältnisse relativ sichere Existenz finden, selbstbestimmte Freiheit ließen die »big bwanas« nicht zu. Kenia wurde britisch bis zur Fachwerkarchitektur der Herrenhäuser, dem Neoklassizismus der Kolonialverwaltungsgebäude und den roten Telefonzellen, von den Schuluniformen über den »Five-o'clock-tea« bis zur frühen Sperrstunde in den Pubs.

## Daten und Fakten

**DAS LAND**
**Offizieller Name:** Republik Kenia
**Hauptstadt:** Nairobi
**Fläche:** 580 367 km²
**Verwaltung:** Küstentiefland, nach W übergehend in das Hochland mit dem nord-südl. verlaufenden Ostafrikan. Graben, im W Victoriasee
**Klima:** Tropisches, wechselfeuchtes Klima
**Hauptflüsse:** Galana, Tana
**Höchster Punkt:** Mount Kenya 5199 m
**DER STAAT**
**Regierungsform:** Präsidiale Republik

**Staatsoberhaupt:** Staatspräsident
**Verwaltung:** 7 Provinzen
**Parlament:** Nationalversammlung mit 224 Mitgliedern, davon 210 für 5 Jahre gewählt, 12 werden ernannt, 2 ex officio
**Nationalfeiertag:** 20. Oktober, 12. Dezember
**DIE MENSCHEN**
**Einwohner (Ew.):** 29 549 000 (1999)
**Bevölkerungsdichte:** 51 Ew./km²
**Stadtbevölkerung:** 33 %
**Bevölkerung unter 15 Jahren:** 43 %

**Analphabeten:** 17 %
**Sprache:** Kisuaheli, Englisch
**Religion:** Traditionelle Religionen 60 %, Katholiken 26 %, Protestanten 7 %, Moslems 6 %
**DIE WIRTSCHAFT**
**Währung:** Kenia-Shilling
**Bruttosozialprodukt (BSP):** 9667 Mio. US-$ (1998)
**BSP je Einwohner:** 330 US-$
**Inflationsrate:** 15,8 % (1990–98)
**Importgüter:** Maschinen, Fahrzeuge, Erdöl, Eisen, Stahl
**Exportgüter:** Kaffee,

### Unabhängigkeitsstreben und Einparteienstaat

Während die Briten aus ökonomischem Eigennutz die Grundlage einer kommerziellen Landwirtschaft schufen, eine Infrastruktur aufbauten und mit der Industrialisierung des Landes begannen, wurden die Schwarzafrikaner in diesem klassisch kolonialen Ausbeutungssystem nur als Arbeitskräfte benötigt, was bald zu Unzufriedenheit führte.

Die Kikuyu, das größte Bantuvolk, begannen eine Unabhängigkeitsbewegung zu organisieren. Doch erst der von radikalen Kräften durchsetzte Mau-Mau-Aufstand (von 1952 bis etwa 1955), in dem systematische Terroraktionen gegen britische Einrichtungen mit brutalen Polizeiaktionen beantwortet wurden, führte zu einem politischen Umdenken unter den Kolonialherren. Über verschiedene Zwischenstufen erreichte Kenia 1963 die volle Souveränität.

Unter Führung von Jomo Kenyatta (1891–1978) wurden die Grundlagen für einen Einparteienstaat (»Kenya African National Union«, KANU) geschaffen. Der einstige Häuptling brachte das Land auf einen prowestlichen Kurs und regierte bis zu seinem Tod 1978 als Präsident und afrikanische Symbolfigur, halb als Demokrat, halb als Patriarch. Die wachsenden Spannungen zwischen wenigen Reichen und zu vielen Armen, die Konflikte zwischen den Stämmen und die politische Opposition wurden gewaltsam unterdrückt. Unter seinem Nachfolger Daniel Arap Moi (* 1924), einem Angehörigen des kleinen Volkes der Kalenjin, haben Ämterpatronage und Korruption über das bereits erreichte Niveau hinaus deutlich zugenommen. Moi selbst hat über mehrere Verfassungsänderungen und mit Hilfe der Staatsgewalt seine persönliche Macht ausgebaut, während sich die Kluft zwischen Arm und Reich weiter vergrößert. Die Kritiker des morschen Systems werden durch harte Repressionen in den Untergrund getrieben. Von hier könnte jene Revolution ausgehen, die auch von der westlichen Welt zunehmend gefürchtet wird. Sie möchte diesen wichtigen Partner in Afrika nicht verlieren, auch wenn Kenia seine einstige Reputation als schwarzes Musterland langsam verliert.

**Ein großer Teil Kenias** (oben) wird von heißen, trockenen Ebenen mit spärlicher Vegetation eingenommen. Das fruchtbare Hochland im Südwesten ist das Hauptsiedlungsgebiet.

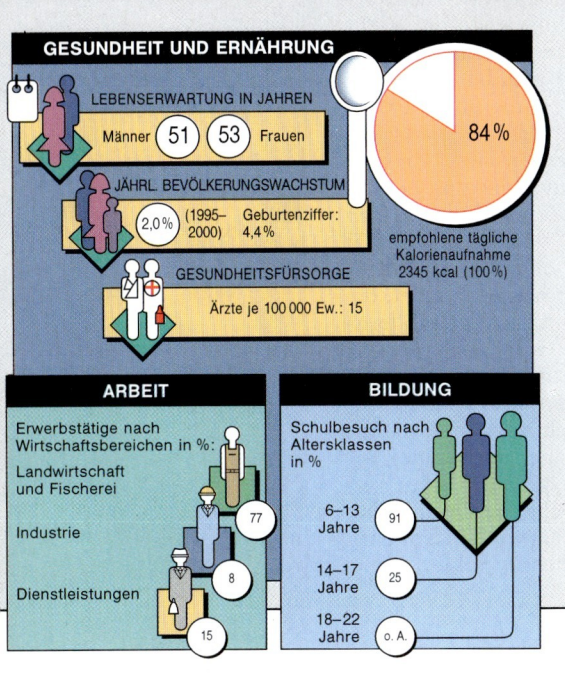

Tee, Erdölprodukte, Sisal, Pyrethrumextrakt, Zuchtvieh, Fleisch
**Handelspartner:** Großbritannien, BRD u. andere EU-Länder, Japan, USA, Uganda, Südafrika, Tansania
**Eisenbahnnetz:** 2740 km
**Straßennetz:** 8868 km (befestigt)
**Fernsehgeräte je 1000 Ew.:** 26

# KENIA: DAS LAND

Mit seinem gleichbleibend hohen Bevölkerungswachstum hält Kenia trotz eines Familienplanungsprogramms in Afrika einen problematischen Rekord. Immer dichter drängen sich die Menschen in den Gebieten, die sich landwirtschaftlich nutzen lassen, doch das ist in Kenia nur gut ein Fünftel der Gesamtfläche. Hirten- und Bauernstämme befehden sich um Acker- und Weideland. Wer verliert, rodet, um wenigstens das Lebensnotwendigste anpflanzen zu können, die Reste des Regenwaldes und verschärft so die ökologische Krise, die zur ökonomischen wird, sobald dabei Erosion die Böden ruiniert und der »Landhunger« auch vor den devisenbringenden Nationalparks nicht halt macht.

Um diesem Teufelskreis zu entrinnen, zieht die verarmte Landbevölkerung in die Städte. Dort leben die Menschen in Slums – abgenabelt von der Kultur und den Traditionen des agrarischen Lebenszyklus mit seinen Riten, Bräuchen und der alten Weisheit der Naturreligionen, gerissen aus der Stammeszugehörigkeit – in scharfem Kontrast zum offenkundig zur Schau gestellten Reichtum der kleinen schwarzen Oberschicht. Wer seinen Lebensunterhalt nicht als Kleinhändler, Handwerker unter freiem Himmel oder als zeitweilig beschäftigte Arbeitskraft im Dienstleistungsgewerbe bestreiten kann, rutscht schnell in ein Milieu ab, das von Kriminalität, Gewalt und Prostitution gekennzeichnet ist.

## Bevölkerung und Stammesegoismus

Wo nicht die notgeborene Kriminalität der Armen herrscht, fordert der Tribalismus der etwa vierzig verschiedenen Völker von alters her seine Opfer. Tribalismus bedeutet: unterschiedliche Sprache und unterschiedliche Kultur der Stämme. In Kenia teilen sich die zahllosen Gruppen und Untergruppen in drei große Sprach- und Kulturfamilien: Bantu, Niloten und Kuschiten. Die fünf größten Völker – die Kikuyu, die Luhya, die Luo, die Kambra und die Kalenjin – stellen nahezu drei Viertel der Gesamtbevölkerung. Aber auch wenn über 30 % der Kenianer Christen sind und neben der kleinen geschlossenen Gemeinschaft des Islam der Zauber der animistischen Medizinmänner herrscht, hat die Religion kein einigendes Band zwischen den Völkern schließen können. Ein Kenianer ist in erster Linie seinem Volk verpflichtet, dessen Interessen als Bauern- und Hirtenvolk bei der Landnahme ebenso zu wahren sind wie bei der Vergabe von Posten in Verwaltung und Wirtschaft.

## Landwirtschaft und Industrie

Landwirtschaft und Industrie sind in Kenia weiter entwickelt als in anderen Staaten des schwarzen Kontinents. Die Landwirtschaft profitiert auch von den vielen Produkten, die sich aufgrund der verschiedenen Klimazonen anbauen lassen. Unter den landwirtschaftlichen Exportprodukten stehen Kaffee und Tee, die in ausgezeichneter Qualität geerntet werden, an erster Stelle. Der Teeanbau wird noch zur Hälfte von Kleinbauern betrieben, während Kaffee, Sisal und Zuckerrohr auf riesigen Plantagen angepflanzt werden. Die Vielfalt der Obst- und Gemüseerzeugnisse reicht von tropischen Früchten bis hin zu Schnittblumen, die vor allem im Winter gute Absatzchancen auf dem europäischen Markt haben.

Auf dem Agrarsektor hat die Viehzucht erhebliche ökonomische Bedeutung. In der Viehhaltung werden die Unterschiede zwischen Tradition und Moderne deutlich sichtbar. Während auf der einen Seite Nomaden, die über fast ein Fünftel des Viehbestands verfügen, wie vor Jahrhunderten mit ihren Herden zwischen dem Turkanasee und Mount Kenya hin- und herziehen und Kleinbauern ihre Zebu-Rinder in den fruchtbaren Agrargebieten weiden lassen, hat sich auf der anderen Seite eine kleine Schicht von aufstrebenden Züchtern herausgebildet, die die Viehwirtschaft großflächig und mit modernsten Methoden betreiben.

Der größte Teil der für afrikanische Verhältnisse gut entwickelten Industrie – vor allem der Großindustrie – befindet sich noch in ausländischem Besitz. Da das Land aber über keine größeren Rohstoffvorkommen verfügt, ist es von Importen abhängig. Aber nicht nur Grund- und Brennstoffe müssen eingeführt werden, sondern auch Ersatzteile und Zwischenprodukte.

**Diese Arbeiter auf einer Teeplantage** *(unten)* im Hochland Kenias ernten eines der wichtigsten Exportprodukte des Landes. Während Kaffee auf großen Plantagen angebaut wird, produzieren Kleinbetriebe ungefähr die Hälfte des kenianischen Tees.

**Ein Viehhirte** im Südwesten Kenias bewacht seine Herde *(rechts)*. Die mageren und trockenen Böden sind für die Landwirtschaft wenig geeignet. Viehzüchter müssen auf der Suche nach Wasser und Weideland weite Gebiete durchstreifen.

# KENIA

**Ein traditioneller Kriegstanz** wird von Mitgliedern der Massai aufgeführt *(oben)*. Dieser Volksstamm ist für sein starkes Unabhängigkeitsgefühl und sein Geschick im Umgang mit Waffen bekannt. Heute werden die alten Bräuche meist nur noch für Touristen inszeniert. Der Tourismus ist nach dem Kaffee-Export die zweitwichtigste Einnahmequelle des Landes. Mit rund 1 Million Besuchern im Jahr ist Kenia aufgrund seiner landschaftlichen Vielfalt zu einem der beliebtesten Reiseziele in Afrika geworden.

**Einfache Hütten** *(links)* bieten den Hirten im Gebiet des Turkanasees (Rudolfsee) an der Nordgrenze Kenias Schutz. Viele der Nomaden Kenias, die zusammen etwa 5–10 % der Bevölkerung ausmachen, durchstreifen diese Halbwüste.

## Tourismus

Der Tourismus mit fast 1 Million Auslandsgästen im Jahr ist der zweitgrößte Devisenerwirtschafter des Landes. Hauptanziehungspunkte sind dabei die Urwälder am Mount Kenya, die zahlreichen Wildparks und die Sandstrände am Indischen Ozean. Die Folgen des Massentourismus sind aber zweischneidig. Die Reisenden tragen zwar zum Wohlstand bei, indem Arbeitsplätze in Hotels, Restaurants und im Zuliefergewerbe geschaffen werden. Aber durch ihre Mißachtung fremder Völker und Sitten forcieren sie die kulturelle Überfremdung des Landes. Eine Gefahr anderer Natur droht durch Wilderer und Elfenbeinschmuggler. Zwar schützen 52 Reservate und Nationalparks die Wildbestände, doch ist allein die Zahl der Elefanten von 65 000 im Jahre 1981 auf 18 000 gegen Ende der 90er Jahre zurückgegangen. Die einstigen Jagdgründe von Ernest Hemingway (1899-1961), die er in den Mittelpunkt seiner autobiografischen Erzählung »Die grünen Hügel Afrikas« (1935) rückte, werden zunehmend von gedankenlosem Safaritourismus gestört, dessen letzter Schrei stilles Gleiten in bunten Heißluftballons mit anschließendem Champagnerfrühstück in der animierenden Nähe gezähmten Wildes und zähneknirschender Eingeborener ist. Was hätte Hemingway darüber geschrieben, und was müssen die schwarzen Enkel seiner Führer darüber denken, deren Land, Stolz und Kultur er so einfühlsam beschrieb.

# KENIA: »WIEGE DER MENSCHHEIT«

Im Jahre 1871 versetzte Charles Darwin (1809–1882) die Welt mit seiner Theorie, daß Menschen und Affen auf einen gemeinsamen, affenähnlichen Vorfahren zurückgehen, in Erstaunen. Er stellte außerdem fest, daß Schimpansen und Gorillas die engsten lebenden Verwandten des Menschen seien, und schloß daraus: »... es ist wahrscheinlicher, daß unserere frühen Vorfahren auf dem afrikanischen Kontinent lebten als irgendwo anders.«

Dennoch konzentrierten Paläontologen ihre Forschung nach affenartigen und menschlichen Fossilien zunächst auf Asien und Europa. Erst in den 20er Jahren begann Dr. Louis Leakey (1903–1972) seine Suche nach den Ursprüngen des Menschen in der inzwischen berühmten Olduvai (Oldoway)-Schlucht in Tansania. 1959 entdeckte er hier einen fossilen Hominiden, wodurch Afrika zum bevorzugten Forschungsgebiet der Paläontologen wurde. Bald wurden Hunderte hominider Fossilien an verschiedenen Stellen in Afrika entdeckt.

Kenias Behauptung, die »Wiege der Menschheit« zu sein, gründet sich auf einen 1972 am Ufer des Turkanasees entdeckten Schädel, der seitdem aufgrund seiner Index-Nummer als »1470« bekannt ist.

**In Ostafrika** (rechts) haben wahrscheinlich die ersten Menschen gelebt. Auf der Karte sind die Fundstätten eingezeichnet, an denen Wissenschaftler die bedeutendsten Fossilien fanden. Sie sind ein Hinweis auf das Vorkommen der »frühen Menschen« und der »Menschenähnlichen«, die vor ca. 2 Millionen Jahren nicht weit voneinander entfernt gelebt haben.

### Das Zusammenfügen der Bausteine

Die Spuren der frühen Hominiden sind meistens sehr unvollständig und schwer zu analysieren. Selbst die zeitliche Einordnung solcher Überreste ist oftmals problematisch. Die afrikanischen Ausgrabungsstätten bergen jedoch nicht nur bedeutende fossile Knochenfragmente, sondern geben auch Zeugnis ab über die Lebensumstände der Vor- und Frühmenschen. Die Funde beinhalten Steinwerkzeuge und Tierknochen, was darauf hinweist, daß die frühen Hominiden Aasfresser, evtl. sogar Jäger waren. Durch Abschlagen einiger Steinsplitter entstanden Schaber oder Klingen, die eine Fleisch- oder Knochenbearbeitung von Aas ermöglichten. Selbst über mögliche Lagerplätze geben die Funde Aufschluß. Bei Laetoli in Äthiopien gibt es eine Reihe vormenschlicher Fußabdrücke im einst weichen vulkanischen Gestein, die ca. 3 Millionen Jahre alt sind.

Nur selten stellen Fossilien ein nahezu vollständiges Fundstück dar, und die Wissenschaftler sehen sich meist vor die Aufgabe gestellt, aus nur einem winzigen Bruchstück eines Kieferknochens das ganze Lebewesen rekonstruieren zu müssen. Solche Fragmente können jedoch eine erstaunliche Zahl von Informationen bergen. Ein Knochenstück aus den Gliedmaßen oder dem Becken kann einen Hinweis darauf geben, ob das betreffende Lebewesen einen aufrechten Gang wie der heutige Mensch hatte, und ein einziger Zahn gibt möglicherweise Aufschluß darüber, ob es zur Gattung Mensch oder Affe gehörte.

Jahrelang klassifizierten die Paläontologen fast jedes neue Fundstück als eine neue Spezies, und es gab und gibt heftige Diskussionen über die Festlegung der Grenze zwischen dem fossilen Affen und dem fossilen Menschen. Heute werden die »Australopithecinen« (»Affen des Südens«) als früheste uns bekannte Vorfahren des Menschen angesehen und manchmal auch als »menschenähnlich« bezeichnet. Sie verfügten über eine aufgerichtete Haltung und aufrechten Gang, ihre Zähne ähnelten mehr denen des Menschen als des Affen, und die Höhe ihrer Hirnschale oberhalb der Augenbrauen war größer als bei den Affen. Jedoch ähneln die massiven Kieferknochen und das vorstehende Gesicht der Australopithecinen eher dem Affen als dem verflachten menschlichen Profil. Daneben ist ihr Gehirnvolumen relativ gering. Es ist jedoch anzunehmen, daß sie über einfache Werkzeuge verfügten und zur Beschaffung der Nahrung Tiere jagten. In Südafrika, aber auch in Äthiopien hat man viele Reste der Australopithecinen gefunden. Der »Australopithecus africanus« war der kleinere und zartere, während der größere und schwerere »Australopithecus robustus« einen größeren Schädel hatte.

Die Diskussion, ob die erste echte Menschenart Homo vom Australopithecus abstammt, ist in vollem Gange. Eine andere Diskussion kreist um die Frage der Identifizierung der frühesten Funde des Homo. In den 60er Jahren entdeckte Leakey bei Olduvai ein Exemplar, das er aufgrund des Umgangs mit frühen Steinwerkzeugen »Homo habilis«, »der geschickte Mensch«,

**Die Olduvai-Schlucht** (unten) kann aufgrund der fossilen Funde, die in den letzten Jahrzehnten dort gemacht worden sind, wohl als die »Wiege der Menschheit« bezeichnet werden. Dr. Louis Leakey spielte bei ihrer Erforschung eine Schlüsselrolle.

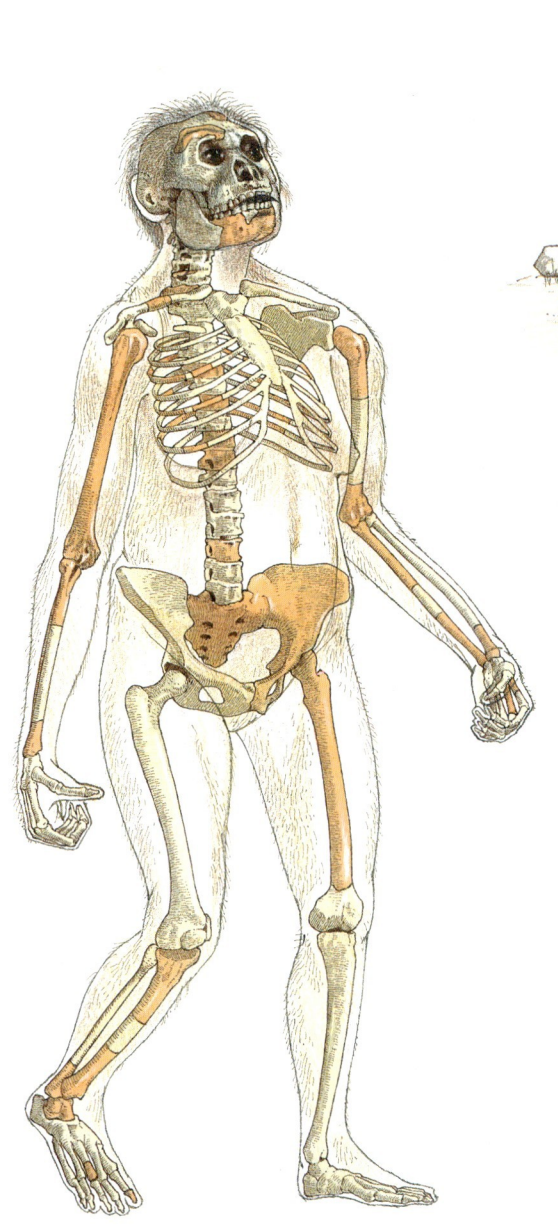

»Lucy« *(links)*, hier eine Rekonstruktion auf der Basis eines fossilen Skeletts, wurde 1974 bei Hadar in Äthiopien entdeckt. Sie verfügt über eine aufrechte Haltung, wodurch sie sich von unseren affenartigen Verwandten unterscheidet. Dennoch vertreten viele Wissenschaftler die Meinung, daß die älteste Form des »echten Menschen« der »Homo rudolfensis« sei *(rechts)*, der zusammen mit seinen Vettern, den »Australopithecinen«, vor ca. 2 Millionen Jahren in Ostafrika lebte. Funde deuten darauf hin, daß diese Lebewesen einfache Werkzeuge herstellten und in primitiven Behausungen Unterschlupf suchten.

**Dr. Richard Leakey** *(unten)* ist einer der wichtigsten Forscher bei der Entdeckung der menschlichen Ursprünge in Ostafrika.

nannte. Jedoch wird er nicht von allen Paläontologen als echtes Mitglied der Spezies Homo akzeptiert.

**Der Turkanasee**
1967 leitete Dr. Leakeys Sohn Richard (* 1944) eine Expedition in Kenia und kam mit sensationellen Entdeckungen vom Turkanasee zurück. Verschiedene Stellen am Ufer waren untersucht worden und gaben Fragmente von Zähnen und Schädelknochen sowohl der frühen Australopithecinen als auch anderer Hominiden frei. Daneben fand man Steinwerkzeuge, die auf 3 Millionen Jahre zurückdatiert werden können. Man glaubt, daß die frühesten Funde sogar 3,5 bis 4 Millionen Jahre alt sind, und einige Wissenschaftler ordnen sie dem ältesten bekannten Hominiden »Australopithecus anamensis« zu. Bis jetzt hält man ihn am ehesten für den Vorfahren sowohl der späteren Australopithecinen als auch des Homo.

Ein berühmter Fundort ist Koobi Fora am Turkanasee im Norden Kenias, wo der aufschlußreiche »Schädel 1470« entdeckt wurde. Er ist ca. 2 Millionen Jahre alt und hat ein deutlich größeres Hirnvolumen als der Australopithecus. Man ordnet ihn als einen der ältesten bekannten Vertreter der Gattung Homo ein, dem Vorfahren des heutigen »Homo sapiens«. Sowohl Homo als auch Australopithecus robustus und Australopithecus africanus haben offensichtlich zur gleichen Zeit am Turkanasee gelebt.

# KIRGISISTAN

Der Staat Kirgisistan (auch Kirgisien oder Kyrgyzstan) ist ein Hochgebirgsland in Mittelasien. Das 199 900 km² große Land grenzt im Südosten an die Volksrepublik China. Die zum Teil vergletscherten Hochgebirgsketten gipfeln im 7439 m hohen Pik Pobedy, der im mittleren Tian Shan, an der kirgisisch-chinesischen Grenze liegt. Zwischen die Gebirgsketten sind breite Täler (z.B. das Ferganabecken und das Tschu- bzw. Talastal) eingeschoben, die zum Teil mit Seen gefüllt sind. Größter See ist der Issyk-Kul, ein abflußloser Salzsee. Durch die hohe Wasserentnahme zu Bewässerungszwecken trocknet er aber zunehmend aus.

Das kontinentale Klima mit den hohen täglichen und jährlichen Temperaturschwankungen ist ausgesprochen trocken. Nur die zum Teil bewaldeten Nord- und Westflanken der Gebirgshänge erhalten Niederschläge, die auf kleinen Flächen gerade noch Regenfeldbau erlauben. Hauptniederschlagszeit mit ca. 40 % der Jahressumme ist das Frühjahr. Durch die ungünstige Landesnatur können nur rund 7 % der Landesfläche – fast die Hälfte des Territoriums liegt über 3000 m – landwirtschaftlich genutzt werden, zum größten Teil mit Hilfe künstlicher Bewässerung; allerdings müssen zur Sicherung der Ernährung der Bevölkerung ca. 40 % des benötigten Getreides importiert werden. Ansonsten überwiegt die teilweise noch

**Die Kirgisische Republik** *(rechts)* ist ein Staat in Mittelasien, dessen Landschaften von Hochgebirgen geprägt sind.

## Daten und Fakten

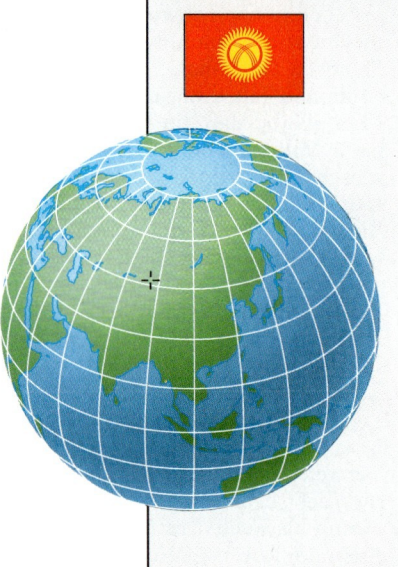

**DAS LAND**
**Offizieller Name:** Kirgisische Republik
**Hauptstadt:** Bischkek
**Fläche:** 199 900 km²
**Landesnatur:** Meist W-O verlaufende Gebirgsketten; ausgedehnte Hochflächen (Syrten); 4 größere Ebenen: im N Tschu- und Talastal, im W Randzone des Ferganabeckens, im O östliche Randzone des Issyk-Kul-Sees
**Klima:** Trockenes Kontinental- bzw. Gebirgsklima
**Höchster Punkt:** Pik Pobedy 7439 m
**Tiefster Punkt:** um 500 m
**DER STAAT**
**Regierungsform:** Präsidiale Republik
**Staatsoberhaupt:** Staatspräsident
**Verwaltung:** 6 Regionen und Hauptstadtbezirk
**Parlament:** Zweikammerparlament aus Gesetzgebender Versammlung mit 35 und Rat der Volksvertreter mit 70 Mitgliedern, Wahl alle 5 Jahre
**Nationalfeiertag:** 31. August
**DIE MENSCHEN**
**Einwohner (Ew.):** 4 669 000 (1999)
**Bevölkerungsdichte:** 23 Ew./km²
**Stadtbevölkerung:** 40 %
**Bevölkerung unter 15 Jahren:** 35 %
**Analphabetenquote:** 3 %
**Sprache:** Kirgisisch, Russisch
**Religion:** Moslems, russisch-orthodoxe Christen
**DIE WIRTSCHAFT**
**Währung:** Kirgisien-Som
**Bruttosozialprodukt (BSP):** 1 644 Mio. US-$ (1998)
**BSP je Einwohner:** 350 US-$
**Inflationsrate:** 158 % (1990–98)
**Importgüter:** Brennstoffe, Metallwaren, Maschinen
**Exportgüter:** Nichteisenmetalle, Nahrungsmittel
**Handelspartner:** Rußland, Kasachstan, Usbekistan
**Eisenbahnnetz:** 415 km
**Straßennetz:** 16 800 km (befestigt)
**Fernsehgeräte je 1000 Ew.:** 45

nomadisch betriebene Viehwirtschaft, insbesondere die Schaf- und Ziegenhaltung, die vor allem der Wollgewinnung dient.

Die wirtschaftliche Bedeutung Kirgisistans beruht auf seinen reichen Bodenschätzen. Es hat große Quecksilber- und Antimonvorkommen. Außerdem werden Kohle, Blei, Zink, Gold, Erdöl und Erdgas gefördert. Die Textilindustrie verarbeitet die im Land gewonnene Baumwolle, Wolle und Seide. Besonders traditionsreich ist die Teppichknüpferei.

Die Kirgisen stellen mehr als die Hälfte der knapp 4,7 Millionen Einwohner. Sie gehören ebenso wie die Usbeken (13 % der Gesamtbevölkerung) und die Tataren (2 %) zu den Turkvölkern und bekennen sich zum sunnitischen Islam. Die Russen, knapp ein Fünftel der Einwohner, und die Ukrainer (2 %) gehören zu den slawischen Völkern und bilden aufgrund der großen kulturellen Unterschiede immer noch einen Fremdkörper innerhalb der kirgisischen Bevölkerung. Ethnische Spannungen zwischen Kirgisen und Usbeken sind ein Konfliktpotential, das wiederholt zu Auseinandersetzungen zwischen beiden Volksgruppen geführt hat. Die vor allem im Handel und in der Landwirtschaft tätigen Usbeken fühlen sich aufgrund ihrer städtischen Lebensweise den bis 1970 meist nomadisierenden kirgisischen Viehzüchtern überlegen.

Die Vorfahren der heutigen Kirgisen waren türkische und mongolische Stämme, die ursprünglich am oberen Jenissej und am Baikalsee lebten und ab dem 13. Jahrhundert in das Gebiet des heutigen Kirgisistan vordrangen. Seit dem 19. Jahrhundert gehörte das Gebiet der nomadisierenden Kirgisen zum Herrschaftsbereich des Chanats von Kokand. Mit der Annexion Kokands 1876 durch das russische Zarenreich kamen die Kirgisen – die sich zum Teil schon vorher freiwillig unterworfen hatten – unter die Herrschaft Rußlands. In der Folge strömten zahlreiche russische und ukrainische Siedler in das Land. Ihnen wurde Weideland überlassen, das bisher von den Kirgisen genutzt worden war; diese sahen sich deshalb gezwungen, neben der Viehzucht auch Ackerbau zu betreiben.

### Das 20. Jahrhundert

An dem großen antirussischen Aufstand von 1916, der ganz Turkestan erfaßte, nahmen auch die Kirgisen teil. Nach der Oktoberrevolution wurde Kirgisistan Teil der Turkestanischen Autonomen Sozialistischen Sowjetrepublik. Die administrative Einteilung Turkestans wurde mehrmals geändert. 1926 wurde die Kirgisische ASSR im Rahmen der RSFSR gebildet; sie

**Frauen und Kinder bei der Baumwollernte** *(unten)*. Baumwolle ist eine der wichtigsten Anbaukulturen.

erhielt 1936 den Status einer Unionsrepublik. Gegen den heftigen Widerstand der Bevölkerung wurde die Kollektivierung der Landwirtschaft vollzogen. Für die bis dahin schriftlose kirgisische Sprache wurde zunächst die lateinische, 1940 die kyrillische Schrift eingeführt. Wie in allen nichtrussischen Sowjetrepubliken waren russische Parteifunktionäre die eigentlichen Machthaber. Nationale Bestrebungen konnten sich erst in den späten 80er Jahren regen. Am 15.12.1990 erklärte sich Kirgisistan für souverän, am 31.8.1991 für unabhängig. Am 21.12.1991 trat es der Gemeinschaft Unabhängiger Staaten (GUS) bei. Präsident Askar Akajew, seit 1990 im Amt, setzte einen radikalen Übergang zur Marktwirtschaft durch, indem Staatsunternehmen privatisiert wurden und privater Landbesitz erlaubt wurde. Diese Maßnahmen haben aber bislang nicht ausgereicht, um die unterentwickelte Wirtschaft zu beleben und den sehr niedrigen Lebensstandard zu heben.

**Ein kirgisischer Händler** auf einem Wochenmarkt *(oben)*. Er ist u. a. mit dem Tschapak genannten Filzhut, Baumwollhemd und Chalat, dem farbigen Seidenmantel, bekleidet.

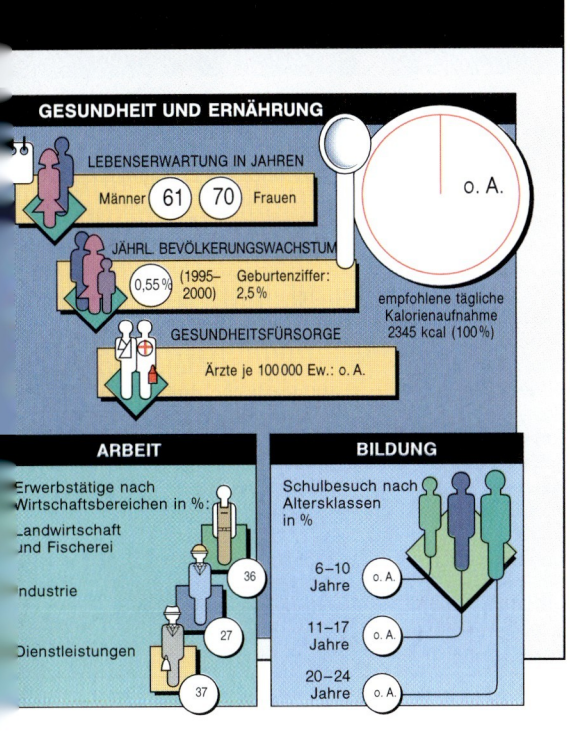

# KIRIBATI

Kiribati (Kiribass gesprochen), die ehemalige britische Kolonie namens Gilbert Islands, ist seit 1979 ein souveräner Staat. Sein Territorium umfaßt drei größere, voneinander getrennte Inselgruppen, die eigentlichen Gilbert-Inseln, die Phoenix-Inseln und die Line-Inseln sowie Ocean Island, das heute wieder seinen ursprünglichen Namen Banaba trägt. Die insgesamt 33 Inseln und Atolle, die – mit Ausnahme von Banaba – nur wenige Meter aus dem Meer herausragen, erstrecken sich über 4500 km entlang des Äquators. Mitten durch das Inselreich, zwischen den Gilbert- und den Phoenix-Inseln, verläuft die Datumsgrenze.

Das tropische Klima ist durch den Einfluß des Meeres gemäßigt. Die durchschnittlichen Jahrestemperaturen liegen bei 28 °C. Die Niederschläge schwanken beträchtlich, nicht nur von Insel zu Insel, sondern auch von Jahr zu Jahr. Sie sind in Äquatornähe am niedrigsten, während die Inseln im Norden bzw. im Süden durch die Passatwinde reichlich Regen erhalten. Hauptregenzeit sind die Monate November bis Februar, doch können in manchen Jahren längere Dürreperioden auftreten. Süßwassermangel herrscht auf allen Inseln. Es gibt weder Flüsse noch Seen und das Regenwasser versickert schnell auf dem porösen Korallenkalk. Daher wird die landwirtschaftliche Nutzung beträchtlich eingeschränkt. Auf den sandig-kalkigen Böden wachsen Kokospalmen, Pandanuspalmen, Brotfruchtbäume und im Küstenbereich Salzbüsche.

Kiribatis größter natürlicher Reichtum waren die Phosphatvorkommen auf der Insel Banaba, die seit 1920 von einem internationalen Bergbaukonsortium (BPC) gefördert wurden. Doch neben den wirtschaftlichen Erfolgen kam es zu schweren politischen und sozialen Spannungen. Die durch den Abbau verursachte Umweltzerstörung machte die Evakuierung der dort lebenden Menschen erforderlich. Während des Zweiten Weltkrieges wurde die Bevölkerung auf der 2600 km entfernt gelegenen und zu Fidschi gehörenden Rabi-Insel angesiedelt. Obschon Tausende von Kilometern von der Heimat entfernt, hielten die ehemaligen Banaba-Einwohner an den Besitzrechten der Phosphatvorkommen fest. Sie strengten einen langwierigen Prozeß an, der ihnen zwar nicht die gewünschte Beteiligung an den Phosphaterlösen, dafür aber Schadenersatzansprüche zusprach. Großbritannien, ein Mitglied des Bergbaukonsortiums, bot den Banaba-Einwohnern 1977 eine nachträgliche Abfindung von 10 Millionen australischen Dollars an, die von der Bevölkerung 1981 akzeptiert wurde.

Heute sind die Phosphatvorkommen auf Banaba erschöpft. Kiribati bemüht sich deshalb, neben dem traditionellen Export von Kopra und Kokosnüssen auch das Fischereiwesen zu modernisieren, eine Kleinindustrie aufzubauen und darüber hinaus auch den Tourismus zu fördern. Doch fehlen der Inselnation bislang die benötigten Mittel, um die dafür notwendigen Investitionen tätigen zu können.

Die Bewohner der Inselgruppen sind – von kleinen chinesischen, europäischen und polynesischen Minderheiten abgesehen – mikronesischen Ursprungs und gehören zum Großteil den christlichen Konfessionen an.

### Geschichte
Die erste Besiedlung der Gilbert-Inseln erfolgte in vorchristlicher Zeit. Die Entdeckung der Inseln durch Europäer begann im 16. Jahrhun-

## Daten und Fakten

**DAS LAND**
**Offizieller Name:** Republik Kiribati
**Hauptstadt:** Bairiki
**Fläche:** 726 km² (einschl. Phoenix u. Line Islands)
**Landesnatur:** 33 Korallenatolle: Gilbert-, Phoenix- und Line-Inseln sowie Banaba (Ocean Island)
**Klima:** Tropisches Klima
**Höchster Punkt:** 3 m
**DER STAAT**
**Regierungsform:** Präsidiale Republik
**Staatsoberhaupt:** Staatspräsident
**Verwaltung:** 6 Distrikte
**Parlament:** Einkammerparlament mit 40 für 4 Jahre gewählten Abgeordneten u. 1 Vertreter von Banaba; auf den einzelnen Inseln bestehen Parlamente mit eigenen Präsidenten
**Nationalfeiertag:** 12. Juli
**DIE MENSCHEN**
**Einwohner (Ew.):** 82 000 (1999)
**Bevölkerungsdichte:** 113 Ew./km²
**Stadtbevölkerung:** 35 %
**Analphabetenquote:** 10 %
**Sprache:** Kiribati, Englisch
**Religion:** Katholiken 53 %, Protestanten 39 %
**DIE WIRTSCHAFT**
**Währung:** Australischer Dollar/Kiribati
**Bruttosozialprodukt (BSP):** 101 Mio. US-$ (1998)
**BSP je Einwohner:** 1180 US-$
**Inflationsrate:** 4,2 % (1990-98)
**Importgüter:** Nahrungsmittel, fast alle Konsumgüter, Maschinen, Transportausrüstungen, mineralische Brennstoffe
**Exportgüter:** Kopra (90 %), Fisch, Fischprodukte, Seetang
**Handelspartner:** Australien, Großbritannien, Neuseeland, USA, Niederlande, Japan, Fidschi
**Straßennetz:** 670 km
**Fernsehgeräte je 1000 Ew.:** o.A.

**Ein Bewohner der Gilbert-Inseln** *(unten)*, aufgenommen um 1900, trägt Schmuck aus Muscheln und Knochen sowie einen hölzernen Streitkolben. In Abwendung von den Traditionen bevorzugen die Insulaner heute amerikanische Konfektion.

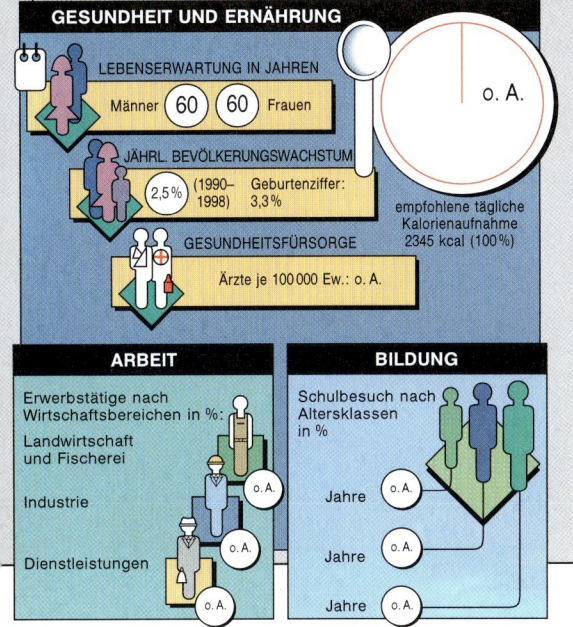

**Kokospalmen** *(oben)* säumen den Strand von Abaiang. Sie wachsen auf den hier sandig-kalkigen Böden und tragen auch bei lang anhaltender Trockenheit noch Kokosnüsse. Die tägliche Nahrung holen sich die Menschen vor allem aus der Lagune und dem Meer.

**Die Republik Kiribati** *(ganz oben)* besteht aus den Gilbert-Inseln, den Phoenix-Inseln, den Line-Inseln und der Insel Banaba oder Ocean Island. Auf letzterer wurden ehemals große Mengen an Phosphat abgebaut.

dert. 1788 erreichte der Brite Thomas Gilbert jene Inseln, die später seinen Namen erhielten. Zu Beginn des 19. Jahrhunderts wurden die Inseln von Walfängern angelaufen. Ihnen folgten seit 1837 christliche Missionare, Siedler und Händler, darunter auch Sklavenhändler. 1892 wurden die Gilbert-Inseln unter britisches Protektorat gestellt. Die Entdeckung der Phosphatvorkommen auf Banaba veranlaßte die Briten im Jahre 1900 auch dieses Gebiet unter ihre Verwaltung zu stellen. 1916 faßte Großbritannien die Gilbert-Inseln und die Ellice-Inseln (heute Tuvalu) zu einer Kolonie zusammen. Im Laufe der nächsten Jahre wurden die Christmas-Island (Weihnachtsinsel), das größte Atoll des Pazifik, und die Phoenix-Inseln der Kolonie angegliedert. Im Zweiten Weltkrieg zeitweilig von Japanern besetzt und heftig umkämpft, fielen die Inselgruppen 1943 wieder an Großbritannien zurück.

Da sich die Bevölkerung von ihrer Abstammung und ihrer Kultur her stark unterscheidet – die Gilbert-Inseln werden überwiegend von Mikronesiern, die Ellice-Inseln von Polynesiern bewohnt – wurde 1975 auf Wunsch der Bevölkerung die Teilung der Kolonie eingeleitet. 1976 erhielten die Gilbert-Inseln die innere Autonomie und 1979 die Unabhängigkeit. Seitdem ist Kiribati als Präsidialrepublik Mitglied des Commonwealth. Der Präsident und das Parlament werden von den traditionellen Sippenverbänden gewählt. 1999 wurde Kiribati in die UNO aufgenommen.

# KOLUMBIEN

Die Kokain-Mafia, Guerilleros und der schreckliche Ausbruch des Vulkans Nevado del Ruíz mit 25 000 Todesopfern im November 1985 – dies ist so ziemlich alles, was die meisten von uns über Kolumbien wissen. Dabei ist dieses Land im äußersten Nordwesten Südamerikas eines der schönsten der Erde: vom Tourismus noch weitgehend unberührte Palmenstrände, schneebedeckte Andengipfel, endlose Savannen der Llanos und undurchdringliche Regenwälder an den Nebenflüssen des Amazonas liegen hier dicht beieinander.

»Wer auf dieses Land seinen Fuß setzt, den läßt die Sehnsucht nimmer los«, schrieb bereits vor über 180 Jahren der Weltreisende Alexander von Humboldt (1769–1859). Doch nicht nur die Natur hat Kolumbien reich bedacht. Die archäologischen Stätten von Tierradentro und San Agustín im Südwesten brauchen den Vergleich mit den alten Indio-Hochkulturen Mexikos oder Perus nicht zu scheuen. Der mit Goldstaub bedeckte »El Dorado« lockte die Spanier ins Land. Wie sonst in keinem anderen Land in Südamerika ist in Kolumbien die spanische Kolonialzeit lebendig: weiße Häuser mit schmiedeeisernen, mit Geranien geschmückten Balkonen, die gepflasterte Plaza mit Regierungsgebäuden, Denkmal und Kathedrale, enge Gassen, Palmen in den Patios. Bummelt man durch die Altstadt von Bogotá, Cartagena, Popayán oder Villa de Leyva, glaubt man, im Andalusien des 17. oder 18. Jahrhunderts zu sein. Nicht umsonst nennt sich Bogotá das »Athen Südamerikas« und stammt Lateinamerikas zur Zeit erfolgreichster Schriftsteller Gabriel García Márquez (* 1928) aus Kolumbien.

Kolumbien, das ist auch das Land des Kaffees, der Orchideen, der Schmetterlinge und Kolibris. Schließlich ist es das Land buntgemischter, verschiedenartigster Ethnien und Rassen. Fröhliche Gelassenheit und heiße Salsa-Rhythmen prägen die vorwiegend von Schwarzen und Mulatten besiedelten tropischen Küsten an Karibik und Pazifik. In sich gekehrt und melancholisch begegnet man den Indios auf den kalten Hochebenen der Anden. Mit riesigen Zebuherden durchziehen die Llaneros, die Cowboys der Llanos, die menschenleeren Steppen und Savannen des Ostens. Während noch bis vor kurzem »unentdeckte« Indianer auf Einbäumen den Amazonasdschungel durchstreifen, hat in den Bürohochhäusern der überwiegend von Mestizen und Weißen bewohnten Städte in den klimatisch angenehmen mittleren Höhen der Anden längst die moderne Technik ihren Einzug gehalten.

## Geschichte

Die Geschichte der Ureinwohner Kolumbiens ist im Gegensatz zu der der Maya, Inka und Azteken ziemlich bedeutungslos. Auf kulturellem Gebiet ist jedoch auf eine um 3000 v. Chr. zu datierende Keramik – eine der ältesten des Kontinents – zu verweisen, ebenso auf die Gold-

# KOLUMBIEN

schmiedekunst, die mindestens seit der Zeit um Christi Geburt bekannt ist und in verschiedenen Stilen einen hohen technischen und künstlerischen Stand erreichte. Im politischen Bereich konstituierten sich unter den Muiscas nur einige kleine Fürstentümer.

Insgesamt unterscheidet man heute sieben Zonen der präkolumbianischen Goldarbeiten, die bedeutendsten waren wohl die der Muisca aus der Gegend des heutigen Bogotá und der Tairona aus der Sierra Nevada de Santa Marta. Ein Muisca war auch der »goldene« Indiofürst El Dorado, der am Ufer des Guatavitasees nahe von Bogotá lebte. Auf der Suche nach El Dorado sollten die spanischen Konquistadoren einen ganzen Kontinent erobern. Christoph Kolumbus (1451–1506), dem das Land seinen Namen verdankt, hat übrigens nie den Boden Kolumbiens betreten. Bereits 1525 wurde Santa Marta an der Karibikküste gegründet, 1533 dann Cartagena, die stärkste Festung von Südamerika. Vom Süden, aus Quito (Ecuador) kommend, eroberte Sebastian de Benalcázar (1495–1551) das Land, von Santa Marta aus drang Gonzalo Jiménez de Quesada (um 1500–1579) durch das Tal des Río Magdalena nach Süden vor, zerstörte das Reich der Muisca und gründete 1538 Bogotá.

Zunächst gehörte Kolumbien zum Vizekönigreich Peru; 1717 entstand dann aus Kolumbien, Panama, Ecuador und Venezuela das neue Vizekönigreich »Nueva Granada«. Wie in den anderen südamerikanischen Ländern kam es auch in Kolumbien zu Beginn des 19. Jahrhunderts zu Unruhen und Revolten. Die im Lande geborenen Spanier, die Kreolen, riefen 1810 die Unabhängigkeit von Spanien aus. Nach mehreren Schlachten besiegte der in Caracas geborene »Libertador« (Befreier) Simón Bolívar (1783–1830) die Spanier endgültig 1819 in Boyacá. Kolumbien wurde zusammen mit Venezuela als Republik »Großkolumbien« selbständig, 1822 schloß sich dem neuen Staat noch Ecuador an. Doch bereits 1830 zerbrach »Großkolumbien« wieder.

Das 19. und 20. Jahrhundert sind geprägt durch Bürgerkriege. Heftige Kämpfe lieferten sich das ganze 19. Jahrhundert hindurch die antiklerikalen Liberalen, die einen Bundesstaat anstrebten, und die kirchentreuen, zentralistischen Konservativen. Im »Krieg der 1000 Tage« (1899–1902) kamen dabei rund 100 000 Menschen um. 1903 erklärte auf Betreiben der USA die Provinz Panama – wo US-Amerikaner kurz zuvor den Kanal gebaut hatten – ihre Unabhängigkeit. 1948 löste die Ermordung des liberalen Führers Jorge Eliécer Gaitán (1898–1948) eine Welle der Gewalt, die »Violencia«, aus. Ein fünfjähriger Bürgerkrieg zwischen Liberalen und Konservativen forderte ca. 200 000 Todesopfer. Für gewisse Stabilität sorgte von 1958 bis 1974 die »Nationale Front«, während der sich alle vier Jahre konservative und liberale Präsidenten ablösten.

# KOLUMBIEN: DER STAAT

Seit 1886 ist Kolumbien eine parlamentarische Präsidialdemokratie. 1991 wurde eine neue Verfassung verabschiedet. Der Staatspräsident wird alle vier Jahre vom Volk gewählt, eine einmalige Wiederwahl ist möglich. Er ist zugleich Staatsoberhaupt, Regierungschef und Oberbefehlshaber der Streitkräfte. Das Parlament, der »Congreso Nacional«, besteht aus zwei Kammern, dem Senat und dem Abgeordnetenhaus. Die Senatoren werden in den Provinzen in direkter Wahl für vier Jahre gewählt, wobei jede Provinz drei Senatoren stellen kann.

Seit über 150 Jahren bestimmen zwei große Parteien die Politik Kolumbiens: die Konservativen und die Liberalen. Weltanschauliche Unterschiede wie im Parteiensystem europäischer Staaten bestehen zwischen ihnen nicht, hauptsächlich handelt es sich um an Personen orientierte Interessenverbände. Kolumbiens Politik unterscheidet sich hierin in nichts von seinen Nachbarstaaten, in denen auch ein rhetorisch begabter Parteiführer, ein »caudillo«, versucht, in einem reinen »Persönlichkeitswahlkampf« zum Präsidenten gewählt zu werden.

Die zunehmende Unzufriedenheit mit den politischen Verhältnissen, den stets versprochenen, aber nie eingelösten sozialen Reformen, führte in den 70er und 80er Jahren zu immer stärkerer Guerilla-Tätigkeit. 1985 wurde eine neue Linkspartei, die »Unión Patriótica«, gegründet. Vor allem gegen sie richteten sich Terroranschläge von paramilitärischen Todesschwadronen. Die Partei mußte zahlreiche Todesopfer beklagen, darunter 1987 auch Parteichef Pardo Leal.

Nach der Ermordung des liberalen Präsidentschaftskandidaten Luis Carlos Galán im Sommer 1989 kam es zu einem regelrechten Krieg zwischen den Staatsorganen des Präsidenten Virgilio Barco (* 1921) und dem Kokain-Kartell von Medellín. 1990 wurde der Liberale C. Gavíria Trujillo (* 1947) Staatspräsident. Er versuchte, durch politische Reformen der Gewalt im Lande Herr zu werden. So wurde in die neue Verfassung des Landes ein Auslieferungsverbot für kolumbianische Staatsangehörige an eine ausländische Justiz aufgenommen. Dies bedeutete, daß eine Zeit lang keine Mitglieder der Drogenmafia an die USA ausgeliefert wurden. Die »narcotraficantes« stellten daraufhin den Kampf gegen die Regierung ein. Die frühere Guerillaorganisation »M 19« konstituierte sich als politische Partei. Bei den Parlamentswahlen 1991 erhielten die Liberalen die meisten Stimmen. Danach eskalierten erneut politischer Terror und Gewalt in Kolumbien. 1994 wurde der Liberale Ernesto Samper (* 1950) zum Präsidenten gewählt. Ihm folgte 1998 Andrés Pastrana Arango (* 1954) im Amt nach.

Trotz der politischen Wirren gilt Kolumbien für südamerikanische Verhältnisse als wirtschaftlich stabiles Land. Mit einem durchschnittlichen Jahreseinkommen von 2600 US-Dollar pro Kopf liegt es zwar unter dem südamerikanischen Durchschnitt, doch können sich die weiteren wirtschaftlichen Daten durchaus sehen lassen: Arbeitslosenquote ca. 18 %, Inflationsrate ca. 8 %. Mit etwa 33 Milliarden US-Dollar ist die Auslandsverschuldung relativ gering.

### Erziehung und Religion

Etwa 8 % der kolumbianischen Bevölkerung über fünfzehn Jahren können weder lesen noch schreiben – eine für ein Land der Dritten Welt recht niedrige Analphabetenquote. Kolumbien verfügt über viele Universitäten und Hochschulen, jedoch können mangels finanzieller Mittel

## Daten und Fakten

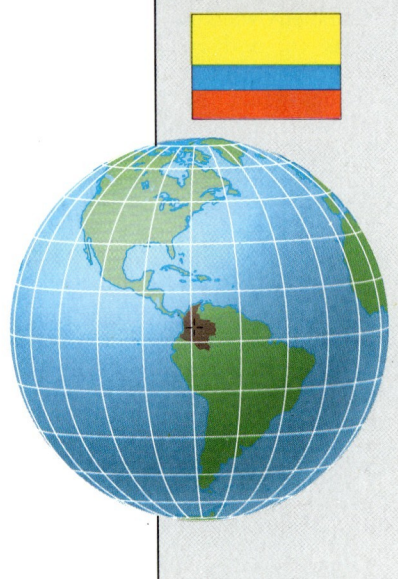

**DAS LAND**
Offizieller Name: Republik Kolumbien
Hauptstadt: (Santa Fé de) Bogotá
Fläche: 1 138 914 km²
Landesnatur: Von W nach O: Küstentiefland, Hochgebirgszone der nördl. Anden, Llanos des Orinoco und Amazonastiefland
Klima: Tropisch, in unterschiedlichen Höhenlagen starke Differenzierung
Hauptflüsse: Cauca, Magdalena, Guaviare
Höchster Punkt: Cristóbal Colón 5775 m

**DER STAAT**
Regierungsform: Präsidiale Republik
Staatsoberhaupt: Staatspräsident
Verwaltung: 32 Departamentos, Hauptstadtdistrikt
Parlament: Kongreß, bestehend aus Repräsentantenhaus mit 165 Mitgliedern u. Senat mit 102 Mitgliedern; Amtsdauer jeweils 4 Jahre
Nationalfeiertag: 20. Juli
**DIE MENSCHEN**
Einwohner (Ew.): 41 564 000 (1999)
Bevölkerungsdichte: 37 Ew./km²
Stadtbevölkerung: 75 %

Bevölkerung unter 15 Jahren: 33 %
Analphabetenquote: 8 %
Sprache: Spanisch, indianische Sprachen
Religion: Katholiken 95 %
**DIE WIRTSCHAFT**
Währung: Kolumbianischer Peso
Bruttosozialprodukt (BSP): 106 090 Mio. US-$ (1998)
BSP je Einwohner: 2600 US-$
Inflationsrate: 21,5 % (1990–98)
Importgüter: Maschinen, Fahrzeuge,

**Kolumbien** (links) liegt im äußersten Nordwesten Südamerikas an der Grenze zu Mittelamerika. Die Mehrzahl seiner Bewohner lebt in den fruchtbaren, gut bewässerten Tälern der Anden, die sich in drei Ketten über den Westteil des Landes ziehen.

**Bürohochhäuser** (oben) in Bogotá vermitteln einen Eindruck von Wohlstand im heutigen Kolumbien. Das Land hat aber auch schwerwiegende ökonomische und soziale Probleme, die zum Teil durch den Drogenhandel verursacht werden.

breite Massen der Bevölkerung dieses Angebot nicht nutzen. Formal besteht eine fünfjährige Schulpflicht, jedoch gehen fast 20 % der Kinder überhaupt nicht zur Schule und jedes dritte Kind erreicht keinen Schulabschluß.

Nicht nur auf dem Gebiet der Schulbildung – für die Kinder der Oberschicht stehen hervorragende Privatschulen und Universitäten zur Verfügung – zeigen sich die krassen sozialen Gegensätze im Entwicklungsland Kolumbien. 50 % der Bevölkerung verdienen weniger als 100 US-Dollar im Monat und leben meist in armseligen Häusern und Hütten, während ein Bruchteil der Kolumbianer ein Drittel aller verfügbaren Waren konsumiert. Besonders deutlich zeigen sich die sozialen Gegensätze auf dem Land, wo die wenigen Großgrundbesitzer mehr als die Hälfte des bewirtschafteten Landes besitzen.

Mit viel Engagement versuchte in letzter Zeit die katholische Kirche – über 90 % der Kolumbianer sind Katholiken – die sozialen Verhältnisse zu bessern. Priester, die wie Camilo Torres militant die »Theologie der Befreiung« vertreten, engagierten sich dabei politisch, teilweise sogar in den Reihen der Guerilla. Gerade die sozialen Unterschichten Kolumbiens bestehen aus sehr gläubigen Menschen, die ein recht naives Christentum praktizieren: Verehrung von Heiligenbildern, Bittprozessionen und Wallfahrten.

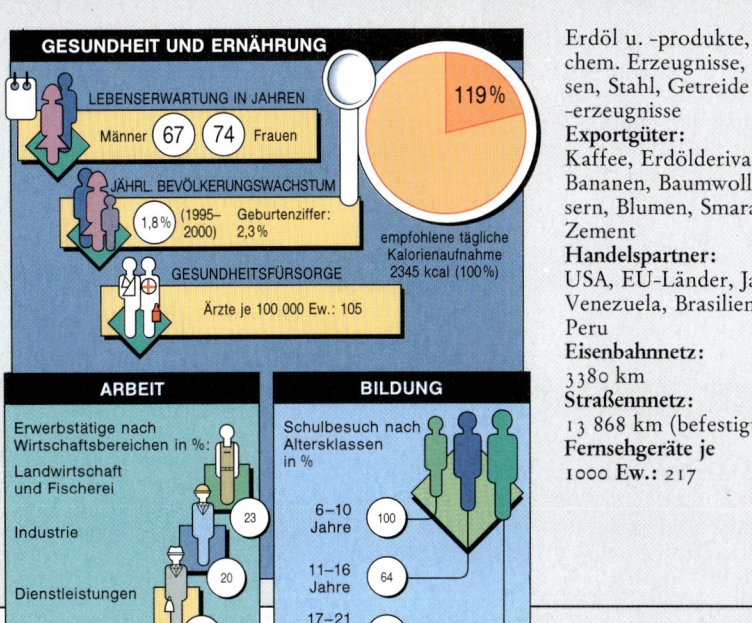

Erdöl u. -produkte, chem. Erzeugnisse, Eisen, Stahl, Getreide u. -erzeugnisse

**Exportgüter:** Kaffee, Erdölderivate, Bananen, Baumwollfasern, Blumen, Smaragde, Zement

**Handelspartner:** USA, EU-Länder, Japan, Venezuela, Brasilien, Peru

**Eisenbahnnetz:** 3380 km

**Straßennetz:** 13 868 km (befestigt)

**Fernsehgeräte je 1000 Ew.:** 217

# KOLUMBIEN: DAS LAND

### Landesnatur

Als einziges Land in Südamerika grenzt Kolumbien an zwei Ozeane, im Norden an das Karibische Meer des Atlantik, im Westen an den Pazifik. Drei Andenketten – die Cordillera Occidental, die Cordillera Central und die Cordillera Oriental – durchziehen das Land von Süden nach Norden. Wie sein kleinerer Nebenfluß, der Río Cauca, fließt auch der fast 1600 km lange Río Magdalena, Kolumbiens bedeutendster Strom, in einem tektonischen Graben. Von ewigem Schnee bedeckte, über 5000 m hohe Vulkane, die »Nevados«, prägen das Bild der mittleren und östlichen Kordilleren, letztere bieten in bis zu 2800 m hoch liegenden Becken günstige Klima- und Anbaubedingungen. Hier befinden sich die wichtigsten Wirtschafts- und Anbaugebiete Kolumbiens. Der höchste Berg des Landes, der 5775 m hohe Pico Cristóbal Colón, erhebt sich in der Sierra Nevada de Santa Marta unmittelbar an der karibischen Küste. Fast unbesiedelt sind die endlosen Grassteppen der Llanos im Osten und die immergrünen Regenwälder im Südosten Kolumbiens. Bei Leticia im Süden zieht sich eine rund 120 km lange Grenze am Amazonas entlang.

Kolumbien liegt in den inneren Tropen, die Temperaturen bleiben somit das ganze Jahr über fast unverändert. Die Jahreszeiten sind durch die Regenzeit von April bis Oktober und die Trockenzeit von November bis März gekennzeichnet. Entscheidend wird das Klima von den Höhenzonen geprägt.

In der feucht-heißen Tierra caliente (bis 1000 m) – hierzu gehören die Karibik- und Pazifikküste, die Llanos und die Amazonastiefebene – wird das Landschaftsbild durch tropische Regenwälder und Savannen bestimmt. Ausgesprochen trocken ist allerdings die halbwüstenartige Guajira-Halbinsel im äußersten Norden. Die subtropische Tierra templada (1000–2000 m), in der die Millionenstädte Cali und Medellín liegen, ist das Land des Kaffees, der Orchideen und Südfrüchte. Erheblich kühler ist es bereits in der Tierra fria (2000–3000 m), in der die Hauptstadt Bogotá liegt. Oberhalb von 3000 m (Tierra helada) beginnt die baumlose Páramo-Steppe, bei etwa 4500 Metern der ewige Schnee.

Kolumbiens Tierwelt bietet die gesamte Artenvielfalt des tropischen Südamerika: Ameisenbären, Tapire, Pumas und Jaguare, Riesenschlangen, Piranhas und Kaimane. Kolumbien rühmt sich auch, das vogelreichste Land der Erde zu sein. Man trifft auf Kolibris, Reiher, Tukane, Papageien, Kondore und viele andere exotische Arten. Die hier lebenden Schmetterlinge gelten als die schönsten Südamerikas.

### Landwirtschaft

Nach Brasilien ist Kolumbien der zweitgrößte Kaffee-Exporteur der Welt. Die Kaffee-Fincas liegen in der Tierra templada und sind meistens Familienbetriebe. Auf vulkanhaltiger Erde findet der »café suave« (milder Kaffee) ideale Bedingungen. Kaffee ist mit Abstand der wichtigste Faktor im – legalen – kolumbianischen Wirtschaftsleben, rund 50 % aller Exporte macht immer noch »Café de Colombia« aus. Weniger bekannt ist, daß das südamerikanische Land in den letzten Jahren nach den Niederlanden zum bedeutendsten Blumenexporteur (Rosen, Nelken) der Welt aufgestiegen ist. Eine große Rolle in der Landwirtschaft spielen in den tropischen Gebieten außerdem Bananen, Südfrüchte, Reis, Baumwolle und Zuckerrohr. Auf den kühleren Hochebenen werden Mais, Weizen und Kartoffeln angebaut. Viehzucht, vor allem von Rindern, wird in großem Stil in den Llanos betrieben.

Da alle Ansätze zur Agrarreform bisher keinen Durchbruch brachten, bestimmt immer noch der Großgrundbesitz die kolumbianische Landwirtschaft. Der größte Teil der Bauern lebt

**Von der 1600 km langen karibischen Küste** *(oben)* ist die Costa Esmeralda zwischen Cartagena und Santa Marta, die Smaragdküste, besonders reizvoll. Hier gibt es reichlich Gelegenheit zum Tauchen, Schwimmen, Segeln und Fischfang.

**Ein wilder Gebirgsbach** *(rechts)* sprudelt in der Cordillera Occidental, die Westkolumbien durchzieht, talabwärts. Hier gedeihen Kaffee und andere Landwirtschaftsprodukte in den Becken der Flußsysteme von Río Magdalena und Río Cauca.

# KOLUMBIEN

**Ein Kleinbauer** *(links)* benutzt eine einfache Vorrichtung, um seine Kaffeebohnen zu schälen. Kaffee, bei weitem das wichtigste agrarische Handelsgut in Kolumbien, wird auf über 150 000 kleinen Farmen kultiviert. Das Land stellt etwa 10 % der Weltkaffeeproduktion. Dies macht Kolumbien zum zweitgrößten Kaffeeproduzenten der Welt. Nur der Nachbar im Südosten, Brasilien, produziert mehr. Obwohl die Pflanze heute in ganz Südamerika verbreitet ist, stammt sie ursprünglich wahrscheinlich aus Afrika.

**Llaneros, kolumbianische Cowboys** *(unten)*, treiben ihre Herde durch einen Fluß im Nordosten des Landes. Auf graswachsenen Ebenen, Llanos genannt, werden auf riesigen Farmen Rinder und Schafe zur Fleisch- und Milchproduktion gehalten.

trotz günstigster Voraussetzungen (drei Ernten im Jahr) als Kleinbauern (»campesinos«), Pächter oder Tagelöhner von der Hand in den Mund. So ist es nicht verwunderlich, daß sich inzwischen der Anbau von Marihuana und der Handel mit Kokain zum »bedeutendsten« Agrarsektor entwickelt haben.

### Bodenschätze und Industrie

Kolumbien ist das goldreichste Land Südamerikas. Berühmt ist es jedoch vor allem als das Land der Smaragde. Kolumbien verfügt zudem über die größten Platin- und Kohlevorkommen Südamerikas. Vor einigen Jahren hat man in El Cerrejón auf der brütend heißen Guajira-Halbinsel den größten Kohletagebau der Welt in Angriff genommen. Daneben gibt es noch Eisenerz, Kupfer, Zink, Mangan, Quecksilber, Schwefel, Blei, Uran, Titan und vor allem Erdöl, das das Land von Öl-Importen unabhängig macht.

Für eine Industrialisierung sind also gute Voraussetzungen vorhanden, und die Industrie hat in Kolumbien seit dem Zweiten Weltkrieg einen beachtlichen Aufschwung erlebt. Hauptsächlich handelt es sich hier um Konsumgüter (Lebensmittel, Getränke, Textilien, Lederartikel) sowie Produktionsmittel (Zement, Stahl, Chemikalien). Investitionsgüter (Maschinen, Industrieanlagen) müssen meist noch eingeführt werden.

# KOLUMBIEN: DIE MENSCHEN

Wie die meisten amerikanischen Staaten bietet Kolumbien ein buntes Bild der verschiedensten Rassen und Ethnien. Mit 58 % stellen die Mestizen, Nachkommen von Indio-Frauen und spanischen Eroberern, heute die Mehrheit der über 41 Millionen Kolumbianer. Die zweitstärkste Gruppe sind die Weißen mit 20 % vor den Mulatten (Mischlinge von Weißen und Schwarzen) mit 14 %. Zu den Weißen, die meist spanischer Herkunft sind, zählen auch die Kreolen, die in Südamerika geborenen Nachkommen der Spanier. 4 % der Bevölkerung sind Schwarze, während die Ureinwohner, reinrassige Indios, nur noch etwa 1 % ausmachen.

Die Siedlungsgebiete der einzelnen Rassen sind deutlich von den Klimazonen geprägt: In den feuchtheißen Regionen am karibischen Meer und am Pazifik sowie in den Tälern des Río Cauca und Río Magdalena leben vor allem Schwarze, Mulatten und Zambos (Mischlinge von Schwarzen und Indios). Mestizen gibt es vor allem in Bogotá, auf der Halbinsel Guajira sowie in allen höher gelegenen Gebieten der Anden. Die schätzungsweise über 400 000 in Kolumbien noch lebenden Indios gliedern sich in über zweihundert Stämme. Sie leben meist in abgelegenen, schwer zugänglichen Randgebieten in Südostkolumbien an der kolumbianisch-venezolanischen Grenze sowie in hochgelegenen Andendörfern. Mit 50 000 Menschen stellen die auf der trocken-heißen Halbinsel Guajira wohnenden Indianer einen der größten Indio-Stämme Kolumbiens. Zahlenmäßig sehr gering sind dagegen die nichtseßhaften Indio-Stämme in den Urwäldern am Amazonas und in der Provinz Chocó. Die Indianer können kein solch sprunghaftes Bevölkerungswachstum während der letzten Jahrzehnte verzeichnen wie der Durchschnitt der kolumbianischen Bevölkerung, da bei ihnen die Kindersterblichkeit viel höher ist und sie auch vielfach Geburtenkontrolle praktizieren. Viele Jugendliche wandern außerdem aus den Reservaten in die großen Städte ab und verlieren so mit der Zeit ihre indianische Identität.

Offiziell gibt es in Kolumbien keine Rassendiskriminierung, doch sind soziale Schranken unübersehbar: Schwarze und Indianer stellen in der Regel die soziale Unterschicht, während die Weißen auch heute noch die dominierende Oberschicht bilden.

## Kultur

Die unterschiedliche Herkunft und Mentalität der Kolumbianer wird in ihrer Folklore besonders deutlich. Afrikanisch-karibische Rhythmen prägen Musik und Tänze der Costeños, der Küstenbewohner. Von der Karibikküste stammt auch der kolumbianische Nationaltanz, »la Cumbia«, bei dem das Mädchen eine brennende Kerze hält. Schwermütig wirken die Weisen der Indios aus dem südlichen Andenhochland, die an jene aus dem Hochland von Peru oder Bolivien erinnern. Spanisches Erbe sind – neben

**Der zentrale Platz von Silvia** *(oben)*, einer großen Stadt in den Anden südlich von Cali, ist ein beliebter Treffpunkt. Die kolumbianischen Männer der ländlichen Gebiete tragen noch häufig eine rockähnliche Kleidung und den charakteristischen Filzhut.

**Ein Indianer paddelt mit einem Kanu** *(rechts)* auf dem Putamayo-Fluß, der Kolumbiens Südgrenze zu Peru bildet. Die indianische Bevölkerung lebt in den unzugänglichen Teilen des Landes, von den großen Städten weit entfernt.

Gitarren und der besonders in den Llanos beliebten Harfe – die populären »Villancicos« (Weihnachtslieder).

Von all den zahllosen Fiestas und Ferias sind die Osterprozession von Popayán, der Straßenkarneval in der »ciudad loca« (verrückte Stadt) Barranquilla und das große Kaffeefest (»Feria del Café«) in Manizales die bekanntesten.

Beliebteste Sportart in Kolumbien ist natürlich »König Fußball«. Viel Resonanz beim Publikum finden Stier- und Hahnenkämpfe sowie Radrennen. Schon seit Jahren beteiligen sich Kolumbianer erfolgreich an den großen europäischen Straßenrennen.

Auf dem Gebiet der Literatur und Malerei haben die Kolumbianer bedeutende Künstler hervorgebracht. Der Nobelpreisträger Gabriel García Márquez (* 1928) wurde durch seine Werke »Hundert Jahre Einsamkeit« und »Die Liebe in den Zeiten der Cholera« weltweit

## Simón Bolíva

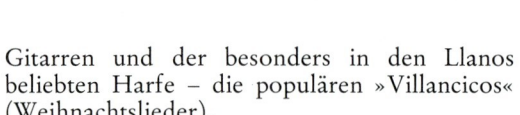

**Simón Bolívar**

1783 Geburt in Venezuela
1804 Reisen in Europa
1810 Aufstand in Caracas
1811 Erklärung der venezolanischen Unabhängigkeit
1813 Diktator von Venezuela
1814 Eroberung von Bogotá, Kolumbien
1819 Sieg über die Spanier bei Boyacá, Kolumbien. B. wird Präsident Großkolumbiens
1822 Befreiung Ecuadors
1823/24 Befreiung Perus
1827 Präsident von Peru
1830 Bolívar stirbt

# KOLUMBIEN

bekannt. Internationale Anerkennung findet auch der Maler Fernando Botero (* 1932), dessen Bilder durch aufgedunsen wirkende Menschen geprägt sind.

In einem so großen und vielseitigen Land wie Kolumbien kann jede Provinz stolz mit einer Vielzahl von kulinarischen Spezialitäten aufwarten. Das typische Nationalgericht Kolumbiens ist der »Sancocho«, ein Eintopf aus Kartoffeln, Yuca, Bananen, Mais und – je nach Region – Rind-, Hühnerfleisch oder Fisch. Das Gericht »Puchero« ist eine Fleischsuppe mit Speck, Bohnen, Kohl, Kürbis, Maiskölbchen und Süßkartoffeln.

Kolumbiens Bevölkerung wächst jährlich um etwa 2 %. Während der größte Teil der Bevölkerung in den Anden und in den karibischen Küstenregionen wohnt, sind die riesigen Tiefländer im Osten, die mehr als die Hälfte der Fläche ausmachen, nur dünn besiedelt oder men-

**Die ländliche Bevölkerung** *(oben)* in den kolumbianischen Anden bestreitet ihren Lebensunterhalt normalerweise vom Feldbau. Die übliche Lebensform ist die Großfamilie, die aus mehreren Generationen besteht.

**Agaveballen** stapeln sich vor einem Lagerhaus *(rechts)*. Die langen, festen Fasern werden zu Tauen und Schnüren gedreht, die Blätter werden als Viehfutter verwendet. Die Agave wächst auf den trockenen Hochflächen.

Simón Bolívar, dem der Name El Libertador (der Befreier) gegeben wurde, brachte einem großen Teil des südamerikanischen Kontinents die Freiheit. Er erzwang für die heutigen Staaten Bolivien (das ihm zu Ehren so benannt wurde), Kolumbien, Venezuela, Ecuador und Peru die Unabhängigkeit. Unter dem Namen Großkolumbien schuf er eine Konföderation dieser Staaten. Seine Vision von einem vereinten Südamerika als Weltmacht wurde nicht realisiert. Schon 1830 zerbrach Großkolumbien durch den Nationalismus der einzelnen Staaten in die Teile Kolumbien (mit Panama), Ecuador und Venezuela. Bolívar konnte 1828, seit 1827 Präsident von Peru, nur knapp einem Attentat entkommen.

schenleer; die Bevölkerung ballt sich in den Großstädten, von denen Bogotá, Medellín, Cali und Barranquilla Millionenstädte sind.

Die Landflucht verursacht kaum lösbare Probleme: die »barrios« (Slumviertel) in den Metropolen dehnen sich immer weiter aus, immer mehr Menschen sind arbeitslos oder schlagen sich als Bettler, Gelegenheitsarbeiter, Schuhputzer oder ambulante Händler durch.

Berühmt-berüchtigt sind die »gamines« von Bogotá, Kinder und Jugendliche, die von zu Hause fortgelaufen sind oder auch verstoßen wurden, auf den Straßen der Sechs-Millionen-Stadt leben und schlafen und durch Diebstahl oder Betteln zu überleben versuchen. Aus dem Heer der entwurzelten, in den Barrios der Großstädte vegetierenden ehemaligen Campesinos lassen sich von Guerillas, Rauschgiftbanden und Todesschwadronen willige Mitstreiter rekrutieren.

# KOLUMBIEN: EL DORADO

Die Suche nach dem legendären Königreich El Dorado führte zahlreiche Forscher, Konquistadoren, Abenteurer und Glücksjäger in die Andenhochländer und zu den unerforschten Oberläufen der Flüsse Südamerikas hinauf. Sie fanden tatsächlich große Mengen an Gold und Edelsteinen. Weitaus wichtiger war aber die Tatsache, daß diese gierige Suche die Erforschung, Eroberung und Besiedlung des südamerikanischen Kontinents beschleunigte.

In den 30er Jahren des 16. Jahrhunderts führte der spanische Forscher und Eroberer Gonzalo Jiménez de Quesada (um 1500–1579) seine Armee in die Andenhochtäler bei Bogotá. Dort schlug er trotz großer zahlenmäßiger Unterlegenheit die Muisca-Indianer, die besser als Chibchas bekannt sind: Die Muiscas verehrten den Gott »Chibchacum«, dessen Name in abgekürzter Form auf den Stamm übertragen wurde. Es war im Lande der Chibchas, wo der Traum von El Dorado geboren wurde. Spätere Forschungsreisende konzentrierten sich auf die Suche nach den beiden größten Städten El Dorados, Manoa und Omagua. 1539 verließ Gonzalo Pizarro (um 1502–1548) Quito, die heutige Hauptstadt von Ecuador, und überquerte die Anden. In den 40er Jahren des 16. Jahrhunderts erforschte Francisco de Orellana (um 1511–1546) die größeren Flüsse, wie den Napo und den Amazonas. Keine der Expeditionen hat die Städte gefunden.

Die Chibchas lebten hauptsächlich auf einer kalten, nebligen Hochebene in der Nähe Bogotás, der heutigen Hauptstadt Kolumbiens. Sie waren größtenteils Bauern und benutzten Waffen und Werkzeuge aus Holz und Stein.

Unter den spanischen Truppen begannen Gerüchte zu kreisen, daß in diesem Gebiet große Reichtümer zu finden seien. Die Basis der Geschichte betraf El Dorado (spanisch für »der goldene Mann«), einen Mann, der, von purem Gold bedeckt, irgendwo in den Bergen in einer goldenen Stadt leben und herrschen sollte. Diese Gerüchte wurden noch durch die Erfahrung erhärtet, daß Indianerhäuptlinge mit goldenen Ornamenten, Gesichtsmasken und Brustplatten reich geschmückt waren, wenn sie ihre Krieger in die Schlacht führten.

## Die Goldschmiedekunst

Die Chibchas waren hervorragende Goldschmiede. Sie hatten die Fähigkeit, wunderbare goldene Gegenstände zu gießen, zu schweißen und zu formen, wobei sie einfache, mit Holzkohle betriebene Schmelztiegel benutzten. So produzierten sie unter anderem Ohrgehänge, Halsbander, Nasenschmuck, Masken, Ohrringe, Diademe, Brustplatten, Glocken und Armbänder. Ebenso formten die Indianer eine Vielzahl kleiner Figuren aus purem Gold.

Die Chibchas waren tief religiös. Ihre Hauptgottheit war die Sonne, aber sie verehrten auch verschiedene niedrigere Götter, wie manche Schlangen, den Jaguar und eine Anzahl mythischer Geschöpfe mit Menschenkörpern und geschnäbelten Köpfen. Sie stellten goldene Repliken dieser Idole her. Seen wurden als heilige Orte angesehen und als Heimstatt der Götter verehrt. Der Guatavita war einer der fünf besonders verehrten Seen. Diese geheimnisvolle Wasserfläche liegt im Nordosten von Bogotá. Einige Historiker glauben, daß dieser See der Originalschauplatz der El-Dorado-Zeremonie gewesen sein könnte, von der Details bis heute durch eine starke Tradition überdauert haben. Gold war, den Indianern zufolge der Sonne geweiht.

## Die El-Dorado-Legende

Die Legende erzählt detailliert von einer Initiationszeremonie, der sich jeder neue Herrscher des Stammes unterziehen mußte. Offensichtlich wurde er am Ufer eines bestimmten Sees nackt ausgezogen und sein ganzer Körper mit einem speziellen klebrigen Harz eingeschmiert. Auf diesen Untergrund wurde dann purer Goldstaub geblasen, der von Kopf bis Fuß haften blieb. Der junge Mann bestieg zusammen mit vier Unterhäuptlingen, die ebenfalls nackt waren, ein Floß. Mit sich nahmen sie große Mengen von Gold und Smaragden. Das Floß stieß ab, fuhr unter musikalischer Begleitung vom Ufer aus in die Mitte des kreisrunden Sees, wo die wertvollen Gaben als Geschenk für die zahlreichen Götter im See versenkt wurden. Wenn der »Goldene Mann« anschließend wieder ans Ufer zurückkam, wurde er als neuer Herrscher des Stammes anerkannt.

Diese erstaunliche Geschichte gewann einiges an Glaubwürdigkeit durch die spätere Entdeckung der kleinen goldenen Replik eines Floßes, die 19,5 Zentimeter lang war und am Rande eines anderen Sees, des Siechasees, gefunden wurde. In wundervoller Arbeit beschreibt dieses Miniaturschiff fraglos eine religiöse Zeremonie,

**Dieses kleine goldene Floß** *(oben links)*, das in Bogotás berühmtem Goldmuseum zu bewundern ist, wurde von indianischen Handwerkern gefertigt. Es stellt die El-Dorado-Initiationszeremonie dar.

**Kunstgegenstände** *(rechts)* aus Bogotás Goldmuseum geben Hinweise auf die Lebensart der Chibcha-Indianer. Gesichtsmasken, Brustplatten, Ohrringe, Diademe und Schilde zeigen eindeutige Chibcha-Kennzeichen, wie etwa die großen Ohrenscheiben.

# KOLUMBIEN

**Der Guatavitasee** *(links)* war einer der Seen, die bei den Zeremonien der Indianer des Andenhochlands bei Bogotá eine wichtige Rolle spielten. Ihre zukünftigen Herrscher wurden, mit klebrigem Harz und Goldstaub bedeckt, zur Mitte des Sees gerudert. Die Indianer glaubten, daß der See von Geistern bewohnt sei. Aus diesem Grund warfen sie Gold und kostbare Steine als Opfergaben hinein.

**Eine heutige Bewohnerin Kolumbiens** *(oben)* zeigt ihre Goldzähne. Ihre Vorfahren waren für prachtvolle Goldarbeiten jeglicher Art berühmt.

bei der eine Zentralfigur von vier Begleitern umgeben ist.

Die vielen Mythen, die sich um den Guatavitasee ranken, führten seit 1562 bis in die Gegenwart zu verschiedenen Versuchen, ihn trockenzulegen. Jedesmal wenn das Wasser des Guatavitasees abgelassen wurde, wurden in dem freigelegten Schlamm des Seegrunds Goldgegenstände als weiterer Beweis für die lange verlorenen Chibcha-Weihegaben entdeckt. Im Jahre 1965 beschloß dann aber die kolumbianische Regierung, daß es nun genug sei, und erklärte alle privat gesponserten Unternehmen dieser Art für illegal.

Die meisten der Objekte, die im Lauf der Jahre entdeckt wurden und stumm die Legende von El Dorado bezeugen, sind heute in Kolumbiens weltbekanntem Museo del Oro (Museum des Goldes) untergebracht und ausgestellt, wo sie als einzigartiges nationales Erbe gehütet werden.

# KOMOREN

**Die Hauptstadt Moroni** *(rechts)* ist mit 30 000 Einwohnern die größte Stadt auf den Komoren. Die Freitagsmoschee am Hafen ist das religiöse Zentrum des Landes.

Die Komoren – schon in der geographischen Bezeichnung schwingt ein geheimnisvoller Klang, und die Übersetzung des Namens weckt alte arabische Legenden: »El Komr«, die kleinen Mondinseln.

Die Frühgeschichte dieser Inselgruppe ist ungewiß. Vermutlich kamen die ersten Bewohner aus dem malaiisch-polynesischen Raum. Später folgten persische und arabische Einwanderer, die auf Großgrundbesitz basierende Sultanate errichteten. Die Araber verschleppten Schwarzafrikaner als Landarbeiter auf die Inseln und betrieben einen lukrativen Sklavenhandel. Um sich vor den zahlreichen Übergriffen der Nachbarn zu schützen, banden sich die komorischen Sultane immer enger an Frankreich: 1841 erwarben die Franzosen die Insel Mayotte, 1886 wurde die gesamte Inselgruppe zum Protektorat, 1912 endgültig Kolonie. Die innere Autonomie erfolgte erst 1961. In einer Volksabstimmung wählten die Inseln 1974 den Weg in die Eigenstaatlichkeit – bis auf Mayotte, das es vorzog, als Überseedépartement bei Frankreich zu bleiben.

Die Einrichtung eines geordneten Staatswesens bleibt auf den Komoren problematisch. Kurz nach der Unabhängigkeit wurde Regierungschef Ahmed Abdallah Abderemane (1919-1989) von sogenannten »Jungen Revolutionären« gestürzt, die nach dem Vorbild der chinesischen Landkommunen einen neuen Weg, eine Kulturrevolution, einschlagen wollten. Aber bereits 1978 wurde der alte Präsident mit tatkräftiger Hilfe ausländischer Söldner und französischer Unterstützung wieder in sein Amt eingesetzt. Die Söldnergruppe unter Bob Denard, von der Republik Südafrika finanziert, half in den 80er Jahren bei der brutalen Niederschlagung von Aufständen gegen das korrupte System. Als sich Ende 1989 der Präsident, aufgrund massiven ausländischen Drucks, der Söldner entledigen wollte, putschten diese und ermordeten ihn. 1996 wurde Mohamed Taki Abdoulkarim Staatspräsident. Im April 1999 übernahm das Militär die Macht, neues Staatsoberhaupt wurde Azali Assoumani.

### Armut der Bevölkerung

Die sozialen Konflikte aufgrund der bitteren Armut schwarzer Pachtbauern gegenüber dem Reichtum der arabisch-europäischen Großgrundbesitzer, deren Ausbruch bisher durch das

## Daten und Fakten

**DAS LAND**
**Offizieller Name:** Islamische Bundesrepublik Komoren
**Hauptstadt:** Moroni
**Fläche:** 2235 km²
**Landesnatur:** 3 vulkanische Inseln
**Klima:** Tropisches Monsunklima
**Höchster Punkt:** Kartala 2360 m
**DER STAAT**
**Regierungsform:** Präsidiale Republik
**Staatsoberhaupt:** Staatspräsident
**Verwaltung:** 3 Inseln mit Autonomierechten
**Parlament:** Bundesversammlung mit 43 für 5 Jahre gewählten Mitgliedern; seit 30. April 1999 aufgelöst
**Nationalfeiertag:** 6. Juli
**DIE MENSCHEN**
**Einwohner (Ew.):** 676 000 (1999)
**Bevölkerungsdichte:** 302 Ew./km²
**Stadtbevölkerung:** 31 %
**Analphabetenquote:** 43 %
**Sprache:** Französisch, Komorisch, Arabisch
**Religion:** Moslems 99 %
**DIE WIRTSCHAFT**
**Währung:** Komoren-Franc
**Bruttosozialprodukt (BSP):** 196 Mio. US-$ (1998)
**BSP je Einwohner:** 370 US-$
**Inflationsrate:** 3,9 % (1990-98)
**Importgüter:** Nahrungsmittel
**Exportgüter:** Vanille, Gewürznelken, Parfümessenz, Kopra
**Handelspartner:** Frankreich u. andere EU-Länder, USA, ostafrikan. Länder, Madagaskar
**Eisenbahnnetz:** o.A.
**Straßennetz:** 851 km
**Fernsehgeräte je 1000 Ew.:** o.A.

einigende Band des Islam (ihm hängen 99 % der Bevölkerung an) verhindert wurde, sind deutlich spürbar. Ein wirtschaftlicher Aufschwung, der dringend benötigte Gelder für die Armen ins Land bringen könnte, ist nicht in Sicht. Die Infrastruktur der Inselgruppe ist kaum ausgebaut, und der Tourismus, der anderen Inseln der Region zu bescheidenem Wohlstand verholfen hat, wird sich unter den gegebenen Bedingungen nicht spürbar ausbreiten.

Über 70 % der Bevölkerung, die sich aus Indo-Melanesiern, Arabern, Afrikanern, Madegassen, Kreolen, Indern, Chinesen und Europäern zusammensetzt, leben von der Landwirtschaft, die ihnen ein knappes Einkommen sichert. Die Großplantagen produzieren für den Export Vanille, Gewürznelken, Kopra und Parfümessenzen. Der Saft der gelben Blütenblätter wird in Frankreich als Grundstoff für die Parfümherstellung verwendet. Der in letzter Zeit vermehrte Einsatz synthetischer Ersatzstoffe mindert jedoch die wirtschaftliche Bedeutung der Ylang-Ylang-Blüte.

### Landschaft und Natur

Alle vier Inseln des Komoren-Archipels sind vulkanischen Ursprungs. Auf der größten Insel, Ngazidja (oder Grande Comore), erhebt sich der Kartala, ein noch immer aktiver Vulkan. Ndzuwani (Anjouan) gilt als die schönste der Inseln. Durch tief zerschluchtete Hänge und Täler streben in zahllose Wasserfälle gebrochene Bäche von den vulkanischen Höhen an die schmalen Küstenstreifen mit ihren Klippen, Korallenriffen und Lagunen.

Wie sich die Landschaften gleichen, so gleichen sich auch die Städte: Neben den Dörfern der Bauern und den kleinen Städten mit einer historischen Moschee hier und einem alten Sultanspalast dort, atmen vor allem die Hauptstadt Moroni auf Ngazidja mit ihrem mittelalterlich malerischen Hafenviertel und die zweitgrößte Stadt der Komoren, Mutsamudu auf Ndzuwani, in ihren engen Gassen vor den eigenwillig dekorativen Ornamenten der Häuserfronten jene verzauberte Atmosphäre eines orientalischen Märchens in afrikanischem Gewande. Suaheli und eine Vielzahl von Dialekten beherrschen neben der arabischen Sprache das lebhafte Treiben der Märkte, das französische Erbe scheint im verwirrenden Völkergemisch der Komoren kaum spürbar.

**Markttag auf den Komoren** *(oben)*, dessen Einwohner meist Komorisch – eine Mischung aus Arabisch und Suaheli – sprechen.

**Die Komoren** *(unten)* sind geteilt. Die Bevölkerung von Mayotte beschloß, bei Frankreich zu bleiben, während die anderen Inseln ein unabhängiger Staat wurden.

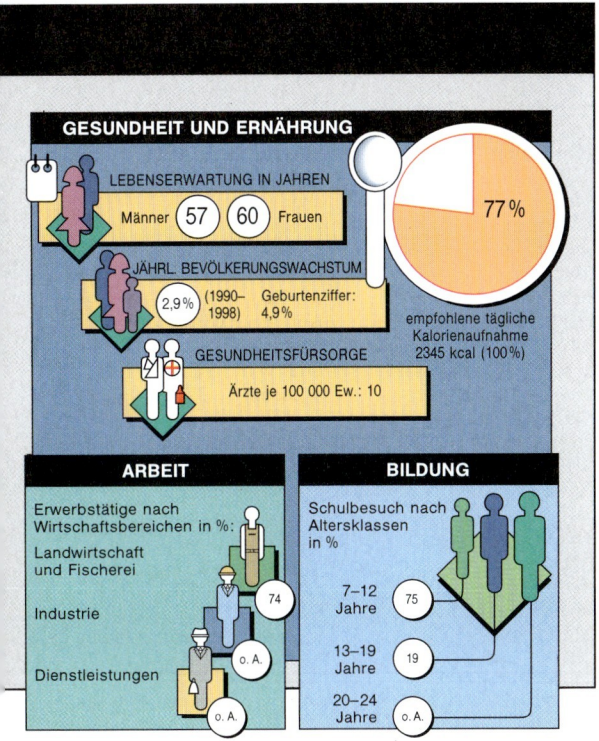
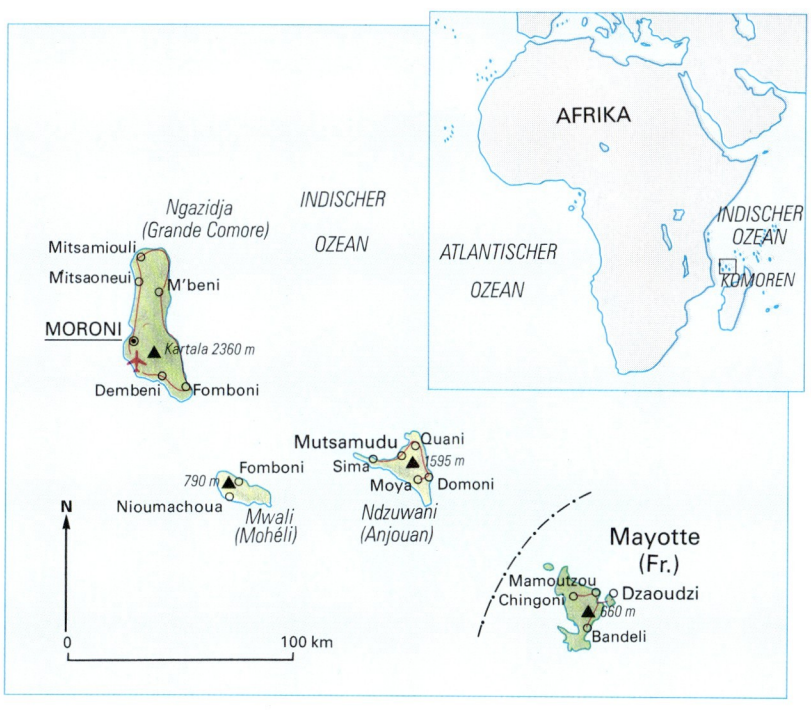

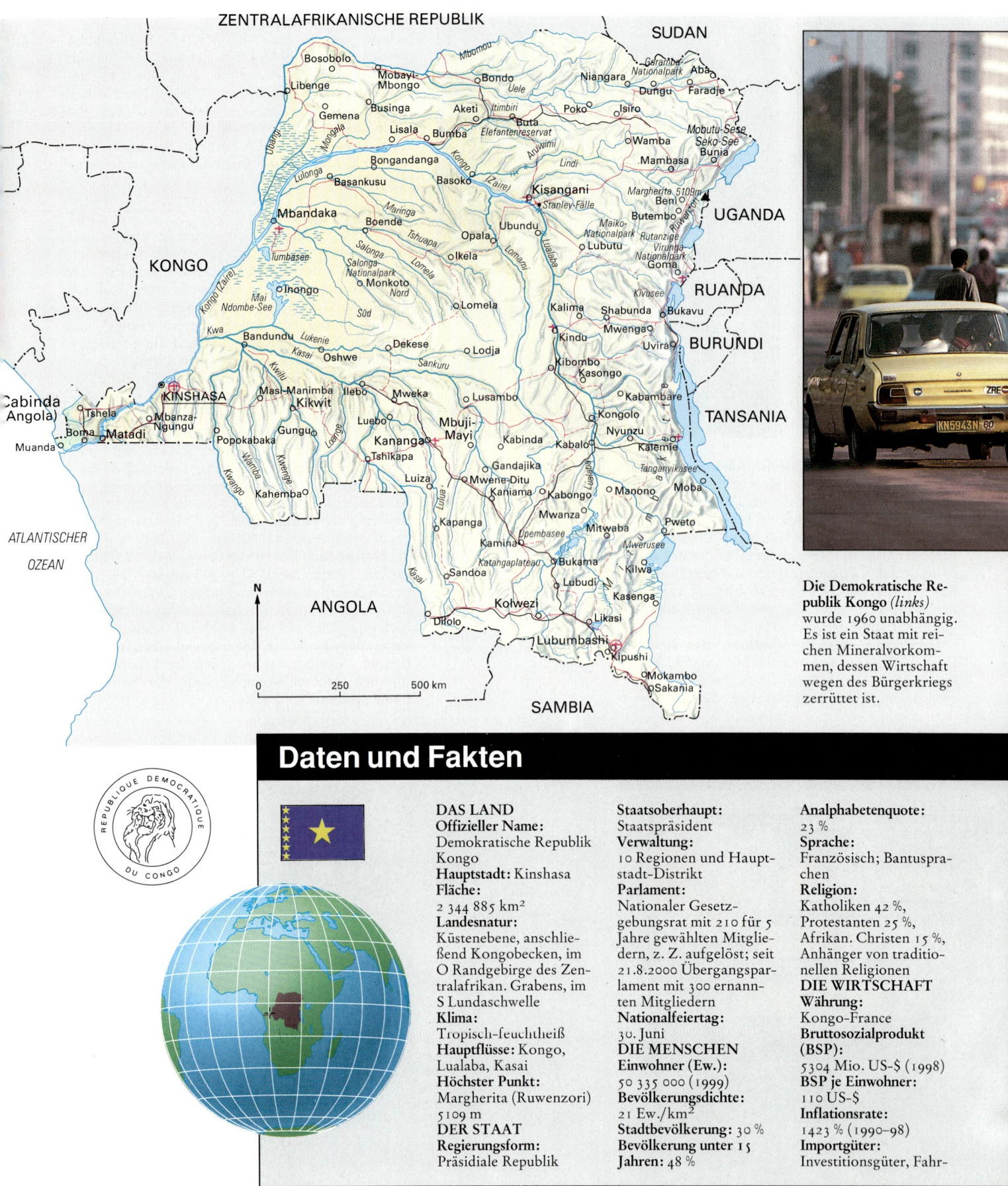

Eine Straßenszene in Kinshasa *(oben)*, wie sie sich in jeder anderen afrikanischen Großstadt abspielen könnte. Das schnelle Anwachsen der Stadtbevölkerung birgt große Probleme.

Für die Bevölkerung des Landes steht der Kampf ums Überleben in einem der ärmsten und am höchsten verschuldeten Länder Afrikas im Vordergrund. Die Diktatur des früheren Präsidenten General Mobutu Sese-Seko (1930 bis 1997) führte den potentiell reichen Staat in den politischen und sozialen Bankrott. Der ab 1998 wütende Bürgerkrieg mündete in Gewalt und Flüchtlingselend.

»Demokratie ist eine Erfindung des Westens und für Afrika nicht brauchbar«. So einfach kann es sein. Mit Unterdrückung und Korruption schuf Mobutu »Stabilität« in einem Staat, der nach den »Kongowirren« und den Sezessionsbestrebungen der 60er Jahre im Chaos zu versinken drohte. Dabei scheint dieser Staat praktisch unregierbar: Seine Fläche hat die Ausmaße von West- und Mitteleuropa; neben der Amtssprache Französisch gibt es vier Landessprachen und rund 250 Dialekte. Seine Bevölkerung setzt sich aus einer ebenso großen Zahl von Ethnien zusammen; sie wohnt vor allem in den Randgebieten, das Zentrum ist nahezu menschenleer.

Teile des Landes haben eine lange Geschichte: In Kongo, Kasai oder Uele gab es afrikanische Königreiche mindestens seit dem 15. Jahrhundert. Seit damals sind auch Fernhandelsverbindungen von den Kupferfeldern und Salzgewinnungsgebieten von Shaba an die Küste des Atlantischen und Indischen Ozeans bekannt. Der Sklavenhandel, im Westen von Portugiesen, im Osten von Arabern betrieben, trug zur Entvölkerung ganzer Landstriche bei.

Unter dem Vorwand, gegen den Sklavenhandel einzugreifen, Zivilisation und Christentum in den »Schwarzen Erdteil« zu bringen, wurde das riesige Gebiet auf der Berliner Afrika-Konferenz 1884/85 König Leopold II. von Belgien quasi als Privatbesitz überlassen. In seinem Auftrag plünderten Handelsgesellschaften die Reichtümer des »Freistaats Kongo«. Grausame Ausbeutung und Zwangsarbeit zwangen die Bewohner in die Knechtschaft.

Als die »Kongogreuel« bekannt wurden, übernahm die belgische Regierung 1908 auf internationalen Druck hin das Territorium und unterstellte es als Belgisch-Kongo der direkten Kolonialverwaltung. Seither kamen Förderung, Verarbeitung und Handel mit Kupfer, Zink, Diamanten, Edelhölzern, Palmöl, Kaffee, Kakao, tropischen Früchten und Elfenbein dem belgischen Mutterland zugute und machten es zu einer reichen Industrienation.

Die Kolonie hingegen zählte im Jahr der Unabhängigkeit 1960 zu den am geringsten entwickelten Ländern Afrikas. »Paternalismus« hieß die Politik, die die Afrikaner unter Führung von Staat und Kirche bis zum Hauptschulabschluß führte, sie aber von jeglicher politischen und ökonomischen Verantwortung ausschloß.

Erst Mitte der 50er Jahre formierte sich eine Opposition der afrikanischen Bevölkerung gegen die koloniale Unterdrückung. Die politischen Ereignisse in und um die Kolonie zwangen Belgien, seine Herrschaft zu lockern, politische Parteien zuzulassen und – früher als geplant – dem Land 1960 die Unabhängigkeit zu gewähren. Bewußt verursachte Belgien durch den Abzug des gesamten Kolonialpersonals und der Finanzen ein Chaos in Verwaltung und Bankwesen, wühlte der allmächtige Bergbaukonzern »Union Minière« die Gemüter in der Provinz Katanga (heute Shaba) auf. Die Regierung Patrice Lumumbas (1925–1961) konnte der einsetzenden politischen und ethnischen Auseinandersetzungen nicht Herr werden, Lumumba selbst wurde Opfer der »Kongowirren«. Durch einen Militärputsch beendete Mobutu 1965 den Bürgerkrieg und galt lange – von Belgien und der westlichen Welt unterstützt – als Garant des Friedens und der Stabilität in Zentralafrika. Erst Ende der 80er Jahre geriet das Mobutu-Regime zunehmend unter außen- und innenpolitischen Druck. Um diesem Druck auszuweichen, ließ Mobutu 1991 ein Mehrparteiensystem zu. Die Spannungen mit der demokratischen Opposition blieben jedoch bestehen, da sich an den realen Machtverhältnissen nichts änderte. 1997 wurde der Diktator von Laurent-Désiré Kabila (1941–2001) gestürzt. Der neue Machthaber, der die Umbenennung Zaires in Demokratische Republik Kongo verfügte, galt zunächst als Hoffnungsträger, entpuppte sich jedoch später als autoritärer und korrupter Herrscher. 1998 entstand im Osten des Landes ein Bürgerkrieg, der sich zu einem grausamen Krieg mit Beteiligung von sechs verschiedenen afrikanischen Ländern ausweitete. Nach Kabilas Tod übernahm sein Sohn, Armeechef Joseph Kabila, 2001 die Nachfolge.

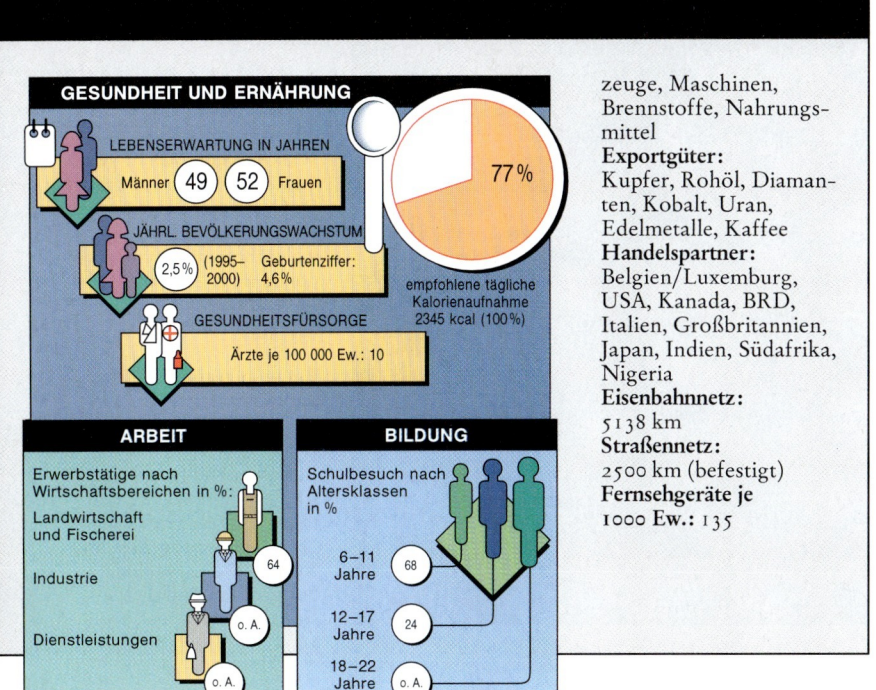

# KONGO, DEM. REP.

**Landesnatur**

Nur durch einen schmalen Zugang mit dem Atlantik verbunden liegt die Demokratische Republik Kongo im »Herzen« Afrikas. Zwei Drittel des Staatsgebiets werden vom größeren Ostteil des Kongobeckens eingenommen, das – einem Amphitheater gleich – allseitig ansteigt und von geologisch alten Randschwellen umgeben ist. Gebirgiges Relief nimmt die ansonsten plateauähnliche Beckenumrahmung lediglich im Osten an, wo sie in den aufgewölbten Rand des Zentralafrikanischen Grabens übergeht und im vergletscherten Margherita (Ruwenzori) ihren höchsten Punkt erreicht. Es herrscht im wesentlichen ein immerfeuchtes heißes Tropenklima, das ideale Bedingungen für eine äußerst üppige Pflanzen- und Tierwelt schafft. Der Großteil des zentralen Kongobeckens mit seinem verzweigten Flußsystem wird von immergrünem tropischen Regenwald eingenommen, der zu den Randschwellen in Feucht- und Trockensavannen übergeht.

**Armut in einem »reichen« Land**

Gemessen an der riesigen Ausdehnung ist die Demokratische Republik Kongo im Durchschnitt eher dünn besiedelt, doch steigt die Bevölkerungszahl in den letzten Jahrzehnten deutlich an, unterstützt von dem staatlichen Wahlspruch: »Viele Menschen schaffen entsprechendes politisches Gewicht für unser Land«. Die Geburtenrate liegt hoch, da die Kinderzahl traditionell Ansehen verschafft, Arbeitskräfte bedeutet und den Lebensabend sichern hilft. Dank der modernen Medizin ist die Sterblichkeit insgesamt gesunken, hat sich die Lebenserwartung erhöht – und sind immer mehr Menschen zu ernähren.

Das hohe Bevölkerungswachstum bremst aber die wirtschaftliche Entwicklung. Doch das ist nur ein Grund, warum trotz reicher Rohstoffvorkommen, trotz der Produktionsmöglichkeiten im tropischen Klima, trotz der riesigen Reserven an Wasserkraft und anderen Energieträgern die wirtschaftliche Entwicklung stagniert. Die Wirtschaftskrise des Landes und die Armut seiner Bevölkerung sind jedoch hausgemacht. Sie sind das Ergebnis einer verfehlten Wirtschaftspolitik, während Mobutus 32jähriger diktatorischer Herrschaft, in der das Land von seiner Führungsschicht ausgeplündert wurde und Korruption und Unterschlagung an der Tagesordnung waren. Dem unermeßlichen Reichtum einer kleinen politischen Elite mit Bungalows in allen Regionen des Landes, Immobilien im Ausland, Bankkonten in allen Industrieländern, die die gesamte Schuldenlast der Demokratischen Republik Kongo hätten tilgen können, stand die krasse Armut und Unterernährung der Masse der Einwohner gegenüber. Die Bevölkerung auf dem Lande ernährte sich zwar selbst durch den Anbau von Maniok, Süßkartoffeln, Mais, Reis und Hirse, aber das Bareinkommen war minimal, da durch den

**Phantasie-Kostüme,** die die Wildheit der Dschungeltiere ausdrücken sollen *(oben)*, werden von Tänzern getragen, die eine kultische Handlung vornehmen. Den animistischen Glaubensvorstellungen zufolge hat alles Lebendige eine Seele.

**Ein junger Minenarbeiter** *(links)* gewinnt Zinnerz durch mehrmaliges Waschen des erzhaltigen Gesteins – hier in Kalima im Osten des Landes. Zinn ist nur einer der vielen Bodenschätze, zu denen auch Kupfer, Diamanten und Zink zählen.

**Ein gespenstischer Nebelschleier** *(rechts)*, entstanden durch nächtliche Kühle und hohe Feuchtigkeit, verhüllt in der Morgendämmerung den tropischen Regenwald. Das Regenwaldgebiet im Kongobecken ist eines der größten und dichtesten der Welt.

# KONGO, DEMOKRATISCHE REPUBLIK

**Ein Dorfbewohner** nimmt ein Bad *(unten)* in einem der zahlreichen kleinen Flüsse, die in den Kongo münden. Außerhalb der wenigen großen Städte leben die meisten Einwohner in schilfgedeckten Häusern, die aus Holz und Lehm gebaut sind.

Zusammenbruch des Transportwesens, das Fehlen landwirtschaftlicher Beratung und die geringe Kaufkraft ein »Rückzug in die Selbstversorgung« stattgefunden hatte. Und das wenige was man produzierte wurde oft genug auch noch von Armee und Polizei konfisziert. Die Armut und Hoffnungslosigkeit auf dem Land bedingten eine erhebliche Landflucht in die Städte. Hier, insbesondere in der Hauptstadt Kinshasa, dem Verwaltungs-, Kultur- und Industriezentrum, das in wenigen Jahrzehnten auf etwa 5 Millionen Einwohner angewachsen war, oder in den Bergbau- und Industriestädten des Südens, erhofften die jungen Leute etwas vom Leben der Reichen mitzubekommen. Die Devise für die meisten Menschen im Lande hieß »Überleben« und sich mit dem Überwachungs- und Unterdrückungsapparat des Regimes arrangieren.

### Bürgerkrieg und seine Folgen

Auch der Machtwechsel 1997 brachte keine grundlegende ökonomische und soziale Besserung. Durch den 1998 aufgeflammten Krieg verlor das Regime unter Laurent-Désiré Kabila die politische und wirtschaftliche Kontrolle über etwa die Hälfte des Territoriums. Das Land zerfiel faktisch in verschiedene voneinander getrennte Wirtschaftsregionen: Mit ausländischer Unterstützung gelang es der Regierung die Kontrolle über den Westen des Kongos und die Rohstoffprovinzen Katanga und Kasaï, die außenwirtschaftlichen Lebensadern, zu bewahren. Dagegen gerieten weite Teile im Norden und Osten – Anbau- bzw. Schürfgebiete für die Ausfuhrprodukte Kaffee und Gold – unter das Regiment der mit Ruanda und Uganda verbündeten Rebellengruppen. Wegen der Kriegswirren blieb auch der Wiederaufbau des unter Mobutu verfallenen Verkehrswesens in Ansätzen stecken.

Heute ist die Mehrheit der Bevölkerung auf die Eigenversorgung durch landwirtschaftliche Erträge, Tauschhandel, Schwarzmarkt und das soziale Netzwerk der Großfamilie angewiesen. Die Teilung der Demokratischen Republik Kongo zwischen dem Kabila-Lager und verschiedenen Rebellenverbänden führte nicht nur zu Anarchie und schwersten Menschenrechtsverletzungen, sondern trieb das Land auch an den Rand einer humanitären Katastrophe. Ende der 90er Jahre war etwa ein Drittel der Bevölkerung vom Krieg direkt betroffen. Ein Großteil litt unter Hunger und mangelnder Versorgung. Etwa 2 Millionen Menschen waren innerhalb der Landesgrenzen auf der Flucht. Hinzu kamen ethnische Konflikte zwischen den Volksgruppen der Hema und Lendu, die sich nach dem ideologischen Muster des Hutu-Tutsi-Konflikts im Nordosten des Landes zu gewaltsamen Auseinandersetzungen entwickelten.

Für die Zukunft bleibt zu hoffen, daß die Befriedung des Landes gelingt und daß das grundsätzlich »reiche« Land seine wirtschaftlichen und sozialen Probleme überwindet.

# Kongo-Fluß

Der Kongo, der wasserreichste Strom Afrikas, fließt über eine Strecke von 4320 km und ist damit der sechstlängste Fluß der Welt. Sein Lauf führt ihn durch den weitflächigen Staat Demokratische Republik Kongo, das ehemalige Zaire, im tropischen Afrika, und er entwässert ein Gebiet von rund 3,7 Millionen Quadratkilometern.

Der eigentliche Anfang des Kongo wird für gewöhnlich da angesetzt, wo sich die Flüsse Lualaba und Luvua vereinigen, um nordwärts über Kabalo in Richtung Kisangani (Stanleyville) zu fließen, nachdem sie die Stanleyfälle überwunden haben. Von diesen beiden großen Zustromgebieten trägt der Lualaba die größere Wassermenge bei, doch ist der Luvua, an seinem Oberlauf auch Luapula oder Chambeshi genannt, der längere der beiden Quellflüsse.

Hinter Kisangani wendet sich der Fluß zunächst nach Westen, dann nach Südwesten, bevor er Kinshasa, die Hauptstadt der Demokratischen Republik Kongo erreicht. Auf dieser Flußstrecke vereinigt er sich mit einer Anzahl größerer Nebenflüsse; der Strom wird breiter und versechsfacht seine Wassermenge. Hinter Kinshasa überwindet der Kongo eine Reihe von Wasserfällen, die als Livingstonefälle bekannt sind, bevor er bei Boma in den Atlantischen Ozean mündet.

**Der Fluß als Verkehrsader**
Schiffahrt ist an vielen Stellen des Unter- und Oberlaufs des Kongo wegen der vielen Wasserfälle, Katarakte und Stromschnellen nicht möglich. Dennoch ist der Strom mit seinen Nebenflüssen für weite Gebiete des Landes eine wichtige Verkehrsader. Auch hat das Flußsystem große Bedeutung für die Gewinnung von elektrischer Energie aus Wasserkraftwerken.

Das Äquatorialklima mit seinen ergiebigen Regenfällen prägt die Natur des Flußbeckens. Der Großteil des Gebiets ist von dichter, immergrüner Vegetation bedeckt, die Lebensraum für eine große Vielfalt von Wildtierarten bietet. Im Fluß selbst kommen Hunderte von Fischarten vor, doch auch andere Bewohner, wie die Krokodile, haben hier ihre Heimat.

In Gebieten, in denen die Ufer relativ fest und dauerhaft sind, können Menschen leben. An anderen Stellen tritt der Fluß über die Ufer, überschwemmt das Land und bildet Sümpfe und Marschen. Dort sind die Lebensbedingungen weitaus härter. Überall im Kongobecken gehört der Fischfang zu den bedeutendsten Wirtschaftszweigen; Landwirtschaft ist im dichten Wald jedoch kaum möglich.

Diejenigen Gebiete des Kongobeckens, die immer noch dicht bewaldet und schlecht zu erreichen sind, bilden noch heute ein Rückzugsgebiet für seltene Lebensformen, auch des Menschen. In den nordöstlichen Teilen des Landes gibt es Gruppen von Pygmäen. Diese Menschen leben im Einklang mit ihrer Umgebung, jagen Tiere zum Lebensunterhalt und sammeln auf ihren Wanderungen von einem Ort zum anderen die Produkte des Waldes. Dabei bleiben sie jedoch im Wald, ihrem Zufluchtsort, und kommen selten aus ihm hervor.

Viele der Wildtierarten kommen nur im dichten Regenwald vor. Gorillas streifen durch die östlichen Wälder des Kongobeckens und über die Hänge der Mitumbaberge. Eine Vielzahl von Affenarten – darunter auch verschiedene Schimpansen – sind im Wald zu Hause. Dort ist auch die Heimat einiger Antilopen- und Leopardenarten, die in anderen Teilen Afrikas selten oder überhaupt nicht anzutreffen sind.

Wie alle Regenwälder der Welt, wird der Wald des Kongobeckens immer mehr als nutzbares Gut für die ganze Menschheit betrachtet. Da große Teile des Gebiets nur spärlich bevölkert und verkehrsmäßig kaum erschlossen sind, glauben viele, daß der Kongo weniger als die Regenwälder anderer Kontinente bedroht sei. Die Holzindustrie ist noch nicht zur Großindustrie geworden, und es gibt erst wenige größere Rodungen, auf denen Viehzucht betrieben wird oder Siedlungsprogramme anlaufen. Der Tourismus beginnt zuzunehmen, doch ist sein Stellenwert noch ziemlich gering und er bleibt normalerweise auf die Nationalparks beschränkt. Heute ist der Kongo nicht mehr das »Herz der Finsternis«, das der Schriftsteller Joseph Conrad (1857–1924) beschrieb, doch wird man sehr wachsam sein müssen um sicherzustellen, daß er nicht ruiniert wird.

**Passagiere mit ihren Habseligkeiten** drängen sich auf einer Barkasse *(unten rechts)*, die auf dem Oberlauf des Kongo oberhalb der Stadt Kisangani verkehrt. Hier wird der Strom gewöhnlich Lualaba genannt. Die schiffbaren Gewässer des Kongo-Systems haben insgesamt eine Länge von mehr als 12 800 km. Sie stellen den wichtigsten Transportweg der Demokratischen Republik Kongo dar.

**Zu abendlicher Stunde** *(Mitte rechts)* haben sich einige Bewohner aus einem Dorf am Kongo mit einem Kanu zum Fischfang auf den Fluß aufgemacht. Für die am Kongo lebenden Völker hat die Flußfischerei für die Ernährung große Bedeutung. Bei Kisangani (Stanleyville) leben die Wagenia, die in den Stromschnellen mit Wurfnetzen, Fischzäunen und Reusen fischen.

**Der Kongo** *(rechts)* entwässert ein ausgedehntes Gebiet des äquatorialen Afrika; von allen Flüssen der Erde führt nur der Amazonas mehr Wasser. Trotz der vielen Stromschnellen und Wasserfälle ist er eine wichtige Verkehrsader. Er verschafft Zugang zum faszinierenden Gebiet des Regenwaldes mit seinen vielen Pflanzen und Tieren.

**Der Gorilla** *(ganz rechts)*, der größte Affe der Welt, ist ein friedliches und intelligentes Tier. Er hat bisher in den dichten Regenwäldern des Kongobeckens überlebt. Ein erwachsenes Männchen kann ein Gewicht von mehr als 200 kg erreichen.

# KONGO, REPUBLIK

Die Republik Kongo erstreckt sich entlang des gleichnamigen Flusses zu beiden Seiten des Äquators. Um sich vom ehemals »Belgischen Kongo« – heute Demokratische Republik Kongo – zu unterscheiden, trug der Staat nach der Unabhängigkeit 1960 lange den Namen »Kongo-Brazzaville«. Der französische Kolonialbeamte Pierre Savorgnan de Brazza hatte 1880 einen Vertrag mit dem König der Batéké über die Besetzung des Landes nördlich des Kongo geschlossen. Die Batéké und Bakongo hatten über mehr als zwei Jahrhunderte hinweg erfolgreich den portugiesischen Kolonisationsversuchen widerstanden, gleichzeitig aber lange Zeit mit europäischen Händlern zusammengearbeitet und ihnen Sklaven zugetrieben.

Seit 1891 gehörte Kongo zusammen mit Gabun zur Kolonie »Französisch-Kongo«, die 1910 mit dem Namen Mittlerer-Kongo ein Teil von »Französisch-Äquatorialafrika« wurde, mit Brazzaville als Hauptstadt. Im flächenmäßig großen, aber dünn besiedelten Kongo hatte sich aufgrund der vorkolonialen Staatsentwicklung und seiner kolonialen Stellung eine politische Elite herausgebildet. Ein Teil dieser Elite lieferte sich nach der Unabhängigkeit mit den von Frankreich geprägten Gewerkschaften Auseinandersetzungen, die 1963 zum Sturz des ersten Präsidenten Fulbert Youlou (1917–1972) und 1969 zur Absetzung von Alphonse Massamba-Debat (1921–1977) führten. Das Militär übernahm mit dem Vorsitzenden des »Nationalen Revolutionsrats« Marien Ngouabi (1938–1977) an der Spitze die Staatsführung. Kongo erklärte sich zur Volksrepublik, die modernen Sektoren der Wirtschaft wurden verstaatlicht und enge außenpolitische Beziehungen zu sozialistischen Staaten geknüpft.

**Die wellblechgedeckten Hütten** *(rechts)* wurden mitten im tropischen Regenwald errichtet und dienen den Ingenieuren und Arbeitern während der Suche nach Erdöl als Wohnsitz. Der schwankende Erdölpreis hat das Interesse aber auch für andere Bodenschätze verstärkt.

## Daten und Fakten

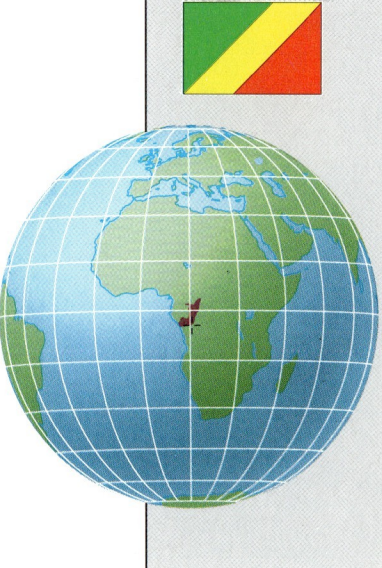

**DAS LAND**
**Offizieller Name:**
Republik Kongo
**Hauptstadt:**
Brazzaville
**Fläche:**
342 000 km²
**Landesnatur:**
Im W flachwelliges Küstentiefland, nach O anschließend Niederguineaschwelle, im NO Kongobecken
**Klima:**
Tropisch-feuchtheiß
**Hauptflüsse:**
Kongo, Ubangi, Kouilou
**Höchster Punkt:**
Mont Nabemba 1040 m
**DER STAAT**
**Regierungsform:**
Präsidiale Republik
**Staatsoberhaupt:**
Staatspräsident
**Verwaltung:**
9 Regionen und 4 Stadtbezirke
**Parlament:**
Nationalversammlung mit 125 und Senat mit 60 Mitgliedern
**Nationalfeiertag:**
15. August
**DIE MENSCHEN**
**Einwohner (Ew.):**
2 864 000 (1999)
**Bevölkerungsdichte:**
8 Ew./km²
**Stadtbevölkerung:**
59 %
**Analphabetenquote:**
19 %
**Sprache:**
Französisch; Bantusprachen
**Religion:**
Katholiken 54 %, Anhänger von Naturreligionen
**DIE WIRTSCHAFT**
**Währung:**
CFA-Franc
**Bruttosozialprodukt (BSP):**
1920 Mio. US-$ (1998)
**BSP je Einwohner:**
690 US-$
**Inflationsrate:**
7,1 % (1990–98)
**Importgüter:**
Maschinen, chem. u. pharmazeut. Produkte, Fahrzeuge, Getreide, Eisen, Stahl, Baumwollgewebe
**Exportgüter:**
Erdöl, Edelholz,

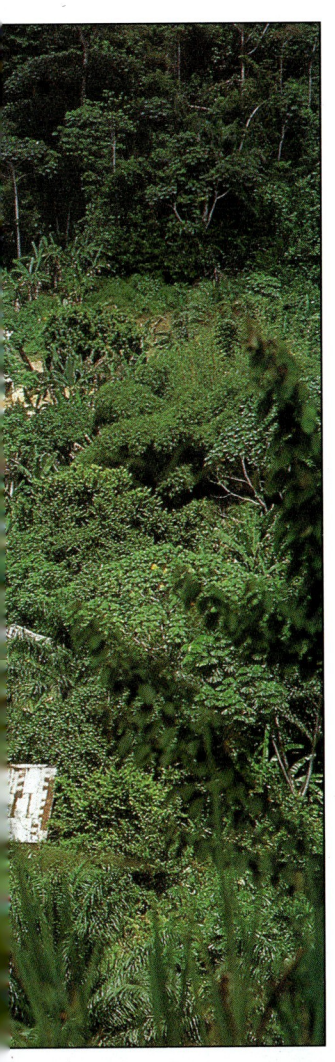

Unter dem seit 1979 regierenden General Denis Sassou-Nguesso (* 1943) wurden die formal engen Beziehungen zu den sozialistischen Staaten zwar beibehalten, wegen der wirtschaftlichen Schwierigkeiten jedoch die nie abgebrochenen Beziehungen zu Frankreich sowie anderen Industrieländern ausgebaut. Die sich weiterhin marxistisch-leninistisch nennende Einheitspartei »Kongolesische Arbeiterpartei« (PCT) wurde von den Militärs in ihrer Vorherrschaft wesentlich beschnitten. Sassou-Nguesso, zeitweise Präsident der »Organisation für Afrikanische Einheit« (OAU), spielte zunehmend eine vermittelnde Rolle zwischen West und Ost im Angola-Namibia-Konflikt sowie im Bürgerkrieg im Tschad. 1990 leitete Sassou-Nguesso eine Demokratisierung ein, die zunehmend an Eigendynamik gewann. Die PCT verzichtete auf ihr Machtmonopol und sagte sich vom Marxismus los. 1992 trat eine neue präsidialdemokratische Verfassung in Kraft. Pascal Lissouba (* 1931) wurde zum neuen Präsidenten gewählt. Spannungen zwischen Anhängern des früheren Präsidenten und regierungsnahen Kräften entluden sich 1997 in blutigen Auseinandersetzungen, die zur erneuten Machtübernahme Sassou-Nguessos führten.

## Natur und Wirtschaft

Das Land erstreckt sich in nordöstlich-südwestlicher Richtung, angelehnt an die Unterläufe von Kongo und Ubangi, die die Ostgrenze gegen die Demokratische Republik Kongo bilden. An den flachen und zum Teil mangrovengesäumten Küstenstreifen schließt sich das 500–800 m hohe, zur Niederguineaschwelle gehörende Batéké-Plateau an. Es wird von Schluchten und Tälern stark zergliedert und fällt nordostwärts sanft zum Kongobecken mit seinen Überschwemmungsgebieten ab. Knapp die Hälfte des Landes ist von dichtem Regenwald bedeckt, in dem die letzten Mitglieder der vom Aussterben bedrohten Pygmäenstämme leben.

Die wirtschaftliche Entwicklung der Republik Kongo ist heute in erheblichem Maße von seinen Erdölvorkommen abhängig. In Zeiten, in denen das Erdöl wegen Preisverfalls an Bedeutung verlor, stiegen die Exporte von Rohholz und seinen verarbeiteten Produkten wieder an. Da die Landwirtschaft lange Zeit aber zugunsten der Industrialisierung vernachlässigt wurde, nahmen die Erlöse aus dem Verkauf von Palmöl, Kaffee, Tabak, Baumwolle oder Kakao, den einst führenden Exportprodukten, ständig ab. Darüber hinaus kann das Land heute nicht mehr die Eigenversorgung seiner Bevölkerung gewähren. Es muß nahezu die Hälfte aller Grundnahrungsmittel importieren.

Der Staat leidet unter einer hohen öffentlichen Verschuldung. Die Mehrheit der unrentablen Staatsbetriebe mußte geschlossen oder privatisiert werden. Das führte zu sozialen Unruhen in den Städten.

Brazzaville und Pointe-Noire sind die beiden einzigen bedeutenden Städte. Dort leben zwei Drittel der Bevölkerung, die sich zum überwiegenden Teil aus den Bantuvölkern der Bakongo und Batéké zusammensetzt.

**Der Kongo** *(unten)* bekam 1960 seine Unabhängigkeit. Haupttransportwege sind das Kongo-Ubangi-Flußsystem, auf dem Güter aus der Zentralafrikanischen Republik und dem Tschad transportiert werden, und die Bahnlinie, die Brazzaville mit der Küste verbindet.

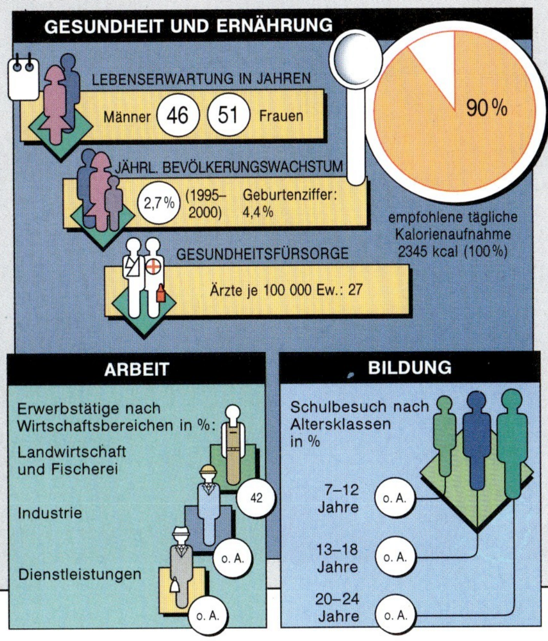


Diamanten, Kakao, Palmöl, Tabak, Bananen
**Handelspartner:** Frankreich, Italien, Belgien/Luxemburg u. andere EU-Länder, USA, Taiwan, Thailand
**Eisenbahnnetz:** 795 km
**Straßennetz:** 12 745 km
**Fernsehgeräte je 1000 Ew.:** 12

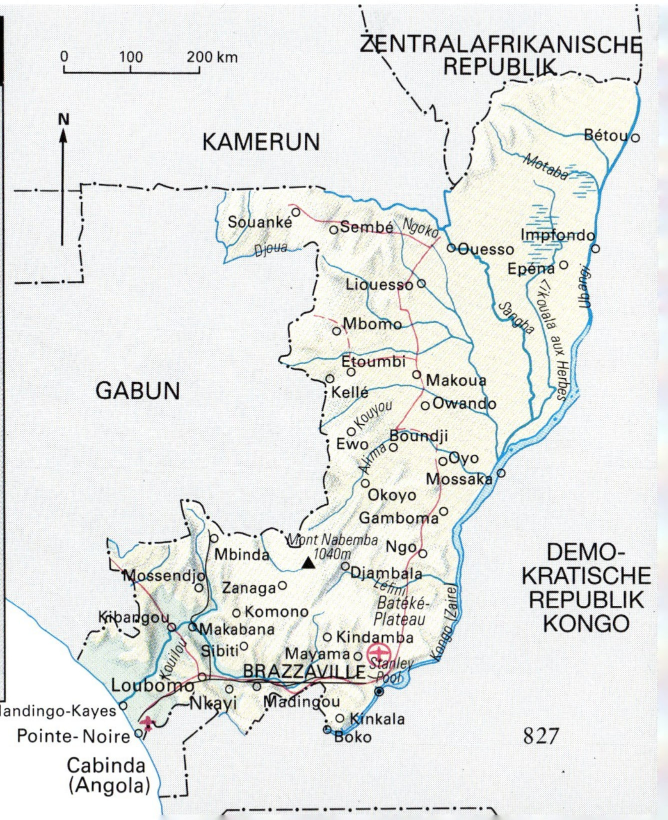

# KROATIEN

# KROATIEN

Zehn Jahre nach der Loslösung aus dem jugoslawischen Verbund 1991 ist Kroatien auf dem Weg nach Europa. Die Regierungsübernahme der Opposition, die sich lange durch die nationalistische Staatsführung des im Dezember 1999 verstorbenen Präsidenten Franjo Tudjman benachteiligt sah, signalisierte dem Land zwischen Adria und Drau den Übergang von den Jahren nationaler Selbstbehauptung gegen großserbische Ansprüche zum inneren demokratischen Ausgleich und zur verstärkten Annäherung an Europäische Union und NATO, die Kroatien im Mai 2000 in ihr Programm »Partnerschaft für den Frieden« aufnahmen.

Erste Stationen auf dem Weg in die Souveränität waren 1989 die Bildung demokratischer Parteien und 1990 der Austritt der Kroaten aus dem Bund der Kommunisten Jugoslawiens. Zu bewaffneten Auseinandersetzungen kam es Ende 1990, als serbische Freischärler in Slawonien und der Krajina, unterstützt von der jugoslawischen Bundesarmee, 30 % des kroatischen Territoriums besetzten und eine eigene Republik ausriefen. Die Kämpfe, die auch unter der Zivilbevölkerung immer größere Opfer forderten, konzentrierten sich auf Westslawonien und die süddalmatinische Küste. Der Fall der ostslawonischen Stadt Vukovar im November 1991 dokumentierte die militärische Schwäche Kroatiens. Die Politik des früheren Partisanengenerals und Ex-Kommunisten Franjo Tudjman, der im Mai 1990 vom ersten frei gewählten Parlament Kroatiens zum Präsidenten gewählt wurde (Wiederwahl durch das Volk 1992 und 1997), war von Beginn an darauf ausgerichtet, seinem Volk den Traum von der staatlichen Eigenständigkeit zu erfüllen.

Der Krieg hat Tausende von Toten und Verletzten gefordert. Hunderttausende, Kroaten wie Serben, haben Heimat und Besitz verloren. Zahlreiche Ortschaften in Ostslawonien wurden weitgehend oder völlig zerstört, die Felder verwüstet. Auch entlang der dalmatinischen Küste und in ihrem Hinterland gab es schwere Zerstörungen. Die kunsthistorisch bedeutende Altstadt von Dubrovnik – von der UNESCO zum Weltkulturerbe erklärt – wurde stark beschädigt. Die Schäden durch unmittelbare Kriegszerstörungen, Produktionsausfälle und entgangene Deviseneinnahmen beliefen sich bis 1998, als mit Ostslawonien auch der letzte Teil kroatischen Territoriums von der Regierung in Zagreb kontrolliert wurde, auf schätzungsweise 27 Milliarden Dollar. Erst das Abkommen von Dayton 1995 führte zu der ersehnten Waffenruhe auch in Bosnien-Herzegowina, wo Kroaten für eine eigene Republik gekämpft hatten. Der Preis des Friedens war, wie auch in den übrigen Teilen Ex-Jugoslawiens eine ethnische »Entmischung« von Regionen, die vormals von mehreren Völkerschaften bewohnt waren. In Kroatien bedeutete dies für die Serben aus der Krajina und aus Slawonien den Verlust ihrer Heimat.

# KROATIEN: DER STAAT

**Ein Blick über Zagreb** *(rechts Mitte)*, die Hauptstadt Kroatiens, mit Stephansdom (13.–15. Jahrhundert).

**Bürgerkrieg in Kroatiens** *(unten)*. Ein Soldat versucht eine Frau zu trösten, die vor den Trümmern ihres Hauses steht.

Die Republik Kroatien besteht aus den drei historischen Regionen Kroatien, Dalmatien und Slawonien sowie dem größten Teil der Halbinsel Istrien. Die einzelnen Landschaften haben gegensätzlichen Charakter: Ausgedehnten fruchtbaren Ebenen an den Flüssen Drau und Save, die durch die slawonischen Mittelgebirge getrennt sind, stehen die verkarsteten Hochflächen und Ketten des Dinarischen Gebirges gegenüber, das in Dalmatien steil zur stark gegliederten Küstenlandschaft der Adria mit ihren zahlreichen vorgelagerten Inseln abfällt. Die Landschaft um die Plitvicer Seen ist Nationalpark. Istrien und Dalmatien mit ihren alten Städten waren bis 1990 bevorzugte europäische Ferienlandschaften und versuchen wieder an diese Tradition anzuknüpfen. Der Tourismus ist daher auch ein bedeutender Devisenbringer der kroatischen Wirtschaft, die auf nur wenige Rohstoffe zurückgreifen kann (Bauxit, Erdöl, Erdgas) und infolge der Kriegszerstörungen stark auf ausländische Investitionen und zur Finanzierung des Strukturwandels auf internationale Kapitalhilfe angewiesen ist. Haupthandelspartner sind Deutschland und Italien. Zu den wichtigen Industriezweigen zählen Nahrungsmittel-, Bekleidungs-, Chemie-, Papier- und Metallindustrie sowie der Maschinen- und Schiffsbau. Etwa 60 % der Wirtschaftsleistung werden indes im Dienstleistungssektor erbracht. Der Wirtschaftsaufschwung (ab 1995) erhielt 1999 infolge des Kosovo-Krieges einen Dämpfer. Hoher Arbeitslosigkeit standen jedoch eine stabile Währung und moderate Inflation gegenüber. Die Landwirtschaft wird im Tiefland durch Getreide-, Obst- und Zuckerrübenanbau, im Gebirge von Viehzucht und Holzwirtschaft bestimmt.

## Geschichte

Ein unabhängiger Staat war Kroatien lediglich von 925–1102, danach bis 1918 Teil des Königreichs Ungarn und somit dem Habsburger Reich zugehörig. Slawonien, im 16. und 17. Jahrhundert unter osmanischer Herrschaft, wurde Kroatien zu Beginn des 18. Jahrhunderts angeschlossen. Dalmatien hingegen, das bis ins 18. Jahrhundert hinein zur Republik Venedig gehörte, war bis zum Zusammenbruch der k. u. k.-Monarchie österreichischer Besitz und fiel ebenso wie der heutige kroatische Teil Istriens erst 1918 an Kroatien. Die istrische Hafenstadt Rijeka, das alte venezianische Fiume, hatte bis dahin Ungarn unterstanden. Die dalmatinische Hafenstadt Zadar, seit 1920 unter italienischer Verwaltung, wurde sogar erst 1946 jugoslawisch und damit Teil der Republik Kroatien, einzelne Adria-Inseln blieben bis in die 50er Jahre hinein bei Italien.

Auf eine eigene Geschichte blickt auch ein schmaler Streifen an der Grenze zur Vojvodina/Serbien und Bosnien-Herzegowina zurück. Hier waren im 16. Jahrhundert vom Kaiser in Wien vornehmlich serbische Bauern angesiedelt worden, die einen Verteidigungsgürtel gegen die türkischen Heere bildeten. Die Bewohner entlang dieser Militärgrenze, der sogenannten Krajina, unterstanden bis 1881 direkt der österreichischen Krone und apostrophierten sich stolz als »des Kaisers Grenzer«.

Trotz jahrhundertelanger Fremdherrschaft wird das Gebiet der heutigen Republik Kroatien überwiegend von Kroaten bewohnt, die heute die große Mehrheit der 4,5 Millionen Einwohner ausmachen und ebenso wie die Slowenen römisch-katholischen Glaubens sind. Die Kroa-

## Daten und Fakten

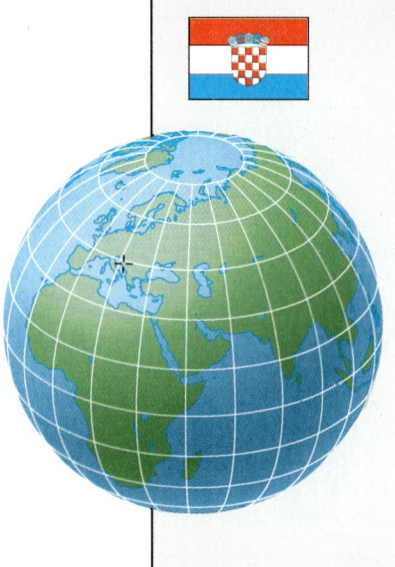

**DAS LAND**
**Offizieller Name:** Republik Kroatien
**Hauptstadt:** Zagreb
**Fläche:** 29 800 km²
**Landesnatur:** Im O Tiefland zwischen Save, Drau und Donau; im W das gebirgige Karstgebiet Hoch-Kroatiens und die reich gegliederte Küstenlandschaft Dalmatiens mit zahlreichen vorgelagerten Inseln
**Klima:** Gemäßigtes kontinentales Klima, an der Küste Mittelmeerklima
**Hauptflüsse:** Save, Drau
**Höchster Punkt:** Troglav 1913 m

**DER STAAT**
**Regierungsform:** Präsidiale Republik
**Staatsoberhaupt:** Präsident
**Verwaltung:** 20 Regionen (Komitate), Hauptstadtbezirk, 2 Bezirke mit Sonderstatus (Glin, Knin)
**Parlament:** Zweikammerparlament mit Repräsentantenhaus (151 Mitglieder, davon 5, die Minderheiten vertreten) und Komitatshaus (68 Mitglieder, von denen 5 vom Präsident ernannt werden); Wahl alle 4 Jahre
**Nationalfeiertag:** 30. Mai

**DIE MENSCHEN**
**Einwohner (Ew.):** 4 477 000 (1999)
**Bevölkerungsdichte:** 79 Ew./km²
**Stadtbevölkerung:** 58 %
**Bevölkerung unter 15 Jahren:** 17 %
**Analphabetenquote:** 1,7 %
**Sprache:** Kroatisch, Serbisch
**Religion:** Katholiken, serbisch-orthodoxe Christen
**DIE WIRTSCHAFT**
**Währung:** Kuna
**Bruttosozialprodukt (BSP):** 20 668 Mio. US-$ (1998)
**BSP je Einwohner:** 4520 US-$

# KROATIEN

ten betrachten ihre mit lateinischen Buchstaben geschriebene Variante des Serbokroatischen als eigenständige Sprache. Die zweitstärkste Bevölkerungsgruppe sind die Serben. Trotz eines hohen serbischen Bevölkerungsanteils in einzelnen Gemeinden in Slawonien und weiter südlich entlang der Grenze zu Bosnien gab es vor 1990 keine Orte, in denen nur Serben ansässig waren. Die Grenzregionen waren immer multinational. Mit der Rückeroberung des von serbischen Freischärlern gehaltenen Gebiets (»Republik Krajina«) und der von der UNO überwachten Wiedereingliederung des Osten Slawoniens bis 1998 verließen die meisten Serben die Region bzw. wurden vertrieben.

Die Feindschaft zwischen Kroaten und Serben geht zum einen auf die zentralistische Politik Belgrads in der Zwischenkriegszeit sowie auf die Überrepräsentanz von Serben in Polizei, Verwaltung und Justiz Kroatiens nach 1945 zurück. Aus dem Trauma der ewig von den Serben Unterdrückten entstand bei den Kroaten der Wunsch nach einem eigenen Staat. Die Serben wiederum können die Grausamkeiten nicht vergessen, die ihnen in den Jahren 1941–1945 im Namen des faschistischen »Unabhängigen Kroatischen Staates«, eines Marionettenregimes von Hitlers und Mussolinis Gnaden, angetan wurden. Unter dem Ustascha-Regime wurden Hunderttausende Serben, aber auch Zigeuner und Juden, ermordet. Im sozialistischen Jugoslawien war Kroatien eine Teilrepublik, die sich von der Belgrader Regierung bevormundet sah. Unabhängigkeitsbestrebungen des »Kroatischen Frühlings« wurden 1971 niedergeschlagen. Doch leitete Tito unter Beibehaltung der kommunistischen Vorherrschaft eine vorsichtige Föderalisierung Jugoslawiens ein. Nach seinem Tod 1980 verstärkten sich Abspaltungstendenzen, die schließlich 1991 zur Unabhängigkeit Kroatiens führten.

**Inflationsrate:**
131,2 % (1990–98)
**Importgüter:**
Maschinen u. Fahrzeuge, Fertig- u. Halbfertigwaren, chem. Produkte
**Exportgüter:**
Maschinen u. Fahrzeuge, Fertig- u. Halbfertigwaren
**Handelspartner:**
Italien, Deutschland
**Eisenbahnnetz:**
2700 km
**Straßennetz:**
22 700 km (befestigt; 302 km Autobahn)
**Fernsehgeräte je**
1000 Ew.: 272

**Der Staat Kroatien** *(oben)* liegt im Nordwesten der Balkanhalbinsel zwischen der Donau im Osten und der Adria im Westen.

# KUBA

Kuba ist der erste sozialistische Staat in Amerika. Seine Verfassung ist das Ergebnis der 1959 durch die Revolution eingeleiteten Entwicklung. 1976 wurde sie nach dem Muster osteuropäischer sozialistischer Volksdemokratien verabschiedet. Wesentlicher Unterschied zu diesen Volksdemokratien ist hier aber die Vereinigung der gesamten Exekutivgewalt in der Person von Fidel Castro Ruz (* 1926). Er ist Staatsoberhaupt, Regierungschef, Generalsekretär der Einheitspartei und Oberbefehlshaber der Streitkräfte.

Die Führungsrolle der Kommunistischen Partei Kubas (PCC), die die Richtlinien der Politik bestimmt, wird in der Verfassung hervorgehoben. Die PCC ist die einzige zugelassene Partei. Sie hat über 450 000 Mitglieder und ist nach dem Vorbild anderer kommunistischer Parteien organisiert. Ihre Leitungsgremien werden zwar formal von unten nach oben gewählt, tatsächlich verläuft aber der Weg von oben nach unten. Fidel Castro hat als Erster Sekretär des Zentralkomitees eine überragende Stellung.

Einen nicht unerheblichen Einfluß besitzen auch die Gewerkschaften. In den 17 Einzelgewerkschaften sind fast alle Arbeitnehmer organisiert, da die Gewerkschaftsmitgliedschaft gesetzlich zur Pflicht gemacht wurde.

Die Rechtsprechung ist im wesentlichen an der alten spanischen Rechtsordnung orientiert, wurde aber in einer Justizreform den Bedürfnissen des neuen Gesellschaftssystems angepaßt. So sind die untersten Instanzen, die Volksgerichte, ausschließlich mit Laien besetzt, die lokale Bagatellfälle in eigener Verantwortlichkeit entscheiden. Höchste Instanz ist der Oberste Gerichtshof, dessen Mitglieder von der Nationalversammlung gewählt werden.

## Das Verhältnis Havanna – Moskau

Die enge Bindung Kubas an die UdSSR kam in vielfältiger Weise zum Ausdruck. So wurde der Inselstaat 1972 Mitglied des COMECON. Sowjetische Spezialisten wirkten bereits beim ersten Fünfjahresplan Kubas für den Zeitraum von 1976 bis 1980 mit. Bis dorthin angelaufene Auslandsschulden übernahmen die Sowjets gegen zusätzliche Zuckerlieferungen in den folgenden Jahren. Außer Zucker lieferte Kuba insbesondere auch Nickel und Zitrusfrüchte im Austausch gegen Maschinen, Transportausrüstungen, Mineralölprodukte und eine breite Palette von Konsumgütern. Dabei wurden von der UdSSR Produkte wie Zucker oder Nickel um ein Vielfaches über dem Weltmarktpreis abgerechnet. Auf der anderen Seite erhielt Kuba Produkte wie Erdöl von der UdSSR weit unter dem OPEC-Preis. Es bezog somit indirekt sowjetische Subventionen, die pro Tag umgerechnet mehrere Millionen US-Dollar ausmachten. Als Gegenleistung erbrachte Kuba für die UdSSR zahlreiche Dienstleistungen, wie etwa den militärischen Söldnerdienst durch Kubaner im afrikanischen Angola. Durch die Reformpolitik des sowjetischen Parteichefs Michail Gorbatschow und den Zerfall der UdSSR geriet auch das autoritäre Regime Castros zunehmend in die Kritik.

## Kuba – mehr als 40 Jahre nach der Revolution

Unbestritten ist bis heute, daß es dem Durchschnitts-Kubaner unter Fidel Castro lange Zeit viel besser ging als unter der Diktatur von Fulgenico Batista (1901–1973). Die »Zuckerinsel« glänzte zeitweise mit Erfolgsmeldungen, die man anderswo in der Dritten Welt suchen mußte. So ist die Lebenserwartung seit der Re-

# Daten und Fakten

**DAS LAND**
**Offizieller Name:** Republik Kuba
**Hauptstadt:** Havanna
**Fläche:** 110 861 km²
**Landesnatur:** Drei Gebirge erheben sich aus dem Tiefland: im SO die Sierra Maestra, in der Mitte die Sierra del Escambray und im W die Sierra Guaniguanico
**Klima:** Randtropisches Klima
**Hauptflüsse:** Río Cauto, Río Zaza, Río San Pedro, Caunao
**Höchster Punkt:** Pico Turquino 1994 m

**DER STAAT**
**Regierungsform:** Kommunistische Republik mit Einparteiensystem
**Staatsoberhaupt:** Staatsratsvorsitzender
**Verwaltung:** 14 Provinzen, Sonderverwaltungsgebiet Isla de la Juventud
**Parlament:** Volkskongreß (mit 601 für 5 Jahre gewählten Mitgliedern), Staatsrat (31 Mitglieder)
**Nationalfeiertag:** 1. Januar
**DIE MENSCHEN**
**Einwohner (Ew.):** 11 160 000 (1999)
**Bevölkerungsdichte:** 101 Ew./km²

**Stadtbevölkerung:** 78 %
**Bevölkerung unter 15 Jahren:** 22 %
**Analphabetenquote:** 4 %
**Sprache:** Spanisch
**Religion:** Katholiken 39 %
**DIE WIRTSCHAFT**
**Währung:** Kubanischer Peso
**Bruttosozialprodukt (BSP):** 14 572 Mio. US-$ (1997)
**BSP je Einwohner:** unter 3035 US-$ (1998)
**Inflationsrate:** o.A.
**Importgüter:** Maschinen, Erdöl u. Erdölprodukte,

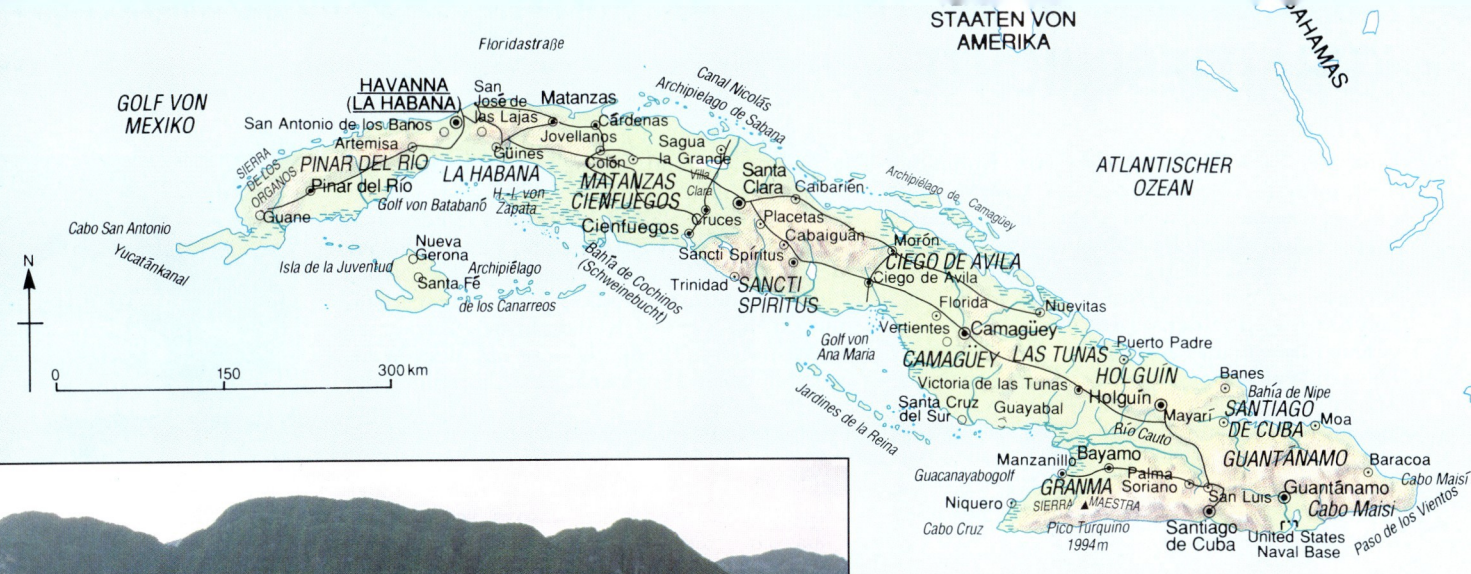

**Kubas Landschaft** *(links)* ist von Gegensätzen geprägt: ausgedehnte Ebenen erstrecken sich vor zerklüfteten Bergen und Hügeln.

**Kuba** *(oben),* die westlichste Insel der Großen Antillen, hat eine zentrale Stellung, da es strategisch wichtige Schiffahrtswege beherrscht.

volution von fünfzig auf über siebzig Jahre gestiegen, der Ausbau des Schulwesens hat die Analphabetenquote auf 4 % heruntergedrückt, nur noch jeder zwanzigste Haushalt hat keinen elektrischen Strom.

Dennoch gibt es nicht nur bei Entwicklungstheoretikern, sondern auch bei den betroffenen Kubanern selbst heute starke Kritik am »Kubanischen Modell«. Wie im Sozialismus östlicher Prägung generell, müssen die Kubaner weitgehend auf ihre individuelle Freiheit verzichten, was eine Massenflucht in die USA, vor allem nach Florida, zur Folge hatte. Die Versorgung mit Gütern des täglichen Bedarfs ist unzureichend, die Wohnungsnot groß. Viele Familien müssen sich in heruntergekommenen Mietshäusern zusammendrängen, die dringend reparaturbedürftig sind. Die Regierung hat große Anstrengungen unternommen, um neuen Wohnraum zu schaffen, aber die Nachfrage übersteigt das Angebot bei weitem.

Was die Kubaner an sozialen Verbesserungen erreichten, wurde nur zum Teil aus eigener Kraft bewerkstelligt. Die massive Wirtschaftshilfe durch die UdSSR schlug sich in der Statistik allerdings nur indirekt nieder, nämlich in Form umfangreicher Preissubventionen. Dem Wegfall der sowjetischen Unterstützung begegnete Castro mit dem Ausbau des Tourismus und der Zulassung privater Kleinbetriebe und freier Märkte. Eine grundlegende Liberalisierung des politischen Sytems lehnt der Diktator jedoch nach wie vor ab. Trotz der schlechten wirtschaftlichen Verhältnisse sind die Kubaner heitere und gesellige Menschen. Auch wenn das Leben düster erscheinen mag, bleibt ihnen immer noch die Begeisterung für Volksmusik und der Stolz auf ihre sportlichen Leistungen.

# KUBA: GESCHICHTE

Eine wechselvolle Geschichte von Kolumbus über diverse Kolonialherren bis Castro prägt die Gegensätze Kubas bis heute: Sie überdauert in der historischen Bausubstanz von Havanna und Trinidad, sie zeigt ihre Narben dort, wo die Monokultur des Zuckerrohranbaus die Üppigkeit der Regenwälder verdrängt hat.

Kuba ist ein altes Kulturland, das älteste der »Neuen Welt« sogar. Und es ist eine lebendige Mischkultur: Hier haben Europa und Afrika Geschichte gemacht. Sich auf Kuba einzulassen, bedeutet, vor der Kulisse der Karibik einzutauchen in eine sonnendurchflutete Welt, die von der alten Zeit nie loskam und in der neuen noch nicht angekommen ist.

### Von der Iberisierung zur Amerikanisierung

Noch im Entdeckungsjahr 1492 nahm Christoph Kolumbus (1451–1506) Kuba für die spanische Krone in Besitz. Diego de Velazquez (1460–1522) wurde schließlich 1512 beauftragt, die Insel systematisch zu kolonisieren. Er gründete eine Reihe von Städten, ausgehend von Baracoa, Bayamo, Sancti Spíritus, Trinidad, Puerto Príncipe (jetzt Camagüey), Santiago de Cuba und Batabanó (jetzt Havanna bzw. La Habana). Mit diesen Stadtgründungen kam ein wichtiges spanisches Kulturelement auf die Insel. Die Merkmale der kolonialspanischen Stadt sind immer noch im heutigen Siedlungsbild deutlich wahrnehmbar: Die quadratische Plaza mit der Kathedrale, der schachbrettförmige Straßengrundriß und schließlich die typisch spanischen Häuserfassaden.

Mit der Verlagerung der spanischen Interessen auf das amerikanische Festland wurde der US-amerikanische Einfluß auf Kuba immer stärker. Als Spanien 1818 auf Kuba den Freihandel zuließ, entstanden zunehmend exportorientierte Agrarbetriebe, die sich verstärkt auf die Rohrzuckerproduktion verlegten. Der Trend zu kapitalintensiven Großbetrieben war unverkennbar. Mit der militärischen Intervention durch die USA im Jahr 1898 kam es auf Kuba zu einer Phase starker Kapitalinvestitionen und zu Landerwerb durch US-Amerikaner. Das Land entwickelte sich zur karibischen Zuckerinsel. Die Amerikanisierung der Insel griff jedoch auch auf andere Wirtschaftsbereiche über. Die sozialen Unterschiede zwischen einer kapitalkräftigen Oberschicht, die vorwiegend in Havanna lebte, und einem Heer landloser Bauern wurden immer größer.

### Kuba vor der Revolution

Bis zur Revolution im Jahre 1959 hatte sich die Besitzkonzentration weiter verstärkt. 1958 entfielen über 71 % der landwirtschaftlichen Nutzfläche Kubas auf Großbetriebe mit mehr als 100 ha; die 28 größten Gesellschaften besaßen mit zwei Millionen ha Land 83 % der gesamten Anbaufläche von Zuckerrohr. 70 % der über 800 000 in der Landwirtschaft Tätigen galten demgegenüber als landlose Arbeiter. Der größte Teil davon fand, häufig nur saisonal, in der Zuckerwirtschaft eine Beschäftigung. Zucker bestimmte zu 80 % den Export des Landes. Dabei gingen über zwei Drittel des Rohrzuckers in die USA. Die Zuckerrohrmonokultur auf Kuba wurde insofern durch die Nordamerikaner stabilisiert, als sie den Kubanern den Zucker zu einem höheren Preis als dem auf dem Weltmarkt üblichen abnahmen. Eine Umstellung der Landwirtschaft auf den Anbau verschiedener Produkte kam somit kaum voran.

Bis zur Revolution erreichte das verhältnismäßig kleine Land einen Anteil an der Weltzuckerproduktion von 10,7 %. 1952 verzeichnete Kuba eine Rekordernte mit sieben Millionen Tonnen – 1850 hatte die Jahresproduktion dagegen nur 200 000 Tonnen betragen. Über zwei Drittel des in den karibischen Ländern erzeugten Zuckers stammten in den 1950er Jahren aus Kuba.

### Fidel Castro und die Kubanische Revolution

Der frühere Rechtsanwalt Fidel Castro Ruz war seit 1953 als aktiver Gegner des Diktators Fulgencio Batista y Zaldívar (1901–1973) aufgetreten und begann 1956 schließlich einen Guerillakrieg, der knapp drei Jahre später zum Erfolg führte. Als neuer Ministerpräsident stellte Castro jedoch die Weichen nicht in Richtung einer Demokratie westlichen Musters, vielmehr trieb er den Aufbau eines kommunistischen Staatsapparates und einer sozialistischen Gesellschaft voran. Am 1. Januar 1999 jährte sich zum vierzigsten Mal jener Tag, an dem der kubanische Diktator Batista die Insel verließ und damit die Revolution Castros endgültig gesiegt hatte. Damals begann auf Kuba ein tiefgreifender Prozeß der gesellschaftlichen und wirtschaftlichen Umgestaltung. Die Veränderung vollzog sich in vier Etappen: Zunächst sollte eine Agrarreform

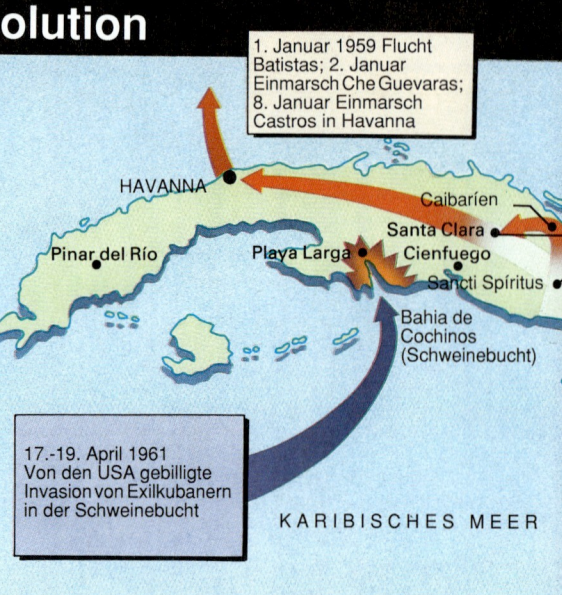

**Castros Revolution**

Am 26. Juli 1953 überfielen Fidel Castro und seine Anhänger die Moncada-Kasernen bei Santiago de Cuba. Castro und sein Bruder wurden inhaftiert. Nach seiner Freilassung 1955 floh er nach Mexiko und kehrte Ende 1956 nach Kuba zurück. Die Rebellen hielten sich in der Sierra Maestra versteckt und starteten von dort Guerillaangriffe. Ende 1958 hatte Castro dem Batista-Regime ein Ende bereitet – Anfang 1959 rief er eine neue Regierung aus.

1. Januar 1959 Flucht Batistas; 2. Januar Einmarsch Che Guevaras; 8. Januar Einmarsch Castros in Havanna

17.-19. April 1961 Von den USA gebilligte Invasion von Exilkubanern in der Schweinebucht

# KUBA

**Portraits** *(links außen)* von Castro und Guevara beherrschen den Platz der Revolution in Havanna. Hier steht außerdem ein Denkmal für José Martí – Anführer der Revolution von 1895, die die spanische Herrschaft beendete.

**Fidel Castro** *(oben)*, umgeben von Mitgliedern des Zentralkomitees, spricht auf einer Massenkundgebung in Santiago de Cuba. In Santiago wurde Castro nach seinem Überfall auf eine Militärkaserne 1953 festgenommen.

**Eine äthiopische Schule** *(oben)* auf der Isla de la Juventud zeigt die engen Beziehungen Kubas zu anderen ehemals marxistischen Staaten. Kubanische Truppen griffen 1976 in den Angola-Krieg, 1977 in den Krieg zwischen Äthiopien und Somalia ein.

die wesentlichen Voraussetzungen für die wirtschaftliche Entwicklung Kubas schaffen. Weiter wurde die generelle Verstaatlichung bedeutender Bereiche der Wirtschaft angestrebt. Der dritte Schritt hatte die Beseitigung der Arbeitslosigkeit und der Unterbeschäftigung zum Ziel. Schließlich sollte eine umfassende Entwicklung des Bildungs- und Sozialwesens in Angriff genommen werden. Doch durch die von den USA betriebene Isolierung Kubas wurde das Land, weit mehr als ursprünglich geplant, zu einer wirtschaftlichen Zusammenarbeit mit der Sowjetunion veranlaßt. Wegen des amerikanischen Boykotts, der nicht einmal mehr die Lieferung wichtiger Ersatzteile für technisches Gerät nach Kuba zuließ, mußten vermehrt Produktionseinrichtungen und Verkehrsmittel sowjetischer Herkunft auf die Insel gebracht werden. Bis zum Zusammenbruch der Sowjetunion verstärkte sich die Wirtschaftshilfe mehr und mehr und damit auch ihr politischer Einfluß.

# KUBA: DAS LAND

Die größten Teile der Insel werden von Tiefländern eingenommen, die insbesondere aus Kalksteinen aufgebaut sind. Nur in drei Landesteilen bestimmen Gebirge das Landschaftsbild. Die höchste Erhebung findet sich im Südosten, wo die Sierra Maestra mit dem Pico Turquino 1994 m erreicht. Sie ist Teil des amerikanischen Kordillerensystems, das sich bis in den Bereich der Großen Antillen hinein ausgebildet hat. Im zentralen Teil der Insel liegt die bis 1156 m hohe Sierra des Escambray, die sich in die Sierra de Sancti Spíritus und die Sierra de Trinidad untergliedert. Schließlich ist der etwa 700 m hohe Gebirgszug der Sierra Guaniguanico im Westen Kubas zu nennen mit der Sierra de los Órganos, berühmt durch ihre bizarren Karstformen. Im Valle de Viñates ragen die Kalkklötze wie Orgelpfeifen in der tropischen Kegelkarstlandschaft auf.

Das langgestreckte Kuba wird von Korallenkalk- und Kalksandsteinbänken umsäumt, die vielfach als kleine Inseln oder Riffe ausgebildet sind. Über 1600 Inseln säumen die kubanische Küste. Die größte, die Isla de la Juventud, liegt rund 64 km vor der Südwestküste.

## Klima und Vegetation

Das Klima Kubas ist als randtropisch einzustufen, da die Insel bereits nahe des nördlichen Wendekreises liegt. Winterliche Kaltlufteinbrüche aus dem Norden sind ein deutlicher Hinweis dafür. Ebenso machen sich im nördlichen Teil Kubas jahreszeitliche Temperaturschwankungen bemerkbar. Die höchste mittlere Monatstemperatur erreicht im Juli in Havanna 28 °C, die tiefste im Dezember 22 °C. Im südlichen Osten dagegen fällt das Thermometer im Winter nur noch bis durchschnittlich 24 °C. Der Winter ist relativ niederschlagsarm, während der Sommer zwei Niederschlagsmaxima aufweist. Die Niederschläge ergeben sich vor allem aus den Wirkungen des Passats. Generell fallen im kubanischen Tiefland jährlich zwischen 1000 und 1500 mm Niederschlag. Diese Werte werden nur an den Luvseiten der Gebirge überschritten.

Ursprünglich haben regengrüne Feuchtwälder Kubas Tieflandebene geprägt. Durch menschlichen Einfluß dominieren heute jedoch die Kurzgrasfluren, die sogenannten »Sabanas«, die nur einen sehr schütteren Baumbestand aufweisen. Die regengrünen Feuchtwälder mußten vielerorts der Zuckerrohrmonokultur weichen. Auf wasserdurchlässigen Karstarealen hat sich eine wasserspeichernde Sukkulentenvegetation eingestellt. An den Luvseiten der Sierra Maestra und der Sierra de Baracoa finden sich dagegen noch Reste von immergrünem Regenwald. Mangroven sind vor allem an der südlichen Küste weit verbreitet.

## Insel ohne Urbevölkerung

Als die Spanier ins Land kamen, lebten auf Kuba ca. 100 000 ackerbautreibende Insel-Aruaken, auch Tainos genannt, sowie andere kleine Stämme. Innerhalb weniger Jahrzehnte fielen die Tainos der Zwangsarbeit und den von den Spaniern mitgebrachten Krankheiten zum Opfer. So veranlaßte der Mangel an Arbeitskräften die spanische Krone bereits 1513 zur Einführung von Sklaven aus Westafrika. Bis in die siebziger Jahre des 19. Jahrhunderts überwog deshalb in Kuba das farbige Bevölkerungselement. Nach der Befreiung der Sklaven setzte eine verstärkte Einwanderung aus Europa, vor allem aus Spanien, ein. Heute dominieren daher mit mehr als 70 % der Gesamtbevölkerung die Einwohner europäischer Abstammung. Deshalb gilt Kuba auch als die »weiße Insel« unter den Großen Antillen.

## Rohrzucker und Havanna-Tabake

Kuba wird durch die Zuckerwirtschaft geprägt. Nach Brasilien und Indien ist das Land der drittgrößte Rohrzuckerproduzent der Welt, gemessen am Welthandelsanteil bei Rohrzucker sogar die Nummer eins. Auf 1,8 Millionen Hektar werden in normalen Erntejahren ca. 7 bis 8 Mio. Tonnen Rohrzucker erzeugt. Die durch Fidel Castro verstaatlichte Zuckerindustrie ist heute mehr denn je Rückgrat der Wirtschaft und wichtigster Devisenbringer. Nach der Revolution wurden zunächst die Zuckerrohrareale reduziert und für das ganze Land neue Industrien geplant. Doch es fehlten

**Ein junger Kubaner** (oben) bei der Arbeit auf dem Bau. Das staatliche Aufbauprogramm mit dem Ziel, die Bewohner der »parasitären Stadtzentren« auszusiedeln, hat zur Verbesserung der Wohnsituation für die armen Bevölkerungsschichten geführt.

**Kinderkrippen für Kleinkinder** (rechts) gibt es überall dort, wo Arbeitskräfte gebraucht und das Arbeitskräftepotential voll ausgeschöpft werden muß. So können Mütter bereits wieder arbeiten, wenn ihre Kinder vier oder fünf Monate alt sind.

die entsprechenden infrastrukturellen Voraussetzungen, die notwendigen Arbeitskräfte und eine Lösung der technischen und finanziellen Probleme. Der einzige Ausweg aus diesem Dilemma schien damals die Intensivierung des Zuckerrohranbaus zu sein. Seit dieser Erkenntnis erfuhren alle anderen Wirtschaftszweige und Agrarprodukte eine verminderte Förderung zugunsten des Zuckerrohranbaus, der von nun an zu einer Monokultur ausgebaut wurde wie nie zuvor in der Geschichte der Insel.

Traditionsgemäß erzeugt Kuba nach wie vor auch die bekannten Havanna-Tabake. Der Anbau wird schwerpunktmäßig in den Provinzen Pinar del Río und Villa Clara betrieben. Bis zu Beginn unseres Jahrhunderts wurden die Havanna-Zigarren noch in zahlreichen Kleinbetrieben in Handarbeit hergestellt.

Die durchschnittliche Jahresernte beträgt derzeit 30 bis 40 Millionen kg. Die begehrteste Tabakqualität heißt Vuelta; diese ist sehr aromatisch und kommt aus den Anbaugebieten von San Luis, San Juan oder Consolación del Sur. Unter den typischen Schattentüchern wächst das wertvolle Blattgut bei ständiger Kontrolle zu den besten Tabakqualitäten heran. Lese und Sortierung der Havanna-Tabake erfolgen nach Größe, Blattgehalt und Farbe mit Einstufungen in bis zu achtzehn Klassen. In Palmblattmatten mit einer Umhüllung aus Jute verpackt, gelangt das kostbare Handelsgut in alle Welt.

**Landarbeiter** *(oben)* tragen große Strohhüte als Sonnenschutz. Zahlreiche Arbeiter leben in Städten; einem jeden ist ein Mindestlohn garantiert. Der Staat ist darüber hinaus für das Gesundheitswesen sowie für Bildung und Erziehung verantwortlich.

**Ein tanzendes kubanisches Paar** *(rechts)*. Seit Ende der 1990er Jahre erlebt die rhythmische kubanische Musik weltweit eine Renaissance. Ob Mambo, Cha-Cha-Cha, Rumba oder Salsa, alle diese Tänze entstanden in Kuba und versprühen Lebenslust.

# KUBA: HAVANNA

Havanna war immer ein Liebling der Geschichte. Aufgrund ihrer günstigen Lage in der Bucht von Cárdenas im Norden der Insel entwickelte sich die 1515 gegründete, 1519 an den jetzigen Platz verlegte Stadt in relativ kurzer Zeit zu einem der bedeutendsten Häfen der Spanier in der »Neuen Welt«. Hier wurden die Konquistadoren reich, hier bauten sich die spanischen Zuckerbarone ihre Prunkvillen, ließen Prachtstraßen und öffentliche Gärten anlegen, hier gaben die Reichen Amerikas ihr Geld aus für Glücksspiel, käufliche Liebe, Korruption und neoklassizistischen Architektur-Kitsch. Zu jener Zeit genoß die Stadt noch den Ruf eines »Paris der Tropen«, damals besaß sie noch die bauliche Eleganz altspanischer Städte, das Tempo Amerikas, die Kultur Europas und die Laster aller Welt.

Heute gibt es kaum noch etwas zu kaufen, das nicht dem unmittelbaren Lebensbedarf gilt. Die Warenhäuser mit den ehrwürdigen, jedoch verfallenden Fassaden verwalten in großräumiger Leere das angebotene Nichts, das es nur auf Bezugsscheine gibt. »Sind Sie der Letzte?« lautet die gängigste Grußformel der Habaneros, wenn sie das Ende all jener Schlangen suchen, die sich vor jedem Geschäft, jedem Restaurant, jeder Bushaltestelle verlängern.

Von der einstigen Verführung, dem legendären Glanz des Babels und der Kulturmetropole der Karibik scheint nichts geblieben. Wo früher wenige reich und die meisten arm waren, teilen sich heute alle gemeinsam den Mangel an Waren und Lebensqualität, und die tropische Lebenslust will nicht so recht überschäumen, nur weil inzwischen alle alphabetisiert und gesundheitlich besser versorgt sind.

Castros Revolution ist leuchtender Mythos, wenn die Masse der Habaneros unter dem wolkenkratzerhohen Plakat von Ché Guevara und vor dem Denkmal des früheren Freiheitshelden José Martí alle paar Monate dem »Máximo Líder« zujubelt oder wenn eine Schulklasse die Motorjacht »Granma« bewundert, mit der Fidel Castro einst an Kubas Küste landete. Heute ist sie vor dem Kolonialpalast des Revolutionsmuseums zu besichtigen, wo sie in einem gläsernen Artefakt wie im Aquarium zwischen den Palmen des von Soldaten streng bewachten Gartens dümpelt. Über der Revolution liegt ein grauer Schleier, den ihre sozialen Verdienste und auch die tropische Sonne nicht heben, wenn man in Havannas Straßen vergeblich nach karibischer Lebenslust und der fröhlichen Anarchie einer spanisch-afrikanisch gemischten Bevölkerung sucht.

### Havanna – einst und heute

Freudlos bleiben die modernen Viertel der Millionenstadt wie aller sozialer Zweckbau, auch wenn das Leben der Gemeinschaften teils durch den traditionell engeren Familienzusammenhalt, teils durch das Zusammenrücken in Kaderverbänden unter sanftem parteilichen Druck kaum die Anonymität und Entfremdung der Großstädte zuläßt. Dem Zerfall preisgegeben, leblos und ohne pulsierenden Handel, wirkt die einst so großartige Altstadt, in deren Theater Caruso sang und in deren Kneipen Hemingway sein Talent vertrank. Nur noch die großen Limousinen, die Buicks und die Chevrolets, sind von damals, und jeder Parkplatz der Stadt wird so zum Automobilmuseum.

Und doch, wer sich für die Altstadt Zeit nimmt, findet vieles wieder: Zwischen bröckelndem Putz Details alter Fassaden, prunkvolle Portale, nicht erblinden-wollende Fenster in kostbarem Buntglas vor niedrigen, früher nur von Sklaven bewohnten Zwischengeschossen der hochstöckigen spanischen Stadtpaläste. Das UNESCO-Programm, das die Erhaltung der Altstadt als Weltkulturerbe fördert, wird zwar nur einen Teil dieser architektonischen Schatzkammer retten können. Doch mit den alten Festungsanlagen am Hafen, der Plaza de Armas und der Plaza de la Catedral sind die wohl schönsten, weil schlichtesten barocken Ensembles Kolonialamerikas wieder entstanden. Hier stören kein Kiosk und kein Verkehr die Bilder vergangenen Piraten- und Plantagenreichtums. Nahebei ist Hemingways alte Stammkneipe, die »Bodeguita del Medio«, immer noch brechend voll, und sein Lieblingsgetränk, der Mojito, mit weißem Rum, Limettensaft und Pfefferminzstengel, ist für einen Peso obligatorisches Volksgetränk.

**Ein mächtiger Damm** *(unten)* schützt Havanna vor der starken Brandung des Atlantischen Ozeans. Im Laufe der Jahrhunderte hat sich die Stadt am Rand einer weiten Bucht ausgebreitet; in der Ferne die Silhouette zahlreicher moderner Gebäude.

**Havanna** *(rechts)* ist die Hauptstadt und größte Stadt Kubas. Sie ist eine der ältesten und malerischsten Städte Lateinamerikas mit modernen Stadtteilen und einer pittoresken Altstadt, die 1982 zum Weltkulturerbe erklärt wurde.

**Das große Theater** Garcia Lorca und der dem Washingtoner Capitol nachgebaute ehemalige Regierungssitz, das Kapitol *(links)*, in dem die Akademie der Wissenschaften untergebracht ist, sind markante Gebäude in Havanna.

**In der Bodeguita del Medio** *(rechts oben)* – Stammkneipe von Ernest Hemingway – geht es noch so laut und herzlich zu wie einst. Für einen Peso bekommt man »Papas Lieblingsdrink«, einen »Mojito« aus Rum, Limettensaft und Pfefferminze.

Das alte Kuba beginnt gleich hinter Havanna. Noch gibt es die feinsandigen, palmengesäumten Traumstrände, die nur in Varadero von devisenbringenden Touristen übervölkert werden. Noch gibt es eine fast unzerstörte Kolonialarchitektur mit stiller Gassenromantik mit Kopfsteinpflaster und altspanischem Tropen-Barock in der historischen Patrizierstadt Trinidad, wo der Reichtum der Zuckerbarone sagenhaft und das Elend der Sklaven unsäglich war. Noch gibt es die unvergleichliche, eigene Musik Kubas in ihrer Mischung aus afrikanischen Rhythmen, spanischem Duktus und balladesken Gesängen, die zum ekstatischen Tanz der Salsas und Rumbas verschmelzen, wenn in der pulsierendsten Stadt der Insel nicht nur zum Karneval, sondern jeden Samstag ein Straßenfest der Musiker und Tänzer das Zentrum von Santiago de Cuba zum kochenden Kessel karibischer Vitalität werden läßt. Und trotz Kommunismus und Katholizismus sind in der Verschwiegenheit der großen Zuckerplantagen und der versteckten übriggebliebenen Tropenwälder Formen von Naturreligionen lebendig, denn die uralten Mythen waren auf Kuba schon zu Zeiten der spanischen Herren stärker.

Wen wundert es dann noch, über der Theke einer Rumkneipe in Havannas Altstadt ein Bildnis von Kubas mächtigstem Mann, Fidel Castro, zu entdecken, das ihn mit einem leuchtenden Heiligenschein überglänzt stilisiert.

# KUWAIT

Noch Anfang dieses Jahrhunderts wurde Trinkwasser in Dürrezeiten an Bord von Segelschiffen – den traditionellen Dhauen – nach Kuwait transportiert. Das kleine Scheichtum am nordwestlichen Rande des persisch-arabischen Golfs war ein armes Land und verfügte nicht einmal über genügend Süßwasser-Reserven. Dabei war Kuwait noch im 19. Jahrhundert eine blühende Handels- und Hafenstadt gewesen. Karawanen starteten von dort aus ins Innere Arabiens, und kuwaitische Handelsschiffe segelten bis nach Indien oder Ostafrika.

Um 1710 wanderten die Vorfahren der heutigen Kuwaitis aus dem Westen der Arabischen Halbinsel in das heutige Staatsgebiet ein. Innerhalb weniger Jahre wurde die von ihnen gegründete Siedlung »Kut« nicht nur zu einem wichtigen Handelsplatz, sondern auch zu einem Zentrum von Fischern, Perlentauchern und Bootsbauern. Beherrscht wurde Kuwait seit 1756 von der heute noch regierenden Sabah-Familie, die die Stadt mitbegründet hatte, selbst jedoch nicht an Handel oder Schiffahrt beteiligt war. Offiziell bildete Kuwait in dieser Zeit die östliche Grenze des Osmanischen Reiches, praktisch konnte sich das Scheichtum jedoch weitgehend unabhängig von äußeren Einflüssen entwickeln. Trotz der türkischen Oberherrschaft schloß Kuwait 1899 ein Schutzabkommen mit Großbritannien, das wenige Wochen vor Ausbruch des Ersten Weltkriegs das Scheichtum zu einem britischen Protektorat erklärte.

In diesen Jahren schien es, als ob die Zeit gegen die etwa 50 000 Bewohner des Scheichtums arbeiten würde. Waren die im Lande gebauten Segelschiffe bereits Ende des 19. Jahrhunderts der Konkurrenz der neuen britischen Dampfschiffe nicht mehr gewachsen, so verlor wenige Jahre später die Perlenfischerei an Bedeutung, als die ersten japanischen Zuchtperlen auf den Weltmarkt kamen.

Aus der ehemals blühenden Handelsstadt wurde einer der ärmsten Plätze der Region. Daran änderten auch die ersten Ölfunde im Jahre 1938 wenig, da es noch acht Jahre dauerte, bis das Öl auch exportiert wurde. Von da an änderten sich die Verhältnisse in Kuwait jedoch in atemberaubendem Tempo.

Schon bald gehörte das Scheichtum zu den reichsten Staaten der Erde. In der modernen Hauptstadt Kuwait City mit ihren Großbanken, Fünfsterne-Hotels und Einkaufsstraßen erinnerten nur noch der alte Fischerhafen und wenige unter Denkmalschutz stehende Häuser von Händlerfamilien an die alten Zeiten. Stadtautobahnen führten in Vororte, die sich immer weiter in die Wüste vortasteten. An dem 60 km langen Küstenstreifen, der südlich von Kuwait City bis zur Grenze mit Saudi-Arabien führt, entstanden luxuriöse Wochenendhäuser.

Mehr als vierzig Jahre nach Beginn des Wirtschaftsbooms waren die Einheimischen – die »Kuwaitis« – eine Minderheit im eigenen Land, in den Einkaufspassagen oder am Steuer ihrer großen Autos jedoch von Zugezogenen leicht zu unterscheiden. Voller Stolz tragen Kuwaitis ihre »Dischdascha«, das bis zu den Füßen reichende weiße Gewand, und die auf dem Kopf mit einer Kordel gehaltene »Kuffiyah«.

Die Entwicklung des Erdölsektors, das Entstehen von Industriebetrieben, der Boom im Baubereich und die Entwicklung eines modernen Bildungs- und Sozialwesens schufen Hunderttausende von Arbeitsplätzen, die vor allem mit Ausländern besetzt wurden. Die Zuwanderung hochqualifizierter Spezialisten und un-

## Daten und Fakten

**DAS LAND**
**Offizieller Name:** Staat Kuwait
**Hauptstadt:** Kuwait
**Fläche:** 17 818 km²
**Landesnatur:** Küstenebene mit Bucht von Kuwait, im Hinterland weite Sanddünengebiete und im W ein Sandsteinplateau
**Klima:** Wüstenklima
**Höchster Punkt:** As Shaqayah 283 m
**DER STAAT**
**Regierungsform:** Monarchie
**Staatsoberhaupt:** Emir
**Verwaltung:** 5 Provinzen
**Parlament:** Nationalversammlung mit 75 Mitgliedern

**Nationalfeiertag:** 25. Februar
**DIE MENSCHEN**
**Einwohner (Ew.):** 1 897 000 (1999)
**Bevölkerungsdichte:** 106 Ew./km²
**Stadtbevölkerung:** 97 %
**Analphabetenquote:** 17 %
**Sprache:** Arabisch, Englisch
**Religion:** Moslems 95 %
**DIE WIRTSCHAFT**
**Währung:** Kuwait-Dinar
**Bruttosozialprodukt (BSP):** 28 941 Mio. US-$ (1995)
**BSP je Einwohner:** über 9360 US-$ (1998)
**Inflationsrate:** o.A.

**Importgüter:** Maschinen, Fahrzeuge, Nahrungsmittel
**Exportgüter:** Erdöl und -produkte, Chemikalien
**Handelspartner:** Japan, EU-Länder, USA, Nahoststaaten, Taiwan
**Straßennetz:** 4273 km
**Fernsehgeräte je 1000 Ew.:** 505

**Ein Minarett und ein Übertragungsturm** der nationalen Radiostation *(links)* stehen für das alte und moderne Kuwait. Vom Minarett ruft der Muezzin zum Gebet, während die 750 000 Radios im Land viele Programme empfangen.

**Kronprinz Scheich Saad al-Abdulla As Salim As Sabah** *(unten)* gehört zur Sabah-Dynastie, deren Mitglieder Kuwait seit dem 18. Jahrhundert regieren. Der Prinz fungiert als Premierminister, obwohl der Emir das Land regiert.

gelernter Arbeiter hatte jedoch auch dazu geführt, daß nur jeder dritte Bewohner des Landes von Einheimischen abstammte.

Seit Beginn der 80er Jahre bemühte sich die Regierung, die Zahl der rund 1,2 Millionen Ausländer zu senken. Aber der Reduzierung der Ausländer waren Grenzen gesetzt, da sich Kuwaitis nur in Ausnahmefällen bereit fanden, körperliche Arbeiten zu verrichten. Einheimische konnten es sich leisten, entsprechende Angebote abzulehnen, war doch ihr Anspruch auf Arbeit beim Staat in der Verfassung verankert.

Seit der Unabhängigkeit im Jahre 1961 ist das Land eine konstitutionelle Monarchie, aber das Parlament konnte die von der Herrscherfamilie bestimmte Regierungspolitik nicht entscheidend beeinflussen.

Im August 1990 besetzten irakische Truppen Kuwait. Die Souveränität wurde außer Kraft gesetzt, die Herrscherfamilie floh ins Ausland. Ausländische Arbeitnehmer verließen, soweit möglich, das Land. Der irakische Machthaber Saddam Hussein begann mit der organisierten Plünderung Kuwaits, um die irakische Wirtschaftsmisere zu überbrücken. Die gesamte Weltöffentlichkeit verurteilte die Annexion Kuwaits und reagierte mit Wirtschaftssanktionen, Blockade und dem Aufmarsch von Truppen, die das Land unter dem Oberkommando der USA schließlich 1991 von den irakischen Besatzern befreiten.

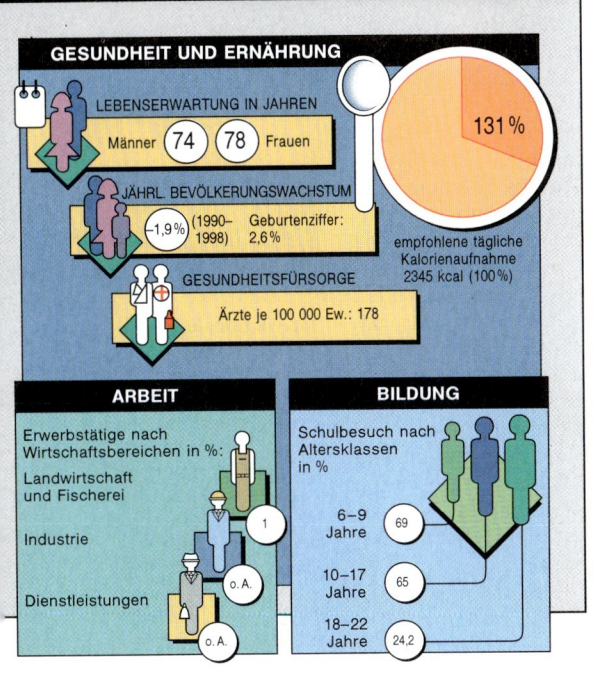

**Kuwait** *(links)* ist ein kleines Land am Persischen Golf. Es besteht fast ausschließlich aus Wüste, besitzt jedoch riesige Erdölvorkommen.

# KUWAIT: ERDÖLWIRTSCHAFT

Kuwait liegt im Zentrum der größten Erdölvorkommen der Welt. Mit etwa 62 % aller bekannten Reserven haben die Länder der Golfregion genug Vorräte, um auch noch in den nächsten hundert Jahren Öl in alle Welt exportieren zu können. Derzeit sind die Staaten im Gebiet des Persischen Golfs mit etwa 28 % an der Welt-Erdöl-Förderung beteiligt. Die Erdölreserven Kuwaits betragen etwa 10 % der bestätigten Reserven der Welt. Bei einer gleichbleibenden Jahresförderung würden die derzeit bekannten Reserven im gesamten Nahen Osten noch etwa 90 Jahre reichen.

### Die natürlichen Grundlagen der Erdölförderung am Persischen Golf

Das gesamte heutige Erdölgebiet von Irak bis nach Oman lag vor 10 bis 15 Millionen Jahren unter dem Meeresspiegel. Neben Fischen und Muscheln besiedelten damals unvorstellbare Mengen von Algen, Bakterien und Pilzen das Wasser. Nach ihrem Absterben sanken diese Lebewesen auf den Meeresboden ab und bildeten dort die Ausgangssubstanz für das Öl.

Schlamm, der von Flüssen aus den Hochgebirgen der Region herangeführt wurde, setzte sich auf der von den abgestorbenen Mikroorganismen gebildeten Schicht ab. Diese zersetzten sich im Laufe von Jahrmillionen zu Kohlenwasserstoffen, der Grundsubstanz von Erdöl und Erdgas. Das entstehende Ölgasgemisch war leichter als Gestein und wanderte durch poröse Erdschichten nach oben. Undurchlässige Gesteinsdecken blockierten dann ein weiteres Vordringen der Rohstoffe an die Oberfläche.

Wie in Schwämmen lagern die Erdölvorräte meist in den unter einer gewölbten undurchlässigen Decke liegenden porösen Schichten. Diese unterirdischen Erdölsammelstellen stehen oft unter starkem Druck, der in Einzelfällen Jahre reicht, um das Öl-Gas-Wassergemisch durch Förderrohre an die Oberfläche zu drücken.

### Der Staat und seine Entwicklung als Ergebnis von fünfzig Jahren Erdölförderung

Briten erschlossen als erste die Ölfelder im Mittleren Osten. Auf der Kuwait gegenüberliegenden Seite des Golfes, in Südpersien, wurden Anfang des Jahrhunderts die ersten Funde gemacht. Zwanzig Jahre später förderten die Iraker Öl. Es dauerte noch einmal fast zwanzig Jahre, bis kuwaitisches Öl exportiert wurde.

In diesen Jahren kontrollierten sieben große Gesellschaften den Weltmarkt und machten riesige Profite mit dem Öl aus der Golfregion. 1948 verlangten sie in Europa für eine Tonne 62 DM, obwohl die Förderkosten und die Abgaben an die Förderländer nur 11 DM betrugen. Die großen Ölgesellschaften hatten Verträge vereinbart, die ihnen unkontrolliert die Erschließung neuer Ölfelder und die Festsetzung der Fördermenge einräumten.

Gegen dieses Kartell formierten sich am 17. September 1960 in Bagdad fünf Länder zu einem Gegenkartell, der Organisation erdölexportierender Länder (OPEC). Kuwait war neben Iran, Irak, Saudi-Arabien und Venezuela von Anfang an dabei. Den OPEC-Staaten gelang es zwar nicht sofort, die Ölpreise zu steigern, aber die im Kartell zusammengeschlossenen Staaten brachten die Produktion durch den Aufbau nationaler Produktionsgesellschaften Schritt für Schritt unter eigene Kontrolle.

In Kuwait wurde die gesamte Ölwirtschaft in den Jahren 1975 bis 1977 verstaatlicht. Die »Kuwait Oil Company« (KOC) konnte seitdem die Menge des zu fördernden Erdöls und den Verkaufspreis festlegen. Das Scheichtum strebte zudem systematisch die Verarbeitung von immer größeren Ölmengen in eigenen Raffinerien an. Bereits 1979 hatte das Scheichtum mit der Herstellung von Flüssiggas begonnen. Damit war das Land auch in der Lage, das zuvor auf den Ölfeldern abgefackelte Gas auf dem Weltmarkt zu verkaufen.

Mit der Industrialisierung des Landes hat auch das Verkehrsaufkommen stark zugenommen. Eine Eisenbahn gibt es in Kuwait nicht, jedoch besteht ein dichtes Straßennetz. Das Straßennetz, die Hafenanlagen und Tankerterminals sowie der internationale Flughafen werden nach den Vorstellungen der Sabah-Dynastie weiter ausgebaut.

Kuwait exportiert Erdgas und Erdöl mit einer eigenen Tankerflotte. Der Aufbau eigener Transportkapazitäten war ein weiterer Schritt, den Verkauf des Erdöls bis zum Endverbraucher in eigene Regie zu nehmen. Kuwait verfügt in mehreren europäischen Ländern über eigene Tankstellennetze oder ist an ihnen beteiligt.

### Auslandsinvestitionen als Zukunftssicherung

Gelder aus den Erdölverkäufen wurden aber nicht nur zur Modernisierung des Landes und zum Ausbau der eigenen Ölindustrie genutzt, sondern flossen auch in den »Fonds zur Sicherung künftiger Generationen«. Die Regierung war gesetzlich verpflichtet, 10 % der Öleinnahmen in den Fonds abzuführen. Ein Teil der Gelder wurde im Ausland in Unternehmensbeteiligungen investiert. In Deutschland war Kuwait unter anderem mit nahezu 25 % an der Höchst AG beteiligt und hält Anteile an der DaimlerChrysler AG. Die Erträge aus solchen Auslandsinvestitionen überstiegen in manchen Jahren sogar die Öleinnahmen des Landes. Die Vorsorge für das Zeitalter nach dem Erdölreichtum resultiert einerseits aus der leidvollen Erfahrung der eigenen Geschichte, als zu Beginn des 20. Jahrhunderts das Land zu verarmen begann. Andererseits ist ist verständlich, daß die Kuwaitis eine Wiederholung der Erfahrungen aus dem 2. Golfkrieg mit allen Mitteln verhindern wollen, als fast alle wirtschafts- und infrastrukturellen Einrichtungen Kuwaits zerstört wurden und damit auch die Lebensgrundlage, der Handel mit dem »schwarzen Gold«.

**Internationale Brandlöschspezialisten** (oben) nähern sich einem Feuer an einer Ölpipeline, um es zu löschen. Brennende Ölpipelines bedeuten nicht nur einen erheblichen Schaden für die Wirtschaft, sondern belasten auch die Umwelt.

**Die Kuwait-Towers** *(oben)*, zwei Wassertürme und ein Fernsehturm, sind Symbole des modernen Kuwait. Ein 1960 entdecktes, unterirdisches Wasserreservoir ergänzt das entsalzte Meerwasser, das den größten Teil des Wasserbedarfs deckt.

**Das Erdöl** *(unten)* im Gebiet des Persischen Golfs entstand vor vielen Millionen Jahren im Meer aus abgestorbenen Fischen, Muscheln, Algen und Bakterien. Extremer Druck durch Sedimentgesteine beschleunigte den Vorgang.

**Kuwait** transportiert sein Erdöl mit Ölleitungen zu den Stationen am Golf. Erdgas, das hier gerade abgefackelt wird *(ganz oben)*, ist heute das zweitwichtigste Produkt des Landes. Kuwait besitzt ca. ein Zehntel der bekannten Welterdölreserven.

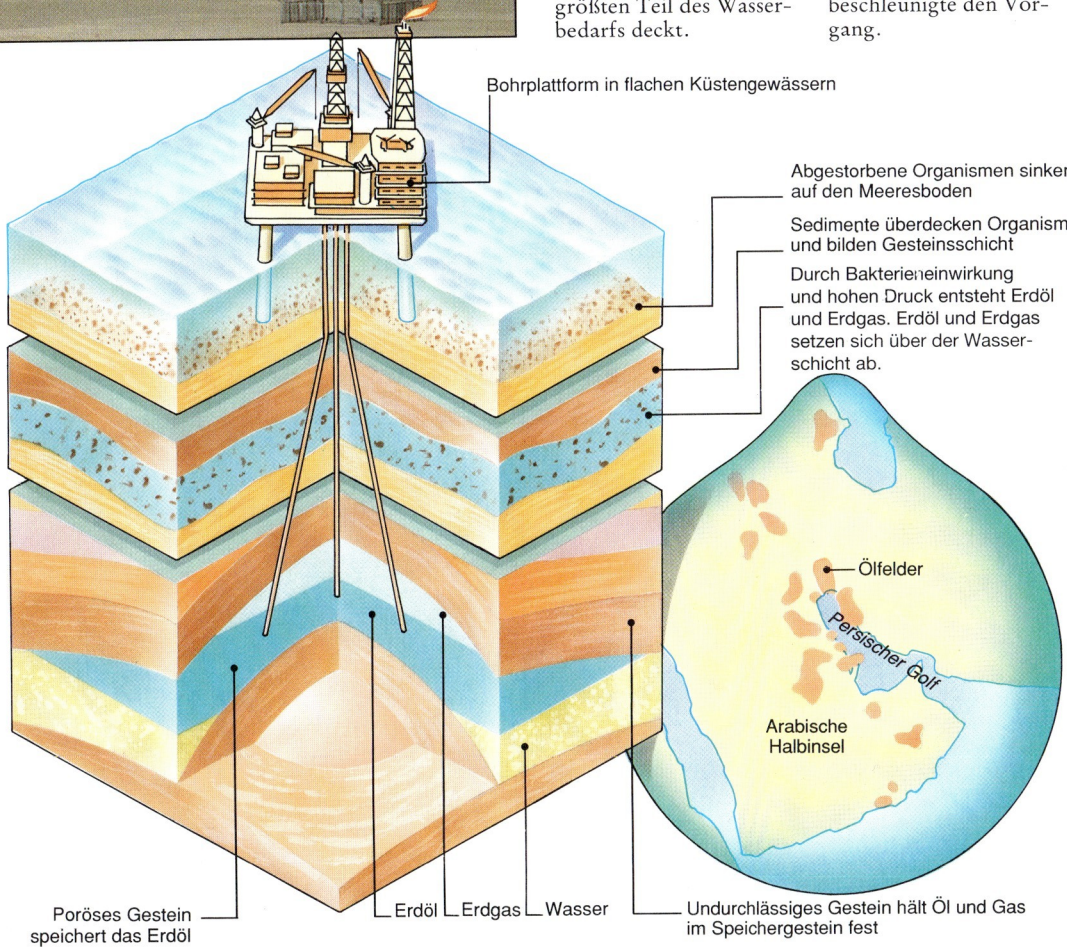